中国统计年鉴

CHINA STATISTICAL YEARBOOK

2010

（总第29期 No.29）

中华人民共和国国家统计局　编

Compiled by

National Bureau of Statistics of China

(京)新登字 041 号

图书在版编目(CIP)数据

中国统计年鉴. 2010 / 中华人民共和国国家统计局编. -- 北京：中国统计出版社, 2010.9
ISBN 978-7-5037-6070-9

Ⅰ. ①中… Ⅱ. ①中… Ⅲ. ①统计资料－中国－2010－年鉴 Ⅳ. ① C832-54

中国版本图书馆 CIP 数据核字(2010)第 176730 号

中国统计年鉴－2010

作　　者／ 中华人民共和国国家统计局
责任编辑／ 郭　栋　尹　伊
E-mail: yearbook@gj.stats.cn
Address: No.57 Yuetan Nanjie, Sanlihe, Beijing 100826
封面设计／ 张　冰
出版发行／ 中国统计出版社
通信地址／ 北京市西城区月坛南街 57 号　　邮政编码 / 100826
办公地址／ 北京市丰台区西三环南路甲 6 号
电　　话／ (010)63376898、63376907（发行部）、63376877（编辑部）
印　　刷／ 河北天普润印刷厂
经　　销／ 新华书店
开　　本／ 890 × 1240 毫米　1/16
字　　数／ 2150 千字
印　　张／ 67.25
版　　别／ 2010 年 9 月第 1 版
版　　次／ 2010 年 9 月第 1 次印刷
书　　号／ ISBN 978-7-5037-6070-9/C · 2424
定　　价／ 380.00 元　　Price: 380.00 yuan (RMB)

本书附同版本 CD-ROM 一张，光盘内容以书面文字为准。
中国统计版图书，如有印装错误，本社发行部负责调换。

《中国统计年鉴－2010》

编委会和编辑出版人员

China Statistical Yearbook - 2010

EDITORIAL BOARD AND EDITORIAL STAFF

编 者 说 明

一、《中国统计年鉴—2010》系统收录了全国和各省、自治区、直辖市2009年经济、社会各方面的统计数据，以及三十多年和其他重要历史年份的全国主要统计数据，是一部全面反映中华人民共和国经济和社会发展情况的资料性年刊。

二、本年鉴正文内容分为24个篇章，即：1.综合；2.国民经济核算；3.人口；4.就业人员和职工工资；5.固定资产投资；6.对外经济贸易；7.能源；8.财政；9.价格指数；10.人民生活；11.城市概况；12.资源和环境；13.农业；14.工业；15.建筑业；16.运输和邮电；17.批发和零售业；18.住宿、餐饮业和旅游业；19.金融业；20.教育和科技；21.文化、体育和卫生；22.社会服务及其他；23.香港特别行政区主要社会经济指标；24.澳门特别行政区主要社会经济指标。同时附录两个篇章：台湾省主要社会经济指标;我国经济社会统计指标同世界主要国家比较。为方便读者使用，各篇章前设有《简要说明》，对本篇章的主要内容、资料来源、统计范围、统计方法以及历史变动情况予以简要概述，篇末附有《主要统计指标解释》。

三、本年鉴所涉及的全国性统计数据，除行政区划、国土面积和森林资源外，均未包括香港、澳门特别行政区和台湾省数据。根据中华人民共和国“香港特别行政区基本法”和“澳门特别行政区基本法”的有关原则，香港、澳门与内地是相对独立的统计区域，依据各自不同的统计制度和法律规定，独立进行统计工作。本年鉴中香港和澳门特别行政区统计资料分别由香港特别行政区政府统计处、澳门特别行政区政府统计暨普查局提供，国家统计局进行编辑。

四、本年鉴所涉及东部、中部、西部和东北地区的具体划分为:

东部10省（市）包括北京、天津、河北、上海、江苏、浙江、福建、山东、广东和海南;

中部6省包括山西、安徽、江西、河南、湖北和湖南;

西部12省（区、市）包括内蒙古、广西、重庆、四川、贵州、云南、西藏、陕西、甘肃、青海、宁夏和新疆;

东北3省包括辽宁、吉林和黑龙江。

五、与2009年版《中国统计年鉴》相比较，本年鉴内容和篇章结构上主要做了如下修订：根据全国第二次经济普查结果对有关统计指标的历史数据进行了修订。将对外经济贸易篇提前至固定资产投资篇之后；根据标准行业分类，将国内贸易篇和旅游篇合并调整为批发和零售业篇、住宿餐饮业和旅游篇；将其他社会活动篇的名称修订为社会服务及其他篇。

六、本年鉴所使用的度量衡单位均采用国际统一标准计量单位。

七、本年鉴中部分数据合计数或相对数由于单位取舍不同而产生的计算误差，均未做机械调整。

八、符号使用说明:年鉴各表中的“空格”表示该项统计指标数据不足本表最小单位数、数据不详或无该项数据；“#”表示其中的主要项；“*”或“①”表示本表下有注解。香港及澳门部分的符号使用方法具体见其篇章说明。

EDITOR'S NOTES

I. *China Statistical Yearbook 2010* is an annual statistical publication, which reflects comprehensively the economic and social development of China. It covers data for 2009 and key statistical data in the more than thirty years and some historically important years at the national level and the local levels of province, autonomous region and municipality directly under the Central Government.

II. The Yearbook contains twenty-four chapters : 1. General Survey; 2. National Accounts; 3. Population; 4. Employment and Wages; 5. Investment in Fixed Assets; 6. Foreign Trade and Economic Cooperation; 7. Energy; 8. Government Finance; 9. Price Indices; 10. People's Living Conditions; 11. General Survey of Cities; 12. Resources and Environment; 13. Agriculture; 14. Industry; 15. Construction; 16. Transport, Postal and Telecommunication Services; 17. Wholesale and Retail Trades; 18. Hotels, Catering Services and Tourism; 19. Financial Intermediation; 20. Education, Science and Technology; 21.Culture, Sports and Public Health; 22. Social Services and Others; 23. Main Social and Economic Indicators of Hong Kong Special Administrative Region (SAR); 24. Main Social and Economic Indicators of Macao Special Administrative Region (SAR). Two chapters listed as Appendices are Main Social and Economic Indicators of Taiwan Province and A Comparison of Indicators of Economy and Society among the People's Republic of China and Other Countries/Regions. To facilitate readers, the Brief Introduction at the beginning of each chapter provides a summary of the main contents of the chapter, data sources, statistical scope, statistical methods and historical changes. At the end of each chapter, Explanatory Notes on Main Statistical Indicators are included.

III. The national data in this book do not include those of the Hong Kong Special Administrative Region, the Macao Special Administrative Region and the Taiwan Province, except for the divisions of administrative areas, the area of the national territory and forest resources. In accordance with the principles set down in the *Basic Law of Hong Kong Special Administrative Region*, and the *Basic Law of Macao Special Administrative Region*, statistically Hong Kong, Macao and the mainland of China are three mutually independent regions, each following its own and different statistical systems and legal provisions in conducting statistical operations independently. Statistics on the Hong Kong Special Administrative Region and the Macao Special Administrative Region as included in this yearbook are provided by the Census and Statistics Department of the Government of Hong Kong Special Administrative Region and the Statistics and Census Services of the Government of Macao Special Administrative Region respectively; and are edited by the National Bureau of Statistics.

IV. Eastern region, middle region, western region and northeastern region in the Yearbook are divided as following:

Eastern 10 provinces (municipalities) include: Beijing, Tianjin, Hebei, Shanghai, Jiangsu, Zhejiang, Fujian, Shandong, Guangdong and Hainan;

Middle 6 provinces include: Shanxi, Anhui, Jiangxi, Henan, Hubei and Hunan;

Western 12 provinces(autonomous regions and municipalities) include: Inner Mongolia, Guangxi, Chongqing, Sichuan, Guizhou, Yunnan, Tibet, Shaanxi, Gansu, Qinghai, Ningxia and Xinjiang;

Northeastern 3 provinces include Liaoning, Jilin and Heilongjiang.

V. In comparison with *China Statistical Yearbook 2009*, following revisions have been made in this new version in terms of the statistical contents and in editing: Relevant historical data are revised according to the Second National Economic Census. The chapter of Foreign Trade and Economic Cooperation is moved after the chapter of Investment in Fixed Assets; According to the standard classification of industry, the chapter of Domestic Trade and the chapter of Tourism are adjusted as the chapter of Wholesale and Retail Trades, the chapter of Hotels, Catering Services and Tourism; The chapter of Other Social Activities renames: Social Services and Others.

VI. The units of measurement used in this yearbook are internationally standard measurement units.

VII. Statistical discrepancies on totals and relative figures due to rounding are not adjusted in the Yearbook.

VIII. Notations used in the yearbook: (blank space) indicates that the figure is not large enough to be measured with the smallest unit in the table, or data are unknown, or are not available; "#" indicates a major breakdown of the total; and "*"or "①"indicates footnotes at the end of the table.

目　　录

CONTENTS

一、综合
General Survey

二、国民经济核算
National Accounts

三、人口
Population

四、就业人员和职工工资
Employment and Wages

五、固定资产投资
Investment in Fixed Assets

六、对外经济贸易
Foreign Trade and Economic Cooperation

七、能源
Energy

八、财政
Government Finance

九、价格指数
Price Indices

十、人民生活
People's Living Conditions

十一、城市概况
General Survey of Cities

十二、资源和环境
Resources and Environment

十三、农业
Agriculture

十四、工业
Industry

十五、建筑业
Construction

十六、运输和邮电
Transport, Postal and Telecommunication Services

十七、批发和零售业
Wholesale and Retail Trades

十八、住宿、餐饮业和旅游业
Hotels, Catering Services and Tourism

十九、金融业
Financial Intermediation

二十、教育和科技
Education, Science and Technology

二十一、文化、体育和卫生
Culture, Sports and Public Health

二十二、社会服务及其他
Social Services and Others

二十三、香港特别行政区主要社会经济指标
Main Social and Economic Indicators of Hong Kong Special Administrative Region

二十四、澳门特别行政区主要社会经济指标
Main Social and Economic Indicators of Macao Special Administrative Region

附录一、台湾省主要社会经济指标
APPENDIX I. Main Social and Economic Indicators of Taiwan Province

附录二、我国经济、社会统计指标同世界主要国家和地区比较
APPENDIX II. A Comparison of Indicators of Economy and Society Among the People's Republic of China and Other Countries/Regions

综　　合

General Survey

简 要 说 明

本篇章主要内容和资料来源

一、综合资料主要包括我国行政区划、国民经济和社会发展综合资料以及民族自治地方社会经济发展情况资料三部分。分别由民政部、国家统计局综合司和国家民族事务委员会经济发展司编辑整理。

二、"全国行政区划"资料，由民政部根据国务院批准的、截止到上一年末全国行政区划变更情况汇总整理并提供。

三、国民经济综合资料是抽取全书的精华，通过对各篇章主要统计指标及其速度、结构、比例和效益等的加工计算，来反映国民经济和社会发展的总体情况。

四、民族自治地方及少数民族统计资料根据国家民委和国家统计局联合布置的民族自治地方国民经济和社会发展统计报表制度，由有民族自治地方的20个省、自治区、直辖市民委和统计局共同组织实施。统计范围是5个民族自治区、30个自治州、120个自治县（旗）辖区内的全部单位，全国汇总时不重复计算。统计调查方法为全面调查。另外，全国民族自治地方卫生情况由卫生部提供。民族自治地方行政区划资料是根据民政部编辑的《行政区划简册》汇总整理。

Brief Introduction

Main Contents and Sources of Data

I. This chapter consists of three parts: divisions of administrative areas, summary data on the national economy and social development and data on the social and economic development of the ethnic minority autonomous regions, which are compiled by the Ministry of Civil Affairs, the Department of Comprehensive Statistics of the National Bureau of Statistics and Department of Economic Development of the State Commission on Ethnic Affairs respectively.

II. Data on divisions of administrative areas in China are prepared and provided by the Ministry of Civil Affairs on the basis of the changes in the divisions of administrative areas as approved by the State Council at the end of the previous year.

III. The summary data on the national economy reflect the overall situation of the economic and social development by presenting further processed statistics including growth, structure, ratio, and efficiency data derived from other chapters.

IV. Data on the ethnic minority autonomous regions and the ethnic minorities are collected from the surveys conducted by areas. A statistical reporting form system on the economic and social development in the ethnic minority autonomous regions has been established jointly by the State Commission on Ethnic Affairs and the National Bureau of Statistics and implemented by the ethnic affairs commissions and the statistical bureaus of 20 provinces and autonomous regions. The reporting form system covers all units under the jurisdiction of the 5 ethnic minority autonomous regions, 30 autonomous prefectures and 120 autonomous counties. Duplicated counts are excluded in the national tabulation. Methodology of data collection is complete enumeration. In addition, data on the public health of the ethnic minority autonomous regions are provided by the Ministry of Health, and data on the divisions of administrative areas of the ethnic minority autonomous regions are tabulated and prepared in accordance with the *Concise Edition of the Divisions of Administrative Areas* compiled by the Ministry of Civil Affairs.

1-1 全国行政区划（2009年底）
Divisions of Administrative Areas in China (End of 2009)

单位：个 (unit)

省级区划名称 Provinces, Autonomous Regions and Municipalities	地级区划数 Number of Regions at Prefecture Level	#地级市 Cities at Prefecture Level	县级区划数 Number of Regions at County Level	#市辖区 Districts under the Jurisdiction of Cities	#县级市 Cities at County Level	#县 Counties	#自治县 Autonomous Counties	乡镇级区划数 Number of Regions at Townships Level	#镇 Towns	#乡 Towns	#街道办事处 Street Communities
全　国 National Total	**333**	**283**	**2858**	**855**	**367**	**1464**	**117**	**40858**	**19322**	**14848**	**6686**
北　京　市 Beijing			18	16		2		322	142	40	140
天　津　市 Tianjin			16	13		3		243	116	20	107
河　北　省 Hebei	11	11	172	36	22	108	6	2228	992	968	267
山　西　省 Shanxi	11	11	119	23	11	85		1397	563	633	201
内蒙古自治区 Inner Mongolia	12	9	101	21	11	17		863	463	179	221
辽　宁　省 Liaoning	14	14	100	56	17	19	8	1504	577	357	570
吉　林　省 Jilin	9	8	60	20	20	17	3	897	425	196	276
黑龙江省 Heilongjiang	13	12	128	64	18	45	1	1272	467	429	376
上　海　市 Shanghai			18	17		1		210	109	2	99
江　苏　省 Jiangsu	13	13	106	55	26	25		1334	911	107	316
浙　江　省 Zhejiang	11	11	90	32	22	35	1	1513	735	445	333
安　徽　省 Anhui	17	17	105	44	5	56		1520	905	357	258
福　建　省 Fujian	9	9	85	26	14	45		1102	591	338	173
江　西　省 Jiangxi	11	11	99	19	10	70		1535	778	620	137
山　东　省 Shandong	17	17	140	49	31	60		1872	1096	269	507
河　南　省 Henan	17	17	159	50	21	88		2361	904	978	479
湖　北　省 Hubei	13	12	103	38	24	38	2	1227	740	204	283
湖　南　省 Hunan	14	13	122	34	16	65	7	2409	1106	1056	247
广　东　省 Guangdong	21	21	121	54	23	41	3	1584	1137	11	436
广西壮族自治区 Guangxi	14	14	109	34	7	56	12	1232	702	424	106
海　南　省 Hainan	2	2	20	4	6	4	6	222	183	21	18
重　庆　市 Chongqing			40	19		17	4	1009	578	267	164
四　川　省 Sichuan	21	18	181	43	14	120	4	4660	1821	2586	253
贵　州　省 Guizhou	9	4	88	10	9	56	11	1555	689	757	109
云　南　省 Yunnan	16	8	129	12	9	79	29	1366	597	689	80
西藏自治区 Tibet	7	1	73	1	1	71		692	140	542	10
陕　西　省 Shaanxi	10	10	107	24	3	80		1745	921	649	175
甘　肃　省 Gansu	14	12	86	17	4	58	7	1350	464	762	124
青　海　省 Qinghai	8	1	43	4	2	30	7	396	137	229	30
宁夏回族自治区 Ningxia	5	5	22	9	2	11		233	99	93	41
新疆维吾尔自治区 Xinjiang	14	2	98	11	19	62	6	1005	234	620	150
香港特别行政区 Hong Kong Special Administrative Region											
澳门特别行政区 Macao Special Administrative Region											
台　湾　省 Taiwan											

1-2 国民经济和社会发展总量与速度指标

指　标		Item		1978
人口与就业		**Population and Employment**		
人口	**（万人）**	**Population**	**(10 000 persons)**	
总人口（年末）		Population at Year-end		96259
男性人口		Male		49567
女性人口		Female		46692
城镇人口		Urban		17245
乡村人口		Rural		79014
就业	**（万人）**	**Employment**	**(10 000 persons)**	
就业人员数		Employment		40152
城镇登记失业人数		Registrated Unemployment in Urban Areas		530
宏观经济		**Macro Economy**		
国民经济核算	**（亿元）**	**National Accounting**	**(100 million yuan)**	
国民总收入		Gross National Income		3645.2
国内生产总值		Gross Domestic Product		3645.2
第一产业		Primary Industry		1027.5
第二产业		Secondary Industry		1745.2
第三产业		Tertiary Industry		872.5
支出法国内生产总值		Gross Domestic Product by Expenditure Approach		3605.6
最终消费支出		Final Consumption Expenditure		2239.1
居民消费		Household Consumption Expenditures		1759.1
政府消费		Government Consumption Expenditure		480.0
资本形成总额		Gross Capital Formation		1377.9
固定资本形成总额		Gross Fixed Capital Formation		1073.9
存货增加		Changes in Inventories		304.0
货物和服务净出口		Net Export of Goods and Services		-11.4
固定资产投资	**（亿元）**	**Investment in Fixed Assets**	**(100 million yuan)**	
全社会固定资产投资总额		Total Investment in Fixed Assets		
城　镇		Urban		
#房地产开发		Real Estate Development		
农　村		Rural		
全社会施工房屋建筑面积(万平方米)		Floor Space of Buildings under Construction	(10 000 sq.m)	
全社会竣工房屋建筑面积(万平方米)		Floor Space of Buildings Completed	(10 000 sq.m)	
消费		**Consumption**		
社会消费品零售总额	(亿元)	Total Retail Sales of Consumer Goods	(100 million yuan)	1559
对外贸易		**Foreign Trade**		
货物进出口总额	(亿美元)	Total Value of Exports and Imports	(USD 100 million)	206.4
出口额		Exports		97.5
进口额		Imports		108.9
实际利用外资额		**Actually Utilization of Foreign Capital**		
外商直接投资	(亿美元)	Foreign Direct Investments	(USD 100 million)	
外商其他投资	(亿美元)	Other Foreign Investments	(USD 100 million)	
财政	**（亿元）**	**Government Finance**	**(100 million yuan)**	
国家财政收入		Government Revenue		1132.3
中　央		Central Government		175.8
地　方		Local Governments		956.5
国家财政支出		Government Expenditure		1122.1
中　央		Central Government		532.1
地　方		Local Governments		590.0

Principal Aggregate Indicators on National Economic and Social Development and Growth Rates

总量指标 Aggregate Data				速度指标 (%) Indices and Growth Rates (%)						
				指数 Index (2009为以下各年) (2009 as Percentage of the Following Years)				平均增长速度 Average Annual Growth Rate		
1990	2000	2008	2009	1978	1990	2000	2008	1979–2009	1991–2009	2001–2009
114333	126743	132802	133474	138.7	116.7	105.3	100.5	1.1	0.8	0.6
58904	65437	68357	68652	138.5	116.5	104.9	100.4	1.1	0.8	0.5
55429	61306	64445	64822	138.8	116.9	105.7	100.6	1.1	0.8	0.6
30195	45906	60667	62186	360.6	205.9	135.5	102.5	4.2	3.9	3.4
84138	80837	72135	71288	90.2	84.7	88.2	98.8	-0.3	-0.9	-1.4
64749	72085	77480	77995	194.2	120.5	108.2	100.7	2.2	1.0	0.9
383	595	886	921	173.8	240.5	154.8	104.0	1.8	4.7	5.0
18718.3	98000.5	316228.8	343464.7	1878.7	665.1	250.3	109.3	9.9	10.5	10.7
18667.8	99214.6	314045.4	340506.9	1862.5	661.2	245.1	109.1	9.9	10.5	10.5
5062.0	14944.7	33702.0	35226.0	401.8	210.7	145.0	104.2	4.6	4.0	4.2
7717.4	45555.9	149003.4	157638.8	2849.4	936.9	263.4	109.9	11.4	12.5	11.4
5888.4	38714.0	131340.0	147642.1	2516.0	694.8	263.2	109.3	11.0	10.7	11.4
19347.8	98749.0	314901.3	345023.6							
12090.5	61516.0	152346.6	165526.8							
9450.9	45854.6	110594.5	121129.9							
2639.6	15661.4	41752.1	44396.9							
6747.0	34842.8	138325.3	164463.5							
4827.8	33844.4	128084.4	156679.8							
1919.2	998.4	10240.9	7783.7							
510.3	2390.2	24229.4	15033.3							
4517.0	32917.7	172828.4	224598.8		4972.3	682.3	130.0		22.5	22.6
3274.4	26221.8	148738.3	193920.4		5922.3	739.5	130.4		23.7	23.9
253.3	4984.1	31203.2	36241.8		14310.7	727.1	116.1		31.6	25.6
1242.6	6695.9	24090.1	30678.4		2468.9	458.2	127.3		18.2	16.7
137171	265294	632261	754189		549.8	284.3	119.3		9.4	12.3
107952	181974	260307	302117		279.9	166.0	116.1		5.6	5.8
8300	39106	114830	132678	8512.7	1598.5	339.3	115.5	15.4	15.7	14.5
1154.4	4742.9	25632.6	22075.4	10695.4	1912.3	465.4	86.1	16.3	16.8	18.6
620.9	2492.0	14306.9	12016.1	12324.2	1935.3	482.2	84.0	16.8	16.9	19.1
533.5	2250.9	11325.6	10059.2	9237.1	1885.5	446.9	88.8	15.7	16.7	18.1
34.9	407.2	924.0	900.3		2582.0	221.1	97.4		18.7	9.2
2.7	86.4	28.6	17.7		660.8	20.5	62.0		10.4	-16.1
2937.1	13395.2	61330.4	68518.3	6051.5	2332.9	511.5	111.7	14.2	18.0	19.9
992.4	6989.2	32680.6	35915.7	20433.4	3619.0	513.9	109.9	18.7	20.8	19.9
1944.7	6406.1	28649.8	32602.6	3408.6	1676.5	508.9	113.8	12.1	16.0	19.8
3083.6	15886.5	62592.7	76299.9	6799.8	2474.4	480.3	121.9	14.6	18.4	19.0
1004.5	5519.9	13344.2	15255.8	2867.0	1518.8	276.4	114.3	11.4	15.4	12.0
2079.1	10366.7	49248.5	61044.1	10347.0	2936.1	588.9	124.0	16.1	19.5	21.8

1-2 续表 1

指 标	Item	1978
物价总指数（上年=100）	**Price Indices (preceding year=100)**	
居民消费价格指数	Consumer Price Index	100.7
商品零售价格指数	Retail Price Index	100.7
工业品出厂价格指数	Producer Price Indices for Manufactured Goods	100.1
原材料、燃料、动力购进价格指数	Purchasing Price Indices of Raw Material, Fuel and Power	
固定资产投资价格指数	Investment in Fixed Assets Price Indices	
能源生产与消费 （万吨标准煤）	**Production and Consumption of Energy (10 000 tons of SCE)**	
能源生产总量	Total Energy Production	62770
能源消费总量	Total Energy Consumption	57144
产 业	**Industry**	
农业	**Agriculture**	
农林牧渔业总产值 (亿元)	Gross Output Value of Agriculture, Forestry, Animal Husbandry and Fishery (100 million yuan)	1397.0
主要农产品产量 (万吨)	Output of Major Farm Products (10 000 tons)	
粮 食	Grain	30476.5
棉 花	Cotton	216.7
油 料	Oil-bearing Crops	521.8
甘 蔗	Sugar Cane	2111.6
甜 菜	Beet Roots	270.2
茶 叶	Tea	26.8
水 果	Fruits	657.0
肉 类	Meat	
奶 类	Milk	
水产品	Aquatic Products	465.4
工业	**Industry**	
主要工业产品产量	Output of Major Industrial Products	
原 煤 (亿吨)	Coal (100 million tons)	6.18
原 油 (万吨)	Crude Oil (10 000 tons)	10405
天然气 (亿立方米)	Natural Gas (100 million cu.m)	137.3
发电量 (亿千瓦小时)	Electricity (100 million kwh)	2566
成品糖 (万吨)	Refined Sugar (10 000 tons)	227
布 (亿米)	Cloth (100 million m)	110
水 泥 (万吨)	Cement (10 000 tons)	6524
粗 钢 (万吨)	Crude Steel (10 000 tons)	3178
钢 材 (万吨)	Rolled Steel (10 000 tons)	2208
家用洗衣机 (万台)	Household Washing Machines (10 000 units)	0.04
家用电冰箱 (万台)	Household Refrigerators (10 000 units)	2.8
房间空气调节器 (万台)	Air Conditioners (10 000 units)	0.02
彩色电视机 (万台)	Colour Television Sets (10 000 units)	0.38
规模以上工业企业主要指标 (亿元)	Principal Indicators of Industrial Enterprises above Designated Size (100 million yuan)	
工业总产值	Gross Industrial Output Value	
资产总计	Original Value of Fixed Assets	
主营业务收入	Revenue from Principal Business	
利润总额	Total Profits	
建筑业	**Construction**	
建筑业企业从业人员 (万人)	Number of Employed Persons (10 000 persons)	
建筑业总产值 (亿元)	Gross Output Value (100 million yuan)	

continued

总量指标	Aggregate Data			速度指标 (%)			Indices and Growth Rates(%)			
				指数 Index (2009为以下各年) (2009 as Percentage of the Following Years)				平均增长速度 Average Annual Growth Rate		
1990	2000	2008	2009	1978	1990	2000	2008	1979–2009	1991–2009	2001–2009
103.1	100.4	105.9	99.3							
102.1	98.5	105.9	98.8							
104.1	102.8	106.9	94.6							
105.6	105.1	110.5	92.1							
	101.1	108.9	97.6							
103922	135048	260552	274618	437.5	264.3	203.3	105.4	4.9	5.2	8.2
98703	145531	291448	306647	536.6	310.7	210.7	105.2	5.6	6.1	8.6
7662.1	24915.8	58002.2	60361.0	612.2	300.2	156.4	104.6	6.0	6.0	5.1
44624.3	46217.5	52870.9	53082.1	174.2	119.0	114.9	100.4	1.8	0.9	1.6
450.8	441.7	749.2	637.7	294.3	141.5	144.4	85.1	3.5	1.8	4.2
1613.2	2954.8	2952.8	3154.3	604.5	195.5	106.8	106.8	6.0	3.6	0.7
5762.0	6828.0	12415.2	11558.7	547.4	200.6	169.3	93.1	5.6	3.7	6.0
1452.5	807.3	1004.4	717.9	265.7	49.4	88.9	71.5	3.2	-3.6	-1.3
54.0	68.3	125.8	135.9	507.1	251.6	198.9	108.1	5.4	5.0	7.9
1874.4	6225.1	19220.2	20395.5	3104.5	1088.1	327.6	106.1	11.7	13.4	14.1
	6013.9	7278.7	7649.7			127.2	105.1			2.7
	919.1	3781.5	3732.6			406.1	98.7			16.8
1237.0	3706.2	4895.6	5116.4	1099.5	413.6	138.0	104.5	8.0	7.8	3.6
10.80	13.84	28.02	29.73	481.1	275.3	214.8	106.1	5.2	5.5	8.9
13831	16300	19043	18949	182.1	137.0	116.3	99.5	2.0	1.7	1.7
153.0	272.0	803.0	852.7	621.0	557.4	313.5	106.2	6.1	9.5	13.5
6212	13556	34958	37147	1447.6	598.0	274.0	106.3	9.0	9.9	11.9
582	700	1433	1338	589.6	230.0	191.2	93.4	5.9	4.5	7.5
189	277	723	753	683.1	399.1	272.0	104.2	6.4	7.6	11.8
20971	59700	142356	164398	2519.9	783.9	275.4	115.5	11.0	11.4	11.9
6635	12850	50306	57218	1800.4	862.4	445.3	113.7	9.8	12.0	18.1
5153	13146	60460	69405	3143.4	1346.9	528.0	114.8	11.8	14.7	20.3
663	1443	4447	4974	12434075.0	750.5	344.7	111.8	46.0	11.2	14.7
463	1279	4800	5930	211801.8	1280.7	463.7	123.6	28.0	14.4	18.6
24	1827	8147	8078	40391250.0	33561.5	442.2	99.2	51.7	35.8	18.0
1033	3936	9187	9899	2604944.7	958.2	251.5	107.7	38.8	12.6	10.8
	85674	507448	548311							
	126211	431306	493693			391.2	114.5			16.4
	84152	500020	542522			644.7	108.5			23.0
	4393	30562	34542			786.2	113.0			25.7
1011	1994	3315	3673		363.4	184.2	110.8		7.0	7.0
1345	12498	62037	76808		5710.6	614.6	123.8		23.7	22.4

1-2 续表 2

指 标	Item	1978
交通运输业	**Transportation**	
客运量 (万人)	Passenger Traffic (10 000 persons)	253993
铁 路	Railways	81491
公 路	Highways	149229
水 运	Waterways	23042
民 航	Civil Aviation	231
货运量 (万吨)	Freight Traffic (10 000 tons)	248946
铁 路	Railways	110119
公 路	Highways	85182
水 运	Waterways	43292
民 航	Civil Aviation	6
管 道	Pipelines	10347
沿海规模以上港口货物吞吐量 (万吨)	Volume of Freight Handled at Coastal Ports above Designated Size (10 000 tons)	19834
邮电通信业	**Postal and Telecommunication Services**	
邮电业务总量 (亿元)	Business Volume of Postal and Telecommunication Services(100 million yuan)	34.1
函 件 (亿件)	Number of Letters Delivered (100 million pieces)	28.4
报刊期发数 (万份)	Number of Newspapers and Magazines Distributed (10 000 copies)	11250
移动电话年末用户 (万户)	Number of Mobile Telephone Subscribers at Year-end(10 000 subscribers)	
固定电话年末用户 (万户)	Number of Fixed Telephone Subscribers at Year-end (10 000 subscribers)	192.5
城市	Urban Telephone Subscribers	119.2
农村	Rural Telephone Subscribers	73.4
公用电话 (万户)	Public Telephone (10 000 Subscribers)	1.2
局用交换机容量 (万门)	Capacity of Local Telephone Exchanges (10 000 lines)	405.9
旅游业	**Tourism**	
入境旅游过夜者人数 (万人次)	Number of Tourists (Overnight Visitors) (10 000 person-times)	71.6
国际旅游外汇收入 (亿美元)	Foreign Exchange Earnings from International Tourism (USD 100 million)	2.6
金融业	**Financial Intermediation**	
金融机构人民币各项存款余额(亿元)	Deposits of National Banking System (100 million yuan)	1155
金融机构人民币各项贷款余额(亿元)	Loans of National Banking System (100 million yuan)	1890
股票筹资额 (亿元)	Raised Capital of Listed Companies (100 million yuan)	
保险公司保费金额 (亿元)	Insurance Premium of Insurance Companies (100 million yuan)	
保险公司赔款及给付金额 (亿元)	Indemnity Expenditure and Payment of Insurance Companies (100 million yuan)	
教育、科技、文化	**Education, Science and Technology and Culture**	
教育	**Education**	
专任教师数 (万人)	Full-time Teachers (10 000 persons)	
#普通高等学校	Institutions of Higher Education	20.6
普通中学	Secondary Schools	318.2
普通小学	Primary Schools	522.6
在校学生数 (万人)	Students Enrollment (10 000 persons)	
#普通高等学校	Institutions of Higher Education	85.6
普通中学	Secondary Schools	6548.3
普通小学	Primary Schools	14624.0
教育经费支出 (亿元)	Government Expenditures on Education (100 million yuan)	
科技	**Science and Technology**	
研究与试验发展经费内部支出(亿元)	Expenditures on Research and Development (100 million yuan)	
技术市场成交额 (亿元)	Volume of Transaction in Technical Markets (100 million yuan)	
文化	**Culture**	
图书出版总印数 (亿册、亿张)	Number of Books Published (100 million copies)	37.7
故事片产量 (部)	Production of Feature Films (film)	46
电视节目制作时间 (万小时)	Time for TV Programs Production (10 000 hours)	

continued

总量指标		Aggregate Data		速度指标(%)				Indices and Growth Rates(%)		
1990	2000	2008	2009	指数 Index (2009为以下各年) (2009 as Percentage of the Following Years)				平均增长速度 Average Annual Growth Rate		
				1978	1990	2000	2008	1979–2009	1991–2009	2001–2009
772682	1478573	2867892	2976898	1172.0	385.3	201.3	103.8	8.3	7.4	8.1
95712	105073	146193	152451	187.1	159.3	145.1	104.3	2.0	2.5	4.2
648085	1347392	2682114	2779081	1862.3	428.8	206.3	103.6	9.9	8.0	8.4
27225	19386	20334	22314	96.8	82.0	115.1	109.7	-0.1	-1.0	1.6
1660	6722	19251	23052	9979.2	1388.7	342.9	119.7	16.0	14.9	14.7
970602	1358682	2585937	2825222	1134.9	291.1	207.9	109.3	8.2	5.8	8.5
150681	178581	330354	333348	302.7	221.2	186.7	100.9	3.6	4.3	7.2
724040	1038813	1916759	2127834	2498.0	293.9	204.8	111.0	10.9	5.8	8.3
80094	122391	294510	318996	736.8	398.3	260.6	108.3	6.7	7.5	11.2
37	197	408	446	6960.9	1204.1	226.5	109.3	14.7	14.0	9.5
15750	18700	43906	44598	431.0	283.2	238.5	101.6	4.8	5.6	10.1
48321	125603	429599	475481	2397.3	984.0	378.6	110.7	10.8	12.8	15.9
155.5	4792.7	23649.5	27193.5	107060.2	23464.6	761.5	115.0	25.2	33.3	25.3
54.9	77.7	73.6	75.3	265.7	137.3	96.9	102.3	3.2	1.7	-0.3
20078	20090	15658	13910	123.6	69.3	69.2	88.8	0.7	-1.9	-4.0
1.8	8453.3	64124.5	74721.4		4083136.6	883.9	116.5		74.9	27.4
685.0	14482.9	34035.9	31373.2	16294.0	4579.8	216.6	92.2	17.9	22.3	9.0
538.4	9311.6	23155.9	21190.0	17784.3	3935.4	227.6	91.5	18.2	21.3	9.6
146.6	5171.3	10880.0	10183.2	13874.7	6947.2	196.9	93.6	17.2	25.0	7.8
4.6	352.0	2771.5	2708.8	232734.8	58828.1	769.5	97.7	28.4	39.9	25.4
1231.8	17825.6	50863.2	49265.6	12138.0	3999.4	276.4	96.9	16.7	21.4	12.0
1048.4	3122.9	5304.9	5087.5	7105.5	485.3	162.9	95.9	14.7	8.7	5.6
22.2	162.2	408.4	396.8	15085.6	1788.8	244.6	97.1	17.6	16.4	10.4
13943	123804	466203	597741	51752.5	4287.1	482.8	128.2	22.3	21.9	19.1
17511	99371	303468	399685	21147.4	2282.5	402.2	131.7	18.9	17.9	16.7
	2103	3852	4968			236.2	129.0			10.0
	1598	9784	11137			697.0	113.8			24.1
	526	2971	3125			594.1	105.2			21.9
39.5	46.3	123.7	129.5	628.6	327.8	279.8	104.7	6.1	6.4	12.1
303.3	400.5	494.4	500.7	157.4	165.1	125.0	101.3	1.5	2.7	2.5
558.2	586.0	562.2	563.3	107.8	100.9	96.1	100.2	0.2	0.05	-0.4
206.3	556.1	2021.0	2144.7	2505.5	1039.6	385.7	106.1	10.9	13.1	16.2
4586.0	7368.9	8050.5	7867.9	120.2	171.6	106.8	97.7	0.6	2.9	0.7
12241.4	13013.3	10331.5	10071.5	68.9	82.3	77.4	97.5	-1.2	-1.0	-2.8
	3849.1	14500.7								
	895.7	4616.0	5791.9			646.6	125.5			23.0
75.1	650.8	2665.2	3039.0		4046.6	467.0	114.0		21.5	18.7
56.4	62.7	70.6	70.4	186.7	124.8	112.3	99.7	2.0	1.2	1.3
134	91	406	456	991.3	340.3	501.1	112.3	7.7	6.7	19.6
9.2	58.5	264.2	265.4		2896.9	453.6	100.4		19.4	18.3

1-2 续表 3

指　标	Item	1978
家庭生活	**Family and People's Living Conditions**	
家庭	**Family**	
城镇居民平均每户家庭人口(人)	Average Household Size in Urban Areas (person)	
农村居民平均每户常住人口(人)	Average Household Size in Rural Areas (person)	
婚姻	**Marriages and Divorces**	
结婚登记总数 (万对)	Registered Number of Marriages (10 000 couples)	597.8
离婚数 (万对)	Number of Divorces (10 000 couples)	28.5
居住	**Housing**	
城市人均住宅建筑面积(平方米)	Per Capita Gross Living Space in Cities (sq.m)	6.7
农村居民人均住房面积(平方米)	Per Capita Net Floor Space of Rural Residents (sq.m)	8.1
生活		
城镇居民人均可支配收入 (元)	Per Capita Annual Disposable Income of Urban Households(yuan)	343
农村居民人均纯收入 (元)	Per Capita Net Income of Rural Residents (yuan)	134
城乡人民币储蓄存款余额(亿元)	Outstanding Amount of Saving Deposits in Urban and Rural Areas (100 million yuan)	211
社会保险	**Welfare and Social Insurance**	
社会保险基金收入 (亿元)	Revenue of Social Insurance Fund (100 million yuan)	
社会保险基金支出 (亿元)	Expenses of Social Insurance Fund (100 million yuan)	
卫生	**Health Care**	
医院、卫生院 (个)	Number of Hospitals and Health Centers (unit)	64311
执业(助理)医师 (万人)	Number of Licensed (Assistant) Doctors (10 000 persons)	97.8
医院、卫生院床位数 (万张)	Number of Beds of Hospitals and Health Centers (10 000 units)	184.7
城市市政建设	**Municipal Works**	
年供水总量 (亿吨)	Annual Supply of Tap Water (100 million tons)	78.8
人工煤气供气量 (亿立方米)	Volume of Coal Gas Supply (100 million cu.m)	
天然气供气量 (亿立方米)	Volume of Natural Gas Supply (100 million cu.m)	
年末实有道路长度 (万公里)	Length of Paved Roads at Year-end (10 000 km)	2.7
排水管道长度 (万公里)	Length of Sewer Pipelines (10 000 km)	2.0
年末公共交通运营数 (万辆)	Number of Public Vehicles in Operation at Year-end (10 000 units)	2.6
园林绿地面积 (万公顷)	Areas of Green Land (10 000 hectare)	8.2
环境、灾害	**Environment and Disaster**	
化学需氧量排放量 (万吨)	COD Discharge (10 000 tons)	
二氧化硫排放量 (万吨)	Sulphur Dioxide Emission (10 000 tons)	
交通事故发生数 (起)	Number of Traffic Accidents (unit)	
交通事故直接财产损失 (万元)	Loss of Traffic Accidents (10 000 yuan)	
火灾发生数 (起)	Number of Fire Disasters (unit)	
火灾直接经济损失 (万元)	Direct Economic Losses of Fire (10 000 yuan)	

注：1.本表价值指标除邮电业务总量按不变价格计算外，其余均按当年价格计算。邮电业务总量2000年及以前按1990年不变价格计算，以后按2000年不变价格计算。
2.本表速度指标中，国民总收入、国内生产总值及三次产业增加值、农林牧渔业总产值、邮电业务总量和城乡居民收入指标均按可比价格计算。固定资产投资平均增长速度按累计法计算。
3.2000年及以后保险业务包括外资公司。

continued

总量指标		Aggregate Data		速度指标(%)				Indices and Growth Rates(%)		
				指数 Index (2009为以下各年) (2009 as Percentage of the Following Years)				平均增长速度 Average Annual Growth Rate		
1990	2000	2008	2009	1978	1990	2000	2008	1979-2009	1991-2009	2001-2009
3.50	3.13	2.91	2.89		82.6	92.3	99.3		-1.0	-0.9
4.80	4.20	4.01	3.98		82.9	94.8	99.2		-1.0	-0.6
951.1	848.5	1098.3	1212.4	202.8	127.5	142.9	110.4	2.3	1.3	4.0
80.0	121.3	226.9	246.8	866.0	308.5	203.5	108.8	7.2	6.1	8.2
13.7	20.3									
17.8	24.8	32.4	33.6	414.8	188.8	135.5	103.6	4.7	3.4	3.4
1510	6280	15781	17175	895.4	452.0	233.4	109.8	7.3	8.3	9.9
686	2253	4761	5153	860.6	276.5	178.0	108.5	7.2	5.5	6.6
7120	64332	217885	260772	123823.2	3662.6	405.4	119.7	25.8	20.9	16.8
187	2645	13696	16116		8627.6	609.3	117.7		26.4	22.2
152	2386	9925	12303		8099.1	515.7	124.0		26.0	20.0
62126	66095	59572	59918	93.2	96.4	90.7	100.6	-0.2	-0.2	-1.1
176.3	207.6	220.2	232.9	238.1	132.1	112.2	105.8	2.8	1.5	1.3
259.2	290.8	374.8	408.1	220.9	157.4	140.3	108.9	2.6	2.4	3.8
382.3	469.0	500.1	496.7	630.3	129.9	105.9	99.3	6.1	1.4	0.6
174.7	152.4	355.8	361.6		207.0	237.3	101.6		3.9	10.1
64.2	82.1	368.0	405.1		631.0	493.4	110.1		10.2	19.4
9.5	16.0	26.0	26.9	997.6	283.2	168.1	103.6	7.7	5.6	5.9
5.8	14.2	31.5	34.4	1759.1	593.1	242.3	109.1	9.7	9.8	10.3
6.2	22.6	37.2	37.1	1435.8	598.4	164.2	99.8	9.0	9.9	5.7
47.5	86.5	174.7	199.3	2438.4	419.6	230.4	114.0	10.9	7.8	9.7
	1445	1321	1278			88.4	96.7			-1.4
	1995	2321	2214			111.0	95.4			1.2
250244	616971	265204	238351		95.2	38.6	89.9		-0.3	-10.0
35362	263290	100972	91437		258.6	34.7	90.6		5.1	-11.1
57302	189185	136835	129381		225.8	68.4	94.6		4.4	-4.1
51182	152217	182203	162391		317.3	106.7	89.1		6.3	0.7

a) Figures in value terms in this table are at current prices, except that on the business volume of postal and telecommunication services which is at 1990 constant prices before 2000 and at 2000 constant prices since 2000.

b) The indices and growth rates of the follow indicators are calculated at constant prices: gross national income, gross domestic product, value-added of the three strata of industry, gross output value of agriculture, forestry, animal husbandry and fishery, business volume of postal and telecommunication services, per capita income of urban and rural residents. The average annual growth rate of total investment in fixed assets is calculated at the accumulate method.

c) Insurance business includes foreign insurance companies since 2000.

1-3 国民经济和社会发展结构指标
Composition Indicators on National Economic and Social Development

单位：% (%)

指 标	Item	1978	1990	2000	2009
人口与就业	**Population and Employment**				
人口	**Population**				
性别结构	Sexual Composition				
男	Male	51.5	51.5	51.6	51.4
女	Female	48.5	48.5	48.4	48.6
城乡结构	Urban and Rural Composition				
城镇	Urban	17.9	26.4	36.2	46.6
乡村	Rural	82.1	73.6	63.8	53.4
就业	**Employment**				
产业结构	Industrial Composition				
第一产业	Primary Industry	70.5	60.1	50.0	38.1
第二产业	Secondary Industry	17.3	21.4	22.5	27.8
第三产业	Tertiary Industry	12.2	18.5	27.5	34.1
宏观经济	**Macro Economy**				
国民经济核算	**National Accounting**				
国内生产总值产业结构	Industrial Composition				
第一产业	Primary Industry	28.2	27.1	15.1	10.3
第二产业	Secondary Industry	47.9	41.3	45.9	46.3
第三产业	Tertiary Industry	23.9	31.6	39.0	43.4
固定资产投资	**Investment in Fixed Assets**				
全社会固定资产投资结构	Composition of Total Investment in Fixed Assets				
城镇	Urban		72.5	79.7	86.3
农村	Rural		27.5	20.3	13.7
资金来源结构	Composition of Funding Sources				
国家预算内资金	State Budget		8.7	6.4	5.1
国内贷款	Domestic Loans		19.6	20.3	15.7
利用外资	Foreign Investment		6.3	5.1	1.8
自筹和其他投资	Self-raising Funds and Other Investments		65.4	68.2	77.4
货物进出口	**Imports and Exports of Goods**				
出口货物结构	Composition of Exports				
初级产品	Primary Goods		25.6	10.2	5.3
工业制成品	Manufactured Goods		74.4	89.8	94.7
进口货物结构	Composition of Imports				
初级产品	Primary Goods		18.5	20.8	28.8
工业制成品	Manufactured Goods		81.5	79.2	71.2
利用外资	**Utilization of Foreign Capital**				
实际利用外资结构	Composition of Foreign Capital Actually Utilized				
对外借款	Loans from Abroad		63.5	16.8	
外商直接投资	Foreign Direct Investment		33.9	68.6	98.1
外商其他投资	Other Foreign Investment		2.6	14.6	1.9
财政	**Government Finance**				
财政收入结构	Composition of Government Revenue				
中央	Central Government	15.5	33.8	52.2	52.4
地方	Local Governments	84.5	66.2	47.8	47.6
财政支出结构	Composition of Government Expenditure				
中央	Central Government	47.4	32.6	34.7	20.0
地方	Local Governments	52.6	67.4	65.3	80.0
能源	**Energy**				
能源生产总量结构	Composition of Total Energy Production				
原煤	Coal	70.3	74.2	73.2	77.3
原油	Crude Oil	23.7	19.0	17.2	9.9
天然气	Natural Gas	2.9	2.0	2.7	4.1
水电、核电、风电	Hydro-power, Nuclear Power, Wind Power	3.1	4.8	6.9	8.7

1-3 续表 1 continued

单位：% (%)

指　　标	Item	1978	1990	2000	2009
能源消费总量结构	Composition of Total Energy Consumption				
煤炭	Coal	70.7	76.2	69.2	70.4
石油	Petroleum	22.7	16.6	22.2	17.9
天然气	Natural Gas	3.2	2.1	2.2	3.9
水电、核电、风电	Hydro-power, Nuclear Power, Wind Power	3.4	5.1	6.4	7.8
产　业	**Industry**				
农业	**Agriculture**				
农林牧渔业产值结构	Composition of Gross Output Value of Agriculture				
#农业	Farming	80.0	64.7	55.7	50.7
林业	Forestry	3.4	4.3	3.8	3.9
牧业	Animal Husbandry	15.0	25.7	29.7	32.3
渔业	Fishery	1.6	5.4	10.9	9.3
工业	**Industry**				
工业企业资产结构	Composition of Capital of Industrial Enterprises				
大型企业	Large Enterprises			56.3	39.1
中型企业	Medium-sized Enterprises			12.9	32.0
小型企业	Small Enterprises			30.8	28.9
建筑业	**Construction**				
建筑业总产值结构	Composition of Gross Output Value of Construction Industry				
国有企业	State-owned Enterprise		69.5	40.4	19.8
集体企业	Collective-owned Enterprises		30.5	32.3	4.3
港澳台商投资企业	Enterprises with Funds from Hong Kong, Macao & Taiwan			0.8	0.4
外商投资企业	Foreign Funded Enterprises			0.5	0.5
其他	Other Enterprises			25.9	75.0
交通运输业	**Transportation**				
货运量结构	Composition of Freight Traffic				
铁　路	Railways	44.2	15.5	13.1	11.8
公　路	Highways	34.2	74.6	76.5	75.3
水　运	Waterways	17.4	8.3	9.0	11.3
民　航	Civil Aviation	0.003	0.004	0.014	0.016
管道输油(气)	Pipelines	4.2	1.6	1.4	1.6
旅游业	**Tourism**				
来华旅游人数结构	Composition of Tourists Visiting China				
外国人	Foreigners	12.7	6.4	12.2	17.3
港澳同胞	Hong Kong and Macao Compatriots	} 86.3	89.9	84.0	79.1
台湾同胞	Taiwan Compatriots		3.5	3.7	3.5
金融业	**Financial Intermediation**				
金融机构资金来源结构	Composition of Sources of Funds in Financial Institutions				
各项存款	Deposits			91.4	87.7
金融债券	Financial Bonds				2.4
对国际金融机构负债	Liability to International Financial Institutions			0.3	0.1
流通中现金	Currency in Circulation			10.8	5.6
其他	Others			-2.5	4.2
金融机构资金运用结构	Composition of Fund Uses in Financial Institutions				
各项贷款	Loans			73.3	58.6
有价证券及投资	Portfolio and Investment			14.5	12.7
金银占款	Position for Bullion and Silver Purchase				0.1
外汇占款	Position for Foreign Exchange			10.5	28.3
财政借款	Advances to Treasury			1.2	
在国际金融机构资产	Assets with International Financial Institutions			0.4	0.3

1-3 续表 2 continued

单位：%					(%)
指　　标	Item	1978	1990	2000	2009
教育、科技、文化	**Education, Science and Culture**				
教育	**Education**				
普通学校专任教师结构	Composition of Full-time Teachers in Regular Schools				
大学	Colleges and Universities	2.4	4.4	4.5	10.9
中学	Secondary Schools	36.9	33.7	38.8	41.9
小学	Primary Schools	60.7	62.0	56.7	47.2
普通学校在校学生结构	Composition of Student Enrollment in Regular Schools				
大学生	College and University Students	0.4	1.2	2.7	10.7
中学生	Secondary School Students	30.8	26.9	35.2	39.2
小学生	Primary School Students	68.8	71.9	62.2	50.1
科技	**Science and Technology**				
研究与试验发展经费内部支出结构	Composition of Intramural Expenditure on R&D				
基础研究	Basic Research			5.2	4.6
应用研究	Applied Research			17.0	12.5
试验发展	Experimental Development			77.8	82.9
生活、环境保护	**People's Living Conditions and Environment**				
生活	**People's Living Conditions**				
城镇居民消费结构	Consumption Composition of Urban Residents				
食品	Food		54.3	39.4	36.5
衣着	Clothing		13.4	10.0	10.5
居住	Residence		7.0	11.3	10.0
家庭设备用品及服务	Household Facilities, Articles and Services		10.1	7.5	6.4
医疗保健	Health Care and Medical Services		2.0	6.4	7.0
交通通信	Transport and Communications		1.2	8.5	13.7
教育文化娱乐服务	Education, Cultural and Recreation Services		11.1	13.4	12.0
杂项商品与服务	Miscellaneous Goods and Services		0.9	3.4	3.9
农村居民消费结构	Consumption Composition of Rural Residents				
食品	Food		58.8	49.1	41.0
衣着	Clothing		7.8	5.7	5.8
居住	Residence		17.3	15.5	20.2
家庭设备用品及服务	Household Facilities, Articles and Services		5.3	4.5	5.1
交通通讯	Transport and Telecommunications		1.4	5.6	10.1
文教娱乐用品及服务	Education, Cultural and Recreation and Services		5.4	11.2	8.5
医疗保健	Health Care and Medical Services		3.3	5.2	7.2
其他商品及服务	Other Goods and Services		0.7	3.1	2.1
卫生	**Health Care**				
卫生技术人员结构	Composition of Medical Technical Personnel				
#执业(助理)医师	Licensed (Assistant) Doctors	39.7	45.2	46.2	42.1
注册护士	Registered Nurses	16.4	25.0	28.2	33.5
药师(士)	Pharmacist	10.8	10.4	9.2	6.2
检验技师(士)	Laboratory Technician	4.0	4.4	4.5	4.0
环境保护	**Environment**				
工业污染治理投资结构	Composition of Investment in the Treatment of Industrial Pollution				
治理废水	Waste Water Treatment			46.7	33.8
治理废气	Waste Gas Treatment			38.7	52.5
治理固体废物	Solid Waste Treatment			4.9	4.9
治理噪声	Noise Abatement			0.6	0.3
其他	Others			9.1	8.5

1-4 国民经济和社会发展比例和效益指标
Indicators on National Economic and Social Development

指 标	Item	1978	1990	2000	2009
人口与就业	**Population and Employment**				
出生率 (‰)	Birth Rate (‰)	18.25	21.06	14.03	12.13
死亡率 (‰)	Death Rate (‰)	6.25	6.67	6.45	7.08
自然增长率 (‰)	Natural Growth Rate (‰)	12.00	14.39	7.58	5.05
城镇登记失业率 (%)	Registered Unemployment Rate in Urban Areas (%)	5.3	2.5	3.1	4.3
国民经济核算	**National Accounting**				
人均国内生产总值 (元)	Per Capita GDP (yuan)	381	1644	7858	25575
固定资产投资	**Investment in Fixed Assets**				
全社会固定资产投资相当于国内生产总值比例 (%)	Proportion of Investment in Fixed Assets to GDP (%)		24.2	33.2	66.0
全社会房屋建筑面积竣工率 (%)	Rate of Total Floor Space of Buildings Completed(%)		78.7	68.6	40.1
消费	**Consumption**				
人均社会消费品零售额 (元)	Per Capita Retail Sales of Consumer Goods (yuan)	163	731	3097	9965
对外贸易	**Foreign Trade**				
进出口总额相当于国内生产总值比例 (%)	Proportion of Total Value of Imports & Exports to GDP (%)	9.7	29.8	39.6	44.2
财政	**Government Finance**				
国家财政收入相当于国内生产总值比例(%)	Proportion of Government Revenue to GDP (%)	31.1	15.7	13.5	20.1
国家财政支出相当于国内生产总值比例(%)	Proportion of Government Expenditure to GDP (%)	30.8	16.5	16.0	22.4
外债	**Foreign Debts**				
偿债率 (%)	Debt Service Ratio (%)		8.7	9.2	2.9
负债率 (%)	Liability Ratio (%)		13.5	13.5	8.7
债务率 (%)	Foreign Debt Ratio (%)		91.6	52.1	32.2
能源	**Energy**				
能源生产弹性系数	Elasticity Ratio of Energy Production		0.58	0.28	0.59
电力生产弹性系数	Elasticity Ratio of Electricity Production		1.63	1.12	0.78
能源消费弹性系数	Elasticity Ratio of Energy Consumption		0.47	0.42	0.57
电力消费弹性系数	Elasticity Ratio of Electricity Consumption		1.63	1.13	0.79
单位国内生产总值能耗(吨标准煤/万元)	Energy Consumption per Unit of GDP (ton of SCE/ 10 000 yuan)				1.077
农业	**Agriculture**				
每公顷播种面积农产品产量 (公斤)	Output of Farm Crops per Hectare of Sown Area(kg)				
粮食	Grain	2527	3933	4261	4871
棉花	Cotton	445	807	1093	1288
油料	Oil-bearing Crops	839	1480	1919	2310
工业	**Industry**				
总资产贡献率 (%)	Ratio of Total Assets to Industrial Output Value (%)			9.00	13.44
资产负债率 (%)	Assets-Liability Ratio (%)			60.81	57.88
流动资产周转次数 (次/年)	Number of Times of Annual of Turnover Circulating Funds (times/year)			1.62	2.43
成本费用利润率 (%)	Ratio of Profits to Industrial Cost (%)			5.56	6.91
产品销售率 (%)	Proportion of Products Sold (%)			97.67	97.78

注：计算单位能耗的国内生产总值按2005年不变价计算。
a) The national energy consumption for unit GDP is calculated at the 2005 constant price.

1-4 续表 continued

指 标	Item	1978	1990	2000	2009
建筑业	**Construction**				
建筑业劳动生产率 (元/人)(按增加值计算)	Overall Labor Productivity (yuan/person) (in terms of value-added per employee)			15929	37640
技术装备率 (元/人)	Value of Machinery per Laborer (yuan/person)		2467	6304	10088
产值利税率 (%)	Ratio of Pre-tax Profits to Gross Output Value (%)		5.1	4.6	7.0
交通运输业	**Transportation**				
铁路网密度 (公里/万平方公里)	Railway Density (km/10 000 sq.km)	53.9	60.3	71.6	89.1
公路网密度 (公里/万平方公里)	Highway Density (km/10 000 sq.km)	927	1071	1461	4022
邮电通信业	**Postal and Telecommunication Services**				
电话普及率(含移动电话) (部/百人)	Access to Telephones (include mobile phone) (set/100 persons)			19.1	79.9
移动电话普及率 (部/百人)	Access to Mobile Phones (set/100 persons)			6.8	56.3
旅游业	**Tourism**				
每一来华游客花费 (美元)	Expenditure per International Tourist in China(USD)		81	194	314
国内旅游人均花费 (元)	Expenditure per Domestic Tourist (yuan)			427	535
金融业	**Financial Intermediation**				
金融机构存款相当于国内生产总值比例 (%)	Deposits of Financial Institutions as Percentage of GDP (%)	31.7	74.7	124.8	175.5
金融机构贷款相当于国内生产总值比例 (%)	Loans of Financial Institutions as Percentage of GDP (%)	51.9	93.8	100.2	117.4
金融机构现金支出相当于收入比例 (%)	Proportion of Cash Outlay to Cash Receipt in Financial Institutions (%)	101.2	101.7	100.4	100.5
教育	**Education**				
高中升学率 (%)	Promotion Rate from Senior Secondary Schools to Higher Education (%)		27.3	73.2	77.6
初中升学率 (%)	Promotion Rate from Junior Secondary Schools to Senior Secondary Schools (%)	40.9	40.6	51.2	85.6
小学升学率 (%)	Promotion Rate from Primary Schools to Junior Secondary Schools (%)	87.7	74.6	94.9	99.1
学龄儿童净入学率 (%)	Net Enrollment Ratio of Primary Schools (%)	95.5	97.8	99.1	99.4
科技	**Science and Technology**				
研究与试验发展经费内部支出相当于国内生产总值比例 (%)	R&D Expenditure as Percentage of GDP (%)			0.90	1.70
卫生	**Health Care**				
每万人口执业(助理)医师数 (人)	Number of Licensed (Assistant) Doctors per 10 000 Population (person)	10.8	15.6	16.8	17.5
每万人口医院、卫生院床位数 (张)	Number of Beds of Hospitals and Health Centers per 10 000 Population (bed)	19.3	23.2	23.8	30.6
医疗机构病床使用率 (%)	Beds Utilization Rate of Medical Organizations (%)		80.9	60.8	77.7
城市市政建设	**Municipal Works**				
用水普及率 (%)	Percentage of Population with Access to Tap Water (%)		48.0	63.9	96.1
燃气普及率 (%)	Percentage of City Population with Access to Gas (%)		19.1	45.4	91.4
人均公园绿地面积 (平方米)	Per Capita Public Green Area (sq.m)		1.8	3.7	10.7

1-5 平均每天主要社会经济活动
Selected Indicators on Average Daily Social and Economic Activities

指标	Item	1978	1990	2000	2009
每天创造的财富	**Daily Production**				
国民总收入 (亿元)	Gross National Income (100 million yuan)	10.0	51.3	268.5	941.0
国内生产总值	Gross Domestic Product	10.0	51.1	271.8	932.9
第一产业	Primary Industry	2.8	13.9	40.9	96.5
第二产业	Secondary Industry	4.8	21.1	124.8	431.9
第三产业	Tertiary Industry	2.4	16.1	106.1	404.5
国家财政收入 (亿元)	Government Revenue (100 million yuan)	3.1	8.0	36.7	187.7
国家财政支出 (亿元)	Government Expenditures (100 million yuan)	3.1	8.4	43.5	209.0
粮食 (万吨)	Grain (10 000 tons)	83.5	122.3	126.6	145.4
棉花 (万吨)	Cotton (10 000 tons)	0.6	1.2	1.2	1.7
油料 (万吨)	Oil-bearing Crops (10 000 tons)	1.4	4.4	8.1	8.6
肉类 (万吨)	Meat (10 000 tons)			16.5	21.0
奶类 (万吨)	Milk (10 000 tons)			2.5	10.2
水产品 (万吨)	Aquatic Products (10 000 tons)	1.3	3.4	10.2	14.0
原煤 (万吨)	Coal (10 000 tons)	169	296	379	815
原油 (万吨)	Crude Oil (10 000 tons)	28.5	37.9	44.7	51.9
天然气 (万立方米)	Natural Gas (10 000 cu.m)	3762	4191	7452	23362
发电量 (亿千瓦小时)	Electricity (100 million kwh)	7.0	17	37	101.8
水泥 (万吨)	Cement (10 000 tons)	17.9	57.5	163.6	450.4
粗钢 (万吨)	Crude Steel (10 000 tons)	8.7	18.2	35.2	156.8
钢材 (万吨)	Rolled Steel (10 000 tons)	6.0	14.1	36.0	190.2
每天消费量	**Daily National Consumption**				
最终消费支出 (亿元)	Final Consumption Expenditure (100 million yuan)	6.1	33.1	168.5	453.5
居民消费	Resident Consumption	4.8	25.9	125.6	331.9
政府消费	Government Consumption Expenditure	1.3	7.2	42.9	121.6
能源消费量 (万吨标准煤)	Energy Consumption (10 000 tons of SCE)	157	270.4	398.7	840.1
社会消费品零售总额 (亿元)	Total Retail Sales of Consumer Goods (100 million yuan)	4.3	22.7	107.1	363.5
每天其他经济活动	**Other Daily Economic Activities**				
资本形成总额 (亿元)	Gross Capital Formation (100 million yuan)	3.8	18.5	95.5	450.6
固定资产形成总额	Gross Fixed Capital Formation	2.9	13.2	92.7	429.3
存货增加	Changes in Inventories	0.8	5.3	2.7	21.3
全社会固定资产投资总额 (亿元)	Total Investment in Fixed Assets (100 million yuan)		12.4	90.2	615.3
城镇	Urban		9.0	71.8	531.3
农村	Rural		3.4	18.3	84.1
能源生产总量 (万吨标准煤)	Total Energy Production (10 000 tons of SCE)	172.0	284.7	370.0	752.4
客运量 (万人)	Passenger Traffic (10 000 persons)	696	2116.9	4050.9	8155.9
货运量 (万吨)	Freight Traffic (10 000 tons)	682	2659.2	3722.4	7740.3
邮电业务总量 (亿元)	Business Volume of Postal and Telecommunication Services (100 million yuan)	0.1	0.4	13.1	74.5
货物进出口总额 (亿美元)	Total Value of Imports and Exports (USD 100 million)	0.6	3.2	13.0	60.5
出口总额	Total Exports	0.3	1.7	6.8	32.9
进口总额	Total Imports	0.3	1.5	6.2	27.6
外商直接投资 (亿美元)	Foreign Direct Investments (USD 100 million)		0.1	1.1	2.5
国际旅游外汇收入 (亿美元)	Foreign Exchange Earnings from International Tourism (USD 100 million)	0.01	0.1	0.4	1.1
每天人口变动和婚姻	**Daily Population Changes and Marriages**				
出生 (万人)	Births (10 000 persons)	4.8	6.6	4.9	4.4
死亡 (万人)	Deaths (10 000 persons)	1.6	2.1	2.2	2.6
结婚 (万对)	Marriages (10 000 couples)	1.6	2.6	2.3	3.3
离婚 (对)	Divorces (couples)	781	2192	3323	6762

注：本表价值指标除邮电业务总量按不变价格计算外，其余均按当年价格计算。邮电业务总量2000年及以前按1990年不变价格计算，2001年起按2000年不变价格计算。

a) Figures in value terms in this table are at current prices, except that on the business transaction of postal and telecommunication services which is at 1990 constant prices before 2000 and at 2000 constant prices since 2000.

1-6 按区域分的国民经济和社会发展主要指标（2009年）

指　　标	Item	全国总计 National Total
自然资源	**Natural Resources**	
土地面积 (万平方公里)	Area of Land (10 000 sq.km)	960.0
人口	**Population**	
年底总人口 (万人)	Population at Year-end (10 000 persons)	133474.0
劳动就业	**Employment**	
城镇就业人员 (万人)	Number of Employed Persons in Urban Area (10 000 persons)	31120.0
城镇登记失业率 (%)	Registered Unemployment Rate in Urban Area (%)	4.3
国民经济核算	**National Accounting**	
国内(地区)生产总值 (亿元)	Gross Domestic Product (100 million yuan)	340506.9
第一产业	Primary Industry	35226.0
第二产业	Secondary Industry	157638.8
#工业	Industry	135239.9
第三产业	Tertiary Industry	147642.1
人均国内(地区)生产总值 (元)	Per Capita Gross Domestic Product (yuan)	25575
固定资产投资	**Investment in Fixed Assets**	
全社会固定资产投资总额 (亿元)	Total Investment in Fixed Assets (100 million yuan)	224598.8
#房地产开发	Real Estate Development	36241.8
国内商业	**Domestic Trade**	
社会消费品零售总额 (亿元)	Total Retail Sales of Consumer Goods (100 million yuan)	132678.4
对外贸易	**Foreign Trade**	
货物进出口总额 (亿美元)	Total Value of Imports and Exports(100 million USD)	22075.4
出口额	Exports	12016.1
进口额	Imports	10059.2
财政	**Government Finance**	
地方财政收入 (亿元)	Local Governments Revenue (100 million yuan)	32602.6
地方财政支出 (亿元)	Local Governments Expenditure (100 million yuan)	61044.1
物价	**Price Indices**	
居民消费价格总指数(上年=100)	Consumer Price Index (preceding year=100)	99.3
农业	**Agriculture**	
主要农产品产量 (万吨)	Output of Major Farm Products (10 000 tons)	
粮食	Grain	53082.1
棉花	Cotton	637.7
油料	Oil-bearing Crops	3154.3

Main Indicators of National Economic and Social Development by Eastern, Central, Western and Northeastern Provinces (2009)

东部地区 Eastern Provinces		中部地区 Central Provinces		西部地区 Western Provinces		东北地区 Northeastern Provinces	
绝对数 Absolute Figures	占全国比重 (%) As Percentage of National Total	绝对数 Absolute Figures	占全国比重 (%) As Percentage of National Total	绝对数 Absolute Figures	占全国比重 (%) As Percentage of National Total	绝对数 Absolute Figures	占全国比重 (%) As Percentage of National Total
91.6	9.5	102.8	10.7	686.7	71.5	78.8	8.2
48442.9	36.8	35603.5	27.0	36729.7	27.9	10884.6	8.3
10962.8	49.0	4458.9	19.9	4760.0	21.3	2180.3	9.7
3.2		3.9		4.0		4.0	
196674.4	53.8	70577.6	19.3	66973.5	18.3	31078.2	8.5
12875.1	36.5	9606.3	27.3	9198.3	26.1	3549.8	10.1
97050.1	53.9	35554.2	19.8	31782.9	17.7	15509.0	8.6
86695.7	55.0	30683.5	19.5	26588.3	16.9	13530.0	8.6
86749.2	57.8	25417.0	16.9	25992.3	17.3	12019.5	8.0
40800		19862		18286		28566	
95548.0	43.7	49851.8	22.8	49686.3	22.7	23732.9	10.8
18462.1	50.9	6620.4	18.3	7198.1	19.9	3961.2	10.9
71058.5	53.6	26409.7	19.9	23038.7	17.4	12171.7	9.2
19470.5	88.2	779.0	3.5	916.7	4.2	909.1	4.1
10610.4	88.3	419.1	3.5	520.4	4.3	466.2	3.9
8860.1	88.1	359.9	3.6	396.3	3.9	442.8	4.4
18786.6	57.6	5039.6	15.5	6056.4	18.6	2720.0	8.3
24951.5	40.9	12473.1	20.4	17580.1	28.8	6039.3	9.9
99.0		99.4		100.3		100.1	
13817.4	26.0	16615.2	31.3	14245.4	26.8	8404.0	15.8
188.4	29.5	176.5	27.7	272.5	42.7	0.3	0.05
809.0	25.6	1385.7	43.9	825.7	26.2	133.9	4.2

1-6 续表

指　　标		Item		全国总计 National Total
工业		**Industry**		
主要工业产品产量		Output of Major Industrial Products		
原煤	(亿吨)	Coal	(100 million tons)	29.7
原油	(万吨)	Crude Oil	(10 000 tons)	18949.0
发电量	(亿千瓦小时)	Electricity	(100 million kwh)	37146.5
粗钢	(万吨)	Crude Steel	(10 000 tons)	57218.2
水泥	(万吨)	Cement	(10 000 tons)	164397.8
交通运输业		**Transportation**		
铁路营业里程	(公里)	Length of Railways in Operation	(km)	85518
公路里程	(公里)	Length of Highways	(km)	3860823
#高速公路		Expressways		65055
旅客周转量	(亿人公里)	Total Passenger-kilometer	(100 million person-km)	24834.9
货物周转量	(亿吨公里)	Total Freight Ton-kilometer	(100 million ton-km)	122133.3
邮电通信业		**Postal and Telecommunication Services**		
邮电业务总量	(亿元)	Total Business Revenue	(100 million yuan)	27193.5
教育		**Education**		
普通高等学校		Regular Institutions of Higher Education		
学校数	(个)	Number of Institutions	(unit)	2305
招生数	(万人)	New Student Enrollment	(10 000 persons)	639.5
在校学生数	(万人)	Student Enrollment	(10 000 persons)	2144.7
毕业生数	(万人)	Number of Graduates	(10 000 persons)	531.1
卫生		**Health Care**		
卫生机构数	(个)	Number of Health Care Institutions	(unit)	916571
#医院、卫生院		Hospitals and Health Centers		59918
卫生技术人员	(万人)	Medical Technical Personnel	(10 000 persons)	553.5
#执业(助理)医师		Licensed (Assistant) Doctors		232.9
医疗机构床位数	(万张)	Number of Hospital Beds	(10 000 beds)	441.7
#医院、卫生院		Hospitals and Health Centers		408.1
人民生活		**People's Living Conditions**		
城镇居民可支配收入	(元)	Per Capita Disposable Income of Urban Households(yuan)		17175
农村居民人均纯收入	(元)	Per Capita Net Income of Rural Households	(yuan)	5153

注：本表中涉及分地区数据相加不等于全国总计的指标，在计算东、中、西和东北地区占全国的比重时，分母为31个省(区、市)相加的合计数。

continued

东部地区 Eastern Provinces		中部地区 Central Provinces		西部地区 Western Provinces		东北地区 Northeastern Provinces	
绝对数 Absolute Figures	占全国比重 (%) As Percentage of National Total	绝对数 Absolute Figures	占全国比重 (%) As Percentage of National Total	绝对数 Absolute Figures	占全国比重 (%) As Percentage of National Total	绝对数 Absolute Figures	占全国比重 (%) As Percentage of National Total
2.8	9.6	10.6	35.9	14.1	47.8	2.0	6.7
7280.9	38.4	555.4	2.9	5472.1	28.9	5640.6	29.8
15269.6	41.1	8628.4	23.2	10821.3	29.1	2427.3	6.5
31771.9	55.5	11855.3	20.7	7418.2	13.0	6172.9	10.8
69033.8	42.0	42764.8	26.0	41611.0	25.3	10988.2	6.7
19144	22.4	19721	23.1	32754	38.3	13899	16.3
970830	25.1	1044440	27.1	1504532	39.0	341017	8.8
23834	36.6	17546	27.0	18589	28.6	5087	7.8
8378.7	39.0	6232.4	29.0	5115.2	23.8	1733.5	8.1
60506.9	54.5	22279.9	20.1	17732.6	16.0	10565.9	9.5
14161.6	52.1	4951.9	18.2	5891.8	21.7	2188.2	8.0
915	39.7	596	25.9	554	24.0	240	10.4
257.2	40.2	179.0	28.0	143.5	22.4	59.7	9.3
876.1	40.9	585.3	27.3	474.0	22.1	209.2	9.8
221.1	41.6	148.9	28.0	110.2	20.8	50.8	9.6
298988	32.6	262433	28.6	280053	30.6	75097	8.2
16728	27.9	15488	25.8	22562	37.7	5140	8.6
221.0	39.9	140.6	25.4	138.5	25.0	53.4	9.7
91.3	39.2	58.3	25.0	60.2	25.9	23.0	9.9
163.7	37.1	113.6	25.7	119.8	27.1	44.6	10.1
150.2	36.8	104.9	25.7	112.1	27.5	40.9	10.0
20953		14367		14213		14324	
7156		4793		3816		5457	

a) As the sum of some indicators by region is different from the national total, while calculating the percentage of eastern, central, western and northeastern provinces to all country, the denominator is the sum of 31 provinces, autonomous regions and municipalities.

1-7 人均主要工农业产品产量
Per Capita Output of Major Industrial and Agricultural Products

年份 Year	粮食 (公斤) Grain (kg)	棉花 (公斤) Cotton (kg)	油料 (公斤) Oil-bearing Crops (kg)	糖料 (公斤) Sugar Crops (kg)	茶叶 (公斤) Tea (kg)	水果 (公斤) Fruits (kg)	猪牛羊肉 (公斤) Pork, Beef and Mutton (kg)	水产品 (公斤) Aquatic Products (kg)
1978	318.74	2.27	5.46	24.91	0.28	6.87	9.05	4.87
1980	326.69	2.76	7.84	29.67	0.31	6.92	12.28	4.58
1985	360.70	3.95	15.02	57.53	0.41	11.07	16.75	6.71
1986	367.00	3.32	13.81	54.86	0.43	12.63	17.97	7.72
1987	371.74	3.92	14.09	51.20	0.47	15.39	18.32	8.81
1988	357.73	3.77	11.98	56.17	0.50	15.12	19.91	9.63
1989	364.32	3.39	11.58	51.88	0.48	16.38	20.79	10.30
1990	393.10	3.97	14.21	63.55	0.48	16.51	22.14	10.90
1991	378.26	4.93	14.24	73.16	0.47	18.91	23.67	11.74
1992	379.97	3.87	14.09	75.61	0.48	20.95	25.24	13.37
1993	387.37	3.17	15.31	64.70	0.51	25.55	27.37	15.47
1994	373.46	3.64	16.69	61.63	0.49	29.36	30.98	17.98
1995	387.28	3.96	18.68	65.90	0.49	34.98	27.42	20.89
1996	414.39	3.45	18.16	68.66	0.49	38.21	30.35	27.01
1997	401.74	3.74	17.54	76.31	0.50	41.37	34.55	25.35
1998	412.50	3.62	18.63	78.83	0.54	43.91	37.02	27.24
1999	405.82	3.06	20.76	66.53	0.54	49.79	38.02	28.50
2000	366.04	3.50	23.40	60.47	0.54	49.30	37.57	29.35
2001	355.89	4.19	22.53	68.05	0.55	52.35	37.99	29.85
2002	356.96	3.84	22.63	80.39	0.58	54.30	38.49	30.89
2003	334.29	3.77	21.82	74.83	0.60	112.68	39.50	31.64
2004	362.22	4.88	23.66	73.84	0.64	118.36	40.39	32.76
2005	371.26	4.38	23.60	72.50	0.72	123.65	41.98	33.90
2006	379.89	5.75	20.14	79.78	0.78	130.45	42.65	34.96
2007	380.61	5.78	19.49	92.48	0.88	137.62	40.09	36.02
2008	399.13	5.66	22.29	101.31	0.95	145.10	42.38	36.96
2009	398.70	4.79	23.69	92.21	1.02	153.19	44.43	38.43

注：1.本表计算中所使用的人口数字为年平均人口数（下表同）；2003年起水果产量含果用瓜。
2.2000-2006年猪牛羊肉数据、1997-2006年水产品数据根据农业普查结果进行了修订。

a) Population data calculated in the table refer to the annual average population. The same applies to the tables following. Since 2003, the output of fruits includes that of fruit melons.

b) Data of pork, beef and mutton from 2000 to 2006, aquatic products from 1997 to 2006 were adjusted according to the Second National Agricultural Census in 2006.

1-7 续表 continued

年份 Year	布 (米) Cloth (m)	机制纸及纸板 (公斤) Machine-made Paper and Paperboard (kg)	纱 (公斤) Yarn (kg)	原煤 (吨) Coal (ton)	原油 (公斤) Crude Oil (kg)	发电量 (千瓦小时) Electricity (kwh)	粗钢 (公斤) Crude Steel (kg)	水泥 (公斤) Cement (kg)
1978	11.54	4.59	2.49	0.65	108.82	268.36	33.24	68.23
1980	13.73	5.45	2.98	0.63	107.98	306.35	37.83	81.39
1985	13.96	8.67	3.36	0.83	118.83	390.76	44.52	138.86
1986	15.44	9.36	3.73	0.84	122.51	421.36	48.93	155.66
1987	15.96	10.53	4.03	0.86	123.74	458.75	51.92	171.81
1988	17.06	11.53	4.23	0.89	124.41	494.90	53.95	190.75
1989	16.92	11.92	4.26	0.94	123.04	522.78	55.05	187.99
1990	16.63	12.08	4.07	0.95	121.84	547.22	58.45	184.74
1991	15.79	12.85	4.00	0.94	122.52	588.77	61.70	219.51
1992	16.37	14.81	4.31	0.96	121.97	647.18	69.47	264.57
1993	17.23	16.24	4.26	0.98	123.25	712.34	76.00	312.18
1994	17.73	17.94	4.11	1.04	122.57	778.72	77.70	353.39
1995	21.59	23.34	4.50	1.13	124.54	835.81	79.15	394.74
1996	17.17	21.67	4.21	1.15	129.22	888.10	83.15	403.42
1997	20.23	22.22	4.55	1.13	130.68	923.16	88.57	416.02
1998	19.40	17.11	4.36	1.07	129.61	939.48	93.05	431.50
1999	19.94	17.22	4.52	1.09	127.63	988.60	99.12	457.09
2000	21.94	19.70	5.20	1.10	129.09	1073.62	101.77	472.82
2001	22.80	29.70	5.98	1.16	128.91	1164.29	119.22	519.75
2002	25.18	36.45	6.64	1.21	130.43	1291.78	142.43	566.23
2003	27.44	37.64	7.63	1.42	131.64	1482.91	172.57	669.11
2004	37.20	41.77	9.96	1.64	135.70	1699.98	218.28	745.96
2005	37.15	47.60	11.13	1.80	139.10	1917.79	270.95	819.84
2006	45.66	52.35	13.29	1.93	140.93	2185.88	319.71	943.36
2007	51.24	59.13	15.69	2.04	141.38	2490.01	371.27	1032.85
2008	54.58	63.45	16.39	2.12	143.76	2639.00	379.76	1074.66
2009	56.59	67.34	17.98	2.23	142.33	2790.08	429.77	1234.79

1-8 民族自治地方自然资源

Natural Resources in Ethnic Minority Autonomous Regions

项 目	Item	2009	占全国比重(%) Percentage to National Total
总面积 （万平方公里）	**Total Area (10 000 sq.km)**	**611.73**	**63.72**
牧区、半农半牧区草原面积（万公顷）	Area of Grasslands in Pastoral and Semi-pastoral Areas (10 000 hectares)	30000.00	75.0
森林面积 （万公顷）	Area of Forest (10 000 hectares)	5648.00	42.2
森林蓄积量 （亿立方米）	Stock Volume of Forests (100 million cu.m)	52.49	51.8
水力资源蕴藏量 （亿千瓦）	Hydropower Resources (100 million kw)	4.46	66.0

注：除总面积外，其它资源为以前清查数，有待进一步勘测。
a) The figures of resources, except total area, were obtained from surveys in previous years, and are subject to further verification.

1-9 民族自治地方行政区划和人口（2009年）

Administrative Division and Population of Ethnic Minority Autonomous Areas(2009)

省级单位名称	Provinces and Autonomous Regions	地级区划数(个) Number of Regions at Prefecture Level (unit)	#地级市 Cities at Prefecture Level	#自治州 Autonomous Prefecture	县级区划数(个) Number of Regions at County Level (unit)	#县级市 Cities at County Level	#自治县(旗) Autonomous Counties(Qi)	总人口(万人) Total Population in Minority Areas (10 000 persons)	#少数民族人口 Ethnic Minority Population	少数民族人口占自治地方总人口比重(%) Ethnic Minority Population as Percentage to Total Population in Minority Areas(%)
全 国	**National Total**	**77**	**31**	**30**	**698**	**65**	**120**	**18379.39**	**8666.19**	**47.15**
河 北	Hebei				6		6	203.31	120.11	59.08
内蒙古	Inner Mongolia	12	9		101	11	3	2422.07	540.61	22.32
辽 宁	Liaoning				8		8	336.02	173.86	51.74
吉 林	Jilin	1		1	11	6	3	333.54	114.12	34.21
黑龙江	Heilongjiang				1		1	25.69	5.30	20.63
浙 江	Zhejiang				1		1	17.02	1.86	10.91
湖 北	Hubei	1		1	10	2	2	457.26	247.24	54.07
湖 南	Hunan	1		1	15	1	7	504.68	378.58	75.01
广 东	Guangdong				3		3	49.18	18.34	37.29
广 西	Guangxi	14	14		109	7	12	5203.64	1884.00	36.21
海 南	Hainan				6		6	173.70	86.27	49.67
重 庆	Chongqing				4		4	268.58	185.18	68.95
四 川	Sichuan	3		3	51	1	4	723.42	426.07	58.90
贵 州	Guizhou	3		3	46	4	11	1683.27	1012.01	60.12
云 南	Yunnan	8		8	78	7	29	2216.53	1238.12	55.86
西 藏	Tibet	7	1		73	1		290.03	273.30	94.23
甘 肃	Gansu	2		2	21	2	7	339.57	194.22	57.19
青 海	Qinghai	6		6	35	2	7	348.06	220.09	63.23
宁 夏	Ningxia	5	5		21	2		625.20	229.98	36.78
新 疆	Xinjiang	14	2	5	98	19	6	2158.63	1316.94	61.01

1-10 民族自治地方国民经济与社会发展主要指标

指 标	Item	总量指标 1990	1995	2000
人口与就业	**Population and Employment**			
人口 （万人）	**Population (10 000 persons)**			
年底总人口	Population at Year-end	15296	16044	16818
#少数民族人口	Ethnic Minority Population	6880	7232	7767
就业	**Employment**			
单位从业人员数 （万人）	Persons Employed in Various Units (10 000 persons)	1543	1672	1733
宏观经济	**Macro Econnomy**			
地区生产总值 （亿元）	**Gross Regional Product (100 million yuan)**		**4901**	**7486**
第一产业	Primary Industry		1629	2022
第二产业	Secondary Industry		1747	2834
第三产业	Tertiary Industry		1526	2629
人均地区生产总值 （元）	**Per Capita Gross Domestic Product**		**3055**	**4451**
固定资产 （亿元）	**Investment in Fixed Assets (100 million yuan)**			
全社会固定资产投资总额	Total Investment in Fixed Assets		1444	2477
#国有单位	State-owned Units	259.4	983	1553
财政 （亿元）	**Public Finance (100 million yuan)**			
地方财政收入	Local Governments Revenue	166.7	248	476
地方财政支出	Local Governments Expenditure	304.4	595	1173
产 业	**Industry**			
农业	**Agriculture**			
耕地面积 （万公顷）	Cultivated Areas (10 000 hectares)	1763.0	1508	2086
灌溉面积 （万公顷）	Irrigated Areas (10 000 hectares)	764.0	838	936
农林牧渔总产值 （亿元）	Gross Output Value of Farming, Forestry, Animal Husbandry and Fishery (100 million yuan)		2537	3200
主要农产品产量	Output of Major Farm Products			
粮食产量 （万吨）	Grain Output (10 000 tons)	5373.0	5801	6381
棉花产量 （万吨）	Cotton Output (10 000 tons)	47.0	95	146
油料产量 （万吨）	Oil-bearing Crops Output (10 000 tons)	208.0	264	353
大牲畜年底头数(万头)	Large Domestic Animals (10 000 heads)	5286.0	5618	5566
羊年底头数 （万只）	Goats and Sheep (10 000 heads)	11362.0	11906	13076
猪年底头数 （万头）	Hogs (10 000 heads)	5668.0	7240	8201
工业	**Industry**			
工业总产值 （亿元）	Gross industrial Output Value (100 million yuan)			3923
主要工业产品产量	Output of Major Industrial Products			
布 （亿米）	Cloth (100 million m)	7.4	6.9	5.0
机制纸及纸板 （万吨）	Machine-made Paper and Paperboards(10 000 tons)	94	191	175
成品糖 （万吨）	Refined Sugar (10 000 tons)	223	240	498
原煤 （亿吨）	Coal (100 million tons)	1.2	1.7	1.5
原油 （万吨）	Crude Oil (10 000 tons)	1265	1610	2292
发电量 （亿千瓦小时）	Electricity (100 million kwh)	739	1187	1712
粗钢 （万吨）	Crude Steel (10 000 tons)	368	700	647
生铁 （万吨）	Pig Iron (10 000 tons)	417	555	725
水泥 （万吨）	Cement (10 000 tons)	1958	4296	5703
木材 （万立方米）	Timber (10 000 cu.m)	1761	3257	1052

Principal Aggregate Indicators on National Economic and Social Development in Ethnic Minority Autonomous Regions

Aggregate Data			速度指标(%) Indices and Growth Rates							
			指数 Index(2009年为以下各年) (2009 as percentage of the following years)					平均增长速度 Average Annual Growth Rate		
2005	2008	2009	1990	1995	2000	2005	2008	1991–2009	1996–2009	2001–2009
17499	18075	18379	120.2	114.6	109.3	105.0	101.7	1.0	1.0	1.0
8239	8616	8666	126.0	119.8	111.6	105.2	100.6	1.2	1.3	1.2
1202	1232	1256	81.4	75.1	72.4	104.5	101.9	-1.1	-2.0	-3.5
15706	**27940**	**31968**		**460.0**	**298.2**	**171.4**	**114.1**		**11.5**	**12.9**
3300	5002	5225		216.5	164.9	125.0	105.0		5.7	5.7
6419	13202	14650		696.3	413.6	198.4	117.8		14.9	17.1
5987	9736	12093		459.9	286.0	166.6	113.5		11.5	12.4
8991	**15889**	**18133**								
8358	17285	23263		1611.0	939.2	278.3	134.6		22.0	28.3
3767	6655	9393	3621.2	956.0	605.0	249.3	141.1	20.8	17.5	22.1
1026	2100	2548	1528.3	1026.9	535.8	248.2	121.3	15.4	18.1	20.5
3050	6497	8352	2743.6	1403.4	712.0	273.8	128.5	19.0	20.8	24.4
2033	2303	2309	131.0	153.1	110.7	113.6	100.3	1.4	3.1	1.1
1027	1114	1842	241.1	219.8	196.8	179.3	165.3	4.7	5.8	7.8
5349	8260	8670	325.9	233.7	178.0	123.5	107.6	6.4	6.3	6.6
7187	7925	8006	149.0	138.0	125.5	111.4	101.0	2.1	2.3	2.6
188	303	253	538.2	267.4	173.0	134.6	83.4	9.3	7.3	6.3
372	397	397	191.0	150.5	112.5	106.8	100.2	3.5	3.0	1.3
6153	5599	5684	107.5	101.2	102.1	92.4	101.5	0.4	0.1	0.2
16391	14467	14806	130.3	124.4	113.2	90.3	102.3	1.4	1.6	1.4
8526	7697	7944	140.2	109.7	96.9	93.2	103.2	1.8	0.7	-0.4
10654	25911	29160								
3.5	3.2	3.1	41.7	44.8	61.7	88.2	96.2	-4.5	-5.6	-5.2
273	358	500	531.6	261.6	285.1	183.3	139.6	9.2	7.1	12.3
678	1174	1047	470.5	437.3	210.2	154.5	89.2	8.5	11.1	8.6
3.8	6.5	8.3	688.3	501.7	569.6	219.2	127.6	10.7	12.2	21.3
2833	3055	4649	367.5	288.8	202.9	164.1	152.2	7.1	7.9	8.2
3052	5501	5911	800.1	498.2	345.2	193.7	107.5	11.6	12.2	14.8
1846	2981	3469	941.8	495.8	536.1	187.9	116.4	12.5	12.1	20.5
2087	3021	3946	946.2	711.3	544.3	189.1	130.6	12.6	15.0	20.7
10156	15780	21376	1091.8	497.6	374.8	210.5	135.5	13.4	12.1	15.8
169	385	401	22.7	12.3	38.1	236.5	103.9	-7.5	-13.9	-10.2

1-10 续表

指 标	Item	总量指标		
		1990	1995	2000
建筑业	**Construction**			
建筑业企业人数 (万人)	Number of Employed Persons (10 000 persons)			132
建筑业总产值 (亿元)	Gross Output Value (100 million yuan)			754
施工房屋面积 (万平方米)	Floor Space of Buildings under Construction (10 000 sq.m)			9232
竣工房屋面积 (万平方米)	Floor Space of Buildings Completed (10 000 sq.m)			5326
邮电运输	**Transportation, Post and Telecommunication**			
铁路营业里程 (万公里)	Railways in Operation (10 000 km)	1.31	1.70	1.43
公路通车里程 (万公里)	Highways (10 000 km)	29	33	42
邮电业务总量 (亿元)	Business Volume of Postal and Telecommunication Services (100 million yuan)	9	78	297
邮路及农村投递线路总长度 (万公里)	Total Lenth of Postal Routes and Rural Delivery Routes (10 000 km)	88	107	110
国内商业	**Domestic Trade**			
社会消费品零售总额(亿元)	Total Retail Sales of Consumer Goods (100 million yuan)	682	1692	2570
对外经济贸易	**Foreign Trade**			
进出口总额 (亿美元)	Total Exports and Imports (USD 100 million)			86
出口额	Exports			50
进口额	Imports			36
国际旅游	**International Tourism**			
国际旅游人数 (万人次)	Number of International Tourists (10 000 persons)			348
旅游外汇收入 (亿美元)	Foreign Exchange Earning from Tourism (100 million USD)			8
金融	**Finance**			
金融机构各项存款 (亿元)	Deposits of National Banking System (100 million yuan)			7906
金融机构各项贷款 (亿元)	Loans of National Banking System (100 million yuan)			6548
教育、文化、卫生	**Education, Technology and Culture**			
教育	**Education**			
在校学生数 (万人)	Students Enrollment (10 000 persons)			
普通高等学校	Regular Institutions of Higher Education	13.6	18.6	34.2
普通中学	Regular Secondary Schools	610	632	873
普通小学	Regular Primary Schools	1853	1889	1886
专任教师数 (万人)	Full-time Teachers (10 000 persons)			
普通高等学校	Regular Institutions of Higher Education	2.8	3.7	3.6
普通中学	Regular Secondary Schools	41.5	41.5	47.9
普通小学	Regular Primary Schools	84.8	85.8	89.9
文化	**Culture**			
出版数量	Publications			
图书 (万册)	Number of Books Published (10 000 copies)	30166	42275	42310
杂志 (万册)	Number of Magazines Issued (10 000 copies)	7866	7881	8332
报纸 (万份)	Number of Newspapers Issued (10 000 copies)	79120	94985	123277
卫生	**Health Care**			
医院、卫生院数 (万个)	Number of Hospitals and Health Centers (10 000 units)	1.06	1.23	1.25
医院、卫生院床位 (万张)	Number of Beds of Hospitals and Health Centers(10 000 units)	33.2	35.7	36.1

continued

Aggregate Data			速度指标(%) Indices and Growth Rates							
			指数 Index(2009年为以下各年) (2009 as percentage of the following years)					平均增长速度 Average Annual Growth Rate		
2005	2008	2009	1990	1995	2000	2005	2008	1991-2009	1996-2009	2001-2009
142	165	184			139.6	129.6	111.1			3.8
1656	3083	3963			525.4	239.3	128.5			20.2
15964	24600	28156			305.0	176.4	114.5			13.2
8072	11858	13167			247.2	163.1	111.0			10.6
1.69	2.00	2.09			146.5	123.8	104.4			4.3
59	86	88	298.9	264.3	207.2	148.9	101.7	5.9	7.2	8.4
892	1804	2181	25359.8	2796.1	734.6	244.6	120.9	33.8	26.9	24.8
110	116	123	139.9	115.2	112.4	112.2	106.5	1.8	1.0	1.3
4874	8243	9796	1436.8	578.9	381.2	201.0	118.8	15.1	13.4	16.0
222	531	416			485.5	187.7	78.3			19.2
126	368	266			534.9	210.2	72.2			20.5
95	163	150			417.3	157.8	91.8			17.2
532	899	960			275.6	180.4	106.7			11.9
13	18	27			354.7	209.2	147.3			15.1
16324	30144	36791			465.4	225.4	122.0			18.6
11300	19318	24494			374.1	216.8	126.8			15.8
100.0	137.5	148.5	1092.0	798.4	434.2	148.5	108.0	13.4	16.0	17.7
1082	1062	1050	172.3	166.2	120.3	97.0	98.9	2.9	3.7	2.1
1668	1616	1579	85.2	83.6	83.7	94.7	97.8	-0.8	-1.3	-2.0
6.3	8.2	8.7	310.6	235.1	239.0	138.1	105.8	6.1	6.3	10.2
61.1	64.7	66.1	159.2	159.3	138.0	108.1	102.1	2.5	3.4	3.6
88.1	90.0	90.2	106.4	105.2	100.3	102.4	100.3	0.3	0.4	0.04
41958	48929	47690	158.1	112.8	112.7	113.7	97.5	2.4	0.9	1.3
10280	7257	7366	93.6	93.5	88.4	71.7	101.5	-0.3	-0.5	-1.4
169518	159786	165395	209.0	174.1	134.2	97.6	103.5	4.0	4.0	3.3
1.18	1.19	1.25	118.1	101.2	99.9	105.4	104.9	0.9	0.1	-0.01
38.4	47.1	50.5	152.2	141.5	139.9	131.4	107.3	2.2	2.5	3.8

1-11 少数民族分布的主要地区
Geographic Distribution of Ethnic Minorities

人口数为2000年人口普查机器汇总数据。

Figures of population are obtained from the Population Census in 2000.

民族	Ethnic Name	分布的主要地区	Main Geographic Distribution	人口数(人) Population (person)
蒙古族	Mongolian	内蒙古、辽宁、吉林、河北、黑龙江、新疆	Inner Mongolia, Liaoning, Jilin, Hebei, Heilongjiang and Xinjiang	5813947
回族	Hui	宁夏、甘肃、河南、新疆、青海、云南、河北、山东、安徽、辽宁、北京、内蒙古、天津、黑龙江、陕西、贵州、吉林、江苏、四川	Ningxia, Gansu, Henan, Xinjiang, Qinghai, Yunnan, Hebei, Shandong, Anhui, Liaoning, Beijing, Inner Mongolia, Tianjin, Heilongjiang, Shaanxi, Guizhou, Jilin, Jiangsu and Sichuan	9816805
藏族	Tibetan	西藏、四川、青海、甘肃、云南	Tibet, Sichuan, Qinghai, Gansu and Yunnan	5416021
维吾尔族	Uygur	新疆	Xinjiang	8399393
苗族	Miao	贵州、湖南、云南、广西、重庆、湖北、四川	Guizhou, Hunan, Yunnan, Guangxi, Chongqing, Hubei and Sichuan	8940116
彝族	Yi	云南、四川、贵州	Yunnan, Sichuan and Guizhou	7762272
壮族	Zhuang	广西、云南、广东	Guangxi, Yunnan and Guangdong	16178811
布依族	Bouyei	贵州	Guizhou	2971460
朝鲜族	Korean	吉林、黑龙江、辽宁	Jilin, Heilongjiang and Liaoning	1923842
满族	Manchu	辽宁、河北、黑龙江、吉林、内蒙古、北京	Liaoning, Hebei, Heilongjiang, Jilin, Inner Mongolia and Beijing	10682262
侗族	Dong	贵州、湖南、广西	Guizhou, Hunan and Guangxi	2960293
瑶族	Yao	广西、湖南、云南、广东	Guangxi, Hunan, Yunnan and Guangdong	2637421
白族	Bai	云南、贵州、湖南	Yunnan, Guizhou and Hunan	1858063
土家族	Tujia	湖南、湖北、重庆、贵州	Hunan, Hubei, Chongqing and Guizhou	8028133
哈尼族	Hani	云南	Yunnan	1439673
哈萨克族	Kazak	新疆	Xinjiang	1250458
傣族	Dai	云南	Yunnan	1158989
黎族	Li	海南	Hainan	1247814
傈僳族	Lisu	云南、四川	Yunnan and Sichuan	634912
佤族	Va	云南	Yunnan	396610
畲族	She	福建、浙江、江西、广东	Fujian, Zhejiang, Jiangxi and Guangdong	709592
高山族	Gaoshan	台湾、福建	Taiwan and Fujian	4461
拉祜族	Lahu	云南	Yunnan	453705
水族	Shui	贵州、广西	Guizhou and Guangxi	406902
东乡族	Dongxiang	甘肃、新疆	Gansu and Xinjiang	513805
纳西族	Naxi	云南	Yunnan	308839
景颇族	Jingpo	云南	Yunnan	132143
柯尔克孜族	Kirgiz	新疆	Xinjiang	160823
土族	Tu	青海、甘肃	Qinghai and Gansu	241198
达斡尔族	Daur	内蒙古、黑龙江	Inner Mongolia and Heilongjiang	132394
仫佬族	Mulam	广西	Guangxi	207352
羌族	Qiang	四川	Sichuan	306072
布朗族	Blang	云南	Yunnan	91882
撒拉族	Salar	青海	Qinghai	104503
毛南族	Maonan	广西	Guangxi	107166
仡佬族	Gelao	贵州	Guizhou	579357
锡伯族	Xibe	辽宁、新疆	Liaoning and Xinjiang	188824
阿昌族	Achang	云南	Yunnan	33936
普米族	Pumi	云南	Yunnan	33600
塔吉克族	Tajik	新疆	Xinjiang	41028
怒族	Nu	云南	Yunnan	28759
乌孜别克族	Ozbek	新疆	Xinjiang	12370
俄罗斯族	Russian	新疆、黑龙江	Xinjiang and Heilongjiang	15609
鄂温克族	Ewenki	内蒙古	Inner Mongolia	30505
德昂族	De'ang	云南	Yunnan	17935
保安族	Bonan	甘肃	Gansu	16505
裕固族	Yugur	甘肃	Gansu	13719
京族	Jing	广西	Guangxi	22517
塔塔尔族	Tatar	新疆	Xinjiang	4890
独龙族	Drung	云南	Yunnan	7426
鄂伦春族	Oroqen	黑龙江、内蒙古	Heilongjiang and Inner Mongolia	8196
赫哲族	Hezhen	黑龙江	Heilongjiang	4640
门巴族	Moinba	西藏	Tibet	8923
珞巴族	Lhoba	西藏	Tibet	2965
基诺族	Jino	云南	Yunnan	20899

主要统计指标解释

行政区划 指国家对行政区域的划分。根据有关法规规定，我国的行政区域划分如下：(1)全国分为省、自治区、直辖市；(2)省、自治区分为自治州、县、自治县、市；(3)自治州分为县、自治县、市；(4)县、自治县分为乡、民族乡、镇；(5)直辖市和较大的市分为区、县；(6)国家在必要时设立的特别行政区。

平均增长速度 平均增长速度表明社会经济现象在一个较长的时期内逐期平均增长变化的程度，它不能根据各个环比增长速度直接求得，但与平均发展速度之间存在着一定的数量关系：平均增长速度＝平均发展速度－1。

平均发展速度是一种根据环比发展速度计算的序时平均数，由于各时期对比的基础不同，所以计算平均发展速度不能采用一般的序时平均数的计算方法，计算方法分为水平法和累计法。水平法，又称几何平均法，即将环比发展速度按连乘法用几何平均数公式计算。累计法，也称方程法，根据一段时期内各年发展水平总和与基期水平的关系，列出方程式计算平均发展速度。水平法着重考虑最后一年所达到的发展水平；累计法着重考虑整个时期累计发展水平的总量。

本《年鉴》内所列的平均增长速度，除固定资产投资用“累计法”计算外，其余均用“水平法”计算。从某年到某年平均增长速度的年份，均不包括基期年在内。如建国四十三年以来的平均增长速度是以1949年为基期计算的，则写为1950-1992年平均增长速度，其余类推。

国民经济行业分类 自2003年定期报表开始使用新的《国民经济行业分类》(GB/T4754-2002)。该分类是由国家统计局组织修订，经国家质量监督检验检疫总局批准，于2002年5月10日发布实施。这次修订是在1994年分类标准的基础上，参照联合国《全部经济活动的国际标准产业分类》(ISIC/Rev.3)进行的。修订后的《国民经济行业分类》(GB/T4754-2002)共有门类20个，大类95个，中类396个，小类913个。新增门类4个，大类增加3个，中类增加28个，小类增加67个。

企业(单位)登记注册类型 是以在工商行政管理机关登记注册的各类企业为划分对象，以工商行政管理部门对企业登记注册的类型为依据，将企业登记注册类型分为内资企业、港澳台商投资企业和外商投资企业三大类。内资企业包括国有企业、集体企业、股份合作企业、联营企业、有限责任公司、股份有限公司、私营公司和其他企业；港澳台商投资企业和外商投资企业分别包括合资经营企业、合作经营企业、独资经营企业和股份有限公司。对不在工商行政管理部门进行登记注册的行政机关、事业单位和社会团体，主要按其经费来源和管理方式进行划分。

国有企业 指企业全部资产归国家所有，并按《中华人民共和国企业法人登记管理条例》规定登记注册的非公司制的经济组织。不包括有限责任公司中的国有独资公司。

集体企业 指企业资产归集体所有，并按《中华人民共和国企业法人登记管理条例》规定登记注册的经济组织。

股份合作企业 指以合作制为基础，由企业职工共同出资入股，吸收一定比例的社会资产投资组建，实行自主经营，自负盈亏，共同劳动，民主管理，按劳分配与按股分红相结合的一种集体经济组织。

联营企业 指两个及两个以上相同或不同所有制性质的企业法人或事业单位法人，按自愿、平等、互利的原则，共同投资组成的经济组织。联营企业包括国有联营企业、集体联营企业、国有与集体联营企业和其他联营企业。

有限责任公司 指根据《中华人民共和国公司登记管理条例》规定登记注册，由两个以上、五十个以下的股东共同出资，每个股东以其所认缴的出资额对公司承担有限责任，公司以其全部资产对其债务承担责任的经济组织。有限责任公司包括国有独资公司以及其他有限责任公司。

股份有限公司 指根据《中华人民共和国公司登记管理条例》规定登记注册，其全部注册资本由等额股份构成并通过发行股票筹集资本，股东以其认购的股份对公司承担有限责任，公司以其全部资产对其债务承担责任的经济组织。

私营企业 指由自然人投资设立或由自然人控股，以雇佣劳动为基础的营利性经济组织。包括按照《公司法》、《合伙企业法》、《私营企业暂行条例》规定登记注册的私营有限责任公司、私营股份有限公司、私营合伙企业和私营独资企业。

其他企业 指上述企业之外的其他内资经济组织。

与港澳台商合资经营企业 指港澳台地区投资者与内地企业依照《中华人民共和国中外合资经营企业法》及有关法律的规定，按合同规定的比例投资设立、分享利润和分担风险的企业。

与港澳台商合作经营企业 指港澳台地区投资者与内地企业依照《中华人民共和国中外合作经营企业法》及有关法律的规定，依照合作合同的约定进行投资或提供条件设立、分配利润和分担风险的企业。

港澳台商独资经营企业 指依照《中华人民共和国外资企业法》及有关法律的规定，在内地由港澳台地区投资者全额投资设立的企业。

港澳台商投资股份有限公司 指根据国家有关规定，经原外经贸部依法批准设立，其中港、澳、台商的股本占公司注册资本的比例达25%以上的股份有限公司。凡其中港、澳、台商的股本占公司注册资本的比例小于25%的，属于内资企业中的股份有限公司。

中外合资经营企业 指外国企业或外国人与中国内地企业依照《中华人民共和国中外合资经营企业法》及有关法律的规定，按合同规定的比例投资设立、分享利润和分担风险的企业。

中外合作经营企业 指外国企业或外国人与中国内地企业依照《中华人民共和国中外合作经营企业法》及有关法律的规定，依照合作合同的约定进行投资或提供条件设立、分配利润和分担风险的企业。

外资企业 指依照《中华人民共和国外资企业法》及有关法律的规定，在中国内地由外国投资者全额投资设立的企业。

外商投资股份有限公司 指根据国家有关规定，经原外经贸部依法批准设立，其中外资的股本占公司注册资本的比例达25%以上的股份有限公司。凡其中外资股本占公司注册资本的比例小于25%的，属于内资企业中的股份有限公司。

行政机关、事业单位和社会团体 参照企业登记注册类型，主要按其经费来源和管理方式划分。具体规定如下:

⑴行政机关: 包括国家机关和政党机关，原则上均列为“国有”。但有特殊规定的，如供销社等，则列为“集体”。

⑵事业单位: 包括经国家机构编制部门和有关业务主管部门批准成立的各类事业单位，不包括实行企业化管理的事业单位。事业单位的划分办法如下:

①由国家财政预算拨款或列入财政预算外资金管理以及经费主要来源于国有主管部门或国有上级单位的事业单位，列为“国有”。

②经费主要来源于集体单位的事业单位，列为“集体”。

③公民个人(或个人合伙)开办的事业单位，列为“私营”。

④上述以外的其他事业单位，如果其经费来源不明确，按管理方式进行归类。

⑶社会团体: 包括经民政部门批准成立以及未纳入社会团体管理条例范围的工会、妇联等各类社会团体。社会团体的划分办法如下:

①未纳入民政部社会团体管理条例范围的工会、妇联、共青团、青联、工商联、科协、侨联等社会团体，国家拨款设立的基金会或基金管理组织以及经费主要来源于国有业务主管部门或国有上级单位的社会团体，列为“国有”。

②经费主要来源于集体单位的社会团体，列为“集体”。

③公民个人(或个人合伙)开办的社会团体，划为“私营”。

④上述以外的其他社会团体，如果其经费来源不明确，改按管理方式进行归类。

Explanatory Notes on Main Statistical Indicators

Divisions of Administrative Areas refers to the division of administrative areas by the State. The relative laws stipulate that 1) the whole country is divided into provinces, autonomous regions and municipalities directly under the Central Government; 2) provinces and autonomous regions are further divided into autonomous prefectures, counties, autonomous counties and cities; 3) autonomous prefectures are further divided into counties, autonomous counties and cities; 4) counties and autonomous counties are further divided into townships, ethnic townships and towns; 5) municipalities directly under the Central Government and large cities are divided into districts and counties, 6) the State shall, when necessary, establish special administrative regions.

Average Annual Growth Rate shows the average growth rate of social and economic development during a longer period. It can not be directly calculated by chain based growth rate. The relation is:

Average Annual Growth Rate = Average Speed of Development – 1

Average speed of development is the time series average of speed which calculated by chain based. Because the reference bases during the different periods are not same, average speed of development can not be calculated by the general method. Level approach and accumulative approach for calculating average speed of development rate are applied. The "level approach", or the method of calculating the geometric average, is derived by the formula of geometric average of the chain-based speeds of development, or comparing the level of the last year of the interval with that of the beginning year; the other is called the "accumulative approach" or the "algebraic average", "equation" method, which is derived by the summation of the actual figure of each year in the interval divided by the figure in the base year. The level approach focuses on the level of the last year, while the accumulative approach emphasizes the aggregate development in the duration.

The average annual growth rates listed in the Yearbook are calculated by the level approach except for the growth rate of investment in fixed assets. The base year is not listed in the duration for which average annual growth rates are computed. For instance, the average annual growth rate of the 43 years since 1949 is shown as the average annual growth rate of 1950-1992 without showing the base year 1949.

Industrial Classification of the National Economy The new *Industrial Classification of the National Economy* (GB/T 4754-2002) is introduced starting from the compilation of 2003 annual statistics. The revision, based on the 1994 classification, was organized by the National Bureau of Statistics taking into consideration of the *International Standards of the Industrial Classification of All Economic Activities* (ISIC/Rev.3) of the United Nations. The new *Classification* was promulgated by the National Administration of Quality Supervision, Inspection and Quarantine on May 10, 2002. The revised version of the *Industrial Classification of the National Economy* (GB/T 4754-2002) is composed of 20 major divisions, 95 divisions, 396 major groups and 913 groups, of which 4 major divisions, 3 divisions, 28 major groups and 67 groups are new respectively.

Registration Status of Enterprises Enterprises are classified into 3 categories, namely domestic-funded enterprises, enterprises with investment from Hong Kong, Macau and Taiwan, and enterprises with foreign investment, according to the registration status of an enterprise in industrial and commercial administration agencies. Domestic-funded enterprises include State-owned enterprises, collective-owned enterprises, cooperative enterprises, joint ownership enterprises, limited liability corporations, share-holding corporations Ltd., private enterprises and other enterprises. Included in the enterprises with investment from Hong Kong, Macau and Taiwan and enterprises with foreign investment are joint-venture enterprises, cooperative enterprises, sole investment enterprises and share-holding corporations Ltd. For government agencies, institutions and social organizations which are not registered in industrial and commercial administration agencies, they are classified mainly by their sources of funding and manner of management.

State-owned Enterprises refer to non-corporation economic units where the entire assets are owned by the State and which have been registered in accordance with the *Regulation of the People's Republic of China on the Management of Registration of Corporate Enterprises.* Not included from this category are solely State-funded corporations in the limited liability corporations.

Collective-owned Enterprises refer to economic units where the assets are owned collectively and which have been registered in accordance with the *Regulation of the People's Republic of China on the Management of Registration of Corporate Enterprises.*

Cooperative Enterprises refer to a form of collective economic units (enterprises) where capitals come mainly from employees as their shares, with certain proportion of capital from the outside, where production is organized on the basis of independent operation, independent accounting for profits and losses, joint work, democratic management, and a distribution system that integrates remuneration according to work with dividend according to capital share.

Joint Ownership Enterprises refer to economic units established by two or more corporate enterprises or corporate institutions of the same or different ownership, through joint investment on the basis of voluntary participation, equality, and mutual benefits. They include State joint ownership enterprises; collective joint ownership enterprises; joint State-collective enterprises; and other joint ownership enterprises.

Limited Liability Corporations refer to economic units established with investment from 2-50 investors and registered in accordance with the *Regulation of the People's Republic of China on the Management of Registration of Corporations*, each investor bearing limited liability to the corporation depending on its share of investment, and the corporation bearing liability to its debt to the maximum of its total assets. Limited liability corporations include solely State-funded limited liability corporations and other limited liability corporations.

Share-holding Corporations Ltd. refer to economic units registered in accordance with the *Regulation of the People's Republic of China on the Management of Registration of Corporations*, with total registered capital divided into equal shares and raised through issuing stocks. Each investor bears limited liability to the corporation depending on the holding of shares, and the corporation bears liability to its debt to the maximum of its total assets.

Private Enterprises refer to profit-making economic units invested and established by natural persons, or controlled by natural persons using employed labour. Included in this category are private limited liability corporations, private share-holding corporations Ltd., private partnership enterprises and private-funded enterprises registered in accordance with the *Company Law*, *the Law on Partnership Business* and *Interim Regulations on Private Enterprises* .

Other Domestic-funded Enterprises refer to domestic-funded economic units other than those mentioned above.

Joint Venture Enterprises with Funds from Hong Kong, Macau and Taiwan are enterprises established by investors from Hong Kong, Macau and Taiwan with enterprises in the mainland of China in accordance with the *Law of the People's Republic of China on Sino-foreign Equity Joint Ventures* and other relevant laws, where the establishment of the investment and the sharing of profits and risks are stipulated under joint venture contracts.

Cooperative Enterprises with Funds from Hong Kong, Macau and Taiwan established by investors from Hong Kong, Macau and Taiwan with enterprises in the mainland of China in accordance with the *Law of the People's Republic of China on Sino-foreign Contractual Joint Venture* and other relevant laws, where the investment or provision of facilities and the sharing of profits and risks are stipulated under cooperative contracts.

Enterprises with Sole (exclusive) Investment from Hong Kong, Macau and Taiwan refer to enterprises established in the mainland of China with exclusive investment from investors from Hong Kong, Macau and Taiwan in accordance with the *Law of the People's Republic of China on Wholly Foreign-owned Enterprises* and other relevant laws.

Share-holding Corporations Ltd. with Investment from Hong Kong, Macau and Taiwan refer to share-holding corporations Ltd. established with the approval from the former Ministry of Foreign Trade and Economic Relations in line with relevant State regulations, where the share of investment from Hong Kong, Macau or Taiwan businessmen exceeds 25% of the total registered capital of the corporation. In case the share of investment from Hong Kong, Macau or Taiwan is less than 25% of the total registered capital, the enterprise is to be classified as domestic-funded share-holding corporation Ltd.

Joint Venture Enterprises with Foreign Investment refer to enterprises jointly established by foreign enterprises or foreigners with enterprises in the mainland of China in accordance with the *Law of the People's Republic of China on Sino-foreign Equity Joint Ventures* and other relevant laws, where the sharing of investment, profits and risks is stipulated under contract.

Cooperative Enterprises with Foreign Investment refer to enterprises jointly established by foreign enterprises or foreigners with enterprises in the mainland of China in accordance with the *Law of the People's Republic of China on Sino-foreign Contractual Joint Venture* and other relevant laws, where the investment or provision of facilities and the sharing of profits and risks are stipulated under cooperative contracts.

Enterprises with Sole (exclusive) Foreign Investment refer to enterprises established in the mainland of China with exclusive investment from foreign investors in accordance with the *Law of the People's Republic of China on Wholly Foreign-owned Enterprises* and other relevant laws.

Share-holding Corporations Ltd. with Foreign Investment refer to share-holding corporations Ltd. established with the approval from the former Ministry of Foreign Trade and Economic Relations in line with relevant State regulations, where the share of investment from foreign investors exceeds 25% of the total registered capital of the corporation. In case the share of foreign investment is less than 25% of the total registered capital, the enterprise is to be classified as domestic-funded share-holding corporation Ltd.

Government Agencies, Institutions and Social Organizations are classified into the following categories by source of funds and manner of management taking reference of the registration status of enterprises:

(1) Government agencies: include State and party agencies, classified in principle as State-owned. There are exceptions, such as supply and marketing cooperatives which are classified as collective-owned.

(2) Institutions: include institutions of various types established with the approval by organization and staffing departments of the government, but exclude institutions where enterprise management system is introduced. Institutions are further classified as follows:

(a) Institutions for which their main budgets are from government budget appropriations or extra-budget funds, or allocated from the budget of their competent government agencies. Such institutions are classified as state-owned.

(b) Institutions for which their budget mainly come from collective units. Such institutions are classified as collective-owned.

(c) Social institutions established by individual or a group of citizens, which are classified as private.

(d) Institutions other than those mentioned above for which their sources of budget are not clear. Such institutions are classified by the manner of management.

(3) Social organizations: include social organizations established with the approval from the Ministry of Civil Affairs, and organizations that are not covered by social organization management regulations such as trade unions, women's federations etc.. Social organizations are further classified as follows:

(a) Social organizations that are not covered by social organization management regulations of the Ministry of Civil Affairs such as trade unions, women federations, communist youth leagues, youth associations, industrial and commerce associations, scientist associations, overseas Chinese associations, etc., foundations and fund management organizations established with funds from the state, and social organizations whose funds mainly come from the budget of their competent government agencies. Such institutions are classified as State-owned.

(b) Social organizations for which their budget mainly come from collective units. Such institutions are classified as collective-owned.

(c) Social organizations established by individual or a group of citizens, which are classified as private.

(d) Social organizations other than those mentioned above for which their sources of budget are not clear. Such organizations are classified by the manner of management.

2

国民经济核算

National Accounts

简 要 说 明

本篇章的主要内容和资料来源

国民经济核算资料主要包括国内生产总值、投入产出表、资金流量表及国际收支平衡表四个部分。

一、国内生产总值

国内生产总值数据是由国家统计局国民经济核算司根据不同产业部门、不同支出构成的特点和资料来源情况而采用不同方法计算的。国民总收入是在国内生产总值的基础上加上来自国外的净要素收入求得的。

本年鉴公布的国内生产总值以及与之有关的指标数据，最后一年数据不是最终数，还会在获得更多的财务和行政记录等资料后发生变动。如果遇到普查，在能够获得更详细的基础资料的情况下，国内生产总值的历史数据还会发生变动。2008 年是第二次经济普查年度，按照《经济普查年度 GDP 核算方案》的要求，重新计算了经济普查年度的国内生产总值，并利用趋势离差法，修订了 2005-2007 年国内生产总值历史数据。本年鉴中的数据是修订后的数据。

国内生产总值是一个价值量指标，其价值的变化受价格变化和物量变化两大因素影响。不变价国内生产总值是把按当期价格计算的国内生产总值换算成按某个固定期（基期）价格计算的价值，从而使两个不同时期的价值进行比较时，能够剔除价格变化的影响，以反映物量变化，反映生产活动成果的实际变动。国内生产总值指数就是根据两个时期不变价国内生产总值计算得到的。随着经济的不断发展，各行业的价格结构也会不断发生变化，为了更好的反映这种变化对于经济的影响，计算不变价国内生产总值需要每隔若干年调整一次基期。我国自开始核算国内生产总值以来，共有 1952 年、1957 年、1970 年、1980 年、1990 年、2000 年、2005 年 7 个不变价基期，目前的基期是 2005 年。也就是说，2006 年的不变价国内生产总值是按照 2005 年价格计算的。由于计算不变价国内生产总值采用按不同基期分段计算，因此本年鉴中的不变价国内生产总值数据也按分段方式公布。

本年鉴所列分地区的数据来自各省、自治区、直辖市统计局的国民经济核算资料。由于采取分级核算，各地区数据相加不等于全国总计。

二、投入产出表

投入产出表也称部门联系平衡表或产业关联表，它是根据国民经济各部门生产中的投入来源和使用去向纵横交叉组成的一张棋盘式平衡表。它可以用来揭示部门间经济技术的相互依存、相互制约的数量关系。投入产出表由国家统计局国民经济核算司编制。

三、资金流量表

我国资金流量表表式与国际上通用的表式相似，是机构部门与交易项目的矩阵表式。主栏为交易项目，主要反映分配方式和融资工具；宾栏按机构部门分类。机构部门分类是根据机构单位具有的基本特征所进行的部门分类。资金流量表把参与资金活动的主体分为非金融企业、金融机构、政府、住户和国外五个部门。每一部门下设资金来源与资金运用两栏。现行的资金流量表分为两大部分，上半部分为实物交易部分，由国家统计局国民经济核算司编制；下半部分为金融交易部分，由中国人民银行调查统计司编制。

四、国际收支平衡表

国际收支平衡表由国家外汇管理局国际收支司依据国际货币基金组织编写的《国际收支统计手册》第五版编制。

Brief Introduction

Statistics on national accounts include mainly four parts, namely, gross domestic product, input-output table, flow of funds table and balance of payments table.

I. Gross Domestic Product

Data on GDP are computed by the Department of National Accounts of the National Bureau of Statistics (NBS) based on different approaches in the light of the different features of various sectors, various expenditure structures and different data sources. Gross National Income (GNI) can be calculated on the basis of GDP on top of which is added the net factor income from the rest of the world.

Data on GDP and related indicators of the most recent year published in the Yearbook are not final and are subject to changes when more information from financial data and administrative records become available. Where a census has been conducted, historical data of GDP of the previous years may also undergo change. The Second Economic Census was conducted in 2008, according to the *GDP Accounting Methodology in the Year of Economic Census* , GDP in the year of Census is calculated again, and GDP historical data is revised from 2005 to 2007 by trend deviation method. Data in the Yearbook are revised data.

Gross Domestic Product (GDP) is a measurement of value which changes depending on changes of price and production. GDP at constant prices converts the gross domestic product based on the current price into a value based on the price of the base period. When adjusted for price changes, the values of two different periods can be compared to reflect changes of both products and production activities. GDP index is derived from the constant-price GDPs of the two periods. As economy grows, changes will take place in the price structures of various industries, and the base period for the measurement of constant-price GDP thus needs to be adjusted every few years in order to better reflect the impact of price change on the economy. Since China started GDP calculation, seven constant-price base periods have been used, i.e., 1952, 1957, 1970, 1980, 1990, 2000 and 2005, and the current base period is 2005. That is to say, the 2006 GDP is calculated on the basis of the 2005 prices. As the calculation of constant-price GDP is based on different base periods, the constant-price GDP data in this yearbook shall also be announced in accordance with various periods.

Regional data in this Yearbook are prepared from the national accounts data provided by the statistical bureaus of the provinces, autonomous regions and municipalities. The sum of the regional data is not equal to the national total due to the decentralized accounting approach.

II. Input-output Table

The Input-output table may be viewed as a table showing sector relationships and balances or one showing sector output relationships. Reflecting the sources of the input into, and the utilization of the output from, the production by various industries of the national economy, the input-output table takes the form of a chess-board shaped matrix format , and is used to reveal, in quantitative terms, the interrelated and mutually dependent economic and technological relationships among industries. The input-output table of China is compiled by the Department of National Accounts of the National Bureau of Statistics.

III. Flow of Funds Table

Similar to internationally accepted format, the Flow of Funds table of China constitutes a matrix of institutional sectors by transaction items. Items of transactions are expressed as row headings representing forms of distribution and methods of financing. Institutional sectors are shown as column headings, grouped by the characteristics of the transactors. There are 5 groups of institutional sectors in the flow of funds table, namely, non-financial corporations, financial institutions, general governments, households, and the rest of the world. Under each sector there are 2 headings: sources of funds and uses of funds. The current flow of funds table is composed of two parts: the first part, comprising the physical (real) transactions, is compiled by the Department of National Accounts of the National Bureau of Statistics; and the second part, comprising financial transactions, is compiled by the Research and Statistics Department of the People's Bank of China.

IV. Balance of Payments Table

The Balance of Payments Table is compiled by the Balance of Payments Department of the State Administration of Foreign Exchanges in accordance with the 5th edition of the *Manual on Balance of Payments* prepared by the International Monetary Fund.

2-1 国内生产总值
Gross Domestic Product

本表按当年价格计算。
Data in this table are calculated at current prices.

单位：亿元 (100 million yuan)

年份 Year	国民总收入 Gross National Income	国内生产总值 Gross Domestic Product	第一产业 Primary Industry	第二产业 Secondary Industry	工业 Industry	建筑业 Construction	第三产业 Tertiary Industry	人均国内生产总值(元) Per Capita GDP (yuan)
1978	3645.2	3645.2	1027.5	1745.2	1607.0	138.2	872.5	381
1979	4062.6	4062.6	1270.2	1913.5	1769.7	143.8	878.9	419
1980	4545.6	4545.6	1371.6	2192.0	1996.5	195.5	982.0	463
1981	4889.5	4891.6	1559.5	2255.5	2048.4	207.1	1076.6	492
1982	5330.5	5323.4	1777.4	2383.0	2162.3	220.7	1163.0	528
1983	5985.6	5962.7	1978.4	2646.2	2375.6	270.6	1338.1	583
1984	7243.8	7208.1	2316.1	3105.7	2789.0	316.7	1786.3	695
1985	9040.7	9016.0	2564.4	3866.6	3448.7	417.9	2585.0	858
1986	10274.4	10275.2	2788.7	4492.7	3967.0	525.7	2993.8	963
1987	12050.6	12058.6	3233.0	5251.6	4585.8	665.8	3574.0	1112
1988	15036.8	15042.8	3865.4	6587.2	5777.2	810.0	4590.3	1366
1989	17000.9	16992.3	4265.9	7278.0	6484.0	794.0	5448.4	1519
1990	18718.3	18667.8	5062.0	7717.4	6858.0	859.4	5888.4	1644
1991	21826.2	21781.5	5342.2	9102.2	8087.1	1015.1	7337.1	1893
1992	26937.3	26923.5	5866.6	11699.5	10284.5	1415.0	9357.4	2311
1993	35260.0	35333.9	6963.8	16454.4	14188.0	2266.5	11915.7	2998
1994	48108.5	48197.9	9572.7	22445.4	19480.7	2964.7	16179.8	4044
1995	59810.5	60793.7	12135.8	28679.5	24950.6	3728.8	19978.5	5046
1996	70142.5	71176.6	14015.4	33835.0	29447.6	4387.4	23326.2	5846
1997	78060.8	78973.0	14441.9	37543.0	32921.4	4621.6	26988.1	6420
1998	83024.3	84402.3	14817.6	39004.2	34018.4	4985.8	30580.5	6796
1999	88479.2	89677.1	14770.0	41033.6	35861.5	5172.1	33873.4	7159
2000	98000.5	99214.6	14944.7	45555.9	40033.6	5522.3	38714.0	7858
2001	108068.2	109655.2	15781.3	49512.3	43580.6	5931.7	44361.6	8622
2002	119095.7	120332.7	16537.0	53896.8	47431.3	6465.5	49898.9	9398
2003	135174.0	135822.8	17381.7	62436.3	54945.5	7490.8	56004.7	10542
2004	159586.7	159878.3	21412.7	73904.3	65210.0	8694.3	64561.3	12336
2005	185808.6	184937.4	22420.0	87598.1	77230.8	10367.3	74919.3	14185
2006	217522.7	216314.4	24040.0	103719.5	91310.9	12408.6	88554.9	16500
2007	267763.7	265810.3	28627.0	125831.4	110534.9	15296.5	111351.9	20169
2008	316228.8	314045.4	33702.0	149003.4	130260.2	18743.2	131340.0	23708
2009	343464.7	340506.9	35226.0	157638.8	135239.9	22398.8	147642.1	25575

注：1.1980年以后国民总收入(原称国民生产总值)与国内生产总值的差额为国外净要素收入。
2.2009年为初步核实数据，以下至2-15表均同。
3.2005-2008年数据在第二次经济普查后作了修订。

a) Since 1980, the difference between the Gross Domestic Product and the Gross National Income (formerly, the Gross National Product) is the net factor income from the rest of the world.
b) Data of 2009 were preliminary verification. The same applies to the tables from this table to table 2-15.
c) Adjustment has been done for the data of 2005-2008, due to the 2nd Economic Census.

2-2 国内生产总值构成
Composition of Gross Domestic Product

本表按当年价格计算。
Data in this table are calculated at current prices.

单位：% (%)

年 份 Year	国内生产总值 Gross Domestic Product	第一产业 Primary Industry	第二产业 Secondary Industry			第三产业 Tertiary Industry
				工 业 Industry	建筑业 Construction	
1978	100.0	28.2	47.9	44.1	3.8	23.9
1979	100.0	31.3	47.1	43.6	3.5	21.6
1980	100.0	30.2	48.2	43.9	4.3	21.6
1981	100.0	31.9	46.1	41.9	4.2	22.0
1982	100.0	33.4	44.8	40.6	4.1	21.8
1983	100.0	33.2	44.4	39.9	4.5	22.4
1984	100.0	32.1	43.1	38.7	4.4	24.8
1985	100.0	28.4	42.9	38.3	4.6	28.7
1986	100.0	27.2	43.7	38.6	5.1	29.1
1987	100.0	26.8	43.6	38.0	5.5	29.6
1988	100.0	25.7	43.8	38.4	5.4	30.5
1989	100.0	25.1	42.8	38.2	4.7	32.1
1990	100.0	27.1	41.3	36.7	4.6	31.6
1991	100.0	24.5	41.8	37.1	4.7	33.7
1992	100.0	21.8	43.4	38.2	5.3	34.8
1993	100.0	19.7	46.6	40.2	6.4	33.7
1994	100.0	19.8	46.6	40.4	6.2	33.6
1995	100.0	19.9	47.2	41.0	6.1	32.9
1996	100.0	19.7	47.5	41.4	6.2	32.8
1997	100.0	18.3	47.5	41.7	5.9	34.2
1998	100.0	17.6	46.2	40.3	5.9	36.2
1999	100.0	16.5	45.8	40.0	5.8	37.7
2000	100.0	15.1	45.9	40.4	5.6	39.0
2001	100.0	14.4	45.1	39.7	5.4	40.5
2002	100.0	13.7	44.8	39.4	5.4	41.5
2003	100.0	12.8	46.0	40.5	5.5	41.2
2004	100.0	13.4	46.2	40.8	5.4	40.4
2005	100.0	12.1	47.4	41.8	5.6	40.5
2006	100.0	11.1	47.9	42.2	5.7	40.9
2007	100.0	10.8	47.3	41.6	5.8	41.9
2008	100.0	10.7	47.4	41.5	6.0	41.8
2009	100.0	10.3	46.3	39.7	6.6	43.4

2-3 不变价国内生产总值
Gross Domestic Product at Constant Prices

单位：亿元 (100 million yuan)

年 份 Year	国内生产总值 Gross Domestic Product	第一产业 Primary Industry	第二产业 Secondary Industry	工业 Industry	建筑业 Construction	第三产业 Tertiary Industry
		按1970年价格计算		Price Base Year=1970		
1978	3548.2	936.0	1766.2	1644.8	121.4	846.0
1979	3816.9	993.5	1911.0	1787.2	123.8	912.4
1980	4116.2	978.7	2170.3	2013.4	156.9	967.2
		按1980年价格计算		Price Base Year=1980		
1980	4567.9	1371.6	2213.4	2017.9	195.5	982.9
1981	4807.4	1467.4	2254.7	2053.0	201.7	1085.3
1982	5242.8	1636.5	2380.1	2171.5	208.6	1226.2
1983	5811.8	1772.8	2626.8	2382.6	244.2	1412.2
1984	6693.8	2001.1	3007.2	2736.5	270.7	1685.5
1985	7595.2	2038.0	3565.6	3234.8	330.8	1991.6
1986	8267.1	2105.7	3930.0	3546.7	383.3	2231.4
1987	9224.7	2204.7	4468.2	4016.4	451.8	2551.8
1988	10265.3	2260.8	5116.9	4629.0	487.9	2887.6
1989	10682.4	2330.3	5309.7	4863.0	446.7	3042.4
1990	11092.5	2501.1	5478.0	5026.0	452.0	3113.4
		按1990年价格计算		Price Base Year=1990		
1990	18547.9	5062.0	7717.4	6858.0	859.4	5768.5
1991	20250.4	5183.5	8786.6	7845.0	941.6	6280.3
1992	23134.2	5427.1	10645.3	9505.7	1139.6	7061.8
1993	26364.7	5682.3	12760.1	11415.4	1344.7	7922.3
1994	29813.4	5909.6	15102.8	13574.2	1528.6	8801.0
1995	33070.5	6205.2	17198.4	15480.3	1718.1	9667.0
1996	36380.4	6521.7	19280.5	17416.2	1864.3	10578.2
1997	39762.7	6749.9	21300.9	19387.8	1913.1	11711.9
1998	42877.4	6986.1	23198.9	21113.3	2085.6	12692.4
1999	46144.6	7181.7	25086.3	22911.4	2174.9	13876.6
2000	50035.2	7354.1	27451.7	25153.5	2298.2	15229.4
		按2000年价格计算		Price Base Year=2000		
2000	99214.6	14944.7	45555.9	40033.6	5522.3	38714.0
2001	107449.7	15363.2	49401.5	43504.6	5896.9	42685.0
2002	117208.3	15808.7	54257.3	47842.2	6415.1	47142.3
2003	128958.9	16203.9	61132.7	53942.5	7190.2	51622.2
2004	141964.5	17224.8	67926.1	60151.3	7774.8	56813.6
2005	158020.7	18125.8	76133.1	67114.7	9018.4	63761.8
		按2005年价格计算		Price Base Year=2005		
2005	184937.4	22420.0	87598.1	77230.8	10367.3	74919.3
2006	208381.0	23541.0	99328.5	87175.1	12153.4	85511.6
2007	237892.8	24422.4	114290.6	100170.1	14120.5	99179.7
2008	260812.9	25735.9	125579.7	110117.4	15462.2	109497.4

注：1.更换基期的年份有两个不变价数据，一个按上一基期价格计算，一个按新基期价格计算。
2.有关不变价国内生产总值的解释见简要说明。

a) There are two figures at the base switching year, one at the former base year prices, another at the latter.
b) Please refer to the brief introduction for the defination of gross domestic product at constant prices.

2-4 国内生产总值指数
Indices of Gross Domestic Product

本表按不变价格计算。

Data in this table are calculated at constant prices.

(上年=100) (preceding year=100)

年份 Year	国民总收入 Gross National Income	国内生产总值 Gross Domestic Product	第一产业 Primary Industry	第二产业 Secondary Industry	工业 Industry	建筑业 Construction	第三产业 Tertiary Industry	人均国内生产总值 Per Capita GDP
1978	111.7	111.7	104.1	115.0	116.4	99.4	113.8	110.2
1979	107.6	107.6	106.1	108.2	108.7	102.0	107.9	106.1
1980	107.8	107.8	98.5	113.6	112.7	126.7	106.0	106.5
1981	105.2	105.2	107.0	101.9	101.7	103.2	110.4	103.9
1982	109.2	109.1	111.5	105.6	105.8	103.4	113.0	107.5
1983	111.1	110.9	108.3	110.4	109.7	117.1	115.2	109.3
1984	115.3	115.2	112.9	114.5	114.9	110.9	119.3	113.7
1985	113.2	113.5	101.8	118.6	118.2	122.2	118.2	111.9
1986	108.5	108.8	103.3	110.2	109.6	115.9	112.0	107.2
1987	111.5	111.6	104.7	113.7	113.2	117.9	114.4	109.8
1988	111.3	111.3	102.5	114.5	115.3	108.0	113.2	109.5
1989	104.2	104.1	103.1	103.8	105.1	91.6	105.4	102.5
1990	104.1	103.8	107.3	103.2	103.4	101.2	102.3	102.3
1991	109.1	109.2	102.4	113.9	114.4	109.6	108.9	107.7
1992	114.1	114.2	104.7	121.2	121.2	121.0	112.4	112.8
1993	113.7	114.0	104.7	119.9	120.1	118.0	112.2	112.7
1994	113.1	113.1	104.0	118.4	118.9	113.7	111.1	111.8
1995	109.3	110.9	105.0	113.9	114.0	112.4	109.8	109.7
1996	110.2	110.0	105.1	112.1	112.5	108.5	109.4	108.9
1997	109.6	109.3	103.5	110.5	111.3	102.6	110.7	108.2
1998	107.3	107.8	103.5	108.9	108.9	109.0	108.4	106.8
1999	107.9	107.6	102.8	108.1	108.5	104.3	109.3	106.7
2000	108.6	108.4	102.4	109.4	109.8	105.7	109.7	107.6
2001	108.1	108.3	102.8	108.4	108.7	106.8	110.3	107.5
2002	109.5	109.1	102.9	109.8	110.0	108.8	110.4	108.4
2003	110.6	110.0	102.5	112.7	112.8	112.1	109.5	109.3
2004	110.4	110.1	106.3	111.1	111.5	108.1	110.1	109.4
2005	112.0	111.3	105.2	112.1	111.6	116.0	112.2	110.7
2006	112.8	112.7	105.0	113.4	112.9	117.2	114.1	112.0
2007	114.4	114.2	103.7	115.1	114.9	116.2	116.0	113.6
2008	109.6	109.6	105.4	109.9	109.9	109.5	110.4	109.1
2009	109.3	109.1	104.2	109.9	108.7	118.6	109.3	108.6

2-5 国内生产总值指数
Indices of Gross Domestic Product

本表按不变价格计算。
Data in this table are calculated at constant prices.

(1978年=100) (year of 1978=100)

年份 Year	国民总收入 Gross National Income	国内生产总值 Gross Domestic Product	第一产业 Primary Industry	第二产业 Secondary Industry	工业 Industry	建筑业 Construction	第三产业 Tertiary Industry	人均国内生产总值 Per Capita GDP
1978	100.0	100.0	100.0	100.0	100.0	100.0	100.0	100.0
1979	107.6	107.6	106.1	108.2	108.7	102.0	107.9	106.1
1980	116.0	116.0	104.6	122.9	122.4	129.2	114.3	113.0
1981	122.0	122.1	111.9	125.2	124.5	133.3	126.2	117.5
1982	133.3	133.1	124.8	132.1	131.7	137.9	142.6	126.2
1983	148.2	147.6	135.1	145.8	144.5	161.4	164.3	137.9
1984	170.8	170.0	152.6	166.9	166.0	179.0	196.0	156.8
1985	193.4	192.9	155.4	197.9	196.2	218.7	231.7	175.5
1986	209.9	210.0	160.5	218.2	215.2	253.4	259.6	188.2
1987	234.1	234.3	168.1	248.1	243.6	298.7	296.8	206.6
1988	260.6	260.7	172.3	284.1	280.8	322.5	335.9	226.3
1989	271.4	271.3	177.6	294.8	295.0	295.3	353.9	231.9
1990	282.5	281.7	190.7	304.1	304.9	298.8	362.1	237.3
1991	308.2	307.6	195.2	346.3	348.8	327.4	394.3	255.6
1992	351.5	351.4	204.4	419.5	422.6	396.2	443.3	288.4
1993	399.6	400.4	214.0	502.8	507.5	467.5	497.4	324.9
1994	452.0	452.8	222.6	595.2	603.5	531.5	552.5	363.3
1995	494.2	502.3	233.7	677.7	688.2	597.4	606.9	398.6
1996	544.5	552.6	245.6	759.8	774.3	648.2	664.1	433.9
1997	596.9	603.9	254.2	839.4	861.9	665.2	735.3	469.4
1998	640.6	651.2	263.1	914.2	938.6	725.2	796.8	501.4
1999	691.5	700.9	270.5	988.6	1018.6	756.2	871.2	534.9
2000	750.6	759.9	277.0	1081.8	1118.3	799.1	956.1	575.5
2001	811.1	823.0	284.8	1173.1	1215.2	853.3	1054.2	618.7
2002	888.5	897.8	293.0	1288.4	1336.4	928.3	1164.2	670.4
2003	983.1	987.8	300.3	1451.7	1506.8	1040.4	1274.9	733.1
2004	1085.4	1087.4	319.3	1613.0	1680.2	1125.0	1403.1	802.2
2005	1216.1	1210.4	336.0	1807.9	1874.7	1305.0	1574.7	887.7
2006	1371.4	1363.8	352.8	2050.0	2116.1	1529.8	1797.3	994.7
2007	1568.4	1557.0	366.0	2358.8	2431.5	1777.4	2084.6	1129.6
2008	1718.8	1707.0	385.6	2591.8	2673.0	1946.3	2301.4	1232.1
2009	1878.7	1862.5	401.8	2849.4	2906.4	2307.4	2516.0	1337.6

2-6 第三产业增加值
Value-added of the Tertiary Industry

本表按当年价格计算。
Data in this table are calculated at current prices.

单位：亿元 (100 million yuan)

年 份 Year	第三产业 Tertiary Industry	交通运输、仓储和邮政业 Transport, Storage and Post	批发和零售业 Wholesale and Retail Trades	住宿和餐饮业 Hotels and Catering Services	金融业 Financial Intermediation	房地产业 Real Estate	其他 Others
1978	872.5	182.0	242.3	44.6	68.2	79.9	255.6
1979	878.9	193.7	200.9	44.0	66.9	86.3	287.1
1980	982.0	213.4	193.8	47.4	75.0	96.4	356.0
1981	1076.6	220.7	231.1	54.1	79.8	99.9	390.9
1982	1163.0	246.9	171.4	62.3	114.8	110.8	456.8
1983	1338.1	274.9	198.7	72.5	149.0	121.8	521.2
1984	1786.3	338.5	363.5	96.8	203.9	162.3	621.2
1985	2585.0	421.7	802.4	138.3	259.9	215.2	747.5
1986	2993.8	498.8	852.6	163.2	356.4	298.1	824.6
1987	3574.0	568.3	1059.6	187.1	450.0	382.6	926.3
1988	4590.3	685.7	1483.4	241.4	585.4	473.8	1120.6
1989	5448.4	812.7	1536.2	277.4	964.3	566.2	1291.6
1990	5888.4	1167.0	1268.9	301.9	1017.5	662.2	1470.9
1991	7337.1	1420.3	1834.6	442.3	1056.3	763.7	1819.9
1992	9357.4	1689.0	2405.0	584.6	1306.2	1101.3	2271.3
1993	11915.7	2174.0	2816.6	712.1	1669.7	1379.6	3163.7
1994	16179.8	2787.9	3773.4	1008.5	2234.8	1909.3	4465.8
1995	19978.5	3244.3	4778.6	1200.1	2798.5	2354.0	5602.9
1996	23326.2	3782.2	5599.7	1336.8	3211.7	2617.6	6778.3
1997	26988.1	4148.6	6327.4	1561.3	3606.8	2921.1	8423.0
1998	30580.5	4660.9	6913.2	1786.9	3697.7	3434.5	10087.3
1999	33873.4	5175.2	7491.1	1941.2	3816.5	3681.8	11767.7
2000	38714.0	6161.0	8158.6	2146.3	4086.7	4149.1	14012.4
2001	44361.6	6870.3	9119.4	2400.1	4353.5	4715.1	16903.3
2002	49898.9	7492.9	9995.4	2724.8	4612.8	5346.4	19726.7
2003	56004.7	7913.2	11169.5	3126.1	4989.4	6172.7	22633.9
2004	64561.3	9304.4	12453.8	3664.8	5393.0	7174.1	26571.2
2005	74919.3	10666.2	13966.2	4195.7	6086.8	8516.4	31488.0
2006	88554.9	12183.0	16530.7	4792.6	8099.1	10370.5	36579.1
2007	111351.9	14601.0	20937.8	5548.1	12337.5	13809.7	44117.7
2008	131340.0	16362.5	26182.3	6616.1	14863.3	14738.7	52577.1
2009	147642.1	17057.7	28984.5	7118.2	17727.6	18654.7	58099.5

2-7 第三产业增加值构成
Composition of Value-added of the Tertiary Industry

本表按当年价格计算。
Data in this table are calculated at current prices.

单位：% (%)

年 份 Year	第三产业 Tertiary Industry	交通运输、仓储和邮政业 Transport, Storage and Post	批发和零售业 Wholesale and Retail Trades	住宿和餐饮业 Hotels and Catering Services	金融业 Financial Intermediation	房地产业 Real Estate	其他 Others
1978	100.0	20.9	27.8	5.1	7.8	9.2	29.3
1979	100.0	22.0	22.9	5.0	7.6	9.8	32.7
1980	100.0	21.7	19.7	4.8	7.6	9.8	36.3
1981	100.0	20.5	21.5	5.0	7.4	9.3	36.3
1982	100.0	21.2	14.7	5.4	9.9	9.5	39.3
1983	100.0	20.5	14.8	5.4	11.1	9.1	38.9
1984	100.0	19.0	20.3	5.4	11.4	9.1	34.8
1985	100.0	16.3	31.0	5.3	10.1	8.3	28.9
1986	100.0	16.7	28.5	5.5	11.9	10.0	27.5
1987	100.0	15.9	29.6	5.2	12.6	10.7	25.9
1988	100.0	14.9	32.3	5.3	12.8	10.3	24.4
1989	100.0	14.9	28.2	5.1	17.7	10.4	23.7
1990	100.0	19.8	21.5	5.1	17.3	11.2	25.0
1991	100.0	19.4	25.0	6.0	14.4	10.4	24.8
1992	100.0	18.0	25.7	6.2	14.0	11.8	24.3
1993	100.0	18.2	23.6	6.0	14.0	11.6	26.6
1994	100.0	17.2	23.3	6.2	13.8	11.8	27.6
1995	100.0	16.2	23.9	6.0	14.0	11.8	28.0
1996	100.0	16.2	24.0	5.7	13.8	11.2	29.1
1997	100.0	15.4	23.4	5.8	13.4	10.8	31.2
1998	100.0	15.2	22.6	5.8	12.1	11.2	33.0
1999	100.0	15.3	22.1	5.7	11.3	10.9	34.7
2000	100.0	15.9	21.1	5.5	10.6	10.7	36.2
2001	100.0	15.5	20.6	5.4	9.8	10.6	38.1
2002	100.0	15.0	20.0	5.5	9.2	10.7	39.5
2003	100.0	14.1	19.9	5.6	8.9	11.0	40.4
2004	100.0	14.4	19.3	5.7	8.4	11.1	41.2
2005	100.0	14.2	18.6	5.6	8.1	11.4	42.0
2006	100.0	13.8	18.7	5.4	9.1	11.7	41.3
2007	100.0	13.1	18.8	5.0	11.1	12.4	39.6
2008	100.0	12.5	19.9	5.0	11.3	11.2	40.0
2009	100.0	11.6	19.6	4.8	12.0	12.6	39.4

 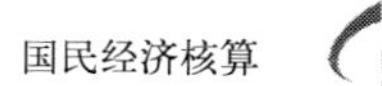

2-8 第三产业不变价增加值
Value-added of the Tertiary Industry at Constant Prices

单位：亿元 (100 million yuan)

年 份 Year	第三产业 Tertiary Industry	交通运输、仓储和邮政业 Transport, Storage and Post	批发和零售业 Wholesale and Retail Trades	住宿和餐饮业 Hotels and Catering Services	金融业 Financial Intermediation	房地产业 Real Estate	其他 Others
		按1970年价格计算		Price Base Year=1970			
1978	846.0	180.9	253.2	44.8	75.2	46.4	245.4
1979	912.4	195.9	275.3	49.8	73.1	48.3	270.1
1980	967.2	204.3	270.2	51.7	77.9	52.1	311.0
		按1980年价格计算		Price Base Year=1980			
1980	982.9	214.0	201.9	48.3	86.6	57.1	375.0
1981	1085.3	218.0	261.6	56.7	90.3	55.1	403.7
1982	1226.2	242.8	259.6	74.6	130.6	60.1	458.5
1983	1412.2	265.8	314.7	89.1	165.8	63.2	513.6
1984	1685.5	305.4	392.6	96.3	217.3	80.7	593.3
1985	1991.6	347.5	524.2	102.3	254.1	100.9	662.5
1986	2231.4	395.7	573.7	118.3	334.4	127.0	682.3
1987	2551.8	433.7	658.2	129.8	412.3	164.2	753.6
1988	2887.6	488.0	735.6	162.4	492.5	185.0	824.1
1989	3042.4	508.5	656.8	178.4	620.0	214.5	864.0
1990	3113.4	551.0	622.2	184.7	631.5	227.9	896.1
		按1990年价格计算		Price Base Year=1990			
1990	5768.5	1167.0	1268.9	301.9	1234.5	325.3	1470.9
1991	6280.3	1290.2	1334.6	326.5	1263.0	364.2	1701.7
1992	7061.8	1420.0	1474.9	414.7	1364.0	490.6	1897.5
1993	7922.3	1598.0	1601.5	448.9	1512.0	543.4	2218.6
1994	8801.0	1734.2	1732.6	570.7	1653.7	608.4	2501.3
1995	9667.0	1924.6	1875.2	629.1	1794.3	684.1	2759.6
1996	10578.2	2137.0	2018.4	672.1	1928.9	711.7	3110.1
1997	11711.9	2333.7	2195.4	745.7	2092.0	741.1	3604.1
1998	12692.4	2580.8	2338.3	828.2	2194.8	798.0	3952.4
1999	13876.6	2894.9	2541.9	892.1	2300.0	845.4	4402.3
2000	15229.4	3143.3	2781.3	975.4	2449.3	905.5	4974.6
		按2000年价格计算		Price Base Year=2000			
2000	38714.0	6161.0	8158.6	2146.3	4086.7	4149.1	14012.4
2001	42685.0	6703.6	8900.6	2310.4	4350.2	4605.1	15815.2
2002	47142.3	7181.3	9684.7	2590.9	4651.3	5061.4	17972.7
2003	51622.2	7621.2	10647.2	2911.0	4975.3	5557.6	19910.0
2004	56813.6	8724.5	11346.4	3270.2	5159.4	5885.5	22427.6
2005	63761.8	9702.0	12824.4	3671.2	5870.0	6605.7	25088.6
		按2005年价格计算		Price Base Year=2005			
2005	74919.3	10666.2	13966.2	4195.7	6086.8	8516.4	31488.0
2006	85511.6	11729.4	16684.6	4723.0	7662.9	9834.8	34876.8
2007	99179.7	13113.6	20057.5	5177.3	9777.1	12230.1	38824.2
2008	109497.4	14074.1	23236.6	5674.3	11080.8	12347.3	43084.3

注：1.更换基期的年份有两个不变价数据，一个按上一基期价格计算，一个按新基期价格计算。
2.有关不变价国内生产总值的解释见简要说明。

a) There are two figures at the base switching year, one at the former base year prices, another at the latter.
b) Please refer to the brief introduction for the defination of gross domestic product at constant prices.

2-9 第三产业增加值指数
Indices of Value-added of the Tertiary Industry

本表按不变价格计算。
Data in this table are calculated at constant prices.

(上年=100) (preceding year=100)

年份 Year	第三产业 Tertiary Industry	交通运输、仓储和邮政业 Transport, Storage and Post	批发和零售业 Wholesale and Retail Trades	住宿和餐饮业 Hotels and Catering Services	金融业 Financial Intermediation	房地产业 Real Estate	其他 Others
1978	113.8	108.9	123.1	118.1	109.8	105.7	111.0
1979	107.9	108.3	108.7	111.1	97.2	104.1	110.1
1980	106.0	104.3	98.1	103.9	106.6	107.9	115.1
1981	110.4	101.9	129.5	117.5	104.3	96.5	107.6
1982	113.0	111.4	99.3	131.6	144.6	109.1	113.6
1983	115.2	109.5	121.2	119.4	127.0	105.2	112.0
1984	119.3	114.9	124.7	108.1	131.1	127.7	115.5
1985	118.2	113.8	133.5	106.3	116.9	125.0	111.7
1986	112.0	113.9	109.4	115.6	131.6	125.9	103.0
1987	114.4	109.6	114.7	109.7	123.3	129.3	110.4
1988	113.2	112.5	111.8	125.1	119.5	112.7	109.4
1989	105.4	104.2	89.3	109.9	125.9	115.9	104.9
1990	102.3	108.3	94.7	103.5	101.9	106.2	103.7
1991	108.9	110.6	105.2	108.2	102.3	112.0	115.7
1992	112.4	110.1	110.5	127.0	108.0	134.7	111.5
1993	112.2	112.5	108.6	108.2	110.9	110.8	116.9
1994	111.1	108.5	108.2	127.1	109.4	112.0	112.7
1995	109.8	111.0	108.2	110.2	108.5	112.4	110.3
1996	109.4	111.0	107.6	106.8	107.5	104.0	112.7
1997	110.7	109.2	108.8	110.9	108.5	104.1	115.9
1998	108.4	110.6	106.5	111.1	104.9	107.7	109.7
1999	109.3	112.2	108.7	107.7	104.8	105.9	111.4
2000	109.7	108.6	109.4	109.3	106.5	107.1	113.0
2001	110.3	108.8	109.1	107.6	106.4	111.0	112.9
2002	110.4	107.1	108.8	112.1	106.9	109.9	113.6
2003	109.5	106.1	109.9	112.4	107.0	109.8	110.8
2004	110.1	114.5	106.6	112.3	103.7	105.9	112.6
2005	112.2	111.2	113.0	112.3	113.8	112.2	111.9
2006	114.1	110.0	119.5	112.6	125.9	115.5	110.8
2007	116.0	111.8	120.2	109.6	127.6	124.4	111.3
2008	110.4	107.3	115.9	109.6	113.3	101.0	111.0
2009	109.3	103.7	112.1	105.5	117.9	111.3	107.4

2-10 第三产业增加值指数
Indices of Value-added of the Tertiary Industry

本表按不变价格计算。
Data in this table are calculated at constant prices.
(1978年＝100) (year of 1978=100)

年份 Year	第三产业 Tertiary Industry	交通运输、仓储和邮政业 Transport, Storage and Post	批发和零售业 Wholesale and Retail Trades	住宿和餐饮业 Hotels and Catering Services	金融业 Financial Intermediation	房地产业 Real Estate	其他 Others
1978	100.0	100.0	100.0	100.0	100.0	100.0	100.0
1979	107.9	108.3	108.7	111.1	97.2	104.1	110.1
1980	114.3	112.9	106.7	115.5	103.6	112.3	126.7
1981	126.2	115.0	138.2	135.6	108.0	108.4	136.4
1982	142.6	128.1	137.2	178.5	156.2	118.2	154.9
1983	164.3	140.2	166.3	213.1	198.3	124.3	173.5
1984	196.0	161.1	207.4	230.3	259.9	158.7	200.4
1985	231.7	183.3	277.0	244.8	304.0	198.4	223.8
1986	259.6	208.8	303.2	283.1	400.0	249.7	230.5
1987	296.8	228.9	347.8	310.5	493.2	322.9	254.6
1988	335.9	257.5	388.7	388.5	589.1	363.8	278.4
1989	353.9	268.3	347.1	426.9	741.6	421.8	291.9
1990	362.1	290.7	328.8	441.8	755.4	448.2	302.8
1991	394.3	321.4	345.8	477.9	772.8	501.7	350.3
1992	443.3	353.7	382.2	607.0	834.6	675.9	390.6
1993	497.4	398.1	414.9	657.0	925.2	748.6	456.7
1994	552.5	432.0	448.9	835.3	1011.9	838.2	514.9
1995	606.9	479.4	485.9	920.8	1097.9	942.5	568.1
1996	664.1	532.4	523.0	983.8	1180.3	980.5	640.2
1997	735.3	581.3	568.8	1091.4	1280.1	1021.0	741.9
1998	796.8	642.9	605.9	1212.2	1343.0	1099.4	813.6
1999	871.2	721.2	658.6	1305.7	1407.4	1164.7	906.2
2000	956.1	783.0	720.7	1427.7	1498.7	1247.5	1024.0
2001	1054.2	852.0	786.2	1536.8	1595.4	1384.6	1155.7
2002	1164.2	912.7	855.5	1723.4	1705.8	1521.8	1313.4
2003	1274.9	968.6	940.5	1936.4	1824.6	1671.0	1455.0
2004	1403.1	1108.9	1002.2	2175.3	1892.1	1769.6	1639.0
2005	1574.7	1233.1	1132.8	2442.0	2152.7	1986.1	1833.4
2006	1797.3	1356.0	1353.3	2748.9	2710.2	2293.5	2030.7
2007	2084.6	1516.0	1626.9	3013.3	3457.9	2852.1	2260.6
2008	2301.4	1627.1	1884.7	3302.6	3919.0	2879.5	2508.6
2009	2516.0	1687.9	2112.8	3483.5	4620.3	3204.3	2694.0

2-11 分行业增加值
Value-added by Sector

本表按当年价格计算。
Data in this table are calculated at current prices.

单位：亿元 (100 million yuan)

行业	Sector	2005	2006	2007	2008
总计	**Total**	**184937.4**	**216314.4**	**265810.3**	**314045.4**
第一产业	**Primary Industry**	**22420.0**	**24040.0**	**28627.0**	**33702.0**
农林牧渔业	Agriculture, Forestry, Animal Husbandry and Fishery	22420.0	24040.0	28627.0	33702.0
第二产业	**Secondary Industry**	**87598.1**	**103719.5**	**125831.4**	**149003.4**
工业	Industry	77230.8	91310.9	110534.9	130260.2
采矿业	Mining	10318.2	12082.9	13460.7	19629.4
制造业	Manufacturing	60118.0	71212.9	87465.0	102539.5
电力、燃气及水的生产和供应业	Production and Supply of Electricity, Gas and Water	6794.6	8015.2	9609.2	8091.3
建筑业	Construction	10367.3	12408.6	15296.5	18743.2
第三产业	**Tertiary Industry**	**74919.3**	**88554.9**	**111351.9**	**131340.0**
交通运输、仓储和邮政业	Transport, Storage and Post	10666.2	12183.0	14601.0	16362.5
信息传输、计算机服务和软件业	Information Transmission, Computer Services and Software	4904.1	5683.5	6705.6	7859.7
批发和零售业	Wholesale and Retail Trades	13966.2	16530.7	20937.8	26182.3
住宿和餐饮业	Hotels and Catering Services	4195.7	4792.6	5548.1	6616.1
金融业	Financial Intermediation	6086.8	8099.1	12337.5	14863.3
房地产业	Real Estate	8516.4	10370.5	13809.7	14738.7
租赁和商务服务业	Leasing and Business Services	3129.1	3790.8	4694.9	5608.2
科学研究、技术服务和地质勘查业	Scientific Research, Technical Services and Geologic Prospecting	2164.0	2684.8	3441.3	3993.4
水利、环境和公共设施管理业	Management of Water Conservancy, Environment and Public Facilities	850.0	945.8	1110.7	1265.5
居民服务和其他服务业	Services to Households and Other Services	3128.0	3541.7	3996.5	4628.0
教育	Education	5759.7	6407.0	7693.2	8887.5
卫生、社会保障和社会福利业	Health, Social Security and Social Welfare	2987.3	3326.2	4013.8	4628.7
文化、体育和娱乐业	Culture, Sports and Entertainment	1204.5	1362.7	1631.3	1922.4
公共管理和社会组织	Public Management and Social Organizations	7361.2	8836.6	10830.4	13783.7

2-12 三次产业贡献率

Share of the Contributions of the Three Strata of Industry to the Increase of the GDP

本表按不变价格计算。
Data in this table are calculated at constant prices.

单位：% (%)

年 份 Year	国内生产总值 Gross Domestic Product	第一产业 Primary Industry	第二产业 Secondary Industry	#工 业 Industry	第三产业 Tertiary Industry
1990	100.0	41.7	41.0	39.7	17.3
1991	100.0	7.1	62.8	58.0	30.1
1992	100.0	8.4	64.5	57.6	27.1
1993	100.0	7.9	65.5	59.1	26.6
1994	100.0	6.6	67.9	62.6	25.5
1995	100.0	9.1	64.3	58.5	26.6
1996	100.0	9.6	62.9	58.5	27.5
1997	100.0	6.8	59.7	58.3	33.5
1998	100.0	7.6	60.9	55.4	31.5
1999	100.0	6.0	57.8	55.0	36.2
2000	100.0	4.4	60.8	57.6	34.8
2001	100.0	5.1	46.7	42.1	48.2
2002	100.0	4.6	49.7	44.4	45.7
2003	100.0	3.4	58.5	51.9	38.1
2004	100.0	7.8	52.2	47.7	40.0
2005	100.0	5.6	51.1	43.4	43.3
2006	100.0	4.8	50.0	42.4	45.2
2007	100.0	3.0	50.7	44.0	46.3
2008	100.0	5.7	49.3	43.4	45.0
2009	100.0	4.5	52.5	40.4	42.9

注：三次产业贡献率指各产业增加值增量与GDP增量之比。
a) Share of the contributions of the three strata of industry to the increase of the GDP refers to the proportion of the increment of the value-added of each industry to the increment of GDP.

2-13 三次产业对国内生产总值增长的拉动

Contribution of the Three Strata of Industry to GDP Growth

本表按不变价格计算。
Data in this table are calculated at constant prices.

单位：百分点 (percentage points)

年 份 Year	国内生产总值 Gross Domestic Product	第一产业 Primary Industry	第二产业 Secondary Industry	#工 业 Industry	第三产业 Tertiary Industry
1990	3.8	1.6	1.6	1.5	0.6
1991	9.2	0.6	5.8	5.3	2.8
1992	14.2	1.2	9.2	8.2	3.8
1993	14.0	1.1	9.2	8.3	3.7
1994	13.1	0.9	8.9	8.2	3.3
1995	10.9	1.0	7.0	6.4	2.9
1996	10.0	1.0	6.3	5.9	2.7
1997	9.3	0.6	5.6	5.4	3.1
1998	7.8	0.6	4.8	4.3	2.4
1999	7.6	0.4	4.4	4.2	2.8
2000	8.4	0.4	5.1	4.9	2.9
2001	8.3	0.4	3.9	3.5	4.0
2002	9.1	0.4	4.5	4.0	4.2
2003	10.0	0.3	5.9	5.2	3.8
2004	10.1	0.8	5.3	4.8	4.0
2005	11.3	0.6	5.8	4.9	4.9
2006	12.7	0.6	6.3	5.4	5.7
2007	14.2	0.4	7.2	6.2	6.6
2008	9.6	0.6	4.7	4.2	4.3
2009	9.1	0.4	4.8	3.7	3.9

注：三次产业拉动指GDP增长速度与各产业贡献率之乘积。
a) Contribution of the three strata of industry to GDP growth refers to the growth rate of GDP multiplied by the contribution share of every industry.

2-14 地区生产总值和指数
Gross Regional Product and Indices

本表绝对数按当年价格计算，指数按不变价格计算。
Level data in this table are calculated at current prices while indices at constant prices.

地区	Region	地区生产总值（亿元） Gross Regional Product (100 million yuan)					指数（上年=100） Indices (preceding year=100)				
		2005	2006	2007	2008	2009	2005	2006	2007	2008	2009
北京	Beijing	6969.52	8117.78	9846.81	11115.00	12153.03	112.1	113.0	114.5	109.1	110.2
天津	Tianjin	3905.64	4462.74	5252.76	6719.01	7521.85	114.9	114.7	115.5	116.5	116.5
河北	Hebei	10012.11	11467.60	13607.32	16011.97	17235.48	113.4	113.4	112.8	110.1	110.0
山西	Shanxi	4230.53	4878.61	6024.45	7315.40	7358.31	113.5	112.8	115.9	108.5	105.4
内蒙古	Inner Mongolia	3905.03	4944.25	6423.18	8496.20	9740.25	123.8	119.1	119.2	117.8	116.9
辽宁	Liaoning	8047.26	9304.52	11164.30	13668.58	15212.49	112.7	114.2	115.0	113.4	113.1
吉林	Jilin	3620.27	4275.12	5284.69	6426.10	7278.75	112.1	115.0	116.1	116.0	113.6
黑龙江	Heilongjiang	5513.70	6211.80	7104.00	8314.37	8587.00	111.6	112.1	112.0	111.8	111.4
上海	Shanghai	9247.66	10572.24	12494.01	14069.86	15046.45	111.4	112.7	115.2	109.7	108.2
江苏	Jiangsu	18598.69	21742.05	26018.48	30981.98	34457.30	114.5	114.9	114.9	112.7	112.4
浙江	Zhejiang	13417.68	15718.47	18753.73	21462.69	22990.35	112.8	113.9	114.7	110.1	108.9
安徽	Anhui	5350.17	6112.50	7360.92	8851.66	10062.82	111.0	112.5	114.2	112.7	112.9
福建	Fujian	6554.69	7583.85	9248.53	10823.01	12236.53	111.6	114.8	115.2	113.0	112.3
江西	Jiangxi	4056.76	4820.53	5800.25	6971.05	7655.18	112.8	112.3	113.2	113.2	113.1
山东	Shandong	18366.87	21900.19	25776.91	30933.28	33896.65	115.0	114.7	114.2	112.0	112.2
河南	Henan	10587.42	12362.79	15012.46	18018.53	19480.46	114.2	114.4	114.6	112.1	110.9
湖北	Hubei	6590.19	7617.47	9333.40	11328.89	12961.10	112.1	113.2	114.6	113.4	113.5
湖南	Hunan	6596.10	7688.67	9439.60	11555.00	13059.69	112.2	112.8	115.0	113.9	113.7
广东	Guangdong	22557.37	26587.76	31777.01	36796.71	39482.56	114.1	114.8	114.9	110.4	109.7
广西	Guangxi	3984.10	4746.16	5823.41	7021.00	7759.16	113.1	113.6	115.1	112.8	113.9
海南	Hainan	897.99	1044.91	1254.17	1503.06	1654.21	110.5	113.2	115.8	110.3	111.7
重庆	Chongqing	3467.72	3907.23	4676.13	5793.66	6530.01	111.7	112.4	115.9	114.5	114.9
四川	Sichuan	7385.10	8690.24	10562.39	12601.23	14151.28	112.6	113.5	114.5	111.0	114.5
贵州	Guizhou	2005.42	2338.98	2884.11	3561.56	3912.68	112.7	112.8	114.8	111.3	111.4
云南	Yunnan	3461.73	3988.14	4772.52	5692.12	6169.75	108.9	111.6	112.2	110.6	112.1
西藏	Tibet	248.80	290.76	341.43	394.85	441.36	112.1	113.3	114.0	110.1	112.4
陕西	Shaanxi	3933.72	4743.61	5757.29	7314.58	8169.80	113.7	113.9	115.8	116.4	113.6
甘肃	Gansu	1933.98	2276.70	2702.40	3166.82	3387.56	111.8	111.5	112.3	110.1	110.3
青海	Qinghai	543.32	648.50	797.35	1018.62	1081.27	112.2	113.3	113.5	113.5	110.1
宁夏	Ningxia	612.61	725.90	919.11	1203.92	1353.31	110.9	112.7	112.7	112.6	111.9
新疆	Xinjiang	2604.19	3045.26	3523.16	4183.21	4277.05	110.9	111.0	112.2	111.0	108.1

注：2005-2008年数据在第二次经济普查后作了修订。
a) Adjustment has been done for the data of 2005-2008, due to the 2nd Economic Census.

2-15 按三次产业分地区生产总值（2009年）

Gross Regional Product by Three Strata of Industry (2009)

本表绝对数按当年价格计算，指数按不变价格计算。

Level data in this table are calculated at current prices while indices at constant prices.

单位：亿元 (100 million yuan)

地区	Region	地区生产总值 Gross Regional Product	第一产业 Primary Industry	第二产业 Secondary Industry	工业 Industry	建筑业 Construction	第三产业 Tertiary Industry
北京	Beijing	12153.03	118.29	2855.55	2303.08	552.47	9179.19
天津	Tianjin	7521.85	128.85	3987.84	3622.11	365.73	3405.16
河北	Hebei	17235.48	2207.34	8959.83	7983.86	975.97	6068.31
山西	Shanxi	7358.31	477.59	3993.80	3518.88	474.92	2886.92
内蒙古	Inner Mongolia	9740.25	929.60	5114.00	4503.33	610.67	3696.65
辽宁	Liaoning	15212.49	1414.90	7906.34	6925.63	980.71	5891.25
吉林	Jilin	7278.75	980.57	3541.92	3054.60	487.32	2756.26
黑龙江	Heilongjiang	8587.00	1154.33	4060.72	3549.73	510.99	3371.95
上海	Shanghai	15046.45	113.82	6001.78	5408.75	593.03	8930.85
江苏	Jiangsu	34457.30	2261.86	18566.37	16464.94	2101.43	13629.07
浙江	Zhejiang	22990.35	1163.08	11908.49	10518.21	1390.28	9918.78
安徽	Anhui	10062.82	1495.45	4905.22	4064.72	840.50	3662.15
福建	Fujian	12236.53	1182.74	6005.30	5106.38	898.92	5048.49
江西	Jiangxi	7655.18	1098.66	3919.45	3196.56	722.89	2637.07
山东	Shandong	33896.65	3226.64	18901.83	16896.14	2005.69	11768.18
河南	Henan	19480.46	2769.05	11010.50	9900.27	1110.23	5700.91
湖北	Hubei	12961.10	1795.90	6038.08	5183.68	854.40	5127.12
湖南	Hunan	13059.69	1969.69	5687.19	4819.40	867.79	5402.81
广东	Guangdong	39482.56	2010.27	19419.70	18091.56	1328.14	18052.59
广西	Guangxi	7759.16	1458.49	3381.54	2863.84	517.70	2919.13
海南	Hainan	1654.21	462.19	443.43	300.63	142.80	748.59
重庆	Chongqing	6530.01	606.80	3448.77	2917.40	531.37	2474.44
四川	Sichuan	14151.28	2240.61	6711.87	5678.24	1033.63	5198.80
贵州	Guizhou	3912.68	550.27	1476.62	1252.67	223.95	1885.79
云南	Yunnan	6169.75	1067.60	2582.53	2088.17	494.36	2519.62
西藏	Tibet	441.36	63.88	136.63	33.11	103.52	240.85
陕西	Shaanxi	8169.80	789.64	4236.42	3501.25	735.17	3143.74
甘肃	Gansu	3387.56	497.05	1527.24	1203.70	323.54	1363.27
青海	Qinghai	1081.27	107.40	575.33	470.33	105.00	398.54
宁夏	Ningxia	1353.31	127.25	662.32	520.38	141.94	563.74
新疆	Xinjiang	4277.05	759.74	1929.59	1555.84	373.75	1587.72

2-15 续表 1 continued

单位：亿元 (100 million yuan)

地 区	Region	交通运输、仓储和邮政业 Transport, Storage and Post	批发和零售业 Wholesale and Retail Trades	住宿和餐饮业 Hotels and Catering Services	金融业 Financial Intermediation	房地产业 Real Estate	其 他 Others
北 京	Beijing	556.64	1525.03	262.51	1603.63	1062.47	4168.91
天 津	Tianjin	471.01	836.84	131.84	461.20	308.73	1195.54
河 北	Hebei	1491.92	1157.80	247.14	525.67	612.40	2033.38
山 西	Shanxi	523.38	557.86	203.58	361.64	173.31	1067.15
内蒙古	Inner Mongolia	773.29	915.89	294.73	291.10	286.65	1134.99
辽 宁	Liaoning	790.56	1410.33	318.80	560.20	605.27	2206.09
吉 林	Jilin	341.76	673.12	157.73	180.83	200.14	1202.68
黑龙江	Heilongjiang	433.55	757.36	211.00	227.54	301.18	1441.32
上 海	Shanghai	635.01	2183.85	238.36	1804.28	1237.56	2831.79
江 苏	Jiangsu	1423.25	3579.81	678.36	1596.98	2025.39	4325.28
浙 江	Zhejiang	888.02	2119.39	416.84	1899.33	1316.83	3278.36
安 徽	Anhui	467.92	733.19	157.14	359.60	497.94	1446.36
福 建	Fujian	751.42	1043.42	235.98	612.20	656.61	1748.86
江 西	Jiangxi	394.90	553.89	167.59	165.10	305.90	1049.69
山 东	Shandong	1742.33	3106.24	594.50	1044.90	1329.59	3950.63
河 南	Henan	823.57	1057.81	526.51	499.92	622.98	2170.12
湖 北	Hubei	642.72	979.14	337.81	479.11	546.11	2142.23
湖 南	Hunan	704.83	1221.20	304.93	402.57	400.11	2369.17
广 东	Guangdong	1595.34	3907.43	945.76	2283.29	2470.63	6850.14
广 西	Guangxi	378.75	551.14	208.00	336.82	348.98	1095.45
海 南	Hainan	88.68	168.75	60.22	65.73	121.76	243.45
重 庆	Chongqing	347.98	524.36	132.88	389.97	229.09	850.16
四 川	Sichuan	520.71	868.98	405.45	524.63	548.14	2330.89
贵 州	Guizhou	399.77	293.53	153.41	194.44	136.15	708.49
云 南	Yunnan	179.45	571.03	162.10	351.74	205.14	1050.16
西 藏	Tibet	21.19	27.06	14.70	23.17	13.28	141.45
陕 西	Shaanxi	423.24	707.39	175.01	336.21	239.92	1261.97
甘 肃	Gansu	213.64	231.21	88.52	88.27	101.37	640.26
青 海	Qinghai	49.32	66.13	14.54	45.63	23.05	199.87
宁 夏	Ningxia	114.77	74.52	25.59	75.54	47.56	225.76
新 疆	Xinjiang	209.10	253.60	62.25	198.87	115.23	748.67

2-15 续表 2 continued

地 区	Region	构 成（地区生产总值=100）Composition (GRP=100) 第一产业 Primary Industry	第二产业 Secondary Industry	第三产业 Tertiary Industry	指 数（上年=100）Indices (preceding year=100) 地区生产总值 Gross Regional Product	第一产业 Primary Industry	第二产业 Secondary Industry	第三产业 Tertiary Industry	人均地区生产总值（元）Per Capita GRP (yuan)
北 京	Beijing	1.0	23.5	75.5	110.2	104.6	110.4	110.2	70452
天 津	Tianjin	1.7	53.0	45.3	116.5	103.4	118.0	115.2	62574
河 北	Hebei	12.8	52.0	35.2	110.0	103.3	110.5	111.4	24581
山 西	Shanxi	6.5	54.3	39.2	105.4	104.2	101.9	110.5	21522
内蒙古	Inner Mongolia	9.5	52.5	38.0	116.9	102.3	121.1	115.0	40282
辽 宁	Liaoning	9.3	52.0	38.7	113.1	103.1	115.6	112.1	35239
吉 林	Jilin	13.5	48.7	37.9	113.6	102.8	117.1	113.0	26595
黑龙江	Heilongjiang	13.4	47.3	39.3	111.4	105.2	113.1	110.7	22447
上 海	Shanghai	0.8	39.9	59.4	108.2	98.9	103.5	112.2	78989
江 苏	Jiangsu	6.6	53.9	39.6	112.4	104.5	112.5	113.6	44744
浙 江	Zhejiang	5.1	51.8	43.1	108.9	102.4	106.8	112.5	44641
安 徽	Anhui	14.9	48.7	36.4	112.9	105.0	116.8	111.0	16408
福 建	Fujian	9.7	49.1	41.3	112.3	104.7	113.7	112.3	33840
江 西	Jiangxi	14.4	51.2	34.4	113.1	104.5	117.1	110.7	17335
山 东	Shandong	9.5	55.8	34.7	112.2	104.2	113.9	111.2	35894
河 南	Henan	14.2	56.5	29.3	110.9	104.2	112.4	111.1	20597
湖 北	Hubei	13.9	46.6	39.6	113.5	105.2	116.8	112.3	22677
湖 南	Hunan	15.1	43.5	41.4	113.7	105.0	118.9	111.3	20428
广 东	Guangdong	5.1	49.2	45.7	109.7	104.9	109.2	110.8	41166
广 西	Guangxi	18.8	43.6	37.6	113.9	105.2	117.7	113.8	16045
海 南	Hainan	27.9	26.8	45.3	111.7	107.2	112.6	114.1	19254
重 庆	Chongqing	9.3	52.8	37.9	114.9	105.5	117.9	113.5	22920
四 川	Sichuan	15.8	47.4	36.7	114.5	104.0	119.5	112.4	17339
贵 州	Guizhou	14.1	37.7	48.2	111.4	104.3	112.1	113.1	10309
云 南	Yunnan	17.3	41.9	40.8	112.1	105.2	113.6	113.1	13539
西 藏	Tibet	14.5	31.0	54.6	112.4	103.0	121.7	110.4	15295
陕 西	Shaanxi	9.7	51.9	38.5	113.6	104.9	113.8	115.3	21688
甘 肃	Gansu	14.7	45.1	40.2	110.3	105.1	111.0	111.2	12872
青 海	Qinghai	9.9	53.2	36.9	110.1	105.0	111.3	109.8	19454
宁 夏	Ningxia	9.4	48.9	41.7	111.9	107.3	114.4	110.0	21777
新 疆	Xinjiang	17.8	45.1	37.1	108.1	104.5	108.5	109.2	19942

2-16 地区生产总值收入法构成项目（2009年）
Income Approach Components of Gross Regional Product (2009)

本表按当年价格计算。
Data in this table are calculated at current prices.

单位：亿元 (100 million yuan)

地 区	Region	地区生产总值 Gross Regional Product	劳动者报酬 Compensation of Employees	生产税净额 Net Taxes on Production	固定资产折旧 Depreciation of Fixed Assets	营业盈余 Operating Surplus
北 京	Beijing	12153.03	6141.60	1953.53	1707.72	2350.18
天 津	Tianjin	7521.85	2836.97	1159.32	967.32	2558.24
河 北	Hebei	17235.48	9533.07	2034.75	2061.94	3605.72
山 西	Shanxi	7358.31	3374.63	1128.64	1100.21	1754.83
内蒙古	Inner Mongolia	9740.25	4520.61	1292.36	1103.33	2823.95
辽 宁	Liaoning	15212.49	7493.57	2457.96	2288.02	2972.94
吉 林	Jilin	7278.75	2924.57	1089.43	1213.41	2051.34
黑龙江	Heilongjiang	8587.00	3487.49	1099.49	1113.91	2886.11
上 海	Shanghai	15046.45	5901.84	2916.92	2229.19	3998.50
江 苏	Jiangsu	34457.30	15019.10	5420.70	4674.05	9343.45
浙 江	Zhejiang	22990.35	9105.37	3417.94	2965.97	7501.08
安 徽	Anhui	10062.82	5039.17	1458.49	1383.92	2181.24
福 建	Fujian	12236.53	6510.05	1553.20	1412.19	2761.08
江 西	Jiangxi	7655.18	3118.08	1488.80	1364.35	1683.95
山 东	Shandong	33896.65	15200.40	4956.33	4780.47	8959.46
河 南	Henan	19480.46	9566.24	3262.67	2119.55	4532.00
湖 北	Hubei	12961.10	6199.16	1835.04	1946.71	2980.19
湖 南	Hunan	13059.69	6561.52	1958.85	1363.08	3176.24
广 东	Guangdong	39482.56	17849.91	6020.88	5524.55	10087.22
广 西	Guangxi	7759.16	4626.32	959.80	1053.81	1119.23
海 南	Hainan	1654.21	863.14	251.63	275.60	263.84
重 庆	Chongqing	6530.01	3308.46	912.54	685.50	1623.51
四 川	Sichuan	14151.28	6769.64	2256.77	2080.90	3043.97
贵 州	Guizhou	3912.68	2094.97	583.57	630.03	604.11
云 南	Yunnan	6169.75	3058.20	1263.65	740.68	1107.22
西 藏	Tibet	441.36	281.86	32.10	66.07	61.33
陕 西	Shaanxi	8169.80	3691.49	1377.59	912.20	2188.52
甘 肃	Gansu	3387.56	1590.40	422.93	598.00	776.23
青 海	Qinghai	1081.27	581.69	158.49	180.66	160.43
宁 夏	Ningxia	1353.31	720.82	152.60	217.34	262.55
新 疆	Xinjiang	4277.05	2329.37	654.14	608.96	684.58

2-17 支出法国内生产总值
Gross Domestic Product by Expenditure Approach

本表按当年价格计算。
Data in value terms in this table are calculated at current prices.

年 份 Year	支出法国内生产总值(亿元) Gross Domestic Product by Expenditure Approach (100 million yuan)	最终消费支出 Final Consumption Expenditures	资本形成总额 Gross Capital Formation	货物和服务净出口 Net Exports of Goods and Services	最终消费率(消费率)(%) Final Consumption Rate (%)	资本形成率(投资率)(%) Capital Formation Rate (%)
1978	3605.6	2239.1	1377.9	-11.4	62.1	38.2
1979	4092.6	2633.7	1478.9	-20.0	64.4	36.1
1980	4592.9	3007.9	1599.7	-14.7	65.5	34.8
1981	5008.8	3361.5	1630.2	17.1	67.1	32.5
1982	5590.0	3714.8	1784.2	91.0	66.5	31.9
1983	6216.2	4126.4	2039.0	50.8	66.4	32.8
1984	7362.7	4846.3	2515.1	1.3	65.8	34.2
1985	9076.7	5986.3	3457.5	-367.1	66.0	38.1
1986	10508.5	6821.8	3941.9	-255.2	64.9	37.5
1987	12277.4	7804.6	4462.0	10.8	63.6	36.3
1988	15388.6	9839.5	5700.2	-151.1	63.9	37.0
1989	17311.3	11164.2	6332.7	-185.6	64.5	36.6
1990	19347.8	12090.5	6747.0	510.3	62.5	34.9
1991	22577.4	14091.9	7868.0	617.5	62.4	34.8
1992	27565.2	17203.3	10086.3	275.6	62.4	36.6
1993	36938.1	21899.9	15717.7	-679.5	59.3	42.6
1994	50217.4	29242.2	20341.1	634.1	58.2	40.5
1995	63216.9	36748.2	25470.1	998.6	58.1	40.3
1996	74163.6	43919.5	28784.9	1459.2	59.2	38.8
1997	81658.5	48140.6	29968.0	3549.9	59.0	36.7
1998	86531.6	51588.2	31314.2	3629.2	59.6	36.2
1999	91125.0	55636.9	32951.5	2536.6	61.1	36.2
2000	98749.0	61516.0	34842.8	2390.2	62.3	35.3
2001	109028.0	66933.9	39769.4	2324.7	61.4	36.5
2002	120475.6	71816.5	45565.0	3094.1	59.6	37.8
2003	136634.8	77685.5	55963.0	2986.3	56.9	40.9
2004	160800.1	87552.6	69168.4	4079.1	54.4	43.0
2005	187131.2	99051.3	77856.8	10223.1	52.9	41.6
2006	222240.0	112631.9	92954.1	16654.0	50.7	41.8
2007	265833.9	131510.1	110943.2	23380.6	49.5	41.7
2008	314901.3	152346.6	138325.3	24229.4	48.4	43.9
2009	345023.6	165526.8	164463.5	15033.3	48.0	47.7

注：资本形成率指资本形成总额占支出法国内生产总值的比重；最终消费率指最终消费支出占支出法国内生产总值的比重。

a) Capital formation rate refers to gross capital formation as percentage of gross domestic product by expenditure approach, final consumption rate refers to final consumption expenditures as percentage of gross domestic product by expenditure approach.

2-18 支出法国内生产总值结构
Components of Gross Domestic Product by Expenditure Approach

本表按当年价格计算。
Data in value terms in this table are calculated at current prices.

年份 Year	最终消费支出 Final Consumption Expenditures: 绝对数（亿元）Level (100 million yuan): 居民消费支出 Household Consumption Expenditures	农村居民 Rural Household	城镇居民 Urban Household	政府消费支出 Government Consumption Expenditures	构成 Composition: 最终消费支出=100 Final Consumption Expenditures=100: 居民消费支出 Household Consumption Expenditures	政府消费支出 Government Consumption Expenditures	居民消费支出=100 Household Consumption Expenditures=100: 农村居民 Rural House-hold	城镇居民 Urban House-hold	资本形成总额 Gross Capital Formation: 绝对数（亿元）Level (100 million yuan): 固定资本形成总额 Gross Fixed Capital Formation	存货增加 Change in Inven-tories	构成（资本形成总额=100）Composition (Gross Capital Formation=100): 固定资本形成总额 Gross Fixed Capital Formation	存货增加 Change in Inven-tories
1978	1759.1	1092.4	666.7	480.0	78.6	21.4	62.1	37.9	1073.9	304.0	77.9	22.1
1979	2011.5	1252.9	758.6	622.2	76.4	23.6	62.3	37.7	1153.1	325.8	78.0	22.0
1980	2331.2	1411.0	920.2	676.7	77.5	22.5	60.5	39.5	1322.4	277.3	82.7	17.3
1981	2627.9	1603.8	1024.1	733.6	78.2	21.8	61.0	39.0	1339.3	290.9	82.2	17.8
1982	2902.9	1787.5	1115.4	811.9	78.1	21.9	61.6	38.4	1503.2	281.0	84.3	15.7
1983	3231.1	2010.5	1220.6	895.3	78.3	21.7	62.2	37.8	1723.3	315.7	84.5	15.5
1984	3742.0	2312.1	1429.9	1104.3	77.2	22.8	61.8	38.2	2147.0	368.1	85.4	14.6
1985	4687.4	2809.6	1877.8	1298.9	78.3	21.7	59.9	40.1	2672.0	785.5	77.3	22.7
1986	5302.1	3059.2	2242.9	1519.7	77.7	22.3	57.7	42.3	3139.7	802.2	79.6	20.4
1987	6126.1	3428.9	2697.2	1678.5	78.5	21.5	56.0	44.0	3798.7	663.3	85.1	14.9
1988	7868.1	4174.0	3694.1	1971.4	80.0	20.0	53.0	47.0	4701.9	998.3	82.5	17.5
1989	8812.6	4545.7	4266.9	2351.6	78.9	21.1	51.6	48.4	4419.4	1913.3	69.8	30.2
1990	9450.9	4683.1	4767.8	2639.6	78.2	21.8	49.6	50.4	4827.8	1919.2	71.6	28.4
1991	10730.6	5082.0	5648.6	3361.3	76.1	23.9	47.4	52.6	6070.3	1797.7	77.2	22.8
1992	13000.1	5833.5	7166.6	4203.2	75.6	24.4	44.9	55.1	8513.7	1572.6	84.4	15.6
1993	16412.1	6858.0	9554.1	5487.8	74.9	25.1	41.8	58.2	13309.2	2408.5	84.7	15.3
1994	21844.2	8875.3	12968.9	7398.0	74.7	25.3	40.6	59.4	17312.7	3028.4	85.1	14.9
1995	28369.7	11271.6	17098.1	8378.5	77.2	22.8	39.7	60.3	20885.0	4585.1	82.0	18.0
1996	33955.9	13907.1	20048.8	9963.6	77.3	22.7	41.0	59.0	24048.1	4736.8	83.5	16.5
1997	36921.5	14575.8	22345.7	11219.1	76.7	23.3	39.5	60.5	25965.0	4003.0	86.6	13.4
1998	39229.3	14472.0	24757.3	12358.9	76.0	24.0	36.9	63.1	28569.0	2745.2	91.2	8.8
1999	41920.4	14584.1	27336.3	13716.5	75.3	24.7	34.8	65.2	30527.3	2424.2	92.6	7.4
2000	45854.6	15147.4	30707.2	15661.4	74.5	25.5	33.0	67.0	33844.4	998.4	97.1	2.9
2001	49435.9	15791.0	33644.9	17498.0	73.9	26.1	31.9	68.1	37754.5	2014.9	94.9	5.1
2002	53056.6	16271.7	36784.9	18759.9	73.9	26.1	30.7	69.3	43632.1	1932.9	95.8	4.2
2003	57649.8	16305.7	41344.1	20035.7	74.2	25.8	28.3	71.7	53490.7	2472.3	95.6	4.4
2004	65218.5	17689.9	47528.6	22334.1	74.5	25.5	27.1	72.9	65117.7	4050.7	94.1	5.9
2005	72652.5	19371.7	53280.8	26398.8	73.3	26.7	26.7	73.3	74232.9	3624.0	95.3	4.7
2006	82103.5	21261.3	60842.2	30528.4	72.9	27.1	25.9	74.1	87954.1	5000.0	94.6	5.4
2007	95609.8	24122.0	71487.8	35900.4	72.7	27.3	25.2	74.8	103948.6	6994.6	93.7	6.3
2008	110594.5	27495.0	83099.5	41752.1	72.6	27.4	24.9	75.1	128084.4	10240.9	92.6	7.4
2009	121129.9	28833.6	92296.3	44396.9	73.2	26.8	23.8	76.2	156679.8	7783.7	95.3	4.7

2-19 居民消费支出
Household Consumption

本表按当年价格计算。
Data in this table are calculated at current prices.

单位：亿元 (100 million yuan)

指　　标	Item	2006	2007	2008	2009
居民消费支出	**Total**	**82103.5**	**95609.8**	**110594.5**	**121129.9**
农村居民	**Rural Household**	**21261.3**	**24122.0**	**27495.0**	**28833.6**
食品类支出	Food	8735.7	9998.7	11581.7	11732.0
衣着类支出	Clothing	1206.2	1392.6	1534.3	1667.3
居住类支出	Residence	3867.7	4415.8	5102.2	4916.7
家庭设备、用品及服务类支出	Household Facilities, Articles and Services	908.5	1073.5	1260.4	1468.7
医疗保健类支出	Health Care and Personal Articles	1405.7	1571.6	1880.9	2355.8
交通和通信类支出	Transportation and Communications	2072.7	2364.0	2609.2	2889.3
文教娱乐用品及服务类支出	Recreation, Education and Culture Articles	2190.3	2200.3	2278.5	2442.5
银行中介服务消费支出	Financial Service	303.1	405.5	505.4	474.9
保险服务消费支出	Insurance Service	103.8	156.7	186.7	283.5
其它支出	Others	467.6	543.4	555.6	603.1
城镇居民	**Urban Household**	**60842.2**	**71487.8**	**83099.5**	**92296.3**
食品类支出	Food	17725.2	21239.4	25568.6	27152.2
衣着类支出	Clothing	5136.4	6100.1	6998.1	7785.8
居住类支出	Residence	10760.3	12306.1	14565.3	16165.7
家庭设备、用品及服务类支出	Household Facilities, Articles and Services	2839.3	3523.1	4152.4	4770.8
医疗保健类支出	Health Care and Personal Articles	5262.1	6156.5	7580.9	8867.4
交通和通信类支出	Transportation and Communications	6533.9	7946.6	8505.9	10335.6
文教娱乐用品及服务类支出	Recreation, Education and Culture Articles	6852.3	7781.2	8152.9	9046.9
银行中介服务消费支出	Financial Service	1397.2	1711.2	2132.9	1995.8
保险服务消费支出	Insurance Service	988.9	1344.5	1528.8	1582.0
其它支出	Others	3346.6	3379.0	3913.9	4594.0

2-20 三大需求对国内生产总值增长的贡献率和拉动
Contribution Share and Contribution of the Three Components of GDP to the Growth of GDP

本表按不变价格计算。
Data in value terms in this table are calculated at constant prices.

年　份 Year	最终消费支出 Final Consumption Expenditure		资本形成总额 Gross Capital Formation		货物和服务净出口 Net Exports of Goods and Services	
	贡献率 (%) Contribution Share (%)	拉　动 (百分点) Contribution (percentage points)	贡献率 (%) Contribution Share (%)	拉　动 (百分点) Contribution (percentage points)	贡献率 (%) Contribution Share (%)	拉　动 (百分点) Contribution (percentage points)
1978	39.4	4.6	66.0	7.7	-5.4	-0.6
1980	71.8	5.6	26.4	2.1	1.8	0.1
1985	85.5	11.5	80.9	10.9	-66.4	-8.9
1990	47.8	1.8	1.8	0.1	50.4	1.9
1995	44.7	4.9	55.0	6.0	0.3	
2000	65.1	5.5	22.4	1.9	12.5	1.0
2001	50.2	4.2	49.9	4.1	-0.1	
2002	43.9	4.0	48.5	4.4	7.6	0.7
2003	35.8	3.6	63.2	6.3	1.0	0.1
2004	39.5	4.0	54.5	5.5	6.0	0.6
2005	37.9	4.3	39.0	4.4	23.1	2.6
2006	40.0	5.1	43.9	5.6	16.1	2.0
2007	39.2	5.6	42.7	6.1	18.1	2.5
2008	43.5	4.2	47.5	4.6	9.0	0.8
2009	45.4	4.1	95.2	8.7	-40.6	-3.7

注：1.三大需求指支出法国内生产总值的三大构成项目，即最终消费支出、资本形成总额、货物和服务净出口。
2.贡献率指三大需求增量与支出法国内生产总值增量之比。
3.拉动指国内生产总值增长速度与三大需求贡献率的乘积。

a)Three components of GDP by expenditure approach are final consumption expenditure,gross capital formation and net exports of goods and services.
b)Contribution share of the three components to the increase of the GDP refers to the proportion of the increment of the each component of GDP by expenditure approach to the increment of GDP.
c)Contribution of the three components to GDP growth refers to the growth rate of GDP multiplied by the contribution share of the three components.

2-21 支出法地区生产总值（2009年）

Gross Regional Product by Expenditure Approach (2009)

本表按当年价格计算。
Data in value terms in this table are calculated at current prices.

地 区	Region	支出法地区生产总值（亿元） Gross Regional Product by Expenditure Approach (100 million yuan)	最终消费支出 Final Consumption Expenditures	资本形成总额 Gross Capital Formation	货物和服务净流出 Net Outflow of Goods and Services	最终消费率（消费率）(%) Final Consumption Rate (%)	资本形成率（投资率）(%) Capital Formation Rate (%)
北 京	Beijing	12153.0	6753.7	5256.2	143.1	55.6	43.2
天 津	Tianjin	7521.9	2873.1	5459.9	-811.1	38.2	72.6
河 北	Hebei	17235.5	7220.8	9264.8	749.9	41.9	53.8
山 西	Shanxi	7438.2	3385.3	4910.7	-857.8	45.5	66.0
内蒙古	Inner Mongolia	9740.3	3959.8	7495.4	-1715.0	40.7	77.0
辽 宁	Liaoning	15212.5	6273.7	9412.0	-473.2	41.2	61.9
吉 林	Jilin	7633.1	3384.3	6074.5	-1825.7	44.3	79.6
黑龙江	Heilongjiang	8587.0	4779.6	5027.8	-1220.3	55.7	58.6
上 海	Shanghai	15046.5	7718.8	6766.0	561.6	51.3	45.0
江 苏	Jiangsu	34457.3	14375.4	17571.9	2510.0	41.7	51.0
浙 江	Zhejiang	22990.4	10676.0	10607.3	1707.1	46.4	46.1
安 徽	Anhui	10062.8	5179.1	4914.2	-30.4	51.5	48.8
福 建	Fujian	12595.8	5395.4	6819.7	380.8	42.8	54.1
江 西	Jiangxi	7655.2	3545.8	4163.4	-54.0	46.3	54.4
山 东	Shandong	33896.7	13574.8	18110.0	2211.9	40.0	53.4
河 南	Henan	19480.5	8742.7	13304.1	-2566.3	44.9	68.3
湖 北	Hubei	13240.4	6325.2	6827.0	88.3	47.8	51.6
湖 南	Hunan	13059.7	6644.7	6773.4	-358.4	50.9	51.9
广 东	Guangdong	39482.6	18584.0	14949.0	5949.6	47.1	37.9
广 西	Guangxi	7759.2	4339.7	5795.8	-2376.3	55.9	74.7
海 南	Hainan	1654.2	808.7	914.2	-68.7	48.9	55.3
重 庆	Chongqing	6530.0	3184.3	3818.6	-472.9	48.8	58.5
四 川	Sichuan	14151.3	7212.5	7696.6	-757.8	51.0	54.4
贵 州	Guizhou	3912.7	2571.8	2100.5	-759.6	65.7	53.7
云 南	Yunnan	6169.8	3746.0	3756.6	-1332.8	60.7	60.9
西 藏	Tibet	441.4	307.2	380.6	-246.4	69.6	86.2
陕 西	Shaanxi	8169.8	3897.2	5447.2	-1174.6	47.7	66.7
甘 肃	Gansu	3387.6	2111.3	1916.0	-639.7	62.3	56.6
青 海	Qinghai	1081.3	616.2	798.2	-333.1	57.0	73.8
宁 夏	Ningxia	1353.3	652.3	1308.8	-607.9	48.2	96.7
新 疆	Xinjiang	4277.1	2266.2	2549.8	-538.9	53.0	59.6

2-22 各地区资本形成总额及构成（2009年）

Gross Capital Formation and Its Composition by Region (2009)

本表按当年价格计算。

Data in value terms in this table are calculated at current prices.

地 区	Region	资本形成总额（亿元） Gross Capital Formation (100 million yuan)	固定资本形成总额 Gross Fixed Capital Formation	存货增加 Change in Inventories	构成（资本形成总额=100） Composition (Total=100) 固定资本形成总额 Gross Fixed Capital Formation	存货增加 Change in Inventories
北 京	Beijing	5256.2	4435.0	821.2	84.4	15.6
天 津	Tianjin	5459.9	5077.9	382.0	93.0	7.0
河 北	Hebei	9264.8	9390.2	-125.4	101.4	-1.4
山 西	Shanxi	4910.7	4856.8	53.9	98.9	1.1
内蒙古	Inner Mongolia	7495.4	7425.2	70.3	99.1	0.9
辽 宁	Liaoning	9412.0	8906.4	505.6	94.6	5.4
吉 林	Jilin	6074.5	6280.5	-206.0	103.4	-3.4
黑龙江	Heilongjiang	5027.8	4995.0	32.8	99.3	0.7
上 海	Shanghai	6766.0	6447.5	318.5	95.3	4.7
江 苏	Jiangsu	17571.9	17138.0	433.9	97.5	2.5
浙 江	Zhejiang	10607.3	10220.1	387.2	96.3	3.7
安 徽	Anhui	4914.2	4820.5	93.7	98.1	1.9
福 建	Fujian	6819.7	6438.3	381.4	94.4	5.6
江 西	Jiangxi	4163.4	4082.6	80.7	98.1	1.9
山 东	Shandong	18110.0	17734.4	375.5	97.9	2.1
河 南	Henan	13304.1	12996.1	308.0	97.7	2.3
湖 北	Hubei	6827.0	6612.9	214.2	96.9	3.1
湖 南	Hunan	6773.4	6666.8	106.6	98.4	1.6
广 东	Guangdong	14949.0	14025.1	923.9	93.8	6.2
广 西	Guangxi	5795.8	5533.2	262.5	95.5	4.5
海 南	Hainan	914.2	895.9	18.3	98.0	2.0
重 庆	Chongqing	3818.6	3633.2	185.4	95.1	4.9
四 川	Sichuan	7696.6	7464.2	232.4	97.0	3.0
贵 州	Guizhou	2100.5	2046.8	53.7	97.4	2.6
云 南	Yunnan	3756.6	3502.4	254.2	93.2	6.8
西 藏	Tibet	380.6	379.4	1.1	99.7	0.3
陕 西	Shaanxi	5447.2	5270.3	176.9	96.8	3.2
甘 肃	Gansu	1916.0	1788.3	127.6	93.3	6.7
青 海	Qinghai	798.2	791.8	6.4	99.2	0.8
宁 夏	Ningxia	1308.8	1185.4	123.5	90.6	9.4
新 疆	Xinjiang	2549.8	2473.2	76.5	97.0	3.0

2-23 各地区最终消费支出及构成（2009年）

Final Consumption Expenditure and Its Composition by Region (2009)

本表按当年价格计算。

Data in value terms in this table are calculated at current prices.

地区	Region	最终消费支出（亿元）Final Consumption Expenditures (100 million yuan)	居民消费支出 Household Consumption	农村居民 Rural Household	城镇居民 Urban Household	政府消费支出 Government Consumption	最终消费支出=100 Final Consumption Expenditures=100: 居民消费支出 Household Consumption	政府消费支出 Government Consumption	居民消费支出=100 Household Consumption Expenditures=100: 农村居民 Rural Household	城镇居民 Urban Household
北京	Beijing	6753.7	3821.5	298.0	3523.5	2932.2	56.6	43.4	7.8	92.2
天津	Tianjin	2873.1	1821.0	190.3	1630.7	1052.1	63.4	36.6	10.4	89.6
河北	Hebei	7220.8	5043.4	1472.7	3570.6	2177.5	69.8	30.2	29.2	70.8
山西	Shanxi	3385.3	2343.3	689.8	1653.5	1042.0	69.2	30.8	29.4	70.6
内蒙古	Inner Mongolia	3959.8	2337.6	458.7	1878.8	1622.3	59.0	41.0	19.6	80.4
辽宁	Liaoning	6273.7	4683.0	843.5	3839.5	1590.7	74.6	25.4	18.0	82.0
吉林	Jilin	3384.3	2304.0	542.2	1761.8	1080.3	68.1	31.9	23.5	76.5
黑龙江	Heilongjiang	4779.6	2959.7	712.9	2246.8	1819.8	61.9	38.1	24.1	75.9
上海	Shanghai	7718.8	5633.1	298.6	5334.5	2085.8	73.0	27.0	5.3	94.7
江苏	Jiangsu	14375.4	9235.4	2479.3	6756.0	5140.0	64.2	35.8	26.8	73.2
浙江	Zhejiang	10676.0	8131.8	1811.2	6320.5	2544.2	76.2	23.8	22.3	77.7
安徽	Anhui	5179.1	4188.3	1325.7	2862.6	990.8	80.9	19.1	31.7	68.3
福建	Fujian	5395.4	3959.2	1077.2	2882.0	1436.2	73.4	26.6	27.2	72.8
江西	Jiangxi	3545.8	2750.7	877.7	1873.0	795.1	77.6	22.4	31.9	68.1
山东	Shandong	13574.8	9910.2	2651.5	7258.7	3664.6	73.0	27.0	26.8	73.2
河南	Henan	8742.7	6248.9	2106.9	4142.0	2493.8	71.5	28.5	33.7	66.3
湖北	Hubei	6325.2	4456.3	1277.7	3178.6	1868.8	70.5	29.5	28.7	71.3
湖南	Hunan	6644.7	5069.1	1522.3	3546.8	1575.7	76.3	23.7	30.0	70.0
广东	Guangdong	18584.0	14665.9	1839.9	12826.0	3918.1	78.9	21.1	12.5	87.5
广西	Guangxi	4339.7	3333.6	979.2	2354.5	1006.0	76.8	23.2	29.4	70.6
海南	Hainan	808.7	575.2	154.0	421.2	233.5	71.1	28.9	26.8	73.2
重庆	Chongqing	3184.3	2367.1	440.6	1926.5	817.2	74.3	25.7	18.6	81.4
四川	Sichuan	7212.5	5601.3	1967.1	3634.2	1611.2	77.7	22.3	35.1	64.9
贵州	Guizhou	2571.8	1914.5	657.9	1256.6	657.3	74.4	25.6	34.4	65.6
云南	Yunnan	3746.0	2700.7	920.5	1780.1	1045.3	72.1	27.9	34.1	65.9
西藏	Tibet	307.2	117.2	53.1	64.1	190.0	38.1	61.9	45.3	54.7
陕西	Shaanxi	3897.2	2663.0	691.5	1971.5	1234.2	68.3	31.7	26.0	74.0
甘肃	Gansu	2111.3	1390.7	472.8	917.9	720.6	65.9	34.1	34.0	66.0
青海	Qinghai	616.2	361.0	111.6	249.4	255.2	58.6	41.4	30.9	69.1
宁夏	Ningxia	652.3	488.3	116.1	372.2	164.0	74.9	25.1	23.8	76.2
新疆	Xinjiang	2266.2	1284.7	385.7	899.0	981.5	56.7	43.3	30.0	70.0

2-24 居民消费水平
Household Consumption Expenditure

本表绝对数按当年价格计算，指数按不变价格计算。
Level in this table are calculated at current prices, while indices are calculated at constant prices.

年份 Year	绝对数(元) Level (yuan)			城乡消费水平对比(农村居民=1) Urban/Rural Consumption Ratio (Rural Household=1)	指数（上年=100) Index (Preceding Year=100)			指数(1978=100) Index (1978=100)		
	全体居民 All Households	农村居民 Rural Household	城镇居民 Urban Household		全体居民 All Households	农村居民 Rural Household	城镇居民 Urban Household	全体居民 All Households	农村居民 Rural Household	城镇居民 Urban Household
1978	184	138	405	2.9	104.1	104.3	103.3	100.0	100.0	100.0
1979	208	159	425	2.7	106.9	106.5	102.8	106.9	106.5	102.8
1980	238	178	489	2.7	109.0	108.4	107.2	116.5	115.4	110.2
1981	264	201	521	2.6	108.3	109.8	104.0	126.2	126.8	114.6
1982	288	223	536	2.4	106.8	109.1	100.7	134.8	138.3	115.4
1983	316	250	558	2.2	108.1	110.6	102.1	145.8	153.1	117.9
1984	361	287	618	2.2	112.0	112.9	107.9	163.2	172.8	127.2
1985	446	349	765	2.2	113.5	113.3	111.1	185.2	195.7	141.3
1986	497	378	872	2.3	104.7	102.3	106.7	194.0	200.3	150.8
1987	565	421	998	2.4	106.0	104.9	105.6	205.5	210.0	159.3
1988	714	509	1311	2.6	107.8	105.2	109.7	221.5	221.0	174.7
1989	788	549	1466	2.7	99.8	98.3	100.7	221.0	217.2	176.0
1990	833	560	1596	2.9	103.7	99.2	108.5	229.2	215.4	190.9
1991	932	602	1840	3.1	108.6	105.4	110.7	249.0	227.1	211.4
1992	1116	688	2262	3.3	113.3	108.5	116.1	282.0	246.5	245.3
1993	1393	805	2924	3.6	108.4	104.3	110.4	305.8	257.1	270.8
1994	1833	1038	3852	3.7	104.6	103.1	104.4	320.0	265.0	282.8
1995	2355	1313	4931	3.8	107.8	106.8	107.2	345.1	282.9	303.2
1996	2789	1626	5532	3.4	109.4	114.5	103.4	377.6	323.8	313.6
1997	3002	1722	5823	3.4	104.5	103.1	102.2	394.6	334.0	320.4
1998	3159	1730	6109	3.5	105.9	101.2	105.9	417.8	338.1	339.2
1999	3346	1766	6405	3.6	108.3	105.1	107.0	452.3	355.3	363.0
2000	3632	1860	6850	3.7	108.6	104.5	107.8	491.0	371.3	391.1
2001	3887	1969	7161	3.6	106.1	104.5	103.9	521.2	388.0	406.3
2002	4144	2062	7486	3.6	107.0	105.2	104.9	557.6	408.1	426.2
2003	4475	2103	8060	3.8	107.1	100.3	107.0	596.9	409.5	456.1
2004	5032	2319	8912	3.8	108.1	104.2	106.9	645.3	426.7	487.7
2005	5573	2579	9644	3.7	107.7	107.5	105.5	695.2	458.8	514.3
2006	6263	2868	10682	3.7	109.6	108.4	108.0	761.9	497.1	555.7
2007	7255	3293	12211	3.7	110.7	108.2	109.7	843.4	537.9	609.9
2008	8349	3795	13845	3.6	108.7	107.1	107.7	916.8	575.8	656.7
2009	9098	4021	15025	3.7	109.2	107.1	108.5	1001.6	616.8	712.2

注：1.城乡消费水平对比，没有剔除城乡价格不可比的因素（下表同）。
2.居民消费水平指按常住人口平均计算的居民消费支出(下表同)。

a) The effect of price differentials between urban and rural areas has not been removed in the calculation of the urban/rural consumption ratio. The same applies to the table following.

b) Household consumption level refers to per capita household consumption on the basis of usual residents. The same applies to the table following.

2-25 各地区居民消费水平（2009年）
Household Consumption Expenditure by Region (2009)

本表绝对数按当年价格计算，指数按不变价格计算。
Level in this table are calculated at current prices, while indices are calculated at constant prices.

地区	Region	绝对数(元) Level (yuan) 全体居民 All Households	农村居民 Rural Household	城镇居民 Urban Household	城乡消费水平对比(农村居民=1) Urban/Rural Consumption Ratio (Rural Household=1)	指数（上年=100） Index (Preceding Year=100) 全体居民 All Households	农村居民 Rural Household	城镇居民 Urban Household
北京	Beijing	22154	11483	24044	2.1	109.1	112.1	108.7
天津	Tianjin	15149	7075	17475	2.5	105.5	102.7	105.1
河北	Hebei	7193	3606	12195	3.4	110.7	103.7	112.0
山西	Shanxi	6854	3705	10617	2.9	105.6	104.7	104.5
内蒙古	Inner Mongolia	9668	3999	14784	3.7	114.9	108.1	114.2
辽宁	Liaoning	10848	4909	14774	3.0	112.1	113.5	111.0
吉林	Jilin	8410	4239	12061	2.8	110.7	109.2	111.0
黑龙江	Heilongjiang	7737	4183	10592	2.5	109.9	111.2	108.5
上海	Shanghai	29572	13748	31608	2.3	105.0	104.9	105.2
江苏	Jiangsu	11993	7147	15965	2.2	113.0	115.2	110.8
浙江	Zhejiang	15790	8324	21251	2.6	112.0	108.7	112.6
安徽	Anhui	6829	3683	11301	3.1	110.3	108.8	107.9
福建	Fujian	10950	6037	15739	2.6	110.1	111.4	107.7
江西	Jiangxi	6229	3443	10033	2.9	128.0	118.9	100.9
山东	Shandong	10494	5395	16027	3.0	110.8	111.1	109.5
河南	Henan	6607	3528	11884	3.4	113.1	109.8	111.0
湖北	Hubei	7791	4137	12080	2.9	105.5	106.7	103.9
湖南	Hunan	7929	4154	13000	3.1	108.9	106.1	107.8
广东	Guangdong	15291	5239	21098	4.0	111.1	107.2	111.6
广西	Guangxi	6893	3302	12585	3.8	115.5	110.3	114.3
海南	Hainan	6695	3447	10215	3.0	110.1	111.8	104.8
重庆	Chongqing	8308	3143	13314	4.2	112.7	108.3	111.0
四川	Sichuan	6863	3891	11701	3.0	112.1	114.4	109.7
贵州	Guizhou	5044	2459	11223	4.6	111.5	112.6	108.5
云南	Yunnan	5926	3038	11661	3.8	111.9	106.8	111.5
西藏	Tibet	4060	2398	9563	4.0	113.5	109.8	112.1
陕西	Shaanxi	7069	3210	12223	3.8	109.5	108.3	107.2
甘肃	Gansu	5284	2657	10765	4.1	107.1	104.8	107.0
青海	Qinghai	6495	3424	10845	3.2	108.5	107.9	107.0
宁夏	Ningxia	7858	3432	13151	3.8	106.4	106.9	104.4
新疆	Xinjiang	5990	2984	10546	3.5	108.0	110.6	106.4

2-26　2007年投入产出基本流量表(中间使用部分)
Intermediate Use Part of 2007 Input-Output Table

按当年生产者价格计算。
Data are calculated at producers' prices in 2007.

单位：万元　　(10 000 yuan)

产出 Output / 投入 Input	农、林、牧、渔业 Agriculture, Forestry, Animal Husbandry & Fishery	采矿业 Mining	食品、饮料制造及烟草制品业 Manufacture of Foods, Beverage & Tobacco	纺织、服装及皮革产品制造业 Manufacture of Textile, Wearing Apparel & Leather Products	其他制造业 Other Manufacture
总投入 Total Inputs	**488930000**	**291808994**	**417903947**	**432699283**	**364763392**
中间投入合计 Total Intermediate Inputs	**202338262**	**153811072**	**316119411**	**343236817**	**252326181**
农、林、牧、渔业 Agriculture, Forestry, Animal Husbandry & Fishery	68771565	781272	159461184	44092209	25342094
采矿业 Mining	330854	21882623	1499129	1863067	2120141
食品、饮料制造及烟草制品业 Manufacture of Foods, Beverage & Tobacco	47022865	645547	79566496	10803579	1904790
纺织、服装及皮革产品制造业 Manufacture of Textile, Wearing Apparel & Leather Products	271599	1365186	749352	188117752	13567810
其他制造业 Other Manufacture	1469215	3471051	10203996	7110725	100711843
电力、热力及水的生产和供应业 Production and Supply of Electric Power, Heat Power and Water	4673774	23899288	4800060	7153136	7799485
炼焦、燃气及石油加工业 Coking, Gas and Processing of Petroleum	3961124	10961386	1526464	2134595	2053189
化学工业 Chemical Industry	37291506	11175155	12303066	40750402	37248709
非金属矿物制品业 Manufacture of Nonmetallic Mineral Products	692877	3809133	2827726	812110	2734077
金属产品制造业 Manufacture and Processing of Metals and Metal Products	1458964	15594004	2421013	1655481	19548659
机械设备制造业 Manufacture of Machinery and Equipment	5310450	28102981	3150792	6882444	10812404
建筑业 Construction	113271	270149	107564	98446	71087
运输仓储邮政、信息传输、计算机服务和软件业 Transport, Storage, Post, Information Transmission, Computer Services & Software	9707947	12809660	11887285	9363766	9477810
批发零售贸易、住宿和餐饮业 Wholesale and Retail Trades, Hotels and Catering Services	8517008	6520457	12253099	8238133	8496668
房地产业、租赁和商务服务业 Real Estate, Leasing and Business Services	818681	1114953	6357899	5929104	3718548
金融业 Financial Intermediation	4063622	4354546	3921119	5216168	4104463
其他服务业 Other Services	7862940	7053680	3083168	3015703	2614404
增加值合计 Total Value-added	**286591738**	**137997922**	**101784536**	**89462466**	**112437211**
劳动者报酬 Compensation of Employees	271816270	48631487	30907478	37411997	30152183
生产税净额 Net Taxes on Production	478020	25163431	32419380	19060066	16872716
固定资产折旧 Depreciation of Fixed Assets	14297448	14993059	14051520	8461686	8899701
营业盈余 Operating Surplus		49209945	24406158	24528716	56512612

2-26 续表

单位：万元

投入 Input \ 产出 Output	电力、热力及水的生产和供应业 Production and Supply of Electric Power, Heat Power and Water	炼焦、燃气及石油加工业 Coking, Gas and Processing of Petroleum	化学工业 Chemical Industry	非金属矿物制品业 Manufacture of Nonmetallic Mineral Products	金属产品制造业 Manufacture and Processing of Metals and Metal Products
总投入 Total Inputs	**326648146**	**221828538**	**619980926**	**228043740**	**788014509**
中间投入合计 Total Intermediate Inputs	**233069001**	**182086948**	**494052772**	**165398427**	**631857668**
农、林、牧、渔业 Agriculture, Forestry, Animal Husbandry & Fishery	4388	6250	16674823	86862	72807
采矿业 Mining	36733027	136375666	34662849	28910359	105610099
食品、饮料制造及烟草制品业 Manufacture of Foods, Beverage & Tobacco	973452	1266977	9160297	768893	2488087
纺织、服装及皮革产品制造业 Manufacture of Textile, Wearing Apparel & Leather Products	1102423	235298	5889045	1081368	2143091
其他制造业 Other Manufacture	1069965	437847	13092507	10963140	34641206
电力、热力及水的生产和供应业 Production and Supply of Electric Power, Heat Power and Water	116257122	5147429	30268744	14685346	37649950
炼焦、燃气及石油加工业 Coking, Gas and Processing of Petroleum	13218388	13239342	40782813	7187743	30761167
化学工业 Chemical Industry	1559540	3997051	258179753	17365493	14939192
非金属矿物制品业 Manufacture of Nonmetallic Mineral Products	652207	882891	4271377	37839322	10148153
金属产品制造业 Manufacture and Processing of Metals and Metal Products	2078831	1139935	10949653	11926722	297229187
机械设备制造业 Manufacture of Machinery and Equipment	29694654	5228123	16167993	9486801	38943613
建筑业 Construction	110066	124342	206977	67223	205821
运输仓储邮政、信息传输、计算机服务和软件业 Transport, Storage, Post, Information Transmission, Computer Services & Software	5581515	6300694	17534941	9455211	22335634
批发零售贸易、住宿和餐饮业 Wholesale and Retail Trades, Hotels and Catering Services	3306550	3671194	13401963	6257847	16692184
房地产业、租赁和商务服务业 Real Estate, Leasing and Business Services	1257015	1201634	7994672	1573276	2056538
金融业 Financial Intermediation	11833104	1770994	8111153	5245677	9005460
其他服务业 Other Services	7636755	1061280	6703210	2497143	6935481
增加值合计 Total Value-added	**93579145**	**39741589**	**125928154**	**62645314**	**156156841**
劳动者报酬 Compensation of Employees	23423403	11886364	37806574	21955535	43715156
生产税净额 Net Taxes on Production	12181448	10729269	24193076	13519527	38750747
固定资产折旧 Depreciation of Fixed Assets	39861980	7920345	17930340	8191781	21390815
营业盈余 Operating Surplus	18112314	9205611	45998164	18978470	52300123

continued

(10 000 yuan)

机械设备制造业 Manufacture of Machinery and Equipment	建筑业 Construction	运输仓储邮政、信息传输、计算机服务和软件业 Transport,Storage,Post, Information Transmission, Computer Services & Software	批发零售贸易、住宿和餐饮业 Wholesale and Retail Trades, Hotels and Catering Services	房地产业、租赁和商务服务业 Real Estate, Leasing & Business Services	金融业 Financial Intermediation	其他服务业 Other Services	中间使用合计 Total Intermediate Use
1456899653	**627217352**	**424612908**	**436479768**	**265592042**	**194810240**	**602356182**	**8188589620**
1176814542	**482082839**	**214575372**	**207488189**	**104324862**	**60497405**	**308071739**	**5528151509**
52776	2593001	3797407	17846691	208020		3648331	343439679
4529453	8916078	1515689	552523	136178		2094235	387731969
4588265	2448813	2650461	45946620	1518183	405827	8473227	220632380
7051855	2681495	2625755	4841810	3274690	451913	9497053	244947495
29281267	13904692	4105474	7609478	11813560	5311644	31930163	287127772
20913527	8504586	6241334	8886034	1743891	1810298	11604600	312038602
8646252	12737888	59857020	2674325	4882845	1224492	9826221	225675255
84842150	24548183	4595095	4575555	5516077	550569	56231930	615669426
16861737	133350744	557257	349527	81294	29130	3403551	219303113
258485040	120884582	2439405	574377	3987539	128582	3811142	754313116
610576583	51277919	46287539	12485289	25829238	2374149	42513904	945124877
336203	5980360	1369375	1276015	1889591	248237	7524834	19999562
32480739	56767662	30896052	31920890	6543371	9428756	23881385	306373318
44524690	20227283	12111216	14074298	12099466	8113193	33683757	232189006
17337407	2543786	8333012	28594041	10881332	13817731	15020492	128550120
17270880	5491396	17250417	14076560	8382974	12505567	12958315	145562416
19035719	9224373	9942865	11204158	5536613	4097318	31968597	139473405
280085110	**145134513**	**210037536**	**228991578**	**161267180**	**134312835**	**294284443**	**2660438111**
99998540	74053207	51981000	57264921	26565094	34887741	198016050	1100473000
59209569	18003673	17670207	48203024	22886202	15160686	10686190	385187233
32159130	7756881	53504991	17640733	72454981	1938269	31101662	372555322
88717870	45320751	86881338	105882900	39360902	82326139	54480540	802222556

2-27 2007年投入产出基本流量表(最终使用部分)

按当年生产者价格计算。

单位：万元

产出 Output / 投入 Input	最终使用 Final Use 最终消费支出 Final Consumption Expenditure 居民消费支出 Household Consumption Expenditure 农村居民 Rural Household	城镇居民 Urban Household	小计 Subtotal	政府消费支出 Government Consumption Expenditure	合计 Total Final Consumption Expenditure
总投入 Total Inputs					
中间投入合计 Total Intermediate Inputs	**243172440**	**722353744**	**965526184**	**351909186**	**1317435370**
农、林、牧、渔业 Agriculture, Forestry, Animal Husbandry & Fishery	51593464	59967035	111560499	3416230	114976729
采矿业 Mining	873463	604442	1477905		1477905
食品、饮料制造及烟草制品业 Manufacture of Foods, Beverage & Tobacco	44016662	122862402	166879064		166879064
纺织、服装及皮革产品制造业 Manufacture of Textile, Wearing Apparel & Leather Products	12015254	49122300	61137553		61137553
其他制造业 Other Manufacture	3582900	19629235	23212134		23212134
电力、热力及水的生产和供应业 Production and Supply of Electric Power, Heat Power and Water	5590815	21159879	26750694		26750694
炼焦、燃气及石油加工业 Coking, Gas and Processing of Petroleum	1370560	9309325	10679885		10679885
化学工业 Chemical Industry	6135330	17375076	23510406		23510406
非金属矿物制品业 Manufacture of Nonmetallic Mineral Products	502316	2294313	2796629		2796629
金属产品制造业 Manufacture and Processing of Metals and Metal Products	704376	3404223	4108599		4108599
机械设备制造业 Manufacture of Machinery and Equipment	14357404	51262855	65620259		65620259
建筑业 Construction		9318748	9318748		9318748
运输仓储邮政、信息传输、计算机服务和软件业 Transport, Storage, Post, Information Transmission, Computer Services & Software	11611532	42298656	53910188	16214816	70125004
批发零售贸易、住宿和餐饮业 Wholesale and Retail Trades, Hotels and Catering Services	33575643	101381333	134956977		134956977
房地产业、租赁和商务服务业 Real Estate, Leasing and Business Services	23599830	64277656	87877486	5690533	93568019
金融业 Financial Intermediation	7070858	34359558	41430416	2720322	44150738
其他服务业 Other Services	26572033	113726708	140298741	323867285	464166026

Final Use Part of 2007 Input-Output Table

Data are calculated at producers' prices in 2007.

(10 000 yuan)

最终使用 Final Use					进口	其他	总产出
资本形成总额 Gross Capital Formation			出口	最终使用合计			
固定资本形成总额 Gross Fixed Capital Formation	存货增加 Changes in Inventories	合计 Gross Capital Formation	Exports	Total Final Use	Imports	Others	Gross Output
1054358700	**54835514**	**1109194214**	**955409910**	**3382039495**	**740205547**	**18604163**	**8188589620**
10671736	9744622	20416358	6659785	142052872	23279609	26717058	488930000
	2491281	2491281	6400505	10369690	103388759	-2903905	291808994
	9481045	9481045	19121135	195481245	15815255	17605576	417903947
	2525505	2525505	138885320	202548379	14270616	-525974	432699283
19632059	2446765	22078824	60303334	105594292	27295814	-662858	364763392
			651130	27401824	179857	-12612423	326648146
	-531633	-531633	7678378	17826630	14501469	-7171879	221828538
	4922679	4922679	72379174	100812259	91051715	-5449044	619980926
	541401	541401	14836921	18174951	3772993	-5661331	228043740
9529549	7807989	17337538	87140073	108586210	49051970	-25832847	788014509
355016414	14118999	369135413	404595758	839351430	337102932	9526278	1456899653
588465912		588465912	4088747	601873407	2212627	7557011	627217352
14974385	259670	15234054	44780693	130139752	15028793	3128632	424612908
18821092	1027192	19848284	47440878	202246138	5233456	7278080	436479768
34062554		34062554	32094712	159725285	24112559	1429196	265592042
			862438	45013176	1291732	5526379	194810240
3185000		3185000	7490928	474841955	12615391	656214	602356182

2-28 投入产出直接消耗系数表（2007年）

产出 Output / 投入 Input	农、林、牧、渔业 Agriculture, Forestry, Animal Husbandry & Fishery	采矿业 Mining	食品、饮料制造及烟草制品业 Manufacture of Foods, Beverage & Tobacco	纺织、服装及皮革产品制造业 Manufacture of Textile, Wearing Apparel & Leather Products	其他制造业 Other Manufacture
总投入 Total Inputs	**1.0000000**	**1.0000000**	**1.0000000**	**1.0000000**	**1.0000000**
中间投入合计 Total Intermediate Inputs	**0.4138389**	**0.5270950**	**0.7564404**	**0.7932456**	**0.6917530**
农、林、牧、渔业 Agriculture, Forestry, Animal Husbandry & Fishery	0.1406573	0.0026773	0.3815738	0.1019004	0.0694754
采矿业 Mining	0.0006767	0.0749895	0.0035873	0.0043057	0.0058124
食品、饮料制造及烟草制品业 Manufacture of Foods, Beverage & Tobacco	0.0961750	0.0022122	0.1903942	0.0249679	0.0052220
纺织、服装及皮革产品制造业 Manufacture of Textile, Wearing Apparel & Leather Products	0.0005555	0.0046784	0.0017931	0.4347540	0.0371962
其他制造业 Other Manufacture	0.0030050	0.0118949	0.0244171	0.0164334	0.2761018
电力、热力及水的生产和供应业 Production and Supply of Electric Power, Heat Power and Water	0.0095592	0.0819005	0.0114860	0.0165314	0.0213823
炼焦、燃气及石油加工业 Coking, Gas and Processing of Petroleum	0.0081016	0.0375636	0.0036527	0.0049332	0.0056288
化学工业 Chemical Industry	0.0762717	0.0382961	0.0294399	0.0941772	0.1021175
非金属矿物制品业 Manufacture of Nonmetallic Mineral Products	0.0014171	0.0130535	0.0067664	0.0018768	0.0074955
金属产品制造业 Manufacture and Processing of Metals and Metal Products	0.0029840	0.0534391	0.0057932	0.0038259	0.0535927
机械设备制造业 Manufacture of Machinery and Equipment	0.0108614	0.0963061	0.0075395	0.0159058	0.0296422
建筑业 Construction	0.0002317	0.0009258	0.0002574	0.0002275	0.0001949
运输仓储邮政、信息传输、计算机服务和软件业 Transport, Storage, Post, Information Transmission, Computer Services & Software	0.0198555	0.0438974	0.0284450	0.0216404	0.0259834
批发零售贸易、住宿和餐饮业 Wholesale and Retail Trades, Hotels and Catering Services	0.0174197	0.0223449	0.0293204	0.0190389	0.0232936
房地产业、租赁和商务服务业 Real Estate, Leasing and Business Services	0.0016744	0.0038208	0.0152138	0.0137026	0.0101944
金融业 Financial Intermediation	0.0083113	0.0149226	0.0093828	0.0120550	0.0112524
其他服务业 Other Services	0.0160819	0.0241723	0.0073777	0.0069695	0.0071674
增加值合计 Total Value-added	**0.5861611**	**0.4729050**	**0.2435596**	**0.2067544**	**0.3082470**
劳动者报酬 Compensation of Employees	0.5559411	0.1666552	0.0739583	0.0864619	0.0826623
生产税净额 Net Taxes on Production	0.0009777	0.0862325	0.0775762	0.0440492	0.0462566
固定资产折旧 Depreciation of Fixed Assets	0.0292423	0.0513797	0.0336238	0.0195556	0.0243986
营业盈余 Operating Surplus		0.1686375	0.0584014	0.0566877	0.1549295

Direct Input Coefficients of Input-Output Table (2007)

电力、热力及水的生产和供应业 Production and Supply of Electric Power, Heat Power and Water	炼焦、燃气及石油加工业 Coking, Gas and Processing of Petroleum	化学工业 Chemical Industry	非金属矿物制品业 Manufacture of Nonmetallic Mineral Products	金属产品制造业 Manufacture and Processing of Metals and Metal Products	机械设备制造业 Manufacture of Machinery and Equipment	建筑业 Construction
1.0000000	**1.0000000**	**1.0000000**	**1.0000000**	**1.0000000**	**1.0000000**	**1.0000000**
0.7135170	**0.8208455**	**0.7968838**	**0.7252926**	**0.8018351**	**0.8077526**	**0.7686057**
0.0000134	0.0000282	0.0268957	0.0003809	0.0000924	0.0000362	0.0041341
0.1124544	0.6147796	0.0559095	0.1267755	0.1340205	0.0031090	0.0142153
0.0029801	0.0057115	0.0147751	0.0033717	0.0031574	0.0031493	0.0039042
0.0033750	0.0010607	0.0094988	0.0047419	0.0027196	0.0048403	0.0042752
0.0032756	0.0019738	0.0211176	0.0480747	0.0439601	0.0200983	0.0221689
0.3559093	0.0232045	0.0488221	0.0643971	0.0477782	0.0143548	0.0135592
0.0404667	0.0596828	0.0657808	0.0315191	0.0390363	0.0059347	0.0203086
0.0047744	0.0180187	0.4164318	0.0761498	0.0189580	0.0582347	0.0391382
0.0019967	0.0039801	0.0068895	0.1659301	0.0128781	0.0115737	0.2126069
0.0063641	0.0051388	0.0176613	0.0523002	0.3771875	0.1774213	0.1927316
0.0909072	0.0235683	0.0260782	0.0416008	0.0494199	0.4190931	0.0817546
0.0003370	0.0005605	0.0003338	0.0002948	0.0002612	0.0002308	0.0095347
0.0170872	0.0284034	0.0282830	0.0414623	0.0283442	0.0222944	0.0905072
0.0101227	0.0165497	0.0216167	0.0274414	0.0211826	0.0305613	0.0322492
0.0038482	0.0054169	0.0128950	0.0068990	0.0026098	0.0119002	0.0040557
0.0362258	0.0079836	0.0130829	0.0230029	0.0114280	0.0118545	0.0087552
0.0233791	0.0047842	0.0108120	0.0109503	0.0088012	0.0130659	0.0147068
0.2864830	**0.1791545**	**0.2031162**	**0.2747074**	**0.1981649**	**0.1922474**	**0.2313943**
0.0717084	0.0535836	0.0609802	0.0962777	0.0554751	0.0686379	0.1180663
0.0372923	0.0483674	0.0390223	0.0592848	0.0491752	0.0406408	0.0287040
0.1220334	0.0357048	0.0289208	0.0359220	0.0271452	0.0220737	0.0123671
0.0554490	0.0414988	0.0741929	0.0832229	0.0663695	0.0608950	0.0722569

2-28 续表 continued

产出 Output / 投入 Input	运输仓储邮政、信息传输、计算机服务和软件业 Transport,Storage, Post,Information Transmission,Computer Services & Software	批发零售贸易、住宿和餐饮业 Wholesale and Retail Trades, Hotels and Catering Services	房地产业、租赁和商务服务业 Real Estate, Leasing & Business Services	金融业 Financial Intermediation	其他服务业 Other Services
总投入 Total Inputs	**1.0000000**	**1.0000000**	**1.0000000**	**1.0000000**	**1.0000000**
中间投入合计 Total Intermediate Inputs	**0.5053435**	**0.4753673**	**0.3928012**	**0.3105453**	**0.5114445**
农、林、牧、渔业 Agriculture, Forestry, Animal Husbandry & Fishery	0.0089432	0.0408878	0.0007832		0.0060568
采矿业 Mining	0.0035696	0.0012659	0.0005127		0.0034767
食品、饮料制造及烟草制品业 Manufacture of Foods, Beverage & Tobacco	0.0062421	0.1052663	0.0057162	0.0020832	0.0140668
纺织、服装及皮革产品制造业 Manufacture of Textile, Wearing Apparel & Leather Products	0.0061839	0.0110929	0.0123298	0.0023198	0.0157665
其他制造业 Other Manufacture	0.0096687	0.0174337	0.0444801	0.0272657	0.0530088
电力、热力及水的生产和供应业 Production and Supply of Electric Power, Heat Power and Water	0.0146989	0.0203584	0.0065661	0.0092926	0.0192653
炼焦、燃气及石油加工业 Coking, Gas and Processing of Petroleum	0.1409684	0.0061270	0.0183848	0.0062856	0.0163130
化学工业 Chemical Industry	0.0108218	0.0104829	0.0207690	0.0028262	0.0933533
非金属矿物制品业 Manufacture of Nonmetallic Mineral Products	0.0013124	0.0008008	0.0003061	0.0001495	0.0056504
金属产品制造业 Manufacture and Processing of Metals and Metal Products	0.0057450	0.0013159	0.0150138	0.0006600	0.0063271
机械设备制造业 Manufacture of Machinery and Equipment	0.1090111	0.0286045	0.0972516	0.0121870	0.0705793
建筑业 Construction	0.0032250	0.0029234	0.0071146	0.0012743	0.0124923
运输仓储邮政、信息传输、计算机服务和软件业 Transport, Storage, Post, Information Transmission, Computer Services & Software	0.0727629	0.0731326	0.0246369	0.0483997	0.0396466
批发零售贸易、住宿和餐饮业 Wholesale and Retail Trades, Hotels and Catering Services	0.0285230	0.0322450	0.0455566	0.0416466	0.0559200
房地产业、租赁和商务服务业 Real Estate, Leasing and Business Services	0.0196250	0.0655106	0.0409701	0.0709292	0.0249362
金融业 Financial Intermediation	0.0406262	0.0322502	0.0315633	0.0641936	0.0215127
其他服务业 Other Services	0.0234163	0.0256694	0.0208463	0.0210324	0.0530726
增加值合计 Total Value-added	**0.4946565**	**0.5246327**	**0.6071988**	**0.6894547**	**0.4885555**
劳动者报酬 Compensation of Employees	0.1224197	0.1311972	0.1000222	0.1790858	0.3287358
生产税净额 Net Taxes on Production	0.0416149	0.1104359	0.0861705	0.0778228	0.0177407
固定资产折旧 Depreciation of Fixed Assets	0.1260089	0.0404159	0.2728055	0.0099495	0.0516333
营业盈余 Operating Surplus	0.2046130	0.2425838	0.1482006	0.4225966	0.0904457

2-29 投入产出完全消耗系数表（2007年）
Total Input Coefficients of Input-Output Table (2007)

产出 Output / 投入 Input	农、林、牧、渔业 Agriculture, Forestry, Animal Husbandry & Fishery	采矿业 Mining	食品、饮料制造及烟草制品业 Manufacture of Foods, Beverage & Tobacco	纺织、服装及皮革产品制造业 Manufacture of Textile, Wearing Apparel & Leather Products	其他制造业 Other Manufacture
农、林、牧、渔业 Agriculture, Forestry, Animal Husbandry & Fishery	0.2484991	0.0325036	0.6076627	0.2859066	0.1682251
采矿业 Mining	0.0586397	0.2181381	0.0742529	0.1129506	0.1292134
食品、饮料制造及烟草制品业 Manufacture of Foods, Beverage & Tobacco	0.1608541	0.0251016	0.3249552	0.1111330	0.0533131
纺织、服装及皮革产品制造业 Manufacture of Textile, Wearing Apparel & Leather Products	0.0119717	0.0267186	0.0198737	0.7905334	0.1095379
其他制造业 Other Manufacture	0.0302996	0.0608383	0.0729819	0.0821859	0.4289684
电力、热力及水的生产和供应业 Production and Supply of Electric Power, Heat Power and Water	0.0576818	0.2064115	0.0774354	0.1209215	0.1278245
炼焦、燃气及石油加工业 Coking, Gas and Processing of Petroleum	0.0431269	0.0982623	0.0499594	0.0721491	0.0723240
化学工业 Chemical Industry	0.2031201	0.1590055	0.1950752	0.3903104	0.3442036
非金属矿物制品业 Manufacture of Nonmetallic Mineral Products	0.0092719	0.0309954	0.0192223	0.0166433	0.0262251
金属产品制造业 Manufacture and Processing of Metals and Metal Products	0.0478124	0.2100770	0.0697119	0.0945373	0.2076929
机械设备制造业 Manufacture of Machinery and Equipment	0.0818474	0.3039736	0.1068778	0.1636804	0.1923248
建筑业 Construction	0.0014343	0.0028994	0.0020207	0.0023829	0.0021106
运输仓储邮政、信息传输、计算机服务和软件业 Transport, Storage, Post, Information Transmission, Computer Services & Software	0.0549629	0.0989272	0.0847864	0.0950307	0.0923303
批发零售贸易、住宿和餐饮业 Wholesale and Retail Trades, Hotels and Catering Services	0.0449872	0.0632281	0.0745234	0.0771063	0.0745743
房地产业、租赁和商务服务业 Real Estate, Leasing and Business Services	0.0169286	0.0256766	0.0388986	0.0499305	0.0385548
金融业 Financial Intermediation	0.0267345	0.0478384	0.0382315	0.0533143	0.0474209
其他服务业 Other Services	0.0334808	0.0522468	0.0358275	0.0403022	0.0367715

2-29 续表

产 出 Output / 投 入 Input	电力、热力及水的生产和供应业 Production and Supply of Electric Power, Heat Power and Water	炼焦、燃气及石油加工业 Coking, Gas and Processing of Petroleum	化学工业 Chemical Industry	非金属矿物制品业 Manufacture of Nonmetallic Mineral Products	金属产品制造业 Manufacture and Processing of Metals and Metal Products
农、林、牧、渔业 Agriculture, Forestry, Animal Husbandry & Fishery	0.0280458	0.0343738	0.1064188	0.0457942	0.0436177
采矿业 Mining	0.3129804	0.8267108	0.2868393	0.3233184	0.3916102
食品、饮料制造及烟草制品业 Manufacture of Foods, Beverage & Tobacco	0.0264582	0.0323528	0.0657294	0.0346840	0.0344864
纺织、服装及皮革产品制造业 Manufacture of Textile, Wearing Apparel & Leather Products	0.0271568	0.0249109	0.0498900	0.0363663	0.0341916
其他制造业 Other Manufacture	0.0520567	0.0550496	0.0942744	0.1306294	0.1447208
电力、热力及水的生产和供应业 Production and Supply of Electric Power, Heat Power and Water	0.6384897	0.1917580	0.2171865	0.2249566	0.2246697
炼焦、燃气及石油加工业 Coking, Gas and Processing of Petroleum	0.1170246	0.1459645	0.1796397	0.1152826	0.1353418
化学工业 Chemical Industry	0.1157880	0.1608475	0.8281992	0.2684922	0.1771069
非金属矿物制品业 Manufacture of Nonmetallic Mineral Products	0.0201608	0.0290694	0.0298216	0.2173918	0.0433067
金属产品制造业 Manufacture and Processing of Metals and Metal Products	0.1636922	0.1776724	0.1635410	0.2307445	0.7573549
机械设备制造业 Manufacture of Machinery and Equipment	0.3717367	0.2792443	0.2369484	0.2611762	0.3141342
建筑业 Construction	0.0027200	0.0031451	0.0029070	0.0026407	0.0027182
运输仓储邮政、信息传输、计算机服务和软件业 Transport, Storage, Post, Information Transmission, Computer Services & Software	0.0836107	0.1113246	0.1123586	0.1187467	0.1150771
批发零售贸易、住宿和餐饮业 Wholesale and Retail Trades, Hotels and Catering Services	0.0594705	0.0709343	0.0830163	0.0822555	0.0835226
房地产业、租赁和商务服务业 Real Estate, Leasing and Business Services	0.0306295	0.0304403	0.0478654	0.0359121	0.0308863
金融业 Financial Intermediation	0.0879581	0.0500853	0.0597254	0.0677540	0.0580564
其他服务业 Other Services	0.0648664	0.0472480	0.0504552	0.0470890	0.0488967

continued

机械设备制造业 Manufacture of Machinery and Equipment	建筑业 Construction	运输仓储邮政、信息传输、计算机服务和软件业 Transport,Storage,Post, Information Transmission, Computer Services & Software	批发零售贸易、住宿和餐饮业 Wholesale and Retail Trades, Hotels and Catering Services	房地产业、租赁和商务服务业 Real Estate, Leasing & Business Services	金融业 Financial Intermediation	其他服务业 Other Services
0.0489098	0.0500600	0.0404212	0.1365154	0.0348066	0.0206664	0.0589746
0.1978001	0.2360664	0.1762946	0.0600899	0.0715890	0.0364280	0.0999982
0.0407098	0.0381769	0.0308050	0.1622757	0.0293005	0.0182116	0.0492475
0.0411980	0.0360812	0.0273344	0.0344545	0.0389478	0.0159200	0.0508732
0.1198151	0.1145367	0.0516848	0.0580620	0.0951661	0.0600845	0.1158164
0.1557803	0.1593038	0.0898711	0.0729797	0.0574337	0.0392693	0.0965296
0.0935435	0.1159001	0.1986254	0.0461056	0.0536653	0.0312481	0.0697169
0.2827201	0.2235192	0.1071806	0.0976295	0.1135955	0.0476112	0.2570415
0.0446701	0.2788605	0.0153794	0.0100922	0.0121049	0.0051833	0.0222932
0.5873915	0.4771347	0.1271728	0.0645609	0.1203227	0.0404674	0.1142472
0.8996856	0.3417016	0.3027698	0.1393562	0.2472853	0.0838056	0.2315328
0.0028543	0.0122318	0.0053691	0.0051179	0.0089362	0.0030674	0.0150363
0.1113986	0.1784650	0.1264091	0.1167435	0.0647559	0.0772787	0.0930724
0.1055264	0.0948741	0.0682921	0.0669904	0.0779457	0.0645336	0.0972558
0.0492404	0.0351750	0.0435677	0.0888267	0.0624242	0.0905890	0.0512967
0.0605150	0.0566047	0.0707761	0.0582825	0.0548885	0.0840758	0.0515258
0.0552302	0.0524891	0.0483233	0.0467394	0.0397716	0.0350391	0.0788662

2-30 资金流量表（实物交易，2004年）

单位：亿元

机构部门	Sectors	非金融企业部门 Non-financial Corporations		金融机构部门 Financial Institutions		政府部门 General Governments	
交易项目	Items	运用 Uses	来源 Sources	运用 Uses	来源 Sources	运用 Uses	来源 Sources
1.净出口	Net Exports						
2.增加值	Value Added		95328.0		5393.0		14480.2
3.劳动者报酬	Compensation of Employees	37330.7		2114.0		11022.2	
(1)工资及工资性收入	Wages and Salaries						
(2)单位社会保险付款	Employers' Social Contributions						
4.生产税净额	Taxes on Production, Net	20804.6		779.1		349.8	24597.2
(1)生产税	Taxes on Products						
(2)生产补贴	Subsidies on Production						
5.财产收入	Income from Properties	7173.0	4909.8	6568.4	6606.8	1299.9	605.1
(1)利息	Interest	4207.1	2658.9	6458.0	6606.8	1299.9	602.1
(2)红利	Distributed Income of Corporations	2962.8	2246.8	30.2			
(3)土地租金	Rent on Land Use	3.1					3.1
(4)其他	Others		4.2	80.2			
6.初次分配总收入	Total Income from Primary Distribution		34929.6		2538.2		27010.5
7.经常转移	Current Transfer	4287.7	581.8	772.1	761.8	7273.0	11481.9
(1)收入税	Taxes on Income	3763.3		194.1			5693.5
(2)社会保险缴款	Payment to Social Security						5780.3
(3)社会保险福利	Social Security Welfare					4627.4	
(4)社会补助	Allowances	54.4				563.5	
(5)其他经常转移	Others	470.0	581.8	578.0	761.8	2082.1	8.1
8.可支配总收入	Total Disposable Income		31223.7		2528.0		31219.5
9.最终消费	Final Consumption Expenditure					22334.1	
(1)居民消费	Household Consumption						
(2)政府消费	Government Consumption					22334.1	
10.总储蓄	Savings		31223.7		2528.0		8885.4
11.资本转移	Capital Transfers		1494.5			1500.2	
(1)投资性补助	Investment Allowances		1494.5			1494.5	
(2)其他	Other					5.7	
12.资本形成总额	Gross Capital Formation	47269.4		90.0		8226.0	
(1)固定资本形成总额	Gross Fixed Capital Formation	43638.4		90.0		8226.0	
(2)存货增加	Changes in Inventories	3631.0					
13.其他非金融资产获得减处置	Acquisitions Less Disposals of Other Non-financial Assets	4075.9				-2339.8	
14.净金融投资	Net Financial Investment	-18627.1		2437.9		1499.0	

注：1.从2004年开始，将“土地使用权租赁收入”计入财产收入的土地租金项下(以下4表同)。

2.目前，将“土地出让金收入”计入其他非金融资产获得减处置项下。根据资产记账原则，资产应在运用方记录，资产获得记为正，处置记为负(以下4表同)。

3.根据第二次经济普查结果，对2004-2007年资金流量表相关数据进行了修订（以下3表同）。

Flow of Funds Accounts (Physical Transaction, 2004)

(100 million yuan)

住户部门 Households		国内合计 All Domestic Sectors		国外部门 The Rest of the World		合计 Total	
运用 Uses	来源 Sources	运用 Uses	来源 Sources	运用 Uses	来源 Sources	运用 Uses	来源 Sources
					-4079.1		-4079.1
	44677.1		159878.3				159878.3
30431.4	80950.8	80898.4	80950.8	166.8	114.4	81065.2	81065.2
2663.6		24597.2	24597.2			24597.2	24597.2
1672.5	4248.4	16713.7	16370.1	1532.4	1876.0	18246.1	18246.1
1672.5	3769.8	13637.5	13637.5			13637.5	13637.5
	402.6	2993.0	2649.4	1532.4	1876.0	4525.4	4525.4
		3.1	3.1			3.1	3.1
	76.0	80.2	80.2			80.2	80.2
	95108.7		159587.0				159587.0
7911.0	9316.0	20243.7	22141.5	2013.5	115.7	22257.2	22257.2
1736.2		5693.5	5693.5			5693.5	5693.5
5780.3		5780.3	5780.3			5780.3	5780.3
	4627.4	4627.4	4627.4			4627.4	4627.4
	617.9	617.9	617.9			617.9	617.9
394.5	4070.7	3524.6	5422.4	2013.5	115.7	5538.1	5538.1
	96513.7		161484.8				161484.8
65218.5		87552.6				87552.6	
65218.5		65218.5				65218.5	
		22334.1				22334.1	
	31295.2		73932.2		-5685.6		68246.6
		1500.2	1494.5		5.7	1500.2	1500.2
		1494.5	1494.5			1494.5	1494.5
		5.7			5.7	5.7	5.7
13583.0		69168.4				69168.4	
13163.3		65117.7				65117.7	
419.7		4050.7				4050.7	
-1736.1							
19448.3		4758.1		-5679.9		-921.8	

a) Since 2004, income from land use right lease was included in rent on land use of income from properties. The same applies to the 4 tables following.

b) Land use right leasing fees is included in acquisitions less disoposals of other non-financial assets. According to the principle of keeping account of assets, assets are kept in use, acquistion of assets is positive,disposal of assets is negative. The same applies to the 4 tables following.

c) According to the Second National Economic Census, flow of funds accounts in 2004-2007 is revised. The same applies to the 3 tables following.

2-31 资金流量表（实物交易，2005年）

单位：亿元

机构部门 交易项目	Sectors Items	非金融企业部门 Non-financial Corporations 运 用 Uses	非金融企业部门 Non-financial Corporations 来 源 Sources	金融机构部门 Financial Institutions 运 用 Uses	金融机构部门 Financial Institutions 来 源 Sources	政府部门 General Governments 运 用 Uses	政府部门 General Governments 来 源 Sources
1.净出口	Net Exports						
2.增加值	Value Added		110125.3		6086.8		17113.1
3.劳动者报酬	Compensation of Employees	42783.9		2354.5		13008.3	
(1)工资及工资性收入	Wages and Salaries						
(2)单位社会保险付款	Employers' Social Contributions						
4.生产税净额	Taxes on Production, Net	24655.9		737.7		418.3	28968.7
(1)生产税	Taxes on Products						
(2)生产补贴	Subsidies on Production						
5.财产收入	Income from Properties	9245.4	6765.4	7391.7	7279.7	815.0	574.2
(1)利息	Interest	5934.5	3122.5	7125.7	7279.7	815.0	564.6
(2)红利	Distributed Income of Corporations	3301.2	3631.1	23.9			
(3)土地租金	Rent on Land Use	9.7					9.7
(4)其他	Others		11.9	242.1			
6.初次分配总收入	Total Income from Primary Distribution		40205.5		2882.6		32414.5
7.经常转移	Current Transfer	4399.0	650.1	1218.5	885.7	8204.7	13436.8
(1)收入税	Taxes on Income	3817.1		546.5			6457.6
(2)社会保险缴款	Payment to Social Security						6975.2
(3)社会保险福利	Social Security Welfare					5400.8	
(4)社会补助	Allowances	62.6				716.4	
(5)其他经常转移	Others	519.4	650.1	672.0	885.7	2087.5	4.0
8.可支配总收入	Total Disposable Income		36456.6		2549.7		37646.5
9.最终消费	Final Consumption Expenditure					26398.8	
(1)居民消费	Household Consumption						
(2)政府消费	Government Consumption					26398.8	
10.总储蓄	Savings		36456.6		2549.7		11247.7
11.资本转移	Capital Transfers		1782.0			1786.3	340.4
(1)投资性补助	Investment Allowances		1782.0			1782.0	
(2)其他	Other					4.4	340.4
12.资本形成总额	Gross Capital Formation	51240.1		82.8		9091.6	
(1)固定资本形成总额	Gross Fixed Capital Formation	47991.6		82.8		9091.6	
(2)存货增加	Changes in Inventories	3248.5					
13.其他非金融资产获得减处置	Acquisitions Less Disposals of Other Non-financial Assets	3777.0				-2184.0	
14.净金融投资	Net Financial Investment	-16778.6		2466.9		2894.1	

Flow of Funds Accounts (Physical Transaction, 2005)

(100 million yuan)

住户部门 Households		国内合计 All Domestic Sectors		国外部门 The Rest of the World		合计 Total	
运用 Uses	来源 Sources	运用 Uses	来源 Sources	运用 Uses	来源 Sources	运用 Uses	来源 Sources
					-10223.1		-10223.1
	51612.1		184937.4				184937.4
34876.8	93148.0	93023.5	93148.0	273.4	148.9	93296.9	93296.9
3156.7		28968.7	28968.7			28968.7	28968.7
1144.7	4724.2	18596.8	19343.5	2918.0	2171.4	21514.8	21514.8
1144.7	4053.3	15020.0	15020.0			15020.0	15020.0
	440.7	3325.1	4071.8	2918.0	2171.4	6243.1	6243.1
		9.7	9.7			9.7	9.7
	230.2	242.1	242.1			242.1	242.1
	110306.1		185808.6				185808.6
9609.4	10538.6	23431.7	25511.2	2271.9	192.4	25703.6	25703.6
2094.0		6457.6	6457.6			6457.6	6457.6
6975.2		6975.2	6975.2			6975.2	6975.2
	5400.8	5400.8	5400.8			5400.8	5400.8
	779.0	779.0	779.0			779.0	779.0
540.3	4358.9	3819.2	5898.7	2271.9	192.4	6091.1	6091.1
	111235.3		187888.1				187888.1
72652.5		99051.3				99051.3	
72652.5		72652.5				72652.5	
		26398.8				26398.8	
	38582.8		88836.8		-13173.7		75663.0
		1786.3	2122.3	340.4	4.4	2126.7	2126.7
		1782.0	1782.0			1782.0	1782.0
		4.4	340.4	340.4	4.4	344.7	4.4
17442.4		77856.8				77856.8	
17066.9		74232.9				74232.9	
375.5		3624.0				3624.0	
-1593.1							
22733.5		11316.0		-13509.7		-2193.8	

2-32 资金流量表（实物交易，2006年）

单位：亿元

机构部门	Sectors	非金融企业部门 Non-financial Corporations		金融机构部门 Financial Institutions		政府部门 General Governments	
交易项目	Items	运 用 Uses	来 源 Sources	运 用 Uses	来 源 Sources	运 用 Uses	来 源 Sources
1.净出口	Net Exports						
2.增加值	Value Added		128211.3		8099.1		19915.5
3.劳动者报酬	Compensation of Employees	48876.7		2374.6		15115.6	
(1)工资及工资性收入	Wages and Salaries						
(2)单位社会保险付款	Employers' Social Contributions						
4.生产税净额	Taxes on Production, Net	29485.3		943.0		486.0	34689.4
(1)生产税	Taxes on Products						
(2)生产补贴	Subsidies on Production						
5.财产收入	Income from Properties	13869.8	10027.4	12311.9	11879.9	975.4	900.0
(1)利息	Interest	9673.0	5207.4	11673.4	11879.9	975.4	896.3
(2)红利	Distributed Income of Corporations	4193.1	4792.8	24.2			
(3)土地租金	Rent on Land Use	3.8					3.8
(4)其他	Others		27.1	614.3			
6.初次分配总收入	Total Income from Primary Distribution		46006.9		4349.5		38928.0
7.经常转移	Current Transfer	6617.2	701.3	1870.8	1089.9	9926.2	18141.7
(1)收入税	Taxes on Income	5964.8		1074.8			9493.3
(2)社会保险缴款	Payment to Social Security						8643.2
(3)社会保险福利	Social Security Welfare					6477.4	
(4)社会补助	Allowances	71.9				907.7	
(5)其他经常转移	Others	580.5	701.3	796.0	1089.9	2541.1	5.2
8.可支配总收入	Total Disposable Income		40091.0		3568.6		47143.5
9.最终消费	Final Consumption Expenditure					30528.4	
(1)居民消费	Household Consumption						
(2)政府消费	Government Consumption					30528.4	
10.总储蓄	Savings		40091.0		3568.6		16615.1
11.资本转移	Capital Transfers		1965.1			1971.7	327.0
(1)投资性补助	Investment Allowances		1965.1			1965.1	
(2)其他	Other					6.6	327.0
12.资本形成总额	Gross Capital Formation	62000.0		87.2		10231.4	
(1)固定资本形成总额	Gross Fixed Capital Formation	57518.1		87.2		10231.4	
(2)存货增加	Changes in Inventories	4482.0					
13.其他非金融资产获得减处置	Acquisitions Less Disposals of Other Non-financial Assets	9827.6				-7166.8	
14.净金融投资	Net Financial Investment	-29771.6		3481.4		11905.8	

Flow of Funds Accounts (Physical Transaction, 2006)

(100 million yuan)

住户部门 Households		国内合计 All Domestic Sectors		国外部门 The Rest of the World		合计 Total	
运用 Uses	来源 Sources	运用 Uses	来源 Sources	运用 Uses	来源 Sources	运用 Uses	来源 Sources
					-16654.1		-16654.1
	60088.4		216314.4				216314.4
39843.5	106369.0	106210.4	106369.0	344.3	185.7	106554.7	106554.7
3775.0		34689.4	34689.4			34689.4	34689.4
1966.7	7366.2	29123.8	30173.5	4011.6	2961.9	33135.4	33135.4
1966.7	6304.8	24288.5	24288.5			24288.5	24288.5
	474.2	4217.3	5267.0	4011.6	2961.9	8228.9	8228.9
		3.8	3.8			3.8	3.8
	587.2	614.3	614.3			614.3	614.3
	128238.3		217522.7				217522.7
11779.0	12588.2	30193.3	32521.1	2517.3	189.5	32710.6	32710.6
2453.7		9493.3	9493.3			9493.3	9493.3
8643.2		8643.2	8643.2			8643.2	8643.2
	6477.4	6477.4	6477.4			6477.4	6477.4
	979.6	979.6	979.6			979.6	979.6
682.1	5131.1	4599.8	6927.6	2517.3	189.5	7117.1	7117.1
	129047.5		219850.5				219850.5
82103.5		112631.9				112631.9	
82103.5		82103.5				82103.5	
		30528.4				30528.4	
	46944.0		107218.6		-20190.1		87028.5
		1971.7	2292.1	327.0	6.6	2298.7	2298.7
		1965.1	1965.1			1965.1	1965.1
		6.6	327.0	327.0	6.6	333.6	333.6
20635.4		92954.1				92954.1	
20117.4		87954.1				87954.1	
518.1		5000.0				5000.0	
-2660.9							
28969.5		14585.0		-20510.6		-5925.6	

2-33 资金流量表（实物交易，2007年）

单位：亿元

机构部门 交易项目	Sectors Items	非金融企业部门 Non-financial Corporations		金融机构部门 Financial Institutions		政府部门 General Governments	
		运用 Uses	来源 Sources	运用 Uses	来源 Sources	运用 Uses	来源 Sources
1.净出口	Net Exports						
2.增加值	Value Added		156038.4		12337.5		24304.2
3.劳动者报酬	Compensation of Employees	58337.5		3163.9		18531.6	
(1)工资及工资性收入	Wages and Salaries						
(2)单位社会保险付款	Employers' Social Contributions						
4.生产税净额	Taxes on Production, Net	36717.2		1500.3		594.4	43512.9
(1)生产税	Taxes on Products						
(2)生产补贴	Subsidies on Production						
5.财产收入	Income from Properties	17544.5	13659.2	16602.3	14930.0	1058.4	1377.4
(1)利息	Interest	11842.0	6835.2	14694.4	14930.0	1058.4	1374.9
(2)红利	Distributed Income of Corporations	5699.9	6744.3	233.4			
(3)土地租金	Rent on Land Use	2.5					2.5
(4)其他	Others		79.7	1674.5			
6.初次分配总收入	Total Income from Primary Distribution		57098.4		6001.1		49010.0
7.经常转移	Current Transfer	7664.2	840.4	2892.8	1352.9	12397.5	22779.5
(1)收入税	Taxes on Income	6907.4		1871.8			11964.8
(2)社会保险缴款	Payment to Social Security						10812.0
(3)社会保险福利	Social Security Welfare					7888.0	
(4)社会补助	Allowances	82.7				1136.9	
(5)其他经常转移	Others	674.0	840.4	1021.0	1352.9	3372.5	2.7
8.可支配总收入	Total Disposable Income		50274.7		4461.2		59392.0
9.最终消费	Final Consumption Expenditure					35900.4	
(1)居民消费	Household Consumption						
(2)政府消费	Government Consumption					35900.4	
10.总储蓄	Savings		50274.7		4461.2		23491.7
11.资本转移	Capital Transfers		2507.7			2524.1	252.0
(1)投资性补助	Investment Allowances		2507.7			2507.7	
(2)其他	Other					16.4	252.0
12.资本形成总额	Gross Capital Formation	76258.6		108.4		11571.4	
(1)固定资本形成总额	Gross Fixed Capital Formation	69988.7		108.4		11571.4	
(2)存货增加	Changes in Inventories	6269.9					
13.其他非金融资产获得减处置	Acquisitions Less Disposals of Other Non-financial Assets	7849.2				-4541.4	
14.净金融投资	Net Financial Investment	-31325.4		4352.8		14189.7	

Flow of Funds Accounts (Physical Transaction, 2007)

(100 million yuan)

住户部门 Households		国内合计 All Domestic Sectors		国外部门 The Rest of the World		合 计 Total	
运 用 Uses	来 源 Sources	运 用 Uses	来 源 Sources	运 用 Uses	来 源 Sources	运 用 Uses	来 源 Sources
					-23380.6		-23380.6
	73130.1		265810.3				265810.3
47555.8	127918.9	127588.9	127918.9	519.6	189.6	128108.5	128108.5
4701.0		43512.9	43512.9			43512.9	43512.9
2826.0	9688.0	38031.2	39654.6	5794.0	4170.7	43822.7	43822.7
2826.0	7280.8	30420.9	30420.9			30420.9	30420.9
	812.4	5933.3	7556.7	5794.0	4170.7	11727.4	11727.3
		2.5	2.5				
	1594.8	1674.5	1674.5			1674.5	1674.5
	155654.1		267763.7				267763.6
14963.8	15885.6	37918.2	40858.5	3242.8	302.5	41161.0	39808.0
3185.6		11964.8	11964.8			11964.8	11964.8
10812.0		10812.0	10812.0			10812.0	10812.0
	7888.0	7888.0	7888.0			7888.0	7888.0
	1219.7	1219.7	1219.7			1219.7	1219.7
966.2	6777.9	6033.7	8974.0	3242.8	302.5	9276.5	9276.5
	156576.0		270703.9				269351.0
95609.8		131510.1				131510.1	
95609.8		95609.8				95609.8	
		35900.4				35900.4	
	60966.2		139193.8		-28274.2		109566.7
		2524.1	2759.7	252.0	16.4	2776.1	2776.1
		2507.7	2507.7			2507.7	2507.7
		16.4	252.0	252.0	16.4	268.4	268.4
23004.8		110943.3				110943.3	
22280.1		103948.6				103948.6	
724.7		6994.6				6994.6	
-3307.7							
41269.1		28486.2		-28509.8		-23.6	

2-34 资金流量表（实物交易，2008年）

单位：亿元

机构部门 交易项目	Sectors Items	非金融企业部门 Non-financial Corporations 运用 Uses	来源 Sources	金融机构部门 Financial Institutions 运用 Uses	来源 Sources	政府部门 General Governments 运用 Uses	来源 Sources
1.净出口	Net Exports						
2.增加值	Value Added		185950.3		14863.3		29689.0
3.劳动者报酬	Compensation of Employees	67533.3		4325.8		23155.9	
(1)工资及工资性收入	Wages and Salaries						
(2)单位社会保险付款	Employers' Social Contributions						
4.生产税净额	Taxes on Production, Net	42577.3		2083.4		497.5	50609.5
(1)生产税	Taxes on Products						
(2)生产补贴	Subsidies on Production						
5.财产收入	Income from Properties	19609.3	14428.4	22531.5	23286.1	3041.7	1788.0
(1)利息	Interest	14645.2	8766.5	21354.1	22891.8	3041.7	1766.6
(2)红利	Distributed Income of Corporations	4960.8	5582.3	103.1	394.3		18.2
(3)土地租金	Rent on Land Use	3.2					3.2
(4)其他	Others		79.5	1074.3			
6.初次分配总收入	Total Income from Primary Distribution		70658.8		9208.6		55391.2
7.经常转移	Current Transfer	9856.2	1361.8	3876.7	1506.3	16011.2	28597.3
(1)收入税	Taxes on Income	8717.3		2458.3			14897.8
(2)社会保险缴款	Payment to Social Security						13696.1
(3)社会保险福利	Social Security Welfare					9925.1	
(4)社会补助	Allowances	95.1				2051.8	
(5)其他经常转移	Others	1043.7	1361.8	1418.3	1506.3	4034.3	3.4
8.可支配总收入	Total Disposable Income		62164.4		6838.2		67977.4
9.最终消费	Final Consumption Expenditure					41752.0	
(1)居民消费	Household Consumption						
(2)政府消费	Government Consumption					41752.0	
10.总储蓄	Savings		62164.4		6838.2		26225.4
11.资本转移	Capital Transfers		3162.6			3181.2	230.6
(1)投资性补助	Investment Allowances		3162.6			3162.6	
(2)其他	Other					18.6	230.6
12.资本形成总额	Gross Capital Formation	95647.7		180.7		15064.8	
(1)固定资本形成总额	Gross Fixed Capital Formation	88272.2		180.7		14713.1	
(2)存货增加	Changes in Inventories	7375.5				351.6	
13.其他非金融资产获得减处置	Acquisitions Less Disposals of Other Non-financial Assets	7685.1				-3611.9	
14.净金融投资	Net Financial Investment	-38005.8		6657.6		11822.0	

2-35 资金流量表（金融交易，2008年）

单位：亿元

机构部门 交易项目	Sectors Items	非金融企业部门 Non-financial Corporations 运用 Uses	来源 Sources	金融机构部门 Financial Institutions 运用 Uses	来源 Sources	政府部门 General Governments 运用 Uses	来源 Sources
净金融投资	Net Financial Investment	-27546.0		8490.0		61.0	
资金运用合计	Financial Uses	30415.0		131280.0		5858.0	
资金来源合计	Financial Sources		57960.0		122790.0		5797.0
通货	Currency	370.0			4112.0	82.0	
存款	Deposits	23419.0		3936.0	77381.0	5731.0	
贷款	Loans		42092.0	52096.0	1517.0		672.0
证券	Securities	87.0	8733.0	27641.0	20236.0		1027.0
证券投资基金份额	Investment Funds	8.0		332.0	3336.0	44.0	
证券公司客户保证金	Deposits with Margin Securities Trading Account				-5340.0		
保险准备金	Insurance Technical Reserves	493.0			4480.0		4097.0
金融机构往来	Inter-financial Institutions Accounts			-4197.0	-5206.0		
准备金	Required and Excessive Reserves			21100.0	21100.0		
库存现金	Cash in Vault			50.0	50.0		
中央银行贷款	Central Bank Loans			-485.0	-485.0		
其他（净）	Miscellaneous (net)	1610.0			1529.0		
直接投资	Foreign Direct Investment	3716.0	10271.0				
其他对外债权债务	Changes in Other Foreign Assets and Debts	713.0	-1322.0	1688.0	80.0		
国际储备资产	Changes in Reserve Assets			29119.0			
国际收支错误与遗漏	Errors and Omissions in the Balance of Payments		-1814.0				

Flow of Funds Accounts (Physical Transaction, 2008)

(100 million yuan)

住户部门 Households		国内合计 All Domestic Sectors		国外部门 The Rest of the World		合计 Total	
运用 Uses	来源 Sources	运用 Uses	来源 Sources	运用 Uses	来源 Sources	运用 Uses	来源 Sources
					-24229.0		-24229.0
	83542.9		314045.4				314045.4
55052.1	150511.7	150067.2	150511.7	634.6	190.0	150701.8	150701.8
5451.2		50609.5	50609.5			50609.5	50609.5
3637.5	11056.4	48820.0	50558.8	5728.2	3989.3	54548.2	54548.2
3637.5	9332.8	42678.5	42757.7	145.8	66.7	42824.4	42824.4
	728.8	5063.9	6723.6	5582.3	3922.7	10646.2	10646.2
		3.2	3.2			3.2	3.2
	994.8	1074.3	1074.3			1074.3	1074.3
	180970.2		316228.8				316228.8
18334.8	19794.1	48078.8	51259.6	3650.7	469.9	51729.5	51729.5
3722.2		14897.8	14897.8			14897.8	14897.8
13696.1		13696.1	13696.1			13696.1	13696.1
	9925.1	9925.1	9925.1			9925.1	9925.1
	2146.9	2146.9	2146.9			2146.9	2146.9
916.5	7722.1	7412.9	10593.7	3650.7	469.9	11063.6	11063.6
	182429.5		319409.6				319409.6
110595.0		152347.0				152347.0	
110595.0		110595.0				110595.0	
		41752.0				41752.0	
	71834.5		167062.6		-29593.2		137469.4
		3181.2	3393.2	230.6	18.6	3411.8	3411.8
		3162.6	3162.6			3162.6	3162.6
		18.6	230.6	230.6	18.6	249.2	249.2
27432.0		138325.2				138325.2	
24918.4		128084.4				128084.4	
2513.6		10240.8				10240.8	
-4073.2							
48475.7		28949.4		-29805.1		-855.8	

Flow of Funds Accounts (Financial Transaction, 2008)

(100 million yuan)

住户部门 Households		国内合计 All Domestic Sectors		国外部门 The Rest of the World		合计 Total	
运用 Uses	来源 Sources	运用 Uses	来源 Sources	运用 Uses	来源 Sources	运用 Uses	来源 Sources
50290.0		31296.0		-31296.0			
57302.0		224854.0		10456.0		235311.0	
	7012.0		193558.0		41752.0		235311.0
3413.0		3865.0	4112.0	247.0		4112.0	4112.0
46543.0		79629.0	77381.0	163.0	2411.0	79792.0	79792.0
	7012.0	52096.0	51293.0	2016.0	2820.0	54112.0	54112.0
1748.0		29475.0	29997.0	522.0		29997.0	29997.0
2936.0		3320.0	3336.0	16.0		3336.0	3336.0
-5340.0		-5340.0	-5340.0			-5340.0	-5340.0
8084.0		8577.0	8577.0			8577.0	8577.0
		-4197.0	-5206.0	276.0	1286.0	-3921.0	-3921.0
		21100.0	21100.0			21100.0	21100.0
		50.0	50.0			50.0	50.0
		-485.0	-485.0			-485.0	-485.0
-81.0		1529.0	1529.0			1529.0	1529.0
		3716.0	10271.0	10271.0	3716.0	13987.0	13987.0
		2401.0	-1242.0	-1242.0	2401.0	1159.0	1159.0
		29119.0			29119.0	29119.0	29119.0
			-1841.0	-1814.0		-1814.0	-1814.0

2-36 国际收支平衡表(2009年)
Balance of Payments (2009)

单位：万美元 (USD 10 000)

项 目	Type of Transaction	差 额 Balance	贷 方 Credit	借 方 Debit
一.经常项目	**Current Account**	**29714205**	**148457276**	**118743071**
A.货物和服务	Goods and Services	**22011161**	**133334602**	**111323441**
a.货物	Goods	**24950926**	**120379661**	**95428735**
b.服务	Services	**-2939765**	**12954941**	**15894706**
1.运输	Transportation	-2300501	2356894	4657395
2.旅游	Travel	-402667	3967500	4370167
3.通讯服务	Communication Service	-1129	119826	120955
4.建筑服务	Construction Service	359516	946279	586764
5.保险服务	Insurance Service	-971279	159617	1130896
6.金融服务	Financial Service	-28878	43697	72575
7.计算机和信息服务	Computer and Information Service	327914	651171	323257
8.专有权利使用费和特许费	Fees for Patent or Royalty	-1063582	42945	1106527
9.咨询	Consultation	520574	1862250	1341676
10.广告、宣传	Advertisement and Publicity	35772	231255	195483
11.电影、音像	Movies and Audio-video Products	-18118	9726	27845
12.其它商业服务	Other Commercial Service	591641	2468828	1877187
13. 别处未提及的政府服务	Government Service not Elsewhere Classified	10972	94952	83980
B.收益	Income and Profit	**4328219**	**10858154**	**6529934**
1.职工报酬	Compensation of Staff and Workers	715783	920949	205166
2.投资收益	Profit from Investment	3612436	9937205	6324769
C.经常转移	Current Transfers	**3374825**	**4264520**	**889695**
1.各级政府	Governments	-24744	4319	29063
2.其它部门	Other Departments	3399569	4260201	860632
二.资本和金融项目	**Capital and Finance Account**	**14482820**	**74643907**	**60161088**
A.资本项目	Capital Account	**395752**	**420431**	**24678**
B.金融项目	Financial Account	**14087067**	**74223477**	**60136409**
1. 直接投资	Direct Investments	**3429446**	**11419820**	**7990374**
1.1 我国在外直接投资	Chinese Direct Investments Abroad	-4389827	416250	4806077
1.2 外国在华直接投资	Foreign Direct Investments in China	7819273	11003570	3184297
2. 证券投资	Securities	**3869132**	**9811168**	**5942036**
2.1 资产	Assets	988770	6691924	5703154
2.1.1 股本证券	Capital Stock	-3381499	1224098	4605596
2.1.2 债务证券	Liability Stock	4370269	5467826	1097558
2.1.2.1 (中)长期债券	(Metaphase) Long-term Bonds	3695556	4791704	1096148
2.1.2.2 货币市场工具	Money Market Tools	674712	676122	1410
2.2 负债	Liabilities	2880362	3119244	238882
2.2.1 股本证券	Capital Stock	2816066	2884968	68901
2.2.2 债务证券	Liability Stock	64295	234276	169981
2.2.2.1 (中)长期债券	(Metaphase) Long-term Bonds	64295	234217	169922
2.2.2.2 货币市场工具	Money Market Tools		59	59
3. 其它投资	Other Investments	**6788490**	**52992490**	**46204000**
3.1 资产	Assets	936465	11739405	10802940
3.1.1 贸易信贷	Trade Credits	-5443528		5443528
长期	Long Term	-381047		381047
短期	Short Term	-5062481		5062481
3.1.2 贷款	Loans	1299638	4496152	3196515
长期	Long Term	-3150400		3150400
短期	Short Term	4450038	4496152	46115
3.1.3 货币和存款	Currencies and Deposits	517078	2673896	2156818
3.1.4 其它资产	Other Assets	4563277	4569357	6081
长期	Long Term			
短期	Short Term	4563277	4569357	6081
3.2 负债	Liabilities	5852025	41253085	35401059
3.2.1 贸易信贷	Trade Credit	3205784	3205784	
长期	Long Term	224405	224405	
短期	Short Term	2981379	2981379	
3.2.2 贷款	Loans	374900	32224476	31849576
长期	Long Term	-968754	1349537	2318291
短期	Short Term	1343654	30874939	29531285
3.2.3 货币和存款	Currencies and Deposits	1157548	4562214	3404666
3.2.4 其它负债	Other Liabilities	1113793	1260610	146817
长期	Long Term	1102881	1102892	11
短期	Short Term	10912	157718	146807
三. 储备资产	**Reserve Assets**	**-39842186**		**39842186**
3.1 货币黄金	Gold Reserves	-487563		487563
3.2 特别提款权	SDR (Special Drawing Rights)	-1109241		1109241
3.3 在基金组织的储备头寸	China's Position in IMF (International Monetary Fund)	-40235		40235
3.4 外汇	Foreign Currencies	-38205148		38205148
3.5 其它债权	Other Creditor's rights			
四.净误差与遗漏	**Net Error and Omission**	**-4354838**		**4354838**

注：1.本表贸易数据来自海关统计。
2.本表直接投资贷方数据来自商务部统计和间接申报中的“与土地有关的土地批租和租赁”;借方数据来自间接申报统计。
3.本表其余数据来自间接申报统计。

a) Trade data in the table are from customs statistics.

b) Credit data on direct investment in the table are from statistics and from "Approved Leasing of Land" in indirect reporting, both collected by the Ministry of Commerce, and debit data are from indirect reporting.

c) Other data in the table are from indirect reporting.

主要统计指标解释

国内生产总值(GDP) 指按市场价格计算的一个国家(或地区)所有常住单位在一定时期内生产活动的最终成果。国内生产总值有三种表现形态，即价值形态、收入形态和产品形态。从价值形态看，它是所有常住单位在一定时期内生产的全部货物和服务价值超过同期投入的全部非固定资产货物和服务价值的差额，即所有常住单位的增加值之和；从收入形态看，它是所有常住单位在一定时期内创造并分配给常住单位和非常住单位的初次收入之和；从产品形态看，它是所有常住单位在一定时期内最终使用的货物和服务价值与货物和服务净出口价值之和。在实际核算中，国内生产总值有三种计算方法，即生产法、收入法和支出法。三种方法分别从不同的方面反映国内生产总值及其构成。

对于一个地区来说，称为地区生产总值或地区 GDP。

国民总收入（GNI） 即国民生产总值，指一个国家(或地区)所有常住单位在一定时期内收入初次分配的最终结果。一国常住单位从事生产活动所创造的增加值在初次分配中主要分配给该国的常住单位，但也有一部分以生产税及进口税(扣除生产和进口补贴)、劳动者报酬和财产收入等形式分配给非常住单位；同时，国外生产所创造的增加值也有一部分以生产税及进口税(扣除生产和进口补贴)、劳动者报酬和财产收入等形式分配给该国的常住单位，从而产生了国民总收入的概念。它等于国内生产总值加上来自国外的净要素收入。与国内生产总值不同，国民总收入是个收入概念，而国内生产总值是个生产概念。

三次产业 三产业的划分是世界上较为常用的产业结构分类，但各国的划分不尽一致。我国的三次产业划分是：

第一产业是指农业、林业、畜牧业、渔业和农林牧渔服务业。

第二产业是指采矿业，制造业，电力、煤气及水的生产和供应业，建筑业。

第三产业是指除第一、二产业以外的其他行业。

劳动者报酬 指劳动者因从事生产活动所获得的全部报酬。包括劳动者获得的各种形式的工资、奖金和津贴，既包括货币形式的，也包括实物形式的，还包括劳动者所享受的公费医疗和医药卫生费、上下班交通补贴、单位支付的社会保险费、住房公积金等。

生产税净额 指生产税减生产补贴后的余额。生产税指政府对生产单位从事生产、销售和经营活动以及因从事生产活动使用某些生产要素(如固定资产、土地、劳动力)所征收的各种税、附加费和规费。生产补贴与生产税相反，指政府对生产单位的单方面转移支出，因此视为负生产税，包括政策亏损补贴、价格补贴等。

固定资产折旧 指一定时期内为弥补固定资产损耗按照规定的固定资产折旧率提取的固定资产折旧，或按国民经济核算统一规定的折旧率虚拟计算的固定资产折旧。它反映了固定资产在当期生产中的转移价值。各类企业和企业化管理的事业单位的固定资产折旧是指实际计提的折旧费；不计提折旧的政府机关、非企业化管理的事业单位和居民住房的固定资产折旧是按照统一规定的折旧率和固定资产原值计算的虚拟折旧。原则上，固定资产折旧应按固定资产当期的重置价值计算，但是目前我国尚不具备对全社会固定资产进行重估价的基础，所以暂时只能采用上述办法。

营业盈余 指常住单位创造的增加值扣除劳动者报酬、生产税净额和固定资产折旧后的余额。它相当于企业的营业利润加上生产补贴，但要扣除从利润中开支的工资和福利等。

支出法国内生产总值 是从最终使用的角度反映一个国家(或地区)一定时期内生产活动最终成果的一种方法，包括最终消费支出、资本形成总额及货物和服务净出口三部分。计算公式为：

支出法国内生产总值=最终消费支出+资本形成总额+货物和服务净出口

最终消费支出 指常住单位为满足物质、文化和精神生活的需要，从本国经济领土和国外购买的货物和服务的支出。它不包括非常住单位在本国经济领土内的消费支出。最终消费支出分为居民消费支出和政府消费支出。

居民消费支出 指常住住户在一定时期内对于货物和服务的全部最终消费支出。居民消费支出除了直接以货币形式购买的货物和服务的消费支出外，还包括以其他方式获得的货物和服务的消费支出，即所谓的虚拟消费支出。居民虚拟消费支出包括如下几种类型：单位以实物报酬及实物转移的形式提供给劳动者的货物和服务；住户生产并由本住户消费了的货物和服务，其中的服务仅指住户的自有住房服务和付酬的家庭雇员提供的家庭和个人服务；金融机构提供的金融媒介服务。

政府消费支出 指政府部门为全社会提供的公共服务的消费支出和免费或以较低的价格向居民住户提供的货物和服务的净支出，前者等于政府服务的产出价值减去政府单位所获得的经营收入的价值，后者等于政府部门免费或以较低价格向居民住户提供的货物和服务的市场价值减去向住户收取的价值。

资本形成总额 指常住单位在一定时期内获得减去处置的固定资产和存货的净额，包括固定资本形成总额和存货增加两部分。

固定资本形成总额 指常住单位在一定时期内获得的固定资产减处置的固定资产的价值总额。固定资产是通过生产活动生产出来的，且其使用年限在一年以上、单位价值在规定标准以上的资产，不包括自然资产。可分为有形固定资本形成总额和无形固定资本形成总额。有形固定资本形成总额包括一定时期内完成的建筑工程、安装工程和设备工器具购置(减处置)价值，以及土地改良、新增役、种、奶、毛、娱乐用牲畜和新增经济林木价值。无形固定资本形成总额包括矿藏的勘探、计算机软件等获得减处置。

存货增加 指常住单位在一定时期内存货实物量变动的市场价值，即期末价值减期初价值的差额，再扣除当期由于价格变动而产生的持有收益。存货增加可以是正值，也可以是负值，正值表示存货上升，负值表示存货下降。存货包括生产单位购进的原材料、燃料和储备物资等存货，以及生产单位生产的产成品、在制品和半成品等存货。

货物和服务净出口 指货物和服务出口减货物和服务进口的差额。出口包括常住单位向非常住单位出售或无偿转让的各种货物和服务的价值；进口包括常住单位从非常住单位购买或无偿得到的各种货物和服务的价值。由于服务活动的提供与使用同时发生，一般把常住单位从非常住单位得到的服务作为进口，非常住单位从常住单位得到的服务作为出口。货物的出口和进口都按离岸价格计算。

直接消耗系数 也称为投入系数，记为 $a_{ij}(ij=1,2,\cdots,n)$ 它是指在生产经营过程中第 j 产品(或产业)部门的单位总产出所直接消耗的第 i 产品部门货物或服务的价值量，将各产品(或产业)部门的直接消耗系数用表的形式表现，就是直接消耗系数表或直接消耗系数矩阵，通常用字母 A 表示。

完全消耗系数 指第 j 产品部门每提供一个单位最终使用时，对第 i 产品部门货物或服务的直接消耗和间接消耗之和。将各产品部门的完全消耗系数用表的形式表现，就是完全消耗系数表或完全消耗系数矩阵，通常用字母 B 表示。

机构单位 指有权拥有资产和承担负债，能够独立地从事经济活动并与其他实体进行交易的经济实体。

机构部门 将相同性质的机构单位归并在一起，就形成机构部门。资金流量核算将常住机构单位划分为以下四个机构部门：非金融企业部门、金融机构部门、政府部门、住户部门。与常住单位发生经济往来关系的非常住单位组成国外部门，在资金流量核算中也视同机构部门。

非金融企业与非金融企业部门 非金融企业指主要从事市场货物生产和提供非金融市场服务的常住企业，它主要包括从事上述活动的各类法人企业。所有非金融企业归并在一起，就形成非金融企业部门。

金融机构与金融机构部门 金融机构指主要从事金融媒介以及与金融媒介密切相关的辅助金融活动的常住单位，它主要包括中央银行、商业银行和政策性银行、非银行信贷机构和保险公司。所有金融机构归并在一起，就形成金融机构部门。

政府单位与政府部门 政府单位指在我国境内通过政治程序建立的、在一特定区域内对其他机构单位拥有立法、司法和行政权的法律实体及其附属单位。政府单位的主要职能是利用征税和其他方式获得的资金向社会和公众提供公共服务。通过转移支付，对社会收入和财产进行再分配。它主要包括各种行政单位和非营利性事业单位。所有政府单位归并在一起，就形成政府部门。

住户与住户部门 住户指共享同一生活设施、部分或全部收入和财产集中使用、共同消费住房、食品和其他消费品与消费服务的常住个人或个人群体。所有住户归并在一起，就形成住户部门。

非常住单位与国外部门 所有不具有常住性的机构单位都是非常住单位。将所有与我国常住单位发生交易的非常住单位归并在一起，就形成国外部门。

初次分配总收入 初次分配是生产活动形成的净成果在参与生产活动的生产要素的所有者及政府之间的分配。生产活动的净成果是增加值。生产要素包括劳动力、土地、资本。劳动力所有者因提供劳动而获得劳动报酬；土地所有者因出租土地而获得地租；资本的所有者因资本的形态不同而获得不同形式的收入：借贷资本所有者获得利息收入；股权所有者获得红利或未分配利润；政府因直接或间接介入生产过程而获得生产税或支付补贴。初次分配的结果形成各个机构部门的初次分配总收入。各部门的初次分配总收入之和就等于国民总收入，亦即国民生产总值。

经常转移 转移是一个机构单位向另一个机构单位提供货物、服务或资产，而同时并没有从后一机构单位获得任何货物、服务或资产作为回报的一种交易。经常转移包括扣除资本转移外的所有转移。其形式有收入税、社会保险付款、社会补助和其他经常转移。

可支配总收入 在初次分配总收入的基础上，通过经常转移的形式对初次分配总收入进行再次分配。再分配的结果形成各个机构部门的可支配总收入。各部门的可支配总收入之和称为国民可支配总收入。

总储蓄 指可支配总收入用于最终消费后的余额。各部门的总储蓄之和称为国民总储蓄。

资本转移 指一个部门无偿地向另一个部门支付用于非金融投资的资金，是一种不从对方获取任何对应物作为回报的交易。资本转移具有不同于经常转移的两个特征，一是转移的目的是用于投资，而不是用于消费；二是资本转移其实物形式往往涉及除存货和现金以外资产所有权的转移；其现金形式往往涉及除存货以外的资产的处置。资本转移包括投资性补助和其他资本转移。

净金融投资 它反映机构部门或经济总体资金富余或短缺的状况。从实物交易角度看，它是指总储蓄加资本转移收入减资本转移支出减非金融投资后的差额。从金融交易角度看，它是金融资产的增加额减金融负债的增加额之后的差额。

通货 指以现金形式存在于市场流通中的货币，包括本币和外币。

存款 指金融机构接受客户存入的货币款项，存款人可

随时或按约定时间支取款项的信用业务。包括活期存款、定期存款、住户储蓄存款、财政存款、外汇存款和其他存款等。

贷款　指金融机构将其所吸收的资金，按一定的利率贷放给客户并约期归还的信用业务。包括短期贷款、中长期贷款、财政贷款、外汇贷款和其他贷款。

证券（不含股票）　由债券购买者承购的或因销售产品而拥有的，可在金融市场上交易并代表一定债权的书面证明。包括政府债券、金融债券、企业债券、商业票据、支付固定收入但不提供法人企业残余价值分享权的优先股等。

股票及其他股权　指股票购买者及直接投资者对其投资企业净资产所拥有的权益。股票是股份公司签发的证明股东投资并按其所持股份享有权益和承担义务的权益性证券。其他股权是机构单位以直接投资的方式用除股票、债权性证券以外的土地、房屋及建筑物、机器设备、存货、资源资产等实物资产，商标、专利权、土地使用权、特许使用权、商誉等无形资产及货币资金直接向其他单位进行的投资。通常以股权证、出资证明书、参与证或类似的单据为凭证。

保险准备金　指对人寿保险准备金和养恤基金的净权益、保险费预付款和未结索赔准备金。

结算资金　指金融机构用于结算目的汇兑在途的资金。

金融机构往来　指各金融机构之间的资金往来，包括同业存放款和同业拆借款。

准备金　指各金融机构在中央银行的存款及缴存中央银行的法定准备金。

中央银行贷款　指中央银行向各金融机构的贷款。

经常项目　包括货物、服务、收益及经常性转移。

货物进出口　指通过我国海关进出口的货物。货物的进出口值都按离岸价格估价。离岸价格可视为进口商在出口商边境领取货物时支付的购买者价格。当进口商领取该货物时，该货物已装载到进口商自己的运载工具或其他运载工具，出口商已为该货物支付了出口税或获得了出口退税。

服务进出口　指常住单位与非常住单位之间相互提供的服务。包括运输服务、旅游服务、通讯服务、建筑服务、保险服务、金融服务、计算机和信息服务、咨询服务、广告、宣传服务、电影音像服务、专有权力使用费和特许费、其他商务服务、政府服务。

收益　指常住单位与非常住单位之间因相互提供生产要素而产生的收入，包括劳动者报酬和投资收益。其中投资收益包括直接投资、证券投资和其他投资的收益和支出，以及直接投资收益的再投资。

资本项目　包括移民转移、债务减免等资本性转移。

金融项目　包括直接投资、证券投资和其他投资。

直接投资　指外国、港澳台地区在我国和我国在外国、港澳台地区以独资、合资、合作及合作勘探开发方式进行的投资。

证券投资　指我国对外国、港澳台地区发行的股票、债券等有价证券和我国购买外国、港澳台地区发行的股票、债券等有价证券。

其他投资　指除直接投资和证券投资以外的所有对外金融资产与负债交易项目。包括外国提供给我国和我国提供给外国的贸易信贷、贷款、货币和存款以及其他资产。

储备资产增减额　指我国在黄金储备、外汇储备、在国际货币基金组织的储备头寸、特别提款权、使用基金信贷等方面本年末与上年末余额之间的差额。负号表示储备资产增加，正号表示储备资产减少。

Explanatory Notes on Main Statistical Indicators

Gross Domestic Product (GDP) refers to the final products at market prices produced by all resident units in a country (or a region) during a certain period of time. Gross domestic product is expressed in three different perspectives, namely value, income, and products respectively. GDP in its value perspective refers to the total value of all goods and services produced by all resident units during a certain period of time, minus the total value of input of goods and services of the nature of non-fixed assets; in other words, it is the sum of the value-added of all resident units. GDP from the perspective of income includes the primary income created by all resident units and distributed to resident and non-resident units. GDP from the perspective of products refers to the value of all goods and services for final demand by all resident units plus the net exports of goods and services during a given period of time. In the practice of national accounting, gross domestic product is calculated from three approaches, namely production approach, income approach and expenditure approach, which reflect gross domestic product and its composition from different angles.

For a region, it is called as Gross Regional Product(GRP) or regional GDP.

Gross National Income (GNI) also known as Gross National Product, refers to the final result of the primary distribution of the income created by all the resident units of a country (or a region) during a certain period of time. The value-added created by the resident units of a country engaged in production activities is distributed, during the primary distribution, mainly to the resident units of that country, while part of it is distributed to the non-resident units in the form of production tax and import duties (minus subsidies to production and import), compensation of employees and property income. In the meantime, a part of the value-added created abroad is distributed to the resident units of the country in the form of production tax and import duties (minus subsidies to production and import), compensation of employees and property income. The concept of Gross National Income is thus developed, which equals to Gross Domestic Product plus the net factor income from abroad. Unlike GDP which is a concept of production, GNP is a concept of income.

Three Strata of Industry Classification of economic activities into three strata of industry is a common practice in the world, although the grouping varies to some extent from country to country. In China economic activities are categorized into the following three strata of industry:

Primary industry refers to agriculture, forestry, animal husbandry and fishery and services in support of these industries.

Secondary industry refers to mining and quarrying, manufacturing, production and supply of electricity, water and gas, and construction.

Tertiary industry refers to all other economic activities not included in the primary or secondary industries.

Compensation of Employees refers to the total payment of various forms to employees for the productive activities they are engaged in. It includes wages, bonuses and allowances, which the employees earn in cash or in kind. It also includes the free medical services provided to the employees and the medicine expenses, transport subsidies and social insurance, and housing fund paid by the employers.

Net Taxes on Production refers to taxes on production less subsidies on production. The taxes on production refers to the various taxes, extra charges and fees levied on the production units on their production, sale and business activities as well as on the use of some factors of production, such as fixed assets, land and labour in the production activities they are engaged in. In contrast to taxes on production, subsidies on production refer to the unilateral government transfer to the production units and are therefore regarded as negative taxes on production. They include subsidies on the loss due to implementation of government policies, price subsidies, etc.

Depreciation of Fixed Assets refers to the depreciation of fixed assets in a given period, drawn in accordance with the stipulated depreciation rate for the purpose of compensating the wear-and-tear loss of the fixed assets or the depreciation of fixed assets imputed in accordance with the stipulated unified depreciation rate in the national economic accounting system. It reflects the value of transfer of the fixed assets in the production of the current period. The depreciation of fixed assets in various enterprises and institutions managed as enterprises refers to the depreciation expenses actually drawn. In government agencies and institutions not managed as enterprises which do not draw the depreciation expenses, as well as for the houses of residents, the depreciation of fixed assets is the imputed depreciation, which is calculated in accordance with the stipulated unified depreciation rate. In principle, the depreciation of fixed assets should be calculated on the basis of the re-purchased value of the fixed assets. However, currently the conditions in China do not facilitate the revaluation of all the fixed assets. Therefore, only the above-mentioned methods can be adopted at present.

Operating Surplus refers to the balance of the value added created by the resident units after deducting the labourers remuneration, net taxes on production and the depreciation of fixed assets. It is equivalent to the business profit of the enterprises plus subsidies to production, but the wages and welfare expenses paid from the profits should be deducted.

GDP by Expenditure Approach refers to the method of measuring the final results of production activities of a country (region) during a given period from the perspective of final uses. It includes final consumption expenditure, gross capital formation and net export of goods and services. The formula for computation is.:

GDP by expenditure approach = final consumption expenditure + gross capital formation + net export of goods and services

Final Consumption Expenditure refers to the total expenditure of resident units for purchases of goods and services from both the domestic economic territory and abroad to meet the needs of material, cultural and spiritual life. It does not include the expenditure of non-resident units on consumption in the economic territory of the country. The final consumption expenditure is broken down into household consumption expenditure and government consumption expenditure.

Household Consumption Expenditure refers to the total expenditure of resident households on the final consumption of goods and services. In addition to the consumption of goods and services bought by the households directly with money, the household consumption expenditure also includes expenditure on goods and services obtained by the households in other ways, i.e. the so-called imputed consumption expenditure, which includes the following: (a) the goods and services provided to households by employers in the form of payment in kind and transfer in kind; (b) goods and services produced and consumed by the households themselves, in which the services refer to the owner-occupied housing and services offered by payed family employees; (c) financial intermediate services provided by financial institution.

Government Consumption Expenditure refers to the consumption expenditure spent for the provision of public services provided by the government to the whole country and the net expenditure on the goods and services provided by the government to households free of charge or at reduced prices. The former equals to the output value of the government services minus the value of operating income obtained by the government departments. The latter equals to the market value of the goods and services provided by the government free of charge or at reduced prices to the households minus the value received by the government from the households.

Gross Capital Formation refers to the fixed assets acquired less disposals and the net value of inventory, thus including gross fixed capital formation and changes in inventories.

Gross Fixed Capital Formation refers to the value of acquisitions less those disposals of fixed assets during a given period. Fixed assets are the assets produced through production activities with unit value above a specified amount and which could be used for over one year. Natural assets are not included.Gross fixed capital formation can be categorized into total tangible fixed capital formation and total intangible fixed capital formation. Total tangible fixed capital formation includes the value of the construction projects and installation projects completed and the equipment, apparatus and instruments purchased (less those disposed) as well as the value of land improved, the value of draught animals, breeding stock and animals for milk, for wool and for recreational purposes and the newly increased forest with economic value. Total intangible fixed capital formation includes the prospecting of minerals and the acquisition of computer software minus the disposal of them.

Changes in Inventories refers to the market value of the change in the physical volume of inventory of resident units during a given period, i.e. the difference between the values at the beginning and at the end of the period minus the gains due to the change in prices. The changes in inventories can have a positive or a negative value. A positive value indicates an increase in inventory while a negative value indicates a decrease in inventory. The inventory includes raw materials, fuels and reserve materials purchased by the production units as well as the inventory of finished products, semi-finished products and work-in-progress.

Net Export of Goods and Services refers to the exports of goods and services subtracting the imports of goods and services. Exports include the value of various goods and services sold or gratuitously transferred by resident units to non-resident units. Imports include the value of various goods and services purchased or gratuitously acquired resident units from non-resident units. Because the provision of services and the use of them happen simultaneously, the acquisition of services by resident units from abroad is usually treated as import while the acquisition of services by non-resident units in this country is usually treated as export. The exports and imports of goods are calculated at FOB.

Direct Input Coefficient refers to the volume of products and services of industry *i*, which is consumed directly by industry *j* in the course of its production or business, recorded as a_{ij} (i,j=1,2, … ,n). The table of direct input coefficients, or the direct input coefficients matrix, usually denoted as A, is a table that presents direct input coefficients of all industries.

Total Input Coefficient refers to the volume of products and services of industry *i* which is consumed directly and indirectly by industry *j* in producing each unit of final use. The table of total input coefficients, or total input coefficients matrix, usually denoted as B, is a table that presents total input coefficients of all industries.

Institutional Units refer to economic entities that are in a position to own assets and incur liabilities; to engage independently in economic activities; and to conduct transactions with other entities.

Institutional Sectors refer to groups of institutional units that are homogenous in nature and have been grouped together. The following 4 institutional sectors are identified in the flow of funds accounts: non-financial corporations, financial institutions, general government and households. Also treated as an institutional sector is the rest of the world, which is composed of non-resident units that have economic relations with resident units.

Non-Financial Corporations and the Sector of Non-Financial Corporations Non-financial corporations refer to resident corporations that are engaged in the production of goods and the provision of non financial services in the market, mainly covering corporate enterprises of various types engaged in the above-mentioned activities. All non-financial corporations make up the sector of non-financial corporations.

Financial Institutions and the Sector of Financial Institutions Financial institutions refer to resident institutions that are engaged in the financial intermediary services or auxiliary financial activities that are closely related with financial intermediary services, mainly covering the Central Bank, commercial banks, policy banks, non-banking credit institutions and insurance companies. All financial institutions together make up the sector of financial institutions.

General Government and the Sector of General Governments General government refer to legal entities and their auxiliary units within the territory of China that are established through the political process and are empowered with legislative, administrative or judicial rights over other institutional within specific regions. The main function of general government is to acquire funds through taxation or other means in order to provide public services to society and households, and to conduct redistribution of income and properties of society through transfer payment. **General** government cover mainly administrative and non-profit institutional units of various types. All general government together make up the sector of general governments.

Households and the Sector of Households Households refer to resident individuals or groups of resident individuals who share common living facilities, pool together entire or part of their income and properties for their common disposal, and share their housing, food and other consumer goods and services. All households together make up the sector of households.

Non-resident Units and the Rest of the World Non-resident units refer to units that are of a non-resident nature. All non-resident units that have transactions with resident units together make up the rest of the world.

Total Income from Primary Distribution Primary distribution refers to the distribution of net results from production activities among the owners of factors of production and the governments.The net results from production activities is the value-added. Factors of production include labour force, land and capital. Owners of labour force gain remuneration by providing labour. Owners of land receive rents from leasing of land. Owners of capitals get income of various forms depending on the type of capital: owners of loan capital receive income from interests. Share holders receive dividends or non-distributed profits. Government either obtains production tax or pays subsidies in participating directly or indirectly in the production processes. Results of primary distribution generate the total income from primary distribution of each sector, and the sum of the total income of primary distribution of all sectors make up the Gross National Income, or the Gross National Product.

Current Transfers Transfer refers to the transaction in the form of provision of goods, services or assets by an institutional unit to another institutional unit without receiving any goods, services or assets in return from the recipient. Current transfers refer to all kinds of transfers other than capital transfers. They include income tax, payment to social securities, social allowances and other current transfers.

Total Disposable Income Total income from primary distribution is re-distributed through current transfer, resulting in the total disposable income of various institutional sectors. The sum of total disposable income of all institutional sectors makes up the total national disposable income.

Total Savings refer to total disposable income subtracting final consumption. Total savings of all sectors make up the total national savings.

Capital Transfer refers to the free payment from one sector to another sector of non-financial investment capital, and is a transaction that seeks no return from the recipient. Capital transfer differs from current transfer in 2 aspects: 1) The purpose of the capital transfer is investment rather than consumption. 2) Capital transfer features the transfer of the ownership of assets other than inventory and cash, and capital transfer in its monetary form involves the disposal of assets other than inventory. Capital transfer includes investment subsidies and other capital transfers.

Net Financial Investment reflects the surplus or shortage of capitals of institutional sectors or of the economy in general. It refers to total savings plus the income from capital transfer minus payment for capital transfer and the non-financial investment from the point of view of physical transaction. In terms of monetary transaction, it is the difference between the increase in financial assets minus the increase of the financial liabilities.

Currency refers to currency that is in circulation in the market, including local and foreign currencies.

Deposits refer to credit transactions by which financial institutions accept deposits from clients who could withdraw their deposit at any time or by an agreed time frame. They include demand deposit, time deposit, savings deposit, fiscal deposit, foreign exchange deposit and other deposits.

Loans refer to credit transactions by which financial institutions lend their capital to clients at certain level of interest rates, which the latter will repay by an agreed time frame. They include short-term loan, medium- and long-term loan, fiscal loan, foreign exchange loan and other loans.

Securities (excluding shares) refer to written certificates representing creditors' rights as purchased by bond holders or as acquired by selling products, which can be transacted at the financial markets. They include government bonds, financial bonds, corporation bonds, commercial drafts, preferential stocks that provide fixed income without the right to share the residual value of corporations, and so on.

Shares and Other Holding Rights refer to the rights of stockholders and direct investors on the net assets of corporations they have invested in. Shares refer to negotiable securities on creditor's rights, issued by share companies certifying the investment by stockholders and their rights and duties in accordance with the amount of stocks that they hold. Other holding rights refer to the direct investment by institutional units in other units with currency capital or with assets, in forms other than shares and negotiable securities on creditor's rights, including such tangible assets such as land, buildings, machines and equipment, inventory, resources, etc., and such intangible assets as trade marks, patents, monopolies, rights on land use, licenses, commercial reputation, etc.. Documents of proof of holding rights usually include certificates on creditor's right, certificates on investment or on participation, etc.

Insurance Reserve Funds consists of net equity of households in life insurance reserves and in pension funds reserves, prepayments of insurance premiums, and reserves for outstanding claims.

Settlement Fund refers to fund in float of financial institutions for settlement.

Inter- financial Institutions Accounts refer to flow of capital between financial institutions, consisting of nostro & vostro accounts, inter-bank lending.

Required and Excessive Reserves refer to financial institutions' deposits with the People's Bank of China.

Central Bank Lending refer to lending to financial institutions by the People's Bank of China

Current Account includes goods, services, income and current transfers.

Import and Export of Goods refer to imported or exported goods through Chinese customs. Both import and export of goods are valued at free on board (f.o.b.) prices. Free on board prices can be regarded as the purchaser's prices paid by importers when claiming goods at the border of the exporters. When the importer claim the imported goods, the goods have been loaded in importer's carriers or other carriers, and the exporter has paid export duty or received export redeem.

Import and Export of Services refer to services provided between resident and non-resident units, including services on transportation, tourism, communications, construction, insurance, finance, computer and information, consultancy, advertising and publicity, as well as film, audio and video services, royalty for patents, trademarks and other special rights, other commercial services, and government services.

Income refers income from provision of factors of production between resident and non-resident units, including compensation of labour and earnings from investment. Earnings from investment include earnings from and expenses on direct investment, security investment and other investment, as well as reinvestment of earnings from direct investment.

Capital Account includes capital transfers such as immigration transfer, reduction or exemption of debts, etc.

Financial Account includes direct investment, security investment and other investments.

Direct Investment refers to investment by foreign investors or investors from Hong Kong, Macao and Taiwan in China, or by Chinese investors in foreign countries or in Hong Kong, Macao and Taiwan, in forms of exclusive investment, joint investment, contracted operation and cooperative development,.

Security Investment refers to the issue of stocks and securities by China in foreign countries or in Hong Kong, Macao and Taiwan, and the purchase by Chinese units of stocks and securities issued in foreign countries or in Hong Kong, Macao and Taiwan.

Other Investment refers to all external transactions on financial assets and liabilities other than direct investment and security investment, including trade credits, loans, currency, deposits and other assets, provided by foreign countries to China and by China to foreign countries.

Reserve Assets, Net Increase refers to the difference between the end of the reference year and the end of the previous year, in gold reserve, foreign exchange reserve, special drawing rights in the International Monetary Fund, and the use of the Fund's credits. An increase in reserve assets is expressed in a negative figure and a decrease in the reserve assets is expressed in a positive figure.

3

人口

Population

简 要 说 明

一、本篇资料的主要内容

本篇资料反映我国 2009 年及历年人口方面的基本情况，包括全国及 31 个省、自治区、直辖市的主要人口统计数据，如:全国历年人口数、城镇人口、乡村人口；2009 年各地区人口数、出生率、死亡率、自然增长率、人口负担系数、家庭户规模、人口受教育程度等。

二、本篇的资料来源

本篇资料由国家统计局人口和就业统计司整理。其中表 3-1、3-2 中 1982-1989 年的数据根据 1990 年全国人口普查数据进行了调整；1990-2000 年的数据根据 2000 年全国人口普查数据进行了调整；2001-2004 年、2006-2009 年数据为人口变动情况抽样调查推算数；2005 年数据为全国 1%人口抽样调查推算数；其余年份为户籍统计数据。表 3-3、3-4 为 2009 年全国人口变动情况抽样调查推算数据。表 3-5 为五次全国人口普查主要数据。表 3-6 是根据 1990 年和 2000 年全国人口普查数据计算的。表 3-7 至 3-15 为 2009 年全国人口变动情况抽样调查样本数据。

三、本篇的统计调查方法

2009 年全国人口变动情况抽样调查是以全国为总体，各省、自治区、直辖市为次总体，采用分层、多阶段、整群概率比例抽样方法，在全国 31 个省、自治区、直辖市抽取了 1882 个县(市、区)、3460 个乡(镇、街道)、5872 个村（居）委会，11748 个调查小区的 116 万人，调查样本占全国总人口的 0.873‰。经加权后汇总，2009 年全国人口出生率为 12.13‰，死亡率为 7.08‰，自然增长率为 5.05‰。按此推算，2009 年末全国总人口为 133474 万人，出生人口为 1615 万人，死亡人口为 943 万人，净增人口为 672 万人。

Brief Introduction

I. Main Contents

Data in this chapter show the basic condition of the population in 2009 as well as previous years for the whole nation and 31 provinces, autonomous regions and municipalities directly under the Central Government. They include the sizes of the national population, urban population and rural population over the years; as well as size, birth rates, death rates, natural growth rates, dependency ratio, household size and education attainment of the population by region in 2009.

II. Sources of Data

Data in this chapter are prepared by the Department of Population and Employment Statistics of the National Bureau of Statistics. In tables 3-1 and 3-2, figures for 1982-1989 have been adjusted in line with the data from the 1990 National Population Census; figures for 1990-2000 have been adjusted on the basis of the 2000 National Population Census; figures for 2001-2004 , 2006-2009 are estimated from the annual national sample survey on population changes; figures for 2005 are estimated from the 2005 National 1% Population Sample Survey; and figures for other years are statistics derived from household registration. Data in Table 3-3 and 3-4 are estimated from the 2009 National Sample Survey on Population Changes. Data in Table 3-5 present the main results from the five national population censuses. Data in Table 3-6 are compiled from the 1990 and 2000 National Population Census. Data in tables 3-7 to 3-15 are the sample results of the 2009 National Sample Survey on Population Changes.

III. Sampling Methodology

The 2009 National Sample Survey on Population Change adopted a stratified multi-stage systematic PPS cluster sampling scheme, taking the whole nation as the population and each province, autonomous region or municipality as sub-populations. A total of 1.16 million people were selected from 11,748 survey districts in 5872 neighborhoods in 3,460 townships (towns and street committees) in 1,882 counties (cities and districts) of the 31 provinces, autonomous regions and municipalities. The size of the sample was thus 0.873 per thousand of the national population. The weighted estimation procedure suggested that the birth rate was 12.13 per thousand, the death rate was 7.08 per thousand and the natural growth rate was 5.05 per thousand for China in 2009. Based on these rates, it was further estimated that China had a total population of 1,334.74 million at the end of 2009, with 16.15 million births, 9.43 million deaths and a net increase of 6.72 million people during the year.

3-1 人 口 数 及 构 成
Population and Its Composition

本表各年人口未包括香港、澳门特别行政区和台湾省的人口数据。
Data in this table do not include the population of Hong Kong SAR, Macao SAR and Taiwan Province.

单位：万人　　(10 000 persons)

年 份 Year	总人口(年末) Total Population (year-end)	按性别分 By Sex				按城乡分 By Residence			
		男 Male		女 Female		城镇 Urban		乡村 Rural	
		人口数 Population	比重(%) Proportion	人口数 Population	比重(%) Proportion	人口数 Population	比重(%) Proportion	人口数 Population	比重(%) Proportion
1949	54167	28145	51.96	26022	48.04	5765	10.64	48402	89.36
1950	55196	28669	51.94	26527	48.06	6169	11.18	49027	88.82
1951	56300	29231	51.92	27069	48.08	6632	11.78	49668	88.22
1955	61465	31809	51.75	29656	48.25	8285	13.48	53180	86.52
1960	66207	34283	51.78	31924	48.22	13073	19.75	53134	80.25
1965	72538	37128	51.18	35410	48.82	13045	17.98	59493	82.02
1970	82992	42686	51.43	40306	48.57	14424	17.38	68568	82.62
1971	85229	43819	51.41	41410	48.59	14711	17.26	70518	82.74
1972	87177	44813	51.40	42364	48.60	14935	17.13	72242	82.87
1973	89211	45876	51.42	43335	48.58	15345	17.20	73866	82.80
1974	90859	46727	51.43	44132	48.57	15595	17.16	75264	82.84
1975	92420	47564	51.47	44856	48.53	16030	17.34	76390	82.66
1976	93717	48257	51.49	45460	48.51	16341	17.44	77376	82.56
1977	94974	48908	51.50	46066	48.50	16669	17.55	78305	82.45
1978	96259	49567	51.49	46692	48.51	17245	17.92	79014	82.08
1979	97542	50192	51.46	47350	48.54	18495	18.96	79047	81.04
1980	98705	50785	51.45	47920	48.55	19140	19.39	79565	80.61
1981	100072	51519	51.48	48553	48.52	20171	20.16	79901	79.84
1982	101654	52352	51.50	49302	48.50	21480	21.13	80174	78.87
1983	103008	53152	51.60	49856	48.40	22274	21.62	80734	78.38
1984	104357	53848	51.60	50509	48.40	24017	23.01	80340	76.99
1985	105851	54725	51.70	51126	48.30	25094	23.71	80757	76.29
1986	107507	55581	51.70	51926	48.30	26366	24.52	81141	75.48
1987	109300	56290	51.50	53010	48.50	27674	25.32	81626	74.68
1988	111026	57201	51.52	53825	48.48	28661	25.81	82365	74.19
1989	112704	58099	51.55	54605	48.45	29540	26.21	83164	73.79
1990	114333	58904	51.52	55429	48.48	30195	26.41	84138	73.59
1991	115823	59466	51.34	56357	48.66	31203	26.94	84620	73.06
1992	117171	59811	51.05	57360	48.95	32175	27.46	84996	72.54
1993	118517	60472	51.02	58045	48.98	33173	27.99	85344	72.01
1994	119850	61246	51.10	58604	48.90	34169	28.51	85681	71.49
1995	121121	61808	51.03	59313	48.97	35174	29.04	85947	70.96
1996	122389	62200	50.82	60189	49.18	37304	30.48	85085	69.52
1997	123626	63131	51.07	60495	48.93	39449	31.91	84177	68.09
1998	124761	63940	51.25	60821	48.75	41608	33.35	83153	66.65
1999	125786	64692	51.43	61094	48.57	43748	34.78	82038	65.22
2000	126743	65437	51.63	61306	48.37	45906	36.22	80837	63.78
2001	127627	65672	51.46	61955	48.54	48064	37.66	79563	62.34
2002	128453	66115	51.47	62338	48.53	50212	39.09	78241	60.91
2003	129227	66556	51.50	62671	48.50	52376	40.53	76851	59.47
2004	129988	66976	51.52	63012	48.48	54283	41.76	75705	58.24
2005	130756	67375	51.53	63381	48.47	56212	42.99	74544	57.01
2006	131448	67728	51.52	63720	48.48	57706	43.90	73742	56.10
2007	132129	68048	51.50	64081	48.50	59379	44.94	72750	55.06
2008	132802	68357	51.47	64445	48.53	60667	45.68	72135	54.32
2009	133474	68652	51.44	64822	48.56	62186	46.59	71288	53.41

注：1.1982年以前数据为户籍统计数；1982-1989年数据根据1990年人口普查数据进行了调整；1990-2000年数据根据2000年人口普查数据进行了调整；2001-2004年、2006-2009年数据为人口变动情况抽样调查推算数；2005年数据根据全国1%人口抽样调查数据推算(下两表同)。
2.总人口和按性别分人口中包括中国人民解放军现役军人，按城乡分人口中现役军人计入城镇人口。

a) Data before 1982 were taken from the statistics of household registration. Data in 1982-1989 were adjusted on the basis of the 1990 National Population Census. Data in 1990-2000 were adjusted on the basis of the 2000 National Population Census. Data in 2001-2004, 2006-2009 have been estimated on the basis of the annual national sample surveys on population changes. Data in 2005 are estimated on the National 1% Population Sample Survey. The same applies to the two tables following.

b) Total population and population by sex include the military personnel of the Chinese People's Liberation Army, the military personnel are classified as urban population in the item of population by residence.

3-2 人口出生率、死亡率和自然增长率
Birth Rate, Death Rate and Natural Growth Rate of Population

单位：‰ (‰)

年 份 Year	出生率 Birth Rate	死亡率 Death Rate	自然增长率 Natural Growth Rate	年 份 Year	出生率 Birth Rate	死亡率 Death Rate	自然增长率 Natural Growth Rate
1978	18.25	6.25	12.00	1995	17.12	6.57	10.55
1980	18.21	6.34	11.87	1996	16.98	6.56	10.42
1981	20.91	6.36	14.55	1997	16.57	6.51	10.06
1982	22.28	6.60	15.68	1998	15.64	6.50	9.14
1983	20.19	6.90	13.29	1999	14.64	6.46	8.18
1984	19.90	6.82	13.08	2000	14.03	6.45	7.58
1985	21.04	6.78	14.26	2001	13.38	6.43	6.95
1986	22.43	6.86	15.57	2002	12.86	6.41	6.45
1987	23.33	6.72	16.61	2003	12.41	6.40	6.01
1988	22.37	6.64	15.73	2004	12.29	6.42	5.87
1989	21.58	6.54	15.04	2005	12.40	6.51	5.89
1990	21.06	6.67	14.39	2006	12.09	6.81	5.28
1991	19.68	6.70	12.98	2007	12.10	6.93	5.17
1992	18.24	6.64	11.60	2008	12.14	7.06	5.08
1993	18.09	6.64	11.45	2009	12.13	7.08	5.05
1994	17.70	6.49	11.21				

3-3 人口年龄结构和抚养比
Age Composition and Dependency Ratio of Population

年份 Year	总人口(年末) (万人) Total Population (year-end) (10 000 persons)	按年龄组分 By Age 0-14岁 Aged 0-14 人口数 Population	比重(%) Proportion	15-64岁 Aged 15-64 人口数 Population	比重(%) Proportion	65岁及以上 Aged 65 and Over 人口数 Population	比重(%) Proportion	总抚养比(%) Gross Dependency Ratio (%)	少儿抚养比(%) Children Dependency Ratio (%)	老年抚养比(%) Old Dependency Ratio (%)
1982	101654	34146	33.6	62517	61.5	4991	4.9	62.6	54.6	8.0
1987	109300	31347	28.7	71985	65.9	5968	5.4	51.8	43.5	8.3
1990	114333	31659	27.7	76306	66.7	6368	5.6	49.8	41.5	8.3
1995	121121	32218	26.6	81393	67.2	7510	6.2	48.8	39.6	9.2
1996	122389	32311	26.4	82245	67.2	7833	6.4	48.8	39.3	9.5
1997	123626	32093	26.0	83448	67.5	8085	6.5	48.1	38.5	9.7
1998	124761	32064	25.7	84338	67.6	8359	6.7	47.9	38.0	9.9
1999	125786	31950	25.4	85157	67.7	8679	6.9	47.7	37.5	10.2
2000	126743	29012	22.9	88910	70.1	8821	7.0	42.6	32.6	9.9
2001	127627	28716	22.5	89849	70.4	9062	7.1	42.0	32.0	10.1
2002	128453	28774	22.4	90302	70.3	9377	7.3	42.2	31.9	10.4
2003	129227	28559	22.1	90976	70.4	9692	7.5	42.0	31.4	10.7
2004	129988	27947	21.5	92184	70.9	9857	7.6	41.0	30.3	10.7
2005	130756	26504	20.3	94197	72.0	10055	7.7	38.8	28.1	10.7
2006	131448	25961	19.8	95068	72.3	10419	7.9	38.3	27.3	11.0
2007	132129	25660	19.4	95833	72.5	10636	8.1	37.9	26.8	11.1
2008	132802	25166	19.0	96680	72.7	10956	8.3	37.4	26.0	11.3
2009	133474	24663	18.5	97502	73.0	11309	8.5	36.9	25.3	11.6

注：本表数据为每年公报数。
a) Data in this table are communique data.

3-4 各地区人口的城乡构成和出生率、死亡率、自然增长率（2009年）
Total Population by Urban and Rural Residence and Birth Rate, Death Rate, Natural Growth Rate by Region (2009)

全国数据未包括香港、澳门特别行政区和台湾省的人口数据。
The national total population does not include the population of Hong Kong SAR, Macao SAR and Taiwan Province.

地 区	Region	总人口(年末)(万人) Total Population (year-end) (10 000 persons)	城镇人口 Urban Population		乡村人口 Rural Population		出生率(‰) Birth Rate (‰)	死亡率(‰) Death Rate (‰)	自然增长率(‰) Natural Growth Rate (‰)
			人口数 Population	比重(%) Proportion	人口数 Population	比重(%) Proportion			
全 国	**National Total**	**133474**	**62186**	**46.59**	**71288**	**53.41**	**12.13**	**7.08**	**5.05**
北 京	Beijing	1755	1492	85.00	263	15.00	8.06	4.56	3.50
天 津	Tianjin	1228	958	78.01	270	21.99	8.30	5.70	2.60
河 北	Hebei	7034	3025	43.00	4009	57.00	12.93	6.43	6.50
山 西	Shanxi	3427	1576	45.99	1851	54.01	10.87	5.98	4.89
内蒙古	Inner Mongolia	2422	1293	53.40	1129	46.60	9.57	5.61	3.96
辽 宁	Liaoning	4319	2607	60.35	1712	39.65	6.06	5.09	0.97
吉 林	Jilin	2740	1461	53.32	1279	46.68	6.69	4.74	1.95
黑龙江	Heilongjiang	3826	2123	55.50	1703	44.50	7.48	5.42	2.06
上 海	Shanghai	1921	1702	88.60	219	11.40	8.64	5.94	2.70
江 苏	Jiangsu	7725	4295	55.60	3430	44.40	9.55	6.99	2.56
浙 江	Zhejiang	5180	2999	57.90	2181	42.10	10.22	5.59	4.63
安 徽	Anhui	6131	2581	42.10	3550	57.90	13.07	6.60	6.47
福 建	Fujian	3627	1864	51.40	1763	48.60	12.20	6.00	6.20
江 西	Jiangxi	4432	1914	43.18	2518	56.82	13.87	5.98	7.89
山 东	Shandong	9470	4576	48.32	4894	51.68	11.70	6.08	5.62
河 南	Henan	9487	3577	37.70	5910	62.30	11.45	6.46	4.99
湖 北	Hubei	5720	2631	46.00	3089	54.00	9.48	6.00	3.48
湖 南	Hunan	6406	2767	43.20	3639	56.80	13.05	6.94	6.11
广 东	Guangdong	9638	6110	63.40	3528	36.60	11.78	4.52	7.26
广 西	Guangxi	4856	1904	39.20	2952	60.80	14.17	5.64	8.53
海 南	Hainan	864	424	49.13	440	50.87	14.66	5.70	8.96
重 庆	Chongqing	2859	1475	51.59	1384	48.41	9.90	6.20	3.70
四 川	Sichuan	8185	3168	38.70	5017	61.30	9.15	6.43	2.72
贵 州	Guizhou	3798	1135	29.89	2663	70.11	13.65	6.69	6.96
云 南	Yunnan	4571	1554	34.00	3017	66.00	12.53	6.45	6.08
西 藏	Tibet	290	69	23.80	221	76.20	15.31	5.07	10.24
陕 西	Shaanxi	3772	1641	43.50	2131	56.50	10.24	6.24	4.00
甘 肃	Gansu	2635	860	32.65	1775	67.35	13.32	6.71	6.61
青 海	Qinghai	557	233	41.90	324	58.10	14.51	6.19	8.32
宁 夏	Ningxia	625	288	46.10	337	53.90	14.38	4.70	9.68
新 疆	Xinjiang	2159	860	39.85	1299	60.15	15.99	5.43	10.56

注：1.本表数据根据2009年人口变动情况抽样调查数据推算。全国总人口根据抽样误差和调查误差进行了修正，分地区人口未作修正。
2.全国总人口包括现役军人数，分地区数字中未包括。

a) Data in the table are estimates from the 2009 National Sample Survey on Population Changes. The national total population was adjusted on the basis of sampling errors and survey errors. Similar adjustments were not made to regional figures.

b) The military personnel were included in the national total population, but were not included in the population by region.

3-5 五次全国人口普查人口基本情况

Basic Statistics on National Population Census in 1953, 1964, 1982, 1990 and 2000

本表未包括香港、澳门特别行政区和台湾省数据。
Data in this table do not include the population of Hong Kong SAR, Macao SAR and Taiwan Province.

指标	Item	1953	1964	1982	1990	2000
总人口 (万人)	**Total Population (10 000 persons)**	**59435**	**69458**	**100818**	**113368**	**126583**
男	Male	30799	35652	51944	58495	65355
女	Female	28636	33806	48874	54873	61228
性别比（以女性为100）	Sex Ratio (female=100)	107.56	105.46	106.30	106.60	106.74
家庭户规模 (人/户)	**Average Family Household Size (person/household)**	**4.33**	**4.43**	**4.41**	**3.96**	**3.44**
各年龄组人口 (%)	**Population by Age Group (%)**					
0-14岁	Aged 0-14	36.28	40.69	33.59	27.69	22.89
15-64岁	Aged 15-64	59.31	55.75	61.50	66.74	70.15
65岁及以上	Aged 65 and Over	4.41	3.56	4.91	5.57	6.96
民族人口	**Population by Ethnicity**					
汉族 (万人)	Han (10 000 persons)	54728	65456	94088	104248	115940
占总人口比重 (%)	Percentage to Total Population (%)	93.94	94.24	93.32	91.96	91.59
少数民族 (万人)	Ethnic Minorities (10 000 persons)	3532	4002	6730	9120	10643
占总人口比重 (%)	Percentage to Total Population (%)	6.06	5.76	6.68	8.04	8.41
每十万人拥有的各种受教育程度人口 (人)	**Population with Various Education Attainments Per 100 000 Persons (person)**					
大专及以上	Junior College and Above		416	615	1422	3611
高中和中专	Senior Secondary School and Technical Secondary School		1319	6779	8039	11146
初中	Junior Secondary School		4680	17892	23344	33961
小学	Primary School		28330	35237	37057	35701
文盲人口及文盲率	**Illiterate Population and Illiterate Rate**					
文盲人口 (万人)	Illiterate Population (10 000 persons)		23327	22996	18003	8507
文盲率 (%)	Illiterate Rate (%)		33.58	22.81	15.88	6.72
城乡人口 (万人)	**Population by Residence (10 000 persons)**					
城镇人口	Urban Population	7726	12710	21082	29971	45844
乡村人口	Rural Population	50534	56748	79736	83397	80739
平均预期寿命 (岁)	**Life Expectancy (year old)**			**67.77***	**68.55**	**71.40**
男	Male			66.28*	66.84	69.63
女	Female			69.27*	70.47	73.33

注：1.历次普查总人口数据中包括了中国人民解放军现役军人。在城乡人口中，中国人民解放军现役军人列为城镇人口统计。
2.1953年总人口数据中包括了间接调查人口，而民族人口、城乡人口中未包括。
3.1964年文盲人口为13岁及以上不识字人口，1982、1990、2000年文盲人口为15岁及以上不识字或识字很少人口。
4.表中"*"号表示为1981年数据。

a) Total population from the five national population censuses includes the military personnel. Military personnel is listed as urban population in population by residence.
b) Total population of 1953 National Population Census includes the population from indirect survey, but this is not included in the ethnic minority population and the urban/rural population.
c) Illiterate population of 1964 National Population Census referred to the population aged 13 and over who are unable to read. Illiterate population of 1982, 1990 and 2000 National Population Censuses referred to the population aged 15 and over who are unable or have difficulty to read.
d) Data with "*" in this table are of 1981.

3-6 各地区人口平均预期寿命

Population Life Expectancy by Region

单位：岁 (year old)

地区	Region	1990年预期寿命 Life Expectancy in 1990	男 Male	女 Female	2000年预期寿命 Life Expectancy in 2000	男 Male	女 Female
全国	**National Total**	**68.55**	**66.84**	**70.47**	**71.40**	**69.63**	**73.33**
北京	Beijing	72.86	71.07	74.93	76.10	74.33	78.01
天津	Tianjin	72.32	71.03	73.73	74.91	73.31	76.63
河北	Hebei	70.35	68.47	72.53	72.54	70.68	74.57
山西	Shanxi	68.97	67.33	70.93	71.65	69.96	73.57
内蒙古	Inner Mongolia	65.68	64.47	67.22	69.87	68.29	71.79
辽宁	Liaoning	70.22	68.72	71.94	73.34	71.51	75.36
吉林	Jilin	67.95	66.65	69.49	73.10	71.38	75.04
黑龙江	Heilongjiang	66.97	65.50	68.73	72.37	70.39	74.66
上海	Shanghai	74.90	72.77	77.02	78.14	76.22	80.04
江苏	Jiangsu	71.37	69.26	73.57	73.91	71.69	76.23
浙江	Zhejiang	71.78	69.66	74.24	74.70	72.50	77.21
安徽	Anhui	69.48	67.75	71.36	71.85	70.18	73.59
福建	Fujian	68.57	66.49	70.93	72.55	70.30	75.07
江西	Jiangxi	66.11	64.87	67.49	68.95	68.37	69.32
山东	Shandong	70.57	68.64	72.67	73.92	71.70	76.26
河南	Henan	70.15	67.96	72.55	71.54	69.67	73.41
湖北	Hubei	67.25	65.51	69.23	71.08	69.31	73.02
湖南	Hunan	66.93	65.41	68.70	70.66	69.05	72.47
广东	Guangdong	72.52	69.71	75.43	73.27	70.79	75.93
广西	Guangxi	68.72	67.17	70.34	71.29	69.07	73.75
海南	Hainan	70.01	66.93	73.28	72.92	70.66	75.26
重庆	Chongqing				71.73	69.84	73.89
四川	Sichuan	66.33	65.06	67.70	71.20	69.25	73.39
贵州	Guizhou	64.29	63.04	65.63	65.96	64.54	67.57
云南	Yunnan	63.49	62.08	64.98	65.49	64.24	66.89
西藏	Tibet	59.64	57.64	61.57	64.37	62.52	66.15
陕西	Shaanxi	67.40	66.23	68.79	70.07	68.92	71.30
甘肃	Gansu	67.24	66.35	68.25	67.47	66.77	68.26
青海	Qinghai	60.57	59.29	61.96	66.03	64.55	67.70
宁夏	Ningxia	66.94	65.95	68.05	70.17	68.71	71.84
新疆	Xinjiang	62.59	61.95	63.26	67.41	65.98	69.14

注：2000年各省人口平均预期寿命是根据各省1990年以来人口变动调查公布的死亡率对2000年人口普查死亡数据修正后计算的。

a) Life expectancy in 2000 by region is calculated from the death data of 2000's National Population Census, further adjusted by the mortality rates from the annual national sample surveys on population changes since 1990.

3-7 按年龄和性别分人口数（2009年）
Population by Age and Sex (2009)

本表是2009年全国人口变动情况抽样调查样本数据，抽样比为0.873‰。
Data in this table are obtained from the 2009 National Sample Survey on Population Changes. The sampling fraction is 0.873‰.

年 龄 Age	人口数（人） Population (person)	男 Male	女 Female	占总人口比重（%） Percentage to Total Population (%)	男 Male	女 Female	性别比（女=100） Sex Ratio (Female=100)
总计 Total	**1164986**	**591871**	**573115**	**100.00**	**50.80**	**49.20**	**103.27**
0-4	60158	33140	27018	5.16	2.84	2.32	122.66
5-9	63000	34705	28296	5.41	2.98	2.43	122.65
10-14	73359	39749	33610	6.30	3.41	2.88	118.27
15-19	83516	44170	39345	7.17	3.79	3.38	112.26
20-24	87637	44001	43636	7.52	3.78	3.75	100.84
25-29	75481	37678	37803	6.48	3.23	3.24	99.67
30-34	78735	38833	39901	6.76	3.33	3.43	97.32
35-39	106040	52579	53461	9.10	4.51	4.59	98.35
40-44	112356	55862	56494	9.64	4.80	4.85	98.88
45-49	92367	45647	46719	7.93	3.92	4.01	97.71
50-54	84335	42441	41893	7.24	3.64	3.60	101.31
55-59	79114	39592	39522	6.79	3.40	3.39	100.18
60-64	55690	28348	27342	4.78	2.43	2.35	103.68
65-69	40114	20277	19837	3.44	1.74	1.70	102.21
70-74	32493	16258	16234	2.79	1.40	1.39	100.15
75-79	22528	10997	11531	1.93	0.94	0.99	95.36
80-84	11794	5178	6616	1.01	0.44	0.57	78.27
85-89	4788	1971	2818	0.41	0.17	0.24	69.93
90-94	1174	361	813	0.10	0.03	0.07	44.38
95+	308	83	225	0.03	0.01	0.02	36.83

注：由于各地区数据采用加权汇总的方法，全国人口变动情况抽样调查样本数据合计与各分项相加略有误差(以下表同)。
a) Because data by region are calculated by the method of weighted sum, total data of the national sample survey on population changes is not equal to the sum of each item. The same applies to the tables following.

3-8 各地区户数、人口数、性别比和户规模（2009年）

Household, Population, Sex Ratio and Household Size by Region (2009)

本表是2009年全国人口变动情况抽样调查样本数据，抽样比为0.873‰。

Data in this table are obtained from the 2009 National Sample Survey on Population Changes. The sampling fraction is 0.873‰.

地 区	Region	户数（户） Number of Households (household)	家庭户 Family Household	集体户 Collective Household	人口数（人） Population (person)	男 Male	女 Female	性别比 (女=100) Sex Ratio (Female=100)
全 国	**National Total**	**369519**	**363948**	**5571**	**1164986**	**591871**	**573115**	**103.27**
北 京	Beijing	5897	5444	453	15096	7705	7390	104.27
天 津	Tianjin	3449	3310	139	10473	5298	5175	102.38
河 北	Hebei	18881	18850	31	62243	31671	30572	103.60
山 西	Shanxi	9292	9226	66	30378	15503	14875	104.22
内蒙古	Inner Mongolia	7386	7367	19	21499	11012	10487	105.01
辽 宁	Liaoning	13398	13334	64	38429	19344	19085	101.36
吉 林	Jilin	7895	7883	12	24349	12465	11884	104.89
黑龙江	Heilongjiang	11815	11777	38	34065	17310	16755	103.31
上 海	Shanghai	6475	6288	187	16814	8363	8452	98.95
江 苏	Jiangsu	22850	22485	365	68371	33718	34653	97.30
浙 江	Zhejiang	16205	15783	422	45472	22954	22519	101.93
安 徽	Anhui	17966	17807	159	54638	28195	26443	106.62
福 建	Fujian	10806	10471	335	32097	16048	16049	99.99
江 西	Jiangxi	10776	10769	7	39186	20050	19136	104.77
山 东	Shandong	28104	28048	56	83867	42411	41456	102.30
河 南	Henan	25172	25172		83974	42511	41463	102.53
湖 北	Hubei	16531	16489	42	50862	26070	24792	105.15
湖 南	Hunan	17273	17230	43	56820	29087	27732	104.89
广 东	Guangdong	25426	22954	2472	84981	42960	42021	102.23
广 西	Guangxi	12022	11986	36	42891	22541	20350	110.76
海 南	Hainan	2019	1981	38	7606	4054	3551	114.17
重 庆	Chongqing	9136	9053	83	25284	12683	12601	100.66
四 川	Sichuan	24042	23894	148	72471	36402	36069	100.93
贵 州	Guizhou	9335	9316	19	33780	17464	16316	107.03
云 南	Yunnan	11327	11180	147	40460	21008	19451	108.00
西 藏	Tibet	543	543		2556	1256	1300	96.60
陕 西	Shaanxi	10557	10424	133	33504	16965	16539	102.58
甘 肃	Gansu	6541	6531	10	23405	11921	11484	103.80
青 海	Qinghai	1379	1359	20	4934	2482	2452	101.21
宁 夏	Ningxia	1582	1571	11	5504	2809	2695	104.24
新 疆	Xinjiang	5436	5422	14	18979	9611	9367	102.61

3-8 续表 continued

地 区	Region	家庭户人口数(人) Family Household Population (person)	男 Male	女 Female	集体户人口数(人) Collective Household Population (person)	男 Male	女 Female	平均家庭户规模(人/户) Average Family Size (person/household)
全 国	**National Total**	**1145040**	**581104**	**563936**	**19946**	**10767**	**9179**	**3.15**
北 京	Beijing	13782	6880	6902	1314	826	488	2.53
天 津	Tianjin	9789	4874	4915	684	424	260	2.96
河 北	Hebei	62096	31568	30528	148	104	44	3.29
山 西	Shanxi	30049	15331	14718	329	172	157	3.26
内蒙古	Inner Mongolia	21438	10977	10462	60	35	25	2.91
辽 宁	Liaoning	38167	19260	18907	262	84	178	2.86
吉 林	Jilin	24296	12420	11877	52	46	7	3.08
黑龙江	Heilongjiang	33952	17272	16681	113	38	75	2.88
上 海	Shanghai	16272	8057	8215	542	306	237	2.59
江 苏	Jiangsu	66981	32826	34155	1390	892	498	2.98
浙 江	Zhejiang	44122	22151	21972	1350	803	547	2.80
安 徽	Anhui	54167	27733	26433	471	461	10	3.04
福 建	Fujian	31045	15354	15692	1052	694	358	2.96
江 西	Jiangxi	39164	20037	19126	22	12	10	3.64
山 东	Shandong	83689	42306	41382	178	105	74	2.98
河 南	Henan	83974	42511	41463				3.34
湖 北	Hubei	50722	26014	24708	140	56	84	3.08
湖 南	Hunan	56701	29032	27669	119	55	64	3.29
广 东	Guangdong	75732	38551	37180	9249	4409	4841	3.30
广 西	Guangxi	42790	22480	20310	101	60	40	3.57
海 南	Hainan	7434	3943	3491	172	111	60	3.75
重 庆	Chongqing	24935	12622	12313	349	61	288	2.75
四 川	Sichuan	71883	36112	35771	588	291	298	3.01
贵 州	Guizhou	33676	17397	16279	104	67	37	3.61
云 南	Yunnan	40080	20753	19327	379	255	124	3.58
西 藏	Tibet	2556	1256	1300				4.71
陕 西	Shaanxi	32923	16676	16246	581	289	293	3.16
甘 肃	Gansu	23382	11903	11479	23	18	5	3.58
青 海	Qinghai	4861	2441	2421	72	41	31	3.58
宁 夏	Ningxia	5444	2772	2672	60	37	23	3.47
新 疆	Xinjiang	18937	9596	9341	41	15	26	3.49

3-9 各地区分性别、户口登记状况的人口
Population by Sex, Household Registration Status and Region

本表是2009年全国人口变动情况抽样调查样本数据，抽样比为0.873‰。
Data in this table are obtained from the 2009 National Sample Survey on Population Changes. The sampling fraction is 0.873‰.

单位：人 (person)

地 区	Region	人口数 Population			住本乡、镇、街道，户口在本乡、镇、街道 Residing in the Townships, Towns and Street Communities with Permanent Household Registration There		
		合计 Total	男 Male	女 Female	小计 Sub-total	男 Male	女 Female
全 国	**National Total**	**1164986**	**591871**	**573115**	**1056995**	**537854**	**519141**
北 京	Beijing	15096	7705	7390	8167	4128	4039
天 津	Tianjin	10473	5298	5175	9176	4585	4591
河 北	Hebei	62243	31671	30572	58375	29821	28553
山 西	Shanxi	30378	15503	14875	28100	14389	13711
内蒙古	Inner Mongolia	21499	11012	10487	18880	9700	9181
辽 宁	Liaoning	38429	19344	19085	35669	18012	17657
吉 林	Jilin	24349	12465	11884	22932	11770	11162
黑龙江	Heilongjiang	34065	17310	16755	30813	15723	15089
上 海	Shanghai	16814	8363	8452	11860	5918	5943
江 苏	Jiangsu	68371	33718	34653	60236	29555	30681
浙 江	Zhejiang	45472	22954	22519	37700	18981	18719
安 徽	Anhui	54638	28195	26443	51961	26758	25203
福 建	Fujian	32097	16048	16049	25971	12897	13075
江 西	Jiangxi	39186	20050	19136	36944	18963	17981
山 东	Shandong	83867	42411	41456	80225	40542	39683
河 南	Henan	83974	42511	41463	82204	41586	40618
湖 北	Hubei	50862	26070	24792	48258	24815	23443
湖 南	Hunan	56820	29087	27732	54953	28196	26757
广 东	Guangdong	84981	42960	42021	60702	30857	29845
广 西	Guangxi	42891	22541	20350	41088	21718	19370
海 南	Hainan	7606	4054	3551	6978	3726	3252
重 庆	Chongqing	25284	12683	12601	23187	11762	11425
四 川	Sichuan	72471	36402	36069	67947	34146	33801
贵 州	Guizhou	33780	17464	16316	31684	16479	15205
云 南	Yunnan	40460	21008	19451	38478	19949	18529
西 藏	Tibet	2556	1256	1300	2548	1252	1296
陕 西	Shaanxi	33504	16965	16539	31476	15951	15526
甘 肃	Gansu	23405	11921	11484	22882	11668	11214
青 海	Qinghai	4934	2482	2452	4492	2264	2228
宁 夏	Ningxia	5504	2809	2695	5010	2558	2452
新 疆	Xinjiang	18979	9611	9367	18098	9185	8912

3-9 续表 continued

单位：人 (person)

地区	Region	住本乡、镇、街道，户口在外乡、镇、街道，离开户口登记地半年以上 Residing in Townships, Towns and Street Communities, with Permanent Household Registration Elsewhere Having Been Away from That Places For More Than 6 Months			住本乡、镇、街道，户口待定 Residing in Townships, Towns and Street Communities, with Place of Permanent Household Registration Unsettled		
		小计 Sub-total	男 Male	女 Female	小计 Sub-total	男 Male	女 Female
全国	**National Total**	**100674**	**50327**	**50347**	**7317**	**3691**	**3627**
北京	Beijing	6868	3542	3326	60	36	24
天津	Tianjin	1286	708	579	11	5	6
河北	Hebei	3518	1666	1852	351	184	167
山西	Shanxi	2044	1001	1042	234	112	121
内蒙古	Inner Mongolia	2548	1276	1272	71	36	34
辽宁	Liaoning	2663	1287	1376	97	45	52
吉林	Jilin	1365	666	699	52	29	23
黑龙江	Heilongjiang	3177	1541	1636	76	45	30
上海	Shanghai	4934	2434	2500	20	11	9
江苏	Jiangsu	7692	3914	3778	442	249	194
浙江	Zhejiang	7438	3806	3632	334	166	168
安徽	Anhui	2315	1248	1067	362	189	173
福建	Fujian	5698	2938	2760	428	213	214
江西	Jiangxi	1839	887	952	403	200	203
山东	Shandong	3343	1705	1639	299	165	134
河南	Henan	1402	728	674	367	197	171
湖北	Hubei	2345	1129	1216	258	126	132
湖南	Hunan	1524	725	799	343	166	177
广东	Guangdong	23472	11706	11766	807	396	411
广西	Guangxi	1447	637	810	356	186	169
海南	Hainan	536	280	256	92	49	43
重庆	Chongqing	1938	852	1087	159	70	89
四川	Sichuan	3949	1962	1987	575	295	280
贵州	Guizhou	1630	766	864	466	219	247
云南	Yunnan	1766	966	800	215	92	123
西藏	Tibet	2	1	1	7	3	3
陕西	Shaanxi	1844	930	914	184	84	99
甘肃	Gansu	437	211	227	86	42	43
青海	Qinghai	402	198	203	40	19	21
宁夏	Ningxia	464	239	226	30	13	17
新疆	Xinjiang	786	379	407	94	47	48

3-10 各地区人口年龄构成和抚养比（2009年）

Age Composition and Dependency Ratio of Population by Region (2009)

本表是2009年全国人口变动情况抽样调查样本数据，抽样比为0.873‰。

Data in this table are obtained from the 2009 National Sample Survey on Population Changes. The sampling fraction is 0.873‰.

地 区	Region	人口数（人）Population (person)	0-14岁 Aged 0-14	15-64岁 Aged 15-64	65岁及以上 Aged 65 and Over	总抚养比（%）Gross Dependency Ratio (%)	少年儿童抚养比 Children Dependency Ratio	老年人口抚养比 Old Dependency Ratio
全 国	**National Total**	**1164986**	**196517**	**855269**	**113199**	**36.21**	**22.98**	**13.24**
北 京	Beijing	15096	1497	12075	1524	25.01	12.39	12.62
天 津	Tianjin	10473	1054	8263	1156	26.75	12.76	13.99
河 北	Hebei	62243	10274	46457	5512	33.98	22.12	11.87
山 西	Shanxi	30378	5241	22680	2457	33.94	23.11	10.83
内蒙古	Inner Mongolia	21499	3059	16621	1818	29.35	18.41	10.94
辽 宁	Liaoning	38429	4243	29767	4419	29.10	14.25	14.85
吉 林	Jilin	24349	2963	19222	2164	26.67	15.42	11.26
黑龙江	Heilongjiang	34065	4202	26913	2951	26.58	15.61	10.96
上 海	Shanghai	16814	1271	13176	2368	27.62	9.64	17.97
江 苏	Jiangsu	68371	9357	50788	8225	34.62	18.42	16.20
浙 江	Zhejiang	45472	6298	34139	5035	33.20	18.45	14.75
安 徽	Anhui	54638	10522	38571	5545	41.66	27.28	14.38
福 建	Fujian	32097	5481	23396	3220	37.19	23.43	13.76
江 西	Jiangxi	39186	8622	27399	3165	43.02	31.47	11.55
山 东	Shandong	83867	13132	62563	8171	34.05	20.99	13.06
河 南	Henan	83974	16089	60425	7460	38.97	26.63	12.35
湖 北	Hubei	50862	7357	38330	5175	32.69	19.19	13.50
湖 南	Hunan	56820	9784	40685	6351	39.66	24.05	15.61
广 东	Guangdong	84981	14734	63891	6356	33.01	23.06	9.95
广 西	Guangxi	42891	9122	29776	3993	44.05	30.63	13.41
海 南	Hainan	7606	1553	5385	667	41.23	28.84	12.39
重 庆	Chongqing	25284	4649	17708	2927	42.78	26.25	16.53
四 川	Sichuan	72471	12472	51161	8838	41.65	24.38	17.28
贵 州	Guizhou	33780	8377	22610	2794	49.41	37.05	12.36
云 南	Yunnan	40460	8700	28282	3478	43.06	30.76	12.30
西 藏	Tibet	2556	505	1872	179	36.57	27.00	9.56
陕 西	Shaanxi	33504	5305	24884	3315	34.64	21.32	13.32
甘 肃	Gansu	23405	4420	17033	1952	37.41	25.95	11.46
青 海	Qinghai	4934	1034	3554	345	38.81	29.10	9.71
宁 夏	Ningxia	5504	1176	3953	374	39.22	29.75	9.47
新 疆	Xinjiang	18979	4024	13690	1264	38.63	29.40	9.23

3-11 各地区按性别和婚姻状况分的人口(2009年)
Population by Sex, Marital Status and Region (2009)

本表是2009年全国人口变动情况抽样调查样本数据，抽样比为0.873‰。
Data in this table are obtained from the 2009 National Sample Survey on Population Changes. The sampling fraction is 0.873‰.

单位：人 (person)

地 区	Region	15岁及以上人口 Population Aged 15 and Over	男 Male	女 Female	未 婚 Never Married	男 Male	女 Female	初婚有配偶 First Married	男 Male	女 Female
全 国	**National Total**	**968469**	**484277**	**484192**	**181718**	**106558**	**75159**	**702009**	**345010**	**356999**
北 京	Beijing	13599	6907	6692	3013	1715	1298	9639	4860	4779
天 津	Tianjin	9419	4738	4681	1980	1061	918	6677	3390	3287
河 北	Hebei	51969	26120	25849	8575	5043	3532	39139	19397	19743
山 西	Shanxi	25137	12773	12364	4985	2942	2043	18217	9082	9135
内蒙古	Inner Mongolia	18440	9394	9045	3116	1854	1262	13780	6913	6866
辽 宁	Liaoning	34186	17054	17132	5578	3155	2423	25251	12545	12706
吉 林	Jilin	21386	10902	10484	3386	2034	1352	15985	8007	7978
黑龙江	Heilongjiang	29864	15076	14788	4436	2600	1837	22348	11172	11176
上 海	Shanghai	15544	7674	7869	2863	1567	1295	11225	5599	5627
江 苏	Jiangsu	59013	28572	30442	9188	5336	3852	44440	21323	23117
浙 江	Zhejiang	39175	19636	19539	6868	4026	2841	28882	14406	14476
安 徽	Anhui	44116	22139	21977	8111	4979	3132	32128	15619	16509
福 建	Fujian	26616	13105	13510	4657	2745	1912	19446	9525	9921
江 西	Jiangxi	30564	15095	15469	5270	3086	2184	22914	11179	11735
山 东	Shandong	70735	35197	35538	11414	6553	4861	53971	26599	27372
河 南	Henan	67885	33335	34550	13033	7458	5575	49751	23842	25909
湖 北	Hubei	43505	21951	21554	7767	4715	3052	31789	15584	16205
湖 南	Hunan	47036	23660	23376	8404	5103	3301	34264	16841	17424
广 东	Guangdong	70246	34811	35435	20433	10994	9439	45860	22510	23350
广 西	Guangxi	33769	17446	16324	7673	4948	2725	23256	11463	11793
海 南	Hainan	6053	3182	2871	1636	1054	582	3977	1972	2005
重 庆	Chongqing	20635	10170	10465	3402	1920	1483	14810	7279	7532
四 川	Sichuan	59999	29753	30246	9866	5922	3944	43617	21346	22271
贵 州	Guizhou	25403	12941	12462	5287	3213	2074	17814	8765	9049
云 南	Yunnan	31760	16375	15385	6133	3954	2179	22507	11163	11344
西 藏	Tibet	2051	1002	1049	634	354	279	1224	589	635
陕 西	Shaanxi	28199	14063	14136	5434	3200	2235	20389	9898	10491
甘 肃	Gansu	18985	9520	9465	3814	2232	1582	13526	6635	6891
青 海	Qinghai	3899	1944	1955	718	419	299	2748	1357	1390
宁 夏	Ningxia	4328	2188	2140	841	483	358	3173	1586	1587
新 疆	Xinjiang	14954	7555	7399	3203	1893	1310	9264	4566	4698

3-11 续表 continued

单位：人 (person)

地 区	Region	再婚有配偶 Re-married	男 Male	女 Female	离 婚 Divorced	男 Male	女 Female	丧 偶 Widowed	男 Male	女 Female
全 国	**National Total**	**16404**	**7804**	**8600**	**11884**	**7208**	**4676**	**56454**	**17697**	**38758**
北 京	Beijing	180	91	89	208	90	118	559	151	408
天 津	Tianjin	143	72	71	132	68	64	487	146	342
河 北	Hebei	998	454	544	514	339	175	2743	888	1855
山 西	Shanxi	415	180	235	227	169	57	1293	400	893
内蒙古	Inner Mongolia	425	190	236	246	155	91	873	283	590
辽 宁	Liaoning	678	314	364	756	424	332	1923	616	1307
吉 林	Jilin	441	208	234	478	279	200	1095	375	721
黑龙江	Heilongjiang	722	354	368	756	446	310	1602	504	1098
上 海	Shanghai	266	129	137	349	185	165	840	195	646
江 苏	Jiangsu	942	428	514	566	339	227	3878	1146	2732
浙 江	Zhejiang	664	294	370	536	334	203	2225	576	1649
安 徽	Anhui	596	254	342	407	283	124	2874	1004	1870
福 建	Fujian	399	193	206	274	173	101	1839	469	1371
江 西	Jiangxi	446	217	229	249	159	90	1686	454	1231
山 东	Shandong	1037	496	541	471	350	122	3841	1199	2642
河 南	Henan	814	372	442	461	323	138	3827	1341	2486
湖 北	Hubei	758	373	385	521	304	217	2670	974	1696
湖 南	Hunan	742	345	397	617	391	226	3008	980	2027
广 东	Guangdong	399	232	167	479	254	224	3076	821	2255
广 西	Guangxi	452	227	225	286	189	97	2103	618	1485
海 南	Hainan	72	40	32	45	34	11	322	81	241
重 庆	Chongqing	531	226	304	416	240	176	1476	506	970
四 川	Sichuan	1246	533	713	927	555	372	4343	1397	2947
贵 州	Guizhou	417	222	195	337	218	119	1548	523	1025
云 南	Yunnan	600	314	286	429	277	152	2092	668	1424
西 藏	Tibet	10	5	5	44	13	30	138	40	99
陕 西	Shaanxi	425	191	234	265	163	101	1687	611	1076
甘 肃	Gansu	188	92	96	206	131	76	1251	430	821
青 海	Qinghai	100	51	49	96	48	48	238	68	169
宁 夏	Ningxia	74	38	36	55	30	25	184	50	134
新 疆	Xinjiang	1223	671	552	531	243	287	733	182	551

3-12 各地区按性别和受教育程度分的人口（2009年）

Population by Sex, Educational Attainment and Region (2009)

本表是2009年全国人口变动情况抽样调查样本数据，抽样比为0.873‰。

Data in this table are obtained from the 2009 National Sample Survey on Population Changes. The sampling fraction is 0.873‰.

单位：人 (person)

地　区	Region	6岁及以上人口 Population Aged 6 and Over	男 Male	女 Female	未上过学 No Schooling	男 Male	女 Female	小　学 Primary School	男 Male	女 Female
全　国	**National Total**	**1091868**	**551512**	**540356**	**77716**	**22304**	**55412**	**328934**	**155939**	**172995**
北　京	Beijing	14406	7344	7062	440	96	344	1878	874	1004
天　津	Tianjin	10068	5085	4983	381	90	291	1759	824	936
河　北	Hebei	57559	29163	28396	2971	850	2122	16223	7472	8751
山　西	Shanxi	28680	14646	14034	1234	383	851	7052	3256	3795
内蒙古	Inner Mongolia	20356	10398	9958	1557	484	1073	5577	2648	2929
辽　宁	Liaoning	36994	18564	18430	1345	426	919	8485	3910	4574
吉　林	Jilin	23274	11915	11359	978	346	633	6028	2780	3248
黑龙江	Heilongjiang	32556	16502	16055	1553	490	1063	8081	3708	4372
上　海	Shanghai	16296	8085	8212	663	130	533	2166	955	1211
江　苏	Jiangsu	64329	31436	32893	4473	1000	3473	17778	7710	10068
浙　江	Zhejiang	43157	21728	21430	3470	876	2594	14001	6793	7208
安　徽	Anhui	50649	25842	24807	6181	1774	4407	15505	7507	7997
福　建	Fujian	29789	14828	14961	2466	599	1867	10092	4581	5511
江　西	Jiangxi	35686	17979	17707	1836	490	1347	11817	5297	6520
山　东	Shandong	78686	39510	39176	5917	1563	4354	21705	9909	11796
河　南	Henan	77706	38878	38828	5278	1685	3593	19769	9119	10650
湖　北	Hubei	47978	24475	23503	3764	1096	2667	13274	6351	6924
湖　南	Hunan	53010	27023	25987	2886	832	2054	16228	7887	8341
广　东	Guangdong	80247	40267	39980	2954	634	2320	22200	10201	11998
广　西	Guangxi	39345	20565	18780	2094	589	1506	13612	6624	6988
海　南	Hainan	7008	3715	3294	510	130	381	1859	898	961
重　庆	Chongqing	23672	11830	11843	1654	521	1133	9303	4636	4668
四　川	Sichuan	68373	34206	34167	6276	1811	4465	27099	13540	13558
贵　州	Guizhou	31262	16059	15203	3731	1014	2717	13391	6758	6633
云　南	Yunnan	37602	19477	18125	4849	1582	3267	17080	8714	8366
西　藏	Tibet	2375	1163	1211	885	351	535	1052	568	484
陕　西	Shaanxi	31717	15992	15726	2283	740	1543	8917	4134	4783
甘　肃	Gansu	22002	11145	10857	3300	1100	2200	7697	3765	3932
青　海	Qinghai	4561	2289	2272	632	179	453	1874	940	934
宁　夏	Ningxia	5083	2585	2497	476	151	325	1558	731	827
新　疆	Xinjiang	17442	8822	8620	678	294	383	5875	2847	3028

3-12 续表 continued

单位：人 (person)

地 区	Region	初 中 Junior Secondary School	男 Male	女 Female	高 中 Senior Secondary School	男 Male	女 Female	大专及以上 College and Higher Level	男 Male	女 Female
全 国	**National Total**	**455002**	**244280**	**210722**	**150648**	**84827**	**65821**	**79567**	**44163**	**35404**
北 京	Beijing	4364	2338	2026	3290	1696	1594	4433	2339	2094
天 津	Tianjin	3785	2047	1739	2431	1261	1169	1713	863	849
河 北	Hebei	28577	15433	13144	6556	3717	2839	3233	1692	1541
山 西	Shanxi	13756	7309	6446	4441	2518	1923	2198	1181	1018
内蒙古	Inner Mongolia	8562	4744	3818	3041	1665	1376	1619	858	762
辽 宁	Liaoning	17546	9178	8368	5247	2728	2519	4371	2320	2050
吉 林	Jilin	10607	5706	4901	3747	2044	1703	1913	1039	873
黑龙江	Heilongjiang	15787	8497	7290	5005	2634	2371	2131	1172	959
上 海	Shanghai	5506	2783	2723	4106	2127	1979	3855	2089	1765
江 苏	Jiangsu	27275	14034	13241	9808	5650	4157	4995	3041	1954
浙 江	Zhejiang	15624	8470	7154	5727	3202	2525	4335	2386	1949
安 徽	Anhui	21334	11725	9610	5268	3252	2016	2360	1584	776
福 建	Fujian	10122	5876	4246	4191	2236	1955	2918	1536	1382
江 西	Jiangxi	13650	7213	6437	5937	3523	2413	2447	1456	990
山 东	Shandong	35933	19124	16809	10402	6201	4201	4728	2714	2016
河 南	Henan	38264	20059	18205	10389	5880	4509	4006	2134	1870
湖 北	Hubei	19438	10509	8929	7841	4395	3446	3662	2125	1537
湖 南	Hunan	22800	12032	10768	7843	4433	3410	3254	1838	1413
广 东	Guangdong	34816	17975	16840	14766	8346	6420	5512	3110	2401
广 西	Guangxi	17756	9889	7867	4270	2540	1729	1613	924	690
海 南	Hainan	3208	1767	1441	949	612	337	482	308	175
重 庆	Chongqing	8594	4594	4001	2821	1401	1420	1300	678	622
四 川	Sichuan	23962	12787	11175	7192	4018	3174	3844	2050	1794
贵 州	Guizhou	10924	6380	4545	2180	1291	889	1035	617	420
云 南	Yunnan	11841	6985	4856	2681	1557	1124	1152	640	512
西 藏	Tibet	305	176	129	92	49	43	40	19	19
陕 西	Shaanxi	12998	6945	6053	4636	2617	2019	2885	1556	1329
甘 肃	Gansu	7345	4119	3226	2607	1541	1066	1053	620	432
青 海	Qinghai	1186	693	493	467	258	208	403	217	185
宁 夏	Ningxia	1957	1096	861	667	374	293	425	233	192
新 疆	Xinjiang	7179	3799	3380	2052	1060	992	1658	822	837

3-13 各地区按性别分的15岁及以上文盲人口（2009年）

Illiterate Population Aged 15 and Over by Sex and Region (2009)

本表是2009年全国人口变动情况抽样调查样本数据，抽样比为0.873‰。

Data in this table are obtained from the 2009 National Sample Survey on Population Changes. The sampling fraction is 0.873‰.

地 区	Region	15岁及以上人口（人） Population Aged 15 and Over (person)	男 Male	女 Female	文盲人口（人） Illiterate Population (person)	男 Male	女 Female	文盲人口占15岁及以上人口的比重（%） Percentage of Illiterate Population to Total Aged 15 and Over(%)	男 Male	女 Female
全 国	**National Total**	**968469**	**484277**	**484192**	**68795**	**18202**	**50593**	**7.10**	**3.76**	**10.45**
北 京	Beijing	13599	6907	6692	374	71	303	2.75	1.03	4.53
天 津	Tianjin	9419	4738	4681	289	57	232	3.07	1.20	4.96
河 北	Hebei	51969	26120	25849	2538	672	1867	4.88	2.57	7.22
山 西	Shanxi	25137	12773	12364	1027	286	740	4.08	2.24	5.99
内蒙古	Inner Mongolia	18440	9394	9045	1382	398	984	7.49	4.24	10.88
辽 宁	Liaoning	34186	17054	17132	1094	298	796	3.20	1.75	4.65
吉 林	Jilin	21386	10902	10484	733	237	496	3.43	2.17	4.73
黑龙江	Heilongjiang	29864	15076	14788	1328	376	952	4.45	2.49	6.44
上 海	Shanghai	15544	7674	7869	592	104	487	3.81	1.36	6.19
江 苏	Jiangsu	59013	28572	30442	4275	919	3356	7.24	3.22	11.03
浙 江	Zhejiang	39175	19636	19539	3156	715	2440	8.06	3.64	12.49
安 徽	Anhui	44116	22139	21977	5889	1649	4240	13.35	7.45	19.29
福 建	Fujian	26616	13105	13510	2255	513	1743	8.47	3.91	12.90
江 西	Jiangxi	30564	15095	15469	1515	318	1197	4.96	2.11	7.74
山 东	Shandong	70735	35197	35538	5302	1301	4001	7.50	3.70	11.26
河 南	Henan	67885	33335	34550	4475	1315	3159	6.59	3.95	9.14
湖 北	Hubei	43505	21951	21554	3399	944	2455	7.81	4.30	11.39
湖 南	Hunan	47036	23660	23376	2372	593	1779	5.04	2.50	7.61
广 东	Guangdong	70246	34811	35435	2548	490	2058	3.63	1.41	5.81
广 西	Guangxi	33769	17446	16324	1708	401	1307	5.06	2.30	8.01
海 南	Hainan	6053	3182	2871	472	105	367	7.80	3.30	12.78
重 庆	Chongqing	20635	10170	10465	1471	434	1036	7.13	4.27	9.90
四 川	Sichuan	59999	29753	30246	5503	1463	4040	9.17	4.92	13.36
贵 州	Guizhou	25403	12941	12462	3357	826	2530	13.21	6.39	20.30
云 南	Yunnan	31760	16375	15385	4363	1335	3028	13.74	8.15	19.68
西 藏	Tibet	2051	1002	1049	812	316	496	39.60	31.58	47.26
陕 西	Shaanxi	28199	14063	14136	2030	632	1398	7.20	4.49	9.89
甘 肃	Gansu	18985	9520	9465	3026	955	2071	15.94	10.03	21.88
青 海	Qinghai	3899	1944	1955	575	151	423	14.73	7.79	21.63
宁 夏	Ningxia	4328	2188	2140	428	128	300	9.89	5.86	14.01
新 疆	Xinjiang	14954	7555	7399	509	199	311	3.40	2.63	4.20

注：本表“文盲人口”指15岁及以上不识字及识字很少人口。

a) Illiterate population in this table refers to the population aged 15 and over who are unable or have difficulty in reading.

3-14 各地区按家庭户规模分的户数（2009年）

Family Households by Size and Region (2009)

本表是2009年全国人口变动情况抽样调查样本数据，抽样比为0.873‰。

Data in this table are obtained from the 2009 National Sample Survey on Population Changes. The sampling fraction is 0.873‰.

单位：户 (household)

地 区	Region	家庭户户数 Number of Family Households	一人户 One Person	二人户 Two Persons	三人户 Three Persons	四人户 Four Persons	五人户 Five Persons	六人户 Six Persons	七人户 Seven Persons	八人户 Eight Persons	九人户 Nine Persons	十人及以上户 Ten Persons and Over
全 国	**National Total**	**363948**	**36513**	**91006**	**106959**	**71173**	**38496**	**13801**	**3756**	**1432**	**462**	**351**
北 京	Beijing	5444	1013	1791	1806	498	263	57	9	6		
天 津	Tianjin	3310	279	806	1411	481	268	55	7	1	1	
河 北	Hebei	18850	1504	4638	4919	4220	2251	949	267	73	14	15
山 西	Shanxi	9226	720	2149	2608	2197	1056	387	74	20	10	5
内蒙古	Inner Mongolia	7367	595	2145	2798	1169	501	140	13	5	1	
辽 宁	Liaoning	13334	1150	4166	5024	1679	1041	234	34	6	1	
吉 林	Jilin	7883	457	2117	3014	1229	835	175	34	19	2	1
黑龙江	Heilongjiang	11777	922	3719	4388	1602	913	190	30	11	2	
上 海	Shanghai	6288	1018	2013	2313	526	346	56	13	2	1	
江 苏	Jiangsu	22485	2812	6480	6340	3450	2422	724	171	60	14	12
浙 江	Zhejiang	15783	2311	4688	4854	2335	1175	324	66	20	9	1
安 徽	Anhui	17807	2181	4475	5036	3710	1691	516	110	48	28	12
福 建	Fujian	10471	1588	2907	2679	1790	952	354	115	48	21	18
江 西	Jiangxi	10769	523	1841	2953	2788	1621	697	201	88	35	23
山 东	Shandong	28048	2499	7513	9879	5253	2153	589	105	41	11	5
河 南	Henan	25172	2060	5434	6513	6397	3227	1164	261	84	22	9
湖 北	Hubei	16489	1470	4282	5433	3049	1606	479	101	49	11	9
湖 南	Hunan	17230	1320	4002	4907	3861	2091	750	190	77	21	12
广 东	Guangdong	22954	3547	4927	4934	4559	2572	1360	555	305	90	105
广 西	Guangxi	11986	777	2154	3134	3039	1796	698	224	112	30	23
海 南	Hainan	1981	150	310	425	509	341	152	56	22	9	9
重 庆	Chongqing	9053	1507	2732	2509	1461	581	200	40	16	4	4
四 川	Sichuan	23894	2835	6549	6832	4250	2430	749	194	44	11	
贵 州	Guizhou	9316	590	1751	2264	2289	1445	626	241	65	26	19
云 南	Yunnan	11180	725	1947	2741	3039	1691	770	179	55	23	11
西 藏	Tibet	543	22	47	81	148	95	54	36	27	15	19
陕 西	Shaanxi	10424	915	2609	3062	2273	1030	410	96	24	3	1
甘 肃	Gansu	6531	413	1183	1744	1551	982	457	131	41	17	10
青 海	Qinghai	1359	118	253	351	292	183	96	38	14	7	8
宁 夏	Ningxia	1571	94	324	458	349	206	101	27	9	2	2
新 疆	Xinjiang	5422	398	1054	1552	1179	734	290	138	40	20	17

3-15 育龄妇女分年龄、孩次的生育状况 (2008年11月1日至2009年10月31日)

Age-specific Fertility Rate of Childbearing Women by Age of Mother and Birth Order (2008.11.1-2009.10.31)

本表是2009年全国人口变动情况抽样调查样本数据，抽样比为0.873‰。

Data in this table are obtained from the 2009 National Sample Survey on Population Changes. The sampling fraction is 0.873‰.

年龄 Age	平均育龄妇女人数（人）Average Number of Childbearing Women (person)	出生人数（人）Births (person)	一孩 1st Birth	二孩 2nd Birth	三孩及以上 3rd Birth and Above	生育率（‰）Fertility Rate (‰)	一孩 1st Birth	二孩 2nd Birth	三孩及以上 3rd Birth and Above
总计 Total	**317359**	**11468**	**7693**	**3363**	**412**	**36.14**	**24.24**	**10.60**	**1.30**
15-19	**39345**	**242**	**219**	**22**	**1**	**6.16**	**5.57**	**0.57**	**0.02**
15	7230	1	1			0.12	0.12		
16	7531	10	9	2		1.36	1.14	0.22	
17	7490	20	18	2		2.64	2.39	0.25	
18	7648	53	47	6		6.95	6.14	0.81	
19	9446	158	145	13	1	16.74	15.31	1.34	0.09
20-24	**43636**	**3779**	**3395**	**362**	**23**	**86.61**	**77.80**	**8.29**	**0.52**
20	9416	391	364	25	3	41.55	38.62	2.61	0.31
21	8623	642	602	38	2	74.48	69.80	4.43	0.25
22	9640	920	852	67	1	95.46	88.41	6.95	0.10
23	8386	968	856	107	5	115.39	102.02	12.80	0.56
24	7570	858	722	124	12	113.31	95.32	16.43	1.56
25-29	**37803**	**3651**	**2441**	**1109**	**101**	**96.58**	**64.57**	**29.33**	**2.68**
25	7424	855	661	179	15	115.13	89.01	24.06	2.06
26	7383	762	541	205	16	103.15	73.21	27.77	2.17
27	8296	801	541	241	19	96.54	65.17	29.10	2.27
28	7358	634	370	246	18	86.10	50.28	33.44	2.38
29	7342	600	329	238	34	81.76	44.81	32.35	4.60
30-34	**39901**	**2007**	**782**	**1102**	**123**	**50.29**	**19.60**	**27.62**	**3.07**
30	7670	494	234	242	19	64.46	30.51	31.49	2.47
31	7744	444	186	226	32	57.36	24.05	29.22	4.09
32	7378	393	126	241	26	53.32	17.14	32.61	3.57
33	8361	347	129	193	24	41.45	15.41	23.14	2.90
34	8748	328	107	200	21	37.51	12.18	22.89	2.44
35-39	**53461**	**1060**	**372**	**584**	**105**	**19.84**	**6.95**	**10.92**	**1.96**
35	9511	280	90	173	17	29.42	9.45	18.18	1.79
36	10232	225	68	139	19	22.01	6.61	13.54	1.86
37	10689	228	80	123	25	21.32	7.44	11.51	2.37
38	10947	168	60	83	25	15.36	5.47	7.58	2.31
39	12081	159	75	66	18	13.19	6.18	5.50	1.51
40-44	**56494**	**428**	**265**	**122**	**41**	**7.57**	**4.69**	**2.16**	**0.72**
40	11403	120	66	45	9	10.55	5.79	3.95	0.82
41	12137	116	73	34	9	9.58	5.99	2.83	0.76
42	10171	62	36	19	7	6.07	3.54	1.83	0.70
43	11473	71	47	16	8	6.23	4.12	1.43	0.69
44	11309	58	43	7	7	5.10	3.80	0.66	0.65
45-49	**46719**	**270**	**196**	**57**	**17**	**5.78**	**4.20**	**1.22**	**0.36**
45	11223	68	47	15	6	6.07	4.20	1.36	0.50
46	13033	65	47	15	4	4.99	3.60	1.12	0.27
47	9693	49	38	9	3	5.07	3.91	0.89	0.27
48	5618	40	28	11	1	7.17	4.98	2.02	0.16
49	7153	47	36	7	4	6.62	5.07	0.97	0.58

主要统计指标解释

人口数 指一定时点、一定地区范围内有生命的个人总和。

年度统计的年末人口数指每年 12 月 31 日 24 时的人口数。年度统计的全国人口总数内未包括香港、澳门特别行政区和台湾省以及海外华侨人数。

城镇人口和乡村人口 城镇人口是指居住在城镇范围内的全部常住人口；乡村人口是除上述人口以外的全部人口。

出生率(又称粗出生率) 指在一定时期内(通常为一年)一定地区的出生人数与同期内平均人数(或期中人数)之比，用千分率表示。本资料中的出生率指年出生率，其计算公式为:

$$出生率=\frac{年出生人数}{年平均人数}\times 1000‰$$

式中：出生人数指活产婴儿，即胎儿脱离母体时(不管怀孕月数)，有过呼吸或其他生命现象。年平均人数指年初、年底人口数的平均数，也可用年中人口数代替。

死亡率(又称粗死亡率) 指在一定时期内(通常为一年)一定地区的死亡人数与同期内平均人数(或期中人数)之比，用千分率表示。本资料中的死亡率指年死亡率，其计算公式为:

$$死亡率=\frac{年死亡人数}{年平均人数}\times 1000‰$$

人口自然增长率 指在一定时期内(通常为一年)人口自然增加数(出生人数减死亡人数)与该时期内平均人数(或期中人数)之比，用千分率表示。计算公式为:

$$人口自然增长率=\frac{本年出生人数-本年死亡人数}{年平均人数}\times 1000‰$$

$$=人口出生率-人口死亡率$$

总抚养比 也称总负担系数。指人口总体中非劳动年龄人口数与劳动年龄人口数之比。通常用百分比表示。说明每 100 名劳动年龄人口大致要负担多少名非劳动年龄人口。用于从人口角度反映人口与经济发展的基本关系。计算公式为:

$$GDR=\frac{P_{0\sim14}+P_{65^+}}{P_{15\sim64}}\times 100\%$$

其中：GDR 为总抚养比；

$P_{0\sim14}$ 为 0 ~ 14 岁少年儿童人口数；

P_{65}^{+} 为 65 岁及 65 岁以上的老年人口数；

$P_{15\sim64}$ 为 15 ~ 64 岁劳动年龄人口数。

老年人口抚养比 也称老年人口抚养系数。指某一人口中老年人口数与劳动年龄人口数之比。通常用百分比表示。用以表明每 100 名劳动年龄人口要负担多少名老年人。老年人口抚养比是从经济角度反映人口老化社会后果的指标之一。计算公式为:

$$ODR=\frac{P_{65^+}}{P_{15\sim64}}\times 100\%$$

其中：ODR 为老年人口抚养比；

P_{65}^{+} 为 65 岁及 65 岁以上的老年人口数；

$P_{15\sim64}$ 为 15 ~ 64 岁的劳动年龄人口数。

少年儿童抚养比 也称少年儿童抚养系数。指某一人口中少年儿童人口数与劳动年龄人口数之比。通常用百分比表示。以反映每 100 名劳动年龄人口要负担多少名少年儿童。计算公式为:

$$CDR=\frac{P_{0\sim14}}{P_{15\sim64}}\times 100\%$$

其中：CDR 为少年儿童抚养比；

$P_{0\sim14}$ 为 0 ~ 14 岁少年儿童人口数；

$P_{15\sim64}$ 为 15 ~ 64 岁劳动年龄人口数。

Explanatory Notes on Main Statistical Indicators

Total Population refers to the total number of people alive at a certain point of time within a given area.

The annual statistics on total population is taken at midnight, the 31st of December, not including residents in Taiwan province, Hong Kong SAR and Macao SAR and Chinese national residing abroad.

Urban Population and Rural Population Urban population refers to all people residing in cities and towns, while rural population refers to population other than urban population.

Birth Rate (or Crude Birth Rate) refers to the ratio of the number of births to the average population (or mid-period population) during a certain period of time (usually a year), expressed in ‰. Birth rate in the chapter refers to annual birth rate. The following formula is used:

$$\text{Birth Rate} = \frac{\text{Number of Births}}{\text{Annual Average Population}} \times 1000‰$$

Number of births in the formula refers to live births, i.e. when a baby has breathed or showed any vital phenomena regardless of the length of pregnancy.

Annual average population is the average of the number of population at the beginning of the year and that at the end of the year. Sometimes it is substituted by the mid-year population.

Death Rate (or Crude Death Rate) refers to the ratio of the number of deaths to the average population (or mid-period population) during a certain period of time (usually a year), expressed in ‰. Death rate in the chapter refers to annual death rate. The following formula is used:

$$\text{Death Rate} = \frac{\text{Number of Deaths}}{\text{Annual Average Population}} \times 1000‰$$

Natural Growth Rate of Population refers to the ratio of natural increase in population (number of births minus number of deaths) in a certain period of time (usually a year) to the average population (or mid-period population) of the same period, expressed in ‰. The following formula is applied:

$$\text{Natural Growth Rate of Population} = \frac{\text{Number of Births - Number of Deaths}}{\text{Annual Average Population}} \times 1000‰$$

Natural Growth Rate of Population = Birth Rate-Death Rate

Gross Dependency Ratio also called gross dependency coefficient, refers to the ratio of non-working-age population to the working-age population, express in %. Describing in general the number of non-working-age population that every 100 people at working ages will take care of, this indicator reflects the basic relation between population and economic development from the demographic perspective. The gross dependency ratio is calculated with the following formula:

$$GDR = \frac{P_{0\sim14} + P_{65^+}}{P_{15\sim64}} \times 100\%$$

Where: GDR is the gross dependency ratio,

$P_{0\text{-}14}$ is the population of children aged 0-14,

P_{65+} is the elderly population aged 65 and over, and

$P_{15\text{-}64}$ is the working-age population aged 15-64.

Old Dependency Ratio also called old dependency coefficient, refers to the ratio of the elderly population to the working-age population, express in %. It describes the number of the elderly population that every 100 people at working ages will take care of. Old dependency ratio is one of the indicators reflecting the social implication of population aging from the economic perspective. The old dependency ratio is calculated with the following formula:

$$ODR = \frac{P_{65^+}}{P_{15\sim64}} \times 100\%$$

Where: ODR is the old dependency ratio,

P_{65+} is the elderly population aged 65 and over, and

$P_{15\text{-}64}$ is the working-age population aged 15-64.

Children Dependency Ratio also called children dependency coefficient, refers to the ratio of the children population to the working-age population, express in %. It describes the number of children population that every 100 people at working ages will take care of. The children dependency ratio is calculated with the following formula:

$$CDR = \frac{P_{0\sim14}}{P_{15\sim64}} \times 100\%$$

Where: CDR is the children dependency ratio,

$P_{0\text{-}14}$ is the children population aged 0-14, and

$P_{15\text{-}64}$ is the working-age population aged 15-64.

4

就业人员和职工工资

Employment and Wages

简 要 说 明

一、本篇资料的主要内容

本篇资料反映我国劳动经济方面的基本情况，包括31个省、自治区、直辖市的主要劳动统计数据。如：经济活动人口数，就业人员及职工人数，城镇登记失业人数，职工工资总额，平均工资及指数变化情况等。

二、本篇资料的统计范围

《劳动统计报表制度》的调查范围为法人单位（不包括乡镇企业、私营单位和个体工商户）；《劳动力调查制度》的调查推算范围为全国人口，本篇资料的统计范围为16岁及以上人口；《乡村社会经济调查方案》的调查范围为全国乡镇以下农村地区；《培训就业统计报表制度》的填报范围为全国就业服务和职业介绍机构；私营企业及个体工商业统计范围为全社会。1990年及以后的全国经济活动人口、就业人员、城镇和乡村就业人员的总计资料，是根据第五次全国人口普查资料及历年劳动力调查资料推算的，因此分地区、分类型、分行业的资料相加不等于总计。1998年及以后城镇单位就业人员、工资总额、平均工资等指标中不再包括离开本单位仍保留劳动关系职工及其生活费。

三、本篇的资料来源

1.就业基本情况及分组资料、职工工资总额等资料，是国家统计局人口和就业统计司根据《劳动统计报表制度》、《劳动力调查制度》及《乡村社会经济调查方案》搜集资料，加工整理。

2.职业介绍服务机构及劳动力交流情况、城镇登记失业人数，是人力资源和社会保障部根据其《培训就业统计报表制度》整理提供。

3.私营企业及个体工商业就业人员，由国家工商行政管理总局提供。

四、本篇的统计调查方法

劳动统计报表采用全面调查方法，由各级统计部门逐级上报；劳动力调查采用抽样调查方法；培训、就业统计及私营企业和个体工商业统计利用行政登记资料加工整理。

Brief Introduction

I. Main Contents

Data in this chapter show the basic conditions of China's labour economy, including main labour statistics on the whole country and 31 provinces, autonomous regions and municipalities directly under the Central Government, such as the economically active population, number of employed persons, staff and workers, number of registered unemployed persons in urban areas, total wage bills and average wages of staff and workers and the changes in index.

II. Scope of Statistics

The Reporting Form System on Labour Statistics covers corporate units (does not include township enterprises, private units or self-employed individuals). The scope of survey and estimate of *The Sample Survey System on Labour Force* are the whole country. The scope of statistics in the chapter is the population aged 16 and over of the whole country. *The System of Rural Social and Economic Surveys* covers all rural areas below township level in China. *The Reporting Form System on Training and Employment Statistics* covers all agencies and units providing employment services and job centers. The scope of statistics on private enterprises and self-employed individuals covers the whole country. Data on economically active population, employed persons and employed persons by urban and rural areas since 1990 are estimated on the basis of the 2000 National Population Census, the annual Sample Survey on Labour Force. So, sums of these data by region, by type of ownership and by industry do not add up to the totals. The scope of statistics on employed person in urban areas, total wage bills, average wages do not include the persons who had left their working units and while keeping their labour contract/employment relation unchanged since 1998.

III. Sources of Data

(1) Data on basic conditions of employment, data by groups, total wage bills of staff and workers are collected and compiled through *The Reporting Form System on Labour Statistics*, *The Sample Survey System on Labour Force*, *The System of Rural Social and Economic Surveys* by the Department of Population and Employment Statistics, the NBS.

(2) Data on the employment services and the exchanges of labour force and on the number of registered unemployed persons in urban areas are collected through *The Reporting Form System on Training and Employment Statistics,* which provided by the Ministry of Human Resources and Social Security.

(3) Data on the number of employed persons in private enterprises and self-employed individuals are provided by the State Administration for Industry and Commerce.

IV. Methodology of Survey

A complete reporting form system from lower-level statistical bureaus to higher level statistical bureaus is used in the labour statistics. The Sampling Survey on Labour Force are conducted using sampling methods. Statistics on training, employment, private enterprises and self-employed individuals are collected and compiled on basis of administrative registering records.

4-1 就业基本情况
Employment

项目	Item	2005	2006	2007	2008	2009
经济活动人口 (万人)	**Economically Active Population (10 000 persons)**	**77877**	**78244**	**78645**	**79243**	**79812**
就业人员合计 (万人)	**Total Number of Employed Persons (10 000 persons)**	**75825**	**76400**	**76990**	**77480**	**77995**
第一产业	Primary Industry	33970	32561	31444	30654	29708
第二产业	Secondary Industry	18084	19225	20629	21109	21684
第三产业	Tertiary Industry	23771	24614	24917	25717	26603
就业人员构成(合计=100)	**Composition of Employed Persons (total=100)**					
第一产业	Primary Industry	44.8	42.6	40.8	39.6	38.1
第二产业	Secondary Industry	23.8	25.2	26.8	27.2	27.8
第三产业	Tertiary Industry	31.4	32.2	32.4	33.2	34.1
按城乡分就业人员(万人)	**Number of Employed Persons by Urban and Rural Areas (10 000 persons)**					
城镇就业人员	Urban Employed Persons	27331	28310	29350	30210	31120
#国有单位	State-owned Units	6488	6430	6424	6447	6420
城镇集体单位	Urban Collective-owned Units	810	764	718	662	618
股份合作单位	Cooperative Units	188	178	170	164	160
联营单位	Joint Ownership Units	45	45	43	43	37
有限责任公司	Limited Liability Corporations	1750	1920	2075	2194	2433
股份有限公司	Share-holding Corporations Ltd.	699	741	788	840	956
私营企业	Private Enterprises	3458	3954	4581	5124	5544
港澳台商投资单位	Units with Funds from Hong Kong, Macao & Taiwan	557	611	680	679	721
外商投资单位	Foreign Funded Units	688	796	903	943	978
个体	Self-employed Individuals	2778	3012	3310	3609	4245
乡村就业人员	Rural Employed Persons	48494	48090	47640	47270	46875
#乡镇企业	Township and Village Enterprises	14272	14680	15090	15451	15588
私营企业	Private Enterprises	2366	2632	2672	2780	3063
个体	Self-employed Individuals	2123	2147	2187	2167	2341
城镇登记失业人数(万人)	**Number of Registered Unemployed Persons in Urban Areas (10 000 persons)**	**839**	**847**	**830**	**886**	**921**
城镇登记失业率 (%)	**Registered Unemployment Rate in Urban Areas (%)**	**4.2**	**4.1**	**4.0**	**4.2**	**4.3**

注：本篇章就业人员合计和城镇、乡村就业人员小计1990年至2000年数据根据第五次人口普查资料重新调整，2001年及以后数据根据人口变动抽样调查资料推算，因此，与相应年份的分地区、分登记注册类型、分行业资料的分项数据之和不一致(以下各表同)。

a) From 1990 to 2000, the total number of employed persons, the sub-total of urban and rural employed persons have been adjusted in accordance with the data obtained from the 5th National Population Census. Since 2001, these data are derived from the annual sample survey on population changes As a result, the sum of the data by region, by ownership and by sector is not equal to the total. The same applies to the following tables.

4-2 按城乡分就业人员数（年底数）

单位：万人

年份 Year 地区 Region	合计 Total	城镇						
		小计 Subtotal	#国有单位 State-owned Units	#集体单位 Collective-owned Units	#股份合作单位 Cooperative Units	#联营单位 Joint Ownership Units	#有限责任公司 Limited Liability Corporations	#股份有限公司 Share Holding Corporations Ltd.
1978	40152	9514	7451	2048				
1980	42361	10525	8019	2425				
1985	49873	12808	8990	3324		38		
1990	64749	17041	10346	3549		96		
1991	65491	17465	10664	3628		49		
1992	66152	17861	10889	3621		56		
1993	66808	18262	10920	3393		66		164
1994	67455	18653	11214	3285		52		292
1995	68065	19040	11261	3147		53		317
1996	68950	19922	11244	3016		49		363
1997	69820	20781	11044	2883		43		468
1998	70637	21616	9058	1963	136	48	484	410
1999	71394	22412	8572	1712	144	46	603	420
2000	72085	23151	8102	1499	155	42	687	457
2001	73025	23940	7640	1291	153	45	841	483
2002	73740	24780	7163	1122	161	45	1083	538
2003	74432	25639	6876	1000	173	44	1261	592
2004	75200	26476	6710	897	192	44	1436	625
2005	75825	27331	6488	810	188	45	1750	699
2006	76400	28310	6430	764	178	45	1920	741
2007	76990	29350	6424	718	170	43	2075	788
2008	77480	30210	6447	662	164	43	2194	840
2009	77995	31120	6420	618	160	37	2433	956
北京 Beijing	1255.1	916.4	185.7	24.3	12.7	0.9	215.6	58.4
天津 Tianjin	507.3	315.6	81.2	4.8	0.9	0.4	35.4	12.3
河北 Hebei	3899.7	955.4	328.8	27.2	6.4	1.6	66.3	39.1
山西 Shanxi	1599.6	517.8	246.7	24.2	3.0	0.3	81.6	18.3
内蒙古 Inner Mongolia	1142.5	439.5	166.7	9.2	1.9	0.2	44.5	17.9
辽宁 Liaoning	2190.0	1009.4	281.7	32.0	4.7	1.4	85.5	46.6
吉林 Jilin	1184.7	461.6	164.6	14.3	1.8	0.2	43.7	25.3
黑龙江 Heilongjiang	1687.5	709.3	334.4	29.1	14.3	0.7	51.1	28.9
上海 Shanghai	929.2	723.5	141.8	10.3	4.8	1.1	47.4	37.2
江苏 Jiangsu	4536.1	1868.4	278.8	31.0	6.8	1.0	105.0	59.7
浙江 Zhejiang	3825.2	1503.8	207.3	29.4	15.0	1.4	271.1	85.3
安徽 Anhui	3689.7	637.2	202.1	18.8	4.5	0.8	75.9	35.7
福建 Fujian	2168.9	793.5	151.5	16.4	7.5	2.1	75.0	28.1
江西 Jiangxi	2244.1	519.9	199.1	14.1	2.8	0.6	31.3	15.2
山东 Shandong	5449.8	1459.1	428.1	56.8	15.5	3.4	190.1	78.0
河南 Henan	5948.8	1067.1	380.6	49.0	9.2	1.4	191.6	62.6
湖北 Hubei	3024.5	901.2	283.8	21.8	4.6	2.1	97.3	43.4
湖南 Hunan	3907.7	815.7	264.5	29.3	7.8	1.6	103.0	41.1
广东 Guangdong	5643.3	2277.2	389.2	58.3	11.2	9.0	138.8	54.1
广西 Guangxi	2862.6	521.6	197.0	16.9	2.8	0.6	45.0	14.6
海南 Hainan	431.4	149.9	54.5	3.5	0.4	0.2	10.2	3.9
重庆 Chongqing	1878.5	498.5	119.8	10.4	3.6	2.6	79.6	18.9
四川 Sichuan	4945.2	1008.5	328.8	38.3	8.0	1.2	119.3	48.8
贵州 Guizhou	2341.1	310.0	150.8	7.2	2.4	0.5	41.3	11.8
云南 Yunnan	2730.2	592.9	187.8	11.0	2.1	0.3	44.7	15.0
西藏 Tibet	169.1	49.7	19.7	0.5			0.5	0.2
陕西 Shaanxi	1919.5	459.2	243.9	16.6	2.5	0.8	56.6	19.7
甘肃 Gansu	1406.6	300.5	147.2	7.3	1.0	0.3	23.8	9.6
青海 Qinghai	285.5	90.0	36.8	1.8	0.7		7.9	1.8
宁夏 Ningxia	328.5	110.1	36.0	0.8	0.5	0.1	15.6	3.6
新疆 Xinjiang	829.2	379.4	181.3	3.7	0.5	0.3	38.6	21.1

Number of Employed Persons at Year-end in Urban and Rural Areas

(10 000 persons)

Urban Areas				乡　村 Rural Areas			
#私营企业 Private Enterprises	#港澳台商投资单位 Units with Funds from Hong Kong, Macao and Taiwan	#外商投资单位 Foreign Funded Units	#个体 Self-employed Individuals	小计 Subtotal	#乡镇企业 Township and Village Enterprises	#私营企业 Private Enterprises	#个体 Self-employed Individuals
			15	30638	2827		
			81	31836	3000		
		6	450	37065	6979		
57	4	62	614	47708	9265	113	1491
68	69	96	692	48026	9609	116	1616
98	83	138	740	48291	10625	134	1728
186	155	133	930	48546	12345	187	2010
332	211	195	1225	48802	12017	316	2551
485	272	241	1560	49025	12862	471	3054
620	265	275	1709	49028	13508	551	3308
750	281	300	1919	49039	13050	600	3522
973	294	293	2259	49021	12537	737	3855
1053	306	306	2414	48982	12704	969	3827
1268	310	332	2136	48934	12820	1139	2934
1527	326	345	2131	49085	13086	1187	2629
1999	367	391	2269	48960	13288	1411	2474
2545	409	454	2377	48793	13573	1754	2260
2994	470	563	2521	48724	13866	2024	2066
3458	557	688	2778	48494	14272	2366	2123
3954	611	796	3012	48090	14680	2632	2147
4581	680	903	3310	47640	15090	2672	2187
5124	679	943	3609	47270	15451	2780	2167
5544	721	978	4245	46875	15588	3063	2341
229.6	36.6	71.2	67.5	338.7	140.1	136.6	44.7
83.9	14.0	41.3	30.0	191.7	130.9	7.3	6.1
110.2	11.1	16.5	342.1	2944.4	1220.0	151.9	150.7
44.4	5.5	4.2	87.6	1081.9	382.6	52.5	65.8
89.2	1.5	2.9	104.5	703.0	267.4	16.2	24.4
240.7	11.1	40.7	259.2	1180.5	711.8	96.9	106.9
85.8	2.5	7.5	110.5	723.2	254.4	21.0	28.7
112.1	3.7	6.7	128.1	978.2	196.0	37.1	54.4
311.1	39.6	101.2	27.0	205.7	276.6	237.2	13.8
855.5	60.4	131.4	291.6	2667.7	1994.0	512.2	117.3
431.3	86.9	111.1	258.6	2321.4	1297.0	367.2	170.9
92.5	5.4	12.6	184.8	3052.6	668.3	104.6	78.5
208.3	104.9	75.8	111.3	1375.3	836.0	59.6	64.5
100.7	9.0	11.6	129.7	1724.2	482.9	127.4	88.0
311.1	28.0	109.5	225.8	3990.6	1652.7	262.0	240.9
160.7	10.2	11.5	171.7	4881.7	1143.8	107.2	176.3
186.1	8.9	17.6	228.0	2123.3	666.0	63.5	99.9
190.2	10.9	12.5	144.4	3092.0	1061.8	73.0	62.1
723.9	243.3	145.1	498.3	3366.1	1499.6	133.2	197.9
93.3	7.0	7.7	126.9	2341.0	437.4	72.3	91.5
40.6	1.8	3.7	30.0	281.6	36.6	4.6	5.4
149.5	3.9	8.5	100.3	1379.9	270.8	37.4	26.2
230.8	5.6	9.7	213.4	3936.7	928.5	134.1	150.0
44.7	1.2	1.9	46.6	2031.2	307.5	23.5	42.0
158.8	2.5	3.1	122.1	2137.3	416.8	40.6	78.8
12.1			16.5	119.4		1.2	3.8
86.9	3.1	7.9	20.0	1460.3	535.4	128.7	83.0
48.9	0.5	1.0	58.5	1106.2	226.9	20.6	29.4
20.2	0.1	1.2	19.2	195.5	25.8	11.0	6.7
26.3	0.1	1.0	25.7	218.4	61.0	6.8	10.5
65.1	1.6	1.2	64.8	449.8	108.6	15.5	21.5

4-3 按三次产业分就业人员数（年底数）
Number of Employed Persons at Year-end by Three Strata of Industry

年份 Year	经济活动人口（万人）Economically Active Population (10 000 persons)	就业人员（万人）Total Employed Persons (10 000 persons)	第一产业 Primary Industry	第二产业 Secondary Industry	第三产业 Tertiary Industry	构成（合计=100）Composition in Percentage 第一产业 Primary Industry	第二产业 Secondary Industry	第三产业 Tertiary Industry
1952	21106	20729	17317	1531	1881	83.5	7.4	9.1
1957	23971	23771	19309	2142	2320	81.2	9.0	9.8
1962		25910	21276	2059	2575	82.1	8.0	9.9
1965		28670	23396	2408	2866	81.6	8.4	10.0
1970		34432	27811	3518	3103	80.8	10.2	9.0
1975		38168	29456	5152	3560	77.2	13.5	9.3
1978	40682	40152	28318	6945	4890	70.5	17.3	12.2
1979	41592	41024	28634	7214	5177	69.8	17.6	12.6
1980	42903	42361	29122	7707	5532	68.7	18.2	13.1
1981	44165	43725	29777	8003	5945	68.1	18.3	13.6
1982	45674	45295	30859	8346	6090	68.1	18.4	13.5
1983	46707	46436	31151	8679	6606	67.1	18.7	14.2
1984	48433	48197	30868	9590	7739	64.0	19.9	16.1
1985	50112	49873	31130	10384	8359	62.4	20.8	16.8
1986	51546	51282	31254	11216	8811	60.9	21.9	17.2
1987	53060	52783	31663	11726	9395	60.0	22.2	17.8
1988	54630	54334	32249	12152	9933	59.3	22.4	18.3
1989	55707	55329	33225	11976	10129	60.1	21.6	18.3
1990	65323	64749	38914	13856	11979	60.1	21.4	18.5
1991	66091	65491	39098	14015	12378	59.7	21.4	18.9
1992	66782	66152	38699	14355	13098	58.5	21.7	19.8
1993	67468	66808	37680	14965	14163	56.4	22.4	21.2
1994	68135	67455	36628	15312	15515	54.3	22.7	23.0
1995	68855	68065	35530	15655	16880	52.2	23.0	24.8
1996	69765	68950	34820	16203	17927	50.5	23.5	26.0
1997	70800	69820	34840	16547	18432	49.9	23.7	26.4
1998	72087	70637	35177	16600	18860	49.8	23.5	26.7
1999	72791	71394	35768	16421	19205	50.1	23.0	26.9
2000	73992	72085	36043	16219	19823	50.0	22.5	27.5
2001	74432	73025	36513	16284	20228	50.0	22.3	27.7
2002	75360	73740	36870	15780	21090	50.0	21.4	28.6
2003	76075	74432	36546	16077	21809	49.1	21.6	29.3
2004	76823	75200	35269	16920	23011	46.9	22.5	30.6
2005	77877	75825	33970	18084	23771	44.8	23.8	31.4
2006	78244	76400	32561	19225	24614	42.6	25.2	32.2
2007	78645	76990	31444	20629	24917	40.8	26.8	32.4
2008	79243	77480	30654	21109	25717	39.6	27.2	33.2
2009	79812	77995	29708	21684	26603	38.1	27.8	34.1

4-4 各地区按三次产业分就业人员数（2009年底）
Number of Employed Persons at Year-end by Three Strata of Industry and Region (2009)

地　区	Region	就业人员(万人) Total Employed Persons (10 000 persons)	第一产业 Primary Industry	第二产业 Secondary Industry	第三产业 Tertiary Industry	构成（合计=100） Composition in Percentage 第一产业 Primary Industry	第二产业 Secondary Industry	第三产业 Tertiary Industry
全　国	**National Total**	**77995.0**	**29708.0**	**21684.0**	**26603.0**	**38.1**	**27.8**	**34.1**
北　京	Beijing	1255.1	65.7	263.8	925.6	5.2	21.0	73.7
天　津	Tianjin	507.3	77.7	209.4	220.2	15.3	41.3	43.4
河　北	Hebei	3899.7	1483.6	1214.7	1201.4	38.0	31.1	30.8
山　西	Shanxi	1599.6	635.8	419.4	544.5	39.7	26.2	34.0
内蒙古	Inner Mongolia	1142.5	558.0	193.3	391.2	48.8	16.9	34.2
辽　宁	Liaoning	2190.0	694.4	559.6	936.0	31.7	25.6	42.7
吉　林	Jilin	1184.7	516.6	239.7	428.4	43.6	20.2	36.2
黑龙江	Heilongjiang	1687.5	781.0	343.9	562.6	46.3	20.4	33.3
上　海	Shanghai	929.2	47.6	347.5	534.2	5.1	37.4	57.5
江　苏	Jiangsu	4536.1	896.9	2030.9	1608.4	19.8	44.8	35.5
浙　江	Zhejiang	3825.2	659.3	1795.4	1370.4	17.2	46.9	35.8
安　徽	Anhui	3689.7	1579.6	1041.7	1068.4	42.8	28.2	29.0
福　建	Fujian	2168.9	638.6	775.7	754.6	29.4	35.8	34.8
江　西	Jiangxi	2244.1	882.3	635.5	726.4	39.3	28.3	32.4
山　东	Shandong	5449.8	1994.4	1741.2	1714.1	36.6	31.9	31.5
河　南	Henan	5948.8	2764.9	1674.7	1509.2	46.5	28.2	25.4
湖　北	Hubei	3024.5	990.1	814.7	1219.7	32.7	26.9	40.3
湖　南	Hunan	3907.7	1876.4	814.9	1216.3	48.0	20.9	31.1
广　东	Guangdong	5643.3	1536.7	1922.7	2183.9	27.2	34.1	38.7
广　西	Guangxi	2862.6	1561.2	582.1	719.3	54.5	20.3	25.1
海　南	Hainan	431.4	226.1	49.3	156.1	52.4	11.4	36.2
重　庆	Chongqing	1878.5	655.7	519.5	703.2	34.9	27.7	37.4
四　川	Sichuan	4945.2	2158.3	1110.1	1676.9	43.6	22.4	33.9
贵　州	Guizhou	2341.1	1210.5	268.3	862.3	51.7	11.5	36.8
云　南	Yunnan	2730.2	1672.7	353.4	704.1	61.3	12.9	25.8
西　藏	Tibet	169.1	92.2	18.2	58.7	54.5	10.8	34.7
陕　西	Shaanxi	1919.5	877.6	432.5	609.3	45.7	22.5	31.7
甘　肃	Gansu	1406.6	739.3	204.8	462.5	52.6	14.6	32.9
青　海	Qinghai	285.5	122.6	62.8	100.1	42.9	22.0	35.1
宁　夏	Ningxia	328.5	130.8	84.7	113.0	39.8	25.8	34.4
新　疆	Xinjiang	829.2	425.8	116.3	287.2	51.3	14.0	34.6

4-5 按登记注册类型和行业分城镇单位就业人员数（2009年底）
Number of Employed Persons in Urban Units at Year-end by Status of Registration and Sector in Detail (2009)

单位：万人 (10 000 persons)

项 目	Item	合 计 Total	国有单位 State-owned Units	城镇集体单位 Urban Collective-owned Units	其他单位 Units of Other Types of Ownership
全 国 总 计	**National Total**	**12573.0**	**6420.2**	**618.1**	**5534.7**
按国民经济行业分组	**Grouped by Sector**				
农、林、牧、渔业	Agriculture, Forestry, Animal Husbandry and Fishery	373.7	356.1	4.9	12.6
采矿业	Mining	553.7	243.7	17.6	292.4
制造业	Manufacturing	3491.9	437.8	148.5	2905.6
电力、燃气及水的生产和供应业	Production and Distribution of Electricity, Gas and Water	307.7	198.6	5.1	103.9
建筑业	Construction	1177.5	262.7	163.7	751.2
交通运输、仓储和邮政业	Traffic, Transport, Storage and Post	634.4	413.9	20.6	199.9
信息传输、计算机服务和软件业	Information Transmission, Computer Services and Software	173.8	64.6	1.1	108.1
批发和零售业	Wholesale and Retail Trades	520.8	144.2	52.5	324.2
住宿和餐饮业	Hotels and Catering Services	202.1	55.2	10.4	136.5
金融业	Financial Intermediation	449.0	146.0	53.1	249.9
房地产业	Real Estate	190.9	43.5	8.7	138.7
租赁和商务服务业	Leasing and Business Services	290.5	125.4	36.7	128.4
科学研究、技术服务和地质勘查业	Scientific Research, Technical Service and Geologic Prospecting	272.6	209.4	4.2	59.0
水利、环境和公共设施管理业	Management of Water Conservancy, Environment	205.7	178.3	10.5	16.8
居民服务和其他服务业	Services to Households and Other Services	58.8	28.3	8.2	22.3
教育	Education	1550.4	1490.6	17.4	42.3
卫生、社会保障和社会福利业	Health, Social Security and Social Welfare	595.8	529.9	49.9	16.0
文化、体育和娱乐业	Culture, Sports and Entertainment	129.5	111.9	2.2	15.4
公共管理和社会组织	Public Management and Social Organization	1394.3	1380.0	2.7	11.6

4-6 各地区按行业分城镇单位就业人员数(年底数)
Number of Employed Persons in Urban Units at Year-end by Sector and Region

单位: 万人 (10 000 persons)

年 份 地 区	Year Region	合 计 Total	农、林、牧、渔业 Agriculture, Forestry, Animal Husbandry and Fishery	采矿业 Mining	制造业 Manufacturing	电力、燃气及水的生产和供应业 Production and Distribution of Electricity, Gas and Water	建筑业 Construction	交通运输、仓储和邮政业 Transport, Storage and Post
	2003	10969.7	484.5	488.3	2980.5	297.6	833.7	636.5
	2004	11098.9	466.1	500.7	3050.8	300.6	841.0	631.8
	2005	11404.0	446.3	509.2	3210.9	299.9	926.6	613.9
	2006	11713.2	435.2	529.7	3351.6	302.5	988.7	612.7
	2007	12024.4	426.3	535.0	3465.4	303.4	1050.8	623.1
	2008	12192.5	410.1	540.4	3434.3	306.5	1072.6	627.3
	2009	12573.0	373.7	553.7	3491.9	307.7	1177.5	634.4
北 京	Beijing	619.3	3.2	5.0	99.5	6.6	34.1	50.1
天 津	Tianjin	201.7	0.7	9.3	72.9	3.3	10.7	12.3
河 北	Hebei	503.1	7.1	27.0	117.0	19.8	33.9	25.5
山 西	Shanxi	385.8	2.6	75.0	69.8	9.9	22.5	21.3
内蒙古	Inner Mongolia	245.8	26.8	17.9	37.8	10.1	13.7	16.2
辽 宁	Liaoning	509.5	27.6	35.5	146.0	16.3	29.5	31.8
吉 林	Jilin	265.3	16.2	18.3	59.0	8.1	12.9	15.3
黑龙江	Heilongjiang	469.1	92.9	42.8	78.6	14.8	29.9	26.1
上 海	Shanghai	385.4	1.3	0.1	140.7	5.6	11.0	35.6
江 苏	Jiangsu	721.3	10.5	13.7	308.2	12.9	46.0	30.7
浙 江	Zhejiang	813.9	1.5	1.7	333.1	12.5	155.8	23.9
安 徽	Anhui	359.9	6.2	30.3	70.6	9.4	40.7	14.7
福 建	Fujian	474.0	6.8	5.1	226.4	9.6	52.0	16.2
江 西	Jiangxi	289.6	12.7	8.5	68.0	9.6	27.4	15.6
山 东	Shandong	922.3	5.2	63.1	337.2	20.5	70.5	33.2
河 南	Henan	734.7	7.0	53.3	154.8	20.7	87.3	28.8
湖 北	Hubei	487.1	15.8	8.8	118.5	12.0	69.8	31.8
湖 南	Hunan	481.0	5.2	15.0	98.7	11.6	71.7	21.8
广 东	Guangdong	1055.0	9.2	3.3	443.5	18.5	63.2	53.5
广 西	Guangxi	301.4	11.0	4.3	59.2	8.8	27.6	17.5
海 南	Hainan	79.3	14.6	0.9	7.5	1.9	6.2	4.2
重 庆	Chongqing	248.8	1.7	9.5	57.4	6.4	43.3	13.5
四 川	Sichuan	564.4	5.1	21.9	123.1	15.4	99.6	23.8
贵 州	Guizhou	218.7	2.0	11.5	37.3	6.6	22.0	9.1
云 南	Yunnan	312.0	8.5	14.6	60.8	8.0	36.3	14.3
西 藏	Tibet	21.1	0.5	0.2	0.8	0.8	0.9	0.7
陕 西	Shaanxi	352.4	4.1	23.2	82.2	10.0	24.1	19.2
甘 肃	Gansu	193.0	5.3	8.8	38.6	6.7	14.1	10.3
青 海	Qinghai	50.6	2.0	1.9	8.7	1.3	4.0	3.3
宁 夏	Ningxia	58.1	2.5	5.6	10.5	4.2	2.4	3.0
新 疆	Xinjiang	249.4	58.0	17.6	25.4	6.0	14.3	10.9

4-6 续表 1 continued

单位: 万人 (10 000 persons)

年 份 地 区	Year Region	信息传输、计算机服务和软件业 Information Transmission, Computer Service and Software	批发和零售业 Wholesale and Retail Trades	住宿和餐饮业 Hotels and Catering Services	金融业 Financial Intermediation	房地产业 Real Estate	租赁和商务服务业 Leasing and Business Services
	2003	116.8	628.1	172.1	353.3	120.2	183.5
	2004	123.7	586.7	177.1	356.0	133.4	194.4
	2005	130.1	544.0	181.2	359.3	146.5	218.5
	2006	138.2	515.7	183.9	367.4	153.9	236.7
	2007	150.2	506.9	185.8	389.7	166.5	247.2
	2008	159.5	514.4	193.2	417.6	172.7	274.7
	2009	173.8	520.8	202.1	449.0	190.9	290.5
北 京	Beijing	36.2	50.2	28.3	25.4	30.1	72.9
天 津	Tianjin	2.5	11.9	4.1	6.7	3.1	7.3
河 北	Hebei	6.0	22.1	4.5	23.4	3.3	5.1
山 西	Shanxi	4.3	17.9	4.2	14.0	2.7	6.2
内蒙古	Inner Mongolia	3.9	6.6	2.3	9.9	1.4	2.9
辽 宁	Liaoning	6.1	17.1	6.7	20.2	7.5	10.1
吉 林	Jilin	5.1	8.2	3.1	9.9	3.4	4.1
黑龙江	Heilongjiang	5.3	18.3	3.3	13.5	4.3	4.2
上 海	Shanghai	6.5	25.4	10.8	21.7	11.5	18.0
江 苏	Jiangsu	7.3	27.7	10.5	26.6	6.5	11.5
浙 江	Zhejiang	10.0	28.1	14.9	28.0	10.4	24.0
安 徽	Anhui	3.7	13.5	3.7	14.5	4.4	4.3
福 建	Fujian	4.1	13.1	6.1	12.2	8.8	10.4
江 西	Jiangxi	3.6	8.3	1.8	10.0	2.0	2.7
山 东	Shandong	6.2	40.4	11.7	32.8	9.4	11.7
河 南	Henan	5.2	38.9	9.5	22.0	8.6	12.1
湖 北	Hubei	4.6	20.1	6.6	15.9	5.7	4.6
湖 南	Hunan	4.9	15.9	8.3	17.3	8.3	7.3
广 东	Guangdong	16.7	40.8	23.7	37.5	26.1	28.5
广 西	Guangxi	3.5	11.6	4.5	9.4	3.7	8.3
海 南	Hainan	0.7	3.2	4.0	2.0	2.4	2.1
重 庆	Chongqing	2.5	11.2	4.2	9.7	4.9	4.3
四 川	Sichuan	5.9	17.5	5.2	20.4	5.3	6.0
贵 州	Guizhou	2.4	10.0	2.7	5.9	3.7	4.1
云 南	Yunnan	4.1	14.7	5.9	8.8	3.7	5.8
西 藏	Tibet	0.4	0.5	0.4	0.8		0.1
陕 西	Shaanxi	6.2	12.3	5.7	12.9	4.5	3.1
甘 肃	Gansu	2.2	5.6	2.0	6.6	1.7	2.0
青 海	Qinghai	0.8	1.8	0.5	1.8	0.7	0.9
宁 夏	Ningxia	0.7	1.6	0.5	2.7	0.8	1.1
新 疆	Xinjiang	2.0	6.4	2.4	6.7	2.1	4.9

4-6 续表 2 continued

单位：万人 (10 000 persons)

年份 地区	Year Region	科学研究、技术服务和地质勘查业 Scientific Research, Technical Services, and Geological Prospecting	水利、环境和公共设施管理业 Management of Water Conservancy, Environment and Public Facilities	居民服务和其他服务业 Services to Households and Other Services	教育 Education	卫生、社会保障和社会福利业 Health, Social Securities and Social Welfare	文化、体育和娱乐业 Culture, Sports and Entertainment	公共管理和社会组织 Public Management and Social Organization
	2003	221.9	172.5	52.8	1442.8	485.8	127.8	1171.0
	2004	222.1	176.1	54.2	1466.8	494.7	123.4	1199.0
	2005	227.7	180.4	53.9	1483.2	508.9	122.5	1240.8
	2006	235.5	187.0	56.6	1504.4	525.4	122.4	1265.6
	2007	243.4	193.5	57.4	1520.9	542.8	125.0	1291.2
	2008	257.0	197.3	56.5	1534.0	563.6	126.0	1335.0
	2009	272.6	205.7	58.8	1550.4	595.8	129.5	1394.3
北京	Beijing	43.8	8.8	7.6	41.7	20.1	15.8	40.0
天津	Tianjin	5.9	3.6	7.0	16.6	8.5	1.8	13.6
河北	Hebei	8.4	9.3	1.9	82.5	25.8	4.7	75.6
山西	Shanxi	5.9	6.0	0.7	48.0	15.3	4.6	54.9
内蒙古	Inner Mongolia	4.2	6.9	2.1	34.2	11.7	3.3	34.0
辽宁	Liaoning	10.8	11.5	2.4	50.9	24.5	5.4	49.9
吉林	Jilin	6.4	7.8	1.1	37.1	15.0	3.7	30.6
黑龙江	Heilongjiang	11.4	9.2	5.9	45.2	18.5	3.9	40.9
上海	Shanghai	20.9	6.2	3.9	26.7	16.6	4.6	18.3
江苏	Jiangsu	9.8	11.5	1.2	84.6	34.4	5.6	62.2
浙江	Zhejiang	10.5	8.3	1.6	57.8	29.8	5.9	56.1
安徽	Anhui	6.0	6.5	0.6	59.6	21.5	3.3	46.1
福建	Fujian	4.8	4.4	1.5	43.7	15.2	3.7	29.8
江西	Jiangxi	5.0	5.1	0.5	46.7	16.0	3.2	42.9
山东	Shandong	10.0	11.1	3.3	106.0	40.4	6.4	103.1
河南	Henan	11.1	11.5	1.8	112.5	38.9	7.1	103.8
湖北	Hubei	10.7	8.4	1.2	64.6	27.8	5.1	54.9
湖南	Hunan	7.6	8.2	1.3	68.3	29.0	4.3	76.4
广东	Guangdong	15.4	13.6	5.9	109.0	46.3	9.0	91.3
广西	Guangxi	6.4	6.9	0.7	56.1	20.8	3.1	37.9
海南	Hainan	1.6	2.0	0.2	11.2	3.8	1.4	9.5
重庆	Chongqing	5.4	3.4	0.8	33.8	10.9	2.4	23.4
四川	Sichuan	13.1	9.2	1.0	82.1	31.3	4.4	73.9
贵州	Guizhou	4.6	2.9	1.1	41.3	11.1	1.9	38.5
云南	Yunnan	6.4	5.1	0.7	50.7	15.0	3.5	45.2
西藏	Tibet	0.7	0.2		3.9	1.4	0.6	8.3
陕西	Shaanxi	12.8	7.2	1.6	53.6	17.9	4.4	47.5
甘肃	Gansu	5.0	3.4	0.3	33.6	9.2	2.5	35.2
青海	Qinghai	2.1	1.0	0.3	7.3	3.0	0.7	8.5
宁夏	Ningxia	1.2	1.8		7.8	2.9	0.9	7.8
新疆	Xinjiang	4.7	4.8	0.5	33.2	13.0	2.6	34.1

4-7 各地区按行业分私营企业和个体就业人数(2009年底)

Number of Engaged Persons in Private Enterprises and Self-employed Individuals at Year-end by Sector and Region (2009)

单位：万人 (10 000 persons)

地区	Region	合计 Total	#制造业 Manufacturing	#建筑业 Construction	#交通运输、仓储和邮政业 Transport, Storage and Post	#批发和零售业 Wholesale and Retail Trades	#住宿和餐饮业 Hotels and Catering Services	#租赁和商务服务业 Leasing and Business Services	#居民服务和其他服务业 Services to Households and Other Services
全国总计	**National Total**	**15192.3**	**3866.0**	**633.6**	**512.7**	**5961.7**	**916.0**	**732.8**	**851.0**
北　京	Beijing	478.4	45.0	19.6	13.4	133.8	28.7	58.1	20.7
天　津	Tianjin	127.3	39.6	5.4	5.3	40.4	5.2	7.7	5.0
河　北	Hebei	754.9	159.2	23.0	19.9	415.1	42.8	11.6	31.2
山　西	Shanxi	250.3	39.0	4.6	4.5	122.7	21.9	5.5	23.8
内蒙古	Inner Mongolia	234.3	29.1	7.1	13.2	103.0	24.4	7.9	20.1
辽　宁	Liaoning	703.7	142.6	30.6	88.4	250.7	34.3	27.0	40.6
吉　林	Jilin	246.0	38.7	7.9	12.9	99.3	25.3	6.9	18.1
黑龙江	Heilongjiang	331.8	54.2	11.0	17.4	139.2	35.0	10.7	26.8
上　海	Shanghai	589.1	130.2	41.8	21.0	196.6	19.2	81.0	16.6
江　苏	Jiangsu	1776.5	785.4	165.9	35.1	489.3	54.5	56.1	69.4
浙　江	Zhejiang	1228.0	569.9	49.7	23.5	364.1	43.8	47.1	53.8
安　徽	Anhui	460.4	83.6	14.3	12.2	209.2	31.3	16.8	40.7
福　建	Fujian	443.7	110.9	11.1	6.3	187.6	24.9	25.9	29.3
江　西	Jiangxi	445.7	119.5	8.5	16.1	178.4	28.9	11.1	26.4
山　东	Shandong	1039.7	309.2	43.4	34.2	419.7	54.9	43.1	56.9
河　南	Henan	615.9	136.7	15.9	16.1	277.7	45.7	19.0	45.0
湖　北	Hubei	577.5	112.7	21.5	19.8	244.8	46.1	22.3	42.2
湖　南	Hunan	469.8	69.0	12.3	11.6	212.7	19.0	60.5	21.8
广　东	Guangdong	1553.3	435.6	32.2	28.5	647.2	88.5	85.6	79.4
广　西	Guangxi	384.0	63.7	7.5	23.1	164.8	34.1	14.5	22.8
海　南	Hainan	80.5	5.4	5.3	4.4	30.8	7.0	5.7	6.5
重　庆	Chongqing	313.4	48.2	12.2	9.0	131.8	19.6	26.3	17.8
四　川	Sichuan	728.3	135.3	23.0	23.4	286.7	69.1	35.6	53.5
贵　州	Guizhou	156.8	23.3	3.7	5.7	69.7	13.1	4.5	11.8
云　南	Yunnan	400.2	60.3	24.7	8.7	159.7	33.6	12.6	22.9
西　藏	Tibet	33.6	1.9	3.4	0.7	14.4	5.0	1.2	2.9
陕　西	Shaanxi	318.5	52.2	7.9	26.4	174.7	9.8	12.2	7.6
甘　肃	Gansu	157.5	20.2	7.2	2.8	76.1	19.1	4.5	11.7
青　海	Qinghai	57.1	10.7	5.0	1.9	20.1	6.8	0.7	3.5
宁　夏	Ningxia	69.2	9.5	2.8	1.3	32.1	5.9	2.8	7.5
新　疆	Xinjiang	166.9	25.0	5.4	6.0	69.4	18.7	8.3	14.8

4-8 各地区按行业分城镇私营企业和个体就业人数(2009年底)

Number of Engaged Persons in Urban Private Enterprises and Self-employed Individuals at Year-end by Sector and Region (2009)

单位: 万人 (10 000 persons)

地区	Region	合计 Total	#制造业 Manufacturing	#建筑业 Construction	#交通运输、仓储和邮政业 Transport, Storage and Post	#批发和零售业 Wholesale and Retail Trades	#住宿和餐饮业 Hotels and Catering Services	#租赁和商务服务业 Leasing and Business Services	#居民服务和其他服务业 Services to Households and Other Services
全国总计	**National Total**	**9788.9**	**1984.5**	**429.2**	**322.6**	**4082.0**	**670.7**	**593.4**	**606.4**
北 京	Beijing	297.0	11.7	7.9	5.9	82.5	20.9	42.4	14.9
天 津	Tianjin	113.9	32.9	4.9	5.0	36.8	4.5	7.4	4.6
河 北	Hebei	452.3	56.1	7.1	9.9	302.7	31.3	6.4	17.3
山 西	Shanxi	132.0	10.0	2.9	2.2	75.6	13.2	4.1	14.0
内蒙古	Inner Mongolia	193.7	22.2	6.5	10.6	87.0	20.7	7.4	16.6
辽 宁	Liaoning	499.9	79.2	24.9	59.1	194.8	27.3	24.0	31.3
吉 林	Jilin	196.3	29.6	6.9	11.2	82.8	20.9	6.2	14.5
黑龙江	Heilongjiang	240.2	36.0	7.4	13.1	103.3	25.5	9.3	19.8
上 海	Shanghai	338.1	51.5	24.4	12.9	111.1	16.6	58.7	11.9
江 苏	Jiangsu	1147.1	436.3	104.2	26.5	346.6	47.6	47.2	53.3
浙 江	Zhejiang	689.8	224.9	31.9	14.5	256.5	34.4	35.8	39.5
安 徽	Anhui	277.3	42.6	7.0	7.0	130.4	22.1	8.8	31.2
福 建	Fujian	319.6	68.2	9.4	5.3	139.9	18.4	22.9	21.6
江 西	Jiangxi	230.3	53.9	4.8	8.2	96.4	18.4	7.0	17.2
山 东	Shandong	536.9	125.8	25.1	17.4	232.2	31.6	30.9	31.0
河 南	Henan	332.4	60.6	11.3	5.9	156.5	27.0	14.8	27.3
湖 北	Hubei	414.1	68.6	17.9	13.6	181.9	32.1	19.9	31.6
湖 南	Hunan	334.6	35.6	9.9	9.4	150.3	16.0	53.5	17.3
广 东	Guangdong	1222.2	303.7	27.4	24.9	522.7	72.2	79.0	63.5
广 西	Guangxi	220.2	31.4	5.1	11.2	100.1	20.4	10.4	14.8
海 南	Hainan	70.5	4.0	5.0	3.9	26.8	6.0	5.4	5.7
重 庆	Chongqing	249.8	28.4	10.9	7.1	110.0	17.7	24.2	15.6
四 川	Sichuan	444.2	62.0	17.4	15.5	186.7	44.0	27.2	32.1
贵 州	Guizhou	91.2	12.9	3.0	3.4	40.1	7.8	3.6	7.2
云 南	Yunnan	280.9	39.1	22.2	6.2	118.8	24.9	11.7	17.5
西 藏	Tibet	28.6	1.7	2.6	0.6	12.6	4.0	1.1	2.5
陕 西	Shaanxi	106.8	18.4	4.4	2.0	43.7	7.8	10.0	5.2
甘 肃	Gansu	107.5	10.5	5.6	1.8	56.2	13.0	3.7	7.8
青 海	Qinghai	39.4	4.7	4.4	1.6	15.2	5.3	0.6	2.6
宁 夏	Ningxia	52.0	5.7	2.4	1.1	25.5	4.7	2.3	5.2
新 疆	Xinjiang	130.0	16.3	4.7	5.3	56.2	14.3	7.4	11.7

4-9 各地区私营企业就业人数(2009年底)
Number of Engaged Persons in Private Enterprises at Year-end by Region (2009)

单位: 万户、万人 (10 000 households, 10 000 persons)

地 区	Region	户 数 Number of Households	就业人数 Number of Engaged Persons	#投资者 Employers	城镇就业人数 Number of Engaged Persons in Urban Area	#投资者 Employers	乡村就业人数 Number of Engaged Persons in Rural Area	#投资者 Employers
全 国	**National Total**	**740.2**	**8607.0**	**1650.6**	**5544.3**	**1165.0**	**3062.6**	**485.6**
北 京	Beijing	43.2	366.2	85.1	229.6	57.4	136.6	27.7
天 津	Tianjin	12.6	91.2	17.2	83.9	15.8	7.3	1.4
河 北	Hebei	24.7	262.1	52.6	110.2	30.6	151.9	22.0
山 西	Shanxi	13.9	96.9	31.4	44.4	19.2	52.5	12.2
内蒙古	Inner Mongolia	9.5	105.3	22.1	89.2	19.8	16.2	2.3
辽 宁	Liaoning	26.7	337.6	50.6	240.7	39.1	96.9	11.5
吉 林	Jilin	11.2	106.8	22.7	85.8	19.0	21.0	3.7
黑龙江	Heilongjiang	14.0	149.2	31.8	112.1	25.1	37.1	6.7
上 海	Shanghai	63.1	548.2	117.6	311.1	67.3	237.2	50.3
江 苏	Jiangsu	91.2	1367.7	167.2	855.5	120.6	512.2	46.6
浙 江	Zhejiang	56.7	798.5	117.4	431.3	75.6	367.2	41.8
安 徽	Anhui	19.0	197.1	39.6	92.5	18.2	104.6	21.4
福 建	Fujian	23.1	267.9	53.1	208.3	43.2	59.6	9.8
江 西	Jiangxi	13.7	228.0	33.2	100.7	21.0	127.4	12.2
山 东	Shandong	47.1	573.0	107.4	311.1	70.1	262.0	37.3
河 南	Henan	26.1	267.9	59.6	160.7	38.0	107.2	21.6
湖 北	Hubei	23.1	249.6	54.5	186.1	44.4	63.5	10.2
湖 南	Hunan	16.0	263.2	39.4	190.2	28.3	73.0	11.2
广 东	Guangdong	81.3	857.2	222.8	723.9	195.2	133.2	27.6
广 西	Guangxi	10.9	165.5	30.9	93.3	20.0	72.3	11.0
海 南	Hainan	6.7	45.2	14.6	40.6	14.2	4.6	0.4
重 庆	Chongqing	14.3	186.9	31.6	149.5	25.3	37.4	6.3
四 川	Sichuan	32.5	364.9	75.3	230.8	52.9	134.1	22.4
贵 州	Guizhou	7.2	68.2	16.2	44.7	11.1	23.5	5.1
云 南	Yunnan	13.7	199.3	27.9	158.8	24.4	40.6	3.5
西 藏	Tibet	0.6	13.4	1.5	12.1	1.5	1.2	0.1
陕 西	Shaanxi	17.0	215.6	80.3	86.9	29.0	128.7	51.4
甘 肃	Gansu	7.1	69.6	14.3	48.9	11.0	20.6	3.3
青 海	Qinghai	1.3	31.2	3.3	20.2	2.7	11.0	0.6
宁 夏	Ningxia	3.4	33.0	8.6	26.3	7.5	6.8	1.1
新 疆	Xinjiang	9.4	80.6	20.7	65.1	17.7	15.5	3.0

4-10 各地区个体就业人数(2009年底)

Number of Self-employed Individuals at Year-end by Region (2009)

单位: 万户、万人 (10 000 households, 10 000 persons)

地 区	Region	个体户数 Number of Households	个体就业人数 Number of Engaged Persons	城 镇 Urban Area	乡 村 Rural Area
全 国	**National Total**	**3197.4**	**6585.4**	**4244.5**	**2340.8**
北 京	Beijing	80.8	112.2	67.5	44.7
天 津	Tianjin	21.0	36.2	30.0	6.1
河 北	Hebei	130.2	492.8	342.1	150.7
山 西	Shanxi	77.1	153.4	87.6	65.8
内蒙古	Inner Mongolia	69.4	128.9	104.5	24.4
辽 宁	Liaoning	146.0	366.1	259.2	106.9
吉 林	Jilin	66.1	139.2	110.5	28.7
黑龙江	Heilongjiang	92.4	182.5	128.1	54.4
上 海	Shanghai	33.3	40.8	27.0	13.8
江 苏	Jiangsu	261.4	408.9	291.6	117.3
浙 江	Zhejiang	198.7	429.5	258.6	170.9
安 徽	Anhui	125.1	263.3	184.8	78.5
福 建	Fujian	65.0	175.8	111.3	64.5
江 西	Jiangxi	84.0	217.7	129.7	88.0
山 东	Shandong	215.7	466.7	225.8	240.9
河 南	Henan	158.0	348.0	171.7	176.3
湖 北	Hubei	139.3	327.9	228.0	99.9
湖 南	Hunan	122.7	206.5	144.4	62.1
广 东	Guangdong	325.9	696.2	498.3	197.9
广 西	Guangxi	117.9	218.5	126.9	91.5
海 南	Hainan	21.2	35.3	30.0	5.4
重 庆	Chongqing	72.0	126.5	100.3	26.2
四 川	Sichuan	203.5	363.4	213.4	150.0
贵 州	Guizhou	59.8	88.6	46.6	42.0
云 南	Yunnan	98.7	200.9	122.1	78.8
西 藏	Tibet	8.7	20.2	16.5	3.8
陕 西	Shaanxi	73.6	103.0	20.0	83.0
甘 肃	Gansu	47.9	87.9	58.5	29.4
青 海	Qinghai	12.0	25.9	19.2	6.7
宁 夏	Ningxia	18.3	36.2	25.7	10.5
新 疆	Xinjiang	51.6	86.3	64.8	21.5

4-11 城镇单位就业人员工资总额和指数
Total Wage Bill of Employed Persons in Urban Units and Related Indices

年份 Year / 地区 Region		工资总额（亿元）Total Wage Bill (100 million yuan)				指数（上年=100）Indices (preceding year=100)			
		合计 Total	国有单位 State-owned Units	城镇集体单位 Urban Collective-owned Units	其他单位 Units of Other Types of Ownership	合计 Total	国有单位 State-owned Units	城镇集体单位 Urban Collective-owned Units	其他单位 Units of Other Types of Ownership
	1995	8255.8	6172.6	1210.6	672.7	121.8	117.4	115.6	142.2
	1996	9249.4	6893.3	1269.4	801.7	112.0	111.7	104.9	119.2
	1997	9602.4	7323.9	1283.9	994.5	103.8	106.2	101.1	124.0
	1998	9540.2	6934.6	1054.9	1550.7	99.4	94.7	82.2	155.9
	1999	10155.9	7289.9	995.8	1870.1	106.5	105.1	94.4	120.6
	2000	10954.7	7744.9	950.7	2259.1	107.9	106.2	95.5	120.8
	2001	12205.4	8515.2	898.5	2791.7	111.4	109.9	94.5	123.6
	2002	13638.1	9138.0	863.9	3636.2	111.7	107.3	96.1	130.3
	2003	15329.6	9911.9	867.1	4550.6	112.4	108.5	100.4	125.1
	2004	17615.0	11038.2	876.2	5700.6	114.9	111.4	101.0	125.3
	2005	20627.1	12291.7	906.4	7429.0	117.1	111.4	103.4	130.3
	2006	24262.3	13920.6	983.8	9357.9	117.6	113.3	108.5	126.0
	2007	29471.5	16689.1	1108.1	11674.3	121.5	119.9	112.6	124.8
	2008	35289.5	19487.9	1203.2	14598.4	119.7	116.8	108.6	125.0
	2009	40288.2	21862.7	1273.3	17152.1	114.2	112.2	105.8	117.5
北京	Beijing	3545.6	1116.0	57.6	2372.1	112.0	105.6	156.7	114.5
天津	Tianjin	886.5	389.5	14.8	482.2	111.4	103.8	71.0	120.7
河北	Hebei	1398.2	948.8	49.6	399.9	114.2	112.0	113.4	119.8
山西	Shanxi	1073.0	704.8	43.2	325.0	112.1	105.5	93.0	133.8
内蒙古	Inner Mongolia	761.8	537.1	22.9	201.8	118.0	121.2	117.3	110.2
辽宁	Liaoning	1557.5	899.1	56.0	602.4	111.5	102.7	106.0	128.4
吉林	Jilin	689.5	445.6	20.9	223.0	112.8	108.4	109.3	122.9
黑龙江	Heilongjiang	1162.2	848.0	48.1	266.0	112.6	125.0	118.5	85.1
上海	Shanghai	2287.8	938.7	38.7	1310.5	114.8	117.7	106.3	113.1
江苏	Jiangsu	2520.0	1226.6	80.0	1213.4	112.8	115.7	105.1	110.6
浙江	Zhejiang	2917.8	1170.2	85.3	1662.2	117.0	113.9	113.8	119.4
安徽	Anhui	1021.2	586.9	36.8	397.5	116.4	114.2	86.4	123.8
福建	Fujian	1318.0	542.0	39.5	736.5	111.2	111.4	104.9	111.4
江西	Jiangxi	695.0	507.5	22.3	165.2	117.6	117.2	107.1	120.3
山东	Shandong	2699.0	1461.9	122.3	1114.8	114.7	111.5	117.3	118.8
河南	Henan	1953.2	1079.6	87.6	786.0	113.0	106.0	76.6	131.9
湖北	Hubei	1282.2	822.3	40.6	419.3	122.5	118.4	111.4	132.8
湖南	Hunan	1265.4	764.4	55.8	445.2	116.1	109.5	99.6	132.3
广东	Guangdong	3800.5	1718.7	117.2	1964.6	112.4	111.2	104.1	114.1
广西	Guangxi	810.7	574.1	30.7	205.8	112.6	109.5	108.7	122.8
海南	Hainan	196.7	132.1	6.0	58.6	116.7	112.2	126.5	127.2
重庆	Chongqing	743.1	395.2	20.5	327.3	117.0	114.1	111.7	121.2
四川	Sichuan	1578.3	1058.2	79.2	441.0	116.4	115.9	113.4	118.4
贵州	Guizhou	588.1	427.4	15.5	145.1	112.5	110.7	97.3	120.2
云南	Yunnan	812.0	558.6	22.4	231.0	115.7	116.2	114.0	114.5
西藏	Tibet	95.0	91.8	0.6	2.6	107.1	106.1	85.6	179.8
陕西	Shaanxi	1038.0	760.7	29.6	247.8	119.1	117.5	110.2	125.4
甘肃	Gansu	517.7	412.9	13.9	90.9	112.3	114.3	119.3	103.2
青海	Qinghai	163.6	136.4	3.3	23.9	116.6	117.1	99.8	116.0
宁夏	Ningxia	195.4	117.5	3.1	74.8	110.8	107.9	105.1	116.1
新疆	Xinjiang	715.1	489.9	9.4	215.7	111.1	107.0	106.3	121.8

注：1995-2008年的城镇单位就业人员工资总额即为原来的城镇单位就业人员劳动报酬总额（以下同）。

a) Total wage bill of employed persons in urban units from 1995 to 2008 referred to total earning of employed persons in urban units. The same applies to the table following.

4-12 城镇单位就业人员平均工资和指数
Average Wage of Employed Persons in Urban Units and Related Indices

年份 Year 地区 Region		平均工资（元）Average Wage (yuan)				
		合计 Total	其中：在岗职工 Of Which: Staff and Workers	国有单位 State-owned Units	城镇集体单位 Urban Collective-owned Units	其他单位 Units of Other Types of Ownership
	1995	5348	5500	5553	3934	7728
	1996	5980	6210	6207	4312	8521
	1997	6444	6470	6679	4516	9092
	1998	7446	7479	7579	5314	9241
	1999	8319	8346	8443	5758	10142
	2000	9333	9371	9441	6241	11238
	2001	10834	10870	11045	6851	12437
	2002	12373	12422	12701	7636	13486
	2003	13969	14040	14358	8627	14843
	2004	15920	16024	16445	9723	16519
	2005	18200	18364	18978	11176	18362
	2006	20856	21001	21706	12866	21004
	2007	24721	24932	26100	15444	24271
	2008	28898	29229	30287	18103	28552
	2009	32244	32736	34130	20607	31350
北京	Beijing	57779	58140	60495	23450	58624
天津	Tianjin	43937	44992	47895	29018	41806
河北	Hebei	27774	28383	28871	18005	27153
山西	Shanxi	28066	28469	28872	18115	28423
内蒙古	Inner Mongolia	30486	30699	32108	24145	27597
辽宁	Liaoning	30523	31104	31878	16870	30885
吉林	Jilin	25943	26230	27070	14335	25756
黑龙江	Heilongjiang	24805	26535	25635	16190	24631
上海	Shanghai	58336	63549	64639	36663	55433
江苏	Jiangsu	35217	35890	44013	25955	29883
浙江	Zhejiang	36553	37395	56962	31319	29391
安徽	Anhui	28723	29658	29163	19984	29257
福建	Fujian	28366	28666	36061	24227	24711
江西	Jiangxi	24165	24696	25582	16142	21908
山东	Shandong	29398	29688	34292	21344	25657
河南	Henan	26906	27357	28503	18006	26330
湖北	Hubei	26547	27127	29172	18819	23356
湖南	Hunan	26534	27284	28967	19295	24184
广东	Guangdong	36469	36355	44403	20318	32888
广西	Guangxi	27322	28302	29275	18575	24486
海南	Hainan	24790	24934	24188	17499	27502
重庆	Chongqing	30499	30965	33286	20057	28545
四川	Sichuan	28149	28563	32210	21043	22666
贵州	Guizhou	27437	28245	28951	21707	24372
云南	Yunnan	26163	26992	29414	20664	21074
西藏	Tibet	45347	48750	47116	11949	26655
陕西	Shaanxi	29566	30185	30853	16346	28659
甘肃	Gansu	26743	27177	28082	18914	23191
青海	Qinghai	32481	33561	37405	17807	19821
宁夏	Ningxia	32916	34082	32543	33600	33492
新疆	Xinjiang	27617	27753	26626	22721	30480

注：1995-2008年的城镇单位就业人员平均工资即为原来的城镇单位就业人员平均劳动报酬（以下同）。

a) Average wage of employed persons in urban units from 1995 to 2008 referred to average earning of employed persons in urban units. The same applies to the table following.

4-12 续表 continued

年 份 地 区	Year Region	指数(上年=100) Indices (preceding year=100) 平均工资 Average Wage 合计 Total	其中:在岗职工 Of Which: Staff and Workers	国有单位 State-owned Units	城镇集体单位 Urban Collective-owned Units	其他单位 Units of Other Types of Ownership	平均实际工资 Average Real Wage 合计 Total	其中:在岗职工 Of Which: Staff and Workers	国有单位 State-owned Units	城镇集体单位 Urban Collective-owned Units	其他单位 Units of Other Types of Ownership
	1995	118.9	121.2	117.3	121.1	119.9	101.8	103.8	100.4	103.7	102.6
	1996	111.8	112.9	111.8	109.6	110.3	102.8	103.8	102.7	100.7	101.3
	1997	107.8	104.2	107.6	104.7	106.7	104.5	101.1	104.4	101.6	103.5
	1998	115.5	106.6	113.5	117.7	101.6	116.2	107.2	114.2	118.4	102.3
	1999	111.7	111.6	111.4	108.4	109.8	113.2	113.1	112.9	109.8	111.2
	2000	112.2	112.3	111.8	108.4	110.8	111.3	111.4	110.9	107.5	109.9
	2001	116.1	116.0	117.0	109.8	110.7	115.3	115.2	116.2	109.0	109.9
	2002	114.2	114.3	115.0	111.5	108.4	115.4	115.5	116.2	112.6	109.5
	2003	112.9	113.0	113.0	113.0	110.1	111.9	112.0	112.0	112.0	109.1
	2004	114.0	114.1	114.5	112.7	111.3	110.3	110.5	110.9	109.1	107.7
	2005	114.3	114.6	115.4	114.9	111.2	112.5	112.8	113.6	113.1	109.4
	2006	114.6	114.4	114.4	115.1	114.4	112.9	112.7	112.7	113.4	112.7
	2007	118.5	118.7	120.2	120.0	115.6	113.4	113.6	115.0	114.8	110.6
	2008	116.9	117.2	116.0	117.2	117.6	110.7	111.0	109.8	111.0	111.4
	2009	111.6	112.0	112.7	113.8	109.8	112.6	113.0	113.7	114.8	110.8
北 京	Beijing	103.5	103.2	106.7	96.8	103.3	105.1	104.8	108.4	98.3	104.9
天 津	Tianjin	109.9	107.8	111.5	115.6	108.1	111.0	108.9	112.6	116.7	109.2
河 北	Hebei	114.4	114.6	114.4	119.6	113.6	115.8	116.0	115.8	121.0	115.0
山 西	Shanxi	110.1	110.2	110.1	108.7	108.8	111.2	111.3	111.2	109.7	109.8
内蒙古	Inner Mongolia	117.5	117.6	118.3	130.3	113.0	117.9	118.0	118.7	130.7	113.4
辽 宁	Liaoning	112.3	112.2	110.6	111.8	115.6	112.3	112.2	110.6	111.8	115.6
吉 林	Jilin	111.4	111.7	110.6	113.1	112.9	111.5	111.8	110.7	113.2	113.0
黑龙江	Heilongjiang	114.0	115.1	119.0	123.7	101.0	114.2	115.3	119.2	123.9	101.2
上 海	Shanghai	111.9	112.3	113.4	120.0	110.3	112.4	112.8	113.9	120.5	110.8
江 苏	Jiangsu	112.5	113.3	115.0	116.1	109.7	113.0	113.8	115.5	116.6	110.2
浙 江	Zhejiang	108.7	109.5	110.6	108.9	109.0	110.1	110.9	112.0	110.3	110.4
安 徽	Anhui	111.8	112.5	113.5	110.6	107.4	113.1	113.8	114.8	111.8	108.6
福 建	Fujian	111.0	111.5	112.2	111.2	110.3	112.9	113.4	114.1	113.1	112.2
江 西	Jiangxi	117.3	117.6	115.8	118.1	120.9	118.0	118.3	116.5	118.8	121.6
山 东	Shandong	112.1	112.4	111.5	115.5	113.3	112.2	112.5	111.6	115.6	113.4
河 南	Henan	110.1	110.2	108.7	106.7	111.0	111.4	111.5	110.0	108.0	112.3
湖 北	Hubei	118.6	119.3	120.2	128.5	115.8	119.4	120.2	121.1	129.4	116.6
湖 南	Hunan	109.9	109.7	110.1	107.4	111.5	110.3	110.1	110.5	107.7	111.9
广 东	Guangdong	109.6	109.8	109.9	110.2	109.2	112.3	112.5	112.6	112.9	111.9
广 西	Guangxi	110.2	110.3	110.3	113.5	110.5	112.5	112.6	112.6	115.9	112.8
海 南	Hainan	113.9	114.0	114.3	115.1	111.5	114.5	114.6	114.9	115.7	112.1
重 庆	Chongqing	114.5	114.8	113.9	116.3	115.4	116.4	116.7	115.8	118.2	117.3
四 川	Sichuan	113.8	114.1	114.5	114.4	112.9	113.0	113.3	113.7	113.6	112.2
贵 州	Guizhou	114.4	114.8	115.2	106.0	114.1	116.0	116.4	116.8	107.5	115.7
云 南	Yunnan	112.3	112.3	113.2	116.7	109.9	111.7	111.7	112.6	116.1	109.3
西 藏	Tibet	102.9	103.1	102.3	92.1	148.2	101.4	101.6	100.8	90.8	146.0
陕 西	Shaanxi	116.0	116.4	118.4	122.6	106.7	116.0	116.4	118.4	122.6	106.7
甘 肃	Gansu	113.2	113.2	113.0	120.0	111.5	112.2	112.2	112.0	119.0	110.5
青 海	Qinghai	107.9	108.3	109.0	119.2	100.9	104.6	105.0	105.7	115.6	97.8
宁 夏	Ningxia	109.5	110.9	107.3	111.1	113.2	109.1	110.5	106.9	110.7	112.8
新 疆	Xinjiang	111.9	112.4	110.9	103.8	113.7	111.7	112.2	110.7	103.6	113.5

4-13 各地区按登记注册类型分城镇单位就业人员平均工资
Average Wage of Employed Persons in Urban Units by Status of Registration and Region

单位：元 (yuan)

年份 地区 Year Region	合计 Total	国有单位 State-owned Units	城镇集体单位 Urban Collective-owned Units	股份合作单位 Coopera-tive Units	联营单位 Joint Ownership Units	有限责任公司 Limited Liability Corpora-tions	股份有限公司 Share-holding Corpora-tions Ltd.	其他内资 Others	港、澳、台商投资单位 Units with Funds from Hong Kong, Macao & Taiwan	外商投资单位 Foreign Funded Units
1995	5348	5553	3934	7260	6074			6483	7711	8812
1996	5980	6207	4312	7620	6879			7025	8557	10084
1997	6444	6679	4516	7712	7370			7183	9553	11216
1998	7446	7579	5314	6051	8431	7762	8829	6183	10330	12927
1999	8319	8443	5758	6709	9494	8658	9734	8571	11349	14353
2000	9333	9441	6241	7479	10608	9750	11105	9888	12210	15692
2001	10834	11045	6851	8446	11882	11024	12333	11888	12959	17553
2002	12373	12701	7636	9498	12438	11994	13815	10444	14197	19409
2003	13969	14358	8627	10558	13556	13358	15738	10670	15155	21016
2004	15920	16445	9723	11710	15218	15103	18136	10211	16237	22250
2005	18200	18978	11176	13808	17476	17010	20272	11230	17833	23625
2006	20856	21706	12866	15190	19883	19366	24383	13262	19678	26552
2007	24721	26100	15444	17613	23746	22343	28587	16280	22593	29594
2008	28898	30287	18103	21497	27576	26198	34026	19591	26083	34250
2009	32244	34130	20607	25020	29474	28692	38417	21633	28090	37101
北京 Beijing	57779	60495	23450	21695	34176	44653	77154	28089	73334	91165
天津 Tianjin	43937	47895	29018	40778	29908	43765	61089	26061	34007	41566
河北 Hebei	27774	28871	18005	26818	38578	28437	26432	17721	24682	27893
山西 Shanxi	28066	28872	18115	19014	15555	30704	23908	21114	18842	27950
内蒙古 Inner Mongolia	30486	32108	24145	17923	21867	26944	31237	18433	24565	26290
辽宁 Liaoning	30523	31878	16870	19785	20371	29295	38364	19307	28985	29688
吉林 Jilin	25943	27070	14335	14557	14870	21791	32190	18778	18958	37283
黑龙江 Heilongjiang	24805	25635	16190	22622	17276	20282	28727	16525	72034	20846
上海 Shanghai	58336	64639	36663	50962	48204	48925	80586	44681	39284	55940
江苏 Jiangsu	35217	44013	25955	24182	24151	28845	39852	22912	25211	31218
浙江 Zhejiang	36553	56962	31319	32079	29570	27668	39454	27086	26872	27492
安徽 Anhui	28723	29163	19984	21257	21519	29923	32246	20222	22284	25931
福建 Fujian	28366	36061	24227	23717	25513	24529	35889	24719	22041	25039
江西 Jiangxi	24165	25582	16142	20914	19690	20110	30127	20156	16670	21036
山东 Shandong	29398	34292	21344	22619	40749	24340	29099	20408	23343	26665
河南 Henan	26906	28503	18006	26731	20665	25701	29628	22135	25153	27120
湖北 Hubei	26547	29172	18819	21165	23432	22507	23796	17663	20740	31323
湖南 Hunan	26534	28967	19295	25234	21122	23496	27499	22294	20918	23148
广东 Guangdong	36469	44403	20318	27059	34610	36425	57371	28733	25024	34170
广西 Guangxi	27322	29275	18575	21961	18219	24037	27480	21041	18320	32758
海南 Hainan	24790	24188	17499	19105	21493	23737	44174	19710	20698	26955
重庆 Chongqing	30499	33286	20057	25957	29308	26929	35066	23150	27855	31690
四川 Sichuan	28149	32210	21043	22562	20879	21327	25455	18211	23846	26882
贵州 Guizhou	27437	28951	21707	30465	17138	22323	31999	17478	19610	24694
云南 Yunnan	26163	29414	20664	19754	23391	22055	30084	16592	22311	27409
西藏 Tibet	45347	47116	11949		19091	36882	29969	6444		
陕西 Shaanxi	29566	30853	16346	20668	32742	26608	33637	38471	26979	34046
甘肃 Gansu	26743	28082	18914	17441	17984	22963	26716	14053	15359	27518
青海 Qinghai	32481	37405	17807	20157	10788	19416	22558	13486	21035	19738
宁夏 Ningxia	32916	32543	33600	25631	17293	36495	26894	17979	23868	25614
新疆 Xinjiang	27617	26626	22721	23834	24604	25909	41943	17952	23834	27212

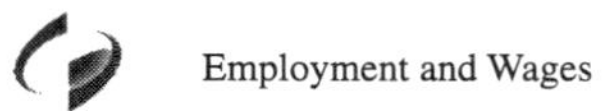

4-14 各地区按行业分城镇单位就业人员工资总额
Total Wage Bill of Employed Persons in Urban Units by Sector and Region

单位: 亿元 (100 million yuan)

年份 地区	Year Region	合计 Total	农、林、牧、渔业 Agriculture, Forestry, Animal Husbandry and Fishery	采矿业 Mining	制造业 Manufacturing	电力、燃气及水的生产和供应业 Production and Distribution of Electricity, Gas and Water	建筑业 Construction	交通运输、仓储和邮政业 Transport, Storage and Post
	2003	15329.6	335.8	662.9	3772.7	552.0	965.9	1008.0
	2004	17615.0	351.2	831.8	4316.4	646.8	1081.3	1144.7
	2005	20627.1	368.7	1031.2	5056.6	741.8	1324.7	1279.5
	2006	24262.3	403.3	1259.6	6035.8	858.0	1612.1	1471.5
	2007	29471.5	464.6	1500.5	7241.2	1012.7	1946.2	1727.9
	2008	35289.5	516.4	1847.3	8498.9	1180.4	2313.6	2006.3
	2009	40288.2	537.4	2089.1	9302.2	1283.5	2837.9	2234.9
北京	Beijing	3545.6	8.9	28.4	414.5	50.5	143.4	227.6
天津	Tianjin	886.5	2.4	53.6	268.3	23.6	48.0	60.0
河北	Hebei	1398.2	8.1	114.8	279.4	78.5	71.6	75.2
山西	Shanxi	1073.0	4.6	308.5	152.1	36.3	51.0	67.6
内蒙古	Inner Mongolia	761.8	40.4	66.3	97.6	44.1	40.8	56.5
辽宁	Liaoning	1557.5	24.3	125.8	407.8	57.8	80.6	103.1
吉林	Jilin	689.5	22.1	57.3	153.7	23.5	27.5	41.0
黑龙江	Heilongjiang	1162.2	100.8	143.4	188.5	48.0	67.1	72.9
上海	Shanghai	2287.8	4.7	0.7	667.2	48.3	70.2	180.8
江苏	Jiangsu	2520.0	18.9	55.1	847.6	76.8	119.4	104.7
浙江	Zhejiang	2917.8	4.9	4.3	833.7	84.8	400.0	102.5
安徽	Anhui	1021.2	8.4	145.3	173.7	33.5	94.1	36.9
福建	Fujian	1318.0	10.8	13.1	509.2	40.5	120.9	56.7
江西	Jiangxi	695.0	19.3	20.9	145.1	29.8	54.5	50.0
山东	Shandong	2699.0	11.3	254.9	802.4	77.2	166.4	113.9
河南	Henan	1953.2	10.9	214.0	358.8	68.1	177.3	81.5
湖北	Hubei	1282.2	24.9	24.8	294.6	38.6	155.2	86.2
湖南	Hunan	1265.4	7.6	34.5	240.2	36.8	148.4	62.6
广东	Guangdong	3800.5	13.4	13.7	1205.7	103.3	155.1	241.2
广西	Guangxi	810.7	16.9	10.5	135.4	31.0	60.8	53.6
海南	Hainan	196.7	16.3	2.7	16.5	6.6	14.3	16.1
重庆	Chongqing	743.1	3.2	26.2	157.1	28.5	98.0	38.1
四川	Sichuan	1578.3	9.2	70.1	297.6	51.4	203.9	74.8
贵州	Guizhou	588.1	3.4	31.0	93.6	26.8	46.1	26.4
云南	Yunnan	812.0	13.1	34.8	144.6	31.5	62.9	45.1
西藏	Tibet	95.0	1.4	0.6	1.9	3.1	1.9	2.6
陕西	Shaanxi	1038.0	8.6	82.5	198.9	35.4	55.8	59.9
甘肃	Gansu	517.7	8.8	37.5	100.9	22.0	24.3	32.1
青海	Qinghai	163.6	4.7	6.7	20.5	5.1	9.9	12.2
宁夏	Ningxia	195.4	5.0	31.5	25.8	19.3	9.2	9.6
新疆	Xinjiang	715.1	100.1	75.5	69.0	22.4	59.2	43.7

4-14 续表 1 continued

单位: 亿元 (100 million yuan)

年份 地区	Year Region	信息传输、计算机服务和软件业 Information Transmission, Computer Service and Software	批发和零售业 Wholesale and Retail Trades	住宿和餐饮业 Hotels and Catering Services	金融业 Financial Intermediation	房地产业 Real Estate	租赁和商务服务业 Leasing and Business Services
	2003	356.0	696.3	190.9	734.4	202.7	305.2
	2004	404.3	770.5	221.2	866.7	243.3	351.4
	2005	491.8	832.0	249.8	1047.7	293.0	449.8
	2006	587.4	920.0	280.0	1292.9	338.4	565.6
	2007	699.1	1061.8	314.6	1670.3	426.2	668.9
	2008	862.8	1323.9	371.2	2202.9	520.8	893.7
	2009	996.2	1509.2	418.9	2658.8	607.8	1021.4
北京	Beijing	357.7	286.4	81.7	346.0	132.8	409.4
天津	Tianjin	14.4	38.8	7.8	48.7	12.5	19.3
河北	Hebei	22.1	37.3	7.1	85.6	8.1	9.6
山西	Shanxi	13.0	28.6	5.6	49.0	3.2	10.4
内蒙古	Inner Mongolia	12.5	14.1	4.1	40.1	4.1	7.5
辽宁	Liaoning	32.6	44.7	12.2	90.1	18.9	21.6
吉林	Jilin	15.6	16.5	4.6	35.6	7.1	9.4
黑龙江	Heilongjiang	19.9	39.7	6.5	49.3	8.7	8.9
上海	Shanghai	67.3	136.5	31.6	295.8	54.2	99.7
江苏	Jiangsu	34.6	80.1	22.6	154.7	24.6	30.9
浙江	Zhejiang	69.4	97.6	33.0	229.9	40.7	68.7
安徽	Anhui	11.5	31.4	6.3	52.5	10.0	10.8
福建	Fujian	21.1	36.9	11.2	71.9	26.7	22.9
江西	Jiangxi	9.5	17.3	2.9	32.7	4.4	4.6
山东	Shandong	27.3	85.5	22.6	149.4	25.6	30.4
河南	Henan	16.8	75.0	17.5	82.6	22.3	25.6
湖北	Hubei	14.6	40.6	11.0	67.0	13.7	10.6
湖南	Hunan	16.8	39.7	14.2	65.3	20.3	15.7
广东	Guangdong	100.3	140.8	53.6	312.1	87.4	107.6
广西	Guangxi	13.8	26.0	7.0	47.3	9.3	17.4
海南	Hainan	4.0	7.1	6.4	10.3	5.5	3.8
重庆	Chongqing	12.4	27.9	6.6	45.5	13.6	10.4
四川	Sichuan	23.0	43.1	10.0	87.3	13.6	18.1
贵州	Guizhou	8.5	23.9	4.5	31.3	8.0	8.3
云南	Yunnan	14.6	33.4	8.7	47.8	7.4	12.5
西藏	Tibet	1.9	1.7	1.0	5.9	0.1	0.4
陕西	Shaanxi	22.8	24.4	9.3	55.9	14.0	8.5
甘肃	Gansu	5.0	9.3	3.1	20.5	3.1	3.9
青海	Qinghai	2.9	3.8	0.8	6.6	1.5	3.2
宁夏	Ningxia	2.6	4.2	0.8	12.5	2.0	2.1
新疆	Xinjiang	7.5	16.8	4.6	29.8	4.5	9.4

4-14 续表 2 continued

单位: 亿元 (100 million yuan)

年份 地区	Year Region	科学研究、技术服务和地质勘查业 Scientific Research, Technical Services, and Geological Prospecting	水利、环境和公共设施管理业 Management of Water Conservancy, Environment and Public Facilities	居民服务和其他服务业 Services to Households and Other Services	教育 Education	卫生、社会保障和社会福利业 Health, Social Securities and Social Welfare	文化、体育和娱乐业 Culture, Sports and Entertainment	公共管理和社会组织 Public Management and Social Organization
	2003	454.4	202.6	66.4	2035.9	782.1	217.9	1787.6
	2004	514.6	226.1	71.8	2346.2	902.3	251.5	2072.7
	2005	614.0	257.3	85.1	2690.8	1047.8	275.8	2489.6
	2006	736.9	289.8	102.5	3127.8	1226.1	314.9	2839.7
	2007	923.9	352.2	115.8	3917.2	1496.6	378.1	3553.8
	2008	1154.6	413.8	132.1	4556.1	1789.3	429.3	4276.0
	2009	1350.6	474.3	146.8	5338.6	2095.3	488.5	4896.8
北京	Beijing	332.9	32.9	18.9	229.0	124.6	106.8	213.3
天津	Tianjin	39.8	13.2	14.8	93.8	41.5	8.7	77.4
河北	Hebei	35.8	18.7	6.6	244.0	70.6	11.8	213.4
山西	Shanxi	17.8	9.3	1.4	131.9	33.7	10.8	138.1
内蒙古	Inner Mongolia	14.9	17.0	6.4	128.3	39.3	10.6	117.2
辽宁	Liaoning	45.9	26.7	4.9	193.8	78.4	18.9	169.3
吉林	Jilin	21.8	12.2	1.7	108.7	38.9	9.3	82.9
黑龙江	Heilongjiang	48.3	15.2	14.9	140.3	54.1	10.9	124.9
上海	Shanghai	156.1	26.1	12.1	170.3	112.8	29.4	124.1
江苏	Jiangsu	52.4	32.3	3.3	357.8	140.3	25.0	338.7
浙江	Zhejiang	55.2	25.3	4.7	338.4	164.3	29.4	330.9
安徽	Anhui	19.0	12.0	1.1	167.6	58.6	8.1	140.5
福建	Fujian	17.7	10.6	3.8	160.6	53.8	11.5	118.0
江西	Jiangxi	14.3	8.6	1.0	121.8	39.6	8.7	110.0
山东	Shandong	40.8	25.4	10.1	364.0	135.1	24.2	332.5
河南	Henan	36.6	25.5	3.8	334.0	107.8	18.4	276.5
湖北	Hubei	41.4	15.1	2.8	184.8	76.0	13.8	166.3
湖南	Hunan	24.6	16.7	3.0	198.0	95.8	13.7	211.6
广东	Guangdong	93.1	38.0	15.9	413.7	212.4	39.6	453.6
广西	Guangxi	20.9	12.6	1.6	152.4	60.8	9.9	123.2
海南	Hainan	4.1	3.4	0.4	34.9	10.9	3.4	29.9
重庆	Chongqing	25.4	6.3	1.7	113.9	40.1	7.4	80.8
四川	Sichuan	62.3	17.4	2.2	242.6	102.0	12.4	237.3
贵州	Guizhou	12.3	4.8	2.1	115.6	29.8	4.5	107.4
云南	Yunnan	19.0	8.3	1.2	147.2	36.1	7.7	136.0
西藏	Tibet	3.5	0.5	0.1	18.9	6.0	2.9	40.7
陕西	Shaanxi	50.7	15.5	3.7	183.9	53.9	11.9	142.6
甘肃	Gansu	15.0	7.3	0.7	95.8	24.4	6.4	97.8
青海	Qinghai	9.4	2.3	1.1	28.1	10.2	2.4	32.1
宁夏	Ningxia	4.2	4.1	0.1	26.4	8.2	2.9	24.9
新疆	Xinjiang	15.3	11.1	0.7	98.3	35.1	7.1	104.8

4-15 按行业分城镇单位就业人员平均工资（2009年）
Average Wage of Employed Persons in Urban Units by Sector in Detail (2009)

单位：元 (yuan)

项 目	Item	合 计 Total	国有单位 State-owned Units	城镇集体单位 Urban Collective-owned Units	其他单位 Units of Other Types of Ownership
全 国 总 计	**National Total**	**32244**	**34130**	**20607**	**31350**
按国民经济行业分组	**Grouped by Sector**				
农、林、牧、渔业	Agriculture, Forestry, Animal Husbandry and Fishery	14356	14160	15392	19456
采矿业	Mining	38038	38626	20075	38640
制造业	Manufacturing	26810	31142	17620	26617
电力、燃气及水的生产和供应业	Production and Distribution of Electricity, Gas and Water	41869	42160	29369	41931
建筑业	Construction	24161	27750	17565	24325
交通运输、仓储和邮政业	Traffic, Transport, Storage and Post	35315	34976	17538	37883
信息传输、计算机服务和软件业	Information Transmission, Computer Services and Software	58154	42379	30904	68067
批发和零售业	Wholesale and Retail Trades	29139	30908	14777	30717
住宿和餐饮业	Hotels and Catering Services	20860	21177	16569	21064
金融业	Financial Intermediation	60398	56719	37453	67574
房地产业	Real Estate	32242	30800	22516	33311
租赁和商务服务业	Leasing and Business Services	35494	30431	19276	45078
科学研究、技术服务和地质勘查业	Scientific Research, Technical Service and Geologic Prospecting	50143	47277	33025	61697
水利、环境和公共设施管理业	Management of Water Conservancy, Environment	23159	23161	16891	27154
居民服务和其他服务业	Services to Households and Other Services	25172	28874	18509	22877
教育	Education	34543	34678	27515	32663
卫生、社会保障和社会福利业	Health, Social Security and Social Welfare	35662	36575	27618	30579
文化、体育和娱乐业	Culture, Sports and Entertainment	37755	38749	22177	32898
公共管理和社会组织	Public Management and Social Organization	35326	35491	26039	17849

4-16 各地区按行业分城镇单位就业人员平均工资
Average Wage of Employed Persons in Urban Units by Sector and Region

单位：元 (yuan)

年份 地区	Year Region	合计 Total	农、林、牧、渔业 Agriculture, Forestry, Animal Husbandry and Fishery	采矿业 Mining	制造业 Manufacturing	电力、燃气及水的生产和供应业 Production and Distribution of Electricity, Gas and Water	建筑业 Construction	交通运输、仓储和邮政业 Transport, Storage and Post
	2003	13969	6884	13627	12671	18574	11328	15753
	2004	15920	7497	16774	14251	21543	12578	18071
	2005	18200	8207	20449	15934	24750	14112	20911
	2006	20856	9269	24125	18225	28424	16164	24111
	2007	24721	10847	28185	21144	33470	18482	27903
	2008	28898	12560	34233	24404	38515	21223	32041
	2009	32244	14356	38038	26810	41869	24161	35315
北京	Beijing	57779	27020	57031	41595	77875	41981	46087
天津	Tianjin	43937	31834	57508	36495	71632	44374	48453
河北	Hebei	27774	11330	42784	23870	39846	20066	29787
山西	Shanxi	28066	17957	42197	21806	37103	21912	31851
内蒙古	Inner Mongolia	30486	15017	37156	25603	44207	23219	34578
辽宁	Liaoning	30523	8832	35463	28218	36322	24399	32639
吉林	Jilin	25943	13636	31757	26119	29419	19408	26539
黑龙江	Heilongjiang	24805	11079	33417	23894	32767	20610	28074
上海	Shanghai	58336	38093	59946	46672	83958	62308	49847
江苏	Jiangsu	35217	17904	40115	27765	59577	26549	34015
浙江	Zhejiang	36553	32969	26292	25429	68464	26580	43041
安徽	Anhui	28723	13437	48404	24960	35680	24075	25098
福建	Fujian	28366	15790	26014	22631	42466	26029	35263
江西	Jiangxi	24165	15049	24589	21508	30908	20518	31921
山东	Shandong	29398	21884	40564	23930	37911	23222	34477
河南	Henan	26906	15718	41029	23330	33310	21354	28392
湖北	Hubei	26547	15777	28158	25183	32294	22485	26874
湖南	Hunan	26534	14519	22732	24716	31894	21079	28722
广东	Guangdong	36469	14469	41176	27578	54496	25509	45631
广西	Guangxi	27322	15397	24110	23508	35386	23506	30917
海南	Hainan	24790	10855	30234	21840	35313	24129	37642
重庆	Chongqing	30499	18713	28012	27770	44577	23741	28250
四川	Sichuan	28149	17748	31954	24448	33176	20639	31675
贵州	Guizhou	27437	17249	27280	25284	40570	22744	28652
云南	Yunnan	26163	15011	23725	23614	40101	17629	31714
西藏	Tibet	45347	28052	30408	25280	40768	22137	35309
陕西	Shaanxi	29566	20670	36289	23428	35388	22822	31265
甘肃	Gansu	26743	16872	42760	25936	32685	16423	30916
青海	Qinghai	32481	24022	34890	23671	39404	24062	37319
宁夏	Ningxia	32916	19384	57106	24431	46403	23367	32226
新疆	Xinjiang	27617	16862	42919	27400	38079	25118	40249

4-16 续表 1 continued

单位：元 (yuan)

年 份 地 区	Year Region	信息传输、计算机服务和软件业 Information Transmission, Computer Service and Software	批发和零售业 Wholesale and Retail Trades	住宿和餐饮业 Hotels and Catering Services	金融业 Financial Intermediation	房地产业 Real Estate	租赁和商务服务业 Leasing and Business Services
	2003	30897	10894	11198	20780	17085	17020
	2004	33449	13012	12618	24299	18467	18723
	2005	38799	15256	13876	29229	20253	21233
	2006	43435	17796	15236	35495	22238	24510
	2007	47700	21074	17046	44011	26085	27807
	2008	54906	25818	19321	53897	30118	32915
	2009	58154	29139	20860	60398	32242	35494
北 京	Beijing	100794	57948	28759	143187	44256	56647
天 津	Tianjin	59022	32671	21067	74068	40945	26377
河 北	Hebei	36830	16738	15441	36989	24945	18750
山 西	Shanxi	30912	16073	13455	35447	15938	17599
内蒙古	Inner Mongolia	32557	21699	18227	40945	23424	26737
辽 宁	Liaoning	53818	25715	18331	45038	25727	21352
吉 林	Jilin	30803	20018	14881	36473	21227	23041
黑龙江	Heilongjiang	37803	21693	19778	37056	20254	21157
上 海	Shanghai	101367	52553	29564	134581	45903	53146
江 苏	Jiangsu	48004	28985	21488	60164	38012	27413
浙 江	Zhejiang	71664	35705	22456	84714	39558	29627
安 徽	Anhui	31275	23112	16857	36891	23285	26130
福 建	Fujian	52776	27927	18681	61181	31581	22736
江 西	Jiangxi	26118	20868	15840	33055	21531	16691
山 东	Shandong	44403	21272	19568	46480	27254	26130
河 南	Henan	32510	19509	18390	38019	26125	21383
湖 北	Hubei	32431	20839	16994	43200	24520	23149
湖 南	Hunan	34616	24900	17243	38337	25034	22943
广 东	Guangdong	61118	34418	22542	84721	34240	38192
广 西	Guangxi	39250	22562	15692	51315	25223	21259
海 南	Hainan	56358	21818	16160	52674	22834	18471
重 庆	Chongqing	49529	25745	17129	49871	28699	22253
四 川	Sichuan	38839	24786	19062	43556	25408	30377
贵 州	Guizhou	36015	24081	17054	53780	21959	20718
云 南	Yunnan	36687	23488	14853	52773	20612	22049
西 藏	Tibet	53789	31654	25749	76650	38017	24579
陕 西	Shaanxi	38628	20034	16338	46122	32639	27595
甘 肃	Gansu	22186	16813	15163	30627	17985	19705
青 海	Qinghai	35417	21175	16825	37456	22716	35718
宁 夏	Ningxia	38298	25553	15529	47745	26031	20417
新 疆	Xinjiang	37875	26889	18049	45502	21389	19029

4-16 续表 2 continued

单位: 元 (yuan)

年份 地区	Year Region	科学研究、技术服务和地质勘查业 Scientific Research, Technical Services, and Geological Prospecting	水利、环境和公共设施管理业 Management of Water Conservancy, Environment and Public Facilities	居民服务和其他服务业 Services to Households and Other Services	教育 Education	卫生、社会保障和社会福利业 Health, Social Securities and Social Welfare	文化、体育和娱乐业 Culture, Sports and Entertainment	公共管理和社会组织 Public Management and Social Organization
	2003	20442	11774	12665	14189	16185	17098	15355
	2004	23351	12884	13680	16085	18386	20522	17372
	2005	27155	14322	15747	18259	20808	22670	20234
	2006	31644	15630	18030	20918	23590	25847	22546
	2007	38432	18383	20370	25908	27892	30430	27731
	2008	45512	21103	22858	29831	32185	34158	32296
	2009	50143	23159	25172	34543	35662	37755	35326
北京	Beijing	77632	37183	25006	55420	63081	67881	53529
天津	Tianjin	67825	36742	20992	56700	49175	49221	57443
河北	Hebei	42809	20093	34617	29605	27678	24762	28395
山西	Shanxi	30334	15831	18678	27573	22302	23631	25275
内蒙古	Inner Mongolia	35184	24784	30494	37305	33610	32545	34825
辽宁	Liaoning	42903	23254	21408	38221	32341	34781	33998
吉林	Jilin	33927	15926	16190	29305	25948	25159	27164
黑龙江	Heilongjiang	42405	16502	25848	31400	29432	28140	30699
上海	Shanghai	76108	41240	30875	61763	66826	62422	65919
江苏	Jiangsu	53849	28323	28502	42158	41479	44856	54711
浙江	Zhejiang	53648	30583	29586	58993	56499	49956	59339
安徽	Anhui	32019	18423	19180	28230	27640	24416	30574
福建	Fujian	37348	24092	27430	36952	36226	31419	39727
江西	Jiangxi	28934	16965	20053	26175	25165	27576	25824
山东	Shandong	40964	22995	29853	34391	33982	37964	32496
河南	Henan	33250	22265	21542	29747	28008	25973	26751
湖北	Hubei	39246	18029	22387	28636	27507	27091	30392
湖南	Hunan	32558	20390	22865	28986	33461	30758	27790
广东	Guangdong	61896	28360	27343	38205	46609	44252	49837
广西	Guangxi	33162	18456	22235	27220	29678	31565	32717
海南	Hainan	26211	17131	21192	31451	29251	25196	31489
重庆	Chongqing	47818	19162	22446	33873	37688	30383	35019
四川	Sichuan	47858	19106	21319	29495	33082	28291	32314
贵州	Guizhou	28087	16895	21268	28310	27370	24332	28421
云南	Yunnan	30110	16339	17035	29197	24484	22377	30310
西藏	Tibet	52140	26894	42678	48416	43833	48258	49777
陕西	Shaanxi	39550	21832	23506	35063	30961	27119	30506
甘肃	Gansu	30173	21603	19559	28608	26931	26946	27945
青海	Qinghai	45158	23562	30093	38821	35089	36700	37760
宁夏	Ningxia	34346	22362	24951	34112	28514	32279	32017
新疆	Xinjiang	32633	22412	16022	29712	27471	28027	31217

4-17 各地区按行业分城镇私营单位就业人员平均工资(2009年)
Average Wage of Employed Persons in Urban Private Units by Sector and Region (2009)

单位：元 (yuan)

地区	Region	合计 Total	农、林、牧、渔业 Agriculture, Forestry, Animal Husbandry and Fishery	采矿业 Mining	制造业 Manufacturing	电力、燃气及水的生产和供应业 Production and Distribution of Electricity, Gas and Water	建筑业 Construction	交通运输、仓储和邮政业 Transport, Storage and Post
全国	**National Average**	**18199**	**14585**	**18553**	**17260**	**17795**	**19867**	**19634**
北京	Beijing	24929	17528	22632	21978	22377	23399	19340
天津	Tianjin	20756		19600	19109	17472	26053	21322
河北	Hebei	15111	13259	17408	14913	13661	16456	18218
山西	Shanxi	14522	10224	16998	14105	11616	15496	16573
内蒙古	Inner Mongolia	19300	13946	22528	18236	23637	21784	21913
辽宁	Liaoning	17085	13689	17129	16586	17526	18537	18126
吉林	Jilin	14750	18722	18364	13620	13656	16262	16059
黑龙江	Heilongjiang	15367	14452	21285	14131	15647	14648	18346
上海	Shanghai	21497	10000		19359	22966	23642	22195
江苏	Jiangsu	20129	16082	18860	19593	19298	22528	21617
浙江	Zhejiang	20629	17698	25362	19202	22372	23030	25984
安徽	Anhui	17380	24255	18788	16470	21227	20322	19845
福建	Fujian	18187	16305	17641	17372	18399	20759	19069
江西	Jiangxi	15508	12931	19111	14976	15030	17224	18194
山东	Shandong	18152	18334	17333	17704	17348	19072	20321
河南	Henan	14041	10574	14866	13850	13780	16080	14177
湖北	Hubei	15615	11939	16764	14503	15020	16781	14984
湖南	Hunan	16012	13894	19030	14764	18205	16075	18114
广东	Guangdong	19340	14128	17868	17535	15305	21158	23389
广西	Guangxi	15494	14477	15402	14479	13700	16089	19001
海南	Hainan	15949	12678	15499	15034	11872	21722	14806
重庆	Chongqing	17414	10180	19485	16840	16658	18719	17294
四川	Sichuan	16085	11462	18876	15384	16921	16431	16721
贵州	Guizhou	19779	10996	21360	17702	32349	14345	153735
云南	Yunnan	15637	15028	18669	15626	16854	15513	14803
西藏	Tibet							
陕西	Shaanxi	14092	10603	19186	12940	13548	15067	15405
甘肃	Gansu	12975	13707	15323	11916	15903	12353	14069
青海	Qinghai	14798	10330	16146	14456	16421	16612	13246
宁夏	Ningxia	17264	12291	16826	16683	12933	17637	16246
新疆	Xinjiang	17215	13917	23158	17213	16396	19154	18352

4-17 续表 1 continued

单位: 元 (yuan)

地 区	Region	信息传输、计算机服务和软件业 Information Transmission, Computer Service and Software	批发和零售业 Wholesale and Retail Trades	住宿和餐饮业 Hotels and Catering Services	金融业 Financial Intermediation	房地产业 Real Estate	租赁和商务服务业 Leasing and Business Services
全 国	**National Average**	**28166**	**17775**	**15623**	**30452**	**21334**	**21344**
北 京	Beijing	42629	22375	18784	30941	29562	26468
天 津	Tianjin	30810	21182	17030		44364	20180
河 北	Hebei	15696	13173	13089	17960	16839	17949
山 西	Shanxi	18723	13457	13029	16326	16435	14622
内蒙古	Inner Mongolia	19568	16852	18171	23536	19160	21038
辽 宁	Liaoning	21342	15290	15027	18117	19897	20234
吉 林	Jilin	19272	14491	14507	19982	16744	16900
黑龙江	Heilongjiang	22167	14978	14589	19605	14902	12748
上 海	Shanghai	35832	20432	19589	25630	26710	20295
江 苏	Jiangsu	21982	19706	18364	19641	21636	21902
浙 江	Zhejiang	34314	20050	17441	51180	25726	27163
安 徽	Anhui	26907	14628	13221		18621	17719
福 建	Fujian	22933	17590	13894	27937	20635	18311
江 西	Jiangxi	16234	13716	13333	18039	18907	16982
山 东	Shandong	20773	18261	18228	16647	20330	21825
河 南	Henan	11504	12632	12418	12615	14558	12502
湖 北	Hubei	46736	14462	13781	28031	23642	15917
湖 南	Hunan	21605	14717	14694	16717	18685	19842
广 东	Guangdong	34841	25602	17148	28425	23196	26831
广 西	Guangxi	14485	16621	12895	17622	26131	19193
海 南	Hainan	14490	16339	11975	15917	17865	18010
重 庆	Chongqing	22725	14504	13354	28634	17610	17780
四 川	Sichuan	17759	14975	15129	20188	17760	15898
贵 州	Guizhou	24995	13945	12865	42280	17829	14648
云 南	Yunnan	19247	13380	12456	25618	15121	13794
西 藏	Tibet						
陕 西	Shaanxi	19495	13576	13382	15203	15991	15984
甘 肃	Gansu	17636	13748	11549	6667	20161	13792
青 海	Qinghai	12378	14160	12312	17023	14084	17883
宁 夏	Ningxia	16297	16428	13564	17983	22399	22589
新 疆	Xinjiang	14436	15479	14415	16321	16821	16842

4-17 续表 2 continued

单位：元 (yuan)

地 区	Region	科学研究、技术服务和地质勘查业 Scientific Research, Technical Services, and Geological Prospecting	水利、环境和公共设施管理业 Management of Water Conservancy, Environment and Public Facilities	居民服务和其他服务业 Services to Households and Other Services	教育 Education	卫生、社会保障和社会福利业 Health, Social Securities and Social Welfare	文化、体育和娱乐业 Culture, Sports and Entertainment	公共管理和社会组织 Public Management and Social Organization
全 国	**National Average**	**26187**	**17170**	**15688**	**21066**	**18641**	**17339**	**8191**
北 京	Beijing	31176	21799	17967	26972	23661	23545	22427
天 津	Tianjin	18823	17785	14751	26955	21493	11663	
河 北	Hebei	19553	13746	15827	15906	14983	12351	13616
山 西	Shanxi	19399	15572	12377	12775	12990	12386	
内蒙古	Inner Mongolia	19119	17356	17062	16730	18005	19682	17243
辽 宁	Liaoning	22205	15923	15521	16644	17608	16199	9727
吉 林	Jilin	17732	11787	16649	16383	19614	13044	11547
黑龙江	Heilongjiang	24330	15354	16076	16948	16607	14817	
上 海	Shanghai	39681	16645	16078	21432	23755	18484	
江 苏	Jiangsu	24508	19265	18560	20820	24355	19448	
浙 江	Zhejiang	27264	18898	17641	27973	23245	18615	
安 徽	Anhui	23317	14386	14525	23200	16862	19750	
福 建	Fujian	19888	15621	16341	21567	21139	16910	15348
江 西	Jiangxi	17982	17610	14255	20612	17077	15176	13300
山 东	Shandong	20347	17451	18820	19044	20770	18892	14342
河 南	Henan	13887	12628	12460	14404	14617	12573	9570
湖 北	Hubei	21234	13888	13375	16986	15024	13771	9244
湖 南	Hunan	18073	19852	16197	21909	22359	15879	9378
广 东	Guangdong	30959	19082	16755	29412	20211	17938	11575
广 西	Guangxi	25089	14511	13919	13975	16504	13286	
海 南	Hainan	21019	12806	12929	13478	19079	13581	3200
重 庆	Chongqing	19149	15628	14520	17168	21618	16294	11668
四 川	Sichuan	19634	15737	13832	16837	18790	15966	11204
贵 州	Guizhou	210268	8673	12162	15564	15614	11697	11283
云 南	Yunnan	21411	11745	13450	16140	16365	14823	12929
西 藏	Tibet							
陕 西	Shaanxi	21015	12743	12228	20104	15183	14922	7292
甘 肃	Gansu	16222	10226	9685	13537	14242	16303	17284
青 海	Qinghai	20061	14076	13092	12667	15047	10628	
宁 夏	Ningxia	24209	19439	13972	21188	17405	15866	
新 疆	Xinjiang	17836	15391	14050	16277	17236	13012	

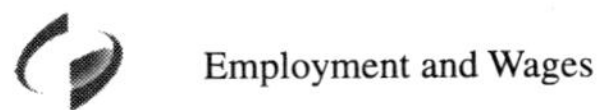

4-18 各地区职业介绍工作情况(2009年)
Situations of Job Services by Region (2009)

单位：万人 (10 000 persons)

地 区	Region	本年末职业介绍机构个数(个) Number of Job Services (unit)	本年末职业介绍机构人数 Staff and Workers in Job Services	本年登记招聘人数 Total Registered Job Vacancies This Year	本年登记求职人数 Total Registered Job-seekers This Year	#女性 Female	#下岗职工 Laid-off Staff and Workers	#失业人员 Unemployed Persons
全 国	**National Total**	**37123**	**12.6**	**6045.7**	**5805.7**	**2517.6**	**334.5**	**2071.5**
北 京	Beijing	660	0.6	122.2	40.3	16.1		21.1
天 津	Tianjin	170	0.1	45.6	63.3	32.6	0.6	29.8
河 北	Hebei	2212	0.7	143.2	140.5	66.1	10.0	27.2
山 西	Shanxi	282	0.2	49.7	48.3	21.5	9.1	17.4
内蒙古	Inner Mongolia	1395	0.4	73.9	73.5	32.3	4.9	25.2
辽 宁	Liaoning	1897	0.5	213.7	219.2	103.8	30.4	100.0
吉 林	Jilin	1319	0.5	91.6	96.4	42.4	16.6	38.6
黑龙江	Heilongjiang	1156	0.3	130.6	138.1	55.9	34.4	59.6
上 海	Shanghai	490	0.4	168.7	547.8	270.1	43.0	193.2
江 苏	Jiangsu	3646	1.5	531.6	552.5	258.3	4.2	164.7
浙 江	Zhejiang	2501	0.6	777.8	491.0	154.3	2.7	102.8
安 徽	Anhui	1923	0.6	195.9	152.0	64.0	9.2	38.8
福 建	Fujian	1062	0.3	312.2	269.6	118.5	11.7	53.1
江 西	Jiangxi	2084		181.6	193.0	96.2	31.2	62.4
山 东	Shandong	2106	0.7	358.1	295.1	123.9	4.6	93.3
河 南	Henan	1591	1.2	115.6	140.5	62.5	39.0	26.1
湖 北	Hubei	926	0.3	196.2	182.3	86.2	26.9	65.8
湖 南	Hunan	887	0.3	86.4	120.4	43.1	2.0	90.0
广 东	Guangdong	1850	0.9	1348.4	1122.6	508.7	6.4	630.2
广 西	Guangxi	360	0.2	149.2	140.0	58.6	6.4	31.5
海 南	Hainan	235	0.1	21.4	31.9	14.2	1.9	2.9
重 庆	Chongqing	561	0.2	83.5	83.1	38.4	0.6	37.8
四 川	Sichuan	1419	0.4	183.0	175.3	68.1	9.9	61.4
贵 州	Guizhou	380	0.1	44.6	34.9	15.5	3.8	15.8
云 南	Yunnan	1697	0.4	67.0	62.0	26.1	4.1	23.5
西 藏	Tibet	22		2.5	3.2	1.1		1.4
陕 西	Shaanxi	2242	0.7	130.1	131.3	51.6	11.5	18.3
甘 肃	Gansu	863	0.2	39.2	47.2	22.6	4.2	12.5
青 海	Qinghai	299	0.1	55.7	51.4	13.4	0.8	4.1
宁 夏	Ningxia	298	0.1	51.2	56.6	15.9	1.1	5.6
新 疆	Xinjiang	590	0.2	75.2	102.4	36.1	3.4	17.3

4-18 续表 continued

单位：万人 (10 000 persons)

地 区	Region	#获得职业资格人员 Persons with Qualification Certificates	本年职业指导人数 Person-times of Vocational Guidance	本年介绍成功人数 Placed Job-seekers	#女 性 Female	#下岗职工 Laid-off Staff and Workers	#失业人员 Unemployed Persons	#获得职业资格人员 Persons with Qualification Certificates
全 国	**National Total**	**1268.6**	**3111.6**	**2839.8**	**1216.7**	**178.3**	**1028.9**	**783.2**
北 京	Beijing	9.3	77.2	22.0	8.8		11.9	7.5
天 津	Tianjin	46.0	60.8	15.9	8.1	0.1	8.7	12.1
河 北	Hebei	15.1	95.3	82.0	33.8	5.7	17.1	8.4
山 西	Shanxi	2.4	35.2	30.4	13.5	6.7	13.0	1.9
内蒙古	Inner Mongolia	3.3	48.3	54.4	22.2	3.6	19.0	1.9
辽 宁	Liaoning	17.6	102.7	91.7	44.6	16.0	47.0	11.5
吉 林	Jilin	14.2	57.4	64.9	26.5	10.9	25.7	11.4
黑龙江	Heilongjiang	6.7	72.4	75.3	31.6	21.5	35.0	5.1
上 海	Shanghai	70.1	28.6	34.0	16.6	3.5	21.1	11.3
江 苏	Jiangsu	102.6	245.7	243.5	121.2	2.0	87.9	63.6
浙 江	Zhejiang	113.5	251.3	244.8	82.7	1.9	54.1	58.6
安 徽	Anhui	18.6	83.8	80.7	32.3	4.2	21.8	15.1
福 建	Fujian	14.6	85.8	145.2	69.6	6.2	26.1	9.8
江 西	Jiangxi	22.5	96.1	109.1	51.8	14.8	28.4	17.8
山 东	Shandong	58.8	206.6	147.1	75.6	3.2	48.2	37.4
河 南	Henan	20.2	70.0	79.1	31.6	22.5	18.5	13.7
湖 北	Hubei	37.8	124.6	105.1	48.7	18.1	35.6	24.0
湖 南	Hunan	47.5	97.2	34.8	17.9	1.1	30.0	20.5
广 东	Guangdong	520.2	670.5	650.9	272.5	4.9	368.6	386.3
广 西	Guangxi	29.4	57.5	56.5	22.6	3.9	14.3	9.3
海 南	Hainan	4.4	9.1	11.3	4.6	1.2	1.5	2.4
重 庆	Chongqing	7.2	86.4	38.5	18.5	0.3	16.3	6.0
四 川	Sichuan	35.3	105.3	71.2	26.6	7.1	26.9	12.7
贵 州	Guizhou	1.5	24.8	12.1	4.7	1.5	4.0	0.5
云 南	Yunnan	14.4	48.0	38.3	17.6	2.9	10.9	10.8
西 藏	Tibet	0.2	3.4	1.6	0.6		0.9	0.1
陕 西	Shaanxi	18.3	85.8	80.9	36.1	5.7	10.6	8.9
甘 肃	Gansu	5.5	39.7	34.7	17.0	2.9	7.5	4.4
青 海	Qinghai	2.3	48.6	48.4	13.4	0.5	2.9	2.5
宁 夏	Ningxia	1.7	54.0	50.3	13.2	0.4	3.2	1.4
新 疆	Xinjiang	7.5	39.6	85.0	32.2	4.8	12.3	6.1

4-19 各地区城镇登记失业人员及失业率

Registered Unemployed Persons and Unemployment Rate in Urban Area by Region

地 区	Region	失业人员（万人） Unemployed Persons (10 000 persons)				失业率 (%) Unemployment Rate (%)			
		1990	2005	2008	2009	1990	2005	2008	2009
北 京	Beijing	1.7	10.6	10.3	8.2	0.4	2.1	1.8	1.4
天 津	Tianjin	8.1	11.7	13.0	15.0	2.7	3.7	3.6	3.6
河 北	Hebei	7.7	27.8	32.2	34.5	1.1	3.9	4.0	3.9
山 西	Shanxi	5.5	14.3	17.5	21.6	1.2	3.0	3.3	3.9
内蒙古	Inner Mongolia	15.2	17.7	19.9	20.1	3.8	4.3	4.1	4.0
辽 宁	Liaoning	23.7	60.4	41.7	41.6	2.2	5.6	3.9	3.9
吉 林	Jilin	10.5	27.6	24.3	23.4	1.9	4.2	4.0	4.0
黑龙江	Heilongjiang	20.4	31.3	32.1	31.4	2.2	4.4	4.2	4.3
上 海	Shanghai	7.7	27.5	26.6	27.9	1.5		4.2	4.3
江 苏	Jiangsu	22.5	41.6	41.1	40.7	2.4	3.6	3.3	3.2
浙 江	Zhejiang	11.2	29.0	30.7	30.7	2.2	3.7	3.5	3.3
安 徽	Anhui	15.2	27.8	29.3	30.1	2.8	4.4	3.9	3.9
福 建	Fujian	9.0	14.9	15.0	15.2	2.6	4.0	3.9	3.9
江 西	Jiangxi	10.3	22.8	26.0	27.3	2.4	3.5	3.4	3.4
山 东	Shandong	26.2	42.9	60.7	45.1	3.2	3.3	3.7	3.4
河 南	Henan	25.1	33.0	36.5	38.5	3.3	3.5	3.4	3.5
湖 北	Hubei	12.7	52.6	55.1	55.3	1.7	4.3	4.2	4.2
湖 南	Hunan	15.9	41.9	47.0	47.8	2.7	4.3	4.2	4.1
广 东	Guangdong	19.2	34.5	38.1	39.5	2.2	2.6	2.6	2.6
广 西	Guangxi	13.9	18.5	18.8	19.1	3.9	4.2	3.8	3.7
海 南	Hainan	3.5	5.1	5.6	5.3	3.0	3.6	3.7	3.5
重 庆	Chongqing		16.9	13.0	13.4		4.1	4.0	4.0
四 川	Sichuan	38.0	34.3	37.9	36.3	3.7	4.6	4.6	4.3
贵 州	Guizhou	10.7	12.1	12.5	12.3	4.1	4.2	4.0	3.8
云 南	Yunnan	7.8	13.0	14.8	15.4	2.5	4.2	4.2	4.3
西 藏	Tibet				2.0				3.8
陕 西	Shaanxi	11.2	21.5	20.8	21.5	2.8	4.2	3.9	3.9
甘 肃	Gansu	12.5	9.3	9.4	10.3	4.9	3.3	3.2	3.3
青 海	Qinghai	4.2	3.6	3.9	4.1	5.6	3.9	3.8	3.8
宁 夏	Ningxia	4.0	4.4	4.8	4.8	5.4	4.5	4.4	4.4
新 疆	Xinjiang	9.6	11.1	11.8	11.9	3.0	3.9	3.7	3.8

主要统计指标解释

经济活动人口 指在16周岁及以上，有劳动能力，参加或要求参加社会经济活动的人口。包括就业人员和失业人员。

就业人员 指在16周岁及以上，从事一定社会劳动并取得劳动报酬或经营收入的人员。这一指标反映了一定时期内全部劳动力资源的实际利用情况，是研究我国基本国情国力的重要指标。

单位就业人员 指在各级国家机关、政党机关、社会团体及企业、事业单位中工作，取得工资或其他形式的劳动报酬的全部人员。包括在岗职工、再就业的离退休人员、民办教师以及在各单位中工作的外方人员和港澳台方人员、兼职人员、借用的外单位人员和第二职业者。不包括离开本单位仍保留劳动关系的职工。各单位的就业人员反映了各单位实际参加生产或工作的全部劳动力。

城镇私营和个体就业人员 城镇私营就业人员指在工商管理部门注册登记，其经营地址设在县城关镇(含县城关镇)以上的私营企业就业人员，包括私营企业投资者和雇工。城镇个体就业人员指在工商管理部门注册登记，并持有城镇户口或在城镇长期居住，经批准从事个体工商经营的就业人员，包括个体经营者和在个体工商户劳动的家庭帮工和雇工。

国有单位 指资产归国家所有的经济组织。包括按《中华人民共和国企业法人登记管理条例》规定登记注册的非公司制的经济组织，以及中央、地方各级国家机关、事业单位和社会团体。

集体单位 指生产资料归集体所有，并按《中华人民共和国企业法人登记管理条例》规定登记注册的经济组织。

其他单位 包括股份合作单位、联营单位、有限责任公司、股份有限公司、港澳台商投资单位以及外商投资单位等其他登记注册类型单位。

在岗职工 指在本单位工作并由单位支付工资的人员，以及有工作岗位，但由于学习、病伤产假等原因暂未工作，仍由单位支付工资的人员。

工资总额 指各单位在一定时期内直接支付给本单位全部就业人员的劳动报酬总额。工资总额的计算原则应以直接支付给就业人员的全部劳动报酬为根据。各单位支付给就业人员的劳动报酬以及其他根据有关规定支付的工资，不论是计入成本的还是不计入成本的，不论是按国家规定列入计征奖金税项目的，还是未列入计征奖金税项目的，不论是以货币形式支付的还是以实物形式支付的，均包括在工资总额内。

平均工资 指企业、事业、机关单位的就业人员在一定时期内平均每人所得的货币工资额。它表明一定时期职工工资收入的高低程度，是反映就业人员工资水平的主要指标。计算公式为:

$$\text{平均工资}=\frac{\text{报告期实际支付的全部就业人员工资总额}}{\text{报告期全部就业人员平均人数}}$$

平均工资指数 指报告期就业人员平均工资与基期就业人员平均工资的比率，是反映不同时期就业人员货币工资水平变动情况的相对数。计算公式为:

$$\text{平均工资指数}=\frac{\text{报告期就业人员平均工资}}{\text{基期就业人员平均工资}}\times 100\%$$

平均实际工资指数 就业人员平均实际工资指扣除物价变动因素后的就业人员平均工资。就业人员平均实际工资指数是反映实际工资变动情况的相对数，表明就业人员实际工资水平提高或降低的程度。计算公式为:

$$\text{平均实际工资指数}=\frac{\text{报告期就业人员平均工资指数}}{\text{报告期城镇居民消费价格指数}}\times 100\%$$

城镇登记失业人员 指有非农业户口，在一定的劳动年龄内(16周岁至退休年龄)，有劳动能力，无业而要求就业，并在当地就业服务机构进行求职登记的人员。

城镇登记失业率 城镇登记失业人员与城镇单位就业人员(扣除使用的农村劳动力、聘用的离退休人员、港澳台及外方人员)、城镇单位中的不在岗职工、城镇私营业主、个体户主、城镇私营企业和个体就业人员、城镇登记失业人员之和的比。计算公式为:

$$\text{城镇登记失业率}=\frac{\text{城镇登记失业人数}}{(\text{城镇单位就业人员}-\text{使用的农村劳动力}-\text{聘用的离退休人员}-\text{聘用的港澳台及外方人员})+\text{不在岗职工}+\text{城镇私营业主}+\text{城镇个体户主}+\text{城镇私营企业及个体就业人员}+\text{城镇登记失业人数}}\times 100\%$$

Explanatory Notes on Main Statistical Indicators

Economically Active Population refers to the population aged 16 and over who are capable of working, are participating in or willing to participate in economic activities, including employed persons and unemployed persons.

Employed Persons refer to persons aged 16 and over who are engaged in gainful employment and thus receive remuneration payment or earn business income. This indicator reflects the actual utilization of total labour force during a certain period of time and is often used for the research on China's economic situation and national power.

Persons Employed in Various Units refer to all the persons working in government agencies of various levels, political and party organizations, social organizations, enterprises and institutions, and receiving wages or other forms of payment. They include fully-employed staff and workers, re-employed retirees, teachers in the schools run by the local people, foreigners and Chinese compatriots from Hong Kong, Macao, and Taiwan working in various units, part-time employees, employees of other units working temporarily at current posts, and employees holding the second job, but do not include persons who have left their working units while keeping their labour contract (employment relation) unchanged. This indicator reflects the total number of laborers actually engaged in production or other operations in various units.

Persons Employed in Private Enterprises and Self-Employed Individuals in Urban Areas Persons employed in private enterprises refer to the persons employed in the private enterprises which have been registered at the departments of industrial and commercial administration for which the business operation are situated at a county town (i.e. a town where the county government is located), or at urban areas with administrative hierarchy higher than a county town. The self-employed individuals in urban areas refer to persons who hold the certificates of residence in urban areas or have resided in the urban areas for a long time and have been registered at the departments of industrial and commercial administration and approved to be engaged in individual industrial or commercial business, including self-employed persons as well as helpers and hired labourers who work in individual households.

State-owned Units refer to economic units whose assets are owned by the state, including non-corporation units registered according to *Regulation of the People's Republic of China on the Registration of Enterprises and Corporations*, state organs, institutions and social organizations at the central-level and local levels.

Collective-owned Units refer to economic units registered according to *Regulation of the People's Republic of China on the Registration of Enterprises and Corporations* where the means of production are collectively owned.

Units of Other Types of Ownership refer to units registered with other types of ownership, including cooperative units, joint ownership units, limited liability corporations, share holding corporations, units funded by entrepreneurs from Hong Kong, Macao, and Taiwan, and foreign- funded units.

Employed Staff and Workers refer to persons who work in, and receive wages from their working units, including persons who have their work posts but are temporarily absent from work for reasons of study or on sick, injury or maternal leave and still receive wages from their working units.

Total Wage Bill refers to the total remuneration payment to employed persons in various units during a certain period of time. The calculation of total wage bill is based on the total remuneration payment to employed persons . Therefore, all the wages and salaries and other payments to employed persons are included in the total wage bill regardless of sources, reckoning the cost of production or not, category, listing as items of premium taxation or not, and forms, paying in cash or in kind.

Average Wage refers to the average wage in money terms per person during a certain period of time for employed persons in enterprises, institutions, and government agencies, which reflects the general level of wage income during a certain period of time and is calculated as follows:

$$\text{Average Wage} = \frac{\text{Total Wage Bill of Employed Persons at Reference Time}}{\text{Average Number of Persons Employed at Reference Time}}$$

Average Wage Indices refers to the ratio of average wage of employed persons the reference period to that at the base period, which reflects the change of wage of employed persons at the different period. It is calculated as follows:

$$\text{Average Wage Indices} = \frac{\text{Average Wage of Employed Persons at Reference Time}}{\text{Average Wage of Persons Employeds at Base Period}} \times 100\%$$

Average Real Wage Indices average real wage of employed persons refers to the average wage of employed persons after removing the effects of the price changes and average real wage indices of employed persons refers to the change of real wage, which reflects the relative increasing or decreasing level of real wage of employed persons ,which is calculated as follows:

$$\text{Average Real Wage Indices} = \frac{\text{Average Wage Indices of Employed Persons at the Reference Time}}{\text{Urban Consumer Price Indices at Reference Time}} \times 100\%$$

Registered Unemployed Persons in Urban Areas refer to the persons with non-agricultural household registration at certain working ages (16 years old to retirement age), who are capable of working, unemployed and willing to work, and have been registered at the local employment service agencies to apply for a job.

Registered Unemployment Rate in Urban Areas refers to the ratio of the number of the registered unemployed persons to the sum of the number of persons employed in various units (minus the employed rural labour force, re-employed retirees, and Hong Kong, Macao, Taiwan or foreign employees), laid-off staff and workers in urban units, owners of private enterprises in urban areas, owners of self-employed individuals in urban areas, employees of private enterprises in urban areas, employee of self-employed individuals in urban areas, and the registered unemployed persons in urban areas. The formula is as follows:

$$\text{Registered unemployment rate in urban areas} = \frac{\text{number of registered urban unemployed persons}}{\begin{array}{c}\text{number of persons employed in urban units - employed rural labour force}\\ \text{re - employed retirees - Hong Kong, Macao, Taiwan or foreign employees}\\ \text{+ laid - off staff and workers + owners of urban private enterprises + owners of}\\ \text{urban self - employed individuals + employees of urban private enterprises + employees of}\\ \text{urban self - employed individuals + registered unemployed persons in urban areas}\end{array}} \times 100\%$$

5

固定资产投资

Investment in Fixed Assets

简 要 说 明

一、本篇资料的主要内容

本篇资料通过对一定时期全社会建造和购置固定资产活动的数量方面的描述，反映报告期内固定资产投资的规模和速度、固定资产投资的结构和比例关系、固定资产投资的资金来源及固定资产投资的效果等。

二、本篇资料的统计范围

固定资产投资统计的范围包括：城乡建设项目投资，房地产开发投资，国防、人防建设项目投资及农户投资。

三、本篇的资料来源

跨省（区）项目资料来自国务院各部门；农户固定资产投资资料来自国家统计局农村社会经济调查司的乡村社会经济调查；除此以外的固定资产投资统计资料均来自国家统计局固定资产投资统计司统计调查。

四、本篇的统计调查方法

除农户固定资产投资统计采用抽样调查方法外，其他均为全面统计报表。

五、统计口径的变化

自 1997 年起，除房地产开发投资、非农户投资、农户投资及城镇和工矿区私人建房投资外，固定资产投资的统计起点由 5 万元提高到 50 万元。为便于比较，对 1996 年的相应数据作了全面调整，括号内的数为原口径数。

自 2006 年起，非农户固定资产投资统计改为按项目统计，调查方法由抽样调查改为全面统计报表，起点提高到 50 万元。

自 2006 年起，城镇和工矿区私人建房投资改为按项目统计，起点为 50 万元。

Brief Introduction

I. Main Contents

Statistics in this chapter describe activities on the construction and purchase of fixed assets of the whole country during a given period of time, and reflect the size, growth, structure, ratio, financing and results of the investment in fixed assets during the reference period.

II. Scope of Statistics

Statistics on the investment in fixed assets cover investments in capital construction projects in urban and rural areas, investments in real estate development, as well as investments in national defence projects and civil defence projects, and rural household investment.

III. Sources of Data

Data on trans-provincial projects are provided by various departments under the State Council. Data on investments in fixed assets by individuals in rural areas are provided by the Department of Rural Social and Economic Survey of the NBS through its rural social and economic survey. Other data on investments in fixed assets are from surveys conducted by the Department of Investment and Construction Statistics of the NBS.

IV. Methodology of Data Collection

All data on investments in fixed assets are collected by the system of reporting form with complete enumeration, except data on individual investments in fixed assets in rural areas, which are collected through sample surveys.

V. Changes in Statistical Scope

Since 1997, the cut-off point of projects covered by statistics of investment in fixed assets are raised from an investment of 50,000 yuan to 500,000 yuan, except investment in real estate development, farm household investment, non-farm household investment and private investment in housing construction in urban areas and industrial and mining areas. For the convenience of comparison, relevant data of 1996 are adjusted accordingly, and figures compiled on the basis of the old standard are enclosed in brackets.

Since 2006, statistics on investments in fixed assets of rural non-farm households are changed to project-based. Survey method is changed from sample survey to the system of reporting form with complete enumeration. The cut-off point has been raised to 500,000 yuan.

Since 2006, statistics on private investment in housing construction in urban areas and industrial and mining areas have become project-based. The cut-off point has been raised to 500,000 yuan.

5-1 全社会固定资产投资
Total Investment in Fixed Assets in the Whole Country

指 标	Item	2008	2009	2009年比上年增长(%) Growth Rate in 2009 over 2008 (%)
投资总额 (亿元)	**Total Investment (100 million yuan)**	**172828.4**	**224598.8**	**30.0**
按城乡分	Grouped by Urban and Rural Areas			
城镇	Urban Area	148738.3	193920.4	30.4
#房地产开发	Real Estate Development	31203.2	36241.8	16.1
农村	Rural Area	24090.1	30678.4	27.3
#农户	Farm Households	5951.8	7434.5	24.9
按构成分	Grouped by Structure			
建筑安装工程	Construction and Installation	104958.9	138758.3	32.2
设备工具器具购置	Purchase of Equipment and Instruments	40594.1	50844.2	25.3
其他费用	Others	27275.5	34996.2	28.3
按三次产业分	Grouped by Three Strata of Industry			
第一产业	Primary Industry	5064.5	6894.9	36.1
第二产业	Secondary Industry	76961.3	96250.8	25.1
第三产业	Tertiary Industry	90802.7	121453.1	33.8
投资资金来源 (亿元)	**Sources of Funds for Investment(100 million yuan)**	**182915.3**	**250229.7**	**36.8**
国家预算内资金	State Budget	7954.8	12685.7	59.5
国内贷款	Domestic Loans	26443.7	39302.8	48.6
利用外资	Foreign Investment	5311.9	4623.7	-13.0
自筹资金	Self-raising Funds	118510.4	153514.8	29.5
其他资金	Others	24694.4	40102.6	62.4
建设规模 (亿元)	**Investment in Construction (100 million yuan)**			
建设总规模	Total Investment in Construction	498441.0	647024.1	29.8
在建总规模	Total Investment in Projects under Construction	388122.0	500444.4	28.9
在建净规模	Net Investment in Projects under Construction	184516.6	246082.2	33.4
房屋建筑面积 (万平方米)	**Floor Space of Buildings (10 000 sq.m)**			
施工面积	Floor Space under Construction	632261.0	754189.4	19.3
#住宅	Residential Buildings	364354.4	431463.2	18.4
竣工面积	Floor Space Completed	260307.0	302116.5	16.1
#住宅	Residential Buildings	159404.6	184209.5	15.6

注：1.投资资金来源为财务拨款数，各项相加不等于投资总额。
2.增长速度未扣除价格因素（以下各表同）。

a) Sources of funds for investment refer to financial appropriation, and the subentry figures do not add up to the total.
b) The growth rates are calculated without removing the factor of price. The same applies to the tables following.

5-2 按城乡分全社会固定资产投资

Total Investment in Fixed Assets in the Whole Country by Rural and Urban Areas

单位：亿元 (100 million yuan)

年份 Year 地区 Region	全社会投资 Total Investment	城镇 Urban Area	#房地产开发 Real Estate Development	农村 Rural Area	农户 Farm Households	非农户 Non-farm Households
1995	20019.3	15643.7	3149.0	4375.6	2007.9	2367.7
1996	(22974.0)	(17627.7)	(3216.4)	(5346.3)	(2544.0)	(2802.3)
	22913.5	17567.2	3216.4	5346.3	2544.0	2802.3
1997	24941.1	19194.2	3178.4	5746.9	2691.2	3055.6
1998	28406.2	22491.4	3614.2	5914.8	2681.5	3233.3
1999	29854.7	23732.0	4103.2	6122.7	2779.6	3343.1
2000	32917.7	26221.8	4984.1	6695.9	2904.3	3791.6
2001	37213.5	30001.2	6344.1	7212.3	2976.6	4235.7
2002	43499.9	35488.8	7790.9	8011.1	3123.2	4887.9
2003	55566.6	45811.7	10153.8	9754.9	3201.0	6554.0
2004	70477.4	59028.2	13158.3	11449.3	3362.7	8086.6
2005	88773.6	75095.1	15909.2	13678.5	3940.6	9737.9
2006	109998.2	93368.7	19422.9	16629.5	4436.2	12193.3
2007	137323.9	117464.5	25288.8	19859.5	5123.3	14736.2
2008	172828.4	148738.3	31203.2	24090.1	5951.8	18138.3
2009	224598.8	193920.4	36241.8	30678.4	7434.5	23243.9
北京 Beijing	4616.9	4149.6	2337.7	467.3	43.5	423.7
天津 Tianjin	4738.2	4446.6	735.2	291.6	29.0	262.6
河北 Hebei	12269.8	10476.5	1520.0	1793.3	393.4	1399.8
山西 Shanxi	4943.2	4509.6	477.3	433.6	178.6	255.0
内蒙古 Inner Mongolia	7336.8	7143.8	815.5	193.0	84.1	108.8
辽宁 Liaoning	12292.5	11605.1	2640.6	687.4	228.1	459.2
吉林 Jilin	6411.6	5958.9	756.7	452.6	164.4	288.2
黑龙江 Heilongjiang	5028.8	4695.7	563.9	333.1	316.5	16.5
上海 Shanghai	5043.8	4618.9	1462.1	424.8	1.5	423.3
江苏 Jiangsu	18949.9	14266.8	3338.5	4683.1	351.3	4331.8
浙江 Zhejiang	10742.3	7454.3	2254.3	3288.0	434.7	2853.3
安徽 Anhui	8990.7	7945.5	1669.8	1045.2	390.8	654.5
福建 Fujian	6231.2	5548.6	1136.3	682.6	181.1	501.5
江西 Jiangxi	6643.1	6008.1	634.5	635.0	251.0	384.0
山东 Shandong	19034.5	15439.1	2428.7	3595.4	642.5	2952.9
河南 Henan	13704.5	11454.9	1553.8	2249.6	780.1	1469.5
湖北 Hubei	7866.9	7183.7	1200.4	683.2	281.0	402.2
湖南 Hunan	7703.4	6880.0	1084.6	823.4	298.1	525.2
广东 Guangdong	12933.1	10230.1	2961.3	2703.1	274.3	2428.8
广西 Guangxi	5237.2	4689.9	813.7	547.4	303.5	243.9
海南 Hainan	988.3	942.7	288.0	45.6	26.7	19.0
重庆 Chongqing	5214.3	4855.1	1238.9	359.2	90.2	268.9
四川 Sichuan	11371.9	9090.1	1588.4	2281.8	894.9	1386.9
贵州 Guizhou	2412.0	2049.8	371.3	362.2	129.9	232.3
云南 Yunnan	4526.4	4117.5	737.5	408.9	190.4	218.5
西藏 Tibet	378.3	327.6	15.7	50.6		50.6
陕西 Shaanxi	6246.9	5888.4	941.6	358.5	199.9	158.7
甘肃 Gansu	2363.0	2076.4	204.1	286.6	110.7	175.9
青海 Qinghai	798.2	689.1	72.8	109.1	23.0	86.2
宁夏 Ningxia	1075.9	964.2	162.7	111.7	37.2	74.6
新疆 Xinjiang	2725.5	2434.1	235.9	291.3	103.9	187.4
不分地区 Not Classified by Region	5779.7	5779.7				

注：自1997年起，除房地产投资、农村集体投资、个人投资以外，投资统计的起点由5万元提高到50万元。为便于比较，对1996年的相应数据作了全面调整，括号内为原口径数，未加括号的为调整后的新口径数（以下有关各表同）。

a) Since 1997, the cut-off point of investment statistics is changed from a minimum of 50,000 yuan to a minimum of 500,000 yuan, except statistics on real estate investment, rural collective investment and individual investment. For the convenience of comparison, relevant data of 1996 in this table were adjusted accordingly. Data in parenthesis were based on the old coverage. Data without parenthesis are based on the new standard. The same applies to all tables following.

5-3 各地区按登记注册类型分全社会固定资产投资(2009年)

Total Investment in Fixed Assets in the Whole Country by Status of Registration and Region (2009)

单位：亿元 (100 million yuan)

地区	Region	总计 Total	内资 Domestic	国有 State-owned	集体 Collective-owned	股份合作 Cooperative	联营 Joint
全国总计	**National Total**	**224598.8**	**209111.0**	**69692.5**	**8483.0**	**1158.2**	**666.4**
北京	Beijing	4616.9	4176.7	1546.7	68.1	11.5	3.7
天津	Tianjin	4738.2	4355.5	1760.0	227.8	14.5	19.0
河北	Hebei	12269.8	11838.0	2630.5	861.0	67.7	36.5
山西	Shanxi	4943.2	4833.2	2272.8	235.9	13.3	25.7
内蒙古	Inner Mongolia	7336.8	7144.7	2831.0	69.3	51.1	17.0
辽宁	Liaoning	12292.5	10888.7	2547.7	398.5	79.6	7.9
吉林	Jilin	6411.6	6170.2	1766.8	58.6	19.6	4.0
黑龙江	Heilongjiang	5028.8	4891.9	2062.4	66.3	17.7	1.7
上海	Shanghai	5043.8	4401.6	2368.8	150.9	10.2	63.7
江苏	Jiangsu	18949.9	16268.1	3381.6	694.9	53.2	32.4
浙江	Zhejiang	10742.3	9642.1	2545.6	282.1	39.6	42.3
安徽	Anhui	8990.7	8555.6	2422.9	164.9	40.9	25.7
福建	Fujian	6231.2	5380.5	2069.4	237.8	11.4	25.2
江西	Jiangxi	6643.1	6116.0	1711.0	79.3	58.4	16.7
山东	Shandong	19034.5	17792.4	2884.3	2064.2	136.3	27.4
河南	Henan	13704.5	13413.0	2456.5	888.7	141.4	39.0
湖北	Hubei	7866.9	7470.8	2619.2	351.0	47.6	36.7
湖南	Hunan	7703.4	7506.5	2760.8	162.3	110.3	34.5
广东	Guangdong	12933.1	10770.0	3550.7	685.0	60.0	55.9
广西	Guangxi	5237.2	4937.1	1647.8	119.8	28.6	34.1
海南	Hainan	988.3	871.6	324.5	1.4	9.6	1.4
重庆	Chongqing	5214.3	4909.1	1736.5	37.0	11.8	42.6
四川	Sichuan	11371.9	10958.4	4358.8	91.7	43.5	20.4
贵州	Guizhou	2412.0	2338.1	1091.8	11.3	18.4	19.1
云南	Yunnan	4526.4	4403.5	2084.7	96.4	15.7	4.6
西藏	Tibet	378.3	378.0	267.3	1.0	1.0	0.0
陕西	Shaanxi	6246.9	6058.9	2929.1	303.5	27.9	19.2
甘肃	Gansu	2363.0	2321.5	1262.8	56.3	5.0	5.5
青海	Qinghai	798.2	786.2	395.7	7.5	6.8	0.7
宁夏	Ningxia	1075.9	1060.4	370.2	2.8	1.6	0.6
新疆	Xinjiang	2725.5	2693.1	1254.9	7.5	3.8	3.0
不分地区	Not Classified by Region	5779.7	5779.7	5779.7			

5-3 续表 continued

单位：亿元 (100 million yuan)

地 区 Region	有限责任公司 Limited Liability	股份有限公司 Share-holding	私营 Private	个体 Self-employed Individual	其他 Others	港、澳、台商投资 Funds from Hong Kong, Macao and Taiwan	外商投资 Foreign Funded
全国总计 National Total	**53592.6**	**14092.5**	**46903.2**	**8891.7**	**5631.0**	**7091.7**	**8396.0**
北 京 Beijing	2117.2	146.5	216.4	44.2	22.4	174.9	265.4
天 津 Tianjin	1418.8	457.5	369.9	45.2	42.8	116.5	266.2
河 北 Hebei	3051.7	778.6	3623.1	431.6	357.5	161.7	270.1
山 西 Shanxi	1184.1	287.2	544.0	190.4	79.8	55.5	54.4
内蒙古 Inner Mongolia	2430.9	645.0	892.6	100.6	107.2	87.7	104.4
辽 宁 Liaoning	2885.1	687.6	3787.9	320.4	174.1	560.9	842.8
吉 林 Jilin	2359.8	442.4	1230.3	195.2	93.6	81.5	159.8
黑龙江 Heilongjiang	1165.6	541.8	573.1	390.6	72.8	44.7	92.1
上 海 Shanghai	880.6	144.2	767.3	2.1	13.9	213.8	428.4
江 苏 Jiangsu	3781.1	785.8	6846.9	377.0	315.0	1004.9	1676.8
浙 江 Zhejiang	3055.0	484.3	2541.9	495.1	156.1	566.7	533.6
安 徽 Anhui	2344.7	545.1	2300.5	442.1	268.7	243.2	192.0
福 建 Fujian	1007.2	233.0	1429.7	220.7	146.0	519.8	330.9
江 西 Jiangxi	1561.4	595.1	1675.9	290.3	128.0	222.5	304.7
山 东 Shandong	4730.3	1247.8	4875.8	688.6	1137.7	463.8	778.2
河 南 Henan	2882.9	1099.7	4110.8	930.3	863.7	142.4	149.0
湖 北 Hubei	1731.0	664.4	1472.9	337.2	210.7	198.0	198.2
湖 南 Hunan	1528.3	654.9	1522.6	360.6	372.3	96.9	100.0
广 东 Guangdong	3075.6	622.4	1930.6	560.2	229.5	1343.8	819.3
广 西 Guangxi	1116.1	403.3	1019.7	391.5	176.2	149.5	150.7
海 南 Hainan	282.2	110.0	102.4	30.8	9.2	56.6	60.2
重 庆 Chongqing	1480.4	273.3	1114.1	135.6	77.7	186.5	118.7
四 川 Sichuan	3103.5	762.3	1428.9	950.8	198.4	159.3	254.1
贵 州 Guizhou	533.3	86.4	402.8	149.0	26.0	19.7	54.2
云 南 Yunnan	944.2	321.6	634.9	226.4	74.9	65.8	57.0
西 藏 Tibet	19.0	4.9	16.7	38.0	30.1		0.3
陕 西 Shaanxi	1339.4	372.5	696.1	237.0	134.2	107.0	81.0
甘 肃 Gansu	465.1	103.3	228.3	124.5	70.7	28.7	12.8
青 海 Qinghai	205.8	75.2	60.6	24.1	9.7	1.6	10.4
宁 夏 Ningxia	396.9	29.6	211.4	40.1	7.2	0.2	15.3
新 疆 Xinjiang	515.3	487.0	275.3	121.5	24.8	17.4	14.9
不分地区 Not Classified by Region							

5-4 全社会固定资产投资资金来源和按构成分固定资产投资
Sources of Funds for Investment and Structure of Investment in Fixed Assets in the Whole Country

年份 Year	投资资金来源 Sources of Funds				投资按构成分 Structure of Investment		
	国家预算内资金 State Budget	国内贷款 Domestic Loans	利用外资 Foreign Investment	自筹和其他资金 Self-raising Fund and Others	建筑安装工程 Construction and Installation	设备工具器具购置 Purchase of Equipment and Instruments	其他费用 Others
总量（亿元） Total (100 million yuan)							
1981	269.8	122.0	36.4	532.9	689.8	223.6	47.5
1982	279.3	176.1	60.5	714.5	871.1	291.4	67.9
1983	339.7	175.5	66.6	848.3	993.3	358.3	78.4
1984	421.0	258.5	70.7	1082.7	1217.6	509.2	106.1
1985	407.8	510.3	91.5	1533.6	1655.5	718.1	169.7
1986	455.6	658.5	137.3	1869.2	2059.7	852.0	209.0
1987	496.6	872.0	182.0	2241.1	2475.7	1038.8	277.3
1988	432.0	977.8	275.3	2968.7	3099.7	1305.4	348.8
1989	366.1	763.0	291.1	2990.3	2994.6	1115.8	300.0
1990	393.0	885.5	284.6	2954.4	3008.7	1165.5	342.7
1991	380.4	1314.7	318.9	3580.4	3647.7	1460.2	486.6
1992	347.5	2214.0	468.7	5050.0	5163.4	2125.1	791.6
1993	483.7	3072.0	954.3	8562.4	8201.2	3315.9	1555.2
1994	529.6	3997.6	1769.0	11531.0	10786.5	4328.3	1928.1
1995	621.1	4198.7	2295.9	13409.2	13173.3	4262.5	2583.5
1996	(629.7)	(4576.5)	(2747.4)	(15465.4)	(15153.4)	(4940.8)	(2879.8)
	625.9	4573.7	2746.6	15412.4	15109.3	4926.0	2878.3
1997	696.7	4782.6	2683.9	17096.5	15614.0	6044.8	3282.3
1998	1197.4	5542.9	2617.0	19359.6	17874.5	6528.5	4003.1
1999	1852.1	5725.9	2006.8	20169.7	18795.9	7053.0	4005.7
2000	2109.5	6727.3	1696.3	22577.4	20536.3	7785.6	4595.9
2001	2546.4	7239.8	1730.7	26470.0	22954.9	8833.8	5424.8
2002	3161.0	8859.1	2085.0	30941.9	26578.9	9884.5	7036.6
2003	2687.8	12044.4	2599.4	41284.8	33447.2	12681.9	9437.5
2004	3254.9	13788.0	3285.7	54236.3	42803.6	16527.0	11146.8
2005	4154.3	16319.0	3978.8	70138.7	53382.6	21422.9	13968.1
2006	4672.0	19590.5	4334.3	90360.2	66775.8	25563.9	17658.4
2007	5857.1	23044.2	5132.7	116769.7	83518.3	31574.8	22230.9
2008	7954.8	26443.7	5311.9	143204.9	104958.9	40594.1	27275.5
2009	12685.7	39302.8	4623.7	193617.4	138758.3	50844.2	34996.2
构成(%) Percentage							
1981	28.1	12.7	3.8	55.4	71.8	23.3	4.9
1982	22.7	14.3	4.9	58.1	70.8	23.7	5.5
1983	23.8	12.3	4.7	59.2	69.5	25.1	5.4
1984	23.0	14.1	3.9	59.0	66.4	27.8	5.8
1985	16.0	20.1	3.6	60.3	65.1	28.2	6.7
1986	14.6	21.1	4.4	59.9	66.0	27.3	6.7
1987	13.1	23.0	4.8	59.1	65.3	27.4	7.3
1988	9.3	21.0	5.9	63.8	65.2	27.5	7.3
1989	8.3	17.3	6.6	67.8	67.9	25.3	6.8
1990	8.7	19.6	6.3	65.4	66.6	25.8	7.6
1991	6.8	23.5	5.7	64.0	65.2	26.1	8.7
1992	4.3	27.4	5.8	62.5	63.9	26.3	9.8
1993	3.7	23.5	7.3	65.5	62.7	25.4	11.9
1994	3.0	22.4	9.9	64.7	63.3	25.4	11.3
1995	3.0	20.5	11.2	65.3	65.8	21.3	12.9
1996	2.7	19.6	11.8	66.0	66.0	21.5	12.5
1997	2.8	18.9	10.6	67.7	62.6	24.2	13.2
1998	4.2	19.3	9.1	67.4	62.9	23.0	14.1
1999	6.2	19.2	6.7	67.8	63.0	23.6	13.4
2000	6.4	20.3	5.1	68.2	62.4	23.7	13.9
2001	6.7	19.1	4.6	69.6	61.7	23.7	14.6
2002	7.0	19.7	4.6	68.7	61.1	22.7	16.2
2003	4.6	20.5	4.4	70.5	60.2	22.8	17.0
2004	4.4	18.5	4.4	72.7	60.7	23.5	15.8
2005	4.4	17.3	4.2	74.1	60.1	24.1	15.7
2006	3.9	16.5	3.6	76.0	60.7	23.2	16.1
2007	3.9	15.3	3.4	77.4	60.8	23.0	16.2
2008	4.3	14.5	2.9	78.3	60.7	23.5	15.8
2009	5.1	15.7	1.8	77.4	61.8	22.6	15.6

注：1993年及以后的资金来源为财务拨款数。

a) Since 1993, the sources of funds refer to financial appropriation.

5-5 各地区全社会固定资产投资资金来源
Sources of Funds for Investment in Fixed Assets in the Whole Country by Region

单位：亿元 (100 million yuan)

年份 地区	Year Region	本年资金来源小计 Subtotal of Sources of Funds This Year	国家预算内资金 State Budget	国内贷款 Domestic Loans	利用外资 Foreign Investment	自筹资金 Self-raising Funds	其他资金 Others
	1995	20524.9	621.1	4198.7	2295.9	10647.9	2761.3
	1996	(23419.0)	(629.7)	(4576.5)	(2747.4)	(11197.4)	(4388.4)
		23358.6	625.9	4573.7	2746.6	11151.0	4261.4
	1997	25259.7	696.7	4782.6	2683.9	12556.1	4540.4
	1998	28716.9	1197.4	5542.9	2617.0	14015.6	5344.2
	1999	29754.6	1852.1	5725.9	2006.8	14638.1	5531.6
	2000	33110.3	2109.5	6727.3	1696.3	16317.3	6260.1
	2001	37987.0	2546.4	7239.8	1730.7	18914.0	7556.1
	2002	45046.9	3161.0	8859.1	2085.0	22816.7	8125.2
	2003	58616.3	2687.8	12044.4	2599.4	31449.8	9834.9
	2004	74564.9	3254.9	13788.0	3285.7	41272.6	12963.7
	2005	94590.8	4154.3	16319.0	3978.8	55105.8	15033.0
	2006	118957.0	4672.0	19590.5	4334.3	71076.5	19283.7
	2007	150803.6	5857.1	23044.2	5132.7	91373.2	25396.4
	2008	182915.3	7954.8	26443.7	5311.9	118510.4	24694.4
	2009	250229.7	12685.7	39302.8	4623.7	153514.8	40102.6
北京	Beijing	8503.6	99.1	2883.0	39.3	2438.3	3043.9
天津	Tianjin	5351.0	64.4	1293.3	140.9	2956.2	896.2
河北	Hebei	13304.5	405.9	1595.0	85.1	9978.8	1239.6
山西	Shanxi	4769.3	355.2	856.7	20.9	3000.4	536.1
内蒙古	Inner Mongolia	7250.3	420.1	708.3	14.7	5801.5	305.6
辽宁	Liaoning	13326.5	626.4	1823.9	427.9	9112.0	1336.2
吉林	Jilin	6458.2	258.9	463.0	48.9	5249.2	438.1
黑龙江	Heilongjiang	5158.7	345.6	377.1	50.2	3799.3	586.6
上海	Shanghai	6393.9	87.4	1463.3	169.5	2846.0	1827.7
江苏	Jiangsu	22580.2	277.8	2774.4	1113.9	14063.9	4350.2
浙江	Zhejiang	13100.6	454.3	2177.1	246.2	7026.7	3196.3
安徽	Anhui	9709.5	552.6	1065.1	96.2	6692.6	1302.9
福建	Fujian	6969.3	509.0	1355.9	194.1	3469.1	1441.3
江西	Jiangxi	7627.5	454.3	697.0	184.8	5359.1	932.3
山东	Shandong	20495.5	431.5	2344.2	513.9	14743.5	2462.5
河南	Henan	14011.5	392.6	1120.9	53.7	10974.2	1470.1
湖北	Hubei	8596.5	689.3	1399.6	71.0	5395.9	1040.6
湖南	Hunan	8176.6	658.7	1198.1	80.6	5210.9	1028.4
广东	Guangdong	15464.5	326.1	2697.9	676.8	8466.4	3297.4
广西	Guangxi	5637.5	286.9	852.1	75.8	3329.3	1093.4
海南	Hainan	1192.4	111.1	313.0	36.1	471.4	260.7
重庆	Chongqing	5913.9	381.3	1171.5	71.4	2942.1	1347.7
四川	Sichuan	12297.1	1001.9	1791.1	50.2	6965.7	2488.3
贵州	Guizhou	2824.0	265.9	701.2	10.9	1374.2	471.8
云南	Yunnan	4944.0	534.5	1140.9	15.2	2401.9	851.5
西藏	Tibet	444.4	255.0	10.3		135.9	43.2
陕西	Shaanxi	6993.1	722.1	965.7	31.7	4389.7	883.8
甘肃	Gansu	2373.0	378.7	360.5	17.1	1294.9	321.9
青海	Qinghai	800.1	130.2	148.9	8.4	387.1	125.5
宁夏	Ningxia	1027.6	74.9	294.5	4.1	486.5	167.6
新疆	Xinjiang	2939.4	526.2	484.6	9.4	1479.0	440.1
不分地区	Not Classified by Region	5595.6	608.0	2774.7	64.6	1273.2	875.1

5-6 各地区全社会住宅投资

Total Investment in Residential Buildings in the Whole Country by Region

单位：亿元 (100 million yuan)

年份 地区	Year Region	合计 Total	城镇 Urban Area	#房地产 Real Estate Development	农村 Rural Area	#农户 Farm Households
	1995	4736.7	3278.2	1753.1	1458.5	1349.9
	1996	5198.5	3326.2	1699.2	1872.3	1766.4
	1997	5370.7	3319.7	1539.4	2051.0	1890.7
	1998	6393.8	4310.8	2081.6	2083.0	1907.2
	1999	7058.8	5050.9	2638.5	2007.9	1799.1
	2000	7594.1	5435.3	3312.0	2158.9	1946.5
	2001	8339.1	6261.5	4216.7	2077.6	1879.5
	2002	9407.1	7248.9	5227.8	2158.2	1917.7
	2003	10792.3	8624.8	6776.7	2167.5	1875.1
	2004	13464.1	11010.1	8837.0	2453.9	2002.2
	2005	15427.2	12825.8	10860.9	2601.5	2211.6
	2006	19333.1	16305.5	13638.4	3027.5	2567.1
	2007	25005.0	21238.3	18005.4	3766.7	3204.1
	2008	30881.2	26516.0	22440.9	4365.2	3711.5
	2009	36428.2	30512.7	25613.7	5915.5	4986.2
北京	Beijing	1034.7	967.9	906.6	66.8	37.6
天津	Tianjin	576.9	542.3	494.9	34.5	14.7
河北	Hebei	1800.6	1500.8	1219.2	299.7	256.2
山西	Shanxi	760.1	611.2	377.9	148.8	112.1
内蒙古	Inner Mongolia	732.0	702.3	573.8	29.7	26.8
辽宁	Liaoning	2128.4	1984.1	1933.9	144.3	142.3
吉林	Jilin	786.8	709.0	605.3	77.8	63.9
黑龙江	Heilongjiang	810.2	727.4	442.5	82.9	81.1
上海	Shanghai	922.8	920.2	918.7	2.6	0.9
江苏	Jiangsu	2856.3	2598.1	2423.8	258.2	185.1
浙江	Zhejiang	2154.3	1731.0	1581.3	423.2	350.6
安徽	Anhui	1746.7	1379.6	1175.6	367.2	311.2
福建	Fujian	1008.5	856.9	743.3	151.6	137.4
江西	Jiangxi	789.8	595.5	509.2	194.3	181.2
山东	Shandong	2915.2	2457.5	1860.5	457.7	370.2
河南	Henan	2300.4	1594.2	1235.2	706.1	634.7
湖北	Hubei	1159.5	930.2	804.2	229.3	210.6
湖南	Hunan	1163.4	945.1	837.9	218.3	206.1
广东	Guangdong	2631.0	2362.8	2090.1	268.2	233.8
广西	Guangxi	914.7	686.2	577.2	228.5	220.1
海南	Hainan	329.7	316.7	261.9	13.0	12.0
重庆	Chongqing	986.0	914.0	789.0	72.0	47.1
四川	Sichuan	2373.7	1545.6	1150.0	828.1	675.5
贵州	Guizhou	423.9	320.8	249.5	103.0	89.4
云南	Yunnan	819.9	685.5	553.0	134.4	118.5
西藏	Tibet	52.5	28.7	11.4	23.7	
陕西	Shaanxi	1208.3	1090.7	780.8	117.5	106.9
甘肃	Gansu	402.7	278.4	138.3	124.3	85.8
青海	Qinghai	100.3	75.2	54.6	25.0	12.6
宁夏	Ningxia	162.3	141.3	126.1	21.0	15.5
新疆	Xinjiang	376.8	313.1	188.3	63.7	46.3
不分地区	Not Classified by Region	0.2	0.2			

5-7 各地区按主要行业分的全社会固定资产投资
Total Investment in Fixed Assets in the Whole Country by Region and Sector

单位：亿元 (100 million yuan)

年份 Year 地区 Region		合计 Total	农、林、牧、渔业 Agriculture, Forestry, Animal Husbandry and Fishery	采矿业 Mining	制造业 Manufacturing	电力、燃气及水的生产和供应业 Production and Supply of Electricity, Gas and Water	建筑业 Construction	交通运输、仓储和邮政业 Transport, Storage and Post
	2003	55566.6	1652.3	1775.2	14689.5	3962.4	924.4	6289.4
	2004	70477.4	1890.7	2395.9	19585.5	5795.1	964.0	7646.2
	2005	88773.6	2323.7	3587.4	26576.0	7554.4	1119.0	9614.0
	2006	109998.2	2749.9	4678.4	34089.5	8585.7	1125.5	12138.1
	2007	137323.9	3403.5	5878.8	44505.1	9467.6	1302.3	14154.0
	2008	172828.4	5064.5	7705.8	56702.4	10997.2	1555.9	17024.4
	2009	224598.8	6894.9	9210.8	70612.9	14434.6	1992.5	24974.7
北京	Beijing	4616.9	57.4	23.1	219.2	165.6	5.2	662.5
天津	Tianjin	4738.2	77.1	394.7	1446.6	283.3	27.3	483.7
河北	Hebei	12269.8	509.9	356.4	4979.3	558.3	26.6	1026.2
山西	Shanxi	4943.2	194.3	688.5	907.6	531.9	22.5	735.9
内蒙古	Inner Mongolia	7336.8	410.3	965.4	1602.0	1126.1	69.1	786.4
辽宁	Liaoning	12292.5	322.6	388.1	4632.8	680.1	129.2	757.6
吉林	Jilin	6411.6	198.2	441.0	2696.0	353.9	40.1	423.8
黑龙江	Heilongjiang	5028.8	425.9	503.4	1097.6	363.3	54.9	651.8
上海	Shanghai	5043.8	11.4	8.2	976.4	391.5	7.0	882.8
江苏	Jiangsu	18949.9	177.1	76.7	9453.3	661.3	113.4	1020.2
浙江	Zhejiang	10742.3	98.2	19.9	3979.7	585.7	36.3	1008.7
安徽	Anhui	8990.7	223.8	348.5	2999.4	308.3	262.9	460.1
福建	Fujian	6231.2	124.1	109.1	1734.1	490.7	34.5	885.4
江西	Jiangxi	6643.1	230.2	175.7	3144.4	313.2	20.8	382.0
山东	Shandong	19034.5	512.7	532.0	7844.9	549.9	373.3	1032.5
河南	Henan	13704.5	761.5	765.7	5587.1	606.2	21.4	583.8
湖北	Hubei	7866.9	294.8	152.1	2395.3	506.7	35.4	767.4
湖南	Hunan	7703.4	235.1	278.7	2309.7	433.6	98.2	1027.8
广东	Guangdong	12933.1	149.2	114.1	3106.8	1205.9	43.7	1596.2
广西	Guangxi	5237.2	218.5	159.6	1420.7	364.2	31.0	602.3
海南	Hainan	988.3	31.0	8.5	54.4	71.8	9.2	186.4
重庆	Chongqing	5214.3	224.5	108.5	1381.5	257.2	100.1	643.4
四川	Sichuan	11371.9	441.4	322.1	3016.9	815.8	75.9	1250.0
贵州	Guizhou	2412.0	74.1	274.2	356.8	277.9	6.5	397.2
云南	Yunnan	4526.4	243.0	197.7	594.5	731.4	11.5	570.9
西藏	Tibet	378.3	23.4	9.8	18.2	42.8	21.0	82.4
陕西	Shaanxi	6246.9	224.4	494.0	1317.2	391.9	55.6	599.5
甘肃	Gansu	2363.0	129.2	106.5	414.7	420.7	212.3	155.0
青海	Qinghai	798.2	53.8	54.2	195.6	118.3	12.8	124.1
宁夏	Ningxia	1075.9	45.4	110.3	279.2	184.1	5.6	90.1
新疆	Xinjiang	2725.5	172.2	509.3	451.2	305.9	28.9	339.9
不分地区	Not Classified by Region	5779.7		514.9		337.0		4758.7

5-7 续表 1 continued

单位：亿元 (100 million yuan)

年 份 Year 地 区 Region	信息传输、计算机服务和软件业 Information Transmission, Computer Services and Software	批发和零售业 Wholesale and Retail Trades	住宿和餐饮业 Hotels and Catering Services	金融业 Financial Intermediation	房地产业 Real Estate	租赁和商务服务业 Leasing and Business Services	科学研究、技术服务和地质勘查业 Scientific Research, Technical Services, and Geological Prospecting
2003	1660.7	922.7	423.0	90.2	13143.4	375.5	285.8
2004	1657.7	1273.0	560.8	136.0	16678.9	420.8	333.1
2005	1581.8	1716.4	808.8	109.5	19505.3	549.6	435.1
2006	1875.9	2265.3	1095.7	121.4	24524.4	725.6	495.3
2007	1848.1	2880.3	1519.4	157.6	32438.9	949.3	560.0
2008	2162.6	3741.8	1959.2	260.6	40441.8	1355.9	782.0
2009	2589.0	5132.8	2625.4	360.2	49358.5	2036.2	1200.8
北 京 Beijing	140.0	20.2	40.4	7.4	2572.6	26.4	59.1
天 津 Tianjin	51.3	68.0	27.8	2.6	787.1	178.5	16.5
河 北 Hebei	12.4	442.6	106.6	12.0	2386.4	114.7	78.7
山 西 Shanxi	88.1	83.5	43.7	1.9	923.2	13.3	9.2
内蒙古 Inner Mongolia	47.9	211.8	61.9	23.3	966.8	27.5	41.9
辽 宁 Liaoning	132.6	393.6	177.4	41.1	2862.0	161.9	95.0
吉 林 Jilin	57.0	226.4	71.4	8.3	1020.4	50.7	47.8
黑龙江 Heilongjiang	146.3	136.8	45.7	6.5	829.7	27.2	73.1
上 海 Shanghai	125.8	43.2	48.2	15.6	1570.7	118.3	24.8
江 苏 Jiangsu	147.8	493.4	244.3	17.6	4077.4	228.2	108.5
浙 江 Zhejiang	160.1	169.7	127.5	22.2	2996.1	118.6	31.9
安 徽 Anhui	91.5	212.4	125.5	16.3	2453.3	50.4	30.8
福 建 Fujian	148.6	101.9	92.4	17.3	1417.4	68.4	16.2
江 西 Jiangxi	50.5	171.0	161.7	21.7	925.1	58.0	27.8
山 东 Shandong	71.1	719.6	249.3	16.2	3956.9	137.7	144.6
河 南 Henan	76.1	370.3	166.3	12.7	2987.5	31.0	41.1
湖 北 Hubei	70.5	249.6	153.6	16.8	1595.4	131.0	49.7
湖 南 Hunan	104.9	167.1	95.7	12.5	1512.7	65.0	36.9
广 东 Guangdong	281.6	209.9	196.7	20.4	3805.2	147.5	67.9
广 西 Guangxi	94.4	113.2	59.8	16.9	1206.9	57.3	16.8
海 南 Hainan	19.6	2.6	35.5	2.6	329.2	1.1	2.2
重 庆 Chongqing	53.3	37.6	18.4	8.8	1506.3	30.2	18.2
四 川 Sichuan	143.3	122.9	88.8	7.8	2749.4	89.7	20.3
贵 州 Guizhou	60.6	20.7	16.5	7.5	547.7	7.4	8.4
云 南 Yunnan	63.4	110.1	40.2	6.2	1040.5	16.8	11.1
西 藏 Tibet	9.6	6.0	8.9	0.4	60.1	0.5	0.5
陕 西 Shaanxi	58.8	147.1	80.0	6.2	1212.3	57.1	73.4
甘 肃 Gansu	19.5	41.7	20.7	2.8	358.2	6.7	21.7
青 海 Qinghai	3.0	6.2	3.7	2.3	93.8	1.7	3.7
宁 夏 Ningxia	13.1	5.6	3.6	1.0	195.4	1.2	1.0
新 疆 Xinjiang	46.0	28.1	13.2	5.2	412.8	12.2	13.7
不分地区 Not Classified by Region							8.2

5-7 续表 2 continued

单位：亿元 (100 million yuan)

年份 Year 地区 Region	水利、环境和公共设施管理业 Management of Water Conservancy, Environment and Public Facilities	居民服务和其他服务业 Services to Households and Other Services	教育 Education	卫生、社会保障和社会福利业 Health, Social Securities and Social Welfare	文化、体育和娱乐业 Culture, Sports and Entertainment	公共管理和社会组织 Public Management and Social Organizations	国际组织 International Organizations
2003	4365.8	241.6	1671.1	405.8	531.5	2153.7	2.5
2004	5071.7	313.7	2024.8	516.7	773.4	2437.4	2.0
2005	6274.3	363.5	2209.2	661.8	857.0	2926.8	0.2
2006	8152.7	389.5	2270.2	769.0	955.4	2990.5	0.1
2007	10154.3	434.7	2375.6	885.0	1243.4	3166.1	
2008	13534.3	522.0	2523.8	1155.6	1589.9	3748.5	0.3
2009	19874.4	801.9	3521.2	1858.6	2383.4	4735.9	0.2
北京 Beijing	351.6	6.6	65.9	41.4	77.4	75.0	
天津 Tianjin	690.5	41.0	36.3	16.1	24.2	85.6	
河北 Hebei	1133.7	52.8	141.8	115.2	90.3	125.9	
山西 Shanxi	469.7	5.8	102.9	36.3	55.9	28.8	
内蒙古 Inner Mongolia	595.4	28.8	98.0	45.4	79.3	149.6	
辽宁 Liaoning	899.3	59.9	129.1	84.3	132.1	213.7	
吉林 Jilin	549.3	20.2	76.5	55.1	37.2	38.3	
黑龙江 Heilongjiang	307.6	13.3	90.3	56.2	22.5	176.8	
上海 Shanghai	666.7	3.1	41.4	25.8	62.5	20.2	
江苏 Jiangsu	1386.4	103.7	219.2	88.4	142.8	190.3	
浙江 Zhejiang	979.1	13.5	126.8	79.7	84.3	104.3	
安徽 Anhui	875.7	24.1	166.9	90.2	92.4	158.4	
福建 Fujian	613.3	9.2	100.2	49.5	53.1	165.7	
江西 Jiangxi	590.4	34.5	111.6	53.1	74.2	97.0	
山东 Shandong	1236.9	109.0	245.9	133.9	402.4	765.7	
河南 Henan	934.3	66.0	235.5	132.8	149.7	175.5	
湖北 Hubei	780.7	24.5	129.7	77.1	103.2	333.3	
湖南 Hunan	796.3	34.6	101.1	93.1	79.2	221.2	
广东 Guangdong	1321.3	17.0	203.0	125.7	211.3	109.4	0.2
广西 Guangxi	566.6	16.1	109.7	54.9	36.5	92.0	
海南 Hainan	69.9	0.1	16.0	12.4	66.7	69.1	
重庆 Chongqing	562.9	2.3	109.6	31.2	38.2	81.7	
四川 Sichuan	1397.8	61.5	366.5	154.4	82.6	164.6	
贵州 Guizhou	224.5	6.5	40.6	17.1	15.8	52.0	
云南 Yunnan	531.7	8.8	125.7	50.2	50.5	122.1	
西藏 Tibet	19.7	0.6	10.0	3.6	4.9	55.8	
陕西 Shaanxi	751.2	19.6	151.9	62.2	56.6	488.1	
甘肃 Gansu	103.4	12.9	56.2	29.0	20.1	231.6	
青海 Qinghai	61.9	0.6	14.2	5.8	13.5	28.7	
宁夏 Ningxia	66.8	1.7	30.3	10.4	11.0	20.2	
新疆 Xinjiang	187.9	3.7	68.4	28.2	13.0	85.8	
不分地区 Not Classified by Region	151.5					9.4	

5-8 各地区全社会建设总规模
Total Investment in Construction in the Whole Country by Region

单位：亿元 (100 million yuan)

年份 地区	Year Region	建设总规模 Total Investment in Construction	在建总规模 Total Investment in Projects under Construction	在建净规模 Net Investment in Projects under Construction
	1995	62978.5	52026.7	26239.6
	1996	75188.0	61930.7	31876.7
	1997	81764.4	67126.6	33289.8
	1998	90449.9	74138.2	36186.6
	1999	96183.1	77120.2	36704.3
	2000	102129.2	79951.1	37288.4
	2001	118302.6	95244.0	49400.7
	2002	135312.8	108684.1	57505.9
	2003	163347.6	131733.0	69740.9
	2004	212275.1	175652.6	92728.5
	2005	270926.7	215349.7	116320.9
	2006	326297.6	254062.3	124872.6
	2007	396409.0	310890.3	150463.0
	2008	498441.0	388122.0	184516.6
	2009	647024.1	500444.4	246082.2
北京	Beijing	26909.7	23470.1	11547.2
天津	Tianjin	15698.9	12557.7	5847.7
河北	Hebei	28093.6	19743.4	10051.4
山西	Shanxi	13898.2	10896.1	5641.3
内蒙古	Inner Mongolia	17834.7	12838.3	6188.4
辽宁	Liaoning	30461.9	23561.1	10648.9
吉林	Jilin	11667.6	6834.7	2874.1
黑龙江	Heilongjiang	10992.7	7089.5	4037.3
上海	Shanghai	22637.1	19807.0	7082.1
江苏	Jiangsu	48272.3	33548.9	15251.4
浙江	Zhejiang	36787.8	29152.4	12578.8
安徽	Anhui	23247.8	17205.9	8108.4
福建	Fujian	22994.7	19821.2	9903.1
江西	Jiangxi	14861.1	9499.8	4833.0
山东	Shandong	39222.0	28466.2	12807.1
河南	Henan	26427.9	15275.6	8240.1
湖北	Hubei	22886.9	17874.2	8412.6
湖南	Hunan	20414.1	16616.3	8109.6
广东	Guangdong	47107.7	38956.0	18278.8
广西	Guangxi	16762.5	13517.9	7693.4
海南	Hainan	3271.4	2818.8	1435.7
重庆	Chongqing	19564.1	16652.0	8065.4
四川	Sichuan	34177.5	25957.4	13623.4
贵州	Guizhou	10164.4	8560.8	5116.5
云南	Yunnan	17143.6	15144.0	8233.3
西藏	Tibet	825.4	592.6	246.7
陕西	Shaanxi	17096.7	13708.1	7218.3
甘肃	Gansu	6319.0	4935.5	2547.7
青海	Qinghai	3045.1	2654.9	1385.8
宁夏	Ningxia	3297.9	2754.6	1516.3
新疆	Xinjiang	7458.3	5506.4	2802.6
不分地区	Not Classified by Region	27481.6	24427.0	15755.8

5-9 各地区全社会施工、竣工房屋面积和价值
Value and Floor Space of Buildings under Construction and Completed in the Whole Country by Region

年 份 地 区	Year Region	施工房屋建筑面积（万平方米） Floor Space of Buildings under Construction (10 000 sq.m)	#住 宅 Residential Buildings	#商品住宅 Commer-cialized Buildings	竣工房屋建筑面积（万平方米） Floor Space of Buildings Completed (10 000 sq.m)	#住 宅 Residential Buildings	#商品住宅 Commer-cialized Buildings	竣工房屋价 值（亿元） Value of Buildings Completed (100 million yuan)	#住 宅 Residential Buildings	#商品住宅 Commer-cialized Buildings
	1995	215084.6	140451.9	32902.3	145600.1	107433.1	11951.3		3622.7	995.4
	1996	(236308.5)	(155849.3)	(31849.3)	(162849.3)	(122204.5)	(12232.6)		(4505.6)	(1194.3)
		235258.6	155508.9	31849.3	161965.7	121913.4	12232.6		4505.6	1194.3
	1997	230491.0	149658.1	30374.7	166057.1	121101.0	12464.7		4884.6	1269.9
	1998	245755.7	167600.8	36223.0	170904.8	127571.6	14125.7		5441.8	1484.1
	1999	263294.3	181236.4	42590.3	187357.1	139305.9	17640.7	9498.7	6019.9	1831.3
	2000	265293.5	180634.3	50498.3	181974.4	134528.8	20603.3	9969.6	6153.4	2173.6
	2001	276025.4	182767.1	61583.0	182437.1	130419.6	24625.4	10495.1	6396.5	2622.4
	2002	304428.2	193731.0	73208.7	196737.9	134002.1	28524.7	11686.3	6967.8	3191.0
	2003	343741.7	205286.7	91390.5	202643.7	130160.8	33774.6	13421.0	7631.2	4128.9
	2004	376495.1	217580.5	108196.5	207019.1	124881.1	34677.2	15239.6	8320.3	4620.7
	2005	431123.0	239769.6	129078.4	227588.7	132835.9	43682.9	18789.5	10042.3	6060.1
	2006	462677.0	265565.3	151742.7	212542.2	131408.2	45471.7	19891.6	10950.1	6717.2
	2007	548542.0	315629.8	186788.4	238425.3	146282.7	49831.3	23582.7	12990.7	7853.1
	2008	632261.0	364354.4	222891.8	260307.0	159404.6	54334.1	28074.0	15334.1	9295.3
	2009	754189.4	431463.2	251328.8	302116.5	184209.5	59628.7	35353.9	19378.9	11500.2
北 京	Beijing	14302.9	7058.4	5551.9	4252.5	2369.6	1613.2	980.8	433.1	351.6
天 津	Tianjin	10747.3	5090.5	4517.8	3174.5	1887.0	1580.8	782.0	480.2	434.9
河 北	Hebei	37281.7	18951.8	10872.1	14536.5	7447.3	1939.7	1844.6	833.5	395.9
山 西	Shanxi	13408.7	9645.2	4622.0	4904.6	3537.3	743.6	632.5	405.6	136.2
内蒙古	Inner Mongolia	14506.1	8260.6	6307.2	4476.8	2946.4	1958.7	732.7	441.2	330.9
辽 宁	Liaoning	33860.4	18429.8	14526.9	12730.3	7152.5	3394.8	1806.4	794.5	598.3
吉 林	Jilin	12546.3	6702.8	4439.0	5395.0	2590.3	1293.6	743.3	270.8	179.1
黑龙江	Heilongjiang	12120.8	7670.8	3692.7	6902.4	4465.7	1575.5	922.7	543.4	248.1
上 海	Shanghai	13548.0	6581.2	6550.7	2978.3	1522.1	1508.8	871.1	443.0	441.1
江 苏	Jiangsu	62188.7	27129.4	22794.3	26122.6	10018.5	6731.4	4009.7	1819.5	1503.5
浙 江	Zhejiang	53251.2	22408.5	13946.0	18445.3	8622.3	2783.2	2326.9	1044.0	597.6
安 徽	Anhui	33205.3	20021.2	11285.5	13301.5	8698.7	2350.6	1425.5	849.8	437.4
福 建	Fujian	25876.1	13503.7	8845.8	7383.4	3959.0	1690.9	787.5	411.5	270.8
江 西	Jiangxi	21250.1	12457.7	5768.6	8917.3	5596.1	1437.5	770.3	406.5	197.9
山 东	Shandong	57318.8	30550.0	18133.1	21364.1	12718.4	4319.6	2602.4	1441.2	835.6
河 南	Henan	59865.1	35069.2	13460.2	30757.4	19409.4	2991.8	2286.0	1238.5	365.4
湖 北	Hubei	21095.6	13062.2	7737.5	10609.4	6743.9	2007.3	1325.3	751.5	441.3
湖 南	Hunan	26439.5	19006.6	11301.4	11030.1	8907.5	2500.5	959.3	700.4	444.4
广 东	Guangdong	47645.1	25848.4	18994.1	16948.4	9209.5	4111.6	2600.2	1478.9	1054.3
广 西	Guangxi	19728.8	13256.3	6719.1	8262.9	6545.1	1220.4	636.6	454.6	168.2
海 南	Hainan	3515.4	2601.1	1759.0	1020.9	901.2	401.4	170.1	148.6	104.1
重 庆	Chongqing	20127.9	13816.0	10338.1	6390.3	4508.8	2384.5	898.0	614.4	484.1
四 川	Sichuan	58449.2	38229.5	14763.1	30664.8	20477.1	3680.6	2273.9	1480.6	570.8
贵 州	Guizhou	12175.7	8534.8	4715.2	4644.2	3730.2	1041.2	385.3	287.3	149.8
云 南	Yunnan	17285.2	11372.8	5535.5	7307.0	5295.1	1408.0	687.0	455.6	259.2
西 藏	Tibet	1374.7	1052.0	122.0	792.0	702.0	42.4	53.1	37.3	7.8
陕 西	Shaanxi	22916.1	15658.4	7088.1	5662.7	3760.4	790.9	777.8	451.8	186.1
甘 肃	Gansu	12392.3	9491.3	2108.3	6108.1	5415.6	461.8	328.4	230.3	72.3
青 海	Qinghai	2542.1	1571.0	766.0	953.8	663.2	160.4	78.8	53.4	24.5
宁 夏	Ningxia	3415.3	2082.0	1506.8	1351.0	994.9	603.1	166.7	111.7	81.1
新 疆	Xinjiang	9510.2	6344.4	2560.7	4598.0	3412.4	900.9	421.6	265.5	127.7
不分地区	Not Classified by Region	298.7	5.8		130.4	2.1		67.6	0.5	

5-10 城镇投资资金来源和按隶属关系分城镇固定资产投资
Sources of Funds and Investment in Fixed Assets by Jurisdiction of Management in Urban Area

单位：亿元 (100 million yuan)

年 份 地 区	Year Region	投资资金来源 Sources of Funds					投资按隶属关系分 Investment by Jurisdiction of Management	
		国家预算内资金 State Budget	国内贷款 Domestic Loans	利用外资 Foreign Investment	自筹资金 Self-raising Funds	其他资金 Others	中央项目 Central Investment	地方项目 Local Investment
	1995	569.0	3511.9	2114.1	7940.8	2013.7	4274.5	11369.2
	1996	(679.2)	(5247.0)	(3018.4)	(14600.3)	(5340.8)	(4887.7)	(12740.0)
		576.4	3903.2	2475.6	7748.2	3308.9	4887.7	12679.5
	1997	631.7	4136.7	2424.5	8722.3	3597.7	5521.6	13672.7
	1998	1108.7	4918.0	2377.9	9885.5	4512.1	6121.6	16369.7
	1999	1613.8	5249.8	1832.2	10042.9	4893.1	5894.6	17837.3
	2000	1795.0	6245.8	1526.2	11227.5	5620.0	6275.6	19946.2
	2001	2261.7	6672.5	1570.5	13708.5	6561.4	6586.6	23414.6
	2002	2750.8	8167.5	1825.8	16567.7	7723.9	6526.7	28962.0
	2003	2360.1	11223.9	2211.7	23617.4	9448.2	6113.6	39698.1
	2004	2855.6	12842.9	2706.6	32196.1	12514.5	7524.6	51503.6
	2005	3637.9	15363.9	3386.4	44154.5	14369.7	9111.0	65984.1
	2006	4438.7	18814.8	3811.0	56547.5	18147.0	10856.5	82512.2
	2007	5464.1	22136.1	4549.0	74520.9	24073.3	13165.3	104299.2
	2008	7377.0	25466.0	4695.8	97846.5	23194.4	17172.5	131565.8
	2009	11493.6	37634.1	3983.5	127557.7	38117.7	20697.4	173223.0
北 京	Beijing	96.8	2852.2	37.7	2069.0	2997.7	457.3	3692.3
天 津	Tianjin	61.5	1278.2	140.1	2692.4	882.0	896.9	3549.6
河 北	Hebei	393.1	1551.4	81.4	8285.3	1157.4	541.7	9934.8
山 西	Shanxi	341.2	837.5	20.9	2618.3	504.4	358.7	4150.8
内蒙古	Inner Mongolia	406.8	693.5	14.7	5648.9	295.6	767.5	6376.3
辽 宁	Liaoning	611.3	1780.6	425.0	8453.2	1320.0	815.5	10789.6
吉 林	Jilin	235.5	451.1	47.7	4823.7	430.4	586.2	5372.7
黑龙江	Heilongjiang	344.7	365.4	50.2	3552.3	512.7	679.2	4016.5
上 海	Shanghai	74.9	1439.6	136.8	2491.0	1798.4	633.2	3985.7
江 苏	Jiangsu	262.9	2489.3	947.7	9867.8	4237.1	455.3	13811.5
浙 江	Zhejiang	395.3	1921.2	179.0	4178.4	3113.0	507.4	6946.9
安 徽	Anhui	502.8	1037.8	84.0	5775.9	1262.0	213.3	7732.2
福 建	Fujian	479.8	1344.3	188.5	2877.7	1401.7	574.0	4974.7
江 西	Jiangxi	398.7	673.0	179.8	4824.4	878.2	213.9	5794.2
山 东	Shandong	386.9	2107.9	433.5	11679.2	2187.8	500.6	14938.5
河 南	Henan	348.1	1070.4	50.0	8965.2	1333.4	376.6	11078.3
湖 北	Hubei	625.5	1385.1	69.7	4833.0	992.5	606.1	6577.6
湖 南	Hunan	584.3	1163.6	68.2	4588.0	937.9	288.6	6591.4
广 东	Guangdong	264.5	2585.9	444.2	6133.7	3125.7	828.0	9402.1
广 西	Guangxi	269.4	824.0	73.7	2921.4	998.9	237.1	4452.7
海 南	Hainan	107.5	310.5	36.1	433.3	259.0	74.6	868.0
重 庆	Chongqing	341.1	1155.7	70.6	2662.2	1314.9	335.9	4519.2
四 川	Sichuan	800.8	1607.3	45.6	5369.0	2181.8	839.0	8251.1
贵 州	Guizhou	226.0	678.7	10.7	1081.3	447.5	315.9	1733.9
云 南	Yunnan	446.0	1103.9	14.7	2066.2	797.8	583.6	3533.9
西 藏	Tibet	232.6	7.7		112.8	39.1	187.3	140.4
陕 西	Shaanxi	708.9	918.1	31.7	4104.1	873.0	427.4	5461.0
甘 肃	Gansu	331.5	335.6	16.6	1140.8	270.8	289.5	1786.9
青 海	Qinghai	90.6	142.2	7.8	330.3	115.2	150.4	538.7
宁 夏	Ningxia	57.2	288.3	3.9	413.9	159.5	300.4	663.7
新 疆	Xinjiang	459.6	459.6	8.4	1291.5	417.1	876.5	1557.6
不分地区	Not Classified by Region	608.0	2774.7	64.6	1273.2	875.1	5779.7	

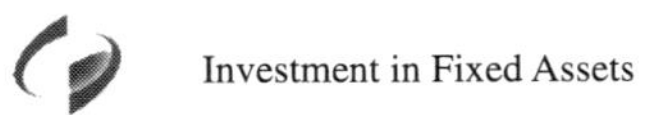

5-11 按构成和建设性质分城镇固定资产投资
Investment in Fixed Assets in Urban Area by Composition of Funds and Type of Construction

单位：亿元 (100 million yuan)

年份 地区	Year Region	投资额 Total Investment	按构成分 By Composition of Funds: 建筑安装工程 Construction and Installation	设备、工器具购置 Purchase of Equipment and Instruments	其他费用 Others	按建设性质分 By Type of Construction: #新建 New Construction	#扩建 Expansion	#改建 Reconstruction
	1995	15643.7	9395.1	3758.2	2490.4	4661.7	4488.2	1878.1
	1996	17567.2	10604.2	4375.2	2587.8	5534.3	5173.5	2011.9
	1997	19194.2	11626.2	4633.4	2934.6	6453.3	5528.9	2199.6
	1998	22491.4	13752.4	5127.2	3611.9	7804.7	6083.3	2791.8
	1999	23732.0	15176.4	5190.7	3365.0	7807.5	5992.5	3199.3
	2000	26221.8	16346.0	5846.7	4029.1	8484.5	6390.5	3827.0
	2001	30001.2	18739.0	6509.5	4752.8	9611.3	7410.8	3974.8
	2002	35488.8	21963.3	7268.0	6257.4	12366.1	7936.8	4611.5
	2003	45811.7	28091.3	9300.7	8419.7	18092.4	10249.9	4932.0
	2004	59028.2	36519.2	12455.6	10053.4	24630.1	12274.2	5929.6
	2005	75095.1	46154.1	16439.2	12501.8	34126.6	13154.5	8721.1
	2006	93368.7	57099.4	20397.6	15871.7	41514.2	16761.3	11075.5
	2007	117464.5	71595.3	25694.8	20174.4	51963.1	19705.4	14136.0
	2008	148738.3	90361.9	33572.3	24804.1	65727.3	24371.0	19138.3
	2009	193920.4	119780.4	42333.8	31806.2	89993.2	30303.8	27171.9
北京	Beijing	4149.6	1647.8	374.0	2127.9	879.8	557.5	153.3
天津	Tianjin	4446.6	2546.5	926.2	973.8	2076.8	559.2	661.9
河北	Hebei	10476.5	6487.7	2589.1	1399.7	5523.4	1737.3	1168.8
山西	Shanxi	4509.6	2829.9	1000.8	678.8	1966.7	667.9	1094.2
内蒙古	Inner Mongolia	7143.8	4852.5	1606.9	684.5	4515.4	885.9	726.8
辽宁	Liaoning	11605.1	7473.4	2813.5	1318.2	5399.8	1650.1	1295.9
吉林	Jilin	5958.9	3442.5	1892.8	623.6	1968.3	1383.8	1449.8
黑龙江	Heilongjiang	4695.7	3047.6	1140.6	507.5	1535.9	832.3	1350.4
上海	Shanghai	4618.9	2659.6	725.1	1234.2	2130.0	334.4	500.1
江苏	Jiangsu	14266.8	8205.7	3857.1	2203.9	6132.6	2786.7	1496.1
浙江	Zhejiang	7454.3	4356.9	1239.4	1858.0	2838.9	1367.0	654.8
安徽	Anhui	7945.5	5215.4	1525.0	1205.1	3712.5	1167.3	1194.1
福建	Fujian	5548.6	3137.7	1183.5	1227.4	2538.2	1082.0	473.1
江西	Jiangxi	6008.1	3512.1	1672.6	823.4	3325.7	769.4	897.1
山东	Shandong	15439.1	9256.9	4240.2	1942.1	4665.1	3912.3	3315.4
河南	Henan	11454.9	7243.7	3146.1	1065.1	6620.2	2031.4	979.1
湖北	Hubei	7183.7	4334.0	1572.6	1277.0	3056.8	1259.3	1293.0
湖南	Hunan	6880.0	4459.8	1261.5	1158.6	2648.2	699.4	2313.6
广东	Guangdong	10230.1	6803.7	1657.2	1769.2	4725.6	1155.3	985.3
广西	Guangxi	4689.9	2721.8	1016.1	952.0	1956.9	723.9	975.9
海南	Hainan	942.7	684.0	138.5	120.2	475.2	58.2	39.7
重庆	Chongqing	4855.1	3181.6	616.6	1056.9	2429.0	511.2	476.1
四川	Sichuan	9090.1	5848.0	1623.3	1618.7	4803.8	871.0	1266.3
贵州	Guizhou	2049.8	1340.5	338.4	370.9	967.2	294.2	316.2
云南	Yunnan	4117.5	2735.3	575.7	806.6	2381.6	491.3	398.2
西藏	Tibet	327.6	295.1	19.2	13.3	208.2	43.1	26.6
陕西	Shaanxi	5888.4	4006.5	1023.0	858.8	2861.7	929.0	760.8
甘肃	Gansu	2076.4	1370.7	462.3	243.3	1351.6	245.4	215.5
青海	Qinghai	689.1	500.5	109.7	78.9	367.7	125.8	108.9
宁夏	Ningxia	964.2	607.7	248.7	107.8	622.1	77.5	82.9
新疆	Xinjiang	2434.1	1680.5	500.8	252.9	884.9	763.4	371.4
不分地区	Not Classified by Region	5779.7	3294.6	1237.4	1247.7	4423.4	331.4	130.6

5-12 城镇固定资产投资建设总规模
Total Investment in Fixed Assets of Construction in Urban Area

单位：亿元 (100 million yuan)

年份 地区	Year Region	建设总规模 Total Investment in Construction	在建总规模 Total Investment in Projects under Construction	在建净规模 Net Investment in Projects under Construction
	1995	56212.4	47651.1	23871.9
	1996	67105.8	56584.4	29074.5
	1997	72961.9	61379.8	30234.2
	1998	81301.8	68223.3	32953.3
	1999	86717.2	70997.5	33361.1
	2000	91641.7	73255.2	33496.8
	2001	106854.6	88031.7	45164.9
	2002	122413.7	100673.0	52618.0
	2003	147038.7	121978.1	63187.0
	2004	192739.3	167566.0	84641.9
	2005	247510.3	205611.8	106583.0
	2006	299682.1	241300.0	118490.0
	2007	366270.3	296935.4	144032.8
	2008	462788.0	372392.6	177745.8
	2009	600131.6	479246.0	236219.7
北京	Beijing	25971.9	22873.8	11255.3
天津	Tianjin	15247.6	12300.7	5727.5
河北	Hebei	25567.4	18844.7	9543.2
山西	Shanxi	13239.5	10613.3	5508.7
内蒙古	Inner Mongolia	17610.2	12784.2	6164.8
辽宁	Liaoning	29403.6	23029.3	10379.5
吉林	Jilin	11034.0	6536.9	2773.5
黑龙江	Heilongjiang	10650.9	7079.1	4031.7
上海	Shanghai	21677.8	19168.4	6818.8
江苏	Jiangsu	40911.3	30308.9	13810.1
浙江	Zhejiang	29959.9	25083.0	10692.7
安徽	Anhui	21740.5	16580.2	7800.9
福建	Fujian	22165.3	19576.1	9820.7
江西	Jiangxi	13949.5	9155.5	4635.2
山东	Shandong	34305.8	26157.1	11802.9
河南	Henan	23622.5	14593.1	7816.5
湖北	Hubei	22006.6	17611.3	8283.9
湖南	Hunan	19229.4	16062.4	7895.0
广东	Guangdong	42658.8	36510.7	17269.8
广西	Guangxi	16110.0	13372.5	7626.6
海南	Hainan	3209.9	2797.1	1423.9
重庆	Chongqing	18908.3	16296.9	7851.5
四川	Sichuan	31043.1	24824.5	13025.8
贵州	Guizhou	9634.8	8296.9	5007.5
云南	Yunnan	16397.5	14793.8	8061.8
西藏	Tibet	765.5	568.5	240.0
陕西	Shaanxi	16711.0	13669.0	7204.3
甘肃	Gansu	5964.3	4821.4	2503.1
青海	Qinghai	2814.3	2514.5	1291.3
宁夏	Ningxia	3090.7	2635.3	1463.3
新疆	Xinjiang	7048.0	5359.9	2734.1
不分地区	Not Classified by Region	27481.6	24427.0	15755.8

5-13 按行业分城镇固定资产投资和建设总规模(2009年)

单位: 亿元

指　　标	Item	建设总规模 Total Investment in Construction	在建总规模 Total Investment in Projects under Construction	在建净规模 Net Investment in Projects under Construction
全 国 总 计	**National Total**	**600131.6**	**479246.0**	**236219.7**
农、林、牧、渔业	**Agriculture, Forestry, Animal Husbandry and Fishery**	**5704.7**	**3044.9**	**1570.7**
农业	Farming	1361.3	770.4	456.4
林业	Forestry	1125.1	645.6	329.5
畜牧业	Animal Husbandry	1573.8	807.1	421.0
渔业	Fishery	178.5	85.0	31.3
农、林、牧、渔服务业	Services in Support of Agriculture	1465.9	736.7	332.5
采矿业	**Mining**	**20535.2**	**14670.9**	**6708.9**
煤炭开采和洗选业	Mining and Washing of Coal	10089.5	8286.6	4493.8
石油和天然气开采业	Extraction of Petroleum and Natural Gas	5364.2	3174.2	591.4
黑色金属矿采选业	Mining and Processing of Ferrous Metal Ores	1972.9	1345.9	659.0
有色金属矿采选业	Mining and Processing of Non-Ferrous Metal Ores	2016.6	1327.6	713.6
非金属矿采选业	Mining and Processing of Nonmetal Ores	1042.1	503.4	229.6
其他采矿业	Mining of Other Ores	49.9	33.3	21.4
制造业	**Manufacturing**	**138975.4**	**95335.2**	**46706.7**
农副食品加工业	Processing of Food from Agricultural Products	5076.2	2922.9	1441.8
食品制造业	Manufacture of Foods	2801.2	1612.4	729.4
饮料制造业	Manufacture of Beverages	2234.4	1368.7	698.5
烟草制品业	Manufacture of Tobacco	695.9	574.1	281.0
纺织业	Manufacture of Textile	3762.3	2300.4	1147.6
纺织服装、鞋、帽制造业	Manufacture of Textile Wearing Apparel, Footware and Caps	1956.7	1140.9	469.0
皮革毛皮羽毛(绒)及其制品业	Manufacture of Leather, Fur, Feather and Related Products	1053.9	664.3	291.0
木材加工及木竹藤棕草制品业	Processing of Timber, Manufacture of Wood, Bamboo, Rattan, Palm and Straw Products	1608.9	734.2	336.8
家具制造业	Manufacture of Furniture	1087.1	544.4	247.8
造纸及纸制品业	Manufacture of Paper and Paper Products	3158.8	2326.5	1255.1
印刷业和记录媒介的复制	Printing, Reproduction of Recording Media	975.9	522.5	224.3
文教体育用品制造业	Manufacture of Articles For Culture, Education and Sport Activities	396.7	219.8	89.1
石油加工、炼焦及核燃料加工业	Processing of Petroleum, Coking, Processing of Nuclear Fuel	7232.3	5569.0	2666.9
化学原料及化学制品制造业	Manufacture of Raw Chemical Materials and Chemical Products	16119.9	11937.2	6486.3
医药制造业	Manufacture of Medicines	3138.7	2084.5	1003.3
化学纤维制造业	Manufacture of Chemical Fibers	747.2	484.8	221.5
橡胶制品业	Manufacture of Rubber	1589.9	1160.6	622.5
塑料制品业	Manufacture of Plastics	2614.3	1489.8	797.2
非金属矿物制品业	Manufacture of Non-metallic Mineral Products	11424.3	7084.7	3565.7
黑色金属冶炼及压延加工业	Smelting and Pressing of Ferrous Metals	10413.6	7841.8	3216.8
有色金属冶炼及压延加工业	Smelting and Pressing of Non-ferrous Metals	6635.1	5309.2	2750.0
金属制品业	Manufacture of Metal Products	5378.7	3316.7	1522.3
通用设备制造业	Manufacture of General Purpose Machinery	8459.1	5146.5	2372.4
专用设备制造业	Manufacture of Special Purpose Machinery	6485.1	4313.8	2165.2
交通运输设备制造业	Manufacture of Transport Equipment	14051.4	10546.7	5062.5
电气机械及器材制造业	Manufacture of Electrical Machinery and Equipment	7972.8	5408.7	2756.3
通信设备、计算机及其他电子设备制造业	Manufacture of Communication Equipment, Computers and Other Electronic Equipment	7950.8	5858.3	2900.9
仪器仪表文化办公用机械制造业	Manufacture of Measuring Instruments and Machinery for Cultural Activity and Office Work	1165.1	747.6	341.8
工艺品及其他制造业	Manufacture of Artwork and Other Manufacturing	2146.2	1621.2	720.8
废弃资源和废旧材料回收加工业	Recycling and Disposal of Waste	642.7	482.9	322.8
电力燃气水的生产供应业	**Production and Supply of Electricity, Gas and Water**	**53440.8**	**45362.5**	**22480.4**
电力、热力的生产和供应业	Production and Supply of Electric Power and Heat Power	46606.9	39969.6	19895.5
燃气生产和供应业	Production and Supply of Gas	2319.6	1956.5	1057.5
水的生产和供应业	Production and Supply of Water	4514.3	3436.5	1527.4
建筑业	**Construction**	**2917.6**	**1878.3**	**864.5**
房屋和土木工程建筑业	Construction of Buildings and Civil Engineering	2545.5	1703.6	792.0
建筑安装业	Building Installation	96.0	40.1	19.5
建筑装饰业	Building Decoration	74.5	27.0	12.1
其他建筑业	Other Construction	201.6	107.6	40.9

Investment in Fixed Assets in Urban Area by Sector and Total Investment in Construction (2009)

(100 million yuan)

投资额 Investment	#新建 New Construction	#扩建 Expansion	#改建 Reconstruction	建筑安装工程投资 Construction and Installation	设备工器具购置 Purchase of Equipment and Instruments	其他费用 Other Expenses
193920.4	**89993.2**	**30303.8**	**27171.9**	**119780.4**	**42333.8**	**31806.2**
3356.4	**2037.1**	**691.1**	**494.5**	**2096.8**	**446.3**	**813.3**
743.2	447.9	119.4	148.3	496.4	72.9	174.0
584.3	331.4	162.4	77.9	262.8	23.7	297.8
966.3	689.0	208.5	54.4	605.9	179.9	180.4
129.9	69.4	28.1	18.0	73.6	31.9	24.4
932.7	499.3	172.7	196.0	658.1	137.9	136.7
8170.8	**3427.5**	**1930.6**	**2494.6**	**4854.8**	**2426.9**	**889.1**
3056.9	1170.7	537.6	1275.6	1597.8	1056.6	402.5
2791.5	1211.7	780.9	629.8	2023.5	551.6	216.3
843.8	373.3	239.2	203.6	439.8	304.8	99.2
830.0	356.9	218.0	238.2	485.8	245.7	98.5
627.4	303.3	151.1	142.5	298.6	259.3	69.4
21.3	11.7	3.8	5.0	**9.2**	**8.9**	**3.2**
58706.1	**29562.6**	**12794.2**	**12315.4**	**27438.8**	**25797.4**	**5469.9**
2830.1	1450.9	717.9	548.2	1488.3	1089.8	252.0
1509.5	748.8	385.1	297.3	770.9	607.0	131.6
1078.8	488.4	243.3	268.2	521.7	447.3	109.9
216.6	34.4	27.3	90.0	86.2	100.0	30.4
1764.4	750.4	476.8	387.2	756.4	875.8	132.2
1050.6	552.6	242.2	185.0	549.6	411.7	89.3
518.2	329.3	105.1	56.3	297.5	164.2	56.6
1016.5	476.0	283.9	212.0	491.3	426.4	98.8
645.2	369.4	150.0	99.7	356.1	226.4	62.6
1244.1	546.7	341.8	280.0	554.0	582.0	108.1
567.4	252.9	118.8	115.8	261.5	253.6	52.3
217.2	111.4	59.2	27.7	117.5	82.9	16.9
1839.8	970.2	351.6	476.1	813.1	839.2	187.5
5979.9	3158.9	1239.3	1283.3	2599.0	2779.0	601.9
1454.3	707.8	310.3	340.8	738.0	565.0	151.2
276.1	121.1	97.7	44.7	114.8	143.1	18.1
658.2	297.1	162.1	135.7	285.6	317.0	55.6
1405.7	713.4	352.7	233.0	668.4	613.2	124.2
5904.4	3173.9	1195.7	1311.2	2852.4	2525.6	526.5
3264.9	1239.7	656.8	1084.5	1289.4	1711.1	264.4
2153.8	1136.1	439.2	519.2	1025.2	926.6	202.0
2817.8	1494.3	652.0	471.1	1370.5	1206.7	240.6
4461.2	2020.1	1071.1	938.5	2105.3	1992.6	363.3
3076.0	1569.2	658.8	576.2	1558.1	1229.4	288.5
4975.1	2442.9	1003.6	1104.5	2163.3	2274.4	537.4
3557.8	2036.9	706.1	553.1	1729.0	1485.7	343.1
2623.6	1433.5	450.1	431.0	992.4	1392.4	238.8
527.0	261.7	98.6	102.0	253.9	232.3	40.8
826.9	517.1	161.4	96.7	504.0	202.9	120.0
244.9	157.6	35.6	46.8	125.4	94.2	25.3
13545.4	**8879.3**	**2728.6**	**1806.0**	**6703.2**	**4980.6**	**1861.7**
11139.1	7387.4	2232.2	1429.9	5020.2	4492.6	1626.3
650.7	454.3	100.3	79.0	417.4	181.3	52.0
1755.7	1037.7	396.1	297.1	1265.6	306.8	183.3
1569.1	**920.7**	**185.4**	**225.2**	**1111.3**	**311.0**	**146.8**
1304.7	797.8	145.8	171.1	952.1	232.0	120.6
70.2	26.0	10.8	17.1	39.8	25.8	4.6
57.6	18.5	7.5	19.5	35.8	18.0	3.7
136.7	78.5	21.3	17.5	83.6	35.1	18.0

5-13 续表

单位：亿元

指　　标	Item	建设总规模 Total Investment in Construction	在建总规模 Total Investment in Projects under Construction	在建净规模 Net Investment in Projects under Construction
交通运输、仓储和邮政业	**Transport, Storage and Post**	**89283.5**	**77155.7**	**44965.8**
铁路运输业	Railway Transport	30643.0	27238.5	17918.3
道路运输业	Road Transport	35507.0	30106.6	16515.4
城市公共交通业	Urban Public Transport	10862.7	10064.5	6110.3
水上运输业	Water Transport	5459.7	4527.9	1797.4
航空运输业	Air Transport	2504.3	2015.6	1024.3
管道运输业	Transport Via Pipelines	197.7	125.4	58.0
装卸搬运和其他运输服务业	Loading, Unloading and Other Transport Services	462.4	317.1	161.5
仓储业	Storage	3586.9	2730.1	1368.6
邮政业	Post	59.7	30.0	11.9
信息传输、计算机服务和软件业	**Information Transmission, Computer Services and Software**	**4306.2**	**2676.9**	**865.3**
电信和其他信息传输服务业	Telecommunications and Other Information Transmission Services	3618.1	2125.3	607.2
计算机服务业	Computer Services	102.9	56.4	20.3
软件业	Software	585.2	495.2	237.8
批发和零售业	**Wholesale and Retail Trades**	**8490.0**	**5102.5**	**2465.6**
批发业	Wholesale Trade	4197.0	2639.8	1305.4
零售业	Retail Trade	4293.0	2462.7	1160.2
住宿和餐饮业	**Hotels and Catering Services**	**5357.3**	**3686.4**	**1897.0**
住宿业	Hotels	4128.0	3154.8	1671.6
餐饮业	Catering Services	1229.2	531.5	225.4
金融业	**Financial Intermediation**	**921.2**	**660.0**	**400.6**
银行业	Bank	510.4	300.8	157.2
证券业	Security Activities	252.8	241.5	155.8
保险业	Insurance	86.7	76.7	62.0
其他金融活动	Other Financial Activities	71.3	41.1	25.6
房地产业	**Real Estate**	**182649.1**	**161782.4**	**75047.7**
租赁和商务服务业	**Leasing and Business Services**	**5127.7**	**4084.6**	**2141.4**
租赁业	Leasing	147.2	14.6	3.8
商务服务业	Business Services	4980.6	4070.0	2137.6
科学研究、技术服务和地质勘查业	**Scientific Research, Technical Service and Geologic Prospecting**	**2808.2**	**2000.6**	**1094.1**
研究与试验发展	Research and Experimental Development	1090.6	800.0	377.7
专业技术服务业	Professional Technical Services	909.9	701.2	472.4
科技交流和推广服务业	Services of Science and Technology Exchanges and Promotion	536.1	358.0	201.6
地质勘查业	Geologic Prospecting	271.5	141.5	42.4
水利、环境和公共设施管理业	**Management of Water Conservancy, Environment and Public Facilities**	**52886.5**	**43046.6**	**20428.5**
水利管理业	Management of Water Conservancy	9089.2	7890.3	4735.6
环境管理业	Environmental Management	2986.4	2350.1	1188.5
公共设施管理业	Management of Public Facilities	40810.8	32806.3	14504.4
居民服务和其他服务业	**Services to Households and Other Services**	**1014.2**	**669.3**	**359.7**
居民服务业	Services to Households	634.8	411.7	220.5
其他服务业	Other Services	379.3	257.6	139.3
教育	**Education**	**8271.7**	**5907.5**	**2478.7**
卫生、社会保障和社会福利业	**Health, Social Security and Social Welfare**	**3941.0**	**2819.2**	**1405.4**
卫生	Health	3452.2	2510.5	1240.0
社会保障业	Social Security	197.3	145.0	90.1
社会福利业	Social Welfare	291.5	163.7	75.3
文化、体育和娱乐业	**Culture, Sports and Entertainment**	**6091.8**	**4858.7**	**2348.1**
新闻出版业	Journalism and Publishing Activities	169.1	143.1	57.6
广播、电视、电影和音像业	Broadcasting, Movies, Television and Audiovisual Activities	672.0	528.7	263.7
文化艺术业	Cultural and Art Activities	2021.0	1598.6	720.3
体育	Sports Activities	1280.6	1048.5	543.0
娱乐业	Entertainment	1949.1	1539.7	763.6
公共管理和社会组织	**Public Management and Social Organization**	**7409.7**	**4503.7**	**1990.5**
中国共产党机关	Organs of Communist Party of China	67.8	39.1	20.0
国家机构	Government Agencies	5896.3	3676.0	1638.6
人民政协和民主党派	People's Political Consultative Conference and Democratic Parties	13.7	4.4	0.8
群众团体、社会团体和宗教组织	Non-Governmental Organizations, Social Organizations and Religion Organizations	221.9	131.5	57.8
基层群众自治组织	Grass Roots Self-governing Organizations	1209.9	652.7	273.4
国际组织	**International Organizations**			

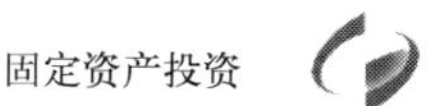

continued

(100 million yuan)

投资额 Investment	#新 建 New Construction	#扩 建 Expansion	#改 建 Reconstruction	建筑安装工程投资 Construction and Installation	设备工器具购置 Purchase of Equipment and Instruments	其他费用 Other Expenses
23271.3	**15968.5**	**2928.6**	**2565.7**	**16196.9**	**2771.9**	**4302.5**
6660.9	4958.9	619.1	281.9	4252.6	1020.5	1387.7
10557.6	6744.2	1561.5	1961.6	8579.0	324.0	1654.7
2034.1	1748.2	88.3	67.6	1011.6	367.9	654.6
1670.7	1014.4	204.2	84.9	898.3	548.7	223.7
604.9	215.4	169.9	62.8	267.2	235.5	102.2
73.1	46.0	16.8	9.3	46.4	22.4	4.4
221.9	151.7	34.1	17.4	134.3	48.2	39.5
1413.3	1066.4	231.0	76.2	985.6	195.5	232.2
35.0	23.2	3.7	4.0	22.0	9.4	3.6
2543.5	**836.8**	**925.9**	**579.1**	**1152.9**	**1278.7**	**111.9**
2278.9	666.1	902.2	535.1	975.7	1223.2	80.0
62.0	24.4	9.7	18.0	35.2	20.5	6.4
202.6	146.3	14.1	26.0	142.0	35.0	25.6
4491.0	**2630.5**	**869.4**	**756.2**	**3165.9**	**767.5**	**557.6**
2123.4	1183.3	458.2	327.0	1457.1	431.2	235.2
2367.6	1447.2	411.2	429.2	1708.9	336.3	322.4
2328.6	**1402.5**	**360.3**	**492.9**	**1691.0**	**331.8**	**305.7**
1487.9	984.1	213.6	252.8	1100.4	171.4	216.2
840.7	418.4	146.7	240.1	590.7	160.4	89.6
348.5	**146.6**	**44.3**	**85.1**	**185.0**	**114.0**	**49.6**
265.1	99.1	34.4	69.2	129.7	95.4	40.0
27.7	18.9	2.1	2.7	20.8	6.5	0.4
18.0	7.4	2.3	5.9	10.5	4.9	2.5
37.8	21.2	5.5	7.3	23.9	7.3	6.6
43127.6	**4607.6**	**685.7**	**526.5**	**31472.3**	**610.4**	**11044.9**
1880.4	**1219.9**	**223.3**	**263.9**	**1305.5**	**239.7**	**335.2**
113.6	21.2	7.3	7.7	21.2	89.3	3.2
1766.8	1198.7	216.0	256.2	1284.3	150.4	332.1
1084.0	**599.9**	**198.5**	**170.4**	**679.2**	**248.5**	**156.4**
370.0	201.5	72.1	52.1	229.5	89.3	51.2
303.0	190.5	39.3	38.0	193.6	68.8	40.6
235.0	151.1	34.9	31.3	159.2	45.2	30.7
176.0	56.8	52.3	49.0	96.9	45.2	33.9
17878.9	**11091.8**	**3493.9**	**2996.4**	**12932.9**	**621.6**	**4324.4**
2217.9	1218.7	402.5	553.6	1744.0	93.0	380.9
1197.3	668.4	206.0	283.3	827.7	138.1	231.5
14463.6	9204.7	2885.3	2159.5	10361.1	390.5	3712.0
518.6	**271.6**	**98.3**	**112.2**	**336.2**	**101.8**	**80.5**
317.4	179.9	58.1	59.9	229.9	54.1	33.3
201.2	91.7	40.2	52.4	106.3	47.7	47.2
3242.5	**1777.2**	**785.3**	**282.6**	**2595.8**	**276.7**	**370.0**
1698.0	**824.0**	**403.6**	**196.8**	**1228.5**	**311.2**	**158.3**
1447.6	660.1	366.4	179.7	1026.7	293.0	127.9
83.3	54.4	7.7	5.8	64.6	8.7	10.0
167.1	109.5	29.5	11.4	137.1	9.5	20.5
2125.4	**1499.7**	**297.7**	**264.4**	**1543.7**	**242.5**	**339.2**
53.0	33.3	6.9	7.1	35.2	10.1	7.7
163.1	79.9	31.4	34.2	100.2	44.6	18.4
718.9	492.3	103.7	104.7	563.8	49.4	105.6
419.3	353.9	41.6	19.0	330.4	20.7	68.2
771.2	540.3	114.1	99.4	514.1	117.7	139.3
4034.2	**2289.3**	**659.1**	**543.9**	**3089.5**	**455.5**	**489.2**
26.5	14.5	4.2	5.4	21.0	2.2	3.3
3138.2	1784.4	505.8	436.4	2333.7	405.9	398.6
8.0	4.1	0.7	1.2	5.3	2.1	0.6
113.0	70.6	23.6	12.1	88.4	12.5	12.2
748.5	415.6	124.8	88.8	641.2	32.8	74.5

5-14 按行业、隶属关系和注册类型分城镇固定资产投资(2009年)

单位：亿元

指标	Item	投资额 Investment	中央 Central Investment	地方 Local Investment
全国总计	**National Total**	**193920.4**	**20697.4**	**173223.0**
农、林、牧、渔业	**Agriculture, Forestry, Animal Husbandry and Fishery**	**3356.4**	**37.0**	**3319.4**
农业	Farming	743.2	10.1	733.1
林业	Forestry	584.3	7.5	576.8
畜牧业	Animal Husbandry	966.3	4.4	961.8
渔业	Fishery	129.9	0.4	129.5
农、林、牧、渔服务业	Service in Support of Agriculture	932.7	14.5	918.2
采矿业	**Mining**	**8170.8**	**2627.2**	**5543.6**
煤炭开采和洗选业	Mining and Washing of Coal	3056.9	289.6	2767.4
石油和天然气开采业	Extraction of Petroleum and Natural Gas	2791.5	2280.9	510.6
黑色金属矿采选业	Mining and Processing of Ferrous Metal Ores	843.8	23.8	820.0
有色金属矿采选业	Mining and Processing of Non-Ferrous Metal Ores	830.0	23.3	806.7
非金属矿采选业	Mining and Processing of Nonmetal Ores	627.4	9.6	617.8
其他采矿业	Mining of Other Ores	21.3	0.1	21.2
制造业	**Manufacturing**	**58706.1**	**3104.7**	**55601.4**
农副食品加工业	Processing of Food from Agricultural Products	2830.1	15.2	2814.9
食品制造业	Manufacture of Foods	1509.5	9.9	1499.5
饮料制造业	Manufacture of Beverages	1078.8	5.4	1073.5
烟草制品业	Manufacture of Tobacco	216.6	106.7	109.9
纺织业	Manufacture of Textile	1764.4	4.1	1760.3
纺织服装、鞋、帽制造业	Manufacture of Textile Wearing Apparel, Footwear and Caps	1050.6	2.1	1048.5
皮革毛皮羽毛(绒)及其制品业	Manufacture of Leather, Fur, Feather and Related Products	518.2	1.3	516.9
木材加工及木竹藤棕草制品业	Processing of Timber, Manufacture of Wood, Bamboo, Rattan, Palm and Straw Products	1016.5	1.1	1015.4
家具制造业	Manufacture of Furniture	645.2		645.2
造纸及纸制品业	Manufacture of Paper and Paper Products	1244.1	2.2	1241.9
印刷业和记录媒介的复制	Printing, Reproduction of Recording Media	567.4	9.7	557.7
文教体育用品制造业	Manufacture of Articles for Culture, Education and Sport Activities	217.2		217.2
石油加工、炼焦及核燃料加工业	Processing of Petroleum, Coking, Processing of Nuclear Fuel	1839.8	562.3	1277.5
化学原料及化学制品制造业	Manufacture of Raw Chemical Materials and Chemical Products	5979.9	354.7	5625.2
医药制造业	Manufacture of Medicines	1454.3	8.3	1446.0
化学纤维制造业	Manufacture of Chemical Fibers	276.1	14.3	261.8
橡胶制品业	Manufacture of Rubber	658.2	7.4	650.8
塑料制品业	Manufacture of Plastics	1405.7	2.4	1403.3
非金属矿物制品业	Manufacture of Non-metallic Mineral Products	5904.4	112.5	5792.0
黑色金属冶炼及压延加工业	Smelting and Pressing of Ferrous Metals	3264.9	626.5	2638.4
有色金属冶炼及压延加工业	Smelting and Pressing of Non-ferrous Metals	2153.8	125.3	2028.5
金属制品业	Manufacture of Metal Products	2817.8	41.9	2775.9
通用设备制造业	Manufacture of General Purpose Machinery	4461.2	147.4	4313.8
专用设备制造业	Manufacture of Special Purpose Machinery	3076.0	121.4	2954.6
交通运输设备制造业	Manufacture of Transport Equipment	4975.1	689.5	4285.6
电气机械及器材制造业	Manufacture of Electrical Machinery and Equipment	3557.8	41.6	3516.1
通信设备、计算机及其他电子设备制造业	Manufacture of Communication Equipment, Computers and Other Electronic Equipment	2623.6	62.4	2561.2
仪器仪表文化办公用机械制造业	Manufacture of Measuring Instruments and Machinery for Cultural Activity and Office Work	527.0	14.3	512.7
工艺品及其他制造业	Manufacture of Artwork and Other Manufacturing	826.9	12.9	814.0
废弃资源和废旧材料回收加工业	Recycling and Disposal of Waste	244.9	1.7	243.2
电力燃气水的生产供应业	**Production and Supply of Electricity, Gas and Water**	**13545.4**	**4590.1**	**8955.4**
电力、热力的生产和供应业	Production and Supply of Electric Power and Heat Power	11139.1	4516.8	6622.2
燃气生产和供应业	Production and Supply of Gas	650.7	54.2	596.4
水的生产和供应业	Production and Supply of Water	1755.7	19.0	1736.7
建筑业	**Construction**	**1569.1**	**132.6**	**1436.6**
房屋和土木工程建筑业	Construction of Buildings and Civil Engineering	1304.7	127.9	1176.7
建筑安装业	Building Installation	70.2	2.0	68.2
建筑装饰业	Building Decoration	57.6	0.3	57.3
其他建筑业	Other Construction	136.7	2.3	134.3

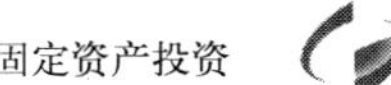

Investment in Fixed Assets in Urban Area by Sector, Jurisdiction of Management and Registration Status (2009)

(100 million yuan)

内 资 Domestic Funds	港澳台商投资 Funds from Hong Kong, Macao and Taiwan	外商投资 Foreign Funded	国有控股 State-holding	集体控股 Collective-holding	私人控股 Private-holding
179786.8	**6443.9**	**7689.7**	**86583.2**	**11719.3**	**80206.2**
3317.3	**19.3**	**19.7**	**1696.9**	**278.7**	**1351.7**
727.9	8.6	6.8	347.6	90.1	292.7
579.8	0.7	3.8	460.9	35.4	84.8
955.1	4.9	6.3	204.6	55.5	698.5
127.9	0.8	1.1	18.5	21.5	88.9
926.7	4.3	1.8	665.2	76.2	186.7
8033.0	**80.0**	**57.9**	**4759.2**	**487.0**	**2816.3**
3039.7	13.0	4.3	1629.9	274.6	1145.4
2708.5	58.8	24.1	2644.5	4.2	63.0
838.1	2.4	3.2	219.2	44.8	575.2
812.9	2.7	14.4	200.1	116.5	505.8
613.2	2.9	11.3	63.8	44.5	510.3
20.6	0.1	0.6	1.7	2.4	16.6
51350.3	**2603.3**	**4752.5**	**10363.3**	**2870.8**	**39357.2**
2645.7	59.6	124.8	139.6	139.8	2399.3
1300.4	68.6	140.5	84.2	75.9	1168.3
924.9	44.2	109.8	88.0	40.7	815.2
216.5	0.1		205.6	1.6	9.4
1562.1	96.5	105.9	77.4	67.7	1444.4
890.3	83.4	77.0	33.3	36.8	829.9
414.1	72.6	31.5	34.7	13.1	372.7
978.9	20.1	17.5	41.7	41.6	900.8
598.8	14.6	31.7	14.8	15.1	577.0
1003.5	77.4	163.2	94.3	53.2	860.3
530.6	23.9	12.9	54.4	26.1	456.3
182.9	16.6	17.7	5.3	4.6	170.5
1708.6	95.5	35.7	969.0	83.3	690.6
5324.0	154.0	501.9	1618.2	418.8	3450.9
1275.7	72.0	106.5	121.9	97.9	1094.7
226.1	29.6	20.3	41.4	11.9	181.4
548.9	30.0	79.3	74.7	52.5	442.2
1280.1	58.3	67.3	73.6	31.7	1196.4
5447.9	233.3	223.2	597.9	298.6	4599.2
3051.6	60.3	153.0	1638.2	124.4	1372.4
1982.6	86.6	84.6	638.8	142.8	1243.4
2581.5	95.8	140.5	172.0	133.0	2316.0
4046.0	128.9	286.2	449.9	187.7	3460.9
2759.2	107.1	209.8	452.1	164.0	2195.7
4076.8	142.9	755.4	1489.0	261.6	2556.4
2976.7	208.7	372.3	405.2	148.0	2515.8
1411.7	446.5	765.4	447.4	81.3	1014.7
438.7	24.0	64.3	54.8	15.4	382.0
751.2	33.1	42.7	208.9	90.0	463.9
214.3	19.0	11.6	37.0	11.7	176.4
12904.9	**339.0**	**301.5**	**10740.6**	**605.4**	**1839.5**
10623.7	293.1	222.3	8971.9	464.1	1427.9
575.5	34.0	41.2	368.8	38.0	193.6
1705.7	12.0	38.0	1400.0	103.3	217.9
1547.8	**18.1**	**3.3**	**871.5**	**182.4**	**497.4**
1290.8	12.3	1.6	795.3	148.5	347.8
69.4	0.2	0.6	14.4	6.0	49.3
54.3	2.7	0.6	10.7	4.9	41.2
133.3	2.9	0.5	51.2	22.9	59.0

5-14 续表

单位：亿元

指　　标	Item	投资额 Investment	中 央 Central Investment	地 方 Local Investment
交通运输、仓储和邮政业	**Transport, Storage and Post**	**23271.3**	**6803.0**	**16468.3**
铁路运输业	Railway Transport	6660.9	6059.2	601.7
道路运输业	Road Transport	10557.6	189.2	10368.4
城市公共交通业	Urban Public Transport	2034.1	29.9	2004.2
水上运输业	Water Transport	1670.7	306.5	1364.1
航空运输业	Air Transport	604.9	106.8	498.0
管道运输业	Transport Via Pipelines	73.1	20.5	52.6
装卸搬运和其他运输服务业	Loading, Unloading and Other Transport Services	221.9	2.7	219.2
仓储业	Storage	1413.3	75.3	1338.0
邮政业	Post	35.0	13.0	22.0
信息传输、计算机服务和软件业	**Information Transmission, Computer Services and Software**	**2543.5**	**1311.3**	**1232.2**
电信和其他信息传输服务业	Telecommunications and Other Information Transmission Services	2278.9	1308.5	970.4
计算机服务业	Computer Services	62.0	0.9	61.1
软件业	Software	202.6	1.8	200.7
批发和零售业	**Wholesale and Retail Trades**	**4491.0**	**61.7**	**4429.3**
批发业	Wholesale Trade	2123.4	54.9	2068.5
零售业	Retail Trade	2367.6	6.8	2360.8
住宿和餐饮业	**Hotels and Catering Services**	**2328.6**	**40.2**	**2288.4**
住宿业	Hotels	1487.9	37.0	1450.8
餐饮业	Catering Services	840.7	3.2	837.6
金融业	**Financial Intermediation**	**348.5**	**81.3**	**267.3**
银行业	Bank	265.1	74.2	190.9
证券业	Security Activities	27.7	0.8	26.9
保险业	Insurance	18.0	6.0	12.0
其他金融活动	Other Financial Activities	37.8	0.3	37.5
房地产业	**Real Estate**	**43127.6**	**796.1**	**42331.5**
租赁和商务服务业	**Leasing and Business Services**	**1880.4**	**34.1**	**1846.3**
租赁业	Leasing	113.6	1.2	112.4
商务服务业	Business Services	1766.8	32.9	1733.9
科学研究、技术服务和地质勘查业	**Scientific Research, Technical Service and Geologic Prospecting**	**1084.0**	**239.0**	**845.0**
研究与试验发展	Research and Experimental Development	370.0	139.2	230.8
专业技术服务业	Professional Technical Services	303.0	33.6	269.4
科技交流和推广服务业	Services of Science and Technology Exchanges and Promotion	235.0	5.3	229.7
地质勘查业	Geologic Prospecting	176.0	60.8	115.2
水利、环境和公共设施管理业	**Management of Water Conservancy, Environment and Public Facilities**	**17878.9**	**419.9**	**17459.0**
水利管理业	Management of Water Conservancy	2217.9	225.5	1992.4
环境管理业	Environmental Management	1197.3	18.9	1178.5
公共设施管理业	Management of Public Facilities	14463.6	175.6	14288.1
居民服务和其他服务业	**Services to Households and Other Services**	**518.6**	**4.9**	**513.7**
居民服务业	Services to Households	317.4	3.3	314.1
其他服务业	Other Services	201.2	1.6	199.6
教育	**Education**	**3242.5**	**178.1**	**3064.4**
卫生、社会保障和社会福利业	**Health, Social Security and Social Welfare**	**1698.0**	**67.9**	**1630.1**
卫生	Health	1447.6	62.5	1385.1
社会保障业	Social Security	83.3	1.3	82.0
社会福利业	Social Welfare	167.1	4.1	163.0
文化、体育和娱乐业	**Culture, Sports and Entertainment**	**2125.4**	**62.9**	**2062.5**
新闻出版业	Journalism and Publishing Activities	53.0	0.7	52.3
广播、电视、电影和音像业	Broadcasting, Movies, Television and Audiovisual Activities	163.1	15.1	148.0
文化艺术业	Cultural and Art Activities	718.9	25.2	693.6
体育	Sports Activities	419.3	3.2	416.0
娱乐业	Entertainment	771.2	18.7	752.5
公共管理和社会组织	**Public Management and Social Organization**	**4034.2**	**105.4**	**3928.7**
中国共产党机关	Organs of Communist Party of China	26.5	4.4	22.1
国家机构	Government Agencies	3138.2	98.3	3039.9
人民政协和民主党派	People's Political Consultative Conference and Democratic Parties	8.0	0.1	7.9
群众团体、社会团体和宗教组织	Non-Governmental Organizations, Social Organizations and Religion Organizations	113.0	2.1	111.0
基层群众自治组织	Grass Roots Self-governing Organizations	748.5	0.6	747.9
国际组织	**International Organizations**			

continued

(100 million yuan)

内　资 Domestic Funds	港澳台商投资 Funds from Hong Kong, Macao and Taiwan	外商投资 Foreign Funded	国有控股 State-holding	集体控股 Collective-holding	私人控股 Private-holding
22877.9	**230.7**	**162.7**	**20601.4**	**591.3**	**1761.4**
6641.7	7.0	12.2	6539.8	65.5	55.4
10519.7	21.7	16.2	9704.6	281.8	545.0
2014.4	18.7	0.9	1969.0	10.4	33.0
1533.1	81.1	56.5	1213.9	77.6	276.1
596.2	0.0	8.6	525.7	18.6	11.6
63.4	9.4	0.3	49.4	7.2	11.9
210.9	4.0	7.0	45.3	16.4	151.3
1263.7	88.7	60.9	526.8	113.5	669.2
34.9		0.1	26.7	0.2	7.9
1925.5	**251.2**	**366.8**	**1842.2**	**47.0**	**219.8**
1699.2	236.9	342.8	1773.8	24.5	80.4
57.9	2.9	1.2	9.0	1.0	48.3
168.4	11.4	22.7	59.4	21.5	91.2
4298.5	**86.0**	**106.5**	**606.5**	**537.9**	**3213.1**
2051.2	23.5	48.8	336.1	192.6	1558.9
2247.3	62.5	57.7	270.4	345.4	1654.2
2153.0	**86.4**	**89.3**	**348.2**	**157.9**	**1671.1**
1345.5	69.3	73.1	286.2	99.4	982.3
807.5	17.1	16.2	62.0	58.5	688.8
341.4	**2.2**	**5.0**	**248.6**	**48.8**	**48.3**
261.3	1.8	2.0	201.2	45.5	15.9
24.6	0.3	2.9	19.3	0.6	7.8
17.7	0.1	0.1	11.3	1.5	4.9
37.7	0.0		16.9	1.2	19.7
38962.8	**2508.8**	**1656.0**	**8743.8**	**3339.9**	**23649.1**
1781.4	**51.0**	**48.1**	**965.5**	**207.4**	**617.8**
113.2		0.4	61.9	3.7	46.1
1668.1	51.0	47.7	903.7	203.7	571.7
1056.0	**11.5**	**16.5**	**721.9**	**65.9**	**276.6**
351.9	7.3	10.8	260.2	12.2	86.2
300.8	1.6	0.6	197.7	23.2	79.9
229.1	2.3	3.6	122.2	16.1	91.0
174.2	0.3	1.5	141.8	14.4	19.4
17746.8	**83.0**	**49.2**	**15459.8**	**1107.7**	**1189.0**
2216.7		1.2	2055.0	112.9	47.0
1180.7	3.3	13.3	964.8	81.3	138.5
14349.3	79.6	34.7	12440.0	913.6	1003.5
508.9	**4.2**	**5.5**	**141.8**	**79.6**	**286.5**
310.7	3.8	2.9	104.5	56.4	150.3
198.2	0.3	2.6	37.3	23.2	136.2
3226.4	**8.2**	**7.8**	**2714.2**	**157.7**	**356.7**
1683.1	**5.6**	**9.4**	**1381.0**	**108.7**	**194.1**
1434.0	4.3	9.3	1184.8	84.0	165.8
83.3			70.1	8.0	5.2
165.8	1.3	0.1	126.1	16.7	23.0
2042.1	**54.4**	**28.8**	**1243.4**	**184.8**	**625.6**
53.0			43.7	1.1	8.1
161.6	1.3	0.2	134.5	8.1	19.8
712.2	5.4	1.3	558.3	73.5	80.8
405.2	12.6	1.5	355.6	16.0	34.9
710.2	35.1	25.8	151.4	86.1	482.0
4029.8	**1.2**	**3.2**	**3133.3**	**660.4**	**235.1**
26.5			25.6		0.9
3137.1	0.6	0.5	2922.3	119.4	94.4
8.0			7.5	0.5	0.0
111.4	0.2	1.4	54.1	18.4	38.9
746.8	0.4	1.3	123.8	522.2	100.8

5-15 城镇各行业投资资金来源和新增固定资产（2009年）

单位：亿元

指　　标	Item	本年资金来源合计 Total Funds This Year	国家预算内资金 State Budget	国内贷款 Domestic Loans
全　国　总　计	**National Total**	**218786.7**	**11493.6**	**37634.1**
农、林、牧、渔业	**Agriculture, Forestry, Animal Husbandry and Fishery**	**3414.8**	**579.6**	**164.5**
农业	Farming	763.0	91.6	34.3
林业	Forestry	571.8	170.8	26.1
畜牧业	Animal Husbandry	997.9	33.7	67.1
渔业	Fishery	133.6	1.8	11.4
农、林、牧、渔服务业	Service in Support of Agriculture	948.4	281.8	25.7
采矿业	**Mining**	**8347.0**	**83.5**	**874.5**
煤炭开采和洗选业	Mining and Washing of Coal	3149.6	45.4	370.3
石油和天然气开采业	Extraction of Petroleum and Natural Gas	2861.3	26.3	376.3
黑色金属矿采选业	Mining and Processing of Ferrous Metal Ores	844.7	0.9	60.6
有色金属矿采选业	Mining and Processing of Non-Ferrous Metal Ores	845.5	8.1	40.7
非金属矿采选业	Mining and Processing of Non-metal Ores	623.5	2.7	24.4
其他采矿业	Mining of Other Ores	22.4	0.1	2.1
制造业	**Manufacturing**	**60989.2**	**342.7**	**6137.7**
农副食品加工业	Processing of Food from Agricultural Products	2888.4	15.2	220.0
食品制造业	Manufacture of Foods	1530.0	7.1	126.6
饮料制造业	Manufacture of Beverages	1129.9	4.8	83.0
烟草制品业	Manufacture of Tobacco	222.5	4.1	2.6
纺织业	Manufacture of Textile	1834.8	5.6	141.8
纺织服装、鞋、帽制造业	Manufacture of Textile Wearing Apparel, Footware and Caps	1102.4	2.3	72.1
皮革毛皮羽毛(绒)及其制品业	Manufacture of Leather, Fur, Feather and Related Products	531.8	2.4	30.0
木材加工及木竹藤棕草制品业	Processing of Timber, Manufacture of Wood, Bamboo, Rattan, Palm and Straw Products	1038.6	4.2	53.5
家具制造业	Manufacture of Furniture	655.2	0.9	33.1
造纸及纸制品业	Manufacture of Paper and Paper Products	1283.3	4.2	213.2
印刷业和记录媒介的复制	Printing, Reproduction of Recording Media	585.3	1.7	28.8
文教体育用品制造业	Manufacture of Articles For Culture, Education and Sport Activities	221.3	0.2	11.4
石油加工、炼焦及核燃料加工业	Processing of Petroleum, Coking, Processing of Nuclear Fuel	1923.1	36.6	352.9
化学原料及化学制品制造业	Manufacture of Raw Chemical Materials and Chemical Products	6192.6	17.1	988.4
医药制造业	Manufacture of Medicines	1559.7	9.1	125.9
化学纤维制造业	Manufacture of Chemical Fibres	307.4	0.5	35.7
橡胶制品业	Manufacture of Rubber	679.2	7.1	71.5
塑料制品业	Manufacture of Plastics	1446.8	1.2	100.6
非金属矿物制品业	Manufacture of Non-metallic Mineral Products	6214.0	28.2	625.6
黑色金属冶炼及压延加工业	Smelting and Pressing of Ferrous Metals	3139.8	6.7	353.1
有色金属冶炼及压延加工业	Smelting and Pressing of Non-ferrous Metals	2317.9	14.3	313.9
金属制品业	Manufacture of Metal Products	2909.4	9.3	209.9
通用设备制造业	Manufacture of General Purpose Machinery	4618.2	35.5	325.5
专用设备制造业	Manufacture of Special Purpose Machinery	3185.3	22.8	263.3
交通运输设备制造业	Manufacture of Transport Equipment	5254.0	42.6	478.0
电气机械及器材制造业	Manufacture of Electrical Machinery and Equipment	3680.6	14.1	378.5
通信设备、计算机及其他电子设备制造业	Manufacture of Communication Equipment, Computers and Other Electronic Equipment	2834.4	20.5	333.4
仪器仪表文化办公用机械制造业	Manufacture of Measuring Instruments and Machinery for Cultural Activity and Office Work	560.0	2.2	28.9
工艺品及其他制造业	Manufacture of Artwork and Other Manufacturing	895.3	20.2	108.7
废弃资源和废旧材料回收加工业	Recycling and Disposal of Waste	247.9	2.2	27.8
电力燃气水的生产供应业	**Production and Supply of Electricity, Gas and Water**	**13679.0**	**1060.0**	**4759.1**
电力、热力的生产和供应业	Production and Supply of Electric Power and Heat Power	11152.3	727.5	4298.5
燃气生产和供应业	Production and Supply of Gas	689.5	34.7	126.1
水的生产和供应业	Production and Supply of Water	1837.1	297.8	334.5
建筑业	**Construction**	**1607.0**	**232.7**	**105.4**
房屋和土木工程建筑业	Construction of Buildings and Civil Engineering	1347.2	215.6	95.8
建筑安装业	Building Installation	70.2	2.1	3.5
建筑装饰业	Building Decoration	58.9	3.6	2.2
其他建筑业	Other Construction	130.6	11.3	3.9

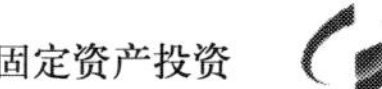

Sources of Funds of Investment and Newly Increased Fixed Assets in Urban Area by Sector (2009)

(100 million yuan)

利用外资 Foreign Investment	自筹资金 Self-raising Funds	其他资金 Others	投资额 Investment	新增固定资产 Newly Increased Fixed Assets	固定资产交付使用率(%) Rate of Projects of Fixed Assets Completed and Put into Use (%)
3983.5	**127557.7**	**38117.7**	**193920.4**	**113943.9**	**58.8**
32.8	**2228.5**	**409.4**	**3356.4**	**2529.3**	**75.4**
9.1	531.2	96.8	743.2	560.7	75.4
3.5	278.8	92.7	584.3	456.7	78.2
11.8	803.0	82.4	966.3	710.3	73.5
2.8	101.0	16.7	129.9	95.6	73.6
5.6	514.5	120.9	932.7	705.9	75.7
84.0	**6913.1**	**391.8**	**8170.8**	**5781.3**	**70.8**
6.7	2616.5	110.7	3056.9	1777.4	58.1
58.4	2244.4	155.9	2791.5	2232.5	80.0
6.1	743.5	33.6	843.8	573.1	67.9
6.2	739.3	51.1	830.0	671.2	80.9
6.1	551.4	38.8	627.4	511.9	81.6
0.4	18.1	1.7	21.3	15.1	71.1
2715.3	**49856.1**	**1937.5**	**58706.1**	**40317.0**	**68.7**
74.8	2453.1	125.3	2830.1	2046.6	72.3
71.1	1256.3	69.0	1509.5	1107.2	73.4
34.2	966.5	41.4	1078.8	783.9	72.7
	212.3	3.4	216.6	104.4	48.2
76.0	1557.7	53.7	1764.4	1310.1	74.3
73.0	927.0	28.1	1050.6	788.4	75.0
58.9	410.1	30.4	518.2	365.3	70.5
20.7	916.5	43.8	1016.5	837.2	82.4
16.5	586.4	18.4	645.2	527.2	81.7
51.3	986.2	28.4	1244.1	776.8	62.4
20.2	518.2	16.4	567.4	417.2	73.5
25.9	179.5	4.3	217.2	156.8	72.2
26.0	1456.1	51.5	1839.8	1453.7	79.0
259.1	4748.5	179.4	5979.9	3922.4	65.6
64.4	1311.1	49.2	1454.3	950.8	65.4
15.2	245.6	10.4	276.1	224.1	81.2
43.6	543.0	14.0	658.2	431.3	65.5
45.9	1248.2	50.9	1405.7	1015.7	72.3
121.1	5153.9	285.3	5904.4	4093.7	69.3
56.8	2650.1	73.2	3264.9	2512.8	77.0
88.7	1822.7	78.3	2153.8	1330.6	61.8
87.8	2528.1	74.3	2817.8	1991.6	70.7
168.3	3974.1	114.8	4461.2	3098.7	69.5
124.7	2684.5	90.1	3076.0	2072.0	67.4
217.4	4335.8	180.2	4975.1	2856.6	57.4
246.1	2962.6	79.4	3557.8	2371.8	66.7
544.7	1874.9	60.8	2623.6	1739.9	66.3
44.6	471.8	12.4	527.0	352.5	66.9
35.6	669.0	61.8	826.9	512.9	62.0
2.7	206.2	9.0	244.9	164.9	67.3
109.2	**6778.8**	**971.9**	**13545.4**	**7001.9**	**51.7**
71.0	5259.3	796.1	11139.1	5608.7	50.4
17.4	472.5	38.8	650.7	405.7	62.4
20.9	1047.0	137.0	1755.7	987.5	56.2
8.0	**1134.3**	**126.6**	**1569.1**	**963.3**	**61.4**
7.1	915.0	113.7	1304.7	775.5	59.4
0.3	60.5	3.7	70.2	52.2	74.3
0.3	50.3	2.5	57.6	44.7	77.5
0.3	108.5	6.6	136.7	91.0	66.6

5-15 续表

单位：亿元

指　　标	Item	本年资金来源合计 Total Funds This Year	国家预算内资金 State Budget	国内贷款 Domestic Loans
交通运输、仓储和邮政业	**Transport, Storage and Post**	**22997.5**	**3162.2**	**8071.8**
铁路运输业	Railway Transport	6512.5	946.6	2910.0
道路运输业	Road Transport	10196.0	1792.5	3270.6
城市公共交通业	Urban Public Transport	2197.9	140.5	1027.7
水上运输业	Water Transport	1650.0	71.7	419.1
航空运输业	Air Transport	568.1	68.3	224.3
管道运输业	Transport Via Pipelines	96.4	9.7	7.9
装卸搬运和其他运输服务业	Loading, Unloading and Other Transport Services	233.7	3.3	23.1
仓储业	Storage	1507.0	127.7	186.3
邮政业	Post	35.9	1.8	2.7
信息传输、计算机服务和软件业	**Information Transmission, Computer Services and Software**	**2504.1**	**63.7**	**61.6**
电信和其他信息传输服务业	Telecommunications and Other Information Transmission Services	2218.8	49.8	42.8
计算机服务业	Computer Services	66.9	3.3	5.6
软件业	Software	218.5	10.7	13.2
批发和零售业	**Wholesale and Retail Trades**	**4589.1**	**34.4**	**290.8**
批发业	Wholesale Trade	2167.4	17.6	158.9
零售业	Retail Trade	2421.6	16.8	131.9
住宿和餐饮业	**Hotels and Catering Services**	**2420.0**	**15.5**	**174.9**
住宿业	Hotels	1555.7	11.8	142.3
餐饮业	Catering Services	864.3	3.7	32.6
金融业	**Financial Intermediation**	**377.6**	**19.7**	**10.6**
银行业	Bank	282.7	16.8	9.3
证券业	Security Activities	38.6		
保险业	Insurance	17.9		
其他金融活动	Other Financial Activities	38.4	2.9	1.3
房地产业	**Real Estate**	**64959.0**	**539.5**	**11948.1**
租赁和商务服务业	**Leasing and Business Services**	**2009.4**	**70.3**	**377.6**
租赁业	Leasing	113.7	0.1	4.4
商务服务业	Business Services	1895.7	70.2	373.2
科学研究、技术服务和地质勘查业	**Scientific Research, Technical Service and Geologic Prospecting**	**1131.4**	**132.7**	**53.7**
研究与试验发展	Research and Experimental Development	398.4	80.8	17.5
专业技术服务业	Professional Technical Services	314.3	37.5	12.8
科技交流和推广服务业	Services of Science and Technology Exchanges and Promotion	235.3	9.8	19.8
地质勘查业	Geologic Prospecting	183.3	4.5	3.6
水利、环境和公共设施管理业	**Management of Water Conservancy, Environment and Public Facilities**	**17869.6**	**2879.8**	**3651.4**
水利管理业	Management of Water Conservancy	2308.6	772.1	363.7
环境管理业	Environmental Management	1272.3	283.7	173.2
公共设施管理业	Management of Public Facilities	14288.7	1824.1	3114.5
居民服务和其他服务业	**Services to Households and Other Services**	**529.8**	**25.9**	**35.4**
居民服务业	Services to Households	321.6	16.1	24.0
其他服务业	Other Services	208.2	9.8	11.4
教育	**Education**	**3344.1**	**703.6**	**404.6**
卫生、社会保障和社会福利业	**Health, Social Security and Social Welfare**	**1803.4**	**364.5**	**149.2**
卫生	Health	1549.8	302.0	137.6
社会保障业	Social Security	82.4	23.3	6.8
社会福利业	Social Welfare	171.1	39.3	4.8
文化、体育和娱乐业	**Culture, Sports and Entertainment**	**2133.8**	**261.3**	**173.3**
新闻出版业	Journalism and Publishing Activities	55.8	1.6	4.3
广播、电视、电影和音像业	Broadcasting, Movies, Televisions and Audiovisual Activities	164.9	15.1	8.3
文化艺术业	Cultural and Art Activities	723.8	148.4	73.0
体育	Sports Activities	387.3	70.8	52.9
娱乐业	Entertainment	801.9	25.6	34.8
公共管理和社会组织	**Public Management and Social Organization**	**4081.0**	**921.8**	**190.0**
中国共产党机关	Organs of Communist Party of China	28.7	14.9	0.6
国家机构	Government Agencies	3177.8	875.2	167.7
人民政协和民主党派	People's Political Consultative Conference and Democratic Parties	7.0	3.2	0.8
群众团体、社会团体和宗教组织	Non-Governmental Organizations, Social Organizations and Religion Organizations	113.4	8.6	3.2
基层群众自治组织	Grass Roots Self-governing Organizations	754.1	19.9	17.7
国际组织	**International Organizations**			

continued

(100 million yuan)

利用外资 Foreign Investment	自筹资金 Self-raising Funds	其他资金 Others	投资额 Investment	新　增 固定资产 Newly Increased Fixed Assets	固定资产 交付使用率(%) Rate of Projects of Fixed Assets Completed and Put into Use (%)
203.7	**9402.9**	**2157.0**	**23271.3**	**9593.1**	**41.2**
58.3	1627.5	970.0	6660.9	2122.6	31.9
37.4	4414.5	681.0	10557.6	4926.8	46.7
13.6	685.0	331.1	2034.1	423.6	20.8
55.6	1020.3	83.2	1670.7	767.4	45.9
3.7	266.3	5.5	604.9	268.1	44.3
	75.6	3.1	73.1	51.2	70.1
3.1	196.3	7.9	221.9	140.0	63.1
32.0	1087.4	73.6	1413.3	867.0	61.4
	29.9	1.5	35.0	26.4	75.4
19.4	**2294.4**	**65.0**	**2543.5**	**1567.3**	**61.6**
11.4	2055.2	59.6	2278.9	1443.8	63.4
1.8	54.4	1.8	62.0	42.0	67.7
6.2	184.8	3.6	202.6	81.5	40.3
68.0	**3954.1**	**241.9**	**4491.0**	**3250.9**	**72.4**
24.1	1860.7	106.2	2123.4	1477.2	69.6
43.9	2093.4	135.6	2367.6	1773.7	74.9
69.1	**2041.7**	**118.8**	**2328.6**	**1624.1**	**69.8**
47.1	1267.7	86.9	1487.9	941.1	63.3
22.0	774.0	31.9	840.7	683.1	81.3
0.6	**337.2**	**9.4**	**348.5**	**247.1**	**70.9**
0.6	247.8	8.1	265.1	196.1	74.0
	38.4	0.2	27.7	8.8	31.8
	17.6	0.2	18.0	10.9	60.9
	33.3	0.9	37.8	31.2	82.6
501.1	**23024.9**	**28945.5**	**43127.6**	**22553.3**	**52.3**
25.0	**1426.0**	**110.6**	**1880.4**	**948.4**	**50.4**
0.3	107.5	1.5	113.6	46.0	40.5
24.7	1318.5	109.1	1766.8	902.3	51.1
12.5	**877.1**	**55.4**	**1084.0**	**690.8**	**63.7**
9.3	274.5	16.3	370.0	234.4	63.4
0.2	244.2	19.5	303.0	198.7	65.6
2.3	190.0	13.4	235.0	158.2	67.3
0.6	168.3	6.3	176.0	99.5	56.5
79.7	**9749.7**	**1509.0**	**17878.9**	**9361.2**	**52.4**
6.1	950.3	216.4	2217.9	1166.9	52.6
14.5	692.3	108.7	1197.3	639.4	53.4
59.2	8107.1	1183.9	14463.6	7554.8	52.2
3.9	**435.2**	**29.3**	**518.6**	**372.2**	**71.8**
2.9	260.6	18.0	317.4	232.7	73.3
1.1	174.6	11.3	201.2	139.4	69.3
8.5	**1958.3**	**269.1**	**3242.5**	**2098.2**	**64.7**
18.6	**1134.1**	**136.9**	**1698.0**	**1055.0**	**62.1**
12.0	987.3	110.9	1447.6	888.8	61.4
6.5	35.9	10.0	83.3	46.3	55.6
0.1	110.9	16.0	167.1	119.9	71.8
17.8	**1499.1**	**182.3**	**2125.4**	**1134.1**	**53.4**
	48.0	2.0	53.0	32.1	60.5
0.5	132.6	8.3	163.1	130.2	79.8
2.0	439.8	60.6	718.9	392.2	54.6
3.4	206.9	53.3	419.3	176.5	42.1
11.8	671.6	58.1	771.2	403.1	52.3
6.4	**2512.3**	**450.4**	**4034.2**	**2855.7**	**70.8**
0.1	9.8	3.2	26.5	27.0	102.1
5.0	1795.0	334.9	3138.2	2146.6	68.4
	2.6	0.4	8.0	8.2	103.0
0.4	80.7	20.6	113.0	80.1	70.9
0.9	624.2	91.3	748.5	593.7	79.3

5-16 各地区按行业分城镇固定资产投资

Investment in Fixed Assets in Urban Area by Region and Sector

单位：亿元 (100 million yuan)

年份 Year 地区 Region	合计 Total	农、林、牧、渔业 Agriculture, Forestry, Animal Husbandry and Fishery	采矿业 Mining	制造业 Manufacturing	电力、燃气及水的生产和供应业 Production and Supply of Electricity, Gas and Water	建筑业 Construction	交通运输、仓储和邮政业 Transport, Storage and Post
2003	45811.7	535.0	1551.9	10744.0	3803.9	528.0	5669.0
2004	59028.2	645.1	2126.3	14657.2	5525.1	526.3	7091.5
2005	75095.1	842.8	3234.3	20406.6	7286.6	664.3	8860.4
2006	93368.7	1118.2	4152.5	26336.0	8260.7	795.7	11224.5
2007	117464.5	1460.0	5256.1	35476.7	9088.9	992.5	12997.1
2008	148738.3	2250.4	6846.8	46368.3	10489.1	1195.8	15700.5
2009	193920.4	3356.4	8170.8	58706.1	13545.4	1569.1	23271.3
北京 Beijing	4149.6	2.8	21.4	164.1	151.7	4.4	612.5
天津 Tianjin	4446.6	47.0	394.4	1293.9	274.4	22.9	472.1
河北 Hebei	10476.5	239.9	280.1	4211.9	526.3	21.5	936.3
山西 Shanxi	4509.6	121.7	648.6	858.7	522.0	21.7	703.9
内蒙古 Inner Mongolia	7143.8	275.6	964.9	1599.4	1124.1	65.7	781.4
辽宁 Liaoning	11605.1	148.5	341.7	4432.1	653.8	112.6	721.5
吉林 Jilin	5958.9	101.9	378.5	2569.7	338.8	37.9	397.0
黑龙江 Heilongjiang	4695.7	219.5	503.2	1094.4	362.6	53.2	625.4
上海 Shanghai	4618.9	3.3	8.2	687.1	386.4	6.8	873.3
江苏 Jiangsu	14266.8	45.4	55.4	6081.4	556.6	85.7	886.7
浙江 Zhejiang	7454.3	25.2	0.7	1812.7	503.6	17.9	900.0
安徽 Anhui	7945.5	92.4	316.2	2742.7	290.1	226.5	404.3
福建 Fujian	5548.6	49.8	63.9	1515.4	469.9	25.4	834.4
江西 Jiangxi	6008.1	111.1	142.9	3049.9	296.9	14.1	334.9
山东 Shandong	15439.1	180.4	415.4	6281.2	486.6	273.4	839.3
河南 Henan	11454.9	352.8	707.2	5135.1	573.2	17.3	484.4
湖北 Hubei	7183.7	165.1	122.7	2307.9	494.7	26.7	722.8
湖南 Hunan	6880.0	131.0	230.3	2148.0	380.8	83.2	952.2
广东 Guangdong	10230.1	39.2	82.1	1774.3	1007.5	10.9	1444.0
广西 Guangxi	4689.9	132.2	135.5	1356.5	350.7	24.7	537.6
海南 Hainan	942.7	14.7	8.5	54.3	68.2	9.2	184.6
重庆 Chongqing	4855.1	144.7	90.5	1320.0	242.2	78.7	613.1
四川 Sichuan	9090.1	182.5	178.7	2703.3	729.8	36.0	1089.1
贵州 Guizhou	2049.8	28.6	135.3	345.3	271.3	5.9	373.3
云南 Yunnan	4117.5	129.3	174.2	578.6	720.5	3.3	542.2
西藏 Tibet	327.6	20.3	9.7	18.1	41.5	20.0	78.8
陕西 Shaanxi	5888.4	164.4	487.9	1295.4	386.7	50.4	554.7
甘肃 Gansu	2076.4	74.7	102.3	396.5	407.8	182.7	145.5
青海 Qinghai	689.1	20.1	50.3	181.9	115.9	8.9	103.8
宁夏 Ningxia	964.2	18.5	106.9	270.0	182.3	3.8	59.8
新疆 Xinjiang	2434.1	73.7	498.3	426.3	291.5	17.7	304.0
不分地区 Not Classified by Region	5779.7		514.9		337.0		4758.7

5-16 续表 1 continued

单位：亿元 (100 million yuan)

年 份 地 区	Year Region	信息传输、计算机服务和软件业 Information Transmission, Computer Services and Software	批发和零售业 Wholesale and Retail Trades	住宿和餐饮业 Hotels and Catering Services	金融业 Financial Intermediation	房地产业 Real Estate	租赁和商务服务业 Leasing and Business Services	科学研究、技术服务和地质勘查业 Scientific Research, Technical Services, and Geological Prospecting
	2003	1645.7	791.4	321.3	86.2	11105.3	309.8	281.7
	2004	1638.0	1117.2	438.1	97.6	14547.0	361.7	311.8
	2005	1561.6	1532.1	675.9	105.6	17098.2	486.2	424.5
	2006	1772.0	1896.5	938.7	118.7	21586.2	662.6	465.1
	2007	1819.4	2450.6	1329.9	151.9	28619.2	860.7	521.2
	2008	2131.3	3193.0	1735.0	252.8	35914.2	1255.1	717.6
	2009	2543.5	4491.0	2328.6	348.5	43127.6	1880.4	1084.0
北 京	Beijing	139.2	9.8	26.2	7.4	2480.1	21.1	51.5
天 津	Tianjin	51.3	62.4	26.9	1.6	771.7	157.1	16.5
河 北	Hebei	11.2	380.5	99.0	11.9	2028.7	111.6	76.0
山 西	Shanxi	87.7	77.5	41.1	1.9	763.7	13.2	7.0
内蒙古	Inner Mongolia	47.9	210.9	60.1	23.3	935.3	27.5	39.8
辽 宁	Liaoning	132.1	388.8	172.7	41.0	2724.7	161.0	94.6
吉 林	Jilin	57.0	218.5	71.4	8.3	937.2	50.7	47.1
黑龙江	Heilongjiang	146.3	136.6	45.7	6.5	738.4	27.2	73.1
上 海	Shanghai	125.8	16.7	37.6	15.6	1566.5	110.3	18.8
江 苏	Jiangsu	137.9	365.4	197.6	14.4	3735.0	203.2	98.7
浙 江	Zhejiang	157.5	125.7	92.5	21.6	2526.6	100.4	26.7
安 徽	Anhui	91.1	193.0	117.7	16.1	2072.9	48.7	28.3
福 建	Fujian	147.4	92.5	86.4	16.9	1269.0	65.5	14.7
江 西	Jiangxi	49.2	161.0	153.6	21.7	741.8	55.0	27.2
山 东	Shandong	69.1	609.9	219.8	14.5	3401.9	124.5	109.0
河 南	Henan	74.3	308.3	151.3	12.2	2215.5	27.5	32.9
湖 北	Hubei	69.3	240.6	146.8	16.1	1365.4	128.9	46.9
湖 南	Hunan	101.5	160.5	90.6	12.4	1282.6	63.4	32.2
广 东	Guangdong	278.2	135.1	130.9	19.4	3517.7	113.4	55.0
广 西	Guangxi	92.4	110.2	58.9	16.8	976.9	56.9	15.7
海 南	Hainan	19.6	2.5	34.6	2.6	316.2	1.1	2.1
重 庆	Chongqing	53.1	34.8	17.1	8.8	1433.8	29.2	17.6
四 川	Sichuan	135.9	103.0	75.0	7.4	1960.8	83.8	16.5
贵 州	Guizhou	60.0	19.2	15.6	7.4	446.1	7.4	8.2
云 南	Yunnan	62.8	107.4	39.4	5.0	898.2	15.3	10.5
西 藏	Tibet	9.5	5.9	8.8	0.4	35.0	0.5	0.4
陕 西	Shaanxi	58.2	138.0	73.4	6.0	1102.7	56.6	73.1
甘 肃	Gansu	18.6	38.7	18.9	2.8	265.9	6.4	19.4
青 海	Qinghai	2.9	5.9	3.1	2.3	78.6	1.7	3.6
宁 夏	Ningxia	13.1	5.2	3.3	1.0	175.9	1.0	0.4
新 疆	Xinjiang	43.3	26.3	12.5	5.2	362.9	10.3	12.1
不分地区	Not Classified by Region							8.2

5-16 续表 2 continued

单位：亿元 (100 million yuan)

年份 Year / 地区 Region	水利、环境和公共设施管理业 Management of Water Conservancy, Environment and Public Facilities	居民服务和其他服务业 Services to Households and Other Services	教育 Education	卫生、社会保障和社会福利业 Health, Social Securities and Social Welfare	文化、体育和娱乐业 Culture, Sports and Entertainment	公共管理和社会组织 Public Management and Social Organizations	国际组织 International Organizations
2003	4220.2	65.6	1474.1	357.7	479.6	1841.2	0.3
2004	4890.8	107.6	1803.0	446.9	531.2	2165.6	0.3
2005	6097.9	135.5	1966.9	591.8	685.8	2438.1	
2006	7506.7	183.6	2128.8	708.0	858.2	2655.8	0.1
2007	9276.0	235.8	2220.9	809.4	1129.8	2768.4	
2008	12279.1	312.7	2355.4	1065.9	1436.5	3239.0	
2009	17878.9	518.6	3242.5	1698.0	2125.4	4034.2	
北京 Beijing	262.9	2.5	54.1	36.6	61.6	39.7	
天津 Tianjin	678.9	34.1	36.2	15.8	23.7	65.6	
河北 Hebei	1080.3	38.1	132.0	107.7	78.9	104.5	
山西 Shanxi	431.1	5.1	99.1	35.2	51.2	19.3	
内蒙古 Inner Mongolia	591.2	27.7	98.0	45.3	78.6	147.3	
辽宁 Liaoning	883.4	54.8	125.9	83.3	128.9	204.0	
吉林 Jilin	525.1	20.2	74.7	53.2	35.7	35.9	
黑龙江 Heilongjiang	305.8	13.3	90.1	56.1	21.9	176.5	
上海 Shanghai	630.3	1.8	37.4	22.7	54.7	15.6	
江苏 Jiangsu	1210.8	40.7	201.5	77.8	124.3	148.3	
浙江 Zhejiang	808.8	5.9	109.9	69.8	71.1	77.7	
安徽 Anhui	825.5	22.5	149.0	85.7	86.1	136.9	
福建 Fujian	565.3	7.1	89.7	43.5	45.8	146.0	
江西 Jiangxi	525.5	15.1	107.8	49.2	72.0	79.4	
山东 Shandong	1025.8	76.8	220.0	112.0	330.2	649.2	
河南 Henan	760.9	39.6	204.8	109.8	125.1	122.5	
湖北 Hubei	722.0	19.0	124.5	74.5	97.5	292.3	
湖南 Hunan	739.1	26.1	93.8	88.6	72.3	191.6	
广东 Guangdong	1052.8	12.6	170.4	108.7	190.4	87.6	
广西 Guangxi	543.7	7.3	107.4	53.4	31.6	81.2	
海南 Hainan	67.9	0.0	16.0	12.4	66.3	61.9	
重庆 Chongqing	525.6	2.2	108.1	29.7	36.8	69.0	
四川 Sichuan	1139.1	6.7	319.9	132.5	64.6	125.5	
贵州 Guizhou	208.2	5.3	38.7	15.3	13.9	44.7	
云南 Yunnan	500.6	8.4	118.2	48.5	49.1	105.9	
西藏 Tibet	19.0	0.3	9.9	3.5	4.5	41.6	
陕西 Shaanxi	721.3	16.0	149.0	61.1	55.5	437.7	
甘肃 Gansu	94.0	4.4	50.8	27.7	17.9	201.4	
青海 Qinghai	56.3	0.5	12.6	5.1	13.0	22.6	
宁夏 Ningxia	57.2	1.2	29.2	7.9	10.6	16.6	
新疆 Xinjiang	169.0	3.0	64.1	25.5	11.6	76.8	
不分地区 Not Classified by Region	151.5					9.4	

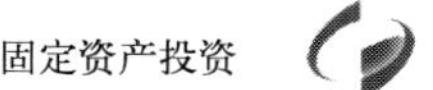

5-17 各地区按项目规模分城镇固定资产投资

Investment in Fixed Assets in Urban Area by Size of Construction and Region

单位：亿元 (100 million yuan)

年 份 地 区	Year Region	500万元以下 Less Than 5 Million Yuan	500万元-1亿元 5-100 Million Yuan	1-5亿元 100-500 Million Yuan	5-10亿元 500 Million-1 Billion Yuan	10亿元以上 1 Billion Yuan and More
	1995	1016.3	3696.7	2493.9	1029.0	3807.5
	1996	1061.6	4198.7	2931.8	1192.5	4371.5
	1997	1115.5	4409.1	3163.0	1282.1	5342.0
	1998	1333.4	5186.6	3585.9	1414.0	6508.7
	1999	1331.0	5821.7	3899.7	1494.3	6164.7
	2000	1246.8	6627.2	4485.1	1706.4	6219.1
	2001	1258.0	7597.6	5301.7	1854.9	6655.6
	2002	1287.4	9335.5	6335.3	2234.8	7505.8
	2003	1384.9	12274.2	8911.0	3286.6	9271.2
	2004	1397.2	14939.7	11576.9	4079.6	13246.6
	2005	1687.8	19892.7	14564.0	5206.1	17835.3
	2006	1722.2	27426.5	17001.4	6190.8	21604.9
	2007	1952.2	35938.3	20513.0	7918.3	25853.8
	2008	2004.0	47807.9	23486.1	10056.0	34181.1
	2009	2047.2	67205.8	29222.3	13992.9	45210.4
北 京	Beijing	10.1	246.2	404.1	205.5	946.0
天 津	Tianjin	30.3	817.9	453.3	303.3	2106.5
河 北	Hebei	203.5	4090.1	1846.3	968.4	1848.2
山 西	Shanxi	34.4	1309.7	868.0	382.3	1437.9
内蒙古	Inner Mongolia	44.7	2511.4	1014.0	771.3	1987.1
辽 宁	Liaoning	181.2	3823.6	1645.2	911.0	2403.6
吉 林	Jilin	31.1	3282.2	648.1	370.0	870.9
黑龙江	Heilongjiang	55.7	1821.5	769.1	422.9	1062.6
上 海	Shanghai	20.3	389.1	453.3	312.5	1981.7
江 苏	Jiangsu		4558.5	2763.2	1433.9	2172.6
浙 江	Zhejiang	85.7	1714.2	1329.1	583.9	1487.2
安 徽	Anhui		3737.1	1177.2	426.4	934.9
福 建	Fujian	39.9	1629.4	873.0	378.8	1491.1
江 西	Jiangxi	30.8	2908.3	1315.9	430.0	688.6
山 东	Shandong	114.4	6702.1	2950.2	1190.8	2052.8
河 南	Henan	110.4	6472.1	1761.0	510.1	1047.6
湖 北	Hubei	98.1	2750.5	1336.0	462.0	1336.6
湖 南	Hunan		3459.9	813.2	430.8	1091.5
广 东	Guangdong	235.6	2481.8	1065.1	610.6	2875.6
广 西	Guangxi	195.8	2115.5	678.3	320.6	566.0
海 南	Hainan	9.5	172.4	129.1	60.3	283.4
重 庆	Chongqing	39.0	1249.1	658.3	400.5	1269.3
四 川	Sichuan	83.2	2952.8	1634.1	791.7	2040.0
贵 州	Guizhou	94.7	621.8	234.9	140.9	586.3
云 南	Yunnan	75.2	1168.7	564.7	243.0	1328.4
西 藏	Tibet	29.6	160.1	50.9	17.3	54.0
陕 西	Shaanxi	50.2	2103.7	835.3	455.8	1501.7
甘 肃	Gansu	52.3	820.5	342.8	120.2	536.4
青 海	Qinghai	18.6	170.9	107.6	60.5	258.5
宁 夏	Ningxia	11.2	195.8	184.1	84.6	325.7
新 疆	Xinjiang	61.7	768.3	311.1	181.5	875.6
不分地区	Not Classified by Region		0.4	5.9	11.3	5762.1

注：本表不含房地产投资。

a) Data in this table do not include real estate investment.

5-18 各地区城镇能源工业投资
Investment in Energy Industry in Urban Area by Region

单位：亿元 (100 million yuan)

年份 地区	Year Region	合计 Total	煤炭开采及洗选业 Mining and Washing of Coal	石油及天然气开采业 Extraction of Petroleum and Natural Gas	石油及炼焦加工业 Processing of Petroleum, Coking	电力、热力及燃气的生产和供应业 Production and Supply of Electricity, Gas and Water
	2003	5508.4	436.4	946.0	322.0	3803.9
	2004	7504.8	690.4	1112.3	637.9	5064.2
	2005	10205.6	1162.9	1463.6	801.3	6777.8
	2006	11826.3	1459.0	1822.2	939.3	7605.8
	2007	13698.6	1804.6	2225.5	1415.4	8253.2
	2008	16345.5	2399.2	2675.1	1827.5	9443.7
	2009	19477.9	3056.9	2791.5	1839.8	11789.7
北京	Beijing	157.5	1.9	13.2	8.6	133.8
天津	Tianjin	756.3		393.2	118.0	245.1
河北	Hebei	635.5	71.9	9.8	121.4	432.3
山西	Shanxi	1206.4	599.7	16.5	102.5	487.6
内蒙古	Inner Mongolia	1880.3	520.4	187.3	156.9	1015.7
辽宁	Liaoning	885.7	31.9	89.0	192.9	571.8
吉林	Jilin	572.1	57.5	206.2	9.0	299.4
黑龙江	Heilongjiang	847.5	139.4	332.7	66.9	308.6
上海	Shanghai	326.3		8.2	25.9	292.2
江苏	Jiangsu	486.5	17.3	25.3	26.8	417.1
浙江	Zhejiang	433.5	0.1		17.3	416.1
安徽	Anhui	453.1	198.2	0.2	27.8	227.0
福建	Fujian	566.8	24.3		111.8	430.7
江西	Jiangxi	300.0	41.4		34.6	224.0
山东	Shandong	919.9	99.6	206.7	183.0	430.6
河南	Henan	940.1	315.7	75.9	59.2	489.4
湖北	Hubei	494.8	14.8	30.5	19.6	429.9
湖南	Hunan	406.4	101.6	0.6	20.8	283.5
广东	Guangdong	918.7		54.0	63.6	801.0
广西	Guangxi	351.1	9.7	1.9	48.0	291.4
海南	Hainan	56.4		4.4	4.2	47.8
重庆	Chongqing	276.0	62.1	10.3	3.3	200.2
四川	Sichuan	823.8	94.5	17.6	28.9	682.9
贵州	Guizhou	396.7	121.2	0.4	19.3	255.8
云南	Yunnan	792.0	60.5	0.7	29.6	701.2
西藏	Tibet	39.4				39.4
陕西	Shaanxi	923.7	205.5	213.6	153.9	350.8
甘肃	Gansu	530.1	54.5	17.6	60.0	398.1
青海	Qinghai	157.3	7.6	33.4	1.8	114.6
宁夏	Ningxia	296.9	102.0	4.1	17.2	173.6
新疆	Xinjiang	795.0	103.5	323.4	106.9	261.3
不分地区	Not Classified by Region	851.9		514.9		337.0

5-19 各地区城镇施工、竣工房屋建筑面积和价值

Value and Floor Space of Buildings under Construction and Buildings Completed in Urban Area by Region

年份 Year 地区 Region		施工房屋建筑面积(万平方米) Floor Space of Buildings under Construction (10 000 sq.m)	#住宅 Residential Buildings	竣工房屋建筑面积(万平方米) Floor Space of Buildings Completed (10 000 sq.m)	#住宅 Residential Buildings	竣工房屋价值(亿元) Value of Buildings Completed (100 million yuan)	#住宅 Residential Buildings
	1995	120453.6	68557.9	58631.1	37489.1	4233.4	2171.8
	1996	123011.1	68834.7	61443.4	39450.5	4968.3	2634.2
	1997	120739.3	68568.0	62490.2	40550.2	5280.1	2833.6
	1998	136669.3	83872.8	70166.1	47616.9	6012.6	3358.8
	1999	144319.3	91835.4	79646.1	55868.9	6791.0	4012.2
	2000	151691.3	94441.6	80507.9	54859.9	7014.6	4122.1
	2001	166837.6	103643.6	85278.9	57476.5	7463.5	4463.7
	2002	189973.4	113848.5	93018.3	59793.6	8435.3	4920.0
	2003	221258.1	124386.5	93114.7	54971.5	10126.4	5883.7
	2004	259252.2	142936.6	101033.8	56897.3	11119.0	6144.1
	2005	304904.3	166143.4	118125.8	66141.9	13952.4	7682.8
	2006	345152.0	187898.4	120705.3	63046.9	15340.1	8196.2
	2007	414941.8	226159.7	134247.5	68820.8	18043.4	9622.2
	2008	489110.6	269918.4	147066.4	75969.1	21515.3	11371.6
	2009	577357.3	312039.7	164539.3	82101.5	27128.4	14081.3
北京	Beijing	12583.6	6034.6	3306.6	1735.4	870.7	385.1
天津	Tianjin	10034.3	4814.7	2837.7	1737.2	729.0	459.0
河北	Hebei	29495.8	13665.2	8365.9	3054.2	1375.1	565.5
山西	Shanxi	10562.9	7218.5	2838.8	1719.2	497.6	293.7
内蒙古	Inner Mongolia	13930.9	7837.2	3988.7	2548.0	692.2	407.4
辽宁	Liaoning	29220.8	14886.9	8397.4	3638.4	1578.5	638.8
吉林	Jilin	11155.9	5669.3	4362.4	1706.4	670.4	214.2
黑龙江	Heilongjiang	10920.4	6657.1	5789.6	3486.0	833.1	465.0
上海	Shanghai	12096.9	6562.1	2466.3	1508.8	790.2	441.1
江苏	Jiangsu	49657.0	24226.0	17616.0	7399.0	3130.1	1589.3
浙江	Zhejiang	36156.9	15928.7	8306.9	3187.4	1458.9	653.4
安徽	Anhui	25829.9	14130.8	7178.5	3410.2	1054.6	545.4
福建	Fujian	21327.5	10221.5	4596.9	2045.3	611.3	308.6
江西	Jiangxi	14751.2	7022.0	4598.0	1814.5	563.1	234.5
山东	Shandong	44036.5	22826.4	11520.4	5752.0	1938.0	1031.9
河南	Henan	38416.0	18263.4	12902.3	5121.4	1427.4	590.9
湖北	Hubei	16361.8	8981.2	6170.9	2814.3	1068.0	529.4
湖南	Hunan	19288.0	12462.6	4592.6	2903.5	719.9	484.1
广东	Guangdong	38306.8	21717.2	10798.2	6091.3	2070.8	1253.6
广西	Guangxi	14581.8	8345.2	3387.8	1833.5	401.7	229.4
海南	Hainan	3213.1	2320.5	828.3	721.6	155.8	135.7
重庆	Chongqing	17566.5	11942.5	4464.2	3008.6	801.1	545.0
四川	Sichuan	34983.6	20725.6	9510.5	5194.2	1377.0	728.9
贵州	Guizhou	9630.9	6219.7	2484.9	1720.4	283.3	193.6
云南	Yunnan	12505.2	7529.9	3487.0	2157.6	527.7	337.5
西藏	Tibet	669.8	406.3	277.9	188.8	34.5	18.9
陕西	Shaanxi	20451.1	13598.3	3454.8	1842.9	645.1	343.8
甘肃	Gansu	7009.1	4334.4	1406.0	801.6	206.0	121.6
青海	Qinghai	1842.6	1046.9	457.6	259.8	55.7	34.9
宁夏	Ningxia	2977.8	1766.4	1015.0	703.6	141.4	90.9
新疆	Xinjiang	7494.1	4672.7	3001.0	1994.3	352.7	209.7
不分地区	Not Classified by Region	298.7	5.8	130.4	2.1	67.6	0.5

5-20 各地区按行业分城镇新增固定资产

Newly Increased Fixed Assets in Urban Area by Region and Sector

单位：亿元 (100 million yuan)

年份 Year 地区 Region	合计 Total	农、林、牧、渔业 Agriculture, Forestry, Animal Husbandry and Fishery	采矿业 Mining	制造业 Manufacturing	电力、燃气及水的生产和供应业 Production and Supply of Electricity, Gas and Water	建筑业 Construction	交通运输、仓储和邮政业 Transport, Storage and Post
2003	28663.9	375.0	1182.9	6646.9	2228.4	344.3	3531.4
2004	34731.4	458.9	1398.0	9023.3	3110.0	364.6	4237.8
2005	45206.6	608.8	2015.8	13276.5	3429.3	374.8	5235.8
2006	56290.9	807.0	2853.9	17268.0	4683.6	475.3	5751.0
2007	67367.5	1094.8	3438.5	21654.6	6151.5	584.2	6527.9
2008	84545.3	1694.1	3981.8	28335.2	6042.5	788.5	7802.7
2009	113943.9	2529.3	5781.3	40317.0	7001.9	963.3	9593.1
北 京 Beijing	2135.6	1.9	19.6	98.8	134.5	11.1	213.0
天 津 Tianjin	2361.8	34.5	333.0	789.8	118.2	9.9	48.6
河 北 Hebei	6836.6	186.5	234.2	3351.1	310.8	19.0	416.8
山 西 Shanxi	2436.4	91.7	448.1	507.3	323.8	18.1	181.9
内蒙古 Inner Mongolia	4620.6	237.0	516.7	1120.8	722.7	44.1	400.0
辽 宁 Liaoning	6856.9	115.1	229.3	2905.9	341.1	93.9	405.9
吉 林 Jilin	4153.8	102.1	282.1	1977.7	217.0	30.8	191.8
黑龙江 Heilongjiang	3478.0	190.3	461.5	865.3	224.7	40.2	348.1
上 海 Shanghai	2331.7	2.1	0.1	415.2	122.2	4.8	381.6
江 苏 Jiangsu	10303.6	31.1	17.7	4818.9	382.1	47.2	479.9
浙 江 Zhejiang	4135.6	12.0	0.4	1045.0	317.6	8.8	697.7
安 徽 Anhui	4542.8	71.7	193.3	1725.8	214.7	184.7	187.4
福 建 Fujian	2378.6	28.6	49.4	792.2	257.1	7.1	203.3
江 西 Jiangxi	3975.6	74.4	113.6	2315.4	174.8	11.9	95.2
山 东 Shandong	8624.0	130.2	358.1	3590.5	294.1	137.2	414.1
河 南 Henan	8177.4	287.8	575.3	3954.5	443.3	9.6	271.4
湖 北 Hubei	4718.0	139.8	92.6	1672.6	168.5	24.2	501.4
湖 南 Hunan	3571.6	83.8	167.6	1224.8	239.2	42.9	215.4
广 东 Guangdong	5790.4	28.3	65.0	1480.4	414.1	10.3	538.6
广 西 Guangxi	2442.6	92.8	154.3	742.6	205.9	13.0	267.8
海 南 Hainan	340.7	12.4		8.3	21.0	2.4	46.7
重 庆 Chongqing	2525.2	77.4	77.6	705.3	139.2	43.2	179.8
四 川 Sichuan	5517.6	133.5	124.9	1925.4	320.4	27.0	573.3
贵 州 Guizhou	1101.6	20.6	62.0	165.4	106.9	4.8	224.9
云 南 Yunnan	1812.1	84.4	120.8	317.3	163.2	2.7	124.7
西 藏 Tibet	221.7	17.0	3.6	6.2	36.2	15.6	40.0
陕 西 Shaanxi	2868.4	106.1	246.4	689.2	181.7	23.3	220.0
甘 肃 Gansu	1073.7	45.9	43.7	219.0	123.8	53.2	142.0
青 海 Qinghai	286.6	14.6	8.3	78.3	14.7	7.6	25.7
宁 夏 Ningxia	556.0	13.4	10.3	220.1	74.2	2.1	25.3
新 疆 Xinjiang	1880.7	62.4	363.6	587.9	194.2	12.6	58.2
不分地区 Not Classified by Region	1888.0		408.2				1472.4

5-20 续表 1 continued

单位：亿元 (100 million yuan)

年份 地区	Year Region	信息传输、计算机服务和软件业 Information Transmission, Computer Services and Software	批发和零售业 Wholesale and Retail Trades	住宿和餐饮业 Hotels and Catering Services	金融业 Financial Intermediation	房地产业 Real Estate	租赁和商务服务业 Leasing and Business Services	科学研究、技术服务和地质勘查业 Scientific Research, Technical Services, and Geological Prospecting
	2003	1053.0	535.5	204.5	71.4	7242.0	171.7	146.7
	2004	1153.3	717.4	267.6	111.4	7893.3	160.6	200.4
	2005	958.2	1019.4	431.7	81.5	10419.3	268.5	196.2
	2006	1082.4	1266.7	580.4	78.9	12968.5	279.0	258.5
	2007	1077.7	1604.8	813.8	114.6	14483.2	383.3	327.8
	2008	1197.8	2238.9	1106.8	178.6	18385.7	623.5	437.4
	2009	1567.3	3250.9	1624.1	247.1	22553.3	948.4	690.8
北京	Beijing	56.7	8.4	23.2	12.6	1202.4	17.2	22.8
天津	Tianjin	24.7	38.2	19.2	1.5	629.3	65.1	6.1
河北	Hebei	11.3	308.1	71.0	8.9	897.2	26.4	45.8
山西	Shanxi	37.7	52.8	31.8	1.9	362.4	4.8	3.4
内蒙古	Inner Mongolia	41.9	166.3	59.9	18.3	527.0	24.3	26.3
辽宁	Liaoning	86.5	322.9	126.1	21.6	1123.0	88.4	58.2
吉林	Jilin	54.1	184.5	62.9	7.8	424.6	61.3	37.5
黑龙江	Heilongjiang	55.7	116.8	37.0	4.5	499.0	48.6	69.2
上海	Shanghai	2.0	16.5	21.1	0.4	951.6	3.9	5.0
江苏	Jiangsu	75.7	275.9	146.0	8.2	2600.1	137.1	69.4
浙江	Zhejiang	123.0	77.0	58.5	11.3	1087.9	38.3	15.2
安徽	Anhui	66.7	127.1	86.2	9.3	899.8	26.7	17.3
福建	Fujian	73.9	44.2	39.7	13.7	481.5	11.4	8.1
江西	Jiangxi	41.0	139.8	114.6	19.5	343.5	30.5	11.1
山东	Shandong	37.7	400.5	123.1	10.4	1672.6	51.7	69.0
河南	Henan	57.6	253.5	118.2	9.8	1188.5	21.9	18.9
湖北	Hubei	55.5	179.2	115.1	14.4	792.1	51.1	32.2
湖南	Hunan	34.9	105.9	59.6	8.3	766.1	41.9	24.9
广东	Guangdong	234.2	95.5	92.5	14.4	2038.1	69.5	30.5
广西	Guangxi	56.0	74.8	31.7	13.1	367.1	35.2	11.0
海南	Hainan	17.9	1.4	4.5	2.2	120.6	0.6	1.3
重庆	Chongqing	17.9	19.8	11.8	6.6	800.7	9.8	10.8
四川	Sichuan	98.9	49.8	51.0	4.2	1090.3	34.3	16.3
贵州	Guizhou	56.0	12.5	6.7	5.9	259.7	4.1	7.3
云南	Yunnan	51.6	26.0	29.9	3.3	517.9	10.7	6.2
西藏	Tibet	8.0	2.3	6.7		22.7	0.5	0.1
陕西	Shaanxi	24.8	103.8	48.1	5.0	338.2	18.4	39.0
甘肃	Gansu	12.8	25.5	12.3	2.6	131.3	6.7	15.0
青海	Qinghai	0.8	3.5	2.5	2.8	32.2	0.5	2.5
宁夏	Ningxia	11.1	1.5	1.9	0.4	123.5	2.3	0.3
新疆	Xinjiang	40.6	16.8	11.4	4.0	262.5	5.3	10.3
不分地区	Not Classified by Region							

5-20 续表 2 continued

单位：亿元 (100 million yuan)

年份 地区	Year Region	水利、环境和公共设施管理业 Management of Water Conservancy, Environment and Public Facilities	居民服务和其他服务业 Services to Households and Other Services	教育 Education	卫生、社会保障和社会福利业 Health, Social Securities and Social Welfare	文化、体育和娱乐业 Culture, Sports and Entertainment	公共管理和社会组织 Public Management and Social Organizations	国际组织 International Organizations
	2003	2222.2	43.2	994.5	263.3	219.9	1186.7	0.3
	2004	2406.5	74.4	1209.5	308.5	243.3	1392.4	0.2
	2005	3068.2	75.4	1430.4	391.6	374.7	1550.5	
	2006	3707.0	121.1	1379.6	475.6	473.8	1780.6	0.1
	2007	4390.7	175.6	1573.9	566.8	541.0	1862.9	
	2008	6122.1	244.5	1613.0	683.7	815.2	2253.4	
	2009	9361.2	372.2	2098.2	1055.0	1134.1	2855.7	
北京	Beijing	117.6	1.5	47.3	12.7	111.4	22.7	
天津	Tianjin	126.6	21.3	23.9	10.6	10.2	51.0	
河北	Hebei	613.9	17.0	90.3	87.7	58.1	82.6	
山西	Shanxi	252.8	3.6	62.7	18.7	20.1	12.7	
内蒙古	Inner Mongolia	401.0	15.4	71.1	40.3	49.1	138.3	
辽宁	Liaoning	584.2	48.6	72.6	59.4	51.2	122.9	
吉林	Jilin	346.7	17.4	58.5	41.5	26.4	29.1	
黑龙江	Heilongjiang	174.3	12.9	84.1	66.0	14.6	165.1	
上海	Shanghai	346.4	2.7	16.2	22.1	6.6	11.1	
江苏	Jiangsu	823.5	28.5	125.9	53.1	82.4	101.0	
浙江	Zhejiang	433.3	2.7	90.7	28.1	39.1	49.1	
安徽	Anhui	434.2	19.2	96.0	39.2	57.9	85.4	
福建	Fujian	177.6	3.6	50.6	22.6	14.8	99.3	
江西	Jiangxi	302.6	12.5	62.0	25.2	32.6	55.4	
山东	Shandong	520.2	49.5	104.4	49.6	179.9	431.1	
河南	Henan	532.3	32.8	140.8	79.4	81.7	100.2	
湖北	Hubei	429.6	15.0	85.1	55.0	67.2	227.4	
湖南	Hunan	284.0	16.2	55.8	47.3	40.4	112.6	
广东	Guangdong	402.8	7.4	119.6	43.3	36.4	69.6	
广西	Guangxi	221.1	3.8	53.7	31.1	14.4	53.3	
海南	Hainan	40.9	0.2	8.5	5.9	3.2	42.7	
重庆	Chongqing	263.4	2.2	70.8	24.6	19.2	45.1	
四川	Sichuan	690.2	8.0	210.5	68.9	28.1	62.7	
贵州	Guizhou	87.8	3.1	22.4	8.9	7.1	35.3	
云南	Yunnan	181.1	4.0	56.1	27.5	24.6	60.2	
西藏	Tibet	16.4	0.2	7.6	2.6	2.0	33.9	
陕西	Shaanxi	336.0	17.2	102.7	44.3	31.2	293.1	
甘肃	Gansu	38.0	2.8	32.2	14.5	10.0	142.6	
青海	Qinghai	39.3	0.6	8.1	3.2	3.0	38.5	
宁夏	Ningxia	38.4	0.2	12.6	2.6	3.9	11.9	
新疆	Xinjiang	104.7	2.1	55.3	19.0	7.2	62.7	
不分地区	Not Classified by Region						7.4	

5-21 城镇50万元以上施工、投产项目个数
Number of Construction Projects over 500 Thousand Yuan under Construction and Put into Use in Urban Area

年 份 地 区	Year Region	施工项目 (个) Number of Projects under Construction (unit)	新开工项目 (个) Number of Projects Started This Year (unit)	全部建成投产项目 (个) Number of Projects Completed and Put into Use (unit)	项目建成投产率 (%) Rate of Construction Projects Completed and Put into Use (%)
	1995	169163	103305	102115	60.4
	1996	176487	111211	108256	61.3
	1997	156865	98003	95560	60.9
	1998	172011	116513	102572	59.6
	1999	175253	111690	109355	62.4
	2000	170430	113225	103749	60.9
	2001	173950	118725	106021	60.9
	2002	181363	128224	104087	57.4
	2003	203215	148042	109155	53.7
	2004	215440	152363	113145	52.5
	2005	261535	190755	148753	56.9
	2006	283920	203963	162383	57.2
	2007	326204	231531	187525	57.5
	2008	359213	257075	220418	61.4
	2009	451262	339795	288033	63.8
北 京	Beijing	2893	1371	1294	44.7
天 津	Tianjin	4345	3355	2744	63.2
河 北	Hebei	29270	24703	22368	76.4
山 西	Shanxi	9638	7375	6097	63.3
内蒙古	Inner Mongolia	12370	10409	9272	75.0
辽 宁	Liaoning	19374	16988	14506	74.9
吉 林	Jilin	11533	9949	9154	79.4
黑龙江	Heilongjiang	10440	8995	8582	82.2
上 海	Shanghai	8897	4141	1934	21.7
江 苏	Jiangsu	20223	13398	13118	64.9
浙 江	Zhejiang	16230	8812	7810	48.1
安 徽	Anhui	22658	16009	13703	60.5
福 建	Fujian	11937	6618	4576	38.3
江 西	Jiangxi	14311	10533	8956	62.6
山 东	Shandong	29422	20876	17783	60.4
河 南	Henan	36889	31894	28652	77.7
湖 北	Hubei	20934	17357	14982	71.6
湖 南	Hunan	18982	15143	9825	51.8
广 东	Guangdong	19990	14254	11958	59.8
广 西	Guangxi	23551	18264	15459	65.6
海 南	Hainan	1725	1117	922	53.4
重 庆	Chongqing	10891	7479	7327	67.3
四 川	Sichuan	26494	19643	15343	57.9
贵 州	Guizhou	10463	7989	7278	69.6
云 南	Yunnan	18708	12997	10048	53.7
西 藏	Tibet	2826	2198	1986	70.3
陕 西	Shaanxi	13931	11197	8582	61.6
甘 肃	Gansu	9452	7056	5592	59.2
青 海	Qinghai	2667	1763	1599	60.0
宁 夏	Ningxia	1874	1482	1123	59.9
新 疆	Xinjiang	8153	6366	5425	66.5
不分地区	Not Classified by Region	191	64	35	18.3

5-22 城镇新增固定资产及交付使用率
Newly Increased Fixed Assets and Rate of Projects of Fixed Assets Completed and Put into Use in Urban Area

年 份 Year 地 区 Region		固定资产投资额 (亿元) Investment in Fixed Assets (100 million yuan)	新增固定资产 (亿元) Newly Increased Fixed Assets (100 million yuan)	固定资产交付使用率 (%) Rate of Projects of Fixed Assets Completed and Put into Use (%)
	1995	15643.7	10146.2	64.9
	1996	(17627.7)	(13138.7)	(74.5)
		17567.2	13080.6	74.5
	1997	19194.2	14959.9	77.9
	1998	22491.4	17081.3	75.9
	1999	23732.0	18682.7	78.7
	2000	26221.8	20715.2	79.0
	2001	30001.2	21666.3	72.2
	2002	35488.8	24791.9	69.9
	2003	45811.7	28663.9	62.6
	2004	59028.2	34731.4	58.8
	2005	75095.1	45206.6	60.2
	2006	93368.7	56290.9	60.3
	2007	117464.5	67367.5	57.4
	2008	148738.3	84545.3	56.8
	2009	193920.4	113943.9	58.8
北 京	Beijing	4149.6	2135.6	51.5
天 津	Tianjin	4446.6	2361.8	53.1
河 北	Hebei	10476.5	6836.6	65.3
山 西	Shanxi	4509.6	2436.4	54.0
内蒙古	Inner Mongolia	7143.8	4620.6	64.7
辽 宁	Liaoning	11605.1	6856.9	59.1
吉 林	Jilin	5958.9	4153.8	69.7
黑龙江	Heilongjiang	4695.7	3478.0	74.1
上 海	Shanghai	4618.9	2331.7	50.5
江 苏	Jiangsu	14266.8	10303.6	72.2
浙 江	Zhejiang	7454.3	4135.6	55.5
安 徽	Anhui	7945.5	4542.8	57.2
福 建	Fujian	5548.6	2378.6	42.9
江 西	Jiangxi	6008.1	3975.6	66.2
山 东	Shandong	15439.1	8624.0	55.9
河 南	Henan	11454.9	8177.4	71.4
湖 北	Hubei	7183.7	4718.0	65.7
湖 南	Hunan	6880.0	3571.6	51.9
广 东	Guangdong	10230.1	5790.4	56.6
广 西	Guangxi	4689.9	2442.6	52.1
海 南	Hainan	942.7	340.7	36.1
重 庆	Chongqing	4855.1	2525.2	52.0
四 川	Sichuan	9090.1	5517.6	60.7
贵 州	Guizhou	2049.8	1101.6	53.7
云 南	Yunnan	4117.5	1812.1	44.0
西 藏	Tibet	327.6	221.7	67.7
陕 西	Shaanxi	5888.4	2868.4	48.7
甘 肃	Gansu	2076.4	1073.7	51.7
青 海	Qinghai	689.1	286.6	41.6
宁 夏	Ningxia	964.2	556.0	57.7
新 疆	Xinjiang	2434.1	1880.7	77.3
不分地区	Not Classified by Region	5779.7	1888.0	32.7

5-23 按行业分城镇50万元以上施工、投产项目个数（2009年）
Number of Construction Projects over 500 Thousand Yuan under Construction and Projects Completed and Projects Put into Use in Urban Area by Sector (2009)

行业	Sector	施工项目（个）Number of Projects under Construction (unit)	#新开工 Started This Year	全部建成投产项目（个）Number of Projects Completed and Put into Use (unit)	项目建成投产率（%）Rate of Projects Completed & Put into Use (%)
全国总计	**National Total**	**451262**	**339795**	**288033**	**63.8**
农、林、牧、渔业	**Agriculture, Forestry, Animal Husbandry and Fishery**	**21845**	**18723**	**16166**	**74.0**
农业	Farming	4419	3775	3240	73.3
林业	Forestry	3565	3042	2819	79.1
畜牧业	Animal Husbandry	5991	5117	4351	72.6
渔业	Fishery	625	516	417	66.7
农、林、牧、渔服务业	Services in Support of Agriculture	7245	6273	5339	73.7
采矿业	**Mining**	**14474**	**11010**	**9894**	**68.4**
煤炭开采和洗选业	Mining and Washing of Coal	5844	4229	3850	65.9
石油和天然气开采业	Extraction of Petroleum and Natural Gas	377	238	196	52.0
黑色金属矿采选业	Mining and Processing of Ferrous Metal Ores	2296	1838	1631	71.0
有色金属矿采选业	Mining and Processing of Non-Ferrous Metal Ores	2530	1864	1664	65.8
非金属矿采选业	Mining and Processing of Non-metal Ores	3324	2759	2486	74.8
其他采矿业	Mining of Other Ores	103	82	67	65.1
制造业	**Manufacturing**	**159150**	**117443**	**103329**	**64.9**
农副食品加工业	Processing of Food from Agricultural Products	11412	9052	7784	68.2
食品制造业	Manufacture of Foods	5375	4083	3596	66.9
饮料制造业	Manufacture of Beverages	3662	2798	2364	64.6
烟草制品业	Manufacture of Tobacco	422	281	234	55.5
纺织业	Manufacture of Textile	6734	4963	4543	67.5
纺织服装、鞋、帽制造业	Manufacture of Textile Wearing Apparel, Footware and Caps	4805	3548	3141	65.4
皮革毛皮羽毛(绒)及其制品业	Manufacture of Leather, Fur, Feather and Related Products	2138	1425	1337	62.5
木材加工及木竹藤棕草制品业	Processing of Timber, Manufacture of Wood, Bamboo, Rattan, Palm and Straw Products	5146	4248	3816	74.2
家具制造业	Manufacture of Furniture	2936	2360	2112	71.9
造纸及纸制品业	Manufacture of Paper and Paper Products	3522	2785	2455	69.7
印刷业和记录媒介的复制	Printing, Reproduction of Recording Media	2241	1668	1516	67.7
文教体育用品制造业	Manufacture of Articles For Culture, Education and Sport Activities	1063	760	696	65.5
石油加工、炼焦及核燃料加工业	Processing of Petroleum, Coking, Processing of Nuclear Fuel	1811	1081	959	53.0
化学原料及化学制品制造业	Manufacture of Raw Chemical Materials and Chemical Products	11940	8813	7724	64.7
医药制造业	Manufacture of Medicines	3922	2635	2195	56.0
化学纤维制造业	Manufacture of Chemical Fibres	487	306	295	60.6
橡胶制品业	Manufacture of Rubber	1523	1101	999	65.6
塑料制品业	Manufacture of Plastics	5723	4440	3953	69.1
非金属矿物制品业	Manufacture of Non-metallic Mineral Products	18683	15171	13413	71.8
黑色金属冶炼及压延加工业	Smelting and Pressing of Ferrous Metals	3660	2449	2191	59.9
有色金属冶炼及压延加工业	Smelting and Pressing of Non-ferrous Metals	3774	2503	2013	53.3
金属制品业	Manufacture of Metal Products	9434	7071	6293	66.7
通用设备制造业	Manufacture of General Purpose Machinery	13378	9855	8920	66.7
专用设备制造业	Manufacture of Special Purpose Machinery	8600	6164	5427	63.1
交通运输设备制造业	Manufacture of Transport Equipment	9210	6075	5198	56.4
电气机械及器材制造业	Manufacture of Electrical Machinery and Equipment	8723	6124	5059	58.0
通信设备、计算机及其他电子设备制造业	Manufacture of Communication Equipment, Computers and Other Electronic Equipment	4007	2404	2159	53.9
仪器仪表文化办公用机械制造业	Manufacture of Measuring Instruments and Machinery for Cultural Activity and Office Work	1413	903	871	61.6
工艺品及其他制造业	Manufacture of Artwork and Other Manufacturing	2745	1865	1642	59.8
废弃资源和废旧材料回收加工业	Recycling and Disposal of Waste	661	512	424	64.2
电力燃气水的生产供应业	**Production and Supply of Electricity, Gas and Water**	**23431**	**16295**	**13311**	**56.8**
电力、热力的生产和供应业	Production and Supply of Electric Power and Heat Power	14218	9698	8047	56.6
燃气生产和供应业	Production and Supply of Gas	2203	1570	1161	52.7
水的生产和供应业	Production and Supply of Water	7010	5027	4103	58.5
建筑业	**Construction**	**7155**	**6043**	**4971**	**69.5**
房屋和土木工程建筑业	Construction of Buildings and Civil Engineering	5217	4257	3321	63.7
建筑安装业	Building Installation	332	297	265	79.8
建筑装饰业	Building Decoration	1121	1096	1074	95.8
其他建筑业	Other Construction	485	393	311	64.1

5-23 续表 continued

行　　业	Sector	施工项目 (个) Number of Projects under Construc -tion (unit)	#新开工 Started This Year	全部建成投产项目 (个) Number of Projects Completed and Put into Use (unit)	项目建成投产率 (%) Rate of Projects Completed & Put into Use (%)
交通运输、仓储和邮政业	**Transport, Storage and Post**	**33416**	**24894**	**21285**	**63.7**
铁路运输业	Railway Transport	864	503	353	40.9
道路运输业	Road Transport	26072	19928	17295	66.3
城市公共交通业	Urban Public Transport	768	468	366	47.7
水上运输业	Water Transport	1350	816	671	49.7
航空运输业	Air Transport	290	140	143	49.3
管道运输业	Transport Via Pipelines	120	78	70	58.3
装卸搬运和其他运输服务业	Loading, Unloading and Other Transport Services	552	419	336	60.9
仓储业	Storage	3210	2395	1919	59.8
邮政业	Post	190	147	132	69.5
信息传输、计算机服务和软件业	**Information Transmission, Computer Services and Software**	**13853**	**6951**	**4903**	**35.4**
电信和其他信息传输服务业	Telecommunications and Other Information Transmission Services	13162	6424	4444	33.8
计算机服务业	Computer Services	357	315	302	84.6
软件业	Software	334	212	157	47.0
批发和零售业	**Wholesale and Retail Trades**	**17748**	**14997**	**13393**	**75.5**
批发业	Wholesale Trade	7584	6408	5590	73.7
零售业	Retail Trade	10164	8589	7803	76.8
住宿和餐饮业	**Hotels and Catering Services**	**9482**	**7856**	**6945**	**73.2**
住宿业	Hotels	4718	3535	3011	63.8
餐饮业	Catering Services	4764	4321	3934	82.6
金融业	**Financial Intermediation**	**1381**	**1124**	**976**	**70.7**
银行业	Bank	1110	888	755	68.0
证券业	Security Activities	38	34	30	79.0
保险业	Insurance	76	63	61	80.3
其他金融活动	Other Financial Activities	157	139	130	82.8
房地产业	**Real Estate**	**26238**	**21156**	**17833**	**68.0**
租赁和商务服务业	**Leasing and Business Services**	**3665**	**2755**	**2230**	**60.9**
租赁业	Leasing	160	143	125	78.1
商务服务业	Business Services	3505	2612	2105	60.1
科学研究、技术服务和地质勘查业	**Scientific Research, Technical Service and Geologic Prospecting**	**3236**	**2245**	**1899**	**58.7**
研究与试验发展	Research and Experimental Development	985	600	465	47.2
专业技术服务业	Professional Technical Services	1143	846	693	60.6
科技交流和推广服务业	Services of Science and Technology Exchanges and Promotion	754	580	497	65.9
地质勘查业	Geologic Prospecting	354	219	244	68.9
水利、环境和公共设施管理业	**Management of Water Conservancy, Environment and Public Facilities**	**50187**	**36210**	**28692**	**57.2**
水利管理业	Management of Water Conservancy	10664	8028	6575	61.7
环境管理业	Environmental Management	4884	3732	2660	54.5
公共设施管理业	Management of Public Facilities	34639	24450	19457	56.2
居民服务和其他服务业	**Services to Households and Other Services**	**3030**	**2667**	**2296**	**75.8**
居民服务业	Services to Households	2098	1831	1603	76.4
其他服务业	Other Services	932	836	693	74.4
教育	**Education**	**20797**	**16436**	**13352**	**64.2**
卫生、社会保障和社会福利业	**Health, Social Security and Social Welfare**	**12299**	**10008**	**7461**	**60.7**
卫生	Health	10213	8292	6209	60.8
社会保障业	Social Security	441	369	283	64.2
社会福利业	Social Welfare	1645	1347	969	58.9
文化、体育和娱乐业	**Culture, Sports and Entertainment**	**7360**	**5553**	**4349**	**59.1**
新闻出版业	Journalism and Publishing Activities	112	68	39	34.8
广播、电视、电影和音像业	Broadcasting, Movies, Television and Audiovisual Activities	765	560	476	62.2
文化艺术业	Cultural and Art Activities	3274	2449	1837	56.1
体育	Sports Activities	878	580	434	49.4
娱乐业	Entertainment	2331	1896	1563	67.1
公共管理和社会组织	**Public Management and Social Organization**	**22515**	**17429**	**14748**	**65.5**
中国共产党机关	Organs of Communist Party of China	182	135	120	65.9
国家机构	Government Agencies	18143	13779	11749	64.8
人民政协和民主党派	People's Political Consultative Conference and Democratic Parties	35	24	21	60.0
群众团体、社会团体和宗教组织	Non-Governmental Organizations, Social Organizations and Religion Organizations	683	548	453	66.3
基层群众自治组织	Grass Roots Self-governing Organizations	3472	2943	2405	69.3
国际组织	**International Organizations**				

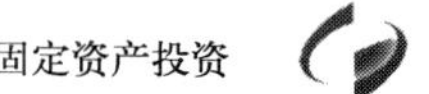

5-24　新增主要产品生产能力
Newly Increased Production Capacity of Major Products

能力名称	Item	2005	2006	2007	2008	2009
原煤开采 （万吨/年）	Coal Mining (10 000 tons/year)	18377	22648	26984	23059	32006
焦炭 （万吨/年）	Coke (10 000 tons/year)	7337	5113	4554	4203	6327
天然原油开采 （万吨/年）	Petroleum Extraction (10 000 tons/year)	2388	1602	1956	1765	2559
天然气开采（亿立方米/年）	Extraction of Petroleum and Natural Gas (100 million cu.m/year)	129	76	113	61	20
铁矿开采（原矿）（万吨/年）	Iron Ore Mining (10 000 tons/year)	9211	7908	8521	8212	6824
生铁 （万吨/年）	Pig Iron (10 000 tons/year)	6873	3740	3109	2144	4099
粗钢 （万吨/年）	Steel-making (10 000 tons/year)	4565	2784	2862	2255	2912
铁合金 （折标吨/年）	Iron Alloy (standard ton/year)	877	2357315	2791788	2050110	1333711
铜采矿（原矿） （万吨/年）	Copper Ore Mining (10 000 tons/year)	746	623	1120	1458	1930
铜选矿	Copper Ore Dressing					
处理原矿 （万吨/年）	Crude Ore Dressing (10 000 tons/year)	308	857	448	319	798
铜含量 （吨/年）	Copper Content (ton/year)	20914	40914	211575	3590	9206
铜冶炼 （吨/年）	Copper Smelting (ton/year)	1113448	1085318	863080	1161856	1126581
#电解铜 （吨/年）	Electrolytic Copper (ton/year)	498125	304945	277912	313806	594406
铅锌采矿（原矿）（万吨/年）	Plumbum/Zinc Ore Mining (10 000 tons/year)	1089	1580	1921	1462	1879
铅锌选矿	Plumbum and Zinc Ore Dressing					
处理原矿 （万吨/年）	Crude Ore Dressing (10 000 tons/year)	399	1284	3052	900	696
铅含量 （吨/年）	Plumbum Content (ton/year)	75000	161813	241873	105331	84819
锌含量 （吨/年）	Zinc Content (ton/year)	115772	231221	356817	123939	66624
铅冶炼 （吨/年）	Plumbum Smelting (ton/year)	505852	765303	1056521	616698	892551
#电解铅 （吨/年）	Electrolytic Plumbum (ton/year)	261300	392750	380000	327880	212500
锌冶炼 （吨/年）	Zinc Smelting (ton/year)	670732	803656	739835	450197	667332
#电解锌 （吨/年）	Electrolytic Zinc (ton/year)	207040	434797	322000	72200	251400
氧化铝 （吨/年）	Aluminum Oxide (ton/year)	1844360	2053518	1854430	2682830	1950800
电解铝 （吨/年）	Electrolytic Aluminum (ton/year)	1211171	663601	788030	215260	695714
水力发电 （万千瓦）	Hydraulic Power (10 000 kw)	1278	1295	1674	2515	2487
火力发电 （万千瓦）	Fire Power (10 000 kw)	5276	8019	7379	5705	5043
核能发电 （万千瓦）	Nuclear Energy Source (10 000 kw)	2		252	293	116
其他发电 （万千瓦）	Other Power (10 000 kw)	167	430	626	974	1612
水泥 （万吨/年）	Cement (10 000 tons/year)	24117	21219	24261	23547	37960
平板玻璃 （万重量箱/年）	Plate Glass (10 000 Weight-box/year)	6875	5461	5629	15936	10180
电石 （吨/年）	Calcium Carbide (ton/year)	1097328	760060	1821761	2526438	1342986

注：铁合金的单位2005年及以前为万吨，2006年及以后为折标吨/年。

a) The unit of iron alloy is 10 000 tons in 2005 and before, and changed to standard ton/year since 2006.

5-24 续表 continued

能力名称	Item	2005	2006	2007	2008	2009
氮肥 (吨/年)	Nitrogen Fertilizers (ton/year)	4424786	6696240	3285902	4648925	6336714
磷肥 (吨/年)	Phosphate Fertilizer (ton/year)	3165465	2902662	2389156	1665438	3575323
钾肥 (吨/年)	Potash Fertilizer (ton/year)	665790	643020	551546	654148	1074772
塑料树脂及共聚物 (吨/年)	Plastic Colophony and Polymer (ton/year)	4709032	1974181	5481880	3290095	1937934
轮胎外胎 (万条/年)	Tire (Cover) (10 000 units/year)	3752	6637	10755	5913	3519
轮胎内胎 (万条/年)	Inner Tube (10 000 units/year)	2244	1561	6910	4137	7082
载货汽车制造 (辆/年)	Trucks (unit/year)	134925	359895	199341	92900	275650
客车制造 (辆/年)	Passenger Motor Vehicles (unit/year)	206800	2300	14834	43500	58740
轿车制造 (辆/年)	Cars (unit/year)	948777	1194509	1520269	830603	1760565
其他汽车制造 (辆/年)	Other Motor Vehicles (unit/year)	130356	115040	159335	77757	121300
电视机 (万部/年)	Television Sets (10 000 units/year)	2715	1996	344	514	300
化学纤维 (吨/年)	Chemical Fibre (ton/year)	2665296	1217605	2704284	2817572	1923430
棉纺锭 (锭)	Cotton Spindles (unit)	13786477	17565145	20419912	9816359	10249173
毛纺锭 (锭)	Wool Spindles (unit)	163844	278309	175120	352621	161190
啤酒 (万吨/年)	Beer (10 000 tons/year)	384	481	753	551	240
白酒 (万吨/年)	Distilled Spirit (10 000 tons/year)	316	228	518	179	182
其他酒 (万吨/年)	Other Alcohols (10 000 tons/year)	48	51	151	44	67
卷烟 (箱/年)	Cigarettes (box/year)	1551074	701514	1074420	820000	1315007
机制纸浆 (万吨/年)	Machine-made Paper Pulp (10 000 tons/year)	194	229	341	192	267
家用电冰箱 (万台/年)	Household Refrigerator (10 000 unit/year)	604	382	640	1091	361
家用洗衣机 (万台/年)	Household Washing Machine (10 000 unit/year)	910	157	259	536	497
新建铁路投产里程 (公里)	Length of Newly-built and Operating Railway (km)	1281	1756	956	1459	5598
新建公路 (公里)	Length of New Highways (km)	60374	62267	89687	75416	107675
改建公路 (公里)	Length of Reconstructed Highways (km)	105065	144297	157341	128653	151945
新(扩)建港口码头	Newly-built or Expanded Ports					
年吞吐量 (万吨)	Annual Handling Capacity (10 000 tons/year)	14840	30073	19831	17412	13941
泊位 (个)	Berths (unit)	181	255	186	143	187
城市自来水供水能力 (万吨/日)	Tap Water Supply Capacity (10 000 tons/day)	2067	1818	2480	1702	2269

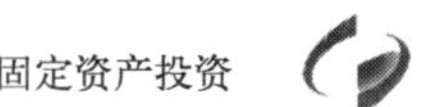

5-25 全社会主要产品建设规模（2009年）

Construction Size of Main Production Capacity in the Whole Country (2009)

能力名称		Item		建设规模 Total Construction Size	本年施工规模 Under Construction This Year	本年新开工 Started This Year	累计新增 Accumulated Newly Increased	本年新增 Newly Increased This Year
原煤开采	（万吨/年）	Coal Mining	(10 000 tons/year)	119584	101008	48249	45825	32006
焦炭	（万吨/年）	Coke	(10 000 tons/year)	21959	18462	9077	8045	6327
天然原油开采	（万吨/年）	Petroleum Extraction	(10 000 tons/year)	3259	2803	1415	2930	2559
天然气开采	（亿立方米/年）	Extraction of Petroleum and Natural Gas	(100 million cu.m/year)	46	30	24	25	20
铁矿开采（原矿）	（万吨/年）	Iron Ore Mining	(10 000 tons/year)	20596	16412	9772	9380	6824
生铁	（万吨/年）	Pig Iron	(10 000 tons/year)	7303	6248	2244	4649	4099
粗钢	（万吨/年）	Steel-making	(10 000 tons/year)	6711	5200	1890	3625	2912
铁合金	（折标吨/年）	Iron Alloy	(standard ton/year)	5556382	5272881	3019961	2203985	1333711
铜采矿（原矿）	（万吨/年）	Copper Ore Mining	(10 000 tons/year)	3920	3346	1405	2204	1930
铜选矿		Copper Ore Dressing						
处理原矿	（万吨/年）	Crude Ore Dressing	(10 000 tons/year)	2016	1788	1033	851	798
铜含量	（吨/年）	Copper Content	(ton/year)	72248	72248	23415	13167	9206
铜冶炼	（吨/年）	Copper Smelting	(ton/year)	3627171	2640647	1829553	1528612	1126581
#电解铜	（吨/年）	Electrolytic Copper	(ton/year)	1668646	1231646	757546	995406	594406
铅锌采矿（原矿）	（万吨/年）	Plumbum/Zinc Ore Mining	(10 000 tons/year)	3623	3536	2265	1999	1879
铅锌选矿		Plumbum and Zinc Ore Dressing						
处理原矿	（万吨/年）	Crude Ore Dressing	(10 000 tons/year)	2642	2577	709	1152	696
铅含量	（吨/年）	Plumbum Content	(ton/year)	144727	142799	85204	84819	84819
锌含量	（吨/年）	Zinc Content	(ton/year)	186946	178037	48451	72375	66624
铅冶炼	（吨/年）	Plumbum Smelting	(ton/year)	1924631	1477021	912861	992261	892551
#电解铅	（吨/年）	Electrolytic Plumbum	(ton/year)	444360	444180	263380	212500	212500
锌冶炼	（吨/年）	Zinc Smelting	(ton/year)	2928932	2503422	1298142	829042	667332
#电解锌	（吨/年）	Electrolytic Zinc	(ton/year)	1087330	983330	553330	266400	251400
氧化铝	（吨/年）	Aluminum Oxide	(ton/year)	7107000	5981900	2688400	2094800	1950800
电解铝	（吨/年）	Electrolytic Aluminum	(ton/year)	3088406	2988406	1018206	705714	695714
水力发电	（万千瓦）	Hydraulic Power	(10 000 kw)	18893	11118	2698	6015	2487
火力发电	（万千瓦）	Fire Power	(10 000 kw)	23462	18043	6276	9083	5043
核能发电	（万千瓦）	Nuclear Energy Source	(10 000 kw)	3276	2986	540	127	116
其他发电	（万千瓦）	Other Power	(10 000 kw)	4171	3534	2466	2185	1612
水泥	（万吨/年）	Cement	(10 000 tons/year)	107292	93979	61803	48245	37960
平板玻璃	（万重量箱/年）	Plate Glass	(10 000 Weight-box/year)	22877	18936	9832	11322	10180
电石	（吨/年）	Calcium Carbide	(ton/year)	7804415	6389910	4039924	1987491	1342986

5-25 续表 continued

能力名称	Item	建设规模 Total Construction Size	本年施工规模 Under Construction This Year	本年新开工 Started This Year	累计新增 Accumulated Newly Increased	本年新增 Newly Increased This Year
氮肥 (吨/年)	Nitrogen Fertilizers (ton/year)	17690694	15645973	8078900	8512961	6336714
磷肥 (吨/年)	Phosphate Fertilizer (ton/year)	8438026	6985659	4391469	4436604	3575323
钾肥 (吨/年)	Potash Fertilizer (ton/year)	4131007	3296149	1123077	2136772	1074772
塑料树脂及共聚物 (吨/年)	Plastic Colophony and Polymer (ton/year)	8560794	6622962	3351531	2769838	1937934
轮胎外胎 (万条/年)	Tire (Cover) (10 000 units/year)	10855	8751	3127	4748	3519
轮胎内胎 (万条/年)	Inner Tube (10 000 units/year)	25342	24736	7809	7282	7082
载货汽车制造 (辆/年)	Trucks (unit/year)	710280	698030	243650	482030	275650
客车制造 (辆/年)	Passenger Motor Vehicles (unit/year)	753730	644420	317340	60440	58740
轿车制造 (辆/年)	Cars (unit/year)	5080402	3485065	589112	2762676	1760565
其他汽车制造 (辆/年)	Other Motor Vehicles (unit/year)	404234	374919	143139	126900	121300
电视机 (万部/年)	Television Sets (10 000 units/year)	818	756	329	425	300
化学纤维 (吨/年)	Chemical Fibre (ton/year)	5141477	4244651	2312066	2228343	1923430
棉纺锭 (锭)	Cotton Spindles (unit)	18883974	16342130	12152474	11504299	10249173
毛纺锭 (锭)	Wool Spindles (unit)	236370	216802	197302	184702	161190
啤酒 (万吨/年)	Beer (10 000 tons/year)	810	736	312	384	240
白酒 (万吨/年)	Distilled Spirit (10 000 tons/year)	293	272	221	199	182
其他酒 (万吨/年)	Other Alcohols (10 000 tons/year)	121	112	63	94	67
卷烟 (箱/年)	Cigarettes (box/year)	4104136	4030006	2470006	1359137	1315007
机制纸浆 (万吨/年)	Machine-made Paper Pulp (10 000 tons/year)	732	623	408	306	267
家用电冰箱 (万台/年)	Household Refrigerator (10 000 unit/year)	837	636	381	361	361
家用洗衣机 (万台/年)	Household Washing Machine (10 000 unit/year)	1028	978	662	497	497
新建铁路投产里程 (公里)	Length of Newly-built and Operating Railway (km)	23537	20994	4884	6305	5598
新建公路 (公里)	Length of New Highways (km)	183382	167688	124507	115892	107675
改建公路 (公里)	Length of Reconstructed Highways (km)	241051	216841	158399	169335	151945
新(扩)建港口码头	Newly-built or Expanded Ports					
年吞吐量 (万吨)	Annual Handling Capacity (10 000 tons/year)	51993	43080	13346	19181	13941
泊位 (个)	Berths (unit)	559	498	169	215	187
城市自来水供水能力 (万吨/日)	Tap Water Supply Capacity (10 000 tons/day)	9148	8270	2515	3009	2269

5-26 农村农户固定资产投资和建房
Farm households Investment in Fixed Assets and Buildings Construction in Rural Area

年 份 地 区	Year Region	投资总额（亿元） Total Investment (100 million yuan)	#竣工房屋投资 Investment in Buildings Completed	#住 宅 Residential Buildings	施工房屋建筑面积（万平方米） Floor Space of Buildings under Construction (10 000 sq.m)	竣工房屋建筑面积（万平方米） Floor Space of Buildings Completed (10 000 sq.m)	#住 宅 Residential Buildings	竣工房屋造价（元/平方米） Cost of Buildings Completed (yuan/sq.m)	#住 宅 Residential Buildings
	1985	478.4	350.1	313.2		78973.0	69542.0	44.0	45.0
	1990	876.5	777.1	649.8	76819.0	71136.0	67812.0	109.0	96.0
	1991	1042.6	912.5	759.3	85405.0	79501.0	74193.0	115.0	102.0
	1992	1005.5	937.5	678.5	83392.0	65338.0	60442.0	143.0	112.0
	1993	1137.7	1015.4	760.3	57432.0	56012.0	46129.0	181.0	165.0
	1994	1519.2	1315.9	1002.7	72283.0	65390.0	57646.0	201.0	174.0
	1995	2007.9	1709.4	1349.9	78192.0	73522.0	66230.0	233.0	204.0
	1996	2544.0	2250.9	1766.4	96115.0	87277.0	79531.0	258.0	222.0
	1997	2691.2	2405.8	1890.7	89309.0	85888.0	77287.0	280.0	245.0
	1998	2681.5	2402.2	1907.2	89099.0	83864.0	77031.0	286.0	248.0
	1999	2779.6	1908.2	1799.1	89050.0	83244.0	76758.0	229.2	234.4
	2000	2904.3	1969.3	1846.8	88231.8	81270.2	75515.3	242.3	244.6
	2001	2976.6	1908.2	1775.0	81048.2	74517.5	68799.3	256.1	258.0
	2002	3123.2	1956.5	1858.1	80345.0	75125.7	69841.0	260.4	266.0
	2003	3201.0	2053.2	1926.9	81123.7	75683.6	69741.1	271.3	276.3
	2004	3362.7	2031.0	1933.4	71112.1	65801.5	62303.5	308.7	310.3
	2005	3940.6	2190.6	2083.1	73109.2	66604.2	62292.4	328.9	334.4
	2006	4436.2	2620.1	2490.2	76189.4	69237.9	64563.7	378.4	385.7
	2007	5123.3	3228.3	3022.0	86665.6	78321.2	72676.4	412.2	415.8
	2008	5951.8	3748.5	3547.1	91911.4	84407.0	78585.7	444.1	451.4
	2009	7434.5	5029.9	4743.3	116099.4	105683.0	95570.5	475.9	496.3
北 京	Beijing	43.5	36.2	32.9	784.2	564.6	543.5	641.3	606.1
天 津	Tianjin	29.0	13.8	13.5	160.7	118.5	111.3	1162.4	1211.3
河 北	Hebei	393.4	262.7	240.4	5216.5	4450.4	4134.1	590.3	581.6
山 西	Shanxi	178.6	96.1	90.5	2220.0	1700.0	1599.0	565.1	565.9
内蒙古	Inner Mongolia	84.1	36.5	33.2	468.0	433.0	394.0	843.0	843.0
辽 宁	Liaoning	228.1	169.4	154.9	3934.0	3904.0	3508.5	434.0	441.6
吉 林	Jilin	164.4	56.2	53.6	929.8	927.9	864.1	605.8	619.9
黑龙江	Heilongjiang	316.5	86.1	76.8	1144.3	1076.9	955.9	799.7	803.3
上 海	Shanghai	1.5	0.9	0.9	7.8	7.8	7.8	1127.8	1127.8
江 苏	Jiangsu	351.3	191.9	185.1	2191.0	2176.0	2147.0	882.0	862.1
浙 江	Zhejiang	434.7	367.7	350.6	5530.0	5118.0	4955.0	718.4	707.7
安 徽	Anhui	390.8	275.2	266.6	5365.2	5019.8	4803.6	548.1	555.1
福 建	Fujian	181.1	102.7	92.9	3333.4	1996.8	1806.6	514.4	514.2
江 西	Jiangxi	251.0	164.8	161.4	5519.8	3833.4	3638.8	430.0	443.7
山 东	Shandong	642.5	397.6	365.2	7650.8	7500.2	6588.4	530.1	554.3
河 南	Henan	780.1	626.5	600.3	16584.3	14749.2	13818.8	424.8	434.4
湖 北	Hubei	281.0	212.3	204.0	4036.7	3915.2	3744.1	542.4	544.7
湖 南	Hunan	298.1	211.0	205.7	6666.0	6157.0	5917.0	342.7	347.6
广 东	Guangdong	274.3	209.7	205.1	3909.0	2976.0	2919.0	704.7	702.6
广 西	Guangxi	303.5	219.8	218.4	4781.6	4653.2	4592.0	472.3	475.6
海 南	Hainan	26.7	12.8	12.0	271.5	179.0	170.9	715.5	702.5
重 庆	Chongqing	90.2	59.7	54.1	1729.8	1430.9	1300.4	417.4	416.1
四 川	Sichuan	894.9	739.6	675.5	19441.2	19441.2	14370.0	380.5	470.1
贵 州	Guizhou	129.9	86.9	86.0	2077.0	1917.0	1865.0	453.2	461.2
云 南	Yunnan	190.4	121.5	98.7	3610.0	3079.0	2624.0	394.5	376.0
西 藏	Tibet								
陕 西	Shaanxi	199.9	105.1	104.8	1987.0	1894.1	1880.7	555.1	557.3
甘 肃	Gansu	110.7	88.6	85.8	4513.0	4513.0	4500.0	196.3	190.6
青 海	Qinghai	23.0	13.8	12.6	378.7	370.2	303.0	372.4	415.4
宁 夏	Ningxia	37.2	17.5	15.5	242.0	241.0	221.0	724.6	699.4
新 疆	Xinjiang	103.9	47.3	46.3	1416.4	1339.8	1287.2	353.2	359.9

5-27 房地产开发企业(单位)主要指标
Main Indicators of Enterprises for Real Estate Development

指 标	Item	2006	2007	2008	2009
企业个数 (个)	**Number of Enterprises (unit)**	**58710**	**62518**	**87562**	**80407**
内资	Domestic Funded	53268	56965	81282	74674
#国有	State-owned Enterprises	3797	3617	3941	3835
集体	Collective-owned Enterprises	1586	1430	1520	1361
港、澳、台投资	Enterprises with Funds from Hong Kong, Macao and Taiwan	3519	3524	3916	3633
外商投资	Foreign Funded	1923	2029	2364	2100
平均从业人数 (万人)	**Average Number of Employed Persons (10 000 persons)**	**160.09**	**171.97**	**210.04**	**194.93**
内资企业	Domestic Funded	144.22	154.13	190.60	176.39
#国有	State-owned Enterprises	13.23	12.11	12.75	12.39
集体	Collective-owned Enterprises	3.84	3.45	2.96	2.90
港、澳、台投资企业	Enterprises with Funds from Hong Kong, Macao and Taiwan	9.77	10.04	10.92	11.00
外商投资企业	Foreign Funded	6.11	7.79	8.51	7.55
土地开发及购置 (万平方米)	**Land Development and Purchase (10 000 sq.m)**				
本年土地开发面积	Land Space Developed This Year	27128.4	27566.2	28709.8	23037.4
本年土地购置面积	Land Space Purchased This Year	36573.6	40245.8	39353.4	31909.5
本年完成投资额 (亿元)	**Investment Completed This Year (100 million yuan)**	**19422.9**	**25288.8**	**31203.2**	**36241.8**
#住宅	Residential Buildings	13638.4	18005.4	22440.9	25613.7
#经济适用房	Economically Affordable Housing	696.8	820.9	970.9	1134.1
资金来源小计 (亿元)	**Sources of Funds (100 million yuan)**	**27135.6**	**37478.0**	**39619.4**	**57799.0**
#国内贷款	Domestic Loans	5357.0	7015.6	7605.7	11364.5
利用外资	Foreign Investment	400.2	641.0	728.2	479.4
自筹资金	Self-raising Fund	8597.1	11772.5	15312.1	17949.1
房屋建筑面积 (万平方米)	**Floor Space of Buildings (10 000 sq.m)**				
施工面积	Floor Space under Construction	194786.4	236318.2	283266.2	320368.2
竣工面积	Floor Space Completed	55830.9	60606.7	66544.8	72677.4
本年新开工面积	Floor Space Started This Year	79252.8	95401.5	102553.4	116422.1
#住宅	Residential Buildings	64403.8	78795.5	83642.1	93298.4
#经济适用房	Economically Affordable Housing	4379.0	4810.3	5621.9	5354.7
商品房销售面积 (万平方米)	**Floor Space of Commercialized Buildings Sold (10 000 sq.m)**	**61857.1**	**77354.7**	**65969.8**	**94755.0**
#住宅	Residential Buildings	55422.9	70135.9	59280.4	86184.9
#经济适用房	Economically Affordable Housing	3337.0	3507.5	3627.3	3058.8
商品房平均销售价格 (元/平方米)	**Average Selling Price of Commercialized Buildings(yuan/sq.m)**	**3367**	**3864**	**3800**	**4681**
#住宅	Residential Buildings	3119	3645	3576	4459
#经济适用房	Economically Affordable Housing	1729	1754	1929	2134
实收资本合计 (亿元)	**Total Capital Held (100 million yuan)**	**16172.4**	**19438.0**	**27561.9**	**28966.0**
#国家资本金	State Capital	2010.0	1967.0	2903.4	2906.7
资产负债率 (%)	**Ratio of Liabilities to Assets (%)**	**74.1**	**74.4**	**72.3**	**73.5**
经营总收入 (亿元)	**Total Revenue (100 million yuan)**	**18046.8**	**23397.1**	**26696.8**	**34606.2**
#土地转让收入	Land Transferred	300.6	427.9	466.8	498.0

注：商品房平均销售价格由报告期内新建商品房销售额除以销售面积计算而成。不同时期的商品房平均销售价格可能会受商品房区域、房屋类型等各种因素的影响。(5-38、5-43表同)

a) Average selling price of commercialized buildings is calculated by total sale of newly-built commercialized building divided by floor space sold during report period. It is affected by location and type of buildings etc. in different period. The same applies to the table 5-38, 5-43.

5-28 房地产开发企业(单位)个数
Number of Enterprises for Real Estate Development

单位：个 (unit)

年份 地区	Year Region	企业个数 Number of Enterprises	内资企业 Domestic Funded Enterprises	#国有 State-owned Enterprises	#集体 Collective-owned Enterprises	港、澳、台投资企业 Enterprises with Funds from Hong Kong, Macao and Taiwan	外商投资企业 Foreign Funded Enterprises
	1998	24378	19960	7958	4538	3214	1204
	1999	25762	21422	7370	4127	3167	1173
	2000	27303	23277	6641	3492	2899	1127
	2001	29552	25509	5862	2991	2959	1084
	2002	32618	28657	5015	2488	2884	1077
	2003	37123	33107	4558	2205	2840	1176
	2004	59242	53495	4775	2390	3639	2108
	2005	56290	50957	4145	1796	3443	1890
	2006	58710	53268	3797	1586	3519	1923
	2007	62518	56965	3617	1430	3524	2029
	2008	87562	81282	3941	1520	3916	2364
	2009	80407	74674	3835	1361	3633	2100
北京	Beijing	3172	2874	107	23	174	124
天津	Tianjin	1178	1070	258	20	53	55
河北	Hebei	2710	2642	56	5	37	31
山西	Shanxi	1899	1873	122	25	20	6
内蒙古	Inner Mongolia	1893	1883	32	4	6	4
辽宁	Liaoning	3920	3491	114	30	226	203
吉林	Jilin	1370	1333	27	7	25	12
黑龙江	Heilongjiang	1576	1534	101	7	25	17
上海	Shanghai	3306	2834	390	199	296	176
江苏	Jiangsu	5809	5215	202	105	335	259
浙江	Zhejiang	5335	5052	162	54	155	128
安徽	Anhui	3097	2966	125	28	74	57
福建	Fujian	3316	2594	223	51	527	195
江西	Jiangxi	2050	1899	139	21	108	43
山东	Shandong	5483	5218	232	146	154	111
河南	Henan	3798	3661	130	37	67	70
湖北	Hubei	3460	3299	175	48	109	52
湖南	Hunan	3227	3056	170	32	103	68
广东	Guangdong	6079	5107	271	339	737	235
广西	Guangxi	3015	2832	176	47	106	77
海南	Hainan	405	369	13	2	23	13
重庆	Chongqing	2359	2235	124	10	84	40
四川	Sichuan	3769	3625	132	35	74	70
贵州	Guizhou	1840	1792	73	21	31	17
云南	Yunnan	2121	2080	83	12	35	6
西藏	Tibet	53	53	10			
陕西	Shaanxi	1194	1165	85	18	18	11
甘肃	Gansu	1110	1083	57	31	16	11
青海	Qinghai	383	369	14	1	10	4
宁夏	Ningxia	321	319	3	2		2
新疆	Xinjiang	1159	1151	29	1	5	3

注：1.2004年数据中除企业个数、平均从业人数、房屋销售价格、住宅竣工套数以及财务指标为经济普查数据外，其他数据均为快报数据(以下各表同)。
2.2004年以前的商品房销售面积和销售额为实际销售统计口径；2005年以后的销售面积和销售额包括期房和现房(以下表均同)。

a) All figures for 2004 are from annual statistical reporting forms, except figures on number of enterprises, average number of employed persons, selling prices of houses and other financial indicators which are from the First Economic Census. The same applies to the tables following.

b) Figures on floor space of houses sold and selling price of houses for 2004 and the earlier years refer to houses actually sold out, while figures since 2005 refer to both completed and future houses sold. The same applies to the tables following.

5-29 房地产开发企业(单位)从业人员数
Number of Employed Persons in Enterprises for Real Estate Development

单位：人 (person)

年份 Year 地区 Region	平均从业人数 Average Number of Employed Persons	内资企业 Domestic Funded Enterprises	#国有 State-owned Enterprises	#集体 Collective-owned Enterprises	港、澳、台投资企业 Enterprises with Funds from Hong Kong, Macao and Taiwan	外商投资企业 Foreign Funded Enterprises
1998	825888	708738	332834	134939	83784	33366
1999	880257	767187	312240	127370	80216	32854
2000	971942	862245	292252	116416	79066	30631
2001	1062319	949580	257695	109826	81668	31071
2002	1134009	1014254	208722	89739	85449	34306
2003	1205355	1086923	179614	72400	79397	39035
2004	1585428	1429291	163495	58514	95646	60491
2005	1516150	1366743	140106	40978	90674	58733
2006	1600930	1442158	132259	38367	97688	61084
2007	1719666	1541336	121137	34498	100398	77932
2008	2100362	1906029	127511	29602	109246	85087
2009	1949295	1763867	123866	29049	109965	75463
北 京 Beijing	86417	70820	3675	581	8971	6626
天 津 Tianjin	31283	27155	7300	411	2291	1837
河 北 Hebei	63189	61160	1561	174	833	1196
山 西 Shanxi	43802	42536	3897	519	1098	168
内蒙古 Inner Mongolia	58262	57939	827	51	231	92
辽 宁 Liaoning	65554	57484	1496	350	3948	4122
吉 林 Jilin	29524	28484	479	174	805	235
黑龙江 Heilongjiang	39763	39029	2913	446	339	395
上 海 Shanghai	93216	65623	9201	3562	14127	13466
江 苏 Jiangsu	120494	106097	5393	1533	7927	6470
浙 江 Zhejiang	90517	84118	3532	895	3364	3035
安 徽 Anhui	68443	64023	4631	448	2537	1883
福 建 Fujian	60180	46455	6010	640	10021	3704
江 西 Jiangxi	51426	45077	3875	451	5294	1055
山 东 Shandong	152903	144608	11343	4102	4848	3447
河 南 Henan	94406	89723	4283	1546	1833	2850
湖 北 Hubei	89344	84609	10617	759	3219	1516
湖 南 Hunan	79816	75203	4225	1182	2649	1964
广 东 Guangdong	185500	150804	8072	8368	20591	14105
广 西 Guangxi	53146	49578	2646	355	1943	1625
海 南 Hainan	14773	12733	627	43	1554	486
重 庆 Chongqing	80979	77156	8214	130	2764	1059
四 川 Sichuan	105570	100386	6508	549	2857	2327
贵 州 Guizhou	35390	34440	1798	214	543	407
云 南 Yunnan	42288	38437	1572	278	3617	234
西 藏 Tibet	2809	2809	520			
陕 西 Shaanxi	44326	42916	5881	612	808	602
甘 肃 Gansu	27394	26392	1692	626	726	276
青 海 Qinghai	6605	6288	296	22	138	179
宁 夏 Ningxia	10366	10281	61	23		85
新 疆 Xinjiang	21610	21504	721	5	89	17

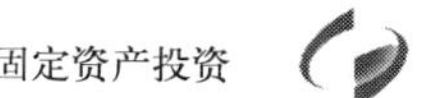

5-30 房地产开发企业（单位）土地开发及购置

Land Development and Purchase of Enterprises for Real Estate Development

单位：万平方米 (10 000 sq.m)

年份 Year 地区 Region		本年完成开发土地面积 Land Space Developed This Year	土地购置费用（亿元） Total Value of Land Purchased (100 million yuan)	待开发土地面积 Land Space Pending Development	本年购置土地面积 Land Space Purchased This Year
1998		7730.1	375.4	13530.7	10109.3
1999		9319.6	500.0	13505.2	11958.9
2000		11666.1	733.9	14754.8	16905.2
2001		15315.8	1038.8	14582.1	23409.0
2002		19416.0	1445.8	19178.7	31356.8
2003		22166.3	2055.2	21782.6	35696.5
2004		19740.2	2574.5	39635.3	39784.7
2005		22676.2	2904.4	27522.0	38253.7
2006		27128.4	3814.5	37523.7	36573.6
2007		27566.2	4873.2	41484.0	40245.8
2008		28709.8	5995.6	48161.1	39353.4
2009		23037.4	6023.7	32816.5	31909.5
北京	Beijing	364.0	587.7	1104.0	625.0
天津	Tianjin	369.8	88.4	594.0	444.8
河北	Hebei	1118.7	217.8	501.2	2022.7
山西	Shanxi	865.7	75.7	462.7	614.7
内蒙古	Inner Mongolia	607.8	108.9	749.2	1109.3
辽宁	Liaoning	1692.5	360.7	1124.8	2086.9
吉林	Jilin	212.9	71.3	24.7	723.9
黑龙江	Heilongjiang	471.2	74.3	214.7	833.3
上海	Shanghai	87.9	213.9	414.1	184.9
江苏	Jiangsu	1647.0	560.5	4524.0	1857.9
浙江	Zhejiang	1062.1	697.1	1310.9	1308.3
安徽	Anhui	856.5	292.0	1828.1	1918.6
福建	Fujian	465.1	332.7	837.5	1120.6
江西	Jiangxi	649.9	66.4	821.3	694.5
山东	Shandong	1827.7	385.5	2363.0	2178.7
河南	Henan	1351.1	198.0	911.4	2701.5
湖北	Hubei	1361.7	161.5	1414.7	1000.1
湖南	Hunan	1119.6	119.2	1806.4	1001.5
广东	Guangdong	1497.1	468.2	4653.6	2259.9
广西	Guangxi	383.3	116.5	718.9	1287.2
海南	Hainan	306.1	27.2	192.5	286.7
重庆	Chongqing	1050.9	238.1	2338.9	1227.8
四川	Sichuan	987.7	243.8	1208.6	1046.8
贵州	Guizhou	161.4	32.4	713.6	373.3
云南	Yunnan	826.0	132.5	798.7	1269.8
西藏	Tibet	17.0	0.3	28.5	5.2
陕西	Shaanxi	508.1	73.2	262.9	408.0
甘肃	Gansu	170.1	24.6	121.4	335.7
青海	Qinghai	143.0	18.1	40.5	178.2
宁夏	Ningxia	180.1	17.1	106.8	374.3
新疆	Xinjiang	675.4	20.2	624.7	429.3

5-31 房地产开发企业(单位)建设投资总规模及完成投资(2009年)
General Scale of Construction and Actually Completed Investment of Enterprises for Real Estate Development (2009)

单位：亿元 (100 million yuan)

地 区	Region	计划总投资 Total Investment Planed	自开始建设至本年底累计完成投资 Accumulative Investment Actually Completed Since Starting of Construction up to the End of This Year	#本年完成投资 Investment Completed This Year	#土地开发投资 Investment in Land Development
全 国	**National Total**	**167348.18**	**99328.48**	**36241.81**	**1679.76**
北 京	Beijing	17483.00	9675.75	2337.71	28.68
天 津	Tianjin	3995.20	2610.86	735.18	105.49
河 北	Hebei	4385.01	2505.07	1520.04	60.79
山 西	Shanxi	1848.85	987.91	477.27	26.83
内蒙古	Inner Mongolia	2267.49	1474.34	815.46	65.54
辽 宁	Liaoning	9185.96	5556.42	2640.56	131.68
吉 林	Jilin	1781.99	1142.94	756.67	16.64
黑龙江	Heilongjiang	1516.29	1045.13	563.92	25.83
上 海	Shanghai	9721.17	6642.47	1462.07	89.51
江 苏	Jiangsu	16758.13	10065.64	3338.50	94.89
浙 江	Zhejiang	10114.83	6653.03	2254.27	38.91
安 徽	Anhui	6454.32	4040.04	1669.83	119.18
福 建	Fujian	6894.11	3769.85	1136.35	17.00
江 西	Jiangxi	2471.78	1679.16	634.52	28.28
山 东	Shandong	9450.97	5525.94	2428.73	147.00
河 南	Henan	5263.58	2956.55	1553.76	4.09
湖 北	Hubei	5124.61	2900.23	1200.44	178.81
湖 南	Hunan	5261.86	2712.91	1084.58	68.22
广 东	Guangdong	16840.38	10241.73	2961.32	161.05
广 西	Guangxi	3828.90	2040.52	813.68	24.90
海 南	Hainan	1113.96	654.03	287.96	17.68
重 庆	Chongqing	6681.30	3636.17	1238.91	47.00
四 川	Sichuan	7094.31	4623.46	1588.37	56.88
贵 州	Guizhou	2049.65	1026.49	371.25	5.46
云 南	Yunnan	3024.76	1675.90	737.46	50.11
西 藏	Tibet	36.18	30.19	15.75	1.03
陕 西	Shaanxi	4285.26	2114.35	941.63	44.96
甘 肃	Gansu	961.99	495.87	204.14	7.90
青 海	Qinghai	317.45	141.70	72.85	2.31
宁 夏	Ningxia	421.08	251.54	162.74	1.81
新 疆	Xinjiang	713.79	452.31	235.88	11.30

 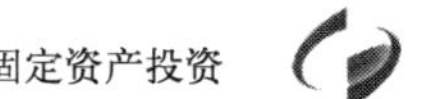

5-32 按用途分房地产开发企业(单位)投资完成额

Investment Actually Completed by Enterprises for Real Estate Development by Use

单位：万元 (10 000 yuan)

年份 Year / 地区 Region	本年完成投资额 Investment Completed This Year	住宅 Residential Buildings	#别墅、高档公寓 Villas, High-grade Apartments	#经济适用房 Economically Affordable Housing	办公楼 Office Buildings	商业营业用房 Houses for Business Use	其他 Others
1998	36142292	20815647	1818526	2708523	4337956	4758297	6230392
1999	41032024	26384794	1786233	4370211	3385973	4843349	6417908
2000	49840529	33119839	2700142	5424365	2978511	5799927	7942252
2001	63441107	42166760	3699241	5996464	3079470	7553018	10641859
2002	77909223	52277560	5169632	5890445	3810018	9336107	12485538
2003	101538009	67766861	6329872	6219833	5083372	13023473	15664303
2004	131582516	88369532	10736486	6063880	6521963	17237192	19453829
2005	159092471	108609322	10494059	5191806	7630681	20395282	22457185
2006	194229174	136384071	14449996	6968397	9280564	23538810	25025729
2007	252888373	180054184	18071230	8209260	10350409	27856494	34627286
2008	312031942	224408742	20323107	9709063	11671709	33544785	42406706
2009	362418080	256136938	20733449	11340755	13772061	41806621	50702460
北京 Beijing	23377124	9066168	1632269	677612	1667239	2007351	10636366
天津 Tianjin	7351836	4948563	440182	1118927	328289	973219	1101765
河北 Hebei	15200387	12192376	239016	243713	301054	1502535	1204422
山西 Shanxi	4772748	3778904	23413	131324	106264	437877	449703
内蒙古 Inner Mongolia	8154562	5737815	380931	538418	384229	1482151	550367
辽宁 Liaoning	26405639	19339201	1528912	637407	867569	4321470	1877399
吉林 Jilin	7566737	6053047	543449	434696	153008	962807	397875
黑龙江 Heilongjiang	5639170	4425157	93742	302376	91569	699868	422576
上海 Shanghai	14620724	9186847	2465076	391773	1879260	1846133	1708484
江苏 Jiangsu	33384976	24237737	2712718	1111615	1309243	5107783	2730213
浙江 Zhejiang	22542664	15813232	1373868	556000	1472648	2509853	2746931
安徽 Anhui	16698263	11755778	475665	241184	721124	2362832	1858529
福建 Fujian	11363495	7432742	436449	185799	378436	872995	2679322
江西 Jiangxi	6345238	5091670	154728	154825	115995	631837	505736
山东 Shandong	24287324	18605150	527445	574851	610612	3276591	1794971
河南 Henan	15537595	12352117	239825	598515	331346	1509643	1344489
湖北 Hubei	12004443	8041595	381296	743710	228892	1419912	2314044
湖南 Hunan	10845775	8378977	421593	378300	154802	1098890	1213106
广东 Guangdong	29613189	20900933	2679275	158206	1276287	2794723	4641246
广西 Guangxi	8136811	5771730	225943	115901	92636	631026	1641419
海南 Hainan	2879573	2618750	1132619	4801	15038	115693	130092
重庆 Chongqing	12389125	7890183	894443	655887	220840	1167561	3110541
四川 Sichuan	15883709	11500278	646700	93914	369672	1280258	2733501
贵州 Guizhou	3712507	2494624	43723	202165	67326	384770	765787
云南 Yunnan	7374566	5529587	629218	196293	189107	805186	850686
西藏 Tibet	157480	113798	4240	5240	3211	14391	26080
陕西 Shaanxi	9416321	7808278	224320	413138	273401	824776	509866
甘肃 Gansu	2041378	1382630	5417	208430	29022	215014	414712
青海 Qinghai	728499	545720	1162	6144	7221	40297	135261
宁夏 Ningxia	1627417	1260821	26896	98751	44795	227233	94568
新疆 Xinjiang	2358805	1882530	148916	160840	81926	281946	112403

5-33 房地产开发企业(单位)资金来源
Sources of Funds of Enterprises for Real Estate Development

单位：万元 (10 000 yuan)

年份 地区	Year Region	本年资金来源小计 Total Funds This Year	国内贷款 Domestic Loans	利用外资 Foreign Investment	#外商直接投资 Foreign Direct Investment	自筹资金 Self-raising Funds	其他资金来源 Others
	1998	44149422	10531712	3617581	2588698	11669821	18118509
	1999	47959012	11115664	2566022	1804807	13446210	20631956
	2000	59976309	13850756	1687046	1348026	16142122	28192905
	2001	76963877	16921968	1357044	1061150	21839587	36705562
	2002	97499536	22203357	1572284	1241285	27384451	46198961
	2003	131969224	31382699	1700040	1162667	37706891	61060503
	2004	171687669	31584126	2282001	1425587	52075627	85625867
	2005	213978389	39180778	2578111	1714093	70003924	102215576
	2006	271355516	53569795	4001541	3030476	85970853	127813327
	2007	374779610	70156355	6410425	4853862	117725316	180487514
	2008	396193602	76056925	7282172	6349940	153120988	159733517
	2009	577990365	113645111	4793940	4033203	179491191	280060123
北京	Beijing	61297667	23677680	298168	249948	10267966	27053853
天津	Tianjin	14130655	3631766	114892	90496	3321040	7062957
河北	Hebei	18547627	2651700			8873571	7022356
山西	Shanxi	5711149	887945			2470618	2352586
内蒙古	Inner Mongolia	8525857	836524			6424626	1264707
辽宁	Liaoning	32684449	4737260	1149245	903704	15800648	10997296
吉林	Jilin	7951452	547640	9112	4112	5314512	2080188
黑龙江	Heilongjiang	6790435	737899	25877	25877	3605959	2420700
上海	Shanghai	29248440	6371383	249044	227053	6201648	16426365
江苏	Jiangsu	64414711	12103881	555366	547165	13730609	38024855
浙江	Zhejiang	45283076	8641190	154644	144212	7829873	28657369
安徽	Anhui	22616131	2968570	158549	154549	9301533	10187479
福建	Fujian	19376929	3946450	138556	135880	4581714	10710209
江西	Jiangxi	8766713	1239645	44553	37003	3148617	4333898
山东	Shandong	33754414	6355216	128802	101732	12722698	14547698
河南	Henan	19270156	1995030	27503	23132	9701354	7546269
湖北	Hubei	17147573	3884484	158329	151501	5777614	7327146
湖南	Hunan	14297886	2328329	49988	19047	5320515	6599054
广东	Guangdong	50782766	10102854	652250	444222	13344876	26682786
广西	Guangxi	11272602	2291380	28735	24067	3657864	5294623
海南	Hainan	4313015	912855	302023	241994	1080550	2017587
重庆	Chongqing	18483048	3322374	370174	359155	5403130	9387370
四川	Sichuan	24151504	3323837	119268	90601	8118720	12589679
贵州	Guizhou	6707643	1331075	2559	1500	1682427	3691582
云南	Yunnan	10005916	1395190	3977	3977	2967894	5638855
西藏	Tibet	310418	18600			118125	173693
陕西	Shaanxi	13142172	2134055	52276	52276	5854803	5101038
甘肃	Gansu	2455426	397174			936462	1121790
青海	Qinghai	887388	131286			470715	285387
宁夏	Ningxia	1979352	288147			545291	1145914
新疆	Xinjiang	3683795	453692	50		915219	2314834

5-34 房地产开发企业(单位)建设房屋建筑面积和造价
Floor Space and Cost of Buildings Developed by Enterprises for Real Estate Development

年 份 地 区	Year Region	施工房屋面积(万平方米) Floor Space of Buildings under Construction (10 000 sq.m)	竣工房屋面积(万平方米) Floor Space of Buildings Completed (10 000 sq.m)	房屋建筑面积竣工率(%) Rate of Floor Space of Buildings Completed (%)	竣工房屋价值(万元) Value of Buildings Completed (10 000 yuan)	竣工房屋造价(元/平方米) Cost of Buildings Completed (yuan/sq.m)
	1998	50770.1	17566.6	34.6	21391927	1218
	1999	56857.6	21410.8	37.7	24675822	1152
	2000	65896.9	25104.9	38.1	28593463	1139
	2001	79411.7	29867.4	37.6	33694469	1128
	2002	94104.0	34975.8	37.2	41416949	1184
	2003	117526.0	41464.1	35.3	52799528	1273
	2004	140451.4	42464.9	30.2	59524820	1402
	2005	166053.3	53417.0	32.2	77522369	1451
	2006	194786.4	55830.9	28.7	87293459	1564
	2007	236318.2	60606.7	25.6	100398923	1657
	2008	283266.2	66544.8	23.5	119475659	1795
	2009	320368.2	72677.4	22.7	146893651	2021
北 京	Beijing	9719.1	2678.6	27.6	6445826	2406
天 津	Tianjin	6052.2	1902.1	31.4	5199962	2734
河 北	Hebei	12753.0	2211.7	17.3	4642260	2099
山 西	Shanxi	5486.7	861.1	15.7	1605422	1864
内蒙古	Inner Mongolia	8288.4	2314.8	27.9	4083596	1764
辽 宁	Liaoning	18579.1	4031.7	21.7	7524878	1866
吉 林	Jilin	5369.4	1469.6	27.4	2119185	1442
黑龙江	Heilongjiang	4521.3	1888.3	41.8	3074230	1628
上 海	Shanghai	9949.5	2105.0	21.2	7058034	3353
江 苏	Jiangsu	29953.9	8442.8	28.2	19261652	2281
浙 江	Zhejiang	19932.7	3843.8	19.3	8535363	2221
安 徽	Anhui	14165.5	2861.2	20.2	5551872	1940
福 建	Fujian	11668.2	2240.3	19.2	3585341	1600
江 西	Jiangxi	6755.6	1646.8	24.4	2346650	1425
山 东	Shandong	22125.2	5015.9	22.7	10198674	2033
河 南	Henan	16071.5	3401.0	21.2	4342957	1277
湖 北	Hubei	9546.5	2312.1	24.2	5402174	2336
湖 南	Hunan	13727.7	2965.2	21.6	5455176	1840
广 东	Guangdong	24814.7	5062.2	20.4	13215342	2611
广 西	Guangxi	8346.1	1441.6	17.3	2046298	1419
海 南	Hainan	1989.9	431.6	21.7	1121956	2600
重 庆	Chongqing	13052.6	2907.0	22.3	6137117	2111
四 川	Sichuan	17731.3	4279.5	24.1	6852347	1601
贵 州	Guizhou	6101.0	1223.5	20.1	1822974	1490
云 南	Yunnan	6837.9	1680.6	24.6	3217061	1914
西 藏	Tibet	140.6	46.0	32.7	83747	1821
陕 西	Shaanxi	8235.6	917.0	11.1	2240149	2443
甘 肃	Gansu	2536.3	540.6	21.3	875286	1619
青 海	Qinghai	900.4	182.0	20.2	285579	1569
宁 夏	Ningxia	1952.0	741.2	38.0	1032092	1392
新 疆	Xinjiang	3064.4	1032.7	33.7	1530451	1482

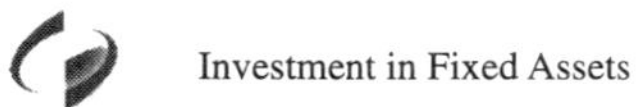

5-35 按用途分房地产开发企业(单位)新开工房屋面积
Floor Space of Buildings Started This Year by Enterprises for Real Estate Development by Use

单位：万平方米 (10 000 sq.m)

年 份 地 区	Year Region	本年新开工房屋面积 Floor Space Started This Year	住 宅 Residential Buildings	#别 墅、高档公寓 Villas, High-grade Apartments	#经 济 适用房 Economically Affordable Housing	办公楼 Office Buildings	商业营业用 房 Houses for Business Use	其 他 Others
	1998	20387.90	16637.50	638.60	3466.40	871.50	1938.65	940.25
	1999	22579.41	18797.94	594.06	3970.36	690.29	2198.56	892.62
	2000	29582.64	24401.15	1169.09	5313.32	898.81	3034.77	1247.91
	2001	37394.18	30532.72	1456.69	5795.97	1072.98	4105.40	1683.08
	2002	42800.52	34719.35	2278.17	5279.68	1254.24	4926.48	1900.45
	2003	54707.53	43853.88	2349.29	5330.58	1466.89	6706.80	2679.96
	2004	60413.86	47949.01	2975.69	4257.49	1704.19	7790.81	2969.85
	2005	68064.44	55185.07	2834.97	3513.45	1671.10	7675.47	3532.79
	2006	79252.83	64403.80	4058.32	4379.03	2134.94	8473.23	4240.86
	2007	95401.53	78795.51	4914.41	4810.26	2141.44	9093.89	5370.70
	2008	102553.37	83642.12	4336.97	5621.86	2471.95	10040.69	6398.62
	2009	116422.05	93298.41	3649.80	5354.65	2860.76	12415.03	7847.84
北 京	Beijing	2246.60	1380.28	129.37	165.84	255.96	228.45	381.92
天 津	Tianjin	2555.50	1904.46	31.87	772.15	179.63	315.17	156.23
河 北	Hebei	6786.00	5771.58	74.74	178.43	98.77	581.95	333.69
山 西	Shanxi	2444.06	2103.28	7.31	130.71	32.51	196.13	112.15
内蒙古	Inner Mongolia	4387.60	3212.22	158.90	254.74	160.48	776.81	238.09
辽 宁	Liaoning	8305.44	6639.90	141.80	281.65	148.87	1127.94	388.73
吉 林	Jilin	3262.45	2740.28	96.19	185.65	32.27	347.65	142.25
黑龙江	Heilongjiang	2995.55	2438.04	42.27	150.34	41.49	352.98	163.04
上 海	Shanghai	2483.05	1721.02	329.44	127.44	162.39	201.71	397.92
江 苏	Jiangsu	9209.46	7097.74	398.25	334.67	205.46	1242.22	664.04
浙 江	Zhejiang	5606.45	3947.70	305.51	209.25	303.53	589.47	765.75
安 徽	Anhui	5315.62	4213.94	64.15	170.81	163.47	696.21	242.01
福 建	Fujian	2423.35	1860.99	87.71	106.37	77.44	248.18	236.74
江 西	Jiangxi	2300.96	1956.02	27.25	72.61	28.52	232.80	83.63
山 东	Shandong	8491.78	7041.64	100.57	279.91	142.60	892.94	414.60
河 南	Henan	7115.63	6179.78	97.64	341.37	89.04	589.80	257.02
湖 北	Hubei	3975.84	3213.92	65.00	173.95	91.60	419.58	250.74
湖 南	Hunan	5319.82	4417.88	88.61	210.10	58.05	493.50	350.38
广 东	Guangdong	6479.85	5099.73	502.05	78.66	170.38	519.02	690.73
广 西	Guangxi	3020.02	2470.90	51.48	61.71	39.57	283.88	225.68
海 南	Hainan	807.26	728.46	153.98		1.90	50.29	26.61
重 庆	Chongqing	3813.68	2989.72	145.41	384.66	62.98	404.15	356.83
四 川	Sichuan	5235.88	4411.13	127.52	43.88	111.51	405.36	307.88
贵 州	Guizhou	1755.24	1352.92	11.97	103.38	27.78	205.80	168.74
云 南	Yunnan	2820.84	2231.07	226.21	57.22	45.70	363.25	180.82
西 藏	Tibet	37.35	31.84	4.37	6.00	0.42	4.42	0.67
陕 西	Shaanxi	2796.27	2428.32	51.58	103.61	43.21	198.60	126.15
甘 肃	Gansu	1046.92	886.33	0.13	140.00	14.16	101.88	44.55
青 海	Qinghai	505.13	423.61	0.42	1.00	3.53	57.28	20.71
宁 夏	Ningxia	1160.26	920.85	21.35	86.70	36.71	129.55	73.15
新 疆	Xinjiang	1718.17	1482.86	106.77	141.85	30.83	158.07	46.40

5-36 商品房销售情况
Sale of Commercialized Buildings

年 份 Year 地 区 Region		商品房销售面积(万平方米) Floor Space of Commercialized Buildings Sold (10 000 sq.m)	#住 宅 Residential Buildings	商品房销售额(万元) Total Sale of Commercialized Buildings (10 000 yuan)	#住 宅 Residential Buildings
	1992	4288.86	3812.21	4265938	3798493
	1993	6687.91	6035.19	8637141	7291913
	1994	7230.35	6118.03	10184950	7305208
	1995	7905.94	6787.03	12577269	10240705
	1996	7900.41	6898.46	14271292	11069006
	1997	9010.17	7864.30	17994763	14075553
	1998	12185.30	10827.10	25133027	20068676
	1999	14556.53	12997.87	29878734	24137347
	2000	18637.13	16570.28	39354423	32286046
	2001	22411.90	19938.75	48627517	40211543
	2002	26808.29	23702.31	60323413	49578501
	2003	33717.63	29778.85	79556627	65434492
	2004	38231.64	33819.89	103757069	86193667
	2005	55486.22	49587.83	175761325	145637616
	2006	61857.07	55422.95	208259631	172878070
	2007	77354.72	70135.88	298891189	255658111
	2008	65969.83	59280.35	250681830	211960034
	2009	94755.00	86184.89	443551695	384328951
北 京	Beijing	2362.25	1880.45	32596624	24867669
天 津	Tianjin	1590.02	1461.47	10948460	9653564
河 北	Hebei	2966.61	2819.77	9680476	9051453
山 西	Shanxi	1034.20	964.05	2799896	2459822
内蒙古	Inner Mongolia	2581.68	2253.98	7672360	5970070
辽 宁	Liaoning	5375.52	4864.25	21685950	18834702
吉 林	Jilin	1944.30	1758.37	5671879	4902250
黑龙江	Heilongjiang	2016.98	1751.22	6536890	5370482
上 海	Shanghai	3372.45	2928.04	43302240	36202282
江 苏	Jiangsu	10248.20	9034.69	51063696	43410260
浙 江	Zhejiang	5538.13	4760.12	43339772	37555286
安 徽	Anhui	4030.92	3646.44	13783861	11796852
福 建	Fujian	2723.23	2420.83	14778299	12990871
江 西	Jiangxi	2280.91	2108.07	6028009	5305604
山 东	Shandong	7016.35	6478.28	24591016	21958458
河 南	Henan	4335.09	4017.45	11558968	10048884
湖 北	Hubei	2718.05	2576.32	9600307	8792284
湖 南	Hunan	3513.72	3262.34	9415971	8260738
广 东	Guangdong	7060.03	6567.43	45985280	41766505
广 西	Guangxi	2383.76	2249.70	7771721	7047622
海 南	Hainan	561.36	545.91	3514587	3434396
重 庆	Chongqing	4002.89	3771.22	13777615	12317053
四 川	Sichuan	5967.69	5553.13	20940511	19068845
贵 州	Guizhou	1653.05	1541.91	4750718	4073089
云 南	Yunnan	2229.95	2040.33	6535287	5555833
西 藏	Tibet	63.26	61.42	155127	146887
陕 西	Shaanxi	2086.92	1995.67	6727127	6212775
甘 肃	Gansu	698.82	659.38	1735339	1579952
青 海	Qinghai	216.82	208.02	545761	508048
宁 夏	Ningxia	775.29	677.98	2395310	1914733
新 疆	Xinjiang	1406.55	1326.67	3662638	3271682

5-37 按用途分商品房销售面积
Floor Space of Commercialized Buildings Sold by Use

单位：万平方米 (10 000 sq.m)

年份 地区	Year Region	商品房销售面积 Floor Space of Commercialized Buildings Sold	住宅 Residential Buildings	#别墅、高档公寓 Villas, High-grade Apartments	#经济适用房 Economically Affordable Housing	办公楼 Office Buildings	商业营业用房 Houses for Business Use	其他 Others
	1998	12185.30	10827.10	345.30	1666.50	400.60	810.80	146.80
	1999	14556.53	12997.87	435.74	2701.31	403.43	1003.17	152.06
	2000	18637.13	16570.28	640.72	3760.07	436.98	1399.31	230.56
	2001	22411.90	19938.75	878.19	4021.47	502.57	1696.15	274.44
	2002	26808.29	23702.31	1241.26	4003.61	538.92	2218.58	348.47
	2003	33717.63	29778.85	1449.87	4018.87	630.49	2833.10	475.19
	2004	38231.64	33819.89	2323.05	3261.80	692.84	3100.29	618.62
	2005	55486.22	49587.83	2818.44	3205.01	1096.23	4081.38	720.78
	2006	61857.07	55422.95	3672.44	3336.97	1231.04	4337.79	865.29
	2007	77354.72	70135.88	4581.31	3507.52	1465.23	4644.61	1109.01
	2008	65969.83	59280.35	2865.25	3627.25	1157.05	4206.06	1326.37
	2009	94755.00	86184.89	4626.05	3058.85	1544.43	5328.03	1697.65
北京	Beijing	2362.25	1880.45	339.84	82.15	255.77	157.07	68.97
天津	Tianjin	1590.02	1461.47	88.42	64.02	29.55	60.85	38.17
河北	Hebei	2966.61	2819.77	56.08	99.80	19.05	88.50	39.28
山西	Shanxi	1034.20	964.05	4.23	38.52	8.35	53.21	8.60
内蒙古	Inner Mongolia	2581.68	2253.98	99.74	241.33	27.61	242.72	57.37
辽宁	Liaoning	5375.52	4864.25	126.98	138.33	30.14	393.96	87.17
吉林	Jilin	1944.30	1758.37	68.97	30.21	9.71	139.13	37.09
黑龙江	Heilongjiang	2016.98	1751.22	57.51	69.30	19.42	192.21	54.13
上海	Shanghai	3372.45	2928.04	450.42	0.19	203.00	126.49	114.92
江苏	Jiangsu	10248.20	9034.69	688.68	320.67	190.81	867.99	154.71
浙江	Zhejiang	5538.13	4760.12	356.32	126.16	200.65	360.88	216.49
安徽	Anhui	4030.92	3646.44	77.52	73.21	49.54	299.02	35.92
福建	Fujian	2723.23	2420.83	116.99	54.94	32.94	121.26	148.20
江西	Jiangxi	2280.91	2108.07	47.59	89.61	9.21	120.70	42.93
山东	Shandong	7016.35	6478.28	85.71	245.35	62.21	384.12	91.74
河南	Henan	4335.09	4017.45	85.27	157.02	65.94	218.14	33.55
湖北	Hubei	2718.05	2576.32	77.43	176.99	14.10	106.61	21.01
湖南	Hunan	3513.72	3262.34	132.10	136.12	23.59	181.18	46.60
广东	Guangdong	7060.03	6567.43	692.26	40.21	94.32	249.50	148.78
广西	Guangxi	2383.76	2249.70	39.03	64.37	12.45	83.75	37.86
海南	Hainan	561.36	545.91	143.14	6.18	3.95	10.92	0.59
重庆	Chongqing	4002.89	3771.22	271.20	186.50	29.15	157.15	45.37
四川	Sichuan	5967.69	5553.13	166.61	31.42	62.95	256.33	95.29
贵州	Guizhou	1653.05	1541.91	22.96	70.83	20.12	75.04	15.98
云南	Yunnan	2229.95	2040.33	218.49	99.04	22.97	132.09	34.57
西藏	Tibet	63.26	61.42	13.09	4.35		1.84	
陕西	Shaanxi	2086.92	1995.67	24.12	147.11	19.72	65.37	6.15
甘肃	Gansu	698.82	659.38	0.44	105.17	6.48	30.82	2.14
青海	Qinghai	216.82	208.02	5.02	6.80	1.38	6.63	0.79
宁夏	Ningxia	775.29	677.98	13.51	18.11	11.80	78.73	6.77
新疆	Xinjiang	1406.55	1326.67	56.39	134.83	7.56	65.81	6.51

5-38 按用途分商品房平均销售价格
Average Selling Price of Commercialized Buildings by Use

单位：元/平方米 (yuan/sq.m)

年份 地区	Year Region	商品房平均销售价格 Average Selling Price of Commercialized Buildings	住宅 Residential Buildings	#别墅、高档公寓 Villas, High-grade Apartments	#经济适用房 Economically Affordable Housing	办公楼 Office Buildings	商业营业用房 Houses for Business Use	其他 Others
	1998	2063	1854	4596	1035	5552	3170	1837
	1999	2053	1857	4503	1093	5265	3333	1804
	2000	2112	1948	4288	1202	4751	3260	1864
	2001	2170	2017	4348	1240	4588	3274	2033
	2002	2250	2092	4154	1283	4336	3489	1919
	2003	2359	2197	4145	1380	4196	3675	2241
	2004	2778	2608	5576	1482	5744	3884	2235
	2005	3168	2937	5834	1655	6923	5022	2829
	2006	3367	3119	6585	1729	8053	5247	3131
	2007	3864	3645	7471	1754	8667	5774	3351
	2008	3800	3576	7801	1929	8378	5886	3219
	2009	4681	4459	9662	2134	10608	6871	3671
北京	Beijing	13799	13224	20385	4194	16857	19091	6075
天津	Tianjin	6886	6605	9075	4386	11134	8955	11032
河北	Hebei	3263	3210	5874	2060	4145	5190	2309
山西	Shanxi	2707	2552	4529	1648	5073	5302	1815
内蒙古	Inner Mongolia	2972	2649	5117	2141	5682	5731	2692
辽宁	Liaoning	4034	3872	8979	2174	6207	5981	3534
吉林	Jilin	2917	2788	6505	1917	3079	4482	3132
黑龙江	Heilongjiang	3241	3067	5618	1897	4142	4554	3890
上海	Shanghai	12840	12364	22131	3445	21598	15237	6860
江苏	Jiangsu	4983	4805	8348	2225	6895	6831	2642
浙江	Zhejiang	7826	7890	10299	2989	8674	9049	3595
安徽	Anhui	3420	3235	4325	1657	4327	5609	2657
福建	Fujian	5427	5366	7910	2703	6273	9749	2690
江西	Jiangxi	2643	2517	2747	1286	4566	4677	2699
山东	Shandong	3505	3390	8787	2155	7379	5119	2260
河南	Henan	2666	2501	3479	1677	4511	5202	2319
湖北	Hubei	3532	3413	7046	2226	4419	6423	2903
湖南	Hunan	2680	2532	4846	1641	4141	5197	2488
广东	Guangdong	6513	6360	7389	2990	13602	9043	4568
广西	Guangxi	3260	3133	6138	1991	6321	6370	2957
海南	Hainan	6261	6291	10770	1550	4950	5238	5884
重庆	Chongqing	3442	3266	6120	2014	5175	7145	4120
四川	Sichuan	3509	3434	7898	1736	5590	5013	2465
贵州	Guizhou	2874	2642	5570	2089	4605	7176	2909
云南	Yunnan	2931	2723	3429	1937	5472	5532	3560
西藏	Tibet	2452	2392	3848	2470		4481	
陕西	Shaanxi	3223	3113	5368	2085	5123	6034	3064
甘肃	Gansu	2483	2396	3344	1495	4551	3949	1953
青海	Qinghai	2517	2442	2538	1176	3581	4805	1118
宁夏	Ningxia	3090	2824	3656	1924	5110	5145	2250
新疆	Xinjiang	2604	2466	3384	1448	6631	4822	3609

5-39 房地产开发企业(单位)资产负债
Assets and Liabilities of Enterprises for Real Estate Development

单位：万元 (10 000 yuan)

年 份 地 区	Year Region	实收资本 合 计 Total Capital Held	#国家资本金 State Capital	资产总计 Total Assets	累计折旧 Total Depreciation	#本年折旧 Depreciation This Year	负债总计 Total Liabilities	所有者权益 Owners' Equity	资产负债率(%) Assets Liability Ratio(%)
	1998	57787310	8418989	195261772	1910386	390176	148572535	46689237	76.1
	1999	45208800	3024487	187448042	2087894	398180	142638782	44809260	76.1
	2000	53029071	2155664	251859857	2992816	577153	190321015	61538842	75.6
	2001	60198577	4717344	285668126	3544631	674683	214357160	71310966	75.0
	2002	67509145	3255888	330431260	3905332	817353	247645673	82785587	74.9
	2003	84710226	4082557	404864877	4508222	968337	306985556	97879321	75.8
	2004	125458025	19747277	617891877	5980181	1391839	457836253	160055624	74.1
	2005	139269809	15964546	721936389	7370146	1573500	525207058	196729331	72.7
	2006	161723714	20100331	883979908	8756660	1915774	654766717	229213191	74.1
	2007	194379970	19669881	1110781955	10256466	2315942	826802293	283979662	74.4
	2008	275619040	29034240	1448335466	14141374	3401887	1047823089	400512377	72.3
	2009	289660236	29067470	1701842364	14699624	3204128	1250427260	451415104	73.5
北 京	Beijing	30279930	2312282	204007031	2045388	426439	159681918	44325113	78.3
天 津	Tianjin	11339388	2329651	61547074	437917	111892	44462141	17084933	72.2
河 北	Hebei	4318581	51513	30963940	213177	61455	22594271	8369669	73.0
山 西	Shanxi	3265865	77964	15582701	141624	30616	12540039	3042662	80.5
内蒙古	Inner Mongolia	2928909	244304	16030522	90995	28193	11807570	4222952	73.7
辽 宁	Liaoning	14960674	291336	72213546	619941	127751	54876572	17336974	76.0
吉 林	Jilin	2088455	161158	12836606	173297	44539	9908048	2928558	77.2
黑龙江	Heilongjiang	4136197	330345	18613889	221125	44428	12677221	5936668	68.1
上 海	Shanghai	39109369	7103063	207994129	2323869	352240	137404215	70589914	66.1
江 苏	Jiangsu	28127803	3277455	146853351	934195	260915	105788923	41064428	72.0
浙 江	Zhejiang	22085406	953588	146796427	833371	211637	114665424	32131003	78.1
安 徽	Anhui	6923493	512002	41275462	420316	119037	30755216	10520246	74.5
福 建	Fujian	12219238	2829098	66370500	327554	67569	47415837	18954663	71.4
江 西	Jiangxi	3656959	423917	21432392	204356	46180	14468852	6963540	67.5
山 东	Shandong	13622355	871372	86066907	763538	185764	65380779	20686129	76.0
河 南	Henan	7364502	276139	33620940	378972	80626	22812498	10808442	67.9
湖 北	Hubei	9764622	858348	41681528	392002	87929	28567767	13113761	68.5
湖 南	Hunan	5936416	615591	34856180	257165	60460	24824126	10032054	71.2
广 东	Guangdong	27384207	1944081	202033678	1831227	433797	152154503	49879175	75.3
广 西	Guangxi	4008211	233773	26311759	186573	44690	18689052	7622706	71.0
海 南	Hainan	1785179	535139	11864826	118643	14816	9127225	2737601	76.9
重 庆	Chongqing	9335151	1005367	53095024	423186	81146	36094074	17000950	68.0
四 川	Sichuan	10889787	912818	62946472	521491	92592	46417098	16529374	73.7
贵 州	Guizhou	2581616	88801	16901949	114716	25000	13703102	3198847	81.1
云 南	Yunnan	3039314	146516	25668121	187071	46251	20712126	4955995	80.7
西 藏	Tibet	76720	10049	447102	9695	1288	294366	152737	65.8
陕 西	Shaanxi	3938290	357622	20009766	205786	48635	15142419	4867347	75.7
甘 肃	Gansu	1225426	87790	6251062	127676	24907	4443952	1807110	71.1
青 海	Qinghai	672573	26786	2813512	10736	2117	1951678	861834	69.4
宁 夏	Ningxia	857437	52408	5875983	47175	10800	4656307	1219676	79.2
新 疆	Xinjiang	1738165	147195	8879986	136850	30420	6409943	2470043	72.2

5-40 房地产开发企业(单位)经营情况
Operating Statistics on Enterprises for Real Estate Development

单位：万元 (10 000 yuan)

年份 Year 地区 Region		经营总收入 Total Revenue	土地转让收入 Land Transferred	商品房销售收入 Commercialized Buildings Sold	房屋出租收入 Houses Leased	其他收入 Others	经营税金及附加 Operating Tax and Extra Charges	营业利润 Operating Profit
	1992	5285565	427420	4265938	59617	532590	414435	635196
	1993	11359074	839281	8637141	106348	1776304	965917	1559223
	1994	12881866	959357	10184950	172817	1564742	951029	1674350
	1995	17316624	1943981	12582817	257927	2531899	903047	1434087
	1996	19687850	1203378	15337647	299899	2846926	927779	179805
	1997	22184557	1032847	17552061	387878	3211770	1042143	-103462
	1998	29512078	1322454	24084097	493192	3612325	1388134	-106565
	1999	30260108	1032492	25550245	627408	3049963	1453611	-350926
	2000	45157119	1296054	38968215	953237	3939613	2145704	732836
	2001	54716555	1889894	47294194	1173453	4359014	2734549	1254738
	2002	70778478	2251311	61457990	1445728	5623449	3701458	2529148
	2003	91372734	2797200	81536881	1643335	5395318	4937227	4303655
	2004	133144608	4100917	117522041	3055765	8465884	4130409	8579651
	2005	147693468	3414314	133167682	2902876	8208596	8452536	11091896
	2006	180467598	3006480	166213595	3167902	8079621	11271214	16698882
	2007	233971284	4279204	216042073	3868068	9781939	16602966	24366117
	2008	266968448	4668480	243941196	5214733	13144011	18291968	34322297
	2009	346062342	4980475	325078328	5442732	10560807	25854899	47285843
北京	Beijing	25770569	1237898	21667123	1527211	1338337	2295826	4145638
天津	Tianjin	7317075	70386	6560037	102571	584082	516301	1026031
河北	Hebei	7503347	59795	7285958	3689	153904	513749	760478
山西	Shanxi	2324439	9210	2156131	11622	147475	165871	192753
内蒙古	Inner Mongolia	7531324	44271	7314164	2068	170822	620543	1049833
辽宁	Liaoning	15404024	25404	15193794	44263	140563	1064018	1038701
吉林	Jilin	4024662	521	3990163	14211	19767	233107	187803
黑龙江	Heilongjiang	5149500	28748	5072997	40	47715	305456	442658
上海	Shanghai	29521883	1130442	24608810	2290082	1492550	2218416	7426996
江苏	Jiangsu	47575593	371713	46511085	110489	582306	3430285	6850243
浙江	Zhejiang	27333140	189183	26619475	82252	442231	2073286	4310568
安徽	Anhui	9597305	137598	9311335	20872	127500	705100	812400
福建	Fujian	11194980	28392	10686050	74679	405860	956946	1813592
江西	Jiangxi	5186664	28165	5066944	5541	86015	366066	697664
山东	Shandong	20682632	127530	19966813	17975	570314	1342034	2595097
河南	Henan	8933162	63141	8721890	13006	135125	645284	1073950
湖北	Hubei	8616695	81033	8031541	17644	486478	601846	1020391
湖南	Hunan	8048569	80275	7645482		322811	522483	437091
广东	Guangdong	40634056	359674	38099039	546414	1628930	3553168	6722295
广西	Guangxi	5675083	89547	5402030	22298	161208	489222	537479
海南	Hainan	2684113	479	2651589	2564	29481	220222	402058
重庆	Chongqing	11351941	548146	10419090	90251	294454	690546	1254707
四川	Sichuan	14357146	78646	13638818	46693	592989	997851	1214871
贵州	Guizhou	2525602	16889	2160877	322219	25617	188693	72556
云南	Yunnan	5363344	79427	5069837	39876	174205	392247	390072
西藏	Tibet	102520	3577	83469	4405	11069	5057	21797
陕西	Shaanxi	5469013	33779	5221056	3204	210974	344483	391810
甘肃	Gansu	1340581	10179	1221075		109327	83073	48211
青海	Qinghai	378095		376314	525	1256	22391	-16498
宁夏	Ningxia	1469818	34074	1410975	9536	15234	87244	85408
新疆	Xinjiang	2995468	12355	2914370	16533	52211	204086	279193

5-41 按规模分房地产开发企业(单位)完成投资（2009年）
Investment Actually Completed by Enterprises for Real Estate Development by Size of Enterprise (2009)

单位：万元 (10 000 yuan)

地 区	Region	500万元以下 Less Than 5 Million Yuan	500-1000万元 5-10 Million Yuan	1000-3000万元 10-30 Million Yuan	3000-5000万元 30-50 Million Yuan	5000万-1亿元 50-100 Million Yuan	1-5亿元 100-500 Million Yuan	5-10亿元 500-1000 Million Yuan	10亿元以上 1 Billion Yuan and More
全 国	**National Total**	**1574886**	**3811450**	**24079940**	**28511753**	**63803507**	**175010761**	**40336556**	**25289227**
北 京	Beijing	34093	51252	324703	532769	1656142	10868451	5311750	4597964
天 津	Tianjin	21435	17665	163313	265637	741360	3848622	863643	1430161
河 北	Hebei	33591	108521	848901	1015482	2499252	7210656	2300594	1183390
山 西	Shanxi	36216	98303	559569	562964	933317	1768965	487816	325598
内蒙古	Inner Mongolia	29599	97398	674736	653374	1719489	3912262	744696	323008
辽 宁	Liaoning	39492	97757	674605	1012373	3011368	13735809	4281848	3552387
吉 林	Jilin	4227	12414	158515	242709	813420	5307869	1027583	
黑龙江	Heilongjiang	33091	81102	458057	523727	973675	2412898	730625	425995
上 海	Shanghai	18975	47335	331221	498208	1799976	8117715	2695216	1112078
江 苏	Jiangsu	99623	210763	1933125	2585286	7101119	17364626	2959272	1131162
浙 江	Zhejiang	76579	202103	1314751	1824401	4165814	11590980	1873789	1494247
安 徽	Anhui	73162	185346	1310152	1550735	3115112	8155356	1389930	918470
福 建	Fujian	75664	161862	978527	1077864	2196046	5187578	1327975	357979
江 西	Jiangxi	46523	113098	856869	974629	1601804	2369383	262932	120000
山 东	Shandong	88987	244729	1717548	2217536	5075656	12142705	1636611	1163552
河 南	Henan	59352	157904	1246237	1771699	4111192	6981753	719576	489882
湖 北	Hubei	91216	187663	1101439	1027436	1874717	5369287	1576934	775751
湖 南	Hunan	81342	214754	1291238	1523490	3096122	4088127	268853	281849
广 东	Guangdong	124984	254904	1549225	1924355	4355813	15512173	3559280	2332455
广 西	Guangxi	53498	178475	1019828	1075179	2141691	3257636	294475	116029
海 南	Hainan	6644	21018	220902	283842	574843	1142096	156708	473520
重 庆	Chongqing	74090	128984	792628	848950	1960165	5136979	2014742	1432587
四 川	Sichuan	112259	274679	1384088	1580870	3084024	7599207	1610288	238294
贵 州	Guizhou	71120	140845	695888	502946	694614	1030224	320253	256617
云 南	Yunnan	50197	143457	643004	781901	1615558	2901420	924313	314716
西 藏	Tibet	400	3013	9514	23970	56833	63750		
陕 西	Shaanxi	35736	98201	493418	600569	1311722	5596227	838912	441536
甘 肃	Gansu	32187	77287	399795	292520	461105	689392	89092	
青 海	Qinghai	7785	19757	122567	79356	165369	264815	68850	
宁 夏	Ningxia	7403	43671	257724	251756	354301	712562		
新 疆	Xinjiang	55416	137190	547853	405220	541888	671238		

5-42 房地产开发企业(单位)建设成套住宅竣工与销售情况
Number of Flats of Residential Buildings Completed and Sold by Enterprises for Real Estate Development

年份 地区	Year Region	住宅竣工套数合计(套) Total Number of Flats of Residential Buildings Completed (sets)	#别墅、高档公寓 Villas, High-grade Apartments	#经济适用房 Economically Affordable Housing	住宅销售套数合计(套) Total Number of Flats of Residential Buildings Sold (sets)	#别墅、高档公寓 Villas, High-grade Apartments	#经济适用房 Economically Affordable Housing
	2000	2139702	59880	603573			
	2001	2414392	72207	604788			
	2002	2629616	97751	538486			
	2003	3021134	108525	447678			
	2004	4042219	144949	497501			
	2005	3682523	135276	287311	4235372	152339	295302
	2006	4005305	139632	338040	5049094	219982	338314
	2007	4401203	159423	356580	6251263	257776	356021
	2008	4939189	144618	353782	5565827	157455	396111
	2009	5548897	143621	398441	8040470	240129	347840
北京	Beijing	140934	10383	10646	165000	19206	10777
天津	Tianjin	158315	4364	46286	146994	5748	9321
河北	Hebei	182511	2913	7851	277645	3525	10678
山西	Shanxi	67771	123	2539	85957	247	4615
内蒙古	Inner Mongolia	196465	3180	24073	221407	5591	31276
辽宁	Liaoning	384159	7880	20243	539760	9369	18966
吉林	Jilin	151685	2745	14321	195739	4284	3942
黑龙江	Heilongjiang	191503	2412	24962	199004	2869	9009
上海	Shanghai	141330	10895		237087	24986	20
江苏	Jiangsu	585908	22620	49295	788222	27513	36138
浙江	Zhejiang	230107	5341	28974	397907	13757	15183
安徽	Anhui	217388	2536	8841	351367	3949	8532
福建	Fujian	151456	3197	10145	224223	4950	6247
江西	Jiangxi	125249	1628	9317	183493	1766	11075
山东	Shandong	393249	2643	15676	603650	5292	25704
河南	Henan	261673	3908	14873	368062	5286	16647
湖北	Hubei	187162	3712	22021	236067	3849	19806
湖南	Hunan	203953	8826	12657	271530	6565	13271
广东	Guangdong	341874	16552	1621	574224	32596	5165
广西	Guangxi	110044	1696	2299	207861	1487	7388
海南	Hainan	44702	5692	82	61978	13836	522
重庆	Chongqing	247352	3006	18687	393417	17158	20078
四川	Sichuan	344033	6438	4211	536567	8244	3425
贵州	Guizhou	88380	406	11548	129170	1175	6090
云南	Yunnan	110725	7039	6045	165680	9391	10654
西藏	Tibet	4071	84	800	5404	778	355
陕西	Shaanxi	72470	1020	3837	192099	1827	15431
甘肃	Gansu	44261	4	8189	61003	17	9491
青海	Qinghai	16001		365	19309	336	993
宁夏	Ningxia	61540	46	6628	65217	508	2318
新疆	Xinjiang	92626	2332	11409	135427	4024	14723

注：住宅销售套数包括期房。

a) Number of flats of residential buildings sold includes the future housing.

5-43 35个大中城市主要指标完成情况（2009年）
Main Indicators of Real Estate Projects in 35 Large and Medium-sized Cities (2009)

城市	City	本年完成投资（万元）Investment Completed This Year (10 000 yuan)	#住宅 Residential Buildings	#办公楼 Office Buildings	#商业营业用房 Houses for Business Use	施工房屋面积（万平方米）Floor Space of Buildings under Construction (10 000 sq.m)	竣工房屋面积（万平方米）Floor Space of Buildings Completed (10 000 sq.m)	#住宅 Residential Buildings
总计	**Total**	**189078572**	**125063052**	**10490385**	**20706199**	**143105.05**	**29925.81**	**23574.64**
北京	Beijing	23377124	9066168	1667239	2007351	9719.08	2678.55	1613.23
天津	Tianjin	7351836	4948563	328289	973219	6052.16	1902.06	1580.82
石家庄	Shijiazhuang	3782171	2873252	166302	391799	2345.33	291.50	236.63
太原	Taiyuan	1650122	1151346	35189	141235	1772.70	176.67	143.01
呼和浩特	Hohhot	1789909	1274357	73919	352620	1837.76	461.09	372.84
沈阳	Shenyang	11887007	8021159	612897	2629408	6847.89	1293.55	1075.75
大连	Dalian	5789421	4772414	139648	456772	3489.06	549.65	472.15
长春	Changchun	4439252	3473917	123271	557435	2377.10	580.66	503.76
哈尔滨	Harbin	2792251	2206164	40676	344616	1926.63	529.32	448.15
上海	Shanghai	14620724	9186847	1879260	1846133	9949.45	2104.98	1508.81
南京	Nanjing	5956796	4394100	283450	678619	4366.07	1516.28	1227.85
杭州	Hangzhou	7046752	5096425	722468	499939	5140.80	836.95	626.64
宁波	Ningbo	3745119	2376419	264476	408990	3104.34	665.96	423.22
合肥	Hefei	6703559	4681890	595086	708282	4751.29	600.55	477.66
福州	Fuzhou	3617991	2521901	39777	203354	2626.72	485.90	423.59
厦门	Xiamen	2674171	1820956	292694	193571	3094.96	711.08	475.62
南昌	Nanchang	1982468	1586647	83366	210192	1782.03	365.21	326.61
济南	Jinan	3325576	2555230	137757	497079	2131.75	467.22	374.01
青岛	Qingdao	4594829	3137527	246412	716101	4309.94	814.24	644.42
郑州	Zhengzhou	5123150	3923449	219287	508213	5196.50	642.97	530.19
武汉	Wuhan	7785946	4980414	193372	770064	4487.38	945.05	824.58
长沙	Changsha	4973492	3928940	89843	331495	6167.29	1314.71	1104.64
广州	Guangzhou	8173449	5017195	744763	1121778	5551.91	1078.72	793.69
深圳	Shenzhen	4374590	2897848	353388	532194	3112.36	402.01	269.54
南宁	Nanning	2267250	1584649	54408	176436	2620.22	439.71	361.03
海口	Haikou	784406	683409	12586	42820	675.61	118.91	106.31
重庆	Chongqing	12389125	7890183	220840	1167561	13052.60	2907.05	2384.51
成都	Chengdu	9451356	6348234	309293	696467	8405.64	1740.61	1462.71
贵阳	Guiyang	2103225	1364636	54876	150161	3094.20	739.80	641.63
昆明	Kunming	3821456	3014563	153732	336131	2877.58	741.64	630.43
西安	Xi'an	6942341	5667733	233406	659285	5683.31	542.81	453.49
兰州	Lanzhou	990776	520366	16145	101344	1259.19	209.58	164.89
西宁	Xining	638393	466005	6121	32002	723.64	146.23	128.06
银川	Yinchuan	999584	745877	37819	138642	1283.90	525.71	419.44
乌鲁木齐	Urumqi	1132955	884269	58330	124891	1288.66	398.88	344.73

5-43 续表 continued

城市	City	商品房销售面积(万平方米) Floor Space of Commercialized Buildings Sold (10 000 sq.m)	#住宅 Residential Buildings	商品房平均销售价格(元/平方米) Selling Price of Commercialized Buildings (yuan/sq.m)	#住宅 Residential Buildings	本年购置土地面积(万平方米) Land Space Purchased This Year (10 000 sq.m)	本年开发土地面积(万平方米) Land Space Developed This Year (10 000 sq.m)
总　计	**Total**	**38356.28**	**34861.71**	**6644**	**6328**	**10811.14**	**7976.37**
北　京	Beijing	2362.25	1880.45	13799	13224	625.01	364.02
天　津	Tianjin	1590.02	1461.47	6886	6605	444.78	369.81
石家庄	Shijiazhuang	349.76	329.14	3765	3688	249.61	163.08
太　原	Taiyuan	183.80	168.83	4830	4499	181.60	214.88
呼和浩特	Hohhot	379.58	312.60	3887	3248	226.97	36.61
沈　阳	Shenyang	1532.93	1369.31	4464	4196	475.73	216.86
大　连	Dalian	1152.68	1093.41	6249	6175	427.04	393.08
长　春	Changchun	715.72	653.91	4142	4012	485.17	
哈尔滨	Harbin	705.28	627.82	4226	4146	377.00	127.47
上　海	Shanghai	3372.45	2928.04	12840	12364	184.92	87.85
南　京	Nanjing	1186.94	1114.03	7185	6893	284.92	114.11
杭　州	Hangzhou	1456.38	1314.38	10555	10613	371.44	37.16
宁　波	Ningbo	815.18	651.97	8992	9068	196.14	323.67
合　肥	Hefei	1297.95	1180.33	4228	4095	324.46	118.96
福　州	Fuzhou	690.13	648.28	6625	6441	295.89	39.66
厦　门	Xiamen	529.29	401.30	7951	8935	210.45	
南　昌	Nanchang	494.69	463.63	3774	3637	153.27	91.27
济　南	Jinan	441.06	404.31	4897	4790	128.14	51.22
青　岛	Qingdao	1261.86	1151.15	5576	5383	301.83	378.59
郑　州	Zhengzhou	1197.10	1083.33	4298	4057	437.07	314.75
武　汉	Wuhan	1086.99	1041.39	5329	5199	228.78	884.98
长　沙	Changsha	1406.58	1357.95	3648	3533	392.60	640.19
广　州	Guangzhou	1375.42	1253.60	9351	8988	576.92	224.34
深　圳	Shenzhen	762.15	717.39	14615	14389	30.42	20.58
南　宁	Nanning	731.74	685.08	4557	4463	149.40	136.56
海　口	Haikou	191.78	183.39	5344	5293	72.75	59.81
重　庆	Chongqing	4002.89	3771.22	3442	3266	1227.79	1050.88
成　都	Chengdu	2708.76	2547.59	4925	4864	215.91	297.95
贵　阳	Guiyang	818.22	760.45	3762	3496	184.28	67.79
昆　明	Kunming	853.27	782.54	3807	3586	537.94	492.74
西　安	Xi'an	1256.02	1202.12	3890	3749	214.94	320.78
兰　州	Lanzhou	244.03	224.68	3624	3499	197.09	40.67
西　宁	Xining	154.68	148.08	2900	2811	135.17	103.09
银　川	Yinchuan	511.43	442.97	3523	3219	175.12	61.42
乌鲁木齐	Urumqi	537.27	505.57	3446	3285	90.59	131.54

5-44 本年新开工大型项目基本情况（2009年）

单位：万元

单位名称	Name of Enterprise	项目名称
湖北咸宁核电有限公司	Xianning Nuclear Power Co.,Ltd of Hubei Province	通山大畈核电站
铁道部	Ministry of Railways	湘桂线扩能改造
广东省交通厅	Department of Transport of Guangdong Province	广乐高速公路
铁道部	Ministry of Railways	南京至杭州客运专线
铁道部	Ministry of Railways	上海至杭州客运专线
哈尔滨西客站地区建设办公室	Construction Office of West Railway Station of Harbin	哈尔滨西客站建设工程
新疆庆华煤化工有限公司	Xinjiang Qinghua Coal Chemical Co., Ltd.	煤化工
秦山核电有限公司	Qinshan Nuclear Power Co., Ltd.	秦山核电扩建（方家山核电工程）
大唐能源化工有限责任公司	Datang Energy Resources Chemical Co., Ltd	克什克腾旗40亿立方米/年煤制天然气项目
铁道部	Ministry of Railways	南京至安庆城际铁路
沈阳钢铁有限责任公司	Shenyang Iron and Steel Co., Ltd	超大型无缝钢管生产线
珠海航空产业园	Zhuhai Aviation Industrial Park	中航通飞珠海产业基地
大庆油田有限责任公司	Daqing Oilfield Co., Ltd.	大庆油田有限责任公司开发产能建设工程
合肥京东方光电科技有限公司	Hefei BOE Technology Co., Ltd.	京东方第六代TFT-LCD项目
无锡市轨道交通规划建设领导小组(指挥部)办公室	Office of Rail Traffic Plan and Construction of Wuxi City	无锡市轨道交通1号线工程
华能澜沧江水电有限公司	Huaneng Lancangjiang Hydropower Co., Ltd.	黄登水电站
北京市轨道交通建设管理有限公司	Beijing Rail Traffic Construction and Management Co., Ltd.	地铁七号线
嘉陵江亭子口水利水电开发公司	Jialing River Tingzikou Water Resources and Hydropower Development Co.,Ltd	亭子口水利枢纽工程
郑州市轨道交通有限公司	Zhengzhou Rail Traffic Co., Ltd.	郑州地铁一号线一期工程
广州国际商品展贸城股份有限公司	Guangzhou International Commodity Exhibition and Trade City Co., Ltd.	广州国际展品展贸城
石家庄北方药博园管委会	Commission of Shijiazhuang North Medicine Fair Garden	建北方药博园
攀枝花大唐金江开发投资有限公司	Panzhihua Datangjin River Development and Investment Co., Ltd.	观音岩水电站
西安浐灞金融商务区管理办	Xi'an Chanba Financial and Commercial Area	金融商务区
榆林现代农业科技示范园	Yulin Modern Agricultural Science and Technology Demonstration Park	农业园区建设
米其林沈阳轮胎有限公司	Michelin Shenyang Tyre Co., Ltd.	高性能子午线轮胎环保搬迁改造及扩产项目
张家口风电技术有限公司	Zhangjiakou Wind Power Technology Co., Ltd.	风电产业（生产风电叶片）
内蒙古鄂尔多斯硅铝科技有限公司	Inner Mongolia Erdos Silicon and Aluminum Technology Co., Ltd.	利用高铝粉煤灰生产28万吨/年铝硅钛
广东汉能光伏有限公司	Guangdong Hanneng Photovoltaic Co., Ltd.	太阳能薄膜电池项目
杭州奥体博览中心萧山建设投资有限公司	Hangzhou Olympic Centers Xiaoshan Construction and Investment Co., Ltd.	杭州国际博览中心
连云港港口集团	Lianyungang Port Group	连云港30万吨级航道工程
天津北洋园投资开发有限公司	Tianjin Beiyangyuan Investment and Development Co., Ltd.	天津海河教育园区(北洋园)一期基础设施工程
长沙市火车北站片区棚户区改造拆迁建设指挥	Changsha City Railway Station North Shanty Towns Transformation and Removing and Construction Direction	火车北站片区棚改拆迁
内蒙古精功恒信装备制造有限公司	Inner Mongolia Jinggonghengxin Equipment Manufacturing Co., Ltd.	重型载货汽车及特种汽车制造项目
重庆市中央商务(南部)开发区管委会	Chongqing Central Business District(South)Commission	总部文化创意经济区
宜昌三峡全通涂镀板股份有限公司	Yichang Three Gorges Quantong Coated and Galvanized Plate Co., Ltd.	320万吨极薄涂镀板深加工项目
内蒙古大唐国际锡林浩特矿业公司	Inner Mongolia Datang International Xilinhaote Mining Company	胜利东二号露天矿二期工程
贵州省黔中水利枢纽工程建设管理局	Construction and Management Bureau of Guizhou Province Qianzhong Water Control Project	黔中水利枢纽工程
第四方物流（天津）有限公司	Fourth Party Logistics (Tianjin) Co., Ltd.	第四方物流（天津）有限公司渤海湾世界商品电子商务交易中心
江铜集团铅锌冶炼厂	Jiangxi Cuprum Group Plumbum and Zinc Smelting Factory	年产40万吨铅锌冶炼项目
内蒙古大板化工有限责任公司	Inner Mongolia Daban Chemical Industrial Co., Ltd.	煤基甲醇生产
中国气象局	China Meteorological Administration	气象灾害与灾害预警工程
中航雷达配套设施MAX未来项目建设	Zhonghang Radar Supporting Facilities MAX Future Project	苏州艾维克建设发展有限公司

Basic Situation of Large Projects under Construction (2009)

(10 000 yuan)

Name of Project	开工时间 Starting Time	计划总投资 Total Planned Investment	本年完成投资 Accumulated Newly Increased Fixed Assets
Dafan Nuclear Power Plant	2009.01	5680000	46933
Xiang-gui Capacity Expansion through Transformation	2009.04	5473418	879450
Guangle Highway	2009.09	3989267	66157
Nanjing to Hangzhou Passenger Dedicated Line	2009.04	3205953	900000
Shanghai to Hangzhou Passenger Dedicated Line	2009.04	3003300	1630000
Construction Project of Beijing West Railway Station of Harbin	2009.03	2814000	149370
Coal Chemical Industry	2009.05	2760000	103744
Qinshan Nuclear Power Capacity Expansion(Fangjiashan Nuclear Power Project)	2009.01	2599100	387717
Project of Keshiketeng Qi 4 billion cube m/year Synthetic Natural Gas	2009.08	2570964	499205
Nanjing to Anqing Intercity Railway	2009.03	2570000	260000
Super Seamless Steel Tubes Production Line	2009.06	2430000	18500
Zhuhai Industry Base of AVIC General Airplane Company Ltd.	2009.07	2360000	25840
Field Production Projects of Daqing Oilfield Co., Ltd.	2009.02	2119435	2119435
The Sixth Generation TFT-LCD Project of BOE Technology Co., Ltd.	2009.04	1750000	254818
Project of Rai Traffic Line 1 of Wuxi City	2009.11	1748000	151200
Huangdeng Hydropower Station	2009.09	1731215	55991
Subway Line 7	2009.12	1600000	2999
Tingzikou Water Control Project	2009.11	1589422	94829
First-phase Project of Zhengzhou Subway Line 1	2009.06	1508000	117903
Guangzhou International Commodity Exhibition and Trade City	2009.06	1450000	27900
Construction of North Medicine Fair Garden	2009.08	1384100	10740
Guanyinyan Hydropower Station	2009.01	1296395	76593
Financial and Commercial Area	2009.02	1200000	67828
Construction of Agricultural Science and Technology Demonstration Park	2009.08	1080000	15800
Removing, Transformation and Capacity Expansion of High Performance Radial Tyre	2009.08	1043755	9850
Wind Power Industry (Production of Vane of Wind Power)	2009.08	1000000	4500
Capacity 280 000 tons Aluminum-silicon-titanium by High-alumina Fly Ash	2009.10	919536	4130
Thin-film Solar Cells Project	2009.10	905016	10360
Hangzhou International Expo Center	2009.11	892333	11675
Lianyungang 300 000 Ton Class Sea-route Project	2009.05	789200	17443
First-phase Infrastructure Project of Tianjin Haihe Education Park(Beiyangyuan)	2009.06	782722	11235
Shanty Towns Transformation and Removing of Railway Station North	2009.04	744800	51354
Project of Manufacturing of Heavy Motor Truck and Special Purpose Vehicles	2009.05	725000	89500
Economic Zone of Cultural Creative Industry of Head Office	2009.08	700000	50000
Deep Processing Project of 3200 000 Tons Extreme Thin Coated and Galvanized Plate	2009.04	682435	383132
Second-phase Project of Shengli Dong No. 2 Open-pit Mine	2009.04	679000	60130
Qianzhong Water Control Project	2009.11	660000	12000
Bohai Bay World Commodity E-commerce Trade Center of Fourth Party Logistics (Tianjin) Co., Ltd.	2009.08	600000	11000
Project of Plumbum and Zinc Smelting with Capacity of 400 000 Tons per Year	2009.06	600000	12400
Production of Coal-based Methanol	2009.04	592000	233500
Meteorological Disaster and Its Warning Project	2009.12	196000	6269
Suzhou Aiweike Construction and Development Co., Ltd.	2009.06	80000	38084

主要统计指标解释

全社会固定资产投资 是以货币形式表现的在一定时期内全社会建造和购置固定资产的工作量以及与此有关的费用的总称。该指标是反映固定资产投资规模、结构和发展速度的综合性指标,又是观察工程进度和考核投资效果的重要依据。全社会固定资产投资按登记注册类型可分为国有、集体、个体、联营、股份制、外商、港澳台商、其他等。

城镇固定资产投资 指城镇各种登记注册类型的企业、事业、行政单位及个体户进行的计划总投资 50 万元及 50 万元以上的建设项目投资和房地产开发投资。县城及以上区域内发生的投资，县及县以上各级政府及主管部门直接领导、管理的建设项目和企业事业单位的投资均为城镇固定资产投资。

房地产开发投资 指各种登记注册类型的房地产开发公司、商品房建设公司及其他房地产开发法人单位和附属于其他法人单位实际从事房地产开发或经营活动的单位统一开发的包括统代建、拆迁还建的住宅、厂房、仓库、饭店、宾馆、度假村、写字楼、办公楼等房屋建筑物和配套的服务设施，土地开发工程（如道路、给水、排水、供电、供热、通讯、平整场地等基础设施工程）的投资；不包括单纯的土地交易活动。

农村投资 包括在农村区域范围内进行固定资产投资活动的企业、事业、行政单位及农户投资。

建设总规模 是指在报告期内所有施工项目的计划总投资。这个指标和施工项目相对应。

在建总规模 是指在报告期末所有在建项目的计划总投资。

在建净规模 是指报告期末所有在建项目建成投产尚需的投资总量。

在建净规模＝在建总规模－未投产项目（期末在建）累计完成投资。

固定资产投资的资金来源 根据固定资产投资的资金来源不同，分为国家预算内资金、国内贷款、利用外资、自筹资金和其他资金。

(1)国家预算内资金：分为财政拨款和财政安排的贷款两部分。包括中央财政的基本建设基金(分经营性基金和非经营性基金两部分)、专项支出(如煤代油专项等)、收回再贷、贴息资金，财政安排的挖潜改造和新产品试制支出、城建支出、商业部门简易建筑支出、不发达地区发展基金等资金中用于固定资产投资的资金；地方财政中由国家统筹安排的资金等。

(2)国内贷款：指报告期固定资产投资单位向银行及非银行金融机构借入的用于固定资产投资的各种国内借款，包括银行利用自有资金及吸收的存款发放的贷款、上级主管部门拨入的国内贷款、国家专项贷款、地方财政专项资金安排的贷款、国内储备贷款、周转贷款等。

(3)利用外资：指报告期收到的用于固定资产建造和购置的国外资金(包括设备、材料、技术在内)。包括对外借款(外国政府、国际金融组织贷款、出口信贷、外国银行商业贷款、对外发行债券和股票)、外商直接投资及外商其他投资。不包括我国自有外汇资金(国家外汇、地方外汇、留成外汇、调剂外汇和中国银行自有资金发行的外汇贷款等)。计算利用外资时，需要折算成人民币，折算中所使用的外汇汇率按现汇计算，即按使用外汇时的汇率计算。

(4)自筹资金：指固定资产投资单位报告期收到的，由各地区、各部门及企、事业单位筹集用于固定资产投资的预算外资金，包括中央各部门、各级地方和企、事业单位的自筹资金。

(5)其他资金：指在报告期收到的除以上各种资金之外其他用于固定资产投资的资金，包括企业或金融机构通过发行各种债券筹集到的资金、群众集资、个人资金、无偿捐赠的资金及其他单位拨入的资金等。

固定资产投资按国民经济行业分 根据建设项目建成投产后的主要产品或主要用途及社会经济活动性质来确定国民经济行业。一般情况下，一个建设项目或一个企业、事业单位只能属于一种国民经济行业。

固定资产投资按隶属关系分 是按建设单位或企业、事业、行政单位的主管上级机关确定的。

（1）中央：是指中共中央、人大常委会和国务院各部、委、局、总公司以及直属机构直接领导的建设项目和企业、事业、行政单位。这些单位的固定资产投资计划由国务院各部门直接编制和下达，建设中所需物资、主要设备以及建设中的问题都由中央有关部门安排和解决。

（2）地方：是由省（自治区、直辖市）、地区（州、盟、省辖市）、县（旗、县级市）三级政府及业务主管部门直接领导和管理的建设项目、企业、事业、行政单位。地方项目还包括不隶属以上各级政府及主管部门的建设项目和企业、事业单位，如外商投资企业和无主管部门的企业等。

固定资产投资按建设性质分 根据整个建设项目情况来确定。建设项目的性质一般分为新建、扩建、改建和技术改造、迁建、恢复。房地产开发单位、农村投资、城镇工矿区私人建房投资不划分建设性质。

(1)新建：一般指从无到有开始建设的企业、事业和行政单位或建设项目。有的单位原有基础很小，经过建设后新增的固定资产价值超过该企、事业、行政单位原有固定资产

价值(原值)三倍以上的也应作为新建。

(2)扩建：指在厂内或其他地点，为扩大原有产品的生产能力(或效益)或增加新的产品生产能力，而增建主要的生产车间(或主要工程)、分厂、独立的生产线。行政、事业单位在原单位增建业务用房(如学校增建教学用房、医院增建门诊部、病房等)也作为扩建。

现有企、事业单位为扩大原有主要产品生产能力或增加新的产品生产能力，增建一个或几个主要生产车间(或主要工程)、分厂，同时进行一些更新改造工程的，也应作为扩建。

(3)改建和技术改造：指现有企业、事业单位，对原有设施进行技术改造或更新(包括相应配套的辅助性生产、生活福利设施)的建设项目。现有企业、事业单位为适应市场变化的需要，而改变企业的主要产品种类(如军工企业转产民用品等)的建设项目，应作为改建。原有产品生产作业线由于各工序(车间)之间能力不平衡，为填平补齐充分发挥原有生产能力而增建不增加本企业主要产品设计能力的车间，也应作为改建。技术改造是指企业、事业单位在现有基础上，用先进的技术代替落后的技术，用先进的工艺和装备代替落后的工艺和装备，以改变企业落后的技术经济面貌，实现以内涵为主的扩大再生产，达到提高产品质量、促进产品更新换代、节约能源、降低消耗、扩大生产规模、全面提高社会经济效益的目的。技术改造具体包括以下内容：机器设备和工具的更新改造；生产工艺改革、节约能源和原材料的改造；厂房建筑和公共设施的改造；劳动条件和生产环境的改造等。

固定资产投资按构成分 固定资产投资活动按其工作内容和实现方式分为建筑安装工程，设备、工具、器具购置，其他费用三个部分。

(1)建筑安装工程(建筑安装工作量)：指各种房屋、建筑物的建造工程和各种设备、装置的安装工程。包括各种房屋建造工程；各种用途设备基础和各种工业窑炉的砌筑工程及金属结构工程；为施工而进行的各种准备工作和临时工程以及完工后的清理工作等；铁路、道路的铺设，矿井的开凿及石油管道的架设等；水利工程；防空地下建筑等特殊工程；列入房屋工程预算内的暖气、卫生、通风、照明、煤气等设备的价值及装设油饰工程；列入建筑工程预算内的各种管道(蒸汽、压缩空气、石油、给排水等管道)、电力、电讯电缆导线等的敷设工程；以及各种机械设备的安装工程；为测定安装工程质量，对设备进行的试运工作；房地产开发单位进行的商品房屋开发建设工程、土地开发工程。

在安装工程中，不包括被安装设备本身的价值。

(2)设备、工具、器具购置：指建设单位或企、事业单位购置或自制的，达到固定资产标准的设备、工具、器具的价值。新建单位及扩建单位的新建车间，按照设计或计划要求购置或自制的全部设备、工具、器具，不论是否达到固定资产标准均计入“设备、工具、器具购置”中。

(3)其他费用：指在固定资产建造和购置过程中发生的，除上述几项内容以外的各种应分摊计入固定资产的费用。

施工项目 指报告期内进行过建筑或安装施工活动的项目。凡是报告期内施过工的建设项目，不论施工时间长短，均作为施工项目统计。施工项目个数可以反映一定时期固定资产投资的实际规模，与同期全部建成投产项目个数相比，可以从建设速度的角度反映固定资产投资的效果。根据建设项目施工活动的不同性质，施工项目又分为：本年正式施工项目、本年收尾项目和以前年度全部停缓建项目。

全部建成投产项目 工业项目指设计文件规定形成生产能力的主体工程及其相应配套的辅助设施全部建成，经负荷试运转，证明具备生产设计规定合格产品的条件，并经过验收鉴定合格或达到竣工验收标准，与生产性工程配套的生活福利设施可以满足近期正常生产的需要，正式移交生产的建设项目。非工业项目指设计文件规定的主体工程和相应的配套工程全部建成，能够发挥设计规定的全部效益，经验收鉴定合格或达到竣工验收标准，正式移交使用的建设项目。

新增生产能力(或工程效益) 指通过固定资产投资活动而增加的设计能力(或工程效益)，该指标是以实物形态表现的反映固定资产投资成果的指标，也是考核投资经济效果的重要依据之一。

新增生产能力(或工程效益)一般有以下几种表现形式：

(1)用产品数量表示，以工程在单位时间内(一般是一年)所能生产的产品数量(即年产量)表示。如原煤开采用万吨／年表示，化学农药用吨／年表示，拖拉机制造用台／年表示等。某些化工产品由于含量差别较大，按其设计含量计算折合量表示，如硫酸、纯碱、烧碱等。

(2)用单位时间内所能处理的原料数量表示，以工程每天(或小时)所能处理原料的数量表示。如机制糖工程日处理原料吨，食用植物油日处理原料吨，城市污水处理能力用万吨／日表示等。

(3)用新增加的主要设备的数量或容量表示，如新增棉布织机、丝织机等台数，毛纺锭等锭数，发电厂新增发电机组容量用千瓦表示等。

(4)用建筑物容积、容量、面积、长度表示，是非工业项目或工程新增效益的一种表现形式。如铁路投产里程、新建公路、水库容量、粮食仓库、学校学生席位、医院病床、有效灌溉面积等。

根据工程的特点，有时需要用两种或两种以上的复合计量单位表示新增生产能力(或工程效益)，如新增内燃机生产能力同时用年产台数、千瓦数表示等。

为了规范新增生产能力(或工程效益)的名称和计算单位，国家统计局制订了《新增生产能力(或工程效益)目录及代码》。各固定资产投资单位在统计新增生产能力(或工程效益)时，必须按目录中规定的名称、计量单位和代码填报。

房屋建筑面积 指房屋建筑物勒脚以上外墙外围的水平截面面积，包括房屋建筑物的有效面积和结构面积。该指标是从实物形态上反映建设规模和建设成果的重要指标之一，也是检查工程形象进度、计算工程造价、分析投资效果、研究施工任务和建筑材料之间平衡情况的重要依据。

住宅建筑面积 指施工和竣工房屋建筑面积中供居住用的房屋建筑面积。

施工面积 指报告期内施工的全部房屋建筑面积。包括本期新开工的面积和上期开工跨入本期继续施工的房屋面积，以及上期已停建在本期恢复施工的房屋面积。本期竣工和本期施工后又停缓建的房屋，其建筑面积仍计入本期房屋施工面积中。

竣工面积 指在报告期内房屋建筑按照设计要求已经全部完工，达到住人和使用条件，经验收鉴定合格(或达到竣工验收标准)，正式移交使用单位的各栋房屋建筑面积的总和。

房屋建筑面积竣工率 指一定时期内房屋竣工面积占同期房屋施工面积的比率。

新增固定资产 指报告期内已经完成建造和购置过程，并已交付生产或使用单位的固定资产价值。该指标是表示固定资产投资成果的价值指标，也是反映建设进度，计算固定资产投资效果的重要指标。

项目建成投产率 指一定时期内全部建成投产项目个数与同期施工项目个数的比率。该指标是从建设单位建设速度的角度反映投资效果的指标。

固定资产交付使用率 指一定时期新增固定资产与同期完成投资额的比率。该指标是反映固定资产动用速度，衡量建设过程中宏观投资效果的综合指标。由于新增固定资产是较长时期内形成的结果，而投资额则是当年完成的，因此，该指标一般适宜于反映较长时期内固定资产的动用情况。

商品房销售面积 指报告期内出售商品房屋的合同总面积(即双方签署的正式买卖合同中所确定的建筑面积)。由现房销售建筑面积和期房销售建筑面积两部分组成。

商品房销售额 指报告期内出售商品房屋的合同总价款(即双方签署的正式买卖合同中所确定的合同总价)。该指标与商品房销售面积同口径，由现房销售额和期房销售额两部分组成。

经济适用房 指根据经济适用房计划安排建设的政策性住宅。经济是指房屋建筑造价和销售价格低于一般商品住宅；适用是指适合中低收入家庭购买使用。经济适用房主要是由国家统一下达投资计划，房地产公司开发，对外销售；用地一般采用行政划拨或招标投标方式，免收土地出让金；对各种经批准的收费减半征收，开发利润不超过3%；销售价格实行政府指导价。该指标可以分析房地产投资结构，反映中低收入家庭商品住宅的供求平衡情况。

Explanatory Notes on Main Statistical Indicators

Total Investment in Fixed Assets in the Whole Country refers to the volume of activities in construction and purchases of fixed assets of the whole country and related fees, expressed in monetary terms during the reference period. It is a comprehensive indicator which shows the size, structure and growth of the investment in fixed assets, providing a basis for observing the progress of construction projects and evaluating results of investment. Total investment in fixed assets in the whole country includes, by type of ownership, the investment by State-owned units, collective-owned units, individuals, joint ownership units, share-holding units, as well as investments by entrepreneurs from foreign countries and from Hong Kong, Macao and Taiwan, and by other units.

Urban Investment in Fixed Assets refers to construction projects involving a total planned investment of 500,000 yuan and over by enterprises of various types of ownership, institutions, administrative units and individuals in urban areas, investment in real estate development. In other words, all investments that take place in county towns and urban areas, investment in construction projects under the direct leadership and management of government agencies at and above county levels and investments by enterprises and institutions at and above county levels are covered in urban investment in fixed assets.

Investment in Real Estate Development refers to investment by real estate development companies, commercialized buildings construction companies and other real estate development units of various types of ownership in the construction of buildings, such as residential buildings, factory buildings, warehouses, hotels, guesthouses, holiday villages, office buildings, and the complementary service facilities and land development projects, such as roads, water supply, water drainage, power supply, heating supply, telecommunications, land leveling and other infrastructural projects. It does not include activities in pure land transactions.

Investment in Rural Areas refers to investment in fixed assets by enterprises, institutions, administrative units and households in rural areas.

Total Size of Construction refers to the planned total investment for all construction projects during the reference period. This item should correspond with projects under work.

Total Size of Investment in Projects under Construction refers to the planned total investment of all projects under construction at the end of the reference period.

Net Size of Investment in Projects under Construction refers to the outstanding requirement of investment of all projects under construction at the end of the reference period.

Net size of investment in projects under construction= Total size of investment – Accumulated completed investment of projects under construction

Sources of Funds for Investment in Fixed Assets are categorized as funds from the State budget, domestic loans, foreign investment, self-raised funds, and others, depending on the sources of investment.

(1) Fund from the State budget consists of budgetary appropriation and loans from the State budget. More specifically, it includes, from the budget of the central government, capital construction fund (operation fund and non-operational fund), special expenses (e.g. expenses on substituting petroleum with coal), loans from repayment, discount fund, expenses on innovation and trial production of new products, expenses on urban construction, expenses on temporary construction from business departments, development fund for less developed areas, as well as local budgetary fund transferred from the central budget.

(2) Domestic loans refer to loans of various forms borrowed by investing units from banks and non-bank financial institutions during the reference period for the purpose of investment in fixed assets, including loans issued by banks from their self-owned funds and deposit, loans appropriated by higher authorities, special loans by government, loans arranged by local government from special funds, domestic reserve loan, and working loan.

(3) Foreign investment refers to foreign funds received during the reference period for the construction and purchase of investment in fixed assets (covering equipment, materials and technology), including foreign borrowings (loans from foreign governments and international financial institutions, export credit, commercial loans from foreign banks, issue of bonds and stocks overseas), foreign direct investment and other foreign investments. Excluded from this category is capital in foreign exchanges owned by China (foreign exchanges owned by the central and local governments, foreign exchanges retained by enterprises, foreign exchanges by enterprises through the regulating mechanism, loans in foreign exchanges issued by the Bank of China with its own fund, etc.). In calculating the utilization of foreign capital, foreign currencies are converted into Chinese Renminbi applying the current exchange rate when the foreign capitals are actually used.

(4) Self-raised funds refer to extra-budgetary funds for investment in fixed assets received during the reference period by investing units from central government ministries, local governments, enterprises and institutions, including their self-raised funds.

(5) Others refer to funds for investment in fixed assets received from sources other than those listed above, including capital raised through issuing bonds by enterprises or financial institutions, funds raised from individuals and through donations, and funds transferred from other units.

Investment in Fixed Assets by Sector The

classification of construction projects by sector is determined by the major products or the purpose of the projects when they are put into production or use, and by the nature of their social economic activities. In general, one project or one enterprise or institution can only be classified into one sector.

Investment in Fixed Assets by Jurisdiction of Management refers to the classification of investment by the competent authorities under which investment is made by construction units, enterprises, institutions or administrative units.

(1) Central investment refers to the investment in projects or by enterprises, institutions or administrative units which are under the direct leadership and management of the State Council and of the national commissions, ministries, agencies and State-owned large corporations. Various ministries and departments of the State Council prepare and implement plans for investment in fixed assets by those departments, and arrange and ensure the supply of materials and key equipment required for the projects.

(2) Local investment refers to the investment in projects or by enterprises, institutions or administrative units which are under the direct leadership and management of departments under the provincial, prefecture and county governments. Also included are projects by foreign-invested enterprises and enterprises without competent managing authorities.

Investment in Fixed Assets by Type of Construction Construction projects in general can be classified, by the type of construction, into new construction, expansion, reconstruction and technical transformation, moving and restoration. However, investment by type of construction is not applied to investment by real-estate development units, investment in rural areas and private investment in housing construction in urban areas and in industrial and mining areas.

(1) New construction in general refers to construction projects, which start from scratch, of enterprises, institutions, administrative agencies. In case the size of the existing unit is quite small, and the value of newly added fixed assets is more than three times of the the original value, the expansion will be considered as new construction.

(2) Expansion refers to construction of new major production workshop, branch factory or independent production line within a factory or in other locations, for the purpose of increasing the production capacity (or improving efficiency) or adding new production capacity. Newly constructed accommodation for the operation of institutions and administrative organizations (such as newly constructed buildings for teaching in schools, buildings for clinics or wards in hospitals, etc.) are also classified as expansion.

Also included in expansion are investments by existing enterprises or institutions in building major production line(s) or branch factory(ies) along with some work on innovation, for the purpose of expanding the production capacity of original products or producing new products.

(3) Reconstruction and technical transformation refers to construction projects by existing enterprises or institutions in innovation or technical transformation of the old facilities (including auxiliary production equipment and welfare facilities). Also considered as reconstruction is the construction of new workshops by the existing enterprises or institutions to change the variety of products to meet the market demand (such as the production of civil products by defence industries), or to bring the designed production capacity into full play through a more balanced production process on production lines. Technical transformation refers to replacement of old technology or equipment by new technology or equipment, in order to expand the reproduction through improvement of technology contents in production, to improve product quality, to promote new products, to save energy, to reduce consumption, to expand the production scale and to improve overall social-economic efficiency. Contents of technical transformation include: updating of machinery, equipment and tools; reforming production process by using energy or materials saving technology; construction of factory workshops and transformation of public facilities; improvement of working conditions and environment, etc.

Investment in Fixed Assets by Structure By their contents and the mode of implementation, investment activities are classified into 3 categories, i.e. construction and installation, purchase of equipment and instrument, and other expenses.

(1) Construction and installation (work volume of construction and installation) refers to the construction of houses and buildings and the installation of various kinds of equipment and instruments. They include construction of houses; equipment foundations, industrial kilns and stoves, and metal structure work; preparation works and temporary works for project construction, and clearing up works post project construction; pavement of railways and roads, drilling of mines and putting up of oil pipes; construction of water conservancy; construction of underground air-raid shelters and construction of other special projects; value of equipment for heating, sanitation, ventilation, lighting, gas, painting, etc. that are covered by the budget of housing projects; laying out of various pipelines (for steam, compressed air, petroleum, tap water and sewage) and wiring and cabling for electric power and for communications; installation of various machinery and equipment; testing operation for pre-testing the quality of installation projects, and land and other development work conducted by real estate developers for commercialized housing. The value of equipment installed is itself not included in the value of installation projects.

(2) Purchase of equipment and instruments refers to the total value of equipment, tools, and instruments purchased or self-produced which come up to the cut-off point for fixed assets by the construction units or investing enterprises or institutions. Equipment, tools and instruments purchased or self-produced for new workshops by newly established or expanded units are categorized as "purchase of equipment and instruments" no matter whether they come up to the cut-off

point for fixed assets.

(3) Other expenses refer to expenses arising during the construction or purchase of fixed assets other than those mentioned above.

Projects under Construction refer to projects with construction and installation activities undertaken in the reference period. All projects that have construction activities undertaken during the reference period are reported as projects under construction irrespective of the length of construction work. The number of projects under construction can reflect the actual size of investment in fixed assets during a given period, and when compared with the number of projects completed and put into use during the same period, it demonstrates the results of investment in fixed assets from the angle of the speed of the construction. Depending on the nature of construction activities, projects under construction can also be classified into projects beginning construction in current year, winding-up projects in current year and stopped or suspended projects in previous years (with resumption of work in current year).

Projects Completed and Put into Use Industrial projects refer to the major projects and anxilliary facilities having been completed in accordance with the design documents, resulting in forming production capacity and having checked and accepted after relevant tests, while the living and welfare facilities having been completed and being capable of ensuring normal production. Non-industrial projects refer to the major projects and anxilliary facilities which have been completed in accordance with the design documents ; have been checked, accepted after relevant examination; and have been formally delivered for use.

Newly Increased Production Capacity (or Project Efficiency) refers to the increase in design capacity (or project efficiency) through investment in fixed assets, which reflects the accomplishment of investment in fixed assets in physical form and serves as an important basis for evaluating the economic efficiency of investment.

The newly increased production capacity (project efficiency) are usually expressed in one of the following forms:

(1) volume of output of products, i.e. the volume of output that the project can produce during a given period (usually a year). For instance, the capacity in coal mining is expressed in 10,000 tons/year, the capacity in producing chemical pesticides expressed in ton/year, the capacity in producing tractors in tractor/year, etc. For some chemical products where the effective contents differ significantly, the production capacity is expressed as the designed effective content equivalent, such as in the case of sulphuric acid, soda ash, caustic soda, etc;

(2) volume of raw materials processed per unit of time, i.e. the volume of raw materials that could be processed by the project per day (or per hour), such as tons of materials processed per day by a sugar refining project or edible vegetable oil project, or tons of urban sewage processed per day;

(3) number or capacity of major equipment increased, such as number of cotton or silk looms increased, wool spindles increased, or capacity (in kilowatts) of power generators increased; and

(4) physical measures (volume, capacity, area, and length) of construction, which is typical for non-industrial projects, for instance, the length of railways put into operation, the length of highways, the capacity of reservoirs, the capacity of warehouses, the floor space of housing projects, capacity for new students in schools or beds in hospitals, areas under new irrigation project, etc.

The special features of projects may sometimes call for the combined use of two or more measurements to reflect the increase in production capacity (or project efficiency); for instance, the new capacity for the production of internal combustion engines is expressed in sets per year and kilowatts per year simultaneously.

To standardize the nomenclature and unit of measurement for newly increased production capacity (or project efficiency), the National Bureau of Statistics has developed the *Nomenclature and Codes for New Production Capacity (Project Efficiency).* All reporting units with investment activities are required to follow these two nomenclatures in reporting statistics on new production capacity (project efficiency).

Floor Space of Buildings under Construction refers to the total floor space of the horizontal section of outer walls above the plinth of the building, including the effective area and the area occupied by the structure. This indicator is one of the important indicators in physical terms to reflect the scale and accomplishment of the construction industry and also an important basis for monitoring the progress, calculating the cost, analyzing the efficiency and studying the supply of building materials in relation to the construction projects.

Floor Space of Residential Buildings refers to the floor space of the residential buildings among the total space of buildings under construction or completed.

Floor Space under Construction refers to total floor space of all buildings under construction during the reference period, including floor space of newly started buildings during the reference period, floor space of construction extended from the previous period to the current period, and floor space of construction suspended during the previous period and resumed in the current period. Floor space of construction completed in the current period, and floor space of construction started and then suspended in the current period are also included in the floor space under construction of the current year.

Floor Space Completed refers to the floor space of all buildings completed in the reference period, which have been appraised and accepted (or come up to the designed standards) and have been transferred to owner units.

Completion Rate of Floor Space of Buildings refers to the ratio of the floor space of buildings completed in a certain period of time to the floor space of buildings under construction in the same period.

Newly Increased Fixed Assets refer to the newly increased value of fixed assets, constructed or purchased, that have been transferred to the investors. This is an indicator that demonstrates the results of investment in fixed assets in monetary terms, and an important indicator to reflect the speed of construction and to calculate the efficiency of investment.

Rate of Construction Projects Completed and Put into Use refers to the ratio of the number of construction projects completed and put into use in a certain period of time to the number of projects under construction in the same period. This reflects the investment efficiency from the perspective of the speed of projects construction.

Rate of Projects of Fixed Assets Completed and Put into Operation refers to the ratio of the newly increased fixed assets to the total investment made in the same period. This is a comprehensive indicator reflecting the speed of the employment of fixed assets and the investment efficiency at the macro-level. As the newly increase fixed assets is the result of a long period while the investment is completed in the current year, this indicator is expected to be used to reflect the employment of fixed assets over a long period of time.

Area of Commercialized Housing Sold refers to total contracted area of commercialized housing (i.e. area of floor space as designated in the formal contracts signed by both sides) during the reference time. It constitutes floor space of completed housing and floor space of future housing.

Value of Commercialized Housing Sold refers to the total contracted value (i.e. value of sales/purchase for selling/purchase of commercialized housing as designated in the contract signed by both sides) during the reference time. This indicator has the same coverage as the area of commercialized housing sold, which constitutes floor space of completed housing and floor space of housing yet to be completed.

Economically Affordable Housing refers to housing constructed according to the State Plan for economically affordable housing. The features of houses of this category are low cost of construction and low prices, and therefore are affordable to mid-income and low income households. Economically affordable housing projects are developed by real estate companies under the State Investment Plan, with the land provided through government allocation or tendering procedures. Developers are exempted from land utilization fees and enjoy another 50% exemption of all other legitimate fees, while their profits are limited to less than 3%, and the completed houses are sold under government-guided prices. This indicator helps to analyze the investment structure of the real estate industry and the demand and supply of housing for mid-income and low income households.

6

对外经济贸易

Foreign Trade and Economic Cooperation

简 要 说 明

本篇资料综合反映中国的对外贸易、利用外资、对外直接投资、对外经济合作的历年概况，重点反映对外经济贸易的近期发展状况。

一、对外贸易部分

对外贸易统计的主要内容包括:进出口货物的品种、数(重)量、金额、国别(地区)、经营单位、境内目的地、境内货源地、贸易方式、关别等项目。

对外贸易统计的范围是按照联合国的国际贸易统计原则制定的，即凡能引起中华人民共和国关境内物质资源存量增加或减少的进出口货物,除制度另有规定者外,均列入该项统计。

对外贸易统计的资料来源于海关总署，调查方法是全面调查。

特殊说明: 1979 年及以前为外贸业务统计数字，来源于原对外贸易经济合作部（现为商务部）；1980 年及以后为海关进出口统计数字，来源于海关总署。

历年出口商品分类金额和历年进口商品分类金额按照联合国《国际贸易标准分类》(SITC)进行统计。进出口商品分类金额按照海关合作理事会制定的《商品名称和编码协调制度》(HS)目录进行统计。

我国对各国(地区)进出口总额表中，出口货物按中华人民共和国关境外最终目的国(地区)，进口货物按中华人民共和国关境外原产国(地区)统计。各地区进出口商品总值分别按境内经营单位所在地和目的地、货源地列示。经营单位所在地是指中华人民共和国关境内进出口企业报关注册的登记地；境内货源地是指出口货物在中华人民共和国关境内的产地或原始发货地；境内目的地则指进口货物在中华人民共和国关境内的消费、使用地或最终运抵地。

二、利用外资统计部分

利用外资统计的主要内容包括：对外借款、外商直接投资和外商其他投资、外商投资企业登记注册情况。

统计范围是凡经工商行政管理机关核准登记，在中华人民共和国境内所有利用外资的单位和部门，经批准设立的中外合资经营企业、合作经营企业、外资企业、外商投资股份制企业、合作开发项目等具有法人资格的独立核算企业(包括港澳台地区投资企业)，在华从事经营活动的外国及港澳台地区企业及外国公司在中国境内设立的分支机构。

利用外资统计的资料来源于商务部，其中，外商投资企业的登记注册情况资料来源于国家工商行政管理总局，调查方法是全面调查。

特殊说明: 利用外资统计 1985 年及以前为政府统计部门的调查汇总数，1986 年及以后全部来源于对外贸易经济合作部（现为商务部）。2000 年以后利用外资统计中不含对外借款数。

三、对外经济合作部分

对外经济合作统计的主要内容包括: 对外承包工程、对外劳务合作、对外设计咨询的合同数、合同金额、完成营业额和按国别、地区分的对外经济合作完成营业额等。

统计范围是对外承包工程、对外劳务合作、对外设计咨询。

该制度统计单位是经各级商务主管部门批准的从事对外承包和劳务合作业务并具有法人地位的对外承包劳务企业。

资料来源是商务部，调查方法是全面调查。

四、对外直接投资部分

对外直接投资统计的内容主要包括：境内投资主体的基本情况、境外企业的基本情况、境内投资主体与境外企业间的投资、收益和分配情况、通过境外企业实现的货物进出口情况、境外企业核准情况。

统计范围主要包括境内投资主体通过直接投资在境外设立的各类公司型企业和非公司型企业。

资料来源是商务部，调查方法是全面调查。

五、其他

历年人民币对美元、日元、港币的年平均汇价，资料来源于国家外汇管理局，各年的年平均汇价是根据当年国家外汇管理局公布的每日汇价进行加权平均计算而得出的。

Brief Introduction

Data in this chapter provide summary data of China's foreign trade, utilization of foreign capital, overseas direct investment, contracted projects and labour cooperation with foreign countries or territories over the years, focusing on the recent situation of foreign trade and economic cooperation.

I. Foreign Trade

Data on foreign trade include: varieties of imports and exports, amount (weight), value, countries (regions), imports and exports corporations, destination within territory, origin of goods within territory, mode of trade, types of tariffs and so on.

The scope of foreign trade statistics are designed according to United Nations' principles on international trade statistics, that is: all imports or exports that will lead to stock changes of material resources with the territory of People's Republic of China; excluding goods by escape clause.

Sources of data on foreign trade are from the General Administration of Customs of the People's Republic of China through a comprehensive reporting system.

Special notice: Data in the years prior to 1980 were statistical data of foreign trade and came from the former Ministry of Foreign Trade and Economic Cooperation (currently Ministry of Commerce). Since 1980, the data have been compiled from the statistical data of customs on imports and exports and come from the General Administration of Customs.

Customs statistics in value terms for both imports and exports are compiled according to the classifications of *UN Standard International Trade Classification (SITC)*. However, the *Harmonized Commodity Description and Coding System (HS)* stipulated by the Customs Cooperation Council is also used in the classification of the import and export commodities.

In the table on China's total imports and exports with related countries and regions, the export commodities are calculated at the Customs of the countries (regions) of destination and the import commodities are calculated at the Customs of the countries (regions) of origin. The total values of the import and export commodities by region are calculated respectively at the provinces where the import or export corporations are situated and at the provinces of destination or provinces of origin within the border of the People's Republic of China. The province where the import or export corporations are situated refers to the province where the import or export corporations have applied to and have been registered at the Customs. The province of origin within the border of the Peoples Republic of China refers to the province where the export commodities are produced or originally delivered. The province of destination within the border of the People's Republic of China refers to the province where the import commodities are consumed, used or transported to the destination.

II. Statistics on Utilization of Foreign Capitals

Utilization of foreign capitals includes: foreign loans, foreign direct investments and other foreign investments, and the basic condition of registration of foreign funded enterprises.

The statistics cover all the units and departments which have utilized foreign capital and all the Sino-foreign joint ventures, Sino-foreign cooperative enterprises, ventures exclusively with foreign investment, foreign-funded stock companies, Sino-foreign cooperative development projects and other corporate enterprises (including the enterprises funded by the entrepreneurs from Hong Kong, Macao and Taiwan) with independent accounting system which have been approved by the Chinese government to set up in the boundary of the People's Republic of China.

Data on utilization of foreign capitals are from Ministry of Commerce, of which, data on basic condition of registration of foreign funded enterprises are from State Administration for Industry and Commerce through comprehensive reporting system.

Special notice: data on utilization of foreign capitals before 1985 were survey results from governmental statistical agencies, since 1986 all data are from Ministry of Commerce (formerly MOFTEC). Data on utilization of foreign capitals since 2000 do not include foreign loans.

III. Foreign Economic Cooperation

Data on foreign economic cooperation include:

contracted projects, labour services cooperation, design and consultation services, contracted volume, complete business turnover, business turnover by countries (regions) and so on.

The statistics cover contracted projects, labour services cooperation and design and consultation service with foreign countries (regions).

The statistical unit in the scheme is the corporate enterprise engaged in contracted projects and labour services cooperation with foreign countries and has been approved by the department of commerce at various levels.

Data on foreign economic cooperation are from Ministry of Commerce through a comprehensive reporting system.

IV. Overseas Direct Investment

Contents of statistics on overseas direct investment include basic situation of domestic investors and overseas enterprises they invest in, investment, earnings and their distribution between domestic and overseas invested enterprises, import and export of commodities through overseas enterprises, approval of overseas enterprises.

The statistics cover overseas corporate and non-corporate enterprises of various forms established by domestic investors through their investment operation.

Data on foreign economic cooperation are from Ministry of Commerce through a comprehensive reporting system.

V. Others

The average exchange rates of RMB yuan to US dollar, Japanese yen and Hong Kong dollar over the years come from the State Administration of Exchange Control. The annual average exchange rate is calculated as the weighted mean of the daily exchange rates provided by the State Administration of Foreign Exchange in the year.

6-1 对外经济贸易基本情况
Foreign Trade and Economic Cooperation

指 标	Item	2005	2006	2007	2008	2009
货物进出口总额（人民币亿元）	**Total Value of Imports and Exports (RMB 100 million yuan)**	**116921.8**	**140971.4**	**166740.2**	**179921.5**	**150648.1**
出口总额	Total Exports	62648.1	77594.6	93455.6	100394.9	82029.7
进口总额	Total Imports	54273.7	63376.9	73284.6	79526.5	68618.4
进出口差额	Balance	8374.4	14217.7	20171.1	20868.4	13411.3
货物进出口总额（亿美元）	**Total Value of Imports and Exports (USD 100 million)**	**14219.1**	**17604.0**	**21737.3**	**25632.6**	**22075.4**
出口总额	Total Exports	7619.5	9689.4	12177.8	14306.9	12016.1
初级产品	Primary Goods	490.4	529.2	615.1	779.6	631.1
工业制成品	Manufactured Goods	7129.2	9160.2	11562.7	13527.4	11384.8
进口总额	Total Imports	6599.5	7914.6	9559.5	11325.6	10059.2
初级产品	Primary Goods	1477.1	1871.3	2430.9	3623.9	2898.0
工业制成品	Manufactured Goods	5122.4	6043.3	7128.6	7701.7	7161.2
进出口差额	Balance	1020.0	1774.8	2618.3	2981.3	1956.9
外商直接投资合同项目（个）	**Number of Projects for Contracted Foreign Direct Investment (unit)**	**44001**	**41473**	**37871**	**27514**	**23435**
实际使用外资额（亿美元）	**Total Amount of Foreign Investment Actually Utilized (USD 100 million)**	**638.05**	**670.76**	**783.39**	**952.53**	**918.04**
外商直接投资	Foreign Direct Investments	603.25	630.21	747.68	923.95	900.33
外商其他投资	Other Foreign Investments	34.80	40.55	35.72	28.58	17.71
外资企业基本情况	**Registered Foreign-funded Enterprises**					
年底登记户数（户）	Number of Registered Enterprises (household)	353030	376711	406442	434937	434248
投资总额（亿美元）	Total Investment (USD 100 million)	14640	17076	21088	23241	25000
注册资本（亿美元）	Registered Capital (USD 100 million)	8120	9465	11554	13006	14035
#外方	Capital from Foreign Investors	6319	7406	9211	10389	11369
对外经济合作（亿美元）	**Economic Cooperation with Foreign Countries & Regions (USD 100 million)**					
合同金额	Contracted Value	342.16	716.48	853.45	1130.15	1336.82
#对外承包工程	Contracted Projects	296.14	660.05	776.21	1045.62	1262.10
对外劳务合作	Labor Services	42.45	52.33	66.99	75.64	74.73
完成营业额	Value of Turnover Fulfilled	267.76	356.95	479.00	651.16	866.17
#对外承包工程	Contracted Projects	217.63	299.93	406.43	566.12	777.06
对外劳务合作	Labor Services	47.86	53.73	67.67	80.57	89.11

注：1.从2001年起，外商投资合同金额和实际使用外资额均不包括对外借款(6-13表类同)。
2.从2007年起商务部不再对外公布外资合同金额数据。
3.外资企业基本情况数据来自国家工商总局，其年底登记户数自2008年起口径调整为企业加分支机构，（同时调整了以前年份数据），下同。
4.自2009年起商务部将对外设计咨询纳入对外承包工程合并统计。

a) From 2001, data of contracted foreign capital and total amount of foreign capital actually utilized do not include foreign loans. The same applies toTable 6-13.

b) Since 2007, Ministry of Commerce do not publish data of contracted value with foreign countries or regions.

c) Data of foreign enterprises come from State Administration for Industry & Commerce of the People's Republic of China, and their number of registered enterprises includes enterprises and their sub-branch since 2008, and the figures before were adjusted too. The same applies to the table following.

d) Since 2009, overseas design and consultation services are included in overseas contracted projects by Ministry of Commerce.

6-2 人民币汇率（年平均价）
Reference Exchange Rate of Renminbi (Period Average)

单位：人民币元 (RMB yuan)

年 份 Year	100美元 100 US Dollars	100日元 100 Japanese Yen	100港元 100 Hong Kong Dollars	100欧元 100 Euros
1985	293.66	1.2457	37.57	
1986	345.28	2.0694	44.22	
1987	372.21	2.5799	47.74	
1988	372.21	2.9082	47.70	
1989	376.51	2.7360	48.28	
1990	478.32	3.3233	61.39	
1991	532.33	3.9602	68.45	
1992	551.46	4.3608	71.24	
1993	576.20	5.2020	74.41	
1994	861.87	8.4370	111.53	
1995	835.10	8.9225	107.96	
1996	831.42	7.6352	107.51	
1997	828.98	6.8600	107.09	
1998	827.91	6.3488	106.88	
1999	827.83	7.2932	106.66	
2000	827.84	7.6864	106.18	
2001	827.70	6.8075	106.08	
2002	827.70	6.6237	106.07	800.58
2003	827.70	7.1466	106.24	936.13
2004	827.68	7.6552	106.23	1029.00
2005	819.17	7.4484	105.30	1019.53
2006	797.18	6.8570	102.62	1001.90
2007	760.40	6.4632	97.46	1041.75
2008	694.51	6.7427	89.19	1022.27
2009	683.10	7.2986	88.12	952.70

注：欧元自2002年开始进入市场流通。
a) ECU entered into circulation in 2002.

6-3 货物进出口总额
Total Value of Imports and Exports

本表1978年为外贸业务统计数，1980年起为海关进出口统计数。
Data in 1978 were from the Ministry of Foreign Trade; and data since 1980 are from Customs statistics.

年 份 Year	人 民 币 （亿元） 100 million Yuan				美 元 （亿美元） USD 100 million			
	进出口总额 Total Imports & Exports	出口总额 Total Exports	进口总额 Total Imports	差 额 Balance	进出口总额 Total Imports & Exports	出口总额 Total Exports	进口总额 Total Imports	差 额 Balance
1978	355.0	167.6	187.4	-19.8	206.4	97.5	108.9	-11.4
1980	570.0	271.2	298.8	-27.6	381.4	181.2	200.2	-19.0
1985	2066.7	808.9	1257.8	-448.9	696.0	273.5	422.5	-149.0
1990	5560.1	2985.8	2574.3	411.5	1154.4	620.9	533.5	87.4
1991	7225.8	3827.1	3398.7	428.4	1357.0	719.1	637.9	81.2
1992	9119.6	4676.3	4443.3	233.0	1655.3	849.4	805.9	43.5
1993	11271.0	5284.8	5986.2	-701.4	1957.0	917.4	1039.6	-122.2
1994	20381.9	10421.8	9960.1	461.7	2366.2	1210.1	1156.1	54.0
1995	23499.9	12451.8	11048.1	1403.7	2808.6	1487.8	1320.8	167.0
1996	24133.8	12576.4	11557.4	1019.0	2898.8	1510.5	1388.3	122.2
1997	26967.2	15160.7	11806.5	3354.2	3251.6	1827.9	1423.7	404.2
1998	26849.7	15223.6	11626.1	3597.5	3239.5	1837.1	1402.4	434.7
1999	29896.2	16159.8	13736.4	2423.4	3606.3	1949.3	1657.0	292.3
2000	39273.2	20634.4	18638.8	1995.6	4742.9	2492.0	2250.9	241.1
2001	42183.6	22024.4	20159.2	1865.2	5096.5	2661.0	2435.5	225.5
2002	51378.2	26947.9	24430.3	2517.6	6207.7	3256.0	2951.7	304.3
2003	70483.5	36287.9	34195.6	2092.3	8509.9	4382.3	4127.6	254.7
2004	95539.1	49103.3	46435.8	2667.5	11545.5	5933.2	5612.3	320.9
2005	116921.8	62648.1	54273.7	8374.4	14219.1	7619.5	6599.5	1020.0
2006	140971.4	77594.6	63376.9	14217.7	17604.0	9689.4	7914.6	1774.8
2007	166740.2	93455.6	73284.6	20171.1	21737.3	12177.8	9559.5	2618.3
2008	179921.5	100394.9	79526.5	20868.4	25632.6	14306.9	11325.6	2981.3
2009	150648.1	82029.7	68618.4	13411.3	22075.4	12016.1	10059.2	1956.9

注：货物进出口差额负数为逆差。
a) A negative balance indicates trade deficit. That is, imports surpassing exports.

6-4 历年出口货物分类金额
Exports Value by Category of Commodities

单位：亿美元 (USD 100 million)

年份 Year	总额 Total	初级产品 Primary Goods	食品及主要供食用的活动物 Food and Live Animals Used Mainly for Food	饮料及烟类 Beverages and Tobacco	非食用原料 Non-edible Raw Materials	矿物燃料、润滑油及有关原料 Mineral Fuels, Lubricants and Related Materials	动、植物油脂及蜡 Animal and Vegetable Oils, Fats and Wax
1980	181.19	91.14	29.85	0.78	17.11	42.80	0.60
1985	273.50	138.28	38.03	1.05	26.53	71.32	1.35
1990	620.91	158.86	66.09	3.42	35.37	52.37	1.61
1991	719.10	161.45	72.26	5.29	34.86	47.54	1.50
1992	849.40	170.04	83.09	7.20	31.43	46.93	1.39
1993	917.44	166.66	83.99	9.01	30.52	41.09	2.05
1994	1210.06	197.08	100.15	10.02	41.27	40.69	4.95
1995	1487.80	214.85	99.54	13.70	43.75	53.32	4.54
1996	1510.48	219.25	102.31	13.42	40.45	59.31	3.76
1997	1827.92	239.53	110.75	10.49	41.95	69.87	6.47
1998	1837.09	204.89	105.13	9.75	35.19	51.75	3.07
1999	1949.31	199.41	104.58	7.71	39.21	46.59	1.32
2000	2492.03	254.60	122.82	7.45	44.62	78.55	1.16
2001	2660.98	263.38	127.77	8.73	41.72	84.05	1.11
2002	3255.96	285.40	146.21	9.84	44.02	84.35	0.98
2003	4382.28	348.12	175.31	10.19	50.32	111.14	1.15
2004	5933.26	405.49	188.64	12.14	58.43	144.80	1.48
2005	7619.53	490.37	224.80	11.83	74.84	176.22	2.68
2006	9689.36	529.19	257.23	11.93	78.60	177.70	3.73
2007	12177.76	615.09	307.43	13.97	91.16	199.51	3.03
2008	14306.93	779.57	327.62	15.29	113.19	317.73	5.74
2009	12016.12	631.12	326.28	16.41	81.53	203.74	3.16

6-4 续表 continued

单位：亿美元 (USD 100 million)

年份 Year	工业制成品 Manufactured Goods	化学品及有关产品 Chemicals and Related Products	轻纺产品、橡胶制品矿冶产品及其制品 Light Textile Industrial Products, Rubber Products, Minerals and Metallurgical Products	机械及运输设备 Machinery and Transport Equipment	杂项制品 Miscellaneous Products	未分类的其他商品 Products Not Otherwise Classified
1980	90.05	11.20	39.99	8.43	28.36	2.07
1985	135.22	13.58	44.93	7.72	34.86	34.13
1990	462.05	37.30	125.76	55.88	126.86	116.25
1991	556.98	38.18	144.56	71.49	166.20	136.55
1992	679.36	43.48	161.35	132.19	342.34	
1993	750.78	46.23	163.92	152.82	387.81	
1994	1012.98	62.36	232.18	218.95	499.37	0.12
1995	1272.95	90.94	322.40	314.07	545.48	0.06
1996	1291.23	88.77	284.98	353.12	564.24	0.12
1997	1588.39	102.27	344.32	437.09	704.67	0.04
1998	1632.20	103.21	324.77	502.17	702.00	0.05
1999	1749.90	103.73	332.62	588.36	725.10	0.09
2000	2237.43	120.98	425.46	826.00	862.78	2.21
2001	2397.60	133.52	438.13	949.01	871.10	5.84
2002	2970.56	153.25	529.55	1269.76	1011.53	6.48
2003	4034.16	195.81	690.18	1877.73	1260.88	9.56
2004	5527.77	263.60	1006.46	2682.60	1563.98	11.12
2005	7129.16	357.72	1291.21	3522.34	1941.83	16.06
2006	9160.17	445.30	1748.16	4563.43	2380.14	23.15
2007	11562.67	603.24	2198.77	5770.45	2968.44	21.76
2008	13527.36	793.46	2623.91	6733.29	3359.59	17.10
2009	11384.83	620.17	1848.16	5902.74	2997.47	16.29

6-5 历年进口货物分类金额
Imports Value by Category of Commodities

单位：亿美元 (USD 100 million)

年份 Year	总额 Total	初级产品 Primary Goods	食品及主要供食用的活动物 Food and Live Animals Used Mainly for Food	饮料及烟类 Beverages and Tobacco	非食用原料 Non-edible Raw Materials	矿物燃料、润滑油及有关原料 Mineral Fuels, Lubricants and Related Materials	动、植物油脂及蜡 Animal and Vegetable Oils, Fats and Waxes
1980	200.17	69.59	29.27	0.36	35.54	2.03	2.39
1985	422.52	52.89	15.53	2.06	32.36	1.72	1.22
1990	533.45	98.53	33.35	1.57	41.07	12.72	9.82
1991	637.91	108.34	27.99	2.00	50.03	21.13	7.19
1992	805.85	132.55	31.46	2.39	57.75	35.70	5.25
1993	1039.59	142.10	22.06	2.45	54.38	58.19	5.02
1994	1156.14	164.86	31.37	0.68	74.37	40.35	18.09
1995	1320.84	244.17	61.32	3.94	101.59	51.27	26.05
1996	1388.33	254.41	56.72	4.97	106.98	68.77	16.97
1997	1423.70	286.20	43.04	3.20	120.06	103.06	16.84
1998	1402.37	229.49	37.88	1.79	107.15	67.76	14.91
1999	1656.99	268.46	36.19	2.08	127.40	89.12	13.67
2000	2250.94	467.39	47.58	3.64	200.03	206.37	9.77
2001	2435.53	457.43	49.76	4.12	221.27	174.66	7.63
2002	2951.70	492.71	52.38	3.87	227.36	192.85	16.25
2003	4127.60	727.63	59.60	4.90	341.24	291.89	30.00
2004	5612.29	1172.67	91.54	5.48	553.58	479.93	42.14
2005	6599.53	1477.14	93.88	7.83	702.26	639.47	33.70
2006	7914.61	1871.29	99.94	10.41	831.57	890.01	39.36
2007	9559.50	2430.85	115.00	14.01	1179.10	1049.30	73.44
2008	11325.62	3623.95	140.51	19.20	1666.95	1692.42	104.86
2009	10059.23	2898.04	148.27	19.54	1413.47	1240.38	76.39

6-5 续表 continued

单位：亿美元 (USD 100 million)

年份 Year	工业制成品 Manufactured Goods	化学品及有关产品 Chemicals and Related Products	轻纺产品、橡胶制品矿冶产品及其制品 Light Textile Industrial Products, Rubber Products, Minerals and Metallurgical Products	机械及运输设备 Machinery and Transport Equipment	杂项制品 Miscellaneous Products	未分类的其他商品 Products Not Otherwise Classified
1980	130.58	29.09	41.54	51.19	5.42	3.34
1985	369.63	44.69	118.98	162.39	19.02	24.55
1990	434.92	66.48	89.06	168.45	21.03	89.90
1991	529.57	92.77	104.93	196.01	24.39	111.47
1992	673.30	111.57	192.73	313.12	55.88	
1993	897.49	97.04	285.27	450.23	64.95	
1994	991.28	121.30	280.84	514.67	67.68	6.79
1995	1076.67	172.99	287.72	526.42	82.61	6.93
1996	1133.92	181.06	313.91	547.63	84.86	6.46
1997	1137.50	192.97	322.20	527.74	85.50	9.09
1998	1172.88	201.58	310.75	568.45	84.56	7.54
1999	1388.53	240.30	343.17	694.53	97.01	13.52
2000	1783.55	302.13	418.07	919.31	127.51	16.53
2001	1978.10	321.04	419.38	1070.15	150.76	16.76
2002	2458.99	390.36	484.89	1370.10	198.01	15.64
2003	3399.96	489.75	639.02	1928.26	330.11	12.82
2004	4439.62	654.73	739.86	2528.30	501.43	15.29
2005	5122.39	777.34	811.57	2904.78	608.62	20.08
2006	6043.32	870.47	869.24	3570.21	713.11	20.30
2007	7128.65	1075.54	1028.77	4124.59	875.10	24.65
2008	7701.67	1191.88	1071.65	4417.65	976.41	44.09
2009	7161.19	1120.90	1077.39	4077.97	851.86	33.07

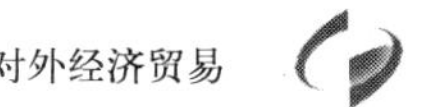

6-6 进出口货物分类金额

Value of Imports and Exports by HS Section and Division

单位：亿美元 (USD 100 million)

商品分类	HS Section and Division	2008 出口 Exports	2008 进口 Imports	2009 出口 Exports	2009 进口 Imports
总 额	**Total**	**14306.93**	**11325.62**	**12016.12**	**10059.23**
第一类 活动物；动物产品	**Live Animals; Animal Products**	**84.73**	**72.00**	**95.76**	**67.69**
01章 活动物	Live Animals	5.07	1.04	4.42	1.40
02章 肉及食用杂碎	Meat and Edible Meat Offal	7.98	23.20	7.64	17.03
03章 鱼、甲壳动物、软体动物及其他水生无脊椎动物	Fish and Crustaceans Molluscs and Other Aquatic Invertebrates	51.81	36.48	68.12	36.04
04章 乳品；蛋品；天然蜂蜜；其他食用动物产品	Dairy Produce; Birds' Eggs; Natural Honey; Edible Products of Animal Origin, not Elsewhere Specified or Included	6.21	8.73	3.40	10.46
05章 其他动物产品	Products of Animal Origin, not Elsewhere Specified or Included	13.67	2.55	12.18	2.75
第二类 植物产品	**Vegetable Products**	**115.54**	**263.18**	**123.19**	**253.52**
06章 活树及其他活植物；鳞茎、根及类似品；插花 及装饰用簇叶	Live Tree and Other Plants; Bulbs, Roots and the Like; Cut Flowers and Ornamental Foliage	1.49	0.91	1.85	0.90
07章 食用蔬菜、根及块茎	Edible Vegetables and Certain Roots and Tubers	42.22	5.84	48.53	10.52
08章 食用水果及坚果；甜瓜或柑桔属水果的果皮	Edible Fruit and Nuts; Peel of Citrus Fruit or Melons	21.04	12.38	23.81	17.22
09章 咖啡、茶、马黛茶及调味香料	Coffee, Tea, Mate and Spices	13.15	1.01	14.03	0.86
10章 谷物	Cereals	6.73	6.99	6.13	8.76
11章 制粉工业产品；麦芽；淀粉；菊粉；面筋	Products of The Milling Industry; Malt; Starches; Inulin; Wheat Gluten	5.40	2.34	4.65	3.00
12章 含油子仁及果实；杂项子仁及果实；工业用或药用植物；稻草、秸秆及饲料	Oil Seeds and Oleaginous Fruits; Miscellaneous Grains, Seeds and Fruit; Industrial or Medicinal Plants; Straw and Fodder	20.43	231.82	18.43	210.02
13章 虫胶；树胶、树脂及其他植物液、汁	Lac; Gums, Resins And Other Vegetable Saps and Extracts	4.42	1.10	5.17	1.20
14章 编结用植物材料；其他植物产品	Vegetable Plaiting Materials; Vegetable Products Not Elsewhere Specified or Included	0.66	0.79	0.59	1.03
第三类 动、植物油、脂及其分解产品；精制的食用油脂；动、植物蜡	**Animal or Vegetable Fats and Oils and their Cleavage Products; Prepared Edible Fats;Animal or Vegetable Waxes**	**5.95**	**108.01**	**3.30**	**77.37**
15章 动、植物油、脂及其分解产品；精制的食用油脂；动、植物蜡	Animal or Vegetable Fats and Oils and Their Cleavage Products; Prepared Edible Fats; Animal or Vegetable Waxes	5.95	108.01	3.30	77.37
第四类 食品；饮料、 酒及醋；烟草、 烟草及烟草代用品的制品	**Prepared Foodstuffs; Beverages, Spirits And Vinegar; Tobacco and Manufactured Tobacco Substitutes**	**182.08**	**60.91**	**160.12**	**64.16**
16章 肉、鱼、甲壳动物、软体动物及其他水生无脊椎动物的制品	Preparations of Meat, of Fish or of Crustaceans, Molluscs or other Aquatic Invertebrates	60.36	0.79	45.76	0.53
17章 糖及糖食	Sugars and Sugar Confectionery	6.77	4.24	7.69	4.77
18章 可可及可可制品	Cocoa and Cocoa Preparations	2.00	3.13	1.30	2.62
19章 谷物、粮食粉、淀粉或乳的制品；糕饼点心	Preparations of Cereals, Flour, Starch or Milk; Pastry-Cooks' Products	9.93	7.19	9.85	10.11

6-6 续表 1 continued

单位：亿美元 (USD 100 million)

商品分类	HS Section and Division	2008 出口 Exports	2008 进口 Imports	2009 出口 Exports	2009 进口 Imports
20章 蔬菜、水果、坚果或植物其他部分的制品	Preparations of Vegetables, Fruit, Nuts or Other Parts of Plants	58.42	3.01	47.52	3.33
21章 杂项食品	Miscellaneous Edible Preparations	12.38	4.66	12.99	4.84
22章 饮料、酒及醋	Beverages, Spirits and Vinegar	8.61	11.37	8.32	11.15
23章 食品工业的残渣及废料；配制的动物饲料	Residues and Waste from The Food Industries; Prepared Animal Fodder	16.19	18.64	17.92	18.38
24章 烟草及烟草代用品的制品	Tobacco and Manufactured Tobacco Substitutes	7.42	7.88	8.78	8.44
第五类 矿产品	**Mineral Products**	**364.86**	**2613.05**	**227.66**	**1968.86**
25章 盐；硫磺；泥土及石料；石膏料、石灰及水泥	Salt; Sulphur; Earths and Stone; Plastering Materials, Lime and Cement	37.84	61.16	21.72	27.42
26章 矿砂、矿渣及矿灰	Ores, Slag and Ash	9.29	859.37	2.19	700.99
27章 矿物燃料、矿物油及其蒸馏产品；沥青物质；矿物蜡	Mineral Fuels, Mineral Oils and Products of Their Distillation; Bituminous Substances; Mineral Waxes	317.73	1692.52	203.75	1240.45
第六类 化学工业及其相关工业的产品	**Products of The Chemical or Industries Allied**	**688.74**	**769.11**	**540.26**	**694.21**
28章 无机化学品；贵金属、稀土金属、放射性元素及其同位素的有机及无机化合物	Inorganic Chemicals; Organic or Inorganic Compounds of Precious Metals, of Rare-Earth Metals, of Radioactive Elements or of Isotopes	133.34	91.92	78.17	62.18
29章 有机化学品	Organic Chemicals	290.95	392.37	241.98	361.74
30章 药品	Pharmaceutical Products	29.03	49.11	34.50	60.20
31章 肥料	Fertilizers	43.67	34.81	25.84	19.93
32章 鞣料浸膏及染料浸膏；鞣酸及其衍生物；染料、颜料及其他着色料；油漆及清漆；油灰及其他类似胶粘剂；墨水、油墨	Tanning or Dyeing Extracts; Tannins and Their Derivatives; Dyes, Pigments and Other Colouring Matter; Paints and Varnishes; Putty and Other Mastics; Inks	37.12	40.23	30.68	35.92
33章 精油及香膏；芳香料制品及化妆盥洗品	Essential Oils and Retinoid; Perfumery, Cosmetic or Toilet Preparations	19.49	11.16	19.36	11.78
34章 肥皂、有机表面活性剂、洗涤剂、润滑剂、人造蜡、调制蜡、光洁剂、蜡烛及类似品、塑型用膏、"牙科用蜡"及牙科用熟石膏制剂	Soap,Organic Surface-Active Agents,Washing Preparations, Lubricating Preparations, Artificial Waxes, Prepared Waxes, Polishing or Scouring Preparations, Candles and Similar Articles, Modelling Pastes, "Dental Waxes" And Dental Preparations With a Basis of Plast	17.95	22.00	15.93	20.80
35章 蛋白类物质；改性淀粉；胶；酶	Albuminoidal Substances; Modified Starches; Glues; Enzymes	16.17	15.44	14.30	15.46
36章 炸药；烟火制品；火柴；引火合金；易燃材料制品	Explosives; Pyrotechnic Products; Matches; Pyrophoric Alloys; Certain Combustible Preparations	5.87	0.33	6.51	0.44
37章 照相及电影用品	Photographic or Cinematographic Goods	9.59	15.14	8.06	15.43
38章 杂项化学产品	Miscellaneous Chemical Products	85.57	96.60	64.93	90.34
第七类 塑料及其制品，橡胶及其制品	**Plastics and Articles Thereof Rubber and Articles Thereof**	**413.86**	**607.65**	**359.42**	**588.90**
39章 塑料及其制品	Plastics and Articles Thereof	298.09	488.63	252.78	485.16
40章 橡胶及其制品	Rubber and Articles Thereof	115.78	119.03	106.64	103.74
第八类 生皮、皮革、毛皮及其制品；鞍具及挽具；旅行用品、手提包及类似品；动物肠线(蚕胶丝除外)制品	**Raw Hides and Skins, Leather, Fur Skins and Articles Thereof; Saddlery and Harness; Travel Goods, Handbags and Similar Containers; Articles of Animal Gut (Other Than Silk-Worm Gut)**	**182.73**	**67.95**	**166.65**	**56.36**
41章 生皮(毛皮除外)及皮革	Raw Hides and Skins(Other Than Fur Skins) and Leather	3.99	56.40	2.42	44.59

6-6 续表 2 continued

单位：亿美元 (USD 100 million)

商品分类		HS Section and Division	2008 出口 Exports	2008 进口 Imports	2009 出口 Exports	2009 进口 Imports
42章	皮革制品；鞍具及挽具；旅行用品、手提包及类似容器；动物肠线(蚕胶丝除外)制品	Articles of Leather; Saddlery and Harness; Travel Goods, Handbags and Similar Containers; Articles of Animal Gut(Other Than Silk-Worm Gut)	169.89	7.01	151.18	7.12
43章	毛皮、人造毛皮及其制品	Fur Skins and Artificial Fur; Manufactures Thereof	8.84	4.55	13.05	4.65
第九类	**木及木制品；木炭；软木及软木制品；稻草，秸秆、针茅或其他编结材料制品；篮筐及柳条编结品**	**Wood and Articles of Wood; Wood Charcoal; Cork and Articles of Cork; Manufactures of Straw, of Esparto or of Other Plaiting Materials; Basket Ware and Wickerwork**	**114.65**	**80.66**	**92.53**	**72.90**
44章	木及木制品；木炭	Wood and Articles of Wood; Wood Charcoal	93.35	80.23	77.14	72.52
45章	软木及软木制品	Cork and Articles of Cork	0.18	0.35	0.16	0.33
46章	稻草、秸秆、针茅或其他编结材料制品；篮筐及柳条编结品	Manufactures of Straw, of Esparto or of Other Plaiting Materials; Basket Ware and Wickerwork	21.12	0.08	15.23	0.06
第十类	**木浆及其他纤维状纤维素浆；纸及纸板的废碎品；纸、纸板及其制品**	**Pulp of Wood or of Other Fibrous Cellulosic Material; Waste and Scrap of Paper or Paperboard; Paper and Paperboard and Articles Thereof**	**103.91**	**174.45**	**100.21**	**155.69**
47章	木浆及其他纤维状纤维素浆；纸及纸板的废碎品	Pulp of Wood or of Other Fibrous Cellulosic Material; Waste and Scrap of Paper or Paperboard	0.98	122.60	0.91	106.41
48章	纸及纸板；纸浆、纸或纸板制品	Paper and Paperboard; Articles of Paper Pulp, of Paper or Paperboard	77.45	43.63	75.68	38.80
49章	书籍、报纸、印刷图画及其他印制品；手稿、打字稿及设计图纸	Printed Books, Newspapers, Pictures and Other Products of The Printing Industry; Manuscripts, Typescripts and Plans	25.48	8.21	23.62	10.49
第十一类	**纺织原料及纺织制品**	**Textiles and Textile Articles**	**1797.34**	**249.98**	**1614.09**	**217.80**
50章	蚕丝	Silk	14.34	1.17	12.90	1.09
51章	羊毛、动物细毛或粗毛；马毛纱线及其机织物	Wool, Fine or Coarse Animal Hair; Horsehair Yarn and Woven Fabric	20.87	26.20	16.26	22.15
52章	棉花	Cotton	106.91	74.45	96.07	61.80
53章	其他植物纺织纤维；纸纱线及其机织物	Other Vegetable Textile Fibres; Paper Yarn and Woven Fabrics of Paper Yarn	5.95	4.13	5.93	3.96
54章	化学纤维长丝	Man-Made Filaments	87.70	36.51	74.95	32.10
55章	化学纤维短纤	Man-Made Short Fibres	68.87	25.20	60.61	25.09
56章	絮胎、毡呢及无纺织物；特种纱线；线、绳、索、缆及其制品	Wadding, Felt and Nonwoven; Special Yarns; Twine, Cordage, Ropes and Cables and Articles Thereof	19.16	9.99	19.62	8.99
57章	地毯及纺织材料的其他铺地制品	Carpets and Other Textile Floor Coverings	16.19	1.01	14.90	1.02
58章	特种机织物；簇绒织物；花边；装饰毯；装饰带；刺绣品	Special Woven Fabrics; Tufted Textile Fabrics; Lace; Tapestries; Trimmings; Embroidery	53.61	7.38	35.26	6.20
59章	浸渍、涂布、包覆或层压的纺织物；工业用纺织制品	Impregnated, Coated, Covered or Laminated Textile Fabrics; Textile Articles of a Kind Suitable for Industrial Use	38.64	17.28	39.67	15.08
60章	针织物及钩编织物	Knitted or Crocheted Fabrics	63.67	23.11	64.23	21.37
61章	针织或钩编的服装及衣着附件	Articles of Apparel and Clothing Accessories, Knitted or Crocheted	608.77	8.54	538.14	6.33
62章	非针织或非钩编的服装及衣着附件	Articles of Apparel and Clothing Accessories, not Knitted or Crocheted	524.90	12.22	467.30	10.20

6-6 续表 3 continued

单位：亿美元 (USD 100 million)

	商品分类	HS Section and Division	2008 出口 Exports	2008 进口 Imports	2009 出口 Exports	2009 进口 Imports
63章	其他纺织制成品；成套物品；旧衣着及旧纺织品；碎织物	Other Made Up Textile Articles; Sets; Worn Clothing And Worn Textile Articles; Rags Articles; Rags	167.76	2.80	168.25	2.42
第十二类	**鞋、帽、伞、杖、鞭及其零件；已加工的羽毛及其制品；人造花；人发制品**	**Footwear, Headgear, Umbrellas, Sun Umbrellas, Walking-Sticks, Seat-Sticks, Whips, Riding-Crops and Parts Thereof; Prepared Feathers and Articles Made Therewith; Artificial Flowers; Articles of Human Hair**	**360.00**	**12.39**	**344.61**	**10.87**
64章	鞋靴、护腿和类似品及其零件	Footwear, Gaiters and The Like; Parts of Such Articles	297.20	10.15	280.34	8.80
65章	帽类及其零件	Headgear and Parts Thereof	23.86	0.24	22.27	0.21
66章	雨伞、阳伞、手杖、鞭子、马鞭及其零件	Umbrellas, Sun Umbrellas, Walking-Sticks, Seat-Sticks, Whips, Riding-Crops And Parts Thereof	16.53	0.06	18.48	0.06
67章	已加工羽毛、羽绒及其制品；人造花；人发制品	Prepared Feathers and Down and Articles Made of Feathers or of Down; Artificial Flowers; Articles of Human Hair	22.40	1.93	23.53	1.80
第十三类	**石料、石膏、水泥、石棉、云母及类似材料的制品；陶瓷产品；玻璃及其制品**	**Articles of Stone, Plaster, Cement, Asbestos, Mica or Similar Materials; Ceramic Products; Glass and Glassware**	**225.51**	**47.50**	**205.26**	**41.78**
68章	石料、石膏、水泥、石棉、云母及类似材料的制品	Articles of Stone, Plaster, Cement, Asbestos, Mica or Similar Materials; Ceramic Products; Glass and Glassware	54.45	8.83	48.61	7.27
69章	陶瓷产品	Ceramic Products	80.37	4.47	80.63	4.16
70章	玻璃及其制品	Glass and Glassware	90.70	34.20	76.02	30.36
第十四类	**天然或养殖珍珠、宝石或半宝石、贵金属、包贵金属及其制品；仿首饰；硬币**	**Natural or Cultured Pearls, Precious or Semi-Precious Stones, Precious Metals, Metals Clad With Precious Metal and Stones, Precious Metals, Metals Clad With Precious Metal and Articles Thereof; Imitation Jewellery; Coin**	**85.06**	**75.48**	**75.15**	**65.45**
71章	天然或养殖珍珠、宝石或半宝石、 贵金属、包贵金属及其制品；仿首饰；硬币	Natural or Cultured Pearls, Precious or Semi-Precious Stones, Precious Metals, Metals Clad With Precious Metal and Articles Thereof; Imitation Jewellery; Coin	85.06	75.48	75.15	65.45
第十五类	**贱金属及其制品**	**Base Metals and Articles of Base Metal**	**1440.15**	**795.16**	**771.21**	**864.53**
72章	钢铁	Iron and Steel	534.73	245.34	134.85	278.34
73章	钢铁制品	Articles of Iron or Steel	484.19	105.48	337.80	88.85
74章	铜及其制品	Copper and Articles Thereof	56.06	260.51	35.74	295.57
75章	镍及其制品	Nickel and Articles Thereof	2.97	50.62	6.60	50.84
76章	铝及其制品	Aluminium and Articles Thereof	142.25	68.35	95.05	85.40
78章	铅及其制品	Lead and Articles Thereof	2.78	1.27	1.23	3.27
79章	锌及其制品	Zinc and Articles Thereof	3.81	8.97	2.30	13.77
80章	锡及其制品	Tin and Articles Thereof	2.30	4.69	0.69	4.68
81章	其他贱金属、金属陶瓷及其制品	Other Base Metals; Cermets; Articles Thereof	46.56	13.17	18.02	10.74
82章	贱金属工具、器具、利口器、餐匙、餐叉及其零件	Tools, Implements, Cutlery, Spoons and Forks, of Base Metal; Parts Thereof of Base Metal	76.67	23.31	64.74	21.14
83章	贱金属杂项制品	Miscellaneous Articles of Base Metal	87.83	13.45	74.18	11.93

6-6 续表 4 continued

单位：亿美元 (USD 100 million)

商品分类		HS Section and Division	2008 出口 Exports	2008 进口 Imports	2009 出口 Exports	2009 进口 Imports
第十六类	**机器、机械器具、电气设备及其零件；录音机及放声机、电视图像、**	**Machinery and Mechanical Appliances; Electrical Equipment; Parts Thereof; Sound Recorders and Reproducers, Television Image and Sound Recorders and Reproducers; and Parts and Accessories of Recorders and Reproducers; and Parts and Accessories of Such Artic**	**6107.55**	**4053.10**	**5369.67**	**3672.64**
84章	核反应堆、锅炉、机器、机械器具及其零件	Nuclear Reactors, Boilers, Machinery and Mechanical Appliances; Parts Thereof	**2686.71**	**1387.96**	**2358.49**	**1235.38**
85章	电机、电气设备及其零件；录音机及放声机、电视图像、声音的录制和重放设备及其零件、附件	Electrical Machinery and Equipment and Parts Thereof; Sound Recorders and Reproducers, Television Image and Sound Recorders and Reproducers, and Parts and Accessories of Such Articles	3420.83	2665.15	3011.19	2437.27
第十七类	**车辆、航空器、船舶及有关运输设备**	**Vehicles, Aircraft, Vessels And Associated Transport Equipment**	**706.97**	**397.54**	**600.91**	**429.47**
86章	铁道及电车道机车、车辆及其零件；铁道及电车轨道固定装置及其零件、附件；各种机械(包括电动机械)交通信号设备	Railway or Tramway Locomotives, Rolling-Stock and Parts Thereof; Railway or Tramway Track Fixtures And Fittings and Parts Thereof; Mechanical(Including Electro-Mechanical) Traffic Signalling Equipment of All Kinds	102.14	14.47	28.61	15.74
87章	车辆及其零件、附件，但铁道及电车道车辆除外	Vehicles Other Than Railway or Tramway Rolling-Stock, and Parts and Accessories Thereof	392.73	269.63	279.26	283.67
88章	航空器、航天器及其零件	Aircraft, Spacecraft, and Parts Thereof	16.40	100.56	9.40	105.26
89章	船舶及浮动结构体	Ships, Boats and Floating Structures	195.71	12.88	283.64	24.81
第十八类	**光学、照相、电影、计量、检验、医疗或外科用仪器及设备、精密仪器及设备；钟表；乐器；上述物品的零件、附件**	**Optical, Photographic, Cinematographic, Measuring, Checking, Precision, Medical or Surgical Instruments and Apparatus; Clocks And Watches; Musical Instruments; Parts and Accessories Thereof**	**476.03**	**797.65**	**425.79**	**687.37**
90章	光学、照相、电影、计量、检验、医疗或外科用仪器及设备、精密仪器及设备；上述物品的零件、附件	Optical, Photographic, Cinematographic, Measuring, Checking, Precision Medical or Surgical Instruments and Apparatus; Parts and Accessories Thereof	433.31	777.09	389.08	669.86
91章	钟表及其零件	Clocks and Watches and Parts Thereof	27.47	18.60	24.53	15.71
92章	乐器及其零件、附件	Musical Instruments; Parts and Accessories of Such Articles	15.25	1.97	12.17	1.80
第十九类	**武器、弹药及其零件、附件**	**Arms and Ammunition; Parts and Accessories Thereof**	**0.77**	**0.03**	**0.64**	**0.05**
93章	武器、弹药及其零件、附件	Arms and Ammunition; Parts and Accessories Thereof	0.77	0.03	0.64	0.05
第二十类	**杂项制品**	**Miscellaneous Manufactured Articles**	**832.70**	**35.51**	**722.90**	**36.43**
94章	家具；寝具、褥垫、弹簧床垫、软坐垫及类似的填充制品；未列名灯具及照明装置；发光标志、发光名牌及类似品；活动房屋	Furniture; Bedding, Mattresses, Mattress Supports, Cushions and Similar Stuffed Furnishings; Lamps and Lighting Fittings, not Elsewhere Specified or Included; Illuminated Signs, Illuminated	428.33	15.26	389.27	18.40
95章	玩具、游戏品、运动用品及其零件、附件	Toys, Games and Sports Requisites; Parts and Accessories Thereof	328.15	11.93	264.89	10.27
96章	杂项制品	Miscellaneous Manufactured Articles	76.21	8.32	68.73	7.75
第二十一类	**艺术品、收藏品及古物**	**Works of Art, Collectors' Pieces and Antiques**	**0.76**	**0.22**	**0.50**	**0.11**
97章	艺术品、收藏品及古物	Works of Art, Collectors' Pieces and Antiques	0.76	0.22	0.50	0.11
第二十二类	**特殊交易品及未分类商品**	**Commodities and Transactions not Classified According to Kind**	**17.04**	**44.08**	**16.29**	**33.05**
98章	特殊交易品及未分类商品	Commodities and Transactions not Classified According to Kind	17.04	44.08	16.29	33.05

6-7 我国同各国(地区)海关货物进出口总额
Value of Imports and Exports by Country (Region) of Origin/Destination

单位：万美元 (USD 10 000)

国 别（地区）	Country (Region)	2008			2009		
		进出口总额 Total	出口总额 Exports	进口总额 Imports	进出口总额 Total	出口总额 Exports	进口总额 Imports
总 计	**Total**	**256325523**	**143069307**	**113256216**	**220753488**	**120161181**	**100592307**
亚洲	**Asia**	**136670464**	**66411850**	**70258614**	**117217138**	**56865091**	**60352046**
阿富汗	Afghanistan	15432	15163	269	21489	21351	138
巴林	Bahrain	78639	65508	13132	68650	47527	21123
孟加拉国	Bangladesh	468798	455607	13191	458166	444132	14034
不丹	Bhutan	846	846		417	412	5
文莱	Brunei	21943	13054	8888	42244	14044	28199
缅甸	Myanmar	262532	197777	64755	290012	225399	64613
柬埔寨	Cambodia	113437	109554	3883	94415	90726	3689
塞浦路斯	Cyprus	113546	112487	1059	121917	120374	1543
朝鲜	Korea DPR	279284	203243	76041	267946	188692	79255
中国香港	Hong Kong, China	20364488	19072903	1291585	17493107	16622857	870250
印度	India	5184427	3158538	2025889	4338332	2965604	1372728
印度尼西亚	Indonesia	3151605	1719311	1432293	2838876	1472053	1366823
伊朗	Iran	2775762	816343	1959420	2121909	791911	1329997
伊拉克	Iraq	265283	127116	138166	514795	183835	330960
以色列	Israel	604982	425700	179282	517807	365234	152574
日本	Japan	26673250	11613245	15060004	22878256	9786766	13091490
约旦	Jordan	194931	182613	12318	207065	195839	11226
科威特	Kuwait	679012	175130	503881	504354	154285	350069
老挝	Laos	40237	26811	13426	75180	37717	37463
黎巴嫩	Lebanon	109672	108345	1327	106584	105687	898
中国澳门	Macao, China	290796	260212	30585	209630	185009	24620
马来西亚	Malaysia	5355657	2145517	3210140	5196769	1963178	3233592
马尔代夫	Maldives	3297	3155	142	4079	4066	13
蒙古	Mongolia	243343	90783	152561	242900	106788	136112
尼泊尔	Nepal	38159	37561	598	41416	40887	529
阿曼	Oman	1242136	79452	1162685	615873	74750	541123
巴基斯坦	Pakistan	705787	605107	100680	678834	552833	126001
巴勒斯坦	Palestine	4103	4078	25	2432	2357	75
菲律宾	Philippines	2863698	913223	1950474	2053900	859059	1194841
卡塔尔	Qatar	238579	107416	131163	225387	87211	138176
沙特阿拉伯	Saudi Arabia	4184617	1082347	3102270	3254839	897745	2357094
新加坡	Singapore	5247707	3230581	2017126	4785587	3005194	1780393
韩国	Korea Rep.	18606991	7393199	11213792	15621479	5366972	10254507
斯里兰卡	Sri Lanka	169063	163009	6054	163931	156893	7038
叙利亚	Syria	230322	229336	986	222059	221058	1002
泰国	Thailand	4129309	1563635	2565674	3819082	1328551	2490531
土耳其	Turkey	1256925	1060631	196293	1009475	833367	176108
阿联酋	United Arab Emirates	2825694	2364369	461325	2122688	1863180	259508
也门共和国	Republic of Yemen	439446	118458	320987	240595	116844	123751
越南	Vietnam	1945845	1512213	433632	2104518	1629765	474753
中华人民共和国	P. R. China	9246120		9246120	8641218		8641218
中国台湾	Taiwan, China	12921499	2587706	10333793	10622151	2050126	8572025
东帝汶	Timor Leste	953	943	11	2328	2326	2
哈萨克	Kazakhstan	1755234	982451	772783	1412913	783345	629568
吉尔吉斯	Kirghizia	933338	921205	12133	533028	528107	4921
塔吉克	Tadzhikistan	149993	147968	2024	140669	122168	18502
土库曼	Turkmenistan	83038	80194	2844	95744	91871	3873
乌兹别克	Uzbekistan	160670	127781	32888	192087	156998	35089
亚洲其他国家（地区）	Other Countries (Regions) in Asia	41	24	17	5	3	2
非洲	**Africa**	**10720686**	**5123992**	**5596694**	**9106580**	**4773456**	**4333124**
阿尔及利亚	Algeria	460113	375191	84922	512746	418084	94662
安哥拉	Angola	2532499	294247	2238252	1706238	238588	1467650
贝宁	Benin	242428	231411	11016	204648	195270	9378
博茨瓦纳	Botswana	35307	16915	18391	22964	16536	6428
布隆迪	Burundi	1780	1768	12	3496	3399	97
喀麦隆	Cameroon	85847	37928	47919	81352	41585	39767
加那利群岛	Canary Is.	1971	1971		591	591	

6-7 续表 1 continued

单位：万美元 (USD 10 000)

国别（地区）	Country (Region)	2008 进出口总额 Total	2008 出口总额 Exports	2008 进口总额 Imports	2009 进出口总额 Total	2009 出口总额 Exports	2009 进口总额 Imports
佛得角	Cape Verde	1495	1495		3541	3541	
中非	Central Africa	3273	1130	2144	2738	1273	1465
塞卜泰(休达)	Ceuta	63	62	1	19	18	1
乍得	Chad	12153	7993	4160	21408	14871	6537
科摩罗	Comoros	2544	2544		1117	1117	
刚果(布)	Congo	434598	61428	373170	210286	36690	173596
吉布提	Djibouti	25406	25227	179	29464	29453	11
埃及	Egypt	630320	587426	42894	584502	510776	73725
赤道几内亚	Eq. Guinea	254526	27739	226787	141349	35835	105514
埃塞俄比亚	Ethiopia	131238	123072	8166	146720	125244	21476
加蓬	Gabon	193222	13960	179261	87309	15472	71837
冈比亚	Gambia	17889	17572	316	17416	16752	664
加纳	Ghana	184129	174789	9340	161335	153372	7963
几内亚	Guinea	35976	33446	2530	28753	28129	624
几内亚比绍	Guinea-Bissau	739	615	124	2481	2319	162
科特迪瓦共和国	Cote d'lvoire	60208	53150	7058	56761	50487	6274
肯尼亚	Kenya	128406	124933	3472	130605	127641	2963
利比里亚	Liberia	114299	113705	594	188551	188155	396
利比亚	Libya	422944	164045	258899	517866	200194	317672
马达加斯加	Madagascar	66776	60259	6517	45021	39539	5482
马拉维	Malawi	8916	8105	811	8194	6501	1694
马里	Mali	23068	16773	6295	20454	16750	3705
毛里塔尼亚	Mauritania	123323	18909	104414	109416	24179	85237
毛里求斯	Mauritius	32579	32009	571	29799	29213	585
摩洛哥	Morocco	280998	234893	46106	250484	212886	37598
莫桑比克	Mozambique	42188	29599	12588	51657	33919	17738
纳米比亚	Namibia	52534	24317	28218	54357	26450	27907
尼日尔	Niger	16688	16681	7	28396	28391	5
尼日利亚	Nigeria	727543	676705	50838	637133	547557	89576
留尼汪	Reunion	11562	11557	5	8401	8390	11
卢旺达	Rwanda	8895	5937	2958	8374	5804	2570
圣多美和普林西比	Sao Tome & Principe	190	189	2	220	220	
塞内加尔	Senegal	40652	40155	497	44131	39934	4198
塞舌尔	Seychelles	1781	1413	368	1527	1524	3
塞拉利昂	Sierra Leone	8409	7877	532	6520	5466	1054
索马里	Somalia	4053	4034	19	6787	6732	55
南非	South Africa	1785259	861762	923497	1607750	736575	871175
西撒哈拉	Western Sahara	6	6		7	7	
苏丹	Sudan	820022	187433	632589	638829	170549	468280
坦桑尼亚	Tanzania	108203	95044	13159	111018	91395	19622
多哥	Togo	124914	121824	3090	116611	112974	3637
突尼斯	Tunisia	78717	69686	9031	81866	71115	10751
乌干达	Uganda	24716	23010	1706	25128	23117	2010
布基纳法索	Burkina Faso	10868	4619	6248	15886	4268	11618
刚果(金)	Congo DR	181844	23458	158386	147485	32048	115437
赞比亚	Zambia	78685	26435	52250	143761	15254	128507
津巴布韦	Zimbabwe	28131	13310	14821	29713	15626	14087
莱索托	Lesotho	8134	7964	170	5208	5039	168
梅利利亚	Melilla	282	282		215	215	
斯威士兰	Swaziland	3188	2060	1128	3316	1805	1511
厄立特里亚	Eritrea	3145	2898	247	3992	3949	42
马约特岛	Mayotte	583	583		518	518	
非洲其他国家（地区）	Other Countries (Regions) in Africa	458	441	17	153	153	
欧洲	**Europe**	**51148109**	**34342205**	**16805904**	**42669501**	**26465129**	**16204372**
比利时	Belgium	2020827	1487130	533697	1671959	1087227	584732
丹麦	Denmark	816545	556830	259715	651425	422496	228929
英国	United Kingdom	4561452	3607274	954178	3915512	3127794	787719
德国	Germany	11499888	5920895	5578993	10563581	4991638	5571943
法国	France	3893844	2330592	1563253	3445624	2146006	1299617
爱尔兰	Ireland	707055	432417	274638	521754	197934	323820
意大利	Italy	3826782	2662879	1163903	3125481	2024319	1101162

6-7 续表 2 continued

单位：万美元 (USD 10 000)

国　别（地区）	Country (Region)	2008 进出口总额 Total	2008 出口总额 Exports	2008 进口总额 Imports	2009 进出口总额 Total	2009 出口总额 Exports	2009 进口总额 Imports
卢森堡	Luxembourg	384848	355449	29399	325472	304999	20473
荷兰	Netherlands	5121800	4591858	529942	4180605	3668391	512214
希腊	Greece	426007	407459	18548	367384	345791	21592
葡萄牙	Portugal	270459	231710	38749	240438	192294	48143
西班牙	Spain	2622267	2079868	542398	1835537	1406304	429233
阿尔巴尼亚	Albania	28436	19611	8826	27148	20720	6428
安道尔	Andorra	121	117	5	268	250	18
奥地利	Austria	489077	176996	312082	483207	142810	340398
保加利亚	Bulgaria	134163	112484	21678	73715	59607	14108
芬兰	Finland	1088284	734953	353331	779810	452605	327205
直布罗陀	Gibraltar	2329	2328	1	14099	14099	
匈牙利	Hungary	747906	609685	138220	680967	534327	146640
冰岛	Iceland	12824	9314	3511	8747	5422	3325
列支敦士登	Liechtenstein	4030	864	3167	5718	618	5100
马耳他	Malta	151636	106646	44990	166281	126281	40001
摩纳哥	Monaco	2675	1534	1141	2014	915	1099
挪威	Norway	470912	256113	214800	573505	267558	305947
波兰	Poland	1043480	904037	139443	899290	748697	150593
罗马尼亚	Romania	324982	288992	35990	281056	237737	43319
圣马力诺	San Marino	249	193	55	101	98	3
瑞典	Sweden	1015443	511628	503815	961589	415659	545930
瑞士	Switzerland	1126239	390935	735304	954390	265783	688607
爱沙尼亚	Estonia	67682	58813	8869	44187	36254	7933
拉脱维亚	Latvia	86699	84898	1801	47832	45231	2600
立陶宛	Lithuania	108911	105998	2913	69381	65570	3811
格鲁吉亚	Georgia	29641	29289	353	20980	19193	1787
亚美尼亚	Armenia	8072	6921	1151	11138	8744	2394
阿塞拜疆	Azerbaijan	80096	68610	11486	68174	55342	12832
白俄罗斯	Byelorussia	85919	36136	49782	80997	28038	52959
摩尔多瓦	Moldavia	7388	7127	261	7583	7257	326
俄罗斯	Russia	5690861	3307585	2383276	3875155	1751858	2123296
乌克兰	Ukraine	876030	756628	119402	577969	360368	217601
斯洛文尼亚	Slovenia	109576	96421	13156	89649	77002	12647
克罗地亚	Croatia	180982	174199	6784	119350	111863	7486
捷克	Czech	650019	549748	100270	615551	502402	113150
斯洛伐克	Slovak	294977	196604	98373	229651	139906	89745
马其顿	Macedonia	8400	7072	1328	8019	5601	2418
波黑	Bosnia & Herzegovina	7944	7283	661	4986	3566	1420
梵蒂冈城国	Vatican City State	42	42				
法罗群岛	Faroe Islands	955	129	826	697	28	668
塞尔维亚	Serbia	50480	49252	1228	33758	30835	2923
黑山	Montenegro	8872	8660	213	7767	7693	74
拉丁美洲	**Latin America**	**14340599**	**7176204**	**7164395**	**12186305**	**5709426**	**6476879**
安提瓜和巴布达	Antigua and Barbuda	52955	52948	8	49379	49369	10
阿根廷	Argentina	1441608	505473	936135	780066	348342	431724
阿鲁巴岛	Aruba	1121	1098	23	1185	1170	15
巴哈马	Bahamas	38595	38534	61	42269	42254	15
巴巴多斯	Barbados	2936	2794	142	9379	9155	223
伯利兹	Belize	4249	4246	3	3304	3303	1
玻利维亚	Bolivia	32916	17856	15060	7	7	
巴西	Brazil	4867090	1880746	2986344	4239579	1411886	2827692
开曼群岛	Cayman Is.	3567	3567		1799	1799	1
智利	Chile	1735962	618680	1117281	1783880	492817	1291063
哥伦比亚	Colombia	411334	298793	112541	337535	239605	97930
多米尼加	Dominica	7791	7575	216	2348	2232	116
哥斯达黎加	Costa Rica	288968	61916	227052	318410	53762	264648
古巴	Cuba	225785	135480	90306	154731	97287	57444
库腊索岛	Curacao	3675	3675		1582	1582	
多米尼加共和国	Dominica Rep.	80418	65789	14629	69263	59211	10052
厄瓜多尔	Ecuador	239603	154701	84902	176672	100356	76316
法属圭亚那	French Guyana	346	346		487	487	
格林纳达	Granada	382	378	4	398	395	3
瓜德罗普岛	Guadeloupe	2867	2856	11	3006	3006	
危地马拉	Guatemala	94592	93442	1150	68216	65883	2333

6-7 续表 3 continued

单位：万美元 (USD 10 000)

国 别（地区）	Country (Region)	2008			2009		
		进出口总额 Total	出口总额 Exports	进口总额 Imports	进出口总额 Total	出口总额 Exports	进口总额 Imports
圭亚那	Guyana	8834	7098	1736	6983	5908	1075
海地	Haiti	13338	12590	748	15037	14749	288
洪都拉斯	Honduras	33975	32361	1615	26571	21216	5355
牙买加	Jamaica	29427	28869	557	21855	19699	2156
马提尼克岛	Martinique	2721	2720	1	2217	2217	
墨西哥	Mexico	1755674	1386649	369025	1619488	1229627	389862
蒙特塞拉特	Montserrat	7	4	2	17	4	13
尼加拉瓜	Nicaragua	25908	25561	347	19649	19326	324
巴拿马	Panama	794365	789391	4974	655180	652299	2881
巴拉圭	Paraguay	78883	76351	2532	54131	51386	2745
秘鲁	Peru	726648	277437	449211	655025	209895	445130
波多黎各	Puerto Rico	68561	45998	22563	79123	47931	31192
萨巴	Saba				13	13	
圣卢西亚	Saint Lucia	674	669	5	697	679	18
圣马丁岛	Saint Martin Is.	262	262		161	161	
圣文森特和格林纳丁斯	Saint Vincent & Grenadines	8479	5859	2620	8179	8179	
萨尔瓦多	El Salvador	38042	37447	595	26016	25669	347
苏里南	Surinam	10639	10273	366	10809	9618	1191
特立尼达和多巴哥	Trinidad and Tobago	37376	34963	2413	34752	24421	10331
特克斯和凯科斯群岛	Turks & Caicos Is.	138	138		39	39	
乌拉圭	Uruguay	165164	102769	62395	155320	81956	73364
委内瑞拉	Venezuela	993304	336598	656706	719386	281172	438214
英属维尔京群岛	Virgin Is. (E)	5783	5727	56	1588	1568	20
圣其茨-尼维斯	St. Kitts-Nevis	279	265	14	127	122	4
荷属安地列斯群岛	Andreas Is. (N)	5180	5155	25	4672	4672	
拉美其他国家（地区）	Other Countries (Regions) in Latin America	180	160	19	59	59	
北美洲	**North America**	**36834226**	**27427243**	**9406982**	**32811172**	**23855383**	**8955790**
加拿大	Canada	3446923	2179588	1267335	2972784	1767458	1205326
美国	United States	33374348	25238355	8135993	29826260	22080222	7746038
格陵兰	Greenland	3787	141	3646	4460	34	4426
百慕大群岛	Bermuda	9154	9154		7643	7643	
北美洲其他国家（地区）	Other Countries (Regions) in North America	14	5	9	25	25	
大洋洲及太平洋群岛	**Oceanic and Pacific Islands**	**6611439**	**2587812**	**4023627**	**6759084**	**2492696**	**4266389**
澳大利亚	Australia	5968240	2224726	3743513	6012997	2064177	3948820
库克群岛	Cook Is.	267	87	180	730	704	26
斐济	Fiji	9201	9109	92	9713	9655	58
盖比群岛	Gambier Is.	38	38		17	16	1
瑙鲁	Nauru				2	2	
新喀里多尼亚	New Caledonia (Fr)	16420	5300	11120	18883	5564	13318
瓦努阿图	Vanuatu	3508	3464	43	4881	4744	137
新西兰	New Zealand	440188	250953	189235	456352	208533	247819
诺福克岛	Norfolk Islands	100	94	6	40	40	
巴布亚新几内亚	Papua New Guinea	85927	34406	51521	88528	52756	35772
社会群岛	Society Is.	392	392	1	323	323	
所罗门群岛	Solomon Is.	22689	1190	21499	19424	1614	17811
汤加	Tonga	798	797	2	805	800	6
萨摩亚	Samoa	2787	2525	261	4487	3724	763
基里巴斯	Kiribati	246	246		394	394	
图瓦卢	Tuvalu	4625	4625		607	606	1
密克罗尼西亚联邦	Micronesia Commonwealth	425	424	1	860	463	396
马绍尔群岛共和国	Marshall. Is.	45696	45696		136613	135426	1187
帕劳共和国	Republic of Palau	312	306	6	130	130	
法属波利尼西亚	Polynesia (F)	2992	2695	297	2739	2466	273
大洋洲其他国家（地区）	Other Countries (Regions) in Oceanic	739	737	1	558	558	
国别（地区）不详	**Others**	**5849**		**5849**	**3707**		**3707**

6-8 出口主要货物数量和金额

Main Export Commodities in Volume and Value

金额单位：万美元 (USD 10 000)

品名		Item		2008 数量 Volume	2008 金额 Value	2009 数量 Volume	2009 金额 Value
活猪	(万头)	Live Hogs	(10 000 heads)	164	38270	169	33008
活家禽	(万只)	Live Poultry	(10 000 heads)	1166	3399	696	2608
牛肉	(万吨)	Frozen, Fresh Beef	(10 000 tons)	2	9550	1	6121
猪肉	(万吨)	Frozen, Fresh Pork	(10 000 tons)	8	27565	9	26272
冻鸡	(万吨)	Frozen Chicken	(10 000 tons)	7	15666	7	13627
水海产品	(万吨)	Aquatic and Seawater Products	(10 000 tons)	175	517708	209	680851
鲜蛋	(百万个)	Fresh Eggs	(million units)	1216	8013	1111	7889
谷物及谷物粉	(万吨)	Cereals and Cereals Flour	(10 000 tons)	181	75857	132	71620
#稻谷和大米	(万吨)	Rice	(10 000 tons)	97	48326	79	52506
玉米	(万吨)	Maize	(10 000 tons)	27	7942	13	3171
蔬菜	(万吨)	Vegetables	(10 000 tons)	624	416654	636	499576
#鲜或冷藏蔬菜	(万吨)	Fresh Vegetables	(10 000 tons)	415	155138	424	218760
橘、橙	(吨)	Mandarins and Oranges	(ton)	748814	36227	985127	50640
苹果	(吨)	Apples	(ton)	1153325	69834	1171805	71213
松子仁	(吨)	Pine Nut Kernels	(ton)	4178	4768	7862	14297
大豆	(万吨)	Soybean	(10 000 tons)	47	35146	35	23714
花生及花生仁	(万吨)	Peanuts	(10 000 tons)	23	30652	24	21823
食用植物油(含棕榈油)	(吨)	Edible Vegetable Oil	(ton)	247623	40156	114019	15149
食糖	(吨)	Sugar	(ton)	58403	2708	63886	3365
天然蜂蜜	(吨)	Natural Honey	(ton)	84865	14711	71831	12570
茶叶	(吨)	Tea	(ton)	296940	68226	302952	70495
辣椒干	(吨)	Dried Capsicum	(ton)	96476	17997	91025	14262
猪肉罐头	(吨)	Canned Pork	(ton)	31563	8747	36133	9765
蘑菇罐头	(吨)	Canned Mushroom	(ton)	422371	65206	285791	36014
啤酒	(万升)	Beer	(10 000 liters)	24170	12952	21030	12269
肠衣	(吨)	Casings	(ton)	67642	84141	69219	78798
填充用羽毛；羽绒	(吨)	Feathers and Down for Stuffing	(ton)	29846	29618	27030	24825
药材	(吨)	Medical Materials	(ton)	188296	45145	199552	48488
烤烟	(吨)	Flue-cured Tobacco	(ton)	116127	33430	99449	41148
纸烟	(万条)	Cigarette	(10 000 items)	6834	24869	8078	27960
锯材	(万立方米)	Wood Sawn	(10 000 cu.m)	69	40142	56	34509
生丝	(吨)	Raw Silk	(ton)	13431	33379	9227	24352
山羊绒	(吨)	Cashmere	(ton)	2421	19621	2125	13783
棉花	(吨)	Cotton (Cotton Wool)	(ton)	16361	3410	8249	1812
天然石墨	(万吨)	Natural Graphite	(10 000 tons)	60	16398	46	13412
天然碳酸镁；氧化镁	(万吨)	Natural Magnesium Carbonate, Magnesia	(10 000 tons)	233	52057	131	27576
萤石（氟石）	(万吨)	Fluorite	(10 000 tons)	66	19061	27	6734
天然硫酸钡(重晶石)	(万吨)	Barite	(10 000 tons)	384	20099	177	12216
滑石	(万吨)	Talcum	(10 000 tons)	69	13247	40	7187
氧化铝	(吨)	Aluminum Oxide	(ton)	44142	2956	68581	2879
煤	(万吨)	Coal	(10 000 tons)	4543	524027	2240	237537
焦炭、半焦炭	(万吨)	Coke and Semi-coke	(10 000 tons)	1213	580737	54	20119

6-8 续表 1 continued

金额单位：万美元 (USD 10 000)

品名	Item	2008 数量 Volume	2008 金额 Value	2009 数量 Volume	2009 金额 Value
原油 (万吨)	Crude Oil (10 000 tons)	416	297955	507	215573
成品油 (万吨)	Petroleum Products Refined (10 000 tons)	1703	1366516	2504	1254994
石蜡 (万吨)	Paraffin Wax (10 000 tons)	60	74546	54	53377
仲钨酸铵 (吨)	Tungstates (ton)	5421	11560	3671	6213
氧化锌及过氧化锌 (吨)	Zinc Oxide and Zinc Peroxide (ton)	32779	6174	16423	2317
合成有机染料 (吨)	Synthetic Organic Dyestuffs (ton)	236214	116236	237560	91963
医药品	Medical and Pharmaceutical Products		810353		863514
#中式成药 (吨)	Medicaments of Chinese Type (ton)	13180	17435	13367	16596
医用敷料 (吨)	Pharmaceutical Goods (ton)	186106	98033	151565	83160
洗衣粉 (吨)	Detergent (ton)	256178	16712	281003	16572
烟花、爆竹 (吨)	Fireworks and Firecrackers (ton)	313849	49500	297107	55690
松香及树脂酸 (吨)	Resin and Resin Acids (ton)	276517	27194	193505	18202
新的充气橡胶轮胎 (万条)	Rubber Tyres (10 000 units)	31227	806031	30214	768493
纸及纸板(未切成形) (万吨)	Paper and Paperboard in Rolls (10 000 tons)	361	327914	362	313604
棉纱线 (吨)	Cotton Yarn (ton)	547247	197312	537527	181593
丝织物	Silk		82242		77572
棉机织物	Cotton Cloth		1021657		850718
亚麻及苎麻机织物 (万米)	Flax or Ramie Woven Fabric (10 000 m)	19642	41992	19980	44363
合成短纤与棉混纺机织物 (万米)	Synthetic Short Fibre and Cotton-fibre Mixture Woven Fabric (10 000 m)	276913	229411	237282	182384
地毯 (万平方米)	Carpets (10 000 sq.m)	41757	160752	45725	149126
塑料编织袋 (周转袋除外) (万条)	Bags of PP or PE Strip(Except Turnover Bags) (10 000 units)	474191	80453	508453	71238
水泥 (万吨)	Cement (10 000 tons)	2604	109880	1561	68719
平板玻璃 (万平方米)	Plate Glass (10 000 sq.m)	27762	91505	16643	51200
玻璃制品	Glass Products		348404		337950
家用陶瓷器皿 (万吨)	Porcelain and Pottery Ware for Household Use (10 000 tons)	172	184096	163	194205
生铁及镜铁 (万吨)	Pig Iron and Spiegeleisen (10 000 tons)	25	12792	24	8656
钢坯及粗锻件 (万吨)	Billet and Crude Forgings (10 000 tons)	129	132559	4	2234
钢材 (万吨)	Rolled Steel (10 000 tons)	5923	6344213	2460	2227185
未锻造铜及合金 (吨)	Unwrought Copper and its Alloys (ton)	102724	85404	73142	44076
铜材 (吨)	Rolled Copper (ton)	517522	415724	455136	271867
未锻造铝及合金 (吨)	Unwrought Aluminum and its Alloys (ton)	841292	213619	310240	50669
铝材 (万吨)	Rolled Aluminum (10 000 tons)	190	636604	139	459649
未锻造的锌及锌合金 (吨)	Unwrought Zinc and Zinc Alloys (ton)	71320	14744	29287	5868
未锻造的锡及锡合金 (吨)	Unwrought Tin and Tin Alloys (ton)	559	1131	686	1133
未锻造的锑、粉末及废碎料(吨)	Unwrought Antimony (ton)	9453	5268	4580	2059
未锻造的锰 (吨)	Unwrought Manganese (ton)	240547	85293	94946	23475
钢铁或铜制标准紧固件 (万吨)	Iron or Copper Nails, Bolts, etc. (10 000 tons)	270	449683	162	243677
手用或机用工具 (万吨)	Hand Tools and Tools for Machines(10 000 tons)	120	481296	106	404897
电扇 (万台)	Fans (10 000 sets)	48694	270603	40470	240372
纺织机械及零件	Textile Machinery		156548		121151
缝纫机（包括工业用）(万台)	Sewing Machines (Including Industrial Use) (10 000 sets)	1094	93571	986	70307

6-8 续表 2 continued

金额单位：万美元 (USD 10 000)

品 名	Item	2008 数量 Volume	2008 金额 Value	2009 数量 Volume	2009 金额 Value
金属加工机床 (万台)	Machine Tools (10 000 sets)	629	210605	648	141168
电子计算器 (万台)	Electric Calculator (10 000 sets)	44739	97889	34234	79941
自动数据处理设备及其部件 (万台)	Automatic Data Processing Machines and Components (10 000 sets)	143236	13501909	131331	12236038
自动数据处理设备的零件 (万吨)	Parts for Auto Data Processing Equipment(ton)	118	3137133	93	2572768
轴承 (万套)	Bearings (10 000 units)	334998	205937	266457	145489
电动机及发电机 (万台)	Electric Motors and Generators (10 000 sets)	370769	659768	280481	524489
静止式变流器 (万个)	Static Converters (10 000 units)	287078	1043189	261626	921269
原电池 (百万个)	Primary Cells and Batteries (million units)	22523	158206	22520	148691
蓄电池 (万个)	Electric Accumulators (10 000 units)	286100	727528	221729	528550
电话机 (万台)	Telephone Sets (10 000 sets)	70023	4149148	71211	4153737
收音设备(包括收录音组合机) (万台)	Radio Sets(including Sound Recording Apparatus) (10 000 sets)	29011	444647	21957	305509
电视机 (包括整套散件) (万台)	TV Sets (including a Complete Set of Spare Parts) (10 000 sets)	5138	1057797	5564	1075664
电容器 (吨)	Electrical Capacitors (ton)	74584	232764	68098	215812
通断保护电路装置及零件	Electrical Apparatus for Switching or Protecting Electrical Circuits		1188017		1043366
二极管及类似半导体器件 (百万个)	Diode and Semi Conductors (million units)	253547	1573393	231784	1432584
电线电缆 (万吨)	Insulated Wire or Cable (ton)	169	1193972	143	926154
集装箱 (万个)	Containers (10 000 units)	303	909215	69	193042
汽车 (万辆)	Motor Vehicles (10 000 units)	64	887798	35	468105
汽车零件	Parts of Motor Vehicles		1481509		1295892
自行车 (万辆)	Bicycles (10 000 units)	5659	255477	4611	214107
船舶 (艘)	Ships (unit)	2173621	1912327	1774987	2709460
照相机 (万架)	Cameras (10 000 sets)	12364	741178	11778	637969
医疗仪器及器械	Medical Instruments and Appliances		449507		456438
手表 (万只)	Wrist Watches (10 000 units)	55036	125334	55942	118551
日用钟 (万只)	Clocks (10 000 sets)	26990	55144	35662	64940
家具及其零件	Furniture		2691118		2532923
非针织或钩编织物制服装	Garments(Excluding Knitwear and Crochet)		4676329		4265440
针织或钩编服装	Garments, Knitted or Crocheted		5455564		4806802
皮鞋 (万双)	Leather Shoes (10 000 pairs)	112586	980903	88241	835620
橡胶或塑料底布鞋 (包括球鞋) (万双)	Cloth Shoes With Outer of Rubber or Artificial Plastic Materials (including Gym Shoes) (10 000 pairs)	138050	394376	142355	412858
塑料制品 (万吨)	Plastic Articles (10 000 tons)	730	1582613	656	1440084
玩具	Toys		863461		778359
足球、篮球、排球 (万个)	Footballs, Basketballs and Volleyballs (10 000 units)	19652	34676	18493	32804
伞 (万把)	Umbrellas (10 000 units)	92888	147722	42538	162698
竹编结品 (吨)	Bamboo Products (ton)	70845	22250	41641	14253
藤编结品 (吨)	Rattan Products (ton)	31642	17624	17905	10983
草编结品 (吨)	Straw Mats and Straw Products (ton)	53580	21917	38350	16682
柳编结品 (吨)	Wickerwork (ton)	143387	60257	93775	40014
机电产品	Mechanical and Electrical Products		82292974		71311313
高新技术产品	High and New-tech Products		41561105		37690915

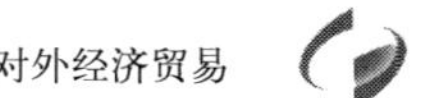

6-9 进口主要货物数量和金额

Main Import Commodities in Volume and Value

金额单位：万美元 (USD 10 000)

品名		Item		2008 数量 Volume	2008 金额 Value	2009 数量 Volume	2009 金额 Value
谷物及谷物粉	(万吨)	Cereals and Cereals Flour	(10 000 tons)	154	73179	315	89807
#小麦	(万吨)	Wheat	(10 000 tons)	4	1480	90	21117
稻谷和大米	(万吨)	Paddy and Rice	(10 000 tons)	33	20841	36	21558
大豆	(万吨)	Soybean	(10 000 tons)	3744	2181265	4255	1878728
食用植物油	(万吨)	Edible Vegetable Oil	(10 000 tons)	816	897734	816	589519
食糖	(万吨)	Sugar	(10 000 tons)	78	31850	106	37840
天然橡胶（包括胶乳）	(万吨)	Natural Rubber (including Latex)	(10 000 tons)	168	430182	171	281371
合成橡胶（包括胶乳）	(万吨)	Synthetic Rubber (including Latex)	(10 000 tons)	120	334031	147	300042
原木	(万立方米)	Logs	(10 000 cu.m)	2957	518362	2806	408652
锯材	(万立方米)	Wood Sawn	(10 000 cu.m)	709	202416	988	231927
纸浆	(万吨)	Paper Pulp	(10 000 tons)	952	670556	1368	684370
羊毛及毛条	(万吨)	Wool and Wool Tops	(10 000 tons)	30	180193	33	154048
棉花	(万吨)	Cotton	(10 000 tons)	211	349238	153	211464
纺织用合成纤维	(万吨)	Synthetic Fibers Suitable for Spinning	(10 000 tons)	32	74615	35	69956
#聚酯纤维	(万吨)	Polyester Fibers	(10 000 tons)	15	23206	15	20298
聚丙烯腈纤维	(万吨)	Polyacryolnitr Fibers	(10 000 tons)	15	37291	18	37835
铁矿砂及其精矿	(万吨)	Iron Ore	(10 000 tons)	44356	6053163	62778	5014040
锰矿砂及其精矿	(万吨)	Manganese Ores	(10 000 tons)	757	346975	962	177283
铜矿砂及其精矿	(万吨)	Copper Ores	(10 000 tons)	519	1044015	613	847868
铬矿砂及其精矿	(万吨)	Chromium Ores	(10 000 tons)	684	271438	676	131070
氧化铝	(万吨)	Aluminum Oxide	(10 000 tons)	459	177569	514	130385
煤	(万吨)	Coal	(10 000 tons)	4040	350911	12583	1057367
原油	(万吨)	Crude Oil	(10 000 tons)	17888	12933500	20379	8925559
成品油	(万吨)	Petroleum Products Refined	(10 000 tons)	3885	3004432	3696	1698396
乙二醇	(万吨)	Ethylene Glycol	(10 000 tons)	522	527806	583	351545
对苯二甲酸	(万吨)	Telephthalic Acid	(10 000 tons)	594	532574	626	500898
己内酰胺	(万吨)	Carprolactam	(10 000 tons)	45	108423	60	97838
医药品		Pharmaceutical Products			551682		670552
肥料(自然吨)	(万吨)	Chemical Fertilizers, Manufactured (Actual Weight)	(10 000 tons)	622	348121	411	200832

6-9 续表 continued

金额单位：万美元 (USD 10 000)

品名		Item		2008		2009	
				数量 Volume	金额 Value	数量 Volume	金额 Value
#尿素	(吨)	Urea	(ton)	67	10	38798	770
氮、磷、钾复合肥	(万吨)	Compound Fertilizers of Nitrogen, Phosphor and Kalium	(10 000 tons)	64	40256	131	52687
磷酸氢二胺	(万吨)	Diammonium Phosphape	(10 000 tons)	10	12610	43	16804
氯化钾	(万吨)	Potassium Chloride	(10 000 tons)	514	283105	198	117791
原形聚乙烯	(万吨)	Polyethylene in primary Forms	(10 000 tons)	302	466308	521	582779
原形聚丙烯	(万吨)	Polypropylene in Primary Forms	(10 000 tons)	279	401213	416	455845
原形聚苯乙烯	(万吨)	Polystyrene in Primary Forms	(10 000 tons)	340	589971	367	540970
#ABS树脂	(万吨)	ABS Copolymers	(10 000 tons)	195	362829	217	339577
原形聚氯乙烯	(万吨)	Polyvinyl Chloride in Primary Forms	(10 000 tons)	113	125651	196	159802
聚酯切片	(万吨)	Slices or Chips of Polyethylene Terephthalate	(10 000 tons)	78	223088	25	27610
农药	(吨)	Pesticides	(ton)	44316	29538	44208	33429
纸及纸板（未切成形）	(万吨)	Paper and Paperboard (Unchopped in Shape)	(10 000 tons)	352	352458	331	314578
钢材	(万吨)	Rolled Steel	(10 000 tons)	1543	2343253	1763	1947977
未锻造的铜及铜合金	(万吨)	Copper and Copper Alloys	(10 000 tons)	170	1166012	347	1712593
铜材	(万吨)	Rolled Copper	(10 000 tons)	93	756725	82	549931
未锻造的铝及铝合金	(万吨)	Aluminum and Aluminum Alloys	(10 000 tons)	26	56414	174	274258
铝材	(万吨)	Rolled Aluminum	(10 000 tons)	62	318884	58	260259
锅炉	(台)	Boilers	(set)	473	9205	368	11650
制冷设备用压缩机	(万台)	Compressors for Refrigerating Equipment	(10 000 sets)	1464	95793	1184	84156
金属加工机床	(台)	Machine Tools	(set)	88623	758742	67135	589698
阀门	(万套)	Valves	(10 000 sets)	23210	436161	23250	439218
自动数据处理设备及其部件	(万台)	Automatic Data Processing Machines and Components	(10 000 sets)	54279	2540173	59580	2377387
电话机	(万台)	Telephone Sets	(10 000 sets)	2007	190395	2643	182086
收音设备（包括收录音组合机及整套散件）	(万台)	Sound Recording Apparatus (including a Complete Set of Spare Parts)	(10 000 sets)	669	25452	181	17922
电视机	(万台)	TV Sets	(10 000 sets)	64	8534	15	2491
电视显像管	(万只)	Cathode-ray TV Picture Tube	(10 000 sets)	628	22654	326	10821
汽车(包括整套散件)	(辆)	Motor Vehicles(including a Complete Set of Spare Parts)	(unit)	407530	1512529	418867	1535616
#小轿车		Cars		154521	635566	164837	656610
卡车		Trucks		8719	55362	7143	51206
自卸车		Dump Trucks		203	17253	222	18696
装有引擎的汽车底盘	(台)	Chassis with Engines	(unit)	990	4735	993	4648
汽车零件		Parts of Motor Vehicles			1108689		1282187
飞机	(架)	Aircraft	(unit)	308	876523	323	928956
船舶	(艘)	Ships	(unit)	2517	113723	1757	100154
医疗仪器及器械		Medical Instruments and Appliances			287919		359427
机电产品		Mechanical and Electrical Products			53865586		49141981
高新技术产品		High and New-tech Products			34194091		30984300

 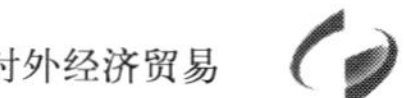

6-10 各地区按经营单位所在地分货物进出口总额
Total Value of Imports and Exports by Location of Importers/Exporters

单位：万美元 (USD 10 000)

地区	Region	2000			2008			2009		
		进出口 Total	出口 Exports	进口 Imports	进出口 Total	出口 Exports	进口 Imports	进出口 Total	出口 Exports	进口 Imports
全国	**National Total**	**47429628**	**24920255**	**22509373**	**256325523**	**143069307**	**113256216**	**220753500**	**120161181**	**100592320**
北京	Beijing	4962189	1196813	3765376	27169290	5749961	21419329	21473305	4837932	16635373
天津	Tianjin	1715400	862578	852822	8040084	4210299	3829785	6383123	2989272	3393852
河北	Hebei	523862	371000	152862	3842053	2400412	1441641	2962725	1568890	1393835
山西	Shanxi	176438	123687	52751	1439506	925312	514194	856903	283746	573158
内蒙古	Inner Mongolia	262205	97017	165188	891848	359185	532663	677407	231548	445859
辽宁	Liaoning	1903148	1085632	817516	7243385	4206950	3036435	6293438	3341493	2951945
吉林	Jilin	257042	125683	131359	1333213	477163	856050	1174241	312494	861747
黑龙江	Heilongjiang	298637	145118	153519	2313059	1680624	632435	1622951	1008213	614739
上海	Shanghai	5470802	2535233	2935569	32205531	16914514	15291017	27771361	14179603	13591758
江苏	Jiangsu	4563636	2576683	1986953	39227193	23802941	15424252	33873970	19919919	13954051
浙江	Zhejiang	2783262	1944275	838987	21113373	15429623	5683750	18773086	13301295	5471791
安徽	Anhui	334684	217198	117486	2018385	1136411	881974	1567773	888649	679124
福建	Fujian	2122046	1290607	831439	8482107	5699184	2782923	7964959	5331911	2633048
江西	Jiangxi	162405	119741	42664	1361793	772666	589128	1277878	736849	541030
山东	Shandong	2498976	1552884	946092	15840751	9319479	6521273	13905337	7949071	5956266
河南	Henan	228290	149578	78712	1747934	1071890	676044	1347642	734538	613104
湖北	Hubei	322286	193555	128731	2070567	1170891	899676	1725102	997880	727222
湖南	Hunan	251222	165271	85951	1254719	841288	413431	1014947	549203	465743
广东	Guangdong	17009888	9191770	7818118	68496880	40566447	27930433	61109405	35895489	25213916
广西	Guangxi	203379	148891	54488	1323617	734744	588872	1425473	837537	587936
海南	Hainan	128786	80289	48497	452852	158720	294132	488163	130863	357300
重庆	Chongqing	178590	99566	79024	952139	572205	379935	771252	428007	343245
四川	Sichuan	254520	139437	115083	2211365	1313249	898116	2416865	1416945	999920
贵州	Guizhou	65998	42056	23942	336621	190078	146543	230421	135661	94760
云南	Yunnan	181276	117509	63767	959692	498441	461250	804760	451325	353434
西藏	Tibet	13031	11334	1697	76583	70757	5826	40210	37547	2663
陕西	Shaanxi	214008	131005	83003	832883	538082	294801	840539	398815	441724
甘肃	Gansu	56953	41495	15458	609543	160135	449408	386555	73551	313004
青海	Qinghai	15973	11200	4773	68882	41910	26972	58679	25188	33491
宁夏	Ningxia	44292	32737	11555	187940	125837	62104	120248	74293	45955
新疆	Xinjiang	226404	120413	105991	2221736	1929910	291826	1394783	1093456	301327

6-11 各地区按境内目的地和货源地分货物进出口总额
Import Value of Commodities by Place of Destination and Export Value of Commodities by Place of Origin in China

单位：万美元 (USD 10 000)

地 区	Region	2000			2008			2009		
		进出口 Total	出 口 Exports	进 口 Imports	进出口 Total	出 口 Exports	进 口 Imports	进出口 Total	出 口 Exports	进 口 Imports
全 国	**National Total**	**47429628**	**24920255**	**22509373**	**256325523**	**143069307**	**113256216**	**220753500**	**120161181**	**100592320**
北 京	Beijing	2424378	766723	1657655	9504137	3471870	6032267	8708705	2915311	5793394
天 津	Tianjin	1715625	767427	948198	8690306	4150023	4540282	7203488	3037507	4165981
河 北	Hebei	548711	327814	220897	5088479	2913418	2175061	4026728	1919227	2107501
山 西	Shanxi	279154	209094	70060	2019298	1437757	581540	932262	409751	522512
内蒙古	Inner Mongolia	238627	111400	127227	1043351	459830	583522	946371	383933	562438
辽 宁	Liaoning	2006747	1058947	947800	8216385	4215597	4000789	6984732	3271746	3712986
吉 林	Jilin	298532	148693	149839	1362256	491921	870334	1188309	334697	853611
黑龙江	Heilongjiang	399259	242393	156866	2041976	929081	1112896	1336087	635350	700738
上 海	Shanghai	5470336	2463961	3006375	31388271	16047013	15341258	27332902	13604208	13728694
江 苏	Jiangsu	4919437	2637694	2281743	43046700	24520798	18525902	36593194	20735942	15857252
浙 江	Zhejiang	3152170	2048214	1103956	24440735	16804833	7635902	21071173	14767376	6303797
安 徽	Anhui	368983	211942	157041	1955057	1075285	879773	1565521	842335	723186
福 建	Fujian	2295726	1362282	933444	8671960	5594072	3077889	8123952	5111048	3012904
江 西	Jiangxi	205206	118837	86369	1500715	778762	721953	1383094	756821	626273
山 东	Shandong	2824997	1609267	1215730	18764359	9667344	9097015	16352216	8268513	8083703
河 南	Henan	312389	158683	153706	1988860	1241969	746891	1506824	877224	629601
湖 北	Hubei	389264	189977	199287	2135966	1143924	992042	1767294	943290	824004
湖 南	Hunan	299226	163190	136036	1359924	881961	477963	1160739	623792	536948
广 东	Guangdong	17548753	9342792	8205961	71777681	41125055	30652626	63198852	36239049	26959804
广 西	Guangxi	228496	164048	64448	1486427	683999	802428	1355990	496276	859714
海 南	Hainan	109420	60853	48567	959046	166602	792445	848318	174529	673789
重 庆	Chongqing	185107	106048	79059	904836	534025	370811	771709	411372	360337
四 川	Sichuan	277752	143360	134392	1992717	1066557	926160	2151570	1152181	999389
贵 州	Guizhou	85646	48166	37480	480665	274144	206522	272716	152777	119939
云 南	Yunnan	188420	109271	79149	932894	448392	484502	745743	367973	377770
西 藏	Tibet	14892	10902	3990	34968	32819	2148	28875	26649	2226
陕 西	Shaanxi	238754	132693	106061	1045586	678154	367432	867300	409123	458177
甘 肃	Gansu	69155	42079	27076	656253	175008	481245	448460	83060	365400
青 海	Qinghai	22645	13355	9290	80031	39428	40603	71710	19783	51927
宁 夏	Ningxia	53211	35426	17785	258137	171671	86467	196133	99534	96599
新 疆	Xinjiang	258610	114724	143886	2497547	1847996	649552	1612535	1090808	521726

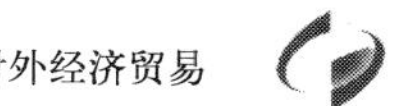

6-12 各地区外商投资企业货物进出口总额
Value of Imports and Exports of Foreign-funded Enterprises by Region

单位：万美元 (USD 10 000)

地 区	Region	2000			2008			2009		
		进出口 Total	出 口 Exports	进 口 Imports	进出口 Total	出 口 Exports	进 口 Imports	进出口 Total	出 口 Exports	进 口 Imports
全 国	**National Total**	**23671390**	**11944121**	**11727269**	**140992119**	**79049270**	**61942848**	**121747836**	**67207409**	**54540427**
北 京	Beijing	776847	287108	489739	5680020	2305587	3374433	5334148	2008999	3325149
天 津	Tianjin	1369289	637925	731364	5722366	2889470	2832896	4488051	2166105	2321946
河 北	Hebei	158147	101240	56907	1671332	975029	696303	1343558	657571	685987
山 西	Shanxi	41876	15209	26667	221303	127618	93685	163150	69143	94007
内蒙古	Inner Mongolia	18157	13799	4358	149335	90470	58865	108694	52317	56377
辽 宁	Liaoning	1229698	624464	605234	3709289	2026502	1682786	3076882	1640160	1436721
吉 林	Jilin	112274	39197	73077	571685	134324	437361	555747	101950	453797
黑龙江	Heilongjiang	47353	26679	20674	139005	80686	58319	78345	49296	29050
上 海	Shanghai	3341054	1426102	1914952	21768521	11355935	10412585	18670215	9701509	8968706
江 苏	Jiangsu	3018082	1445340	1572742	30349018	17495269	12853749	25969712	14661957	11307755
浙 江	Zhejiang	938993	534851	404142	8350689	5422144	2928545	6929148	4477938	2451210
安 徽	Anhui	94779	39993	54786	701238	319369	381869	523140	223759	299381
福 建	Fujian	1405740	759713	646027	5212205	3250376	1961829	4377455	2739325	1638130
江 西	Jiangxi	31814	16298	15516	886991	377632	509359	770607	322582	448024
山 东	Shandong	1392569	792766	599803	8438159	5059486	3378673	7559835	4478307	3081528
河 南	Henan	57695	30889	26806	320204	171126	149078	376612	182754	193857
湖 北	Hubei	104686	42956	61730	735954	378604	357351	703772	338756	365016
湖 南	Hunan	47717	18250	29467	193352	105041	88310	182177	86058	96118
广 东	Guangdong	9203696	4951011	4252685	43848739	25567121	18281618	38241318	22379781	15861537
广 西	Guangxi	55339	34112	21227	454363	161968	292395	367765	127751	240014
海 南	Hainan	45993	30464	15529	240462	65245	175216	301396	58544	242852
重 庆	Chongqing	32389	9666	22723	364846	95901	268945	295047	79951	215096
四 川	Sichuan	61524	24517	37007	821698	354933	466765	936469	418911	517558
贵 州	Guizhou	5690	4012	1678	37301	23804	13497	18647	9737	8910
云 南	Yunnan	19658	8113	11545	63625	42694	20931	43593	27236	16356
西 藏	Tibet	634	389	245	601	64	537	99	98	1
陕 西	Shaanxi	35433	11611	23822	208113	110053	98060	252626	110813	141813
甘 肃	Gansu	5657	3832	1825	19994	16711	3283	10693	8206	2487
青 海	Qinghai	925	202	723	25805	4591	21214	19432	364	19068
宁 夏	Ningxia	6125	4294	1831	54698	18473	36225	22142	12246	9896
新 疆	Xinjiang	11557	9119	2438	31207	23040	8167	27362	15283	12080

6-13 利用外资概况
Utilization of Foreign Capital

项目单位：个；　金额单位：亿美元　　(unit) (USD 100 million)

年份 Year	总计 Total		对外借款 Foreign Loans		外商直接投资 Direct Foreign Investments		外商其他投资额 Other Foreign Investments
	项目 Number of Projects	金额 Value	项目 Number of Projects	金额 Value	项目 Number of Projects	金额 Value	
合同利用外资额 Total Amount of Contracted Foreign Investment							
1979-1984	3841	281.26	117	169.78	3724	97.50	13.98
1985	3145	102.69	72	35.34	3073	63.33	4.02
1986	1551	122.33	53	84.07	1498	33.30	4.96
1987	2289	121.36	56	78.17	2233	37.09	6.10
1988	6063	160.04	118	98.13	5945	52.97	8.94
1989	5909	114.79	130	51.85	5779	56.00	6.94
1990	7371	120.86	98	50.99	7273	65.96	3.91
1991	13086	195.83	108	71.61	12978	119.77	4.45
1992	48858	694.39	94	107.03	48764	581.24	6.12
1993	83595	1232.73	158	113.06	83437	1114.36	5.31
1994	47646	937.56	97	106.68	47549	826.80	4.08
1995	37184	1032.05	173	112.88	37011	912.82	6.35
1996	24673	816.10	117	79.62	24556	732.76	3.71
1997	21138	610.58	137	58.72	21001	510.03	41.82
1998	19850	632.01	51	83.85	19799	521.02	27.14
1999	17022	520.09	104	83.60	16918	412.23	24.26
2000	22347	711.30			22347	623.80	87.50
2001	26140	719.76			26140	691.95	27.81
2002	34171	847.51			34171	827.68	19.82
2003	41081	1169.01			41081	1150.69	18.32
2004	43664	1565.88			43664	1534.79	31.09
2005	44001	1925.93			44001	1890.65	35.28
2006	41473	1982.16			41473	1937.27	44.89
2007	37871				37871		
2008	27514				27514		
2009	23435				23435		
1979-2009	684918				683235		
实际使用外资额 Total Amount of Foreign Investment Actually Utilized							
1979-1984		181.87		130.41		41.04	10.42
1985		47.60		25.06		19.56	2.98
1986		76.28		50.14		22.44	3.70
1987		84.52		58.05		23.14	3.33
1988		102.26		64.87		31.94	5.45
1989		100.60		62.86		33.92	3.81
1990		102.89		65.34		34.87	2.68
1991		115.54		68.88		43.66	3.00
1992		192.03		79.11		110.08	2.84
1993		389.60		111.89		275.15	2.56
1994		432.13		92.67		337.67	1.79
1995		481.33		103.27		375.21	2.85
1996		548.05		126.69		417.26	4.10
1997		644.08		120.21		452.57	71.30
1998		585.57		110.00		454.63	20.94
1999		526.59		102.12		403.19	21.28
2000		593.56		100.00		407.15	86.41
2001		496.72				468.78	27.94
2002		550.11				527.43	22.68
2003		561.40				535.05	26.35
2004		640.72				606.30	34.42
2005		638.05				603.25	34.80
2006		670.76				630.21	40.55
2007		783.39				747.68	35.72
2008		952.53				923.95	28.58
2009		918.04				900.33	17.71
1979-2009		11416.22				9426.46	518.19

注：本表资料由商务部提供。
a) Data in this table come from the Ministry of Commerce.

6-14 按国别(地区)分实际外商投资额
Foreign Investment Actually Utilized by Countries or Regions

单位：万美元 (USD 10 000)

国别(地区)	Country (Region)	2008 外商直接投资 Foreign Direct Investment	2008 外商其他投资 Other Foreign Investment	2009 外商直接投资 Foreign Direct Investment	2009 外商其他投资 Other Foreign Investment
总计	**Total**	**9239544**	**285793**	**9003267**	**177121**
亚洲	**Asia**	**5634512**	**194877**	**6062289**	**115524**
阿富汗	Afghanistan	228		786	
巴林	Bahrain	205		360	
孟加拉国	Bangladesh	65		93	
文莱	Brunei	34042		34812	
缅甸	Myanmar	330		339	
柬埔寨	Cambodia	292		1337	
塞浦路斯	Cyprus	2139		1015	
朝鲜	Korea DPR	193		151	
中国香港	Hong Kong, China	4103640	150548	4607547	65272
印度	India	8805	347	5520	700
印度尼西亚	Indonesia	16725		11172	
伊朗	Iran	2702		1912	
伊拉克	Iraq	324		140	
以色列	Israel	2649		1757	
日本	Japan	365235	24667	410497	22835
约旦	Jordan	341		87	
科威特	Kuwait	63		54	
老挝	LaoPDR	670		243	
黎巴嫩	Lebanon	245		115	
中国澳门	Macao, China	58161	141	81471	84
马来西亚	Malaysia	24696	1387	42874	1600
蒙古	Mongolia	141		231	
尼泊尔	Nepal				
阿曼	Oman				
巴基斯坦	Pakistan	1452		380	
巴勒斯坦	Palestine			5	
菲律宾	Philippines	12687		11101	
卡塔尔	Qatar			7	
沙特阿拉伯	Saudi Arabia	27524		11365	
新加坡	Singapore	443529	185	360484	248
韩国	Republic of Korea	313532	1634	270007	2225
斯里兰卡	Sri Lanka	40		147	
叙利亚	Syria	136		188	
泰国	Thailand	12921		4866	
土耳其	Turkey	729		1864	
阿联酋	United Arab Emirates	9381		10273	
也门	Republic of Yemen	484		442	
越南	Viet Nam	207		592	
中国台湾	Taiwan, China	189868	15968	188055	22560
亚洲其他国家(地区)	Other Countries (Regions) in Asia	131			
非洲	**Africa**	**166788**	**225**	**130969**	**106**
阿尔及利亚	Algeria	904			
安哥拉	Angola	239		609	
贝宁	Benin	339			
博茨瓦纳	Botswana	651			
喀麦隆	Cameroon	218		181	
吉布提	Djibouti			100	
埃及	Egypt	758		1090	
埃塞俄比亚	Ethiopia			20	
加蓬	Gabon	176		112	
冈比亚	Gambia	633		308	
加纳	Ghana	82		23	
几内亚	Guinea			46	
几内亚(比绍)	Guinea-Bissau	56		60	
科特迪瓦	Cote d'Ivoire			25	
肯尼亚	Kenya	99		202	
利比里亚	Liberia	84		23	
利比亚	Libyan	10		25	

6-14 续表 1 continued

单位：万美元 (USD 10 000)

国别(地区)	Country (Region)	2008		2009	
		外商直接投资 Foreign Direct Investment	外商其他投资 Other Foreign Investment	外商直接投资 Foreign Direct Investment	外商其他投资 Other Foreign Investment
马达加斯加	Madagascar	300		576	
马里	Mali			4	
毛里塔尼亚	Mauritania			5	
毛里求斯	Mauritius	149371	225	110378	106
摩洛哥	Morocco	45		1	
纳米比亚	Namibia	50			
尼日尔	Niger	75		115	
尼日利亚	Nigeria	5504		33	
塞内加尔	Senegal	7			
塞舌尔	Seychelles	4226		11790	
塞拉利昂	Sierra Leone	15		6	
南非	South Africa	2560		4120	
苏丹	Sudan	10			
坦桑尼亚	Tanzania			32	
突尼斯	TuNiSia	80		258	
乌干达	Uganda	52		18	
赞比亚	Zambia			50	
津巴布韦	Zimbabwe	101		39	
非洲其他国家(地区)	Other Countries (Regions) in Africa			720	
欧洲	**Europe**	**545937**	**4941**	**551771**	**7429**
比利时	Belgium	5586	300	5660	
丹麦	Denmark	29376		31552	
英国	United Kingdom	91401		67902	2247
德国	Germany	90049	4460	121657	1920
法国	France	58775	181	65365	
爱尔兰	Ireland	19829		10125	
意大利	Italy	49326		35168	
卢森堡	Luxembourg	13283		16060	
荷兰	Netherlands	86216		74128	3262
希腊	Greece	1309		897	
葡萄牙	Portugal	829		1175	
西班牙	Spain	20890		30285	
阿尔巴尼亚	Albania			1	
奥地利	Austria	13255		8857	
保加利亚	Bulgaria	30		380	
芬兰	Finland	5410		5294	
直布罗陀	Gibraltar	1549		113	
匈牙利	Hungary	1748		2026	
冰岛	Iceland	101		85	
列支敦士登	Liechtenstein	496		7	
马耳他	Malta			51	
摩纳哥	Monaco			14	
挪威	Norway	2409		3988	
波兰	Poland	1109		1084	
罗马尼亚	Romania	3205		385	
圣马力诺	Sanmarino	10		26	
瑞典	Sweden	13917		32712	
瑞士	Switzerland	24259		30169	
爱沙尼亚	Estonia	63		83	
拉脱维亚	Latvia	79		15	
立陶宛	Lithuania	21		24	
阿塞拜疆	Azerbaijan	14		12	
哈萨克	Kazakhstan	663		2240	
吉尔吉斯	Kirghizia	464			
俄罗斯	Russia	5997		3177	
塔吉克斯坦	Tajikistan			2	
乌克兰	Ukraine	409		462	
南斯拉夫	Yugoslavia			10	
斯洛文尼亚	Slovenia	86		161	
克罗地亚	Croatia	9			
捷克	Czech	3579		161	
斯洛伐克	Slovakia	16		11	

6-14 续表 2 continued

单位：万美元 (USD 10 000)

国别（地区）	Country (Region)	2008 外商直接投资 Foreign Direct Investment	2008 外商其他投资 Other Foreign Investment	2009 外商直接投资 Foreign Direct Investment	2009 外商其他投资 Other Foreign Investment
马其顿共和国	Macedonia,FYR			5	
欧洲其他国家（地区）	Other Countries (Regions) in Europe	170		242	
拉丁美洲	**Latin America**	**2090344**	**1293**	**1468433**	**16192**
安提瓜和巴布达	Antigua & Barbuda	102			
阿根廷	Argentina	1266		1241	
巴哈马	Bahamas	35141		9868	
巴巴多斯	Barbados	125520		55754	
伯利兹	Belize	6302		1988	
玻利维亚	Bolivia	99		338	
巴西	Brazil	3879		5248	
开曼群岛	Cayman Islands	314497		258189	
智利	Chile	466		323	
哥伦比亚	Colombia	10		14	
多米尼加	Dominica	119		176	
多米尼加共和国	Dominica Rep.	5		35	
厄瓜多尔	Ecuador	49		26	
格林纳达	Grenada	250		36	
洪都拉斯	Honduras	214			
牙买加	Jamaica	29		110	
墨西哥	Mexico	385		91	
巴拿马	Panama	3539		1797	
巴拉圭	Paraguay	215		301	
秘鲁	Peru	267		4	
圣文森特和格林纳丁斯	Saint Vincent & Grenadines	507		200	
萨尔瓦多	EL Salvador			63	
苏里南	Suriname			48	
特克斯和凯科斯岛	Turks and Caicos Islands	130		92	
乌拉圭	Uruguay			221	
委内瑞拉	Venezuela	237		198	
维尔京群岛	Virgin Islands	1595384	1293	1129858	16192
圣其茨-尼维斯	St.Kitts-Nevis	1363		193	
圣文森特和格林纳丁斯	Saint Vincent & Grenadines				
拉美洲其他国家（地区）	Other Countries (Regions) in Latin America	369		2021	
北美洲	**North America**	**395780**	**6555**	**367672**	**3112**
加拿大	Canada	54328	310	86177	1180
美国	United States	294434	6245	255499	1932
百慕大	Bermuda	46898		25771	
北美洲其他国家（地区）	Other Countries (Regions) in North America	120		225	
大洋洲及太平洋岛屿	**Oceanic and Pacific Islands**	**316987**		**252877**	
澳大利亚	Australia	40707		39437	
库克群岛	Cook Islands	2030			
斐济	Fiji	50			
瑙鲁	Nauru	400		7	
瓦努阿图	Vanuatu	16		147	
新西兰	New Zealand	6923		8495	
所罗门群岛	Solomon Islands			3	
汤加	Tonga			36	
萨摩亚	Samoan	254975		202003	
基里巴斯	Kiribati	20			
马绍尔群岛	Marshall Islands	9456		1063	
其它太平洋岛屿	Other Pacific Islands	889		1147	
大洋洲其他国家（地区）	Other Countries (Regions) in Oceanic	1521		539	
其他	**Others**	**89196**	**77902**	**169256**	**34758**

注：外商其他投资的“其他”项中含当年对外发行股票额。
a) Other foreign investment includes the stock issued in foreign countries at the year.

6-15 按方式分外商投资额

Amount of Foreign Investment by Form

金额单位：亿美元　　(USD 100 million)

指　标	Item	2008 项目（个） Number of Projects	2008 实际使用金额 Actually Utilized Value	2009 项目（个） Number of Projects	2009 实际使用金额 Actually Utilized Value
总　计	**Total**	**27514**	**952.53**	**23435**	**918.04**
外商直接投资	Foreign Direct Investments	27514	923.95	23435	900.33
合资经营企业	Equity Joint Venture	4612	173.18	4283	172.73
合作经营企业	Contractural Joint Venture	468	19.03	390	20.34
外资企业	Wholly Foreign-owned Enterprise	22396	723.15	18741	686.82
外商投资股份制企业	FDI Shareholding Inc.	38	8.59	21	20.44
合作开发	Joint Exploration				
其他	Others				
外商其他投资	Other Foreign Investment		28.58		17.71
对外发行股票	Sale Share		0.77		1.62
国际租赁	International Lease		1.44		2.30
补偿贸易	Compensation Trade		0.52		0.13
加工装配	Processing and Assembly		25.85		13.66

6-16 按行业分外商直接投资（2009年）

Foreign Direct Investment by Sector (2009)

行　业	Sector	合同项目（个） Number of Projects (unit)	实际使用金额（万美元） Investment Actually Utilized (USD 10 000)
总　计	**Total**	**23435**	**9003272**
农、林、牧、渔业	Agriculture, Forestry, Animal Husbandry and Fishery	896	142873
采矿业	Mining	99	50059
制造业	Manufacturing	9767	4677146
电力、燃气及水的生产和供应业	Production and Supply of Electricity, Gas and Water	238	211206
建筑业	Construction	220	69171
交通运输、仓储和邮政业	Transport, Storage and Post	395	252728
信息传输、计算机服务和软件业	Information Transmission, Computer Services and Software	1081	224694
批发和零售业	Wholesale and Retail Trades	5100	538980
住宿和餐饮业	Hotels and Catering Services	502	84412
金融业	Financial Intermediation	52	45617
房地产业	Real Estate	569	1679619
租赁和商务服务业	Leasing and Business Services	2864	607806
科学研究、技术服务和地质勘查业	Scientific Research, Technical Service and Geologic Prospecting	1066	167363
水利、环境和公共设施管理业	Management of Water Conservancy, Environment and Public Facilities	183	55613
居民服务和其他服务业	Services to Households and Other Services	207	158596
教育	Education	20	1349
卫生、社会保障和社会福利业	Health, Social Security and Social Welfare	18	4283
文化、体育和娱乐业	Culture, Sports and Entertainment	158	31756
公共管理和社会组织	Public Management and Social Organizations		1
国际组织	International Organizations		

6-17 按行业分外商投资企业年底注册登记情况（2009年）

Registration Status of Foreign Funded Enterprises by Sector at Year-end (2009)

行业	Sector	企业数(户) Number of Enterprises (unit)	投资总额 (亿美元) Total Investment (100 million USD)	注册资本 (亿美元) Registered Capital (100 million USD)	#外方 Foreign Investor
总计	**National Total**	**434248**	**25000**	**14035**	**11369**
农、林、牧、渔业	Agriculture, Forestry, Animal Husbandry and Fishery	7157	279	179	153
采矿业	Mining	1052	138	88	56
制造业	Manufacturing	191671	13885	7451	6013
电力、燃气及水的生产和供应业	Production and Supply of Electricity, Gas and Water	3696	1306	530	313
建筑业	Construction	4807	408	235	180
交通运输、仓储和邮政业	Transport, Storage and Post	10605	843	484	272
信息传输、计算机服务和软件业	Information Transmission, Computer Services and Software	64166	1025	609	590
批发和零售业	Wholesale and Retail Trades	56388	837	493	426
住宿和餐饮业	Hotels and Catering Services	14995	392	231	189
金融业	Financial Intermediation	4665	400	294	223
房地产业	Real Estate	17758	3090	1839	1576
租赁和商务服务业	Leasing and Business Services	32395	1171	887	786
科学研究、技术服务和地质勘查业	Scientific Research, Technical Service and Geologic Prospecting	12958	699	425	372
水利、环境和公共设施管理业	Management of Water Conservancy, Environment and Public Facilities	1016	151	88	69
居民服务和其他服务业	Services to Households and Other Services	5220	79	48	40
教育	Education	296	9	6	5
卫生、社会保障和社会福利业	Health, Social Security and Social Welfare	239	25	13	10
文化、体育和娱乐业	Culture, Sports and Entertainment	2279	133	76	62
其他	Others	2885	131	58	36

注：本表数据来自国家工商总局（下表同）。

a) Data in this table are from the State Administration for Industry & Commerce. The same applies to the table following.

6-18 各地区外商投资企业年底注册登记情况
Registration Status of Foreign Funded Enterprises by Region at Year-end

地 区	Region	企业数（户） Number of Enterprises (unit)		投资总额（亿美元） Total Investment (100 million USD)		注册资本（亿美元） Registered Capital (100 million USD)		#外 方 Foreign Investor	
		2008	2009	2008	2009	2008	2009	2008	2009
全　国	**National Total**	**434937**	**434248**	**23241**	**25000**	**13006**	**14035**	**10389**	**11369**
地区合计	**Region Total**	**434701**	**434009**	**22617**	**24031**	**12575**	**13492**	**10045**	**10918**
北　京	Beijing	22485	23293	983	1066	563	625	456	507
天　津	Tianjin	14536	12288	938	977	533	549	454	461
河　北	Hebei	10536	9559	338	370	188	199	129	141
山　西	Shanxi	2168	3535	180	205	92	101	52	64
内蒙古	Inner Mongolia	2326	3675	222	240	113	135	76	95
辽　宁	Liaoning	22321	19893	1248	1318	801	849	642	693
吉　林	Jilin	4158	4203	175	193	98	106	68	79
黑龙江	Heilongjiang	5901	5957	162	181	99	109	74	81
上　海	Shanghai	51532	52278	2940	3084	1692	1819	1377	1479
江　苏	Jiangsu	49928	50241	4159	4444	2203	2395	1901	2045
浙　江	Zhejiang	28533	28252	1583	1640	917	950	686	722
安　徽	Anhui	5523	5579	255	279	147	160	108	116
福　建	Fujian	23809	23609	1121	1175	626	654	540	562
江　西	Jiangxi	6640	6822	335	369	209	231	173	195
山　东	Shandong	32052	30579	1012	1120	571	647	425	479
河　南	Henan	11166	10676	293	347	161	191	117	139
湖　北	Hubei	7560	7237	340	377	201	220	145	162
湖　南	Hunan	5085	5220	266	280	154	158	117	124
广　东	Guangdong	90114	90189	3726	3939	2251	2343	1806	1988
广　西	Guangxi	4297	4391	258	272	139	150	109	121
海　南	Hainan	4921	4531	967	903	160	162	113	118
重　庆	Chongqing	4333	4447	238	278	133	162	101	120
四　川	Sichuan	9398	11521	421	461	258	280	196	214
贵　州	Guizhou	2201	1966	32	36	19	21	14	16
云　南	Yunnan	4084	3880	141	159	83	93	55	68
西　藏	Tibet	132	243	5	6	3	4	2	3
陕　西	Shaanxi	4312	5097	137	162	81	97	56	72
甘　肃	Gansu	2142	2045	38	49	18	23	12	15
青　海	Qinghai	469	495	33	28	20	17	10	8
宁　夏	Ningxia	637	669	24	25	13	14	9	10
新　疆	Xinjiang	1402	1639	46	48	29	31	21	23
部门合计	**Department Total**	**236**	**239**	**624**	**968**	**430**	**542**	**344**	**452**

 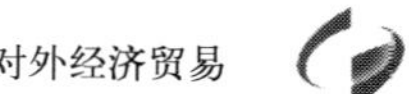

6-19 按主要国别(地区)分对外直接投资
Oversea Direct Investment by Countries or Regions

单位：万美元 (USD 10 000)

国家（地区）	Country or Region	对外直接投资净额 Net Oversea Direct Investment		截至2009年对外直接投资存量 Oversea Direct Investment Stock at the End of 2009
		2008	2009	
合计	**Total**	**5590717**	**5652899**	**24575538**
亚洲	**Asia**	**4354750**	**4040759**	**18554720**
中国香港	Hong Kong, China	3864030	3560057	16449894
印度尼西亚	Indonesia	17398	22609	79906
日本	Japan	5862	8410	69286
中国澳门	Macao, China	64338	45634	183723
新加坡	Singapore	155095	141425	485732
韩国	Republic of Korea	9691	26512	121780
泰国	Thailand	4547	4977	44788
越南	Vietnam	11984	11239	72850
非洲	**Africa**	**549055**	**143887**	**933227**
阿尔及利亚	Algeria	4225	22876	75126
苏丹	Sudan	-6314	1930	56389
几内亚	Guinea	832	2698	12932
马达加斯加	Madagascar	6116	4256	19622
尼日利亚	Nigeria	16256	17186	102596
南非	South Africa	480786	4159	230686
欧洲	**Europe**	**87579**	**335272**	**867678**
英国	United Kingdom	1671	19217	102828
德国	Germany	18341	17921	108224
法国	France	3105	4519	22103
俄罗斯	Russia	39523	34822	222037
拉丁美洲	**Latin America**	**367725**	**732790**	**3059548**
巴哈马	Bahamas	-5591	100	160
开曼群岛	Cayman Islands	152401	536630	1357707
墨西哥	Mexico	563	82	17390
英属维尔京群岛	Virgin Is. (E)	210433	161205	1506069
北美洲	**North America**	**36421**	**152193**	**518470**
加拿大	Canada	703	61313	167034
美国	United States	46203	90874	333842
大洋洲	**Oceania**	**195187**	**247998**	**641895**
澳大利亚	Australia	189215	243643	586310
新西兰	New Zealand	646	902	9385

6-20 按行业分对外直接投资
Oversea Direct Investment by Sector

单位：万美元 (USD 10 000)

行业	Sector	对外直接投资净额 Net Oversea Direct Investment 2008	2009	截至2009年对外直接投资存量 Oversea Direct Investment Stock at the End of 2009
总计	**Total**	**5590717**	**5652899**	**24575538**
农、林、牧、渔业	Agriculture, Forestry, Animal Husbandry and Fishery	17183	34279	202844
采矿业	Mining	582351	1334309	4057969
制造业	Manufacturing	176603	224097	1359155
电力、燃气及水的生产和供应业	Production and Supply of Electricity, Gas and Water	131349	46807	225561
建筑业	Construction	73299	36022	341322
交通运输、仓储和邮政业	Transport, Storage and Post	265574	206752	1663133
信息传输、计算机服务和软件业	Information Transmission, Computer Services and Software	29875	27813	196724
批发和零售业	Wholesale and Retail Trades	651413	613575	3569499
住宿和餐饮业	Hotels and Catering Services	2950	7487	24329
金融业	Financial Intermediation	1404800	873374	4599403
房地产业	Real Estate	33901	93814	534343
租赁和商务服务业	Leasing and Business Services	2171723	2047378	7294900
科学研究、技术服务和地质勘查业	Scientific Research, Technical Service and Geologic Prospecting	16681	77573	287413
水利、环境和公共设施管理业	Management of Water Conservancy, Environment and Public Facilities	14145	434	106508
居民服务和其他服务业	Services to Households and Other Services	16536	26773	96137
教育	Education	154	245	2123
卫生、社会保障和社会福利业	Health, Social Security and Social Welfare		191	610
文化、体育和娱乐业	Culture, Sports and Entertainment	2180	1976	13565
公共管理和社会组织	Public Management and Social Organizations			

6-21 对 外 经 济 合 作
Economic Cooperation with Foreign Countries or Regions

年　份 Year	合同数 (份) Number of Contracts (unit)	对外承包工程 Contracted Projects	对外劳务合作 Labor Services	对外设计咨询 Design Consultation	合同金额 (亿美元) Contracted Value (100 million USD)	对外承包工程 Contracted Projects
1976-2009	**1057459**	**85043**	**966445**	**5971**	**6322.92**	**5603.02**
1976-1988	7534	3449	4085		105.95	89.00
1989	3100	776	2324		22.12	17.81
1990	5175	920	4255		26.04	21.25
1991	8438	1171	7267		36.09	25.24
1992	9405	1164	8241		65.85	52.51
1993	11605	1393	10212		68.00	51.89
1994	17491	1702	15789		79.88	60.28
1995	19321	1558	17397	366	96.72	74.84
1996	24891	1634	22723	534	102.73	77.28
1997	28442	2085	25743	614	113.56	85.16
1998	25955	2322	23191	442	117.73	92.43
1999	21126	2527	18173	426	130.02	101.99
2000	23565	2597	20474	494	149.43	117.19
2001	39400	5836	33358	206	164.55	130.39
2002	34461	4036	30163	262	178.91	150.55
2003	42059	3708	38043	308	209.30	176.67
2004	60312	6694	53271	347	276.98	238.44
2005	73233	9502	63410	321	342.16	296.14
2006	107744	12996	94386	362	716.48	660.05
2007	168240	6282	161457	501	853.45	776.21
2008	163881	5411	157682	788	1130.15	1045.62
2009	162081	7280	154801		1336.82	1262.10

注：从2009年起，商务部《对外经济合作统计制度》调整，撤销了"对外设计咨询"指标。

a) Since 2009, *Statistical System of Foreign Economic Cooperation* of the Ministry of Commerce is adjusted, the indicator of foreign design consultation is cancelled.

6-21 续表 continued

年　份 Year	对外劳务合作 Labor Services	对外设计咨询 Design Consultation	完成营业额 (亿美元) Value of Turnover Fulfilled (100 million USD)	对外承包工程 Contracted Projects	对外劳务合作 Labor Services	对外设计咨询 Design Consultation
1976-2009	**673.28**	**46.61**	**4081.31**	**3407.71**	**646.90**	**26.71**
1976-1988	16.95		60.91	49.70	11.21	
1989	4.31		16.86	14.84	2.02	
1990	4.78		18.67	16.44	2.23	
1991	10.85		23.63	19.70	3.93	
1992	13.35		30.49	24.03	6.46	
1993	16.11		45.38	36.68	8.70	
1994	19.60		59.78	48.83	10.95	
1995	20.07	1.81	65.88	51.08	13.47	1.33
1996	22.80	2.65	76.96	58.21	17.12	1.64
1997	25.50	2.90	83.83	60.36	21.65	1.82
1998	23.90	1.40	101.34	77.69	22.76	0.89
1999	26.32	1.71	112.35	85.22	26.23	0.90
2000	29.91	2.33	113.25	83.79	28.13	1.34
2001	33.28	0.88	121.39	88.99	31.77	0.63
2002	27.52	0.85	143.52	111.94	30.71	0.87
2003	30.87	1.76	172.34	138.37	33.09	0.88
2004	35.03	3.51	213.69	174.68	37.53	1.47
2005	42.45	3.57	267.76	217.63	47.86	2.27
2006	52.33	4.11	356.95	299.93	53.73	3.29
2007	66.99	10.26	479.00	406.43	67.67	4.90
2008	75.64	8.88	651.16	566.12	80.57	4.48
2009	74.73		866.17	777.06	89.11	

6-22 按国别(地区)分对外经济合作完成营业额
Turnover of Economic Cooperation with Foreign Countries or Regions

单位：万美元 (USD 10 000)

国别(地区)	Country (Region)	2008				2009			
		合计 Total	承包工程 Contracted Projects	劳务合作 Labour Services	设计咨询 Design Consultation	合计 Total	承包工程 Contracted Projects	劳务合作 Labour Services	设计咨询 Design Consultation
合　计	**Total**	**6511630**	**5661168**	**805691**	**44771**	**8661725**	**7770611**	**891114**	
亚洲	**Asia**	**3251025**	**2890266**	**332889**	**28716**	**4317381**	**3981117**	**336264**	
阿富汗	Afghanistan	4084	4076		8	3449	3449		
巴林	Bahrain	3585	3478	107		6888	6853	35	
孟加拉国	Bangladesh	27341	25545	299	1497	34103	33862	241	
不丹	Bhutan	18	18						
文莱	Brunei	72	66	6		1954	1953	1	
缅甸	Myanmar	70224	68278	25	1921	83070	83030	40	
柬埔寨	Cambodia	37979	35977	1921	81	40983	39782	1201	
塞浦路斯	Cyprus	686	677	9		5191	5170	21	
朝鲜	Korea DPR	4168	3349	739	80	2338	1801	537	
中国香港	Hong Kong, China	192523	168569	23675	279	206221	179860	26361	
印度	India	426404	420856	43	5505	579454	579396	58	
印度尼西亚	Indonesia	227828	223671	2090	2067	264849	264688	161	
伊朗	Iran	112312	111434		878	210376	210376		
伊拉克	Iraq	9575	9575			35313	35313		
以色列	Israel	14739	11863	2852	24	8858	7055	1803	
日本	Japan	165337	21280	144005	52	177422	18349	159073	
约旦	Jordan	19610	13508	4625	1477	36697	33527	3170	
科威特	Kuwait	12119	11307	779	33	21678	21018	660	
老挝	Laos	23500	22530	67	903	41675	41294	381	
中国澳门	Macao, China	124323	87900	36423		92215	53413	38802	
马来西亚	Malaysia	77853	75669	1652	532	116748	115398	1350	
马尔代夫	Maldives	1250	1250			1322	1322		
蒙古	Mongolia	28037	25847	1603	587	51462	50991	471	
尼泊尔	Nepal	10770	10761	3	6	5417	5417		
阿曼	Oman	15616	16367	95		27193	27113	80	
巴基斯坦	Pakistan	194383	191586	157	2640	173425	173330	95	
巴勒斯坦	Palestine					7409	7409		
菲律宾	Philippines	39777	39463	133	181	56549	56423	126	
卡塔尔	Qatar	44516	41980	2518	18	45054	42364	2690	
沙特阿拉伯	Saudi Arabia	248259	245371	2381	507	361612	359158	2454	
新加坡	Singapore	186243	132048	52734	1461	251954	199893	52061	
韩国	Korea Rep.	53703	24969	28574	160	81684	61318	20366	
斯里兰卡	Sri Lanka	38654	38501	77	76	68604	68569	35	
叙利亚	Syrian	11615	11614		1	20343	20343		
泰国	Thailand	48767	48238	390	139	53292	52682	610	
土耳其	Turkey	81736	80812	277	647	123415	123207	208	

6-22 续表 1 continued

单位：万美元 (USD 10 000)

国别(地区)	Country (Region)	2008 合计 Total	2008 承包工程 Contracted Projects	2008 劳务合作 Labour Services	2008 设计咨询 Design Consultation	2009 合计 Total	2009 承包工程 Contracted Projects	2009 劳务合作 Labour Services	2009 设计咨询 Design Consultation
阿联酋	United Arab Emirates	219972	210954	8844	174	361701	354167	7534	
也门共和国	Republic of Yemen	44764	43758	998	8	46371	46047	324	
越南	Vietnam	198214	192343	3658	2213	239885	237106	2779	
中国台湾	Taiwan, China	19894	9624	10244	26	16685	4624	12061	
东帝汶	East Timor	1724	1723	1		1353	1352	1	
哈萨克	Kazakhstan	99127	95943	528	2656	140968	140555	413	
吉尔吉斯	Kirghizia	12748	12344	356	48	8705	8704	1	
塔吉克	Tadzhikistan	45282	44481		801	33597	33537	60	
土库曼	Turkmenistan	32123	31299		824	93323	93323		
乌兹别克	Uzbekistan	18356	18149	1	206	75826	75826		
亚洲其他国家(地区)	Oth. Asia. Nes	1215	1215			750	750		
非洲	**Africa**	**2009895**	**1974905**	**24435**	**10555**	**2843602**	**2809899**	**33703**	
阿尔及利亚	Algeria	427770	420227	5395	2148	594439	587726	6713	
安哥拉	Angola	328186	322203	4907	1076	496109	486189	9920	
贝宁	Benin	2116	2030	8	78	2861	2830	31	
博茨瓦纳	Botswana	40631	40518	113		60579	60471	108	
布隆迪	Burundi	1272	1269		3	563	563		
喀麦隆	Cameroon	6222	6222			12211	12211		
佛得角	Cape Verde	493	431	8	54	1741	1739	2	
中非	Central Africa	2404	2404			3462	3462		
乍得	Chad	13097	13075		22	44576	44511	65	
科摩罗	Comoros	540	476	64		1035	1008	27	
刚果（布）	Congo (B)	63562	62925	595	42	87749	85864	1885	
吉布提	Djibouti	2241	1732	509		6925	6923	2	
埃及	Egypt	51554	51379	109	66	79851	79735	116	
赤道几内亚	Eq. Guinea	71897	71239	356	302	133895	133518	377	
埃塞俄比亚	Ethiopia	98482	98252	19	211	119841	119583	258	
加蓬	Gabon	1667	1553	38	76	21165	19712	1453	
冈比亚	Gambia	526	526			121	121		
加纳	Ghana	39390	38806	82	502	46062	46048	14	
几内亚	Guinea	7207	7150	56	1	7457	7399	58	
几内亚(比绍)	Guinea Bissau	3562	3439	65	58	6047	5607	440	
科特迪瓦	Cote d'Lvoire	1495	1475		20	2085	2083	2	
肯尼亚	Kenya	38964	38693	18	253	57081	57076	5	
利比里亚	Liberia	5032	3546	1467	19	6454	4724	1730	
利比亚	Libyan	75028	74118	657	253	192799	191251	1548	
马达加斯加	Madagascar	21474	21402	40	32	15455	15349	106	
马拉维	Malawi	895	895			4847	4847		
马里	Mali	16481	16325		156	26777	26743	34	
毛里塔尼亚	Mauritania	6483	5619	824	40	19609	19075	534	
毛里求斯	Mauritius	11758	7546	4177	35	12685	7803	4882	
摩洛哥	Morocco	28741	28043	695	3	51721	51100	621	
莫桑比克	Mozambique	10054	10012	42		32210	32187	23	
纳米比亚	Namibia	7586	7484	81	21	15024	14934	90	
尼日尔	Niger	2323	2217	51	55	32968	32948	20	

6-22 续表 2 continued

单位：万美元 (USD 10 000)

国别(地区)	Country (Region)	2008				2009			
		合计 Total	承包工程 Contracted Projects	劳务合作 Labour Services	设计咨询 Design Consultation	合计 Total	承包工程 Contracted Projects	劳务合作 Labour Services	设计咨询 Design Consultation
尼日利亚	Nigeria	165084	161353	817	2914	201083	200352	731	
卢旺达	Rwanda	4593	4551	16	26	8164	8142	22	
圣多美和普林西比	Sao Tome & Principe	116	116			43	43		
塞内加尔	Senegal	14008	14004		4	14703	14703		
塞舌尔	Seychelles	4184	3968	97	119	4501	4384	117	
塞拉利昂	Sierra Leone	2871	2804	26	41	2700	2664	36	
索马里	Somalia	10	10			19	19		
南非	S. Africa	24890	24731	154	5	12093	11818	275	
苏丹	Sudan	262441	262174	53	214	207866	207843	23	
坦桑尼亚	Tanzania	42706	41688	900	118	54430	54320	110	
多哥	Togo	2895	2888	7		3893	3886	7	
突尼斯	Tunisia	6392	5353		1039	5318	5318		
乌干达	Uganda	15418	15373	25	20	18941	18902	39	
布基纳法索	Burkina Faso					23	23		
赞比亚	Zambia	22220	21792	146	282	35901	35361	540	
津巴布韦	Zimbabwe	16012	15888	90	34	6572	6509	63	
莱索托	Lesotho	3794	3275	510	9	4398	4014	384	
斯威士兰	Swaziland	209		209		199		199	
厄立特里亚	Eritrea	4713	3677	1000	36	3375	3284	91	
刚果（金）	Congo (J)	28206	28029	9	168	62976	62974	2	
欧洲	**Europe**	**384616**	**329932**	**51888**	**2796**	**340654**	**317464**	**23190**	
比利时	Belgium	19302	19298		4	7345	7345		
丹麦	Denmark	515	491	24		4445	4414	31	
英国	United Kingdom	19541	17487	2049	5	29971	28525	1446	
德国	Germany	48435	41682	6711	42	52040	45887	6153	
法国	France	37981	37861	120		20334	20319	15	
爱尔兰	Ireland	1324	580	744		959	201	758	
意大利	Italy	3599	3389	8	202	10695	10678	17	
荷兰	Netherlands	3199	2685	469	45	10632	10332	300	
希腊	Greece	33307	32311	996		5063	3970	1093	
葡萄牙	Portugal	1080	1080			5083	5083		
西班牙	Spain	11592	11406	186		16181	16109	72	
阿尔巴尼亚	Albania	5071	5063	8		8640	8639	1	
奥地利	Austria	522	514	8		1059	1059		
保加利亚	Bulgaria	933	933			406	406		
芬兰	Finland	714	370	344		53	53		
匈牙利	Hungary	2691	2690	1		6537	6503	34	

6-22 续表 3 continued

单位：万美元 (USD 10 000)

国别(地区)	Country (Region)	2008				2009			
		合 计 Total	承包工程 Contracted Projects	劳务合作 Labour Services	设计咨询 Design Consultation	合 计 Total	承包工程 Contracted Projects	劳务合作 Labour Services	设计咨询 Design Consultation
冰岛	Iceland	712	712			477	474	3	
马耳他	Malta	630	486	144		135		135	
摩纳哥	Monaco					11		11	
挪威	Norway	7122	6659	463		1316	1059	257	
波兰	Poland	1455	1239	216		3617	3362	255	
罗马尼亚	Romania	7448	6595	838	15	5799	5460	339	
瑞典	Sweden	1564	1564			530	519	11	
瑞士	Switzerland	436	436			235	235		
爱沙尼亚	Estonia					49		49	
拉脱维亚	Latvia	301	301						
立陶宛	Lithuania	87		87		128	27	101	
格鲁吉亚	Georgia	2537	2385	152		426	426		
亚美尼亚	Armenia	42	42			1831	1831		
阿塞拜疆	Azerbaijan	6412	6411	1		12510	12509	1	
白俄罗斯	Belorussia	7512	7444	66	2	8869	8327	542	
摩尔多瓦	Moldavia	134	132		2				
俄罗斯	Russia	140085	99637	38113	2335	99890	88382	11508	
乌克兰	Ukraine	16621	16346	134	141	22162	22114	48	
塞尔维亚和黑山	Serbia and Montenegro					28	28		
斯洛文尼亚	Slovenia	172	172			209	202	7	
克罗地亚	Croatia	30	30						
捷克	Czech	1247	1241	6		2570	2569	1	
斯洛伐克	Slovakia	46	46			116	114	2	
马其顿共和国	Macedonia	3			3				
波斯尼亚-黑塞哥维那	Bosnia & Hercegovina	70	70						
塞尔维亚	Serbia	144	144			303	303		
拉丁美洲	**Latin America**	**304752**	**299547**	**3790**	**1415**	**368172**	**364418**	**3754**	
安提瓜和巴布达	Antigua & Barbuda	222	193		29	844	844		
阿根廷	Argentina	10872	10810	62		18102	18058	44	
巴哈马	Bahamas	593	536	57		1291	1291		
巴巴多斯	Barbados	1806	1755	41	10	1592	1560	32	
伯利兹	Belize	3641	3634	7		2613	2597	16	
玻利维亚	Bolivia	150	150			111	111		
巴西	Brazil	93497	93145	155	197	111290	111156	134	
智利	Chile	3051	2961	90		8323	8218	105	
哥伦比亚	Colombia	10605	10532		73	6928	6928		
哥斯达黎加	Costa Rica					3283	3283		
古巴	Cuba	5310	5306		4	4702	4698	4	
多米尼加共和国	Dominica Rep.	104	104			1002	1002		
厄瓜多尔	Ecuador	10754	10754			22247	22247		

6-22 续表 4 continued

单位：万美元 (USD 10 000)

国别(地区)	Country (Region)	2008				2009			
		合计 Total	承包工程 Contracted Projects	劳务合作 Labour Services	设计咨询 Design Consultation	合计 Total	承包工程 Contracted Projects	劳务合作 Labour Services	设计咨询 Design Consultation
格林纳达	Grenada	1074	1074			164	164		
危地马拉	Guatemala	39	39			2200	2200		
圭亚那	Guyana	932	932			1395	1395		
洪都拉斯	Honduras	21		21		4		4	
牙买加	Jamaica	4751	4660	74	17	9792	9776	16	
墨西哥	Mexico	52993	52329	664		16785	16557	228	
尼加拉瓜	Nicaragua	244		244		95		95	
巴拿马	Panama	1937	187	1743	7	2244	7	2237	
秘鲁	Peru	8412	7527	24	861	18993	18967	26	
波多黎各	Puerto Rico					2281	2281		
圣卢西亚	Saint Lucia	56		56		8		8	
圣文森特和格林纳丁斯	Saint Vincent & Grenadines	1337	1170	167		911	404	507	
萨尔瓦多	EL Salvador	3		3		1		1	
苏里南	Suriname	1747	1737	10		7712	7711	1	
特立尼达和多巴哥	Trinidad & Tobago	10496	10274	212	10	27739	27538	201	
特克斯和凯科斯岛	Turks and Caicos Is.	2430	2320	110		385	309	76	
乌拉圭	Uruguay					2269	2269		
委内瑞拉	Venezuela	77675	77418	50	207	92855	92847	8	
英属维尔京群岛	Virgin Islands,British					11		11	
北美洲	**North America**	**64559**	**58825**	**5327**	**407**	**97794**	**93595**	**4199**	
加拿大	Canada	6046	4363	1575	108	11432	10123	1309	
美国	United States	58513	54462	3752	299	86362	83472	2890	
大洋洲及太平洋岛屿	**Oceanic & Pacific Islands**	**109813**	**106830**	**2141**	**842**	**203212**	**200578**	**2634**	
澳大利亚	Australia	66906	65370	749	787	114512	112396	2116	
库克群岛	Cook Islands	176	153	23		1636	1604	32	
斐济	Fiji	2356	1904	451	1	5886	5774	112	
新喀里多尼亚	Newcaledonia	40	40			8714	8714		
瓦努阿图	Vanuatu	270	266		4	146	127	19	
新西兰	New Zealand	4643	4386	257		3698	3642	56	
巴布亚新几内亚	Papua New Guinea	31789	31752		37	63591	63591		
汤加	Tonga	807	800	5	2	2310	2310		
萨摩亚	Samoa	1460	935	514	11	1752	1469	283	
密克罗尼西亚	Micronesia FS	1079	945	134		510	510		
帕劳共和国	Palau	8		8					
马绍尔群岛	Marshall Is.					16		16	
法属波利尼西亚	French Polynesia	279	279			441	441		
其他	**Others**	**976**	**863**	**73**	**40**	**3603**	**3540**	**63**	
国境内	**Inner Country**	**385148**		**385148**		**487307**		**487307**	

主要统计指标解释

进出口总额 指实际进出我国国境的货物总金额。包括对外贸易实际进出口货物，来料加工装配进出口货物，国家间、联合国及国际组织无偿援助物资和赠送品，华侨、港澳台同胞和外籍华人捐赠品，租赁期满归承租人所有的租赁货物，进料加工进出口货物，边境地方贸易及边境地区小额贸易进出口货物(边民互市贸易除外)，中外合资企业、中外合作经营企业、外商独资经营企业进出口货物和公用物品，到、离岸价格在规定限额以上的进出口货样和广告品(无商业价值、无使用价值和免费提供出口的除外)，从保税仓库提取在中国境内销售的进口货物，以及其他进出口货物。该指标可以观察一个国家在对外贸易方面的总规模。我国规定出口货物按离岸价格统计，进口货物按到岸价格统计。

商品经营单位所在地进、出口额 指在所在地海关注册登记的有进出口经营权的企业实际进、出口额。

商品目的地进口额和商品货源地出口额 目的地进口额指进口货物的消费、使用或最终抵运地的实际进口额；货源地出口额指出口货物的产地或原始发货地的实际出口额。

利用外资 指我国各级政府、部门、企业和其他经济组织通过对外借款、吸收外商直接投资以及用其他方式筹措的境外现汇、设备、技术等。

对外借款 指通过对外正式签订借款协议，从境外筹措的资金，包括外国政府贷款、国际金融组织贷款、外国银行商业贷款、出口信贷以及对外发行债券等。1996 年及以前还包括对外发行股票。该指标是我国利用外资的重要部分。

外商直接投资 指外国企业和经济组织或个人(包括华侨、港澳台胞以及我国在境外注册的企业)按我国有关政策、法规，用现汇、实物、技术等在我国境内开办外商独资企业、与我国境内的企业或经济组织共同举办中外合资经营企业、合作经营企业或合作开发资源的投资(包括外商投资收益的再投资)，以及经政府有关部门批准的项目投资总额内企业从境外借入的资金。

外商其他投资 指除对外借款和外商直接投资以外的各种利用外资的形式。包括企业在境内外股票市场公开发行的以外币计价的股票发行价总额，国际租赁进口设备的应付款，补偿贸易中外商提供的进口设备、技术、物料的价款，加工装配贸易中外商提供的进口设备、物料的价款。

对外直接投资 指我国国内投资者以现金、实物、无形资产等方式在国外及港澳台地区设立、购买国（境）外企业，并以控制该企业的经营管理权为核心的经济活动。

对外承包工程 指各对外承包公司以招标议标承包方式承揽的下列业务：(1)承包国外工程建设项目；(2)承包我国对外经援项目；(3)承包我国驻外机构的工程建设项目；(4)承包我国境内利用外资进行建设的工程项目；(5)与外国承包公司合营或联合承包工程项目时我国公司分包部分；(6)对外承包兼营的房屋开发业务。对外承包工程的营业额是以货币表现的本期内完成的对外承包工程的工作量，包括以前年度签订的合同和本年度新签订的合同在报告期内完成的工作量。

对外劳务合作 指以收取工资的形式向业主或承包商提供技术和劳动服务的活动。我国对外承包公司在境外开办的合营企业，中国公司同时又提供劳务的，其劳务部分也纳入劳务合作统计。劳务合作营业额按报告期内向雇主提交的结算数(包括工资、加班费和奖金等)统计。

对外设计咨询 指以服务成果向业主收费的技术服务项目。包括承担地形地貌测绘，地质资源勘探与普查，建设区域规划，提供设计文件、图纸、生产工艺技术资料和工程技术经济咨询，工程项目的可行性考察、研究和评估，进行技术指导和培训人员等；也包括承担国(境)内利用外资建设工程项目中的设计咨询项目内收取外币部分。

Explanatory Notes on Main Statistical Indicators

Total Imports and Exports at Customs refer to the real value of commodities imported and exported across the border of China. They include the actual imports and exports through foreign trade, imported and exported goods under the processing and assembling trades and materials, supplies and gifts as aid given gratis between governments and by the United Nations and other international organizations, and contributions donated by overseas Chinese, compatriots in Hong Kong and Macao and Chinese with foreign citizenship, leasing commodities owned by tenant at the expiration of leasing period, the imported and exported commodities processed with imported materials, commodities trading in border areas (excluding mutual exchange goods), the imported and exported commodities and articles for public use of the Sino-foreign joint ventures, cooperative enterprises and ventures with sole foreign investment. Also included is import or export of samples and advertising goods for which CIF or FOB value are beyond the permitted ceiling (excluding goods of no trading or use value and free commodities for export), imported goods sold in China from bonded warehouses and other imported or exported goods. The indicator of the total imports and exports at customs can be used to observe the total size of external trade in a country. In accordance with the stipulation of the Chinese government, imports are calculated at CIF, while exports are calculated at FOB.

Import Export Value by Location of China's Foreign Trade Managing Units refers to actual value of imports and exports carried out by corporations which have been registered by the local Customs house and are vested with right to run import export business.

Import Value of Commodities by Place of Destination and Export Value of Commodities by Place of Origin in China The former indicator refers to the value of import commodities of the places of their consumption, utilization or the places of their final destination. The latter indicator refers to the value of export commodities of the places of their origin or the places of the commodities dispatched.

Utilization of Foreign Capitals refers to remittance, equipment and technology financed from abroad, by loans, foreign direct investment and other forms undertaken by the Chinese governments at all levels, by various departments, enterprises and other economic units.

Foreign Borrowings refer to funds borrowed from abroad through formal signing of borrowing agreements with foreign institutions, including loans of foreign governments, loans of international financial institutions, commercial loans of foreign banks, export credit, and funds raised by Chinese bonds (and shares before 1996) issued abroad. It is an important part of China's utilization of foreign capitals.

Foreign Direct Investment refers to the investments inside China by foreign enterprises and economic organizations or individuals (including overseas Chinese, compatriots from Hong Kong, Macao and Taiwan, and Chinese enterprises registered abroad), following the relevant policies and laws of China, for the establishment of ventures exclusively with foreign own investment, Sino-foreign joint ventures and cooperative enterprises or for co-operative exploration of resources with enterprises or economic organizations in China. It includes the re- investment of the foreign entrepreneurs with the profits gained from the investment and the funds that enterprises borrow from abroad in the total investment of projects which are approved by the relevant department of the government.

Other Foreign Investment refers to all forms of utilization of foreign capitals other than foreign borrowings and foreign direct investment. It includes the total value of stock shares in foreign currencies issued by enterprises at domestic or foreign stock exchanges, rent payable for the imported equipment through international leasing arrangement, cost of imported equipment, technology and materials provided by foreign counterparts in compensation trade and processing and assembly trade.

Overseas Direct Investment refers to enterprises set up or bought by domestic investors in foreign countries and in Hong Kong, Macao and Taiwan, and the economic activities centring on operation and management of those enterprises are under the control of domestic investors.

Overseas Contracted Project refers to projects undertaken by Chinese contractors (project contracting companies) through bidding process. They include: (1) overseas civil engineering construction projects financed by foreign investors; (2) overseas projects financed by the Chinese government through its foreign aid programs; (3) construction projects of Chinese diplomatic missions, trade offices and other institutions stationed abroad; (4) construction projects in China financed by foreign investment; (5) sub-contracted projects to be taken by Chinese contractors through a joint umbrella project with foreign contractor(s); (6) housing development projects. The business income from international contracted projects is the work volume of contracted projects completed during the reference period, expressed in monetary terms, including completed work on projects signed in previous years.

Overseas Labour Services refer to the activities of providing technology and labour services to employers or contractors in the forms of receiving salaries and wages. Labour services providing by contractual joint ventures of Chinese international contracting corporations should be included in the statistics of service co-operation with foreign countries. The business income of labour service cooperation is the income in the form of wages and salaries, overtime pay, bonuses and other remuneration received from the employers during the reference period.

Overseas Design and Consultation Services refer to projects with income for technical services provided to overseas operators. It includes geographic and topographic mapping, geological resource prospecting and survey, planning of construction areas, provision of design documents, blueprints, materials on production process and techniques, as well as engineering, technical and economic consultation, and feasibility study, research and evaluation of projects. Also included under this category are the above-mentioned services of foreign-financed projects in China that are paid in foreign currencies.

7

能　　源

Energy

简 要 说 明

一、本篇资料的主要内容

本篇包括的主要内容有能源生产、消费及品种构成，能源生产和消费弹性系数，综合能源平衡表和主要能源品种的单项平衡表，分行业、分主要能源品种的消费量，能源加工转换效率及生活用能源消费量等。从2006年开始，增加单位国内生产总值能耗等指标。

二、本篇资料的统计范围

本篇资料的统计范围为全社会。

三、本篇的资料来源

7-1表数据来自工业产品产量统计，并以此为依据计算；7-14表数据来自电力企业联合会；其他表的数据均来自历年能源平衡表。

四、关于数据口径与计算方法的说明

1.一次能源生产量与工业统计数字一致。

2.能源生产与消费弹性系数分别以能源生产、消费增长速度与国内生产总值增长速度相比求得。

3.能源平衡表中，进口量和出口量采用海关统计数据。进口量中包括我国轮船、飞机在国外加油量，出口量中包括外国轮船、飞机在我国加油量。电力折算标准煤系数按平均发电煤耗计算。

4.能源加工转换效率表中，电力折算标准煤系数采用当量值计算，每千瓦小时折0.1229千克标准煤。

5.GDP和工业增加值按2005年价格计算。

6.单位工业增加值能耗的统计范围是全部国有和年主营业务收入500万元及以上的非国有工业法人企业。

Brief Introduction

I. Main Contents

Data in this chapter cover mainly energy production, consumption, and composition; elasticity ratio of energy production and consumption; overall balance sheet of energy and balance sheets by different types of energy; consumption of energy by sector and by types of energy; efficiency of energy processing and conversion; and the consumption of energy for non-production uses. Since 2006, indicators like energy consumption per unit of GDP are also included.

II. The Scope of Data

The scope of data in this chapter is the whole country.

III. Sources of Data

Data in Table 7-1 are calculated on the basis of statistics on output of industrial products; data in Table 7-14 come from the Association of Power Generation Enterprises; and data in other tables in this chapter are from the energy balance sheets over the years.

IV. Notes on Coverage and Compilation of Data

(1) The data on production of primary energy are the same as the corresponding data on industrial statistics.

(2) The elasticity ratio of energy production is calculated as the quotient of the growth rate of energy production divided by the growth rate of GDP; and the elasticity ratio of energy consumption is calculated as the quotient of the growth rate of energy consumption divided by the growth rate of GDP.

(3) In the energy balance sheet, data on imports and exports are from Customs statistics. The refueling by Chinese ships and airplanes abroad is included in imports. The refueling by foreign ships and airplanes in China is included in exports. The coefficient for conversion of electric power into the standard coal equivalent is calculated according to the average consumption of coal for generating electricity.

(4) In the table on the efficiency of energy conversion, the coefficient for the conversion of electric power into the standard coal equivalent is calculated on the basis of the heat value equivalent. One kilowatt is equal to 0.1229 kg SCE.

(5) Gross domestic product and industrial value-added are calculated at 2005 prices.

(6) The statistical coverage of energy consumption per unit of industrial value-added is all State-owned and non-State-owned industrial enterprises with annual revenue from principal businesses of over 5 million yuan.

7-1 能源生产总量及构成
Total Production of Energy and Its Composition

年 份 Year	能源生产总量（万吨标准煤）Total Energy Production (10 000 tons of SCE)	占能源生产总量的比重（%）As Percentage of Total Energy Production (%)			
		原 煤 Coal	原 油 Crude Oil	天然气 Natural Gas	水电、核电、风电 Hydro-power, Nuclear Power, Wind Power
1978	62770	70.3	23.7	2.9	3.1
1980	63735	69.4	23.8	3.0	3.8
1985	85546	72.8	20.9	2.0	4.3
1990	103922	74.2	19.0	2.0	4.8
1991	104844	74.1	19.2	2.0	4.7
1992	107256	74.3	18.9	2.0	4.8
1993	111059	74.0	18.7	2.0	5.3
1994	118729	74.6	17.6	1.9	5.9
1995	129034	75.3	16.6	1.9	6.2
1996	133032	75.0	16.9	2.0	6.1
1997	133460	74.3	17.2	2.1	6.5
1998	129834	73.3	17.7	2.2	6.8
1999	131935	73.9	17.3	2.5	6.3
2000	135048	73.2	17.2	2.7	6.9
2001	143875	73.0	16.3	2.8	7.9
2002	150656	73.5	15.8	2.9	7.8
2003	171906	76.2	14.1	2.7	7.0
2004	196648	77.1	12.8	2.8	7.3
2005	216219	77.6	12.0	3.0	7.4
2006	232167	77.8	11.3	3.4	7.5
2007	247279	77.7	10.8	3.7	7.8
2008	260552	76.8	10.5	4.1	8.6
2009	274618	77.3	9.9	4.1	8.7

注：1.电力折算标准煤的系数根据当年平均发电煤耗计算(下表同)。
2.1996-2008年数据根据经济普查年份调整(以下相关表同)。

a) The coefficient for conversion of electric power into SCE (standard coal equivalent) is calculated on the basis of the data on average coal consumption in generating electric power in the same year. The same applies to the tables following.

b) Some data were revised from 1996 to 2008 according to The Second National Economic Census.The same applies to the relevant tables.

7-2 能源消费总量及构成
Total Consumption of Energy and Its Composition

年 份 Year	能源消费总量（万吨标准煤）Total Energy Consumption (10 000 tons of SCE)	占能源消费总量的比重（%）As Percentage of Total Energy Consumption (%)			
		煤 炭 Coal	石 油 Crude Oil	天然气 Natural Gas	水电、核电、风电 Hydro-power, Nuclear Power, Wind Power
1978	57144	70.7	22.7	3.2	3.4
1980	60275	72.2	20.7	3.1	4.0
1985	76682	75.8	17.1	2.2	4.9
1990	98703	76.2	16.6	2.1	5.1
1991	103783	76.1	17.1	2.0	4.8
1992	109170	75.7	17.5	1.9	4.9
1993	115993	74.7	18.2	1.9	5.2
1994	122737	75.0	17.4	1.9	5.7
1995	131176	74.6	17.5	1.8	6.1
1996	135192	73.5	18.7	1.8	6.0
1997	135909	71.4	20.4	1.8	6.4
1998	136184	70.9	20.8	1.8	6.5
1999	140569	70.6	21.5	2.0	5.9
2000	145531	69.2	22.2	2.2	6.4
2001	150406	68.3	21.8	2.4	7.5
2002	159431	68.0	22.3	2.4	7.3
2003	183792	69.8	21.2	2.5	6.5
2004	213456	69.5	21.3	2.5	6.7
2005	235997	70.8	19.8	2.6	6.8
2006	258676	71.1	19.3	2.9	6.7
2007	280508	71.1	18.8	3.3	6.8
2008	291448	70.3	18.3	3.7	7.7
2009	306647	70.4	17.9	3.9	7.8

7-3 综合能源平衡表
Overall Energy Balance Sheet

单位：万吨标准煤 (10 000 tons of SCE)

项　　目	Item	1990	1995	2000	2005	2008
可供消费的能源总量	**Total Energy Available for Consumption**	**96138**	**129535**	**142605**	**232225**	**287011**
一次能源生产量	Primary Energy Output	103922	129034	135048	216219	260552
回收能	Recovery of Energy		2312	1760	2939	6511
进口量	Imports	1310	5456	14334	26952	36764
出口量(-)	Exports (-)	5875	6776	9633	11448	9955
年初年末库存差额	Stock Changes in the Year	-3219	-491	1097	-2436	-6860
能源消费总量	**Total Energy Consumption**	**98703**	**131176**	**145531**	**235997**	**291448**
在总量中:	Consumption by Sector					
1.农、林、牧、渔、水利业	1.Agriculture, Forestry, Animal Husbandry, Fishery and Water Conservancy	4852	5505	3914	6071	6013
2.工　业	2.Industry	67578	96191	103774	168724	209302
3.建筑业	3.Construction	1213	1335	2179	3403	3813
4.交通运输、仓储和邮政业	4.Transport, Storage and Post	4541	5863	11242	18391	22917
5.批发、零售业和住宿、餐饮业	5.Wholesale and Retail Trades, Hotels and Catering Services	1247	2018	3048	4848	5734
6.其他行业	6.Other Sectors	3473	4519	5762	9255	11771
7.生活消费	7.Household Consumption	15799	15745	15614	25305	31898
在总量中:	Consumption by Usage					
(一) 终端消费	(I) End-use Consumption	94289	124252	139008	225690	278546
#工业	Industry	63239	89473	97597	158767	196832
(二) 加工转换损失量	(II) Losses During the Process of Energy Conversion	2264	3634	2461	3823	5166
#炼焦	Coking	905		525	702	819
炼油	Petroleum Refining	326		781	1305	1380
(三) 损失量	(III) Energy Losses	2150	3289	4062	6483	7736
平衡差额	**Balance**	**-2565**	**-1641**	**-2926**	**-3772**	**-4437**

注：1.电力、热力按等价热值折算,因此加工转换损失量中不包括发电、供热损失量。村办工业包括在工业中(下表同)。

2.进口量包括我国飞机、轮船在国外加油量;出口量包括外国飞机、轮船在我国加油量。

a) Electric power and heat are converted on the basis of equal caloric value. Therefore, losses during the process of energy conversion do not include losses in power generation and heating. Energy consumption of industry include that of village industry. The same applies to the tables following.

b) The refueling by Chinese ships and airplanes abroad is included in imports. The refueling by foreign ships and airplanes in China is included in exports.

7-4 石油平衡表
Petroleum Balance Sheet

单位：万吨 (10 000 tons)

项 目	Item	1990	1995	2000	2005	2008
可供量	**Total Energy Available for Consumption**	**11435.0**	**16072.7**	**22631.8**	**32539.1**	**37318.8**
生产量	Output	13830.6	15005.0	16300.0	18135.3	19044.0
进口量	Imports	755.6	3673.2	9748.5	17163.2	23015.5
出口量(−)	Exports (-)	3110.4	2454.5	2172.1	2888.1	2945.7
年初年末库存差额	Stock Changes in the Year	-40.8	-151.0	-1244.6	128.8	-1795.0
消费量	**Total Energy Consumption**	**11485.6**	**16064.9**	**22495.9**	**32537.7**	**37302.9**
在消费量中:	Consumption by Sector					
1.农、林、牧、渔、水利业	1.Agriculture, Forestry, Animal Husbandry, Fishery and Water Conservancy	1033.6	1203.2	788.5	1451.7	1265.8
2.工 业	2.Industry	7321.6	9349.3	11248.5	14245.1	15603.1
3.建筑业	3.Construction	327.3	242.8	840.6	1502.2	1517.5
4.交通运输、仓储和邮政业	4.Transport, Storage and Post	1683.2	2863.6	6399.0	10709.5	13279.4
5.批发、零售业和住宿、餐饮业	5.Wholesale and Retail Trades, Hotels and Catering Services	77.6	333.9	247.0	375.6	366.4
6.其他行业	6.Other Sectors	757.8	1390.3	1635.9	1969.2	2353.8
7.生活消费	7.Non-production Consumption	284.5	682.0	1336.5	2284.4	2916.9
在消费量中:	Consumption by Usage					
(一) 终端消费	(I) End-use Consumption	9304.7	13676.3	19950.1	29191.6	34702.9
#工 业	Industry	5180.4	7095.5	8860.0	11027.5	13170.8
(二) 中间消费(用于加工转换)	(II) Intermediate Consumption (Consumed in Conversion)	1630.4	2230.0	2352.9	3190.7	2397.6
发 电	Power Generation	1234.4	1358.5	1178.2	1602.0	618.1
供 热	Heating	356.3	399.9	427.0	407.6	413.8
制 气	Gas Production	39.7	51.6	25.9	14.4	2.0
(三)炼油损失量	(III) Losses in Petroleum Refining	295.8	420.1	721.9	1166.7	1363.7
(四) 损失量	(IV) Other Losses	254.7	158.6	192.9	155.4	202.4
平衡差额	**Balance**	**-50.6**	**7.8**	**135.8**	**1.4**	**15.9**

注：1.生产量为原油产量。
2.进口量包括我国飞机、轮船在国外加油量；出口量包括外国飞机、轮船在我国加油量。

a) Data on output refer to the output of crude oil.

b) The refueling by Chinese ships and airplanes abroad is included in imports. The refueling by foreign ships and airplanes in China is included in exports.

7-5 煤炭平衡表
Coal Balance Sheet

单位：万吨 (10 000 tons)

项　目	Item	1990	1995	2000	2005	2008
可供量	**Total Energy Available for Consumption**	**102221.1**	**133461.7**	**136794.5**	**226941.0**	**275061.1**
生产量	Output	107988.3	136073.1	138418.5	234951.8	280200.0
进口量	Imports	200.3	163.5	217.9	2617.1	4034.1
出口量(-)	Exports (-)	1729.0	2861.7	5506.5	7172.4	4543.4
年初年末库存差额	Stock Changes in the Year	-4238.5	86.8	3664.7	-3455.4	-4629.6
消费量	**Total Energy Consumption**	**105523.0**	**137676.5**	**141091.7**	**231851.1**	**281095.9**
在消费量中:	Consumption by Sector					
1.农、林、牧、渔、水利业	1.Agriculture,Forestry,Animal Husbandry, Fishery and Water Conservancy	2095.2	1856.7	933.4	1513.8	1522.6
2.工　业	2.Industry	81090.9	117570.7	127806.7	215493.3	265574.2
3.建筑业	3.Construction	437.6	439.8	536.8	603.6	603.2
4.交通运输、仓储和邮政业	4.Transport, Storage and Post	2160.9	1315.1	882.2	811.2	665.4
5.批发、零售业和住宿、餐饮业	5.Wholesale and Retail Trades, Hotels and Catering Services	1058.3	977.4	1314.6	1674.4	1791.4
6.其他行业	6.Other Sectors	1980.4	1986.7	1161.0	1715.9	1791.6
7.生活消费	7.Household Consumption	16699.7	13530.1	8457.0	10039.0	9147.6
在消费量中:	Consumption by Usage					
(一) 终端消费	(I) End-use Consumption	60205.9	66156.1	55913.1	75382.7	81089.2
#工　业	Industry	35773.8	46050.3	42628.0	59024.9	65567.5
(二) 中间消费(用于加工转换)	(II) Intermediate Consumption (Consumed in Conversion)	41257.8	69487.6	85178.6	156468.4	200006.7
发　电	Power Generation	27204.3	44440.2	55811.2	103263.5	135351.7
供　热	Heating	2995.5	5887.3	8794.1	13542.0	15029.2
炼　焦	Coking	10697.6	18396.4	16496.4	33167.1	41461.7
制　气	Gas Production	360.4	763.7	960.0	1277.0	1227.2
(三) 洗选损耗	(III) Losses in Coal Washing and Dressing	4059.3	2032.8	3191.2	4982.1	6757.8
平衡差额	**Balance**	**-3302.0**	**-4214.8**	**-4297.2**	**-4910.0**	**-6034.9**

注：生产量为原煤产量。
a) Data on output refer to the output of raw coal.

7-6 电力平衡表
Electricity Balance Sheet

单位：亿千瓦小时 (100 million kwh)

项　目	Item	1990	1995	2000	2005	2008
可供量	**Total Energy Available for Consumption**	**6230.4**	**10023.4**	**13472.7**	**24940.8**	**34540.8**
生产量	Output	6212.0	10077.3	13556.0	25002.6	34668.8
水　电	Hydropower	1267.2	1905.8	2224.1	3970.2	5851.9
火　电	Thermal Power	4944.8	8043.2	11141.9	20473.4	27900.8
核　电	Nuclear Power		128.3	167.4	530.9	683.9
进口量	Imports	19.3	6.4	15.5	50.1	38.4
出口量(-)	Exports (-)	0.9	60.3	98.8	111.9	166.4
消费量	**Total Energy Consumption**	**6230.4**	**10023.4**	**13472.4**	**24940.3**	**34541.4**
在消费量中:	Consumption by Sector					
1.农、林、牧、渔、水利业	1.Agriculture,Forestry,Animal Husbandry, Fishery and Water Conservancy	426.8	582.4	533.0	776.3	887.1
2.工　业	2.Industry	4873.3	7659.8	10004.6	18521.7	25388.6
3.建筑业	3.Construction	65.0	159.6	159.8	233.9	367.3
4.交通运输、仓储和邮政业	4.Transport, Storage and Post	105.9	182.3	281.2	430.3	571.8
5.批发、零售业和住宿、餐饮业	5.Wholesale and Retail Trades, Hotels and Catering Services	76.2	199.5	418.7	752.3	1017.4
6.其他行业	6.Other Sectors	202.4	234.2	623.2	1340.9	1913.0
7.生活消费	7.Household Consumption	480.8	1005.6	1452.0	2884.8	4396.1
在消费量中:	Consumption by Usage					
(一) 终端消费	(I) End-use Consumption	5795.8	9278.9	12535.7	23233.8	32403.5
#工　业	Industry	4438.7	6915.3	9067.9	16815.2	23250.8
(二) 输配电损失量	(II) Losses in Transmission	434.6	744.5	936.7	1706.5	2137.9

7-7 能源生产弹性系数
Elasticity Ratio of Energy Production

年 份 Year	能源生产比上年增长 (%) Growth Rate of Energy Production over Preceding Year (%)	电力生产比上年增长 (%) Growth Rate of Electricity Production over Preceding Year (%)	国内生产总值比上年增长 (%) Growth Rate of Gross Domestic Product (GDP) over Preceding Year (%)	能源生产弹性系数 Elasticity Ratio of Energy Production	电力生产弹性系数 Elasticity Ratio of Electricity Production
1985	9.9	8.9	13.5	0.73	0.66
1990	2.2	6.2	3.8	0.58	1.63
1991	0.9	9.1	9.2	0.10	0.99
1992	2.3	11.3	14.2	0.16	0.80
1993	3.6	15.3	14.0	0.26	1.09
1994	6.9	10.7	13.1	0.53	0.82
1995	8.7	8.6	10.9	0.80	0.79
1996	3.1	7.2	10.0	0.31	0.72
1997	0.3	5.1	9.3	0.03	0.55
1998	-2.7	2.7	7.8		0.35
1999	1.6	6.3	7.6	0.21	0.83
2000	2.4	9.4	8.4	0.28	1.12
2001	6.5	9.2	8.3	0.79	1.11
2002	4.7	11.7	9.1	0.52	1.29
2003	14.1	15.5	10.0	1.41	1.55
2004	14.4	15.3	10.1	1.43	1.51
2005	10.0	13.5	11.3	0.88	1.19
2006	7.4	14.6	12.7	0.58	1.15
2007	6.5	14.5	14.2	0.46	1.02
2008	5.4	5.6	9.6	0.56	0.58
2009	5.4	7.1	9.1	0.59	0.78

注：国内生产总值增长速度按不变价格计算(下表同)。

a) The growth rates of GDP are calculated at constant prices. The same applies to the tables following.

7-8 能源消费弹性系数
Elasticity Ratio of Energy Consumption

年 份 Year	能源消费比上年增长 (%) Growth Rate of Energy Consumption over Preceding Year (%)	电力消费比上年增长 (%) Growth Rate of Electricity Consumption over Preceding Year (%)	国内生产总值比上年增长 (%) Growth Rate of Gross Domestic Product (GDP) over Preceding Year (%)	能源消费弹性系数 Elasticity Ratio of Energy Consumption	电力消费弹性系数 Elasticity Ratio of Electricity Consumption
1985	8.1	9.0	13.5	0.60	0.67
1990	1.8	6.2	3.8	0.47	1.63
1991	5.1	9.2	9.2	0.55	1.00
1992	5.2	11.5	14.2	0.37	0.81
1993	6.3	11.0	14.0	0.45	0.79
1994	5.8	9.9	13.1	0.44	0.76
1995	6.9	8.2	10.9	0.63	0.75
1996	3.1	7.4	10.0	0.31	0.74
1997	0.5	4.8	9.3	0.06	0.52
1998	0.2	2.8	7.8	0.03	0.36
1999	3.2	6.1	7.6	0.42	0.80
2000	3.5	9.5	8.4	0.42	1.13
2001	3.3	9.3	8.3	0.40	1.12
2002	6.0	11.8	9.1	0.66	1.30
2003	15.3	15.6	10.0	1.53	1.56
2004	16.1	15.4	10.1	1.60	1.52
2005	10.6	13.5	11.3	0.93	1.19
2006	9.6	14.6	12.7	0.76	1.15
2007	8.4	14.4	14.2	0.59	1.01
2008	3.9	5.6	9.6	0.41	0.58
2009	5.2	7.2	9.1	0.57	0.79

7-9 按行业分能源消费量（2008年）

行业	Sector	能源消费总量（万吨标准煤） Total Energy Consumption (10 000 tons of SCE)
消费总量	**Total Consumption**	**291448.29**
农、林、牧、渔、水利业	**Agriculture, Forestry, Animal Husbandry, Fishery and Water Conservancy**	**6013.13**
工业	**Industry**	**209302.15**
采掘业	**Mining**	**17050.44**
煤炭开采和洗选业	Mining and Washing of Coal	9356.17
石油和天然气开采业	Extraction of Petroleum and Natural Gas	4210.04
黑色金属矿采选业	Mining and Processing of Ferrous Metal Ores	1408.03
有色金属矿采选业	Mining and Processing of Non-Ferrous Metal Ores	863.14
非金属矿采选业	Mining and Processing of Non-metal Ores	1028.27
其他采矿业	Mining of Other Ores	184.79
制造业	**Manufacturing**	**172106.52**
农副食品加工业	Processing of Food from Agricultural Products	2731.34
食品制造业	Manufacture of Foods	1544.66
饮料制造业	Manufacture of Beverages	1161.85
烟草制品业	Manufacture of Tobacco	232.60
纺织业	Manufacture of Textile	6396.38
纺织服装、鞋、帽制造业	Manufacture of Textile Wearing Apparel, Footware and Caps	725.34
皮革、毛皮、羽毛(绒)及其制品业	Manufacture of Leather, Fur, Feather and Related Products	388.73
木材加工及木、竹、藤、棕、草制品业	Processing of Timber, Manufacture of Wood, Bamboo, Rattan, Palm, and Straw Products	981.91
家具制造业	Manufacture of Furniture	181.80
造纸及纸制品业	Manufacture of Paper and Paper Products	3998.65
印刷业和记录媒介的复制	Printing, Reproduction of Recording Media	349.81
文教体育用品制造业	Manufacture of Articles For Culture, Education and Sport Activities	219.76
石油加工、炼焦及核燃料加工业	Processing of Petroleum, Coking, Processing of Nuclear Fuel	13747.01
化学原料及化学制品制造业	Manufacture of Raw Chemical Materials and Chemical Products	28961.13
医药制造业	Manufacture of Medicines	1360.49
化学纤维制造业	Manufacture of Chemical Fibres	1448.58
橡胶制品业	Manufacture of Rubber	1335.83
塑料制品业	Manufacture of Plastics	1852.37
非金属矿物制品业	Manufacture of Non-metallic Mineral Products	25460.52
黑色金属冶炼及压延加工业	Smelting and Pressing of Ferrous Metals	51862.92
有色金属冶炼及压延加工业	Smelting and Pressing of Non-ferrous Metals	11287.99
金属制品业	Manufacture of Metal Products	3023.79
通用设备制造业	Manufacture of General Purpose Machinery	2758.11
专用设备制造业	Manufacture of Special Purpose Machinery	1630.28
交通运输设备制造业	Manufacture of Transport Equipment	2732.58
电气机械及器材制造业	Manufacture of Electrical Machinery and Equipment	1791.10
通信设备、计算机及其他电子设备制造业	Manufacture of Communication Equipment, Computers and Other Electronic Equipment	2197.44
仪器仪表及文化、办公用机械制造业	Manufacture of Measuring Instruments and Machinery for Cultural Activity and Office Work	284.98
工艺品及其他制造业	Manufacture of Artwork and Other Manufacturing	1401.72
废弃资源和废旧材料回收加工业	Recycling and Disposal of Waste	56.84
电力、煤气及水生产和供应业	**Electric Power, Gas and Water Production and Supply**	**20145.19**
电力、热力的生产和供应业	Production and Supply of Electric Power and Heat Power	18676.48
燃气生产和供应业	Production and Supply of Gas	634.60
水的生产和供应业	Production and Supply of Water	834.11
建筑业	**Construction**	**3812.53**
交通运输、仓储和邮政业	**Transport, Storage and Post**	**22917.25**
批发、零售业和住宿、餐饮业	**Wholesale and Retail Trades, Hotels and Catering Services**	**5733.58**
其他行业	**Others**	**11771.34**
生活消费	**Household Consumption**	**31898.32**

Consumption of Energy by Sector (2008)

煤炭消费量（万吨） Coal Consumption (10 000 tons)	焦炭消费量（万吨） Coke Consumption (10 000 tons)	原油消费量（万吨） Crude Oil Consumption (10 000 tons)	汽油消费量（万吨） Gasoline Consumption (10 000 tons)	煤油消费量（万吨） Kerosene Consumption (10 000 tons)	柴油消费量（万吨） Diesel Oil Consumption (10 000 tons)	燃料油消费量（万吨） Fuel Oil Consumption (10 000 tons)	天然气消费量（亿立方米） Natural Gas Consumption (100 million cu.m)	电力消费量（亿千瓦小时） Electricity Consumption (100 million kwh)
281095.92	**29900.23**	**35496.24**	**6145.52**	**1294.01**	**13532.58**	**3237.15**	**812.94**	**34541.35**
1522.57	**53.14**		**160.44**	**1.26**	**1098.87**	**1.50**		**887.05**
265574.20	**29756.70**	**35332.58**	**586.11**	**49.08**	**2517.02**	**2039.47**	**531.60**	**25388.63**
19501.07	**181.87**	**1294.56**	**65.73**	**5.38**	**525.91**	**49.12**	**109.67**	**1701.27**
18317.30	55.80		22.36	2.87	93.48	6.44	5.14	639.93
299.41	0.01	1294.56	27.84	0.13	272.77	41.43	104.41	318.43
182.05	102.92		5.96	1.03	54.66	0.65	0.04	320.08
95.75	12.17		4.39	0.77	19.64	0.20	0.04	222.46
605.16	10.97		5.14	0.58	83.47	0.41	0.05	146.00
1.39			0.04		1.90			54.37
108176.80	**29538.48**	**34027.78**	**492.78**	**43.46**	**1688.64**	**1604.91**	**337.92**	**18588.88**
1641.55	13.20	0.08	17.58	0.42	59.28	10.86	0.54	362.28
1071.85	7.92	0.11	9.87	0.26	30.17	15.43	2.10	166.44
856.53	1.05	0.60	9.14	0.49	20.57	11.35	0.95	110.97
94.94	0.83		0.88		6.66	1.06	0.38	38.62
2529.12	5.28	0.23	22.48	1.38	51.24	36.01	1.49	1126.38
229.35	3.23	0.31	12.58	0.49	38.06	6.98	0.20	130.07
85.60	0.22	0.05	6.05	0.24	20.49	11.12	0.06	76.99
440.00	2.59	0.17	7.89	0.46	16.80	1.99	0.22	175.40
33.46	1.06	0.05	4.03	0.18	13.81	0.29	0.39	34.90
3858.05	5.66	0.60	11.96	0.91	36.32	23.91	1.11	471.79
41.52	0.32		8.18	0.53	17.19	1.80	0.46	77.26
18.25	5.30	0.10	4.23	0.17	18.49	2.67		47.72
26437.72	103.48	31204.73	20.05	2.08	59.26	320.27	26.03	423.80
15067.46	2248.82	2785.45	51.75	3.87	194.22	286.71	200.03	2761.34
717.67	1.55	0.10	11.33	0.43	15.03	6.00	1.81	182.90
751.47	18.48	14.51	2.04	0.29	13.62	32.43	0.48	264.28
458.39	2.50	0.85	13.73	0.15	9.09	15.85	0.53	271.06
312.40	4.38	0.07	17.14	1.04	51.43	16.13	1.09	435.88
23049.05	305.49	17.78	38.03	2.32	329.57	515.13	43.75	1959.68
24126.17	25477.78	0.15	24.72	2.25	124.97	98.40	17.06	3693.10
3301.39	498.07	0.38	7.00	2.18	75.37	98.41	6.08	2511.23
342.56	90.83	0.11	29.38	2.65	74.89	15.44	2.06	728.52
436.37	473.50	0.23	40.51	6.32	71.25	9.33	5.50	490.99
548.01	91.58	0.16	21.60	0.98	41.04	7.27	5.08	251.28
835.57	139.70	0.14	46.46	9.05	118.85	14.23	11.62	471.93
179.34	25.78	0.29	26.68	1.58	69.40	12.04	2.33	402.25
185.11	0.87	0.49	16.13	0.86	76.22	30.44	6.26	530.93
26.55	3.77	0.04	5.15	1.39	13.49	0.20	0.25	66.35
491.79	2.18	0.01	5.84	0.44	18.13	2.53	0.05	313.06
9.54	3.04		0.38	0.05	3.74	0.65		11.47
137896.33	**36.35**	**10.23**	**27.60**	**0.25**	**302.46**	**385.44**	**84.01**	**5098.48**
136725.09	7.13	9.93	21.99	0.23	284.23	382.83	73.92	4804.88
1136.08	29.15	0.31	2.10	0.01	14.55	2.05	9.99	55.08
35.16	0.07		3.51	0.01	3.68	0.56	0.10	238.52
603.18	**10.70**		**196.19**	**9.67**	**370.79**	**37.70**	**0.99**	**367.34**
665.41	**0.29**	**165.66**	**3090.43**	**1174.59**	**7649.31**	**1142.77**	**71.55**	**571.82**
1791.39	**7.54**		**135.28**	**20.82**	**152.72**	**6.25**	**17.75**	**1017.44**
1791.56	**6.93**		**1121.93**	**25.90**	**1151.80**	**9.46**	**20.92**	**1912.97**
9147.61	**64.93**		**855.14**	**12.68**	**592.08**		**170.12**	**4396.10**

7-10 能源加工转换效率

Efficiency of Energy Conversion

单位: % (%)

年 份 Year	总效率 Total Efficiency	发电及电站供热 Electricity Generation and Heating by Power Stations	炼 焦 Coking	炼 油 Petroleum Refining
1983	69.93	36.94	91.18	99.16
1984	69.16	36.95	90.08	99.17
1985	68.29	36.85	90.79	99.10
1986	68.32	36.69	90.63	99.04
1987	67.48	36.75	90.46	98.81
1988	66.54	36.34	90.77	98.76
1989	66.51	36.74	90.30	98.57
1990	66.48	37.34	91.28	90.19
1991	65.90	37.60	89.90	98.10
1992	66.00	37.80	92.70	96.80
1993	67.32	39.90	98.05	98.49
1994	65.20	39.35	89.62	97.48
1995	71.05	37.31	91.99	97.67
1996	70.19	36.63	94.07	97.46
1997	69.76	35.89	94.01	97.37
1998	69.28	37.09	94.97	96.41
1999	69.25	37.04	96.13	97.51
2000	69.04	37.36	96.21	97.32
2001	69.34	37.63	96.48	97.92
2002	69.04	38.73	96.63	96.71
2003	69.40	38.83	96.13	96.80
2004	70.91	39.46	97.55	96.43
2005	71.55	39.87	97.57	96.86
2006	71.24	39.87	97.77	96.86
2007	70.77	40.24	97.56	97.17
2008	71.55	41.04	97.75	97.17

7-11 平均每天能源消费量

Average Daily Energy Consumption by Type of Energy

能源品种	Type of Energy	1990	1995	2000	2005	2006	2007	2008
合计 (万吨标准煤)	**Total (10 000 tons of SCE)**	**270.4**	**359.4**	**397.6**	**646.6**	**708.7**	**768.5**	**796.3**
煤炭 (万吨)	Coal (10 000 tons)	289.1	377.2	385.5	635.2	698.8	747.2	768.0
焦炭 (万吨)	Coke (10 000 tons)	18.9	29.4	29.6	68.8	76.4	79.9	81.7
原油 (万吨)	Crude Oil (10 000 tons)	32.2	40.8	58.0	82.4	88.3	93.2	97.0
燃料油 (万吨)	Fuel Oil (10 000 tons)	9.2	10.2	10.6	11.6	12.0	11.4	8.8
汽油 (万吨)	Gasoline (10 000 tons)	5.2	8.0	9.6	13.3	14.4	15.1	16.8
煤油 (万吨)	Kerosene (10 000 tons)	1.0	1.4	2.4	3.0	3.1	3.4	3.5
柴油 (万吨)	Diesel Oil (10 000 tons)	7.4	11.8	18.6	30.1	32.4	34.2	37.0
天然气 (亿立方米)	Natural Gas (100 million cu.m)	0.4	0.5	0.7	1.3	1.5	1.9	2.2
电力 (亿千瓦小时)	Electricity (100 million kwh)	17.1	27.5	36.8	68.3	78.3	89.6	94.4

7-12 生活能源消费量

Average Annual Energy Consumption for Households

能源品种	Type of Energy	1990	1995	2000	2005	2006	2007	2008
合计 （万吨标准煤）	**Total (10 000 tons of SCE)**	**15799**	**15745**	**15614**	**25305**	**27765**	**30814**	**31898**
煤炭 （万吨）	Coal (10 000 tons)	16700	13530	8457	10039	10036	9761	9148
煤油 （万吨）	Kerosene (10 000 tons)	105	64	72	26	23	20	13
液化石油气 （万吨）	Liquefied Petroleum Gas (10 000 tons)	159	534	858	1329	1456	1638	1457
天然气 （亿立方米）	Natural Gas (100 million cu.m)	19	19	32	79	103	143	170
煤气 （亿立方米）	Coal Gas (100 million cu.m)	29	57	126	145	166	186	184
热力 （万百万千焦）	Heat (10 billion kilo-joule)	8972	12637	23234	52044	56948	57689	62765
电力 （亿千瓦小时）	Electricity (100 million kwh)	481	1006	1452	2885	3352	4063	4396

7-13 人均生活能源消费量

Annual per Capita Energy Consumption of Households

年份 Year	平均每人生活消费能源 (千克标准煤) Annual per Capita Consumption for Households (kg of SCE)	煤炭 (千克) Coal (kg)	电力 (千瓦小时) Electricity (kwh)	煤油 (千克) Kerosene (kg)	液化石油气 (千克) Liquefied Petroleum Gas (kg)	天然气 (立方米) Natural Gas (cu.m)	煤气 (立方米) Coal Gas (cu.m)
1983	106.6	127.7	13.4	1.2	0.6	0.1	1.5
1984	113.5	134.9	15.3	1.4	0.6	0.4	1.6
1985	126.7	148.7	21.2	1.2	0.9	0.4	1.3
1986	127.3	148.3	23.2	1.3	1.1	0.6	1.3
1987	132.1	152.1	26.4	1.2	1.1	0.7	1.6
1988	141.0	159.1	31.2	1.1	1.2	1.4	1.6
1989	139.3	152.4	35.3	1.1	1.4	1.5	2.4
1990	139.2	147.1	42.4	0.9	1.4	1.6	2.5
1991	139.0	143.0	47.2	0.8	1.8	1.6	3.2
1992	134.2	126.9	54.9	0.7	2.1	1.8	4.4
1993	133.5	123.2	62.5	0.6	2.5	1.5	4.6
1994	129.3	109.5	72.7	0.6	3.2	1.7	6.3
1995	130.7	112.3	83.5	0.5	4.4	1.6	4.7
1996	120.5	83.0	87.7	0.5	5.9	1.7	6.4
1997	119.3	77.2	98.6	0.5	6.2	1.7	8.9
1998	119.0	73.1	104.2	0.6	6.9	1.9	9.7
1999	121.8	69.9	108.6	0.6	6.8	2.1	9.3
2000	123.7	67.0	115.0	0.6	6.8	2.6	10.0
2001	127.2	66.1	126.5	0.6	6.7	3.3	9.4
2002	134.0	65.7	138.3	0.3	7.6	3.6	9.8
2003	153.4	69.9	159.7	0.3	8.6	4.0	10.2
2004	175.7	75.4	184.0	0.2	10.4	5.2	10.7
2005	194.1	77.0	221.3	0.2	10.2	6.1	11.1
2006	211.8	76.6	255.6	0.2	11.1	7.8	12.7
2007	233.8	74.1	308.3	0.1	12.4	10.9	14.1
2008	240.8	69.1	331.9	0.1	11.0	12.8	13.9

注：按年平均人口数计算。
a) Data in the table are calculated with the data on the annual average population.

7-14 各地区电力消费量

Electricity Consumption by Region

单位：亿千瓦小时 (100 million kwh)

地 区	Region	1995	2000	2005	2006	2007	2008	2009
北 京	Beijing	261.74	384.43	570.54	611.57	667.01	689.72	739.15
天 津	Tianjin	178.99	234.05	384.84	433.65	494.91	515.88	550.16
河 北	Hebei	602.68	809.34	1501.92	1734.83	2013.67	2095.02	2343.85
山 西	Shanxi	399.16	501.99	946.33	1097.68	1348.81	1314.33	1267.54
内蒙古	Inner Mongolia	186.83	254.21	667.72	884.91	1160.21	1220.57	1287.93
辽 宁	Liaoning	622.81	748.89	1110.56	1228.27	1359.51	1412.00	1488.17
吉 林	Jilin	267.60	291.37	378.23	412.46	462.64	496.49	515.25
黑龙江	Heilongjiang	409.38	442.28	555.85	597.05	628.94	669.90	688.67
上 海	Shanghai	403.27	559.45	921.97	990.15	1072.38	1138.22	1153.38
江 苏	Jiangsu	684.80	971.34	2193.45	2569.75	2952.02	3118.32	3313.99
浙 江	Zhejiang	439.59	738.05	1642.31	1909.23	2189.37	2322.87	2471.44
安 徽	Anhui	288.97	338.93	582.16	662.18	769.10	858.88	952.31
福 建	Fujian	261.28	401.51	756.59	866.84	1000.33	1073.55	1134.92
江 西	Jiangxi	181.21	208.15	391.98	446.20	511.09	545.88	609.22
山 东	Shandong	741.07	1000.71	1911.61	2272.07	2596.05	2726.97	2941.07
河 南	Henan	571.48	718.52	1352.74	1523.50	1808.00	1970.77	2081.38
湖 北	Hubei	414.99	503.02	788.91	876.76	989.23	1058.53	1135.13
湖 南	Hunan	374.76	406.12	674.43	768.77	890.58	904.95	1010.57
广 东	Guangdong	787.66	1334.58	2673.56	3004.03	3394.05	3504.82	3609.64
广 西	Guangxi	220.77	314.44	510.15	579.46	681.14	753.39	856.35
海 南	Hainan	32.00	38.37	81.61	97.68	113.25	121.72	133.77
重 庆	Chongqing		307.61	347.68	405.20	449.22	484.41	533.80
四 川	Sichuan	582.85	521.23	942.59	1059.44	1177.51	1210.13	1324.61
贵 州	Guizhou	203.70	287.78	486.97	581.98	669.10	679.18	750.30
云 南	Yunnan	223.71	273.58	557.25	645.61	745.52	829.44	891.19
西 藏	Tibet				13.00	15.00	16.00	17.70
陕 西	Shaanxi	239.68	292.76	516.43	580.73	653.69	708.03	740.11
甘 肃	Gansu	241.06	295.33	489.48	536.33	614.74	677.76	705.51
青 海	Qinghai	69.02	109.10	206.56	244.41	285.44	313.23	337.24
宁 夏	Ningxia	92.38	136.17	302.88	377.85	439.78	439.62	462.96
新 疆	Xinjiang	119.67	182.98	310.14	356.20	413.32	479.37	547.88

注：2000年及以后为电力企业联合会数。

a) Data since 2000 are provided by the Association of Power Generation Enterprises.

7-15 各地区能源消耗指标(2009年)

Indicators of Energy Consumption by Region(2009)

地 区	Region	单位地区生产总值能耗(等价值) Energy Consumption per Unit of GRP (equivalent value)		单位工业增加值能耗(规模以上，当量值) Energy Consumption per Unit of Industrial Value-added (above Designated Size, equivalent weight)		单位地区生产总值电耗 Electricity Consumption per Unit of GRP	
		指标值(吨标准煤/万元) Index (ton of SCE/ 10 000 yuan)	上升或下降(±%) Change (±%)	指标值(吨标准煤/万元) Index (ton of SCE/ 10 000 yuan)	上升或下降(±%) Change (±%)	指标值(千瓦小时/万元) Index (kw.h/ 10 000 yuan)	上升或下降(±%) Change (±%)
北 京	Beijing	0.606	-5.76	0.909	-12.30	681.85	-2.74
天 津	Tianjin	0.836	-6.03	0.911	-13.54	782.88	-8.49
河 北	Hebei	1.640	-5.02	2.999	-9.54	1449.94	-2.52
山 西	Shanxi	2.364	-5.73	4.550	-8.81	1921.93	-8.50
内蒙古	Inner Mongolia	2.009	-6.91	3.557	-15.10	1686.72	-9.73
辽 宁	Liaoning	1.439	-5.08	2.257	-6.95	1119.99	-6.82
吉 林	Jilin	1.209	-6.19	1.621	-8.19	809.13	-8.64
黑龙江	Heilongjiang	1.214	-5.85	1.382	-9.64	798.67	-7.72
上 海	Shanghai	0.727	-6.17	0.957	-5.00	808.49	-6.39
江 苏	Jiangsu	0.761	-5.17	1.107	-10.17	1064.25	-5.50
浙 江	Zhejiang	0.741	-5.41	1.123	-4.96	1176.50	-2.33
安 徽	Anhui	1.017	-5.39	2.100	-11.13	1088.76	-1.83
福 建	Fujian	0.811	-3.81	1.150	-2.70	1032.05	-5.87
江 西	Jiangxi	0.880	-4.54	1.674	-10.13	922.46	-1.52
山 东	Shandong	1.072	-5.46	1.543	-9.20	972.49	-3.86
河 南	Henan	1.156	-6.16	2.708	-11.56	1218.36	-4.79
湖 北	Hubei	1.230	-5.97	2.350	-12.27	1018.45	-5.52
湖 南	Hunan	1.202	-5.10	1.570	-13.68	911.00	-3.05
广 东	Guangdong	0.684	-4.27	0.809	-6.94	1002.09	-6.13
广 西	Guangxi	1.057	-4.43	2.235	-6.68	1279.87	-2.00
海 南	Hainan	0.850	-2.81	2.613	-4.53	922.89	-2.61
重 庆	Chongqing	1.181	-5.50	1.854	-11.95	894.27	-4.69
四 川	Sichuan	1.338	-5.83	2.249	-9.18	1085.91	-4.66
贵 州	Guizhou	2.348	-4.12	4.320	-0.03	2328.02	-0.83
云 南	Yunnan	1.495	-4.60	2.739	-3.78	1591.10	-4.16
西 藏	Tibet						
陕 西	Shaanxi	1.172	-4.56	1.367	-5.82	1078.51	-7.98
甘 肃	Gansu	1.864	-6.97	3.530	-12.84	2398.81	-5.55
青 海	Qinghai	2.689	-6.46	2.936	-9.46	3862.12	-2.24
宁 夏	Ningxia	3.454	-6.26	6.509	-8.71	4720.74	-5.90
新 疆	Xinjiang	1.934	-1.53	3.095	-1.72	1408.20	5.73

注：地区生产总值和工业增加值按2005年价格计算。

a) Gross regional product and industrial value-added are at 2005 constant prices.

主要统计指标解释

能源生产总量 指一定时期内，全国一次能源生产量的总和。该指标是观察全国能源生产水平、规模、构成和发展速度的总量指标。一次能源生产量包括原煤、原油、天然气、水电、核能及其他动力能(如风能、地热能等)发电量，不包括低热值燃料生产量、生物质能、太阳能等的利用和由一次能源加工转换而成的二次能源产量。

能源消费总量 指一定时期内，全国各行业和居民生活消费的各种能源的总和。该指标是观察能源消费水平、构成和增长速度的总量指标。能源消费总量包括原煤和原油及其制品、天然气、电力，不包括低热值燃料、生物质能和太阳能等的利用。能源消费总量分为终端能源消费量、能源加工转换损失量和能源损失量三部分。

(1)终端能源消费量：指一定时期内，全国生产和生活消费的各种能源在扣除了用于加工转换二次能源消费量和损失量以后的数量。

(2)能源加工转换损失量：指一定时期内，全国投入加工转换的各种能源数量之和与产出各种能源产品之和的差额。该指标是观察能源在加工转换过程中损失量变化的指标。

(3)能源损失量：指一定时期内，能源在输送、分配、储存过程中发生的损失和由客观原因造成的各种损失量，不包括各种气体能源放空、放散量。

能源生产弹性系数 是研究能源生产增长速度与国民经济增长速度之间关系的指标。计算公式：

$$能源生产弹性系数=\frac{能源生产总量年平均增长速度}{国民经济年平均增长速度}$$

国民经济年平均增长速度，可根据不同的目的或需要，用国民生产总值、国内生产总值等指标来计算，本年鉴是采用国内生产总值指标计算的。

电力生产弹性系数 是研究电力生产增长速度与国民经济增长速度之间关系的指标。一般来说，电力的发展应当快于国民经济的发展，也就是说电力应超前发展。计算公式为：

$$电力生产弹性系数=\frac{电力生产量年平均增长速度}{国民经济年平均增长速度}$$

能源消费弹性系数 反映能源消费增长速度与国民经济增长速度之间比例关系的指标。计算公式为：

$$能源消费弹性系数=\frac{能源消费量年平均增长速度}{国民经济年平均增长速度}$$

电力消费弹性系数 反映电力消费增长速度与国民经济增长速度之间比例关系的指标。计算公式为：

$$电力消费弹性系数=\frac{电力消费量年平均增长速度}{国民经济年平均增长速度}$$

能源加工转换效率 指一定时期内，能源经过加工、转换后，产出的各种能源产品的数量与同期内投入加工转换的各种能源数量的比率。该指标是观察能源加工转换装置和生产工艺先进与落后、管理水平高低等的重要指标。计算公式为：

$$能源加工转换效率=\frac{能源加工转换产出量}{能源加工转换投入量}\times 100\%$$

单位国内生产总值能耗 指一定时期内，一个国家或地区每生产一个单位的国内生产总值所消耗的能源。计算公式为：

$$单位国内生产总值能源=\frac{能源消费总量}{国内生产总值}$$

单位国内生产总值电耗 指一定时期内，一个国家或地区每生产一个单位的国内生产总值所消耗的电力。计算公式为：

$$单位国内生产总值电耗=\frac{全社会用电量}{国内生产总值}$$

单位工业增加值能耗 指一定时期内，一个国家或地区每生产一个单位的工业增加值所消耗的能源。计算公式为：

$$单位工业增加值能耗=\frac{工业能源消费量}{工业增加值}$$

Explanatory Notes on Main Statistical Indicators

Total Energy Production refers to the total production of primary energy by all energy producing enterprises in the country in a given period of time. It is a comprehensive indicator to show the level, scale, composition and pace of development of energy production of the country. The production of primary energy includes that of coal, crude oil, natural gas, hydro-power and electricity generated by nuclear energy and other means such as wind power and geothermal power. However, it does not include the production of fuels of low calorific value, bio-energy, solar energy and secondary energy converted from primary energy.

Total Energy Consumption refers to the total consumption of energy of various kinds by the production sectors and the households in the country in a given period of time. It is a comprehensive indicator to show the scale, composition and pace of increase of energy consumption. Total energy consumption includes that of coal, crude oil and their products, natural gas and electricity. However, it does not include the consumption of fuel of low calorific value, bio-energy and solar energy. Total energy consumption can be divided into three parts: end-use energy consumption; loss during the process of energy conversion; and energy loss.

(1)End-use Energy Consumption: It refers to the total energy consumption by the production sectors and the households in the country (region) in a given period of time. It does not include the consumption during the conversion of primary energy into secondary energy and the loss in the process of energy conversion.

(2)Loss During the Process of Energy Conversion: It refers to the total input of various kinds of energy for conversion, minus the total output of various kinds of energy in the country in a given period of time. It is an indicator to show the loss that occurs during the process of energy conversion.

(3)Energy Loss: It refers to the total of the loss of energy during the course of energy transport, distribution and storage and the loss caused by any objective reason in a given period of time. The loss of various kinds of gas due to gas discharges and stocktaking is not included.

Elasticity Ratio of Energy Production is an indicator to show the relationship between the growth rate of energy production and the growth rate of the national economy. The formula is:

$$\text{Elasticity Ratio of Energy Production} = \frac{\text{Average Annual Growth Rate of Energy Production}}{\text{Average Annual Growth Rate of National Economy}}$$

The average annual growth rate of the national economy can be measured by indicators such as the Gross National Product and the Gross Domestic Product, depending on the purposes or needs. The Gross Domestic Product has been used in the calculation of the ratio in this Yearbook.

Elasticity Ratio of Electricity Production is an indicator to show the relationship between the growth rate of electricity production and the growth rate of the national economy. Generally speaking, the growth rate of electricity production should be higher than that of the national economy.

Its formula is:

$$\text{Elasticity Ratio of Electricity Production} = \frac{\text{Average Annual Growth Rate of Electricity Production}}{\text{Average Annual Growth Rate of National Economy}}$$

Elasticity Ratio of Energy Consumption is an indicator to show the relationship between the growth rate of energy consumption and the growth rate of the national economy. The formula is:

$$\text{Elasticity Ratio of Energy Consumption} = \frac{\text{Average Annual Growth Rate of Energy Consumption}}{\text{Average Annual Growth Rate of National Economy}}$$

Elasticity Ratio of Electricity Consumption is an indicator to show the relationship between the growth rate of electricity consumption and the growth rate of the national economy. The formula is:

$$\text{Elasticity Ratio of Electricity Consumption} = \frac{\text{Average Annual Growth Rate of Electricity Consumption}}{\text{Average Annual Growth Rate of National Economy}}$$

Efficiency of Energy Processing and Conversion refers to the ratio of the total output of energy products of various kinds after processing and conversion to the total input of energy of various kinds for processing and conversion in the same reference period. It is an important indicator to show the current conditions of energy processing and conversion equipment, production technique and management. The formula is:

$$\text{Efficiency of Energy Processing \& Conversion} = \frac{\text{Output of Energy After Processing \& Conversion}}{\text{Input of Energy for Processing \& Conversion}} \times 100\%$$

Energy Consumption per Unit of GDP refers to the energy consumption per unit of Gross Domestic Product in a country or the Gross Regional Product in a region in the same reference period. The formula is:

$$\text{Energy Consumption per Unit of GDP} = \frac{\text{Total Energy Consumption}}{\text{Gross Domestic Product}}$$

Electricity Consumption per Unit of GDP refers to the electricity consumption per unit of Gross Domestic Product in a country or the Gross Regional Product in a region in the same reference period. The formula is:

$$\text{Electricity Consumption per Unit of GDP} = \frac{\text{Total Electricity Consumption}}{\text{Gross Domestic Product}}$$

Energy Consumption per Unit of Industrial Value-added refers to the energy consumption per unit of industrial value-added in a country or region in the same reference period. The formula is:

$$\text{Energy Consumption per Unit of Industrial Value-added} = \frac{\text{Total Energy Consumption}}{\text{Industrial Value-added.}}$$

8

财　　政

Government Finance

简 要 说 明

一、本篇的主要内容和资料来源

本篇反映国家财政收支状况，资料来源于财政部，资料基础为国家财政决算、预算外资金收支决算和有关财务报表。

国家财政决算由中央级决算和地方总决算组成。省(自治区、直辖市)级决算及其所属州、县(市)总决算汇总组成省(自治区、直辖市)总决算；各省(自治区、直辖市)总决算汇总成地方总决算。

中央级决算、省(自治区、直辖市)级决算和县(市)总决算，由同级主管部门汇总的行政事业单位决算、企业财务决算、基本建设财务决算和金库年报、税收年报等组成。

为了保证决算数据的准确和完整，年度终了以前，各级财政总预算之间，财政总预算和部门单位预算之间，部门单位预算和所属单位预算之间，都对上下级之间的全年预算数据进行核对。年终后各级财政部门、国家金库会同预算缴款单位将决算收入数据进行核对一致，填制对账单办理签证后，分别按系统上报。

为保持决算口径的一致，财政部每年要制定和颁发各省(自治区、直辖市)总决算表格和中央单位决算表格。各级财政部门和中央主管部门也要结合本部门的具体情况下达有关决算表格。决算表格按国家决算的组成，分为各级财政部门适用的总决算表格和各级主管部门、单位预算机关适用的单位决算表格，决算表数据根据总预算或单位预算会计账簿填报。

有关财政收支方面的资料，根据决算收支总表、决算收入明细表、决算支出明细表的数据加工整理编制。

预算外资金收支决算和有关财务报表的编报与国家决算的编报基本相同。

二、统计口径的变化和数据调整

与以往年份相比，2007年财政收支科目实施了较大改革，特别是财政支出项目口径变化很大，与往年数据不可比。

预算外资金从1982年开始建立统计制度，1993年实施新的财务通则和会计准则，国营企业更新改造资金、大修理基金等不再作为预算外资金，因此1992年以前年度与1993年以后年度的预算外资金收支不可比。从1997年起，预算外资金收支不包括纳入预算内管理的政府性基金（收费），与以前各年也不可比。

Brief Introduction

I. Main Contents and Sources of Data

The data in this chapter present the government revenue and expenditure situation. The data come from the Ministry of Finance. The data are based on final State financial accounts, final extra-budgetary revenue and expenditure accounts and related financial reports.

The final State financial accounts are composed of the final accounts at the level of Central Government and the total final accounts at the level of local governments. The total final accounts at the provincial (autonomous region, municipality directly under the Central Government) level are composed of the final accounts at the provincial level and the total final accounts at the level of governments of prefectures and counties (cities). The total final accounts at the level of local governments are composed of the final accounts of the governments of provinces, autonomous regions and municipalities directly under the Central Government.

The final accounts at the central level, at the provincial level and at the county (city) level are respectively composed of the final accounts of the administrative and institutional units, the final financial accounts of enterprises, the final financial accounts of capital construction, the annual reports on treasury and the annual reports on tax revenue, pooled together by the responsible departments at the same level.

In order to ensure the accuracy and completeness of the data of final accounts, the financial departments at different levels would check the budgetary data of the higher and lower levels of the whole year before the end of the year, including the related figures of the total government budgets between different levels, the related figures between the total government budget and the budgets of the departments and the related figures between the budget of the departments and the budgets of the subordinate units. After the end of the year, the financial departments of different levels and the State Treasury would check the data of the revenue in the final accounts together with the units which submit budgeted revenues, fill out the accounts checking sheet, sign and report to the respective higher authorities.

In order to ensure the consistency in the coverage of the final accounts, the Ministry of Finance works out and issues the forms for the final account for the provinces, autonomous regions and municipalities directly under the Central Government and the forms for the final accounts for the departments at the central level. The financial departments at various levels and the Central Government departments would also work out and issue the forms for the final accounts in the light of the specific departmental conditions to the departments or units at the lower level. The forms for the final accounts are designed in accordance with the composition of the State final account and are composed of the forms for the total final accounts suitable for the financial departments of different levels and the forms for the unit final accounts suitable for the budgetary agencies of the responsible departments or units. The data for the final accounts are filled out in accordance with the data in the account books of the total budget or unit budget.

Data on government revenue and expenditure are compiled on the basis of information from the total final accounts table of revenue and expenditure, the subsidiary table of the final accounts of revenue, and the subsidiary table of the final accounts of expenditure.

The procedures for the compilation of the extra-budgetary revenue and expenditure final account and the related financial tables are basically the same as those for the compilation of the State final accounts.

II. Change of Statistical Scope and Data Adjustment

Compared with the previous years, the classifications of revenue and expenditure accounts have been adjusted largely in 2007, the relative data are not comparable.

Data on the extra-budgetary funds have been collected in accordance with the statistical reporting scheme since 1982. In 1993, new general financial rules and accounting standards were implemented. As a result, the innovation fund and the major repair fund in the State-owned enterprises were no longer listed as extra-budgetary funds. Therefore the extra-budgetary revenues and the extra-budgetary expenditures in the years before 1993 and since 1993 are not comparable. Starting from 1997, government funds (revenue from fees) have been reclassified into budget management and have not been included in the extra-budgetary revenue and expenditure. Therefore, figures since 1997 are not comparable with the earlier figures.

8-1 国家财政收支总额及增长速度
National Government Revenue and Expenditure and Their Increase Rates

年 份 Year	财 政 收 入 (亿元) National Government Revenue (100 million yuan)	财 政 支 出 (亿元) National Government Expenditure (100 million yuan)	增 长 速 度 (%) Increase Rates (%)	
			财 政 收 入 National Government Revenue	财 政 支 出 National Government Expenditure
1978	1132.26	1122.09	29.5	33.0
1980	1159.93	1228.83	1.2	-4.1
1985	2004.82	2004.25	22.0	17.8
1990	2937.10	3083.59	10.2	9.2
1991	3149.48	3386.62	7.2	9.8
1992	3483.37	3742.20	10.6	10.5
1993	4348.95	4642.30	24.8	24.1
1994	5218.10	5792.62	20.0	24.8
1995	6242.20	6823.72	19.6	17.8
1996	7407.99	7937.55	18.7	16.3
1997	8651.14	9233.56	16.8	16.3
1998	9875.95	10798.18	14.2	16.9
1999	11444.08	13187.67	15.9	22.1
2000	13395.23	15886.50	17.0	20.5
2001	16386.04	18902.58	22.3	19.0
2002	18903.64	22053.15	15.4	16.7
2003	21715.25	24649.95	14.9	11.8
2004	26396.47	28486.89	21.6	15.6
2005	31649.29	33930.28	19.9	19.1
2006	38760.20	40422.73	22.5	19.1
2007	51321.78	49781.35	32.4	23.2
2008	61330.35	62592.66	19.5	25.7
2009	68518.30	76299.93	11.7	21.9

注：1.在国家财政收支中，价格补贴1985年以前冲减财政收入，1986年以后列为财政支出。为了可比，本表将1985年以前冲减财政收入的价格补贴改列在财政支出中。
2.财政收入中不包括国内外债务收入。
3.从2000年起，财政支出中包括国内外债务付息支出。

a) Government price subsidies were listed as negative revenue items prior to 1986, but they have been listed as expenditure items in government accounts since 1986. For comparison purpose, budgetary price subsidies before 1985 were adjusted and listed as expenditure items.
b) Government revenue does not include the receipts of domestic and foreign debts.
c) Government expenditures include the interest payment on domestic and foreign debts since 2000.

8-2 各 项 税 收

Taxes

单位：亿元 (100 million yuan)

年 份 Year	合 计 Total	#国内增值税 Domestic Value-added Tax	#营业税 Business Tax	#国内消费税 Domestic Consumption Tax	#关 税 Tariffs	#企业所得税 Corporate Income Tax	#个人所得税 Individual Income Tax
1978	519.28				28.76		
1980	571.70				33.53		
1985	2040.79	147.70	211.07		205.21	696.06	
1990	2821.86	400.00	515.75		159.01	716.00	
1991	2990.17	406.36	564.00		187.28	731.13	
1992	3296.91	705.93	658.67		212.75	720.78	
1993	4255.30	1081.48	966.09		256.47	678.60	
1994	5126.88	2308.34	670.02	487.40	272.68	708.49	
1995	6038.04	2602.33	865.56	541.48	291.83	878.44	
1996	6909.82	2962.81	1052.57	620.23	301.84	968.48	
1997	8234.04	3283.92	1324.27	678.70	319.49	963.18	
1998	9262.80	3628.46	1575.08	814.93	313.04	925.54	
1999	10682.58	3881.87	1668.56	820.66	562.23	811.41	413.66
2000	12581.51	4553.17	1868.78	858.29	750.48	999.63	659.64
2001	15301.38	5357.13	2064.09	929.99	840.52	2630.87	995.26
2002	17636.45	6178.39	2450.33	1046.32	704.27	3082.79	1211.78
2003	20017.31	7236.54	2844.45	1182.26	923.13	2919.51	1418.03
2004	24165.68	9017.94	3581.97	1501.90	1043.77	3957.33	1737.06
2005	28778.54	10792.11	4232.46	1633.81	1066.17	5343.92	2094.91
2006	34804.35	12784.81	5128.71	1885.69	1141.78	7039.60	2453.71
2007	45621.97	15470.23	6582.17	2206.83	1432.57	8779.25	3185.58
2008	54223.79	17996.94	7626.39	2568.27	1769.95	11175.63	3722.31
2009	59521.59	18481.22	9013.98	4761.22	1483.81	11536.84	3949.35

注：1.企业所得税2001年以前只包括国有及集体企业所得税，从2001年起，企业所得税还包括除国有企业和集体企业外的其他所有制企业所得税，与以前各年不可比。

2.国内增值税不包括进口产品增值税；国内消费税不包括进口产品消费税。

a) Before 2001, the corporate income tax only included state-owned and collective-owned enterprises income tax. Since 2001, the corporate income tax also includes the income tax levied on other enterprises except for state-owned and collective-owned enterprises, the figures are not comparable with the previous years.

b) Domestic value-added tax does not include value-added tax from imports. Domestic consumption tax does not include consumption tax from imports.

8-3 中央和地方财政收入及比重
National Government Revenue and Ratio of the Central and Local Governments

年 份 Year	财政收入(亿元) National Government Revenue (100 million yuan)	中央 Central Government	地方 Local Governments	比重 (%) Ratio (%) 中央 Central Government	地方 Local Governments
1978	1132.26	175.77	956.49	15.5	84.5
1980	1159.93	284.45	875.48	24.5	75.5
1985	2004.82	769.63	1235.19	38.4	61.6
1990	2937.10	992.42	1944.68	33.8	66.2
1991	3149.48	938.25	2211.23	29.8	70.2
1992	3483.37	979.51	2503.86	28.1	71.9
1993	4348.95	957.51	3391.44	22.0	78.0
1994	5218.10	2906.50	2311.60	55.7	44.3
1995	6242.20	3256.62	2985.58	52.2	47.8
1996	7407.99	3661.07	3746.92	49.4	50.6
1997	8651.14	4226.92	4424.22	48.9	51.1
1998	9875.95	4892.00	4983.95	49.5	50.5
1999	11444.08	5849.21	5594.87	51.1	48.9
2000	13395.23	6989.17	6406.06	52.2	47.8
2001	16386.04	8582.74	7803.30	52.4	47.6
2002	18903.64	10388.64	8515.00	55.0	45.0
2003	21715.25	11865.27	9849.98	54.6	45.4
2004	26396.47	14503.10	11893.37	54.9	45.1
2005	31649.29	16548.53	15100.76	52.3	47.7
2006	38760.20	20456.62	18303.58	52.8	47.2
2007	51321.78	27749.16	23572.62	54.1	45.9
2008	61330.35	32680.56	28649.79	53.3	46.7
2009	68518.30	35915.71	32602.59	52.4	47.6

注：1.中央、地方财政收入均为本级收入。
2.本表数字不包括国内外债务收入。

a) The revenue of the central and local governments refers to the revenue collected by the central government and that collected by the local governments.

b) Revenue in this table does not include the receipts of domestic and foreign debts.

8-4 中央和地方财政支出及比重
National Government Expenditure and Ratio of Central and Local Governments

年 份 Year	财政支出 (亿元) National Government Expenditure (100 million yuan)	中央 Central Government	地方 Local Governments	比重 (%) Ratio (%) 中央 Central Government	地方 Local Governments
1978	1122.09	532.12	589.97	47.4	52.6
1980	1228.83	666.81	562.02	54.3	45.7
1985	2004.25	795.25	1209.00	39.7	60.3
1990	3083.59	1004.47	2079.12	32.6	67.4
1991	3386.62	1090.81	2295.81	32.2	67.8
1992	3742.20	1170.44	2571.76	31.3	68.7
1993	4642.30	1312.06	3330.24	28.3	71.7
1994	5792.62	1754.43	4038.19	30.3	69.7
1995	6823.72	1995.39	4828.33	29.2	70.8
1996	7937.55	2151.27	5786.28	27.1	72.9
1997	9233.56	2532.50	6701.06	27.4	72.6
1998	10798.18	3125.60	7672.58	28.9	71.1
1999	13187.67	4152.33	9035.34	31.5	68.5
2000	15886.50	5519.85	10366.65	34.7	65.3
2001	18902.58	5768.02	13134.56	30.5	69.5
2002	22053.15	6771.70	15281.45	30.7	69.3
2003	24649.95	7420.10	17229.85	30.1	69.9
2004	28486.89	7894.08	20592.81	27.7	72.3
2005	33930.28	8775.97	25154.31	25.9	74.1
2006	40422.73	9991.40	30431.33	24.7	75.3
2007	49781.35	11442.06	38339.29	23.0	77.0
2008	62592.66	13344.17	49248.49	21.3	78.7
2009	76299.93	15255.79	61044.14	20.0	80.0

注：1.中央、地方财政支出均为本级支出。
2.本表数字2000年以前不包括国内外债务还本付息支出和利用国外借款收入安排的基本建设支出。从2000年起，全国财政支出和中央财政支出中包括国内外债务付息支出。

a) The expenditure of the central and local governments refers to the expenditure disbursed by the central government and that by the local governments.

b) Expenditures before 2000 in this table does not include the payment on the principal and interest of domestic and foreign debts and the expenditure for capital construction using foreign loans. Expenditures of central government and local governments since 2000 include all payment on the principal and interest of domestic and foreign debts.

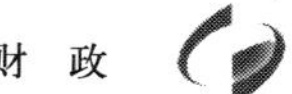

8-5 中央和地方财政主要收入项目（2009年）
Main Items of National Government Revenue of the Central and Local Governments (2009)

单位：亿元 (100 million yuan)

项 目	Item	国家财政收入 National Government Revenue	中央 Central Government	地方 Local Governments
总计	**National Government Revenue**	**68518.30**	**35915.71**	**32602.59**
税收收入	**Total Tax Revenue**	**59521.59**	**33364.15**	**26157.44**
国内增值税	Domestic Value Added Tax	18481.22	13915.96	4565.26
国内消费税	Domestic Consumption Tax	4761.22	4761.22	
进口货物增值税、消费税	VAT and Consumption Tax from Imports	7729.79	7729.79	
出口货物退增值税、消费税	VAT and Consumption Tax Rebate for Exports	-6486.61	-6486.61	
营业税	Business Tax	9013.98	167.10	8846.88
企业所得税	Corporate Income Tax	11536.84	7619.09	3917.75
个人所得税	Individual Income Tax	3949.35	2366.81	1582.54
资源税	Resource Tax	338.24		338.24
城市维护建设税	City Maintenance and Construction Tax	1544.11	124.19	1419.92
房产税	House Property Tax	803.66		803.66
印花税	Stamp Tax	897.49	495.04	402.45
#证券交易印花税	Stamp Tax on Security Exchange	510.38	495.04	15.34
城镇土地使用税	Urban Land Use Tax	920.98		920.98
土地增值税	Land Appreciation Tax	719.56		719.56
车船税	Tax on Vehicles and Boat Operation	186.51		186.51
船舶吨税	Tax on Ship Tonnage	23.79	23.79	
车辆购置税	Vehicle Purchase Tax	1163.92	1163.92	
关税	Tariffs	1483.81	1483.81	
耕地占用税	Farm Land Occupation Tax	633.07		633.07
契税	Deed Tax	1735.05		1735.05
烟叶税	Tobacco Leaf Tax	80.81		80.81
其他税收收入	Other Tax Revenue	4.80	0.04	4.76
非税收入	**Total Non-tax Revenue**	**8996.71**	**2551.56**	**6445.15**
专项收入	Special Program Receipts	1636.99	223.71	1413.28
行政事业性收费	Charge of Administrative and Institutional Units	2317.04	359.54	1957.50
罚没收入	Penalty Receipts	973.86	35.25	938.61
其他收入	Other Non-tax Receipts	4068.82	1933.06	2135.76

8-6 中央和地方财政主要支出项目（2009年）

Main Items of National Government Expenditure of Central and Local Governments (2009)

单位：亿元 (100 million yuan)

项 目	Item	国家财政支出 National Government Expenditure	中央 Central Government	地方 Local Governments
总计	**National Government Expenditure**	**76299.93**	**15255.79**	**61044.14**
一般公共服务	Expenditure for General Public Services	9164.21	1084.21	8080.00
外交	Expenditure for Foreign Affairs	250.94	249.71	1.23
#对外援助	Expenditure for External Assistance	132.96	132.96	
国防	Expenditure for National Defense	4951.10	4825.01	126.09
公共安全	Expenditure for Public Security	4744.09	845.79	3898.30
#武装警察	Expenditure for Armed Police	866.29	679.11	187.18
教育	Expenditure for Education	10437.54	567.62	9869.92
科学技术	Expenditure for Science and Technology	2744.52	1433.82	1310.70
文化体育与传媒	Expenditure for Culture, Sport and Media	1393.07	154.75	1238.32
社会保障和就业	Expenditure for Social Safety Net and Employment Effort	7606.68	454.37	7152.31
保障性住房支出	Expenditure for Affordable Houses	725.97	26.43	699.54
医疗卫生	Expenditure for Medical and Health Care	3994.19	63.50	3930.69
环境保护	Expenditure for Environment Protection	1934.04	37.91	1896.13
城乡社区事务	Expenditure for Urban and Rural Community Affairs	5107.66	3.91	5103.75
农林水事务	Expenditure for Agriculture, Forestry and Water Conservancy	6720.41	318.70	6401.71
交通运输	Expenditure for Transportation	4647.59	1069.22	3578.37
#车辆购置税支出	Expenditure for Purchasing Vehicles	1085.08	648.81	436.27
采掘电力信息等事务	Expenditure for Mining and Quarrying, Electricity and Information Technology	2879.12	508.23	2370.89
粮油物资储备等事务	Expenditure for Reserve for Cereals and Oils	2218.63	781.44	1437.19
金融事务	Expenditure for Financial Affairs	911.19	778.04	133.15
地震灾后恢复重建支出	Expenditure for Post-earthquake Recovery and Reconstruction	1174.45	130.60	1043.85
国债付息支出	Interest Payments on Government Bonds	1491.28	1320.70	170.58
其他支出	Other Expenditure	3203.25	601.83	2601.42

8-7 各地区财政收入（2009年）
Government Revenue by Region (2009)

单位：亿元 (100 million yuan)

地 区	Region	一般预算收入 General Bugetary Revenue	税收收入 Tax Revenue	国内增值税 Domestic Value-added Tax	营业税 Business Revenue	企业所得税 Corporate Income Tax	个人所得税 Individual Income Tax	资源税 Resource Tax
地方合计	**Region Total**	**32602.59**	**26157.43**	**4565.26**	**8846.88**	**3917.75**	**1582.54**	**338.24**
北 京	Beijing	2026.81	1913.97	179.73	752.60	430.42	177.84	0.42
天 津	Tianjin	821.99	614.27	99.08	223.62	95.56	35.66	0.69
河 北	Hebei	1067.12	839.33	190.64	268.05	117.75	42.41	23.61
山 西	Shanxi	805.83	581.91	175.61	145.82	101.81	27.04	30.05
内蒙古	Inner Mongolia	850.86	576.83	109.56	170.22	74.81	29.68	27.55
辽 宁	Liaoning	1591.22	1183.98	163.56	363.94	125.09	48.94	32.65
吉 林	Jilin	487.09	361.11	66.57	117.41	49.20	18.52	4.50
黑龙江	Heilongjiang	641.66	444.31	104.34	125.88	51.13	20.73	15.31
上 海	Shanghai	2540.30	2368.45	372.47	839.68	481.69	230.44	
江 苏	Jiangsu	3228.78	2654.75	516.59	833.86	407.85	140.21	8.22
浙 江	Zhejiang	2142.51	1983.81	368.55	663.62	295.06	124.11	6.68
安 徽	Anhui	863.92	629.32	106.18	219.77	79.56	23.03	11.56
福 建	Fujian	932.43	778.14	129.54	265.23	123.21	47.54	5.87
江 西	Jiangxi	581.30	430.02	66.74	153.50	46.27	16.40	10.87
山 东	Shandong	2198.63	1720.35	324.48	470.61	219.92	64.67	32.81
河 南	Henan	1126.06	821.50	140.82	252.81	114.74	33.33	24.23
湖 北	Hubei	814.87	616.06	113.96	206.79	86.75	29.41	6.89
湖 南	Hunan	847.62	568.27	96.58	217.20	51.16	30.37	3.85
广 东	Guangdong	3649.81	3130.61	580.27	1073.35	523.03	238.99	7.84
广 西	Guangxi	620.99	417.68	65.01	154.86	36.06	20.04	5.34
海 南	Hainan	178.24	151.24	13.42	67.84	19.20	6.14	1.03
重 庆	Chongqing	655.17	435.62	62.01	185.55	41.40	21.24	5.16
四 川	Sichuan	1174.59	886.67	123.95	348.15	109.29	44.38	10.00
贵 州	Guizhou	416.48	311.71	57.47	104.31	42.18	21.32	8.49
云 南	Yunnan	698.25	548.11	97.53	175.79	65.29	25.67	10.49
西 藏	Tibet	30.09	18.51	2.84	10.07	2.10	0.73	0.50
陕 西	Shaanxi	735.27	532.80	111.23	194.49	64.08	26.87	17.90
甘 肃	Gansu	286.59	176.04	37.11	65.25	16.95	8.99	5.13
青 海	Qinghai	87.74	70.17	14.97	25.26	8.86	3.12	6.82
宁 夏	Ningxia	111.58	90.74	16.81	38.98	9.27	4.50	1.51
新 疆	Xinjiang	388.78	301.13	57.63	112.37	28.06	20.20	12.28

8-7 续表 1 continued

单位：亿元 (100 million yuan)

地 区	Region	城市维护建设税 City Maintenance and Construction Tax	房产税 House Property Tax	印花税 Stamp Tax	城镇土地使用税 Urban Land Use Tax	土地增值税 Land Appreciation Tax	车船税 Tax on Vehicles and Boat Operation	耕地占用税 Farm Land Occupation Tax
地方合计	**Region Total**	**1419.92**	**803.66**	**402.45**	**920.98**	**719.56**	**186.51**	**633.07**
北 京	Beijing	71.28	73.98	32.23	15.75	54.16	10.99	11.41
天 津	Tianjin	28.70	22.36	15.18	11.16	15.67	3.41	12.78
河 北	Hebei	51.15	19.29	14.09	33.38	15.22	10.66	13.13
山 西	Shanxi	41.25	12.96	8.82	22.32	2.00	3.56	2.71
内蒙古	Inner Mongolia	35.55	15.69	8.00	37.40	12.55	4.92	32.17
辽 宁	Liaoning	57.69	41.09	16.67	85.18	47.99	9.80	69.56
吉 林	Jilin	22.34	12.55	5.19	18.17	6.32	3.87	15.20
黑龙江	Heilongjiang	37.47	15.46	5.79	27.36	4.97	4.89	5.22
上 海	Shanghai	72.43	62.90	46.31	23.65	61.23	7.09	8.55
江 苏	Jiangsu	134.66	80.99	36.70	96.40	98.17	12.97	42.66
浙 江	Zhejiang	114.13	68.63	28.95	72.15	48.94	11.11	27.39
安 徽	Anhui	41.57	14.97	8.34	28.36	15.46	4.82	27.32
福 建	Fujian	35.02	27.41	11.81	23.71	36.78	4.95	16.84
江 西	Jiangxi	23.42	7.77	4.77	12.45	16.33	3.13	22.92
山 东	Shandong	109.08	57.86	23.87	120.88	43.84	17.69	101.09
河 南	Henan	51.93	21.11	11.27	46.28	21.93	6.77	29.62
湖 北	Hubei	43.49	18.60	9.70	19.03	17.57	3.92	19.05
湖 南	Hunan	47.61	15.63	7.63	11.81	5.27	3.84	30.26
广 东	Guangdong	113.91	107.04	52.26	93.37	107.90	24.90	31.14
广 西	Guangxi	24.08	11.31	5.40	9.44	15.20	3.30	33.62
海 南	Hainan	6.66	5.07	1.80	6.93	10.17	1.04	2.89
重 庆	Chongqing	27.52	12.13	6.43	14.14	7.59	1.39	14.89
四 川	Sichuan	53.87	22.27	12.28	31.79	26.73	9.77	25.96
贵 州	Guizhou	24.45	7.43	3.17	9.48	5.81	2.25	5.63
云 南	Yunnan	56.81	14.18	6.33	13.06	8.19	4.63	13.96
西 藏	Tibet	1.41		0.27		0.28	0.19	0.13
陕 西	Shaanxi	40.74	13.61	8.01	15.45	7.32	5.17	12.45
甘 肃	Gansu	18.25	7.73	3.84	4.11	0.42	1.87	1.83
青 海	Qinghai	4.47	1.49	1.05	1.87	0.20	0.33	0.41
宁 夏	Ningxia	5.92	1.90	1.61	3.59	1.00	0.71	0.11
新 疆	Xinjiang	23.04	10.25	4.69	12.30	4.36	2.55	2.19

8-7 续表 2 continued

单位：亿元 (100 million yuan)

地 区	Region	契 税 Deed Tax	烟叶税 Tobacco Leaf Tax	其他税收收 入 Other Tax Revenue	非税收入 Non-Tax Revenue	专项收入 Special Program Receipts	行政事业性收费收入 Charge of Administrative and Institutional Units	罚没收入 Penalty Receipts	国有资本经营收入 Operation Income of State-owned Assets	国有资源(资产)有偿使用收入 Income from Use of State-owned Resources (Assets)	其他收入 Other Non-tax Receipts
地方合计	**Region Total**	**1735.05**	**80.81**	**4.76**	**6445.15**	**1413.28**	**1957.50**	**938.61**	**940.25**	**751.05**	**444.46**
北 京	Beijing	103.16			112.84	44.01	36.66	19.48	-23.52	25.49	10.72
天 津	Tianjin	50.40			207.72	16.44	100.69	8.16	23.75	42.77	15.92
河 北	Hebei	39.91	0.05		227.79	60.89	49.81	53.85	30.11	11.57	21.57
山 西	Shanxi	7.78	0.15	0.02	223.92	115.15	46.87	36.01	1.34	6.44	18.10
内蒙古	Inner Mongolia	18.08	0.19	0.45	274.03	109.76	42.54	21.91	70.71	20.70	8.41
辽 宁	Liaoning	116.89	0.83	4.10	407.24	45.67	93.76	41.89	145.66	69.46	10.80
吉 林	Jilin	20.49	0.78		125.98	18.93	43.64	29.80	17.66	11.82	4.14
黑龙江	Heilongjiang	23.66	2.09		197.35	49.92	62.04	22.69	30.69	21.34	10.67
上 海	Shanghai	162.01			171.84	42.30	85.27	20.01	-9.28	6.30	27.24
江 苏	Jiangsu	245.45			574.03	91.33	159.68	77.19	184.78	46.18	14.88
浙 江	Zhejiang	154.42	0.09		158.70	67.11	41.94	78.97	-46.38	11.47	5.58
安 徽	Anhui	47.90	0.49		234.59	47.05	85.43	28.34	17.44	47.16	9.19
福 建	Fujian	45.87	4.36		154.28	27.28	42.52	27.98	18.93	29.05	8.52
江 西	Jiangxi	44.31	1.16		151.28	22.01	56.36	29.76	16.77	13.18	13.21
山 东	Shandong	131.16	2.38		478.29	87.41	171.59	68.02	68.22	60.95	22.10
河 南	Henan	61.06	5.60		304.56	63.83	99.28	45.96	51.80	26.07	17.61
湖 北	Hubei	37.40	3.49		198.80	28.36	79.24	31.46	32.94	12.86	13.94
湖 南	Hunan	41.65	5.40		279.34	40.64	93.32	40.31	14.85	51.37	38.86
广 东	Guangdong	175.40	1.21		519.20	81.95	164.06	88.90	66.78	68.89	48.62
广 西	Guangxi	33.03	0.98		203.31	18.09	59.35	24.39	59.33	26.57	15.58
海 南	Hainan	9.07			27.00	6.19	5.93	4.09	6.08	3.97	0.73
重 庆	Chongqing	33.85	2.32		219.55	20.33	127.55	14.01	11.15	31.07	15.43
四 川	Sichuan	61.40	6.82		287.92	57.56	95.11	32.16	36.78	49.43	16.88
贵 州	Guizhou	8.69	11.03		104.77	46.56	19.08	14.23	6.04	12.72	6.14
云 南	Yunnan	26.36	29.65	0.17	150.15	42.20	29.04	32.68	13.08	10.44	22.70
西 藏	Tibet				11.58	2.00	1.26	1.16	-0.09	2.74	4.51
陕 西	Shaanxi	13.94	1.54		202.47	70.46	24.53	20.68	62.08	14.41	10.31
甘 肃	Gansu	4.41	0.16		110.55	46.75	16.36	7.34	16.25	5.68	18.18
青 海	Qinghai	1.31			17.57	7.70	3.18	1.65	0.95	1.36	2.73
宁 夏	Ningxia	4.80	0.02		20.84	6.70	6.20	3.43	0.75	2.55	1.21
新 疆	Xinjiang	11.18	0.02	0.02	87.66	28.70	15.20	12.12	14.59	7.06	9.98

8-8 各地区财政支出（2009年）
Government Expenditure by Region (2009)

单位：亿元 (100 million yuan)

地 区	Region	一般预算支出 General Bugetary Expenditure	一般公共服务 Expenditure for General Public Services	国 防 Expenditure for National Defense	公共安全 Expenditure for Public Security	教 育 Expenditure for Education	科学技术 Expenditure for Science and Technology	文化体育与传媒 Expenditure for Culture, Sport and Media
地方合计	**Region Total**	**61044.14**	**8080.00**	**126.09**	**3898.30**	**9869.92**	**1310.70**	**1238.32**
北 京	Beijing	2319.37	212.21	5.29	161.38	365.67	126.31	74.75
天 津	Tianjin	1124.28	110.59	1.02	73.49	173.61	34.00	19.81
河 北	Hebei	2347.59	346.49	4.51	151.20	439.33	26.43	38.02
山 西	Shanxi	1561.70	247.94	2.70	98.44	278.07	17.61	27.97
内蒙古	Inner Mongolia	1926.84	295.22	3.26	96.90	243.48	18.07	47.33
辽 宁	Liaoning	2682.39	329.16	7.49	154.16	346.73	57.49	76.25
吉 林	Jilin	1479.21	182.67	3.08	98.19	216.99	18.98	29.36
黑龙江	Heilongjiang	1877.74	229.31	3.47	109.11	266.61	19.96	33.46
上 海	Shanghai	2989.65	206.68	6.06	163.41	346.95	215.31	53.12
江 苏	Jiangsu	4017.36	568.48	11.19	284.75	680.63	117.02	77.18
浙 江	Zhejiang	2653.35	397.69	5.48	216.98	519.33	99.30	64.09
安 徽	Anhui	2141.92	267.50	2.97	105.32	323.79	36.47	42.14
福 建	Fujian	1411.82	203.82	3.26	99.47	277.55	27.89	25.77
江 西	Jiangxi	1562.37	193.42	3.25	86.22	251.93	13.40	22.93
山 东	Shandong	3267.67	490.14	8.42	197.37	613.49	62.88	70.40
河 南	Henan	2905.76	459.01	2.56	167.14	526.14	35.52	58.67
湖 北	Hubei	2090.92	308.40	1.71	137.57	317.29	25.33	36.03
湖 南	Hunan	2210.44	336.07	6.67	125.28	357.58	29.62	33.08
广 东	Guangdong	4334.37	625.26	8.34	432.99	803.20	168.50	111.50
广 西	Guangxi	1621.82	237.08	5.18	107.70	296.60	18.07	29.27
海 南	Hainan	486.06	55.65	1.45	32.88	74.50	6.07	9.75
重 庆	Chongqing	1292.09	156.90	3.49	71.67	190.28	15.55	19.04
四 川	Sichuan	3590.72	391.49	8.68	182.79	451.44	28.64	45.70
贵 州	Guizhou	1372.27	196.78	2.81	82.95	256.72	14.27	23.62
云 南	Yunnan	1952.34	237.22	4.62	134.56	308.18	18.99	32.38
西 藏	Tibet	470.13	85.72	1.13	36.78	61.04	2.69	13.36
陕 西	Shaanxi	1841.64	261.55	2.42	94.53	310.96	20.84	40.89
甘 肃	Gansu	1246.28	150.07	1.65	57.52	206.36	10.18	24.50
青 海	Qinghai	486.75	54.88	0.83	26.08	61.82	4.78	15.58
宁 夏	Ningxia	432.36	46.97	0.49	24.17	63.50	4.40	9.03
新 疆	Xinjiang	1346.91	195.64	2.61	87.29	240.15	16.14	33.34

8-8 续表 1 continued

单位：亿元 (100 million yuan)

地 区 Region	社会保障和就业 Expenditure for Social Safety Net and Employment Effort	医疗卫生 Expenditure for Medical and Health Care	环境保护 Expenditure for Environment Protection	城乡社区事务 Expenditure for Urban and Rural Community Affairs	农林水事务 Expenditure for Agriculture, Forestry and Water Conservancy	交通运输 Expenditure for Transportation
地方合计 Region Total	**7851.85**	**3930.69**	**1896.13**	**5103.76**	**6401.71**	**3578.37**
北 京 Beijing	234.29	166.63	54.05	347.82	142.01	147.07
天 津 Tianjin	115.90	54.22	13.36	261.07	63.69	49.44
河 北 Hebei	317.42	174.68	104.20	149.57	264.78	161.06
山 西 Shanxi	236.94	101.73	70.61	85.31	198.47	93.68
内蒙古 Inner Mongolia	274.97	102.94	97.90	210.03	222.36	132.90
辽 宁 Liaoning	518.07	163.32	55.71	289.66	240.71	106.60
吉 林 Jilin	250.44	107.34	49.48	82.58	204.45	57.66
黑龙江 Heilongjiang	339.64	135.50	59.07	104.17	192.42	103.78
上 海 Shanghai	336.08	132.85	33.96	602.36	107.45	81.84
江 苏 Jiangsu	299.17	198.21	147.60	474.93	403.27	230.87
浙 江 Zhejiang	153.08	177.05	55.42	224.61	236.08	246.36
安 徽 Anhui	303.96	165.74	59.27	165.85	259.21	142.73
福 建 Fujian	132.85	93.39	33.83	78.44	120.89	127.62
江 西 Jiangxi	219.34	120.55	43.14	79.71	203.41	112.96
山 东 Shandong	342.79	189.24	76.17	311.93	369.35	174.25
河 南 Henan	403.62	223.15	92.98	130.89	361.60	177.62
湖 北 Hubei	343.98	139.24	74.15	112.34	254.92	84.92
湖 南 Hunan	360.75	159.20	73.63	144.05	276.29	117.24
广 东 Guangdong	401.50	252.85	100.80	358.63	279.21	249.13
广 西 Guangxi	203.69	116.15	49.92	104.08	210.74	81.55
海 南 Hainan	79.20	30.13	18.51	28.90	83.08	28.50
重 庆 Chongqing	234.62	76.73	50.05	177.08	125.42	64.54
四 川 Sichuan	455.91	219.10	114.47	154.05	322.76	170.63
贵 州 Guizhou	150.04	102.84	55.31	43.74	204.13	120.80
云 南 Yunnan	304.10	151.29	82.16	75.78	267.28	159.52
西 藏 Tibet	33.35	22.09	9.75	19.12	84.71	54.92
陕 西 Shaanxi	287.10	125.83	79.50	97.07	220.72	109.40
甘 肃 Gansu	199.75	88.37	53.15	45.47	158.95	61.17
青 海 Qinghai	94.14	32.48	28.98	22.93	57.85	43.35
宁 夏 Ningxia	47.68	22.92	22.59	42.56	68.68	20.39
新 疆 Xinjiang	177.49	84.94	36.42	79.03	196.78	65.91

8-8 续表 2 continued

单位：亿元 (100 million yuan)

地 区	Region	采掘电力信息等事务 Expenditure for Mining and Quarrying, Electricity and Information Technology	粮油物资储备等管理事务 Expenditure for Reserve for Cereals and Oils	金融监管支出 Expenditure for Financial Affairs	地震灾后恢复重建支出 Expenditure for Post-earthquake Recovery and Recon-struction	国债还本付息支出 Interest Payments on Government Bonds	其他支出 Other Expenditure
地方合计	**Region Total**	**2370.89**	**1437.19**	**133.15**	**1043.85**	**170.58**	**2602.65**
北 京	Beijing	110.31	19.58	2.44	18.10		131.48
天 津	Tianjin	70.09	11.44	3.55	6.83		62.19
河 北	Hebei	46.05	47.38	1.26	0.13	0.41	74.67
山 西	Shanxi	28.55	22.15	12.99	6.40	1.25	30.90
内蒙古	Inner Mongolia	58.79	72.29	4.42		1.87	44.11
辽 宁	Liaoning	142.16	53.23	4.84	0.15	11.26	125.40
吉 林	Jilin	49.46	63.14	3.54	3.32	35.57	22.96
黑龙江	Heilongjiang	74.82	146.89	7.68		0.09	51.77
上 海	Shanghai	294.47	39.86	22.82	21.66	1.84	322.92
江 苏	Jiangsu	221.75	88.87	14.17	24.76	2.00	172.53
浙 江	Zhejiang	105.18	55.09	2.04	17.80	0.15	77.59
安 徽	Anhui	99.71	57.23	1.04	11.50	7.07	90.42
福 建	Fujian	43.98	49.84	0.21	3.13	0.24	89.63
江 西	Jiangxi	79.65	62.13	0.52	4.00	2.05	63.78
山 东	Shandong	135.07	82.53	0.87	25.11	14.99	102.66
河 南	Henan	74.77	80.89	6.69	6.07	7.94	90.52
湖 北	Hubei	74.27	56.30	2.00	6.95	2.27	113.25
湖 南	Hunan	75.94	52.13	1.38		3.12	58.43
广 东	Guangdong	128.48	81.31	21.89	15.84	4.58	290.34
广 西	Guangxi	69.47	32.79	0.43		3.80	55.29
海 南	Hainan	11.58	5.21	0.04		1.44	19.17
重 庆	Chongqing	45.25	26.55	0.47	3.71	0.35	30.39
四 川	Sichuan	109.03	63.92	2.08	684.32	7.88	177.81
贵 州	Guizhou	36.02	19.58	0.13		4.93	57.59
云 南	Yunnan	42.75	32.94	2.85	0.42	31.02	66.29
西 藏	Tibet	12.87	12.69	0.04		0.49	19.37
陕 西	Shaanxi	53.70	33.54	4.01	68.25	0.51	30.82
甘 肃	Gansu	19.45	19.05	0.04	115.39	2.01	33.19
青 海	Qinghai	14.69	7.24			11.32	9.81
宁 夏	Ningxia	14.29	14.31	6.41		7.26	16.72
新 疆	Xinjiang	28.30	27.10	2.29		2.84	70.64

注：本表其他支出含外交支出1.23亿元。

a) Other expenditure in this table includes expenditure for foreign affairs which is 123 million yuan.

8-9 中央财政债务余额情况
Outstanding of Debts of Central Government

单位：亿元 (100 million yuan)

年 份 Year	合计 Total	国内债务 Domestic Debts	国外债务 External Debts
2005	32614.21	31848.59	765.52
2006	35015.28	34380.24	635.02
2007	52074.65	51467.39	607.26
2008	53271.54	52799.32	472.22
2009	60237.68	59736.95	500.73

8-10 预算外资金分项目收入
Extra-budgetary Revenue by Item

单位：亿元 (100 million yuan)

年 份 Year	合 计 Total	行政事业性收费 Charges of Administrative and Institutional Units	政府性基金收入 Revenue of Government Funds	乡镇自筹、统筹资金 Revenue from Fundraising Programs of Township Governments	地方财政收入 Revenue of Local Governments	国有企业和主管部门收入 Revenue of State-owned Enterprises and Its Governing Departments	其他收入 Others
1978	347.11	63.41			31.09	252.61	
1980	557.40	74.44			40.85	442.11	
1985	1530.03	233.22			44.08	1252.73	
1990	2708.64	576.95			60.59	2071.10	
1991	3243.30	697.00			68.77	2477.53	
1992	3854.92	885.45			90.88	2878.59	
1993	1432.54	1317.83			114.71		
1994	1862.53	1722.50			140.03		
1995	2406.50	2234.85			171.65		
1996	3893.34	3395.75		272.90	224.69		
1997	2826.00	2414.32		295.78	115.90		
1998	3082.29	1981.92	478.41	337.31		54.67	229.98
1999	3385.17	2354.28	396.51	358.86		50.11	225.41
2000	3826.43	2654.54	383.51	403.34		59.22	325.81
2001	4300.00	3090.00	380.00	410.00		60.00	360.00
2002	4479.00	3238.00	376.00	272.00		72.00	521.00
2003	4566.80	3335.74	287.10	293.14		52.33	598.49
2004	4699.18	3208.42	351.29	213.09		64.12	862.26
2005	5544.16	3858.19	359.29	192.94		47.84	1085.90
2006	6407.88	4216.80	376.49	221.29		44.91	1548.39
2007	6820.32	4681.05		180.25		40.16	1918.86
2008	6617.25	4835.81		220.74		47.08	1513.62

注：1. 1993-1996年的预算外资金收入范围分别有所调整，与以前各年不可比。从1997年起，预算外资金收入不包括纳入预算内管理的政府性基金(收费)。从2004年起，预算外资金收入为财政预算外专户收入。
2. 2003年起，农村税费改革在全国推开，乡镇自筹与统筹资金逐步取消，但个别省份在2003年以后仍有清欠收入。
3. 其他收入，包括彩票公益金、中央电视台广告收入等。

a) Since adjustment on the coverage of extra-budgetary revenues from 1993 to 1996 has made, the figures are not comparable with the previous years. Since 1997, the extra-budgetary revenue does not include the intra-budgetary government funds (fee). Since 2004, the extra-budgetary revenue is the fiscal extra-budgetary revenue in special account.
b) Since 2003, rural tax and fees reform was carried out in the whole country, revenue from fundraising programs of township governments was cancelled, but a few provinces have tax in default after 2003.
c) Other revenue includes lottery welfare fund, revenue from CCTV advertising .

8-11 预算外资金分项目支出
Extra-budgetary Expenditure by Item

单位：亿元 (100 million yuan)

年 份 Year	合 计 Total	一般公共服务 Expenditure for General Public Services	教 育 Education	社会保障和就业 Expenditure for Social Safety Net and Employment Effort	交通运输 Transport	城乡社区事务 Expenditure for Urban and Rural Community Affairs	其他支出 Other Expenditure
1996	3838.32						
1997	2685.54						
1998	2918.31						
1999	3139.14						
2000	3529.01						
2001	3850.00						
2002	3831.00						
2003	4156.36						
2004	4351.73						
2005	5242.48						
2006	5866.95						
2007	6112.42	611.71	2196.93	255.94	975.96	771.02	1300.87
2008	6346.36	565.38	2325.98	217.83	1066.20	807.66	1363.31

注：1. 1996年预算外资金支出范围有所调整，与以前各年不可比。从1997年起，预算外资金支出不包括纳入预算内管理的政府性基金(收费)。从2004年起，预算外资金支出为财政预算外专户支出。
2. 2007年预算外资金按新的支出功能分类科目反映。

a) Because adjustment on the coverage of extra-budgetary expenditures in 1996 has made, the figures are not comparable with the previous years. Since 1997, the extra-budgetary expenditure does not include the intra-budgetary government funds (fee). Since 2004, the extra-budgetary expenditure is the fiscal extra-budgetary expenditure in special account.
b) In 2007, the extra-budgetary expenditures was reflected in new accounts of expenditure classification.

8-12 中央和地方预算外资金收支及比重
Total Extra-budgetary Revenue and Expenditure and Ratio of the Central Government and Local Governments

项 目 Item	全国（亿元） Total (100 million yuan)	中 央 Central Government	地 方 Local Governments	比重（%） Ratio (%) 中 央 Central Government	地 方 Local Governments
收 入 Revenue					
1986	1737.31	716.63	1020.68	41.2	58.8
1987	2028.80	828.03	1200.77	40.8	59.2
1988	2360.77	907.15	1453.62	38.4	61.6
1989	2658.83	1072.28	1586.55	40.3	59.7
1990	2708.64	1073.28	1635.36	39.6	60.4
1991	3243.30	1381.10	1862.20	42.6	57.4
1992	3854.92	1707.73	2147.19	44.3	55.7
1993	1432.54	245.90	1186.64	17.2	82.8
1994	1862.53	283.32	1579.21	15.2	84.8
1995	2406.50	317.57	2088.93	13.2	86.8
1996	3893.34	947.66	2945.68	24.3	75.7
1997	2826.00	145.08	2680.92	5.1	94.9
1998	3082.29	164.15	2918.14	5.3	94.7
1999	3385.17	230.45	3154.72	6.8	93.2
2000	3826.43	247.63	3578.79	6.5	93.5
2001	4300.00	347.00	3953.00	8.1	91.9
2002	4479.00	440.00	4039.00	9.8	90.2
2003	4566.80	379.37	4187.43	8.3	91.7
2004	4699.18	350.69	4348.49	7.5	92.5
2005	5544.16	402.58	5141.58	7.3	92.7
2006	6407.88	467.11	5940.77	7.3	92.7
2007	6820.32	530.37	6289.95	7.8	92.2
2008	6617.25	492.09	6125.16	7.4	92.6
支 出 Expenditure					
1986	1578.37	640.94	937.43	40.6	59.4
1987	1840.75	741.61	1099.14	40.3	59.7
1988	2145.27	842.86	1302.41	39.3	60.7
1989	2503.10	975.87	1527.23	39.0	61.0
1990	2707.06	1037.69	1669.37	38.3	61.7
1991	3092.26	1263.27	1828.99	40.9	59.1
1992	3649.90	1592.81	2057.09	43.6	56.4
1993	1314.30	198.87	1115.43	15.1	84.9
1994	1710.39	225.02	1485.37	13.2	86.8
1995	2331.26	351.38	1979.88	15.1	84.9
1996	3838.32	1034.92	2803.40	27.0	73.0
1997	2685.54	143.91	2541.63	5.4	94.6
1998	2918.31	139.74	2778.57	4.8	95.2
1999	3139.14	164.82	2974.32	5.3	94.7
2000	3529.01	210.74	3318.28	6.0	94.0
2001	3850.00	258.13	3591.87	6.7	93.3
2002	3831.00	259.00	3572.00	6.8	93.2
2003	4156.36	329.32	3827.04	7.9	92.1
2004	4351.73	389.50	3962.23	9.0	91.0
2005	5242.48	458.34	4784.14	8.7	91.3
2006	5866.95	377.72	5489.23	6.4	93.6
2007	6112.42	453.34	5659.08	7.4	92.6
2008	6346.36	402.13	5944.23	6.3	93.7

注：1993-1996年的预算外资金收支范围分别有所调整，与以前各年不可比。从1997年起，预算外资金收支不包括纳入预算内管理的政府性基金（收费）。从2004年起，预算外资金收支为财政预算外专户收支。

a) Because adjustment on the coverage of extra-budgetary revenue and expenditure from 1993 to 1996 has made, the figures are not comparable with the previous years. Since 1997, the extra-budgetary revenues and expenditures do not include the intra-budgetary government fund (fee). Since 2004, the extra-budgetary revenue and expenditure are the fiscal extra-budgetary revenue and expenditure in special account.

8-13 外债余额
Outstanding of External Debts

债务类型	Type of Debts	2004	2005	2006	2007	2008	2009
总计 (亿美元)	**Total (USD 100 million)**	**2629.9**	**2965.5**	**3385.9**	**3892.2**	**3901.6**	**4286.5**
按债务类型分	By Type of Debt						
外国政府贷款	Loans from Foreign Governments	322.1	272.0	276.7	300.6	324.7	349.2
国际金融组织贷款	Loans from International Financial Institutions	251.0	267.9	278.1	283.7	270.5	333.8
国际商业贷款	International Commercial Loans	1247.8	1362.6	1635.1	1820.9	2010.3	1986.5
贸易信贷	Trade Loans	809.0	1063.0	1196.0	1487.0	1296.0	1617.0
按偿还期限分	By Repayment Terms						
长期债务余额	Balance of Long-term Debts	1242.9	1249.0	1393.6	1535.3	1638.8	1693.9
短期债务余额	Balance of Short-term Debts	1387.0	1716.5	1992.3	2356.9	2262.8	2592.6
构成 (%)	**Percentage (%)**	**100.0**	**100.0**	**100.0**	**100.0**	**100.0**	**100.0**
按债务类型分	By Type of Debt						
外国政府贷款	Loans from Foreign Governments	12.2	9.2	8.2	7.7	8.3	8.1
国际金融组织贷款	Loans from International Financial Institutions	9.5	9.0	8.2	7.3	6.9	7.8
国际商业贷款	International Commercial Loans	47.4	45.9	48.3	46.8	51.5	46.3
贸易信贷	Trade Loans	30.8	35.8	35.3	38.2	33.2	37.7
按偿还期限分	By Repayment Terms						
长期债务余额	Balance of Long Term Debts	47.3	42.1	41.2	39.4	42.0	39.5
短期债务余额	Balance of Short Term Debts	52.7	57.9	58.8	60.6	58.0	60.5

注：1.2001年起外债余额增加3个月以内贸易项下的对外融资余额。
2.2009年贸易信贷抽样调查方法进行了调整，为保证数据的可比性，2001-2008年末贸易信贷余额及外债余额也相应进行了调整(下表同)。

a) Since 2001, statistical coverage of outstanding of external debts has increased the foreign financing of international trade of under 3 months.

b) In 2009, trade credit sample survey method was adjusted, outstanding of trade credit and external debts were adjusted accordingly from 2001 to 2008 for comparison. The same applies to the table following.

8-14 外债风险指标
Risk Indicators on External Debts

单位：% (%)

年份 Year	偿债率 Debt Service Ratio	负债率 Liability Ratio	债务率 Foreign Debt Ratio
1985	2.7	5.2	56.0
1986	15.4	7.3	72.1
1987	9.0	9.4	77.1
1988	6.5	10.0	87.1
1989	8.3	9.2	86.4
1990	8.7	13.5	91.6
1991	8.5	14.9	91.9
1992	7.1	14.4	87.9
1993	10.2	13.9	96.5
1994	9.1	17.1	78.0
1995	7.6	15.2	72.4
1996	6.0	14.2	67.7
1997	7.3	14.5	63.2
1998	10.9	15.2	70.4
1999	11.3	15.3	68.7
2000	9.2	13.5	52.1
2001	7.5	15.3	67.9
2002	7.9	13.9	55.5
2003	6.9	13.4	45.2
2004	3.2	13.6	40.2
2005	3.1	13.2	35.4
2006	2.1	12.7	31.9
2007	2.0	11.5	29.0
2008	1.8	8.6	24.7
2009	2.9	8.7	32.2

注：1.本表资料由国家外汇管理局提供。
2.偿债率指偿还外债本息与当年贸易和非贸易外汇收入(国际收支口径)之比。
3.负债率指外债余额与当年国内生产总值之比。
4.债务率指外债余额与当年贸易和非贸易外汇收入(国际收支口径)之比。

a) The table is provided by State Administration of Foreign Exchange.

b) Debt service ratio refers to the ratio of the payment of principal and interest of external debts to the foreign exchange receipts from foreign trade and non-trade services of the current year.

c) Liability ratio refers to the ratio of the balance of external debts to the gross domestic product of the current year.

d) Foreign debt ratio refers to the ratio of the balance of external debts to the foreign exchange receipts from foreign trade and non-trade services of the current year.

主要统计指标解释

财政收入 指国家财政参与社会产品分配所取得的收入，是实现国家职能的财力保证。主要包括:

（1）各项税收：包括国内增值税、国内消费税、进口货物增值税和消费税、出口货物退增值税和消费税、营业税、企业所得税、个人所得税、资源税、城市维护建设税、房产税、印花税、城镇土地使用税、土地增值税、车船税、船舶吨税、车辆购置税、关税、耕地占用税、契税、烟叶税等。

（2）非税收入：包括专项收入、行政事业性收费、罚没收入和其他收入。

财政支出 指国家财政将筹集起来的资金进行分配使用，以满足经济建设和各项事业的需要。主要包括:

（1）一般公共服务：指政府提供基本公共管理与服务的支出，包括人大事务、政协事务、政府办公厅（室）及相关机构事务、发展与改革事务、统计信息事务、财政事务、税收事务、审计事务、海关事务、人力资源事务、纪检监察事务、人口与计划生育事务、商贸事务、知识产权事务、工商行政管理事务、国土资源事务、海洋管理事务、测绘事务、地震事务、气象事务、民族事务、宗教事务、港澳台侨事务、档案事务、共产党事务、民主党派事务及工商联事务、群众团体事务、彩票事务等。

（2）外交：指政府外交事务支出，包括外交行政管理、驻外机构、对外援助、国际组织、对外合作与交流、边界勘界联检等方面的支出。

（3）国防：指政府用于国防方面的支出，包括用于现役部队、预备役部队、民兵、国防科研事业、专项工程、国防动员等方面的支出。

（4）公共安全：指政府维护社会公共安全方面的支出，包括武装警察、公安、国家安全、检察、法院、司法行政、监狱、劳教、国家保密、缉私警察等。

（5）教育：指政府教育事务支出，包括教育行政管理、学前教育、小学教育、初中教育、普通高中教育、普通高等教育、初等职业教育、中专教育、技校教育、职业高中教育、高等职业教育、广播电视教育、留学生教育、特殊教育、干部继续教育、教育机关服务等。

（6）科学技术：指用于科学技术方面的支出，包括科学技术管理事务、基础研究、应用研究、技术研究与开发、科技条件与服务、社会科学、科学技术普及、科技交流与合作等。

（7）文化教育与传媒：指政府在文化、文物、体育、广播影视、新闻出版等方面的支出。

（8）社会保障和就业：指政府在社会保障与就业方面的支出，包括社会保障和就业管理事务、民政管理事务、财政对社会保险基金的补助、补充全国社会保障基金、行政事业单位离退休、企业改革补助、就业补助、抚恤、退役安置、社会福利、残疾人事业、城市居民最低生活保障、其他城镇社会救济、农村社会救济、自然灾害生活救助、红十字事务等。

（9）医疗卫生：指政府医疗卫生方面的支出，包括医疗卫生管理事务支出、医疗服务支出、医疗保障支出、疾病预防控制支出、卫生监督支出、妇幼保健支出、农村卫生支出等。

（10）环境保护：指政府环境保护支出，包括环境保护管理事务支出、环境监测与监察支出、污染治理支出、自然生态保护支出、天然林保护工程支出、退耕还林支出、风沙荒漠治理支出、退牧还草支出、已垦草原退耕还草、能源节约利用、污染减排、可再生能源和资源综合利用等支出。

（11）城乡社区事务：指政府城乡社区事务支出，包括城乡社区管理事务支出、城乡社区规划与管理支出、城乡社区公共设施支出、城乡社区住宅支出、城乡社区环境卫生支出、建设市场管理与监督支出等。

（12）农林水事务：指政府农林水事务支出，包括农业支出、林业支出、水利支出、扶贫支出、农业综合开发支出等。

（13）交通运输：指政府交通运输和邮政业方面的支出，包括公路运输支出、水路运输支出、铁路运输支出、民用航空运输支出、邮政业支出等。

（14）工业商业金融等事务：指政府对工业、商业及金融等方面的支出，包括采掘业支出、制造业支出、建筑业支出、工业和信息产业监管支出、国有资产监管支出、商业流通事务支出、金融业监管支出、旅游业管理与服务支出等。

中央财政收入和地方财政收入 指按现行分税制财政体制划分的中央本级收入和地方本级收入。属于中央财政的收入包括关税，进口货物增值税和消费税，出口货物退增值税和消费税，消费税，铁道部门、各银行总行、各保险公司总公司等集中交纳的营业税和城市维护建设税，增值税75%部分，纳入共享范围的企业所得税60%部分，未纳入共享范围的中央企业所得税、中央企业上交的利润，个人所得税60%部分，车辆购置税，船舶吨税，证券交易印花税97%部分，海洋石油资源税，中央非税收入等。属于地方财政的收入包括营业税（不含铁道部门、各银行总行、各保险公司总公司集中交纳的营业税），地方企业上交利润，城市维护建设税（不含铁道部门、各银行总行、各保险公司总公司集中交纳的部分），房产税，城镇土地使用税，土地增值税，车船税，耕地占用税，契税，烟叶税，印花税，增值税 25%部分，纳入共享范围的企业所得税 40%部分，个人所得税 40%部分，证券交易印花税 3%部分，海洋石油资源税以外的其他资源税，地方非税收入等。

中央财政支出和地方财政支出 指根据政府在经济和社会活动中的不同职责，划分中央和地方政府的责权，按照政府的责权划分确定的支出。中央财政支出包括一般公共服务，外交支出，国防支出，公共安全支出，以及中央政府调整国民经济结构、协调地区发展、实施宏观调控的支出等。地方财政支出包括一般公共服务，公共安全支出，地方统筹的各项社会事业支出等。

Explanatory Notes on Main Statistical Indicators

Government Revenue refers to income for the government finance through participating in the distribution of social products. It is the financial guarantee to ensure government functioning. The contents of government revenue include the following main items:

(1) Various tax revenues, including domestic value added tax (VAT), domestic consumption tax, VAT and consumption tax from imports, VAT and consumption tax rebate for exports, business tax, corporate income tax, individual income tax, resource tax, city maintenance and construct tax, house property tax, stamp tax, urban land use tax, land appreciation tax, tax on vehicles and boat operation, ship tonnage tax, vehicle purchase tax, tariffs, farm land occupation tax, deed tax, and tobacco leaf tax, etc.

(2) Non-tax revenue, including special program receipts, charge of administrative and institutional units, penalty receipts and others non-tax receipts.

Government Expenditure refers to the distribution and use of the funds which the government finance has raised, so as to meet the needs of economic construction and various causes. It includes the following main items:

(1) Expenditure for general public services: It refers to the spending on the basic public management and services which provided by governments, including the expense on affairs of People's Congress, affairs of People's Political Consultative Conference, affairs of government general office and relative institutions, affairs of development and reform, affairs of statistics, affairs of finance, affairs of taxation, affairs of audit, affairs of customs, affairs of human resources and social security, affairs of discipline inspection and supervision, affairs of population and family planning, affairs of commerce and trade, affairs of intellectual property, affairs of administration for industry and commerce, affairs of land and resources, affairs of oceanic administration, affairs of surveying and mapping, affairs of earthquake, ethnic affairs, religious affairs, affairs of Hong Kong, Macao, Taiwan, and Overseas Chinese, affairs of archives administration, affairs of Chinese Communist Party, affairs of democratic parties and federation of industry and commerce, affairs of mass organization, and affairs of lottery, etc.

(2) Expenditure for foreign affairs: It refers to the spending of government on foreign affairs, including the expense on administration of foreign affairs, missions overseas, external assistance, international organizations, foreign cooperation and communication, surveying and joint inspection on borderline, etc.

(3) Expenditure for national defence: It refers to the spending of government on national defence, including the expense on active force, reserve force, militia, scientific research on national defence, special projects, mobilization of national defence, etc.

(4) Expenditure for public security: It refers to the spending of government on maintaining social and public security, including the expense on armed police force, public security, state security, prosecution, courts, justice, prison, labour education and rehabilitation, protection of state secrecy, anti-smuggling police, etc.

(5) Expenditure for education: It refers to the spending of government on education, including the expense on the administration of education, pre-primary education, primary education, secondary education, high school education, regular higher education, primary vocational education, secondary vocational education, technical school education, vocational high school education and higher vocational education, radio and television education, student abroad education, special education, on the job training of cadres, education authorities services, etc.

(6) Expenditure for science and technology: It refers to the spending of government on science and technology (S&T), including the expense on the administration of S&T, basic research, applied research, research and development, conditions and services of S&T, popularization of social science, science and technology, exchanges and cooperation of S&T, etc.

(7) Expenditure for culture, sport and media: It refers to the spending of government on culture, cultural heritage, sports, radio, film, television, press and publication, etc.

(8) Expenditure for social safety net and employment effort: It refers to the spending of government on social safety net and employment, including the expense on administration of social safety net and employment, civil affairs, budgetary subsidy on the social insurance funds, subsidy on National Social Security Fund, retirees of administrative units and institutions, subsidy on enterprise reform, subsidy on employment effort, pension, placement of ex-serviceman, social welfare, the handicapped undertakings, the system of cost of living allowances for urban residents, other urban social relief, rural social relief, living relief of natural disasters, affairs of Red Cross Society, etc.

(9) Expenditure for medical and health care: It refers to the spending of government on medical and health care, including the expense on administration of medical and health care, medical services, health care, disease prevention and control, health inspection and supervision, women and children's health, rural health care, etc.

(10) Expenditure for environment protection: It refers to the spending of government on environment protection, including the expense on administration of environment protection, environment monitoring and supervision, pollution control, natural ecology protection, project of virgin forests

protection, reforesting farmland, controlling the sources of dust storms, returning pastureland to grassland, returning pastureland to grassland, returning cultivated land to grassland, energy conservation, emissions reduction, comprehensive utilization of renewable energy and resources, etc.

(11) Expenditure for urban and rural community affairs: It refers to the spending of government on urban and rural community affairs, including the expense on administration of urban and rural community, planning and management of urban and rural community, public facilities of urban and rural community, housing of urban and rural community, sanitation of urban and rural community, management and supervision on the construction market, etc.

(12) Expenditure for agriculture, forestry and water conservancy: It refers to the spending of government on agriculture, forestry and water conservancy, including the expense on agriculture, forestry, water conservancy, poverty alleviation, comprehensive agricultural development, etc.

(13) Expenditure for transportation: It refers to the spending of government on transportation and postal services, including the expense on road transportation, waterway transportation, railway transportation, civil aviation transportation, and postal services.

(14) Expenditure for industry, commerce and banking: It refers to the spending of government on industry, commerce and banking, including the expense on mining, manufacturing, construction, industry and information technology supervision and administration, State-owned assets supervision and administration, commerce and circulation affairs, financial intermediation supervision and administration, tourism administration and service, etc.

Revenue of the Central Government and Revenue of the Local Governments refers to the revenue collected by the Central Government and that by the local governments as defined by the decentralized taxation system. In accordance with this system, the revenue of the Central Government includes tariff, VAT and consumption tax from imports, VAT and consumption tax rebate for exports, consumption tax, business tax and city maintenance and construct tax from the Ministry of Railways, head offices of banks, head offices of insurance company, which are handed over to the government in a centralized way, 75% of the value added tax, 60% the share part of the corporate income tax, unshared part of corporate income tax of the central enterprises, profit handed in by the central enterprises, 60% of individual income tax, vehicle purchase tax, ship tonnage tax, 97% of stamp tax on securities transactions, resource tax on the offshore petroleum resources. The revenue of the local governments includes business tax (excluding the part of the Ministry of Railways, head offices of banks, head offices of insurance company, which are handed over to the government in a centralized way), profit handed in by the local enterprises, city maintenance and construct tax (excluding the part of the Ministry of Railways, head offices of banks, head offices of insurance company, which are handed over to the government in a centralized way), house property tax, urban land use tax, land appreciation tax, tax on vehicles and boat operation, farm land occupation tax, deed tax, and tobacco leaf tax, stamp tax, 25% of the value added tax, 40% the share part of the corporate income tax, 40% of individual income tax, 3% of stamp tax on securities transactions, resource tax other than the tax on offshore petroleum resources, local non-tax revenue, etc.

Expenditure of the Central Government and Expenditure of the Local Governments according to the different functions of the Central Government and local governments in economic and social activities, the rights of affairs administration are demarcated between those of the Central Government and those of local governments; and the classification of the expenditure between the Central Government and local governments are made on the basis of the classification of the rights of affairs administration between them. The expenditure of the Central Government includes the expenditure for general public services, expenditure for foreign affairs, expenditure for public security, and the expenditure of the Central Government for adjusting the national economic structure; coordinating the development among different regions; and exercising macroeconomic regulation. The expenditure of the local governments includes mainly the expenditure for general public services, expenditure for public security, and expenditures for social development which are planed by local governments, etc.

9

价格指数

Price Indices

简 要 说 明

一、本篇资料的主要内容

本篇价格指数资料，反映生产、流通、消费与投资等环节的价格变动趋势和变动幅度。主要包括居民消费价格指数、商品零售价格指数、农业生产资料价格指数、农业品生产价格指数、工业品出厂价格指数(生产者价格指数)、原材料、燃料和动力购进价格指数、固定资产投资价格指数和房地产价格指数等。

二、本篇的资料来源

价格指数编制由国家统计局城市社会经济调查司组织实施。由各省、自治区、直辖市及抽选出的市、县调查队依据国家统计局统一制定的价格统计调查制度向基层采集原始数据汇总后上报。

三、居民消费、商品零售价格指数

编制居民消费、商品零售价格指数的资料采用抽样调查和重点调查相结合的方法取得，即在全国选择不同经济区域和分布合理的地区，以及有代表性的商品作为样本，对其市场价格进行定期调查，以样本推断总体。目前，参加国家级数据汇总的调查市、县 500 个。编制过程按下列几个步骤进行:

1.选择调查地区和调查点。调查地区按照经济区域和地区分布合理等原则，选出具有代表性的大、中、小城市和县作为国家的调查地区，在此基础上选定经营规模大、商品种类多的商场(包括集市和服务网点)作为调查点。

2.选择代表商品和代表规格品。代表商品是选择那些消费量大、价格变动有代表性的商品；代表规格品的确定是根据商品零售资料和 5.9 万户城市居民、6.8 万户农村居民的消费支出记帐资料，按照有关规定筛选的。筛选原则: (1)与社会生产和人民生活关系密切; (2)消费(销售)数量(金额)大；(3)市场供应稳定；(4)价格变动趋势有代表性；(5)所选的代表规格品之间差异大。

目前，居民消费价格调查按用途划分为 8 大类，262 个基本分类，各地每月调查 600 种以上规格产品价格；商品零售价格按用途划分为 16 个大类，229 个基本分类，各地每月调查 500 种以上的规格产品价格。

3.价格调查方式。采用派员直接到调查点登记调查，同时全国聘请近万名辅助调查员协助登记调查。

4.权数的确定。商品零售价格指数的计算权数主要根据社会商品零售额资料确定;居民消费价格指数的计算权数根据近 13 万户城乡居民家庭消费支出构成确定。

四、工业品出厂价格指数

工业品出厂价格是工业品第一次出售时的出厂价格。该项调查采用重点调查与典型调查相结合的调查方法。重点调查对象为年主营业务收入 500 万元及以上的工业法人企业;典型调查对象为年主营业务收入 500 万元以下的工业法人企业。

1.选择代表企业的原则: (1)按工业行业选择调查企业，各中类行业原则上都要有调查企业；(2)大型企业应尽量都选上(或占相当大比重)；(3)选择生产正常、稳定的企业作为调查对象；(4)选择企业时要兼顾不同所有制形式。

2.选择代表产品的原则: (1)按工业行业选择代表产品；(2)选择对国计民生影响大的产品；(3)选择生产较为稳定的产品；(4)选择有发展前景的产品；(5)选择具有地方特色的产品。

目前《工业品价格调查目录》包括 4000 多种产品(7500 多个规格)。上述代表产品所代表的行业销售额占当年全国工业品销售总额的 70%以上。

3.价格调查方式。采用企业报表形式，每月近 6 万家工业企业上报数据资料。

4.权数的确定。编制工业品出厂价格指数所用的权数，用工业品销售额计算。计算资料来源于经济普查数据。若近期没有经济普查数据时，采用工业统计资料和部门统计资料来推算。权数一般五年更换一次。

五、固定资产投资价格指数

固定资产投资价格调查采用重点调查与典型调查相结合的方法。固定资产投资价格调查所涉及的价格是构成固定资产投资额实体的实际购进价格或结算价格。调查的内容包括构成当年建筑工程实体的钢材、木材、水泥、地方材料(如砖、瓦、灰、沙、石等)、化工材料(如油漆等)等主要建筑材料价格；作为活劳动投入的劳动力价格（单位工资）和建筑机械使用费用；设备工器具购置和其他费用投资价格。

固定资产投资价格调查样本的选择遵循以下原则:

1.选择建筑安装工程调查点的原则: (1)样本单位应具有一定覆盖面；(2)投资经济活动代表性强；(3)兼顾不同经济类型；(4)选择重点工程；(5)兼顾国民经济各门类及不同工程类别。

2.选择其他费用调查点的原则: 在选择其他费用调查点时，所遵循的原则与建筑安装工程调查点的原则基本相同，特别是要注意选择那些投资额大的工程。但由于其他费用不易取得，所以在实际操作过程中，应同时在建设单位、施工单位开展重点调查，并辅以典型调查(从管理部门取得资料)。

3.价格调查方式。采用企业报表和调查员走访相结合的方式。

4.权数的确定。固定资产投资价格指数的计算权数是建筑安装工程、设备工器具购置和其他费用三者前三年的平均比重。

六、房地产价格指数

从广义上讲，房地产是房产与地产的总称。因此房地产价格调查的内容主要包括以下几个部分:

1.房屋销售价格。从进入房地产市场的渠道看，房屋销售价格包括商品房和二手房两部分。

2.房屋租赁价格。房屋租赁价格包括住宅、办公楼、商业娱乐用房、工业仓储用房和其他用房五部分。

3.土地交易价格。土地交易价格包括居住用地、工业仓储用地、商业旅游娱乐用地和其他用地四部分。

4.物业管理价格。物业管理价格包括住宅、办公楼、商业娱乐用房和工业仓储用房四部分。

房地产价格调查采用重点调查与典型调查相结合的方法。调查方式采用报表与走访相结合的方式。

目前我国房地产价格调查在七十个大中城市开展，调查样本超过 1 万个。

Brief Introduction

I. Main Contents

Data on price indices in this chapter show the changing trends and the change rates in the prices of production, trade, consumption and investment, including mainly consumer price indices, retail price indices, price indices for means of agricultural production, producer price indices for farm products, ex-factory price indices for industrial products (or producer price indices for manufactured goods), purchasing price indices for raw materials, fuels and power, price indices for investment in fixed assets, and price indices for real estate.

II. Sources of Data

Compilation of statistics on price indices is organized by the Department of Urban Social and Economic Survey, NBS. The urban socio-economic survey organizations of the provinces, autonomous regions and municipalities directly under the Central Government and of the selected cities and counties collect data from the grassroots units in accordance with the scheme of price survey system stipulated by the NBS, tabulate them and report them to the higher agencies.

III. Consumer Price Indices and Retail Price Indices

Data for compilation of the consumer price indices and the retail price indices in China are collected through a combination of sample surveys and surveys of key units. Areas distributed in different economic regions are selected as the sample areas and representative commodities are selected as the sample commodities. Regular surveys are conducted to collect data on their market prices. Population parameters are inferred on the basis of the sample data. At present, 500 cities and counties have been selected for this purpose. Following are major steps in the process of calculation of the price indices:

(1) The selection of areas and survey points: Based on such principles as regional economic features and reasonable geographic distribution, representative sample areas for the national survey are selected which include large, medium and small cities and counties. When the sample areas have been selected, large-scale shops and markets (including fairs and service outlets) with wide variety of commodities are selected as survey points.

(2) The selection of representative commodities and their specifications or varieties: The representative commodities selected are those consumed in large quantity and representative in price changes. The representative specifications or varieties are determined according to the data on the retail sales of commodities and the consumption expenditure account data of the residents of 59,000 urban households and 68,000 rural households; and selection follows the related instructions. The principles for selection are: (a) The commodities are closely related to social production and people's living conditions; (b) They are consumes (or sold) in large quantities (or large values); (c) The market supply is stable; (d) The changes of their prices are representative in trend; (e) There is great heterogeneity among the specifications or varieties selected.

At present, data are collected on 600 and more specifications each month under 262 basic headings in 8 categories in the consumer price surveys. For the retail price surveys, data are collected on more than 500 specifications each month under 229 basic headings in 16 categories.

(3) Method of data collection: Enumerators are sent to the survey points to take the records of the prices. Nearly 10 thousand assistant enumerators are recruited to assist the survey work.

(4) Determination of the weights: The weights for calculation of the retail price indices are determined mainly according to the total retail sales of commodities. The weights for calculation of the consumer price indices are determined according to the composition of the consumption expenditures of some 130,000 urban and rural households.

IV. Producer Price Indices for Manufactured Goods

Producer prices for manufactured goods refer to the ex-factory price of manufactured goods when they are first sold. The survey program is a combined use of the key units' survey and typical units' survey methods. Key units refer to those non-State-owned industrial enterprises with annual revenue above 5 million yuan. Typical units refer to the industrial enterprises with annual sale revenue below 5 million yuan.

(1) Principles for selecting the representative enterprises:

(a) Enterprises to be covered in the survey are selected by industrial sectors. In principle, every branch should have enterprises selected; (b) All (or a majority of) large-sized enterprises should be selected; (c) Enterprises selected should be those with normal and stable production; (d) Different types of ownership should be considered in selecting enterprises.

(2) Principle for the selection of representative goods:

(a) The goods are selected by industrial sectors; (b) The selected goods should have great impact on the national economy and people's living conditions; (c) The production of the goods selected are relatively more stable; (d) The prospects of the goods selected are promising; (e) The goods selected are typical to the place in question.

The current *List of Manufactured Goods* for the survey includes over 4,000 goods (including 7,500 specifications or varieties). The industrial sales value of the industries represented by these goods accounts for more than 70 percent of total industrial sales value of all the country.

(3) Method of data collection: The method of reporting forms by enterprises is adopted. There are about 60,000 industrial enterprises which should report the price data every month.

(4) Determination of the weights: The weights for calculation of the producer price indices for manufactured goods are determined according to the total sales value of manufactured goods. Data from the industrial census are used for the calculation. If census data are not available for the reference year, industrial statistical data and statistical data from other agencies will be used to estimate the weights. The weights are replaced every five years.

V. Price Indices for Investment in Fixed Assets

Data on prices of investment in fixed assets are collected by a program involving the combined use of surveys on key units and surveys on typical units. The prices collected in the surveys of investment in fixed assets are the actual purchasing prices or settlement prices of entities of investment in fixed assets. The survey content includes the prices of main construction materials that constitute the architectural engineering entity in the year, such as steel, timber, cement, local construction materials (such as brick, tile, calcareous ashes, sand, stone, etc.), chemical materials (such as oil paint, etc.), the price of labor force as input (wages), prices for renting of building machinery and equipment, the purchasing price of equipment, tools and instruments and the prices of others investments.

The following principles should be followed in selecting the sample for the price survey of investment in fixed assets:

(1) Principles for selecting the survey points of construction and installation: (a) Sample units should have a good coverage; (b) The economic activity of investment should have strong representativeness; (c) Different economic types of ownership should be considered; (d) key projects should be selected; (e) Attention should be given to various sectors of the national economy and types of projects.

(2) Principles for selecting price survey points of other fees: The principles for selecting survey points of others fees is in general the same as that of construction and installation, with special attention being paid to selecting projects with huge investment value. Since it is not easy to obtain the other fees, during the actual data gathering operations, survey on key construction owner units and building units is to conducted concurrently with survey on typical units (with information from administration units)

(3) Method of price survey: A combination of enterprises reporting system and enumerator visits method.

(4) Determination of the weights: The weights for calculation of the price indices for investment in fixed assets are determined according to the average proportion of construction and installation, purchase of equipment, tools and instruments and other investments in the 3 preceding years.

VI. Price Indices for Real Estate

In the broad sense real estate refers to properties in terms of both buildings and land. Therefore, the price survey on real estate covers the following items:

1) Sale prices of houses. In terms of the types of houses sold at the market, sale prices of houses include the prices for commercialized houses and for second-hand houses.

2) Renting price of houses. Included in this category are prices for renting residential housing, office buildings, buildings for business or recreational purposes, buildings for industrial or storage purposes, and housing for other purposes.

3) Transaction prices of land. Included in this category are prices for the transaction of land used for residential housing, for industrial and storage purposes, for business or recreational purposes and for other uses.

4) Property management price. Included in this category are prices for residential housing, office buildings, buildings for business or recreational purposes, and buildings for industrial or storage purposes.

Survey on real estate prices employed a combination of survey of key units and survey of typical cases. Data are collected through reporting forms supplemented by interviews.

The survey on real estate prices at present is conducted in 70 large and medium-sized cities, with a sample of over 10,000 units.

9-1 各种价格指数
Price Indices

(上年=100) (preceding year=100)

年份 Year	居民消费价格指数 Consumer Price Index	城市居民消费价格指数 Urban Household	农村居民消费价格指数 Rural Household	商品零售价格指数 Retail Price Index	工业品出厂价格指数 Producer Price Index for Manufactured Goods	原材料、燃料、动力购进价格指数 Purchasing Price Index for Raw Material, Fuel and Power	固定资产投资价格指数 Price Index for Investment in Fixed Assets
1978	100.7	100.7		100.7	100.1		
1980	107.5	107.5		106.0	100.5		
1985	109.3	111.9	107.6	108.8	108.7		
1990	103.1	101.3	104.5	102.1	104.1	105.6	
1991	103.4	105.1	102.3	102.9	106.2	109.1	109.5
1992	106.4	108.6	104.7	105.4	106.8	111.0	115.3
1993	114.7	116.1	113.7	113.2	124.0	135.1	126.6
1994	124.1	125.0	123.4	121.7	119.5	118.2	110.4
1995	117.1	116.8	117.5	114.8	114.9	115.3	105.9
1996	108.3	108.8	107.9	106.1	102.9	103.9	104.0
1997	102.8	103.1	102.5	100.8	99.7	101.3	101.7
1998	99.2	99.4	99.0	97.4	95.9	95.8	99.8
1999	98.6	98.7	98.5	97.0	97.6	96.7	99.6
2000	100.4	100.8	99.9	98.5	102.8	105.1	101.1
2001	100.7	100.7	100.8	99.2	98.7	99.8	100.4
2002	99.2	99.0	99.6	98.7	97.8	97.7	100.2
2003	101.2	100.9	101.6	99.9	102.3	104.8	102.2
2004	103.9	103.3	104.8	102.8	106.1	111.4	105.6
2005	101.8	101.6	102.2	100.8	104.9	108.3	101.6
2006	101.5	101.5	101.5	101.0	103.0	106.0	101.5
2007	104.8	104.5	105.4	103.8	103.1	104.4	103.9
2008	105.9	105.6	106.5	105.9	106.9	110.5	108.9
2009	99.3	99.1	99.7	98.8	94.6	92.1	97.6

9-2 各种价格定基指数
Fixed-base Price Indices

年份 Year	居民消费价格指数 Consumer Price Index (1978=100)	城市居民消费价格指数 Urban Household (1978=100)	农村居民消费价格指数 Rural Household (1985=100)	商品零售价格指数 Retail Price Index (1978=100)	工业品出厂价格指数 Producer Price Index for Manufactured Goods (1985=100)	原材料、燃料、动力购进价格指数 Purchasing Price Index for Raw Material, Fuel and Power (1990=100)	固定资产投资价格指数 Price Index for Investment in Fixed Assets (1991=100)
1978	100.0	100.0		100.0			
1980	109.5	109.5		108.1			
1985	131.1	134.2	100.0	128.1	100.0		
1990	216.4	222.0	165.1	207.7	159.0	100.0	
1991	223.8	233.3	168.9	213.7	168.9	109.1	100.0
1992	238.1	253.4	176.8	225.2	180.4	121.1	115.3
1993	273.1	294.2	201.0	254.9	223.7	163.6	145.9
1994	339.0	367.8	248.0	310.2	267.3	193.4	161.1
1995	396.9	429.6	291.4	356.1	307.1	222.9	170.6
1996	429.9	467.4	314.4	377.8	316.0	231.6	177.4
1997	441.9	481.9	322.3	380.8	315.0	234.6	180.4
1998	438.4	479.0	319.1	370.9	302.1	224.7	180.0
1999	432.2	472.8	314.3	359.8	294.8	217.3	179.3
2000	434.0	476.6	314.0	354.4	303.1	228.4	181.3
2001	437.0	479.9	316.5	351.6	299.2	227.9	182.0
2002	433.5	475.1	315.2	347.0	292.6	222.7	182.4
2003	438.7	479.4	320.2	346.7	299.3	233.4	186.4
2004	455.8	495.2	335.6	356.4	317.6	260.0	196.8
2005	464.0	503.1	343.0	359.3	333.2	281.6	199.9
2006	471.0	510.6	348.1	362.9	343.2	298.5	202.9
2007	493.6	533.6	366.9	376.7	353.8	311.6	210.8
2008	522.7	563.5	390.7	398.9	378.2	344.3	229.6
2009	519.0	558.4	389.5	394.1	357.8	317.2	224.1

9-3 居民消费价格分类指数（2009年）

Consumer Price Indices by Category (2009)

(上年=100) (preceding year=100)

项　目	Item	全国 National Indices	城市 Urban Indices	农村 Rural Indices
居民消费价格指数	**Consumer Price Index**	**99.3**	**99.1**	**99.7**
食品	**Food**	**100.7**	**101.0**	**100.1**
粮食	Grain	105.6	105.7	105.5
#大米	Rice	106.0	106.1	105.7
面粉	Flour	107.2	107.5	106.9
淀粉	Starches and Tubers	103.4	103.7	102.9
干豆类及豆制品	Beans and Bean Products	98.3	98.6	97.8
油脂	Oil or Fat	81.7	82.1	81.2
肉禽及其制品	Meat, Poultry and Processed Products	91.3	91.5	90.8
蛋	Eggs	101.6	101.3	102.0
水产品	Aquatic Products	102.5	102.7	101.7
菜	Vegetables	113.6	113.4	114.0
#鲜菜	Fresh Vegetables	115.4	115.0	116.7
调味品	Flavoring	103.4	103.7	103.0
糖	Carbohydrate	102.5	102.6	102.1
茶及饮料	Tea and Beverages	101.8	102.0	101.4
茶叶	Tea	101.4	101.6	101.0
饮料	Beverages	102.0	102.1	101.6
干鲜瓜果	Dried and Fresh Melons and Fruits	107.1	107.0	107.5
#鲜果	Fresh Fruits	109.1	109.0	109.5
糕点饼干面包	Cake, Biscuit and Bread	102.9	102.7	103.3
液体乳及乳制品	Milk and Its Products	101.5	101.4	102.3
在外用膳食品	Dining Out	102.7	102.4	103.5
其它食品	Other Foods	101.7	101.6	101.8
烟酒及用品	**Tobacco, Liquor and Articles**	**101.5**	**101.7**	**101.3**
烟草	Tobacco	100.4	100.4	100.3
酒	Liquor	103.4	103.8	102.9
吸烟、饮酒用品	Articles for Smoking and Drinking	101.2	101.3	100.6
衣着	**Clothing**	**98.0**	**97.8**	**98.4**
服装	Garments	97.8	97.7	98.1
衣着材料	Clothing Material	100.9	101.1	100.7
鞋袜帽	Footgear and Hats	97.8	97.5	98.6
衣着加工服务	Clothing Manufacturing Services	103.5	104.1	102.5
家庭设备用品及维修服务	**Household Facilities, Articles and Services**	**100.2**	**100.3**	**100.0**
耐用消费品	Durable Consumer Goods	98.1	98.2	98.1
家具	Furniture	99.7	99.9	99.1
家庭设备	Household Facilities	97.3	97.2	97.5

9-3 续表 continued

(上年=100) (preceding year=100)

项　　目	Item	全　国 National Indices	城　市 Urban Indices	农　村 Rural Indices
室内装饰品	Interior Decorations	99.7	99.7	99.9
床上用品	Bed Articles	98.8	98.6	99.1
家庭日用杂品	Daily Use Household Articles	102.5	102.7	102.1
家庭服务及加工维修服务	Household Services and Maintenance and Renovation	105.2	105.5	104.4
医疗保健和个人用品	**Health Care and Personal Articles**	**101.2**	**101.1**	**101.5**
医疗保健	Health Care	101.4	101.3	101.5
医疗器具及用品	Medical Instrument and Articles	101.6	101.9	101.2
中药材及中成药	Traditional Chinese Medicine	102.6	103.0	101.6
西药	Western Medicine	101.0	100.8	101.6
保健器具及用品	Health Care Appliances and Articles	101.1	101.0	101.3
医疗保健服务	Health Care Services	101.0	100.9	101.2
个人用品及服务	Personal Articles and Services	100.8	100.5	101.5
化妆美容用品	Cosmetics	100.8	100.8	100.8
清洁化妆用品	Sanitation Articles	102.1	102.2	101.9
个人饰品	Personal Ornaments	96.3	95.8	97.5
个人服务	Personal Services	103.8	103.4	104.8
交通和通信	**Transportation and Communication**	**97.6**	**97.3**	**98.2**
交通	Transportation	98.6	98.3	99.3
交通工具	Transportation Facility	98.0	97.2	99.6
车用燃料及零配件	Fuels and Parts	92.8	92.9	92.7
车辆使用及维修费	Fees for Vehicles Use and Maintenance	101.1	101.3	100.8
市区公共交通费	Incity Traffic Fare	100.6	100.4	101.7
城市间交通费	Intercity Traffic Fare	100.5	100.2	101.1
通信	Communication	96.3	96.2	96.5
通信工具	Communication Facility	81.7	79.1	87.2
通信服务	Communication Service	99.5	99.5	99.4
娱乐教育文化用品及服务	**Recreation, Education and Culture Articles**	**99.3**	**98.8**	**100.6**
文娱用耐用消费品及服务	Durable Consumer Goods for Cultural and Recreational Use and Services	90.6	89.3	93.7
教育	Education	101.6	101.1	102.4
教材及参考书	Teaching Materials and Reference Books	102.9	103.2	102.5
学杂托幼费	Tuition and Child Care	101.4	100.9	102.4
文化娱乐	Cultural and Recreational Articles	102.5	102.7	102.1
文化娱乐用品	Cultural Articles	99.8	99.6	100.6
书报杂志	Newspapers and Magazines	107.6	108.7	104.6
文娱费	Expenditure on Culture and Recreation	102.1	102.2	101.9
旅游	Touring and Outing	97.5	97.3	98.9
居住	**Residence**	**96.4**	**95.4**	**98.5**
建房及装修材料	Building and Building Decoration Materials	100.2	100.8	99.6
租房	Renting	101.6	101.6	101.4
自有住房	Private Housing	85.3	83.5	93.0
水电燃料	Water, Electricity and Fuels	97.9	97.7	98.5

9-4 商品零售价格分类指数（2009年）

Retail Price Indices by Category (2009)

(上年=100) (preceding year=100)

项目	Item	全国 National Indices	城市 Urban Indices	农村 Rural Indices
商品零售价格总指数	**Retail Price Index**	**98.8**	**98.7**	**99.0**
食品类	**Food**	**100.9**	**101.1**	**100.2**
粮食	Grain	105.7	105.9	105.4
油脂	Oil or Fat	81.8	82.0	81.4
肉禽及其制品	Meat, Poultry and Processed Products	91.7	91.9	91.2
蛋	Eggs	101.6	101.3	102.0
水产品	Aquatic Products	102.3	102.8	101.0
菜	Vegetables	113.2	113.0	113.8
调味品	Flavoring	103.5	103.7	103.1
糖	Sugar	102.5	102.8	102.1
干鲜瓜果	Dried and Fresh Melons and Fruits	106.7	106.9	106.3
糕点饼干面包	Cake, Biscuit and Bread	102.9	102.7	103.2
液体乳及乳制品	Milk and Its Products	101.4	101.3	101.8
在外用膳食品	Outward Dinner Food	102.7	102.5	103.5
主食	Staple Food	102.4	102.1	103.0
炒菜	Fried Dishes	102.6	102.4	103.3
地方小吃	Local Snack	103.7	103.2	104.9
其它食品	Other Foods	101.6	101.5	101.8
饮料、烟酒	**Beverages, Tobacco and Liquor**	**101.7**	**101.8**	**101.3**
茶及饮料	Tea and Beverages	101.9	102.1	101.4
烟草	Tobacco	100.4	100.4	100.3
酒	Liquor	103.3	103.7	102.7
服装、鞋帽	**Garments, Shoes and Hats**	**97.9**	**97.8**	**98.1**
服装	Garments	98.0	98.0	98.0
鞋袜帽	Footgear and Hats	97.6	97.2	98.4
纺织品	**Textiles**	**99.6**	**99.4**	**99.8**
衣着材料	Clothing	100.8	101.0	100.6
床上用品	Bedding	98.8	98.6	99.2
家用电器及音像器材	**Household Appliances, Music and Video Equipment**	**94.2**	**93.7**	**95.7**
文化办公用品	**Cultural and Office Appliances**	**96.2**	**95.3**	**98.6**
日用品	**Articles for Daily Use**	**102.0**	**102.0**	**101.9**
日用百货	General Merchandise for Daily Use	101.5	101.4	101.6
日用杂品	Miscellaneous for Daily Use	101.9	102.1	101.5
体育娱乐用品	**Sports and Recreation Articles**	**97.8**	**96.8**	**100.0**
交通、通信用品	**Transportation and Communication Appliances**	**93.7**	**93.1**	**95.5**
家具	**Furniture**	**99.7**	**99.9**	**99.0**
化妆品	**Cosmetics**	**100.8**	**100.7**	**101.0**
金银珠宝	**Gold, Silver and Jewelry**	**95.6**	**95.3**	**96.7**
中西药品及医疗保健用品	**Traditional Chinese and Western Medicines and Health Care Articles**	**101.5**	**101.5**	**101.5**
医疗器具及用品	Medical Apparatus and Article	101.5	101.9	100.8
中药材及中成药	Traditional Chinese Medicinal Materials and Medicines	102.4	102.8	101.7
西药	Western Medicines	101.1	100.9	101.6
书报杂志及电子出版物	**Books, Newspapers, Magazines and Electronic Publications**	**105.0**	**105.7**	**103.5**
燃料	**Fuels**	**92.7**	**92.8**	**92.5**
建筑材料及五金电料	**Building Materials and Hardware**	**98.4**	**98.6**	**98.2**
建筑装璜材料	Building Decoration Materials	97.9	98.1	97.5
五金电料	Hardware	100.2	100.1	100.6

9-5 各地区居民消费价格指数和商品零售价格指数
Consumer Price Indices and Retail Price Indices by Region

(上年=100) (preceding year=100)

年 份 地 区	Year Region	居民消费价格 Consumer Price Index			商品零售价格 Retail Price Index		
		总指数 General	城 市 Urban Household	农 村 Rural Household	总指数 General	城 市 Urban Household	农 村 Rural Household
	1994	124.1	125.0	123.4	121.7	120.9	122.9
	1995	117.1	116.8	117.5	114.8	113.5	116.4
	1996	108.3	108.8	107.9	106.1	105.8	106.4
	1997	102.8	103.1	102.5	100.8	100.8	100.7
	1998	99.2	99.4	99.0	97.4	97.4	97.6
	1999	98.6	98.7	98.5	97.0	97.0	97.1
	2000	100.4	100.8	99.9	98.5	98.5	98.5
	2001	100.7	100.7	100.8	99.2	98.9	99.6
	2002	99.2	99.0	99.6	98.7	98.5	99.1
	2003	101.2	100.9	101.6	99.9	99.6	100.5
	2004	103.9	103.3	104.8	102.8	102.1	104.2
	2005	101.8	101.6	102.2	100.8	100.5	101.4
	2006	101.5	101.5	101.5	101.0	100.9	101.4
	2007	104.8	104.5	105.4	103.8	103.3	104.9
	2008	105.9	105.6	106.5	105.9	105.5	106.7
	2009	99.3	99.1	99.7	98.8	98.7	99.0
北 京	Beijing	98.5	98.5		97.8	97.8	
天 津	Tianjin	99.0	99.0		98.9	98.9	
河 北	Hebei	99.3	98.8	100.3	99.0	98.9	99.1
山 西	Shanxi	99.6	99.0	100.9	99.1	99.0	99.3
内蒙古	Inner Mongolia	99.7	99.7	99.8	99.5	99.4	99.6
辽 宁	Liaoning	100.0	100.0	100.3	99.8	99.7	100.3
吉 林	Jilin	100.1	99.9	100.7	99.3	99.0	100.3
黑龙江	Heilongjiang	100.2	99.8	101.2	98.9	98.6	100.7
上 海	Shanghai	99.6	99.6		99.4	99.4	
江 苏	Jiangsu	99.6	99.6	99.5	98.9	99.1	98.5
浙 江	Zhejiang	98.5	98.7	98.2	98.8	98.9	98.6
安 徽	Anhui	99.1	98.9	99.4	99.0	99.0	99.1
福 建	Fujian	98.2	98.3	97.9	97.9	98.0	97.7
江 西	Jiangxi	99.3	99.4	99.2	99.1	99.1	98.8
山 东	Shandong	100.0	99.9	100.1	99.4	99.3	99.4
河 南	Henan	99.4	98.8	100.4	99.4	99.6	99.2
湖 北	Hubei	99.6	99.3	100.0	98.6	98.4	98.9
湖 南	Hunan	99.6	99.7	99.6	98.5	98.2	98.8
广 东	Guangdong	97.7	97.6	97.8	96.8	96.7	97.0
广 西	Guangxi	97.9	97.9	97.5	98.0	98.1	96.9
海 南	Hainan	99.3	99.5	99.0	98.5	99.0	97.2
重 庆	Chongqing	98.4	98.4		97.3	97.3	
四 川	Sichuan	100.8	100.7	101.0	100.1	99.8	100.4
贵 州	Guizhou	98.7	98.6	99.0	97.6	97.6	97.7
云 南	Yunnan	100.4	100.5	100.2	100.1	99.9	100.4
西 藏	Tibet	101.4	101.5	101.3	99.5	99.5	99.6
陕 西	Shaanxi	100.5	100.0	101.8	99.9	99.9	100.1
甘 肃	Gansu	101.3	100.9	102.2	101.8	101.5	102.3
青 海	Qinghai	102.6	103.2	101.7	101.6	101.8	101.3
宁 夏	Ningxia	100.7	100.3	101.5	99.5	99.4	100.0
新 疆	Xinjiang	100.7	100.2	102.0	100.4	99.9	101.6

9-6 各地区居民消费价格分类指数
Consumer Price Indices by Category and Region

(上年=100) (preceding year=100)

年 份 地 区	Year Region	总指数 General Index	食 品 Food	#粮 食 Grain	#油 脂 Oil or Fat	#肉禽及其制品 Meat,Poultry and Processed Products	#蛋 Eggs	#水产品 Aquatic Products	#菜 Vegetables	#鲜 菜 Fresh Vegetables
	2001	100.7	100.0	99.3	91.7	101.6	106.0	97.1	100.9	101.4
	2002	99.2	99.4	98.3	98.7	99.5	102.6	96.7	98.2	98.1
	2003	101.2	103.4	102.3	112.6	103.3	98.6	100.3	117.7	120.5
	2004	103.9	109.9	126.4	118.2	117.6	120.2	112.7	95.1	93.9
	2005	101.8	102.9	101.4	94.3	102.5	104.6	105.9	109.1	110.4
	2006	101.5	102.3	102.7	98.6	97.1	96.0	101.2	108.2	108.2
	2007	104.8	112.3	106.3	126.7	131.7	121.8	105.1	107.9	107.3
	2008	105.9	114.3	107.0	125.4	121.7	104.3	114.2	111.0	110.7
	2009	99.3	100.7	105.6	81.7	91.3	101.6	102.5	113.6	115.4
北 京	Beijing	98.5	102.4	105.6	83.9	95.2	102.3	104.5	110.2	111.9
天 津	Tianjin	99.0	101.2	107.5	84.7	93.3	101.9	96.8	114.5	116.5
河 北	Hebei	99.3	101.0	105.9	86.3	89.8	104.1	100.4	115.9	118.2
山 西	Shanxi	99.6	101.8	106.8	83.2	88.3	101.7	98.5	114.1	117.6
内蒙古	Inner Mongolia	99.7	101.3	106.5	84.8	92.9	101.9	98.0	112.4	115.2
辽 宁	Liaoning	100.0	102.8	109.5	78.3	93.0	103.9	103.7	120.3	123.1
吉 林	Jilin	100.1	101.0	111.0	80.1	91.0	101.0	99.3	114.4	117.1
黑龙江	Heilongjiang	100.2	101.2	110.7	74.0	92.4	101.8	96.7	114.5	117.2
上 海	Shanghai	99.6	102.1	103.7	80.3	95.5	103.0	105.4	116.5	117.6
江 苏	Jiangsu	99.6	100.9	104.4	75.7	91.2	100.8	102.2	117.1	118.1
浙 江	Zhejiang	98.5	100.7	105.5	78.1	89.5	101.6	106.2	109.1	110.2
安 徽	Anhui	99.1	100.8	107.3	82.0	88.6	101.3	102.3	115.5	117.0
福 建	Fujian	98.2	99.0	103.0	80.4	90.0	102.0	103.1	104.7	105.5
江 西	Jiangxi	99.3	100.1	103.6	78.8	90.7	102.6	105.2	109.4	111.0
山 东	Shandong	100.0	101.3	104.4	86.2	91.2	100.8	102.3	116.7	119.2
河 南	Henan	99.4	101.3	107.1	84.0	89.6	101.5	99.5	119.0	121.7
湖 北	Hubei	99.6	100.5	103.6	80.4	92.6	99.5	103.5	113.6	115.6
湖 南	Hunan	99.6	100.3	104.3	84.4	89.4	101.0	102.6	116.2	117.9
广 东	Guangdong	97.7	98.5	104.3	83.2	92.1	99.5	101.0	99.9	99.9
广 西	Guangxi	97.9	98.5	106.2	80.0	91.2	101.0	97.8	103.0	103.5
海 南	Hainan	99.3	99.9	103.5	91.1	94.4	101.6	103.4	104.9	105.3
重 庆	Chongqing	98.4	100.0	106.2	80.9	86.7	98.8	102.3	115.0	116.6
四 川	Sichuan	100.8	102.0	104.9	83.8	92.0	104.0	103.9	128.0	133.0
贵 州	Guizhou	98.7	98.5	103.0	78.4	91.0	98.0	95.3	114.7	119.0
云 南	Yunnan	100.4	101.6	104.1	80.5	90.4	100.7	99.5	119.4	122.4
西 藏	Tibet	101.4	103.9	100.4	95.9	99.6	100.0	101.2	115.6	118.5
陕 西	Shaanxi	100.5	102.3	104.6	82.1	90.3	103.6	102.2	122.6	125.4
甘 肃	Gansu	101.3	103.5	105.2	85.1	93.2	103.3	103.1	120.3	122.1
青 海	Qinghai	102.6	103.0	106.6	83.5	92.8	104.1	103.5	116.8	118.2
宁 夏	Ningxia	100.7	101.6	107.1	78.0	92.8	103.7	99.5	115.7	117.8
新 疆	Xinjiang	100.7	102.1	102.9	77.0	100.8	101.7	100.2	108.7	108.8

9-6 续表 1 continued

(上年=100) (preceding year=100)

年份 地区	Year Region	#干鲜瓜果 Dried and Fresh Melons and Fruits	#鲜果 Fresh Fruits	#在外用膳食品 Dining Out	烟酒及用品 Tobacco, Liquor and Articles	#烟草 Tobacco	#酒 Liquor	衣着 Clothing	服装 Garments	衣着材料 Clothing Material
	2001	99.9	100.3	100.2	99.7	99.6	99.9	98.1	97.6	98.8
	2002	103.1	103.6	99.9	99.9	99.9	100.1	97.6	97.4	98.9
	2003	103.0	101.8	100.1	99.8	99.8	100.1	97.8	97.6	99.2
	2004	104.0	102.2	104.1	101.2	100.9	102.2	98.5	98.3	100.2
	2005	102.2	101.6	102.4	100.4	100.4	100.6	98.3	98.1	100.0
	2006	117.9	121.5	101.6	100.6	100.2	101.2	99.4	99.0	100.5
	2007	102.2	100.1	107.3	101.7	100.8	103.5	99.4	99.4	101.6
	2008	110.8	109.0	111.8	102.9	100.4	107.5	98.5	98.3	102.4
	2009	107.1	109.1	102.7	101.5	100.4	103.4	98.0	97.8	100.9
北京	Beijing	106.4	109.4	103.3	102.2	100.0	105.0	98.4	97.7	100.3
天津	Tianjin	101.1	103.8	103.3	104.7	105.0	106.8	97.3	98.0	102.5
河北	Hebei	103.8	104.6	103.7	101.9	99.9	104.0	96.4	95.7	101.0
山西	Shanxi	107.6	109.9	104.4	101.9	100.8	104.0	96.9	96.3	99.9
内蒙古	Inner Mongolia	107.4	107.2	102.1	100.8	100.0	101.9	99.7	99.6	99.6
辽宁	Liaoning	111.1	114.2	100.7	101.1	99.8	103.3	93.8	93.3	99.0
吉林	Jilin	102.4	104.1	99.2	101.1	99.6	102.5	99.2	100.0	101.4
黑龙江	Heilongjiang	109.8	109.9	102.4	101.0	100.9	101.8	96.8	95.7	100.0
上海	Shanghai	100.3	101.6	101.8	100.8	100.4	100.8	99.3	99.4	102.9
江苏	Jiangsu	106.9	110.1	102.7	101.7	100.2	103.8	99.0	99.7	102.9
浙江	Zhejiang	107.0	111.0	102.5	100.5	99.6	102.8	98.2	98.7	99.6
安徽	Anhui	109.0	111.8	104.4	101.2	100.1	103.0	97.1	96.6	100.7
福建	Fujian	109.3	111.9	101.6	102.1	100.3	104.6	96.3	96.4	100.5
江西	Jiangxi	108.8	112.0	105.1	100.4	99.3	102.5	99.0	98.5	100.5
山东	Shandong	106.8	107.3	102.1	102.4	100.4	104.2	97.2	96.7	100.4
河南	Henan	106.9	111.2	104.4	101.7	100.3	103.9	99.7	99.2	101.4
湖北	Hubei	105.7	108.3	102.2	101.4	100.1	103.7	99.1	99.1	100.0
湖南	Hunan	111.4	113.4	103.0	100.2	99.9	101.2	100.0	99.3	100.7
广东	Guangdong	104.0	104.6	101.8	102.7	102.5	103.8	97.3	97.4	100.5
广西	Guangxi	107.2	108.1	104.3	100.8	99.1	103.2	97.8	98.6	102.5
海南	Hainan	106.7	107.8	101.6	100.9	99.4	103.6	98.6	98.0	100.2
重庆	Chongqing	113.2	115.2	103.9	101.6	100.0	105.3	94.7	98.7	100.3
四川	Sichuan	112.7	115.4	102.7	101.8	100.7	104.0	98.1	98.3	100.2
贵州	Guizhou	112.7	116.0	101.5	100.9	100.1	102.3	95.6	96.7	101.9
云南	Yunnan	111.1	112.0	102.3	100.1	99.7	101.9	98.1	98.0	100.5
西藏	Tibet	114.1	116.3	103.5	101.9	103.1	100.9	101.6	101.8	105.3
陕西	Shaanxi	110.7	114.9	102.4	101.5	101.2	102.8	99.3	96.8	103.4
甘肃	Gansu	109.9	112.9	104.4	102.6	100.9	105.4	99.8	98.1	101.4
青海	Qinghai	112.8	113.0	105.1	101.4	100.3	101.7	107.0	107.6	101.1
宁夏	Ningxia	108.1	109.9	103.3	102.1	100.4	105.5	99.2	99.6	103.4
新疆	Xinjiang	102.8	102.7	105.8	101.5	99.2	103.8	98.6	97.6	100.7

9-6 续表 2 continued

(上年=100) (preceding year=100)

年 份 Year 地 区 Region		鞋袜帽 Footgear and Hats	衣着加工服务费 Clothing Manufacturing Service	家庭设备用品及维修服务 Household Facilities, Articles and Services	耐用消费品 Durable Consumer Goods	室内装饰品 Interior Decorations	床上用品 Bed Articles	家庭日用杂品 Daily Use Household Articles	家庭服务及加工维修服务费 Household Services and Maintenance and Renovation
	2001	99.0	100.3	97.7	96.1	98.3	99.3	98.6	101.5
	2002	98.0	99.9	97.5	95.9	98.8	98.7	98.0	101.2
	2003	97.7	100.1	97.4	95.8	98.8	98.4	98.3	101.1
	2004	98.3	100.7	98.6	97.1	99.2	99.3	99.8	101.9
	2005	98.3	101.1	99.9	98.8	99.5	99.4	100.4	104.4
	2006	100.2	101.5	101.2	100.8	100.0	99.6	101.1	105.8
	2007	99.0	102.3	101.9	101.6	100.3	99.4	101.7	107.2
	2008	98.2	104.1	102.8	101.2	100.2	99.7	104.9	109.0
	2009	97.8	103.5	100.2	98.1	99.7	98.8	102.5	105.2
北 京	Beijing	100.1	102.2	100.3	97.1	101.6	98.2	103.3	110.3
天 津	Tianjin	94.9	100.0	99.7	99.0	97.8	94.3	101.4	106.9
河 北	Hebei	97.5	105.7	99.8	97.4	99.9	99.6	102.7	108.7
山 西	Shanxi	97.8	103.3	99.5	97.7	98.2	97.5	100.8	111.1
内蒙古	Inner Mongolia	99.5	104.1	99.3	98.3	99.6	97.9	100.5	103.2
辽 宁	Liaoning	94.2	104.2	100.7	98.9	100.6	97.0	103.1	104.3
吉 林	Jilin	97.0	101.3	102.1	99.0	102.6	99.2	106.2	105.0
黑龙江	Heilongjiang	99.4	104.7	99.3	97.5	100.2	95.6	101.2	105.1
上 海	Shanghai	98.3	103.3	101.5	100.0	99.0	99.9	103.3	106.1
江 苏	Jiangsu	96.8	101.9	101.3	98.6	99.9	98.3	104.6	106.6
浙 江	Zhejiang	96.3	101.0	99.8	98.0	100.4	98.9	103.3	102.9
安 徽	Anhui	97.6	102.1	99.0	96.5	99.8	98.3	100.7	111.6
福 建	Fujian	95.5	103.5	100.3	97.9	99.3	101.1	102.0	106.8
江 西	Jiangxi	100.1	101.9	101.1	99.0	102.7	101.4	102.4	105.9
山 东	Shandong	97.4	107.3	100.1	99.1	99.4	98.6	102.0	103.0
河 南	Henan	100.6	105.9	100.4	98.5	99.9	100.2	101.9	108.2
湖 北	Hubei	98.5	106.5	100.2	96.9	100.5	99.6	103.8	107.2
湖 南	Hunan	101.6	104.0	100.5	98.4	99.6	100.2	102.6	105.5
广 东	Guangdong	96.1	100.2	99.3	97.4	100.0	97.0	102.0	101.6
广 西	Guangxi	94.7	103.8	98.6	95.6	97.5	99.4	102.6	102.6
海 南	Hainan	100.2	105.7	101.9	100.1	98.2	102.0	100.9	116.4
重 庆	Chongqing	82.2	100.0	97.2	94.4	96.2	96.5	102.4	100.5
四 川	Sichuan	97.1	102.9	100.8	98.9	99.9	98.0	101.6	108.3
贵 州	Guizhou	92.5	102.0	99.6	98.4	97.6	97.7	100.9	103.0
云 南	Yunnan	97.6	107.0	100.3	98.2	99.4	100.5	101.2	107.9
西 藏	Tibet	97.3	108.1	99.3	95.9	102.5	100.3	102.2	103.2
陕 西	Shaanxi	104.6	105.3	99.6	97.5	97.6	100.8	102.5	102.3
甘 肃	Gansu	103.8	105.1	101.4	100.6	100.7	101.5	101.5	105.5
青 海	Qinghai	107.2	104.7	101.5	98.8	96.5	104.1	104.4	111.8
宁 夏	Ningxia	98.0	102.5	100.9	99.2	100.6	98.2	103.9	104.3
新 疆	Xinjiang	100.5	109.1	101.9	100.4	100.0	100.1	101.5	113.5

9-6 续表 3 continued

(上年=100) (preceding year=100)

年 份 地 区	Year Region	医疗保健和个人用品 Health Care and Personal Articles	医疗保健 Health Care	医疗器具及用品 Medical Appliances and Articles	中药材及中成药 Traditional Chinese Medicine	西 药 Western Medicine	保健器具及用品 Health Care Appliances and Articles	医疗保健服务 Health Care Services	个人用品及服务 Personal Articles and Services
	2001	100.0	100.3	98.3	101.4	94.8	97.3	110.5	99.5
	2002	98.8	98.5	97.2	96.6	94.5	97.1	108.2	99.5
	2003	100.9	101.2	101.0	105.0	94.5	98.2	108.9	100.2
	2004	99.7	99.1	102.3	98.9	94.9	98.6	105.2	101.2
	2005	99.9	99.5	97.4	96.5	97.7	100.0	105.2	100.8
	2006	101.1	100.2	97.2	99.9	98.4	100.3	103.0	103.2
	2007	102.1	102.1	98.2	107.9	99.1	101.1	102.2	102.1
	2008	102.9	102.2	99.7	106.8	101.1	102.1	100.5	104.4
	2009	101.2	101.4	101.6	102.6	101.0	101.1	101.0	100.8
北 京	Beijing	99.9	100.4	100.1	100.5	99.7	103.3	100.0	98.6
天 津	Tianjin	102.6	104.2	100.6	114.7	102.6	100.1	100.0	98.0
河 北	Hebei	101.5	101.6	101.5	101.7	102.1	101.6	101.1	101.2
山 西	Shanxi	101.1	101.5	106.0	104.2	102.0	99.8	100.1	99.9
内蒙古	Inner Mongolia	101.0	100.7	100.9	102.6	100.2	100.0	100.0	101.6
辽 宁	Liaoning	101.8	101.6	100.5	103.5	101.4	99.4	101.7	102.1
吉 林	Jilin	101.2	101.2	102.1	103.1	100.8	99.9	100.7	101.3
黑龙江	Heilongjiang	102.4	102.6	102.8	105.8	101.0	102.7	101.5	101.6
上 海	Shanghai	99.4	101.0	110.6	101.5	100.3	99.8	102.5	97.7
江 苏	Jiangsu	100.7	100.8	101.0	102.1	100.2	100.6	100.8	100.4
浙 江	Zhejiang	102.4	103.4	101.0	104.0	104.8	102.9	100.3	99.8
安 徽	Anhui	101.2	101.2	101.9	103.7	100.2	101.2	100.4	101.4
福 建	Fujian	101.3	100.5	101.6	100.7	100.2	100.7	100.5	102.9
江 西	Jiangxi	101.1	101.0	98.4	103.5	99.8	99.4	100.9	101.3
山 东	Shandong	101.3	101.6	98.6	101.8	100.8	100.6	102.9	100.8
河 南	Henan	101.9	101.7	102.4	103.5	100.5	101.5	101.4	102.5
湖 北	Hubei	101.4	101.4	103.2	101.7	101.7	101.0	100.5	101.4
湖 南	Hunan	100.2	100.1	101.5	100.6	99.6	100.0	100.1	100.3
广 东	Guangdong	100.9	100.7	100.4	100.7	100.8	101.0	100.3	101.4
广 西	Guangxi	100.5	99.9	101.6	98.6	100.2	107.0	99.6	101.7
海 南	Hainan	104.3	105.7	101.5	103.5	100.2	103.7	108.8	100.2
重 庆	Chongqing	99.4	99.8	101.0	98.0	100.9	99.1	100.3	97.9
四 川	Sichuan	101.1	101.4	99.3	103.0	100.8	100.6	100.8	100.7
贵 州	Guizhou	100.9	100.1	100.5	102.4	100.1	99.8	99.6	102.0
云 南	Yunnan	101.5	102.5	100.5	106.2	101.5	101.9	99.9	98.4
西 藏	Tibet	101.4	100.4	100.6	97.5	99.5	97.6	105.6	102.4
陕 西	Shaanxi	101.6	102.0	104.6	104.4	101.3	99.9	100.4	100.5
甘 肃	Gansu	101.4	101.4	100.6	101.8	100.2	100.5	102.8	101.3
青 海	Qinghai	102.5	101.7	102.0	103.2	101.8	102.1	101.0	103.8
宁 夏	Ningxia	101.7	101.9	104.8	101.4	99.9	101.6	104.5	101.2
新 疆	Xinjiang	101.9	102.2	100.3	104.1	102.7	103.6	100.4	101.5

9-6 续表 4 continued

(上年=100) (preceding year=100)

年 份 地 区	Year Region	化妆美容用品 Cosmetics	清洁化妆用品 Sanitation Articles	个人饰品 Personal Ornaments	个人服务 Personal Services	交通和通信 Transportation and Communication	交 通 Transportation	交通工具 Transportation Facility
	2001	99.8	97.9	97.8	101.7	99.0	101.0	96.4
	2002	99.7	97.3	99.3	101.2	98.1	99.1	95.0
	2003	99.5	97.1	102.9	100.8	97.8	99.5	95.9
	2004	98.8	98.4	104.5	101.8	98.5	100.4	96.5
	2005	99.4	99.4	101.6	101.9	99.0	101.5	97.3
	2006	99.7	99.9	110.8	102.5	99.9	103.2	97.8
	2007	100.1	100.3	104.5	103.1	99.1	100.8	97.7
	2008	100.6	101.7	109.7	105.0	99.1	102.2	98.4
	2009	100.8	102.1	96.3	103.8	97.6	98.6	98.0
北 京	Beijing	103.1	102.9	91.4	101.5	95.9	96.8	94.4
天 津	Tianjin	100.5	101.1	91.3	100.0	96.3	97.3	94.3
河 北	Hebei	101.4	101.9	95.5	104.8	97.0	97.8	96.8
山 西	Shanxi	100.9	102.6	92.4	103.5	97.8	99.3	98.8
内蒙古	Inner Mongolia	100.2	100.9	97.6	107.7	97.2	98.9	97.8
辽 宁	Liaoning	101.2	102.2	93.3	107.5	97.5	99.3	99.0
吉 林	Jilin	100.4	102.4	94.3	104.2	97.6	100.4	98.3
黑龙江	Heilongjiang	101.1	102.0	95.6	108.2	99.0	99.9	99.8
上 海	Shanghai	100.4	99.9	93.7	103.4	97.5	99.7	99.7
江 苏	Jiangsu	99.4	104.7	93.5	103.9	96.7	96.8	96.7
浙 江	Zhejiang	100.5	102.7	94.2	101.3	96.0	97.0	96.9
安 徽	Anhui	102.2	101.8	94.3	105.3	97.9	99.5	99.3
福 建	Fujian	101.0	103.5	100.6	104.9	96.9	99.2	100.2
江 西	Jiangxi	102.2	103.1	96.3	104.1	97.3	99.7	98.6
山 东	Shandong	100.4	101.0	99.8	101.9	98.1	99.5	100.8
河 南	Henan	100.3	102.3	99.1	106.4	97.8	98.8	98.9
湖 北	Hubei	100.6	103.1	97.0	104.9	98.4	99.2	99.7
湖 南	Hunan	100.6	100.6	97.4	101.7	98.2	99.6	99.5
广 东	Guangdong	100.5	101.2	101.9	102.2	97.4	97.2	96.5
广 西	Guangxi	101.6	102.5	96.3	105.0	97.9	98.5	98.4
海 南	Hainan	101.0	101.4	95.9	102.3	98.1	98.8	99.6
重 庆	Chongqing	101.3	101.2	87.2	99.7	98.2	100.7	98.4
四 川	Sichuan	100.1	103.1	98.1	101.6	99.3	101.2	99.7
贵 州	Guizhou	100.5	100.7	98.2	108.1	98.2	99.8	99.6
云 南	Yunnan	100.5	100.3	95.9	97.0	97.4	98.6	97.7
西 藏	Tibet	102.3	100.7	99.8	107.9	97.0	100.2	95.8
陕 西	Shaanxi	100.3	101.2	96.1	104.4	99.4	101.3	100.6
甘 肃	Gansu	99.9	103.8	99.4	101.7	97.5	100.0	98.9
青 海	Qinghai	100.2	106.6	99.7	106.9	99.3	102.7	101.9
宁 夏	Ningxia	101.6	103.6	95.9	102.0	98.4	100.8	99.7
新 疆	Xinjiang	104.8	102.0	97.1	103.2	99.0	99.6	99.1

9-6 续表 5 continued

(上年=100) (preceding year=100)

年 份 地 区	Year Region	车用燃料及零配件 Fuels and Parts	车辆使用及维修费 Fees for Vehicles Use and Maintenance	市区公共交通费 Incity Traffic Fare	城市间交通费 Intercity Traffic Fare	通 信 Communication	通信工具 Communication Facility	通信服务 Communication Services
	2001	99.0	100.4	105.8	104.0	96.8	80.5	101.1
	2002	98.5	100.0	101.9	101.8	97.2	83.5	100.3
	2003	108.3	98.9	100.6	101.4	96.1	82.1	99.4
	2004	107.7	101.0	101.0	102.5	96.8	84.3	99.8
	2005	110.3	102.0	102.2	103.3	96.6	84.1	99.6
	2006	112.8	102.4	104.8	105.6	96.4	82.2	100.0
	2007	103.5	102.4	101.3	103.0	97.1	81.8	100.6
	2008	113.5	100.8	100.5	104.3	95.6	80.7	98.8
	2009	92.8	101.1	100.6	100.5	96.3	81.7	99.5
北 京	Beijing	96.1	100.6	100.2	93.2	94.2	72.7	100.0
天 津	Tianjin	93.1	102.4	100.0	98.5	95.1	66.7	100.0
河 北	Hebei	93.1	100.8	100.7	102.2	96.1	81.3	99.3
山 西	Shanxi	88.3	101.7	101.7	101.6	96.5	79.0	99.9
内蒙古	Inner Mongolia	97.2	99.6	100.1	101.0	95.2	81.6	100.0
辽 宁	Liaoning	90.7	102.0	100.3	100.7	95.8	77.7	98.7
吉 林	Jilin	91.7	101.3	102.2	100.7	95.0	77.0	99.7
黑龙江	Heilongjiang	92.8	100.8	101.6	101.6	97.5	86.4	99.6
上 海	Shanghai	99.6	101.1	100.6	93.7	94.4	64.6	100.7
江 苏	Jiangsu	90.3	100.8	100.6	99.4	96.5	82.7	99.9
浙 江	Zhejiang	90.8	100.8	99.6	98.8	94.2	81.0	97.3
安 徽	Anhui	94.4	101.6	100.6	100.0	96.5	80.6	100.0
福 建	Fujian	92.8	101.9	97.7	102.4	95.1	79.4	97.8
江 西	Jiangxi	96.0	103.0	100.4	100.5	95.4	80.3	98.2
山 东	Shandong	90.0	100.0	100.4	102.1	96.4	87.0	99.7
河 南	Henan	94.2	102.2	100.4	99.8	96.9	82.1	99.6
湖 北	Hubei	91.4	100.4	103.3	97.6	97.5	85.7	100.3
湖 南	Hunan	92.4	100.8	100.1	101.1	96.9	85.0	100.0
广 东	Guangdong	91.1	100.8	100.1	100.6	97.6	83.9	99.9
广 西	Guangxi	98.9	100.5	96.7	98.3	97.3	86.5	100.0
海 南	Hainan	94.7	100.0	100.6	101.1	97.3	83.6	100.0
重 庆	Chongqing	88.2	105.0	100.3	109.0	96.5	78.1	100.0
四 川	Sichuan	98.7	103.2	102.8	101.3	96.4	84.0	99.3
贵 州	Guizhou	91.0	103.3	100.4	103.0	96.7	91.3	97.8
云 南	Yunnan	90.8	101.8	100.6	103.4	96.2	84.6	99.2
西 藏	Tibet	103.2	101.7	102.2	97.4	91.5	79.2	97.1
陕 西	Shaanxi	95.6	103.2	100.8	102.6	97.5	83.8	100.0
甘 肃	Gansu	94.0	100.4	101.8	100.5	94.2	77.4	99.6
青 海	Qinghai	91.7	103.7	100.7	105.5	95.4	82.5	98.8
宁 夏	Ningxia	95.5	105.0	102.3	101.8	95.5	83.0	99.2
新 疆	Xinjiang	93.7	101.4	100.2	101.1	98.4	89.3	100.4

9-6 续表 6 continued

(上年=100) (preceding year=100)

年 份 地 区	Year Region	娱乐教育文化用品及服务 Recreation, Education and Culture	文娱用耐用消费品及服务 Durable Consumer Goods and Service for Recreational Use	教 育 Education	教材及参考书 Teaching Materials and Reference Books	学杂托幼费 Tuition and Child Care	文化娱乐 Cultural and Recreational Articles	文化娱乐用品 Cultural Articles
	2001	106.6	91.2	113.6	106.1	114.1	101.7	99.4
	2002	100.6	90.5	103.7	99.0	104.0	101.2	98.9
	2003	101.3	92.7	104.3	101.7	104.5	101.3	98.7
	2004	101.3	93.3	103.4	102.8	103.4	101.1	99.4
	2005	102.2	93.8	105.1	100.9	105.4	101.2	99.8
	2006	99.5	94.2	100.0	100.3	100.0	101.0	99.6
	2007	99.0	93.1	99.6	99.1	99.6	101.0	99.5
	2008	99.3	92.3	100.5	100.6	100.5	101.3	99.9
	2009	99.3	90.6	101.6	102.9	101.4	102.5	99.8
北 京	Beijing	97.6	85.7	101.3	102.3	101.1	103.2	100.0
天 津	Tianjin	96.1	83.2	101.2	100.8	101.3	102.0	99.5
河 北	Hebei	97.8	88.5	101.4	107.9	100.7	101.7	99.6
山 西	Shanxi	99.2	89.6	101.8	105.6	101.6	101.7	100.1
内蒙古	Inner Mongolia	98.7	91.1	100.7	101.2	100.6	101.4	100.0
辽 宁	Liaoning	98.4	88.2	100.7	102.3	100.6	103.3	99.9
吉 林	Jilin	99.3	88.2	101.7	101.1	101.9	103.4	101.0
黑龙江	Heilongjiang	99.4	88.3	101.6	104.7	101.4	102.5	100.8
上 海	Shanghai	98.0	82.8	102.1	106.3	101.7	104.2	97.0
江 苏	Jiangsu	99.9	87.3	102.3	104.2	102.3	103.1	99.2
浙 江	Zhejiang	98.4	91.1	100.9	103.4	100.8	101.1	99.9
安 徽	Anhui	100.3	89.8	102.7	107.6	101.8	101.5	100.0
福 建	Fujian	98.3	90.6	100.3	102.5	100.1	103.0	100.2
江 西	Jiangxi	100.3	91.6	101.6	101.6	101.6	102.7	100.2
山 东	Shandong	100.8	96.0	102.9	101.8	103.1	101.4	100.8
河 南	Henan	101.2	94.0	102.2	106.1	101.8	103.0	100.2
湖 北	Hubei	98.9	91.0	100.3	98.9	100.5	104.0	99.4
湖 南	Hunan	101.1	93.1	102.5	99.9	102.7	104.0	102.6
广 东	Guangdong	98.0	92.3	100.6	101.8	100.3	101.4	98.7
广 西	Guangxi	99.8	89.9	100.6	101.0	100.6	104.6	99.6
海 南	Hainan	99.6	96.4	100.5	101.6	100.3	99.5	100.1
重 庆	Chongqing	98.5	88.8	102.8	100.9	102.9	102.3	98.6
四 川	Sichuan	101.2	93.9	101.4	100.7	101.5	102.4	100.6
贵 州	Guizhou	100.2	94.0	100.5	99.8	100.6	102.8	98.2
云 南	Yunnan	98.8	91.8	102.4	107.1	101.0	102.5	101.3
西 藏	Tibet	99.1	94.4	100.6	99.3	101.3	102.7	102.4
陕 西	Shaanxi	98.8	88.5	99.1	104.2	98.4	103.1	100.6
甘 肃	Gansu	100.3	94.7	101.7	98.7	102.2	102.0	100.3
青 海	Qinghai	100.4	89.2	103.5	108.1	101.5	103.9	103.0
宁 夏	Ningxia	100.0	86.4	105.6	103.6	105.9	103.0	99.3
新 疆	Xinjiang	99.9	93.8	101.8	102.9	101.7	101.3	99.7

9-6 续表 7 continued

(上年=100) (preceding year=100)

年份 Year / 地区 Region		书报杂志 Newspapers and Magazines	文娱费 Expenditure on Culture and Recreation	旅游 Touring and Outing	居住 Residence	建房及装修材料 Building and Decoration Materials	租房 Renting	自有住房 Private Housing	水电燃料 Water, Electricity and Fuels
	2001	101.9	104.4	100.3	101.2	98.8	108.6	100.0	102.5
	2002	101.0	104.2	95.9	99.9	98.4	104.4	95.4	102.9
	2003	100.4	104.6	95.4	102.1	99.5	103.5	99.1	105.7
	2004	100.6	103.2	100.6	104.9	104.3	103.0	100.9	107.5
	2005	100.8	102.9	99.6	105.4	102.6	101.9	105.6	108.6
	2006	100.7	102.6	103.1	104.6	103.9	102.7	103.7	105.9
	2007	100.7	102.7	102.3	104.5	105.1	104.2	107.0	103.0
	2008	102.1	102.1	101.1	105.5	107.1	103.5	102.8	106.4
	2009	107.6	102.1	97.5	96.4	100.2	101.6	85.3	97.9
北京	Beijing	114.5	101.8	93.5	89.8	99.6	102.2	73.4	100.4
天津	Tianjin	122.5	96.6	88.2	94.9	106.5	100.0	85.2	104.0
河北	Hebei	105.5	101.2	95.1	98.4	101.9	103.8	87.1	101.8
山西	Shanxi	107.8	100.3	96.7	97.4	101.4	101.8	87.9	103.1
内蒙古	Inner Mongolia	104.8	101.0	98.9	98.0	101.9	101.9	87.5	100.9
辽宁	Liaoning	109.4	103.4	91.9	99.0	100.8	103.7	87.8	100.6
吉林	Jilin	103.7	105.6	97.9	99.0	102.4	99.5	92.0	100.5
黑龙江	Heilongjiang	106.2	101.9	99.5	101.0	103.1	110.9	91.7	101.3
上海	Shanghai	124.7	102.1	93.9	96.6	100.8	98.1	81.3	106.4
江苏	Jiangsu	112.7	103.0	99.5	97.5	98.4	100.3	86.3	97.4
浙江	Zhejiang	103.8	100.9	93.1	92.7	98.8	101.2	79.1	93.4
安徽	Anhui	102.3	102.4	101.0	94.0	99.6	109.9	77.9	97.0
福建	Fujian	109.4	100.6	97.8	94.8	98.1	104.2	89.0	93.5
江西	Jiangxi	105.9	101.8	101.9	96.5	100.0	104.6	89.4	95.1
山东	Shandong	103.1	100.8	97.5	98.8	99.3	100.7	95.4	98.9
河南	Henan	108.1	102.4	102.7	93.9	99.4	108.3	80.1	100.7
湖北	Hubei	114.6	101.7	97.3	97.7	99.7	100.0	88.1	99.2
湖南	Hunan	103.2	105.9	99.8	96.9	100.7	102.7	94.1	94.7
广东	Guangdong	105.3	101.1	95.7	93.5	98.3	100.7	86.8	92.2
广西	Guangxi	109.4	105.7	105.6	92.0	99.8	102.6	73.3	93.3
海南	Hainan	109.5	93.2	102.5	94.0	97.5	101.0	91.2	92.6
重庆	Chongqing	106.5	102.8	88.3	95.9	100.9	99.9	81.4	100.0
四川	Sichuan	105.4	101.9	108.5	99.7	101.1	104.2	91.2	101.5
贵州	Guizhou	102.2	106.0	105.6	98.4	100.9	104.6	85.6	99.8
云南	Yunnan	105.2	101.5	94.9	101.9	101.9	101.3	93.6	104.9
西藏	Tibet	105.1	100.0	99.4	100.0	103.3	102.2	92.9	99.7
陕西	Shaanxi	106.9	102.6	101.4	99.2	103.7	101.5	85.9	100.8
甘肃	Gansu	107.3	100.4	102.0	101.0	103.7	108.3	84.9	105.6
青海	Qinghai	109.2	101.3	97.3	104.4	101.5	112.5	95.4	107.3
宁夏	Ningxia	108.3	103.6	99.0	101.7	103.5	102.1	96.3	103.1
新疆	Xinjiang	103.8	101.2	98.6	99.9	103.6	101.4	95.0	98.6

9-7 各地区商品零售价格分类指数
Retail Price Indices by Category of Commodities by Region

(上年=100) (preceding year=100)

年份 地区	Year Region	总指数 General Index	食品 Food	#粮食 Grain	#油脂 Oil or Fat	#肉禽及其制品 Meat, Poultry and Processed Products	#蛋 Eggs	#水产品 Aquatic Products	#菜 Vegetables	#干鲜瓜果 Dried and Fresh Melons and Fruits
	1994	121.7	135.2	148.7	161.4			120.7		
	1995	114.8	124.7	134.4	116.3			114.2		
	1996	106.1	107.7	107.5	92.1			105.6		
	1997	100.8	99.8	92.1	101.6			101.2		
	1998	97.4	96.8	96.9	100.7			94.2		
	1999	97.0	95.8	96.4	94.4			93.6		
	2000	98.5	97.5	90.1	86.2			102.7		
	2001	99.2	100.6	101.5	89.3			96.3		
	2002	98.7	99.9	98.6	100.1			96.2		
	2003	99.9	103.4	102.2	112.5	103.0	98.5	100.3	116.3	102.2
	2004	102.8	109.9	126.5	116.8	117.1	119.8	112.5	95.2	104.1
	2005	100.8	103.1	101.4	94.7	103.0	104.7	105.8	108.1	101.7
	2006	101.0	102.6	102.5	98.7	97.3	96.3	101.6	108.1	117.0
	2007	103.8	112.3	106.4	126.3	131.0	121.8	105.3	107.9	102.5
	2008	105.9	114.4	107.0	125.0	121.7	104.3	114.5	110.4	111.3
	2009	98.8	100.9	105.7	81.8	91.7	101.6	102.3	113.2	106.7
北京	Beijing	97.8	102.3	105.6	83.9	95.2	102.3	104.6	110.2	106.4
天津	Tianjin	98.9	101.3	107.6	84.9	93.1	102.0	97.1	114.5	101.2
河北	Hebei	99.0	100.9	105.9	85.3	90.8	104.7	100.5	116.1	103.4
山西	Shanxi	99.1	101.5	106.8	82.6	88.5	101.8	98.3	113.5	107.2
内蒙古	Inner Mongolia	99.5	101.4	106.7	85.4	93.0	102.2	97.2	113.3	107.3
辽宁	Liaoning	99.8	103.3	109.9	78.0	92.5	104.0	104.4	120.5	111.5
吉林	Jilin	99.3	101.1	110.7	79.3	91.7	101.1	97.2	114.5	102.5
黑龙江	Heilongjiang	98.9	100.5	109.8	74.0	91.4	101.6	95.6	114.1	108.6
上海	Shanghai	99.4	102.0	103.7	80.3	95.6	103.0	105.2	116.5	100.3
江苏	Jiangsu	98.9	101.6	105.0	75.5	92.8	100.6	102.2	116.7	107.3
浙江	Zhejiang	98.8	100.9	105.7	78.1	90.5	101.9	105.7	108.4	106.0
安徽	Anhui	99.0	101.1	106.8	83.4	89.3	101.1	102.5	114.8	108.9
福建	Fujian	97.9	99.2	103.2	80.0	91.0	101.8	102.2	105.1	107.0
江西	Jiangxi	99.1	100.5	104.0	78.6	92.4	102.2	105.6	109.9	107.6
山东	Shandong	99.4	101.6	104.8	86.9	91.5	100.7	101.7	117.3	106.7
河南	Henan	99.4	101.2	107.9	82.4	90.0	101.3	99.1	117.8	107.3
湖北	Hubei	98.6	100.2	103.4	80.3	90.9	99.2	103.6	113.3	105.4
湖南	Hunan	98.5	100.1	104.5	83.2	89.8	101.4	101.3	115.4	112.5
广东	Guangdong	96.8	98.6	104.2	83.5	92.5	98.8	100.6	99.6	103.5
广西	Guangxi	98.0	99.5	106.0	80.6	92.0	101.0	100.3	105.5	107.8
海南	Hainan	98.5	100.2	103.7	91.1	94.8	102.3	103.3	103.6	106.1
重庆	Chongqing	97.3	100.1	106.2	80.9	86.7	98.8	102.3	115.0	113.2
四川	Sichuan	100.1	101.8	104.3	84.4	91.9	104.7	103.4	129.4	114.2
贵州	Guizhou	97.6	98.3	103.7	77.0	89.9	98.2	96.2	113.4	111.8
云南	Yunnan	100.1	101.5	103.9	82.0	90.5	100.5	99.5	120.8	112.7
西藏	Tibet	99.5	104.0	100.4	95.3	100.3	99.5	101.1	114.2	113.9
陕西	Shaanxi	99.9	101.4	104.4	79.6	90.1	103.7	101.9	120.0	108.7
甘肃	Gansu	101.8	103.3	104.8	86.6	93.2	103.0	104.0	120.5	109.2
青海	Qinghai	101.6	104.0	106.9	83.2	94.0	104.0	103.2	117.4	114.1
宁夏	Ningxia	99.5	101.6	107.3	78.0	93.0	101.9	99.0	115.1	108.6
新疆	Xinjiang	100.4	101.7	102.8	76.1	100.7	101.8	99.2	107.8	103.2

9-7 续表 1 continued

(上年=100) (preceding year=100)

年 份 Year / 地 区 Region	饮料烟酒 Beverages, Tobacco and Liquor	服装鞋帽 Garments, Shoes and Hats	纺织品 Textiles	家用电器及音像器材 Household Appliances, Music and Video Equipment	文化办公用品 Cultural and Office Appliances	日用品 Articles for Daily Use	体育娱乐用品 Sports and Recreation Articles	交通、通信用品 Transportation and Communication Appliances
1994	111.3	119.6	114.7			113.9		
1995	107.8	116.8	115.4			109.7		
1996	105.1	108.5	106.4			105.3		
1997	101.2	103.5	101.9			102.3		
1998	98.8	99.3	99.1			99.0		
1999	97.3	97.3	98.0			97.9		
2000	98.0	99.2	98.6			98.1		
2001	99.5	98.9	99.1			98.3		
2002	99.9	97.9	99.4			98.7		
2003	99.9	97.5	99.3	94.2	95.8	98.5	98.1	91.1
2004	101.0	98.2	100.0	94.7	96.9	99.6	98.2	91.8
2005	100.5	97.9	99.8	96.3	96.7	100.2	98.4	91.7
2006	100.7	99.8	100.0	97.3	97.6	100.8	98.5	92.3
2007	101.8	99.4	100.2	97.4	97.0	101.1	97.4	92.7
2008	103.4	98.4	100.5	96.9	96.8	103.7	97.7	93.2
2009	101.7	97.9	99.6	94.2	96.2	102.0	97.8	93.7
北 京 Beijing	102.3	98.4	98.5	90.5	93.0	103.5	91.3	89.8
天 津 Tianjin	104.7	97.2	96.5	90.7	91.5	100.9	96.0	89.0
河 北 Hebei	101.6	97.4	99.9	92.5	95.1	101.6	98.0	93.6
山 西 Shanxi	101.7	97.1	98.8	91.1	96.3	101.4	98.1	93.8
内蒙古 Inner Mongolia	100.8	99.4	98.8	94.0	97.0	100.3	99.7	93.4
辽 宁 Liaoning	101.6	92.9	98.7	93.7	96.0	102.2	97.4	93.4
吉 林 Jilin	102.0	100.2	100.5	94.5	96.3	102.4	97.2	91.7
黑龙江 Heilongjiang	101.7	97.3	98.5	91.0	95.1	103.0	98.2	90.6
上 海 Shanghai	101.2	99.2	100.5	90.8	93.9	102.4	92.1	91.1
江 苏 Jiangsu	101.4	99.3	99.6	94.8	92.8	103.2	90.2	94.1
浙 江 Zhejiang	101.3	98.2	100.0	95.7	97.4	101.8	99.4	95.4
安 徽 Anhui	101.4	97.7	99.7	92.7	96.6	101.9	99.2	94.8
福 建 Fujian	102.0	97.1	101.2	94.7	95.3	102.3	98.4	94.2
江 西 Jiangxi	101.1	98.9	101.6	95.8	97.7	102.1	98.9	93.2
山 东 Shandong	102.0	96.3	99.5	97.5	99.2	101.6	100.4	96.5
河 南 Henan	101.9	99.7	100.5	95.7	98.1	101.6	99.4	93.2
湖 北 Hubei	101.9	98.9	99.8	92.3	95.4	101.8	97.8	92.6
湖 南 Hunan	100.2	100.3	100.5	96.8	97.5	101.9	101.4	94.1
广 东 Guangdong	101.9	97.0	98.2	94.9	95.3	100.9	97.6	92.7
广 西 Guangxi	100.7	97.0	100.7	92.7	96.5	101.3	97.6	96.1
海 南 Hainan	102.0	98.6	101.3	99.3	96.4	101.7	100.0	94.2
重 庆 Chongqing	101.6	94.7	96.9	91.0	96.3	100.5	99.1	91.5
四 川 Sichuan	102.2	98.0	98.8	96.6	97.9	101.5	98.3	96.3
贵 州 Guizhou	100.6	96.1	98.4	95.7	99.3	100.8	97.3	98.2
云 南 Yunnan	100.9	98.6	100.5	94.4	98.6	102.2	98.7	95.1
西 藏 Tibet	102.0	100.0	102.8	91.9	97.6	98.2	92.8	87.6
陕 西 Shaanxi	101.6	100.1	100.3	93.7	98.3	104.0	96.8	95.1
甘 肃 Gansu	103.3	99.8	101.2	97.8	97.9	102.9	100.8	100.9
青 海 Qinghai	100.7	105.1	102.2	95.3	94.6	104.9	99.1	97.5
宁 夏 Ningxia	100.9	98.7	98.8	93.2	94.8	102.6	96.0	95.2
新 疆 Xinjiang	101.5	98.0	100.8	96.5	98.0	101.4	99.2	95.5

9-7 续表 2 continued

(上年=100) (preceding year=100)

年份 Year / 地区 Region	家具 Furniture	化妆品 Cosmetics	金银珠宝 Gold, Silver and Jewelry	中西药品及医疗保健用品 Traditional Chinese and Western Medicines and Health Care Articles	书报杂志及电子出版物 Books, Newspapers, Magazines and Electronic Publications	燃料 Fuels	建筑材料及五金电料 Building Materials and Hardware
1994		116.4				115.1	
1995		109.9				107.4	
1996		105.0				105.0	
1997		102.3				107.3	
1998		100.5				96.1	
1999		99.6				100.4	
2000		98.9				117.7	
2001		98.8				102.4	
2002		98.4				102.0	
2003	97.8	98.9	108.6	98.4	100.3	109.3	99.7
2004	98.8	98.9	111.6	96.7	101.0	112.4	103.7
2005	99.1	99.3	104.4	97.6	100.3	115.4	102.1
2006	100.1	99.8	119.7	99.1	100.2	112.4	103.0
2007	101.6	100.2	107.9	102.0	99.7	104.2	105.1
2008	102.6	100.7	116.8	103.1	101.5	116.0	107.9
2009	99.7	100.8	95.6	101.5	105.0	92.7	98.4
北京 Beijing	99.7	101.3	93.9	100.6	106.8	97.4	99.0
天津 Tianjin	99.5	100.6	86.2	106.5	108.0	96.1	105.5
河北 Hebei	99.0	102.2	91.0	102.0	104.9	96.7	100.5
山西 Shanxi	100.8	100.9	92.4	102.7	105.2	97.5	99.5
内蒙古 Inner Mongolia	99.3	101.3	91.6	101.1	101.7	100.5	100.2
辽宁 Liaoning	98.6	101.0	93.2	102.1	105.8	98.6	100.2
吉林 Jilin	100.2	101.3	95.3	101.5	102.2	94.3	100.4
黑龙江 Heilongjiang	98.6	100.9	91.4	102.7	103.3	101.1	99.9
上海 Shanghai	99.9	100.5	98.6	100.6	111.4	102.1	97.9
江苏 Jiangsu	100.1	101.0	95.6	100.8	114.2	87.6	97.3
浙江 Zhejiang	100.2	100.6	96.2	103.7	103.0	88.3	97.8
安徽 Anhui	99.6	101.7	92.1	101.2	104.3	92.9	97.0
福建 Fujian	101.2	100.9	98.2	100.8	105.8	87.4	94.8
江西 Jiangxi	104.9	102.7	94.3	101.0	103.4	93.8	97.1
山东 Shandong	99.2	100.2	99.5	100.7	101.9	94.6	98.4
河南 Henan	99.8	100.6	93.8	101.2	106.7	98.7	96.9
湖北 Hubei	101.8	101.2	92.7	101.4	106.1	90.7	98.2
湖南 Hunan	99.4	100.4	94.8	100.0	101.3	87.2	98.9
广东 Guangdong	98.4	100.4	102.4	100.6	102.6	85.2	98.5
广西 Guangxi	97.1	101.5	98.5	101.0	104.5	91.6	97.8
海南 Hainan	100.4	100.6	100.2	101.6	104.2	89.9	93.6
重庆 Chongqing	96.8	100.6	91.0	99.7	103.4	95.3	99.7
四川 Sichuan	100.3	99.6	93.6	101.4	102.3	100.7	99.3
贵州 Guizhou	100.9	98.6	89.7	101.0	102.2	93.7	96.6
云南 Yunnan	99.6	98.7	94.2	102.5	105.4	100.7	99.4
西藏 Tibet	102.4	98.5	98.6	98.6	98.9	99.6	101.4
陕西 Shaanxi	98.2	101.7	95.7	102.6	104.3	96.0	102.1
甘肃 Gansu	102.3	100.7	93.9	100.9	100.9	101.4	103.3
青海 Qinghai	99.9	98.8	92.1	102.3	107.2	98.3	99.9
宁夏 Ningxia	98.2	101.7	92.9	100.9	106.5	99.3	99.7
新疆 Xinjiang	102.2	103.8	97.4	103.6	103.7	97.0	101.8

9-8 各地区农业生产资料价格分类指数
Price Indices for Means of Agricultural Production by Category and Region

(上年=100) (preceding year=100)

年 份 Year / 地 区 Region	总指数 General Index	农用手工工具 Farm Handtools	饲 料 Forage	产品畜 Commodity Animals	半机械化农具 Semi-mechanized Farm Tools	机械化农具 Mechanized Farm Machinery
2003	101.4	99.3	102.0	102.9	99.4	98.5
2004	110.6	104.3	116.5	127.6	102.1	102.2
2005	108.3	105.1	103.9	106.5	102.3	102.3
2006	101.5	106.2	101.1	88.0	101.8	101.5
2007	107.7	104.9	108.2	144.5	102.7	101.7
2008	120.3	112.5	115.8	131.5	107.9	109.0
2009	97.5	103.1	102.4	82.7	101.5	100.9
北 京 Beijing						
天 津 Tianjin						
河 北 Hebei	100.6	104.9	100.5	89.1	100.8	102.2
山 西 Shanxi	101.6	101.5	102.4	86.9	99.4	100.4
内蒙古 Inner Mongolia	99.7	100.9	102.4	89.7	100.8	101.7
辽 宁 Liaoning	96.7	102.5	104.7	71.3	100.4	101.4
吉 林 Jilin	96.4	106.7	101.5	86.9	104.9	104.0
黑龙江 Heilongjiang	94.2	100.4	102.2	83.6	102.4	100.8
上 海 Shanghai						
江 苏 Jiangsu	97.6	99.9	102.6	84.1	100.7	101.7
浙 江 Zhejiang	95.9	104.5	97.8	79.1	100.4	98.8
安 徽 Anhui	95.8	102.8	108.3	90.8	100.7	100.5
福 建 Fujian	93.3	104.2	97.9	82.6	99.9	100.6
江 西 Jiangxi	97.6	100.3	98.6	79.9	104.7	99.7
山 东 Shandong	96.3	100.9	101.6	87.0	101.5	101.4
河 南 Henan	98.1	105.9	108.1	80.9	100.1	100.9
湖 北 Hubei	95.3	101.0	96.1	79.8	101.0	99.1
湖 南 Hunan	95.0	99.8	104.7	75.0	104.7	101.8
广 东 Guangdong	98.2	101.0	102.6	84.4	100.1	101.1
广 西 Guangxi	94.2	107.8	102.5	82.6	96.9	100.8
海 南 Hainan	94.0	102.3	103.4	73.3	96.0	97.9
重 庆 Chongqing						
四 川 Sichuan	101.2	105.5	101.3	90.1	100.5	101.1
贵 州 Guizhou	96.2	107.9	100.6	75.9	106.1	98.8
云 南 Yunnan	99.3	104.3	106.3	78.9	107.0	104.6
西 藏 Tibet	99.1	97.9	99.8	98.8	100.5	99.7
陕 西 Shaanxi	95.8	105.0	103.8	81.2	100.5	97.1
甘 肃 Gansu	99.0	106.6	111.0	91.7	101.7	100.5
青 海 Qinghai	97.8	104.6	101.1	76.1	103.9	106.4
宁 夏 Ningxia	96.3	104.7	102.7	79.5	99.7	103.6
新 疆 Xinjiang	99.5	100.5	110.4	108.4	100.7	102.3

9-8 续表 continued

(上年=100) (preceding year=100)

年 份 Year 地 区 Region	化学肥料 Chemical Fertilizer	农药及农药械 Pesticide and Its Appliances	农用机油 Oil for Farm Machinery	其他农业生产资料 Other Means of Agricultural Production	农业生产服务 Service for Agricultural Production
2003	101.6	99.9	107.8	97.0	
2004	112.8	103.0	108.4	106.3	
2005	112.8	104.1	111.1	109.4	
2006	100.1	101.6	113.4	105.8	107.8
2007	103.4	101.4	105.3	103.4	109.7
2008	131.7	108.0	113.1	108.1	110.3
2009	93.7	100.1	94.4	102.5	107.9
北 京 Beijing					
天 津 Tianjin					
河 北 Hebei	101.2	100.7	90.2	100.0	111.2
山 西 Shanxi	99.1	103.5	91.3	102.6	119.7
内蒙古 Inner Mongolia	95.4	98.9	97.3	101.1	105.6
辽 宁 Liaoning	94.1	103.1	87.3	101.9	112.6
吉 林 Jilin	87.7	95.6	98.5	110.2	113.4
黑龙江 Heilongjiang	92.8	100.1	85.8	90.7	106.6
上 海 Shanghai					
江 苏 Jiangsu	92.5	101.2	96.9	100.0	104.1
浙 江 Zhejiang	93.2	98.4	92.0	99.8	102.1
安 徽 Anhui	81.0	100.4	93.7	105.8	102.0
福 建 Fujian	88.2	96.9	90.9	101.3	103.6
江 西 Jiangxi	95.5	99.0	95.9	100.5	110.6
山 东 Shandong	91.2	99.7	93.5	102.2	108.8
河 南 Henan	92.6	100.0	89.4	104.5	105.5
湖 北 Hubei	89.2	101.2	96.9	111.5	107.1
湖 南 Hunan	92.2	101.5	93.8	102.4	112.3
广 东 Guangdong	97.3	96.7	96.0	101.5	108.9
广 西 Guangxi	87.2	98.7	95.1	103.9	102.6
海 南 Hainan	89.2	100.0	97.5	104.6	99.3
重 庆 Chongqing					
四 川 Sichuan	101.7	101.1	102.3	103.8	112.3
贵 州 Guizhou	91.5	100.8	95.4	100.6	101.5
云 南 Yunnan	100.2	100.4	96.4	103.5	104.9
西 藏 Tibet	100.9	101.1	98.9	96.9	100.0
陕 西 Shaanxi	92.3	102.4	95.9	105.9	103.0
甘 肃 Gansu	95.3	101.7	97.4	99.7	103.4
青 海 Qinghai	91.9	105.6	98.0	99.6	108.8
宁 夏 Ningxia	87.7	101.5	95.2	99.4	115.5
新 疆 Xinjiang	93.2	105.4	101.1	96.1	102.0

9-9 农产品生产价格指数
Producers' Price Indices for Farm Products

(上年＝100) (preceding year=100)

指　标	Item	2006	2007	2008	2009
农产品生产价格指数	**General Price Index for Farm Products**	**101.2**	**118.5**	**114.1**	**97.6**
种植业产品	**Planting Products**	**104.5**	**109.8**	**108.4**	**102.9**
谷物	Cereal	102.1	109.0	107.1	104.9
#小麦	Wheat	100.1	105.5	108.7	107.9
稻谷	Rice	102.0	105.4	106.6	105.2
玉米	Corn	103.0	115.0	107.3	98.5
大豆	Beans	99.3	124.2	119.7	92.3
油料	Oil-bearing Crops	104.8	133.4	128.0	94.1
棉花	Cotton	97.1	109.6	90.6	111.8
糖料	Sugar	121.1	100.0	98.4	101.5
蔬菜	Vegetable	109.3	106.9	104.7	111.8
水果	Fruit	111.4	101.3	101.4	107.0
林业产品	**Forestry Products**	**112.8**	**104.4**	**108.5**	**94.9**
畜牧业产品	**Animal Husbandry Products**	**94.3**	**131.4**	**123.9**	**90.1**
猪（毛重）	Pig (gross weight)	90.6	145.9	130.8	81.6
牛（毛重）	Cattle and Buffaloes (gross weight)	100.6	117.5	123.6	101.0
羊（毛重）	Sheep and Goats (gross weight)	101.8	121.0	118.8	101.1
家禽（毛重）	Poultry (gross weight)	97.2	117.0	111.9	102.2
蛋类	Eggs	96.0	115.9	112.2	102.8
奶类	Milk	102.9	106.2	125.5	91.6
渔业产品	**Fishery Products**	**103.9**	**108.1**	**111.2**	**99.0**
海水鱼类	Seawater Fish	109.7	110.1	109.4	99.9
淡水鱼类	Freshwater Fish	99.9	106.8	114.6	101.3

9-10 各地区农产品生产价格指数
Producers' Price Indices for Farm Products by Region

(上年=100) (preceding year=100)

地区	Region	2008					2009				
		总指数 General Index	种植业产品 Planting Products	林业产品 Forestry Products	畜牧业产品 Animal Husbandry Products	渔业产品 Fishery Products	总指数 General Index	种植业产品 Planting Products	林业产品 Forestry Products	畜牧业产品 Animal Husbandry Products	渔业产品 Fishery Products
全国	**National Total**	**114.1**	**108.4**	**108.5**	**123.9**	**111.2**	**97.6**	**102.9**	**94.9**	**90.1**	**99.0**
北京	Beijing	112.3	106.6	103.5	117.6	111.7	98.3	106.2	83.5	92.0	96.3
天津	Tianjin	107.1	105.5	106.0	106.5	118.7	103.0	105.8	84.2	96.4	106.5
河北	Hebei	109.0	105.0	89.0	115.5	102.4	99.7	102.4	104.3	95.8	103.8
山西	Shanxi	109.2	104.0	100.7	117.8		100.4	104.6	101.1	97.0	77.6
内蒙古	Inner Mongolia	111.0	106.9	116.6	115.9	111.1	99.8	102.9	102.4	95.8	99.0
辽宁	Liaoning	109.8	103.6	109.0	122.3	102.4	102.9	104.6	94.8	98.3	120.0
吉林	Jilin	104.5	102.0	121.2	115.3	106.3	103.8	106.2	100.1	93.9	95.3
黑龙江	Heilongjiang	117.0	114.8		126.6	128.0	98.1	99.5		92.2	75.9
上海	Shanghai	109.7	105.5	111.6	113.0	116.0	102.2	108.7	101.9	90.1	101.0
江苏	Jiangsu	114.3	108.7	96.5	125.8	108.4	99.9	105.0	96.8	90.4	104.8
浙江	Zhejiang	112.9	107.0	102.6	126.1	113.3	100.3	104.8	96.4	90.1	102.5
安徽	Anhui	114.7	109.6	106.5	125.9	107.3	99.1	103.1	97.6	90.6	106.0
福建	Fujian	110.7	106.7	115.2	119.6	109.0	98.0	103.3	101.5	88.6	97.1
江西	Jiangxi	114.2	108.2	114.7	124.4	110.8	96.8	99.7	99.1	90.6	100.1
山东	Shandong	112.5	107.6	109.6	121.6	111.9	101.2	105.4	90.1	95.1	100.0
河南	Henan	115.0	108.2	105.4	126.5	121.1	99.1	106.0		87.4	103.2
湖北	Hubei	117.0	111.3	113.7	130.5	111.3	96.3	100.0	103.7	85.6	105.2
湖南	Hunan	126.7	113.9	118.8	135.9	116.5	90.6	100.6	106.5	82.7	105.0
广东	Guangdong	113.9	109.2	103.1	120.1	115.9	95.0	98.8	98.9	89.7	94.2
广西	Guangxi	113.0	100.4	104.3	123.2	118.4	89.3	98.1	104.5	80.5	96.9
海南	Hainan	112.5	113.9	103.0	118.4	109.2	101.9	107.1	83.5	94.9	104.2
重庆	Chongqing	120.2	108.9	112.9	125.8	110.4	89.0	104.2	111.4	80.8	104.7
四川	Sichuan	118.4	111.2	109.6	123.2	115.1	96.9	103.5	101.0	92.4	103.8
贵州	Guizhou	115.5	108.6	107.5	124.3	115.1	96.1	104.4	108.3	85.5	103.8
云南	Yunnan	115.5	107.6	105.6	130.7	111.4	96.5	103.6	98.4	84.5	98.1
西藏	Tibet										
陕西	Shaanxi	111.2	106.0	109.5	124.1	120.0	95.8	96.4	92.0	94.8	98.4
甘肃	Gansu	114.0	107.9	115.9	125.8	113.8	100.2	104.9	92.9	91.1	108.2
青海	Qinghai	114.9	109.8		118.8		94.6	97.8		92.2	
宁夏	Ningxia	118.7	110.6		127.8	103.7	99.4	106.3		91.8	104.9
新疆	Xinjiang	119.8	101.0	102.2	129.7	128.1	92.9	106.4	121.9	91.1	104.3

9-11 按工业部门分工业品出厂价格指数
Producer Price Indices for Manufactured Goods by Sector

(上年=100) (preceding year=100)

年　份 Year	总指数 General Index	冶金工业 Metallurgical Industry	电力工业 Power Industry	煤炭工业 Coal Industry	石油工业 Petroleum Industry	化学工业 Chemical Industry	机械工业 Machine Manufacturing Industry	建筑材料工业 Building Materials Industry
1980	100.5	106.2	98.4	106.4	102.1	98.2	97.5	102.5
1985	108.7	114.3	103.4	117.6	107.2	102.9	111.8	115.4
1990	104.1	110.3	107.4	106.2	107.1	101.6	102.8	99.6
1991	106.2	114.2	116.9	113.1	118.8	102.4	102.8	106.1
1992	106.8	114.2	108.8	116.1	115.3	102.7	106.6	111.1
1993	124.0	157.7	135.9	139.7	171.3	108.3	119.7	142.8
1994	119.5	106.8	139.5	122.2	148.7	115.4	109.5	107.6
1995	114.9	105.5	109.5	111.3	121.2	126.2	106.3	106.4
1996	102.9	97.7	113.1	113.7	104.6	103.4	101.6	104.3
1997	99.7	97.3	114.0	108.0	107.4	95.5	98.1	99.6
1998	95.9	93.1	105.5	96.6	93.0	92.9	97.0	96.6
1999	97.6	95.8	100.9	94.8	109.6	96.5	97.0	97.7
2000	102.8	103.3	102.4	98.1	144.3	101.0	97.4	99.6
2001	98.7	98.6	102.3	106.5	99.1	97.1	96.8	99.0
2002	97.8	97.6	100.8	111.6	95.2	97.6	96.2	97.8
2003	102.3	106.8	100.9	107.0	115.6	102.3	97.0	99.6
2004	106.1	116.9	102.4	115.9	114.2	107.7	99.4	103.5
2005	104.9	106.8	104.2	118.2	122.4	106.8	99.3	100.7
2006	103.0	103.3	102.8	105.8	120.3	100.7	100.4	101.9
2007	103.1	108.4	102.2	105.4	103.4	103.2	100.3	101.7
2008	106.9	111.9	101.8	131.4	118.5	107.4	101.0	107.4
2009	94.6	85.8	102.3	98.5	83.1	92.1	97.4	100.8

9-11 续表 continued

(上年=100) (preceding year=100)

年　份 Year	森林工业 Timber Industry	食品工业 Food Industry	纺织工业 Textile Industry	缝纫工业 Tailoring Industry	皮革工业 Leather Industry	造纸工业 Paper Industry	文教艺术用品工业 Cultural, Educational & Handicrafts Articles
1980	104.5	101.2	101.6	100.8	102.4	100.5	101.6
1985	114.9	105.5	104.3	105.1	112.1	113.7	103.2
1990	94.6	101.0	107.2	109.1	106.3	102.3	107.3
1991	100.4	103.3	104.1	109.0	109.0	102.9	105.8
1992	105.9	106.2	99.3	100.8	112.8	102.7	102.3
1993	131.8	113.5	103.8	117.9	111.8	108.9	110.6
1994	106.9	123.4	136.8	116.1	121.9	106.6	109.1
1995	99.5	123.2	117.3	116.5	121.7	144.5	111.4
1996	98.2	104.2	96.0	108.2	111.3	116.1	101.5
1997	99.3	99.6	98.0	103.9	98.3	94.5	100.0
1998	95.4	98.6	94.1	97.7	98.3	94.1	94.4
1999	100.1	96.7	96.0	98.0	96.8	95.9	93.6
2000	99.2	95.8	104.7	99.4	100.2	99.9	99.2
2001	99.6	100.5	98.7	99.2	100.8	99.7	97.9
2002	98.6	99.6	94.7	98.7	99.3	97.9	97.4
2003	99.3	101.1	102.2	99.9	99.8	98.7	98.6
2004	102.1	106.5	104.7	101.1	101.0	101.3	99.8
2005	101.9	100.9	100.3	100.5	102.5	101.4	100.3
2006	102.0	100.4	102.2	101.2	101.1	100.7	99.7
2007	103.0	107.5	100.7	100.8	102.6	101.0	99.7
2008	103.8	109.6	101.3	102.1	102.7	105.8	101.4
2009	99.3	98.4	97.8	100.1	98.8	94.4	99.7

9-12 按工业行业分工业品出厂价格指数
Producer Price Indices for Manufactured Goods by Sector

(上年＝100) (preceding year=100)

行业	Sector	2006	2007	2008	2009
工业品出厂价格指数	**Producer Price Indices for Manufactured Goods**	**103.0**	**103.1**	**106.9**	**94.6**
煤炭开采和洗选业	Mining and Washing of Coal	105.0	103.8	128.7	101.9
石油和天然气开采业	Extraction of Petroleum and Natural Gas	122.0	102.0	122.1	66.0
黑色金属矿采选业	Mining and Processing of Ferrous Metal Ores	96.8	110.3	131.4	74.3
有色金属矿采选业	Mining and Processing of Non-Ferrous Metal Ores	123.4	112.6	104.8	88.9
非金属矿采选业	Mining and Processing of Nonmetal Ores	102.5	103.1	111.0	97.8
农副食品加工业	Processing of Food from Agricultural Products	100.1	113.3	114.4	96.0
食品制造业	Processing of Foodstuff	101.1	102.6	108.0	101.1
饮料制造业	Manufacture of Beverages	100.5	101.2	103.7	100.6
烟草制品业	Manufacture of Tobacco	100.5	100.4	100.5	100.5
纺织业	Manufacture of Textile	102.1	100.8	101.5	98.3
纺织服装、鞋、帽制造业	Manufacture of Textile Wearing Apparel, Footware, and Caps	100.9	100.7	102.1	99.9
皮革、毛皮、羽毛(绒)及其制品业	Manufacture of Leather, Fur, Feather and Related Products	101.2	102.4	102.3	98.5
木材加工及木、竹、藤、棕、草制品业	Processing of Timber, Manufacture of Wood, Bamboo, Rattan, Palm and Straw Products	102.3	103.6	104.1	98.8
家具制造业	Manufacture of Furniture	100.3	101.5	103.3	100.2
造纸及纸制品业	Manufacture of Paper and Paper Products	100.7	101.0	105.8	94.4
印刷业和记录媒介的复制	Printing, Reproduction of Recording Media	99.8	100.5	102.6	99.9
文教体育用品制造业	Manufacture of Articles for Culture, Education and Sport Activities	101.4	101.5	101.9	100.3
石油加工、炼焦及核燃料加工业	Processing of Petroleum, Coking, Processing of Nuclear Fuel	118.0	105.0	120.3	91.2
化学原料及化学制品制造业	Manufacture of Raw Chemical Materials and Chemical Products	100.4	103.8	111.2	88.1
医药制造业	Manufacture of Medicines	98.6	102.1	103.8	100.2
化学纤维制造业	Manufacture of Chemical Fibers	101.2	103.3	99.4	90.5
橡胶制品业	Manufacture of Rubber	104.7	103.3	104.9	99.6
塑料制品业	Manufacture of Plastics	101.0	102.0	102.7	96.1
非金属矿物制品业	Manufacture of Non-metallic Mineral Products	101.5	101.3	107.9	99.9
黑色金属冶炼及压延加工业	Smelting and Pressing of Ferrous Metals	96.0	107.9	119.7	83.9
有色金属冶炼及压延加工业	Smelting and Pressing of Non-ferrous Metals	122.5	113.9	96.8	83.4
金属制品业	Manufacture of Metal Products	101.0	102.6	106.7	96.8
通用设备制造业	Manufacture of General Purpose Machinery	100.2	101.3	104.8	98.7
专用设备制造业	Manufacture of Special Purpose Machinery	101.2	101.5	103.3	100.0
交通运输设备制造业	Manufacture of Transport Equipment	99.5	100.1	101.5	99.9
电气机械及器材制造业	Manufacture of Electrical Machinery and Equipment	107.4	103.7	101.1	95.0
通信设备、计算机及其他电子设备制造业	Manufacture of Communication Equipment, Computers and Other Electronic Equipment	96.6	97.5	98.3	95.7
仪器仪表及文化、办公用机械制造业	Manufacture of Measuring Instruments and Machinery for Cultural Activity and Office Work	99.2	98.9	100.3	99.1
工艺品及其他制造业	Manufacture of Artwork and Other Manufacturing	102.5	104.3	105.5	100.5
废弃资源和废旧材料回收加工业	Recycling and Disposal of Waste	103.4	104.4	108.9	85.0
电力、热力的生产和供应业	Production and Supply of Electric Power and Heat Power	102.8	102.2	101.9	102.4
燃气生产和供应业	Production and Supply of Gas	106.8	104.8	105.9	100.5
水的生产和供应业	Production and Supply of Water	106.4	104.8	102.9	103.2

9-13 各地区工业品出厂价格指数
Producer Price Indices for Manufactured Goods by Region

(上年=100) (preceding year=100)

地 区	Region	2002	2003	2004	2005	2006	2007	2008	2009
全 国	**National**	**97.8**	**102.3**	**106.1**	**104.9**	**103.0**	**103.1**	**106.9**	**94.6**
北 京	Beijing	96.6	101.5	103.0	101.3	99.1	99.7	103.3	94.4
天 津	Tianjin	95.9	102.5	104.1	100.1	100.6	101.5	104.1	92.5
河 北	Hebei	99.4	107.1	111.6	104.4	100.8	106.9	116.7	89.1
山 西	Shanxi	103.6	112.2	116.1	110.2	101.0	107.4	122.4	92.0
内蒙古	Inner Mongolia	99.3	103.2	105.1	105.1	103.0	105.7	112.5	96.2
辽 宁	Liaoning	97.8	103.6	107.1	105.1	104.1	104.4	110.9	94.0
吉 林	Jilin	98.6	102.5	105.0	104.3	101.7	102.7	104.9	96.1
黑龙江	Heilongjiang	97.8	111.9	113.1	116.7	109.9	105.3	114.0	87.4
上 海	Shanghai	96.4	101.4	103.6	101.7	100.6	101.2	102.2	93.8
江 苏	Jiangsu	97.6	102.3	106.5	102.6	101.5	102.6	104.6	95.2
浙 江	Zhejiang	96.9	100.6	105.0	102.3	103.8	102.4	104.3	94.9
安 徽	Anhui	99.8	103.5	108.2	103.3	103.1	103.6	108.4	92.8
福 建	Fujian	97.2	100.7	102.6	100.2	99.2	100.8	102.7	95.5
江 西	Jiangxi	98.5	104.0	109.7	108.8	109.7	106.2	106.4	93.0
山 东	Shandong	98.8	103.5	106.4	103.7	102.3	103.3	108.6	94.1
河 南	Henan	98.6	105.0	110.2	106.1	104.3	105.2	112.1	94.9
湖 北	Hubei	98.2	103.5	105.7	104.5	102.9	103.9	106.1	95.6
湖 南	Hunan	99.2	102.6	108.0	105.9	104.3	106.1	109.3	94.3
广 东	Guangdong	96.5	99.3	101.7	101.5	101.4	101.3	103.1	95.8
广 西	Guangxi	95.6	102.8	109.7	104.9	109.6	104.5	109.0	93.5
海 南	Hainan	98.7	99.5	100.0	99.5	100.8	102.7	104.5	90.6
重 庆	Chongqing	97.6	100.6	103.3	103.0	102.2	103.5	105.8	95.5
四 川	Sichuan	97.7	100.5	105.4	104.0	101.9	103.9	109.3	96.5
贵 州	Guizhou	98.9	103.4	108.0	107.2	104.3	105.0	112.4	95.1
云 南	Yunnan	98.2	101.4	108.8	104.5	104.6	105.7	105.8	91.5
西 藏	Tibet					106.0	101.1	105.6	98.2
陕 西	Shaanxi	100.7	105.7	107.3	110.4	109.6	102.9	108.4	96.1
甘 肃	Gansu	97.9	110.0	114.3	109.6	109.8	105.5	104.9	91.0
青 海	Qinghai	97.6	105.5	111.2	110.2	109.5	104.2	107.6	91.3
宁 夏	Ningxia	99.7	103.9	110.0	106.2	106.2	103.7	112.9	93.9
新 疆	Xinjiang	97.3	115.1	116.4	116.6	114.4	106.3	116.4	85.5

9-14 工业品出厂价格分类指数

Producer Price Indices for Manufactured Goods by Category

(上年=100) (preceding year=100)

类别	Item	2002	2003	2004	2005	2006	2007	2008	2009
全部工业品	**Total Industry Products**	**97.8**	**102.3**	**106.1**	**104.9**	**103.0**	**103.1**	**106.9**	**94.6**
生产资料	**Means of Production**	**97.7**	**103.6**	**107.8**	**106.8**	**103.9**	**103.2**	**107.7**	**93.3**
采掘工业	Mining & Quarrying Industry	101.9	113.3	118.8	125.8	114.1	103.8	123.2	84.2
原材料工业	Raw Materials Industry	98.0	106.7	110.2	109.8	106.6	105.6	108.9	91.9
加工工业	Processing Industry	96.9	100.2	104.8	102.2	101.1	102.0	105.2	95.1
生活资料	**Consumer Goods**	**97.9**	**98.9**	**101.2**	**99.8**	**100.2**	**102.8**	**104.1**	**98.8**
食品类	Food	99.7	100.9	105.2	100.9	100.5	107.0	108.3	98.6
衣着类	Clothing	98.8	99.8	100.9	100.8	101.3	101.2	102.2	100.1
一般日用品	Articles for Daily Use	97.9	99.5	101.9	101.9	100.8	101.5	103.6	99.2
耐用消费品	Durable Consumer Goods	94.7	95.6	96.2	96.8	98.0	99.0	99.5	97.7

9-15 原材料、燃料、动力购进价格指数

Purchasing Price Indices for Raw Materials, Fuels and Power

(上年=100) (preceding year=100)

年份 Year	总指数 General Index	燃料、动力类 Fuel and Power	黑色金属材料类 Ferrous Metals	有色金属材料类 Nonferrous Metals	化工原料类 Raw Chemical Materials	木材及纸浆类 Timber and Paper Pulp	建材类 Building Materials	农副产品类 Agricultural Products	纺织原料类 Textile Materials
1989	126.4	124.7	130.3	127.6	124.4	111.4	122.7	128.9	128.5
1990	105.6	110.7	103.9	97.2	95.6	99.4	115.2	107.8	107.4
1991	109.1	112.9	112.5	101.2	99.8	105.6	101.2	106.8	108.9
1992	111.0	116.4	114.5	112.4	102.6	102.0	118.8	103.4	100.5
1993	135.1	136.7	174.1	115.8	114.3	128.6	140.9	112.2	107.1
1994	118.2	118.0	103.8	110.7	111.7	115.1	114.3	148.3	139.6
1995	115.3	108.7	98.2	128.3	127.2	115.8	102.6	143.1	123.6
1996	103.9	110.2	99.3	92.4	98.0	101.9	102.5	114.7	94.5
1997	101.3	109.3	97.4	96.2	97.1	100.9	99.7	102.0	94.7
1998	95.8	99.1	95.1	88.3	93.6	96.7	98.6	94.5	94.3
1999	96.7	100.9	94.7	98.9	97.6	100.4	98.8	89.8	96.8
2000	105.1	115.4	100.9	110.3	105.6	99.8	101.5	99.9	102.4
2001	99.8	100.2	100.5	95.6	98.4	100.4	98.6	101.2	99.7
2002	97.7	100.1	98.2	96.5	97.5	98.7	98.2	95.7	97.1
2003	104.8	107.4	107.9	105.3	102.9	100.3	99.7	106.7	101.4
2004	111.4	109.7	120.4	120.1	108.9	102.8	105.1	114.2	104.7
2005	108.3	115.0	107.5	114.0	108.3	103.5	103.1	101.7	102.4
2006	106.0	111.9	98.3	130.8	102.1	102.6	101.9	104.3	102.9
2007	104.4	104.3	105.4	111.6	103.6	102.7	103.0	106.1	101.4
2008	110.5	120.6	118.4	98.6	105.2	105.2	109.5	107.5	103.1
2009	92.1	89.2	86.3	81.1	91.3	95.8	101.1	97.0	98.8

9-16 各地区固定资产投资价格指数
Price Indices for Investment in Fixed Assets by Region

(上年=100) (preceding year=100)

地 区	Region	2008				2009			
		固定资产投资 Investment in Fixed Assets	建筑安装工程 Construction and Installation	设备工器具购置 Purchase of Equipment and Instruments	其他费用 Others	固定资产投资 Investment in Fixed Assets	建筑安装工程 Construction and Installation	设备工器具购置 Purchase of Equipment and Instruments	其他费用 Others
全 国	**National Total**	**108.9**	**112.9**	**100.6**	**105.4**	**97.6**	**96.3**	**97.6**	**102.4**
北 京	Beijing	107.8	111.8	98.0	104.8	97.1	94.3	96.8	100.9
天 津	Tianjin	109.2	114.0	99.6	104.2	97.6	96.4	98.5	100.2
河 北	Hebei	109.6	113.9	101.6	105.8	96.5	94.7	97.4	102.3
山 西	Shanxi	113.3	120.0	102.6	101.5	98.1	97.9	97.6	100.5
内蒙古	Inner Mongolia	108.1	110.6	101.0	106.2	98.5	98.1	98.0	102.4
辽 宁	Liaoning	109.1	113.3	101.0	105.2	97.0	95.4	98.6	101.0
吉 林	Jilin	107.3	110.7	100.4	105.1	99.4	99.6	98.1	101.7
黑龙江	Heilongjiang	109.0	111.9	100.6	110.9	97.6	94.8	97.8	112.0
上 海	Shanghai	107.9	112.1	99.5	105.4	97.0	94.8	96.1	102.2
江 苏	Jiangsu	110.0	115.9	100.6	106.6	97.7	97.0	96.2	103.4
浙 江	Zhejiang	109.3	113.7	101.2	106.6	96.7	94.6	96.2	102.5
安 徽	Anhui	109.4	113.7	101.2	103.8	96.0	94.4	97.1	101.1
福 建	Fujian	105.9	108.5	100.0	104.9	98.0	97.4	96.4	101.0
江 西	Jiangxi	110.4	114.0	100.7	109.3	96.1	93.9	97.4	104.7
山 东	Shandong	107.7	110.7	102.5	104.4	96.9	95.4	98.0	102.0
河 南	Henan	109.0	112.1	102.5	103.3	96.4	94.6	98.8	102.5
湖 北	Hubei	109.4	112.2	102.7	108.2	98.8	96.8	99.0	106.8
湖 南	Hunan	109.9	112.3	104.7	105.1	99.7	99.6	98.8	101.2
广 东	Guangdong	108.6	112.2	100.1	105.7	96.7	95.3	97.4	101.6
广 西	Guangxi	107.9	110.7	101.7	103.7	97.9	96.8	98.4	100.8
海 南	Hainan	113.3	118.7	100.6	107.2	97.7	97.2	97.6	100.0
重 庆	Chongqing	110.2	113.7	100.6	106.6	97.8	97.0	97.7	100.2
四 川	Sichuan	112.5	118.8	101.8	104.4	98.3	97.1	98.8	101.4
贵 州	Guizhou	108.9	114.3	100.6	101.1	100.5	102.0	97.5	99.3
云 南	Yunnan	107.4	110.1	101.0	102.2	98.1	97.6	97.1	100.9
西 藏	Tibet								
陕 西	Shaanxi	109.5	113.3	101.1	101.8	99.3	99.1	98.7	101.0
甘 肃	Gansu	106.7	111.8	103.5	103.0	101.5	100.6	101.0	103.4
青 海	Qinghai	110.5	113.3	101.5	104.1	100.9	101.1	99.4	102.1
宁 夏	Ningxia	109.0	110.6	101.9	106.4	100.2	100.7	97.4	101.1
新 疆	Xinjiang	111.2	114.0	105.0	105.1	98.0	98.1	95.0	103.5

9-17 房地产价格指数
Price Indices for Real Estate

(上年=100) (preceding year=100)

项　目	Item	2000	2005	2006	2007	2008	2009
土地交易价格指数	**Transactions Price Indices of Land**	**100.2**	**109.1**	**105.8**	**112.3**	**109.4**	**105.4**
居住用地	Land for Residential Building Use	101.0	110.3	106.0	113.7	111.3	106.4
工业用地	Land for Industrial Use	98.6	103.6	104.7	105.9	103.7	102.2
商业营业用地	Land for Business Use	100.4	107.9	106.4	113.0	111.1	106.0
其他用地	Land for Other Uses	99.8	106.7	103.5	103.8	105.5	106.2
房屋租赁价格指数	**Renting Price Indices of Houses**	**102.4**	**101.9**	**101.4**	**102.6**	**101.4**	**99.4**
住宅	Residential Buildings	114.2	100.5	101.4	102.6	102.2	99.2
经济适用房	Economically Affordable Housing		101.2	100.1	100.3	100.1	100.1
廉租房	Tenement House		100.0	100.2	100.4	100.0	91.0
商品住宅	Commercialized Buildings					102.6	99.7
普通住宅	General Residential Buildings		100.6	102.3	103.6	102.0	100.3
高档住宅	Luxury Residential Buildings		100.1	100.2	101.2	107.0	95.8
非住宅	Non-residential Buildings					100.6	99.6
办公楼	Office Buildings	96.2	102.9	100.9	102.9	99.9	100.4
商业营业用房	Houses for Business Use	99.0	101.7	101.8	102.7	100.6	99.0
其他	Others		104.5	101.9	100.9	102.5	101.2
物业管理价格指数	**Property Management Price Indices**		**100.0**	**100.3**	**100.5**	**100.5**	**100.4**
住宅	Residential Buildings		100.1	100.2	100.3	100.5	100.4
非住宅	Non-residential Buildings					100.6	100.4
办公楼	Office Buildings		99.9	100.2	100.4	100.8	100.1
商业营业用房	Houses for Business Use		99.8	100.6	100.7	100.4	100.7
其他	Others					100.5	100.4

9-18　70个大中城市房地产价格指数
Price Indices for Real Estate in 70 Large and Medium-sized Cities

(上年=100)　　(preceding year=100)

地　区　Region	土地交易价格指数 Transactions Price Indices of Land		房屋租赁价格指数 Renting Price Indices of Houses		物业管理价格指数 Property Management Price Indices	
	2008	2009	2008	2009	2008	2009
总　计　Total	**109.4**	**105.4**	**101.4**	**99.4**	**100.5**	**100.4**
北　京　Beijing	111.6	104.0	101.8	98.9	100.2	100.0
天　津　Tianjin	111.1	107.0	100.4	102.4	100.0	100.0
石家庄　Shijiazhuang	100.6	100.0	102.9	107.5	100.0	100.0
太　原　Taiyuan	102.1	102.0	104.2	101.6	101.1	100.4
呼和浩特　Hohhot	107.0	100.9	104.2	102.4	100.0	100.0
沈　阳　Shenyang	105.3	101.5	100.9	100.0	99.7	100.0
大　连　Dalian	104.2	101.7	101.2	103.0	100.5	100.5
长　春　Changchun	100.0	100.0	102.6	100.0	108.2	103.9
哈尔滨　Harbin	104.6	98.4	102.2	103.7	100.0	103.5
上　海　Shanghai	107.9	102.2	104.6	100.6	100.0	100.0
南　京　Nanjing	103.6	102.6	102.0	100.8	100.3	99.6
杭　州　Hangzhou	127.8	129.7	102.5	101.8	101.9	100.9
宁　波　Ningbo	149.5	104.4	106.7	101.1	100.2	100.1
合　肥　Hefei	104.9	100.6	100.5	101.2	101.1	100.1
福　州　Fuzhou	107.7	110.4	101.7	101.0	100.0	100.2
厦　门　Xiamen	104.2	108.8	102.6	102.3	101.5	100.5
南　昌　Nanchang	109.4	107.2	100.8	100.6	100.2	100.6
济　南　Jinan	102.7	101.9	100.8	100.8	100.1	100.0
青　岛　Qingdao	102.1	102.4	106.5	103.5	100.3	100.4
郑　州　Zhengzhou	100.3	102.0	101.4	100.5	100.0	100.0
武　汉　Wuhan	101.3	100.0	100.1	100.0	100.0	100.1
长　沙　Changsha	109.0	102.6	100.6	100.5	100.3	100.0
广　州　Guangzhou	100.0	100.0	100.1	96.0	101.0	100.7
深　圳　Shenzhen	100.0	100.0	102.2	100.0	100.7	100.4
南　宁　Nanning	110.6	100.1	103.4	101.8	101.1	100.2
海　口　Haikou	120.9	108.8	101.4	102.3	100.0	100.0
重　庆　Chongqing	109.5	101.7	104.2	100.5	100.3	103.2
成　都　Chengdu	104.8	98.1	103.8	102.1	100.2	100.1
贵　阳　Guiyang	108.3	108.1	101.5	101.5	100.3	100.1
昆　明　Kunming	102.6	101.4	100.0	103.8	100.0	100.0
西　安　Xi'an	109.0	101.2	106.9	100.3	102.6	100.2
兰　州　Lanzhou	100.0	100.0	101.5	102.7	100.1	101.4
西　宁　Xining	103.2	104.0	102.4	101.9	101.9	100.7
银　川　Yinchuan	106.0	106.1	101.3	101.3	103.0	101.7
乌鲁木齐　Urumqi	106.5	112.1	101.1	105.0	101.0	101.0

9-18 续表 continued

(上年=100) (preceding year=100)

地 区	Region	土地交易价格指数 Transactions Price Indices of Land		房屋租赁价格指数 Renting Price Indices of Houses		物业管理价格指数 Property Management Price Indices	
		2008	2009	2008	2009	2008	2009
唐 山	Tangshan	107.1	106.6	103.1	99.8	100.0	100.2
秦皇岛	Qinhuangdao	113.7	105.1	101.3	105.0	100.6	100.7
包 头	Baotou	105.2	100.1	101.7	101.2	100.0	100.1
丹 东	Dandong	101.0	100.0	100.2	100.1	100.0	100.1
锦 州	Jinzhou	102.5	100.4	100.8	99.9	100.0	112.1
吉 林	Jilin	100.0	100.0	100.0	100.2	100.0	100.0
牡丹江	Mudanjiang	115.5	109.1	100.0	100.0	100.0	100.0
无 锡	Wuxi	106.1	95.9	103.5	100.7	100.0	100.1
扬 州	Yangzhou	105.0	103.4	101.9	100.6	100.0	100.0
徐 州	Xuzhou	101.9	102.7	102.1	101.3	101.3	100.0
温 州	Wenzhou	122.0	112.3	102.6	100.5	101.9	100.3
金 华	Jinhua	109.0	104.8	100.0	101.3	100.0	100.0
蚌 埠	Bengbu	104.0	100.3	116.1	100.2	100.0	100.0
安 庆	Anqing	104.5	104.1	100.6	101.2	100.8	100.3
泉 州	Quanzhou	105.4	97.6	104.6	102.3	100.2	100.9
九 江	Jiujiang	105.0	102.5	102.9	104.0	100.6	100.5
赣 州	Ganzhou	106.3	103.1	101.6	100.3	101.6	100.6
烟 台	Yantai	102.6	102.6	100.3	103.8	100.1	100.0
济 宁	Jining	105.5	102.6	105.1	104.2	100.9	100.6
洛 阳	Luoyang	109.1	101.3	102.0	100.6	100.1	100.1
平顶山	Pingdingshan	104.6	103.1	100.9	100.7	102.0	101.1
宜 昌	Yichang	114.7	101.4	104.6	114.4	103.8	101.3
襄 樊	Xiangfan	114.5	122.1	100.0	100.0	101.8	100.0
岳 阳	Yueyang	112.8	105.6	100.4	100.3	102.4	100.0
常 德	Changde	112.5	102.7	100.2	100.1	101.1	100.4
惠 州	Huizhou	100.0	99.8	99.3	100.3	100.6	100.9
湛 江	Zhanjiang	100.0	100.0	112.1	100.2	100.6	100.5
韶 关	Shaoguan	104.4	100.1	101.1	100.1	100.1	105.6
桂 林	Guilin	110.2	101.3	101.1	101.2	100.9	101.4
北 海	Beihai	115.8	101.1	104.4	117.8	100.0	100.1
三 亚	Sanya	111.9	111.5	100.7	100.5	100.2	100.1
泸 州	Luzhou	109.3	106.3	102.1	101.1	100.5	100.1
南 充	Nanchong	111.7	100.5	110.1	107.8	100.0	100.0
遵 义	Zunyi	103.7	101.1	101.4	100.1	101.8	103.1
大 理	Dali	100.0	101.7	101.3	99.1	100.0	100.9

主要统计指标解释

居民消费价格指数 是反映一定时期内城乡居民所购买的生活消费品价格和服务项目价格变动趋势和程度的相对数，是对城市居民消费价格指数和农村居民消费价格指数进行综合汇总计算的结果。该指数可以观察和分析消费品的零售价格和服务项目价格变动对城乡居民实际生活费支出的影响程度。

城市居民消费价格指数 是反映一定时期内城市居民家庭所购买的生活消费品价格和服务项目价格变动趋势和程度的相对数。该指数可以观察和分析消费品的零售价格和服务项目价格变动对城镇职工货币工资的影响，作为研究职工生活和确定工资政策的依据。

农村居民消费价格指数 是反映一定时期内农村居民家庭所购买的生活消费品价格和服务项目价格变动趋势和程度的相对数。该指数可以观察农村消费品的零售价格和服务项目价格变动对农村居民生活消费支出的影响，直接反映农村居民生活水平的实际变化情况，为分析和研究农村居民生活问题提供依据。

商品零售价格指数 是反映一定时期内城乡商品零售价格变动趋势和程度的相对数。商品零售价格的变动直接影响到城乡居民的生活支出和国家的财政收入，影响居民购买力和市场供需的平衡，影响到消费与积累的比例关系。因此，该指数可以从一个侧面对上述经济活动进行观察和分析。

农业生产资料价格指数 指反映一定时期内农业生产资料价格变动趋势和程度的相对数。其编制目的是了解农业生产中物质资料投入价格的变动状况，服务于国民经济核算。1994 年以前，农业生产资料价格指数仅仅是商品零售价格指数的一个类别，此后，从商品零售价格指数中分离出来，单独编制。

农产品生产价格指数 是反映一定时期内，农产品生产者出售农产品价格水平变动趋势及幅度的相对数。该指数可以客观反映全国农产品生产价格水平和结构变动情况，满足农业与国民经济核算需要。其中某代表品生产价格指数是通过对全部有出售该产品行为的调查单位的个体指数进行几何平均求得的，类价格指数是通过对其所属的类(或代表品)的价格指数进行加权平均求得的。季度累计价格指数的计算方法与分季指数的计算方法相同。

工业品出厂价格指数 是反映一定时期内全部工业产品出厂价格总水平的变动趋势和程度的相对数，包括工业企业售给本企业以外所有单位的各种产品和直接售给居民用于生活消费的产品。该指数可以观察出厂价格变动对工业总产值及增加值的影响。

原材料、燃料和动力购进价格指数 是反映工业企业作为生产投入，而从物资交易市场和能源、原材料生产企业购买原材料、燃料和动力产品时，所支付的价格水平变动趋势和程度的统计指标，是扣除工业企业物质消耗成本中的价格变动影响的重要依据。

目前，我国编制的原材料、燃料和动力购进价格指数所调查的产品包括燃料动力、黑色金属、有色金属、化工、建材等九大类的近 1800 种产品。

固定资产投资价格指数 是反映一定时期内固定资产投资品及取费项目的价格变动趋势和程度的相对数。固定资产投资额是由建筑安装工程投资完成额、设备工器具购置投资完成额和其他费用投资完成额三部分组成的。编制固定资产投资价格指数应首先分别编制上述三部分投资的价格指数，然后采用加权算术平均法求出固定资产投资价格总指数。

该指数可以准确地反映固定资产投资中涉及的各类投资品和取费项目价格变动趋势和变动幅度，消除按现价计算的固定资产投资指标中的价格变动因素，真实地反映固定资产投资的规模、速度、结构和效益，为国家科学地制定、检查固定资产投资计划并提高宏观调控水平，为完善国民经济核算体系提供科学的、可靠的依据。

房地产价格指数 是反映一定时期内房地产价格变动趋势和程度的相对数，包括房屋销售价格指数、房屋租赁价格指数、土地交易价格指数和物业管理价格指数。这四套指数的计算方法相似，均采用超级汇总的方法。

Explanatory Notes on Main Statistical Indicators

Consumer Price Indices reflect the trend and degree of changes in prices of consumer goods and services purchased by urban and rural households during a given period. They are obtained by combining Consumer Price Indices of Urban Household and Consumer Price Indices of Rural Household. The Indices enable the observation and analysis of the degree of impact of the changes in the prices of retailed goods and services on the actual living expenses of urban and rural residents.

Consumer Price Indices of Urban Household reflect the trend and degree of changes in prices of consumer goods and services purchased by urban households during a given period. It can be used to observe and analyze the impact of price changes in consumer goods and services on wages (in monetary terms) of urban staff and workers, and provide a basis for research on the livelihood of staff and workers and policy-making concerning wages.

Consumer Price Indices of Rural Household reflect the trend and degree of changes in prices of consumer goods and services purchased by rural households during a given period. It can be used to observe the impact of change in retail prices of consumer goods and service prices in rural areas on living expenditure of rural households, and to show the changes in the living standard of rural households. It provides a basis for analysis and research on the condition of life in rural areas.

Retail Price Indices reflect the trend and degree of change in retail prices of commodities during a given period. The change in retail prices of commodities directly affect the living expenses of urban and rural residents, government revenue, purchasing power of residents and the equilibrium of market supply and demand, and the ratio of consumption to accumulation. Therefore, the retail price indices are useful from an oblique perspective for observing and analyzing the changes of the above economic activities.

Price Indices for Means of Agricultural Production reflect the trend and degree of changes in the prices of the means of agricultural production during a given period. Compilation of these indices helps to understand the changes in prices of input into agricultural production and facilitate the compilation of national accounts statistics. Before 1994, price indices for means of agricultural production were a sub-category in the retail price indices for commodities, and it has been compiled separately since 1994.

Producer Prices Indices for Farm Products reflect the trend and degree of changes in producers' prices received by farmers when they sell farm products during a given period. These indices depict the change in the level and structure of producer prices for farm products of the country and meet the needs of agricultural statistics and national accounts statistics. The producer price index for a given product is calculated as the geometrical mean of individual indices for all surveyed units which sell such product, and the indices for a product category is obtained as the weighted mean of price indices for all products in the category. Method for calculating accumulative quarterly indices is the same as for calculating the individual quarterly indices.

Producer Price Indices for Manufactured Goods reflect the trend and degree of changes in general ex-factory prices of all manufactured goods during a given period, including sales of manufactured goods by an industrial enterprise to all units outside the enterprise, as well as sales of consumer goods to residents. It can be used to analyze the impact of ex-factory prices on gross output value and value-added of the industrial sector.

Purchasing Price Indices for Raw Materials, Fuels and Power reflect changes in the level and degree of prices paid by industrial enterprises when they purchase production input such as raw materials, fuels and power from the market or from other energy or raw materials producing enterprises. These indices provide an important basis for measuring the material consumption of industrial enterprises after removing the influence of price changes.

At present, close to 1,800 products in 9 categories, including fuels and power, ferrous metals, non-ferrous metals, chemicals, building materials, are covered in China for the survey to produce indices for purchasing prices of raw materials, fuels and power.

Price Indices for Investment in Fixed Assets reflect the trend and degree of changes in prices of investment goods and projects in fixed assets during a given period. The investment in fixed assets consists of three components, namely the investment in construction and installation, the investment in purchases of equipment and instrument, and the investment in other items. Price indices for investment in fixed assets are calculated as the weighted arithmetic mean of the price indices for the three components of investment in fixed assets.

Removing the factor of price change in the aggregates of investment at current prices, this indicator shows the changes in the prices of commodities and fees involved in the investment of fixed assets, and can be used to observe the actual size, growth, structure, and efficiency of investment in fixed assets and provides reliable and scientific data for government planning, management, decision-making, and further improving the current national accounting system.

Price Indices for Real Estate reflect the trend and degree of changes in prices of real estate during a given period, including sale price indices for houses, price indices for renting houses, price indices for land transactions and price indices for management of properties. The methods for the compilation of these four sets of indices are similar in that they all use the super-collecting approach .

10

人民生活

People’s Living Conditions

简 要 说 明

一、本篇资料的主要内容

本篇资料反映我国人民生活现状及变化情况，分为城镇居民生活和农村居民生活两部分。

二、城镇居民生活状况资料来源

城镇居民生活状况的数据来源于国家统计局城市社会经济调查司的城镇住户调查，是对城镇居民家庭抽样调查汇总的结果。调查内容主要包括家庭人口及其构成、家庭现金收支、主要商品购买数量及支出金额、劳动就业状况、居住状况和耐用消费品的拥有量等。

三、城镇住户调查方法

城镇住户调查是由国家统计局城市社会经济调查司组织实施，国家统计局各调查总队及抽中市、县调查队依据国家统计局统一制定的城镇住户调查方案收集资料，逐级审核，由国家超级汇总。

调查对象在 2001 年以前为全国非农业住户，2002 年以后改为全国城市市区和县城关镇区住户。

住户调查城镇采用分层随机抽样的方法确定，首先，按照城镇规模将全国所有省（区、市）的城镇划分为三层：大中城市（地级和地级以上的城市）、县级市和县城（镇）。第二、按各层人口占全省（区、市）人口的比例来分配每层的样本量。第三、按城镇就业者年人均工资从高到低排队，依次计算各城镇人口累计数，然后根据样本量的大小随机起点等距抽取所需数量的调查城镇。

城镇住户调查的调查户的抽选工作分两步进行。第一步进行一次性的大样本调查；第二步从大样本调查中抽出一个小样本，作为经常性调查户，开展记账工作。

大样本调查每三年进行一次，其目的主要是为经常性调查提供抽样框和为经常性调查数据评估提供基础资料。在大样本调查中，各调查市、县采取分层、二（多）阶段、与大小成比例（PPS 方法）的随机等距方法选取调查样本。即先按区分层，在层内按照 PPS 方法随机等距抽选调查社区/居委会，在抽中社区/居委会内随机等距抽选调查住宅。部分大城市根据需要可以采用三阶段抽样，即先抽选社区/居委会，再抽选调查小区，最后抽选调查住宅。对选出的大样本或一相样本开展调查，取得调查户家庭人口、就业人口、收入等辅助资料，然后，根据这些资料进行分组，从中按比例抽出一个小样本也称二相样本，作为经常性调查户，开展日记账工作。

截止 2007 年底，参加国家汇总的调查样本量为 59000 户。

四、农村居民生活资料来源

农村居民生活状况的数据来源于国家统计局农村社会经济调查司的农村住户抽样调查。主要内容包括农村居民家庭基本情况、住房情况、收入、生活消费支出、主要消费品消费量、耐用消费品拥有量等。

五、农村住户调查方法

农村住户调查是以各省(区、直辖市)为总体，直接抽选调查村，在抽中村中抽选调查户。综合运用多种抽样方法确定住户调查网点。农村住户调查网点分布在全国 7100 多个村，共抽取了 68000 多个样本农户。

农村住户调查在 95%的概率把握程度下要求抽样误差不得超过 ± 3%。为保证农村住户调查资料的准确性，国家统计局农村社会经济调查司为调查户设置了现金和实物两本帐，并聘请了近万名辅助调查员帮助做好记账工作，及时核实、汇总住户调查资料。

为解决调查户的厌烦情绪及样本老化问题，增强抽样调查网点的代表性，更加准确、及时地反映农村社会经济情况，国家统计局农村社会经济调查司对农村住户调查网点实行样本轮换制度，每五年为一个周期。

Brief Introduction

I. Main Contents

Data in this chapter show the people's living conditions in China, consisting of two parts, on the life of urban and rural households respectively.

II. Sources of Data on the Living Conditions of Urban Residents

Data on the living condition of urban residents come from the data collected through a sample survey on the urban households conducted by the Department of Urban Social and Economic Survey of the NBS. The main contents of the survey include persons in the household and the household composition; cash income and expenditure of the household; quantity of major commodities purchased and expenditure; the employment of household members; the housing condition; and the possession of durable consumer goods.

III. Methodology for Urban Household Survey

Urban household survey is organized by the Department of Urban Social and Economic Survey, NBS. The NBS survey offices in the provinces, autonomous regions and municipalities directly under the Central Government as well as the survey offices in selected cities and counties are responsible for collecting data in accordance with the survey scheme stipulated by the NBS and submitting the data to the offices at higher levels.

The survey had covered only non-farm households until 2001. Starting from 2002, the survey covers the households in district areas of all city and county towns.

Sample cities and towns in urban areas are selected by using stratified random sampling method. Firstly, all the urban areas and towns of all provinces (autonomous regions and municipalities directly under the Central Government) are stratified into three strata according to population size: large and medium-sized cities (at and above prefecture level), county cities and county towns; secondly, the sample size is decided by proportion of population in selected stratus to the provincial total; thirdly, cities and towns are arranged in ranking the annual average wages of the employed persons, then with the accumulative population in each city and town sample cities and towns are selected by systematic sampling scheme according to the size of the samples.

The selection of sample households in urban areas is done by two steps: the first step is to have a one-off large sample survey; the second step is to select a small sample from the large sample to be used as regular sample households for diaries.

The large sample survey is conducted for every three years; the objective is to provide sample frame for regular surveys and basic information for data evaluation of regular surveys. In the large sample survey, samples in sample cities and towns are selected by systematic sampling method schemes, such as two-phase sampling and stratifying method, two-stage (multi) method and probability proportional to size (PPS) method. Namely, stratification is done at district level, and then PPS systematic sampling method is used to select sample communities/resident's committees, finally the same method is used to select dwellings from the selected districts/resident's committees. In some large cities, three-stage sampling method is used. First, the communities/resident's committees are selected. Secondly, sample districts are selected. Thirdly, sample dwellings are selected. A survey will be conducted to the large samples or the first phase samples to collect relevant information on household population, persons employed, income and so on. Then grouping is made based on the information collected, small samples or the second phase samples are selected according to proportions which are regular sample households to keep diary.

The national sample included 59,000 households at the end of 2007.

IV. Sources of Data on the Living Conditions of Rural Residents

Data on the living conditions of rural residents come from data collected through the sample survey on rural households, which is organized by the Department of Rural Social and Economic Survey, NBS. The main contents of the survey include the basic condition of rural households, housing conditions, income, consumption expenditure, consumption of major consumer goods and the quantity of durable consumer goods owned.

V. Methodology for Rural Household Survey

Sample survey on rural households is conducted by first selecting sampled villages and then selecting households in the selected villages in each province, with all rural households in the province as the population. A combination of various sampling approaches is used to identify a total of 68,000 households selected from 7,100 villages throughout the whole country.

It is required that the sampling error should not exceed ±3%, with a confidence probability as 95%. In order to ensure the accuracy of the survey data on the rural households, two accounts are designed for the respondent households by the Department of Rural Social and Economic Survey, NBS: the cash account and the account on goods in kind. Nearly 10 thousand assistant enumerators have been recruited to help the households keep good accounts and to check on a timely fashion and to and tabulate the data from the survey.

In order to overcome the tedium of respondent households and to ensure that the sample is accurately representative over time and reflects the changing rural social and economic situation, a rotation sampling scheme is implemented by the Department of Rural Social and Economic Survey, NBS. A complete cycle of rotation is 5 years.

10-1 人民生活基本情况
Basic Statistics on People's Living Conditions

指标名称	Item	1990	2000	2008	2009
就业	**Employment**				
城镇居民家庭每户就业人口 (人)	Average Number of Employed Persons per Urban Household (person)	1.98	1.68	1.48	1.49
农村居民家庭每户整半劳动力 (人)	Average Number of Full/Semi Laborer per Rural Household (person)	2.92	2.76	2.85	2.85
城镇居民家庭每一就业者负担人数(人)	Number of Dependents per Employee of Urban Household (person)	1.77	1.86	1.97	1.94
农村居民家庭每一劳动力负担人数(人)	Number of Dependents per Laborer of Rural Household (person)	1.64	1.52	1.41	1.40
城镇登记失业人数 (万人)	Registered Urban Unemployment Persons (10 000 persons)	383	595	886	921
城镇登记失业率 (%)	Registered Urban Unemployment Rate (%)	2.5	3.1	4.2	4.3
本年末职业介绍机构 (个)	Number of Career Service Organization at Year-end (unit)		29024	37208	37123
本年登记求职人数 (万人)	Total Registered Job-seekers This Year (10 000 persons)		1992	5532	5806
收入与支出	**Income and Expenditure**				
城镇居民人均可支配收入 (元)	Annual Per Capita Disposable Income of Urban Households (yuan)	1510	6280	15781	17175
农村居民人均纯收入 (元)	Annual Per Capita Net Income of Rural Households (yuan)	686	2253	4761	5153
城镇居民人均消费性支出 (元)	Annual Per Capita Consumption Expenditure of Urban Households (yuan)	1279	4998	11243	12265
农村居民人均生活消费支出 (元)	Annual Per Capita Living Expenditure of Rural Households (yuan)	585	1670	3661	3993
人均储蓄存款余额 (元)	Per Capita Balance of Saving Deposit (yuan)	623	5076	16407	19537
生活质量	**Life Quality**				
居民家庭恩格尔系数 (%)	Household's Engel's Coefficient (%)				
城镇	Urban	54.2	39.4	37.9	36.5
农村	Rural	58.8	49.1	43.7	41.0
居住条件	Residence Condition				
城市人均住宅建筑面积 (平方米)	Per Capita Building Space in Urban Areas (sq.m)	13.7	20.3		
农村人均住房面积 (平方米)	Per Capita Living Space in Rural Areas (sq.m)	17.8	24.8	32.4	33.6
交通条件	Traffic Condition				
城市每万人拥有公交车辆 (标台)	Number of Public Transportation Vehicles per 10 000 Population in City (unit)	2.2	5.3	11.1	11.1
城市人均拥有道路面积 (平方米)	Per Capita Area of Paved Roads in City (sq.m)	3.1	6.1	12.2	12.8
城镇每百户拥有家用汽车 (辆)	Number of Automobile Per 100 Urban Households(unit)		0.50	8.83	10.89
农村每百户拥有摩托车 (辆)	Number of Motor Cycles Per 100 Rural Households (unit)	0.89	21.94	52.45	56.64
通信条件	Communication Condition				
电话普及率(含移动电话) (部/百人)	Telephone Popularization Rate(including Mobile Telephone) (set/100 persons)	1.11	20.10	74.29	79.89
移动电话普及率 (部/百人)	Popularization Rate of Mobile Telephone (set/100 persons)	0.002	6.77	48.53	56.27
城市公用设施普及占有率	City Public Utility Rate				
用水普及率 (%)	Coverage Rate of Population with Access to Tap Water (%)	48.0	63.9	94.7	96.1
燃气普及率 (%)	Coverage Rate of Population with Access to Gas (%)	19.1	45.4	89.6	91.4
人均公园绿地面积 (平方米)	Per Capita Area of Parks and Green Land (sq.m)	1.8	3.7	9.7	10.7
每万人拥有公共厕所 (座)	Number of Public Toilets per 10 000 Persons (unit)	3.0	2.7	3.1	3.1
人均国内旅游花费 (元)	Per Capita Domestic Expenditure on Tour (yuan)		427	511	535
城镇	Urban		679	849	801
农村	Rural		227	275	295

10-1 续表 continued

指标名称	Item	1990	2000	2008	2009
文化、教育和卫生	**Culture, Education and Health Care**				
文化	Culture				
广播综合人口覆盖率 (%)	Radio Coverage Rate of the Population (%)	74.7	92.5	96.0	96.3
电视综合人口覆盖率 (%)	TV Coverage Rate of the Population (%)	79.4	93.7	97.0	97.2
每百户彩色电视机拥有量 (部/百户)	Number of Color TV per 100 Households (set)				
城镇	Urban	59.0	116.6	132.9	135.7
农村	Rural	4.7	48.7	99.2	108.9
每百户家用电脑拥有量 (部/百户)	Number of Computer per 100 Households (set)				
城镇	Urban		9.7	59.3	65.7
农村	Rural		0.5	5.4	7.5
居民家庭文教娱乐支出比重 (%)	Percentage of Household Expenditure on Education, Culture and Entertainment (%)				
城镇	Urban	11.1	13.4	12.1	12.0
农村	Rural	5.4	11.2	8.6	8.5
教育	Education				
各级普通学校毕业生升学率 (%)	Rate of Entering Higher School (%)				
高中升学率	Promotion Rate from Senior Secondary Schools to Higher Education	27.3	73.2	72.7	77.6
初中升学率	Promotion Rate from Junior Secondary Schools to Senior Secondary Schools	40.6	51.2	83.4	85.6
小学升学率	Promotion Rate from Primary Schools to Junior Secondary Schools	74.6	94.9	99.7	99.1
平均每一学生占有预算内教育事业费支出 (元)	Budgetary Educational Fund per Student (yuan)				
#普通高校	Regular Institutions of Higher Education		7310	7578	
普通高中	Regular Senior School		1315	3209	
普通初中	Regular Junior School		680	3543	
普通小学	Regular Primary School		492	2758	
卫生	Health Care				
每万人口医院、卫生院床位数 (张)	Number of Beds of Hospitals and Health Centers per 10 000 Population (bed)	23.2	23.8	28.4	30.6
每万人口执业(助理)医师 (人)	Number of Licensed (Assistant) Doctors per 10 000 Population (person)	15.6	16.8	15.8	17.5
居民家庭医疗保健支出比重 (%)	Percentage of Resident Expenditure on Health Care (%)				
城镇	Urban	2.0	6.4	7.0	7.0
农村	Rural	3.3	5.2	6.7	7.2
社会保障	**Social Security**				
社会保障	Social Security				
参加城镇基本养老保险人数 (万人)	Number of Employees Joining Urban Basic Pension Insurance (10 000 persons)	6166	13617	21891	23550
#职工人数	Number of Employees Joining Basic Endowment Insurance	5201	10447	16588	17743
离退休人数	Number of Retirees Joining Basic Endowment Insurance	965	3170	5304	5807
参加城镇基本医疗保险职工和退休人数 (万人)	Number of Persons and Retirees Joining Urban Basic Medical Care System (10 000 persons)		3787	19996	21937
参加失业保险人数 (万人)	Number of Employees Joining Unemployment Insurance (10 000 persons)		10408	12400	12716
参加工伤保险人数 (万人)	Number of Employees Joining Injury Insurance (10 000 persons)		4350	13787	14896
参加生育保险人数 (万人)	Number of Persons Joining Maternity Insurance (10 000 persons)		3002	9254	10876
社会保险基金收入 (亿元)	Revenue of Social Insurance Fund (100 million yuan)	187	2645	13696	16116

注：城市人均住宅建筑面积、城市交通状况、城市公用事业资料由住房和城乡建设部提供。

a) Data of urban per capita residence floor space, traffic, and municipal public utility are provided by the Ministry of Housing and Urban-Rural Development.

10-2 城乡居民家庭人均收入及恩格尔系数
Per Capita Annual Income and Engel's Coefficient of Urban and Rural Households

年份 Year	城镇居民家庭人均可支配收入 Per Capita Annual Disposable Income of Urban Households		农村居民家庭人均纯收入 Per Capita Annual Net Income of Rural Households		城镇居民家庭恩格尔系数(%) Engel's Coefficient of Urban Households (%)	农村居民家庭恩格尔系数(%) Engel's Coefficient of Rural Households (%)
	绝对数(元) Value (yuan)	指数(1978=100) Index	绝对数(元) Value (yuan)	指数(1978=100) Index		
1978	343.4	100.0	133.6	100.0	57.5	67.7
1980	477.6	127.0	191.3	139.0	56.9	61.8
1985	739.1	160.4	397.6	268.9	53.3	57.8
1990	1510.2	198.1	686.3	311.2	54.2	58.8
1991	1700.6	212.4	708.6	317.4	53.8	57.6
1992	2026.6	232.9	784.0	336.2	53.0	57.6
1993	2577.4	255.1	921.6	346.9	50.3	58.1
1994	3496.2	276.8	1221.0	364.3	50.0	58.9
1995	4283.0	290.3	1577.7	383.6	50.1	58.6
1996	4838.9	301.6	1926.1	418.1	48.8	56.3
1997	5160.3	311.9	2090.1	437.3	46.6	55.1
1998	5425.1	329.9	2162.0	456.1	44.7	53.4
1999	5854.0	360.6	2210.3	473.5	42.1	52.6
2000	6280.0	383.7	2253.4	483.4	39.4	49.1
2001	6859.6	416.3	2366.4	503.7	38.2	47.7
2002	7702.8	472.1	2475.6	527.9	37.7	46.2
2003	8472.2	514.6	2622.2	550.6	37.1	45.6
2004	9421.6	554.2	2936.4	588.0	37.7	47.2
2005	10493.0	607.4	3254.9	624.5	36.7	45.5
2006	11759.5	670.7	3587.0	670.7	35.8	43.0
2007	13785.8	752.5	4140.4	734.4	36.3	43.1
2008	15780.8	815.7	4760.6	793.2	37.9	43.7
2009	17174.7	895.4	5153.2	860.6	36.5	41.0

10-3 城乡居民人民币储蓄存款
Savings Deposit of Urban and Rural Household

单位：亿元 (100 million yuan)

年份 Year	年底余额 Balance at Year-end			年增加额 Year-on-year Increase		
	总计 Total	定期 Time Deposits	活期 Demand Deposits	总计 Total	定期 Time Deposits	活期 Demand Deposits
1978	210.6	128.9	81.7	29.0	17.2	11.8
1980	395.8	304.9	90.9	114.8	138.5	-23.7
1985	1622.6	1225.2	397.4	407.9	324.3	83.6
1990	7119.6	5909.4	1210.2	1935.1	1700.9	234.2
1991	9244.9	7634.9	1610.0	2125.3	1725.5	399.8
1992	11757.3	9445.0	2312.3	2512.4	1810.1	702.3
1993	15203.5	12108.3	3095.2	3446.2	2663.3	782.9
1994	21518.8	16838.7	4680.1	6315.3	4730.4	1584.9
1995	29662.3	23778.3	5884.1	8143.5	6939.6	1203.9
1996	38520.8	30873.2	7647.6	8858.6	7095.0	1763.6
1997	46279.8	36226.7	10053.1	7759.0	5353.5	2405.4
1998	53407.5	41791.6	11615.9	7127.7	5564.8	1562.8
1999	59621.8	44955.1	14666.7	6214.4	3163.5	3050.8
2000	64332.4	46141.7	18190.7	4710.6	1186.6	3524.0
2001	73762.4	51434.9	22327.6	9430.1	5293.2	4136.9
2002	86910.7	58788.9	28121.7	13148.2	7354.1	5794.1
2003	103617.7	68498.7	35119.0	16707.0	9709.7	6997.3
2004	119555.4	78138.9	41416.5	15937.7	9640.2	6297.6
2005	141051.0	92263.5	48787.5	21495.6	14124.7	7370.9
2006	161587.3	103011.4	58575.9	20544.0	10777.3	9766.7
2007	172534.2	104934.5	67599.7	10946.9	1923.1	9023.8
2008	217885.4	139300.2	78585.2	45351.2	34365.7	10985.5
2009	260771.7	160230.4	100541.3	42886.4	20930.2	21956.1

10-4 各地区城乡居民人民币储蓄存款（年底余额）
Savings Deposit of Urban and Rural Households by Region at Year-end

单位：亿元 (100 million yuan)

地 区	Region	2004	2005	2006	2007	2008	2009
全 国	**National Total**	**119555.4**	**141051.0**	**161587.3**	**172534.2**	**217885.4**	**260771.7**
总 行	Head Office	354.4	410.0	557.6	858.3	952.6	1962.1
北 京	Beijing	6122.4	7477.7	8703.8	9155.3	11952.8	14672.1
天 津	Tianjin	2116.7	2461.5	2807.4	3083.1	3978.0	4885.9
河 北	Hebei	6207.5	7084.0	8014.2	8922.4	11434.7	13551.1
山 西	Shanxi	3342.3	4119.7	4796.2	5422.4	7048.6	8099.4
内蒙古	Inner Mongolia	1603.9	1973.6	2271.4	2541.9	3211.7	3914.0
辽 宁	Liaoning	6048.5	6950.2	7701.2	8071.5	10154.7	12030.9
吉 林	Jilin	2405.6	2798.1	3107.5	3186.8	3923.1	4614.4
黑龙江	Heilongjiang	3585.5	4078.6	4373.6	4478.2	5545.1	6430.1
上 海	Shanghai	6116.1	7665.6	8727.0	8745.2	11464.2	13707.3
江 苏	Jiangsu	8863.1	10581.3	12183.4	13014.9	16718.7	20080.6
浙 江	Zhejiang	7364.1	8746.0	10473.5	11162.8	14504.7	17833.4
安 徽	Anhui	2972.4	3508.7	4077.8	4546.5	5647.5	6619.5
福 建	Fujian	3322.3	3903.1	4478.1	4709.7	5853.5	7078.8
江 西	Jiangxi	2347.7	2752.9	3151.7	3360.8	4166.2	5092.7
山 东	Shandong	7721.5	9035.1	10358.0	11438.1	14382.2	17082.8
河 南	Henan	5607.3	6488.6	7367.4	7812.2	9515.8	11207.4
湖 北	Hubei	3860.7	4465.8	5103.4	5430.8	6745.4	8163.5
湖 南	Hunan	3483.2	4092.1	4762.3	5321.7	6549.5	7809.8
广 东	Guangdong	16193.4	19051.4	21583.3	22243.4	27500.7	31411.4
广 西	Guangxi	2240.1	2561.3	2946.2	3185.3	3852.0	4686.2
海 南	Hainan	615.9	697.6	790.6	863.1	1058.5	1282.9
重 庆	Chongqing	2189.7	2545.9	2949.1	3228.2	3989.0	4908.7
四 川	Sichuan	5019.4	5902.7	6787.7	7450.9	9646.7	11575.2
贵 州	Guizhou	1094.6	1350.9	1596.9	1790.1	2237.1	2676.1
云 南	Yunnan	2052.1	2430.3	2854.9	3046.4	3783.8	4668.6
西 藏	Tibet	107.5	123.1	139.8	159.6	184.9	226.4
陕 西	Shaanxi	2948.4	3534.0	4067.6	4278.4	5494.5	6743.8
甘 肃	Gansu	1384.9	1586.7	1823.4	1915.0	2461.9	3026.9
青 海	Qinghai	299.3	348.9	406.3	442.3	580.5	711.3
宁 夏	Ningxia	425.5	509.5	581.1	614.0	794.1	967.7
新 疆	Xinjiang	1534.7	1816.4	2035.6	2054.9	2553.0	3050.8

10-5 城镇居民家庭基本情况
Basic Conditions of Urban Households

项 目	Item	1990	1995	2000	2008	2009
调查户数 (户)	**Number of Households Surveyed (household)**	**35660**	**35520**	**42220**	**64675**	**65506**
平均每户家庭人口（人）	Average Household Size (person)	3.50	3.23	3.13	2.91	2.89
平均每户就业人口（人）	Average Number of Employed Persons Per Household (person)	1.98	1.87	1.68	1.48	1.49
平均每户就业面 (%)	Proportion of Employment per Household (%)	56.57	57.89	53.67	50.86	51.56
平均每一就业者负担人数（包括就业者本人）（人）	Number of Dependents per Employee (including the employee himself or herself) (person)	1.77	1.73	1.86	1.97	1.94
平均每人全部年收入（元）	**Per Capita Annual Income (yuan)**	**1516.21**	**4279.02**	**6295.91**	**17067.78**	**18858.09**
工薪收入	Income from Wages and Salaries	1149.70	3390.21	4480.50	11298.96	12382.11
经营净收入	Net Business Income	22.50	72.62	246.24	1453.57	1528.68
财产性收入	Income from Properties	15.60	90.43	128.38	387.02	431.84
转移性收入	Income from Transfer	328.41	725.76	1440.78	3928.23	4515.45
#可支配收入	Disposable Income	1510.16	4282.95	6279.98	15780.76	17174.65
平均每人消费性支出（元）	**Per Capita Annual Consumption Expenditure (yuan)**	**1278.89**	**3537.57**	**4998.00**	**11242.85**	**12264.55**
食 品	Food	693.77	1771.99	1971.32	4259.81	4478.54
衣 着	Clothing	170.90	479.20	500.46	1165.91	1284.20
居 住	Residence	60.86	283.76	565.29	1145.41	1228.91
家庭设备用品及服务	Household Facilities, Articles and Services	108.45	263.36	374.49	691.83	786.94
医疗保健	Health Care and Medical Services	25.67	110.11	318.07	786.20	856.41
交通通信	Transport and Communication	40.51	183.22	426.95	1417.12	1682.57
教育文化娱乐服务	Education, Cultural and Recreation Services	112.26	331.01	669.58	1358.26	1472.76
杂项商品与服务	Miscellaneous Goods and Services	66.57	114.92	171.83	418.31	474.21
平均每人消费性支出构成（人均消费性支出=100）	**Composition of Per Capita Annual Consumption Expenditure (%)**					
食 品	Food	54.25	50.09	39.44	37.89	36.52
衣 着	Clothing	13.36	13.55	10.01	10.37	10.47
居 住	Residence	6.98	8.02	11.31	10.19	10.02
家庭设备用品及服务	Household Facilities, Articles and Services	10.14	7.44	7.49	6.15	6.42
医疗保健	Health Care and Medical Services	2.01	3.11	6.36	6.99	6.98
交通通信	Transport and Communication	1.20	5.18	8.54	12.60	13.72
教育文化娱乐服务	Education, Cultural and Recreation Services	11.12	9.36	13.40	12.08	12.01
杂项商品与服务	Miscellaneous Goods and Services	0.94	3.25	3.44	3.72	3.87

注：1.本表至10-17表为城镇住户抽样调查资料。

2.从2002年起，城镇住户调查对象由原来的非农业人口改为城市市区和县城关镇住户，本篇章相关资料均按新口径计算，历史数据作了相应调整。

a) Data from the table to 10-17 are obtained from the sample survey on urban households.

b) Since 2002, the objects of urban households survey are changed from non-farm households to households in the district areas of all city and county towns. The relative data in the chapter are calculated according to the new standard, and historical data have been adjusted accordingly.

10-6 东、中、西部及东北地区城镇居民家庭基本情况（2009年）
Basic Conditions of Urban Households in Eastern, Central, Western and Northeastern Regions (2009)

项　目	Item	东部地区 Eastern Region	中部地区 Central Region	西部地区 Western Region	东北地区 Northeastern Region
调查户数　(户)	**Number of Households Surveyed (household)**	**28418**	**10989**	**18099**	**8000**
平均每户家庭人口(人)	Average Household Size (person)	2.93	2.88	2.91	2.75
平均每户就业人口(人)	Average Number of Employed Persons per Household (person)	1.54	1.45	1.48	1.37
平均每户就业面 (%)	Percentage of Employment per Household (%)	52.56	50.35	50.86	49.82
平均每一就业者负担人数(包括就业者本人)(人)	Number of Dependents per Employee (including the employee himself or herself) (person)	1.90	1.99	1.97	2.01
平均每人全部年收入(元)	**Per Capita Annual Income (yuan)**	**23153.21**	**15539.39**	**15523.03**	**15842.64**
#可支配收入	Disposable Income	20953.21	14367.11	14213.47	14324.34
平均每人消费性支出(元)	**Per Capita Annual Living Expenditure for Consumption (yuan)**	**14619.75**	**10031.06**	**10641.98**	**11128.90**
食　品	Food	5173.23	3773.72	4110.95	4024.89
衣　着	Clothing	1349.14	1170.09	1235.79	1378.41
居　住	Residence	1433.64	1077.95	988.98	1231.01
家庭设备用品及服务	Household Facilities, Articles and Services	939.34	698.62	688.69	573.46
医疗保健	Health Care and Medical Services	929.81	753.09	739.64	1029.41
交通通信	Transport and Communications	2315.21	1068.86	1317.97	1265.86
教育文化娱乐服务	Education, Cultural and Recreation Services	1903.43	1140.37	1163.64	1118.99
杂项商品与服务	Miscellaneous Goods and Services	575.95	348.36	396.32	506.87
平均每人消费性支出构成(人均消费性支出=100)	**Composition of Per Capita Annual Living Expenditures for Consumption (%)**				
食　品	Food	35.39	37.62	38.63	36.17
衣　着	Clothing	9.23	11.66	11.61	12.39
居　住	Residence	9.81	10.75	9.29	11.06
家庭设备用品及服务	Household Facilities, Articles and Services	6.43	6.96	6.47	5.15
医疗保健	Health Care and Medical Services	6.36	7.51	6.95	9.25
交通通信	Transport and Communications	15.84	10.66	12.38	11.37
教育文化娱乐服务	Education, Cultural and Recreation Services	13.02	11.37	10.93	10.05
杂项商品与服务	Miscellaneous Goods and Services	3.94	3.47	3.72	4.55

10-7 按收入等级分城镇居民家庭基本情况（2009年）

项　　目		Item		全　国 National
调查户数	(户)	Number of Households Surveyed	(household)	65506
调查户比重	(%)	Proportion	(%)	100.00
平均每户家庭人口	(人)	Average Household Size	(person)	2.89
平均每户就业人口	(人)	Average Number of Employed Persons per Household	(person)	1.49
平均每户就业面	(%)	Proportion of Employment per Household	(%)	51.56
平均每一就业者负担人数（包括就业者本人）	(人)	Number of Dependents per Employee (including the employee himself or herself)	(person)	1.94
平均每人全部年收入	(元)	Per Capita Annual Income	(yuan)	18858.09
平均每人可支配收入	(元)	Per Capita Disposable Income	(yuan)	17174.65
平均每人消费性支出	(元)	Per Capita Annual Consumption Expenditure	(yuan)	12264.55

10-8 按收入等级分城镇居民家庭平均每人全年消费性支出（2009年）

项　　目	Item	总平均 Average	最低收入户 (10%) Lowest Income Households (first decile group)	#困难户 (5%) Poor Households (first five percent group)
消费性支出　（元）	**Total Consumption Expenditures (yuan)**	**12264.55**	**4900.56**	**4256.81**
食品	Food	4478.54	2293.82	2041.55
#粮食	Grain	334.29	265.32	254.36
肉禽及其制品	Meat, Poultry and Processed Products	867.49	520.85	458.41
蛋类	Eggs	92.78	66.06	61.14
水产品	Aquatic Products	301.42	121.94	99.05
奶及奶制品	Milk and Processed Products	196.14	89.09	77.62
衣着	Clothing	1284.20	458.48	376.60
#服装	Garments	923.99	306.87	249.96
居住	Residence	1228.91	578.93	515.70
#住房	Housing	396.95	84.73	60.83
家庭设备用品及服务	Household Facilities, Articles and Services	786.94	226.04	173.77
#耐用消费品	Durable Consumer Goods	358.98	70.10	42.57
医疗保健	Health Care and Medical Services	856.41	362.60	343.96
交通通信	Transport and Communications	1682.57	394.80	310.28
教育文化娱乐服务	Education, Culture and Recreation Services	1472.76	457.22	390.56
#文娱用品	Consumer Goods for Recreational Use	381.32	82.96	68.30
杂项商品与服务	Miscellaneous Goods and Services	474.21	128.67	104.39
消费性支出构成（%）	**Total Consumption Expenditures (%)**			
食品	Food	36.52	46.81	47.96
衣着	Clothing	10.47	9.36	8.85
居住	Residence	10.02	11.81	12.11
家庭设备用品及服务	Household Facilities, Articles and Services	6.42	4.61	4.08
医疗保健	Health Care and Medical Services	6.98	7.40	8.08
交通通信	Transport and Communications	13.72	8.06	7.29
教育文化娱乐服务	Education, Cultural and Recreation Services	12.01	9.33	9.17
杂项商品与服务	Miscellaneous Goods and Services	3.87	2.63	2.45

Basic Conditions of Urban Households by Income Percentile(2009)

按收入等级分 Grouped by Percentile of Households							
最低收入户 (10%) Lowest Income Households (first decile group)	#困难户 (5%) Poor Households (first five percent group)	低收入户 (10%) Low Income Households (second decile group)	中等偏下户 (20%) Lower Middle Income Households (second quintile group)	中等收入户 (20%) Middle Income Households (third quintile group)	中等偏上户 (20%) Upper Middle Income Households (fourth quintile group)	高收入户 (10%) High Income Households (ninth decile group)	最高收入户 (10%) Highest Income Households (tenth decile group)
6518	3248	6563	13132	13137	13122	6526	6508
9.95	4.96	10.02	20.05	20.05	20.03	9.96	9.93
3.29	3.30	3.23	3.04	2.84	2.71	2.61	2.51
1.32	1.22	1.46	1.53	1.49	1.49	1.51	1.55
40.12	36.97	45.20	50.33	52.46	54.98	57.85	61.75
2.49	2.70	2.21	1.99	1.91	1.82	1.73	1.62
5950.68	4935.81	8956.81	12345.17	16858.36	23050.76	31171.69	51349.57
5253.23	4197.58	8162.07	11243.55	15399.92	21017.95	28386.47	46826.05
4900.56	4256.81	6743.09	8738.79	11309.73	14964.37	19263.88	29004.41

Per Capita Annual Living Expenditure of Urban Households by Income Percentile(2009)

低收入户 (10%) Low Income Households (second decile group)	中等偏下户 (20%) Lower Middle Income Households (second quintile group)	中等收入户 (20%) Middle Income Households (third quintile group)	中等偏上户 (20%) Upper Middle Income Households (fourth quintile group)	高收入户 (10%) High Income Households (ninth decile group)	最高收入户 (10%) Highest Income Households (tenth decile group)
6743.09	**8738.79**	**11309.73**	**14964.37**	**19263.88**	**29004.41**
3009.48	3640.22	4410.49	5367.01	6360.33	8135.04
292.15	316.34	339.81	366.04	380.85	407.44
691.17	787.04	904.41	1010.77	1095.79	1178.21
79.22	86.34	97.09	103.87	109.96	114.09
182.38	231.55	293.71	383.04	472.06	571.42
128.10	158.45	200.96	241.65	283.40	341.63
684.18	962.45	1263.80	1601.19	1986.16	2782.30
466.34	675.04	900.29	1156.29	1465.42	2092.69
735.23	880.76	1131.03	1493.31	1775.08	2863.28
123.92	178.48	301.37	526.36	659.61	1482.11
366.43	521.47	701.08	977.07	1325.54	2114.20
138.72	217.97	307.95	453.89	632.98	1085.97
504.09	632.03	834.48	1072.01	1322.40	1745.91
582.28	861.44	1285.03	2047.83	3181.88	5858.67
665.96	953.75	1290.09	1807.73	2461.10	4116.41
151.82	225.50	335.78	483.42	682.50	1116.97
195.43	286.68	393.73	598.21	851.39	1388.59
44.63	41.66	39.00	35.87	33.02	28.05
10.15	11.01	11.17	10.70	10.31	9.59
10.90	10.08	10.00	9.98	9.21	9.87
5.43	5.97	6.20	6.53	6.88	7.29
7.48	7.23	7.38	7.16	6.86	6.02
8.64	9.86	11.36	13.68	16.52	20.20
9.88	10.91	11.41	12.08	12.78	14.19
2.90	3.28	3.48	4.00	4.42	4.79

10-9 城镇居民家庭平均每人全年购买主要商品数量
Per Capita Annual Purchases of Major Commodities of Urban Households

项　目	Item	1990	1995	2000	2005	2008	2009
粮　　食 (千克)	Grain (kg)	130.72	97.00	82.31	76.98		81.33
鲜　　菜 (千克)	Fresh Vegetables (kg)	138.70	116.47	114.74	118.58	123.15	120.45
食用植物油 (千克)	Edible Vegetable Oil (kg)	6.40	7.11	8.16	9.25	10.27	9.67
猪　　肉 (千克)	Pork (kg)	18.46	17.24	16.73	20.15	19.26	20.50
牛 羊 肉 (千克)	Beef and Mutton (kg)	3.28	2.44	3.33	3.71	3.44	3.70
家　　禽 (千克)	Poultry (kg)	3.42	3.97	5.44	8.97	8.00	10.47
鲜　　蛋 (千克)	Fresh Eggs (kg)	7.25	9.74	11.21	10.40	10.74	10.57
水 产 品 (千克)	Aquatic Products (kg)	7.69	9.20	11.74	12.55		
鲜　　奶 (千克)	Milk (kg)	4.63	4.62	9.94	17.92	15.19	14.91
水 果 (瓜果) (千克)	Fresh Melons and Fruits (kg)	41.11	44.96	57.48	56.69	54.48	56.55
酒 (千克)	Liquor (kg)	9.25	9.93	10.01	8.85		
煤　　炭 (千克)	Coal (kg)	206.04	129.52	128.07	84.01	55.69	43.31

10-10 城镇居民家庭平均每百户年底耐用消费品拥有量
Ownership of Major Durable Consumer Goods Per 100 Urban Households at Year-end

项　目	Item	1990	1995	2000	2005	2008	2009
摩托车 (辆)	Motorcycle (unit)	1.94	6.29	18.80	25.00	21.39	22.40
洗衣机 (台)	Washing Machine (set)	78.41	88.97	90.50	95.51	94.65	96.01
电冰箱 (台)	Refrigerator (set)	42.33	66.22	80.10	90.72	93.63	95.35
彩色电视机(台)	Color Television Set (set)	59.04	89.79	116.60	134.80	132.89	135.65
组合音响 (套)	Hi-Fi Stereo Component System (set)		10.52	22.20	28.79	27.43	28.21
照相机 (架)	Camera (set)	19.22	30.56	38.40	46.94	39.11	41.68
空调器 (台)	Air Conditioner (set)	0.34	8.09	30.80	80.67	100.28	106.84
淋浴热水器(台)	Water Heater for Shower(set)		30.05	49.10	72.65	80.65	83.39
家用电脑 (台)	Computer (set)			9.70	41.52	59.26	65.74
摄像机 (架)	Video Camera (set)			1.30	4.32	7.12	7.77
微波炉 (台)	Microwave Oven (set)			17.60	47.61	54.57	57.18
健身器材 (套)	Health Equipment (set)			3.50	4.68	3.95	4.13
移动电话 (部)	Mobile Telephone (set)			19.50	137.00	172.02	181.04
固定电话 (部)	Telephone (set)				94.40	82.01	81.86
家用汽车 (辆)	Automobile (unit)			0.50	3.37	8.83	10.89

10-11　东、中、西部及东北地区城镇居民家庭平均每人全年购买的主要商品数量（2009年）

Per Capita Annual Purchases of Major Commodities of Urban Households in Eastern, Central, Western and Northeastern Regions (2009)

项　目	Item	东部地区 Eastern Region	中部地区 Central Region	西部地区 Western Region	东北地区 Northeastern Region
鲜　菜　（千克）	Fresh Vegetables (kg)	110.89	131.90	125.04	123.74
食用植物油　（千克）	Edible Vegetable Oil (kg)	8.66	10.35	10.06	11.38
猪　肉　（千克）	Pork (kg)	20.76	19.37	23.38	16.23
牛 羊 肉　（千克）	Beef and Mutton (kg)	3.25	2.75	4.55	5.95
鲜　蛋　（千克）	Fresh Eggs (kg)	10.88	10.66	8.02	14.23
鲜　奶　（千克）	Milk (kg)	15.93	12.39	15.87	14.58
水 果（瓜果）　（千克）	Fresh Melons and Fruits (kg)	57.20	57.12	51.01	63.77
煤　炭　（千克）	Coal (kg)	21.76	74.43	47.00	52.00

10-12　东、中、西部及东北地区城镇居民家庭平均每百户年底耐用消费品拥有量（2009年）

Ownership of Durable Consumer Goods Per 100 Urban Households in Eastern, Central, Western and Northeastern Regions at Year-end (2009)

项　目	Item	东部地区 Eastern Region	中部地区 Central Region	西部地区 Western Region	东北地区 Northeastern Region
摩托车　（辆）	Motorcycle (unit)	29.25	21.21	17.85	7.94
家用汽车　（辆）	Automobile (unit)	17.33	5.08	7.47	5.64
洗衣机　（台）	Washing Machine (set)	97.12	96.11	95.38	92.82
电冰箱　（台）	Refrigerator (set)	99.33	93.14	92.14	91.27
彩色电视机（台）	Color Television Set (set)	148.98	129.16	126.49	116.91
家用电脑　（台）	Computer (set)	82.19	52.99	54.51	52.49
组合音响　（套）	Hi-Fi Stereo Component System (set)	33.33	23.12	28.45	19.41
照相机　（架）	Camera (set)	54.55	29.64	33.36	34.81
空调器　（台）	Air Conditioner (unit)	152.92	100.76	70.01	17.23
移动电话　（部）	Mobile Telephone (unit)	195.22	162.27	179.27	171.22

10-13 按收入等级分城镇居民家庭平均每人全年购买主要商品数量（2009年）

Per Capita Annual Purchases of Major Commodities of Urban Households by Level of Income (2009)

项 目	Item	总平均 Average	最低收入户(10%) Lowest Income Households (first decile group)	#困难户(5%) Poor Households (first five percent group)	低收入户(10%) Low Income Households (second decile group)	中等偏下户(20%) Lower Middle Income Households (second quintile group)	中等收入户(20%) Middle Income Households (third quintile group)	中等偏上户(20%) Upper Middle Income Households (fourth quintile group)	高收入户(10%) High Income Households (ninth decile group)	最高收入户(10%) Highest Income Households (tenth decile group)
食用植物油(千克)	Edible Vegetable Oil (kg)	9.67	8.26	7.98	9.38	9.61	10.09	10.22	9.73	9.92
猪 肉 (千克)	Pork (kg)	20.50	14.39	12.92	18.11	19.88	21.52	22.74	23.27	23.85
牛 肉 (千克)	Beef (kg)	2.38	1.39	1.26	1.90	2.20	2.62	2.81	2.89	2.87
羊 肉 (千克)	Mutton (kg)	1.32	0.89	0.92	1.02	1.23	1.51	1.56	1.53	1.42
鲜 蛋 (千克)	Fresh Eggs (kg)	10.57	8.20	7.70	9.52	10.11	11.19	11.57	11.80	11.64
鲜 菜 (千克)	Fresh Vegetables (kg)	120.45	97.43	93.75	111.64	116.98	126.20	130.36	131.21	127.68
白 酒 (千克)	Liquor (kg)	2.31	2.08	1.81	2.07	2.53	2.47	2.43	2.07	1.97
果 酒 (千克)	Fruit Wine (kg)	0.25	0.12	0.09	0.14	0.17	0.23	0.30	0.44	0.52
啤 酒 (千克)	Beer (kg)	5.43	3.47	3.00	4.44	5.16	6.06	6.31	6.22	6.07
茶 叶 (千克)	Tea (kg)	0.30	0.21	0.19	0.23	0.25	0.31	0.36	0.40	0.43
鲜瓜果 (千克)	Fresh Melons & Fruits (kg)	56.55	35.04	31.99	43.84	51.99	59.80	65.63	70.45	74.78
糕 点 (千克)	Cake (kg)	5.09	2.98	2.56	3.85	4.60	5.37	6.03	6.53	6.92
鲜 奶 (千克)	Milk (kg)	14.91	8.01	6.98	10.47	12.80	15.98	18.20	20.08	21.35
奶 粉 (千克)	Milk Powder (kg)	0.48	0.25	0.24	0.38	0.41	0.51	0.58	0.60	0.74
酸 奶 (千克)	Yogurt (kg)	3.88	1.89	1.58	2.75	3.38	4.20	4.68	5.23	5.73
服 装 (件)	Clothing (piece)	8.19	4.02	3.50	5.43	6.95	8.24	9.73	11.32	14.58
鞋 类 (双)	Shoes (pair)	2.95	1.95	1.72	2.39	2.74	3.03	3.30	3.57	4.10

10-14 按收入等级分城镇居民家庭平均每百户年底耐用消费品拥有量（2009年）

Ownership of Durable Consumer Goods Per 100 Urban Households at Year-end by Level of Income (2009)

项目	Item	总平均 Average	最低收入户(10%) Lowest Income Households (first decile group)	#困难户(5%) Poor Households (first five percent group)	低收入户(10%) Low Income Households (second decile group)	中等偏下户(20%) Lower Middle Income Households (second quintile group)	中等收入户(20%) Middle Income Households (third quintile group)	中等偏上户(20%) Upper Middle Income Households (fourth quintile group)	高收入户(10%) High Income Households (ninth decile group)	最高收入户(10%) Highest Income Households (tenth decile group)
摩托车（辆）	Motorcycle (unit)	22.40	18.79	15.98	23.41	26.43	24.24	22.53	19.24	15.38
助力车（辆）	Hand Car (unit)	25.73	18.00	15.11	24.86	26.20	27.94	27.63	26.13	24.97
家用汽车（辆）	Automobile (unit)	10.89	1.21	1.02	2.15	4.15	7.43	13.63	20.15	38.11
洗衣机（台）	Washing Machine (unit)	96.01	85.47	82.57	91.61	94.82	97.10	98.78	100.42	102.39
电冰箱（台）	Refrigerator (unit)	95.35	75.44	69.66	86.83	94.08	97.28	100.43	103.43	106.42
彩色电视机（台）	Color Television Set (set)	135.65	111.25	108.78	120.94	125.88	133.54	143.37	154.97	168.75
家用电脑（台）	Computer (set)	65.74	25.57	20.21	41.83	54.51	66.18	78.16	89.41	109.79
组合音响（套）	Hi-Fi Stereo Component System (set)	28.21	12.82	10.81	19.07	23.28	27.13	32.75	38.48	48.28
摄像机（架）	Video Camera (set)	7.77	0.69	0.43	2.10	3.41	6.41	10.38	14.27	22.21
照相机（架）	Camera (set)	41.68	10.66	8.19	18.71	28.77	38.95	53.06	66.88	85.82
钢琴（架）	Piano (set)	2.47	0.19	0.07	0.39	1.16	1.88	3.27	4.63	7.54
其他中高档乐器（件）	Other Medium and High Grade Musical Instrument (unit)	4.65	1.12	0.85	2.09	3.58	4.64	6.12	7.06	8.21
微波炉（台）	Microwave Oven (unit)	57.18	23.17	17.92	36.52	47.79	59.23	70.58	77.04	85.45
空调器（台）	Air Conditioner (unit)	106.84	35.62	27.31	60.03	79.27	101.63	130.28	159.04	206.03
淋浴热水器（台）	Water Heater for Shower (unit)	83.39	52.50	45.08	68.14	77.22	86.29	92.59	98.89	106.43
消毒碗柜（台）	Disinfection Cupboard (unit)	18.72	7.21	5.50	11.26	13.31	17.04	22.25	28.07	38.09
洗碗机（台）	Dishwasher (unit)	0.81	0.26	0.27	0.46	0.48	0.72	0.83	1.20	2.29
健身器材（套）	Health Equipment (unit)	4.13	0.45	0.26	1.41	1.76	2.82	5.27	8.49	12.29
固定电话（部）	Fixed Telephone (unit)	81.86	66.93	64.77	73.96	77.99	82.17	87.14	90.63	94.80
移动电话（部）	Mobile Telephone (unit)	181.04	129.54	117.96	157.84	174.75	184.52	194.50	205.52	216.41

10-15 各地区城镇居民平均每人全年家庭收入来源（2009年）
Per Capita Annual Income of Urban Households by Sources and Region (2009)

单位：元 (yuan)

地 区	Region	可支配收入 Disposable Income	总收入 Total Income	工薪收入 Income from Wages and Salaries	经营净收入 Net Business Income	财产性收入 Income from Properties	转移性收入 Income from Transfers
全 国	**National Average**	**17174.65**	**18858.09**	**12382.11**	**1528.68**	**431.84**	**4515.45**
北 京	Beijing	26738.48	30673.68	21105.61	1095.45	586.72	7885.90
天 津	Tianjin	21402.01	23565.67	14389.10	847.23	305.31	8024.04
河 北	Hebei	14718.25	15675.75	9830.57	977.23	193.71	4674.23
山 西	Shanxi	13996.55	14983.15	9741.38	944.42	252.39	4044.97
内蒙古	Inner Mongolia	15849.19	16951.35	11267.40	1737.04	363.81	3583.10
辽 宁	Liaoning	15761.38	17757.70	10420.60	1553.18	239.81	5544.11
吉 林	Jilin	14006.27	15155.16	9482.13	1307.31	145.73	4219.98
黑龙江	Heilongjiang	12565.98	13689.85	8356.66	1224.29	88.94	4019.96
上 海	Shanghai	28837.78	32402.97	23172.36	1434.88	473.40	7322.32
江 苏	Jiangsu	20551.72	22494.94	13480.72	2139.83	381.71	6492.69
浙 江	Zhejiang	24610.81	27119.30	16701.04	3294.48	1414.52	5709.26
安 徽	Anhui	14085.74	15691.94	10362.39	1023.48	272.87	4033.20
福 建	Fujian	19576.83	21692.35	14211.49	2054.95	1172.76	4253.15
江 西	Jiangxi	14021.54	15047.19	9789.79	1153.45	239.83	3864.13
山 东	Shandong	17811.04	19336.91	13985.83	1379.02	412.76	3559.30
河 南	Henan	14371.56	15408.04	9910.46	1202.69	164.85	4130.05
湖 北	Hubei	14367.48	15698.11	10331.51	1232.29	296.63	3837.68
湖 南	Hunan	15084.31	16078.12	9854.09	1744.37	419.17	4060.49
广 东	Guangdong	21574.72	24116.46	16898.88	2459.83	736.55	4021.20
广 西	Guangxi	15451.48	17032.89	11193.64	1385.85	493.36	3960.05
海 南	Hainan	13750.85	14909.28	9678.65	1531.70	424.46	3274.46
重 庆	Chongqing	15748.67	16990.30	11824.00	1018.76	253.98	3893.57
四 川	Sichuan	13839.40	15323.76	10132.43	1132.13	305.38	3753.81
贵 州	Guizhou	12862.53	13793.38	9005.57	1135.05	134.34	3518.42
云 南	Yunnan	14423.93	15680.27	9641.68	1092.29	1043.93	3902.38
西 藏	Tibet	13544.41	14978.95	13326.40	378.07	218.30	1056.18
陕 西	Shaanxi	14128.76	15311.29	10775.37	544.30	152.30	3839.30
甘 肃	Gansu	11929.78	12918.04	9182.24	690.41	59.49	2985.90
青 海	Qinghai	12691.85	14150.25	9341.26	835.48	45.70	3927.81
宁 夏	Ningxia	14024.70	15550.75	9597.11	2036.14	281.15	3636.36
新 疆	Xinjiang	12257.52	13602.18	10232.91	974.62	115.77	2278.88

10-16 各地区城镇居民家庭平均每人全年消费性支出（2009年）
Per Capita Annual Consumption Expenditure of Urban Households by Region (2009)

单位：元 (yuan)

地区	Region	消费性支出 Consumption Expenditure	食品 Food	粮食 Grain	淀粉及薯类 Starches and Tubers	干豆类及豆制品 Beans and Bean Products	油脂类 Oil and Fats	肉禽及制品 Meat, Poultry and Processed Products	蛋类 Eggs
全国	**National Average**	**12264.55**	**4478.54**	**334.29**	**30.49**	**58.37**	**129.37**	**867.49**	**92.78**
北京	Beijing	17893.30	5936.11	361.16	44.43	67.45	139.86	901.95	106.47
天津	Tianjin	14801.35	5404.53	295.90	39.76	51.99	139.64	840.68	139.01
河北	Hebei	9678.75	3250.77	280.32	23.63	40.95	136.00	554.41	109.09
山西	Shanxi	9355.10	3071.93	393.13	51.57	51.36	86.74	418.96	94.30
内蒙古	Inner Mongolia	12369.87	3772.63	348.00	25.38	34.05	90.86	650.78	60.55
辽宁	Liaoning	12324.58	4680.85	329.09	17.77	56.43	132.61	765.02	121.67
吉林	Jilin	10914.44	3637.32	340.72	22.67	60.03	110.71	663.97	103.15
黑龙江	Heilongjiang	9629.60	3397.41	359.17	45.33	52.81	110.03	642.19	85.37
上海	Shanghai	20992.35	7344.83	387.01	49.63	92.43	123.53	1071.59	105.99
江苏	Jiangsu	13153.00	4773.67	277.17	35.22	72.27	109.30	930.94	94.77
浙江	Zhejiang	16683.48	5604.72	306.16	31.72	72.87	114.66	773.49	74.58
安徽	Anhui	10233.98	4051.40	316.20	19.19	61.95	131.09	725.51	121.22
福建	Fujian	13450.57	5336.36	408.29	34.91	62.97	124.37	1115.31	105.63
江西	Jiangxi	9739.99	3881.56	324.87	17.08	72.89	170.61	872.34	79.25
山东	Shandong	12012.73	3954.34	312.55	29.14	49.15	109.35	647.61	123.06
河南	Henan	9566.99	3272.75	322.33	37.62	54.54	103.15	575.61	96.47
湖北	Hubei	10294.07	4160.51	352.62	23.65	81.79	149.46	822.61	87.93
湖南	Hunan	10828.23	4174.55	348.27	19.43	76.13	167.59	898.83	71.93
广东	Guangdong	16857.50	6225.22	417.18	30.32	53.58	143.16	1532.73	77.05
广西	Guangxi	10352.38	4129.55	300.53	22.12	55.93	102.97	1241.99	62.10
海南	Hainan	10086.65	4507.81	241.54	20.07	21.72	119.67	1202.19	42.45
重庆	Chongqing	12144.06	4576.23	293.78	32.58	56.52	195.07	1094.97	97.25
四川	Sichuan	10860.20	4391.73	317.44	36.29	44.83	181.25	1100.29	93.79
贵州	Guizhou	9048.29	3755.61	295.28	16.36	46.71	138.86	874.50	64.84
云南	Yunnan	10201.81	4460.58	306.39	16.44	45.19	57.85	822.08	76.73
西藏	Tibet	9034.31	4581.60	451.85	37.75	5.62	176.64	1082.30	47.85
陕西	Shaanxi	10705.67	3988.57	325.45	39.60	61.18	109.60	503.12	72.60
甘肃	Gansu	8890.79	3359.30	315.84	27.02	39.75	142.75	489.66	62.07
青海	Qinghai	8786.52	3548.85	408.93	29.09	34.45	103.33	726.10	64.28
宁夏	Ningxia	10280.00	3432.23	305.51	34.84	39.91	122.58	573.86	53.02
新疆	Xinjiang	9327.55	3386.33	339.64	29.68	31.52	127.51	748.09	58.90

10-16 续表 1 continued

单位：元 (yuan)

地区	Region	水产品类 Aquatic Products	菜类 Vegetables	调味品 Condiments	糖类 Sugar	烟草类 Tobacco	酒和饮料 Liquor and Beverages	干鲜瓜果类 Dried and Fresh Melons and Fruits	糕点类 Cake
全国	**National Average**	**301.42**	**446.57**	**58.25**	**38.28**	**228.54**	**221.93**	**332.73**	**91.39**
北京	Beijing	245.96	441.52	103.64	64.13	193.25	448.18	562.57	207.28
天津	Tianjin	394.65	459.00	96.75	40.86	217.59	292.51	444.67	159.69
河北	Hebei	156.90	383.70	46.85	28.42	169.34	268.13	248.96	75.27
山西	Shanxi	57.71	332.98	39.38	21.33	222.57	135.76	229.81	62.15
内蒙古	Inner Mongolia	87.51	306.30	45.98	28.87	252.02	280.79	289.13	51.52
辽宁	Liaoning	350.23	478.97	75.16	31.04	272.19	295.54	446.26	105.82
吉林	Jilin	180.51	446.09	51.31	25.31	170.34	190.06	355.70	63.22
黑龙江	Heilongjiang	159.75	343.30	57.69	31.33	117.73	140.10	329.07	63.58
上海	Shanghai	727.56	549.79	77.93	92.25	406.31	297.92	521.76	201.35
江苏	Jiangsu	381.65	472.39	54.15	35.28	283.49	219.97	320.15	89.35
浙江	Zhejiang	623.01	447.96	48.98	40.32	416.45	238.09	421.29	105.51
安徽	Anhui	184.24	442.50	39.45	32.20	327.86	318.03	265.72	91.85
福建	Fujian	953.96	459.32	63.62	32.69	181.46	232.91	356.64	77.92
江西	Jiangxi	236.96	486.46	49.01	36.83	189.77	132.02	297.25	77.25
山东	Shandong	312.28	345.03	53.01	31.27	117.21	282.75	370.01	102.29
河南	Henan	75.84	371.30	49.04	23.98	172.53	219.64	241.10	72.58
湖北	Hubei	238.65	542.84	61.93	35.04	251.25	186.14	245.60	86.63
湖南	Hunan	213.31	464.09	56.44	34.47	240.02	161.71	320.33	66.27
广东	Guangdong	593.79	525.11	56.48	55.25	154.16	223.68	380.01	115.78
广西	Guangxi	275.81	364.98	37.45	38.49	124.73	123.15	291.41	70.58
海南	Hainan	619.24	449.38	42.46	29.03	132.77	113.83	272.88	61.45
重庆	Chongqing	181.52	509.10	84.49	51.11	266.37	159.48	269.49	67.37
四川	Sichuan	144.56	571.09	84.85	46.50	267.61	177.62	277.43	66.87
贵州	Guizhou	74.64	420.85	49.61	42.55	266.26	161.61	279.92	64.03
云南	Yunnan	120.81	522.17	45.93	32.00	454.38	126.68	283.83	73.09
西藏	Tibet	54.91	534.95	46.57	54.83	471.66	308.39	226.29	31.99
陕西	Shaanxi	84.59	391.78	58.88	32.86	238.25	188.56	331.43	102.70
甘肃	Gansu	65.27	363.79	53.20	27.91	201.25	190.08	275.98	54.49
青海	Qinghai	81.06	367.50	46.35	31.33	158.16	196.31	280.69	63.95
宁夏	Ningxia	59.19	332.98	41.32	30.63	195.76	141.35	317.64	53.33
新疆	Xinjiang	80.47	313.42	38.43	44.10	99.27	130.31	326.42	76.69

10-16 续表 2 continued

单位：元 (yuan)

地 区	Region	奶及奶制品 Milk and Processed Products	其他食品 Other Food	在外用餐 Dining Out	食品加工服务费 Food Processing Service Fees	衣着 Clothing	服装 Garments	衣着材料 Clothing Materials	鞋类 Shoes
全 国	**National Average**	**196.14**	**72.79**	**976.06**	**1.65**	**1284.20**	**923.99**	**10.63**	**300.09**
北 京	Beijing	341.88	60.04	1645.80	0.54	1795.68	1254.60	11.95	458.00
天 津	Tianjin	205.93	95.97	1489.74	0.18	1362.56	970.97	16.09	317.92
河 北	Hebei	166.38	53.97	505.87	2.56	1190.19	797.63	12.99	328.20
山 西	Shanxi	210.64	42.08	620.55	0.91	1162.00	834.72	9.66	276.51
内蒙古	Inner Mongolia	175.51	165.02	879.69	0.67	1857.19	1327.09	6.50	422.20
辽 宁	Liaoning	218.57	64.44	917.40	2.63	1338.84	879.52	15.27	384.30
吉 林	Jilin	146.29	81.47	621.57	4.20	1419.12	972.44	17.03	370.95
黑龙江	Heilongjiang	135.19	70.07	653.91	0.80	1403.72	948.95	5.94	385.46
上 海	Shanghai	361.73	86.89	2191.00	0.17	1593.08	1190.32	21.52	327.04
江 苏	Jiangsu	216.79	112.02	1066.43	2.31	1297.95	951.10	13.02	280.38
浙 江	Zhejiang	206.77	72.48	1609.50	0.90	1614.66	1231.91	16.21	320.23
安 徽	Anhui	229.03	73.03	669.85	2.47	1080.06	734.09	22.32	278.91
福 建	Fujian	192.71	46.67	886.32	0.69	1171.88	898.38	2.50	235.60
江 西	Jiangxi	180.77	91.75	565.32	1.15	1053.01	793.08	9.19	218.97
山 东	Shandong	217.93	86.24	763.84	1.61	1548.75	1102.98	12.59	360.08
河 南	Henan	148.30	60.39	647.42	0.90	1270.74	925.12	7.17	296.77
湖 北	Hubei	149.54	44.22	799.19	1.41	1210.32	885.63	9.03	271.54
湖 南	Hunan	131.35	86.44	816.94	1.01	1146.25	834.38	7.99	266.72
广 东	Guangdong	220.52	61.24	1584.43	0.74	1064.33	790.97	1.35	234.95
广 西	Guangxi	145.27	61.86	809.17	1.00	855.60	636.97	6.53	184.67
海 南	Hainan	144.38	34.86	958.64	1.23	581.66	451.63	0.79	116.23
重 庆	Chongqing	214.01	73.02	925.61	4.49	1503.49	1103.76	6.92	342.62
四 川	Sichuan	211.75	38.14	726.70	4.72	1178.38	858.51	8.20	262.95
贵 州	Guizhou	133.15	82.63	741.81	1.98	1012.14	711.15	16.52	249.26
云 南	Yunnan	83.85	55.95	1336.57	0.63	1102.14	782.14	9.35	281.56
西 藏	Tibet	283.24	83.31	681.45	2.01	1086.42	811.95	4.30	254.78
陕 西	Shaanxi	222.41	103.06	1121.77	0.74	1209.96	872.29	12.36	278.66
甘 肃	Gansu	149.56	148.17	752.15	0.35	1169.70	820.97	16.87	272.45
青 海	Qinghai	175.18	116.20	665.47	0.45	1043.40	754.96	7.94	219.54
宁 夏	Ningxia	179.24	115.88	834.64	0.56	1260.58	929.59	11.96	276.27
新 疆	Xinjiang	151.64	66.52	722.60	1.13	1357.05	963.30	17.91	307.62

10-16 续表 3 continued

单位：元 (yuan)

地 区	Region	衣着加工服务费 Tailoring and Laundering Service Fees	居住 Residence	住房 Housing	水电燃料及其他 Water, Electricity, Fuels and Others	家庭设备用品及服务 Household Facilities, Articles and Services	耐用消费品 Durable Consumer Goods	室内装饰品 Articles for Interior Decoration	床上用品 Bed Articles
全 国	**National Average**	**7.77**	**1228.91**	**396.95**	**746.62**	**786.94**	**358.98**	**23.98**	**72.99**
北 京	Beijing	13.64	1290.22	551.99	635.05	1225.68	632.41	29.41	93.64
天 津	Tianjin	10.68	1505.70	450.48	994.81	911.92	507.63	32.39	65.85
河 北	Hebei	9.12	1142.83	187.24	905.64	628.49	325.67	28.33	76.77
山 西	Shanxi	4.90	1319.45	420.83	814.64	563.82	302.19	22.75	33.41
内蒙古	Inner Mongolia	15.22	1246.21	422.52	745.11	797.77	364.60	40.41	64.91
辽 宁	Liaoning	8.22	1293.00	276.24	927.28	607.51	224.23	30.90	83.96
吉 林	Jilin	10.53	1394.94	209.28	1105.28	543.69	214.26	32.21	78.22
黑龙江	Heilongjiang	9.40	1026.77	210.14	770.92	547.87	228.69	14.99	51.20
上 海	Shanghai	15.35	1913.22	991.08	702.49	1365.39	683.87	56.62	120.79
江 苏	Jiangsu	9.60	1148.85	512.11	577.92	923.32	436.77	15.38	79.17
浙 江	Zhejiang	8.28	1485.90	652.20	762.93	828.96	390.75	23.01	86.33
安 徽	Anhui	8.72	1219.83	576.39	574.74	589.73	241.25	30.02	67.09
福 建	Fujian	3.99	1394.91	469.24	838.63	859.06	416.15	16.69	60.65
江 西	Jiangxi	4.95	935.44	271.99	625.14	761.85	324.85	14.20	60.65
山 东	Shandong	8.57	1280.04	373.81	839.40	885.04	469.05	38.23	67.29
河 南	Henan	6.56	1004.37	279.91	666.11	684.79	340.22	22.52	76.95
湖 北	Hubei	6.99	999.49	289.00	665.79	759.24	354.79	16.95	57.53
湖 南	Hunan	6.39	1074.69	315.10	700.29	798.40	342.40	15.60	75.71
广 东	Guangdong	4.55	1814.00	562.00	1029.45	1052.57	385.20	22.59	85.68
广 西	Guangxi	4.39	1021.11	314.03	663.00	754.79	406.93	11.16	57.99
海 南	Hainan	1.68	1000.32	341.61	584.49	585.72	235.43	13.68	30.94
重 庆	Chongqing	6.54	1120.60	385.73	623.83	1043.06	483.87	25.78	167.75
四 川	Sichuan	6.81	973.02	314.46	568.67	679.16	279.13	21.23	58.22
贵 州	Guizhou	3.37	747.57	113.61	590.66	589.35	212.21	10.53	53.28
云 南	Yunnan	1.23	943.67	432.74	464.97	393.22	194.40	9.15	37.23
西 藏	Tibet	3.79	689.76	105.27	552.75	356.86	92.82	18.81	74.75
陕 西	Shaanxi	9.80	1018.23	243.32	703.08	683.51	319.11	15.45	60.07
甘 肃	Gansu	7.56	801.21	176.55	573.45	559.06	248.89	21.37	50.12
青 海	Qinghai	7.55	790.50	166.93	550.74	505.32	221.70	21.45	49.25
宁 夏	Ningxia	7.91	1128.12	369.03	692.42	636.88	328.62	38.76	44.78
新 疆	Xinjiang	16.04	856.78	259.91	550.69	552.50	202.88	30.87	44.67

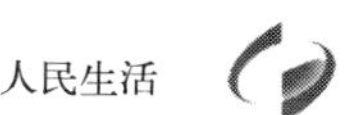

10-16 续表 4 continued

单位：元 (yuan)

地区	Region	家庭日用杂品 Household Articles for Daily Use	家具材料 Furniture Materials	家庭服务 Household Services	医疗保健 Health Care and Medical Services	交通和通信 Transport and Communi-cations	交通 Transport	通信 Communi-cations	教育文化娱乐服务 Education, Culture and Recreation Services
全国	**National Average**	**264.57**	**11.44**	**54.98**	**856.41**	**1682.57**	**1040.88**	**641.70**	**1472.76**
北京	Beijing	378.98	5.46	85.78	1389.45	2767.85	1885.02	882.83	2654.98
天津	Tianjin	251.86	2.89	51.29	1273.38	1968.37	1214.72	753.64	1740.85
河北	Hebei	157.48	11.85	28.38	971.29	1151.15	636.57	514.58	982.21
山西	Shanxi	148.60	15.56	41.33	789.92	1095.77	526.25	569.52	1070.60
内蒙古	Inner Mongolia	255.69	34.65	37.51	992.73	1557.03	1021.50	535.53	1504.36
辽宁	Liaoning	208.02	10.43	49.96	1018.44	1493.17	911.78	581.39	1283.68
吉林	Jilin	169.49	18.96	30.55	1120.44	1305.45	827.92	477.53	1028.06
黑龙江	Heilongjiang	225.85	7.79	19.34	978.79	922.77	476.52	446.25	956.85
上海	Shanghai	362.23	7.74	134.14	1002.14	3498.65	2425.79	1072.85	3138.98
江苏	Jiangsu	305.81	6.48	79.71	808.37	1721.87	1172.70	549.17	1968.03
浙江	Zhejiang	230.54	12.34	86.00	984.62	3290.63	2359.80	930.83	2295.32
安徽	Anhui	203.38	12.37	35.63	716.87	1013.38	492.08	521.30	1225.36
福建	Fujian	275.09	5.17	85.31	591.50	1993.77	1103.16	890.61	1504.96
江西	Jiangxi	309.97	20.22	31.96	550.25	1145.16	676.56	468.60	1066.94
山东	Shandong	260.56	16.03	33.88	885.16	1719.68	1192.13	527.55	1332.97
河南	Henan	212.00	6.86	26.23	875.52	1033.99	499.95	534.04	1048.14
湖北	Hubei	289.68	13.96	26.33	694.61	953.69	469.21	484.49	1208.46
湖南	Hunan	293.70	16.12	54.87	784.66	1233.82	701.19	532.62	1207.72
广东	Guangdong	410.23	13.49	135.39	925.62	2979.88	1941.39	1038.49	2168.88
广西	Guangxi	228.20	11.22	39.30	538.17	1598.68	994.41	604.27	1111.13
海南	Hainan	268.47	8.14	29.06	604.15	1548.76	1038.01	510.75	961.95
重庆	Chongqing	297.63	21.14	46.88	982.73	1189.03	592.51	596.52	1351.90
四川	Sichuan	274.74	9.24	36.60	648.31	1416.49	752.21	664.29	1150.73
贵州	Guizhou	275.28	2.95	35.11	535.43	983.13	436.24	546.89	1146.35
云南	Yunnan	138.11	0.20	14.13	708.78	1587.19	1028.76	558.43	798.69
西藏	Tibet	150.28	7.78	12.42	352.31	1062.83	438.90	623.94	465.84
陕西	Shaanxi	250.74	6.95	31.18	863.36	1071.48	517.58	553.89	1430.22
甘肃	Gansu	216.67	5.90	16.10	746.77	894.35	440.26	454.09	1025.47
青海	Qinghai	190.58	8.62	13.71	701.37	975.91	555.79	420.12	889.32
宁夏	Ningxia	193.73	1.61	29.39	921.86	1363.63	885.16	478.47	1075.88
新疆	Xinjiang	236.77	8.59	28.72	684.01	1198.65	743.58	455.07	855.53

10-16 续表 5 continued

单位：元 (yuan)

地区	Region	文化娱乐用品 Recreation Articles	教育 Education	文化娱乐服务 Recreation Services	其它商品和服务 Miscellaneous Goods and Services	其它商品 Miscellaneous Goods	服务 Services
全国	**National Average**	**381.32**	**645.89**	**445.56**	**474.21**	**308.56**	**165.65**
北京	Beijing	820.73	924.67	909.58	833.32	569.04	264.28
天津	Tianjin	555.89	717.22	467.75	634.05	455.91	178.13
河北	Hebei	369.61	360.98	251.62	361.83	227.01	134.81
山西	Shanxi	253.52	548.13	268.95	281.61	142.23	139.37
内蒙古	Inner Mongolia	412.40	629.46	462.49	641.96	441.19	200.77
辽宁	Liaoning	313.61	734.09	235.98	609.09	299.91	309.17
吉林	Jilin	198.72	661.37	167.97	465.42	206.33	259.09
黑龙江	Heilongjiang	229.59	523.92	203.34	395.41	241.17	154.25
上海	Shanghai	957.49	1191.24	990.26	1136.06	830.03	306.02
江苏	Jiangsu	516.36	844.28	607.39	510.94	332.91	178.02
浙江	Zhejiang	470.50	1181.49	643.32	578.67	392.30	186.37
安徽	Anhui	283.53	637.88	303.95	337.36	203.30	134.06
福建	Fujian	410.40	597.47	497.09	598.13	349.65	248.47
江西	Jiangxi	247.33	424.00	395.61	345.78	238.59	107.19
山东	Shandong	453.05	572.65	307.28	406.75	299.69	107.06
河南	Henan	284.68	477.64	285.83	376.70	236.13	140.57
湖北	Hubei	269.42	628.43	310.61	307.75	218.70	89.05
湖南	Hunan	255.52	576.90	375.30	408.14	266.02	142.12
广东	Guangdong	472.12	778.59	918.18	627.01	445.70	181.31
广西	Guangxi	341.34	403.58	366.21	343.33	249.62	93.71
海南	Hainan	257.77	458.47	245.72	296.28	186.68	109.60
重庆	Chongqing	371.34	538.88	441.69	377.02	280.00	97.02
四川	Sichuan	266.26	525.05	359.42	422.38	210.90	211.48
贵州	Guizhou	309.29	435.63	401.43	278.71	192.72	85.99
云南	Yunnan	213.45	278.90	306.34	207.53	141.14	66.39
西藏	Tibet	151.60	200.71	113.53	438.68	218.30	220.38
陕西	Shaanxi	345.85	679.91	404.45	440.35	298.15	142.20
甘肃	Gansu	306.54	426.73	292.20	334.95	243.16	91.78
青海	Qinghai	277.53	367.26	244.54	331.86	235.55	96.30
宁夏	Ningxia	351.95	438.34	285.59	460.82	341.94	118.88
新疆	Xinjiang	255.80	403.95	195.79	436.70	337.48	99.23

10-17 各地区城镇居民家庭平均每百户耐用消费品拥有量（2009年底）
Ownership of Major Durable Consumer Goods Per 100 Urban Households at Year-end by Region (2009)

地 区	Region	摩托车（辆）Motorcycle (unit)	助力车（辆）Hand Car (unit)	家用汽车（辆）Automobile (unit)	洗衣机（台）Washing Machine (set)	电冰箱（台）Refrigerator (set)	彩色电视机（台）Color TV Set (set)	家用电脑（台）Computer (set)
全 国	**National Average**	**22.40**	**25.73**	**10.89**	**96.01**	**95.35**	**135.65**	**65.74**
北 京	Beijing	3.88	9.07	29.55	100.44	103.60	137.63	96.96
天 津	Tianjin	2.42	27.06	11.86	100.25	107.57	127.75	79.52
河 北	Hebei	29.75	39.34	10.13	97.32	97.22	118.00	57.30
山 西	Shanxi	26.02	24.29	10.03	99.21	86.97	111.03	49.47
内蒙古	Inner Mongolia	28.80	19.09	9.51	95.27	94.70	110.36	43.24
辽 宁	Liaoning	6.39	8.46	7.23	93.76	97.54	121.76	60.97
吉 林	Jilin	10.79	3.37	5.95	92.85	88.72	120.58	50.57
黑龙江	Heilongjiang	8.05	2.02	3.23	91.51	84.45	107.60	42.22
上 海	Shanghai	2.18	33.33	14.04	98.81	104.45	184.96	123.24
江 苏	Jiangsu	21.64	67.48	11.92	101.55	98.27	166.75	75.72
浙 江	Zhejiang	25.63	42.76	23.72	92.91	99.23	181.63	84.53
安 徽	Anhui	25.90	25.59	2.76	96.76	96.69	140.09	56.10
福 建	Fujian	52.07	32.94	9.57	100.28	103.91	175.45	89.15
江 西	Jiangxi	20.34	28.35	4.31	92.45	95.25	146.05	54.91
山 东	Shandong	35.82	51.59	16.00	94.58	100.83	121.05	70.87
河 南	Henan	18.87	45.24	5.03	96.01	88.17	124.62	51.70
湖 北	Hubei	19.00	11.12	4.41	97.46	98.75	130.45	57.58
湖 南	Hunan	20.00	12.63	5.51	94.50	93.22	124.39	47.77
广 东	Guangdong	44.85	11.64	23.31	96.65	95.54	142.77	91.54
广 西	Guangxi	49.68	37.53	10.68	95.88	96.29	135.46	71.85
海 南	Hainan	44.93	27.36	10.72	68.31	76.60	118.22	49.73
重 庆	Chongqing	10.97	2.34	4.90	96.76	100.23	144.61	62.03
四 川	Sichuan	8.39	11.34	6.83	94.90	93.09	134.12	55.58
贵 州	Guizhou	6.15	0.91	4.85	99.03	94.42	122.03	52.47
云 南	Yunnan	32.24	15.60	14.88	92.00	82.91	122.36	46.52
西 藏	Tibet	9.97	4.14	13.28	83.15	78.64	127.23	35.10
陕 西	Shaanxi	15.51	14.57	5.72	96.73	88.84	125.41	62.30
甘 肃	Gansu	7.14	7.77	2.53	96.92	85.11	108.85	38.24
青 海	Qinghai	3.57	0.39	3.95	96.34	91.07	104.74	36.01
宁 夏	Ningxia	20.35	19.99	5.30	93.92	86.22	104.27	48.47
新 疆	Xinjiang	17.31	6.73	7.61	93.57	89.75	104.64	45.19

10-17 续表 1 continued

地 区	Region	组合音响(套) Hi-Fi Stereo Component System (set)	摄像机(架) Video Camera (set)	照相机(架) Camera (set)	钢 琴(架) Piano (set)	其他中高档乐器(件) Other Medium and High Grade Musical Instrument (unit)	微波炉(台) Microwave Oven (unit)	空调器(台) Air Conditioner (unit)
全 国	**National Average**	**28.21**	**7.77**	**41.68**	**2.47**	**4.65**	**57.18**	**106.84**
北 京	Beijing	28.21	21.93	89.35	3.99	6.72	87.92	162.68
天 津	Tianjin	26.57	12.29	58.66	1.68	2.11	86.16	129.92
河 北	Hebei	21.93	5.60	37.69	1.95	4.38	48.61	84.51
山 西	Shanxi	17.40	3.95	27.19	2.00	2.60	31.14	33.78
内蒙古	Inner Mongolia	19.00	5.95	34.85	1.39	5.39	36.97	10.23
辽 宁	Liaoning	28.17	12.97	46.68	3.56	4.86	59.86	29.73
吉 林	Jilin	12.88	6.66	29.65	1.51	5.30	45.35	6.22
黑龙江	Heilongjiang	12.03	5.94	22.18	1.12	2.49	33.40	7.92
上 海	Shanghai	50.25	16.02	91.30	5.74	7.52	96.54	196.04
江 苏	Jiangsu	27.50	7.44	46.39	2.65	4.28	87.80	163.80
浙 江	Zhejiang	33.36	9.22	47.87	2.97	5.85	69.35	180.05
安 徽	Anhui	22.11	3.45	28.03	0.94	4.42	53.23	110.31
福 建	Fujian	32.63	8.64	43.57	3.75	5.11	78.20	175.36
江 西	Jiangxi	28.02	4.27	31.69	1.15	5.60	53.45	101.99
山 东	Shandong	23.50	9.84	52.67	3.55	7.25	50.48	95.04
河 南	Henan	17.33	5.54	31.55	1.92	4.26	37.03	112.81
湖 北	Hubei	29.95	5.38	33.71	1.62	5.16	52.84	112.47
湖 南	Hunan	25.39	3.33	24.19	1.87	2.14	39.76	102.81
广 东	Guangdong	50.82	11.78	58.29	4.16	3.90	68.09	196.21
广 西	Guangxi	40.09	5.52	40.53	1.61	5.03	64.84	106.34
海 南	Hainan	26.91	4.95	21.08	1.91	1.01	30.58	66.52
重 庆	Chongqing	33.69	7.32	32.87	1.76	2.74	66.65	151.13
四 川	Sichuan	26.18	5.39	30.99	1.84	3.90	51.79	98.38
贵 州	Guizhou	36.84	4.80	28.78	1.88	4.29	45.28	17.49
云 南	Yunnan	39.91	5.24	37.22	2.30	3.72	50.54	1.50
西 藏	Tibet	38.33	6.21	34.27	0.85	0.95	24.43	6.22
陕 西	Shaanxi	25.11	6.40	44.63	1.56	6.93	49.08	100.57
甘 肃	Gansu	20.25	2.71	24.27	1.33	2.85	35.01	5.28
青 海	Qinghai	11.43	3.31	25.11	1.34	4.18	47.25	1.28
宁 夏	Ningxia	19.56	3.27	19.39	1.36	5.18	40.35	10.47
新 疆	Xinjiang	14.97	4.28	26.29	2.23	6.63	33.76	11.22

10-17 续表 2 continued

地 区	Region	淋浴热水器（台）Water Heater for Shower (unit)	消毒碗柜（台）Disinfection Cupboard (unit)	洗碗机（台）Dishwasher (unit)	健身器材（套）Health Equipment (set)	固定电话（部）Telephone (unit)	移动电话（部）Mobile Telephone (unit)
全 国	**National Average**	**83.39**	**18.72**	**0.81**	**4.13**	**81.86**	**181.04**
北 京	Beijing	98.08	7.54	1.28	6.73	100.24	212.67
天 津	Tianjin	93.48	1.37	0.19	2.36	82.62	190.63
河 北	Hebei	76.60	3.16	0.55	3.52	75.79	164.43
山 西	Shanxi	52.04	2.32	0.23	1.67	85.24	137.52
内蒙古	Inner Mongolia	50.98	2.42	0.27	3.01	65.18	170.85
辽 宁	Liaoning	70.88	8.65	0.99	4.41	84.10	169.28
吉 林	Jilin	47.91	7.16	0.44	3.10	69.55	193.89
黑龙江	Heilongjiang	33.36	3.79	0.77	1.66	72.81	157.69
上 海	Shanghai	97.82	15.33	0.20	8.51	98.52	223.05
江 苏	Jiangsu	95.67	8.35	0.75	5.16	110.46	176.20
浙 江	Zhejiang	99.20	23.89	1.16	5.82	89.71	191.57
安 徽	Anhui	85.58	6.01	0.36	1.75	87.81	158.19
福 建	Fujian	108.98	46.34	0.73	6.09	93.56	216.68
江 西	Jiangxi	91.07	13.85	0.88	2.99	72.73	175.17
山 东	Shandong	87.02	7.48	0.94	6.88	75.33	189.74
河 南	Henan	64.40	7.32	0.24	2.97	67.40	167.87
湖 北	Hubei	82.79	11.29	0.83	3.82	72.40	164.01
湖 南	Hunan	81.11	23.64	0.57	2.99	74.05	163.57
广 东	Guangdong	109.90	81.60	2.04	4.54	92.83	215.28
广 西	Guangxi	102.81	66.13	1.12	4.69	76.28	204.18
海 南	Hainan	85.91	57.30	1.29	2.36	91.27	168.80
重 庆	Chongqing	99.56	16.88	1.27	4.64	86.00	180.50
四 川	Sichuan	87.21	12.93	0.88	3.00	76.59	177.51
贵 州	Guizhou	72.24	30.14	1.04	4.47	71.38	177.27
云 南	Yunnan	89.03	14.90	0.59	3.76	60.55	185.99
西 藏	Tibet	22.10	4.72	0.53	1.24	78.57	152.43
陕 西	Shaanxi	78.03	7.80	0.05	3.48	67.12	193.76
甘 肃	Gansu	61.41	1.24	0.16	1.90	60.82	152.87
青 海	Qinghai	42.46	1.53	0.52	1.87	82.71	148.02
宁 夏	Ningxia	71.47	2.05	0.31	2.22	64.55	175.46
新 疆	Xinjiang	72.55	4.05	0.18	2.44	82.80	154.47

10-18 农村居民家庭基本情况
Basic Conditions of Rural Households

项目	Item	1990	1995	2000	2008	2009
调查户数 (户)	**Number of Households Surveyed (household)**	**66960**	**67340**	**68116**	**68190**	**68190**
调查户人口 (人)	**Number of Residents Surveyed (person)**					
常住人口	Number of Usual Residents in the Households Surveyed	321429	301878	286162	273695	271403
平均每户常住人口	Average Number of Permanent Residents Per Household	4.80	4.48	4.20	4.01	3.98
平均每户整半劳动力	Average Number of Full/Semi Labour Force Per Household	2.92	2.88	2.76	2.85	2.85
平均每个劳动力负担人口(含本人)	Average Number of Dependents per Labour Force (including the laborer himself or herself)	1.64	1.56	1.52	1.41	1.40
平均每人年收入(元)	**Per Capita Annual Income (yuan)**					
总收入	Total Income	990.38	2337.87	3146.21	6700.69	7115.57
工资性收入	Income from Wages and Salaries	138.80	353.70	702.30	1853.73	2061.25
家庭经营收入	Income from Household Operations	815.79	1877.42	2251.28	4302.08	4404.01
财产性收入	Income from Properties	35.79	40.98	45.04	148.08	167.20
转移性收入	Income from Transfers		65.77	147.59	396.79	483.12
现金收入	Cash Income	676.67	1595.56	2381.60	5736.99	6270.20
工资性收入	Income from Wages and Salaries	136.43	352.88	700.41	1850.58	2057.77
家庭经营收入	Income from Household Operations	481.19	1116.73	1498.81	3370.48	3590.81
财产性收入	Income from Properties	59.05	38.19	38.89	126.95	148.44
转移性收入	Income from Transfers		87.76	143.49	388.99	473.18
平均每人年支出(元)	**Per Capita Annual Expenditures (yuan)**					
总支出	Total Expenditure	903.47	2138.33	2652.42	5915.67	6333.89
家庭经营费用支出	Expenditure for Household Operations	241.09	621.71	654.27	1704.53	1700.11
购置生产性固定资产	Purchase of Productive Fixed Assets	20.29	62.33	63.90	161.58	201.03
税费支出	Taxes and Fees	38.66	88.65	95.52	11.59	10.12
生活消费支出	Expenses on Household Consumption	584.63	1310.36	1670.13	3660.68	3993.45
财产性支出	Expenses on Properties	18.80	55.28	19.74	31.96	38.93
转移性支出	Expenses on Transfers			148.86	345.32	390.26
现金支出	Cash Expenditure	639.06	1545.81	2140.37	5257.89	5694.82
家庭经营费用支出	Expenditure for Household Operations	162.90	454.74	544.49	1550.99	1554.63
购买生产性固定资产	Purchase of Productive Fixed Assets	20.46	62.32	63.91	161.58	201.03
税费支出	Taxes and Fees	33.37	76.96	89.81	11.56	10.06
生活消费支出	Expenses on Household Consumption	374.74	859.43	1284.74	3159.40	3504.84
财产性支出	Expenses on Properties	47.59	92.35	9.82	31.96	38.93
转移性支出	Expenses on Transfers			147.60	342.40	385.34
平均每人年纯收入(元)	**Per Capita Annual Net Income (yuan)**	**686.31**	**1577.74**	**2253.42**	**4760.62**	**5153.17**
工资性收入	Income from Wages and Salaries	138.80	353.70	702.30	1853.73	2061.25
家庭经营纯收入	Income from Household Operations	518.55	1125.79	1427.27	2435.56	2526.78
财产性收入	Income from Properties	28.96	40.98	45.04	148.08	167.20
转移性收入	Income from Transfers		57.27	78.81	323.24	397.95

注：本表至10-37表为农村住户抽样调查资料。

a) Data from this table to 10-37 are obtained from the sample surveys on rural households.

10-19 农村居民按纯收入分组的户数占调查户比重
Percentage of Rural Households Grouped by Per Capita Annual Net Income

项　　目	Item	1990	1995	2000	2005	2008	2009
按纯收入分组户数占调查户比重　(%)	**Percentage of Households Grouped by Per Capita Annual Net Income (%)**						
100元以下	Less Than 100 Yuan	0.30	0.21	0.31	0.65	0.61	0.72
100-200　(元)	100-200 Yuan	1.78	0.36	0.20	0.11	0.09	0.11
200-300　(元)	200-300 Yuan	6.56	0.78	0.43	0.20	0.13	0.14
300-400　(元)	300-400 Yuan	12.04	1.47	0.69	0.31	0.13	0.14
400-500　(元)	400-500 Yuan	14.37	2.30	1.01	0.41	0.17	0.21
500-600　(元)	500-600 Yuan	13.94	3.37	1.37	0.57	0.27	0.23
600-800　(元)	600-800 Yuan	20.80	9.54	4.44	1.88	0.79	0.66
800-1000 (元)	800-1000 Yuan	12.49	11.63	5.72	2.84	1.23	1.08
1000-1200 (元)	1000-1200 Yuan		11.83	6.75	3.53	1.55	1.49
1200-1300 (元)	1200-1300 Yuan	12.25	5.38	3.75	1.97	0.91	0.82
1300-1500 (元)	1300-1500 Yuan		9.74	7.42	4.40	2.07	1.83
1500-1700 (元)	1500-1700 Yuan	3.48	7.92	7.48	4.89	2.44	2.18
1700-2000 (元)	1700-2000 Yuan		9.39	10.45	7.67	4.14	3.69
2000-2500 (元)	2000-2500 Yuan		10.29	14.54	12.49	7.95	7.14
2500-3000 (元)	2500-3000 Yuan		5.89	10.29	11.42	8.63	7.74
3000-3500 (元)	3000-3500 Yuan		3.49	7.11	9.55	8.13	7.77
3500-4000 (元)	3500-4000 Yuan	1.99	1.95	4.76	7.57	7.93	7.35
4000-4500 (元)	4000-4500 Yuan		1.34	3.44	5.93	7.06	6.93
4500-5000 (元)	4500-5000 Yuan		0.86	2.40	4.64	6.46	5.97
5000元以上	5000 Yuan and over		2.26	7.45	18.96	39.29	43.80

10-20 农村居民家庭平均每人纯收入
Per Capita Annual Net Income of Rural Households

单位：元　　(yuan)

项　　目	Item	1990	1995	2000	2005	2008	2009
纯收入	**Net Income**	**686.31**	**1577.74**	**2253.42**	**3254.93**	**4760.62**	**5153.17**
按收入来源分	By Source						
工资性收入	Wages Income	138.80	353.70	702.30	1174.53	1853.73	2061.25
家庭经营纯收入	Net Income from Household Operations	518.55	1125.79	1427.27	1844.53	2435.56	2526.78
农业收入	Farming	344.59	799.44	833.93	1097.71	1426.96	1497.93
林业收入	Forestry	7.53	13.52	22.44	45.77	66.18	69.63
牧业收入	Animal Husbandry	96.81	127.81	207.35	283.60	397.52	360.36
渔业收入	Fishery	7.11	15.69	26.95	42.52	55.19	60.25
工业收入	Industry	9.15	13.63	52.67	61.13	81.59	86.99
建筑业收入	Construction	12.18	34.53	46.73	47.12	67.41	77.50
交通、运输、邮电业收入	Transport, Postal and Telecommunication Services	13.45	27.76	63.63	84.19	103.82	111.55
批发、零售贸易及餐饮业	Wholesale and Retail Trades and Catering Services	12.69	34.26	78.54	108.55	142.09	161.57
社会服务业收入	Social Services	6.55	17.18	28.09	32.61	41.88	45.88
文教卫生业收入	Culture, Education and Health Care			6.86	10.13	16.89	18.95
其他收入	Others	8.49	41.97	60.08	31.19	36.04	36.18
财产性收入	Property Income		40.98	45.04	88.45	148.08	167.20
转移性收入	Transfer Income	28.96	57.27	78.81	147.42	323.24	397.95

10-21 各地区农村居民家庭人均纯收入

Per Capita Net Income of Rural Households by Region

单位：元 (yuan)

地 区	Region	1990	1995	2000	2005	2007	2008	2009
全 国	**National Average**	**686.31**	**1577.74**	**2253.42**	**3254.93**	**4140.36**	**4760.62**	**5153.17**
北 京	Beijing	1297.05	3223.65	4604.55	7346.26	9439.63	10661.92	11668.59
天 津	Tianjin	1069.04	2406.38	3622.39	5579.87	7010.06	7910.78	8687.56
河 北	Hebei	621.67	1668.73	2478.86	3481.64	4293.43	4795.46	5149.67
山 西	Shanxi	603.51	1208.30	1905.61	2890.66	3665.66	4097.24	4244.10
内蒙古	Inner Mongolia	607.15	1208.38	2038.21	2988.87	3953.10	4656.18	4937.80
辽 宁	Liaoning	836.17	1756.50	2355.58	3690.21	4773.43	5576.48	5958.00
吉 林	Jilin	803.52	1609.60	2022.50	3263.99	4191.34	4932.74	5265.91
黑龙江	Heilongjiang	759.86	1766.27	2148.22	3221.27	4132.29	4855.59	5206.76
上 海	Shanghai	1907.32	4245.61	5596.37	8247.77	10144.62	11440.26	12482.94
江 苏	Jiangsu	959.06	2456.86	3595.09	5276.29	6561.01	7356.47	8003.54
浙 江	Zhejiang	1099.04	2966.19	4253.67	6659.95	8265.15	9257.93	10007.31
安 徽	Anhui	539.16	1302.82	1934.57	2640.96	3556.27	4202.49	4504.32
福 建	Fujian	764.41	2048.59	3230.49	4450.36	5467.08	6196.07	6680.18
江 西	Jiangxi	669.90	1537.36	2135.30	3128.89	4044.70	4697.19	5075.01
山 东	Shandong	680.18	1715.09	2659.20	3930.55	4985.34	5641.43	6118.77
河 南	Henan	526.95	1231.97	1985.82	2870.58	3851.60	4454.24	4806.95
湖 北	Hubei	670.80	1511.22	2268.59	3099.20	3997.48	4656.38	5035.26
湖 南	Hunan	664.24	1425.16	2197.16	3117.74	3904.20	4512.46	4909.04
广 东	Guangdong	1043.03	2699.24	3654.48	4690.49	5624.04	6399.79	6906.93
广 西	Guangxi	639.45	1446.14	1864.51	2494.67	3224.05	3690.34	3980.44
海 南	Hainan	696.22	1519.71	2182.26	3004.03	3791.37	4389.97	4744.36
重 庆	Chongqing			1892.44	2809.32	3509.29	4126.21	4478.35
四 川	Sichuan	557.76	1158.29	1903.60	2802.78	3546.69	4121.21	4462.05
贵 州	Guizhou	435.14	1086.62	1374.16	1876.96	2373.99	2796.93	3005.41
云 南	Yunnan	540.86	1010.97	1478.60	2041.79	2634.09	3102.60	3369.34
西 藏	Tibet	649.71	1200.31	1330.81	2077.90	2788.20	3175.82	3531.72
陕 西	Shaanxi	530.80	962.89	1443.86	2052.63	2644.69	3136.46	3437.55
甘 肃	Gansu	430.98	880.34	1428.68	1979.88	2328.92	2723.79	2980.10
青 海	Qinghai	559.78	1029.77	1490.49	2151.46	2683.78	3061.24	3346.15
宁 夏	Ningxia	578.13	998.75	1724.30	2508.89	3180.84	3681.42	4048.33
新 疆	Xinjiang	683.47	1136.45	1618.08	2482.15	3182.97	3502.90	3883.10

 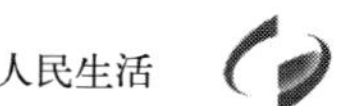

10-22 各地区按来源分农村居民家庭人均纯收入（2009年）

Per Capita Annual Net Income of Rural Households by Sources and Region (2009)

单位：元 (yuan)

地 区	Region	纯收入 Net Income	工资性收入 Income from Wages and Salaries	家庭经营纯收入 Income from Household Operations	财产性收入 Income from Properties	转移性收入 Income from Transfers
全 国	**National Average**	**5153.17**	**2061.25**	**2526.78**	**167.20**	**397.95**
北 京	Beijing	11668.59	7326.19	1539.98	1268.61	1533.81
天 津	Tianjin	8687.56	4408.33	3551.58	267.53	460.12
河 北	Hebei	5149.67	2251.01	2440.44	123.90	334.31
山 西	Shanxi	4244.10	1789.93	1919.76	205.12	329.29
内蒙古	Inner Mongolia	4937.80	900.42	3277.50	137.34	622.55
辽 宁	Liaoning	5958.00	2239.75	3017.31	205.51	495.43
吉 林	Jilin	5265.91	869.02	3436.75	290.86	669.29
黑龙江	Heilongjiang	5206.76	1019.61	3326.69	241.04	619.42
上 海	Shanghai	12482.94	8671.00	590.17	932.81	2288.96
江 苏	Jiangsu	8003.54	4238.54	2938.67	325.60	500.73
浙 江	Zhejiang	10007.31	5090.15	3869.56	487.90	559.70
安 徽	Anhui	4504.32	1882.42	2238.62	117.00	266.27
福 建	Fujian	6680.18	2678.35	3330.18	199.93	471.71
江 西	Jiangxi	5075.01	2018.98	2685.31	80.41	290.31
山 东	Shandong	6118.77	2496.57	3129.28	196.11	296.81
河 南	Henan	4806.95	1621.75	2890.57	56.01	238.62
湖 北	Hubei	5035.26	1900.54	2828.53	58.37	247.81
湖 南	Hunan	4909.04	2234.01	2257.33	81.19	336.51
广 东	Guangdong	6906.93	4089.69	2017.39	357.66	442.19
广 西	Guangxi	3980.44	1465.22	2228.23	41.49	245.50
海 南	Hainan	4744.36	972.68	3426.30	56.08	289.30
重 庆	Chongqing	4478.35	1919.68	2111.65	67.80	379.23
四 川	Sichuan	4462.05	1821.37	2072.88	94.75	473.05
贵 州	Guizhou	3005.41	1074.32	1537.57	81.90	311.63
云 南	Yunnan	3369.34	684.95	2279.02	127.52	277.85
西 藏	Tibet	3531.72	914.08	1956.50	148.25	512.90
陕 西	Shaanxi	3437.55	1428.46	1570.16	92.60	346.32
甘 肃	Gansu	2980.10	994.94	1583.23	34.06	367.87
青 海	Qinghai	3346.15	1081.59	1666.24	117.00	481.32
宁 夏	Ningxia	4048.33	1518.94	2111.60	63.08	354.71
新 疆	Xinjiang	3883.10	461.49	3069.57	121.26	230.77

10-23 按收入五等份分农村居民家庭基本情况（2009年）

Basic Conditions of Rural Households by Income Quintile (2009)

项 目	Item	低收入户 Low Income Households	中低收入户 Lower Middle Income Households	中等收入户 Middle Income Households	中高收入户 Upper Middle Income Households	高收入户 High Income Households
平均每户常住人口 (人)	Average Number of Usual Residents Per Household (person)	4.48	4.27	4.05	3.75	3.35
平均每户整半劳动力 (人)	Average Number of Full/Semi Labour Force Per Household (person)	3.01	2.98	2.90	2.78	2.58
平均每个劳动力负担人口 (人)	Average Number of Dependents per Labour Force (including self) (person)	1.49	1.43	1.40	1.35	1.30
平均每人总收入（元）	Per Capita Annual Income (yuan)	3151.62	4431.38	6057.32	8487.97	16006.51
#现金收入	Cash Income	2508.70	3607.57	5165.68	7559.23	15012.05
平均每人总支出（元）	Per Capita Annual Expenditures (yuan)	4136.54	4395.80	5391.90	7038.22	12091.19
#现金支出	Cash Expenditures	3504.31	3746.84	4740.60	6388.12	11482.65
平均每人纯收入（元）	Per Capita Annual Net Income (yuan)	1549.30	3110.10	4502.08	6467.56	12319.05
工资性收入	Income from Wages and Salaries	561.83	1201.07	1865.55	2805.42	4993.68
家庭经营纯收入	Income from Household Operations	767.34	1607.96	2238.29	3081.12	5778.58
财产性收入	Income from Properties	25.81	49.57	86.25	144.10	629.72
转移性收入	Income from Transfers	194.33	251.49	311.98	436.91	917.07

10-24 按收入五等份分农村居民家庭平均每人生活消费支出（2009年）

Per Capita Consumption Expenditure of Rural Households by Income Quintile (2009)

单位：元 (yuan)

项 目	Item	低收入户 Low Income Households	中低收入户 Lower Middle Income Households	中等收入户 Middle Income Households	中高收入户 Upper Middle Income Households	高收入户 High Income Households
生活消费总支出	**Consumption Expenditure**	**2354.92**	**2870.95**	**3546.04**	**4591.81**	**7485.71**
食品	Food	1106.77	1317.21	1549.73	1861.70	2601.79
衣着	Clothing	135.43	164.29	209.50	268.68	436.50
居住	Residence	430.48	534.42	655.38	894.63	1731.07
家庭设备用品及服务	Household Facilities, Articles and Services	117.96	141.88	178.46	247.96	384.65
交通通讯	Transport and Communications	190.31	240.36	327.66	469.44	910.75
文教娱乐用品及服务	Education, Cultural and Recreation and Services	156.03	210.47	296.09	416.04	722.31
医疗保健	Health Care and Medical Services	176.50	209.89	256.27	333.69	521.12
其他商品及服务	Miscellaneous Goods and Services	41.44	52.43	72.95	99.68	177.53
生活消费现金支出	**Cash Consumption Expenditure**	**1898.50**	**2376.88**	**3038.11**	**4081.23**	**7008.86**
食品	Food	673.71	850.93	1075.70	1389.63	2171.86
衣着	Clothing	134.70	163.72	208.89	268.19	435.95
居住	Residence	408.16	507.49	622.45	856.83	1685.10
家庭设备用品及服务	Household Facilities, Articles and Services	117.65	141.59	178.10	247.72	384.26
交通通讯	Transport and Communications	190.31	240.36	327.66	469.44	910.75
文教娱乐用品及服务	Education, Cultural and Recreation and Services	156.03	210.47	296.09	416.04	722.31
医疗保健	Health Care and Medical Services	176.50	209.89	256.27	333.69	521.12
其他商品及服务	Miscellaneous Goods and Services	41.44	52.43	72.95	99.68	177.53

10-25　农村居民家庭平均每人生活消费支出构成
Composition of Per Capita Consumption Expenditure of Rural Households

单位：%　　(%)

指　标	Item	1990	1995	2000	2005	2008	2009
生活消费总支出	**Consumption Expenditure**	**100.00**	**100.00**	**100.00**	**100.00**	**100.00**	**100.00**
食品	Food	58.80	58.62	49.13	45.48	43.67	40.97
衣着	Clothing	7.77	6.85	5.75	5.81	5.79	5.82
居住	Residence	17.34	13.91	15.47	14.49	18.54	20.16
家庭设备用品及服务	Household Facilities, Articles and Services	5.29	5.23	4.52	4.36	4.75	5.13
交通通讯	Transport and Communications	1.44	2.58	5.58	9.59	9.84	10.09
文教娱乐用品及服务	Education, Cultural and Recreation and Services	5.37	7.81	11.18	11.56	8.59	8.53
医疗保健	Health Care and Medical Services	3.25	3.24	5.24	6.58	6.72	7.20
其他商品及服务	Miscellaneous Goods and Services	0.74	1.76	3.14	2.13	2.09	2.11
生活消费现金支出	**Cash Consumption Expenditure**	**100.00**	**100.00**	**100.00**	**100.00**	**100.00**	**100.00**
食品	Food	41.59	41.10	36.14	36.11	35.93	33.69
衣着	Clothing	11.75	10.32	7.41	6.93	6.68	6.62
居住	Residence	21.66	17.20	17.98	16.04	20.33	22.04
家庭设备用品及服务	Household Facilities, Articles and Services	8.20	7.92	5.79	5.20	5.49	5.83
交通通讯	Transport and Communications	2.24	3.92	7.25	11.48	11.40	11.50
文教娱乐用品及服务	Education, Cultural and Recreation and Services	8.36	11.91	14.53	13.84	9.96	9.72
医疗保健	Health Care and Medical Services	5.06	4.94	6.82	7.87	7.79	8.20
其他商品及服务	Miscellaneous Goods and Services	1.13	2.68	4.08	2.54	2.43	2.40

10-26 各地区农村居民家庭平均每人生活消费支出（2009年）
Per Capita Consumption Expenditure of Rural Households by Region (2009)

单位：元 (yuan)

地区	Region	生活消费支出合计 Consumption Expenditure	食品 Food	衣着 Clothing	居住 Residence	家庭设备及服务 Household Facilities, Articles and Services	交通和通讯 Transport and Communications	文教娱乐用品及服务 Education, Cultural and Recreation and Services	医疗保健 Health Care and Medical Services	其他商品及服务 Miscellaneous Goods and Services
全国	**National Average**	**3993.45**	**1636.04**	**232.50**	**805.01**	**204.81**	**402.91**	**340.56**	**287.54**	**84.10**
北京	Beijing	8897.59	2808.92	654.36	1798.88	528.00	1132.09	960.41	867.87	147.06
天津	Tianjin	4273.15	1848.11	324.63	674.67	187.83	481.27	371.85	299.79	85.01
河北	Hebei	3349.74	1195.65	217.82	796.62	170.40	350.92	263.53	289.27	65.55
山西	Shanxi	3304.76	1224.60	283.20	584.07	156.27	324.89	416.94	240.94	73.85
内蒙古	Inner Mongolia	3968.42	1578.57	271.88	609.29	148.03	466.34	390.85	416.87	86.59
辽宁	Liaoning	4254.03	1563.33	335.93	793.91	185.50	416.41	437.79	409.64	111.53
吉林	Jilin	3902.90	1371.12	286.97	737.07	168.36	355.99	376.76	511.50	95.12
黑龙江	Heilongjiang	4241.27	1331.07	345.69	946.84	161.03	427.35	496.42	434.25	98.62
上海	Shanghai	9804.37	3639.14	496.14	2102.96	480.62	1212.38	942.76	738.94	191.44
江苏	Jiangsu	5804.45	2275.28	306.62	969.76	286.37	691.56	818.45	322.99	133.42
浙江	Zhejiang	7731.70	2812.39	473.11	1488.95	374.31	968.17	843.34	609.07	162.36
安徽	Anhui	3655.02	1494.19	203.37	813.12	229.66	302.23	312.05	227.10	73.30
福建	Fujian	5015.72	2304.14	291.72	821.21	260.68	570.24	421.69	219.02	127.02
江西	Jiangxi	3532.66	1609.20	162.58	725.11	181.91	295.76	254.77	232.78	70.53
山东	Shandong	4417.18	1618.66	265.59	945.81	273.77	533.55	399.95	301.55	78.30
河南	Henan	3388.47	1220.36	225.64	875.83	203.81	310.11	234.01	242.87	75.85
湖北	Hubei	3725.24	1668.35	195.45	702.62	229.32	307.22	281.68	236.31	104.29
湖南	Hunan	4020.87	1967.54	182.46	691.59	203.65	341.27	291.01	258.07	85.30
广东	Guangdong	5019.81	2425.55	192.68	946.14	206.36	558.78	296.72	232.00	161.58
广西	Guangxi	3231.14	1572.82	91.82	677.92	157.93	275.57	192.54	205.16	57.37
海南	Hainan	3088.56	1639.34	108.03	348.50	132.19	357.29	287.85	129.26	86.10
重庆	Chongqing	3142.14	1542.12	198.60	406.36	209.37	260.33	237.38	242.60	45.38
四川	Sichuan	4141.40	1740.59	197.06	1138.72	219.63	324.05	206.67	258.13	56.55
贵州	Guizhou	2421.95	1093.94	125.35	588.42	115.39	175.08	151.59	133.15	39.03
云南	Yunnan	2924.85	1410.00	137.19	496.66	147.80	313.26	177.66	197.55	44.73
西藏	Tibet	2399.47	1190.01	266.73	383.20	148.62	224.83	61.14	71.50	53.45
陕西	Shaanxi	3349.23	1175.29	208.00	697.43	195.92	300.32	380.38	329.26	62.63
甘肃	Gansu	2766.45	1142.05	157.29	648.63	142.72	237.92	217.35	180.09	40.40
青海	Qinghai	3209.41	1164.07	224.73	820.84	132.54	341.13	173.75	291.34	61.00
宁夏	Ningxia	3347.94	1395.42	256.26	501.75	169.01	365.59	217.21	356.39	86.32
新疆	Xinjiang	2950.63	1225.93	261.26	514.72	107.28	319.39	158.13	316.55	47.37

10-27 各地区农村居民家庭平均每人生活消费现金支出（2009年）

Per Capita Cash Consumption Expenditure of Rural Households by Region (2009)

单位：元 (yuan)

地区	Region	生活消费支出合计 Consumption Expenditure	食品 Food	衣着 Clothing	居住 Residence	家庭设备及服务 Household Facilities, Articles and Services	交通和通讯 Transport and Communi-cations	文教娱乐用品及服务 Education, Cultural and Recreation and Services	医疗保健 Health Care and Medical Services	其他商品及服务 Miscellaneous Goods and Services
全国	**National Average**	**3504.84**	**1180.69**	**231.90**	**772.64**	**204.49**	**402.91**	**340.56**	**287.54**	**84.10**
北京	Beijing	8847.81	2759.31	654.36	1798.71	528.00	1132.09	960.41	867.87	147.06
天津	Tianjin	4192.60	1767.56	324.63	674.67	187.83	481.27	371.85	299.79	85.01
河北	Hebei	3067.89	937.78	217.69	772.77	170.39	350.92	263.53	289.27	65.55
山西	Shanxi	3057.14	988.38	283.16	573.17	155.82	324.89	416.94	240.94	73.85
内蒙古	Inner Mongolia	3396.10	1046.87	271.65	568.90	148.03	466.34	390.85	416.87	86.59
辽宁	Liaoning	3861.38	1202.15	335.23	763.14	185.49	416.41	437.79	409.64	111.53
吉林	Jilin	3510.34	1086.04	286.97	629.60	168.36	355.99	376.76	511.50	95.12
黑龙江	Heilongjiang	3992.79	1169.42	345.69	860.01	161.03	427.35	496.42	434.25	98.62
上海	Shanghai	9642.98	3478.54	496.14	2102.17	480.62	1212.38	942.76	738.94	191.44
江苏	Jiangsu	5332.19	1831.38	306.62	941.61	286.17	691.56	818.45	322.99	133.42
浙江	Zhejiang	7493.89	2597.26	472.38	1467.06	374.25	968.17	843.34	609.07	162.36
安徽	Anhui	3233.63	1093.93	202.72	792.69	229.61	302.23	312.05	227.10	73.30
福建	Fujian	4512.94	1905.00	291.72	717.56	260.68	570.24	421.69	219.02	127.02
江西	Jiangxi	2934.10	1039.00	162.16	697.36	181.74	295.76	254.77	232.78	70.53
山东	Shandong	4100.44	1303.70	264.49	945.41	273.49	533.55	399.95	301.55	78.30
河南	Henan	2996.19	879.36	225.57	824.62	203.80	310.11	234.01	242.87	75.85
湖北	Hubei	3033.37	991.72	194.09	689.78	228.27	307.22	281.68	236.31	104.29
湖南	Hunan	3303.88	1270.07	182.35	672.74	203.09	341.27	291.01	258.07	85.30
广东	Guangdong	4441.43	1952.04	192.67	841.65	206.01	558.78	296.72	232.00	161.58
广西	Guangxi	2548.23	952.19	91.82	615.73	157.85	275.57	192.54	205.16	57.37
海南	Hainan	2456.24	1044.09	108.03	311.43	132.19	357.29	287.85	129.26	86.10
重庆	Chongqing	2458.54	895.62	198.55	369.71	208.97	260.33	237.38	242.60	45.38
四川	Sichuan	3384.59	997.88	196.95	1126.01	218.34	324.05	206.67	258.13	56.55
贵州	Guizhou	1888.12	569.09	125.35	579.47	115.36	175.08	151.59	133.15	39.03
云南	Yunnan	2217.61	741.05	137.18	458.40	147.78	313.26	177.66	197.55	44.73
西藏	Tibet	1860.77	676.32	246.90	378.22	148.42	224.83	61.14	71.50	53.45
陕西	Shaanxi	3088.38	920.76	207.95	691.16	195.92	300.32	380.38	329.26	62.63
甘肃	Gansu	2231.88	615.87	157.29	640.25	142.71	237.92	217.35	180.09	40.40
青海	Qinghai	2675.31	644.96	222.91	808.52	131.69	341.13	173.75	291.34	61.00
宁夏	Ningxia	2782.18	834.16	256.26	497.25	169.01	365.59	217.21	356.39	86.32
新疆	Xinjiang	2459.08	759.88	257.25	495.79	104.72	319.39	158.13	316.55	47.37

10-28 东、中、西部及东北地区农村居民家庭基本情况（2009年）
Basic Conditions of Rural Households of Eastern, Central, Western and Northeastern Regions (2009)

项　目	Item	东部地区 Eastern Region	中部地区 Central Region	西部地区 Western Region	东北地区 Northeastern Region
平均每户常住人口　（人）	**Average Number of Usual Residents (per Household) (person)**	**3.84**	**4.02**	**4.23**	**3.41**
平均每户整半劳动力　（人）	Average Number of Full Labor Force/ Semi Labor Force (per Household) (person)	2.76	2.94	2.94	2.56
平均每个劳动力负担人口(人)	Average Number of Dependents per Labour Force (including himself or herself) (person)	1.39	1.37	1.44	1.33
平均每人总收入　（元）	**Per Capita Annual Income (yuan)**	**9233.16**	**6350.64**	**5604.05**	**9336.36**
#现金收入	Cash Income	8603.42	5439.58	4579.93	8686.48
平均每人总支出　（元）	**Per Capita Annual Expenditures (yuan)**	**7550.17**	**5428.97**	**5380.30**	**9250.65**
#现金支出	Cash Expenditures	7119.12	4814.05	4517.38	8705.60
平均每人纯收入　（元）	**Per Capita Annual Net Income (yuan)**	**7155.53**	**4792.75**	**3816.47**	**5456.59**
工资性收入	Income from Wages and Salaries	3543.10	1902.44	1233.75	1354.71
家庭经营纯收入	Income from Household Operations	2817.18	2519.46	2121.10	3262.31
财产性收入	Income from Properties	305.85	90.62	90.36	244.30
转移性收入	Income from Transfers	489.40	280.23	371.26	595.27
生活消费总支出　（元）	**Living Expenditure (yuan)**	**5148.62**	**3622.00**	**3238.69**	**4148.30**
食品	Food	2047.75	1539.46	1395.86	1414.54
衣着	Clothing	289.39	205.95	184.08	325.85
居住	Residence	992.77	748.36	677.38	839.34
家庭设备用品及服务	Household Facilities, Articles and Services	260.29	204.36	163.10	170.71
交通通讯	Transport and Communications	604.56	313.81	296.42	403.52
文教娱乐用品及服务	Cultural, Educational and Recreational Articles and Services	498.14	288.45	221.53	443.97
医疗保健	Health Care and Medical Services	339.59	240.41	245.95	448.75
其他商品及服务	Miscellaneous Goods and Services	116.14	81.20	54.37	101.62
生活消费现金支出　（元）	**Consumption Paid in Cash (yuan)**	**4771.52**	**3098.24**	**2647.46**	**3813.85**
食品	Food	1709.27	1042.27	829.75	1155.68
衣着	Clothing	289.08	205.51	183.03	325.63
居住	Residence	954.60	722.60	653.79	763.98
家庭设备用品及服务	Household Facilities, Articles and Services	260.15	203.99	162.62	170.71
交通通讯	Transport and Communications	604.56	313.81	296.42	403.52
文教娱乐用品及服务	Cultural, Educational and Recreational Articles and Services	498.14	288.45	221.53	443.97
医疗保健	Health Care and Medical Services	339.59	240.41	245.95	448.75
其他商品及服务	Miscellaneous Goods and Services	116.14	81.20	54.37	101.62

10-29 农村居民家庭平均每人主要食品消费量
Per Capita Consumption of Major Foods by Rural Households

品 名	Item	1990	1995	2000	2005	2008	2009
粮食(原粮)(千克)	Grain (Unprocessed) (kg)	262.08	256.07	250.23	208.85	199.07	189.26
#小麦	Wheat	80.03	81.49	80.27	68.44	62.74	59.56
稻谷	Rice	134.99	129.25	126.82	113.36	110.98	105.67
大豆	Soybeans		2.28	2.53	1.91	1.75	1.69
蔬菜 (千克)	Fresh Vegetables (kg)	134.00	104.62	106.74	102.28	99.72	98.44
食油 (千克)	Edible Oil (kg)	5.17	5.80	7.06	6.01	6.25	6.25
#植物油	Vegetable Oil	3.54	4.25	5.45	4.90	5.36	5.42
肉禽及制品(千克)	Meats, Poultry and Processed Products(kg)	12.59	13.56	18.30	22.42	20.15	21.53
#猪肉	Pork	10.54	10.58	13.28	15.62	12.65	13.96
牛肉	Beef	0.40	0.36	0.52	0.64	0.56	0.56
羊肉	Mutton	0.40	0.35	0.61	0.83	0.73	0.81
家禽	Poultry	1.25	1.83	2.81	3.67	4.36	4.25
蛋及制品 (千克)	Eggs and Processed Products (kg)	2.41	3.22	4.77	4.71	5.43	5.32
奶及制品 (千克)	Milk and Processed Products (kg)	1.10	0.60	1.06	2.86	3.43	3.60
水产品 (千克)	Aquatic Products (kg)	2.13	3.36	3.92	4.94	5.25	5.27
食糖 (千克)	Sugar (kg)	1.50	1.28	1.28	1.13	1.11	1.07
酒 (千克)	Liquor (kg)	6.14	6.53	7.02	9.59	9.67	10.08
瓜果及制品(千克)	Fruits and Processed Products (kg)	5.89	13.01	18.31	17.18	19.37	20.54
坚果及制品(千克)	Nuts and Processed Products (kg)		0.13	0.74	0.81	0.93	1.05

10-30 农村居民家庭平均每百户年底耐用消费品拥有量
Number of Durable Consumer Goods Owned Per 100 Rural Households at Year-end

品 名	Item	1990	1995	2000	2005	2008	2009
洗衣机 (台)	Washing Machine (set)	9.12	16.90	28.58	40.20	49.11	53.14
电冰箱 (台)	Refrigerator (set)	1.22	5.15	12.31	20.10	30.19	37.11
空调机 (台)	Air Conditioner (set)		0.18	1.32	6.40	9.82	12.23
抽油烟机 (台)	Exhaust Fan (set)		0.61	2.75	5.98	8.51	9.75
自行车 (辆)	Bicycle (unit)	118.33	147.02	120.48	98.37	97.58	96.45
摩托车 (辆)	Motorcycle (unit)	0.89	4.91	21.94	40.70	52.45	56.64
电话机 (部)	Telephone (set)			26.38	58.37	67.01	62.68
移动电话 (部)	Mobile Telephone (set)			4.32	50.24	96.13	115.24
黑白电视机(台)	Black and White TV Set (set)	39.72	63.81	52.97	21.77	9.88	7.65
彩色电视机(台)	Color TV Set (set)	4.72	16.92	48.74	84.08	99.22	108.94
照相机 (台)	Camera (set)	0.70	1.42	3.12	4.05	4.43	4.76
家用计算机(台)	Computer (set)			0.47	2.10	5.36	7.46

10-31 东、中、西部及东北地区农村居民家庭平均每人主要食品消费量（2009年）
Per Capita Major Foods Consumption of Rural Households in Eastern, Central, Western and Northeastern Regions (2009)

品 名	Item	东部地区 Eastern Region	中部地区 Central Region	西部地区 Western Region	东北地区 Northeastern Region
粮食(原粮)（千克）	Grain (Unprocessed) (kg)	179.97	198.66	195.44	162.55
#小麦	Wheat	59.14	59.95	64.73	35.13
稻谷	Rice	101.46	122.42	99.33	88.79
大豆	Soybeans	1.13	1.72	1.66	4.08
蔬菜（千克）	Fresh Vegetables (kg)	88.39	110.47	94.25	114.25
食油（千克）	Edible Oil (kg)	7.37	5.96	4.97	8.80
#植物油	Vegetable Oil	6.81	4.90	3.99	8.46
肉禽及制品（千克）	Meat, Poultry and Processed Products(kg)	22.60	17.06	25.00	17.80
#猪肉	Pork	12.37	11.59	17.64	12.35
牛肉	Beef	0.51	0.32	0.83	0.43
羊肉	Mutton	0.50	0.16	1.73	0.27
家禽	Poultry	5.71	3.56	3.75	3.13
蛋及制品（千克）	Eggs and Processed Products (kg)	6.72	6.05	2.89	8.13
奶及制品（千克）	Milk and Processed Products (kg)	4.35	2.54	3.94	2.88
水产品（千克）	Aquatic Products (kg)	10.07	4.71	1.62	4.50
食糖（千克）	Sugar (kg)	1.17	0.98	1.12	0.82
酒（千克）	Liquor (kg)	12.53	8.64	7.56	17.27
瓜果及制品（千克）	Fruits and Processed Products (kg)	21.70	21.87	17.06	27.04
坚果及制品（千克）	Nuts and Processed Products (kg)	1.49	0.99	0.80	0.69

10-32 东、中、西部及东北地区农村居民家庭平均每百户年底耐用消费品拥有量（2009年）
Ownership of Durable Consumer Goods per 100 Rural Households at Year-end in Eastern, Central, Western and Northeastern Regions (2009)

品 名	Item	东部地区 Eastern Region	中部地区 Central Region	西部地区 Western Region	东北地区 Northeastern Region
洗衣机（台）	Washing Machine (set)	71.37	51.16	48.52	77.40
电冰箱（台）	Refrigerator (set)	57.75	37.01	27.53	47.03
空调机（台）	Air Conditioner (set)	34.26	11.38	2.77	0.58
抽油烟机（台）	Exhaust Fan (set)	23.47	4.11	1.92	6.84
自行车（辆）	Bicycle (unit)	145.61	91.41	57.03	79.91
摩托车（辆）	Motorcycle (unit)	69.54	52.97	47.40	55.76
电话机（部）	Telephone (set)	79.77	55.95	50.08	69.08
移动电话（部）	Mobile Telephone (set)	147.28	117.72	110.40	127.50
黑白电视机（台）	Black and White TV Set (set)	5.78	10.03	8.83	2.32
彩色电视机（台）	Color TV Set (set)	126.70	102.82	96.70	109.48
照相机（台）	Camera (set)	9.22	2.75	2.30	4.07
家用计算机（台）	Computer (set)	15.66	4.23	2.49	6.32

10-33 各地区农村居民家庭平均每人主要食品消费量（2009年）
Per Capita Consumption of Major Foods by Rural Households by Region (2009)

单位：千克 (kg)

地区	Region	粮食 Grain	蔬菜 Vegetables	食油 Edible Oil	猪牛羊肉 Pork, Beef and Mutton	家禽 Poultry	蛋类及其制品 Eggs and Processed Products	水产品 Aquatic Products	食糖 Sugar	酒 Liquor
全国	**National Average**	**189.26**	**98.44**	**6.25**	**15.33**	**4.25**	**5.32**	**5.27**	**1.07**	**10.08**
北京	Beijing	99.37	96.25	10.27	18.20	3.29	10.88	5.65	1.11	19.75
天津	Tianjin	140.92	62.87	11.52	12.60	1.23	11.60	9.62	0.67	13.79
河北	Hebei	180.15	53.66	7.80	7.21	0.89	7.22	2.61	0.72	8.86
山西	Shanxi	177.65	70.56	6.84	5.71	0.69	6.05	0.80	0.99	3.66
内蒙古	Inner Mongolia	187.04	70.90	4.16	27.96	2.79	5.36	2.06	1.01	14.50
辽宁	Liaoning	179.36	167.92	7.57	18.52	2.36	10.23	5.20	0.77	13.96
吉林	Jilin	153.26	99.25	7.92	11.32	3.55	8.56	4.04	0.68	17.46
黑龙江	Heilongjiang	156.23	83.67	10.36	10.10	3.41	6.22	4.29	0.96	19.68
上海	Shanghai	138.54	64.76	8.06	19.08	9.25	8.45	18.46	1.68	16.07
江苏	Jiangsu	200.07	140.35	6.15	12.54	6.55	7.18	10.81	1.25	11.64
浙江	Zhejiang	170.28	76.88	5.94	15.43	6.30	4.94	17.45	1.48	25.19
安徽	Anhui	180.36	76.94	6.29	9.55	4.74	5.84	5.40	0.98	12.92
福建	Fujian	178.29	91.16	6.41	16.78	7.18	4.04	15.78	1.76	21.42
江西	Jiangxi	218.23	136.21	6.94	13.33	4.03	3.53	5.56	0.90	11.38
山东	Shandong	180.21	74.32	10.32	7.82	2.77	11.09	4.95	0.98	12.58
河南	Henan	193.53	93.64	4.84	6.16	2.40	10.57	1.50	1.03	6.45
湖北	Hubei	191.46	137.04	3.85	18.62	3.22	4.93	8.34	0.85	11.41
湖南	Hunan	224.84	139.16	7.71	17.98	5.49	3.71	6.19	1.11	5.78
广东	Guangdong	193.06	111.53	5.72	22.07	11.77	2.80	14.04	1.33	3.55
广西	Guangxi	186.87	99.84	4.84	13.57	10.02	1.30	3.57	1.07	8.44
海南	Hainan	191.13	82.16	4.14	17.62	12.64	1.91	15.66	1.15	4.34
重庆	Chongqing	186.81	122.74	5.22	27.86	4.09	6.31	3.36	2.06	13.22
四川	Sichuan	192.66	121.85	3.87	26.95	5.54	4.55	2.68	1.16	9.24
贵州	Guizhou	170.73	126.10	3.21	26.19	2.04	1.66	0.41	0.93	6.71
云南	Yunnan	187.48	105.65	2.77	27.95	4.38	2.27	1.61	1.02	7.51
西藏	Tibet	290.40	16.35	7.18	15.27	0.07	0.73	0.01	3.00	3.61
陕西	Shaanxi	168.88	107.60	6.49	7.28	0.62	2.48	0.45	0.71	4.46
甘肃	Gansu	230.74	39.06	4.14	12.25	1.04	2.51	0.37	0.99	7.29
青海	Qinghai	184.02	41.78	2.53	18.88	1.16	0.93	0.63	1.42	3.36
宁夏	Ningxia	202.09	75.86	9.58	14.10	4.45	2.54	0.77	1.54	3.09
新疆	Xinjiang	232.17	71.54	11.12	11.92	2.19	1.49	0.42	0.36	1.09

10-34 各地区农村居民家庭平均每百户主要耐用消费品拥有量（2009年底）

Ownership of Durable Consumer Goods Per 100 Rural Households by Region at Year-end (2009)

地 区	Region	洗衣机 (台) Washing Machine (set)	电冰箱 (台) Refrigerator (set)	空调机 (台) Air Conditioner (set)	抽油烟机 (台) Exhaust Fan (set)	自行车 (辆) Bicycle (unit)	摩托车 (辆) Motorcycle (unit)
全 国	**National Average**	**53.14**	**37.11**	**12.23**	**9.75**	**96.45**	**56.64**
北 京	Beijing	100.80	104.67	86.53	58.93	180.27	29.87
天 津	Tianjin	99.50	85.33	55.50	27.67	184.33	51.33
河 北	Hebei	84.17	41.45	8.50	7.07	185.38	62.67
山 西	Shanxi	78.62	25.52	3.90	4.62	113.76	57.10
内蒙古	Inner Mongolia	54.85	36.99	0.63	2.72	61.07	66.21
辽 宁	Liaoning	74.23	53.97	1.01	9.79	103.12	57.83
吉 林	Jilin	76.44	40.50	0.06	2.63	61.75	61.00
黑龙江	Heilongjiang	80.76	45.85	0.58	7.37	73.30	50.27
上 海	Shanghai	93.00	101.00	134.83	71.00	173.33	49.33
江 苏	Jiangsu	88.44	53.35	39.59	22.06	159.56	63.44
浙 江	Zhejiang	64.33	88.85	76.52	52.89	128.30	55.22
安 徽	Anhui	51.77	51.42	19.26	5.84	104.06	53.35
福 建	Fujian	59.78	62.69	26.98	18.68	55.38	89.45
江 西	Jiangxi	11.59	34.70	6.20	2.65	83.47	58.29
山 东	Shandong	71.86	54.95	12.64	14.88	175.21	70.29
河 南	Henan	79.45	34.43	15.05	2.29	132.33	51.95
湖 北	Hubei	41.70	41.36	12.45	7.70	68.47	59.76
湖 南	Hunan	37.59	32.03	7.32	2.19	47.38	41.86
广 东	Guangdong	40.55	41.33	30.98	22.62	99.88	101.56
广 西	Guangxi	12.62	21.02	2.81	1.39	87.36	72.58
海 南	Hainan	6.39	11.25	1.25	0.56	39.31	96.81
重 庆	Chongqing	42.11	43.61	10.11	1.50	11.97	22.33
四 川	Sichuan	61.25	40.45	5.18	2.00	40.85	36.53
贵 州	Guizhou	48.71	19.29	0.98	1.29	6.29	26.79
云 南	Yunnan	37.21	12.33	0.25	2.92	27.29	38.83
西 藏	Tibet	9.17	12.29			36.88	38.13
陕 西	Shaanxi	69.01	19.23	4.41	2.03	112.32	47.34
甘 肃	Gansu	56.78	14.39	0.28	2.06	100.44	53.94
青 海	Qinghai	68.17	37.00	0.33	1.67	37.00	73.33
宁 夏	Ningxia	70.33	27.67	0.17	2.33	118.67	83.67
新 疆	Xinjiang	42.71	36.26	0.65	1.55	80.39	56.32

10-34 续表 continued

地 区	Region	电话机 (部) Telephone (unit)	移动电话 (部) Mobile Telephone (unit)	黑白电视机 (台) Black and White TV Set (set)	彩色电视机 (台) Color TV Set (set)	照相机 (台) Camera (set)	家用计算机 (台) Computer (set)
全 国	**National Average**	**62.68**	**115.24**	**7.65**	**108.94**	**4.76**	**7.46**
北 京	Beijing	112.13	208.53	0.40	137.60	34.13	52.27
天 津	Tianjin	88.67	129.67	1.00	123.00	11.83	12.50
河 北	Hebei	66.07	91.19	5.45	115.52	3.86	6.05
山 西	Shanxi	76.05	94.29	7.81	107.14	4.62	6.24
内蒙古	Inner Mongolia	35.15	115.58	4.85	97.48	2.52	1.89
辽 宁	Liaoning	92.35	107.35	2.28	110.90	7.30	5.93
吉 林	Jilin	53.13	151.81	2.69	111.06	2.56	4.63
黑龙江	Heilongjiang	60.85	127.14	2.10	107.14	2.41	7.86
上 海	Shanghai	97.17	173.83	10.50	190.17	24.00	54.33
江 苏	Jiangsu	91.88	143.74	10.68	134.74	11.24	8.24
浙 江	Zhejiang	90.78	179.89	7.78	162.26	12.04	31.07
安 徽	Anhui	69.90	110.58	7.84	106.10	3.48	4.32
福 建	Fujian	81.59	182.64	2.42	122.53	5.71	17.86
江 西	Jiangxi	53.84	127.35	15.06	103.84	2.45	3.35
山 东	Shandong	70.74	141.33	6.60	110.74	7.76	10.83
河 南	Henan	35.52	126.24	6.50	103.76	2.31	4.05
湖 北	Hubei	55.61	134.21	7.45	105.42	2.58	5.15
湖 南	Hunan	57.76	106.27	16.08	93.54	1.95	3.00
广 东	Guangdong	82.15	184.38	1.80	116.60	8.05	16.21
广 西	Guangxi	60.78	125.15	14.33	97.88	2.21	2.99
海 南	Hainan	45.14	110.97	0.56	99.03	1.53	1.81
重 庆	Chongqing	56.94	107.78	8.00	95.28	1.56	1.83
四 川	Sichuan	59.23	118.18	12.00	101.18	2.70	3.73
贵 州	Guizhou	38.08	82.50	2.32	88.13	0.71	0.98
云 南	Yunnan	29.54	115.25	4.21	92.33	2.42	1.21
西 藏	Tibet	40.63	36.25	1.67	68.13	1.88	0.21
陕 西	Shaanxi	57.52	140.81	9.82	104.37	2.25	4.59
甘 肃	Gansu	60.56	95.11	7.39	103.72	2.44	2.72
青 海	Qinghai	63.17	123.50	6.17	97.17	2.33	1.17
宁 夏	Ningxia	63.83	151.83	11.00	120.33	2.67	4.00
新 疆	Xinjiang	41.29	73.35	17.87	83.61	3.94	1.68

10-35 城乡新建住宅面积和居民住房情况
Floor Space of Newly Built Residential Buildings and Housing Conditions of Urban and Rural Residents

年 份 Year	城镇新建住宅面积 (亿平方米) Floor Space of Newly Built Residential Buildings in Urban Areas (100 million sq.m)	农村新建住宅面积 (亿平方米) Floor Space of Newly Built Residential Buildings in Rural Areas (100 million sq.m)	城市人均住宅建筑面积 (平方米) Per Capita Floor Space of Residential Building in Urban Areas (sq.m)	农村人均住房面积 (平方米) Per Capita Floor Space of Residential Building in Rural Areas (sq.m)
1978	0.38	1.00	6.7	8.1
1980	0.92	5.00	7.2	9.4
1985	1.88	7.22	10.0	14.7
1986	2.22	9.84	12.4	15.3
1987	2.23	8.84	12.7	16.0
1988	2.40	8.45	13.0	16.6
1989	1.97	6.76	13.5	17.2
1990	1.73	6.91	13.7	17.8
1991	1.92	7.54	14.2	18.5
1992	2.40	6.19	14.8	18.9
1993	3.08	4.81	15.2	20.7
1994	3.57	6.18	15.7	20.2
1995	3.75	6.99	16.3	21.0
1996	3.95	8.28	17.0	21.7
1997	4.06	8.06	17.8	22.5
1998	4.76	8.00	18.7	23.3
1999	5.59	8.34	19.4	24.2
2000	5.49	7.97	20.3	24.8
2001	5.75	7.29	20.8	25.7
2002	5.98	7.42	22.8	26.5
2003	5.50	7.52	23.7	27.2
2004	5.69	6.80	25.0	27.9
2005	6.61	6.67	26.1	29.7
2006	6.30	6.84	27.1	30.7
2007	6.88	7.75		31.6
2008	7.60	8.34		32.4
2009	8.21	10.21		33.6

注：城市人均住宅建筑面积由住房和城乡建设部提供，2007年及以后数据暂缺。

a) Data on the per capita floor space of residential buildings in urban areas are provided by the Ministry of Housing and Urban-Rural Development, figures after 2007 are absent.

10-36 农村居民家庭住房情况
Housing Conditions of Rural Households

项 目	Item	1990	1995	2000	2005	2008	2009
本年新建房屋	**Houses Newly Built This Year**						
面积 (平方米/人)	Per Capita Floor Space of Houses (sq.m/person)	0.82	0.78	0.87	0.83	0.99	1.21
价值 (元/平方米)	Value of Houses (yuan/sq.m)	92.32	200.30	260.23	373.31	533.66	620.39
住房结构 (平方米/人)	Structure of Houses (sq.m/person)						
#钢筋混凝土结构	Reinforced Concrete Structure	0.23	0.33	0.47	0.51	0.66	0.85
砖木结构	Brick and Wood Structure	0.47	0.37	0.36	0.29	0.28	0.32
年末住房情况	**Houses at Year-end**						
住房面积 (平方米/人)	Per Capita Floor Space of Houses (sq.m/person)	17.83	21.01	24.82	29.68	32.42	33.58
住房价值 (元/平方米)	Value of Houses (yuan/sq.m)	44.60	101.64	187.41	267.76	332.83	359.35
住房结构 (平方米/人)	Structure of Houses (sq.m/person)						
#钢筋混凝土结构	Reinforced Concrete Structure	1.22	3.10	6.15	11.17	13.40	14.51
砖木结构	Brick and Wood Structure	9.84	11.91	13.61	14.12	14.89	15.11

10-37 各地区农村居民家庭住房情况（2009年）
Housing Conditions of Rural Households by Region (2009)

地区	Region	住房面积（平方米/人） Per Capita Floor Space of Houses (sq.m/person)	住房价值（元/平方米） Value of Houses (yuan/sq.m)	住房结构（平方米/人） House Structures (sq.m/person)	
				钢筋混凝土结构 Reinforced Concrete Structure	砖木结构 Brick and Wood Structure
全国	**National Average**	**33.58**	**359.35**	**14.51**	**15.11**
北京	Beijing	38.45	1202.14	7.81	30.45
天津	Tianjin	28.56	1037.03	4.63	23.92
河北	Hebei	31.94	330.06	7.50	23.22
山西	Shanxi	27.97	302.89	6.95	18.06
内蒙古	Inner Mongolia	22.24	231.32	0.50	14.28
辽宁	Liaoning	26.96	455.22	4.87	21.78
吉林	Jilin	22.79	364.38	0.69	19.42
黑龙江	Heilongjiang	22.49	466.43	1.41	16.79
上海	Shanghai	60.18	1695.05	39.09	20.98
江苏	Jiangsu	45.24	507.34	26.29	18.83
浙江	Zhejiang	61.53	527.80	42.23	18.14
安徽	Anhui	31.01	340.03	17.98	12.37
福建	Fujian	46.76	455.52	30.15	11.66
江西	Jiangxi	39.53	253.43	26.94	10.68
山东	Shandong	34.24	369.65	9.78	23.34
河南	Henan	33.53	293.74	16.37	16.15
湖北	Hubei	40.11	259.60	22.92	14.60
湖南	Hunan	41.69	215.03	16.83	22.51
广东	Guangdong	28.70	437.77	22.64	4.80
广西	Guangxi	33.09	250.50	22.83	6.68
海南	Hainan	24.00	388.01	7.36	16.25
重庆	Chongqing	35.73	226.24	13.00	15.90
四川	Sichuan	36.71	254.55	13.62	16.09
贵州	Guizhou	26.43	214.20	9.64	12.23
云南	Yunnan	28.67	271.86	7.61	5.96
西藏	Tibet	24.58	271.12	0.32	5.52
陕西	Shaanxi	30.38	274.26	12.68	12.15
甘肃	Gansu	20.55	239.33	2.52	6.85
青海	Qinghai	20.28	211.04	1.74	7.52
宁夏	Ningxia	24.46	233.77	1.28	14.92
新疆	Xinjiang	23.45	226.49	1.51	10.34

主要统计指标解释

一、城镇住户

城镇家庭人口 指居住在一起，经济上合在一起共同生活的家庭成员。凡计算为家庭人口的成员其全部收支都包括在本家庭中。

城镇就业面 指就业人口占家庭人口的百分比。

城镇就业者负担人数 指家庭人口与就业人口之比。

城镇家庭总收入 指家庭成员得到的工薪收入、经营净收入、财产性收入、转移性收入之和，不包括出售财物收入和借贷收入。

城镇家庭可支配收入 指家庭成员得到可用于最终消费支出和其它非义务性支出以及储蓄的总和，即居民家庭可以用来自由支配的收入。它是家庭总收入扣除交纳的个人所得税、个人交纳的社会保障支出以及记账补贴后的收入。计算公式为:

可支配收入=家庭总收入-交纳个人所得税-个人交纳的社会保障支出-记账补贴

城镇家庭总支出 指除借贷支出以外的全部家庭支出。包括消费性支出、购房建房支出、转移性支出、财产性支出、社会保障支出。

城镇家庭消费性支出 指家庭用于日常生活的支出，包括食品、衣着、居住、家庭设备用品及服务、医疗保健、交通和通信、娱乐教育文化服务、其他商品和服务等八大类支出。

城镇家庭服务性消费支出 指家庭用于支付社会提供的各种非商品性服务费用。

城镇家庭收入分组方法 是将所有调查户按户人均可支配收入由低到高排队，按10%，10%，20%，20%，20%，10%，10%的比例依次分成：最低收入户、低收入户、中等偏下收入户、中等收入户、中等偏上收入户、高收入户、最高收入户等七组。总体中最低5%的户为困难户。

恩格尔系数 指食物支出金额在消费性总支出金额中所占的比例。计算公式为:

$$恩格尔系数=\frac{食品支出金额}{消费性总支出金额}\times100\%$$

二、农村住户

农村住户 指农村常住户。农村常住户指长期(一年以上)居住在乡镇(不包括城关镇)行政管理区域内的住户，以及长期居住在城关镇所辖行政村范围内的农村住户。户口不在本地而在本地居住一年及以上的住户也包括在本地农村常住户范围内；有本地户口，但举家外出谋生一年以上的住户，无论是否保留承包耕地都不包括在本地农村住户范围内。

常住人口 指全年经常在家或在家居住6个月以上，而且经济和生活与本户连成一体的人口。外出从业人员在外居住时间虽然在6个月以上，但收入主要带回家中，经济与本户连为一体，仍视为家庭常住人口；在家居住，生活和本户连成一体的国家职工、退休人员也为家庭常住人口。但是现役军人、中专及以上(走读生除外)的在校学生、以及常年在外(不包括探亲、看病等)且已有稳定的职业与居住场所的外出从业人员，不算家庭常住人口。家庭常住人口主要作为计算农村住户平均每人收入、消费和积累水平及分析家庭人口状况的依据。

整、半劳动力 整劳动力指男子18周岁到50周岁，女子18周岁到45周岁；半劳动力指男子16周岁到17周岁，51周岁到60周岁；女子16周岁到17周岁，46周岁到55周岁，同时具有劳动能力的人。虽然在劳动年龄之内，但已丧失劳动能力的人，不应算为劳动力；超过劳动年龄，但能经常参加劳动，计入半劳动力数内。常住人口中的职工，若这些职工为劳动力，就包括在本户的整半劳动力中。

总收入 指调查期内农村住户和住户成员从各种来源渠道得到的收入总和。按收入的性质划分为工资性收入、家庭经营收入、财产性收入和转移性收入。

工资性收入 指农村住户成员受雇于单位或个人，靠出卖劳动而获得的收入。

家庭经营收入 指农村住户以家庭为生产经营单位进行生产筹划和管理而获得的收入。农村住户家庭经营活动按行业划分为农业、林业、牧业、渔业、工业、建筑业、交通运输业邮电业、批发和零售贸易餐饮业、社会服务业、文教卫生业和其他家庭经营。

财产性收入 指金融资产或有形非生产性资产的所有者向其他机构单位提供资金或将有形非生产性资产供其支配，作为回报而从中获得的收入。

转移性收入 指农村住户和住户成员无须付出任何对应物而获得的货物、服务、资金或资产所有权等，不包括无偿提供的用于固定资本形成的资金。一般情况下，是指农村住户在二次分配中的所有收入。

现金收入 指农村住户和住户成员在调查期内得到以现金形态表现的收入。按来源分成工资性收入、家庭经营现金收入、财产性收入、转移性收入。

纯收入 指农村住户当年从各个来源得到的总收入相应地扣除所发生的费用后的收入总和。计算方法:

纯收入=总收入-税费支出-家庭经营费用支出-生产性固定资产折旧-赠送农村内部亲友支出

纯收入主要用于再生产投入和当年生活消费支出，也可用于储蓄和各种非义务性支出。“农民人均纯收入”是按人口平均的纯收入水平，反映的是一个地区农村居民的平均收入水平。

总支出 指农村住户用于生产、生活和再分配的全部支出。包括家庭经营费用支出、购置生产性固定资产支出、税费支出、生活消费支出、财产性支出和转移性支出。

Explanatory Notes on Main Statistical Indicators

I. Urban Households

Population of Urban Households refer to members of households living and sharing economically together in the urban areas. All the income and expenditure of all the members of such households are included in the income and expenditure of the household.

Proportion of Urban Employment refers to the proportion of employed population to the population of urban households.

Number of Dependents per Urban Employee refers to the ratio between number of persons in an urban household and the number of employed persons.

Total Income of Urban Households refers to the sum of wage and salary; net business income; income from properties; and income from transfers of members of the households. Income from selling of properties and income from borrowing are not included..

Disposable Income of Urban Households refers to the actual income at the disposal of members of the households which can be used for final consumption, other non-compulsory expenditure and savings. This equals to total income minus income tax, personal contribution to social security and subsidy for keeping diaries in being a sample household. The following formula is used:

Disposable income = total household income - income tax - personal contribution to social security - subsidy for keeping diaries for a sampled household

Total Expenditure of Urban Households refers to all expenditure of households except expenditure on lending. It includes expenditure on consumption; on purchasing or building houses; on transfers; on properties; and on social security.

Consumption Expenditure of Urban Households refers to total expenditure of households for consumption in daily life, including expenditure on the eight categories of food; clothing; housing; household appliances and services; health care and medical services; transport and communications; recreation, education and cultural services; and miscellaneous goods and services.

Expenditure of Urban Households on Consumption of Services refers to expenditure of households on various kinds of non-commercial services provided by society.

Urban Households by Income Group All households in the sample are grouped, by per capita disposable income of the household, into groups of lowest income, low income, lower middle income, middle income, upper middle income, high income and highest income, each group consisting of 10%, 10%, 20%, 20%, 20%, 10% and 10% of all households respectively. The lowest 5% of households are also referred to as poor households.

Engel's Coefficient refers to the percentage of expenditure on food in the total consumption expenditure, using the following formula:

$$\text{Engel's Coefficient}=\frac{\text{expenditure on food}}{\text{total consumption expenditure}}\times 100\%$$

II. Rural Household

Rural Households refer to usual resident households in rural areas. Usual resident households in rural areas are households residing on a long term basis(for more than one year) in the areas under the administration of township governments (not including county towns), and in the areas under the administration of villages in county towns. Households residing in the current addresses for over one year with their household registration in other places are still considered as resident households of the locality. For households with their household registration in one place but all members of the households having moved away to make a living in another place for over one year, they will not be included in the rural households of the area where they are registered, irrespective of whether they still keep their contracted land.

Usual Resident Population refers to persons staying at home regularly or for over 6 months during a year and integrated with the household economically and in terms of living.. Members of the household staying away from the household for over 6 months but keeping a close economic relation with the household by sending the majority of income to the household are regarded as usual resident of the household. Government staff and workers or retirees living as close members of the household are also considered as usual resident. However, servicemen, students of secondary technical schools or schools of higher education and persons with stable jobs and residence outside the household (excluding those visiting relatives or seeking medical service) are not included as resident population of the household. Resident population is used in calculating income, consumption, accumulation on per capita basis of rural households and in analyzing composition of rural households.

Full/Semi Labour Force Full labour force refers to persons capable of work, aged 18-50 for males and 18-45 for females. Semi labour force refers to persons capable of work, aged 16-17 and 51-60 for males and 16-17 and 46-55 for females. Persons at their working ages but not capable of work are not to be included as labour force. Persons not at working ages but participating regularly in work are included in semi labour force. For staff and workers who are usual residents, are included as full or semi labour force of the household if they are in the labour force.

Total Income refers to the sum of income earned from various sources by the rural households and their members during the reference period, and is classified as income from wages and salaries, income from household operations, income from properties and income from transfers.

Income from Wages and Salaries refers to income from labour earned by the members of rural households employed by other units or individuals.

Income from Household Operations refers to income by the rural households as units of production and operation. Operations by rural households are classified according to their economic activities namely agriculture, forestry, animal husbandry, fishery, manufacturing, construction, transportation, post and telecommunications, wholesale, retail and catering, social service, culture, education, health, and other household operations.

Income from Properties refers to the income received as returns by owners of financial assets or tangible non-productive assets by providing capitals or tangible non-productive assets to other institutional units.

Income from Transfers refers to the receipt by rural households and their members of goods, services, capital or rights of assets without giving or repaying accordingly, excluding capital provided to them for the formation of fixed assets. In general, it refers to all income received by rural households through redistribution.

Cash Income refers to income received by rural households and their members in the form of cash during the reference period. It is classified, by source of income, into income from wages and salaries, cash income from household operations, income from properties and income from transfers.

Net Income refers to the total income of rural households from all sources minus all corresponding expenses. The formula for calculation is as follows:

Net income = total income - taxes and fees paid - household operation expenses - taxes and fees depreciation of fixed assets for production - gifts to non-rural relatives

Net income is mainly used as input for reinvestment in production and as consumption expenditure of the year, and also used for savings and non-compulsory expenses of various forms. "Per capita net income of farmers" is the level of net income averaged by population, reflecting the average income level of rural households in a given area.

Total Expenditure refers to total expenses of rural households on production, consumption and redistribution, including expenditure on household operations; purchase of productive fixed assets; taxes and fees; expenses on household consumption; expenses on properties; and expenses on transfers.

11

城市概况

General Survey of Cities

简 要 说 明

一、本篇资料的主要内容

本篇资料反映我国城市社会、经济发展和城市建设的规模、速度、效益及综合水平等基本情况，主要内容有三部分:

1.全国城市分布情况;

2.省会城市和计划单列市主要经济指标;

3.城市公用事业基本情况及综合水平指标。

其中城市公用事业部分的主要内容包括:城市建设、供水、供气、供热、市政设施、公共交通、城市绿化、环境卫生等。

二、本篇的资料来源

全国城市分布情况及省会城市和计划单列市主要经济指标由各省、自治区、直辖市统计局及城市社会经济调查司依据国家统计局制定的《市、县社会经济基本情况统计报表制度》收集整理提供。

城市公用事业基本情况及综合水平指标部分的资料由住房和城乡建设部根据其《城市建设统计报表制度》汇总整理提供。

城市公共交通统计资料由交通运输部组织各省级交通运输与住房和城乡建设部门，根据原住房和城乡建设部《城市建设统计报表制度》中的有关报表汇总整理提供。

三、本篇资料的统计范围与统计口径

涉及城市公用事业情况的部分由住房和城乡建设部提供，其执行范围是全国所有设市城市；统计口径为全社会，即在设市城市范围内所有的城市规划管理、投资、建设或经营管理相关设施的单位。

Brief Introduction

I. Main Contents

Data in this chapter present the social and economic development as well as the basic conditions of the scale, growth rate, economic efficiency and overall level of urban construction of China's cities. The main content is composed of three parts:

(1) Distribution of cities in China;

(2) Main economic indicators of provincial capitals and cities specially designated in the State plan;

(3) Indicators reflecting basic conditions and overall level of urban public facilities.

Data on public facilities include urban construction; supply of water, gas and heating; municipal infrastructure; public transportation; urban greenery; and environmental, sanitation.

II. Sources of Data

Data on distribution of cities in China and major economic indicators of provincial capitals and cities specially designated in the State plan are collected and prepared by the statistical bureaus of the provinces, autonomous regions and municipalities directly under the Central Government and the Department of Urban Social and Economic Survey of the NBS in accordance with the *Statistical Reporting Form System on the Basic Social and Economic Situation of the Cities and Counties*, which is stipulated by the NBS.

Data on basic conditions and overall level of urban public facilities are collected, prepared and provided by the Ministry of Housing and Urban-Rural Development in line with its *Statistical Reporting Form System on Urban Construction*.

Statistics of urban public transport are provided by Transport Department who organizes the Transport Department at provincial level and Housing and Urban-Rural Development Department, and collected relevant report forms from Urban Construction Statistical Report Forms System of Housing and Urban-Rural Development Department.

III. Scope and Coverage of Statistics

Data on urban public facilities are provided by the Ministry of Housing and Urban-Rural Development, which has responsibility covering all cities. Statistically, the data cover all units under the jurisdiction of cities which are engaged in urban planning and management, investment, construction and operation of relevant facilities.

11-1 全部地级及以上城市数(2009年)
Number of Cities at Prefecture Level and Above (2009)

单位：个 (unit)

地区	Region	合计 Total	按城市市辖区总人口分组 Grouped by Population in Urban Districts					
			400万以上 4 million and over	200-400万 2 million-4 million	100-200万 1 million-2 million	50-100万 0.5 million-1 million	20-50万 0.2 million-0.5 million	20万以下 under 0.2 million
全部地级及以上城市	**Total Cities at Prefecture Level and Above**	**287**	**14**	**28**	**82**	**110**	**51**	**2**
北京	Beijing	1	1					
天津	Tianjin	1	1					
河北	Hebei	11		2	2	6	1	
山西	Shanxi	11		1	1	7	2	
内蒙古	Inner Mongolia	9			3	2	4	
辽宁	Liaoning	14	1	1	2	9	1	
吉林	Jilin	8		1	1	4	2	
黑龙江	Heilongjiang	12	1		2	8		1
上海	Shanghai	1	1					
江苏	Jiangsu	13	1	5	5	2		
浙江	Zhejiang	11	1	1	3	5	1	
安徽	Anhui	17		2	6	7	2	
福建	Fujian	9		1	3	1	4	
江西	Jiangxi	11		1	2	6	2	
山东	Shandong	17		4	9	4		
河南	Henan	17		1	8	6	2	
湖北	Hubei	12	1	1	3	6	1	
湖南	Hunan	13		1	5	4	3	
广东	Guangdong	21	3	1	7	6	4	
广西	Guangxi	14		1	5	5	3	
海南	Hainan	2			1	1		
重庆	Chongqing	1	1					
四川	Sichuan	18	1		10	5	2	
贵州	Guizhou	4		1		3		
云南	Yunnan	8		1		3	3	1
西藏	Tibet	1					1	
陕西	Shaanxi	10	1		1	7	1	
甘肃	Gansu	12		1	2	2	7	
青海	Qinghai	1			1			
宁夏	Ningxia	5				1	4	
新疆	Xinjiang	2		1			1	

11-2 沿海开放城市和经济特区城市社会经济指标（2009年）
Main Social and Economic Indicators of Open Coastal Cities and Cities in Special Economic Zones (2009)

指标	Item	沿海开放城市合计 Total of Open Coastal Cities		经济特区城市合计 Total of Cities in Special Economic Zones	
		包括市辖县 Counties Included	不包括市辖县 Counties Excluded	包括市辖县 Counties Included	不包括市辖县 Counties Excluded
土地面积 （万平方公里）	**Total Area (10 000 sq.km)**	**14.2**	**3.4**	**0.7**	**0.7**
人口与就业	**Population and Employment**				
年底人口数 （万人）	Population (year-end) (10 000 persons)	**9879.8**	**4759.5**	**1681.6**	**1674.3**
在岗职工人数 （万人）	Staff and Workers (10 000 persons)	1523.3	1150.9	376.8	376.3
地区生产总值 （亿元）	**Gross Regional Product (100 million yuan)**	**61945.6**	**45924.3**	**12013.1**	**12005.1**
第一产业	Primary Industry	2702.6	683.5	112.9	110.2
第二产业	Secondary Industry	28961.8	20449.5	5761.8	5758.8
第三产业	Tertiary Industry	30281.3	24791.3	6138.5	6136.1
固定资产投资	**Investment in Fixed Assets**				
固定资产投资额 （亿元）	Total Investment in Fixed Assets(100 million yuan)	30327.1	21335.5	3293.7	3287.9
#房地产开发	Real Estate Development	6036.9	5070.0	938.6	938.6
#住宅	Residential Buildings	4124.7	3381.7	629.2	629.2
全年用电量 （亿千瓦小时）	**Annual Electricity Consumption (100 million kwh)**	**4504.8**	**2869.6**	**926.5**	**926.0**
规模以上工业企业主要指标	**Main Indicators of Industrial Enterprises above Designated Size**				
工业企业单位数 （个）	Number of Industrial Enterprises above Designated Size (unit)	83279	50734	14468	14459
#内资企业	Domestic Funded Enterprises	59575	33401	8178	8171
工业总产值 （当年价格，亿元）	Gross Industrial Output Value (at current prices, 100 million yuan)	103358.2	72859.1	22165.1	22162.2
#内资企业	Domestic Funded Enterprises	56502.1	34459.1	8324.7	8322.9
主营业务收入 （亿元）	Revenue from Principal Business(100 million yuan)	103293.9	73615.2	21593.4	21590.6
利税总额 （亿元）	Pre-tax Profits (100 million yuan)	10590.7	7940.5	2082.8	2082.1

注：本表为初步统计数。
a) Data in this table are preliminary data.

11-2 续表 continued

指标	Item	沿海开放城市合计 Total of Open Coastal Cities		经济特区城市合计 Total of Cities in Special Economic Zones	
		包括市辖县 Counties Included	不包括市辖县 Counties Excluded	包括市辖县 Counties Included	不包括市辖县 Counties Excluded
运输邮电	**Transport, Postal and Telecommunication Services**				
客运量 (亿人)	Passenger Traffic (sent) (100 million persons)	31.4		17.7	
货运量 (亿吨)	Freight Traffic (sent) (100 million tons)	34.4		4.0	
年底邮政局所数 (个)	Number of Postal Offices at Year-end (unit)	3967	2174	974	970
年末固定电话用户数（万户）	Number of Fixed Telephones at Year-end (10 000 households)	4420.3	3022.1	907.1	906.5
年末移动电话用户数（万户）	Number of Mobile Phones at Year-end (10 000 households)	11268.4	8307.8	2865.2	2865.2
国内贸易	**Domestic Trade**				
社会消费品零售总额（亿元）	Total Retail Sales of Consumer Goods (100 million yuan)	22552.5	16907.8	4200.5	4190.7
限额以上批发零售贸易业商品销售总额 (亿元)	Total Wholesales and Retail Sales of Consumer Goods (100 million yuan)	58916.6	56042.7	8523.9	8520.5
实际利用外资金额(亿美元)	**Amount of Foreign Capital Actually Utilized (USD 100 million)**	**399.0**	**342.1**	**72.3**	**72.3**
在校学生数 (万人)	**Student Enrollment (10 000 persons)**				
普通高等学校	Number of Regular Institutes of Higher Education	318.0	230.6	30.9	30.9
中等职业学校	Number of Specialized Secondary Schools	171.0	122.8	16.0	16.0
普通中学	Number of Regular Secondary Schools	561.7	257.3	98.6	98.0
小学	Number of Primary Schools	641.9	313.5	150.3	150.0
成人高等学校	Number of Schools of Higher Education for Adults	92.9	65.1	5.0	5.0
卫生	**Public Health**				
医院、卫生院 (个)	Number of Hospitals and Health Centers (unit)	4226	2168	278	274
医院、卫生院床位数(万张)	Number of Beds of Hospitals and Health Centers (10 000 beds)	42.5	30.2	4.5	4.5
执业(助理)医师 (万人)	Licensed (Assistant) Doctors (10 000 persons)	23.6	16.5	3.7	3.7
在岗职工工资总额（亿元）	**Total Wages of Staff and Workers (100 million yuan)**	**6625.1**	**5541.3**	**1533.4**	**1532.4**
城乡居民储蓄存款年末余额 (亿元)	**Balance of Savings Deposit in Urban and Rural Areas at Year-end (100 million yuan)**	**47879.8**	**39072.2**	**8878.6**	**8878.6**

注：沿海开放城市系指上海、天津、大连、秦皇岛、青岛、烟台、威海、连云港、南通、宁波、温州、福州、广州、湛江、北海共15个城市；经济特区城市系指深圳、珠海、汕头和厦门4个城市。本表为初步统计数。

a) Open coastal cities refer to following 15 cities: Shanghai, Tianjin, Dalian, Qinhuangdao, Qingdao, Yantai, Weihai, Lianyungang, Nantong, Ningbo, Wenzhou, Fuzhou, Guangzhou, Zhanjiang and Beihai. Cities in special economic zones refer to following 4 cities: Shenzhen, Zhuhai, Shantou and Xiamen. Data in this table are preliminary data.

11-3 省会城市和计划单列市主要经济指标（2009年）
Main Social and Economic Indicators of Provincial Capitals and Cities Specially Designated in the State Plan (2009)

包括市辖县。
Counties under the jurisdiction of city governments are included.

城市名称	City	年底总人口（万人）Total Population (year-end) (10 000 persons)	地区生产总值（当年价格）（亿元）Gross Regional Product (Current Prices) (100 million yuan)	第一产业 Primary Industry	第二产业 Secondary Industry	第三产业 Tertiary Industry	客运量（万人）Passenger Traffic (10 000 persons)	货运量（万吨）Freight Traffic (10 000 tons)
北京	Beijing	1246	12153	118.3	2855.5	9179.2	133873	20486
天津	Tianjin	980	7522	128.9	3987.8	3405.2	25299	42744
石家庄	Shijiazhuang	977	3001	308.3	1487.9	1205.1	10027	15151
太原	Taiyuan	365	1545	28.6	675.5	841.1	4627	13560
呼和浩特	Hohhot	227	1644	78.1	593.2	972.7	2145	8184
沈阳	Shenyang	717	4269	207.1	2127.4	1934.0	27668	15164
大连	Dalian	585	4350	313.4	2127.2	1908.8	17463	27611
长春	Changchun	757	2849	223.9	1442.8	1181.8	12238	9693
哈尔滨	Harbin	992	3175	384.9	1148.2	1642.4	12604	9350
上海	Shanghai	1400	15047	113.8	6001.8	8930.9	15721	76821
南京	Nanjing	630	4230	129.2	1930.7	2170.4	36073	26014
杭州	Hangzhou	683	5088	190.5	2387.1	2509.9	30116	22373
宁波	Ningbo	571	4329	183.5	2362.1	1783.6	33790	29028
合肥	Hefei	491	2102	108.7	1105.0	888.5	17322	14798
福州	Fuzhou	638	2604	242.0	1108.2	1253.9	18019	15426
厦门	Xiamen	177	1737	20.5	821.0	895.7	11598	8371
南昌	Nanchang	497	1838	111.9	1016.4	709.2	8673	7543
济南	Jinan	603	3351	187.1	1453.6	1710.7	14651	20999
青岛	Qingdao	763	4854	230.3	2420.1	2203.5	22622	24408
郑州	Zhengzhou	731	3308	103.1	1786.5	1418.8	26090	16958
武汉	Wuhan	836	4621	149.1	2142.1	2329.7	21736	34409
长沙	Changsha	652	3745	179.4	1893.6	1671.8	31304	20920
广州	Guangzhou	795	9138	172.3	3405.2	5560.8	57053	51797
深圳	Shenzhen	891	8201	6.7	3827.1	4367.6	146281	22367
南宁	Nanning	698	1525	212.4	527.5	784.9	8975	15523
海口	Haikou	158	490	34.1	119.8	335.7	23535	8139
重庆	Chongqing	3276	6530	606.8	3448.8	2474.4	114598	67891
成都	Chengdu	1140	4503	267.8	2001.8	2233.0	102329	41769
贵阳	Guiyang	367	972	50.1	395.1	526.8	26713	9062
昆明	Kunming	534	1809	114.1	824.6	870.0	10207	13795
拉萨	Lhasa	52	163	9.1	48.7	105.5	207	409
西安	Xi'an	782	2724	110.4	1144.8	1469.0	29386	30613
兰州	Lanzhou	324	926	30.5	433.6	461.8	3369	7332
西宁	Xining	194	501	19.2	249.3	232.6	4621	2576
银川	Yinchuan	156	578	32.3	285.8	260.0	3509	9434
乌鲁木齐	Urumqi	241	1095	16.4	452.7	625.5	3527	14066

注：本表为初步统计数。
a) Data in this table are preliminary data.

11-3 续表 1 continued

城市名称	City	地方财政预算内收入(万元) Budgetary Revenue of Local Governments (10 000 yuan)	地方财政预算内支出(万元) Budgetary Expenditure of Local Governments (10 000 yuan)	固定资产投资总额(万元) Total Investment in Fixed Assets (10 000 yuan)	城乡居民储蓄年末余额(万元) Balance of Savings Deposit of Urban and Rural Residents at Year-end (10 000 yuan)	在岗职工平均工资(元) Average Wage of Staff and Workers (yuan)
北　京	Beijing	20268089	23193658	48584051	145658843	58140
天　津	Tianjin	8219916	11242778	50063247	49730500	45075
石家庄	Shijiazhuang	1259614	2409171	24363602	25674597	27370
太　原	Taiyuan	1175322	1599051	7820157	20850017	33140
呼和浩特	Hohhot	1067947	1651584	8348102	7758896	33993
沈　阳	Shenyang	3202070	4758822	35199470	29485416	38577
大　连	Dalian	4002340	4711648	31136950	29306487	38765
长　春	Changchun	1426506	3060062	22915489	18341564	30448
哈尔滨	Harbin	1933598	3484127	18920970	22495467	29251
上　海	Shanghai	25402974	29896500	52733299	143576500	63549
南　京	Nanjing	4345080	4612662	26479817	30563486	43623
杭　州	Hangzhou	5207899	4903983	22916543	42869189	43947
宁　波	Ningbo	4328003	5060788	20042179	29017634	39138
合　肥	Hefei	1808977	2458575	24684233	10318141	34144
福　州	Fuzhou	1952612	2050925	16467177	20482724	30704
厦　门	Xiamen	2405608	2680527	8821159	11580996	36455
南　昌	Nanchang	1158798	1817495	14793151	11818238	30450
济　南	Jinan	2101923	2599178	16553668	19115340	35661
青　岛	Qingdao	3770086	4335754	24588889	25278658	33257
郑　州	Zhengzhou	3019248	3530483	22890810	25111685	29837
武　汉	Wuhan	3160716	5036430	30011045	30101111	
长　沙	Changsha	2463300	3140820	24417763	18813226	34888
广　州	Guangzhou	7026527	7899155	26598516	82142100	49518
深　圳	Shenzhen	8808168	10008394	17091514	57237600	46715
南　宁	Nanning	1204628	2035519	10439120	11161975	32596
海　口	Haikou	384416	666116	2770332	6102900	30639
重　庆	Chongqing	6818189	13180913	53179185	49086801	
成　都	Chengdu	3873626	6009694	40258902	42337109	34195
贵　阳	Guiyang	1053636	1698423	7827910	9219442	27579
昆　明	Kunming					29889
拉　萨	Lhasa	155564	3349425	1361055	1273000	46678
西　安	Xi'an	1813992	2768502	25001278	30842000	
兰　州	Lanzhou	570385	1198342	5061800	10899721	28996
西　宁	Xining	281495	851191	3120429	4802171	28124
银　川	Yinchuan	440581	724989	4921031	5194029	
乌鲁木齐	Urumqi	1135380	1338811	4120500	10407070	36500

注：本表为初步统计数。
a) Data in this table are preliminary data.

11-3 续表 2 continued

城市名称	City	年末邮政局(所)数(处) Number of Postal Offices at Year-end (unit)	年末固定电话用户数(万户) Number of Subscribers of Fixed Telephones at Year-end (10 000 subscribers)	社会商品零售总额(万元) Total Retail Sales of Consumer Goods (10 000 yuan)	货物进出口总额(万美元) Total Value of Import and Export (10 000 US$)	年末实有公共(汽)电车营运车辆数(辆) Number of Public Vehicles under Operation at Year-end (unit)
北京	Beijing	777	893	53098869	21476276	21716
天津	Tianjin	823	385	24308297	6394415	7897
石家庄	Shijiazhuang	226	214	11905536	550846	4139
太原	Taiyuan	187	163	7216982	591231	1878
呼和浩特	Hohhot	115	78	6412127	70656	2018
沈阳	Shenyang	208	337	17785858	657028	5081
大连	Dalian	243	303	13967483	4220347	4711
长春	Changchun	201	176	10893752	855646	4419
哈尔滨	Harbin	404	293	15078539	369268	5010
上海	Shanghai	631	935	51732408	27773105	16272
南京	Nanjing	189	300	19354933	3374496	6081
杭州	Hangzhou	329	390	18049303	4041998	8072
宁波	Ningbo	327	301	14296750	6081275	3245
合肥	Hefei	133	160	7034168	642754	2661
福州	Fuzhou	243	257	13386447	1786004	2654
厦门	Xiamen	89	201	5661225	4331440	3120
南昌	Nanchang	161	161	6344337	347313	2606
济南	Jinan	209	237	15956509	565704	4371
青岛	Qingdao	239	296	17302231	4485115	4288
郑州	Zhengzhou	258	261	14347614	359965	4427
武汉	Wuhan	342	339	21640873	1147256	7241
长沙	Changsha	885	221	15249091	411800	3553
广州	Guangzhou	131	633	36157655	7673679	8788
深圳	Shenzhen	736	469	25679436	27015508	25339
南宁	Nanning	203	116	7570122	278764	2678
海口	Haikou	110	81	2771961	381000	1031
重庆	Chongqing	1838	628	24790110	770859	6411
成都	Chengdu	474	437	19499459	1786253	7552
贵阳	Guiyang	178	97	4127229	181076	2531
昆明	Kunming	302	174			
拉萨	Lhasa	40	19	759112	57628	133
西安	Xi'an	300	289	13811242	725478	7039
兰州	Lanzhou	165	98	4697711	48820	2118
西宁	Xining	80	64	2015968	44391	1712
银川	Yinchuan	115	41	1854756	66606	1321
乌鲁木齐	Urumqi	211	154	4734172	368299	3862

注：年末实有公共(汽)电车营运车辆数不包括市辖县。本表为初步统计数。

a) Number of public vehicles under operation at year-end does not include that of counties under the jurisdiction of city governments. Data in this table are preliminary data.

11-3 续表 3 continued

城市名称	City	剧场、影剧院（个）Number of Theaters and Music Halls, Cinemas (unit)	普通高等学校在校学生数（人）Total Enrollment of Regular Institutions of Higher Education (person)	医院、卫生院（个）Hospitals and Health Centers (unit)	执业(助理)医师（人）Licensed (Assistant) Doctors (person)	三废综合利用产品产值（万元）Output Value of Products Made from Utilization of Waste Gas, Water and Solid Wastes (10 000 yuan)
北　京	Beijing	150	577154	638	62348	71680
天　津	Tianjin	37	405968	437	27261	187882
石家庄	Shijiazhuang	23	366531	397	20119	65087
太　原	Taiyuan	16	323321	258	15319	74284
呼和浩特	Hohhot	8	203891	144	6211	26489
沈　阳	Shenyang	36	341863	301	20303	20004
大　连	Dalian	5	236784	225	15894	31868
长　春	Changchun	19	359423	309	16598	77191
哈尔滨	Harbin	70	468903	457	19008	49001
上　海	Shanghai	105	512809	936	42384	161409
南　京	Nanjing	21	773394	208	16593	196510
杭　州	Hangzhou	34	394087	324	22753	1586099
宁　波	Ningbo	31	135098	250	16160	278885
合　肥	Hefei	9	352091	223	10759	31899
福　州	Fuzhou	25	265682	216	13413	33844
厦　门	Xiamen	13	131451	49	7008	76761
南　昌	Nanchang	9	484890	186	7016	31901
济　南	Jinan	9	632572	281	16467	126297
青　岛	Qingdao	40	269506	252	16734	83646
郑　州	Zhengzhou	14	617394	270	18418	28949
武　汉	Wuhan	64	846315	227	23997	211828
长　沙	Changsha	8	502972	265	17153	53816
广　州	Guangzhou	29	796006	253	32926	111111
深　圳	Shenzhen	44	66952	101	21388	38516
南　宁	Nanning	10	257576	202	12908	69746
海　口	Haikou	7	94153	73	4994	1591
重　庆	Chongqing	30	523279	1404	41943	274133
成　都	Chengdu	15	589291	562	32456	171696
贵　阳	Guiyang	4	245768	219	10113	36277
昆　明	Kunming			314	31547	
拉　萨	Lhasa	2	12179	315	1422	
西　安	Xi'an	14	632200	415	14694	9067
兰　州	Lanzhou	7	261847	159	9440	119160
西　宁	Xining	2	43782	105	4023	10075
银　川	Yinchuan	4	62432	101	3725	29324
乌鲁木齐	Urumqi	3	130264	166	10232	23025

11-4 地级及以上城市国民经济和社会发展主要指标(2009年)
Main Indicators of National Economic and Social Development of Cities at Prefecture Level and Above (2009)

指标		Item		全国总计 National Total	地级城市合计(市辖区) Prefecture Cities (Districts under City)	地级城市合计占全国比重(%) Percentage of Prefecture Cities to National Total (%)
自然资源		**Natural Resources**				
土地面积	(万平方公里)	Area of Land	(10 000 sq.km)	960.0	62.4	6.5
人口		**Population**				
总人口(年末)	(万人)	Population at Year-end	(10 000 persons)	133474.0	38794.6	29.1
国民经济核算		**National Accounting**				
地区生产总值	(亿元)	Gross Regional Product	(100 million yuan)	340506.9	207744.0	61.0
第一产业		Primary Industry		35226.0	6199.1	17.6
第二产业		Secondary Industry		157638.8	100372.5	63.7
第三产业		Tertiary Industry		147642.1	101172.4	68.5
固定资产投资		**Investment in Fixed Assets**				
固定资产投资总额	(亿元)	Total Investment in Fixed Assets	(100 million yuan)	224598.8	115256.2	51.3
#房地产开发		Real Estate Development		36241.8	27661.6	76.3
财政		**Government Finance**				
地方财政收入	(亿元)	Local Government Revenue	(100 million yuan)	32602.6	19014.7	58.3
地方财政支出	(亿元)	Local Government Expenditure	(100 million yuan)	61044.1	25745.7	42.2
货物进出口		**Imports and Exports of Goods**				
进出口总额	(亿美元)	Total Value of Imports and Exports	(100 million USD)	22075.4	21953.2	99.4
出口额		Exports		12016.1	11932.8	99.3
进口额		Imports		10059.2	10020.4	99.6
规模以上工业		**Industry above Designated Size**				
工业企业数	(个)	Number of Industrial Enterprises	(unit)	434364	204717	47.1
内资企业		Domestic Funded Enterprises		358988	154865	43.1
港澳台投资企业		Enterprises with Funds from Hong Kong, Macao and Taiwan		34365	22508	65.5
外商投资企业		Foreign Funded Enterprises		41011	27343	66.7
工业总产值	(亿元)	Gross Industrial Output Value	(100 million yuan)	548311.4	313561.6	57.2
内资企业		Domestic Funded Enterprises		395624.8	201599.6	51.0
港澳台投资企业		Enterprises with Funds from Hong Kong, Macao and Taiwan		52221.1	36296.1	69.5
外商投资企业		Foreign Funded Enterprises		100465.6	75665.9	75.3
主营业务收入	(亿元)	Revenue from Principal Business	(100 million yuan)	542522.4	312792.4	57.7
本年应交增值税	(亿元)	Value Added Tax Payable	(100 million yuan)	17490.2	9770.3	55.9
利润总额	(亿元)	Total Profits	(100 million yuan)	34542.2	19218.0	55.6
邮电通信业	**(亿元)**	**Postal and Telecommunication Services(100 million yuan)**				
邮政业务收入		Revenue from Postal Services		1639.9	831.8	50.7
电信业务收入		Revenue from Telecommunication Services		25553.6	11073.7	43.3
国内商业		**Domestic Trade**				
社会消费品零售额	(亿元)	Total Retail Sales of Consumer Goods	(100 million yuan)	132678.4	80321.0	60.5
教育		**Education**				
普通高等学校		Institutions of Higher Education				
学校数	(个)	Number of Institution	(unit)	2305	1956	84.9
在校学生数	(万人)	Student Enrollment	(10 000 persons)	2144.7	1930.9	90.0
卫生		**Health Care**				
医院、卫生院	(个)	Hospital and Health Center	(unit)	59918	21373	35.7
执业(助理)医师	(万人)	Licensed (Assistant) Doctors	(10 000 persons)	232.9	116.2	49.9
医院、卫生机构床位数	(万张)	Number of Beds of Hospitals and Health Centers	(10 000 beds)	408.1	216.2	53.0

注：本表数据为初步统计数。除邮政业务收入、电信业务收入、货物进出口总额包括所辖行政县外，其他均为市辖区数。

a) Data in this table are preliminary data, and are those of districts under the jurisdiction of cities, except that imports and exports of goods, revenue from postal services, revenue from telecommunication services are those of districts under the jurisdiction of cities and also their counties.

11-5 城市公用事业基本情况
Basic Statistics on City Public Utilities

本表各项指标按全社会范围计算。
Data have covered the public utilities of all city units.

项目	Item	1990	1995	2000	2008	2009
城市建设	**City Areas and Floor Space of Buildings**					
城区面积 (平方公里)	Urban Area (sq.km)	1165970	1171698	878015	178110	175464
建成区面积 (平方公里)	Area of Built Districts (sq.km)	12856	19264	22439	36295	38107
城市建设用地面积 (平方公里)	Area of Land Used for Urban Construction (sq.km)	11608	22064	22114	39140	38727
城市人口密度 (人/平方公里)	Population Density of City Districts (persons/sq.km)	279	322	442	2080	2147
城市供水、燃气及集中供热	**Water Supply, Gas Supply and Heating**					
全年供水总量 (亿立方米)	Annual Volume of Tap Water Supply(100 million cu.m)	382.3	481.6	469.0	500.1	496.7
#生活用水	Water Consumption for Residential Use	100.1	158.1	200.0	228.2	233.4
人均生活用水 (吨)	Per Capita Water Consumption for Residential Use(ton)	67.9	71.3	95.5	65.0	64.5
用水普及率 (%)	Coverage Rate of Urban Population with Access to Tap Water (%)	48.0	58.7	63.9	94.7	96.1
人工煤气供气量 (亿立方米)	Gaswork Gas Supply (100 million cu.m)	174.7	126.7	152.4	355.8	361.6
#家庭用量	Consumption of Gaswork Gas for Residential Use	27.4	45.7	63.1	35.3	30.7
天然气供气量 (亿立方米)	Natural Gas Supply (100 million cu.m)	64.2	67.3	82.1	368.0	405.1
#家庭用量	Consumption of Natural Gas for Residential Use	11.6	16.4	24.8	78.0	91.3
液化石油气供气量 (万吨)	Liquefied Petroleum Gas (10 000 tons)	219.0	488.7	1053.7	1329.1	1340.0
#家庭用量	Consumption of Liquefied Gas for Residential Use	142.8	370.2	532.3	629.3	688.8
供气管道长度 (万公里)	Length of Gas Pipelines (10 000 km)	2.4	4.4	8.9	25.8	27.3
燃气普及率 (%)	Coverage Rate of Urban Population with Access to Gas (%)	19.1	34.3	45.4	89.6	91.4
集中供热面积 (亿平方米)	Area of Centralized Heating (100 million sq.m)	2.1	6.5	11.1	34.9	38.0
城市市政设施	**Municipal Infra-structure**					
年末实有道路长度 (万公里)	Length of Paved Roads at Year-end (10 000 km)	9.5	13.0	16.0	26.0	26.9
每万人拥有道路长度 (公里)	Length of Paved Roads Per 10 000 Population (km)	3.1	3.8	4.1	7.0	7.1
年末实有道路面积(亿平方米)	Area of Paved Roads at Year-end (100 million sq.m)	10.2	16.5	23.8	45.2	48.2
人均拥有道路面积 (平方米)	Per Capita Area of Paved Roads (sq.m)	3.1	4.4	6.1	12.2	12.8
城市排水管道长度 (万公里)	Length of City Sewage Pipes (10 000 km)	5.8	11.0	14.2	31.5	34.4
城市排水管道密度(公里/平方公里)	Density of City Sewage Pipes (km/sq.km)	4.5	5.7	6.3	8.7	9.0
城市公共交通	**Public Traffic**					
年末公共交通运营数 (万辆)	Number of Public Vehicles under Operation at Year-end (Buses and Trolley Buses, etc.) (10 000 units)	6.2	13.7	22.6	37.2	37.1
每万人拥有公交车辆 (标台)	Number of Public Transportation Vehicles Per 10 000 Population (unit)	2.2	3.6	5.3	11.1	11.1
出租汽车数 (万辆)	Taxis (10 000 units)	11.1	50.4	82.5	96.9	97.2
城市绿化和园林	**City Greening**					
城市园林绿地面积 (万公顷)	Area of Parks and Green Land (10 000 hectares)	47.5	67.8	86.5	174.7	199.3
人均公园绿地面积 (平方米)	Per Capita Area of Parks and Green Land (sq.m)	1.8	2.5	3.7	9.7	10.7
公园个数 (个)	Number of Parks and Zoos (unit)	1970	3619	4455	8557	9050
公园面积 (万公顷)	Area of Parks (10 000 hectares)	3.9	7.3	8.2	21.8	23.6
城市环境卫生	**Environmental Sanitation**					
生活垃圾清运量 (万吨)	Volume of Garbage Disposal (10 000 tons)	6767	10671	11819	15438	15734
粪便清运量 (万吨)	Volume of Disposal of Excrement and Urine (10 000 tons)	2385	3066	2829	2331	2141
每万人拥有公厕 (座)	Number of Public Toilets per 10 000 Population (unit)	3.0	3.0	2.7	3.1	3.1

注：1.2006年以前年份“城区面积”为“城市面积”。
2.2006年以前年份人均和普及率指标均按城市人口计算。2006年修改为按城区人口与城区暂住人口之和计算，以公安部门的户籍统计和暂住人口统计为准。

a) Before 2006, Urban Area is the area of the city proper.

b) Per capita data and coverage rate are calculated on the basis of urban population. Since 2006, those indicators are calculated on the basis of the sum of districts area population and temporarily residing population, which are provided by the Ministry of Public Security.

11-6 各地区城市建设情况（2009年）
Statistics on City Construction by Region (2009)

地 区	Region	城区面积 (平方公里) Urban Area (sq.km)	建成区面积 (平方公里) Area of Built Districts (sq.km)	城市建设用地面积 (平方公里) Area of Land Used for Urban Construction (sq.km)	征用土地面积 (平方公里) Land Put in Requisition for State Construction Projects (sq.km)	城市人口密度 (人/平方公里) Population Density of Urban Area (persons/sq.km)
全 国	**National Total**	**175463.6**	**38107.3**	**38726.9**	**1504.7**	**2147**
北 京	Beijing	12187.0	1349.8	1349.8		1224
天 津	Tianjin	2236.1	662.3	662.3	60.5	2716
河 北	Hebei	6517.1	1577.5	1499.3	38.6	2344
山 西	Shanxi	3270.4	822.9	833.1	33.4	2931
内蒙古	Inner Mongolia	8330.1	975.5	905.2	31.7	951
辽 宁	Liaoning	10924.9	2030.7	2082.0	83.8	1922
吉 林	Jilin	7322.4	1193.3	1144.4	28.7	1396
黑龙江	Heilongjiang	3135.6	1566.1	1682.8	40.7	4321
上 海	Shanghai	6340.5				3030
江 苏	Jiangsu	11395.9	3046.4	3167.6	159.6	2152
浙 江	Zhejiang	10113.8	2033.3	2110.6	104.7	1742
安 徽	Anhui	5704.3	1377.7	1452.1	106.2	2114
福 建	Fujian	4334.4	918.6	881.4	17.8	2193
江 西	Jiangxi	1626.8	856.9	888.2	25.2	4757
山 东	Shandong	18814.8	3373.6	3346.6	83.4	1415
河 南	Henan	4025.8	1913.3	1828.4	30.3	4886
湖 北	Hubei	9124.4	1616.4	1629.4	53.8	1845
湖 南	Hunan	3630.1	1238.5	1439.4	39.3	3276
广 东	Guangdong	18063.8	4434.1	4688.8	63.6	2402
广 西	Guangxi	5662.6	880.6	845.8	57.3	1391
海 南	Hainan	826.0	214.8	204.3		2568
重 庆	Chongqing	5590.6	783.3	769.6	22.9	1637
四 川	Sichuan	5491.7	1509.5	1473.2	92.4	2737
贵 州	Guizhou	1657.9	460.3	496.5	3.8	3217
云 南	Yunnan	1851.6	666.6	755.1	240.4	3561
西 藏	Tibet	295.0	81.3	79.2		1574
陕 西	Shaanxi	1405.6	685.6	667.6	44.9	5530
甘 肃	Gansu	1397.7	604.4	566.7	20.1	3814
青 海	Qinghai	512.3	112.4	112.0	0.7	2189
宁 夏	Ningxia	2425.7	321.1	331.6	13.2	902
新 疆	Xinjiang	1248.9	800.4	834.2	7.8	4922

11-7 各地区城市供水情况（2009年）
Basic Statistics on Tap Water Supply in Cities by Region (2009)

地 区	Region	年末供水综合生产能力（万立方米/日）Production Capacity of Tap Water Supply (year-end) (10 000 cu.m/day)	年末供水管道长度（公里）Length of Water Supply Pipelines (year-end) (km)	全年供水总量（万立方米）Total Annual Volume of Water Supply (10 000 cu.m)	#生活用水 For Residential Use	#生产用水 For Productive Use	用水人口（万人）Number of Residents with Access to Tap Water (10 000 persons)	人均日生活用水量（升）Per Capita Daily Consumption of Tap Water for Residential Use (liter)
全 国	**National Total**	**27046.8**	**510399**	**4967467**	**2334082**	**1910206**	**36214.2**	**176.6**
北 京	Beijing	1572.9	23959	151815	104571	30379	1491.8	192.1
天 津	Tianjin	393.9	8847	70138	29513	30417	607.3	133.2
河 北	Hebei	835.4	13733	156991	69553	69049	1527.1	124.8
山 西	Shanxi	449.3	6901	82193	40746	35517	914.3	122.1
内蒙古	Inner Mongolia	344.7	8217	55197	21860	26905	696.5	86.0
辽 宁	Liaoning	1386.1	27735	288732	92550	137422	2041.7	124.2
吉 林	Jilin	720.1	8390	97242	40713	32342	906.9	123.0
黑龙江	Heilongjiang	813.4	11171	165449	55520	88686	1172.8	129.7
上 海	Shanghai	1434.6	30753	341389	145140	132119	1921.3	207.0
江 苏	Jiangsu	2534.1	59445	449037	184802	208211	2443.9	207.2
浙 江	Zhejiang	1401.0	35786	269809	129393	103703	1758.9	201.6
安 徽	Anhui	2080.6	13314	162243	67481	71950	1148.6	161.0
福 建	Fujian	680.4	12449	134264	66021	54780	942.5	191.9
江 西	Jiangxi	454.3	9251	92540	53765	21695	758.4	194.2
山 东	Shandong	1458.3	34814	275592	125582	125013	2648.4	129.9
河 南	Henan	1007.8	16109	173377	75160	73866	1737.8	118.5
湖 北	Hubei	1311.7	21596	248944	128764	75144	1640.8	215.0
湖 南	Hunan	911.0	12791	179560	94438	50163	1127.6	229.5
广 东	Guangdong	3406.5	81923	785071	391644	267072	4238.7	253.1
广 西	Guangxi	590.9	12233	138981	70317	54602	743.7	259.1
海 南	Hainan	172.4	2491	31176	18395	8205	190.1	265.1
重 庆	Chongqing	420.4	8523	77146	44690	25130	865.5	141.5
四 川	Sichuan	765.0	19064	163875	96443	47946	1348.0	196.0
贵 州	Guizhou	240.2	5702	44291	26169	10463	491.2	146.0
云 南	Yunnan	282.9	6229	61461	32100	18476	634.4	138.6
西 藏	Tibet	25.1	661	7342	3349	2758	43.0	213.5
陕 西	Shaanxi	376.3	4845	83059	45805	28183	762.2	164.7
甘 肃	Gansu	397.4	4092	60618	27664	28159	477.9	158.6
青 海	Qinghai	78.6	1312	16835	7183	7597	111.5	176.5
宁 夏	Ningxia	130.5	1970	27882	11698	14579	212.7	150.7
新 疆	Xinjiang	371.5	6092	75215	33052	29677	608.8	148.7

11-8 各地区城市燃气情况（2009年）
Basic Statistics on Supply of Gas in Cities by Region (2009)

地区	Region	人工煤气生产能力（万立方米/日）Production Capacity of Gaswork Gas (10 000 cu.m/day)	管道长度（公里）Length of Gas Pipelines (km)			全年供气总量 Volume of Gas Supply			用气人口（万人）Population with Access to Gas (10 000 persons)		
			人工煤气 Coal Gas	液化石油气 Liquefied Petroleum Gas	天然气 Natural Gas	人工煤气（万立方米）Coal Gas (10 000 cu.m)	液化石油气（吨）Liquefied Petroleum Gas (ton)	天然气（万立方米）Natural Gas (10 000 cu.m)	人工煤气 Coal Gas	液化石油气 Liquefied Petroleum Gas	天然气 Natural Gas
全国	**National Total**	**11099.5**	**40447**	**14236**	**218778**	**3615507**	**13400303**	**4050996**	**2971.0**	**16924.5**	**14543.7**
北京	Beijing			245	15313		367323	682839		348.6	1143.2
天津	Tianjin			177	10233		58963	149736		37.5	569.8
河北	Hebei	95.1	3509	217	6975	68793	284101	89065	191.6	629.6	673.6
山西	Shanxi	436.7	4694	190	2626	82276	55884	103239	282.0	196.6	358.3
内蒙古	Inner Mongolia	179.0	470	98	1942	3915	84206	46136	63.2	356.5	178.7
辽宁	Liaoning	293.9	5081	626	6941	54441	398309	60035	523.7	693.6	751.1
吉林	Jilin	92.4	2296	105	3223	17616	219848	33774	166.6	490.9	216.0
黑龙江	Heilongjiang	76.4	669	21	5164	26349	195710	46770	85.1	537.9	512.1
上海	Shanghai	867.4	6156	500	14997	162721	400176	334399	351.3	719.3	850.7
江苏	Jiangsu	4765.0	2352	1771	22155	1728890	865663	343544	135.5	1248.1	1029.6
浙江	Zhejiang	5.5	193	2265	11784	1468	909487	86536	30.4	1235.9	459.5
安徽	Anhui	3.5	282	317	8165	1372	594994	89259	14.4	524.7	529.5
福建	Fujian	8.0	255	1394	2982	2537	341795	10295	13.9	712.0	211.4
江西	Jiangxi	160.0	2073	358	2622	37898	179792	6187	145.7	453.9	114.0
山东	Shandong	119.3	2175	1172	20328	29377	872762	242908	156.5	1252.8	1231.2
河南	Henan	175.6	1731	25	10870	111136	237895	126721	179.8	547.4	706.6
湖北	Hubei	58.9	660	655	9838	12382	343513	117703	48.5	876.8	610.3
湖南	Hunan	282.2	515	96	4956	89819	235885	95816	39.3	647.3	331.3
广东	Guangdong	113.1	590	3521	8885	15493	4704485	117125	25.4	3309.0	850.4
广西	Guangxi	10.6	387	40	3613	4449	296843	7050	41.5	595.8	88.6
海南	Hainan			18	1108		61724	12760		113.2	64.3
重庆	Chongqing				5980		70066	205164		110.4	729.8
四川	Sichuan	511.0	509	75	21748	162826	176579	511115	39.6	134.4	1079.4
贵州	Guizhou	191.8	2784	106	112	26886	60227	2336	161.3	193.7	10.3
云南	Yunnan	82.2	2159	163	300	33113	155859	73	234.8	244.7	32.6
西藏	Tibet						826148			37.8	
陕西	Shaanxi				6287		111081	144275		216.6	480.1
甘肃	Gansu	15.9	614	1	846	9427	185733	59505	21.7	186.8	180.7
青海	Qinghai				780		7628	152572		19.2	83.4
宁夏	Ningxia		160		2007	1024	15625	69561	12.9	92.8	85.0
新疆	Xinjiang	2556.0	134	82	5998	931300	81999	104498	6.2	160.8	382.3

11-9 各地区城市集中供热情况（2009年）
Basic Statistics on Heating in Cities by Region (2009)

地区	Region	供应能力 Heating Capacity		供热总量 Quantity of Heat Supplied		管道长度 Length of Heating Pipelines		供热面积（万平方米） Area of Centralized Heating (10 000 sq.m)
		蒸汽（吨/小时） Steam (ton/hour)	热水（兆瓦） Hot Water (Mega Watts)	蒸汽（万吉焦） Steam (10 000 gigajoules)	热水（万吉焦） Hot Water (10 000 gigajoules)	蒸汽（公里） Steam (km)	热水（公里） Hot Water (km)	
全国	**National Total**	**93193**	**286106**	**63137**	**200051**	**14317**	**110490**	**379574.1**
北京	Beijing	200	32674	325	36015	46	12156	44239.6
天津	Tianjin	3579	16158	1721	9151	532	11958	20614.0
河北	Hebei	10979	22247	7228	11094	1262	7543	30554.3
山西	Shanxi	2215	12999	1091	8697	193	4634	25512.5
内蒙古	Inner Mongolia	214	21364	92	15417	20	4273	20769.4
辽宁	Liaoning	12013	51183	6479	35643	2294	18129	68464.3
吉林	Jilin	2882	26147	2151	13751	472	8143	28570.7
黑龙江	Heilongjiang	4199	30420	1995	23379	431	12713	34941.7
上海	Shanghai							
江苏	Jiangsu	4330	55	3285	15	688	15	1706.8
浙江	Zhejiang	4795		5303		977		3680.0
安徽	Anhui	3487	176	2201	43	409	15	2061.2
福建	Fujian							
江西	Jiangxi							
山东	Shandong	27609	22661	17473	14352	4454	17705	46770.6
河南	Henan	5632	3905	3084	2210	1185	2255	9282.5
湖北	Hubei	1404	78	702	16	138	10	908.0
湖南	Hunan							
广东	Guangdong							
广西	Guangxi							
海南	Hainan							
重庆	Chongqing							
四川	Sichuan	60		98		42		14.0
贵州	Guizhou							
云南	Yunnan							
西藏	Tibet							
陕西	Shaanxi	3305	12543	2142	2632	571	514	8719.0
甘肃	Gansu	4511	9225	6158	5745	429	2981	9601.8
青海	Qinghai		369		634		105	196.1
宁夏	Ningxia	425	5595	465	5499	29	1875	5895.1
新疆	Xinjiang	1354	18307	1144	15758	145	5466	17072.5

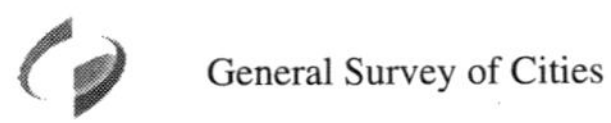

11-10 各地区城市市政设施（2009年）
Basic Statistics on Municipal Infrastructure in Cities by Region (2009)

地区	Region	年末实有道路长度（公里）Length of Paved Roads (year-end) (km)	年末实有道路面积（万平方米）Area of Paved Roads (year-end) (10 000 sq.m)	城市桥梁（座）Number of City Bridges (unit)	城市排水管道长度（公里）Length of City Sewage Pipes (km)	城市污水日处理能力（万立方米）Daily Disposal Capacity of City Sewage (10 000 cu.m)	城市道路照明灯（千盏）Number of Street Lights (1 000 units)
全国	**National Total**	**269141**	**481947**	**51068**	**343892**	**12183.9**	**16943**
北京	Beijing	6247	9179	1765	9344	376.7	293
天津	Tianjin	5482	8357	460	14531	212.6	186
河北	Hebei	10395	23399	1436	13120	467.7	559
山西	Shanxi	5652	9605	433	4864	174.2	360
内蒙古	Inner Mongolia	5611	10789	305	6681	136.7	541
辽宁	Liaoning	12866	21857	1462	13350	514.6	1337
吉林	Jilin	7000	11174	593	7297	200.4	405
黑龙江	Heilongjiang	9866	12720	717	7445	301.2	534
上海	Shanghai	4401	8609	1973	10213	654.0	402
江苏	Jiangsu	30003	50075	12296	42826	1411.2	1982
浙江	Zhejiang	14773	28244	7611	24456	606.8	997
安徽	Anhui	9718	17974	1088	11333	488.1	498
福建	Fujian	6380	11959	1207	8565	321.8	404
江西	Jiangxi	5313	9362	562	6563	223.9	461
山东	Shandong	30793	55756	4251	38656	767.7	1281
河南	Henan	9018	20535	1011	13896	448.3	704
湖北	Hubei	13583	23298	1593	14885	495.0	453
湖南	Hunan	8197	14967	565	7810	518.9	423
广东	Guangdong	31348	54810	6199	38346	1284.8	1618
广西	Guangxi	5976	11007	567	5650	1205.5	450
海南	Hainan	1391	2816	140	2286	66.0	125
重庆	Chongqing	4882	8953	918	6651	186.1	480
四川	Sichuan	9084	17293	1555	12883	352.4	663
贵州	Guizhou	2226	3356	358	3135	79.5	205
云南	Yunnan	3471	6595	487	4049	147.4	253
西藏	Tibet	321	619	29	343		24
陕西	Shaanxi	4604	9995	537	4894	171.8	495
甘肃	Gansu	3302	6018	357	3053	115.0	175
青海	Qinghai	690	1286	67	907	17.8	67
宁夏	Ningxia	1610	3627	155	1779	70.0	209
新疆	Xinjiang	4940	7715	371	4081	167.8	359

11-11 各地区城市公共交通情况（2009年）
Basic Statistics on Public Transportation in Cities by Region (2009)

地 区	Region	年末公共交通运营数（辆）Number of Public Vehicles under Operation at Year-end (unit)	公共汽、电车 Bus and Trolley Bus	轨道交通 Subways, Light Rail, Streetcar	运营线路网长度（公里）Network Length (km)	公共汽、电车 Bus and Trolley Bus	轨道交通 Subways, Light Rail, Streetcar	公共交通客运总量（万人次）Passengers Transported by Public Vehicles (10 000 person-times)	公共汽、电车 Bus and Trolley Bus	轨道交通 Subways, Light Rail, Streetcar	出租汽车（辆）Number of Taxi (unit)
全 国	**National Total**	**370640**	**365161**	**5479**	**209249**	**208250**	**999**	**6767589**	**6401819**	**365770**	**971579**
北 京	Beijing	23730	21716	2014	228		228	658785	516517	142268	66646
天 津	Tianjin	8118	7862	256	759	680	79	121573	116178	5395	31940
河 北	Hebei	13531	13531		8410	8410		166910	166910		46597
山 西	Shanxi	6655	6655		8710	8710		99887	99887		28729
内蒙古	Inner Mongolia	5558	5558		2810	2810		64298	64298		43084
辽 宁	Liaoning	18955	18855	100	8449	8362	87	380652	373767	6885	77295
吉 林	Jilin	10187	10047	140	4729	4690	39	156675	153721	2954	53472
黑龙江	Heilongjiang	13401	13401		5698	5698		204493	204493		62012
上 海	Shanghai	18105	16272	1833	7097	6754	343	402428	270591	131837	49111
江 苏	Jiangsu	28296	28176	120	16444	16422	22	384552	373199	11353	45016
浙 江	Zhejiang	22135	22135		20022	20022		320709	320709		31116
安 徽	Anhui	9712	9712		5026	5026		182560	182560		35591
福 建	Fujian	10106	10106		6685	6685		175940	175940		14291
江 西	Jiangxi	6358	6358		4762	4762		112248	112248		10785
山 东	Shandong	25272	25272		18296	18296		335324	335324		57278
河 南	Henan	15735	15735		9475	9475		200187	200187		45001
湖 北	Hubei	16556	16508	48	12089	12079	10	306369	305052	1317	28230
湖 南	Hunan	11736	11736		5433	5433		199092	199092		24258
广 东	Guangdong	39212	38328	884	24030	23858	172	716429	656849	59580	57789
广 西	Guangxi	6933	6933		4960	4960		133106	133106		13888
海 南	Hainan	1676	1676		1211	1211		30746	30746		3687
重 庆	Chongqing	7130	7046	84	2724	2705	19	145647	141466	4181	9295
四 川	Sichuan	14583	14583		8705	8705		276147	276147		25622
贵 州	Guizhou	4439	4439		2790	2790		405571	405571		8652
云 南	Yunnan	6286	6286		5928	5928		121842	121842		14752
西 藏	Tibet	751	751		748	748		5618	5618		1544
陕 西	Shaanxi	9103	9103		2620	2620		198598	198598		20278
甘 肃	Gansu	4172	4172		2405	2405		72966	72966		21347
青 海	Qinghai	1994	1994		1057	1057		42158	42158		7041
宁 夏	Ningxia	2133	2133		2708	2708		26993	26993		12582
新 疆	Xinjiang	8082	8082		4241	4241		119086	119086		24650

11-12 各地区城市绿地和园林(2009年)

Basic Statistics on Parks and Green Areas in Cities by Region (2009)

地区	Region	城市园林绿地面积(公顷) Area of Parks and Green Land (hectare)	#公园绿地 Park Green Areas	公园(个) Number of Parks (unit)	公园面积(公顷) Area of Parks (hectare)	建成区绿化覆盖率(%) Green Covered Area as % of Completed Area (%)
全国	**National Total**	**1993168**	**401584**	**9050**	**235825**	**38.2**
北京	Beijing	61695	18070	212	9858	47.7
天津	Tianjin	17369	5219	68	1504	30.3
河北	Hebei	60923	17095	338	9441	40.0
山西	Shanxi	27973	7872	171	4954	36.5
内蒙古	Inner Mongolia	29585	9233	121	7143	32.4
辽宁	Liaoning	84145	20501	294	10263	38.3
吉林	Jilin	34755	10038	116	4136	32.8
黑龙江	Heilongjiang	64234	14180	262	8009	33.6
上海	Shanghai	116929	15406	147	1687	
江苏	Jiangsu	214989	32403	590	13740	42.0
浙江	Zhejiang	74362	18969	893	13727	38.2
安徽	Anhui	67269	12338	219	7664	37.2
福建	Fujian	41330	9986	349	7999	39.7
江西	Jiangxi	37596	8884	209	5270	44.4
山东	Shandong	146993	40167	575	20426	41.2
河南	Henan	62947	17154	248	8627	36.3
湖北	Hubei	54884	16131	251	7352	37.8
湖南	Hunan	42940	10077	171	6135	36.6
广东	Guangdong	401604	53246	2294	50618	40.8
广西	Guangxi	57812	7560	137	5423	33.7
海南	Hainan	48947	2112	48	1629	41.9
重庆	Chongqing	32451	10294	138	3746	38.5
四川	Sichuan	66817	14262	287	7038	36.4
贵州	Guizhou	27771	3272	55	2940	27.4
云南	Yunnan	22372	5860	424	5443	36.3
西藏	Tibet	2174	354	39	575	29.6
陕西	Shaanxi	23426	7256	113	2560	38.8
甘肃	Gansu	14702	4257	81	2394	27.3
青海	Qinghai	3290	912	20	474	29.0
宁夏	Ningxia	14525	3275	51	1904	38.8
新疆	Xinjiang	36359	5201	129	3146	36.3

注：公园绿地面积包括综合公园、社区公园、专类公园、带状公园和街旁绿地。

a) Area of park green areas includes comprehensive park, community park, topic park, belt-shaped park and green area nearby street.

11-13 各地区城市市容环境卫生情况（2009年）
Basic Statistics on Urban Sanitation in Cities by Region (2009)

地 区	Region	清扫保洁面 积（万平方米）Area under Cleaning Program (10 000 sq.m)	生活垃圾清运量（万吨）Volume of Garbage Disposal (10 000 tons)	粪 便清运量（万吨）Volume of Excrement and Urine Disposal (10 000 tons)	市容环卫专用车辆设备总数（台）Number of Special Vehicles for Environmental Sanitation (unit)	公共厕所（座）Number of Public Lavatories (unit)	#三类以上 Third Grade and Above
全 国	**National Total**	**447265**	**15733.7**	**2141.0**	**83756**	**118525**	**77649**
北 京	Beijing	12835	656.1	211.2	6881	6022	6022
天 津	Tianjin	6915	188.4	29.6	1985	1411	806
河 北	Hebei	19338	678.1	174.0	3109	5407	2554
山 西	Shanxi	9859	374.6	75.9	3464	3191	967
内蒙古	Inner Mongolia	10157	366.5	125.7	1379	4114	1098
辽 宁	Liaoning	27546	813.3	129.2	4457	6948	1337
吉 林	Jilin	12367	521.3	117.1	2378	5519	1476
黑龙江	Heilongjiang	13812	912.4	179.9	3504	10364	1939
上 海	Shanghai	15313	710.0	221.0	5549	5633	6015
江 苏	Jiangsu	36160	957.3	116.1	6923	9654	7791
浙 江	Zhejiang	26651	925.6	84.4	4138	7802	6451
安 徽	Anhui	14579	432.8	55.7	1327	2918	2392
福 建	Fujian	9908	392.4	24.8	1987	1753	1373
江 西	Jiangxi	8308	280.8	55.4	838	1946	1359
山 东	Shandong	44895	958.4	94.7	5280	5377	4178
河 南	Henan	20197	679.5	50.4	2856	6993	5484
湖 北	Hubei	16080	680.6	23.1	2925	4062	3118
湖 南	Hunan	11628	511.9	5.4	1803	2894	2196
广 东	Guangdong	60765	1960.6	125.1	8305	8922	7156
广 西	Guangxi	9675	240.2	24.0	1606	1493	1403
海 南	Hainan	3629	88.7	8.6	1390	309	143
重 庆	Chongqing	6548	224.3	75.0	1838	2196	1640
四 川	Sichuan	12048	590.1	43.5	2864	4395	3699
贵 州	Guizhou	3007	209.1	7.0	699	1187	965
云 南	Yunnan	6956	282.1	31.3	1538	1463	1278
西 藏	Tibet	613	22.9	0.8	88	216	162
陕 西	Shaanxi	9570	356.2	20.5	1631	2270	2108
甘 肃	Gansu	6016	263.6	23.4	906	1159	806
青 海	Qinghai	1807	87.4	1.3	304	540	201
宁 夏	Ningxia	3067	70.4	2.4	430	465	369
新 疆	Xinjiang	7016	298.2	4.8	1374	1902	1163

11-14 各地区城市设施水平（2009年）
Level of Public Facilities in Cities by Region (2009)

地区	Region	城市用水普及率(%) Coverage Rate of Urban Population with Access to Tap Water (%)	城市燃气普及率(%) Coverage Rate of Urban Population with Access to Gas (%)	每万人拥有公共交通车辆(标台) Number of Public Transportation Vehicles Per 10 000 Population (unit)	人均城市道路面积(平方米) Per Capita Area of Paved Roads (sq.m)	人均公园绿地面积(平方米) Per Capita Public Green Areas (sq.m)	每万人拥有公共厕所(座) Number of Public Lavatories Per 10 000 Population (unit)
全　国	**National Average**	**96.12**	**91.41**	**11.12**	**12.79**	**10.66**	**3.15**
北　京	Beijing	100.00	100.00	24.75	6.15	12.11	4.04
天　津	Tianjin	100.00	100.00	15.38	13.76	8.59	2.32
河　北	Hebei	99.97	97.86	9.02	15.32	11.19	3.54
山　西	Shanxi	95.38	87.30	7.09	10.02	8.21	3.33
内蒙古	Inner Mongolia	87.89	75.51	7.50	13.62	11.65	5.19
辽　宁	Liaoning	97.23	93.74	10.34	10.41	9.76	3.31
吉　林	Jilin	88.75	85.48	9.56	10.94	9.82	5.40
黑龙江	Heilongjiang	86.56	83.78	10.14	9.39	10.47	7.65
上　海	Shanghai	100.00	100.00	12.76	4.48	8.02	2.93
江　苏	Jiangsu	99.65	98.39	13.24	20.42	13.21	3.94
浙　江	Zhejiang	99.81	97.93	13.70	16.03	10.76	4.43
安　徽	Anhui	95.25	88.62	8.61	14.91	10.23	2.42
福　建	Fujian	99.18	98.63	11.51	12.58	10.51	1.84
江　西	Jiangxi	98.00	92.22	9.22	12.10	11.48	2.51
山　东	Shandong	99.47	99.17	10.34	20.94	15.09	2.02
河　南	Henan	88.34	72.89	8.15	10.44	8.72	3.55
湖　北	Hubei	97.45	91.20	11.02	13.84	9.58	2.41
湖　南	Hunan	94.82	85.60	10.59	12.59	8.47	2.43
广　东	Guangdong	97.70	96.45	10.43	12.63	12.27	2.06
广　西	Guangxi	94.43	92.19	9.94	13.98	9.60	1.90
海　南	Hainan	89.65	83.68	7.77	13.28	9.96	1.46
重　庆	Chongqing	94.60	91.83	7.85	9.78	11.25	2.40
四　川	Sichuan	89.68	83.38	11.18	11.50	9.49	2.92
贵　州	Guizhou	92.09	68.49	8.28	6.29	6.13	2.23
云　南	Yunnan	96.23	77.68	9.80	10.00	8.89	2.22
西　藏	Tibet	92.53	81.40	12.60	13.32	7.62	4.65
陕　西	Shaanxi	98.06	89.64	13.36	12.86	9.34	2.92
甘　肃	Gansu	89.66	73.03	8.20	11.29	7.99	2.17
青　海	Qinghai	99.45	91.49	17.62	11.47	8.13	4.82
宁　夏	Ningxia	97.20	87.13	10.06	16.57	14.96	2.12
新　疆	Xinjiang	99.03	89.34	12.22	12.55	8.46	3.09

注：人均和普及率指标为按城区人口与暂住人口之和计算，以公安部门的户籍统计和暂住人口统计为准。

a) Per capita data and coverage rate are calculated on the basis of the sum of districts area population and temporarily residing population, which are provided by the Ministry of Public Security.

主要统计指标解释

供水综合生产能力 指按供水设施取水、净化、送水、出厂输水干管等环节设计能力计算的综合生产能力。包括在原设计能力的基础上，经挖、革、改增加的生产能力。计算时，以四个环节中最薄弱的环节为主确定能力。

年末供水管道长度 指从送水泵至用户水表之间所有管道的长度。不包括新安装尚未使用、水厂内以及用户建筑物内的管道。

全年供水总量 指报告期供水企业(单位)供出的全部水量。包括有效供水量和漏损水量。

生活用水量 包括公共服务用水和居民家庭用水。公共服务用水指为城市社会公共生活服务的用水。包括行政事业单位、部队营区和公共设施服务、社会服务业、批发零售贸易业、旅馆饮食业以及其他公共服务业等单位的用水。居民家庭用水指城市范围内所有居民家庭的日常生活用水。包括城市居民、农民家庭、公共供水站用水。

用水普及率 指城市用水人口数与城市人口总数的比率。计算公式:

$$用水普及率=\frac{城市用水人口数}{城市人口总数}\times 100\%$$

人工煤气生产能力 指报告期末人工煤气生产厂制气、净化、输送等环节的综合生产能力，不包括备用设备能力。一般按设计能力计算，如果实际生产能力大于设计能力时，应按实际测定的生产能力计算。测定时应以制气、净化、输送三个环节中最薄弱的环节为主。

供气管道长度 指报告期末从气源厂压缩机的出口或门站出口至各类用户引入管之间的全部已经通气投入使用的管道长度。不包括煤气生产厂、输配站、液化气储存站、灌瓶站、储配站、气化站、混气站、供应站等厂(站)内的管道。

全年供气总量 指全年燃气企业(单位)向用户供应的燃气数量。包括销售量和损失量。

燃气普及率 指报告期末使用燃气的城市人口数与城市人口总数的比率。计算公式为:

$$燃气普及率=\frac{城市用气人口数}{城市人口总数}\times 100\%$$

城市供热能力 指供热企业(单位)向城市热用户输送热能的设计能力。

城市供热总量 指在报告期供热企业(单位)向城市热用户输送全部蒸汽和热水的总热量。

城市供热管道长度 指从各类热源到热用户建筑物接入口之间的全部蒸汽和热水的管道长度。不包括各类热源厂内部的管道长度。

年末道路长度 指年末道路长度和与道路相通的桥梁、隧道的长度，按车行道中心线计算。在统计时只统计路面宽度在 3.5 米(含 3.5 米)以上的各种铺装道路，包括开放型工业区和住宅区道路在内。

城市桥梁 指为跨越天然或人工障碍物而修建的构筑物。包括跨河桥、立交桥、人行天桥以及人行地下通道等。按使用年限分为永久性桥和半永久性桥。

城市排水管道长度 指所有排水总管、干管、支管、检查井及连接井进出口等长度之和。

城市污水日处理能力 指污水处理厂(或污水处理装置)每昼夜处理污水量的设计能力。

年末运营车数 指年末城市用于公共交通运营业务的全部车辆数。新购、新制和调入的运营车辆，自投入之日起开始计算；调出、报废和调作他用的运营车辆，自上级主管机关批准之日起不再计入。

城市园林绿地面积 指报告期末用作园林和绿化的各种绿地面积。包括公园绿地、生产绿地、防护绿地、附属绿地和其他绿地的面积。

公园绿地 城市中向公众开放的以游憩为主要功能，有一定的游憩设施和服务设施，同时兼有健全生态、美化景观，防灾减灾等综合作用的绿化用地。包括综合公园、社区公园、专类公园、带状公园和街旁绿地。其中综合公园、专类公园和带状公园面积之和为公园面积。

清扫保洁面积 指报告期末对城市道路和公共场所(主要包括城市行车道、人行道、车行隧道、人行过街地下通道、道路附属绿地、地铁站、高架路、人行过街天桥、立交桥、广场、停车场及其他设施等）进行清扫保洁的面积。一天清扫多次的，按清扫保洁面积最大的一次计算。

市容环卫专用车辆 指用于环境卫生作业、监察的专用车辆和设备，包括用于道路清扫、冲洗、洒水、除雪、垃圾粪便清运、市容监察以及与其配套使用的车辆和设备。

每万人拥有公共交通车辆 指报告期末城区内每万人平均拥有的公共交通车辆标台数。计算公式:

$$每万人拥有公共交通车辆=\frac{公共交通运营车标台数}{城市人口总数}$$

Explanatory Notes on Main Statistical Indicators

Production Capacity of Water Supply refers to the designed overall production capacity of water facilities, covering the four segments of water collection, purification, conveyance, and outflow through trunk pipelines. Increased capacity through transformation and innovation projects is included as well. The capacity is determined mainly on the weakest of the above-mentioned four segments.

Length of Water Supply Pipelines at Year-end refers to the total length of all the pipelines between the water pumps and the user water meters, excluding pipelines newly installed but not used yet, pipeline in the water factory,and pipeline in the user's buildings.

Annual Volume of Water Supply refers to the total volume of water supplied by water-works (units) during the reference period, including both the effective water supply and loss during the water supply.

Consumption of Water for Residential Use refers to water consumption of households for daily life and water consumption of public service facilities. The latter refers to water consumption for urban public services, including the consumption of government agencies and public institutions, military barracks, public facilities, wholesale and retail outlets, restaurants, hotels, and other units providing public services. Household water consumption refers to consumption of water for daily life of all households within the boundary of cities, including households of urban residents and farmers, and public water supply stations.

Coverage Rate of Urban Population with Access to Tap Water refers to the ratio of the urban population with access to tap water to the total urban population. The formula is:

$$\text{Coverage of urban population with access to tap water} = \frac{\text{Urban population with access to tap water}}{\text{Urban population}} \times 100\%$$

Production Capacity of Gaswork Gas refers to the overall production capacity of the urban gasworks in gas generation, purification and delivery at the end of the reference period, excluding capacity of the reserved facilities. In general, it is determined by the designed capacity, and when actual production capacity is larger than the designed capacity, the capacity is determined by the actual measurement on the weakest segment in the production, purification and delivery.

Length of Gas Pipelines refers to the total length of pipelines in use between the outlet of the compressor of gas-work or outlet of gas stations and the leading pipe of users, excluding pipelines within gasworks, delivery stations, LPG storage stations, refilling stations, gas-mixing stations and supply stations.

Volume of Gas Supply refers to the total volume of gas provided to users by gas-producing enterprises (units) in a year, including the volume sold and the volume lost.

Coverage Rate of Urban Population with Access to Gas refers to the ratio of the urban population with access to gas to the total urban population at the end of the reference period. The formula is:

$$\text{Coverage rate of urban population with access to gas} = \frac{\text{Urban population with access to gas}}{\text{Urban population}} \times 100\%$$

Heating Capacity in Urban Areas refers to the designed capacity of heating enterprises (units) in supplying heating energy to urban users during the reference period.

Quantity of Heat Supplied in Urban Areas refers to the total quantity of heat from steam and hot water supplied to urban users by heating enterprises (units) during the reference period.

Length of Urban Heating Pipelines refers to the total length of steam or hot water pipelines for sources of heat to the leading pipelines of the buildings of the users, excluding internal pipelines in heat generating enterprises.

Length of Paved Roads at Year-end refers to the length of roads with paved surface including bridges and tunnels connected with roads by the end of the year. Length of the roads is measured by the central lines for vehicles for paved roads with a width of 3.5 meters and over, including roads in open-ended factory compounds and residential quarters.

Urban Bridges refer to bridges built to cross over natural or man-made barriers, including bridges over rivers, overpasses for traffic and for pedestrians, underpasses for pedestrians, etc. Both permanent and semi-permanent bridges are included.

Length of Urban Sewage Pipes refers to the total length of general drainage, trunks, branch and inspection wells, connection wells, inlets and outlets, etc.

Daily Disposal Capacity of Urban Sewage refers to the designed 24-hour capacity of sewage disposal by the sewage treatment works or facilities.

Number of Vehicles under Operation at Year-end refers to the total number of vehicles under operation by public transport enterprises (units) at the end of the year, based on the records of operational vehicles by the enterprises (units).

Area of Parks and Green Land refers to the total area occupied for green projects at the end of the reference period, including park green land, production green land, protection green land, green land attached to institutions, and other green areas.

Park Green Area refers to green areas open to the public for amusement and rest with the facilities of amusement, rest and services. Its function includes perfecting ecology, beautifying landscape, and preventing and reducing disaster. Park green areas include comprehensive park, community park, topic park, belt-shaped park and green area nearby street. Total areas of comprehensive park, topic park and belt-shaped is the area of park.

Area Cleaned refers to the area which are regularly cleaned, as at the end of the reference period, at urban roads and public places (mainly including urban roadways, pedestrian walkways, vehicular tunnels, pedestrian underpasses, underground railway stations, lifted roads, pedestrians walk bridges, overpasses, plazas, carparks and other facilities). If there are several times of cleaning in a day at a location, the area of that time of cleaning with the largest area cleaned will be taken.

Vehicles Dedicated to Urban Cleanliness and Environmental Sanitation refer to vehicles and facilities dedicated for use in the operation, management and monitoring of environmental hygiene work. They include vehicles for road cleaning, washing, showering, ice removal, disposal of garbage and human wastes, cleanliness monitoring and related activities.

Public Transportation Vehicles per 10000 Population refers to the number of public transportation vehicles, at the end of the reference period, per 10000 population in the city district. The formula for calculation is:

$$\text{Public Transportation Vehicles per 10000 Population} = \frac{\text{Number of Public Transportation Vehicles}}{\text{City District Population}}$$

12

资源和环境

Resources and Environment

简 要 说 明

一、本篇资料的主要内容

本篇主要反映我国自然资源状况和环境保护事业发展情况。

自然状况包括国土、山脉、河流、海洋、气候等数据资料。

自然资源包括土地利用、耕地变动、水资源、森林资源、矿产资源和气象等资料。

环境保护事业发展情况主要包括供水、用水情况以及工业废水和生活污水的排放及治理情况；城市空气质量，废气排放及处理情况；工业固体废物的产生、处理及利用情况以及城市生活垃圾清运及处理情况；城市道路交通和区域环境噪声监测情况；造林及自然保护基本情况；地质、地震、海洋、森林灾害及环境污染与破坏事故情况；环境污染治理投资等情况。

二、本篇的资料来源

自然状况由国家统计局综合司根据有关历史资料进行整理和编辑。

气象、矿产资源、水资源、城市生活垃圾清运及处理、土地利用和耕地变动、森林资源、海洋灾害等情况分别由国家气象局、国土资源部、水利部、住房和城乡建设部、国家林业局、国家海洋局提供。

环境污染与治理、生活污染物排放及处理、声环境、工业污染治理投资情况由环境保护部提供。

三、本篇资料的统计范围和调查方法

1. 统计范围：各地区有污染物排放的工业企业、城镇生活及其他排污单位等。

2. 调查方法：工业企业污染排放及处理利用情况对重点调查单位逐个发表填报汇总，对非重点调查单位的排污情况实行整体估算。以上两方面的数据汇总成为各地区工业污染排放数据。

生活及其他污染情况，依据相关基础数据和技术参数进行估算。

Brief Introduction

I. Main Contents

This chapter contains information that reflects natural resource conditions and the development of environment protection in China.

Data on natural conditions cover land area, mountain ranges, rivers, ocean and meteorological phenomena.

Data on natural resources cover use of land, change in cultivated land, water resources, forest resources, mineral resources and meteorological phenomena.

The development of environment protection mainly include water supply and utilization, discharge and treatment of industrial and other waste water; urban air quality, emission and treatment of waste gas; production, treatment and utilization of industrial solid wastes, collection and disposal of consumption wastes in cities; national monitoring of road traffic noise and urban environmental noise in key cities; afforestation and natural protection; incidences of geological, seismic, marine and forest disasters, environmental pollution and destruction incidents; investment in environment pollution treatment, etc.

II. Sources of Data

Data on natural conditions are compiled by the Department of Comprehensive Statistics of the National Bureau of Statistics using relevant historical data.

Data on meteorological phenomena, mineral and water resources, collection and disposal of urban consumption wastes, use of land and change in cultivated land, forest resources, marine disasters, etc. are provided respectively by National Meteorological Administration, Ministry of Land and Resources, Ministry of Water Resources, Ministry of Housing and Urban-Rural Development, State Forestry Administration and State Oceanic Administration.

Data on environmental pollution and treatment, pollutants from consumption, acoustic environment and on investment in the treatment of industrial pollution are provided by the Ministry of Environmental Protection.

III. Scope of Statistics and Methods of Survey

1) Scope of statistics: industrial enterprises, urban living and other urban units which discharge pollutants.

2) Survey methods for discharge and treatment of industrial pollutants: comprehensive survey is conducted on all key industrial enterprises, while overall estimation is carried out for non-key enterprises. Data on discharge of pollutants of key and non-key enterprises make up the total discharge of the region.

Data on pollution from consumption and other sources are estimated using relevant statistics and technical parameters.

12-1 自 然 状 况
Natural Conditions

项 目		Item		2009
国土		**Territory**		
国土面积	(万平方公里)	Area of Territory	(10 000 sq.km)	960
海域面积	(万平方公里)	Area of Sea	(10 000 sq.km)	473
海洋平均深度	(米)	Average Depth of Sea	(m)	961
海洋最大深度	(米)	Maximum Depth of Sea	(m)	5377
岸线总长度	(公里)	Length of Coastline	(km)	32000
大陆岸线长度		Mainland Shore		18000
岛屿岸线长度		Island Shore		14000
岛屿个数	(个)	Number of Islands		5400
岛屿面积	(万平方公里)	Area of Islands	(10 000 sq.km)	3.87
气候		**Climate**		
热量分布	(积温≥0℃)	Distribution of Heat	(Accumulated Temperature≥0℃)	
黑龙江北部及青藏高原		Northern Heilongjiang and Tibet Plateau		2000-2500
东北平原		Northeast Plain		3000-4000
华北平原		North China Plain		4000-5000
长江流域及以南地区		Changjiang (Yangtze) River Drainage Area and the Area to the south of it		5800-6000
南岭以南地区		Area to the South of Nanling Mountain		7000-8000
降水量	(毫米)	Precipitation	(mm)	
台湾中部山区		Mid-Taiwan Mountain Area		≥4000
华南沿海		Southern China Coastal Area		1600-2000
长江流域		Changjiang River Valley		1000-1500
华北、东北		Northern and Northeastern Area		400-800
西北内陆		Northwestern Inland		100-200
塔里木盆地、吐鲁番盆地和柴达木盆地		Tarim Basin, Turpan Basin and Qaidam Basin		≤25
气候带面积比例	(国土面积=100)	Percentage of Climatic Zones to Total Area of Territory		
湿润地区	(干燥度<1.0)	Humid Zone	(aridity<1.0)	32
半湿润地区	(干燥度=1.0-1.5)	Semi-Humid Zone	(aridity 1.0-1.5)	15
半干旱地区	(干燥度=1.5-2.0)	Semi-Arid Zone	(aridity 1.5-2.0)	22
干旱地区	(干燥度>2.0)	Arid Zone	(aridity>2.0)	31

注：1.气候资料为多年平均值。
2.岛屿面积未包括香港、澳门特别行政区和台湾省。
a) The climate data refer to the average figures in many years.
b) Island area does not include that of Hong Kong Special Administrative Region, Macao Special Administrative Region and Taiwan Province.

12-2 土 地 状 况

Land Characteristics

项 目	Item	面 积 Area	占总面积(%) Percentage to Total Area
总面积 (万平方公里)	**Total Land Area (10 000 sq.km)**	**960**	**100.00**
按地形分 (万平方公里)	By Topographic Feature (10 000 sq.km)		
山地	Mountains	320	33.33
高原	Plateaus	250	26.04
盆地	Basins	180	18.75
平原	Plains	115	11.98
丘陵	Hills	95	9.90
按地高分 (万平方公里)	By Altitude (10 000 sq.km)		
500米以下	Under 500 m	241.7	25.18
500-1000米	500-1000 m	162.5	16.93
1000-2000米	1000-2000 m	239.9	24.99
2000-3000米	2000-3000 m	67.6	7.04
3000米以上	Above 3000 m	248.3	25.86
按特征分 (万公顷)	By Land Use (10 000 hectares)		
耕地	Cultivated Land	12172	12.68
森林	Forests	19545	20.36
内陆水域面积	Water Area in Land	1747	1.82
草地	Area of Grassland	40000	41.67
#可利用草地	Usable Area	31333	32.64
其他	Others	22536	23.47

注：1.本表数字多为过去清查数。
2.耕地面积数据来源于国土资源部2008年底数据。

a) Most figures in this table were obtained from surveys in previous years.

b) Data of cultivated land come from the Ministry of Land and Resources at Year-end of 2008.

12-3 主要山脉基本情况

Main Mountain Ranges

名 称	Mountain Range	山峰高程(米) Height of Mountain Peak (m)	雪线高程(米) Height of Snow Line (m)	冰川面积(平方公里) Glacier Area (sq.km)
阿尔泰山	Altay Mountains	4374	3000--3200	287
天山	Tianshan Mountains	7435	3600--4400	9548
祁连山	Qilian Mountains	5826	4300--5240	2063
帕米尔	Pamirs	7579		2258
昆仑山	Kunlun Mountains			11639
喀喇昆仑山	Karakorum Mountain	8611	5100--5400	3265
唐古拉山	Tanggula Mountains	6137		2082
羌塘高原	Qiangtang Plateau	6596		3566
念青唐古拉山	Nyainqentanglha Mountains	7111	4500--5700	7536
横断山	Hengduan Mountains	7556	4600--5500	1456
喜马拉雅山	The Himalayas	8844.43	4300--6200	11055
冈底斯山	Gangdisi Mountains	7095	5800--6000	2188

12-4 主要河流基本情况
Major Rivers

名 称	River	流域面积(平方公里) Drainage Area (sq.km)	河 长(公里) Length (km)	年径流量(亿立方米) Annual Flow (100 million cu.m)
长 江	Changjiang River (Yangtze River)	1808500	6300	9513
黄 河	Huanghe River (Yellow River)	752443	5464	661
松花江	Songhuajiang River	557180	2308	762
辽 河	Liaohe River	228960	1390	148
珠 江	Zhujiang River (Pearl River)	453690	2214	3338
海 河	Haihe River	263631	1090	228
淮 河	Huaihe River	269283	1000	622

12-5 河流流域面积
Drainage Area of Rivers

流域名称	River	流域面积(平方公里) Drainage Area (sq.km)	占外流河、内陆河流域面积合计 Percentage to Total (%)
合计	**Total of Out-flowing Rivers and Inland Rivers**	**9559370**	**100.00**
外流河	**Out-flowing Rivers**	**6114728**	**63.97**
黑龙江及绥芬河	Heilongjiang River and Suifenhe River	875342	9.16
辽河、鸭绿江及沿海诸河	Liaohe, Yalujiang and Related Coastal Rivers	345207	3.61
海滦河	Haihe River and Luanhe River	318161	3.33
黄河	Huanghe River (Yellow River)	752443	7.87
淮河及山东沿海诸河	Huaihe and Related Coastal Rivers in Shandong Province	329211	3.44
长江	Changjiang River (Yangtze River)	1808500	18.92
浙闽台诸河	Rivers in Zhejiang, Fujian and Taiwan Provinces	239803	2.51
珠江及沿海诸河	Zhujiang River (Pearl River) and Related Coastal River	580640	6.07
元江及澜仓江	Yuanjiang River and Lancang River	240652	2.52
怒江及滇西诸河	Nujiang River and West Yunnan Rivers	157156	1.64
雅鲁藏布江及藏南诸河	Brahmaputra and Southern Tibet Rivers	396258	4.15
藏西诸河	Western Tibet Rivers	57340	0.60
额尔齐斯河	Ertix River	50000	0.52
内陆河	**Inland Rivers**	**3408659**	**35.66**
内蒙内陆河	Rivers in Inner Mongolia	300067	3.14
河西内陆河	Rivers in Huanghe Upper Reach Area	488301	5.11
准噶尔内陆河	Rivers in Zhunger Basin	316530	3.31
中亚细亚内陆河	Rivers in Central Asia	93130	0.97
塔里木内陆河	Rivers in Tarim Basin	1074810	11.24
青海内陆河	Rivers in Qinghai Province	316285	3.31
羌唐内陆河	Rivers in Qiangtang	721182	7.54
松花江、黄河、藏南闭流区	Blind Drainage Areas of Songhua River, Huanghe River and Southern Tibet	90353	0.95

注：本表所列面积系水利部门量算初步汇总数，有待进一步核实。

a) Figures in the table are obtained from preliminary measurements and tabulated data by water conservancy departments, and are subject to further verification.

12-6 内陆水域面积

Inland Water Area

单位: 千公顷 (1 000 hectares)

水域	Water Area	总水面 Total Water Area	#可养殖水面 Cultivatable Water Area	#已养殖水面 Cultivated Water Area	#尚可利用水面 Utilizable Water Area
总计	**Total**	**17471**	**6749**	**4669**	**2080**
池塘	Pool	1922	1922	1858	64
湖泊	Lake	7524	2151	824	1327
水库	Reservoir	2302	1884	1516	368
河沟	Brook	5278	766	347	419
其他	Others	445	26	124	

12-7 湖泊面积

Area of Lakes

湖区	Area of Lakes	湖水面积(平方公里) Area of Lakes (sq.km)	湖水贮量(亿立方米) Reserve of Lakes (100 million cu.m)	#淡水贮量 Reserve of Fresh Water	占湖泊淡水总贮量(%) As Percentage of Total Lake Reserve of Fresh Water (%)
总计	**Total**	**75610**	**7510**	**2150**	**100.0**
青藏高原	Tibet Plateau	36560	5460	880	40.9
东部平原	Eastern Plain	23430	820	820	38.1
蒙新高原	Mongolia and Xinjiang Plateau	8670	760	20	0.9
东北平原	Northeast Plain	4340	200	160	7.4
云南高原	Yunnan Plateau	1100	240	240	11.2
其他	Others	1510	30	30	1.4

12-8 海区海域、渔场面积及水质评价情况
Sea Area, Areas of Fishing Ground and Water Quality

名 称	Sea	海域总面积（千公顷）Sea Area (1 000 hectares)	大陆架渔场面积（千公顷）Area of Fishing Ground of Continental Shelf (1 000 hectares)	平均深度（米）Average Depth (m)	最大深度（米）Maximum Depth (m)	近岸海域海水水质评价 Evaluation of Seawater Quality in Offshore Area			
						较清洁海域面积（万平方公里）Clean Area (10 000 sq.km)	轻度污染海域面积（万平方公里）Lightly Polluted Area (10 000 sq.km)	中度污染海域面积（万平方公里）Moderately Polluted Area (10 000 sq.km)	严重污染海域面积（万平方公里）Heavily Polluted Area (10 000 sq.km)
总 计	**Total**	**472700**	**280000**			**3.80**	**1.76**	**1.86**	**2.91**
渤 海	Bohai Sea	7700	7700	18	70	0.71	0.44	0.38	0.27
黄 海	Huanghai Sea	38000	35300	44	140	0.45	0.50	0.50	0.18
东 海	Donghai Sea	77000	54900	370	2719	1.02	0.53	0.70	1.94
南 海	Nanhai Sea	350000	182100	1212	5559	1.61	0.29	0.28	0.52

12-9 浅海滩涂海湾可养殖面积
Seashore Land Area for Cultivation

单位：千公顷 (1 000 hectares)

地 区	Region	海水可养殖面积 Cultivatable Marine Area	浅 海 Shallow Sea	滩 涂 Sea-beach	港 湾 Harbor
全 国	**National Total**	**2600.11**	**1622.56**	**797.00**	**180.55**
北 京	Beijing	0.44		0.44	
天 津	Tianjin	18.49	10.00	8.49	
河 北	Hebei	111.37	49.66	61.70	
辽 宁	Liaoning	725.84	590.44	92.45	42.95
上 海	Shanghai	3.22		3.22	
江 苏	Jiangsu	139.00	7.87	130.96	0.17
浙 江	Zhejiang	101.46	36.30	57.39	7.77
福 建	Fujian	184.94	77.39	100.76	6.79
山 东	Shandong	358.21	131.68	173.41	53.12
广 东	Guangdong	835.67	664.00	120.00	51.67
广 西	Guangxi	31.95	6.78	22.09	3.08
海 南	Hainan	89.52	48.43	26.09	15.00

12-10 主要矿产基础储量

Ensured Reserves of Major Mineral

项　　目		Item		2009
石油	(万吨)	Petroleum	(10 000 tons)	294919.8
天然气	(亿立方米)	Natural Gas	(100 million cu.m)	37074.2
煤炭	(亿吨)	Coal	(100 million tons)	3189.6
铁矿	(矿石，亿吨)	Iron	(Ore, 100 million tons)	213.0
锰矿	(矿石，万吨)	Manganese	(Ore, 10 000 tons)	18576.6
铬矿	(矿石，万吨)	Chromium Ore	(Ore, 10 000 tons)	522.5
钒矿	(万吨)	Vanadium	(10 000 tons)	1258.9
原生钛铁矿	(万吨)	Titanium Ore	(10 000 tons)	23291.4
铜矿	(铜，万吨)	Copper	(Metal, 10 000 tons)	2951.0
铅矿	(铅，万吨)	Lead	(Metal, 10 000 tons)	1340.1
锌矿	(锌，万吨)	Zinc	(Metal, 10 000 tons)	3838.5
铝土矿	(矿石，万吨)	Bauxite	(Ore, 10 000 tons)	83923.9
镍矿	(镍，万吨)	Nickel	(Metal, 10 000 tons)	281.8
钨矿	(WO3，万吨)	Tungsten	(WO3, 10 000 tons)	228.7
锡矿	(锡，万吨)	Tin	(Metal, 10 000 tons)	143.5
钼矿	(钼，万吨)	Molybdenum	(Metal, 10 000 tons)	444.8
锑矿	(锑，万吨)	Antimony	(Metal, 10 000 tons)	76.5
金矿	(金，吨)	Gold	(Metal, tons)	1909.7
银矿	(银，吨)	Silver	(Metal, tons)	38448.5
稀土矿	(氧化物，万吨)	Rare Earths	(REO, 10 000 tons)	1859.1
菱镁矿	(矿石，万吨)	Magnesite Ore	(Ore, 10 000 tons)	207981.8
普通萤石	(矿物，万吨)	Fluorspar Mineral	(Mineral, 10 000 tons)	4401.3
硫铁矿	(矿石，万吨)	Pyrite Ore	(Ore, 10 000 tons)	162133.4
磷矿	(矿石，亿吨)	Phosphorus Ore	(Ore,100 million tons)	31.7
钾盐	(KCl，万吨)	Potassium KCl	(KCl, 10 000 tons)	35840.9
盐矿	(NaCl，亿吨)	Sodium Salt NaCl	(NaCl, 100 million tons)	1730.6
芒硝	(Na2SO4，亿吨)	Mirabilite	(Na2SO4, 100 million tons)	90.8
重晶石	(矿石，万吨)	Barite Ore	(Ore, 10 000 tons)	9537.2
玻璃硅质原料	(矿石，万吨)	Silicon Materials For Glass Ore	(Ore, 10 000 tons)	147172.9
石墨	(矿物，万吨)	Graphite Mineral (Crystal)	(Mineral, 10 000 tons)	5432.0
滑石	(矿石，万吨)	Talc Ore	(Ore, 10 000 tons)	12755.6
高岭土	(矿石，万吨)	Kaolin Ore	(Ore, 10 000 tons)	63593.1

注：本表资料由国土资源部提供。其中，石油和天然气的数据为剩余技术可采储量(下表同)。

a) The data in the table are provided by the Ministry of Land and Resources. The data for petroleum and natural gas are the remaining technical recoverable reserves. The same applies to the table following.

12-11 各地区主要能源、黑色金属矿产基础储量（2009年）

Ensured Reserves of Major Energy and Ferrous Metals by Region (2009)

地 区	Region	石 油 (万吨) Petroleum (10 000 tons)	天然气 (亿立方米) Natural Gas (100 million cu.m)	煤 炭 (亿吨) Coal (100 million tons)	铁 矿 (矿石,亿吨) Iron (Ore, 100 million tons)	锰 矿 (矿石,万吨) Manganese (Ore, 10 000 tons)	铬 矿 (矿石,万吨) Chromite (Ore, 10 000 tons)	钒 矿 (万吨) Vanadium (10 000 tons)	原生钛铁矿 (万吨) Titanium (10 000 tons)
全 国	**National Total**	**294919.8**	**37074.2**	**3189.6**	**213.0**	**18576.6**	**522.5**	**1258.9**	**23291.4**
北 京	Beijing			7.0	3.0			0.2	7.1
天 津	Tianjin	3436.8	311.1	3.0					
河 北	Hebei	26380.7	294.0	56.3	35.7	4.8	6.9	13.7	373.4
山 西	Shanxi			1055.5	5.8	12.9			
内蒙古	Inner Mongolia	7618.3	6721.3	772.7	15.8	568.7	126.7	0.8	
辽 宁	Liaoning	14937.7	187.1	43.8	70.2	1364.6			
吉 林	Jilin	18223.6	677.0	12.8	2.4	0.4			
黑龙江	Heilongjiang	54519.9	1338.0	69.0	0.4				
上 海	Shanghai								
江 苏	Jiangsu	2568.1	22.6	14.5	1.8			5.4	
浙 江	Zhejiang			0.5	0.2				
安 徽	Anhui	180.9		83.7	7.3	9.5		8.3	
福 建	Fujian			4.2	3.6	69.8			
江 西	Jiangxi			7.2	1.7			2.2	
山 东	Shandong	32636.3	353.8	82.1	9.7				99.5
河 南	Henan	5051.9	84.1	114.7	1.7				0.5
湖 北	Hubei	1224.1	4.4	3.3	3.9	857.1		49.8	
湖 南	Hunan			18.9	1.6	5881.6		226.1	
广 东	Guangdong	8.3	0.3	1.9	1.2	215.8			
广 西	Guangxi	181.7	3.4	7.7	1.1	3848.1		171.5	
海 南	Hainan	2.7	2.5	0.9	0.3				
重 庆	Chongqing	161.7	1969.8	21.3		1806.9			
四 川	Sichuan	105.1	6487.0	52.3	28.9	32.1		689.8	22763.3
贵 州	Guizhou		4.5	128.1	0.5	2479.6			
云 南	Yunnan	12.2	2.5	77.5	4.2	582.4	0.1	0.1	
西 藏	Tibet			0.1	0.3		209.1		
陕 西	Shaanxi	22490.2	5658.7	268.7	4.1	287.5	1.1	0.9	
甘 肃	Gansu	13798.8	163.6	58.4	3.9	132.4	125.1	89.9	
青 海	Qinghai	4361.7	1377.3	20.0	0.1		0.8		
宁 夏	Ningxia	190.9	2.2	55.5					
新 疆	Xinjiang	46664.0	8354.1	148.0	3.6	422.4	52.7	0.2	47.6
海 域	Ocean	40164.5	3054.8						

12-12 各地区主要有色金属、非金属矿产基础储量（2009年）
Ensured Reserves of Major Non-ferrous Metal and Non-metal Mineral by Region (2009)

地 区	Region	铜 矿 (铜,万吨) Copper (Metal, 10 000 tons)	铅 矿 (铅,万吨) Lead (Metal, 10 000 tons)	锌 矿 (锌,万吨) Zinc (Metal, 10 000 tons)	铝土矿 (矿石,万吨) Bauxite (Ore, 10 000 tons)	菱镁矿 (矿石,万吨) Magnesite Ore (Ore, 10 000 tons)	硫铁矿 (矿石,万吨) Pyrite Ore (Ore, 10 000 tons)	磷 矿 (矿石,亿吨) Phosphorus Ore (Ore, 100 million tons)	高岭土 (矿石,万吨) Kaolin Ore (Ore, 10 000 tons)
全 国	**National Total**	**2951.0**	**1340.1**	**3838.5**	**83923.9**	**207981.8**	**162133.4**	**31.7**	**63593.1**
北 京	Beijing			2.6	2.3				
天 津	Tianjin								
河 北	Hebei	15.3	16.2	145.8	393.8	876.4	1787.4	2.1	58.3
山 西	Shanxi	272.5	1.5	1.3	11472.4		1996.8	0.9	160.2
内蒙古	Inner Mongolia	290.0	385.8	1005.8			17485.5	0.1	433.2
辽 宁	Liaoning	13.3	13.6	41.7		179669.4	2864.1	0.8	525.0
吉 林	Jilin	22.2	10.6	12.8		1.1	803.1		50.9
黑龙江	Heilongjiang	119.6	5.4	21.6			48.2		
上 海	Shanghai								
江 苏	Jiangsu	6.5	15.8	27.3			456.7	0.3	771.3
浙 江	Zhejiang	12.6	41.1	70.4			743.0		723.9
安 徽	Anhui	203.5	5.6	25.6			13771.3	0.4	234.0
福 建	Fujian	83.7	24.6	49.9	65.0		1022.7		5628.1
江 西	Jiangxi	711.7	33.5	44.3			14127.8	0.8	3309.5
山 东	Shandong	29.4	6.9	2.3	403.6	27196.4	311.7	0.7	564.1
河 南	Henan	13.9	30.1	35.6	21811.8	2.1	8741.4	0.1	31.3
湖 北	Hubei	158.3	1.1	3.3	244.2		3800.6	6.2	419.9
湖 南	Hunan	39.1	114.6	187.2	176.1		6303.3	2.8	2105.1
广 东	Guangdong	58.5	111.7	204.5			28199.9		27981.4
广 西	Guangxi	13.9	18.3	153.6	22573.4		4636.5		18185.0
海 南	Hainan	2.5	1.2	0.6					1872.6
重 庆	Chongqing		3.9	14.8	3639.1		1907.1		
四 川	Sichuan	83.7	78.1	220.0	14.4	186.5	40605.6	3.5	56.1
贵 州	Guizhou	0.3	6.0	14.7	20430.6		5716.2	4.1	10.4
云 南	Yunnan	289.4	179.5	820.0	1971.3		6111.7	8.1	391.7
西 藏	Tibet	199.4							
陕 西	Shaanxi	16.0	13.5	64.2	725.9		577.6	0.2	81.1
甘 肃	Gansu	178.2	103.0	436.1			1.0		
青 海	Qinghai	45.9	86.4	145.7		49.9	96.8	0.6	
宁 夏	Ningxia								
新 疆	Xinjiang	71.6	32.1	86.8			17.4		
海 域	Ocean								

12-13 主要城市平均气温(2009年)
Monthly Average Temperature of Major Cities (2009)

单位：摄氏度 (℃)

城 市	City	1月 Jan.	2月 Feb.	3月 Mar.	4月 Apr.	5月 May	6月 June	7月 July	8月 Aug.	9月 Sept.	10月 Oct.	11月 Nov.	12月 Dec.	年平均 Annual Average
北京	Beijing	-3.0	1.0	7.0	15.9	22.9	26.2	27.0	25.7	21.1	15.3	2.2	-2.3	13.3
天津	Tianjin	-3.5	0.7	6.7	15.6	22.6	25.8	27.1	25.6	20.9	14.9	1.6	-2.8	12.9
石家庄	Shijiazhuang	-0.7	3.1	9.6	16.5	22.6	28.2	28.2	25.6	21.3	17.0	2.3	-0.5	14.4
太原	Taiyuan	-5.1	1.5	6.7	14.9	19.2	24.5	25.0	22.4	17.4	12.2	-0.9	-4.5	11.1
呼和浩特	Hohhot	-10.3	-2.8	1.3	12.0	17.2	22.0	23.8	21.7	16.3	8.6	-4.0	-10.1	8.0
沈阳	Shenyang	-11.0	-7.3	0.4	11.1	19.1	20.8	23.1	23.3	17.0	9.9	-3.4	-11.1	7.7
长春	Changchun	-13.0	-9.1	-2.0	10.2	18.2	19.0	22.3	23.0	16.2	8.4	-5.5	-14.3	6.1
哈尔滨	Harbin	-16.0	-11.5	-3.9	9.7	18.4	18.9	22.6	22.2	15.6	7.1	-7.0	-16.7	5.0
上海	Shanghai	3.8	8.9	10.6	16.3	21.9	26.2	28.8	27.9	25.0	21.3	12.1	6.4	17.4
南京	Nanjing	2.2	7.3	9.8	16.6	21.9	26.6	28.0	27.2	23.4	20.1	8.6	4.5	16.4
杭州	Hangzhou	4.4	9.5	11.1	17.6	22.9	26.8	29.6	28.4	25.5	20.6	10.8	6.7	17.8
合肥	Hefei	2.6	7.7	10.5	17.6	21.9	27.1	28.6	27.5	24.0	20.3	7.8	4.6	16.7
福州	Fuzhou	10.7	15.5	14.2	18.8	23.1	26.3	29.4	29.3	28.1	23.2	17.3	12.7	20.7
南昌	Nanchang	5.1	10.8	12.1	18.7	23.5	27.8	29.7	29.4	26.9	22.5	11.2	7.3	18.8
济南	Jinan	-0.2	5.1	9.0	16.7	21.9	28.1	26.5	25.1	21.1	18.8	4.8	0.8	14.8
郑州	Zhengzhou	1.0	5.9	10.1	17.0	22.0	28.8	27.9	26.0	21.0	18.5	5.4	2.9	15.5
武汉	Wuhan	4.5	9.0	12.1	18.3	22.2	28.1	30.3	29.1	24.9	21.1	8.8	5.8	17.9
长沙	Changsha	5.1	10.5	12.7	18.5	22.5	28.4	29.8	29.4	25.8	21.4	10.6	7.1	18.5
广州	Guangzhou	12.4	21.0	18.2	22.2	25.9	27.9	29.6	29.9	29.5	26.0	17.9	15.3	23.0
南宁	Nanning	11.3	20.3	17.9	22.2	25.0	27.8	28.3	28.8	27.9	24.0	17.2	15.4	22.2
海口	Haikou	16.1	22.5	22.7	24.1	26.2	28.3	28.3	28.1	27.9	25.8	21.5	19.8	24.3
重庆(沙坪坝)	Chongqing(Shapingba)	7.7	13.0	14.8	18.8	21.9	25.4	28.9	28.4	26.9	19.6	12.9	9.9	19.0
成都(温江)	Chengdu(Wenjiang)	5.7	10.8	12.5	17.5	21.1	24.6	24.9	25.0	22.7	17.7	10.7	7.9	16.8
贵阳	Guiyang	3.8	10.4	11.3	14.5	18.6	21.5	22.7	23.6	21.5	15.8	9.3	5.5	14.9
昆明	Kunming	8.3	13.9	15.8	17.7	19.8	20.6	21.3	20.6	20.1	18.5	11.8	10.5	16.6
拉萨	Lhasa	1.0	3.8	5.8	11.5	14.2	18.6	19.6	16.4	15.0	11.2	5.7	0.5	10.3
西安	Xi'an	0.6	6.4	11.1	17.9	20.5	27.4	28.2	24.7	20.5	16.8	4.7	1.8	15.1
兰州(皋兰)	Lanzhou(Gaolan)	-7.7	-0.3	3.9	12.1	15.0	19.9	21.7	18.3	14.5	8.3	-2.3	-7.0	8.0
西宁	Xining	-7.8	-0.8	2.0	9.8	12.1	15.8	17.8	15.4	13.1	5.9	-2.2	-6.4	6.2
银川	Yinchuan	-6.2	0.9	5.8	14.5	18.5	23.9	24.8	21.3	17.4	11.8	-1.4	-5.6	10.5
乌鲁木齐	Urumqi	-9.9	-8.8	2.5	13.0	16.1	20.8	23.7	22.9	16.8	10.9	-2.3	-10.0	8.0

注：1987年1月份开始重庆站被沙坪坝站替代；2004年1月份开始，成都站被温江站替代，兰州站业务由皋兰站替代（以下3表同）。

a) Since January,1987, Chongqing was substituted by Shapingba; since January,2004, Chengdu was substituted by Wenjiang, Lanzhou was substituted by Gaolan. The same as the 3 tables following.

12-14 主要城市平均相对湿度（2009年）
Average Relative Humidity of Major Cities (2009)

单位：%　　(%)

城　市	City	1月 Jan.	2月 Feb.	3月 Mar.	4月 Apr.	5月 May	6月 June	7月 July	8月 Aug.	9月 Sept.	10月 Oct.	11月 Nov.	12月 Dec.	年平均 Annual Average
北京	Beijing	37	52	39	43	44	45	66	70	66	49	59	42	51
天津	Tianjin	45	61	47	46	45	52	68	77	74	60	64	54	58
石家庄	Shijiazhuang	39	58	41	51	54	44	66	76	73	55	75	53	57
太原	Taiyuan	38	55	38	40	47	40	62	67	71	61	67	58	54
呼和浩特	Hohhot	48	36	40	36	37	33	49	53	52	43	53	49	44
沈阳	Shenyang	64	62	55	55	54	71	81	77	74	69	68	68	67
长春	Changchun	63	54	51	49	41	69	74	65	59	55	65	70	60
哈尔滨	Harbin	73	64	62	46	36	71	75	77	69	65	68	75	65
上海	Shanghai	68	79	70	65	59	72	71	79	75	63	75	68	70
南京	Nanjing	67	82	71	65	60	70	78	82	81	64	76	73	72
杭州	Hangzhou	65	81	74	64	59	72	69	79	76	67	79	70	71
合肥	Hefei	67	82	72	65	66	73	78	83	78	61	77	74	73
福州	Fuzhou	64	74	75	64	62	76	73	74	69	59	73	73	70
南昌	Nanchang	63	81	83	68	69	71	70	73	71	54	67	75	70
济南	Jinan	38	61	44	45	50	44	69	75	70	44	60	53	54
郑州	Zhengzhou	42	70	54	58	58	47	71	73	77	59	68	53	61
武汉	Wuhan	61	82	76	69	68	67	68	74	75	69	73	74	71
长沙	Changsha	68	81	76	72	74	69	68	71	72	71	68	76	72
广州	Guangzhou	57	76	79	74	72	78	73	72	67	58	65	69	70
南宁	Nanning	68	75	79	77	78	80	79	77	75	74	69	73	75
海口	Haikou	77	82	85	86	82	80	81	81	82	81	76	82	81
重庆(沙坪坝)	Chongqing(Shapingba)	88	84	75	82	81	83	72	75	67	85	82	83	80
成都(温江)	Chengdu(Wenjiang)	75	70	70	71	65	69	79	77	78	79	76	75	74
贵阳	Guiyang	73	78	72	77	76	73	76	70	68	78	71	80	74
昆明	Kunming	73	47	46	60	63	74	77	76	71	70	67	62	66
拉萨	Lhasa	21	20	29	26	29	34	42	55	46	30	21	21	31
西安	Xi'an	56	76	62	60	70	54	68	80	84	78	83	69	70
兰州(皋兰)	Lanzhou(Gaolan)	47	47	39	38	48	43	52	67	73	60	63	58	53
西宁	Xining	49	41	50	46	60	59	67	71	77	69	60	55	59
银川	Yinchuan	45	37	33	34	41	33	49	63	64	49	66	60	48
乌鲁木齐	Urumqi	76	78	59	47	42	43	37	36	47	50	78	78	56

12-15 主要城市降水量（2009年）
Monthly Precipitation of Major Cities (2009)

单位：毫米 (milimeters)

城市	City	1月 Jan.	2月 Feb.	3月 Mar.	4月 Apr.	5月 May	6月 June	7月 July	8月 Aug.	9月 Sept.	10月 Oct.	11月 Nov.	12月 Dec.	全年 Annual Total
北京	Beijing		18.0	7.4	32.2	14.7	95.5	196.6	60.9	23.3	5.9	26.1		480.6
天津	Tianjin		15.2	12.9	47.4	9.2	166.2	171.7	75.8	49.9	12.2	5.7		566.2
石家庄	Shijiazhuang		10.2	5.5	7.0	47.1	49.1	67.1	288.2	119.2	11.1	94.4		698.9
太原	Taiyuan		9.9	4.4	8.9	55.5	10.6	155.0	185.4	130.5	10.3	53.0	1.6	625.1
呼和浩特	Hohhot			14.5	15.3	31.8	15.4	77.5	55.6	48.7	0.8	5.4		265.0
沈阳	Shenyang	12.2	36.7	13.1	104.8	44.4	109.2	122.1	63.1	26.4	92.8	15.8	17.1	657.7
长春	Changchun	3.5	10.3	7.2	50.8	28.5	125.2	123.2	64.5	14.2	20.2	14.4	19.0	481.0
哈尔滨	Harbin	6.8	4.0	25.8	34.4	28.0	178.7	106.1	66.9	37.2	24.4	10.4	11.4	534.1
上海	Shanghai	51.7	124.6	56.2	75.2	59.4	142.7	217.0	290.4	86.2	17.0	106.2	62.8	1289.4
南京	Nanjing	32.2	112.8	48.3	59.2	56.0	168.7	485.4	102.7	102.9	3.2	113.7	78.4	1363.5
杭州	Hangzhou	36.3	190.7	117.6	117.9	77.0	85.6	227.7	213.0	113.7	18.0	186.6	69.8	1453.9
合肥	Hefei	29.3	84.4	67.8	64.9	119.4	160.2	128.6	91.5	19.3	12.8	115.6	58.1	951.9
福州	Fuzhou	23.7	12.4	115.3	104.6	70.5	262.1	211.6	378.3	24.0	11.4	94.1	66.7	1374.7
南昌	Nanchang	19.4	85.3	249.8	244.3	75.4	200.6	142.2	96.0	23.0	11.8	80.1	49.9	1277.8
济南	Jinan		13.5	22.2	57.1	152.8	65.2	172.2	128.1	29.0	26.6	26.5	8.6	701.8
郑州	Zhengzhou		30.1	17.3	49.2	82.9	49.8	125.2	270.2	80.4	9.6	46.7	1.1	762.5
武汉	Wuhan	18.5	122.9	69.7	197.7	132.1	306.7	95.9	38.8	41.8	23.9	67.7	42.3	1158.0
长沙	Changsha	17.9	103.6	140.9	217.0	130.7	198.5	194.8	54.1	5.4	34.9	44.0	74.8	1216.6
广州	Guangzhou	5.4	0.6	207.7	108.8	210.9	273.7	221.6	230.1	39.0	26.4	101.2	47.2	1472.6
南宁	Nanning	7.9	2.1	37.7	114.3	149.6	150.6	241.2	125.1	42.8	75.1	8.4	8.3	963.1
海口	Haikou	3.7	15.0	215.2	211.6	245.3	244.3	242.4	427.2	566.5	443.5	5.9	7.6	2628.2
重庆(沙坪坝)	Chongqing(Shapingba)	26.8	16.6	45.2	117.4	93.5	260.2	102.1	383.7	49.3	66.5	18.0	19.6	1198.9
成都(温江)	Chengdu(Wenjiang)	12.0	3.1	12.6	51.1	35.6	33.5	195.2	169.1	154.8	42.3	8.0	6.9	724.2
贵阳	Guiyang	17.4	28.7	39.8	192.3	90.5	117.6	150.8	105.5	35.4	47.1	8.7	15.7	849.5
昆明	Kunming	7.1		10.7	22.4	51.6	153.8	90.8	169.7	28.3	9.1	21.8	0.5	565.8
拉萨	Lhasa		0.6	5.2	0.8	1.1	37.9	80.7	191.4	18.2	8.0		0.1	344.0
西安	Xi'an		18.4	35.5	21.0	116.3	59.0	57.6	176.0	81.3	27.6	56.3	11.3	660.3
兰州(皋兰)	Lanzhou(Gaolan)	1.0	3.4	1.3	12.3	9.6	11.3	20.4	79.7	33.5	8.6	4.7	0.1	185.9
西宁	Xining	4.7	0.4	15.7	18.4	66.4	66.7	68.2	106.5	87.3	16.9	7.1	0.8	459.1
银川	Yinchuan	0.4		6.6	3.2	27.2		13.9	77.1	18.3	15.1	17.6	0.6	180.0
乌鲁木齐	Urumqi	6.3	11.8	35.0	65.1	70.9	39.3	10.8	12.4	35.3	15.5	27.5	23.2	353.1

12-16 主要城市日照时数（2009年）
Monthly Sunshine Hours of Major Cities (2009)

单位：小时 (Hours)

城市	City	1月 Jan.	2月 Feb.	3月 Mar.	4月 Apr.	5月 May	6月 June	7月 July	8月 Aug.	9月 Sept.	10月 Oct.	11月 Nov.	12月 Dec.	全年 Annual Total
北京	Beijing	214.2	179.9	238.9	262.2	280.9	269.9	185.1	178.7	148.8	227.9	152.7	172.6	2511.8
天津	Tianjin	186.9	143.9	234.8	258.5	257.2	273.6	178.8	171.6	157.1	208.4	124.8	160.9	2356.5
石家庄	Shijiazhuang	167.5	121.4	217.5	245.2	272.2	282.1	186.8	133.1	121.0	209.7	157.2	161.6	2275.3
太原	Taiyuan	187.8	117.7	219.3	255.7	254.1	297.7	228.0	173.4	186.3	235.3	157.9	135.4	2448.6
呼和浩特	Hohhot	173.2	160.2	225.5	266.4	260.8	306.1	248.0	246.5	198.1	234.0	144.5	110.8	2574.1
沈阳	Shenyang	195.4	214.6	266.1	236.9	280.3	239.9	217.4	267.3	222.0	200.2	160.5	159.5	2660.1
长春	Changchun	142.9	173.1	231.6	210.8	243.2	181.7	224.7	256.0	237.2	224.5	156.1	135.5	2417.3
哈尔滨	Harbin	98.3	147.0	207.1	220.9	277.4	173.6	210.2	237.3	221.0	196.6	136.4	83.1	2208.9
上海	Shanghai	108.0	32.9	103.0	191.0	228.0	149.0	190.3	121.5	116.4	208.9	91.0	140.9	1680.9
南京	Nanjing	144.8	53.4	130.3	218.5	243.8	212.2	182.0	147.2	116.6	199.1	110.4	104.9	1863.2
杭州	Hangzhou	128.3	65.2	109.6	191.5	218.8	168.4	204.7	114.3	119.0	176.2	86.5	127.4	1709.9
合肥	Hefei	140.7	53.3	119.0	213.3	213.9	207.3	199.5	139.7	99.4	174.2	111.9	127.1	1799.3
福州	Fuzhou	147.4	93.5	92.5	123.6	179.5	128.1	196.7	176.9	120.4	167.6	90.7	88.7	1605.6
南昌	Nanchang	108.7	81.7	104.6	161.8	198.2	198.3	239.2	221.8	208.7	214.0	134.2	99.3	1970.5
济南	Jinan	178.2	100.0	202.6	234.6	230.4	287.7	175.7	139.9	132.5	193.5	145.4	132.7	2153.2
郑州	Zhengzhou	135.5	50.5	165.6	191.2	210.8	247.0	156.2	153.1	105.7	166.6	144.3	140.3	1866.8
武汉	Wuhan	131.1	43.9	116.1	137.5	153.8	198.7	263.3	217.9	150.6	148.0	132.4	97.6	1790.9
长沙	Changsha	95.2	58.8	96.5	129.8	162.5	218.7	252.1	245.5	175.0	154.0	136.5	83.0	1807.6
广州	Guangzhou	181.8	104.9	48.9	79.6	121.2	111.1	185.8	187.0	176.3	208.9	149.7	116.6	1671.8
南宁	Nanning	132.0	139.2	68.8	102.9	114.4	162.4	208.2	238.7	205.0	162.2	159.4	60.6	1753.8
海口	Haikou	112.5	167.3	112.9	73.7	192.7	225.8	223.2	217.4	174.6	127.4	117.7	115.9	1861.1
重庆(沙坪坝)	Chongqing(Shapingba)	23.8	53.8	77.2	72.9	68.3	92.3	131.9	154.4	166.2	42.7	41.4	19.0	943.9
成都(温江)	Chengdu(Wenjiang)	37.1	53.9	83.3	95.4	101.6	89.5	63.3	102.1	60.3	51.9	67.1	34.7	840.2
贵阳	Guiyang	45.9	66.8	79.4	41.7	71.7	62.6	95.2	151.1	157.5	53.5	95.1	14.1	934.6
昆明	Kunming	153.0	269.2	257.8	211.0	187.7	107.0	93.4	113.6	161.6	207.6	209.1	240.1	2211.1
拉萨	Lhasa	249.1	241.5	263.6	298.2	291.9	304.0	254.7	254.5	259.5	305.9	276.3	246.0	3245.2
西安	Xi'an	139.0	54.9	172.6	200.6	159.3	228.4	193.2	87.8	81.9	156.6	103.8	150.9	1729.0
兰州(皋兰)	Lanzhou(Gaolan)	194.8	171.7	207.5	229.2	206.3	252.5	197.7	202.8	146.1	202.9	166.7	198.7	2376.9
西宁	Xining	203.9	209.2	201.3	238.5	205.3	217.6	165.9	219.7	151.9	221.9	210.7	214.8	2460.7
银川	Yinchuan	195.6	181.1	239.7	265.8	292.9	322.3	283.1	239.8	201.5	266.4	176.1	166.3	2830.6
乌鲁木齐	Urumqi	129.3	95.9	264.2	287.7	306.6	335.8	329.3	332.8	290.9	254.8	106.5	101.2	2835.0

12-17 水资源情况
Water Resources

年份 地区	Year Region	水资源总量(亿立方米) Total Amount of Water Resources (100 million cu.m)	地表水资源量 Surface Water Resources	地下水资源量 Groundwater Resources	地表水与地下水资源重复量 Duplicated Measurement Between Surface Water and Groundwater	人均水资源量(立方米/人) Per Capita Water Resources (cu.m/person)
	2000	27700.8	26561.9	8501.9	7363.0	2193.9
	2001	26867.8	25933.4	8390.1	7455.7	2112.5
	2002	28261.3	27243.3	8697.2	7679.2	2207.2
	2003	27460.2	26250.7	8299.3	7089.9	2131.3
	2004	24129.6	23126.4	7436.3	6433.1	1856.3
	2005	28053.1	26982.4	8091.1	7020.4	2151.8
	2006	25330.1	24358.1	7642.9	6670.8	1932.1
	2007	25255.2	24242.5	7617.2	6604.5	1916.3
	2008	27434.3	26377.0	8122.0	7064.7	2071.1
	2009	24180.2	23125.2	7267.0	6212.1	1816.2
北京	Beijing	21.8	6.8	17.8	2.7	126.6
天津	Tianjin	15.2	10.6	5.6	0.9	126.8
河北	Hebei	141.2	47.5	122.7	29.1	201.3
山西	Shanxi	85.8	47.7	76.1	38.1	250.8
内蒙古	Inner Mongolia	378.1	263.4	214.4	99.6	1563.9
辽宁	Liaoning	171.0	138.0	87.6	54.6	396.0
吉林	Jilin	298.0	252.8	97.3	52.0	1088.9
黑龙江	Heilongjiang	989.6	845.6	313.4	169.4	2586.9
上海	Shanghai	41.6	34.6	9.9	3.0	218.3
江苏	Jiangsu	400.3	306.0	110.8	16.5	519.8
浙江	Zhejiang	931.3	917.4	208.0	194.1	1808.4
安徽	Anhui	733.1	685.9	185.4	138.3	1195.3
福建	Fujian	800.8	799.6	244.7	243.4	2214.9
江西	Jiangxi	1166.9	1144.7	312.9	290.7	2642.5
山东	Shandong	285.0	173.8	180.7	69.5	301.7
河南	Henan	328.8	208.3	188.1	67.6	347.6
湖北	Hubei	825.3	794.4	263.4	232.6	1443.9
湖南	Hunan	1400.5	1393.8	351.7	345.0	2190.6
广东	Guangdong	1613.7	1604.1	407.6	398.0	1682.5
广西	Guangxi	1484.3	1484.3	256.8	256.8	3069.3
海南	Hainan	480.7	474.6	106.3	100.3	5596.2
重庆	Chongqing	455.9	455.9	81.9	81.9	1600.3
四川	Sichuan	2332.2	2330.6	580.0	578.4	2857.5
贵州	Guizhou	910.0	910.0	249.0	249.0	2397.7
云南	Yunnan	1576.6	1576.6	582.6	582.6	3459.7
西藏	Tibet	4029.2	4029.2	871.5	871.5	139658.9
陕西	Shaanxi	416.5	393.7	132.4	109.6	1105.6
甘肃	Gansu	209.0	201.8	123.6	116.4	794.3
青海	Qinghai	895.1	873.9	392.3	371.1	16113.6
宁夏	Ningxia	8.4	6.0	22.1	19.7	135.5
新疆	Xinjiang	754.3	713.7	470.5	429.8	3516.6

12-18 供水用水情况
Water Supply and Water Use

年份 Year 地区 Region	供水总量(亿立方米) Water Supply (100 million cu.m)	地表水 Surface Water	地下水 Ground-water	其他 Others	用水总量(亿立方米) Water Use (100 million cu.m)	农业 Agricul-ture	工业 Industry	生活 Consump-tion	生态 Ecological Protection	人均用水量(立方米/人) Per Capita Water Use (cu.m/person)
2000	5530.7	4440.4	1069.2	21.1	5497.6	3783.5	1139.1	574.9		435.4
2001	5567.4	4450.7	1094.9	21.9	5567.4	3825.7	1141.8	599.9		437.7
2002	5497.3	4404.4	1072.4	20.5	5497.3	3736.2	1142.4	618.7		429.3
2003	5320.4	4286.0	1018.1	16.3	5320.4	3432.8	1177.2	630.9	79.5	412.9
2004	5547.8	4504.2	1026.4	17.2	5547.8	3585.7	1228.9	651.2	82.0	428.0
2005	5633.0	4572.2	1038.8	22.0	5633.0	3580.0	1285.2	675.1	92.7	432.1
2006	5795.0	4706.8	1065.5	22.7	5795.0	3664.4	1343.8	693.8	93.0	442.0
2007	5818.7	4723.9	1069.1	25.7	5818.7	3599.5	1403.0	710.4	105.7	441.5
2008	5910.0	4796.4	1084.8	28.7	5910.0	3663.5	1397.1	729.3	120.2	446.2
2009	5965.2	4839.5	1094.5	31.2	5965.2	3723.1	1390.9	748.2	103.0	448.0
北京 Beijing	35.5	7.2	21.8	6.5	35.5	11.4	5.2	15.3	3.6	205.8
天津 Tianjin	23.4	17.2	6.0	0.1	23.4	12.8	4.4	5.1	1.1	194.4
河北 Hebei	193.7	37.5	154.6	1.6	193.7	143.9	23.7	23.4	2.7	276.3
山西 Shanxi	56.3	23.3	32.9		56.3	34.4	10.5	10.0	1.3	164.6
内蒙古 Inner Mongolia	181.3	93.5	87.5	0.3	181.3	138.7	20.9	14.1	7.6	749.6
辽宁 Liaoning	142.8	71.6	67.4	3.8	142.8	91.1	23.9	24.4	3.3	330.8
吉林 Jilin	111.1	68.6	42.5		111.1	71.2	23.6	14.1	2.3	405.9
黑龙江 Heilongjiang	316.3	180.2	136.0		316.3	237.4	55.7	18.8	4.4	826.7
上海 Shanghai	125.2	124.9	0.3		125.2	16.8	84.2	23.1	1.2	657.4
江苏 Jiangsu	549.2	540.4	8.8		549.2	300.1	194.5	51.4	3.2	713.2
浙江 Zhejiang	197.8	192.3	5.0	0.5	197.8	97.3	55.3	37.6	7.5	384.0
安徽 Anhui	291.9	265.3	26.1	0.5	291.9	167.2	93.7	29.0	2.0	475.9
福建 Fujian	201.4	196.4	4.8	0.3	201.4	100.8	77.2	22.1	1.3	557.2
江西 Jiangxi	241.3	230.9	10.4		241.3	157.2	53.2	26.1	4.8	546.3
山东 Shandong	220.0	119.6	97.0	3.3	220.0	156.4	24.7	34.9	3.9	233.0
河南 Henan	233.7	94.3	139.0	0.4	233.7	138.1	53.5	35.8	6.3	247.1
湖北 Hubei	281.4	271.5	8.8	1.1	281.4	149.4	100.8	30.9	0.2	492.4
湖南 Hunan	322.3	301.8	20.6		322.3	189.3	83.5	46.1	3.5	504.2
广东 Guangdong	463.4	440.8	21.0	1.6	463.4	228.7	136.2	90.4	8.1	483.2
广西 Guangxi	303.4	289.0	11.6	2.7	303.4	195.3	54.0	48.4	5.7	627.3
海南 Hainan	44.5	41.0	3.5		44.5	34.0	3.9	6.4	0.1	517.6
重庆 Chongqing	85.3	83.5	1.8	0.1	85.3	19.0	47.6	18.2	0.5	299.4
四川 Sichuan	223.5	204.6	16.4	2.4	223.5	123.6	61.6	36.3	2.0	273.8
贵州 Guizhou	100.4	93.2	7.0	0.2	100.4	50.8	34.1	14.9	0.6	264.5
云南 Yunnan	152.6	145.7	4.3	2.6	152.6	103.5	22.4	23.6	3.2	335.0
西藏 Tibet	30.9	28.3	2.6		30.9	27.4	1.4	2.0		1069.4
陕西 Shaanxi	84.3	50.9	33.1	0.4	84.3	57.2	11.4	14.8	0.9	223.9
甘肃 Gansu	120.6	94.7	24.0	1.9	120.6	93.8	13.1	10.8	3.0	458.4
青海 Qinghai	28.8	23.9	4.7	0.1	28.8	21.6	3.0	3.4	0.8	517.8
宁夏 Ningxia	72.2	67.0	5.2		72.2	65.3	3.7	1.7	1.6	1162.3
新疆 Xinjiang	530.9	440.2	90.0	0.7	530.9	489.4	10.1	14.9	16.5	2475.1

注：生态用水仅包括部分河湖、湿地人工补水和城市环境用水。

a) Water use by ecological protection only includes artficial supplement of river & lake, wetland and city entironment.

12-19 各地区废水排放及处理情况（2009年）

Discharge and Treatment of Industrial Waste Water by Region (2009)

地区	Region	废水治理设施数(套) Number of Facilities for Treatment of Waste Water (set)	工业废水排放总量(万吨) Total Volume of Waste Water Discharge (10 000 tons)	#直接排入海 Volume of Waste Water Directly Discharged into Sea	工业废水排放达标量(万吨) Industrial Waste Water Meeting Discharge Standards (10 000 tons)
全国	**National Total**	**77018**	**2343857**	**134695**	**2208743**
北京	Beijing	524	8713		8574
天津	Tianjin	848	19441	584	19440
河北	Hebei	3869	110058	1162	108166
山西	Shanxi	2548	39720		32694
内蒙古	Inner Mongolia	889	28616		24366
辽宁	Liaoning	1798	75159	24435	64593
吉林	Jilin	638	37563		30621
黑龙江	Heilongjiang	1465	34188		31379
上海	Shanghai	1730	41192	2536	40687
江苏	Jiangsu	6877	256160	1623	251290
浙江	Zhejiang	8202	203442	11641	193847
安徽	Anhui	1987	73441		70657
福建	Fujian	3949	142747	73811	141032
江西	Jiangxi	1826	67192		63047
山东	Shandong	4824	182673	7495	180030
河南	Henan	3210	140325		134850
湖北	Hubei	2068	91324		87594
湖南	Hunan	3195	96396		88059
广东	Guangdong	9826	188844	7549	174377
广西	Guangxi	2539	161596	1597	153458
海南	Hainan	267	7031	2263	6789
重庆	Chongqing	1638	65684		61925
四川	Sichuan	4377	105910		101029
贵州	Guizhou	2050	13478		9570
云南	Yunnan	2088	32375		29991
西藏	Tibet	16	942		210
陕西	Shaanxi	1728	49137		47523
甘肃	Gansu	657	16364		13266
青海	Qinghai	155	8404		4692
宁夏	Ningxia	353	21542		18835
新疆	Xinjiang	877	24201		16152

12-19 续表 continued

地 区	Region	工业废水中化学需氧量排放量(万吨) COD Discharge from Industrial Waste Water (10 000 tons)	工业废水中氨氮排放量(万吨) Ammonia Nitrogen Discharge from Industrial Waste Water (10 000 tons)	生活污水排放量(万吨) Consumption Waste Water Discharge (10 000 tons)	生活污水中化学需氧量排放量(万吨) COD Discharge from Consumption Waste Water (10 000 tons)	生活污水中氨氮排放量(万吨) Ammonia Nitrogen Discharge from Consumption Waste Water (10 000 tons)
全 国	**National Total**	**439.68**	**27.35**	**3547021**	**837.86**	**95.26**
北 京	Beijing	0.49	0.05	132100	9.39	1.26
天 津	Tianjin	2.35	0.29	40206	10.95	0.91
河 北	Hebei	23.04	1.72	134931	33.97	3.79
山 西	Shanxi	14.19	1.15	66155	20.25	2.92
内蒙古	Inner Mongolia	12.01	0.47	44539	15.85	2.92
辽 宁	Liaoning	21.63	0.96	141996	34.64	5.29
吉 林	Jilin	14.72	0.26	72151	21.36	2.60
黑龙江	Heilongjiang	11.19	0.68	76320	35.01	4.08
上 海	Shanghai	2.90	0.20	189326	21.44	2.78
江 苏	Jiangsu	25.13	1.38	266169	57.04	5.16
浙 江	Zhejiang	24.05	1.52	161575	27.33	2.58
安 徽	Anhui	12.88	1.44	106260	29.53	3.24
福 建	Fujian	7.54	0.62	103266	30.03	2.39
江 西	Jiangxi	10.35	0.73	79888	33.17	2.68
山 东	Shandong	26.05	1.39	204058	38.65	5.34
河 南	Henan	29.77	2.57	193656	32.86	4.95
湖 北	Hubei	14.37	1.51	174433	43.20	4.95
湖 南	Hunan	21.56	2.40	163883	63.28	6.00
广 东	Guangdong	21.68	1.00	498585	69.44	10.51
广 西	Guangxi	51.88	1.40	143911	45.75	3.41
海 南	Hainan	1.16	0.06	30486	8.87	0.76
重 庆	Chongqing	10.03	0.73	81385	13.95	1.95
四 川	Sichuan	24.51	1.35	156799	50.25	4.60
贵 州	Guizhou	1.30	0.09	45682	20.30	1.62
云 南	Yunnan	8.53	0.32	55215	18.78	1.58
西 藏	Tibet	0.07		2514	1.47	0.15
陕 西	Shaanxi	12.64	0.72	62082	19.17	2.47
甘 肃	Gansu	4.87	1.19	32907	11.94	1.48
青 海	Qinghai	3.93	0.17	13767	3.69	0.54
宁 夏	Ningxia	9.73	0.42	19794	2.78	0.39
新 疆	Xinjiang	15.14	0.58	52983	13.53	1.97

12-20 工业按行业分废水排放及处理情况（2009年）
Discharge and Treatment of Waste Water by Sector (2009)

行业	Sector	汇总工业企业数（个）Number of Industrial Enterprises (unit)	工业废水排放总量（万吨）Total Volume of Industrial Waste Water Discharge (10 000 tons)	工业废水排放达标量（万吨）Volume of Industrial Waste Water Meeting Discharge Standards (10 000 tons)
行业总计	**Total**	**110903**	**2090300**	**1980075**
煤炭开采和洗选业	Mining and Washing of Coal	4261	80236	73665
石油和天然气开采业	Extraction of Petroleum and Natural Gas	233	10197	10005
黑色金属矿采选业	Mining and Processing of Ferrous Metal Ores	1146	15546	14650
有色金属矿采选业	Mining and Processing of Non-Ferrous Metal Ores	1628	37307	32730
非金属矿采选业	Mining and Processing of Nonmetal Ores	958	7719	7292
其他采矿业	Mining of Other Ores	74	574	460
农副食品加工业	Processing of Food from Agricultural Products	7481	143838	132050
食品制造业	Manufacture of Foods	3707	52699	48365
饮料制造业	Manufacture of Beverages	2748	69674	65459
烟草制品业	Manufacture of Tobacco	158	3253	3176
纺织业	Manufacture of Textile	8070	239116	230806
纺织服装、鞋、帽制造业	Manufacture of Textile Wearing Apparel, Footware, and Caps	1451	14728	14324
皮革毛皮羽毛(绒)及其制品业	Manufacture of Leather, Fur, Feather and Related Products	1695	24964	23087
木材加工及木竹藤棕草制品业	Processing of Timber, Manufacture of Wood, Bamboo, Rattan, Palm, and Straw Products	1526	6137	5703
家具制造业	Manufacture of Furniture	340	1856	1836
造纸及纸制品业	Manufacture of Paper and Paper Products	5771	392604	367176
印刷业和记录媒介的复制	Printing,Reproduction of Recording Media	558	1783	1743
文教体育用品制造业	Manufacture of Articles For Culture, Education and Sport Activity	270	1239	1109
石油加工、炼焦及核燃料加工业	Processing of Petroleum, Coking, Processing of Nuclear Fuel	1139	66406	63474
化学原料及化学制品制造业	Manufacture of Raw Chemical Materials and Chemical Products	9985	297062	282138
医药制造业	Manufacture of Medicines	2939	52718	51003
化学纤维制造业	Manufacture of Chemical Fibers	350	43855	41858
橡胶制品业	Manufacture of Rubber	918	6783	6704
塑料制品业	Manufacture of Plastics	1409	4387	4005
非金属矿物制品业	Manufacture of Non-metallic Mineral Products	21435	32777	30434
黑色金属冶炼及压延加工业	Smelting and Pressing of Ferrous Metals	3562	125978	122036
有色金属冶炼及压延加工业	Smelting and Pressing of Non-ferrous Metals	2643	28976	27643
金属制品业	Manufacture of Metal Products	6118	31346	30166
通用设备制造业	Manufacture of General Purpose Machinery	3764	13452	12953
专用设备制造业	Manufacture of Special Purpose Machinery	1294	11006	10747
交通运输设备制造业	Manufacture of Transport Equipment	2539	27422	26473
电气机械及器材制造业	Manufacture of Electrical Machinery and Equipment	1654	9324	9002
通信计算机及其他电子设备制造业	Manufacture of Communication Equipment, Computers and Other Electronic Equipment	1872	33513	32776
仪器仪表及文化办公用机械制造业	Manufacture of Measuring Instruments and Machinery for Cultural Activity and Office Work	511	5798	5675
工艺品及其他制造业	Manufacture of Artwork and Other Manufacturing	948	3587	3362
废弃资源和废旧材料回收加工业	Recycling and Disposal of Waste	189	959	917
电力、热力的生产和供应业	Production and Supply of Electric Power and Heat Power	4132	149010	144573
燃气生产和供应业	Production and Supply of Gas	88	2013	1927
水的生产和供应业	Production and Supply of Water	262	22919	22421
其他行业	Other Sectors	1077	17537	16152

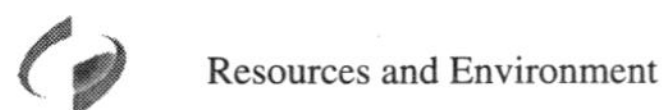

12-21 主要城市工业废水排放及处理情况（2009年）
Discharge and Treatment of Industrial Waste Water in Major Cities (2009)

城市	City	工业废水排放量(万吨) Total Volume of Waste Water Discharged (10 000 tons)	工业废水排放达标量(万吨) Industrial Waste Water Meeting Discharge Standards (10 000 tons)	工业废水中化学需氧量排放量(吨) COD Discharge from Industrial Waste Water (ton)	工业废水中氨氮排放量(吨) Ammonia Nitrogen Discharge from Industrial Waste Water (ton)	废水治理设施数(套) Number of Facilities for Treatment of Waste Water (set)	本年运行费用(万元) Annual Expenditure for Operation (10 000 yuan)
北京	Beijing	8713	8574	4898.1	452.8	524	65702.5
天津	Tianjin	19441	19440	23469.4	2915.5	848	73073.1
石家庄	Shijiazhuang	19045	18992	49738.4	4068.5	589	46852.5
太原	Taiyuan	2483	2417	4920.0	353.8	238	41219.8
呼和浩特	Hohhot	2374	2373	2474.1	236.3	54	9061.4
沈阳	Shenyang	6259	5722	7947.0	1086.4	356	24178.2
长春	Changchun	5489	5133	25947.0	468.5	104	5708.0
哈尔滨	Harbin	3539	3446	13865.1	510.9	153	20847.1
上海	Shanghai	41192	40687	29030.6	1982.8	1730	264295.6
南京	Nanjing	36339	33698	26702.5	1099.0	677	85539.5
杭州	Hangzhou	79959	76925	86449.3	2364.4	1221	90202.8
合肥	Hefei	2036	1961	1380.7	80.1	166	9570.4
福州	Fuzhou	4288	3860	3980.1	550.3	382	12994.5
南昌	Nanchang	10238	9554	21000.0	1085.5	207	12303.4
济南	Jinan	5014	4954	7004.6	319.9	264	25822.3
郑州	Zhengzhou	11240	11155	9353.7	233.1	377	19533.0
武汉	Wuhan	22532	22334	21808.1	1225.9	248	27054.3
长沙	Changsha	3726	3354	4920.9	228.7	260	5283.0
广州	Guangzhou	26023	25116	23425.3	935.8	996	61140.0
南宁	Nanning	12347	11291	71981.7	1341.5	384	17523.6
海口	Haikou	475	475	328.6	8.7	33	1439.9
重庆	Chongqing	65684	61925	100290.3	7251.4	1638	54792.7
成都	Chengdu	24554	24487	41504.0	5755.5	1512	32644.1
贵阳	Guiyang	2356	2292	1791.0	97.0	298	8335.3
昆明	Kunming	4256	4249	3276.3	209.8	538	20781.8
拉萨	Lhasa	986	210	489.9	2.7	13	158.2
西安	Xi'an	14203	13281	40823.5	2230.2	383	13360.2
兰州	Lanzhou	2945	2905	1834.6	134.9	78	15379.2
西宁	Xining	4387	3828	15990.1	970.8	127	2771.7
银川	Yinchuan	4987	4946	12552.6	1227.7	128	6317.6
乌鲁木齐	Urumqi	5968	5251	8667.5	1668.5	107	7879.8

12-22 各地区化学需氧量排放量
Amount of COD Discharged by Region

单位：万吨 (10 000 tons)

地 区	Region	2001	2002	2003	2004	2005	2006	2007	2008	2009
全 国	**National Total**	**1404.8**	**1366.9**	**1332.9**	**1339.2**	**1414.2**	**1428.2**	**1381.8**	**1320.7**	**1277.5**
北 京	Beijing	17.0	15.2	13.4	13.0	11.6	11.0	10.6	10.1	9.9
天 津	Tianjin	10.6	10.3	13.0	13.7	14.6	14.3	13.7	13.3	13.3
河 北	Hebei	65.2	64.0	63.6	65.8	66.1	68.8	66.7	60.5	57.0
山 西	Shanxi	31.2	31.0	35.8	38.0	38.7	38.7	37.4	35.9	34.4
内蒙古	Inner Mongolia	28.1	23.8	27.4	27.5	29.7	29.8	28.8	28.0	27.9
辽 宁	Liaoning	67.7	59.3	54.6	50.0	64.4	64.1	62.8	58.4	56.3
吉 林	Jilin	41.1	35.7	37.2	36.6	40.7	41.7	40.0	37.4	36.1
黑龙江	Heilongjiang	52.7	51.4	51.0	50.5	50.4	49.8	48.8	47.6	46.2
上 海	Shanghai	30.5	33.0	33.8	29.4	30.4	30.2	29.4	26.7	24.3
江 苏	Jiangsu	83.1	78.4	76.7	85.4	96.6	93.0	89.1	85.1	82.2
浙 江	Zhejiang	58.0	57.8	56.2	55.7	59.5	59.3	56.4	53.9	51.4
安 徽	Anhui	41.7	41.1	41.2	42.7	44.4	45.6	45.1	43.3	42.4
福 建	Fujian	31.4	28.2	35.1	35.9	39.4	39.5	38.3	37.8	37.6
江 西	Jiangxi	41.5	39.1	42.2	45.4	45.7	47.4	46.9	44.5	43.5
山 东	Shandong	92.2	86.0	83.0	77.9	77.0	75.8	72.0	67.9	64.7
河 南	Henan	76.0	74.3	70.7	69.6	72.1	72.1	69.4	65.1	62.6
湖 北	Hubei	66.8	66.3	63.4	61.4	61.6	62.6	60.1	58.6	57.6
湖 南	Hunan	71.0	74.1	81.4	85.0	89.5	92.3	90.4	88.5	84.8
广 东	Guangdong	110.5	95.2	98.2	92.7	105.8	104.9	101.7	96.4	91.1
广 西	Guangxi	82.7	84.6	92.7	99.4	107.0	111.9	106.3	101.3	97.6
海 南	Hainan	7.0	6.6	6.8	9.3	9.5	9.9	10.1	10.1	10.0
重 庆	Chongqing	25.4	25.0	26.1	27.0	26.9	26.4	25.1	24.2	24.0
四 川	Sichuan	99.2	93.6	93.6	88.2	78.3	80.6	77.1	74.9	74.8
贵 州	Guizhou	20.7	20.5	22.0	22.3	22.6	22.9	22.7	22.2	21.6
云 南	Yunnan	30.8	30.1	28.5	29.0	28.5	29.4	29.0	28.1	27.3
西 藏	Tibet	1.1	0.8	0.8	1.4	1.4	1.5	1.5	1.5	1.5
陕 西	Shaanxi	33.4	32.3	32.1	33.8	35.0	35.5	34.5	33.2	31.8
甘 肃	Gansu	12.1	13.0	15.8	15.8	18.2	17.8	17.4	17.1	16.8
青 海	Qinghai	3.3	3.3	3.2	3.9	7.2	7.5	7.6	7.5	7.6
宁 夏	Ningxia	18.7	11.1	10.2	6.6	14.3	14.0	13.7	13.2	12.5
新 疆	Xinjiang	20.1	20.5	22.9	26.2	27.1	28.8	29.0	28.7	28.7

12-23　主要城市空气质量指标（2009年）
Ambient Air Quality in Major Cities (2009)

单位：毫克/立方米　　(milligram/cu.m)

城　市	City	可吸入颗粒物 (PM_{10}) Particulate Matters	二氧化硫 (SO_2) Sulphur Dioxide	二氧化氮 (NO_2) Nitrogen Dioxide	空气质量达到及好于二级的天数（天） Days of Air Quality Equal to or Above Grade II (days)	空气质量达到二级以上天数占全年比重(%) Proportion of Days of Air Quality Equal to or above Grade II in the Whole Year (%)
北　京	Beijing	0.121	0.034	0.053	285	78.1
天　津	Tianjin	0.101	0.056	0.040	307	84.1
石家庄	Shijiazhuang	0.104	0.045	0.035	318	87.1
太　原	Taiyuan	0.106	0.075	0.022	296	81.1
呼和浩特	Hohhot	0.074	0.049	0.040	346	94.8
沈　阳	Shenyang	0.110	0.059	0.037	328	89.9
长　春	Changchun	0.085	0.034	0.043	340	93.2
哈尔滨	Harbin	0.101	0.046	0.054	311	85.2
上　海	Shanghai	0.081	0.035	0.053	334	91.5
南　京	Nanjing	0.100	0.035	0.048	315	86.3
杭　州	Hangzhou	0.097	0.041	0.052	327	89.6
合　肥	Hefei	0.111	0.023	0.027	321	87.9
福　州	Fuzhou	0.064	0.014	0.040	353	96.7
南　昌	Nanchang	0.079	0.054	0.037	347	95.1
济　南	Jinan	0.123	0.050	0.025	295	80.8
郑　州	Zhengzhou	0.099	0.053	0.046	322	88.2
武　汉	Wuhan	0.105	0.044	0.054	301	82.5
长　沙	Changsha	0.092	0.039	0.042	333	91.2
广　州	Guangzhou	0.070	0.039	0.056	347	95.1
南　宁	Nanning	0.050	0.032	0.028	362	99.2
海　口	Haikou	0.038	0.007	0.016	365	100.0
重　庆	Chongqing	0.105	0.053	0.037	303	83.0
成　都	Chengdu	0.111	0.038	0.055	315	86.3
贵　阳	Guiyang	0.074	0.058	0.026	347	95.1
昆　明	Kunming	0.067	0.041	0.046	365	100.0
拉　萨	Lhasa	0.050	0.008	0.021	361	98.9
西　安	Xi'an	0.113	0.048	0.046	304	83.3
兰　州	Lanzhou	0.150	0.059	0.043	236	64.7
西　宁	Xining	0.141	0.042	0.032	280	76.7
银　川	Yinchuan	0.090	0.044	0.031	328	89.9
乌鲁木齐	Urumqi	0.140	0.093	0.068	262	71.8

12-24 各地区废气排放及处理情况（2009年）

Emission and Treatment of Industrial Waste Gas by Region (2009)

地 区	Region	废气治理设施数（套）Number of Facilities for Treatment of Waste Gas (set)	工业废气排放总量（亿标立方米）Total Volume of Industrial Waste Gas Emission (100 million cu.m)	燃料燃烧 from Process of Fuel Burning	生产工艺 from Process of Production	工业二氧化硫排放量（万吨）Volume of Sulphur Dioxide Emission by Industry (10 000 tons)	生活二氧化硫排放量（万吨）Volume of Sulphur Dioxide Emission by Consumption (10 000 tons)
全 国	**National Total**	**176489**	**436064**	**241201**	**194862**	**1865.9**	**348.5**
北 京	Beijing	2603	4408	1777	2631	6.0	5.9
天 津	Tianjin	3157	5983	4040	1943	17.3	6.4
河 北	Hebei	11845	50779	24836	25943	104.3	21.1
山 西	Shanxi	9200	23693	13066	10627	101.0	25.9
内蒙古	Inner Mongolia	4956	24844	14382	10462	120.4	19.5
辽 宁	Liaoning	10067	25211	11284	13928	91.9	13.3
吉 林	Jilin	3037	7124	5095	2029	30.0	6.3
黑龙江	Heilongjiang	4313	9977	8260	1717	41.9	7.1
上 海	Shanghai	3986	10059	3382	6677	23.9	14.0
江 苏	Jiangsu	11508	27432	17752	9680	101.2	6.2
浙 江	Zhejiang	14526	18860	11913	6947	67.7	2.4
安 徽	Anhui	4733	15273	7038	8234	48.7	5.2
福 建	Fujian	6931	10497	6580	3917	39.9	2.0
江 西	Jiangxi	3953	8286	4711	3575	49.0	7.4
山 东	Shandong	11727	35127	19539	15587	136.6	22.4
河 南	Henan	8740	22186	12773	9412	117.6	17.9
湖 北	Hubei	5211	12523	5958	6565	52.7	11.6
湖 南	Hunan	5117	10973	4373	6599	64.9	16.2
广 东	Guangdong	13011	22682	14033	8649	101.3	5.8
广 西	Guangxi	6006	13184	7588	5596	83.5	5.5
海 南	Hainan	397	1353	1023	330	2.1	0.1
重 庆	Chongqing	3309	12587	6659	5928	58.6	16.0
四 川	Sichuan	6927	13410	7436	5974	94.6	18.9
贵 州	Guizhou	2441	7786	4763	3023	62.4	55.2
云 南	Yunnan	5432	9484	4758	4726	41.8	8.1
西 藏	Tibet	51	15	14	2	0.2	
陕 西	Shaanxi	4035	11032	6822	4210	74.2	6.3
甘 肃	Gansu	2716	6314	3375	2939	40.1	9.9
青 海	Qinghai	752	3308	757	2551	12.7	0.8
宁 夏	Ningxia	1503	4701	2556	2144	27.8	3.6
新 疆	Xinjiang	4299	6975	4658	2317	51.5	7.5

12-24 续表 continued

地 区	Region	工业二氧化硫去除量(万吨) Volume of Industry Sulphur Dioxide Removed (10 000 tons)	工业烟尘排放量(万吨) Volume of Industrial Soot Emission (10 000 tons)	生活烟尘排放量(万吨) Volume of Consumption Soot Emission (10 000 tons)	工业烟尘去除量(万吨) Volume of Industrial Soot Removed (10 000 tons)	工业粉尘排放量(万吨) Volume of Industrial Dust Emission (10 000 tons)	工业粉尘去除量(万吨) Volume of Industrial Dust Removed (10 000 tons)
全 国	**National Total**	**2889.9**	**604.4**	**243.3**	**32848.1**	**523.6**	**8722.6**
北 京	Beijing	11.3	1.9	2.5	181.7	1.7	80.3
天 津	Tianjin	25.7	5.9	1.3	420.3	0.8	65.1
河 北	Hebei	123.8	33.0	18.9	2355.6	42.7	561.0
山 西	Shanxi	143.4	43.8	20.9	2137.2	42.8	319.2
内蒙古	Inner Mongolia	164.6	32.1	17.3	2458.2	16.4	234.4
辽 宁	Liaoning	102.2	40.1	21.1	1865.5	22.7	636.5
吉 林	Jilin	12.8	27.7	10.7	868.9	6.6	374.8
黑龙江	Heilongjiang	7.4	31.9	11.4	1058.7	10.1	79.8
上 海	Shanghai	38.5	3.6	6.5	513.5	0.8	95.7
江 苏	Jiangsu	185.6	30.1	2.9	2279.4	16.4	323.1
浙 江	Zhejiang	130.6	18.0	1.0	1234.3	16.8	869.7
安 徽	Anhui	161.9	23.0	5.0	1363.6	28.5	344.4
福 建	Fujian	35.5	7.1	4.3	606.4	15.7	249.2
江 西	Jiangxi	143.0	13.9	2.5	741.8	26.3	567.4
山 东	Shandong	273.3	30.2	11.5	3339.8	22.1	554.6
河 南	Henan	141.4	52.1	7.6	2685.9	24.9	572.7
湖 北	Hubei	88.5	17.9	3.7	789.0	18.3	408.3
湖 南	Hunan	84.8	27.6	6.6	660.2	57.5	323.5
广 东	Guangdong	187.4	24.8	5.3	988.3	10.5	464.1
广 西	Guangxi	87.8	24.7	1.3	372.6	46.7	323.6
海 南	Hainan	6.0	0.8	0.2	55.9	0.9	12.6
重 庆	Chongqing	78.0	10.9	8.2	439.0	10.8	59.0
四 川	Sichuan	83.8	19.6	8.9	946.3	11.4	179.4
贵 州	Guizhou	131.8	11.8	32.2	1396.9	9.9	177.4
云 南	Yunnan	141.7	12.4	5.5	1105.3	10.2	370.5
西 藏	Tibet		0.1	0.2	0.1	0.1	
陕 西	Shaanxi	74.5	15.1	5.2	779.9	14.8	221.4
甘 肃	Gansu	191.3	9.2	7.0	304.7	8.4	89.4
青 海	Qinghai	1.3	5.4	2.2	107.8	6.9	63.7
宁 夏	Ningxia	29.3	7.9	1.8	466.0	3.6	45.6
新 疆	Xinjiang	3.0	22.0	9.7	325.3	18.5	56.3

12-25 主要城市工业废气排放及处理情况（2009年）
Emission and Treatment of Industrial Waste Gas in Major Cities (2009)

单位：吨 (ton)

城市 City		工业二氧化硫排放量 Volume of Sulphur Dioxide Emission by Industry	工业烟尘排放量 Volume of Industrial Soot Emission	工业粉尘排放量 Volume of Industrial Dust Emission	工业二氧化硫去除量 Volume of Industry Sulphur Dioxide Removed	工业烟尘去除量 Volume of Industrial Soot Removed	工业粉尘去除量 Volume of Industrial Dust Removed	废气治理设施数(套) Facilities for Treatment of Waste Gas (set)	#脱硫设施 Desulfurization Facilities	本年运行费用(万元) Annual Expenditure for Operation (10 000 yuan)
北　京	Beijing	59922	19077	17321	112829	1816769	802926	2603	1095	90121.7
天　津	Tianjin	172980	58687	7946	256518	4203247	651466	3157	1631	168240.0
石家庄	Shijiazhuang	143675	31343	15447	277484	3982450	151841	1810	365	72281.2
太　原	Taiyuan	90487	38607	30461	173708	3092713	873954	1040	407	89745.7
呼和浩特	Hohhot	74041	12731	1309	179785	4193630	71687	726	16	40431.6
沈　阳	Shenyang	82362	52941	4847	44132	1644314	5469	2140	513	46795.7
长　春	Changchun	54693	68922	25355	14817	1591062	849075	673	52	11922.6
哈尔滨	Harbin	51879	51205	17388	27486	1717867	62673	869	56	16620.6
上　海	Shanghai	239348	36450	8320	384624	5135132	957492	3986	709	220887.0
南　京	Nanjing	134277	31168	41675	494692	2435626	779644	1144	130	88241.9
杭　州	Hangzhou	92926	35418	18349	80713	1210748	935501	1776	437	78786.3
合　肥	Hefei	30453	10602	4591	17620	1054717	126715	381	30	10252.5
福　州	Fuzhou	90277	7027	2127	91877	1462428	15043	558	62	67911.6
南　昌	Nanchang	22514	8104	6115	11548	155627	4172	536	46	12350.2
济　南	Jinan	65944	20146	30022	141691	1633220	697153	940	158	113506.9
郑　州	Zhengzhou	112167	51410	38211	59191	2785352	400954	1404	119	55391.0
武　汉	Wuhan	114579	30890	8163	107380	2160838	409925	628	42	45883.6
长　沙	Changsha	52052	34704	133530	38484	100415	191883	347	58	3353.8
广　州	Guangzhou	91722	11943	2237	896167	1806518	95690	1676	350	93455.9
南　宁	Nanning	58487	26760	8407	20127	513521	400235	916	171	13636.9
海　口	Haikou	103	94	1		579	17	21		1731.4
重　庆	Chongqing	586117	108674	107749	780181	4390483	590009	3309	328	149234.1
成　都	Chengdu	93045	36670	5045	153731	1357527	132142	1607	64	59814.1
贵　阳	Guiyang	84488	13831	14688	187718	1109016	413901	497	164	35510.2
昆　明	Kunming	88337	8023	5563	593326	1307393	428396	1407	124	86628.6
拉　萨	Lhasa	1201	571	680		505	8	17		1345.0
西　安	Xi'an	82864	20410	4235	48743	780446	133130	852	106	19073.9
兰　州	Lanzhou	70687	11046	8378	207025	1217513	113682	529	18	35426.9
西　宁	Xining	70403	24687	32811	13402	798552	383891	421	4	33321.6
银　川	Yinchuan	20403	6936	2126	40134	143055	94073	281	59	10384.2
乌鲁木齐	Urumqi	107971	35058	8525	20206	764051	117003	519	7	24411.1

12-26 工业按行业分废气排放及处理情况（2009年）
Emission and Treatment of Waste Gas by Sector (2009)

单位：万吨 (10 000 tons)

行业	Sector	工业二氧化硫排放量 Volume of Sulphur Dioxide Emission	工业二氧化硫去除量 Volume of Sulphur Dioxide Removed	工业烟尘排放量 Volume of Industrial Soot Emission
行业总计	**Total**	**1694.06**	**2889.86**	**544.62**
煤炭开采和洗选业	Mining and Washing of Coal	14.99	9.73	9.83
石油和天然气开采业	Extraction of Petroleum and Natural Gas	3.53	6.26	1.11
黑色金属矿采选业	Mining and Processing of Ferrous Metal Ores	5.45	1.51	1.84
有色金属矿采选业	Mining and Processing of Non-Ferrous Metal Ores	12.30	58.33	1.21
非金属矿采选业	Mining and Processing of Nonmetal Ores	4.52	2.62	2.23
其他采矿业	Mining of Other Ores	0.11	0.01	0.19
农副食品加工业	Processing of Food from Agricultural Products	16.09	6.65	11.23
食品制造业	Manufacture of Foods	10.76	4.88	5.72
饮料制造业	Manufacture of Beverages	10.58	5.11	6.75
烟草制品业	Manufacture of Tobacco	1.16	0.60	0.51
纺织业	Manufacture of Textile	25.61	10.45	12.66
纺织服装、鞋、帽制造业	Manufacture of Textile Wearing Apparel, Footware, and Caps	1.24	0.69	0.66
皮革毛皮羽毛(绒)及其制品业	Manufacture of Leather, Fur, Feather and Related Products	1.78	0.31	1.03
木材加工及木竹藤棕草制品业	Processing of Timber, Manufacture of Wood, Bamboo, Rattan, Palm, and Straw Products	3.21	0.53	3.23
家具制造业	Manufacture of Furniture	0.26	0.09	0.37
造纸及纸制品业	Manufacture of Paper and Paper Products	45.74	23.42	19.18
印刷业和记录媒介的复制	Printing,Reproduction of Recording Media	0.27	0.06	0.15
文教体育用品制造业	Manufacture of Articles For Culture, Education and Sport Activity	0.11	0.17	0.06
石油加工、炼焦及核燃料加工业	Processing of Petroleum, Coking, Processing of Nuclear Fuel	61.42	230.75	22.46
化学原料及化学制品制造业	Manufacture of Raw Chemical Materials and Chemical Products	97.52	112.36	41.72
医药制造业	Manufacture of Medicines	7.76	4.96	4.51
化学纤维制造业	Manufacture of Chemical Fibers	11.46	8.58	2.78
橡胶制品业	Manufacture of Rubber	3.78	3.57	1.84
塑料制品业	Manufacture of Plastics	2.34	0.62	1.01
非金属矿物制品业	Manufacture of Non-metallic Mineral Products	160.52	41.79	92.51
黑色金属冶炼及压延加工业	Smelting and Pressing of Ferrous Metals	170.18	126.30	51.84
有色金属冶炼及压延加工业	Smelting and Pressing of Non-ferrous Metals	66.09	783.15	12.28
金属制品业	Manufacture of Metal Products	3.84	0.80	2.18
通用设备制造业	Manufacture of General Purpose Machinery	4.62	1.23	3.01
专用设备制造业	Manufacture of Special Purpose Machinery	3.83	1.54	1.30
交通运输设备制造业	Manufacture of Transport Equipment	3.68	1.66	2.93
电气机械及器材制造业	Manufacture of Electrical Machinery and Equipment	1.13	0.47	0.64
通信计算机及其他电子设备制造业	Manufacture of Communication Equipment, Computers and Other Electronic Equipment	1.00	0.61	0.50
仪器仪表及文化办公用机械制造业	Manufacture of Measuring Instruments and Machinery for Cultural Activity and Office Work	0.14	0.06	0.07
工艺品及其他制造业	Manufacture of Artwork and Other Manufacturing	0.37	0.06	0.16
废弃资源和废旧材料回收加工业	Recycling and Disposal of Waste	0.17	0.10	0.05
电力、热力的生产和供应业	Production and Supply of Electric Power and Heat Power	932.99	1437.90	222.15
燃气生产和供应业	Production and Supply of Gas	2.33	0.91	1.38
水的生产和供应业	Production and Supply of Water	0.05		0.05
其他行业	Other Sectors	1.10	1.01	1.29

12-26 续表 continued

单位：万吨 (10 000 tons)

行　业	Sector	工业烟尘去除量 Volume of Industrial Soot Removed	工业粉尘排放量 Volume of Industrial Dust Emission	工业粉尘去除量 Volume of Industrial Dust Removed
行业总计	**Total**	**32848.15**	**476.20**	**8722.65**
煤炭开采和洗选业	Mining and Washing of Coal	171.18	18.78	16.22
石油和天然气开采业	Extraction of Petroleum and Natural Gas	4.67		
黑色金属矿采选业	Mining and Processing of Ferrous Metal Ores	10.28	3.78	14.63
有色金属矿采选业	Mining and Processing of Non-Ferrous Metal Ores	12.63	1.16	4.95
非金属矿采选业	Mining and Processing of Nonmetal Ores	25.81	2.59	5.66
其他采矿业	Mining of Other Ores	0.12	0.06	0.02
农副食品加工业	Processing of Food from Agricultural Products	123.43	0.38	6.18
食品制造业	Manufacture of Foods	85.32	0.13	4.24
饮料制造业	Manufacture of Beverages	103.87	0.11	0.67
烟草制品业	Manufacture of Tobacco	3.11	0.10	1.72
纺织业	Manufacture of Textile	141.90	0.17	0.90
纺织服装、鞋、帽制造业	Manufacture of Textile Wearing Apparel, Footware, and Caps	7.28	0.03	0.05
皮革毛皮羽毛(绒)及其制品业	Manufacture of Leather, Fur, Feather and Related Products	5.62	0.03	0.01
木材加工及木竹藤棕草制品业	Processing of Timber, Manufacture of Wood, Bamboo, Rattan, Palm, and Straw Products	10.23	2.48	29.29
家具制造业	Manufacture of Furniture	1.25	0.10	0.22
造纸及纸制品业	Manufacture of Paper and Paper Products	344.34	0.75	1.44
印刷业和记录媒介的复制	Printing,Reproduction of Recording Media	0.52		
文教体育用品制造业	Manufacture of Articles For Culture, Education and Sport Activity	0.19	0.03	0.22
石油加工、炼焦及核燃料加工业	Processing of Petroleum, Coking, Processing of Nuclear Fuel	279.73	15.55	117.60
化学原料及化学制品制造业	Manufacture of Raw Chemical Materials and Chemical Products	764.71	11.16	104.90
医药制造业	Manufacture of Medicines	41.86	0.08	0.15
化学纤维制造业	Manufacture of Chemical Fibers	113.48	0.06	1.18
橡胶制品业	Manufacture of Rubber	29.07	0.06	0.92
塑料制品业	Manufacture of Plastics	7.49	0.03	0.29
非金属矿物制品业	Manufacture of Non-metallic Mineral Products	1114.15	309.04	5259.28
黑色金属冶炼及压延加工业	Smelting and Pressing of Ferrous Metals	1244.78	84.15	2649.43
有色金属冶炼及压延加工业	Smelting and Pressing of Non-ferrous Metals	420.96	8.84	370.75
金属制品业	Manufacture of Metal Products	9.50	0.76	9.00
通用设备制造业	Manufacture of General Purpose Machinery	10.72	2.96	43.55
专用设备制造业	Manufacture of Special Purpose Machinery	19.48	1.67	3.39
交通运输设备制造业	Manufacture of Transport Equipment	37.42	2.69	14.05
电气机械及器材制造业	Manufacture of Electrical Machinery and Equipment	4.88	0.06	0.18
通信计算机及其他电子设备制造业	Manufacture of Communication Equipment, Computers and Other Electronic Equipment	5.33	0.27	5.52
仪器仪表及文化办公用机械制造业	Manufacture of Measuring Instruments and Machinery for Cultural Activity and Office Work	0.41	0.03	0.23
工艺品及其他制造业	Manufacture of Artwork and Other Manufacturing	0.78	0.91	0.64
废弃资源和废旧材料回收加工业	Recycling and Disposal of Waste	0.37	0.20	0.25
电力、热力的生产和供应业	Production and Supply of Electric Power and Heat Power	27665.56	0.67	1.71
燃气生产和供应业	Production and Supply of Gas	19.31	0.41	0.05
水的生产和供应业	Production and Supply of Water	0.17		
其他行业	Other Sectors	6.27	5.90	53.15

12-27 各地区二氧化硫排放量

Volume of Sulphur Dioxide Emisson by Region

单位：万吨 (10 000 tons)

地 区	Region	2001	2002	2003	2004	2005	2006	2007	2008	2009
全 国	**National Total**	**1947.8**	**1926.6**	**2158.5**	**2254.9**	**2549.4**	**2588.8**	**2468.1**	**2321.2**	**2214.4**
北 京	Beijing	20.1	19.2	18.3	19.1	19.1	17.6	15.2	12.3	11.9
天 津	Tianjin	26.8	23.5	25.9	22.8	26.5	25.5	24.5	24.0	23.7
河 北	Hebei	128.9	127.9	142.2	142.8	149.6	154.5	149.2	134.5	125.3
山 西	Shanxi	119.9	119.9	136.3	141.5	151.6	147.8	138.7	130.8	126.8
内蒙古	Inner Mongolia	64.6	73.1	128.8	117.9	145.6	155.7	145.6	143.1	139.9
辽 宁	Liaoning	83.9	79.3	82.3	83.1	119.7	125.9	123.4	113.1	105.1
吉 林	Jilin	26.5	26.5	27.2	28.5	38.2	40.9	39.9	37.8	36.3
黑龙江	Heilongjiang	29.2	28.7	35.6	37.3	50.8	51.8	51.5	50.6	49.0
上 海	Shanghai	47.3	44.7	45.0	47.3	51.3	50.8	49.8	44.6	37.9
江 苏	Jiangsu	114.8	112.0	124.1	124.0	137.3	130.4	121.8	113.0	107.4
浙 江	Zhejiang	59.2	62.4	73.4	81.4	86.0	85.9	79.7	74.1	70.1
安 徽	Anhui	39.6	39.6	45.5	48.9	57.1	58.4	57.2	55.6	53.8
福 建	Fujian	20.0	19.3	30.4	32.6	46.1	46.9	44.6	42.9	42.0
江 西	Jiangxi	30.6	29.3	43.7	51.9	61.3	63.4	62.1	58.3	56.4
山 东	Shandong	172.2	169.0	183.6	182.1	200.3	196.2	182.2	169.2	159.0
河 南	Henan	89.7	93.7	103.9	125.6	162.5	162.4	156.4	145.2	135.5
湖 北	Hubei	54.0	53.9	60.9	69.2	71.7	76.0	70.8	67.0	64.4
湖 南	Hunan	76.2	74.3	84.8	87.2	91.9	93.4	90.4	84.0	81.2
广 东	Guangdong	97.3	97.4	107.5	114.8	129.4	126.7	120.3	113.6	107.0
广 西	Guangxi	69.7	68.3	87.4	94.4	102.3	99.4	97.4	92.5	89.0
海 南	Hainan	2.0	2.2	2.3	2.3	2.2	2.4	2.6	2.2	2.2
重 庆	Chongqing	72.2	70.0	76.6	79.5	83.7	86.0	82.6	78.2	74.6
四 川	Sichuan	113.5	111.7	120.7	126.4	129.9	128.1	117.9	114.8	113.5
贵 州	Guizhou	138.1	132.5	132.3	131.5	135.8	146.5	137.5	123.6	117.5
云 南	Yunnan	35.7	36.4	45.3	47.8	52.2	55.1	53.4	50.2	49.9
西 藏	Tibet	0.1	0.1	0.1	0.1	0.2	0.2	0.2	0.2	0.2
陕 西	Shaanxi	61.9	63.8	76.6	81.8	92.2	98.1	92.7	88.9	80.4
甘 肃	Gansu	37.0	42.7	49.4	48.4	56.3	54.6	52.3	50.2	50.0
青 海	Qinghai	3.5	3.2	6.0	7.4	12.4	13.0	13.4	13.5	13.6
宁 夏	Ningxia	20.0	22.2	29.3	29.3	34.3	38.3	37.0	34.8	31.4
新 疆	Xinjiang	30.0	29.6	33.1	48.0	51.9	54.9	58.0	58.5	59.0

12-28 各地区工业固体废物产生及处理利用情况（2009年）

Production, Treatment and Utilization of Industrial Solid Wastes by Region (2009)

地区	Region	工业固体废物产生量（万吨）Volume of Industrial Solid Wastes Produced (10 000 tons)	#危险废物 Hazardous Wastes	工业固体废物综合利用量（万吨）Volume of Industrial Solid Wastes Utilized (10 000 tons)	工业固体废物贮存量（万吨）Volume of Industrial Solid Wastes in Stocks (10 000 tons)	工业固体废物处置量（万吨）Volume of Industrial Solid Wastes Treated (10 000 tons)	工业固体废物排放量（吨）Volume of Industrial Solid Wastes Discharged (ton)	"三废"综合利用产品产值（万元）Output Value of Products Made from Utilization of Waste Gas, Water & Solid Wastes (10 000 yuan)
全　国	**National Total**	**203943.4**	**1429.9**	**138185.8**	**20929.3**	**47487.7**	**7104521**	**16082440**
北　京	Beijing	1242.4	11.2	910.4	43.7	754.6	881	71680
天　津	Tianjin	1515.7	7.8	1498.3	0.1	25.7		187882
河　北	Hebei	21975.8	27.7	15693.3	1168.4	5259.9	304551	936390
山　西	Shanxi	14742.9	6.8	8955.8	718.7	5099.4	1415688	342721
内蒙古	Inner Mongolia	12108.3	50.2	6367.9	1235.6	4513.0	92171	217936
辽　宁	Liaoning	17221.4	91.0	8240.7	1981.2	7261.1	27510	443699
吉　林	Jilin	3940.5	57.5	2538.8	1324.8	88.5		308741
黑龙江	Heilongjiang	5274.7	17.0	3809.7	993.7	513.0	9763	247210
上　海	Shanghai	2254.6	47.6	2171.6	12.7	85.7	42	161409
江　苏	Jiangsu	8027.8	126.1	7862.2	168.3	102.0		2014356
浙　江	Zhejiang	3909.7	60.1	3585.9	74.7	256.0	7824	2513210
安　徽	Anhui	8470.8	11.6	7227.0	544.0	922.7	15	509654
福　建	Fujian	6348.9	8.0	5425.8	55.9	874.5	24334	492686
江　西	Jiangxi	8898.2	6.5	3702.7	786.0	4416.1	139938	470277
山　东	Shandong	14137.9	221.4	13826.4	237.9	523.9	144	1725361
河　南	Henan	10785.8	17.9	8064.3	283.0	2691.4	13104	693261
湖　北	Hubei	5561.5	91.4	4210.2	251.4	1164.4	51170	699428
湖　南	Hunan	5092.8	53.9	4010.4	822.2	379.8	185972	695004
广　东	Guangdong	4740.9	99.2	4321.6	137.8	313.5	159839	509827
广　西	Guangxi	5693.1	12.5	3856.7	461.4	1434.4	120979	432197
海　南	Hainan	200.9	0.2	167.9	11.8	21.2		24440
重　庆	Chongqing	2551.8	14.7	2076.7	262.3	126.7	1498598	274133
四　川	Sichuan	8596.9	83.4	4952.3	1076.1	2845.2	61159	612686
贵　州	Guizhou	7317.4	52.6	3350.7	1792.4	2109.4	944884	165524
云　南	Yunnan	8672.8	50.4	4264.8	2001.6	2615.4	606462	604415
西　藏	Tibet	11.1		0.2	6.8		41243	239
陕　西	Shaanxi	5546.7	13.0	2997.6	1099.5	1445.1	172657	222059
甘　肃	Gansu	3150.2	20.9	1072.7	937.0	1216.8	123102	260170
青　海	Qinghai	1347.6	83.3	508.2	850.2	1.5	13904	26311
宁　夏	Ningxia	1398.3	0.4	987.9	169.7	251.0	36588	66672
新　疆	Xinjiang	3206.1	85.4	1527.2	1420.5	175.8	1051998	152865

12-29 按行业分工业固体废物产生及处理利用情况（2009年）

Production, Treatment and Utilization of Industrial Solid Wastes by Sector (2009)

行业	Sector	工业固体废物产生量（万吨） Volume of Industrial Solid Wastes Produced (10 000 tons)	#危险废物 Hazardous Wastes	工业固体废物综合利用量（万吨） Volume of Industrial Solid Wastes Utilized (10 000 tons)	工业固体废物贮存量（万吨） Volume of Industrial Solid Wastes in Stocks (10 000 tons)
行业总计	**Total**	**190673.5**	**1429.84**	**128607.6**	**19391.0**
煤炭开采和洗选业	Mining and Washing of Coal	23868.6	0.06	18409.9	1490.3
石油和天然气开采业	Extraction of Petroleum and Natural Gas	175.5	12.31	57.6	11.2
黑色金属矿采选业	Mining and Processing of Ferrous Metal Ores	23441.8	0.01	5823.3	3905.1
有色金属矿采选业	Mining and Processing of Non-Ferrous Metal Ores	25847.9	158.08	8953.5	4713.7
非金属矿采选业	Mining and Processing of Nonmetal Ores	1454.6	72.75	765.0	330.0
其他采矿业	Mining of Other Ores	46.0		30.2	10.1
农副食品加工业	Processing of Food from Agricultural Products	2090.6	0.14	2055.7	7.8
食品制造业	Manufacture of Foods	531.9	0.44	522.4	0.2
饮料制造业	Manufacture of Beverages	930.0	0.27	914.3	1.2
烟草制品业	Manufacture of Tobacco	40.7	0.01	33.9	0.2
纺织业	Manufacture of Textile	732.5	18.48	685.4	0.3
纺织服装、鞋、帽制造业	Manufacture of Textile Wearing Apparel, Footware, and Caps	46.9	0.13	44.2	0.1
皮革毛皮羽毛(绒)及其制品业	Manufacture of Leather, Fur, Feather and Related Products	80.4	1.92	65.9	0.6
木材加工及木竹藤棕草制品业	Processing of Timber, Manufacture of Wood, Bamboo, Rattan, Palm, and Straw Products	170.0	0.03	167.6	0.1
家具制造业	Manufacture of Furniture	15.8	0.18	14.8	0.1
造纸及纸制品业	Manufacture of Paper and Paper Products	1938.7	8.67	1734.9	28.7
印刷业和记录媒介的复制	Printing,Reproduction of Recording Media	15.8	1.69	14.2	
文教体育用品制造业	Manufacture of Articles For Culture, Education and Sport Activity	3.0	0.19	2.3	
石油加工、炼焦及核燃料加工业	Processing of Petroleum, Coking, Processing of Nuclear Fuel	2994.4	141.27	2704.0	110.2
化学原料及化学制品制造业	Manufacture of Raw Chemical Materials and Chemical Products	12595.5	521.88	8660.3	1546.0
医药制造业	Manufacture of Medicines	345.9	31.93	316.0	1.5
化学纤维制造业	Manufacture of Chemical Fibers	373.0	41.49	347.4	9.4
橡胶制品业	Manufacture of Rubber	138.7	0.54	135.1	0.1
塑料制品业	Manufacture of Plastics	65.7	2.33	61.3	
非金属矿物制品业	Manufacture of Non-metallic Mineral Products	4358.6	2.72	4514.0	49.8
黑色金属冶炼及压延加工业	Smelting and Pressing of Ferrous Metals	33893.7	62.13	29382.4	1296.6
有色金属冶炼及压延加工业	Smelting and Pressing of Non-ferrous Metals	7087.3	169.87	3209.3	898.6
金属制品业	Manufacture of Metal Products	505.8	36.19	471.6	0.7
通用设备制造业	Manufacture of General Purpose Machinery	488.6	6.49	453.5	0.7
专用设备制造业	Manufacture of Special Purpose Machinery	186.8	3.61	160.6	1.0
交通运输设备制造业	Manufacture of Transport Equipment	505.8	15.01	455.9	0.2
电气机械及器材制造业	Manufacture of Electrical Machinery and Equipment	71.3	10.84	62.7	0.2
通信计算机及其他电子设备制造业	Manufacture of Communication Equipment, Computers and Other Electronic Equipment	172.5	79.56	132.5	0.5
仪器仪表及文化办公用机械制造业	Manufacture of Measuring Instruments and Machinery for Cultural Activity and Office Work	26.1	11.40	18.3	
工艺品及其他制造业	Manufacture of Artwork and Other Manufacturing	18.7	0.33	17.7	
废弃资源和废旧材料回收加工业	Recycling and Disposal of Waste	64.1	0.09	59.3	
电力、热力的生产和供应业	Production and Supply of Electric Power and Heat Power	45131.2	15.67	36963.8	4975.6
燃气生产和供应业	Production and Supply of Gas	55.6	0.31	35.4	
水的生产和供应业	Production and Supply of Water	19.4	0.77	8.9	
其他行业	Other Sectors	144.1	0.04	142.5	

12-29 续表 continued

行 业	Sector	工业固体废物处置量(万吨) Volume of Industrial Solid Wastes Treated (10 000 tons)	工业固体废物排放量(万吨) Volume of Industrial Solid Wastes Discharged (10 000 tons)	"三废"综合利用产品产值(万元) Output Value of Products Made from Utilization of Waste Gas, Water and Solid Wastes (10 000 yuan)
行业总计	**Total**	**44940.2**	**631.57**	**16082440**
煤炭开采和洗选业	Mining and Washing of Coal	5069.7	261.35	215935
石油和天然气开采业	Extraction of Petroleum and Natural Gas	106.7	0.03	124425
黑色金属矿采选业	Mining and Processing of Ferrous Metal Ores	13700.2	25.53	40444
有色金属矿采选业	Mining and Processing of Non-Ferrous Metal Ores	12164.7	121.57	296452
非金属矿采选业	Mining and Processing of Nonmetal Ores	353.3	6.99	33334
其他采矿业	Mining of Other Ores	5.7	0.08	1679
农副食品加工业	Processing of Food from Agricultural Products	27.5	2.92	441431
食品制造业	Manufacture of Foods	8.3	1.16	175440
饮料制造业	Manufacture of Beverages	7.2	7.48	322744
烟草制品业	Manufacture of Tobacco	6.3	0.28	4492
纺织业	Manufacture of Textile	45.8	0.96	258373
纺织服装、鞋、帽制造业	Manufacture of Textile Wearing Apparel, Footware, and Caps	2.5	0.06	6318
皮革毛皮羽毛(绒)及其制品业	Manufacture of Leather, Fur, Feather and Related Products	13.7	0.15	15079
木材加工及木竹藤棕草制品业	Processing of Timber, Manufacture of Wood, Bamboo, Rattan, Palm, and Straw Products	2.1	0.26	134383
家具制造业	Manufacture of Furniture	0.9	0.04	4824
造纸及纸制品业	Manufacture of Paper and Paper Products	177.2	4.75	2045188
印刷业和记录媒介的复制	Printing,Reproduction of Recording Media	1.6		17626
文教体育用品制造业	Manufacture of Articles For Culture, Education and Sport Activity	0.6	0.03	1216
石油加工、炼焦及核燃料加工业	Processing of Petroleum, Coking, Processing of Nuclear Fuel	199.6	2.89	877195
化学原料及化学制品制造业	Manufacture of Raw Chemical Materials and Chemical Products	2528.8	15.13	1352448
医药制造业	Manufacture of Medicines	27.3	1.68	126706
化学纤维制造业	Manufacture of Chemical Fibers	23.7	0.09	87763
橡胶制品业	Manufacture of Rubber	3.4	0.28	56086
塑料制品业	Manufacture of Plastics	4.3	0.08	70474
非金属矿物制品业	Manufacture of Non-metallic Mineral Products	115.4	35.05	4067650
黑色金属冶炼及压延加工业	Smelting and Pressing of Ferrous Metals	3353.2	49.91	2447857
有色金属冶炼及压延加工业	Smelting and Pressing of Non-ferrous Metals	2963.2	40.09	1089261
金属制品业	Manufacture of Metal Products	33.5	0.22	132107
通用设备制造业	Manufacture of General Purpose Machinery	32.1	2.35	169775
专用设备制造业	Manufacture of Special Purpose Machinery	23.2	1.93	98385
交通运输设备制造业	Manufacture of Transport Equipment	47.7	2.01	240684
电气机械及器材制造业	Manufacture of Electrical Machinery and Equipment	8.5	0.08	85284
通信计算机及其他电子设备制造业	Manufacture of Communication Equipment, Computers and Other Electronic Equipment	39.3	0.26	170358
仪器仪表及文化办公用机械制造业	Manufacture of Measuring Instruments and Machinery for Cultural Activity and Office Work	7.8	0.02	31346
工艺品及其他制造业	Manufacture of Artwork and Other Manufacturing	0.6	0.37	6045
废弃资源和废旧材料回收加工业	Recycling and Disposal of Waste	4.5	0.27	91022
电力、热力的生产和供应业	Production and Supply of Electric Power and Heat Power	3798.0	45.17	718419
燃气生产和供应业	Production and Supply of Gas	20.2	0.01	1887
水的生产和供应业	Production and Supply of Water	10.4	0.03	15870
其他行业	Other Sectors	1.6		6439

12-30 主要城市工业固体废物产生及处理利用情况（2009年）
Emission and Treatment of Industrial Sold Waste in Major Cities (2009)

单位：万吨 (10 000 tons)

城市	City	工业固体废物产生量 Industrial Solid Wastes Generated	#危险废物 Hazardous Wastes	工业固体废物综合利用量 Industrial Solid Wastes Utilized	工业固体废物排放量 Industrial Solid Wastes Discharged	工业固体废物综合利用率(%) Ratio of Industrial Solid Wastes Utilized (%)
北京	Beijing	1242	11.19	910	0.09	68.9
天津	Tianjin	1516	7.84	1498		98.3
石家庄	Shijiazhuang	1273	19.41	1209		92.5
太原	Taiyuan	2410	1.91	1172	9.29	48.6
呼和浩特	Hohhot	592	0.30	158		64.6
沈阳	Shenyang	645	9.72	606	0.02	17.9
长春	Changchun	406	1.27	404		76.3
哈尔滨	Harbin	1330	1.47	1015	0.28	71.0
上海	Shanghai	2255	47.62	2172		98.6
南京	Nanjing	1442	18.25	1319		99.3
杭州	Hangzhou	635	7.20	606	0.27	93.9
合肥	Hefei	277	1.12	273		60.4
福州	Fuzhou	425	0.83	401	0.61	94.4
南昌	Nanchang	118	0.17	114	0.35	93.9
济南	Jinan	968	6.71	909		89.2
郑州	Zhengzhou	915	0.28	756		35.2
武汉	Wuhan	1215	2.72	1087		99.9
长沙	Changsha	155	0.11	140	0.03	95.6
广州	Guangzhou	642	22.59	598	0.03	90.1
南宁	Nanning	380	0.05	344	0.16	97.1
海口	Haikou	4	0.06	4		79.8
重庆	Chongqing	2552	14.68	2077	149.86	20.0
成都	Chengdu	576	0.78	570		74.8
贵阳	Guiyang	873	1.04	411	0.01	39.9
昆明	Kunming	2161	1.24	862	9.70	18.7
拉萨	Lhasa	26		5	1.21	81.1
西安	Xi'an	247	0.83	241	0.40	29.5
兰州	Lanzhou	486	15.79	365		22.8
西宁	Xining	250	10.62	243	0.51	91.9
银川	Yinchuan	164	0.31	150	0.72	90.8
乌鲁木齐	Urumqi	551	1.69	360	0.31	65.3

12-31 各地区城市生活垃圾清运和处理情况（2009年）
Collection, Transport and Disposal of Consumption Wastes in Cities by Region (2009)

地 区	Region	生活垃圾清运量（万吨） Consumption Wastes Collected and Transported (10 000 tons)	无害化处理厂数（座） Number of Factories for Wastes Treatment (unit)	#卫生填埋 Landfill	#堆 肥 Piling	#焚 烧 Burning	无害化处理能力（吨/日） Treatment Capacity (ton/day)	#卫生填埋 Landfill	#堆 肥 Piling	#焚 烧 Burning
全 国	**National Total**	**15733.7**	**567**	**447**	**16**	**93**	**356130**	**273498**	**6979**	**71253**
北 京	Beijing	656.1	19	16	2	1	13680	12280	800	600
天 津	Tianjin	188.4	7	5		2	7600	5800		1800
河 北	Hebei	678.1	23	18	3	1	12242	10042	1400	400
山 西	Shanxi	374.6	15	12		3	13022	10922		2100
内蒙古	Inner Mongolia	366.5	17	16	1		8726	7926	800	
辽 宁	Liaoning	813.3	13	11	1	1	11695	10695	600	400
吉 林	Jilin	521.3	9	7		2	6326	4806		1520
黑龙江	Heilongjiang	912.4	18	16		2	10048	9548		500
上 海	Shanghai	710.0	12	4	1	3	10345	5750	500	2575
江 苏	Jiangsu	957.3	41	27		14	34570	20502		14068
浙 江	Zhejiang	925.6	52	31		21	31173	15408		15765
安 徽	Anhui	432.8	14	13		1	8054	7004		1050
福 建	Fujian	392.4	21	15	1	5	10398	6432	116	3850
江 西	Jiangxi	280.8	13	13			5930	5930		
山 东	Shandong	958.4	54	45	1	6	32810	24520	660	6700
河 南	Henan	679.5	38	33	3	2	19171	17038	983	1150
湖 北	Hubei	680.6	19	17	1		12013	11493	120	
湖 南	Hunan	511.9	15	15			9312	9312		
广 东	Guangdong	1960.6	37	19		17	36087	22702		13035
广 西	Guangxi	240.2	17	14	1	2	7482	6262	400	820
海 南	Hainan	88.7	3	2		1	1720	1600		120
重 庆	Chongqing	224.3	13	12		1	6265	5265		1000
四 川	Sichuan	590.1	31	25		5	15571	12871		2000
贵 州	Guizhou	209.1	11	11			5175	5175		
云 南	Yunnan	282.1	15	12		2	6088	4688		1300
西 藏	Tibet	22.9								
陕 西	Shaanxi	356.2	11	10		1	9172	8672		500
甘 肃	Gansu	263.6	11	11			2950	2950		
青 海	Qinghai	87.4	3	3			1950	1950		
宁 夏	Ningxia	70.4	2	2			1195	1195		
新 疆	Xinjiang	298.2	13	12	1		5360	4760	600	

12-31 续表 continued

地区	Region	无害化处理量(万吨) Volume of Wastes Disposed (10 000 tons)	#卫生填埋 Landfill	#堆肥 Piling	#焚烧 Burning	粪便清运量(万吨) Collection and Transport of Excrement and Urine (10 000 tons)	粪便无害化处理量(万吨) Disposal of Excrement and Urine (10 000 tons)	生活垃圾无害化处理率(%) Treatment Rate of Consumption Wastes (%)
全国	**National Total**	**11232.3**	**8898.6**	**178.8**	**2022.0**	**2141.0**	**846.1**	**71.4**
北京	Beijing	644.4	548.1	27.6	68.7	211.2	175.7	98.2
天津	Tianjin	177.6	126.4		51.2	29.6		94.3
河北	Hebei	400.0	348.6	33.0	14.1	174.0	98.1	59.0
山西	Shanxi	235.6	202.4		33.2	75.9	0.6	62.9
内蒙古	Inner Mongolia	263.9	240.0	23.9		125.7	71.7	72.0
辽宁	Liaoning	487.0	450.5	21.9	14.6	129.2	38.2	59.9
吉林	Jilin	200.2	165.6		34.6	117.1	51.1	38.4
黑龙江	Heilongjiang	272.5	256.7		15.7	179.9	32.6	29.9
上海	Shanghai	559.3	380.7	15.2	106.1	221.0		78.8
江苏	Jiangsu	870.9	479.6		387.1	116.1	95.9	91.0
浙江	Zhejiang	903.4	498.5		404.9	84.4	41.7	97.6
安徽	Anhui	263.6	230.4		33.2	55.7	5.6	60.9
福建	Fujian	363.1	228.9	5.3	128.9	24.8	10.4	92.5
江西	Jiangxi	237.0	237.0			55.4	2.8	84.4
山东	Shandong	867.7	721.9	4.1	110.6	94.7	69.7	90.5
河南	Henan	511.9	459.5	20.7	31.7	50.4	17.9	75.3
湖北	Hubei	378.8	362.6	3.6		23.1	0.9	55.7
湖南	Hunan	341.0	341.0			5.4		66.6
广东	Guangdong	1283.9	860.5		411.4	125.1	30.9	65.5
广西	Guangxi	207.3	186.1	8.3	12.9	24.0	7.4	86.3
海南	Hainan	57.7	53.6		4.0	8.6		65.0
重庆	Chongqing	215.1	172.6		42.5	75.0	7.7	95.9
四川	Sichuan	492.7	420.5		72.3	43.5	20.8	83.5
贵州	Guizhou	170.8	170.8			7.0	4.1	81.7
云南	Yunnan	228.2	174.6		42.3	31.3	19.8	80.9
西藏	Tibet					0.8		
陕西	Shaanxi	246.4	244.4		2.0	20.5	10.0	69.2
甘肃	Gansu	85.3	85.3			23.4	19.6	32.4
青海	Qinghai	56.9	56.9			1.3		65.1
宁夏	Ningxia	29.6	29.6			2.4	10.1	42.0
新疆	Xinjiang	180.8	165.5	15.3		4.8	2.8	60.6

12-32 国控主要城市道路交通噪声监测情况（2009年）
Monitoring of Urban Road Traffic Noise in Major Cities under National Control Programme (2009)

城　　市	City	等效声级 dB(A) Average Noise Value dB(A)	城　　市	City	等效声级 dB(A) Average Noise Value dB(A)	城　　市	City	等效声级 dB(A) Average Noise Value dB(A)
北　京	Beijing	69.8	温　州	Wenzhou	71.6	深　圳	Shenzhen	69.6
天　津	Tianjin	67.7	湖　州	Huzhou	67.8	珠　海	Zhuhai	68.0
石家庄	Shijiazhuang	65.5	绍　兴	Shaoxing	68.6	汕　头	Shantou	67.6
唐　山	Tangshan	66.7	合　肥	Hefei	69.8	湛　江	Zhanjiang	67.9
秦皇岛	Qinhuangdao	67.1	芜　湖	Wuhu	68.3	南　宁	Nanning	69.3
邯　郸	Handan	68.1	马鞍山	Maanshan	68.8	柳　州	Liuzhou	67.0
保　定	Baoding	67.8	福　州	Fuzhou	69.4	桂　林	Guilin	67.6
太　原	Taiyuan	68.1	厦　门	Xiamen	68.6	北　海	Beihai	67.3
大　同	Datong	69.6	泉　州	Quanzhou	68.5	海　口	Haikou	67.4
阳　泉	Yangquan	66.5	南　昌	Nanchang	69.9	重　庆	Chongqing	67.8
长　治	Changzhi	67.9	九　江	Jiujiang	66.8	成　都	Chengdu	69.7
临　汾	Linfen	67.8	济　南	Jinan	69.3	自　贡	Zigong	67.3
呼和浩特	Hohhot	69.5	青　岛	Qingdao	68.2	攀枝花	Panzhihua	68.2
包　头	Baotou	66.2	淄　博	Zibo	67.7	泸　州	Luzhou	69.5
赤　峰	Chifeng	66.4	枣　庄	Zaozhuang	68.0	德　阳	Deyang	68.6
沈　阳	Shenyang	69.7	烟　台	Yantai	68.0	绵　阳	Mianyang	67.5
大　连	Dalian	67.9	潍　坊	Weifang	63.0	南　充	Nanchong	67.6
鞍　山	Anshan	67.8	济　宁	Jinin	68.2	宜　宾	Yibin	68.5
抚　顺	Fushun	69.2	泰　安	Taian	70.4	贵　阳	Guiyang	68.0
本　溪	Benxi	65.5	日　照	Rizhao	64.8	遵　义	Zunyi	69.5
锦　州	Jinzhou	67.7	郑　州	Zhengzhou	66.1	昆　明	Kunming	69.3
长　春	Changchun	68.0	开　封	Kaifeng	69.0	曲　靖	Qujing	65.3
吉　林	Jilin	69.9	洛　阳	Luoyang	68.7	玉　溪	Yuxi	68.1
哈尔滨	Harbin	68.0	平顶山	Pingdingshan	67.8	拉　萨	Lhasa	69.5
齐齐哈尔	Qiqihar	67.2	安　阳	Anyang	68.7	西　安	Xi'an	68.0
牡丹江	Mudanjiang	66.7	焦　作	Jiaozuo	63.2	铜　川	Tongchuan	65.1
上　海	Shanghai	69.8	三门峡	Sanmenxia	66.7	宝　鸡	Baoji	67.8
南　京	Nanjing	68.5	武　汉	Wuhan	69.1	咸　阳	Xianyang	65.1
无　锡	Wuxi	66.2	宜　昌	Yichang	69.1	渭　南	Weinan	65.3
徐　州	Xuzhou	67.2	荆　州	Jingzhou	67.9	延　安	Yan'an	65.5
常　州	Changzhou	67.8	长　沙	Changsha	69.9	兰　州	Lanzhou	68.9
苏　州	Suzhou	67.6	株　洲	Zhuzhou	64.0	金　昌	Jinchang	67.3
南　通	Nantong	67.7	湘　潭	Xiangtan	67.8	西　宁	Xining	69.1
连云港	Lianyungang	67.2	岳　阳	Yueyang	69.0	银　川	Yinchuan	67.2
扬　州	Yangzhou	66.3	常　德	Changde	68.0	石嘴山	Shizuishan	66.2
镇　江	Zhenjiang	66.6	张家界	Zhangjiajie	71.4	乌鲁木齐	Urumqi	70.2
杭　州	Hangzhou	69.3	广　州	Guangzhou	69.2	克拉玛依	Karamay	64.9
宁　波	Ningbo	68.9	韶　关	Shaoguan	65.1			

12-33 国控主要城市区域环境噪声监测情况（2009年）
Monitoring of Urban Environment Noise in Major Cities under National Control Programme (2009)

城 市	City	等效声级 dB(A) Average Noise Value dB(A)	城 市	City	等效声级 dB(A) Average Noise Value dB(A)	城 市	City	等效声级 dB(A) Average Noise Value dB(A)
北京	Beijing	54.1	温州	Wenzhou	60.8	深圳	Shenzhen	56.8
天津	Tianjin	54.7	湖州	Huzhou	54.8	珠海	Zhuhai	55.0
石家庄	Shijiazhuang	50.4	绍兴	Shaoxing	55.5	汕头	Shantou	55.3
唐山	Tangshan	53.1	合肥	Hefei	55.2	湛江	Zhanjiang	55.1
秦皇岛	Qinhuangdao	52.2	芜湖	Wuhu	54.3	南宁	Nanning	54.1
邯郸	Handan	48.8	马鞍山	Maanshan	55.4	柳州	Liuzhou	56.1
保定	Baoding	53.9	福州	Fuzhou	56.7	桂林	Guilin	55.0
太原	Taiyuan	53.1	厦门	Xiamen	56.8	北海	Beihai	55.8
大同	Datong	54.4	泉州	Quanzhou	54.4	海口	Haikou	55.3
阳泉	Yangquan	53.8	南昌	Nanchang	56.9	重庆	Chongqing	54.3
长治	Changzhi	54.6	九江	Jiujiang	54.6	成都	Chengdu	54.2
临汾	Linfen	52.9	济南	Jinan	54.1	自贡	Zigong	53.7
呼和浩特	Hohhot	54.4	青岛	Qingdao	53.5	攀枝花	Panzhihua	51.8
包头	Baotou	54.1	淄博	Zibo	52.7	泸州	Luzhou	54.9
赤峰	Chifeng	53.3	枣庄	Zaozhuang	55.9	德阳	Deyang	48.5
沈阳	Shenyang	53.4	烟台	Yantai	53.3	绵阳	Mianyang	52.2
大连	Dalian	54.3	潍坊	Weifang	52.5	南充	Nanchong	52.1
鞍山	Anshan	56.1	济宁	Jinin	53.6	宜宾	Yibin	52.7
抚顺	Fushun	53.6	泰安	Taian	55.5	贵阳	Guiyang	55.8
本溪	Benxi	53.0	日照	Rizhao	53.4	遵义	Zunyi	56.6
锦州	Jinzhou	52.9	郑州	Zhengzhou	54.6	昆明	Kunming	52.7
长春	Changchun	55.9	开封	Kaifeng	53.2	曲靖	Qujing	52.0
吉林	Jilin	54.4	洛阳	Luoyang	55.0	玉溪	Yuxi	46.0
哈尔滨	Harbin	55.7	平顶山	Pingdingshan	53.6	拉萨	Lhasa	45.9
齐齐哈尔	Qiqihar	51.2	安阳	Anyang	53.8	西安	Xi'an	55.1
牡丹江	Mudanjiang	55.4	焦作	Jiaozuo	54.3	铜川	Tongchuan	57.8
上海	Shanghai	54.9	三门峡	Sanmenxia	49.9	宝鸡	Baoji	54.4
南京	Nanjing	54.7	武汉	Wuhan	54.7	咸阳	Xianyang	53.3
无锡	Wuxi	55.8	宜昌	Yichang	53.8	渭南	Weinan	55.0
徐州	Xuzhou	53.6	荆州	Jingzhou	50.6	延安	Yan'an	57.5
常州	Changzhou	54.4	长沙	Changsha	54.7	兰州	Lanzhou	57.1
苏州	Suzhou	53.6	株洲	Zhuzhou	52.6	金昌	Jinchang	53.3
南通	Nantong	55.0	湘潭	Xiangtan	51.5	西宁	Xining	52.4
连云港	Lianyungang	53.7	岳阳	Yueyang	54.0	银川	Yinchuan	55.0
扬州	Yangzhou	53.9	常德	Changde	53.1	石嘴山	Shizuishan	51.7
镇江	Zhenjiang	52.2	张家界	Zhangjiajie	54.4	乌鲁木齐	Urumqi	55.0
杭州	Hangzhou	57.2	广州	Guangzhou	55.0	克拉玛依	Karamay	53.2
宁波	Ningbo	53.2	韶关	Shaoguan	54.0			

12-34 各地区土地利用情况（2008年）

Land Use by Region (2008)

单位：万公顷 (10 000 hectares)

地区	Region	土地调查面积 Area under Land Survey	农用地 Land for Agriculture Use	#园地 Garden Land	#牧草地 Grazing and Pasture Land	建设用地 Land for Construction	居民点及工矿用地 Land for Inhabitation, Mining and Manufacturing	交通运输用地 Land for Transport Facilities	水利设施用地 Land for Water Conservancy Facilities
全国	**National Total**	**95069.3**	**65687.6**	**1179.1**	**26183.5**	**3305.8**	**2691.6**	**249.6**	**364.5**
北京	Beijing	164.1	109.6	12.0	0.2	33.8	27.9	3.3	2.6
天津	Tianjin	119.2	69.3	3.5	0.1	36.8	28.1	2.2	6.5
河北	Hebei	1884.3	1308.2	70.5	79.9	179.4	154.5	12.0	12.9
山西	Shanxi	1567.1	1014.3	29.5	65.8	86.9	77.3	6.3	3.3
内蒙古	Inner Mongolia	11451.2	9523.0	7.3	6560.9	149.2	123.9	16.0	9.3
辽宁	Liaoning	1480.6	1122.8	59.6	34.9	139.9	115.9	9.2	14.8
吉林	Jilin	1911.2	1639.3	11.5	104.4	106.5	84.2	6.7	15.6
黑龙江	Heilongjiang	4526.5	3792.4	6.0	220.8	149.2	116.1	11.9	21.2
上海	Shanghai	82.4	36.7	2.1		25.4	23.0	2.1	0.2
江苏	Jiangsu	1067.4	671.6	31.6	0.1	193.4	161.0	13.1	19.3
浙江	Zhejiang	1054.0	867.2	66.1		104.9	81.7	9.5	13.8
安徽	Anhui	1401.3	1119.0	33.9	2.8	166.2	133.4	10.1	22.7
福建	Fujian	1240.2	1073.1	62.9	0.3	64.7	50.7	7.9	6.1
江西	Jiangxi	1668.9	1416.4	27.8	0.4	95.4	67.5	7.5	20.5
山东	Shandong	1571.3	1156.6	100.7	3.4	251.1	209.3	16.3	25.5
河南	Henan	1655.4	1228.1	31.4	1.4	218.7	188.3	12.2	18.2
湖北	Hubei	1858.9	1465.2	42.4	4.4	140.0	100.9	9.2	30.0
湖南	Hunan	2118.5	1789.8	49.0	10.4	139.0	108.8	10.4	19.8
广东	Guangdong	1798.1	1489.1	100.8	2.7	179.0	145.7	12.1	21.1
广西	Guangxi	2375.6	1786.6	53.9	71.6	95.4	71.0	8.8	15.5
海南	Hainan	353.5	282.3	53.2	1.9	29.8	22.3	1.4	6.1
重庆	Chongqing	822.7	692.0	24.0	23.7	59.3	48.9	4.8	5.5
四川	Sichuan	4840.6	4239.8	71.6	1371.1	160.3	136.6	13.5	10.2
贵州	Guizhou	1761.5	1524.6	12.1	159.8	55.7	45.7	6.1	4.0
云南	Yunnan	3831.9	3176.0	84.2	78.2	81.6	62.8	10.0	8.8
西藏	Tibet	12020.7	7760.6	0.2	6444.1	6.7	4.2	2.4	0.1
陕西	Shaanxi	2057.9	1847.8	70.6	306.4	81.7	71.0	6.6	4.0
甘肃	Gansu	4040.9	2387.9	20.0	1261.3	97.7	88.2	6.6	2.9
青海	Qinghai	7174.8	4372.4	0.7	4034.7	32.7	24.7	3.2	4.8
宁夏	Ningxia	519.5	417.4	3.4	226.4	21.2	18.6	1.9	0.7
新疆	Xinjiang	16649.0	6308.5	36.4	5111.4	124.0	99.3	6.3	18.4

12-35 各地区森林资源情况
Forest Resources by Region

地 区	Region	林地面积 (万公顷) Area of Afforested Land (10 000 hectares)	森林面积 (万公顷) Forest Area (10 000 hectares)	#人工林 Man-made Forest	森林覆盖率 (%) Forest Coverage Rate (%)	活立木总蓄积量 (万立方米) Total Standing Forest Stock (10 000 cu.m)	森林蓄积量 (万立方米) Stock Volume of Forest (10 000 cu.m)
全 国	**National Total**	**30590.41**	**19545.22**	**6168.84**	**20.36**	**1491268.19**	**1372080.36**
北 京	Beijing	101.46	52.05	35.65	31.72	1291.29	1038.58
天 津	Tianjin	14.22	9.32	8.88	8.24	277.01	198.89
河 北	Hebei	705.37	418.33	212.27	22.29	10183.91	8374.08
山 西	Shanxi	754.58	221.11	102.74	14.12	8846.96	7643.67
内蒙古	Inner Mongolia	4394.93	2366.40	303.91	20.00	136073.62	117720.51
辽 宁	Liaoning	666.28	511.98	283.03	35.13	21174.91	20226.85
吉 林	Jilin	848.73	736.57	148.94	38.93	88244.21	84412.29
黑龙江	Heilongjiang	2184.16	1926.97	235.68	42.39	165191.60	152104.96
上 海	Shanghai	7.46	5.97	5.97	9.41	275.20	100.95
江 苏	Jiangsu	128.64	107.51	104.15	10.48	5022.59	3501.75
浙 江	Zhejiang	667.97	584.42	267.44	57.41	19382.93	17223.14
安 徽	Anhui	439.40	360.07	209.87	26.06	16258.35	13755.41
福 建	Fujian	914.81	766.65	359.18	63.10	53226.01	48436.28
江 西	Jiangxi	1054.92	973.63	291.87	58.32	45045.51	39529.64
山 东	Shandong	342.12	254.46	244.38	16.72	8627.99	6338.53
河 南	Henan	502.02	336.59	217.39	20.16	18051.16	12936.12
湖 北	Hubei	822.01	578.82	167.01	31.14	23121.55	20942.49
湖 南	Hunan	1234.21	948.17	464.04	44.76	38177.20	34906.67
广 东	Guangdong	1073.07	873.98	503.18	49.44	32160.74	30183.37
广 西	Guangxi	1496.45	1252.50	515.52	52.71	51056.78	46875.18
海 南	Hainan	208.73	176.26	125.29	51.98	7940.93	7274.23
重 庆	Chongqing	400.18	286.92	76.20	34.85	13803.63	11331.85
四 川	Sichuan	2311.66	1659.52	415.65	34.31	168753.49	159572.37
贵 州	Guizhou	841.23	556.92	199.86	31.61	27911.53	24007.96
云 南	Yunnan	2476.11	1817.73	326.77	47.50	171216.68	155380.09
西 藏	Tibet	1746.63	1462.65	3.36	11.91	227271.36	224550.91
陕 西	Shaanxi	1205.80	767.56	183.27	37.26	36144.16	33820.54
甘 肃	Gansu	955.44	468.78	80.77	10.42	21708.26	19363.83
青 海	Qinghai	634.00	329.56	4.44	4.57	4413.80	3915.64
宁 夏	Ningxia	179.03	51.10	10.38	9.84	625.93	492.14
新 疆	Xinjiang	1066.57	661.65	61.75	4.02	33914.50	30100.54

注：1.本表为第七次全国森林资源清查（2004–2008)资料。
　　2.全国总计数包括台湾省和香港、澳门特别行政区数据。

a) Data in the table are the figures of the Seventh National Forestry Survey (2004-2008).
b) Data of national total include forest resources in Taiwan province and Hong Kong SAR and Macao SAR.

12-36 造 林 面 积
Area of Afforestation

单位：公顷 (hectare)

年 份 Year 地 区 Region	造林总面积 Total Area of Afforestation	按造林方式分 By Approach			按林种用途分 By Function of Forest				
		人工造林 Manual Planting	飞播造林 Airplane Planting	无林地和疏林地新封山育林 Area without Forest or of Sparse Forest	用材林 Timber Forests	经济林 By-product Forests	防护林 Protection Forests	薪炭林 Fuel Forests	特种用途林 Forests for Special Purpose
2000	5105138	4345008	760130		1218461	1350277	2430834	82338	23228
2001	4953038	3977324	975714		905518	1068540	2913538	45611	19831
2002	7770971	6896041	874930		898736	964211	5828810	59144	20070
2003	9118894	8432486	686408		1175812	797318	7087319	37070	21374
2004	5598079	5018885	579194		871132	456691	4210768	49966	9522
2005	3647942	3231556	416386		607547	337816	2678214	16074	8291
2006	2717925	2446122	271803		481629	403322	1824687	4837	3450
2007	3907711	2738521	118671	1050519	610367	478417	2790172	7993	20762
2008	5354387	3684913	154065	1515409	782109	850774	3697812	4020	19672
2009	6262330	4156293	226337	1879700	801317	1002555	4407654	23705	27099
北 京 Beijing	17566	10153		7413	32	990	14731		1813
天 津 Tianjin	15654	14987	667		5392	601	9661		
河 北 Hebei	306373	197724	35002	73647	29449	13825	260911	21	2167
山 西 Shanxi	326602	196900	8000	121702	600	28148	287812	10009	33
内蒙古 Inner Mongolia	861933	353096	96000	412837	21178	8202	831205	1348	
辽 宁 Liaoning	129974	91309		38665	2854	4257	122623	240	
吉 林 Jilin	30228	27421		2807	154		30074		
黑龙江 Heilongjiang	213124	187126		25998	20300	1844	186771	13	4196
上 海 Shanghai	2051	2051				867	1184		
江 苏 Jiangsu	83713	82851		862	11963	15658	55853	31	208
浙 江 Zhejiang	27422	19378		8044	1503	1790	24126		3
安 徽 Anhui	68952	53336		15616	7121	439	61184		208
福 建 Fujian	33261	33261			18646	2053	12494		68
江 西 Jiangxi	228630	209019		19611	120388	23276	82528	1715	723
山 东 Shandong	182171	180529		1642	42463	26172	113067		469
河 南 Henan	416131	382129		34002	156296	47676	212159		
湖 北 Hubei	149174	129969		19205	48598	23056	75770	1226	524
湖 南 Hunan	125031	99039		25992	18880	7133	97218	1088	712
广 东 Guangdong	19952	16045		3907	307	327	19318		
广 西 Guangxi	139409	118973		20436	99878	3845	34959	667	60
海 南 Hainan	19377	19377			1219	1721	16437		
重 庆 Chongqing	95726	32350		63376	16142	8221	69563	1800	
四 川 Sichuan	487782	204753		283029	62693	28919	395677	333	160
贵 州 Guizhou	236120	90494		145626	9617	19394	205223	738	1148
云 南 Yunnan	713478	605993		107485	87995	481500	142097	623	1263
西 藏 Tibet	70299	51795		18504		4819	65480		
陕 西 Shaanxi	449453	206014	86668	156771	7130	43979	395445	2899	
甘 肃 Gansu	212373	111851		100522		1658	197383		13332
青 海 Qinghai	140659	32450		108209			140659		
宁 夏 Ningxia	89480	65958		23522	1132	25496	62852		
新 疆 Xinjiang	343565	303295		40270	9387	176689	156523	954	12
大兴安岭 Daxinganling									

注：2009年全国合计造林面积中包括军事管理区26667公顷人工营造的防护林。根据造林技术规程(GB/T 15776-2006)，自2006年起将无林地和疏林地新封山育林面积计入造林总面积。

a) The areas of afforestation in 2009 include 26,667 hectares manually planted protection forests in the military precinct. According to Afforestation Technical Regulation (GB/T 15776-2006), since 2006, area of afforestation include the area without forest or of sparse forest.

12-37 林业重点工程造林面积
Area of Key Afforestation Projects

单位：公顷 (hectare)

年份 地区	Year Region	造林总面积 Total Area of Afforestation	天然林保护工程 Project on Preservation of Natural Forests	退耕还林工程 Grain for Green Projects	三北及长江流域等防护林建设工程 Projects on Protection Forests in North China and Yangtze River Basin	京津风沙源治理工程 Projects on Harnessing Source of Sand and Dust in Beijing and Tianjin	速生丰产用材林基地建设工程 Projects on Fast-growing Timber Forest Bases
	2001	3160181	948081	870986	1034924	217320	88870
	2002	6777364	856077	4423607	775625	676375	45680
	2003	8262781	688257	6196128	533544	824427	20425
	2004	4802849	641446	3217542	448320	473272	22270
	2005	3109105	424808	1898360	368202	408246	9488
	2006	2810800	774815	1050526	566823	409541	9095
	2007	2681646	732882	1056020	574219	315132	3393
	2008	3438150	1009016	1190347	765770	469042	3975
	2009	4596244	1360913	886666	1893077	434817	20771
北京	Beijing	14634			2180	12454	
天津	Tianjin	15654			14527	1127	
河北	Hebei	284821		23358	152320	108398	745
山西	Shanxi	265031	51799	35667	156273	21292	
内蒙古	Inner Mongolia	812223	238022	48555	234100	291546	
辽宁	Liaoning	129974		23485	106489		
吉林	Jilin	30074		3913	26161		
黑龙江	Heilongjiang	213124		58475	153193		1456
上海	Shanghai	1383			1383		
江苏	Jiangsu	50769			50769		
浙江	Zhejiang	24301			24301		
安徽	Anhui	59232		32540	26692		
福建	Fujian	10576			10576		
江西	Jiangxi	96504		34517	45385		16602
山东	Shandong	63843			63843		
河南	Henan	116139	10667	53333	52139		
湖北	Hubei	79651	18937	26212	34502		
湖南	Hunan	104029		53333	50696		
广东	Guangdong	16575			16575		
广西	Guangxi	73502		33892	37642		1968
海南	Hainan	18474		3427	15047		
重庆	Chongqing	79338	42667	36671			
四川	Sichuan	417561	381072	36489			
贵州	Guizhou	140379	72765	33274	34340		
云南	Yunnan	283420	150841	118648	13931		
西藏	Tibet	58442	47621	10821			
陕西	Shaanxi	406027	244533	39328	122166		
甘肃	Gansu	210772	73856	42797	94119		
青海	Qinghai	104870	20801	28102	55967		
宁夏	Ningxia	89480	7332	33042	49106		
新疆	Xinjiang	298775		50120	248655		

注：2009年退耕还林工程中包括军事管理区26667公顷荒山荒地造林。

a) In the Grain for Green Projects, 26,667 hectares of barren mountains & waste land plantation are included.

12-38 各地区湿地面积
Area of Wetlands by Region

地区	Region	湿地面积(千公顷) Area of Wetlands (1 000 hectares)	天然湿地 Natural Wetlands	近岸及海岸 Coasts and Seashores	河流 Rivers	湖泊 Lakes	沼泽 Marshland	人工湿地 Man-made Wetlands	湿地面积占国土面积比重(%) Proportion of Wetlands in Total Area of Territory (%)
全国	**National Total**	**38485.5**	**36200.6**	**5941.7**	**8207.0**	**8351.6**	**13700.3**	**2285.0**	**4.01**
北京	Beijing	34.4	5.0		5.0			29.4	1.93
天津	Tianjin	171.8	133.7	58.1	55.1	12.3	8.2	38.1	14.95
河北	Hebei	1081.9	1042.3	278.8	319.3	307.2	136.9	39.6	5.82
山西	Shanxi	499.9	462.2		454.1	8.1		37.7	3.19
内蒙古	Inner Mongolia	4245.0	4200.8		607.5	495.2	3098.1	44.3	3.66
辽宁	Liaoning	1219.6	1106.8	738.1	252.2	6.3	110.2	112.9	8.37
吉林	Jilin	1203.4	1016.4	5.8	581.4	74.5	354.7	187.0	6.37
黑龙江	Heilongjiang	4314.8	4182.8		460.7	401.9	3320.3	132.0	9.49
上海	Shanghai	319.7	319.4	305.4	7.2	6.8		0.3	53.68
江苏	Jiangsu	1674.7	1651.1	843.5	203.3	604.2		23.6	16.32
浙江	Zhejiang	802.2	695.9	574.3	118.5	3.0	0.1	106.3	7.88
安徽	Anhui	653.9	590.0		239.5	350.5		63.9	4.73
福建	Fujian	443.0	421.2	370.6	31.1	19.5		21.8	3.65
江西	Jiangxi	998.8	872.9		314.9	443.2	114.8	125.9	5.99
山东	Shandong	1784.1	1681.4	1210.9	301.1	165.5	3.9	102.7	11.72
河南	Henan	624.1	482.2		472.7	2.6	6.9	141.9	3.74
湖北	Hubei	927.3	730.5		377.4	294.7	58.4	196.9	4.99
湖南	Hunan	1226.9	1047.5		683.1	359.3	5.1	179.5	5.79
广东	Guangdong	1398.1	1252.0	1017.8	231.7	1.5	1.0	146.0	7.86
广西	Guangxi	656.1	567.5	348.4	219.1			88.6	2.76
海南	Hainan	311.5	256.6	190.0	38.3	17.3	11.0	54.9	9.13
重庆	Chongqing	43.2	31.9		31.6	0.3		11.3	0.52
四川	Sichuan	961.7	919.5		563.9	13.4	342.3	42.1	1.98
贵州	Guizhou	79.4	65.9		58.0	2.3	5.7	13.5	0.45
云南	Yunnan	235.3	220.3		119.8	96.5	4.0	15.0	0.61
西藏	Tibet	5232.0	5231.5		231.1	2538.6	2461.7	0.5	4.26
陕西	Shaanxi	292.9	277.2		252.1	7.3	17.8	15.7	1.42
甘肃	Gansu	1258.1	1131.4		565.6	44.3	521.5	126.7	2.80
青海	Qinghai	4126.0	4087.7		107.5	1232.0	2748.1	38.3	5.72
宁夏	Ningxia	255.6	252.4		104.1	148.3		3.2	3.85
新疆	Xinjiang	1410.2	1264.6		200.2	694.9	369.5	145.5	0.86

注：本表为中国首次湿地调查（1995-2003)资料，不包括台湾省、香港和澳门特别行政区；湿地面积不包括水稻田湿地。

a) Data in the table are the figures of China First Wetlands Survey (1995-2003), excluding the wetlands of Taiwan province, Hong Kong SAR and Macao SAR. Area of wetlands excludes the wetland of paddyfield.

12-39 红树林各地类面积
Site Classification and Area of Sharpleaf Mangrove (Rhizophora Apiculata)

单位：公顷 (hectare)

地 区	Region	红树林各地类总面积 Total Site Area of Sharpleaf Mangrove	现有面积 Established	未成林面积 Unestablished	宜林地面积 Suitable for Planting
全 国	**National Total**	**82757.2**	**22024.9**	**1884.1**	**58848.2**
浙 江	Zhejiang	5452.3	20.6	236.1	5195.6
福 建	Fujian	13410.1	615.1	286.4	12508.6
广 东	Guangdong	32325.9	9084.0	981.3	22260.6
广 西	Guangxi	18029.2	8374.9	380.3	9274.0
海 南	Hainan	13539.7	3930.3		9609.4

注：本表数据为2002年全国红树林资源调查资料。
a) Data in the table are the figures of National Sharpleaf Mangrove Survey in 2002.

12-40 各地区自然保护基本情况（2008年）
Basic Situation of Natural Protection by Region (2008)

地 区	Region	自然保护区个数（个）Number of Nature Reserves (unit)	#国家级 Nation Level	自然保护区面积（万公顷）Area of Nature Reserves (10 000 hectares)	#国家级 Nation Level	自然保护区占辖区面积比重（%）Percentage of Nature Reserves in the Region (%)
全 国	**National Total**	**2538**	**303**	**14894.3**	**9120.3**	**15.1**
北 京	Beijing	20	2	13.4	2.6	8.0
天 津	Tianjin	8	3	15.4	10.1	13.6
河 北	Hebei	34	11	56.7	21.7	3.0
山 西	Shanxi	46	5	114.0	8.3	7.3
内蒙古	Inner Mongolia	196	23	1383.2	384.4	11.7
辽 宁	Liaoning	95	12	264.6	93.6	10.4
吉 林	Jilin	34	11	224.0	78.4	12.4
黑龙江	Heilongjiang	190	20	617.5	205.8	13.6
上 海	Shanghai	4	2	9.4	6.6	14.8
江 苏	Jiangsu	30	3	56.5	33.6	5.5
浙 江	Zhejiang	31	9	25.7	9.8	2.5
安 徽	Anhui	102	6	52.8	15.6	4.1
福 建	Fujian	92	12	50.6	20.6	3.1
江 西	Jiangxi	174	8	110.1	14.4	6.6
山 东	Shandong	75	7	109.7	25.7	6.6
河 南	Henan	35	11	75.2	42.6	4.5
湖 北	Hubei	63	9	99.3	21.8	5.3
湖 南	Hunan	95	14	112.1	45.2	5.3
广 东	Guangdong	371	11	355.2	22.6	4.8
广 西	Guangxi	76	15	142.9	28.6	5.9
海 南	Hainan	68	9	281.3	10.2	5.3
重 庆	Chongqing	51	3	90.1	19.6	11.0
四 川	Sichuan	164	22	873.9	210.5	17.9
贵 州	Guizhou	129	8	95.3	24.4	5.4
云 南	Yunnan	152	16	284.1	142.7	7.2
西 藏	Tibet	45	9	4140.3	3715.3	34.5
陕 西	Shaanxi	50	9	104.6	32.0	5.1
甘 肃	Gansu	57	13	754.1	443.8	16.5
青 海	Qinghai	11	5	2182.2	2025.2	30.3
宁 夏	Ningxia	13	6	50.7	43.9	9.8
新 疆	Xinjiang	27	9	2149.4	1360.6	13.4

12-41 地质灾害及防治情况
Geological Disasters and Prevention and Cure

年份 地区	Year Region	发生地质灾害起数(次) Geological Disasters (time)	#滑坡 Land-slide	#崩塌 Collapse	#泥石流 Mud-rock Flow	#地面塌陷 Land Subside	人员伤亡(人) Casualties (person)	#死亡人数 Deaths
	2000	19653	13431	2945	1958	347	27697	1179
	2001	5793	3034	583	1539	554	1675	788
	2002	40246	31247	3097	4976	521	2759	853
	2003	15489	10240	2604	1549	574	1333	767
	2004	13555	9130	2593	1157	445	1407	734
	2005	17751	9367	7654	566	137	1223	578
	2006	102804	88523	13160	417	398	1227	663
	2007	25364	15478	7722	1215	578	1123	598
	2008	26580	13450	8080	843	454	1598	656
	2009	10580	6310	2378	1442	326	845	331
北京	Beijing	11						
天津	Tianjin							
河北	Hebei	13	1	6		2		
山西	Shanxi	16	6	8		2	24	24
内蒙古	Inner Mongolia	34	2	3	13	12		
辽宁	Liaoning	22	2	6		11		
吉林	Jilin	18	3	8	4	2		
黑龙江	Heilongjiang	11		2	5	2		
上海	Shanghai							
江苏	Jiangsu	17	11	1		5		
浙江	Zhejiang	247	147	64	32		43	18
安徽	Anhui	349	116	216	4	13	8	2
福建	Fujian	391	372	15	1	2	3	3
江西	Jiangxi	197	140	35	4	18	10	8
山东	Shandong	37	9	7	1	20		
河南	Henan	24	3			21		
湖北	Hubei	552	436	76	3	29	21	8
湖南	Hunan	4479	2701	767	925	54	55	21
广东	Guangdong	241	92	118	2	26	21	19
广西	Guangxi	373	109	215	4	39	118	18
海南	Hainan	7	1	6				
重庆	Chongqing	908	795	72	24	11	111	23
四川	Sichuan	934	581	212	108	17	244	89
贵州	Guizhou	167	108	40	1	14	38	23
云南	Yunnan	442	341	28	54	10	97	37
西藏	Tibet	655	110	352	191	2	10	7
陕西	Shaanxi	224	107	96	9	10	14	10
甘肃	Gansu	161	78	20	53	3	25	19
青海	Qinghai	25	22	3			2	1
宁夏	Ningxia	19	14	1	2	1		
新疆	Xinjiang	6	3	1	2		1	1

12-41 续表 continued

年 份 地 区	Year Region	直接经济损失 (万元) Direct Economic Losses (10 000 yuan)	地质灾害防治项目数 (个) Number of Projects of Prevention of Geological Disasters (unit)	地质灾害防治投资 (万元) Investment of Projects of Prevention of Geological Disasters (10 000 yuan)	滑坡、泥石流治理面积 (公顷) Area Covered by Landslide and Mud-rock Flow Harnessing Projects (hectare)
	2000	494201	429	33197	52848
	2001	348699	999	44639	25714
	2002	509740	1595	110022	29696
	2003	504325	1815	166514	14450
	2004	408828	2247	175231	11642
	2005	357678	3179	166860	5315
	2006	431590	2914	193570	70046
	2007	247528	3492	244885	2592
	2008	326936	5325	529939	7255
	2009	190109	28061	542368	
北 京	Beijing		5	1100	
天 津	Tianjin		3	80	
河 北	Hebei	84	16	3531	
山 西	Shanxi	491	30	5938	
内蒙古	Inner Mongolia	1960	1	150	
辽 宁	Liaoning	1733	5	3958	
吉 林	Jilin	295	42	51774	
黑龙江	Heilongjiang		9	3410	
上 海	Shanghai			896	
江 苏	Jiangsu	628	40	15241	
浙 江	Zhejiang	6584	714	18488	
安 徽	Anhui	2179	156	12253	
福 建	Fujian	1234	2460	8277	
江 西	Jiangxi	1861	275	11959	
山 东	Shandong	662	153	21164	
河 南	Henan	162			
湖 北	Hubei	12312	1377	10666	
湖 南	Hunan	43933	788	15015	
广 东	Guangdong	8710	1625	178177	
广 西	Guangxi	3856	1879	20979	
海 南	Hainan	31	17	949	
重 庆	Chongqing	18783	3153	28552	
四 川	Sichuan	31904	12287	56657	
贵 州	Guizhou	10650	23	6600	
云 南	Yunnan	13118	253	40279	
西 藏	Tibet	13076	4	3209	
陕 西	Shaanxi	3811	301	12610	
甘 肃	Gansu	11237	2422	6391	
青 海	Qinghai	714	7	1576	
宁 夏	Ningxia			80	
新 疆	Xinjiang	101	16	2409	

12-42 森林火灾情况(2009年)
Forest Fires (2009)

地 区	Region	森林火灾次数(次) Forest Fires (time)	一般火灾 Ordinary Fires	较大火灾 Major Fires	重大火灾 Severe Fires	特别重大火灾 Especially Severe Fires	火场总面积(公顷) Total Area of Fires (hectare)
全 国	**National Total**	**8859**	**4945**	**3878**	**35**	**1**	**213636**
北 京	Beijing	4	3	1			13
天 津	Tianjin	6	5	1			4
河 北	Hebei	63	53	10			443
山 西	Shanxi	37	13	24			3149
内蒙古	Inner Mongolia	66	32	30	4		17764
辽 宁	Liaoning	176	123	53			1424
吉 林	Jilin	131	98	33			351
黑龙江	Heilongjiang	54	36	17		1	99819
上 海	Shanghai						
江 苏	Jiangsu	50	49	1			49
浙 江	Zhejiang	247	51	196			3547
安 徽	Anhui	100	57	43			758
福 建	Fujian	579	38	528	13		16018
江 西	Jiangxi	394	91	303			8184
山 东	Shandong	17	6	11			210
河 南	Henan	596	436	160			1990
湖 北	Hubei	660	575	85			2228
湖 南	Hunan	2173	878	1289	6		18080
广 东	Guangdong	188	53	135			2631
广 西	Guangxi	569	333	236			7167
海 南	Hainan	46	28	18			222
重 庆	Chongqing	87	78	9			247
四 川	Sichuan	310	247	57	6		5731
贵 州	Guizhou	1626	1199	421	6		12661
云 南	Yunnan	510	320	190			10235
西 藏	Tibet	11	10	1			47
陕 西	Shaanxi	55	47	8			282
甘 肃	Gansu	29	29				78
青 海	Qinghai	16	14	2			154
宁 夏	Ningxia	8	8				69
新 疆	Xinjiang	51	35	16			84

12-42 续表 continued

地 区	Region	受害森林面积(公顷) Destructed Forest Area (hectare)	#天然林 Natural Forest	#人工林 Man-made Forest	伤亡人数(人) Casualties (person)	#死亡人数 Deaths	其他损失折款(万元) Economic Loss (10 000 yuan)
全 国	**National Total**	**46156**	**5124**	**36058**	**110**	**39**	**14511.4**
北 京	Beijing	7		7			
天 津	Tianjin	2		2			
河 北	Hebei	105		105	1	1	17.6
山 西	Shanxi	636	111	525	9	2	1340.2
内蒙古	Inner Mongolia	3734		31			8.0
辽 宁	Liaoning	481	47	410			12.9
吉 林	Jilin	206	1	105			240.2
黑龙江	Heilongjiang	1834	1743	91	5	1	
上 海	Shanghai						
江 苏	Jiangsu	5		5			
浙 江	Zhejiang	1580		1207	5	3	39.3
安 徽	Anhui	311	1	310			55.4
福 建	Fujian	11011	207	10804	6	4	1776.9
江 西	Jiangxi	3300	21	3279	21	1	1275.2
山 东	Shandong	69		69			10.0
河 南	Henan	810		810			82.6
湖 北	Hubei	473	77	390			5.8
湖 南	Hunan	10110	60	10050	20	8	2321.7
广 东	Guangdong	1269	79	1190	6	2	301.9
广 西	Guangxi	1190	40	1150	16	10	274.1
海 南	Hainan	163	3	160			5.3
重 庆	Chongqing	66	7	53			23.8
四 川	Sichuan	2578	2094	484	1	1	712.8
贵 州	Guizhou	3702	383	3315	9	4	1216.0
云 南	Yunnan	2222	238	1332	6	2	4711.9
西 藏	Tibet	5					8.4
陕 西	Shaanxi	108	4	104	3		
甘 肃	Gansu	2		2			1.3
青 海	Qinghai	103		16			14.9
宁 夏	Ningxia						3.1
新 疆	Xinjiang	73	8	50	2		52.3

12-43 森林病虫鼠害防治情况
Prevention of Forest Diseases, Pests and Rats

年份 Year 地区 Region	合计 Total			森林病害 Forest Diseases		
	发生面积(万公顷) Area of Occurrence (10 000 hectare)	防治面积(万公顷) Area of Prevention (10 000 hectare)	防治率(%) Prevention Rate (%)	发生面积(万公顷) Area of Occurrence (10 000 hectare)	防治面积(万公顷) Area of Prevention (10 000 hectare)	防治率(%) Prevention Rate (%)
2000	851.86	574.19	67.4	93.45	61.95	66.3
2001	839.03	587.29	70.0	80.50	58.29	72.4
2002	841.25	571.96	68.0	74.50	57.12	76.7
2003	888.74	582.92	65.6	75.75	55.25	73.0
2004	944.84	639.52	68.0	75.79	56.71	75.0
2005	961.03	640.75	66.7	101.20	70.62	69.8
2006	1100.67	735.47	66.8	103.87	71.80	69.1
2007	1209.68	801.20	66.2	110.95	85.88	77.4
2008	1141.84	783.96	68.7	116.83	90.48	77.4
2009	1141.97	819.38	71.8	103.12	81.88	79.4
北 京 Beijing	3.92	3.90	99.4	0.07	0.07	100.0
天 津 Tianjin	3.65	3.83	100.0	0.42	0.47	100.0
河 北 Hebei	50.88	57.46	100.0	3.44	2.98	86.9
山 西 Shanxi	28.01	20.34	72.6	0.26	0.21	82.2
内蒙古 Inner Mongolia	106.27	43.51	40.9	1.85	0.92	49.6
辽 宁 Liaoning	70.37	61.13	86.9	6.03	4.24	70.3
吉 林 Jilin	29.43	11.31	38.4	2.53	1.90	75.4
黑龙江 Heilongjiang	36.91	33.54	90.9	2.45	1.94	79.2
上 海 Shanghai	1.15	1.12	97.7	0.07	0.07	100.0
江 苏 Jiangsu	8.35	7.80	93.5	1.72	1.71	99.4
浙 江 Zhejiang	7.05	6.43	91.1	2.04	1.80	88.4
安 徽 Anhui	33.66	26.02	77.3	5.94	4.95	83.3
福 建 Fujian	20.77	11.63	56.0	1.40	1.35	96.2
江 西 Jiangxi	38.73	33.22	85.8	6.27	5.36	85.5
山 东 Shandong	59.87	73.28	100.0	12.24	11.24	91.8
河 南 Henan	47.97	42.79	89.2	8.63	9.70	100.0
湖 北 Hubei	33.47	30.09	89.9	2.10	1.99	94.8
湖 南 Hunan	39.34	19.14	48.7	0.55	0.50	90.3
广 东 Guangdong	44.21	14.98	33.9	4.98	3.69	74.0
广 西 Guangxi	35.94	8.55	23.8	2.31	0.26	11.4
海 南 Hainan	0.72	0.54	74.5	0.12		
重 庆 Chongqing	27.77	26.29	94.7	1.25	1.12	89.7
四 川 Sichuan	77.59	61.57	79.4	9.20	6.01	65.4
贵 州 Guizhou	29.18	23.44	80.3	1.15	1.05	91.4
云 南 Yunnan	33.11	30.66	92.6	3.48	3.14	90.3
西 藏 Tibet	13.97			3.67		
陕 西 Shaanxi	40.53	26.21	64.7	1.29	0.82	63.1
甘 肃 Gansu	24.32	20.72	85.2	2.10	2.35	100.0
青 海 Qinghai	26.55	19.50	73.5	1.87	1.38	73.9
宁 夏 Ningxia	36.66	20.63	56.3			
新 疆 Xinjiang	118.86	74.44	62.6	11.17	10.05	89.9
大兴安岭 Daxinganling	12.75	5.30	41.6	2.50	0.58	23.3

12-44 突发环境事件情况(2009年)
Environmental Accidents (2009)

地 区	Region	突发环境事件次数(次) Number of Environmental Accidents (time)	水污染 Water Pollution	大气污染 Air Pollution	海洋污染 Ocean Pollution	固体废物污染 Solid Wastes Pollution	噪声与振动危害 Noise and Vibration Pollution	其他 Others	突发环境事件直接经济损失(万元) Direct Economic Losses (10 000 yuan)	突发环境事件赔、罚款总额(万元) Reparations and Fines on Environmental Accidents (10 000 yuan)
全 国	**National Total**	**418**	**116**	**130**	**2**	**55**		**115**	**43354**	**2168**
北 京	Beijing	31	1	7		22		1		
天 津	Tianjin									
河 北	Hebei	4	2			1		1	21520	1555
山 西	Shanxi	4	3					1		
内蒙古	Inner Mongolia	5	3	2					479	
辽 宁	Liaoning	6	1	3	1			1	550	
吉 林	Jilin									
黑龙江	Heilongjiang									
上 海	Shanghai	118	4	71		13		30		
江 苏	Jiangsu	10	7	2				1	13000	20
浙 江	Zhejiang	50						50	653	
安 徽	Anhui	22	12	3		4		3	625	237
福 建	Fujian	6	3	2				1	18	10
江 西	Jiangxi	6	4	2					512	25
山 东	Shandong	19	3	6	1	8		1	4450	
河 南	Henan	10	1	5				4	81	1
湖 北	Hubei	11	11							
湖 南	Hunan									
广 东	Guangdong	10	3					7		
广 西	Guangxi	11	9			2			291	110
海 南	Hainan	7	5	2						
重 庆	Chongqing	33	20	10				3		9
四 川	Sichuan									
贵 州	Guizhou	4				4			284	
云 南	Yunnan	3	2	1					524	71
西 藏	Tibet									
陕 西	Shaanxi	10	7			1		2	4	71
甘 肃	Gansu	36	14	13				9	364	60
青 海	Qinghai	2	1	1						
宁 夏	Ningxia									
新 疆	Xinjiang									

12-45 地震灾害情况
Earthquake Disasters

年份 Year 地区 Region	地震灾害次数（次）Number of Earthquakes (time)	5.0-5.9级 5.0-5.9 Richter scale	6.0-6.9级 6.0-6.9 Richter scale	7.0级以上 Over 7.0 Richter scale	人员伤亡（人）Casualties (person)	#死亡人数 Deaths	直接经济损失（万元）Direct Economic Loss (10 000 yuan)
2000	10	7	2		2987	10	146792
2001	12	8	2	1	750	9	148449
2002	5	4			362	2	14774
2003	21	10	6	1	7465	319	466040
2004	11	8	1		696	8	94959
2005	13	9	2		882	15	262811
2006	10	9			229	25	79962
2007	3	1	1		422	3	201922
2008	17	6	4	2	446293	69283	85949594
2009	8	5	2		407	3	273782
重　庆 Chongqing	1				3	2	2273
云　南 Yunnan	2	1	1		404	1	239930
青　海 Qinghai	1		1				11081
新　疆 Xinjiang	4	4					20498

12-46 主要海洋灾害情况（2009年）
Major Marine Disasters (2009)

灾种 Disaster Categories	发生次数（次）Occurrence (time)	人员死亡、失踪（人）Casualties and Missing People (person)	直接经济损失（亿元）Direct Economic Loss (100 million yuan)
合　计 Total	**132**	**95**	**100.23**
风暴潮 Stormy Tides	32	57	84.97
赤　潮 Red Tides	68		0.65
海　浪 Huge Waves	32	38	8.03
海　冰 Sea Ice			0.17

12-47 环境污染治理投资
Investment in the Treatment of Environmental Pollution

指标	Item	2005	2006	2007	2008	2009
环境污染治理投资总额（亿元）	**Total Investment in the Treatment of Environmental Pollution (100 million yuan)**	**2388.0**	**2566.0**	**3387.3**	**4490.3**	**4525.3**
#城市环境基础设施建设投资	Investment in Urban Environmental Infrastructure	1289.7	1314.9	1467.5	1801.0	2512.0
#燃气	Gas Supply	142.4	155.0	160.1	163.5	182.2
集中供热	Centralized Heating	220.2	223.6	230.0	269.7	368.7
排水	Drainage Works	368.0	331.5	410.0	496.0	729.8
园林绿化	Gardening and Greening	411.3	429.0	525.6	649.8	914.9
市容环境卫生	Environmental Sanitation	147.8	175.8	141.8	222.0	316.5
工业污染源治理投资	Investment in the Treatment of Industrial Pollution	458.2	483.9	552.4	542.6	442.6
建设项目“三同时”环保投资	"Three Simultaneities" Environmental Investment for New Project	640.1	767.2	1367.4	2146.7	1570.7
环境污染治理投资总额占国内生产总值比重（%）	**Total Investment in the Treatment of Environmental Pollution as Percent of GDP (%)**	**1.30**	**1.22**	**1.36**	**1.49**	**1.33**

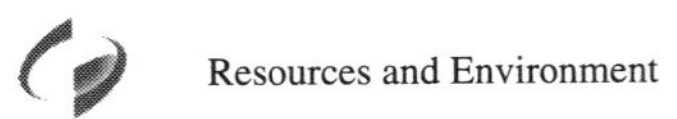

12-48 工业污染治理投资来源（2009年）
Sources of Investment in the Treatment of Industrial Pollution (2009)

单位：万元 (10 000 yuan)

地 区	Region	工业污染治理当年投资来源总额 Sources of Current Investment in the Treatment of Industrial Pollution	排污费补助 Pollution Charges Subsidies	政府其他补助 Other Government Subsidies	企业自筹 Self-raising Funds	#银行贷款 Loans
全 国	**National Total**	**4426207**	**69515**	**140988**	**4215263**	**472564**
北 京	Beijing	34421		11836	22665	
天 津	Tianjin	180054	724	6103	173228	
河 北	Hebei	132272	4196	3250	124826	15764
山 西	Shanxi	386711	7525	11133	368054	5673
内蒙古	Inner Mongolia	178258	556	1461	176241	20500
辽 宁	Liaoning	196562	6551	6074	183937	42403
吉 林	Jilin	79255	1180	2525	75550	13765
黑龙江	Heilongjiang	99318	984	3704	94631	28547
上 海	Shanghai	68357	48	1006	67303	1075
江 苏	Jiangsu	270554	6230	4653	259671	21178
浙 江	Zhejiang	193574	2569	28239	162766	19220
安 徽	Anhui	108282	3236	634	104412	9000
福 建	Fujian	128692	265	2553	125874	12961
江 西	Jiangxi	39540	608	1047	37865	8550
山 东	Shandong	515832	3966	15498	496368	25731
河 南	Henan	154242	1247	2511	150484	2490
湖 北	Hubei	281332	3592	5602	271638	111458
湖 南	Hunan	133806	6951	2669	124187	3732
广 东	Guangdong	227464	266	3214	223984	2544
广 西	Guangxi	117118	570	829	115720	8709
海 南	Hainan	3563		45	3518	
重 庆	Chongqing	70747	3555	3724	63468	1925
四 川	Sichuan	96191	2226	3796	90169	9175
贵 州	Guizhou	89475	740	1590	87145	7501
云 南	Yunnan	94880	991	1562	92328	41264
西 藏	Tibet					
陕 西	Shaanxi	205999	4036	4087	197876	24077
甘 肃	Gansu	123302	3956	7262	112084	10313
青 海	Qinghai	29439	120	1677	27642	13000
宁 夏	Ningxia	43472	15	500	42957	843
新 疆	Xinjiang	143497	2615	2208	138674	11168

12-49 工业污染治理投资完成情况
Investment Completed in the Treatment of Industrial Pollution

年份 地区	Year Region	工业污染治理完成投资（万元） Investment Completed in the Treatment of Industrial Pollution (10 000 yuan)	治理废水 Treatment of Waste Water	治理废气 Treatment of Waste Gas	治理固体废物 Treatment of Solid Waste	治理噪声 Treatment of Noise Pollution	治理其他 Treatment of Other Pollution	本年竣工项目数（个） Number of Projects Completed (unit)
	2000	2347895	1095897	909242	114673	13692	214390	21070
	2001	1745280	729214	657940	186967	6424	164734	10277
	2002	1883663	714935	697864	161287	10464	299113	9733
	2003	2218281	873748	921222	161763	10139	251408	9568
	2004	3081060	1055868	1427975	226465	13416	357336	11290
	2005	4581909	1337147	2129571	274181	30613	810396	11158
	2006	4839485	1511165	2332697	182631	30145	782848	11972
	2007	5523909	1960722	2752642	182532	18279	606838	12547
	2008	5426404	1945977	2656987	196851	28383	598206	11184
	2009	4426207	1494606	2324616	218536	14100	374349	8236
北京	Beijing	34421	1205	25718		12	7485	56
天津	Tianjin	180054	40867	75921	546	399	62322	174
河北	Hebei	132272	35817	91106		1399	3950	226
山西	Shanxi	386711	103324	235574	19687	1742	26384	707
内蒙古	Inner Mongolia	178258	33155	123759	10194	120	11031	247
辽宁	Liaoning	196562	36811	157287	1519	99	845	132
吉林	Jilin	79255	26959	48409	435	18	3433	95
黑龙江	Heilongjiang	99318	45333	50109	755		3121	117
上海	Shanghai	68357	9703	40746	11178	1598	5132	237
江苏	Jiangsu	270554	145428	104853	3363	379	16531	600
浙江	Zhejiang	193574	57672	108609	16756	58	10479	654
安徽	Anhui	108282	19570	65880	80	471	22282	212
福建	Fujian	128692	51298	61468	9433	1060	5434	435
江西	Jiangxi	39540	17427	15339	3781	3	2989	110
山东	Shandong	515832	237316	197084	28791	1045	51596	644
河南	Henan	154242	66224	61147	5687	1105	20079	329
湖北	Hubei	281332	54002	213918	5970	675	6768	273
湖南	Hunan	133806	66315	58965	5375	405	2747	286
广东	Guangdong	227464	84465	65649	11197	303	65851	883
广西	Guangxi	117118	75922	28286	7090		5821	223
海南	Hainan	3563	3216	142			205	14
重庆	Chongqing	70747	28813	37522	590	676	3146	118
四川	Sichuan	96191	52686	31900	6840	202	4564	307
贵州	Guizhou	89475	6926	38747	35267	213	8323	197
云南	Yunnan	94880	14808	63769	13399	424	2481	381
西藏	Tibet							
陕西	Shaanxi	205999	75181	106440	6676	1004	16699	186
甘肃	Gansu	123302	56649	51173	13314	511	1656	154
青海	Qinghai	29439	3885	25544		10		28
宁夏	Ningxia	43472	12891	30198	15		369	84
新疆	Xinjiang	143497	30742	109356	600	170	2629	127

12-50 林业建设资金到位情况
Funds Allocated to Afforestation

单位：万元 (10 000 yuan)

年 份 地 区	Year Region	合 计 Sources of Funds This Year	国家预算内资金 State Budget	#国债资金 National Debts	#中央财政专项资金 Special Funds of Central Finance	国内贷款 Domestic Loans	利用外资 Foreign Investment	自筹资金 Self-raising Funds	其他资金 Other Funds
	2000	1614486	1099858	377841	431435	49052	34453	271273	68653
	2001	2015639	1502046	533967	723542	55248	19971	221322	110308
	2002	3082417	2472167	788071	1417855	68610	30893	246913	115871
	2003	3963491	3033522	935756	1758212	86305	46065	428001	223105
	2004	4080892	3133121	629113	2096696	60593	46015	430620	271561
	2005	4734696	3526236	582436	2467248	82397	63237	551509	342603
	2006	4933888	3597884	460001	2542335	72291	53761	509810	541612
	2007	6428321	4383290	492376	2960181	128922	70281	476367	972886
	2008	8143651	5374498	546451	3563926	128344	63362	1347038	1027158
	2009	13778576	8382439	599646	4606649	741040	135317	2181424	2338356
北 京	Beijing	405273	340440	2860	2994			15326	49507
天 津	Tianjin	30572	8259	5000	2449				22313
河 北	Hebei	541901	400201	2441	293478	51000	1580	16460	72660
山 西	Shanxi	620845	350619	8764	142757			253547	16679
内蒙古	Inner Mongolia	721192	714157	85483	408329		641	6315	79
辽 宁	Liaoning	432777	378942	24154	94595		608	40154	13073
吉 林	Jilin	493775	289757		170601	1000	8428	66893	127697
黑龙江	Heilongjiang	899998	547477	34082	374999		668	220586	131267
上 海	Shanghai	107027	90357	700				8459	8211
江 苏	Jiangsu	663666	22146	11127	5435	200	1938	592870	46512
浙 江	Zhejiang	405379	215607	790	5488	141750	38288	3934	5800
安 徽	Anhui	168649	126079	9787	96883	3728	553	14290	23999
福 建	Fujian	193054	60683		21953	61100	21805	8866	40600
江 西	Jiangxi	339813	161587	18702	130333		4976	18009	155241
山 东	Shandong	662342	153354		16620	90015	718	113292	304963
河 南	Henan	728770	202708		116733	153956	15000	224600	132506
湖 北	Hubei	262951	193382	22807	138660		3191	25502	40876
湖 南	Hunan	403439	286376	49097	202214		380	59049	57634
广 东	Guangdong	361582	304537	6505	20669	1903	11239	18674	25229
广 西	Guangxi	443573	220712	34090	137389	56968	14050	94781	57062
海 南	Hainan	73312	36729	2720	25014				36583
重 庆	Chongqing	532465	343392	11983	217690	116509	53	27494	45017
四 川	Sichuan	1679963	856010	535	636095	44966	3863	207777	567347
贵 州	Guizhou	341158	340191		170701		157	810	
云 南	Yunnan	467020	324383	42606	188185	525	90	18119	123903
西 藏	Tibet	56573	56573		45319				
陕 西	Shaanxi	468484	379505	94863	252088			6748	82231
甘 肃	Gansu	482817	353667	29681	316741	13000	2733	693	112724
青 海	Qinghai	119745	114690	12957	75908		3962	1093	
宁 夏	Ningxia	110831	94672	9194	82622	3700		180	12279
新 疆	Xinjiang	341161	272473	41912	145120	720	396	57538	10034
大兴安岭	Daxinganling	179037	106771	34554	68587			55936	16330

注：全国合计数包含国家林业局直属单位的固定资产投资数据。

a) The national total sources of funds include the investment in fixed assets by departments directly under State Forestry Administration.

12-51 林业系统营林固定资产投资完成情况
Investment Completed for Afforestation in Forest System

单位：万元 (10 000 yuan)

年份 地区	Year Region	本年完成投资 Investment Completed During the Year	#国家投资 State Investment	#国债资金 National Debt	本年新增固定资产 Newly Increased Fixed Assets
	2000	1510541	1103624	365907	425135
	2001	1919835	1516932	509195	409064
	2002	2976388	2479492	778882	797275
	2003	3892793	3098907	945705	1283847
	2004	3989023	3202142	632739	1199775
	2005	4593443	3528122	585865	1590725
	2006	4784890	3683961	466936	1464354
	2007	6217121	4421010	555165	1321247
	2008	8366173	5014117	539579	2358134
	2009	13513349	7104764	566829	4622205
北京	Beijing	339462	286613	4549	74109
天津	Tianjin	30572	8259	5000	30572
河北	Hebei	330527	281817	9633	171405
山西	Shanxi	620845	350619	8764	4344
内蒙古	Inner Mongolia	679629	672270	102114	123672
辽宁	Liaoning	331567	280366	27637	201754
吉林	Jilin	445644	264834	8479	179037
黑龙江	Heilongjiang	834066	532587	33567	377407
上海	Shanghai	64986	35507	460	17627
江苏	Jiangsu	738587	33954	2910	48361
浙江	Zhejiang	47302	33278	951	29460
安徽	Anhui	130358	90191	6483	57996
福建	Fujian	40710	19000	2079	19300
江西	Jiangxi	232054	146682	14206	122694
山东	Shandong	212444	32577	6300	69158
河南	Henan	570593	202708		89042
湖北	Hubei	279846	198023	20519	92451
湖南	Hunan	312354	240604	27172	132128
广东	Guangdong	78135	18733	5418	23732
广西	Guangxi	2680619	333407	32405	1207468
海南	Hainan	27994	17095		
重庆	Chongqing	573208	415213	11983	147216
四川	Sichuan	1605475	771024	790	196698
贵州	Guizhou	331912	301047		244391
云南	Yunnan	372359	263759	38814	92250
西藏	Tibet	25250	25250		2300
陕西	Shaanxi	401925	337258	91216	267011
甘肃	Gansu	466615	383201	29355	232882
青海	Qinghai	119745	111105	12957	119745
宁夏	Ningxia	108396	95635	10608	32654
新疆	Xinjiang	282271	199774	36222	114677
大兴安岭	Daxinganling	158467	86371	13986	71624

注：全国合计数包含国家林业局直属单位的固定资产投资数据。

a) The national total source of funds include the investment in fixed assets by departments directly under State Forestry Administration.

主要统计指标解释

国土 指中华人民共和国国家管辖下的领土、领海和领空。

气候 指地球与大气之间长期能量交换与质量交换所形成的一种自然环境状态，它是多种因素综合作用的结果。气候既是人类生活和生产的环境要素之一，又是供给人类生活和生产的重要资源。气温、降水、湿度等气象要素的多年平均值是用来描述一个地区气候状况的主要参数，而各种气象要素某年、某月的平均值(或总量)则可以反映出该时期天气气候状况的重要特征。

自然资源 指人类可以直接从自然界获得，并用于生产和生活的物质资源。自然资源一般可以分成可再生资源和非再生资源两大类。可再生资源指在较短时间内可以再生、可以循环利用的资源，包括土地资源、水资源、气候资源、生物资源和海洋资源等。非再生资源指在使用后不能再生的资源，包括矿产资源和地热能源。

土地资源 土地指陆地的表层部分，它主要由岩石、岩石的风化物和土壤构成。土地资源按利用类型可以分为农用地、建筑用地和未利用地。农用地包括耕地、园地、林地、牧草地和水面。建筑用地包括居民点及工矿用地、交通用地和水利设施用地。未利用地指农用地和建筑用地以外的土地，包括滩涂、荒漠、戈壁、冰川和石山等。

耕地面积 指经过开垦用以种植农作物并经常进行耕耘的土地面积。包括种有作物的土地面积、休闲地、新开荒地和抛荒未满三年的土地面积。

林业用地面积 指生长乔木、竹类、灌木、沿海红树林等林木的土地面积，包括有林地、灌木林、疏林地、未成林造林地、迹地、苗圃等。

草地面积 指牧区和农区用于放牧牲畜或割草，植被盖度在5%以上的草原、草坡、草山等面积。包括天然的和人工种植或改良的草地面积。

内陆水域总面积 指江、河、湖泊、池塘、塘堰、水库等各种流水或蓄水的水面占地面积。

海洋 是海和洋的统称。洋为地球表面上相连接的广大咸水水体的主体部分。海为地球表面相连接的广大咸水水体被陆地、岛礁、半岛包围或分隔的边缘部分。

海水可养殖面积 指利用滩涂、浅海、港湾进行鱼、虾、蟹、贝、藻等海水经济动植物的人工养殖的水面面积。

径流 指陆地上接受降水后扣除损耗外，从地表和地下向流域出口断面汇集的水流。径流可分为地表径流、地下径流和壤中流。地表径流指沿地表向河流、湖泊、沼泽、海洋等汇集的水流；地下径流指沿潜水层或隔水层间的含水层，向河流、湖泊、沼泽、海洋等汇集的地下水水流。

径流量 指在一定时段内通过河流某一过水断面的水量，用以反映一个国家或地区水资源的丰歉程度。计算公式为:

径流量=降水量-蒸发量

流域 每条河流都有自己的干流和支流，干支流共同组成这条河流的水系。每条河流都有自己的集水区域，这个集水区域就称为该河流的流域。

外流河 指直接或间接流入海洋的河流。供给外流河河水的区域称为外流区域。

内陆河 指在陆地内部干燥地区，河水沿途消失于沙漠或注入内陆湖泊的河流。供给内陆河河水的区域称为内陆区域。

大陆架 指沿海国家的领海以外，依其陆地领土的全部自然延伸，扩展到大陆边缘的，其宽度依据《联合国海洋法公约》规定的海底区域的海床和底土。大陆架海区水产资源丰富，海底多蕴藏石油、天然气以及其他矿产资源，这些自然资源属沿海国家所有。我国的大陆架为我国领海以外依本国陆地领土的全部自然延伸，扩展到大陆边外缘的海底区域的海床和底土；如果从测算领海宽度的基线量起至大陆边外缘的距离不足200海里，则扩展到200海里。

浅海养殖 指在可养殖的浅海中进行海水经济动植物养殖。

滩涂养殖 指利用位于海边潮间带的软泥或砂泥地带加以平整，筑堤、建坝等进行海水养殖。

港湾养殖 指利用港、湾，或在海边、河口附近的滩涂、洼地拦闸筑堤进行海水养殖。

矿产资源 矿产资源指由地质作用形成的，具有利用价值的，呈固态、液态、气态的自然资源，是社会生产发展的重要物质基础。目前我国已发现矿种有170多种，按其特点和用途，可分为能源矿产(如煤炭、石油、天然气、地热)、金属矿产(如铁矿、锰矿、铜矿、铅矿、铝土矿)、非金属矿产(如金刚石、石灰岩、粘土)和水气矿产(如地下水、矿泉水、二氧化碳气)四大类。其中：金属矿产按其物质成份和性质又可分为：黑色金属矿产、有色金属矿产、贵金属矿产、稀有金属矿产、稀土金属矿产、分散元素金属矿产六类。

矿产基础储量 基础储量是查明矿产资源的一部分。它能满足现行采矿和生产所需的指标要求，是控制的、探明的并通过可行性或预可行性研究认为属于经济的、边界经济的部分，用未扣除设计、采矿损失的数量表示。

气温 指空气的温度，我国一般以摄氏度(℃)为单位表示。气象观测的温度表是放在离地面约1.5米处通风良好的百叶箱里测量的，因此，通常说的气温指的是离地面1.5米处百叶箱中的温度。其统计计算方法为：

月平均气温是将全月各日的平均气温相加，除以该月的天数而得。

年平均气温是将12个月的月平均气温累加后除以12

而得。

相对湿度 指空气中实际所含水蒸气密度和同温度下饱和水蒸气密度的百分比值。其统计方法与气温相同。

降水量 指从天空降落到地面的液态或固态(经融化后)水，未经蒸发、渗透、流失而在地面上积聚的深度。其统计计算方法为：

月降水量是将全月各日的降水量累加而得。

年降水量是将12个月的月降水量累加而得。

日照时数 指太阳实际照射地面的时间。其统计方法与降水量相同。

水资源总量 指评价区内降水形成的地表和地下产水总量，即地表产流量与降水入渗补给地下水量之和，不包括过境水量。

地表水资源量 指评价区内河流、湖泊、冰川等地表水体中可以逐年更新的动态水量，即当地天然河川径流量。

地下水资源量 指评价区内降水和地表水对饱水岩土层的补给量，包括降水入渗补给量和河道、湖库、渠系、渠灌田间等地表水体的入渗补给量。

地表水与地下水资源重复量 指地表水和地下水相互转化的部分，即天然河川径流量中的地下水排泄量和地下水补给量中来源于地表水的入渗补给量。

供水总量 指各种水源工程为用户提供的包括输水损失在内的毛供水量之和，不包括海水直接利用量。

地表水源供水量 指地表水体工程的取水量，按蓄、引、提、调四种形式统计。从水库、塘坝中引水或提水，均属蓄水工程供水量；从河道或湖泊中自流引水的，无论有闸或无闸，均属引水工程供水量；利用扬水站从河道或湖泊中直接取水的，属提水工程供水量；跨流域调水指水资源一级区或独立流域之间的跨流域调配水量，不包括在蓄、引、提水量中。

地下水源供水量 指水井工程的开采量，按浅层淡水、深层承压水和微咸水分别统计。城市地下水源供水量包括自来水厂的开采量和工矿企业自备井的开采量。

其他水源供水量 包括污水处理再利用、集雨工程、海水淡化等水源工程的供水量。

用水总量 指分配给各类用户的包括输水损失在内的毛用水量之和，不包括海水直接利用量。

农业用水 指农田灌溉用水、林果地灌溉用水、草地灌溉用水和鱼塘补水。

工业用水 指工矿企业在生产过程中用于制造、加工、冷却、空调、净化、洗涤等方面的用水，按新水取用量计，不包括企业内部的重复利用水量。

生活用水 包括城镇生活用水和农村生活用水。城镇生活用水由居民用水和公共用水（含第三产业及建筑业等用水）组成；农村生活用水除居民生活用水外，还包括牲畜用水在内。

生态补水 仅包括人为措施供给的城镇环境用水和部分河湖、湿地补水，而不包括降水、径流自然满足的水量。

工业废水排放量 指经过企业厂区所有排放口排到企业外部的工业废水量。包括生产废水、外排的直接冷却水、超标排放的矿井地下水和与工业废水混排的厂区生活污水，不包括外排的间接冷却水(清污不分流的间接冷却水应计算在内)。

直接排入海的 指经企业位于海边的排放口，直接排入海的废水量。直接排放指废水经过工厂的排污口直接排入海，而未经过城市下水道或其他中间体，也不受其他水体的影响。

工业废水排放达标量 指报告期内废水中各项污染物指标都达到国家或地方排放标准的外排工业废水量，包括未经处理外排达标的，经废水处理设施处理后达标排放的，以及经污水处理厂处理后达标排放的。

生活污水排放量 指城镇居民每年排放的生活污水。用人均系数法测算。测算公式为：

$$\frac{\text{生活污水}}{\text{排放量}}=\frac{\text{城镇生活污水}}{\text{排放系数}}\times\frac{\text{市镇非}}{\text{农业人口}}\times 365$$

生活污水中化学需氧量(COD)排放量 指城镇居民每年排放的生活污水中的COD的量。用人均系数法测算。测算公式为：

$$\frac{\text{城镇生活污水}}{\text{中}COD\text{排放量}}=\frac{\text{城镇生活污水中}}{COD\text{产生系数}}\times\frac{\text{市镇非}}{\text{农业人口}}\times 365$$

化学需氧量(COD) 指用化学氧化剂氧化水中有机污染物时所需的氧量。COD值越高，表示水中有机污染物污染越重。

工业废气排放量 指报告期内企业厂区内燃料燃烧和生产工艺过程中产生的各种排入大气的含有污染物的气体的总量，以标准状态(273K，101325Pa)计算。测算公式为：

$$\frac{\text{工业废气}}{\text{排放量}}=\frac{\text{燃料燃烧过程}}{\text{中废气排放量}}+\frac{\text{生产工艺过程}}{\text{中废气排放量}}$$

生活及其他SO_2排放量 以生活及其他煤炭消费量和其含硫量为基础，根据以下公式计算：

$$\frac{\text{生活及其他}}{SO_2\text{排放量}}=\frac{\text{生活及其他}}{\text{煤炭消费量}}\times\text{含硫量}\times 0.8\times 2$$

工业SO_2排放量 指报告期内企业在燃料燃烧和生产工艺过程中排入大气的SO_2总量，计算公式为：

$$\frac{\text{工业}SO_2}{\text{排放量}}=\frac{\text{燃料燃烧过程}}{\text{中}SO_2\text{排放量}}+\frac{\text{生产工艺过程}}{\text{中}SO_2\text{排放量}}$$

工业烟尘排放量 指企业厂区内燃料燃烧过程中产生的烟气中夹带的颗粒物排放量。

生活及其他烟尘排放量 指除工业生产活动以外的所有社会、经济活动及公共设施的经营活动中燃烧所排放的烟尘纯重量。以生活及其他煤炭消费量为基础进行测算。

工业粉尘排放量 指企业在生产工艺过程中排放的能在空气中悬浮一定时间的固体颗粒物排放量。如钢铁企业的耐火材料粉尘、焦化企业的筛焦系统粉尘、烧结机的粉尘、石灰窑的粉尘、建材企业的水泥粉尘等。不包括电厂排入大气的烟尘。

工业固体废物产生量 指报告期内企业在生产过程中产生的固体状、半固体状和高浓度液体状废弃物的总量，包括危险废物、冶炼废渣、粉煤灰、炉渣、煤矸石、尾矿、放射性废物和其他废物等；不包括矿山开采的剥离废石和掘进废石(煤矸石和呈酸性或碱性的废石除外)。酸性或碱性废石指采掘的废石其流经水、雨淋水的 pH 值小于 4 或 pH 值大于 10.5 者。

危险废物 指列入国家危险废物名录或根据国家规定的危险废物鉴别标准和鉴别方法认定的，具有爆炸性、易燃性、易氧化性、毒性、腐蚀性、易传染疾病等危险特性之一的废物。

工业固体废物综合利用量 指报告期内企业通过回收、加工、循环、交换等方式，从固体废物中提取或者使其转化为可以利用的资源、能源和其他原材料的固体废物量(包括当年利用往年的工业固体废物贮存量)，如用作农业肥料、生产建筑材料、筑路等。综合利用量由原产生固体废物的单位统计。

工业固体废物综合利用率 指工业固体废物综合利用量占工业固体废物产生量(包括综合利用往年贮存量)的百分率。计算公式为:

$$\text{工业固体废物综合利用率}=\frac{\text{工业固体废物综合利用量}}{\text{工业固体废物产生量}+\text{综合利用往年贮存量}}\times 100\%$$

工业固体废物贮存量 指报告期内企业以综合利用或处置为目的，将固体废物暂时贮存或堆存在专设的贮存设施或专设的集中堆存场所内的数量。专设的固体废物贮存场所或贮存设施必须有防扩散、防流失、防渗漏、防止污染大气、水体的措施。

工业固体废物处置量 指报告期内企业将固体废物焚烧或者最终置于符合环境保护规定要求的场所，并不再回取的工业固体废物量(包括当年处置往年的工业固体废物贮存量)。处置方式有填埋(其中危险废物应安全填埋)、焚烧、专业贮存场(库)封场处理、深层灌注、回填矿井及海洋处置(经海洋管理部门同意投海处置)等。

工业固体废物排放量 指报告期内企业将所产生的固体废物排到固体废物污染防治设施、场所以外的数量，不包括矿山开采的剥离废石和掘进废石(煤矸石和呈酸性或碱性的废石除外)。

"三废"综合利用产品产值 指报告期内利用"三废"作为主要原料生产的产品价值(现行价)；已经销售或准备销售的应计算产品价值，留作生产自用的不应计算产品价值。

生活垃圾清运量 指报告期内收集和运送到各生活垃圾处理厂(场)和生活垃圾最终消纳点的生活垃圾数量。生活垃圾指城市日常生活或为城市日常生活提供服务的活动中产生的固体废物以及法律行政规定的视为城市生活垃圾的固体废物。包括：居民生活垃圾、商业垃圾、集市贸易市场垃圾、街道清扫垃圾、公共场所垃圾和机关、学校、厂矿等单位的生活垃圾。

生活垃圾无害化处理率 指报告期生活垃圾无害化处理量与生活垃圾产生量比率。在统计上，由于生活垃圾产生量不易取得，可用清运量代替。计算公式为:

$$\text{生活垃圾无害化处理率}=\frac{\text{生活垃圾无害化处理量}}{\text{生活垃圾产生量}}\times 100\%$$

土地调查面积 指行政区域内的土地调查总面积，包括农用地、建设用地和未利用地。

农用地 指直接用于农业生产的土地，包括耕地、园地、林地、牧草地及其他农用地。

森林面积 指由乔木树种构成，郁闭度 0.2 以上(含 0.2)的林地或冠幅宽度 10 米以上的林带的面积，即有林地面积。森林面积包括天然起源和人工起源的针叶林面积、阔叶林面积、针阔混交林面积和竹林面积，不包括灌木林地面积和疏林地面积。

人工林面积 指由人工播种、植苗或扦插造林形成的生长稳定，(一般造林 3-5 年后或飞机播种 5-7 年后)每公顷保存株数大于或等于造林设计植树株数 80%或郁闭度 0.20 以上(含 0.20)的林分面积。

森林覆盖率 指一个国家或地区森林面积占土地总面积的百分比。森林覆盖率是反映森林资源的丰富程度和生态平衡状况的重要指标。在计算森林覆盖率时，森林面积包括郁闭度 0.2 以上的乔木林地面积和竹林地面积，国家特别规定的灌木林地面积、农田林网以及四旁(村旁、路旁、水旁、宅旁)林木的覆盖面积。计算公式为:

$$\text{森林覆盖率}(\%)=\frac{\text{森林面积}}{\text{土地总面积}}\times 100\%$$

活立木总蓄积量 指一定范围内土地上全部树木蓄积的总量，包括森林蓄积、疏林蓄积、散生木蓄积和四旁树蓄积。

森林蓄积量 指一定森林面积上存在着的林木树干部分的总材积。它是反映一个国家或地区森林资源总规模和水平的基本指标之一，也是反映森林资源的丰富程度、衡量森林生态环境优劣的重要依据。

造林总面积 指在宜林荒山荒地、宜林沙荒地、无立木林地、疏林地和退耕地等其它宜林地上通过人工措施形成或恢复森林、林木、灌木林的过程。

人工造林 指在宜林荒山荒地、宜林沙荒地、无立木林地、疏林地和退耕地等其它宜林地上通过播种、植苗和分植来提高森林植被覆被率的技术措施。

飞机播种造林 通过飞机播种，为宜林荒山荒地、宜林沙荒地、其它宜林地、疏林地补充适量的种源，并辅以适当的人工措施，在自然力的作用下使其形成森林或灌草植被，提高森林植被覆被率的技术措施。

无林地和疏林地封育 对宜林地、无立木林地、疏林地实施封禁并辅以人工促进手段，使其形成森林或灌草植被的一项技术措施。

用材林 指以生产木材为主要目的的森林和林木，包括以生产竹材为主要目的的竹林。

经济林 指以生产果品，食用油料、饮料、调料，工业原料和药材为主要目的的林木。经济林是人们为了取得林木的果实、叶片、皮层、胶液等产品作为工业原料或者供食用所营造的林木，如油茶、油桐、核桃、樟树、花椒、茶、桑、果等。

防护林 指以防护为主要目的的森林、林木和灌木丛。包括水源涵养林，水土保持林，防风固沙林，农田、牧场防

护林，护岸林，护路林等。

薪炭林 指以生产燃料为主要目的的林木。

特种用途林 指以国防、环境保护、科学实验等为主要目的的森林和林木。包括国防林、实验林、母树林、环境保护林、风景林，名胜古迹和革命纪念地的林木，自然保护区的森林。

天然林保护工程 是我国林业的“天”字号工程、一号工程,也是投资最大的生态工程。具体包括三个层次:全面停止长江上游、黄河上中游地区天然林采伐;大幅度调减东北、内蒙古等重点国有林区的木材产量;同时保护好其他地区的天然林资源。主要解决这些区域天然林资源的休养生息和恢复发展问题。

退耕还林还草工程 是我国林业建设上涉及面最广、政策性最强、工序最复杂、群众参与度最高的生态建设工程。主要解决重点地区的水土流失问题。

三北和长江流域等重点防护林体系建设工程 三北和长江中下游地区等重点防护林体系建设工程,是我国涵盖面最大、内容最丰富的防护林体系建设工程。具体包括三北防护林四期工程、长江中下游及淮河太湖流域防护林二期工程、沿海防护林二期工程、珠江防护林二期工程、太行山绿化二期工程和平原绿化二期工程。主要解决三北地区的防沙治沙问题和其他区域各不相同的生态问题。

京津风沙源治理工程 环北京地区防沙治沙工程,是首都乃至中国的“形象工程”,也是环京津生态圈建设的主体工程。虽然规模不大,但是意义特殊。主要解决首都周围地区的风沙危害问题。

野生动植物保护及自然保护区建设工程 野生动植物保护及自然保护区建设工程,是一个面向未来,着眼长远,具有多项战略意义的生态保护工程,也是呼应国际大气候、树立中国良好国际形象的“外交工程”。主要解决基因保存、生物多样性保护、自然保护、湿地保护等问题。

重点地区速生丰产用材林基地建设工程 重点地区以速生丰产用材林为主的林业产业基地建设工程,是我国林业产业体系建设的骨干工程,也是增强林业实力的“希望工程”。主要解决我国木材和林产品的供应问题。

湿地 指天然或人工、长久或暂时性的沼泽地、泥炭地或水域地带，包括静止或流动、淡水、半咸水、咸水体，低潮时水深不超过 6 米的水域以及海岸地带地区的珊瑚滩和海草床、滩涂、红树林、河口、河流、淡水沼泽、沼泽森林、湖泊、盐沼及盐湖。

红树林 指生长在热带、亚热带低能海岸潮间带上部，受周期性潮水浸淹,以红树植物为主体的常绿灌木或乔木组成的潮滩湿地木本生物群落。

自然保护区 指为了保护自然环境和自然资源,促进国民经济的持续发展，将一定面积的陆地和水体划分出来，并经各级人民政府批准而进行特殊保护和管理的区域个数。根据保护对象,自然保护区分为自然生态系统类、野生生物类、自然遗迹类。风景名胜区、文物保护区不计在内。

滑坡 指斜坡上不稳定的岩土体在重力作用下沿一定软面(或滑动带)整体向下滑动的物理地质现象。地表水和地下水的作用以及人为的不合理工程活动对斜坡岩、土体稳定性的破坏，经常是促使滑坡发生的主要因素。在露天采矿、水利、铁路、公路等工程中，滑坡往往造成严重危害。

崩塌 指陡坡上大块的岩土体在重力作用下突然脱离母体崩落的物理地质现象。它可因多裂隙的岩体经强烈的物理风化、雨水渗入或地震而造成，往往毁坏建筑物，堵塞河道或交通路线。

泥石流 指山地突然爆发的包含大量泥沙、石块的特殊洪流,多见于半干旱山地高原地区。其形成条件是地形陡峻，松散堆积物丰富，有特大暴雨或大量冰融水的流出。

地面塌陷 指地表岩、土体在自然或人为因素作用下向下陷落，并在地面形成塌陷坑(洞)的一种动力地质现象。由于其发育的地质条件和作用因素的不同,地面塌陷可分为岩溶塌陷和非岩溶塌陷。

环境突发事件 指由于违反环境保护法规的经济、社会活动与行为,以及意外因素的影响或不可抗拒的自然灾害等原因，致使环境受到污染，国家重点保护的野生动植物、自然保护区受到破坏，人体健康受到危害，社会经济和人民财产受到损失，造成不良社会影响的突发性事件。

环境污染治理投资 指在污染源治理和城市环境基础设施建设的资金投入中，用于形成固定资产的资金，其中污染源治理投资包括工业污染源治理投资和“三同时”项目环保投资两部分。环境污染治理投资为城市环境基础设施投资、工业污染源治理投资与“三同时”项目环保投资之和。

林业建设到位资金 报告期内林业建设项目实施单位专项账户上实际收到的用于林业建设的资金合计。

林业建设本年完成投资 指从本年1月1日起至本年最后一天止完成的全部投资额。本年完成投资是反映本年的实际投资规模，计算有关投资效果，进行年度国民经济平衡分析的重要指标。

Explanatory Notes on Main Statistical Indicators

Territory refers to territorial land, sea and air space under the administration of the People's Republic of China.

Climate refers to the natural environmental status formed by the long-term exchange of energy and mass between the earth and the atmosphere, and is the result of interaction of many factors. Climate is both one of the environment factors and also the important resources for living and production activities of the human being. The average values across several years of meteorological factors such as temperature, rainfall and humidity are used as important parameters to describe the climate of a region, while the average values (or total values) of a given year or month of meteorological factors reflect the key characteristics of climate for that period of time.

Natural Resources refer to material resources that could be obtained from the nature by human being and used for production and living. Natural resources in general can be classified as renewable resources and non-renewable resources. Renewable resources refer to resources that could be renewed and recycled during a relatively short period of time, including land resource, water resource, climate resource, biology resource and marine resource. Non-renewable resources include resources that could not be renewed, such as minerals and geothermal resource.

Land Resource Land refers to the surface of the earth, consisting of mainly rocks and its weathering and earth. Land resource can be classified, by its utilization, as land for agriculture, land for construction and unused land. Land for agriculture includes cultivated land, plantation land, forestland, grassland and waters. Land for construction includes land for residential purpose, for manufacturing and mining, for transportation and for water-conservancy projects. Unused land refers to land other than land for agriculture and construction, including beaches, deserts, Gobi, glaciers and rock mountains.

Area of Cultivated Land refers to area of land reclaimed for the regular cultivation of various farm crops, including crop-cover land, fallow, newly reclaimed land and land laid idle for less than 3 years.

Area of Afforested Land refers to area for land for trees bamboo, bushes and mangrove, including forest-covered land, bush-covered land, sparse forest land, land planned for afforestation and nurseries of young trees.

Area of Grassland refers to area of grassland, grass-slopes and grass-covered hills with a vegetation-covering rate of over 5% that are used for animal husbandry or harvesting of grass. It includes natural, cultivated and improved grassland areas.

Inland Water Area refers to water area of rivers, lakes, ponds, reservoir, etc.

Ocean is the general name for sea and ocean. Ocean refers to the main body of large salt water connected with the earth. Sea refers to the edge areas of the salt water on the earth that are compartmentalized or surrounded by land, island, reef or peninsula.

Marine Cultivatable Areas refer to water areas in beach, shallow sea and lough that are used to breed marine cash propagation, such as fish, shrimp, crab, shellfish, alga and so on.

Runoff refers to the water gathered at the way out of the cross section of drainage area either from the surface or underground after deducting the wastage of the precipitation on the land. Runoff can be divided into surface runoff, underground runoff and within soil runoff. Surface runoff refers to water flowing to the rivers, lakes, swamps, and seas on the surface of the earth. Underground runoff refers to water flow to rivers, lakes, swamps, and seas through the water-bearing stratum of confined layer or unconfined layer.

Volume of Runoff refers to the total volume of water running through a certain cross section of a river during a certain period of time, reflecting the water resource condition in a country or a region. The formula for calculating volume of runoff is as follows:

Runoff =Precipitation-Evaporation

Drainage Area Each river has its own main stream and branches to form the water system of the river. Each river has its own catchment's area, which is also called as the drainage area of the river.

Out-flowing Rivers refer to rivers directly or indirectly flowing into the sea. The area providing water to the out-flowing rivers is called as out-flowing area.

Inland Rivers refer to rivers in inland dry areas that die away in desert on the way or infuse into inland lakes. The area providing water to the inland rivers is called as inland area.

Continental Shelf refers to seabed and subsoil of sea floor area that is beyond the marginal sea of the coastal countries which stretches naturally of its land territory to continent edge, and its width is defined by the United Nations Marine Convention. The continental shelf area is rich in aquatic products, and its seabed contains petroleum, natural gas and other mineral resources, which belong to the coastal countries. The continental shelf of our country is the natural stretch of its land territory to the continent edge besides the marginal sea of our country. It extends to the seabed and subsoil of the sea floor area to the edge of the continent. If the distance from the baseline of the marginal sea to the continent edge is less than 200 nautical miles, it can be extended to 200 nautical miles.

Shallow Sea Cultivation refers to the breeding of marine cash propagation in the cultivatable shallow sea.

Sea-beaches Cultivation refers to the breeding of marine propagation in sea-beaches which are made possible by levelling-off the ooze or mud in the tideland and banking up dams.

Harbour Cultivation refers to marine cultivation conducted in harbours, bays, or the sea-beaches or marshes around seaside and bayou by blocking the gate and banking up the dam.

Mineral Resources refer to useful minerals, with solid state, liquid state, gaseity, due to the geological process. Minerals are important natural resources, and important

material base for social development. At present, there are more than 170 types of minerals discovered in China. They can be categorized into four groups: energy producing minerals (including coal, petroleum, natural gas and terrestrial heat), metallic minerals (including iron, manganese, copper, lead and bauxite), non metallic minerals (including diamond, limestone and clay), and water/gas related minerals (including ground water, mineral water and carbon dioxide). Metallic minerals can be further classified as ferrous, non-ferrous, noble metal, rare metal, rare earth metal and dispersed metals.

Ensured Mineral Reserves refer to the actual mineral reserves, which equal to the proven mineral reserves (including industrial reserves and prospective reserves) minus extracted parts and underground losses.

Temperature refers to the air temperature. China uses centigrade as the unit. The thermometry used for weather observation is put in a breezy shutter, which is 1.5 meters high from the ground. Therefore, the commonly used temperature refers to the temperature in the breezy shutter 1.5 meters away from the ground. The calculation method is as follows:

Monthly average temperature is the summation of average daily temperature of one month divided by the actual days of that particular month.

Annual average temperature is the summation of monthly average of a year divided by 12 months.

Relative Humidity refers to the ratio of actual water vapour pressure to the saturation water vapour density under the current temperature. The calculation method is the same as that of temperature.

Volume of Precipitation refers to the deepness of liquid state or solid state (thawed) water falling from the sky to the ground that has not been evaporated, infiltrated or run off. The calculation method is as follows:

Monthly precipitation is the summation of daily precipitation of a month.

Annual precipitation is the summation of 12 months precipitation of a year.

Sunshine Hours refer to the actual hours of sun irradiating the earth. The calculation method is the same as that of the precipitation.

Total Water Resources refers to total volume of water resources measured as run-off for surface water from rainfall and recharge for groundwater in a given area, excluding transit water.

Surface Water Resources refers to total renewable resources which exist in rivers, lakes, glaciers and other collectors from rainfall and are measured as run-off of rivers.

Groundwater Resources refers to replenishment of aquifers with rainfall and surface water.

Duplicated Measurement between Surface Water and Groundwater refers to mutual exchange between surface water and groundwater, i.e. run-off of rivers includes some depletion into groundwater while groundwater includes some replenishment from surface water.

Water Supply refers to gross water supply by supply systems from sources to consumers, including losses during distribution.

Surface Water Supply refers to withdrawals by surface water supply system, broken down with storage, flow, pumping and transfer. Supply from storage projects includes withdrawals from reservoirs; supply from flow includes withdrawals from rivers and lakes with natural flows no matter if there are locks or not; supply from pumping projects includes withdrawals from rivers or lakes with pumping stations; and supply from transfer refers to water supplies transferred from first-level regions of water resources or independent river drainage areas to others, and should not be covered under supplies of storage, flow and pumping.

Groundwater Supply refers to withdrawals from supplying wells, broken down with shallow layer freshwater, deep layer freshwater and slightly brackish water. Groundwater supply for urban areas includes water mining by both waterworks and own wells of enterprises.

Other Water Supply Sources include supplies by waste-water treatment, rain collection, seawater desalinization and other water projects.

Water Use refers to gross water use distributed to users, including loss during transportation, broken down into use by agriculture, industry, living consumption and ecological protection.

Water Use by Agriculture includes uses of water by irrigation of farming fields and by forestry, animal husbandry and fishing. Water use by forestry, animal husbandry and fishery includes irrigation of forestry and orchards, irrigation of grassland and replenishment of fishing farms.

Water Use by Industry refers to new withdrawals of water, excluding reuse of water within enterprises.

Water Use by Living Consumption includes use of water for living consumption in both urban and rural areas. Urban water use by living consumption is composed of household use and public use (including services, commerce, restaurants, cargo transportation, posts, telecommunications and construction). Rural water use by living consumption includes both households and animals.

Water Use by Ecological Protection includes replenishment of rivers and lakes and use for urban environment.

Waste Water Discharged by Industry refers to the volume of waste water discharged by industrial enterprises through all their outlets, including waste water from production process, directly cooled water, groundwater from mining wells which does not meet discharge standards and sewage from households mixed with waste water produced by industrial activities, but excluding indirectly cooled water discharged (It should be included if the discharge is not separated from waste water).

Waste Water Directly Discharged into Sea refers to the volume of waste water directly discharged into sea through outlets of enterprises situated by sea without going through municipal sewerage networks or any other intermediates or being affected by any other water bodies.

Industrial Waste Water Meeting Discharge Standards refers to volume of industrial waste water discharge which, with or without treatment, reaches national or local standards with regard to all pollutants.

Urban Non-industrial Waste Water Discharge refers to annual discharge of non-industrial waste water by urban households. It is estimated by per capita coefficient using the formula:

$$\text{Urban non-industrial waste water discharge} = \text{urban non-industrial waste water discharge coefficient} \times \text{urban non-agricultural population} \times 365$$

Volume of Chemical Oxygen Demand (COD) Generated by Urban Non-industrial Waster Water refers to chemical oxygen demand generated through the annual discharge of non-industrial waste water by urban households. It is estimated as:

$$\text{Volume of chemical oxygen demand (cod) generated by urban non-industrial waster water} = \text{Coefficient of COD generated through urban non-industrial waste water} \times \text{urban non-agricultural population} \times 365$$

Chemical Oxygen Demand (COD) refers to the amount of oxygen required when chemical oxidants are used to oxidize organic pollutants in water. A higher value of COD corresponds to more serious pollution by organic pollutants.

Industrial Waste Air Emission refers to the discharge into atmosphere of waste air containing pollutants generated from fuel burning and production processes in enterprises within a given period of time. It is calculated at standard status (273K, 101325Pa) as:

$$\text{Industrial waste air emission} = \text{emission through fuel burning} + \text{emission through production process}$$

SO_2 Emission through Non-industrial and Other Activities is calculated on the basis of consumption of coal by households and other activities and the sulphur content of coal with the following formula:

$$SO_2\text{ emission through non-industrial and other activities} = \text{of coal by households and other activities} \times \text{sulphur content} \times 0.8 \times 2$$

SO_2 Emission through Industrial Activities refers to volume of sulphur dioxide emission from fuel burning and production process by enterprises during a given period of time. It is calculated as:

$$SO_2\text{ emission through industrial activities} = SO_2\text{ emission from fuel burning} + SO_2\text{ emission from production process}$$

Industrial Soot Emission refers to the volume of soot in smoke emitted in the process of fuel burning in the premises of enterprises.

Soot Emission by Consumption and Others refers to the net volume of soot emitted by fuel burning from all social and economic activities and operations of public facilities other than industrial activities. It is calculated on the basis of coal consumption by households and others.

Industrial Dust Emission refers to volume of dust emitted by production process of enterprises and suspended in the air for a given period of time, including dust from refractory material of iron and steel works, dust from coke-screening systems and sintering machines of coke plants, dust from lime kilns and dust from cement production in building material enterprises, but excluding soot and dust emitted from power plants.

Industrial Solid Wastes Produced refers to total volume of solid, semi-solid and high concentration liquid residues produced by industrial enterprises from production process in a given period of time, including hazardous wastes, slag, coal ash, gangue, tailings, radioactive residues and other wastes, but excluding stones stripped or dug out in mining - gangue and acid or alkaline stones not included (a stone is acid or alkaline according to the pH value of the water being below 4 or above 10.5 when the stone is in, or soaked by water).

Hazardous Wastes refers to those included in the national hazardous wastes catalogue or specified as any one of the following properties in the national hazardous wastes identification standards: explosive, ignitable, oxidizable, toxic, corrosive or liable to cause infectious diseases or lead to other dangers.

Industrial Solid Wastes Utilized refers to volume of solid wastes from which useful materials can be extracted or which can be converted into usable resources, energy or other materials by means of reclamation, processing, recycling and exchange (including utilizing in the year the stocks of industrial solid wastes of the previous year). Examples of such utilizations include fertilizers, building materials and road materials. The information shall be collected by the producing units of the wastes.

Rate of Utilization of Industrial Solid Wastes refers to the percentage of industrial solid wastes utilized over industrial solid wastes produced (including stocks of the previous years). It is calculated as:

$$\text{Rate of utilization of industrial solid wastes} = \frac{\text{volume of industrial solid wastes utilized}}{\text{industrial solid wastes produced} + \text{stock of previous years}} \times 100\%$$

Stock of Industrial Solid Wastes refers to the volume of solid wastes placed in special facilities or special sites for purposes of utilization or disposal. The sites or facilities should take measures against dispersion, loss, seepage, and air and water contamination.

Industrial Solid Wastes Disposed refers to the quantity of industrial solid wastes which are burnt or placed ultimately in the sites meeting the requirements for environmental protection and not salvaged or recycled (including disposition in the year of those wastes of previous years). The disposition includes landfill (Safe landfills should be conducted for hazardous wastes), incineration, containment spaces, deep underground disposal, backfill in mining pits and disposal at sea.

Industrial Solid Wastes Discharged refers to the volume of industrial solid wastes discharged by producing enterprises to disposal facilities or to other sites. The wastes exclude stones stripped or dug from mining (gangue and acid or alkaline waste stones not included).

Output Value of Products Made from Waste Gas,

Waste Water and Solid Wastes refers to the current value of products with waste gas, waste water and solid wastes as main materials of production. Products sold and ready to sell shall be included while those produced for own use shall not be included.

Consumption Wastes Transported refers to volume of consumption wastes collected and transported to disposal factories or sites. Consumption wastes are solid wastes produced from urban households or from service activities for urban households, and solid wastes regarded by laws and regulations as urban consumption wastes, including those from households, commercial activities, markets, cleaning of streets, public sites, offices, schools, factories, mining units and other sources.

Ratio of Consumption Wastes Treated refers to consumption wastes treated over that produced. In practical statistics, as it is difficult to estimate, the volume of consumption wastes produced is replaced with that transported. It is calculated as:

$$\text{Ratio of consumption wastes treated} = \frac{\text{consumption wastes treated}}{\text{consumption wastes produced}} \times 100\%$$

Area under Land Survey refers to the total area of land, under the land survey, within the jurisdiction of the administrative region, including land for agriculture use, land for construction and unused land.

Land for Agriculture Use refers to land directly used for agriculture production, including land for cultivation, gardening, forests, herbage and other agriculture activities.

Forest Area refers to the area of forest where trees and bamboo grow with canopy density above 0.2, including land of natural woods and planted woods, but excluding bush land and thin forest land. It reflects the total areas of afforestation.

Area of Man-made Forests refer to the area of stable growing forests, planted manually or by airplanes, with a survival rate of 80% or higher of the designed number of trees per hectare, or with a canopy density of 0.20 or above after 3-5 years of manual planting or 5-7 years of airplane planting.

Forest Coverage Rate refers to the ratio of area of afforested land to total land area. It is a very important indicator that reflects the status of abundance of forest resource and balance of the ecosystem. Forest area includes the area of trees and bamboo grow with canopy density above 0.2, the area of shrubby tree according to regulations of the government, the area of forest land inside farm land and the area of trees planted by the side of villages, farm houses and along roads and rivers. The formula for calculating forest coverage rate is as follows:

$$\text{Forestry coverage rate } (\%) = \frac{\text{Area of Afforested Land}}{\text{Area of Total Land}} \times 100\%$$

Total Standing Stock Volume refers to the total stock volume of trees growing in land, including trees in forest, trees in sparse forest, scattered trees and trees planted by the side of villages, farm houses and along roads and rivers.

Stock Volume of Forest refers to total stock volume of wood growing in forest area, which shows the total size and level of forest resources of a country or a region. It is also an important indicator illustrating the richness of forest resource and the status of forest ecological environment.

Total Area of Afforestation refers to the total area of land suitable for afforestation, including barren hills, idle land, sand dunes, non-timber forest land, woodland and "grain for green" land, on which acres of forests, trees and shrubs are planted through manual planting.

Manual Planting refers to technical measures of sowing, planting seedlings and divided transplanting on land suitable for afforestation, including barren hills, idle land, sand dunes, non-timber forest land, woodland and "grain for green" land to increase vegetation coverage rate of forests.

Airplane Planting refers to technical measures of airplane planting with of appropriate artifical help taken under the influence of natural power to restore certain amount of seedlings on land suitable for afforestation, including barren hills, idle land, sand dunes, non-timber forest land, woodland and "grain for green" land, with an aim of increasing vegetation coverage rate of forests.

Mountain-closuring & Re-planting of Non-timber Land and Woodland refers to technical measures of closuring land surtable for afforestation, non-timber land and woodland with artificial assistance taken to form a forest or shrub-grass vegetation.

Timber Forests refer to forests which are mainly for the production of timber, including bamboo groves planted to harvest bamboos.

By-product Forests refer to forests that mainly produce fruits, nuts, edible oil, beverages, indigents, raw materials and medicine materials. By-product forests are planted to harvest the fruits, leaves, bark or liquid of trees, and consume them as food or raw materials for the manufacturing industry, such as tea-oil trees, tung oil trees, walnut trees, camphor trees, tea bushes, mulberry trees, fruit trees, etc.

Protection Forests refer to forests, trees and bushes planted mainly for protection or preservation purpose, including water resource conservation forests, water and soil conservation forests, windbreak and dune-fixing forests, farmland and pasture protection forests, riverside protection forests, roadside protection forests, etc.

Fuel Forests refer to forests planted mainly for fuels.

Forests for Special Purpose refer to forests planted mainly for national defence, environment protection or scientific experiments, including national defence forests, experimental forests, mother-tree forests, environment protection forests, scenery forests, trees in historical or scenic spots, forests in natural reserves.

Project on Preservation of Natural Forests is the Number One ecological project in China's forest industry that involves the largest investment. It consists of 3 components: 1) Complete halt of all cutting and logging activities in the natural forests at the upper stream of Yangtze River and the upper and middle streams of the Yellow River. 2) Significant reduction of timber production of key state forest zones in northeast provinces and in Inner Mongolia. 3) Better protection of natural forests in other regions through rehabilitation programmes.

Projects on Converting Cultivated Land to Forests and Grassland (Grain for Green Projects) aiming at preventing soil erosion in key regions, these projects are ecological construction projects in the development of forest industry that have the widest coverage and most sophisticated procedures, with strong policy implications and most active participation of the people.

Projects on Protection Forests in North China and Yangtze River Basin covering the widest areas in China with a rich variety of contents, these projects aim at solving the problem of sand and dust in northeastern China, northern China and northwestern China and the ecological issues in other areas. More specifically, they include phase IV of Project on North China protection forests, phase II of Project on protection forests at the middle and lower streams of Yangtze River and at the Huihe River and Taihu Lake valley, phase II of Project on coastal protection forests, phase II of Project on Pearl River protection forests, phase II Project on greenery of Taihang Mountain and phase II Projects on greenery of plains.

Projects on Harnessing Source of Sand and Dust in Beijing and Tianjin these Beijing-ring projects aim at harnessing the sand and dust weather around Beijing and its vicinities. As the key to the development of Beijing-Tianjin ecological zone, these projects are of particular importance as such storms affect the image of China's capital city and hence the whole country.

Projects on Preserving Wild Animals and Plants and on Construction of Natural Reserves aiming at gene preservation and protection of bio-diversity, nature and wetlands, these projects are forward-looking with strategic perspectives in line with international trends and practices.

Projects on Fast-growing Timber Forests Bases in Key Regions are key projects for the forest industry to strengthen its capacity in supplying more timber and forest by-products.

Wetlands refer to marshland and peat bog, whether natural or man-made, permanent or temporary; water covered areas, whether stagnant or flowing, with fresh or semi-fresh or salty water that is less than 6 meters deep at low tide; as well as coral beach, weed beach, mud beach, mangrove, river outlet, rivers, fresh-water marshland, marshland forests, lakes, salty bog and salt lakes along the coastal areas.

Mangrove refers to evergreen woody plants or plant communities in tropical or sub-tropical zones which live between the sea and the land in areas which are inundated by tides.

Natural Reserves refer to certain areas of land, waters or sea demarked and approved by relevant governments at all levels to put under special protection and management in order to protect the natural environment and natural resources and to promote the sustainable development of the national economy. According to the objects be protected, the natural reserves are classified into classes of natural ecosystem, wild life and natural heritage. Scenic spots and cultural preservation zones are not included.

Landslides refer to the geological phenomenon of unstable rocks and earth on slopes sliding down along certain soft surface as a result of gravitational force. Role of surface water and underground water, and destruction of the stability of slopes by irrational construction work are usually main factors triggering landslides. Severe damages are often caused by landslides in open mining, in water conservancy projects, and in the construction of railways and highways.

Collapse refers to the geological phenomenon of large mass of rocks or earth suddenly collapsing from the mountain or cliff as a result of gravitational force. Usually caused by weathering of rocks, permeance of rain or earthquakes, collapse often destructs buildings and blocks river course or transport routes.

Mud-rock Flow refers to the sudden rush of flood torrents containing large amount of mud and rocks in mountainous areas. It is found mostly in semi-arid hills or plateaus. High and precipitous topographic features, loose soil mass, heavy rains or melting water contribute to the mud-rock flow.

Land Subside refers to the geological phenomenon of surface rocks or earth subsiding into holes or pits as a result of natural or human factors. Land subside can be classified as karst subside and non-karst subside.

Sudden Accidents Effecting Environment refer to sudden accidents, due to economic or social activities that are contrary to environment protection laws or due to unforeseen factors or natural disasters, that lead to environment pollution, destruction of protected wild animals, plants or nature reserves, damage to human health, economic and property losses, and other negative impacts on the society.

Investment in Environment Pollution Harnessing Projects refers to the proportion of investment in fixed assets in the total investment in harnessing pollution and in the construction of urban environment infrastructure facilities. The investment in harnessing pollution It includes investment in harnessing sources of industrial pollution and investment in environment protection facilities designed concurrently with construction projects. Investment in environment pollution harnessing is the total of investment in harnessing pollution and investment in urban environment infrastructure facilities.

Funds Allocated to Afforestation refers to the total funds which have been transfered into the specific accounts of the agencies responsible for afforestation projects at reporting period.

Completed Investment for Afforestation during the Year reflecting the actual size of investment completed during January 1 and December 31 of the reference year, this indicator is important in estimating investment efficiency and in making annual analysis of the performance of the national economy.

13

农　业

Agriculture

简 要 说 明

一、本篇资料的主要内容及统计范围

本篇资料反映我国农业生产和农村经济的基本情况，内容主要包括耕地、农业机械拥有量、农林牧渔业产值、主要农产品产量、水利设施与除涝治碱、农村居民家庭拥有生产性固定资产、国营农场基本情况等方面的统计资料。

农业统计范围包括全社会除军马生产及农业科研机构进行的农业生产以外的所有农业生产活动。即农村各种经济组织和农户经营的农林牧渔业生产活动；各种专业性农、林、牧、渔场的农业生产活动；国家各级机关、团体、学校、部队进行的农业生产活动；集体所有制的乡、镇、村办农场的农业生产活动；以及工矿企业经营的农、林、牧、渔业生产活动。

1.农业:指对各种农作物的种植活动。包括谷物、豆类、薯类、棉花、油料、糖料、麻类、烟叶、蔬菜、园艺作物、水果、坚果、饮料和香料作物、中草药及其他作物的种植。

2.林业:包括林木的栽培(不包括茶园、桑园和果园的栽培、管理和收获等活动),木材和竹材的采运，林产品的采集。

3.畜牧业:包括牲畜饲养和放牧，家禽饲养以及野生动物的捕猎和饲养。

4.渔业:包括水生动物和海藻类植物的养殖和捕捞。

5.农、林、牧、渔服务业:指对农、林、牧、渔业生产活动进行的各种支持性服务。但不包括各种科学技术和专业性技术服务活动。

农村社会经济统计范围包括除县城关镇以外所有乡镇的社会经济活动。

二、本篇的资料来源及统计调查方法

1.农业生产基本情况（13-1 至 13-6 表、13-13 至 13-20 表）,由国家统计局农村社会经济调查司根据《农林牧渔业统计报表制度》、《农业产值和价格综合统计报表制度》、《乡村社会经济调查方案》和《农产量抽样调查制度》的有关资料整理提供。

《农林牧渔业统计报表制度》是各省、自治区、直辖市统计局上报国家统计局的全面报表，由各级统计部门根据当地实际情况，采取抽样调查、重点调查或全面调查的办法搜集资料并逐层上报；或利用同级业务部门统计资料上报。如农业生产条件中的部分指标及林业生产情况、渔业生产情况等指标取自同级业务部门的统计资料。

《农产量抽样调查制度》是国家统计局为取得高质量的农产品产量等相关指标数据，在全国范围内统一抽选样本调查、推算，并由直属调查队伍实施的抽样调查制度。主要以农业普查资料作为有关标识编制抽样框，采取综合运用多阶段、多相、分层、系统随机抽样等多种方法确定调查网点,选取样本，利用了多目标与规模成比例的概率抽样确定样本容量，开展多主题调查。全国共抽选了约 1.5 万个村，13 万个样本地块进行实割实测调查，并运用这些样本科学地推算全国粮食产量数据，在 95%的概率把握程度下，误差系数不超过 ± 2%。农产量抽样调查实行样本轮换制度，四年为一个周期。粮食产量、棉花产量、播种面积、主要畜产品产量等指标来源于《农产量抽样调查制度》。

《乡村社会经济调查方案》是国家统计局为了解乡镇、村社会经济基本情况、农户固定资产投资情况以及农林牧渔业生产经营单位能源消费情况等内容而专门设置的统计调查制度。制度规定对乡、村基本情况每三年进行一次全面调查，建制镇每年进行一次全面调查；其他内容采用抽样调查方法，农户固定资产投资调查与农村住户调查网点相同。

2.农户家庭固定资产、经营土地及农产品出售情况（13-10 至 13-12 表、13-22 表、13-23 表），由国家统计局农村社会经济调查司根据《农村住户调查方案》的有关资料整理提供。《农村住户调查方案》的说明见本年鉴“十、人民生活”部分。

3.国营农场基本情况资料主要取材于农业部农垦局汇总的统计报表。其调查范围涉及全国除西藏外的 30 个省、自治区、直辖市。统计方法为逐级上报、全面汇总。指标设置及统计口径均与国家统计局一致。

4.灌溉、水库和除涝、治水、治碱情况及各地区水利设施和除涝、治碱面积资料，主要来源于水利部汇总的统计报表。其统计范围包括各省、自治区、直辖市。资料收集以县为基本统计单位，采取逐级汇总上报的方式。有些特殊指标如灌区数、大型水库、跨县的中小型水库，由地区直接统计，上报省水利厅。

5.受灾面积和成灾面积是与民政部、水利部、国家气象局等部门共同核定的数据。

Brief Introduction

I. Main Contents and Statistical Scopes

The data in this chapter show the basic conditions of agricultural production and rural economy, including mainly cultivated land, quantity of agricultural machinery, output of agriculture, forestry, animal husbandry and fishery, output of major products, facilities of water conservancy and efforts to eliminate water-logging and combat alkalinity, productive fixed assets owned by rural households, basic conditions of State-owned farms.

Statistics on agriculture cover all agricultural production activities except horse raising for military purpose and agricultural production activities undertaken by agriculture research institutions. In other words, included in agriculture statistics are production activities in agriculture, forestry, animal husbandry and fishery undertaken by rural economic units of various types and by rural households; production activities of farms specializing in agriculture, forestry, animal husbandry and fishery; production activities in agriculture undertaken by government agencies, institutions, schools and military units; production activities in agriculture undertaken by collective farms run by townships and villages; and production activities in agriculture, forestry, animal husbandry and fishery undertaken by manufacturing and mining enterprises.

(1) Agriculture: refers to cultivation of farm crops, including cereals, beans, tuber crops, cotton, oil-bearing crops, sugar crops, hemp, tobacco leaves, vegetables, gardening plants, fruits, nuts, crops for beverages and spices, medicinal herbs and other farm crops.

(2) Forestry: includes the planting of trees (excluding the operations of planting, management and harvesting on tea plantations, mulberry fields and orchards), cutting and transport of timber and bamboo and collection of forest products.

(3) Animal husbandry: includes the raising and grazing of domestic animals and poultry, and the hunting and raising of wild animals.

(4) Fishery: includes cultivation and catching of aquatic animals and seaweed.

(5) Services in support of agriculture, forestry, animal husbandry and fishery: include supporting services to production activities in agriculture, forestry, animal husbandry and fishery but do not include activities of science and technology and professional services.

Rural social and economic statistics cover social and economic activities in all townships except county towns.

II. Data Sources and Survey Methods

(1) Data on agricultural production (Table 13-1 to Table 13-6 and Table 13-13 to Table 13-20) are provided by the Department of Rural Social and Economic Survey of the NBS using data from the *Statistical Reporting Form System on Agriculture, Forestry, Animal Husbandry and Fishery*; the *Statistical Reporting System on Agricultural Output and Prices*; the *System of Rural Social and Economic Survey*; and the *Sample Survey System of Farm Crops*.

Statistical Reporting Form System on Agriculture, Forestry, Animal Husbandry and Fishery is a comprehensive reporting program for reporting by provincial statistical bureaus to the National Bureau of Statistics. Data required in this reporting program are collected by statistical offices at all levels by means of sample surveys, surveys of key units or complete enumeration depending on the local circumstances, or estimated by using information from other government agencies at the same level. For instance, some data on condition of agriculture production and on forestry and fishery are obtained from statistics data collected by other government agencies at the same level.

Sample Survey System of Farm Crops is a nation-wide survey designed by the NBS and implemented by sample survey teams throughout China with unified sample selection and estimation procedure, in order to obtain high quality data on grain production and related statistics. Using data from the agriculture census as sampling frame, a total of 130,000 sample plots are selected from some 15,000 villages in the country through a comprehensive multi-stage and multi-phase stratified systematic sampling programme. Actual crop cutting and measuring is conducted on these plots to estimate the national production. The survey is characterized by a multi-purpose probability proportional to size sample design that keeps sampling error to ±2% with the confidence probability at 95%. A rotation scheme is used in the sample survey on farm crops with the cycle of a complete rotation being 4 years. Data on crop production, cotton production, crop planting acreage and production of major animal husbandry products are collected from the *Sample Survey System of Farm Crops*.

System of Rural Social and Economic Survey is a special survey designed by the NBS to understand the basic conditions of social and economic activities at township level, the investment in fixed assets of rural areas household and the energy consumption of the units engaged in agriculture, forestry, animal husbandry and fishery.

Under this survey system, a complete enumeration is conducted every 3 years to collect information on the basic conditions of all towns, townships and villages, and a complete enumeration is conducted every year in administratively designated towns. Sampling surveys are used to collect information on other items, The household samples for the survey on investment in fixed assets are the same as in the rural household survey.

(2) Data on fixed assets, cultivated land and sales of farm products of rural households (Table 13-10 to Table 13-12, Table 13-22 and Table 13-23) are collected and compiled by the Department of Rural Social and Economic Survey of the NBS through the *System of Rural Household Survey*. Please refer to Chapter 10 (People's Living Conditions) of the Yearbook for description of the *System of Rural Household Survey.*

(3) Data on the basic conditions of the State-owned farms come from the statistical reports tabulated by the Bureau of Reclamation, Ministry of Agriculture. The statistical scope includes 30 provinces, autonomous regions and municipalities directly under the Central Government; except Tibet. Data are collected from the grassroots units in accordance with the statistical reporting scheme whereby reporting is done level by level for aggregation. The contents of indicators and statistical coverage are consistent with those stipulated by the National Bureau of Statistics.

(4) Data on irrigation and reservoirs, data on efforts to eliminate water-logging, to prevent floods by water control and to combat alkalinity as well as data on the facilities of water conservancy and the area of water-logging eliminated and the improved area of saline-alkaline land come mainly from statistical reports of the Ministry of Water Resources. The statistical scope includes provinces, autonomous regions and municipalities directly under the Central Government. Data are collected from individual counties in accordance with the statistical reporting system and are tabulated and reported level by level. Data on some special indicators, such as the number of irrigated areas, large reservoirs and the medium-sized and small reservoirs that cut across counties are collected directly by the prefectures and reported to the provincial departments of water resources.

(5) Data on disaster-covered area and disaster-affected area are figures jointly confirmed by the NBS in consultation with the Ministry of Civil affairs, the Ministry of Water Resources and the China Meteorological Administration.

13-1 农业生产条件
Agricultural Production Basic Conditions

指 标	Item	2000	2008	2009
农用机械总动力 (万千瓦)	Total Agricultural Machinery Power (10 000 kw)	52573.6	82190.4	87496.1
大中型拖拉机 (台)	Number of Large and Medium-sized Agricultural Tractors (unit)	974547	2995214	3515757
大中型拖拉机动力 (万千瓦)	Capacity of Large and Medium-sized Agricultural Tractors (10 000 kw)	3161.1	8186.5	9772.6
小型拖拉机 (万台)	Number of Small Tractors (10 000 units)	1264.4	1722.4	1750.9
小型拖拉机动力 (万千瓦)	Capacity of Small Tractors (10 000 kw)	11663.9	16647.7	16922.7
大中型拖拉机配套农具 (万部)	Number of Large and Medium-sized Tractor Towing Farm Machinery (10 000 units)	140.0	435.4	542.1
小型拖拉机配套农具 (万部)	Small Tractor Towing Farm Machinery (10 000 units)	1788.8	2794.5	2880.6
农用排灌柴油机 (万台)	Number of Diesel Engines (10 000 units)	688.1	898.4	924.9
农用排灌柴油机动力(万千瓦)	Capacity of Diesel Engines (10 000 kw)	5232.6	6561.7	6795.5
有效灌溉面积 (千公顷)	Irrigated Area (1 000 hectares)	53820	58472	59261
化肥施用量 (万吨)	Consumption of Chemical Fertilizers (10 000 tons)	4146.4	5239.0	5404.4
乡村办水电站个数 (个)	Number of Hydropower Stations in Rural Areas (unit)	29962	44433	44804
乡村办水电站装机容量 (万千瓦)	Generating Capacity of Hydropower Station in Rural Areas (10 000 kw)	698.5	5127.4	5512.1
农村用电量 (亿千瓦时)	Electricity Consumed in Rural Areas (100 million kwh)	2421.3	5713.2	6104.4
农作物总播种面积 (千公顷)	Total Sown Area (1 000 hectares)	156300	156266	158639
粮食	Grain Crops	108463	106793	108986
谷物	Cereal	85264	86248	88401
#稻谷	Rice	29962	29241	29627
小麦	Wheat	26653	23617	24291
玉米	Corn	23056	29864	31183
豆类	Beans	12660	12118	11949
薯类	Tubers	10538	8427	8636
油料	Oil-bearing Crops	15400	12825	13652
棉花	Cotton	4041	5754	4952
麻类	Fiber Crops	262	221	159
糖料	Sugar Crops	1514	1990	1884
烟叶	Tobacco	1437	1326	1392
蔬菜	Vegetables	15237	17876	18414
茶园面积 (千公顷)	Area of Tea Plantations (1 000 hectares)	1089	1719	1849
果园面积 (千公顷)	Area of Orchards (1 000 hectares)	8932	10734	11140

注：2008年起乡村办水电站统计口径变更为农村水电。农村水电是指装机容量5万千瓦及以下水电站和配套电网。

a) Since 2008, statistical coverage of hydropower station in rural areas have changed to rural hydropower, which refers to rural hydropower stations with generating capacity under 50 000 kW and their power grids.

13-2 主要农牧渔业生产情况
Output of Agriculture, Animal Husbandry and Fishery

指 标	Item	2004	2005	2006	2007	2008	2009
农产品产量 (万吨)	Output of Farm Products (10 000 tons)						
粮食	Grain	46946.9	48402.2	49804.2	50160.3	52870.9	53082.1
谷物	Cereal	41157.2	42776.0	45099.2	45632.4	47847.4	48156.3
#稻谷	Rice	17908.8	18058.8	18171.8	18603.4	19189.6	19510.3
小麦	Wheat	9195.2	9744.5	10846.6	10929.8	11246.4	11511.5
玉米	Corn	13028.7	13936.5	15160.3	15230.0	16591.4	16397.4
豆类	Beans	2232.1	2157.7	2003.7	1720.1	2043.3	1930.3
薯类	Tubers	3557.7	3468.5	2701.3	2807.8	2980.2	2995.5
油料	Oil-bearing Crops	3065.9	3077.1	2640.3	2568.7	2952.8	3154.3
#花生	Peanuts	1434.2	1434.2	1288.7	1302.7	1428.6	1470.8
油菜籽	Rapeseeds	1318.2	1305.2	1096.6	1057.3	1210.2	1365.7
芝麻	Sesame	70.4	62.5	66.2	55.7	58.6	62.2
棉花	Cotton	632.4	571.4	753.3	762.4	749.2	637.7
麻类	Fiber Crops	107.4	110.5	89.1	72.8	62.5	38.8
#黄红麻	Jute and Ambary Hemp	8.7	8.3	8.7	9.9	8.4	7.5
甘蔗	Sugarcane	8984.9	8663.8	9709.2	11295.1	12415.2	11558.7
甜菜	Beetroots	585.7	788.1	750.8	893.1	1004.4	717.9
烟叶	Tobacco	240.6	268.3	245.6	239.5	283.8	306.6
#烤烟	Flue-Cured Tobacco	216.3	243.5	225.5	217.8	262.3	281.4
蚕茧	Silkworm Cocoons	73.1	78.0	88.2	94.7	94.7	83.2
#桑蚕茧	Mulberry Silkworm Cocoons	67.7	71.3	82.0	87.9	87.9	76.1
茶叶	Tea	83.5	93.5	102.8	116.5	125.8	135.9
水果	Fruits	15340.9	16120.1	17102.0	18136.3	19220.2	20395.5
农产品单位面积产量 (公斤/公顷)	Output of Farm Products per Hectare (kg/hectare)						
谷物	Cereal	5187	5225	5310	5320	5548	5447
棉花	Cotton	1111	1129	1295	1286	1302	1288
花生	Peanuts	3022	3076	3254	3302	3365	3361
油菜籽	Rapeseeds	1813	1793	1833	1874	1835	1877
芝麻	Sesames	1128	1054	1173	1147	1243	1307
黄红麻	Jute and Ambary Hemp	2719	2670	2781	2969	3217	3139
甘蔗	Sugarcane	65199	63970	70450	71228	71210	68093
甜菜	Beetroots	30829	37523	39767	41360	40754	38517
烤烟	Flue-Cured Tobacco	1889	1956	2072	2044	2133	2224
大牲畜年底头数(万头)	Number of Large Animals (year-end,10 000 heads)	13191.44	12894.8	12287.1	12309.3	12250.7	12357.6
#牛	Cattle and Buffaloes	11235.4	10990.8	10465.1	10594.8	10576.0	10726.5
马	Horses	763.9	740.0	719.5	702.8	682.1	678.5
驴	Donkeys	791.9	777.2	730.6	689.1	673.1	648.4
骡	Mules	374.0	360.4	345.1	298.5	295.5	279.3
骆驼	Camels	26.2	26.6	26.9	24.2	24.0	24.8
肉猪出栏头数 (万头)	Number of Slaughtered Fattened Hogs (10 000 heads)	57278.5	60367.4	61207.3	56508.3	61016.6	64538.6
猪年底头数 (万头)	Number of Hogs (year-end,10 000 heads)	42123.4	43319.1	41850.4	43989.5	46291.3	46996.0
羊年底只数 (万只)	Number of Sheep and Goats (year-end,10 000 heads)	30426.0	29792.7	28369.8	28564.7	28084.9	28452.2
山羊	Goats	15195.5	14659.0	13768.0	14336.5	15229.2	15050.1
绵羊	Sheep	15230.5	15133.7	14601.8	14228.2	12855.7	13402.1
肉类产量 (万吨)	Output of Meat (10 000 tons)	6608.7	6938.9	7089.0	6865.7	7278.7	7649.7
#猪牛羊肉	Pork Beef and Mutton	5234.3	5473.5	5591.0	5283.8	5614.0	5915.7
猪肉	Pork	4341.0	4555.3	4650.5	4287.8	4620.5	4890.8
牛肉	Beef	560.4	568.1	576.7	613.4	613.2	635.5
羊肉	Mutton	332.9	350.1	363.8	382.6	380.3	389.4
奶类 (万吨)	Milk (10 000 tons)	2368.4	2864.8	3302.5	3633.4	3781.5	3732.6
#牛奶	Cow Milk	2260.6	2753.4	3193.4	3525.2	3555.8	3518.8
绵羊毛 (吨)	Sheep Wool (ton)	373902	393172	388777	363470	367687	364002
山羊毛 (吨)	Goat Wool (ton)	37727	36904	40512	38382	44406	49453
羊绒 (吨)	Cashmere (ton)	14515	15435	16395	18483	17184	16964
禽蛋 (万吨)	Poultry Eggs (10 000 tons)	2370.6	2438.1	2424.0	2529.0	2702.2	2742.5
水产品总产量 (万吨)	Total Aquatic Products (10 000 tons)	4246.6	4419.9	4583.6	4747.5	4895.6	5116.4
海水产品	Seawater Aquatic Products	2404.5	2465.9	2509.6	2550.9	2598.3	2681.6
淡水产品	Freshwater Aquatic Products	1842.1	1954.0	2074.0	2196.6	2297.3	2434.8

注：2003年起水果产量包括瓜果类产量；2002-2006年水产品数据根据农业普查结果进行了修订。

a) Output of fruits has included melons since 2003. Data of aquatic products from 2002 to 2006 were adjusted according to the Second National Agricultural Census in 2006.

13-3 各地区耕地面积（2008年底）
Area of Cultivated Land at Year-end by Region (2008)

地 区	Region	耕地面积(总资源) (千公顷) Cultivated Land (Total Area) (1 000 hectares)	比重 (%) Composition toTotal (%)
地方合计	**Region Total**	**121715.9**	**100.00**
北 京	Beijing	231.7	0.19
天 津	Tianjin	441.1	0.36
河 北	Hebei	6317.3	5.19
山 西	Shanxi	4055.8	3.33
内蒙古	Inner Mongolia	7147.2	5.87
辽 宁	Liaoning	4085.3	3.36
吉 林	Jilin	5534.6	4.55
黑龙江	Heilongjiang	11830.1	9.72
上 海	Shanghai	244.0	0.20
江 苏	Jiangsu	4763.8	3.91
浙 江	Zhejiang	1920.9	1.58
安 徽	Anhui	5730.2	4.71
福 建	Fujian	1330.1	1.09
江 西	Jiangxi	2827.1	2.32
山 东	Shandong	7515.3	6.17
河 南	Henan	7926.4	6.51
湖 北	Hubei	4664.1	3.83
湖 南	Hunan	3789.4	3.11
广 东	Guangdong	2830.7	2.33
广 西	Guangxi	4217.5	3.47
海 南	Hainan	727.5	0.60
重 庆	Chongqing	2235.9	1.84
四 川	Sichuan	5947.4	4.89
贵 州	Guizhou	4485.3	3.69
云 南	Yunnan	6072.1	4.99
西 藏	Tibet	361.6	0.30
陕 西	Shaanxi	4050.3	3.33
甘 肃	Gansu	4658.8	3.83
青 海	Qinghai	542.7	0.45
宁 夏	Ningxia	1107.1	0.91
新 疆	Xinjiang	4124.6	3.39

注：本表数据来源于国土资源部。2009年《第二次全国土地调查》数据正在处理中，数据暂缺。2008年度土地变更调查截止时点为2008年12月31日。

a) Data come from the Ministry of Land and Resources. Data of "The Second Land Survey" are in process, so data of 2009 are absent. Deadline of Land Change Survey of 2008 were December 31, 2008.

13-4 农、林、牧、渔业总产值及指数
Gross Output Value of Agriculture, Forestry, Animal Husbandry and Fishery and Related Indices

本表绝对数按当年价格计算，指数按可比价格计算。2003年起执行新国民经济行业分类标准，总产值包括农林牧渔服务业产值。
Data in value terms in this table are calculated at current prices, while the indices are calculated at constant prices. The new classification for national standard of industry classification has been implemented since 2003 and the gross output value includes the serivces in support of agriculture, forestry, animal husbandry and fishery.

年份 地区	Year Region	绝对数（亿元） Gross Output Value (100 million yuan)					指　数（上年=100） Indices of Gross Output (preceding year=100)				
		农林牧渔业总产值 Total	#农　业 Farming	#林　业 Forestry	#牧　业 Animal Husbandry	#渔　业 Fishery	农林牧渔业总产值 Total	#农　业 Farming	#林　业 Forestry	#牧　业 Animal Husbandry	#渔　业 Fishery
	1978	1397.0	1117.5	48.1	209.3	22.1					
	1980	1922.6	1454.1	81.4	354.2	32.9	101.4	99.7	112.2	107.0	107.7
	1985	3619.5	2506.4	188.7	798.3	126.1	103.4	99.8	104.5	117.2	118.9
	1990	7662.1	4954.3	330.3	1967.0	410.6	107.6	108.0	103.1	107.0	110.0
	1991	8157.0	5146.4	367.9	2159.2	483.5	103.7	100.9	108.0	108.8	107.6
	1992	9084.7	5588.0	422.6	2460.5	613.5	106.4	104.2	107.7	108.8	115.3
	1993	10995.5	6605.1	494.0	3014.4	882.0	107.8	105.2	108.0	110.8	118.4
	1994	15750.5	9169.2	611.1	4672.0	1298.2	108.6	103.2	108.9	116.7	120.0
	1995	20340.9	11884.6	709.9	6045.0	1701.3	110.9	107.9	105.0	114.8	119.4
	1996	22353.7	13539.8	778.0	6015.5	2020.4	109.4	107.8	105.7	111.4	114.0
	1997	23788.4	13852.5	817.8	6835.4	2282.7	106.7	104.5	103.3	110.1	111.5
	1998	24541.9	14241.9	851.3	7025.8	2422.9	106.0	104.9	102.9	107.4	108.8
	1999	24519.1	14106.2	886.3	6997.6	2529.0	104.7	104.3	103.2	104.6	107.2
	2000	24915.8	13873.6	936.5	7393.1	2712.6	103.6	101.4	105.4	106.3	106.5
	2001	26179.6	14462.8	938.8	7963.1	2815.0	104.2	103.6	99.3	106.3	103.9
	2002	27390.8	14931.5	1033.5	8454.6	2971.1	104.9	103.9	107.1	106.0	106.1
	2003	29691.8	14870.1	1239.9	9538.8	3137.6	104.0	100.5	106.9	107.3	105.3
	2004	36239.0	18138.4	1327.1	12173.8	3605.6	107.5	108.5	102.0	107.2	106.0
	2005	39450.9	19613.4	1425.5	13310.8	4016.1	105.7	104.1	103.2	107.8	106.5
	2006	40810.8	21522.3	1610.8	12083.9	3970.5	105.4	105.4	105.6	105.0	106.0
	2007	48893.0	24658.1	1861.6	16124.9	4457.5	103.9	104.0	106.9	102.3	104.8
	2008	58002.2	28044.2	2152.9	20583.6	5203.4	105.7	104.8	108.1	106.8	106.0
	2009	60361.0	30611.1	2359.4	19468.4	5626.4	104.6	103.8	107.1	105.8	105.8
北　京	Beijing	315.0	140.4	22.9	136.1	10.3	105.5	103.4	110.3	106.5	107.6
天　津	Tianjin	281.7	139.7	2.2	83.6	47.5	103.7	104.8	101.3	103.0	102.2
河　北	Hebei	3640.9	1927.8	70.7	1350.1	108.4	103.2	103.3	111.8	102.3	104.4
山　西	Shanxi	908.7	556.3	66.7	230.9	5.3	104.4	102.9	109.0	105.3	111.0
内蒙古	Inner Mongolia	1570.6	731.9	78.2	721.4	12.7	102.4	97.3	105.1	107.0	107.9
辽　宁	Liaoning	2704.6	913.5	70.0	1171.4	441.9	103.3	97.5	106.5	106.1	108.8
吉　林	Jilin	1734.3	777.5	58.9	825.5	23.5	105.3	98.1	110.8	110.5	111.9
黑龙江	Heilongjiang	2251.1	1206.8	85.2	870.2	45.2	105.4	103.1	100.7	109.2	112.0
上　海	Shanghai	283.2	147.5	9.0	64.6	53.5	99.5	98.6	96.8	106.7	92.6
江　苏	Jiangsu	3816.0	1948.2	70.8	874.0	719.2	104.6	103.3	105.2	106.6	105.2
浙　江	Zhejiang	1873.4	879.0	117.6	404.9	435.5	102.4	102.6	100.2	103.0	101.5
安　徽	Anhui	2569.5	1289.8	125.1	795.8	257.6	105.5	104.0	110.6	106.4	107.5
福　建	Fujian	2001.2	826.2	162.2	366.9	565.6	105.0	104.9	106.8	102.9	106.0
江　西	Jiangxi	1733.8	729.7	161.8	541.5	231.2	104.6	102.6	105.9	105.8	107.2
山　东	Shandong	6003.1	3224.0	101.3	1683.8	747.4	104.3	102.7	109.9	105.2	106.2
河　南	Henan	4871.5	2833.3	134.1	1654.3	64.9	104.5	103.1	107.5	106.0	106.6
湖　北	Hubei	2985.2	1511.5	57.7	881.8	413.1	105.4	103.8	107.6	106.9	107.2
湖　南	Hunan	3207.9	1596.6	174.2	1100.4	188.5	105.2	105.9	104.5	104.3	105.3
广　东	Guangdong	3337.6	1551.0	88.3	917.1	661.2	105.0	105.6	107.7	103.8	105.1
广　西	Guangxi	2377.2	1135.0	129.0	812.5	216.9	105.4	105.3	102.1	105.6	106.2
海　南	Hainan	705.0	307.6	79.6	142.8	154.5	107.2	105.0	109.8	109.2	106.7
重　庆	Chongqing	913.1	522.8	34.1	319.4	24.3	106.4	106.8	106.6	105.7	108.8
四　川	Sichuan	3689.8	1806.1	112.5	1596.7	119.1	104.2	104.6	105.5	103.8	105.2
贵　州	Guizhou	875.2	501.5	36.9	281.5	11.1	104.6	102.8	97.5	108.5	102.6
云　南	Yunnan	1706.2	850.7	196.1	557.8	42.0	105.8	104.2	106.6	107.9	110.7
西　藏	Tibet	93.4	39.1	7.1	44.3	0.2	103.6	87.4	249.2	112.0	101.0
陕　西	Shaanxi	1337.2	823.6	45.6	387.9	6.5	105.0	103.8	111.7	106.7	107.8
甘　肃	Gansu	876.3	587.3	24.2	171.9	1.1	105.8	105.2	116.2	107.5	101.0
青　海	Qinghai	157.3	61.3	2.3	90.1	0.1	105.8	106.0	112.6	105.7	49.6
宁　夏	Ningxia	243.5	146.8	8.4	70.7	7.0	108.2	108.6	112.1	106.3	111.5
新　疆	Xinjiang	1297.6	898.6	26.6	318.4	11.1	105.1	107.8	106.5	98.5	106.9

13-5 主要农业机械拥有量（年底数）
Major Agricultural Machinery at Year-end

年 份 地 区	Year Region	农用机械总动力（万千瓦）Total Power of Agricultural Machinery (10 000 kw)	农用大中型拖拉机 Large and Medium-sized Agricultural Tractors 数量（台）Number (unit)	动力（万千瓦）Capacity (10 000 kw)	配套农具（部）Towing Farm Machinery (unit)	小型拖拉机 Small Tractors 数量（台）Number (unit)	动力（万千瓦）Capacity (10 000 kw)	配套农具（部）Towing Farm Machinery (unit)	农用排灌柴油机 Diesel Engines 数量（台）Number (unit)	动力（万千瓦）Capacity (10 000 kw)
	1978	11749.9	557358	1755.0	1192000	1373000	1171.2	1454000	2657000	2521.6
	1980	14745.7	744865	2369.3	1369000	1874000	1615.5	2191000	2899000	2717.7
	1985	20912.5	852357	2743.6	1128000	3824000	3367.0	3202000	2865000	2566.0
	1990	28707.7	813521	2745.5	974000	6981000	6231.4	6488000	4111000	3348.5
	1991	29388.6	784466	2682.4	991000	7304000	6528.6	7327000	4330000	3447.1
	1992	30308.4	758904	2630.2	1044000	7507000	6604.0	8308000	4377000	3441.6
	1993	31816.6	721216	2532.5	1001000	7883400	7042.8	8657000	4554275	3613.1
	1994	33802.5	693154	2463.4	979719	8236687	7399.7	8662000	4711516	3731.0
	1995	36118.1	671846	2404.1	991220	8646356	7848.1	9579774	4912068	3839.0
	1996	38546.9	670848	2415.1	1049900	9189200	8385.2	10911500	5092934	3984.9
	1997	42015.6	689051	2486.6	1157316	10484813	9337.2	12530020	5461235	4292.4
	1998	45207.7	725215	2587.9	1203687	11220551	10031.5	14378324	5816118	4499.0
	1999	48996.1	784216	2772.8	1320429	12002509	11008.9	16210408	6449528	4934.6
	2000	52573.6	974547	3161.1	1399886	12643696	11663.9	17887868	6881174	5232.6
	2001	55172.1	829900	2901.7	1469355	13050840	12257.9	18821829	7285693	5580.0
	2002	57929.9	911670	3073.4	1578861	13393884	12695.0	20033634	7506066	5667.9
	2003	60386.5	980560	3229.8	1698436	13777056	13060.2	21171505	7495652	5592.8
	2004	64027.9	1118636	3713.1	1887110	14549279	13855.4	23096911	7775427	5804.2
	2005	68397.8	1395981	4293.5	2262004	15268916	14660.9	24649726	8099100	6034.0
	2006	72522.1	1718247	5245.3	2615014	15678995	15229.1	26265699	8363525	6148.8
	2007	76589.6	2062731	6101.1	3082785	16191147	15729.2	27329552	8614952	6282.8
	2008	82190.4	2995214	8186.5	4353649	17224101	16647.7	27945401	8983851	6561.7
	2009	87496.1	3515757	9772.6	5420586	17509031	16922.7	28805621	9249167	6795.5
北 京	Beijing	271.5	7800	33.7	13900	14000	15.8	10400	2000	1.4
天 津	Tianjin	595.0	12800	53.0	18400	31800	33.8	38800	39400	32.8
河 北	Hebei	9861.1	155200	624.3	320000	1491400	1611.4	1994500	1150000	1056.5
山 西	Shanxi	2655.0	62568	223.7	126941	284675	269.6	372117	20298	26.5
内蒙古	Inner Mongolia	2891.6	482600	977.0	735800	500700	609.6	820300	190000	199.0
辽 宁	Liaoning	2142.9	135700	354.6	170200	244600	258.3	355200	214200	166.5
吉 林	Jilin	2001.1	251200	528.6	480000	590000	573.0	1680000	277700	211.6
黑龙江	Heilongjiang	3401.3	583000	1416.0	673800	711000	766.1	1169900	216200	219.4
上 海	Shanghai	99.2	5394	21.8	12481	6105	5.7	5464	10	
江 苏	Jiangsu	3810.6	85000	320.3	132900	1233200	1119.4	1709100	179900	173.6
浙 江	Zhejiang	2384.0	7412	26.4	10700	170100	151.9	188800	94500	43.5
安 徽	Anhui	5108.9	105000	383.8	194600	2332400	1861.6	5282700	382100	277.5
福 建	Fujian	1175.0	2389	9.2	2335	108563	106.7	107541	92392	58.4
江 西	Jiangxi	3358.9	15200	35.0	19800	328400	394.1	231600	681400	469.5
山 东	Shandong	11080.7	399300	1316.3	812400	1968300	1616.2	3012400	1838400	1504.9
河 南	Henan	9817.8	246921	816.8	582510	3655300	3806.1	6608400	543400	519.9
湖 北	Hubei	3057.2	118600	358.4	203700	908300	640.5	1785500	239200	207.4
湖 南	Hunan	4352.4	75300	222.0	22700	184700	189.1	81600	1195300	531.9
广 东	Guangdong	2190.2	16059	63.3	23832	357039	291.7	392914	341176	207.0
广 西	Guangxi	2550.9	19590	82.6	27850	325600	283.3	460600	438400	218.4
海 南	Hainan	396.1	24500	57.3	11300	49200	47.7	32500	161700	74.2
重 庆	Chongqing	967.4	2800	9.7	1600	6800	8.8	2200	112600	60.8
四 川	Sichuan	2952.7	77700	179.1	26000	118400	148.0	106100	441900	258.1
贵 州	Guizhou	1606.4	24969	58.9	12889	53422	65.4	21449	182781	106.9
云 南	Yunnan	2159.4	208981	446.3	27853	321202	338.6	257875	131728	67.5
西 藏	Tibet	358.4	13100	40.4	7100	94500	153.7	32200	3591	3.8
陕 西	Shaanxi	1833.0	70674	223.5	119795	175625	184.3	261261	43091	38.9
甘 肃	Gansu	1822.7	58200	138.8	181300	437200	480.1	747200	19500	17.5
青 海	Qinghai	388.7	7900	20.3	4300	256200	242.2	228500	400	0.8
宁 夏	Ningxia	702.6	22100	56.2	43700	178900	194.3	212100	4500	4.8
新 疆	Xinjiang	1503.3	217800	675.3	399900	371400	455.8	596400	11400	36.8

注：2001年起以后大中型拖拉机中不包括变形拖拉机。

a) Number of large and medium-sized agricultural tractors does not include transfiguration tractors since 2001.

13-6 有效灌溉面积、农用化肥施用量、农村水电站及用电量
Irrigated Area, Consumption of Chemical Fertilizers and Rural Hydropower Stations and Electricity Consumption in Rural Areas

年份 Year 地区 Region	有效灌溉面积(千公顷) Irrigated Area (1 000 hectares)	化肥施用量(万吨) Consumption of Chemical Fertilizer (10 000 tons)	氮肥 Nitrogenous Fertilizer	磷肥 Phosphate Fertilizer	钾肥 Potash Fertilizer	复合肥 Compound Fertilizer	乡村办水电站 Hydropower Station in Rural Areas 个数 Number	装机容量(万千瓦) Generating Capacity (10 000 kw)	农村用电量(亿千瓦时) Electricity Consumed in Rural Areas (100 million kwh)
1978	44965.0	884.0					82387	228.4	253.1
1980	44888.1	1269.4	934.2	273.3	34.6	27.2	80319	304.1	320.8
1985	44035.9	1775.8	1204.9	310.9	80.4	179.6	55754	380.2	508.9
1990	47403.1	2590.3	1638.4	462.4	147.9	341.6	52387	428.8	844.5
1991	47822.1	2805.1	1726.1	499.6	173.9	405.5	49644	456.9	963.2
1992	48590.1	2930.2	1756.1	515.7	196.0	462.4	48082	478.7	1106.9
1993	48727.9	3151.9	1835.1	575.1	212.3	529.4	45153	481.9	1244.9
1994	48759.1	3317.9	1882.0	600.7	234.8	600.6	48722	503.6	1473.9
1995	49281.2	3593.7	2021.9	632.4	268.5	670.8	40699	519.5	1655.7
1996	50381.4	3827.9	2145.3	658.4	289.6	734.7	37743	533.7	1812.7
1997	51238.5	3980.7	2171.7	689.1	322.0	798.1	36117	562.5	1980.1
1998	52295.6	4083.7	2233.3	682.5	345.7	822.0	33185	634.8	2042.2
1999	53158.4	4124.3	2180.9	697.8	365.6	880.0	31678	664.1	2173.4
2000	53820.3	4146.4	2161.5	690.5	376.5	917.9	29962	698.5	2421.3
2001	54249.4	4253.8	2164.1	705.7	399.6	983.7	29183	896.6	2610.8
2002	54354.9	4339.4	2157.3	712.2	422.4	1040.4	27633	812.2	2993.4
2003	54014.2	4411.6	2149.9	713.9	438.0	1109.8	26696	862.3	3432.9
2004	54478.4	4636.6	2221.9	736.0	467.3	1204.0	27115	993.8	3933.0
2005	55029.3	4766.2	2229.3	743.8	489.5	1303.2	26726	1099.2	4375.7
2006	55750.5	4927.7	2262.5	769.5	509.7	1385.9	27493	1243.0	4895.8
2007	56518.3	5107.8	2297.2	773.0	533.6	1503.0	27664	1366.6	5509.9
2008	58471.7	5239.0	2302.9	780.1	545.2	1608.6	44433	5127.4	5713.2
2009	59261.4	5404.4	2329.9	797.7	564.3	1698.7	44804	5512.1	6104.4
北京 Beijing	218.7	13.8	7.0	0.9	0.7	5.2	72	4.3	43.9
天津 Tianjin	347.4	26.0	12.4	4.0	1.6	8.0	1	0.5	51.4
河北 Hebei	4553.0	316.2	153.0	47.4	26.3	89.4	235	37.0	486.0
山西 Shanxi	1261.0	104.3	38.7	18.9	8.1	38.7	169	17.3	81.2
内蒙古 Inner Mongolia	2949.8	171.4	79.9	29.0	13.5	49.1	36	5.3	41.1
辽宁 Liaoning	1509.6	133.6	66.8	11.8	11.6	43.5	166	30.7	283.9
吉林 Jilin	1684.8	174.2	65.3	6.6	12.0	90.2	203	39.1	37.5
黑龙江 Heilongjiang	3405.9	198.9	72.2	43.9	27.7	55.0	70	24.2	48.4
上海 Shanghai	202.3	12.6	6.3	1.0	0.6	4.6			191.8
江苏 Jiangsu	3813.7	344.0	181.8	48.0	21.0	93.2	134	5.3	1316.6
浙江 Zhejiang	1446.4	93.6	53.4	11.9	7.5	20.7	3167	361.0	709.4
安徽 Anhui	3484.1	312.8	111.8	36.8	30.6	133.6	800	82.8	98.0
福建 Fujian	960.1	120.7	47.9	17.0	24.5	31.3	6647	684.7	230.1
江西 Jiangxi	1840.4	135.8	43.3	21.7	20.8	50.0	3492	258.9	65.4
山东 Shandong	4896.9	472.9	165.0	51.4	46.5	210.0	85	7.0	415.2
河南 Henan	5033.0	628.7	239.4	116.6	59.8	212.9	540	35.4	257.8
湖北 Hubei	2350.1	340.3	153.6	67.2	28.5	90.9	1709	269.8	104.1
湖南 Hunan	2720.7	231.6	108.6	26.4	39.6	57.0	4096	488.3	86.7
广东 Guangdong	1871.1	233.2	99.7	21.2	46.1	66.2	9667	652.6	995.1
广西 Guangxi	1522.1	229.3	68.4	28.0	51.5	81.5	2292	345.3	48.5
海南 Hainan	243.2	46.3	13.9	3.1	7.0	22.3	314	29.7	5.6
重庆 Chongqing	672.0	91.2	50.2	17.3	4.9	18.1	1136	138.1	61.5
四川 Sichuan	2523.7	248.0	130.7	49.7	16.4	50.3	4141	657.1	133.8
贵州 Guizhou	1016.0	86.5	47.0	10.9	7.5	21.2	1312	195.4	33.0
云南 Yunnan	1562.1	171.4	92.7	25.4	16.1	37.2	1655	721.9	54.4
西藏 Tibet	235.1	4.7	1.7	1.0	0.3	1.8	435	18.4	0.8
陕西 Shaanxi	1293.3	181.3	87.2	19.7	15.8	43.5	852	82.7	110.0
甘肃 Gansu	1264.2	82.9	38.2	15.6	5.8	23.3	712	155.3	40.6
青海 Qinghai	251.7	8.0	3.5	1.3	0.3	3.0	206	59.4	3.8
宁夏 Ningxia	453.6	35.5	16.6	4.0	2.1	12.8	1	0.3	10.1
新疆 Xinjiang	3675.7	155.0	73.8	40.0	9.8	34.2	456	93.7	58.7
水利部属 Under The Ministry of Water Resources							3	10.5	

注：2008年起乡村办水电站统计口径变更为农村水电，1978-2007年历史数据为乡村办水电站口径。农村水电是指装机容量5万千瓦及以下水电站和配套电网。

a) Since 2008, hydropower station in rural areas has changed to rural hydropower, and data from 1978 to 2007 refer to hydropwer station in rural areas. Rural Hydropower refers to rural hydropower stations with generating stations under 50 000 kW and their power grids.

13-7 农村水电建设和发电量
Rural Hydropower Construction and Amount of Electric Power Generation

年份 地区	Year Region	本年完成投资额（万元） Amount of Investment Completed This Year (10 000 yuan)	年末发电设备容量（千瓦） Capability of Electricity Generation Equipment at Year-end (kw)	#本年新增发电设备容量 Newly Increased Capability of Electricity Generation Equipment	在建电站规模（千瓦） Scale of Electric Power Plant under Construction (kw)	#当年新开工电站规模 Scale of Newly Started Electric Power Station This Year	发电量（万千瓦时） Amount of Electric Power Generation (10 000 kwh)
	1990	348848	13978100	791000			4181100
	1991	476529	14942700	1009100			4066800
	1992	594081	15728195	964769	4170000		4818494
	1993	792747	16622781	995124	9600000		5841049
	1994	1020937	17566675	1163873	10500000		5771834
	1995	1321689	18721073	1207854	10760000		6316247
	1996	1442828	20095552	1408342			6496723
	1997	1452004	21771773	1780352			7221270
	1998	1585787	23390300	1741631			7560916
	1999	1833853	25562760	2344285	8717000	386000	7715124
	2000	2220993	27487791	2060127	7459500	2384000	8755014
	2001	2133741	28787476	1714454	3547500	1462800	9490187
	2002	2393195	31044576	1883648	5680800	1419000	10366868
	2003	3006249	34157792	2702834	10850143	6385500	10966512
	2004	3762995	38655048	4363322	16652425	5362090	11045527
	2005	4343826	43090145	4964672	17727677	4284511	13571702
	2006	4604296	47196651	6403520	20653424	4501575	14835889
	2007	5117926	53855597	6578193	20944545	4498420	16346041
	2008	4568884	51274371	4194106	21239258	3787365	16275902
	2009	4563240	55121211	3807072	12890100	2194445	15672471
北 京	Beijing		42920				1393
天 津	Tianjin		5000				1400
河 北	Hebei	5027	370178	4720	26010	6340	29127
山 西	Shanxi	4078	172600	10600	71100	875	17470
内蒙古	Inner Mongolia	296	53460	100			8375
辽 宁	Liaoning	1845	307333	13850	41110	3610	69624
吉 林	Jilin	46264	390980	20230	274245	86665	102322
黑龙江	Heilongjiang	7496	241605	6500	44680	15600	61922
上 海	Shanghai						
江 苏	Jiangsu		52656	1500			8888
浙 江	Zhejiang	63956	3610103	173372	319100	54980	745235
安 徽	Anhui	22459	828404	113190	123290	9230	178884
福 建	Fujian	58401	6846790	196993	309470		1718042
江 西	Jiangxi	86515	2588517	252366	217115	67215	632077
山 东	Shandong		69733	2645			9156
河 南	Henan	17619	354291	10800	11650	3500	73964
湖 北	Hubei	428565	2697835	173915	395089	32680	687834
湖 南	Hunan	549433	4883357	262207	852105	134755	1348895
广 东	Guangdong	231520	6526256	166366	360960	42670	1450533
广 西	Guangxi	251884	3453354	131615	950341	23451	887357
海 南	Hainan	11170	297036	15865	74330	5950	109395
重 庆	Chongqing	225736	1381190	55649	698165	91085	452907
四 川	Sichuan	771883	6571132	403054	2900000	690000	2424496
贵 州	Guizhou	188668	1954274	144650	1181805	63575	655963
云 南	Yunnan	1063268	7218555	1088026	2585170	498500	2447550
西 藏	Tibet		183996	2950	9945	609	37425
陕 西	Shaanxi	71640	827345	105425	412430	115595	255989
甘 肃	Gansu	336487	1553481	278719	739190	227510	613312
青 海	Qinghai	71048	593830	101030	200520	9030	272987
宁 夏	Ningxia		3200				800
新 疆	Xinjiang	5472	690015	69935	81260		227978
新疆兵团	Xinjiang PC Corps	42510	246485	800	11020	11020	91402
水利部直属	Directly under The Ministry of Water Resources		105300				49769

注：本表由水利部农村水电及电气化发展局提供。农村水电是以小水电为主体，直接为农村经济社会发展服务的水电站及其供电网络。2008年起，对农村水电统计范围进行了调整，有关数据作了相应调整。

a) The table are provided by the Bureau of Rural Electrification, the Ministry of Water Resources. Rural hydropower mainly refers to the small water electric power stations, which directly serves for rural economic and social development. Since 2006, the statistical coverage have been made adjustment, the related data have been revised accordingly.

13-8 灌溉、水库和除涝治水情况

Irrigation, Reservoirs, Flood Prevention, Water and Soil Conservation

项　　目	Item	1990	1995	2000	2005	2008	2009
年底灌区数　(处)	Number of Irrigated Areas at Year-end　(set)	5363	5562	5683	5860	6414	5844
3.3万公顷以上	33 000 Hectares and Over	72	74	101	117	149	125
2.0-3.3万公顷	20 000-33 000 Hectares	76	99	141	170	298	210
灌区有效灌溉面积(万公顷)	Effective Irrigated Area　(10 000 hectares)	2123.1	2249.9	2449.3	2641.9	2944.0	2956.2
3.3万公顷以上	33 000 Hectares and Over	604.7	631.4	788.3	1023.0	1120.7	1082.8
2.0-3.3万公顷	20 000-33 000 Hectares	189.6	244.4	344.0	408.0	551.7	474.7
水库　(座)	Number of Reservoirs　(unit)	83387	84775	85120	85108	86353	87151
大型水库	Large Reservoir	366	387	420	470	529	544
中型水库	Medium-sized Reservoir	2499	2593	2704	2934	3181	3259
小型水库	Small Reservoir	80522	81795	81996	81704	82643	83348
水库库容量　(亿立方米)	Capacity of Reservoirs　(100 million cu.m)	4660	4797	5184	5624	6924	7064
大型水库	Large Reservoir	3397	3493	3842	4197	5386	5506
中型水库	Medium-sized Reservoir	690	719	746	826	910	921
小型水库	Small Reservoir	573	585	594	602	628	636
节水灌溉面积　(万公顷)	Water-saving Irrigated Area (10 000 hectares)			1638.9	2133.8	2443.6	2575.5
除涝面积　(万公顷)	Areas with Flood Prevention Measures (10 000 hectares)	1933.7	2006.5	2098.9	2133.9	2142.5	2158.4
水土流失治理面积(万公顷)	Area of Soil Erosion under Control (10 000 hectares)	5300	6690	8096	9465	10159	10454
堤防长度　(万公里)	Total Length of Dikes　(10 000 km)	22.0	24.7	27.0	27.7	28.7	29.1
堤防保护面积　(万公顷)	Area of Land Protected by Dikes (10 000 hectares)	3200.0	3060.9	3960.0	4412.0	4571.2	4654.7

注：大型水库库容：1亿立方米以上；中型水库库容：1千万至1亿立方米；小型水库库容：10万至1千万立方米。

a) The capacity of the large-scale reservoir is over 100 million cubic meters, while that of the medium-scale one is from 10 to 100 million cubic meters, and that of the small-scale one is from 100 000 to 10 million cubic meters.

13-9 各地区水利设施和除涝面积（2009年）

Water Conservancy Facilities and Area with Flood Prevention Measures by Region (2009)

地 区	Region	水库数（座）Number of Reservoirs (unit)	水库总库容量（亿立方米）Capacity of Reservoirs (100 million cu.m)	除涝面积（千公顷）Area with Flood Prevention Measures (1 000 hectares)	水土流失治理面积（千公顷）Area of Soil Erosion under Control (1 000 hectares)
全 国	**National Total**	**87151**	**7063.7**	**21584.3**	**104544.8**
北 京	Beijing	82	93.9	149.8	511.8
天 津	Tianjin	28	26.2	386.3	45.6
河 北	Hebei	1068	161.4	1647.5	6230.7
山 西	Shanxi	731	56.8	89.1	5093.9
内蒙古	Inner Mongolia	494	163.2	277.0	10567.4
辽 宁	Liaoning	952	359.9	983.2	6242.4
吉 林	Jilin	1642	320.4	1021.3	3545.8
黑龙江	Heilongjiang	737	175.1	3316.0	4594.7
上 海	Shanghai			54.6	
江 苏	Jiangsu	909	189.4	2811.3	1037.4
浙 江	Zhejiang	4207	396.2	496.6	2401.8
安 徽	Anhui	4809	280.6	2251.4	2102.3
福 建	Fujian	3120	184.0	126.2	1437.9
江 西	Jiangxi	9809	293.7	370.6	4334.8
山 东	Shandong	6283	226.8	2623.4	4593.2
河 南	Henan	2352	402.3	1936.0	4449.4
湖 北	Hubei	5801	1001.3	1216.6	4449.7
湖 南	Hunan	11824	387.8	484.4	2877.9
广 东	Guangdong	7424	428.7	512.6	1369.1
广 西	Guangxi	4370	375.3	208.8	1843.7
海 南	Hainan	995	95.3	11.2	32.5
重 庆	Chongqing	2831	55.7		2266.5
四 川	Sichuan	6752	210.6	92.6	6100.2
贵 州	Guizhou	2069	354.2	52.4	2997.1
云 南	Yunnan	5517	129.0	249.1	5248.0
西 藏	Tibet	64	12.9	22.3	40.4
陕 西	Shaanxi	1012	76.6	130.8	9142.8
甘 肃	Gansu	311	103.0	12.5	7807.1
青 海	Qinghai	157	341.9		812.3
宁 夏	Ningxia	224	26.1	10.5	1974.4
新 疆	Xinjiang	577	135.6	40.2	393.9

13-10 农村居民家庭生产性固定资产原值（年底数）
Original Value of Productive Fixed Assets of Rural Household at Year-end

本表为农村住户抽样调查资料。
Data in this table are obtained from the sample surveys on rural households.

单位：元/户 (yuan/household)

年份 地区	Year Region	固定资产原值合计 Total Original Value	农业 Agriculture	工业 Industry	建筑业 Construction	交通运输及邮电业 Transport, Postal and Telecommunication Services	批发零售贸易及餐饮业 Wholesale and Retail Trades and Catering Services	社会服务业 Social Services	文教卫生业 Education, Culture, and Health Care	其他 Others
	1985	792.53	603.34	42.28		112.84				34.07
	1990	1258.06	898.93	82.56		215.82				60.45
	1995	2774.27	2088.23	182.73		444.73				58.57
	2000	4676.98	3321.66	334.79	29.02	621.04	149.24	60.16	12.86	144.30
	2001	4883.80	3544.09	349.89	27.78	630.31	134.85	49.67	16.41	129.05
	2002	5221.33	3741.01	418.20	34.38	662.36	153.65	56.83	19.96	135.01
	2003	5586.34	4152.75	345.61	41.13	640.47	201.85	58.85	23.55	122.12
	2004	5956.18	4457.13	386.33	52.50	684.43	194.50	60.42	21.54	99.32
	2005	7155.55	5179.46	537.48	62.03	863.38	310.71	107.41	43.00	52.07
	2006	7647.09	5452.21	578.23	71.92	928.65	378.24	138.37	41.27	58.20
	2007	8389.84	6006.22	612.96	96.67	1032.68	367.86	155.46	46.65	71.34
	2008	9054.92	6537.78	634.55	92.52	1091.90	398.20	179.13	50.97	69.87
	2009	9970.57	6991.86	698.30	155.54	1214.21	490.63	287.71	55.48	76.85
北京	Beijing	15705.04	2513.70	53.33	236.00	1757.33	1763.87	9367.47	13.33	
天津	Tianjin	14696.57	6323.72	2011.67	950.00	2907.80	1383.00	1095.38	25.00	
河北	Hebei	11135.23	7040.55	1478.91	105.31	1357.02	781.10	176.81	102.08	93.45
山西	Shanxi	6397.57	3622.34	81.43	179.24	1289.19	848.96	305.64	12.92	57.86
内蒙古	Inner Mongolia	16914.80	15964.19	30.39	184.87	408.42	163.34	75.00	32.18	56.40
辽宁	Liaoning	12077.17	9399.32	332.93	86.88	1181.77	798.88	78.92	177.93	20.53
吉林	Jilin	16180.78	14554.50	86.56	0.56	1050.38	158.13	301.63	12.50	16.53
黑龙江	Heilongjiang	16813.17	15074.46	317.63	41.07	1117.72	180.58	40.63	8.04	33.04
上海	Shanghai	1129.78	927.87	99.67	6.67	80.58	6.67	8.33		
江苏	Jiangsu	10298.14	4838.18	1813.00	611.38	1822.62	811.92	192.16	180.53	28.33
浙江	Zhejiang	17349.54	6751.91	6814.25	906.89	1789.62	727.19	191.45	73.05	95.19
安徽	Anhui	8759.08	6837.92	182.09	75.10	842.87	600.50	64.80	63.54	92.27
福建	Fujian	9215.63	5559.82	452.38	276.14	1028.75	1448.99	251.87	71.00	126.71
江西	Jiangxi	6112.82	4463.60	311.53	63.34	858.33	245.78	106.86	47.97	15.41
山东	Shandong	12091.22	7600.00	1279.48	148.15	1495.80	976.87	195.00	94.12	301.80
河南	Henan	9178.61	6917.46	442.61	118.18	1068.68	364.76	153.12	65.55	48.26
湖北	Hubei	6368.83	4639.99	260.19	120.32	926.01	327.46	36.94	27.41	30.53
湖南	Hunan	4751.60	3405.58	208.22	80.99	695.73	239.15	42.22	28.45	51.27
广东	Guangdong	4931.72	2785.24	244.00	81.67	984.54	703.07	75.23	40.63	17.33
广西	Guangxi	6671.44	5012.83	267.66	95.45	1001.45	55.21	139.87	26.48	72.49
海南	Hainan	9017.22	7414.97	216.72	1.74	1125.28	242.01	8.19	3.41	4.90
重庆	Chongqing	4614.26	3863.22	67.00	18.14	391.78	99.50	29.83	39.54	105.25
四川	Sichuan	7022.83	5617.55	55.42	34.00	857.32	299.45	38.91	55.59	64.60
贵州	Guizhou	5968.84	4603.65	34.24	55.80	1077.64	116.00	42.95	4.42	34.13
云南	Yunnan	9358.08	7719.76	85.64	2.32	1412.31	91.81	14.92	15.67	15.66
西藏	Tibet	36237.14	30485.12	30.21		5481.11	145.52	54.58	4.38	36.23
陕西	Shaanxi	8242.74	4201.49	43.63	51.22	1425.73	384.78	2043.15	31.92	60.83
甘肃	Gansu	8915.33	7510.14	57.83	90.27	769.88	232.54	90.33	41.67	122.66
青海	Qinghai	13342.46	10378.59	173.23	158.33	2096.02	417.86	18.00	30.67	69.76
宁夏	Ningxia	21310.13	13623.95	575.45	24.30	5253.33	985.99	286.03	2.50	558.58
新疆	Xinjiang	18849.44	16545.63	78.76	32.26	1824.87	105.29	43.87	41.29	177.47

13-11 农村居民家庭平均每百户拥有主要生产性固定资产数量（年底数）
Number of Major Productive Fixed Assets Per 100 Rural Households at Year-end

本表为农村住户抽样调查资料。
Data in this table are obtained from the sample surveys on rural households.

年份 地区	Year Region	汽车（辆） Motor Vehicles (set)	大中型拖拉机（台） Large and Medium Tractors (set)	小型和手扶拖拉机（台） Mini and Walking Tractors (set)	机动脱粒机（台） Motorized Threshing Machines (set)	胶轮大车（辆） Carts with Rubber Tyres (set)	农用水泵（台） Pumps (unit)	役畜（头） Draught Animals (unit)	产品畜（头） Commodity Animals (unit)
1985		0.25	0.35	2.71	1.91	5.49	1.69	57.15	32.12
1990		0.28	0.45	5.30	3.55	7.89	3.86	57.27	30.91
1991		0.24	0.51	6.61	3.85	8.24	4.73	53.93	28.73
1992		0.28	0.55	7.25	4.16	8.67	5.48	52.95	30.07
1993		0.33	0.64	8.40	5.30	9.60	8.54	59.98	53.15
1994		0.40	0.79	8.77	5.15	9.32	7.90	58.79	56.70
1995		0.51	0.77	9.93	6.33	9.29	9.07	55.99	50.72
1996		0.78	0.99	12.46	6.87	8.78	10.97	54.99	56.26
1997		0.82	1.39	14.26	7.41	8.83	12.12	55.58	52.72
1998		1.01	1.22	14.34	8.58	8.52	13.73	48.39	52.20
1999		1.09	1.44	16.28	8.35	7.87	14.02	45.02	54.08
2000		1.32	1.41	16.72	9.59	13.26	17.73	41.75	41.56
2001		1.20	1.50	17.41	9.28	14.52	19.92	39.67	54.65
2002		1.29	1.53	18.48	9.62	14.31	21.53	39.38	56.43
2003		1.40	1.79	18.93	10.06	13.71	21.12	35.52	58.62
2004		1.43	2.24	18.78	10.12	12.88	22.06	34.83	51.83
2005		1.76	2.13	20.24	8.69	9.85	21.03	29.33	60.28
2006		1.83	2.39	21.06	9.44	9.49	22.12	28.75	61.76
2007		1.91	2.85	19.10	9.76	8.86	23.35	27.50	63.59
2008		2.03	3.12	18.99	10.26	8.73	24.10	26.00	67.75
2009		2.29	3.37	19.39	10.48	8.64	25.12	25.39	63.32
北 京	Beijing	4.53	1.33	5.33	0.13	0.13	2.53	0.27	35.33
天 津	Tianjin	7.33	2.83	16.67	1.33	2.17	21.67	6.83	54.50
河 北	Hebei	3.77	2.48	32.80	2.38	6.35	27.13	8.88	36.33
山 西	Shanxi	3.57	2.10	14.81	1.14	4.86	6.19	16.07	77.05
内蒙古	Inner Mongolia	1.89	4.56	50.12	3.98	30.58	37.38	62.23	245.78
辽 宁	Liaoning	2.70	4.07	11.16	3.02	15.93	40.61	27.35	59.89
吉 林	Jilin	2.63	9.38	42.88	6.16	15.25	29.56	35.19	96.63
黑龙江	Heilongjiang	1.52	17.90	53.14	3.84	3.75	26.88	11.65	45.09
上 海	Shanghai	0.17	0.17	0.50	1.17		8.00		5.67
江 苏	Jiangsu	2.28	1.21	17.11	10.26	13.35	19.07	1.59	21.53
浙 江	Zhejiang	2.33	1.30	2.41	17.22	2.71	23.57	7.48	104.63
安 徽	Anhui	1.33	4.85	39.73	15.52	5.19	54.22	5.61	19.61
福 建	Fujian	2.69	0.77	4.45	9.05	1.26	14.29	7.40	78.85
江 西	Jiangxi	1.75	0.69	4.35	26.98	9.88	22.61	32.33	12.90
山 东	Shandong	3.61	3.73	24.09	2.55	13.45	44.86	6.63	34.07
河 南	Henan	2.43	11.68	34.66	4.73	8.10	36.00	7.55	33.02
湖 北	Hubei	1.30	1.85	16.06	2.58	9.70	25.69	25.23	18.01
湖 南	Hunan	1.36	0.38	2.19	22.20	4.07	27.89	17.40	21.24
广 东	Guangdong	1.84	0.72	6.09	19.40	2.99	20.13	24.83	22.07
广 西	Guangxi	1.19	1.34	19.35	22.39	3.68	20.77	46.97	37.53
海 南	Hainan	1.25		0.83	14.38	2.08	24.17	56.00	80.00
重 庆	Chongqing	0.53		0.06	23.17	0.22	16.00	17.30	35.33
四 川	Sichuan	1.73	0.73	2.50	28.33	1.68	34.25	22.11	42.58
贵 州	Guizhou	1.83	0.31	1.34	6.96	1.16	7.32	61.03	34.29
云 南	Yunnan	2.83	1.38	9.06	8.04	4.04	11.29	63.63	67.25
西 藏	Tibet	8.33	3.33	45.83	6.67	11.46		261.67	725.63
陕 西	Shaanxi	1.89	4.14	11.17	4.56	18.06	15.87	15.90	47.21
甘 肃	Gansu	0.89	3.72	32.22	5.83	16.78	10.44	64.83	42.94
青 海	Qinghai	4.33	3.17	56.25	6.77	3.67	0.50	61.50	121.83
宁 夏	Ningxia	5.00	1.33	57.50	3.79	4.83	22.33	34.33	37.33
新 疆	Xinjiang	2.65	6.58	28.39	2.13	47.68	3.55	61.03	487.35

13-12 各地区农村居民家庭土地经营情况（2009年底）
Area of Land Managed by Rural Households at Year-end by Region (2009)

本表为农村住户抽样调查资料。
Data in this table are obtained from the sample surveys on rural households.

单位：亩/人 (mu/person)

地区	Region	经营耕地面积 Area of Cultivated Land under Management	经营山地面积 Hilly Area under Management	园地面积 Area of Garden Plot	牧草地面积 Area of Grassland	养殖水面面积 Water Area for Breeding Aquatics
全国	**National Total**	**2.26**	**0.34**	**0.10**	**4.22**	**0.04**
北京	Beijing	0.54	0.04	0.14		0.05
天津	Tianjin	1.54	0.01	0.03		0.04
河北	Hebei	1.98	0.12	0.08		
山西	Shanxi	2.40	0.03	0.20	0.01	
内蒙古	Inner Mongolia	9.75	0.22	0.02	126.60	
辽宁	Liaoning	3.50	0.24	0.09		0.03
吉林	Jilin	7.63	0.11	0.03		
黑龙江	Heilongjiang	11.73	0.01	0.01	0.02	
上海	Shanghai	0.29		0.04		0.06
江苏	Jiangsu	1.12	0.01	0.02		0.14
浙江	Zhejiang	0.60	0.40	0.16		0.07
安徽	Anhui	1.81	0.33	0.05		0.08
福建	Fujian	0.88	1.23	0.30		0.08
江西	Jiangxi	1.58	1.03	0.06		0.05
山东	Shandong	1.55	0.05	0.10		0.02
河南	Henan	1.66	0.02	0.04		0.01
湖北	Hubei	1.63	0.67	0.05		0.12
湖南	Hunan	1.23	0.53	0.07	0.03	0.05
广东	Guangdong	0.67	0.29	0.12		0.08
广西	Guangxi	1.43	0.61	0.17	0.03	0.02
海南	Hainan	1.22	0.85	0.47		0.03
重庆	Chongqing	1.06	0.32	0.06	0.01	0.03
四川	Sichuan	1.02	0.28	0.05		0.03
贵州	Guizhou	1.11	0.35	0.03	0.02	
云南	Yunnan	1.49	0.82	0.30	0.01	
西藏	Tibet	2.02			34.16	
陕西	Shaanxi	1.94	0.31	0.31	0.10	
甘肃	Gansu	2.62	0.74	0.12	0.16	
青海	Qinghai	2.16	0.21	0.01	23.27	
宁夏	Ningxia	4.35		0.08	0.62	0.01
新疆	Xinjiang	4.60	0.03	0.24	7.23	

13-13 农作物总播种面积
Total Sown Areas of Farm Crops

单位：千公顷 (1 000 hectares)

年份 Year / 地区 Region		农作物总播种面积 Total Sown Area	粮食作物播种面积 Sown Area of Grain Crops	谷物 Cereal	#稻谷 Rice	#小麦 Wheat	#玉米 Corn	豆类 Soybeans
	1978	150104	120587		34421	29183	19961	
	1980	146380	117234		33878	28844	20087	
	1985	143626	108845		32070	29218	17694	
	1990	148362	113466		33064	30753	21401	
	1991	149586	112314	94073	32590	30948	21574	9163
	1992	149007	110560	92520	32090	30496	21044	8983
	1993	147741	110509	88912	30355	30235	20694	12377
	1994	148241	109544	87537	30171	28981	21152	12736
	1995	149879	110060	89310	30744	28860	22776	11232
	1996	152381	112548	92207	31406	29611	24498	10543
	1997	153969	112912	91964	31765	30057	23775	11164
	1998	155706	113787	92117	31214	29774	25239	11671
	1999	156373	113161	91617	31283	28855	25904	11190
	2000	156300	108463	85264	29962	26653	23056	12660
	2001	155708	106080	82596	28812	24664	24282	13268
	2002	154636	103891	81466	28202	23908	24634	12543
	2003	152415	99410	76810	26508	21997	24068	12899
	2004	153553	101606	79350	28379	21626	25446	12799
	2005	155488	104278	81874	28847	22793	26358	12901
	2006	152149	104958	84931	28938	23613	28463	12149
	2007	153464	105638	85777	28919	23721	29478	11780
	2008	156266	106793	86248	29241	23617	29864	12118
	2009	158639	108986	88401	29627	24291	31183	11949
北京	Beijing	320.1	226.3	214.1	0.4	60.6	150.8	9.5
天津	Tianjin	455.2	306.6	292.7	16.0	110.2	165.9	13.0
河北	Hebei	8682.5	6216.5	5753.0	85.1	2394.5	2950.5	219.3
山西	Shanxi	3717.9	3146.7	2617.1	1.1	727.5	1451.2	336.4
内蒙古	Inner Mongolia	6927.8	5424.0	3632.3	101.8	528.2	2451.2	1124.5
辽宁	Liaoning	3919.1	3124.1	2848.6	656.7	8.8	1964.1	183.6
吉林	Jilin	5077.5	4427.7	3747.3	660.4	4.1	2957.2	581.0
黑龙江	Heilongjiang	12129.2	11391.0	6864.3	2460.8	293.1	4010.2	4251.4
上海	Shanghai	396.1	193.3	183.7	108.5	57.6	4.2	8.5
江苏	Jiangsu	7558.2	5272.0	4867.7	2233.2	2077.6	399.8	337.8
浙江	Zhejiang	2504.8	1290.1	1062.2	938.7	60.4	27.0	129.6
安徽	Anhui	9036.2	6605.6	5386.2	2246.9	2355.3	730.7	1050.3
福建	Fujian	2258.0	1231.0	911.0	864.6	3.8	37.9	75.4
江西	Jiangxi	5376.4	3604.6	3311.5	3282.1	9.9	16.1	154.0
山东	Shandong	10778.4	7030.1	6620.7	134.6	3545.2	2917.3	171.0
河南	Henan	14181.4	9683.6	8839.0	611.3	5263.3	2895.4	529.3
湖北	Hubei	7527.5	4012.5	3578.8	2045.1	993.4	507.3	195.8
湖南	Hunan	8019.3	4799.1	4379.5	4047.2	28.4	282.0	167.0
广东	Guangdong	4476.0	2538.5	2136.5	1959.7	0.8	166.7	79.5
广西	Guangxi	5826.5	3067.5	2674.6	2125.0	4.0	534.6	158.6
海南	Hainan	829.4	430.4	336.8	317.7		18.7	7.8
重庆	Chongqing	3308.3	2229.5	1331.2	682.0	168.2	459.1	204.5
四川	Sichuan	9476.6	6419.4	4789.4	2027.1	1277.5	1334.4	444.2
贵州	Guizhou	4780.7	2984.7	1797.3	698.2	262.9	751.5	311.2
云南	Yunnan	6343.9	4200.1	3005.9	1039.8	432.4	1354.2	573.8
西藏	Tibet	235.1	169.4	162.2	1.0	36.8	4.0	6.7
陕西	Shaanxi	4154.1	3134.0	2598.8	125.3	1146.0	1164.0	227.3
甘肃	Gansu	3938.6	2740.0	1889.3	5.7	963.9	657.8	207.2
青海	Qinghai	514.1	275.7	146.8		104.1	5.3	42.3
宁夏	Ningxia	1226.7	826.9	561.5	78.2	218.5	215.1	47.8
新疆	Xinjiang	4663.8	1984.7	1861.3	72.5	1153.9	598.4	100.8

13-13 续表 1 continued

单位：千公顷 (1 000 hectares)

年份 Year 地区 Region	薯类 Tubers	油料 Oil-bearing Crops	#花生 Peanuts	#油菜籽 Rapeseeds	棉花 Cotton	麻类 Fiber Crops	#黄红麻 Jute and Ambary Hemp	糖料 Sugar Crops
1978	11796	6222	1768	2600	4866	751	412	879
1980	10153	7928	2339	2844	4920	666	314	922
1985	8572	11800	3318	4494	5140	1231	992	1525
1990	9121	10900	2907	5503	5588	495	300	1679
1991	9078	11530	2880	6133	6538	453	270	1947
1992	9057	11489	2976	5976	6835	434	277	1906
1993	9220	11142	3379	5300	4985	420	274	1687
1994	9270	12081	3776	5783	5528	372	176	1755
1995	9519	13102	3809	6907	5422	376	147	1820
1996	9797	12555	3616	6734	4722	349	147	1846
1997	9785	12381	3722	6475	4491	327	162	1923
1998	10000	12919	4039	6527	4459	224	93	1984
1999	10355	13906	4268	6899	3726	205	65	1644
2000	10538	15400	4856	7494	4041	262	50	1514
2001	10217	14631	4991	7095	4810	323	52	1654
2002	9881	14766	4921	7143	4184	338	55	1872
2003	9702	14990	5057	7221	5111	337	41	1657
2004	9457	14431	4745	7271	5693	332	32	1568
2005	9503	14318	4662	7278	5062	335	31	1564
2006	7877	11738	3960	5984	5816	283	31	1567
2007	8082	11316	3945	5642	5926	263	33	1802
2008	8427	12825	4246	6594	5754	221	26	1990
2009	8636	13652	4377	7278	4952	159	24	1884
北京 Beijing	2.8	6.1	5.8		0.6			
天津 Tianjin	1.0	2.0	1.0		55.6			
河北 Hebei	244.2	496.6	389.7	22.4	620.0	0.4	0.3	12.5
山西 Shanxi	193.2	168.1	9.8	6.5	73.3	0.1		4.2
内蒙古 Inner Mongolia	667.2	702.2	17.8	218.9	0.9	1.0		33.1
辽宁 Liaoning	91.9	277.3	260.6	0.4	0.9			1.8
吉林 Jilin	99.4	242.9	122.5		1.6	0.5		2.4
黑龙江 Heilongjiang	275.3	203.0	31.0	1.7		11.6		63.9
上海 Shanghai	1.1	15.5	1.0	14.3	1.3			0.2
江苏 Jiangsu	66.6	593.3	105.5	476.3	252.3	1.1	0.1	2.0
浙江 Zhejiang	98.3	210.1	19.1	185.8	20.1	0.2	0.1	13.1
安徽 Anhui	169.1	968.8	180.9	721.8	351.7	9.5	4.2	5.8
福建 Fujian	244.6	110.4	98.1	10.9	0.3	0.1	0.1	10.3
江西 Jiangxi	139.1	716.4	146.4	538.5	75.5	7.4	0.2	13.6
山东 Shandong	238.4	787.6	774.8	10.9	800.4	0.2	0.1	0.1
河南 Henan	315.4	1541.2	975.4	382.0	537.3	12.0	11.8	4.6
湖北 Hubei	237.9	1455.0	183.7	1165.9	460.1	18.7	0.4	10.4
湖南 Hunan	252.6	1129.3	104.5	1016.1	152.6	31.5	0.2	15.3
广东 Guangdong	322.5	331.4	322.1	7.1		0.3	0.3	151.9
广西 Guangxi	234.3	181.2	160.8	12.4	2.2	5.1	4.6	1060.1
海南 Hainan	85.8	40.7	38.1			0.2	0.2	74.6
重庆 Chongqing	693.8	237.0	47.7	173.6	0.2	11.3	0.2	3.1
四川 Sichuan	1185.8	1205.3	256.3	936.6	16.2	37.8	1.3	20.0
贵州 Guizhou	876.2	513.1	38.8	466.9	1.5	0.7		16.5
云南 Yunnan	620.4	317.3	48.9	253.6	0.4	4.3		296.3
西藏 Tibet	0.5	24.5	0.1	24.4				
陕西 Shaanxi	307.9	295.5	31.1	194.6	61.8	0.4		0.1
甘肃 Gansu	643.6	351.9	0.7	188.9	55.7	2.3		4.5
青海 Qinghai	86.7	172.4		170.3				
宁夏 Ningxia	217.6	85.8		0.1				
新疆 Xinjiang	22.7	270.1	4.5	76.9	1409.3	3.1		63.7

13-13 续表 2 continued

单位：千公顷 (1 000 hectares)

年 份 Year 地 区 Region	#甘 蔗 Sugarcane	#甜 菜 Beetroots	烟 叶 Tobacco	#烤 烟 Flue-cured Tobacco	蔬 菜 Vegetables	茶园面积 Area of Tea Plantations at Year-end	果园面积 Area of Orchards at Year-end
1978	549	331	784	613	3331	1048	1657
1980	480	443	512	397	3163	1041	1783
1985	965	560	1313	1077	4753	1077	2736
1990	1009	670	1593	1342	6338	1061	5179
1991	1164	783	1804	1562	6546	1060	5318
1992	1246	660	2093	1849	7031	1084	5818
1993	1088	599	2089	1835	8084	1171	6432
1994	1057	698	1490	1302	8921	1135	7264
1995	1125	695	1470	1309	9515	1115	8098
1996	1207	638	1853	1683	10491	1103	8553
1997	1311	612	2353	2161	11288	1076	8648
1998	1401	583	1361	1200	12293	1057	8535
1999	1303	341	1374	1216	13347	1130	8667
2000	1185	329	1437	1269	15237	1089	8932
2001	1248	406	1340	1181	16402	1141	9043
2002	1393	424	1328	1192	17353	1134	9098
2003	1409	248	1264	1139	17954	1207	9437
2004	1378	190	1266	1145	17560	1262	9768
2005	1354	210	1363	1245	17721	1352	10035
2006	1378	189	1189	1088	16639	1431	10123
2007	1586	216	1164	1066	17329	1613	10471
2008	1743	246	1326	1230	17876	1719	10734
2009	1697	186	1392	1265	18414	1849	11140
北 京 Beijing					68.5		66.7
天 津 Tianjin					80.8		33.0
河 北 Hebei		12.5	3.0	2.4	1100.9		1035.6
山 西 Shanxi		4.2	3.8	3.6	245.1		281.2
内蒙古 Inner Mongolia		33.1	4.2	2.9	268.7		52.2
辽 宁 Liaoning		1.8	12.5	11.4	402.7		349.7
吉 林 Jilin		2.4	23.4	12.9	231.9		57.9
黑龙江 Heilongjiang		63.9	37.3	32.3	187.6		35.3
上 海 Shanghai	0.2				128.2		24.7
江 苏 Jiangsu	2.0		0.2		1147.6	31.4	192.7
浙 江 Zhejiang	13.1		1.5		618.9	175.9	318.0
安 徽 Anhui	5.8		10.4	10.2	745.3	128.8	104.5
福 建 Fujian	10.3		69.0	68.5	653.3	194.8	538.0
江 西 Jiangxi	13.6		18.1	17.5	509.7	50.8	374.6
山 东 Shandong		0.1	45.7	45.3	1756.0	15.6	591.6
河 南 Henan	4.6		127.0	111.7	1692.2	59.8	449.0
湖 北 Hubei	10.4		74.6	55.9	1079.3	206.4	367.6
湖 南 Hunan	15.3		96.3	93.0	1063.7	90.3	510.9
广 东 Guangdong	151.9		24.7	22.5	1138.4	37.6	1081.3
广 西 Guangxi	1060.1		20.1	16.3	978.0	49.5	917.7
海 南 Hainan	74.6				202.2	1.0	170.6
重 庆 Chongqing	3.1		52.6	43.9	552.2	29.9	230.9
四 川 Sichuan	19.9	0.2	121.5	102.3	1129.6	199.8	537.1
贵 州 Guizhou	16.4		197.8	184.9	599.6	132.2	140.8
云 南 Yunnan	296.2	0.1	405.7	387.4	622.9	354.6	309.4
西 藏 Tibet					20.4		1.5
陕 西 Shaanxi	0.1		36.8	36.0	428.7	78.1	1011.4
甘 肃 Gansu		4.5	4.4	3.5	371.6	12.0	411.6
青 海 Qinghai			0.2		35.2		4.5
宁 夏 Ningxia			0.4	0.4	93.1		100.3
新 疆 Xinjiang		63.7	0.6	0.6	262.2		839.3

13-14 主要农作物种植结构

Planting Structure of Major Farm Crops

单位：% (%)

项　　目	Item	1995	2000	2005	2007	2008	2009
农作物总播种面积	**Total Sown Areas of Farm Crops**	**100.00**	**100.00**	**100.00**	**100.00**	**100.00**	**100.00**
粮食作物	**Grain Crops**	**73.43**	**69.39**	**67.07**	**68.84**	**68.34**	**68.70**
谷物	Cereal	59.59	54.55	52.66	55.89	55.19	55.72
稻谷	Rice	20.51	19.17	18.55	18.84	18.71	18.68
小麦	Wheat	19.26	17.05	14.66	15.46	15.11	15.31
玉米	Corn	15.20	14.75	16.95	19.21	19.11	19.66
谷子	Millet	1.02	0.80	0.55	0.55	0.52	0.50
高粱	Jowar	0.81	0.57	0.37	0.33	0.31	0.35
其它谷物	Other Cereal	2.80	2.21	1.58	1.51	1.42	1.23
豆类	Soybeans	7.49	8.10	8.30	7.68	7.75	7.53
#大豆	Soja	5.42	5.95	6.17	5.70	5.84	5.79
杂豆	Miscellaneous Beans	2.07	2.15	2.13	1.97	1.91	1.74
薯类	Tubers	6.35	6.74	6.11	5.27	5.39	5.44
#马铃薯	Potato	2.29	3.02	3.14	2.89	2.98	3.20
油料作物	**Oil-bearing Crops**	**8.74**	**9.85**	**9.21**	**7.37**	**8.21**	**8.61**
#花生	Peanuts	2.54	3.11	3.00	2.57	2.72	2.76
油菜籽	Rapeseeds	4.61	4.79	4.68	3.68	4.22	4.59
芝麻	Sesame	0.43	0.50	0.38	0.32	0.30	0.30
胡麻籽	Benne	0.41	0.32	0.26	0.22	0.22	0.21
向日葵	Helianthus	0.54	0.79	0.66	0.47	0.62	0.60
棉花	**Cotton**	**3.62**	**2.59**	**3.26**	**3.86**	**3.68**	**3.12**
麻类	**Fiber Crops**	**0.25**	**0.17**	**0.22**	**0.17**	**0.14**	**0.10**
#黄红麻	Jute and Ambary Hemp	0.10	0.03	0.02	0.02	0.02	0.02
苎　麻	Ramee	0.06	0.06	0.08	0.09	0.08	0.07
大　麻	Hemp		0.01	0.01	0.01	0.01	
亚　麻	Flax	0.08	0.06	0.10	0.04	0.04	0.01
糖料	**Sugar Crops**	**1.21**	**0.97**	**1.01**	**1.17**	**1.27**	**1.19**
甘蔗	Sugarcane	0.75	0.76	0.87	1.03	1.12	1.07
甜菜	Beetroots	0.46	0.21	0.14	0.14	0.16	0.12
烟叶	**Tobacco**	**0.98**	**0.92**	**0.88**	**0.76**	**0.85**	**0.88**
#烤烟	Flue-cured Tobacco	0.87	0.81	0.80	0.69	0.79	0.80
药材	**Medicinal Materials**	**0.19**	**0.43**	**0.78**	**0.63**	**0.76**	**0.74**
蔬菜、瓜类	**Vegetables and Melon**	**7.08**	**11.06**	**12.82**	**12.76**	**12.88**	**13.08**
#蔬菜	Vegetables	6.35	9.75	11.40	11.29	11.44	11.61
其他农作物	**Other Farm Crops**	**4.49**	**4.70**	**4.78**	**4.44**	**3.86**	**3.58**
#青饲料	Succulence	1.22	1.37	2.17	1.84	1.47	1.30

13-15 主要农产品产量
Output of Major Farm Products

单位：万吨 (10 000 tons)

年份 地区	Year Region	粮食 Grain	谷物 Cereal	#稻谷 Rice	#小麦 Wheat	#玉米 Corn	豆类 Beans	薯类 Tubers	棉花 Cotton
	1978	30476.5		13693.0	5384.0	5594.5		3174.0	216.7
	1980	32055.5		13990.5	5520.5	6260.0		2872.5	270.7
	1985	37910.8		16856.9	8580.5	6382.6		2603.6	414.7
	1990	44624.3		18933.1	9822.9	9681.9		2743.3	450.8
	1991	43529.3	39566.3	18381.3	9595.3	9877.3	1247.1	2715.9	567.5
	1992	44265.8	40169.6	18622.2	10158.7	9538.3	1252.0	2844.2	450.8
	1993	45648.8	40517.4	17751.4	10639.0	10270.4	1950.4	3181.1	373.9
	1994	44510.1	39389.1	17593.3	9929.7	9927.5	2095.6	3025.4	434.1
	1995	46661.8	41611.6	18522.6	10220.7	11198.6	1787.5	3262.6	476.8
	1996	50453.5	45127.1	19510.3	11056.9	12747.1	1790.3	3536.0	420.3
	1997	49417.1	44349.3	20073.5	12328.9	10430.9	1875.5	3192.3	460.3
	1998	51229.5	45624.7	19871.3	10972.6	13295.4	2000.6	3604.2	450.1
	1999	50838.6	45304.1	19848.7	11388.0	12808.6	1894.0	3640.6	382.9
	2000	46217.5	40522.4	18790.8	9963.6	10600.0	2010.0	3685.2	441.7
	2001	45263.7	39648.2	17758.0	9387.3	11408.8	2052.8	3563.1	532.4
	2002	45705.8	39798.7	17453.9	9029.0	12130.8	2241.2	3665.9	491.6
	2003	43069.5	37428.7	16065.6	8648.8	11583.0	2127.5	3513.3	486.0
	2004	46946.9	41157.2	17908.8	9195.2	13028.7	2232.1	3557.7	632.4
	2005	48402.2	42776.0	18058.8	9744.5	13936.5	2157.7	3468.5	571.4
	2006	49804.2	45099.2	18171.8	10846.6	15160.3	2003.7	2701.3	753.3
	2007	50160.3	45632.4	18603.4	10929.8	15230.0	1720.1	2807.8	762.4
	2008	52870.9	47847.4	19189.6	11246.4	16591.4	2043.3	2980.2	749.2
	2009	53082.1	48156.3	19510.3	11511.5	16397.4	1930.3	2995.5	637.7
北京	Beijing	124.8	121.5	0.2	31.0	89.8	1.6	1.7	0.1
天津	Tianjin	156.3	154.1	11.3	54.0	88.7	1.7	0.5	7.1
河北	Hebei	2910.2	2801.8	57.5	1229.8	1465.2	34.9	73.4	60.5
山西	Shanxi	942.0	895.8	0.5	211.1	654.3	21.5	24.7	8.4
内蒙古	Inner Mongolia	1981.7	1677.2	64.8	171.2	1341.3	143.2	161.3	0.1
辽宁	Liaoning	1591.0	1517.2	506.0	4.5	963.1	32.1	41.7	0.1
吉林	Jilin	2460.0	2348.0	505.0	1.0	1810.0	85.0	27.0	0.2
黑龙江	Heilongjiang	4353.0	3641.7	1574.5	116.3	1920.2	618.5	92.9	
上海	Shanghai	121.7	119.5	90.0	22.1	2.4	1.9	0.3	0.3
江苏	Jiangsu	3230.1	3100.3	1802.9	1004.4	216.2	87.2	42.6	25.5
浙江	Zhejiang	789.2	716.1	666.7	23.2	11.7	31.2	41.8	2.8
安徽	Anhui	3069.9	2895.9	1405.6	1177.2	304.7	127.2	46.7	34.6
福建	Fujian	666.9	532.7	515.3	1.1	14.6	18.0	116.1	0.0
江西	Jiangxi	2002.6	1916.1	1905.9	1.9	7.3	26.9	59.5	12.5
山东	Shandong	4316.3	4088.1	112.0	2047.3	1921.5	41.9	186.3	92.1
河南	Henan	5389.0	5159.9	451.0	3056.0	1634.0	93.0	136.1	51.7
湖北	Hubei	2309.1	2179.8	1591.9	331.7	244.1	44.5	84.8	48.1
湖南	Hunan	2902.7	2750.4	2578.6	6.4	159.9	38.1	114.2	21.2
广东	Guangdong	1314.5	1136.7	1058.1	0.2	74.7	18.1	159.8	
广西	Guangxi	1463.2	1373.8	1145.9	0.6	225.2	25.6	63.8	0.2
海南	Hainan	187.6	153.9	145.9		8.0	1.9	31.8	
重庆	Chongqing	1137.2	813.0	511.3	51.7	244.5	39.8	284.4	
四川	Sichuan	3194.6	2632.2	1520.2	423.3	643.0	100.3	462.1	1.5
贵州	Guizhou	1168.3	922.5	453.2	44.5	405.2	36.9	208.8	0.1
云南	Yunnan	1576.9	1274.4	636.2	92.3	542.7	130.4	172.2	
西藏	Tibet	90.5	87.8	0.5	24.6	2.6	2.4	0.3	
陕西	Shaanxi	1131.4	1012.9	82.5	383.1	526.1	46.5	72.0	8.6
甘肃	Gansu	906.2	681.1	3.9	261.1	312.6	33.7	191.4	9.5
青海	Qinghai	102.7	53.6		39.0	4.3	10.8	38.3	
宁夏	Ningxia	340.7	298.4	64.6	73.6	156.4	3.3	39.1	
新疆	Xinjiang	1152.0	1099.8	48.3	627.2	403.4	32.2	20.0	252.4

13-15 续表 1 continued

单位：万吨 (10 000 tons)

年份 Year 地区 Region	油料 Oil-bearing Crops	#花生 Peanuts	#油菜籽 Rapeseeds	#芝麻 Sesame	麻类 Fiber Crops	#黄红麻 Jute and Ambary Hemp	甘蔗 Sugarcane	甜菜 Beetroots
1978	521.8	237.7	186.8	32.2	135.1	108.8	2111.6	270.2
1980	769.1	360.0	238.4	25.9	143.6	109.8	2280.7	630.5
1985	1578.4	666.4	560.7	69.1	444.8	411.9	5154.9	891.9
1990	1613.2	636.8	695.8	46.9	109.7	72.6	5762.0	1452.5
1991	1638.3	630.3	743.6	43.5	88.4	51.3	6789.8	1628.9
1992	1641.2	595.3	765.3	51.6	93.8	61.9	7301.1	1506.9
1993	1803.9	842.1	693.9	56.3	96.0	67.2	6419.4	1204.8
1994	1989.6	968.2	749.2	54.8	74.7	35.5	6092.7	1252.6
1995	2250.3	1023.5	977.7	58.3	89.7	37.1	6541.7	1398.4
1996	2210.6	1013.8	920.1	57.5	79.5	36.5	6818.7	1541.5
1997	2157.4	964.8	957.8	56.6	74.9	43.0	7889.7	1496.8
1998	2313.9	1188.6	830.1	65.6	49.5	24.8	8343.8	1446.6
1999	2601.2	1263.9	1013.2	74.3	47.2	16.4	7470.3	863.9
2000	2954.8	1443.7	1138.1	81.1	52.9	12.6	6828.0	807.3
2001	2864.9	1441.6	1133.1	80.4	68.1	10.6	7566.3	1088.9
2002	2897.2	1481.8	1055.2	89.5	96.4	15.9	9010.7	1282.0
2003	2811.0	1342.0	1142.0	59.3	85.3	10.0	9023.5	618.2
2004	3065.9	1434.2	1318.2	70.4	107.4	8.7	8984.9	585.7
2005	3077.1	1434.2	1305.2	62.5	110.5	8.3	8663.8	788.1
2006	2640.3	1288.7	1096.6	66.2	89.1	8.7	9709.2	750.8
2007	2568.7	1302.7	1057.3	55.7	72.8	9.9	11295.1	893.1
2008	2952.8	1428.6	1210.2	58.6	62.5	8.4	12415.2	1004.4
2009	3154.3	1470.8	1365.7	62.2	38.8	7.5	11558.7	717.9
北京 Beijing	1.8	1.8						
天津 Tianjin	0.5	0.3						
河北 Hebei	143.3	134.0	3.0	1.0	0.1	0.1		30.7
山西 Shanxi	17.0	2.2	0.7	0.4				15.4
内蒙古 Inner Mongolia	119.6	2.9	22.4	0.2	1.0			109.6
辽宁 Liaoning	55.3	53.5	0.1	0.1				6.2
吉林 Jilin	50.4	30.5		0.8	0.1			6.6
黑龙江 Heilongjiang	28.2	5.9	0.3	0.2	4.5			110.0
上海 Shanghai	3.4	0.3	3.1				1.6	
江苏 Jiangsu	162.2	38.7	121.7	1.8	0.3		11.6	
浙江 Zhejiang	43.2	5.4	37.0	0.8	0.1		81.4	
安徽 Anhui	240.3	75.1	157.8	6.6	2.3	1.2	21.8	
福建 Fujian	26.3	24.6	1.5	0.1			65.9	
江西 Jiangxi	102.0	38.2	61.0	2.8	1.1	0.1	62.2	
山东 Shandong	334.5	330.9	3.1	0.1	0.1			0.1
河南 Henan	533.0	412.6	93.1	26.2	4.6	4.6	28.3	
湖北 Hubei	314.1	62.6	236.5	14.2	3.8	0.1	34.4	
湖南 Hunan	179.2	24.7	153.4	1.1	7.7	0.1	78.2	
广东 Guangdong	84.6	83.6	0.8	0.2	0.1	0.1	1253.5	
广西 Guangxi	42.1	39.8	1.3	0.6	1.0	0.8	7509.4	
海南 Hainan	9.1	8.8		0.3	0.1	0.1	479.2	
重庆 Chongqing	40.5	8.2	31.0	0.7	1.6		11.6	
四川 Sichuan	261.8	60.1	199.9	0.5	6.6	0.3	93.9	0.2
贵州 Guizhou	78.7	7.3	70.4		0.1		64.3	
云南 Yunnan	50.2	7.1	41.4		1.8		1761.3	0.1
西藏 Tibet	5.8		5.8					
陕西 Shaanxi	54.4	9.7	35.6	2.0			0.2	
甘肃 Gansu	58.5	0.2	33.1		0.4			20.4
青海 Qinghai	36.6		36.2					0.1
宁夏 Ningxia	13.6							
新疆 Xinjiang	63.9	1.8	15.7	1.2	1.6			418.4

13-15 续表 2 continued

单位：万吨 (10 000 tons)

年份 Year 地区 Region	烟叶 Tobacco	#烤烟 Flue-cured Tobacco	蚕茧 Silkworm Cocoons	#桑蚕茧 Mulberry Silkworm Cocoons	茶叶 Tea	水果 Fruits	#苹果 Apples	#柑桔 Citrus	#梨 Pears	#葡萄 Grapes	#香蕉 Bananas
1978	124.2	105.2	22.8	17.3	26.8	657.0	227.5	38.3	151.7	10.4	8.5
1980	84.5	71.7	32.6	25.0	30.4	679.3	236.3	71.3	146.6	11.0	6.1
1985	242.5	207.5	37.1	33.6	43.2	1163.9	361.4	180.8	213.7	36.1	63.1
1990	262.7	225.9	53.4	48.0	54.0	1874.4	431.9	485.5	235.3	85.9	145.6
1991	303.1	267.0	58.4	55.1	54.2	2176.1	454.0	633.3	249.8	91.6	198.1
1992	349.9	311.9	69.2	66.0	56.0	2440.1	655.6	516.0	284.6	112.5	245.1
1993	345.1	303.6	75.7	71.2	60.0	3011.2	907.0	656.1	321.7	135.5	270.1
1994	223.8	194.0	81.3	77.7	58.8	3499.8	1112.9	680.5	404.3	152.2	289.8
1995	231.4	207.2	80.0	76.0	58.9	4214.6	1400.8	822.5	494.2	174.2	312.5
1996	323.4	294.6	50.8	47.1	59.3	4652.8	1704.7	845.7	580.7	188.3	253.6
1997	425.1	390.8	46.9	42.3	61.3	5089.3	1721.9	1010.2	641.5	203.3	289.2
1998	236.4	208.8	52.6	47.5	66.5	5452.9	1948.1	859.0	727.5	235.8	351.8
1999	246.9	218.5	48.5	44.7	67.6	6237.6	2080.2	1078.7	774.2	270.8	419.4
2000	255.2	223.8	54.8	50.1	68.3	6225.1	2043.1	878.3	841.2	328.2	494.1
2001	235.0	204.5	65.5	60.2	70.2	6658.0	2001.5	1160.7	879.6	368.0	527.2
2002	244.7	213.5	69.8	64.5	74.5	6952.0	1924.1	1199.0	930.9	447.9	555.7
2003	225.7	201.5	66.7	61.1	76.8	14517.4	2110.2	1345.4	979.8	517.6	590.3
2004	240.6	216.3	73.1	67.7	83.5	15340.9	2367.5	1495.8	1064.2	567.5	605.6
2005	268.3	243.5	78.0	71.3	93.5	16120.1	2401.1	1591.9	1132.4	579.4	651.8
2006	245.6	225.5	88.2	82.0	102.8	17102.0	2605.9	1789.8	1198.6	627.1	690.1
2007	239.5	217.8	94.7	87.9	116.5	18136.3	2786.0	2058.3	1289.5	669.7	779.7
2008	283.8	262.3	90.9	83.1	125.8	19220.2	2984.7	2331.3	1353.8	715.1	783.5
2009	306.6	281.4	83.2	76.1	135.9	20395.5	3168.1	2521.1	1426.3	794.1	883.4
北 京 Beijing						120.1	12.0		15.6	4.1	
天 津 Tianjin						67.0	6.3		3.3	10.5	
河 北 Hebei	0.7	0.4	0.1	0.1		1578.6	276.8		364.1	105.1	
山 西 Shanxi	1.0	0.9	0.5	0.5		449.2	238.5		48.0	12.9	
内蒙古 Inner Mongolia	1.2	1.0	0.6			208.7	7.9		7.8	4.7	
辽 宁 Liaoning	3.2	2.9	5.0			655.6	194.8		110.4	64.2	
吉 林 Jilin	6.6	3.5	0.4			253.5	14.6		14.2	14.5	
黑龙江 Heilongjiang	8.3	7.3	0.3			267.7	14.1		4.1	4.2	
上 海 Shanghai						104.7		23.6	3.3	7.7	
江 苏 Jiangsu	0.1		7.9	7.9	1.6	715.7	57.2	6.0	66.2	27.9	
浙 江 Zhejiang	0.4		6.8	6.8	16.7	712.4		197.5	38.2	39.0	
安 徽 Anhui	2.9	2.9	2.9	2.9	8.2	745.8	36.9	2.3	86.8	21.4	
福 建 Fujian	14.6	14.5			26.6	645.0		266.8	18.4	9.9	90.6
江 西 Jiangxi	4.3	4.1	0.8	0.8	2.6	497.5		299.4	11.8	2.5	
山 东 Shandong	11.7	11.6	5.2	5.2	1.1	2728.3	771.0		116.6	93.6	
河 南 Henan	29.7	29.7	2.8	2.2	3.6	2228.1	388.6	4.0	92.3	46.1	
湖 北 Hubei	15.2	10.9	0.6	0.6	14.4	725.8	1.1	274.7	46.8	12.4	
湖 南 Hunan	21.8	21.0			9.9	715.7		338.5	12.9	8.4	
广 东 Guangdong	5.4	4.8	8.6	8.6	5.1	1160.8		322.1	5.5		357.9
广 西 Guangxi	3.7	3.1	22.5	22.5	3.7	1010.7		289.2	19.4	18.1	155.6
海 南 Hainan					0.1	350.4		4.4			159.6
重 庆 Chongqing	10.0	8.2	1.9	1.9	2.3	212.9	0.7	126.3	26.0	3.1	0.2
四 川 Sichuan	26.0	21.0	10.7	10.7	15.5	689.5	40.9	277.3	84.5	20.6	3.1
贵 州 Guizhou	39.0	36.9	0.1	0.1	4.2	119.7	1.6	19.4	16.8	4.2	0.8
云 南 Yunnan	91.7	88.0	2.7	2.7	18.3	342.7	26.9	38.3	27.9	16.7	115.6
西 藏 Tibet						1.2	0.4		0.1	0.1	
陕 西 Shaanxi	7.5	7.3	2.6	2.6	2.0	1366.1	805.2	30.8	63.0	25.9	
甘 肃 Gansu	1.2	1.0			0.1	459.9	185.6	0.3	32.0	11.6	
青 海 Qinghai	0.2					3.3	0.6		0.5		
宁 夏 Ningxia	0.2	0.2				202.4	32.7		2.3	11.6	
新 疆 Xinjiang	0.1					1056.3	53.5		87.5	193.2	

注：2003年起水果产量包括瓜果类产量。

a) Data of output of fruits include melons after 2003.

13-16 主要农产品单位面积产量
Output of Major Farm Products Per Hectare

单位：公斤/公顷 (kg/hectare)

年 份 地 区	Year Region	谷 物 Cereals	棉 花 Cotton	花 生 Peanuts	油菜籽 Rapeseeds	芝 麻 Sesame	黄红麻 Jute and Ambary Hemp	甘 蔗 Sugarcane	甜 菜 Beetroots	烤 烟 Flue-cured Tobacco
	1978		445	1344	718	506	2639	38496	8166	1717
	1980		550	1539	838	333	3497	47562	14242	1806
	1985		807	2008	1248	657	4154	53430	15913	1927
	1990		807	2191	1264	702	2421	57118	21668	1683
	1991	4206	868	2189	1212	640	1902	58345	20791	1709
	1992	4342	660	2000	1281	692	2233	58605	22832	1687
	1993	4557	750	2492	1309	747	2449	59012	20124	1654
	1994	4500	785	2564	1295	794	2020	57669	17935	1491
	1995	4659	879	2687	1415	908	2534	58133	20132	1584
	1996	4894	890	2804	1366	969	2487	56470	24150	1750
	1997	4822	1025	2592	1479	919	2649	60158	24475	1809
	1998	4953	1009	2943	1272	1042	2677	59550	24806	1740
	1999	4945	1028	2961	1469	1066	2540	57338	25334	1797
	2000	4753	1093	2973	1519	1034	2516	57626	24518	1763
	2001	4800	1107	2888	1597	1061	2046	60625	26807	1732
	2002	4885	1175	3011	1477	1180	2868	64663	30232	1792
	2003	4873	951	2654	1582	863	2462	64023	24925	1768
	2004	5187	1111	3022	1813	1128	2719	65199	30829	1889
	2005	5225	1129	3076	1793	1054	2670	63970	37523	1956
	2006	5310	1295	3254	1833	1173	2781	70450	39767	2072
	2007	5320	1286	3302	1874	1147	2969	71228	41360	2044
	2008	5548	1302	3365	1835	1243	3217	71210	40754	2133
	2009	5447	1288	3361	1877	1307	3139	68093	38517	2224
北 京	Beijing	5676	1278	3048		975				
天 津	Tianjin	5266	1275	3579		625				
河 北	Hebei	4870	975	3438	1335	1179	2255		24546	1701
山 西	Shanxi	3423	1146	2225	1062	818			37139	2570
内蒙古	Inner Mongolia	4618	1447	1633	1022	357			33145	3368
辽 宁	Liaoning	5326	1099	2052	1995	466			34034	2560
吉 林	Jilin	6266	1229	2491		1018			28131	2683
黑龙江	Heilongjiang	5305		1895	1721	1421			17222	2265
上 海	Shanghai	6506	1983	2746	2161	1471		67758		
江 苏	Jiangsu	6369	1012	3665	2555	1614	3640	58073	15000	2100
浙 江	Zhejiang	6742	1397	2818	1993	1585	4000	62013		
安 徽	Anhui	5377	984	4152	2186	1115	2850	37840		2826
福 建	Fujian	5848	766	2510	1338	1180	2484	64229		2111
江 西	Jiangxi	5786	1657	2609	1132	898	4505	45737		2372
山 东	Shandong	6175	1151	4270	2834	1593	5620		11520	2562
河 南	Henan	5838	963	4230	2437	1475	3855	61869		2662
湖 北	Hubei	6091	1044	3408	2029	1426	4051	33263		1950
湖 南	Hunan	6280	1389	2362	1509	1379	2872	50953		2258
广 东	Guangdong	5320		2596	1111	1041	2392	82523		2129
广 西	Guangxi	5136	923	2477	1083	1140	1830	70836		1914
海 南	Hainan	4570		2323		991	5808	64200		
重 庆	Chongqing	6107	609	1728	1782	962	1036	37689		1874
四 川	Sichuan	5496	917	2345	2134	1252	2104	47302	13753	2058
贵 州	Guizhou	5133	629	1887	1508	1089	1438	39117	5907	1996
云 南	Yunnan	4240	1009	1457	1633	725	1667	59468	13753	2272
西 藏	Tibet	5411		1799	2364					
陕 西	Shaanxi	3898	1388	3118	1831	1314		31940		2033
甘 肃	Gansu	3605	1714	2348	1753				45683	2904
青 海	Qinghai	3652			2126				20000	
宁 夏	Ningxia	5314			1415	203			7000	4891
新 疆	Xinjiang	5909	1791	3986	2043	950			65644	624

13-17 主要林产品产量
Output of Major Forest Products

年份 Year 地区 Region		木材(万立方米) Timber (10 000 cu.m)	橡胶(吨) Rubber (ton)	松脂(吨) Pine Resin (ton)	生漆(吨) Lacquer (ton)	油桐籽(吨) Tung-oil Seeds (ton)	油茶籽(吨) Tea-oil Seeds (ton)	核桃(吨) Walnuts (ton)
	1978	5162.3	101600	337600	2200	391150	478900	118650
	1980	5359.3	112945	420750	2450	303350	490350	118900
	1985	6323.4	187901	343946	2168	378770	619229	121917
	1990	5571.0	264243	435244	2683	350770	523313	149560
	1995	6766.9	424025	548133	2976	404929	623128	230867
	1996	6710.3	402450	580819	3740	407744	696633	237989
	1997	6394.8	451970	701183	4416	453535	856868	249834
	1998	5966.2	462344	543156	4577	438680	722846	265121
	1999	5236.8	489991	571477	5314	448323	792690	274246
	2000	4724.0	480248	551057	5279	453461	823224	309875
	2001	4552.0	477437	563689	4925	406716	824731	252347
	2002	4436.1	527413	563388	6360	389024	854624	340174
	2003	4758.9	565045	625757	8664	372645	779492	393529
	2004	5197.3	574739	673310	9641	381428	874861	436862
	2005	5560.3	513618	767134	14316	368688	875022	499074
	2006	6611.8	537983	908784	20762	382989	919947	475455
	2007	6976.6	588380	965618	12891	361285	939096	629986
	2008	8108.3	547861	849205	15526	370966	989859	828635
	2009	7068.3	618866	1046579	20498	367287	1169289	979366
北　京	Beijing	7.5						15808
天　津	Tianjin	5.0						654
河　北	Hebei	58.1						70518
山　西	Shanxi	5.7						70399
内蒙古	Inner Mongolia	311.8						
辽　宁	Liaoning	187.1						67845
吉　林	Jilin	395.1						11861
黑龙江	Heilongjiang	530.6						350
上　海	Shanghai							
江　苏	Jiangsu	99.4					174	
浙　江	Zhejiang	196.6		992		68	47048	20731
安　徽	Anhui	373.8		13569	257	2656	29973	15317
福　建	Fujian	635.3		74762	217	20897	89294	11
江　西	Jiangxi	339.8		57306	758	12433	268966	501
山　东	Shandong	221.2						48242
河　南	Henan	110.3		2673	1563	72416	19347	44816
湖　北	Hubei	219.1		38382	7752	13617	65991	4951
湖　南	Hunan	546.1		36994	2801	37178	418982	5158
广　东	Guangdong	524.8	13008	168542		6254	55144	
广　西	Guangxi	963.6	382	469878	31	69872	133363	631
海　南	Hainan	153.3	307062	2211				
重　庆	Chongqing	24.5		749	617	19761	1967	8990
四　川	Sichuan	192.2		10848	819	24236	3426	123683
贵　州	Guizhou	130.5		7067	1983	54669	28264	13546
云　南	Yunnan	476.4	298414	161745	519	16611	6616	191213
西　藏	Tibet	67.4						1750
陕　西	Shaanxi	36.5		858	3151	16567	734	89648
甘　肃	Gansu	4.3			30	52		48184
青　海	Qinghai	0.2						272
宁　夏	Ningxia	0.4						47
新　疆	Xinjiang	37.3						124240
大兴安岭	Daxinganling	214.6						

13-18 牲畜饲养情况
Number of Livestock

单位：万头、万只 (10 000 heads)

年 份 地 区	Year Region	大牲畜 年底头数 Large Animals (year-end)	牛 Cattle and Buffaloes	马 Horses	驴 Donkeys	骡 Mules	骆驼 Camels
	1996	13360.2	11031.8	871.5	944.4	478.0	34.5
	1997	14541.8	12182.2	891.2	952.8	480.6	35.0
	1998	14803.2	12441.9	898.1	955.8	473.9	33.5
	1999	15024.8	12698.3	891.4	934.8	467.3	33.0
	2000	14638.1	12353.2	876.6	922.7	453.0	32.6
	2001	13980.9	11809.2	826.0	881.5	436.2	27.9
	2002	13672.3	11567.8	808.8	849.9	419.4	26.4
	2003	13467.3	11434.4	790.0	820.7	395.7	26.5
	2004	13191.4	11235.4	763.9	791.9	374.0	26.2
	2005	12894.8	10990.8	740.0	777.2	360.4	26.6
	2006	12287.1	10465.1	719.5	730.6	345.1	26.9
	2007	12309.3	10594.8	702.8	689.1	298.5	24.2
	2008	12250.7	10576.0	682.1	673.1	295.5	24.0
	2009	12357.6	10726.5	678.5	648.4	279.3	24.8
北 京	Beijing	23.4	22.1	0.2	0.9	0.2	
天 津	Tianjin	28.2	27.4	0.1	0.5	0.2	
河 北	Hebei	536.7	429.1	20.3	62.9	24.4	
山 西	Shanxi	133.7	90.6	2.2	21.3	19.5	
内蒙古	Inner Mongolia	868.9	663.9	70.7	90.5	34.2	9.6
辽 宁	Liaoning	515.6	354.0	26.5	113.9	21.2	
吉 林	Jilin	556.6	474.7	47.2	22.2	12.6	
黑龙江	Heilongjiang	572.0	533.2	26.8	8.3	3.7	
上 海	Shanghai	6.5	6.5				
江 苏	Jiangsu	39.7	33.9	0.4	4.1	1.3	
浙 江	Zhejiang	20.4	20.4				
安 徽	Anhui	149.5	148.8	0.2	0.4	0.1	
福 建	Fujian	70.3	70.3				
江 西	Jiangxi	269.3	269.3				
山 东	Shandong	507.5	485.6	5.2	13.4	3.2	
河 南	Henan	1080.1	1044.7	12.7	17.1	5.6	
湖 北	Hubei	335.6	334.0	0.9	0.5	0.1	
湖 南	Hunan	444.8	440.0	4.2	0.4	0.2	
广 东	Guangdong	233.3	233.1	0.2			
广 西	Guangxi	493.5	448.0	40.4	0.1	5.0	
海 南	Hainan	92.7	92.7				
重 庆	Chongqing	122.9	119.4	2.3	0.2	1.0	
四 川	Sichuan	1107.5	989.2	97.8	9.9	10.6	
贵 州	Guizhou	626.2	539.1	83.6	0.2	3.3	
云 南	Yunnan	919.5	742.6	74.4	34.1	68.6	
西 藏	Tibet	697.1	645.1	41.5	8.7	1.8	
陕 西	Shaanxi	193.0	169.0	0.8	16.8	6.4	
甘 肃	Gansu	591.2	432.5	13.6	100.7	43.0	1.5
青 海	Qinghai	480.7	444.6	21.4	5.6	8.2	0.8
宁 夏	Ningxia	104.7	92.1	0.4	8.6	3.7	
新 疆	Xinjiang	536.9	330.8	84.6	107.2	1.4	13.0

13-18 续表 continued

单位：万头、万只 (10 000 heads)

年 份	Year	肉猪出栏头数 Slaughtered Fattened Hogs	猪年底头数 Hogs (year-end)	羊年底只数 Sheep and Goats (year-end)	山 羊 Goats	绵 羊 Sheep
地 区	Region					
	1996	41225.2	36283.6	23728.3	12315.8	11412.5
	1997	46483.7	40034.8	25575.7	13480.1	12095.6
	1998	50215.1	42256.3	26903.5	14168.3	12735.2
	1999	51977.2	43144.2	27925.8	14816.3	13109.5
	2000	51862.3	41633.6	27948.2	14945.6	13002.6
	2001	53281.1	41950.5	27625.0	14562.3	13062.8
	2002	54143.9	41776.2	28240.9	14841.2	13399.7
	2003	55701.8	41381.8	29307.4	14967.9	14339.5
	2004	57278.5	42123.4	30426.0	15195.5	15230.5
	2005	60367.4	43319.1	29792.7	14659.0	15133.7
	2006	61207.3	41850.4	28369.8	13768.0	14601.8
	2007	56508.3	43989.5	28564.7	14336.5	14228.2
	2008	61016.6	46291.3	28084.9	15229.2	12855.7
	2009	64538.6	46996.0	28452.2	15050.1	13402.1
北 京	Beijing	314.0	186.6	67.4	18.9	48.5
天 津	Tianjin	328.9	181.0	38.1	4.3	33.8
河 北	Hebei	3332.9	1968.0	1565.1	551.4	1013.7
山 西	Shanxi	663.4	498.8	747.7	375.1	372.6
内蒙古	Inner Mongolia	883.0	683.7	5197.2	1991.9	3205.3
辽 宁	Liaoning	2597.0	1606.2	717.0	447.8	269.2
吉 林	Jilin	1374.8	1007.7	422.9	187.9	235.0
黑龙江	Heilongjiang	1512.6	1356.7	897.7	338.3	559.4
上 海	Shanghai	269.7	175.2	25.1	23.6	1.5
江 苏	Jiangsu	2748.1	1760.2	426.5	419.2	7.3
浙 江	Zhejiang	1894.0	1225.8	111.6	43.2	68.3
安 徽	Anhui	2680.2	1482.6	584.2	583.2	1.0
福 建	Fujian	1922.9	1315.8	103.4	103.4	
江 西	Jiangxi	2714.2	1569.1	57.3	57.3	
山 东	Shandong	4155.7	2753.1	2096.9	1689.0	408.0
河 南	Henan	5143.6	4528.9	1997.2	1901.0	96.2
湖 北	Hubei	3735.5	2546.1	413.2	413.2	
湖 南	Hunan	5508.7	4032.8	521.1	518.7	2.4
广 东	Guangdong	3601.0	2392.3	37.2	37.2	
广 西	Guangxi	3119.9	2332.4	190.0	190.0	
海 南	Hainan	482.5	411.5	71.8	71.8	
重 庆	Chongqing	2003.1	1604.1	142.3	142.3	
四 川	Sichuan	6915.5	5122.0	1723.9	1573.6	150.3
贵 州	Guizhou	1596.1	1618.0	253.0	238.1	14.9
云 南	Yunnan	2824.5	2736.2	877.6	774.0	103.6
西 藏	Tibet	14.7	30.5	1674.5	494.4	1180.1
陕 西	Shaanxi	1063.6	920.3	670.2	539.9	130.3
甘 肃	Gansu	622.3	568.9	1726.7	386.4	1340.2
青 海	Qinghai	134.8	109.8	1497.8	227.6	1270.2
宁 夏	Ningxia	127.2	91.7	470.2	138.2	332.0
新 疆	Xinjiang	254.2	180.4	3127.5	569.4	2558.1

13-19 畜产品产量
Output of Livestock Products

年 份 Year 地 区 Region	肉类(万吨) Output of Meat (10 000 tons)	#猪牛羊肉 Output of Pork, Beef and Mutton	猪肉 Pork	牛肉 Beef	羊肉 Mutton	奶类(万吨) Milk (10 000 tons)	#牛奶 Cow Milk
1996	4584.0	3694.7	3158.0	355.7	181.0	735.8	629.4
1997	5268.8	4249.9	3596.3	440.9	212.8	681.1	601.1
1998	5723.8	4598.2	3883.7	479.9	234.6	745.4	662.9
1999	5949.0	4762.3	4005.6	505.4	251.3	806.9	717.6
2000	6013.9	4743.2	3966.0	513.1	264.1	919.1	827.4
2001	6105.8	4832.1	4051.7	508.6	271.8	1122.9	1025.5
2002	6234.3	4928.4	4123.1	521.9	283.5	1400.4	1299.8
2003	6443.3	5089.8	4238.6	542.5	308.7	1848.6	1746.3
2004	6608.7	5234.3	4341.0	560.4	332.9	2368.4	2260.6
2005	6938.9	5473.5	4555.3	568.1	350.1	2864.8	2753.4
2006	7089.0	5591.0	4650.5	576.7	363.8	3302.5	3193.4
2007	6865.7	5283.8	4287.8	613.4	382.6	3633.4	3525.2
2008	7278.7	5614.0	4620.5	613.2	380.3	3781.5	3555.8
2009	7649.7	5915.7	4890.8	635.5	389.4	3732.6	3518.8
北 京 Beijing	47.2	27.6	24.1	2.1	1.4	67.4	67.4
天 津 Tianjin	39.5	30.7	25.7	3.6	1.5	68.7	68.3
河 北 Hebei	426.6	336.8	253.6	55.3	28.0	461.0	451.5
山 西 Shanxi	69.8	61.1	50.7	4.8	5.6	74.1	72.5
内蒙古 Inner Mongolia	234.0	204.2	68.6	47.4	88.2	934.0	903.1
辽 宁 Liaoning	389.2	266.8	218.8	40.2	7.8	115.6	110.0
吉 林 Jilin	226.2	158.6	113.2	41.8	3.6	44.5	44.5
黑龙江 Heilongjiang	187.6	156.6	108.2	36.8	11.6	534.7	528.7
上 海 Shanghai	26.2	18.1	17.6	0.0	0.6	21.2	21.2
江 苏 Jiangsu	344.4	215.2	204.5	3.3	7.5	55.4	55.4
浙 江 Zhejiang	170.4	131.0	128.2	1.0	1.7	19.9	19.9
安 徽 Anhui	362.5	261.2	229.8	17.5	13.8	20.1	20.1
福 建 Fujian	175.1	146.8	142.9	2.2	1.7	15.6	15.2
江 西 Jiangxi	276.0	222.8	210.8	10.9	1.1	11.2	11.2
山 东 Shandong	684.1	443.8	341.3	69.6	32.9	258.1	236.3
河 南 Henan	615.0	499.5	389.6	84.0	25.9	301.3	281.9
湖 北 Hubei	367.0	304.8	279.9	17.0	7.8	28.3	15.5
湖 南 Hunan	476.3	422.1	395.4	15.7	11.0	7.7	7.7
广 东 Guangdong	427.0	269.0	262.1	6.1	0.9	14.4	14.0
广 西 Guangxi	371.3	248.9	232.3	13.4	3.2	8.1	8.1
海 南 Hainan	66.0	43.1	39.7	2.3	1.1	0.4	0.2
重 庆 Chongqing	187.7	154.5	146.5	5.9	2.1	7.9	7.9
四 川 Sichuan	632.8	527.4	474.2	28.9	24.3	68.7	68.2
贵 州 Guizhou	169.6	154.7	140.1	11.4	3.2	4.5	4.5
云 南 Yunnan	304.6	270.9	230.8	28.0	12.1	105.9	48.4
西 藏 Tibet	24.0	23.8	1.2	14.2	8.4	28.7	23.0
陕 西 Shaanxi	98.7	90.1	75.0	7.8	7.3	185.8	149.2
甘 肃 Gansu	82.9	76.6	45.8	15.1	15.6	37.7	37.7
青 海 Qinghai	26.9	26.1	9.2	8.1	8.8	25.3	25.3
宁 夏 Ningxia	25.6	23.2	9.2	7.3	6.8	81.1	81.1
新 疆 Xinjiang	115.4	99.7	22.0	33.9	43.8	125.2	120.9

13-19 续表 continued

年份 地区	Year Region	绵羊毛（吨） Sheep Wool (ton)	#细羊毛 Fine Wool	#半细羊毛 Semi-Fine Wool	山羊毛（吨） Goat Wool (ton)	羊 绒（吨） Cashmere (ton)	禽 蛋（万吨） Poultry Eggs (10 000 tons)	蜂 蜜（万吨） Honey (10 000 tons)
	1996	298102	121020	74099	35284	9585	1965.2	18.3
	1997	255059	116054	55683	25865	8626	1897.1	21.1
	1998	277545	115752	68775	31417	9799	2021.3	20.7
	1999	283152	114103	73700	31849	10180	2134.7	23.0
	2000	292502	117386	84921	33266	11057	2182.0	24.6
	2001	298254	114651	88075	34241	10968	2210.1	25.2
	2002	307588	112193	102419	35459	11765	2265.7	26.5
	2003	338058	120263	110249	36692	13528	2333.1	28.9
	2004	373902	130413	119514	37727	14515	2370.6	29.3
	2005	393172	127862	123068	36904	15435	2438.1	29.3
	2006	388777	131808	116098	40512	16395	2424.0	33.3
	2007	363470	123920	106760	38382	18483	2529.0	35.4
	2008	367687	123838	104838	44406	17184	2702.2	40.0
	2009	364002	127352	113018	49453	16964	2742.5	40.2
北 京	Beijing	378	10	53	89	39	15.4	0.3
天 津	Tianjin	603	44	559	1		19.6	
河 北	Hebei	34588	6228	16998	2980	676	353.2	1.0
山 西	Shanxi	5866	510	488	1330	797	75.3	0.3
内蒙古	Inner Mongolia	102027	54234	15509	18455	7375	48.9	0.5
辽 宁	Liaoning	10136	2511	6034	2736	1216	263.1	0.2
吉 林	Jilin	22011	17088	4743	1169	130	98.6	1.2
黑龙江	Heilongjiang	25309	4611	20698	1152	770	101.9	1.5
上 海	Shanghai	44		44	153		8.0	
江 苏	Jiangsu	351	80	271	1		185.2	0.5
浙 江	Zhejiang	1856		1856	438		43.3	8.8
安 徽	Anhui	153	48	105	119		118.2	1.6
福 建	Fujian						28.8	0.9
江 西	Jiangxi						41.4	1.1
山 东	Shandong	8660	1633	4593	4576	925	377.1	0.8
河 南	Henan	10419	948	6823	4887	885	382.9	10.1
湖 北	Hubei	3			11		128.9	0.9
湖 南	Hunan				2		88.9	1.0
广 东	Guangdong				5		33.9	1.4
广 西	Guangxi						19.3	
海 南	Hainan						3.2	0.1
重 庆	Chongqing	4	4				36.0	1.1
四 川	Sichuan	6949	862	4039	516	27	144.1	4.5
贵 州	Guizhou	434	105	329	38	3	12.2	0.2
云 南	Yunnan	1744	231	1002	104		20.8	0.7
西 藏	Tibet	8837	669	1501	1224	550	0.3	
陕 西	Shaanxi	5655	2515	1507	2152	1217	48.1	0.4
甘 肃	Gansu	26127	8544	5516	1762	359	13.9	0.1
青 海	Qinghai	14573	690	4531	805	416	1.5	0.1
宁 夏	Ningxia	5674	187	2319	349	317	7.5	0.1
新 疆	Xinjiang	71600	25600	13500	4400	1261	23.2	0.8

13-20 水产品产量
Output of Aquatic Products

单位：万吨 (10 000 tons)

年份 地区	Year Region	水产品总产量 Total Aquatic Products	海水产品 Seawater Aquatic Products	天然生产 Naturally Grown	人工养殖 Artificially Cultured	鱼类 Fish	虾蟹类 Shrimps, Prawns and Crabs	贝类 Shellfish	藻类 Algae	其他 Others
	1978	465.4	359.5	314.5	45.0	256.1	50.6	26.8	26.0	
	1980	449.7	325.7	281.3	44.4	234.1	42.1	23.4	26.2	
	1985	705.2	419.7	348.5	71.2	274.5	70.6	47.3	27.3	
	1990	1237.0	713.3	550.9	162.4	423.1	107.0	147.3	27.5	8.2
	1991	1350.8	800.1	609.6	190.5	466.2	119.4	158.6	40.0	15.9
	1992	1557.1	933.7	691.2	242.4	517.6	127.4	204.4	56.8	27.5
	1993	1823.0	1076.0	767.3	308.7	557.4	138.7	288.6	69.4	22.0
	1994	2143.2	1241.5	895.8	345.7	647.4	170.9	323.6	74.5	25.1
	1995	2517.2	1439.1	1026.8	412.3	758.1	184.8	392.3	74.9	29.0
	1996	3288.1	2012.9	1249.0	763.9	823.5	204.7	852.7	92.9	39.1
	1997	3118.6	1888.1	1196.4	691.7	836.4	195.8	715.0	85.0	55.9
	1998	3382.7	2044.5	1292.6	752.0	916.1	224.3	754.8	90.3	59.0
	1999	3570.1	2145.3	1293.4	851.9	918.1	240.5	832.5	103.7	50.5
	2000	3706.2	2203.9	1275.9	928.0	896.7	257.9	901.7	106.1	41.5
	2001	3795.9	2233.5	1244.1	989.4	881.3	262.8	936.4	108.5	44.6
	2002	3954.9	2298.5	1238.0	1060.5	887.9	269.8	972.2	115.8	52.8
	2003	4077.0	2332.8	1237.0	1095.9	893.2	259.0	963.8	122.7	94.1
	2004	4246.6	2404.5	1253.2	1151.3	883.7	271.4	965.6	130.8	153.0
	2005	4419.9	2465.9	1255.1	1210.8	913.9	281.3	1008.1	133.9	128.6
	2006	4583.6	2509.6	1245.4	1264.2	892.1	299.4	1046.7	137.6	133.8
	2007	4747.5	2550.9	1243.6	1307.3	891.3	298.9	1068.2	138.8	153.7
	2008	4895.6	2598.3	1258.0	1340.3	864.3	288.8	1072.5	142.3	122.1
	2009	5116.4	2681.6	1276.3	1405.2	880.8	303.6	1120.0	148.4	131.0
北京	Beijing	5.8	0.4							
天津	Tianjin	33.4	3.9	2.5	1.4	1.1	1.5	0.4		0.1
河北	Hebei	100.4	55.4	25.3	30.1	15.2	7.3	28.3		4.7
山西	Shanxi	3.1								
内蒙古	Inner Mongolia	10.6								
辽宁	Liaoning	400.6	327.5	113.2	214.3	59.4	22.0	178.3	24.8	29.2
吉林	Jilin	16.5								
黑龙江	Heilongjiang	38.1								
上海	Shanghai	30.9	15.6	15.6		1.2	1.0			
江苏	Jiangsu	443.2	130.5	57.0	73.5	39.0	18.1	63.5	3.3	5.8
浙江	Zhejiang	440.3	353.8	277.4	76.5	187.6	75.2	62.5	4.2	13.5
安徽	Anhui	183.1								
福建	Fujian	567.5	495.8	202.8	293.0	157.1	36.5	217.7	55.5	12.1
江西	Jiangxi	201.1								
山东	Shandong	753.6	626.4	245.0	381.4	164.2	43.6	322.5	50.7	37.4
河南	Henan	53.8								
湖北	Hubei	333.9								
湖南	Hunan	188.1								
广东	Guangdong	702.6	387.1	152.5	234.6	126.7	56.3	173.5	6.9	12.8
广西	Guangxi	262.3	149.0	66.8	82.3	42.6	28.2	68.9		8.9
海南	Hainan	145.5	114.3	96.1	18.2	86.7	14.0	4.4	2.8	6.2
重庆	Chongqing	20.4								
四川	Sichuan	100.1								
贵州	Guizhou	8.0								
云南	Yunnan	27.1								
西藏	Tibet	0.1								
陕西	Shaanxi	5.6								
甘肃	Gansu	1.2								
青海	Qinghai	0.1								
宁夏	Ningxia	8.2								
新疆	Xinjiang	9.5								
中国水产总公司	China Aquatic Company	21.7	21.7	21.7						

注：1997-2006年水产品、海水产品、天然生产、人工养殖数据根据农业普查结果进行了修订，其他细项未做修订。

a) Data of aquatic products, seawater aquatic products, naturally grown, artificially cultured from 1997 to 2006 were adjusted according to the Second National Agricultural Census in 2006, while other indicators were not adjusted.

13-20 续表 continued

单位：万吨 (10 000 tons)

年 份 地 区	Year Region	淡水产品 Freshwater Aquatic Products	天然生产 Naturally Grown	人工养殖 Artificially Cultured	鱼 类 Fish	虾蟹类 Shrimps, Prawns and Crabs	贝 类 Shellfish	其 他 Others
	1978	105.9	29.6	76.2	99.7	3.8	2.4	
	1980	124.0	33.9	90.2	116.3	5.2	2.5	
	1985	285.4	47.6	237.8	276.5	5.5	3.4	
	1990	523.7	78.3	445.4	504.9	9.5	7.6	1.8
	1991	550.7	91.5	459.2	530.4	10.7	8.5	1.0
	1992	623.5	90.1	533.4	598.4	12.4	10.5	2.2
	1993	747.0	102.9	644.1	710.6	13.3	16.3	6.7
	1994	901.7	116.7	785.0	859.3	20.3	15.3	6.8
	1995	1078.1	137.3	940.8	1018.6	27.3	20.5	11.6
	1996	1275.2	176.3	1099.0	1177.8	36.3	48.4	12.7
	1997	1230.5	163.5	1067.0	1143.8	41.3	31.4	14.1
	1998	1338.1	197.5	1140.6	1230.6	52.2	39.6	15.8
	1999	1424.9	198.0	1226.9	1309.7	61.0	37.1	17.0
	2000	1502.3	193.4	1308.9	1358.4	76.3	40.0	27.7
	2001	1562.4	186.2	1376.2	1406.5	87.0	45.4	23.5
	2002	1656.4	194.7	1461.7	1476.8	105.7	49.0	24.9
	2003	1744.2	213.3	1530.9	1551.0	119.9	46.7	26.5
	2004	1842.1	209.6	1632.5	1634.4	132.4	46.1	29.1
	2005	1954.0	221.0	1733.0	1737.2	140.3	46.3	30.2
	2006	2074.0	220.4	1853.6	1822.5	167.8	50.9	32.8
	2007	2196.6	225.6	1971.0	1908.5	202.1	50.5	35.5
	2008	2297.3	224.8	2072.5	1998.5	210.1	50.1	38.7
	2009	2434.8	218.4	2216.5	2109.9	228.8	52.0	44.2
北 京	Beijing	5.4	0.4	5.0	5.4			
天 津	Tianjin	29.5	0.9	28.6	24.1	5.1	0.1	0.2
河 北	Hebei	45.0	8.8	36.2	41.6	2.6	0.3	0.5
山 西	Shanxi	3.1	0.1	3.0	3.1			
内蒙古	Inner Mongolia	10.6	3.0	7.6	10.4	0.1		0.1
辽 宁	Liaoning	73.1	5.6	67.4	66.0	5.8	0.1	1.1
吉 林	Jilin	16.5	1.9	14.6	16.4	0.1		
黑龙江	Heilongjiang	38.1	4.3	33.8	37.5	0.5		
上 海	Shanghai	15.3	0.5	14.8	9.2	5.9		0.1
江 苏	Jiangsu	312.7	32.1	280.7	227.4	71.1	9.7	4.5
浙 江	Zhejiang	86.5	9.0	77.5	56.4	12.8	4.6	12.7
安 徽	Anhui	183.1	30.7	152.4	143.9	27.4	8.2	3.7
福 建	Fujian	71.7	7.8	63.9	60.8	4.3	5.0	1.6
江 西	Jiangxi	201.1	22.8	178.3	176.9	12.2	7.6	4.3
山 东	Shandong	127.2	12.8	114.4	118.9	7.1	0.9	0.4
河 南	Henan	53.8	3.1	50.7	51.3	1.8	0.2	0.5
湖 北	Hubei	333.9	26.2	307.7	287.9	40.0	3.2	2.8
湖 南	Hunan	188.1	11.0	177.0	179.9	2.7	3.1	2.4
广 东	Guangdong	315.4	12.7	302.8	276.3	26.4	6.6	6.2
广 西	Guangxi	113.3	11.3	102.0	109.0	1.3	1.7	1.3
海 南	Hainan	31.2	1.9	29.3	30.0	0.2	0.2	
重 庆	Chongqing	20.4	1.0	19.4	20.2	0.1		
四 川	Sichuan	100.1	5.8	94.4	98.3	0.6	0.5	0.7
贵 州	Guizhou	8.0	1.1	6.9	7.8	0.1		
云 南	Yunnan	27.1	2.3	24.8	26.6	0.5		0.1
西 藏	Tibet	0.1						
陕 西	Shaanxi	5.6	0.4	5.2	5.6			
甘 肃	Gansu	1.2		1.2	1.2			
青 海	Qinghai	0.1		0.1	0.1			
宁 夏	Ningxia	8.2		8.2	8.1	0.1		
新 疆	Xinjiang	9.5	0.9	8.6	9.4	0.1		
中国水产总公司	China Aquatic Company							

注：1997-2006年淡水产品、天然生产、人工养殖数据根据农业普查结果进行了修订，其他细项未做修订。

a) Data of fresh aquatic products, naturally grown, artificially cultured from 1997 to 2006 were adjusted according to the Second National Agricultural Census in 2006, while other indicators were not adjusted.

13-21 主要农产品人均占有量
Per Capita Output of Major Farm Products

单位：公斤 (kg)

年份 地区	Year Region	粮食 Grain	棉花 Cotton	油料 Oil-bearing Crops	猪牛羊肉 Pork, Beef and Mutton	水产品 Total Aquatic Products	牛奶 Milk
	1978	319	2.3	5.5	9.1	4.9	
	1980	327	2.8	7.8	12.3	4.6	1.2
	1985	361	3.9	15.0	16.8	6.7	2.4
	1990	393	4.0	14.2	22.1	10.9	3.7
	1995	387	4.0	18.7	27.4	20.9	4.6
	2000	366	3.5	23.4	37.6	29.4	6.6
	2001	356	4.2	22.5	38.0	29.9	8.1
	2002	357	3.8	22.6	38.5	30.9	10.2
	2003	334	3.8	21.8	39.5	31.6	13.6
	2004	362	4.9	23.7	40.4	32.8	17.4
	2005	371	4.4	23.6	42.0	33.9	21.1
	2006	380	5.7	20.1	42.7	35.0	24.4
	2007	381	5.8	19.5	40.1	36.0	26.7
	2008	399	5.7	22.3	42.4	37.0	26.8
	2009	399	4.8	23.7	44.4	38.4	26.4
北京	Beijing	72		1.1	16.0	3.4	39.1
天津	Tianjin	130	5.9	0.5	25.5	27.8	56.8
河北	Hebei	415	8.6	20.4	48.0	14.3	64.4
山西	Shanxi	276	2.5	5.0	17.9	0.9	21.2
内蒙古	Inner Mongolia	820	0.1	49.5	84.5	4.4	373.5
辽宁	Liaoning	369		12.8	61.8	92.8	25.5
吉林	Jilin	899	0.1	18.4	58.0	6.0	16.3
黑龙江	Heilongjiang	1138		7.4	40.9	10.0	138.2
上海	Shanghai	64	0.1	1.8	9.5	16.2	11.2
江苏	Jiangsu	419	3.3	21.1	27.9	57.6	7.2
浙江	Zhejiang	153	0.5	8.4	25.4	85.5	3.9
安徽	Anhui	501	5.6	39.2	42.6	29.9	3.3
福建	Fujian	184		7.3	40.6	157.0	4.2
江西	Jiangxi	453	2.8	23.1	50.5	45.5	2.5
山东	Shandong	457	9.8	35.4	47.0	79.8	25.0
河南	Henan	570	5.5	56.4	52.8	5.7	29.8
湖北	Hubei	404	8.4	54.9	53.3	58.4	2.7
湖南	Hunan	454	3.3	28.0	66.0	29.4	1.2
广东	Guangdong	137		8.8	28.0	73.3	1.5
广西	Guangxi	303		8.7	51.5	54.2	1.7
海南	Hainan	218		10.6	50.1	169.4	0.2
重庆	Chongqing	399		14.2	54.2	7.2	2.8
四川	Sichuan	391	0.2	32.1	64.6	12.3	8.4
贵州	Guizhou	308		20.7	40.8	2.1	1.2
云南	Yunnan	346		11.0	59.4	6.0	10.6
西藏	Tibet	314		20.1	82.6	0.2	79.7
陕西	Shaanxi	300	2.3	14.4	23.9	1.5	39.6
甘肃	Gansu	344	3.6	22.2	29.1	0.5	14.3
青海	Qinghai	185		65.9	47.0	0.3	45.5
宁夏	Ningxia	548		22.0	37.4	13.2	130.6
新疆	Xinjiang	537	117.7	29.8	46.5	4.4	56.4

注：2000-2006年猪牛羊肉数据、1997-2006年水产品数据根据农业普查结果进行了修订。

a) Data of pork, beef and mutton from 2000 to 2006, aquatic products from 1997 to 2006 were adjusted according to the Second National Agricultural Census in 2006.

13-22 农村居民家庭平均每人出售主要农产品
Per Capita Major Farm Products Sold by Rural Households

本表为农村住户抽样调查资料。
Data in this table are obtained from the sample surveys on rural households.

单位：公斤 (kg)

年份 Year / 地区 Region	粮食 Grain	棉花 Cotton	油料 Oil-bearing Crops	麻类 Fiber Crops	烟叶 Tobacco	蔬菜 Vegetables	水果 Fruits
1985	123.49	4.13	14.37	2.80	2.25	53.76	6.78
1990	180.24	4.31	12.87	1.56	2.67	65.07	13.17
1991	179.44	5.54	13.22	1.32	3.17	68.70	15.74
1992	165.89	4.16	11.27	1.18	3.58	75.58	16.92
1993	159.35	3.26	10.48	0.86	3.19	77.73	19.60
1994	188.53	4.01	10.68	0.50	2.02	72.68	22.64
1995	179.20	4.31	12.02	0.73	2.21	79.96	24.28
1996	203.47	3.90	11.64	0.83	3.07	97.00	29.78
1997	228.01	5.12	11.13	0.57	4.45	106.22	36.21
1998	227.53	5.10	12.39	0.41	2.33	108.72	38.51
1999	243.34	4.43	15.59	0.28	2.42	111.66	43.17
2000	264.74	5.59	18.43	0.47	2.73	132.07	46.43
2001	268.04	7.05	18.31	0.44	2.42	132.94	48.21
2002	281.15	6.94	18.47	0.64	2.59	143.77	49.06
2003	294.35	16.77	19.22	0.71	2.62	147.58	48.83
2004	287.25	19.19	18.88	0.53	2.47	151.57	57.48
2005	375.79	22.06	20.09	0.69	3.69	167.93	61.62
2006	394.64	23.79	17.79	0.43	3.83	172.98	59.49
2007	394.06	24.92	17.24	0.39	3.45	169.99	66.79
2008	444.45	20.68	15.69	0.28	3.83	170.83	64.94
2009	482.93	22.56	22.59	0.17	4.45	170.84	72.78
北　京 Beijing	148.55		1.04			98.31	95.32
天　津 Tianjin	311.47	82.18	0.61			261.33	46.46
河　北 Hebei	476.16	53.21	9.01			284.39	101.36
山　西 Shanxi	358.76	10.80	3.98	0.10	0.72	281.45	187.90
内蒙古 Inner Mongolia	1145.59		101.12	0.98	0.63	105.62	0.62
辽　宁 Liaoning	1111.14		51.63		3.44	413.65	130.18
吉　林 Jilin	2850.97		30.96		1.59	146.00	7.48
黑龙江 Heilongjiang	2780.53		2.75		5.95	223.53	2.91
上　海 Shanghai	51.72	0.20	4.60			37.83	59.15
江　苏 Jiangsu	511.13	7.13	17.42			133.38	3.99
浙　江 Zhejiang	80.66	2.50	4.28			222.31	134.93
安　徽 Anhui	621.14	40.55	41.77	0.05	0.17	44.25	4.03
福　建 Fujian	114.60		2.50		16.50	169.13	130.95
江　西 Jiangxi	543.77	12.19	20.89	0.01	2.75	72.39	85.07
山　东 Shandong	568.82	64.41	27.79	0.07	1.58	382.08	98.96
河　南 Henan	546.95	12.85	23.61	0.08	5.17	153.12	42.32
湖　北 Hubei	421.69	76.43	77.04	0.11	2.92	133.11	99.70
湖　南 Hunan	283.77	30.04	11.41	0.56	8.63	53.35	66.28
广　东 Guangdong	83.02		4.06	0.01	2.10	212.42	56.45
广　西 Guangxi	167.38	0.01	4.42	0.60	1.36	147.11	54.64
海　南 Hainan	81.89		11.44	0.14		345.00	118.31
重　庆 Chongqing	106.65		4.88	0.26	9.86	148.06	45.18
四　川 Sichuan	114.64	0.03	21.78	0.23	5.01	111.75	45.58
贵　州 Guizhou	76.77	0.01	6.77	0.11	16.62	70.68	6.25
云　南 Yunnan	101.94		11.24	1.17	31.83	167.40	27.80
西　藏 Tibet	83.63		7.65			9.43	1.10
陕　西 Shaanxi	279.88	5.83	3.28		1.66	109.85	240.62
甘　肃 Gansu	219.79	22.90	20.41		0.14	189.85	74.23
青　海 Qinghai	99.85		75.40			38.76	9.20
宁　夏 Ningxia	428.68		22.16			185.22	83.40
新　疆 Xinjiang	573.91	196.30	68.21		0.34	263.09	205.78

注：水果出售量不包括果用瓜类。
a) Sales of fruits do not include melons for fruits use.

13-23 农村居民家庭平均每人出售主要畜产品及水产品

Sales of Livestock, Poultry, Small Animals and Fishery Per Capita Rural Household

本表为农村住户抽样调查资料。

Data in this table are obtained from the sample surveys on rural households.

单位：公斤 (kg)

年份 地区	Year Region	猪肉 Pork	羊肉 Mutton	牛肉 Beef	家禽 Poultry	蛋类 Poultry Eggs	牛羊奶 Milk	蚕茧 Silkworm Cocoons	水产品 Aquatic Products
	1985	16.27	0.57	0.52	1.00	2.21	1.02	0.36	1.74
	1990	17.84	0.71	0.55	1.45	1.89	1.68	0.58	2.05
	1991	20.07	0.90	0.76	2.18	2.65	1.91	0.65	2.92
	1992	21.17	0.86	0.72	2.23	2.90	1.85	0.70	3.21
	1993	23.80	1.02	0.86	2.41	2.89	1.76	0.74	3.10
	1994	23.31	1.11	0.93	2.30	3.35	1.81	0.83	2.97
	1995	24.17	1.15	0.96	2.42	3.54	1.90	0.79	2.94
	1996	25.73	1.68	2.01	2.45	2.58	2.55	0.50	3.27
	1997	26.08	1.76	2.33	2.99	3.76	2.76	0.54	4.50
	1998	23.04	1.67	1.04	2.42	3.57	2.60	0.65	4.31
	1999	28.41	1.85	1.86	3.41	4.07	3.00	0.62	6.20
	2000	30.19	2.06	2.40	4.60	6.32	2.67	0.64	5.82
	2001	30.86	2.31	2.76	5.03	5.96	3.65	0.80	6.53
	2002	32.30	2.50	2.73	6.01	6.54	4.87	0.77	8.04
	2003	29.49	2.87	2.71	6.67	7.06	7.29	0.76	7.47
	2004	26.62	2.94	2.49	6.87	6.39	7.67	0.79	7.28
	2005	32.19	3.26	2.87	9.62	10.52	11.27	0.91	8.54
	2006	34.44	3.12	3.07	8.86	10.96	13.27	1.05	8.94
	2007	27.55	3.00	3.02	10.21	10.69	14.62	1.16	9.85
	2008	25.36	2.61	2.83	10.82	12.84	15.05	0.98	10.26
	2009	31.70	2.81	2.69	11.35	12.91	12.66	0.80	10.72
北京	Beijing	19.72	1.49	0.12	36.78	41.98	31.38		10.66
天津	Tianjin	43.71	0.37	4.66	84.72	69.62	16.71		29.29
河北	Hebei	20.36	2.01	2.72	10.00	51.78	18.60		
山西	Shanxi	11.69	2.78	1.56	10.92	14.96	26.90	0.04	
内蒙古	Inner Mongolia	16.66	44.49	12.63	1.99	9.82	184.09		
辽宁	Liaoning	56.89	2.33	9.84	80.38	65.74	5.02	1.11	17.41
吉林	Jilin	44.40	3.32	10.34	27.13	24.68	2.43		0.24
黑龙江	Heilongjiang	44.31	1.30	6.55	9.53	6.12	54.97	0.05	2.05
上海	Shanghai	4.67	0.20		0.06	0.07			5.24
江苏	Jiangsu	15.77	0.90	0.14	7.24	19.84		1.37	26.38
浙江	Zhejiang	117.62	0.37	0.33	17.63	1.41	1.05	3.12	14.78
安徽	Anhui	15.92	0.60	1.09	10.34	1.52		0.63	4.26
福建	Fujian	35.66	0.13	0.32	1.50	0.46	0.12		39.01
江西	Jiangxi	24.10	0.03	0.28	2.64	5.89		0.18	9.36
山东	Shandong	32.76	1.09	2.65	39.38	26.26	3.72	0.76	8.86
河南	Henan	44.69	0.92	3.16	6.30	21.68	2.08		3.64
湖北	Hubei	28.70	0.22	0.44	7.29	10.94		0.07	42.12
湖南	Hunan	34.84	0.18	0.28	2.46	1.36			11.11
广东	Guangdong	22.60	0.01	0.13	20.67	0.10	0.08	0.36	32.71
广西	Guangxi	33.41	0.19	0.76	3.99	0.16		7.87	3.94
海南	Hainan	30.29	0.39	2.41	4.37	0.05		0.05	63.69
重庆	Chongqing	48.91	0.09	0.61	4.49	7.89		1.95	6.10
四川	Sichuan	55.38	0.45	0.86	6.61	2.13	2.95	1.56	7.02
贵州	Guizhou	25.22	0.29	1.22	1.84	0.50			0.45
云南	Yunnan	34.43	0.29	1.30	2.61	6.25	13.53	1.19	0.80
西藏	Tibet	1.81	4.10	7.40	0.11	0.23	0.76		
陕西	Shaanxi	16.68	2.68	1.00	2.16	13.15	31.58	0.35	0.12
甘肃	Gansu	7.97	3.32	5.79	0.96	1.08	7.11		0.18
青海	Qinghai	4.12	16.92	6.86	0.08	0.02	7.08		0.33
宁夏	Ningxia	14.12	7.44	11.93	10.30	0.14	59.57		10.88
新疆	Xinjiang	1.88	17.41	11.86	4.14	13.79	25.74		

注：1992年及以前，蛋类不包括蛋制品，水产品出售量仅指鱼虾出售量。

a) Sales of poultry eggs before 1992 did not include egg products, and sales of aquatic products only referred to the sales of fish and shrimp.

13-24 主要农产品产量与解放前最高年产量比较
Output of Major Agricultural Products in Comparison with Peak Year Prior to 1949

产品名称	Item	解放前最高年 Peak Year prior to 1949		指数(以解放前最高年为100) Indices (peak year prior to 1949=100)		
		年 份 Year	产 量 Output	1949	1952	2009
种植业 (万吨)	**Farming (10 000 tons)**					
粮 食	Grain	1936	15000	75.5	109.3	353.9
#稻 谷	Rice	1936	5735	84.8	119.3	340.2
小 麦	Wheat	1936	2330	59.3	77.8	494.1
玉 米	Corn	1936	1010		166.8	1623.5
大 豆	Soybeans	1936	1130	45.0	84.3	132.6
薯 类	Tubers	1936	635	155.1	257.2	471.7
棉 花	Cotton	1936	84.9	52.3	153.6	751.1
花 生	Peanuts	1933	317	40.0	73.0	463.8
油 菜 籽	Rapeseeds	1934	191	38.5	48.9	716.2
芝 麻	Sesame	1933	99.1	32.9	48.5	62.8
黄 红 麻	Jute and Ambary Hemp	1945	5.5	34.6	278.2	136.9
桑 蚕 茧	Mulberry Silkworm Cocoons	1931	22.1	14.0	28.1	344.3
茶 叶	Tea	1932	22.5	18.2	36.4	603.8
甘 蔗	Sugarcane	1940	565	46.7	125.9	2045.1
甜 菜	Beetroots	1939	32.9	58.1	145.6	2182.1
烤 烟	Flue-cured Tobacco	1948	17.9	24.0	124.0	1572.2
苹 果	Apples	1926	12.1		97.5	26182.5
柑 桔	Citrus	1926	40.1		51.6	6287.0
香 蕉	Bananas	1927	10.3		106.8	8576.6
畜牧业(万头、万只)	**Animal Husbandry (10 000 heads)**					
大牲畜年底头数	Large Animals (year-end)	1935	7151	83.9	106.9	172.8
牛	Cattle and Buffaloes	1935	4827	91.0	117.3	222.2
马	Horses	1935	649	75.1	94.5	104.5
驴	Donkeys	1935	1215	78.1	97.2	53.4
骡	Mules	1935	460	32.0	35.6	60.7
猪年底头数	Hogs (year-end)	1934	7853	73.5	114.3	598.4
羊年底只数	Sheep and Goats (year-end)	1937	6252	67.7	98.8	455.4
渔 业	**Fishery**					
水产品 (万吨)	Aquatic Products (10 000 tons)	1936	150	30.0	111.3	3410.9

13-25 受灾面积和成灾面积
Areas Covered and Affected by Natural Disaster

单位：千公顷 (1 000 hectares)

年份 地区	Year Region	受灾面积 Areas Covered	成灾面积 Areas Affected	成灾面积占受灾面积比重（%） Percentage of Disaster Areas Affected to Areas Covered (%)	水灾 Flood		旱灾 Drought	
					受灾面积 Areas Covered	成灾面积 Areas Affected	受灾面积 Areas Covered	成灾面积 Areas Affected
	1978	50807	24457	48.1	3109	2012	32641	16564
	1980	50025	29777	59.5	9687	6070	21901	14174
	1985	44365	22705	51.2	14197	8949	22989	10063
	1990	38474	17819	46.3	11804	5605	18175	7805
	1991	55472	27814	50.1	24596	14614	24914	10559
	1992	51332	25893	50.4	9422	4463	32981	17047
	1993	48827	23134	47.4	16390	8608	21097	8656
	1994	55046	31382	57.0	17328	10744	30423	17050
	1995	45824	22268	48.6	12734	7604	23455	10402
	1996	46991	21234	45.2	18147	10855	20152	6247
	1997	53427	30307	56.7	11415	5839	33516	20012
	1998	50145	25181	50.2	22292	13785	14236	5060
	1999	49980	26734	53.5	9020	5071	30156	16614
	2000	54688	34374	62.9	7323	4321	40541	26784
	2001	52215	31793	60.9	6042	3614	38472	23698
	2002	46946	27160	57.9	12288	7388	22124	13174
	2003	54506	32516	59.7	19208	12289	24852	14470
	2004	37106	16297	43.9	7314	3747	17253	8482
	2005	38818	19966	51.4	10932	6047	16028	8479
	2006	41091	24632	59.9	8003	4569	20738	13411
	2007	48992	25064	51.2	10463	5105	29386	16170
	2008	39990	22283	55.7	6477	3656	12137	6798
	2009	47214	21234	45.0	7613	3162	29259	13197
北　京	Beijing	15	10	69.6			3	1
天　津	Tianjin	59	48	82.0				
河　北	Hebei	2628	1642	62.5	120	49	1544	1063
山　西	Shanxi	1787	1229	68.8	53	30	1384	966
内蒙古	Inner Mongolia	4770	2390	50.1	449	161	3890	1923
辽　宁	Liaoning	2172	1034	47.6	20	5	2084	972
吉　林	Jilin	2671	1630	61.0	37	16	2440	1471
黑龙江	Heilongjiang	7394	3130	42.3	1570	800	4872	1907
上　海	Shanghai	16	8	49.1				
江　苏	Jiangsu	1203	393	32.7	166	42	599	199
浙　江	Zhejiang	463	243	52.5	67	42	22	6
安　徽	Anhui	2101	320	15.2	494	179	909	52
福　建	Fujian	266	128	48.3	13	8	42	26
江　西	Jiangxi	1352	657	48.6	472	296	621	261
山　东	Shandong	2342	1182	50.5	761	185	1175	815
河　南	Henan	2987	1063	35.6	100	33	1579	288
湖　北	Hubei	1827	532	29.1	832	321	592	149
湖　南	Hunan	1825	626	34.3	558	168	753	305
广　东	Guangdong	643	189	29.4	36	3	318	106
广　西	Guangxi	1110	459	41.4	303	109	774	336
海　南	Hainan	120	87	72.5	2	1	13	2
重　庆	Chongqing	495	177	35.8	319	119	137	47
四　川	Sichuan	1599	697	43.6	667	354	743	242
贵　州	Guizhou	780	402	51.5	196	42	478	318
云　南	Yunnan	1668	717	43.0	145	86	1037	416
西　藏	Tibet	53	20	37.9	10	4	27	10
陕　西	Shaanxi	1221	571	46.8	61	25	800	333
甘　肃	Gansu	1881	669	35.6	110	60	1542	495
青　海	Qinghai	160	74	46.5	13	4	34	17
宁　夏	Ningxia	366	127	34.7	30	15	308	106
新　疆	Xinjiang	1244	778	62.5	9	4	540	366

13-26 国有农场基本情况
Basic Statistics on State Farms

本表为农垦系统数据。
Data in this table are those from land reclamation departments.

指 标	Item	2005	2006	2007	2008	2009
农场数 (个)	**Number of Farms (unit)**	**1923**	**1896**	**1885**	**1893**	**1818**
职工人数 (万人)	**Number of Staff and Workers (10 000 persons)**	**335.9**	**329.3**	**330.1**	**334.5**	**339.7**
耕地面积 (千公顷)	**Cultivated Area (1 000 hectares)**	**5038.1**	**5187.0**	**5308.1**	**5498.9**	**5598.3**
农业机械总动力 (亿瓦)	**Total Power of Agricultural Machinery (100 million watts)**	**146.3**	**153.9**	**168.2**	**180.0**	**197.1**
农业机械拥有量（台、辆）	**Ownership of Agricultural Machinery (unit)**					
大中型农用拖拉机	Large and Medium-sized Agricultural Tractors	80000	90300	103600	117200	131900
小型及手扶拖拉机	Small and Walking Agricultural Tractors	270000	286000	301100	315000	323600
农用排灌动力机械	Machinery for Agricultural Drainage and Irrigation	192000	204000	216600	220000	247000
联合收割机	Combine Harvesters	20000	23000	25900	29000	32000
农用载重汽车	Trucks for Agricultural Use	57299	61775	69307	73500	73500
农用化肥施用量 (万吨)	**Consumption of Chemical Fertilizers (10 000 tons)**	**159.6**	**173.1**	**194.2**	**204.6**	**210.8**
农业总产值 (亿元)	**Gross Agricultural Output Value (100 million yuan)**	**1118.6**	**1252.7**	**1452.3**	**1667.7**	**1906.6**
农作物总播种面积(千公顷)	**Sown Area of Farm Crops (1 000 hectares)**	**5145.0**	**5509.0**	**5633.4**	**5831.0**	**6073.3**
粮食作物	Grain	3375.8	3677.3	3725.5	3948.8	4384.3
棉 花	Cotton	649.4	674.0	803.8	756.0	656.2
油 料	Oil-bearing Crops	371.2	361.7	338.9	409.6	371.1
糖 料	Sugar Crops	100.5	116.5	121.2	117.6	101.9
麻 类	Fiber Crops	53.6	41.1	39.5	31.0	7.9
年底实有茶园面积	Area of Tea Plantations (year-end)	30.3	30.9	31.8	31.5	31.3
年底实有桑园面积	Area of Mulberry Plantations (year-end)	1.6	1.9	2.0	1.9	1.9
年底实有果园面积	Area of Orchards (year-end)	241.3	263.6	270.6	296.7	322.6
年底实有橡胶园面积	Area of Rubber Plantations (year-end)	424.2	446.1	465.8	471.8	465.2
主要农产品产量	**Output of Major Farm Products**					
粮食作物 (万吨)	Grain (10 000 tons)	1859.0	2055.6	2162.3	2421.5	2773.2
棉 花 (万吨)	Cotton (10 000 tons)	124.7	141.7	157.6	163.6	141.2
油 料 (万吨)	Oil-bearing Crops (10 000 tons)	66.9	64.6	60.4	78.4	81.1
糖 料 (万吨)	Sugar Crops (10 000 tons)	667.5	820.9	864.3	846.0	758.2
麻 类 (万吨)	Fiber Crops (10 000 tons)	24.5	22.0	13.8	11.7	3.6
茶 叶 (万吨)	Tea (10 000 tons)	4.6	4.8	5.1	5.0	4.7
水 果 (万吨)	Fruits (10 000 tons)	178.8	209.6	239.6	250.6	307.8
干 胶 (万吨)	Rubber (10 000 tons)	32.0	32.4	33.5	28.2	31.7
畜牧业、渔业生产	**Production of Animal Husbandry and Fishery**					
大牲畜年底头数 (万头)	Number of Large Animals (year-end)(10 000 heads)	305.0	319.4	300.0	306.9	317.2
猪年底头数 (万头)	Number of Hogs (10 000 heads)	722.8	786.9	878.2	968.7	1053.4
羊年底只数 (万只)	Number of Sheep and Goats (10 000 heads)	1591.6	1625.1	1345.7	1452.3	1268.9
#绵 羊	Sheep	1220.6	1263.1	983.8	1026.3	949.4
畜产品产量 (万吨)	**Output of Livestock Products (10 000 tons)**					
猪牛羊肉	Pork, Beef and Mutton	121.4	139.6	145.1	157.1	172.6
#猪 肉	Pork	88.2	102.8	109.3	120.6	136.9
牛 奶	Milk	245.5	271.7	291.2	320.8	344.7
禽 蛋	Poultry Eggs	22.4	22.6	24.0	25.6	31.3
羊 毛	Sheep Wool	2.9	3.2	2.9	2.5	2.5
水产品总产量 (万吨)	**Total Output of Aquatic Products (10 000 tons)**	**75.9**	**87.1**	**95.0**	**97.1**	**107.7**

主要统计指标解释

农林牧渔业总产值 指以货币表现的农、林、牧、渔业全部产品和对农林牧渔业生产活动进行的各种支持性服务活动的价值总量，它反映一定时期内农林牧渔业生产总规模和总成果。1957 年以前的农林牧渔业总产值中包括了厩肥和农民自给性手工业(如农民自制衣服、鞋、袜，自己从事粮食初步加工等)。1958 年及以后，林业中增加了村及村以下竹木采伐产值；牧业中取消了厩肥产值；副业中取消了农民自给性手工业产值，增加了村及村以下办的工业产值；渔业中增加了海洋捕捞水产品产值。1980 年及以后，在副业中增加了农民家庭兼营工业商品部分的产值。从 1984 年起村及村以下工业产值划归工业。从 1993 年起取消副业，将野生动物的捕猎划入牧业，野生植物采集和农民家庭兼营商品性工业划归农业。从 2003 年起，执行新的国民经济行业分类标准，农林牧渔业总产值中包括了农林牧渔服务业产值。林业中增加了森林采运业产值。农业中取消了家庭兼营商品性工业产值，将野生林产品的采集划归林业。第一次农业普查以后，由于畜牧业产品年报数据与普查数据之间存在一定的差距，根据农业普查结果对畜牧业年报数据进行了修正，对畜牧业产值进行了相应修正。

农林牧渔业总产值的计算方法通常是按农、林、牧、渔业产品及其副产品的产量分别乘以各自单位产品价格求得；少数生产周期较长，当年没有产品或产品产量不易统计的，则采用间接方法匡算其产值；然后将四业产品产值及农林牧渔服务业产值相加即为农林牧渔业总产值。

粮食产量 指全社会的产量。包括国有经济经营的、集体统一经营的和农民家庭经营的粮食产量，还包括工矿企业办的农场和其他生产单位的产量。粮食除包括稻谷、小麦、玉米、高粱、谷子及其他杂粮外，还包括薯类和豆类。其产量计算方法，豆类按去豆荚后的干豆计算；薯类(包括甘薯和马铃薯，不包括芋头和木薯)1963 年以前按每 4 公斤鲜薯折 1 公斤粮食计算，从 1964 年开始改为按 5 公斤鲜薯折 1 公斤粮食计算。城市郊区作为蔬菜的薯类(如马铃薯等)按鲜品计算，并且不作粮食统计。其他粮食一律按脱粒后的原粮计算。1989 年以前全国粮食产量数据主要靠全面报表取得，1989 年开始使用抽样调查数据。

棉花产量 指全社会的产量。包括春播棉和夏播棉。产量按皮棉计算。不包括木棉。

油料产量 指全部油料作物的生产量。包括花生、油菜籽、芝麻、向日葵籽、胡麻籽（亚麻籽）和其他油料。不包括大豆、木本油料和野生油料。花生以带壳干花生计算。

水产品产量 指人工养殖的水产品和天然生长的水产品的捕捞量。包括海水的鱼类、虾蟹类、贝类和藻类以及内陆水域的鱼类、虾蟹类和贝类，不包括淡水生植物。水产品产量是通过各级水产和统计部门逐级上报取得数据。1995 年及以前，贝类中牡蛎按鲜肉计算；蚶、蛤、蛏按 5 斤鲜品折 1 斤计算。1996 年以后则统一按鲜品计算。

猪、牛、羊肉产量 指当年出栏并已屠宰、除去头蹄下水后带骨肉(即胴体重)的重量。包括全社会范围内的产量。1996 年前为各级逐级上报数据。1996 年第一次农业普查以后，由于畜牧业产品年报数据与普查数据之间存在一定的差距，根据普查结果对畜牧业年报数据进行了修正。1999 年以后，国家统计局在部分地区开展了猪、牛、羊、禽等主要畜禽品种的抽样调查，并用抽样数据作为国家定案数据使用。未开展抽样调查的地区和品种，仍使用各级统计部门逐级上报数据。2007 年，根据第二次农业普查结果，对 2000——2006 年畜牧业年报数据进行了修正。2008 年，建立了主要畜禽监测调查制度，猪、牛、羊、禽等主要畜牧业数据均以抽样调查数为法定数据。

期初(末)畜禽存栏头(只)数 指报告期初(末)农村各种合作经济组织和国营农场、农民个人、机关、团体、学校、工矿企业、部队等单位以及城镇居民饲养的大牲畜、猪、羊、家禽等畜禽的存栏数。数据上报方式及数据调整情况同猪、牛、羊肉产量。

农作物播种面积 指实际播种或移植有农作物的面积。凡是实际种植有农作物的面积，不论种植在耕地上还是种植在非耕地上，均包括在农作物播种面积中。在播种季节基本结束后，因遭灾而重新改种和补种的农作物面积，也包括在内。它是反映我国耕地面积利用情况的一个重要指标。目前，农作物播种面积主要包括粮食、棉花、油料、糖料、麻类、烟叶、蔬菜和瓜类、药材和其他农作物九大类。

有效灌溉面积 指具有一定的水源，地块比较平整，灌溉工程或设备已经配套，在一般年景下，当年能够进行正常灌溉的耕地面积。在一般情况下，有效灌溉面积应等于灌溉工程或设备已经配备，能够进行正常灌溉的水田和水浇地面积之和。它是反映我国耕地抗旱能力的一个重要指标。

农用化肥施用量 指本年内实际用于农业生产的化肥数量，包括氮肥、磷肥、钾肥和复合肥。化肥施用量要求按折纯量计算数量。折纯量是指把氮肥、磷肥、钾肥分别按含氮、含五氧化二磷、含氧化钾的百分之百成份进行折算后的数量。复合肥按其所含主要成分折算。公式为:

折纯量=实物量 × 某种化肥有效成份含量的百分比

农业机械总动力 指主要用于农、林、牧、渔业的各种动力机械的动力总和。包括耕作机械、排灌机械、收获机械、农用运输机械、植物保护机械、牧业机械、林业机械、渔业机械和其他农业机械〔内燃机按引擎马力折成瓦(特)计算、电动机按功率折成瓦(特)计算〕。不包括专门用于乡、镇、村、组办工业、基本建设、非农业运输、科学试验和教学等非农业生产方面用的动力机械与作业机械。这个指标的统计数据主要来源于农机部门。

Explanatory Notes on Main Statistical Indicators

Gross Output Value of Agriculture, Forestry, Animal Husbandry and Fishery refers to the total value of products of agriculture, forestry, animal husbandry and fishery, and total value of services in support of agriculture, forestry, animal husbandry and fishery activities. It reflects the total scale and results of agricultural production during a given period. Prior to 1957, China's gross agricultural output value included barnyard manure and handicraft products for self-consumption (clothes, shoes, stockings, and initial grain processing undertaken by peasants). Since 1958, cutting and felling of bamboo and trees by villages and other cooperative organizations under villages have been included in forestry; value of barnyard manure has been excluded from animal husbandry; self consumed handicrafts have not been included from sideline occupations, while the output value of industries run by villages and cooperative organizations under village has been included in sideline occupations; and the output value of fish catches by motor fishing boats has been added to fishery. Since 1980, the value of handicraft products made for sale by individuals in households has been added to sideline occupations. Since 1984, industries run by villages and under villages have been included in the sector of industry. Since 1993, the subdivision of sideline occupations has been cancelled, and the hunting of wild animals has been classified into animal husbandry, and the gathering of wild plants and commodity industry run by rural household have been included in farming. A new industrial classification of economic activities was introduced in 2003. Under the new classification, value of services to agriculture, forestry, animal husbandry and fishery is included in the gross output value of agriculture, value of wood felling and transport is included in forestry, value of industrial output by rural households is not included in agriculture, and the collection of wild forest products is taken from agriculture and included in forestry. The First Agriculture Census of China revealed some discrepancy between the production of animal products from the annual reports and that from the census. According to the result of the First Agriculture census, efforts were made to adjust the output value of animal husbandry to make the figures from the annual reports consistent with the census data.

Gross output value of agriculture is obtained by multiplying the output of each product or by-product by its price, resulting in the output value of each single item. For a small number of products, annual output of which is not available or difficult to get due to the long production (growing) process involved, the output value is estimated through an indirect approach. The sum of output values of all products of agriculture, forestry, animal husbandry and fishery and services in support to those industries is then equal to the gross output value of agriculture.

Grain Output refers to the total output in the whole country including grains produced by State farms, collective units, rural households, as well as by farms affiliated to industrial and mining enterprises and other production units. Grain includes rice, wheat, corn, sorghum, millet and other miscellaneous grains as well as tubers and beans. Output of beans refers to dry beans without pods. The output of tubers (sweet potatoes and potatoes, not including taros and cassava) are converted into that of grain at the ratio 4:1, i.e. 4 kilograms of fresh tubers were equivalent to 1 kilogram of grain up to 1963. Since 1964 the ratio for conversion has been 5:1. Tubers supplied as vegetables (such as potatoes) in cities and suburbs are calculated as fresh vegetables and their output is not included in the output of grain. Output of all other grains refers to husked grain. Data on grain production before 1989 were obtained through the Comprehensive Statistical Reporting System. Since 1989, data from sample surveys are used.

Cotton Output refers to cotton production in the whole country including cotton planted in spring and in autumn. Output is measured as the weight of ginned cotton. Ceiba is not included.

Output of Oil-bearing Crops refers to the total production of oil-bearing crops of various kinds, including peanuts (dry, in shell), rapeseeds, sesame, sunflower seeds, flax seeds, and other oil-bearing crops. Soybeans, oil-bearing woody plants, and wild oil-bearing crops are not included.

Output of Aquatic Products refers to catches of both artificially cultured and naturally grown aquatic products, including fish, shrimps, crabs and shellfish in sea and inland water as well as seaweed. Freshwater plants are not included. Data on output of aquatic products are reported by aquatic product and statistical agencies level by level. Before 1995, among the shellfish, oyster was counted as fresh meat; 5 kilograms of ark shell, clams and frogs are equivalent to 1 kilogram of fresh aquatic products; they have all been counted as fresh aquatic products since 1996.

Output of Pork, Beef, and Mutton refers to the meat of slaughtered hogs, cattle, sheep and goats with head, feet, and offal taken away. Data refers to the production of the whole country. The First Agricultural Census of China in 1996 revealed some discrepancy between the production of animal products from the annual reports and that from the census. Efforts were made to adjust the output value of animal husbandry to make the figures from the annual reports consistent with the census data. Since 1999, the NBS conducted sample surveys for the major animal husbandry products, such as hogs, cattle, sheep and goats and fowls, and the data from sample surveys are used as national finalized data. Those products, which are not covered by the sample survey, are still reported by statistical agencies level by level. In 2007, the data on animal husbandry from 2000 to 2006 were revised according to the results of the Second Agriculture Census of China. In 2008, A Monitoring and Survey Program was set up on main livestock, the data on the main livestock such as hog, cattle, sheep and poultry became the official data based on the sampling survey.

Number of Livestock or Poultry in Stock at Beginning (or End) of Period refers to the total number of large animals, pigs, sheep, fowls, etc. raised by rural cooperative organizations, State farms, rural individuals, government agencies, schools, industrial and mining enterprises, army, and urban residents at the beginning (or end) of the reference period. Data reporting system and data adjustment are the same as that in the output of pork, beef and mutton.

Sown Area of Crops refers to area of land sown or transplanted with crops regardless of being in cultivated area or non-cultivated area. Area of land re-sown due to natural disasters is also included. This is an important indicator that can reflect the utilization condition of the cultivated land in China. At present, the sown area of crops mainly include the following 9 categories of crops: grain, cotton, oil-bearing crops, sugar crops, flax crops, tobacco, vegetables and melons, medicinal materials and other farm crops.

Irrigated Area refers to area of land that are effectively irrigated, i.e. relatively level land, where there are water sources or complete sets of irrigation facilities to lift and move adequate water for irrigation purpose under normal conditions. Under normal situations, irrigated area is the sum of watered fields and irrigated fields where irrigation systems or equipment have been installed for regular irrigation purpose. This important indicator reflects drought resistance capacity of the cultivated land in China.

Consumption of Chemical Fertilizers in Agriculture refers to the quantity of chemical fertilizers applied in agriculture in the year, including nitrogenous fertilizer, phosphate fertilizer, potash fertilizer, and compound fertilizer. The consumption of chemical fertilizers is calculated in terms of volume of effective components by means of converting the gross weight of the respective fertilizers into weight containing effective component (e.g. nitrogen content in nitrogenous fertilizer, phosphorous pentoxide contents in phosphate fertilizer, and potassium oxide contents in potash fertilizer). Compound fertilizer is converted in regard to its major components. The formula is:

Volume of effective component= physical quantity × effective component of certain chemical fertilizer (%)

Total Power of Agricultural Machinery refers to total mechanical power of machinery used in agriculture, forestry, animal husbandry and fishery, including machinery for ploughing, irrigation and drainage, harvesting, transport, plant protection, animal husbandry, forestry and fishery and other agricultural machineries. (For the power of internal combustion engines, it is converted from its horsepower into watts while for electric motors the output power is converted into watts.) Machinery employed for non-agricultural purposes, such as the machines used in township-run and village-run industry, construction, non-agricultural transport, scientific experiments and teaching, are not included. Data are mainly from agricultural machinery agencies.

14

工　业

Industry

简 要 说 明

一、本篇资料的主要内容

本篇资料反映我国工业经济方面的基本情况，包括31个省、自治区、直辖市的主要工业经济统计数据：

1.全国规模以上工业企业主要经济指标，以及按企业登记注册类型、轻重工业、企业规模、工业行业大类和按地区分组的主要经济指标和经济效益指标；

2.国有及国有控股、私营、外商投资、港澳台商投资工业企业按工业行业大类和按地区分组的主要经济指标和经济效益指标；

3.大中型工业企业按工业行业大类和按地区分组的主要经济指标和经济效益指标；

4.主要工业产品产量和生产能力等。

二、本篇资料的统计范围

本篇资料的统计范围1998年至2006年为全部国有及年主营业务收入在 500 万元以上非国有工业企业。2007至2008年为年主营业务收入在500万元以上工业企业（即规模以上工业企业）。本篇资料中工业行业分类按2002年《国民经济行业分类标准》划分；企业大中小型划分按2003年《统计上大中小型企业划分办法（暂行）》标准执行。

三、本篇的资料来源和统计调查方法

本篇工业企业统计数据主要是根据工业统计年度报表中有关资料整理汇总的。

Brief Introduction

I. Main Contents

Data in this chapter reflect the basic conditions of the industrial sector, presenting main industrial economic indicators of 31 provinces, autonomous regions and municipalities:

(1) Main economic indicators of industrial enterprises above designated size; as well as their main economic indicators and efficiency indicators classified by type of registration, by light and heavy industries, by size of enterprise, by branch of industry and by province.

(2) Main economic indicators and efficiency indicators of State-owned industrial enterprises and enterprises where the State holds the majority of shares; private industrial enterprises, foreign-funded industrial enterprises and enterprises funded by entrepreneurs from Hong Kong, Macao and Taiwan classified by branch of industry and by province;

(3) Main economic indicators and efficiency indicators of large and medium-sized industrial enterprises classified by branch of industry and by province.

(4) Output and production capacity of key industrial products.

II. Scopes of Statistics

The scopes of industrial statistics are all State-owned industrial enterprises and non-State-owned industrial enterprises with revenue from principal business over 5 million yuan from 1998 to 2006. For 2007 and 2008, the scopes of industrial statistics are all industrial enterprises with revenue from principal business over 5 million yuan, (or the industrial enterprises above designated size).

Data by branch of industriy in this chapter are based on the 2002's *National Industrial Classification of all Economic Activities*, and data by size of enterprise are based on the 2003's *Preliminary Standards of Enterprises by Size*.

III. Sources of Data and Methods of Survey

The data on enterprises statistics in this Chapter are collected mainly based on the relevant data in the annual industrial statistics reporting forms.

14-1 全国规模以上工业企业主要经济指标（2009年）

Main Indicators of Industrial Enterprises above Designated Size (2009)

项 目	Item	企业单位数（个）Number of Enterprises (unit)	工业总产值（当年价格）Gross Industrial Output Value (current prices)	资产总计（亿元）Total Assets (100 million yuan)	主营业务收入（亿元）Revenue from Principal Business (100 million yuan)	利润总额（亿元）Total Profits (100 million yuan)	全部从业人员年平均人数(万人) Annual Average Number of Employed Persons (10 000 persons)
总计	**Total**	**434364**	**548311**	**493693**	**542522**	**34542**	**8831.2**
按轻重工业分	**Grouped by Light & Heavy Industries**						
轻工业	Light Industry	181580	161498	115493	157799	10388	3545.0
重工业	Heavy Industry	252784	386813	378200	384723	24154	5286.2
按企业规模分	**Grouped by Size of Enterprises**						
大型企业	Large Enterprises	3254	175812	193124	180701	10898	2043.6
中型企业	Medium-sized Enterprises	38036	159374	157957	155050	11368	2787.7
小型企业	Small Enterprises	393074	213125	142612	206771	12277	3999.9
按登记注册类型分	**By Status of Registration**						
内资企业	Domestic Funded	358988	395625	369215	392259	24435	6380.8
国有企业	State-owned Enterprises	9105	45648	68685	47035	1973	639.1
集体企业	Collective-owned Enterprises	10285	9587	5016	9451	638	199.3
股份合作企业	Cooperative Enterprises	5011	3608	2469	3529	242	66.3
联营企业	Joint Ownership Enterprises	735	1296	1656	1144	52	17.2
国有联营企业	State Joint Ownership Enterprises	131	841	1357	703	24	6.2
集体联营企业	Collective Joint Ownership Enterprises	239	200	98	193	13	4.8
国有与集体联营企业	Joint State-collective Enterprises	169	106	101	103	2	3.6
其他联营企业	Other Joint Ownership Enterprises	196	149	99	144	14	2.7
有限责任公司	Limited Liability Corporations	65926	121078	140354	122604	7685	1871.6
国有独资公司	State Sole Funded Corporations	1454	22028	39279	23674	1148	338.0
其他有限责任公司	Other Limited Liability Corporations	64472	99049	101075	98930	6536	1533.6
股份有限公司	Share-holding Corporations Limited	9275	50209	58360	49753	4033	569.9
私营企业	Private Enterprises	256031	162026	91176	156604	9678	2973.8
私营独资企业	Private-funded Enterprises	56817	29889	12104	28982	2182	541.9
私营合伙企业	Private Partnership Enterprises	10229	4859	1983	4753	373	105.6
私营有限责任公司	Private Limited Liability Corporations	179254	116860	70659	112883	6415	2162.6
私营股份有限公司	Private Share-holding Corporations Ltd.	9731	10417	6429	9985	707	163.7
其他企业	Other Enterprises	2620	2173	1500	2140	135	43.6
港、澳、台商投资企业	Enterprises with Funds from Hong Kong, Macao and Taiwan	34365	52221	44514	51130	3448	1143.1
合资经营企业(港或澳、台资)	Joint-venture Enterprises	10875	18678	17694	18058	1237	309.2
合作经营企业(港或澳、台资)	Cooperative Enterprises	1284	1706	1466	1663	124	39.8
港、澳、台商独资经营企业	Enterprises with Sole Investment	21623	29655	22823	29201	1905	767.8
港、澳、台商投资股份有限公司	Share-holding Corporations Ltd.	583	2182	2531	2208	181	26.3
外商投资企业	Foreign Funded Enterprises	41011	100466	79963	99133	6659	1307.4
中外合资经营企业	Joint-venture Enterprises	15472	45783	37233	45334	3559	449.6
中外合作经营企业	Cooperation Enterprises	1322	2073	2046	2041	171	34.8
外资企业	Enterprises with Sole Funds	23552	49046	36471	48249	2662	777.3
外商投资股份有限公司	Share-holding Corporations Ltd.	665	3563	4214	3509	267	45.6

注：规模以上企业为年主营业务收入在500万元以上的企业（以下表均同）。

a) Industrial enterprises above designated size are those with annual revenue from principal business over 5 million yuan. The same applies to the tables following.

14-2　按行业分规模以上工业企业主要指标（2009年）

单位：亿元

行　　业	Sector	企　业 单位数 （个） Number of Enterprises (unit)	工　业 总产值 Gross Industrial Output Value
全国总计	**National Total**	**434364**	**548311.42**
煤炭开采和洗选业	Mining and Washing of Coal	8798	16404.27
石油和天然气开采业	Extraction of Petroleum and Natural Gas	323	7517.54
黑色金属矿采选业	Mining and Processing of Ferrous Metal Ores	4004	3802.45
有色金属矿采选业	Mining and Processing of Non-Ferrous Metal Ores	2457	2814.67
非金属矿采选业	Mining and Processing of Nonmetal Ores	4267	2302.36
其他采矿业	Mining of Other Ores	27	13.90
农副食品加工业	Processing of Food from Agricultural Products	24550	27961.03
食品制造业	Manufacture of Foods	8735	9219.24
饮料制造业	Manufacture of Beverages	5904	7465.03
烟草制品业	Manufacture of Tobacco	158	4924.97
纺织业	Manufacture of Textile	32412	22971.38
纺织服装、鞋、帽制造业	Manufacture of Textile Wearing Apparel, Footware and Caps	18265	10444.80
皮革、毛皮、羽毛(绒)及其制品业	Manufacture of Leather, Fur, Feather and Related Products	8520	6425.57
木材加工及木、竹、藤、棕、草制品业	Processing of Timber, Manufacture of Wood, Bamboo, Rattan, Palm and Straw Products	10765	5759.60
家具制造业	Manufacture of Furniture	5576	3431.12
造纸及纸制品业	Manufacture of Paper and Paper Products	9937	8264.36
印刷业和记录媒介的复制	Printing, Reproduction of Recording Media	6618	2972.90
文教体育用品制造业	Manufacture of Articles For Culture, Education and Sport Activities	4752	2630.16
石油加工、炼焦及核燃料加工业	Processing of Petroleum, Coking, Processing of Nuclear Fuel	2337	21492.59
化学原料及化学制品制造业	Manufacture of Raw Chemical Materials and Chemical Products	28793	36908.63
医药制造业	Manufacture of Medicines	6807	9443.30
化学纤维制造业	Manufacture of Chemical Fibers	1944	3828.32
橡胶制品业	Manufacture of Rubber	4720	4767.86
塑料制品业	Manufacture of Plastics	19894	10969.42
非金属矿物制品业	Manufacture of Non-metallic Mineral Products	32544	24843.90
黑色金属冶炼及压延加工业	Smelting and Pressing of Ferrous Metals	7773	42636.15
有色金属冶炼及压延加工业	Smelting and Pressing of Non-ferrous Metals	8041	20567.21
金属制品业	Manufacture of Metal Products	24771	16082.95
通用设备制造业	Manufacture of General Purpose Machinery	37374	27361.52
专用设备制造业	Manufacture of Special Purpose Machinery	19147	16784.40
交通运输设备制造业	Manufacture of Transport Equipment	19441	41730.32
电气机械及器材制造业	Manufacture of Electrical Machinery and Equipment	26443	33757.99
通信设备、计算机及其他电子设备制造业	Manufacture of Communication Equipment, Computers and Other Electronic Equipment	14284	44562.63
仪器仪表及文化、办公用机械制造业	Manufacture of Measuring Instruments and Machinery for Cultural Activity and Office Work	5716	5083.31
工艺品及其他制造业	Manufacture of Artwork and Other Manufacturing	7797	4465.20
废弃资源和废旧材料回收加工业	Recycling and Disposal of Waste	1165	1443.86
电力、热力的生产和供应业	Production and Supply of Electric Power and Heat Power	6332	33435.10
燃气生产和供应业	Production and Supply of Gas	909	1809.12
水的生产和供应业	Production and Supply of Water	2064	1012.28

注：规模以上企业为年主营业务收入在500万元以上的企业（以下表均同）。

Main Indicators of Industrial Enterprises above Designated Size by Industrial Sector (2009)

(100 million yuan)

资产总计 Total Assets	流动资产合计 Total Working Capitals	固定资产原价 Original Value of Fixed Assets	固定资产净值 Net Value of Fixed Assets
493692.86	**223038.68**	**278541.09**	**179547.09**
23790.09	9427.46	12064.62	7976.22
14890.13	2803.11	15676.45	8749.34
3324.17	1527.07	1360.46	980.16
2548.67	1048.74	1154.85	843.44
1531.04	613.05	832.43	576.21
5.28	1.64	5.51	2.66
13344.92	6809.12	7026.51	4592.65
6155.03	3005.72	3173.18	2139.75
6589.65	3276.91	3395.56	2228.66
4940.08	3301.83	1656.68	775.16
16330.18	8413.94	8663.97	5639.27
5946.06	3554.30	2440.42	1570.20
3295.87	2017.84	1259.22	823.29
2979.74	1387.29	1637.98	1128.22
2126.59	1200.91	922.24	613.09
8084.38	3343.17	4833.71	3318.09
2855.99	1420.20	1770.73	1044.26
1651.30	958.94	761.23	477.36
12983.91	5028.96	9313.08	5391.93
31825.71	13744.86	18631.57	12154.78
9341.33	4820.62	4150.59	2683.50
3389.56	1618.11	2008.42	1283.46
3525.86	1725.74	2068.36	1344.09
7624.39	4170.70	3900.78	2410.36
20820.55	8917.72	12206.04	8464.44
41009.76	16976.67	23502.47	15007.86
16455.60	7872.58	8093.49	5362.20
10954.06	6395.90	4764.77	3103.37
22363.37	13729.60	8424.56	5515.78
15448.08	9710.59	5511.45	3642.15
38095.73	22453.77	13625.90	8782.94
24224.63	15766.44	8225.28	5157.50
29737.50	18927.14	13447.61	7603.49
4543.99	3132.10	1474.88	904.40
2785.04	1683.93	1120.62	748.00
746.30	488.36	260.69	189.95
69086.99	8951.08	63844.99	42693.21
3379.36	1641.35	1480.33	1071.23
4962.00	1171.23	3849.46	2554.41

a) Industrial enterprises above designated size are those with annual revenue from principal business over 5 million yuan. The same applies to the tables following.

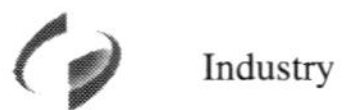

14-2 续表

单位：亿元

行　　业	Sector	负债合计 Total Liabilities	流动负债合计 Total Working Liabilities
全国总计	**National Total**	**285732.81**	**214406.09**
煤炭开采和洗选业	Mining and Washing of Coal	14051.16	9128.26
石油和天然气开采业	Extraction of Petroleum and Natural Gas	6823.43	4040.76
黑色金属矿采选业	Mining and Processing of Ferrous Metal Ores	1716.97	1390.04
有色金属矿采选业	Mining and Processing of Non-Ferrous Metal Ores	1202.49	916.22
非金属矿采选业	Mining and Processing of Nonmetal Ores	729.42	534.56
其他采矿业	Mining of Other Ores	2.49	1.73
农副食品加工业	Processing of Food from Agricultural Products	7174.14	5996.42
食品制造业	Manufacture of Foods	3092.18	2621.48
饮料制造业	Manufacture of Beverages	3335.24	2898.51
烟草制品业	Manufacture of Tobacco	1179.61	1134.18
纺织业	Manufacture of Textile	9299.92	8044.77
纺织服装、鞋、帽制造业	Manufacture of Textile Wearing Apparel, Footware and Caps	3101.76	2774.22
皮革、毛皮、羽毛(绒)及其制品业	Manufacture of Leather, Fur, Feather and Related Products	1738.05	1569.19
木材加工及木、竹、藤、棕、草制品业	Processing of Timber, Manufacture of Wood, Bamboo, Rattan, Palm and Straw Products	1435.54	1160.21
家具制造业	Manufacture of Furniture	1131.68	1003.66
造纸及纸制品业	Manufacture of Paper and Paper Products	4658.47	3417.43
印刷业和记录媒介的复制	Printing, Reproduction of Recording Media	1390.55	1208.54
文教体育用品制造业	Manufacture of Articles for Culture, Education and Sport Activities	847.44	757.69
石油加工、炼焦及核燃料加工业	Processing of Petroleum, Coking, Processing of Nuclear Fuel	8104.28	6339.83
化学原料及化学制品制造业	Manufacture of Raw Chemical Materials and Chemical Products	17725.18	13190.71
医药制造业	Manufacture of Medicines	4308.79	3622.65
化学纤维制造业	Manufacture of Chemical Fibers	2059.93	1725.56
橡胶制品业	Manufacture of Rubber	1965.76	1590.45
塑料制品业	Manufacture of Plastics	4086.14	3544.33
非金属矿物制品业	Manufacture of Non-metallic Mineral Products	11395.86	8698.06
黑色金属冶炼及压延加工业	Smelting and Pressing of Ferrous Metals	26087.4	20195.02
有色金属冶炼及压延加工业	Smelting and Pressing of Non-ferrous Metals	9813.36	7606.63
金属制品业	Manufacture of Metal Products	6109.82	5471.26
通用设备制造业	Manufacture of General Purpose Machinery	12907.11	11398.08
专用设备制造业	Manufacture of Special Purpose Machinery	9086.04	7884.19
交通运输设备制造业	Manufacture of Transport Equipment	23969.70	20799.18
电气机械及器材制造业	Manufacture of Electrical Machinery and Equipment	14044.36	12630.25
通信设备、计算机及其他电子设备制造业	Manufacture of Communication Equipment, Computers and Other Electronic Equipment	17270.94	15465.02
仪器仪表及文化、办公用机械制造业	Manufacture of Measuring Instruments and Machinery for Cultural Activity and Office Work	2414.54	2218.44
工艺品及其他制造业	Manufacture of Artwork and Other Manufacturing	1457.12	1240.47
废弃资源和废旧材料回收加工业	Recycling and Disposal of Waste	507.41	465.20
电力、热力的生产和供应业	Production and Supply of Electric Power and Heat Power	44674.93	18788.43
燃气生产和供应业	Production and Supply of Gas	2189.55	1700.02
水的生产和供应业	Production and Supply of Water	2644.04	1234.43

continued

(100 million yuan)

所有者权益 Owners' Equity	主营业务收入 Revenue from Principal Business	主营业务成本 Cost of Principal Business	主营业务税金及附加 Taxes and Other Charges on Principal Business	利润总额 Total Profits	本年应交增值税 Value Added Tax Payable	全部从业人员年平均人数（万人） Annual Average Employed Persons (10 000 persons)
206688.83	**542522.43**	**457510.01**	**8995.95**	**34542.22**	**17490.20**	**8831.22**
9746.64	17379.94	12607.03	303.01	2208.31	1345.87	505.54
8064.47	7909.04	4777.94	256.64	1903.45	569.53	102.38
1598.21	3608.39	2789.84	69.13	439.29	188.51	57.48
1340.81	2859.03	2228.83	33.05	339.14	94.71	50.04
794.69	2237.54	1749.62	48.87	185.64	94.65	55.11
2.71	14.21	12.62	0.20	0.59	0.30	0.29
6103.41	27624.67	24296.87	190.44	1501.16	509.73	337.66
3026.49	8865.02	6947.44	63.10	716.78	322.88	162.70
3232.00	7464.94	5398.61	277.09	728.78	351.22	119.02
3755.25	4870.92	1490.91	2268.63	650.41	567.56	20.03
7001.80	22470.51	19869.20	124.61	1091.23	573.28	617.04
2825.27	10140.52	8625.95	55.06	611.20	286.73	449.31
1543.47	6241.35	5343.47	36.89	408.92	173.48	257.57
1534.53	5618.95	4819.10	54.33	345.46	170.63	130.67
986.62	3353.25	2834.83	26.60	184.12	81.81	98.56
3402.20	8001.90	6843.45	48.33	504.71	250.65	152.64
1461.93	2873.13	2353.49	17.87	236.52	104.20	82.13
802.49	2570.31	2229.09	15.39	116.07	61.01	122.36
4853.72	21247.48	16968.13	2417.56	931.24	744.66	84.95
13952.09	36297.99	30633.35	352.64	2185.29	1073.90	440.49
5009.17	9087.00	6262.73	70.19	993.96	453.48	160.48
1325.29	3799.18	3457.52	10.86	170.85	69.47	41.45
1553.18	4642.07	3894.45	27.21	322.11	136.16	97.97
3523.81	10602.18	9130.26	69.47	605.94	267.35	259.81
9355.15	24081.17	20118.99	224.54	1856.59	944.45	508.91
14880.72	43905.73	40228.77	186.91	1375.93	1230.00	323.02
6606.14	21000.28	18978.62	121.54	924.60	501.70	177.64
4771.83	15499.20	13364.64	112.03	858.88	406.80	319.31
9413.10	26636.42	22406.57	161.75	1784.73	823.68	486.52
6328.14	16480.15	13676.86	92.25	1184.88	483.50	309.24
13953.59	41090.49	34414.45	768.59	3063.33	1305.22	498.33
10135.82	32386.51	27224.44	161.95	2169.12	914.16	535.00
12441.22	44215.94	39411.20	81.35	1756.23	577.80	663.64
2123.25	4939.51	4059.60	21.83	376.47	135.25	112.61
1319.18	4409.87	3793.10	31.57	250.11	110.82	136.82
238.61	1453.06	1313.67	8.79	66.29	33.32	13.65
24185.39	33789.97	30643.37	163.65	1291.06	1438.27	277.62
1185.23	1888.27	1590.14	11.67	177.47	49.98	18.09
2311.19	966.33	720.85	10.39	25.35	43.50	45.14

14-3 按行业分规模以上工业企业主要经济效益指标（2009年）

行业	Sector	总资产贡献率 (%) Ratio of Total Assets to Industrial Output Value (%)
全国总计	**National Total**	**13.44**
煤炭开采和洗选业	Mining and Washing of Coal	17.20
石油和天然气开采业	Extraction of Petroleum and Natural Gas	18.59
黑色金属矿采选业	Mining and Processing of Ferrous Metal Ores	21.85
有色金属矿采选业	Mining and Processing of Non-Ferrous Metal Ores	19.25
非金属矿采选业	Mining and Processing of Nonmetal Ores	22.72
其他采矿业	Mining of Other Ores	21.13
农副食品加工业	Processing of Food from Agricultural Products	17.93
食品制造业	Manufacture of Foods	18.96
饮料制造业	Manufacture of Beverages	21.39
烟草制品业	Manufacture of Tobacco	70.64
纺织业	Manufacture of Textile	12.43
纺织服装、鞋、帽制造业	Manufacture of Textile Wearing Apparel, Footware and Caps	16.98
皮革、毛皮、羽毛(绒)及其制品业	Manufacture of Leather, Fur, Feather and Related Products	19.99
木材加工及木、竹、藤、棕、草制品业	Processing of Timber, Manufacture of Wood, Bamboo, Rattan, Palm and Straw Products	20.58
家具制造业	Manufacture of Furniture	14.78
造纸及纸制品业	Manufacture of Paper and Paper Products	11.32
印刷业和记录媒介的复制	Printing, Reproduction of Recording Media	13.29
文教体育用品制造业	Manufacture of Articles For Culture, Education and Sport Activities	12.52
石油加工、炼焦及核燃料加工业	Processing of Petroleum, Coking, Processing of Nuclear Fuel	32.68
化学原料及化学制品制造业	Manufacture of Raw Chemical Materials and Chemical Products	12.55
医药制造业	Manufacture of Medicines	17.24
化学纤维制造业	Manufacture of Chemical Fibers	9.11
橡胶制品业	Manufacture of Rubber	15.18
塑料制品业	Manufacture of Plastics	13.40
非金属矿物制品业	Manufacture of Non-metallic Mineral Products	15.72
黑色金属冶炼及压延加工业	Smelting and Pressing of Ferrous Metals	7.97
有色金属冶炼及压延加工业	Smelting and Pressing of Non-ferrous Metals	10.72
金属制品业	Manufacture of Metal Products	13.68
通用设备制造业	Manufacture of General Purpose Machinery	13.16
专用设备制造业	Manufacture of Special Purpose Machinery	12.14
交通运输设备制造业	Manufacture of Transport Equipment	14.04
电气机械及器材制造业	Manufacture of Electrical Machinery and Equipment	14.25
通信设备、计算机及其他电子设备制造业	Manufacture of Communication Equipment, Computers and Other Electronic Equipment	8.56
仪器仪表及文化、办公用机械制造业	Manufacture of Measuring Instruments and Machinery for Cultural Activity and Office Work	12.28
工艺品及其他制造业	Manufacture of Artwork and Other Manufacturing	15.13
废弃资源和废旧材料回收加工业	Recycling and Disposal of Waste	15.57
电力、热力的生产和供应业	Production and Supply of Electric Power and Heat Power	6.04
燃气生产和供应业	Production and Supply of Gas	7.59
水的生产和供应业	Production and Supply of Water	2.74

Main Indicators on Economic Benefit of Industrial Enterprises above Designated Size by Industrial Sector (2009)

资 产 负债率 (%) Assets-Liability Ratio (%)	流动资产周转次数（次/年） Number of Times of Annual of Turnover Working Capitals (times/year)	工业成本费用利润率 (%) Ratio of Profits to Industrial Cost (%)	产品销售率 (%) Proportion of Products Sold (%)
57.88	**2.43**	**6.91**	**97.78**
59.06	1.84	14.79	97.67
45.83	2.82	34.54	99.42
51.65	2.36	14.35	94.96
47.18	2.73	13.81	96.41
47.64	3.65	9.37	96.82
47.07	8.65	4.38	97.18
53.76	4.06	5.83	97.86
50.24	2.95	8.89	97.64
50.61	2.28	11.23	97.25
23.88	1.48	33.61	99.67
56.95	2.67	5.15	97.89
52.16	2.85	6.46	97.31
52.73	3.09	7.08	97.55
48.18	4.05	6.68	97.41
53.22	2.79	5.90	98.02
57.62	2.39	6.76	98.14
48.69	2.02	9.00	97.61
51.32	2.68	4.77	98.11
62.42	4.23	5.2	98.67
55.69	2.64	6.46	97.53
46.13	1.89	12.30	95.54
60.77	2.35	4.68	98.73
55.75	2.69	7.54	98.16
53.59	2.54	6.12	97.52
54.73	2.70	8.42	97.73
63.61	2.59	3.25	97.89
59.64	2.67	4.64	97.66
55.78	2.42	5.95	97.13
57.72	1.94	7.24	97.64
58.82	1.70	7.77	97.42
62.92	1.83	8.10	97.75
57.98	2.05	7.21	96.45
58.08	2.34	4.14	98.02
53.14	1.58	8.23	97.90
52.32	2.62	6.08	97.34
67.99	2.98	4.82	98.58
64.66	3.77	3.92	99.65
64.79	1.15	10.12	99.49
53.29	0.83	2.60	97.30

14-4 各地区规模以上工业企业主要指标

Main Indicators of Industrial Enterprises above Designated Size by Region

单位：亿元 (100 million yuan)

年份 Year / 地区 Region		企业单位数(个) Number of Enterprises (unit)	工业总产值 Gross Industrial Output Value	工业增加值 Value-added of Industry	资产总计 Total Assets	流动资产合计 Total Working Capitals
	1998	165080	67737.14	19421.93	108821.87	46600.87
	1999	162033	72707.04	21564.74	116968.89	49630.23
	2000	162885	85673.66	25394.80	126211.24	54338.15
	2001	171256	95448.98	28329.37	135402.49	57804.97
	2002	181557	110776.48	32994.75	146217.78	63468.46
	2003	196222	142271.22	41990.23	168807.70	76163.74
	2004	276474	201722.19	54805.10	215358.00	97183.74
	2005	271835	251619.50	72186.99	244784.25	111031.41
	2006	301961	316588.96	91075.73	291214.51	132310.12
	2007	336768	405177.13	117048.40	353037.37	163259.62
	2008	426113	507448.25		431305.55	195681.75
	2009	434364	548311.42		493692.86	223038.68
北京	Beijing	6890	11039.13		19540.70	7293.35
天津	Tianjin	8326	13083.63		12617.69	6338.47
河北	Hebei	13096	24062.76		20662.67	8319.12
山西	Shanxi	4023	9249.98		15424.51	6217.08
内蒙古	Inner Mongolia	4465	10699.44		11650.94	3848.82
辽宁	Liaoning	23364	28152.73		25333.81	11357.33
吉林	Jilin	5936	10026.55		8525.06	2856.24
黑龙江	Heilongjiang	4408	7301.60		8860.63	3544.92
上海	Shanghai	17906	24091.26		24595.29	13138.37
江苏	Jiangsu	60817	73200.03		53600.08	28414.55
浙江	Zhejiang	59971	41035.29		39752.79	22037.56
安徽	Anhui	14122	13312.59		12171.72	5011.67
福建	Fujian	18154	16762.82		13344.47	6564.47
江西	Jiangxi	7539	9783.96		7018.93	2740.37
山东	Shandong	45518	71209.42		46052.69	19286.91
河南	Henan	18105	27708.15		19668.61	7769.93
湖北	Hubei	14027	15567.02		19221.02	7498.25
湖南	Hunan	13311	13507.64		10175.11	3822.08
广东	Guangdong	52188	68275.77		50321.88	27954.37
广西	Guangxi	5678	6880.04		6840.57	2779.69
海南	Hainan	494	1057.45		1291.39	447.66
重庆	Chongqing	6412	6772.90		6438.31	2863.43
四川	Sichuan	13267	18071.68		18042.57	7459.24
贵州	Guizhou	2791	3426.69		5066.17	1790.87
云南	Yunnan	3489	5197.45		8174.12	3171.38
西藏	Tibet	90	51.60		251.08	76.72
陕西	Shaanxi	4480	8470.40		12119.26	4987.35
甘肃	Gansu	1987	3770.38		5290.54	1928.85
青海	Qinghai	523	1080.35		2525.56	699.70
宁夏	Ningxia	969	1461.58		2676.61	853.16
新疆	Xinjiang	2018	4001.12		6438.07	1966.75

14-4 续表 1 continued

单位：亿元 (100 million yuan)

年份 Year / 地区 Region		固定资产原价 Original Value of Fixed Assets	固定资产净值 Net Value of Fixed Assets	负债合计 Total Liabilities	流动负债合计 Total Working Liabilities	所有者权益合计 Total Owners' Equities
	1998	64832.05	43833.24	69363.79	47773.02	39445.40
	1999	71847.09	49367.39	72322.98	50070.19	44618.80
	2000	78646.30	52798.39	76743.84	53052.64	49406.88
	2001	86293.10	56626.28	79843.42	56138.72	55424.40
	2002	93887.95	60820.32	85857.42	61663.06	60242.01
	2003	105557.09	68233.50	99527.97	73413.53	69129.56
	2004	125761.85	82137.47	124847.41	94649.34	90286.70
	2005	143143.63	92802.57	141509.84	108411.70	102882.02
	2006	168850.20	109949.39	167322.23	128179.74	123402.54
	2007	198739.27	129123.56	202913.68	157912.36	149876.15
	2008	245352.80	158293.26	248899.38	190115.98	182353.38
	2009	278541.09	179547.09	285732.81	214406.09	206688.83
北 京	Beijing	7083.64	4316.11	9874.61	6014.22	9666.09
天 津	Tianjin	6841.98	4264.56	8054.09	6554.35	4563.51
河 北	Hebei	12525.70	8454.18	12590.85	9372.46	8020.50
山 西	Shanxi	8910.92	5942.10	10268.99	7129.98	5142.08
内蒙古	Inner Mongolia	7575.48	5262.17	7021.53	4173.94	4587.22
辽 宁	Liaoning	15419.80	9212.65	14785.78	10906.67	10478.28
吉 林	Jilin	5517.01	3605.29	4727.58	3209.40	3764.11
黑龙江	Heilongjiang	7197.27	4217.32	5038.11	3755.12	3801.86
上 海	Shanghai	14126.79	7839.40	12978.92	11016.00	11616.37
江 苏	Jiangsu	28154.37	18030.40	31162.00	26693.80	22416.10
浙 江	Zhejiang	17439.04	11687.61	24352.22	20985.72	15400.57
安 徽	Anhui	7237.98	4970.46	7453.49	5308.60	4681.47
福 建	Fujian	7039.82	4740.79	7131.49	5392.70	6162.74
江 西	Jiangxi	4292.16	2917.61	3988.62	3061.32	2985.39
山 东	Shandong	28940.32	17945.43	24676.48	18527.15	21177.57
河 南	Henan	12288.21	8645.49	11103.26	7753.78	8493.74
湖 北	Hubei	11608.95	8025.03	10381.23	7463.72	8673.39
湖 南	Hunan	6041.82	4334.24	6182.44	3807.63	3992.65
广 东	Guangdong	26293.23	15901.63	29204.15	24239.88	21031.51
广 西	Guangxi	4250.61	3041.08	4399.69	3021.97	2413.00
海 南	Hainan	786.14	555.54	734.83	530.77	555.09
重 庆	Chongqing	3411.19	2275.98	3880.76	2746.22	2543.65
四 川	Sichuan	10116.60	6464.16	10832.20	7126.69	7132.75
贵 州	Guizhou	3225.99	2230.64	3394.31	1916.55	1660.65
云 南	Yunnan	4318.17	2927.63	4768.11	3038.56	3385.20
西 藏	Tibet	163.36	119.79	59.29	42.09	191.57
陕 西	Shaanxi	6135.51	3953.72	6788.23	4663.10	5168.31
甘 肃	Gansu	3404.04	2265.69	3071.75	1955.38	2207.44
青 海	Qinghai	1575.12	1104.40	1570.55	880.36	921.17
宁 夏	Ningxia	1465.30	1019.90	1775.75	1023.53	900.85
新 疆	Xinjiang	5154.56	3276.11	3481.52	2094.44	2954.00

14-4 续表 2 continued

单位：亿元 (100 million yuan)

年份 Year 地区 Region	主营业务收入 Revenue from Principal Business	主营业务成本 Cost of Principal Business	主营业务税金及附加 Taxes and Other Charges on Principal Business	利润总额 Total Profits	本年应交增值税 Value Added Tax Payable	全部从业人员年平均人数(万人) Annual Average Employed Persons (10 000 persons)
1998	64148.86	52797.54	1236.79	1458.11	2827.02	6195.81
1999	69851.73	57339.52	1307.65	2288.24	3105.92	5805.05
2000	84151.75	68653.95	1434.17	4393.48	3685.20	5559.36
2001	93733.34	77259.89	1553.82	4733.43	4018.09	5441.43
2002	109485.77	90243.76	1761.61	5784.48	4476.01	5520.66
2003	143171.53	118638.47	2049.21	8337.24	5487.73	5748.57
2004	198908.87	167246.40	2616.25	11929.30	6912.78	6622.09
2005	248544.00	209862.52	2997.34	14802.54	8520.94	6895.96
2006	313592.45	264696.60	3746.35	19504.44	10707.16	7358.43
2007	399717.06	334598.64	4772.08	27155.18	13650.34	7875.20
2008	500020.07	423295.75	6277.28	30562.37	17690.72	8837.63
2009	542522.43	457510.01	8995.95	34542.22	17490.20	8831.22
北京 Beijing	12173.06	10406.36	165.78	742.92	346.46	120.41
天津 Tianjin	13243.33	11455.73	148.89	831.68	467.17	136.82
河北 Hebei	24119.47	20792.12	254.66	1440.28	743.61	319.94
山西 Shanxi	9139.67	7533.12	96.85	461.82	566.46	211.11
内蒙古 Inner Mongolia	10410.15	8253.78	156.48	988.17	475.35	110.40
辽宁 Liaoning	27870.09	23760.52	578.11	1381.95	765.19	386.62
吉林 Jilin	9690.67	8137.55	329.73	540.03	293.25	137.05
黑龙江 Heilongjiang	7729.74	5959.69	231.12	872.62	372.46	144.48
上海 Shanghai	25421.08	21529.75	421.79	1431.97	690.74	284.12
江苏 Jiangsu	71724.90	62370.10	568.34	4099.58	2126.75	1026.16
浙江 Zhejiang	39873.57	34333.23	439.87	2115.65	1079.28	787.64
安徽 Anhui	12787.17	10677.97	233.72	819.04	522.38	232.06
福建 Fujian	16338.61	13888.27	205.27	1104.05	443.84	379.47
江西 Jiangxi	9921.50	8460.16	170.55	537.07	333.28	174.94
山东 Shandong	70826.13	60505.61	884.54	4512.66	2051.81	926.60
河南 Henan	28246.65	23765.05	414.82	2444.18	976.99	449.14
湖北 Hubei	15331.62	12641.04	406.64	1092.47	488.77	272.39
湖南 Hunan	13077.27	10463.62	500.55	758.48	558.63	241.01
广东 Guangdong	66117.81	55811.77	853.00	4204.40	1736.19	1436.02
广西 Guangxi	6554.72	5573.70	134.62	321.27	239.87	122.88
海南 Hainan	1009.34	763.60	74.00	106.66	41.76	12.00
重庆 Chongqing	6626.55	5497.85	111.28	356.20	243.25	137.29
四川 Sichuan	17479.21	14396.72	319.94	1123.70	644.50	311.76
贵州 Guizhou	3234.59	2539.01	123.13	191.73	155.74	74.97
云南 Yunnan	4987.32	3709.13	442.55	365.23	293.64	84.20
西藏 Tibet	48.88	36.74	0.80	6.82	3.58	1.69
陕西 Shaanxi	8188.52	6088.60	296.61	854.11	403.22	137.69
甘肃 Gansu	3866.99	3189.86	177.80	169.10	145.19	69.03
青海 Qinghai	1092.31	834.25	34.42	100.02	46.93	17.80
宁夏 Ningxia	1390.09	1147.36	27.18	83.76	53.81	27.28
新疆 Xinjiang	4001.38	2987.75	192.93	484.58	180.11	58.25

14-5 各地区规模以上工业企业主要经济效益指标(2009年)

Main Indicators on Economic Benefit of Industrial Enterprises above Designated Size by Region (2009)

地 区	Region	总资产贡献率 (%) Ratio of Total Assets to Industrial Output Value (%)	资产负债率 (%) Assets-Liability Ratio (%)	流动资产周转次数 (次/年) Number of Times of Turnover of Working Capitals (times/year)	工业成本费用利润率 (%) Ratio of Profits to Industrial Cost (%)	产品销售率 (%) Proportion of Products Sold (%)
全国总计	**National Total**	**13.44**	**57.88**	**2.43**	**6.91**	**97.78**
北 京	Beijing	6.96	50.53	1.67	6.43	98.78
天 津	Tianjin	12.15	63.83	2.09	6.73	98.18
河 北	Hebei	13.03	60.94	2.90	6.49	97.39
山 西	Shanxi	8.70	66.58	1.47	5.31	97.48
内蒙古	Inner Mongolia	15.25	60.27	2.70	10.87	97.08
辽 宁	Liaoning	11.66	58.36	2.45	5.37	97.84
吉 林	Jilin	14.82	55.46	3.39	5.99	96.82
黑龙江	Heilongjiang	17.32	56.86	2.18	13.14	97.88
上 海	Shanghai	10.90	52.77	1.93	5.98	98.99
江 苏	Jiangsu	13.72	58.14	2.52	6.12	98.32
浙 江	Zhejiang	10.58	61.26	1.81	5.62	97.40
安 徽	Anhui	14.12	61.24	2.55	6.90	97.12
福 建	Fujian	14.33	53.44	2.49	7.28	97.34
江 西	Jiangxi	15.94	56.83	3.62	5.94	98.81
山 东	Shandong	17.56	53.58	3.67	6.96	98.51
河 南	Henan	20.98	56.45	3.64	9.58	98.46
湖 北	Hubei	11.35	54.01	2.04	7.74	97.41
湖 南	Hunan	19.39	60.76	3.42	6.48	98.60
广 东	Guangdong	14.18	58.03	2.37	6.88	97.09
广 西	Guangxi	11.88	64.32	2.36	5.21	95.09
海 南	Hainan	18.45	56.90	2.25	12.56	99.57
重 庆	Chongqing	12.12	60.28	2.31	5.76	98.30
四 川	Sichuan	12.72	60.04	2.34	7.03	97.95
贵 州	Guizhou	10.69	67.00	1.81	6.56	94.80
云 南	Yunnan	14.60	58.33	1.57	8.61	95.86
西 藏	Tibet	4.57	23.61	0.64	15.36	97.21
陕 西	Shaanxi	13.57	56.01	1.64	12.31	95.92
甘 肃	Gansu	10.38	58.06	2.00	4.78	96.75
青 海	Qinghai	8.53	62.19	1.56	10.36	96.02
宁 夏	Ningxia	7.50	66.34	1.63	6.39	93.95
新 疆	Xinjiang	14.16	54.08	2.03	14.34	95.57

14-6 按行业分国有及国有控股工业企业主要指标（2009年）

单位：亿元

行业	Sector	企业单位数（个）Number of Enterprises (unit)	工业总产值 Gross Industrial Output Value
全国总计	**National Total**	**20510**	**146630.00**
煤炭开采和洗选业	Mining and Washing of Coal	827	9705.32
石油和天然气开采业	Extraction of Petroleum and Natural Gas	109	7110.64
黑色金属矿采选业	Mining and Processing of Ferrous Metal Ores	130	512.79
有色金属矿采选业	Mining and Processing of Non-Ferrous Metal Ores	277	694.52
非金属矿采选业	Mining and Processing of Nonmetal Ores	231	268.10
其他采矿业	Mining of Other Ores	1	0.13
农副食品加工业	Processing of Food from Agricultural Products	817	1509.41
食品制造业	Manufacture of Foods	368	670.78
饮料制造业	Manufacture of Beverages	330	1290.95
烟草制品业	Manufacture of Tobacco	123	4891.81
纺织业	Manufacture of Textile	424	584.03
纺织服装、鞋、帽制造业	Manufacture of Textile Wearing Apparel, Footware and Caps	185	141.97
皮革、毛皮、羽毛(绒)及其制品业	Manufacture of Leather, Fur, Feather and Related Products	31	25.34
木材加工及木、竹、藤、棕、草制品业	Processing of Timber, Manufacture of Wood, Bamboo, Rattan, Palm and Straw Products	168	138.87
家具制造业	Manufacture of Furniture	40	79.72
造纸及纸制品业	Manufacture of Paper and Paper Products	179	637.34
印刷业和记录媒介的复制	Printing, Reproduction of Recording Media	551	387.81
文教体育用品制造业	Manufacture of Articles For Culture, Education and Sport Activities	53	31.67
石油加工、炼焦及核燃料加工业	Processing of Petroleum, Coking, Processing of Nuclear Fuel	204	15119.10
化学原料及化学制品制造业	Manufacture of Raw Chemical Materials and Chemical Products	1333	7348.06
医药制造业	Manufacture of Medicines	508	1198.16
化学纤维制造业	Manufacture of Chemical Fibers	56	392.99
橡胶制品业	Manufacture of Rubber	118	590.34
塑料制品业	Manufacture of Plastics	293	355.99
非金属矿物制品业	Manufacture of Non-metallic Mineral Products	1325	2373.91
黑色金属冶炼及压延加工业	Smelting and Pressing of Ferrous Metals	338	16456.55
有色金属冶炼及压延加工业	Smelting and Pressing of Non-ferrous Metals	460	5560.16
金属制品业	Manufacture of Metal Products	510	927.52
通用设备制造业	Manufacture of General Purpose Machinery	1074	4227.30
专用设备制造业	Manufacture of Special Purpose Machinery	955	4079.68
交通运输设备制造业	Manufacture of Transport Equipment	1379	19367.74
电气机械及器材制造业	Manufacture of Electrical Machinery and Equipment	688	3014.62
通信设备、计算机及其他电子设备制造业	Manufacture of Communication Equipment, Computers and Other Electronic Equipment	727	3859.57
仪器仪表及文化、办公用机械制造业	Manufacture of Measuring Instruments and Machinery for Cultural Activity and Office Work	369	517.79
工艺品及其他制造业	Manufacture of Artwork and Other Manufacturing	127	267.07
废弃资源和废旧材料回收加工业	Recycling and Disposal of Waste	35	222.95
电力、热力的生产和供应业	Production and Supply of Electric Power and Heat Power	3621	30625.31
燃气生产和供应业	Production and Supply of Gas	248	795.66
水的生产和供应业	Production and Supply of Water	1298	648.33

Main Indicators of State-owned and State-holding Industrial Enterprises by Industrial Sector (2009)

(100 million yuan)

资产总计 Total Assets	流动资产合计 Total Working Capitals	固定资产原价 Original Value of Fixed Assets	固定资产净值 Net Value of Fixed Assets
215742.01	**74113.99**	**145330.28**	**90853.40**
18047.88	6675.93	9869.87	6298.09
14334.55	2653.60	15176.00	8406.96
1027.51	410.84	403.76	256.37
1061.86	431.24	455.54	307.91
448.96	189.71	228.23	145.11
0.15	0.11	0.03	0.01
1089.31	539.78	523.80	354.72
753.63	359.29	364.40	231.01
1820.87	975.99	770.30	472.09
4899.26	3279.65	1633.55	761.34
882.97	376.70	504.68	292.87
153.96	104.93	50.61	31.11
35.21	20.17	9.47	5.73
176.01	73.85	103.54	62.21
54.73	32.92	16.72	11.04
1379.66	493.02	844.76	564.40
580.92	248.62	453.80	243.26
41.61	24.48	17.64	9.54
8060.63	2693.10	7078.92	3713.46
10872.14	3590.77	7612.41	4566.33
1928.14	986.66	806.34	489.00
568.38	221.31	395.49	217.09
610.11	308.16	334.73	207.34
407.46	207.66	235.45	130.80
3766.38	1445.52	2248.58	1543.69
24942.90	8811.25	15670.02	9580.86
7295.73	3250.88	3776.40	2421.49
988.67	570.67	437.64	258.10
5911.26	4040.22	1717.69	1031.82
5354.31	3524.53	1746.08	1111.51
20860.18	12121.77	7235.21	4391.08
3371.86	2286.45	847.75	558.09
5329.50	3089.89	1899.45	1214.86
804.08	531.51	263.80	152.09
357.17	222.40	128.23	81.97
149.77	79.32	81.19	60.24
61387.19	7140.61	57369.69	38014.97
2238.21	1243.15	900.93	620.29
3748.86	857.31	3117.58	2034.55

14-6 续表

单位：亿元

行　　业	Sector	负债合计 Total Liabilities	流动负债合计 Total Working Liabilities
全国总计	**National Total**	**130098.87**	**83615.67**
煤炭开采和洗选业	Mining and Washing of Coal	11036.82	6979.08
石油和天然气开采业	Extraction of Petroleum and Natural Gas	6480.51	3714.66
黑色金属矿采选业	Mining and Processing of Ferrous Metal Ores	479.29	355.38
有色金属矿采选业	Mining and Processing of Non-Ferrous Metal Ores	519.91	389.39
非金属矿采选业	Mining and Processing of Nonmetal Ores	236.52	155.18
其他采矿业	Mining of Other Ores	0.11	0.11
农副食品加工业	Processing of Food from Agricultural Products	672.57	577.09
食品制造业	Manufacture of Foods	468.50	385.18
饮料制造业	Manufacture of Beverages	741.30	675.78
烟草制品业	Manufacture of Tobacco	1162.37	1120.17
纺织业	Manufacture of Textile	549.60	424.75
纺织服装、鞋、帽制造业	Manufacture of Textile Wearing Apparel, Footware and Caps	104.01	92.69
皮革、毛皮、羽毛(绒)及其制品业	Manufacture of Leather, Fur, Feather and Related Products	24.13	19.77
木材加工及木、竹、藤、棕、草制品业	Processing of Timber, Manufacture of Wood, Bamboo, Rattan, Palm and Straw Products	111.68	69.71
家具制造业	Manufacture of Furniture	35.14	31.04
造纸及纸制品业	Manufacture of Paper and Paper Products	945.07	584.30
印刷业和记录媒介的复制	Printing, Reproduction of Recording Media	230.12	186.27
文教体育用品制造业	Manufacture of Articles For Culture, Education and Sport Activities	21.44	19.82
石油加工、炼焦及核燃料加工业	Processing of Petroleum, Coking, Processing of Nuclear Fuel	4919.20	3781.99
化学原料及化学制品制造业	Manufacture of Raw Chemical Materials and Chemical Products	6330.86	4093.71
医药制造业	Manufacture of Medicines	918.49	773.68
化学纤维制造业	Manufacture of Chemical Fibers	327.52	253.14
橡胶制品业	Manufacture of Rubber	419.34	338.58
塑料制品业	Manufacture of Plastics	258.92	205.93
非金属矿物制品业	Manufacture of Non-metallic Mineral Products	2294.05	1593.95
黑色金属冶炼及压延加工业	Smelting and Pressing of Ferrous Metals	15618.43	11237.43
有色金属冶炼及压延加工业	Smelting and Pressing of Non-ferrous Metals	4464.10	3294.48
金属制品业	Manufacture of Metal Products	595.91	523.85
通用设备制造业	Manufacture of General Purpose Machinery	4035.82	3530.86
专用设备制造业	Manufacture of Special Purpose Machinery	3613.92	3123.53
交通运输设备制造业	Manufacture of Transport Equipment	13477.94	11613.80
电气机械及器材制造业	Manufacture of Electrical Machinery and Equipment	2313.66	1994.77
通信设备、计算机及其他电子设备制造业	Manufacture of Communication Equipment, Computers and Other Electronic Equipment	2921.61	2382.52
仪器仪表及文化、办公用机械制造业	Manufacture of Measuring Instruments and Machinery for Cultural Activity and Office Work	413.78	361.42
工艺品及其他制造业	Manufacture of Artwork and Other Manufacturing	238.41	175.66
废弃资源和废旧材料回收加工业	Recycling and Disposal of Waste	93.33	83.78
电力、热力的生产和供应业	Production and Supply of Electric Power and Heat Power	39497.82	16295.21
燃气生产和供应业	Production and Supply of Gas	1577.47	1259.23
水的生产和供应业	Production and Supply of Water	1949.17	917.79

continued

(100 million yuan)

所有者权益 Owners' Equities	主营业务收入 Revenue from Principal Business	主营业务成本 Cost of Principal Business	主营业务税金及附加 Taxes and Other Charges on Principal Business	利润总额 Total Profits	本年应交增值税 Value-added Tax Payable	全部从业人员年平均人数(万人) Annual Average Employed Persons (10 000 persons)
85186.57	**151700.55**	**124590.48**	**6199.11**	**9287.03**	**6508.74**	**1803.37**
7039.43	10765.83	7850.59	168.98	1231.77	876.51	339.52
7852.14	7547.60	4545.26	251.37	1801.71	552.74	98.46
548.04	526.81	387.04	19.90	54.47	35.76	11.14
540.62	808.16	641.03	7.53	87.20	29.22	16.70
211.64	266.02	190.51	8.46	24.79	16.96	10.75
0.04	0.06	0.04				0.01
409.79	1553.32	1404.12	10.00	52.18	25.48	18.50
282.99	664.57	517.91	3.18	39.72	31.15	13.82
1079.12	1447.64	949.61	90.73	213.32	90.73	22.95
3731.67	4838.77	1467.62	2268.44	646.06	565.53	19.17
331.35	615.55	556.20	3.13	6.06	17.83	31.57
49.66	143.75	119.81	0.59	8.17	3.31	9.06
11.07	26.87	21.53	0.13	1.63	0.74	1.21
64.02	142.97	128.38	1.49	3.74	4.62	5.78
18.60	81.66	69.96	0.06	6.31	3.79	0.99
426.94	625.22	542.71	2.95	18.26	28.71	11.17
349.89	384.93	292.05	2.42	41.93	19.65	12.87
20.17	31.74	25.45	0.14	1.58	1.08	1.42
3140.35	15116.83	11668.70	2260.63	606.15	538.58	40.17
4497.54	7590.58	6593.85	162.68	205.85	209.72	100.11
1009.08	1300.75	837.42	8.73	158.11	76.62	28.16
240.87	424.71	372.87	1.87	25.27	11.88	10.17
190.40	621.70	525.93	3.69	32.24	14.85	11.49
148.48	348.32	297.62	2.31	13.79	11.71	7.10
1464.89	2321.34	1893.02	19.30	194.67	108.20	50.06
9318.99	18271.84	16789.62	89.26	264.54	603.07	138.51
2812.27	6359.94	5843.40	32.17	178.10	150.12	62.12
391.23	972.32	843.45	4.87	51.94	32.09	16.53
1873.79	4200.08	3574.78	18.32	261.55	135.97	62.84
1735.43	4117.26	3510.05	20.15	225.13	106.83	69.53
7247.13	19285.08	16055.00	529.09	1359.20	667.75	172.30
1053.41	2777.80	2268.61	21.94	182.60	108.14	36.91
2405.99	3943.02	3262.04	22.26	149.57	58.19	56.89
387.20	516.52	392.18	2.47	51.90	19.48	13.89
118.77	302.16	271.18	0.73	13.04	3.08	5.14
56.44	239.57	219.25	1.57	17.18	3.87	3.66
21676.10	31014.83	28406.00	144.37	1016.66	1291.47	245.45
656.40	862.16	750.42	5.82	53.88	20.66	10.08
1794.66	642.24	505.31	7.37	-13.25	32.64	37.18

14-7 按行业分国有及国有控股工业企业主要经济效益指标（2009年）

行　业	Sector	总资产贡献率 (%) Ratio of Total Assets to Industrial Output Value (%)
全国总计	**National Total**	**11.29**
煤炭开采和洗选业	Mining and Washing of Coal	13.66
石油和天然气开采业	Extraction of Petroleum and Natural Gas	18.43
黑色金属矿采选业	Mining and Processing of Ferrous Metal Ores	11.42
有色金属矿采选业	Mining and Processing of Non-Ferrous Metal Ores	12.49
非金属矿采选业	Mining and Processing of Nonmetal Ores	12.18
其他采矿业	Mining of Other Ores	0.76
农副食品加工业	Processing of Food from Agricultural Products	9.41
食品制造业	Manufacture of Foods	10.75
饮料制造业	Manufacture of Beverages	22.06
烟草制品业	Manufacture of Tobacco	71.08
纺织业	Manufacture of Textile	4.12
纺织服装、鞋、帽制造业	Manufacture of Textile Wearing Apparel, Footware and Caps	8.17
皮革、毛皮、羽毛(绒)及其制品业	Manufacture of Leather, Fur, Feather and Related Products	7.20
木材加工及木、竹、藤、棕、草制品业	Processing of Timber, Manufacture of Wood, Bamboo, Rattan, Palm and Straw Products	6.70
家具制造业	Manufacture of Furniture	18.91
造纸及纸制品业	Manufacture of Paper and Paper Products	5.03
印刷业和记录媒介的复制	Printing, Reproduction of Recording Media	11.32
文教体育用品制造业	Manufacture of Articles For Culture, Education and Sport Activities	7.17
石油加工、炼焦及核燃料加工业	Processing of Petroleum, Coking, Processing of Nuclear Fuel	43.21
化学原料及化学制品制造业	Manufacture of Raw Chemical Materials and Chemical Products	6.60
医药制造业	Manufacture of Medicines	13.53
化学纤维制造业	Manufacture of Chemical Fibers	8.36
橡胶制品业	Manufacture of Rubber	9.84
塑料制品业	Manufacture of Plastics	8.29
非金属矿物制品业	Manufacture of Non-metallic Mineral Products	9.77
黑色金属冶炼及压延加工业	Smelting and Pressing of Ferrous Metals	5.01
有色金属冶炼及压延加工业	Smelting and Pressing of Non-ferrous Metals	6.27
金属制品业	Manufacture of Metal Products	10.55
通用设备制造业	Manufacture of General Purpose Machinery	7.39
专用设备制造业	Manufacture of Special Purpose Machinery	7.22
交通运输设备制造业	Manufacture of Transport Equipment	12.62
电气机械及器材制造业	Manufacture of Electrical Machinery and Equipment	9.97
通信设备、计算机及其他电子设备制造业	Manufacture of Communication Equipment, Computers and Other Electronic Equipment	4.93
仪器仪表及文化、办公用机械制造业	Manufacture of Measuring Instruments and Machinery for Cultural Activity and Office Work	9.54
工艺品及其他制造业	Manufacture of Artwork and Other Manufacturing	5.07
废弃资源和废旧材料回收加工业	Recycling and Disposal of Waste	15.97
电力、热力的生产和供应业	Production and Supply of Electric Power and Heat Power	5.81
燃气生产和供应业	Production and Supply of Gas	3.95
水的生产和供应业	Production and Supply of Water	1.60

Main Indicators on Economic Benefit of State-owned and State-holding Industrial Enterprises by Industrial Sector (2009)

资产负债率 (%) Assets-Liability Ratio (%)	流动资产周转次数（次/年）Number of Times of Annual of Turnover Working Capitals (times/year)	工业成本费用利润率 (%) Ratio of Profits to Industrial Cost (%)	产品销售率 (%) Proportion of Products Sold (%)
60.30	**2.05**	**6.73**	**98.58**
61.15	1.61	12.95	97.89
45.21	2.84	34.29	99.53
46.65	1.28	11.61	97.04
48.96	1.87	12.12	97.64
52.68	1.40	10.33	96.20
74.58	0.48	0.55	111.94
61.74	2.88	3.46	97.92
62.17	1.85	6.23	95.03
40.71	1.48	17.96	99.64
23.73	1.48	33.88	99.69
62.24	1.63	0.99	99.68
67.56	1.37	5.95	96.82
68.55	1.33	6.50	101.80
63.45	1.94	2.62	95.83
64.19	2.48	8.21	99.12
68.50	1.27	2.95	98.73
39.61	1.55	11.90	97.64
51.53	1.30	5.17	103.11
61.03	5.61	4.94	99.29
58.23	2.11	2.79	98.40
47.64	1.32	13.91	96.66
57.62	1.92	6.09	98.92
68.73	2.02	5.51	98.99
63.55	1.68	4.12	97.52
60.91	1.61	8.97	98.06
62.62	2.07	1.47	99.21
61.19	1.96	2.87	98.33
60.27	1.70	5.56	98.93
68.27	1.04	6.55	98.44
67.50	1.17	5.69	96.60
64.61	1.59	7.61	97.90
68.62	1.21	6.97	91.33
54.82	1.28	3.86	96.99
51.46	0.97	10.83	97.69
66.75	1.36	4.41	94.91
62.32	3.02	7.44	97.53
64.34	4.34	3.35	99.74
70.48	0.69	6.41	99.14
51.99	0.75	-1.92	96.90

14-8 各地区国有及国有控股工业企业主要指标

Main Indicators of State-owned and State-holding Industrial Enterprises by Region

单位：亿元 (100 million yuan)

年份 Year 地区 Region		企业单位数(个) Number of Enterprises (unit)	工业总产值 Gross Industrial Output Value	工业增加值 Value Added of Industry	资产总计 Total Assets	流动资产合计 Total Working Capitals
	1998	64737	33621.04	11076.90	74916.27	29559.03
	1999	61301	35571.18	12132.41	80471.69	31042.81
	2000	53489	40554.37	13777.68	84014.94	32628.81
	2001	46767	42408.49	14652.05	87901.54	33239.63
	2002	41125	45178.96	15935.03	89094.60	33468.77
	2003	34280	53407.90	18837.60	94519.79	36125.14
	2004	35597	70228.99	23213.00	109708.25	39376.20
	2005	27477	83749.92	27176.67	117629.61	42155.31
	2006	24961	98910.45	32588.81	135153.35	46713.09
	2007	20680	119685.65	39970.46	158187.87	54997.45
	2008	21313	143950.02		188811.37	65493.98
	2009	20510	146630.00		215742.01	74113.99
北京	Beijing	1058	5470.70		14268.37	3633.61
天津	Tianjin	974	5180.42		6970.55	2729.40
河北	Hebei	794	6787.97		10210.87	3252.46
山西	Shanxi	647	5188.06		9745.72	3610.16
内蒙古	Inner Mongolia	515	3809.79		6399.97	1705.06
辽宁	Liaoning	883	9289.74		13453.32	5672.34
吉林	Jilin	407	4563.75		4780.21	1356.09
黑龙江	Heilongjiang	505	4362.38		6080.25	2087.52
上海	Shanghai	1116	8983.40		12002.67	5054.11
江苏	Jiangsu	839	7937.01		9425.97	3235.69
浙江	Zhejiang	728	5369.11		6135.19	1755.21
安徽	Anhui	729	5385.11		6809.72	2206.12
福建	Fujian	532	2251.65		3491.23	944.11
江西	Jiangxi	538	2528.15		3096.59	1225.51
山东	Shandong	1287	12885.18		14841.52	5304.08
河南	Henan	804	6826.57		9238.10	3247.11
湖北	Hubei	864	6534.21		12399.78	4317.97
湖南	Hunan	823	4003.61		4911.20	1812.00
广东	Guangdong	1264	10790.11		12724.56	4473.38
广西	Guangxi	615	2776.96		3615.47	1157.78
海南	Hainan	102	262.77		475.76	110.93
重庆	Chongqing	518	2658.36		3582.70	1438.48
四川	Sichuan	972	5211.30		9515.61	3579.77
贵州	Guizhou	523	2094.77		3771.12	1181.33
云南	Yunnan	551	3036.59		5541.40	1920.32
西藏	Tibet	33	22.06		168.13	38.97
陕西	Shaanxi	695	5221.58		9402.16	3616.66
甘肃	Gansu	452	2931.16		4211.17	1443.17
青海	Qinghai	137	673.74		1937.01	425.65
宁夏	Ningxia	110	706.33		1693.61	374.73
新疆	Xinjiang	495	2887.46		4842.07	1204.29

14-8 续表 1 continued

单位：亿元 (100 million yuan)

年份 Year / 地区 Region		固定资产原价 Original Value of Fixed Assets	固定资产净值 Net Value of Fixed Assets	负债合计 Total Liabilities	流动负债合计 Total Working Liabilities	所有者权益合计 Total Owners' Equities
	1998	47913.25	23545.82	35648.27	30625.48	26759.22
	1999	53146.30	35735.07	49877.69	31828.59	30566.88
	2000	57294.96	37638.76	51239.61	32237.41	32714.81
	2001	61782.45	39588.51	52025.60	33144.47	35741.27
	2002	64521.95	40762.69	52837.08	34009.59	36139.17
	2003	69701.11	43667.26	55990.53	36430.98	38381.02
	2004	76599.42	47647.39	62005.79	40771.99	47479.25
	2005	83515.49	51302.40	66653.58	44456.78	50625.00
	2006	96085.32	59523.42	76012.52	49935.64	58656.37
	2007	110084.72	68069.22	89372.34	59693.78	68568.59
	2008	129146.64	80091.64	111374.72	72749.16	77388.89
	2009	145330.28	90853.40	130098.87	83615.67	85186.57
北　京	Beijing	5372.76	3314.00	6778.14	3165.79	7490.23
天　津	Tianjin	4440.75	2778.60	4784.96	3659.47	2185.58
河　北	Hebei	7128.99	4606.94	6639.33	4402.13	3568.09
山　西	Shanxi	6323.70	3982.33	6443.11	4074.08	3302.38
内蒙古	Inner Mongolia	4996.26	3280.96	4113.36	2040.69	2273.94
辽　宁	Liaoning	8765.89	5000.44	8796.34	6300.81	4644.74
吉　林	Jilin	3267.50	1974.42	2959.27	1884.03	1817.57
黑龙江	Heilongjiang	5880.72	3279.73	3442.85	2400.49	2625.75
上　海	Shanghai	8238.70	4481.14	5958.87	4684.10	6043.80
江　苏	Jiangsu	7195.62	4410.87	5755.95	4164.55	3669.66
浙　江	Zhejiang	5093.02	3167.71	3792.17	2238.98	2343.02
安　徽	Anhui	4809.30	3213.06	4515.48	2777.31	2280.90
福　建	Fujian	2628.73	1788.98	2127.38	1113.86	1358.33
江　西	Jiangxi	2077.81	1299.78	1972.87	1502.64	1078.81
山　东	Shandong	10916.87	6336.78	8678.90	5942.55	6149.32
河　南	Henan	6661.74	4189.10	6181.27	4115.68	3048.06
湖　北	Hubei	7859.51	5445.89	6804.71	4708.32	5504.89
湖　南	Hunan	3235.50	2161.94	3322.32	2042.99	1588.88
广　东	Guangdong	9249.22	5758.43	7309.82	4802.37	5412.27
广　西	Guangxi	2727.41	1921.38	2460.30	1502.54	1151.54
海　南	Hainan	376.93	246.66	256.54	167.25	218.85
重　庆	Chongqing	2128.35	1374.57	2267.00	1464.91	1310.13
四　川	Sichuan	5401.69	3429.38	6137.23	3674.17	3363.27
贵　州	Guizhou	2665.57	1812.90	2590.58	1336.21	1177.51
云　南	Yunnan	3005.54	2009.69	3117.13	1808.94	2407.94
西　藏	Tibet	137.93	100.71	30.54	22.52	137.50
陕　西	Shaanxi	4940.08	3141.73	5385.41	3517.54	3862.60
甘　肃	Gansu	2875.26	1894.82	2494.54	1553.73	1710.77
青　海	Qinghai	1349.98	931.51	1259.14	639.76	648.46
宁　夏	Ningxia	1080.75	730.50	1172.45	544.93	521.16
新　疆	Xinjiang	4498.18	2788.46	2550.92	1362.33	2290.60

14-8 续表 2 continued

单位：亿元 (100 million yuan)

年 份 Year / 地 区 Region		主营业务收入 Revenue from Principal Business	主营业务成本 Cost of Principal Business	主营业务税金及附加 Taxes and Other Charges on Principal Business	利润总额 Total Profits	本年应交增值税 Value-added Tax Payable	全部从业人员年平均人数(万人) Annual Average Employed Persons (10 000 persons)
	1998	33566.11	27092.45	993.53	525.14	1852.36	3747.78
	1999	35950.70	28919.13	1062.21	997.86	2019.03	3394.58
	2000	42203.12	33473.62	1150.28	2408.33	2320.36	2995.25
	2001	44443.52	35522.47	1250.18	2388.56	2408.97	2675.11
	2002	47844.21	38048.00	1401.82	2632.94	2580.51	2423.63
	2003	58027.15	45987.63	1589.87	3836.20	3025.57	2162.87
	2004	71430.99	57187.96	1921.90	5453.10	3514.68	1973.20
	2005	85574.18	69302.41	2121.74	6519.75	4098.37	1874.85
	2006	101404.62	81957.80	2612.74	8485.46	4930.24	1804.00
	2007	122617.13	98515.08	3242.18	10795.19	5951.44	1742.99
	2008	147507.90	122504.18	3882.05	9063.59	6769.35	1794.10
	2009	151700.55	124590.48	6199.11	9287.03	6508.74	1803.37
北 京	Beijing	6246.99	5479.86	154.81	368.41	185.42	47.62
天 津	Tianjin	5492.58	4680.47	122.36	353.02	300.33	39.93
河 北	Hebei	7482.68	6515.27	175.64	262.40	275.21	92.39
山 西	Shanxi	5269.83	4222.38	68.21	309.46	360.06	118.35
内蒙古	Inner Mongolia	3605.95	2858.36	66.54	348.59	213.07	41.92
辽 宁	Liaoning	9638.09	8301.56	444.50	177.92	281.73	116.84
吉 林	Jilin	4457.63	3750.71	248.85	245.61	176.36	54.23
黑龙江	Heilongjiang	4818.63	3531.02	207.02	687.72	256.94	82.80
上 海	Shanghai	10062.12	8455.24	405.30	688.26	359.97	47.26
江 苏	Jiangsu	7944.73	6642.63	330.39	452.16	323.86	68.04
浙 江	Zhejiang	5436.87	4577.89	301.02	294.67	211.83	31.66
安 徽	Anhui	5352.11	4396.73	172.66	272.05	266.49	76.97
福 建	Fujian	2207.59	1844.43	121.56	102.84	83.01	22.73
江 西	Jiangxi	2723.43	2343.37	97.98	90.01	104.51	40.72
山 东	Shandong	13312.93	10966.40	458.19	873.74	541.33	145.66
河 南	Henan	7601.79	6621.25	212.29	199.82	300.32	127.64
湖 北	Hubei	6751.31	5540.12	278.62	420.50	254.20	84.40
湖 南	Hunan	3863.61	3039.25	323.79	199.65	223.92	59.25
广 东	Guangdong	10637.39	8582.39	477.70	861.47	408.43	75.33
广 西	Guangxi	2766.28	2316.83	80.54	121.26	127.87	37.33
海 南	Hainan	259.79	212.25	9.50	25.08	9.34	3.17
重 庆	Chongqing	2629.90	2166.49	79.96	94.60	118.65	42.23
四 川	Sichuan	5298.33	4222.25	180.53	295.09	227.63	88.30
贵 州	Guizhou	2052.13	1596.77	104.37	123.33	99.91	40.15
云 南	Yunnan	2970.15	2063.37	427.01	202.38	202.99	33.12
西 藏	Tibet	21.59	21.46	0.46	-0.10	1.51	0.97
陕 西	Shaanxi	5225.63	3781.35	254.77	567.24	259.90	78.47
甘 肃	Gansu	3154.12	2612.40	170.40	125.83	123.45	44.00
青 海	Qinghai	743.62	566.05	17.30	68.53	33.73	10.80
宁 夏	Ningxia	711.98	557.61	23.15	47.19	33.14	13.23
新 疆	Xinjiang	2960.75	2124.32	183.68	408.30	143.65	37.88

14-9 各地区国有及国有控股工业企业主要经济效益指标（2009年）
Main Indicators on Economic Benefit of State-owned and State-holding Industrial Enterprises by Region (2009)

地 区	Region	总资产贡献率 (%) Ratio of Total Assets to Industrial Output Value (%)	资产负债率 (%) Assets-Liability Ratio (%)	流动资产周转次数 (次/年) Number of Times of Turnover of Working Capitals (times/year)	工业成本费用利润率 (%) Ratio of Profits to Industrial Cost (%)	产品销售率 (%) Proportion of Products Sold (%)
全国总计	**National Total**	**11.29**	**60.30**	**2.05**	**6.73**	**98.58**
北 京	Beijing	5.56	47.50	1.72	6.19	99.17
天 津	Tianjin	11.92	68.65	2.01	7.07	99.38
河 北	Hebei	8.29	65.02	2.30	3.71	98.52
山 西	Shanxi	8.95	66.11	1.46	6.21	98.19
内蒙古	Inner Mongolia	11.28	64.27	2.11	10.83	97.64
辽 宁	Liaoning	7.63	65.38	1.70	1.96	98.80
吉 林	Jilin	15.22	61.91	3.29	5.95	96.56
黑龙江	Heilongjiang	19.56	56.62	2.31	17.50	98.80
上 海	Shanghai	12.67	49.65	1.99	7.45	99.57
江 苏	Jiangsu	12.91	61.06	2.46	6.28	99.08
浙 江	Zhejiang	14.70	61.81	3.10	6.01	99.38
安 徽	Anhui	11.65	66.31	2.43	5.46	98.55
福 建	Fujian	10.27	60.94	2.34	5.08	97.68
江 西	Jiangxi	10.77	63.71	2.22	3.49	98.73
山 东	Shandong	13.95	58.48	2.51	7.19	99.59
河 南	Henan	9.29	66.91	2.34	2.75	99.02
湖 北	Hubei	8.70	54.88	1.56	6.75	98.28
湖 南	Hunan	16.70	67.65	2.13	5.85	98.54
广 东	Guangdong	14.73	57.45	2.38	9.17	98.06
广 西	Guangxi	11.08	68.05	2.39	4.65	97.52
海 南	Hainan	10.24	53.92	2.34	10.77	99.83
重 庆	Chongqing	9.29	63.28	1.83	3.77	99.02
四 川	Sichuan	8.43	64.50	1.48	6.13	98.14
贵 州	Guizhou	10.18	68.70	1.74	6.74	97.37
云 南	Yunnan	16.09	56.25	1.55	8.51	97.79
西 藏	Tibet	1.18	18.17	0.55	-0.42	103.80
陕 西	Shaanxi	12.22	57.28	1.44	13.09	97.45
甘 肃	Gansu	11.07	59.24	2.19	4.36	98.22
青 海	Qinghai	7.58	65.00	1.75	10.58	95.63
宁 夏	Ningxia	7.42	69.23	1.90	7.21	98.64
新 疆	Xinjiang	16.01	52.68	2.46	16.99	98.03

14-10 按行业分私营工业企业主要指标（2009年）

单位：亿元

行业	Sector	企业单位数（个）Number of Enterprises (unit)	工业总产值 Gross Industrial Output Value
全国总计	**National Total**	**256031**	**162026.18**
煤炭开采和洗选业	Mining and Washing of Coal	5206	3457.64
石油和天然气开采业	Extraction of Petroleum and Natural Gas	103	82.93
黑色金属矿采选业	Mining and Processing of Ferrous Metal Ores	3001	2336.99
有色金属矿采选业	Mining and Processing of Non-Ferrous Metal Ores	1308	901.98
非金属矿采选业	Mining and Processing of Nonmetal Ores	2832	1284.96
其他采矿业	Mining of Other Ores	17	10.90
农副食品加工业	Processing of Food from Agricultural Products	16169	12558.30
食品制造业	Manufacture of Foods	4825	2971.59
饮料制造业	Manufacture of Beverages	3387	2037.79
烟草制品业	Manufacture of Tobacco	8	4.07
纺织业	Manufacture of Textile	22201	12894.63
纺织服装、鞋、帽制造业	Manufacture of Textile Wearing Apparel, Footware and Caps	9764	4565.08
皮革、毛皮、羽毛(绒)及其制品业	Manufacture of Leather, Fur, Feather and Related Products	4880	2516.02
木材加工及木、竹、藤、棕、草制品业	Processing of Timber, Manufacture of Wood, Bamboo, Rattan, Palm and Straw Products	8211	3879.83
家具制造业	Manufacture of Furniture	3396	1734.12
造纸及纸制品业	Manufacture of Paper and Paper Products	6250	3198.57
印刷业和记录媒介的复制	Printing,Reproduction of Recording Media	3808	1213.40
文教体育用品制造业	Manufacture of Articles For Culture, Education and Sport Activities	2351	901.96
石油加工、炼焦及核燃料加工业	Processing of Petroleum, Coking, Processing of Nuclear Fuel	1320	2729.35
化学原料及化学制品制造业	Manufacture of Raw Chemical Materials and Chemical Products	16726	12016.53
医药制造业	Manufacture of Medicines	2911	2286.86
化学纤维制造业	Manufacture of Chemical Fibers	1369	1458.83
橡胶制品业	Manufacture of Rubber	2750	1540.52
塑料制品业	Manufacture of Plastics	12000	5126.85
非金属矿物制品业	Manufacture of Non-metallic Mineral Products	20427	12323.99
黑色金属冶炼及压延加工业	Smelting and Pressing of Ferrous Metals	5197	10457.3
有色金属冶炼及压延加工业	Smelting and Pressing of Non-ferrous Metals	4929	6641.51
金属制品业	Manufacture of Metal Products	15752	8009.44
通用设备制造业	Manufacture of General Purpose Machinery	24300	12031.95
专用设备制造业	Manufacture of Special Purpose Machinery	10884	5439.33
交通运输设备制造业	Manufacture of Transport Equipment	10595	7669.03
电气机械及器材制造业	Manufacture of Electrical Machinery and Equipment	14737	10329.93
通信设备、计算机及其他电子设备制造业	Manufacture of Communication Equipment, Computers and Other Electronic Equipment	5173	2869.36
仪器仪表及文化、办公用机械制造业	Manufacture of Measuring Instruments and Machinery for Cultural Activity and Office Work	2708	1334.07
工艺品及其他制造业	Manufacture of Artwork and Other Manufacturing	4418	2038.36
废弃资源和废旧材料回收加工业	Recycling and Disposal of Waste	701	608.87
电力、热力的生产和供应业	Production and Supply of Electric Power and Heat Power	1012	396.62
燃气生产和供应业	Production and Supply of Gas	214	112.02
水的生产和供应业	Production and Supply of Water	191	54.68

Main Indicators of Private Enterprises by Industrial Sector (2009)

(100 million yuan)

资产总计 Total Assets	流动资产合计 Total Working Capitals	固定资产原价 Original Value of Fixed Assets	固定资产净值 Net Value of Fixed Assets
91175.60	**47550.43**	**42366.46**	**30047.66**
2205.03	1008.06	962.45	737.33
80.68	25.38	48.71	37.57
1487.73	717.27	648.82	491.26
604.90	272.48	272.67	218.69
568.28	224.65	317.28	235.10
3.96	0.98	4.78	2.19
4893.29	2277.15	2649.39	1900.01
1569.05	693.25	845.21	625.14
1261.16	571.82	669.16	502.20
9.25	5.02	5.04	3.80
7696.25	3996.22	4046.59	2768.95
2149.77	1230.79	910.35	623.75
1079.52	607.91	441.58	308.86
1543.29	687.29	883.55	644.47
905.76	471.74	409.08	289.85
1844.40	921.07	1006.50	703.47
912.99	446.36	519.16	349.70
445.92	244.87	197.79	138.69
2090.83	951.36	866.16	667.92
6497.11	3238.45	3075.88	2199.66
1681.94	793.54	831.79	589.14
999.19	554.31	488.57	325.79
799.45	413.75	372.58	271.52
2776.94	1488.50	1353.68	921.36
7289.59	3194.56	4261.76	3005.64
5407.91	2874.10	2519.26	1809.31
2858.59	1612.24	1209.83	840.24
4473.57	2614.37	1854.31	1277.85
6782.17	3750.86	2886.55	2011.25
3389.50	1907.24	1402.18	980.57
4945.65	2840.49	1789.86	1299.33
6178.08	3877.40	2070.34	1399.52
2006.27	1227.86	729.92	499.55
1018.19	648.76	315.82	224.73
997.01	594.45	375.07	272.48
238.37	155.91	80.38	59.51
1263.90	325.87	925.85	720.58
98.34	41.55	48.75	37.94
121.76	42.55	69.83	52.77

14-10 续表

单位：亿元

行　　业	Sector	负债合计 Total Liabilities	流动负债合　计 Total Working Liabilities
全 国 总 计	**National Total**	**50495.45**	**42938.08**
煤炭开采和洗选业	Mining and Washing of Coal	1093.11	851.28
石油和天然气开采业	Extraction of Petroleum and Natural Gas	24.26	18.32
黑色金属矿采选业	Mining and Processing of Ferrous Metal Ores	813.20	686.26
有色金属矿采选业	Mining and Processing of Non-Ferrous Metal Ores	294.13	241.25
非金属矿采选业	Mining and Processing of Nonmetal Ores	229.38	177.74
其他采矿业	Mining of Other Ores	1.96	1.22
农副食品加工业	Processing of Food from Agricultural Products	2273.20	1811.68
食品制造业	Manufacture of Foods	716.06	575.76
饮料制造业	Manufacture of Beverages	637.93	520.31
烟草制品业	Manufacture of Tobacco	3.23	1.11
纺织业	Manufacture of Textile	4567.27	4000.42
纺织服装、鞋、帽制造业	Manufacture of Textile Wearing Apparel, Footware and Caps	1166.99	1036.09
皮革、毛皮、羽毛(绒)及其制品业	Manufacture of Leather, Fur, Feather and Related Products	581.74	514.00
木材加工及木、竹、藤、棕、草制品业	Processing of Timber, Manufacture of Wood, Bamboo, Rattan, Palm and Straw Products	670.54	545.07
家具制造业	Manufacture of Furniture	466.81	405.34
造纸及纸制品业	Manufacture of Paper and Paper Products	1032.99	860.43
印刷业和记录媒介的复制	Printing,Reproduction of Recording Media	517.45	447.26
文教体育用品制造业	Manufacture of Articles For Culture, Education and Sport Activities	253.41	225.13
石油加工、炼焦及核燃料加工业	Processing of Petroleum, Coking, Processing of Nuclear Fuel	1292.98	1021.28
化学原料及化学制品制造业	Manufacture of Raw Chemical Materials and Chemical Products	3462.19	2837.23
医药制造业	Manufacture of Medicines	837.65	674.49
化学纤维制造业	Manufacture of Chemical Fibers	634.71	564.78
橡胶制品业	Manufacture of Rubber	430.58	364.52
塑料制品业	Manufacture of Plastics	1485.62	1304.24
非金属矿物制品业	Manufacture of Non-metallic Mineral Products	3787.11	3055.35
黑色金属冶炼及压延加工业	Smelting and Pressing of Ferrous Metals	3483.00	3086.76
有色金属冶炼及压延加工业	Smelting and Pressing of Non-ferrous Metals	1753.80	1499.85
金属制品业	Manufacture of Metal Products	2583.80	2344.48
通用设备制造业	Manufacture of General Purpose Machinery	3663.13	3243.93
专用设备制造业	Manufacture of Special Purpose Machinery	1832.08	1611.69
交通运输设备制造业	Manufacture of Transport Equipment	3090.92	2646.03
电气机械及器材制造业	Manufacture of Electrical Machinery and Equipment	3465.45	3126.22
通信设备、计算机及其他电子设备制造业	Manufacture of Communication Equipment, Computers and Other Electronic Equipment	1122.65	1004.89
仪器仪表及文化、办公用机械制造业	Manufacture of Measuring Instruments and Machinery for Cultural Activity and Office Work	536.99	478.23
工艺品及其他制造业	Manufacture of Artwork and Other Manufacturing	544.98	478.18
废弃资源和废旧材料回收加工业	Recycling and Disposal of Waste	165.73	150.85
电力、热力的生产和供应业	Production and Supply of Electric Power and Heat Power	846.13	446.97
燃气生产和供应业	Production and Supply of Gas	54.93	42.40
水的生产和供应业	Production and Supply of Water	77.36	37.02

continued

(100 million yuan)

所有者权益 Owners' Equities	主营业务收入 Revenue from Principal Business	主营业务成本 Cost of Principal Business	主营业务税金及附加 Taxes and Other Charges on Principal Business	利润总额 Total Profits	本年应交增值税 Value Added Tax Payable	全部从业人员年平均人数(万人) Annual Average Employed Persons (10 000 persons)
40383.67	**156603.57**	**134374.58**	**1311.38**	**9677.69**	**4546.76**	**2973.84**
1102.08	3398.83	2512.30	73.44	405.48	219.88	90.09
56.35	81.56	61.36	2.17	13.26	2.62	1.21
667.83	2209.21	1742.88	34.71	263.17	106.31	32.39
308.87	854.15	690.41	12.71	79.53	35.05	16.30
334.54	1250.86	1002.45	24.33	96.68	46.10	26.29
1.92	11.48	10.25	0.16	0.50	0.23	0.18
2596.89	12287.09	10689.92	98.01	718.07	246.70	160.85
846.00	2877.35	2354.88	28.14	203.74	83.15	60.57
617.09	1964.72	1556.24	52.70	145.43	67.74	34.80
6.02	3.71	2.93	0.01	0.45	0.13	0.06
3112.97	12605.76	11174.90	78.30	634.38	318.09	312.18
979.59	4426.39	3822.14	31.35	239.14	123.83	174.58
494.05	2444.80	2092.93	19.70	157.57	71.51	79.81
866.02	3781.58	3240.37	40.00	247.83	112.14	85.37
435.44	1692.47	1417.45	16.23	100.06	43.06	44.39
805.37	3093.09	2683.05	26.28	193.19	91.06	66.06
394.28	1178.89	997.44	8.34	74.14	37.82	31.36
191.93	881.96	760.45	9.00	44.52	24.38	31.21
793.97	2580.84	2296.55	21.33	128.67	83.93	21.53
3012.17	11600.41	9905.46	101.38	722.33	316.04	161.52
835.98	2152.34	1688.16	19.96	175.00	82.69	39.24
364.34	1416.23	1293.71	4.22	56.68	20.34	14.87
366.19	1483.42	1253.67	11.89	104.27	43.54	31.48
1282.70	4955.31	4296.33	33.30	274.45	126.87	108.29
3462.12	11936.28	10045.68	126.64	890.71	444.08	247.29
1910.97	10143.73	9218.40	54.57	480.72	255.23	86.83
1096.27	6422.90	5788.13	36.80	274.49	162.93	54.06
1870.34	7707.58	6665.25	56.24	421.91	198.32	152.19
3099.09	11580.49	9885.23	87.86	715.80	350.36	220.08
1548.35	5218.00	4352.97	39.39	372.20	165.51	102.76
1840.03	7318.05	6370.02	54.31	416.53	191.59	137.37
2696.65	9856.05	8428.72	58.36	575.62	269.02	173.50
881.31	2759.39	2321.41	14.74	170.07	73.97	76.19
480.15	1271.97	1042.55	7.35	96.24	44.20	29.79
450.24	1997.36	1718.50	17.56	115.86	52.97	53.06
72.36	608.02	552.33	4.17	24.86	15.13	5.13
415.44	387.06	310.69	3.44	28.25	15.32	8.18
43.40	111.32	88.94	1.17	11.75	3.17	1.22
44.36	52.91	39.56	1.09	4.19	1.74	1.53

14-11 按行业分私营工业企业主要经济效益指标（2009年）

行 业	Sector	总资产贡献率 (%) Ratio of Total Assets to Industrial Output Value (%)
全国总计	**National Total**	**18.33**
煤炭开采和洗选业	Mining and Washing of Coal	32.46
石油和天然气开采业	Extraction of Petroleum and Natural Gas	23.72
黑色金属矿采选业	Mining and Processing of Ferrous Metal Ores	28.14
有色金属矿采选业	Mining and Processing of Non-Ferrous Metal Ores	21.98
非金属矿采选业	Mining and Processing of Nonmetal Ores	30.86
其他采矿业	Mining of Other Ores	23.02
农副食品加工业	Processing of Food from Agricultural Products	23.38
食品制造业	Manufacture of Foods	21.48
饮料制造业	Manufacture of Beverages	22.44
烟草制品业	Manufacture of Tobacco	7.16
纺织业	Manufacture of Textile	15.11
纺织服装、鞋、帽制造业	Manufacture of Textile Wearing Apparel, Footware and Caps	19.58
皮革、毛皮、羽毛(绒)及其制品业	Manufacture of Leather, Fur, Feather and Related Products	24.81
木材加工及木、竹、藤、棕、草制品业	Processing of Timber, Manufacture of Wood, Bamboo, Rattan, Palm and Straw Products	27.40
家具制造业	Manufacture of Furniture	18.88
造纸及纸制品业	Manufacture of Paper and Paper Products	18.16
印刷业和记录媒介的复制	Printing, Reproduction of Recording Media	14.26
文教体育用品制造业	Manufacture of Articles For Culture, Education and Sport Activities	18.76
石油加工、炼焦及核燃料加工业	Processing of Petroleum, Coking, Processing of Nuclear Fuel	12.56
化学原料及化学制品制造业	Manufacture of Raw Chemical Materials and Chemical Products	18.85
医药制造业	Manufacture of Medicines	17.72
化学纤维制造业	Manufacture of Chemical Fibers	10.00
橡胶制品业	Manufacture of Rubber	21.37
塑料制品业	Manufacture of Plastics	16.87
非金属矿物制品业	Manufacture of Non-metallic Mineral Products	21.32
黑色金属冶炼及压延加工业	Smelting and Pressing of Ferrous Metals	15.65
有色金属冶炼及压延加工业	Smelting and Pressing of Non-ferrous Metals	18.00
金属制品业	Manufacture of Metal Products	16.36
通用设备制造业	Manufacture of General Purpose Machinery	18.19
专用设备制造业	Manufacture of Special Purpose Machinery	18.09
交通运输设备制造业	Manufacture of Transport Equipment	14.63
电气机械及器材制造业	Manufacture of Electrical Machinery and Equipment	15.74
通信设备、计算机及其他电子设备制造业	Manufacture of Communication Equipment, Computers and Other Electronic Equipment	13.72
仪器仪表及文化、办公用机械制造业	Manufacture of Measuring Instruments and Machinery for Cultural Activity and Office Work	15.46
工艺品及其他制造业	Manufacture of Artwork and Other Manufacturing	20.12
废弃资源和废旧材料回收加工业	Recycling and Disposal of Waste	19.63
电力、热力的生产和供应业	Production and Supply of Electric Power and Heat Power	5.70
燃气生产和供应业	Production and Supply of Gas	17.20
水的生产和供应业	Production and Supply of Water	7.47

Main Indicators on Economic Benefit of Private Industrial Enterprises by Industrial Sector (2009)

资产负债率 (%) Assets-Liability Ratio (%)	流动资产周转次数（次/年） Number of Times of Annual of Turnover Working Capitals (times/year)	工业成本费用利润率 (%) Ratio of Profits to Industrial Cost (%)	产品销售率 (%) Proportion of Products Sold (%)
55.38	**3.29**	**6.71**	**97.36**
49.57	3.37	14.36	97.74
30.06	3.21	19.85	99.56
54.66	3.08	14.07	94.96
48.63	3.13	10.66	96.12
40.36	5.57	8.76	97.56
49.50	11.67	4.61	99.31
46.46	5.40	6.33	97.97
45.64	4.15	7.85	97.99
50.58	3.44	8.44	96.52
34.90	0.74	13.38	96.29
59.34	3.15	5.37	98.07
54.28	3.60	5.78	97.48
53.89	4.02	6.99	98.06
43.45	5.50	7.19	97.51
51.54	3.59	6.44	97.89
56.01	3.36	6.74	97.66
56.68	2.64	6.82	97.83
56.83	3.60	5.41	97.74
61.84	2.71	5.27	96.26
53.29	3.58	6.79	97.30
49.80	2.71	8.99	95.55
63.52	2.55	4.19	98.97
53.86	3.59	7.74	97.72
53.50	3.33	5.96	97.59
51.95	3.74	8.20	97.82
64.41	3.53	5.04	96.81
61.35	3.98	4.56	97.32
57.76	2.95	5.90	96.90
54.01	3.09	6.69	97.43
54.05	2.74	7.81	97.07
62.50	2.58	6.09	97.05
56.09	2.54	6.30	96.57
55.96	2.25	6.63	97.16
52.74	1.96	8.20	97.19
54.66	3.36	6.26	97.89
69.53	3.90	4.31	98.99
66.95	1.19	7.70	98.43
55.86	2.68	12.03	99.70
63.54	1.24	8.73	97.30

14-12 各地区私营工业企业主要指标
Main Indicators of Private Industrial Enterprises by Region

单位：亿元 (100 million yuan)

年份 Year / 地区 Region	企业单位数（个） Number of Enterprises (unit)	工业总产值 Gross Industrial Output Value	工业增加值 Value Added of Industry	资产总计 Total Assets	流动资产合计 Total Working Capitals
1998	10667	2082.87	509.63	1486.98	776.53
1999	14601	3244.56	806.48	2289.21	1217.04
2000	22128	5220.36	1318.48	3873.83	1910.75
2001	36218	8760.89	2174.41	5901.98	3130.00
2002	49176	12950.86	3255.83	8759.62	4686.53
2003	67607	20980.23	5378.76	14525.29	7838.48
2004	119357	35141.25	8290.00	23724.80	13080.46
2005	123820	47778.20	12855.55	30325.12	16426.01
2006	149736	67239.81	18735.86	40514.83	22035.64
2007	177080	94023.28	26382.18	53304.95	29412.56
2008	245850	136340.33		75879.59	40572.42
2009	256031	162026.18		91175.60	47550.43
北　京 Beijing	2354	677.22		778.72	538.60
天　津 Tianjin	3756	1871.05		1162.17	752.85
河　北 Hebei	8162	8817.90		4001.80	1934.68
山　西 Shanxi	1552	1470.91		1718.84	818.10
内蒙古 Inner Mongolia	2152	2579.74		1569.69	681.72
辽　宁 Liaoning	15157	10184.97		5086.67	2159.42
吉　林 Jilin	3454	2487.60		1364.63	489.16
黑龙江 Heilongjiang	2212	1140.54		862.02	448.02
上　海 Shanghai	8623	2863.24		2535.67	1677.29
江　苏 Jiangsu	40744	24897.78		13843.22	8257.68
浙　江 Zhejiang	41969	17804.88		15485.38	9537.60
安　徽 Anhui	9526	3989.53		2374.99	1235.79
福　建 Fujian	9198	4633.22		2621.99	1389.71
江　西 Jiangxi	4153	3677.59		1561.65	614.82
山　东 Shandong	29554	26906.93		10767.01	4514.28
河　南 Henan	11347	11024.65		4166.28	1731.91
湖　北 Hubei	7875	3587.61		2111.94	942.29
湖　南 Hunan	9021	5671.74		2243.67	815.85
广　东 Guangdong	22119	12448.37		6393.80	3866.57
广　西 Guangxi	3200	1915.12		1130.45	605.09
海　南 Hainan	96	60.57		81.61	44.44
重　庆 Chongqing	4767	2625.87		1563.47	790.66
四　川 Sichuan	7774	6405.45		3281.23	1447.79
贵　州 Guizhou	1308	555.24		475.77	249.54
云　南 Yunnan	1892	1214.89		1316.41	695.81
西　藏 Tibet	22	9.23		22.50	13.57
陕　西 Shaanxi	1671	1081.38		817.70	403.12
甘　肃 Gansu	768	320.06		380.77	169.11
青　海 Qinghai	160	122.77		229.37	114.71
宁　夏 Ningxia	602	443.43		566.14	283.32
新　疆 Xinjiang	843	536.70		660.05	326.92

14-12 续表 1 continued

单位：亿元 (100 million yuan)

年 份 Year 地 区 Region	固定资产原价 Original Value of Fixed Assets	固定资产净值 Net Value of Fixed Assets	负债合计 Total Liabilities	流动负债合计 Total Working Liabilities	所有者权益合计 Total Owners' Equities
1998	681.14	532.95	909.42	771.59	577.55
1999	1034.21	809.24	1367.12	1159.58	922.10
2000	1651.37	1266.48	2208.83	1891.82	1664.99
2001	2741.06	2066.54	3527.40	3037.27	2374.59
2002	3959.95	2987.85	5192.26	4493.43	3567.35
2003	6228.85	4697.16	8781.24	7697.03	5743.95
2004	9992.56	7632.88	14529.31	12866.37	9195.48
2005	12983.32	9741.34	18038.87	15964.40	12286.22
2006	17316.09	12824.85	23946.79	21160.92	16567.96
2007	22383.18	16357.15	31120.19	27495.89	22184.60
2008	34437.22	24679.56	42825.30	37262.29	33051.48
2009	42366.46	30047.66	50495.45	42938.08	40383.67
北 京 Beijing	199.00	133.21	484.47	449.55	294.25
天 津 Tianjin	381.86	273.88	734.57	695.40	427.60
河 北 Hebei	2102.13	1577.34	2237.77	1976.83	1739.33
山 西 Shanxi	716.84	546.39	1135.53	930.57	581.46
内蒙古 Inner Mongolia	800.36	619.52	871.99	684.55	690.87
辽 宁 Liaoning	3028.67	2016.73	2397.30	1801.74	2669.06
吉 林 Jilin	942.58	715.43	574.99	429.95	777.90
黑龙江 Heilongjiang	387.91	292.74	475.14	412.60	382.20
上 海 Shanghai	842.22	562.82	1523.97	1419.15	1011.70
江 苏 Jiangsu	5721.47	3851.68	8378.02	7689.54	5456.66
浙 江 Zhejiang	5330.48	3721.11	10065.27	9319.47	5420.11
安 徽 Anhui	1027.83	788.45	1259.30	1097.06	1104.45
福 建 Fujian	1131.58	863.56	1294.77	1115.08	1312.79
江 西 Jiangxi	830.40	609.51	711.72	537.18	849.93
山 东 Shandong	6205.40	4404.94	4911.09	3717.10	5798.10
河 南 Henan	2342.11	1951.41	1544.08	1137.99	2594.03
湖 北 Hubei	1234.77	889.91	1061.07	800.37	1032.48
湖 南 Hunan	1239.18	994.06	1121.67	733.71	1121.98
广 东 Guangdong	3020.88	1854.38	3824.29	3395.56	2532.26
广 西 Guangxi	472.64	358.05	674.49	549.30	446.87
海 南 Hainan	30.45	21.28	40.21	32.61	41.40
重 庆 Chongqing	707.08	486.92	879.54	707.45	677.49
四 川 Sichuan	1944.82	1233.89	1722.57	1261.37	1536.52
贵 州 Guizhou	181.10	137.16	272.42	218.12	199.59
云 南 Yunnan	572.64	404.66	817.70	655.12	496.00
西 藏 Tibet	4.79	3.78	3.11	2.46	19.31
陕 西 Shaanxi	326.72	247.63	417.41	329.60	397.33
甘 肃 Gansu	168.42	122.23	198.66	135.96	179.47
青 海 Qinghai	81.24	63.35	130.45	108.70	98.17
宁 夏 Ningxia	179.36	142.58	352.30	279.62	213.84
新 疆 Xinjiang	211.54	159.05	379.56	314.39	280.51

14-12 续表 2 continued

单位：亿元 (100 million yuan)

年份 地区	Year Region	主营业务收入 Revenue from Principal Business	主营业务成本 Cost of Principal Business	主营业务税金及附加 Taxes and Other Charges on Principal Business	利润总额 Total Profits	本年应交增值税 Value-added Tax Payable	全部从业人员年平均人数(万人) Annual Average Employed Persons (10 000 persons)
	1998	1846.25	1563.23	21.13	67.25	53.04	160.80
	1999	2921.58	2485.20	30.46	121.52	85.49	229.06
	2000	4791.50	4121.97	44.91	189.68	143.60	346.42
	2001	7982.43	6947.43	68.46	312.56	242.55	541.52
	2002	11971.63	10433.80	95.67	490.23	368.39	732.90
	2003	19733.77	17194.65	146.14	859.64	589.24	1027.61
	2004	33487.25	29452.27	257.14	1429.74	964.44	1515.43
	2005	45801.43	39914.50	352.22	2120.65	1336.63	1692.06
	2006	64817.70	56316.16	476.64	3191.05	1868.62	1971.01
	2007	90277.81	77335.75	656.62	5053.74	2698.44	2252.91
	2008	131525.40	112220.27	1123.38	8302.06	4378.36	2871.89
	2009	156603.57	134374.58	1311.38	9677.69	4546.76	2973.84
北京	Beijing	686.39	565.54	2.88	33.09	19.54	17.68
天津	Tianjin	1807.47	1640.55	8.76	93.82	26.96	30.49
河北	Hebei	8471.12	7296.15	46.34	639.82	229.31	112.97
山西	Shanxi	1386.48	1232.29	10.87	16.66	65.64	29.54
内蒙古	Inner Mongolia	2541.23	2069.28	30.42	170.97	86.81	29.00
辽宁	Liaoning	9789.00	8365.01	82.86	634.15	253.38	140.70
吉林	Jilin	2373.65	2000.37	38.41	106.50	44.40	38.70
黑龙江	Heilongjiang	1093.19	943.94	8.16	57.89	41.71	22.60
上海	Shanghai	2799.35	2388.90	7.20	139.82	74.57	71.54
江苏	Jiangsu	24197.52	21414.67	115.15	1187.89	762.16	430.13
浙江	Zhejiang	17041.76	14969.83	84.79	745.22	422.45	413.48
安徽	Anhui	3784.14	3255.50	28.99	229.44	102.20	82.68
福建	Fujian	4490.41	3884.73	40.96	266.35	108.45	120.41
江西	Jiangxi	3658.96	3091.22	42.55	223.97	117.58	66.28
山东	Shandong	26377.19	22656.23	212.89	1745.06	744.31	365.82
河南	Henan	10908.78	8898.60	129.12	1327.08	384.21	165.63
湖北	Hubei	3396.22	2871.89	51.68	230.15	88.89	83.09
湖南	Hunan	5523.41	4443.58	116.69	294.35	190.59	113.64
广东	Guangdong	11960.20	10338.73	83.97	642.98	297.08	314.73
广西	Guangxi	1737.51	1529.79	21.91	67.17	43.99	39.80
海南	Hainan	59.09	41.66	1.18	8.55	4.21	1.93
重庆	Chongqing	2557.70	2148.23	19.90	154.13	73.31	67.73
四川	Sichuan	6140.24	5222.80	77.53	375.27	206.66	117.83
贵州	Guizhou	498.99	382.01	12.96	32.47	29.51	18.24
云南	Yunnan	1120.58	929.59	9.40	83.87	49.13	29.86
西藏	Tibet	8.71	4.93	0.14	2.98	0.80	0.21
陕西	Shaanxi	981.04	753.65	14.65	97.32	45.56	20.52
甘肃	Gansu	254.78	211.52	3.07	12.01	5.36	9.79
青海	Qinghai	90.17	72.59	3.14	8.25	3.25	2.20
宁夏	Ningxia	393.56	347.46	1.91	20.06	10.83	7.73
新疆	Xinjiang	474.71	403.34	2.91	30.39	13.90	8.89

14-13 各地区私营工业企业主要经济效益指标（2009年）
Main Indicators on Economic Benefit of Private Industrial Enterprises by Region (2009)

地 区	Region	总资产贡献率 (%) Ratio of Total Assets to Industrial Output Value (%)	资 产 负债率 (%) Assets-Liability Ratio (%)	流动资产周转次数（次/年） Number of Times of Annual of Turnover Working Capitals (times/year)	成本费用利润率 (%) Ratio of Profits to Industrial Cost (%)	产 品 销售率 (%) Proportion of Products Sold (%)
全国总计	**National Total**	**18.33**	**55.38**	**3.29**	**6.71**	**97.36**
北 京	Beijing	7.55	62.21	1.27	5.01	97.4
天 津	Tianjin	12.01	63.21	2.40	5.41	95.76
河 北	Hebei	24.21	55.92	4.38	8.36	96.82
山 西	Shanxi	6.82	66.06	1.69	1.23	96.66
内蒙古	Inner Mongolia	19.61	55.55	3.73	7.71	97.26
辽 宁	Liaoning	20.03	47.13	4.53	7.12	97.34
吉 林	Jilin	15.24	42.14	4.85	4.82	96.6
黑龙江	Heilongjiang	13.28	55.12	2.44	5.66	95.98
上 海	Shanghai	9.42	60.10	1.67	5.24	97.75
江 苏	Jiangsu	16.22	60.52	2.93	5.21	97.82
浙 江	Zhejiang	9.68	65.00	1.79	4.58	96.98
安 徽	Anhui	16.41	53.02	3.06	6.50	96.35
福 建	Fujian	17.33	49.38	3.23	6.33	97.13
江 西	Jiangxi	25.66	45.58	5.95	6.86	98.94
山 东	Shandong	26.64	45.61	5.84	7.30	98.31
河 南	Henan	45.60	37.06	6.30	14.06	98.52
湖 北	Hubei	18.79	50.24	3.60	7.28	96.69
湖 南	Hunan	28.59	49.99	6.77	6.00	98.66
广 东	Guangdong	16.74	59.81	3.09	5.77	96.88
广 西	Guangxi	13.03	59.67	2.87	4.07	93.00
海 南	Hainan	17.69	49.27	1.33	17.40	97.82
重 庆	Chongqing	16.91	56.26	3.23	6.55	98.21
四 川	Sichuan	21.62	52.50	4.24	6.62	97.81
贵 州	Guizhou	16.51	57.26	2.00	7.27	91.66
云 南	Yunnan	11.91	62.12	1.61	8.11	92.56
西 藏	Tibet	17.46	13.84	0.64	50.20	91.60
陕 西	Shaanxi	20.34	51.05	2.43	11.49	91.92
甘 肃	Gansu	6.42	52.17	1.51	5.10	92.65
青 海	Qinghai	7.59	56.87	0.79	9.72	91.69
宁 夏	Ningxia	7.08	62.23	1.39	5.25	89.13
新 疆	Xinjiang	7.90	57.51	1.45	6.79	85.01

14-14 按行业分外商投资和港澳台商投资工业企业主要指标（2009年）

单位：亿元

行业	Sector	企业单位数（个）Number of Enterprises (unit)	工业总产值 Gross Industrial Output Value
全国总计	**National Total**	**75376**	**152686.62**
煤炭开采和洗选业	Mining and Washing of Coal	38	398.93
石油和天然气开采业	Extraction of Petroleum and Natural Gas	17	547.38
黑色金属矿采选业	Mining and Processing of Ferrous Metal Ores	45	91.60
有色金属矿采选业	Mining and Processing of Non-Ferrous Metal Ores	67	139.28
非金属矿采选业	Mining and Processing of Nonmetal Ores	147	132.13
其他采矿业	Mining of Other Ores		
农副食品加工业	Processing of Food from Agricultural Products	2600	6880.61
食品制造业	Manufacture of Foods	1601	3158.08
饮料制造业	Manufacture of Beverages	818	2515.07
烟草制品业	Manufacture of Tobacco	3	3.47
纺织业	Manufacture of Textile	5673	5014.53
纺织服装、鞋、帽制造业	Manufacture of Textile Wearing Apparel, Footware and Caps	6319	4158.60
皮革、毛皮、羽毛(绒)及其制品业	Manufacture of Leather, Fur, Feather and Related Products	2670	2867.69
木材加工及木、竹、藤、棕、草制品业	Processing of Timber, Manufacture of Wood, Bamboo, Rattan, Palm and Straw Products	1002	728.62
家具制造业	Manufacture of Furniture	1361	1182.93
造纸及纸制品业	Manufacture of Paper and Paper Products	1494	2544.95
印刷业和记录媒介的复制	Printing,Reproduction of Recording Media	785	762.70
文教体育用品制造业	Manufacture of Articles For Culture, Education and Sport Activities	1907	1391.25
石油加工、炼焦及核燃料加工业	Processing of Petroleum, Coking, Processing of Nuclear Fuel	207	2874.00
化学原料及化学制品制造业	Manufacture of Raw Chemical Materials and Chemical Products	4281	9427.90
医药制造业	Manufacture of Medicines	1144	2638.35
化学纤维制造业	Manufacture of Chemical Fibers	321	1131.67
橡胶制品业	Manufacture of Rubber	1005	1738.21
塑料制品业	Manufacture of Plastics	4236	3601.00
非金属矿物制品业	Manufacture of Non-metallic Mineral Products	3094	3696.44
黑色金属冶炼及压延加工业	Smelting and Pressing of Ferrous Metals	583	5896.92
有色金属冶炼及压延加工业	Smelting and Pressing of Non-ferrous Metals	855	3109.08
金属制品业	Manufacture of Metal Products	4067	4041.03
通用设备制造业	Manufacture of General Purpose Machinery	4862	6188.66
专用设备制造业	Manufacture of Special Purpose Machinery	3598	4027.97
交通运输设备制造业	Manufacture of Transport Equipment	3637	18533.21
电气机械及器材制造业	Manufacture of Electrical Machinery and Equipment	5500	10809.23
通信设备、计算机及其他电子设备制造业	Manufacture of Communication Equipment, Computers and Other Electronic Equipment	6714	34713.22
仪器仪表及文化、办公用机械制造业	Manufacture of Measuring Instruments and Machinery for Cultural Activity and Office Work	1523	2489.64
工艺品及其他制造业	Manufacture of Artwork and Other Manufacturing	2176	1523.99
废弃资源和废旧材料回收加工业	Recycling and Disposal of Waste	164	236.65
电力、热力的生产和供应业	Production and Supply of Electric Power and Heat Power	481	2581.71
燃气生产和供应业	Production and Supply of Gas	233	729.73
水的生产和供应业	Production and Supply of Water	148	180.18

Main Indicators of Industrial Enterprises with Hong Kong, Macao, Taiwan and Foreign Funds by Industrial Sector (2009)

(100 million yuan)

资产总计 Total Assets	流动资产合计 Total Working Capitals	固定资产原价 Original Value of Fixed Assets	固定资产净值 Net Value of Fixed Assets
124477.56	**69082.13**	**65507.53**	**40442.24**
641.24	312.17	200.33	168.68
525.57	82.51	510.27	366.78
108.53	66.35	30.98	25.21
319.22	131.14	120.66	95.40
122.92	44.55	83.17	52.67
3955.33	2384.28	2084.20	1094.46
2410.46	1278.89	1216.62	752.57
2238.42	1015.77	1428.33	881.91
8.27	4.62	7.53	3.32
4452.07	2420.78	2354.78	1452.93
2673.54	1655.17	1101.89	691.80
1732.83	1127.27	649.00	393.29
597.61	330.26	310.92	187.01
927.39	567.59	392.94	245.55
3570.86	1436.09	2159.86	1480.95
839.99	473.02	509.06	279.82
990.56	598.64	485.24	289.08
2044.53	836.30	1387.20	944.64
8669.94	4086.12	5254.63	3674.27
2563.92	1462.07	1160.23	702.59
1168.17	562.51	754.48	487.96
1554.04	718.15	1024.63	665.41
3121.79	1755.67	1780.03	1017.54
4298.98	1844.46	2764.10	1851.63
4345.94	2074.28	2291.25	1550.46
2790.93	1403.88	1330.67	926.81
3440.36	2048.24	1662.11	1017.49
6016.99	3893.90	2458.04	1541.85
4136.61	2685.14	1557.98	990.49
14785.20	9208.45	6027.77	3773.90
8071.80	5340.64	3250.09	1968.83
19550.15	12439.95	10246.76	5541.41
1995.68	1496.38	686.93	385.82
1004.28	635.64	433.96	264.55
221.83	163.95	60.72	45.84
6020.19	1250.21	6624.92	3815.06
1719.44	1075.77	547.46	433.49
841.98	171.34	557.79	380.79

14-14 续表

单位：亿元

行　　业	Sector	负债合计 Total Liabilities	流动负债合　计 Total Working Liabilities
全国总计	**National Total**	**69928.77**	**58916.08**
煤炭开采和洗选业	Mining and Washing of Coal	401.38	127.36
石油和天然气开采业	Extraction of Petroleum and Natural Gas	439.28	385.96
黑色金属矿采选业	Mining and Processing of Ferrous Metal Ores	48.70	39.44
有色金属矿采选业	Mining and Processing of Non-Ferrous Metal Ores	132.25	88.60
非金属矿采选业	Mining and Processing of Nonmetal Ores	67.31	57.49
其他采矿业	Mining of Other Ores		
农副食品加工业	Processing of Food from Agricultural Products	2403.67	2137.57
食品制造业	Manufacture of Foods	1181.25	1043.74
饮料制造业	Manufacture of Beverages	1177.45	1049.42
烟草制品业	Manufacture of Tobacco	1.96	1.96
纺织业	Manufacture of Textile	2251.70	2008.89
纺织服装、鞋、帽制造业	Manufacture of Textile Wearing Apparel, Footware and Caps	1316.34	1198.54
皮革、毛皮、羽毛(绒)及其制品业	Manufacture of Leather, Fur, Feather and Related Products	909.76	838.92
木材加工及木、竹、藤、棕、草制品业	Processing of Timber, Manufacture of Wood, Bamboo, Rattan, Palm and Straw Products	305.82	262.52
家具制造业	Manufacture of Furniture	492.96	458.31
造纸及纸制品业	Manufacture of Paper and Paper Products	1952.40	1385.67
印刷业和记录媒介的复制	Printing,Reproduction of Recording Media	361.27	326.57
文教体育用品制造业	Manufacture of Articles For Culture, Education and Sport Activities	493.25	445.02
石油加工、炼焦及核燃料加工业	Processing of Petroleum, Coking, Processing of Nuclear Fuel	1428.08	980.65
化学原料及化学制品制造业	Manufacture of Raw Chemical Materials and Chemical Products	4622.90	3520.34
医药制造业	Manufacture of Medicines	1134.79	989.50
化学纤维制造业	Manufacture of Chemical Fibers	670.71	574.29
橡胶制品业	Manufacture of Rubber	812.00	638.78
塑料制品业	Manufacture of Plastics	1543.16	1351.50
非金属矿物制品业	Manufacture of Non-metallic Mineral Products	2278.23	1680.75
黑色金属冶炼及压延加工业	Smelting and Pressing of Ferrous Metals	2837.08	2254.94
有色金属冶炼及压延加工业	Smelting and Pressing of Non-ferrous Metals	1647.05	1273.47
金属制品业	Manufacture of Metal Products	1799.48	1622.78
通用设备制造业	Manufacture of General Purpose Machinery	3146.79	2905.88
专用设备制造业	Manufacture of Special Purpose Machinery	2178.57	1956.35
交通运输设备制造业	Manufacture of Transport Equipment	8910.66	8026.29
电气机械及器材制造业	Manufacture of Electrical Machinery and Equipment	4472.14	4081.14
通信设备、计算机及其他电子设备制造业	Manufacture of Communication Equipment, Computers and Other Electronic Equipment	11655.16	10658.68
仪器仪表及文化、办公用机械制造业	Manufacture of Measuring Instruments and Machinery for Cultural Activity and Office Work	1098.24	1051.42
工艺品及其他制造业	Manufacture of Artwork and Other Manufacturing	457.37	409.59
废弃资源和废旧材料回收加工业	Recycling and Disposal of Waste	162.21	154.74
电力、热力的生产和供应业	Production and Supply of Electric Power and Heat Power	3467.13	1717.92
燃气生产和供应业	Production and Supply of Gas	1250.31	1059.49
水的生产和供应业	Production and Supply of Water	419.97	151.61

continued

(100 million yuan)

所有者权益 Owners' Equities	主营业务收入 Revenue from Principal Business	主营业务成本 Cost of Principal Business	主营业务税金及附加 Taxes and Other Charges on Principal Business	利润总额 Total Profits	本年应交增值税 Value Added Tax Payable	全部从业人员年平均人数(万人) Annual Average Employed Persons (10 000 persons)
54251.47	**150263.06**	**127247.80**	**1162.81**	**10107.05**	**4034.05**	**2450.43**
239.87	415.73	303.15	3.82	98.28	25.60	2.75
86.29	485.41	220.35	10.85	234.32	26.31	0.41
59.75	82.79	64.43	0.93	9.76	4.47	1.03
186.54	254.59	212.90	1.64	22.87	7.41	2.10
55.42	128.81	93.24	1.92	11.25	5.12	2.68
1538.37	6980.92	6223.98	26.76	350.02	118.62	68.27
1223.37	3113.73	2252.96	17.39	283.61	146.28	48.07
1056.77	2492.80	1736.08	66.34	238.68	127.85	31.37
6.31	3.54	2.12	0.01	0.54	0.45	0.08
2197.02	4880.76	4272.78	13.48	236.49	121.07	152.23
1351.68	4055.72	3410.00	14.13	255.98	115.54	212.67
812.92	2783.38	2390.01	10.62	178.04	77.44	145.65
290.81	718.94	624.35	4.22	30.62	23.22	17.77
431.85	1155.19	978.58	5.71	62.32	26.69	40.45
1613.05	2467.17	2048.99	7.06	180.15	83.09	37.07
478.55	727.42	573.47	2.03	83.18	27.24	22.11
496.75	1357.95	1180.00	3.33	48.42	25.35	78.61
615.71	2743.19	2213.26	235.29	174.06	97.10	8.31
4029.12	9167.11	7297.28	33.48	784.62	361.78	65.15
1421.69	2545.87	1611.84	6.67	329.99	151.68	34.77
497.27	1132.44	1012.18	2.49	68.95	22.25	8.79
739.68	1695.90	1408.29	5.62	128.88	54.15	37.05
1575.26	3477.53	2972.43	9.28	202.28	79.92	103.43
2016.52	3605.59	2975.55	19.44	295.73	145.95	73.66
1498.33	5803.16	5379.54	8.40	198.73	122.12	28.19
1141.75	3033.81	2692.78	15.34	190.95	69.52	21.72
1635.82	3926.28	3360.11	16.28	224.70	95.03	88.17
2863.69	6158.14	4999.06	15.04	513.54	202.46	94.49
1944.57	4007.50	3239.67	10.33	334.14	115.54	71.99
5743.12	18589.57	14932.05	517.21	1796.57	713.63	138.69
3588.77	10361.33	8665.38	30.76	782.36	274.37	202.63
7881.02	34244.44	31522.16	19.73	1055.10	293.33	477.21
893.02	2456.66	2079.05	5.78	169.19	45.57	51.79
542.59	1481.22	1271.21	6.29	83.08	37.10	56.83
59.62	234.96	217.46	0.09	5.89	5.18	1.46
2549.05	2581.85	2100.15	9.94	326.87	158.84	13.39
467.85	738.10	608.69	2.92	90.21	21.34	5.95
421.70	173.56	102.22	2.22	26.69	5.46	3.43

14-15 按行业分外商投资和港澳台商投资工业企业主要经济效益指标（2009年）

行业	Sector	总资产贡献率(%) Ratio of Total Assets to Industrial Output Value (%)
全国总计	**National Total**	**13.08**
煤炭开采和洗选业	Mining and Washing of Coal	21.19
石油和天然气开采业	Extraction of Petroleum and Natural Gas	51.77
黑色金属矿采选业	Mining and Processing of Ferrous Metal Ores	14.44
有色金属矿采选业	Mining and Processing of Non-Ferrous Metal Ores	10.78
非金属矿采选业	Mining and Processing of Nonmetal Ores	15.84
其他采矿业	Mining of Other Ores	
农副食品加工业	Processing of Food from Agricultural Products	13.58
食品制造业	Manufacture of Foods	19.21
饮料制造业	Manufacture of Beverages	19.97
烟草制品业	Manufacture of Tobacco	11.33
纺织业	Manufacture of Textile	9.37
纺织服装、鞋、帽制造业	Manufacture of Textile Wearing Apparel, Footware and Caps	15.18
皮革、毛皮、羽毛(绒)及其制品业	Manufacture of Leather, Fur, Feather and Related Products	16.20
木材加工及木、竹、藤、棕、草制品业	Processing of Timber, Manufacture of Wood, Bamboo, Rattan, Palm and Straw Products	10.87
家具制造业	Manufacture of Furniture	10.95
造纸及纸制品业	Manufacture of Paper and Paper Products	8.88
印刷业和记录媒介的复制	Printing, Reproduction of Recording Media	13.92
文教体育用品制造业	Manufacture of Articles For Culture, Education and Sport Activities	8.43
石油加工、炼焦及核燃料加工业	Processing of Petroleum, Coking, Processing of Nuclear Fuel	26.04
化学原料及化学制品制造业	Manufacture of Raw Chemical Materials and Chemical Products	14.65
医药制造业	Manufacture of Medicines	19.67
化学纤维制造业	Manufacture of Chemical Fibers	9.46
橡胶制品业	Manufacture of Rubber	13.47
塑料制品业	Manufacture of Plastics	10.06
非金属矿物制品业	Manufacture of Non-metallic Mineral Products	11.73
黑色金属冶炼及压延加工业	Smelting and Pressing of Ferrous Metals	8.82
有色金属冶炼及压延加工业	Smelting and Pressing of Non-ferrous Metals	11.23
金属制品业	Manufacture of Metal Products	10.56
通用设备制造业	Manufacture of General Purpose Machinery	12.68
专用设备制造业	Manufacture of Special Purpose Machinery	11.62
交通运输设备制造业	Manufacture of Transport Equipment	20.91
电气机械及器材制造业	Manufacture of Electrical Machinery and Equipment	14.04
通信设备、计算机及其他电子设备制造业	Manufacture of Communication Equipment, Computers and Other Electronic Equipment	7.37
仪器仪表及文化、办公用机械制造业	Manufacture of Measuring Instruments and Machinery for Cultural Activity and Office Work	11.33
工艺品及其他制造业	Manufacture of Artwork and Other Manufacturing	13.41
废弃资源和废旧材料回收加工业	Recycling and Disposal of Waste	6.38
电力、热力的生产和供应业	Production and Supply of Electric Power and Heat Power	10.12
燃气生产和供应业	Production and Supply of Gas	6.99
水的生产和供应业	Production and Supply of Water	5.90

Main Indicators on Economic Benefit of Industrial Enterprises with Hong Kong, Macao, Taiwan and Foreign Funds by Industrial Sector (2009)

资产负债率 (%) Assets-Liability Ratio (%)	流动资产周转次数（次/年） Number of Times of Annual of Turnover Working Capitals (times/year)	工业成本费用利润率 (%) Ratio of Profits to Industrial Cost (%)	产品销售率 (%) Proportion of Products Sold (%)
56.18	**2.18**	**7.25**	**97.94**
62.59	1.33	28.95	93.06
83.58	5.88	100.93	95.10
44.87	1.25	13.91	95.29
41.43	1.94	9.85	99.71
54.76	2.89	9.84	98.94
60.77	2.93	5.33	97.74
49.00	2.43	10.03	98.35
52.60	2.45	10.78	99.43
23.70	0.77	17.07	103.68
50.58	2.02	5.11	97.14
49.24	2.45	6.74	97.49
52.50	2.47	6.85	97.17
51.17	2.18	4.45	97.81
53.16	2.04	5.72	98.17
54.68	1.72	7.85	98.68
43.01	1.54	12.84	97.49
49.79	2.27	3.73	98.35
69.85	3.28	7.43	97.35
53.32	2.24	9.35	97.35
44.26	1.74	14.84	94.64
57.42	2.01	6.45	98.52
52.25	2.36	8.24	99.20
49.43	1.98	6.19	97.71
52.99	1.95	8.92	97.78
65.28	2.80	3.57	97.18
59.01	2.16	6.73	97.59
52.30	1.92	6.12	97.63
52.30	1.58	9.12	97.98
52.67	1.49	9.14	98.41
60.27	2.02	10.92	98.63
55.40	1.94	8.19	97.24
59.62	2.75	3.18	98.34
55.03	1.64	7.41	98.62
45.54	2.33	5.97	96.85
73.12	1.43	2.57	98.30
57.59	2.07	14.31	99.35
72.72	0.69	13.50	99.54
49.88	1.01	18.27	98.70

14-16 各地区外商投资和港澳台商投资工业企业主要指标
Main Indicators of Industrial Enterprises with Hong Kong, Macao, Taiwan and Foreign Funds by Region

单位：亿元 (100 million yuan)

年份 地区	Year Region	企业单位数(个) Number of Enterprises (unit)	工业总产值 Gross Industrial Output Value	工业增加值 Value Added of Industry	资产总计 Total Assets	流动资产合计 Total Working Capitals
	1998	26442	16757.90	4055.07	21326.95	9971.87
	1999	26837	18954.23	4850.92	23018.92	11127.85
	2000	28445	23464.55	6090.35	25714.06	12849.54
	2001	31423	27220.91	7128.11	28354.46	14029.75
	2002	34466	32459.28	8573.10	31513.76	16237.04
	2003	38581	44357.81	11599.65	39260.26	21489.84
	2004	57165	65995.21	15240.50	55601.79	30615.15
	2005	56387	79860.23	20468.28	64308.47	35303.97
	2006	60872	100076.51	25545.80	77108.65	42674.93
	2007	67456	127629.31	32129.72	96367.04	53781.51
	2008	77847	149794.17		112145.01	60340.18
	2009	75376	152686.62		124477.56	69082.13
北京	Beijing	1397	4611.29		3890.34	2572.41
天津	Tianjin	2448	5449.68		3914.17	2448.62
河北	Hebei	1127	3910.99		3676.75	1647.70
山西	Shanxi	178	554.57		958.95	351.56
内蒙古	Inner Mongolia	228	1086.50		1365.52	466.58
辽宁	Liaoning	3089	5672.63		4876.07	2645.21
吉林	Jilin	400	2511.29		1443.99	777.28
黑龙江	Heilongjiang	296	753.66		1028.36	505.69
上海	Shanghai	6516	14306.00		11907.45	7200.04
江苏	Jiangsu	13563	29697.46		23248.74	12831.83
浙江	Zhejiang	9104	10346.94		10387.42	6166.66
安徽	Anhui	883	1798.13		1474.17	772.81
福建	Fujian	5752	8319.21		6504.82	3675.64
江西	Jiangxi	820	1564.72		1438.08	578.60
山东	Shandong	6052	12977.50		8637.96	3958.51
河南	Henan	542	1838.52		1607.14	741.55
湖北	Hubei	891	3077.79		3886.14	2436.36
湖南	Hunan	594	1010.71		1193.77	330.11
广东	Guangdong	19187	36694.34		26368.10	15817.59
广西	Guangxi	531	1499.67		1298.28	712.90
海南	Hainan	93	532.26		516.35	172.07
重庆	Chongqing	288	1328.46		1200.07	565.87
四川	Sichuan	612	1492.49		1530.00	807.64
贵州	Guizhou	105	126.66		219.45	89.95
云南	Yunnan	229	334.39		457.94	194.54
西藏	Tibet	3	5.46		7.92	4.38
陕西	Shaanxi	251	824.45		718.09	365.20
甘肃	Gansu	50	85.40		166.20	43.02
青海	Qinghai	26	126.30		336.32	94.89
宁夏	Ningxia	41	66.49		89.41	41.57
新疆	Xinjiang	80	82.66		129.60	65.37

14-16 续表 1 continued

单位：亿元 (100 million yuan)

年份 Year / 地区 Region	固定资产原价 Original Value of Fixed Assets	固定资产净值 Net Value of Fixed Assets	负债合计 Total Liabilities	流动负债合计 Total Working Liabilities	所有者权益合计 Total Owners' Equities
1998	11439.70	8566.34	12481.58	9507.28	8844.84
1999	12747.02	9255.87	13287.86	10407.35	9730.41
2000	14318.30	9945.82	14658.92	11616.67	11054.36
2001	16700.30	11282.39	15558.91	12466.43	12794.29
2002	18726.88	12206.52	17136.03	14146.01	14359.94
2003	21818.93	13884.82	21763.06	18466.50	17473.30
2004	29387.92	19087.37	31278.34	26700.51	24298.79
2005	34266.82	22189.12	36459.37	30842.48	27770.72
2006	40865.54	26569.87	43398.56	36790.35	33663.65
2007	49543.59	31909.23	55168.22	47263.62	41198.76
2008	60440.68	38004.36	62831.00	52872.51	49307.20
2009	65507.53	40442.24	69928.77	58916.08	54251.47
北 京 Beijing	1620.07	918.80	2220.82	2011.22	1669.52
天 津 Tianjin	1929.36	1139.85	2080.42	1766.29	1833.64
河 北 Hebei	2157.17	1442.12	2088.01	1543.21	1574.71
山 西 Shanxi	696.19	460.65	593.66	418.08	363.55
内蒙古 Inner Mongolia	750.54	584.28	830.39	561.91	520.81
辽 宁 Liaoning	2672.28	1566.27	2620.56	2119.67	2232.85
吉 林 Jilin	878.00	536.92	788.99	576.31	644.84
黑龙江 Heilongjiang	610.59	407.00	625.47	512.80	402.30
上 海 Shanghai	6537.24	3475.19	6637.08	5838.84	5270.36
江 苏 Jiangsu	12438.04	7989.83	12860.92	11152.74	10380.26
浙 江 Zhejiang	4443.24	3086.64	5919.99	5390.89	4467.43
安 徽 Anhui	779.02	521.72	868.72	742.28	601.50
福 建 Fujian	3158.09	2041.36	3426.02	2739.29	3059.89
江 西 Jiangxi	817.09	607.04	792.76	627.93	600.61
山 东 Shandong	5572.55	3080.49	4539.50	3531.16	4078.43
河 南 Henan	918.90	655.66	905.57	685.90	698.52
湖 北 Hubei	1551.14	997.17	2491.36	2180.16	1317.12
湖 南 Hunan	788.80	566.97	687.78	332.44	505.98
广 东 Guangdong	13606.24	7933.97	15104.41	13287.42	11236.92
广 西 Guangxi	630.35	442.89	803.30	652.81	489.98
海 南 Hainan	301.13	237.40	318.24	225.30	197.64
重 庆 Chongqing	720.18	470.58	724.46	504.74	471.58
四 川 Sichuan	692.82	457.89	829.22	648.40	686.94
贵 州 Guizhou	81.44	63.42	157.23	92.28	59.65
云 南 Yunnan	287.40	191.57	239.33	177.76	217.90
西 藏 Tibet	4.58	3.30	1.57	1.55	6.35
陕 西 Shaanxi	443.20	271.22	385.40	314.66	330.37
甘 肃 Gansu	137.68	86.82	83.17	56.49	82.69
青 海 Qinghai	170.11	127.04	180.11	120.03	154.42
宁 夏 Ningxia	46.14	32.42	49.81	37.88	39.60
新 疆 Xinjiang	67.92	45.77	74.49	65.64	55.11

14-16 续表 2 continued

单位：亿元 (100 million yuan)

年 份 Year 地 区 Region		主营业务收入 Revenue from Principal Business	主营业务成本 Cost of Principal Business	主营业务税金及附加 Taxes and Other Charges on Principal Business	利润总额 Total Profits	本年应交增值税 Value-added Tax Payable	全部从业人员年平均人数(万人) Annual Average Employed Persons (10 000 Persons)
	1998	15604.60	13023.55	98.64	418.61	521.06	775.19
	1999	17966.55	14824.32	111.51	753.93	590.79	791.86
	2000	22545.74	18583.27	129.76	1282.48	738.88	852.96
	2001	26022.08	21677.74	134.78	1442.95	876.37	938.98
	2002	31189.27	25907.35	151.87	1877.22	960.87	1054.34
	2003	43607.63	36604.09	223.65	2777.44	1189.01	1258.67
	2004	65105.85	55649.54	296.90	3875.97	1508.66	1755.26
	2005	78564.46	67862.98	326.90	4140.81	1811.52	1899.64
	2006	98936.12	84903.31	477.55	5384.06	2361.95	2118.10
	2007	125497.96	106981.42	653.89	7527.38	3016.72	2353.04
	2008	146613.62	125931.62	884.89	8242.63	3916.89	2579.42
	2009	150263.06	127247.80	1162.81	10107.05	4034.05	2450.43
北 京	Beijing	4939.87	4128.95	30.61	327.43	137.29	36.15
天 津	Tianjin	5409.02	4603.33	49.88	378.12	133.55	52.74
河 北	Hebei	3874.67	3305.87	6.69	286.66	130.64	43.11
山 西	Shanxi	527.94	407.95	2.17	66.30	29.90	12.42
内蒙古	Inner Mongolia	1101.34	892.79	8.45	104.92	47.39	8.25
辽 宁	Liaoning	5632.93	4706.06	77.09	365.81	158.55	71.37
吉 林	Jilin	2121.09	1712.44	78.88	239.33	83.30	12.26
黑龙江	Heilongjiang	796.99	615.10	5.58	52.68	35.80	14.08
上 海	Shanghai	15174.56	12804.42	117.70	784.82	357.56	153.65
江 苏	Jiangsu	29076.21	25219.27	69.84	1880.06	715.81	405.97
浙 江	Zhejiang	10084.24	8516.43	43.61	635.61	269.01	208.95
安 徽	Anhui	1585.89	1291.10	11.80	147.68	86.77	24.47
福 建	Fujian	8118.22	6856.22	65.32	613.17	204.80	191.85
江 西	Jiangxi	1571.07	1333.18	10.70	103.91	44.94	36.98
山 东	Shandong	12700.57	11057.85	56.12	721.38	310.43	174.00
河 南	Henan	1961.91	1667.33	10.50	163.41	56.79	24.31
湖 北	Hubei	2988.95	2380.36	47.63	286.87	102.28	36.94
湖 南	Hunan	982.22	764.58	18.64	89.62	40.54	18.27
广 东	Guangdong	35310.99	29980.47	301.94	2318.32	815.39	845.13
广 西	Guangxi	1477.34	1233.65	19.45	105.03	54.58	20.21
海 南	Hainan	487.56	344.03	61.63	56.09	21.80	3.23
重 庆	Chongqing	1310.05	1055.10	29.71	81.69	68.88	12.42
四 川	Sichuan	1371.42	1071.95	20.26	141.59	48.65	19.78
贵 州	Guizhou	105.65	81.62	0.51	5.89	3.94	2.86
云 南	Yunnan	329.45	256.17	3.06	32.01	16.74	5.34
西 藏	Tibet	4.75	2.94	0.03	0.98	0.37	0.07
陕 西	Shaanxi	744.68	569.21	8.30	86.54	41.62	9.61
甘 肃	Gansu	84.59	61.60	1.20	5.54	4.10	1.33
青 海	Qinghai	240.72	209.92	4.14	12.60	6.07	1.82
宁 夏	Ningxia	61.09	49.59	0.42	3.61	2.50	1.24
新 疆	Xinjiang	87.10	68.31	0.96	9.39	4.08	1.63

14-17 各地区外商投资和港澳台商投资工业企业主要经济效益指标(2009年)
Main Indicators on Economic Benefit of Industrial Enterprises with Hong Kong, Macao, Taiwan and Foreign Funds by Region (2009)

地 区	Region	总资产贡献率 (%) Ratio of Total Assets to Industrial Output Value (%)	资产负债率 (%) Assets-Liability Ratio (%)	流动资产周转次数 (次/年) Number of Times of Annual of Turnover Working Capitals (times/year)	成本费用利润率 (%) Ratio of Profits to Industrial Cost (%)	产品销售率 (%) Proportion of Products Sold (%)
全国总计	**National Total**	**13.08**	**56.18**	**2.18**	**7.25**	**97.94**
北 京	Beijing	13.13	57.09	1.92	7.07	99.17
天 津	Tianjin	14.73	53.15	2.21	7.48	98.07
河 北	Hebei	12.57	56.79	2.35	8.06	98.04
山 西	Shanxi	11.81	61.91	1.50	14.03	95.17
内蒙古	Inner Mongolia	13.22	60.81	2.36	10.45	96.36
辽 宁	Liaoning	13.10	53.74	2.13	7.13	98.03
吉 林	Jilin	29.37	54.64	2.73	12.91	98.70
黑龙江	Heilongjiang	10.07	60.82	1.58	7.13	96.64
上 海	Shanghai	11.06	55.74	2.11	5.46	99.14
江 苏	Jiangsu	12.25	55.32	2.27	6.95	98.53
浙 江	Zhejiang	10.29	56.99	1.64	6.71	97.39
安 徽	Anhui	17.80	58.93	2.05	10.21	95.95
福 建	Fujian	14.43	52.67	2.21	8.19	97.23
江 西	Jiangxi	11.94	55.13	2.72	7.22	98.83
山 东	Shandong	13.73	52.55	3.21	6.10	98.63
河 南	Henan	15.59	56.35	2.65	9.05	97.95
湖 北	Hubei	11.74	64.11	1.23	10.67	97.68
湖 南	Hunan	14.03	57.61	2.98	10.22	99.05
广 东	Guangdong	13.55	57.28	2.23	7.07	97.13
广 西	Guangxi	14.75	61.87	2.07	7.69	94.89
海 南	Hainan	28.76	61.63	2.83	14.82	100.00
重 庆	Chongqing	16.08	60.37	2.32	6.74	98.07
四 川	Sichuan	14.32	54.20	1.70	11.90	98.08
贵 州	Guizhou	5.84	71.65	1.17	5.93	86.20
云 南	Yunnan	12.41	52.26	1.69	10.80	98.19
西 藏	Tibet	17.51	19.79	1.08	26.02	98.80
陕 西	Shaanxi	19.91	53.67	2.04	13.17	97.04
甘 肃	Gansu	7.74	50.04	1.97	7.78	93.79
青 海	Qinghai	8.44	53.55	2.54	5.48	98.57
宁 夏	Ningxia	9.11	55.71	1.47	6.12	95.59
新 疆	Xinjiang	11.89	57.48	1.33	11.67	98.55

14-18 按行业分大中型工业企业主要指标（2009年）

单位：亿元

行　　业	Sector	企业单位数（个）Number of Enterprises (unit)	工业总产值 Gross Industrial Output Value
全国总计	**National Total**	**41290**	**335186.44**
煤炭开采和洗选业	Mining and Washing of Coal	1246	11214.36
石油和天然气开采业	Extraction of Petroleum and Natural Gas	80	7049.20
黑色金属矿采选业	Mining and Processing of Ferrous Metal Ores	281	1415.29
有色金属矿采选业	Mining and Processing of Non-Ferrous Metal Ores	327	1270.80
非金属矿采选业	Mining and Processing of Nonmetal Ores	174	531.04
其他采矿业	Mining of Other Ores		
农副食品加工业	Processing of Food from Agricultural Products	1610	10874.19
食品制造业	Manufacture of Foods	955	5122.79
饮料制造业	Manufacture of Beverages	745	4598.01
烟草制品业	Manufacture of Tobacco	97	4872.52
纺织业	Manufacture of Textile	3056	10554.80
纺织服装、鞋、帽制造业	Manufacture of Textile Wearing Apparel, Footware and Caps	1659	4465.37
皮革、毛皮、羽毛(绒)及其制品业	Manufacture of Leather, Fur, Feather and Related Products	983	3245.64
木材加工及木、竹、藤、棕、草制品业	Processing of Timber, Manufacture of Wood, Bamboo, Rattan, Palm and Straw Products	390	1244.40
家具制造业	Manufacture of Furniture	493	1292.44
造纸及纸制品业	Manufacture of Paper and Paper Products	776	4028.77
印刷业和记录媒介的复制	Printing, Reproduction of Recording Media	408	1008.14
文教体育用品制造业	Manufacture of Articles For Culture, Education and Sport Activities	498	1113.35
石油加工、炼焦及核燃料加工业	Processing of Petroleum, Coking, Processing of Nuclear Fuel	510	18810.21
化学原料及化学制品制造业	Manufacture of Raw Chemical Materials and Chemical Products	2188	18396.88
医药制造业	Manufacture of Medicines	1020	5590.60
化学纤维制造业	Manufacture of Chemical Fibers	235	2787.11
橡胶制品业	Manufacture of Rubber	483	2874.61
塑料制品业	Manufacture of Plastics	1142	3388.86
非金属矿物制品业	Manufacture of Non-metallic Mineral Products	2435	9103.67
黑色金属冶炼及压延加工业	Smelting and Pressing of Ferrous Metals	1140	35104.48
有色金属冶炼及压延加工业	Smelting and Pressing of Non-ferrous Metals	871	11968.41
金属制品业	Manufacture of Metal Products	1422	5574.69
通用设备制造业	Manufacture of General Purpose Machinery	2443	11915.64
专用设备制造业	Manufacture of Special Purpose Machinery	1515	8654.30
交通运输设备制造业	Manufacture of Transport Equipment	2664	32718.08
电气机械及器材制造业	Manufacture of Electrical Machinery and Equipment	2949	20406.19
通信设备、计算机及其他电子设备制造业	Manufacture of Communication Equipment, Computers and Other Electronic Equipment	3212	38961.66
仪器仪表及文化、办公用机械制造业	Manufacture of Measuring Instruments and Machinery for Cultural Activity and Office Work	621	3077.83
工艺品及其他制造业	Manufacture of Artwork and Other Manufacturing	536	1773.39
废弃资源和废旧材料回收加工业	Recycling and Disposal of Waste	33	231.06
电力、热力的生产和供应业	Production and Supply of Electric Power and Heat Power	1727	28662.33
燃气生产和供应业	Production and Supply of Gas	132	780.88
水的生产和供应业	Production and Supply of Water	234	504.45

Main Indicators of Large and Medium-sized Industrial Enterprises by Industrial Sector (2009)

(100 million yuan)

资产总计 Total Assets	流动资产合计 Total Working Capitals	固定资产原价 Original Value of Fixed Assets	固定资产净值 Net Value of Fixed Assets
351080.51	**152364.09**	**205253.20**	**128167.95**
20380.02	7775.61	10737.00	6941.00
14208.60	2612.86	15132.54	8389.20
1910.92	860.08	738.20	503.00
1570.97	653.26	687.14	474.97
615.05	251.98	333.35	214.65
6418.95	3369.65	3480.39	2113.76
3597.76	1801.83	1831.00	1193.32
4520.38	2342.35	2258.48	1409.42
4860.77	3260.80	1603.23	744.40
9268.16	4626.46	4999.29	3193.99
3175.66	1961.02	1178.83	741.79
1933.51	1221.32	695.01	449.25
958.43	457.51	525.05	327.67
992.35	591.39	399.43	255.10
5386.12	1976.38	3367.96	2327.45
1165.30	569.81	751.03	427.96
871.66	510.51	409.09	250.43
11533.55	4329.50	8591.11	4915.32
20061.67	7910.56	12565.10	7910.38
6066.17	3258.50	2557.46	1585.48
2606.36	1203.97	1595.30	1003.13
2458.54	1136.45	1557.33	1005.17
2907.94	1575.91	1451.93	864.24
10932.99	4291.58	6649.19	4603.04
37149.35	14737.64	21880.32	13901.81
12881.02	5850.05	6646.87	4348.84
4694.42	2737.68	2004.18	1305.15
12681.15	8202.69	4437.84	2769.26
9360.73	6101.77	3114.29	1994.27
31421.03	18589.45	10973.69	6911.00
15889.17	10509.85	5260.39	3246.92
25182.95	16106.58	11667.43	6454.39
2549.02	1696.46	922.78	543.18
1333.20	849.62	502.48	329.48
178.51	104.65	90.19	64.99
53940.61	6419.45	50206.15	32159.44
2303.26	1248.41	955.94	674.55
3114.25	660.53	2496.21	1620.55

14-18 续表

单位：亿元

行 业	Sector	负债合计 Total Liabilities	流动负债合计 Total Working Liabilities
全国总计	**National Total**	**206323.41**	**151255.71**
煤炭开采和洗选业	Mining and Washing of Coal	12226.74	7793.71
石油和天然气开采业	Extraction of Petroleum and Natural Gas	6432.92	3686.56
黑色金属矿采选业	Mining and Processing of Ferrous Metal Ores	922.24	710.99
有色金属矿采选业	Mining and Processing of Non-Ferrous Metal Ores	752.93	573.56
非金属矿采选业	Mining and Processing of Nonmetal Ores	333.34	235.46
其他采矿业	Mining of Other Ores		
农副食品加工业	Processing of Food from Agricultural Products	3643.62	3065.20
食品制造业	Manufacture of Foods	1868.20	1616.65
饮料制造业	Manufacture of Beverages	2273.84	2024.15
烟草制品业	Manufacture of Tobacco	1160.58	1118.93
纺织业	Manufacture of Textile	5270.93	4433.94
纺织服装、鞋、帽制造业	Manufacture of Textile Wearing Apparel, Footware and Caps	1639.30	1471.28
皮革、毛皮、羽毛(绒)及其制品业	Manufacture of Leather, Fur, Feather and Related Products	999.22	913.12
木材加工及木、竹、藤、棕、草制品业	Processing of Timber, Manufacture of Wood, Bamboo, Rattan, Palm and Straw Products	506.78	410.21
家具制造业	Manufacture of Furniture	560.84	506.70
造纸及纸制品业	Manufacture of Paper and Paper Products	3195.38	2161.13
印刷业和记录媒介的复制	Printing,Reproduction of Recording Media	508.96	445.61
文教体育用品制造业	Manufacture of Articles For Culture, Education and Sport Activities	434.92	382.29
石油加工、炼焦及核燃料加工业	Processing of Petroleum, Coking, Processing of Nuclear Fuel	7279.80	5662.31
化学原料及化学制品制造业	Manufacture of Raw Chemical Materials and Chemical Products	11517.78	8063.50
医药制造业	Manufacture of Medicines	2723.29	2307.35
化学纤维制造业	Manufacture of Chemical Fibers	1584.64	1296.48
橡胶制品业	Manufacture of Rubber	1424.24	1129.04
塑料制品业	Manufacture of Plastics	1603.27	1360.19
非金属矿物制品业	Manufacture of Non-metallic Mineral Products	6174.78	4416.00
黑色金属冶炼及压延加工业	Smelting and Pressing of Ferrous Metals	23630.18	18028.50
有色金属冶炼及压延加工业	Smelting and Pressing of Non-ferrous Metals	7589.83	5668.17
金属制品业	Manufacture of Metal Products	2670.13	2386.60
通用设备制造业	Manufacture of General Purpose Machinery	7808.61	6898.42
专用设备制造业	Manufacture of Special Purpose Machinery	5815.93	4969.71
交通运输设备制造业	Manufacture of Transport Equipment	20106.41	17409.14
电气机械及器材制造业	Manufacture of Electrical Machinery and Equipment	9486.48	8524.53
通信设备、计算机及其他电子设备制造业	Manufacture of Communication Equipment, Computers and Other Electronic Equipment	14876.75	13341.56
仪器仪表及文化、办公用机械制造业	Manufacture of Measuring Instruments and Machinery for Cultural Activity and Office Work	1274.26	1145.20
工艺品及其他制造业	Manufacture of Artwork and Other Manufacturing	724.20	594.48
废弃资源和废旧材料回收加工业	Recycling and Disposal of Waste	125.27	117.06
电力、热力的生产和供应业	Production and Supply of Electric Power and Heat Power	33985.36	14440.44
燃气生产和供应业	Production and Supply of Gas	1596.28	1261.38
水的生产和供应业	Production and Supply of Water	1595.17	686.16

continued

(100 million yuan)

所有者权益 Owners' Equity	主营业务收入 Revenue from Principal Business	主营业务成本 Cost of Principal Business	主营业务税金及附加 Taxes and Other Charges on Principal Business	利润总额 Total Profits	本年应交增值税 Value-added Tax Payable	全部从业人员年平均人数(万人) Annual Average Employed Persons (10 000 persons)
143890.20	**335751.14**	**280972.63**	**7303.89**	**22265.68**	**11412.86**	**4831.29**
8175.18	12307.05	8687.13	207.36	1670.92	1049.38	392.77
7773.99	7482.16	4511.14	246.23	1790.13	550.78	99.33
986.95	1342.69	960.66	32.58	219.52	88.12	26.28
816.08	1382.78	1049.56	13.34	186.98	48.27	26.43
280.85	526.85	394.42	14.78	46.86	26.55	17.21
2736.49	10906.19	9703.82	77.42	579.35	204.53	140.10
1703.79	4915.95	3697.47	31.45	451.30	204.76	82.31
2235.18	4743.22	3242.87	212.83	521.70	258.13	70.77
3695.55	4819.62	1458.93	2268.06	640.96	563.89	19.11
3985.31	10340.03	9171.86	48.11	531.25	266.67	297.42
1525.95	4302.02	3528.54	16.91	356.51	126.85	171.69
929.19	3141.74	2658.07	12.39	240.04	87.67	138.06
450.14	1225.99	1047.86	10.22	82.26	40.84	27.91
429.14	1270.94	1066.22	6.34	78.21	30.99	42.46
2175.03	3883.50	3291.56	16.21	271.20	131.91	66.65
656.22	966.47	754.04	3.78	114.21	40.01	28.77
436.53	1087.62	950.51	5.52	53.22	24.38	58.17
4232.57	18576.13	14620.86	2365.09	803.48	674.69	71.17
8430.53	18345.37	15422.99	216.92	1038.59	558.42	219.25
3334.88	5487.81	3491.02	37.92	689.17	313.36	97.15
1017.74	2787.49	2535.59	7.47	129.46	50.13	28.93
1030.63	2817.64	2347.16	13.06	204.51	83.02	53.93
1301.70	3247.71	2774.35	19.34	216.74	79.82	90.98
4726.51	8779.14	7193.83	71.27	834.39	380.63	189.87
13485.26	36555.59	33531.56	153.03	1109.37	1065.51	262.34
5263.59	12536.34	11289.16	65.31	602.48	307.93	116.75
1971.27	5337.28	4519.23	30.98	355.62	143.60	114.42
4851.03	11694.73	9705.50	54.23	898.50	364.39	198.66
3529.17	8614.65	7135.70	35.35	659.04	233.67	153.51
11162.66	32379.55	26956.68	700.87	2548.49	1052.52	329.92
6379.15	19595.15	16249.80	88.28	1479.74	575.40	305.47
10285.84	38763.14	34757.86	54.70	1500.02	449.32	517.67
1270.70	2985.35	2494.41	11.33	229.21	67.70	63.87
604.02	1753.62	1519.54	11.17	99.93	41.06	47.66
53.23	243.77	215.94	2.18	21.76	5.79	5.12
19749.28	29244.47	26944.72	130.11	929.58	1172.35	225.17
702.74	853.14	711.20	6.19	77.99	24.35	11.73
1516.14	508.23	380.87	5.57	3.02	25.48	22.25

14-19 按行业分大中型工业企业主要经济效益指标（2009年）

行　业	Sector	总资产贡献率 (%) Ratio of Total Assets to Industrial Output Value (%)
全国总计	**National Total**	**12.73**
煤炭开采和洗选业	Mining and Washing of Coal	15.42
石油和天然气开采业	Extraction of Petroleum and Natural Gas	18.46
黑色金属矿采选业	Mining and Processing of Ferrous Metal Ores	18.70
有色金属矿采选业	Mining and Processing of Non-Ferrous Metal Ores	16.72
非金属矿采选业	Mining and Processing of Nonmetal Ores	15.67
其他采矿业	Mining of Other Ores	
农副食品加工业	Processing of Food from Agricultural Products	14.89
食品制造业	Manufacture of Foods	20.16
饮料制造业	Manufacture of Beverages	22.61
烟草制品业	Manufacture of Tobacco	71.51
纺织业	Manufacture of Textile	10.73
纺织服装、鞋、帽制造业	Manufacture of Textile Wearing Apparel, Footware and Caps	16.68
皮革、毛皮、羽毛(绒)及其制品业	Manufacture of Leather, Fur, Feather and Related Products	18.69
木材加工及木、竹、藤、棕、草制品业	Processing of Timber, Manufacture of Wood, Bamboo, Rattan, Palm and Straw Products	15.51
家具制造业	Manufacture of Furniture	12.68
造纸及纸制品业	Manufacture of Paper and Paper Products	9.29
印刷业和记录媒介的复制	Printing,Reproduction of Recording Media	14.13
文教体育用品制造业	Manufacture of Articles For Culture, Education and Sport Activities	10.32
石油加工、炼焦及核燃料加工业	Processing of Petroleum, Coking, Processing of Nuclear Fuel	34.49
化学原料及化学制品制造业	Manufacture of Raw Chemical Materials and Chemical Products	10.33
医药制造业	Manufacture of Medicines	18.14
化学纤维制造业	Manufacture of Chemical Fibers	8.99
橡胶制品业	Manufacture of Rubber	13.82
塑料制品业	Manufacture of Plastics	11.99
非金属矿物制品业	Manufacture of Non-metallic Mineral Products	13.06
黑色金属冶炼及压延加工业	Smelting and Pressing of Ferrous Metals	7.44
有色金属冶炼及压延加工业	Smelting and Pressing of Non-ferrous Metals	8.92
金属制品业	Manufacture of Metal Products	12.57
通用设备制造业	Manufacture of General Purpose Machinery	11.04
专用设备制造业	Manufacture of Special Purpose Machinery	10.65
交通运输设备制造业	Manufacture of Transport Equipment	14.19
电气机械及器材制造业	Manufacture of Electrical Machinery and Equipment	14.31
通信设备、计算机及其他电子设备制造业	Manufacture of Communication Equipment, Computers and Other Electronic Equipment	8.36
仪器仪表及文化、办公用机械制造业	Manufacture of Measuring Instruments and Machinery for Cultural Activity and Office Work	12.67
工艺品及其他制造业	Manufacture of Artwork and Other Manufacturing	12.42
废弃资源和废旧材料回收加工业	Recycling and Disposal of Waste	17.56
电力、热力的生产和供应业	Production and Supply of Electric Power and Heat Power	5.88
燃气生产和供应业	Production and Supply of Gas	5.10
水的生产和供应业	Production and Supply of Water	2.26

Main Indicators on Economic Benefit of Large and Medium-sized Industrial Enterprises by Industrial Sector (2009)

资产负债率 (%) Assets-Liability Ratio (%)	流动资产周转次数（次/年） Number of Times of Annual of Turnover Working Capitals (times/year)	工业成本费用利润率 (%) Ratio of Profits to Industrial Cost (%)	产品销售率 (%) Proportion of Products Sold (%)
58.77	**2.20**	**7.21**	**97.91**
59.99	1.58	15.77	97.68
45.27	2.86	34.28	99.53
48.26	1.56	19.82	95.06
47.93	2.12	15.91	96.35
54.20	2.09	9.92	95.87
56.76	3.24	5.63	97.78
51.93	2.73	10.12	97.81
50.30	2.02	12.77	97.96
23.88	1.48	33.85	99.70
56.87	2.23	5.41	97.77
51.62	2.19	9.00	96.40
51.68	2.57	8.29	97.21
52.88	2.68	7.18	97.18
56.52	2.15	6.56	98.18
59.33	1.96	7.44	98.46
43.68	1.7	13.17	97.42
49.9	2.13	5.1	98.14
63.12	4.29	5.21	98.78
57.41	2.32	5.99	97.67
44.89	1.68	14.23	95.41
60.80	2.32	4.83	98.96
57.93	2.48	7.88	98.52
55.13	2.06	7.14	97.52
56.48	2.05	10.39	97.53
63.61	2.48	3.14	98.18
58.92	2.14	5.04	97.49
56.88	1.95	7.19	96.68
61.58	1.43	8.30	97.81
62.13	1.41	8.22	97.28
63.99	1.74	8.58	97.96
59.70	1.86	8.14	95.83
59.07	2.41	4.02	98.03
49.99	1.76	8.28	97.76
54.32	2.06	6.06	97.13
70.18	2.33	9.47	99.84
63.01	4.56	3.25	99.65
69.31	0.68	9.63	98.93
51.22	0.77	0.57	97.59

14-20 各地区大中型工业企业主要指标
Main Indicators of Large and Medium-sized Industrial Enterprises by Region

单位：亿元 (100 million yuan)

年份 Year / 地区 Region	企业单位数(个) Number of Enterprises (unit)	工业总产值 Gross Industrial Output Value	工业增加值 Value-added of Industry	资产总计 Total Assets	流动资产合计 Total Working Capitals
1998	23408	37552.34	11766.31	76095.76	30719.90
1999	22235	41439.42	13279.95	82143.59	32711.77
2000	21724	48993.02	15747.32	87309.83	35282.86
2001	22987	57358.40	18133.44	97372.22	39102.67
2002	23323	65317.51	20841.19	103516.44	41911.77
2003	23631	95979.46	29073.42	125131.72	54268.38
2004	27692	133374.68		154178.47	65765.12
2005	29774	167700.72	48073.53	178816.88	77623.67
2006	32930	207723.01	58793.71	212410.43	92049.07
2007	36506	262556.71	74603.99	257015.56	113694.45
2008	40392	319113.97		305328.84	132898.77
2009	41290	335186.44		351080.51	152364.09
北京 Beijing	633	8349.28		16151.68	5058.94
天津 Tianjin	687	9428.76		9194.95	4301.93
河北 Hebei	1466	15627.22		16155.76	6243.64
山西 Shanxi	1003	7748.05		13104.18	5307.24
内蒙古 Inner Mongolia	601	6411.07		8237.24	2788.22
辽宁 Liaoning	1383	14978.44		17995.86	8089.60
吉林 Jilin	481	6338.00		6056.28	1933.01
黑龙江 Heilongjiang	528	5599.89		7193.31	2731.97
上海 Shanghai	1625	17195.79		17266.12	8649.85
江苏 Jiangsu	4698	42423.70		34882.33	17759.35
浙江 Zhejiang	4372	22200.17		21514.26	11317.60
安徽 Anhui	955	8165.93		8680.40	3334.69
福建 Fujian	1975	9843.66		8539.73	4112.18
江西 Jiangxi	637	4231.17		4384.18	1821.55
山东 Shandong	3818	38502.14		32851.64	13742.55
河南 Henan	2339	16516.06		15060.64	5831.06
湖北 Hubei	1224	10335.22		15627.94	5929.37
湖南 Hunan	905	6238.41		6788.58	2629.93
广东 Guangdong	6606	44760.14		34932.08	19145.55
广西 Guangxi	655	4105.23		4528.33	1939.25
海南 Hainan	104	815.30		954.49	314.69
重庆 Chongqing	670	4478.70		4714.90	2121.64
四川 Sichuan	1602	10157.76		12526.07	5351.25
贵州 Guizhou	376	2450.85		4094.49	1368.13
云南 Yunnan	549	3897.01		6047.11	2358.00
西藏 Tibet	10	21.37		150.27	39.02
陕西 Shaanxi	591	6184.02		9990.46	4003.19
甘肃 Gansu	282	3075.98		4110.67	1560.28
青海 Qinghai	83	837.93		2103.88	537.76
宁夏 Ningxia	144	1085.18		2220.02	625.03
新疆 Xinjiang	288	3184.03		5022.66	1417.58

14-20 续表 1 continued

单位：亿元 (100 million yuan)

年 份 Year 地 区 Region	固定资产原价 Original Value of Fixed Assets	固定资产净值 Net Value of Fixed Assets	负债合计 Total Liabilities	流动负债合计 Total Working Liabilities	所有者权益合计 Total Owners' Equities
1998	47898.94	31347.01	47836.52	31076.11	28246.56
1999	53515.04	35901.29	49431.10	32270.98	32684.52
2000	58348.15	38171.54	52083.87	33935.97	35165.58
2001	66145.71	42402.45	56338.65	37602.83	40898.91
2002	71606.08	45144.75	59873.02	40870.32	43524.43
2003	82397.76	52141.55	72684.52	52292.76	52297.22
2004	95788.91	60703.03	87698.21	64364.76	66263.47
2005	109682.42	69079.15	102529.69	77049.41	75928.60
2006	128497.91	81334.71	121016.54	91057.93	90904.40
2007	151310.51	95275.41	147160.52	112696.14	109607.36
2008	180024.59	112308.41	177416.34	133353.58	127861.45
2009	205253.20	128167.95	206323.41	151255.71	143890.20
北 京 Beijing	6030.10	3654.35	7926.51	4279.19	8225.17
天 津 Tianjin	5471.25	3327.18	5978.63	4898.36	3216.22
河 北 Hebei	10066.98	6591.82	10129.75	7389.50	6000.57
山 西 Shanxi	7782.93	5033.54	8680.03	5982.67	4418.22
内蒙古 Inner Mongolia	5294.50	3444.08	4944.71	2947.00	3259.53
辽 宁 Liaoning	11128.84	6447.18	11147.83	8221.30	6815.16
吉 林 Jilin	3871.82	2373.15	3676.50	2418.11	2368.39
黑龙江 Heilongjiang	6331.10	3562.26	4048.24	3016.24	3130.43
上 海 Shanghai	10882.73	5808.87	9032.24	7543.87	8233.87
江 苏 Jiangsu	19382.97	12049.98	20502.74	17242.58	14371.55
浙 江 Zhejiang	10066.46	6550.41	13061.15	10725.74	8453.11
安 徽 Anhui	5533.60	3653.09	5471.95	3702.47	3187.44
福 建 Fujian	4600.10	3002.23	4680.03	3478.37	3830.34
江 西 Jiangxi	2806.60	1795.95	2680.23	2106.88	1659.05
山 东 Shandong	21456.17	12761.86	18573.84	13784.09	14146.91
河 南 Henan	9712.51	6558.11	9176.94	6363.82	5840.07
湖 北 Hubei	9480.75	6539.09	8524.69	6116.76	6962.77
湖 南 Hunan	4088.95	2780.56	4426.72	2732.32	2361.86
广 东 Guangdong	17963.39	10882.22	20096.63	16522.60	14787.37
广 西 Guangxi	2773.28	1883.81	2921.22	2119.75	1591.65
海 南 Hainan	560.96	397.03	552.72	378.00	401.35
重 庆 Chongqing	2483.38	1605.69	2861.68	2038.47	1846.35
四 川 Sichuan	6664.49	4065.06	7639.39	5157.21	4848.37
贵 州 Guizhou	2738.04	1866.98	2774.26	1519.67	1312.93
云 南 Yunnan	3093.88	2017.25	3390.83	2189.92	2640.10
西 藏 Tibet	117.42	83.64	27.50	20.60	122.77
陕 西 Shaanxi	5112.80	3186.42	5554.99	3800.36	4280.44
甘 肃 Gansu	2694.60	1712.59	2400.26	1578.09	1704.53
青 海 Qinghai	1376.45	949.46	1352.74	717.61	719.49
宁 夏 Ningxia	1260.23	865.62	1466.88	780.47	753.14
新 疆 Xinjiang	4425.90	2718.46	2621.58	1483.67	2401.05

14-20 续表 2 continued

单位：亿元 (100 million yuan)

年份 地区	Year Region	主营业务收入 Revenue from Principal Business	主营业务成本 Cost of Principal Business	主营业务税金及附加 Taxes and Other Charges on Principal Business	利润总额 Total Profits	本年应交增值税 Value-added Tax Payable	全部从业人员年平均人数(万人) Annual Average Employed Persons (10 000 persons)
	1998	37130.61	29949.73	1003.18	881.94	1956.72	3412.76
	1999	41405.57	33254.65	1075.24	1588.58	2175.16	3110.13
	2000	50120.30	39768.89	1173.45	3183.28	2566.15	2880.60
	2001	58480.45	47033.65	1294.65	3440.56	2843.54	2782.72
	2002	66977.14	53839.14	1471.01	4008.97	3109.76	2710.20
	2003	99710.07	81445.72	1770.28	6522.98	4065.11	3224.30
	2004	134039.04	111168.19	2191.08	9183.91	4990.26	3508.45
	2005	169237.88	141880.22	2469.03	11011.76	6033.51	3798.91
	2006	210877.13	176592.29	3061.03	14363.23	7567.65	4116.47
	2007	264015.82	219425.49	3849.41	19626.65	9452.78	4403.10
	2008	318812.46	268933.22	4800.55	19929.23	11527.41	4759.75
	2009	335751.14	280972.63	7303.89	22265.68	11412.86	4831.29
北京	Beijing	9297.55	8007.58	157.04	579.33	256.81	69.38
天津	Tianjin	9584.09	8162.37	137.01	685.21	393.44	80.23
河北	Hebei	15951.39	13797.44	206.09	844.72	533.54	196.42
山西	Shanxi	7704.78	6289.53	84.75	447.96	489.87	173.12
内蒙古	Inner Mongolia	6303.06	4989.93	111.05	673.18	326.18	67.96
辽宁	Liaoning	15120.81	12831.03	477.81	655.13	447.61	203.02
吉林	Jilin	6152.63	5173.22	268.81	340.97	214.86	79.14
黑龙江	Heilongjiang	6071.37	4542.96	218.03	786.76	315.89	107.89
上海	Shanghai	18448.43	15711.19	409.28	1019.24	479.01	145.43
江苏	Jiangsu	41827.76	36107.85	434.14	2596.63	1177.72	509.46
浙江	Zhejiang	21753.45	18470.17	357.15	1343.53	601.15	336.03
安徽	Anhui	7916.14	6462.62	200.99	537.67	381.14	127.06
福建	Fujian	9627.75	8112.61	149.44	745.32	265.12	187.12
江西	Jiangxi	4429.30	3764.26	114.34	225.10	163.75	76.75
山东	Shandong	38872.93	33127.03	629.10	2474.89	1169.17	489.25
河南	Henan	17029.76	14580.23	284.69	1149.09	582.13	274.18
湖北	Hubei	10394.25	8490.10	341.47	753.89	357.96	156.18
湖南	Hunan	5972.71	4729.75	353.17	396.57	316.68	98.61
广东	Guangdong	43426.21	36296.86	658.26	2956.14	1159.64	812.39
广西	Guangxi	4016.11	3388.95	95.71	216.76	161.84	65.04
海南	Hainan	769.40	576.19	72.16	78.96	31.01	7.44
重庆	Chongqing	4361.23	3648.23	95.16	225.06	177.36	75.11
四川	Sichuan	9959.12	8090.81	233.25	669.39	388.40	176.21
贵州	Guizhou	2375.20	1832.08	109.11	166.60	115.96	47.20
云南	Yunnan	3760.21	2705.67	431.97	284.53	235.86	49.95
西藏	Tibet	20.80	19.70	0.34	1.18	1.44	0.74
陕西	Shaanxi	6125.18	4470.62	264.72	674.98	307.71	95.52
甘肃	Gansu	3303.41	2729.19	171.45	143.87	127.53	48.69
青海	Qinghai	895.06	679.39	26.25	76.98	38.75	13.20
宁夏	Ningxia	1045.64	839.79	25.52	75.57	43.70	20.54
新疆	Xinjiang	3235.40	2345.27	185.65	440.48	151.65	42.03

14-21 各地区大中型工业企业主要经济效益指标（2009年）
Main Indicators on Economic Benefit of Large and Medium-sized Industrial Enterprises by Region (2009)

地 区	Region	总资产贡献率 (%) Ratio of Total Assets to Industrial Output Value (%)	资产负债率 (%) Assets-Liability Ratio (%)	流动资产周转次数（次/年）Number of Times of Annual of Turnover Working Capitals (times/year)	成本费用利润率 (%) Ratio of Profits to Industrial Cost (%)	产品销售率 (%) Proportion of Products Sold (%)
全国总计	**National Total**	**12.73**	**58.77**	**2.20**	**7.21**	**97.91**
北 京	Beijing	6.70	49.08	1.84	6.58	98.82
天 津	Tianjin	13.90	65.02	2.23	7.79	98.03
河 北	Hebei	11.01	62.70	2.55	5.72	97.62
山 西	Shanxi	9.25	66.24	1.45	6.14	97.60
内蒙古	Inner Mongolia	14.88	60.03	2.26	12.06	96.46
辽 宁	Liaoning	9.75	61.95	1.87	4.66	98.20
吉 林	Jilin	14.86	60.71	3.18	5.93	96.90
黑龙江	Heilongjiang	18.99	56.28	2.22	15.46	98.33
上 海	Shanghai	11.57	52.31	2.13	5.89	98.94
江 苏	Jiangsu	13.08	58.78	2.36	6.70	98.56
浙 江	Zhejiang	12.15	60.71	1.92	6.64	97.73
安 徽	Anhui	14.09	63.04	2.37	7.36	97.76
福 建	Fujian	14.74	54.80	2.34	8.41	97.38
江 西	Jiangxi	12.62	61.13	2.43	5.47	98.64
山 东	Shandong	14.41	56.54	2.83	6.90	98.84
河 南	Henan	14.87	60.93	2.92	7.29	98.37
湖 北	Hubei	10.28	54.55	1.75	7.89	97.96
湖 南	Hunan	17.16	65.21	2.27	7.42	98.38
广 东	Guangdong	14.34	57.53	2.27	7.38	96.93
广 西	Guangxi	12.15	64.51	2.07	5.74	95.93
海 南	Hainan	20.49	57.91	2.44	12.41	100.22
重 庆	Chongqing	11.56	60.69	2.06	5.44	97.60
四 川	Sichuan	11.31	60.99	1.86	7.37	97.93
贵 州	Guizhou	11.01	67.76	1.74	7.91	95.64
云 南	Yunnan	16.75	56.07	1.59	9.21	96.67
西 藏	Tibet	2.03	18.30	0.53	5.48	105.23
陕 西	Shaanxi	13.17	55.60	1.53	13.19	96.98
甘 肃	Gansu	11.82	58.39	2.12	4.78	98.08
青 海	Qinghai	8.19	64.30	1.66	9.91	96.46
宁 夏	Ningxia	7.82	66.08	1.67	7.80	94.28
新 疆	Xinjiang	16.25	52.20	2.28	16.62	96.34

14-22 工业产品产量
Output of Industrial Products

产品名称		Item		2008	2009
原煤	(亿吨)	Coal	(100 million tons)	28.02	29.73
原油	(万吨)	Crude Petroleum Oil	(10 000 tons)	19043.06	18948.96
天然气	(亿立方米)	Natural Gas	(100 million cu.m)	802.99	852.69
原盐	(万吨)	Salt	(10 000 tons)	6664.43	6662.79
发电量	(亿千瓦小时)	Electricity	(100 million kwh)	34957.61	37146.51
#火电	(亿千瓦小时)	Thermal Power	(100 million kwh)	27072.30	29827.76
水电	(亿千瓦小时)	Hydropower	(100 million kwh)	6369.60	6156.44
精制食用植物油	(万吨)	Refined Edible Vegetable Oil	(10 000 tons)	2805.09	3433.43
成品糖	(万吨)	Refined Sugar	(10 000 tons)	1432.61	1338.35
罐头	(万吨)	Canned Food	(10 000 tons)	764.77	811.65
啤酒	(万千升)	Beer	(10 000 kiloliter)	4156.91	4162.18
卷烟	(亿支)	Cigarettes	(100 million pieces)	22199.20	22901.50
化学纤维	(万吨)	Chemical Fiber	(10 000 tons)	2453.29	2747.28
纱	(万吨)	Yarn	(10 000 tons)	2170.92	2393.46
布	(亿米)	Cloth	(100 million m)	723.05	753.42
机制纸及纸板	(万吨)	Machine-made Paper and Paperboard	(10 000 tons)	8404.30	8965.13
汽油	(万吨)	Gasoline	(10 000 tons)	6434.75	7195.48
柴油	(万吨)	Diesel Oil	(10 000 tons)	13458.30	14127.00
焦炭	(万吨)	Coke	(10 000 tons)	32031.48	35510.14
硫酸	(万吨)	Sulfuric Acid	(10 000 tons)	5097.95	5960.91
氢氧化钠（烧碱）	(万吨)	Caustic Soda	(10 000 tons)	1926.01	1832.37
碳酸钠（纯碱）	(万吨)	Soda Ash	(10 000 tons)	1854.60	1944.77
合成氨	(万吨)	Synthetic Ammonia	(10 000 tons)	4876.24	5136.35
农用氮、磷、钾化肥	(万吨)	Chemical Fertilizers	(10 000 tons)	6028.05	6385.01
#氮肥	(万吨)	Nitrogen Fertilizers	(10 000 tons)	4392.42	4553.36
磷肥	(万吨)	Phosphate Fertilizers	(10 000 tons)	1385.50	1513.14
化学农药原药	(万吨)	Chemical Pesticides	(10 000 tons)	209.99	226.22
乙烯	(万吨)	Ethylene	(10 000 tons)	987.58	1072.62
初级形态的塑料	(万吨)	Primary Plastic	(10 000 tons)	3680.23	3629.97
合成橡胶	(万吨)	Synthetic Rubber	(10 000 tons)	296.03	274.91
合成洗涤剂	(万吨)	Synthetic Detergents	(10 000 tons)	655.31	699.66
化学药品原药	(万吨)	Chemical Medicines	(10 000 tons)	209.70	201.22
中成药	(万吨)	Traditional Chinese Medicine	(10 000 tons)	177.78	200.80
橡胶轮胎外胎	(万条)	Tires	(10 000 tires)	51956.94	65601.56
水泥	(万吨)	Cement	(10 000 tons)	142355.73	164397.78
平板玻璃	(万重量箱)	Plain Glass	(10 000 weight cases)	59890.39	58574.07
生铁	(万吨)	Pig Iron	(10 000 tons)	47824.42	55283.46
粗钢	(万吨)	Crude Steel	(10 000 tons)	50305.75	57218.23
钢材	(万吨)	Rolled Steel	(10 000 tons)	60460.29	69405.40
#重轨	(万吨)	Heavy Rail	(10 000 tons)	322.42	442.07
大型型钢	(万吨)	Rolled-steel, Large	(10 000 tons)	962.45	947.10

注：1.纱包括棉纱、棉混纺纱、纯化纤纱，不包括棉线、代用纤维纱和手工纺纱。
2.布包括棉布、棉混纺布、纯化纤布，不包括代用纤维布、手工织布。
3.农用化肥按有效成分100%计算。
4.原煤包括无烟煤、烟煤、褐煤,不包括石煤。
5.原油包括天然原油和人造原油。
6.橡胶轮胎外胎包括摩托车充气橡胶轮胎外胎。

a) Yarn includes pure and blended cotton yarn, pure chemical-fiber yarn, but excludes cotton thread, substitute fiber yarn and hand-made yarn.
b) Cloth includes pure and blended cotton cloth, pure chemical-fiber cloth and canvas, but excludes substitute fiber cloth, hand-woven cloth and cord fabric.
c) The output of chemical fertilizers is calculated on the basis of 100 % effective content.
d) Coal includes anthracite, bituminous coal and lignite, but excludes stone coal.
e) Crude oil includes natural and synthetic crude oil.
f) Tires include pneumatic tires of motercyle.

14-22 续表 continued

产品名称		Item		2008	2009
中小型型钢	(万吨)	Rolled-steel, Medium and Small	(10 000 tons)	3075.08	4159.46
棒材	(万吨)	Steel Bar	(10 000 tons)	4733.43	5575.61
钢筋	(万吨)	Corrugated Steel Bar	(10 000 tons)	9605.01	12172.54
线材(盘条)	(万吨)	Wire Rod	(10 000 tons)	8053.55	9604.13
特厚板	(万吨)	Heavy Steel Plate	(10 000 tons)	459.12	474.90
厚钢板	(万吨)	Thick Steel Plate	(10 000 tons)	2044.89	1876.72
中厚宽钢带	(万吨)	Medium Wide Steel Belt	(10 000 tons)	7421.47	8385.23
热轧薄宽钢带	(万吨)	Hot-roll Thin Wide Steel Belt	(10 000 tons)	2461.86	3036.91
冷轧薄宽钢带	(万吨)	Non-hot-roll Thin Wide Steel Belt	(10 000 tons)	2119.59	2192.48
镀层板(带)	(万吨)	Plated Plate(Belt)	(10 000 tons)	1967.39	2016.70
无缝钢管	(万吨)	Seamless Steel Pipe	(10 000 tons)	2359.86	2192.88
十种有色金属	(万吨)	Ten Kinds of Nonferrous Metals	(10 000 tons)	2553.63	2648.54
#精炼铜	(万吨)	Refined Copper	(10 000 tons)	380.06	413.49
电解铝	(万吨)	Electrolyzed Aluminum	(10 000 tons)	1316.54	1288.61
氧化铝	(万吨)	Aluminum Oxide	(10 000 tons)	2302.92	2379.29
发动机	(万千瓦)	Engines	(10 000 kw)	93643.99	84892.52
金属切削机床	(万台)	Metal-cutting Machine Tools	(10 000 units)	71.73	58.55
采矿专用设备	(万吨)	Equipment for Mining	(10 000 tons)	306.84	358.28
炼油、化工生产专用设备	(万吨)	Equipment for Oil Refining, Chemical Production	(10 000 tons)	97.61	96.48
大中型拖拉机	(万台)	Large and Medium Tractors	(10 000 sets)	28.44	37.13
铁路客车	(辆)	Railway Passenger Coaches	(unit)	1835.00	7107.00
铁路货车	(万辆)	Railway Freight Wagons	(10 000 units)	5.74	4.28
汽车	(万辆)	Motor Vehicles	(10 000 sets)	930.59	1379.53
#载货汽车	(万辆)	Trucks	(10 000 sets)	202.70	308.00
公路客车	(万辆)	Buses	(10 000 sets)	198.61	202.87
轿车	(万辆)	Cars	(10 000 sets)	503.81	748.48
摩托车整车	(万辆)	Motorcycle	(10 000 sets)	2837.87	2758.72
两轮脚踏自行车	(万辆)	Bicycles with Two wheels and Feet Driven	(10 000 sets)	7185.18	5757.65
发电机组(发电设备)	(万千瓦)	Power Generation Equipment	(10 000 kw)	13942.42	11729.25
家用洗衣机	(万台)	Home Washing Machines	(10 000 sets)	4447.00	4973.63
家用吸尘器	(万台)	Vacuum Cleaners	(10 000 sets)	8324.32	6534.66
家用电冰箱	(万台)	Home Refrigerators	(10 000 sets)	4799.95	5930.45
家用电风扇	(万台)	Electric Fans	(10 000 sets)	15866.85	15955.05
房间空气调节器	(万台)	Air Conditioners	(10 000 sets)	8147.37	8078.25
家用吸排油烟机	(万台)	Household Smoke Absorbers	(10 000 sets)	1709.71	1714.48
程控交换机	(万线)	Program-controlled Switchboards	(10 000 lines)	4583.95	4152.51
电话单机	(万部)	Telephone Sets	(10 000 units)	18244.72	14537.70
传真机	(万台)	Fax Machines	(10 000 units)	749.40	683.51
移动通信手持机	(万部)	Mobile Telephones	(10 000 units)	55945.10	61924.47
微型计算机设备	(万台)	Micro Computer Equipment	(10 000 units)	15853.65	18215.07
#笔记本计算机	(万台)	Notebook PCs	(10 000 units)	11943.85	15009.47
显示器	(万台)	Display	(10 000 units)	11959.89	13123.47
集成电路	(亿块)	Integrated Circuits	(100 million units)	438.77	414.40
彩色电视机	(万台)	Color Television Sets	(10 000 sets)	9187.14	9898.79
组合音响	(万台)	Hi-Fi Stereo Component Players	(10 000 sets)	10749.67	9878.99
照相机	(万台)	Cameras	(10 000 sets)	8193.03	8457.81
#数码照相机	(万台)	Digital Cameras	(10 000 sets)	7974.58	8026.32
复印和胶版印制设备	(万台)	Xerox and Hectograph Printing Equipment	(10 000 sets)	517.70	421.02

注：1.拖拉机是指14.7千瓦及以上的轮式和履带式拖拉机。用本厂自产的拖拉机装配的推土机，只计推土机产量，不计拖拉机产量。
2.金属切削机床不包括台钻、砂轮机、抛光机。
3.发电机组(发电设备)指500千瓦以上的水轮发电机组、汽轮发电机和燃气轮发电机等。
4.铁路客车2008年产量不包括动车组，2009年产量包括动车组。

a) Tractors refer to both wheel and crawler tractors with a haulage capacity of 14.7 kw and over. The tractors which are refitted into bulldozers by the same tractor factories are deducted.

b) Metal-cutting machine tools do not include bench drills, grinders and polishing machines.

c) Power generating equipment refers to units with a generating capacity of 500 kw and over, including hydroturbine generating units, steam turbine generating units and gas turbine generating units.

d) Output of railway passenger coaches did not include that of D-prefaced trainsets in 2008, but included it in 2009.

14-23 各地区工业产品产量
Output of Industrial Products by Region

年份 地区	Year Region	原煤 (亿吨) Coal (100 million tons)	原油 (万吨) Crude Oil (10 000 tons)	天然气 (亿立方米) Natural Gas (100 million cu.m)	原盐 (万吨) Salt (10 000 tons)	发电量 (亿千瓦小时) Electricity (100 million kwh)	#水电 Hydropower	成品糖 (万吨) Refined Sugar (10 000 tons)
	1978	6.18	10405.00	137.30	1953.00	2566.00	446.00	227.00
	1980	6.20	10595.00	142.70	1728.00	3006.00	582.00	257.00
	1985	8.72	12490.00	129.30	1479.00	4107.00	924.00	451.00
	1990	10.80	13831.00	152.98	2023.00	6212.00	1267.00	582.00
	1991	10.87	14099.00	160.73	2410.00	6775.00	1247.00	640.00
	1992	11.16	14210.00	157.88	2838.00	7539.00	1307.00	829.00
	1993	11.50	14524.00	167.65	2943.00	8395.00	1518.00	771.00
	1994	12.40	14608.00	175.59	2996.00	9281.00	1674.00	592.00
	1995	13.61	15004.95	179.47	2977.72	10070.30	1905.77	558.64
	1996	13.97	15733.39	201.14	2903.57	10813.10	1879.66	640.20
	1997	13.88	16074.14	227.03	3082.66	11355.53	1959.83	702.58
	1998	13.32	16100.00	232.79	2242.52	11670.00	1988.90	826.00
	1999	13.64	16000.00	251.98	2812.36	12393.00	1965.80	861.00
	2000	13.84	16300.00	272.00	3128.00	13556.00	2224.14	700.00
	2001	14.72	16395.87	303.29	3410.51	14808.02	2774.32	653.10
	2002	15.50	16700.00	326.61	3602.43	16540.00	2879.74	926.00
	2003	18.35	16959.98	350.15	3437.70	19105.75	2836.81	1083.94
	2004	21.23	17587.33	414.60	4043.44	22033.09	3535.44	1033.70
	2005	23.50	18135.29	493.20	4661.06	25002.60	3970.17	912.37
	2006	25.29	18476.57	585.53	5663.13	28657.26	4357.86	949.07
	2007	26.92	18631.82	692.40	6166.97	32815.53	4852.64	1271.38
	2008	28.02	19043.06	802.99	6664.43	34957.61	6369.60	1432.61
	2009	29.73	18948.96	852.69	6662.79	37146.51	6156.44	1338.35
北京	Beijing	0.06				242.65	0.37	
天津	Tianjin		2296.96	14.30	227.53	415.77		
河北	Hebei	0.85	599.09	10.87	393.76	1742.46	5.71	3.66
山西	Shanxi	5.94				1873.80	21.66	3.42
内蒙古	Inner Mongolia	6.01			216.98	2242.37	14.82	15.42
辽宁	Liaoning	0.66	1000.02	8.10	152.48	1162.51	28.81	5.62
吉林	Jilin	0.44	639.90	11.62		541.83	56.28	
黑龙江	Heilongjiang	0.87	4000.70	30.04	0.18	722.95	17.09	29.59
上海	Shanghai		9.10	4.03		778.20		
江苏	Jiangsu	0.24	184.03	0.57	522.96	2928.41	2.23	0.25
浙江	Zhejiang				16.70	2246.28	152.67	0.15
安徽	Anhui	1.28			143.55	1320.24	16.39	
福建	Fujian	0.25			43.76	1170.71	275.92	5.86
江西	Jiangxi	0.30			197.60	532.91	85.07	
山东	Shandong	1.44	2828.21	9.05	2372.89	2859.90	1.74	0.87
河南	Henan	2.30	474.50	29.58	296.95	2055.46	93.15	0.53
湖北	Hubei	0.11	80.89	1.67	515.20	1818.06	1205.92	
湖南	Hunan	0.66			208.93	1027.95	409.43	2.38
广东	Guangdong		1345.14	58.43	15.12	2757.61	269.34	123.94
广西	Guangxi	0.05	2.89		6.35	944.45	516.77	824.08
海南	Hainan		18.36	1.86	12.86	127.56	14.95	42.90
重庆	Chongqing	0.43		0.60	158.77	474.32	165.74	2.01
四川	Sichuan	0.90	21.68	193.56	797.75	1578.78	1065.41	10.87
贵州	Guizhou	1.37		0.12		1380.02	400.88	1.34
云南	Yunnan	0.56		0.02	89.19	1170.86	622.80	223.91
西藏	Tibet					18.00	15.27	
陕西	Shaanxi	2.96	2695.89	189.52	39.47	908.94	74.59	
甘肃	Gansu	0.39	49.23	0.29	11.50	696.65	250.21	0.78
青海	Qinghai	0.13	186.37	43.07	92.97	377.94	276.32	
宁夏	Ningxia	0.55	3.14			479.85	17.36	
新疆	Xinjiang	0.76	2512.86	245.39	129.35	549.07	79.55	40.77

注：1.原煤1997-2007年产量为第二次全国经济普查后修订数据。
2.成品糖1997年及以前名称为糖，产量包括土糖，1998-2004年名称为机制糖。

a) Data of output of coal in 1997-2007 have been revised data according to the Second National Economic Census.

b) Machined-made sugar was called sugar in 1997 and before, in which the homemade sugar was included.1998-2004 was called machine-made sugar.

14-23 续表 1 continued

年份 地区	Year Region	啤酒（万千升） Beer (10 000 kiloliter)	卷烟（亿支） Cigarettes (100 million pieces)	化学纤维（万吨） Chemical Fiber (10 000 tons)	纱（万吨） Yarn (10 000 tons)	布（亿米） Cloth (100 million m)	机制纸及纸板（万吨） Machine-made Paper and Paperboards (10 000 tons)	硫酸（万吨） Sulfuric Acid (10 000 tons)
	1978	40.00	1182.00	28.46	238.20	110.30	439.00	661.0
	1980	69.00	1520.00	45.03	292.60	134.70	535.00	764.3
	1985	310.00	2370.00	94.78	353.50	146.70	911.00	676.4
	1990	692.00	3298.00	165.42	462.60	188.80	1372.00	1196.9
	1991	838.00	3226.00	191.03	460.80	181.70	1479.00	1332.9
	1992	1021.00	3285.00	213.04	501.70	190.70	1725.00	1408.7
	1993	1192.00	3376.00	237.37	501.50	203.00	1914.00	1336.5
	1994	1415.00	3432.00	280.33	489.50	211.30	2138.00	1536.5
	1995	1568.82	3485.02	341.17	542.20	260.18	2812.30	1811.0
	1996	1681.91	3401.92	375.45	512.21	209.10	2638.20	1883.6
	1997	1888.94	3377.42	471.62	559.83	248.79	2733.20	2036.9
	1998	1987.67	3374.00	510.00	542.00	241.00	2125.63	2171.0
	1999	2098.77	3340.00	600.00	567.00	250.00	2159.30	2356.0
	2000	2231.32	3397.00	694.00	657.00	277.00	2486.94	2427.0
	2001	2288.93	3402.10	841.38	760.68	290.00	3777.07	2696.3
	2002	2402.70	3467.08	991.20	850.00	322.39	4666.99	3050.4
	2003	2540.48	3580.86	1181.15	983.58	353.52	4849.33	3371.2
	2004	2948.59	18736.35	1699.80	1291.34	482.10	5413.27	3928.9
	2005	3126.05	19389.08	1664.79	1450.54	484.39	6205.42	4544.7
	2006	3543.58	20218.13	2073.18	1742.96	598.55	6863.02	5033.2
	2007	3954.07	21438.84	2413.78	2068.17	675.26	7792.43	5412.6
	2008	4156.91	22199.20	2453.29	2170.92	723.05	8404.30	5098.0
	2009	4162.18	22901.50	2747.28	2393.46	753.42	8965.13	5960.9
北 京	Beijing	161.28	193.22	0.30	0.56	0.11	9.47	
天 津	Tianjin	31.69	207.00	10.34	4.32	2.58	31.23	29.45
河 北	Hebei	111.59	742.50	23.55	105.09	45.38	375.95	58.86
山 西	Shanxi	25.44	145.00	0.89	3.79	0.52	16.50	26.33
内蒙古	Inner Mongolia	99.65	240.00		2.03	0.80	46.69	189.98
辽 宁	Liaoning	246.98	260.28	21.41	15.45	5.04	71.37	81.19
吉 林	Jilin	125.32	359.00	29.05	5.67	0.44	78.91	29.15
黑龙江	Heilongjiang	175.99	426.00	13.26	1.77	0.41	50.29	7.27
上 海	Shanghai	67.40	865.65	37.91	3.76	1.27	70.24	27.02
江 苏	Jiangsu	230.90	924.57	903.08	401.93	122.61	1033.54	403.06
浙 江	Zhejiang	260.51	804.20	1210.90	195.62	194.18	1377.28	100.37
安 徽	Anhui	156.48	1189.97	19.76	48.27	6.13	201.54	357.51
福 建	Fujian	190.83	798.17	183.66	158.04	29.84	324.18	50.75
江 西	Jiangxi	88.19	529.00	13.51	60.88	6.95	139.64	213.9
山 东	Shandong	476.94	1300.16	89.18	668.78	167.75	1539.46	484.14
河 南	Henan	372.60	1613.50	53.60	340.45	36.43	956.96	209.96
湖 北	Hubei	251.01	1278.58	12.10	147.05	41.11	171.26	733.81
湖 南	Hunan	82.68	1692.80	4.83	58.95	5.17	347.11	225.78
广 东	Guangdong	350.55	1262.08	43.87	36.08	36.12	1281.61	160.44
广 西	Guangxi	100.91	686.25	0.05	9.37	2.10	168.80	216
海 南	Hainan	17.05	82.50	5.14			23.67	
重 庆	Chongqing	72.77	476.00	7.00	13.07	25.55	168.36	202.96
四 川	Sichuan	168.43	873.95	43.46	48.31	11.50	246.52	336.01
贵 州	Guizhou	28.01	1161.22		1.45	0.23	10.31	513.94
云 南	Yunnan	48.17	3457.90	3.63	0.62	0.03	39.39	873.7
西 藏	Tibet	11.30						
陕 西	Shaanxi	89.98	805.00	2.44	24.67	9.35	73.99	94.96
甘 肃	Gansu	59.47	392.00	0.35	0.55	0.17	10.60	254.07
青 海	Qinghai	10.48			0.29			21.06
宁 夏	Ningxia	12.00			0.08		77.21	31.12
新 疆	Xinjiang	37.57	135.00	14.01	36.57	1.65	23.04	28.11

注：1.啤酒2003年及以前计量单位为万吨。
2.卷烟2003年及以前计量单位为万箱。

a) Unit of beer in 2003 and before was 10 000 tons.

b) Unit of cigarettes in 2003 and before was 10 000 boxes.

14-23 续表 2 continued

年 份 Year 地 区 Region	烧 碱（万吨）Caustic Soda (10 000 tons)	纯 碱（万吨）Soda Ash (10 000 tons)	农用氮、磷、钾化肥（万吨）Chemical Fertilizer (10 000 tons)	化学农药原药（万吨）Chemical Pesticide (10 000 tons)	乙 烯（万吨）Ethylene (10 000 tons)	初级形态的塑料（万吨）Primary Plastic (10 000 tons)	水 泥（万吨）Cement (10000 tons)	平板玻璃（万重量箱）Plate Glass (10 000 weight cases)
1978	164.00	132.90	869.30	53.30	38.00	67.90	6524.00	1784.00
1980	192.30	161.30	1232.10	53.70	49.00	89.80	7986.00	2466.00
1985	235.30	201.10	1322.20	21.10	65.20	123.40	14595.00	4942.00
1990	335.40	379.50	1879.70	22.80	157.20	227.00	20971.00	8067.00
1991	354.10	393.60	1979.50	25.50	176.10	283.00	25261.00	8712.00
1992	379.50	455.00	2047.90	28.10	200.30	330.80	30822.00	9359.00
1993	395.40	534.90	1956.30	25.70	202.70	359.90	36788.00	11086.00
1994	429.60	581.40	2272.80	29.00	212.90	401.40	42118.00	11925.00
1995	531.82	597.71	2548.14	41.65	240.10	516.87	47560.59	15731.71
1996	573.78	669.29	2809.04	44.75	304.00	576.86	49118.90	16069.37
1997	574.40	725.76	2820.96	52.67	358.60	685.76	51173.80	16630.70
1998	539.37	744.00	3010.00	55.90	377.30	692.58	53600.00	17194.03
1999	580.14	766.00	3251.00	62.50	435.00	871.10	57300.00	17419.79
2000	667.88	834.00	3186.00	60.70	470.00	1087.51	59700.00	18352.20
2001	787.96	914.37	3383.01	78.72	480.60	1288.71	66103.99	20964.12
2002	877.97	1033.15	3791.00	92.90	543.02	1455.67	72500.00	23445.56
2003	945.27	1133.56	3881.31	76.72	611.77	1652.08	86208.11	27702.60
2004	1041.12	1334.70	4804.82	82.08	629.85	2366.50	96681.99	37026.17
2005	1239.98	1421.08	5177.86	114.73	755.54	2308.86	106884.79	40210.24
2006	1511.78	1560.03	5345.05	138.46	940.51	2602.60	123676.48	46574.70
2007	1759.29	1765.00	5824.98	176.48	1027.80	3184.54	136117.25	53918.07
2008	1926.01	1854.60	6028.05	209.99	987.58	3680.23	142355.73	59890.39
2009	1832.37	1944.77	6385.01	226.22	1072.62	3629.97	164397.78	58574.07
北 京 Beijing	6.74		0.22		84.13	120.81	1080.33	
天 津 Tianjin	109.32	82.97	13.58	0.67	18.91	188.57	699.51	679.55
河 北 Hebei	71.23	199.45	214.35	3.39		68.47	10684.55	10964.52
山 西 Shanxi	34.33	13.61	374.38	0.12		16.26	2753.18	1275.70
内蒙古 Inner Mongolia	90.07	71.98	148.80	5.47		66.55	4333.75	1564.89
辽 宁 Liaoning	45.77		75.01	4.16	47.98	108.55	4704.83	1674.16
吉 林 Jilin	21.12		20.20	2.64	83.85	97.68	3679.57	380.63
黑龙江 Heilongjiang	6.83		70.33	0.62	58.34	125.34	2603.76	777.49
上 海 Shanghai	72.98		2.68	5.08	180.30	304.90	754.19	1.11
江 苏 Jiangsu	232.30	248.42	267.60	64.44	141.60	541.83	14475.68	5257.84
浙 江 Zhejiang	98.48	15.58	47.88	25.65		389.45	10822.25	3372.48
安 徽 Anhui	26.59	35.58	274.08	16.97	1.96	50.59	7278.35	1035.77
福 建 Fujian	21.64	19.28	60.00	0.73	20.28	59.83	5477.91	2091.67
江 西 Jiangxi	24.49		49.70	2.16		12.53	6200.55	449.98
山 东 Shandong	395.90	359.09	854.30	31.07	76.01	279.84	14057.69	6091.77
河 南 Henan	111.24	213.08	503.47	10.83	20.58	123.66	11874.13	2771.62
湖 北 Hubei	55.55	137.70	829.50	10.56		66.81	7006.40	3528.15
湖 南 Hunan	69.48	40.99	359.20	18.34		45.18	7652.23	1664.21
广 东 Guangdong	19.77	37.88	52.65	2.97	220.14	419.33	10043.18	8102.61
广 西 Guangxi	33.18	4.73	91.39	2.05		12.53	6435.27	453.92
海 南 Hainan			60.63	0.26		22.81	938.52	
重 庆 Chongqing	14.58	99.15	155.58	0.98		1.62	3640.74	291.64
四 川 Sichuan	85.78	168.63	461.13	13.74		98.30	9003.64	3368.05
贵 州 Guizhou	7.37		345.62	0.08		3.46	2883.63	32.44
云 南 Yunnan	20.56	14.09	350.67	0.13		21.41	5046.45	500.83
西 藏 Tibet							187.65	
陕 西 Shaanxi	24.62	30.01	88.11	0.50		34.34	4501.66	1453.49
甘 肃 Gansu	12.24	12.77	83.80	0.16	69.38	115.45	1854.80	511.89
青 海 Qinghai	1.40	119.78	281.35	0.01		2.44	610.99	50.33
宁 夏 Ningxia	38.04	8.66	91.77	2.44		44.44	1066.50	
新 疆 Xinjiang	80.77	11.35	157.03		49.15	186.99	2045.88	227.33

注：初级形态的塑料2004年及以前名称为塑料树脂及共聚物，简称塑料。该产品2004年数据为经济普查后的修订数。

a) Before 2004, the primary plastic was called plastic colophony copolymer, or plastic in abbreviation. And of 2004, it was revised figure according to the First National Economic Census.

14-23 续表 3 continued

年 份 地 区	Year Region	生 铁 (万吨) Pig Iron (10 000 tons)	粗 钢 (万吨) Crude Steel (10 000 tons)	钢 材 (万吨) Rolled Steel (10 000 tons)	金属切削机床 (万台) Metal-cutting Machine Tools (10 000 units)	大中型拖拉机 (万台) Large and Medium-sized Tractors (10 000 units)	汽 车 (万辆) Motor Vehicles (10 000 units)	#轿 车 Cars
	1978	3479.00	3178.0	2208.00	18.3	11.35	14.91	
	1980	3802.00	3712.0	2716.00	13.4	9.77	22.23	0.54
	1985	4384.00	4679.0	3693.00	16.7	4.50	43.72	0.90
	1990	6238.00	6635.0	5153.00	13.5	3.94	51.40	3.50
	1991	6765.00	7100.0	5638.00	16.4	5.27	71.42	6.87
	1992	7589.00	8094.0	6697.00	22.9	5.70	106.67	16.17
	1993	8739.00	8956.0	7716.00	26.2	3.77	129.85	22.29
	1994	9741.00	9261.0	8428.00	20.7	4.67	136.69	26.87
	1995	10529.27	9536.0	8979.80	20.3	6.33	145.27	33.70
	1996	10722.50	10124.1	9338.02	17.7	8.37	147.52	38.29
	1997	11511.41	10894.2	9978.93	18.7	8.24	158.25	48.60
	1998	11863.67	11559.0	10737.80	11.9	6.78	163.00	50.71
	1999	12539.24	12426.0	12109.78	14.2	6.54	183.20	57.10
	2000	13101.48	12850.0	13146.00	17.7	4.10	207.00	60.70
	2001	15554.25	15163.4	16067.61	25.6	3.82	234.17	70.36
	2002	17084.60	18236.6	19251.59	30.9	4.54	325.10	109.20
	2003	21366.68	22233.6	24108.01	30.6	4.88	444.39	207.08
	2004	26830.99	28291.1	31975.72	48.7	11.38	509.11	227.63
	2005	34375.19	35324.0	37771.14	51.1	16.33	570.49	277.01
	2006	41245.19	41914.9	46893.36	57.3	19.93	727.89	386.94
	2007	47651.63	48928.8	56560.87	64.7	20.31	888.89	479.78
	2008	47824.42	50305.8	60460.29	71.7	28.44	930.59	503.81
	2009	55283.46	57218.2	69405.40	58.6	37.13	1379.53	748.48
北 京	Beijing	442.67	464.85	769.72	0.7		127.06	53.81
天 津	Tianjin	1763.40	2124.2	4079.67	0.3	1.48	60.24	52.90
河 北	Hebei	13321.78	13536.27	15158.01	0.1	0.11	51.43	7.79
山 西	Shanxi	3166.84	2648.49	2288.99	0.1		0.15	
内蒙古	Inner Mongolia	1437.07	1261.94	1294.87			3.28	
辽 宁	Liaoning	5094.30	4803.34	4935.55	14.1		50.85	26.04
吉 林	Jilin	780.20	803.64	870.74	0.2	0.20	110.64	86.19
黑龙江	Heilongjiang	494.56	565.96	506.04	0.4	0.05	28.37	3.38
上 海	Shanghai	1787.48	2032.24	2181.37	0.6	1.05	125.03	122.46
江 苏	Jiangsu	4593.03	5551.93	7892.42	9.7	9.36	50.62	21.47
浙 江	Zhejiang	817.11	1063.31	2364.69	9.8	3.07	28.17	22.37
安 徽	Anhui	1663.40	1763.2	2119.95	1.0		86.34	47.87
福 建	Fujian	553.24	767.06	1342.26	0.2		13.50	8.17
江 西	Jiangxi	1447.01	1621.18	1648.72	0.1	0.39	28.47	8.13
山 东	Shandong	5274.43	5082.13	5877.95	12.0	8.45	55.77	18.08
河 南	Henan	1967.18	2329.48	2888.24	0.6	6.44	12.46	
湖 北	Hubei	1957.84	2055.61	2177.35	0.4	0.26	108.17	38.84
湖 南	Hunan	1425.83	1437.3	1509.21	0.3	0.11	11.95	7.51
广 东	Guangdong	757.01	1126.64	2296.58	2.6		113.08	100.51
广 西	Guangxi	971.03	1003.1	1179.79	0.3	0.02	118.45	6.90
海 南	Hainan	2.12	23.24	10.68			9.16	8.67
重 庆	Chongqing	331.17	334.41	481.32	0.5		118.65	62.62
四 川	Sichuan	1533.32	1510.4	1834.42	0.4	0.80	7.62	
贵 州	Guizhou	395.85	343.53	338.64	0.1		0.18	0.13
云 南	Yunnan	1294.30	1049.05	973.30	2.0	5.17	7.27	
西 藏	Tibet							
陕 西	Shaanxi	512.69	522.5	888.27	1.3		50.68	42.77
甘 肃	Gansu	612.14	626.36	644.54	0.5		1.87	1.87
青 海	Qinghai	109.54	126.72	125.06	0.1			
宁 夏	Ningxia	36.33		38.01	0.3			
新 疆	Xinjiang	740.57	640.15	689.01		0.15	0.07	

注：据中国钢铁协会测算，2009年扣除重复钢材后的社会最终钢材产量为55708万吨(下表同)。

a) Estimated by China Steel Association, the output of rolled steel of whole country in 2009 is 557.08 million tons after deducting the output calculated repeatedly. The same applies to the tables following.

14-23 续表 4 continued

年份 Year / 地区 Region		家用洗衣机(万台) Household Washing Machines (10 000 units)	家用电冰箱(万台) Household Refrigerators (10 000 units)	房间空气调节器(万台) Air Conditioners (10 000 units)	移动通信手持机(万部) Mobile Telephones (10 000 units)	微型计算机设备(万台) Micro-Computer Equipment (10 000 units)	集成电路(亿块) Integrated Circuit (100 million units)	彩色电视机(万台) Color Television Sets (10 000 units)
	1978	0.04	2.80	0.02			0.30	0.38
	1980	24.53	4.90	1.32			0.17	3.21
	1985	887.20	144.81	12.35			0.64	435.28
	1990	662.68	463.06	24.07		8.21	1.08	1033.04
	1991	687.17	469.94	63.03		16.25	1.70	1205.06
	1992	707.93	485.76	158.03		12.62	1.61	1333.08
	1993	895.85	596.66	346.41		14.66	2.01	1435.76
	1994	1094.24	768.12	393.42		24.57	4.85	1689.15
	1995	948.41	918.54	682.56		83.57	55.17	2057.74
	1996	1074.72	979.65	786.21		138.83	38.90	2537.60
	1997	1254.48	1044.43	974.01		206.55	25.55	2711.33
	1998	1207.31	1060.00	1156.87		291.40	26.26	3497.00
	1999	1342.17	1210.00	1337.64		405.00	41.50	4262.00
	2000	1442.98	1279.00	1826.67	5248	672.00	58.80	3936.00
	2001	1341.61	1351.26	2333.64	8032	877.65	63.63	4093.70
	2002	1595.76	1598.87	3135.11	12146	1463.51	96.31	5155.00
	2003	1964.46	2242.56	4820.86	18231	3216.70	148.31	6541.40
	2004	2533.41	3007.59	6390.33	23752	5974.90	235.51	7431.83
	2005	3035.52	2987.06	6764.57	30354	8084.89	269.97	8283.22
	2006	3560.50	3530.89	6849.42	48014	9336.44	335.75	8375.40
	2007	4005.10	4397.13	8014.28	54858	12073.38	411.62	8478.01
	2008	4447.00	4799.95	8147.37	55945	15853.65	438.77	9187.14
	2009	4973.63	5930.45	8078.25	61924	18215.07	414.40	9898.79
北　京	Beijing	0.37			21355	842.66	18.29	
天　津	Tianjin	23.65	53.87	375.40	8559	1.52	6.16	140.50
河　北	Hebei	19.43					0.08	
山　西	Shanxi					0.09		
内蒙古	Inner Mongolia							217.42
辽　宁	Liaoning		96.15	172.04	47	0.18	0.86	441.38
吉　林	Jilin				50			20.09
黑龙江	Heilongjiang					2.94		
上　海	Shanghai	207.79	189.15	317.78	316	7320.15	72.29	195.51
江　苏	Jiangsu	748.62	667.06	331.15	2045	8180.94	163.70	1151.31
浙　江	Zhejiang	1608.38	761.81	303.09	2778	89.20	21.35	518.35
安　徽	Anhui	1002.27	1565.81	1022.79	12	0.03		336.84
福　建	Fujian				672	607.20	0.11	681.84
江　西	Jiangxi	0.03	91.27	132.72	591	5.31		90.97
山　东	Shandong	532.23	825.09	325.14	5455	25.37	1.71	1090.03
河　南	Henan	4.46	319.24	7.72				43.49
湖　北	Hubei	36.00	39.51	514.28	832	87.38	0.01	
湖　南	Hunan	64.60	15.64	5.07				24.07
广　东	Guangdong	339.69	1058.47	4117.64	18092	1046.99	96.45	4092.79
广　西	Guangxi					1.00		
海　南	Hainan							
重　庆	Chongqing	175.25	0.23	381.23	375	0.21		38.16
四　川	Sichuan	201.36	51.90	72.18	630		0.37	743.22
贵　州	Guizhou		168.16		118		0.17	72.56
云　南	Yunnan							
西　藏	Tibet							
陕　西	Shaanxi		27.05			3.90		0.26
甘　肃	Gansu	9.50	0.06				32.85	
青　海	Qinghai							
宁　夏	Ningxia							
新　疆	Xinjiang							

主要统计指标解释

工业 指从事自然资源的开采，对采掘品和农产品进行加工和再加工的物质生产部门。具体包括：(1)对自然资源的开采，如采矿、晒盐等(但不包括禽兽捕猎和水产捕捞)；(2)对农副产品的加工、再加工，如粮油加工、食品加工、缫丝、纺织、制革等；(3)对采掘品的加工、再加工，如炼铁、炼钢、化工生产、石油加工、机器制造、木材加工等，以及电力、自来水、煤气的生产和供应等；(4)对工业品的修理、翻新，如机器设备的修理、交通运输工具(如汽车)的修理等。

工业统计调查单位为独立核算法人工业企业。

独立核算法人工业企业指从事工业生产经营活动的单位。独立核算法人工业企业应同时具备以下条件：①依法成立，有自己的名称、组织机构和场所，能够承担民事责任；②独立拥有和使用资产，承担负债，有权与其他单位签订合同；③独立核算盈亏，并能够编制资产负债表。

本年鉴中涉及的企业登记注册类型：

国有及国有控股企业 指国有企业加上国有控股企业。国有企业(即原全民所有制工业或国营工业)指企业全部资产归国家所有，并按《中华人民共和国企业法人登记管理条例》规定登记注册的非公司制的经济组织。包括国有企业、国有独资公司和国有联营企业。1957 年以前的公私合营和私营工业，后均改造为国营工业，1992 年改为国有工业，这部分工业的资料不单独分列时，均包括在国有企业内。国有控股企业是对混合所有制经济的企业进行的“国有控股”分类。它是指这些企业的全部资产中国有资产(股份)相对其他所有者中的任何一个所有者占资(股)最多的企业。该分组反映了国有经济控股情况。

集体企业 指企业资产归集体所有，并按《中华人民共和国企业法人登记管理条例》规定登记注册的经济组织。是社会主义公有制经济的组成部分。包括城乡所有使用集体投资举办的企业，以及部分个人通过集资自愿放弃所有权并依法经工商行政管理机关认定为集体所有制的企业。

股份合作企业 指以合作制为基础，由企业职工共同出资入股，吸收一定比例的社会资产投资组建，实行自主经营，自负盈亏，共同劳动，民主管理，按劳分配与按股分红相结合的一种集体经济组织。

联营企业 指两个及两个以上相同或不同所有制性质的企业法人或事业单位法人，按自愿、平等、互利的原则，共同投资组成的经济组织。联营企业包括：

国有联营企业指国有企业与国有企业间的联营；

集体联营企业指集体企业与集体企业间的联营；

国有与集体联营企业指国有企业与集体企业间的联营。

有限责任公司 指根据《中华人民共和国公司登记管理条例》规定登记注册，由两个以上，五十个以下的股东共同出资，每个股东以其所认缴的出资额对公司承担有限责任，公司以其全部资产对其债务承担责任的经济组织。

有限责任公司包括国有独资公司以及其他有限责任公司。

股份有限公司 指根据《中华人民共和国企业法人登记管理条例》规定登记注册，其全部注册资本由等额股份构成并通过发行股票筹集资本，股东以其认购的股份对公司承担有限责任，公司以其全部资产对其债务承担责任的经济组织。

私营企业 指由自然人投资设立或由自然人控股，以雇佣劳动为基础的营利性经济组织。包括按照《公司法》、《合伙企业法》、《私营企业暂行条例》规定登记注册的私营有限责任公司、私营股份有限公司、私营合伙企业和私营独资企业。

港、澳、台商投资企业 指企业注册登记类型中的港、澳、台资合资、合作、独资经营企业和股份有限公司之和。

外商投资企业 指企业注册登记类型中的中外合资、合作经营企业、外资企业和外商投资股份有限公司之和。

轻工业 指主要提供生活消费品和制作手工工具的工业。按其所使用的原料不同，可分为两大类：(1)以农产品为原料的轻工业，是指直接或间接以农产品为基本原料的轻工业。主要包括食品制造、饮料制造、烟草加工、纺织、缝纫、皮革和毛皮制作、造纸以及印刷等工业；(2)以非农产品为原料的轻工业，是指以工业品为原料的轻工业。主要包括文教体育用品、化学药品制造、合成纤维制造、日用化学制品、日用玻璃制品、日用金属制品、手工工具制造、医疗器械制造、文化和办公用机械制造等工业。

重工业 指为国民经济各部门提供物质技术基础的主要生产资料的工业。按其生产性质和产品用途，可以分为下列三类：(1)采掘(伐)工业，是指对自然资源的开采，包括石油开采、煤炭开采、金属矿开采、非金属矿开采等工业；(2)原材料工业，指向国民经济各部门提供基本材料、动力和燃料的工业。包括金属冶炼及加工、炼焦及焦炭、化学、化工原料、水泥、人造板以及电力、石油和煤炭加工等工业；(3)加工工业，是指对工业原材料进行再加工制造的工业。包括装备国民经济各部门的机械设备制造工业、金属结构、水泥制品等工业，以及为农业提供的生产资料如化肥、农药等工业。

根据上述划分原则，修理业中以重工业产品为修理作业对象的划为重工业，反之划为轻工业。

工业总产值

(1)定义：

工业总产值是以货币形式表现的，工业企业在一定时期内生产的工业最终产品或提供工业性劳务活动的总价值量。它反映一定时间内工业生产的总规模和总水平。

(2)计算原则：

工业生产的原则，即凡是企业在报告期生产的经检验合格的产品，不管是否在报告期销售，均包括在内。

最终产品的原则，即凡是计入工业总产值的产品，必须是本企业生产的经检验合格的，不需要再进行任何加工的最终产品。如果企业有中间产品(半成品)对外销售，则对外销售的中间产品应视为企业的最终产品。

工厂法原则，即工业总产值是以工业企业作为基本计算(核算)单位，即按企业的最终产品计算工业总产值。按这种方法计算的工业总产值，不允许同一产品价值在企业内部重复计算，不能把企业内部各个车间(分厂)生产的成果相加，但允许企业间的重复计算。

(3)内容及计算方法：

1995 年全国工业普查对工业总产值(原规定)的内容及计算原则和方法做了某些修订，修订后的工业总产值(新规定)包括三项内容：即本期生产成品价值、对外加工费收入、在制品半成品期末期初差额价值三部分。

本期生产成品价值：指企业本期生产，并在报告期内不再进行加工，经检验、包装入库的全部工业成品(半成品)价值合计，包括企业生产的自制设备及提供给本企业在建工程、其他非工业部门和福利部门等单位使用的成品价值。本期生产成品价值为按自备原材料生产的产品的数量乘以本期不含增值税(销项税额)的产品实际销售平均单价计算；会计核算中按成本价格转帐的自制设备和自产自用的成品，按成本价格计算生产成品价值。生产成品价值中不包括用定货者来料加工的成品(半成品)价值。

对外加工费收入：指企业在报告期内完成的对外承接的工业品加工(包括用定货者来料加工产品)的加工费收入和对外工业修理作业所取得的加工费收入。对外加工费收入按不含增值税(销项税额)的价格计算，可根据会计“产品销售收入”科目的有关资料取得。

对于本企业对内非工业部门提供的加工修理、设备安装的劳务收入，如果企业会计核算基础较好，能取得这部分资料，而且这部分价值所占比重较大，应包括在对外加工费收入中。

自制半成品在制品期末期初差额价值：指企业报告期在制品期末减期初的差额价值，本指标一般可以从会计核算资料中取得。如果会计产品成本核算中不计算半成品、在制品的成本，则总产值中也不包括这部分价值，反之则包括。

(4)工业总产值统计范围变化和计算方法修订情况：

1984 年以前工业总产值不包括村办工业，村办工业总产值划归农业。1984 年以后工业总产值包括村办工业。

1995 年工业普查对工业总产值计算方法做了修订，即从 1995 年始按新修订(新规定)方法计算工业总产值。新规定与原规定的区别如下：

全价与加工费的计算原则不同：新规定为凡自备原材料，不论其生产繁简程度如何，一律按全价计算工业总产值；凡来料加工，允许按加工费计算工业总产值。原规定则视生产加工的繁简程度不同，规定哪些行业按全价，哪些行业按加工费计算工业总产值。

自制半成品、在产品期末期初差额价值的计算原则不同：新规定要求，凡会计产品成本核算时计算了成本的差额价值，总产值中就应包括，否则可不包括；原规定则按生产周期六个月的界限区分，凡生产周期六个月以上的企业，总产值计算中应包括这部分差额价值，否则可不包括。

计算价格不同：新规定按不含增值税(销项税额)的价格计算；原规定则按含增值税(销项税额)的价格计算。

工业增加值 指工业企业在报告期内以货币表现的工业生产活动的最终成果。

工业增加值有两种计算方法：一是生产法，即工业总产出减去工业中间投入加上应交增值税；二是收入法，即从收入的角度出发，根据生产要素在生产过程中应得到的收入份额计算，具体构成项目有固定资产折旧、劳动者报酬、生产税净额、营业盈余，这种方法也称要素分配法。本年鉴中的工业增加值是以生产法计算的。

生产法工业增加值的计算方法为：

工业增加值=工业总产出-工业中间投入+应交增值税

(1)工业总产出：指工业企业在一定时期内工业生产活动的总成果。工业总产出包括：成品生产价值，对外加工费收入，自制半成品、在产品期末期初差额价值。1995 年后用新规定计算的工业总产值代替。

(2)工业中间投入：指工业企业在工业生产活动中消耗的外购物质产品和对外支付的服务费用。服务费用包括支付给物质生产部门(工业、农业、批发零售贸易业、建筑业、运输邮电业)的服务费用和支付给非物质生产部门(如保险、金融、文化教育、科学研究、医疗卫生、行政管理等)的服务费用。工业中间投入的确定须遵循以下原则：必须从外部购入的，并已计入工业总产出的产品和服务价值；必须是本期投入生产，并一次性消耗掉(包括本期摊销的低值易耗品等)的产品和服务价值。

工业中间投入包括直接材料费用、制造费用中的工业中间投入、管理费用中的工业中间投入、销售费用中的工业中间投入和利息支出五部分。

资产总计 指企业拥有或控制的能以货币计量的经济资源，包括各种财产、债权和其他权利。资产按流动性分为流动资产、长期投资、固定资产、无形资产、递延资产和其他资产。该指标根据企业会计“资产负债表”中“资产总计”项目的期末数增列。

流动资产 指企业可以在一年内或者超过一年的一个生产周期内变现或者耗用的资产，包括现金及各种存款、短期投资，应收及预付款项、存货等。

流动资产平均余额 指企业在报告期内全部流动资产的平均余额。

固定资产原价 指企业在建造、购置、安装、改建、扩建、技术改造某项固定资产时所支出的全部货币总额。它一般包括买价、包装费、运杂费和安装费等。

固定资产净值年平均余额 指固定资产净值在报告期内余额的平均数。计算公式为:

$$\text{固定资产净值年平均余额}=\frac{\text{1至12月各月月初、月末固定资产净值之和}}{24}$$

该指标根据“资产负债表”中“固定资产原价”、“累计折旧”指标的期初、期末数计算填列。

固定资产净值指固定资产原价减去历年已提折旧额后的净额。计算公式为:

固定资产净值=固定资产原价-累计折旧

负债合计 指企业所承担的能以货币计量,将以资产或劳务偿付的债务,偿还形式包括货币、资产或提供劳务。负债一般按偿还期长短分为流动负债和长期负债。根据会计“资产负债表”中“负债合计”的年末数填列。

所有者权益 指企业投资人对企业净资产的所有权。企业净资产等于企业全部资产减去全部负债后的余额,包括企业投资人对企业的最初投入的实际到位的资产及资本公积金、盈余公积金和未分配利润。所有者权益合计数小于零,表示企业资不抵债。

主营业务收入 指会计“利润表”中对应指标的本年累计数。未执行2001年《企业会计制度》的企业,用“产品销售收入”的本期累计数代替。

主营业务成本 指会计“利润表”中对应指标的本年累计数。未执行2001年《企业会计制度》的企业,用“产品销售成本”的本期累计数代替。

主营业务税金及附加 指会计“利润表”中对应指标的本年累计数。未执行2001年《企业会计制度》的企业,用“产品销售税金及附加”的本期累计数代替。

利润总额 指企业生产经营活动的最终成果,是企业在一定时期内实现的盈亏相抵后的利润总额(亏损以“-”号表示),它等于营业利润加上补贴收入加上投资收益加上营业外净收入再加上以前年度损益调整。

本年应交增值税 指企业在报告期内应交纳的增值税额。它等于本年销项税额加上出口退税加上进项税额转出数减去本年进项税额。小规模纳税企业直接按全年计税销售额乘以征收率计算取得。

从业人员平均人数 是指报告期内每天拥有的从业人员人数。其计算公式为:

$$\text{月平均人数}=\frac{\text{报告月内每天实有人数之和}}{\text{报告月日历日数}}$$

$$\text{季平均人数}=\frac{\text{季内各月平均人数之和}}{3}$$

$$\text{年平均人数}=\frac{\text{年内各月平均人数之和}}{12}$$

总资产贡献率 反映企业全部资产的获利能力,是企业经营业绩和管理水平的集中体现,是评价和考核企业盈利能力的核心指标。计算公式为:

$$\text{总资产贡献率(\%)}=\frac{\text{利润总额}+\text{税金总额}+\text{利息支出}}{\text{平均资金总额}}\times100\%$$

公式中:税金总额为产品销售税金及附加与应交增值税之和;平均资产总额为期初期末资产之和的算术平均值。

资产负债率 该指标既反映企业经营风险的大小,也反映企业利用债权人提供的资金从事经营活动的能力。计算公式为:

$$\text{资产负债率(\%)}=\frac{\text{负债总额}}{\text{资产总额}}\times100\%$$

资产与负债均为报告期期末数。

流动资产周转次数 指一定时期内流动资产完成的周转次数,反映投入工业企业流动资金的周转速度。计算公式为:

$$\text{流动资产周转次数}=\frac{\text{产品销售收入}}{\text{全部流动资产平均余额}}$$

公式中:全部流动资产平均余额为期初和期末的流动资产之和的算术平均值。

成本费用利润率 反映企业投入的生产成本及费用的经济效益,同时也反映企业降低成本所取得的经济效益。计算公式为:

$$\text{成本费用利润率(\%)}=\frac{\text{利润总额}}{\text{成本费用总额}}\times100\%$$

公式中:成本费用总额为产品销售成本、销售费用、管理费用、财务费用之和。

产品销售率 该指标反映工业产品已实现销售的程度,是分析工业产销衔接情况,研究工业产品满足社会需求的指标。计算公式为:

$$\text{产品销售率(\%)}=\frac{\text{工业销售产值}}{\text{工业总产值(现价)}}\times100\%$$

Explanatory Notes on Main Statistical Indicators

Industry refers to the material production sector which is engaged in the extraction of natural resources and processing and reprocessing of minerals and agricultural products, including (1) extraction of natural resources, such as mining, salt production (but not including hunting and fishing); (2) processing and reprocessing of farm and sideline produces, such as rice husking, flour milling, wine making, oil pressing, silk reeling, spinning and weaving, and leather making; (3) manufacture of industrial products, such as steel making, iron smelting, chemicals manufacturing, petroleum processing, machine building, timber processing; water and gas production and electricity generation and supply; (4)repairing of industrial products such as the repairing of machinery and means of transport (including cars).

In industrial statistics surveys, the units of enquiry are corporate industrial enterprises with independent accounting systems.

Corporate industrial enterprises with independent accounting systems refer to enterprises engaging in industrial production activities, which meet the following requirements: (1) They are established legally, having their own names, organizations, location and able to take civil liability; (2) They possess and use their assets independently, assume liabilities and are entitled to sign contracts with other units; (3) They are financially independent and compile their own balance sheets.

Enterprises covered in the industrial statistics in the Yearbook include the following categories by their registration:

State-owned and State-holding Enterprises refer to state-owned enterprises plus State-holding enterprises. State-owned enterprises (originally known as State-run enterprises with ownership by the whole society) are non-corporate economic entities registered in accordance with the *Regulation of the People's Republic of China on the Management of Registration of Legal Enterprises*, where all assets are owned by the State. Included in this category are State-owned enterprises, State-funded corporations and State-owned joint-operation enterprises. Joint State-private industries and private industries, which existed before 1957, were transformed into state-run industries since 1957, and into State-owned industries after 1992. Statistics on those enterprises are included in the State-owned industries instead of being grouped them separately. State-holding enterprises are a sub-classification of enterprises with mixed ownership, referring to enterprises where the percentage of State assets (or shares by the State) is larger than any other single share holder of the same enterprise. This sub-classification illustrates the control of the State over a particular industry.

Collective-owned Enterprises refer to economic entities registered in accordance with the *Regulation of the People's Republic of China on the Management of Registration of Legal Enterprises*, where assets are owned collectively. Collective enterprises constitute an integral part of the socialist economy with public ownership. They include urban and rural enterprises invested collectively, and some enterprises registered in industrial and commercial administration agency as collective units where funds are pooled together by individuals who voluntarily give up their right of ownership.

Cooperative Enterprises refer to economic units set up on a cooperative basis, with funding partly from employees of the enterprise and partly from outside investment, where the operation and management is decided by all the members who also participate in the production, and the distribution of income is based both on work (labour input) and on shares (capital input).

Joint Ownership Enterprises refer to economic units that are established by joint investment by two or more corporate enterprises or institutions of the same or different types of ownership on voluntary, equal and mutual-beneficial basis. They include:

a) State-owned joint-operation enterprises (joint operation between State-owned enterprises);

b) Collective joint-operation enterprises (joint operation between collective enterprises; and

c) State-collective joint-operation enterprises (joint operation between state and collective enterprises).

Limited Liability Corporations refer to economic units registered in accordance with the *Regulation of the People's Republic of China on the Management of Registration of Corporations*, with capital from 2 to 49 investors, each investor bears limited liability to the corporation depending on his/her holding of shares, and the corporation bears liability to its debt to the maximum of its total assets.

Limited liability corporations include state sole funded corporations and other limited liability corporations.

Share-holding Corporations Ltd. refer to economic units registered in accordance with the *Regulation of the People's Republic of China on the Management of Registration of Corporate Enterprises*, with total registered capital divided into equal shares and raised through issuing stocks. Each investor bears limited liability to the corporation depending on the holding of shares, and the corporation bears liability to its debt to the maximum of its total assets.

Private Enterprises refer to economic units invested or controlled (by holding the majority of the shares) by natural persons who hire labours for profit-making activities. Included in this category are private limited liability corporations, private share-holding corporations Ltd., private partnership enterprises and private sole investment enterprises registered in accordance with the *Corporation Law, Partnership Enterprise Law and Tentative Regulation on Private Enterprises.*

Enterprises with Funds from Hong Kong, Macao and Taiwan refers to all industrial enterprises registered as the joint-venture, cooperative, sole (exclusive) investment industrial enterprises and limited liability corporations with funds from Hong Kong, Macao and Taiwan.

Foreign Funded Enterprises refer to all industrial enterprises registered as the joint-venture, cooperative, sole (exclusive) investment industrial enterprises and limited liability corporations with foreign funds.

Light Industry refers to the industry that produces consumer goods and hand tools. It consists of two categories, depending on the materials used:

(1) Industries using farm products as raw materials. These are the branches of light industry which directly or indirectly use farm products as basic raw materials, including the manufacture of food and beverages, tobacco processing, textile, clothing, fur and leather manufacturing, paper making, printing, etc.

(2) Industries using non-farm products as raw materials. These are the branches of light industry which use manufactured goods as raw materials, including the manufacture of cultural, educational articles and sports goods, chemicals, synthetic fibre, chemical products for daily use, glass products for daily use, metal products for daily use, hand tools, medical apparatus and instruments, and the manufacture of cultural and office machinery.

Heavy Industry refers to the industry which produces capital goods, and provides various sectors of the national economy with necessary material and technical basis for production. It consists of the following three branches according to the purpose of production or the use of products:

(1) Mining, quarrying and logging industry, which refers to the industry that extracts natural resources, including extraction of petroleum, coal, metal and non-metal ores.

(2) Raw materials industry refers to the industry that provides various sectors of the national economy with raw materials, fuels and power. It includes smelting and processing of metals, coking and coke chemistry, chemical materials and building materials such as cement, plywood, and power, petroleum refining and coal dressing.

(3) Manufacturing industry which refers to the industry that processes raw materials. It includes machine-building industries which equip sectors of the national economy; industries producing metal structure and cement products; and industries producing means of agricultural production, such as chemical fertilizers and pesticides.

In accordance with the above principles of classification, the repairing trades, which are engaged primarily in repairing products of heavy industry, are classified as heavy industry while those which are engaged in repairing products of light industry are classified as light industry.

Gross Industrial Output Value

(1) Definition: Gross industrial output value is the total volume of final industrial products produced and industrial services provided during a given period. It reflects the total achievements and overall scale of industrial production during a given period.

(2) Principles for calculation:

Statistics on industrial production follow the principle that all products produced by the enterprises and accepted through quality check during the reference period are to be included no matter whether they are sold or not during the reference period.

Determination of final products follows the principle that all products that are included in the calculation of gross industrial output value are the final products of the enterprise which have been accepted through quality check and require no further processing. If an enterprise has intermediate (semi-finished) products to sell, these intermediate products are considered as the final products of the enterprise.

Gross industrial output value is calculated following the principle of factory approach, i.e. industrial enterprise is used as the basic accounting unit in calculating the gross industrial output value. By this approach, value of the same product is not to be double-counted, and the output value of different workshops (branch factories) within the enterprise should not be added. However, this approach allows the possibility of double counting between enterprises.

(3) Content and method of calculation: The old definition of gross industrial output value was modified during the 1995 National Industrial Census. The revised (new) definition of gross industrial output value consists of 3 components: value of the finished products during the reference period, income from processing for external parties, and value of change in semi-finished products between the end and the beginning of the reference period.

Value of finished products during the reference period: refers to the value of all finished (semi-finished) industrial products that are produced during the reference period without the need for further processing, checked for acceptance, packed and put into the warehouse of the enterprise, including the value of own-produced equipment and the value of products provided to the projects under construction of the enterprise, and to other non-industrial or welfare units. Value of finished products during the reference period is calculated by the quantity of products produced using own materials multiplied by the average unit prices at which products are sold (excluding value-added tax). Own-produced equipment and products produced for own use are valued at cost prices as in the case of enterprise accounting. Value of finished products does not include the value of finished products (semi-finished products) that are produced using the materials from the clients who place the orders.

Income from external processing: refers to income from contracted external processing of industrial products (including processing of industrial products using materials from the clients), and the income from industrial repairing work provided to other parties. Income from external processing is calculated using information from the item "products sales income" in the enterprise accounting at the prices with value-added tax excluded.

For income from services such as processing, repairing and installation of equipment provided to non-industrial units within the enterprise, if the accounting work of the enterprise is good enough to separate it from other records, and the share of such services is significant, it should also be included in the income from external processing.

Value of change in semi-finished products between the end and the beginning of the reference period: refers to the value of change in semi-finished products between the end and the beginning of the reference period, which generally can be obtained from accounting records of enterprises. If the enterprise accounting excludes the cost of semi-finished products, then it should not be included in the gross industrial output value, and the reverse if otherwise.

(4) Changes in the scope and method of calculation of the gross industrial output value

Prior to 1984, the value of rural industry run by villages was classified into agriculture instead of industry. Since 1984, it has been included in the gross industrial output value. Method of calculation for the gross industrial output value was modified in the industrial census in 1995. The difference in the new method as compared with the old one is outlined below:

Principle in using full value vs. processing fee: The new method stipulates that all products produced using own materials are to be calculated with full value in reporting the gross industrial output value irrespective of the complexity of production, and for external processing, it allows calculation using processing fee. In the old method, however, the use of full value or processing fee was determined by the degree of complexity of production in different branches of industries.

Principle in determining the value of change in semi-finished products: The new method requires that value of change in semi-finished products should be included in the gross industrial output value if it is included in the accounting record of the enterprise, otherwise it should not be included. In the old method, it is determined by the type of enterprises in terms of production cycle. If the production cycle is over 6 months, the value of change in semi-finished products is included in the gross industrial output value, otherwise it is not.

Difference in prices: The new method uses prices excluding value-added tax in the calculation of gross industrial output value, while the old method used prices including value-added tax.

Value-added of Industry refers to the final results of industrial production of industrial enterprises in money terms during the reference period.

Industrial value-added can be calculated by two approaches: the production approach, i.e. gross industrial output value minus intermediate input plus value-added tax, and the income approach, i.e. income for various factors used in the course of production, including depreciation of fixed assets, remuneration of labourers, net of production tax, and operating surplus. Value-added of industry in the Yearbook is calculated by the production approach as follows:

Value-added of industry = gross industrial output - industrial intermediate input + value-added tax

(1) Gross industrial output: refers to the total achievements of industrial production activities during a given period. Gross industrial output includes value of finished products, income from external processing, and value of change in semi-finished products between the end and the beginning of the reference period. Since 1995, the gross industrial output value obtained by the new method is used in the calculation.

(2) Industrial intermediate input: refers to purchased goods and paid services consumed during the industrial production of enterprises. Fees paid for services include fees paid for the services provided by material production sectors (industry, agriculture, wholesale and retail trade, construction, transport, post and telecommunications) and by non-material production sectors (insurance, banking, culture, education, scientific research, health and medical care, public administration, etc.). The determination of industrial intermediate input follows the principle that the goods and services must be purchased from outside and included in the gross industrial output, and that the goods and services are inputted into production and consumed (include low-value consumables) during the reference period.

Industrial intermediate input includes 5 components, namely direct consumption of materials, industrial intermediate input in manufacturing cost, industrial intermediate input in management cost, industrial intermediate input in marketing cost and expenditure on interest.

Total Assets refer to all economic resources, in monetary term, these are owned or controlled by enterprises, including properties, creditor's equity and other economic rights of all forms. Classified by the degree of liquidity, total assets include working capitals, long-term investment, fixed assets, intangible assets, deferred assets and other assets. Data on this indicator can be obtained by the year-end figures of total assets in the *Assets and Liability Table* of accounting records of enterprises.

Working Capital refers to capital that an enterprise can cash or use during one year or one production cycle that may exceed one year, including cash and savings deposits of various forms, short-term investment, money receivable and prepaid money, inventories, etc.

Annual Average Value of Working Capital refers to the average value of all working capital of the enterprise during the reference period.

Original Value of Fixed Assets refers to the total value, in monetary terms, that an enterprise spent on fixed assets, through construction, purchase, installation, transformation, expansion or technical upgrading. Generally, it covers cost of purchase, packing, transportation and installation, etc.

Annual Average of Net Value of Fixed Assets refers to

the average of the net value of fixed assets during the reference period, calculated with the following formula:

$$\text{Annual Average of Net Value of Fixed Assets} = \frac{\text{sum of net value of fixed assets at the beginning and at the end of each month from January to December}}{24}$$

Information on this indicator can be obtained from the beginning and ending figures of the original value of fixed assets and cumulative depreciation from the Assets and Liability Table of enterprises.

Net value of fixed assets refers to the original value of fixed assets minus depreciation over the years, i.e.:

Net value of fixed assets = original value of fixed assets - cumulative depreciation

Total Liabilities refer to payable liabilities of enterprises that have to be repaid in terms of money, assets or labour services. In terms of payment, it can be divided into liquid liabilities and long-term liabilities. Data on this item is obtained from the ending figures on total liabilities from the Assets and Liability Table from the enterprises.

Owner's Equity refers to the ownership of net assets of enterprise by its investors. Net assets equal total assets minus total liabilities of the enterprise, including the actual assets invested into the enterprise by investors, accumulation of capital and operating surplus and non-distributed profits. The enterprise's assets are less than its liabilities if the sum of owner's equity is smaller than zero.

Revenue from Principal Business refers to the annual accumulation of the corresponding item in the "profit table" of the accountant. For enterprises that do not follow the *2001 Enterprise Accounting Standards*, the year-end accumulation of revenue from the sales of products is used as a substitute.

Cost of Principal Business refers to the annual accumulation of the corresponding item in the "profit table" of the accountant. For enterprises that do not follow the *2001 Enterprise Accounting Standards*, the year-end accumulation of cost for the sales of products is used as a substitute.

Tax and Extra Charges from Principal Business refer to the annual accumulation of the corresponding item in the "profit table" of the accountant. For enterprises that do not follow the *2001 Enterprise Accounting Standards*, the year-end accumulation of tax and extra charges from the sales of products is used as a substitute.

Total Profits refer to the final achievement of production and operation activities of the enterprises, represented by total profits after deducting losses (loss is expressed by the negative figure). It is the sum of profits from operation, income from subsidies, investment earnings, net income from activities other than operation, and adjustment of profits and losses of previous years.

Value-added Tax Payable in the Current Year refers to the amount of the value-added tax which should be paid by the enterprises during the reference period. It is the sum of tax on sales, export rebate, and transferred tax on purchases of the current year, minus the tax on purchases of the current year. Value-added tax payable of small-size enterprises is determined by the taxable sales of the year multiplied by the tax rate.

Average Annual Number of Employed Persons Employed persons refer to all those who are employed in enterprises and receive remunerations there from, including currently working employees, retirees who are re-employed, teachers of local-run schools, as well as foreigners, staff from Hong Kong, Macao and Taiwan, part-time employees and persons with second job who are employed by the enterprise, and employees of other units temporarily working in the enterprises, but excluding former employees who left the enterprise with their employment records still being kept by the enterprises.

Average number of employed persons refers to the number of employee everyday during the reference period, calculated with the following formula:

$$\text{Monthly average number} = \frac{\text{sum of actual employees everyday in reference month}}{\text{number of calendar dates in reference month}}$$

$$\text{Quarterly average number} = \frac{\text{sum of monthly average number in reference quarter}}{3}$$

$$\text{Annual average number} = \frac{\text{sum of monthly average number in reference year}}{12}$$

Ratio of Profits, Taxes and Interests to Average Assets reflects the profit-making capability of all assets of the enterprise and is a key indicator manifesting the performance and management and evaluating the profit-making potential of the enterprise. It is calculated as follows:

$$\text{Ratio of Profits, Taxes and Interests to Average Assets (\%)} = \frac{\text{total profits} + \text{total taxes} + \text{interest payment}}{\text{average assets}} \times 100\%$$

In the above formula, total taxes is the sum of tax and extra charges on the sales of products and value-added tax payable; and average assets is the arithmetic mean of the sum of beginning assets and ending assets.

Ratio of Debts to Assets reflects both the operation risk and the capability of the enterprise in making use of the capital from the creditors. It is calculated as follows:

$$\text{Ratio of Debts to Assets (\%)} = \frac{\text{total debts}}{\text{total assets}} \times 100\%$$

Both assets and debts are figures at the end of the reference period.

Turnover of Working Capital refers to the number of times of turnover of working capital in a given period of time, which reflects the speed of the turnover of working capital of industrial enterprises, and is calculated as follows:

$$\text{Turnover of Working Capital} = \frac{\text{sales revenue of products}}{\text{average balance of total working capital}}$$

In the above formula, average balance of total working capital refers to the arithmetic mean of the sum of working capital at the beginning and at the end of the reference period.

Ratio of Profits to Total Industrial Costs refers to the ratio of profits realized in a given period to the total costs in the same period, which reflects the economic efficiency of input cost and is calculated as follows:

$$\text{Ratio of Profits to Total Industrial Cost (\%)} = \frac{\text{total profits}}{\text{total costs}} \times 100\%$$

Total costs in the above formula are the sum of cost of products sold, marketing cost, management cost and financial cost.

Sales Ratio of Products is an indicator reflecting the actual sale of industrial products, analyzing the production-selling and supply-demand relations. It is calculated as:

$$\text{Sales Ratio of Products (\%)} = \frac{\text{value of industrial sales}}{\text{gross industrial output value (current prices)}} \times 100\%$$

15

建筑业

Construction

简 要 说 明

一、本篇资料的主要内容

本篇资料反映我国建筑业概况和发展情况。包括建筑业企业基本情况和生产经营情况。主要指标有企业个数、从业人员数、建筑业总产值、建筑业增加值、房屋建筑面积、利润税金、劳动生产率等。此外，还包括勘察设计机构和人员情况的主要指标。

二、本篇资料的统计范围

根据建筑业发展的实际情况，建筑业统计范围从2002 年年报起由原具有建筑业资质等级四级及四级以上的独立核算的建筑业企业调整为具有建筑业资质的独立核算建筑业企业。

三、本篇的资料来源及统计调查方法

本篇建筑业企业统计数据是根据国家统计局制定的《建筑业统计报表制度》整理汇总的。建筑业统计报表是各级统计部门根据当地实际情况采取全面调查的方法布置、收集，由各省、自治区、直辖市统计局上报的全面报表。

勘察设计机构和人员表依据建设部制定的《勘察设计报表制度》中有关年报资料编制，由住房和城乡建设部提供。

Brief Introduction

I. Main Contents

Data in this chapter show the general situation and the development of the construction industry in China. They cover the situation of production and management of the construction enterprises, including the number of enterprises; number of employed persons; gross output value and value added of the construction industry; floor space of buildings under construction; profits and taxes ; and labour productivity etc. They also cover main indicators on the situation of prospecting and designing institutions and personnel.

II. Scope of Statistics

In view of the development of the construction industry, starting from 2002 the scope of construction statistics has been adjusted to include all the construction enterprises of various types of ownership with qualification certificates and independent accounting systems, replacing the previous criteria that required construction enterprises of various types of ownership to have qualification certificates at or above Class 4 with independent accounting systems.

III. Sources of Data and Methods of Survey

Data on construction enterprises are collected in accordance with the *Reporting Form System of Construction Statistics* stipulated by the National Bureau of Statistics. The annual reporting forms on construction statistics are designed in accordance with local situations for comprehensive collection by statistical bureaus of each province, autonomous region and municipality and conveyance level by level upwards. Data on prospecting and designing institutions and their personnel are provided by the Ministry of Construction, based on the requirements on the annual reporting specified in the *Statistical Reporting Form System of Prospecting and Designing* stipulated by the Ministry of Housing and Urban-Rural Development.

15-1 建筑业企业概况
Main Indicators on Construction Enterprises

年份 Year	总计 Total	国有企业 State-owned	集体企业 Collective-owned	港澳台商投资企业 Funded from Hong Kong, Macao and Taiwan	外商投资企业 Foreign Funded	其他 Others
企业单位数（个） Number of Enterprises						
1980	6604	1996	4608			
1985	11150	3385	7765			
1990	13327	4275	9052			
1995	24133	7531	15348	329	312	613
1996	41364	9109	29044	417	388	2406
1997	44017	9650	29872	491	454	3550
1998	45634	9458	28410	629	337	6800
1999	47234	9394	27197	664	341	9638
2000	47518	9030	24756	635	319	12778
2001	45893	8264	19096	622	274	17637
2002	47820	7536	13177	632	279	26196
2003	48688	6638	10425	535	287	30803
2004	59018	6513	8959	511	386	42649
2005	58750	6007	8090	516	388	43749
2006	60166	5555	7051	479	370	46711
2007	62074	5319	6614	482	365	49294
2008	71095	5315	5843	474	363	59100
2009	70817	5009	5352	444	351	59661
从业人员（万人） Number of Persons Employed (10 000 persons)						
1980	648.0	481.8	166.2			
1985	911.5	576.7	334.8			
1990	1010.7	621.0	389.7			
1995	1497.9	824.3	631.9	5.0	5.4	31.3
1996	2121.9	855.9	1171.4	8.7	8.6	77.3
1997	2101.5	828.6	1148.2	8.2	9.6	106.9
1998	2030.0	738.4	1057.3	9.3	5.1	219.9
1999	2020.1	690.6	993.1	11.5	6.1	318.9
2000	1994.3	635.6	887.5	8.2	4.4	458.6
2001	2110.7	590.7	739.9	7.7	4.3	768.1
2002	2245.2	543.8	579.2	7.4	4.5	1110.4
2003	2414.3	524.3	505.6	7.0	6.0	1371.3
2004	2500.3	467.4	386.4	6.8	8.1	1631.6
2005	2699.9	480.0	361.6	8.6	10.8	1838.9
2006	2878.2	467.6	332.0	8.9	8.1	2061.6
2007	3133.7	470.1	317.0	9.8	11.4	2325.4
2008	3315.0	472.1	266.8	10.5	9.2	2556.4
2009	3672.6	518.9	246.8	10.9	10.2	2885.7
建筑业总产值（亿元） Gross Output Value (100 million yuan)						
1980	286.93	220.90	66.03			
1985	675.10	474.51	200.59			
1990	1345.01	935.19	409.82			
1995	5793.75	3670.25	1899.47	33.60	33.19	157.24
1996	8282.25	4160.21	3695.68	46.85	50.51	329.00
1997	9126.48	4526.52	3925.81	63.72	70.49	539.94
1998	10061.99	4571.44	4012.01	91.94	62.52	1324.08
1999	11152.86	4861.38	4081.79	91.97	64.43	2053.29
2000	12497.60	5053.79	4035.84	99.18	67.49	3241.30
2001	15361.56	5362.81	3775.89	102.55	73.06	6047.25
2002	18527.18	5582.86	3338.50	113.87	91.38	9400.57
2003	23083.87	6060.23	3270.73	123.71	129.39	13499.81
2004	29021.45	7325.61	2756.12	137.03	202.46	18600.23
2005	34552.10	8432.03	2815.20	172.54	249.03	22883.30
2006	41557.16	9218.56	2904.48	240.52	274.87	28918.73
2007	51043.71	10630.90	3153.65	281.95	396.32	36580.89
2008	62036.81	12231.66	3216.43	321.07	387.14	45880.52
2009	76807.74	15190.05	3281.75	334.59	415.17	57586.19

注：1.本表1980年至1992年数据为全民和集体所有制建筑业企业数据；1993年至1995年数据为各种经济成分的建制镇以上建筑业企业数据；1996年至2001年数据为资质等级(旧资质)四级及四级以上建筑业企业数据；2002年及以后数据为所有具有资质等级的施工总承包、专业承包建筑业企业（不含劳务分包建筑业企业)数据。

2.从业人员数1993年至1997年为年平均人数。

a) Data from 1980 to 1992 are the figures of State-owned and collective-owned construction enterprises. Data from 1993 to 1995 are the figures of construction enterprises of all economic types above town level. Data from 1996 to 2001 included construction enterprises at fourth or higher quality grades(old classification of grades). Data since 2002 included all general construction contractors and professional contractors (not including construction enterprises of worker subcontractors) which possess qualification grades.

b) For 1993-1997, the number of employed persons refers to the annual average.

15-2 按登记注册类型分建筑业企业主要经济指标（2009年）

指 标		Item		合 计 Total
企业单位数	（个）	Number of Construction Enterprises	(unit)	70817
从业人员	（万人）	Number of Employed Persons	(10 000 persons)	3672.56
自有固定资产原价	（亿元）	Fixed Assets Owned (original value)	(100 million yuan)	11631.38
自有固定资产净值	（亿元）	Fixed Assets Owned (net value)	(100 million yuan)	7591.92
自有施工机械设备年末总台数	（万台）	Number of Machinery and Equipment Owned	(10 000 sets)	973.49
自有施工机械设备年末净值	（亿元）	Net Value of Machinery and Equipment Owned	(100 million yuan)	3704.98
自有施工机械设备年末总功率	（万千瓦）	Total Power of Machinery and Equipment Owned	(10 000 kw)	19022.56
建筑业总产值	（亿元）	Gross Output Value of Construction	(100 million yuan)	76807.74
建筑业增加值	（亿元）	Value Added of Construction	(100 million yuan)	15619.82
#本年固定资产折旧		Depreciation of Fixed Assets		756.31
主营业务应付工资		Wages Payable from Principal Business		8151.78
主营业务应付福利费		Welfare Expenses Payable from Principal Business		633.78
工程结算税金及附加		Taxes and Extra Charges on Project Settle Accounts		2524.60
管理费用中的税金		Taxes in Management Expenses		129.08
住房公积金及住房补贴		Housing Provident Funds and Housing Subsidies		152.51
房屋建筑施工面积	（万平方米）	Floor Space of Buildings under Construction	(10 000 sq.m)	588593.91
房屋建筑竣工面积	（万平方米）	Floor Space of Buildings Completed	(10 000 sq.m)	245401.64
利润总额	（亿元）	Total Profits	(100 million yuan)	2718.76
税金总额	（亿元）	Total Tax	(100 million yuan)	2653.69
劳动生产率		Overall Labor Productivity		
按总产值计算	（元/人）	In Terms of Gross Output Value	(yuan/person)	185087
按增加值计算	（元/人）	In Terms of Value-added	(yuan/person)	37640
技术装备率	（元/人）	Value of Machines per Laborer	(yuan/person)	10088
动力装备率	（千瓦/人）	Power of Machines per Laborer	(kw/person)	5.2
房屋建筑面积竣工率	（%）	Rate of Floor Space of Buildings Completed	(%)	41.7
产值利润率	（%）	Ratio of Profit to Gross Output Value	(%)	3.5
产值利税率	（%）	Ratio of Pre-tax Profit to Gross Output Value	(%)	7.0

注：建筑增加值数为公报数。

Main Economic Indicators on Construction Enterprises by Registration Status (2009)

内资企业 Domestic Funded	#国 有 State-owned	#集 体 Collective-owned	港澳台商投资企业 Funded from Hong Kong, Macao and Taiwan	#港澳台商独资企业 Solely Owned	外商投资企业 Foreign Funded	#外商独资企业 Solely Owned
70022	5009	5352	444	111	351	96
3651.46	518.92	246.79	10.86	2.27	10.24	2.44
11509.88	2804.44	598.65	54.11	11.91	67.39	13.93
7516.28	1701.61	402.49	32.16	7.72	43.48	9.53
968.04	138.80	83.70	2.87	0.47	2.58	0.55
3684.21	792.74	175.51	11.29	2.56	9.47	1.99
18936.40	3620.36	1677.51	43.81	11.43	42.34	7.72
76057.98	15190.05	3281.75	334.59	68.62	415.17	111.49
748.36	189.37	29.92	3.85	0.78	4.10	1.01
8088.57	1323.33	436.49	28.84	7.48	34.37	8.40
628.82	85.00	36.72	2.66	0.68	2.30	0.86
2503.51	528.86	114.24	9.31	1.92	11.79	3.32
127.82	23.24	9.26	0.71	0.16	0.55	0.14
151.12	63.43	6.22	0.57	0.13	0.82	0.37
584387.61	72681.00	36380.95	1662.04	225.71	2544.26	843.20
244180.47	21765.36	18783.17	545.09	47.83	676.08	271.44
2677.77	365.62	136.29	18.46	5.18	22.53	8.11
2631.33	552.10	123.50	10.02	2.08	12.33	3.46
184604	244193	124255	226730	190926	277053	346895
10090	15277	7112	10402	11314	9252	8159
5.2	7.0	6.8	4.0	5.0	4.1	3.2
41.8	29.9	51.6	32.8	21.2	26.6	32.2
3.5	2.4	4.2	5.5	7.6	5.4	7.3
7.0	6.0	7.9	8.5	10.6	8.4	10.4

a) The value-added of construction are the same as that in the Communique.

15-3 建筑业企业主要经济指标

Main Economic Indicators on Construction Enterprises

指　标	Item	2008	2009	2009年比上年增长(%) Growth Rate of 2009 to 2008 (%)
企业单位数 (个)	Number of Construction Enterprises (unit)	71095	70817	-0.4
从业人员 (万人)	Number of Employed Persons (10 000 persons)	3314.95	3672.56	10.8
自有固定资产原价 (亿元)	Original Value of Fixed Assets Owned (100 million yuan)	10258.00	11631.38	13.4
自有固定资产净价 (亿元)	Net Value of Fixed Assets Owned (100 million yuan)	6654.69	7591.92	14.1
自有施工机械设备年末总台数 (万台)	Total Number of Machinery and Equipment Owned (10 000 sets)	944.81	973.49	3.0
自有施工机械设备年末净值 (亿元)	Net Value of Machinery and Equipment Owned (100 million yuan)	3286.92	3704.98	12.7
自有施工机械设备年末总功率 (万千瓦)	Total Power of Machinery and Equipment Owned (10 000 kw)	18195.37	19022.56	4.5
建筑业总产值 (亿元)	Gross Output Value of Construction (100 million yuan)	62036.81	76807.74	23.8
建筑业增加值 (亿元)	Value Added of Construction (100 million yuan)	12488.95	15619.82	25.1
#本年固定资产折旧	Depreciation of Fixed Assets	715.78	756.31	5.7
主营业务应付工资	Wages Payable in Respect of Principal Business	7501.37	8151.78	8.7
主营业务应付福利费	Welfare Expenses Payable in respect of Principal Business	652.34	633.78	-2.8
工程结算税金及附加	Taxes and Extra Charges on Project Settle Accounts	2147.64	2524.60	17.6
管理费用中的税金	Taxes in Management Expenses	117.35	129.08	10.0
住房公积金及住房补贴	Housing Provident Funds and Housing Subsidies	127.64	152.51	19.5
房屋建筑施工面积 (万平方米)	Floor Space of Buildings under Construction (10 000 sq.m)	530519	588594	10.9
房屋建筑竣工面积 (万平方米)	Floor Space of Buildings Completed (10 000 sq.m)	223592	245402	9.8
利润总额 (亿元)	Total Profits (100 million yuan)	2201.84	2718.76	23.5
税金总额 (亿元)	Total Tax (100 million yuan)	2264.98	2653.69	17.2
劳动生产率	Overall Labor Productivity			
按总产值计算 (元/人)	In Terms of Gross Output Value (yuan/person)	161805	185087	
按增加值计算 (元/人)	In Terms of Value-added (yuan/person)	32444	37640	
技术装备率 (元/人)	Value of Machines per Laborer (yuan/person)	9915	10088	
动力装备率 (千瓦/人)	Power of Machines per Laborer (kw/person)	5.5	5.2	
房屋建筑面积竣工率 (%)	Rate of Floor Space of Buildings Completed (%)	42.1	41.7	
产值利润率 (%)	Ratio of Profit to Gross Output Value (%)	3.5	3.5	
产值利税率 (%)	Ratio of Pre-tax Profit to Gross Output Value (%)	7.2	7.0	

注：2008年建筑业增加值数为公报数。

a) Data of value added of construction in 2008 are the same as the Communique.

15-4 各地区总承包建筑业企业主要经济指标（2009年）
Main Economic Indicators on Construction Enterprises of General Contractors by Region (2009)

地 区	Region	企业单位数 (个) Number of Enterprises (unit)	从业人员 (人) Number of Employed Persons (person)	建筑业总产值 (万元) Gross Output Value of Construction (10 000 yuan)	利税总额 (万元) Total Pre-Tax Profits (10 000 yuan)	按总产值计算的劳动生产率 (元/人) Overall Labor Productivity by Gross Output Value (yuan/person)
全 国	**National Total**	**38375**	**32633706**	**679645884**	**46156729**	**185716**
北 京	Beijing	869	403346	34297216	2739011	265290
天 津	Tianjin	314	310306	15641917	907060	327844
河 北	Hebei	1461	1076202	23328055	1416682	194761
山 西	Shanxi	793	593510	16501463	735686	222263
内蒙古	Inner Mongolia	625	468608	9129264	1049016	130311
辽 宁	Liaoning	1678	1069839	28557785	1915977	164999
吉 林	Jilin	582	317286	10241235	704292	165508
黑龙江	Heilongjiang	1197	617530	12351015	1211732	151712
上 海	Shanghai	1358	728468	32476545	2199255	327873
江 苏	Jiangsu	3867	4544727	89289353	5920621	190851
浙 江	Zhejiang	2651	4557121	88614109	5017472	197843
安 徽	Anhui	1294	1256169	19598071	1368056	156221
福 建	Fujian	1123	1327706	19415838	1300697	140350
江 西	Jiangxi	914	706788	11853294	787829	162872
山 东	Shandong	3808	2458861	40516317	3050820	149226
河 南	Henan	2015	1972261	32201197	2129702	166153
湖 北	Hubei	1507	1244632	30468409	2188095	245042
湖 南	Hunan	1335	1338590	23234734	1644242	171032
广 东	Guangdong	2340	1429996	29806043	2545475	206884
广 西	Guangxi	713	509461	8758730	479375	184316
海 南	Hainan	103	97285	1366053	100965	147881
重 庆	Chongqing	1434	1095802	17524046	1487741	158527
四 川	Sichuan	2163	1949530	29003710	1731495	139768
贵 州	Guizhou	442	318881	5060158	236480	164811
云 南	Yunnan	1225	623498	10774227	653176	168393
西 藏	Tibet	152	36485	910274	157582	199272
陕 西	Shaanxi	807	841847	22052762	1544693	240017
甘 肃	Gansu	576	416014	5243473	319448	116523
青 海	Qinghai	245	82100	1848156	105580	172224
宁 夏	Ningxia	291	57171	2323586	127873	126736
新 疆	Xinjiang	493	183686	7258850	380604	176201

15-5 各地区专业承包建筑业企业主要经济指标（2009年）
Main Economic Indicators on Construction Enterprises of Professional Contractors by Region (2009)

地 区	Region	企业单位数 (个) Number of Enterprises (unit)	从业人员 (人) Number of Employed Persons (person)	建筑业总产值 (万元) Gross Output Value of Construction (10 000 yuan)	利税总额 (万元) Total Pre-Tax Profits (10 000 yuan)	按总产值计算的劳动生产率 (元/人) Overall Labor Productivity by Gross Output Value (yuan/person)
全 国	**National Total**	**32442**	**4091865**	**88431533**	**7567679**	**180391**
北 京	Beijing	2357	154435	6299808	402961	190069
天 津	Tianjin	1051	106008	3472836	237232	299318
河 北	Hebei	678	101694	1922406	173204	180448
山 西	Shanxi	903	94190	1759577	111414	153893
内蒙古	Inner Mongolia	157	28619	517991	50936	107838
辽 宁	Liaoning	2689	253675	5288691	404061	142916
吉 林	Jilin	363	62145	1187184	103521	147641
黑龙江	Heilongjiang	722	57354	1072841	120975	102615
上 海	Shanghai	1599	156945	5828894	484257	247011
江 苏	Jiangsu	4762	643114	13361744	1214974	184010
浙 江	Zhejiang	2121	319156	7273105	657097	207569
安 徽	Anhui	1069	178871	2797657	264000	156378
福 建	Fujian	963	167433	2625428	262763	149169
江 西	Jiangxi	378	63919	1379134	119496	207015
山 东	Shandong	2409	305667	5275222	575750	153242
河 南	Henan	2067	270029	3763670	348265	138455
湖 北	Hubei	1353	200365	3750518	269296	173029
湖 南	Hunan	508	109489	1839286	158031	160530
广 东	Guangdong	1915	297303	8286924	738075	263621
广 西	Guangxi	281	23332	585026	41722	217765
海 南	Hainan	36	6069	73389	7991	116954
重 庆	Chongqing	931	92018	1628449	197089	164213
四 川	Sichuan	1217	213154	4370759	281112	166745
贵 州	Guizhou	132	11629	178911	15744	150789
云 南	Yunnan	702	58053	1187977	103067	174564
西 藏	Tibet	13	1545	39047	2714	84995
陕 西	Shaanxi	178	42093	1038662	57761	217266
甘 肃	Gansu	261	32487	555387	70299	136589
青 海	Qinghai	138	9762	195263	25570	159698
宁 夏	Ningxia	183	12781	268661	27296	126357
新 疆	Xinjiang	306	18531	607091	41008	177913

15-6 各地区建筑业总产值
Total Output Value of Construction by Region

单位：万元 (10 000 yuan)

地区	Region	2004	2005	2006	2007	2008	2009
全国	**National Total**	**290214510**	**345520968**	**415571580**	**510437142**	**620368061**	**768077416**
北京	Beijing	16569591	18940436	21679223	25767692	30661699	40597023
天津	Tianjin	6537068	7543702	9839320	12219419	14537854	19114753
河北	Hebei	10040393	12852931	14487321	16146909	20448127	25250461
山西	Shanxi	7125750	8492165	9396737	10607041	13554415	18261040
内蒙古	Inner Mongolia	3545091	3813045	4670050	6811038	7800495	9647255
辽宁	Liaoning	12451481	14816528	17749853	21000402	25051692	33846476
吉林	Jilin	4111106	4855820	6076923	7383391	9946512	11428418
黑龙江	Heilongjiang	5159832	5728956	6998354	8758778	10367525	13423856
上海	Shanghai	16888002	18892463	22853847	25241801	32457716	38305439
江苏	Jiangsu	36556163	43689494	54248484	70105724	86015120	102651097
浙江	Zhejiang	38956437	47187431	56556054	69717052	81560602	95887214
安徽	Anhui	7887558	9635410	11682365	15169772	18546416	22395727
福建	Fujian	6716323	8739771	11619868	15441660	18527395	22041266
江西	Jiangxi	4617693	5660408	6688948	7861404	10329422	13232428
山东	Shandong	19690062	25090992	27918123	32890450	38219345	45791538
河南	Henan	8171347	10661498	15309254	21517230	28240535	35964867
湖北	Hubei	11121338	13493165	16670029	21108043	26050816	34218927
湖南	Hunan	10278915	12193493	14628766	18288148	21154431	25074020
广东	Guangdong	19008399	21995888	25925822	29995140	32702756	38092967
广西	Guangxi	3286644	4252101	5128328	6127370	7532102	9343756
海南	Hainan	585834	596925	649436	821834	1111837	1439442
重庆	Chongqing	6902774	7835658	8950918	11287118	14963195	19152495
四川	Sichuan	13093829	14690022	17532322	21099840	25929480	33374469
贵州	Guizhou	2554529	2712254	3123428	3487908	3936721	5239069
云南	Yunnan	4482520	5393669	6723538	7566795	9069053	11962204
西藏	Tibet	290802	406118	493615	602941	729087	949320
陕西	Shaanxi	5230766	6585112	8304149	11730972	16511806	23091424
甘肃	Gansu	2938853	3134016	3443287	4369039	4812744	5798859
青海	Qinghai	886406	909337	1083718	1254431	1429970	2043419
宁夏	Ningxia	1111913	1129649	1308381	1549487	1915448	2592247
新疆	Xinjiang	3417093	3592513	3831120	4508314	6253747	7865941

15-7 各地区建筑业增加值
Value-added of Construction by Region

单位：万元 (10 000 yuan)

地 区	Region	2004	2005	2006	2007	2008	2009
全 国	**National Total**	**56157837**	**68997130**	**81163870**	**99443523**	**124889453**	**156198171**
北 京	Beijing	2254726	2842418	2984634	3338391	3737458	4681944
天 津	Tianjin	962170	1112972	1298281	1717835	2124318	2578760
河 北	Hebei	2090625	2224625	2502678	2852563	4228769	4448083
山 西	Shanxi	1181453	1300114	1416761	1776833	2117930	2603555
内蒙古	Inner Mongolia	951318	1086085	1390352	1825748	1967289	2836211
辽 宁	Liaoning	2350859	3740812	4470258	5258371	5937975	7686803
吉 林	Jilin	773526	914531	1049834	1311528	2138655	2369263
黑龙江	Heilongjiang	1056119	1111511	1138654	1245296	2475749	3779597
上 海	Shanghai	2555131	3004728	3593972	3596431	4497900	5490998
江 苏	Jiangsu	7182840	9111895	11341223	14916160	17218560	23226742
浙 江	Zhejiang	7570554	9433162	11171857	13577522	15211075	18296301
安 徽	Anhui	1642821	2059716	2647204	3381737	4201294	5401505
福 建	Fujian	1352426	2058206	2766576	3990185	4999209	6843049
江 西	Jiangxi	896632	1156546	1296605	1521384	2301203	2624373
山 东	Shandong	4431309	5619079	6228957	6820080	9040732	10398656
河 南	Henan	1757295	2400746	3139219	4478541	6497922	8316141
湖 北	Hubei	2031426	2391055	2864967	3787283	4850441	6007806
湖 南	Hunan	2127828	2480593	3017749	3562607	4411407	4929387
广 东	Guangdong	3951611	4757223	5035198	6063680	6975411	8217055
广 西	Guangxi	702543	898093	988159	1163287	1624181	1915039
海 南	Hainan	125703	129188	119330	112450	232416	214458
重 庆	Chongqing	1523812	1714340	1940450	2339444	3108658	5047547
四 川	Sichuan	2678796	2901029	3501955	4138417	5508921	6315258
贵 州	Guizhou	524574	552401	621803	685982	728452	933283
云 南	Yunnan	840071	962823	1400669	1413970	1640438	1964924
西 藏	Tibet	74479	96805	123275	121040	146752	238767
陕 西	Shaanxi	812929	1059230	1050820	2029378	3880798	4905743
甘 肃	Gansu	638115	719034	766832	901083	1077617	1281414
青 海	Qinghai	173105	202605	235772	278968	332610	445584
宁 夏	Ningxia	276254	282562	311014	340006	438380	650092
新 疆	Xinjiang	666786	671702	748815	897324	1236931	1549833

15-8 各地区建筑业企业利税总额
Total Pre-Tax Profits of Construction Enterprises by Region

单位：万元 (10 000 yuan)

地 区	Region	2004	2005	2006	2007	2008	2009
全 国	**National Total**	**16554384**	**20664572**	**25945621**	**32753973**	**44668222**	**53724409**
北 京	Beijing	931362	1266684	1726304	1894535	1708015	3141972
天 津	Tianjin	323474	398120	566935	773199	940439	1144292
河 北	Hebei	606942	686111	830856	967798	1439150	1589887
山 西	Shanxi	315410	374024	400536	547712	668027	847101
内蒙古	Inner Mongolia	261704	317599	481267	646896	892945	1099952
辽 宁	Liaoning	695685	1119990	1190225	1562609	1789113	2320038
吉 林	Jilin	177521	190965	291544	328347	783982	807812
黑龙江	Heilongjiang	223541	245188	305123	343990	1520636	1332707
上 海	Shanghai	1226833	1338429	1832951	1650359	2275505	2683512
江 苏	Jiangsu	1795798	2379509	3246374	4500081	6240701	7135595
浙 江	Zhejiang	2175151	2774163	3311754	4021244	4644242	5674568
安 徽	Anhui	433945	513639	720796	921499	1325599	1632055
福 建	Fujian	388138	509765	710183	941528	1224010	1563460
江 西	Jiangxi	217852	352670	363621	466450	851715	907325
山 东	Shandong	1253724	1660544	1928110	2221146	3043218	3626570
河 南	Henan	468077	625556	878976	1317768	1923243	2477967
湖 北	Hubei	667822	740222	1033263	1475615	1882179	2457391
湖 南	Hunan	610514	731564	914984	1220569	2027763	1802272
广 东	Guangdong	1437161	1643901	1914326	2565563	2892377	3283550
广 西	Guangxi	165677	220868	277643	330526	433786	521097
海 南	Hainan	49380	44174	34920	36649	96800	108956
重 庆	Chongqing	401924	454920	577690	760353	1523773	1684830
四 川	Sichuan	678693	774353	916464	1208255	1614206	2012606
贵 州	Guizhou	130300	129803	138372	163222	209978	252224
云 南	Yunnan	235271	362133	415954	509000	586614	756243
西 藏	Tibet	26312	44882	49739	71434	71176	160296
陕 西	Shaanxi	236011	321776	380880	637659	1174751	1602454
甘 肃	Gansu	161628	186053	222769	301931	362609	389746
青 海	Qinghai	32344	35497	40717	69768	95960	131149
宁 夏	Ningxia	51892	57696	66134	78005	97603	155169
新 疆	Xinjiang	174299	163776	176214	220265	328108	421612

15-9 各地区建筑业企业利润总额
Total Profits of Construction Enterprises by Region

单位：万元 (10 000 yuan)

地 区	Region	2004	2005	2006	2007	2008	2009
全 国	**National Total**	**7192468**	**9066623**	**11930744**	**15611225**	**22018389**	**27187552**
北 京	Beijing	379578	612127	965927	960256	563900	1751412
天 津	Tianjin	125943	170137	257934	379212	475404	541986
河 北	Hebei	246200	293377	314160	446521	718905	744754
山 西	Shanxi	78450	93202	95632	194566	231736	305611
内蒙古	Inner Mongolia	127165	162376	284220	353363	535344	744024
辽 宁	Liaoning	293520	543863	581665	836847	883503	1188891
吉 林	Jilin	42391	24960	75164	102742	412464	387217
黑龙江	Heilongjiang	44850	52342	76641	98029	457660	558203
上 海	Shanghai	668703	669130	1033681	794137	1173802	1374680
江 苏	Jiangsu	820677	1119457	1643108	2368712	3576635	4005428
浙 江	Zhejiang	997326	1324144	1525409	1887292	2145188	2744547
安 徽	Anhui	152987	180314	255471	378253	633363	744093
福 建	Fujian	157343	196898	308881	375532	519579	656737
江 西	Jiangxi	73777	155667	134849	188502	390995	421176
山 东	Shandong	647971	867836	1032536	1190084	1805303	2065115
河 南	Henan	191762	255655	371502	574939	935863	1187183
湖 北	Hubei	284090	266394	403378	698837	934029	1265479
湖 南	Hunan	255705	287689	376586	545656	1121171	845523
广 东	Guangdong	689142	705824	901868	1388555	1456891	1731648
广 西	Guangxi	48715	67651	104571	126343	152533	197764
海 南	Hainan	30235	25874	14982	14616	56759	55232
重 庆	Chongqing	180833	199481	282921	386178	891940	978968
四 川	Sichuan	276323	276916	334670	466176	716297	950778
贵 州	Guizhou	43502	38331	32989	41893	64525	66331
云 南	Yunnan	90420	187724	186984	266333	279106	386664
西 藏	Tibet	17795	28184	31165	52895	45873	120700
陕 西	Shaanxi	69938	100824	121210	224647	492568	738954
甘 肃	Gansu	68473	86565	97915	152143	157718	153089
青 海	Qinghai	6063	5797	8892	24468	36330	54420
宁 夏	Ningxia	16779	21055	21223	25225	31935	63217
新 疆	Xinjiang	65813	46830	54611	68277	121073	157728

15-10 各地区建筑业劳动生产率
Labor Productivity of Construction Enterprises by Region

按建筑业增加值计算。
Calculated in terms of value-added of construction.

单位：元/人 (yuan/person)

地 区	Region	2004	2005	2006	2007	2008	2009
全 国	**National Average**	**20887**	**23427**	**25741**	**28853**	**32444**	**37640**
北 京	Beijing	20180	23803	22745	24672	26101	28825
天 津	Tianjin	25232	28472	33713	37939	43178	43476
河 北	Hebei	18347	18719	20452	23824	29262	34103
山 西	Shanxi	20040	20803	22428	26975	30268	30388
内蒙古	Inner Mongolia	23827	23317	27857	26658	30865	37886
辽 宁	Liaoning	19910	29271	31067	34477	41730	36589
吉 林	Jilin	18141	20870	22238	23758	28023	33886
黑龙江	Heilongjiang	16745	17722	17822	19782	22427	41143
上 海	Shanghai	25671	28994	32876	32703	40248	44770
江 苏	Jiangsu	23517	26624	29863	34125	35783	42976
浙 江	Zhejiang	27910	30270	31551	33888	36103	37885
安 徽	Anhui	17982	21109	24153	28180	32317	37683
福 建	Fujian	23762	28397	34325	38025	41527	43883
江 西	Jiangxi	16720	18762	21004	24270	28655	33036
山 东	Shandong	18562	20673	22066	23682	26062	33990
河 南	Henan	17613	18768	22285	25692	33595	37632
湖 北	Hubei	19852	21722	25092	29989	34517	41145
湖 南	Hunan	18870	21511	24109	26945	28770	33463
广 东	Guangdong	25699	28617	30294	34166	38041	46819
广 西	Guangxi	20351	21270	24279	26397	30572	38143
海 南	Hainan	17301	19038	16191	15772	19386	21739
重 庆	Chongqing	18571	20763	22123	24999	30167	41902
四 川	Sichuan	16022	16619	19393	21098	23860	27020
贵 州	Guizhou	18819	19889	22694	24928	27405	29266
云 南	Yunnan	16920	17469	22215	22108	26901	27758
西 藏	Tibet	24731	27280	26118	25674	27302	47493
陕 西	Shaanxi	18886	21881	19883	31620	32515	50752
甘 肃	Gansu	14364	15680	16053	20125	23165	26116
青 海	Qinghai	16489	19532	22913	26692	32966	37275
宁 夏	Ningxia	17650	18603	20078	21360	24873	31773
新 疆	Xinjiang	21197	21357	24054	25552	32328	34743

注：2008年数据为公报数据。
b) Data of 2008 are the same as the Communique.

15-11 各地区按登记注册类型分建筑业企业单位数（2009年）
Number of Construction Enterprises by Registration Status and Region (2009)

单位：个 (unit)

地区	Region	合计 Total	内资企业 Domestic Funded	#国有 State-owned	#集体 Collective-owned	港澳台商投资企业 Funded from Hong Kong, Macao and Taiwan	#港澳台商独资企业 Solely Owned	外商投资企业 Foreign Funded	#外商独资企业 Solely Owned
全国	**National Total**	**70817**	**70022**	**5009**	**5352**	**444**	**111**	**351**	**96**
北京	Beijing	3226	3122	175	217	53	8	51	10
天津	Tianjin	1365	1334	126	82	17	3	14	1
河北	Hebei	2139	2131	172	111	6		2	
山西	Shanxi	1696	1684	178	120	9		3	
内蒙古	Inner Mongolia	782	781	17	14			1	
辽宁	Liaoning	4367	4294	289	333	23	2	50	11
吉林	Jilin	945	941	70	46	3		1	
黑龙江	Heilongjiang	1919	1914	181	166	3		2	1
上海	Shanghai	2957	2815	147	111	76	20	66	28
江苏	Jiangsu	8629	8503	279	357	59	23	67	26
浙江	Zhejiang	4772	4750	117	115	13	2	9	
安徽	Anhui	2363	2349	172	148	7	4	7	1
福建	Fujian	2086	2051	89	65	29	8	6	1
江西	Jiangxi	1292	1281	177	233	9	1	2	1
山东	Shandong	6217	6170	434	679	23	7	24	5
河南	Henan	4082	4069	211	248	5	2	8	1
湖北	Hubei	2860	2834	306	173	21	8	5	
湖南	Hunan	1843	1836	248	225	4	1	3	1
广东	Guangdong	4255	4176	410	498	63	16	16	6
广西	Guangxi	994	990	144	233	2		2	
海南	Hainan	139	139	33	28				
重庆	Chongqing	2365	2358	134	143	5	1	2	1
四川	Sichuan	3380	3368	245	330	6	3	6	2
贵州	Guizhou	574	573	107	104			1	
云南	Yunnan	1927	1924	94	200	3			
西藏	Tibet	165	165	23	22				
陕西	Shaanxi	985	984	128	160	1			
甘肃	Gansu	837	835	100	117	1		1	
青海	Qinghai	383	381	59	37	1	1	1	
宁夏	Ningxia	474	473	61	15	1	1		
新疆	Xinjiang	799	797	83	22	1		1	

15-12 各地区按登记注册类型分建筑业企业从业人员（2009年）

Number of Staff and Workers in Construction Enterprises by Registration Status and Region (2009)

单位：人 (person)

地区	Region	合计 Total	内资企业 Domestic Funded	#国有 State-owned	#集体 Collective-owned	港澳台商投资企业 Funded from Hong Kong, Macao and Taiwan	#港澳台商独资企业 Solely Owned	外商投资企业 Foreign Funded	#外商独资企业 Solely Owned
全　国	**National Total**	**36725571**	**36514629**	**5189247**	**2467903**	**108563**	**22659**	**102379**	**24359**
北　京	Beijing	557781	539064	105853	31293	12693	1440	6024	916
天　津	Tianjin	416314	412148	105011	25639	3176	736	990	66
河　北	Hebei	1177896	1176650	134141	57482	1053		193	
山　西	Shanxi	687700	684387	134986	36359	1597		1716	
内蒙古	Inner Mongolia	497227	496956	53755	7324			271	
辽　宁	Liaoning	1323514	1304075	180726	137874	4611	202	14828	4116
吉　林	Jilin	379431	379009	40062	10348	352		70	
黑龙江	Heilongjiang	674884	673567	281856	36629	1171		146	120
上　海	Shanghai	885413	868339	78099	24852	9384	2217	7690	3059
江　苏	Jiangsu	5187841	5150037	194345	232650	21021	11164	16783	4483
浙　江	Zhejiang	4876277	4855588	68208	74301	10035	55	10654	
安　徽	Anhui	1435040	1431093	269958	76667	1375	914	2572	206
福　建	Fujian	1495139	1481193	260883	39119	12667	1462	1279	377
江　西	Jiangxi	770707	768357	187189	162201	2218	12	132	60
山　东	Shandong	2764528	2743202	243093	320155	2969	452	18357	769
河　南	Henan	2242290	2239383	201641	133535	1959	38	948	18
湖　北	Hubei	1444997	1442677	320190	82910	1570	330	750	
湖　南	Hunan	1448079	1446776	384398	114205	285	220	1018	617
广　东	Guangdong	1727299	1697261	343928	255474	18741	2945	11297	9338
广　西	Guangxi	532793	526563	211954	79596	335		5895	
海　南	Hainan	103354	103354	65709	17062				
重　庆	Chongqing	1187820	1187152	126285	48425	287	15	381	118
四　川	Sichuan	2162684	2161832	395352	200071	563	428	289	96
贵　州	Guizhou	330510	330472	197147	24649			38	
云　南	Yunnan	681551	681167	114229	62677	384			
西　藏	Tibet	38030	38030	5142	5136				
陕　西	Shaanxi	883940	883875	311184	92685	65			
甘　肃	Gansu	448501	448475	54976	67532	16		10	
青　海	Qinghai	91862	91830	38756	7276	5	5	27	
宁　夏	Ningxia	69952	69928	18061	1419	24	24		
新　疆	Xinjiang	202217	202189	62130	2358	7		21	

15-13 建筑业企业技术装备情况
Number and Power of Machinery and Equipment Owned by Construction Enterprises

年 份 地 区	Year Region	自有施工机械设备年末总台数(台) Number of Machinery and Equipment Owned (set)	自有施工机械设备年末总功率(万千瓦) Total Power of Machinery and Equipment Owned (10 000 kw)	自有施工机械设备年末净值(万元) Net Value of Machinery and Equipment Owned (10 000 yuan)	技术装备率(元/人) Value of Machines per Laborer (yuan/person)	动力装备率(千瓦/人) Power of Machines per Laborer (kw/person)
	1991	2528110	4250.2	2722151	2572	4.0
	1992	2531578	4431.9	3147398	2719	3.8
	1993	2608091	4948.9	4671699	4105	4.3
	1994	2952629	5712.7	4981982	3446	4.0
	1995	3482784	7056.5	6386383	4264	4.7
	1996	5649612	9804.8	8814352	4154	4.6
	1997	5604603	8668.5	9938659	4729	4.1
	1998	5833748	8656.5	10407189	5127	4.3
	1999	6110175	9077.8	11628317	5756	4.5
	2000	6259885	9228.1	12572317	6304	4.6
	2001	7022174	10251.7	15062491	7136	4.9
	2002	7540011	11022.5	21722927	9675	4.9
	2003	8001782	11712.4	24039576	9957	4.9
	2004	8466386	14584.1	23245244	9297	5.8
	2005	8798527	13765.6	25037702	9273	5.1
	2006	8973042	14156.3	26217542	9109	4.9
	2007	9487515	15579.4	28856331	9208	5.0
	2008	9448056	18195.4	32869151	9915	5.5
	2009	9734910	19022.6	37049784	10088	5.2
北 京	Beijing	201744	503.1	1001209	17950	9.0
天 津	Tianjin	116658	440.6	1722188	41368	10.6
河 北	Hebei	469494	842.9	1381585	11729	7.2
山 西	Shanxi	213787	501.9	1028510	14956	7.3
内蒙古	Inner Mongolia	87896	200.0	429303	8634	4.0
辽 宁	Liaoning	386265	882.5	1717921	12980	6.7
吉 林	Jilin	98686	170.1	334855	8825	4.5
黑龙江	Heilongjiang	159810	358.9	762805	11303	5.3
上 海	Shanghai	158725	361.7	1422378	16065	4.1
江 苏	Jiangsu	1373391	2827.4	4948687	9539	5.4
浙 江	Zhejiang	845865	1358.4	3133488	6426	2.8
安 徽	Anhui	382323	591.3	1165210	8120	4.1
福 建	Fujian	280451	529.5	1027036	6869	3.5
江 西	Jiangxi	170201	254.6	529997	6877	3.3
山 东	Shandong	728124	1379.9	2510649	9082	5.0
河 南	Henan	650314	1204.6	2180874	9726	5.4
湖 北	Hubei	553443	1215.1	2340656	16198	8.4
湖 南	Hunan	468769	768.8	1304769	9010	5.3
广 东	Guangdong	732080	859.2	2075245	12014	5.0
广 西	Guangxi	209354	293.0	440539	8268	5.5
海 南	Hainan	17430	43.1	37160	3595	4.2
重 庆	Chongqing	189978	419.0	871109	7334	3.5
四 川	Sichuan	410377	690.5	1464992	6774	3.2
贵 州	Guizhou	62123	113.2	244498	7398	3.4
云 南	Yunnan	149963	289.0	680950	9991	4.2
西 藏	Tibet	4775	14.0	36507	9599	3.7
陕 西	Shaanxi	277512	646.4	1071517	12122	7.3
甘 肃	Gansu	160457	843.5	385043	8585	18.8
青 海	Qinghai	33552	99.9	215865	23499	10.9
宁 夏	Ningxia	38332	86.6	177896	25431	12.4
新 疆	Xinjiang	103031	233.9	406348	20095	11.6

注：从2004年起，自有机械设备情况统计改为自有施工机械设备情况统计。
a) Starting from 2004, statistics on machinery and equipment owned refer to construction machinery and equipment owned.

15-14 国有建筑业企业技术装备情况
Number and Power of Machinery and Equipment Owned by State-owned Construction Enterprises

年 份 地 区	Year Region	自有施工机械设备年末总台数(台) Number of Machinery and Equipment Owned (set)	自有施工机械设备年末总功率(万千瓦) Total Power of Machinery and Equipment Owned (10 000 kw)	自有施工机械设备年末净值(万元) Net Value of Machinery and Equipment Owned (10 000yuan)	技术装备率(元/人) Value of Machinery per Laborer (yuan/person)	动力装备率(千瓦/人) Power of Machinery per Laborer (kw/person)
	1991	1519637	3248.9	2213621	3465	5.1
	1992	1410064	3314.6	2464943	3618	4.9
	1993	1309360	3323.8	2848367	4335	5.1
	1994	1476295	3900.2	3567576	4361	4.8
	1995	1637276	3984.6	4161384	5048	4.8
	1996	1870826	4213.3	4692164	5482	4.9
	1997	1865910	4419.9	5211213	6289	5.3
	1998	1818321	4343.2	5180338	7016	5.9
	1999	1876329	4405.0	5548440	8035	6.4
	2000	1822716	4150.8	5485356	8631	6.5
	2001	1831423	4008.7	5561988	9417	6.8
	2002	1710768	3663.2	6811241	12527	6.7
	2003	1649774	3493.8	6920800	13200	6.7
	2004	1485122	3513.5	6037890	12919	7.5
	2005	1523411	3442.3	6380891	13292	7.2
	2006	1360393	3217.4	5781244	12363	6.9
	2007	1365566	3292.1	5826179	12393	7.0
	2008	1339329	3511.9	6846247	14502	7.4
	2009	1387998	3620.4	7927430	15277	7.0
北 京	Beijing	21400	99.9	182494	17240	9.4
天 津	Tianjin	20622	75.9	306172	29156	7.2
河 北	Hebei	59756	165.5	284026	21174	12.3
山 西	Shanxi	42321	110.6	219189	16238	8.2
内蒙古	Inner Mongolia	5271	15.4	39270	7305	2.9
辽 宁	Liaoning	60250	196.1	387865	21462	10.9
吉 林	Jilin	16118	29.4	47645	11893	7.3
黑龙江	Heilongjiang	55437	123.2	223415	7927	4.4
上 海	Shanghai	16547	88.2	494580	63327	11.3
江 苏	Jiangsu	89339	200.4	534264	27490	10.3
浙 江	Zhejiang	29844	60.3	125420	18388	8.8
安 徽	Anhui	44235	155.4	355830	13181	5.8
福 建	Fujian	23250	52.4	109209	4186	2.0
江 西	Jiangxi	39924	68.3	139448	7450	3.6
山 东	Shandong	92106	181.7	449037	18472	7.5
河 南	Henan	69989	197.6	486071	24106	9.8
湖 北	Hubei	147535	514.0	939377	29338	16.1
湖 南	Hunan	97181	222.5	433638	11281	5.8
广 东	Guangdong	93127	172.9	383304	11145	5.0
广 西	Guangxi	33579	99.5	167882	7921	4.7
海 南	Hainan	5722	14.4	14133	2151	2.2
重 庆	Chongqing	26994	45.1	131518	10414	3.6
四 川	Sichuan	139811	222.3	492590	12460	5.6
贵 州	Guizhou	31590	63.7	154241	7824	3.2
云 南	Yunnan	15652	48.0	99476	8709	4.2
西 藏	Tibet	188	0.7	3055	5942	1.3
陕 西	Shaanxi	47283	196.7	327301	10518	6.3
甘 肃	Gansu	21484	50.0	97334	17705	9.1
青 海	Qinghai	13254	62.8	129033	33294	16.2
宁 夏	Ningxia	7456	19.3	54492	30171	10.7
新 疆	Xinjiang	20733	68.2	116123	18690	11.0

注：从2004年起，自有机械设备情况统计改为自有施工机械设备情况统计。

a) Starting from 2004, statistics on machinery and equipment owned refer to construction machinery and equipment owned.

15-15 各地区建筑业总产值（2009年）
Total Output Value of Construction by Region (2009)

单位：万元　　(10 000 yuan)

地区	Region	建筑业总产值 Total Output Value	建筑工程产值 Output Value of Construction	安装工程产值 Output Value of Installation	其他 Others
全国	**National Total**	**768077416**	**672084181**	**73191440**	**22801796**
北京	Beijing	40597023	39085510	1149841	361672
天津	Tianjin	19114753	15762519	2263645	1088589
河北	Hebei	25250461	21359945	2633555	1256961
山西	Shanxi	18261040	16275286	1517117	468636
内蒙古	Inner Mongolia	9647255	8477399	675403	494453
辽宁	Liaoning	33846476	28616034	4536802	693641
吉林	Jilin	11428418	9851207	1236157	341054
黑龙江	Heilongjiang	13423856	10569294	2306999	547564
上海	Shanghai	38305439	31415023	5452597	1437819
江苏	Jiangsu	102651097	93901063	7945124	804910
浙江	Zhejiang	95887214	85474813	7767450	2644950
安徽	Anhui	22395727	19507903	2039479	848346
福建	Fujian	22041266	19949872	1637957	453437
江西	Jiangxi	13232428	11721381	875617	635429
山东	Shandong	45791538	37039807	7487115	1264616
河南	Henan	35964867	31124123	3571110	1269634
湖北	Hubei	34218927	29844018	2793252	1581657
湖南	Hunan	25074020	21712138	1721083	1640800
广东	Guangdong	38092967	32979888	4201448	911631
广西	Guangxi	9343756	7891838	1105426	346492
海南	Hainan	1439442	1334841	71917	32684
重庆	Chongqing	19152495	16954917	1570267	627311
四川	Sichuan	33374469	29485074	2901991	987404
贵州	Guizhou	5239069	4468995	532507	237567
云南	Yunnan	11962204	10257249	1025228	679728
西藏	Tibet	949320	861039	70524	17758
陕西	Shaanxi	23091424	20498248	2030626	562550
甘肃	Gansu	5798859	4789582	825390	183887
青海	Qinghai	2043419	1613830	205435	224154
宁夏	Ningxia	2592247	2385017	172567	34663
新疆	Xinjiang	7865941	6876329	867812	121800

15-16 各地区按登记注册类型分建筑业总产值（2009年）
Total Output Value of Construction by Registration Status and Region (2009)

单位：万元 (10 000 yuan)

地 区	Region	合 计 Total	内资企业 Domestic Funded	#国 有 State-owned	#集 体 Collective-owned	港澳台商投资企业 Funded from Hong Kong, Macao and Taiwan	#港澳台商独资企业 Solely Owned	外商投资企 业 Foreign Funded	#外商独资企业 Solely Owned
全 国	**National Total**	**768077416**	**760579819**	**151900504**	**32817457**	**3345898**	**686187**	**4151699**	**1114922**
北 京	Beijing	40597023	39419320	9241572	1253210	601586	186649	576117	43152
天 津	Tianjin	19114753	18962685	6131227	838763	81866	14456	70202	1987
河 北	Hebei	25250461	25212037	5907609	612288	23835		14589	
山 西	Shanxi	18261040	18180077	4323761	393845	46984		33979	
内蒙古	Inner Mongolia	9647255	9646402	1052300	139422			853	
辽 宁	Liaoning	33846476	33332285	6618419	1930114	87763	8046	426428	54441
吉 林	Jilin	11428418	11351345	1675389	220544	55165		21908	
黑龙江	Heilongjiang	13423856	13332673	5060225	773477	81417		9766	9127
上 海	Shanghai	38305439	36727537	6352695	729371	794023	164662	783879	302637
江 苏	Jiangsu	102651097	101476309	6109595	3963033	370942	187213	803847	159321
浙 江	Zhejiang	95887214	95381854	2041137	1202187	166235	864	339125	
安 徽	Anhui	22395727	22334447	6799816	777343	26469	17394	34812	4275
福 建	Fujian	22041266	21800701	3607356	579646	220116	39589	20449	7847
江 西	Jiangxi	13232428	13191173	4476624	2057941	39649	146	1606	1000
山 东	Shandong	45791538	45434616	7497562	3722466	73173	6339	283749	22380
河 南	Henan	35964867	35928834	6126689	1451125	22354	1981	13680	184
湖 北	Hubei	34218927	34139922	12151431	920371	43362	5884	35643	
湖 南	Hunan	25074020	25047621	8997898	1168364	3048	2466	23351	12809
广 东	Guangdong	38092967	36956783	9237631	2916477	579369	44843	556815	491104
广 西	Guangxi	9343756	9253317	4268012	995502	1664		88774	
海 南	Hainan	1439442	1439442	960719	226791				
重 庆	Chongqing	19152495	19138472	3114046	569005	6826	159	7197	3151
四 川	Sichuan	33374469	33363813	8995043	2123088	7676	5401	2980	1507
贵 州	Guizhou	5239069	5237525	3574419	185709			1544	
云 南	Yunnan	11962204	11951320	3042784	776841	10885			
西 藏	Tibet	949320	949320	172302	107578				
陕 西	Shaanxi	23091424	23090609	8977006	1239995	815			
甘 肃	Gansu	5798859	5798385	1027173	653653	473		1	
青 海	Qinghai	2043419	2043089	1275501	95438	7	7	323	
宁 夏	Ningxia	2592247	2592158	839613	42303	89	89		
新 疆	Xinjiang	7865941	7865750	2244952	151569	108		83	

15-17 各地区按行业分建筑业总产值（2009年）
Total Output Value of Construction by Branch and Region (2009)

单位：万元 (10 000 yuan)

地区	Region	建筑业总产值 Total Output Value of Construction	房屋和土木工程建筑业 Building and Civil Engineering	房屋工程建筑 Building	土木工程建筑 Civil Engineering	建筑安装业 Construction Installation	建筑装饰业 Construction Decoration	其他建筑业 Other Construction
全 国	**National Total**	**768077416**	**672683691**	**443086651**	**229597041**	**58187414**	**26212061**	**10994251**
北 京	Beijing	40597023	34108346	19242749	14865598	3486041	2509211	493425
天 津	Tianjin	19114753	14956454	6256304	8700150	2233835	1079293	845171
河 北	Hebei	25250461	23127101	14156777	8970324	1581122	351192	191046
山 西	Shanxi	18261040	16938154	5039664	11898489	698219	231783	392884
内蒙古	Inner Mongolia	9647255	9135518	5991685	3143834	376597	39659	95480
辽 宁	Liaoning	33846476	28753136	17285077	11468059	3367999	1389608	335732
吉 林	Jilin	11428418	9694920	4538780	5156140	1532480	150610	50409
黑龙江	Heilongjiang	13423856	11348867	6311564	5037302	1835112	138026	101853
上 海	Shanghai	38305439	30588432	19509971	11078461	4860188	2591858	264961
江 苏	Jiangsu	102651097	87782270	70694715	17087555	8491240	4388136	1989452
浙 江	Zhejiang	95887214	89268136	70047115	19221021	3259732	2608981	750365
安 徽	Anhui	22395727	19433868	11828317	7605551	2090764	633210	237885
福 建	Fujian	22041266	19536624	15225863	4310762	1271125	798069	435448
江 西	Jiangxi	13232428	11819780	7409316	4410463	904755	280372	227521
山 东	Shandong	45791538	39160019	27682239	11477780	4784557	1179146	667817
河 南	Henan	35964867	31285017	16410386	14874631	2894558	816211	969081
湖 北	Hubei	34218927	30611877	16382250	14229627	2096479	653191	857380
湖 南	Hunan	25074020	23032016	17055533	5976483	1438737	330946	272321
广 东	Guangdong	38092967	29395614	20124893	9270720	3656679	4493500	547175
广 西	Guangxi	9343756	8317903	5964783	2353120	849292	84056	92505
海 南	Hainan	1439442	1312122	1238984	73138	75517	12495	39308
重 庆	Chongqing	19152495	17563507	13462096	4101410	903206	397865	287918
四 川	Sichuan	33374469	30905154	20916486	9988668	1758420	483542	227353
贵 州	Guizhou	5239069	4670852	2778246	1892606	487110	42143	38965
云 南	Yunnan	11962204	10789224	7259593	3529631	792650	180425	199905
西 藏	Tibet	949320	947727	579435	368292	650	854	90
陕 西	Shaanxi	23091424	21761559	9100778	12660782	939932	160280	229652
甘 肃	Gansu	5798859	5001445	3821647	1179798	637110	82148	78157
青 海	Qinghai	2043419	1871180	412118	1459062	131598	17626	23015
宁 夏	Ningxia	2592247	2503021	1578183	924838	42399	37054	9773
新 疆	Xinjiang	7865941	7063850	4781105	2282745	709313	50573	42205

15-18 各地区按资质等级分总承包建筑业总产值（2009年）
Total Output Value of Construction of General Contractors by Qualification Criteria and by Region (2009)

单位：万元 (10 000 yuan)

地区	Region	合计 Total	特级 Special Grade	一级 First Grade	二级 Second Grade	三级及以下 Third Grade and Below
全国	**National Total**	**679645884**	**136282283**	**288739526**	**157403793**	**97220282**
北京	Beijing	34297216	13735777	17571314	1861495	1128629
天津	Tianjin	15641917	4054122	8270239	2710874	606682
河北	Hebei	23328055	2915524	11735614	5623060	3053858
山西	Shanxi	16501463	4316958	9011922	1873963	1298620
内蒙古	Inner Mongolia	9129264	367703	3228072	2953145	2580344
辽宁	Liaoning	28557785	3241162	12053901	6710154	6552569
吉林	Jilin	10241235	2536936	2577512	2495297	2631490
黑龙江	Heilongjiang	12351015	1801310	5056336	3357522	2135848
上海	Shanghai	32476545	10879549	12208641	6395176	2993180
江苏	Jiangsu	89289353	21598674	29616677	21325298	16748705
浙江	Zhejiang	88614109	24947672	37383182	18895965	7387290
安徽	Anhui	19598071	1931108	9339664	5027938	3299361
福建	Fujian	19415838	1037872	10451313	6065581	1861072
江西	Jiangxi	11853294	139222	6258799	3048929	2406345
山东	Shandong	40516317	4724482	16497592	10517648	8776595
河南	Henan	32201197	8118500	10441632	8224775	5416290
湖北	Hubei	30468409	9965717	11037560	6691988	2773145
湖南	Hunan	23234734	4727511	10038298	4595873	3873052
广东	Guangdong	29806043	4411596	14800490	5880203	4713754
广西	Guangxi	8758730	806360	4192743	2219382	1540245
海南	Hainan	1366053	19558	779800	472103	94592
重庆	Chongqing	17524046	328157	8503043	5809950	2882896
四川	Sichuan	29003710	2169725	11733179	10025922	5074884
贵州	Guizhou	5060158	347586	3371816	845992	494764
云南	Yunnan	10774227	1022922	4077869	3495028	2178408
西藏	Tibet	910274	13350	162343	580479	154102
陕西	Shaanxi	22052762	4909302	11840621	4001374	1301465
甘肃	Gansu	5243473	476560	2018407	1654319	1094187
青海	Qinghai	1848156	588295	344601	727637	187623
宁夏	Ningxia	2323586		897445	714898	711243
新疆	Xinjiang	7258850	149073	3238903	2601828	1269046

15-19 各地区按资质等级分专业承包建筑业总产值（2009年）
Total Output Value of Construction of Professional Contractors by Qualification Criteria and by Region (2009)

单位：万元 (10 000 yuan)

地 区	Region	合 计 Total	一 级 First Grade	二 级 Second Grade	三级及以下 Third Grade and Below
全 国	**National Total**	**88431533**	**37248913**	**25202576**	**25980043**
北 京	Beijing	6299808	3824560	1129066	1346182
天 津	Tianjin	3472836	1471988	825659	1175189
河 北	Hebei	1922406	822271	651968	448168
山 西	Shanxi	1759577	611686	593789	554102
内蒙古	Inner Mongolia	517991	120267	204975	192750
辽 宁	Liaoning	5288691	1597240	1429326	2262125
吉 林	Jilin	1187184	131763	418146	637275
黑龙江	Heilongjiang	1072841	258850	442324	371666
上 海	Shanghai	5828894	2856665	1420738	1551491
江 苏	Jiangsu	13361744	5077444	3879661	4404639
浙 江	Zhejiang	7273105	3257775	1691839	2323490
安 徽	Anhui	2797657	1019933	989351	788372
福 建	Fujian	2625428	1090711	965906	568810
江 西	Jiangxi	1379134	627518	425729	325887
山 东	Shandong	5275222	1399411	1885695	1990115
河 南	Henan	3763670	1341662	1394673	1027335
湖 北	Hubei	3750518	1431280	1603698	715540
湖 南	Hunan	1839286	567250	601658	670378
广 东	Guangdong	8286924	5298743	1288425	1699756
广 西	Guangxi	585026	179095	189705	216226
海 南	Hainan	73389	44495	22087	6807
重 庆	Chongqing	1628449	513432	544695	570322
四 川	Sichuan	4370759	2396424	1167264	807071
贵 州	Guizhou	178911	18971	78754	81186
云 南	Yunnan	1187977	344402	419362	424213
西 藏	Tibet	39047	21415	13295	4337
陕 西	Shaanxi	1038662	473336	408949	156377
甘 肃	Gansu	555387	202737	106976	245673
青 海	Qinghai	195263	14409	128522	52331
宁 夏	Ningxia	268661	60494	94243	113924
新 疆	Xinjiang	607091	172687	186097	248307

15-20 各地区建筑业企业签订合同和承包工程完成情况（2009年）
Contracts Signed and Completion of Contracted Projects by Construction Enterprises by Region (2009)

单位：万元 (10 000 yuan)

地区	Region	合同总额 Total Value of Contracts	上年结转合同额 Value from Contracts Signed in Last Year	本年新签合同额 Value from New Contracts Signed in This Year	直接从建设单位承揽工程完成的产值 Completed Output Value of Projects Contracted Directly from Investors	自行完成施工产值 Own-completed Output Value	分包出去工程的产值 Output Value of Out-sourced Projects	从建设单位以外承揽工程完成的产值 Completed Output Value of Projects Contracted from Non-investors
全 国	**National Total**	**1335290317**	**482805742**	**852484574**	**758794517**	**736165747**	**22628770**	**31911670**
北 京	Beijing	92655639	36296491	56359148	42137411	36179967	5957444	4417057
天 津	Tianjin	39480321	14878695	24601626	19352936	17522815	1830121	1591937
河 北	Hebei	41201314	14445607	26755707	24756899	24729469	27430	520992
山 西	Shanxi	36509352	15691958	20817393	18156707	17978951	177757	282089
内蒙古	Inner Mongolia	13384733	3468657	9916076	9592239	9561952	30286	85302
辽 宁	Liaoning	49470549	15641837	33828712	33777394	33542047	235347	304429
吉 林	Jilin	17939554	4926694	13012860	11398096	11357899	40198	70520
黑龙江	Heilongjiang	18625332	5361071	13264261	13477406	13299900	177506	123957
上 海	Shanghai	74845801	30240629	44605172	38504703	34166046	4338656	4139393
江 苏	Jiangsu	137024087	41624272	95399814	95647246	94838924	808322	7812174
浙 江	Zhejiang	161970406	61553935	100416472	94242232	93145322	1096909	2741891
安 徽	Anhui	39662448	12165149	27497299	22371912	22041448	330464	354279
福 建	Fujian	39656077	14710806	24945272	21037663	20863404	174259	1177862
江 西	Jiangxi	21366781	7490112	13876669	13068343	12954142	114202	278286
山 东	Shandong	67976727	20539243	47437484	45452134	45100013	352121	691526
河 南	Henan	55845721	16157280	39688442	35590077	35355494	234583	609374
湖 北	Hubei	70691421	28971030	41720392	33705458	33292088	413370	926840
湖 南	Hunan	50333145	19668415	30664730	24477746	24367838	109909	706183
广 东	Guangdong	87575941	37876164	49699778	40476437	36264396	4212041	1828571
广 西	Guangxi	17963419	6358586	11604833	9200133	9088261	111872	255495
海 南	Hainan	2561403	979935	1581468	1436050	1432773	3278	6669
重 庆	Chongqing	33927796	12139578	21788218	18953927	18335716	618211	816779
四 川	Sichuan	58078975	21547564	36531411	33022705	32503027	519678	871442
贵 州	Guizhou	10514295	4157898	6356397	5213452	5201210	12241	37859
云 南	Yunnan	19705553	6338945	13366608	11444637	11414099	30537	548105
西 藏	Tibet	1206554	268960	937594	944575	944375	200	4946
陕 西	Shaanxi	45224003	19437729	25786274	23018163	22687125	331038	404299
甘 肃	Gansu	9550887	3300639	6250248	5828756	5711588	117168	87271
青 海	Qinghai	4072096	1780744	2291352	1977041	1951541	25500	91878
宁 夏	Ningxia	3796333	927307	2869026	2586819	2576485	10334	15762
新 疆	Xinjiang	12473655	3859814	8613841	7945221	7757434	187787	108507

15-21　各地区按登记注册类型分建筑业企业实收资本（2009年）

Paid-up Capitals of Construction Enterprises by Registration Status and Region (2009)

单位：万元 (10 000 yuan)

地 区	Region	合 计 Total	内资企业 Domestic Funded	#国 有 State-owned	#集 体 Collective-owned	港澳台商投资企业 Funded from Hong Kong, Macao and Taiwan	#港澳台商独资企业 Solely Owned	外商投资企业 Foreign Funded	#外商独资企业 Solely Owned
全 国	**National Total**	**132842877**	**131068115**	**21782673**	**6354796**	**936114**	**194712**	**838647**	**272445**
北 京	Beijing	12274686	12008728	2320315	325130	143413	40651	122545	24911
天 津	Tianjin	3634081	3583143	807659	116134	34367	6987	16571	832
河 北	Hebei	3964295	3955059	614369	129736	4576		4660	
山 西	Shanxi	2774205	2748547	497206	106474	19855		5803	
内蒙古	Inner Mongolia	1685030	1684227	138373	24237			803	
辽 宁	Liaoning	5363421	5230173	787361	302389	32623	1975	100625	22932
吉 林	Jilin	2285134	2271603	668435	39374	11101		2430	
黑龙江	Heilongjiang	3232330	3208225	686485	162879	12863		11242	10000
上 海	Shanghai	6621613	6329444	1317266	193984	170379	28257	121790	60334
江 苏	Jiangsu	13476540	13176252	1103940	445310	124821	57639	175466	59254
浙 江	Zhejiang	10803207	10715650	284219	178640	32508	833	55049	
安 徽	Anhui	3650267	3622277	726128	167070	18445	8596	9546	1215
福 建	Fujian	4443925	4384258	712247	107789	49129	15625	10538	4231
江 西	Jiangxi	2321531	2300154	615684	364584	19577	223	1800	1000
山 东	Shandong	9091999	8979429	1120103	805813	45273	4795	67297	6369
河 南	Henan	6739336	6727644	890719	303435	4338	797	7354	1000
湖 北	Hubei	5618274	5583185	1496229	189101	29497	5794	5591	
湖 南	Hunan	3746060	3735263	954436	259768	2898	698	7899	5691
广 东	Guangdong	8499086	8260778	1676991	594864	146969	19852	91339	73226
广 西	Guangxi	1590210	1575626	476216	200864	2022		12561	
海 南	Hainan	192649	192649	30395	30146				
重 庆	Chongqing	3812551	3792373	628223	132673	18848	400	1330	50
四 川	Sichuan	5691150	5683440	875062	340034	3410	1230	4300	1400
贵 州	Guizhou	1035294	1033794	504816	79456			1500	
云 南	Yunnan	2971623	2964279	389468	222510	7344			
西 藏	Tibet	454781	454781	50033	21510				
陕 西	Shaanxi	2800777	2799625	619573	272339	1153			
甘 肃	Gansu	1336348	1336003	190226	147844	286		59	
青 海	Qinghai	592997	592397	159278	44548	300	300	300	
宁 夏	Ningxia	653192	653132	129920	15222	60	60		
新 疆	Xinjiang	1486286	1485976	311301	30939	60		250	

15-22 各地区建筑业企业资产（2009年）
Assets of Construction Enterprises by Region (2009)

单位：万元 (10 000 yuan)

地 区	Region	资产总计 Total Assets	#流动资产 Circulating Funds	#固定资产 Fixed Assets	#无形及递延资产 Intangible and Deferred Assets
全 国	**National Total**	**621643878**	**474789985**	**89183584**	**12924967**
北 京	Beijing	69965367	50181603	3562181	731863
天 津	Tianjin	19886825	14985502	3062092	297930
河 北	Hebei	18849275	14578818	3123476	462214
山 西	Shanxi	16358752	13393360	2113710	176952
内蒙古	Inner Mongolia	7425048	5371012	1422095	265702
辽 宁	Liaoning	24072001	18450392	4141193	532752
吉 林	Jilin	6339398	4571122	1476410	116848
黑龙江	Heilongjiang	10829222	8429211	1908669	225576
上 海	Shanghai	41538292	34687942	3016546	442884
江 苏	Jiangsu	62669839	50276991	9012596	866692
浙 江	Zhejiang	48901065	38828771	6184697	681694
安 徽	Anhui	17024096	13256004	2758389	376978
福 建	Fujian	14609997	11294980	2331189	205598
江 西	Jiangxi	8114543	5728613	1774046	249768
山 东	Shandong	40713260	31044620	7018554	934383
河 南	Henan	23830698	17206826	5156815	761921
湖 北	Hubei	31126995	21091024	5913229	2527995
湖 南	Hunan	14624101	10412447	3186633	409469
广 东	Guangdong	43389638	34620802	4943737	575443
广 西	Guangxi	6890106	5176352	1127444	173394
海 南	Hainan	947502	819230	99922	9831
重 庆	Chongqing	15171178	11516444	2188630	231264
四 川	Sichuan	24505665	18480854	3988684	440488
贵 州	Guizhou	4632228	3515148	769786	101284
云 南	Yunnan	11264239	8205375	1944255	331158
西 藏	Tibet	772865	416966	306964	14066
陕 西	Shaanxi	21420271	16950125	3335166	319190
甘 肃	Gansu	4800633	3249107	1259939	127429
青 海	Qinghai	1961633	1210910	537021	76575
宁 夏	Ningxia	2514166	1898330	452740	38835
新 疆	Xinjiang	6494981	4941106	1066779	218796

15-23 各地区按登记注册类型分建筑业企业资产（2009年）
Assets of Construction Enterprises by Registration Status and Region (2009)

单位：万元　　(10 000 yuan)

地区	Region	合计 Total	内资企业 Domestic Funded	#国有 State-owned	#集体 Collective-owned	港澳台商投资企业 Funded from Hong Kong, Macao and Taiwan	#港澳台商独资企业 Solely Owned	外商投资企业 Foreign Funded	#外商独资企业 Solely Owned
全国	**National Total**	**621643878**	**613477758**	**143029064**	**23108149**	**3884115**	**763818**	**4282005**	**1571263**
北京	Beijing	69965367	68663206	14902217	2050717	739027	253228	563134	86740
天津	Tianjin	19886825	19645223	5531823	947115	148319	43581	93283	2847
河北	Hebei	18849275	18826131	4229298	453701	13306		9839	
山西	Shanxi	16358752	16297036	3736033	382669	51307		10408	
内蒙古	Inner Mongolia	7425048	7424211	797583	70761			837	
辽宁	Liaoning	24072001	23466739	5603270	1336662	99194	3415	506068	253100
吉林	Jilin	6339398	6277877	874919	111653	55769		5753	
黑龙江	Heilongjiang	10829222	10779533	3821000	531004	31552		18138	17284
上海	Shanghai	41538292	39716004	7548659	822723	1003070	126282	819218	501871
江苏	Jiangsu	62669839	61359148	5742241	1960656	485167	170317	825524	202800
浙江	Zhejiang	48901065	48546631	1948909	928715	108582	1236	245852	
安徽	Anhui	17024096	16933435	6352585	710316	39580	19563	51080	2763
福建	Fujian	14609997	14416374	3398200	431131	159527	58048	34097	14516
江西	Jiangxi	8114543	8048273	3198003	1011171	61892	377	4378	3003
山东	Shandong	40713260	40239873	7559128	2954931	111320	11590	362066	17578
河南	Henan	23830698	23768628	5237178	705251	17791	6436	44280	1134
湖北	Hubei	31126995	30997662	15185045	453384	113078	7051	16256	
湖南	Hunan	14624101	14588298	6200331	669854	4249	1601	31555	15226
广东	Guangdong	43389638	42231526	10415107	2340824	567003	56885	591109	449213
广西	Guangxi	6890106	6856884	3145924	605003	2432		30789	
海南	Hainan	947502	947502	401176	121457				
重庆	Chongqing	15171178	15122826	3599459	369208	44126	419	4227	1152
四川	Sichuan	24505665	24486560	7541189	1075694	6799	2912	12307	2038
贵州	Guizhou	4632228	4631137	2999403	191478			1091	
云南	Yunnan	11264239	11246573	2530233	555024	17666			
西藏	Tibet	772865	772865	146216	31222				
陕西	Shaanxi	21420271	21419059	5771877	586197	1213			
甘肃	Gansu	4800633	4799649	1017233	457553	925		59	
青海	Qinghai	1961633	1961058	989412	112033	310	310	265	
宁夏	Ningxia	2514166	2513599	659652	33035	567	567		
新疆	Xinjiang	6494981	6494240	1945763	97007	347		394	

15-24 各地区建筑业企业负债及所有者权益（2009年）
Liabilities and Owners' Equity of Construction Enterprises by Region (2009)

单位：万元 (10 000 yuan)

地区	Region	负债合计 Total Liabilities	流动负债 Liquid Liabilities	长期负债 Long-term Liabilities	所有者权益 Owners' Equity	#实收资本 Paid-in Capitals
全国	**National Total**	**409156885**	**383961096**	**25195789**	**212486993**	**132842877**
北京	Beijing	43356902	39857884	3499018	26608465	12274686
天津	Tianjin	14861017	13700442	1160575	5025808	3634081
河北	Hebei	12762689	11967317	795372	6086586	3964295
山西	Shanxi	12679459	12264935	414524	3679293	2774205
内蒙古	Inner Mongolia	4419782	4123405	296377	3005266	1685030
辽宁	Liaoning	15676837	14988957	687880	8395164	5363421
吉林	Jilin	3852766	3591892	260874	2486632	2285134
黑龙江	Heilongjiang	7133558	6550292	583266	3695664	3232330
上海	Shanghai	30696511	29485744	1210767	10841782	6621613
江苏	Jiangsu	38642409	37620585	1021824	24027430	13476540
浙江	Zhejiang	29994333	29128329	866004	18906732	10803207
安徽	Anhui	11529748	11074117	455630	5494348	3650267
福建	Fujian	8431110	8108198	322911	6178888	4443925
江西	Jiangxi	4853312	4612451	240860	3261232	2321531
山东	Shandong	27038492	25730370	1308122	13674768	9091999
河南	Henan	14459931	13708363	751568	9370768	6739336
湖北	Hubei	21760810	17594888	4165922	9366185	5618274
湖南	Hunan	9109548	8310162	799386	5514553	3746060
广东	Guangdong	29705709	27936281	1769428	13683930	8499086
广西	Guangxi	4646180	4364966	281214	2243926	1590210
海南	Hainan	633566	626946	6620	313936	192649
重庆	Chongqing	9304781	8420875	883905	5866398	3812551
四川	Sichuan	16048132	14908633	1139500	8457533	5691150
贵州	Guizhou	3309605	3039163	270442	1322623	1035294
云南	Yunnan	7216027	6656139	559889	4048212	2971623
西藏	Tibet	214189	190424	23765	558676	454781
陕西	Shaanxi	16390367	15496186	894181	5029904	2800777
甘肃	Gansu	2996817	2871444	125373	1803816	1336348
青海	Qinghai	1267367	1096541	170826	694266	592997
宁夏	Ningxia	1654454	1596616	57838	859712	653192
新疆	Xinjiang	4510482	4338551	171930	1984500	1486286

15-25 各地区按登记注册类型分建筑业企业所有者权益（2009年）
Owners' Equity of Construction Enterprises by Registration Status and Region (2009)

单位：万元 (10 000 yuan)

地区	Region	合计 Total	内资企业 Domestic Funded	#国有 State-owned	#集体 Collective-owned	港澳台商投资企业 Funded from Hong Kong, Macao and Taiwan	#港澳台商独资企业 Solely Owned	外商投资企业 Foreign Funded	#外商独资企业 Solely Owned
全国	**National Total**	**212486993**	**209773113**	**32395968**	**9056123**	**1339709**	**275062**	**1374171**	**492343**
北京	Beijing	26608465	26265597	3530682	539188	185097	71473	157771	20830
天津	Tianjin	5025808	4996597	960825	180507	9956	-20038	19255	830
河北	Hebei	6086586	6073372	822794	228540	7952		5263	
山西	Shanxi	3679293	3656746	540391	146193	16727		5819	
内蒙古	Inner Mongolia	3005266	3004463	212967	30037			803	
辽宁	Liaoning	8395164	8167080	1374751	408267	48722	1629	179362	69385
吉林	Jilin	2486632	2462832	198917	59687	21370		2430	
黑龙江	Heilongjiang	3695664	3661756	591118	193417	22348		11560	10930
上海	Shanghai	10841782	10425307	1878948	227410	232469	42048	184005	93148
江苏	Jiangsu	24027430	23490667	1628110	806212	195784	80664	340979	102313
浙江	Zhejiang	18906732	18773210	651099	253622	45083	798	88439	
安徽	Anhui	5494348	5455003	1131177	304075	23944	11161	15402	2562
福建	Fujian	6178888	6088658	1049256	161382	77553	34333	12677	4975
江西	Jiangxi	3261232	3227984	925453	455556	31248	223	2000	1000
山东	Shandong	13674768	13532841	1556348	1153799	55971	6078	85956	5250
河南	Henan	9370768	9347502	1295693	392821	7661	697	15605	715
湖北	Hubei	9366185	9313005	3381715	243732	43290	5605	9890	
湖南	Hunan	5514553	5503219	1437977	344710	2973	731	8361	5294
广东	Guangdong	13683930	13216579	2304974	800725	259716	37303	207635	174893
广西	Guangxi	2243926	2227570	734190	265335	1471		14884	
海南	Hainan	313936	313936	58857	54039				
重庆	Chongqing	5866398	5827573	985376	179192	39158	405	-333	-1182
四川	Sichuan	8457533	8448038	1656003	553902	4283	1723	5212	1400
贵州	Guizhou	1322623	1321924	674890	93410			699	
云南	Yunnan	4048212	4042941	539018	298384	5271			
西藏	Tibet	558676	558676	102248	26495				
陕西	Shaanxi	5029904	5028751	1002547	343716	1153			
甘肃	Gansu	1803816	1803471	318763	209644	286		59	
青海	Qinghai	694266	693710	221231	52710	301	301	255	
宁夏	Ningxia	859712	859785	173051	19691	-73	-73		
新疆	Xinjiang	1984500	1984321	456601	29727	-6		184	

15-26 各地区按登记注册类型分建筑业企业负债（2009年）
Liabilities of Construction Enterprises by Registration Status and Region (2009)

单位：万元 (10 000 yuan)

地 区	Region	合 计 Total	内资企业 Domestic Funded	#国 有 State-owned	#集 体 Collective-owned	港澳台商投资企业 Funded from Hong Kong, Macao and Taiwan	#港澳台商独资企业 Solely Owned	外商投资企业 Foreign Funded	#外商独资企业 Solely Owned
全 国	**National Total**	**409156885**	**403704645**	**110633096**	**14052026**	**2544407**	**488755**	**2907833**	**52877**
北 京	Beijing	43356902	42397609	11371535	1511529	553929	181755	405363	2412
天 津	Tianjin	14861017	14648626	4570998	766608	138363	63619	74028	
河 北	Hebei	12762689	12752759	3406504	225161	5354		4576	
山 西	Shanxi	12679459	12640290	3195642	236476	34580		4589	
内蒙古	Inner Mongolia	4419782	4419748	584616	40724			34	
辽 宁	Liaoning	15676837	15299660	4228519	928396	50472	1786	326706	21318
吉 林	Jilin	3852766	3815045	676002	51966	34399		3323	
黑龙江	Heilongjiang	7133558	7117777	3229882	337587	9204		6577	
上 海	Shanghai	30696511	29290696	5669711	595313	770601	84234	635213	1443
江 苏	Jiangsu	38642409	37868481	4114131	1154444	289383	89654	484546	24467
浙 江	Zhejiang	29994333	29773421	1297809	675093	63499	437	157413	
安 徽	Anhui	11529748	11478433	5221408	406241	15637	8402	35678	
福 建	Fujian	8431110	8327717	2348944	269749	81974	23715	21419	
江 西	Jiangxi	4853312	4820289	2272550	555615	30644	154	2378	
山 东	Shandong	27038492	26707032	6002780	1801132	55349	5511	276111	
河 南	Henan	14459931	14421126	3941485	312430	10130	5739	28675	
湖 北	Hubei	21760810	21684656	11803331	209652	69787	1446	6366	3237
湖 南	Hunan	9109548	9085078	4762354	325144	1276	870	23193	
广 东	Guangdong	29705709	29014948	8110132	1540099	307287	19582	383474	
广 西	Guangxi	4646180	4629314	2411735	339669	961		15905	
海 南	Hainan	633566	633566	342319	67418				
重 庆	Chongqing	9304781	9295253	2614084	190016	4968	15	4560	
四 川	Sichuan	16048132	16038521	5885186	521792	2516	1189	7095	
贵 州	Guizhou	3309605	3309214	2324512	98069			392	
云 南	Yunnan	7216027	7203632	1991215	256640	12395			
西 藏	Tibet	214189	214189	43968	4726				
陕 西	Shaanxi	16390367	16390307	4769330	242480	60			
甘 肃	Gansu	2996817	2996178	698471	247909	639			
青 海	Qinghai	1267367	1267348	768181	59323	9	9	9	
宁 夏	Ningxia	1654454	1653814	486602	13344	639	639		
新 疆	Xinjiang	4510482	4509919	1489162	67281	352		210	

15-27 各地区建筑业企业总收入（2009年）
Total Income of Construction Enterprises by Region (2009)

单位：万元 (10 000 yuan)

地区	Region	企业总收入 Total Income of Enterprises	工程结算收入 Revenue of Project Settlement Accounts	#工程结算成本 Costs of Project Settlement Accounts	#工程结算利润 Profits of Project Settlement Accounts	其他业务收入 Revenue from Other Businesses	#其他业务利润 Profits from Other Businesses
全　国	**National Total**	**754781981**	**744310731**	**662441497**	**52178940**	**10471251**	**2045295**
北　京	Beijing	51324106	50449141	46363291	2575264	874965	238068
天　津	Tianjin	21554144	21054961	19193675	1217505	499183	71713
河　北	Hebei	23978423	23559560	21016441	1643827	418863	64606
山　西	Shanxi	18898295	18735051	17076256	1059163	163244	33603
内蒙古	Inner Mongolia	9566338	9466188	8002466	1105998	100150	25734
辽　宁	Liaoning	32135834	31833420	27997000	2677389	302414	52148
吉　林	Jilin	11069335	10843094	9521550	827886	226241	40764
黑龙江	Heilongjiang	13078488	12957735	11187765	995059	120753	40627
上　海	Shanghai	45144436	44532120	40493591	2614825	612316	125978
江　苏	Jiangsu	86416301	84751290	73832084	7072027	1665011	202429
浙　江	Zhejiang	82986554	82423254	74572652	4709799	563300	135232
安　徽	Anhui	24213001	23975945	21439655	1557381	237056	41701
福　建	Fujian	21399904	21274376	19012236	1285963	125528	34625
江　西	Jiangxi	11289271	11220199	9851944	823835	69072	28973
山　东	Shandong	43492575	42185593	36544718	3890751	1306982	123337
河　南	Henan	34283896	34019751	29967018	2566300	264145	62752
湖　北	Hubei	36488531	35946970	31858846	2629897	541561	79377
湖　南	Hunan	23333630	23210172	20578540	1561357	123458	35095
广　东	Guangdong	45225580	44559677	39645871	3177313	665903	219829
广　西	Guangxi	9242695	9137343	8247590	545727	105352	18022
海　南	Hainan	1586072	1583734	1440015	84279	2338	1813
重　庆	Chongqing	18866510	18622482	16252715	1613682	244028	77629
四　川	Sichuan	30750479	30288642	27011529	2019511	461837	90802
贵　州	Guizhou	5217405	5120350	4618591	241033	97056	15906
云　南	Yunnan	10705074	10568664	9290457	821946	136410	52366
西　藏	Tibet	898953	892235	648465	203167	6718	1172
陕　西	Shaanxi	23373557	23202251	20800035	1466150	171307	50690
甘　肃	Gansu	5650916	5537345	4822366	435046	113572	24375
青　海	Qinghai	1980928	1944980	1704089	156997	35948	6455
宁　夏	Ningxia	2720699	2674837	2420015	159704	45862	10225
新　疆	Xinjiang	7910053	7739373	7030033	440162	170680	39249

15-28 各地区按登记注册类型分建筑业企业总收入（2009年）
Total Income of Construction by Registration Status and Region (2009)

单位：万元 (10 000 yuan)

地 区	Region	合 计 Total	内资企业 Domestic Funded	#国 有 State-owned	#集 体 Collective-owned	港澳台商投资企业 Funded from Hong Kong, Macao and Taiwan	#港澳台商独资企业 Solely Owned	外商投资企 业 Foreign Funded	#外商独资企业 Solely Owned
全 国	**National Total**	**754781981**	**746377066**	**163825713**	**30253117**	**3761533**	**798602**	**4643382**	**1326235**
北 京	Beijing	51324106	49814154	11136889	1435436	731669	250382	778283	118067
天 津	Tianjin	21554144	21322721	6577456	817629	108176	34010	123247	2072
河 北	Hebei	23978423	23937473	5331021	539503	25963		14988	
山 西	Shanxi	18898295	18820911	4264775	400017	45012		32373	
内蒙古	Inner Mongolia	9566338	9565485	1081240	139511			853	
辽 宁	Liaoning	32135834	31617400	6210682	1911691	97463	8048	420972	63341
吉 林	Jilin	11069335	10987484	1362038	190732	56933		24918	
黑龙江	Heilongjiang	13078488	13041212	5127448	745422	27580		9696	9127
上 海	Shanghai	45144436	43284626	8009842	896263	962552	206465	897258	365357
江 苏	Jiangsu	86416301	85156822	7065450	3035840	401336	166854	858143	208022
浙 江	Zhejiang	82986554	82447773	2156205	1132416	171886	970	366895	
安 徽	Anhui	24213001	24147987	9484363	745341	30416	17362	34598	3315
福 建	Fujian	21399904	21159482	4133145	491047	216568	41488	23854	8439
江 西	Jiangxi	11289271	11247875	3753215	1812916	39790	213	1606	1000
山 东	Shandong	43492575	43161671	8191899	3183729	62370	6292	268533	25145
河 南	Henan	34283896	34245442	6310874	1369594	22373	1981	16081	267
湖 北	Hubei	36488531	36387121	13956588	789657	68791	5654	32619	
湖 南	Hunan	23333630	23306724	8603762	1177120	3126	2466	23781	8685
广 东	Guangdong	45225580	43932934	12067753	2875395	644207	51958	648440	509937
广 西	Guangxi	9242695	9182593	4516876	905558	4812		55290	
海 南	Hainan	1586072	1586072	1072970	209481				
重 庆	Chongqing	18866510	18834225	3600634	540383	26277	126	6008	1962
四 川	Sichuan	30750479	30740985	8894304	1776748	6520	4238	2975	1500
贵 州	Guizhou	5217405	5215948	3547862	231903			1457	
云 南	Yunnan	10705074	10698722	3024263	693224	6351			
西 藏	Tibet	898953	898953	179311	106689				
陕 西	Shaanxi	23373557	23372869	8464445	1104952	689			
甘 肃	Gansu	5650916	5650443	1180917	707799	473		1	
青 海	Qinghai	1980928	1980599	1284459	103210	7	7	323	
宁 夏	Ningxia	2720699	2720610	864145	46158	89	89		
新 疆	Xinjiang	7910053	7909753	2370884	137753	108		192	

15-29 各地区建筑业企业利税总额（2009年）
Total Pre-tax Profits of Construction Enterprises by Region (2009)

地 区	Region	利税总额 合 计 (万元) Total Pre-tax Profits (10 000 yuan)	利润总额 Total Profits	工程结算税金及附加 Taxes and Extra Charges on Project Settlement Accounts	管理费用中的税金 Taxes in Management Expenses	产值利税率 (%) Ratio of Pre-tax Profits to Output Value (%)	资产利税率 (%) Ratio of Pre-tax Profits to Assets (%)
全 国	**National Total**	**53724409**	**27187552**	**25246044**	**1290813**	**7.0**	**8.6**
北 京	Beijing	3141972	1751412	1350786	39773	7.7	4.5
天 津	Tianjin	1144292	541986	578475	23831	6.0	5.8
河 北	Hebei	1589887	744754	803444	41688	6.3	8.4
山 西	Shanxi	847101	305611	521078	20411	4.6	5.2
内蒙古	Inner Mongolia	1099952	744024	331888	24039	11.4	14.8
辽 宁	Liaoning	2320038	1188891	1050863	80284	6.9	9.6
吉 林	Jilin	807812	387217	392162	28434	7.1	12.7
黑龙江	Heilongjiang	1332707	558203	715956	58548	9.9	12.3
上 海	Shanghai	2683512	1374680	1277234	31598	7.0	6.5
江 苏	Jiangsu	7135595	4005428	2980517	149650	7.0	11.4
浙 江	Zhejiang	5674568	2744547	2836837	93184	5.9	11.6
安 徽	Anhui	1632055	744093	829913	58049	7.3	9.6
福 建	Fujian	1563460	656737	879500	27223	7.1	10.7
江 西	Jiangxi	907325	421176	458379	27770	6.9	11.2
山 东	Shandong	3626570	2065115	1446621	114835	7.9	8.9
河 南	Henan	2477967	1187183	1197875	92910	6.9	10.4
湖 北	Hubei	2457391	1265479	1135128	56785	7.2	7.9
湖 南	Hunan	1802272	845523	916340	40410	7.2	12.3
广 东	Guangdong	3283550	1731648	1475515	76387	8.6	7.6
广 西	Guangxi	521097	197764	311244	12089	5.6	7.6
海 南	Hainan	108956	55232	52750	974	7.6	11.5
重 庆	Chongqing	1684830	978968	666945	38916	8.8	11.1
四 川	Sichuan	2012606	950778	1012789	49039	6.0	8.2
贵 州	Guizhou	252224	66331	179988	5905	4.8	5.4
云 南	Yunnan	756243	386664	351124	18455	6.3	6.7
西 藏	Tibet	160296	120700	33464	6133	16.9	20.7
陕 西	Shaanxi	1602454	738954	832273	31227	6.9	7.5
甘 肃	Gansu	389746	153089	213716	22941	6.7	8.1
青 海	Qinghai	131149	54420	74107	2623	6.4	6.7
宁 夏	Ningxia	155169	63217	88217	3736	6.0	6.2
新 疆	Xinjiang	421612	157728	250919	12966	5.4	6.5

15-30　各地区按登记注册类型分建筑业企业税金总额（2009年）
Taxes of Construction Enterprises by Registration Status and by Region (2009)

单位：万元　　　　　　　　　　　　　　　　　　　　　　　　　　　　　(10 000 yuan)

地　区	Region	合　计 Total	内资企业 Domestic Funded	#国　有 State-owned	#集　体 Collective-owned	港澳台商投资企业 Funded from Hong Kong, Macao and Taiwan	#港澳台商独资企业 Solely Owned	外商投资企业 Foreign Funded	#外商独资企业 Solely Owned
全　国	**National Total**	**26536857**	**26313312**	**5521006**	**1235048**	**100201**	**20815**	**123343**	**34587**
北　京	Beijing	1390559	1352015	296266	45795	17708	5134	20836	2321
天　津	Tianjin	602306	599506	192538	31627	2011	258	788	41
河　北	Hebei	845132	844139	171835	17744	740		254	
山　西	Shanxi	541489	539841	140941	15631	987		661	
内蒙古	Inner Mongolia	355928	355900	35932	8038			28	
辽　宁	Liaoning	1131147	1115173	217860	66569	2603	297	13371	2295
吉　林	Jilin	420596	418607	38123	10036	1165		824	
黑龙江	Heilongjiang	774504	773279	373704	38114	838		387	323
上　海	Shanghai	1308832	1264904	248826	26198	23464	4451	20464	7083
江　苏	Jiangsu	3130166	3096255	202820	109297	10284	4766	23628	4873
浙　江	Zhejiang	2930021	2916098	66241	39378	6486	31	7438	
安　徽	Anhui	887962	886060	338700	29605	970	640	933	39
福　建	Fujian	906723	899367	214193	20802	6878	1006	479	142
江　西	Jiangxi	486149	485027	135077	88350	1092	5	30	22
山　东	Shandong	1561455	1552208	279067	124994	1953	265	7295	653
河　南	Henan	1290784	1289436	206605	58021	821	70	528	10
湖　北	Hubei	1191912	1189872	413441	34584	983	273	1057	
湖　南	Hunan	956749	955853	291067	57001	146	99	750	266
广　东	Guangdong	1551902	1511923	390413	133725	19520	2617	20459	16415
广　西	Guangxi	323333	320346	138701	43746	160		2828	
海　南	Hainan	53724	53724	33701	8807				
重　庆	Chongqing	705862	705494	106131	27829	197	4	171	53
四　川	Sichuan	1061828	1060722	277243	73571	986	895	121	52
贵　州	Guizhou	185893	185890	120385	8753			3	
云　南	Yunnan	369579	369412	88084	28225	167			
西　藏	Tibet	39597	39597	8745	4529				
陕　西	Shaanxi	863500	863478	312975	43502	22			
甘　肃	Gansu	236657	236643	37973	25506	14			
青　海	Qinghai	76730	76719	43833	7697	1	1	10	
宁　夏	Ningxia	91953	91950	27537	2839	3	3		
新　疆	Xinjiang	263885	263879	72049	4536	3		3	

15-31 各地区按登记注册类型分建筑业企业利润总额（2009年）
Total Profits of Construction Enterprises by Registration Status and Region (2009)

单位：万元 (10 000 yuan)

地区	Region	合计 Total	内资企业 Domestic Funded	#国有 State-owned	#集体 Collective-owned	港澳台商投资企业 Funded from Hong Kong, Macao and Taiwan	#港澳台商独资企业 Solely Owned	外商投资企业 Foreign Funded	#外商独资企业 Solely Owned
全国	**National Total**	**27187552**	**26777687**	**3656247**	**1362934**	**184597**	**51835**	**225268**	**81111**
北京	Beijing	1751412	1684623	239166	30994	42562	34125	24228	-6519
天津	Tianjin	541986	535142	106087	27276	1776	301	5069	186
河北	Hebei	744754	742029	89911	18350	1991		734	
山西	Shanxi	305611	305158	32141	8292	220		234	
内蒙古	Inner Mongolia	744024	744024	22650	9712			1	
辽宁	Liaoning	1188891	1159115	120189	42761	1003	-139	28773	15360
吉林	Jilin	387217	378467	-3800	13330	8517		233	
黑龙江	Heilongjiang	558203	558944	183831	46994	201		-942	-849
上海	Shanghai	1374680	1317364	180910	31751	42618	8380	14698	-2805
江苏	Jiangsu	4005428	3923077	252904	160454	23772	4520	58579	17758
浙江	Zhejiang	2744547	2722666	51630	29811	9523	-43	12358	
安徽	Anhui	744093	740811	192305	31817	475	164	2807	160
福建	Fujian	656737	651489	54756	7750	5086	1558	162	-191
江西	Jiangxi	421176	419579	72246	65878	1570	2	27	13
山东	Shandong	2065115	2042308	231123	230761	4983	657	17824	3929
河南	Henan	1187183	1184555	177933	55125	1416	110	1212	2
湖北	Hubei	1265479	1258274	504471	33553	6398	-93	807	
湖南	Hunan	845523	842125	224417	41276	25	25	3373	3158
广东	Guangdong	1731648	1647380	133437	178242	30231	2202	54037	50886
广西	Guangxi	197764	196974	41198	25944	-46		835	
海南	Hainan	55232	55232	26039	9293				
重庆	Chongqing	978968	977282	119016	34434	1710	-9	-24	-31
四川	Sichuan	950778	950593	186708	71603	-62	78	247	54
贵州	Guizhou	66331	66324	24603	3176			8	
云南	Yunnan	386664	386042	70392	26415	622			
西藏	Tibet	120700	120700	32753	16756				
陕西	Shaanxi	738954	738958	214359	69694	-4			
甘肃	Gansu	153089	153079	5764	34341	10			
青海	Qinghai	54420	54420	39206	4381	-1	-1		
宁夏	Ningxia	63217	63218	11859	1225	-1	-1		
新疆	Xinjiang	157728	157737	18044	1545	2		-11	

15-32 各地区按资质等级分总承包建筑业企业利润总额（2009年）
Total Profits of Construction of General Contractors by Qualification Grade and by Region (2009)

单位：万元 (10 000 yuan)

地区	Region	合计 Total	特级 Special Grade	一级 First Grade	二级 Second Grade	三级及以下 Third Grade and Below
全国	**National Total**	**22690336**	**4340278**	**7450069**	**6155429**	**4744561**
北京	Beijing	1581585	1018576	492821	40238	29949
天津	Tianjin	398408	111561	213118	66161	7568
河北	Hebei	638198	48853	255385	193594	140367
山西	Shanxi	251250	57184	113386	43699	36981
内蒙古	Inner Mongolia	712941	5282	199095	296760	211803
辽宁	Liaoning	966948	131121	296370	315709	223748
吉林	Jilin	321553	13990	14544	122559	170460
黑龙江	Heilongjiang	487011	9033	227228	110550	140201
上海	Shanghai	1072857	371531	317565	219557	164204
江苏	Jiangsu	3248789	619078	963823	800507	865381
浙江	Zhejiang	2315775	483285	859326	685095	288068
安徽	Anhui	576956	68606	231409	170210	106731
福建	Fujian	501740	27692	204883	197826	71339
江西	Jiangxi	354316	937	104213	124023	125143
山东	Shandong	1668460	103640	428800	528594	607427
河南	Henan	985578	148489	240814	312674	283602
湖北	Hubei	1123942	509660	227428	260525	126328
湖南	Hunan	758389	102920	298274	190894	166300
广东	Guangdong	1304963	165719	576040	310648	252556
广西	Guangxi	173936	5795	56454	54433	57253
海南	Hainan	50097	347	29001	16512	4238
重庆	Chongqing	845128	33586	348308	264717	198517
四川	Sichuan	803233	53661	240488	341813	167271
贵州	Guizhou	56725	1043	29293	15028	11362
云南	Yunnan	321796	38794	66172	120674	96156
西藏	Tibet	119392	500	36532	61036	21324
陕西	Shaanxi	710677	186313	291982	151546	80836
甘肃	Gansu	118640	1774	16120	60727	40019
青海	Qinghai	36463	19198	4180	9268	3817
宁夏	Ningxia	47125		5100	25172	16853
新疆	Xinjiang	137466	2109	61917	44681	28760

15-33 各地区按资质等级分专业承包建筑业企业利润总额（2009年）
Total Profits of Speciality Contractors in Construction Industry by Qualification Grade and by Region (2009)

单位：万元 (10 000 yuan)

地区	Region	合计 Total	一级 First Grade	二级 Second Grade	三级及以下 Third Grade and Below
全国	**National Total**	**4497216**	**1314432**	**1298912**	**1883871**
北京	Beijing	169828	94916	30517	44394
天津	Tianjin	143578	67808	18952	56818
河北	Hebei	106556	36079	38902	31575
山西	Shanxi	54361	14951	17635	21775
内蒙古	Inner Mongolia	31084	6083	10829	14173
辽宁	Liaoning	221943	50629	78885	92429
吉林	Jilin	65664	8167	15135	42363
黑龙江	Heilongjiang	71191	9696	25110	36385
上海	Shanghai	301823	91296	73260	137267
江苏	Jiangsu	756640	220115	209088	327436
浙江	Zhejiang	428772	136134	77417	215221
安徽	Anhui	167137	49725	59844	57569
福建	Fujian	154997	44078	54726	56193
江西	Jiangxi	66860	23033	23226	20601
山东	Shandong	396656	51192	159665	185799
河南	Henan	201605	51507	83150	66948
湖北	Hubei	141537	31729	77198	32610
湖南	Hunan	87133	15794	30872	40467
广东	Guangdong	426685	157997	58771	209917
广西	Guangxi	23827	2315	11301	10211
海南	Hainan	5135	2419	1743	973
重庆	Chongqing	133840	50499	31328	52013
四川	Sichuan	147545	57555	38574	51417
贵州	Guizhou	9606	277	1204	8126
云南	Yunnan	64868	6507	25753	32608
西藏	Tibet	1307	200	898	210
陕西	Shaanxi	28278	12533	10525	5220
甘肃	Gansu	34449	13676	2773	18001
青海	Qinghai	17956	73	15844	2039
宁夏	Ningxia	16092	1623	9249	5220
新疆	Xinjiang	20261	5826	6540	7896

15-34 各地区按登记注册类型分建筑业企业工程结算利润（2009年）
Profits of Project Settlement Accounts of Construction Enterprises by Registration Status and Region (2009)

单位：万元 (10 000 yuan)

地区	Region	合计 Total	内资企业 Domestic Funded	#国有 State-owned	#集体 Collective-owned	港澳台商投资企业 Funded from Hong Kong, Macao and Taiwan	#港澳台商独资企业 Solely Owned	外商投资企业 Foreign Funded	#外商独资企业 Solely Owned
全 国	**National Total**	**52178940**	**51411873**	**9229538**	**2689901**	**331329**	**71669**	**435738**	**168508**
北 京	Beijing	2575264	2460105	464932	105936	48940	16527	66220	8075
天 津	Tianjin	1217505	1216386	309384	66906	5774	281	-4655	352
河 北	Hebei	1643827	1637055	300996	45628	4574		2198	
山 西	Shanxi	1059163	1056548	252205	29878	1970		645	
内蒙古	Inner Mongolia	1105998	1105974	52634	15766			24	
辽 宁	Liaoning	2677389	2610764	426472	151299	8272	176	58353	25198
吉 林	Jilin	827886	818097	59822	23675	8979		810	
黑龙江	Heilongjiang	995059	992403	286978	79971	2367		289	243
上 海	Shanghai	2614825	2437251	416019	46514	100291	23973	77283	37827
江 苏	Jiangsu	7072027	6925760	502305	275124	46700	14951	99567	27642
浙 江	Zhejiang	4709799	4669580	156564	66277	14587	103	25632	
安 徽	Anhui	1557381	1549183	435376	74960	3379	1008	4819	322
福 建	Fujian	1285963	1271168	164241	27325	13020	4642	1776	347
江 西	Jiangxi	823835	818993	221681	129536	4762	25	80	55
山 东	Shandong	3890751	3852745	564853	387958	10464	1244	27542	5782
河 南	Henan	2566300	2560446	441025	119090	3216	1211	2638	66
湖 北	Hubei	2629897	2623820	1036200	80403	4389	433	1689	
湖 南	Hunan	1561357	1555859	503950	75952	664	518	4835	3880
广 东	Guangdong	3177313	3068014	512637	285381	46458	6092	62841	58557
广 西	Guangxi	545727	543537	208235	56704	182		2009	
海 南	Hainan	84279	84279	39629	12679				
重 庆	Chongqing	1613682	1613088	216740	60821	426	23	168	-13
四 川	Sichuan	2019511	2018033	465995	163208	766	429	712	176
贵 州	Guizhou	241033	240808	144061	12741			225	
云 南	Yunnan	821946	821034	187221	55650	912			
西 藏	Tibet	203167	203167	37460	32635				
陕 西	Shaanxi	1466150	1466052	512404	125231	98			
甘 肃	Gansu	435046	434964	57001	63079	82		1	
青 海	Qinghai	156997	156966	104261	8491	3	3	28	
宁 夏	Ningxia	159704	159675	43772	2053	29	29		
新 疆	Xinjiang	440162	440123	104487	9033	27		11	

15-35 各地区建筑业劳动生产率（2009年）
Labor Productivity of Construction Enterprises by Region (2009)

单位：元/人 (yuan/person)

地 区	Region	按建筑业总产值计算的劳动生产率 Overall Labor Productivity in Terms of Total Output Value	#国 有 State-owned	#集 体 Collective-owned
全 国	**National Average**	**185087**	**244193**	**124255**
北 京	Beijing	249940	247797	205988
天 津	Tianjin	322264	444002	263986
河 北	Hebei	193592	402799	99916
山 西	Shanxi	213138	216668	98250
内蒙古	Inner Mongolia	128869	166033	151661
辽 宁	Liaoning	161110	202525	107670
吉 林	Jilin	163453	195570	123713
黑龙江	Heilongjiang	146124	207499	118225
上 海	Shanghai	312316	482937	233855
江 苏	Jiangsu	189932	242440	172836
浙 江	Zhejiang	198548	281005	156770
安 徽	Anhui	156240	229175	107414
福 建	Fujian	141345	133878	140510
江 西	Jiangxi	166574	224924	118060
山 东	Shandong	149678	255786	103067
河 南	Henan	162746	297997	114075
湖 北	Hubei	234352	372768	107487
湖 南	Hunan	170215	218234	114807
广 东	Guangdong	217046	257185	115842
广 西	Guangxi	186106	221295	130659
海 南	Hainan	145914	151562	146015
重 庆	Chongqing	158995	238010	110611
四 川	Sichuan	142793	194202	106009
贵 州	Guizhou	164289	189962	81846
云 南	Yunnan	168987	226440	128648
西 藏	Tibet	188829	277862	196850
陕 西	Shaanxi	238892	248741	127328
甘 肃	Gansu	118186	174215	87615
青 海	Qinghai	170943	268493	102105
宁 夏	Ningxia	126696	120368	132486
新 疆	Xinjiang	176332	204330	240090

15-36 建筑业房屋建筑面积
Floor Space of Buildings Constructed by Construction Enterprises

单位：万平方米 (10 000 sq.m)

年 份 Year / 地 区 Region	房屋建筑面积 Floor Space of Buildings		#国 有 State-owned		#集 体 Collective-owned	
	施工面积 Floor Space under Construction	竣工面积 Floor Space Completed	施工面积 Floor Space under Construction	竣工面积 Floor Space Completed	施工面积 Floor Space under Construction	竣工面积 Floor Space Completed
1985	35491.8	17072.7	19295.8	8563.1	16196.0	8509.6
1990	37923.0	19552.5	20303.2	9361.7	17619.7	10190.9
1991	41054.2	20256.3	21395.4	9566.2	19658.8	10690.1
1992	51885.4	24045.5	25896.1	10968.0	25989.3	13077.5
1993	65374.2	28684.8	32118.1	12085.4	32724.1	16379.0
1994	78032.2	32383.3	39445.8	14143.0	37004.4	17674.0
1995	89862.8	35666.3	44562.9	15182.4	41829.5	19262.0
1996	129087.0	60047.9	48372.8	17491.3	74668.4	39827.3
1997	128680.3	62244.0	48830.1	18507.5	70795.3	39859.3
1998	137593.6	65682.6	45866.9	17577.4	71597.6	39338.0
1999	147262.5	73924.9	47055.7	19868.6	70590.4	39949.1
2000	160141.1	80714.9	46237.5	20145.0	68112.3	38515.5
2001	188328.7	97699.0	46627.5	20338.2	61239.2	36115.1
2002	215608.7	110217.1	44567.3	19628.2	52564.4	30071.3
2003	259377.1	122827.6	46803.7	18774.1	50488.9	26727.6
2004	310985.7	147364.0	52397.9	20552.5	42858.3	23393.3
2005	352744.7	159406.2	56308.8	20505.7	42257.4	21750.4
2006	410154.4	179673.0	62253.8	20014.4	40872.5	21019.3
2007	482005.5	203992.7	68768.4	20539.5	42119.6	21300.9
2008	530518.6	223592.0	65633.7	19853.2	39247.8	19224.8
2009	588593.9	245401.6	72681.0	21765.4	36380.9	18783.2
北 京 Beijing	22720.6	5225.5	7099.2	1553.5	860.4	307.8
天 津 Tianjin	6572.7	2240.1	1752.1	441.1	441.8	225.1
河 北 Hebei	17535.5	7751.0	1624.6	520.7	779.8	484.4
山 西 Shanxi	6544.1	2285.7	2590.5	710.7	356.5	175.4
内蒙古 Inner Mongolia	5823.4	3140.6	153.0	46.6	85.4	77.7
辽 宁 Liaoning	18760.5	9228.4	1815.3	641.0	1237.3	805.1
吉 林 Jilin	5352.7	3946.3	360.1	218.0	155.8	81.4
黑龙江 Heilongjiang	5001.4	3420.1	958.1	721.9	481.6	319.9
上 海 Shanghai	19069.9	5719.9	1155.3	257.4	489.7	269.9
江 苏 Jiangsu	99659.9	43307.5	1928.3	728.8	4050.2	2096.9
浙 江 Zhejiang	105607.4	40239.7	558.2	142.1	1583.5	731.2
安 徽 Anhui	18690.9	8812.4	3599.2	1051.9	790.1	442.7
福 建 Fujian	21691.0	7435.1	2253.9	562.3	913.4	309.6
江 西 Jiangxi	12015.7	5944.1	3280.3	871.0	3110.2	1688.4
山 东 Shandong	38945.9	16646.9	3029.0	662.9	4169.3	2283.1
河 南 Henan	24596.0	11994.2	800.5	359.5	1858.9	1051.0
湖 北 Hubei	20499.3	10280.7	4414.0	1507.0	940.5	565.5
湖 南 Hunan	22442.3	10073.8	5582.7	1846.2	1663.5	931.4
广 东 Guangdong	30127.0	11115.7	8220.7	2427.5	4573.7	1893.9
广 西 Guangxi	9052.9	3613.9	3755.3	1209.9	1523.4	723.3
海 南 Hainan	1221.0	390.5	776.8	200.0	243.5	91.8
重 庆 Chongqing	16475.8	7473.2	1136.0	401.8	661.4	412.8
四 川 Sichuan	26220.8	11393.5	6635.3	2052.1	2252.6	1258.2
贵 州 Guizhou	4953.3	1244.1	3288.0	574.6	314.8	145.8
云 南 Yunnan	7747.6	3771.2	1352.7	568.1	656.4	423.8
西 藏 Tibet	283.6	177.5	28.5	19.3	29.0	23.3
陕 西 Shaanxi	9046.3	3128.2	2500.8	650.7	1365.4	592.0
甘 肃 Gansu	4178.2	1724.4	597.6	215.4	575.6	262.8
青 海 Qinghai	491.0	211.7	84.8	46.3	24.6	17.3
宁 夏 Ningxia	2113.5	948.0	577.6	212.1	63.9	33.2
新 疆 Xinjiang	5153.5	2517.8	772.7	344.8	128.8	58.7

15-37 各地区劳务分包建筑业企业主要指标（2009年）
Main Indicators of Labour Subcontractors in Construction Industry by Region (2009)

地区	Region	企业单位数(个) Number of Enterprises (unit)	从业人数(人) Number of Persons Employed (person)	营业收入(万元) Total Revenue (10 000 yuan)	#工程结算收入 Projects Revenue	税金(万元) Tax (10 000 yuan)	利润总额(万元) Total Profits (10 000 yuan)	从业人员劳动报酬(万元) Earnings of Employed Persons (10 000 yuan)
全国	**National Total**	**6756**	**2152904**	**7428736**	**7390919**	**253119**	**205688**	**3920349**
北京	Beijing	136	10183	105924	104683	2499	548	25286
天津	Tianjin	282	62777	298706	296863	10839	3262	95298
河北	Hebei	184	47696	106536	106363	2792	6476	74281
山西	Shanxi	77	9268	51208	51082	1217	321	14958
内蒙古	Inner Mongolia	61	4460	18785	18777	844	1227	10170
辽宁	Liaoning	251	27286	138221	137372	5168	5266	43070
吉林	Jilin	62	3030	15049	15016	543	1134	4090
黑龙江	Heilongjiang	123	8122	29600	29566	891	1180	5972
上海	Shanghai	260	40039	508536	505976	12468	7377	105630
江苏	Jiangsu	1278	282864	1108654	1107353	39389	50467	454480
浙江	Zhejiang	497	488575	1509939	1505545	48136	11031	1038574
安徽	Anhui	348	123286	356704	355208	10883	14829	209103
福建	Fujian	300	333677	951177	947096	41413	4330	764480
江西	Jiangxi	37	2244	12505	12263	567	832	2698
山东	Shandong	454	34385	215342	213619	7148	14556	56173
河南	Henan	884	174801	446987	444677	17776	30545	206614
湖北	Hubei	297	74480	239797	236038	8964	15677	108869
湖南	Hunan	291	69433	280845	277109	13503	13084	104500
广东	Guangdong	99	63774	152125	150488	3158	2165	115363
广西	Guangxi	49	65927	151724	151131	3928	124	109873
海南	Hainan							
重庆	Chongqing	256	104170	259536	257865	7611	10365	167124
四川	Sichuan	325	115309	398223	395953	10363	9189	170785
贵州	Guizhou	10	163	1152	1152	39	-35	451
云南	Yunnan	22	1064	6210	6167	723	1082	1786
西藏	Tibet	7	278	1003	1003	64	216	325
陕西	Shaanxi	7	249	1199	1199	47	63	530
甘肃	Gansu	18	1014	6907	5934	288	203	1443
青海	Qinghai	31	1167	3676	3170	171	137	1225
宁夏	Ningxia	22	790	5056	5056	106	-26	3026
新疆	Xinjiang	88	2393	47408	47196	1582	63	24172

15-38 勘察设计机构和人员数（2009年）
Number of Prospecting and Designing Institutions and Number of Staff and Workers (2009)

地区	Region	单位数（个）Number of Institutions (unit)	年底职工人数（人）Number of Staff & Workers at Year-end (person)	高级职称 Senior Title	中级职称 Middle Title	初级职称 Junior Title	其他人员 Others
全国	**National Total**	**14264**	**1272963**	**243500**	**338350**	**250723**	**440390**
北京	Beijing	476	100991	24536	25812	20614	30029
天津	Tianjin	279	33975	9207	8539	7520	8709
河北	Hebei	448	31660	7533	8700	5533	9894
山西	Shanxi	410	31067	6134	8798	6170	9965
内蒙古	Inner Mongolia	255	15761	4614	4914	3512	2721
辽宁	Liaoning	845	62175	13385	16682	9885	22223
吉林	Jilin	448	26127	7718	7581	4763	6065
黑龙江	Heilongjiang	286	17821	6169	5599	2768	3285
上海	Shanghai	673	93623	11624	19378	21608	41013
江苏	Jiangsu	1031	71514	12525	20561	17743	20685
浙江	Zhejiang	620	53894	9307	16135	11156	17296
安徽	Anhui	434	29224	6629	8503	5821	8271
福建	Fujian	578	34735	4539	9974	8149	12073
江西	Jiangxi	381	22184	4621	7282	5498	4783
山东	Shandong	1193	92372	14691	20857	16880	39944
河南	Henan	604	48895	9574	15340	9162	14819
湖北	Hubei	628	66670	14579	18106	11406	22579
湖南	Hunan	430	37982	8401	11824	6490	11267
广东	Guangdong	1064	143001	13416	26958	22152	80475
广西	Guangxi	332	20380	4781	7636	4869	3094
海南	Hainan	66	4965	929	1363	1129	1544
重庆	Chongqing	256	23823	5094	6954	4248	7527
四川	Sichuan	571	54372	11323	15381	11758	15910
贵州	Guizhou	271	17413	2845	5220	4351	4997
云南	Yunnan	497	26207	5015	9697	6512	4983
西藏	Tibet	24	1270	157	386	266	461
陕西	Shaanxi	534	61293	12521	14728	10650	23394
甘肃	Gansu	199	18223	3848	5773	3614	4988
青海	Qinghai	101	5339	1070	1574	1419	1276
宁夏	Ningxia	92	5147	1085	1135	1282	1645
新疆	Xinjiang	205	17740	4525	5621	3423	4171
不分地区	Not Classified by Region	33	3120	1105	1339	372	304

15-39 勘察设计单位营业收入情况（2009年）
Business Revenue of Prospecting and Designing Institutions (2009)

单位：万元 (10 000 yuan)

地 区	Region	营业收入 Business Revenue	工程勘察收入 Revenue from Prospecting	工程设计收入 Revenue from Designing	工程承包收入 Revenue from Contracted Projects	其他收入 Other Revenue
全 国	**National Total**	**68529028**	**4092137**	**16552363**	**38832817**	**9051710**
北 京	Beijing	12662623	274871	2662153	8019571	1706027
天 津	Tianjin	2703084	266276	649117	1466515	321175
河 北	Hebei	1101252	99166	266149	566353	169584
山 西	Shanxi	685854	78476	238563	310485	58331
内蒙古	Inner Mongolia	441482	63936	197622	145901	34023
辽 宁	Liaoning	2998876	148282	559111	1443519	847965
吉 林	Jilin	607725	58075	293116	192177	64357
黑龙江	Heilongjiang	426575	35060	242037	129434	20043
上 海	Shanghai	9012307	128588	1562342	5694673	1626705
江 苏	Jiangsu	4311181	161964	917055	2957071	275092
浙 江	Zhejiang	3393518	177807	865083	1911642	438986
安 徽	Anhui	1587349	76699	293513	820585	396552
福 建	Fujian	1027985	107819	326224	551325	42617
江 西	Jiangxi	449574	84319	174435	107839	82982
山 东	Shandong	3056313	167990	689763	2025827	172733
河 南	Henan	1448873	95945	529540	682994	140393
湖 北	Hubei	3987656	333150	1123636	2199438	331432
湖 南	Hunan	1374364	142362	428259	690938	112805
广 东	Guangdong	7444927	293783	1551788	4558796	1040561
广 西	Guangxi	428697	59952	214641	70742	83362
海 南	Hainan	153935	17046	45177	83728	7984
重 庆	Chongqing	1592544	71282	296681	1135112	89469
四 川	Sichuan	2889808	438568	815650	1223851	411739
贵 州	Guizhou	345125	98187	172780	46208	27951
云 南	Yunnan	784658	128343	258223	321380	76712
西 藏	Tibet	16674	4467	10808	114	1286
陕 西	Shaanxi	2466443	316378	702265	1125436	322365
甘 肃	Gansu	459874	52055	161660	172749	73411
青 海	Qinghai	84403	21999	45086	9915	7402
宁 夏	Ningxia	99233	19745	49806	19464	10218
新 疆	Xinjiang	457349	65411	189944	147327	54667
不分地区	Not Classified by Region	28767	4140	20136	1708	2783

15-40 工程招标代理机构和人员数（2009年）
Project Bidding Agencies and Its Personnel (2009)

地 区	Region	企业单位数（个）Number of Enterprises (unit)	期末企业人员（人）Personnel of Enterprises at Year-end (person)	高、中级职称人员 Persons with Senior or Middle Certificates	年末注册执业人数（人）Registered Professionals (year-end) (person)	注册造价工程师 Certificated Project Budgeting Engineer	其他注册人员 Other Certificated Personnel
全 国	**National Total**	**4899**	**318093**	**168896**	**66013**	**33633**	**32380**
北 京	Beijing	253	29172	15328	4967	2445	2522
天 津	Tianjin	58	3522	1597	678	480	198
河 北	Hebei	210	10683	6267	2442	1297	1145
山 西	Shanxi	107	4268	2470	951	484	467
内蒙古	Inner Mongolia	79	1824	1351	496	316	180
辽 宁	Liaoning	222	7432	5077	2331	1164	1167
吉 林	Jilin	129	3957	2702	955	515	440
黑龙江	Heilongjiang	103	2275	1731	718	479	239
上 海	Shanghai	149	24760	9296	4572	2195	2377
江 苏	Jiangsu	394	21246	11277	5631	3423	2208
浙 江	Zhejiang	339	21193	10639	5012	2802	2210
安 徽	Anhui	210	12216	6488	2417	1234	1183
福 建	Fujian	122	8864	4993	2286	1213	1073
江 西	Jiangxi	166	8110	4763	1540	774	766
山 东	Shandong	402	20007	9954	5094	2726	2368
河 南	Henan	206	13604	7879	2758	1290	1468
湖 北	Hubei	196	8523	5712	1949	1144	805
湖 南	Hunan	143	6517	4245	1482	814	668
广 东	Guangdong	362	38572	19067	8130	3019	5111
广 西	Guangxi	102	6199	3168	1260	703	557
海 南	Hainan	22	869	498	201	108	93
重 庆	Chongqing	74	5264	3150	994	441	553
四 川	Sichuan	193	15479	8627	2737	1434	1303
贵 州	Guizhou	63	3552	1749	553	271	282
云 南	Yunnan	141	4637	2344	609	409	200
西 藏	Tibet	13	486	312	68	43	25
陕 西	Shaanxi	189	21141	11293	2585	1192	1393
甘 肃	Gansu	86	5876	2941	1084	360	724
青 海	Qinghai	26	587	417	83	56	27
宁 夏	Ningxia	30	1244	584	233	159	74
新 疆	Xinjiang	110	6014	2977	1197	643	554

15-41 工程招标代理机构营业收入（2009年）
Business Revenue of Project Bidding Agencies(2009)

单位：万元 (10 000 yuan)

地区	Region	营业收入 Business Revenue	工程招标代理收入 Revenue from Project Bidding	工程监理收入 Revenue from Project Supervision	工程造价咨询收入 Revenue from Consultation on Project Budgeting	工程项目管理与咨询服务收入 Revenue from Project Management and Consultation Service	其他收入 Other Revenue
全国	**National Total**	**9697076**	**1042173**	**1423661**	**786440**	**1446486**	**4998316**
北京	Beijing	4340464	189167	137670	69191	194435	3750000
天津	Tianjin	57057	23241	4823	16433	6169	6390
河北	Hebei	85111	28747	31231	11092	1485	12556
山西	Shanxi	46404	27343	8268	1277	733	8783
内蒙古	Inner Mongolia	13113	10219	695	397		1801
辽宁	Liaoning	99411	45546	20859	9581	9337	14089
吉林	Jilin	35035	19287	4409	4347	187	6805
黑龙江	Heilongjiang	29604	20790	842	882	87	7003
上海	Shanghai	510561	59178	190471	157730	50396	52786
江苏	Jiangsu	320741	76858	106367	96870	12433	28213
浙江	Zhejiang	499727	61128	93190	92865	113079	139464
安徽	Anhui	247954	29127	48901	18859	9069	141998
福建	Fujian	90343	20548	49505	17827	1134	1329
江西	Jiangxi	61981	16930	28910	5921	1176	9044
山东	Shandong	215334	61842	75914	36311	10182	31085
河南	Henan	210926	31065	52564	8861	72599	45837
湖北	Hubei	186319	26026	28054	41014	67820	23405
湖南	Hunan	66964	21426	27928	10177	2142	5290
广东	Guangdong	1393741	70557	276690	63253	846186	137055
广西	Guangxi	82177	15063	16688	14173	1421	34831
海南	Hainan	8797	4524	2851	1022	295	106
重庆	Chongqing	66080	18093	29006	14633	2023	2326
四川	Sichuan	165042	41683	55740	50424	13504	3691
贵州	Guizhou	32965	9077	19015	2522	761	1590
云南	Yunnan	52765	28859	11679	1356	934	9936
西藏	Tibet	3078	1713	922	372	71	
陕西	Shaanxi	603273	37022	43605	24591	17679	480376
甘肃	Gansu	68006	13881	26901	2777	8575	15872
青海	Qinghai	9112	7987		140	30	955
宁夏	Ningxia	13519	4977	3961	2962	345	1274
新疆	Xinjiang	81471	20267	26002	8579	2197	24426

15-42 建设工程监理企业和人员数(2009年)
Construction Project Supervision Enterprises and Employees (2009)

行业 地区	Sector Region	企业单位数(个) Number of Enterprises (unit)	年末从业人数(人) Persons Engaged (year-end) (person)	#高、中级职称人员 Persons with Senior or Middle Certificates	年末注册执业人数(人) Registered Professionals (year-end) (person)	注册监理工程师 Registered Supervisory Engineers	其他注册执业人员 Other Registered Professionals
合　计	**Total**	**5475**	**581973**	**332218**	**130194**	**97417**	**32777**
按行业分	**By Sector**						
房屋建筑工程	Housing Construction Projects	4584	396710	228594	96202	73003	23199
冶炼工程	Metallurgical Projects	48	6954	4232	1716	1337	379
矿山工程	Mining Projects	28	5414	3451	1043	717	326
化工、石油工程	Chemical and Petroleum Projects	124	21762	13051	5020	3723	1297
水利水电工程	Water Conservancy and Hydro-power Projects	59	15963	8417	1960	1368	592
电力工程	Power Projects	161	33328	16544	5051	3622	1429
农林工程	Agriculture and Forestry Projects	12	1233	671	294	226	68
铁路工程	Railway Projects	48	24547	15620	3017	2326	691
公路工程	Highway Projects	20	6546	3277	562	416	146
港口与航道工程	Habour and Navigation Projects	11	1896	909	539	419	120
航天航空工程	Air and Space Projects	7	928	427	258	185	73
通信工程	Communications Projects	12	3539	961	188	165	23
市政公用工程	Civil and Public Utility Projects	295	30899	16904	7578	5614	1964
机电安装工程	Machinery and Electric Installation Projects	3	1256	578	119	53	66
综合资质	Comprehensive Qualification	49	30524	18323	6531	4142	2389
事务所资质	Office Qualification	14	474	259	116	101	15
按地区分	**By Region**						
北　京	Beijing	266	55710	34147	10377	7894	2483
天　津	Tianjin	63	11680	5170	1872	1490	382
河　北	Hebei	294	22848	15498	5526	4341	1185
山　西	Shanxi	172	16664	10129	3552	2605	947
内蒙古	Inner Mongolia	99	8868	6690	1879	1406	473
辽　宁	Liaoning	276	18739	13403	5709	4642	1067
吉　林	Jilin	142	11231	7589	2530	2005	525
黑龙江	Heilongjiang	121	11181	8029	2508	1950	558
上　海	Shanghai	199	37547	17701	7136	5380	1756
江　苏	Jiangsu	534	48813	25314	11902	8988	2914
浙　江	Zhejiang	269	31450	15354	7684	5970	1714
安　徽	Anhui	196	19999	10393	4020	2772	1248
福　建	Fujian	158	14928	8200	4186	3032	1154
江　西	Jiangxi	128	9719	5397	2126	1565	561
山　东	Shandong	438	36845	19753	9431	7239	2192
河　南	Henan	281	28268	17031	6332	4619	1713
湖　北	Hubei	212	19522	13051	5059	3949	1110
湖　南	Hunan	176	18439	11594	4088	3090	998
广　东	Guangdong	368	41652	21416	11259	8453	2806
广　西	Guangxi	131	10678	5338	2854	1945	909
海　南	Hainan	30	2228	1186	587	447	140
重　庆	Chongqing	56	10340	6484	2355	1588	767
四　川	Sichuan	192	28385	17232	5183	3929	1254
贵　州	Guizhou	41	6180	3058	901	572	329
云　南	Yunnan	155	15244	7177	1533	1235	298
西　藏	Tibet	21	635	397	102	87	15
陕　西	Shaanxi	201	20168	11695	3405	2147	1258
甘　肃	Gansu	104	10571	6576	2336	1689	647
青　海	Qinghai	31	1726	918	378	251	127
宁　夏	Ningxia	31	2494	1117	520	388	132
新　疆	Xinjiang	59	6575	3650	1882	1275	607
其　他	Other	31	2646	1531	982	474	508

15-43 建设工程监理营业收入(2009年)
Business Revenue of Construction Project Supervision Enterprises (2009)

单位：万元 (10 000 yuan)

行业 地区	Sector Region	营业收入 Business Revenue	工程监理收入 Revenue from Project Supervision	工程招标代理收入 Revenue from Project Bidding	工程造价咨询收入 Revenue from Consultation on Project Budgeting	工程项目管理与咨询服务收入 Revenue from Project Management and Consultation Service	其他收入 Other Revenue
合　计	**Total**	**8545492**	**4041701**	**192110**	**167523**	**1660812**	**2483346**
按行业分	**By Sector**						
房屋建筑工程	Housing Construction Projects	3814008	2341621	140075	147435	241900	942977
冶炼工程	Metallurgical Projects	525202	40303	1270	677	27530	455421
矿山工程	Mining Projects	76089	40751	128	51	17722	17436
化工、石油工程	Chemical and Petroleum Projects	994672	158900	647	2226	224272	608627
水利水电工程	Water Conservancy and Hydro-power Projects	358627	105833	2973	2204	81648	165970
电力工程	Power Projects	1580874	353312	19721	2887	1045309	159645
农林工程	Agriculture and Forestry Projects	8706	8703				3
铁路工程	Railway Projects	253574	243293	641	282	1219	8139
公路工程	Highway Projects	61918	59238	286	16	1607	771
港口与航道工程	Habour and Navigation Projects	29177	26866	981	213	1008	109
航天航空工程	Air and Space Projects	10836	10024		300	352	161
通信工程	Communications Projects	52699	52136	413		64	86
市政公用工程	Civil and Public Utility Projects	307589	254261	12385	3655	8432	28857
机电安装工程	Machinery and Electric Installation Projects	75433	1336			20	74077
综合资质	Comprehensive Qualification	392000	343259	12508	5435	9732	21066
事务所资质	Office Qualification	4089	1865	82	2141		
按地区分	**By Region**						
北　京	Beijing	1654544	522061	18189	7384	185271	921640
天　津	Tianjin	103209	92409	2440	2108	4881	1370
河　北	Hebei	121127	107359	4935	3096	1832	3905
山　西	Shanxi	113115	98765	4456	283	705	8906
内蒙古	Inner Mongolia	46316	45124	221	579	30	362
辽　宁	Liaoning	543211	110572	3377	279	7463	421521
吉　林	Jilin	84188	66496	989	1525	1129	14049
黑龙江	Heilongjiang	70742	53625	49	33	6712	10323
上　海	Shanghai	619800	380765	21598	41848	48616	126973
江　苏	Jiangsu	454083	358220	20975	18956	19140	36791
浙　江	Zhejiang	305206	244243	7548	14245	7768	31402
安　徽	Anhui	391549	115913	4000	5032	197135	69469
福　建	Fujian	124331	110713	5584	5764	703	1568
江　西	Jiangxi	55791	47982	2459	935	513	3902
山　东	Shandong	287872	223024	13992	10899	14433	25523
河　南	Henan	830111	126740	5502	3703	169533	524633
湖　北	Hubei	149329	130266	1847	1409	8025	7782
湖　南	Hunan	311542	118019	4335	3205	68645	117338
广　东	Guangdong	1284692	382003	34101	15995	837598	14994
广　西	Guangxi	82143	56445	3343	3457	18043	856
海　南	Hainan	15920	15559	154	207		
重　庆	Chongqing	123030	80348	5889	4095	10804	21893
四　川	Sichuan	245189	201971	12918	12385	9244	8672
贵　州	Guizhou	136279	26003	1236	3015	25922	80102
云　南	Yunnan	88607	80975	680	1288	3456	2208
西　藏	Tibet	6373	4083	559		449	1282
陕　西	Shaanxi	129979	109098	4690	2990	3254	9947
甘　肃	Gansu	80794	53659	3708	928	8547	13952
青　海	Qinghai	13625	13193		143	103	187
宁　夏	Ningxia	11697	11059	98	458	76	5
新　疆	Xinjiang	48866	44696	2216	749	766	439
其　他	Other	12231	10314	20	528	16	1353

主要统计指标解释

建筑业统计单位 指从事房屋、构筑物建造和设备安装活动的法人企业。建筑业法人企业应具有建筑业资质并能够独立核算，同时其应具备以下条件：①依法成立，有自己的名称、组织机构和场所，能够承担民事责任；②独立拥有和使用资产，承担负债，有权与其他单位签订合同；③独立核算盈亏，能够编制资产负债表。

建筑业总产值 是以货币形式表现的建筑业企业在一定时期内生产的建筑业产品和提供的服务的总和。建筑业总产值包括：

⑴建筑工程产值：指列入建筑工程预算内的各种工程价值。

⑵安装工程产值：指设备安装工程价值，不包括被安装设备本身的价值。

⑶其他产值：建筑业总产值中除建筑工程、安装工程以外的产值。包括房屋构筑物修理产值、非标准设备制造产值、总包企业向分包企业收取的管理费以及不能明确划分的施工活动所完成的产值。

a.房屋构筑物修理产值：指房屋和构筑物修理所完成的产值，但不包括被修理房屋、构筑物本身价值和生产设备的修理价值。

b.非标准设备制造产值：指加工制造没有定型的非标准生产设备的加工费和原材料价值(如化工厂、炼油厂用的各种罐、槽，矿井生产统一使用的各种漏斗、三角槽、阀门等)以及附属加工厂为本企业承建工程制作的非标准设备的价值。

建筑业增加值 指建筑业企业在报告期内以货币形式表现的建筑业生产经营活动的最终成果。

从 2004 年第一次全国经济普查开始，建筑业现价增加值按生产法和分配法(收入法)两种方法计算，以收入法的计算结果为准，即从收入的角度出发，根据生产要素在生产过程中应得的收入份额计算。具体计算方法：经济普查年度建筑业增加值按照《经济普查年度 GDP 核算方案》计算，非经济普查年度建筑业增加值按照《非经济普查年度 GDP 核算方案》计算。

房屋建筑施工面积 指在报告期内施过工的全部房屋建筑面积，包括本期新开工的房屋面积、上期施工跨入本期继续施工的房屋面积、上期停缓建在本期恢复施工的房屋面积、本期竣工的房屋面积及本期施工后又停缓建的房屋面积。

房屋建筑竣工面积 指在报告期内房屋建筑按照设计要求全部完工，达到了使用条件，经验收鉴定合格，正式移交使用单位的房屋建筑面积。

Explanatory Notes on Main Statistical Indicators

Statistical Unit in the Construction Industry refers to a corporate enterprise engaged in the construction of buildings and structures and in the installation of equipment. A corporate construction enterprise should have qualification certificates with independent accounting system, and should meet the following 3 requirements: a) being set up in line with relevant legal basis, having its full name, organization and location, and capable of taking civil liabilities; b) independently possessing and using its assets and assuming its liabilities, and entitled to sign contracts with other institutions; and c) making independent accounts of its profits and losses, and capable of compiling its own balance sheet.

Gross Output Value of Construction refers to total of construction products and services, expressed in money terms, produced or rendered by construction and installation enterprises during a given period of time. It includes:

(1) Output value of construction projects: the value of projects covered by the project budgets;

(2) Output value of installation projects: the value of the installation of equipment, (excluding the value of the equipment to be installed);

(3) Other output values: the output value of construction industry apart from that of construction projects and installation projects. It includes: output value of repair of buildings and structures; output value of non-standard equipment manufacturing; overhead expenses received by contracted enterprises from the sub-contracted enterprises and the completed output value of construction activities for which there is no clear definition.

a. Output value of repair of buildings and structures: the value created through the repairs of buildings or structures. It does not include the value of buildings or structures being repaired and the value of the repair of production equipment;

b. Output value of manufactured non-standard equipment: the value of non-standard production equipment, including raw materials and manufacturing cost, made for the construction project (i.e., chemical plant; kettles or tanks used by refineries; various fillers, triangle tanks, valves used by mines). It also includes the output value of equipment manufactured by subsidiary workshops.

Value-added of Construction refers to the final result of the activities of production and operation of enterprises of the construction industry in monetary terms during the reference period.

Starting from the 2004 economic census, value-added of construction is calculated by both production approach and income approach, with the figures from the income approach as the final figures., Under the income approach,, calculation starts from the perspective of income and is based on the share of income derived from the production process by the relevant factors of production.. Specifically, value-added of construction for the Census years is calculated in accordance with the *Programme of Compilation of GDP and National Accounts for the Year of Economic Census*, and value-added of construction for other years is calculated in accordance with the *Programme of Compilation of GDP and National Accounts for the Non Economic Census Years.*

Floor Space of Buildings Under Construction refers to floor space of buildings under construction during the reference period, including the floor space of buildings for which construction has newly started; buildings for which construction has started earlier and is continuing during the reference period; and buildings for which construction has been suspended earlier but has restarted during the reference period; buildings completed during the reference period; and buildings under construction but construction has subsequently been during the reference period.

Floor Space of Buildings Completed refers to the floor space of buildings that are completed in the reference period in accordance with the requirements of the design, up to the standard for being put into use, and having been checked and accepted by departments concerned as qualified ones.

16

运输和邮电

Transport, Postal and Telecommunication Services

简 要 说 明

一、本篇资料的主要内容

本篇资料反映我国交通运输业和邮政、通信业发展的基本状况。

交通运输业资料主要包括：五种运输方式的线路里程、运输设备拥有量、技术质量情况，各种运输方式完成的货物运输量和旅客运输量，铁路运输的固定资产构成及财务主要情况，规模以上港口码头长度、泊位数量及货物吞吐量等资料。

邮电通信业资料主要包括：全国营业网点及邮政邮路情况，电信主要通信能力，主要的邮电业务完成情况，邮电通信发展水平等资料。

二、本篇资料的统计范围

1.铁路资料：包括国家铁路（含控股合资）、地方铁路和非控股合资铁路运营情况，不含军用铁路及由厂矿企事业单位自建的铁路专用线和专用铁道。国家铁路（含控股合资）和非控股合资铁路运营资料来源于各铁路局及所属运输企业(公司)。地方铁路运营概况资料来源于各省地方铁路管理部门。

2.公路、水运、港口资料：(1)公路和水路线路里程为年末通车和通航里程数，不含未正式投入使用的公路和航道里程；(2)民用汽车拥有量及机动车和汽车驾驶员人数，根据公安部交通管理局所属各省车管部门登记注册的车辆资料和驾驶员资料整理，不含军用车辆；(3)公路营运汽车拥有量，根据各省道路运输主管部门登记注册的从事公路运输的营业性运输车辆资料整理，属于民用汽车的一部分；(4)营业性运输船舶拥有量，根据各省交通运输主管部门登记注册的从事水上客、货运输的营业性船舶资料整理，不含非运输船舶及农业、渔业生产船舶；(5)公路、水路客货运输量资料，由交通运输部负责收集整理；(6)公路、水路运输量统计包括全面调查和非全面调查两种方式，统计范围是在各省交通运输主管部门登记注册的从事公路、水路客、货运输的营业性的车辆和船舶所完成的运输量；(7)规模以上港口的统计范围为年通过能力在1000万吨以上的沿海港口和200万吨以上的内河港口，以及从事外贸、集装箱装卸的港口，具体范围由交通运输部划定。

3.管道运输资料：包括输原油、输成品油、输天然气及输其他气体的运输量。管道运输统计数据主要来源于中国石油天然气集团公司和中国石油化工集团公司所属的管道运输企业，由两家集团公司分别负责收集审核本部门统计数据。

4.民航运输资料：统计对象为在我国境内注册从事民用航空运输飞行和通用飞行的航空运输企业和民用航空机场，不包括在我国境内运输飞行的外国航空公司。统计范围为各航空公司从事国内运输、港澳台运输、国际运输的定期航班航线条数及里程、运输量及飞机构成和运营情况、通用航空飞行完成情况等。

5.邮电通信资料：包括邮政企业和年业务收入200万元以上快递企业，以及所有从事电信运营的企业（即中国电信、中国移动、中国联通三家基础电信企业），不含专用网业务资料。邮电业务量按业务种类分为邮政业务量和电信业务量；按业务范围分为国内业务量和国际及港澳业务量(对台业务量统计在港澳中)。

三、本篇的资料来源

本篇资料由国家统计局服务业统计司负责整理、编辑。有关交通运输资料分别来源于铁道部、交通运输部、中国民用航空局、中国石油天然气集团公司、中国石油化工集团公司和公安部交通管理局所属各省车管部门。邮电通信业资料来源于工业和信息化部、国家邮政局。

Brief Introduction

I. Main Contents

Data in this chapter present the development of transportation, post and telecommunications in China.

Data on transport cover mainly the length of the routes of five means of transportation, the possession of transport equipment, the condition of technological quality, freight traffic and passenger traffic accomplished by various means of transportation, the composition of the fixed assets and main financial conditions in the railway transport, the length of ports above designated size and the situation of berths, and cargo handled at sea ports.

Data on post and telecommunications cover mainly the situation of post and telecommunication offices and postal routes; telephone lines, telegraph lines and the possession of telecommunication facilities; business volume of postal and telecommunication services achieved; and the level of development of postal and telecommunication services.

II. Scope of Statistics

1. Data on railway transportation: including the operation and management of the national, local and joint-venture railways but not including railways for military purpose, lines built by industrial and mining enterprises and special railways. Data on the operation and management of the national railways and joint-venture railways come from the railway bureaus and transport enterprises subordinate to them. Data on the operation and management of local railways come from the provincial administrative departments managing the local railways.

2. Data on highways, waterways and ports: (1) The length of highways and waterways refer to the length open to traffic or navigation at the end of the year, but not including the highways and waterways under construction or not officially having been put into use. (2) Data on the possession of civil motor vehicles and the number of drivers are provided by the divisions of vehicle management under the provincial departments of public security, subordinate to the Traffic Management Bureau, Ministry of Public Security, but not including vehicles for military use. (3) Data on possession of highway vehicles are provided by the divisions of vehicle management under provincial departments of public security, which are subordinate to the Traffic Management Bureau, Ministry of Public Security, including vehicles for business use and non-business use. These vehicles are part of the totality of civil motor vehicles. (4) Data on possession of ships are provided by the divisions of navigation or ports management under provincial departments of communications, which are subordinate to the Ministry of Transport. However, fishing boats, boats for constructions in water and boats for military use are not included. (5) Data on passenger traffic and freight traffic by highways and waterways are collected and prepared by the Ministry of Transport. (6) Data on highway and waterway transportation are collected through both comprehensive reporting system and non-comprehensive reporting system. The statistical scope encompasses all the enterprises, institutional units and individuals (including joint-households) registered in the People's Republic of China and engaged in highway or waterway freight or passenger transport business. (7) Data on production capacity and handling capacity include the seaports handling cargo more than 1 million tons, inland river ports with turnover over 2 million tons and ports with operation in foreign trade and containing shipping. The specific scope are decided by the Administration of Transprotation.

3. Data on pipeline transport: The data on pipeline transport cover the volume transported of petroleum (crude oil) pipelines, petroleum products pipelines, natural gas pipelines and other gas pipelines. Data sources of the pipeline transport statistics are mainly the enterprises engaged in the pipeline transport subordinate to the China National Petroleum and Natural Gas Corporation Group and China Petrochemical Corporation Group. The two corporations collect and examine the statistical data submitted to them from the units subordinate to them respectively.

4. Data on civil aviation transport: The targets of statistical collection are enterprises registered for engagement in civil aviation transport flights and flights for

general purposes and civil airports, Excluded are foreign companies which operate flights within Chinese territory. The scope of statistics encompasses number of lines, mileage flown, transport volume, composition of the fleets operational situation of the airlines，performance of general purpose flights in respect of domestic transport, transport between China mainland and Hong Kong, Macao and Taiwan, and international transport. .

5. Data on post and telecommunications: Data in this category include postal enterprises express deliveray company with revenue above 2 million yuan and all telecommunication enterprises (i.e. the three major enterprises of telecommunication China Telecom, China Mobile and China Unicom), but exclude services provided through dedicated networks. The business volume of post and telecommunications is classified by type of business into postal and telecommunication services, and by customers into domestic service, international service, and service between the Mainland and Hong Kong, Macao (business volume of the service to Taiwan is covered in that for Hong Kong and Macao).

III. Sources of Data

Data in this chapter are processed and compiled by the Department of Service Survey, NBS. Data on transportation are from Ministry of Railway, Ministry of Transport, Civil Aviation Administration of China, China Petroleum and Natural Gas Corporation Group, China Petrochemical Corporation Group, the divisions of vehicle management under the provincial departments of public security, which are subordinate to the Traffic Management Bureau, Ministry of Public Security. Data on postal and telecommunication services come from the Ministry of Industry and Information, and the National Postal Office.

16-1 各地区交通运输、邮电通信业就业人员数(2009年底)
Number of Employed Persons in Transport, Postal and Telecommunication Services at Year-end by Region (2009)

单位: 人　　(person)

地　区	Region	铁　路运输业 Railway Transport	道　路运输业 Road Transport	城市公共交通业 Urban Public Transport	水　上运输业 Water Transport	航　空运输业 Air Transport	管　道运输业 Pipeline Transport	装卸搬运和其他运输服务业 Loading, Unloading and Other Transport Services	邮政业 Posts	电信和其他信息传输服务业 Telecommunications and Other Information Transmission Services
全　国	**National Total**	**1850147**	**1609972**	**1087973**	**449479**	**252779**	**21842**	**269764**	**552687**	**1189463**
北　京	Beijing	117802	50340	213184	112	35847	1937	30236	37218	82865
天　津	Tianjin	19477	18328	22079	23998	3352	114	21109	4247	13667
河　北	Hebei	63144	92366	29411	26548	1128	2054	4221	27721	59291
山　西	Shanxi	110274	47265	17373	76	3566		4682	19890	41711
内蒙古	Inner Mongolia	88745	34027	12245	180	3704		3622	13438	38645
辽　宁	Liaoning	136249	69565	36149	25088	10812	2838	8102	17212	39971
吉　林	Jilin	74633	28106	16992	180	4525	1418	1850	11754	35972
黑龙江	Heilongjiang	121209	67053	11694	3271	4086	496	10803	23499	49624
上　海	Shanghai	26774	26152	157986	55652	29999		20127	25949	28861
江　苏	Jiangsu	60518	80820	39534	58914	8429	7808	9090	33584	62447
浙　江	Zhejiang	25256	82866	47337	24257	7221		14622	30747	72769
安　徽	Anhui	33977	50194	23845	7885	2651		4467	18478	34740
福　建	Fujian	32483	39681	29333	12627	10472		13721	18445	33835
江　西	Jiangxi	64717	49527	12288	5021	2775		2437	13874	27859
山　东	Shandong	70089	101643	49827	51915	10987	1464	11653	22539	49075
河　南	Henan	98233	91875	39368	1362	315	30	5116	29322	48500
湖　北	Hubei	151764	64266	36527	20024	4921	927	14094	18028	37588
湖　南	Hunan	77668	61256	29537	5316	3707	85	13631	20543	46370
广　东	Guangdong	58741	158214	113147	76755	41861	176	27468	36328	110581
广　西	Guangxi	49699	61968	16635	15893	3716		6252	15659	34265
海　南	Hainan	3813	11177	2900	4880	10289		5388	3540	5302
重　庆	Chongqing	23768	47337	17690	21433	5092		3772	10237	23306
四　川	Sichuan	53892	84207	32012	6203	16575	732	11846	26492	51204
贵　州	Guizhou	29112	22971	13304	1174	3765		3705	13612	21606
云　南	Yunnan	46160	48441	14779	531	10722		7085	12173	36101
西　藏	Tibet	162	3534	464	23	870			2081	3706
陕　西	Shaanxi	99631	43617	18458	101	598	841	2884	19315	48684
甘　肃	Gansu	46446	26264	12942	60	1223		2898	9220	18438
青　海	Qinghai	13246	9694	4267		152	527	1181	2648	8134
宁　夏	Ningxia	13278	8671	3666		1071		533	2628	6483
新　疆	Xinjiang	39187	28547	13000		8348	395	3169	12266	17863

16-2 交通运输业基本情况
Basic Conditions of Transport

指　标	Item	2005	2006	2007	2008	2009
运输线路长度　（万公里）	**Length of Transport Routes　(10 000 km)**					
铁路营业里程	Railways in Operation	7.54	7.71	7.80	7.97	8.55
公路里程	Highways	334.52	345.70	358.37	373.02	386.08
#高速公路	Expressway	4.10	4.53	5.39	6.03	6.51
内河航道里程	Navigable Inland Waterways	12.33	12.34	12.35	12.28	12.37
民航航线里程	Total Civil Aviation Routes	199.85	211.35	234.30	246.18	234.51
管道输油(气)里程	Petroleum and Gas Pipelines	4.40	4.81	5.45	5.83	6.91
客运量总计　（万人）	**Total Passenger Traffic　(10 000 persons)**	**1847018**	**2024158**	**2227761**	**2867892**	**2976898**
铁路	Railways	115583	125656	135670	146193	152451
公路	Highways	1697381	1860487	2050680	2682114	2779081
水运	Waterways	20227	22047	22835	20334	22314
民航	Civil Aviation	13827	15968	18576	19251	23052
旅客周转量总计　（亿人公里）	**Total Passenger-Kilometers(100 million passenger-km)**	**17466.7**	**19197.2**	**21592.6**	**23196.7**	**24834.9**
铁路	Railways	6062.0	6622.1	7216.3	7778.6	7878.9
公路	Highways	9292.1	10130.8	11506.8	12476.1	13511.4
水运	Waterways	67.8	73.6	77.8	59.2	69.4
民航	Civil Aviation	2044.9	2370.7	2791.7	2882.8	3375.2
货运量总计　（万吨）	**Total Freight Traffic　(10 000 tons)**	**1862066**	**2037060**	**2275822**	**2585937**	**2825222**
铁路	Railways	269296	288224	314237	330354	333348
公路	Highways	1341778	1466347	1639432	1916759	2127834
水运	Waterways	219648	248703	281199	294510	318996
民航	Civil Aviation	306.7	349.4	401.8	407.6	445.5
管道	Petroleum and Gas Pipelines	31037	33436	40552	43906	44598
货物周转量　（亿吨公里）	**Total Freight Ton-kilometers　(100 million ton-km)**	**80258**	**88840**	**101419**	**110300**	**122133**
铁路	Railways	20726	21954	23797	25106	25239
公路	Highways	8693	9754	11355	32868	37189
水运	Waterways	49672	55486	64285	50263	57557
民航	Civil Aviation	78.9	94.3	116.4	119.6	126.2
管道	Petroleum and Gas Pipelines	1088	1551	1866	1944	2022
民用汽车拥有量　（万辆）	**Possession of Civil Motor Vehicles　(10 000 units)**	**3159.66**	**3697.35**	**4358.36**	**5099.61**	**6280.61**
#私人汽车	Private Vehicles	1848.07	2333.32	2876.22	3501.39	4574.91
其他机动车拥有量　（万辆）	**Possession of Other Motor Vehicles　(10 000 units)**	**8595.42**	**8797.67**	**9434.03**	**9756.92**	**10489.01**
民用运输船舶拥有量　（艘）	**Possession of Civil Transport Vessels　(unit)**	**207294**	**194360**	**191771**	**184190**	**176932**
机动船	Motor Vessels	165900	157805	157544	152247	149367
驳船	Barges	41394	36555	34227	31943	27565
#私人运输船舶拥有量	Possession of Private Transport Vessels	95838	70292	70017	64552	
机动船	Motor Vessels	83380	62839	62228	57490	
驳船	Barges	12458	7453	7789	7062	
沿海规模以上港口货物吞吐量　（万吨）	**Volume of Freight Handled in Coastal Ports above Designated Size　(10 000 tons)**	**292777**	**342191**	**388200**	**429599**	**475481**

注：1.2004年起内河航道里程为内河航道通航里程数(以下各表同)。
2.2005年起公路里程包括村道(以下各表同)。
3.2008年公路、水路运输量统计口径有调整(以下各表同)。
4.从2009年起，沿海规模以上港口统计范围为年吞吐量1000万吨以上的沿海港口，内河规模以上港口统计范围为年吞吐量200万吨以上的内河港口(以下各表同)。

a) Since 2004, inland waterways refers to navigable inland waterways. The same applies to the tables followings.
b) Length of highways include the village road since 2005.
c) In 2008, data on total passenger traffic and freight traffic of highway and waterways have changed. The same applies to the following tables.
d) Since 2009, statistical coverage above designated size refers to coastal seaport with capacity over 10 million tons yearly and inland port over 2 million tons yearly. The same applies to the tables following.

16-3 各地区运输线路长度（2009年底）
Length of Transport Routes at Year-end by Region (2009)

单位：公里 (km)

地区	Region	铁路营业里程 Length of Railways in Operation	内河航道里程 Length of Navigable Inland Waterways	公路里程 Total Length of Highways	等级公路 Expressway and Class I to IV Highways	#高速 Express way	#一级 First Class	#二级 Second Class	等外公路 Highways Below Class IV
全国	**National Total**	**85517.9**	**123683**	**3860823**	**3056265**	**65055**	**59462**	**300686**	**804558**
北京	Beijing	1169.5		20755	20551	884	914	3106	204
天津	Tianjin	781.5	88	14316	14316	885	737	3184	
河北	Hebei	4880.3		152135	142777	3303	3632	15596	9359
山西	Shanxi	3536.3	467	127330	121310	1965	1529	14124	6020
内蒙古	Inner Mongolia	8074.2	2403	150756	122231	2176	3137	11821	28525
辽宁	Liaoning	4229.3	413	101117	83153	2833	2613	16507	17964
吉林	Jilin	3913.5	1456	88430	77643	1035	1982	8795	10787
黑龙江	Heilongjiang	5756.1	5131	151470	114511	1219	1576	8598	36960
上海	Shanghai	317.7	2226	11671	11671	768	351	2922	
江苏	Jiangsu	1655.6	24224	143803	134192	3755	8469	20775	9611
浙江	Zhejiang	1678.2	9703	106952	102153	3298	4099	8882	4798
安徽	Anhui	2849.9	5596	149184	139424	2810	475	10312	9759
福建	Fujian	2109.7	3245	89504	67512	1961	606	7285	21992
江西	Jiangxi	2712.4	5638	137011	92237	2401	1278	9192	44775
山东	Shandong	3685.7	1012	226693	223992	4285	7551	23925	2701
河南	Henan	3949.2	1267	242314	177235	4861	565	23671	65079
湖北	Hubei	2980.2	8247	197196	168834	3283	1725	16261	28362
湖南	Hunan	3693.0	11495	191405	148180	2226	776	7543	43225
广东	Guangdong	2478.6	11844	184960	160180	4035	10040	18793	24780
广西	Guangxi	3126.0	5433	100491	77154	2395	827	8559	23337
海南	Hainan	387.3	343	20041	14459	660	244	1350	5582
重庆	Chongqing	1317.7	4331	110950	70425	1577	516	7495	40526
四川	Sichuan	3257.9	10720	249168	183108	2240	2186	13099	66060
贵州	Guizhou	1982.7	3442	142561	68046	1189	151	3171	74516
云南	Yunnan	2474.8	2532	206028	138150	2512	628	4973	67878
西藏	Tibet	525.5		53845	26063			952	27782
陕西	Shaanxi	3319.5	1066	144109	128487	2779	781	6814	15622
甘肃	Gansu	2435.4	914	114000	76631	1644	147	5494	37370
青海	Qinghai	1676.9	329	60136	39726	217	209	5201	20410
宁夏	Ningxia	890.0	117	21805	20297	1022	314	2404	1509
新疆	Xinjiang	3673.4		150683	91618	838	1405	9882	59066

16-4 运输线路长度
Length of Transportation Routes

单位：万公里 (10 000 km)

年份 Year	铁路营业里程 Length of Railways in Operation	#国家铁路电气化里程 National Electrified Railways	公路里程 Length of Highways	#高速公路 Expressway	内河航道里程 Length of Navigable Inland Waterways	民航航线里程 Length of Civil Aviation Routes	#国际航线 International Routes	管道输油(气)里程 Length of Petroleum and Gas Pipelines
1978	5.17	0.10	89.02		13.60	14.89	5.53	0.83
1980	5.33	0.17	88.83		10.85	19.53	8.12	0.87
1981	5.39	0.17	89.75		10.87	21.83	8.28	0.97
1982	5.33	0.18	90.70		10.86	23.27	9.99	1.04
1983	5.46	0.23	91.51		10.89	22.91	9.99	1.08
1984	5.48	0.30	92.67		10.93	26.02	10.74	1.10
1985	5.52	0.41	94.24		10.91	27.72	10.60	1.17
1986	5.58	0.44	96.28		10.94	32.43	10.76	1.30
1987	5.60	0.46	98.22		10.98	38.91	14.89	1.38
1988	5.62	0.57	99.96	0.01	10.94	37.38	12.83	1.43
1989	5.70	0.64	101.43	0.03	10.90	47.19	16.64	1.51
1990	5.79	0.69	102.83	0.05	10.92	50.68	16.64	1.59
1991	5.78	0.78	104.11	0.06	10.97	55.91	17.74	1.62
1992	5.81	0.84	105.67	0.07	10.97	83.66	30.30	1.59
1993	5.86	0.89	108.35	0.11	11.02	96.08	27.87	1.64
1994	5.90	0.90	111.78	0.16	11.02	104.56	35.19	1.68
1995	6.24	0.97	115.70	0.21	11.06	112.90	34.82	1.72
1996	6.49	1.01	118.58	0.34	11.08	116.65	38.63	1.93
1997	6.60	1.20	122.64	0.48	10.98	142.50	50.44	2.04
1998	6.64	1.30	127.85	0.87	11.03	150.58	50.44	2.31
1999	6.74	1.40	135.17	1.16	11.65	152.22	52.33	2.49
2000	6.87	1.49	140.27	1.63	11.93	150.29	50.84	2.47
2001	7.01	1.69	169.80	1.94	12.15	155.36	51.69	2.76
2002	7.19	1.74	176.52	2.51	12.16	163.77	57.45	2.98
2003	7.30	1.81	180.98	2.97	12.40	174.95	71.53	3.26
2004	7.44	1.86	187.07	3.43	12.33	204.94	89.42	3.82
2005	7.54	1.94	334.52	4.10	12.33	199.85	85.59	4.40
2006	7.71	2.34	345.70	4.53	12.34	211.35	96.62	4.81
2007	7.80	2.40	358.37	5.39	12.35	234.30	104.74	5.45
2008	7.97	2.50	373.02	6.03	12.28	246.18	112.02	5.83
2009	8.55	3.02	386.08	6.51	12.37	234.51	91.99	6.91

16-5 运输线路质量
Quality of Transport Routes

指标	Item	1990	1995	2000	2008	2009
国家铁路营业里程 (公里)	**Length of National Railways in Operation (km)**	**53378**	**54616**	**58656**	**63975**	**65491**
#复线里程 (公里)	Double-Tracking Length (km)	13024	16909	21408	26599	28682
复线里程比重 (%)	Proportion (%)	24.4	31.0	36.5	41.6	43.8
#自动闭塞里程 (公里)	Automatic Blocking Length (km)	10370	12910	18318	28100	31619
公路里程 (公里)	**Length of Highways (km)**	**1028348**	**1157009**	**1402698**	**3730164**	**3860823**
#等级公路里程 (公里)	Expressway and Class I to IV Highways (km)	741040	910754	1216013	2778521	3056265
等级公路里程比重 (%)	Proportion (%)	72.1	78.7	86.7	74.5	79.2
内河航道里程 (公里)	**Length of Navigable Inland Waterways (km)**	**109192**	**110562**	**119325**	**122763**	**123683**
#等级航道里程 (公里)	Standard Waterways (km)		56587	61367	61093	61546
等级航道里程比重 (%)	Proportion (%)		51.2	51.4	49.8	49.8

16-6 客 运 量
Passenger Traffic

单位：万人 (10 000 persons)

年 份 Year	客运量总计 Total	铁 路 Railways	国 家 National Railways	地 方 Local Railways	合 资 Joint-venture Railways	公 路 Highways	水 运 Waterways	民 航 Civil Aviation
1978	253993	81491	80729	762		149229	23042	231
1980	341785	92204	91246	958		222799	26439	343
1985	620206	112110	110913	1197		476486	30863	747
1990	772682	95712	94888	824		648085	27225	1660
1991	806048	95080	94208	872		682681	26109	2178
1992	860855	99693	98788	905		731774	26502	2886
1993	996634	105458	104580	878		860719	27074	3383
1994	1092882	108738	108009	729		953940	26165	4039
1995	1172596	102745	102081	664		1040810	23924	5117
1996	1245357	94797	93551	612	634	1122110	22895	5555
1997	1326094	93308	91919	659	730	1204583	22573	5630
1998	1378717	95085	92991	629	1465	1257332	20545	5755
1999	1394413	100164	97725	528	1911	1269004	19151	6094
2000	1478573	105073	101847	519	2707	1347392	19386	6722
2001	1534122	105155	101680	558	2917	1402798	18645	7524
2002	1608150	105606	101741	516	3349	1475257	18693	8594
2003	1587497	97260	93634	412	3214	1464335	17142	8759
2004	1767453	111764	107346	378	4040	1624526	19040	12123
2005	1847018	115583	110651	319	4613	1697381	20227	13827
2006	2024158	125656	119728	423	5505	1860487	22047	15968
2007	2227761	135670	128712	451	6507	2050680	22835	18576
2008	2867892	146193	144452	474	1267	2682114	20334	19251
2009	2976898	152451	150798	419	1234	2779081	22314	23052

注：从2008年起，国家铁路和合资铁路客货运输量及周转量统计口径有调整，其中国家铁路包括了国家控股合资部分，合资铁路仅指非控股合资（以下各表同）。

a) Since 2008, statistical coverage of passenger traffic and freight traffic and passenger-kilometers and freight tons-kilometers of national railways and joint-venture railways has been adjusted, which national railways include those of state-holding joint-venture railways, and joint-venture railways only refer to non-state-holding joint-venture railways. The same applies to the tables followings.

16-7 旅 客 周 转 量
Passenger-Kilometers

单位：亿人公里 (100 million passenger-km)

年 份 Year	旅客周转量总计 Total	铁 路 Railways	国 家 National Railways	地 方 Local Railways	合 资 Joint-venture Railways	公 路 Highways	水 运 Waterways	民 航 Civil Aviation
1978	1743.1	1093.2	1090.8	2.4		521.3	100.6	27.9
1980	2281.3	1383.2	1380.4	2.8		729.5	129.1	39.6
1985	4436.4	2416.1	2412.5	3.6		1724.9	178.7	116.7
1990	5628.4	2612.6	2610.1	2.5		2620.3	164.9	230.5
1991	6178.3	2828.1	2824.8	3.2		2871.7	177.2	301.3
1992	6949.4	3152.2	3148.3	4.0		3192.6	198.4	406.1
1993	7858.0	3483.3	3479.4	3.9		3700.7	196.4	477.6
1994	8591.4	3636.0	3632.8	3.2		4220.3	183.5	551.6
1995	9001.9	3545.7	3542.6	3.1		4603.1	171.8	681.3
1996	9164.8	3347.6	3322.0	3.4	22.2	4908.8	160.6	747.8
1997	10055.5	3584.9	3543.5	4.7	36.6	5541.4	155.7	773.5
1998	10636.7	3773.4	3691.0	5.0	77.4	5942.8	120.3	800.2
1999	11299.7	4135.9	4046.3	4.4	85.3	6199.2	107.3	857.3
2000	12261.1	4532.6	4414.7	4.6	113.3	6657.4	100.5	970.5
2001	13155.1	4766.8	4636.6	5.2	125.1	7207.1	89.9	1091.4
2002	14125.6	4969.4	4803.1	5.3	161.1	7805.8	81.8	1268.7
2003	13810.5	4788.6	4622.8	4.0	161.8	7695.6	63.1	1263.2
2004	16309.1	5712.2	5512.0	4.0	196.2	8748.4	66.3	1782.3
2005	17466.7	6062.0	5833.2	3.5	225.2	9292.1	67.8	2044.9
2006	19197.2	6622.1	6353.3	4.7	264.2	10130.8	73.6	2370.7
2007	21592.6	7216.3	6896.2	5.3	314.8	11506.8	77.8	2791.7
2008	23196.7	7778.6	7739.1	5.9	33.6	12476.1	59.2	2882.8
2009	24834.9	7878.9	7840.1	5.6	33.2	13511.4	69.4	3375.2

16-8 货 运 量
Freight Traffic

单位：万吨 (10 000 tons)

年份 Year	货运量总计 Total	铁路 Railways	国家 National Railways	地方 Local Railways	合资 Joint-venture Railways	公路 Highways	水运 Waterways	#远洋 Ocean	民航 Civil Aviation	管道 Petroleum and Gas Pipelines
1978	248946	110119	107492	2627		85182	43292	3659	6.4	10347
1980	546537	111279	108584	2695		382048	42676	4292	8.9	10525
1985	745763	130709	127516	3193		538062	63322	6627	19.5	13650
1990	970602	150681	146209	4472		724040	80094	9408	37.0	15750
1991	985793	152893	147898	4995		733907	83370	10567	45.2	15578
1992	1045899	157627	152317	5310		780941	92490	11191	57.5	14783
1993	1115902	162794	156791	6003		840256	97938	12508	69.4	14845
1994	1180396	163216	157278	5938		894914	107091	13421	82.9	15092
1995	1234938	165982	159473	6509		940387	113194	15251	101.1	15274
1996	1298421	171024	161787	7125	2112	983860	127430	14213	115.0	15992
1997	1278218	172149	162010	7854	2285	976536	113406	20287	124.7	16002
1998	1267427	164309	153435	8035	2839	976004	109555	18892	140.1	17419
1999	1293008	167554	157239	7296	3019	990444	114608	22621	170.4	20232
2000	1358682	178581	166056	8369	4156	1038813	122391	22949	196.7	18700
2001	1401786	193189	179201	9542	4446	1056312	132675	27573	171.0	19439
2002	1483447	204956	187578	11241	6137	1116324	141832	29896	202.1	20133
2003	1564492	224248	199814	13064	11370	1159957	158070	34002	219.0	21998
2004	1706412	249017	217816	14924	16277	1244990	187394	39469	276.7	24734
2005	1862066	269296	231839	17802	19655	1341778	219648	48549	306.7	31037
2006	2037060	288224	245476	19593	23154	1466347	248703	54413	349.4	33436
2007	2275822	314237	262400	24390	27447	1639432	281199	58903	401.8	40552
2008	2585937	330354	275243	27128	27983	1916759	294510	42352	407.6	43906
2009	2825222	333348	277572	23873	31903	2127834	318996	51733	445.5	44598

注：1.从1979年起，公路运输包括社会车辆完成数量，从1984年起，还包括私营运输完成的数量(下表同)，从2008年起公路运输量统计原则上为营运车辆。水路运输量统计范围为在交通运输主管部门审批、备案、从事营业性旅客和货物运输生产的船舶。
2.1993年起铁路货物运输增加行包运量(下表同)。

a) Since 1979, freight traffic by highways has included the quantities transported by trucks of non-highway departments. Since 1984, it has also included the quantities transported by private trucks. The same applies to the tables following. Since 2008, freight traffic by highways referred to the vehicles under operation. Statistical coverage of freight traffic by waterways is vessels engaged in passengers and goods transport for business purpose, and approved, registered by the department of transportation.

b) The indicator of railways freight has increased the freight of package since 1993. The same applies to the tables following.

16-9 货 物 周 转 量
Freight Ton-Kilometers

单位：亿吨公里 (100 million ton-km)

年份 Year	货物周转量总计 Total	铁路 Railways	国家 National Railways	地方 Local Railways	合资 Joint-venture Railways	公路 Highways	水运 Waterways	#远洋 Ocean	民航 Civil Aviation	管道 Petroleum and Gas Pipelines
1978	9829	5345.2	5333.5	11.7		274.1	3779.2	2487	0.97	430
1980	12027	5717.5	5707.3	10.2		764.0	5052.8	3532	1.41	491
1985	18365	8125.7	8111.6	14.1		1903.2	7729.3	5329	4.15	603
1990	26208	10622.4	10601.2	21.2		3358.1	11591.9	8141	8.18	627
1991	27987	10972.0	10948.1	23.9		3428.0	12955.5	8990	10.10	621
1992	29218	11575.6	11548.5	27.0		3755.4	13256.2	9034	13.42	617
1993	30647	12090.9	12059.7	31.2		4070.5	13860.8	9134	16.61	608
1994	33435	12632.0	12600.6	31.4		4486.3	15686.6	10268	18.58	612
1995	35909	13049.5	13015.2	34.2		4694.9	17552.2	11938	22.30	590
1996	36590	13106.2	12935.0	48.6	122.5	5011.2	17862.5	11254	24.93	585
1997	38385	13269.9	13063.0	50.7	156.2	5271.5	19235.0	14875	29.10	579
1998	38089	12560.1	12304.5	50.7	204.8	5483.4	19405.8	14920	33.45	606
1999	40568	12910.3	12649.8	37.6	222.9	5724.3	21263.0	17014	42.34	628
2000	44321	13770.5	13444.0	43.6	282.9	6129.4	23734.2	17073	50.27	636
2001	47710	14694.1	14368.8	55.4	270.0	6330.4	25988.9	20873	43.72	653
2002	50686	15658.4	15219.1	62.8	376.5	6782.5	27510.6	21733	51.55	683
2003	53859	17246.7	16475.6	69.0	702.1	7099.5	28715.8	22305	57.90	739
2004	69445	19288.8	18285.5	89.1	914.2	7840.9	41428.7	32255	71.80	815
2005	80258	20726.0	19533.4	99.2	1093.5	8693.2	49672.3	38552	78.90	1088
2006	88840	21954.4	20557.2	105.7	1291.6	9754.2	55485.7	42577	94.28	1551
2007	101419	23797.0	22112.5	132.7	1551.8	11354.7	64284.8	48686	116.39	1866
2008	110300	25106.3	23648.9	150.9	1306.5	32868.2	50262.7	32851	119.60	1944
2009	122133	25239.2	23649.9	126.6	1462.7	37188.8	57556.7	39524	126.23	2022

16-10 旅客运输平均运距
Average Transport Distance of Passengers

单位：公里 (km)

年份 Year	总计 Total	铁路 Railways	公路 Highways	水运 Waterways	民航 Civil Aviation
1978	69	134	35	44	1208
1980	67	150	33	49	1153
1985	72	216	36	58	1563
1990	73	273	40	61	1388
1991	77	297	42	68	1383
1992	81	316	44	75	1407
1993	79	330	43	73	1412
1994	79	334	44	70	1366
1995	77	345	44	72	1331
1996	74	353	44	70	1346
1997	76	384	46	69	1374
1998	77	397	47	59	1391
1999	81	413	49	56	1407
2000	83	431	49	52	1444
2001	86	453	51	48	1450
2002	88	471	53	44	1476
2003	87	492	53	37	1442
2004	92	511	54	35	1470
2005	95	524	55	34	1479
2006	95	527	54	33	1485
2007	97	532	56	34	1503
2008	81	532	47	29	1497
2009	83	517	49	31	1464

16-11 货物运输平均运距
Average Transport Distance of Freight

单位：公里 (km)

年份 Year	总计 Total	铁路 Railways	公路 Highways	水运 Waterways	民航 Civil Aviation	管道 Petroleum and Gas Pipelines
1978	395	485	32	873	1516	416
1980	220	514	20	1184	1580	467
1985	246	622	35	1221	2129	442
1990	270	705	46	1447	2211	398
1991	284	718	47	1554	2234	399
1992	279	734	48	1433	2335	417
1993	275	743	48	1415	2394	410
1994	283	774	50	1465	2241	406
1995	291	786	50	1551	2206	386
1996	282	766	51	1402	2168	366
1997	300	771	54	1696	2334	362
1998	301	764	56	1771	2388	348
1999	314	771	58	1855	2485	310
2000	326	771	59	1939	2555	340
2001	340	761	60	1959	2556	336
2002	342	764	61	1940	2551	339
2003	344	769	61	1817	2643	336
2004	407	775	63	2211	2595	329
2005	431	770	65	2261	2572	350
2006	436	762	67	2231	2698	464
2007	446	757	69	2286	2896	460
2008	427	760	171	1707	2934	443
2009	432	757	175	1804	2833	453

16-12 各地区客运量（2009年）
Passenger Traffic by Region (2009)

单位：万人　　　　(10 000 persons)

地区	Region	合计 Total	铁路 Railways	国家铁路 National Railways	地方铁路 Local Railways	合资 Joint-venture Railways	公路 Highways	水运 Waterways
全国	**National Total**	**2976898**	**152451**	**150798**	**419**	**1234**	**2779081**	**22314**
北京	Beijing	129534	8161	8161			121373	
天津	Tianjin	23337	2232	2232			21090	15
河北	Hebei	77773	7194	7194			70579	
山西	Shanxi	36474	5320	5320		1	31122	32
内蒙古	Inner Mongolia	22077	4079	4003		76	17998	
辽宁	Liaoning	95505	13377	13350	26		81585	543
吉林	Jilin	58580	5687	5687			52723	170
黑龙江	Heilongjiang	43365	10133	9980	153		32947	285
上海	Shanghai	9571	5161	5161			2995	1415
江苏	Jiangsu	200713	9167	9167			191001	545
浙江	Zhejiang	199068	7024	6391		633	188364	3680
安徽	Anhui	141229	5131	5131			135984	114
福建	Fujian	75009	2083	2083			71586	1340
江西	Jiangxi	70496	5470	5470			64770	256
山东	Shandong	234564	6136	5908	228		226134	2294
河南	Henan	144203	7718	7706	12		136279	206
湖北	Hubei	94334	5260	5156		104	88703	371
湖南	Hunan	140572	6466	6466			133359	747
广东	Guangdong	418938	10361	10015		346	406704	1873
广西	Guangxi	68593	2886	2814		72	65405	302
海南	Hainan	40735	68	68			39461	1206
重庆	Chongqing	113981	2605	2605			110150	1226
四川	Sichuan	220020	5903	5903			211288	2829
贵州	Guizhou	64918	3204	3204			59981	1733
云南	Yunnan	35556	2123	2123	1		32775	658
西藏	Tibet	7844	85	85			7759	
陕西	Shaanxi	84303	5008	5005		2	79033	262
甘肃	Gansu	49968	2121	2121			47755	92
青海	Qinghai	10071	430	430			9603	38
宁夏	Ningxia	12629	513	513			12034	82
新疆	Xinjiang	29886	1345	1345			28541	
不分地区	Not Classified by Region	23052						

注：不分地区合计数为民航完成数。

a) The total passenger traffic not classified by region refers to that completed by civil aviation.

16-13 各地区旅客周转量（2009年）
Passenger-kilometers by Region (2009)

单位：亿人公里 (100 million passenger-km)

地 区	Region	合 计 Total	铁 路 Railways	国家铁路 National Railways	地方铁路 Local Railways	合 资 Joint-venture Railways	公 路 Highways	水 运 Waterways
全 国	**National Total**	**24834.9**	**7878.9**	**7840.1**	**5.6**	**33.2**	**13511.4**	**69.4**
北 京	Beijing	361.3	93.5	93.5			267.7	
天 津	Tianjin	250.2	123.1	123.1			126.9	0.2
河 北	Hebei	1043.3	672.4	672.4			370.9	
山 西	Shanxi	352.1	141.8	141.8			210.3	
内蒙古	Inner Mongolia	360.0	161.6	160.8		0.8	198.4	
辽 宁	Liaoning	840.7	483.6	483.5	0.1		350.1	7.0
吉 林	Jilin	426.6	197.7	197.7			228.6	0.3
黑龙江	Heilongjiang	466.3	239.1	236.3	2.7		226.9	0.3
上 海	Shanghai	157.0	51.1	51.1			99.6	6.3
江 苏	Jiangsu	1370.8	311.5	311.5			1058.0	1.3
浙 江	Zhejiang	1103.2	291.3	268.1		23.2	804.5	7.4
安 徽	Anhui	1302.6	411.2	411.2			891.2	0.2
福 建	Fujian	465.7	103.6	103.6			360.3	1.8
江 西	Jiangxi	790.1	510.5	510.5			279.2	0.4
山 东	Shandong	1601.3	394.1	391.3	2.7		1197.2	10.0
河 南	Henan	1615.1	699.8	699.7	0.1		914.8	0.5
湖 北	Hubei	938.9	374.1	369.0		5.1	562.3	2.5
湖 南	Hunan	1233.4	631.3	631.3			601.1	1.0
广 东	Guangdong	1886.8	409.7	407.7		2.0	1470.1	7.1
广 西	Guangxi	787.3	167.3	165.2		2.1	618.3	1.7
海 南	Hainan	139.3	1.8	1.8			135.1	2.4
重 庆	Chongqing	410.1	98.4	98.4			301.3	10.4
四 川	Sichuan	1004.7	231.1	231.1			771.3	2.2
贵 州	Guizhou	406.6	162.4	162.4			240.1	4.1
云 南	Yunnan	376.1	72.4	72.4			302.2	1.6
西 藏	Tibet	30.0	8.3	8.3			21.7	
陕 西	Shaanxi	680.6	342.6	342.5			337.7	0.4
甘 肃	Gansu	495.9	289.1	289.1			206.6	0.2
青 海	Qinghai	85.5	39.9	39.9			45.6	0.1
宁 夏	Ningxia	91.8	30.7	30.7			61.0	
新 疆	Xinjiang	386.7	134.1	134.1			252.5	
不分地区	Not Classified by Region	3375.2						

注：不分地区合计数为民航完成数。
a) The total passenger-kilometers not classified by region refers to that completed by civil aviation.

16-14 各地区货运量(2009年)
Freight Traffic by Region (2009)

单位：万吨 (10 000 tons)

地区	Region	合计 Total	铁路 Railways	国家铁路 National Railways	地方铁路 Local Railways	合资 Joint-venture Railways	公路 Highways	水运 Waterways
全国	**National Total**	**2825222**	**333348**	**277572**	**23873**	**31903**	**2127834**	**318996**
北京	Beijing	20470	1717	1635	82		18753	
天津	Tianjin	42324	11263	4142	7121		19800	11261
河北	Hebei	123065	15483	14118	1337	28	106530	1052
山西	Shanxi	109534	54743	52928	402	1413	54786	5
内蒙古	Inner Mongolia	113916	43084	30009	3390	9685	70832	
辽宁	Liaoning	135055	20316	18262	2054		105088	9651
吉林	Jilin	34771	7478	7164	314		27032	261
黑龙江	Heilongjiang	54208	16744	16012	732		36486	978
上海	Shanghai	76669	941	941			37745	37983
江苏	Jiangsu	152581	6563	6137	426		104002	42016
浙江	Zhejiang	151566	3762	3355	55	352	95802	52002
安徽	Anhui	196654	11308	11287	20		157991	27355
福建	Fujian	58163	3574	3574			40317	14272
江西	Jiangxi	86057	5570	5224	347		75200	5287
山东	Shandong	284086	19219	16662	2557		251587	13280
河南	Henan	169942	14160	13073	865	222	151343	4439
湖北	Hubei	78984	6116	5582	442	91	59563	13305
湖南	Hunan	128921	5736	5428	308		111351	11834
广东	Guangdong	169653	7597	6654	501	441	125433	36623
广西	Guangxi	94466	8962	5958	108	2895	75766	9738
海南	Hainan	18393	621	621			10839	6933
重庆	Chongqing	68566	2263	2182	82		58532	7771
四川	Sichuan	118253	7659	7085	574		106472	4122
贵州	Guizhou	34803	6956	6956			27031	816
云南	Yunnan	46039	4929	4676	252		40765	345
西藏	Tibet	943	23	23			920	
陕西	Shaanxi	92557	24421	7656		16765	67963	173
甘肃	Gansu	26605	5763	5763			20812	30
青海	Qinghai	9874	2701	2701			7173	
宁夏	Ningxia	29242	5979	4075	1903		23263	
新疆	Xinjiang	45046	6389	6389			38657	
不分地区	Not Classified by Region	53815	1307	1296		10		7464

注：不分地区合计数中包括铁路行包运量、民航、管道及中国远洋运输集团总公司海外公司完成数。

a) The freight ton-kilometers not classified by region refers to railway baggage freight, civil aviation, pipelines and that completed by companies abroad under the China Ocean Shipping (Group) Company.

16-15 各地区货物周转量（2009年）
Freight Ton-kilometers by Region (2009)

单位：亿吨公里 (100 million ton-km)

地 区	Region	合 计 Total	铁 路 Railways				公 路 Highways	水 运 Waterways
				国家铁路 National Railways	地方铁路 Local Railways	合 资 Joint-venture Railways		
全 国	**National Total**	**122133.3**	**25239.2**	**23649.9**	**126.6**	**1462.7**	**37188.8**	**57556.7**
北 京	Beijing	731.6	643.7	643.6	0.1		87.9	
天 津	Tianjin	9606.6	458.1	413.3	29.9	14.9	205.9	8942.5
河 北	Hebei	6405.2	3182.8	2650.2	7.4	525.2	2998.5	223.8
山 西	Shanxi	2390.4	1484.1	1178.8	1.1	304.2	906.4	
内蒙古	Inner Mongolia	4116.9	2231.7	1840.2	21.0	370.5	1885.3	
辽 宁	Liaoning	7753.9	1306.6	1303.2	3.4		1550.5	4896.8
吉 林	Jilin	1167.3	569.7	567.9	1.8		596.2	1.4
黑龙江	Heilongjiang	1644.7	980.7	972.5	8.2		657.1	6.8
上 海	Shanghai	14372.6	25.1	25.1			229.6	14117.8
江 苏	Jiangsu	4675.3	332.1	331.6	0.5		971.1	3372.1
浙 江	Zhejiang	5659.9	323.4	305.7	0.1	17.6	1188.7	4147.8
安 徽	Anhui	6321.7	989.8	989.7			4237.2	1094.8
福 建	Fujian	2471.3	178.3	178.3			507.2	1785.9
江 西	Jiangxi	2334.2	659.1	657.8	1.3		1536.5	138.6
山 东	Shandong	11022.2	1407.9	1389.8	18.1		6045.0	3569.3
河 南	Henan	6154.0	1963.8	1954.7	8.0	1.2	3927.1	263.1
湖 北	Hubei	2566.4	791.1	781.4	1.9	7.8	930.1	845.2
湖 南	Hunan	2513.3	998.6	997.8	0.8		1259.7	255.0
广 东	Guangdong	4769.7	313.4	308.9	2.6	1.8	1518.4	2937.9
广 西	Guangxi	2337.2	796.8	733.8	0.5	62.5	934.7	605.7
海 南	Hainan	792.5	7.3	7.3			79.4	705.9
重 庆	Chongqing	1650.5	178.8	178.5	0.3		503.3	968.4
四 川	Sichuan	1590.5	682.5	679.8	2.7		851.3	56.7
贵 州	Guizhou	926.0	673.1	673.1			241.6	11.4
云 南	Yunnan	867.6	366.1	364.5	1.6		496.1	5.4
西 藏	Tibet	35.3	9.9	9.9			25.4	
陕 西	Shaanxi	2218.6	1185.4	1028.6		156.7	1032.4	0.8
甘 肃	Gansu	1619.5	1129.8	1129.8			489.7	
青 海	Qinghai	364.2	165.5	165.5			198.7	
宁 夏	Ningxia	750.4	253.4	238.3	15.1		497.0	
新 疆	Xinjiang	1255.9	655.0	655.0			600.9	
不分地区	Not Classified by Region	11048.0	295.7	295.4		0.3		8603.6

注：不分地区合计数中包括铁路行包运量、民航、管道及中国远洋运输集团总公司海外公司完成数。

a) The freight ton-kilometers not classified by region refers to railway baggage freight, civil aviation, pipelines and that completed by companies abroad under the China Ocean Shipping (Group) Company.

16-16 国家营业铁路基本情况
Basic Statistics on National Railways in Operation

项目	Item	1985	1990	1995	2000	2005	2008	2009
营业里程 （公里）	**Length of Railways in Operation (km)**	**52119**	**53378**	**54616**	**58656**	**62200**	**63975**	**65491**
正式营业	In Formal Operation	49433	50310	50866	51262	57589	60139	63789
临时营业	In Temporary Operation	2686	3068	3750	7394	4611	3836	1702
正式营业里程比重 (%)	Proportion of the Length in Formal Operation	94.8	94.3	93.1	87.4	92.6	94.0	97.4
复线里程 （公里）	**Double-Tracking Length (km)**	**9989**	**13024**	**16909**	**21408**	**24497**	**26599**	**28682**
占营业里程比重 (%)	As Percentage of the Length of Railways in Operation	19.2	24.4	31.0	36.5	39.4	41.6	43.8
电气化铁路里程（公里）	**Length of Electrified Railways (km)**	**4151**	**6941**	**9703**	**14864**	**19408**	**25007**	**30243**
占营业里程比重 (%)	As Percentage of Railways in Operation	8.0	13.0	17.8	25.3	31.2	39.1	46.2
内燃牵引里程 （公里）	**Length of Diesel Engine Routes (km)**	**10822**	**16097**	**24749**	**39497**	**42792**	**38968**	**35249**
占营业里程比重 (%)	As Percentage of Railways in Operation	20.8	30.2	45.3	67.3	68.8	60.9	53.8
调度集中里程 （公里）	**Length under Centralized Traffic Control (km)**	**1307**	**1169**	**1226**	**1200**	**1828**	**5541**	**11588**
自动闭塞里程 （公里）	**Automatic Blocking Length (km)**	**6921**	**10370**	**12910**	**18318**	**24149**	**28100**	**31619**
半自动闭塞里程（公里）	**Semi-automatic Blocking Length (km)**	**42625**	**38832**	**40859**	**41695**	**39390**	**37337**	**38615**
无缝线路里程 （公里）	**Length of Continuous Welded Rail (km)**	**10439**	**14644**	**21854**	**29975**	**47965**	**62159**	**68167**
继电集中车站 （个）	**Relay Interlocking Station (unit)**						**3849**	**3449**
占营业车站比重 (%)	As Percentage of Stations in Operation						63.8	56.7
计算机联锁车站 （个）	**Computer Interlocking Station (unit)**						**1888**	**2356**
占营业车站比重 (%)	As Percentage of Stations in Operation						31.3	38.7

16-17 铁路机车拥有量
Number of Railway Locomotives

单位：台 (unit)

项目	Item	1985	1990	1995	2000	2005	2008	2009
国家铁路	**Number of Locomotives Owned by National Railways**	**11770**	**13592**	**15146**	**14472**	**16547**	**17336**	**17825**
蒸汽机车	Steam Locomotives	7672	6279	4347	601	94	89	83
#前进型	Qianjin Model	4429	4188	2985	261	24	22	18
建设型	Jianshe Model	1216	1644	1329	340	70	67	65
内燃机车	Diesel Locomotives	3511	5680	8282	10355	11331	11041	10844
#东风4型	Dongfeng Model IV	955	2351	4362	5623	6443	6148	5857
电力机车	Electric Locomotives	587	1633	2517	3516	5122	6206	6898
#韶山1型	Shaoshan Model I	506	816	814	800	664	639	613
地方铁路	**Number of Locomotives Owned by Local Railways**	**386**	**389**	**408**	**327**	**348**	**346**	**271**
蒸汽机车	Steam Locomotives	246	262	279	159	59	20	15
内燃机车	Diesel Locomotives	140	127	129	168	289	319	249
电力机车	Electric Locomotives						7	7
合资铁路	**Number of Locomotives Owned by Joint-venture Railways**				**454**	**578**	**755**	**826**
蒸汽机车	Steam Locomotives				151	40	9	9
内燃机车	Diesel Locomotives				303	494	661	712
电力机车	Electric Locomotives					44	85	105

16-18 国家铁路客、货车拥有量
Number of National Railway Passenger Coaches and Freight Cars Owned

项 目	Item	1985	1990	1995	2000	2005	2008	2009
客 车 （辆）	**Passenger Coaches (coach)**	**20872**	**27261**	**32404**	**35989**	**40328**	**43215**	**47436**
软卧车	Soft Berth Coaches	679	1061	1537	2055	3109	3472	3976
硬卧车	Hard Berth Coaches	2633	4351	7607	10139	12942	13975	15249
软座车	Soft Seat Coaches	260	330	574	764	759	2113	2603
硬座车	Hard Seat Coaches	13700	17503	18076	17571	16900	16641	17938
软硬座车	Soft and Hard Seat Coaches	114	63	35	25	2		
餐 车	Dining Cars	1221	1520	1695	1847	2108	2185	2391
行李车	Luggage Cars	1498	1686	1949	2144	2480	2207	2448
公务车	Business Cars	87	77	87	69	78	77	87
其 他	Others	680	670	844	1375	1950	2545	2744
货 车 （辆）	**Freight Cars (coach)**	**300886**	**364966**	**432731**	**439943**	**541824**	**584961**	**594388**
按车型分	Grouped by Type of Car							
棚 车	Covered Cars	52677	66668	80437	92569	99206	103449	103850
敞 车	Open Cars	185684	232999	268179	252977	343480	379050	388118
平 车	Flat Cars	18753	18726	27461	24685	30290	37665	38766
毒品车	Hazardous Materials Cars		1229	1580	1578	2056	2056	2056
罐 车	Tank Cars	31837	33646	37119	37778	38331	33593	32346
冷藏车	Refrigerator Cars	3991	5150	7030	7909	7419	6588	6587
其 他	Others	7944	6548	10925	22447	21042	22560	22665
按载重量分	Grouped by Capacity of Car							
40吨以下及不明	Under 40 Tons and Unidentified	20234	6071	3547	4159	4892	5878	
40吨	40 Tons	4577	5119	6929	3606	3590	3115	
41-49吨	41-49 Tons					7589	7243	
50吨	50 Tons	104456	92442	48287	15799	3512	3728	
51-59吨	51-59 Tons	16544	15500	27951		52565	48246	47121
60吨	60 Tons	153198	238680	342086	307521	265154	219422	205182
61-69吨	61-69 Tons	1571	6825	3546	103431	195911	198340	196778
70吨及以上	70 Tons and Over	306	329	385	5427	8611	98989	125765
货车总标记载重量（万吨）	**Total Loading Capacity of Freight Cars (10 000 tons)**	**1612.5**	**2055.3**	**2502.9**	**2619.9**	**3294.5**	**3645.4**	**3729.7**
平均每辆车标记载重量（吨）	**Average Marked Loading Capacity per Car (ton)**	**53.9**	**56.6**	**57.9**	**59.6**	**60.8**	**62.3**	**62.7**

注：货车按载重量分，2009年50吨及以下为19542辆。

a) Of freight cars grouped by loading capacity, the number of freight cars with loading capacity of 50 tons and below are 19542 in 2009.

16-19 按货类分国家铁路货物运输量
National Railway Freight Traffic by Category of Cargo

项目	Item	2008 货运量(万吨) Freight Traffic (10 000 tons)	2008 货物周转量(百万吨公里) Freight Ton-kilometers (million ton-kilometers)	2008 平均运距(公里) Average Transport Distance (km)	2009 货运量(万吨) Freight Traffic (10 000 tons)	2009 货物周转量(百万吨公里) Freight Ton-kilometers (million ton-kilometers)	2009 平均运距(公里) Average Transport Distance (km)
总计	**Total**	**273932**	**2336032**	**853**	**276276**	**2335450**	**845**
煤	Coal	134325	836028	622	132720	847819	639
焦炭	Coke	8775	86009	980	8549	83952	982
石油	Petroleum	12671	116236	917	12531	119234	952
钢铁及有色金属	Steel and Iron, and Non-Ferrous Metal	20716	237386	1146	21527	237412	1103
金属矿石	Metal Ores	29796	193092	648	35680	232484	652
非金属矿石	Nonmetal Ores	9054	65911	728	7868	53525	680
矿建材料	Mineral Building Materials	9518	43623	458	10745	43255	403
水泥	Cement	3549	15836	446	3740	19254	515
木材	Timber	2935	41354	1409	2476	35268	1425
化肥和农药	Chemical Fertilizers and Pesticides	7811	114795	1470	8029	117247	1460
粮食	Grain	11470	199415	1739	9925	173597	1749
棉花	Cotton	388	14981	3859	443	17127	3869
盐	Salt	1413	11215	794	1318	9653	732
其他	Others	21511	360151	1674	20725	345624	1668

注：本表货运量和货物周转量不包括行包运量。
a) Freight traffic and freight ton-kilometers in the table do not include the baggage freight.

16-20 铁路主要干线客货运输量（2009年）
Passenger and Freight Traffic of Principal Trunk Railways (2009)

线路名称	Name	客运量（万人）Passenger Traffic (10 000 persons)	旅客周转量（百万人公里）Passenger-kilometers (million passenger-km)	线路名称	Name	货运量（万吨）Freight Traffic (10 000 tons)	货物周转量（百万吨公里）Freight Ton-kilometers (million ton-km)
京沪线	Beijing-Shanghai	14307	76423	京哈线	Beijing-Harbin	1374	54956
新石线	Xinjiang-Rizhao	608	2149	京广线	Beijing-Guangzhou	6362	125268
沪昆线	Shanghai-Kunming	8353	76634	京沪线	Beijing-Shanghai	5317	78615
鹰厦线	Yingtan-Xiamen	780	6213	京九线	Beijing-Kowloon	3687	107469
京九线	Beijing-Kowloon	6967	60057	京包线	Bingjing-Baotou	5975	73657
京广线	Beijing-Guangzhou	14608	124773	滨洲线	Harbin-Manzhouli	4580	44493
石太线	Shijiazhuang-Taiyuan	461	870	滨绥线	Harbin-Suifenhe	1419	18741
石德线	Shijiazhuang-Dezhou	715	3188	大秦线	Datong-Qinhuangdao	1139	112702
焦柳线	Jiaozuo-Liuzhou	1614	12879	石太线	Shijiazhuang-Taiyuan	5971	21377
京包线	Bingjing-Baotou	2217	9971	石德线	Shijiazhuang-Dezhou	379	17902
包兰线	Baotou-Lanzhou	913	4817	北同蒲线	Taiyuan-Datong	12350	21385
北同蒲线	Taiyuan-Datong	1158	2666	南同蒲线	Fenglingdu-Taiyuan	4960	22880
南同蒲线	Fenglingdu-Taiyuan	1724	5787	包兰线	Baotou-Lanzhou	8777	47351
陇海线	Lianyungang-Lanzhou	8607	61379	新石线	Xinjiang-Rizhao	5487	56127
宝中线	Baoji-Zhongwei	207	2292	太焦线	Taiyuan-Jiaozuo	6297	10492
兰新线	Lanzhou-Urumqi	1653	25115	焦柳线	Jiaozuo-Liuzhou	4114	83197
兰青、青藏线	Lanzhou-Qinghai, Qinghai-Tibet	635	5517	胶济线	Qingdao-Jinan	1276	25822
				陇海线	Lianyungang-Lanzhou	8359	149399
宝成、成渝线	Baoji-Chengdu, Chengdu-Chongqing	2808	12680	沪昆线	Shanghai-Kunming	8290	134211
				宝成线	Baoji-Chengdu	732	26112
襄渝线	Xiangfan-Chongqing	1784	13792	南昆线	Nanning-Kunming	1590	30567
南昆线	Nanning-Kunming	596	3863	成昆线	Chengdu-Kunming	2725	37352
成昆线	Chengdu-Kunming	1479	6160	兰新线	Lanzhou-Urumqi	2783	108578
京哈线	Beijing-Harbin	7241	45246	青藏线	Qinghai-Tibet	2130	14091

16-21 国家铁路主要车站旅客发送量
Number of Passengers Dispatched from Principal Railway Stations

单位：万人 (10 000 persons)

车站名称	Railway Station	2001	2002	2003	2004	2005	2006	2007	2008	2009
哈尔滨	Harbin	1342	1345	1249	1448	1569	1827	2255	2413	2615
沈阳	Shenyang	1303	1235	1077	1176	1182	1272	1280	1473	1509
鞍山	Anshan	309	306	288	327	312	291	333	419	477
长春	Changchun	1085	1069	793	1147	1222	1316	1490		
本溪	Benxi	685	617	585	684	724	775	957	1050	1232
锦州	Jinzhou	429	424	371	415	411	407	395	465	482
吉林	Jilin	443	417	373	438	449	460	495	531	375
北京	Beijing	2115	2163	1795	2278	2478	2709	2998	3066	2785
北京南	Southern Beijing	438	436	374	379	337	113			966
北京西	Western Beijing	1652	2102	1896	2429	2622	3150	3632	3865	4090
天津	Tianjin	1019	1005	855	1040	1099	1076	905	1342	1770
石家庄	Shijiazhuang	927	956	877	1098	1178	1312	1405	1589	1681
太原	Taiyuan	767	798	719	879	936	1045	1197	1368	1686
郑州	Zhengzhou	1440	1548	1475	1797	1924	2094	2207	2547	2679
武昌	Wuchang	864	883	826	973	1062	1052	998	1346	1705
洛阳	Luoyang	397	375	335	418	440	504	539	594	619
西安	Xi'an	1211	1245	1196	1517	1669	2029	2360	2633	2543
济南	Jinan	728	707	673	787	802	854	1042	1166	1225
徐州	Xuzhou	680	647	611	696	714	795	884	247	1125
南京	Nanjing	932	995	940	1069	969	1322	1659	2063	2208
蚌埠	Bengbu	442	433	406	460	444	487	506	546	568
镇江	Zhenjiang	342	352	323	365	379	390	370	407	416
常州	Changzhou	560	581	558	659	694	722	731	816	835
无锡	Wuxi	768	802	785	956	1026	1065	1025	1118	1119
苏州	Suzhou	776	843	859	1018	1142	1191	1103	1277	1336
上海	Shanghai	2860	3118	3031	3648	3866	3786	3439	3612	3368
杭州	Hangzhou	1025	1192	1129	1406	1462	1453	1578	1798	1751
南昌	Nanchang	943	1013	968	1148	1218	1277	1441	1671	1764
广州	Guangzhou	1838	2001	2005	2336	2508	2594	2866	3170	2969
深圳	Shenzhen	902	966	940	1189	1250	1319	1433	1724	1778
柳州	Liuzhou	323	271	246	257	290	365	396	433	489
成都	Chengdu	1141	1282	1107	1344	1416	1659	1896	1972	2190
重庆	Chongqing	776	754	708	779	801	913	667	533	1061
贵阳	Guiyang	610	614	553	605	694	810	917	989	962
兰州	Lanzhou	515	523	477	552	560	608	650	749	839
乌鲁木齐	Urumqi	398	410	359	407	450	514	565	587	621

注：2009年重庆数据为重庆北站数据。

a) In 2009, the figure of Chongqing refers to that of Chongqing North Station.

16-22 国家铁路主要车站货物发送量
Volume of Freight Dispatched from Principal Railway Stations

单位：万吨 (10 000 tons)

车站名称	Name of Railway Station	2001	2002	2003	2004	2005	2006	2007	2008	2009
竣德	Junde	478	538	572	742	733	705	633	605	945
鹤岗	Hegang	787	803	843	952	1019	836	785	731	736
双鸭山	Shuangyashan	831	832	1011	1103	1181	1197	1280	1213	1343
七台河	Qitaihe	1333	1314	1304	1477	1474	1350	1427	1586	1791
恒山	Hengshan	441	519	614	579	660	577	549	534	530
大官屯	Daguantun	683	670	662	748	755	629	579	588	656
本溪	Benxi	391	518	483	508	589	736	893	1188	1003
灵山	Lingshan	956	935	907	1086	1136	1449	1591	1709	1703
霍林河	Huolinhe	572	669	766	1079	1453	1780	2429	3133	6834
阜新	Fuxin	571	573	529	575	578	674	647	741	997
新港	Xingang	852	1223	1290	1227	1270	1262	1063	1119	1244
古冶	Guye	849	873	843	813	798	818	838	826	1075
阳泉	Yangquan	1288	1374	1494	1518	1667	1684	1606	1717	2801
白羊墅	Baiyangshu	1082	1090	1052	1192	978	1141	1413	1490	2461
云岗西	Western Yungang	919	1020	1158	1147	1173	1053	1102	1083	1087
新高山	Xingaoshan	1076	1160	1225	1423	1589	1636	1815	1801	1686
大同东	Eastern Datong	978	1186	1401	1722	2127	2899	3341	3891	9896
口泉	Kouquan	2207	2337	2595	2499	2638	2295	2366	2092	3094
北周庄	Beizhouzhuang	65	101	160	450	654	1186	1877	1491	747
大新	Daxin	3635	4060	4785	5523	5648	6788	7325	7473	14864
古交	Gujiao	803	912	1031	1064	1242	1274	1370	1396	1178
玉门沟	Yumengou	932	1113	1108	1172	1311	1232	1260	1263	1513
介休	Jiexiu	634	587	653	709	837	885	1009	919	841
白云鄂博	Baiyun'ebo	794	850	918	1027	1111	1164	1171	1123	1110
万水泉	Wanshuiquan	1075	1209	1217	1218	1523	1777	1803	2265	3605
嘉峰	Jiafeng	211	249	438	664	1359	1252	1346	1419	2003
晋城北	Northern Jincheng	1471	1381	1279	1285	1235	1263	1247	1241	1467
长治北	Northern Changzhi	1032	1038	1155	1201	1249	1337	1292	1371	2034
平顶山东	Eastern Pingdingshan	2146	2309	2453	2453	2595	2649	2820	2973	4275
武昌东	Eastern Wuchang	463	428	469	505	631	671	732	816	830
黄岛	Huangdao			1530	1578	1671	2048	1975	2097	2710
日照	Rizhao	226	358	454	640	1350	1829	2328	2589	3794
中云	Zhongyun	470	596	663	696	972	1104	1213	1006	
潘集西	Western Panji	706	970	1193	1334	1549	1421	1202	1549	3626
湛江	Zhanjiang	300	421	515	669	906	1110	1176	1221	1405

16-23 国家铁路运输主要技术经济指标
Principal Economic and Technical Indicators of National Railway Transport

指标	Item	2005	2006	2007	2008	2009
货运机车日产量 (万吨公里)	Average Daily Ton-kilometers of Freight Locomotives (10 000 ton-km)	110.6	114.3	120.4	123.6	128.6
内燃机车	Diesel Locomotives	105.6	108.5	110.4	110.3	110.9
电力机车	Electric Locomotives	118.3	122.7	132.8	139.5	145.2
货运机车平均牵引总重 (吨)	Average Total Tonnage of Freight Locomotives (ton)	3038	3105	3193	3289	3391
内燃机车	Diesel Locomotives	2848	2887	2920	2970	3002
电力机车	Electric Locomotives	3335	3425	3528	3654	3736
货运机车日车公里 (公里)	Daily Distance per Freight Locomotive (km)	458	465	480	483	487
客运机车日车公里 (公里)	Daily Distance per Passenger Locomotive (km)	650	671	758	812	860
内燃机车每万吨公里耗油 (公斤)	Oil Consumption of Diesel Locomotives (kg/10 000 ton-km)	24.6	24.3	24.6	24.9	25.2
电力机车每万吨公里耗电 (千瓦小时)	Electricity Consumption of Electric Locomotives (kwh/10 000 ton-km)	111.8	110.0	109.5	110.6	107.9
货物列车出发正点率 (%)	Punctuality Rate of Freight Trains at Departure (%)	97.0	97.4	97.2	96.9	96.5
货物列车运行正点率 (%)	Punctuality Rate of Freight Trains in Running (%)	96.9	97.3	97.0	96.8	96.4
旅客列车出发正点率 (%)	Punctuality Rate of Passenger Trains at Departure (%)	99.5	99.8	99.8	99.7	99.8
旅客列车运行正点率 (%)	Punctuality Rate of Passenger Trains in Running (%)	98.4	99.4	99.1	98.9	99.0
旅客列车技术速度(公里/小时)	Technical Speed of Passenger Trains (km/hr)	74.2	74.7	78.8	80.1	80.3
旅客列车旅行速度(公里/小时)	Traveling Speed of Passenger Trains (km/hr)	65.2	65.4	68.9	69.6	70.2
客运密度 (万人公里/公里)	Density of Passenger Transport (10 000 passenger-km/km)	938.0	1002.0	1084.0	1210.0	1197.1
货物列车技术速度(公里/小时)	Technical Speed of Freight Trains (km/hr)	46.3	46.2	47.6	47.2	47.6
货物列车旅行速度(公里/小时)	Running Speed of Freight Trains (km/hr)	32.1	32.1	33.2	32.8	32.8
货运密度 (万吨公里/公里)	Density of Freight Transport (10 000 ton-km/km)	3140	3242	3475	3697	3611
货车周转时间 (天)	Turning Around Time of Freight Cars (day)	4.90	4.87	4.76	4.73	4.68
一次货物作业时间 (小时)	Handling Time of Freight (hour)	15.2	15.2	15.5	17.6	16.9
货车中转停留时间 (小时)	Transfer Waiting Time per Car (hour)	4.3	4.4	4.3	4.6	4.7
货车静载重(准轨) (吨)	Static Load of Freight Cars (Standard Gauge) (ton)	60.1	60.9	61.3	62.0	62.6
货车载重力利用率 (%)	Utilization Rate of Loading Capacity of Freight Cars (%)	98.7	99.2	99.2	99.4	99.7

16-24 民用汽车拥有量
Possession of Civil Vehicles

年份 Year 地区 Region		民用汽车总计（万辆）Total (10 000 units)	载客汽车（万辆）Passenger Vehicles (10 000 units)	大型 Large	中型 Medium	小型 Small	微型 Minicar	载货汽车（万辆）Trucks (10 000 units)
	1978	135.84	25.90					100.17
	1980	178.29	35.08					129.90
	1985	321.12	79.45					223.20
	1990	551.36	162.19					368.48
	1991	606.11	185.24					398.62
	1992	691.74	226.16					441.45
	1993	817.58	285.98					501.00
	1994	941.95	349.74					560.33
	1995	1040.00	417.90					585.43
	1996	1100.08	488.02					575.03
	1997	1219.09	580.56					601.23
	1998	1319.30	654.83					627.89
	1999	1452.94	740.23					676.95
	2000	1608.91	853.73					716.32
	2001	1802.04	993.96					765.24
	2002	2053.17	1202.37	75.48	104.80	789.74	232.34	812.22
	2003	2382.93	1478.81	75.76	115.96	1017.21	269.88	853.51
	2004	2693.71	1735.91	78.06	124.54	1248.89	284.42	893.00
	2005	3159.66	2132.46	82.13	131.65	1618.35	300.32	955.55
	2006	3697.35	2619.57	87.34	137.00	2083.40	311.83	986.30
	2007	4358.36	3195.99	93.82	140.52	2646.47	315.18	1054.06
	2008	5099.61	3838.92	100.39	143.19	3271.14	324.19	1126.07
	2009	6280.61	4845.09	107.95	145.80	4246.90	344.44	1368.60
北京	Beijing	368.11	345.44	4.45	10.32	312.10	18.56	18.30
天津	Tianjin	130.00	112.04	1.90	2.63	97.14	10.37	16.62
河北	Hebei	395.80	286.07	4.15	3.90	239.26	38.76	104.36
山西	Shanxi	205.95	155.53	2.33	3.06	130.82	19.33	48.54
内蒙古	Inner Mongolia	150.06	106.15	2.30	2.04	93.66	8.15	42.20
辽宁	Liaoning	242.07	182.41	5.19	9.51	160.93	6.77	56.79
吉林	Jilin	123.74	94.92	2.70	2.41	82.14	7.66	27.73
黑龙江	Heilongjiang	160.17	117.00	4.16	3.86	100.18	8.80	41.27
上海	Shanghai	147.11	124.91	3.99	6.36	111.11	3.46	22.19
江苏	Jiangsu	436.81	370.58	6.83	11.03	333.83	18.88	61.23
浙江	Zhejiang	431.73	351.47	4.93	7.47	323.73	15.35	76.65
安徽	Anhui	167.36	108.38	3.63	4.98	92.61	7.16	56.60
福建	Fujian	159.34	119.25	2.24	3.89	108.15	4.97	38.46
江西	Jiangxi	107.08	72.24	2.06	2.74	63.13	4.30	33.42
山东	Shandong	553.51	435.84	7.22	9.65	376.31	42.66	112.87
河南	Henan	316.07	236.67	5.81	8.04	199.56	23.26	76.35
湖北	Hubei	168.32	119.81	4.16	5.22	107.26	3.18	46.07
湖南	Hunan	167.59	125.11	3.68	4.75	111.67	5.01	41.07
广东	Guangdong	658.90	520.38	12.37	20.49	478.57	8.94	133.24
广西	Guangxi	119.85	87.77	3.04	2.22	73.26	9.26	30.10
海南	Hainan	30.64	23.27	0.95	0.82	21.12	0.39	7.00
重庆	Chongqing	90.89	60.04	2.28	1.76	53.25	2.74	29.30
四川	Sichuan	284.69	220.84	5.44	3.50	175.16	36.74	61.24
贵州	Guizhou	91.43	63.40	1.67	2.38	52.07	7.29	27.29
云南	Yunnan	189.10	133.38	1.92	3.32	112.66	15.49	54.55
西藏	Tibet	14.85	8.92	0.48	0.76	6.78	0.90	5.74
陕西	Shaanxi	146.27	115.01	2.43	3.42	99.42	9.74	28.97
甘肃	Gansu	65.75	43.86	1.74	1.45	38.58	2.08	20.91
青海	Qinghai	24.35	16.49	0.57	0.61	14.69	0.63	7.42
宁夏	Ningxia	31.54	20.11	0.72	0.63	17.98	0.78	10.75
新疆	Xinjiang	101.53	67.79	2.61	2.57	59.77	2.84	31.38

16-24 续表 continued

年份 Year 地区 Region	载货汽车（万辆） Trucks (10 000 units) 重型 Heavy	中型 Medium	轻型 Light	微型 Mini	其他汽车（万辆） Others (10 000 units)	机动车驾驶员（万人） Number of Motor Drivers (10 000 persons)	#汽车驾驶员 Automobile Drivers
1978							192.45
1980							245.23
1985							462.14
1990						1635.85	790.96
1991						1791.57	859.44
1992						2017.83	969.55
1993						2359.42	1112.97
1994						2812.12	1269.23
1995						3501.52	1673.39
1996						4275.26	2100.74
1997						5206.79	2619.25
1998						5944.58	2974.06
1999						6727.49	3361.12
2000						7655.56	3746.51
2001						8455.04	4462.68
2002	148.28	218.69	360.58	84.66	38.58	9362.03	4827.08
2003	136.79	243.70	390.79	82.22	50.61	10611.04	5368.07
2004	153.90	233.94	425.74	79.43	64.80	11769.04	7101.64
2005	168.07	236.66	484.51	66.31	71.66	13069.52	8017.76
2006	174.01	235.39	532.13	44.76	91.49	14213.87	9317.24
2007	186.74	243.46	587.22	36.63	108.31	15363.88	10567.15
2008	200.84	249.73	644.96	30.54	134.62	17336.56	12276.80
2009	315.08	262.21	765.33	25.97	66.92	19167.58	13740.73
北京 Beijing	3.22	3.39	11.68		4.37	569.28	549.84
天津 Tianjin	2.77	1.85	11.78	0.22	1.34	238.75	226.69
河北 Hebei	36.97	12.09	53.63	1.67	5.37	1024.59	899.13
山西 Shanxi	15.71	8.61	22.54	1.68	1.88	425.00	376.56
内蒙古 Inner Mongolia	18.76	5.88	16.91	0.65	1.71	432.67	311.54
辽宁 Liaoning	15.27	6.68	34.17	0.67	2.87	710.32	557.63
吉林 Jilin	7.62	4.90	14.76	0.45	1.08	390.27	291.81
黑龙江 Heilongjiang	12.47	8.73	18.95	1.11	1.91	442.04	391.77
上海 Shanghai	3.73	9.94	7.94	0.57		410.79	362.78
江苏 Jiangsu	15.62	17.93	27.15	0.54	5.00	1460.95	912.03
浙江 Zhejiang	7.20	9.58	56.48	3.38	3.61	997.34	716.16
安徽 Anhui	15.92	13.15	26.78	0.76	2.38	610.40	411.17
福建 Fujian	5.11	4.72	27.44	1.19	1.63	632.89	335.71
江西 Jiangxi	11.66	6.52	14.81	0.43	1.42	631.69	356.13
山东 Shandong	28.87	14.62	67.47	1.91	4.79	1505.60	1137.20
河南 Henan	24.90	14.22	35.64	1.58	3.06	1469.22	897.36
湖北 Hubei	7.02	12.44	25.88	0.72	2.44	778.84	547.86
湖南 Hunan	6.74	11.69	22.36	0.28	1.41	671.91	410.63
广东 Guangdong	13.80	16.58	100.09	2.77	5.28	1924.60	1214.71
广西 Guangxi	6.81	6.67	15.61	1.01	1.98	373.33	346.30
海南 Hainan	0.95	1.03	4.89	0.13	0.37	115.51	84.60
重庆 Chongqing	5.54	8.98	14.61	0.17	1.56	266.63	196.01
四川 Sichuan	8.08	18.64	33.67	0.85	2.61	1021.76	711.76
贵州 Guizhou	4.15	6.27	16.06	0.81	0.73	288.13	217.19
云南 Yunnan	6.77	15.89	31.48	0.41	1.16	649.54	378.46
西藏 Tibet	2.25	1.27	1.98	0.24	0.19	20.73	18.35
陕西 Shaanxi	7.83	7.85	12.83	0.47	2.29	486.63	389.15
甘肃 Gansu	4.78	4.46	11.50	0.17	0.98	174.90	148.77
青海 Qinghai	1.72	1.33	4.21	0.16	0.44	74.14	57.40
宁夏 Ningxia	3.14	1.53	5.91	0.17	0.68	81.82	66.81
新疆 Xinjiang	9.67	4.78	16.12	0.80	2.36	287.31	219.22

注：1.小轿车包括在载客汽车中（下表同）。
2.从2002年起，载客汽车和载货汽车的其中分项、其他汽车统计口径有调整与以前年份不可比（下表同）。

a) Cars are included in passenger vehicles. The same applies to the tables following .

b) Since 2002, there has been adjustment to the statistical coverages of of some detailed items of passenger vehicles and trucks and other vehicles, the data are hence not comparable with those in previous years. The same applies to the tables following.

16-25 私人汽车拥有量
Possession of Private Vehicles

单位：万辆 (10 000 units)

年份 Year / 地区 Region	汽车总计 Total	载客汽车 Passenger Vehicles	大型 Large	中型 Medium	小型 Small	微型 Minicar
1985	28.49	1.93				
1990	81.62	24.07				
1991	96.04	30.36				
1992	118.20	41.78				
1993	155.77	59.85				
1994	205.42	78.62				
1995	249.96	114.15				
1996	289.67	143.04				
1997	358.36	191.27				
1998	423.65	230.65				
1999	533.88	304.09				
2000	625.33	365.09				
2001	770.78	469.85				
2002	968.98	623.76	9.89	35.87	408.49	169.51
2003	1219.23	845.87	7.36	42.51	586.90	209.10
2004	1481.66	1069.69	7.20	46.95	786.63	228.91
2005	1848.07	1383.93	7.61	50.88	1079.78	245.66
2006	2333.32	1823.57	11.19	56.20	1491.18	265.00
2007	2876.22	2316.91	7.91	55.73	1984.29	268.98
2008	3501.39	2880.50	8.57	57.97	2533.28	280.68
2009	4574.91	3808.33	8.72	59.96	3436.26	303.39
北京 Beijing	296.56	288.30	0.17	6.33	263.94	17.85
天津 Tianjin	100.01	89.58	0.11	1.17	78.66	9.64
河北 Hebei	312.22	248.11	0.67	1.76	209.13	36.54
山西 Shanxi	148.86	122.01	0.22	1.00	104.41	16.37
内蒙古 Inner Mongolia	114.36	86.82	0.34	0.92	78.29	7.27
辽宁 Liaoning	152.17	131.30	0.45	3.69	121.49	5.67
吉林 Jilin	88.50	72.88	0.45	1.01	64.56	6.86
黑龙江 Heilongjiang	108.20	85.42	0.80	1.71	75.89	7.02
上海 Shanghai	85.03	84.95	0.04	2.17	79.67	3.07
江苏 Jiangsu	317.52	291.19	0.18	4.58	269.96	16.48
浙江 Zhejiang	332.05	285.20	0.10	2.49	268.47	14.14
安徽 Anhui	100.72	78.29	0.45	2.31	69.51	6.03
福建 Fujian	118.13	94.39	0.06	1.20	88.59	4.53
江西 Jiangxi	60.61	47.62	0.12	0.54	43.80	3.17
山东 Shandong	433.94	361.34	0.94	4.02	318.07	38.32
河南 Henan	220.18	181.38	0.70	3.07	157.98	19.63
湖北 Hubei	113.26	86.56	0.31	2.04	81.45	2.76
湖南 Hunan	128.17	96.62	0.36	1.92	89.85	4.49
广东 Guangdong	516.11	435.51	0.89	11.79	414.25	8.58
广西 Guangxi	80.34	64.83	0.12	0.55	56.88	7.28
海南 Hainan	20.71	15.58	0.10	0.27	14.89	0.33
重庆 Chongqing	54.68	43.44	0.14	0.33	40.61	2.36
四川 Sichuan	216.85	177.44	0.15	0.91	143.79	32.58
贵州 Guizhou	66.44	47.08	0.19	0.57	40.44	5.87
云南 Yunnan	143.99	102.45	0.06	0.65	88.53	13.21
西藏 Tibet	9.36	5.14	0.08	0.41	4.12	0.54
陕西 Shaanxi	105.11	87.99	0.18	1.05	78.42	8.34
甘肃 Gansu	36.56	25.06	0.14	0.38	23.36	1.18
青海 Qinghai	14.31	10.08	0.03	0.16	9.42	0.46
宁夏 Ningxia	21.88	14.67	0.06	0.18	13.78	0.65
新疆 Xinjiang	58.11	47.10	0.11	0.77	44.04	2.18

16-25 续表 continued

单位：万辆 (10 000 units)

年份 Year / 地区 Region		载货汽车 Trucks	重型 Heavy	中型 Medium	轻型 Light	微型 Mini	其他汽车 Others
	1985	26.48					
	1990	57.48					
	1991	65.61					
	1992	76.15					
	1993	94.00					
	1994	123.29					
	1995	131.83					
	1996	142.78					
	1997	163.19					
	1998	192.03					
	1999	228.68					
	2000	259.09					
	2001	298.95					
	2002	341.29	48.27	84.40	158.67	49.95	3.94
	2003	367.35	44.47	95.20	176.58	51.09	6.00
	2004	402.82	53.40	94.69	203.85	50.87	9.15
	2005	452.11	62.50	100.34	243.29	45.98	12.04
	2006	494.91	64.23	108.64	288.94	33.09	14.84
	2007	539.45	68.89	110.44	332.69	27.43	19.86
	2008	596.39	73.28	115.68	384.12	23.31	24.50
	2009	753.40	108.73	129.59	494.97	20.12	13.17
北　京	Beijing	7.58	1.15	1.12	5.31		0.68
天　津	Tianjin	10.19	0.80	0.88	8.31	0.19	0.25
河　北	Hebei	62.67	16.04	7.11	38.21	1.31	1.44
山　西	Shanxi	26.49	5.28	4.54	15.30	1.37	0.37
内蒙古	Inner Mongolia	26.96	9.31	4.05	13.05	0.55	0.58
辽　宁	Liaoning	20.47	2.37	2.11	15.53	0.46	0.39
吉　林	Jilin	15.39	3.28	2.88	8.89	0.34	0.23
黑龙江	Heilongjiang	22.53	4.79	4.81	12.13	0.80	0.24
上　海	Shanghai	0.08	0.01	0.02	0.05		
江　苏	Jiangsu	25.29	5.49	6.53	12.89	0.39	1.03
浙　江	Zhejiang	46.42	1.78	4.16	37.86	2.63	0.42
安　徽	Anhui	22.04	2.19	4.35	14.94	0.57	0.38
福　建	Fujian	23.50	1.15	2.27	19.03	1.05	0.25
江　西	Jiangxi	12.77	1.98	1.89	8.59	0.31	0.22
山　东	Shandong	71.27	12.78	8.69	48.22	1.57	1.33
河　南	Henan	37.91	6.11	6.47	24.13	1.20	0.88
湖　北	Hubei	26.31	2.51	6.73	16.50	0.57	0.39
湖　南	Hunan	31.16	4.01	8.94	17.97	0.23	0.39
广　东	Guangdong	79.62	5.24	9.27	62.74	2.37	0.98
广　西	Guangxi	15.31	2.36	3.07	9.05	0.82	0.21
海　南	Hainan	5.06	0.60	0.85	3.51	0.11	0.07
重　庆	Chongqing	10.98	1.13	1.76	7.96	0.13	0.25
四　川	Sichuan	38.85	2.80	10.16	25.18	0.72	0.56
贵　州	Guizhou	19.19	2.54	4.05	11.94	0.66	0.17
云　南	Yunnan	41.26	3.69	11.77	25.47	0.35	0.28
西　藏	Tibet	4.21	1.60	1.05	1.38	0.18	0.01
陕　西	Shaanxi	16.62	2.38	4.75	9.12	0.37	0.50
甘　肃	Gansu	11.36	1.98	2.44	6.83	0.11	0.14
青　海	Qinghai	4.17	0.64	0.75	2.69	0.09	0.06
宁　夏	Ningxia	7.05	1.58	0.99	4.34	0.14	0.16
新　疆	Xinjiang	10.71	1.17	1.14	7.88	0.52	0.30

16-26 新注册民用汽车数量
Statistics on New Registrations of Civil Vehicles

单位：辆 (unit)

年份 地区	Year Region	民用汽车总计 Total	载客汽车 Passenger Vehicles	大型 Large	中型 Medium	小型 Small	微型 Minicar
	2002	3371951	2294649	97200	145062	1491479	560908
	2003	4337485	3160859	100284	157523	2421951	481101
	2004	4511823	3332297	96462	138357	2841668	255810
	2005	5286287	4157504	99489	105314	3712056	240645
	2006	5730432	4678667	95428	82758	4382206	118275
	2007	6079209	5000042	91087	72059	4772468	64428
	2008	7631839	6226814	112811	64024	5928095	121884
	2009	12459452	10248554	114984	69548	9794452	269570
北京	Beijing	674873	624532	4210	2725	611361	6236
天津	Tianjin	241770	217746	1924	878	211679	3265
河北	Hebei	813186	640076	4232	1826	582714	51304
山西	Shanxi	371059	304443	2000	1161	280565	20717
内蒙古	Inner Mongolia	297461	243774	2542	716	234252	6264
辽宁	Liaoning	425028	331244	5270	3521	318686	3767
吉林	Jilin	248771	201639	3107	1226	192457	4849
黑龙江	Heilongjiang	336609	258917	4270	2050	247502	5095
上海	Shanghai	224996	209940	5666	3065	199658	1551
江苏	Jiangsu	863865	781324	9040	3565	758106	10613
浙江	Zhejiang	880923	770577	6231	3917	748926	11503
安徽	Anhui	349652	256887	3537	2151	246362	4837
福建	Fujian	302318	244728	2870	2228	235218	4412
江西	Jiangxi	260884	210180	1387	6497	187527	14769
山东	Shandong	1253270	1030133	7175	4115	973166	45677
河南	Henan	673935	540865	5166	2978	517562	15159
湖北	Hubei	345798	261863	4501	2264	252620	2478
湖南	Hunan	349968	278687	3745	3259	267866	3817
广东	Guangdong	952382	829344	9950	4001	808640	6753
广西	Guangxi	260073	199566	3534	1515	188880	5637
海南	Hainan	55917	43262	966	580	41390	326
重庆	Chongqing	205736	158109	3037	1519	152588	965
四川	Sichuan	687146	558145	7455	2844	528213	19633
贵州	Guizhou	197483	147697	1648	2630	140718	2701
云南	Yunnan	366952	288149	2075	1916	280495	3663
西藏	Tibet	15339	10161	141	212	9612	196
陕西	Shaanxi	353656	285286	3511	2801	270152	8822
甘肃	Gansu	156402	109705	2184	995	105489	1037
青海	Qinghai	51244	36857	632	500	35265	460
宁夏	Ningxia	72575	51611	814	369	49799	629
新疆	Xinjiang	170181	123107	2164	1524	116984	2435

16-26 续表 continued

单位：辆 (unit)

年 份 Year 地 区 Region		载货汽车 Trucks	重 型 Heavy	中 型 Medium	轻 型 Light	微 型 Mini	其他汽车 Others
	2002	993761	186498	220969	501985	84309	83541
	2003	1075692	168363	259173	576073	72083	100934
	2004	1029497	228523	194438	564061	42475	150029
	2005	1024034	162859	175576	639557	46042	104749
	2006	925294	139120	147689	616910	21575	126471
	2007	917603	155155	157867	591014	13567	161564
	2008	1168226	236749	185338	733343	12796	236799
	2009	2148355	500593	242679	1391249	13834	62543
北 京	Beijing	44921	12874	7459	24588		5420
天 津	Tianjin	22789	3221	1150	18182	236	1235
河 北	Hebei	168807	49806	10081	108126	794	4303
山 西	Shanxi	64367	24465	2788	36711	403	2249
内蒙古	Inner Mongolia	51839	15914	2000	33858	67	1848
辽 宁	Liaoning	91330	18559	6789	65917	65	2454
吉 林	Jilin	45920	11621	5771	28457	71	1212
黑龙江	Heilongjiang	75768	17998	12186	45489	95	1924
上 海	Shanghai	15056	4812	3999	6245		
江 苏	Jiangsu	80866	25444	13094	42111	217	1675
浙 江	Zhejiang	107043	14916	5278	83849	3000	3303
安 徽	Anhui	90491	28079	4813	57455	144	2274
福 建	Fujian	56409	9575	3663	41898	1273	1181
江 西	Jiangxi	50568	13793	4746	31895	134	136
山 东	Shandong	218139	64234	22456	130781	668	4998
河 南	Henan	130714	40438	10931	78936	409	2356
湖 北	Hubei	81983	11636	11444	58802	101	1952
湖 南	Hunan	69403	8648	12650	47924	181	1878
广 东	Guangdong	118610	15154	8468	91314	3674	4428
广 西	Guangxi	59057	13786	9552	34611	1108	1450
海 南	Hainan	12209	1296	1504	9343	66	446
重 庆	Chongqing	45707	7807	9784	28110	6	1920
四 川	Sichuan	125890	24938	22505	78082	365	3111
贵 州	Guizhou	48915	5316	9080	34507	12	871
云 南	Yunnan	76782	9641	14111	53019	11	2021
西 藏	Tibet	5153	582	484	4054	33	25
陕 西	Shaanxi	65335	20688	11694	32754	199	3035
甘 肃	Gansu	45463	9254	6700	29371	138	1234
青 海	Qinghai	13782	1991	1295	10439	57	605
宁 夏	Ningxia	20035	4069	1708	14146	112	929
新 疆	Xinjiang	45004	10038	4496	30275	195	2070

16-27 公路营运汽车拥有量
Possession of Vehicles for Highway Business Transportation

年份 Year 地区 Region	汽车总计 (万辆) Total (10 000 units)	载客汽车 Passenger Vehicles		载货汽车 Trucks			
		辆数 (万辆) Number (10 000 units)	客位 (万客位) Number of Seats (10 000 seats)	辆数 (万辆) Number (10 000 units)	#普通载货汽车 Ordinary Trucks	吨位 (万吨) Capacity (10 000 tons)	#普通载货汽车 Ordinary Trucks
1990	31.30	10.76	468.92	20.22	19.82	131.61	127.06
1991	31.67	11.53	497.35	19.83	19.36	132.02	126.54
1992	30.87	12.70	528.87	18.17	17.59	125.91	118.42
1993	28.96	12.85	509.56	16.15	15.53	116.20	108.37
1994	27.97	13.05	493.94	14.87	14.22	109.80	101.21
1995	27.49	13.73	480.61	13.75	13.12	103.13	94.56
1996	28.81	15.41	499.58	13.40	12.74	102.08	91.83
1997	29.89	17.01	519.10	12.88	12.22	95.31	85.09
1998	31.88	19.40	536.43	12.48	11.81	90.02	79.51
1999	501.77	92.14	1409.86	409.62	401.28	1481.02	1406.00
2000	702.82	216.81	2524.45	486.02	475.24	1667.70	1573.73
2001	764.39	255.12	2701.68	509.27	496.65	1733.58	1621.40
2002	826.34	289.55	2972.32	536.78	520.27	1808.45	1674.79
2003	924.64	352.19	3430.64	572.45	553.23	1941.52	1788.86
2004	1067.18	439.09	3872.21	628.09	604.93	2338.61	2119.64
2005	733.22	128.40	1859.28	604.82	580.28	2537.75	2282.15
2006	802.58	161.92	2312.41	640.66	598.43	2822.69	2343.13
2007	849.22	164.73	2428.81	684.49	648.01	3135.69	2643.74
2008	930.61	169.64	2560.36	760.97	720.18	3686.20	3139.76
2009	1087.35	180.79	2799.71	906.56	859.27	4655.23	4002.80
北京 Beijing	17.96	3.54	73.57	14.41	13.14	64.46	49.32
天津 Tianjin	8.11	0.82	29.35	7.29	6.76	22.86	17.35
河北 Hebei	71.53	8.86	94.23	62.66	59.94	483.08	449.24
山西 Shanxi	37.76	2.08	42.12	35.69	34.85	251.98	242.99
内蒙古 Inner Mongolia	30.83	6.26	58.36	24.57	23.79	186.70	176.01
辽宁 Liaoning	56.67	10.62	103.49	46.05	42.96	248.32	206.75
吉林 Jilin	28.69	8.63	86.52	20.05	19.18	102.06	92.72
黑龙江 Heilongjiang	38.16	10.78	103.89	27.38	26.97	144.01	139.13
上海 Shanghai	24.74	8.44	196.17	16.30	13.71	118.50	63.77
江苏 Jiangsu	52.29	9.26	200.37	43.03	39.52	276.53	228.04
浙江 Zhejiang	54.21	7.84	131.66	46.38	43.70	168.12	125.58
安徽 Anhui	45.42	8.63	105.49	36.79	35.00	208.93	189.24
福建 Fujian	22.11	3.56	57.25	18.55	16.77	99.64	61.15
江西 Jiangxi	21.74	2.74	46.76	19.01	18.23	83.19	75.61
山东 Shandong	78.78	11.70	171.78	67.08	62.82	435.95	359.57
河南 Henan	80.04	8.24	143.13	71.80	69.21	401.64	354.08
湖北 Hubei	33.52	7.28	97.90	26.24	24.92	104.28	91.02
湖南 Hunan	39.19	4.33	94.54	34.86	33.62	133.78	118.74
广东 Guangdong	92.88	13.44	290.78	79.44	73.64	282.47	208.71
广西 Guangxi	27.16	4.70	84.25	22.46	21.75	95.64	88.19
海南 Hainan	4.97	1.07	19.50	3.90	3.80	11.96	11.21
重庆 Chongqing	24.51	3.64	53.02	20.87	19.57	67.80	60.08
四川 Sichuan	50.49	7.67	128.94	42.81	40.82	135.13	116.03
贵州 Guizhou	17.59	2.74	50.47	14.85	14.59	45.41	43.33
云南 Yunnan	38.28	5.69	81.39	32.59	31.91	106.91	101.08
西藏 Tibet	2.24	0.71	10.63	1.53	1.44	10.28	9.26
陕西 Shaanxi	25.97	4.57	75.08	21.40	20.42	115.49	104.34
甘肃 Gansu	16.84	4.60	53.34	12.24	11.78	51.89	46.61
青海 Qinghai	6.88	1.83	27.41	5.05	4.90	23.22	21.60
宁夏 Ningxia	10.26	1.73	22.53	8.53	8.15	54.78	49.16
新疆 Xinjiang	27.53	4.78	65.78	22.75	21.42	120.24	102.89

注：1.小轿车包括在载客汽车中。
2.1999年为全国营运汽车，以前仅为公路部门营运汽车；2000-2004年为全国运输汽车(含营运和非营运汽车)；2005年起为全国营运汽车（不含非营运汽车)。

a) Passenger vehicles include cars.

b) Number of vehicles only included those owned by the Department of Highway Transportation before 1999; and referred to all working vehicles for business transportation in 1999;and all vehicles for business, whether working and non-working from 2000 to 2004; and all working vehicles for (i.e. non-working vehicles are not included) since 2005.

16-28 民用运输船舶拥有量
Possession of Civil Transport Vessels

年份 Year 地区 Region	机动船 Motor Vessels				驳船 Barges		
	艘数（艘）Number (unit)	净载重量（吨位）Dead Weight Tonnage (ton)	载客量（客位）Passenger Capacity (seat)	拖船功率（千瓦）Drawing Power (kw)	艘数（艘）Number (unit)	净载重量（吨位）Dead Weight Tonnage (ton)	载客量（客位）Passenger Capacity (seat)
1980	64307	12789410	545042	1514998	119464	5951401	100312
1985	260296	20898230	877963	1665030	132682	8670224	99643
1990	325888	29090082	1138937	1750351	82482	9066738	62926
1991	307127	29959203	1169982	1845705	78410	9588216	61526
1992	302313	31225749	1177035	1844101	71255	9437823	46337
1993	307285	34682035	1124114	1734606	65196	8891435	43801
1994	293472	39591864	1065140	1678066	59913	8898065	26335
1995	299717	40940087	979985	1707115	57998	9449652	17722
1996	269879	39774235	988046	1616585	56128	9315335	15148
1997	215814	38749289	1022970	1468612	49983	9064891	13879
1998	212093	38896576	983630	1584601	48115	9019417	14914
1999	194590	38911462	929138	1494500	47453	8981998	10306
2000	185018	42640605	1014013	1439743	44658	8640504	18258
2001	169329	45526726	1048915	1370221	41457	8968670	27902
2002	165936	48372587	945387	1433547	37041	8683075	33405
2003	163813	60745234	971514	1269607	40457	9871079	30631
2004	166854	75114059	961562	1197191	43846	11058522	34666
2005	165900	90756392	977846	1480381	41394	11030057	33496
2006	157805	98241489	1025861	1538957	36555	12015595	33355
2007	157544	106441173	1004546	1520924	34227	12373412	22316
2008	152247	111047702	994495	1564439	31943	13121439	14050
2009	149367	133384848	979384	1120381	27565	12702991	2166
北京 Beijing							
天津 Tianjin	236	7428904	399				
河北 Hebei	110	2129795			3	3980	
山西 Shanxi	217	5457	2715				
内蒙古 Inner Mongolia							
辽宁 Liaoning	716	6174523	23731	13390	20	48214	
吉林 Jilin	919	21057	19131	4112	29	15650	
黑龙江 Heilongjiang	1176	24985	21804	44084	358	215747	
上海 Shanghai	1911	23944184	73929	101141	132	117542	
江苏 Jiangsu	32643	15587975	24051	316535	14097	4654137	
浙江 Zhejiang	20658	15382476	73530	80866	1073	120808	
安徽 Anhui	25446	15237162	14255	50656	2174	755678	
福建 Fujian	2426	4746596	26926	2398	349	10112	
江西 Jiangxi	4051	1650380	13680	2402	36	17340	
山东 Shandong	5684	6643346	47206	194039	5823	4348095	
河南 Henan	4628	2745987	9273	3314	137	41198	
湖北 Hubei	4175	3780696	35248	190737	1285	1700765	
湖南 Hunan	9897	1827896	86642	11896	97	27721	128
广东 Guangdong	9310	9725373	65322	43794	23	27934	
广西 Guangxi	8597	4347703	99543	1018	7	6138	
海南 Hainan	511	564483	20276				
重庆 Chongqing	3658	3087206	121191	41328	481	515618	
四川 Sichuan	7225	527178	117376	14452	1015	54777	222
贵州 Guizhou	1948	76585	33036	3013	115	18535	
云南 Yunnan	848	65549	16521	396	2	164	30
西藏 Tibet							
陕西 Shaanxi	1143	28751	19277	282	121	1326	147
甘肃 Gansu	502	2650	9388		45	368	1639
青海 Qinghai	67		948				
宁夏 Ningxia	568		3986	528	143	1144	
新疆 Xinjiang							
不分地区 Not Classified by Region	97	7627951					

注：不分地区数据为中国远洋运输集团总公司海外公司数。

a) Number of civil transport vessels not classified by region is the number of vehicles of companies abroad under the China Ocean Shipping (Group) Company.

16-29 沿海规模以上港口分货类吞吐量

Volume of Freight Handled in Coastal Ports above Designated Size by Type of Freight

单位：万吨 (10 000 tons)

货物种类	Type of Freight	2008 合计 Total	2008 出港 Out-port	2008 进港 In-port	2009 合计 Total	2009 出港 Out-port	2009 进港 In-port
总计	**Total**	**429599**	**198011**	**231587**	**475481**	**202273**	**273208**
煤炭及制品	Coal and Its Products	88949	55518	33431	94902	52548	42354
石油、天然气及制品	Petroleum, Natural Gas and Their Products	44970	15379	29591	52685	18690	33995
金属矿石	Metal Ores	67643	14418	53224	86569	15221	71349
钢铁	Steel and Iron	18265	11872	6392	19081	11112	7969
矿建材料	Mineral Building Materials	30228	10121	20107	31245	10572	20674
水泥	Cement	3245	1299	1946	2620	886	1735
木材	Timber	1821	963	858	2162	525	1637
非金属矿石	Nonmetal Ores	6033	2524	3509	5846	2423	3423
化肥和农药	Chemical Fertilizers and Pesticides	1466	839	627	1310	751	559
盐	Salt	627	84	543	413	59	354
粮食	Grain	9135	3299	5836	10483	3606	6877
其他	Others	157217	81695	75523	168163	85882	82281

16-30 沿海规模以上港口货物吞吐量

Volume of Freight Handled in Coastal Ports above Designated Size

单位：万吨 (10 000 tons)

港口	Seaport	1985	1990	1995	2000	2005	2006	2007	2008	2009
总计	**Total**	**31154**	**48321**	**80166**	**125603**	**292777**	**342191**	**388200**	**429599**	**475481**
#大连	Dalian	4381	4952	6417	9084	17085	20046	22286	24588	27203
营口	Yingkou	98	237	1156	2268	7537	9477	12207	15085	17603
秦皇岛	Qinhuangdao	4419	6945	8382	9743	16900	20489	24893	25231	24942
天津	Tianjin	1856	2063	5787	9566	24069	25760	30946	35593	38111
烟台	Yantai	689	668	1361	1774	4506	6076	10129	11189	12351
青岛	Qingdao	2611	3034	5103	8636	18678	22415	26502	30029	31546
日照	Rizhao		925	1452	2674	8421	11007	13063	15102	18131
上海	Shanghai	11291	13959	16567	20440	44317	47040	49227	50808	49467
连云港	Lianyungang	929	1137	1716	2708	6016	7232	8507	10060	10843
宁波-舟山	Ningbo-Zhoushan	1040	2554	6853	11547	26881	42387	47336	52048	57684
汕头	Shantou	201	279	716	1284	1736	2015	2301	2806	3102
广州	Guangzhou	1772	4163	7299	11128	25036	30282	34325	34700	36395
湛江	Zhanjiang	1231	1557	1885	2038	4647	5664	6075	6682	11838
海口	Haikou	170	288	468	808	2118	2127	2373	2614	4855
八所	Basuo	388	431	275	378	486	479	546	554	652

注：1.从2006年起，宁波－舟山港包括原宁波港和舟山港，以往年度数据为原宁波港数据。
2.从2007年起，烟台港包括原烟台港和龙口港，以往年度数据为原烟台港数据。

a) Since 2006, data of Ningbo-Zhoushan seaport include those of Ningbo seaport and Zhoushan seaport.

b) Since 2007, data of Yantai seaport include Yantai seaport and Longkou seaport, and were data of Yantai seaport before 2007.

16-31 沿海规模以上港口码头泊位数（2009年底）

Number of Berths in Coastal Ports above Designated Size at Year-end (2009)

名称	Name	总计 Total			生产用 For Productive Use			非生产用 For Nonproductive Use	
		码头长度（米）Length of Quay Line (m)	泊位个数（个）Number of Berths (unit)	#万吨级 10 000 Ton Class	码头长度（米）Length of Quay Line (m)	泊位个数（个）Number of Berths (unit)	#万吨级 10 000 Ton Class	码头长度（米）Length of Quay Line (m)	泊位个数（个）Number of Berths (unit)
总计	**Total**	**628713**	**5372**	**1214**	**560565**	**4516**	**1214**	**68148**	**856**
#大连	Dalian	37195	221	78	33318	196	78	3877	25
营口	Yingkou	11476	55	34	11187	50	34	289	5
秦皇岛	Qinhuangdao	15945	86	42	14750	66	42	1195	20
天津	Tianjin	28004	134	80	26736	124	80	1268	10
烟台	Yantai	15189	88	45	13866	74	45	1323	14
青岛	Qingdao	19767	79	57	18749	73	57	1018	6
日照	Rizhao	10914	44	39	10914	44	39		
上海	Shanghai	116834	1145	148	72274	614	148	44560	531
连云港	Lianyungang	10802	55	40	10505	53	40	297	2
宁波-舟山	Ningbo-Zhoushan	66906	689	108	64630	628	108	2276	61
汕头	Shantou	8953	86	17	8752	82	17	201	4
广州	Guangzhou	44163	509	58	41042	467	58	3121	42
湛江	Zhanjiang	15947	178	30	14152	148	30	1795	30
海口	Haikou	4613	42	10	4422	41	10	191	1
八所	Basuo	1729	10	7	1559	9	7	170	1

16-32 内河规模以上港口码头泊位数（2009年底）

Number of Berths in Ports of Inland Rivers above Designated Size at Year-end (2009)

名称	Name	总计 Total			生产用 For Productive Use			非生产用 For Nonproductive Use	
		码头长度（米）Length of Quay Line (m)	泊位个数（个）Number of Berths (unit)	#万吨级 10 000 Ton Class	码头长度（米）Length of Quay Line (m)	泊位个数（个）Number of Berths (unit)	#万吨级 10 000 Ton Class	码头长度（米）Length of Quay Line (m)	泊位个数（个）Number of Berths (unit)
总计	**Total**	**885120**	**14719**	**293**	**840273**	**13935**	**293**	**44847**	**784**
#重庆	Chongqing	88789	1184		70127	833		18662	351
万州	Wanzhou	6880	55		5890	47		990	8
宜昌	Yichang	2966	44		2716	38		250	6
武汉	Wuhan	22396	259		19394	225		3002	34
黄石	Huangshi	8374	143		7854	134		520	9
九江	Jiujiang	16324	146		14299	118		2025	28
安庆	Anqing	10616	157		8907	129		1709	28
池州	Chizhou	8034	100		8034	100			
铜陵	Tongling	4825	95		4760	94		65	1
芜湖	Wuhu	12464	151	3	10644	121	3	1820	30
马鞍山	Maanshan	6772	112		6727	111		45	1
南京	Nanjing	28656	285	44	27064	262	44	1592	23
镇江	Zhenjiang	14737	166	28	14617	164	28	120	2
泰州	Taizhou	9451	95	35	9451	95	35		
扬州	Yangzhou	4092	35	9	4092	35	9		
江阴	Jiangyin	11351	66	27	11351	66	27		
常州	Changzhou	2631	15	5	2631	15	5		
南通	Nantong	15710	126	42	15246	121	42	464	5
上海(内河)	Shanghai(Inland Rivers)	91850	1912		90993	1895		857	17

16-33 民用航空航线及飞机架数
Number of Civil Aviation Routes and Civil Aircrafts

指 标	Item	1990	1995	2000	2005	2008	2009
民用航空航线条数（条）	**Number of Civil Aviation Routes (line)**	**437**	**797**	**1165**	**1257**	**1532**	**1592**
国际航线	International Routes	44	85	133	233	297	263
国内航线	Domestic Routes	385	694	1032	1024	1235	1329
#港、澳地区航线	Regional Routes	8	18	42	43	49	72
民用航空航线里程（公里）	**Length of Civil Aviation Routes (km)**	**506762**	**1128961**	**1502887**	**1998501**	**2461840**	**2345085**
国际航线	International Routes	166350	348175	508405	855932	1120166	919899
国内航线	Domestic Routes	329493	750794	994482	1142569	1341674	1425186
#港、澳地区航线	Regional Routes	10919	29992	55759	61056	68592	107262
民用航班飞行机场（个）	**Number of Civil Airports (unit)**	**94**	**139**	**139**	**135**	**152**	**165**
民用飞机期末架数（架）	**Number of Civil Aircraft (unit)**	**503**	**852**	**982**	**1386**	**1961**	**2181**
运输飞机	Aero Transport	204	416	527	863	1259	1417
大中型飞机	Air bus		330	462	785	1155	1297
#波音747	Boeing 747	11	16	19	22	37	37
波音737	Boeing 737	21	115	186	358	527	593
波音757	Boeing 757	9	44	48	64	52	51
波音767	Boeing 767	6	17	16	27	22	19
MD90	MD-90			22	22	22	22
A320	Airbus A320		1	60	115	186	219
小型飞机	Puddle-jumper		86	65	78	104	120
通用航空飞机	General Aircraft	217	306	301	383	484	555
教学校验飞机	Teaching Verifying Aircraft	82	130	154	140	218	209

注：1.1992年以前，民航机场和飞机架数为民航总局直属企业数，1992年起为民航全行业数字。

2.1997年以前，地区航线含民航至香港、澳门航线,与国内航线、国际航线并列。1997年起，民航至香港航线统计在国内航线中，航线里程及运输量统计口径也做同样调整。1999年起，地区航线为国内航线的其中项，仍含民航至香港、澳门航线及运量(下表同)。

a) Before 1997, the number of civil airports and aircrafts refers to those owned by enterprises directly under CAAC. Since 1997, it refers to those owned by all enterprises of civil aviation. The same applies to the tables following.

b) Before 1997, regional routes include the routes to and from Hong Kong, Macao, and are taken as parallel items to the items of domestic routes and international routes. Since 1997, regional routes to and from Hong Kong are taken as domestic routes, and adjustment are also made on the length of aviation routes and traffic volume accordingly. Since 1999, regional routes are taken as a part of domestic routes, and include the aviation routes to and from Hong Kong, Macao. The same applies to the tables following.

16-34 民用航空运输量及通用航空飞行时间
Civil Aviation Traffic and Flying Time of General Aviation

指　　标	Item	1990	1995	2000	2005	2008	2009
客运量　　(万人)	**Passenger Traffic　(10 000 persons)**	**1660**	**5117**	**6722**	**13827**	**19251**	**23052**
国际航线	International Routes	114	368	690	1225	1519	1474
国内航线	Domestic Routes	1346	4419	6031	12602	17732	21578
#港、澳地区航线	Regional Routes	200	330	403	509	500	517
旅客周转量(万人公里)	**Passenger-tons　(10 000 person-km)**	**2304797**	**6813036**	**9705437**	**20449288**	**28827993**	**33752354**
国际航线	International Routes	516910	1149710	2328154	4524063	5772650	5662080
国内航线	Domestic Routes	1576554	5287232	7377283	15925225	23055343	28090274
#港、澳地区航线	Regional Routes	211333	376094	502405	709205	718211	749114
货(邮)运量　(吨)	**Freight Traffic　(ton)**	**369722**	**1011145**	**1967123**	**3067168**	**4076376**	**4455347**
国际航线	International Routes	81102	229632	492356	771551	1194708	1260983
国内航线	Domestic Routes	239467	702557	1474767	2295618	2881668	3194364
#港、澳地区航线	Regional Routes	49153	78956	135442	169247	156221	159019
货邮周转量(万吨公里)	**Freight Ton-kilometers(10 000 ton-km)**	**81825**	**222981**	**502683**	**788954**	**1196023**	**1262307**
国际航线	International Routes	43830	115894	291550	452450	773683	794325
国内航线	Domestic Routes	31647	96604	211133	336504	422340	467982
#港、澳地区航线	Regional Routes	6348	10483	19495	26263	24089	22743
总周转量 (万吨公里)	**Total Air Traffic Ton-kilometers (10 000 ton-km)**	**249950**	**714385**	**1225007**	**2612724**	**3767652**	**4270726**
国际航线	International Routes	82595	201250	465190	855235	1288988	1299511
国内航线	Domestic Routes	145156	474660	759818	1757488	2478663	2971215
#港、澳地区航线	Regional Routes	22199	38475	56878	89509	87925	89293
通用航空飞行时间 (小时)	**Flying Time of General Aviation　(hr)**	**42524**	**39485**	**48707**	**84859**	**110706**	**123838**
农林业航空作业	Flight for Agriculture and Forestry	22674	16838	22922	25428	24691	26309
#航空护林	Forest Protection Service	3573	2410	3927	6508	6000	7340
播种造林	Afforestation	4605	1713	4060	1929	1555	1534
工业航空作业	Flight for Industry	19850	22647	25785	36514	50591	52916

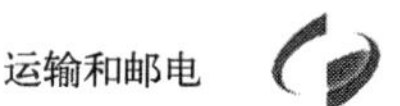

16-35 邮电业务基本情况

Basic Conditions of Postal and Telecommunication Services

指标	Item	2005	2006	2007	2008	2009
邮电业务总量 (亿元)	Business Volume of Postal and Telecommunication Services (100 million yuan)	12028.5	15325.9	19805.1	23649.5	27193.5
函件 (亿件)	Number of Letters (100 million pcs)	73.5	71.3	69.5	73.6	75.3
包裹 (万件)	Package (10 000 pcs)	9531.8	9317.5	9103.3	7936.7	7229.6
快递 (万件)	Pieces of Express Mail Services (10 000 pcs)	22880.3	26988.0	120189.6	151329.3	185784.8
报刊期发数 (万份)	Issue of Newspapers and Magazines (10 000 copies)	14601.3	14372.7	13030.6	15658.3	13909.5
汇票 (万笔)	Postal Order (10 000 times)	16052.0	18928.0	22875.2	26404.2	27177.4
集邮业务 (万枚)	Stamps for Collection (10 000 pcs)	121214.0	104580.9	113656.7	131873.0	110088.5
固定本地电话通话次数 (亿次)	Number of Calls of Local Fixed Telephone (100 million times)	7399.8	7008.0	6771.4	6185.9	5401.8
固定长途电话通话时长 (亿分钟)	Length of Long-distance Calls of Fixed Telephone (100 million minutes)	894.2	976.1	1040.6	970.7	823.4
移动电话通话时长 (亿分钟)	Length of Calls of Mobile Telephone (100 million minutes)	12507.4	16870.7	23061.3	29355.6	35351.0
IP电话通话时长 (亿分钟)	Length of IP Calls (100 million minutes)	1340.2	1492.2	1494.9	1399.3	1164.8
移动短信业务量 (亿条)	Short Message Services (100 million messages)	3046.3	4295.4	5945.8	6996.9	7726.5
互联网上网人数 (万人)	Number of Internet Users (10 000 persons)	11100	13700	21000	29800	38400
移动电话年末用户 (万户)	Number of Mobile Telephone Subscribers at Year-end (10 000 subscribers)	39340.6	46105.8	54730.6	64124.5	74721.4
#3G移动电话用户 (万户)	3G Mobile Phone Subscribers (10 000 subscribers)					1232.2
固定电话年末用户 (万户)	Number of Fixed Telephone Subscribers at Year-end (10 000 subscribers)	35044.5	36778.6	36563.7	34035.9	31373.2
城市电话用户 (万户)	Urban Fixed Telephone Subscribers(10 000 subscribers)	23975.3	25132.9	24859.8	23155.9	21190.0
#住宅电话用户	Household Fixed Telephone Subscribers	17201.2	17697.6	16988.2	15588.3	12969.5
农村电话用户 (万户)	Rural Fixed Telephone Subscribers (10 000 subscribers)	11069.2	11645.6	11704.0	10880.0	10183.2
#住宅电话用户	Household Fixed Telephone Subscribers	10023.9	10561.5	10533.1	9612.2	8813.3
公用电话 (万户)	Public Telephone (10 000 subscribers)	2681.2	2960.7	2991.9	2771.5	2708.8
营业网点 (处)	Number of Offices (unit)	65917	62799	70655	69146	65672
邮路及农村投递路线总长度 (万公里)	Length of Postal Routes and Rural Delivery Routes (10 000 km)	697.2	693.6	717.1	735.0	770.4
长途电话交换机容量 (万路端)	Capacity of Long Distance Telephone Exchanges (10 000 lines)	1371.6	1442.3	1709.2	1690.7	1684.9
局用交换机容量 (万门)	Capacity of Office Telephone Exchanges (10 000 lines)	47196.1	50279.9	51034.6	50863.2	49265.6
移动电话交换机容量 (万户)	Capacity of Mobile Telephone Exchanges (10 000 subscribers)	48241.7	61032.0	85496.1	114531.4	144084.7
长途光缆线路长度 (万公里)	Length of Long-distance Optical Cable Lines(10 000 km)	72.3	72.2	79.2	79.8	83.1
互联网宽带接入端口 (万个)	Broad Band Subscribers Port of Internet (10 000 ports)	4874.7	6486.4	8539.3	10890.4	13835.7

注：1.邮电业务总量2000年及以前按1990年不变价格计算，2001年是按2000年不变价格计算，按可比价格比上年增长27.6%（下表同）。

2.邮政业务总量、快递的统计口径2006年以前为中国邮政集团，2007年起为规模以上(年业务收入200万元以上)邮政业法人企业数据（下表同）。

3.营业网点1998年及以前为邮电局所，1999-2006年为邮政局所；统计口径从2002年起为邮政局所和邮政代办点，2007年起为规模以上邮政业法人企业办理业务的场所(下表同)。

a) The business volume of postal and telecommunication services before 2000 was calculated at 1990 constant prices and that in 2001 was calculated at 2000 constant prices. The rate of increase at constant prices was 27.6 % in 2001.The same applies to the table following.

b) Statistical coverages of business volume of postal and telecommunication services and pieces of express mail services are China Post Group before 2006, and postal enterprises above designated size (with annual business revenue above 2 million yuan). The same applies to the table following.

c) The indicator of number of postal offices referred to postal and communication offices before 1998, and referred to postal offices from 1999 to 2006 It included postal offices and postal sub-stations since 2002, and was the business sites of postal enterprises above designated size since 2007. The same applies to the table following.

16-36 邮电业务量

Business Volume of Postal and Telecommunication Services

年份 地区	Year Region	邮电业务总量（亿元）Business Volume of Postal and Telecommunication Services (100 million yuan)	邮政业务总量 Business Volume of Postal Services	电信业务总量 Business Volume of Telecommunication Services	函件（亿件）Number of Letters (100 million pcs)	包裹（万件）Package (10 000 pcs)	快递（万件）Pieces of Express Mail Services (10 000 pcs)
	1978	34.09	14.92	19.17	28.35	7400.5	
	1980	39.03	17.02	22.01	33.13	7153.2	
	1985	62.21	25.70	36.51	46.78	7612.7	
	1990	155.54	45.95	109.59	54.87	9690.1	343.3
	1991	204.38	52.75	151.63	52.11	9590.9	566.7
	1992	290.94	64.36	226.57	57.18	10948.0	959.2
	1993	462.71	80.26	382.45	68.70	13964.5	2156.2
	1994	688.19	95.89	592.30	76.50	15908.2	4019.5
	1995	988.85	113.34	875.51	79.55	15641.0	5562.7
	1996	1342.04	133.29	1208.75	78.68	14920.0	7096.6
	1997	1773.29	144.34	1628.95	68.55	9715.3	6878.9
	1998	2431.21	166.28	2264.94	65.51	9726.5	7667.7
	1999	3330.82	198.44	3132.37	60.52	9741.9	9091.3
	2000	4792.70	232.80	4559.90	77.71	9600.3	11031.4
	2001	4556.26	457.42	4098.84	86.93	9931.2	12652.7
	2002	5695.80	494.69	5201.12	106.01	10537.9	14036.2
	2003	7019.79	541.04	6478.75	103.84	11029.4	17237.8
	2004	9712.29	564.30	9147.99	82.81	9948.7	19771.9
	2005	12028.54	625.52	11403.02	73.51	9531.8	22880.3
	2006	15325.87	730.49	14595.38	71.31	9317.5	26988.0
	2007	19805.06	1213.73	18591.33	69.50	9103.3	120189.6
	2008	23649.52	1401.80	22247.72	73.63	7936.7	151329.3
	2009	27193.46	1639.88	25553.58	75.32	7229.6	185784.8
北京	Beijing	970.45	88.89	881.55	6.43	787.0	14986.5
天津	Tianjin	390.14	26.08	364.06	1.12	112.0	2598.1
河北	Hebei	1199.83	50.55	1149.28	2.69	383.2	4506.8
山西	Shanxi	635.07	36.06	599.00	0.83	127.1	1237.4
内蒙古	Inner Mongolia	554.26	12.06	542.20	0.37	105.5	1196.4
辽宁	Liaoning	965.11	47.34	917.77	0.75	223.6	3497.3
吉林	Jilin	525.94	21.62	504.32	0.81	122.8	1445.8
黑龙江	Heilongjiang	697.15	37.10	660.05	0.87	232.1	2052.9
上海	Shanghai	1034.72	194.70	840.02	12.98	723.4	34178.4
江苏	Jiangsu	1812.88	154.34	1658.54	9.47	430.9	17498.2
浙江	Zhejiang	1736.68	111.38	1625.30	8.36	439.4	14764.7
安徽	Anhui	703.42	38.82	664.60	2.44	164.0	2362.4
福建	Fujian	999.18	57.23	941.95	2.59	193.3	6960.6
江西	Jiangxi	592.68	32.26	560.42	1.74	131.6	2203.3
山东	Shandong	1676.60	83.25	1593.35	5.22	357.5	7254.3
河南	Henan	1278.56	58.78	1219.77	1.98	270.8	4079.9
湖北	Hubei	841.78	45.52	796.26	1.45	197.2	3840.3
湖南	Hunan	900.40	42.09	858.31	1.02	175.3	2738.6
广东	Guangdong	4149.11	301.78	3847.33	7.98	722.5	42206.5
广西	Guangxi	694.30	22.47	671.82	0.73	129.4	1689.3
海南	Hainan	191.98	7.81	184.17	0.14	39.4	429.5
重庆	Chongqing	490.89	25.23	465.66	0.56	102.6	2240.2
四川	Sichuan	1173.07	54.93	1118.15	1.63	277.1	4527.7
贵州	Guizhou	465.57	12.34	453.24	0.68	62.3	930.0
云南	Yunnan	678.98	15.40	663.58	0.65	145.9	1849.7
西藏	Tibet	53.00	1.71	51.28	0.05	34.6	184.0
陕西	Shaanxi	746.57	30.88	715.68	0.87	186.2	2070.0
甘肃	Gansu	361.75	9.28	352.47	0.38	101.6	696.6
青海	Qinghai	90.82	2.72	88.10	0.04	33.2	181.4
宁夏	Ningxia	119.99	3.28	116.71	0.23	30.5	356.0
新疆	Xinjiang	462.64	14.02	448.62	0.28	187.8	1022.4

16-36 续表 1 continued

年 份 Year 地 区 Region		报刊期发数(万份) Issue of Newspapers and Magazines (10 000 copies)	汇 票(万笔) Postal Order (10 000 times)	集邮业务(万枚) Stamps for Collection (10 000 pieces)	固定本地电话通话次数(亿次) Number of Calls of Local Fixed Telephone (100 million times)	固定长途电话通话时长(亿分钟) Length of Long-distance Calls of Fixed Telephone (100 million minutes)
	1978	11250.0	11852.4			
	1980	16431.0	13557.0			
	1985	30172.0	16355.1			
	1990	20078.0	16555.8	71233.0		
	1991	23277.0	17078.7	123523.0		
	1992	25104.0	19225.2	167303.0		
	1993	25511.0	21894.8	210885.0		
	1994	24096.0	23862.1	236849.0		
	1995	21689.0	23985.1	239250.0		
	1996	21157.0	23923.4	303436.0		
	1997	21875.0	23416.5	451729.0		
	1998	22989.0	23069.2	502850.0		
	1999	25035.0	22886.8	522475.0	2300.4	546.6
	2000	20089.7	22475.0	453500.0	2691.0	671.5
	2001	21811.0	21399.7	344114.0	6232.8	628.2
	2002	17620.0	21080.0	244158.7	6855.6	539.9
	2003	16594.4	20442.0	183421.0	6988.4	587.5
	2004	14789.3	17895.4	149178.0	7225.6	741.6
	2005	14601.3	16052.0	121214.0	7399.8	894.2
	2006	14372.8	18928.0	104580.9	7008.0	976.1
	2007	13030.6	22875.2	113656.7	6771.4	1040.6
	2008	15658.3	26404.2	131873.0	6185.9	970.7
	2009	13909.5	27177.4	110088.5	5401.8	823.4
北 京	Beijing	679.7	1103.4	17816.9	255.5	27.5
天 津	Tianjin	198.1	296.1	5740.3	61.0	7.3
河 北	Hebei	289.4	562.7	2439.0	198.2	28.3
山 西	Shanxi	340.1	689.1	1452.9	126.3	16.7
内蒙古	Inner Mongolia	232.7	423.8	1423.8	65.9	10.7
辽 宁	Liaoning	356.1	918.8	4159.5	265.0	29.0
吉 林	Jilin	176.5	473.3	1981.5	110.6	9.7
黑龙江	Heilongjiang	112.7	502.9	3387.1	144.7	19.4
上 海	Shanghai	842.1	967.6	3838.9	272.9	27.0
江 苏	Jiangsu	1138.6	1817.5	8217.3	358.7	76.1
浙 江	Zhejiang	1035.8	2083.3	6331.1	297.3	72.7
安 徽	Anhui	518.2	385.7	971.7	119.7	13.1
福 建	Fujian	511.4	1048.4	4196.8	217.2	28.7
江 西	Jiangxi	362.7	502.5	2923.6	91.8	13.7
山 东	Shandong	868.3	1251.3	5346.8	309.6	37.1
河 南	Henan	808.5	1327.9	6063.7	338.2	34.7
湖 北	Hubei	564.1	604.3	4162.6	137.3	36.1
湖 南	Hunan	708.8	964.6	2350.9	183.9	24.6
广 东	Guangdong	766.7	6371.4	7929.5	736.0	147.0
广 西	Guangxi	380.1	279.1	1284.3	182.0	29.0
海 南	Hainan	86.5	236.0	323.4	32.1	6.0
重 庆	Chongqing	733.1	370.1	771.8	122.7	8.3
四 川	Sichuan	598.1	1025.7	4664.4	243.2	28.1
贵 州	Guizhou	308.3	549.6	748.7	60.9	9.1
云 南	Yunnan	305.0	419.9	1820.3	90.2	18.2
西 藏	Tibet	38.8	144.7	284.9	10.8	3.7
陕 西	Shaanxi	365.0	637.3	3399.6	139.0	23.2
甘 肃	Gansu	200.3	316.6	1609.2	75.4	13.0
青 海	Qinghai	36.9	147.1	744.7	18.6	4.3
宁 夏	Ningxia	50.9	108.8	1183.2	16.3	2.9
新 疆	Xinjiang	296.1	647.6	2520.1	120.8	17.8

16-36 续表 2 continued

年 份 地 区	Year Region	移动电话通话时长(亿分钟) Length of Calls of Mobile Telephone (100 million minutes)	IP电话通话时长(亿分钟) Length of IP Calls (100 million minutes)	移动短信业务量(亿条) Short Message Services (100 million messages)	互联网上网人数(万人) Number of Internet Users (10 000 persons)	移动电话年末用户(万户) Number of Mobile Telephone Subscribers at Year-end (10 000 subscribers)	#3G移动电话用户 3G Mobile Phone Subscribers
	1978						
	1980						
	1985						
	1990					1.8	
	1991					4.8	
	1992					17.7	
	1993					63.9	
	1994					156.8	
	1995					362.9	
	1996					685.3	
	1997					1323.3	
	1998					2386.3	
	1999	1188.1	1.0			4329.6	
	2000	1845.3	31.5		2250	8453.3	
	2001	2904.5	201.9		3370	14522.2	
	2002	4184.0	591.6	583.3	5910	20600.5	
	2003	6308.9	834.2	1386.3	7950	26995.3	
	2004	9454.7	1149.0	2170.5	9400	33482.4	
	2005	12507.4	1340.2	3046.3	11100	39340.6	
	2006	16870.7	1492.2	4295.4	13700	46105.8	
	2007	23061.3	1494.9	5945.8	21000	54730.6	
	2008	29355.6	1399.3	6996.9	29800	64124.5	
	2009	35351.0	1164.8	7726.5	38400	74721.4	1232.2
北 京	Beijing	963.7	69.1	364.4	1103	1825.5	84.5
天 津	Tianjin	487.1	24.5	114.9	564	992.5	38.8
河 北	Hebei	1742.0	6.2	380.4	1842	3783.2	43.7
山 西	Shanxi	861.7	6.8	188.5	1064	1952.3	21.2
内蒙古	Inner Mongolia	860.8	6.5	160.1	575	1616.0	18.5
辽 宁	Liaoning	1263.7	30.6	270.5	1595	2882.1	43.4
吉 林	Jilin	785.1	5.6	169.6	726	1574.2	14.9
黑龙江	Heilongjiang	1020.4	15.9	171.0	912	1865.9	19.2
上 海	Shanghai	876.0	131.4	329.0	1171	2113.2	62.5
江 苏	Jiangsu	2218.4	25.5	708.0	2765	4940.3	90.7
浙 江	Zhejiang	2168.9	22.2	598.8	2452	4456.3	79.5
安 徽	Anhui	847.8	44.0	282.9	1069	2154.6	23.0
福 建	Fujian	1359.1	23.0	262.8	1629	2639.1	42.4
江 西	Jiangxi	859.2	8.0	152.8	790	1548.0	14.9
山 东	Shandong	2310.3	60.2	448.8	2769	5334.5	93.1
河 南	Henan	1857.0	9.2	307.4	2007	3987.2	68.9
湖 北	Hubei	1071.6	43.2	252.7	1469	3136.9	42.6
湖 南	Hunan	1295.4	38.1	228.1	1406	2752.4	30.3
广 东	Guangdong	4491.5	300.1	824.9	4860	8923.3	176.2
广 西	Guangxi	987.6	8.2	192.1	1030	1960.1	18.9
海 南	Hainan	294.7	5.2	43.7	244	496.4	9.6
重 庆	Chongqing	716.0	34.1	114.9	803	1440.9	21.7
四 川	Sichuan	1656.0	86.9	342.4	1635	3466.9	37.9
贵 州	Guizhou	719.0	14.4	109.3	573	1453.4	12.2
云 南	Yunnan	1018.2	27.6	222.1	844	1936.4	16.2
西 藏	Tibet	64.2	2.3	15.2	53	124.0	1.6
陕 西	Shaanxi	1064.4	50.7	204.5	995	2337.4	37.1
甘 肃	Gansu	516.0	5.4	141.7	535	1194.7	14.0
青 海	Qinghai	117.1	2.5	24.5	154	301.0	3.5
宁 夏	Ningxia	172.0	2.8	39.0	141	382.8	3.7
新 疆	Xinjiang	686.4	54.7	61.4	634	1113.0	10.5
不分地区	Not Classified by Region					37.0	37.0

16-36 续表 3 continued

年 份 地 区	Year Region	固定电话年末用户(万户) Number of Fixed Telephone Subscribers at Year-end (10 000subscribers)	城市电话用户 Urban Fixed Telephone Subscribers	#住宅电话用户 Household Fixed Telephone Subscribers	农村电话用户 Rural Fixed Telephone Subscribers	#住宅电话用户 Household Fixed Telephone Subscribers	#公用电话(万户) Public Telephone (10 000 subscribers)
	1978	192.5	119.2		73.4		1.2
	1980	214.1	134.2		79.9		1.4
	1985	312.0	219.0	4.1	93.1	2.0	2.7
	1990	685.0	538.4	152.7	146.6	30.7	4.6
	1991	845.1	670.8	239.0	174.2	49.5	5.4
	1992	1146.9	920.6	415.4	226.3	79.0	8.4
	1993	1733.2	1407.4	800.4	325.8	139.5	15.8
	1994	2729.5	2246.8	1489.4	482.7	274.9	38.7
	1995	4070.6	3263.6	2358.4	807.0	551.4	85.0
	1996	5494.7	4277.8	3224.6	1216.9	907.3	138.0
	1997	7031.0	5244.4	4057.2	1786.6	1406.6	193.9
	1998	8742.1	6259.8	4911.1	2482.3	2070.7	259.5
	1999	10871.6	7463.3	5894.4	3408.4	2949.2	297.4
	2000	14482.9	9311.6	7219.4	5171.3	4597.8	352.0
	2001	18036.8	11193.7	8535.3	6843.1	6197.7	346.2
	2002	21422.2	13579.1	10196.7	7843.1	7183.8	985.5
	2003	26274.7	17109.7	12533.9	9165.0	8389.7	1561.4
	2004	31175.6	21025.1	15246.5	10150.5	9240.5	2215.0
	2005	35044.5	23975.3	17201.2	11069.2	10023.9	2681.2
	2006	36778.6	25132.9	17697.6	11645.6	10561.5	2960.7
	2007	36563.7	24859.8	16988.2	11704.0	10533.1	2991.9
	2008	34035.9	23155.9	15588.3	10880.0	9612.2	2771.5
	2009	31373.2	21190.0	12969.5	10183.2	8813.3	2708.8
北 京	Beijing	893.1	694.2	410.7	198.9	158.9	85.2
天 津	Tianjin	385.3	381.6	286.6	3.7	0.5	25.9
河 北	Hebei	1343.9	870.1	612.7	473.8	424.1	87.3
山 西	Shanxi	758.8	498.6	378.6	260.2	231.3	70.8
内蒙古	Inner Mongolia	441.6	372.8	263.1	68.7	61.4	33.5
辽 宁	Liaoning	1529.1	1075.7	868.1	453.4	443.2	100.1
吉 林	Jilin	581.3	425.4	305.3	155.9	145.3	49.9
黑龙江	Heilongjiang	870.2	659.1	498.4	211.1	194.4	68.3
上 海	Shanghai	935.5	923.5	616.2	12.0		44.9
江 苏	Jiangsu	2662.4	1694.3	1053.3	968.0	822.0	182.7
浙 江	Zhejiang	2130.9	1326.1	639.1	804.8	608.8	235.4
安 徽	Anhui	1267.3	625.8	398.7	641.5	596.0	79.0
福 建	Fujian	1244.8	853.8	449.6	391.0	323.2	96.0
江 西	Jiangxi	748.5	448.0	257.4	300.5	265.5	67.0
山 东	Shandong	2217.3	1260.3	864.0	957.0	866.3	187.4
河 南	Henan	1460.6	1009.0	824.4	451.6	424.9	140.4
湖 北	Hubei	1088.3	710.2	385.3	378.0	338.1	111.2
湖 南	Hunan	1166.9	764.6	443.6	402.4	352.1	101.8
广 东	Guangdong	3366.7	2554.4	1239.7	812.2	579.1	382.9
广 西	Guangxi	787.6	485.8	268.8	301.8	273.8	60.6
海 南	Hainan	182.8	125.5	63.9	57.4	46.1	20.1
重 庆	Chongqing	627.7	397.8	213.1	229.9	208.1	43.1
四 川	Sichuan	1551.2	985.3	557.0	565.9	508.6	111.9
贵 州	Guizhou	451.1	254.5	133.3	196.6	179.8	39.9
云 南	Yunnan	583.1	359.5	183.3	223.6	183.5	72.3
西 藏	Tibet	53.9	51.2	24.1	2.7	1.0	6.6
陕 西	Shaanxi	815.0	525.7	259.0	289.2	257.1	76.5
甘 肃	Gansu	453.9	285.9	145.7	168.0	147.9	54.5
青 海	Qinghai	109.3	84.1	50.1	25.2	22.2	6.8
宁 夏	Ningxia	114.5	77.3	41.6	37.1	33.0	9.8
新 疆	Xinjiang	550.5	409.6	234.6	140.8	117.2	57.1

注：2002年起公用电话用户包括安装在街道等公共场所的智能网专线接入终端用户。

a) Number of subscribers of public telephone since 2002 included the smart net special end-users which were installed at the public spatial, such as street.

16-37 邮政业网点及邮递线路(年底数)

Postal Offices and Postal Delivery Routes at Year-end

年份 地区	Year Region	营业网点(处) Number of Offices (unit)	信筒信箱(个) Number of Post Boxes (unit)	邮路总长度(公里) Length of Postal Routes (km)	#汽车邮路 Highway Routes	#铁路邮路 Railway Routes	农村投递路线(公里) Rural Delivery Routes (km)
	1978	49623	156398	4863282	572204	150249	4266291
	1980	49471	159009	4737124	582058	150819	4138879
	1985	53107	174678	1416303	658102	181916	3565758
	1990	53629	181877	1618200	676747	191313	3364861
	1991	54006	181939	1603344	685759	185872	3371424
	1992	54891	183289	1646931	712367	189359	3374556
	1993	57005	187966	1760506	727380	189704	3377769
	1994	60447	193902	1781787	757931	187871	3364730
	1995	61898	203011	1886082	819412	183036	3345848
	1996	72496	217235	2118940	917151	183884	3358051
	1997	79273	231337	2363108	873688	186382	3402946
	1998	102225	234716	2853942	930622	189652	3361484
	1999	66649	232674	2979007	989122	190056	3348054
	2000	58437	239356	3073331	1070304	184925	3364498
	2001	57136	225846	3102558	1074092	180399	3492761
	2002	76358	217541	3080989	1112806	177685	3511190
	2003	63555	275962	3270209	1137480	191351	3531832
	2004	66393	222946	3336446	1194578	195998	3530508
	2005	65917	202259	3406226	1229802	200180	3565226
	2006	62799	197491	3369392	1230633	204733	3566982
	2007	70655	195336	3532980	1302915	211534	3637553
	2008	69146	224023	3693464	1385102	236860	3656936
	2009	65672	206597	4027751	1450782	248876	3676051
北京	Beijing	1804	6045	316573	58974	30235	17695
天津	Tianjin	601	1422	83919	11845	5957	16919
河北	Hebei	1962	5392	63509	58540	3671	182407
山西	Shanxi	1533	2932	73997	28385	7650	111344
内蒙古	Inner Mongolia	1613	2521	72245	46726	6403	112612
辽宁	Liaoning	1907	6552	163248	55639	7296	95402
吉林	Jilin	1131	4065	47827	25657	4924	92800
黑龙江	Heilongjiang	1794	4998	107325	39693	11137	142040
上海	Shanghai	2374	3673	278199	51315	14499	32812
江苏	Jiangsu	3920	9093	145897	88629	4718	258311
浙江	Zhejiang	2792	11316	236647	69806	2880	167932
安徽	Anhui	2323	6736	86463	50607	2485	150570
福建	Fujian	1763	15014	225977	45781	13416	88940
江西	Jiangxi	1888	3909	92561	60740	7113	100488
山东	Shandong	3408	15271	180810	68780	9860	263443
河南	Henan	2904	4711	109963	66669	7545	193533
湖北	Hubei	2254	12788	83796	37311	8956	195327
湖南	Hunan	5133	34351	97254	54678	3303	194146
广东	Guangdong	5245	12571	464184	125439	10799	222968
广西	Guangxi	1685	8671	119354	46524	8174	110714
海南	Hainan	495	853	63250	12203		22084
重庆	Chongqing	2309	4622	78144	24008	2121	66168
四川	Sichuan	5656	7571	207600	80983	5651	176060
贵州	Guizhou	2068	2977	61854	28799	6413	59802
云南	Yunnan	1874	3315	172714	70151	13533	159859
西藏	Tibet	199	353	19246	14166	2188	117635
陕西	Shaanxi	1756	4806	113537	36067	13407	123085
甘肃	Gansu	1397	6415	77471	31003	6010	110944
青海	Qinghai	199	426	33586	13503	3480	11981
宁夏	Ningxia	347	821	23939	7119	2315	11161
新疆	Xinjiang	1338	2407	126662	41043	22737	66869

注：邮路总长度1980年及以前为邮路及农村投递线路总长度之和。

a) Length of postal routes before 1981 included the length of postal routes and rural delivery routes.

16-38 电信主要通信能力（年底数）
Main Communication Capacity of Telecommunications (Year-end)

年 份 Year 地 区 Region	长途电话交换机容量（路端）Capacity of Long-distance Telephone Exchanges (circuit)	局用交换机容量（万门）Capacity of Office Telephone Exchanges (10 000 lines)	移动电话交换机容量（万户）Capacity of Mobile Telephone Exchanges (10 000 subscribers)	长途光缆线路长度（公里）Length of Long Distance Optical Cable Lines (km)	互联网宽带接入端口（万个）Broad Band Subscribers Port of Internet (10 000 ports)
1978	1863	405.9			
1980	1969	443.2			
1985	11522	613.4			
1990	161370	1231.8	5.1	3334	
1991	286325	1492.2	10.5	6490	
1992	521885	1915.1	45.3	14388	
1993	1206091	3040.8	156.1	38666	
1994	2416296	4926.2	371.6	73290	
1995	3518781	7203.6	796.7	106882	
1996	4162009	9291.2	1536.2	130159	
1997	4368305	11269.2	2585.7	150754	
1998	4491595	13823.7	4706.7	194100	
1999	5032026	15346.1	8136.0	239735	
2000	5635498	17825.6	13985.6	286642	
2001	7035769	25566.3	21926.3	399082	
2002	7730133	28656.8	27400.3	487684	
2003	10610724	35082.5	33698.4	594303	1802.3
2004	12629982	42346.9	39684.3	695271	3578.1
2005	13716307	47196.1	48241.7	723040	4874.7
2006	14423427	50279.9	61032.0	722439	6486.4
2007	17092213	51034.6	85496.1	792154	8539.3
2008	16907188	50863.2	114531.4	797979	10890.4
2009	16849027	49265.6	144084.7	831011	13835.7
北 京 Beijing	544710	1483.1	3814.0	3717	563.2
天 津 Tianjin	137246	617.3	1840.0	3110	184.5
河 北 Hebei	342990	2050.1	7843.0	29925	724.0
山 西 Shanxi	322104	1069.6	4223.5	26096	377.7
内蒙古 Inner Mongolia	248814	713.8	4122.0	42626	179.8
辽 宁 Liaoning	488583	2108.0	4449.8	23997	596.8
吉 林 Jilin	276018	857.1	3103.0	20161	288.1
黑龙江 Heilongjiang	482924	1384.2	4229.6	41304	367.4
上 海 Shanghai	670854	1386.9	4548.0	4297	662.4
江 苏 Jiangsu	1132342	4465.5	7950.4	32137	1092.5
浙 江 Zhejiang	914657	3109.7	8170.7	22955	947.3
安 徽 Anhui	716721	1603.3	4584.5	23674	471.9
福 建 Fujian	650859	1924.7	5741.2	19553	471.8
江 西 Jiangxi	542348	1208.5	3574.8	21589	281.8
山 东 Shandong	484801	3410.5	10538.7	30067	1028.9
河 南 Henan	1058034	2312.7	7288.3	36431	693.2
湖 北 Hubei	577630	1733.3	5296.7	29242	433.3
湖 南 Hunan	567148	1745.0	4392.5	35218	389.9
广 东 Guangdong	3091375	5426.1	16623.9	45710	1733.4
广 西 Guangxi	633555	1401.8	3770.5	36525	402.4
海 南 Hainan	86674	289.0	864.4	803	77.3
重 庆 Chongqing	238846	1147.3	2340.2	11143	291.7
四 川 Sichuan	710030	2363.5	9611.0	77292	507.7
贵 州 Guizhou	285437	850.7	2332.2	28612	163.6
云 南 Yunnan	370062	1039.7	3670.9	33978	247.1
西 藏 Tibet	57304	127.5	184.0	20419	15.7
陕 西 Shaanxi	409802	1330.8	3636.6	26489	273.9
甘 肃 Gansu	243536	799.1	1719.0	30106	121.4
青 海 Qinghai	128113	162.9	438.0	25550	32.8
宁 夏 Ningxia	73490	225.2	722.4	9885	38.9
新 疆 Xinjiang	316388	916.8	2461.0	38403	175.1
不分地区 Not Classified by Region	45632				

注：电话交换机容量不包括用户交换机容量。
a)The capacity of exchanges in this table do not includes the capacity of exchanges owned by users.

16-39 邮电通信服务水平
Level of Postal and Telecommunication Services

指　　标	Item	2005	2006	2007	2008	2009
邮政通信水平	**Postal Services Available**					
平均每一营业网点服务面积 (平方公里)	Average Area Served by Every Postal Office (sq.km)	145.6	152.9	135.9	138.8	146.2
平均每一营业网点服务人口 (万人)	Average People Served by Every Postal Office (10 000 persons)	1.97	2.09	1.90	1.90	2.03
平均每人每年发函件数 (件)	Annual Average Number of Letters Mailed per Capita (piece)	5.66	5.50	5.30	5.60	5.66
平均每百人每年订报刊数 (份)	Annual Average Number of Newspaper and Magazine Subscribed per 100 Persons (piece)	11.2	11.2	9.9	11.9	10.4
已通邮的行政村比重 (%)	Percentage of Administrative Village with Posts(%)	98.96	99.40	98.40	98.50	98.80
电信通信水平	**Telecommunication Services Available**					
移动电话漫游国家和地区 (个)	Number of Country (Territory) Roamed through Mobile Telephone (unit)	203	219	231	237	237
电话普及率（包括移动电话） (部/百人)	Popularization Rate of Telephone (Include Mobile Telephone) (sets/100 persons)	57.22	63.40	69.45	74.29	79.89
移动电话普及率 (部/百人)	Popularization Rate of Mobile Telephone (sets/100 persons)	30.26	35.30	41.64	48.53	56.27
每千人拥有公用电话数 (部)	Public Telephone owned Per 1 000 Person (set)	20.63	22.64	22.76	20.98	20.40
已通电话的行政村比重 (%)	Percentage of Administrative Village with Telephone (%)	97.1	98.9	99.5	99.7	99.9
已通固定电话的行政村比重(%)	Percentage of Administrative Village with Fixed Telephone (%)	94.40	95.87	96.74	96.90	94.69

主要统计指标解释

铁路营业里程 又称营业长度(包括正式营业和临时营业里程)，指办理客货运输业务的铁路正线总长度。凡是全线或部分建成双线及以上的线路，以第一线的实际长度计算；复线、站线、段管线、岔线和特殊用途线以及不计算运费的联络线都不计算营业里程。该指标可以反映铁路运输业基础设施的发展水平，也是计算客货周转量、运输密度和机车车辆运用效率等指标的基础资料。

铁路电气化里程 指在全部铁路营业里程中已安装了供电线路及设备，可以供电力机车牵引列车运行的区段的总里程。

铁路自动、半自动闭塞里程 为保证列车安全运行，在一个区间、同一时间内，一般只允许一列列车运行，这种保证列车在这个区间安全间隔运行的技术方法称为“闭塞”。自动和半自动闭塞里程指装有列车自动或人工完成闭塞状态的铁路设备里程。

公路里程 指在一定时期内实际达到《公路工程[WTBZ]技术标准 JTJ01-88》规定的等级公路，并经公路主管部门正式验收交付使用的公路里程数。包括大中城市的郊区公路以及通过小城镇街道部分的公路里程和桥梁、渡口的长度，不包括大中城市的街道、厂矿、林区生产用道和农业生产用道的里程。两条或多条公路共同经由同一路段，只计算一次，不得重复计算里程长度。该指标可以反映公路建设的发展规模，也是计算运输网密度等指标的基础资料。

内河航道里程 也称内河通航里程，指在一定时期内，能通航运输船舶及排筏的天然河流、湖泊水库、运河及通航渠道的长度。包括全年季节性通航累计三个月以上的航道，不包括仅供零散流放竹、木排的河道。该指标可以反映内河水运网的规模、水平和发展情况。

民用航空航线里程 指统计期间内全部民用航空航线的航线总长度。航线长度指民用航空航线的计费距离。计算航线里程可按重复和不重复两种方法，前者是指各航线长度相加的总和；后者则要扣除各航线之间相同航段重复计算的部分。

输油(气)管道长度 也称输油(气)里程，指油品(或天然气)的实际输送距离，一般按输油(气)管道的单线长度计算。若包括复线和备用线长度则称为输油(气)管道延展长度，是指管道铺设的实际长度。我们通常使用的是不包括复线的“输油(气)管道里程”，该指标可以反映管道运输的发展规模和水平。

货(客)运量 指在一定时期内，各种运输工具实际运送的货物(旅客)数量。该指标是反映运输业为国民经济和人民生活服务的数量指标，也是制定和检查运输生产计划、研究运输发展规模和速度的重要指标。货运按吨计算，客运按人计算。货物不论运输距离长短、货物类别，均按实际重量统计。旅客不论行程远近或票价多少，均按一人一次客运量统计；半价票、小孩票也按一人统计。

货(客)运密度 指在一定时期内某种运输方式在营运线路的某一区段平均每公里线路通过的货物(旅客)运输周转量。计算公式为:

$$货(客)运密度=\frac{货物(旅客)周转量}{营业线路长度}$$

该指标可以反映交通运输线路上的货物(旅客)运输量运输繁忙程度，是平衡运输线路运输能力和通过能力，规划线路建设及改造、配备技术设备，研究运输网布局的重要依据。

货物(旅客)周转量 指在一定时期内，由各种运输工具运送的货物(旅客)数量与其相应运输距离的乘积之总和。该指标可以反映运输业生产的总成果，也是编制和检查运输生产计划，计算运输效率、劳动生产率以及核算运输单位成本的主要基础资料。计算货物周转量通常按发出站与到达站之间的最短距离，也就是计费距离计算。计算公式为:

$$货物(旅客)周转量=\Sigma(货物(旅客)运输量\times 运输距离)$$

铁路货车平均静载重 指铁路货车在始发站静止状态下平均每车装载的货物重量，用以分析货车完成装车时车辆载重力的利用情况。计算公式为:

$$货车平均静载量=\frac{货物发送吨数}{装车数}$$

静载重的多少取决于运送货物的性质、种类、车辆的类型和装载技术的高低。根据货车的平均标记载重与静载重进行对比，可以反映货车载重能力的利用程度。计算公式为:

$$货车载重力利用率(\%)=\frac{货车平均静载重}{货车平均标记载重}\times 100\%$$

铁路货运机车日产量 指在一定时期内，平均每台货运机车在一昼夜内所完成的总重吨公里数，包括载运货物的重量和车辆本身的自重。该指标从时间和牵引能力两方面反映了机车运用效率。计算公式为:

$$货运机车平均日产量=\frac{货运总重吨公里数}{货运机车台日数}$$

规模以上港口货物吞吐量 指经由水路进、出港区范围，并经过装卸的货物数量。按货物流向分为进港吞吐量和出港吞吐量，按货物贸易性质分为内贸和外贸吞吐量。按货物的类别分，可根据现行的交通行业标准《运输货物分类和代码》分类。沿海港口是指位于海沿岸，具有一定设施和条件，供船舶停靠、旅客上下、货物装卸、生活物料供应等作业的港口。

民用汽车拥有量 指报告期末，在公安交通管理部门按照《机动车注册登记工作规范》，已注册登记领有民用车辆牌照的全部汽车数量。汽车拥有量统计的主要分类：根据汽车结构分为载客汽车、载货汽车及其他汽车；根据汽车所有者不同分为个人(私人)汽车、单位汽车；根据汽车的使用性质分为营运汽车、非营运汽车；根据汽车大小规格不同载客汽车分为大型、中型、小型和微型，载货汽车分为重型、中型、轻型和微型。

邮电业务总量 指以货币形式表示的邮电企业为社会提供各类邮电服务的总数量，是用于观察邮电业务发展变化总趋势的综合性总量指标。分别按邮政业务总量和电信业务总量统计。邮电业务总量是以各类业务的实物量分别乘以相应的不变单价，得出各类业务的货币量再加总求得。

移动电话用户 指在电信运营企业营业网点办理开户登记手续，通过移动电话交换机进入移动电话网，占用移动电话号码的各类电话用户。包括GSM数字移动电话用户、CDMA数字移动电话用户和电信运营企业发行的报告期末已激活充值的能异地漫游的各种智能卡用户。

互联网上网人数 指平均每周使用互联网至少1小时的6周岁以上中国公民人数。

固定电话用户 指在电信运营企业营业网点办理开户登记手续并已接入固定电话网上的全部电话用户。包括普通电话用户、公用电话用户、窄带综合业务数字网(N—ISDN)用户、智能网专用接入终端用户等。按行政区划分为城市电话用户和农村电话用户。

城市电话用户 指直辖市、省辖市、地级市、县级市的市区、市郊区及县城范围内接入局用交换机的电话用户。包括分布在农村地区县团级以上建制的独立工矿区、林区、驻军等电话用户。

农村电话用户 指县城关区以下的集镇和农村接入局用交换机的电话用户。

住宅电话用户 指安装在居民住宅或农民家里并按照住宅电话用户登记注册和收费的各类电话用户。包括私人付费、单位付费和按规定免费安装的住宅电话用户。

长途电话交换机容量 指用于接入长途电话网的电话交换机的设备额定容量，包括国际电话交换机容量。

局用交换机容量 指安装在电信运营企业内用于接续本地固定电话的电话交换机容量，有倍增设备按倍增后的数量计数。包括现用和备用的人工或自动交换机的全部容量。不包括用户交换机容量。

移动电话交换机容量 指移动电话交换机根据一定话务模型和交换机处理能力计算出来的最大同时服务用户的数量。

互联网宽带接入端口 指用于接入互联网用户的各类实际安装运行的接入端口的数量，包括xDSL用户接入端口、LAN接入端口以及其他类型接入端口等，不包括窄带拨号接入端口。

Explanatory Notes on Main Statistical Indicators

Length of Railways in Operation refers to the total length of the trunk line for passenger and freight transportation (including both full operation and temporary operation). The calculation is based on the actual length of the first line if this line has a full or partial double (or more). Not included are double tracks, station sidings, tracks under the charge of stations, branch lines, special-purpose lines and non-payable connecting lines. The length of railways in operation is an important indicator to show the development of the infrastructure of railway transport. It is also essential data to calculate volume of passenger freight transport, traffic density and utilization efficiency of locomotives and carriages.

Length of Electrified Railways refers to the length of the section of railways in operation in which the power supply lines and other equipment are installed for the running of electrified locomotives. The proportion of the length of electrified railways to the total length of railways in operation is an important indicator to show the modernization of railways.

Length of Automatic-blocking and Semi-automatic-blocking Railways Blocking is a spacing technique by which a section of the railway only allows one train to pass at a time with the aim of ensuring traffic safety. Length of automatic-blocking and semi-automatic-blocking railways refers to length of railways installed with equipment to perform automatic or manual blocking of trains.

Length of Highways refers to the length of highways which are built in conformity with the grades specified by the highway engineering standard [Highways WTBZ-Technical Standard JTJ01-88] formulated by the Ministry of Transport, and have been formally checked and accepted by the departments of highways and put into use. The length of highways includes that of the suburb highways at large and medium-sized cities, highways passing through streets at small cities and towns, and also the length of bridges and ferry piers. It does not include the length of streets in big and medium-sized cities and highways built for the production purpose at factories, mines, forest areas and agricultural areas. If two or more highways go the same section of the way, the length of the section is only calculated for once and no duplication is allowed. The length of highways is an indicator to show the development of the scale of highway construction and to provide essential information to calculate the transport network density.

Length of Navigable Inland Waterways is an indicator reflecting the size and development of inland water network. It refers to the length of the natural rivers, lakes, reservoirs, canals, and ditches open to navigation during a given period, which enables transportation by ships and rafts. It includes the channels open to navigation for over an accumulated period of 3 months in a year, yet this does not include the river courses which are only used to float odd logs and bamboo rafts. This indicator can reflect the scale, level and development situation of the inland waterway network.

Length of Civil Aviation Routes refers to the length of all routes for civil aviation flights, which is used to account the freight, during the period of statistics.. There are usually two ways to calculate the route length: duplicated calculation and non-duplicated calculateion, the former is the sum of length of all civil aviation routes, and the latter should deduct the duplication length of same route among all routes.

Length of Oil (Gas) Pipelines is used as an indicator to show the development, scale and level of the pipeline transportation. It refers to the actual transport distance of oil (or gas) products, and is in general calculated according to the length of single pipeline. If the length of the double pipelines and alternate pipeline are included, it is called the extension length of the oil (gas) pipelines, which indicates the actual length of the pipelines built. The commonly used indicator, the "length of "oil (gas)" pipelines, does not include the double pipelines. It can reflect the extent and level of development of pipeline transport.

Freight (Passenger) Traffic refers to the volume of freight (passenger) transported with various means within a specific period of time. This indicator reflects the service of the transport industry towards the national economy and people's living conditions, as well as an important indicator used in formulating and monitoring transport production plans and research into the scale and pace of transport development. Freight transport is calculated in tons and passenger traffic is calculated in terms of number of persons. Freight transport is calculated in terms of the actual weight of the goods and takes no account of the type of freight and distance of travel. Passenger traffic is calculated by the principle that one person can be counted only once in one trip and takes no account of the travelling distance and ticket price. The passengers who travel with a half price ticket or a child's ticket is also calculated as one person.

Freight (Passenger) Traffic Density refers to the freight (passenger) traffic volume carried by a particular means of transportation during a given period through one kilometre of a specific section of transportation route. The formula is as follows:

$$\text{Freight (Passenger) traffic density} = \frac{\text{freight ton - kilometres (passenger - kilometres)}}{\text{length of route in operation}}$$

Freight (passenger) traffic density reflects how busy

freight (passenger) traffic is on transportation routes. It provides an important basis for balancing transport capability and throughput capability, planning construction and upgrading of transport routes, installing technical facilities and studying the distribution of transport networks.

Freight Ton-kilometres (Passenger-kilometres) refers to the sum of the product of the volume of transported cargo (passengers) multiplied by the transport distance. It is an important indicator to reflect the achievement of the transportation industry. This is an important indicator to show the total results of the transport industry; to prepare and examine the transport plan; and to serve as the main basic data for calculating the efficiency, labour productivity and unit cost of transport. Normally, the shortest distance between the departure station and the destination station (i.e., the payable distance) is the basis in calculating the freight ton-kilometres. The formula is as follows:

$$\begin{matrix}\text{Freight ton - kilometres} \\ \text{(passenger - kilometres)}\end{matrix} = \sum \begin{matrix}\text{freight} \\ \text{(passenger)traffic}\end{matrix} \times \begin{matrix}\text{distance of} \\ \text{transportation}\end{matrix}$$

Average Static Load of Freight Cars refers to the average cargo weight as loaded by each freight car under the static condition at the departure station. It is used to show the utilization extent of the loading capacity of the freight cars. The formula is:

$$\begin{matrix}\text{Static load (ton)} \\ \text{of freight car}\end{matrix} = \frac{\text{tonnage of goods dispatched}}{\text{number of freight cars loaded}}$$

The static load of freight cars is determined by the nature and type of goods loaded the type of vehicles, and the technique of loading. Comparison of the average marked load with the static load of freight cars provides indication on the degree of utilization of loading capacity of freight cars. For its calculation the following formula is applied:

$$\begin{matrix}\text{Utilization rate of} \\ \text{capacity of freight cars (\%)}\end{matrix} = \frac{\text{Average static load}}{\text{Average marked load}} \times 100\%$$

Average Daily Haul of Freight Locomotives refers to the average total ton-kilometres accomplished by each freight transport locomotive over one day and night during a given period of time. It includes both the weight of the goods carried and the dead weight of the train itself. It is a comprehensive indicator reflecting the locomotive efficiency in terms of both time and the pulling force.

$$\begin{matrix}\text{Average daily haul of} \\ \text{freight transport locomotive} \\ \text{(ton - kilometre)}\end{matrix} = \frac{\begin{matrix}\text{Total ton - kilometres} \\ \text{of freight}\end{matrix}}{\begin{matrix}\text{Daily number of freight} \\ \text{transport locomotive}\end{matrix}}$$

Volume of Freight Handled in Coastal Ports above Designated size refers to the volume of cargo passing in and out of the harbour area of the major coastal ports and having been loaded and unloaded. The volume of freight handled may be classified by direction of flow as freight for import and freight for export, or by nature of cargo as freight for domestic trade and freight for foreign trade. The volume of freight handled maybe classified by the classification of cargo, or the current transport standard of *The Classification and Code of Cargo Type*. Coastal ports refer to the ports, which are located at the edge of an ocean or sea, and with some equipment and facility for ship anchoring, passenger embarking/debarking, cargo loading/unloading, living material provideng, etc. .

Possession of Civil Motor Vehicles refer to the total numbers of vehicles that are registered and received vehicles license tags according to the *Work Standard for Motor Vehicles Registration* formulated by the Transport Management Office under the department of public security at the end of the reference period. They are divided into categories. According to the structure of motor vehicles, they are divided into passenger vehicles, trucks and others; according to ownership into private vehicles and vehicles for the unit's use; according to kind of usage into working vehicles and non-working vehicles; and according to size of vehicles into large passenger vehicles, medium-sized passenger vehicles, small passenger vehicles and mini passenger vehicles, heavy trucks, light-heavy trucks, light trucks and mini-trucks.

Business Volume of Post and Telecommunications refers to the total amount of postal and telecommunication services, expressed in value terms, provided by the post and telecommunications departments for society. This indicator reflects the overall results of development of postal and telecommunication services. It can be classificated as postal services and and telecommunication services. Business volume of post and telecommunications is the sum of all services in kind multiplying with the unit price (constant price) to get the total business value.

Mobile Telephone Subscribers refer to persons who have gone through registration procedures in the operation points of enterprises engaged in telecommunications and are hence connected with the mobile telephone communication network through the mobile telephone switchboards and occupy mobile phone numbers. Included are GSM digital mobile phone subscribers, CDMA digital mobile phone subscribers and subscribers to intelligent phone cards with roaming facility issued by telecommunications enterprises and which have been subscribed to and activated at the end of the reference period.

Internet Users refer to the number of Chinese citizens aged 6 and over who use the Internet at least for one hour each week.

Local Telephone Subscribers refer to all subscribers who have gone through registration procedures in the operation points of enterprises engaged in telecommunications and are hence connected to the local telecommunications service provider through fixed line network. Included are general subscribers, public telephones subscribers, N-ISDN subscribers and intelligent network terminal subscribers. They are also classified in terms of administrative districts as urban telephone subscribers and rural telephone subscribers according to location.

Urban Telephone Subscribers refer to the number of

telephone subscribers, located at the different administrative districts of municipalities directly under the Central Government, cities under the jurisdiction of province, cities at prefecture level, downtown and suburb of city at county level town and county towns, that are connected to the public line telephone network, including rural mineral area, forest area, military area.

Rural Telephone Subscribers refer to telephone subscribers, located at the towns below the level of county town and villages, that are connected to the public line telephone network.

Household Telephone Subscribers refer to telephone sets installed in the dwelling units of urban or rural residents, and registered as residence subscribers for payment, including three types of payment for the service: private payment, public payment and free service in accordance with relevant regulations.

Capacity of Long Distance Telephone Exchanges refers to the rated capacity of telephone exchanges to connect long distance telephone network, including capacity of international telephone exchanges.

Capacity of Office Telephone Exchanges refers to the capacity (measured in gate) of telephone exchanges installed in the offices of telecommunication service providers for communication between fixed telephones. It includes the capacity of both manual and automatic exchanges in use and for stand-by purpose. The capacity of subscriber exchanges is not included.

Capacity of Mobile Telephone Exchanges refers to the capacity of the maximum services provided to subscribers at any one time as computed based on a certain model of calls distribution and transacting capacity of the mobile telephone exchanges.

Broadband Connection Terminals refer to the connection terminals to internet users actually installed and put into operation, including connection terminals for xDSL, connection terminals for LAN, and other connection terminals for xDSL. N-ISDN connection terminals are not included.

17

批发和零售业

Wholesale and Retail Trades

简 要 说 明

一、本篇资料的主要内容

本篇资料主要反映批发和零售业发展与经营状况，同时反映国内商品流通、商品消费、市场运行态势以及流通现代化进程。主要内容包括：限额以上批发和零售业基本情况、商品流转情况、财务状况；零售连锁经营情况；亿元商品交易市场成交情况；社会消费品零售总额等。

二、本篇资料的统计范围

限额以上批发和零售业的法人企业、个体户，零售连锁集团，成交额在亿元以上的商品交易市场，以及参与商品零售、餐饮经营活动的各行业法人企业和产业活动单位。限额以上批发和零售业统计单位是指：批发业，年主营业务收入2000万元及以上；零售业，年主营业务收入500万元及以上。

三、本篇的资料来源

本篇资料是根据《批发和零售业、住宿和餐饮业统计报表制度》进行搜集和加工整理而得。

四、本篇的统计调查方法

本篇资料中限额以上批发和零售业法人企业、个体户、其他行业附营的批发和零售业产业活动单位资料，以及零售连锁集团、亿元商品交易市场采用全面调查的方法；限额以下企业及个体户等资料采用抽样调查方法推算。

Brief Introduction

I. Main Contents

Data in this chapter reflect the development and operation of enteriprises above designated size of wholesale and retail trades of commodity circulation, consumption, market operation, modernization of logistics on China's domestic trade. Main contents include the basic conditions of the wholesale and retail trades above designated size; circulation of commodities; financial status; total retail sales of consumer goods; turnover of large commodity transaction markets with transaction over 100 million yuan; development of chain stores of retail trades.

II. Scope of Statistics

Included in this chapter are the registered enterprises and self-employed individuals of wholesale and retail trades; chain enterprises; large commodity markets with transaction value over 100 million yuan; and corporation enterprises and economic active establishments involved in retail trades; catering services. .The criteria for wholesale and retail sale trades above designated size are as follows: wholesale trade with annual principal business sales over 20 million yuan; retail trade, with annual principal business sales over 5 million yuan.

III. Sources of Data

Data in this chapter are collected and processed in accordance with *The Statistical Reporting Form System on Wholesale and Retail Trades, Hotels and Catering Services* by the Department of Trade and External Economic Relations of the National Bureau of Statistics.

IV. Methods of Survey

Data on basic conditions for all corporate enterprises of wholesale and retail trades above designated size, self-employed individuals, the establishments of other industries involed in the wholesale and retail trades, chain enterprises of wholesale and retail trades, large commodity markets with transaction value over 100 million yuan are collected through comprehensive reporting system. Data on enterprises and self-employed individuals below the designated size are collected by sample surveys.

17-1 批发和零售业情况
Basic Conditions of Wholesale and Retail Trades

指　　标	Item	2005	2006	2007	2008	2009
批发和零售业	**Wholesale and Retail Trades**					
法人企业 (个)	Number of Corporation Enterprises (unit)	47698	51788	55737	100935	95468
年末从业人数 (万人)	Engaged Persons at Year-end (10 000 persons)	519.5	544.3	604.9	737.4	749.0
商品购进额 (亿元)	Total Purchases (100 million yuan)	87530.9	103139.0	128912.5	184039.3	179202.9
#进口额 (亿元)	Imports (100 million yuan)	7061.0	7446.9	8871.7	14473.1	13308.0
商品销售额 (亿元)	Total Sales (100 million yuan)	93151.3	110054.8	132740.8	208229.8	201166.2
#出口额 (亿元)	Exports (100 million yuan)	8493.1	9569.8	11154.4	13837.5	11174.1
期末商品库存额 (亿元)	Total Stock (100 million yuan)	7061.0	7629.6	9193.2	15368.1	16024.0
批发业	**Wholesalel Trade**					
法人企业 (个)	Number of Corporation Enterprises (unit)	26963	28125	29046	59432	52853
年末从业人数 (万人)	Engaged Persons at Year-end (10 000 persons)	224.4	224.9	249.6	315.4	312.3
商品购进额 (亿元)	Total Purchases (100 million yuan)	71650.6	83379.9	104832.5	152557.5	143008.7
#进口额 (亿元)	Imports (100 million yuan)	6832.4	7164.2	8466.4	14009.1	12699.1
商品销售额 (亿元)	Total Sales (100 million yuan)	75510.7	87594.3	105619.9	170260.2	157834.6
#出口额 (亿元)	Exports (100 million yuan)	8461.6	9535.4	11100.1	13819.9	11152.0
期末商品库存额 (亿元)	Total Stock (100 million yuan)	5274.8	5632.6	6649.9	11675.8	11848.3
零售业	**Retail Trade**					
法人企业 (个)	Number of Corporation Enterprises (unit)	20735	23663	26691	41503	42615
年末从业人数 (万人)	Engaged Persons at Year-end (10 000 persons)	295.1	319.4	355.3	422.1	436.7
商品购进额 (亿元)	Total Purchases (100 million yuan)	15880.3	19759.1	24080.1	31481.9	36194.2
#进口额 (亿元)	Imports (100 million yuan)	228.6	282.7	405.3	464.0	608.8
商品销售额 (亿元)	Total Sales (100 million yuan)	17640.5	22460.5	27121.0	37969.6	43331.6
#出口额 (亿元)	Exports (100 million yuan)	31.5	34.4	54.3	17.6	22.1
期末商品库存额 (亿元)	Total Stock (100 million yuan)	1786.2	1997.0	2543.3	3692.4	4175.7
年末零售营业面积 (万平方米)	Business Area of Retail at Year-end (10 000 sq.m)	7375.8	12397.6	16091.1	19075.5	22727.9

注：1.2008年以前的统计范围为限额以上法人企业、产业活动单位，2008年及以后为限额以上法人企业。

2.2008年以前的统计限额划分指标为“年商品销售额”、“年末从业人员”，2008年及以后为“年主营业务收入”。

a) Scope of wholesale and retail trades for 2005-2007 covers enterprises and establishments above designated size; those for 2008 and 2009 covers enterprises above designated size.

b) For the designation of size for 2008 and 2009, the indicator was based on income from principal business; for other years, it was based on total sales or turnover and engaged persons.

17-2 限额以上批发业企业基本情况(2009年)

Basic Conditions of Enterprises above Designated Size in Wholesale Trade by Types of Registration and Sector(2009)

项目	Item	法人企业 (个) Number of Corporation Enterprises (unit)	年末从业人数 (人) Engaged Persons at Year-end (person)
批发业合计	**Wholesale Trade**	**52853**	**3122535**
按登记注册类型分	**by Types of Registration**		
内资企业	**Domestic Funded Enterprises**	**50498**	**2801147**
国有企业	State-owned Enterprises	3922	690946
集体企业	Collective-owned Enterprises	1101	77640
股份合作企业	Cooperative Enterprises	372	17810
联营企业	Joint Ownership Enterprises	130	7154
国有联营企业	State Joint Ownership Enterprises	51	2894
集体联营企业	Collective Joint Ownership Enterprises	17	445
国有与集体联营企业	Joint State-collective Enterprises	33	1140
其他联营企业	Other Joint Ownership Enterprises	29	2675
有限责任公司	Limited Liability Corporations	12381	740837
国有独资公司	State Sole Funded Corporations	458	55576
其他有限责任公司	Other Limited Liability Corporations	11923	685261
股份有限公司	Share-holding Corporations Ltd.	1533	342626
私营企业	Private Enterprises	30657	898077
私营独资企业	Private-funded Enterprises	1808	59395
私营合伙企业	Private Partnership Enterprises	464	15887
私营有限责任公司	Private Limited Liability Corporations	27205	773722
私营股份有限公司	Private Share-holding Corporations Ltd.	1180	49073
其他企业	Other Enterprises	402	26057
港、澳、台商投资企业	**Enterprises with Funds from Hong Kong, Macao and Taiwan**	**790**	**105718**
合资经营企业	Joint-venture Enterprises	159	24424
合作经营企业	Cooperative Enterprises	17	3951
独资经营企业	Enterprises with Sole Fund	590	72737
投资股份有限公司	Share-holding Corporations Ltd.	24	4606
外商投资企业	**Foreign Funded Enterprises**	**1565**	**215670**
中外合资经营企业	Joint-venture Enterprises	283	42450
中外合作经营企业	Cooperation Enterprises	22	2781
外资企业	Enterprises with Sole Fund	1222	165223
外商投资股份有限公司	Share-holding Corporations Ltd.	38	5216

17-2 续表 continued

项　目	Item	法人企业 (个) Number of Corporation Enterprises (unit)	年末从业人数 (人) Engaged Persons at Year-end (person)
按国民经济行业分	**by Sector**		
农畜产品批发	Wholesale of Farm Produce and Livestock Products	1931	136946
食品、饮料及烟草制品批发	Wholesale of Food, Beverages and Tobaccos	4281	651490
#米、面制品及食用油批发	Wholesale of Rice, Flour and Edible Oil	807	54600
烟草制品批发	Wholesale of Tobaccos	742	321454
纺织、服装及日用品批发	Wholesale of Textiles, Garments and Daily Consumer Articles	5210	343994
#服装批发	Wholesale of Garments	1542	149099
文化、体育用品及器材批发	Wholesale of Culture, Sports Appliances and Equipments	1268	86504
医药及医疗器材批发	Wholesale of Medicines and Medical Appliances	3068	287407
矿产品、建材及化工产品批发	Wholesale of Mineral Products, Building Materials and Chemical Products	23599	957603
#煤炭及制品批发	Wholesale of Coal and Related Products	3029	147162
石油及制品批发	Wholesale of Petroleum and Related Products	2352	372274
金属及金属矿批发	Wholesale of Metal Materials	9546	186113
建材批发	Wholesale of Building Materials	2337	70716
化肥批发	Wholesale of Chemical Fertilizer	1007	55068
机械设备、五金交电及电子产品批发	Wholesale of Machinery, Hardware and Electronic Equipment	10230	538877
#汽车、摩托车及零配件批发	Wholesale of Motor Vehicles, Motorcycles and Parts	1838	84997
家用电器批发	Wholesale of Household Electrical Appliances	946	120290
计算机、软件及辅助设备批发	Wholesale of Computer, Software and Assistant Appliances	1368	51630
贸易经纪与代理	Trade Broker and Agency	859	35210
其他批发	Other Wholesale not Classified Elsewhere	2407	84504

17-3 限额以上批发业企业购销存情况(2009年)

Total Purchases, Sales and Stock of Enterprises above Designated Size of Wholesale Trade by Status of Registration and Sector (2009)

单位：亿元 (100 million yuan)

项目	Item	商品购进额 Total Purchases Value	进口 Imports	商品销售额 Total Sales Value	出口 Exports	期末商品库存额 Stock (year-end)
批发业合计	**Wholesale Trade**	**143008.7**	**12699.1**	**157834.6**	**11152.0**	**11848.3**
按登记注册类型分	**by Status of Registration**					
内资企业	**Domestic Funded Enterprises**	**129270.5**	**9252.1**	**141429.3**	**9978.3**	**10588.0**
国有企业	State-owned Enterprises	29272.9	1699.0	33018.1	1654.1	2481.1
集体企业	Collective-owned Enterprises	2589.5	158.7	2754.9	145.2	290.3
股份合作企业	Cooperative Enterprises	539.8	50.6	608.1	21.3	46.4
联营企业	Joint Ownership Enterprises	413.2	62.6	433.3	44.8	31.1
国有联营企业	State Joint Ownership Enterprises	201.4	24.1	215.7	19.0	17.9
集体联营企业	Collective Joint Ownership Enterprises	15.4		15.0	3.4	1.7
国有与集体联营企业	Joint State-collective Enterprises	129.2	33.5	128.3	10.1	7.0
其他联营企业	Other Joint Ownership Enterprises	67.1	5.1	74.2	12.3	4.5
有限责任公司	Limited Liability Corporations	39873.1	4275.2	42968.9	3893.2	3911.1
国有独资公司	State Sole Funded Corporations	5166.9	847.7	5419.5	343.3	1014.7
其他有限责任公司	Other Limited Liability Corporations	34706.2	3427.5	37549.4	3549.9	2896.4
股份有限公司	Share-holding Corporations Ltd.	20305.0	899.9	22303.0	977.1	1096.9
私营企业	Private Enterprises	35631.2	2079.7	38631.1	3195.5	2682.7
私营独资企业	Private-funded Enterprises	1510.8	28.9	1653.2	102.5	116.9
私营合伙企业	Private Partnership Enterprises	380.5	16.8	426.6	48.3	26.5
私营有限责任公司	Private Limited Liability Corporations	32463.6	1979.1	35151.1	2917.1	2431.0
私营股份有限公司	Private Share-holding Corporations Ltd.	1276.3	54.8	1400.1	127.5	108.3
其他企业	Other Enterprises	645.8	26.3	712.0	47.2	48.4
港、澳、台商投资企业	**Enterprises with Funds from Hong Kong, Macao and Taiwan**	**3388.2**	**592.7**	**3976.0**	**150.4**	**340.6**
合资经营企业	Joint-venture Enterprises	906.6	25.4	1026.3	20.6	35.9
合作经营企业	Cooperative Enterprises	47.7	1.1	59.3	0.6	0.9
独资经营企业	Enterprises with Sole Fund	2258.3	536.0	2709.2	129.1	269.0
投资股份有限公司	Share-holding Corporations Ltd.	175.7	30.2	181.1	0.1	34.8
外商投资企业	**Foreign Funded Enterprises**	**10350.0**	**2854.4**	**12429.3**	**1023.2**	**919.7**
中外合资经营企业	Joint-venture Enterprises	2973.0	208.5	3080.9	129.4	167.5
中外合作经营企业	Cooperation Enterprises	33.6	2.9	41.3	0.7	7.3
外资企业	Enterprises with Sole Fund	7287.3	2629.9	9237.6	887.2	740.5
外商投资股份有限公司	Share-holding Corporations Ltd.	56.1	13.1	69.4	5.9	4.4

17-3 续表 continued

单位：亿元 (100 million yuan)

项　　目	Item	商品购进额 Total Purchases Value	进口 Imports	商品销售额 Total Sales Value	出口 Exports	期末商品库存额 Stock (year-end)
按国民经济行业分	**by Sector**					
农畜产品批发	Wholesale of Farm Produce and Livestock Products	2826.8	388.6	3034.3	114.0	946.9
食品、饮料及烟草制品批发	Wholesale of Food, Beverages and Tobaccos	12231.1	357.3	15374.6	458.0	1516.8
#米、面制品及食用油批发	Wholesale of Rice, Flour and Edible Oil	1377.6	191.4	1476.5	110.6	494.4
烟草制品批发	Wholesale of Tobaccos	7066.0	38.1	9363.0	59.1	631.6
纺织、服装及日用品批发	Wholesale of Textiles, Garments and Daily Consumer Articles	8164.8	702.9	9665.1	4148.2	633.7
#服装批发	Wholesale of Garments	2870.6	226.3	3511.9	1687.8	221.6
文化、体育用品及器材批发	Wholesale of Culture, Sports Appliances and Equipments	1805.4	107.2	1981.0	192.2	273.9
医药及医疗器材批发	Wholesale of Medicines and Medical Appliances	6163.7	405.0	6813.7	142.7	619.6
矿产品、建材及化工产品批发	Wholesale of Mineral Products, Building Materials and Chemical Products	84089.4	6134.4	88821.4	1948.1	5321.7
#煤炭及制品批发	Wholesale of Coal and Related Products	9478.4	310.2	10413.7	100.1	504.7
石油及制品批发	Wholesale of Petroleum and Related Products	27954.9	871.0	29379.6	182.9	1302.0
金属及金属矿批发	Wholesale of Metal Materials	32087.1	3153.9	33399.1	707.6	2251.1
建材批发	Wholesale of Building Materials	4129.0	393.4	4389.3	303.7	302.2
化肥批发	Wholesale of Chemical Fertilizer	1969.7	86.9	2197.7	32.6	296.9
机械设备、五金交电及电子产品批发	Wholesale of Machinery, Hardware and Electronic Equipment	21766.3	3443.8	25403.7	3043.0	2036.6
#汽车、摩托车及零配件批发	Wholesale of Motor Vehicles, Motorcycles and Parts	6275.3	1131.2	7459.3	277.6	566.9
家用电器批发	Wholesale of Household Electrical Appliances	3751.1	502.9	4653.2	238.6	384.9
计算机、软件及辅助设备批发	Wholesale of Computer, Software and Assistant Appliances	2447.4	401.5	2570.8	178.1	151.6
贸易经纪与代理	Trade Broker and Agency	2556.5	774.4	2884.0	765.8	202.3
其他批发	Other Wholesale not Classified Elsewhere	3404.7	385.5	3856.8	340.1	296.9

17-4 各地区限额以上批发业企业基本情况和商品购销存情况(2009年)
Basic Condition and Total Purchases, Sales and Stock of Enterprises above Designated Size of Wholesale Trade by Region(2009)

单位：亿元 (100 million yuan)

地 区	Region	法人企业(个) Number of Corporation Enterprises (unit)	年末从业人数(人) Engaged Persons at Year-end (person)	商品购进额 Total Purchases Value	进口 Imports	商品销售额 Total Sales Value	出口 Exports	期末商品库存额 Stock (year-end)
全 国	**National Total**	**52853**	**3122535**	**143008.7**	**12699.1**	**157834.6**	**11152.0**	**11848.3**
北 京	Beijing	5907	272530	20868.2	3651.0	22558.0	1072.2	2383.5
天 津	Tianjin	2639	75831	7973.6	323.3	8599.5	232.0	487.2
河 北	Hebei	805	82140	2277.5	35.3	2730.6	52.2	151.0
山 西	Shanxi	668	94393	2347.4	164.0	2705.0	55.0	141.6
内蒙古	Inner Mongolia	461	42829	1321.0	115.6	1487.6	28.0	98.0
辽 宁	Liaoning	2058	80394	5828.5	271.8	6428.7	191.2	343.4
吉 林	Jilin	293	40397	941.3	18.1	1049.4	12.1	94.2
黑龙江	Heilongjiang	737	49405	1771.7	265.5	2028.3	250.8	156.7
上 海	Shanghai	4041	242863	18553.2	2741.0	20170.8	1752.7	1319.6
江 苏	Jiangsu	7005	296144	13460.5	791.3	15364.8	1359.9	837.3
浙 江	Zhejiang	6416	218180	12954.4	1188.6	13888.0	2300.1	711.1
安 徽	Anhui	706	93131	2668.9	147.0	2937.0	116.5	158.7
福 建	Fujian	1905	111856	4330.1	410.7	4617.1	813.7	442.0
江 西	Jiangxi	318	43073	776.4	8.9	1002.8	38.4	56.0
山 东	Shandong	3866	259108	6338.0	298.6	7584.4	359.4	491.2
河 南	Henan	1767	142369	2869.3	74.6	3083.0	105.9	901.1
湖 北	Hubei	933	93825	3704.3	154.8	4259.0	111.1	222.4
湖 南	Hunan	823	61846	1822.6	33.5	1643.9	68.9	179.4
广 东	Guangdong	5991	358792	17888.3	1663.9	18599.1	1842.8	1089.6
广 西	Guangxi	685	44440	1415.8	19.4	1464.0	25.4	114.5
海 南	Hainan	259	12186	461.1	15.0	517.5	14.1	29.9
重 庆	Chongqing	1104	85729	2561.4	41.7	2864.0	55.5	165.4
四 川	Sichuan	853	79856	2135.0	40.5	2570.6	85.6	193.2
贵 州	Guizhou	283	38332	575.1	6.0	825.8	10.9	80.4
云 南	Yunnan	824	73014	2097.0	43.8	2591.0	78.0	470.4
西 藏	Tibet	14	2248	25.0	1.8	33.2	0.5	4.2
陕 西	Shaanxi	331	43227	1664.6	32.7	1956.2	70.4	94.0
甘 肃	Gansu	237	20543	1111.1	3.2	1205.8	4.8	141.3
青 海	Qinghai	71	8009	141.5	1.2	184.2	3.0	12.4
宁 夏	Ningxia	181	9781	324.2	0.1	373.6	6.1	24.9
新 疆	Xinjiang	672	46064	1801.7	136.5	2511.8	34.8	253.4

17-5 限额以上批发业企业资产及负债（2009年）

Assets and Liabilities of Enterprises above Designated Size of Wholesale Trade by Status of Registration and Sector(2009)

单位：亿元 (100 million yuan)

项目	Item	资产总计 Total Assets	#流动资产合计 Working Capitals	#固定资产合计 Total Fixed Assets	负债合计 Total Liabilities	所有者权益合计 Total Owners' Equities
批发业合计	**Wholesale Trade**	**65815.9**	**50944.0**	**4291.1**	**46337.5**	**19445.8**
按登记注册类型分	**by Types of Registration**					
内资企业	**Domestic Funded Enterprises**	**58380.3**	**45015.2**	**4035.3**	**41475.9**	**16871.9**
国有企业	State-owned Enterprises	13185.5	9666.9	1379.3	8068.4	5117.2
集体企业	Collective-owned Enterprises	1115.3	839.6	107.1	796.2	319.1
股份合作企业	Cooperative Enterprises	186.6	137.3	21.8	133.9	52.7
联营企业	Joint Ownership Enterprises	208.2	187.1	7.4	168.5	39.7
国有联营企业	State Joint Ownership Enterprises	109.8	99.3	3.6	89.7	20.1
集体联营企业	Collective Joint Ownership Enterprises	12.9	12.1	0.1	11.1	1.7
国有与集体联营企业	Joint State-collective Enterprises	31.5	27.5	1.5	25.3	6.2
其他联营企业	Other Joint Ownership Enterprises	54.0	48.2	2.2	42.3	11.6
有限责任公司	Limited Liability Corporations	20756.2	16499.8	898.2	15940.3	4816.0
国有独资公司	State Sole Funded Corporations	3916.7	2711.6	146.0	2839.3	1077.4
其他有限责任公司	Other Limited Liability Corporations	16839.5	13788.2	752.2	13101.0	3738.6
股份有限公司	Share-holding Corporations Ltd.	7659.7	4800.5	827.9	4380.8	3246.3
私营企业	Private Enterprises	14959.4	12655.3	772.4	11789.9	3169.6
私营独资企业	Private-funded Enterprises	462.3	327.5	67.2	287.4	174.9
私营合伙企业	Private Partnership Enterprises	127.8	107.7	8.0	95.8	32.0
私营有限责任公司	Private Limited Liability Corporations	13711.6	11701.3	647.6	10917.9	2793.8
私营股份有限公司	Private Share-holding Corporations Ltd.	657.8	518.8	49.6	488.9	168.9
其他企业	Other Enterprises	309.3	228.7	21.3	197.9	111.5
港、澳、台商投资企业	**Enterprises with Funds from Hong Kong, Macao and Taiwan**	**1707.5**	**1419.6**	**63.4**	**1178.2**	**529.3**
合资经营企业	Joint-venture Enterprises	308.3	233.7	18.5	204.0	104.3
合作经营企业	Cooperative Enterprises	14.0	10.6	1.8	5.7	8.4
独资经营企业	Enterprises with Sole Fund	1245.9	1067.6	31.7	889.2	356.6
投资股份有限公司	Share-holding Corporations Ltd.	139.4	107.7	11.4	79.4	60.0
外商投资企业	**Foreign Funded Enterprises**	**5728.0**	**4509.1**	**192.4**	**3683.4**	**2044.6**
中外合资经营企业	Joint-venture Enterprises	873.7	734.2	47.1	671.3	202.4
中外合作经营企业	Cooperation Enterprises	25.8	19.4	3.4	19.6	6.1
外资企业	Enterprises with Sole Fund	4765.1	3720.6	129.8	2956.9	1808.3
外商投资股份有限公司	Share-holding Corporations Ltd.	63.4	34.9	12.0	35.6	27.9

17-5 续表 continued

单位：亿元 (100 million yuan)

项目	Item	资产总计 Total Assets	#流动资产合计 Working Capitals	#固定资产合计 Total Fixed Assets	负债合计 Total Liabilities	所有者权益合计 Total Owners' Equities
按国民经济行业分	**by Sector**					
农畜产品批发	Wholesale of Farm Produce and Livestock Products	3346.4	2132.5	305.7	2415.0	931.4
食品、饮料及烟草制品批发	Wholesale of Food, Beverages and Tobaccos	6849.5	5192.3	791.4	3292.7	3556.8
#米、面制品及食用油批发	Wholesale of Rice, Flour and Edible Oil	1243.6	1019.9	107.5	1055.8	187.7
烟草制品批发	Wholesale of Tobaccos	3479.4	2650.5	473.4	735.1	2744.3
纺织、服装及日用品批发	Wholesale of Textiles, Garments and Daily Consumer Articles	4318.6	3422.8	248.7	3038.5	1280.0
#服装批发	Wholesale of Garments	1465.0	1179.3	88.3	1032.3	432.7
文化、体育用品及器材批发	Wholesale of Culture, Sports Appliances and Equipments	1226.6	915.3	110.9	810.1	416.5
医药及医疗器材批发	Wholesale of Medicines and Medical Appliances	3051.8	2492.2	142.4	2260.5	791.3
矿产品、建材及化工产品批发	Wholesale of Mineral Products, Building Materials and Chemical Products	30948.4	23489.1	2132.1	22349.3	8566.5
#煤炭及制品批发	Wholesale of Coal and Related Products	4165.5	3100.0	219.1	2652.4	1513.1
石油及制品批发	Wholesale of Petroleum and Related Products	7259.0	4441.0	1256.1	4484.4	2742.0
金属及金属矿批发	Wholesale of Metal Materials	12751.2	10604.8	317.7	10154.2	2597.0
建材批发	Wholesale of Building Materials	2185.5	1685.8	121.4	1629.0	556.5
化肥批发	Wholesale of Chemical Fertilizer	1239.0	973.6	65.4	905.9	333.1
机械设备、五金交电及电子产品批发	Wholesale of Machinery, Hardware and Electronic Equipment	12031.2	9965.1	409.1	9073.6	2957.5
#汽车、摩托车及零配件批发	Wholesale of Motor Vehicles, Motorcycles and Parts	2761.1	2242.6	90.6	2081.0	680.2
家用电器批发	Wholesale of Household Electrical Appliances	2011.0	1796.2	30.2	1688.7	322.3
计算机、软件及辅助设备批发	Wholesale of Computer, Software and Assistant Appliances	798.1	736.9	14.9	620.0	178.1
贸易经纪与代理	Trade Broker and Agency	2443.7	2025.3	53.9	1936.0	507.7
其他批发	Other Wholesale not Classified Elsewhere	1599.7	1309.3	96.9	1161.7	438.0

17-6 各地区限额以上批发业企业资产及负债(2009年)
Assets and Liabilities of Enterprises above Designated Size of Wholesale Trade by Region(2009)

单位：亿元 (100 million yuan)

地 区	Region	资产总计 Total Assets	#流动资产合计 Working Capitals	#固定资产合计 Total Fixed Assets	负债合计 Total Liabilities	所有者权益合计 Total Owners' Equities
全 国	**National Total**	**65815.9**	**50943.9**	**4291.1**	**46337.5**	**19445.8**
北 京	Beijing	15139.3	10891.4	496.9	9878.6	5260.6
天 津	Tianjin	2521.9	2128.0	124.7	1919.9	602.0
河 北	Hebei	1121.0	849.5	123.5	754.6	343.0
山 西	Shanxi	1293.4	957.1	135.1	992.1	301.3
内蒙古	Inner Mongolia	456.4	317.2	77.4	323.6	132.8
辽 宁	Liaoning	2003.7	1569.5	149.1	1486.5	508.1
吉 林	Jilin	348.9	247.9	50.0	247.8	101.1
黑龙江	Heilongjiang	695.7	592.6	59.6	539.3	156.3
上 海	Shanghai	6615.9	5372.6	248.7	4585.9	2030.1
江 苏	Jiangsu	5113.9	4170.3	355.8	3756.0	1357.8
浙 江	Zhejiang	6236.6	4960.7	318.5	4658.5	1578.0
安 徽	Anhui	1184.0	938.1	126.3	848.4	335.6
福 建	Fujian	2299.3	1684.7	120.9	1421.4	877.9
江 西	Jiangxi	344.9	242.1	51.1	212.7	132.2
山 东	Shandong	3109.7	2342.9	369.4	2322.5	787.2
河 南	Henan	1142.1	874.0	139.6	829.2	312.9
湖 北	Hubei	1323.6	1010.0	157.4	985.7	337.9
湖 南	Hunan	707.6	470.6	78.2	422.9	284.7
广 东	Guangdong	7292.4	5946.8	461.1	5552.3	1740.2
广 西	Guangxi	581.9	459.5	50.6	406.2	175.7
海 南	Hainan	232.0	185.5	17.3	131.2	100.8
重 庆	Chongqing	810.2	644.6	85.4	586.7	223.5
四 川	Sichuan	975.6	766.6	78.7	665.8	309.8
贵 州	Guizhou	434.6	346.1	37.9	269.3	165.3
云 南	Yunnan	1594.4	1261.9	137.7	985.5	608.9
西 藏	Tibet	20.9	9.9	3.9	9.4	11.5
陕 西	Shaanxi	585.6	441.8	52.6	396.6	189.1
甘 肃	Gansu	522.4	419.3	47.9	349.2	173.2
青 海	Qinghai	90.2	57.9	15.3	45.5	44.7
宁 夏	Ningxia	121.9	96.7	12.2	77.7	44.2
新 疆	Xinjiang	895.8	688.1	108.3	676.5	219.3

17-7 限额以上批发业企业主要财务指标(2009年)
Main Financial Indicators of Enterprises above Designated Size of Wholesale Trade by Status of Registration and Sector(2009)

单位：亿元 (100 million yuan)

项　目	Item	主营业务收入 Revenue from Principal Business	主营业务成本 Cost of Principal Business	主营业务税金及附加 Taxes and Other Charges on Principal Business	主营业务利润 Profits from Principal Business
批发业合计	**Wholesale Trade**	**142954.0**	**131930.7**	**522.3**	**10672.2**
按登记注册类型分	**by Status of Registration**				
内资企业	**Domestic Funded Enterprises**	**128045.3**	**119125.1**	**510.6**	**8590.0**
国有企业	State-owned Enterprises	29861.1	26823.3	258.5	2680.1
集体企业	Collective-owned Enterprises	2521.3	2390.2	8.3	109.6
股份合作企业	Cooperative Enterprises	558.0	531.7	0.9	24.7
联营企业	Joint Ownership Enterprises	402.2	376.0	1.5	24.3
国有联营企业	State Joint Ownership Enterprises	199.1	183.5	1.3	14.3
集体联营企业	Collective Joint Ownership Enterprises	14.6	13.8		0.6
国有与集体联营企业	Joint State-collective Enterprises	117.8	114.7	0.1	3.5
其他联营企业	Other Joint Ownership Enterprises	70.7	64.1	0.1	5.9
有限责任公司	Limited Liability Corporations	38922.2	36750.1	121.0	2037.9
国有独资公司	State Sole Funded Corporations	4716.0	4477.0	14.5	218.1
其他有限责任公司	Other Limited Liability Corporations	34206.2	32273.0	106.5	1819.8
股份有限公司	Share-holding Corporations Ltd.	20299.8	19042.9	30.4	1618.5
私营企业	Private Enterprises	34813.9	32603.8	87.3	2041.1
私营独资企业	Private-funded Enterprises	1553.2	1408.7	11.7	127.0
私营合伙企业	Private Partnership Enterprises	398.1	359.2	1.7	32.8
私营有限责任公司	Private Limited Liability Corporations	31572.5	29636.8	69.2	1799.1
私营股份有限公司	Private Share-holding Corporations Ltd.	1290.1	1199.1	4.8	82.2
其他企业	Other Enterprises	666.8	607.1	2.6	53.9
港、澳、台商投资企业	**Enterprises with Funds from Hong Kong, Macao and Taiwan**	**3554.8**	**3077.8**	**1.9**	**468.6**
合资经营企业	Joint-venture Enterprises	912.2	844.3	0.4	64.0
合作经营企业	Cooperative Enterprises	52.5	46.6	0.2	5.7
独资经营企业	Enterprises with Sole Fund	2433.7	2053.3	1.2	376.1
投资股份有限公司	Share-holding Corporations Ltd.	156.5	133.6	0.1	22.7
外商投资企业	**Foreign Funded Enterprises**	**11353.8**	**9727.8**	**9.8**	**1613.6**
中外合资经营企业	Joint-venture Enterprises	3057.0	2811.3	3.2	241.4
中外合作经营企业	Cooperation Enterprises	39.5	30.5		9.1
外资企业	Enterprises with Sole Fund	8189.9	6834.2	6.4	1347.8
外商投资股份有限公司	Share-holding Corporations Ltd.	67.4	51.9	0.2	15.3

17-7 续表 continued

单位：亿元 (100 million yuan)

项　　目	Item	主营业务收入 Revenue from Principal Business	主营业务成本 Cost of Principal Business	主营业务税金及附加 Taxes and Other Charges on Principal Business	主营业务利润 Profits from Principal Business
按国民经济行业分	**by Sector**				
农畜产品批发	Wholesale of Farm Produce and Livestock Products	2853.0	2656.1	7.3	183.3
食品、饮料及烟草制品批发	Wholesale of Food, Beverages and Tobaccos	13940.4	11154.5	270.7	2471.9
#米、面制品及食用油批发	Wholesale of Rice, Flour and Edible Oil	1390.3	1295.4	2.2	89.8
烟草制品批发	Wholesale of Tobaccos	8403.6	6412.3	248.4	1723.4
纺织、服装及日用品批发	Wholesale of Textiles, Garments and Daily Consumer Articles	9049.5	7970.7	13.9	1055.2
#服装批发	Wholesale of Garments	3326.2	2936.8	4.8	383.6
文化、体育用品及器材批发	Wholesale of Culture, Sports Appliances and Equipments	1785.0	1593.9	4.0	183.3
医药及医疗器材批发	Wholesale of Medicines and Medical Appliances	6129.1	5599.2	10.3	503.0
矿产品、建材及化工产品批发	Wholesale of Mineral Products, Building Materials and Chemical Products	79996.1	76134.6	157.4	3950.8
#煤炭及制品批发	Wholesale of Coal and Related Products	9579.2	8801.3	39.3	676.6
石油及制品批发	Wholesale of Petroleum and Related Products	26733.3	25366.3	23.0	1733.6
金属及金属矿批发	Wholesale of Metal Materials	29240.1	28282.9	63.0	843.6
建材批发	Wholesale of Building Materials	4037.0	3835.5	11.5	177.4
化肥批发	Wholesale of Chemical Fertilizer	2148.0	2074.7	7.1	54.0
机械设备、五金交电及电子产品批发	Wholesale of Machinery, Hardware and Electronic Equipment	22910.1	20902.0	32.4	1995.0
#汽车、摩托车及零配件批发	Wholesale of Motor Vehicles, Motorcycles and Parts	6774.9	6255.6	5.9	524.2
家用电器批发	Wholesale of Household Electrical Appliances	3855.9	3546.6	5.5	336.1
计算机、软件及辅助设备批发	Wholesale of Computer, Software and Assistant Appliances	2265.1	2153.6	4.1	102.0
贸易经纪与代理	Trade Broker and Agency	2736.1	2574.8	4.5	154.2
其他批发	Other Wholesale not Classified Elsewhere	3554.7	3344.9	21.9	175.6

17-8 各地区限额以上批发业企业主要财务指标(2009年)
Main Financial Indicators of Enterprises above Designated Size of Wholesale Trade by Region(2009)

单位：亿元 (100 million yuan)

地 区	Region	主营业务收入 Revenue from Principal Business	主营业务成本 Cost of Principal Business	主营业务税金及附加 Taxes and Other Charges on Principal Business	主营业务利润 Profits from Principal Business
全 国	**National Total**	**142954.0**	**131930.7**	**522.3**	**10672.2**
北 京	Beijing	19621.5	18156.5	26.0	1439.0
天 津	Tianjin	7582.4	7316.7	8.5	250.8
河 北	Hebei	2559.3	2388.7	11.1	144.6
山 西	Shanxi	2613.7	2446.2	12.9	161.2
内蒙古	Inner Mongolia	1483.4	1264.2	14.6	196.5
辽 宁	Liaoning	5701.4	5387.4	15.0	279.6
吉 林	Jilin	1016.1	932.3	5.7	74.2
黑龙江	Heilongjiang	1819.4	1588.7	11.5	166.2
上 海	Shanghai	18236.0	16927.8	16.5	1319.2
江 苏	Jiangsu	13705.4	12500.5	78.6	1081.0
浙 江	Zhejiang	12363.7	11663.7	34.2	665.1
安 徽	Anhui	2509.5	2296.9	14.8	193.2
福 建	Fujian	4367.1	4066.5	14.9	284.6
江 西	Jiangxi	926.5	806.1	10.7	98.1
山 东	Shandong	7663.1	6953.8	39.6	1165.1
河 南	Henan	2824.1	2534.0	36.1	254.0
湖 北	Hubei	3764.0	3441.4	14.8	272.9
湖 南	Hunan	1568.2	1321.7	16.9	148.0
广 东	Guangdong	16889.2	15791.4	37.7	1057.7
广 西	Guangxi	1320.8	1205.3	7.0	103.1
海 南	Hainan	491.6	437.1	2.6	43.6
重 庆	Chongqing	2605.2	2388.0	17.6	192.0
四 川	Sichuan	2378.6	2171.6	23.1	183.4
贵 州	Guizhou	760.2	584.1	10.0	155.7
云 南	Yunnan	2364.4	2099.4	13.1	253.3
西 藏	Tibet	32.7	22.6	0.5	9.6
陕 西	Shaanxi	1871.4	1587.9	17.7	231.6
甘 肃	Gansu	1174.0	1073.2	3.7	97.0
青 海	Qinghai	176.2	160.1	1.0	13.2
宁 夏	Ningxia	303.7	280.5	1.5	19.7
新 疆	Xinjiang	2261.0	2136.3	4.5	118.9

 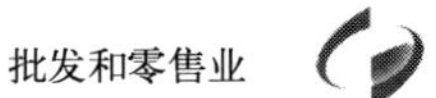

17-9 限额以上零售业企业基本情况(2009年)
Basic Conditions of Enterprises above Designated Size in Retail Trade by Types of Registration and Sector(2009)

项目	Item	法人企业 (个) Number of Corporation Enterprises (unit)	年末从业人数 (人) Engaged Persons at Year-end (person)
零售业合计	**Retail Trade**	**42615**	**4367063**
按登记注册类型分	**by Types of Registration**		
内资企业	**Domestic Funded Enterprises**	**41313**	**3827945**
国有企业	State-owned Enterprises	2834	295878
集体企业	Collective-owned Enterprises	2547	162066
股份合作企业	Cooperative Enterprises	503	42369
联营企业	Joint Ownership Enterprises	209	10185
国有联营企业	State Joint Ownership Enterprises	74	5222
集体联营企业	Collective Joint Ownership Enterprises	48	1765
国有与集体联营企业	Joint State-collective Enterprises	52	1377
其他联营企业	Other Joint Ownership Enterprises	35	1821
有限责任公司	Limited Liability Corporations	10678	1378157
国有独资公司	State Sole Funded Corporations	198	22176
其他有限责任公司	Other Limited Liability Corporations	10480	1355981
股份有限公司	Share-holding Corporations Ltd.	1702	525415
私营企业	Private Enterprises	22301	1369153
私营独资企业	Private-funded Enterprises	4636	174626
私营合伙企业	Private Partnership Enterprises	734	35594
私营有限责任公司	Private Limited Liability Corporations	15795	1069479
私营股份有限公司	Private Share-holding Corporations Ltd.	1136	89454
其他企业	Other Enterprises	539	44722
港、澳、台商投资企业	**Enterprises with Funds from Hong Kong, Macao and Taiwan**	**509**	**205967**
合资经营企业	Joint-venture Enterprises	128	60390
合作经营企业	Cooperative Enterprises	22	19857
独资经营企业	Enterprises with Sole Fund	337	120327
投资股份有限公司	Share-holding Corporations Ltd.	22	5393
外商投资企业	**Foreign Funded Enterprises**	**793**	**333151**
中外合资经营企业	Joint-venture Enterprises	277	160391
中外合作经营企业	Cooperation Enterprises	47	20433
外资企业	Enterprises with Sole Fund	436	142605
外商投资股份有限公司	Share-holding Corporations Ltd.	33	9722

17-9 续表 continued

项　　目	Item	法人企业（个） Number of Corporation Enterprises (unit)	年末从业人数（人） Engaged Persons at Year-end (person)
按国民经济行业分	**by Sector**		
综合零售	Integrated Retail	9214	2182122
#百货零售	Retail of General Merchandise	4077	991153
超级市场零售	Retail of Supermarkets	3766	1064868
食品、饮料及烟草制品专门零售	Retail of Food, Beverages and Tobaccos	1858	155779
纺织、服装及日用品专门零售	Special Retail of Textiles, Garments and Daily Consumer Articles	2481	260927
#服装零售	Retail of Garments	1362	168799
文化、体育用品及器材专门零售	Retail of Culture, Sports Appliances and Equipments	2656	176411
#体育用品零售	Retail of Sports Goods	79	8073
图书零售	Retail of Books	1528	116532
医药及医疗器材专门零售	Retail of Medicines and Medical Appliances	2484	288837
#药品零售	Retail of Medicines	2186	277574
汽车、摩托车、燃料及零配件专门零售	Retail of Motor Vehicles, Motorcycles, Fuel and Parts	14531	783686
#汽车零售	Retail of Motor Vehicles	9712	519738
机动车燃料零售	Retail of Fuel of Motor Vehicles	3317	227081
家用电器及电子产品专门零售	Special Retail of Household Electric Appliances and Electronic Products	5536	344269
#家用电器零售	Retail of Household Electric Appliances	2708	231453
计算机、软件及辅助设备零售	Retail of Computer, Software and Assistant Appliances	1800	56640
通信设备零售	Retail of Communication Equipments	668	46627
五金、家具及室内装修材料专门零售	Special Retail of Hardware, Furniture and Decoration Materials	1964	103513
无店铺及其他零售	Non-shop and Other Retails	1891	71519
#邮购及电子销售	Distribution of Post and E-commerce	58	8894

17-10 限额以上零售业企业购销存情况(2009年)

Total Purchases, Sales and Stock of Enterprises above Designated Size of Retail Trade by Status of Registration and Sector (2009)

单位：亿元 (100 million yuan)

项　目	Item	商品购进额 Total Purchases Value	进口 Imports	商品销售额 Total Sales Value	出口 Exports	期末商品库存额 Stock (year-end)
零售业合计	**Retail Trade**	**36194.2**	**608.8**	**43331.6**	**22.1**	**4175.7**
按登记注册类型分	**by Types of Registration**					
内资企业	**Domestic Funded Enterprises**	**31485.5**	**422.0**	**37475.6**	**21.8**	**3730.8**
国有企业	State-owned Enterprises	2552.5	21.5	3123.4	7.1	301.1
集体企业	Collective-owned Enterprises	752.2	4.0	940.4		147.1
股份合作企业	Cooperative Enterprises	243.8	1.7	287.4		27.9
联营企业	Joint Ownership Enterprises	148.8		161.4		9.2
国有联营企业	State Joint Ownership Enterprises	84.8		91.2		4.1
集体联营企业	Collective Joint Ownership Enterprises	21.3		22.3		1.7
国有与集体联营企业	Joint State-collective Enterprises	26.8		29.9		1.6
其他联营企业	Other Joint Ownership Enterprises	16.0		18.0		1.8
有限责任公司	Limited Liability Corporations	11568.6	164.7	13223.3	2.4	1398.3
国有独资公司	State Sole Funded Corporations	207.5	6.0	232.2		25.5
其他有限责任公司	Other Limited Liability Corporations	11361.1	158.7	12991.2	2.4	1372.8
股份有限公司	Share-holding Corporations Ltd.	5148.3	13.5	7059.3	4.4	463.5
私营企业	Private Enterprises	10813.2	215.0	12320.3	7.5	1347.5
私营独资企业	Private-funded Enterprises	1017.6	18.2	1122.6		156.7
私营合伙企业	Private Partnership Enterprises	175.3	0.2	202.7		23.2
私营有限责任公司	Private Limited Liability Corporations	9011.8	187.4	10201.3	6.7	1067.4
私营股份有限公司	Private Share-holding Corporations Ltd.	608.5	9.2	793.7	0.7	100.3
其他企业	Other Enterprises	258.1	1.6	360.1	0.4	36.2
港、澳、台商投资企业	**Enterprises with Funds from Hong Kong, Macao and Taiwan**	**1914.1**	**111.0**	**2246.7**	**0.1**	**170.9**
合资经营企业	Joint-venture Enterprises	574.1	46.4	705.4		36.2
合作经营企业	Cooperative Enterprises	314.3		304.7		15.4
独资经营企业	Enterprises with Sole Fund	986.6	64.6	1184.0		117.1
投资股份有限公司	Share-holding Corporations Ltd.	39.1		52.7		2.3
外商投资企业	**Foreign Funded Enterprises**	**2794.6**	**75.9**	**3609.2**	**0.3**	**273.9**
中外合资经营企业	Joint-venture Enterprises	1334.7	17.2	1842.1		132.5
中外合作经营企业	Cooperation Enterprises	226.9	5.9	278.8	0.1	13.7
外资企业	Enterprises with Sole Fund	1149.6	52.3	1387.4	0.2	120.6
外商投资股份有限公司	Share-holding Corporations Ltd.	83.4	0.6	101.0		7.0

17-10 续表 continued

单位：亿元 (100 million yuan)

项目	Item	商品购进额 Total Purchases Value	进口 Imports	商品销售额 Total Sales Value	出口 Exports	期末商品库存额 Stock (year-end)
按国民经济行业分	**by Sector**					
综合零售	Integrated Retail	10673.6	27.0	13164.2	4.8	1211.5
#百货零售	Retail of General Merchandise	5430.5	19.2	6943.9	4.6	512.5
超级市场零售	Retail of Supermarkets	4786.5	5.4	5701.4		602.1
食品、饮料及烟草制品专门零售	Retail of Food, Beverages and Tobaccos	611.6	11.4	728.3	1.1	100.5
纺织、服装及日用品专门零售	Special Retail of Textiles, Garments and Daily Consumer Articles	1162.2	50.3	1551.9	1.3	248.7
#服装零售	Retail of Garments	744.9	42.7	981.1	0.4	158.2
文化、体育用品及器材专门零售	Retail of Culture, Sports Appliances and Equipments	1011.5	22.0	1109.6	1.8	300.8
#体育用品零售	Retail of Sports Goods	48.0	1.1	63.4		14.9
图书零售	Retail of Books	523.7	4.4	541.7	0.2	144.4
医药及医疗器材专门零售	Retail of Medicines and Medical Appliances	1573.5	9.6	1745.4	0.4	208.9
#药品零售	Retail of Medicines	1499.6	1.4	1659.3	0.3	198.2
汽车、摩托车、燃料及零配件专门零售	Retail of Motor Vehicles, Motorcycles, Fuel and Parts	16611.8	446.5	19821.7	9.5	1476.5
#汽车零售	Retail of Motor Vehicles	11895.9	441.2	13041.6	8.3	1117.7
机动车燃料零售	Retail of Fuel of Motor Vehicles	4326.2	3.3	6347.0	0.8	285.9
家用电器及电子产品专门零售	Special Retail of Household Electric Appliances and Electronic Products	3269.2	8.8	3671.2	1.8	441.6
#家用电器零售	Retail of Household Electric Appliances	2247.1	2.0	2540.7	1.0	298.0
计算机、软件及辅助设备零售	Retail of Computer, Software and Assistant Appliances	628.1	2.9	695.0	0.5	70.8
通信设备零售	Retail of Communication Equipments	308.9	1.5	345.6		58.1
五金、家具及室内装修材料专门零售	Special Retail of Hardware, Furniture and Decoration Materials	709.1	4.1	836.4	1.2	120.9
无店铺及其他零售	Non-shop and Other Retails	571.8	29.1	702.9	0.2	66.3
#邮购及电子销售	Distribution of Post and E-commerce	111.0	0.6	148.2	0.1	13.0

17-11 各地区限额以上零售业企业基本情况和商品购销存情况(2009)

Basic Conditions and Total Purchases, Sales and Stock of Enterprises above Designated Size of Retail Trade by Region(2009)

单位：亿元 (100 million yuan)

地区	Region	法人企业(个) Number of Corporation Enterprises (unit)	年末从业人数(人) Engaged Persons at Year-end (person)	商品购进额 Total Purchases Value	进口 Imports	商品销售额 Total Sales Value	出口 Exports	期末商品库存额 Stock (year-end)
全　国	**National Total**	**42615**	**4367063**	**36194.2**	**608.8**	**43331.6**	**22.1**	**4175.7**
北　京	Beijing	3142	276765	3693.2	67.8	4108.5	2.9	355.0
天　津	Tianjin	680	77802	946.0	19.9	1096.8		87.9
河　北	Hebei	1010	144980	801.4	2.4	939.9		88.3
山　西	Shanxi	845	107752	689.9	8.3	868.2		85.6
内蒙古	Inner Mongolia	707	71963	630.5	2.5	735.3		58.4
辽　宁	Liaoning	1899	180341	1305.4	28.5	1676.5	1.3	140.8
吉　林	Jilin	552	50792	438.6	8.2	548.0		57.3
黑龙江	Heilongjiang	539	82238	564.7	2.7	773.8		67.8
上　海	Shanghai	1422	274699	2651.6	77.7	3335.8	1.5	342.2
江　苏	Jiangsu	3962	390312	3305.2	40.1	3985.3	2.2	307.8
浙　江	Zhejiang	2574	234365	2959.7	66.7	3197.7	1.7	249.5
安　徽	Anhui	1148	124179	847.4	2.3	926.7	0.3	111.6
福　建	Fujian	1442	148455	1094.3	20.2	1344.4	0.2	108.4
江　西	Jiangxi	454	53332	358.9	3.8	453.5	0.2	36.0
山　东	Shandong	6160	492363	3394.9	7.6	3951.1	2.7	448.9
河　南	Henan	4115	273056	1519.6	12.2	1608.9	0.1	456.5
湖　北	Hubei	1190	194222	1280.3	12.4	1517.1		126.4
湖　南	Hunan	1333	133913	848.0	22.7	1324.5	0.1	85.8
广　东	Guangdong	3585	403754	3568.7	130.3	4688.4	7.9	373.3
广　西	Guangxi	638	64786	466.3	3.8	568.3	0.2	51.2
海　南	Hainan	239	18100	134.0	2.4	202.0		16.1
重　庆	Chongqing	980	108459	889.6	15.3	1047.1		88.0
四　川	Sichuan	1026	150014	1393.2	20.9	1560.5	0.3	132.2
贵　州	Guizhou	371	30806	278.8	2.4	358.0	0.1	28.7
云　南	Yunnan	688	71274	517.2	19.3	663.8	0.1	86.2
西　藏	Tibet	46	3664	39.4	0.1	43.7		7.3
陕　西	Shaanxi	896	114948	832.2	4.3	954.1	0.3	79.4
甘　肃	Gansu	282	31585	238.2		280.1		36.9
青　海	Qinghai	89	9447	49.7	0.1	59.8		6.0
宁　夏	Ningxia	191	15171	133.0	1.0	144.8		17.2
新　疆	Xinjiang	410	33526	324.1	2.9	369.0	0.1	38.9

17-12 限额以上零售业企业资产及负债（2009年）

Assets and Liabilities of Enterprises above Designated Size of Retail Trade(2009)

单位：亿元 (100 million yuan)

项目	Item	资产总计 Total Assets	#流动资产合计 Working Capitals	#固定资产合计 Total Fixed Assets	负债合计 Total Liabilities	所有者权益合计 Total Owners' Equities
零售业合计	**Retail Trade**	**19522.9**	**12857.2**	**3647.9**	**13716.2**	**5801.9**
按登记注册类型分	**by Types of Registration**					
内资企业	**Domestic Funded Enterprises**	**16709.4**	**10992.3**	**3108.6**	**11679.0**	**5025.7**
国有企业	State-owned Enterprises	1189.0	628.8	340.8	759.0	428.9
集体企业	Collective-owned Enterprises	372.5	239.6	95.2	255.6	117.0
股份合作企业	Cooperative Enterprises	135.7	85.4	33.3	99.6	36.1
联营企业	Joint Ownership Enterprises	41.3	29.4	6.9	27.1	14.1
国有联营企业	State Joint Ownership Enterprises	25.4	18.6	4.0	17.4	8.0
集体联营企业	Collective Joint Ownership Enterprises	4.9	3.1	1.0	2.7	2.2
国有与集体联营企业	Joint State-collective Enterprises	4.7	2.9	1.1	2.4	2.3
其他联营企业	Other Joint Ownership Enterprises	6.2	4.9	0.8	4.6	1.6
有限责任公司	Limited Liability Corporations	5711.3	4027.7	946.3	4355.0	1356.3
国有独资公司	State Sole Funded Corporations	140.2	73.6	35.3	85.3	54.8
其他有限责任公司	Other Limited Liability Corporations	5571.1	3954.1	911.0	4269.7	1301.5
股份有限公司	Share-holding Corporations Ltd.	3766.2	1953.4	833.0	2084.3	1678.2
私营企业	Private Enterprises	5322.7	3920.1	815.4	3978.5	1344.2
私营独资企业	Private-funded Enterprises	454.6	278.9	121.1	260.4	194.1
私营合伙企业	Private Partnership Enterprises	72.8	43.7	19.2	40.5	32.4
私营有限责任公司	Private Limited Liability Corporations	4386.8	3282.2	620.6	3360.5	1026.4
私营股份有限公司	Private Share-holding Corporations Ltd.	408.5	315.2	54.5	317.2	91.3
其他企业	Other Enterprises	170.8	107.8	37.6	119.8	50.9
港、澳、台商投资企业	**Enterprises with Funds from Hong Kong, Macao and Taiwan**	**1080.1**	**737.1**	**205.8**	**768.8**	**311.3**
合资经营企业	Joint-venture Enterprises	400.1	256.2	83.4	264.3	135.8
合作经营企业	Cooperative Enterprises	96.1	79.7	7.6	67.7	28.4
独资经营企业	Enterprises with Sole Fund	534.7	373.4	103.7	400.4	134.2
投资股份有限公司	Share-holding Corporations Ltd.	49.2	27.7	11.1	36.5	12.7
外商投资企业	**Foreign Funded Enterprises**	**1733.3**	**1127.8**	**333.5**	**1268.4**	**465.0**
中外合资经营企业	Joint-venture Enterprises	668.9	421.8	154.9	488.8	180.1
中外合作经营企业	Cooperation Enterprises	111.3	81.8	17.4	79.8	31.5
外资企业	Enterprises with Sole Fund	908.1	596.1	151.9	668.7	239.3
外商投资股份有限公司	Share-holding Corporations Ltd.	45.1	28.0	9.2	31.0	14.1

17-12　续表 continued

单位：亿元　　(100 million yuan)

项　目	Item	资产总计 Total Assets	#流动资产合　计 Working Capitals	#固定资产合　计 Total Fixed Assets	负债合计 Total Liabilities	所有者权益合　计 Total Owners' Equities
按国民经济行业分	**by Sector**					
综合零售	Integrated Retail	7148.1	4083.3	1747.4	5267.6	1880.5
#百货零售	Retail of General Merchandise	4285.0	2284.6	1140.8	2996.5	1288.5
超级市场零售	Retail of Supermarkets	2673.6	1681.2	560.6	2129.9	543.8
食品、饮料及烟草制品专门零售	Retail of Food, Beverages and Tobaccos	409.3	252.2	98.9	238.7	170.6
纺织、服装及日用品专门零售	Special Retail of Textiles, Garments and Daily Consumer Articles	874.1	608.3	151.8	623.8	250.3
#服装零售	Retail of Garments	570.7	390.3	109.7	445.7	125.0
文化、体育用品及器材专门零售	Retail of Culture, Sports Appliances and Equipments	847.1	550.1	187.9	482.8	364.3
#体育用品零售	Retail of Sports Goods	37.0	25.0	6.6	24.7	12.3
图书零售	Retail of Books	535.3	308.1	149.2	281.1	254.2
医药及医疗器材专门零售	Retail of Medicines and Medical Appliances	818.4	646.8	84.9	614.5	204.0
#药品零售	Retail of Medicines	778.7	611.3	82.4	583.0	195.7
汽车、摩托车、燃料及零配件专门零售	Retail of Motor Vehicles, Motorcycles, Fuel and Parts	6600.9	4562.8	1066.6	4436.2	2160.0
#汽车零售	Retail of Motor Vehicles	4632.1	3585.5	518.0	3559.3	1072.7
机动车燃料零售	Retail of Fuel of Motor Vehicles	1791.8	841.0	523.4	754.2	1032.9
家用电器及电子产品专门零售	Special Retail of Household Electric Appliances and Electronic Products	1924.3	1574.6	121.6	1438.9	485.3
#家用电器零售	Retail of Household Electric Appliances	1513.8	1241.1	87.4	1168.1	345.8
计算机、软件及辅助设备零售	Retail of Computer, Software and Assistant Appliances	236.4	191.1	14.7	147.7	88.7
通信设备零售	Retail of Communication Equipments	129.2	102.9	16.9	91.6	37.6
五金、家具及室内装修材料专门零售	Special Retail of Hardware, Furniture and Decoration Materials	453.8	289.4	106.5	303.6	150.2
无店铺及其他零售	Non-shop and Other Retails	446.8	289.7	82.2	310.0	136.8
#邮购及电子销售	Distribution of Post and E-commerce	68.5	61.0	3.2	72.5	-4.0

17-13 各地区限额以上零售业企业资产及负债(2009年)
Assets and Liabilities of Enterprises above Designated Size of Retail Trade by Region(2009)

单位: 亿元 (100 million yuan)

地区	Region	资产总计 Total Assets	#流动资产合计 Working Capitals	#固定资产合计 Total Fixed Assets	负债合计 Total Liabilities	所有者权益合计 Total Owners' Equities
全国	**National Total**	**19522.9**	**12857.2**	**3647.9**	**13716.2**	**5801.9**
北京	Beijing	2042.2	1423.4	267.2	1469.9	572.3
天津	Tianjin	426.2	269.8	95.4	298.7	127.5
河北	Hebei	449.5	281.9	112.1	349.2	100.3
山西	Shanxi	384.5	241.5	88.9	290.6	93.9
内蒙古	Inner Mongolia	288.2	174.4	59.2	203.0	85.2
辽宁	Liaoning	823.7	532.1	171.3	596.1	225.8
吉林	Jilin	253.9	141.9	72.1	184.1	69.8
黑龙江	Heilongjiang	304.3	212.0	68.6	240.2	64.1
上海	Shanghai	1637.4	1069.3	255.9	1108.8	528.6
江苏	Jiangsu	1828.7	1198.0	316.9	1336.9	491.9
浙江	Zhejiang	1424.9	966.1	237.1	1070.0	354.9
安徽	Anhui	441.1	300.9	90.0	325.5	115.6
福建	Fujian	576.8	413.1	85.5	377.3	199.5
江西	Jiangxi	201.4	122.8	50.6	135.5	65.9
山东	Shandong	1942.1	1285.7	406.8	1251.9	690.2
河南	Henan	651.9	434.4	132.0	488.3	163.6
湖北	Hubei	652.0	378.1	162.2	457.8	194.3
湖南	Hunan	517.1	277.0	123.8	302.4	214.7
广东	Guangdong	2015.0	1411.1	308.3	1388.7	624.4
广西	Guangxi	235.4	158.4	44.6	162.6	71.6
海南	Hainan	79.8	47.6	23.6	46.1	33.6
重庆	Chongqing	372.0	249.0	75.6	256.2	115.9
四川	Sichuan	621.5	408.2	112.5	429.7	191.8
贵州	Guizhou	165.4	99.8	30.3	130.7	34.7
云南	Yunnan	341.3	227.2	66.3	228.0	113.3
西藏	Tibet	17.0	9.6	5.3	9.2	7.7
陕西	Shaanxi	427.2	264.0	108.4	307.4	119.8
甘肃	Gansu	116.6	69.9	23.9	82.3	34.3
青海	Qinghai	31.3	21.2	6.7	21.5	9.8
宁夏	Ningxia	78.9	52.1	15.3	55.5	23.5
新疆	Xinjiang	175.5	116.7	31.7	112.3	63.3

17-14 限额以上零售业企业主要财务指标(2009年)
Main Financial Indicators of Enterprises above Designated Size of Retail Trade by Status of Registration and Sector(2009)

单位：亿元 (100 million yuan)

项目	Item	主营业务收入 Revenue from Principal Business	主营业务成本 Cost of Principal Business	主营业务税金及附加 Taxes and Other Charges on Principal Business	主营业务利润 Profits from Principal Business
零售业合计	**Retail Trade**	**38600.0**	**33989.3**	**196.2**	**4185.7**
按登记注册类型分	**by Types of Registration**				
内资企业	**Domestic Funded Enterprises**	**33614.1**	**29783.0**	**173.7**	**3444.6**
国有企业	State-owned Enterprises	2816.0	2480.3	18.6	274.9
集体企业	Collective-owned Enterprises	866.8	751.9	7.9	104.1
股份合作企业	Cooperative Enterprises	255.3	223.2	1.4	29.6
联营企业	Joint Ownership Enterprises	147.5	133.4	0.4	12.2
国有联营企业	State Joint Ownership Enterprises	83.3	76.5	0.2	5.1
集体联营企业	Collective Joint Ownership Enterprises	21.2	18.0	0.2	3.1
国有与集体联营企业	Joint State-collective Enterprises	27.7	25.2	0.1	2.5
其他联营企业	Other Joint Ownership Enterprises	15.3	13.7	0.1	1.5
有限责任公司	Limited Liability Corporations	11822.0	10468.4	55.4	1215.9
国有独资公司	State Sole Funded Corporations	204.5	177.4	1.1	25.4
其他有限责任公司	Other Limited Liability Corporations	11617.4	10291.0	54.4	1190.5
股份有限公司	Share-holding Corporations Ltd.	6094.7	5358.1	24.4	675.2
私营企业	Private Enterprises	11284.4	10076.9	63.2	1100.3
私营独资企业	Private-funded Enterprises	1067.1	907.2	15.1	139.5
私营合伙企业	Private Partnership Enterprises	192.4	164.8	2.1	24.3
私营有限责任公司	Private Limited Liability Corporations	9332.1	8385.9	42.2	869.0
私营股份有限公司	Private Share-holding Corporations Ltd.	692.9	619.0	3.9	67.5
其他企业	Other Enterprises	327.4	290.7	2.3	32.3
港、澳、台商投资企业	**Enterprises with Funds from Hong Kong, Macao and Taiwan**	**1963.3**	**1670.2**	**4.9**	**280.1**
合资经营企业	Joint-venture Enterprises	612.8	515.6	2.2	93.1
合作经营企业	Cooperative Enterprises	250.5	236.2	0.2	11.1
独资经营企业	Enterprises with Sole Fund	1054.9	880.3	2.1	169.4
投资股份有限公司	Share-holding Corporations Ltd.	45.1	38.1	0.4	6.6
外商投资企业	**Foreign Funded Enterprises**	**3022.6**	**2536.1**	**17.6**	**461.0**
中外合资经营企业	Joint-venture Enterprises	1473.9	1270.2	12.7	195.3
中外合作经营企业	Cooperation Enterprises	243.7	202.2	0.3	41.2
外资企业	Enterprises with Sole Fund	1218.5	990.4	4.2	212.0
外商投资股份有限公司	Share-holding Corporations Ltd.	86.4	73.3	0.4	12.6

17-14 续表 continued

单位：亿元 (100 million yuan)

项目	Item	主营业务收入 Revenue from Principal Business	主营业务成本 Cost of Principal Business	主营业务税金及附加 Taxes and Other Charges on Principal Business	主营业务利润 Profits from Principal Business
按国民经济行业分	**By Sector**				
综合零售	Integrated Retail	11337.1	9697.4	81.2	1483.0
#百货零售	Retail of General Merchandise	5898.5	4957.8	44.5	854.5
超级市场零售	Retail of Supermarkets	4956.4	4332.7	32.0	562.8
食品、饮料及烟草制品专门零售	Retail of Food, Beverages and Tobaccos	679.5	558.1	9.2	110.7
纺织、服装及日用品专门零售	Special Retail of Textiles, Garments and Daily Consumer Articles	1416.0	1042.0	9.2	359.1
#服装零售	Retail of Garments	876.6	650.2	6.0	217.5
文化、体育用品及器材专门零售	Retail of Culture, Sports Appliances and Equipments	982.4	778.2	9.5	186.5
#体育用品零售	Retail of Sports Goods	57.7	46.9	0.2	10.6
图书零售	Retail of Books	466.7	348.1	3.0	109.1
医药及医疗器材专门零售	Retail of Medicines and Medical Appliances	1544.6	1338.1	7.1	189.1
#药品零售	Retail of Medicines	1467.7	1273.6	6.8	177.5
汽车、摩托车、燃料及零配件专门零售	Retail of Motor Vehicles, Motorcycles, Fuel and Parts	17971.8	16523.8	51.0	1302.1
#汽车零售	Retail of Motor Vehicles	12021.4	11192.9	31.0	752.4
机动车燃料零售	Retail of Fuel of Motor Vehicles	5548.2	4969.5	17.9	514.0
家用电器及电子产品专门零售	Special Retail of Household Electric Appliances and Electronic Products	3247.7	2907.4	13.3	308.1
#家用电器零售	Retail of Household Electric Appliances	2220.2	1981.4	9.3	222.1
计算机、软件及辅助设备零售	Retail of Computer, Software and Assistant Appliances	624.7	570.1	2.0	43.3
通信设备零售	Retail of Communication Equipments	318.5	280.9	1.6	34.5
五金、家具及室内装修材料专门零售	Special Retail of Hardware, Furniture and Decoration Materials	760.9	591.7	11.7	153.2
无店铺及其他零售	Non-shop and Other Retails	660.1	552.5	4.0	93.9
#邮购及电子销售	Distribution of Post and E-commerce	130.0	106.3	0.5	19.7

17-15 各地区限额以上零售业企业主要财务指标(2009年)
Main Financial Indicators of Enterprises above Designated Size of Retail Trade by Region(2009)

单位：亿元 (100 million yuan)

地区	Region	主营业务收入 Revenue from Principal Business	主营业务成本 Cost of Principal Business	主营业务税金及附加 Taxes and Other Charges on Principal Business	主营业务利润 Profits from Principal Business
全国	**National Total**	**38600.0**	**33989.3**	**196.2**	**4185.7**
北京	Beijing	3550.9	3156.2	9.9	384.7
天津	Tianjin	957.6	853.4	1.9	98.5
河北	Hebei	807.3	735.8	2.5	67.0
山西	Shanxi	819.0	741.7	2.2	65.2
内蒙古	Inner Mongolia	705.6	599.8	3.1	97.1
辽宁	Liaoning	1484.2	1320.1	11.0	156.3
吉林	Jilin	463.1	408.4	2.7	42.9
黑龙江	Heilongjiang	668.9	543.2	12.9	100.6
上海	Shanghai	2933.0	2541.8	8.9	383.3
江苏	Jiangsu	3502.2	3103.6	14.7	361.3
浙江	Zhejiang	2808.0	2568.4	7.5	232.0
安徽	Anhui	825.8	744.7	3.2	74.0
福建	Fujian	1025.2	913.7	3.9	103.4
江西	Jiangxi	414.3	361.3	1.9	46.0
山东	Shandong	3697.4	3251.7	24.1	402.6
河南	Henan	1494.8	1337.0	18.4	139.5
湖北	Hubei	1239.4	1091.6	6.0	133.2
湖南	Hunan	1237.1	1058.7	7.4	100.4
广东	Guangdong	4211.6	3625.8	12.8	564.7
广西	Guangxi	509.9	454.5	2.0	56.7
海南	Hainan	198.7	179.7	0.4	18.5
重庆	Chongqing	943.1	786.0	8.6	135.5
四川	Sichuan	1437.9	1293.0	16.2	136.5
贵州	Guizhou	334.5	290.6	0.8	31.2
云南	Yunnan	619.0	548.9	1.5	67.4
西藏	Tibet	43.9	37.2	0.2	6.5
陕西	Shaanxi	888.4	750.0	8.8	100.4
甘肃	Gansu	270.3	241.3	1.2	27.7
青海	Qinghai	57.3	51.7	0.1	5.4
宁夏	Ningxia	125.5	112.5	0.4	12.8
新疆	Xinjiang	326.0	287.1	1.0	34.5

17-16 按登记注册类型分连锁零售企业基本情况(2009年)

Basic Conditions of Chain Retail Enterprises by Status of Registration(2009)

项目	Item	总店数(个) Number of Head Stores (unit)	门店总数(个) Number of Stores (unit)	年末从业人数(万人) Engaged Persons at Year-end (10 000 persons)	年末零售营业面积(万平方米) Operating Area of Retail Enterprises at Year-end (10 000 sq.m)	商品销售额(亿元) Total Sales of Commodities (100 million yuan)	商品购进总额(亿元) Total Purchases Value (100 million yuan)	统一配送商品购进额(亿元) Centralized Purchase and Delivery (100 million yuan)
合计	**Total**	**2327**	**175677**	**210.9**	**11809.2**	**22240.00**	**19343.70**	**14723.14**
内资企业	**Domestic Funded Enterprises**	**2106**	**158920**	**166.3**	**10075.5**	**18602.72**	**16277.40**	**12536.68**
国有企业	State-owned Enterprises	156	20988	11.5	833.2	2400.44	2228.34	1776.55
集体企业	Collective-owned Enterprises	43	2952	2.5	179.1	509.32	480.24	463.28
股份合作企业	Cooperative Enterprises	23	934	1.0	28.5	56.51	34.05	25.00
联营企业	Joint Ownership Enterprises	4	564	0.5	5.4	31.42	31.37	31.37
国有联营企业	State Joint Ownership Enterprises	2	365	0.2	2.9	5.63	5.47	5.47
集体联营企业	Collective Joint Ownership Enterprises							
国有与集体联营企业	Joint State-collective Enterprises	1	4		0.1	0.09	0.07	0.07
其他联营企业	Other Joint Ownership Enterprises	1	195	0.3	2.4	25.70	25.84	25.84
有限责任公司	Limited Liability Corporations	823	55888	53.2	2395.6	3189.34	2735.34	2027.50
国有独资公司	State Sole Funded Corporations	12	233	0.4	6.1	60.71	36.54	36.00
其他有限责任公司	Other Limited Liability Corporations	811	55655	52.8	2389.6	3128.62	2698.79	1991.49
股份有限公司	Share-holding Corporations Ltd.	256	44710	67.0	5553.4	11033.90	9584.18	7333.03
私营企业	Private Enterprises	786	32518	30.2	1064.1	1368.44	1171.08	867.67
私营独资企业	Private-funded Enterprises	49	2095	1.6	41.6	69.59	65.87	58.22
私营合伙企业	Private Partnership Enterprises	4	230	0.5	19.6	18.94	11.28	11.05
私营有限责任公司	Private Limited Liability Corporations	686	26422	25.1	904.3	1056.55	933.21	715.75
私营股份有限公司	Private Share-holding Corporations Ltd.	47	3771	3.0	98.7	223.35	160.73	82.65
其他企业	Other Enterprises	15	366	0.4	16.2	13.35	12.80	12.27
港、澳、台商投资企业	**Enterprises with Funds from Hong Kong, Macao and Taiwan**	**76**	**3132**	**14.9**	**616.7**	**1317.34**	**977.92**	**591.86**
合资经营企业	Joint-venture Enterprises	31	1973	3.6	148.3	421.23	342.04	326.08
合作经营企业	Cooperative Enterprises	4	243	5.8	272.5	488.96	331.43	111.52
独资经营企业	Enterprises with Sole Fund	39	893	5.4	183.8	405.83	303.48	153.29
投资股份有限公司	Share-holding Corporations Ltd.	2	23		12.1	1.32	0.97	0.97
外商投资企业	**Foreign Funded Enterprises**	**145**	**13625**	**29.8**	**1117.0**	**2319.95**	**2088.38**	**1594.60**
中外合资经营企业	Joint-venture Enterprises	62	4317	15.9	700.5	1359.87	1240.29	963.34
中外合作经营企业	Cooperative Enterprises	15	1711	5.5	64.5	211.57	166.16	122.30
外资企业	Enterprises with Sole Fund	65	7579	8.2	339.9	735.67	669.59	499.64
外商投资股份有限公司	Share-holding Corporations Ltd.	3	18	0.1	12.1	12.84	12.35	9.32

17-17 按行业和业态分连锁零售企业基本情况(2009年)
Basic Conditions of Chain Retail Enterprises by Sector and Business Categories(2009)

项目	Item	总店数 (个) Number of Head Stores (unit)	门店总数 (个) Number of Stores (unit)	年末从业人数 (万人) Engaged Persons at Year-end (10 000 persons)	年末零售营业面积 (万平方米) Operating Area of Retail Enterprises at Year-end (10 000 sq.m)	商品销售额 (亿元) Total Sales of Commodities (100 million yuan)	商品购进总额 (亿元) Total Purchases Value (100 million yuan)	统一配送商品购进额 (亿元) Centralized Purchase and Delivery (100 million yuan)
总计	**Total**	**2327**	**175677**	**210.9**	**11809.2**	**22240.0**	**19343.7**	**14723.1**
按行业分	**By Sector**							
#综合零售	Integrated Retail	790	56568	125.5	5670.7	9111.9	7651.3	5261.5
食品、饮料及烟草制品专门零售	Retail of Food, Beverages and Tobaccos	179	9105	5.3	78.9	253.5	209.2	196.5
纺织、服装及日用品专门零售	Special Retail of Textiles, Garments and Daily Consumer Articles	114	11192	8.9	92.6	222.8	173.8	130.0
文化、体育用品及器材专门零售	Retail of Culture, Sports Appliances and Equipments	78	2093	4.3	148.1	351.3	344.3	327.9
医药及医疗器材专门零售	Retail of Medicines and Medical Appliances	527	30543	17.0	335.8	417.9	351.1	297.2
汽车、摩托车、燃料及零配件专门零售	Retail of Motor Vehicles, Motorcycles, Fuel and Parts	183	19583	16.6	2211.6	5879.6	5305.5	4569.2
家用电器及电子产品专门零售	Special Retail of Household Electric Appliances and Electronic Products	207	2949	11.9	667.8	1517.7	1409.6	1005.5
五金、家具及室内装修材料专门零售	Special Retail of Hardware, Furniture and Decoration Materials	24	147	1.3	93.6	82.9	60.4	37.0
无店铺及其他零售	Non-shop and Other Retails	32	822	0.5	38.2	75.6	78.6	51.5
按业态分	**By Business Categories**							
便利店	Convenience Store	96	15779	9.3	144.3	269.8	235.3	186.1
折扣店	Discount Store	4	859	0.8	24.3	37.2	33.4	24.8
超市	Supermarket	458	33224	48.9	1924.9	2569.5	2068.3	1644.8
大型超市	Hypermarket	134	2493	32.7	1844.8	2443.5	1942.1	1191.8
仓储会员店	Warehouse Club	6	179	1.5	54.8	142.5	142.6	29.2
百货店	Department Store	105	5304	23.9	1338.4	2498.3	2061.3	1126.4
专业店	Specialty Store	1203	82704	75.3	6075.3	13373.9	12146.4	9990.9
#加油站	Gas Station	209	29345	26.0	4295.2	8996.2	8038.8	6510.8
专卖店	Franchised Store	268	24075	16.1	247.1	697.3	546.9	402.9
家居建材商店	Building Material Store	19	102	0.9	79.3	63.3	43.8	24.6
厂家直销中心	Factory Outlets Center	6	410	0.1	3.2	1.5	1.8	1.8
其他	Other Store	28	10548	1.6	72.7	143.0	121.7	99.8

17-18 各地区连锁零售企业基本情况
Basic Conditions of Chain Retail Enterprises by Region

年份 地区	Year Region	总店数 (个) Number of Head Stores (unit)	门店总数 (个) Number of Stores (unit)	年末从业人数 (万人) Engaged Persons at Year-end (10 000 persons)	年末零售营业面积 (万平方米) Operating Area of Retail Enterprises at Year-end (10 000 sq.m)	商品销售额 (亿元) Total Sales of Commodities (100 million yuan)	商品购进总额 (亿元) Total Purchases Value (100 million yuan)	统一配送商品购进额 (亿元) Centralized Purchase and Delivery (100 million yuan)
	2005	1416	105684	160.10	8687.5	12587.8	10734.6	8409.4
	2006	1696	128924	187.10	8979.0	14952.2	13447.4	10565.7
	2007	1729	145366	186.19	10044.0	17754.3	15917.0	12542.4
	2008	2457	168502	197.08	10197.8	20466.5	17193.1	13782.1
	2009	2327	175677	210.88	11809.2	22240.0	19343.7	14723.1
北京	Beijing	153	6767	13.05	543.8	1593.6	1387.2	633.8
天津	Tianjin	38	1742	3.10	245.8	439.5	435.4	351.6
河北	Hebei	92	5528	5.55	554.7	707.2	568.2	380.8
山西	Shanxi	40	2031	3.20	116.0	209.3	198.1	122.5
内蒙古	Inner Mongolia	19	1743	1.34	33.7	360.2	361.4	360.9
辽宁	Liaoning	78	5228	5.34	239.1	525.9	464.8	317.5
吉林	Jilin	21	790	0.92	60.0	87.3	90.5	73.0
黑龙江	Heilongjiang	29	937	1.60	45.2	134.7	133.4	122.2
上海	Shanghai	65	17332	28.22	794.7	2722.5	1998.3	1246.1
江苏	Jiangsu	181	16172	32.58	1565.2	3587.8	3351.6	3116.6
浙江	Zhejiang	228	21941	14.20	965.4	1491.5	1350.7	1265.1
安徽	Anhui	67	7622	7.16	318.8	804.3	803.9	333.0
福建	Fujian	120	2814	5.66	370.9	535.6	442.0	352.7
江西	Jiangxi	66	2270	3.20	170.6	390.3	211.4	142.0
山东	Shandong	114	9610	13.77	1256.7	1736.7	1544.2	1080.9
河南	Henan	160	8249	6.41	483.5	474.9	423.0	311.8
湖北	Hubei	108	5449	9.41	485.4	762.0	679.2	527.7
湖南	Hunan	91	3719	5.80	374.5	583.7	551.2	504.5
广东	Guangdong	233	22088	26.00	1781.6	2962.7	2677.2	2233.8
广西	Guangxi	46	2847	2.51	257.1	339.6	189.5	79.4
海南	Hainan	4	112	0.08	2.4	1.7	1.5	1.2
重庆	Chongqing	77	9735	7.15	296.1	483.8	396.0	275.4
四川	Sichuan	86	4770	5.20	178.1	303.4	273.9	218.9
贵州	Guizhou	24	583	0.43	10.8	13.8	15.2	4.9
云南	Yunnan	42	10392	3.07	174.9	286.0	172.6	166.2
西藏	Tibet	1	12	0.01	0.3	0.4	0.5	0.5
陕西	Shaanxi	26	571	2.05	76.4	160.0	134.3	92.2
甘肃	Gansu	27	858	0.86	81.7	179.4	148.1	92.9
青海	Qinghai	12	99	0.41	14.6	11.9	8.4	6.4
宁夏	Ningxia	14	1305	0.56	24.0	36.6	36.5	29.0
新疆	Xinjiang	65	2361	2.08	287.1	313.8	295.5	279.5

注：门店总数全国总计中包括开设在港澳台地区和国外的门店。
a) Total number of stores includes that from Hong Kong, Macao and Taiwan province and foreign countries.

17-19 亿元以上商品交易市场基本情况(2009年)
Basic Statistics on Commodity Exchange Markets of Transaction Value over 100 Million Yuan (2009)

市场	Market	市场数量(个) Number of Markets (unit)	摊位数(个) Number of Booths (unit)	营业面积(万平方米) Operating Area (10 000 sq.m)	成交额(亿元) Turnover (100 million yuan)	批发市场 Whole-sale	零售市场 Retail
总　计	**Total**	**4687**	**2994781**	**23230.3**	**57963.8**	**48308.2**	**9655.5**
综合市场	**Integrated Markets**	**1280**	**1086242**	**5562.9**	**11741.2**	**8834.7**	**2906.5**
生产资料综合市场	Production Comprehensive Market	53	53386	807.2	1173.2	1107.9	65.3
工业消费品综合市场	Industrial Consumable Comprehensive Markets	286	396749	1883.6	3653.8	2722.2	931.7
农产品综合市场	Farm Produce Comprehensive Markets	657	396452	1493.6	4582.4	3218.1	1364.3
其他综合市场	Other Comprehensive Markets	284	239655	1378.6	2331.7	1786.5	545.2
专业市场	**Special Markets**	**3407**	**1908539**	**17667.5**	**46222.6**	**39473.6**	**6749.1**
生产资料市场	Production Markets	720	239943	5431.5	17461.5	16743.0	718.5
农业生产用具市场	Agricultural Production Equiment Markets	16	4562	139.0	123.0	123.0	
农用生产资料市场	Agricultural Production Markets	33	5973	80.4	155.0	153.7	1.4
煤炭市场	Coal and Charcoal Markets	14	1698	376.5	303.3	303.3	
木材市场	Wood Markets	56	16977	410.0	470.7	470.7	
建材市场	Building Material Markets	200	80016	1420.4	1549.4	890.9	658.5
化工材料及制品市场	Chemical Materials and Products Markets	38	12527	174.2	1880.8	1880.8	
金属材料市场	Metal Materials Markets	279	78940	2162.1	11411.4	11411.4	
机械设备市场	Mechanical Equipments Markets	41	17099	195.1	382.1	367.7	14.4
其他生产资料市场	Others	43	22151	473.8	1185.7	1141.5	44.2
农产品市场	Farm Produce Markets	946	520888	3711.5	9108.6	8522.3	586.3
粮油市场	Grain and Oil Markets	102	25452	378.1	1290.7	1244.3	46.4
肉禽蛋市场	Meat, Poultry and Eggs Markets	116	34507	255.2	707.1	623.3	83.8
水产品市场	Aquatic Products Markets	142	84564	340.6	1864.1	1689.3	174.8
蔬菜市场	Vegetables Markets	289	223538	1479.8	2509.2	2449.3	59.9
干鲜果品市场	Dried and Fresh Melons and Fruits Markets	136	62622	524.4	1404.6	1403.6	1.0
棉麻土畜、烟叶市场	Cotton, Local & Livestock Products, and Tobacco Markets	23	18742	329.0	436.8	435.6	1.2
其他农产品市场	Others	138	71463	404.3	895.9	676.8	219.1
食品、饮料及烟酒市场	Food, Beverages, Tobacco and Liquor Markets	140	67206	393.0	1184.3	1056.5	127.8
食品饮料市场	Food and Beverages Markets	57	32655	169.4	389.0	322.5	66.6
茶叶市场	Tea Markets	23	8978	68.6	155.3	130.6	24.7
烟酒市场	Tobacco and Liquor Markets	12	3440	24.9	126.2	110.3	15.9
其他食品饮料及烟酒市场	Others	48	22133	130.0	513.7	493.1	20.6
纺织、服装、鞋帽市场	Textiles, Clothing, Shoes and Hats Markets	531	603438	2277.8	8525.1	7677.1	848.0
布料及纺织品市场	Cloth and Textiles Markets	76	100854	660.3	3620.5	3548.2	72.3
服装市场	Clothing Markets	319	358604	1101.1	3430.6	2954.7	475.9
鞋帽市场	Shoes and Hats Markets	43	24477	125.9	338.7	332.0	6.6
其他纺织服装鞋帽市场	Others	93	119503	390.5	1135.3	842.2	293.1
日用品及文化用品市场	Daily Use Articles and Cultural Goods Markets	102	77400	312.3	868.7	761.4	107.3

17-19 续表 continued

市 场	Market	市场数量(个) Number of Markets (unit)	摊位数(个) Number of Booths (unit)	营业面积(万平方米) Operating Area (10 000 sq.m)	成交额(亿元) Turnover (100 million yuan)	批发市场 Whole-sale	零售市场 Retail
小商品市场	Merchandise Markets	38	39741	120.3	269.6	249.4	20.2
箱包市场	Luggage Markets	5	5672	50.6	183.9	183.9	
玩具市场	Toys Markets	1	115	1.3	7.8	7.8	
文具市场	Stationary Markets	4	579	6.2	8.2	8.2	
图书、报刊杂志市场	Books, Newspapers and Magazines Markets	11	1811	10.2	30.1	17.6	12.5
音像制品及电子出版物市场	Video Products and E-journal Markets	4	924	4.0	11.8	2.5	9.3
体育用品市场	Sports Markets	1	80	0.7	1.2		1.2
其他日用品及文化用品市场	Others	38	28478	119.0	356.2	292.0	64.2
黄金、珠宝、玉器等首饰市场	Gold, Jeweller, Jade Markets	15	6934	59.1	283.8	266.6	17.2
电器、通讯器材、电子设备市场	Electrical Appliances, Communication Appliances and Electronical Appliances Markets	151	63164	300.5	1011.9	436.6	575.3
家电市场	Household Appliances Markets	47	16816	135.8	320.7	235.2	85.5
通讯器材市场	Communication Appliances Markets	21	10982	31.1	92.2	51.1	41.2
照相、摄像器材市场	Cameras and Video Equipmetns Markets	1	150	0.4	1.8		1.8
计算机及辅助设备市场	Computer and Auxillary Equipments Markets	71	26339	114.7	542.0	132.6	409.4
其他电器、通讯器材、电子设备市场	Others	11	8877	18.6	55.1	17.8	37.4
医药、医疗用品及器材市场	Medicine, Medical Materials and Medical Instruments Markets	24	21756	114.0	365.9	322.4	43.5
中药材市场	Chinese Medicine Markets	22	20968	107.2	334.3	290.8	43.5
其他医药、医疗用品及器材市场	Others	2	788	6.7	31.6	31.6	
家具、五金及装饰材料市场	Furniture, Hardware and Decoration Materials Markets	430	195537	3190.3	3109.3	1986.4	1122.9
家具市场	Furniture Markets	130	54350	1467.5	746.5	324.5	422.0
装饰材料市场	Decoration Materials Markets	168	65468	879.6	1057.7	618.3	439.4
灯具市场	Lamps Markets	11	5404	55.2	132.9	106.4	26.5
厨具、盥洗设备市场	Kitchen Utensils, Washing Equipments Markets	4	1120	10.5	16.0	14.5	1.5
五金材料市场	Hardware Materials Markets	71	41532	377.6	674.8	615.0	59.9
其他装修市场	Others	46	27663	399.9	481.4	307.7	173.7
汽车、摩托车及零配件市场	Cars, Motorcycles and Spare Parts Markets	257	63686	1044.4	3641.6	1177.9	2463.7
汽车市场	Cars Markets	169	33818	760.3	2848.8	546.6	2302.2
摩托车市场	Motocycles Markets	16	4837	35.4	108.0	86.7	21.3
机动车零配件市场	Vehicle Spare Parts Markts	72	25031	248.6	684.8	544.7	140.1
花、鸟、鱼、虫市场	Flower, Bird, Fish and Insects Markets	28	17761	610.7	234.9	212.4	22.5
花卉市场	Flower Markets	23	15277	602.7	223.2	209.0	14.1
鸟市场	Bird Markets						
观赏鱼市场	Fish Markets	1	1000	1.7	2.0		2.0
其他花鸟鱼虫市场	Others	4	1484	6.3	9.8	3.4	6.4
旧货市场	Second Hand Markets	25	8564	56.7	140.0	82.1	57.9
古玩、古董、字画市场	Antiques,Calligraphy and Painting Markets	1	630	0.3	1.4	1.4	
邮票、硬币市场	Stamps and Coins Markets						
其他旧货市场	Others	24	7934	56.4	138.6	80.6	57.9
其他专业市场	Others	38	22262	165.7	287.2	228.8	58.4

17-20 亿元以上商品交易市场摊位分类情况（2009年）
Classification of Commodity Exchange Markets of Transaction Value over 100 Million Yuan (2009)

类别	Classification	摊位数（个）Number of Booths (unit)	成交额（亿元）Turnover (100 million yuan)	批发市场 Wholesale	零售市场 Retail
总　计	**Total**	**2994781**	**57963.8**	**48308.2**	**9655.5**
食品、饮料、烟酒类	Food, Beverages, Tobacco and Liquor	1022007	15260.0	12982.3	2277.6
食品类	Food	939457	14076.0	12002.7	2073.2
#粮油类	Grain and Oil	77699	2010.6	1808.2	202.4
肉禽蛋类	Meat, Poultry and Eggs	126926	1930.5	1337.4	593.1
水产品类	Aquatic Products	140129	2744.3	2228.9	515.4
蔬菜类	Vegetables	407198	3851.1	3423.1	428.0
干鲜果品类	Dried and Fresh Melons and Fruits	138847	2669.5	2495.6	173.9
饮料类	Beverages	43110	582.4	482.2	100.2
烟酒类	Tobacco and Liquor	39440	601.6	497.4	104.2
服装鞋帽、针、纺织品类	Clothing, Shoes, Hats and Textiles	841627	9666.2	8430.0	1236.2
服装类	Clothing	507440	4132.9	3318.3	814.6
鞋帽类	Footwear and Hats	130740	1097.2	898.2	199.0
针、纺织品类	Knitwear and Textiles	203447	4436.2	4213.5	222.7
化妆品类	Cosmetics	28473	242.0	186.0	56.0
金银珠宝类	Gold, Silver and Jewellery	10872	315.2	276.9	38.3
日用品类	Articles for Daily Use	172059	1922.2	1577.1	345.1
#洗涤用品类	Washing Articles	41548	394.6	329.4	65.2
儿童玩具类	Children Toys	26681	245.6	205.4	40.2
五金、电料类	Hardware & Electrical Materials	87562	1329.5	1135.7	193.9
体育、娱乐用品类	Sports & Recreational Articles	11424	144.7	110.9	33.8
书报杂志类	Newspapers and Magazines	4853	66.7	49.9	16.8
电子出版物及音像制品类	E-journal and Video Products	8218	143.2	108.8	34.4
家用电器和音像器材类	Household Appliances and Video Equipments	33497	632.3	460.4	171.9
中西药品类	Traditional Chinese and Western Medicine	24006	395.0	338.8	56.2
#西药类	Western Medicine	1092	26.2	19.6	6.6
中草药及中成药类	Traditional Chinese	21650	343.8	297.1	46.7
文化办公用品类	Cultural and Official Goods	57085	947.0	471.7	475.3
家具类	Furniture	73803	1017.3	470.6	546.7
通讯器材类	Communication Appliances	19151	184.9	96.6	88.3
煤炭及制品类	Coal and Related Products	1997	317.0	315.0	2.0
木材及制品类	Wood and Wooden Products	29403	692.5	639.6	52.9
石油及制品类	Petroleum and Related Products	1269	899.1	897.5	1.6
化工材料及制品类	Raw Chemical Materials and Related Products	28718	2196.1	2176.1	20.0
#化肥类	Fertilizer	3385	86.7	79.5	7.1
金属材料类	Metal Materials	84322	11529.8	11480.6	49.1
建筑及装潢材料类	Building and Decoration Materials	175844	3240.1	2073.6	1166.5
机电产品及设备类	Mechanical & Electrical Products	42999	1031.9	969.6	62.3
#农机类	Agricultural Machinery	4549	123.5	120.9	2.7
汽车类	Automobile	61339	3608.5	1172.0	2436.5
种子饲料类	Seed and Feedstuff	6786	88.7	84.6	4.1
棉麻类	Cotton and Hemp	5540	403.5	398.3	5.2
其他类	Others	161927	1687.2	1405.9	281.3

17-21 各地区亿元以上商品交易市场基本情况
Basic Statistics on Commodity Exchange Markets of Transaction Value over 100 Million Yuan by Region

年份 地区	Year Region	市场数量(个) Number of Markets (unit)	摊位数(个) Number of Booths (unit)	营业面积(万平方米) Operating Area (10 000 sq.m)	成交额(亿元) Turnover (100 million yuan)	批发市场 Wholesale	零售市场 Retail
	2000	3087	2115115	8261.6	16358.9	11648.0	4710.9
	2005	3323	2248803	13140.8	30020.9	24544.2	5476.7
	2006	3876	2527987	18072.3	37137.5	29679.9	7457.5
	2007	4121	2681630	19814.6	44085.1	35871.5	8213.6
	2008	4567	2839070	21225.2	52458.0	43120.0	9337.9
	2009	4687	2994781	23230.3	57963.8	48308.2	9655.5
北京	Beijing	126	101518	1114.1	1914.4	1222.6	691.8
天津	Tianjin	86	54777	439.5	2016.3	1875.3	141.0
河北	Hebei	281	286813	2481.1	3508.0	3260.0	248.0
山西	Shanxi	42	28927	239.7	346.6	329.6	17.0
内蒙古	Inner Mongolia	66	35469	361.1	507.3	400.9	106.4
辽宁	Liaoning	225	179694	978.2	2686.7	2152.2	534.5
吉林	Jilin	68	58680	298.6	500.7	250.9	249.9
黑龙江	Heilongjiang	87	55751	311.3	731.2	590.3	141.0
上海	Shanghai	163	68714	799.1	4542.5	4009.4	533.1
江苏	Jiangsu	528	306038	2780.7	9225.9	7831.3	1394.7
浙江	Zhejiang	672	393213	2304.1	9652.3	7845.3	1807.0
安徽	Anhui	133	79956	714.5	1399.1	1220.8	178.3
福建	Fujian	155	53089	313.0	1193.7	850.5	343.2
江西	Jiangxi	88	59620	331.4	1047.6	918.0	129.6
山东	Shandong	536	340156	3343.3	5451.7	4757.5	694.2
河南	Henan	140	96946	749.8	1158.0	988.3	169.7
湖北	Hubei	136	72997	513.9	1173.4	852.2	321.2
湖南	Hunan	263	162019	807.4	1706.7	1160.9	545.8
广东	Guangdong	340	169977	1664.0	3765.4	3173.2	592.2
广西	Guangxi	87	57975	344.9	806.9	682.5	124.4
海南	Hainan	7	3875	5.5	15.9	3.1	12.8
重庆	Chongqing	107	68626	495.1	1582.7	1348.5	234.2
四川	Sichuan	90	90676	453.5	1015.5	880.2	135.4
贵州	Guizhou	31	20858	82.1	359.8	277.4	82.3
云南	Yunnan	52	24053	161.7	380.9	330.2	50.7
西藏	Tibet	1	800	1.9	7.0	7.0	
陕西	Shaanxi	42	30420	139.5	320.9	256.2	64.7
甘肃	Gansu	37	28167	193.8	276.4	242.9	33.4
青海	Qinghai	9	5900	46.2	28.4	25.4	3.0
宁夏	Ningxia	27	15473	316.9	155.3	142.0	13.3
新疆	Xinjiang	62	43604	444.3	486.6	424.1	62.5

17-22 社会消费品零售总额
Total Retail Sales of Consumer Goods

地 区	Region	2008		2009	
		社会消费品零售总额 (亿元) Total Retail Sales of Consumer Goods (100 million yuan)	增 长 (%) Growth Rate (%)	社会消费品零售总额 (亿元) Total Retail Sales of Consumer Goods (100 million yuan)	增 长 (%) Growth Rate (%)
全 国	**National Total**	**114830.1**	**22.7**	**132678.4**	**15.5**
北 京	Beijing	4645.5	21.1	5309.9	14.3
天 津	Tianjin	2078.7	25.9	2430.8	16.9
河 北	Hebei	4991.1	23.1	5764.9	15.5
山 西	Shanxi	2421.1	23.9	2809.0	16.0
内蒙古	Inner Mongolia	2463.0	25.4	2855.3	15.9
辽 宁	Liaoning	5032.4	22.8	5812.6	15.5
吉 林	Jilin	2549.2	25.1	2957.3	16.0
黑龙江	Heilongjiang	2928.3	22.7	3401.8	16.2
上 海	Shanghai	4577.2	18.2	5173.2	13.0
江 苏	Jiangsu	9905.1	24.0	11484.1	15.9
浙 江	Zhejiang	7533.3	20.1	8622.3	14.5
安 徽	Anhui	3045.2	24.2	3527.8	15.8
福 建	Fujian	3866.7	20.4	4481.0	15.9
江 西	Jiangxi	2142.0	24.6	2484.4	16.0
山 东	Shandong	10658.8	23.8	12363.0	16.0
河 南	Henan	5815.4	24.0	6746.4	16.0
湖 北	Hubei	5109.7	24.1	5928.4	16.0
湖 南	Hunan	4222.6	23.5	4913.7	16.4
广 东	Guangdong	12986.6	21.0	14891.8	14.7
广 西	Guangxi	2395.8	24.0	2790.7	16.5
海 南	Hainan	463.2	24.9	537.5	16.0
重 庆	Chongqing	2147.1	25.5	2479.0	15.5
四 川	Sichuan	4944.8	20.4	5758.7	16.5
贵 州	Guizhou	1075.2	25.3	1247.3	16.0
云 南	Yunnan	1764.7	24.1	2051.1	16.2
西 藏	Tibet	130.0	15.5	156.6	20.5
陕 西	Shaanxi	2317.1	26.1	2699.7	16.5
甘 肃	Gansu	1023.6	19.8	1183.0	15.6
青 海	Qinghai	259.7	22.2	300.5	15.7
宁 夏	Ningxia	295.4	23.3	339.3	14.9
新 疆	Xinjiang	1041.5	21.5	1177.5	13.1

注：本表数据为第二次经济普查后修订数据。
a) Data in this table are modified according to the Secondary National Economic Census.

主要统计指标解释

批发业 指批发商向批发、零售单位及其他企事业、机关单位批量销售生活用品和生产资料的活动，以及从事进出口贸易和贸易经纪与代理的活动。批发商可以对所批发的货物拥有所有权，并以本单位、公司的名义进行交易活动；也可以不拥有货物的所有权，而以中介身份做代理销售商。还包括各类商品批发市场中固定摊位的批发活动。

零售业 指百货商店、超级市场、专门零售商店、品牌专卖店、售货摊等主要面向最终消费者（如居民等）的销售活动。包括以互联网、邮政、电话、售货机等方式的销售活动，还包括在同地点，后面加工生产，前面销售的店铺（如前店后厂的面包房）。不包括：谷物、种子、饲料、牲畜、矿产品、生产用原料、化工原料、农用化工产品、机械设备（用车、计算机及通信设备等除外）等生产资料的销售（批发业）；非零售单位附带的零售活动（如汽车修理单位销售汽车零件）；商业零售单位所在商厦的物业管理（物业管理）；商业零售单位所在的商品市场、商业大厦的市场管理活动（市场管理）。

批发和零售业商品购进、销售、库存额 指各种登记注册类型的批发和零售业企业(单位)以本企业(单位)为总体的，从国内、国外市场购进的商品总量，销售和出口的商品总量、库存的商品总量等情况。该指标可以反映商品流转过程中商品的购进、销售、库存之间的比例关系和存在的问题。

商品购进额 指从本企业以外的单位和个人购进（包括从国外直接进口）作为转卖或加工后转卖的商品金额（含增值税）。商品包括：（1）从工农业生产者、批发和零售业企业、住宿和餐饮业企业、出版社或报社的出版发行部门和其他服务业企业购进的商品；（2）从机关团体、事业单位购进的商品；（3）从海关、市场管理部门购进的缉私和没收的商品；（4）从居民收购的废旧商品等，不包括：（1）企业为本单位自身经营用，不是作为转卖而购进的商品，如材料物资、包装物、低值易耗品、办公用品等；（2）未通过买卖行为而收入的商品，如接受其他部门移交的商品、借入的商品、收入代其他单位保管的商品、其他单位赠送的样品、加工回收的成品等；（3）经本单位介绍，由买卖双方直接结算，本单位只收取手续费的业务；（4）销售退回和买方拒付货款的商品；（5）商品溢余。

商品销售额 指对本单位以外的单位和个人出售的商品金额（包括售给本单位消费用的商品，含增值税）。商品包括（1）售给城乡居民和社会集团消费用的商品；（2）售给农业、工业、建筑业、运输邮电业、服务业、公用事业等国民经济各行业用于生产、经营用的商品，包括售予批发和零售业作为转卖或加工后转卖的商品；（3）对国（境）外直接出口的商品，不包括：（1）未通过买卖行为付出的商品，如随机构变动移交给其他企业单位的商品、借出的商品、归还受其他单位委托代保管的商品、付出的加工原料和赠送给其他单位的样品等；（2）经本单位介绍，由买卖双方直接结算，本单位只收取手续费的业务；（3）购货退回的商品；（4）商品损耗和损失；（5）出售本单位自用的废旧物资。

商品库存额 指报告期末各种登记注册类型的批发和零售业企业(单位)已取得所有权的商品。它反映批发和零售业企业(单位)的商品库存情况和对市场商品供应的保证程度。商品库存包括：(1)存放在批发和零售业经营单位(如门市部、批发站、经营处)仓库、货场、货柜和货架中的商品；(2)挑选、整理、包装中的商品；(3)已记入购进而尚未运到本单位的商品，即发货单或银行承兑凭证已到而货未到的商品；(4)寄放他处的商品，如因购货方拒绝承付而暂时存放在购货方的商品和已办完加工成品收回手续而未提回的商品；(5)委托其他单位代销(未作销售或调出)尚未售出的商品；(6)代其他单位购进尚未交付的商品。不包括所有权不属于本单位的商品、委托外单位加工生产尚未收回成品的商品、外贸企业代理其他单位从国外进口尚未付给订货单位的商品、代国家物资储备部门保管的商品等。

连锁总店（总部） 负责连锁企业资源（商号、商誉、经营模式、服务标准、管理模式等等）的开发、配置、控制或使用等功能的企业核心管理机构。连锁经营是指经营同类商品或服务，使用统一商号的若干店铺，在同一总店（总部）的管理下，采取统一采购或特许经营等方式,实现规模效益的组织形式，包括直营连锁、特许连锁和自愿连锁三种形式。其中，直营连锁是指连锁店铺由连锁公司全资或控股开设，在总部的直接控制下，开展统一经营的连锁经营形式；特许连锁是指拥有注册商标、企业标志、专利、专有技术等经营资源的企业（特许人），以合同形式将其拥有的经营资源许可其他经营者（被特许人）使用，被特许人按合同约定在统一的经营模式下开展经营，并向特许人支付特许经营费用的连锁经营形式；自愿连锁是指若干个店铺或企业自愿组合起来，在不改变各自资产所有权关系的情况下，以同一个品牌形象面对消费者，以共同进货为纽带开展的连锁经营形式。

亿元商品交易市场成交额 指年成交额在亿元及以上的商品交易市场。商品交易市场是指经有关部门和组织批准设立，有固定场所、设施，有经营管理部门和监管人员，若干市场经营者入内，常年或实际开业三个月以上，集中、公开、独立地进行生活消费品、生产资料等现货商品交易以及提供相关服务的交易场所，包括各类消费品市场、生产资料市场等。

社会消费品零售总额：指批发和零售业、住宿和餐饮业以及其他行业直接售给城乡居民和社会集团的消费品零售额。其中，对居民的消费品零售额，是指售予城乡居民用于生活消费的商品金额；对社会集团的消费品零售额，是指售给机关、社会团体、部队、学校、企事业单位、居委会或村委会等，公款购买的用作非生产、非经营使用与公共消费的商品金额。社会消费品零售总额包括：售给城乡居民作为生活消费用的商品和修建房屋用的建筑材料的金额，以及售给来华的外国人、华侨、港澳台同胞的消费品金额；售给社会集团用作非生产、非经营使用与公共消费的商品金额。

不包括：

城市居民间或居民委托信托商店卖出的商品；

售给农业、工业、建筑业等行业用于生产的商品。

Explanatory Notes on Main Statistical Indicators

Wholesale Trade refers to the activties of wholesaler selling at wholesale commodities for daily use and capital goods to enterprises of wholesale and retail trades and other enterprises, institutions and government offices, including the activities of wholesaler engaged in import and export and acting as a trade agent. The wholesaler may have the right of ownership over the commodities of wholesale and trade in the name of its own's or a company, the wholesaler may not have the right of ownership, only acts an agent. The wholesale trade also include the activities of wholesaler at the fixed stalls of the wholesale market of different commodities.

Retail Trade refers to the activities of department store, supermarket, franchised store, brand store, retail stall and on-the-spot-making-selling store selling commodities to the final comsumers (citizens) by any means including internet, post, telephone,sales machine. Retail trade excludes the activities of sales of capital goods such a grain, seed, feed, livestock, mineral products, raw material for production, industrial chemicals, chemical products for farm, machine and equipment (vehicle, computer and communication equipment), and the activities of supplementary sales of non-retailer such as the sales of spareparts of car repair business

Purchase, Sales and Stock of Commodities by Wholesale and Retail Trades refer to the total volume of commodities purchased, total volume of sales and exports, and the stock of commodities by wholesale and retail enterprises (establishments) of different status of registration from domestic and overseas markets. This indicator reflects the relationship among purchase, sales and stock of commodities in the circulation of goods and reveals the existing problems.

Total Purchases of Commodities refer to the total value of purchases of commodities by enterprises (establishments) from other establishments or individuals (including direct import from abroad) for the purpose of re-selling, either with or without further processing of the commodities purchased. The commodities include: (1) commodities purchased from agricultural and industrial producer, wholesaler, retailer, publishing hourse and other service business; (2) commodities purchased from institutions and government departments; (3) confiscated goods purchased from the custums authorities or market management agencies; (4) second-hand goods and wastes purchased from residents; The commodities exclude 1 commodities purchased by enterprises (establishments) for use in their own business operation, commodities obtained without buying or selling procedures such as materials, consumable goods of low value, office appliances,etc. 2 received goods without trading, such as goods handed over from others, borrowed goods, preserved goods for others, donated goods from others, processed and retrieved goods, etc. 3. goods of direct settlement between buyer and seller with handling fees introduced by others, 4. goods returned or refused to pay by the buyer, 5. excessive goods.

Total Sales of Commodities refer to value of commodities sold by the establishments to other establishments and individuals (including goods sold for self consumption, including the value-added tax). The commodities include: (1) commodities sold to urban and rural residents and social groups for their consumption; (2) commodities sold to establishments in all industries for their production and operation, including agriculture, industry, construction, transportation, post and telecommunications, catering services, and public utility including commodities sold to wholesale and retail establishments for re-selling, with or without further processing; and (3) commodities for direct export to abroad. Excluded are (1) extended commodities without trading, such as goods handed over to other enterprises and institutions becase of the change of organizations, lent goods, returned goods preserved for others, extended processing materials and samples donated to others, (2) goods of direct settlement between buyer and seller with handling fees introduced by others, 3. goods returned after purchase, (4) damaged and spoiled goods, (5) waste and used goods of self use,

Total Stock of Commodities refers to total commodities possessed by wholesaler and retailer of various types of registration status at the end of the reference period, reflecting the commodity stock level of various wholesaler and retailer and the potential for market supply. It includes: (1) commodities located in storage, garages, counters, and shelves of operating places (such as sale stores, wholesale centres, and operating offices); (2) commodities in the process of being selected, sorted, and packed; (3) commodities not arrived but recorded as purchase in the account, i.e. commodities not arrived but payment receipts for the commodities from the sellers or the banks arrived; (4) commodities deposited in other places rather than places mentioned above, for instance: commodities in the hold of purchasers temporarily due to the refusal of payment and commodities not taken back after going through the formalities; (5) commodities entrusted to other units to sell but not sold yet; (6) commodities purchased for other units but not delivered yet. Commodities not included as stock are those not owned by the enterprises (units), commodities on commission for processing but not yet delivered, imported commodities of agency of foreign trade enterprise but not yet delivered to ordering units and finally those put in stock on behalf of the state material reserves units.

Chain Head Stores (headquarter) refer to the core leading stores responsible for development, allocaton, administration and unitlization of resources (name of stores, brand of stores, operation model, service standard, management way, ect.) of chain stores. Chain stores refers to the stores engaged in providing homogeneous commodities or services, with the central leadership of head store and guided by common policies, conduct centralized purchase and distributed selling of commodities, in order to gain better efficiency through standardized operation. The chain stores include regular chain stores, franchise chain stores and voluntary chain stores.

Regular Chain store refers to chain stores that are invested or controlled by the headquarters. They operate under direct and unified management from the headquarters.

Franchise chain store refers to the chain stores (franchisees) which are franchised with operation resources such as trade marks, names, patent and operation know-how by the franchisors in form of contract and pay the operation fees to the franchisors

Voluntary chain store refers the stores operate jointly on the voluntary bases while maintaining their status of independent legal entities with full ownership of their assets. They sell goods of same brand from same channel of resource to the comsumers

Volume of Transaction at Large Commodity Markets with Transaction Value over 100 Million Yuan refers to the commodity markets with an annual transaction of over 100 million. The commodity market refers to the markets approved and managed by related departments, where there are fixed sites, facilities, managers and administration offices, where there are a certain number of traders to operate for three month and above or all the year, where the commodities including the articles for daily comsuption and capital goods and services are traded in a centralized, independent and open way., Such market includes markets of daily goods and market of capital goods, etc.

Total Retail Sales of Consumer Goods refer to the sum of retail sales of commodities sold by wholesale and retail trades, hotel and catering services, and other industries to urban and rural households for household consumption and to social institutions for public consumption. Of which, the ratail sales to households refer to the amount of money of commodities of daily use sold to the urban and rural households. The ratail sales to social institutions refer to the amount of money of commodities sold to the government agencies, social organizations, military units, schools, institutions, neighbourhood (village) committees on public funds for the pupose of non-production and non-operation usage and public consumption. Total retail sale of consumer goods include the amount of money of commodities sold to the urban and rural households for daily consumption and the amount of money of construction materials for building and repairing houses, the amount of money of comsumer goods sold to foreigners, overseas Chinese and Chinese compatriots from Hong Kong, Macao and Taiwan, the amount of money of commodities sold to the social organizations for the purpose of non-production and non-operation usage and public consumption; exclude the commodities entructed to the commocial shops or traded between the urban citizens and the commodities sold to the agriculture, industry and construction agencies for production.

18

住宿、餐饮业和旅游业

Hotels, Catering Services and Tourism

简 要 说 明

一、本篇资料的主要内容

本篇资料主要反映住宿和餐饮业的基本情况、经营情况和旅游产业的发展状况。主要内容包括：限额以上住宿和餐饮业基本情况、经营情况、财务状况；连锁餐饮业经营情况；旅行社、星级饭店基本情况；入境、出境旅游人数、国内居民旅游人数，以及国际、国内旅游收入等。

二、本篇资料的统计范围

限额以上住宿和餐饮业的企业、个体户；餐饮连锁集团；旅行社、星级饭店和旅游者。限额以上住宿和餐饮业统计单位为：年主营业务收入 200 万元及以上。

三、本篇的资料来源

本篇资料中住宿和餐饮业统计数据是根据《批发和零售业、住宿和餐饮业统计报表制度》进行搜集和加工整理；旅游产业有关资料主要根据公安部和国家旅游局的资料编制而成。

四、本篇的统计调查方法

本篇资料中限额以上住宿和餐饮业的企业、个体户，以及餐饮连锁集团资料采用全面调查的方法取得；限额以下企业和个体户资料采用抽样调查方法推算。旅游数据中国际、国内旅游收入和国内出游人数等指标采取抽样调查方法，其余数据均为全面调查统计取得。

Brief Introduction

I. Main Contents

Data in this chapter reflect the development of hotel and catering services and tourism in China. They mainly include: the basic conditions, operating and financial status of hotel and catering services above the designated size; the operating status of chain catering services; the basic conditions of travel agencies and star-rated hotels; number of international tourists and Chinese residents going abroad, number of domestic tourists and income from international and domestic tourism.

II. Scope of Statistics

Data in this chapter cover the enterprises of hotel and catering services above the designated size, self-employed households of hotel and catering services; chain catering services, travel agencies, star-rated hotels and tourists; The statistical unit of the enterprises of hotel and catering services above the designated size is the annual inome of main business at and over 2 million yuan.

III. Sources of Data

Data in this chapter are collected and compiled according to the Statistical Reporting Form System on Program on Wholesale, Retail Trades, Hotels and Catering Services. The data on tourism are from the Ministry of Public Security and State Tourism Administration.

IV. Methods of Survey

Data on the enterprises of hotel and catering services above the designated size and chain catering services are from the comprehensive reporting form system. Data on the enterprises of hotel and catering services below the designated size and self-employed households are calculated according to the results of sample survey. The data on tourism are from the comprehensive reporting form system except those on the earnings from international and domestic tourism and number of domestic tourists going abroad from sample surveys

18-1 住宿和餐饮业情况
Basic Conditions of Hotels and Catering Sevices

指　标	Item	2005	2006	2007	2008	2009
住宿和餐饮业	**Hotels and Catering Sevices**					
法人企业 (个)	Number of Corporation Enterprises (unit)	19366	22091	25041	37151	35192
年末从业人数 (万人)	Engaged Persons at Year-end (10 000 persons)	287.4	311.2	341.8	400.0	400.7
营业额 (亿元)	Business Revenue (100 million yuan)	2613.5	3125.5	3711.5	4824.4	4947.1
#餐费收入 (亿元)	From Meals (100 million yuan)	1631.8	2017.8	2427.0	3246.1	3373.1
年末餐饮营业面积(万平方米)	Business Area of Catering Services at Year-end(10 000 sq.m)	2351.8	3781.7	5117.9	6171.4	6093.9
住宿业	**Hotels**					
法人企业 (个)	Number of Corporation Enterprises (unit)	9444	10269	10971	14628	14498
年末从业人数 (万人)	Engaged Persons at Year-end (10 000 persons)	152.9	162.3	174.4	199.9	200.0
营业额 (亿元)	Business Revenue (100 million yuan)	1353.3	1551.9	1804.3	2231.6	2260.7
#客房收入 (亿元)	From Hotel Rooms (100 million yuan)	661.1	742.2	851.7	1064.6	1041.2
餐费收入 (亿元)	From Meals (100 million yuan)	507.8	607.2	715.7	887.7	931.8
客房数 (万间)	Number of Room (10 000 rooms)				215.5	201.7
床位数 (万位)	Number of Beds (10 000 beds)	194.5	242.5	286.9	380.0	351.5
年末餐饮营业面积(万平方米)	Business Area of Catering Services at Year-end(10 000 sq.m)	926.2	1506.1	1969.6	2256.8	2308.1
餐饮业	**Catering Sevices**					
法人企业 (个)	Number of Corporation Enterprises (unit)	9922	11822	14070	22523	20694
年末从业人数 (万人)	Engaged Persons at Year-end (10 000 persons)	134.4	148.9	167.4	200.2	200.6
营业额 (亿元)	Business Revenue (100 million yuan)	1260.2	1573.6	1907.2	2592.8	2686.4
#餐费收入 (亿元)	From Meals (100 million yuan)	1124.0	1410.6	1711.3	2358.4	2441.3
年末餐饮营业面积(万平方米)	Business Area of Catering Services at Year-end(10 000 sq.m)	1425.6	2275.6	3148.3	3914.6	3785.8

注：1.2008年以前的统计范围为限额以上法人企业、产业活动单位，2008年及以后为限额以上法人企业。
2.2008年以前的统计限额划分指标为“年营业额”、“年末从业人员”，2008年及以后为“年主营业务收入”。

a) Scope of hotels and catering services for 2005-2007 covers enterprises and establishments above designated size; those for 2008 and 2009 covers enterprises above designated size.

b) For the designation of size for 2008 and 2009, the indicator was based on income from principal business; for other years, it was based on bussiness revenue or turnover and engaged persons.

18-2 限额以上住宿业企业基本情况(2009年)
Basic Conditions of Enterprises above Designated Size of Hotels (2009)

项　目	Item	法人企业 (个) Number of Corporation Enterprises (unit)	年末从业人数 (人) Engaged Persons at Year-end (person)
住宿业合计	**Hotels**	**14498**	**2000484**
按登记注册类型分	**By Status of Registration**		
内资企业	**Domestic Funded Enterprises**	**13503**	**1723154**
国有企业	State-owned Enterprises	3164	459057
集体企业	Collective-owned Enterprises	660	65421
股份合作企业	Cooperative Enterprises	183	20584
联营企业	Joint Ownership Enterprises	74	10069
国有联营企业	State Joint Ownership Enterprises	34	5398
集体联营企业	Collective Joint Ownership Enterprises	10	1103
国有与集体联营企业	Joint State-collective Enterprises	16	2454
其他联营企业	Other Joint Ownership Enterprises	14	1114
有限责任公司	Limited Liability Corporations	3158	500950
国有独资公司	State Sole Funded Corporations	120	22834
其他有限责任公司	Other Limited Liability Corporations	3038	478116
股份有限公司	Share-holding Corporations Ltd.	479	71576
私营企业	Private Enterprises	5528	566292
私营独资企业	Private-funded Enterprises	1540	118292
私营合伙企业	Private Partnership Enterprises	386	29949
私营有限责任公司	Private Limited Liability Corporations	3279	383248
私营股份有限公司	Private Share-holding Corporations Ltd.	323	34803
其他企业	Other Enterprises	257	29205
港、澳、台商投资企业	**Enterprises with Funds from Hong Kong, Macao and Taiwan**	**560**	**161736**
合资经营企业	Joint-venture Enterprises	278	86043
合作经营企业	Cooperative Enterprises	74	23428
独资经营企业	Enterprises with Sole Fund	187	47032
投资股份有限公司	Share-holding Corporations Ltd.	21	5233
外商投资企业	**Enterprises With Foreign Investment**	**435**	**115594**
中外合资经营企业	Joint-venture Enterprises	193	55170
中外合作经营企业	Cooperation Enterprises	63	18123
外资企业	Enterprises with Sole Fund	162	38990
外商投资股份有限公司	Share-holding Corporations Ltd.	17	3311
按国民经济行业分	**By Sector**		
旅游饭店	Tour Restaurant	10477	1682668
一般旅馆	General Restaurant	3616	277076
其他住宿服务	Other Hotel Services	405	40740

18-3 限额以上住宿业企业经营情况(2009年)

Business of Enterprises above Designated Size of Hotels by Status of Registration and Sector (2009)

单位：亿元 (100 million yuan)

项目	Item	营业额 Business Revenue	#客房收入 From Hotel Rooms	#餐费收入 From Meals
住宿业合计	**Hotels**	**2260.7**	**1041.2**	**931.8**
按登记注册类型分	**By Status of Registration**			
内资企业	**Domestic Funded Enterprises**	**1834.5**	**838.3**	**769.9**
国有企业	State-owned Enterprises	499.5	225.0	204.9
集体企业	Collective-owned Enterprises	63.9	26.7	28.4
股份合作企业	Cooperative Enterprises	18.6	9.1	7.2
联营企业	Joint Ownership Enterprises	11.0	5.1	4.3
国有联营企业	State Joint Ownership Enterprises	5.9	2.9	2.2
集体联营企业	Collective Joint Ownership Enterprises	1.0	0.4	0.4
国有与集体联营企业	Joint State-collective Enterprises	3.1	1.3	1.3
其他联营企业	Other Joint Ownership Enterprises	1.1	0.5	0.4
有限责任公司	Limited Liability Corporations	558.4	257.7	228.1
国有独资公司	State Sole Funded Corporations	27.5	13.5	9.9
其他有限责任公司	Other Limited Liability Corporations	530.9	244.2	218.2
股份有限公司	Share-holding Corporations Ltd.	84.7	37.1	34.7
私营企业	Private Enterprises	569.1	263.6	250.3
私营独资企业	Private-funded Enterprises	109.7	48.1	50.9
私营合伙企业	Private Partnership Enterprises	28.6	13.4	12.8
私营有限责任公司	Private Limited Liability Corporations	399.9	186.6	173.6
私营股份有限公司	Private Share-holding Corporations Ltd.	30.9	15.4	13.0
其他企业	Other Enterprises	29.3	14.2	12.0
港、澳、台商投资企业	**Enterprises with Funds from Hong Kong, Macao and Taiwan**	**234.5**	**110.0**	**91.8**
合资经营企业	Joint-venture Enterprises	129.4	62.2	50.9
合作经营企业	Cooperative Enterprises	37.8	16.8	13.9
独资经营企业	Enterprises with Sole Fund	61.5	28.6	24.8
投资股份有限公司	Share-holding Corporations Ltd.	5.7	2.5	2.3
外商投资企业	**Enterprises With Foreign Investment**	**191.7**	**92.8**	**70.0**
中外合资经营企业	Joint-venture Enterprises	93.5	43.9	34.0
中外合作经营企业	Cooperation Enterprises	30.1	13.3	13.0
外资企业	Enterprises with Sole Fund	63.1	33.1	20.9
外商投资股份有限公司	Share-holding Corporations Ltd.	5.0	2.5	2.2
按国民经济行业分	**By Sector**			
旅游饭店	Tour Restaurant	1933.1	856.3	824.7
一般旅馆	General Restaurant	289.6	165.8	93.5
其他住宿服务	Other Hotel Services	38.0	19.1	13.6

18-4 各地区限额以上住宿业企业基本情况和经营情况(2009年)
Basic Conditions and Business of Enterprises above Designated Size of Hotels by Region (2009)

地 区	Region	法人企业(个) Number of Corporation Enterprises (unit)	年末从业人数(人) Engaged Persons at Year-end (person)	营业额(亿元) Business Revenue (100 million yuan)	#客房收入 From Hotel Rooms	#餐费收入 From Meals
全 国	**National Total**	**14498**	**2000484**	**2260.7**	**1041.2**	**931.8**
北 京	Beijing	1253	166266	262.1	128.0	80.0
天 津	Tianjin	211	24414	27.9	14.1	9.7
河 北	Hebei	427	63449	52.9	20.8	26.6
山 西	Shanxi	327	53930	41.5	17.3	20.0
内蒙古	Inner Mongolia	311	33951	32.1	14.3	15.3
辽 宁	Liaoning	475	55568	72.5	34.6	30.7
吉 林	Jilin	223	22993	23.9	10.5	11.1
黑龙江	Heilongjiang	206	24582	24.8	12.3	10.5
上 海	Shanghai	565	87111	158.1	80.9	53.0
江 苏	Jiangsu	916	120352	156.3	65.3	73.2
浙 江	Zhejiang	1123	156138	207.7	88.7	101.5
安 徽	Anhui	373	46419	43.7	18.7	20.2
福 建	Fujian	467	73264	78.3	32.3	37.1
江 西	Jiangxi	288	34596	29.1	15.5	10.6
山 东	Shandong	888	109290	126.1	48.1	64.1
河 南	Henan	900	92910	85.8	38.9	36.5
湖 北	Hubei	476	59089	47.8	24.7	18.5
湖 南	Hunan	614	83829	86.3	42.6	35.9
广 东	Guangdong	1512	298969	332.3	145.6	135.4
广 西	Guangxi	349	44831	38.8	18.8	15.5
海 南	Hainan	266	46955	55.6	34.5	16.1
重 庆	Chongqing	256	36586	38.7	15.9	18.3
四 川	Sichuan	555	71180	76.6	38.8	28.1
贵 州	Guizhou	181	20064	16.9	9.6	6.0
云 南	Yunnan	373	46830	39.9	21.7	13.1
西 藏	Tibet	43	4557	3.3	1.9	1.0
陕 西	Shaanxi	441	59987	52.2	23.9	23.5
甘 肃	Gansu	161	21982	15.1	8.0	5.5
青 海	Qinghai	58	7199	5.4	3.2	1.7
宁 夏	Ningxia	56	6965	5.5	2.6	2.2
新 疆	Xinjiang	204	26228	23.5	9.3	10.9

18-5 限额以上住宿业企业资产及负债(2009年)

Assets and Liabilities of Enterprises above Designated Size of Hotels by Status of Registration and Sector (2009)

单位：亿元 (100 million yuan)

项目	Item	资产总计 Total Assets	#流动资产合计 Working Capitals	#固定资产合计 Total Fixed Assets	负债合计 Total Liabilities	所有者权益合计 Total Owners' Equities
住宿业合计	**Hotels**	**6723.9**	**1874.8**	**3557.2**	**4596.9**	**2127.3**
按登记注册类型分	**By Status of Registration**					
内资企业	**Domestic Funded Enterprises**	**5152.7**	**1418.3**	**2729.5**	**3366.6**	**1786.3**
国有企业	State-owned Enterprises	1487.3	326.2	902.0	826.3	661.1
集体企业	Collective-owned Enterprises	146.2	37.7	87.4	97.8	48.4
股份合作企业	Cooperative Enterprises	49.2	9.6	31.2	32.3	16.9
联营企业	Joint Ownership Enterprises	30.3	7.5	16.7	17.6	12.7
国有联营企业	State Joint Ownership Enterprises	16.3	4.5	8.4	8.5	7.8
集体联营企业	Collective Joint Ownership Enterprises	2.2	0.4	1.3	1.8	0.3
国有与集体联营企业	Joint State-collective Enterprises	9.4	2.0	5.3	5.9	3.5
其他联营企业	Other Joint Ownership Enterprises	2.5	0.6	1.8	1.4	1.1
有限责任公司	Limited Liability Corporations	1728.7	492.3	884.3	1159.7	569.0
国有独资公司	State Sole Funded Corporations	114.5	15.3	60.4	62.0	52.5
其他有限责任公司	Other Limited Liability Corporations	1614.2	476.9	823.9	1097.7	516.5
股份有限公司	Share-holding Corporations Ltd.	258.3	84.6	120.4	157.1	101.2
私营企业	Private Enterprises	1398.7	440.7	663.0	1041.2	357.5
私营独资企业	Private-funded Enterprises	223.2	64.4	122.8	129.0	94.2
私营合伙企业	Private Partnership Enterprises	52.5	16.2	26.9	30.8	21.7
私营有限责任公司	Private Limited Liability Corporations	1038.0	333.8	470.5	817.0	221.1
私营股份有限公司	Private Share-holding Corporations Ltd.	85.0	26.3	42.8	64.4	20.6
其他企业	Other Enterprises	53.9	19.8	24.5	34.6	19.3
港、澳、台商投资企业	**Enterprises with Funds from Hong Kong, Macao and Taiwan**	**948.6**	**260.5**	**501.4**	**776.0**	**172.6**
合资经营企业	Joint-venture Enterprises	504.6	136.9	254.9	424.6	80.0
合作经营企业	Cooperative Enterprises	137.3	50.1	68.5	122.3	15.0
独资经营企业	Enterprises with Sole Fund	284.4	67.5	168.5	211.3	73.1
投资股份有限公司	Share-holding Corporations Ltd.	22.3	6.1	9.5	17.8	4.5
外商投资企业	**Enterprises With Foreign Investment**	**622.6**	**196.0**	**326.3**	**454.3**	**168.4**
中外合资经营企业	Joint-venture Enterprises	260.7	90.9	131.7	183.1	77.6
中外合作经营企业	Cooperation Enterprises	102.3	23.7	60.7	99.8	2.6
外资企业	Enterprises with Sole Fund	245.7	79.4	125.4	161.7	84.0
外商投资股份有限公司	Share-holding Corporations Ltd.	13.8	2.1	8.6	9.7	4.2
按国民经济行业分	**By Sector**					
旅游饭店	Tour Restaurant	5978.0	1645.8	3191.3	4124.5	1853.8
一般旅馆	General Restaurant	658.0	206.7	316.8	412.5	245.5
其他住宿服务	Other Hotel Services	87.9	22.4	49.0	60.0	27.9

18-6 各地区限额以上住宿业企业资产及负债（2009年）
Assets and Liabilities of Enterprises above Designated Size of Hotels by Region (2009)

单位：亿元 (100 million yuan)

地 区	Region	资产总计 Total Assets	#流动资产合计 Working Capitals	#固定资产合计 Total Fixed Assets	负债合计 Total Liabilities	所有者权益合计 Total Owners' Equities
全 国	**National Total**	**6723.9**	**1874.8**	**3557.2**	**4596.9**	**2127.3**
北 京	Beijing	951.6	256.3	523.9	692.1	259.5
天 津	Tianjin	93.4	29.3	46.4	70.5	23.1
河 北	Hebei	167.6	37.0	106.5	112.1	55.5
山 西	Shanxi	110.0	29.3	58.3	78.0	32.0
内蒙古	Inner Mongolia	79.1	18.8	49.1	44.1	35.0
辽 宁	Liaoning	220.3	56.9	132.2	158.8	61.5
吉 林	Jilin	75.7	15.2	49.9	45.1	30.6
黑龙江	Heilongjiang	59.8	12.2	40.1	37.0	22.7
上 海	Shanghai	480.2	120.8	250.9	307.0	173.2
江 苏	Jiangsu	462.1	119.0	210.7	311.4	150.7
浙 江	Zhejiang	601.7	197.6	281.8	430.5	171.2
安 徽	Anhui	135.5	43.1	70.0	88.7	46.7
福 建	Fujian	196.2	63.1	98.0	116.3	79.9
江 西	Jiangxi	91.8	27.8	47.3	57.5	34.3
山 东	Shandong	302.1	85.1	179.8	181.1	121.0
河 南	Henan	181.7	55.4	90.3	125.3	56.4
湖 北	Hubei	141.6	29.6	81.1	98.5	43.1
湖 南	Hunan	245.0	53.5	133.5	157.6	87.4
广 东	Guangdong	971.3	320.2	451.9	702.3	269.0
广 西	Guangxi	114.7	28.8	61.3	82.0	32.7
海 南	Hainan	189.4	57.6	90.2	129.4	60.0
重 庆	Chongqing	106.2	32.9	51.6	70.4	35.7
四 川	Sichuan	226.8	53.8	136.2	159.9	66.9
贵 州	Guizhou	41.0	10.2	24.2	28.5	12.5
云 南	Yunnan	150.6	36.3	88.3	85.9	64.7
西 藏	Tibet	19.9	2.5	13.8	8.6	11.3
陕 西	Shaanxi	142.7	41.7	77.9	119.0	23.7
甘 肃	Gansu	48.3	11.4	28.9	26.0	22.3
青 海	Qinghai	22.6	6.6	12.2	10.2	12.4
宁 夏	Ningxia	17.5	4.6	16.9	12.3	5.1
新 疆	Xinjiang	77.8	18.1	54.0	50.7	27.0

18-7 限额以上住宿业企业主要财务指标(2009年)

Main Financial Indicators of Enterprises above Designated Size of Hotels by Status of Registration and Sector (2009)

单位：亿元 (100 million yuan)

项　　目	Item	主营业务收入 Revenue from Principal Business	主营业务成本 Cost of Principal Business	主营业务税金及附加 Taxes and Other Charges on Principal Business	主营业务利润 Profits from Principal Business
住宿业合计	**Hotels**	**2281.6**	**809.1**	**121.6**	**1313.9**
按登记注册类型分	**By Status of Registration**				
内资企业	**Domestic Funded Enterprises**	**1822.4**	**662.6**	**99.6**	**1027.8**
国有企业	State-owned Enterprises	496.1	173.4	25.8	288.0
集体企业	Collective-owned Enterprises	63.0	24.7	3.4	33.2
股份合作企业	Cooperative Enterprises	18.0	7.1	1.0	9.4
联营企业	Joint Ownership Enterprises	10.8	3.2	0.7	6.9
国有联营企业	State Joint Ownership Enterprises	5.7	1.7	0.4	3.7
集体联营企业	Collective Joint Ownership Enterprises	1.0	0.3	0.1	0.6
国有与集体联营企业	Joint State-collective Enterprises	3.1	0.9	0.2	2.0
其他联营企业	Other Joint Ownership Enterprises	1.0	0.3	0.1	0.6
有限责任公司	Limited Liability Corporations	557.0	182.1	31.2	330.7
国有独资公司	State Sole Funded Corporations	26.9	8.0	1.5	17.3
其他有限责任公司	Other Limited Liability Corporations	530.2	174.1	29.7	313.5
股份有限公司	Share-holding Corporations Ltd.	83.6	33.6	4.4	43.3
私营企业	Private Enterprises	564.6	227.2	31.7	300.8
私营独资企业	Private-funded Enterprises	108.4	51.2	5.9	49.1
私营合伙企业	Private Partnership Enterprises	28.6	13.8	1.6	12.8
私营有限责任公司	Private Limited Liability Corporations	396.9	150.7	22.5	222.4
私营股份有限公司	Private Share-holding Corporations Ltd.	30.7	11.4	1.7	16.5
其他企业	Other Enterprises	29.2	11.3	1.6	15.7
港、澳、台商投资企业	**Enterprises with Funds from Hong Kong, Macao and Taiwan**	**267.1**	**89.9**	**12.0**	**163.3**
合资经营企业	Joint-venture Enterprises	162.2	61.8	6.7	91.9
合作经营企业	Cooperative Enterprises	37.5	9.6	1.9	26.0
独资经营企业	Enterprises with Sole Fund	61.6	16.7	3.1	41.7
投资股份有限公司	Share-holding Corporations Ltd.	5.8	1.7	0.3	3.8
外商投资企业	**Enterprises With Foreign Investment**	**192.1**	**56.6**	**10.0**	**122.7**
中外合资经营企业	Joint-venture Enterprises	93.5	21.3	4.8	66.8
中外合作经营企业	Cooperation Enterprises	30.1	11.4	1.7	16.4
外资企业	Enterprises with Sole Fund	63.4	22.6	3.3	35.9
外商投资股份有限公司	Share-holding Corporations Ltd.	5.0	1.3	0.2	3.5
按国民经济行业分	**By Sector**				
旅游饭店	Tour Restaurant	1955.7	670.2	104.2	1142.0
一般旅馆	General Restaurant	288.3	114.6	15.4	151.8
其他住宿服务	Other Hotel Services	37.7	24.3	2.0	20.1

18-8 各地区限额以上住宿业企业主要财务指标(2009年)
Main Financial Indicators of Enterprises above Designated Size of Hotels by Region (2009)

单位：亿元 (100 million yuan)

地 区	Region	主营业务收入 Revenue from Principal Business	主营业务成本 Cost of Principal Business	主营业务税金及附加 Taxes and Other Charges on Principal Business	主营业务利润 Profits from Principal Business
全 国	**National Total**	**2281.6**	**809.1**	**121.6**	**1313.9**
北 京	Beijing	263.7	73.5	14.0	176.2
天 津	Tianjin	27.7	9.1	1.5	16.0
河 北	Hebei	52.4	21.6	2.9	27.8
山 西	Shanxi	41.4	18.1	2.3	19.8
内蒙古	Inner Mongolia	31.7	14.1	1.5	15.8
辽 宁	Liaoning	71.5	26.0	3.6	41.8
吉 林	Jilin	23.8	9.4	1.2	12.6
黑龙江	Heilongjiang	22.4	7.4	1.3	13.3
上 海	Shanghai	157.0	42.6	8.5	106.0
江 苏	Jiangsu	155.6	58.9	8.2	83.2
浙 江	Zhejiang	241.3	94.9	11.8	134.7
安 徽	Anhui	43.3	17.4	2.4	21.7
福 建	Fujian	77.3	26.7	4.5	45.5
江 西	Jiangxi	28.9	10.2	1.6	16.0
山 东	Shandong	124.7	50.8	6.3	68.3
河 南	Henan	85.3	39.2	4.2	41.9
湖 北	Hubei	48.0	19.1	2.5	25.7
湖 南	Hunan	86.0	35.2	4.1	21.3
广 东	Guangdong	332.8	105.3	19.3	206.1
广 西	Guangxi	37.9	11.4	2.1	23.6
海 南	Hainan	55.3	11.7	2.9	38.4
重 庆	Chongqing	38.3	25.4	1.9	20.5
四 川	Sichuan	74.8	23.1	4.1	47.0
贵 州	Guizhou	16.8	5.4	1.0	9.7
云 南	Yunnan	39.4	12.6	2.2	24.1
西 藏	Tibet	3.3	1.0	0.2	1.7
陕 西	Shaanxi	51.5	18.3	2.8	29.8
甘 肃	Gansu	15.1	6.2	1.0	7.9
青 海	Qinghai	5.4	1.4	0.3	3.7
宁 夏	Ningxia	5.5	2.0	0.3	3.1
新 疆	Xinjiang	23.5	11.0	1.3	10.6

18-9 限额以上餐饮业企业基本情况(2009年)

Basic Conditions of Enterprises above Designated Size of Catering Sevices (2009)

项目	Item	法人企业(个) Number of Corporation Enterprises (unit)	年末从业人数(人) Engaged Persons at Year-end (person)
餐饮业合计	**Catering Services**	**20694**	**2006056**
按登记注册类型分	**By Status of Registration**		
内资企业	**Domestic Funded Enterprises**	**19507**	**1597952**
国有企业	State-owned Enterprises	608	68047
集体企业	Collective-owned Enterprises	445	29177
股份合作企业	Cooperative Enterprises	294	20683
联营企业	Joint Ownership Enterprises	25	1850
国有联营企业	State Joint Ownership Enterprises		
集体联营企业	Collective Joint Ownership Enterprises	4	311
国有与集体联营企业	Joint State-collective Enterprises	1	145
其他联营企业	Other Joint Ownership Enterprises	20	1394
有限责任公司	Limited Liability Corporations	2790	322869
国有独资公司	State Sole Funded Corporations	21	1730
其他有限责任公司	Other Limited Liability Corporations	2769	321139
股份有限公司	Share-holding Corporations Ltd.	409	56242
私营企业	Private Enterprises	14262	1058090
私营独资企业	Private-funded Enterprises	5516	276004
私营合伙企业	Private Partnership Enterprises	815	51423
私营有限责任公司	Private Limited Liability Corporations	7327	674556
私营股份有限公司	Private Share-holding Corporations Ltd.	604	56107
其他企业	Other Enterprises	674	40994
港、澳、台商投资企业	**Enterprises with Funds from Hong Kong, Macao and Taiwan**	**587**	**123041**
合资经营企业	Joint-venture Enterprises	172	27385
合作经营企业	Cooperative Enterprises	34	7629
独资经营企业	Enterprises with Sole Fund	364	66792
投资股份有限公司	Share-holding Corporations Ltd.	17	21235
外商投资企业	**Enterprises with Foreign Investment**	**600**	**285063**
中外合资经营企业	Joint-venture Enterprises	168	58797
中外合作经营企业	Cooperation Enterprises	48	14089
外资企业	Enterprises with Sole Fund	358	203767
外商投资股份有限公司	Share-holding Corporations Ltd.	26	8410
按国民经济行业分	**By Sector**		
正餐服务业	Restaurant	19282	1612177
快餐服务业	Fast Food	765	317892
饮料及冷饮服务业	Beverages and Cold Drinks	165	11346
其他餐饮服务业	Others	482	64641

18-10 限额以上餐饮业企业经营情况(2009年)
Business of Enterprises above Designated Size of Catering Services by Status of Registration and Sector (2009)

单位：亿元 (100 million yuan)

项目	Item	营业额 Business Revenue	#餐费收入 From Meals
餐饮业合计	**Catering Services**	**2686.4**	**2441.3**
按登记注册类型分	**By Status of Registration**		
内资企业	**Domestic Funded Enterprises**	**2016.4**	**1792.7**
国有企业	State-owned Enterprises	67.2	46.2
集体企业	Collective-owned Enterprises	33.1	27.3
股份合作企业	Cooperative Enterprises	25.7	21.8
联营企业	Joint Ownership Enterprises	1.9	1.8
国有联营企业	State Joint Ownership Enterprises		
集体联营企业	Collective Joint Ownership Enterprises	0.2	0.2
国有与集体联营企业	Joint State-collective Enterprises	0.1	0.1
其他联营企业	Other Joint Ownership Enterprises	1.5	1.5
有限责任公司	Limited Liability Corporations	403.2	347.8
国有独资公司	State Sole Funded Corporations	1.7	1.4
其他有限责任公司	Other Limited Liability Corporations	401.5	346.3
股份有限公司	Share-holding Corporations Ltd.	80.5	69.3
私营企业	Private Enterprises	1354.5	1234.1
私营独资企业	Private-funded Enterprises	368.2	331.1
私营合伙企业	Private Partnership Enterprises	62.6	56.5
私营有限责任公司	Private Limited Liability Corporations	846.1	776.6
私营股份有限公司	Private Share-holding Corporations Ltd.	77.6	69.9
其他企业	Other Enterprises	50.3	44.4
港、澳、台商投资企业	**Enterprises with Funds from Hong Kong, Macao and Taiwan**	**208.2**	**196.4**
合资经营企业	Joint-venture Enterprises	45.7	39.7
合作经营企业	Cooperative Enterprises	14.2	13.1
独资经营企业	Enterprises with Sole Fund	122.3	117.9
投资股份有限公司	Share-holding Corporations Ltd.	26.0	25.7
外商投资企业	**Enterprises with Foreign Investment**	**461.8**	**452.2**
中外合资经营企业	Joint-venture Enterprises	110.0	106.7
中外合作经营企业	Cooperation Enterprises	23.2	21.0
外资企业	Enterprises with Sole Fund	315.1	311.7
外商投资股份有限公司	Share-holding Corporations Ltd.	13.4	12.7
按国民经济行业分	**By Sector**		
正餐服务业	Restaurant	2065.1	1836.7
快餐服务业	Fast Food	501.1	495.3
饮料及冷饮服务业	Beverages and Cold Drinks	26.0	24.6
其他餐饮服务业	Others	94.2	84.7

18-11 各地区限额以上餐饮业企业基本情况和经营情况(2009年)
Basic Conditions and Business of Enterprises above Designated Size of Catering Services by Region(2009)

地 区	Region	法人企业(个) Number of Corporation Enterprises (unit)	年末从业人数(人) Engaged Persons at Year-end (person)	营业额 (亿元) Business Revenue (100 million yuan)	#餐费收入 From Meals
全 国	**National Total**	**20694**	**2006056**	**2686.4**	**2441.3**
北 京	Beijing	2264	210386	341.7	326.1
天 津	Tianjin	361	45384	62.6	59.9
河 北	Hebei	265	31000	26.5	22.9
山 西	Shanxi	311	45919	44.9	37.2
内蒙古	Inner Mongolia	404	36874	41.1	34.9
辽 宁	Liaoning	697	56037	93.3	87.1
吉 林	Jilin	189	14026	18.2	14.8
黑龙江	Heilongjiang	224	17715	27.4	23.6
上 海	Shanghai	1323	176162	292.6	282.3
江 苏	Jiangsu	1505	156124	205.2	181.9
浙 江	Zhejiang	878	105744	166.5	153.9
安 徽	Anhui	499	42138	41.2	33.6
福 建	Fujian	542	62773	80.5	74.1
江 西	Jiangxi	266	26089	24.7	20.4
山 东	Shandong	3239	186503	262.6	223.4
河 南	Henan	1622	82857	98.7	85.8
湖 北	Hubei	657	70700	81.4	72.7
湖 南	Hunan	550	53427	65.3	57.5
广 东	Guangdong	2131	293698	384.4	363.5
广 西	Guangxi	181	19034	17.6	15.9
海 南	Hainan	84	7980	8.4	8.2
重 庆	Chongqing	686	57403	73.7	66.0
四 川	Sichuan	683	79041	94.2	84.4
贵 州	Guizhou	110	10108	9.5	8.6
云 南	Yunnan	132	14729	17.0	14.9
西 藏	Tibet	6	410	0.4	0.4
陕 西	Shaanxi	595	70745	76.1	60.7
甘 肃	Gansu	133	14645	12.8	11.8
青 海	Qinghai	29	3626	2.6	2.4
宁 夏	Ningxia	72	8364	8.0	6.1
新 疆	Xinjiang	56	6415	7.0	6.3

18-12 限额以上餐饮业企业资产及负债（2009年）
Assets and Liabilities of Enterprises above Designated Size of Catering Services (2009)

单位：亿元 (100 million yuan)

项　　目	Item	资产总计 Total Assets	#流动资产合计 Working Capitals	#固定资产合计 Total Fixed Assets	负债合计 Total Liabilities	所有者权益合计 Total Owners' Equities
餐饮业合计	**Catering Services**	**2213.9**	**899.7**	**819.4**	**1431.0**	**782.9**
按登记注册类型分	**By Status of Registration**					
内资企业	**Domestic Funded Enterprises**	**1807.1**	**748.0**	**686.2**	**1169.8**	**637.3**
国有企业	State-owned Enterprises	113.3	29.2	62.2	62.7	50.7
集体企业	Collective-owned Enterprises	30.8	10.7	14.3	19.0	11.8
股份合作企业	Cooperative Enterprises	32.2	12.1	12.0	19.5	12.7
联营企业	Joint Ownership Enterprises	1.2	0.6	0.5	0.9	0.3
国有联营企业	State Joint Ownership Enterprises					
集体联营企业	Collective Joint Ownership Enterprises	0.2	0.1		0.1	0.1
国有与集体联营企业	Joint State-collective Enterprises	0.1				
其他联营企业	Other Joint Ownership Enterprises	1.0	0.5	0.4	0.8	0.2
有限责任公司	Limited Liability Corporations	451.9	181.9	170.0	313.1	138.8
国有独资公司	State Sole Funded Corporations	1.3	0.8	0.1	0.9	0.4
其他有限责任公司	Other Limited Liability Corporations	450.6	181.1	169.9	312.3	138.4
股份有限公司	Share-holding Corporations Ltd.	116.0	47.3	35.0	55.3	60.7
私营企业	Private Enterprises	1023.9	452.6	373.3	679.1	344.7
私营独资企业	Private-funded Enterprises	243.7	81.1	119.5	114.8	128.9
私营合伙企业	Private Partnership Enterprises	36.0	13.2	16.8	18.1	17.9
私营有限责任公司	Private Limited Liability Corporations	691.6	334.0	217.1	512.2	179.5
私营股份有限公司	Private Share-holding Corporations Ltd.	52.6	24.3	20.0	34.0	18.5
其他企业	Other Enterprises	37.7	13.7	18.8	20.1	17.6
港、澳、台商投资企业	**Enterprises with Funds from Hong Kong, Macao and Taiwan**	**160.9**	**73.4**	**52.6**	**104.2**	**56.7**
合资经营企业	Joint-venture Enterprises	44.9	21.1	14.2	31.9	13.0
合作经营企业	Cooperative Enterprises	10.2	4.2	4.0	5.9	4.2
独资经营企业	Enterprises with Sole Fund	95.0	44.2	31.6	62.1	32.9
投资股份有限公司	Share-holding Corporations Ltd.	10.7	3.9	2.8	4.2	6.6
外商投资企业	**Enterprises with Foreign Investment**	**246.0**	**78.2**	**80.6**	**157.1**	**88.9**
中外合资经营企业	Joint-venture Enterprises	59.9	19.3	19.0	34.5	25.4
中外合作经营企业	Cooperation Enterprises	18.8	5.2	7.9	14.7	4.1
外资企业	Enterprises with Sole Fund	158.5	49.7	50.8	102.0	56.4
外商投资股份有限公司	Share-holding Corporations Ltd.	8.8	4.0	2.9	5.8	3.0
按国民经济行业分	**By Sector**					
正餐服务业	Restaurant	1903.3	788.4	726.9	1244.0	659.3
快餐服务业	Fast Food	233.7	74.1	69.6	143.6	90.2
饮料及冷饮服务业	Beverages and Cold Drinks	14.9	8.1	4.1	7.7	7.1
其他餐饮服务业	Others	62.1	29.1	18.8	35.7	26.4

18-13 各地区限额以上餐饮业企业资产及负债（2009年）
Assets and Liabilities of Enterprises above Designated Size of Catering Services by Region(2009)

单位：亿元 (100 million yuan)

地区	Region	资产总计 Total Assets	#流动资产合计 Working Capitals	#固定资产合计 Total Fixed Assets	负债合计 Total Liabilities	所有者权益合计 Total Owners' Equities
全国	**National Total**	**2213.9**	**899.7**	**819.4**	**1431.0**	**782.9**
北京	Beijing	242.8	126.2	56.2	181.9	60.9
天津	Tianjin	54.0	24.4	13.8	33.8	20.2
河北	Hebei	25.4	9.9	11.8	18.5	6.9
山西	Shanxi	54.7	23.1	22.6	40.3	14.4
内蒙古	Inner Mongolia	53.5	16.9	22.1	30.0	23.5
辽宁	Liaoning	94.2	27.4	52.0	59.3	34.9
吉林	Jilin	28.5	4.6	18.1	11.4	17.0
黑龙江	Heilongjiang	14.3	6.4	5.4	7.2	7.1
上海	Shanghai	185.4	102.0	38.8	137.5	47.9
江苏	Jiangsu	183.8	70.4	70.6	133.1	50.7
浙江	Zhejiang	152.3	69.0	45.2	112.0	40.3
安徽	Anhui	51.2	21.2	19.5	34.1	17.2
福建	Fujian	52.8	20.0	20.5	29.1	23.7
江西	Jiangxi	21.1	8.1	8.5	9.5	11.6
山东	Shandong	250.4	85.7	114.9	141.0	109.4
河南	Henan	72.6	29.3	29.9	38.6	34.0
湖北	Hubei	77.0	22.4	37.4	52.2	24.8
湖南	Hunan	55.7	14.4	25.0	27.5	28.3
广东	Guangdong	235.5	102.5	80.2	155.4	80.1
广西	Guangxi	12.2	4.7	4.4	7.3	5.0
海南	Hainan	8.0	4.4	2.6	5.2	2.8
重庆	Chongqing	53.6	20.9	20.8	30.4	23.1
四川	Sichuan	94.5	33.5	38.2	58.5	36.0
贵州	Guizhou	10.3	4.5	4.0	5.8	4.5
云南	Yunnan	20.1	8.9	6.6	12.5	7.6
西藏	Tibet	0.2	0.1	0.1	0.1	0.1
陕西	Shaanxi	73.7	26.8	31.7	36.3	37.4
甘肃	Gansu	11.6	4.0	5.6	7.2	4.4
青海	Qinghai	4.4	1.1	2.7	2.5	1.9
宁夏	Ningxia	12.1	5.0	5.7	8.8	3.3
新疆	Xinjiang	8.0	1.8	4.9	3.9	4.1

18-14 限额以上餐饮业企业主要财务指标(2009年)
Main Financial Indicators of Enterprises above Designated Size of Catering Services by Status of Registration and Sector (2009)

单位：亿元 (100 million yuan)

项 目	Item	主营业务收入 Revenue from Principal Business	主营业务成本 Cost of Principal Business	主营业务税金及附加 Taxes and Other Charges on Principal Business	主营业务利润 Profits from Principal Business
餐饮业合计	**Catering Services**	**2668.0**	**1346.0**	**136.6**	**1159.0**
按登记注册类型分	**By Status of Registration**				
内资企业	**Domestic Funded Enterprises**	**2002.0**	**1095.3**	**102.8**	**780.5**
国有企业	State-owned Enterprises	67.2	36.3	3.4	27.4
集体企业	Collective-owned Enterprises	32.8	18.5	1.6	12.5
股份合作企业	Cooperative Enterprises	25.8	14.0	1.3	10.0
联营企业	Joint Ownership Enterprises	1.9	1.0	0.1	0.7
国有联营企业	State Joint Ownership Enterprises				
集体联营企业	Collective Joint Ownership Enterprises	0.2	0.2		
国有与集体联营企业	Joint State-collective Enterprises	0.1			0.1
其他联营企业	Other Joint Ownership Enterprises	1.5	0.8	0.1	0.6
有限责任公司	Limited Liability Corporations	401.7	212.8	20.3	164.0
国有独资公司	State Sole Funded Corporations	1.7	1.0	0.1	0.6
其他有限责任公司	Other Limited Liability Corporations	400.0	211.8	20.2	163.4
股份有限公司	Share-holding Corporations Ltd.	80.2	39.5	4.0	36.2
私营企业	Private Enterprises	1342.5	744.4	69.4	511.9
私营独资企业	Private-funded Enterprises	362.8	220.4	17.0	121.4
私营合伙企业	Private Partnership Enterprises	61.9	36.3	3.1	21.5
私营有限责任公司	Private Limited Liability Corporations	840.7	441.8	45.6	342.7
私营股份有限公司	Private Share-holding Corporations Ltd.	77.0	46.0	3.8	26.3
其他企业	Other Enterprises	50.0	28.7	2.6	17.8
港、澳、台商投资企业	**Enterprises with Funds from Hong Kong, Macao and Taiwan**	**206.4**	**86.2**	**10.6**	**108.7**
合资经营企业	Joint-venture Enterprises	45.1	19.4	2.2	23.0
合作经营企业	Cooperative Enterprises	14.0	5.8	0.6	7.5
独资经营企业	Enterprises with Sole Fund	121.3	51.7	6.4	62.8
投资股份有限公司	Share-holding Corporations Ltd.	26.0	9.2	1.3	15.4
外商投资企业	**Enterprises with Foreign Investment**	**459.6**	**164.5**	**23.2**	**269.8**
中外合资经营企业	Joint-venture Enterprises	109.5	40.3	5.4	63.4
中外合作经营企业	Cooperation Enterprises	23.1	8.9	1.2	12.9
外资企业	Enterprises with Sole Fund	314.0	110.5	15.9	185.9
外商投资股份有限公司	Share-holding Corporations Ltd.	13.1	4.8	0.7	7.6
按国民经济行业分	**By Sector**				
正餐服务业	Restaurant	2052.1	1096.5	106.3	829.6
快餐服务业	Fast Food	498.7	188.1	24.9	282.3
饮料及冷饮服务业	Beverages and Cold Drinks	25.7	8.9	1.7	15.2
其他餐饮服务业	Others	91.5	52.5	3.8	31.8

18-15 各地区限额以上餐饮业企业主要财务指标(2009年)

Main Financial Indicators of Enterprises above Designated Size of Catering Services by Region(2009)

单位：亿元 (100 million yuan)

地　区	Region	主营业务收入 Revenue from Principal Business	主营业务成本 Cost of Principal Business	主营业务税金及附加 Taxes and Other Charges on Principal Business	主营业务利润 Profits from Principal Business
全　国	**National Total**	**2668.0**	**1346.0**	**136.6**	**1159.0**
北　京	Beijing	344.2	152.4	17.9	173.9
天　津	Tianjin	62.6	29.2	3.4	30.0
河　北	Hebei	26.4	14.6	1.5	10.2
山　西	Shanxi	44.8	22.8	2.2	17.4
内蒙古	Inner Mongolia	38.8	20.6	1.8	16.1
辽　宁	Liaoning	92.5	44.2	4.9	41.3
吉　林	Jilin	18.1	10.8	0.9	6.3
黑龙江	Heilongjiang	25.3	12.5	1.8	10.1
上　海	Shanghai	290.7	138.1	14.2	138.6
江　苏	Jiangsu	204.6	102.5	10.4	84.1
浙　江	Zhejiang	165.5	87.4	8.9	69.2
安　徽	Anhui	41.1	22.4	2.2	16.1
福　建	Fujian	80.0	41.9	4.3	33.5
江　西	Jiangxi	24.5	13.1	1.2	10.0
山　东	Shandong	259.5	145.0	11.7	101.3
河　南	Henan	97.5	59.7	4.0	33.8
湖　北	Hubei	80.7	40.4	4.3	36.6
湖　南	Hunan	64.7	34.8	2.9	16.7
广　东	Guangdong	382.6	181.9	20.6	178.3
广　西	Guangxi	17.2	8.3	1.0	7.8
海　南	Hainan	8.4	4.3	0.5	3.5
重　庆	Chongqing	72.2	45.0	3.2	25.9
四　川	Sichuan	93.4	44.9	5.4	42.9
贵　州	Guizhou	9.4	5.0	0.6	3.5
云　南	Yunnan	16.9	8.6	0.9	7.4
西　藏	Tibet	0.4	0.3		
陕　西	Shaanxi	75.5	39.9	3.7	31.4
甘　肃	Gansu	12.8	6.7	0.9	5.2
青　海	Qinghai	2.6	1.5	0.1	0.9
宁　夏	Ningxia	8.0	3.6	0.5	3.9
新　疆	Xinjiang	7.0	3.6	0.4	3.0

18-16 按登记注册类型分连锁餐饮企业基本情况(2009年)
Basic Conditions of Chain Catering Enterprises by Status of Registration(2009)

项　目	Item	总店数 (个) Number of Head Stores (unit)	门店总数 (个) Number of Stores (unit)	年末从业人数 (万人) Engaged Persons at Year-end (10 000 persons)	年末餐饮营业面积 (万平方米) Operating Area of Catering Enterprises at Year-end (10 000 sq.m)
合　计	**Total**	**426**	**13739**	**65.2**	**691.6**
内资企业	**Domestic Funded Enterprises**	**291**	**6061**	**28.8**	**389.4**
国有企业	State-owned Enterprises	4	18	0.1	1.7
集体企业	Collective-owned Enterprises	5	29	0.1	1.9
股份合作企业	Cooperative Enterprises	7	80	0.8	6.9
联营企业	Joint Ownership Enterprises				
国有联营企业	State Joint Ownership Enterprises				
集体联营企业	Collective Joint Ownership Enterprises				
国有与集体联营企业	Joint State-collective Enterprises				
其他联营企业	Other Joint Ownership Enterprises				
有限责任公司	Limited Liability Corporations	74	1791	9.8	130.5
国有独资公司	State Sole Funded Corporations				
其他有限责任公司	Other Limited Liability Corporations	74	1791	9.8	130.5
股份有限公司	Share-holding Corporations Ltd.	13	801	5.4	64.5
私营企业	Private Enterprises	186	3319	12.4	181.7
私营独资企业	Private-funded Enterprises	17	131	0.4	8.7
私营合伙企业	Private Partnership Enterprises	6	102	0.2	1.9
私营有限责任公司	Private Limited Liability Corporations	155	2939	11.2	152.6
私营股份有限公司	Private Share-holding Corporations Ltd.	8	147	0.6	18.5
其他企业	Other Enterprises	2	23	0.1	2.2
港、澳、台商投资企业	**Enterprises with Funds from Hong Kong, Macao and Taiwan**	**50**	**1635**	**5.6**	**57.4**
合资经营企业	Joint-venture Enterprises	9	232	0.8	11.2
合作经营企业	Cooperative Enterprises	4	48	0.2	2.4
独资经营企业	Enterprises with Sole Fund	35	1103	2.7	33.3
投资股份有限公司	Share-holding Corporations Ltd.	2	252	1.8	10.5
外商投资企业	**Foreign Funded Enterprises**	**85**	**6043**	**30.9**	**244.8**
中外合资经营企业	Joint-venture Enterprises	15	1195	6.0	56.8
中外合作经营企业	Cooperative Enterprises	5	175	0.7	8.3
外资企业	Enterprises with Sole Fund	61	4122	19.4	147.6
外商投资股份有限公司	Share-holding Corporations Ltd.	4	551	4.8	32.1

18-16 续表 continued

项 目	Item	餐位数 (万个) Number of Dining-seats (10 000 units)	营业额 (亿元) Business Revenue (100 million yuan)	商品购进总额 (亿元) Total Purchases Value(100 million yuan)	统一配送商品购进额 (亿元) Centralized Purchase and Delivery (100 million yuan)
合　计	**Total**	**248.9**	**879.32**	**362.00**	**239.84**
内资企业	**Domestic Funded Enterprises**	**127.4**	**316.68**	**130.84**	**62.45**
国有企业	State-owned Enterprises	0.4	1.75	1.06	0.02
集体企业	Collective-owned Enterprises	0.4	1.66	1.03	0.12
股份合作企业	Cooperative Enterprises	2.1	6.65	2.94	
联营企业	Joint Ownership Enterprises				
国有联营企业	State Joint Ownership Enterprises				
集体联营企业	Collective Joint Ownership Enterprises				
国有与集体联营企业	Joint State-collective Enterprises				
其他联营企业	Other Joint Ownership Enterprises				
有限责任公司	Limited Liability Corporations	46.9	86.86	44.76	19.13
国有独资公司	State Sole Funded Corporations				
其他有限责任公司	Other Limited Liability Corporations	46.9	86.86	44.76	19.13
股份有限公司	Share-holding Corporations Ltd.	15.4	93.43	26.28	18.29
私营企业	Private Enterprises	61.4	125.28	54.09	24.90
私营独资企业	Private-funded Enterprises	2.6	3.85	1.67	0.74
私营合伙企业	Private Partnership Enterprises	0.8	1.24	0.49	0.41
私营有限责任公司	Private Limited Liability Corporations	53.6	105.62	47.61	19.68
私营股份有限公司	Private Share-holding Corporations Ltd.	4.5	14.56	4.32	4.07
其他企业	Other Enterprises	0.8	1.04	0.68	
港、澳、台商投资企业	**Enterprises with Funds from Hong Kong, Macao and Taiwan**	**21.5**	**97.43**	**36.95**	**27.35**
合资经营企业	Joint-venture Enterprises	3.7	14.19	6.08	2.86
合作经营企业	Cooperative Enterprises	0.8	4.96	0.99	0.69
独资经营企业	Enterprises with Sole Fund	13.1	56.93	22.48	16.39
投资股份有限公司	Share-holding Corporations Ltd.	3.9	21.36	7.40	7.40
外商投资企业	**Foreign Funded Enterprises**	**100.0**	**465.21**	**194.21**	**150.04**
中外合资经营企业	Joint-venture Enterprises	18.3	93.63	31.45	31.35
中外合作经营企业	Cooperative Enterprises	2.1	14.26	4.79	4.79
外资企业	Enterprises with Sole Fund	70.0	288.55	111.52	82.24
外商投资股份有限公司	Share-holding Corporations Ltd.	9.7	68.77	46.45	31.66

18-17 按餐饮活动分连锁餐饮企业基本情况(2009年)

Basic Conditions of Chain Catering Enterprises by Business Categories(2009)

项 目	Item	总店数 (个) Number of Head Stores (unit)	门店总数 (个) Number of Stores (unit)	年末从业人数 (万人) Engaged Persons at Year-end (10 000 persons)	年末餐饮营业面积 (万平方米) Operating Area of Catering Enterprises at Year-end (10 000 sq.m)	餐位数 (万个) Number of Dining-seats (10 000 units)	营业额 (亿元) Business Revenue (100 million yuan)	商品购进总额 (亿元) Total Purchases Value (100 million yuan)	统一配送商品购进额 (亿元) Centralized Purchase and Delivery (100 million yuan)
总　计	**Total**	**426**	**13739**	**65.18**	**691.55**	**248.9**	**879.32**	**362.00**	**239.84**
按餐饮活动分	By Business Categories								
正　餐	Restaurant	232	4291	27.94	380.35	123.24	329.73	162.75	75.90
快　餐	Fast Food	160	7189	29.37	227.88	93.89	454.60	175.93	149.76
茶　馆	Tea Shop	1	5	0.01	0.25	0.10	0.26	0.01	0.01
咖啡店	Cafe	10	708	1.43	28.62	7.80	14.97	2.57	1.91
其他餐饮	Others	23	1546	6.43	54.46	23.91	79.75	20.73	12.25

18-18 各地区连锁餐饮企业基本情况
Basic Conditions of Chain Catering Enterprises by Region

年份 Year / 地区 Region	总店数 (个) Number of Head Stores (unit)	门店总数 (个) Number of Stores (unit)	年末从业人数 (万人) Engaged Persons at Year-end (10 000 persons)	年末餐饮营业面积 (万平方米) Operating Area of Catering Enterprises at Year-end (10 000 sq.m)	餐位数 (万个) Number of Dining-seats (10 000 units)	营业额 (亿元) Business Revenue (100 million yuan)	商品购进总额 (亿元) Total Purchases Value (100 million yuan)	统一配送商品购进额 (亿元) Centralized Purchase and Delivery (100 million yuan)
2005	300	9748	50.10	478.10	245.80	454.36	171.50	109.10
2006	349	11360	55.70	588.20	274.80	563.75	201.20	127.50
2007	358	12743	62.55	629.25	280.05	640.00	274.91	168.80
2008	453	12561	66.07	651.86	253.07	806.91	271.59	192.52
2009	426	13739	65.18	691.55	248.94	879.32	362.00	239.84
北京 Beijing	80	2054	8.46	114.62	31.83	137.17	54.15	32.70
天津 Tianjin	11	263	1.77	5.26	3.48	26.67	9.31	0.39
河北 Hebei	4	12	0.11	1.87	0.38	1.46	0.59	0.04
山西 Shanxi	6	79	0.66	6.54	2.22	7.55	2.36	1.71
内蒙古 Inner Mongolia	8	1067	7.87	58.87	17.28	119.99	49.93	35.50
辽宁 Liaoning	9	362	0.78	16.56	8.04	34.19	14.50	14.50
吉林 Jilin	1	2	0.00	0.15	0.01	0.02	0.02	
黑龙江 Heilongjiang	7	54	0.23	4.97	1.34	2.80	1.12	0.90
上海 Shanghai	19	1312	5.22	38.44	17.52	70.82	27.92	23.69
江苏 Jiangsu	24	920	4.20	32.04	11.50	52.89	24.74	22.91
浙江 Zhejiang	33	1180	4.47	77.46	20.69	75.84	25.06	22.47
安徽 Anhui	7	144	0.66	25.26	4.65	6.67	2.65	1.25
福建 Fujian	17	789	2.41	16.55	6.87	28.83	8.99	6.45
江西 Jiangxi	9	68	0.50	4.46	1.86	4.98	4.43	3.85
山东 Shandong	17	274	1.45	12.84	4.66	21.23	5.65	4.81
河南 Henan	16	164	0.61	6.91	3.24	7.58	3.04	2.35
湖北 Hubei	27	284	2.09	29.56	9.13	30.38	12.06	0.01
湖南 Hunan	10	153	0.98	8.27	2.34	9.33	7.24	6.46
广东 Guangdong	64	1840	8.10	69.02	24.47	111.35	44.73	35.34
广西 Guangxi	2	58	0.26	2.16	0.60	4.22	1.80	1.80
海南 Hainan								
重庆 Chongqing	21	1967	11.25	129.16	65.14	90.70	48.18	16.47
四川 Sichuan	10	346	1.81	15.65	5.99	20.04	7.35	1.77
贵州 Guizhou	1	10	0.10	2.21	0.26	1.54	0.93	
云南 Yunnan	7	188	0.61	7.28	3.65	7.99	2.83	2.64
西藏 Tibet	1	3	0.01	0.04	0.02	0.03		
陕西 Shaanxi	3	39	0.27	2.57	0.69	1.79	1.12	0.67
甘肃 Gansu	1	4	0.07	0.54	0.12	0.55	0.20	0.12
青海 Qinghai	5	15	0.05	0.55	0.22	0.40	0.12	0.05
宁夏 Ningxia	1	7	0.03	0.49	0.25	0.20	0.12	0.12
新疆 Xinjiang	5	81	0.15	1.27	0.51	2.13	0.87	0.87

注：门店总数全国总计中包括开设在港澳台地区和国外的门店。

a) Total number of stores includes that from Hong Kong, Macao and Taiwan province and foreign countries.

18-19 旅游业发展情况
Development of Tourism

指　　标	Item	2005	2006	2007	2008	2009
旅行社数　（个）	**Number of Travel Agencies (unit)**	**16245**	**17957**	**18943**	**20110**	
国际旅行社	International Travel Agencies	1556	1654	1797	1970	
国内旅行社	Domestic Travel Agencies	14689	16303	17146	18140	
星级饭店数　（个）	**Number of Star-rated Hotel (unit)**	**11828**	**12751**	**13583**	**14099**	
入境旅游人数　（万人次）	**Number of Overseas Visitor Arrivals(10 000 person-times)**	**12029.23**	**12494.21**	**13187.33**	**13002.74**	**12647.59**
外国人	Foreigners	2025.51	2221.03	2610.97	2432.53	2193.75
港澳同胞	Chinese Compatriots From Hong Kong and Macao	9592.79	9831.84	10113.57	10131.65	10005.44
台湾同胞	Chinese Compatriots From Taiwan Province	410.92	441.35	462.79	438.56	448.40
#过夜旅游者人数	Overnight Tourists	4680.90	4991.34	5471.98	5304.92	5087.52
国内居民出境人数(万人次)	**Number of Chinese Outbound Visitors (10 000 person-times)**	**3102.63**	**3452.36**	**4095.40**	**4584.44**	**4765.62**
#因私出境人数	For Private Purpose	2514.00	2879.91	3492.40	4013.12	4220.97
国内旅游人数　（亿人次）	**Number of Domestic Visitors (100 million person-times)**	**12.12**	**13.94**	**16.10**	**17.12**	**19.02**
旅游收入	**Tourism Earnings**					
国际旅游(外汇)收入 (亿美元)	Foreign Exchange Earnings from International Tourism (100 million USD)	292.96	339.49	419.19	408.43	396.75
国内旅游收入　(亿元)	Earnings from Domestic Tourism (100 million yuan)	5285.86	6229.74	7770.62	8749.30	10183.69

18-20 国 内 旅 游 情 况
Domestic Tourism

年　份 Year	旅游人数 (百万人次) Domestic Tourists (million person-times)	城镇居民 Urban Residents	农村居民 Rural Residents	旅游总花费 (亿元) Tourism Expenditure(100 million yuan)	城镇居民 Urban Residents	农村居民 Rural Residents	人均花费 (元) Per Capita Expenditure (yuan)	城镇居民 Urban Residents	农村居民 Rural Residents
1994	524	205	319	1023.5	848.2	175.3	195.3	414.7	54.9
1995	629	246	383	1375.7	1140.1	235.6	218.7	464.0	61.5
1996	640	256	383	1638.4	1368.4	270.0	256.2	534.1	70.5
1997	644	259	385	2112.7	1551.8	560.9	328.1	599.8	145.7
1998	695	250	445	2391.2	1515.1	876.1	345.0	607.0	197.0
1999	719	284	435	2831.9	1748.2	1083.7	394.0	614.8	249.5
2000	744	329	415	3175.5	2235.3	940.3	426.6	678.6	226.6
2001	784	375	409	3522.4	2651.7	870.7	449.5	708.3	212.7
2002	878	385	493	3878.4	2848.1	1030.3	441.8	739.7	209.1
2003	870	351	519	3442.3	2404.1	1038.2	395.7	684.9	200.0
2004	1102	459	643	4710.7	3359.0	1351.7	427.5	731.8	210.2
2005	1212	496	716	5285.9	3656.1	1629.7	436.1	737.1	227.6
2006	1394	576	818	6229.7	4414.7	1815.0	446.9	766.4	221.9
2007	1610	612	998	7770.6	5550.4	2220.2	482.6	906.9	222.5
2008	1712	703	1009	8749.3	5971.7	2777.6	511.0	849.4	275.3
2009	1902	903	999	10183.7	7233.8	2949.9	535.4	801.1	295.3

18-21 国际旅游(外汇)收入及构成
Foreign Exchange Earnings from International Tourism and Composition

指标	Item	2008		2009	
		数额 (百万美元) Value (USD million)	比重 (%) Percentage (%)	数额 (百万美元) Value (USD million)	比重 (%) Percentage (%)
总计	**Total**	**40843**	**100.0**	**39675**	**100.0**
长途交通	Long Distance Transportation	12487	30.6	11741	29.6
民航	Civil Aviation	9047	22.2	8584	21.6
铁路	Railway	1346	3.3	1277	3.2
汽车	Highway	1047	2.6	958	2.4
轮船	Waterway	1047	2.6	922	2.3
游览	Sightseeing	2202	5.4	2080	5.2
住宿	Accommodation	4860	11.9	4434	11.2
餐饮	Food and Beverage	3873	9.5	3614	9.1
商品销售	Shopping	8534	20.9	9149	23.1
娱乐	Entertainment	2970	7.3	2882	7.3
邮电通讯	Postal and Communication Services	1002	2.5	955	2.4
市内交通	Local Transportation	1355	3.3	1329	3.4
其他服务	Other Service	3560	8.7	3491	8.8

18-22 按性别、年龄和事由分外国入境旅游人数
Number of Overseas Visitor Arrivals by Sex, Age and Purpose

指标	Item	2008		2009	
		人数 (万人次) Persons (10 000 person-times)	比重 (%) Percentage (%)	人数 (万人次) Persons (10 000 person-times)	比重 (%) Percentage (%)
总计	**Total**	**2432.53**	**100.00**	**2193.75**	**100.00**
按性别分	By Sex				
男	Male	1560.90	64.2	1430.15	65.2
女	Female	871.64	35.8	763.60	34.8
按年龄分	By Age				
14岁及以下	14 and under	98.52	4.1	92.05	4.2
15至24岁	15-24	206.13	8.5	171.90	7.8
25至44岁	25-44	1129.10	46.4	1004.28	45.8
45至64岁	45-64	871.70	35.8	796.56	36.3
65岁以上	65 and over	127.09	5.2	128.95	5.9
按事由分类	By Purpose				
会议/商务	Meeting /Business	567.77	23.3	523.72	23.9
观光休闲	Sightseeing and Leisure	1203.96	49.5	1013.27	46.2
探亲访友	Visiting Relatives and Friends	6.79	0.3	8.01	0.4
服务员工	Worker and Crew	243.19	10.0	227.37	10.4
其他	Others	410.82	16.9	421.38	19.2

18-23 按国别分外国入境旅游人数
Number of Oversea Visitor Arrivals by Country/Region

单位：万人次 (10 000 person-times)

地　区	Region	1995	2000	2005	2006	2007	2008	2009
总计	**Total**	**588.67**	**1016.04**	**2025.51**	**2221.03**	**2610.97**	**2432.53**	**2193.75**
亚洲	**Asia**	**338.26**	**610.15**	**1249.99**	**1358.82**	**1606.12**	**1455.10**	**1377.93**
#朝鲜	Korea, D.P.Rep.	6.64	7.64	12.58	11.01	11.37	10.18	10.56
印度	India	4.50	12.09	35.65	40.51	46.25	43.66	44.89
印度尼西亚	Indonesia	13.28	22.06	37.76	43.30	47.71	42.63	46.90
日本	Japan	130.52	220.15	339.00	374.59	397.75	344.61	331.75
马来西亚	Malaysia	25.18	44.10	89.96	91.06	106.20	104.05	105.90
蒙古	Mongolia	26.19	39.91	64.20	63.12	68.20	70.53	57.67
菲律宾	Philippines	21.97	36.39	65.40	70.42	83.30	79.53	74.89
新加坡	Singapore	26.15	39.94	75.59	82.79	92.20	87.58	88.95
韩国	Republic of Korea	52.95	134.47	354.53	392.40	477.71	396.04	319.75
泰国	Thailand	17.33	24.11	58.63	59.20	61.16	55.43	54.18
非洲	**Africa**	**4.08**	**6.56**	**23.80**	**29.38**	**37.91**	**37.84**	**40.12**
欧洲	**Europe**	**159.06**	**248.90**	**479.14**	**527.96**	**621.68**	**612.33**	**459.11**
#英国	United Kingdom	18.49	28.39	49.96	55.26	60.51	55.15	52.88
德国	Germany	16.65	23.91	45.49	50.06	55.67	52.89	51.85
法国	France	11.85	18.50	37.20	40.22	46.34	43.00	42.48
意大利	Italy	6.37	7.78	19.70	19.53	21.52	19.44	19.14
荷兰	Netherlands	3.49	7.60	14.58	16.78	19.41	18.09	16.69
葡萄牙	Portugal	2.56	2.28	4.38	4.45	4.83	4.39	4.36
瑞典	Sweden	3.52	5.36	11.03	12.96	14.51	13.77	12.58
瑞士	Switzerland	3.43	3.07	5.14	5.79	6.46	6.34	6.26
俄罗斯	Russia	48.93	108.02	222.39	240.51	300.39	312.34	174.3
拉丁美洲	**Latin America**	**5.37**	**8.29**	**16.05**	**19.58**	**24.26**	**26.03**	**23.10**
北美洲	**North America**	**64.36**	**113.28**	**198.53**	**221.00**	**256.15**	**232.12**	**226.01**
#加拿大	Canada	12.88	23.66	42.98	49.91	57.72	53.47	55.03
美国	United States	51.49	89.62	155.55	171.03	190.12	178.64	170.98
大洋洲及太平洋岛屿	**Oceanic and Pacific Islands**	**15.85**	**28.18**	**57.36**	**63.86**	**72.85**	**68.88**	**67.24**
#澳大利亚	Australia	12.94	23.41	48.3	53.81	60.74	57.15	56.15
新西兰	New Zealand	2.29	3.76	7.84	8.86	10.87	10.52	10.04
其他	**Others**	**1.69**	**0.68**	**0.65**	**0.43**	**0.31**	**0.23**	**0.22**

18-24 各地区国际旅游(外汇)收入
Foreign Exchange Earnings from International Tourism by Region

单位：百万美元 (USD million)

地 区	Region	1995	2000	2005	2006	2007	2008	2009
北 京	Beijing	2182	2768	3619	4026	4580	4459	4357
天 津	Tianjin	133	232	509	626	779	1001	1183
河 北	Hebei	42	142	209	243	309	274	308
山 西	Shanxi	21	50	116	164	222	301	378
内蒙古	Inner Mongolia	91	126	352	404	545	577	558
辽 宁	Liaoning	189	383	738	934	1228	1526	1856
吉 林	Jilin	41	58	120	137	179	211	243
黑龙江	Heilongjiang	61	189	340	492	643	870	639
上 海	Shanghai	939	1613	3556	3904	4673	4972	4744
江 苏	Jiangsu	260	724	2260	2787	3469	3880	4016
浙 江	Zhejiang	236	514	1716	2133	2708	3024	3224
安 徽	Anhui	31	86	186	227	344	454	566
福 建	Fujian	484	894	1305	1471	2169	2394	2599
江 西	Jiangxi	25	62	104	140	196	252	290
山 东	Shandong	154	315	780	1014	1352	1391	1765
河 南	Henan	60	124	216	274	318	374	433
湖 北	Hubei	73	146	276	320	413	443	510
湖 南	Hunan	65	221	390	503	642	617	673
广 东	Guangdong	2393	4112	6457	7533	8706	9175	10028
广 西	Guangxi	121	307	359	423	577	602	643
海 南	Hainan	81	109	128	229	302	314	277
重 庆	Chongqing		138	264	309	382	450	537
四 川	Sichuan	125	122	316	395	512	154	289
贵 州	Guizhou	29	61	101	115	129	117	110
云 南	Yunnan	165	339	528	658	860	1008	1172
西 藏	Tibet	11	52	44	61	135	31	79
陕 西	Shaanxi	139	280	446	511	612	660	771
甘 肃	Gansu	21	55	59	63	70	16	13
青 海	Qinghai	2	7	11	13	16	10	15
宁 夏	Ningxia	1	3	2	2	3	3	4
新 疆	Xinjiang	74	95	100	128	162	136	137

18-25 各地区接待入境旅游人数

Number of Oversea Visitor Arrivals by Region

单位：万人次 (10 000 person-times)

地区	Region	1995		2000		2005		2008		2009	
		总计 Total	#外国人 Foreigners	总计 Total	#外国人 Foreigners	总计 Total	#外国人 Foreigners	总计 Total	#外国人 Foreigners	总计 Total	#外国人 Foreigners
北京	Beijing	206.87	166.52	282.09	237.96	362.92	311.62	379.04	335.72	412.51	342.92
天津	Tianjin	20.06	16.27	35.62	32.14	74.01	67.46	122.04	113.00	141.02	130.58
河北	Hebei	16.50	13.59	41.43	35.90	62.65	57.39	75.02	67.02	84.22	74.69
山西	Shanxi	7.12	5.15	16.53	11.66	42.15	25.40	93.93	57.94	106.78	66.63
内蒙古	Inner Mongolia	30.09	29.46	39.19	38.74	100.16	99.56	154.93	153.23	128.96	126.61
辽宁	Liaoning	26.38	21.46	61.22	50.05	130.20	111.11	241.87	207.27	293.20	250.74
吉林	Jilin	15.61	14.49	22.27	19.19	37.32	30.68	61.73	52.46	68.05	58.29
黑龙江	Heilongjiang	16.23	13.94	55.17	50.47	82.15	76.42	200.61	193.34	142.51	135.03
上海	Shanghai	136.79	107.54	181.40	143.90	444.54	379.93	526.47	441.62	533.39	439.05
江苏	Jiangsu	76.77	48.68	160.95	98.15	378.30	262.15	544.30	396.11	556.83	396.07
浙江	Zhejiang	67.27	36.65	112.59	64.75	348.05	232.92	539.67	366.13	570.64	377.60
安徽	Anhui	14.29	7.28	31.84	16.79	63.29	41.06	132.09	90.82	156.16	97.75
福建	Fujian	90.64	22.41	161.33	49.75	197.39	72.36	293.19	98.64	312.03	97.84
江西	Jiangxi	7.36	2.34	16.31	5.54	37.25	13.63	80.21	30.83	96.43	38.76
山东	Shandong	45.09	30.43	72.31	48.01	155.11	124.78	253.67	206.43	310.04	241.19
河南	Henan	21.84	9.12	32.50	18.21	60.05	34.73	104.36	67.91	125.85	82.76
湖北	Hubei	27.09	16.83	45.08	35.74	82.57	62.68	118.75	92.66	133.46	101.76
湖南	Hunan	17.73	7.18	45.40	15.79	71.98	60.88	111.02	71.10	130.87	64.08
广东	Guangdong	620.68	122.07	1198.94	212.85	1896.99	476.53	2567.97	608.82	2747.80	617.94
广西	Guangxi	41.85	30.74	122.91	50.80	147.71	88.66	201.02	120.01	209.85	117.38
海南	Hainan	28.71	5.75	48.68	9.37	43.19	26.94	70.65	53.08	55.15	37.21
重庆	Chongqing			26.61	19.29	52.39	41.81	87.19	74.28	104.81	84.80
四川	Sichuan	37.67	24.51	46.20	19.97	106.28	68.27	69.95	47.77	84.99	61.49
贵州	Guizhou	13.66	7.79	18.39	7.12	27.62	9.26	39.54	18.22	39.95	16.28
云南	Yunnan	59.69	47.38	100.11	66.59	150.28	99.65	250.22	169.18	284.49	191.79
西藏	Tibet	6.78	6.54	15.00	13.58	12.13	11.10	6.80	6.29	17.49	16.25
陕西	Shaanxi	44.23	39.73	71.28	58.48	92.84	74.57	125.73	93.67	145.08	114.42
甘肃	Gansu	9.09	7.07	21.31	14.34	28.85	17.20	8.32	5.98	6.07	4.51
青海	Qinghai	1.33	0.87	3.26	1.46	3.52	1.46	2.99	2.06	3.61	2.47
宁夏	Ningxia	0.37	0.28	0.78	0.58	0.82	0.66	1.16	0.93	1.45	1.16
新疆	Xinjiang	20.36	18.55	25.61	20.84	33.11	29.01	36.32	32.77	35.49	31.84

主要统计指标解释

住宿业 指有偿为顾客提供临时住宿的服务活动。不包括：提供长期住宿场所的活动（如出租房屋、公寓等），列入 7210（房地产开发经营）。

餐饮业 指在一定场所，对食物进行现场烹饪、调制，并出售给顾客主要供现场消费的服务活动。

营业额 指住宿和餐饮业法人企业（单位）在经营活动中因提供服务或销售商品等取得的收入。包括：客房收入、餐费收入、商品销售额和其他收入。其中，客房收入指住宿和餐饮业法人企业（单位）在经营活动中因提供住宿服务取得的收入。餐费收入指住宿和餐饮业法人企业（单位）因为顾客提供就餐服务取得的收入，包括经烹饪、调制加工后出售的各种食品，如主食、炒菜、凉拌菜等的收入。

旅游人数

(1)入境旅游人数：指报告期内来我国观光、度假、探亲访友、就医疗养、购物、参加会议或从事经济、文化、体育、宗教活动的外国人、港澳台同胞等入境游客。统计时，外国人、港澳台同胞每入境一次统计 1 人次。

(2)出境人数：指中国（大陆）居民因公或因私出境前往其他国家、中国香港特别行政区、澳门特别行政区和台湾省观光、度假、探亲访友、就医疗养、购物、参加会议或从事经济、文化、体育、宗教活动的人数，即出境游客。统计时，按每出境一次统计 1 人次。

(3)国内旅游人数：指在报告期内在中国（大陆）观光游览、度假、探亲访友、就医疗养、购物、参加会议或从事经济、文化、体育、宗教活动的中国（大陆）居民人数，其出游的目的不是通过所从事的活动谋取报酬。统计时，国内游客按每出游一次统计 1 人次。

国际旅游(外汇)收入 指入境游客在中国（大陆）境内旅行、游览过程中用于交通、参观游览、住宿、餐饮、购物、娱乐等全部花费。

国内旅游收入 又称旅游总花费指国内游客在国内旅行、游览过程中用于交通、参观游览、住宿、餐饮、购物、娱乐等全部花费。

国际旅行社 指经营业务范围包括入境旅游业务、出境旅游业务和国内旅游业务的旅行社。

国内旅行社 指经营范围仅限于国内旅游业务的旅行社。

星级饭店 指设备、设施、服务符合《旅游饭店星级的划分与评定》(GB/T14308-2003)，通过相关旅游管理部门评定，并取得星级饭店称号的饭店（含预备星级饭店）。

Explanatory Notes on Main Statistical Indicators

Hotel Services refer to the activities of enterprises providing paid services of lodging to the customer, excluding the activities of providing long period of services of lodging (such as leased house and apartments), which are shown in 7210 (Development and operation of real estate).

Catering Services refer to the activities of enterprises prvideing on-the-spot services of selling food cooked and prepared to the customer in certain sites

Business Revenue refers to revenue received from providing services or selling commodities by enterprises and establishments engaged in hotels and catering services, including income from hotels, from catering services, from selling of commodities and from other services. Income from hotels refers to income of enterprises and establishments engaged in hotels and catering services by providing lodging services. Income from catering services refers to income of enterprises and establishments engaged in hotels and catering services by providing catering services, including selling of cooked or prepared foods, such as staple food, cooked dishes, or cold dishes.

Number of Tourists

(1) Visitor arrivals refer to the number of foreigners, Chinese compatriots from Hong Kong, Macao and Taiwan Chinese (mainland) who come to China (mainland) for sight-seeing, vacation, visiting relatives, medical treatment, shopping, attending conference, or to engage in economic, cultural, sports and religious activities. In compiling statistics, each time of entering China is counted as one person-time.

(2) Number of Chinese residents going abroad refer to the number of Chinese (mainland) residents going to other countries, Hong Kong Special Administrative region, Macao Special Administrative region and Taiwan for on official or private purposes, for sight-seeing, vacation, visiting relatives, medical treatment, shopping, attending conference, or to engage in economic, cultural, sports and religious activities. In compiling statistics, each time of leaving is counted as one person-time.

(3) Number of domestic tourists refers to the number of Chinese (mainland) residents who travel within China (mainland) for sight-seeing, vacation, visiting relatives, medical treatment, shopping, attending conference, or to engage in economic, cultural, sports and religious activities. In compiling statistics, each time of travelling is counted as one person-time.

Foreign Exchange Earnings from International Tourism refer to the total expenditure of foreigners, overseas Chinese, Chinese compatriots from Hong Kong, Macao and Taiwan during their stay in the mainland of China on transportation,sighting, accommodation, food, shopping and entertainment.

Income from Domestic Tourism refer to expenditure of domestic tourists on transportation, sighting, accommodation, food, shopping and entertainment while they travel.

International Travel Agencies refer to travel agencies engaged in tourism entering China, Chinese residents going abroad and domestic tourism.

Domestic Travel Agencies refer to travel agencies only engaged in domestic tourism.

Star-rated Hotels refer to hotels rated with stars as assessed by the relevant tourism authorities according to GB/T14308-2003 standard with reference to their infrastructure, facilities and service levels.

19

金融业

Financial Intermediation

简 要 说 明

一、本篇资料的主要内容

本篇反映我国金融、证券和保险业发展情况。有以下四个部分：一是金融机构金融活动情况，二是存贷款利率调整情况，三是直接融资情况，四是保险业务情况。

二、本篇各部分资料来源

1.反映金融机构活动情况的资料包括："19-1 金融机构人民币信贷资金平衡表(资金来源)"，"19-2 金融机构人民币信贷资金平衡表(资金运用)"，"19-3 金融机构现金收入"，"19-4 金融机构现金支出"，"19-5 金融机构现金投放与回笼"，"19-6 货币供应量（年底余额）"，"19-7 货币供应量同比增长率"，"19-10 黄金和外汇储备"，"19-11 货币当局资产负债表（年底余额）"，"19-12 其他存款性公司资产负债表（年底余额）"。"19-13国有商业银行资产负债表（年底余额)"，"19-14 其他国有银行资产负债表（年底余额)"，"19-15 外资银行资产负债表（年底余额)"。金融机构信贷资金平衡表及现金收支表的统计范围包括中国人民银行、国家政策性银行、国有商业银行、其他商业银行、城市合作银行、城市信用合作社、农村信用合作社、外资银行、财务公司、信托投资公司、金融租赁公司、邮政储蓄机构。中国人民银行总行根据金融机构的基层单位全面填报、并按各自系统汇总的资料，进行归并和汇总，最后得到金融机构的信贷收支及现金收支表。黄金和外汇储备表中的资料取自于中国人民银行的资产负债表，由该行有关部门提供。

2.反映存贷款利率调整情况的"19-8 金融机构法定存款利率"，"19-9 金融机构法定贷款利率表"，数据来自中国人民银行总行规定的、并对外发布的存贷款利率。

3.反映直接融资情况的,"19-16 证券市场基本情况"，"19-17 上市公司数量","19-18 股票发行量和筹资额"，"19-19 股票交易情况"，资料取自中国证券监督管理委员会编制的《中国证券期货统计年鉴》。

4.反映保险业务情况的"19-20 保险系统机构、人员数"，"19-21 保险公司业务经济技术指标"，"19-22 保险公司资产情况"，"19-23 保险公司资金运用情况"，"19-24 各地区原保险保费收入和赔付支出情况"，数据取自中国保险监督管理委员会编制的保险统计资料。

Brief Introduction

I. Main Contents

Data in this chapter show the development of China's financial, securities and insurance industries, in the following four aspects: (1) the financial activities of the financial institutions; (2) the situations regarding the adjustment of deposit and loan interests; (3) the situation regarding direct financing; (4) the situation regarding the insurance business.

II. Sources of Data

(1) Data on the activities of financial institutions are 19-1 Balance Sheet of Credit Funds of Financial Institutions (Funds Sources), 19-2 Balance Sheet of Credit Funds of Financial Institutions (Funds Uses), 19-3 Cash Income of Financial Institutions, 19-4 Cash Expenditure of Financial Institutions, 19-5 Currency Issue and Cash Withdrawn of Financial Institutions, 19-6 Money Supply at Year-end, 19-7 Rate of Increase of Money Supply Over the Previous Corresponding Period, 19-10 Gold and Foreign Exchange Reserves, 19-11 Balance Sheet of Monetary Authority (Balance at Year-end) , 19-12 Balance Sheet of Other Depository Corporations(Balance at Year-end), 19-13 Balance Sheet of State-owned Commercial Banks at Year-end, 19-14 Balance Sheet of Other State-owned Banks (Balance at Year-end), 19-15 Balance Sheet of Foreign-funded Banks at Year-end. Statistical scope of balance sheet of credit funds of financial institutions and data on cash income and expenditure cover the People's Bank of China, the State policy banks, the State-owned commercial banks, other commercial banks, urban cooperative banks, urban credit cooperatives, rural credit cooperatives, foreign-funded banks, finance companies, financial trust and investment companies, financial leasing companies, postal savings bureau. The grassroots units of the above financial institutions fill out the questionnaires and report to the higher authority. The higher authorities tabulate the data level by level. Finally, the Head Office of the People's Bank of China tabulate the data to obtain the national total. The data on gold and foreign exchange reserves are extracted from the balance sheet of the People's Bank of China and are provided by the relevant departments in the Bank.

(2) Tables 19-8 Official Interest Rates of Deposits of Financial Institutions and 19-9 Official Interest Rates of Loans of Financial Institutions show the changes of the interest rates of deposits and loans. Data are from the interest rates of deposits and loans stipulated and published by the Head Office of the People's Bank of China.

(3) Tables 19-16 General Statistics on Securities Markets, 19-17 Number of Listed Companies, 19-18 Issued Shares and Raised Capital and 19-19 Statistics of Stock Trading show the situation regarding direct financing. Data are from the *Statistical Yearbook on China's Securities and Futures* compiled by China Securities Regulatory Commission.

(4) Table 19-20 Number of Institutions and Employed Persons in the Insurance System at Year-end and 19-21 Economic and Technical Indicators of Insurance Companies, 19-22 Situations of Assets of Insurance Company, 19-23 Fund Uses of Insurance Company, 19-24 Premium of Primary Insurance and Payment by Region show the business situation of the insurance industry, with data coming from the insurance statistics compiled by the China Insurance Regulatory Commission.

19-1 金融机构人民币信贷资金平衡表（资金来源）

Balance Sheet of Credit Funds of Financial Institutions (Funds Sources)

(年底余额) 单位：亿元 (year-end) (100 million yuan)

项　目	Item	2008	2009
资金来源合计	**Funds Sources**	**542844**	**681875**
各项存款	Total Deposits	466203	597741
企业存款	Deposits by Enterprises	157632	217110
财政存款	Fiscal Deposits	18040	22411
机关团体存款	Deposits of Government Departments & Organizations	21963	29560
城乡储蓄存款	Urban and Rural Household Savings Deposits	217885	260772
农业存款	Agricultural Deposits	10075	14568
委托及信托类存款	Trusted Deposits	3733	5945
其他类存款	Other Deposits	36875	47375
金融债券	Financial Bond	20852	16203
对国际金融机构负债	Liabilities to International Financial Institutions	733	762
流通中现金	Currency in Circulation	34219	38246
其他	Other Items	20836	28923

注：本表统计口径包括中国人民银行、政策性银行、国有商业银行、股份制商业银行、城市商业银行、农村商业银行、农村合作银行、城市信用社、农村信用社、信托投资公司、财务公司、租赁公司、外资金融机构、中国邮政储蓄银行(下表同)。

a) The statistical scope in the table include the People's Bank of China, policy banks, State-owned commercial banks, share-holding commercial banks, urban commericial banks, rural commericial banks, rural cooperative banks, urban credit cooperatives, rural credit cooperatives, financial trust and investment companies, finance companies, financial leasing companies, foreign-funded financial institutions, China Postal Savings Bank. The same applies to the tables following.

19-2 金融机构人民币信贷资金平衡表（资金运用）

Balance Sheet of Credit Funds of Financial Institutions (Funds Uses)

(年底余额) 单位：亿元 (year-end) (100 million yuan)

项　目	Item	2008	2009
资金运用合计	**Funds Uses**	**542844**	**681875**
各项贷款	Total Loans	303468	399685
短期贷款	Short-term Loans	125216	146611
工业贷款	Loans to Industrial Sector	36146	38769
商业贷款	Loans to Commercial Sector	17743	19483
建筑业贷款	Loans to Construction Sector	3687	3647
农业贷款	Loans to Agricultural Sector	17629	21623
乡镇企业贷款	Loans to Township Enterprises	7454	9029
三资企业贷款	Loans to Enterprises with Foreign Funds	2271	2180
私营企业及个体贷款	Loans to Private Enterprises and Self-employed Individuals	4224	7117
其他短期贷款	Other Short-term Loans	36063	44763
中长期贷款	Medium & Long-term Loans	155034	222419
委托及信托类贷款	Trusted Loans	3026	5277
其他类贷款	Other Loans	20191	25378
有价证券及投资	Portfolio Investment	71952	86643
金银占款	Position for Bullion & Silver Purchase	337	670
外汇占款	Position for Foreign Exchanges Purchase	166146	193112
财政借款	Advances to Treasury		
在国际金融机构资产	Assets with International Financial Institutions	941	1765

19-3 金融机构现金收入

Cash Income of Financial Institutions

单位：亿元 (100 million yuan)

项　　目	Item	2008	2009
收入总计	**Total Income**	**807612.5**	**866418.0**
商品销售收入	Income from Commodity Sales	68023.1	69377.0
服务业收入	Income from Service Trade	28226.4	28390.0
税款收入	Income from Taxes	5179.6	5309.0
城乡个体经营收入	Income from Urban and Rural Individual Business	21797.5	21934.0
储蓄存款收入	Income from Savings Deposits	601905.5	651259.0
其他金融机构收入	Income from Other Financial Institutions	1840.0	1746.0
居民归还贷款收入	Income from Repayment of Loans by Residents	13474.5	14529.0
汇兑收入	Income from Remittances	4733.7	4551.0
有价证券收入	Income from Securities	743.9	708.0
其他收入	Other Income	61688.3	68615.0
#兑换外币收入	Income from Exchange of Foreign Currencies	765.5	805.0

注：本表机构包括中国人民银行、国有商业银行、政策性银行、股份制商业银行、城市商业银行、农村商业银行、农村合作银行、城市信用社、农村信用社(下表同)。

a) The statistical coverage in the table include the People's Bank of China, State-owned commercial banks, policy banks, share-holding commericial banks, urban commericial banks, rural commericial banks, rural cooperative banks, urban credit cooperatives, rural credit cooperatives. The same applies to the tables following.

19-4 金融机构现金支出

Cash Expenditure of Financial Institutions

单位：亿元 (100 million yuan)

项　　目	Item	2008	2009
支出总计	**Total Expenditure**	**811456.2**	**870445.0**
工资性支出	Wages	42351.8	41875.0
农副产品采购支出	Purchases of Agricultural and Sideline Products	16570.0	15440.0
行政企事业管理费支出	Government and Enterprises Overhead	12892.4	11021.0
城乡个体经营支出	Expenditure for Individual Business	32781.1	31878.0
储蓄存款支出	Expenditure for Savings Deposits	28267.0	27469.0
其他金融机构支出	Expenditure for Other Financial Institutions	607478.2	667300.0
居民提取贷款支出	Expenditure for Loans by Residents	1941.4	1625.0
汇兑支出	Expenditure for Remittances	9024.6	9941.0
工矿及其它产品采购支出	Expenditure for Purchases of Industrial and Mineral Products	2679.9	2482.0
有价证券支出	Expenditure for Securities	830.9	711.0
其他支出	Other Expenditure	56639.1	60704.0

19-5 金融机构现金投放与回笼

Currency Issue and Cash Withdrawn of Financial Institutions

单位：亿元 (100 million yuan)

年 份 Year	现金收入 Cash Income	现金支出 Cash Expenditure	投 放 Currency Issue
1978	1336.0	1352.6	16.6
1979	1626.4	1682.1	55.7
1980	2033.2	2111.7	78.5
1981	2402.2	2452.3	50.1
1982	2819.6	2862.4	42.8
1983	3428.7	3519.4	90.7
1984	4207.6	4469.9	262.3
1985	5499.1	5694.8	195.7
1986	6613.3	6843.9	230.6
1987	8779.6	9015.7	236.1
1988	12810.5	13490.0	679.5
1989	15057.6	15267.6	210.0
1990	17171.1	17471.4	300.4
1991	21465.1	21998.5	533.4
1992	31248.0	32406.2	1158.2
1993	48883.8	50412.5	1528.7
1994	71247.1	72671.0	1423.9
1995	96725.5	97322.3	596.8
1996	120263.3	121179.9	916.6
1997	141612.6	142988.3	1375.7
1998	203966.5	204993.1	1026.6
1999	233399.0	235650.4	2251.3
2000	277067.1	278264.3	1197.2
2001	321380.2	322416.3	1036.1
2002	365593.0	367182.2	1589.2
2003	455527.9	457995.9	2468.0
2004	567879.2	569601.5	1722.3
2005	626978.5	629541.8	2563.4
2006	705733.1	708774.1	3041.0
2007	824836.1	828138.7	3302.6
2008	807612.5	811456.2	3843.7
2009	866418.2	870445.2	4027.0

注：投放栏中的负数表示现金回笼。

a) A negative amount in currency issue indicates cash withdrawn.

19-6 货币供应量（年底余额）
Money Supply at Year-end

单位：亿元 (100 million yuan)

年份 Year	货币和准货币 (M$_2$) Money and Quasi-Money (M$_2$)	货币 (M$_1$) Money (M$_1$)	流通中现金 (M$_0$) Currency in Circulation (M$_0$)	活期存款 Demand Deposits	准货币 Quasi-Money	定期存款 Time Deposits	储蓄存款 Savings Deposits	其他存款 Other Deposits
1990	15293.4	6950.7	2644.4	4306.3	8342.7			
1991	19349.9	8633.3	3177.8	5455.5	10716.6			
1992	25402.2	11731.5	4336.0	7395.2	13670.7			
1993	34879.8	16280.4	5864.7	10415.7	18599.4	1247.9	15203.5	2148.0
1994	46923.5	20540.7	7288.6	13252.1	26382.8	1943.1	21518.8	2920.9
1995	60750.5	23987.1	7885.3	16101.8	36763.4	3324.2	29662.2	3777.0
1996	76094.9	28514.8	8802.0	19712.8	47580.1	5041.9	38520.8	4017.4
1997	90995.3	34826.3	10177.6	24648.7	56169.1	6738.5	46279.8	3150.7
1998	104498.5	38953.7	11204.2	27749.5	65544.9	8301.9	53407.5	3835.5
1999	119897.9	45837.2	13455.5	32381.8	74060.6	9476.8	59621.8	4962.0
2000	134610.3	53147.2	14652.7	38494.5	81463.1	11261.1	64332.4	5869.7
2001	158301.9	59871.6	15688.8	44182.8	98430.3	14180.1	73762.4	10487.8
2002	185007.0	70881.8	17278.0	53603.8	114125.2	16433.8	86910.7	10780.7
2003	221222.8	84118.6	19746.0	64372.6	137104.3	20940.4	103617.7	12546.2
2004	254107.0	95969.7	21468.3	74501.4	158137.2	25382.2	119555.4	13199.7
2005	298755.7	107278.8	24031.7	83247.1	191476.9	33100.0	141051.0	17325.9
2006	345603.6	126035.1	27072.6	98962.5	219568.5	38723.1	161587.3	19249.1
2007	403442.2	152560.1	30375.2	122184.9	250882.1	46932.5	172534.2	31415.4
2008	475166.6	166217.1	34219.0	131998.2	308949.5	60103.1	217885.4	30961.1
2009	606225.0	220001.5	38246.0	181758.5	386219.1	82284.9	260767.3	43166.9

注：2001年6月起，已将证券公司客户保证金计入货币供应量(M$_2$)，含在其他存款项内。

a) Since June in 2001, the margin account of security companies maintained with financial institutions, part of Other Deposits, are included in money supply (M$_2$).

19-7 货币供应量同比增长率
Rate of Increase of Money Supply Over the Previous Corresponding Period

单位：% (%)

年份 Year	货币和准货币 (M$_2$) Money and Quasi-Money (M$_2$)	货币 (M$_1$) Money (M$_1$)	流通中现金 (M$_0$) Currency in Circulation (M$_0$)	活期存款 Demand Deposits	准货币 Quasi-Money	定期存款 Time Deposits	储蓄存款 Savings Deposits	其他存款 Other Deposits
1991	26.5	24.2	20.2	26.7	28.5			
1992	31.3	35.9	36.4	35.6	27.6			
1993								
1994	34.5	26.2	24.3	27.2	41.9	55.7	41.5	36.0
1995	29.5	16.8	8.2	21.5	39.4	71.1	37.9	29.3
1996	25.3	18.9	11.6	22.4	29.4	51.7	29.9	6.4
1997	17.3	16.5	15.6	16.9	17.8	24.5	19.3	-8.9
1998	14.8	11.9	10.1	12.6	16.7	23.2	15.4	21.7
1999	14.7	17.7	20.1	16.7	13.0	14.2	11.6	29.3
2000	12.3	16.0	8.9	18.9	10.0	18.8	7.9	18.3
2001	14.4	12.7	7.1	14.8	15.5	25.9	14.7	9.1
2002	16.8	16.8	10.1	19.2	16.8	21.8	17.8	2.8
2003	19.6	18.7	14.3	20.1	20.1	27.4	19.2	16.4
2004	14.7	13.6	8.7	15.1	15.3	21.2	15.4	5.2
2005	17.6	11.8	11.9	11.7	21.1	30.4	18.0	31.3
2006	17.0	17.5	12.7	18.9	16.7	17.2	14.6	36.3
2007	16.7	21.1	12.2	23.5	14.3	21.2	6.8	63.2
2008	17.8	9.1	12.7	8.2	23.2	28.1	26.3	-1.5
2009	27.7	32.4	11.8	37.7	25.2	37.7	19.7	39.4

注：1.同期比增长率按可比口径计算。因1992年以前口径与1993年口径不一致，故1993年未计算增长率。
2.2001年6月起，已将证券公司客户保证金计入货币供应量(M$_2$)，含在其他存款内。
3.1997年初，中国人民银行对金融统计制度进行了调整，因此自1997年起的数据与历史数据不完全可比。

a) Rate of increase over the previous corresponding period is calculated on the basis of comparable coverage. As the statistical coverage before 1992 was not comparable with that in 1993, the increase rate in 1993 was not calculated.

b) Since June in 2001, the margin account of security companies maintained with financial institutions, part of Other Deposits, are included in money supply (M$_2$).

c) The People's Bank of China has made some adjustment about the monetary statistics system since the beginning of 1997, the statistics since 1997 are not fully comparable with historical statistics.

19-8　金融机构法定存款利率

Official Interest Rates of Deposits of Financial Institutions

单位：年利率%　　(% p.a.)

项　　目	Item	2008.10.19 Oct.09,2008	2008.10.30 Oct.30,2008	2008.11.27 Nov.27,2008	2008.12.23 Dec.23,2008
活期	Demand	0.72	0.72	0.36	0.36
定期	Time				
三个月	3 Months	3.15	2.88	1.98	1.71
半年	6 Months	3.51	3.24	2.25	1.98
一年	1 Year	3.87	3.60	2.52	2.25
二年	2 Year	4.41	4.14	3.06	2.79
三年	3 Year	5.13	4.77	3.60	3.33
五年	5 Year	5.58	5.13	3.87	3.60

注：金融机构以人民银行规定的人民币存款基准利率为上限，下限为0。

a) The deposit rates offered by financial institutions may not exceed the banchmark rate of RMB deposits stipulated by the PBC.

19-9　金融机构法定贷款利率

Official Interest Rates of Loans of Financial Institutions

单位：年利率%　　(%, p.a.)

项　　目	Item	2008.09.16 Sep.16,2008	2008.10.09 Oct. 09,2008	2008.10.30 Oct. 30, 2008	2008.11.27 Nov. 21,2008	2008.12.23 Dec. 23,2008
短期贷款	**Short-term**					
六个月	6 Months	6.21	6.12	6.03	5.04	4.86
一年	1 Year	7.20	6.93	6.66	5.58	5.31
中长期贷款	**Medium- and Long-term**					
一年以上至三年	3 Years or Less	7.29	7.02	6.75	5.67	5.40
三年以上至五年	5 Years or Less	7.56	7.29	7.02	5.94	5.76
五年以上	Longer than 5 Years	7.74	7.47	7.20	6.12	5.94

19-10　黄金和外汇储备

Gold and Foreign Exchange Reserves

年份 Year	黄金储备 (万盎司) Gold Reserves (10 000 oz.)	外汇储备 (亿美元) Foreign Exchange Reserves (USD 100 million)	年份 Year	黄金储备 (万盎司) Gold Reserves (10 000 oz.)	外汇储备 (亿美元) Foreign Exchange Reserves (USD 100 million)
1978	1280	1.67	1994	1267	516.20
1979	1280	8.40	1995	1267	735.97
1980	1280	-12.96	1996	1267	1050.29
1981	1267	27.08	1997	1267	1398.90
1982	1267	69.86	1998	1267	1449.59
1983	1267	89.01	1999	1267	1546.75
1984	1267	82.20	2000	1267	1655.74
1985	1267	26.44	2001	1608	2121.65
1986	1267	20.72	2002	1929	2864.07
1987	1267	29.23	2003	1929	4032.51
1988	1267	33.72	2004	1929	6099.32
1989	1267	55.50	2005	1929	8188.72
1990	1267	110.93	2006	1929	10663.40
1991	1267	217.12	2007	1929	15282.49
1992	1267	194.43	2008	1929	19460.30
1993	1267	211.99	2009	3389	23991.52

19-11 货币当局资产负债表（年底余额）
Balance Sheet of Monetary Authority (Balance at Year-end)

单位：亿元 (100 million yuan)

项　目	Item	2008	2009
总资产	**Total Assets**	**207096.0**	**227530.5**
国外资产	Foreign Assets	162543.5	185333.0
外汇	Foreign Exchange	149624.3	175154.6
货币黄金	Monetary Gold	337.2	669.8
其他国外资产	Other Foreign Assets	12582.0	9508.6
对政府债权	Claims on Government	16196.0	15662.0
对其他存款性公司债权	Claims on Other Depository Corporations	8432.5	7161.9
对其他金融性公司债权	Claims on Other Financial Corporations	11852.7	11530.2
对非金融性公司债权	Claims on Non-financial Sectors	44.1	44.0
其他资产	Other Assets	8027.2	7799.5
总负债	**Total Liabilities**	**207096.0**	**227530.5**
储备货币	Reserve Money	129222.3	143985.0
货币发行	Currency Issue	37115.8	41555.8
金融性公司存款	Deposits of Financial Institutions	92106.6	102429.2
其他存款性公司存款	Deposits of Other Depository Corporations	91894.7	102280.7
其他金融性公司存款	Deposits of Other Financial Corporations	211.9	148.5
非金融性公司存款	Deposits of Non-financial Sectors		
不计入储备货币的金融性公司存款	Deposits of Financial Corporations not Included in Reserve Money	591.2	624.8
债券发行	Bond Issue	45779.8	42064.2
国外负债	Foreign Liabilities	732.6	761.7
政府存款	Deposits of Government	16963.8	21226.4
自有资金	Own Capital	219.8	219.8
其他负债	Other Liabilities	13586.5	18648.6

19-12 其他存款性公司资产负债表（年底余额）
Balance Sheet of Other Depository Corporations(Balance at Year-end)

单位：亿元 (100 million yuan)

项　目	Item	2008	2009
总资产	**Total Assets**	**641501.7**	**809230.4**
国外资产	Foreign Assets	22303.1	18745.4
储备资产	Reserve Assets	93915.3	104554.7
准备金存款	Deposits with Center Bank	91018.5	101244.9
库存现金	Cash in Vault	2896.8	3309.8
对政府债权	Claims on Government	30202.4	37854.2
对中央银行债权	Central Bank Bonds	42683.0	55221.6
对其他存款性公司债权	Claims on Other Depository Corporations	75741.1	94819.6
对其他金融性公司债权	Claims on Other Financial Corporations	12450.5	15064.0
对非金融性公司债权	Claims on Non-financial Sectors	268459.8	355349.7
对其他居民部门债权	Claims on Other Resident Sectory	57136.9	81611.6
其他资产	Other Assets	38609.5	46009.5
总负债	**Total Liabilities**	**641501.7**	**809230.4**
对非金融机构及住户负债	Liabilities to Non-financial & Households Institutions	447253.5	567114.1
纳入广义货币的存款	Deposits Included in Broad Money	432139.4	552899.0
企业活期存款	Demand Deposits	131998.2	181755.5
企业定期存款	Time Deposits	82339.9	110872.0
居民储蓄存款	Savings Deposits	217801.4	260271.5
不纳入广义货币的存款	Deposits Excluded from Broad Money	11210.9	11812.6
可转让存款	Transferable Deposits	4339.2	5319.2
其他存款	Other Deposits	6871.8	6493.4
其他负债	Other Liabilities	3903.2	2402.5
对中央银行负债	Liabilities to Central Bank	4610.0	4988.9
对其他存款性公司负债	Liabilities to Other Depository Corporations	32580.3	45519.7
对其他金融性公司负债	Liabilities to Other Financial Corporations	32029.8	45593.2
#计入广义货币的存款	Deposits Included in Broad Money	8808.3	15080.0
国外负债	Roreign Liabilities	5143.4	4785.2
债券发行	Bond Issue	42335.3	52025.0
实收资本	Paid-in Capital	21751.1	23070.6
其他负债	Other Liabilities	55798.4	66133.7

19-13 国有商业银行资产负债表（年底余额）
Balance Sheet of State-owned Commercial Banks at Year-end

单位：亿元 (100 million yuan)

项 目	Item	2008	2009
总资产	**Total Assets**	**310296.0**	**388523.6**
国外资产	Foreign Assets	12558.7	7873.3
储备资产	Reserve Assets	46181.1	51432.9
准备金存款	Deposits with Center Bank	44847.9	49946.8
库存现金	Cash in Vault	1333.2	1486.0
对政府债权	Claims on Government	17207.0	21944.8
对中央银行债权	Claims on Central Bank	31956.0	46690.0
对其他存款性公司债权	Claims on Other Depository Corporations	26950.0	29924.3
对其他金融性公司债权	Claims on Other Financial Corporations	9691.1	11452.0
对非金融性公司债权	Claims on Non-financial Sectors	116080.4	152396.5
对其他居民部门债权	Claims on Other Resident Sectory	27691.4	40623.4
其他资产	Other Assets	21980.3	26186.5
总负债	**Total Liabilities**	**310296.0**	**388523.6**
对非金融机构及住户负债	Liabilities to Non-financial & Households Institutions	240416.0	296834.7
纳入广义货币的存款	Deposits Included in Broad Money	230361.8	288216.7
企业活期存款	Demand Deposits	70301.3	92435.4
企业定期存款	Time Deposits	33858.3	45689.6
居民储蓄存款	Savings Deposits	126202.2	150091.7
不纳入广义货币的存款	Deposits Excluded from Broad Money	6600.5	6845.1
可转让存款	Transferable Deposits	2088.0	2769.8
其他存款	Other Deposits	4512.5	4075.3
其他负债	Other Liabilities	3453.7	1772.9
对中央银行负债	Liabilities to Central Bank	426.8	536.8
对其他存款性公司负债	Liabilities to Other Depository Corporations	8142.8	14137.0
对其他金融性公司负债	Liabilities to Other Financial Corporations	18725.0	28765.5
#计入广义货币的存款	Deposits Included in Broad Money	5159.0	9609.2
国外负债	Roreign Liabilities	800.5	782.3
债券发行	Bond Issue	1439.4	2871.9
实收资本	Paid-in Capital	10815.4	10815.5
其他负债	Other Liabilities	29530.1	33780.0

19-14 其他国有银行资产负债表（年底余额）
Balance Sheet of Other State-owned Banks (Balance at Year-end)

单位：亿元 (100 million yuan)

项　　目	Item	2008	2009
总资产	**Total Assets**	**57730.0**	**70845.4**
国外资产	Foreign Assets	5527.8	7208.2
储备资产	Reserve Assets	5240.3	3713.6
准备金存款	Deposits with Center Bank	5237.6	3711.2
库存现金	Cash in Vault	2.7	2.4
对政府债权	Claims on Government	31.4	29.4
对中央银行债权	Central Bank Bonds	1601.3	66.7
对其他存款性公司债权	Claims on Other Depository Corporations	1454.8	3637.0
对其他金融性公司债权	Claims on Other Financial Corporations	49.9	351.6
对非金融性公司债权	Claims on Non-financial Sectors	41814.3	53758.3
对其他居民部门债权	Claims on Other Resident Sectory	57.6	107.4
其他资产	Other Assets	1952.5	1973.3
总负债	**Total Liabilities**	**57730.0**	**70845.4**
对非金融机构及住户负债	Liabilities to Non-financial & Households Institutions	4120.5	6428.6
纳入广义货币的存款	Deposits Included in Broad Money	3761.8	5991.0
企业活期存款	Demand Deposits	3147.4	5002.0
企业定期存款	Time Deposits	614.4	989.0
居民储蓄存款	Savings Deposits		
不纳入广义货币的存款	Deposits Excluded from Broad Money	321.8	322.1
可转让存款	Transferable Deposits	282.7	244.7
其他存款	Other Deposits	39.1	77.4
其他负债	Other Liabilities	36.9	115.5
对中央银行负债	Liabilities to Central Bank	3658.5	3652.0
对其他存款性公司负债	Liabilities to Other Depository Corporations	3290.3	6286.6
对其他金融性公司负债	Liabilities to Other Financial Corporations	1319.0	1120.8
#计入广义货币的存款	Deposits Included in Broad Money		
国外负债	Roreign Liabilities	750.4	711.8
债券发行	Bond Issue	37703.9	45409.4
实收资本	Paid-in Capital	3156.0	3154.7
其他负债	Other Liabilities	3731.6	4081.5

19-15 外资银行资产负债表（年底余额）
Balance Sheet of Foreign-funded Banks at Year-end

单位：亿元 (100 million yuan)

项目	Item	2008	2009
总资产	**Total Assets**	**13739.2**	**14350.8**
国外资产	Foreign Assets	1719.4	1483.0
储备资产	Reserve Assets	1309.6	1415.1
准备金	Deposits with Central Bank	1302.3	1407.7
库存现金	Cash in Vault	7.3	7.5
对政府债权	Claims on Government	885.2	1217.3
对中央银行债权	Claims on Central Bank		
对其他存款性公司债权	Claims on Other Depository Corporations	1886.7	2214.2
对其他金融性公司债权	Claims on Other Financial Corporations	65.8	87.7
对非金融性公司债权	Claims on Non-financial Sectors	6617.1	6332.1
对其他居民部门债权	Claims on Other Resident Sectory	152.9	301.8
其他资产	Other Assets	1102.5	1299.6
总负债	**Total Liabilities**	**13739.2**	**14350.8**
对非金融机构及住户负债	Liabilities to Non-financial & Households Institutions	5335.1	6687.6
纳入广义货币的存款	Deposits Included in Broad Money	3801.6	5132.1
企业活期存款	Demand Deposits	1348.7	1856.4
企业定期存款	Time Deposits	2071.8	2855.4
居民储蓄存款	Savings Deposits	381.2	420.4
不纳入广义货币的存款	Deposits Excluded from Broad Money	1533.5	1555.5
可转让存款	Transferable Deposits	802.8	944.2
其他存款	Other Deposits	730.7	611.3
其他负债	Other Liabilities		
对中央银行负债	Liabilities to Central Bank	34.0	
对其他存款性公司负债	Liabilities to Other Depository Corporations	1905.9	1279.1
对其他金融性公司负债	Liabilities to Other Financial Corporations	420.3	412.7
#计入广义货币的存款	Deposits Included in Broad Money		
国外负债	Foreign Liabilities	3265.7	2754.7
债券发行	Bond Issue		
实收资本	Paid-in Capital	1209.6	1425.8
其他负债	Other Liabilities	1568.7	1790.9

19-16 证券市场基本情况
General Statistics on Securities Markets

项　目		Item		2008	2009
境内上市公司数（A、B股）(家)		Number of Listed Companies (A and B Shares) in Mainland		1625	1718
境内上市外资股公司数(B股)(家)		Number of Listed Companies of Foreign Fund (B Shares) in Mainland		109	108
境外上市公司数（H股）	(家)	Number of Listed Companies (H Shares) Overseas		153	159
股票总发行股本	(亿股)	Volume Issued	(100 million shares)	24584	26163
#流通股本	(亿股)	Negotiable Shares	(100 million shares)	12579	19760
股票市价总值	(亿元)	Total Market Capitalization	(100 million yuan)	121366	243939
#股票流通市值	(亿元)	Negotiable Market Capitalization	(100 million yuan)	45214	151259
股票成交量	(亿股)	Stock Trading Volume	(100 million shares)	24131.39	51106.99
股票成交金额	(亿元)	Turnover of Stock Trading	(100 million yuan)	267113	535987
上证综合指数	(收盘)	Shanghai Comprehensive Index		1820.81	3277.14
深证综合指数	(收盘)	Shenzhen Comprehensive Index		553.30	1201.34
投资者开户数	(万户)	Total Investors	(10 000 accounts)	15198	17150
平均市盈率		Average P/E Ratio			
上海		Shanghai		14.86	29.00
深圳		Shenzhen		16.72	46.00
平均换手率	(%)	Average Turnover Rate	(%)		
上海		Shanghai		393.00	499.00
深圳		Shenzhen		469.00	793.00
国债发行额	(亿元)	Issued Volume of Government and Public Bonds	(100 million yuan)	8558.20	17927.00
企业债券发行额	(亿元)	Issued Volume of Corporate Bonds	(100 million yuan)	8435.40	15864.00
债券成交额	(亿元)	Bonds Trading Turnover	(100 million yuan)	28601.49	40059.00
国债现货成交金额	(亿元)	Turnover of Spots Trading of Government and Public Bonds	(100 million yuan)	2122.51	2086.00
国债回购成交金额	(亿元)	Turnover of Repurchase Trading of Government and Public Bonds	(100 million yuan)	24268.66	35476.00
证券投资基金只数	(只)	Number of Securities Investment Funds	(unit)	439	557
证券投资基金规模	(亿元)	Capital of Securities Investment Funds	(100 million yuan)	25741.79	24536.00
证券投资基金成交金额	(亿元)	Turnover of Securities Investment Funds	(100 million yuan)	5831.06	10250.00
期货总成交量	(万手)	Trading Volume of Future	(10 000 pieces)	136395.97	215752.00
期货总成交额	(亿元)	Trading Turnover of Future	(100 million yuan)	719173.33	1305143.00

注：1.股票总发行股本中含(A+H)股公司发行的H股。
　　2.换手率=全年成交金额/[（本年末流通市值+上年末流通市值）/2]*100%

a) Volume issued includes that of H shares issued by companies who have issued A shares and H shares.

b) Average Turnover Rate = [Total Stock Turnover/(Negotiable Market Capitalization at year-end + Negotiable Market Capitalization at the previous year-end)/2]*100%

19-17 上市公司数量
Summary for Number of Listed Companies

单位：个 (unit)

年份 Year	全国合计 National	上交所 Shanghai Stock Exchange	深交所 Shenzhen Stock Exchange	仅发A股公司 A Shares Only	仅发A、H股公司 A & H Shares	仅发A、B股公司 A & B Shares	仅发B股公司 B Shares Only	发A、B、H股 A & B & H Shares
1990	10	8	2	10				
1991	14	8	6	14				
1992	53	29	24	35		18		
1993	183	106	77	140	3	34	6	
1994	291	171	120	227	6	54	4	
1995	323	188	135	242	11	58	12	
1996	530	293	237	431	14	69	16	
1997	745	383	362	627	17	76	25	
1998	851	438	413	727	18	80	26	
1999	949	484	465	822	19	82	26	
2000	1088	572	516	955	19	86	28	
2001	1160	646	514	1025	23	88	24	
2002	1224	715	509	1085	28	87	24	
2003	1287	780	507	1146	30	87	24	
2004	1377	837	540	1236	31	86	24	
2005	1381	834	547	1240	32	86	23	
2006	1434	842	592	1287	38	86	23	
2007	1550	860	690	1389	52	86	23	
2008	1625	864	761	1459	57	85	23	1
2009	1718	870	848	1549	61	85	22	1

19-18 股票发行量和筹资额
Issued Share and Raised Capital

年份 Year	股票发行量（亿股） Issued Share (100 million shares)	A股 A Shares	H股，N股 H, N Shares	B股 B Shares	股票筹资额（亿元） Raised Capital (100 million yuan)	A股 A Shares	#配股 Rights Issued	H股，N股 H, N Shares	B股 B Shares
1991	5.00	5.00			5.00	5.00			
1992	20.75	10.00		10.75	94.09	50.00			44.09
1993	95.79	42.59	40.41	12.79	375.47	276.41	81.58	60.93	38.13
1994	91.26	10.97	69.89	10.40	326.78	99.78	50.16	188.73	38.27
1995	31.60	5.32	15.38	10.90	150.32	85.51	62.83	31.46	33.35
1996	86.11	38.29	31.77	16.05	425.08	294.34	69.89	83.56	47.18
1997	267.63	105.65	136.88	25.10	1293.82	825.92	170.86	360.00	107.90
1998	105.56	86.30	12.86	9.90	841.52	778.02	334.97	37.95	25.55
1999	122.93	98.11	23.05	1.77	944.56	893.60	320.97	47.17	3.79
2000	512.04	145.68	359.26	7.10	2103.24	1527.03	519.46	562.21	13.99
2001	141.48	93.00	48.48		1252.34	1182.13	430.63	70.21	
2002	291.74	134.20	157.54		961.75	779.75	56.61	181.99	
2003	281.43	83.64	196.79	1.00	1357.75	819.56	74.79	534.65	3.54
2004	227.92	54.88	171.51	1.53	1510.94	835.71	104.54	648.08	27.16
2005	567.05	13.80	553.25		1882.51	338.13	2.62	1544.38	
2006	1287.77	351.11	936.66		5594.29	2463.70	4.32	3130.59	
2007	637.24	413.27	223.97		8680.17	7722.99	227.68	957.18	
2008	180.29	114.91	65.38		3852.21	3534.95	151.57	317.26	
2009	400.05	244.47	155.58		4967.70	3894.52	105.97	1073.18	

19-19 股票交易情况
Trading Summary for Stocks

项　　目	Item	2003	2004	2005	2006	2007	2008	2009
会员总数	**No. of Members**	**382**	**350**	**328**	**329**	**265**	**233**	**207**
上市公司数目（家）	No. of listed Companies	1287	1377	1381	1434	1550	1625	1718
上市股票数目（只）	No. of listed Stocks	1372	1463	1467	1520	1636	1711	1804
A股	A Shares	1261	1353	1358	1411	1527	1602	1696
B股	B Shares	111	110	109	109	109	109	108
股票总发行股本（亿股）	**Total Issued Capital (100 million shares)**	**5997.93**	**6714.74**	**7163.54**	**12683.99**	**17000.45**	**18900.12**	**20567.52**
A股	A Shares	5808.31	6505.83	6936.08	12445.65	16746.62	18629.77	20294.03
B股	B Shares	189.62	208.91	227.47	238.34	253.84	270.35	273.49
流通股本　（亿股）	**Negotiable Shares (100 million shares)**	**1897.32**	**2194.15**	**2498.89**	**3444.50**	**4933.64**	**6964.97**	**14179.64**
A股	A Shares	1717.93	1996.65	2280.84	3215.54	4682.77	6696.76	13908.16
B股	B Shares	179.39	197.50	218.05	228.96	250.87	268.21	271.48
股票市价总值(亿元)	**Total Market Capitalization (100 million yuan)**	**42458**	**37056**	**32430**	**89404**	**327141**	**121366**	**243939**
A股	A Shares	41520	36309	31811	88114	324588	120567	242127
B股	B Shares	937	746	620	1290	2553	800	1812
股票流通市值(亿元)	**Negotiable Market Capitalization (100 million yuan)**	**13179**	**11689**	**10631**	**25004**	**93064**	**45214**	**151259**
A股	A Shares	12306	10998	10028	23731	90527	44419	149456
B股	B Shares	873	690	602	1272	2538	795	1803
股票成交金额(亿元)	**Total Turnover (100 million yuan)**	**32115**	**42334**	**31665**	**90469**	**460556**	**267113**	**533161**
A股	A Shares	31270	41576	31099	89217	454771	265890	531860
B股	B Shares	845	758	565	1252	5785	1222	1301
总成交股数　（亿股）	**Trading Volume (100 million share)**	**4163.08**	**5827.73**	**6623.73**	**16145.23**	**36403.75**	**24131.39**	**50826.08**
A股	A Shares	3992.28	5672.91	6470.87	15808.62	35683.93	23912.78	50371.24
B股	B Shares	170.80	154.83	152.86	336.61	719.82	218.62	454.84
上证综合指数	**Shanghai Composite Index**							
最高	High	1649.60	1783.01	1328.53	2698.90	6124.04	5522.78	3478.01
最低	Low	1307.40	1259.43	998.23	1161.91	2541.53	1664.93	1844.09
收盘	Close	1497.04	1266.50	1161.06	2675.47	5261.56	1820.81	3277.14
深证综合指数	**Shenzhen Composite Index**							
最高	High	449.42	470.55	333.28	552.93	1567.74	1584.40	1240.64
最低	Low	350.74	315.17	237.18	278.99	547.89	452.33	557.69
收盘	Close	378.63	315.81	278.75	550.59	1447.02	553.30	1201.34

注：本表股票总发行股本不含(A+H)股公司发行的H股。
a) Total issued capital in this table do not include H shares of the companies issuing A & H shares.

19-20 保险系统机构、人员数（年底数）

Number of Institutions and Employed Persons in Insurance System at Year-end

项目	Item	2008			2009		
		机构数（个）Number of Institutions (unit)	职工人数（人）Employed Persons (person)	#女职工 Female	机构数（个）Number of Institutions (unit)	职工人数（人）Employed Persons (person)	#女职工 Female
总计	**Total**	**130**	**599344**	**305982**	**138**	**630734**	**324752**
保险集团公司	**Insurance (Group) Corporations**	**8**	**1866**	**839**	**8**	**1954**	**824**
中资保险公司	**Domestic Funded Insurance Corporations**	**64**	**570879**	**289320**	**68**	**599923**	**306629**
#总公司	Head Offices	64	16732	7440	68	22040	9845
省级分公司	Provincial Branches	1055	132028	67178	1058	144202	73590
中心支分公司	Branches and Sub-branches in Center Cities	5224	205811	108183	5671	223900	119461
支公司	Sub-branches	10348	134830	64572	11813	135355	65332
营业部	Business Departments	2529	15675	7643	2771	15130	7182
营销服务部	Marketing Departments	43818	65730	34304	45701	59244	31219
中外合资公司	**Joint-venture Insurance Corporations**	**48**	**26599**	**15823**	**52**	**28857**	**17299**
总公司	Head Offices	48	9834	5780	52	10526	6215
省级分公司	Provincial Branches	117	9609	5821	150	10094	6124

注：职工人数不包括营销、代理人员。
a) Number of employed persons excludes people engaged in marketing and agency service.

19-21 保险公司业务经济技术指标

Economic and Technical Indicators of Insurance Companies Funded with Chinese and Foreign Capital

单位：亿元 (100 million yuan)

项目	Item	2008 保费 Premium	2008 赔款及给付 Claim and Payment	2009 保费 Premium	2009 赔款及给付 Claim and Payment
合计	**Total**	**9784.2**	**2971.2**	**11137.3**	**3125.5**
财产保险公司	**Property Insurance Companies**	**2446.3**	**1475.5**	**2992.9**	**1638.2**
企业财产保险	Enterprise Property Insurance	209.6	176.2	221.4	127.6
家庭财产保险	Family Property Insurance	12.7	7.4	15.1	5.8
机动车辆保险	Motor Vehicle Insurance	1702.5	1046.5	2155.6	1200.7
工程保险	Engineering Insurance	39.2	13.8	51.6	17.2
责任保险	Liability Insurance	81.8	33.1	92.2	38.9
信用保险	Export Credit Insurance	36.7	17.0	70.2	31.1
保证保险	Guarantee Insurance	6.4	5.1	8.0	4.6
船舶保险	Ship Insurance	38.7	13.4	41.8	19.2
货物运输保险	Freight Transport Insurance	70.9	27.8	61.3	26.2
特殊风险保险	Special Risks Insurance	27.0	13.1	23.7	9.0
农业保险	Agriculture Insurance	110.7	64.1	133.9	95.2
健康险	Health Insurance	36.8	28.7	43.1	34.2
意外伤害保险	Accident Injury Insurance	72.7	28.5	73.9	28.2
其他险	Other Insurance	0.5	0.7	0.9	0.2
人寿保险公司	**Life Insurance Companies**	**7338.0**	**1495.7**	**8144.4**	**1487.3**
寿险	Life Insurance	6658.4	1315.0	7457.4	1268.7
健康险	Health Insurance	548.7	146.6	530.8	182.9
人身意外伤害险	Personal Accident Insurance	130.9	34.1	156.1	35.7

19-22 保险公司资产情况
Situations of Assets of Insurance Company

单位：亿元 (100 million yuan)

年份 Year	总资产 Total Assets	#财产险公司 Property Insurance Companies	#寿险公司 Life Insurance Companies	#再保险公司 Reinsurance Companies	#中资公司 Domestic Funded Insurance Companies	#外资公司 Foreign-funded Insurance Companies
2002	6320.00	948.00	5161.00	211.00		
2003	9088.00	1176.00	7657.00	255.00		
2004	11953.68	1411.38	8352.90	262.37	11540.63	413.05
2005	15286.44	1718.81	13458.27	292.70	14630.97	665.64
2006	19704.19	2340.45	17446.26	311.31	18862.60	862.66
2007	28912.78	3880.51	23249.16	877.26	27656.26	1256.51
2008	33418.83	4687.03	27138.45	994.45	31893.93	1524.91
2009	40634.75	4892.62	33655.05	1162.01	38582.37	2052.39

19-23 保险公司资金运用情况
Fund Uses of Insurance Company

单位：亿元 (100 million yuan)

年份 Year	资金运用余额 Balance of Fund Uses	#银行存款 Deposits	#国债 Government and Public Bonds	#金融债券 Financial Bond	#企业债券 Corporate Bonds	#证券投资基金 Securities Investment Funds
2004	10778.62	5071.10	2618.44	1026.25	639.73	666.32
2005	14092.69	5165.55	3590.65	1804.71	1204.55	1107.00
2006	17785.40	5989.11	3647.01	2754.25	2121.56	912.08
2007	26647.81	6503.44	3956.56	4897.84	2799.76	2519.41
2008	30552.83	8087.49	4208.26	8754.06	4598.46	1646.46
2009	37417.12	10519.68	4053.82	8746.10	6074.56	2758.78

19-24 各地区原保险保费收入和赔付支出情况（2009年）
Premium of Primary Insurance and Payment by Region (2009)

单位：亿元 (100 million yuan)

地 区	Region	原保险保费收入 Premium of Primary Insurance 小计 Sub-total	财产险业务 Property Insurance	人身险业务 Life Insurance	赔付支出 Payment 小计 Sub-total	财产险业务 Property Insurance	人身险业务 Life Insurance
全 国	**National Total**	**11137.30**	**2875.83**	**8261.47**	**3125.48**	**1575.78**	**1549.70**
北 京	Beijing	697.60	164.42	533.18	196.01	85.36	110.65
天 津	Tianjin	151.29	45.80	105.49	59.92	29.49	30.43
山 西	Shanxi	289.25	67.13	222.12	78.55	33.15	45.40
河 北	Hebei	601.09	128.67	472.41	142.98	69.16	73.82
内蒙古	Inner Mongolia	171.31	67.34	103.97	57.02	34.27	22.75
辽 宁	Liaoning	345.49	86.47	259.02	117.50	58.59	58.91
吉 林	Jilin	184.87	40.46	144.41	56.09	27.27	28.82
黑龙江	Heilongjiang	278.37	56.72	221.65	96.66	37.62	59.04
上 海	Shanghai	665.03	151.81	513.22	176.74	78.50	98.23
江 苏	Jiangsu	907.73	228.39	679.34	273.53	127.41	146.13
浙 江	Zhejiang	538.10	196.34	341.76	183.78	103.27	80.51
安 徽	Anhui	357.21	87.59	269.62	91.72	49.44	42.29
福 建	Fujian	272.26	72.67	199.59	78.74	42.85	35.88
江 西	Jiangxi	187.14	44.13	143.01	55.77	22.54	33.23
山 东	Shandong	677.58	173.67	503.90	194.13	91.73	102.40
河 南	Henan	565.39	97.74	467.66	148.23	52.13	96.10
湖 北	Hubei	372.42	68.97	303.45	82.63	42.88	39.75
湖 南	Hunan	348.45	74.97	273.48	86.62	44.61	42.01
广 东	Guangdong	959.57	239.10	720.47	233.34	127.33	106.00
广 西	Guangxi	148.62	49.71	98.91	44.43	23.60	20.84
海 南	Hainan	33.07	11.85	21.22	10.62	5.47	5.14
重 庆	Chongqing	244.70	47.06	197.65	56.63	28.88	27.75
四 川	Sichuan	579.03	148.72	430.31	130.55	73.11	57.45
贵 州	Guizhou	95.23	36.05	59.18	31.00	19.89	11.11
云 南	Yunnan	180.08	68.17	111.92	65.12	34.14	30.97
西 藏	Tibet	4.01	3.43	0.59	2.17	1.98	0.19
陕 西	Shaanxi	259.59	60.53	199.07	61.06	31.27	29.79
甘 肃	Gansu	114.38	27.05	87.33	31.85	14.43	17.42
青 海	Qinghai	18.21	7.96	10.25	6.05	3.97	2.09
宁 夏	Ningxia	39.28	11.84	27.44	9.65	5.83	3.82
新 疆	Xinjiang	156.69	51.82	104.87	48.12	26.60	21.51
大 连	Dalian	116.33	32.88	83.45	33.45	16.73	16.72
宁 波	Ningbo	107.44	51.08	56.37	36.29	25.44	10.85
厦 门	Xiamen	58.39	19.42	38.98	15.99	10.43	5.56
青 岛	Qingdao	115.31	34.34	80.97	34.26	19.22	15.04
深 圳	Shenzhen	271.59	97.07	174.53	73.34	54.51	18.82
集团、总公司本级	Head Offices	25.19	24.48	0.71	24.95	22.69	2.26

主要统计指标解释

信贷资金 指金融机构以信用方式积聚和分配的货币资金。金融机构信贷资金的来源有各项存款、金融债券、对国际金融机构负债、流通中现金、其他项目等；信贷资金的运用有各项贷款、有价证券及投资、金银占款、外汇占款、财政借款及在国际金融机构中的资产等。

存款 指企业、机关、团体或居民根据资金必须收回的原则，把货币资金存入银行或其他信贷机构保管并取得一定利息的一种信用活动形式。根据存款对象或性质的不同可划分为企业存款、财政存款、机关团体存款、城乡储蓄存款、农业存款、信托及委托类存款、其他存款等科目。它是银行信贷资金的主要来源。

贷款 指银行或其他信贷机构根据资金必须归还的原则，按一定利率，为企业、个人等提供资金的一种信用活动形式。我国银行贷款分为短期贷款、委托及信托类贷款、其他类贷款等。

保险公司 在中国境内的、经过保险监督管理部门批准设立，并依法登记注册的各类商业保险公司。

保险金额 指保险人承担赔偿或者给付保险金责任的最高限额。

保费 指投保人为取得保险人在约定范围内所承担赔偿责任而支付给保险人的费用。

赔款 指保险人根据保险合同的规定，向被保险人支付的赔偿保险责任损失的金额。

给付 包括死伤医疗给付和满期给付。死伤医疗给付是指保险人根据人寿保险及长期健康保险合同的规定，因被保险人在保险期内发生保险责任范围内的保险事故支付给被保险人(或受益人)的金额。满期给付是指被保险人生存期满，保险人按人寿保险合同规定支付给被保险人的满期保险金额。

Explanatory Notes on Main Statistical Indicators

Credit Funds refer to the monetary funds accumulated and distributed in the means of credit by the financial institutions. The sources of credit funds include various deposits, financial bonds, liabilities to international financial institutions, currency in circulation, other items. The uses of credit funds include loans, securities and investment, position for bullion and silver purchase, position for foreign exchange purchase, advances to treasury, and assets with international financial institutions..

Deposit is a form of credit by which enterprises, institutions, organizations or households can put money into banks and other credit institutions for safekeeping and interest earning under the principle of free withdrawal. According to different depositors, deposits are divided into enterprise deposits, fiscal deposits, deposits of government agencies and organizations, savings deposits of rural and urban households, agricultural savings deposits, entrusted deposits and other deposits. Deposits are major sources of the credit funds of banks.

Loan is a form of credit by which banks and other credit institutions provide funds at certain interest rate to enterprises and individuals in the light of the principle of unconditional repayment. Loans from Chinese banks include short-term loan, medium- term and long-term loans, entrusted loans, and other loans.

Insurance Companies refer to commercial insurance companies of various forms registered by law and established in China with the approval of insurance regulatory agencies.

Amount Insured refers to the maximum that the insurant will get for the claim of the case insured.

Premium is the fee paid by the insurant to the insurer to obtain the obligation of compensation from the insurance within the agreed terms.

Settled Claim is the compensation paid by the insurer to the insurant in accordance with the insurance contract.

Payment includes payment for death, injury or medical treatment and payment at maturity. Payment for death, injury or medical treatment refers to the money paid to the insurant (or the beneficiary) in accordance with the life or health insurance contract when the insurant encounters accidents within the insured period covered in the contract. Payment at maturity refers to the payment to the insurant in accordance with the life insurance contract at the end of the insured period.

20

教育和科技

Education, Science and Technology

简要说明

本篇主要反映我国教育事业的发展情况和科学技术活动的基本情况。

一、教育部分的主要内容和资料来源

教育统计资料包括公办教育和民办教育、学历教育和非学历教育。具体有高等教育(研究生教育、普通高等教育和成人高等教育)、中等教育(高中阶段教育和初中阶段教育)、初等教育(小学)、学前教育、特殊教育(盲聋哑和弱智儿童学校等)以及教育经费等资料。主要指标包括学校数、在校学生数、招生数、毕业生数、教职工数和专任教师数、教育经费总额及国家财政性教育经费等。

教育事业统计资料、教育经费统计资料由教育部提供;技工学校的资料由人力资源和社会保障部提供。

详细资料分别见《中国教育事业统计年鉴》(教育部发展规划司编)和《中国教育经费统计年鉴》(教育部财务司编)。

二、科技部分的主要内容,资料来源及调查方法

科技统计资料主要内容包括:

全社会以及工业企业、政府部门属研究机构、高校的研究与试验发展(R&D)活动情况;国内外专利申请和授权情况;高技术企业生产及研发活动情况;科技论文收录情况;高技术产品进出口贸易情况;技术市场交易情况;开发区高新技术企业主要经济指标;国有企事业单位专业技术人员情况;科协系统科技活动情况;气象、地震、测绘、质量监督检验检疫等综合技术服务部门业务机构及业务活动情况等。

统计范围:科技活动统计资料范围为全社会有研究与试验发展(R&D)活动的企事业单位,具体包括工业企业、政府部门属研究机构、普通高等学校以及研究与试验发展(R&D)活动相对密集行业(包括农、林、牧、渔业,建筑业,交通运输、仓储和邮政业,信息传输、计算机服务和软件业,金融业,租赁和商务服务业,科学研究、技术服务和地质勘查业,水利、环境和公共设施管理业,卫生、社会保障和社会福利业,文化、体育和娱乐业等)中从事研究与试验发展(R&D)活动的企事业单位。

资料来源:全国综合资料、企业及有关行业企事业单位的研究与试验发展(R&D)活动情况资料由国家统计局调查提供;政府部门属研究机构资料由科技部和国家国防科技工业局调查提供;科学研究、技术服务和地址勘查业企事业的研究与试验发展(R&D)活动情况资料,以及科技论文资料、技术市场资料、开发区高新技术企业资料由科技部调查提供;高校资料由教育部调查提供;高技术产品进出口贸易资料由海关总署调查提供;专业技术人员资料由人力资源和社会保障部调查提供;科协系统科技活动资料由中国科协调查提供;测绘、气象、地震、产品质量监督抽查、专利等资料,分别由国家测绘局、中国气象局、中国地震局、国家质量监督检验检疫总局、国家知识产权局等部门调查提供。

统计调查方法:研究与试验发展(R&D)活动情况采用全面调查取得;科协、测绘、气象、地震、产品质量监督抽查、专利资料采用抽样等多种调查方法取得。

科技活动统计资料口径变动说明:2000年以前科技活动统计资料只包括大中型工业企业、政府部门属研究机构、普通高等学校,2000年及以后年份扩大到了全社会范围。

Brief Introduction

Data in this chapter show the development of China's education and the basic conditions on China's scientific and technological development.

I. Main Content and Sources of Data on Education

Data on education cover the situations on education funded by government and non-government agencies, and the education with and without ademic credentials including higher education (education of postgraduates, General Higher Education and adult education), secondary education (senior and junior high schools), elementary education (primary schools), preschool education, special education (schools for the blind, deaf-mutes and mentally retarded) and their expenditure. The main indicators include the number of schools, the number of students enrolled, the number of new students enrolled, the number of graduates, the number of staff and workers, the number of full-time teachers, sources and outlay of education funding, and education expenditure from the State budget.

The Ministry of Education provides statistical data on education undertakings and education funding. Data on technical training schools are provided by Ministry of Human Resources and Social Security.

Detailed information can be found in "*Statistical Yearbook on China's Educational Undertakings*" compiled by Department of Planning and Development, Ministry of Education; and the "*Statistical Yearbook on National Education Funding*" compiled by the Department of Finance, Ministry of Education.

II. Main Contents, Sources of Data and Statistical Methodology on Science and Technology

Data on technology mainly include: data on scientific and technological activities, R&D activeities all over the country, industrial enterprises, scientific and technological institutions under government departments, universities and colleges, and large and medium-sized industrial enterprises; data on domestic and foreign patents application accepted and granted, data on production, research and development activities of high-tech industrial enterprises, data on scientific and technological papers; data on import and export trade of high-technological products; data on technological markets; main economic indicators of high and new-tech industrial enteriprises in development zones; data on the number of scientific and technological personnel in state-owned enterprises and institutions; data on the scientific and technological activities in the system of associations for science and technology; data on operation institutions and activities of the polytechnic departments of meteorology, earthquake, surveying and mapping, product quality supervision.

Coverage of data: data on research and development (R & D) activities of enterprises and institutions all over the country, mainly including industrial enterprises, scientific and technological institutions under government departments, universities and colleges and R&D-intensive enterprises of different industries (such as agriculture, forestry, animal husbandry, fisher, construction, transport, storage and post, information transmission, computer services and software, financial intermediation, leasing and business services, scientific research, technical service and geologic prospecting, management of water conservancy, environment and public facilities , health, social security and social welfare, culture, sports andf entertainment).

Sources of data: data on national aggregates and R&D activities of various enterprises and instutitions , are from National Bureau of Statistics; data on scientific and technological institutions under government departments are from Ministry of Science and Technology, and State Administration of Science, Technology and Industry for National Defense; data on scientific research, technical survice and geologic prospecting, scientific and technological papers; technological markets and high and new-tech industrial enteriprises in development zones are from Ministry of Science and Technology; data on scientific and technological activities in universities and colleges are from Ministry of Education; data on import and export trade of high-technological products are from General Administration of Customs; Data on the number of scientific and technological personnel are from Ministry of Human Resources and Social Security. The China Association for Science and Technology provides data on the scientific and technological activities of associations for science and technology. Data on the development of surveying and mapping, meteorology, earthquake, product quality supervision and patents are provided separately by the State Bureau of Surveying and Mapping, China Meteorological Administration, China Earthquake Administration, National Bureau of Marine Administration, General Administration of Quality Supervision, Inspection and Quarantine, and State Intellectual Property Office.

Statistical methodology: data on R&D activities of industrial enterprises, scientific and technological institutions under government departments, universities and colleges are collected through complete surveys. Data on scientific and technological associations, surveying and mapping, meteorology, earthquake, product quality supervision and patent applications are through sample surveys and other surveys. Data on construction, transportation, telecommunication, software industry, agriculture and health care are from rotational sampling systems with 5 years as one cycle.

Changes of the statistical coverage of data on scientific and technological activities: before 2000, data only included large and medium-sized industrial enterprises, scientific research institutions under government departments, and universities and colleges. Since 2000 (inclusive), data have covered all industries.

20-1 各级各类学校、教职工和专任教师情况（2009年）

Basic Statistics on Schools, Teachers and Staff and Full-time Teachers (2009)

项　目	Item	学校数(所) Number of Schools (unit)	教职工数(人) Teachers and Staff (person)	专任教师(人) Full-time Teachers (person)
高等教育	**Higher Education**			
研究生培养机构	Institutions Providing Postgraduate Programs	(796)		
普通高校	Regular Institutions of Higher Education	(481)		
科研机构	Research Institutions	(315)		
普通高等学校	Regular Institutions of Higher Education	2305	2111451	1295248
本科院校	Universities with Full Undergraduate Courses	1090	1512099	896013
#独立学院	Non-university Tertiary	322	162571	116218
专科院校	Colleges with Specialized Courses	1215	592918	395016
#职业技术学院	Vocational and Technical Colleges	1071	516948	345926
其他机构(教学点)	Other Institutions	74	6434	4219
成人高等学校	Institutions of Higher Education for Adult	384	84196	50402
民办的其他高等教育机构	Other Private Institutions of Higher Education	(812)	38075	17881
中等教育	**Secondary Education**	**87639**	**7093557**	**5888521**
高中阶段教育	Senior Secondary Education	29761	7080743	2366270
高中	Senior Secondary Schools	15360	5851542	1497687
普通高中	Regular Senior Secondary Schools	14607	5845444	1493313
成人高中	Adult Senior Secondary Schools	753	6098	4374
中等职业教育	Vocational Secondary Education	14401	1229201	868583
普通中专	Regular Specialized Secondary Schools	3789	411303	272270
成人中专	Adult Specialized Secondary Schools	1883	94181	62587
职业高中	Vocational Senior Secondary Schools	5652	425577	321511
技工学校	Technical Schools	3077	259724	186432
其他机构(教学点)	Other Institutions	(2390)	38416	25783
初中阶段教育	Junior Secondary Education	57878		3522251
普通初中	Regular Junior Secondary Schools	56167		3513438
职业初中	Vocational Junior Secondary Schools	153	5198	4571
成人初中	Adult Junior Secondary Schools	1558	7616	4242
初等教育	**Primary Education**	**322094**	**6218272**	**5667481**
普通小学	Regular Primary Schools	280184	6135536	5633447
成人小学	Adult Primary Schools	41910	82736	34034
#扫盲班	Literacy Courses	27850	61621	21602
工读学校	**Schools for Juvenile Delinquents**	**72**	**2669**	**1745**
特殊教育	**Special Education**	**1672**	**47466**	**37945**
学前教育	**Pre-school Education**	**138209**	**1570756**	**985889**

注：1.普通高中的教职工数中包含普通初中的教职工数。
2.括号内数据均不计校数。

a) Number of teachers and staff in regular senior secondary schools includes that of regular junior secondary schools.

b) Data in "()" don't count to number of schools.

20-2 各级各类学历教育学生情况（2009年）
Basic Statistics on Students by Level and Type of Education (2009)

单位：人 (person)

项目	Item	招生数 New Enrollment	在校学生数 Total Enrollment	毕业生数 Graduates	女学生占学生总数的比重(%) Females as % of Total
高等教育	**Students Received Higher Education**				
研究生	Postgraduates	510953	1404942	371273	47.04
博士	Doctor's Degree	61911	246319	48658	34.86
硕士	Master's Degree	449042	1158623	322615	49.63
普通本专科	Regular Undergraduates and College Students	6394932	21446570	5311023	50.48
本科	Enrolled in Full Undergraduate Courses	3261081	11798511	2455359	48.89
专科	Enrolled in Specialized Courses	3133851	9648059	2855664	52.42
成人本专科	Adult Undergraduates and College Students	2014776	5413513	1943893	52.33
本科	Enrolled in Full Undergraduate Courses	815795	2256662	865421	53.93
专科	Enrolled in Specialized Courses	1198981	3156851	1078472	51.19
其他高等学历教育	Other Degree of Higher Education				
在职人员攻读博士、硕士学位	Employees Enrolled in Graduate Programs Leading to Doctor or Master Degrees	115985	394331		37.03
网络本专科生	Students Enrolled in Internet-based Courses	1625687	4172721	983521	48.75
本科	Enrolled in Full Undergraduate Courses	551287	1572642	405549	51.38
专科	Enrolled in Specialized Courses	1074400	2600079	577972	47.16
其他	Others			1113	
中等教育	**Students Received Secondary Education**	**34873148**	**101306413**	**33115503**	
高中阶段教育	Senior Secondary Education	16988625	46409122	14587074	
高中	Senior Secondary Schools	8303384	24457459	8335170	
普通高中	Regular Senior Secondary Schools	8303384	24342783	8237220	48.20
成人高中	Adult Senior Secondary Schools		114676	97950	45.48
中等职业教育	Vocational Secondary Education	8685241	21951663	6251904	
普通中专	Regular Specialized Secondary Schools	3117118	8404291	2415223	52.71
成人中专	Adult Specialized Secondary Schools	868917	1609942	389905	44.10
职业高中	Vocational Senior Secondary Schools	3131735	7784240	2291526	46.95
技工学校	Technical Schools	1567471	4153190	1155250	28.99
初中阶段教育	Junior Secondary Education	17884523	54897291	18528429	
普通初中	Regular Junior Secondary Schools	17863912	54336420	17947254	47.32
职业初中	Junior Secondary Vocational Schools	20611	72995	29754	47.35
成人初中	Adult Junior Secondary Schools		487876	551421	45.58
初等教育	**Students Received Primary Education**	**16377978**	**102822860**	**20084844**	
普通小学	Regular Primary Schools	16377978	100714661	18051997	46.27
成人小学	Adult Primary Schools		2108199	2032847	53.90
#扫盲班	Literacy Courses		1148550	957408	55.08
工读学校	**Schools for Juvenile Delinquents**	**3919**	**9213**	**4511**	**13.45**
特殊教育	**Students Received Special Education**	**64018**	**428125**	**57423**	**34.48**
学前教育	**Students Received Pre-school Education**	**15468596**	**26578141**	**10406353**	**45.08**

注：特殊教育学生数中包括普通中小学随班就读的学生。
a) Students received special education include those learning in the same classes of formal regular junior and primary schools.

20-3 各级各类非学历教育学生情况(2009年)
Basic Statistics on Students by Level and Type of Non-formal Education (2009)

单位：人 (person)

项 目	Item	毕(结)业生数 Graduates with Degrees or Diplomas	注册生数 Registered Students
总 计	**Total**	**66444523**	**57006717**
高等教育	Higher Education	5317020	2894578
研究生课程进修班	Postgraduate Courses for Advanced Study	46803	68646
自考助学班	Classes for Self-learning Programs	196768	696503
普通预科生	College Preparatory Courses		30649
进修及培训	In-service Training Courses	5073449	2098780
#资格证书培训	Training for Qualification Certificates	1094037	409090
岗位证书培训	Training for Post Certificates	1184880	698173
中等职业教育	Vocational Secondary Education	61127503	54112139
#资格证书培训	Training for Qualification Certificates	6014710	4779729
岗位证书培训	Training for Post Certificates	7002076	5368904
中等职业学校	Vocational Secondary Schools	6822378	3981864
#资格证书培训	Training for Qualification Certificates	1982254	1107193
岗位证书培训	Training for Post Certificates	1693276	869602
职业技术培训机构	Vocational Training Institutes	54305125	50130275
#资格证书培训	Training for Qualification Certificates	4032456	3672536
岗位证书培训	Training for Post Certificates	5308800	4499302

20-4 各级各类民办教育基本情况(2009年)
Basic Statistics on Private Schools by Level and Type of Schools (2009)

单位：人 (person)

项 目	Item	学校数(所) Number of Schools (unit)	毕业生数 Number of Graduates	招生数 New Enrollment	在校生数 Total Enrollment	教职工数 Teachers and Staff	专任教师 Full-time Teachers	其 他 Others
民办高等教育	**Private Higher Education**							
民办高校	Private Institutions of Higher Education	658	932878	1401477	4461395	330377	222008	193942
本 科	Undergraduate Courses		428704	728428	2524755			
专 科	Specialized Courses		504174	673049	1936640			
独立学院	Non-university Tertiary	322	449462	691231	2413707	162571	116218	15962
本 科	Undergraduate Courses		380560	617548	2190096			
专 科	Specialized Courses		68902	73683	223611			
民办其他高等教育机构	Other Private Institutions of Higher Education	812				38075	17881	852219
民办中等教育	**Private Secondary Education**							
高中阶段教育	Senior Secondary Education	5868	1602361	2094075	5482256	630193	447067	
民办普通高中	Private Regular Senior Secondary Schools	2670	784872	813687	2301299	458837	339712	
民办中等职业教育	Private Vocational Secondary Education	3198	817489	1280388	3180957	171356	107355	400763
初中阶段教育	Junior Secondary Education	4335	1285198	1484946	4339810	158	113	
民办普通初中	Private Regular Junior Secondary Schools	4331	1284559	1484681	4338852			
民办职业初中	Private Vocational Junior Secondary Education	4	639	265	958	158	113	
民办普通小学	**Private Regular Primary Schools**	**5496**	**820993**	**840220**	**5028766**	**300532**	**219684**	
民办幼儿园	**Private Kindergartens**	**89304**	**3500720**	**5746897**	**11341694**	**932783**	**552348**	
另：民办培训机构	**Private Training Institutions**	**(19395)**				**220596**	**114934**	**8449263**

注：1. “另有其他学生数”包括：学历文凭考试学生、自考助学班学生、预科生、进修及培训学生数。
2. 民办普通高中的教职工和专任教师数中包含民办普通初中的教职工和专任教师数。
3. “()”括号内数据不计校数。

a) Other Students include: diploma exam students, self-learning assistant class students, preparatory students, in-service training students.
b) Staff and teachers and full-time teachers in private regular senior secondary schools include those of private regular junior secondary schools.
c) Data in "()" do not count to number of schools.

20-5 各级各类学校数
Number of Schools by Level and Type of School

单位: 所 (unit)

年 份 Year	普通高等学校 Regular Institutions of Higher Education	普通中学 Regular Secondary Schools	高中 Senior Secondary Schools	初中 Junior Secondary Schools	职业中学 Vocational Secondary Schools	普通小学 Primary Schools	特殊教育学校 Special Schools	学前教育 Pre-primary Education
1978	598	162345	49215	113130		949323	292	163952
1980	675	118377	31300	87077	3314	917316	292	170419
1985	1016	93221	17318	75903	8070	832309	375	172262
1986	1054	92967	17111	75856	8187	820846	423	173376
1987	1063	92857	16930	75927	8381	807406	504	176775
1988	1075	91492	16524	74968	8954	793261	577	171845
1989	1075	89575	16050	73525	9173	777244	662	172634
1990	1075	87631	15678	71953	9164	766072	746	172322
1991	1075	85851	15243	70608	9572	729158	886	164465
1992	1053	84021	14850	69171	9860	712973	1077	172506
1993	1065	82795	14380	68415	9985	696681	1123	165197
1994	1080	82358	14242	68116	10217	682588	1241	174657
1995	1054	81020	13991	67029	10147	668685	1379	180438
1996	1032	79967	13875	66092	10049	645983	1428	187324
1997	1020	78642	13880	64762	10047	628840	1440	182485
1998	1022	77888	13948	63940	10074	609626	1535	181368
1999	1071	77213	14127	63086	9636	582291	1520	181136
2000	1041	77268	14564	62704	8849	553622	1539	175836
2001	1225	80432	14907	65525	7802	491273	1531	111706
2002	1396	80067	15406	64661	7402	456903	1540	111752
2003	1552	79490	15779	63711	6843	425846	1551	116390
2004	1731	79058	15998	63060	6478	394183	1560	117899
2005	1792	77977	16092	61885	6423	366213	1593	124402
2006	1867	76703	16153	60550	6100	341639	1605	130495
2007	1908	74790	15681	59109	6191	320061	1618	129086
2008	2263	72907	15206	57701	6128	300854	1640	133722
2009	2305	70774	14607	56167	5805	280184	1672	138209

注：职业中学包括职业高中和职业初中(以下各表同)。

a) Vocational secondary schools include vocational senior and junior secondary schools. The same applies to the tables following.

20-6 各级各类学校专任教师数
Number of Full-time Teachers by Level and Type of School

单位: 万人 (10 000 persons)

年 份 Year	普通高等学校 Regular Institutions of Higher Education	普通中学 Regular Secondary Schools	高中 Senior Secondary Schools	初中 Junior Secondary Schools	职业中学 Vocational Secondary Schools	普通小学 Primary Schools	特殊教育学校 Special Schools	学前教育 Pre-primary Education
1978	20.6	318.2	74.1	244.1		522.6	0.4	27.7
1980	24.7	302.0	57.1	244.9	2.3	549.9	0.5	41.1
1985	34.4	265.2	49.2	216.0	14.1	537.7	0.7	55.0
1986	37.2	275.8	51.8	223.9	16.4	541.4	0.8	60.5
1987	38.5	287.0	54.4	232.7	18.5	543.4	0.9	65.1
1988	39.3	296.0	55.7	240.3	20.3	550.1	1.1	67.0
1989	39.7	298.0	55.4	242.7	21.4	554.4	1.2	70.9
1990	39.5	303.3	56.2	247.0	22.4	558.2	1.4	75.0
1991	39.1	309.0	57.3	251.7	23.5	553.2	1.6	76.9
1992	38.8	314.1	57.6	256.5	24.8	552.7	1.9	81.5
1993	38.8	316.7	55.9	260.8	26.2	555.2	2.0	83.6
1994	39.6	323.4	54.7	268.7	27.7	561.1	2.3	86.2
1995	40.1	333.4	55.1	278.4	29.2	566.4	2.5	87.5
1996	40.3	346.5	57.2	289.3	30.8	573.6	2.7	88.9
1997	40.5	358.7	60.5	298.2	32.2	579.4	2.9	88.4
1998	40.7	369.7	64.2	305.5	33.6	581.9	3.0	87.5
1999	42.6	384.1	69.2	314.8	33.6	586.1	3.1	87.2
2000	46.3	400.5	75.7	324.9	32.0	586.0	3.2	85.6
2001	53.2	418.8	84.0	334.8	30.6	579.8	2.9	63.0
2002	61.8	437.6	94.6	343.0	31.0	577.9	3.0	57.1
2003	72.5	453.7	107.1	346.7	28.9	570.3	3.0	61.3
2004	85.8	466.8	119.1	347.7	29.4	562.9	3.1	65.6
2005	96.6	477.1	129.9	347.2	30.3	559.2	3.2	72.2
2006	107.6	485.1	138.7	346.3	30.7	558.8	3.3	77.6
2007	116.8	490.7	144.3	346.4	31.7	561.3	3.5	82.7
2008	123.7	494.4	147.6	346.9	32.6	562.2	3.6	89.9
2009	129.5	500.7	149.3	351.3	32.6	563.3	3.8	98.6

20-7 各级各类学校招生数
Number of New Students Enrollment by Level and Type of School

单位：万人 (10 000 persons)

年 份 Year	普通高等学校 Regular Institutions of Higher Education	普通中学 Regular Secondary Schools	高 中 Senior Secondary Schools	初 中 Junior Secondary Schools	职业中学 Vocational Secondary Schools	普通小学 Primary Schools	特殊教育学校 Special Schools
1978	40.2	2698.9	692.9	2006.0		3315.4	0.6
1980	28.1	1934.3	383.4	1550.9	30.7	2942.3	0.6
1985	61.9	1606.9	257.5	1349.4	116.1	2298.2	0.9
1986	57.2	1643.9	257.3	1386.6	112.8	2258.2	1.1
1987	61.7	1649.5	255.2	1394.3	113.2	2094.6	1.2
1988	67.0	1584.8	244.3	1340.5	119.5	2123.3	1.2
1989	59.7	1551.5	242.1	1309.4	118.3	2151.5	1.4
1990	60.9	1619.6	249.8	1369.9	123.2	2064.0	1.6
1991	62.0	1655.2	243.8	1411.3	137.8	2072.7	2.0
1992	75.4	1699.7	234.7	1465.0	152.1	2183.2	3.0
1993	92.4	1707.3	228.3	1479.0	161.5	2353.5	3.4
1994	90.0	1859.8	243.4	1616.4	175.3	2537.0	4.0
1995	92.6	2025.9	273.6	1752.3	190.1	2531.8	5.6
1996	96.6	2042.9	282.2	1760.7	188.9	2524.7	4.8
1997	100.0	2128.2	322.6	1805.6	211.2	2462.0	4.6
1998	108.4	2321.0	359.6	1961.4	217.6	2201.4	4.9
1999	159.7	2546.0	396.3	2149.7	194.1	2029.5	5.0
2000	220.6	2736.0	472.7	2263.3	182.7	1946.5	5.3
2001	268.3	2815.9	558.0	2257.9	185.0	1944.2	5.6
2002	320.5	2929.0	676.7	2252.3	216.9	1952.8	5.3
2003	382.2	2947.4	752.1	2195.3	222.1	1829.4	4.9
2004	447.3	2899.7	821.5	2078.2	229.1	1747.0	5.1
2005	504.5	2854.3	877.7	1976.5	259.3	1671.7	4.9
2006	546.1	2794.8	871.2	1923.6	294.0	1729.4	5.0
2007	565.9	2703.9	840.2	1863.7	306.9	1736.1	6.3
2008	607.7	2693.2	837.0	1856.2	294.1	1695.7	6.2
2009	639.5	2616.7	830.3	1786.4	315.2	1637.8	6.4

20-8 各级各类学校在校学生数
Number of Students Enrollment by Level and Type of School

单位：万人 (10 000 persons)

年 份 Year	普通高等学校 Regular Institutions of Higher Education	普通中学 Regular Secondary Schools	高 中 Senior Secondary Schools	初 中 Junior Secondary Schools	职业中学 Vocational Secondary Schools	普通小学 Primary Schools	特殊教育学校 Special Schools	学前教育 Pre-primary Education
1978	85.6	6548.3	1553.1	4995.2		14624.0	3.1	787.7
1980	114.4	5508.1	969.8	4538.3	45.4	14627.0	3.3	1150.8
1985	170.3	4706.0	741.1	3964.8	229.5	13370.2	4.2	1479.7
1986	188.0	4889.9	773.4	4116.6	256.0	13182.5	4.7	1629.0
1987	195.9	4948.1	773.7	4174.4	267.6	12835.9	5.3	1807.8
1988	206.6	4761.5	746.0	4015.5	279.4	12535.8	5.8	1854.5
1989	208.2	4554.0	716.1	3837.9	282.3	12373.1	6.4	1847.7
1990	206.3	4586.0	717.3	3868.7	295.0	12241.4	7.2	1972.2
1991	204.4	4683.5	722.9	3960.6	315.6	12164.2	8.5	2209.3
1992	218.4	4770.8	704.9	4065.9	342.8	12201.3	13.0	2428.2
1993	253.6	4739.1	656.9	4082.2	362.6	12421.2	16.9	2552.5
1994	279.9	4981.7	664.9	4316.7	405.6	12822.6	21.1	2630.3
1995	290.6	5371.0	713.2	4657.8	448.3	13195.2	29.6	2711.2
1996	302.1	5739.7	769.3	4970.4	473.3	13615.0	32.1	2666.3
1997	317.4	6017.9	850.1	5167.8	511.9	13995.4	34.1	2519.0
1998	340.9	6301.0	938.0	5363.0	541.6	13953.8	35.8	2403.0
1999	413.4	6771.3	1049.7	5721.6	533.9	13548.0	37.2	2326.3
2000	556.1	7368.9	1201.3	6167.6	503.2	13013.3	37.8	2244.2
2001	719.1	7836.0	1405.0	6431.1	466.4	12543.5	38.6	2021.8
2002	903.4	8287.9	1683.8	6604.1	511.5	12156.7	37.5	2036.0
2003	1108.6	8583.2	1964.8	6618.4	528.2	11689.7	36.5	2003.9
2004	1333.5	8695.4	2220.4	6475.0	569.4	11246.2	37.2	2089.4
2005	1561.8	8580.9	2409.1	6171.8	625.6	10864.1	36.4	2179.0
2006	1738.8	8451.9	2514.5	5937.4	676.2	10711.5	36.3	2263.9
2007	1884.9	8243.3	2522.4	5720.9	740.5	10564.0	41.9	2348.8
2008	2021.0	8050.5	2476.3	5574.2	761.1	10331.5	41.7	2475.0
2009	2144.7	7867.9	2434.3	5433.6	785.7	10071.5	42.8	2657.8

20-9 各级各类学校毕业生数
Number of Graduates by Level and Type of School

单位: 万人 (10 000 persons)

年 份 Year	普通高等学校 Regular Institutions of Higher Education	普通中学 Regular Secondary Schools	高中 Senior Secondary Schools	初中 Junior Secondary Schools	职业中学 Vocational Secondary Schools	普通小学 Primary Schools	特殊教育学校 Special Schools
1978	16.5	2375.3	682.7	1692.6		2287.9	0.3
1980	14.7	1581.0	616.2	964.7	7.9	2053.3	0.4
1985	31.6	1194.9	196.6	998.3	41.3	1999.9	0.4
1986	39.3	1281.0	224.0	1057.0	57.9	2016.1	0.5
1987	53.2	1364.1	246.8	1117.3	75.0	2043.0	0.4
1988	55.3	1407.8	250.6	1157.2	81.0	1930.3	0.5
1989	57.6	1377.5	243.2	1134.3	86.3	1857.1	0.5
1990	61.4	1342.1	233.0	1109.1	89.3	1863.1	0.5
1991	61.4	1308.5	222.9	1085.5	94.5	1896.7	0.6
1992	60.4	1328.4	226.1	1102.3	96.7	1872.4	0.9
1993	57.1	1365.9	231.7	1134.2	102.5	1841.5	1.2
1994	63.7	1361.9	209.3	1152.6	107.6	1899.6	1.4
1995	80.5	1429.0	201.6	1227.4	124.0	1961.5	1.9
1996	83.9	1484.0	204.9	1279.0	139.6	1934.1	2.4
1997	82.9	1664.0	221.7	1442.4	150.1	1960.1	2.8
1998	83.0	1832.0	251.8	1580.2	162.8	2117.4	3.5
1999	84.8	1852.7	262.9	1589.8	167.8	2313.7	3.8
2000	95.0	1908.6	301.5	1607.1	176.3	2419.2	4.3
2001	103.6	2047.4	340.5	1707.0	166.5	2396.9	4.6
2002	133.7	2263.6	383.8	1879.9	145.4	2351.9	4.4
2003	187.7	2453.7	458.1	1995.6	135.5	2267.9	4.5
2004	239.1	2617.4	546.9	2070.4	142.5	2135.2	4.7
2005	306.8	2768.1	661.6	2106.5	170.0	2019.5	4.3
2006	377.5	2789.5	727.1	2062.4	179.5	1928.5	4.5
2007	447.8	2745.2	788.3	1956.8	197.7	1870.2	5.0
2008	511.9	2699.0	836.1	1862.9	216.7	1865.0	5.2
2009	531.1	2618.4	823.7	1794.7	232.1	1805.2	5.7

20-10 研究生和留学生数
Number of Postgraduates and Students Studying Abroad

单位: 人 (person)

年 份 Year	研究生数 Number of Postgraduates: 招生数 New Enrollment	在学人数 Total Enrollment	毕业生数 Graduates	出国留学人员 Number of Students Studying Abroad	学成回国留学人员 Number of Returned Students
1978	10708	10934	9	860	248
1980	3616	21604	476	2124	162
1985	46871	87331	17004	4888	1424
1986	41310	110371	16950	4676	1388
1987	39017	120191	27603	4703	1605
1988	35645	112776	40838	3786	3000
1989	28569	101339	37232	3329	1753
1990	29649	93018	35440	2950	1593
1991	29679	88128	32537	2900	2069
1992	33439	94164	25692	6540	3611
1993	42145	106771	28214	10742	5128
1994	50864	127935	28047	19071	4230
1995	51053	145443	31877	20381	5750
1996	59398	163322	39652	20905	6570
1997	63749	176353	46539	22410	7130
1998	72508	198885	47077	17622	7379
1999	92225	233513	54670	23749	7748
2000	128484	301239	58767	38989	9121
2001	165197	393256	67809	83973	12243
2002	202611	500980	80841	125179	17945
2003	268925	651260	111091	117307	20152
2004	326286	819896	150777	114682	24726
2005	364831	978610	189728	118515	34987
2006	397925	1104653	255902	134000	42000
2007	418612	1195047	311839	144000	44000
2008	446422	1283046	344825	179800	69300
2009	510953	1404942	371273	229300	108300

20-11 分学科研究生情况（2009年）
Number of Postgraduate Students by Field of Study (2009)

单位：人 (person)

项目	Item	招生数 New Enrollment	博士 Doctor's Degree	硕士 Master's Degree	在校学生数 Total Enrollment	博士 Doctor's Degree	硕士 Master's Degree	毕业生数 Graduates	博士 Doctor's Degree	硕士 Master's Degree
分学科研究生数（总计）	**Total**	**510953**	**61911**	**449042**	**1404942**	**246319**	**1158623**	**371273**	**48658**	**322615**
哲　学	Philosophy	5254	833	4421	15911	3414	12497	4518	698	3820
经济学	Economics	21576	2773	18803	61692	11415	50277	18327	2461	15866
法　学	Law	31085	3355	27730	87389	12116	75273	21681	2208	19473
教育学	Education	16683	1108	15575	47368	3991	43377	13406	919	12487
文　学	Literature	41845	2799	39046	114445	10121	104324	31634	2102	29532
历史学	History	5842	909	4933	17447	3820	13627	5082	824	4258
理　学	Science	59279	11638	47641	168908	41952	126956	41822	9570	32252
工　学	Engineering	158703	23259	135444	474170	101820	372350	130514	17386	113128
农　学	Agriculture	14800	2733	12067	45325	9673	35652	13425	2006	11419
医　学	Medicine	44713	6832	37881	128205	22646	105559	34629	5586	29043
军事学	Military	233	31	202	763	151	612	191	21	170
管理学	Management	38701	4790	33911	114994	22028	92966	31636	3770	27866
专业学位	Academic Degree	72239	851	71388	128325	3172	125153	24408	1107	23301
分学科研究生数（普通高校）	**Regular Colleges**	**492800**	**55472**	**437328**	**1351404**	**224119**	**1127285**	**357345**	**42903**	**314442**
哲　学	Philosophy	5073	769	4304	15324	3185	12139	4340	645	3695
经济学	Economics	21060	2557	18503	59989	10664	49325	17812	2280	15532
法　学	Law	30560	3219	27341	85843	11695	74148	21269	2112	19157
教育学	Education	16594	1069	15525	47105	3864	43241	13356	894	12462
文　学	Literature	41551	2703	38848	113646	9865	103781	31400	2042	29358
历史学	History	5758	887	4871	17200	3742	13458	5008	807	4201
理　学	Science	52278	8513	43765	148023	31089	116934	36813	6632	30181
工　学	Engineering	151925	21104	130821	453571	94350	359221	124847	15524	109323
农　学	Agriculture	14073	2489	11584	43124	8917	34207	12859	1806	11053
医　学	Medicine	44001	6667	37334	125967	21949	104018	33995	5390	28605
军事学	Military	232	31	201	758	151	607	188	21	167
管理学	Management	38067	4614	33453	113278	21485	91793	31110	3645	27465
专业学位	Academic Degree	71628	850	70778	127576	3163	124413	24348	1105	23243
分学科研究生数（科研机构）	**Research Institutions**	**18153**	**6439**	**11714**	**53538**	**22200**	**31338**	**13928**	**5755**	**8173**
哲　学	Philosophy	181	64	117	587	229	358	178	53	125
经济学	Economics	516	216	300	1703	751	952	515	181	334
法　学	Law	525	136	389	1546	421	1125	412	96	316
教育学	Education	89	39	50	263	127	136	50	25	25
文　学	Literature	294	96	198	799	256	543	234	60	174
历史学	History	84	22	62	247	78	169	74	17	57
理　学	Science	7001	3125	3876	20885	10863	10022	5009	2938	2071
工　学	Engineering	6778	2155	4623	20599	7470	13129	5667	1862	3805
农　学	Agriculture	727	244	483	2201	756	1445	566	200	366
医　学	Medicine	712	165	547	2238	697	1541	634	196	438
军事学	Military	1		1	5		5	3		3
管理学	Management	634	176	458	1716	543	1173	526	125	401
专业学位	Academic Degree	611	1	610	749	9	740	60	2	58

20-12 高等教育学校(机构)数(2009年)

Number of Schools or Institutions of Higher Education (2009)

单位：所 (unit)

项 目	Item	总 计 Total	中央部委 Central Ministries and Agencies	教育部 Ministry of Education	其他部委 Other Ministries	地方部门 Local Depart-ments	教育部门 Depart-ments of Education	非教育部门 Departments of Non-Education	民 办 Private
研究生培养机构	**Institutions Providing Postgraduate Programs**	**796**	**373**	**73**	**300**	**423**	**360**	**63**	
普通高校	Regular Institutions of Higher Education	481	98	73	25	383	359	24	
科研机构	Research Institutions	315	275		275	40	1	39	
普通高校	**Regular Institutions of Higher Education**	**2305**	**111**	**73**	**38**	**1538**	**877**	**661**	**656**
本科院校	Universities with Full Undergraduate Courses	1090	106	73	33	614	543	71	370
专科院校	Colleges with Specialized Courses	1215	5		5	924	334	590	286
#职业技术学院	Vocational and Technical Colleges	1071	2		2	790	274	516	279
成人高等学校	**Adult Institutions of Higher Education**	**384**	**14**	**1**	**13**	**368**	**154**	**214**	**2**
民办的其他高等教育机构	**Other Private Institutions of Higher Education**	**812**							**812**

20-13 高等教育学校（机构）学生数（2009年）

Number of Students in Regular Institutions of Higher Education (2009)

单位：人 (person)

项 目	Item	招生数 New Enrollment	在校学生数 Total Enrollment	毕(结)业生数 Graduates with Degrees or Diplomas	授予学位数 Degrees Conferred
研究生	Postgraduates	510953	1404942	371273	367871
博 士	Doctor's Degree	61911	246319	48658	46616
硕 士	Master's Degree	449042	1158623	322615	321255
普通本科、专科生	Regular Undergraduates and College Students				
本 科	Enrolled in Full Undergraduate Courses	6394932	21446570	5311023	2298200
专 科	Enrolled in Specialized Courses	3261081	11798511	2455359	2298200
成人本科、专科生	Adult Undergraduates and College Students	3133851	9648059	2855664	
本 科	Enrolled in Full Undergraduate Courses	2014776	5413513	1943893	108750
专 科	Enrolled in Specialized Courses	815795	2256662	865421	108750
网络本科、专科生	Students Enrolled in Internet-based Courses	1198981	3156851	1078472	
本 科	Enrolled in Full Undergraduate Courses	1625687	4172721	983521	24404
专 科	Enrolled in Specialized Courses	551287	1572642	405549	24404
在职人员攻读博士	Employees Enrolled in Graduate Programs Leading	1074400	2600079	577972	
硕士学位	to Doctor or Master Degrees	115985	394331		101956
学历文凭考试	Students Taking Exam Leading to Diploma				
电大注册视听生	Students Enrolled in Radio and Television Programs			1113	
自考助学班	Classes for Self-learning Programs	221279	696503	196768	
研究生课程进修班	Postgraduate Courses for Advanced Study		68646	46803	
普通预科生	College Preparatory Courses		30649		
进修及培训	In-service Training Courses		2098780	5073449	
留学生	Overseas Students	73266	117548	55251	9013

20-14 成人本、专科分学科学生数（2009年）

Number of Students in Adult Institutions of Higher Education by Field of Study (2009)

单位：人 (person)

项目	Item	招生数 New Enrollment	本科 Undergraduate Courses	专科 Specialized Courses	在校学生数 Total Enrollment	本科 Undergraduate Courses	专科 Specialized Courses	毕业生数 Graduates	本科 Undergraduate Courses	专科 Specialized Courses
总计	**Total**	**2014776**	**815795**	**1198981**	**5413513**	**2256662**	**3156851**	**1943893**	**865421**	**1078472**
成人高等学校办	**Run by Adult Institutions of Higher Education**	**210784**	**25412**	**185372**	**541949**	**80224**	**461725**	**218398**	**40266**	**178132**
哲学	Philosophy							22		22
经济学	Economics	11144	732	10412	27643	1873	25770	11099	539	10560
法学	Law	6590	2063	4527	16020	5701	10319	9181	3065	6116
教育学	Education	18841	5657	13184	50109	19723	30386	22065	9576	12489
文学	Literature	28343	9369	18974	75899	32691	43208	38070	16272	21798
#外语	Foreign Language	8377	2813	5564	21746	9715	12031	10036	5183	4853
艺术	Art	7554	615	6939	17371	2211	15160	8869	1443	7426
历史学	History	249	201	48	812	761	51	548	521	27
理学	Science	3153	1653	1500	10937	5759	5178	5313	4027	1286
工学	Engineering	56032	1165	54867	144576	3096	141480	40899	1483	39416
农学	Agriculture	620	62	558	1714	137	1577	1108	24	1084
医学	Medicine	14587	1102	13485	48225	3296	44929	15541	1129	14412
管理学	Management	71225	3408	67817	166014	7187	158827	74552	3630	70922
#师范	Teacher Training	28394	15400	12994	83961	53069	30892	41734	27819	13915
普通高等学校办	**Run by Regular Institutions of Higher Education**	**1803992**	**790383**	**1013609**	**4871564**	**2176438**	**2695126**	**1725495**	**825155**	**900340**
哲学	Philosophy	392	136	256	1108	239	869	338	94	244
经济学	Economics	83416	29586	53830	227634	84691	142943	91748	27403	64345
法学	Law	61381	46113	15268	184334	138395	45939	96513	72187	24326
教育学	Education	100999	41000	59999	268560	119294	149266	109602	50736	58866
文学	Literature	212452	136754	75698	603405	406894	196511	266587	179251	87336
#外语	Foreign Language	66255	39228	27027	190763	122752	68011	84876	57228	27648
艺术	Art	45499	19557	25942	117948	58811	59137	52232	27338	24894
历史学	History	2532	2367	165	8180	7283	897	4393	3973	420
理学	Science	39449	28890	10559	117413	90858	26555	55547	47622	7925
工学	Engineering	505911	173121	332790	1372035	480391	891644	365806	162967	202839
农学	Agriculture	24955	10357	14598	71218	34379	36839	29048	14482	14566
医学	Medicine	247461	135317	112144	697199	322033	375166	223917	99734	124183
管理学	Management	525044	186742	338302	1320478	491981	828497	481996	166706	315290
#师范	Teacher Training	199492	137137	62355	566550	407429	159121	267108	194961	72147

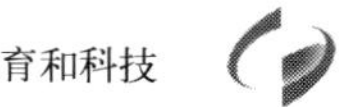

20-15 普通本、专科分学科学生数（2009年）

Number of Students in Undergraduate and Junior Colleges by Field of Study (2009)

单位：人 (person)

项 目	Item	招生数 New Enrollment	本科 Undergraduate Courses	专科 Specialized Courses	在校学生数 Total Enrollment	本科 Undergraduate Courses	专科 Specialized Courses	毕业生数 Graduates	本科 Undergraduate Courses	专科 Specialized Courses
总 计	**Total**	**6394932**	**3261081**	**3133851**	**21446570**	**11798511**	**9648059**	**5311023**	**2455359**	**2855664**
哲 学	Philosophy	2563	2563		8930	8930		1652	1652	
经济学	Economics	309119	191665	117454	1080187	710993	369194	258264	150666	107598
法 学	Law	196144	126335	69809	694100	465406	228694	200921	117182	83739
教育学	Education	290625	116457	174168	1051122	407479	643643	328396	86705	241691
文 学	Literature	961419	627375	334044	3270300	2220049	1050251	788745	458761	329984
#外语	Foreign Languages	345297	203437	141860	1236460	749122	487338	324724	161021	163703
艺术	Art	421803	268475	153328	1364870	914529	450341	302460	172719	129741
历史学	History	17007	17007		60634	60634		13544	13544	
理 学	Science	335354	332874	2480	1206825	1201046	5779	266037	264494	1543
工 学	Engineering	2339887	1023678	1316209	7741552	3718959	4022593	1918428	763635	1154793
农 学	Agriculture	118911	58940	59971	385395	213986	171409	97392	46847	50545
医 学	Medicine	453312	202892	250420	1652513	830050	822463	390535	152392	238143
管理学	Management	1370591	561295	809296	4295012	1960979	2334033	1047109	399481	647628
#师 范	Teacher Training	499737	335868	163869	1833353	1227870	605483	521059	295630	225429

20-16 网络本、专科分学科学生数（2009年）

Number of Students Enrolled in Internet-based Courses by Field of Study (2009)

单位：人 (person)

项 目	Item	招生数 New Enrollment	本科 Undergraduate Courses	专科 Specialized Courses	在校学生数 Total Enrollment	本科 Undergraduate Courses	专科 Specialized Courses	毕业生数 Graduates	本科 Undergraduate Courses	专科 Specialized Courses
总 计	**Total**	**1625687**	**551287**	**1074400**	**4172721**	**1572642**	**2600079**	**983521**	**405549**	**577972**
哲 学	Philosophy				28	28		23	23	
经济学	Economics	65851	31918	33933	180928	100408	80520	39408	22103	17305
法 学	Law	151227	65638	85589	445151	212764	232387	125351	62419	62932
教育学	Education	61882	16233	45649	155257	42831	112426	38624	13630	24994
文 学	Literature	115623	68459	47164	353964	223232	130732	103485	70315	33170
#外语	Foreign Language	26940	15433	11507	94603	55492	39111	22938	14094	8844
历史学	History	633	633		1630	1630		753	753	
理 学	Science	10846	9193	1653	29212	26633	2579	12453	11761	692
工 学	Engineering	283573	86677	196896	647738	217228	430510	139857	49465	90392
农 学	Agriculture	26294	3371	22923	56167	7472	48695	9766	1542	8224
医 学	Medicine	79786	36054	43732	187388	82084	105304	42427	17794	24633
管理学	Management	829972	233111	596861	2115258	658332	1456926	471374	155744	315630
#师 范	Teacher Training	79076	52760	26316	188142	132297	55845	69656	53167	16489

20-17 中等职业学校(机构)数（2009年）

Number of Secondary Vocational Schools (2009)

单位：个 (unit)

项目	Item	总计 Total	中央部委 Central Ministries and Agencies	地方部门 Local Depart-ments	教育部门 Depart-ments of Education	非教育部门 Departments of Non-Education	民办 Private
中等职业学校	**Secondary Vocational Schools**	**11324**	**55**	**8071**	**5974**	**2097**	**3198**
普通中等专业学校	Regular Specialized Secondary School	3789	34	2744	1505	1239	1011
成人中等专业学校	Adult Specialized Secondary School	1883	14	1674	1263	411	195
职业高中学校	Vocational Junior Secondary School	5652	7	3653	3206	447	1992
其他机构(教学点)(不计校数)	**Other Institutions**	**2390**	**5**	**1972**	**1328**	**644**	**413**

注：中等职业学校未含技工学校数据（以下各表同）。

a) Number of secondary vocational schools do not include the number of skilled-worker schools. The same applies to the tables following.

20-18 中等职业学校（机构)学生分科类情况（2009年）

Students in Secondary Vocational Schools by Field of Study (2009)

单位：人 (person)

项目	Item	招生数 New Enrollment	#初中毕业生 Junior Secondary School Graduates	#应届毕业生 Current Year Graduates	在校学生数 Total Enrollment	毕业生数 Graduates	#获得职业资格证书 With Certificate on Professional Competence
总计	**Total**	**7117770**	**6279411**	**5467998**	**17798473**	**5096654**	**3131260**
农林类	Agriculture and Forestry	749386	561274	317822	1180724	200041	106403
资源与环境类	Resources and Environment	52809	31991	26673	130934	48155	25775
能源类	Energy	45003	35343	32378	124682	41784	22673
土木水利工程类	Civil and Hydraulic Engineering	198719	168496	145850	467433	130617	79173
加工制造类	Manufacturing	1381558	1260612	1140970	4069468	1286268	883092
交通运输类	Communication & Transportation	332871	288413	261964	743517	172925	113096
信息技术类	Information Technologies	1584466	1434971	1272915	4141793	1273440	842686
医药卫生类	Medicine and Health	628765	555233	513979	1597102	420776	142534
商贸与旅游类	Trade and Tourism	652545	600256	517054	1581830	430773	274602
财经类	Finance and Economics	398187	359079	323823	1047009	312306	194731
文化艺术与体育类	Culture, Arts and Physical Education	369146	335486	313088	987885	266475	155541
社会公共事务类	Public Affairs	167794	146340	129041	407789	132710	69885
师范类	Teacher Training	336256	305926	290013	786355	209207	128033
其他	Other	220265	195991	182428	531952	171177	93036

20-19 职业技术培训机构基本情况（2009年）
Basic Statistics on Vocational/Technical Training Institutions (2009)

单位：人 (person)

项　目	Item	学校数（所）Schools (unit)	注册学生数 Registered Students	结业学生数 Graduates	教职工数 Teachers and Staff	#专任教师 Full-time Teachers
总计	**Total**	**153128**	**50130275**	**54305125**	**495885**	**252419**
职工技术培训学校(机构)	Vocational/Technical Training Schools	3108	2956545	3027947	45879	31449
教育部门和集体办	Run by Education Departments and Collectives	1203	1278349	1360823	24351	17824
其他部门办	Run by Other Departments	1060	1420160	1400435	12793	7510
民办	Run by Private Institutions	845	258036	266689	8735	6115
农村成人文化技术培训学校(机构)	Technical Training Schools for Adult Farmers	129443	37239079	41306680	212637	96967
教育部门和集体办	Run by Education Departments and Collectives	126189	36119903	40071766	204197	92394
#县办	Run by Counties	2107	1888879	1813254	15768	10266
乡办	Run by Townships	18341	16952107	19105590	68515	35677
村办	Run by Villages	105741	17278917	19152922	119914	46451
其他部门办	Run by Other Departments	2456	811878	939607	5258	2501
民办	Run by Private Institutions	798	307298	295307	3182	2072
其他培训机构(含社会培训机构)	Others	20577	9934651	9970498	237369	124003
教育部门和集体办	Run by Education Departments and Collectives	835	853030	881532	15544	9441
其他部门办	Run by Other Departments	1990	1197692	1533502	13146	7815
民办	Run by Private Institutions	17752	7883929	7555464	208679	106747

20-20 普通高中学校和学生情况（2009年）
Statistics on Regular Senior Secondary Schools and Students (2009)

项　目	Item	学校数（所）Schools (unit)	高级中学 Senior Secondary Schools	完全中学 Six-grades Secondary Schools	招生数（人）New Enrollment (person)	在校学生数（人）Total Enrollment (person)	毕业生数（人）Graduates (person)
总计	**Total**	**14607**	**6476**	**8131**	**8303384**	**24342783**	**8237220**
教育部门和集体办	Run by Education Departments and Collectives	11695	5550	6145	7413947	21817187	7371464
民办	Run by Private Institutions	2670	856	1814	813687	2301299	784872
其他部门办	Run by Other Departments	242	70	172	75750	224297	80884
城市	Cities	5675	2367	3308	2935470	8656221	2903867
教育部门和集体办	Run by Education Departments and Collectives	4187	1877	2310	2547952	7556930	2532366
民办	Run by Private Institutions	1374	462	912	349512	984101	329843
其他部门办	Run by Other Departments	114	28	86	38006	115190	41658
县镇	Counties and Towns	7314	3489	3825	4772596	13945001	4706203
教育部门和集体办	Run by Education Departments and Collectives	6202	3131	3071	4358525	12768853	4296866
民办	Run by Private Institutions	1050	336	714	394300	1120143	388787
其他部门办	Run by Other Departments	62	22	40	19771	56005	20550
农村	Rural	1618	620	998	595318	1741561	627150
教育部门和集体办	Run by Education Departments and Collectives	1306	542	764	507470	1491404	542232
民办	Run by Private Institutions	246	58	188	69875	197055	66242
其他部门办	Run by Other Departments	66	20	46	17973	53102	18676

20-21 普通初中学校和学生情况（2009年）

Statistics on Regular Junior Secondary Schools and Students (2009)

项目	Item	学校数（所）Number of Schools (unit)			招生数（人）New Enrollment (person)	在校学生数（人）Total Enrollment (person)	毕业生数（人）Graduates (person)
			初级中学 Junior Secondary Schools	九年一贯制 9-Year Primary-Secondary Schools			
总计	**Total**	**56167**	**43744**	**12423**	**17863912**	**54336420**	**17947254**
教育部门和集体办	Run by Education Departments and Collectives	51199	41623	9576	16247174	49578907	16529236
民办	Run by Private Institutions	4331	1850	2481	1484681	4338852	1284559
其他部门办	Run by Other Departments	637	271	366	132057	418661	133459
城市	Cities	7336	5034	2302	3477836	10590533	3273912
教育部门和集体办	Run by Education Departments and Collectives	5642	4383	1259	2836477	8692517	2725713
民办	Run by Private Institutions	1524	579	945	597512	1762651	503124
其他部门办	Run by Other Departments	170	72	98	43847	135365	45075
县镇	Counties and Towns	18653	15789	2864	8075391	24400826	7905869
教育部门和集体办	Run by Education Departments and Collectives	16967	15000	1967	7384008	22388305	7301686
民办	Run by Private Institutions	1585	714	871	664414	1929723	576961
其他部门办	Run by Other Departments	101	75	26	26969	82798	27222
农村	Rural	30178	22921	7257	6310685	19345061	6767473
教育部门和集体办	Run by Education Departments and Collectives	28590	22240	6350	6026689	18498085	6501837
民办	Run by Private Institutions	1222	557	665	222755	646478	204474
其他部门办	Run by Other Departments	366	124	242	61241	200498	61162

20-22 职业初中学校和学生情况（2009年）

Statistics on Vocational Junior Secondary Schools and Students (2009)

项目	Item	学校数（所）Schools (unit)	招生数（人）New Enrollment (person)	在校学生数（人）Total Enrollment (person)	毕业生数（人）Graduates (person)
总计	**Total**	**153**	**20611**	**72995**	**29754**
教育部门和集体办	Run by Education Departments and Collectives	146	20097	70405	28962
民办	Run by Private Institutions	4	265	958	639
其他部门办	Run by Other Departments	3	249	1632	153
城市	Cities	11	1027	3866	986
教育部门和集体办	Run by Education Departments and Collectives	10	986	3737	883
民办	Run by Private Institutions				
其他部门办	Run by Other Departments	1	41	129	103
县镇	Counties and Towns	56	7659	27518	13124
教育部门和集体办	Run by Education Departments and Collectives	54	7644	27095	12796
民办	Run by Private Institutions	1		360	309
其他部门办	Run by Other Departments	1	15	63	19
农村	Rural	86	11925	41611	15644
教育部门和集体办	Run by Education Departments and Collectives	82	11467	39573	15283
民办	Run by Private Institutions	3	265	598	330
其他部门办	Run by Other Departments	1	193	1440	31

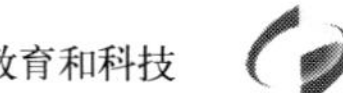

20-23 普通小学学校和学生情况（2009年）
Statistics on Regular Primary Schools and Students (2009)

项目	Item	学校数（所）Schools (unit)	招生数（人）New Enrollment (person)	在校学生数（人）Total Enrollment (person)	毕业生数（人）Graduates (person)
总计	**Total**	**280184**	**16377978**	**100714661**	**18051997**
教育部门和集体办	Run by Education Departments and Collectives	273919	15440279	95033065	17108113
民办	Run by Private Institutions	5496	840220	5028766	820993
其他部门办	Run by Other Departments	769	97479	652830	122891
城市	Cities	16363	2829995	17787684	3037241
教育部门和集体办	Run by Education Departments and Collectives	14584	2456777	15582143	2682389
民办	Run by Private Institutions	1579	346059	2014234	319021
其他部门办	Run by Other Departments	200	27159	191307	35831
县镇	Counties and Towns	29664	4127154	26371538	4836902
教育部门和集体办	Run by Education Departments and Collectives	27975	3829875	24509918	4520051
民办	Run by Private Institutions	1522	282226	1754297	296138
其他部门办	Run by Other Departments	167	15053	107323	20713
农村	Rural	234157	9420829	56555439	10177854
教育部门和集体办	Run by Education Departments and Collectives	231360	9153627	54941004	9905673
民办	Run by Private Institutions	2395	211935	1260235	205834
其他部门办	Run by Other Departments	402	55267	354200	66347

20-24 技工学校数、学生数和教职工数
Number of Technical Schools, Students, Teachers and Staff

年份 Year	学校数（所）Schools (unit)	招生数（万人）New Enrollment (10 000 persons)	在校学生数（万人）Total Enrollment (10 000 persons)	毕业生数（万人）Graduates (10 000 persons)	教职工数（万人）Teachers and Staff (10 000 persons)
1985	3548	35.5	74.2	22.6	21.5
1986	3765	39.4	89.2	23.3	24.4
1987	3952	42.3	103.1	26.5	26.2
1988	3996	46.1	116.1	31.1	28.0
1989	4102	47.0	125.8	36.8	29.6
1990	4184	50.6	133.2	41.3	30.8
1991	4269	54.4	142.2	45.4	32.5
1992	4392	60.2	155.6	45.7	33.6
1993	4477	66.4	171.7	49.7	33.5
1994	4430	71.4	187.1	55.7	34.0
1995	4521	74.0	188.6	68.1	33.7
1996	4467	72.7	191.8	68.1	33.5
1997	4395	73.4	193.1	69.9	31.0
1998	4362	59.4	181.3	68.2	31.0
1999	4098	51.5	156.0	66.2	26.9
2000	3792	50.4	140.1	64.6	24.0
2001	3470	55.1	134.7	47.7	22.0
2002	3075	73.3	153.0	45.4	20.3
2003	2970	91.6	193.1	45.3	20.2
2004	2884	109.7	234.5	53.5	20.5
2005	2855	118.4	275.3	69.0	20.4
2006	2880	134.8	320.8	86.4	21.5
2007	2995	158.5	367.1	99.7	24.0
2008	3075	161.4	397.5	109.0	24.7
2009	3077	156.7	415.3	115.5	26.0

20-25 各类技工学校情况（2009年）
Statistics on Technical Schools (2009)

指标	Item	合计 Total	国务院各部门 Ministries under the State Council	省、自治区、直辖市 Provinces, Autonomous Regions and Municipalities
学校数 (所)	Number of Schools (unit)	3077	80	2997
在校学生数 (万人)	Number of Students (10 000 persons)	415.3	10.9	404.4
教职工数 (万人)	Teachers and Staff (10 000 persons)	26.0	0.8	25.2
专任教师数 (万人)	Full-time Teachers (10 000 persons)	18.6	0.6	18.0
文化技术理论课指导教师(万人)	Classroom Teachers (10 000 persons)	12.5	0.4	12.1
生产实习课指导教师 (万人)	Practical Training Teachers (10 000 persons)	6.0	0.2	5.8
理论实习一体化教师 (万人)	Classroom cum Practical Training Teachers (10 000 persons)	5.1	0.2	4.9

20-26 学龄儿童入学率和各级普通学校毕业生升学率
Net Enrollment Ratio of Primary Schools and Promotion Rate of Various Schools

单位：% (%)

年份 Year	学龄儿童净入学率 Net Enrollment Ratio of Primary Schools	小学升学率 Promotion Rate from Primary Schools to Junior Secondary Schools	初中升学率 Promotion Rate from Junior Secondary Schools to Senior Secondary Schools	高中升学率 Promotion Rate from Senior Secondary Schools to Higher Education
1990	97.8	74.6	40.6	27.3
1991	97.8	77.7	42.6	28.7
1992	97.2	79.7	43.6	34.9
1993	97.7	81.8	44.1	43.3
1994	98.4	86.6	47.8	46.7
1995	98.5	90.8	50.3	49.9
1996	98.8	92.6	49.8	51.0
1997	98.9	93.7	51.5	48.6
1998	98.9	94.3	50.7	46.1
1999	99.1	94.4	50.0	63.8
2000	99.1	94.9	51.2	73.2
2001	99.1	95.5	52.9	78.8
2002	98.6	97.0	58.3	83.5
2003	98.7	97.9	59.6	83.4
2004	98.9	98.1	63.8	82.5
2005	99.2	98.4	69.7	76.3
2006	99.3	100.0	75.7	75.1
2007	99.5	99.9	80.5	70.3
2008	99.5	99.7	83.4	72.7
2009	99.4	99.1	85.6	77.6

注：1.初中升高级中学包含升入技工学校。
2.高中升学率为普通高校招生数（含电大普通班）与普通高中毕业生数之比。

a) Data on promotion rate from junior secondary schools to senior secondary schools include those entering into secondary technical schools.

b) Data on promotion rate from senior secondary schools to higher education refer to the ratio of new entrants into regular institutions of higher education (including regular classes of TV universities) to graduates of senior secondary schools.

20-27 各地区高等学校普通本、专科学生数（2009年）
Number of Students in Undergraduate or Specialized Courses in Institutions of Higher Education by Region (2009)

单位：人

地区	Region	学校数（所）Schools (unit)	招生数 Entrants	本科 Undergraduate Courses	专科 Specialized Courses	在校学生数 Enrollment	本科 Undergraduate Courses	专科 Specialized Courses
全国	**National Total**	**2305**	**6394932**	**3261081**	**3133851**	**21446570**	**11798511**	**9648059**
北京	Beijing	86	159829	118528	41301	586685	461369	125316
天津	Tianjin	55	118807	70865	47942	405968	255643	150325
河北	Hebei	109	329224	149174	180050	1060450	504983	555467
山西	Shanxi	71	165407	77734	87673	547391	269977	277414
内蒙古	Inner Mongolia	41	109077	51613	57464	351928	178627	173301
辽宁	Liaoning	107	237906	151604	86302	852467	582354	270113
吉林	Jilin	55	155915	106241	49674	530975	386556	144419
黑龙江	Heilongjiang	78	203361	120389	82972	708935	451652	257283
上海	Shanghai	66	143497	90344	53153	512809	347422	165387
江苏	Jiangsu	148	429825	228797	201028	1653427	896494	756933
浙江	Zhejiang	99	252503	132758	119745	866496	496068	370428
安徽	Anhui	106	267936	124153	143783	877782	439285	438497
福建	Fujian	84	187311	95953	91358	606284	336813	269471
江西	Jiangxi	85	238921	103897	135024	793488	366922	426566
山东	Shandong	126	469097	200790	268307	1592974	757529	835445
河南	Henan	99	429910	183810	246100	1368813	616098	752715
湖北	Hubei	120	373333	182594	190739	1249061	665174	583887
湖南	Hunan	115	314422	145116	169306	1016833	516127	500706
广东	Guangdong	125	435870	208276	227594	1334089	719454	614635
广西	Guangxi	68	168942	66792	102150	528342	238647	289695
海南	Hainan	17	46392	21253	25139	142082	70116	71966
重庆	Chongqing	50	149332	85176	64156	484199	301780	182419
四川	Sichuan	92	299650	166798	132852	1035934	593687	442247
贵州	Guizhou	47	95375	49298	46077	299072	165388	133684
云南	Yunnan	61	127287	67368	59919	393601	226564	167037
西藏	Tibet	6	9020	5010	4010	30264	19371	10893
陕西	Shaanxi	89	264676	140447	124229	893748	507213	386535
甘肃	Gansu	39	109452	62493	46959	361490	219103	142387
青海	Qinghai	9	12605	7320	5285	43782	26678	17104
宁夏	Ningxia	15	22402	13289	9113	75564	46346	29218
新疆	Xinjiang	37	67648	33201	34447	241637	135071	106566

注：学校数为普通高校数。学生数包括成人高校的普通本专科学生数。

a) Schools refer to those of regular higher education. Number of students includes adult regular undergraduates and college students.

20-27 续表 continued

单位：人 (person)

地区	Region	预计毕业生数 Anticipated Graduates for Next Year	本科 Undergraduate Courses	专科 Specialized Courses	毕(结)业生数 Graduates with Degrees or Diplomas	本科 Under-graduate Courses	专科 Specialized Courses	授予学位数 Degrees Conferred
全国	**National Total**	**5874139**	**2662960**	**3211179**	**5311023**	**2455359**	**2855664**	**2298200**
北京	Beijing	158196	114993	43203	155142	112128	43014	102164
天津	Tianjin	108441	58279	50162	101369	53377	47992	50542
河北	Hebei	299822	109607	190215	282705	99500	183205	93158
山西	Shanxi	166615	60523	106092	153422	57790	95632	50702
内蒙古	Inner Mongolia	96673	37224	59449	75805	30823	44982	29470
辽宁	Liaoning	225854	137561	88293	206211	125788	80423	122321
吉林	Jilin	137375	87351	50024	127411	88152	39259	74657
黑龙江	Heilongjiang	183014	100032	82982	174380	94400	79980	89647
上海	Shanghai	141081	84454	56627	126925	71908	55017	68842
江苏	Jiangsu	496032	206591	289441	412672	186754	225918	171555
浙江	Zhejiang	240199	113199	127000	218226	99008	119218	94627
安徽	Anhui	235642	92220	143422	205749	82717	123032	79083
福建	Fujian	158329	75094	83235	142814	66158	76656	64885
江西	Jiangxi	228163	83306	144857	213303	81519	131784	77595
山东	Shandong	451955	185390	266565	431598	179997	251601	169696
河南	Henan	384799	138629	246170	334115	127657	206458	123165
湖北	Hubei	336823	151599	185224	328202	150085	178117	139266
湖南	Hunan	277112	110942	166170	254253	106235	148018	103732
广东	Guangdong	344708	158488	186220	309190	134462	174728	127343
广西	Guangxi	142441	50404	92037	121457	42382	79075	40582
海南	Hainan	38925	14185	24740	30844	10609	20235	9749
重庆	Chongqing	124821	68027	56794	114515	61175	53340	58201
四川	Sichuan	285955	130941	155014	252214	124952	127262	119104
贵州	Guizhou	76076	33692	42384	64212	30730	33482	27642
云南	Yunnan	97037	48173	48864	85891	42770	43121	40548
西藏	Tibet	7835	4674	3161	8454	4682	3772	4090
陕西	Shaanxi	239152	115463	123689	211963	109036	102927	102237
甘肃	Gansu	94257	46266	47991	84082	39628	44454	33779
青海	Qinghai	11645	6010	5635	10437	5537	4900	3346
宁夏	Ningxia	20285	9755	10530	16391	7659	8732	4675
新疆	Xinjiang	64877	29888	34989	57071	27741	29330	21797

20-28 各地区普通高等学校（机构）教职工情况（2009年）
Situations on Teachers and Staff in Regular Schools (Institutions) of Higher Education by Region (2009)

单位：人 (person)

地区	Region	教职工数 Teachers & Staff	校本部教职工 Head-quarters	专任教师 Full-time Teachers	正高级 Senior	副高级 Sub-senior	中级 Middle	初级 Junior	无职称 No Rank	行政人员 Admini-strative Personnel	教辅人员 Teaching Assistants	工勤人员 Workers
全　国	**National Total**	**2111451**	**1966500**	**1295248**	**138161**	**360675**	**477541**	**247962**	**70909**	**292046**	**199692**	**179514**
北　京	Beijing	131184	111784	58007	11424	19113	21513	4109	1848	21988	16495	15294
天　津	Tianjin	44611	42360	27118	3865	8832	9385	4160	876	6737	4361	4144
河　北	Hebei	92104	87623	58394	6827	16061	20171	11108	4227	12896	7774	8559
山　西	Shanxi	56804	53478	35863	2533	9200	12576	8985	2569	7661	5366	4588
内蒙古	Inner Mongolia	34932	33867	22327	1772	6512	7218	5206	1619	5319	3485	2736
辽　宁	Liaoning	91974	86398	55835	7144	17317	20505	9204	1665	13428	8883	8252
吉　林	Jilin	59770	56219	33239	4510	10057	11042	6848	782	8954	6438	7588
黑龙江	Heilongjiang	75062	69880	43057	5868	12681	14377	7892	2239	10593	7376	8854
上　海	Shanghai	74540	65581	38134	5876	11017	15486	4090	1665	10817	8949	7681
江　苏	Jiangsu	157000	145877	99912	9666	27902	39377	19219	3748	20839	13830	11296
浙　江	Zhejiang	77852	72126	49516	5695	14385	20488	6608	2340	11554	7014	4042
安　徽	Anhui	68293	65521	46374	3329	11889	17554	10547	3055	7792	6022	5333
福　建	Fujian	56334	53536	35841	3480	9179	11979	9053	2150	8494	5436	3765
江　西	Jiangxi	72123	67232	48637	4209	12709	16878	11998	2843	8443	5368	4784
山　东	Shandong	136753	129911	89734	8686	24368	32836	20255	3589	17202	12260	10715
河　南	Henan	103617	99191	71472	5320	18253	26855	17044	4000	11113	7985	8621
湖　北	Hubei	123693	113882	73159	8297	21608	24978	13817	4459	17840	12046	10837
湖　南	Hunan	94428	87595	58846	6038	16471	21851	11612	2874	12869	9606	6274
广　东	Guangdong	115969	108598	73943	7815	19141	27385	11858	7744	17097	10963	6595
广　西	Guangxi	48304	42879	29459	2365	7442	11115	5792	2745	5981	3828	3611
海　南	Hainan	11666	11292	7303	610	1539	2125	1971	1058	1619	1205	1165
重　庆	Chongqing	47173	44406	29883	2884	8428	12001	5128	1442	6890	3937	3696
四　川	Sichuan	97568	90699	61772	5732	15989	23643	13635	2773	11927	8569	8431
贵　州	Guizhou	29006	28277	19634	1601	5593	7621	3271	1548	4229	2506	1908
云　南	Yunnan	37896	36339	24893	2411	6860	9462	4860	1300	4997	3444	3005
西　藏	Tibet	3082	3045	1969	83	474	719	461	232	540	215	321
陕　西	Shaanxi	96485	90104	56171	6415	14825	21250	11030	2651	14224	9432	10277
甘　肃	Gansu	31576	28895	19629	1739	5399	7325	4049	1117	3919	2792	2555
青　海	Qinghai	6418	5958	3757	490	1390	1097	546	234	730	791	680
宁　夏	Ningxia	8599	8107	5136	553	1525	1756	894	408	1406	932	633
新　疆	Xinjiang	26635	25840	16234	924	4516	6973	2712	1109	3948	2384	3274

20-29 各地区中等职业学校（机构)学生情况（2009年）

Situations on Students in Secondary Vocational Schools (Institutions) by Region (2009)

单位：人 (person)

地区	Region	招生数 New Enrollment	初中毕业 Junior Secondary School Graduates	#应届毕业生 Current Year Graduates	在校学生数 Total Enrollment	毕业生数 Graduates	#获得职业资格证书 With Professional Qualification Certificates	预计毕业生数 Graduates for Next Year
全国	**National**	**7117770**	**6279411**	**5467998**	**17798473**	**5096654**	**3131260**	**5610027**
北京	Beijing	49783	47416	39371	161598	56788	30973	54561
天津	Tianjin	41830	37966	30857	130478	56138	25784	55343
河北	Hebei	452436	379153	324227	1103881	348086	160364	359581
山西	Shanxi	235084	181130	169816	552169	152871	95133	192066
内蒙古	Inner Mongolia	161552	114783	92771	326956	77083	37938	86808
辽宁	Liaoning	154523	140806	127970	443912	147303	71731	148760
吉林	Jilin	151829	128526	73268	322897	81580	40592	91053
黑龙江	Heilongjiang	166216	128770	91891	389955	93863	52653	121886
上海	Shanghai	50343	46850	45815	176581	56959	44265	53978
江苏	Jiangsu	350832	342001	329714	1048163	316447	239181	292694
浙江	Zhejiang	244126	241757	233556	627707	206479	165244	191045
安徽	Anhui	322237	295703	281829	862605	275297	174874	287856
福建	Fujian	234002	188793	150546	540020	149669	102565	170175
江西	Jiangxi	265726	224332	194202	639022	183916	107322	189047
山东	Shandong	405242	348440	317422	1165052	418900	271051	447171
河南	Henan	639658	560538	512243	1637551	466854	250827	560902
湖北	Hubei	367161	321723	288016	1041759	307813	189089	349447
湖南	Hunan	348884	294812	226499	808731	273181	189120	276738
广东	Guangdong	529881	496247	430088	1204622	277650	194813	343188
广西	Guangxi	274911	252781	167666	628888	147542	97540	170260
海南	Hainan	57364	52190	42407	121591	22003	9186	33417
重庆	Chongqing	154903	140089	130656	425270	122220	77931	134716
四川	Sichuan	528075	480594	443180	1203150	286549	189132	315094
贵州	Guizhou	162831	148853	124093	386865	82599	42733	115479
云南	Yunnan	203187	184661	149716	471930	117236	55459	134713
西藏	Tibet	11038	9509	9509	21357	3603	1322	6342
陕西	Shaanxi	246420	223515	212649	625507	184594	117265	206421
甘肃	Gansu	141481	122720	107308	339878	84114	43386	105149
青海	Qinghai	31892	27632	19895	76375	19356	12564	22563
宁夏	Ningxia	45839	40261	32474	96448	20547	11584	27768
新疆	Xinjiang	88484	76860	68344	217555	59414	29639	65806

 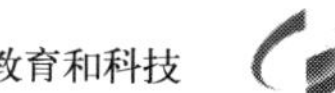 

20-30 各地区中等职业学校（机构)教职工数(2009年)
Number of Teachers and Staff in Secondary Vocational Schools (Institutions) by Region (2009)

单位：人 (person)

地区	Region	教职工数 Teachers and Staff	校本部教职工 Teachers and Staff in Headquarters	专任教师 Full-time Teachers	行政人员 Administrative Personnel	教辅人员 Teaching Assistants	工勤人员 Workers	校办企业职工 Employees in School-run Enterprises	其他附设机构人员 Personnel in Other Subsidiary Units	聘请校外教师 Engaged from Other Schools
全　国	**National Total**	**969477**	**953007**	**682151**	**107591**	**70696**	**92569**	**8219**	**8251**	**100335**
北　京	Beijing	15371	15078	8669	3042	1373	1994	43	250	1503
天　津	Tianjin	12012	11912	8241	1844	868	959	54	46	1254
河　北	Hebei	68061	67195	47982	7775	5478	5960	478	388	4941
山　西	Shanxi	33213	32530	23283	3479	2680	3088	225	458	3671
内蒙古	Inner Mongolia	21443	21131	15227	2455	1452	1997	118	194	1639
辽　宁	Liaoning	34312	33815	22603	5133	2613	3466	284	213	3453
吉　林	Jilin	28189	27886	18936	3866	2967	2117	165	138	1772
黑龙江	Heilongjiang	27227	26834	18817	3315	1880	2822	249	144	1673
上　海	Shanghai	14477	14338	8112	2421	1709	2096	123	16	1556
江　苏	Jiangsu	58727	58000	43852	4111	4571	5466	349	378	5952
浙　江	Zhejiang	37845	37439	30557	2474	1990	2418	205	201	4330
安　徽	Anhui	34798	34117	24700	3743	2214	3460	223	458	3888
福　建	Fujian	23747	23537	18290	2189	1333	1725	44	166	4144
江　西	Jiangxi	29713	29162	21444	3441	1367	2910	286	265	2818
山　东	Shandong	81291	79579	56940	9148	6863	6628	1030	682	2969
河　南	Henan	82720	80828	59531	8544	5756	6997	1095	797	8351
湖　北	Hubei	42244	40990	29148	4685	3245	3912	779	475	5953
湖　南	Hunan	44459	43552	29514	5822	3307	4909	534	373	4142
广　东	Guangdong	56156	55763	41178	5927	3943	4715	171	222	5493
广　西	Guangxi	32596	30642	20798	3348	2498	3998	687	1267	4258
海　南	Hainan	5712	5581	3627	776	376	802	28	103	590
重　庆	Chongqing	18075	17889	12953	1881	1281	1774	99	87	3446
四　川	Sichuan	51172	50523	36264	4803	3521	5935	274	375	4974
贵　州	Guizhou	15412	15260	10889	2204	842	1325	64	88	3203
云　南	Yunnan	27062	26878	19441	2436	1654	3347	36	148	4163
西　藏	Tibet	797	797	601	89	20	87			108
陕　西	Shaanxi	31115	30636	20843	4501	2408	2884	287	192	3991
甘　肃	Gansu	19731	19524	14379	1870	1243	2032	121	86	1462
青　海	Qinghai	3140	3054	2480	223	98	253	72	14	462
宁　夏	Ningxia	3326	3291	2348	371	235	337	35		415
新　疆	Xinjiang	15334	15246	10504	1675	911	2156	61	27	3761

20-31 各地区普通高中基本情况（2009年）

Basic Statistics on Regular Senior Secondary Schools by Region (2009)

单位：人 (person)

地 区	Region	学校数（所）Schools (unit)	招生数 New Enrollment	在校学生数 Total Enrollment	毕业生数 Graduates	教职工数 Teachers and Staff	#专任教师 Full-time Teachers
全 国	**National Total**	**14607**	**8303384**	**24342783**	**8237220**	**5845444**	**1493313**
北 京	Beijing	305	65983	203477	70132	71831	19814
天 津	Tianjin	218	60871	187554	70624	53079	14993
河 北	Hebei	661	447232	1308690	468982	313983	81765
山 西	Shanxi	544	277882	805659	251434	204293	51447
内蒙古	Inner Mongolia	306	174338	519643	183055	122818	31139
辽 宁	Liaoning	426	248271	718333	248791	180483	43570
吉 林	Jilin	262	158820	468554	168843	123360	27629
黑龙江	Heilongjiang	430	207927	608221	206616	172299	40113
上 海	Shanghai	273	55842	177589	70377	67614	16896
江 苏	Jiangsu	710	456062	1422174	513126	338838	98630
浙 江	Zhejiang	582	300208	855457	285788	205628	60520
安 徽	Anhui	769	424743	1305719	449248	256731	63881
福 建	Fujian	606	238475	719067	248971	172383	52339
江 西	Jiangxi	476	250953	772405	279087	182827	47512
山 东	Shandong	632	500248	1574869	590834	442448	112607
河 南	Henan	868	645015	2011981	701747	434544	104855
湖 北	Hubei	622	423786	1286751	449917	267265	70790
湖 南	Hunan	684	356521	1064265	415666	285576	69652
广 东	Guangdong	1020	717900	1924412	568989	429596	118549
广 西	Guangxi	478	262594	752797	236627	190755	41455
海 南	Hainan	108	54829	155893	51332	40117	9118
重 庆	Chongqing	267	220899	591983	161360	122328	30093
四 川	Sichuan	758	515321	1435520	449660	317312	77088
贵 州	Guizhou	451	219062	581604	165392	152175	31413
云 南	Yunnan	457	220325	611471	183772	175959	39728
西 藏	Tibet	24	13884	38383	13312	12249	2721
陕 西	Shaanxi	586	334887	944083	325393	198656	53070
甘 肃	Gansu	463	216982	630654	192269	128635	36450
青 海	Qinghai	126	36571	107783	34396	23587	7518
宁 夏	Ningxia	82	48084	140653	44190	29920	8556
新 疆	Xinjiang	413	148869	417139	137290	128155	29402

注：教职工数为普通高中和普通初中之和。

a) Number of teachers and staff is the sum of that of regular senior secondary schools and regular junior secondary schools.

20-32 各地区普通初中基本情况（2009年）
Basic Statistics on Regular Junior Secondary Schools by Region (2009)

单位：人 (person)

地 区	Region	学校数（所） Schools (unit)	招生数 New Enrollment	在校学生数 Total Enrollment	毕业生数 Graduates	专任教师 Full-time Teachers
全 国	**National Total**	**56167**	**17863912**	**54336420**	**17947254**	**3513438**
北 京	Beijing	342	105930	318874	101811	30423
天 津	Tianjin	353	87053	287031	96873	26471
河 北	Hebei	2887	733595	2418637	990746	186179
山 西	Shanxi	2316	579561	1726832	615374	119901
内蒙古	Inner Mongolia	890	277382	832216	288700	64217
辽 宁	Liaoning	1686	427882	1359494	475495	101548
吉 林	Jilin	1226	268451	869037	302619	67985
黑龙江	Heilongjiang	1817	389674	1338839	436335	102719
上 海	Shanghai	489	109184	426081	99884	33617
江 苏	Jiangsu	2181	777856	2562224	962848	188255
浙 江	Zhejiang	1771	554518	1767195	591487	119638
安 徽	Anhui	3087	990476	2974241	1015772	160745
福 建	Fujian	1330	426079	1415209	477911	99446
江 西	Jiangxi	2103	696726	1892398	519065	117933
山 东	Shandong	3118	1102207	3418475	995664	259943
河 南	Henan	4703	1606773	4742528	1631829	278050
湖 北	Hubei	2275	696261	2363351	923759	160662
湖 南	Hunan	3348	719964	2143515	693293	174179
广 东	Guangdong	3322	1756780	5036732	1481488	256571
广 西	Guangxi	2019	726270	2065476	644905	118241
海 南	Hainan	434	149394	445840	152741	24760
重 庆	Chongqing	1037	439979	1328175	407488	76451
四 川	Sichuan	4051	1177004	3554513	1121999	202326
贵 州	Guizhou	2163	762312	2112917	615496	107889
云 南	Yunnan	1791	697045	2038185	620762	115487
西 藏	Tibet	94	50042	143187	42401	8777
陕 西	Shaanxi	1923	545878	1802742	663225	117107
甘 肃	Gansu	1618	482318	1410974	463372	80433
青 海	Qinghai	323	77914	214883	65712	13790
宁 夏	Ningxia	273	108435	298922	93231	18255
新 疆	Xinjiang	1197	340969	1027697	354969	81440

20-33 各地区职业初中基本情况（2009年）

Basic Statistics on Vocational Junior Secondary Schools by Region (2009)

单位：人 (person)

地 区	Region	学校数 (所) Schools (unit)	招生数 New Enrollment	在校学生数 Total Enrollment	毕业生数 Graduates	教职工数 Teachers and Staff	#专任教师 Full-time Teachers
全 国	**National Total**	**153**	**20611**	**72995**	**29754**	**5198**	**4571**
北 京	Beijing						
天 津	Tianjin						
河 北	Hebei	1	56	180	90	28	26
山 西	Shanxi	40	3813	15880	5894	1279	1107
内蒙古	Inner Mongolia	15	2398	7185	3530	738	593
辽 宁	Liaoning						
吉 林	Jilin	12	2448	8299	3569	705	610
黑龙江	Heilongjiang	4	118	1221	257	119	106
上 海	Shanghai		43	166	49	17	17
江 苏	Jiangsu						
浙 江	Zhejiang						
安 徽	Anhui	4	1191	3478	938	197	188
福 建	Fujian						
江 西	Jiangxi	1	145	621	279	42	42
山 东	Shandong						
河 南	Henan						
湖 北	Hubei	13	1311	4788	4000	449	396
湖 南	Hunan						
广 东	Guangdong						
广 西	Guangxi						
海 南	Hainan						
重 庆	Chongqing						
四 川	Sichuan	10	2197	9746	2822	322	296
贵 州	Guizhou	30	4025	11858	4454	798	739
云 南	Yunnan	15	2625	8354	3173	444	399
西 藏	Tibet						
陕 西	Shaanxi						
甘 肃	Gansu	7	15	45	15	9	7
青 海	Qinghai	1	146	146		13	7
宁 夏	Ningxia		80	1028	684	38	38
新 疆	Xinjiang						

20-34 各地区普通小学基本情况（2009年）

Basic Statistics on Regular Primary Schools by Region (2009)

单位：人 (person)

地 区	Region	学校数（所）Schools (unit)	招生数 New Enrollment	在校学生数 Total Enrollment	毕业生数 Graduates	教职工数 Teachers and Staff	#专任教师 Full-time Teachers
全 国	**National Total**	**280184**	**16377978**	**100714661**	**18051997**	**6135536**	**5633447**
北 京	Beijing	1160	102414	647101	110730	60428	49257
天 津	Tianjin	983	81303	507385	91481	44999	37942
河 北	Hebei	14447	875823	4886544	733936	344343	321238
山 西	Shanxi	14722	430781	3046931	583791	210015	193657
内蒙古	Inner Mongolia	3139	228806	1493013	279222	139539	114848
辽 宁	Liaoning	6037	337183	2255977	428542	170584	149711
吉 林	Jilin	6184	233984	1461099	270309	152641	128301
黑龙江	Heilongjiang	7202	312389	1903733	389841	176830	155025
上 海	Shanghai	751	138598	671245	113558	54841	44278
江 苏	Jiangsu	5013	660473	3960228	772743	281600	254665
浙 江	Zhejiang	4147	539051	3251416	572363	184495	170102
安 徽	Anhui	14974	838578	4868785	983747	258827	248595
福 建	Fujian	7849	404000	2397594	439042	166446	156779
江 西	Jiangxi	13021	714886	4227464	694818	208702	201461
山 东	Shandong	12858	1017777	6268120	1094727	421057	389962
河 南	Henan	29420	1845137	10520259	1657467	515839	489139
湖 北	Hubei	8544	642190	3592629	646753	213347	198188
湖 南	Hunan	13263	833027	4691470	710261	266878	250365
广 东	Guangdong	18506	1274186	8876522	1835297	477034	418311
广 西	Guangxi	14290	752468	4367767	730648	245745	220832
海 南	Hainan	2520	108144	834016	169341	57299	52368
重 庆	Chongqing	7096	321333	2081367	431041	128118	117460
四 川	Sichuan	12437	945131	6170471	1166577	331434	306528
贵 州	Guizhou	12862	698976	4568716	784574	208696	199189
云 南	Yunnan	15826	694956	4441438	733099	247201	233811
西 藏	Tibet	884	53682	305235	50850	19293	18686
陕 西	Shaanxi	11583	409900	2714408	555577	193530	178320
甘 肃	Gansu	12637	372767	2525962	492700	144144	139966
青 海	Qinghai	2047	87157	533255	78005	27814	26794
宁 夏	Ningxia	2131	104390	670621	111121	33979	33406
新 疆	Xinjiang	3651	318488	1973890	339836	149838	134263

20-35 各地区特殊教育基本情况（2009年）

Basic Statistics on Special Education by Region (2009)

单位：人 (person)

地 区	Region	学校数（所）Schools (unit)	招生数 New Enrollment	在校学生数 Total Enrollment	毕业生数 Graduates	教职工数 Teachers and Staff	#专任教师 Full-time Teachers
全 国	**National Total**	**1672**	**64018**	**428125**	**57423**	**47466**	**37945**
北 京	Beijing	24	861	7921	1734	1160	844
天 津	Tianjin	20	244	2520	330	612	460
河 北	Hebei	144	2221	12742	1052	3191	2551
山 西	Shanxi	45	1257	8809	607	1427	1163
内蒙古	Inner Mongolia	29	550	4122	387	997	840
辽 宁	Liaoning	75	846	8776	889	2658	2095
吉 林	Jilin	45	925	6797	861	1794	1335
黑龙江	Heilongjiang	72	1511	9706	1629	2285	1868
上 海	Shanghai	29	1203	9032	1912	1594	1121
江 苏	Jiangsu	113	4524	30976	5343	3818	2985
浙 江	Zhejiang	64	1649	12268	1751	1605	1351
安 徽	Anhui	61	2435	15144	1629	1288	1069
福 建	Fujian	73	5010	34097	6609	1753	1533
江 西	Jiangxi	69	3808	22979	2189	894	764
山 东	Shandong	144	2803	20585	2020	5661	4401
河 南	Henan	121	3076	21069	2057	3404	2872
湖 北	Hubei	76	2167	13959	1675	1708	1444
湖 南	Hunan	51	2246	13996	1606	1397	1074
广 东	Guangdong	69	3591	26158	3448	2444	1858
广 西	Guangxi	57	2442	16213	1556	1072	825
海 南	Hainan	4	559	2971	524	144	105
重 庆	Chongqing	36	1971	13189	2186	837	699
四 川	Sichuan	95	6483	41767	5933	1854	1572
贵 州	Guizhou	49	2616	16507	1799	867	740
云 南	Yunnan	25	4188	23697	2880	792	631
西 藏	Tibet	1	11	200	4	38	33
陕 西	Shaanxi	39	1335	8010	1492	922	714
甘 肃	Gansu	16	1954	13687	1965	477	380
青 海	Qinghai	10	466	2761	231	158	130
宁 夏	Ningxia	6	197	1476	190	186	169
新 疆	Xinjiang	10	869	5991	935	429	319

20-36 各地区各级普通学校生师比
Student-Teacher Ratio by Level of Regular Schools by Region

年份 地区	Year Region	小学 Primary School	初中 Junior Secondary School	普通高中 Regular Senior Secondary School	职业高中 Vocational Senior Secondary School	普通中专 Regular Specialized Secondary School	普通高校 Regular Institution of Higher Education	本科院校 Undergraduate Courses	专科院校 Specialized Courses
	2004	19.98	18.65	18.65	19.10	28.13	16.22	17.44	13.15
	2005	19.43	17.80	18.54	20.62	31.02	16.85	17.75	14.78
	2006	19.17	17.15	18.13	22.16	31.67	17.80	17.61	18.26
	2007	18.82	16.52	17.48	23.50	31.39	17.28	17.31	17.20
	2008	18.38	16.07	16.78	23.47	31.27	17.23	17.21	17.27
	2009	17.88	15.47	16.30	23.65	27.82	17.27	17.23	17.35
北京	Beijing	13.14	10.48	10.27	12.27	22.66	15.93	16.24	13.73
天津	Tianjin	13.37	10.84	12.51	12.74	15.87	16.64	16.52	16.94
河北	Hebei	15.21	12.99	16.01	24.88	25.42	17.70	17.84	17.45
山西	Shanxi	15.73	14.40	15.66	20.99	23.26	16.67	16.44	17.12
内蒙古	Inner Mongolia	13.00	12.96	16.69	18.62	21.36	17.77	17.46	18.23
辽宁	Liaoning	15.07	13.39	16.49	17.74	16.97	16.83	17.12	15.62
吉林	Jilin	11.39	12.78	16.96	20.95	18.06	17.67	17.77	17.08
黑龙江	Heilongjiang	12.28	13.03	15.16	17.84	23.29	17.15	17.25	16.91
上海	Shanghai	15.16	12.67	10.51	17.31	24.19	16.96	16.79	17.89
江苏	Jiangsu	15.55	13.61	14.42	20.51	25.60	16.08	16.20	15.91
浙江	Zhejiang	19.11	14.77	14.14	19.25	24.21	17.32	17.05	17.89
安徽	Anhui	19.59	18.50	20.44	30.83	35.38	18.35	18.04	18.86
福建	Fujian	15.29	14.23	13.74		28.32	17.07	17.37	16.49
江西	Jiangxi	20.98	16.05	16.26	28.38	28.99	16.57	17.10	15.80
山东	Shandong	16.07	13.15	13.99	19.66	20.77	16.80	16.37	17.60
河南	Henan	21.51	17.06	19.19	25.76	29.49	17.79	18.04	17.40
湖北	Hubei	18.13	14.71	18.18	29.05	36.85	17.51	17.24	18.22
湖南	Hunan	18.74	12.31	15.28	24.55	32.78	18.07	17.96	18.22
广东	Guangdong	21.22	19.63	16.23	21.49	32.01	18.64	18.91	18.15
广西	Guangxi	19.78	17.47	18.16		30.02	17.40	17.08	17.89
海南	Hainan	15.93	18.01	17.10	26.03	45.59	18.91	18.83	19.05
重庆	Chongqing	17.72	17.37	19.67	31.95	39.73	17.46	17.80	16.51
四川	Sichuan	20.13	17.57	18.62	30.57	32.00	18.02	17.90	18.32
贵州	Guizhou	22.94	19.58	18.51	33.65	31.53	17.32	16.73	18.61
云南	Yunnan	19.00	17.65	15.39	24.05	29.63	17.07	17.16	16.89
西藏	Tibet	16.33	16.31	14.11		34.67	15.82	15.73	16.10
陕西	Shaanxi	15.22	15.39	17.79	28.70	27.12	17.17	16.84	18.31
甘肃	Gansu	18.05	17.54	17.30	24.38	23.89	18.51	18.56	18.38
青海	Qinghai	19.90	15.58	14.34	16.29	31.82	13.48	12.54	16.39
宁夏	Ningxia	20.07	16.37	16.44	32.68	31.42	17.55	16.46	20.09
新疆	Xinjiang	14.70	12.62	14.19	22.51	17.05	16.25	16.15	16.42

注：普通高校生师比中专任教师数包括聘请校外教师。

a) Of the student-teacher ratio of regular institution of higher education, full-time teachers include those from other schools.

20-37 每十万人口各级学校平均在校生数
Number of Students Per 100 000 Population by Level

单位：人 (person)

年 份 地 区	Year Region	幼儿园 Kindergartens	小 学 Primary Education	初中阶段 Junior Secondary	高中阶段 Senior Secondary	高等学校 Higher Education
	2004	1617	8725	5058	2792	1420
	2005	1676	8358	4781	3070	1613
	2006	1731	8192	4557	3321	1816
	2007	1787	8037	4364	3409	1924
	2008	1873	7819	4227	3463	2042
	2009	2001	7584	4097	3495	2128
北 京	Beijing	1462	3818	1881	2475	6410
天 津	Tianjin	1756	4314	2441	3040	4432
河 北	Hebei	2165	6992	3461	3698	1871
山 西	Shanxi	1885	8934	5110	4444	2050
内蒙古	Inner Mongolia	1401	6186	3478	3644	1794
辽 宁	Liaoning	1806	5229	3151	2947	2659
吉 林	Jilin	1192	5344	3209	3053	2695
黑龙江	Heilongjiang	1110	4977	3503	2898	2420
上 海	Shanghai	1874	3554	2257	1982	4393
江 苏	Jiangsu	2517	5158	3337	3677	2786
浙 江	Zhejiang	3263	6350	3452	3151	2303
安 徽	Anhui	1529	7936	4854	3687	1742
福 建	Fujian	2989	6653	3927	3725	2039
江 西	Jiangxi	2553	9608	4302	3616	2118
山 东	Shandong	1921	6656	3630	3330	2153
河 南	Henan	1820	11157	5030	4149	1774
湖 北	Hubei	1456	6291	4147	4480	2829
湖 南	Hunan	1893	7353	3360	3205	2040
广 东	Guangdong	2614	9301	5277	3950	1952
广 西	Guangxi	2343	9069	4289	3081	1436
海 南	Hainan	1674	9766	5221	3611	2001
重 庆	Chongqing	2227	7331	4678	4028	2317
四 川	Sichuan	2098	7582	4380	3442	1732
贵 州	Guizhou	1970	12046	5602	2647	1043
云 南	Yunnan	2029	9776	4505	2578	1298
西 藏	Tibet	560	10635	4989	2082	1317
陕 西	Shaanxi	1525	7215	4792	4901	3045
甘 肃	Gansu	1365	9611	5369	3969	1806
青 海	Qinghai	1830	9620	3879	3763	1080
宁 夏	Ningxia	2022	10857	4856	4167	1721
新 疆	Xinjiang	2302	9264	4823	3208	1430

注：1.高等学校包括普通高等学校和成人高等学校。
2.高中阶段合计数据包括普通高中、成人高中、普通中专、职业高中、技工学校和成人中专。
3.初中阶段包括普通初中和职业初中。

a) Institutions of higher education include that of regular institutions of higher education and institutions of higher education for adults.

b) Total of senior schools include that of regular senior schools, adult senior schools, regular secondary technical schools, vocational secondary schools, technical worker school, adult technical secondary schools.

c) Junior secondary schools include regular junior schools and junior vocational schools.

20-38 各地区教育经费情况
Basic Statistics on Educational Funds by Region

单位：万元 (10 000 yuan)

年份 地区	Year Region	合计 Total	国家财政性教育经费 Government Appropriation for Education	#预算内教育经费 Budgetary	民办学校办学经费 Funds from Private Schools	社会捐赠经费 Donations and Fund-raising for Running Schools	事业收入 Income from Teaching Research and Other Auxiliary Activity	#学杂费 Tuition and Miscel-laneous Fees	其他教育经费 Other Educational Funds
	1992	8670491	7287506	5387382		696285		439319	
	1993	10599374	8677618	6443914	33323	701856		871477	
	1994	14887813	11747396	8839795	107795	974487		1469228	
	1995	18779501	14115233	10283930	203672	1628414		2012423	
	1996	22623394	16717046	12119134	261999	1884190		2610361	
	1997	25317326	18625416	13577262	301746	1706588		3260792	
	1998	29490592	20324526	15655917	480314	1418537	6091515	3697474	1175700
	1999	33490416	22871756	18157597	628957	1258694	7497174	4636108	1233835
	2000	38490806	25626056	20856792	858537	1139557	9382717	5948304	1483939
	2001	46376626	30570100	25823762	1280895	1128852	11575137	7456014	1821643
	2002	54800278	34914048	31142383	1725549	1272791	14609169	9227792	2278722
	2003	62082653	38506237	34538583	2590148	1045927	17218399	11214985	2721943
	2004	72425989	44658575	40278158	3478529	934204	20114268	13465517	3240414
	2005	84188391	51610759	46656939	4522185	931613	23399991	15530545	3723842
	2006	98153087	63483648	57956138	5490583	899078	24073042	15523301	4206736
	2007	121480663	82802142	76549082	809337	930584	31772357	21309082	5166242
	2008	145007374	104496296	96855602	698479	1026663	33670711	23492983	5115225
中央	Central Government	15690032	9816068	9626221		138558	4784690	2356897	950717
地方	Local Governments	129317342	94680228	87229381	698479	888105	28886021	21136086	4164509
北京	Beijing	4690166	3833068	3518413	13447	42640	677724	474317	123286
天津	Tianjin	2060843	1493682	1371559	3094	11329	486470	353328	66267
河北	Hebei	5584914	4171281	3829877	10606	4971	1196773	959854	201283
山西	Shanxi	3328404	2568476	2299361	25208	7935	697025	489348	29761
内蒙古	Inner Mongolia	2625527	2185264	2039943	11436	4359	386118	306595	38349
辽宁	Liaoning	4792311	3674925	3370673	25737	2544	1011819	822527	77287
吉林	Jilin	2714195	2111975	2005780	6694	4435	564682	413862	26409
黑龙江	Heilongjiang	3386551	2649171	2476993	11413	1303	703262	581225	21401
上海	Shanghai	4823026	3674055	3198435	4816	12762	835427	688203	295967
江苏	Jiangsu	9964272	6484818	5700220	31551	147410	2650610	1701434	649883
浙江	Zhejiang	7972834	5172415	4306162	20620	177646	2035378	1456350	566775
安徽	Anhui	4383732	3175813	2982954	59819	24493	1039294	769030	84313
福建	Fujian	3898541	2763597	2558584	51117	35439	956422	675809	91966
江西	Jiangxi	3333171	2217897	2129146	14119	11370	947036	759221	142749
山东	Shandong	7749148	5747058	5103149	23057	24128	1801350	1309904	153555
河南	Henan	6561523	4976900	4738248	39889	3850	1424592	1117059	116292
湖北	Hubei	4519593	2805035	2594087	38820	13437	1409747	1053592	252555
湖南	Hunan	5066050	3436066	3246051	35152	20764	1376082	1036897	197987
广东	Guangdong	11661554	8013744	7526041	119170	89064	3088448	2272900	351128
广西	Guangxi	3476223	2650050	2509309	34687	10847	719822	536922	60817
海南	Hainan	928981	686993	600001	6587	24976	182685	126289	27741
重庆	Chongqing	2662580	1813614	1714121	13242	54098	612315	416073	169313
四川	Sichuan	6578338	4894707	4598998	61106	75537	1437698	824238	109290
贵州	Guizhou	2709138	2300188	2158372	8405	7625	359475	242811	33446
云南	Yunnan	3422932	2823329	2688969	4831	22611	500737	384069	71424
西藏	Tibet	494122	478394	475482	107	337	15183	9995	102
陕西	Shaanxi	3806168	2659058	2516850	18999	11498	1012482	812640	104133
甘肃	Gansu	2310200	1960155	1894402	1245	10922	320149	250267	17730
青海	Qinghai	608034	547864	532406	572	1071	48623	33392	9904
宁夏	Ningxia	702612	575667	542083	2061	23401	82663	58632	18820
新疆	Xinjiang	2501661	2134971	2002714	876	5303	305932	199304	54579

注：2007年对部分教育经费统计指标进行了修订。"民办学校办学经费"1992-2006年指社会团体和公民个人办学总经费，2007年以后是指民办学校中举办者投入。

a) In 2007, certain indicators of educational funds had been revised. "Funds from private schools" from 1992 to 2006 equals to funds from social organizations and citizens for running schools, but that of 2007 equals to funds from runners of private schools.

20-39　各类学校教育经费情况（2008年）
Educational Funds in Various School (2008)

单位：万元　　(10 000 yuan)

学校类别	Type of Schools	合计 Total	国家财政性教育经费 Government Appropriation for Education	#预算内教育经费 Budgetary	民办学校中举办者投入 Funds from School Runners of Private Schools	社会捐赠经费 Donations and Fund-Raising for Running Schools	事业收入 Income from Teaching Research and Other Auxiliary Activity	#学杂费 Tuition and Miscellaneous Fees	其他教育经费 Other Educational Funds
全国总计	**National Total**	**145007374**	**104496296**	**96855602**	**698479**	**1026663**	**33670711**	**23492983**	**5115225**
按学校类别分组	**Grouped by Type of Schools**								
高等学校	Institutions of Higher Education	43468780	20624560	19986369	301687	290000	19328770	14742862	2923763
普通高等学校	Regular Institutions of Higher Education	42102369	20035116	19446804	301687	286343	18644142	14181277	2835082
成人高等学校	Institutions of Higher Education for Adults	1366410	589445	539565		3657	684628	561586	88681
中等职业学校	Vocational Secondary Schools	10492435	6822714	5855492	94754	30598	3224121	2623644	320249
中等专业学校	Specialized Secondary Schools	4378243	2658848	2385192	37436	16354	1515101	1269791	150504
职业高中	Vocational Senior Secondary Schools	4342575	3089551	2494304	51797	12715	1078746	884991	109766
技工学校	Technical Schools	1148415	640771	570952	3538	800	465315	375070	37990
成人中专学校	Specialized Secondary Schools for Adults	623202	433543	405044	1982	730	164959	93793	21988
中学	Secondary Schools	41291006	32146828	29285708	196998	368121	7665883	4789157	913175
普通中学	Regular Secondary Schools	41239914	32120256	29263303	196993	368079	7645672	4782959	908915
普通高中	Regular Senior Secondary Schools	16022356	9612420	8378922	87645	155034	5696493	3926919	470763
普通初中	Regular Junior Secondary Schools	25217559	22507836	20884380	109348	213045	1949178	856040	438151
#农村	Rural Areas	14282395	13572234	12837204	21037	82297	441223	117345	165605
成人中学	Secondary Schools for Adults	51091	26572	22405	5	42	20211	6197	4261
小学	Primary Schools	35512328	32984118	31129002	104857	269479	1687494	767626	466380
普通小学	Regular Primary Schools	35507037	32978952	31123862	104857	269479	1687377	767626	466373
#农村	Rural Areas	22981915	22236241	21363735	21073	123321	405862	107332	195418
成人小学	Primary Schools for Adults	5292	5166	5140			118		8
特殊教育学校	Special Education Schools	410125	382492	333761	184	4302	13068	107	10078
幼儿园	Kindergartens	1988416	1329444	1227865		14505	602945	489217	41522
教育行政单位	Education Administrative Unit	2659507	2358725	1976317		22948	176071		101763
教育事业单位	Education Institution	5698156	4669140	3897287		25108	720274		283634
其它	Others	3486623	3178274	3163802		1602	252086	80370	54661

20-40 科技活动基本情况
Basic Statistics on Scientific and Technological Activities

指 标	Item	2005	2006	2007	2008	2009
研究与试验发展(R&D)投入情况	**Statistics on R&D Input**					
R&D人员全时当量(万人年)	Full-time Equivalent of R&D Personnel (10 000 man-years)	136.5	150.2	173.6	196.5	229.0
#基础研究	Basic Research	11.5	13.1	13.8	15.4	16.3
应用研究	Applied Research	29.7	30.0	28.6	28.9	31.5
试验发展	Experimental Development	95.2	107.1	131.2	152.2	181.2
R&D经费内部支出 (亿元)	Intramural Expenditure on R&D (100 million yuan)	2450.0	3003.1	3710.2	4616.0	5791.9
#基础研究	Basic Research	131.2	155.8	174.5	220.8	264.8
应用研究	Applied Research	433.5	489.0	492.9	575.2	724.9
试验发展	Experimental Development	1885.2	2358.4	3042.8	3820.0	4802.2
#政府资金	Government Funds	645.4	742.1	913.5	1088.9	1329.8
企业资金	Self-raised Funds by Enterprises	1642.5	2073.7	2611.0	3311.5	4120.6
R&D经费内部支出相当于国内生产总值比例 (%)	Proportion of Intramural Expenditure on R&D to GDP (%)	1.32	1.39	1.40	1.47	1.70
科技产出及成果情况	**Statistics on S&T Outputs and Results**					
发表科技论文 (万篇)	Scientific Papers Issued (10 000 pieces)	94	106	114	119	141
出版科技著作 (种)	Publication on Science and Technology (kind)	40120	42918	43063	45296	47826
科技成果登记数 (项)	Number of Major Achievements in Science and Technology(item)	32359	33644	34170	35971	38688
国家技术发明奖 (项)	Number of National Invention Prizes Awarded (item)	40	56	51	55	55
国家科学技术进步奖 (项)	Number of National Scientific and Technological Progress Prizes Awarded (item)	236	241	255	254	282
专利申请受理数 (件)	Number of Patents Application Accepted (piece)	476264	573178	693917	828328	976686
#发明专利	Inventions	173327	210490	245161	289838	314573
专利申请授权数 (件)	Number of Patents Application Granted (piece)	214003	268002	351782	411982	581992
#发明专利	Inventions	53305	57786	67948	93706	128489
高技术产品进出口及技术市场情况	**Statistics on Export and Import of High-tech and Technical Market**					
高技术产品进出口额 (亿元)	Total Value of Export and Import of High-tech Products (100 million yuan)	4160	5288	6348	7574	6868
高技术产品出口额	Export	2182	2815	3478	4156	3769
高技术产品进口额	Import	1977	2473	2870	3418	3099
技术市场成交额 (亿元)	Transaction Value in Technical Market (100 million yuan)	1551	1818	2227	2665	3039

注：2009年研究与试验发展(R&D)投入情况为第二次全国R&D资源清查初步汇总数据。
a) Statistics on R&D Input in 2009 are the preliminary aggregate data of the second national R&D resources survey.

20-41 科学研究与开发机构基本情况
Basic Statistics on Scientific Research and Development Institutions

指 标	Item	2005	2006	2007	2008	2009
机构基本情况	**Basic Statistics on Institutions**					
机构数 (个)	Number of R&D Institutions (unit)	3901	3803	3775	3727	3707
#中央属	Subordinated to Central Level	679	673	674	678	691
地方属	Subordinated to Local Level	3222	3130	3101	3049	3016
研究与试验发展(R&D)投入情况	**Statistics on R&D Input**					
R&D人员 (万人)	R&D Personnel (10 000 persons)	24.1	25.7	29.0	30.4	32.3
R&D人员全时当量 (万人年)	Full-time Equivalent of R&D Personnel(10 000 man-years)	21.5	23.1	25.5	26.0	27.7
#基础研究	Basic Research	2.8	3.2	3.6	3.8	4.1
应用研究	Applied Research	8.3	8.9	9.3	9.7	10.3
试验发展	Experimental Development	10.4	11.0	12.6	12.5	13.3
R&D经费内部支出 (亿元)	Intramural Expenditure on R&D(100 million yuan)	513.1	567.3	687.9	811.3	996.0
#基础研究	Basic Research	58.0	67.9	74.7	92.7	110.6
应用研究	Applied Research	176.3	196.2	227.1	271.3	350.8
试验发展	Experimental Development	278.7	303.2	386.1	447.2	534.5
#政府资金	Government Appropriation Funds	424.7	481.2	592.9	699.7	849.6
企业资金	Self-raised Funds by Enterprises	17.6	17.3	26.2	28.2	29.8
R&D项目(课题)情况	**Statistics on R&D Topics**					
R&D项目(课题)数 (项)	Projects of R&D (item)	39072	42262	49453	54900	61152
R&D项目(课题)人员全时当量(万人年)	Participants (10 000 man-years)	17.6	20.2	22.2	22.9	23.7
R&D项目(课题)经费内部支出 (亿元)	Intramural Expenditure (100 million yuan)	353.5	365.4	451.7	537.7	579.8
科技产出及成果情况	**Statistics on S&T Outputs and Results**					
发表科技论文 (篇)	Scientific Papers Issued (piece)	109995	118211	126527	132072	138147
#国外发表	Published in Foreign Periodicals	15638	17597	19596	21498	25890
出版科技著作 (种)	Publication on Science and Technology (kind)	3578	3791	4134	4691	4788
专利申请受理数 (件)	Number of Patents Applications Accepted (piece)	6814	8026	9802	12536	15773
#发明专利	Inventions	5064	6200	7782	9864	12361
专利申请授权数 (件)	Number of Patents Applications Granted (piece)	3234	3499	4036	5048	6391
#发明专利	Inventions	2088	2191	2467	3102	4077

20-42 高等学校科技活动情况
Basic Statistics on Higher Education for Science and Technology Activities

指 标	Item	2005	2006	2007	2008	2009
高等学校基本情况	**Basic Statistics on Higher Education**					
学校数 (个)	Number of Institutions (unit)	1792	1867	1908	2263	2267
#理工农医	Natural Sciences & Technology	786	800	786	827	1003
#人文社科	Social Sciences & Humanities	815	843	840	869	954
R&D机构 (个)	R&D Institutions (unit)	3936	4154	4502	5159	5784
研究与试验发展(R&D)投入情况	**Statistics on R&D Input**					
R&D人员 (万人)	R&D Personnel (10 000 persons)	38.7	42.1	44.8	47.8	51.0
R&D人员全时当量 (万人年)	Full-time Equivalent of R&D Personnel(10 000 man-years)	22.7	24.2	25.4	26.6	27.5
#基础研究	Basic Research	7.8	9.0	9.4	10.9	11.2
应用研究	Applied Research	11.1	11.3	12.0	13.7	14.2
试验发展	Experimental Development	3.9	3.9	4.0	2.0	2.1
R&D经费内部支出 (亿元)	Intramural Expenditure on R&D(100 million yuan)	242.3	276.8	314.7	390.2	456.2
#基础研究	Basic Research	56.7	71.4	86.8	114.8	140.4
应用研究	Applied Research	125.0	137.3	161.8	208.9	244.8
试验发展	Experimental Development	60.6	68.2	66.1	66.5	71.0
#政府资金	Government Appropriation Funds	133.1	151.5	177.7	225.5	234.3
企业资金	Self-raised Funds by Enterprises	88.9	101.2	110.3	134.9	201.1
R&D项目(课题)情况	**Statistics on R&D Topics**					
R&D项目(课题)数 (项)	Projects of R&D (item)	280327	365294	375425	429096	476708
R&D项目(课题)人员全时当量(万人年)	Participants (10 000 man-years)	22.5	26.8	25.2	26.6	27.4
R&D项目(课题)经费内部支出(亿元)	Intramural Expenditure (100 million yuan)	193.5	287.0	258.2	323.2	344.4
科技产出及成果情况	**Statistics on S&T Outputs and Results**					
发表科技论文 (篇)	Scientific Papers Issued (piece)	728082	830948	905985	964877	1016345
#国外发表	Published in Foreign Periodicals	69857	90722	108727	134058	156750
出版科技著作 (种)	Publication on Science and Technology (kind)	33064	34633	35733	37541	40919
专利申请受理数 (件)	Number of Patents Applications Accepted (piece)	20094	24490	29860	40610	54099
#发明专利	Inventions	14673	18059	21864	29337	35697
专利申请授权数 (件)	Number of Patents Applications Granted (piece)	8843	12043	14111	19248	24708
#发明专利	Inventions	4715	6650	8251	10216	14242

20-43 规模以上工业企业的科技活动基本情况
Basic Statistics on Science and Technology Activities of Industrial Enterprises above Designated Size

指　标	Item	2004	2008	2009
企业基本情况	**Statistics on Industrial Enterprises**			
有R&D活动企业数 (个)	Number of Enterprises Having R&D Activities (unit)	17075	27278	36396
有R&D活动企业所占比重 (%)	Percentage of Enterprises Having R&D Activities to Total Number of Enterprises (%)	6.2	6.5	8.5
R&D活动情况	**Statitstics on R&D Activities**			
R&D人员全时当量 (万人年)	Full-time Equivalent of R&D Personnel (10 000 man-years)	54.2	123.0	162.4
R&D经费内部支出 (亿元)	Intramural Expenditure on R&D (100 million yuan)	1104.5	3073.1	3777.2
R&D经费内部支出与主营业务收入之比 (%)	Percentage of Intramural Expenditure on R&D to Sales Revenue (%)	0.56	0.61	0.69
R&D项目数 (项)	Projects of R&D (item)	53641	143448	194553
R&D项目经费内部支出 (亿元)	Intramural Expenditure on R&D Projects (100 million yuan)	921.2	2902.0	3187.0
企业办R&D机构情况	**Statistics on R&D Institutions**			
机构数 (个)	Number of R&D Institutions (unit)	17555	26177	29892
机构人员数 (万人)	R&D Personnel (10 000 persons)	64.4	130.4	155.0
机构经费支出 (亿元)	Expenditure on R&D (100 million yuan)	841.6	2634.8	2984.1
新产品开发及生产情况	**Statitstics on New Products Development and Production**			
新产品开发项目数 (个)	Number of New Products (unit)	76176	184859	237818
新产品开经费支出 (亿元)	Expenditure on New Products Development(100 million yuan)	965.7	3676.1	4483.0
新产品销售收入 (亿元)	Sales Revenue of New Products (100 million yuan)	22808.6	57027.1	65840.4
#新产品出口	Export	5312.2	14081.6	11573.5
专利情况	**Statistics on Patent**			
专利申请数 (件)	Patent Applications (piece)	64569	173573	267721
#发明专利	Inventions	20456	59254	92732
有效发明专利数 (件)	Number of Patents In Force (piece)	30315	80252	118288
技术获取和技术改造情况	**Statistics on Technology Acquisition and Technology Reconstruction**			
引进国外技术经费支出 (亿元)	Expenditure for Acquisition of Foreign Technology(100 million yuan)	397.4	466.9	422.2
引进技术消化吸收经费支出(亿元)	Expenditure for Assimilation of Technology(100 million yuan)	61.2	122.7	182.1
购买国内技术经费支出 (亿元)	Expenditure for Purchase of Domestic Technology(100 million yuan)	82.5	184.2	203.4
技术改造经费支出 (亿元)	Expenditure for Technical Renovation (100 million yuan)	2953.5	4672.7	4345.0

注：20-41至20-51表为第二次全国R&D资源清查初步汇总数据。

a) Data from 20-41 to 20-51 are the preliminary aggregate data of the second national R&D resources survey.

20-44 大中型工业企业科技活动基本情况
Basic Statistics on Science and Technology Activities of Large and Medium-sized Industrial Enterprises

指　标	Item	2005	2006	2007	2008	2009
企业基本情况	**Statistics on Industrial Enterprises**					
有R&D活动企业数 (个)	Number of Enterprises Having R&D Activities (unit)	6874	7838	8954	10027	12440
有R&D活动企业所占比重 (%)	Percentage of Enterprises Having R&D Activities to Total Number of Enterprises (%)	24.1	24.0	24.7	24.9	30.5
R&D活动情况	**Statitstics on R&D Activities**					
R&D人员全时当量 (万人年)	Full-time Equivalent of R&D Personnel (10 000 man-years)	60.6	69.6	85.8	101.4	130.6
R&D经费内部支出 (亿元)	Intramural Expenditure on R&D (100 million yuan)	1250.3	1630.2	2112.5	2681.3	3211.6
R&D经费内部支出与主营业务收入之比 (%)	Percentage of Intramural Expenditure on R&D to Sales Revenue (%)	0.76	0.77	0.81	0.84	0.96
R&D项目数 (项)	Projects of R&D (item)	70580	87207	92913	103234	133994
R&D项目经费内部支出 (亿元)	Intramural Expenditure on R&D Projects (100 million yuan)	1142.3	1491.0	1967.6	2520.9	2697.4
企业办R&D机构情况	**Statistics on R&D Institutions**					
机构数 (个)	Number of R&D Institutions (unit)	9352	10464	11847	13241	15228
机构人员数 (万人)	R&D Personnel (10 000 persons)	64.3	75.8	88.3	107.5	128.0
机构经费支出 (亿元)	Expenditure on R&D (100 million yuan)	1018.3	1335.1	1791.8	2336.3	2625.4
新产品开发及生产情况	**Statitstics on New Products Development and Production**					
新产品开发项目数 (个)	Number of New Products (unit)	81033	100760	112369	121358	152824
新产品开经费支出 (亿元)	Expenditure on New Products Development(100 million yuan)	1457.2	1862.9	2453.3	3095.8	3655.5
新产品销售收入 (亿元)	Sales Revenue of New Products (100 million yuan)	24097.1	31232.8	40976.2	51291.6	57980.2
#新产品出口	Export	5538.9	7335.2	9922.4	13210.7	10679.7
专利情况	**Statistics on Patent**					
专利申请数 (件)	Patent Applications (piece)	55271	69009	95905	122076	168408
#发明专利	Inventions	18292	25685	36074	43773	63230
有效发明专利数 (件)	Number of Patents In Force (piece)	22971	29176	43652	55723	81625
技术获取和技术改造情况	**Statistics on Technology Acquisition and Technology Reconstruction**					
引进国外技术经费支出 (亿元)	Expenditure for Acquisition of Foreign Technology (100 million yuan)	296.8	320.4	452.5	440.4	394.6
引进技术消化吸收经费支出(亿元)	Expenditure for Assimilation of Technology(100 million yuan)	69.4	81.9	106.6	106.4	163.9
购买国内技术经费支出 (亿元)	Expenditure for Purchase of Domestic Technology (100 million yuan)	83.4	87.4	129.6	166.2	174.8
技术改造经费支出 (亿元)	Expenditure for Technical Renovation (100 million yuan)	2792.9	3019.6	3650.0	4167.2	3671.6

20-45 按登记注册类型分大中型工业企业研究与试验发展(R&D)活动情况(2009年)

Basic Statistics on R&D Activities of Large and Medium-sized Industrial Enterprises by Registration Status (2009)

登记注册类型	Status of Registration	R&D人员全时当量 (人年) Full-time Equivalent of R&D Personnel (man-year)	R&D经费 (万元) Expenditure on R&D (10 000 yuan)	R&D项目数 (项) R&D Projects (unit)
合　计	**Total**	**1306179**	**32115692**	**133994**
内资企业	**Domestic Funded Enterprises**	**952103**	**23449930**	**103427**
国有企业	State-owned Enterprises	141029	3222891	16537
集体企业	Collective-owned Enterprises	9748	436754	1821
股份合作企业	Cooperative Enterprises	4508	96938	739
联营企业	Joint Ownership Enterprises	1901	73116	127
国有联营企业	State Joint Ownership Enterprises	1636	66431	99
有限责任公司	Limited Liability Corporations	418484	10793313	46245
国有独资公司	State Sole Funded Corporations	116775	3111622	11852
股份有限公司	Share-holding Corporations Ltd.	238715	5510394	22671
私营企业	Private Enterprises	134941	3218079	14843
其他企业	Other Enterprises	2778	98446	444
港、澳、台商投资企业	**Enterprises with Funds from Hong Kong, Macao and Taiwan**	**136209**	**3123358**	**12850**
合资经营企业	Joint-venture Enterprises	56697	1433202	5553
合作经营企业	Cooperative Enterprises	1993	37646	122
独资经营企业	Enterprises with Sole Fund	66530	1424288	6220
投资股份有限公司	Share-holding Corporations Ltd.	10990	228222	955
外商投资企业	**Foreign Funded Enterprises**	**217866**	**5542403**	**17717**
中外合资经营企业	Joint-venture Enterprises	95067	2909361	9406
中外合作经营企业	Cooperation Enterprises	1613	57509	174
外资企业	Enterprises with Sole Fund	100758	2031581	6434
外商投资股份有限公司	Share-holding Corporations Ltd.	20428	543952	1703

20-46 按行业分大中型工业企业研究与试验发展(R&D)活动情况(2009年)

Basic Statistics on R&D Activities of Large and Medium-sized Industrial Enterprises by Industrial Sector (2009)

行业	Sector	R&D人员全时当量(人年) Full-time Equivalent of R&D Personnel (man-year)	R&D经费(万元) Expenditure on R&D (10 000 yuan)	R&D项目数(项) R&D Projects (unit)
全国总计	**Total**	**1306179**	**32115692**	**133994**
煤炭开采和洗选业	Mining and Washing of Coal	50001	930410	3424
石油和天然气开采业	Extraction of Petroleum and Natural Gas	26105	623983	2914
黑色金属矿采选业	Mining of Ferrous Metal Ores	1496	17885	157
有色金属矿采选业	Mining of Non-ferrous Metal Ores	2194	76887	308
非金属矿采选业	Mining and Processing of Nonmetal Ores	2065	19865	180
农副食品加工业	Processing of Food from Agricultural Products	12628	368044	1405
食品制造业	Manufacture of Foods	10890	314094	1616
饮料制造业	Manufacture of Beverage	15524	393206	2452
烟草制品业	Manufacture of Tobacco	4477	125802	1206
纺织业	Manufacture of Textile	33828	691790	4373
纺织服装、鞋、帽制造业	Manufacture of Textile Wearing Apparel, Footware, and Caps	8066	149512	641
皮革、毛皮、羽毛(绒)及其制品业	Manufacture of Leather, Fur, Feather & Its Products	4536	81635	607
木材加工及木、竹、藤、棕、草制品业	Processing of Timbers, Manufacture of Wood, Bamboo, Rattan, Palm, and Straw Products	1424	52031	401
家具制造业	Manufacture of Furniture	2391	55908	221
造纸及纸制品业	Manufacture of Paper and Paper Products	10756	319798	764
印刷业和记录媒介的复制	Printing, Reproduction of Recording Media	4214	77071	483
文教体育用品制造业	Manufacture of Articles for Culture, Education and Sport Activities	5332	84309	578
石油加工、炼焦及核燃料加工业	Processing of Petroleum, Coking, Processing of Nuclear Fuel	10844	338368	1203
化学原料及化学制品制造业	Manufacture of Chemical Raw Material and Chemical Products	82271	1972899	7738
医药制造业	Manufacture of Medicines	58117	996221	8272
化学纤维制造业	Manufacture of Chemical Fiber	10262	323849	753
橡胶制品业	Manufacture of Rubber	11608	368097	1680
塑料制品业	Manufacture of Plastic	13764	299203	1282
非金属矿物制品业	Manufacture of Nonmetallic Mineral Products	31950	589794	2580
黑色金属冶炼及压延加工业	Manufacture and Processing of Ferrous Metals	68711	3054462	5287
有色金属冶炼及压延加工业	Manufacture & Processing of Non-ferrous Metals	31696	973899	2556
金属制品业	Manufacture of Metal Products	25623	461071	2182
通用设备制造业	Manufacture of General Purpose Machinery	95485	2099680	12647
专用设备制造业	Manufacture of Special Purpose Machinery	85920	1978241	10108
交通运输设备制造业	Manufacture of Transport Equipment	165475	4599870	15031
电气机械及器材制造业	Manufacture of Electrical Machinery & Equipment	121786	3296018	16215
通信设备、计算机及其他电子设备制造业	Manufacture of Communication Equipment, Computer and Other Electronic Equipment	241402	5496059	18037
仪器仪表及文化、办公用机械制造业	Manufacture of Measuring Instrument and Machinery for Cultural Activity & Office Work	29848	485201	3449
工艺品及其他制造业	Manufacture of Artwork, Other Manufacture	8723	96222	882
电力、热力的生产和供应业	Production and Supply of Electric Power and Heat Power	15649	293924	2226
燃气生产和供应业	Production and Distribution of Gas	113	1457	23
水的生产和供应业	Production and Distribution of Water	939	8456	111

20-47 按地区分大中型工业企业研究与试验发展(R&D)活动情况(2009年)

Basic Statistics on R&D Activities of Large and Medium-sized Industrial Enterprises by Region(2009)

地 区	Region	R&D人员全时当量 (人年) Full-time Equivalent of R&D Personnel (man-year)	R&D经费 (万元) Expenditure on R&D (10 000 yuan)	R&D项目数 (项) R&D Projects (unit)
全 国	**National Total**	**1306179**	**32115692**	**133994**
北 京	Beijing	31010	857518	4393
天 津	Tianjin	26863	1077340	5412
河 北	Hebei	37219	876779	3743
山 西	Shanxi	34022	572980	1808
内蒙古	Inner Mongolia	12437	357371	688
辽 宁	Liaoning	47818	1524988	5867
吉 林	Jilin	17188	306229	1026
黑龙江	Heilongjiang	30087	586423	3496
上 海	Shanghai	60695	2070546	6439
江 苏	Jiangsu	184542	4519598	15261
浙 江	Zhejiang	95861	2158526	9690
安 徽	Anhui	33423	781883	3533
福 建	Fujian	37964	861242	3445
江 西	Jiangxi	20264	516110	2169
山 东	Shandong	122934	4111741	15724
河 南	Henan	68061	1221761	5665
湖 北	Hubei	47226	1057682	4256
湖 南	Hunan	32312	825422	3696
广 东	Guangdong	224650	5000738	19080
广 西	Guangxi	10392	265124	2183
海 南	Hainan	618	14366	164
重 庆	Chongqing	24098	521899	3120
四 川	Sichuan	42497	732963	5503
贵 州	Guizhou	7696	177654	1120
云 南	Yunnan	6973	131235	720
西 藏	Tibet	398	1937	9
陕 西	Shaanxi	27911	561281	3574
甘 肃	Gansu	10941	184849	824
青 海	Qinghai	1592	39821	123
宁 夏	Ningxia	3243	69912	577
新 疆	Xinjiang	5244	129772	686

 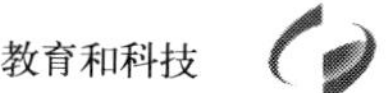

20-48 按登记注册类型分大中型工业企业新产品开发及生产情况(2009年)

New Products Development and Production of Large and Medium-sized Industrial Enterprises by Registration Status (2009)

登记注册类型	Status of Registration	新产品项目数(项) New Products (unit)	开发新产品经费(万元) Expenditure on New Products Development (10 000 yuan)	新产品产值(万元) Output Value of New Products (10 000 yuan)	新产品销售收入(万元) Sales Revenue of New Products (10 000 yuan)	#出口 Exports
合　计	**Total**	**152824**	**36554854**	**587169940**	**579802299**	**106796825**
内资企业	**Domestic Funded Enterprises**	**115578**	**26075877**	**371015951**	**364234310**	**44969166**
国有企业	State-owned Enterprises	16756	3532263	66393086	67034381	2905309
集体企业	Collective-owned Enterprises	1360	346179	8392142	8066924	1410220
股份合作企业	Cooperative Enterprises	702	113995	1242671	1132883	182439
联营企业	Joint Ownership Enterprises	140	65691	1332957	1319257	46686
国有联营企业	State Joint Ownership Enterprises	90	56587	1288908	1288098	43465
有限责任公司	Limited Liability Corporations	52047	11633743	140995448	140102666	19901288
国有独资公司	State Sole Funded Corporations	12907	3288438	37967906	39562243	4304977
股份有限公司	Share-holding Corporations Ltd.	26444	6562518	92780093	89478516	10921644
私营企业	Private Enterprises	17731	3719447	58623274	55773145	9473074
其他企业	Other Enterprises	398	102043	1256280	1326537	128505
港、澳、台商投资企业	**Enterprises with Funds from Hong Kong, Macao and Taiwan**	**14921**	**3703541**	**61028133**	**57868082**	**22786616**
合资经营企业	Joint-venture Enterprises	6311	1559168	27137176	25652870	8594856
合作经营企业	Cooperative Enterprises	185	41752	410070	420082	120935
独资经营企业	Enterprises with Sole Fund	7448	1792949	28196173	27977311	12708008
投资股份有限公司	Share-holding Corporations Ltd.	977	309672	5284715	3817819	1362818
外商投资企业	**Foreign Funded Enterprises**	**22325**	**6775437**	**155125857**	**157699907**	**39041043**
中外合资经营企业	Joint-venture Enterprises	12259	3726073	109175054	113748691	21376278
中外合作经营企业	Cooperation Enterprises	264	77225	806698	789863	366839
外资企业	Enterprises with Sole Fund	7907	2478302	35510155	35833774	15830394
外商投资股份有限公司	Share-holding Corporations Ltd.	1895	493837	9633950	7327579	1467532

20-49 按行业分大中型工业企业新产品开发及生产情况(2009年)
New Products Development and Production of Large and Medium-sized Industrial Enterprises by Industrial Sector (2009)

行业	Sector	新产品项目数(项) New Products (unit)	开发新产品经费(万元) Expenditure on New Products Development (10 000 yuan)	新产品产值(万元) Output Value of New Products (10 000 yuan)	新产品销售收入(万元) Sales Revenue of New Products (10 000 yuan)	#出口 Exports
全国总计	**Total**	**152824**	**36554854**	**587169940**	**579802299**	**106796825**
煤炭开采和洗选业	Mining and Washing of Coal	1695	449429	7014747	6524027	776894
石油和天然气开采业	Extraction of Petroleum and Natural Gas	970	237455	144778	153388	12556
黑色金属矿采选业	Mining of Ferrous Metal Ores	95	17536	79342	78741	12000
有色金属矿采选业	Mining of Non-ferrous Metal Ores	84	43889	619313	617941	1842
非金属矿采选业	Mining and Processing of Nonmetal Ores	139	10802	238915	234863	2937
农副食品加工业	Processing of Food from Agricultural Products	1698	465931	6912026	6336931	620401
食品制造业	Manufacture of Foods	1825	363670	4898535	4670113	506284
饮料制造业	Manufacture of Beverage	2707	469905	4360427	4367562	86703
烟草制品业	Manufacture of Tobacco	734	132856	6859209	7547039	35016
纺织业	Manufacture of Textile	5220	877975	18165831	15330843	3592105
纺织服装、鞋、帽制造业	Manufacture of Textile Wearing Apparel, Footware, and Caps	846	213657	4552441	4278844	1077345
皮革、毛皮、羽毛(绒)及其制品业	Manufacture of Leather, Fur, Feather & Its Products	1017	125290	2719907	2608667	741499
木材加工及木、竹、藤、棕、草制品业	Processing of Timbers, Manufacture of Wood, Bamboo, Rattan, Palm, and Straw Products	843	71650	1554049	1510201	196121
家具制造业	Manufacture of Furniture	340	71063	1040644	1151529	584004
造纸及纸制品业	Manufacture of Paper and Paper Products	711	305051	5729127	5502603	470550
印刷业和记录媒介的复制	Printing, Reproduction of Recording Media	542	106192	1260114	1241597	73083
文教体育用品制造业	Manufacture of Articles for Culture, Education and Sport Activities	798	123274	1128780	1113193	524389
石油加工、炼焦及核燃料加工业	Processing of Petroleum, Coking, Processing of Nuclear Fuel	955	272776	5900798	6170503	66253
化学原料及化学制品制造业	Manufacture of Chemical Raw Material and Chemical Products	7077	1909848	28368439	27286366	3173955
医药制造业	Manufacture of Medicines	8837	1073412	13440843	12483159	1450118
化学纤维制造业	Manufacture of Chemical Fiber	805	400648	5638440	7114423	515260
橡胶制品业	Manufacture of Rubber	2535	492184	6300130	6096960	1750594
塑料制品业	Manufacture of Plastic	1522	373834	4757224	4574561	900093
非金属矿物制品业	Manufacture of Nonmetallic Mineral Products	2911	629830	8786610	8369690	1517343
黑色金属冶炼及压延加工业	Manufacture and Processing of Ferrous Metals	5700	3371715	46658913	47337141	2740252
有色金属冶炼及压延加工业	Manufacture & Processing of Non-ferrous Metals	2397	933703	13205905	13852482	2624881
金属制品业	Manufacture of Metal Products	2813	609579	6997185	6789418	1716962
通用设备制造业	Manufacture of General Purpose Machinery	15364	2629492	33717044	32737014	3722341
专用设备制造业	Manufacture of Special Purpose Machinery	12378	2491179	25873727	24863394	2599807
交通运输设备制造业	Manufacture of Transport Equipment	19390	5823650	144801821	145692002	14058958
电气机械及器材制造业	Manufacture of Electrical Machinery & Equipment	18445	3736929	64694733	59980864	13113008
通信设备、计算机及其他电子设备制造业	Manufacture of Communication Equipment, Computer and Other Electronic Equipment	23908	6665809	102177761	104362336	44805398
仪器仪表及文化、办公用机械制造业	Manufacture of Measuring Instrument and Machinery for Cultural Activity & Office Work	4360	645652	6572843	6968492	2126571
工艺品及其他制造业	Manufacture of Artwork, Other Manufacture	1100	117225	1634354	1437988	590414
电力、热力的生产和供应业	Production and Supply of Electric Power and Heat Power	1940	268235	358024	315057	10889
燃气生产和供应业	Production and Distribution of Gas	29	15399		95462	
水的生产和供应业	Production and Distribution of Water	94	8130	2820	2813	

20-50 按地区分大中型工业企业新产品开发及生产情况(2009年)
New Products Development and Production of Large and Medium-sized Industrial Enterprises by Region (2009)

地区	Region	新产品项目数(项) New Products (unit)	开发新产品经费(万元) Expenditure on New Products Development (10 000 yuan)	新产品产值(万元) Output Value of New Products (10 000 yuan)	新产品销售收入(万元) Sales Revenue of New Products (10 000 yuan)	#出口 Exports
全 国	**National Total**	**152824**	**36554854**	**587169940**	**579802299**	**106796825**
北 京	Beijing	4905	1025233	20996833	19829168	6399381
天 津	Tianjin	5647	1177199	27085102	26215887	7515933
河 北	Hebei	3975	777020	11018765	10952204	1960547
山 西	Shanxi	1681	630539	7189338	6081847	1216137
内蒙古	Inner Mongolia	797	235761	5494910	3188152	445682
辽 宁	Liaoning	6454	1991859	23603211	23723459	1921892
吉 林	Jilin	1377	331990	28153274	28070578	123155
黑龙江	Heilongjiang	3044	654933	4947915	4911381	220125
上 海	Shanghai	8844	2528770	45670713	50770812	8126536
江 苏	Jiangsu	17125	5195189	72769641	72952131	20090558
浙 江	Zhejiang	12006	2613497	48262194	45261993	11825740
安 徽	Anhui	4965	1125168	14208985	12689635	757199
福 建	Fujian	3360	1014664	15594329	15279620	6356036
江 西	Jiangxi	1810	384119	4913423	4715900	654839
山 东	Shandong	16951	4223025	68490916	68376264	9126329
河 南	Henan	5445	1267888	14331092	16312978	981820
湖 北	Hubei	5470	1355946	16668050	16505431	1277995
湖 南	Hunan	3929	964104	17756785	17731642	862219
广 东	Guangdong	23167	5537110	80290249	78561587	23555285
广 西	Guangxi	2241	368884	7342792	7818720	219521
海 南	Hainan	132	14884	99829	101895	10657
重 庆	Chongqing	3342	673318	17440933	16889747	994832
四 川	Sichuan	6514	998351	19342516	17785186	1133061
贵 州	Guizhou	1698	236011	1872691	1774830	90127
云 南	Yunnan	808	220795	2269845	2307527	132554
西 藏	Tibet	1	516	51029	44445	408
陕 西	Shaanxi	5088	635944	6560743	6290709	324137
甘 肃	Gansu	988	154907	1594080	2268508	186406
青 海	Qinghai	72	30193	539098	541425	112
宁 夏	Ningxia	600	87403	1050319	898957	109675
新 疆	Xinjiang	388	99635	1560342	949684	177928

20-51 按登记注册类型分大中型工业企业专利情况(2009年)
Statistics on Patent of Large and Medium-sized Industrial Enterprises by Registration Status (2009)

单位：件 (piece)

登记注册类型	Status of Registration	专利申请数 Patent Applications	#发明专利 Invention Patents	有效发明专利数 Number of Patents In Force
合 计	**Total**	**168408**	**63230**	**81625**
内资企业	**Domestic Funded Enterprises**	**120306**	**45694**	**59549**
国有企业	State-owned Enterprises	12135	4285	5748
集体企业	Collective-owned Enterprises	1411	669	495
股份合作企业	Cooperative Enterprises	573	153	178
联营企业	Joint Ownership Enterprises	99	17	43
国有联营企业	State Joint Ownership Enterprises	72	10	21
有限责任公司	Limited Liability Corporations	39642	16487	25206
国有独资公司	State Sole Funded Corporations	6754	2163	2853
股份有限公司	Share-holding Corporations Ltd.	36400	17588	18588
私营企业	Private Enterprises	29398	6343	9064
其他企业	Other Enterprises	648	152	227
港、澳、台商投资企业	**Enterprises with Funds from Hong Kong, Macao and Taiwan**	**20418**	**6171**	**8553**
合资经营企业	Joint-venture Enterprises	9601	2489	2754
合作经营企业	Cooperative Enterprises	253	57	87
独资经营企业	Enterprises with Sole Fund	9171	3203	4875
投资股份有限公司	Share-holding Corporations Ltd.	1393	422	837
外商投资企业	**Foreign Funded Enterprises**	**27684**	**11365**	**13523**
中外合资经营企业	Joint-venture Enterprises	11995	4227	5569
中外合作经营企业	Cooperation Enterprises	231	70	87
外资企业	Enterprises with Sole Fund	13479	6567	6141
外商投资股份有限公司	Share-holding Corporations Ltd.	1979	501	1726

20-52 按行业分大中型工业企业专利情况(2009年)
Statistics on Patent of Large and Medium-sized Industrial Enterprises by Industrial Sector (2009)

单位：件 (piece)

行业	Sector	专利申请数 Patent Applications	#发明专利 Invention Patents	有效发明专利数 Number of Patents In Force
全国总计	**Total**	**168408**	**63230**	**81625**
煤炭开采和洗选业	Mining and Washing of Coal	984	391	451
石油和天然气开采业	Extraction of Petroleum and Natural Gas	1429	399	1168
黑色金属矿采选业	Mining of Ferrous Metal Ores	63	27	48
有色金属矿采选业	Mining of Non-ferrous Metal Ores	125	42	106
非金属矿采选业	Mining and Processing of Nonmetal Ores	73	29	43
农副食品加工业	Processing of Food from Agricultural Products	1224	424	380
食品制造业	Manufacture of Foods	1815	705	672
饮料制造业	Manufacture of Beverage	1503	266	425
烟草制品业	Manufacture of Tobacco	644	230	162
纺织业	Manufacture of Textile	5382	878	998
纺织服装、鞋、帽制造业	Manufacture of Textile Wearing Apparel, Footwear, and Caps	1537	169	284
皮革、毛皮、羽毛(绒)及其制品业	Manufacture of Leather, Fur, Feather & Its Products	857	66	65
木材加工及木、竹、藤、棕、草制品业	Processing of Timbers, Manufacture of Wood, Bamboo, Rattan, Palm, and Straw Products	973	190	185
家具制造业	Manufacture of Furniture	1171	67	224
造纸及纸制品业	Manufacture of Paper and Paper Products	635	248	268
印刷业和记录媒介的复制	Printing, Reproduction of Recording Media	547	137	312
文教体育用品制造业	Manufacture of Articles for Culture, Education and Sport Activities	2446	256	618
石油加工、炼焦及核燃料加工业	Processing of Petroleum, Coking, Processing of Nuclear Fuel	395	252	848
化学原料及化学制品制造业	Manufacture of Chemical Raw Material and Chemical Products	5928	3086	3911
医药制造业	Manufacture of Medicines	4811	2952	3911
化学纤维制造业	Manufacture of Chemical Fiber	710	188	325
橡胶制品业	Manufacture of Rubber	1095	226	487
塑料制品业	Manufacture of Plastic	2645	626	887
非金属矿物制品业	Manufacture of Nonmetallic Mineral Products	5408	2665	6848
黑色金属冶炼及压延加工业	Manufacture and Processing of Ferrous Metals	4824	1836	2065
有色金属冶炼及压延加工业	Manufacture & Processing of Non-ferrous Metals	3253	1168	2219
金属制品业	Manufacture of Metal Products	4497	754	1415
通用设备制造业	Manufacture of General Purpose Machinery	10618	2676	4482
专用设备制造业	Manufacture of Special Purpose Machinery	9677	3017	3950
交通运输设备制造业	Manufacture of Transport Equipment	19131	3911	4828
电气机械及器材制造业	Manufacture of Electrical Machinery & Equipment	23125	6268	10141
通信设备、计算机及其他电子设备制造业	Manufacture of Communication Equipment, Computer and Other Electronic Equipment	40713	26627	25448
仪器仪表及文化、办公用	Manufacture of Measuring Instrument and	5381	1333	2179
机械制造业	Machinery for Cultural Activity & Office Work	1749	249	368
工艺品及其他制造业	Manufacture of Artwork, Other Manufacture			
电力、热力的生产和供应业	Production and Supply of Electric Power and Heat Power	2974	848	831
燃气生产和供应业	Production and Distribution of Gas	6	2	16
水的生产和供应业	Production and Distribution of Water	43	20	45

20-53 按地区分大中型工业企业专利情况(2009年)
Statistics on Patent of Large and Medium-sized Industrial Enterprises by Region (2009)

单位：件 (piece)

地 区	Region	专利申请数 Patent Applications	#发明专利 Invention Patents	有效发明专利数 Number of Patents In Force
全 国	**National Total**	**168408**	**63230**	**81625**
北 京	Beijing	4379	2340	2742
天 津	Tianjin	4719	1854	2541
河 北	Hebei	2421	693	1153
山 西	Shanxi	1425	514	681
内蒙古	Inner Mongolia	822	419	347
辽 宁	Liaoning	3822	1409	1634
吉 林	Jilin	846	289	630
黑龙江	Heilongjiang	1204	346	1246
上 海	Shanghai	9946	4155	7166
江 苏	Jiangsu	19503	5843	8370
浙 江	Zhejiang	19964	3837	5189
安 徽	Anhui	4535	1391	1486
福 建	Fujian	4935	1329	1416
江 西	Jiangxi	988	319	304
山 东	Shandong	13661	3842	4791
河 南	Henan	5476	1427	2512
湖 北	Hubei	4693	1669	2483
湖 南	Hunan	5620	2983	7067
广 东	Guangdong	45176	24261	23247
广 西	Guangxi	903	257	503
海 南	Hainan	132	56	16
重 庆	Chongqing	4780	983	1206
四 川	Sichuan	3357	1147	1747
贵 州	Guizhou	1222	567	629
云 南	Yunnan	585	234	530
西 藏	Tibet	14	11	9
陕 西	Shaanxi	1899	643	1112
甘 肃	Gansu	415	161	254
青 海	Qinghai	79	23	126
宁 夏	Ningxia	234	88	146
新 疆	Xinjiang	653	140	342

20-54 高技术产业基本情况
Basic Statistics on High-tech Industry

行业	Item	1995	2000	2005	2008	2009
生产经营情况	**Statistics on Production and Operation**					
企业数 (个)	Number of Enterprises (unit)	18834	9758	17527	25817	27218
从业人员年平均人数(万人)	Annual Average Number of Persons Engaged (10 000 persons)	448	390	663	945	958
当年价总产值 (亿元)	Gross Output Value (100 million yuan)	4097.8	10411.5	34367.1	57087.4	60430.5
主营业务收入 (亿元)	Revenue from Principal Business (100 million yuan)	3917.1	10033.7	33921.8	55728.9	59566.7
利润 (亿元)	Profits (100 million yuan)	178.0	673.5	1423.2	2725.1	3278.5
利税 (亿元)	Pre-Tax Profits (100 million yuan)	326.2	1033.4	2089.6	4023.9	4660.3
出口交货值 (亿元)	Export (100 million yuan)	1125.2	3388.4	17636.0	31503.9	29499.7
科技活动及相关情况	**Statistics on Science and Technology Activities and Relative Statistics**					
R&D机构数 (个)	R&D Institutions (unit)	2138	1379	1619	2534	2845
R&D人员全时当量(万人年)	R&D Personnel (10 000 man-years)	5.8	9.2	17.3	28.5	35.9
R&D经费 (亿元)	Expenditure on R&D (100 million yuan)	17.8	111.0	362.5	655.2	774.0
新产品开发经费 (亿元)	Expenditure on New Produts Development (100 million yuan)	32.3	117.8	415.7	798.4	925.1
专利申请数 (件)	Patent Applications (piece)	612	2245	16823	39656	51989
有效发明专利数 (件)	Number of Patents In Force (piece)	410	1443	6658	23915	31830
固定资产投资情况	**Statistics on Investment in Fixed Assets**					
施工项目数 (个)	Number of Projects under Construction (unit)		2734	7095	8534	10201
#新开工项目数	Number of Projects Started This Year		1640	4460	4872	6459
全部建成或投产项目数(个)	Number of Projects Completed and Put into Use(unit)		1282	3158	4290	5606
投资额 (亿元)	Investment (100 million yuan)		563.0	2144.0	4169.2	5241.9
新增固定资产 (亿元)	Newly Increased Fixed Assets (100 million yuan)		421.0	1464.0	2574.2	3339.8

注：本表生产经营情况的数据口径为规模以上工业企业；科技活动及相关情况的数据口径为大中型工业企业；固定资产投资情况的数据口径为投资额在50万元及以上的项目。

a)Statistics on production and operation cover industrial enterprises above designated size;Statistics on science and technology activities and relative statistics cover large and medium-sized enterprises;Statistics on investment in fixed assets cover all projects with the investment over 500,000 RMB.

20-55 高技术产业生产经营情况（2009年）
Statistics on Production and Management in High-tech Industry(2009)

行业	Industry	企业数（个）Number of Enterprises (unit)	从业人员年平均人数（人）Annual Average Number of Persons Engaged (person)	当年价总产值（万元）Gross Output Value (10 000 yuan)
合计	**Total**	**27218**	**9575428**	**604304849**
医药制造业	Medical and Pharmaceutical Products	6807	1604792	94433032
#化学药品制造	Chemical Medicine	2494	767596	48905770
中成药制造	Traditional Chinese Medicine	1510	428684	20572675
生物、生化制品的制造	Biology, Biochemistry Products	815	129036	9806632
航空航天器制造业	Aviation and Aircrafts Manufacturing	220	325270	13530103
电子及通信设备制造业	Electronic and Communication Equipment	12831	5100040	289471244
#通信设备制造业	Communication Equipment	1605	893945	85312534
雷达及配套设备制造业	Radar Equipments	51	35565	1228700
广播电视设备制造业	Broadcast and Television Equipments	477	100141	4246602
电子器件制造业	Electronic Parts	2355	1035697	64470993
电子元件制造业	Electronic Components	6145	2213312	82591400
家用视听设备制造业	Household Audiovisual	1088	541130	39184498
其他电子设备制造	Other Electronic Equipment	1110	280250	12436517
电子计算机及办公设备制造业	Electronic Computers and Office Equipments	1676	1632703	162927358
#电子计算机整机制造业	Electronic Computer	162	513380	89602913
电子计算机外部设备制造业	Electronic Computer Peripheral Equipments	1291	1022983	66552168
医疗器械及仪器仪表制造业	Medical Treatment Instruments and Meters	5684	912623	43943112
#医疗仪器设备及器械制造业	Medical Treatment Equipments and Instruments	1262	233022	9734778
仪器仪表制造业	Instruments and Meters	4422	679601	34208333

注：本表的数据口径为规模以上工业企业。
a) Data in this table cover industrial enterprises above designated size.

20-55 续表 continued

行 业	Industry	主营业务收入(万元) Revenue from Principal Business (10 000 yuan)	利润(万元) Profits (10 000 yuan)	利税(万元) Pre-tax Profits (10 000 yuan)	出口交货值(万元) Export (10 000 yuan)
合计	**Total**	**595666902**	**32785340**	**46603012**	**294997342**
医药制造业	Medical and Pharmaceutical Products	90870035	9939643	15176386	7471661
#化学药品制造	Chemical Medicine	47803269	5087680	7920433	4945471
中成药制造	Traditional Chinese Medicine	19428860	2203095	3569376	483687
生物、生化制品的制造	Biology, Biochemistry Products	9193237	1353209	1781559	1002391
航空航天器制造业	Aviation and Aircrafts Manufacturing	13228484	897096	1133427	2082024
电子及通信设备制造业	Electronic and Communication Equipment	284654741	13096044	18581945	155420076
#通信设备制造业	Communication Equipment	85405265	5508106	7465028	44810878
雷达及配套设备制造业	Radar Equipments	1320742	113999	136219	26931
广播电视设备制造业	Broadcast and Television Equipments	4089161	258302	355008	1598409
电子器件制造业	Electronic Parts	61629660	1536052	2486802	40904484
电子元件制造业	Electronic Components	81015173	3529814	5035244	43977557
家用视听设备制造业	Household Audiovisual	39142923	1448898	2108141	18857491
其他电子设备制造	Other Electronic Equipment	12051817	700873	995503	5244325
电子计算机及办公设备制造业	Electronic Computers and Office Equipments	164319913	4872488	6077714	121430347
#电子计算机整机制造业	Electronic Computer	92769343	1489466	1873658	67999881
电子计算机外部设备制造业	Electronic Computer Peripheral Equipments	64735332	2976784	3698123	48820088
医疗器械及仪器仪表制造业	Medical Treatment Instruments and Meters	42593730	3980069	5633540	8593234
#医疗仪器设备及器械制造业	Medical Treatment Equipments and Instruments	9393287	1120950	1473970	2805667
仪器仪表制造业	Instruments and Meters	33200443	2859119	4159571	5787567

注：本表的数据口径为规模以上工业企业。
a) Data in this table cover industrial enterprises above designated size.

20-56 高技术产业R&D活动及新产品开发情况(2009年)
Statistics on R&D Activities and New Products Development in High-tech Industry(2009)

行　业	Industry	R&D机构数(个) R&D Institutions (unit)	R&D人员(人年) R&D Personnel (man-year)	R&D经费内部支出(万元) Intramural Expenditure on R&D (10 000 yuan)
合计	**Total**	**2845**	**359411**	**7740499**
医药制造业	Medical and Pharmaceutical Products	849	58117	996221
#化学药品制造	Chemical Medicine	477	35790	636142
中成药制造	Traditional Chinese Medicine	234	13452	203612
生物、生化制品的制造	Biology, Biochemistry Products	70	5806	96793
航空航天器制造业	Aviation and Aircrafts Manufacturing	111	26790	657822
电子及通信设备制造业	Electronic and Communication Equipment	1251	203765	4548486
#通信设备制造业	Communication Equipment	239	93321	2388342
雷达及配套设备制造业	Radar Equipments	29	4346	73858
广播电视设备制造业	Broadcast and Television Equipments	29	3245	38732
电子器件制造业	Electronic Parts	287	35161	684095
电子元件制造业	Electronic Components	480	39523	675056
家用视听设备制造业	Household Audiovisual	122	16371	590999
其他电子设备制造	Other Electronic Equipment	65	11797	97405
电子计算机及办公设备制造业	Electronic Computers and Office Equipments	217	39823	988665
#电子计算机整机制造业	Electronic Computer	55	20088	422017
电子计算机外部设备制造业	Electronic Computer Peripheral Equipments	124	13381	404420
医疗器械及仪器仪表制造业	Medical Treatment Instruments and Meters	417	30917	549305
#医疗仪器设备及器械制造业	Medical Treatment Equipments and Instruments	78	5969	143234
仪器仪表制造业	Instruments and Meters	339	24948	406071

注：本表的数据口径为大中型工业企业。
a) Data in this table cover large and medium-sized enterprises.

20-56 续表 continued

行 业	Industry	R&D项目数(个) R&D Projects (unit)	R&D项目经费(万元) Expenditure on R&D Projects (10 000 yuan)	新产品开发项目数(项) New Products (unit)	新产品开发经费支出(万元) Expenditure on New Produts Development (10 000 yuan)
合计	**Total**	**31814**	**6632849**	**39972**	**9250743**
医药制造业	Medical and Pharmaceutical Products	8272	831642	8837	1073412
#化学药品制造	Chemical Medicine	5273	546142	5437	680413
中成药制造	Traditional Chinese Medicine	1949	153617	2135	210019
生物、生化制品的制造	Biology, Biochemistry Products	577	82365	723	108059
航空航天器制造业	Aviation and Aircrafts Manufacturing	1863	350889	2604	764631
电子及通信设备制造业	Electronic and Communication Equipment	16554	4104486	21980	5442512
#通信设备制造业	Communication Equipment	5769	2252013	7607	2793220
雷达及配套设备制造业	Radar Equipments	524	34788	492	75597
广播电视设备制造业	Broadcast and Television Equipments	167	33797	225	60413
电子器件制造业	Electronic Parts	3434	585296	4499	878320
电子元件制造业	Electronic Components	3431	572853	4972	780830
家用视听设备制造业	Household Audiovisual	2813	547992	3593	726350
其他电子设备制造	Other Electronic Equipment	416	77748	592	127781
电子计算机及办公设备制造业	Electronic Computers and Office Equipments	1652	896650	2110	1271478
#电子计算机整机制造业	Electronic Computer	456	352623	539	510656
电子计算机外部设备制造业	Electronic Computer Peripheral Equipments	868	391256	1163	573932
医疗器械及仪器仪表制造业	Medical Treatment Instruments and Meters	3473	449182	4441	698711
#医疗仪器设备及器械制造业	Medical Treatment Equipments and Instruments	541	120059	673	171711
仪器仪表制造业	Instruments and Meters	2932	329123	3768	527000

注：本表的数据口径为大中型工业企业。

a) Data in this table cover large and medium-sized enterprises.

20-57 高技术产业专利及新产品生产情况(2009年)
Statistics on Patents and New Products Production in High-tech Industry(2009)

行业	Industry	专利申请数(件) Patent Applications (piece)	#发明专利 Invention Patents	有效发明专利数(件) Patents in Force (piece)
合计	**Total**	**51989**	**31796**	**31830**
医药制造业	Medical and Pharmaceutical Products	4811	2952	3911
#化学药品制造	Chemical Medicine	2360	1412	1762
中成药制造	Traditional Chinese Medicine	1833	1153	1677
生物、生化制品的制造	Biology, Biochemistry Products	321	253	294
航空航天器制造业	Aviation and Aircrafts Manufacturing	1504	622	565
电子及通信设备制造业	Electronic and Communication Equipment	32535	22071	21298
#通信设备制造业	Communication Equipment	18913	16046	14770
雷达及配套设备制造业	Radar Equipments	123	91	43
广播电视设备制造业	Broadcast and Television Equipments	540	174	149
电子器件制造业	Electronic Parts	5200	3212	3607
电子元件制造业	Electronic Components	3278	1137	1176
家用视听设备制造业	Household Audiovisual	3609	1164	1165
其他电子设备制造	Other Electronic Equipment	872	247	388
电子计算机及办公设备制造业	Electronic Computers and Office Equipments	8322	4571	4192
#电子计算机整机制造业	Electronic Computer	3539	2586	2738
电子计算机外部设备制造业	Electronic Computer Peripheral Equipments	3533	1014	881
医疗器械及仪器仪表制造业	Medical Treatment Instruments and Meters	4817	1580	1864
#医疗仪器设备及器械制造业	Medical Treatment Equipments and Instruments	1009	433	434
仪器仪表制造业	Instruments and Meters	3808	1147	1430

注：本表的数据口径为大中型工业企业。
a) Data in this table cover large and medium-sized enterprises.

20-57 续表 continued

行　业	Industry	新产品产值(万元) Gross Value of New Products (10 000 yuan)	新产品销售收入(万元) Sales Revenue of New Products (10 000 yuan)	#出口 Export
合计	**Total**	**125012187**	**125950003**	**47777639**
医药制造业	Medical and Pharmaceutical Products	13440843	12483159	1450118
#化学药品制造	Chemical Medicine	9018293	8468850	1187910
中成药制造	Traditional Chinese Medicine	2659895	2342221	88915
生物、生化制品的制造	Biology, Biochemistry Products	1024667	991985	112680
航空航天器制造业	Aviation and Aircrafts Manufacturing	3101400	2721714	217710
电子及通信设备制造业	Electronic and Communication Equipment	81867182	82327726	34768698
#通信设备制造业	Communication Equipment	39912928	41430667	18330078
雷达及配套设备制造业	Radar Equipments	533778	514724	106103
广播电视设备制造业	Broadcast and Television Equipments	665887	588380	103898
电子器件制造业	Electronic Parts	12211180	12010483	6864536
电子元件制造业	Electronic Components	11003421	10918384	4709447
家用视听设备制造业	Household Audiovisual	16003497	15386164	4343372
其他电子设备制造	Other Electronic Equipment	1536490	1478924	311263
电子计算机及办公设备制造业	Electronic Computers and Office Equipments	20809480	22531229	10203905
#电子计算机整机制造业	Electronic Computer	7646322	9492276	1453092
电子计算机外部设备制造业	Electronic Computer Peripheral Equipments	11441675	11363376	8341752
医疗器械及仪器仪表制造业	Medical Treatment Instruments and Meters	5793283	5886175	1137209
#医疗仪器设备及器械制造业	Medical Treatment Equipments and Instruments	1241924	1126830	258631
仪器仪表制造业	Instruments and Meters	4551360	4759345	878578

注：本表的数据口径为大中型工业企业。
a) Data in this table cover large and medium-sized enterprises.

20-58 国内外三种专利申请受理数

Three Kinds of Applications for Patents Accepted

单位：件 (piece)

指 标	Item	1990	1995	2000	2005	2008	2009
申请受理数合计	**Total**	**41469**	**83045**	**170682**	**476264**	**828328**	**976686**
发 明	**Inventions**	**10137**	**21636**	**51747**	**173327**	**289838**	**314573**
国 内	Domestic	5832	10018	25346	93485	194579	229096
职 务	Official	2482	2993	12609	62270	140452	172181
大专院校	Universities and Colleges	509	574	1942	14643	30808	37965
科研单位	Research Institutions	805	865	2228	6726	12435	14332
企 业	Enterprises	816	1086	8316	40196	95619	118257
机关团体	Government Agencies and Organizations	352	468	123	705	1590	1627
非职务	Non-official	3350	7025	12737	31215	54127	56915
国 外	Foreign	4305	11618	26401	79842	95259	85477
职 务	Official	4018	11045	25334	77575	92827	82647
非职务	Non-official	287	573	1067	2267	2432	2830
实用新型	**Utility Models**	**27615**	**43741**	**68815**	**139566**	**225586**	**310771**
国 内	Domestic	27488	43429	68461	138085	223945	308861
职 务	Official	7424	8727	17792	46879	107109	169413
大专院校	Universities and Colleges	811	771	965	3843	9362	13764
科研单位	Research Institutions	1521	1376	1616	2661	4724	6022
企 业	Enterprises	3830	4739	14912	39649	91374	147618
机关团体	Government Agencies and Organizations	1262	1841	299	726	1649	2009
非职务	Non-official	20064	34702	50669	91206	116836	139448
国 外	Foreign	127	312	354	1481	1641	1910
职 务	Official	55	190	259	1171	1331	1612
非职务	Non-official	72	122	95	310	310	298
外观设计	**Designs**	**3717**	**17668**	**50120**	**163371**	**312904**	**351342**
国 内	Domestic	3265	15433	46532	151587	298620	339654
职 务	Official	1713	8193	22974	49733	116825	141457
大专院校	Universities and Colleges	13	18	17	1435	4975	9850
科研单位	Research Institutions	64	104	278	359	1453	917
企 业	Enterprises	1310	6031	22634	47552	108517	128424
机关团体	Government Agencies and Organizations	326	2040	45	387	1880	2266
非职务	Non-official	1552	7240	23558	101854	181795	198197
国 外	Foreign	452	2235	3588	11784	14284	11688
职 务	Official	418	2013	3432	11230	13776	10972
非职务	Non-official	34	222	156	554	508	716

20-59 国内外三种专利申请授权数
Three Kinds of Patents Granted

单位：件 (piece)

指　标	Item	1990	1995	2000	2005	2008	2009
授权数合计	**Total**	**22588**	**45064**	**105345**	**214003**	**411982**	**581992**
发　明	**Inventions**	**3838**	**3393**	**12683**	**53305**	**93706**	**128489**
国　内	Domestic	1149	1530	6177	20705	46590	65391
职　务	Official	908	932	2824	14761	36955	52265
大专院校	Universities and Colleges	326	258	652	4453	10265	14391
科研单位	Research Institutions	331	304	910	2423	3945	5299
企　业	Enterprises	206	205	1016	7712	22493	32160
机关团体	Government Agencies and Organizations	45	165	246	173	252	415
非职务	Non-official	241	598	3353	5944	9635	13126
国　外	Foreign	2689	1863	6506	32600	47116	63098
职　务	Official	2496	1748	6222	31555	46112	61422
非职务	Non-official	193	115	284	1045	1004	1676
实用新型	**Utility Models**	**16952**	**30471**	**54743**	**79349**	**176675**	**203802**
国　内	Domestic	16744	30195	54407	78137	175169	202113
职　务	Official	5100	6766	15519	29191	82914	110625
大专院校	Universities and Colleges	698	623	868	2391	7242	9166
科研单位	Research Institutions	1280	1025	1529	1599	4161	4503
企　业	Enterprises	2249	2627	12821	24743	70242	95407
机关团体	Government Agencies and Organizations	873	2491	301	458	1269	1549
非职务	Non-official	11644	23429	38888	48946	92255	91488
国　外	Foreign	208	276	336	1212	1506	1689
职　务	Official	132	154	261	1011	1179	1400
非职务	Non-official	76	122	75	201	327	289
外观设计	**Designs**	**1798**	**11200**	**37919**	**81349**	**141601**	**249701**
国　内	Domestic	1411	9523	34652	72777	130647	234282
职　务	Official	751	5344	17789	27566	49375	99332
大专院校	Universities and Colleges	7	10	28	555	1652	4390
科研单位	Research Institutions	35	156	248	170	238	467
企　业	Enterprises	598	2554	17482	26658	45802	90754
机关团体	Government Agencies and Organizations	111	2624	31	183	1683	3721
非职务	Non-official	660	4179	16863	45211	81272	134950
国　外	Foreign	387	1677	3267	8572	10954	15419
职　务	Official	336	1402	3108	8254	10598	14852
非职务	Non-official	51	275	159	318	356	567

20-60 按地区分国内三种专利申请受理数和授权数（2009年）
Patents Application Accepted and Granted by Region (2009)

单位：件 (piece)

地 区	Region	申请受理数 合计 Number of Patents Application Accepted	发明 Inventions	实用新型 Utility Models	外观设计 Designs	授权数合计 Number of Patents Application Granted	发明 Inventions	实用新型 Utility Models	外观设计 Designs
全 国	**National Total**	**877611**	**229096**	**308861**	**339654**	**501786**	**65391**	**202113**	**234282**
北 京	Beijing	50236	29326	15424	5486	22921	9157	10141	3623
天 津	Tianjin	19624	6367	8267	4990	7404	1889	3988	1527
河 北	Hebei	11361	2811	6478	2072	6839	691	4515	1633
山 西	Shanxi	6822	2422	2791	1609	3227	603	1967	657
内蒙古	Inner Mongolia	2484	719	1266	499	1494	178	762	554
辽 宁	Liaoning	25803	7125	12633	6045	12198	1993	8585	1620
吉 林	Jilin	5934	2166	2912	856	3275	719	1931	625
黑龙江	Heilongjiang	9014	3384	4357	1273	5079	1142	3212	725
上 海	Shanghai	62241	22012	19650	20579	34913	5997	13158	15758
江 苏	Jiangsu	174329	31779	36122	106428	87286	5322	21939	60025
浙 江	Zhejiang	108482	15646	40364	52472	79945	4818	25295	49832
安 徽	Anhui	16386	4465	7065	4856	8594	795	4226	3573
福 建	Fujian	17559	3842	7844	5873	11282	824	4939	5519
江 西	Jiangxi	5224	1502	2439	1283	2915	386	1515	1014
山 东	Shandong	66857	13983	32091	20783	34513	2865	22635	9013
河 南	Henan	19589	4952	9912	4725	11425	1129	6630	3666
湖 北	Hubei	27206	6065	10579	10562	11357	1478	6285	3594
湖 南	Hunan	15948	4416	7075	4457	8309	1752	4218	2339
广 东	Guangdong	125673	32247	39027	54399	83621	11355	27438	44828
广 西	Guangxi	4277	1280	2091	906	2702	326	1506	870
海 南	Hainan	1040	456	359	225	630	84	330	216
重 庆	Chongqing	13482	3845	5503	4134	7501	834	3274	3393
四 川	Sichuan	33047	6260	11943	14844	20132	1596	6561	11975
贵 州	Guizhou	3709	1336	1659	714	2084	322	1234	528
云 南	Yunnan	4633	1637	1825	1171	2923	476	1338	1109
西 藏	Tibet	195	71	72	52	292	7	40	245
陕 西	Shaanxi	15570	5858	5798	3914	6087	1342	3446	1299
甘 肃	Gansu	2676	1120	1075	481	1274	227	809	238
青 海	Qinghai	499	175	147	177	368	35	89	244
宁 夏	Ningxia	1277	182	284	811	910	52	267	591
新 疆	Xinjiang	2872	662	1865	345	1866	120	1260	486
香 港	Hong Kong	2411	634	645	1132	2250	328	570	1352
澳 门	Macao	38	18	15	5	15	5	5	5
台 湾	Taiwan	21113	10333	9284	1496	16155	6544	8005	1606

20-61 按国别(地区)分国外专利申请受理数及授权数（2009年）
Patents Application Accepted and Granted by Country (Region) (2009)

单位：件 (piece)

国别(地区)	Country (Territory)	申请受理数 合计 Number of Patents Application Accepted	发明 Inventions	实用新型 Utility Models	外观设计 Designs	授权数合计 Number of Patents Application Granted	发明 Inventions	实用新型 Utility Models	外观设计 Designs
总　计	**Total**	**99075**	**85477**	**1910**	**11688**	**80206**	**63098**	**1689**	**15419**
日　本	Japan	34381	30293	328	3760	33804	27897	374	5533
马来西亚	Malaysia	114	38	16	60	102	23	13	66
新加坡	Singapore	304	214	21	69	234	134	27	73
泰　国	Thailand	36	10	2	24	21	3	3	15
韩　国	Republic of Korea	7113	5907	134	1072	7950	6476	93	1381
塞普路斯	Cyprus	17	15	1	1	16	16		
印　度	India	146	122	1	23	102	81	2	19
摩纳哥	Monaco	4	4			15	6		9
南　非	South Africa	99	93	2	4	59	47	5	7
德　国	Germany	9694	8264	179	1251	6658	5054	146	1458
荷　兰	Holland	3372	3089	32	251	2523	2128	20	375
英　国	United Kingdom	1911	1624	23	264	1266	825	29	412
瑞　士	Switzerland	2823	2362	70	391	1729	1245	19	465
丹　麦	Denmark	739	584	10	145	423	280	11	132
匈牙利	Hungary	40	39		1	14	13	1	
奥地利	Austria	413	357	11	45	294	215	13	66
比利时	Belgium	516	486	4	26	258	229	2	27
法　国	France	3624	3011	65	548	3004	2200	33	771
挪　威	Norway	211	192	3	16	163	139		24
俄罗斯联邦	Russia	122	91	15	16	84	49	23	12
卢森堡	Luxembourg	101	67	17	17	69	29	17	23
列支敦士登	Liechtenstein	111	68	1	42	179	41		138
西班牙	Spain	416	256	20	140	232	108	19	105
捷　克	Czech	67	25	1	41	81	9	2	70
波　兰	Poland	24	14		10	22	9		13
爱尔兰	Ireland	171	163	3	5	56	38	1	17
芬　兰	Finland	1049	902	8	139	852	674	9	169
意大利	Italy	1423	998	34	391	1291	757	26	508
瑞　典	Sweden	1844	1653	33	158	1189	895	22	272
以色列	Israel	366	330	2	34	188	161	2	25
巴　西	Brazil	121	73	4	44	80	37	8	35
美　国	United States	24629	21799	720	2110	15273	12158	612	2503
加拿大	Canada	989	807	23	159	599	461	21	117
新西兰	New Zealand	92	72	2	18	92	62	3	27
澳大利亚	Australia	720	525	29	166	577	322	25	230
其　他	Other	1273	930	96	247	707	277	108	322

20-62 按国际标准分类的发明和实用新型专利申请受理数与授权数
Inventions and Utility Models of Patents Application Accepted and Granted by International Classifications

单位：件 (piece)

分类	Item	2008 分类申请数 Application Acceptance by Technology Theme	2008 分类授权数 Application Granted by Technology Theme	2009 分类申请数 Application Acceptance by Technology Theme	2009 分类授权数 Application Granted by Technology Theme
合计	**Total**	**541734**	**270381**	**580845**	**332291**
A 部(人类生活需要)	**Section A: Personal Use Items**	**101789**	**48730**	**103822**	**55401**
农、林、牧、渔	Agriculture, Forestry, Animal Husbandry and Fishery	10978	5598	12849	5827
烘烤、食用面团	Baking and Edible Doughs	771	345	768	360
屠宰、加工	Butchering and Meat Processing	205	117	218	135
食品、食物及处理	Foods or Foodstuffs and their Treatment	8512	1972	9265	2284
烟类及用品	Tobacco, Cigars and Cigarettes	1161	576	1226	703
服装	Clothing	2761	1495	3089	1803
帽类制品	Headwear	509	307	495	317
鞋类	Footwear	2298	1301	2509	1345
男用服饰用品、珠宝	Haberdashery and Jewelry	881	512	914	656
手携及旅行用品	Hand or Traveling Articles	4066	2368	4267	2583
刷类用品	Brushware	894	522	1106	596
家具、家庭日用品或设备	Furniture, Domestic Articles and Appliances	20965	12622	23040	13942
医学、兽医学、卫生学	Medical or Veterinary Science and Hygiene	41269	17394	37863	21184
救生、消防	Life-saving and Fire-fighting	1119	571	1291	661
体育、游戏、娱乐活动	Sports, Games, and Recreation	5400	3030	4922	3005
B 部(作业、运输)	**Section B: Industrial and Transportation**	**98214**	**51825**	**110998**	**67654**
物理或化学的方法或装置	Physical or Chemical Processes or Apparatus	10828	5017	11875	6241
破碎、研磨、粉碎	Crushing, Pulverizing, or Disintegrating	1265	860	1737	1002
分选、分离	Separation of Solid Materials, Electrostatic Separation	746	350	776	461
离心装置、离心机	Centrifugal Apparatus or Equipment	291	152	391	205
喷射、雾化	Spraying or Atomizing General	2231	1392	2686	1538
机械振动的产生和传递	Generation or Transmission of Mechanical Vibrations	92	51	92	46
固体分离、分选	Separating Solids from Solid Wastes	741	469	947	531
清洁	Janitorial	916	506	1383	720
固体废料的处理	Disposal of Solid Waste	303	119	435	194
金属加工、冲裁	Mechanical Metal-working and Stamping	4125	2265	5356	3165
铸造、粉末冶金	Casting and Powder Metallurgy	2171	1080	2879	1574
机床、其他金属加工	Machine Tools	8324	4339	11151	6733
磨削、抛光	Grinding and Polishing	2270	1187	2539	1884
简单工具	Hand Tools, Portable Power Tools, and Workshop Equipment	3082	2019	3896	2353
手工、切割工具、切断	Hand Cutting Tools, Cutting, and Severing	1735	1112	2141	1296
木材加工、保存、钉钉机	Wood Preservation and Nailing or Stapling Machines	1454	800	1430	829
加工水泥、粘土和石料	Cement, Clay or Stone	2396	845	2047	1295
塑料制品的加工	Plastics	4612	2085	5290	3369
压力机	Presses	1058	635	1011	683
纸品制作、纸的加工	Paper Making and Processing Paper	471	259	567	359
叠层产品	Layered Products	1385	606	1486	998
印刷、打字机、印刷机	Printing, Lining Machines, and Typewriters	2613	1852	2498	1916
装订、图册、文件夹	Bookbinding, Albums, and Files	1265	791	1196	756

注：分类指专利分类部门对每一件发明专利申请或实用新型专利申请的技术主题进行分类，给出完整的代表发明或实用新型的发明情报的分类号。

a) Classification refers to the classifying number of every patent assigned according to the technique theme of inventions and utility models of patents by the classification department of patent.

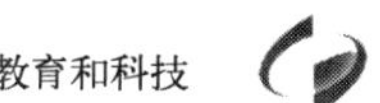

20-62 续表 1 continued

单位：件 (piece)

分 类	Item	2008		2009	
		分类申请数 Application Acceptance by Technology Theme	分类授权数 Application Granted by Technology Theme	分类申请数 Application Acceptance by Technology Theme	分类授权数 Application Granted by Technology Theme
绘图具、办公附属用品	Writing or Drafting Devices	3207	1859	3300	1985
装饰艺术	Decorative Arts	1075	530	1210	618
一般车辆	Vehicles in General	11613	5517	12305	7711
铁 路	Railways	1495	717	1629	1032
无轨陆用车牌	Land Vehicles other than Rail	6911	3809	6746	4544
船舶、船只、有关设备	Ships and Related Equipment	1358	665	1598	950
飞行器、航空、宇宙航行	Aircraft and Aviation	827	268	878	446
输送、包装、存贮、搬运	Conveying and Packing Inflammatory Materials	12200	7134	13671	8677
卷扬、提升、牵引	Hoisting, Lifting, and Hauling	3967	1973	4557	2843
液体的贮运	Opening or Closing Bottles, Jars or Similar Containers	874	453	872	555
鞍具、室内装璜	Saddlery ; Upholstery	63	38	36	34
微观结构技术	Micro-structural Technology	193	53	211	51
超微观技术	Nano-Technology	57	18	176	60
C 部(化学、冶金)	**Section C: Chemistry and Metallurgy**	**58541**	**18351**	**57267**	**24202**
无机化学	Inorganic Chemistry	3633	1290	3645	1530
水、废污水、泥浆的处理	Treatment of Water, Waste Water, Sewage or Sludge	5164	1827	5258	2723
玻璃、石棉和渣棉	Glass; Mineral of Slag Wool	1628	536	1604	732
水泥、陶瓷等、隔音材料	Cement, Concrete, Artificial Stone; Ceramics, Refractories	3081	984	3001	1065
肥料及制造	Fertilizers and Related Products	1229	239	1223	326
炸药、火柴	Explosives and Matches	103	64	124	51
有机化学	Organic Chemistry	11301	3407	10545	3608
有机高分子化合物	Organic Macromolecular Compounds	7302	2244	6895	3010
染料、涂料、抛光剂等	Dyes, Paints, Polishes, Resins, and Adhesives	4673	1059	4449	1514
石油、煤气及炼焦工业	Petroleum, Gas or Coke Industries, Inert Gases	2918	915	2963	1406
动植物油、脂类	Animal or Vegetable Oils, Fats	861	208	810	301
生化、酒、醋、酶、	Biochemistry, Beer, Spirits, Wine, Vinegar,	7501	2014	7301	2388
糖或淀粉工业	Sugar Industry	46	23	55	29
大小原皮、毛皮、皮革	Skins, Hides, Pelts, Leather	127	48	159	64
黑色冶金	Metallurgy of Iron	1729	802	2013	1307
冶金学、合金或有色合金	Metallurgy, Ferrous or Nonferrous Alloys	2501	1073	2744	1505
金属加工涂料、防腐防锈	Coating Metallic Materials	2299	809	2114	1470
电解电泳方法及设备	Electrolytic or Electrophoretic Processes	1702	591	1611	812
晶体生长	Crystal Growth	717	218	728	353
组合技术	Combinatorial Technology	26		25	8
D 部(纺织、造纸)	**Section D: Textiles and Papers Making**	**9529**	**4697**	**10059**	**5418**
线、纤维、纺纱	Natural or Artificial Threads or Fibers, Spinning	2068	985	1935	1110
纺纱、整经或络经	Yarns, Mechanical Finishing of Yarns or Rope	319	122	426	194
织 造	Weaving	826	314	871	442
编带、花边、针织、整理	Braiding, Lace-Making, Knitting	962	607	1052	624
缝纫、绣花、簇绒	Sewing, Embroidery, Tufting	974	564	1193	615
织物等的处理、洗涤	Treatment of Textiles, Laundering	3127	1577	3297	1826
绳、除电缆外的缆绳	Ropes and Cables, other than Electric	148	111	117	77
造纸、纤维素的生产	Paper making, Production of Cellulose	1105	417	1168	530
E 部(固定建筑物)	**Section E: Fixed Construction**	**29828**	**17358**	**31686**	**19677**
道路、铁路和桥梁的建筑	Construction of Roads, Railways, or Bridges	2901	1559	3078	1841
水利工程、基础、运土	Hydraulic Engineering, Foundations, Soil-shifting	2593	1595	2970	1736
给水、排水	Water Supply, Sewage	2812	1592	2521	1682

20-62 续表 2 continued

单位：件 (piece)

分类	Item	2008 分类申请数 Application Acceptance by Technology Theme	2008 分类授权数 Application Granted by Technology Theme	2009 分类申请数 Application Acceptance by Technology Theme	2009 分类授权数 Application Granted by Technology Theme
建筑物	Building	9517	5425	9559	6081
锁、钥匙、门窗、保险箱	Locks, Keys, Windows or Door Fittings; Safes	3645	2396	4057	2313
一般门、窗、百叶窗、梯子	Doors, Windows, Shutters, or Roller Blinds in General; Ladders	2872	1688	3115	1934
钻井、采矿	Well Drilling, Mining	5488	3103	6386	4090
F 部(机械工程)	**Section F: Mechanical Engineering**	**66444**	**37439**	**76489**	**44621**
一般机器、发动机、蒸汽机	Machines or Engines in General; Engine Plants in General; Steam Engines	2574	1333	2686	1467
内燃机等	Combustion Engines	4415	2704	4559	2726
液力机械和其他发动机	Machines or Engines for Liquids	2349	867	3079	1023
液体变容机械、泵	Positive-displacement Machines for Liquids; Pumps for Liquid or Elastic Fluids	5247	3604	6470	3963
液压调节器、液压技术	Fluid-pressure Acuators; Hydraulic or Pneumatics in General	1044	579	1289	721
工程元件或部件	Engineering Elements or Units; General Measures for Producing and Maintaining Effective Functioning of Machines or Installations; Thermal Insulation in General	17881	11005	20034	11851
气体或液体的贮藏或分配	Storage or Distribution of Gases or Liquids	808	485	958	550
照　明	Lighting	9641	4290	12659	5710
蒸汽的生产	Steam Generation	545	277	630	372
燃烧设备、燃烧技术	Combustion Apparatus; Combustion Processes	2670	5881	2821	1939
采暖、炉灶、通风	Stoves, Ranges, Ventilation	11084	1465	11998	7833
制冷气体的液化和固化	Refrigeration or Cooling, Heat Pump Systems	3026	1823	2911	2371
干　燥	Drying	880	573	1122	752
炉、窑、灶、罐	Furnaces, Kilns, Ovens	1214	708	1822	982
一般热交换	Heat Exchange in General	2098	1236	2255	1696
武　器	Weapons	419	258	470	248
弹药、爆破	Ammunition, Blasting Caps	549	351	726	417
G 部(物理)	**Section G: Physics**	**79556**	**43097**	**83299**	**51229**
测量、测试	Measurements, Testing	24955	11985	29438	16136
光学技术	Optics	7996	6443	7071	6078
照相术、电影术、电刻术	Photography, Cinematography, Electrography	4087	2366	3703	3695
测时技术	Horology	793	419	627	508
控制、调节技术	Controlling, Regulating	3867	1860	4242	2629
计算、推算、计数技术	Computing, Calculating, Counting	20229	9560	20976	10482
核算装置	Measurement Devices	2099	816	2515	1238
信号装置	Signaling	3333	1667	3079	1888
教育、密码、显示、广告等	Education, Cryptography, Advertising, Seals	6614	3950	6928	4437
乐器、声学	Musical Instruments, Acoustics	1323	523	1234	709
信息的存储	Information Storage	3661	3062	2903	3125
仪器的零部件	Instrument Details	266	328	213	158
核物理、核工程	Nuclear physics, Nuclear Engineering	333	118	370	146
其他的技术主题	Subject Matter not Otherwise Provided for in This Section				
H 部(电学)	**Section H: Electricity**	**97833**	**48884**	**107225**	**64089**
基本电器元件	Basic Electric Elements	34871	21322	37731	27286
电力的发电、变电或配电	Generation, Conversion, or Distribution of Electric Power	13283	7621	17881	9383
基本电子电路	Basic Electronic Circuitry	2602	954	2685	2234
电信技术	Telecommunications Techniques	39409	15429	42068	20615
其他类不包括的电技术	Electric Techniques Not Otherwise Provided for	7665	3558	6860	4571

20-63 国外主要检索工具收录我国科技论文按学科分布(2008年)
Chinese Scientific Papers Taken by Major Foreign Referencing Systems by Discipline (2008)

单位：篇 (piece)

学科	Discipline	位次 Precedence	篇数 Piece 合计 Total	SCI	EI	ISTP
合计	**Total**		**240186**	**95506**	**85381**	**59299**
数学	Mathematics	6	13273	5281	6672	1320
力学	Mechanics	8	8878	473	7875	530
信息、系统科学	Information, Systems Science	24	1429	312		1117
物理学	Physics	3	24743	13426	9045	2272
化学	Chemistry	1	33040	23734	8156	1150
天文学	Astronomy	27	966	667	104	195
地学	Earth Science	9	6708	3351	1619	1738
生物学	Biology	7	13034	10081	2603	350
预防医学与卫生学	Preventive Medicine	32	470	454	2	14
基础医学	Basic Medicine	14	5468	4220	99	1149
药学	Pharmacy	23	1790	1788		2
临床医学	Clinical Medicine	11	6201	6068	7	126
中医学	Traditional Chinese Medicine	40				
军事医学与特种医学	Special Medicine	30	525	525		
农学	Agriculture	20	2624	1707	222	695
林学	Forestry	38	106	92		14
畜牧、兽医科学	Livestock, Veterinary Medicine	39	105	104		1
水产学	Aquatic	36	324	318		6
测绘科学技术	Surveying & Mapping	31	476		473	3
材料科学	Material Science	5	19756	7516	8917	3323
工程与技术基础学科	Engineering & Basic Technology Science	21	1909	411	1495	3
矿山工程技术	Mining	26	1026	28	786	212
能源科学技术	Energy	19	3369	778	1504	1087
冶金、金属学	Metallurgy, Metallography	16	4680	1143	3141	396
机械、仪表	Machinery, Instrument	12	6148	1472	3760	916
动力与电气	Power & Electrical Engineering	15	5209	25	4951	233
核科学技术	Nuclear Technology	33	467	198	228	41
电子、通讯与自动控制	Electronics, Communication & Automation	2	29820	3302	7469	19049
计算技术	Computer	4	22251	2040	5401	14810
化工	Chemical Engineering	18	3456	1617	1706	133
轻工、纺织	Light Industry & Textile Industry	37	197	6	53	138
食品	Food	28	892	649	230	13
土木建筑	Civil Construction	10	6299	484	3865	1950
水利	Water Conservancy	29	584	40	421	123
交通运输	Transportation	25	1031	13	968	50
航空航天	Aviation and Aerospace	22	1859	371	772	716
环境	Environment	13	5922	2439	1156	2327
安全科学技术	Security	34	390	1	274	115
管理	Management Science	17	4388	243	1238	2907
其他	Others	35	373	129	169	75

注：SCI指科学引文索引(美国)，EI指工程索引(美国)，ISTP指科学技术会议录索引。
a) SCI refers to *Science Citation Index*, EI refers to *Engineering Index*, and ISTP refers to *Index to Scientific & Technical Proceedings*.

20-64 高技术产品、工业制成品和初级产品的进出口贸易额 Imports and Exports of High-tech Products, Manufactured Goods and Primary Goods

项　　目	Item	1995	2000	2005	2008	2009
绝对数　　（亿美元）	**Value　　(USD 100 million)**					
商品进出口贸易总额	Total Value of Exports and Imports	2809	4743	14219	25633	22075
工业制成品	Manufactured Goods	2350	4021	12252	21229	18546
#高技术产品	High-tech Products	319	896	4160	7574	6868
初级产品	Primary Goods	459	722	1968	4404	3529
商品出口贸易总额	Total Value of Exports	1488	2492	7620	14307	12016
工业制成品	Manufactured Goods	1273	2237	7129	13527	11385
#高技术产品	High-tech Products	101	370	2182	4156	3769
初级产品	Primary Goods	215	255	490	780	631
商品进口贸易总额	Total Value of Imports	1321	2251	6600	11326	10059
工业制成品	Manufactured Goods	1077	1784	5122	7702	7161
#高技术产品	High-tech Products	218	525	1977	3418	3099
初级产品	Primary Goods	244	467	1477	3624	2898
商品出进口贸易差额	Balance of Exports and Imports	167	241	1020	2981	1957
工业制成品	Manufactured Goods	196	454	2007	5826	4224
高技术产品	High-tech Products	-117	-155	205	738	671
初级产品	Primary Goods	-29	-213	-987	-2844	-2267
比重	**Percentage**					
商品进出口贸易总额（合计=100）	to Total Value of Exports and Imports (total=100)					
工业制成品占总额	Manufactured Goods	83.6	84.8	86.2	82.8	84.0
#高技术产品占总额	High-tech Products	11.4	18.9	29.3	29.5	31.1
初级产品占总额	Primary Goods	16.3	15.2	13.8	17.2	16.0
商品出口贸易总额(合计=100)	to Total Value of Exports (total=100)					
工业制成品占总额	Manufactured Goods	85.6	89.8	93.6	94.6	94.8
#高技术产品占总额	High-tech Products	6.8	14.9	28.6	29.0	31.4
初级产品占总额	Primary Goods	14.4	10.2	6.4	5.4	5.3
商品进口贸易总额(合计=100)	to Total Value of Imports (total=100)					
工业制成品占总额	Manufactured Goods	81.5	79.2	77.6	68.0	71.2
#高技术产品占总额	High-tech Products	16.5	23.3	30.0	30.2	30.8
初级产品占总额	Primary Goods	18.5	20.8	22.4	32.0	28.8

20-65 公有经济企事业单位专业技术人员数(年底数)

Number of Scientific and Technical Personnel in State-owned and Collective-owned Enterprises and Institutions at the Year-end

单位：人 (person)

年份 地区	Year Region	合计 Total	工程技术人员 Engineering	农业技术人员 Agriculture	科学研究人员 Scientific Research	卫生技术人员 Health Care	教学人员 Teaching
	1990	16483542	4797176	450406	335066	2657588	8243306
	1995	19133834	5625850	535731	302879	3035335	9634039
	1996	19920785	5745367	579157	303177	3130788	10162296
	1997	20495006	5719337	611458	302684	3213762	10647765
	1998	20913343	5656735	635929	290537	3254958	11075184
	1999	21430140	5654863	654138	283532	3329706	11507901
	2000	21650807	5551098	670105	274506	3371966	11783132
	2001	21698037	5316327	674644	265554	3390233	12051279
	2002	21860024	5289166	666998	262692	3402326	12238842
	2003	21739699	4992867	683437	275496	3441109	12346790
	2004	21783019	4807869	704576	282002	3532282	12456290
	2005	21978684	4791227	705720	311166	3581181	12589390
	2006	22298171	4893672	701930	326728	3612091	12763750
	2007	22545110	5017747	701481	349208	3640554	12836120
	2008	23098880	5176798	715774	368655	3888273	12949380
	2009	23211769	5310622	714720	388150	3929037	12869240
北京	Beijing	352533	99917	4687	5304	83790	158835
天津	Tianjin	250599	66425	3091	3145	56417	121521
河北	Hebei	1039693	127438	26778	7311	165368	712798
山西	Shanxi	728478	146990	20840	3958	119458	437232
内蒙古	Inner Mongolia	493000	64790	32144	2205	88058	305803
辽宁	Liaoning	607800	95865	22803	3228	142060	343844
吉林	Jilin	552889	81974	28373	6277	111971	324294
黑龙江	Heilongjiang	688326	116154	35310	5898	141749	389215
上海	Shanghai	363787	107649	3879	6431	95686	150142
江苏	Jiangsu	1038973	112759	29752	7245	213965	675252
浙江	Zhejiang	733099	102941	18852	6577	172390	432339
安徽	Anhui	746743	87816	20276	3232	118062	517357
福建	Fujian	543331	69135	13247	6458	85901	368590
江西	Jiangxi	634501	69264	19950	3104	122430	419753
山东	Shandong	1567276	264499	53748	18391	286683	943955
河南	Henan	1273668	115935	27573	5437	197158	927565
湖北	Hubei	794661	82607	18355	6014	192423	495262
湖南	Hunan	893594	102381	30014	5366	178260	577573
广东	Guangdong	1300813	153563	15805	5984	268796	856665
广西	Guangxi	754256	142809	22353	3079	120626	465389
海南	Hainan	126203	7620	3784	413	27620	86766
重庆	Chongqing	384339	47956	14445	1620	62554	257764
四川	Sichuan	1012281	121698	46859	7338	180602	655784
贵州	Guizhou	535297	62323	25958	1456	74469	371091
云南	Yunnan	688529	88831	38051	3449	108699	449499
西藏	Tibet	49430	2754	2794	278	8328	35276
陕西	Shaanxi	647370	99588	28142	3083	108247	408310
甘肃	Gansu	459603	58717	24980	1813	66563	307530
青海	Qinghai	104505	16354	8853	753	19712	58833
宁夏	Ningxia	111153	15372	9143	762	18316	67560
新疆	Xinjiang	411628	47525	30126	2518	72827	258632

注：1.1991年起，本表中专业技术人员包括社会科学领域专业技术人员及小学教师，但不包括行政机关专业技术人员。
2.分地区数据中不含中央属国有企事业单位人数。
3.2009年起本表统计口径由"国有企事业单位"改为"公有经济企事业单位"，包含国有和集体两部分。

a) Since 1991, the data include the personnel in the social field and the primary teachers, but exclude the personnel in the administration.
b) The regional data exclude the personnel in the state-owned enterprises and institution under the central government.
c) Since 2009, statistical coverage has changed from state-ownd enterprises to state-owned and collective-owned enterprises, which including two parts: state-owned and collective-owned.

20-66 开发区高新技术企业主要经济指标（2009年）
Main Economic Indicators of High-tech Enterprises in Development Areas (2009)

开发区	Development Area	企业数（个）Number of Enterprises (unit)	从业人员(人) Number of Persons Engaged (person)	总产值（万元）Gross Output Value (10 000 yuan)	总收入（万元）Total Income (10 000 yuan)	出口总额(万美元) Exports (10 000 US dollars)
全国	**National Total**	**53692**	**8153213**	**611513927**	**787069413**	**20072181**
北京	Beijing	16948	1096562	41930219	129950896	2082335
天津	Tianjin	2779	247612	15684620	23219339	350676
石家庄	Shijiazhuang	500	80673	7338863	9353047	51281
保定	Baoding	159	59171	5509480	5235691	164451
太原	Taiyuan	891	101299	9773413	10780905	20013
包头	Baotou	573	109273	9276985	9080715	55850
沈阳	Shenyang	813	124903	12260173	15015406	155229
大连	Dalian	1757	183216	10204383	13529029	392410
鞍山	Anshan	535	81921	7186689	8085319	29004
长春	Changchun	885	107091	18998621	19470073	54339
吉林	Jilin	742	105064	8907857	9307847	39846
哈尔滨	Harbin	479	116911	9159087	10087477	36159
大庆	Daqing	400	86428	7254931	7607885	10669
上海	Shanghai	1403	308800	33738782	48669951	2146609
南京	Nanjing	253	148953	22562340	23904263	592578
常州	Changzhou	1072	145115	12093463	12076803	341584
无锡	Wuxi	1075	263042	25063716	25088223	1548330
苏州	Suzhou	1022	249784	18593406	20022350	1717732
杭州	Hangzhou	1589	201125	9648325	15764021	378973
宁波	Ningbo	318	82518	6913583	9373421	458946
合肥	Hefei	398	113430	10715534	10736286	100101
福州	Fuzhou	178	60993	4187679	4116758	176275
厦门	Xiamen	290	87558	9273782	9673453	802118
南昌	Nanchang	285	80645	6268540	6688605	64677
济南	Ji'nan	522	120596	8922528	12037906	153547
青岛	Qingdao	138	64755	8314886	10210805	167914
淄博	Zibo	426	115072	11739402	12366219	130221
潍坊	Weifang	326	99344	9245358	10307061	147737
威海	Weihai	211	75656	7707884	7855485	327252
郑州	Zhengzhou	615	96642	8580679	9805548	26093
洛阳	Luoyang	460	80264	6547560	7529141	78746
武汉	Wuhan	2194	295821	19754978	22614099	251757
襄樊	Xiangfan	275	70211	6554403	6750861	29892
长沙	Changsha	720	164552	13622994	15006477	87047
株洲	Zhuzhou	202	75723	6100166	6156329	54325
广州	Guangzhou	1751	291734	18822533	26656269	1377782
深圳	Shenzhen	399	272972	25507058	26686681	1235811
珠海	Zhuhai	521	193017	11458126	11734733	750259
惠州	Huizhou	158	94936	6461999	6309639	515411
中山	Zhongshan	423	135021	9004122	8621476	530228
佛山	Foshan	443	177835	15437409	15050005	639527
南宁	Nanning	686	108400	4541069	5802673	23585
桂林	Guilin	277	74338	3750522	3220050	54272
海南	Hainan	122	24041	1688983	1712594	45798
重庆	Chongqing	520	189687	6120410	8629594	64694
成都	Chengdu	1398	227008	20903667	22708951	709408
绵阳	Mianyang	114	101826	5972401	4755129	74563
贵阳	Guiyang	121	96536	3015615	3390817	47452
昆明	Kunming	240	61817	5545709	7505038	126017
西安	Xi'an	3471	275141	20162114	31366350	253668
宝鸡	Baoji	372	100703	7422145	7512151	45230
杨凌	Yangling	126	13753	463431	735358	9589
兰州	Lanzhou	451	75805	5162514	6506938	8261
乌鲁木齐	Urumqi	210	34198	1626672	2037031	58081
湘潭	Xiangtan	232	73771	5131506	5098668	221034
泰州	Taizhou	224	29951	3680617	3551576	56799

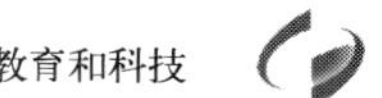

20-67 各地区技术市场成交额
Transaction Value in Technical Market by Region

单位：万元 (10 000 yuan)

地 区	Region	2002	2003	2004	2005	2006	2007	2008	2009
全 国	**National Total**	**8841713**	**10846728**	**13343630**	**15513694**	**18181813**	**22265261**	**26652288**	**30390024**
北 京	Beijing	2211738	2653574	4249975	4895922	6973256	8825603	10272173	12362450
天 津	Tianjin	363262	420008	450276	507093	588624	723356	866122	1054611
河 北	Hebei	60406	67969	72718	103827	156099	164329	165906	172112
山 西	Shanxi	39014	32251	59960	47980	59213	82677	128425	162068
内蒙古	Inner Mongolia	58197	108452	104085	109939	107127	109835	94423	147651
辽 宁	Liaoning	508326	620200	752817	865167	806494	929290	997290	1197095
吉 林	Jilin	82921	87292.3	107900	122261	153666	174845	196066	197598
黑龙江	Heilongjiang	120110	121165	125715	142585	156934	350209	412565	488550
上 海	Shanghai	1202170	1427790	1716963	2317328	3095095	3548877	3861695	4354108
江 苏	Jiangsu	594873	765163	897855	1008296	688297	784173	940246	1082184
浙 江	Zhejiang	389438	530353	581465	386954	399618	453474	589189	564581
安 徽	Anhui	75423	87960	90675	142553	184921	264515	324865	356174
福 建	Fujian	128988	166779	141395	171959	113187	145579	179690	232594
江 西	Jiangxi	62891	83323	93661	111227	93135	99533	77641	97893
山 东	Shandong	347650	525682	750850	983614	232005	450275	660126	719391
河 南	Henan	178506	192690	203207	263737	237288	261907	254425	263046
湖 北	Hubei	348603	412538	461700	501823	444427	522146	628971	770329
湖 南	Hunan	323422	369306	408280	417394	455281	460816	477024	440432
广 东	Guangdong	684532	805730	572651	1124740	1070257	1328448	2016319	1709850
广 西	Guangxi	44406	41808	90955	94059	9423	9970	26996	17662
海 南	Hainan	9134	11978	1885	10007	8535	7327	35602	5556
重 庆	Chongqing	409433	555083	596186	357059	553479	395658	621884	383158
四 川	Sichuan	77524	128686	165640	190823	259323	303878	435313	545977
贵 州	Guizhou	13484	17892	13533	10488	5361	6560	20356	17806
云 南	Yunnan	179496	228718	215555	159175	82747	97496	50547	102469
西 藏	Tibet								
陕 西	Shaanxi	151554	168022	139129	188977	179485	301710	438300	698074
甘 肃	Gansu	54644	77581	119608	172736	214534	262107	297560	356287
青 海	Qinghai	12373	8291	12793	11812	24665	53017	77033	84967
宁 夏	Ningxia	8496	10047	12827	14131	5349	6641	8898	8982
新 疆	Xinjiang	100699	120395	133371	80029	76084	71724	73963	12078
港澳台	HongKong, Macao and Taiwan					15557	24308	49309	124063
国 外	Abroad					732342	1044979	1373366	1660227

20-68 各地区测绘部门生产完成情况（2009年）
Statistics on Projects Completed by Surveying and Mapping Departments by Region (2009)

地区	Region	大地测量 Geodesy GPS测量（点）Global Positioning System Survey (point)	水准测量（公里）Leveling (kilometer)	测图合计（幅）Mapping (unit)	地图数字化（幅）Digital Map (unit)	地图编制 Cartography 地形图（幅）Topographic Map (unit)	专题地图（幅/册）Special Map (unit/Volume)	地图集（册）Atlas (Volume)
全　国	**National Total**	**55089**	**138988**	**908401**	**22847**	**14852**	**5312**	**328**
北　京	Beijing	2461	2114	12582		3188	10	8
天　津	Tianjin	3012	5362	9353	7	508	27	1
河　北	Hebei	3473	6000	14133	545	41	377	3
山　西	Shanxi	1387	1330	13256	223		100	5
内蒙古	Inner Mongolia	201	1200	6968	1828		11	4
辽　宁	Liaoning	8607	10585	17963	4269	2874		
吉　林	Jilin	26	80	8026	485	195	35	1
黑龙江	Heilongjiang	1629	13343	181667			202	8
上　海	Shanghai			39571			19	1
江　苏	Jiangsu	341	5171	7224		164	78	
浙　江	Zhejiang	3609	3088	9523			28	
安　徽	Anhui	6351	1283	18622	1026	50	50	1
福　建	Fujian	26		5976		1060	187	6
江　西	Jiangxi	632	1978	8146		25	607	2
山　东	Shandong	1345	3554	7519	880	828	95	9
河　南	Henan	1554	17641	35568	2636	1538	151	1
湖　北	Hubei	5331	4470	7320	280	55	81	2
湖　南	Hunan	410	6514	11674		5	631	27
广　东	Guangdong	1250	15200	10635	1300	22	106	31
广　西	Guangxi	3572	2683	9989	160	22	512	
海　南	Hainan	823	2058	5275	1208	155	659	1
重　庆	Chongqing	20		3760			6	2
四　川	Sichuan	1363	2329	18527	1478	1169	138	140
贵　州	Guizhou	1800	7805	18652	4126	160	32	4
云　南	Yunnan	238	182	4610	48	60	2	1
西　藏	Tibet	29		320				
陕　西	Shaanxi	1129	16211	22472	639	376	188	7
甘　肃	Gansu			5754		79	116	4
青　海	Qinghai	2018	1666	3888		165	35	1
宁　夏	Ningxia	720	1380	816			2	
新　疆	Xinjiang	411	2649	5330	486	30	593	1
重庆测绘院	Chongqing Institute of Surveying and Mapping	1248	3017	5956	1223	2067		
国家基础地理信息中心	National Geomatics Center of China							
中国测绘科学研究院	Chinese Academy of Surveying and Mapping	73	95	377326		10	6	1
中国地图出版社	SinoMaps Press					6	228	56

20-69 各地区测绘资料提供情况（2009年）
Statistics on Output of Surveying and Mapping Materials by Region (2009)

地 区	Region	地形图合计 (张) Topographic Map (unit)	1:10000 (scale)	1:50000 (scale)	大地成果 (点) Geodetic Results (point)	航摄成果 (片) Aerial Photograph (piece)	挂 图 (张) Wall Map (unit)	地图集 (册) Atlas (volume)
全 国	**National Total**	**464886**	**145535**	**87336**	**282927**	**703784**	**60729**	**4705**
北 京	Beijing	18636	345		18389			
天 津	Tianjin	500			321			
河 北	Hebei	3603	2887	569	2452	15018	28	
山 西	Shanxi	3277	2931	346				
内蒙古	Inner Mongolia	16005	1536	11354	33469	23238		
辽 宁	Liaoning	3902	3026	698	1298	130		15
吉 林	Jilin	8654	5053	2760	7745	14462	7748	3363
黑龙江	Heilongjiang	12568	4578	6705	23659	52755	9	
上 海	Shanghai	183033	20	13	4011			
江 苏	Jiangsu	7153	4599	2496	15984	1323	266	53
浙 江	Zhejiang	5400	4524	853	4294	18989		
安 徽	Anhui	6808	6125	683	5247	8708		
福 建	Fujian	13285	5712	1316	4008	11024		
江 西	Jiangxi	5660	4963	627	8357			
山 东	Shandong	6142	5511	522	3779	81689		
河 南	Henan	2859	2415	366	1536	63186	25000	
湖 北	Hubei	2606	2270	258	3523	5097		
湖 南	Hunan	9125	8121	788	1570	1424		
广 东	Guangdong	3102	2803	295	3919			
广 西	Guangxi	20595	19028	1380	6824	1107	322	80
海 南	Hainan	253	253		829	6		
重 庆	Chongqing	10769	9188	1407	1059	220		
四 川	Sichuan	12337	8233	3192	6141	18229		
贵 州	Guizhou	23017	17186	5286	3410	9977		
云 南	Yunnan	9975	5334	3845	16588	7819	124	3
西 藏	Tibet	1229	24	296	161		21970	174
陕 西	Shaanxi	14316	12041	1994	1610	21372		
甘 肃	Gansu	2413	32	2045	1982	1115		300
青 海	Qinghai	4347	1693	1630	2648	1254	560	82
宁 夏	Ningxia	1365	1118	180	962	329		
新 疆	Xinjiang	21280	3986	11591	24664	10915	4702	635
国家基础地理信息中心	National Geomatics Center of China	30672		23841	72488	334398		

20-70 各地区气象业务站点及观测项目情况（2009年）

单位：个

地区和单位	Region and Units	地面观测业务 Surface Observation Stations	高空探测业务 Upper-air Observation Stations	自动气象站 Automatic Weather Stations	天气雷达观测业务 Weather Radar Observation Stations	大气成分观测业务 Atmospheric Composition Observation Stations	农业气象观测业务 Agro-Meteorological Observation Stations	生态与农业气象试验业务 Eco- & Agro-Meteorological Observation Stations
全　国	**National Total**	**2416**	**118**	**31553**	**330**	**35**	**653**	**68**
北　京	Beijing	20	1	221	3	2	7	
天　津	Tianjin	14		247	1		5	
河　北	Hebei	142	2	1805	11	1	30	
山　西	Shanxi	109	1	774	10	1	31	
内蒙古	Inner Mongolia	119	12	708	26	4	29	6
辽　宁	Liaoning	61	2	960	11	5	25	3
吉　林	Jilin	54	3	840	9		22	3
黑龙江	Heilongjiang	83	4	1031	7	1	36	3
上　海	Shanghai	14	1	220	3	1	1	
江　苏	Jiangsu	70	3	1186	15		19	3
浙　江	Zhejiang	69	3	1173	9	1	13	1
安　徽	Anhui	81	2	1237	17		22	3
福　建	Fujian	70	3	1151	5		23	4
江　西	Jiangxi	87	2	1618	8	1	18	1
山　东	Shandong	123	3	1512	13	1	19	1
河　南	Henan	119	2	2029	20	1	35	3
湖　北	Hubei	81	3	1313	11	1	30	2
湖　南	Hunan	97	3	2407	11	1	22	4
广　东	Guangdong	86	4	1566	8	1	26	2
广　西	Guangxi	92	6	1355	10	2	24	5
海　南	Hainan	21	3	352	3		6	1
重　庆	Chongqing	35	1	893	8		13	
四　川	Sichuan	156	7	1396	12	1	45	2
贵　州	Guizhou	85	2	932	37		18	1
云　南	Yunnan	125	5	1459	8	1	22	4
西　藏	Tibet	39	5	93	6	1	4	1
陕　西	Shaanxi	100	4	1351	11	2	21	1
甘　肃	Gansu	80	9	763	6	2	23	4
青　海	Qinghai	52	7	176	7	1	17	2
宁　夏	Ningxia	25	1	201	3		7	3
新　疆	Xinjiang	105	14	584	10	3	40	4
大连市	Dalian				2			
宁波市	Ningbo				1			
青岛市	Qingdao				2			
厦门市	Xiamen				1			
极　地	Polar Region	2						
国家气象中心	National Meteorological Center							
国家卫星气象中心	National Satellite Meteorological Center							
气象探测中心	Meteorological Observation Center				1			
气象科学研究院	Chinese Academy of Meteorological Science							1
新疆生产建设兵团	The Xinjiang Production and Construction Corps				3			
黑龙江农垦总局	General Bureau of State Farms of Heilongjiang Province				1			

Status of Operational Meteorological Stations and Their Observation Items (2009)

(unit)

大　气 本底站 Atmospheric Background Stations	海洋气象 台　站 Ocean Weather Stations	闪电定位 监测业务 Lightning Position Monitoring Stations	太阳辐射 观测业务 Solar Radiation Observation Stations	沙尘暴 监测业务 Sand & Dust Storm Monitoring	紫外线 观测业务 UV Observation	酸雨观测 业　务 Acid Rain Observation	臭氧观测 业　务 Ozone Observation	卫星云图 接收业务 Satellite Cloud Images Receiving Stations
7	**102**	**417**	**157**	**182**	**149**	**337**	**17**	**311**
1		4	1	9	4	3		3
	2	1	1	1		3		3
	4	24	2	7	1	5		7
		8	3	12	1	5		13
		17	8	35	1	8		20
	6	15	9	6	4	22	4	10
		20	2	23	9	12		9
1		23	5	3	14	15		10
	1	13	1	1	1	2	1	7
	19	13	4		16	24		7
1	12	9	2	4	9	13	3	9
		21	4			7		7
	26	9	19		2	4		8
		13	13		12	12		11
	7	6	4	4	16	19		10
		9	5	1	18	18		10
1		18	2			32		12
		16	8	1		6		9
	7	43	3		4	7	6	9
	3	18	3	1		10		10
	3	11	3			4		3
		6	1		1	35		5
		25	10	1	2	10		12
		13	1			10		9
1		24	7	2		6		11
			4	1	5	4	1	10
		10	4	11		15		14
		7	5	27	13	6		12
1		10	5	2		7	1	11
			2			6		8
1			14	24	14	7	1	13
	7	6	2	6	1			1
	2	3						1
	1	1						1
	1	1			1			3
	1							
								13

20-71 产品质量国家监督抽查情况(2009年)
Results of Sampling Check under State Supervision on the Quality of Products(2009)

项　目	Item	抽查产品(种) Production Supervised (kinds)	抽查企业(家) Number of Enterprises Supervised (unit)	抽查产品(批) Production Supervised (batch-time)	不合格产品(批) Production Unqualified (batch-time)
合计	**Total**	**149**	**18248**	**21382**	**2599**
食品	Food	30	4876	5791	506
日用消费品	Consumer Goods	60	5585	7014	861
建筑与装饰装修材料	Building & Decoration Material	19	2439	2625	405
农业生产资料	Agricultural Means of Production	17	3471	4004	521
工业生产资料	Industrial Means of Production	23	1877	1948	306

20-72 各地区产品质量情况（2009年）
Quality of Products by Region (2009)

单位：%　　(%)

地　区	Region	产品质量等级品率 Rates of Grade Products			质量损失率 Rate of Loss Due to Bad Quality
		优等品率 Rate of Products with Excellent Quality	一等品率 Rate of Products with First Grade Quality	合格品率 Rate of Products with Qualified Quality	
全　国	**National Total**	**58.42**	**29.90**	**11.68**	**0.35**
北　京	Beijing	87.31	12.19	0.51	0.58
天　津	Tianjin	59.42	16.76	23.81	0.10
河　北	Hebei	28.95	64.49	6.57	0.11
山　西	Shanxi	25.83	14.27	59.90	0.10
内蒙古	Inner Mongolia	73.01	23.29	3.70	0.02
辽　宁	Liaoning				
吉　林	Jilin	43.25	52.02	4.73	0.03
黑龙江	Heilongjiang	17.01	60.62	22.37	0.82
上　海	Shanghai	84.73	9.68	5.58	0.51
江　苏	Jiangsu	54.52	32.69	12.79	0.31
浙　江	Zhejiang	46.95	43.48	9.57	0.32
安　徽	Anhui	43.88	38.07	18.06	1.30
福　建	Fujian	67.74	19.15	13.11	0.46
江　西	Jiangxi	48.00	50.65	1.35	0.05
山　东	Shandong	48.16	31.90	19.94	1.00
河　南	Henan	49.59	20.34	30.07	0.17
湖　北	Hubei	46.56	28.28	25.17	0.12
湖　南	Hunan	50.30	37.06	12.64	0.53
广　东	Guangdong	68.19	27.07	4.75	0.15
广　西	Guangxi	57.03	28.12	14.85	0.35
海　南	Hainan	85.18	1.89	12.93	0.05
重　庆	Chongqing	11.96	72.40	15.64	0.39
四　川	Sichuan	65.22	23.54	11.25	0.26
贵　州	Guizhou	54.57	27.02	18.41	0.30
云　南	Yunnan	24.84	7.97	67.19	0.37
西　藏	Tibet				
陕　西	Shaanxi	11.18	82.47	6.35	0.02
甘　肃	Gansu	36.32	59.59	4.09	0.02
青　海	Qinghai	25.79	9.28	64.93	0.02
宁　夏	Ningxia	15.05	34.06	50.89	0.12
新　疆	Xinjiang	77.64	22.08	0.28	

注：本资料由75个重点工业城市抽样数据汇总而成。
a) Sampling data in this table are collected from 75 main industrial cities.

20-73 产品质量省级监督抽查情况(2009年)
Results of Sampling Check under Provincial Supervision on the Quality of Products(2009)

地 区	Region	抽查产品(种) Production Supervised (kinds)	抽查企业(家) Number of Enterprises Supervised (unit)	抽查产品(批) Production Supervised (batch-time)	不合格产品(批) Production Unqualified (batch-time)
全 国	**National Total**	**4847**	**215901**	**254306**	**31483**
北 京	Beijing	165	6129	7076	570
天 津	Tianjin	51	1764	2038	463
河 北	Hebei	61	2945	3254	943
山 西	Shanxi	61	1858	1858	523
内蒙古	Inner Mongolia	76	2334	2917	397
辽 宁	Liaoning	93	3458	3782	515
吉 林	Jilin	57	1177	1254	156
黑龙江	Heilongjiang	12	1323	1921	171
上 海	Shanghai	159	7167	8466	1064
江 苏	Jiangsu	365	29017	29017	2158
浙 江	Zhejiang	462	28617	28628	2529
安 徽	Anhui	162	9482	14158	1769
福 建	Fujian	121	4968	5786	589
江 西	Jiangxi	104	4951	5397	902
山 东	Shandong	53	3442	3474	621
河 南	Henan	10	4582	5542	1025
湖 北	Hubei	58	4907	6298	1491
湖 南	Hunan	1932	33644	41501	3437
广 东	Guangdong	80	6693	8358	2183
广 西	Guangxi	11	774	868	210
海 南	Hainan	28	1417	2415	523
重 庆	Chongqing	71	10824	14884	2076
四 川	Sichuan	103	22955	27077	2183
贵 州	Guizhou	118	4745	6079	1536
云 南	Yunnan	116	4278	6574	1368
西 藏	Tibet	34	665	1028	177
陕 西	Shaanxi	107	2655	3181	471
甘 肃	Gansu	41	4249	5240	818
青 海	Qinghai	73	1627	2469	231
宁 夏	Ningxia	47	1984	2298	249
新 疆	Xinjiang	16	1270	1468	135

20-74 各地区出入境货物检验检疫情况(2009年)

机构名称	Institute	总计 Total 批次(批) Number of Batch (batch)	#不合格 Disqualification	货值(万美元) Value (10 000 USD)	#不合格 Disqualification	工业品检验检疫 Commodity 批次(批) Number of Batch (batch)	#不合格 Disqualification	货值(万美元) Value (10 000 USD)	#不合格 Disqualification
总　计	**National Total**	**14640231**	**113012**	**91148843**	**5185286**	**12229389**	**53988**	**78769120**	**2841813**
北　京	Beijing	234980	829	1891625	3124	213013	280	1787159	2511
天　津	Tianjin	447533	4231	4838052	472308	390283	3045	4233648	282005
河　北	Hebei	137025	1315	1868263	372690	96387	1108	1628295	293355
山　西	Shanxi	15925	103	199511	1178	13017	95	181387	1025
内蒙古	Inner Mongolia	209365	79	846267	295	46715	44	659154	264
辽　宁	Liaoning	363516	1324	4408156	204677	241345	631	3587361	68856
吉　林	Jilin	63459	331	442941	804	25881	66	290637	669
黑龙江	Heilongjiang	158337	2544	326512	270	46452	22	157703	89
上　海	Shanghai	1730817	11937	11710361	147187	1596134	2771	10691140	55603
江　苏	Jiangsu	1506247	9966	9158421	798568	1374312	6013	7711349	362487
浙　江	Zhejiang	1391218	6332	5647603	227410	1246679	5347	4988459	146343
安　徽	Anhui	110360	397	515656	1810	87631	363	437494	1682
福　建	Fujian	460686	1627	2295291	143985	386070	1079	1934104	73369
江　西	Jiangxi	101595	860	453264	6645	82017	682	393722	6243
山　东	Shandong	1088526	21516	8928853	1510609	681774	7337	6825814	963790
河　南	Henan	55902	233	337015	1461	34623	145	239117	1148
湖　北	Hubei	79972	374	557811	3379	63424	339	473732	3062
湖　南	Hunan	75196	646	350516	1886	62093	637	285774	1858
广　东	Guangdong	3623008	20295	15609604	443029	3273136	8734	13844459	172699
广　西	Guangxi	141620	1108	1031499	316263	51375	470	671039	134440
海　南	Hainan	14327	469	585312	9495	3711	321	499848	7805
重　庆	Chongqing	34118	89	243310	517	31218	86	221664	507
四　川	Sichuan	54426	150	431411	1050	46442	87	368446	750
贵　州	Guizhou	5576	35	60563	125	4817	19	45441	77
云　南	Yunnan	74228	5024	283790	13278	20676	78	134362	522
西　藏	Tibet	2855	7	16310	8	3172	8	12670	8
陕　西	Shaanxi	32818	130	248199	2440	14977	115	182712	2414
甘　肃	Gansu	15637	61	113018	262	8378	9	78886	39
青　海	Qinghai	2363	25	48394	227	2300	19	47610	183
宁　夏	Ningxia	3978	82	64435	835	2636	54	58311	740
新　疆	Xinjiang	111371	8642	1103614	23703	158918	8389	989163	22740
宁波市	Ningbo City	632155	3249	5543722	232141	609740	2426	5324375	159158
厦门市	Xiamen City	287578	1800	1302757	63290	215677	1085	1020659	30720
深圳市	Shenzhen City	1027023	6880	7067193	179764	764862	2027	6227236	44507
珠海市	Zhuhai City	346491	322	2619590	575	329504	57	2536194	144

注：国家出入境货物检验检疫数据是由全国直属的35个检验检疫局直报国家质检总局汇总得到。

General Statistics on Entry-Exit Inspection and Quarantine of Freight by Region(2009)

动物及动物产品检验检疫Animal and Its Products				植物及植物产品检验检疫Plant and Its Products				食品及化妆品检验检疫Food and Cosmetics			
批次 (批) Number of Batch (batch)	#不合格 Disqualification	货值 (万美元) Value (10 000 USD)	#不合格 Disqualification	批次 (批) Number of Batch (batch)	#不合格 Disqualification	货值 (万美元) Value (10 000 USD)	#不合格 Disqualification	批次 (批) Number of Batch (batch)	#不合格 Disqualification	货值 (万美元) Value (10 000 USD)	#不合格 Disqualification
288668	**10304**	**1045487**	**89698**	**1150846**	**29983**	**4721077**	**1955863**	**1367248**	**19454**	**5933679**	**292528**
4136	29	20440	32	6398	158	11099	430	19799	381	61776	242
9728	152	52195	782	20516	345	209950	146413	34181	692	317090	42742
5144	1	25083	3	13827	112	120014	78949	22490	92	92866	373
113		405		433	1	1448	9	2416	7	15972	144
747		2591		146632	23	145749	8	16601	12	38148	23
9424	3	35423	2	40863	318	280400	131073	80965	423	497822	4686
320	1	1931	2	18263	181	61977	64	20556	84	85919	69
677		1960		100822	2460	112125	169	13850	62	53454	12
29556	5167	172644	48747	69039	2606	226712	29510	117437	1399	501996	12721
24909	289	150337	3428	64186	3353	822403	370538	56851	424	404856	59741
13417	205	86387	3594	89392	495	266515	73755	47877	315	212860	3617
1390		5594		6597	9	19968	45	15703	26	52151	82
3410	35	33271	518	40194	274	129687	63596	38317	244	195995	6510
7888	18	7583	24	6853	117	15310	248	5843	38	36248	116
19218	2296	89406	16630	112247	3153	737996	403773	279514	8901	1253384	125425
8712	43	31015	98	4425	2	14244	2	8439	39	49263	180
1230	1	1585		1870		5966		14888	31	73441	307
1415		4941		3260		7093		9518	10	50744	28
67571	1783	195932	13206	115466	8781	614655	247828	243369	1121	897018	9372
1076	1	5791		63193	283	263248	178243	26365	355	90313	3501
331	18	3508	99	3009	79	29187	609	7692	52	52820	982
595		2180		329	1	4072	5	3431	2	13816	5
1207		11926		2378	6	9865	11	7095	58	37000	289
17		47		377	5	9207	5	307	7	4748	15
1193	36	1531	139	23696	2357	63661	8250	29732	2579	80364	4459
43		136		249		1582		204		1871	
326	1	1151	7	11717	2	19690	2	6170	12	44474	17
262	1	910		3280	6	11128	5	3896	41	21695	194
10		39		2		2		89	6	715	44
10		61		152	1	625	4	1120	27	5265	91
1054	5	3544	11	5885	46	12778	127	10342	156	90979	745
1153	133	10403	2056	12844	379	96440	64605	20040	319	100680	6317
4144	59	13792	275	21010	439	118201	31770	50982	234	147889	524
54483	11	64228	33	128433	3974	272483	125779	116380	1070	307337	8574
13759	16	7516	10	13009	17	5596	37	34789	235	42709	382

a) National data of entry-exit inspection and quarantine of freight are collected through direct reporting of from the 35 inspection and quarantine bureaus directly under the National General Bureau.

20-75 中国科协系统科技活动情况(2009年)

指　标		Item		总计 Total
机构		**Number of Associations or Academic Societies**		
实有机构（各级科协组织）	(个)	Number of Associations or Academic Societies (Organizations at All Levels for S&T)	(unit)	7091
#独立建制	(个)	Number of Independent Institution	(unit)	2581
企业科协	(个)	Number of Enterprises Association for Science and Technology	(unit)	16039
大专院校科协	(个)	Number of College Association for Science and Technology	(unit)	698
街道科普协会	(个)	Number of Street Science Association	(unit)	9544
乡镇科普协会	(个)	Number of Science Associations in towns	(unit)	31659
农村专业技术协会	(个)	Number of Rural Professional and Technical Associations	(unit)	100980
人员		**Number of Personnel**		
各级科协从业人员	(人)	Number of Persons Engaged in China Associations for S&T	(person)	37349
学会从业人员	(人)	Number of Persons Engaged of Academic Societies	(person)	16570
#社会聘用人员	(人)	Number of Temperany Staff for Community	(person)	4398
学会个人会员	(万人)	Number of Individual Members of Academic Societies	(10 000 persons)	
企业科协个人会员	(万人)	Number of Individual Members of Enterprises Association for Science and Technology	(10 000 persons)	289
大专院校科协个人会员	(万人)	Number of Individual Members of College Association for Science and Technology	(10 000 persons)	45
街道科普协会个人会员	(万人)	Number of Individual Members Street Science Association	(10 000 persons)	52
乡镇科普协会个人会员	(万人)	Number of Individual Members of Science Associations in towns	(10 000 persons)	187
农村专业技术协会个人会员	(万人)	Number of Individual Members of Rural Professional and Technical Associations	(10 000 persons)	1147
经费		**Budget**		
经费筹集总额	(百万元)	Total Budget	(million yuan)	7313
#同级财政补助收入		Income of the Same Level Financial Assistance		
学术交流活动		**Academic Exchange**		
境内举办学术交流活动	(次)	Number of Academic Meetings Held in China	(time)	29825
参加人数	(万人次)	Number of Participants	(10 000 person-time)	455
科学技术普及活动		**S&T Popularization Activities**		
举办科普讲座	(次)	Number of S&T Popularization Lectures	(time)	151108
受众人数	(万人次)	Number of Participants	(10 000 person-time)	7730
举办科普展览	(次)	Number of S&T Popularization Exhibitions	(time)	69168
受众人数	(万人次)	Number of Participants	(10 000 person-time)	13809
发放科普宣传资料	(万份)	Number of Releasing Popular Science Materials	(10 000 units)	18475
开展科技咨询	(次)	Number of S&T Popularization Consultion	(time)	270477
实用技术培训人数	(万人次)	Number of People receiving Applied Technology Training	(10 000 person-time)	3461
推广新技术、新品种	(项)	Number of New Technologies and New Products Promoted	(item)	37933
科学技术普及专题（青少年科技教育）		**S&T Populariztion Activities Specifics (Activities for Educationi in Popular S&T among Adolescent)**		
举办青少年科普讲座	(次)	Number of S&T Popularization Lectures for Adolescent	(time)	21332
听讲人数	(万人次)	Number of Participants	(10 000 person-time)	1584
举办青少年科普展览	(次)	Number of S&T Popularization Exhibitions for Adolescent	(time)	13569
参观人数	(万人次)	Number of Participants	(10 000 person-time)	2153
举办青少年科技竞赛	(次)	Number of S&T Competitions for Adolescent	(time)	11120
参加人数	(万人次)	Number of Participants	(10 000 person-time)	3129
举办青少年科技夏冬令营	(次)	Number of Summer-Winter Camps for Adolescent	(time)	2754
参加人数	(万人次)	Number of Participants	(10 000 person-time)	58

 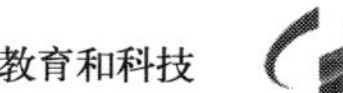

Basic Statistics on Scientific and Technological Activities of China Associations for Science and Technology(2009)

科协小计						学会小计		
Total Number of Associations	中国科协 China Association	省级科协 Provincial Associations	副省级、省会城市科协 Associations of Capital cities	地级科协 Prefectural Associations	县级科协 County Associations	Total Number of Academic Societies	全国学会 National Learned Societies	省级学会 Provincial Learned Societies
3159	1	32	32	382	2712	3932	192	3740
2581	1	31	31	347	2171			
16039		2121	1404	4110	8404			
698		156	120	269	153			
9544				397	9147			
31659				489	31170			
100980			1236	9053	90691			
37349	1233	7233	2386	7846	18651			
						16570	2684	13886
						4398	879	3519
							414	583
289		77	44	103	65			
45		24	8	12	1			
52				4	48			
187				2	185			
1147			16	97	1034			
5242	881	1867	405	969	1120	2071	1126	945
4057	675	1183	342	897	960			
13874	58	635	2248	5206	5727	15951	4117	11834
230	1	15	49	90	75	225	76	149
120859	343	2808	4434	26559	86715	30249	5218	25031
6437	18	424	123	1107	4765	1293	437	856
62385	85	1920	1165	12988	46227	6783	768	6015
11424	276	1045	325	2595	7183	2385	800	1585
15073	24	552	251	2969	11277	3402	668	2734
270477	130	850	1183	31572	236742			
3461	2	24	21	627	2787			
37933	6	877	591	7560	28899			
21332	128	711	536	4421	15536			
1584	7	106	32	268	1171			
13569	1	324	204	2941	10099			
2153	1	148	90	478	1436			
10484	5	229	173	3063	7014	636	86	550
2766	0.4	883	263	583	1037	363	164	199
2401	1	137	67	386	1810	353	75	278
51	0.004	2	2	8	39	7	1	6

20-75 续表

指　标		Item		总　计 Total
科普资源建设		**S&T Resource Construction**		
科普读物	(种)	Number of Popular Science Books	(kind)	12585
科普读物总印数	(万册、幅)	The total printing of Popular Science Books	(10 000 copies)	7456
制作科普广播影视节目	(小时)	Hours in Producting Popular Science Broadcasting and Television Programs	(hour)	12406
开发制作科普展览	(个)	Number of Popular Science Exhibitions	(unit)	6177
科普活动资源包	(个)	Number of Popular Science Activities Resource Packages	(unit)	3204
科普动漫作品	(个)	Number of Popular Science Animation Works	(unit)	6136
科普基础设施建设		**S&T Popularization Infrastrcture Construction**		
科技馆(科普活动中心)	(个)	Number of Science and Technology Museum(Popular Science Center)	(unit)	983
#建筑面积8000平方米以上	(个)	Number of More than 8000 Square Metres Construction Areas	(unit)	79
科普教育基地(示范基地)	(个)	Number of Education Bases for S&T Popularization(Model Bases)	(unit)	28121
参观人数	(万人次)	Number of Participants	(10 000 person-time)	19576
科普画廊(宣传栏)	(个)	Number of Popular Science Galleries(Boards)	(unit)	215374
科普展示单元总长度	(万米)	The Total Length of Popular Science Displayed Units	(10 000 metre)	214
科普大篷车行驶里程	(公里)	Mileage of Travelling about Science Caravans	(Km)	2068761
科普网站	(个)	Number of Popular Science Sites	(unit)	2179
浏览人次	(万人次)	Number of Visitors	(10 000 person-time)	76757
国际民间科技交流活动		**International S&T Exchange**		
国外及港澳台地区来访团组	(个)	Visits from Foreign Countries,Hong Kong,Macao and Taiwan	(unit)	3932
来访总人数	(人次)	Total Number of Visitors	(person-time)	35937
派往国外及港澳台地区团组	(个)	Visits to Foreign Countries,Hong Kong,Macao and Taiwan	(unit)	2154
派出总人数	(人次)	Total Number of Visitors	(person-time)	17080
科技活动和社会服务		**S&T Activities and Public Service**		
开展“讲、比”活动企业数	(个)	Number of Carrying out "ideal and contribution" Competition Enterprises	(unit)	18099
参与“讲、比”活动的科技人员	(万人次)	Number of "ideal and contribution" Competition S&T Staffs	(10 000 person-time)	146
“讲、比”活动项目完成数	(项)	Number of Completed "ideal and contribution" Competition Projects	(item)	47181
“金桥工程”本年完成数	(项)	Number of Completed "Golden Bridge Program" Projects	(item)	8539
完成技术咨询合同	(项)	Number of Consultative Contracts Completed	(item)	29828
反映科技工作者建议	(项)	Number of S&T Workers Proposals	(item)	33655
举办培训班	(次)	Number of Training Courses	(unit)	57690
培训结业人数	(万人次)	Persons Trained	(10 000 person-time)	732
表彰奖励科技工作者	(人次)	Number of Recognition and Award S&T Workers	(person-time)	90744
科技传媒情况		**S&T Media**		
主办科技期刊	(种)	Number of Scientific & Technological Journals	(kind)	2126
总印数	(万册)	Printed Copies	(10 000 copies)	9070
主办科技报纸	(种)	Number of Scientific & Technological Newspapers	(kind)	101
总印数	(万份)	Printed Copies	(10 000 copies)	15186
编著科技图书	(种)	Number of Scientific & Technological Books	(kind)	1743
总印数	(万册)	Printed Copies	(10 000 copies)	1123

continued

科协小计 Total Number of Associations	中国科协 China Association	省级科协 Provincial Associations	副省级、省会城市科协 Associations of Capital cities	地级科协 Prefectural Associations	县级科协 County Associations	学会小计 Total Number of Academic Societies	全国学会 National Learned Societies	省级学会 Provincial Learned Societies
12585	406	621	335	1485	9738			
7456	373	5216	132	562	1173			
11694	210	261	277	2246	8700	712	176	536
6177	24	57	39	1099	4958			
3204	9	56	20	435	2684			
6084	1	4632	224	876	351	52	6	46
983	1	23	15	146	798			
79	1	19	5	11	43			
28121	668	1390	1057	5212	19794			
19576	1700	5706	1307	4130	6733			
215374		823	3733	21875	188943			
214		1	6	27	180			
2068761		336281	54240	669534	1008706			
1493	9	96	42	284	1062	686	234	452
17414	1613	8260	433	2247	4861	59343	53354	5989
772	60	258	142	224	88	3160	1202	1958
9053	584	2583	2104	2371	1411	26884	11931	14953
491	136	204	50	73	28	1663	557	1106
4311	1079	1522	852	662	196	12769	4704	8065
18099	1	2115	835	4586	10562			
146	0.0005	16	27	64	39			
47181	6	7385	8484	21525	9781			
8539		1144	766	2633	3996			
24939	300	5673	4832	8500	5634	4889	512	4377
26475	138	695	1311	6125	18206	7180	697	6483
46018	70	2208	2088	6634	35018	11672	1829	9843
597	2	18	15	104	458	135	21.3	114
50635	179	2964	1755	15070	30667	40109	18129	21980
51	6	45				2075	971	1104
699	31	668				8371	5887	2484
29		29				72	5	67
13202		13202				1984	202	1782
757	201	61	30	135	330	986	229	757
369	47	57	42	72	151	754	174	580

20-76 各地区地震监测情况（2009年）
Situation of Earthquake Monitoring (2009)

单位：个 (unit)

地区	Region	地震台数 总数 Number of Seismic Stations	国家级台 Number of National Stations	省级台 Number of Provincial Stations	市、县级台 Number of Municipality/ County-level Stations	企业台 Number of enterprise Stations	强震观测点 Number of Strong Motion Observation Spots	宏观观测点 Number of Macro-observation Spots
全国	**National Total**	**1446**	**196**	**240**	**1010**	**127**	**1972**	**22625**
北京	Beijing	101	5	8	88	2	244	259
天津	Tianjin	9	4	5			136	18
河北	Hebei	78	10	11	57	12	67	1129
山西	Shanxi	97	5	6	86	25	40	6044
内蒙古	Inner Mongolia	53	10	15	28		32	530
辽宁	Liaoning	50	9	8	33	5		872
吉林	Jilin	31	7	6	18		10	274
黑龙江	Heilongjiang	41	8	3	30	1	100	2167
上海	Shanghai	9	2		7		25	15
江苏	Jiangsu	79	6	9	64	4	64	1023
浙江	Zhejiang	37	5	2	30		16	4
安徽	Anhui	28	6	6	16	1	10	594
福建	Fujian	45	6	8	31	8	40	330
江西	Jiangxi	12	2	4	6		6	688
山东	Shandong	43	7	17	19	7	62	1229
河南	Henan	60	7	20	33	4	17	830
湖北	Hubei	9	7	2			2	157
湖南	Hunan	34	3	4	27	2	2	500
广东	Guangdong	53	8	8	37	5	67	203
广西	Guangxi	13	5	3	5	3	21	513
海南	Hainan	12	2	3	7		14	1276
重庆	Chongqing	31	2	7	22			17
四川	Sichuan	130	10	33	87	10	211	554
贵州	Guizhou							
云南	Yunnan	143	14	19	110	1	315	1620
西藏	Tibet	9	6	3			2	
陕西	Shaanxi	63	6	6	51	8	30	596
甘肃	Gansu	69	9	12	48	8	177	567
青海	Qinghai	36	8	1	27	20	41	46
宁夏	Ningxia	18	4	3	11		51	226
新疆	Xinjiang	53	13	8	32	1	170	344

主要统计指标解释

普通高等学校 指按国家规定的设置标准和审批程序批准举办的，通过全国普通高等学校统一招生考试，招收高中毕业生为主要培养对象，实施高等学历教育的全日制大学、独立设置的学院和高等专科学校、高等职业学校及其他机构（独立学院和分校、大专班）。

大学、独立设置的学院主要实施本科层次以上教育。高等专科学校、高等职业学校实施专科层次教育。其他机构是承担国家普通招生计划任务不计校数的机构，包括独立学院、普通高等学校分校、大专班和批准筹建的普通高等学校等。独立学院指由普通本科高校按新机制、新模式举办的本科层次的二级学院，一些普通本科高校按公办机制和模式建立的二级学院，“分校”或其他类似的二级办学机构不属此范畴。

成人高等学校 指按照国家规定的设置标准和审批程序批准举办的，通过全国成人高等教育统一招生考试，招收具有高中毕业或同等学历的人员为主要培养对象，利用函授、业余、脱产等多种形式对其实施高等学历教育的学校。包括职工高等学校、农民高等学校、管理干部学院、教育学院、独立函授学院、广播电视大学、其他机构等。其他机构是承担国家成人招生计划任务不计校数的机构。

小学学龄儿童净入学率 指调查范围内已入小学学习的学龄儿童占校内外学龄儿童总数(包括弱智儿童，不包括盲聋哑儿童)的比重。计算公式为：

$$\text{小学学龄儿童净入学率}=\frac{\text{已入学的小学学龄儿童数}}{\text{校内外小学学龄儿童总数}}\times100\%$$

国家财政性教育经费 包括国家财政预算内教育经费，各级政府征收用于教育的税费，企业办学校教育经费，校办产业、勤工俭学和社会服务收入用于教育的经费。

财政预算内教育经费 指中央、地方各级财政或上级主管部门在年度内安排，并计划拨到教育部门和其他部门主办的各级各类学校、教育事业单位，列入国家预算支出科目的教育经费，包括教育事业拨款、科研经费拨款、基建拨款和其他经费拨款。

研究与试验发展(R&D) 指在科学技术领域，为增加知识总量，以及运用这些知识去创造新的应用进行的系统的创造性的活动，包括基础研究、应用研究、试验发展三类活动。国际上通常采用R&D活动的规模和强度指标反映一国的科技实力和核心竞争力。

基础研究 指为了获得关于现象和可观察事实的基本原理的新知识(揭示客观事物的本质、运动规律，获得新发现、新学说)而进行的实验性或理论性研究，它不以任何专门或特定的应用或使用为目的。其成果以科学论文和科学著作为主要形式。用来反映知识的原始创新能力。

应用研究 指为获得新知识而进行的创造性研究，主要针对某一特定的目的或目标。应用研究是为了确定基础研究成果可能的用途，或是为达到预定的目标探索应采取的新方法(原理性)或新途径。其成果形式以科学论文、专著、原理性模型或发明专利为主。用来反映对基础研究成果应用途径的探索。

试验发展 指利用从基础研究、应用研究和实际经验所获得的现有知识，为产生新的产品、材料和装置，建立新的工艺、系统和服务，以及对已产生和建立的上述各项作实质性的改进而进行的系统性工作。其成果形式主要是专利、专有技术、具有新产品基本特征的产品原型或具有新装置基本特征的原始样机等。在社会科学领域，试验发展是指把通过基础研究、应用研究获得的知识转变成可以实施的计划(包括为进行检验和评估实施示范项目)的过程。人文科学领域没有对应的试验发展活动。主要反映将科研成果转化为技术和产品的能力，是科技推动经济社会发展的物化成果。

R&D人员 指参与研究与试验发展项目研究、管理和辅助工作的人员， 包括项目(课题)组人员，企业科技行政管理人员和直接为项目(课题)活动提供服务的辅助人员。反映投入从事拥有自主知识产权的研究开发活动的人力规模。

R&D 人员全时当量 指全时人员数加非全时人员按工作量折算为全时人员数的总和。例如：有两个全时人员和三个非全时人员(工作时间分别为20%、30%和70%)，则全时当量为 2+0.2+0.3+0.7=3.2 人年。为国际上比较科技人力投入而制定的可比指标。

R&D 经费内部支出合计 指调查单位用于内部开展R&D活动（基础研究、应用研究和试验发展）的实际支出。包括用于R&D项目（课题）活动的直接支出，以及间接用于R&D活动的管理费、服务费、与R&D有关的基本建设支出以及外协加工费等。不包括生产性活动支出、归还贷款支出以及与外单位合作或委托外单位进行R&D活动而转拨给对方的经费支出。

R&D经费内部支出中政府资金 指R&D经费内部支出中来自各级政府部门的各类资金，包括财政科学技术拨款、科学基金、教育等部门事业费以及政府部门预算外资金的实际支出。

R&D经费内部支出中企业资金 指R&D经费内部支出中来自本企业的自有资金和接受其他企业委托而获得的经费，以及科研院所、高校等事业单位从企业获得的资金的实际支出。

R&D项目（课题）数 指在当年立项并开展研究工作、以前年份立项仍继续进行研究的研发项目（课题）数，包括当年完成和年内研究工作已告失败的研发项目（课题），但不包括委托外单位进行的研发项目（课题）数。

R&D 项目（课题）人员全时当量 指实际参加研发项目（课题）活动人员折合的全时当量。

R&D 项目（课题）经费内部支出 指调查单位内部在报告年度进行研发项目（课题）研究和试制等的实际支出。包括劳务费、其他日常支出、固定资产购建费、外协加工费等，不包括委托或与外单位合作进行项目（课题）研究而拨付给对方使用的经费。

新产品产值 指报告期企业生产的新产品的产值。新产品是指采用新技术原理、新设计构思研制、生产的全新产品，或在结构、材质、工艺等某一方面比原有产品有明显改进，从而显著提高了产品性能或扩大了使用功能的产品。新产品产值、新产品销售收入既包括经政府有关部门认定并在有效期内的新产品，也包括企业自行研制开发，未经政府有关部门认定，从投产之日起一年之内的新产品。

新产品销售收入 指报告期企业销售新产品实现的销售收入。

专利 是专利权的简称，是对发明人的发明创造经审查合格后，由专利局依据专利法授予发明人和设计人对该项发明创造享有的专有权。包括发明、实用新型和外观设计。反映拥有自主知识产权的科技和设计成果情况。

发明（专利） 指对产品、方法或者其改进所提出的新的技术方案。是国际通行的反映拥有自主知识产权技术的核心指标。

实用新型（专利） 指对产品的形状、构造或者其结合所提出的适于实用的新的技术方案。反映具有一定技术含量的技术成果情况。

外观设计（专利） 指对产品的形状、图案、色彩或者其结合所作出的富有美感并适于工业上应用的新设计。反映拥有自主知识产权的外观设计成果情况。

工业企业 R&D 投入强度 指研究与试验发展经费内部支出与主营业务收入的比值。

Explanatory Notes on Main Statistical Indicators

Regular Institutions of Higher Education refer to educational establishments set up according to the government evaluation and approval procedures, recruiting graduates from senior secondary schools as the main target by National Matriculation TEST. They include full-time universities, colleges, institutions of higher professional education, institutions of higher vocational education, institutions of higher vocational education and others (non-university tertiary, branch schools and undergraduate classes).

Universities and colleges primarily provide undergraduate courses; institutions of higher professional education and institutions of higher vocational education primarily provide professional trainings; and others refer to educational establishments, which are responsible for enrolling higher education students under the State Plan but not enumerated in the total number of schools, including: branch schools of universities and colleges, and universities and colleges that have been approved and under plan for construction. Non-university tertiary refers to the regular undergraduate branch college which is running in new mechanism and mode, excluding the branch schools and other similar branches of educational institutions.

Institutions of Higher Education for Adults refer to educational establishments, set up in line with relevant rules approved by the government, enrolling staff and workers with senior secondary school or equivalent education, and providing higher education courses in many forms of correspondence, spare time, or full time for adults. Professionals thus trained receive a qualification equivalent to graduates studying regular courses at regular universities, colleges and professional colleges. Institutions of higher learning for adults include schools of higher education for staff and workers, schools of higher education for peasants, colleges for management cadres, pedagogical colleges, independent correspondence colleges, Radio and TV universities and other educational establishments. Other educational establishments have undertakings to enrol adult students but not enumerated in the schools under the State Plan.

Net Enrolment Ratio of Primary Schools refers to the proportion of school age children enrolled at schools to the total number of school age children both in and outside schools (including retarded children, but excluding blind, deaf and mute children). The formula is:

$$\text{Net Enrolment Ratio of Primary Schools} = \frac{\text{Total Primary School - age Children at Schools}}{\text{Total Primary School - age Children Whether or Not Attending School}} \times 100\%$$

Government Appropriation for Education refers to State budgetary fund for education, taxes and fees collected by governments at all levels that are used for education purpose, education fund for enterprise-run schools, income from school-run enterprises, work-study programme and social services that are used for education purpose.

Budgetary Fund for Education refers to education funding that is planned to be allocated to various schools and education institutions by central and local financial departments at various levels within the reference year, which is within the State budgetary expenditure, including: appropriated funds for education, for science and research, for capital construction and others.

Research and Development (R&D) refers to systematic and creative activities in the field of science and technology aiming at increasing the knowledge and using the knowledge for new application. R&D includes 3 categories of activities: basic research, applied research and experimentation for development. The scale and intensity of R&D are widely used internationally to reflect the strength of S&T and the core competitiveness of a country in the world.

Basic Research refers to empirical or theoretical research aiming at obtaining new knowledge on the fundamental principles regarding phenomena or observable facts to reveal the intrinsic nature and underlying laws and to acquire new discoveries or new theories. Basic research takes no specific or designated application as the aim of the research. Results of basic research are mainly released or disseminated in the form of scientific papers or monographs. This indicator reflects the innovation capacity for original knowledge.

Applied Research refers to creative research aiming at obtaining new knowledge on a specific objective or target. Purpose of the applied research is to identify the possible uses of results from basic research, or to explore new (fundamental) methods or new approaches. Results of applied research are expressed in the form of scientific papers, monographs, fundamental models or invention patents. This indicator reflects the exploration of ways to apply the results of basic research.

Experiments and Development refer to systematic activities aiming at using the knowledge from basic and applied researches or from practical experience to develop new products, materials and equipment, to establish new production process, systems and services, or to make substantial improvement on the existing products, process or services. Results of experiment and development activities are embodied in patents, exclusive technology, and monotype of new products or equipment. In social sciences, experiment and development activities refer to the process of converting the knowledge from basic or applied researches into feasible programmes (including conduct of demonstration projects for assessment and evaluation). There are no experiment and development activities in the science of humanities. This indicator reflects the capability of transferring the results of S&T into technique and products, and measures the realization of S&T in spearheading the economic and social development.

R & D Personnel refer to persons engaged in research, management and supporting activities of R & D, including persons in the project teams, persons engaged in the management of S&T activities of enterprises and supporting staff providing direct service to the research projects. This indicator reflects the size of personnel engaged in R&D activities with independent intellectual property.

Full-time Equivalent of R&D Personnel refers to the sum of the full-time persons and the full-time equivalent of part-time persons converted by workload. For instance, if there are 2 full-time persons and 3 part-time workers (20%, 30% and 70% of working hours respectively on R&D activities), the full-time equivalent are 2+0.2+0.3+0.7=3.2 person-years. This is an internationally comparable indicator of S&T manpower input.

Total Internal Expenditure of Funds on R&D refers to the real expenditure of surveyed units on their own R&D activities (basic research, application study, test and development) including direct expenditure on R&D activities, indirect expendure of management and services on R&D activities, expenditure on capital construction and material processing by others. Excluding the expenditure on production activities, return of loan, and fees transferred to cooperated and entrusted agencies on R&D activities.

Internal Expenditure of Government Funds refer to the expenditure of funds on R&D activities from government agencies at different levels, including appropriate funds on science and technology from financial departments, scientific funds, operating expenses from education departments and the real expenditure of extrabudgetary funds from government agencies.

Internal Expenditure of Funds of Enterprises refer to the expenditure of funds on R&D activities from self-raised funds of enterprises and funds from other enterprises through entrustment, and the expenditure of funds of institutions, such a institution of scientific research and universityies, from enterprises.

Number of R&D Projects (subjects) refers to the number of R&D projects (subjects) set up and implemented at the reference year, and the number of R&D projects (subjects) set up in former years and under implementation, including the projects (subjects) finished and failed at the reference year, excluding the projects (subjects) implemented by others throught entrustment.

Full-time Equivalent of R&D Personnel refers to the full-time equivalent of persons actually engaged in R&D projects.(subjects)

Internal Expenditure of Funds on R&D Projects (subjects) refers to the real expenditure of internal funds of the surveyed units on research and test of R&D projects (subjects) at the reference year, including service fee, other daily expenditure, cost for captital goods, cost of external process; excluding expenditure of funds transferred to other cooperated and entrusted units of the projects.

Output Value of New Products refers to the output value of new products during the reporting period. The new products refer to brand new products produced with new technology and new design, or product that represent noticeable improvement in terms of structure, material, or production process for improving significantly the character of function of the older versions. The putput value and sales income of the new products include those of new products certified by relevant government agencies within the period of certification, as well as new products designed and produced by enterprises within a year without certification by government agencies.

Sales Income of New Products refers to the real sales income of new products of the enterprises at the reporting period.

Patent is an abbreviation for the patent right and refers to the exclusive right of ownership by the inventors or designers for the creation or inventions, given from the patent offices after due process of assessment and approval in accordance with the Patent Law. Patents are granted for inventions, utility models and designs. This indicator reflects the achievements of S&T and design with independent intellectual property.

Patented Inventions refer to new technical proposals to the products or methods or their modifications. This is universal core indicator reflecting the technologies with independent intellectual property.

Patented Utility Models refer to the practical and new technical proposals on the shape and structure of the product or the combination of both. This indicator reflects the condition of technological results with certain technical content.

Designs refer to the aesthetics and industrially applicable new designs for the shape, pattern and colour of the product, or their combinations. This indicator reflects the appearance design achievements with independent intellectual property.

Intensity of Input into R&D of Industrial Enterprises refers to the percentage of main operation income spent on R & D activities by industrial enterprises.

21

文化、体育和卫生

Culture, Sports and Public Health

简 要 说 明

一、本篇资料的主要内容

本篇主要反映文化、体育、卫生、新闻出版、广播电影电视事业的发展情况。

文化部分主要包括艺术表演团体、艺术表演场所、公共图书馆、博物馆、文化馆、档案馆、文化站、广播、电影、电视、新闻出版以及文物等文化事业的机构、人员、经费和业务活动情况。体育部分主要包括群众体育和竞技体育，主要内容有体育系统职工情况，竞技体育成绩，群众体育活动以及与国外体育交往次数和人数等情况。卫生部分主要内容有卫生机构、人员、床位数，医院诊疗人次及入院人数，主要疾病死亡原因及构成，传染病的发病及死亡以及卫生事业费用测算等情况。

二、本篇的资料来源

根据各部门制定的统计报表制度汇总加工整理而成。艺术业、图书馆业、群众文化服务业的资料主要来自文化部；档案馆资料来自国家档案局；文物资料来自国家文物局；广播、电影、电视资料来自国家广播电影电视总局；新闻出版资料来自国家新闻出版总署；体育部分的资料来自国家体育总局；卫生部分的资料来自卫生部。

详细资料分别见《中国文化文物统计年鉴》（文化部计划财务司编）、《中国新闻出版统计资料汇编》（新闻出版署计财司编）、《 全国广播电影电视业发展指标统计》（国家广播电影电视总局计财司编）和《中国卫生统计年鉴》（卫生部信息中心编）。

Brief Introduction

I. Main Contents

Data in this chapter mainly reflect the development of culture; sports; public health; news and publication; and radio broadcasting, films and television.

Data on culture cover mainly the situations on institutions, personnel and business activities of cultural undertakings including arts performing groups and performance venues; public libraries; museums; cultural centres; archives; cultural stations; broadcasting; films; television; news and publication; and cultural relics. Data on sports cover mass sports (sports for all) and athletic sports, including mainly the number of staff and workers in sports departments, number of stadiums and gymnasiums, achievements in athletic sports events, mass sports activities and the international exchanges of sports delegations. Data on public health include mainly the number of institutions; personnel, hospital beds; number of patients treated and in-patients; major diseases as the causes of death and their proportions in total deaths; the incidence of and the deaths caused by infectious diseases; and estimates of health cost.

II. Sources of Data

Data are collected and tabulated in accordance with the statistical reporting schemes stipulated by the departments concerned. Data on the causes of arts, libraries, mass culture are provided by the Ministry of Culture. Data on archives are from State Archives Administration. Data on cultural relics are from State Administration of Cultural Heritage. Data on radio, film and television are mainly from State Administration of Radio, Film and Television. Data on news and publication are mainly provided by General Administration of Press and Publication. Data on sports are mainly from General Administration of Sport. Data on public health are mainly from Ministry of Health.

For detailed information please refer to "*China Cultural Relics Yearbook*" (Department of Financial Management, Ministry of Culture), "*Collection of China News and Publication Statistical Information*" (Department of Financial Management, General Administration of Press and Publication), "*Statistics on National Development Indicators of Radio, Film and Television*" (Department of Financial Management, State Administration of Radio, Film and Television) and "*Annual Statistical Yearbook on National Health Care*" (Information Centre, Ministry of Health).

21-1 全国文化文物机构数、从业人员数（2009年）
Number of Institutions and Personnel in Culture and Cultural Relics (2009)

机构类别	Category of Institution	机构数（个）Number of Institutions (unit)	从业人数（人）Number of Employed Persons (person)
总计	**Total**	**305764**	**1984159**
文化及相关产业	**Culture and Related Industry**	**305630**	**1980884**
艺术业	Arts	8582	256776
艺术表演团体	Arts Performance Troupes	6139	208174
话剧、儿童剧、滑稽剧团	Drama, Plays for Children and Comedy Troupes	89	6341
歌剧、舞剧、歌舞剧团	Opera, Ballet and Dance Troupe	190	12723
歌舞团、轻音乐团	Song and Dance Troupe, Light Music Troupe	1137	38005
乐团、合唱团	Philharmonic and Chorus Troupes	58	6049
文工团、文宣队、乌兰牧骑	Cultural and Performance Troupes and Ulanmuchi (equestrian art troupes)	344	10831
戏曲剧团	Local Opera Troupes	2333	92387
#京剧	Beijing Opera Troupes	109	8139
曲、杂、木、皮影团	Recitation and Ballad Troupes, Acrobatics and Circus Troupes, Puppet Show Troupes and Shadow Play Troupes	1117	21501
综合性艺术表演团体	Comprehensive Art performance Troupes	871	20337
艺术表演场馆	Arts Centers	2137	46436
剧场、影剧院	Theaters and Music Halls	1672	32476
书场、曲艺场	Storytelling Places, Recitation and Ballad Places	29	230
杂技、马戏场	Acrobatics, Circus Troupes	10	650
音乐厅	Concert Halls	24	4312
综合性	General Performing Theaters	236	5406
其他	Others	166	3362
艺术创作机构	Art Creation Institutions	306	2166
图书馆业	Public Libraries	2850	52688
#少儿图书馆	Public Libraries for Children	91	1774
群众文化服务业	Mass Culture	41959	137484
文化馆	Cultural Centers	3223	51159
省级文化馆	Cultural Centers, Mass Art Centers at Provincial Level	31	1711
地市级文化馆	Cultural Centers at Prefecture Level	330	9123
县市级文化馆	Cultural Centers at County and City Level	2862	40325
乡镇(街道)文化站	Township (sub-district) Cultural Stations	38736	86325
#乡镇文化站	Township Cultural Stations	33378	71768
艺术教育业	Culture and Education	158	12796
艺术科研机构	Art Research Institutions	210	3478
文化市场经营机构	Business Units Dealing in Culture Market	239571	1294915
文物业	Cultural Relics	4842	101986
文物科研机构	Scientific Research Institutions of Cultural Relics	104	3799
文物保护管理机构	Agencies of Historical Relics Preservation	2263	28629
博物馆	Museums	2252	59919
综合性	Comprehensive Museums	1086	24421
历史类	History Museums	817	28143
艺术类	Arts Museums	114	2673
自然科技类	Nature Science and Technology Museums	73	1460
其他	Other Museums	162	3222
文物商店	Cultural Relics Shops	80	1898
其他文物机构	Other Cultural Relics Agencies	143	7741
其他文化及相关产业	Other Cultural Units	8179	147776
非文化及相关产业	**Non-culture and Related Industry**	**134**	**3275**

21-2 各地区文化事业机构数
Number of Institutions in Cultural Industry by Region

单位：个 (unit)

年 份 地 区	Year Region	艺术表演团体 Art Performance Troupes	艺术表演场馆 Art Performance Places	博物馆 Museums	公共图书馆 Public Libraries	省级、地市级文化馆 Art Centers at Provincial & Prefecture Level	县市级文化馆 Cultural Centers at County & City Level	乡镇(街道)文化站 Township (sub-district) Cultural Stations	中等艺术学校 Secondary Art School
	1978	3150	1095	349	1218	92	2748	1729	71
	1980	3533	1444	365	1732	218	2912	25273	69
	1985	3317	1756	711	2344	335	2965	52858	102
	1990	2805	2055	1013	2527	366	2955	52435	111
	1995	2684	1972	1194	2608	373	2886	45038	131
	1996	2664	1934	1219	2620	392	2892	41969	130
	1997	2663	1947	1282	2628	385	2901	42163	137
	1998	2652	1929	1339	2652	386	2901	42547	135
	1999	2632	1911	1363	2669	389	2905	42543	141
	2000	2630	1912	1392	2677	390	2907	42024	137
	2001	2605	1854	1461	2696	399	2842	40138	142
	2002	2587	1829	1511	2697	389	2854	39273	131
	2003	2618	1912	1515	2709	382	2846	38588	121
	2004	2580	1846	1548	2720	380	2841	38181	129
	2005	2805	1866	1581	2762	447	2841	38362	120
	2006	2866	1839	1617	2778	395	2819	36874	121
	2007	4512	2070	1722	2799	411	2806	37384	121
	2008	5114	1944	1893	2820	389	2829	37938	117
	2009	6139	2137	2252	2850	361	2862	38736	107
北 京	Beijing	18	72	40	24	1	19	312	1
天 津	Tianjin	29	39	18	31	1	18	237	
河 北	Hebei	246	102	64	164	13	164	2088	4
山 西	Shanxi	267	83	86	126	12	119	1398	12
内蒙古	Inner Mongolia	120	28	46	113	13	102	905	3
辽 宁	Liaoning	245	60	61	128	17	105	1412	6
吉 林	Jilin	68	33	71	66	13	63	888	
黑龙江	Heilongjiang	90	44	71	100	17	129	1081	6
上 海	Shanghai	77	104	29	29	1	28	213	1
江 苏	Jiangsu	359	189	182	109	13	104	1330	8
浙 江	Zhejiang	435	239	100	96	12	88	1513	4
安 徽	Anhui	1172	79	68	89	15	105	1360	5
福 建	Fujian	373	59	93	85	10	84	1093	9
江 西	Jiangxi	103	55	103	108	12	103	1719	2
山 东	Shandong	118	82	111	150	18	140	1867	5
河 南	Henan	413	161	103	142	18	184	2264	11
湖 北	Hubei	196	70	116	107	13	99	1257	4
湖 南	Hunan	110	67	75	120	15	125	2403	4
广 东	Guangdong	344	144	160	133	22	123	1594	5
广 西	Guangxi	135	24	62	100	15	99	1140	3
海 南	Hainan	59	9	15	20	3	18	211	1
重 庆	Chongqing	160	42	37	43	1	40	994	1
四 川	Sichuan	332	96	89	156	22	181	4019	1
贵 州	Guizhou	61	9	53	93	8	87	1419	
云 南	Yunnan	146	34	113	150	13	135	1365	
西 藏	Tibet	29	22	2	4	7	49	239	
陕 西	Shaanxi	123	100	101	112	10	110	1681	6
甘 肃	Gansu	81	30	91	93	16	85	1195	
青 海	Qinghai	30	21	18	44	8	43	243	1
宁 夏	Ningxia	47	16	6	20	7	19	224	1
新 疆	Xinjiang	136	21	63	94	15	94	1072	3

注：1.2007年起机构数、从业人员数含非文化部门单位。2007年以前为文化部系统内数据。
2.艺术表演团体、艺术表演场馆、博物馆、公共图书馆指标分地区数据不含中央单位数。

a) Number of institutions and number of employed persons include those of non-cultural department enterprises since 2008, while were only those of cultural department before 2007.

b) Data of regions do not include Central Government units in the indicators of art performance troupes, art performance places, museums, public libraries.

21-3 全国艺术表演团体演出情况（2009年）
Basic Statistics on Performance of Art Troupes (2009)

种 类	Item	本团原创首演剧目（个）Plays Showed this Year (unit)	演出场数（千场次）Number of Performances (1000 shows)	国内演出 Domesitc Performances	#到农村演出 Shows in Rural Areas	国内演出观众人数（千人次）Number of Spectators for Domestic Performances (1000 person-times)	农村观众人次 Rural
总 计	**Total**	**1578**	**1201**	**1126**	**741**	**817159**	**515891**
按登记注册类型分	By Status of Registration						
国 有	State-owned	1149	353	333	198	374870	247114
集 体	Collective-owned	120	93	91	65	84739	57395
其 他	Other	309	755	703	477	357550	211382
按隶属关系分	By Jurisdiction of Management						
中 央	Central Level	103	3	3	1	4130	637
省、区、市	Provincial Level	207	54	49	15	46278	20417
地、市	Prefecture Level	368	149	138	54	125447	67503
县、市	County or City Level	900	996	936	671	641304	427334
按管理部门分	By Department of Management						
文化部门	Cultural Department	1209	449	422	262	448592	301907
其他部门	Other Department	369	752	704	478	368567	213984
按剧种分	By Art Troupes						
话剧、儿童剧、滑稽剧团	Drama, Children's Play and Comedy Troupes	87	13	12	3	11898	2863
歌剧、舞剧、歌舞剧团	Opera, Ballet and Dance Troupe	64	28	23	8	21374	7326
歌舞团、轻音乐团	Song and Dance Troupe, Light Music Troupe	246	198	172	76	119791	45391
乐团、合唱团	Philharmonic and Chorus Troupes	100	6	6	1	3308	285
文工团、文宣队、乌兰牧骑	Cultural and Performance Troupes and Ulanmuchi (equestrian art troupes)	58	39	37	23	39590	22335
戏曲剧团	Local Opera Troupes	728	454	435	359	456600	355604
#京 剧	Beijing Opera Troupes	48	21	20	11	17788	10911
曲艺、杂技、木偶、皮影团	Recitation and Ballad Troupes, Acrobatics and Circus Troupes, Puppet Show Troupes, and Shadow Play Troupes	71	355	342	220	82506	44871
综合性艺术表演团体	Comprehensive Art Performance Troupes	224	109	100	51	82092	37216

21-4 全国文化部门艺术表演团体收支情况（2009年）
Income and Expenditure of Arts Performance Troupes (2009)

单位：万元 (10 000 yuan)

种 类	Item	收入情况 Total Income		支出情况 Total Expenditure
		财政拨款 Government Subsidies	演出收入 Income of Performance	人员支出 Expenditure of Personnel
总 计	**Total**	**650144.4**	**288214.3**	**630357.8**
按登记注册类型分	By Status of Registration			
国 有	State-owned	607647.5	142612.8	513147.9
集 体	Collective-owned	31663.8	17579.2	32733.4
其 他	Other	10833.1	128022.3	84476.5
按隶属关系分	By Jurisdiction of Management			
中 央	Central Level	34933.7	21333.9	32629.2
省、区、市	Provincial Level	243896.5	61448.4	196938.1
地、市	Prefecture Level	238793.3	58174.7	205982
县、市	County or City Level	132520.9	147257.3	194808.5
按管理部门分	By Department of Management			
文化部门	Cultural Department	636247	154347.5	537264.1
其他部门	Other Department	13897.4	133866.8	93093.7
按剧种分	Grouped by Art Troupes			
话剧、儿童剧、滑稽剧团	Drama, Children's Play and Comedy Troupes	62871.5	12681.3	41265
歌剧、舞剧、歌舞剧团	Opera, Ballet and Dance Troupe	69104.6	20262.4	59124.9
歌舞团、轻音乐团	Song and Dance Troupe, Light Music Troupe	123495.3	79365.7	112099.9
乐团、合唱团	Philharmonic and Chorus Troupes	23716.3	13707.3	27911.9
文工团、文宣队、乌兰牧骑	Cultural and Performance Troupes and Ulanmuchi (equestrian art troupes)	31281	5113.8	25962.4
戏曲剧团	Local Opera Troupes	251781.9	98087.9	252022.5
#京 剧	Beijing Opera Troupes	56455.1	8335.4	46556.7
曲、杂、木、皮影团	Recitation and Ballad Troupes, Acrobatics and Circus Troupes, Puppet Show Troupes and Shadow Play Troupes	46417	24841.2	61712.7
综合性艺术表演团体	Comprehensive Art Performance Troupes	41476.8	34154.7	50258.5

21-5 全国群众艺术馆、文化馆(站)综合情况（2009年）
Basic Statistics on National Mass Art Centers and Cultural Centers(Stations) (2009)

指标	Item	总计 Total	省级 Provincial Level	地市级 Prefecture Level	县市级 County (City) Level	县文化馆 County Cultural Center	乡镇(街道)文化站 Township (sub-district) Cultural Stations	乡镇文化站 Township Cultural Stations
机构数（个）	Institutions (unit)	41959	31	330	2862	1643	38736	33378
举办展览（个）	Number of Exhibitions (unit)	110251	330	2169	15593	8495	92159	71395
组织文艺活动（次）	Art Performances and Story-telling Sessions (time)	555052	976	16678	109580	49983	427818	300228
藏书（千册）	Books Collected (1000 copies)	139228	108	297	3568	1539	135255	100678
举办训练班班次（次）	Number of Training Courses (time)	304955	1672	13558	53997	20082	235728	154960
培训人次（千人次）	Person-times Trained (1 000 person-times)	15933	63	638	2787	1094	12445	8651
组织各类理论研讨和讲座次数（次）	Number of Theoretical Lectures (time)	11259	635	1082	9542	3995		
拥有计算机台数（台）	Computer Owned (unit)	84347	885	3377	11618	4503	68467	48542
本年收入合计（亿元）	Revenue this Year (100 million yuan)	81	3	9	27	10	41	32
本年支出合计（亿元）	Expenditure this Year (100 million yuan)	79	3	9	27	10	41	31
流动舞台车数量（台）	Mobile Stage Truck (unit)	209	6	25	178	102		
利用流动舞台车演出场次（场次）	Performances by Mobile Stage Truck (time)	9695	213	1315	8167	4960		
利用流动舞台车演出观众人次（千人次）	Spectators of Performance by Mobile Stage Truck (1000 person-times)	11379	97	1842	9440	5029		
馆办文艺团体（个）	Art Performance Troupes Run by Centers (unit)	5260	100	807	4353	1917		
馆办文艺团体演出场次（场次）	Number of Art Performances Run by Centers (time)	74877	2015	8471	64391	31289		
馆办老年大学（个）	Aging College Run by Centers (unit)	776	9	70	697	369		
群众业余文艺团体（个）	Part-time Art Troupes (unit)	259608	82	5420	64675	27794	189431	135189

21-6 全国艺术表演场馆演出情况（2009年）

Basic Statistics on Performance in Art Performance Places (2009)

种　类	Item	演(映)出场次合计(千场次) Number of Performances (1000 shows)	艺术演出场　次 Art Perfor-mances	观众人次(千人次) Number of Spectators (1000 person-times)	艺术演出观众人次 Art Perfor-mances
总　计	**Total**	**606.26**	**149.49**	**123193**	**53692**
按登记注册类型分	By Status of Registration				
国　有	State-owned	432.57	79.16	81670	35917
集　体	Collective-owned	22.46	7.06	6153	2121
其　他	Other	151.22	63.27	35370	15654
按隶属关系分	By Jurisdiction of Management				
中　央	Central Level	0.46	0.46	303	303
省、区、市	Provincial Level	138.07	33.92	20060	14557
地、市	Prefecture Level	186.45	26.01	30374	12635
县、市	County or City Level	281.29	89.28	72456	26197
按管理部门分	By Department of Management				
文化部门	Cultural Department	418.99	74.15	74926	32067
其他部门	Other Department	187.27	75.35	48267	21625
按剧种分	By Kind of Play				
剧场	Theaters and Music Halls	150.13	50.14	38840	24376
影剧院	Cinemas	351.66	47.20	56560	14949
书场、曲艺场	Storytelling Places, Recitation and Ballad Places	6.32	4.69	1145	783
杂技、马戏场	Acrobatics, Circus Places	1.53	1.43	1829	1827
音乐厅	Concert Halls	6.73	2.88	2558	1978
综合性艺术表演场馆	Comprehensive Arts Performance Places	57.28	20.86	14448	6542
其他艺术表演场馆	Other Arts Performance Places	32.60	22.29	7813	3237

21-7 各地区艺术表演团体、艺术表演场馆演出情况(2009年)
Statistics on Performance of Art Performance Troupes and Art Performance Places by Region (2009)

地区	Region	艺术表演团体 Art Performance Troupes		艺术表演场馆 Art Performance Places			
		国内演出场次(千场次) Number of Domestic Performances (1000 shows)	国内演出观众人次(千人次) Spectators of Domestic Performances (1000 person-times)	演出场次(千场次) Number of Performances (1000 shows)	艺术演出场次 Art Performances	观众人次(千人次) Number of Spectators (1000 person-times)	艺术演出观众人次 Art Performances
全国	**National Total**	**1126.35**	**817159**	**606.26**	**149.49**	**123193**	**53692**
中央	Central Level	3.05	4130	0.46	0.28	303	303
北京	Beijing	6.64	4497	41.47	13.95	7846	6375
天津	Tianjin	3.49	3651	19.79	1.66	2218	647
河北	Hebei	43.64	42590	12.30	5.57	3581	2224
山西	Shanxi	43.71	64283	22.83	2.59	3308	1301
内蒙古	Inner Mongolia	17.48	16302	5.49	1.26	1828	414
辽宁	Liaoning	14.71	9498	11.75	5.75	3584	1591
吉林	Jilin	7.23	7296	14.43	2.22	1423	421
黑龙江	Heilongjiang	10.18	9401	2.26	0.74	1080	443
上海	Shanghai	15.76	10120	19.90	8.86	7561	5260
江苏	Jiangsu	84.66	51114	86.59	7.30	24143	4073
浙江	Zhejiang	97.01	75836	60.79	31.14	13561	5859
安徽	Anhui	299.35	68675	17.74	3.74	2545	1342
福建	Fujian	81.79	39346	35.90	13.70	3193	1537
江西	Jiangxi	16.94	19961	5.31	1.68	1400	669
山东	Shandong	18.55	22959	15.34	1.75	2706	1177
河南	Henan	103.01	81061	26.45	3.72	4835	2467
湖北	Hubei	34.22	34710	25.10	4.22	4698	2357
湖南	Hunan	21.38	19130	27.50	4.18	2818	1802
广东	Guangdong	42.25	68676	51.85	14.95	11738	5733
广西	Guangxi	12.34	12653	16.22	1.60	1527	844
海南	Hainan	7.94	8992	1.55	0.39	737	711
重庆	Chongqing	12.36	17937	26.64	1.92	4319	527
四川	Sichuan	47.42	37769	13.01	7.96	4368	2351
贵州	Guizhou	6.40	5438	0.76	0.45	346	133
云南	Yunnan	17.41	20696	9.02	2.48	1613	843
西藏	Tibet	1.41	1918	0.68	0.40	313	134
陕西	Shaanxi	20.41	24193	5.66	2.62	2266	1199
甘肃	Gansu	15.55	20432	4.08	0.74	941	430
青海	Qinghai	2.76	1982	6.13	0.45	452	132
宁夏	Ningxia	4.70	4710	1.41	0.80	663	134
新疆	Xinjiang	12.66	7203	17.90	0.40	1279	259

21-8 全国文物业综合情况（2009年）
Statistics on Cultural Relics (2009)

项目	Item	机构数（个） Number of Institutions (unit)	文物藏品（件/套） Number of Collections (piece/set)	#一级品 Grade One	本年考古出土文物及标本数（件） Cultural Relics and Samples from Archeology (piece)
总计	**Total**	**4842**	**26802714**	**66818**	**29286**
按单位性质分	By Kind of Units				
文物科研机构	Scientific and Research Agencies	104	929189	2582	29286
文物保护管理机构	Agencies of Cultural Relics Preservation	2263	1958904	5388	
博物馆	Museums	2252	15711150	56277	
文物商店	Cultural Relics Shops	80	7616192	84	
其他文物机构	Other Agencies	143	587279	2487	
按隶属关系分	By Jurisdiction of Management				
中央	Central Level	11	2162318	15078	
省、市、区	Provincial Level	257	12743630	22759	10616
地市	Prefecture Level	978	6586064	13676	18645
县市	County or City Level	3596	5310702	15305	25
按管理部门分	By Department of Management				
文物部门	Cultural Relics Department	4608	25961672	65797	29286
其他部门	Other Department	234	841042	1021	

21-8 续表 continued

项目	Item	本年从有关部门接收文物数(件/套) Accepted Cultural Relics from Department This Year (piece/set)	本年藏品征集数（件/套） Collection of Cultural Relics (piece/set)	举办陈列展览（个） Exhibition & Displays (unit)	参观人次（千人次） Spectators (1 000 person-times)
总计	**Total**	**49127**	**161630**	**16520**	**432482**
按单位性质分	By Kind of Units				
文物科研机构	Scientific and Research Agencies	225	247	14	13276
文物保护管理机构	Agencies of Cultural Relics Preservation	4682	9414	2449	92050
博物馆	Museums	44211	150680	14057	327156
文物商店	Cultural Relics Shops				
其他文物机构	Other Agencies	9	1289		
按隶属关系分	By Jurisdiction of Management				
中央	Central Level	4005	848	105	12564
省、市、区	Provincial Level	9459	49982	1376	58525
地市	Prefecture Level	8076	48259	4590	146969
县市	County or City Level	27587	62541	10449	214424
按管理部门分	By Department of Management				
文物部门	Cultural Relics Department	47964	140577	15497	372724
其他部门	Other Department	1163	21053	1023	59758

21-9 各地区公共图书馆情况(2009年)
Statistics on Public Library by Region (2009)

地区 Region	公共图书馆个数(个) Number of Public Library (unit)	总藏量(千册件) Total Collections (1000 volumes)	本年新购藏量 Purchased this Year	书架单层总长度(千米) Total Length of Bookshelves (1000 m)	总流通人次(千人次) Number of Circulation (1000 person-times)	书刊文献外借人次 Number of Readers Having Borrowed Books	书刊文献外借册次(千册次) Number of Books and Magazines Lent to Readers (1000 volume-times)	阅览室座席数(个) Number of Seats in Reading Room (unit)
总计 National Total	**2850**	**585206**	**29389**	**12163**	**321675**	**132771**	**258573**	**601519**
中央 Central Level	1	27783	829		5209	832	2213	6550
北京 Beijing	24	15888	1629	145	8235	3886	8900	12938
天津 Tianjin	31	11587	894	103	6763	2521	6370	9486
河北 Hebei	164	15492	927	296	7125	3820	5279	20457
山西 Shanxi	126	11764	403	146	3497	1449	2415	14732
内蒙古 Inner Mongolia	113	8704	423	297	3096	1513	2419	16607
辽宁 Liaoning	128	27849	1732	1017	16656	6077	14071	28395
吉林 Jilin	66	13384	640	214	4903	1906	4431	13486
黑龙江 Heilongjiang	100	15716	602	216	6166	2350	5604	16705
上海 Shanghai	29	65934	1967	431	14599	5561	14525	16839
江苏 Jiangsu	109	40710	2047	2110	27866	14811	24448	35436
浙江 Zhejiang	96	35517	3210	561	42532	12144	27854	34924
安徽 Anhui	89	11362	819	189	6714	3552	5777	15380
福建 Fujian	85	15424	955	274	11820	6366	11288	22071
江西 Jiangxi	108	14736	390	180	5958	3072	5175	22037
山东 Shandong	150	35153	1716	515	16030	9193	15439	36011
河南 Henan	142	17245	689	290	10109	5892	9523	23680
湖北 Hubei	107	21813	678	1042	12712	5971	10468	27328
湖南 Hunan	120	18394	588	365	9402	4641	9582	28552
广东 Guangdong	133	43674	3418	677	45651	12375	25360	58289
广西 Guangxi	100	17597	607	321	11002	3683	7738	22649
海南 Hainan	20	3407	184	234	1931	993	1340	4430
重庆 Chongqing	43	9880	577	121	5880	2903	7603	10308
四川 Sichuan	156	24804	1604	1198	11514	5275	9489	26160
贵州 Guizhou	93	8003	244	147	2665	1445	2134	12172
云南 Yunnan	150	15079	518	426	9619	3897	7700	20352
西藏 Tibet	4	500	8	24	24	9	22	686
陕西 Shaanxi	112	10588	371	167	3841	1903	2581	12656
甘肃 Gansu	93	9510	216	169	4141	1981	3290	12529
青海 Qinghai	44	4023	60	85	898	187	429	3062
宁夏 Ningxia	20	4350	170	93	1471	745	1556	5298
新疆 Xinjiang	94	9338	272	111	3643	1818	3545	11314

21-10 广播电视事业发展情况
Basic Statistics on Radio and Television Industry

指标	Item		2007	2008	2009
广播	**Radio**				
广播节目综合人口覆盖率 (%)	Radio Coverage Rate of the Population	(%)	95.43	95.96	96.31
#农村 (%)	Rural	(%)	94.12	94.74	95.10
广播节目套数 (套)	Number of Radio Programs	(set)	2433	2437	2521
#公共广播 (套)	Public Radio	(set)	2432	2436	2520
付费广播 (套)	Pay Radio	(set)	1	1	1
广播节目制作时间 (万小时)	Length of Radio Programs Produced	(10 000 hours)	633.3	649.4	671.7
公共广播节目播出时间(万小时)	Length of Public Radio Programs Broadcasted	(10 000 hours)	1127.2	1163.0	1226.6
对外广播节目播出套数 (套)	Number of International Radio Programs Broadcasted	(set)	77	145	165
对外广播节目播出时间(万小时)	Length of International Radio Programs Broadcasted	(10 000 hours)	46.15	50.84	100.31
电视	**Television**				
电视节目综合人口覆盖率 (%)	TV Coverage Rate of Population	(%)	96.58	96.95	97.23
#农村 (%)	Rural	(%)	95.60	91.6	91.9
有线广播电视用户数 (万户)	Number of Users of Cable Radio and TV	(10 000 households)	15325	16398	17523
#农村 (万户)	Rural	(10 000 households)	6180	6558	6863
数字电视用户数 (万户)	Number of Users of Digital TV	(10 000 households)	2686	4528	6322
有线广播电视入户率 (%)	Popularization Rate of Cable Radio and TV	(%)	39.90	41.63	43.99
#农村 (%)	Rural	(%)	25.57	26.77	27.77
电视节目套数 (套)	Number of TV Programs	(set)	3214	3288	3337
#公共电视 (套)	Public TV	(set)	3127	3199	3250
付费电视 (套)	Pay TV	(set)	87	89	87
电视节目制作时间 (万小时)	Length of TV Programs Produced	(10 000 hours)	255.33	264.19	265.36
公共电视节目播出时间(万小时)	Length of Public TV Programs Broadcasted	(10 000 hours)	1454.70	1495.34	1577.68
电视剧播出数 (万部)	Number of TV Plays Broadcasted	(10 000 sets)	22.57	22.57	23.83
电视剧播出数 (万集)	Number of TV Plays Broadcasted	(10 000 parts)	534.97	550.43	605.09
#进口电视剧播出数 (部)	Imported TV Plays	(set)	10652	9251	9099
进口电视剧播出数 (万集)	Imported TV Plays	(10 000 parts)	26.42	22.96	22.41
动画电视播出数 (部)	Number of Cartoons Broadcasted	(set)	14015	15447	17544
动画电视播出数 (万集)	Number of Cartoons Broadcasted	(10 000 parts)	51.34	51.85	60.18
#进口动画电视播出数 (部)	Imported Cartoons	(set)	1551	1419	1086
进口动画电视播出数 (万集)	Imported Cartoons	(10 000 parts)	5.97	4.56	4.11
对外电视节目播出套数 (套)	Number of International TV Programs Broadcasted	(set)	34	33	40
对外电视节目播出时间(万小时)	Length of International TV Programs Broadcasted	(10 000 hours)	22.55	22.46	28.82
电影	**Movies**				
国有电影制片及加工单位 (个)	State-owned Movie Production Units	(unit)	38	38	38
电影院线 (条)	Movie Circuit	(line)	34	34	37
#院线内影院 (家)	Cinemas	(unit)	1427	1545	1687
银幕 (块)	Screen	(unit)	3527	4097	4723
电影综合收入 (亿元)	Revenue of Movies	(100 million yuan)	67.26	84.33	106.65
#国内电影票房收入 (亿元)	Domestic Movie Box Office Revenue	(100 million yuan)	33.27	43.41	62.06
电视播映收入 (亿元)	Revenue of Movies Showed on TV	(100 million yuan)	13.79	25.28	16.89
国产影片海外销售收入(亿元)	Sales of Domestic-Produced Movies to Foreign Country	(100 million yuan)	20.2	15.6	27.7
广播电视技术及其他	**TV Technology and Others**				
广播电视总收入 (亿元)	Revenue of Radio and TV	(100 million yuan)	1316.40	1583.91	1852.85
广播电视从业人员数 (万人)	Staff and Workers of Radio and TV	(10 000 persons)	64.53	67.17	70.58
中、短波转播发射台 (座)	Transmission and Relaying Stations of Medium and Short Wave Broadcast	(unit)	802	808	809
调频转播发射台 (万座)	Relaying Stations of Frequency Modulation Broadcasting	(10 000 units)	1.06	1.21	1.21
电视转播发射台 (万座)	TV Transmission and Relaying Stations	(10 000 units)	1.82	1.85	1.77
微波实有站 (座)	Microwave Stations	(unit)	2745	2674	2591

21-11　广播电视节目制作时间

Length of Radio and Television Programs Produced

单位：小时　(hour)

项　目	Item	1995	2005	2006	2007	2008	2009
广播节目制作	**Production of Radio Programs**	**2332164**	**6139227**	**6192339**	**6332506**	**6494035**	**6716500**
新闻	News Programs	353368	1066880	1055077	1062423	1116588	1166848
专题	Special Subject Programs	1054140	1822621	1728485	1798165	1837471	1900995
综艺	General Entertainment Programs	924656	1937290	1986800	1894881	1934751	1957358
广播剧	Radio Play Programs		75456	59225	76889	72629	90735
广告	Advertising Programs		671071	691610	722411	737223	782757
其他	Others		565909	671142	777737	795373	817807
电视节目制作	**Production of TV Programs**	**383513**	**2553861**	**2618034**	**2553283**	**2641949**	**2653552**
新闻	News Programs	80800	637956	646337	595190	678820	675885
专题	Special Subject Programs	193391	525528	540369	545922	622182	611352
综艺	General Entertainment Programs	109322	382350	407442	388349	392507	402677
影视剧	TV Play Programs		193771	71377	96397	58616	66899
广告	Advertising Programs		524892	589067	585277	558914	544038
其他	Others		289364	363442	342148	330910	352701

21-12　广播、电视节目播出时间(2009年)

Length of Radio and Television Programs (2009)

单位：小时　(hour)

指　标	Item	总　计 Total	新闻咨询类节目 News	专题服务类节目 Special Subject	综艺益智类节目 General Entertainment	广播(影视)剧类节目 Radio Play	广告类节　目 Advertising	其他类节　目 Others
广播	**All Radio Broadcasting Stations**	**12265513**	**2416269**	**2738048**	**3495247**	**538451**	**1135408**	**1942091**
中央级	Central Level	173115	49502	60644	43521	2265	8412	8770
省级	Provincial Level	12092398	2366767	2677403	3451726	536186	1126996	1933320
电视	**All Television Stations**	**15776767**	**1959743**	**1703189**	**1314713**	**6982130**	**2047041**	**1769951**
中央级	Central Level	174314	49852	54964	22827	37588	9083	
省级	Provincial Level	15602453	1909891	1648225	1291886	6944542	2037959	1769951

21-13 各地区广播节目制作播出情况(2009年)
Basic Statistics on Radio Programs Produced and Broadcasted by Region(2009)

地 区	Region	公共广播节目套数(套) Number of Public Radio Programs (set)	全年制作广播节目时间(小时) Length of Radio Programs Produced (hour)	全年公共广播节目播出时间(小时) Length of Public Radio Programs Broadcasted(hour)	全年广播剧播出数 Number of Radio Plays Broadcasted (部) (set)	(集) (part)
总 计	**National Total**	**2520**	**6716500**	**12265513**	**29891**	**670402**
总局直属	Directly under the State Administration	21	215550	173115		1617
北 京	Beijing	18	103132	115551	57	4828
天 津	Tianjin	21	76127	127264	7	750
河 北	Hebei	121	291075	552471	934	8629
山 西	Shanxi	101	153619	356657	1169	27748
内蒙古	Inner Mongolia	126	237383	617770	2025	39553
辽 宁	Liaoning	118	548455	698470	1375	38035
吉 林	Jilin	65	233005	386419	640	24301
黑龙江	Heilongjiang	93	161925	407750	389	10828
上 海	Shanghai	21	91660	131467	245	7537
江 苏	Jiangsu	131	571053	768270	1630	36814
浙 江	Zhejiang	106	439824	694857	1170	27054
安 徽	Anhui	104	228870	481671	1003	35357
福 建	Fujian	86	234284	497291	160	8205
江 西	Jiangxi	103	172646	341045	1559	30483
山 东	Shandong	153	450530	812968	4482	62650
河 南	Henan	150	291549	628506	1184	28628
湖 北	Hubei	85	234613	444490	1177	40549
湖 南	Hunan	97	158249	333383	972	21966
广 东	Guangdong	125	471586	778520	2610	21499
广 西	Guangxi	59	174493	269943	235	5240
海 南	Hainan	24	45358	106500	139	5241
重 庆	Chongqing	26	55986	105742	237	12492
四 川	Sichuan	117	180242	494826	1540	46623
贵 州	Guizhou	24	73700	143427	512	13949
云 南	Yunnan	44	154059	259112	327	14016
西 藏	Tibet	7	23903	36574	7	369
陕 西	Shaanxi	102	200144	393831	380	7281
甘 肃	Gansu	85	105554	259060	282	15854
青 海	Qinghai	9	50080	56284	26	4290
宁 夏	Ningxia	24	38397	101668	39	2850
新 疆	Xinjiang	154	249449	690612	3379	65166

21-14 各地区电视节目制作播出情况(2009年)
Basic Statistics on TV Program Produced and Broadcasted by Region (2009)

地区	Region	电视节目套数(套) Number of TV Programs (set)		全年制作电视节目时间(小时) Length of TV Progarms Produced (hour)	全年公共电视节目播出时间(小时) Length of Public TV Programs Broadcasted (hour)	全年电视剧播出数 Number of TV Plays Broadcasted		全年进口电视剧播出数 Imported TV Play Broadcasted		全年动画电视播出数 Number of Cartoons Broadcasted		全年进口动画电视播出数 Imported Cartoons Broadcasted	
		公共电视 Public	付费电视 Pay			(部) (set)	(集) (part)	(部) (set)	(集) (part)	(部) (set)	(集) (part)	(部) (set)	(集) (part)
总　计	**Total**	**3250**	**87**	**2653552**	**15776767**	**238250**	**6050882**	**9099**	**224139**	**17544**	**601776**	**1086**	**41139**
总局直属	Directly under the State Administration	23	20	66198	174314	1189	33439	32	1682	225	7160	25	1334
北　京	Beijing	25	11	68039	107732	613	21409	1	20	67	5865	9	733
天　津	Tianjin	27	4	20270	149510	1426	39403	10	510	93	11881	10	1378
河　北	Hebei	177		131961	739945	14184	395218	273	11395	354	13574	24	1307
山　西	Shanxi	112	6	100988	459671	5528	145099	43	1351	531	11262	7	270
内蒙古	Inner Mongolia	125		65686	615727	12539	293052	294	4812	917	21746	9	435
辽　宁	Liaoning	117		202182	670111	11028	250579	475	11820	512	15846	52	1145
吉　林	Jilin	76		84234	447691	7367	195988	230	6853	101	4642		
黑龙江	Heilongjiang	124		72778	643399	4094	109239	213	4970	118	4823	31	705
上　海	Shanghai	25	16	63401	173742	2101	42879	100	2760	311	28130	56	5191
江　苏	Jiangsu	132	4	162649	785118	10543	278643	152	4694	728	32909	18	946
浙　江	Zhejiang	112	2	148963	700189	8938	251505	205	8075	921	35231	51	1220
安　徽	Anhui	120	2	75181	648882	11514	289201	274	7624	360	14848	31	781
福　建	Fujian	102		55325	326197	2905	89417	53	2304	278	10112	13	561
江　西	Jiangxi	113		76680	610086	8759	227340	502	14117	698	28004	41	1249
山　东	Shandong	166		144975	924745	12994	361598	79	2665	620	23114	4	300
河　南	Henan	166	4	131614	858190	14003	338095	264	7490	670	16829	34	961
湖　北	Hubei	114	3	89664	644317	13442	334602	494	13477	927	32086	65	1875
湖　南	Hunan	138		129620	693892	10372	256800	447	12324	1282	46259	81	2724
广　东	Guangdong	153	6	114538	678279	6638	201307	282	11139	688	41411	56	4021
广　西	Guangxi	114		77924	452354	6002	161757	255	5990	461	22405	4	81
海　南	Hainan	14		9794	78847	728	20620			117	5209	10	970
重　庆	Chongqing	45	9	60077	244384	3720	97105	246	5959	249	9627	43	1504
四　川	Sichuan	203		109624	928740	17380	439413	693	12538	1677	41516	43	2092
贵　州	Guizhou	100		37405	234895	2675	62878	84	3217	134	5919	22	520
云　南	Yunnan	162		89150	720880	9625	228398	73	2928	735	23557	9	213
西　藏	Tibet	10		5504	45846	474	10991	33	800	36	949	5	60
陕　西	Shaanxi	123		79415	557044	7032	177507	29	1138	617	17627		
甘　肃	Gansu	103		59015	392991	7287	172457	33	1052	802	16269		
青　海	Qinghai	13		26932	66812	1050	33201	14	340	82	3718		
宁　夏	Ningxia	28		27445	148463	1885	43642	2	885	177	7323		
新　疆	Xinjiang	188		66321	853775	20215	448100	3214	59210	2056	41925	333	8563

21-15 电视节目进口情况(2009年)
Basic Statistics on Imported and Exported TV Programs(2009)

指 标	Item	合计 National Total	欧洲 Europe	美国 United States	拉美 Latin America	日本 Japan	韩国 Korea Rep.	非洲 Africa	其他 Other
全年电视节目进口总额 (万元)	Value of Imported TV Programs (10 000 yuan)	49146	7193	12147	630	1567	7088		20521
#电视剧 (万元)	TV Play (10 000 yuan)	26887	2266		560	1177	6713		16172
动画电视 (万元)	Cartoon (10 000 yuan)	128	34	74		20			
全年电视节目进口量(小时)	Time of Imported TV Programs(hour)	21426	8661	8697	144	233	1328		2363
#电视剧 (部/集)	TV Play (set/part)	115/4035	8/371		1/120	11/187	32/1614		63/1743
动画电视 (部/集)	Cartoon (set/part)	5/421	1/209	3/160		1/52			
全年电视节目出口总额 (万元)	Value of Exported TV Programs (10 000 yuan)	9173	729	1130	25	443	351	511	5984
#电视剧 (万元)	TV Play (10 000 yuan)	3584	77	246	25	372	298	161	2404
动画电视 (万元)	Cartoon (10 000 yuan)	4456	520	801			7	350	2778
全年电视节目出口量(小时)	Time of Exported TV Programs(hour)	10238	278	1372	30	367	525	48	7618
#电视剧 (部/集)	TV Play (set/part)	128/5825	7/168	18/805	1/30	12/384	10/475	4/37	76/3926
动画电视 (部/集)	Cartoon (set/part)	55/3191	6/156	3/3			1/50	2/44	43/2938

21-16 电影综合情况
Basic Statistics on Film Production

年 份 Year	电影故事片厂 (个) Number of Feature Film Studios (unit)	生产故事影片 (部) Feature Films (film)	生产动画片 (部) Cartoons (reel)	生产科教影片 (部) Popular Science Films (reel)	生产纪录影片 (部) Documentary Films (reel)	生产特种影片 (部) Special Films (reel)
1978	12	46	26	289	202	
1979	17	65	25	349	317	
1980	17	82	32	337	242	
1981	19	105	33	277	276	
1982	19	112	33	284	259	
1983	19	127	37	343	299	
1984	20	144	37	387	337	
1985	20	127	45	357	419	
1986	20	134	46	383	417	
1987	22	146	45	353	347	
1988	22	158	38	344	350	
1989	22	136	53	334	259	
1990	22	134	51	326	296	
1991	22	130	46	351	283	
1992	22	170	56	354	307	
1993	22	154	47	252	300	
1994	22	148	32	182	22	
1995	30	146	37	40	111	
1996	30	110	58	33	39	
1997	31	88	28	34	95	
1998	31	82	9	30	54	
2000	31	91	1	49	10	
2001	27	88	1	56	9	
2002	31	100	2	60	7	
2003	31	140	2	53	6	
2004	31	212	4	30	10	
2005	32	260	7	33	2	
2006	32	330	13	36	13	
2007	32	402	6	34	9	
2008	33	406	16	39	16	2
2009	31	456	27	52	19	4

注：1.本表电影故事片厂指国有电影故事片厂。
2.2005年及以前动画片数为美术片数。
a) The number of feature film studios in this table only includes those approved by the State Council.
b) The real of cartoons refer to the arts films before 2005.

21-17 图书出版分类构成情况（2009年）
Statistics on Books Published in China by Categories (2009)

类 别	Category	种 数 (种) Number of Publications (item)	印 数 (万册) Printed Copies (10 000 copies)	印 张 (千印张) Printed Sheets (1 000 sheets)
图书总计	**Total**	**301719**	**703675**	**56550271**
使用"中国标准书号"部分合计	**Publications with "China International Standard Book Number"**	**300892**	**702338**	**56381725**
马列主义、毛泽东思想	Marxism-Leninism, Mao Zedong Thought	495	808	137213
哲学	Philosophy	6429	4962	776395
社会科学总论	General Social Sciences	4112	2609	427242
政治、法律	Politics and Law	13730	19423	2042712
军事	Military Affairs	917	681	90575
经济	Economics	25273	15468	2559192
文化、科学、教育、体育	Culture, Science, Education and Sports	102597	530481	34585687
语言、文字	Languages	16721	20220	2829850
文学	Literature	24993	26989	3285112
艺术	Arts	15067	14020	960446
历史、地理	History and Geography	11401	15406	1619602
自然科学总论	General Natural Sciences	901	1216	89790
数理科学、化学	Mathematics and Chemistry	5505	3672	590508
天文学、地球科学	Astronomy and Geology	1659	1290	100964
生物科学	Biology	1618	1028	128422
医学、卫生	Medicine and Health Care	14584	10730	1632983
农业科学	Agricultural Science	6978	5357	398899
工业技术	Industrial Technology	40938	21501	3441338
交通运输	Transportation	3313	2336	299844
航空、航天	Aeronautics and Aerospace	312	122	15615
环境科学	Environmental Science	1447	2065	137979
综合性图书	General Books	1902	1954	231357
不使用"中国标准书号"部分合计	**Publications without "China International Standard Book Number"**	**827**	**1337**	**168546**
图片	Pictures	827	1337	27747
国标(GB)、部标(BB)等标准类文件印品	Standards Publications such as National Standards, Ministry Standards			81433
活页文选、活页歌篇、小件印品等	Loose-leaf Collectanea, Loose-leaf Song and Prints of Small Volume			59366

21-18 图书、期刊和报纸出版情况

Number of Books, Magazines and Newspapers Published in China

年 份 地 区	Year Region	图书 Books Published 种数(种) Number of Publication (kind)	新出版 New Publication	总印数(亿册、亿张) Printed Copies (100 million copies)	总印张数(亿印张) Printed Sheets (100 million sheets)	期刊 Magazines Published 种数(种) Number of Publication (kind)	平均期印数(万册) Average Printed Copies per Issue (10 000 copies)	总印数(亿册) Total Printed Copies (100 million copies)	总印张数(亿印张) Printed Sheets (100 million sheets)	报纸 Newspapers Published 种数(种) Number of Publication (kind)	平均期印数(万份) Average Printed Copies per Issue (10 000 copies)	总印数(亿份) Total Printed Copies (100 million copies)	总印张数(亿印张) Printed Sheets (100 million sheets)
	1978	14987	11888	37.7	135.4	930	6200	7.6	22.7	186	4280	127.8	113.5
	1980	21621	17660	45.9	195.7	2191	10298	11.3	36.7	188	6236	140.4	141.7
	1985	45603	33743	66.7	282.8	4705	23952	25.6	77.3	1445	19107	246.8	202.8
	1990	80224	55245	56.4	232.1	5751	16156	17.9	48.1	1444	14670	211.3	182.8
	1995	101381	59159	63.2	316.8	7583	19794	23.4	67.0	2089	17644	263.3	359.6
	1996	112813	63647	71.6	360.5	7916	19300	23.1	68.1	2163	17877	274.3	392.4
	1997	120106	66585	73.1	364.0	7918	20046	24.4	73.3	2149	18259	287.6	459.8
	1998	130613	74719	72.4	373.6	7999	20928	25.4	79.9	2053	18211	300.4	540.0
	1999	141831	83095	73.2	391.4	8187	21845	28.5	96.8	2038	18632	318.4	636.7
	2000	143376	84235	62.7	376.2	8725	21544	29.4	100.0	2007	17914	329.3	799.8
	2001	154526	91416	63.1	406.1	8889	20697	28.9	100.9	2111	18130	351.1	938.9
	2002	170962	100693	68.7	456.4	9029	20406	29.5	106.4	2137	18721	367.8	1067.4
	2003	190391	110812	66.7	462.2	9074	19909	29.5	109.1	2119	19072	383.1	1235.6
	2004	208294	121597	64.1	465.6	9490	17208	28.3	110.5	1922	19522	402.4	1524.8
	2005	222473	128578	64.7	493.3	9468	16286	27.6	125.3	1931	19549	412.6	1613.1
	2006	233971	160757	64.1	512.0	9468	16435	28.5	136.9	1938	19703	424.5	1658.9
	2007	248283	136226	62.9	486.5	9468	16697	30.4	157.9	1938	20545	438.0	1700.8
	2008	274123	148978	70.6	561.1	9549	16767	31.0	158.0	1943	21155	442.9	1930.6
	2009	301719	168296	70.4	565.5	9851	16457	31.5	166.2	1937	20837	439.1	1969.4
北 京	Beijing	144211	84382	21.0	220.2	3030	5374	9.7	59.3	260	3232	71.6	232.5
天 津	Tianjin	4105	2922	0.4	4.1	257	271	0.3	1.8	28	360	9.6	57.1
河 北	Hebei	2095	1106	1.7	11.0	230	252	0.5	2.3	66	666	18.8	42.2
山 西	Shanxi	2232	1430	1.1	8.3	201	185	0.4	2.0	60	2192	20.3	26.7
内蒙古	Inner Mongolia	2400	1194	0.7	5.4	149	68	0.1	0.5	61	135	2.9	8.3
辽 宁	Liaoning	8682	4322	1.7	12.6	326	530	0.9	3.7	75	899	17.6	83.8
吉 林	Jilin	9719	5016	1.8	15.8	236	427	0.9	4.5	52	626	8.0	39.5
黑龙江	Heilongjiang	3408	2529	0.6	4.4	314	288	0.5	2.6	70	362	7.6	22.9
上 海	Shanghai	18598	10386	2.7	24.3	633	1031	1.8	9.0	72	716	16.3	77.9
江 苏	Jiangsu	12768	7206	5.0	33.3	464	429	1.0	3.9	80	1118	26.1	113.1
浙 江	Zhejiang	7835	2974	3.1	20.5	221	479	0.7	2.7	70	1106	31.4	135.9
安 徽	Anhui	5560	1331	2.7	17.3	184	432	0.6	2.4	51	473	10.6	35.8
福 建	Fujian	3261	2036	0.8	5.2	179	191	0.3	1.3	43	362	8.9	37.8
江 西	Jiangxi	3667	1825	1.6	10.0	160	273	0.6	2.3	40	317	6.9	24.6
山 东	Shandong	6904	3363	3.0	20.7	271	462	1.1	4.9	88	1063	29.6	158.4
河 南	Henan	4727	2513	2.0	13.4	250	422	0.9	4.0	79	1753	21.2	66.8
湖 北	Hubei	8627	4477	2.3	16.6	423	1387	3.3	14.1	74	684	17.1	79.1
湖 南	Hunan	5938	3255	2.6	17.2	252	516	1.1	5.2	50	531	12.6	45.0
广 东	Guangdong	5881	4137	2.3	17.5	387	984	2.3	13.3	100	1909	45.6	424.6
广 西	Guangxi	7245	3673	2.6	16.7	185	197	0.4	1.8	55	288	6.7	24.1
海 南	Hainan	1930	764	0.7	4.1	42	68	0.1	0.7	14	90	2.3	7.4
重 庆	Chongqing	3987	1940	1.3	9.1	139	269	0.5	3.6	26	268	5.7	34.8
四 川	Sichuan	6717	3863	1.8	13.6	349	493	1.0	6.6	87	575	15.3	78.9
贵 州	Guizhou	943	500	0.9	5.7	89	93	0.1	0.9	31	144	3.6	13.1
云 南	Yunnan	3541	2197	1.7	9.6	127	215	0.3	1.5	43	236	6.4	29.8
西 藏	Tibet	329	131	0.1	0.5	36	14		0.1	23	30	0.6	0.9
陕 西	Shaanxi	5779	2971	2.0	15.1	286	427	0.7	5.0	44	245	6.0	38.4
甘 肃	Gansu	1704	1053	0.7	4.5	138	513	1.1	4.6	56	187	4.0	12.9
青 海	Qinghai	453	262	0.1	0.8	48	19		0.1	25	41	0.9	2.6
宁 夏	Ningxia	738	598	0.2	1.4	36	38	0.1	0.7	15	37	0.9	2.5
新 疆	Xinjiang	7735	3940	1.1	6.8	209	110	0.1	0.8	99	194	4.2	11.8

注：本表北京数据中包含中央单位数。

a) In this table, data in Beijing include central-level units.

21-19 各地区少年儿童读物和课本出版情况（2009年）
Number of Books Published for Children and Textbooks by Region (2009)

地 区	Region	种数(种) Number of Publications (kind)		总印数（万册） Printed Copies (10 000 copies)		总印张(千印张) Printed Sheets (1 000 sheets)	
		儿童读物 Books for Children	课 本 Textbooks	儿童读物 Books for Children	课 本 Textbooks	儿童读物 Books for Children	课 本 Textbooks
全 国	**National Total**	**15591**	**62024**	**28445**	**323531**	**1483746**	**25276621**
中 央	Central Level	2595	37315	3751	84972	217791	8591308
地 方	Local Level	12996	24709	24694	238559	1265955	16685313
北 京	Beijing	575	845	1053	1337	94129	127374
天 津	Tianjin	291	701	462	1567	29627	130287
河 北	Hebei	69	238	146	9494	10089	663392
山 西	Shanxi	66	22	130	5667	6656	399396
内蒙古	Inner Mongolia	153	745	180	5111	5029	367689
辽 宁	Liaoning	600	1861	1436	7292	84691	498106
吉 林	Jilin	1410	658	2274	5510	112205	371412
黑龙江	Heilongjiang	213	389	303	3272	19995	217495
上 海	Shanghai	1157	2674	2567	11825	89726	922934
江 苏	Jiangsu	706	2179	1193	18218	54265	1262975
浙 江	Zhejiang	1645	528	3339	13523	210712	879518
安 徽	Anhui	796	750	1204	15019	48429	1066395
福 建	Fujian	260	365	462	3514	25710	222147
江 西	Jiangxi	893	160	2187	6751	142890	446312
山 东	Shandong	90	969	190	12674	12041	927531
河 南	Henan	212	588	237	13221	8417	894425
湖 北	Hubei	540	1500	1448	8788	69343	647281
湖 南	Hunan	730	646	1117	13075	60269	894551
广 东	Guangdong	335	1135	943	15230	31354	1108516
广 西	Guangxi	423	459	1481	11623	53039	732489
海 南	Hainan	23	6	66	1181	2947	76498
重 庆	Chongqing	42	856	180	3959	2916	248747
四 川	Sichuan	603	785	998	10406	32356	849356
贵 州	Guizhou	17	165	6	7132	618	465230
云 南	Yunnan	50	283	34	8575	1985	560326
西 藏	Tibet	9	93	4	562	185	33150
陕 西	Shaanxi	175	1435	384	11150	16850	770730
甘 肃	Gansu	105	105	79	3961	2613	306087
青 海	Qinghai	5	174	2	816	105	64374
宁 夏	Ningxia	76	109	94	1154	13787	79179
新 疆	Xinjiang	727	3286	495	6952	22977	451411

21-20 课本出版情况(2009年)
Publication of Textbooks (2009)

项 目	Item	种数(种) Number of Items (number)	新出版 New Publication	总印数(万册) Printed Copies (10 000)	总印张(千印张) Printed Sheets (1 000)	定价总金额(万元) Total Priced Value (10 000 yuan)
总计	**Total**	**62024**	**22265**	**323531**	**25276621**	**2793952**
大专及以上课本	Textbooks for Colleges and Universities	37151	15196	27082	4817044	735239
中专、技校课本	Textbooks for Secondary Technical Schools	4173	1497	6130	790060	113558
中学课本	Textbooks for Secondary Schools	5623	1023	149710	11894992	1073427
小学课本	Textbooks for Primary Schools	5184	881	131196	6641282	671510
业余教育课本	Textbooks for Spare-time Education	5195	2415	4192	571866	106783
扫盲课本	Textbooks for Eliminating Illiteracy	2		1	91	9
教学用书	Teaching Materials	4696	1253	5220	561286	93426

21-21 各地区录像制品出版情况（2009年）
Statistics on Publication of Video Products by Region (2009)

单位：种、万盒、万张 (kind, 10000 cassettes, 10000 discs)

地区	Region	录像制品 Total of Video Products 合计 Total 种数 Number	数量 Volume	其中:新版 New Publication 种数 Number	数量 Volume	发行数量 Number Publicated	激光数码视盘(VCD) 合计 Total 种数 Number	数量 Volume	其中:新版 New Publication 种数 Number	数量 Volume
全国	**National**	**13069**	**15470.98**	**9886**	**12086.89**	**12216.64**	**6184**	**8054.20**	**3640**	**5329.25**
中央	Central Level	6116	7916.50	4035	5100.65	6881.94	2920	4761.61	1227	2462.55
地方	Local Government	6953	7554.48	5851	6986.24	5334.70	3264	3292.59	2413	2866.70
北京	Beijing	308	453.60	308	453.60	90.07	116	233.60	116	233.60
天津	Tianjin	186	41.64	184	39.64	24.53	23	11.50	21	9.50
河北	Hebei	46	15.93	46	15.93	18.13	45	15.53	45	15.53
山西	Shanxi	78	109.34	50	106.95	83.62	35	5.68	10	3.38
内蒙古	Inner Mongolia	25	8.21	25	8.21	1.70	2	0.60	2	0.60
辽宁	Liaoning	731	1195.50	728	1194.25	618.65	215	269.99	215	269.99
吉林	Jilin	130	24.82	120	23.12	93.29	122	24.22	112	22.52
黑龙江	Heilongjiang	3	2.40	3	2.40	2.40	1	0.40	1	0.40
上海	Shanghai	523	231.85	283	181.92	363.21	188	49.90	31	14.03
江苏	Jiangsu	365	363.19	268	300.69	225.20	160	102.29	66	42.59
浙江	Zhejiang	171	79.21	151	69.09	281.69	74	35.55	54	25.43
安徽	Anhui	221	105.69	221	105.69	80.90	77	33.78	77	33.78
福建	Fujian	330	398.55	184	242.59	354.30	157	239.49	84	148.15
江西	Jiangxi	405	177.97	132	67.72	161.41	362	161.97	101	55.09
山东	Shandong	255	271.49	237	227.84	157.45	128	115.76	127	101.06
河南	Henan	174	84.07	135	75.90	174.00	80	22.61	57	15.04
湖北	Hubei	189	380.87	173	356.97	818.10	157	366.07	141	342.17
湖南	Hunan	312	429.18	204	389.84	414.26	148	92.13	65	70.51
广东	Guangdong	1121	1900.37	1093	1889.00	624.51	487	776.82	471	770.44
广西	Guangxi	250	460.81	239	452.97	179.66	135	314.23	128	310.30
海南	Hainan	6	5.30	6	5.30	6.50	4	4.90	4	4.90
重庆	Chongqing	170	106.87	124	78.27	125.31	91	56.12	45	27.51
四川	Sichuan	250	124.30	240	121.68	85.54	105	53.26	95	50.64
贵州	Guizhou	7	33.85	7	33.85	7.18				
云南	Yunnan	413	180.06	413	180.06	164.51	199	115.73	199	115.73
西藏	Tibet	1	0.10	1	0.10					
陕西	Shaanxi	135	153.41	128	146.76	41.63	66	47.92	59	41.27
甘肃	Gansu	46	56.76	46	56.76	25.36	23	35.76	23	35.76
青海	Qinghai	10	3.10	10	3.10	9.00	10	3.10	10	3.10
宁夏	Ningxia	2	1.15	2	1.15	1.50				
新疆	Xinjiang	90	154.89	90	154.89	101.09	54	103.68	54	103.68

21-21 续表 continued

单位：种、万盒、万张 (kind, 10000 cassettes, 10000 discs)

地区 Region	高密度激光视盘 DVD-V				录像带及其他 VT and Others			
	合计 Total		其中:新版 New Publication		合计 Total		其中:新版 New Publication	
	种数 Number	数量 Volume	种数 Number	数量 Volume	种数 Number	数量 Volume	种数 Number	数量 Volume
全 国 National	**6879**	**7413.61**	**6240**	**6754.47**	**6**	**3.17**	**6**	**3.17**
中 央 Central Level	3193	3154.64	2805	2637.85	3	0.25	3	0.25
地 方 Local Government	3686	4258.97	3435	4116.62	3	2.92	3	2.92
北 京 Beijing	192	220.00	192	220.00				
天 津 Tianjin	163	30.14	163	30.14				
河 北 Hebei	1	0.40	1	0.40				
山 西 Shanxi	43	103.66	40	103.57				
内蒙古 Inner Mongolia	23	7.61	23	7.61				
辽 宁 Liaoning	516	925.51	513	924.26				
吉 林 Jilin	8	0.60	8	0.60				
黑龙江 Heilongjiang	2	2.00	2	2.00				
上 海 Shanghai	335	181.95	252	167.89				
江 苏 Jiangsu	204	258.38	201	255.58	1	2.52	1	2.52
浙 江 Zhejiang	97	43.66	97	43.66				
安 徽 Anhui	144	71.91	144	71.91				
福 建 Fujian	173	159.06	100	94.44				
江 西 Jiangxi	43	16.00	31	12.63				
山 东 Shandong	127	155.73	110	126.78				
河 南 Henan	94	61.46	78	60.86				
湖 北 Hubei	32	14.80	32	14.80				
湖 南 Hunan	164	337.05	139	319.33				
广 东 Guangdong	632	1123.15	620	1118.16	2	0.40	2	0.40
广 西 Guangxi	115	146.58	111	142.67				
海 南 Hainan	2	0.40	2	0.40				
重 庆 Chongqing	79	50.75	79	50.76				
四 川 Sichuan	145	71.04	145	71.04				
贵 州 Guizhou	7	33.85	7	33.85				
云 南 Yunnan	214	64.33	214	64.33				
西 藏 Tibet	1	0.10	1	0.10				
陕 西 Shaanxi	69	105.49	69	105.49				
甘 肃 Gansu	23	21.00	23	21.00				
青 海 Qinghai								
宁 夏 Ningxia	2	1.15	2	1.15				
新 疆 Xinjiang	36	51.21	36	51.21				

21-22 各地区录音制品出版情况（2009年）
Publication of Audio Products by Region (2009)

单位：种、万盒、万张 (kind, 10000 cassettes, 10000 discs)

地 区 Region	录音制品合计 Total of Audio Products					录音带 AT			
	合计 Total		其中:新版 New Publication		发行数量 Volume Issued	合计 Total		其中:新版 New Publication	
	种数 Number	数量 Volume	种数 Number	数量 Volume		种数 Number	数量 Volume	种数 Number	数量 Volume
全 国 National	**12315**	**23675.48**	**8307**	**7660.23**	**26226.91**	**3998**	**16584.17**	**1620**	**2702.70**
中 央 Central Level	4817	16168.41	2899	3471.50	15900.35	1505	12864.91	407	1553.01
地 方 Local Government	7498	7507.07	5408	4188.73	10326.56	2493	3719.26	1213	1149.69
北 京 Beijing	340	251.38	340	251.38	130.97	188	80.25	188	80.25
天 津 Tianjin	139	175.57	126	77.65	156.39	19	116.63	9	22.81
河 北 Hebei	104	354.73	104	354.73	772.32	54	303.31	54	303.31
山 西 Shanxi	29	34.90	29	34.90	34.20	12	6.30	12	6.30
内蒙古 Inner Mongolia	26	21.10	26	21.10	9.10				
辽 宁 Liaoning	511	340.60	467	320.94	970.08	44	18.41	35	15.30
吉 林 Jilin	102	17.17	100	16.97	55.74	11	3.73	11	3.73
黑龙江 Heilongjiang	8	2.94	8	2.94	4.50				
上 海 Shanghai	2091	1786.16	839	541.97	1856.60	989	1168.35	148	186.48
江 苏 Jiangsu	307	997.22	123	68.59	985.75	97	827.30	21	2.33
浙 江 Zhejiang	157	293.60	78	39.87	322.17	80	253.82	17	6.24
安 徽 Anhui	69	22.27	66	20.82	83.55	46	9.88	46	9.88
福 建 Fujian	98	87.83	60	13.64	156.21	61	39.23	33	3.04
江 西 Jiangxi	113	79.11	57	66.45	125.77	29	58.55	29	58.55
山 东 Shandong	306	300.91	189	116.88	756.42	112	177.09	18	11.96
河 南 Henan	38	6.49	18	5.80	11.40	20	0.69		
湖 北 Hubei	240	255.57	223	248.77	731.03	16	23.00	16	23.00
湖 南 Hunan	245	450.75	186	205.99	560.67	96	138.39	74	72.24
广 东 Guangdong	1525	839.51	1445	756.57	2050.25	387	208.17	349	198.58
广 西 Guangxi	103	37.07	87	35.54	51.74	51	6.17	35	4.64
海 南 Hainan	24	11.59	24	11.59	10.70	19	10.39	19	10.39
重 庆 Chongqing	93	104.54	42	32.42	226.50	27	57.79	11	6.58
四 川 Sichuan	75	40.58	66	34.48	23.30	10	14.40	6	10.00
贵 州 Guizhou	47	595.70	47	595.70	29.11				
云 南 Yunnan	520	122.87	520	122.87	38.31	46	1.27	46	1.27
西 藏 Tibet	3	0.80	3	0.80	0.60				
陕 西 Shaanxi	145	145.04	95	58.30	169.89	52	85.57	9	2.24
甘 肃 Gansu	7	1.80	7	1.80	1.00	2	1.00	2	1.00
青 海 Qinghai	2	0.60	2	0.60	1.50				
宁 夏 Ningxia	3	0.35	3	0.35					
新 疆 Xinjiang	28	128.32	28	128.32	0.79	25	109.57	25	109.57

21-22 续表 continued

单位：种、万盒、万张 (kind, 10000 cassettes, 10000 discs)

地区	Region	激光唱盘 CD				高密度激光唱盘及其他 DVD-A and Others			
		合计 Total		其中:新版 New Publication		合计 Total		其中:新版 New Publication	
		种数 Number	数量 Volume	种数 Number	数量 Volume	种数 Number	数量 Volume	种数 Number	数量 Volume
全 国	**National**	**6426**	**4681.42**	**5425**	**3921.48**	**1891**	**2409.89**	**1262**	**1036.05**
中 央	Central Level	2053	1615.74	1712	1252.20	1259	1687.76	780	666.29
地 方	Local Government	4373	3065.68	3713	2669.28	632	722.13	482	369.76
北 京	Beijing	141	168.83	141	168.83	11	2.30	11	2.30
天 津	Tianjin	120	58.94	117	54.84				
河 北	Hebei	50	51.42	50	51.42				
山 西	Shanxi	17	28.60	17	28.60				
内蒙古	Inner Mongolia	26	21.10	26	21.10				
辽 宁	Liaoning	294	201.50	294	201.50	173	120.69	138	104.14
吉 林	Jilin	88	11.94	86	11.74	3	1.50	3	1.50
黑龙江	Heilongjiang	1	0.10	1	0.10	7	2.84	7	2.84
上 海	Shanghai	868	334.01	531	234.40	234	283.80	160	121.09
江 苏	Jiangsu	185	157.82	78	54.56	25	12.10	24	11.70
浙 江	Zhejiang	77	39.78	61	33.63				
安 徽	Anhui	21	11.12	19	10.72	2	1.27	1	0.22
福 建	Fujian	37	48.60	27	10.60				
江 西	Jiangxi	84	20.56	28	7.90				
山 东	Shandong	194	123.82	171	104.92				
河 南	Henan	17	3.40	17	3.40	1	2.40	1	2.40
湖 北	Hubei	190	220.47	189	219.27	34	12.10	18	6.50
湖 南	Hunan	119	102.45	96	85.80	30	209.91	16	47.95
广 东	Guangdong	1100	606.74	1058	533.39	38	24.60	38	24.60
广 西	Guangxi	52	30.90	52	30.90				
海 南	Hainan	5	1.20	5	1.20				
重 庆	Chongqing	51	39.16	18	18.45	15	7.59	13	7.39
四 川	Sichuan	63	25.28	59	24.08	2	0.90	1	0.40
贵 州	Guizhou	47	595.70	47	595.70				
云 南	Yunnan	474	121.60	474	121.60				
西 藏	Tibet	3	0.80	3	0.80				
陕 西	Shaanxi	36	19.34	35	19.33	57	40.13	51	36.73
甘 肃	Gansu	5	0.80	5	0.80				
青 海	Qinghai	2	0.60	2	0.60				
宁 夏	Ningxia	3	0.35	3	0.35				
新 疆	Xinjiang	3	18.75	3	18.75				

21-23 全国图书、期刊、报纸进出口情况（2009年）

Statistics on Imports and Exports of Books, Magazines and Newspapers (2009)

指标	Item	出口 Exports			进口 Imports		
		种数（种次）Items (kind)	数量（万册、份）Number (10000 copies)	金额（万美元）Value (10 000 USD)	种数（种次）Items (kind)	数量（万册、份）Number (10000 copies)	金额（万美元）Value (10 000 USD)
总计	**National**	**900344**	**885.16**	**3437.72**	**811265**	**2794.53**	**24505.27**
#图书	Books Published	855934	624.84	2962.03	755849	533.53	8316.65
哲学、社会科学	Phylosophy, Social Science	196721	84.04	686.62	193885	87.32	1856.34
文化、教育	Culture and Education	167418	123.97	549.30	99250	144.08	1060.60
文学、艺术	Literature and Art	192528	105.12	471.85	95886	89.09	1033.85
自然、科学技术	Natural Science and S&T	84125	90.11	303.37	246680	106.03	3232.88
少儿读物	For Children	29216	70.64	127.73	41617	38.45	428.92
综合性图书	General Books	185926	150.96	823.16	78531	68.56	704.05
期刊	Magazines Published	43741	211.65	351.13	54163	448.09	13661.47
报纸	Newspapers Published	669	48.67	124.56	1253	1812.91	2527.15

21-24 全国音像、电子出版物进出口情况(2009年)

Statistics on Audio Products and Electronic Publications (2009)

指标	Item	出口 Exports			进口 Imports		
		种数（种次）Items (kind)	数量（盒、张）Number (disc)	金额（万美元）Value (10 000 USD)	种数（种次）Items (kind)	数量（盒、张）Number (disc)	金额（万美元）Value (10 000 USD)
总计	**National Total**	**19771**	**100053**	**61.11**	**9479**	**167428**	**6527.06**
#录音合计	Audio Products	1878	39250	7.36	5258	93655	91.65
录音带	Audio-tapes	1764	37879	7.10	5258	93655	91.65
激光唱盘	CDs	114	1371	0.26			
录像合计	Video Products	17864	60673	53.19	2274	8507	33.89
DVD—V	DVD-V	10859	29499	8.39	2254	8481	33.59
VCD	VCD	7005	31174	44.80			
电子出版物	Electronic Publications	29	130	0.56	1947	65266	6401.52

21-25 档案馆机构和人员情况
Statistics on Archive Institutions and Personnel

单位：个、人 (unit, person)

年 份 Year	国家综合档案馆 National Comprehensive Archives		国家专门档案馆 National Special Archives		部门档案馆 Department Archives		企 业 档案馆数 Enterprise Archive Institutions	文化事业 档案馆数 Culture Archive Institutions	科技事业单位档案馆数 Science and Technology Archive Institutions
	馆 数 Number of Institutions	专职人员 Full-time Personnel	馆 数 Number of Institutions	专职人员 Full-time Personnel	馆 数 Number of Institutions	专职人员 Full-time Personnel			
1991	2957	21657	211	2038	128	2171	229	19	28
1992	2962	22226	206	2082	122	2258	231	19	28
1993	2980	23624	200	2245	122	1448	221	20	31
1994	2983	23568	205	2294	136	2160	209	20	36
1995	3024	24777	216	2484	144	2168	213	27	38
1996	3011	24542	226	2658	134	2072	232	23	44
1997	3021	24904	223	2578	162	2521	228	26	46
1998	3034	24197	232	3200	149	2411	245	27	46
1999	3046	23530	225	3436	142	2123	304	40	59
2000	3070	23701	234	3319	141	1865	307	53	80
2001	3100	23652	243	3448	142	2086	286	47	84
2002	3110	22825	253	3435	148	2109	299	75	93
2003	3121	23086	260	3514	141	1770	300	75	85
2004	3127	23401	258	3591	149	1932	300	79	99
2005	3142	23413	238	3452	145	2020	301	105	63
2006	3154	22689	239	3537	137	1699	216	110	95
2007	3161	21399	245	3737	146	1985	215	126	94
2008	3170	21414	240	3663	154	1886	241	141	87
2009	3191	20949	241	3626	149	1814	233	167	96

21-26 国家综合档案馆基本情况
Basic Statistics on National Comprehensive Archives

年 份 Year	馆藏档案（万卷、万件） Number of Archives (10 000 volumes, 10 000 pieces)	照片档案（万张） Photos (10 000 sheets)	开放档案（万卷、万件） Archives Open to Public (10 000 volume, 10 000 pieces)	利用档案（万卷、万件次） Utilized Archives (10 000 volume-times, 10 000 piece-times)	档案馆建筑面积（万平方米） Floor Space of Archive Institutions (10 000 sq.m)
1991	9637.4	371.0	2094.3	937.0	348.1
1992	10003.5	402.4	2018.7	773.8	255.7
1993	10726.8	435.5	2140.7	891.9	275.9
1994	10782.9	449.6	2454.6	674.4	268.3
1995	11318.3	485.5	2790.3	529.3	282.5
1996	11341.4	494.6	2939.2	485.4	297.5
1997	12222.9	553.0	3304.6	501.0	347.6
1998	12276.5	579.7	3556.5	446.5	310.7
1999	12866.8	584.5	3808.2	508.5	328.4
2000	13314.0	631.7	4072.0	494.4	336.2
2001	13756.6	642.8	4129.7	575.4	342.0
2002	14790.7	720.5	4301.1	548.8	351.0
2003	15945.9	797.4	4618.4	602.6	361.4
2004	17601.5	827.9	4868.3	813.9	376.8
2005	18688.7	908.8	5132.3	868.0	393.1
2006	21656.5	1277.2	5746.3	1166.4	406.1
2007	23675.3	1393.3	5875.5	1244.9	421.9
2008	25051.0	1505.3	6072.2	1257.4	465.4
2009	28089.2	1646.3	6687.4	1308.0	473.3

21-27 体育系统从业人员情况(2009年)
Statistics on Staff and Workers in Physical Education System (2009)

单位：人 (person)

指标	Item	合计 Total	公务员 Civil Servants	教练员 Coaches 小计 Sub-total	教练员 Coaches 在聘 Under Recruitment	教练员 Coaches 待聘 Waiting for Recruitment	运动员 Athletes 小计 Sub-total	运动员 Athletes 试训 Trial	运动员 Athletes 在训 Under Training	运动员 Athletes 职业过渡期 Vocational Transition Period	运动员 Athletes 其他 Others
总计	**Total**	**153398**	**18622**	**20852**	**20183**	**669**	**22753**	**1982**	**17572**	**1871**	**1328**
体育行政机关	Administrative Agencies of Physical Culture and Sports	32786	18370	1388	1357	31	599		593		6
运动项目管理部门	Sports Events Management	36943	32	4192	3947	245	18787	1820	13883	1841	1243
本科院校	Colleges	5186		172	152	20	757	50	659	14	34
职业、运动技术学院	Sports Technical Institutes	3757		268	245	23	697	5	692		
体育运动学校	Physical Education and Sports Schools	15028	2	3288	3240	48	388	30	328	14	16
竞技体校	Competitive Sports School	575		137	134	3	167		167		
少儿体育运动学校(业余体校)	Spare-time Sports School	23695	16	10264	9994	270	805	63	742		
单项运动学校	Physical Education and Sports Schools	362		108	108		35		35		
训练基地	Training Bases	3135		239	232	7	403	8	365	2	28
体育场馆	Stadium and Gymnasium	16767	25	540	525	15	93		93		
科研所	Science and Technology Institute	1269									
其他事业单位	Other Institutions	12134	161	256	249	7	22	6	15		1
其他	Others	1761	16								

21-27 续表 continued

单位：人 (person)

指标	Item	科研人员 Scientific and Technical Personnel	医务人员 Medical Personnel	文化教师 Teachers	管理人员 Administrative Personnel	工勤人员 Logistics Workers
总计	**Total**	**1644**	**1785**	**12282**	**35875**	**21764**
体育行政机关	Administrative Agencies of Physical Culture and Sports	51	31	475	5910	3423
运动项目管理部门	Sports Events Management	141	679	259	6633	3183
本科院校	Colleges	33	87	2237	742	416
职业、运动技术学院	Sports Technical Institutes	37	145	1142	687	577
体育运动学校	Physical Education and Sports Schools	239	256	4518	3080	1931
竞技体校	Competitive Sports School	18	14	91	90	42
少儿体育运动学校(业余体校)	Spare-time Sports School	128	248	3189	4794	2341
单项运动学校	Physical Education and Sports Schools		3	32	103	61
训练基地	Training Bases	16	28	3	938	1255
体育场馆	Stadium and Gymnasium	7	52	101	6866	6047
科研所	Science and Technology Institute	805	144		204	51
其他事业单位	Other Institutions	166	94	193	5360	2172
其他	Others	3	4	42	468	265

21-28 运动员分项创世界纪录情况（2009年）
World Records Chalked up by Chinese Athletes by Events (2009)

单位：项、人、次 (item, person, times)

项目	Item	项数 Number of Events	#女子 Women	人数 Number of Persons/teams	#女子 Women	次数 Number of Times	#女子 Women
总计	**Total**	**22**	**17**	**11**	**7**	**22**	**17**
游泳	Swimming	9	8	4	3	9	8
射击	Shooting	1		1		1	
举重	Weightlifting	2		1		2	
潜水	Diving	8	8	3	3	8	8
登山	Mountaineering	2	1	2	1	2	1

21-29 运动员获世界冠军情况
World Championships Won by Chinese Athletes

年份 Year	项数(项) Number of Events (Item)	#女子 Female	人数(人) Number of Persons (person)	#女子 Female	个数(个) Number of Champions (time)	#女子 Female
1978	4	2	4	2	4	2
1979	12	6.5	20	11	12	6.5
1980	3		3		3	
1981	25	12.5	53	32	25	12.5
1982	12	2	31	15	13	2
1983	37	15	50	24	39	17
1984	33	10	46	26	37	10
1985	42	20	70	41	46	23
1986	26	14	56	34	26	14
1987	64	39	72	34	69	41.5
1988	54	36.5	59	30	54	36.5
1989	80	49	83	48	82	50
1990	54	33.5	61	30	54	33.5
1991	88	57.5	86	51	93	61.5
1992	86	69.5	68	52	89	72.5
1993	101	66.5	106	70	103	68.5
1994	79	53.5	86	45	79	53.5
1995	98	49.5	187	86	102	51.5
1996	72	55	58	42	75	57
1997	87	46	96	46	92	50.5
1998	75	49	89	59	83	55
1999	91	43	129	72	92	44
2000	92	52	109	60	110	66.5
2001	79	46.5	138	77	90	54.5
2002	99	58	123	81	110	64
2003	17	15.5	94	62.5	84	49
2004	27	21	175	98	101	56
2005	22	19	159	89	106	63
2006	24	18	169	87	141	76
2007	22	16	217	123	123	70
2008	24	17	151	83	120	65.5
2009	30	17	223	134	142	87.5

注：男女混合运动项目，女子按半项和半个计算。
a) For mixed doubles champions, the score for women counts as 0.5.

21-30 体育国际交流情况(2009年)
International Communications of Physical Education (2009)

交流层次	Level of Communication	合计 Total	交流性质 Character of Communication: 来访 Visiting China	出访 Visting Abroad	交流类型 Type of Communication: 世界(国际) Global	洲际(国际) Inter-Continental	双边 Bilateral	其他 Other	交流形式 Form of Communication: 政府间体育交流 Inter-governmental	民间体育交流 Civil
起数	**Time**									
总计	Total	1904	384	1520	711	225	599	369	1488	416
国家	State	714	89	625	479	72	92	71	660	54
省级	Provincial Level	857	162	695	194	104	399	160	672	185
市级	City Level	333	133	200	38	49	108	138	156	177
人次	**Person-times**									
总计	Total	22699	12474	10225	7802	3395	7357	4145	16017	6682
国家	State	6630	3673	2957	4588	508	1141	393	5776	854
省级	Provincial Level	6116	2171	3945	1297	1000	2804	1015	4086	2030
市级	City Level	9953	6630	3323	1917	1887	3412	2737	6155	3798

21-31 卫生机构
Health Care Institutions

单位:个 (unit)

年份 地区	Year Region	合计 Total	医院 Hospitals	综合医院 General Hospitals	中医医院 Hospitals Specialized in Traditional Chinese Medicine	专科医院 Specialized Hospitals	卫生院 Health Centers	街道卫生院 Urban Health Centers	乡镇卫生院 Township Health Centers
	1978	169732	9293	7539	447	643	55018		55018
	1980	180553	9902	7859	678	694	55413		55413
	1985	978540	11955	9197	1485	938	47387		47387
	1990	1012690	14377	10424	2115	1362	47749		47749
	1995	994409	15663	11586	2361	1445	51797		51797
	1996	1078131	15833	11696	2405	1473	51723		51277
	1997	1048657	15944	11771	2413	1488	51535	554	50981
	1998	1042885	16001	11779	2443	1495	50613	542	50071
	1999	1017673	16678	11868	2441	1533	50257	563	49694
	2000	1034229	16318	11872	2453	1543	49777	548	49229
	2001	1029314	16197	11834	2478	1576	48643	553	48090
	2002	1005004	17844	12716	2492	2237	46014	1022	44992
	2003	806243	17764	12599	2518	2271	45204	925	44279
	2004	849140	18393	12900	2611	2492	42471	845	41626
	2005	882206	18703	12982	2620	2682	41694	787	40907
	2006	918097	19246	13120	2665	3022	40791	816	39975
	2007	912263	19852	13372	2720	3282	40679	803	39876
	2008	891480	19712	13119	2688	3437	39860	780	39080
	2009	916571	20291	13364	2728	3716	39627	1152	38475
北京	Beijing	9734	522	310	82	122	116		116
天津	Tianjin	4238	255	167	26	58	182	1	181
河北	Hebei	80963	1123	746	169	185	1962		1962
山西	Shanxi	39917	1163	613	199	331	1645	444	1201
内蒙古	Inner Mongolia	22677	469	298	56	64	1332	5	1327
辽宁	Liaoning	34729	829	510	102	211	1037	35	1002
吉林	Jilin	18543	560	351	76	119	801	13	788
黑龙江	Heilongjiang	21825	918	648	120	139	995	18	977
上海	Shanghai	4460	296	179	17	84			
江苏	Jiangsu	30571	1114	722	86	282	1441	26	1415
浙江	Zhejiang	29549	652	353	103	178	1821	151	1670
安徽	Anhui	24799	710	489	86	125	1714	14	1700
福建	Fujian	26613	411	263	70	69	874		874
江西	Jiangxi	34005	502	332	97	66	1573	20	1553
山东	Shandong	63885	1319	892	148	271	1705	144	1561
河南	Henan	75722	1193	801	186	196	2089	5	2084
湖北	Hubei	32790	614	409	86	105	1182	48	1134
湖南	Hunan	55200	768	500	127	127	2335	18	2317
广东	Guangdong	44314	1064	678	143	231	1378	103	1275
广西	Guangxi	32355	460	292	85	71	1262	20	1242
海南	Hainan	4661	186	143	17	23	307	2	305
重庆	Chongqing	16497	386	273	42	64	1018	19	999
四川	Sichuan	72914	1187	787	165	196	4745	11	4734
贵州	Guizhou	24707	532	395	63	63	1450	11	1439
云南	Yunnan	22365	720	495	100	108	1386	3	1383
西藏	Tibet	4959	100	82			657		657
陕西	Shaanxi	33928	815	588	140	83	1731	21	1710
甘肃	Gansu	25299	373	259	68	35	1341	8	1333
青海	Qinghai	5959	129	80	13	9	406		406
宁夏	Ningxia	4149	158	107	18	26	236		236
新疆	Xinjiang	14244	763	602	38	75	906	12	894

注：1981年起卫生机构含村卫生室。

a) Since 1981, health care institutions includes village clinics.

21-31 续表 continued

单位：个　(unit)

年份 Year 地区 Region	门诊部(所) Outpatient Department	社区卫生服务中心(站) Community Health Service Centers	村卫生室 Village Clinics	妇幼保健院(所/站) Women and Children Care Agencies	专科疾病防治院(所/站) Specialized Disease Prevention & Treatment Institution	疾病预防控制中心 Center for Disease Control and Prevention	卫生监督所(中心) Health Inspection Institution (center)
1978	94395			2571	887	2989	
1980	102474			2745	1138	3105	
1985	126604		777674	2996	1566	3410	
1990	129332		803956	3148	1781	3618	
1995	104406		804352	3179	1895	3729	
1996	237153		755565	3172	1887	3737	
1997	229474		733624	3180	1893	3747	
1998	229349		728788	3191	1889	3746	
1999	226588		716677	3180	1877	3763	
2000	240934		709458	3163	1839	3741	
2001	248061		698966	3132	1783	3813	
2002	219907	8211	698966	3067	1839	3580	571
2003	204468	10101	514920	3033	1749	3584	838
2004	208794	14153	551600	2998	1583	3588	1284
2005	207457	17128	583209	3021	1502	3585	1702
2006	212243	22656	609128	3003	1402	3548	2097
2007	197083	27069	613855	3051	1365	3585	2553
2008	180752	24260	613143	3011	1310	3534	2675
2009	182448	27308	632770	3020	1291	3536	2809
北　京 Beijing	4377	1395	3114	19	27	31	20
天　津 Tianjin	1268	769	1616	23	16	24	17
河　北 Hebei	9783	1027	66389	185	7	194	177
山　西 Shanxi	7643	807	28113	135	15	151	130
内蒙古 Inner Mongolia	4749	886	14719	116	50	133	106
辽　宁 Liaoning	10907	852	20463	110	90	134	64
吉　林 Jilin	5640	2228	8978	70	53	67	36
黑龙江 Heilongjiang	5328	750	13147	142	114	189	147
上　海 Shanghai	1933	640	1447	22	20	21	20
江　苏 Jiangsu	8505	1677	17124	105	46	171	111
浙　江 Zhejiang	7206	5318	13922	87	25	101	99
安　徽 Anhui	3096	986	17788	118	47	124	103
福　建 Fujian	4900	429	19632	86	27	93	71
江　西 Jiangxi	3831	620	26937	111	109	120	109
山　东 Shandong	10002	1361	48791	149	124	173	81
河　南 Henan	7492	724	63565	167	21	180	133
湖　北 Hubei	6936	1142	22405	99	87	112	97
湖　南 Hunan	10148	492	40826	138	83	145	129
广　东 Guangdong	11058	1984	28076	127	149	135	138
广　西 Guangxi	8169	318	21689	103	46	105	111
海　南 Hainan	1571	88	2396	24	25	26	19
重　庆 Chongqing	4668	268	9985	41	15	43	42
四　川 Sichuan	13907	637	51670	202	38	207	202
贵　州 Guizhou	3052	322	18971	88	8	103	96
云　南 Yunnan	6314	227	13114	147	31	152	146
西　藏 Tibet	418	6	3635	57		81	2
陕　西 Shaanxi	5258	358	25292	117	5	123	108
甘　肃 Gansu	7802	337	15087	99	7	103	88
青　海 Qinghai	729	169	4376	21	1	56	54
宁　夏 Ningxia	1016	86	2547	22		25	25
新　疆 Xinjiang	4742	405	6956	90	5	214	128

21-32 卫生人员数

Number of Employed Persons in Health Care Institutions

单位：人 (person)

年份 地区	Year Region	总计 Total	卫生技术人员 Medical Technical Personnel	#执业(助理)医师 Licensed (Assistant) Doctors	执业医师 Licensed Doctor	#注册护士 Registered Nurse	#药师(士) Pharmacist	#检验技师(士) Laboratory Technician	乡村医生和卫生员 Village Doctors and Assistants	其他技术人员 Other Technical Personnel	管理人员 Administrative Personnel	工勤技能人员 Logistics Technical Workers
	1978	7883041	2463931	978152	609608	405223	266570	98806	4777469	22950	298104	320587
	1980	7355483	2798241	1153234	709473	465798	308438	114290	3820776	27834	310805	397827
	1985	5606105	3410910	1413281	724238	636974	365145	145217	1293094	46052	358812	497237
	1990	6137711	3897921	1763086	1302997	974541	405978	170371	1231510	85504	396694	526082
	1995	6704395	4256923	1917772	1454926	1125661	418520	189488	1331017	120782	450013	545660
	1996	6735097	4311845	1941235	1475232	1162609	424952	192873	1316095	125480	444571	537106
	1997	6833962	4397805	1984867	1505342	1198228	428295	198016	1317786	133369	448047	536955
	1998	6863315	4423721	1999521	1513975	1218836	423644	200846	1327633	145060	435507	531394
	1999	6894985	4458669	2044672	1561584	1244844	418574	201272	1324937	150041	434997	526341
	2000	6910383	4490803	2075843	1603266	1266838	414408	200900	1319357	157533	426789	515901
	2001	6874527	4507700	2099658	1637337	1286938	404087	203378	1290595	157961	412757	505514
	2002	6528674	4269779	1843995	1463573	1246545	357659	209144	1290595	179962	332628	455710
	2003	6216971	4380878	1942364	1534046	1265959	357378	209616	867778	199331	318692	450292
	2004	6332739	4485983	1999457	1582442	1308433	355451	211553	883075	209422	315595	438664
	2005	6447246	4564050	2042135	1622684	1349589	349533	211495	916532	225697	312826	428141
	2006	6681184	4728350	2099064	1678031	1426339	353565	218771	957459	235466	323705	436204
	2007	6964389	4913186	2122925	1715460	1558822	325212	206487	931761	243460	356569	519413
	2008	7251803	5174478	2201904	1791881	1678091	330525	212618	938313	255149	356854	527009
	2009	7781448	5535124	2329206	1905436	1854818	341910	220695	1050991	275006	362665	557662
北京	Beijing	211714	161139	62853	58693	61709	9600	9176	3670	10379	14898	21628
天津	Tianjin	93366	67930	27590	25492	23089	4512	4097	3949	4664	9071	7752
河北	Hebei	407351	268049	124127	95108	74699	13532	16035	82418	16903	14790	25191
山西	Shanxi	264352	186310	84705	70038	57260	10052	9622	42270	10874	10354	14544
内蒙古	Inner Mongoli	177697	134988	69197	60718	35414	8543	6683	20428	5681	7283	9317
辽宁	Liaoning	310007	226425	95678	84133	84498	13520	13779	26354	11690	17070	28468
吉林	Jilin	180775	132554	60152	52643	42406	7934	7588	14513	6431	11856	15421
黑龙江	Heilongjiang	242973	175319	74178	62449	55853	10303	11062	24360	7502	14559	21233
上海	Shanghai	169506	132826	53024	48449	52271	7495	8202	1510	7931	10713	16526
江苏	Jiangsu	437008	308981	125220	111230	111039	20501	18602	56819	14085	23000	34123
浙江	Zhejiang	327014	266254	113852	93175	88144	17998	14440	11336	12683	13660	23081
安徽	Anhui	305499	208584	84778	63747	69959	11005	13287	54845	11822	11686	18562
福建	Fujian	184866	130809	55066	46774	47860	9415	7126	28197	6056	5566	14238
江西	Jiangxi	223480	150741	59325	50540	53653	11683	9879	43047	6573	8006	15113
山东	Shandong	602143	414971	176193	145421	139610	26700	23846	122194	21373	18020	25585
河南	Henan	572773	359891	150990	107624	112181	20241	22638	124322	23786	25872	38902
湖北	Hubei	337113	246985	97869	82160	87334	17717	15398	38617	13472	16670	21369
湖南	Hunan	351160	253547	105790	79156	83159	19944	15155	45959	12455	17044	22155
广东	Guangdong	555799	421325	161401	130243	153391	30426	25250	33929	19250	29017	52278
广西	Guangxi	245611	172910	66813	53209	62798	9573	8767	35318	5368	11303	20712
海南	Hainan	49898	37857	14117	10899	15225	1928	2222	2598	1260	2911	5272
重庆	Chongqing	146033	100008	44627	32758	31881	5911	5052	23663	3544	7600	11218
四川	Sichuan	437760	303051	138685	109090	91164	17870	15383	72809	11951	18456	31493
贵州	Guizhou	143868	96753	41465	32955	31984	4633	5568	28993	4632	6213	7277
云南	Yunnan	196796	135207	60509	50075	46329	6217	7236	34652	6552	6767	13618
西藏	Tibet	16040	10115	4552	3485	2007	412	514	3878	413	647	987
陕西	Shaanxi	245352	171840	69745	57442	54836	10167	10603	35877	5338	16293	16004
甘肃	Gansu	126388	91255	37646	30469	26578	4771	5329	17781	3782	4323	9247
青海	Qinghai	34429	24044	10221	8589	7833	1425	1531	6055	1278	977	2075
宁夏	Ningxia	37734	28428	12088	10800	9856	1893	1670	3538	1167	1587	3014
新疆	Xinjiang	146943	116028	46750	37872	40798	5989	7164	7092	6111	6453	11259

注：从1998年起卫生员数含乡村医生和卫生员。分地区检验技师中包括影像技师。

a) Since 1998, number of medical technical personnel includes that of village doctors and assistants. Figures of laboratory technician by region include those of photo technician.

21-33 每千人口卫生技术人员数

Medical Technical Personnel in Health Care Institutions per 1000 Persons

单位：人 (person)

年份 Year / 地区 Region		卫生技术人员 Medical Technical Personnel			执业(助理)医师 Lecensed(Assistant) Doctors			注册护士 Registered Nurses		
		合计 Total	市 City	县 County	合计 Total	市 City	县 County	合计 Total	市 City	县 County
	1978	2.57	7.73	1.63	1.08	2.99	0.73	0.42	1.74	0.18
	1980	2.85	8.03	1.81	1.17	3.22	0.76	0.47	1.83	0.20
	1985	3.28	7.92	2.09	1.36	3.35	0.85	0.61	1.85	0.30
	1990	3.45	6.59	2.15	1.56	2.95	0.98	0.86	1.91	0.43
	1995	3.59	5.36	2.32	1.62	2.39	1.07	0.95	1.59	0.49
	1996	3.61	5.30	2.33	1.62	2.34	1.08	0.97	1.60	0.50
	1997	3.65	5.29	2.37	1.65	2.34	1.11	0.99	1.61	0.51
	1998	3.64	5.30	2.35	1.65	2.34	1.11	1.00	1.64	0.51
	1999	3.64	5.24	2.38	1.67	2.33	1.14	1.02	1.64	0.52
	2000	3.63	5.17	2.41	1.68	2.31	1.17	1.02	1.64	0.54
	2001	3.62	5.15	2.38	1.69	2.32	1.17	1.03	1.65	0.54
	2002	3.41			1.47			1.00		
	2003	3.48	4.88	2.26	1.54	2.13	1.04	1.00	1.59	0.50
	2004	3.53	4.99	2.24	1.57	2.18	1.04	1.03	1.63	0.50
	2005	3.57	5.05	2.25	1.60	2.20	1.06	1.06	1.66	0.51
	2006	3.66	5.21	2.26	1.62	2.26	1.05	1.10	1.74	0.53
	2007	3.76	5.44	2.25	1.62	2.28	1.03	1.19	1.90	0.56
	2008	3.92	5.67	2.34	1.67	2.35	1.05	1.27	2.02	0.60
	2009	4.15	6.03	2.46	1.75	2.47	1.10	1.39	2.22	0.65
北京	Beijing	12.92	13.29	6.73	5.04	5.18	2.76	4.95	5.12	2.01
天津	Tianjin	6.90	7.52	4.05	2.80	3.02	1.82	2.34	2.68	0.84
河北	Hebei	3.71	5.97	2.42	1.72	2.68	1.17	1.04	1.99	0.49
山西	Shanxi	5.38	8.39	3.40	2.45	3.65	1.65	1.65	3.01	0.76
内蒙古	Inner Mongolia	5.50	8.27	3.96	2.82	3.54	2.42	1.44	2.90	0.63
辽宁	Liaoning	5.32	6.36	2.76	2.25	2.63	1.32	1.99	2.51	0.69
吉林	Jilin	4.87	5.54	3.40	2.21	2.50	1.59	1.56	1.87	0.87
黑龙江	Heilongjiang	4.56	5.75	2.80	1.93	2.38	1.26	1.45	1.98	0.68
上海	Shanghai	9.48	9.69	5.43	3.79	3.85	2.55	3.73	3.84	1.73
江苏	Jiangsu	4.16	5.11	2.19	1.69	2.06	0.91	1.50	1.87	0.71
浙江	Zhejiang	5.65	6.54	3.80	2.41	2.77	1.69	1.87	2.25	1.09
安徽	Anhui	3.07	5.11	2.07	1.25	2.04	0.86	1.03	2.03	0.54
福建	Fujian	3.74	5.20	2.21	1.57	2.15	0.97	1.37	1.99	0.72
江西	Jiangxi	3.25	5.07	2.33	1.28	1.93	0.95	1.16	2.00	0.73
山东	Shandong	4.39	5.60	2.82	1.86	2.38	1.20	1.48	2.02	0.77
河南	Henan	3.38	5.42	2.33	1.42	2.19	1.02	1.05	1.98	0.58
湖北	Hubei	4.02	4.69	2.80	1.59	1.86	1.10	1.42	1.76	0.81
湖南	Hunan	3.62	5.91	2.43	1.51	2.40	1.05	1.19	2.24	0.64
广东	Guangdong	5.04	6.39	2.17	1.93	2.43	0.88	1.83	2.40	0.63
广西	Guangxi	3.32	5.28	2.25	1.28	2.02	0.88	1.21	2.03	0.75
海南	Hainan	4.30	5.19	2.89	1.60	1.90	1.13	1.73	2.17	1.03
重庆	Chongqing	3.05	4.30	1.94	1.36	1.83	0.95	0.97	1.51	0.50
四川	Sichuan	3.37	5.32	2.22	1.54	2.31	1.09	1.01	1.85	0.52
贵州	Guizhou	2.37	5.13	1.42	1.01	2.09	0.65	0.78	2.00	0.37
云南	Yunnan	3.02	6.44	1.99	1.35	2.79	0.92	1.04	2.43	0.62
西藏	Tibet	3.49	9.20	2.77	1.57	4.27	1.23	0.69	3.15	0.38
陕西	Shaanxi	4.46	6.74	3.14	1.81	2.59	1.36	1.42	2.52	0.79
甘肃	Gansu	3.38	5.84	2.20	1.39	2.45	0.89	0.98	2.03	0.48
青海	Qinghai	4.43	11.60	2.64	1.88	4.56	1.22	1.44	4.49	0.68
宁夏	Ningxia	4.48	7.15	1.95	1.91	2.89	0.98	1.55	2.65	0.51
新疆	Xinjiang	5.47	8.79	3.22	2.20	3.57	1.28	1.92	3.31	0.98

21-34 村卫生室、卫生人员情况
Number of Village Clinics and Employed Personnel

年 份 Year 地 区 Region		村卫生室 (个) Village Clinics (unit)	行政村数 (个) Village (unit)	设卫生室的村数占行政村数% Percentage of Villages with Clinics to Total Villages (%)	执业(助理)医师 (人) Licensed (Assistant) Doctors (person)	注册护士 (人) Registered Nurses (person)	乡村医生和卫生员 (人) Village Doctors and Village Associates (person)	平均每千农业人口乡村医生和卫生员 Number of Village Doctors and Associates per 1000 Rural Population
	1980						1463406	1.79
	1985	777674	940617	87.4			1293094	1.55
	1990	803956	743278	86.2			1231510	1.38
	1995	804352	740150	88.9			1331017	1.48
	1996						1316095	1.46
	1997						1317786	1.45
	1998						1327633	1.46
	1999						1324937	1.45
	2000	709458	734715	89.8			1319357	1.44
	2001						1290595	1.41
	2003						867778	0.98
	2004	551600	652718	80.7	93075		883075	1.00
	2005	583209	629079	85.8	103863		916532	1.05
	2006	609128	624428	88.1	104210		957459	1.10
	2007	613855	612712	88.7	110011	15565	931761	1.06
	2008	613143	604285	89.4	119646	24794	938313	1.06
	2009	632770	599127	90.4	178555	24159	1050991	1.19
北 京	Beijing	3114	3950	78.8	606	173	3670	1.34
天 津	Tianjin	1616	3821	42.3	471	28	3949	1.03
河 北	Hebei	66389	49035	100.0	13254	742	82418	1.66
山 西	Shanxi	28113	28135	99.9	6017	972	42270	1.81
内蒙古	Inner Mongolia	14719	11282	100.0	18050	690	20428	1.40
辽 宁	Liaoning	20463	11100	100.0	4068	780	26354	1.25
吉 林	Jilin	8978	9121	98.4	2523	247	14513	0.97
黑龙江	Heilongjiang	13147	9055	100.0	4176	224	24360	1.22
上 海	Shanghai	1447	1722	84.0	3658	44	1510	0.92
江 苏	Jiangsu	17124	16393	100.0	4045	1187	56819	1.53
浙 江	Zhejiang	13922	29958	46.5	8414	823	11336	0.35
安 徽	Anhui	17788	15732	100.0	10963	1553	54845	1.04
福 建	Fujian	19632	14432	100.0	4236	473	28197	1.22
江 西	Jiangxi	26937	16880	100.0	4786	1277	43047	1.28
山 东	Shandong	48791	74844	65.2	12375	3007	122194	2.07
河 南	Henan	63565	47346	100.0	16659	3401	124322	1.49
湖 北	Hubei	22405	25576	87.6	6414	1118	38617	1.14
湖 南	Hunan	40826	42928	95.1	7959	602	45959	0.84
广 东	Guangdong	28076	19502	100.0	7637	2904	33929	0.85
广 西	Guangxi	21689	14361	100.0	4138	447	35318	0.83
海 南	Hainan	2396	2556	93.7	598	280	2598	0.48
重 庆	Chongqing	9985	8803	100.0	3858	186	23663	1.02
四 川	Sichuan	51670	47987	100.0	15274	363	72809	1.09
贵 州	Guizhou	18971	17568	100.0	2080	339	32450	0.85
云 南	Yunnan	13114	12953	100.0	1776	495	34652	0.93
西 藏	Tibet	3635	5261	69.1	90	1	3878	1.63
陕 西	Shaanxi	25292	27370	92.4	9499	517	35877	1.33
甘 肃	Gansu	15087	16149	93.4	1820	364	17781	0.88
青 海	Qinghai	4376	4161	100.0	949	73	6055	1.60
宁 夏	Ningxia	2547	2316	100.0	207	20	3538	0.89
新 疆	Xinjiang	6956	8830	78.8	1955	829	7092	0.59

注：1985年以前的乡村医生系赤脚医生。

a) Village doctors before 1985 refer to barefoot doctors.

21-35 卫生机构床位数
Beds in Health Care Institutions

单位：万张 (10 000 units)

年份 Year	合计 Total	医院 Hospital	综合医院 General Hospital	中医医院 Hospital Specialized in Traditional Chinese Medicine	专科医院 Specialized Hospital	卫生院 Health Centers	乡镇卫生院 Rural Health Centers	社区卫生服务中心(站) Community Health Service Centers (Stations)	妇幼保健院(所/站) Women and Children Care Agencies	专科疾病防治院(所/站) Specialized Disease Prevention & Treatment Institution
1978	204.17	110.00	87.33	3.40	12.10	74.73	74.73		1.16	2.63
1980	218.44	119.58	94.11	5.00	12.87	77.54	77.54		1.64	2.73
1985	248.71	150.86	112.77	11.23	16.56	72.06	72.06		3.46	2.95
1990	292.54	186.89	136.90	17.57	21.95	72.29	72.29		4.66	3.10
1991	299.19	192.61	140.55	18.82	22.26	72.92	72.92		4.80	3.17
1992	304.94	197.66	144.10	20.04	22.71	73.28	73.28		5.00	3.22
1993	309.90	203.64	156.63	21.35	24.37	73.08	73.08		4.50	3.03
1994	313.40	207.04	158.70	22.18	24.85	73.24	73.24		4.80	2.98
1995	314.06	206.33	158.72	22.72	24.51	73.31	73.31		5.13	3.07
1996	309.96	209.65	159.73	23.75	24.86	73.75	73.47		5.60	2.83
1997	313.45	211.92	161.21	24.46	24.97	74.94	74.24		6.02	3.06
1998	314.30	213.41	162.00	24.95	25.01	74.39	73.77		6.30	2.90
1999	315.90	215.07	163.25	25.33	25.03	73.99	73.40		6.63	2.93
2000	317.70	216.67	164.09	25.93	25.08	74.12	73.48		7.12	2.84
2001	320.12	215.56	150.50	24.60	25.65	74.65	74.00		7.40	2.70
2002	313.61	222.18	168.38	24.67	26.21	68.54	67.13	1.20	7.98	3.18
2003	316.40	226.95	171.34	26.02	26.72	68.57	67.27	1.21	8.09	3.38
2004	326.84	236.35	177.68	27.55	28.26	68.24	66.89	1.81	8.70	3.12
2005	336.75	244.50	183.47	28.77	29.21	68.99	67.82	2.50	9.41	3.34
2006	351.18	256.04	190.29	30.32	32.05	71.03	69.62	4.12	9.93	2.80
2007	370.11	267.51	197.16	32.16	34.37	76.32	74.72	7.66	10.62	2.59
2008	403.87	288.29	211.28	35.03	37.77	86.54	84.69	9.80	11.73	2.64
2009	441.66	312.08	227.11	38.56	41.67	95.99	93.34	13.13	12.61	2.71

21-36 各地区卫生机构床位数（2009年）
Beds in Health Care Institutions by Region (2009)

单位：张 (bed)

地 区	Region	卫生机构床位 Beds in Health Care Institutions	#医院和卫生院床位 Hospitals and Health Care Centers	每千人口医院和卫生院床位 Hospitals and Health Care Centers per 1000 Population	每千农业人口乡镇卫生院床位 Beds in Health Care Institutions per 1000 Rural Population
全 国	**National Total**	**4416612**	**4080662**	**3.06**	**1.05**
北 京	Beijing	90100	84896	6.80	0.88
天 津	Tianjin	46353	41921	4.26	0.86
河 北	Hebei	232638	213528	2.95	1.09
山 西	Shanxi	144517	131122	3.78	1.07
内蒙古	Inner Mongolia	87390	77666	3.16	1.07
辽 宁	Liaoning	191492	174368	4.09	1.19
吉 林	Jilin	108345	100702	3.70	1.09
黑龙江	Heilongjiang	146572	133911	3.49	0.86
上 海	Shanghai	99704	79501	5.67	
江 苏	Jiangsu	250809	234698	3.16	1.48
浙 江	Zhejiang	170199	157877	3.35	0.56
安 徽	Anhui	174483	163171	2.40	0.97
福 建	Fujian	104290	95980	2.73	0.95
江 西	Jiangxi	115445	102728	2.22	0.86
山 东	Shandong	347052	320786	3.40	1.32
河 南	Henan	302378	283030	2.65	0.94
湖 北	Hubei	187156	171813	2.80	1.15
湖 南	Hunan	212043	197288	2.81	1.10
广 东	Guangdong	271982	250374	2.99	1.09
广 西	Guangxi	131569	122315	2.34	0.94
海 南	Hainan	23526	22066	2.51	1.04
重 庆	Chongqing	92709	86980	2.65	1.18
四 川	Sichuan	275085	259204	2.88	1.37
贵 州	Guizhou	97527	91164	2.23	0.75
云 南	Yunnan	140187	131406	2.94	0.85
西 藏	Tibet	8502	8142	2.82	1.17
陕 西	Shaanxi	134431	125239	3.26	0.93
甘 肃	Gansu	81520	77025	2.85	1.00
青 海	Qinghai	19223	17973	3.32	0.75
宁 夏	Ningxia	22142	21168	3.33	0.60
新 疆	Xinjiang	107243	102620	4.84	1.55

21-37 各类医疗机构诊疗人次及入院人数(2009年)
Number of Visits and Inpatients in Medical Institutions (2009)

机构名称	Institutions	诊疗人次数(亿次) Visits (100 million times)	#政府办 Run by Government	入院人数(万人) Inpatients (10 000 persons)	#政府办 Run by Government
总计	**Total**	**54.88**	**30.70**	**13256**	**11760**
医院	Hospital	19.22	15.90	8488	7186
#综合医院	Genaral Hospital	14.36	11.58	6713	5643
中医医院	Traditional Chinese Medicine Hospital		2.89	1034	988
专科医院	Specialized Hospital	1.54	1.18	641	477
疗养院	Sanatorium	0.02	0.01	55	30
社区卫生服务中心(站)	Health Service Center for Community	3.77	2.31	225	142
卫生院	Health Center	9.19	9.00	3870	3806
#乡镇卫生院	Township Health Center	8.77	8.59	3808	3746
门诊部	Outpatient Department	0.61	0.06	16	3
诊所(卫生所.医务室.护理站)	Clinic	4.83	0.19		
村卫生室	Village Clinics	15.52	1.56		
急救中心(站)	Urgent Care Center	0.03	0.03		
妇幼保健院(所、站)	Women and Children Care Agencies	1.48	1.47	572	565
专科疾病防治院(所、站)	Specialized Disease Prevention & Treatment Institute	0.19	0.18	30	28

21-38 各类医疗机构病床利用情况(2009年)
Utilization of Beds in Medical Institutions (2009)

机构名称	Institutions	病床使用率(%) Utilization Rate (%)	#政府办 Run by Government	病床周转次数(次) Turnover of Beds (time)	#政府办 Run by Government	出院者平均住院日(日) Average Stay Days in Hospital(day)	#政府办 Run by Government
总计	**Total**	**77.7**	**81.2**	**31.3**	**33.7**	**8.6**	**8.4**
医院	Hospital	84.7	90.9	28.1	30.5	10.5	10.5
#综合医院	Genaral Hospital	85.6	92.2	30.5	33.7	9.9	9.8
中医医院	Traditional Chinese Medicine Hospital	81.8	83.1	27.5	28.1	10.4	10.4
专科医院	Specialized Hospital	83.5	93.2	15.9	16.1	17.0	18.9
疗养院	Sanatorium	40.6	36.5	12.7	11.1	8.7	9.3
社区卫生服务中心(站)	Health Service Center for Community	58.5	61.2	23.3	19.4	6.8	10.0
卫生院	Health Center	60.6	60.9	42.4	42.9	4.8	4.8
#乡镇卫生院	Township Health Center	60.7	61.0	42.9	43.3	4.8	4.8
门诊部	Outpatient Department	34.6	34.0	27.8	17.3	4.1	6.2
妇幼保健院(所、站)	Women and Children Care Agencies	70.7	70.8	46.2	46.3	5.4	5.4
专科疾病防治院(所、站)	Specialized Disease Prevention & Treatment Institute	63.5	62.0	11.8	12.6	16.6	15.4

21-39 农村乡镇卫生院医疗服务情况
Situations of Medical Services in Township Health Centers

年份 Year 地区 Region	诊疗人次(亿次) Visits (100 million times)	病床使用率(%) Utilization Rate (%)	出院者平均住院日(日) Average Stay Days in Hospital(day)
1981	14.38	53.5	6.3
1985	11.00	46.0	5.9
1990	10.65	43.4	5.2
1995	9.38	40.2	4.6
1996	9.44	37.0	4.4
1997	9.16	34.5	4.5
1998	8.74	33.3	4.6
1999	8.38	32.8	4.6
2000	8.24	33.2	4.6
2001	8.24	31.3	4.5
2002	7.10	34.7	4.0
2003	6.91	36.2	4.2
2004	6.81	37.1	4.4
2005	6.79	37.7	4.6
2006	7.01	39.4	4.6
2007	7.59	48.4	4.8
2008	8.27	55.8	4.4
2009	8.77	60.7	4.8
北京 Beijing	0.08	32.8	7.4
天津 Tianjin	0.06	64.4	4.2
河北 Hebei	0.39	56.6	5.6
山西 Shanxi	0.13	50.0	5.6
内蒙古 Inner Mongolia	0.12	44.9	4.2
辽宁 Liaoning	0.13	45.2	4.8
吉林 Jilin	0.11	35.4	4.0
黑龙江 Heilongjiang	0.10	58.1	4.1
上海 Shanghai			
江苏 Jiangsu	0.74	56.7	6.5
浙江 Zhejiang	0.70	37.1	6.7
安徽 Anhui	0.44	60.4	5.0
福建 Fujian	0.20	65.5	4.1
江西 Jiangxi	0.25	73.8	3.2
山东 Shandong	0.61	51.3	5.2
河南 Henan	0.62	63.4	5.2
湖北 Hubei	0.38	68.8	6.0
湖南 Hunan	0.37	66.5	5.0
广东 Guangdong	0.74	60.5	4.7
广西 Guangxi	0.35	73.2	3.8
海南 Hainan	0.08	36.8	4.2
重庆 Chongqing	0.28	77.3	5.3
四川 Sichuan	0.80	70.0	4.3
贵州 Guizhou	0.19	72.7	3.1
云南 Yunnan	0.33	58.7	5.1
西藏 Tibet	0.03	27.4	5.0
陕西 Shaanxi	0.20	46.6	6.5
甘肃 Gansu	0.16	58.7	6.0
青海 Qinghai	0.03	55.9	4.0
宁夏 Ningxia	0.04	50.9	5.2
新疆 Xinjiang	0.12	66.3	5.3

21-40 各地区社区卫生服务中心(站)医疗服务情况
Medical Services of Community Health Service Centers(Stations)

年 份 地 区	Year Region	社区卫生服务中心 Community Health Service Centers						社区卫生服务站 Community Health Service Stations	
		诊疗人次(万人次) Visits (10 000 person-times)	入院人数(人) Inpatients (person)	病床使用率(%) Utilization Rate (%)	出院者平均住院日(日) Average Stay Days in Hospital (day)	医师日均担负诊疗人次(人次) Daily Visits Each Doctor (person-time)	医师日均担负住院床日(日) Daily Inpatients Each Doctor (day)	诊疗人次(万人次) Visits (10 000 person-times)	医师日均担负诊疗人次(人次) Daily Visits Each Doctor (person-time)
	2004	4615.6	151965	61.2	21.0	13.0	0.7	5095.5	11.1
	2005	5938.5	266215	60.7	17.2	13.7	0.8	6281.5	11.0
	2006	8285.5	436288	57.9	15.5	13.0	0.8	9378.9	13.1
	2007	12712.4	743186	59.6	13.1	13.1	0.8	9875.0	14.6
	2008	17247.3	1032788	58.7	13.4	12.9	0.8	8425.1	12.5
	2009	26080.2	1642427	59.8	10.6	14.0	0.7	11617.3	13.7
北 京	Beijing	1648.1	10944	37.9	15.1	12.86	0.1	353.3	18.35
天 津	Tianjin	777.5	7202	22.2	21.7	18.84	0.4	113.7	
河 北	Hebei	356.5	66939	47.8	7.4	6.59	0.8	775.8	9.96
山 西	Shanxi	284.9	37265	57.5	11.9	3.95	0.7	400.8	7.45
内蒙古	Inner Mongolia	216.3	30124	48.9	7.5	5.20	0.6	363.8	8.43
辽 宁	Liaoning	402.3	42637	58.6	16.3	6.83	0.9	466.2	11.04
吉 林	Jilin	93.3	9129	35.5	8.7	5.81	0.4	473.9	21.02
黑龙江	Heilongjiang	167.1	15265	53.4	18.5	4.70	0.7	271.4	8.43
上 海	Shanghai	6566.0	140565	87.0	38.6	24.14	1.5	2.3	
江 苏	Jiangsu	2916.5	186160	53.3	8.7	17.59	0.7	740.1	21.78
浙 江	Zhejiang	2865.2	31617	55.7	19.2	25.99	0.4	938.3	18.15
安 徽	Anhui	400.3	74930	48.1	5.9	7.56	0.7	547.4	11.01
福 建	Fujian	644.8	99019	55.7	4.1	12.38	0.6	258.9	13.85
江 西	Jiangxi	289.9	43942	41.5	5.5	8.07	0.6	380.0	11.91
山 东	Shandong	625.5	117951	44.5	6.0	6.97	0.6	805.6	12.81
河 南	Henan	321.7	58737	42.3	7.1	5.49	0.6	497.0	13.23
湖 北	Hubei	967.1	132019	70.1	9.4	10.13	1.1	639.9	14.57
湖 南	Hunan	363.3	63977	47.5	6.9	6.26	0.6	242.6	11.48
广 东	Guangdong	4123.9	89715	62.5	8.6	21.42	0.3	1688.7	28.26
广 西	Guangxi	122.7	9602	49.2	4.3	9.72	0.2	75.2	8.41
海 南	Hainan	12.5	195	7.1	2.8	6.74	0.0	75.0	9.87
重 庆	Chongqing	227.5	56407	56.5	7.2	8.16	1.1	142.7	17.77
四 川	Sichuan	827.4	148615	70.7	7.8	9.80	1.0	311.6	11.02
贵 州	Guizhou	98.5	66457	58.6	2.4	6.31	1.2	172.9	9.61
云 南	Yunnan	194.0	46880	55.1	6.8	8.91	1.1	105.8	11.06
西 藏	Tibet							2.8	18.57
陕 西	Shaanxi	194.8	15129	46.4	14.1	8.04	0.6	177.0	13.30
甘 肃	Gansu	85.7	11109	57.7	6.1	6.49	0.6	224.1	10.37
青 海	Qinghai	45.4	6116	60.7	7.3	11.68	1.0	111.4	11.01
宁 夏	Ningxia	8.4	175	30.7	24.5	13.99	0.6	51.6	13.53
新 疆	Xinjiang	233.0	23605	49.9	9.9	10.88	0.8	207.2	13.34

21-41 各地区医院服务情况
Services in Hospitals by Region

年份 Year 地区 Region		诊疗人次（万人次） Visits (10 000 person-times)	入院人数（万人） Inpatients (10 000 persons)	出院人数（万人） Patients Discharged from Hosptials (10 000 persons)	危重病人抢救成功率（%） Survival Rate of Patients in Critical Situations (%)	每百门诊急诊入院人数（人） Number of Inpatients Per 100 Outpatients and Emergency Cases (person)	病床使用率（%） Utilization Rate of Beds (%)	出院者平均住院日（天） Average Stay Days in Hospital (day)
	2002	214524.8	3996.9	1097.2	87.09	3.45	64.6	10.9
	2003	209629.4	4158.9	4110.4	82.62	3.62	65.3	11.0
	2004	130452.7	4673.3	4667.1	87.93	3.76	68.4	10.8
	2005	138653.3	5108.1	5075.1	88.79	3.82	70.3	10.9
	2006	147101.3	5562.2	5545.6	88.63	3.91	72.4	10.9
	2007	163769.6	6487.2	6451.2	89.15	4.10	78.2	10.8
	2008	178167.0	7392.0	7373.4	89.29	4.26	81.5	10.7
	2009	192193.9	8488.0	8454.3	92.35	4.62	84.7	10.5
北 京	Beijing	8314.6	157.4	156.9	74.04	1.91	84.6	14.5
天 津	Tianjin	3611.3	85.8	85.5	80.18	2.40	81.2	12.6
河 北	Hebei	7033.5	461.3	457.7	93.94	6.82	80.1	9.4
山 西	Shanxi	3508.3	195.0	195.7	91.43	6.40	69.2	11.4
内蒙古	Inner Mongolia	2687.8	140.2	139.5	93.28	5.54	75.5	10.9
辽 宁	Liaoning	6397.3	333.5	332.8	86.85	5.31	80.6	12.0
吉 林	Jilin	3563.7	181.0	180.1	87.84	5.17	70.4	10.7
黑龙江	Heilongjiang	4417.2	248.6	247.7	87.34	5.78	74.2	11.5
上 海	Shanghai	9651.0	193.2	192.9	79.12	2.07	100.2	14.0
江 苏	Jiangsu	14231.7	489.5	490.7	94.27	3.53	92.6	11.5
浙 江	Zhejiang	14163.8	386.1	385.3	91.83	2.75	93.1	11.5
安 徽	Anhui	5354.3	333.8	331.8	89.01	6.45	85.4	9.8
福 建	Fujian	5850.6	234.6	234.7	89.76	4.06	89.9	9.8
江 西	Jiangxi	4174.7	238.1	236.6	92.09	5.96	85.6	9.0
山 东	Shandong	11677.2	680.1	677.3	92.84	6.62	80.4	9.6
河 南	Henan	9992.8	559.3	554.5	94.34	5.80	83.6	10.4
湖 北	Hubei	7288.6	378.4	377.1	94.80	5.29	92.7	10.5
湖 南	Hunan	5612.6	406.1	403.8	96.20	7.44	90.5	10.1
广 东	Guangdong	24425.4	630.8	629.0	87.93	2.63	85.7	9.3
广 西	Guangxi	5802.9	254.8	253.9	91.06	4.66	86.4	9.6
海 南	Hainan	1041.2	43.7	43.4	90.18	4.51	81.2	10.5
重 庆	Chongqing	3267.9	156.1	156.3	90.32	4.89	86.4	10.9
四 川	Sichuan	9536.7	497.8	494.4	90.41	5.33	93.8	10.5
贵 州	Guizhou	2414.0	194.4	193.1	94.58	8.45	84.0	9.4
云 南	Yunnan	5234.6	283.8	283.7	96.66	5.57	87.8	10.3
西 藏	Tibet	382.4	12.2	11.5	93.04	3.93	70.5	10.3
陕 西	Shaanxi	4783.0	257.4	255.2	92.84	5.50	80.4	10.7
甘 肃	Gansu	2495.3	133.0	132.9	94.12	5.52	76.4	10.3
青 海	Qinghai	756.0	38.1	37.7	96.59	5.17	77.0	10.3
宁 夏	Ningxia	1100.4	50.1	49.9	95.38	5.25	87.0	10.8
新 疆	Xinjiang	3423.2	233.8	232.7	91.41	7.99	86.0	10.5

21-42 28种传染病报告发病及死亡人数排序(2009年)
List of 28 Infectious Diseases Reported and Number of Death (2009)

单位：人 (person)

顺位 No.	发病 Diseases 疾病名称	Diseases	发病人数 Persons	死亡 Death 疾病名称	Diseases	死亡人数 Persons
1	病毒性肝炎	Viral Hepatitis	1425020	艾滋病	AIDS	6596
2	肺结核	Pulmonary Tuberculosis	1076938	肺结核	Pulmonary Tuberculosis	3783
3	梅毒	Syphilis	306381	狂 犬 病	Hydrophobia	2131
4	细菌性和阿米巴性痢疾	Dysentery	271551	病毒性肝炎	Viral Hepatitis	1018
5	甲型H1N1流感	A(H1N1)Flu	121843	甲型H1N1流感	A(H1N1)Flu	654
6	淋病	Gonorrhea	119824	乙脑	Encephalitis B	172
7	麻疹	Measles	52461	新生儿破伤风	Newborn Tetanus	137
8	布鲁氏菌病	Brucellosis	35816	流行性出血热	Hemorrhage Fever	104
9	猩红热	Scarlet Fever	22068	流行性脑脊髓膜炎	Epidemic Encephalitis	73
10	伤寒副伤寒	Typhoid and Paratyphoid Fever	16938	梅毒	Syphilis	63
11	疟疾	Malaria	14098	麻疹	Measles	39
12	艾滋病	AIDS	13281	细菌性和阿米巴性痢疾	Dysentery	38
13	流行性出血热	Hemorrhage Fever	8745	钩端螺旋体病	Leptospirosis	11
14	流行性乙型脑炎	Encephalitis B	3913	疟疾	Malaria	10
15	血吸虫病	Schistosomiasis	3521	伤寒副伤寒	Typhoid and Paratyphoid Fever	9
16	狂犬病	Hydrophobia	2213	人感染高致病性禽流感	Highly Pathogenic Bird Flu	4
17	百日咳	Pertussis	1612	炭疽	Anthrax	3
18	新生儿破伤风	Newborn Tetanus	1412	鼠疫	The Plague	3
19	钩端螺旋体病	Leptospirosis	625	血吸虫病	Schistosomiasis	2
20	布鲁氏菌病	Brucellosis	562	百日咳	Pertussis	1
21	炭疽	Anthrax	351	淋病	Gonorrhea	
22	登革热	Dengue Fever	305	布鲁氏菌病	Brucellosis	
23	霍乱	Cholera	85	猩红热	Scarlet Fever	
24	鼠疫	The Plague	12	登革热	Dengue Fever	
25	人感染高致病性禽流感	Highly Pathogenic Bird Flu	7	霍乱	Cholera	
26	传染性非典型肺炎	SARS		传染性非典型肺炎	SARS	
27	脊髓灰质炎	Poliomyelitis		脊髓灰质炎	Poliomyelitis	
28	白喉	Diphtheria		白喉	Diphtheria	

21-43 28种传染病报告发病率、死亡率及病死率排序(2009年)
List of Incidence, Death and Mortality Rates of 28 Infectious Diseases Reported (2009)

顺位 No.	发病 Disease Incidence 疾病名称 Diseases	发病率(1/10万) Incidence (1/100 000)	死亡 Death 疾病名称 Diseases	死亡率(1/10万) Death Rate (1/100 000)	病死 Mortality Rate 疾病名称 Diseases	病死率(%) Mortality Rate(%)
1	病毒性肝炎 Viral Hepatitis	107.30	艾滋病 AIDS	0.4967	狂犬病 Hydrophobia	96.29
2	肺结核 Pulmonary Tuberculosis	81.09	肺结核 Pulmonary Tuberculosis	0.2849	人禽流感 HpAI	57.14
3	梅毒 Syphilis	23.07	狂犬病 Hydrophobia	0.1605	艾滋病 AIDS	49.66
4	细菌性和阿米巴性痢疾 Dysentery	20.45	肝　炎 Hepatitis	0.0767	鼠疫 The Plague	25.00
5	甲型H1N1流感 A(H1N1) Flu	9.17	甲型H1N1流感 A(H1N1) Flu	0.0492	流脑 Epidemic Encephalitis	11.68
6	淋病 Gonorrhea	9.02	流行性乙型脑炎 Encephalitis B	0.0130	新生儿破伤风 Newborn Tetanus	9.70
7	麻疹 Measles	3.95	流行性出血热 Hemorrhage Fever	0.0078	乙脑 Encephalitis B	4.40
8	布鲁氏菌病 Brucellosis	2.70	新生儿破伤风 Newborn Tetanus	0.0077	钩体病 Leptospirosis	1.96
9	猩红热 Scarlet Fever	1.66	流脑 Epidemic Encephalitis	0.0055	出血热 Hemorrhage Fever	1.19
10	伤寒+副伤寒 Typhoid and Paratyphoid Fever	1.28	梅毒 Syphilis	0.0047	炭疽 Anthrax	0.85
11	疟疾 Malaria	1.06	细菌性和阿米巴性痢疾 Dysentery	0.0029	甲型H1N1流感 A(H1N1) Flu	0.54
12	艾滋病 AIDS	1.00	麻疹 Measles	0.0029	肺结核 Pulmonary Tuberculosis	0.35
13	流行性出血热 Hemorrhage Fever	0.66	疟疾 Malaria	0.0008	麻疹 Measles	0.07
14	流行性乙型脑炎 Encephalitis B	0.29	钩端螺旋体病 Leptospirosis	0.0008	病毒性肝炎 Viral Hepatitis	0.07
15	血吸虫病 Schistosomiasis	0.27	伤寒+副伤寒 Typhoid and Paratyphoid Fever	0.0007	疟疾 Malaria	0.07
16	狂犬病 Hydrophobia	0.17	人禽流感 HpAI	0.0003	百日咳 Pertussis	0.06
17	百日咳 Pertussis	0.12	血吸虫病 Schistosomiasis	0.0002	血吸虫病 Schistosomiasis	0.06
18	新生儿破伤风 Newborn Tetanus	0.08	炭疽 Anthrax	0.0002	伤寒+副伤寒 Typhoid and Paratyphoid Fever	0.05
19	流脑 Epidemic Encephalitis	0.05	鼠疫 The Plague	0.0002	梅毒 Syphilis	0.02
20	钩端螺旋体病 Leptospirosis	0.04	百日咳 Pertussis	0.0001	痢疾 Dysentery	0.01
21	炭疽 Anthrax	0.03	淋病 Gonorrhea		淋病 Gonorrhea	
22	登革热 Dengue Fever	0.02	布鲁氏菌病 Brucellosis		布病 Brucellosis	
23	霍乱 Cholera	0.01	猩红热 Scarlet Fever		猩 红 热 Scarlet Fever	
24	鼠疫 The Plague		登革热 Dengue Fever		登革热 Dengue Fever	
25	人禽流感 HpAI		霍乱 Cholera		霍 乱 Cholera	
26	传染性非典型肺炎 SARS		传染性非典型肺炎 SARS		传染性非典型肺炎 SARS	
27	脊灰 Poliomyelitis		脊灰 Poliomyelitis		脊 灰 Poliomyelitis	
28	白喉 Diphtheria		白喉 Diphtheria		白 喉 Diphtheria	

注：新生儿破伤风发病率和死亡率单位为‰。
a) The unit of incidence rate and death rate of newborn baby tetanus is ‰.

21-44 城市居民主要疾病死亡率及构成（2009年）
Death Rate of Major Diseases in Urban Areas (2009)

疾病名称	Category of Diseases	粗死亡率 (1/10万) Crude Mortality Rate (1/100000)			标化死亡率 (1/10万) Standardized Mortality Rate (1/100000)			构成 (%) Percentage (%)			位次 Rank		
		合计 Total	男 Male	女 Female	合计 Total	男 Male	女 Female	合计 Total	男 Male	女 Female	合计 Total	男 Male	女 Female
传染病(不含呼吸道结核)	Infectious Disease(not including Respiratory Tuberculosis)	4.42	5.84	2.95	4.24	5.83	2.72	0.71	0.84	0.54	11	11	12
呼吸道结核	Respiratory Tuberculosis	1.88	2.86	0.87	1.75	2.87	0.77	0.30	0.41	0.16	15	14	18
寄生虫病	Parasitic Disease	0.49	0.46	0.53	0.48	0.49	0.46	0.08	0.07	0.10	19	19	19
恶性肿瘤	Malignant Tumour	167.57	204.92	129.36	158.67	207.79	114.99	27.01	29.60	23.66	1	1	1
血液,造血器官及免疫疾病	Diseases of the Blood and Blood-forming Organs and Immunodeficiency	1.57	1.52	1.62	1.57	1.68	1.50	0.25	0.22	0.30	17	17	16
内分泌,营养和代谢疾病	Endocrine, Nutritional & Metabolic Diseases	20.33	18.24	22.47	19.56	19.20	19.76	3.28	2.64	4.11	6	7	6
精神障碍	Mental Disorders	3.60	3.35	3.85	3.58	3.56	3.47	0.58	0.48	0.70	13	13	11
神经系统疾病	Diseases of the Nervous System	6.89	7.57	6.20	7.04	8.44	5.79	1.11	1.09	1.13	10	10	10
心脏病	Heart Diseases	128.82	133.18	124.37	128.19	146.63	111.14	20.77	19.24	22.75	2	3	2
脑血管病	Cerebrovascular Disease	126.27	135.41	116.93	123.04	145.56	102.92	20.36	19.56	21.39	3	2	3
呼吸系统疾病	Diseases of the Respiratory System	65.40	74.72	55.86	66.48	87.21	50.33	10.54	10.79	10.22	4	4	4
消化系统疾病	Diseases of the Digestive System	16.58	19.31	13.78	16.14	19.98	12.45	2.67	2.79	2.52	7	6	7
肌肉骨骼和结缔组织疾病	Diseases of the Musculoskeletal System and Connective Tissue	1.84	1.28	2.40	1.77	1.39	2.15	0.30	0.19	0.44	16	18	14
泌尿生殖系统疾病	Diseases of the Genitourinary System	7.34	7.86	6.80	7.11	8.42	6.08	1.18	1.14	1.24	9	8	9
妊娠,分娩产褥期并发症	Pregnancy, Childbirth and the Puerperium	0.10		0.20	0.09		0.18	0.02		0.04	20		20
围生期疾病	Perinatal Diseases	1.54	1.84	1.23	3.07	3.57	2.52	0.25	0.27	0.22	18	16	17
先天畸形,变形和染色体异常	Congenital Malformations, Deformations and Chromosomal Abnormalities	2.33	2.67	1.99	3.87	4.37	3.33	0.38	0.39	0.36	14	15	15
诊断不明	Undiagnosed Diseases	4.06	5.17	2.92	4.01	5.41	2.68	0.65	0.75	0.53	12	12	13
其他疾病	Other Diseases	10.73	7.78	13.75	12.82	11.23	13.74	1.73	1.12	2.51	8	9	8
损伤和中毒外部原因	External Causes of Injury and Poison	34.66	43.61	25.50	33.68	43.20	23.87	5.59	6.30	4.66	5	5	5

21-45 农村居民主要疾病死亡率及死因构成(2009年)
Death Rate of Major Diseases in Rural Areas (2009)

疾病名称	Category of Diseases	粗死亡率(1/10万) Crude Mortality Rate (1/100000)			标化死亡率(1/10万) Standardized Mortality Rate (1/100000)			构成(%) Percentage (%)			位次 Rank		
		合计 Total	男 Male	女 Female	合计 Total	男 Male	女 Female	合计 Total	男 Male	女 Female	合计 Total	男 Male	女 Female
传染病(不含呼吸道结核)	Infectious Disease(not including Respiratory Tuberculosis)	4.98	6.74	3.17	5.82	8.16	3.63	0.76	0.89	0.57	11	9	12
呼吸道结核	Respiratory Tuberculosis	2.27	3.45	1.05	2.65	4.35	1.15	0.35	0.46	0.19	15	12	17
寄生虫病	Parasitic Disease	0.11	0.16	0.06	0.13	0.19	0.06	0.02	0.02	0.01	20	19	20
恶性肿瘤	Malignant Tumour	159.15	207.59	109.21	187.05	259.73	121.49	24.26	27.49	19.72	1	1	2
血液,造血器官及免疫疾病	Diseases of the Blood and Blood-forming Organs and Immunodeficiency	1.02	1.12	0.92	1.23	1.42	1.07	0.16	0.15	0.17	18	18	18
内分泌营养和代谢疾病	Endocrine, Nutritional & Metabolic Diseases	11.25	9.80	12.76	13.55	12.87	14.33	1.72	1.30	2.30	7	7	6
精神障碍	Mental Disorders	3.08	2.71	3.46	4.09	4.05	4.04	0.47	0.36	0.62	12	15	11
神经系统疾病	Diseases of the Nervous System	5.08	5.47	4.68	6.55	7.75	5.51	0.77	0.72	0.85	10	11	10
心脏病	Heart Diseases	112.89	118.27	107.35	150.16	180.36	126.19	17.21	15.66	19.38	3	3	3
脑血管病	Cerebrovascular Disease	152.09	164.41	139.40	197.03	241.71	160.98	23.19	21.77	25.17	2	2	1
呼吸系统疾病	Diseases of the Respiratory System	98.16	105.41	90.69	134.21	170.08	107.67	14.96	13.96	16.38	4	4	4
消化系统疾病	Diseases of the Digestive System	14.55	18.52	10.47	17.77	24.06	12.01	2.22	2.45	1.89	6	6	7
肌肉骨骼和结缔组织疾病	Diseases of the Musculoskeletal System and Connective Tissue	1.30	1.12	1.48	1.61	1.63	1.65	0.20	0.15	0.27	17	17	16
泌尿生殖系统疾病	Diseases of the Genitourinary System	7.22	8.40	5.99	8.49	10.92	6.62	1.10	1.11	1.08	9	8	9
妊娠分娩产褥期并发症	Pregnancy, Childbirth and the Puerperium	0.19		0.39	0.18		0.37	0.03		0.07	19		19
围生期疾病	Perinatal Diseases	2.48	3.00	1.94	4.00	4.62	3.30	0.38	0.40	0.35	14	14	15
先天畸形,变性和染色体异常	Congenital Malformations, Deformations and Chromosomal Abnormalities	2.20	2.43	1.96	3.09	3.33	2.81	0.34	0.32	0.35	16	16	14
诊断不明	Undiagnosed Diseases	2.80	3.02	2.57	3.85	4.55	3.23	0.43	0.40	0.46	13	13	13
其他疾病	Other Diseases	7.67	6.09	9.29	13.20	13.69	12.79	1.17	0.81	1.68	8	10	8
损伤和中毒外部原因	External Causes of Injury and Poison	54.11	72.16	35.50	59.97	80.85	38.96	8.25	9.56	6.41	5	5	5

21-46 监测地区5岁以下儿童和孕产妇死亡率
Mortality Rate of the Maternal and Children Aged under 5 in Surveillance Areas

年份 Year	新生儿死亡率(‰) Newborn Mortality Rate(‰)			婴儿死亡率(‰) Infant Mortality Rate(‰)			5岁以下儿童死亡率(‰) Mortality Rate of Children under 5(‰)			孕产妇死亡率(1/10万) Maternal Mortality Rate (1/100 000)		
	合计 Total	城市 Urban	农村 Rural	合计 Total	城市 Urban	农村 Rural	合计 Total	城市 Urban	农村 Rural	合计 Total	城市 Urban	农村 Rural
1991	33.1	12.5	37.9	50.2	17.3	58.0	61.0	20.9	71.1	80.0	46.3	100.0
1992	32.5	13.9	36.8	46.7	18.4	53.2	57.4	20.7	65.6	76.5	42.7	97.9
1993	31.2	12.9	35.4	43.6	15.9	50.0	53.1	18.3	61.6	67.3	38.5	85.1
1994	28.5	12.2	32.3	39.9	15.5	45.6	49.6	18.0	56.9	64.8	44.1	77.5
1995	27.3	10.6	31.1	36.4	14.2	41.6	44.5	16.4	51.1	61.9	39.2	76.0
1996	24.0	12.2	26.7	36.0	14.8	40.9	45.0	16.9	51.4	63.9	29.2	86.4
1997	24.2	10.3	27.5	33.1	13.1	37.7	42.3	15.5	48.5	63.6	38.3	80.4
1998	22.3	10.0	25.1	33.2	13.5	37.7	42.0	16.2	47.9	56.2	28.6	74.1
1999	22.2	9.5	25.1	33.3	11.9	38.2	41.4	14.3	47.7	58.7	26.2	79.7
2000	22.8	9.5	25.8	32.2	11.8	37.0	39.7	13.8	45.7	53.0	29.3	69.6
2001	21.4	10.6	23.9	30.0	13.6	33.8	35.9	16.3	40.4	50.2	33.1	61.9
2002	20.7	9.7	23.2	29.2	12.2	33.1	34.9	14.6	39.6	43.2	22.3	58.2
2003	18.0	8.9	20.1	25.5	11.3	28.7	29.9	14.8	33.4	51.3	27.6	65.4
2004	15.4	8.4	17.3	21.5	10.1	24.5	25.0	12.0	28.5	48.3	26.1	63.0
2005	13.2	7.5	14.7	19.0	9.1	21.6	22.5	10.7	25.7	47.7	25.0	53.8
2006	12.0	6.8	13.4	17.2	8.0	19.7	20.6	9.6	23.6	41.1	24.8	45.5
2007	10.7	5.5	12.8	15.3	7.7	18.6	18.1	9.0	21.8	36.6	25.2	41.3
2008	10.2	5.0	12.3	14.9	6.5	18.4	18.5	7.9	22.7	34.2	29.2	36.1
2009	9.0	4.5	10.8	13.8	6.2	17.0	17.2	7.6	21.1	31.9	26.6	34.0

21-47 新型农村合作医疗情况
Conditions of New Cooperative Medical System

指标	Indicator	2004	2005	2006	2007	2008	2009
开展新农合县(区、市)数 (个)	Number of Counties Implementing of NCMS (unit)	333	678	1451	2451	2729	2716
参加新农合人数(亿人)	Number of Enrollees (100 million persons)	0.80	1.79	4.10	7.26	8.15	8.33
参合率 (%)	Enrollment Rate (%)	75.2	75.7	80.7	86.2	91.5	94.2
当年筹资总额 (亿元)	Total Fund Raised at Current Year (100 million yuan)	40.3	75.4	213.6	428.0	785.0	944.4
人均筹资 (元)	Per Capita Premiums (yuan)	50.4	42.1	52.1	58.9	96.3	113.4
当年基金支出 (亿元)	Payout at Current Year (100 million yuan)	26.4	61.8	155.8	346.6	662.0	922.9
补偿受益人次(亿人次)	Number of Beneficiaries from Reimbursement (100 million person-times)	0.76	1.22	2.72	4.53	5.85	7.59

注：2009年全国开展新农合县(区、市)数减少13个，原因为这13个县(区、市)城乡居民已统一实行居民基本医疗保险。

a) The counties that carried out new cooperative medical system decreased by 13 in 2009, for the residents in those 13 counties have attended basic medical care systems.

21-48 各地区新型农村合作医疗情况(2009年)
Conditions of New Cooperative Medical System by Region (2009)

地 区	Region	开展新农合县(市、区)(个) Number of Counties Implementing of NCMS(unit)	参加新农合人数(万人) Number of Enrollees (10 000 persons)	人均筹资(元) Per Capita Premiums (yuan)	补偿受益人次(万人次) Number of Beneficiaries from Reimbursement (10 000 person-times)
总 计	**Total**	**2716**	**83308.66**	**113.4**	**75896.15**
北 京	Beijing	13	274.98	433.4	456.23
天 津	Tianjin	12	367.90	172.3	390.49
河 北	Hebei	164	4793.04	103.7	2259.90
山 西	Shanxi	115	2125.85	102.2	1130.03
内蒙古	Inner Mongolia	98	1201.80	107.4	576.30
辽 宁	Liaoning	90	1965.91	108.4	1251.60
吉 林	Jilin	60	1251.50	101.8	691.72
黑龙江	Heilongjiang	121	1370.35	102.1	758.76
上 海	Shanghai	10	166.55	563.8	1594.30
江 苏	Jiangsu	88	4396.26	148.1	8323.16
浙 江	Zhejiang	86	3039.56	190.2	5905.08
安 徽	Anhui	94	4651.66	101.4	2489.16
福 建	Fujian	74	2350.30	103.3	213.94
江 西	Jiangxi	96	3068.90	103.0	1288.43
山 东	Shandong	135	6439.23	103.2	12624.98
河 南	Henan	157	7487.96	101.6	4950.68
湖 北	Hubei	96	3714.50	106.2	3364.38
湖 南	Hunan	122	4618.19	103.7	2159.11
广 东	Guangdong	110	4861.87	130.2	2274.74
广 西	Guangxi	109	3747.38	104.7	1772.25
海 南	Hainan	21	469.26	124.2	432.31
重 庆	Chongqing	39	2179.20	104.4	2919.41
四 川	Sichuan	175	6167.75	104.8	2387.57
贵 州	Guizhou	88	2912.39	103.4	3573.96
云 南	Yunnan	127	3293.49	102.2	7582.62
西 藏	Tibet	73	227.40	163.3	339.89
陕 西	Shaanxi	104	2566.11	104.7	1395.44
甘 肃	Gansu	86	1906.92	102.8	1296.70
青 海	Qinghai	43	334.30	105.4	256.62
宁 夏	Ningxia	21	364.58	104.3	376.98
新 疆	Xinjiang	89	993.58	115.5	859.40

21-49 卫生总费用
Total Health Expenditure

年份 Year	卫生总费用(亿元) Total Health Expenditure (100 million yuan)	政府卫生支出 Government Health Expenditure		社会卫生支出 Social Health Expenditure		个人现金卫生支出 Out-of-pocket Health Expenditure		人均卫生总费用(元) Per Capita Health Expenditure (yuan)	卫生总费用相对于GDP比重(%) Health Expenditure as Percentage of GDP (%)
		绝对数(亿元) Level (100 million yuan)	占卫生总费用比重(%) As Percentage of Health Expenditure	绝对数(亿元) Level (100 million yuan)	占卫生总费用比重(%) As Percentage of Health Expenditure	绝对数(亿元) Level (100 million yuan)	占卫生总费用比重(%) As Percentage of Health Expenditure		
1978	110.21	35.44	32.16	52.25	47.41	22.52	20.43	11.45	3.02
1979	126.19	40.64	32.21	59.88	47.45	25.67	20.34	12.94	3.11
1980	143.23	51.91	36.24	60.97	42.57	30.35	21.19	14.51	3.15
1981	160.12	59.67	37.27	62.43	38.99	38.02	23.74	16.00	3.27
1982	177.53	68.99	38.86	70.11	39.49	38.43	21.65	17.46	3.33
1983	207.42	77.63	37.43	64.55	31.12	65.24	31.45	20.14	3.48
1984	242.07	89.46	36.96	73.61	30.41	79.00	32.64	23.20	3.36
1985	279.00	107.65	38.58	91.96	32.96	79.39	28.46	26.36	3.09
1986	315.90	122.23	38.69	110.35	34.93	83.32	26.37	29.38	3.07
1987	379.58	127.28	33.53	137.25	36.16	115.05	30.31	34.73	3.15
1988	488.04	145.39	29.79	189.99	38.93	152.66	31.28	43.96	3.24
1989	615.50	167.83	27.27	237.84	38.64	209.83	34.09	54.61	3.62
1990	747.39	187.28	25.06	293.10	39.22	267.01	35.73	65.37	4.00
1991	893.49	204.05	22.84	354.41	39.67	335.02	37.50	77.14	4.10
1992	1096.86	228.61	20.84	431.55	39.34	436.70	39.81	93.61	4.07
1993	1377.78	272.06	19.75	524.75	38.09	580.97	42.17	116.25	3.90
1994	1761.24	342.28	19.43	644.91	36.62	774.06	43.95	146.95	3.65
1995	2155.13	387.34	17.97	767.81	35.63	999.98	46.40	177.93	3.54
1996	2709.42	461.61	17.04	875.66	32.32	1372.15	50.64	221.38	3.81
1997	3196.71	523.56	16.38	984.06	30.78	1689.09	52.84	258.58	4.05
1998	3678.72	590.06	16.04	1071.03	29.11	2017.63	54.85	294.86	4.36
1999	4047.50	640.96	15.84	1145.99	28.31	2260.56	55.85	321.78	4.51
2000	4586.63	709.52	15.47	1171.94	25.55	2705.17	58.98	361.88	4.62
2001	5025.93	800.61	15.93	1211.43	24.10	3013.88	59.97	393.80	4.58
2002	5790.03	908.51	15.69	1539.38	26.59	3342.14	57.72	450.75	4.81
2003	6584.10	1116.94	16.96	1788.50	27.16	3678.67	55.87	509.50	4.85
2004	7590.29	1293.58	17.04	2225.35	29.32	4071.35	53.64	583.92	4.75
2005	8659.91	1552.53	17.93	2586.41	29.87	4520.98	52.21	662.30	4.68
2006	9843.34	1778.86	18.07	3210.92	32.62	4853.56	49.31	748.84	4.55
2007	11573.97	2581.58	22.31	3893.72	33.64	5098.66	44.05	875.96	4.35
2008	14535.40	3593.94	24.73	5065.60	34.85	5875.86	40.42	1094.52	4.63

主要统计指标解释

文化及相关产业 指为社会公众提供文化、娱乐产品和服务的活动以及与这些活动有关联的活动的集合。根据提供文化、娱乐产品和服务活动的属性特点，划分为公益性文化活动和经营性文化活动两大类。

文化及相关产业是第三产业的重要组成部分。是在我国《国民经济行业分类》基础上的派生分类，有文化服务和相关文化服务两大类:

文化服务 主要指新闻服务，出版发行和版权服务，广播、电视、电影服务，文化艺术服务，网络文化服务，文化休闲娱乐服务，其他文化服务。

相关文化服务 主要有文化用品、设备及相关文化产品的生产，文化用品、设备及相关文化产品的销售。

非文化及相关产业 指由文化部门主办的不属于文化及相关产业的其他各类行业活动。

艺术表演团体 指由文化部门主办或实行行业管理(经文化市场行政部门审批或已申报登记并领取相关许可证)，专门从事表演艺术等活动的各类专业艺术表演团体，含民间职业剧团。如话剧团、方言话剧团、滑稽剧团、儿童剧团、歌剧团、木偶团、皮影团等以及由若干剧种组成的综合性专业艺术表演团体。不包括群众业余文艺表演团体。

艺术表演场馆 指由文化部门主办或实行行业管理(经文化市场行政部门审批或已申报登记并领取相关许可证)，有观众席、舞台、灯光设备，公开售票、专供文艺团体演出的文化活动场所。附属于文化部门机构内非独立核算的剧场、排演场，公开营业的也应单独统计。

文化市场经营机构 指经文化市场行政部门审批或已申报登记并领取相关许可证的、从事文化经营和文化服务活动的机构。

广播节目综合人口覆盖率 指根据国家广电总局制定的《广播电视人口覆盖率统计技术标准和方法》进行统计调查的，在对象区内采用无线、有线、卫星等技术手段能够收听到包括中央、省、地市、县广播节目其中任意一套的人口数占全国总人口数的百分比。

电视节目综合人口覆盖率 指根据国家广电总局制定的《广播电视人口覆盖率统计技术标准和方法》进行统计调查的，在对象区内采用无线、有线、卫星等技术手段能够收看到包括中央、省、地市、县级电视节目中任意一套的人口数占全国总人口数的百分比。

有线电视入户率 通过广播电视有线传输网收看电视节目的用户数占全国总户数的百分比。

国家综合档案馆 归口中央或地方各级档案行政管理部门直接管理的，按行政区划或历史时期设置的，收集和管理所辖范围内多种门类档案的档案馆。

卫生机构 指从卫生行政部门取得《医疗机构执业许可证》，或从民政、工商行政、机构编制管理部门取得法人单位登记证书，为社会提供医疗保健、疾病控制、卫生监督服务或从事医学科研和教育等工作的单位。卫生机构包括医院、疗养院、社区卫生服务中心(站)、卫生院、门诊部、诊所(卫生所、医务室)、急救中心(站)、采供血机构、妇幼保健院(所、站)、专科疾病防治院(所、站)、疾病预防控制中心(防疫站)、卫生监督所、卫生监督检验(监测、检测)机构、医学科研机构、医学在职培训机构、健康教育所(站)等其他卫生机构。

医疗机构 指从卫生行政部门取得《医疗机构执业许可证》的机构，包括医院、疗养院、社区卫生服务中心(站)、卫生院、门诊部、诊所(卫生所、医务室)、妇幼保健院(所、站)、专科疾病防治院(所、站)、急救中心(站)和临床检验中心。

社区卫生服务中心(站) 指为本社区居民提供预防、医疗、保健、康复、健康教育、计划生育技术服务等的基层卫生机构。包括社区卫生服务中心和社区卫生服务站。

卫生人员 指在医疗、预防保健、医学科研和在职教育等卫生机构工作的职工，包括卫生技术人员、其他技术人员、管理人员和工勤人员。

卫生技术人员 包括执业(助理)医师、注册护士、药剂人员、检验和影像人员等卫生专业人员。不包括从事管理工作的卫生技术人员(一律计入管理人员)。

执业医师 指具有《医师执业证》及其“级别”为“执业医师”且实际从事医疗、预防保健工作的人员，不包括实际从事管理工作的执业医师。执业医师类别分为临床、中医、口腔和公共卫生。

执业助理医师 指具有《医师执业证》及其“级别”为“执业助理医师”且实际从事医疗、预防保健工作的人员，不包括实际从事管理工作的执业助理医师。执业助理医师类别同样分为临床、中医、口腔和公共卫生四类。

每万人口执业(助理)医师 每万人口执业(助理)医师=(执业医师数+执业助理医师数)/人口数×10000。人口数系公安部户籍人口。

每万人口医院、卫生院床位数 每万人口医院卫生院床位数=(医院床位数+卫生院床位数)/人口数×10000。人口数系公安部户籍人口。

每万人口卫生技术人员 每万人口卫生技术人员=卫生技术人员数/人口数×10000。人口数系公安部户籍人口。

甲乙类法定报告传染病发病率 是指某年某地区每10万人口中甲、乙类法定报告传染病发病情况。即法定报告传染病发病率=甲、乙类法定报告传染病发病数/人口数×

100000。

甲乙类法定报告传染病死亡率 是指某年某地区每 10 万人口中甲、乙类法定报告传染病死亡情况。即法定报告传染病死亡率=甲、乙类法定报告传染病死亡数／人口数 × 100000。

甲乙类法定报告传染病病死率 是指某年某地区甲、乙类法定报告传染病死亡数与发病数之比。即法定报告传染病病死率=甲、乙类法定报告传染病死亡数/发病数 × 100%。

标化死亡率 即年龄标化死亡率,是按照某一标准人口年龄结构计算的死亡率。

死亡率 指在一定时期内,在一定人群中,死于某病的频率。

死亡率=某期间内(因某病)死亡总数/同期平均人口数×100%

病死率 表示一定时期内(通常为一年),患某病的全部病人中因该病死亡者的比例。

病死率=某时期内因某病死亡人数/同期患某病的病人数×100%

孕产妇死亡率 孕产妇死亡率=孕产妇死亡人数/活产数*10 万/10 万。

活产数 指妊娠满 28 周及以上（如孕周不清楚，可参考出生体重 1000 克及以上），分娩出后有心跳、呼吸、脐带搏动、随意肌收缩 4 项生命指标之一的新生儿数。

5 岁以下儿童死亡率 5 岁以下儿童死亡率=5 岁以下儿童死亡数/活产数*1000‰。

新生儿死亡率 指某地区一年内出生未满 28 天(0-27 天)的新生儿死亡人数与该地区当年全部活产数的比率。

参加新农合人数 指根据本地新农合实施方案到年内新农合筹资截止时已缴纳新农合资金的人口数。

新农合当年基金支出 指本年度实际从新农合基金帐户中支出用于新农合补偿的资金。

新农合补偿支出受益人次 指年内新农合参合人员因病就医获得补偿的人次数，包括住院、家庭帐户形式、门诊、特殊病种大额门诊、住院正常分娩、体检和其他补偿人次之和。

新农合本年度筹资总额 指为本年度筹集的、实际进入新农合专用帐户的基金数额。包括本年度中央及地方财政配套资金、农民个人交纳资金（含民政部门及其他相关部门代缴的救助资金)、新农合基金本年度产生的全部利息收入及其他渠道实际筹集到的新农合基金额。筹资数额以进入新农合专用帐户的基金数额为准，不含上年结转额资金。

卫生总费用 是反映一个国家或地区在一定时期内(通常为 1 年）用于医疗卫生保健服务所消耗的资金总量。用筹资来源法测算，分为政府卫生支出、社会卫生支出、个人现金卫生支出三部分。

政府卫生支出 指各级政府用于医疗卫生服务、医疗保障补助、卫生和医疗保险行政管理事务、人口与计划生育事务支出等各项事业的经费。

社会卫生支出 指政府支出外的社会各界对卫生事业的资金投入。包括社会医疗保障支出、商业健康保险费、社会办医支出、社会捐赠援助、行政事业性收费收入等。

个人现金卫生支出 指城乡居民在接受各类医疗卫生服务时的现金支付,包括享受多种医疗保险制度的居民就医时自付的费用。

人均卫生总费用 即某年卫生总费用与同期平均人口数之比。

卫生总费用占 GDP% 指某年卫生总费用与同期国内生产总值（GDP）之比。是用来反映一定时期国家对卫生事业的资金投入力度,以及政府和全社会对居民健康的重视程度。

Explanatory Notes on Main Statistical Indicators

Culture and Related Industries refer to the aggregate of activities, providing the mass with culture goods, amusement goods and services. According to the characteristics of culture goods, amusement goods and services, they can be classified into two categories, or nonprofit cultural activities and profit cultural activities.

Culture and related industries is the important component of the tertiary industry. These are the derivative sector from the Industrial Classification of the National Economy and are composed of two categories of culture services and related cultural services.

Culture Services mainly include news services, publishing and copyright services, radio, television, film, arts, network, recreation, and other cultural services.

Related Cultural Services mainly include cultural stationery, equipment and related cultural goods, and the sales of cultural stationery, equipment and related cultural goods.

Non-culture and Related Industries refer to the other activities sponsored by the cultural sectors, which do not belong to the culture and related industries.

Arts Performance Troupes refer to the various professional performing arts groups, which sponsored by the cultural sectors or guided by the cultural society (approved by the cultural market administration, or registered and permitted with the relative certificate), including non-governmental troupes, such as drama troupes, dialect troupes, comedy troupes, children troupes, Opera troupes, puppetry troupes, Shadowgraph troupes, etc., comprehensive professional arts performance troupes. The mass sparetime arts performance troups are not included.

Arts Performance Places refer to the various sites for cultural activities, which sponsored by the cultural sectors or guided by the cultural society (approved by the cultural market administration, or registered and permitted with the relative certificate), with the facility of auditorium, stage, and lighting, and selling tickets in public, including the opera halls and rehearse sites, etc. which are affiliated to the culture sectors without independent financial accounts and open to the public.

Cultural Market Operating Units refer to the units dealing in culture and cultural services, which registered and permitted with the relative certificate by cultural market administration.

Radio Coverage of Population refers to the percentage of population, which can listen to one of central, provincial, city, prefecture, and county radio programs by wireless, cable, satellite and other technical means, in the surveying area, to national total population, according to Statistical Standard and Method on Television and Radio Coverage of Population established by the State Administration of Broadcasting, Film and Television.

Television Coverage of Population refers to the percentage of population, which can watch one of central, provincial, city, prefecture, and county television programs by wireless, cable, satellite and other technical means, in the surveying area, to national total population, according to Statistical Standard and Method on Television and Radio Coverage of Population established by the State Administration of Broadcasting, Film and Television.

Cable Television Coverage of Household refers to the percentage of household, which can watch television by cable of radio and television network, to national total household.

National Comprehensive Archives refer to all archives institution, which are directly conducted by the central and local levels archives administration, collecting and keeping various documents and materials by administrative regions or historical periods.

Health Care Institutions refer to the units which have been qualified the Certification of Health Care Institution by the administration of public health, or qualified the Certification of Corporate Unit by the civil affairs, administration for industry and commerce, commission office for public sector reform, and engaging in medical care, disease prevention and control, health supervision and inspection, medicine research and health education, etc., including: hospitals, sanatoriums, community health service centers (stations), health centers, clinics (health stations and infirmaries), first-aid centres (stations), blood gathering and supplying institutions, women and children care agencies (centres and stations), special disease prevention and curing agencies (centres and stations), disease prevention and control centres (epidemic prevention stations), health supervision and inspection agencies, sanitary inspection institutions, medicinal scientific research and on-job training institutions, health education centres and so on.

Medical Organizations refer to the institutions which have been qualified the Certification of Health Care Institution by the administration of public health, including: hospitals, sanatoriums, community health service centers (stations), health centers, clinics (health stations and infirmaries), women and children care agencies (centres and stations), special disease prevention and curing agencies (centres and stations), first-aid centres (stations) and clinic inspection centers.

Community Health Service Centres (stations) refer to the primary units that provide the health care for community residents, such as disease prevention and control, medical treatment, health care, rehabilitation, health education, family planning technical services, including community health service centres and community health service stations.

Health Care Employee refer to all employee engaged in the health care institutions, such as medical organizations,

disease prevention and control centres, health care agencies, medicinal scientific research and on-job training institutions, including medical technical personnel, other technical personnel, manager and labour.

Medical Technical Personnel refer to the professional staff engaged in health care, including licensed (assistant) doctors, registered nurse, pharmacists, laboratory technician, and imaging staff, excluding the medical technical personnel engaged in management job (included as the management staff).

Licensed Doctors refer to the medical workers who have obtained the licenses of qualified doctors and are employed in medical treatment, disease prevention or healthcare institutions, excluding the licensed doctors engaged in management job. The classification of licensed doctors is clinician, Chinese medicine, dentist and public health.

Licensed Assistant Doctors refer to the medical workers who have obtained the licenses of qualified assistant doctors and are employed in medical treatment, disease prevention or healthcare institutions, excluding the licensed assistant doctors engaged in management job. The classification of licensed assistant doctors is clinician, Chinese medicine, dentist and public health.

Number of Licensed (Assistant) Doctors per 10000 Population the formula is:

Number of Licensed Doctors per 10000 Population = (Number of Licensed Doctors + Number of Licensed Assistant Doctors) / Population *10000

The population is the figure of household registration from the Ministry of Public Security.

Number of Beds of Hospitals and Health Care per 10000 Population the formula is:

Number of Beds of Hospitals and Health Care per 10000 Population = Number of Beds of Hospitals + Number of Beds of Health Care) / Population *10000

The population is the figure of household registration from the Ministry of Public Security.

Number of Medical Technical Personnel per 10000 Population the formula is:

Number of Medical Technical Personnel per 10000 Population = Number of Medical Technical Personnel / Population *10000

The population is the figure of household registration from the Ministry of Public Security.

Incidence Rate of Notifiable Infectious Diseases refer to the incidence cases notifiable class A and class B infectious diseases per 100 thousand population in the reference region in the reference year. The formula is:

Incidence Rate of Notifiable Infectious Diseases = Incidence Cases Notifiable Class A and Class B Infectious Diseases / Population *10000

Death Rate of Notifiable Infectious Diseases refer to the death cases notifiable class A and class B infectious diseases per 100 thousand population in the reference region in the reference year. The formula is:

Death Rate of Notifiable Infectious Diseases = Death Cases Notifiable Class A and Class B Infectious Diseases / Population *10000

Mortality Rate of Notifiable Infectious Diseases refer to the ratio of death cases notifiable class A and class B infectious diseases to the incidence cases in the reference region in the reference year. The formula is:

Mortality Rate of Notifiable Infectious Diseases = Death Cases Notifiable Class A and Class B Infectious Diseases / Incidence Cases *100%

Reference Mortality Rate refers to the mortality rate at reference age calculated according to the age structure of a group of population.

Mortality Rate refers to ratio of death caused by diseases at reference period to the certain group of population.

Mortality Rate = total deaths (caused by doseases) at reference period/average population at same periodx100%.

Death Rate refers to ratio of death at reference period (usually one year) to the total population infected by the diseases.

Death Rate = deaths caused by diseases at reference period/total population infected at same period.

Maternal Mortality Rate Maternal Mortality Rate = number of maternal deaths / live births * 100,000/ 100,000.

Numer of Live Birth refers to the number of newborn having one of four indicators like heartbeat, breathing, umbilical cord pulsation and involuntary muscle contraction after childbirth with gestation of at least 28 weeks or above (if the gestation is not clear, please refer to the birth weight of 1000 grams and above).

Mortality Rate of Children under 5 Mortality Rate of Children under 5 = death number of children under 5 / live birth * 1000‰.

Newborn Mortality Rate refers to the ratio of neonatal deaths of newbirth under the age of 28 days (0-27 days) in a year of the region to the total number of live births of this region.

Number of Persons Participated in the New Rural Cooperative Medical System refers to the number of persons who have given payment to the new cooperative medical system by the deadline of fundraising during the year according to the implementation plan of the new system.

Expenditure of Funds for the New Rural Cooperative Medical System This Year refers to expenditures on compensation funds for the new rural cooperative medical system from the fund account of new cooperative medical system this year.

Persons Benefited from the Compensation Expenditure of New Rural Cooperative Medical System refers to the number of persons participated in the new system who have been compensated for medical treatment in the year, including hospitalization, family account form, out-patient, large special diseases out-patient, normal childbirth in hospital, medical examination and other compensations

Funds Raised for the New Rural Cooperative Medical System this Year refers to the amount of funds raised this year and put into the special new rural cooperative medical account, including the matching funds of central and local governments, paid money by farmers (including relief funds paid by the civil affairs department and other relevant departments), all the interest income generated this year of the funds and funds actually raised from other channels this year. The amount of funding equals to the funds entering into the special new rural cooperative medical account, excluding the carry-over funds from the previous year.

Total Expenditure on Public Health reflects the total expenditure on medical and health care services of a country at certain period (usually in a year), estimated using funding source method. It includes government expenditure, social expenditure and individual cash expenditure.

Government Expenditure on Public Health refers to the expenditure of the governments at all levels on medical and health care services, health administration and health insurance management and undertakings of family planning,

Social Expenditure on Public Health refers to all inputs of society except the government in public health including the expenditures on social medical security, and commercial health insurance, private expenditure on operation of medical and health care, social donation and onctribution, operating income of administration, etc.

Individual Cash Expenditure on Health refers to expenditure in cash on various health services by rural and urban residents, including self payments of residents within the system of multi-medical insurance.

Average Expenditure on Public Health refers to the ratio of total expenditure on public health in a year to the average population.

Ratio of Total Expenditure on Public Health to GDP % refers to the ratio of total expenditure on public health in a year to GDP, which indicates the capital inputs of the government in the public health in certain period of time, and the attendtion of the government and society paid on the health of residents.

22

社会服务及其他

Social Services and Others

简 要 说 明

本篇资料的主要内容和资料来源

本篇主要包括社会活动参与、公检法司、民政事业、劳动保障、残疾人事业和妇女干部情况等内容。

一、社会活动参与的内容主要包括历届全国人大代表和政协委员情况以及全国工会组织情况。全国人大代表、政协委员数分别由全国人大和全国政协提供，依全国人大、政协换届情况每五年更换一次；全国工会组织情况由全国总工会依据统计报表制度整理提供。

工会资料详见《中国工会统计年鉴》(全国总工会编)。

二、妇女干部情况主要包括妇联系统的专职干部分年龄、学历、政治面貌和妇女干部的流动等情况。资料由全国妇联提供。

三、公检法司的资料主要包括公安机关的刑事案件立案情况和治安案件查处情况，交通、火灾事故情况，人民检察院的办案情况，人民法院审理案件和收结案情况，以及律师、公证、调解工作等情况。资料分别由公安部、最高人民检察院、最高人民法院和司法部依据统计报表制度整理提供。

四、民政事业和劳动保障统计资料主要包括社会福利企事业机构、人员、经费情况，优抚和社会救济情况，城镇社区服务和农村社会保障网络情况，婚姻服务情况，殡葬服务情况，社会捐赠和福利彩票销售情况离退休人员数量及费用和劳动争议仲裁等情况。资料分别由民政部与人力资源和社会保障部依据统计报表制度整理提供。

民政事业统计资料详见《中国民政事业统计年鉴》(民政部规划财务司编)。

五、残疾人资料主要包括残疾人康复、教育、就业、扶贫和残联组织建设等情况。资料由中国残疾人联合会整理提供。

Brief Introduction

Main Contents and Sources of Data

Data in this chapter show statistics on participation in social activities, public security, procuratorial, legal and judicial affairs, civil affairs, labor protection, disabled persons, female cadres and so on.

I. Data on participation in social activities,cover mainly information on representatives to the National People's Congress (NPC), members of the Chinese People's Political Consultative Conference (CPPCC) and National trade unions. Data on number of NPC and CPPCC representatives are provided by NPC and CPPCC. Data on expiration of office terms of NPC and CPPCC are updated every five years. Data on National trade unions are from All-China Federation of Trade Unions based on statistical reporting form scheme.

Data on trade unions refer to "*Statistical Yearbook on Chinese Trade Unions*" (All-China Federation of Trade Unions).

II. Data on women cadre include the age, education, politics status and mobility of women cadre, which are provide by the All-China Women Federation.

III. Data on public security, procuratorial, legal and judicial affairs cover information such as criminal cases registered and offense cases handled by the public security agencies, traffic or fire accidents, cases handled by procuratorate's offices, cases accepted and settled by the people's courts, and statistics on lawyers, notarization and mediation. Data are from the Ministry of Public Security, the Supreme People's Procuratorate, the Supreme People's Court and the Ministry of Justice based on statistical reporting form scheme.

IV. Data on civil affairs and labor protection include: condition of institutions and personnel, budget, social welfare relief, urban welfare facilities, rural network of social security, marriage registration service, funeral and interment services, Social donation and welfare lottery, retirement pensions, arbitration of labor disputes, etc. Data on civil affairs and labor protection are from the Ministry of Civil Affairs and the Ministry of Human Resources and Social Security based on statistical reporting form scheme.

Data on civil affairs refer to "*Statistical Yearbook on Civil Affairs of China*" (Department of Financial and Planning, Ministry of Civil Affairs).

V. Data on disabled persons covering information on the rehabilitation, education, employment and poverty alleviation of disabled persons and institutions serving the needs of disabled persons. Data are from the China Disabled Persons Federation.

22-1 历届全国人民代表大会代表人数

Number of Deputies to All the Previous National People's Congresses

单位：人 (person)

届别	Congress	年份 Year	代表总数 Total Number of Deputies	#女代表 Female Deputies	#少数民族代表 Ethnic Minority Deputies	占代表总数比重(%) As Percentage to Total Deputies (%) 女代表 Female Deputies	少数民族代表 Ethnic Minority Deputies
一 届	First Congress	1954	1226	147	177	12.0	14.4
二 届	Second Congress	1959	1226	150	180	12.2	14.7
三 届	Third Congress	1964	3040	542	373	17.8	12.3
四 届	Fourth Congress	1975	2885	653	270	22.6	9.4
五 届	Fifth Congress	1978	3497	740	381	21.2	10.9
六 届	Sixth Congress	1983	2978	632	404	21.2	13.6
七 届	Seventh Congress	1988	2970	634	445	21.3	15.0
八 届	Eighth Congress	1993	2978	626	439	21.0	14.7
九 届	Ninth Congress	1998	2979	650	428	21.8	14.4
十 届	Tenth Congress	2003	2984	604	415	20.2	13.9
十一届	Eleventh Congress	2008	2987	637	411	21.3	13.8

22-2 历届全国政治协商会议委员人数

Number of Deputies to All the Previous Chinese People's Political Consultative Conferences

单位：人 (person)

届别	Congress	年份 Year	委员总数 Total Number of Deputies	#中国共产党委员 Deputies from the Communist Party of China	#少数民族委员 Ethnic Minority Deputies	占委员总数比重(%) As Percentage to Total Deputies (%) 中国共产党委员 Deputies from the Communist Party of China	少数民族委员 Ethnic Minority Deputies
六 届	Sixth Congress	1983	2042	811	179	39.7	8.8
七 届	Seventh Congress	1988	2038	832	221	40.8	10.8
八 届	Eighth Congress	1993	2093	831	241	39.7	11.5
九 届	Ninth Congress	1998	2195	875	258	39.9	11.8
十 届	Tenth Congress	2003	2238	895	262	40.0	11.7
十一届	Eleventh Congress	2008	2237	892	250	39.9	11.2

22-3 妇联干部情况

Cadres of the Women's Federation

单位：人 (person)

项目	Item	1990	1995	2008	2009
干部总数	**Total Number of Cadres**	**97566**	**82834**	**77567**	**73059**
按行政级别分	By Administration Level				
司局级	Department/Bureau Level	132	321	344	658
县处级	County Level	1013	2739	3391	3496
科以下	Section Chief and Below	96421	79774	73832	68905
按年龄分	By Age Group				
35岁以下	35 and Below	56761	24570	32738	30020
36-45岁	36-45	30332	47197	31687	30702
46-55岁	46-55	9512	10349	12521	11101
56岁以上	56 and Over	961	718	621	1236
按政治面貌分	By Political Status				
共产党员	Chinese Communist Party	59097	54038	61396	60248
共青团员	Communist Youth League	21549	13271	3954	3785
民主党派	Democratic Parties	1136	1281	474	474
群众	Mass	15784	14244	11743	8552
按文化程度分	By Education Attainments				
博士研究生	Doctorate Degree			65	29
硕士研究生	Master Degree		698	2041	2261
大学本科、大专学历	University / College	17615	30146	68536	62211
高中、中专及以下	Senior Middle School and Below	79951	51990	6925	8558
按行政编制分	By Organization Types				
行政编制	Administration	69158	65336	49613	52036
事业编制	Institution	7217	4944	21481	17161
招聘干部	Recruitment	21191	12554	6473	3862
#少数民族干部	Number of Ethnic Minority Cadres	14638	10834	10304	10294
干部参加学历教育情况	**Cadres Attending the Formal Education**				
博士研究生	Doctorate Degree			9	18
硕士研究生	Master Degree		149	966	1000
大学、大专学历	University / College	6676	4025	6319	7239
干部参加非学历教育情况	**Cadres Attending the Non-formal Education**				
党校培训	Training at Party School			25094	26689
参照公务员管理培训	Training for Civil Servant			20443	19855
岗位培训	Vocational Training	37542	9391	19607	18812
干部流动情况	**Movement of Cadres**				
调入	In	1273	2010	4970	4610
调出	Out	8262	1629	3547	3961
省（区、市）妇联领导进同级	**Cadres at Provincial Level to the Same Grade**				
党委	CCP Committee	22	13	25	16
人大	People's Congress	24	88	30	27
政协	CPPCC	24	33	32	30

注：妇联干部指在妇联系统工作的专职干部。

a) Cadres of the Women's Federation refer to the full-time cadres who are working in the system of the Women's Federation.

22-4 工会组织情况
Basic Statistics on Trade Unions

年 份 Year	工会基层组织数(万个) Number of Grassroot Trade Unions (10 000 units)	全国已建工会组织的基层单位的职工与会员人数（万人） Membership and Staff and Workers in Grassroot Trade Unions (10 000 persons)				工会专职工作人员人数(万人) Number of Full-time Personnel of Trade Unions (10 000 persons)
		职工人数 Staff and Workers	#女职工 Female	会员人数 Membership	#女会员 Female	
1979	32.9	6897.2	2171.7	5147.3		17.9
1980	37.6	7448.2	2518.6	6116.5		24.3
1985	46.5	9643.0	3596.7	8525.8	3149.2	38.1
1990	60.6	11156.9	4291.0	10135.6	3897.7	55.6
1991	61.4	11351.4	4394.8	10389.1	3991.6	58.0
1992	61.7	11223.9	4377.1	10322.5	3974.0	58.0
1993	62.7	11103.8	4359.9	10176.1	3949.6	55.4
1994	58.3	11269.6	4483.2	10202.5	4018.1	56.0
1995	59.3	11321.4	4515.3	10399.6	4116.5	46.8
1996	58.6	11181.4	4500.0	10211.9	4093.1	60.5
1997	51.0	10111.5	4004.8	9131.0	3579.4	57.7
1998	50.4	9716.5	3882.0	8913.4	3546.7	48.4
1999	50.9	9683.0	3797.9	8689.9	3406.2	49.7
2000	85.9	11472.1	4534.5	10361.5	3917.3	48.2
2001	153.8	12997.0	5087.9	12152.3	4696.6	
2002	171.3	14461.5	5157.6	13397.8	4665.2	47.2
2003	90.6	13301.6	5079.3	12340.5	4601.2	46.5
2004	102.0	14436.7	5502.6	13694.9	5135.3	45.6
2005	117.4	15985.3	6016.3	15029.4	5574.8	47.7
2006	132.4	18143.6	6719.3	16994.2	6177.8	54.3
2007	150.8	20452.4	7494.5	19329.0	7042.2	60.2
2008	172.5	22487.5	8168.8	21217.1	7773.8	70.5
2009	184.5	24535.3	8652.6	22634.4	8248.4	74.6

注：2003年起工会基层组织数统计口径有所调整。
a) Since 2003, statistical coverage of the number of grassroot trade unions has been adjusted.

22-5 劳动争议处理情况
The Disposal of Labor Disputes

项 目	Item	2007	2008	2009
上期未结案数 (件)	**Number of Cases Left Over from Last Period(case)**	**25424**	**33084**	**83709**
案件受理情况	**Cases Accepted**			
当期案件受理数 (件)	Number of Cases (case)	350182	693465	684379
#集体劳动争议案件数	Number of Collective Labour Disputes	12784	21880	13779
劳动者申诉案件数	Number of Cases Appealed by Laborers	325590	650077	627530
按争议原因分 (件)	By Cause of the Disputes (case)			
劳动报酬	Labour Remuneration	108953	225061	247330
社会保险	Social Insurances	97731		
变更劳动合同	Change the Labour Contract	4695		
解除劳动合同	Relieve the Labour Contract	67565	139702	43876
终止劳动合同	End the Labour Contract	12696		
其 他	Others			
劳动者当事人数 (人)	Number of Laborers Involved (person)	653472	1214328	1016922
#集体劳动争议	Collective Labour Disputes	271777	502713	299601
案件处理情况	**Cases Settled**			
结案数 (件)	Number of Cases Settled (case)	340030	622719	689714
按处理方式分	By Manners of Settlement			
仲裁调解	By Mediation	119436	221284	251463
仲裁裁决	By Arbitrition Lawsuit	149013	274543	290971
其他方式	Others	71581	126892	147280
按处理结果分	By Result of Settlement			
用人单位胜诉	Lawsuit Won by Units	49211	80462	95470
劳动者胜诉	Lawsuit Won by Laborers	156955	276793	255119
双方部分胜诉	Lawsuit Partly Won by Both Parties	133864	265464	339125
案外调解案件数	Cases Mediated	151902	237283	185598

22-6 律师、公证和调解工作基本情况
Basic Statistics on Lawyers, Notarization and Mediation

项　　目	Item	2004	2005	2006	2007	2008	2009
律师工作	**Lawyers**						
律师事务所 (个)	Number of Law Offices (unit)	11823	12988	13096	13593	14467	15888
律师工作人员 (人)	Number of Lawyers (person)	145196	153846	164516	143967	156710	173327
#专职律师	Full-time Lawyers	100875	114471	122242	128172	140135	155457
兼职律师	Part-time Lawyers	6966	7418	8068	7842	8116	8764
聘请担任常年法律顾问的单位 (处)	Number of Units with Permanent Legal Advisors (unit)	282361	276097	279573	295990	314876	338179
民事诉讼代理 (件)	Agent of Civil Cases (case)	853897	965956	1027117	1247877	1401147	1499105
经济诉讼代理 (件)	Agent of Economic Cases (case)	357326	376793	377999			
刑事诉讼辩护及代理(件)	Agent and Defender of Criminal Cases (case)	332688	354229	341619	495824	511971	564204
行政诉讼代理 (件)	Agent of Administrative Action (case)	50778	50389	56657	56342	54666	57286
非诉讼法律事务 (件)	Agent of Non-Litigious Legal Affairs (case)	904516	933346	915482	607049	729218	569304
涉外及涉港澳台法律事务 (件)	Agent of Foreign-related, Hong Kong, Macao & Taiwan Legal Affairs (case)	37728	36361	10700			
解答法律询问 (万人次)	Agent of Legal Advisory Services (10 000 person-times)	471.05	441.48	520.13	381.83	350.86	383.08
代写法律事务文书 (万件)	Agent of Legal Documents Written on Behalf of Clients (10 000 cases)	123.16	120.07	145.32	715.37	720.99	684.22
公证工作	**Notarization**						
公证处 (个)	Number of Notary Offices (unit)	3164	3160	3082	3031	3035	3023
公证人员 (人)	Notarial Personnel (person)	19913	20789	31123	21060	33462	23077
#公证员	Notaries	11714	11738	21362	11616	22284	11282
公证员助理	Assistant Notaries	3644	4138	4709	4966	5469	5895
办理公证文书 (万件)	Number of Notarized Documents (10 000 cases)	1021.9	945.2	980.7	971.4	949.0	1075.1
人民调解工作	**Number of People's Mediation**						
专职司法助理员 (人)	Number of Full-time Judicial Assistants (person)	63438	61666	62573	60824	74147	72704
人民调解委员会 (万个)	Number of People's Mediation Committees (10 000 units)	85.3	84.7	84.3	83.7	82.7	82.4
调解人员 (万人)	Number of Mediators (10 000 persons)	514.4	509.7	498.2	486.9	479.3	493.9
调解民间纠纷 (万件)	Number of Civil Disputes Mediated (10 000 cases)	441.4	448.7	462.8	480.0	498.1	579.7

22-7 国内公证文书分类
Domestic Notarial Documents by Type

分　　类	Item	2008 办证件数(件) Number of Notarial Documents Issued (piece)	2008 比　重 (%) Percentage	2009 办证件数(件) Number of Notarial Documents Issued (piece)	2009 比　重 (%) Percentage
经济公证	**Notarized Documents on Economic Affairs**	**2579595**	**100.00**	**3055445**	**100.00**
购　　销	Purchases and Sales of Products	34826	1.35	35534	1.16
联　　营	Joint Business	4663	0.18	13558	0.44
拍　　卖	Auctions	19727	0.76	40545	1.33
贷　　款	Loans	1176795	45.62	1389379	45.47
担　　保	Guarantees	67292	2.61	84128	2.75
招标、投标	Bidding	76582	2.97	96451	3.16
技术合作	Scientific and Technological Contracts	1279	0.05	712	0.02
供 用 电	Supply and Use of Electric Power	119235	4.62	8568	0.28
劳务合同	Labour Contracts	50380	1.95	46984	1.54
建筑工程承包	Construction Project Contracts	10198	0.40	16292	0.53
工商服务业承包	Industrial and Commercial Service Contracts	5552	0.22	4832	0.16
农林牧副渔业承包	Agriculture, Forestry, Animal Husbandry, Sideline Production and Fishery Contracts	71543	2.77	45069	1.48
乡镇企业承包	Township Enterprise Contracts	4525	0.18	2116	0.07
财产租赁	Property Leases	7522	0.29	8201	0.27
企业租赁	Leases of Enterprise	1482	0.06	5534	0.18
资产经营协议	Asset Business Contracts	4376	0.17	7702	0.25
还款协议	Payment Contracts	73730	2.86	104794	3.43
土地使用权出让、转让	Selling or Transfer of Right of Land Utilization	23494	0.91	39761	1.30
其他经济合同	Other Business Contracts	175995	6.82	182793	5.98
法人(代表人)资格	Artificial Person (agent) Identification	14423	0.56	30639	1.00
法人委托书	Trust Deeds of Artificial Person	109101	4.23	122821	4.02
公司章程	Corporation Constitutions	2683	0.10	8434	0.28
执行许可证明	Operating Permits	10368	0.40	12732	0.42
提　　存	Drawing	8742	0.34	7808	0.26
抵押登记	Mortgage Registration	54384	2.11	73635	2.41
公司会议记录	Minutes of Corporation Meetings	8025	0.31	11060	0.36
其　　他	Others	442673	17.16	655363	21.45
民事法律关系公证	**Notarized Documents on Civil Legal Relations**	**3556872**	**100.00**	**4386266**	**100.00**
收　　养	Child Adoption	4379	0.12	4371	0.10
解除收养	Adoption Renouncements	5437	0.15	5909	0.13
继 承 权	Rights of Inheritance	406923	11.44	518995	11.83
遗　　嘱	Testaments	93169	2.62	94813	2.16
产　　权	Property Rights	27395	0.77	24788	0.57
亲属关系	Kinship Confirmation	41005	1.15	50971	1.16
死　　亡	Death Certificates	14838	0.42	10197	0.23
房屋买卖	Purchases and Sales of Houses	266516	7.49	358674	8.18
房屋租赁	House Leases	13928	0.39	14722	0.34
留学协议	Foreign Study Contracts	10420	0.29	12469	0.28
遗赠扶养协议	Donations and Family Fostering	13257	0.37	13228	0.30
委 托 书	Proxy	766925	21.56	1272431	29.01
赠 与 书	Presentation Documents	145840	4.10	156738	3.57
声 明 书	Announcement	304734	8.57	408656	9.32
现场监督	Field Supervision	119218	3.35	75751	1.73
签名印鉴属实	Confirmation of Signatures and Seals	58837	1.65	72805	1.66
副本等与原本相符	Confirmation of Copies and Photo-offset Copies to Originals	70110	1.97	99444	2.27
宅基地使用权	Rights to Housing Site	9369	0.26	10963	0.25
证据保全	Evidence Preservation	168412	4.73	148985	3.40
拆迁协议	Housing Demolition Agreements	70855	1.99	63383	1.45
计划生育	Family Planning	22516	0.63	18831	0.43
赡养协议	Agreements on Supporting Parents	10877	0.31	16143	0.37
合伙协议	Partnership Agreements	10471	0.29	9676	0.22
夫妻财产协议	Property Agreements Between Spouses	48971	1.38	47266	1.08
其他民事协议	Other Civil Agreements	263040	7.40	237535	5.42
其　　他	Others	589430	16.57	638522	14.56

22-8 涉外公证文书分类

Foreign-Related Notarial Documents by Type

分类	Item	2008 办证件数(件) Number of Notarial Documents Issued (pieces)	2008 比重(%) Percentage	2009 办证件数(件) Number of Notarial Documents Issued (pieces)	2009 比重(%) Percentage
合计	**Total**	**3111631**	**100.00**	**3082560**	**100.00**
收养	Child Adoption	7743	0.25	12138	0.39
遗嘱	Testaments	1520	0.05	611	0.02
出生	Births	437755	14.07	444828	14.43
死亡	Deaths	10711	0.34	10221	0.33
生存、居住	Survival and Residence	14606	0.47	19237	0.62
学历	Schooling	298023	9.58	264292	8.57
经历	Personal Histories	34088	1.10	25555	0.83
国籍	Nationality	47269	1.52	41935	1.36
婚姻状况	Marital Status	187438	6.02	175394	5.69
亲属关系	Kinship Confirmation	329447	10.59	311480	10.10
继承权	Rights of Inheritance	5738	0.18	9757	0.32
受、未受刑事处分	Criminal Records	324046	10.41	345678	11.21
声明书	Announcement	67712	2.18	59395	1.93
委托书	Proxy	31691	1.02	28527	0.93
营业证书	Shop Card	17692	0.57	16092	0.52
公司章程	Corporation Constitutions	3410	0.11	3367	0.11
其他法律文书	Other Legal Documents	32378	1.04	33908	1.10
职称	Professional Certificates	13236	0.43	10379	0.34
法人资格	Legal Person Identification	5477	0.18	3313	0.11
商标注册	Trademark Registrations	225	0.01	148	
贷款	Loans	2672	0.09	1030	0.03
担保	Guarantees	1840	0.06	1058	0.03
其他经济合同	Other Business Contracts	9962	0.32	4909	0.16
副本等与原本相符	Confirmation of Copies and Photo-offset Copies to Originals	524422	16.85	550533	17.86
签名印鉴属实	Confirmation of Signatures and Seals	244500	7.86	213853	6.94
其他	Other	458030	14.72	494922	16.06

22-9 调解民间纠纷分类

Number of Civil Disputes Mediated by Type

项目	Item	调解纠纷(件) Civil Disputes (cases) 2008	2009	各类纠纷所占比重(%) Percentage 2008	2009
合计	**Total**	**4981370**	**5797300**	**100.0**	**100.0**
#婚姻家庭	Family Disputes	1019226	1143913	20.5	19.7
房屋、宅基地	Housing and Housing Sites	364572	364977	7.3	6.3
邻里	Neighbor Disputes	993980	1241838	20.0	21.4
损害赔偿	Compensation for Damages	449054	545094	9.0	9.4

22-10 在押服刑人员基本情况
Basic Statistics of Termers in Custody

单位：人 (person)

指 标	Item	2008	2009
年初在押服刑人数	Termers in Custody at the Beginning of the Year	1589222	1623394
#女性	Female	80951	85167
未成年	Minors	20772	20662
释放人数	Persons Disimprisoned	378493	387172
年末在押服刑人数	Termers in Custody at the End of the Year	1623394	1646593

注：1.未成年是指14-18岁服刑人员。
2.释放人员是指减刑释放、假释和刑满释放人员。
a) Minors refer to termers at the age between 14 and 18.
b) Persons dis-imprisoned refer to persons commuted, paroled or released after serving the full term of a sentence.

22-11 公安机关立案的刑事案件及构成
Criminal Cases Registered in Public Security Organs and Its Composition

案件类别	Category of Cases	立 案（起） Number of Cases Registered (case)		构 成（%） Composition (%)	
		2008	2009	2008	2009
合计	**Total**	**4884960**	**5579915**	**100.00**	**100.00**
杀人	Homicide	14811	14667	0.30	0.26
伤害	Injury	160429	172840	3.28	3.10
抢劫	Robbery	276372	283243	5.66	5.08
强奸	Rape	30248	33286	0.62	0.60
拐卖妇女儿童	Abducting Women or Children	2566	6513	0.05	0.12
盗窃	Larceny	3399600	3888579	69.59	69.69
诈骗	Fraud	273763	381432	5.60	6.84
走私	Smuggling	1042	1200	0.02	0.02
伪造、变造货币,出售、购买、运输、持有、使用假币	Forging Currency, Selling, Buying, Transporting, Holding and Using Counterfeit Currency	1345	4758	0.03	0.09
其他	Others	724784	793397	14.84	14.22

注：2009年共破获刑事案件2447515起。
a) The solved criminal cases in 2009 are 2447515 cases.

22-12 公安机关受理和查处治安案件数(2009年)

Cases of Offence Against Public Order Handled by Public Security Organs (2009)

案件类别	Category of Cases	受理 (起) Number of Cases Accepted to be Treated (case)	查处 (起) Number of Cases Investigated and Treated (case)	每万人口受理案件数 (起/万人) Number of Cases Accepted per 10 000 Population (case/10 000 persons)
合计	**Total**	**11752475**	**11053468**	**88.2**
扰乱单位秩序	Disturbing Business Orders	134120	133091	1.0
扰乱公共场所秩序	Disturbing the Orders in Public Places	417580	415766	3.1
寻衅滋事	Causing Quarrels and Making Troubles	164377	157360	1.2
阻碍执行职务	Obstructing Government Workers in Performing Their Duties	36012	35535	0.3
非法携带枪支、弹药、管制工具	Violation of Firearms Control Regulations	66628	66280	0.5
违反危险物质管理规定	Violation of Explosives Control Regulations	18839	18520	0.1
殴打他人	Battering Other Persons	3791080	3640805	28.4
故意伤害	Willfully Injuring Others	208051	193177	1.6
盗窃	Stealing Property	2030135	1683624	15.2
敲诈勒索	Extortion and Blackmail	38654	33007	0.3
抢夺	Robbery and Snatch	52876	41036	0.4
盗窃、损毁公共设施	Stealing and Damaging Public Facilities	26008	23626	0.2
伪造、变造、倒卖有价票证、凭证	Forge/alter/scalp Valuable Coupons or Certificates	20065	20008	0.2
违反旅馆业管理	Violating the Hotel Management Regulations	144905	144698	1.1
违反房屋出租管理	Violating the Rent Control Regulations	153017	152414	1.1
诈骗	Swindling, Seizing and Extorting Property	165975	128536	1.2
卖淫、嫖娼	Prostitution or Soliciting Prostitutes	126140	125175	0.9
赌博	Gambling	641991	639314	4.8
毒品违法活动	Illegal Drug Related Action	346907	346000	2.6
其他	Others	3169115	3055496	23.8

22-13 交通事故情况 (2009年)

Basic Statistics on Traffic Accidents (2009)

类别	Type	发生数(起) Number of Traffic Accidents (case)	死亡人数(人) Number of Deaths (person)	受伤人数(人) Number of Injuries (person)	直接财产损失(万元) Direct Property Losses (10 000 yuan)
总计	**Total**	**238351**	**67759**	**275125**	**91436.8**
#重大事故	Serious Accidents	59235	67759	35240	42159.1
#特大事故	Extraordinarily Serious Accidents	1276	5058	3530	4604.4
机动车	Vehicles	225096	64781	262254	89374.7
#汽车	Motor Vehicles	158210	47896	178545	79770.9
摩托车	Motorcycles	58160	13501	74825	7117.6
拖拉机	Tractors	6177	2214	6432	1137.2
非机动车	Non-motor-driven Vehicles	10354	1718	10960	1218.5
#自行车	Bicycles	2591	548	2424	271.5
行人乘车人	Pedestrians and Passengers	2827	1227	1836	829.3
其他	Others	74	33	75	14.3

22-14 各地区交通事故情况（2009年）
Basic Statistics on Traffic Accidents by Region (2009)

地 区	Region	发生数（起）Number of Traffic Accidents (case)	死亡人数（人）Number of Deaths (person)	受伤人数（人）Number of Injuries (person)	直接财产损失（万元）Direct Property Losses (10 000 yuan)
全 国	**National Total**	**238351**	**67759**	**275125**	**91436.8**
北 京	Beijing	3814	981	4426	2054.8
天 津	Tianjin	3839	945	4608	2256.2
河 北	Hebei	6802	2766	7422	4451.7
山 西	Shanxi	7697	2773	8829	3501.2
内蒙古	Inner Mongolia	4166	1440	4632	1528.5
辽 宁	Liaoning	6973	2156	6657	3145.6
吉 林	Jilin	5277	1483	6313	2261.4
黑龙江	Heilongjiang	3331	1419	3638	2110.0
上 海	Shanghai	2831	1042	2702	1216.3
江 苏	Jiangsu	14542	5202	13997	5496.9
浙 江	Zhejiang	23391	5689	25489	8847.0
安 徽	Anhui	8191	2931	10307	2426.8
福 建	Fujian	13633	2911	16247	4687.4
江 西	Jiangxi	4262	1644	5163	3921.0
山 东	Shandong	16166	4518	16948	5616.1
河 南	Henan	8587	2018	10159	3302.9
湖 北	Hubei	6630	1952	8201	2850.3
湖 南	Hunan	7444	2154	10082	3822.0
广 东	Guangdong	32455	6542	38598	8552.9
广 西	Guangxi	5196	2437	6504	1862.7
海 南	Hainan	1323	499	1873	399.6
重 庆	Chongqing	5992	1031	9178	1048.4
四 川	Sichuan	21680	3057	25179	5769.6
贵 州	Guizhou	1816	1210	2606	1213.9
云 南	Yunnan	5075	1888	6549	2371.7
西 藏	Tibet	678	369	748	585.1
陕 西	Shaanxi	5501	2034	5404	2988.8
甘 肃	Gansu	2937	1553	3353	1224.9
青 海	Qinghai	1146	578	1334	392.8
宁 夏	Ningxia	1856	457	2192	534.2
新 疆	Xinjiang	5120	2080	5787	996.2

22-15 火灾事故情况（2009年）
Basic Statistics on Fire Accidents (2009)

项 目	Item	合 计 Total	特 大 Extraordinarily Serious	重 大 Serious	较 大 Comparatively Serious	一 般 Ordinary
发 生 （起）	Fire Accidents (case)	129381	1	4	59	129317
死 亡 （人）	Deaths (person)	1236	1	49	222	964
受 伤 （人）	Injuries (person)	651	6	30	28	587
直接经济损失 （万元）	Direct Econmic Losses (10 000 yuan)	162391	15072	306	825	146188
平均每起事故损失（元）	Average Loss of Fire (yuan)	12551	150722000	763750	139814	11305

22-16 各地区火灾事故情况（2009年）
Basic Statistics on Fires by Region (2009)

地 区	Region	发生数（起）Number of Traffic Accidents (case)	死亡人数（人）Number of Deaths (person)	受伤人数（人）Number of Injuries (person)	直接经济损失（万元）Losses Converted into Cash (10 000 yuan)	人口火灾发生率（1/10万人）Average Number of Fires Per 100 Thousand Persons
全 国	**National Total**	**129381**	**1236**	**651**	**162390.7**	**9.70**
北 京	Beijing	5615	33	50	15926.1	45.01
天 津	Tianjin	1328	15	13	940.8	13.49
河 北	Hebei	3052	34	16	4105.5	4.23
山 西	Shanxi	4777	7	14	3608.8	13.79
内蒙古	Inner Mongolia	9364	46	15	5353.0	38.17
辽 宁	Liaoning	2949	19	6	2755.9	6.93
吉 林	Jilin	8209	44	11	3384.3	30.19
黑龙江	Heilongjiang	2802	24	9	5909.6	7.29
上 海	Shanghai	6086	63	41	3990.0	43.45
江 苏	Jiangsu	5035	84	49	7714.2	6.79
浙 江	Zhejiang	4323	87	28	6063.0	9.17
安 徽	Anhui	5475	45	24	8400.4	8.06
福 建	Fujian	3747	52	38	12157.7	10.71
江 西	Jiangxi	5963	23	10	6710.4	12.87
山 东	Shandong	6255	34	10	5334.1	6.62
河 南	Henan	2627	15	8	2679.6	2.46
湖 北	Hubei	11358	42	21	5078.0	18.49
湖 南	Hunan	2563	52	16	9964.1	3.66
广 东	Guangdong	4564	134	75	13391.6	5.46
广 西	Guangxi	1101	37	22	4993.1	2.12
海 南	Hainan	1007	6	5	1472.3	11.45
重 庆	Chongqing	6017	43	28	3764.9	18.37
四 川	Sichuan	5682	51	42	7243.2	6.32
贵 州	Guizhou	912	80	29	3615.6	2.23
云 南	Yunnan	2175	64	27	5805.3	4.87
西 藏	Tibet	206	10	14	411.7	7.11
陕 西	Shaanxi	4696	31	5	6808.3	12.19
甘 肃	Gansu	1244	5	6	1504.9	4.60
青 海	Qinghai	1349	8	5	850.7	24.84
宁 夏	Ningxia	3938	4		326.2	62.11
新 疆	Xinjiang	4962	44	14	2127.4	23.39

注：全国总计数据包括发生在铁道、交通、军队的火灾情况。

a) The national data include fire accidents which occurred in railways, traffic and the military.

22-17 人民检察院直接立案侦查案件情况（2009年）

Cases under Direct Investigation by People's Procuratorate (2009)

案件分类	Category of Cases	受案(件) Cases Accepted (case)	立案件数(件) Number of Cases Registered (case)	#大案 Major Case	立案人数(人) Person of Cases Registered (person)	#要案 Key Case	结案件数(件) Number of Cases Settled (case)	结案人数(人) Person of Cases Settled (person)
合计	**Total**	**51868**	**32439**	**21366**	**41531**	**2670**	**32560**	**41505**
贪污贿赂案件小计	Sub-total of Cases on Corruption and Bribery	39279	25408	18191	32176	2364	25376	32025
贪污	Corruption	17019	8865	5730	13294	397	9089	13430
贿赂	Bribery	17794	12897	9875	14253	1755	12398	13707
挪用公款	Misappropriation of Public Funds	3910	3412	2586	4152	136	3608	4340
集体私分	Collective Illegal Possession of Public Funds	375	212		446	71	257	510
巨额财产来源不明	Unstated Source of Large Amount of Properties	157	21		23	4	13	15
其他	Others	24	1		8	1	11	23
渎职案件小计	Sub-total of Cases on Abuse and Dereliction of Duty	12589	7031	3175	9355	306	7184	9480
滥用职权	Abuse of Power	4148	2262	1168	2853	164	2319	2901
玩忽职守	Dereliction of Duty	4996	3216	1457	4020	82	3293	4075
徇私舞弊	Fraudulent Practice	1926	809	283	1098	40	831	1101
其他	Others	1519	744	267	1384	20	741	1403

注：结案中含上年旧存（以下各表同）。

a) Data of cases settled include cases turned over from previous year. The same applies to the tables following.

22-18 人民检察院审查批准、决定逮捕犯罪嫌疑人和提起公诉被告人情况（2009年）

Arrests of Criminal Suspects and Defendants under Public Prosecution Approved by People's Procuratorate (2009)

案件分类	Category of Cases	批捕、决定逮捕合计 Total of Arrests 件 (case)	人 (person)	决定起诉合计 Total of Public Prosecutions 件 (case)	人 (person)
合计	**Total**	**633118**	**958364**	**749838**	**1168909**
公安、安全、监狱机关提请小计	Sub-total of Requests by Departments of State and Public Security and Prisons	617847	941091	723324	1134380
危害国家安全案	Offences Against State Security	484	1208	371	1095
危害公共安全案	Offences Against Public Security	50556	56115	86713	94329
破坏社会主义市场经济秩序案	Offences Against Socialist Economic Order	23155	35890	25698	42473
侵犯公民人身、民主权利案	Offences Against Citizens' Personal and Democratic Rights	139807	191551	163369	227740
侵犯财产案	Offences Against Properties	277346	438246	309033	502606
妨害社会管理秩序案	Offences Against Social Management of Order	126304	217823	137928	265835
危害国防利益案	Offences Against National Defense	192	255	210	300
军人违反职责案	Offences on Dereliction of Duty by Servicemen	3	3	2	2
检察机关直接立案侦查案件小计	Sub-total of Cases Handled Directly by Procuratorate's Offices	15271	17273	26514	34529
贪污贿赂案	Offences on Corruption and Bribery	13700	15388	21435	27593
渎职侵权案	Offences on Abuse and Dereliction of Duty	1571	1885	5079	6936

22-19 人民检察院处理申诉案件情况（2009年）
Appeals Handled by People's Procuratorate(2009)

单位：件 (case)

案件分类	Category of Cases	受案 Cases Accepted	立案复查 Cases Registered for Reinvestigation	结案 Cases Settled	#改变原决定 Original Decision Changed
合计	**Total**	**6423**	**3570**	**3465**	**410**
不服检察机关处理决定	Appeals against Decision of Procuratorate's Offices	3033	1980	1910	378
不服不批捕	Appeals against Rejection of Arrest	569	371	362	30
不服不起诉	Appeals against Rejection of Prosecuting	1426	1071	1014	103
不服撤案	Appeals against Withdrawal of the Case	51	26	29	7
不服原免予起诉	Appeals against Original Exemption of Lawsuit	75	57	43	9
其他	Others	912	455	462	229
不服法院刑事判决裁定	Appeals against Judgment of Criminal Case	3390	1590	1555	32
刑罚执行中被害人申诉	Appeals of the Victim at the Punishment	1022	480	445	4
刑罚执行中被告人申诉	Appeals of the Defendant at the Punishment	1233	581	589	21
刑罚执行完毕后被害人申诉	Appeals of the Victim after the Punishment	297	128	124	1
刑罚执行完毕后被告人申诉	Appeals of the Defendant after the Punishment	838	401	397	6

22-20 人民检察院出庭公诉情况（2009年）
Public Prosecutions Appearing in Court by People's Procuratorate (2009)

单位：件 (case)

案件类别	Category of Cases	适用简易程序 Summary Procedure Applied	出庭公诉 Public Prosecutions Appearing in Court	一审 First Instance	二审 Second Instance	上诉案 Appeal Cases	抗诉案 Procuratoral Appeal Cases	再审 Retrial
合计	**Total**	**282909**	**446506**	**435149**	**10956**	**9192**	**1764**	**401**
贪污贿赂	Embazzlement and Bribery	1873	19898	18946	880	612	268	72
渎职侵权	Dereliction of Duty and Infringement of Citizens' Right	777	3916	3790	110	72	38	16
刑事案件	Criminal Cases	280259	422689	412410	9966	8508	1458	313
军人违反职责	Servicemen's Transgression of Duties		3	3				

22-21 人民检察院办理刑事抗诉案件情况（2009年）

Criminal Appeals Handled by People's Procuratorate (2009)

案件类别	Category of Cases	提出抗诉 Presenting Procuratoral Appeal	撤回抗诉 Withdrawing Procuratoral Appeal	审判结果 合计 Total Result of Judgement	改判 Revising Judgment		维持原判 Affirming Original Judgment	发回重审 Remanding for Retrial
		件 case	件 case	件 case	件 case	人 person	件 case	件 case
合　计	**Total**	**3963**	**457**	**2391**	**1004**	**1501**	**700**	**687**
二审小计	Sub-total of Second Instance	3332	435	2046	892	1355	653	501
贪污贿赂案件	Embazzlement and Bribery Cases	536	78	318	118	163	106	94
渎职侵权案件	Dereliction of Duty and Infingement of Citizens' Right Cases	81	1	48	12	16	19	17
刑事案件	Criminal Cases	2715	356	1680	762	1176	528	390
再审小计	Sub-total of Retrial	631	22	345	112	146	47	186
贪污贿赂案件	Embazzlement and Bribery Cases	106	6	40	14	17	3	23
渎职侵权案件	Dereliction of Duty and Infingement of Citizens' Right Cases	26	2	8	2	2	3	3
刑事案件	Criminal Cases	499	14	297	96	127	41	160

22-22 人民检察院办理民事、行政抗诉案件情况（2009年）

Civil and Administrative Appeals Handled by People's Procuratorate (2009)

单位:件 (case)

案件类别	Category of Cases	合计 Total	民事案件 Civil Cases	行政案件 Administrative Cases
立　案	Filing Cases	41558	39490	2068
提请抗诉	Submitting Procuratoral Appeal	14039	13580	459
抗　诉	Procuratoral Appeal	11556	11226	330
撤回抗诉	Withdrawing Procuratoral Appeal	57	56	1
抗诉案件再审	Retrial of Procuratoral Appeal	7787	7469	318
改　判	Revising Judgment	3026	2940	86
发回重审	Remanding for Retrial	703	687	16
调　解	Mediation	1877	1864	13
维持原判	Affirming Original Judgment	1710	1610	100
其　他	Others	471	368	103

22-23 人民检察院受理举报、控告和申诉案件情况（2009年）
Cases of Reporting, Accusation and Petition Handled by People's Procuratorate (2009)

单位：件 (cases)

案件类别	Category of Cases	受理 Cases Accepted	处理 Cases Handled	#分送检察机关 Handled by General Office of People's Procuratorate	#转其他机关 Transfering to Other Organs
合　计	**Total**	**346504**	**344378**	**218180**	**67246**
首次举报	First Report of an Offence	159822	159213	123065	11118
首次控告	First Accusation	76484	76209	29140	33048
首次申诉	First Petition	110198	108956	65975	23080

22-24 人民检察院纠正违法情况
Law-breaking Cases Rectified by People's Procuratorate

项　目	Item	2008	2009
书面提出纠正	**Written Rectification**		
件次合计　（件次）	Total of Written Rectification (Case-times)	54327	58023
立案监督小计	Sub-total of Supervision of Cases Filing	28908	28014
监督立案	Supervision of Cases Filing	22061	21191
监督撤案	Supervision of Cases Withdrawed	6847	6823
侦查监督小计	Sub-total of Supervision of Investigation	22424	25974
审查批捕环节	Supervision of Investigation in the Processof Arrests Approved	12296	14308
审查起诉环节	Supervision of Investigation in the Process of Prosecution	10128	11666
刑事审判监督	Supervision of Criminal Trial	2995	4035
刑罚执行监督人次小计(人次)	Sub-total of Supervision of Punishment Execution (person-times)	17139	32762
监管活动	Administration of Prison and Custody	11660	22268
超期羁押	Excessive Custody	181	337
减刑、假释、保外就医	Commutation of Sentence, Parole and Released on Parole for Medical Treatment	5298	10157
已纠正	**Rectified**		
件次合计　（件次）	Total of Rectified (Case-times)	50016	53862
立案监督小计	Sub-total of Supervision of Cases Filing	26972	26208
监督立案	Supervision of Cases Filing	20198	19466
监督撤案	Supervision of Cases Withdrawed	6774	6742
侦查监督小计	Sub-total of Supervision of Investigation	20676	24229
审查批捕环节	Supervision of Investigation in the Processof Arrests Approved	11943	14005
审查起诉环节	Supervision of Investigation in the Processof Prosecution	8733	10224
刑事审判监督	Supervision of Criminal Trial	2368	3425
刑罚执行监督人次小计(人次)	Sub-total of Supervision of Punishment Execution (person-times)	16509	31717
监管活动	Administration of Prison and Custody	11307	21675
超期羁押	Excessive Custody	212	333
减刑、假释、保外就医	Commutation of Sentence, Parole and Released on Parole for Medical Treatment	4990	9709

22-25 人民法院审理一审案件情况
First Trial Cases by Courts

单位：件 (case)

年 份 Year	收 案 Cases Accepted	刑 事 Criminal	民 事 Civil	经济纠纷 Economic Disputes	行 政 Administrative	海事海商 Maritime Law and Affairs
1978	447755	146968	300787			
1979	513789	123846	389943			
1980	763535	197856	565679			
1981	906051	232125	673926			
1982	1024160	245219	778941			
1983	1343164	542648	756436	43553	527	
1984	1355460	431357	838307	84813	983	
1985	1319741	246655	846391	225541	916	238
1986	1611282	299720	989409	321220	632	301
1987	1875229	289614	1213219	366110	5940	346
1988	2290624	313306	1455130	513046	8573	569
1989	2913515	392564	1815385	694907	9934	725
1990	2916774	459656	1851897	591462	13006	753
1991	2901685	427840	1880635	566592	25667	951
1992	3051157	422991	1948786	650601	27125	1654
1993	3414845	403267	2089257	892580	27911	1830
1994	3955475	482927	2383764	1051742	35083	1959
1995	4545676	495741	2718533	1275959	52596	2847
1996	5312580	618826	3093995	1515848	79966	3945
1997	5288379	436894	3277572	1478822	90557	4534
1998	5410798	482164	3375069	1450049	98350	5166
1999	5692434	540008	3519244	1529877	97569	5736
2000	5356294	560432	3412259	1290867	85760	6976
2001	5344934	628996	3459025	1149101	100921	6891
2002	5132199	631348	4420123		80728	
2003	5130760	632605	4410236		87919	
2004	5072881	647541	4332727		92613	
2005	5161170	684897	4380095		96178	
2006	5183794	702445	4385732		95617	
2007	5550062	724112	4724440		101510	
2008	6288831	767842	5412591		108398	
2009	6688963	768507	5800144		120312	

注：1.一审案件指人民法院按照诉讼级别管辖按第一审程序审理的案件。
2.2002年起，经济纠纷和海事海商并入民事案件中。
a) First trial cases refer to cases accepted by people's courts according to the first trial proceedings.
b) Data of civil cases include cases of economic disputes and maritime law and affairs since 2002.

22-26 人民法院审理刑事一审案件收结案情况（2009年）
First Trial Criminal Cases Accepted and Settled by Courts (2009)

单位：件 (case)

项 目	Item	收 案 Cases Accepted	结 案 Cases Settled
合 计	**Total**	**768507**	**766746**
危害公共安全罪	Offences Against Public Security	86987	86814
破坏社会主义市场经济秩序罪	Offences Against Socialist Economic Order	25240	25020
侵犯公民人身权利民主权利罪	Offences Against Citizens' Personal and Democratic Rights	180677	180293
侵犯财产罪	Offences Against Properties	314219	314173
妨害社会管理秩序罪	Offences Against Social Management of Order	134380	133639
危害国防利益罪	Offences Against National Defense	196	197
贪污贿赂罪	Offences on Corruption and Bribery	22233	21942
渎职罪	Offences on Dereliction of Duty	4003	3970
其他	Others	572	698
合计中含自诉案件	Private Prosecution Among the Total	14613	15004

注：结案中含上年旧存(以下各表同)。
a) Data of cases settled include cases turned over from previous year. The same applies to the tables following.

22-27 人民法院审理刑事案件罪犯情况
Criminal Offenders Heard by Courts

单位：人 (person)

年 份 Year	刑事罪犯总数 Number of Offenders	#青少年罪犯 Young Offenders	不满18岁 Less Than 18 Years	18岁至25岁 Between 18 and 25 Years	青少年罪犯占刑事罪犯比重(%) Proportion of Young Offenders in the Total (%)
1997	526312	199212	30446	168766	37.9
1998	528301	208076	33612	174464	39.4
1999	602380	221153	40014	181139	36.7
2000	639814	220981	41709	179272	34.5
2001	746328	253465	49883	203582	34.0
2002	701858	217909	50030	167879	31.0
2003	742261	231715	58870	172845	31.2
2004	764441	248834	70086	178748	32.6
2005	842545	285801	82692	203109	33.9
2006	889042	303631	83697	219934	34.2
2007	931745	316298	87506	228792	33.9
2008	1007304	322061	88891	233170	32.0
2009	996666	302023	77604	224419	30.3

22-28 人民法院审理婚姻家庭、继承一审案件收结案情况（2009年）
First Trial Civil Cases of Marriage, Family Affairs and Inheritance Accepted and Settled by Courts (2009)

单位：件 (case)

项 目	Item	收 案 Cases Accepted	结 案 Cases Settled	调 解 Mediation	判 决 Judgment	驳 回 Reject	撤 诉 With-drawal	其 他 Other
合 计	**Total**	**1379692**	**1380762**	**659065**	**399461**	**5510**	**306697**	**10029**
婚姻家庭	Marriage and Family Affairs	1341029	1342726	641026	387710	5112	299330	9548
离婚	Divorce	1142586	1143267	545700	332779	4016	253269	7503
赡养纠纷	Support Disputes	28885	29031	11721	8009	93	8861	347
抚养、扶养关系纠纷	Upbringing Disputes	49193	49567	28965	10731	229	9299	343
抚育费纠纷	Upbringing Fee Disputes	25626	25668	11792	7838	146	5623	269
其他	Others	94739	95193	42848	28353	628	22278	1086
继承	Inheritance	38663	38036	18039	11751	398	7367	481
法定继承	Legal Inheritance	22670	22302	11635	6260	210	3965	232
遗嘱继承	Testament Inheritance	3340	3289	1358	1256	20	613	42
其他	Others	12653	12445	5046	4235	168	2789	207

22-29 人民法院审理合同纠纷一审案件收结案情况（2009年）
First Trial Cases of Contract Disputes Accepted and Settled by Courts (2009)

单位：件 (case)

项 目	Item	收 案 Cases Accepted	结 案 Cases Settled	调 解 Mediation	判 决 Judgment	驳 回 Reject	撤 诉 With-drawal	其 他 Other
合计	**Total**	**3151716**	**3154347**	**1010991**	**1103888**	**46648**	**943338**	**49482**
借款合同	Loan Contracts	978013	979094	332894	372961	10138	250444	12657
买卖合同	Trade Contracts	591425	594404	208923	203198	6112	165610	10561
电信合同	Telecom Contracts	115663	115946	35223	5078	113	74917	615
租赁合同	Lease Contracts	135047	134649	35918	52962	1934	41870	1965
劳动争议	Work Disputes	318643	317072	105666	125578	11743	66825	7260
房地产合同	Real Estate Contracts	127972	126821	42757	53194	1794	27290	1786
供用动力合同	Labor Contracts	79236	79620	19899	12431	773	46159	358
建设工程合同	Construction Contracts	87201	86418	25218	35512	1821	21768	2099
农村承包合同	Rural Contracts	38837	39254	13014	13104	1075	11530	531
承揽合同	Contracts for Work	75773	76895	25023	27314	1094	21854	1610
其他	Others	603906	604174	166456	202556	10051	215071	10040

22-30 人民法院审理权属、侵权纠纷及其他民事一审案件收结案情况（2009年）
First Trial Cases of Disputes of Right, Infringement of Right and Other Civil Affairs Accepted and Settled by Courts (2009)

单位：件 (case)

项 目	Item	收 案 Cases Accepted	结 案 Cases Settled	调 解 Mediation	判 决 Judgment	驳 回 Reject	撤 诉 With-drawal	其 他 Other
合计	**Total**	**1268736**	**1262051**	**428968**	**456423**	**18894**	**244007**	**113759**
所有权及其相关权利	Ownership and Related Rights	307532	306701	91818	110989	7517	91135	5242
特别程序	Special Proceedings	134864	135304	1425	19512	5102	10564	98701
人身权纠纷	Personal Rights	667828	663058	280028	275873	3565	97579	6013
#人身损害赔偿	Compensate for Personal Harm	639746	635114	270715	264665	3187	90966	5581
特殊侵权纠纷	Disputes of Special Infringement of Right	39792	38693	13090	15008	693	9331	571
不当得利	Unjustified Enrichment	20366	20328	4487	7686	369	7305	481
票据、证券、股票纠纷	Disputes of Bill, Securities and Stocks	3797	3979	1024	1731	170	940	114
其他	Other	94557	93988	37096	25624	1478	27153	2637

22-31 人民法院审理行政一审案件收结案情况（2009年）
First Trial Administrative Cases Accepted and Settled by Courts (2009)

单位：件 (case)

项目	Item	收案 Cases Accepted	结案 Cases Settled	维持 Affirmation of Original Judgement	撤销 Cancel	驳回 Reject	撤诉 With-drawal	单独赔偿 Separate Compen-sation	其他 Other
合计	**Total**	**120312**	**120530**	**16010**	**8241**	**11004**	**46327**	**394**	**38554**
土地等资源	Land	21150	21352	2580	2301	2918	8722	79	4752
公安	Public Security	9601	9563	2632	615	511	3739	61	2005
城建	City Construction	22493	22741	2374	2328	2377	8836	86	6740
交通运输	Traffic and Transport	2498	2529	260	133	151	1236	11	738
工商	Industry and Commerce	3142	3179	358	177	202	1607	7	828
环保	Environment Protection	2647	2628	73	8	52	2162		333
计划生育	Family Planning	4788	4794	228	40	160	2166	1	2199
税务	Tax	293	343	56	13	30	161		83
卫生	Health	1529	1483	57	25	88	487	2	824
乡政府	Townships Government	3548	3543	601	255	362	1836	7	482
劳动和社会保障	Labour and Social Security	9172	9126	2494	752	778	3048	4	2050
其他	Other	39451	39249	4297	1594	3375	12327	136	17520

22-32 社会服务类单位基本情况
Statistics on Social Institutions

指标	Item	单位数（个） Number of Enterprises (unit)		职工人数（人） Number of Staff and Workers (person)	
		2008	2009	2008	2009
合 计	**Total**	**1195492**	**1208896**	**9673279**	**10380336**
行政管理	Administration	3500	3498	86579	87542
民政行政机关	Civil Affairs Administrative Departments	3500	3498	86579	87542
社会工作	Social Work	84864	84467	1985771	1992910
收养类单位	Residential Institutions	39677	40250	279236	288960
社区服务中心	Community Service Centers	9873	10003	69979	68065
优抚安置单位	Agencies for Serviceman	3308	3343	34711	34249
救灾储备单位	Relief Reserve Units	301	326	1097	1083
救助类单位	Salvation Institutions	1422	1488	15862	15681
福利彩票发行单位	Welfare Lottery Issuing Institutions	999	988	7088	7390
社会福利企业	Social Welfare Enterprises	23780	22783	1542560	1544329
老龄机构	Senior Citizens' Work Institutions	2396	2309	8928	8692
其他社会工作单位	Other Social Work Institutions	3108	2977	26310	24461
成员组织	Organizations	1101358	1114836	7518657	8217794
社会组织	Non-governmental Organizations	413660	431069	4758332	5446666
社会团体	Social Organization	229681	238747	2855858	3356506
基金会	Fund Organizations	1597	1843	10414	12000
民办非企业单位	Non-enterprise Units Run by NGO	182382	190479	1892060	2078160
自治组织	Autonomy Organizations	687698	683767	2760325	2771128
社区居委会	Neighborhood Committees	83413	84689	421519	430860
村民委员会	Village Committees	604285	599078	2338806	2340268
其他社会服务	Other Social Service	5770	6095	82272	82090
婚姻登记服务类单位	Marriage Registration Institutions	2016	2199	7541	8040
殡仪类单位	Funeral and Interment Institutions	3754	3896	74731	74050

22-33 提供住宿的社会工作机构情况
Statistics on Social Welfare Residential Institutions

指 标	Item	床位数（万张） Number of Beds (10 000 units)			收养救助人数（万人） Inmates (10 000 persons)			年末床位利用率(%) Bed Utilization Rate
		2008	2009	比上年增减(%) Rate of Increase over Preceding Year	2008	2009	比上年增减(%) Rate of Increase over Preceding Year	(%)
合 计	**Total**	**300.2**	**326.5**	**8.8**	**240.0**	**251.4**	**4.8**	**77.0**
老年人与残疾人服务机构	Institutions for Aged and Disabled	265.7	289.0	8.8	211.4	227.5	7.6	78.7
城市养老服务机构	Urban Institution for Aged Persons	41.5	49.3	18.8	29.0	32.3	11.4	65.5
农村养老服务机构	Rural Institution for Aged Persons	193.0	208.8	8.2	160.6	173.0	7.7	82.9
社会福利院	Social Welfare Homes	21.6	22.8	5.6	15.5	16.7	7.7	73.2
光荣院	Homes for Disabled Veterans	8.2	6.7	-18.3	5.4	4.6	-14.8	68.7
荣誉军人康复医院	Convalescent Hospitals for Honorable Serveiceman	0.8	0.8		0.5	0.5		62.5
复员军人疗养院	Sanatoriums for Ex-serviceman	0.6	0.6		0.4	0.4		66.7
智障与精神疾病服务机构	Mental Retardation and Mental Diseases	5.4	5.9	9.3	4.6	5.1	10.9	86.4
复退军人精神病院	Mental Hospitals for Ex-serviceman	1.8	2.0	11.1	1.5	1.8	20.0	90.0
社会福利医院	Social Welfare Hospitals	3.6	3.9	8.3	3.1	3.3	6.5	84.6
儿童收养救助服务机构	Social Welfare Instituions for Children	4.3	4.8	11.6	3.5	3.7	5.7	77.1
儿童福利院	Welfare Homes for Children	4.0	4.4	10.0	3.4	3.6	5.9	81.8
流浪儿童救助保护中心	Centers for Rescuing Street Children	0.3	0.4	33.3	0.1	0.1		25.0
社区服务机构	Community Services Institutions	1.6	4.5	181.3	0.9	1.0	11.1	22.2
社区养老服务中心	Community Centers for Aged Persons	1.6	1.5	-6.3	0.9	1.0	11.1	66.7
社区养老服务站	Community Stations for Aged Persons		3.0					
其他提供住宿的服务机构	Other Social Welfare Residential Institutions	23.2	22.3	-3.9	19.6	14.1	-28.1	63.2
生活无着人员救助管理站	Salvation Station	4.7	4.7		1.6	2.2	37.5	46.8
军供站	Serviceman Supply Stations	2.9	5.7	96.6				
军休所(万户)	Serviceman Recreation Habitation	11.3	11.8	4.4	15.5	11.8	-23.9	100.0
其他收养机构	Other Residentail Institutions	4.3	0.1	-97.7	2.5	0.1	-96.0	100.0

22-34 各地区社区服务设施基本情况(2009年)
Basic Conditions of Community Services Facilities by Region (2009)

单位：个 (unit)

地区	Region	社区服务设施数 Number of Community Services Facilities	社区服务中心数 Community Services Centers	社区服务站数 Community Services Stations	其他社区服务设施数 Others Community Services Facilities	便民、利民服务网点 Number of Convenience Networks
全 国	**National Total**	**174976**	**10003**	**53170**	**111803**	**692625**
北 京	Beijing	3150	178	2634	338	6284
天 津	Tianjin	1946	141	1315	490	14763
河 北	Hebei	5846	188	2819	2839	29722
山 西	Shanxi	2080	176	1393	511	28845
内蒙古	Inner Mongolia	4270	753	842	2675	19723
辽 宁	Liaoning	6538	518	3134	2886	77731
吉 林	Jilin	3205	227	433	2545	37784
黑龙江	Heilongjiang	2722	401	1490	831	28309
上 海	Shanghai	20332	145	1744	18443	3563
江 苏	Jiangsu	19829	499	4629	14701	109150
浙 江	Zhejiang	28507	579	2380	25548	73694
安 徽	Anhui	4982	454	2084	2444	14306
福 建	Fujian	2857	386	1197	1274	11417
江 西	Jiangxi	3321	476	992	1853	3572
山 东	Shandong	13620	510	3749	9361	61703
河 南	Henan	3983	440	1050	2493	23777
湖 北	Hubei	7486	441	1780	5265	9167
湖 南	Hunan	9633	440	1544	7649	46187
广 东	Guangdong	7641	654	3166	3821	10907
广 西	Guangxi	1218	90	667	461	4531
海 南	Hainan	91	1	90		163
重 庆	Chongqing	2710	157	1598	955	7532
四 川	Sichuan	5768	713	2207	2848	10869
贵 州	Guizhou	5212	158	5020	34	22661
云 南	Yunnan	482	46	271	165	2363
西 藏	Tibet	90	28	12	50	
陕 西	Shaanxi	2919	304	2046	569	3431
甘 肃	Gansu	1772	235	1502	35	7971
青 海	Qinghai	158	112	46		1091
宁 夏	Ningxia	569	114	418	37	15935
新 疆	Xinjiang	2039	439	918	682	5474

注：其他社区服务设施是指除养老、便民等民政业务外的服务设施，如：卫生、文化、社保服务中心、站等。

a) Other centers refer to service centers except those about civil affairs of old-age insurance, convenience services, for example, health care, culture, social insurance service center and station, etc.

22-35 社会救助和优抚安置情况
Statistics on Social Relief, Preferential Treatment and Resettlement

单位：万人 (10 000 persons)

项目	Item	2005	2006	2007	2008	2009
社会救助	**Social Relief**					
城市	Urban					
城市居民最低生活保障人数	Number of Persons Receiving Minimum Living Allowance in Urban Areas	2234.2	2240.1	2272.1	2334.8	2345.6
城市临时救济人次数(万人次)	Number of Persons Receiving Temporary Relief in Urban Areas (10 000 person-times)	234.4	123.0	243.2	227.6	180.1
农村	Rural					
农村居民最低生活保障人数	Number of Persons Receiving Minimum Living Allowance in Rural Areas	825.0	1593.1	3566.3	4305.5	4760.0
农村五保供养人数	Number of Persons Receiving Livelihood Guaranteed in Five Aspects in Rural Areas		503.3	531.3	548.6	553.4
农村集中供养五保	Centralized			138.0	155.6	171.8
农村分散供养五保	Decentralized			393.3	393.0	381.6
农村传统救济人数	Number of Persons Receiving Traditional Relief in Rural Areas		115.6	75.0	72.2	62.2
农村临时救济人次数(万人次)	Number of Poor Persons Receiving Temporary Relief in Rural Areas(10 000 person-times)	1359.9	963.8	646.0	831.0	546.4
优抚安置	**Preferential Treatment and Resettlement**					
国家重点优抚对象	State Entitled Groups	460.3	462.6	622.4	633.2	630.7
安置义务兵、士官、复员干部人数	Number of Serviceman and Ex-serviceman Resettled	45.2	42.5	37.3	39.7	39.1
接收军队离退休人员人数	Number of Retired Veterans Resettled	1.9	3.2	2.8	2.1	1.9

22-36 社会福利企业基本情况
Basic Statistics on Social Welfare Enterprises

年份 Year	单位(个) Number of Units (unit)	残疾职工(万人) Disabled Persons (10 000 persons)	利润额(亿元) Total Profit (100 million yuan)
1985	14872	23.2	5.1
1986	19865	31.4	4.2
1987	27793	43.3	8.8
1988	40496	55.9	16.5
1989	41565	60.5	16.1
1990	41827	63.8	17.8
1991	43805	70.1	21.3
1992	49836	77.8	32.6
1993	56881	84.5	44.7
1994	60233	90.9	44.1
1995	60237	93.9	49.1
1996	59397	93.6	45.1
1997	55509	91.0	66.3
1998	50514	85.6	63.9
1999	44628	79.0	76.7
2000	40670	72.5	99.0
2001	37980	69.9	119.5
2002	35758	68.3	148.3
2003	33976	67.9	189.9
2004	32410	66.2	219.0
2005	31211	63.7	225.2
2006	30199	55.9	237.8
2007	24974	56.3	169.3
2008	23780	61.9	118.4
2009	22783	62.7	125.4

22-37 福利彩票销售情况
Statistics on Welfare Lottery

年 份 Year	福利彩票发行单位 (个) Welfare Lottery Issuing Units (unit)	福利彩票销售额 (亿元) Sales of Welfare Lottery (100 million yuan)	提取公益金 (亿元) Public Welfare Fund from Welfare Lottery (100 million yuan)	公益金支出 (亿元) Expenditure of Public Welfare Fund from Welfare Lottery (100 million yuan)
1987		0.2	0.1	
1988		3.8	1.2	
1989		3.8	1.3	
1990		6.5	2.0	
1991		7.7	2.5	
1992		13.8	4.1	
1993		18.4	5.5	
1994		18.0	5.3	
1995		57.3	16.9	
1996		64.8	19.1	
1997		36.4	10.1	
1998		63.2	19.6	14.1
1999	1169	104.4	30.5	19.9
2000	1253	89.9	24.2	38.7
2001	1185	139.6	41.9	19.7
2002	1121	168.0	58.8	25.5
2003	1145	200.1	70.0	30.6
2004	1128	226.4	79.2	33.8
2005	1113	411.2	143.7	52.3
2006	989	495.7	171.6	52.6
2007	985	631.6	217.0	77.6
2008	999	604.0	211.4	119.2
2009	988	756.0	248.0	113.4

22-38 社会捐赠情况
Statistics on Social Donations

年 份 Year	社会捐赠款物合计 (亿元) Total Social Donations (100 million yuan)	社会捐赠款 Donated Money			社会捐赠其他物资折款 Total Value from Other Social Donations in Kinds	接收社会捐赠衣被数量 (亿件) Donated Clothes and Quilts (100 million units)
			民政部门 Civil Affairs Departments	各类社会组织 Other Social Organizations		
1997	14.0	4.2			9.9	0.9
1998	113.2	50.2	50.2		63.0	2.9
1999	17.8	6.9	5.0	2.0	10.8	0.6
2000	16.3	9.3	5.4	3.9	7.0	0.8
2001	20.0	11.7	7.6	4.1	8.3	1.3
2002	20.8	19.0	11.1	7.9	1.8	2.3
2003	43.4	41.0	29.2	11.9	2.4	2.0
2004	35.1	34.0	17.1	16.9	1.2	0.9
2005	61.9	60.3	31.3	29.0	1.6	1.0
2006	89.5	83.1	43.0	40.1	6.4	0.7
2007	148.4	132.8	50.9	81.9	15.6	0.9
2008	764.0	744.5	479.3	265.2	19.6	11.6
2009	509.4	507.2	66.5	440.7	2.2	1.2

注：社会捐赠衣被物资折款指民政部门接收的捐赠衣被和物资。

a) Total value of donated clothes and quilts refers to those clothes, quilts and goods received by department of civil affairs.

22-39 社会组织情况
Statistics on Social Organization

年份 地区	Year Region	单位数（个）Number of Institutions (unit)	社会团体 Social Organization	民办非企业单位 Non-enterprise Units Run by NGO	基金会 Fund Organization	年末职工人数（人）Staff and Workers at Year-end (person)	#女性 Female	社会团体 Social Organization	民办非企业单位 Non-enterprise Units Run by NGO	基金会 Fund Organization	增加值合计（万元）Total Value-added (10 000 yuan)
	1988	4446	4446								
	1990	10855	10855								
	1995	180583	180583								
	1996	184821	184821								
	1997	181318	181318								
	1998	165600	165600								
	1999	142665	136764	5901							
	2000	153322	130668	22654							
	2001	210939	128805	82134							
	2002	244509	133297	111212							
	2003	266612	141167	124491	954						
	2004	289432	153359	135181	892						
	2005	319762	171150	147637	975						
	2006	354393	191946	161303	1144	4251850	1062770	2695983	1540476	15391	1121668.1
	2007	386916	211661	173915	1340	4568515	1166211	2885287	1664959	18269	3075790.6
	2008	413660	229681	182382	1597	4758332	1406787	2855858	1892060	10414	3724018.1
	2009	431069	238747	190479	1843	5446666	1581622	3356506	2078160	12000	4930896.5
中央级	Central-level	1984	1800	36	148	52614	15785	47233	829	4552	1167628.0
地　方	Local-level	429085	236947	190443	1695	5394052	1565837	3309273	2077331	7448	3763268.5
北　京	Beijing	6856	3167	3569	120	97220	28452	28716	68160	344	171334.9
天　津	Tianjin	4143	2055	2049	39	35414	15599	8837	26382	195	34987.1
河　北	Hebei	15068	9197	5847	24	143116	35930	80284	62757	75	38424.5
山　西	Shanxi	10092	5884	4183	25	143395	40116	92928	50315	152	42214.2
内蒙古	Inner Mongolia	7763	5337	2371	55	74164	19395	51854	22008	302	35029.9
辽　宁	Liaoning	18167	9195	8940	32	157478	37702	105943	51185	350	60471.8
吉　林	Jilin	8384	5240	3120	24	94345	18995	70149	24161	35	10070.3
黑龙江	Heilongjiang	11954	5519	6411	24	141385	45023	105439	35922	24	15722.9
上　海	Shanghai	9472	3512	5857	103	121129	40333	34144	86425	560	198837.7
江　苏	Jiangsu	33066	18588	14231	247	279927	96589	116023	163404	500	302789.7
浙　江	Zhejiang	27580	14352	13061	167	254895	102443	108043	146335	517	369326.3
安　徽	Anhui	13960	9086	4844	30	323153	53709	259998	63051	104	436687.0
福　建	Fujian	14555	10433	4020	102	222270	39836	174033	47523	714	55711.8
江　西	Jiangxi	10710	6150	4539	21	189135	56890	94547	94426	162	139041.3
山　东	Shandong	49055	17185	31820	50	359795	81346	128238	231287	270	310723.5
河　南	Henan	18396	10290	8065	41	158493	43596	68871	89059	563	66927.3
湖　北	Hubei	20839	9515	11292	32	202122	68812	94834	107128	160	97767.7
湖　南	Hunan	14992	9858	5034	100	166598	48273	97823	68075	700	108951.1
广　东	Guangdong	26521	12300	14055	166	350258	150773	70110	279856	292	821713.5
广　西	Guangxi	13086	8941	4126	19	257787	79282	214940	42802	45	34911.1
海　南	Hainan	2468	1406	1041	21	17106	4613	7447	9549	110	6395.4
重　庆	Chongqing	8289	4650	3616	23	167462	41005	123137	44247	78	33202.5
四　川	Sichuan	28469	16215	12186	68	378433	105871	284454	93891	88	66694.5
贵　州	Guizhou	6429	4581	1834	14	81172	21465	61567	19528	77	41582.1
云　南	Yunnan	11143	8359	2752	32	451291	138458	415922	35240	129	193468.2
西　藏	Tibet	318	299	9	10	1350	131	1248	27	75	2246.4
陕　西	Shaanxi	12201	7267	4900	34	157348	40247	97679	59493	176	14991.8
甘　肃	Gansu	10015	7115	2877	23	193807	59769	170911	22608	288	26816.6
青　海	Qinghai	2490	1810	671	9	18821	5081	13868	4917	36	4827.6
宁　夏	Ningxia	4810	3953	839	18	52100	17710	45003	7038	59	6034.2
新　疆	Xinjiang	7794	5488	2284	22	103083	28393	82283	20532	268	15365.6

22-40 自治组织情况
Statistics on Autonomy Organizations

年份 地区	Year Region	单位数(个) Number of Institutions	村民委员会 Village Committee	社区居委会 Neighborhood Committee	年末成员数(万人) Member at Year-end	#女性 Female	村民委员会 Village Committee	社区居委会 Neighborhood Committee	增加值合计(万元) Total Value-added (10 000 yuan)
	1983	377200	311681	65519					
	1985	1029571	948628	80943	414.5		379.6	34.9	
	1990	1100086	1001272	98814	452.5		409.4	43.1	
	1995	1043576	931716	111860	448.5		400.5	48.0	
	1996	1042002	928312	113690	446.8		397.5	49.3	
	1997	1023719	905804	117915	428.6		378.8	49.8	
	1998	952029	832987	119042	409.4		358.6	50.8	
	1999	916298	801483	114815	401.4		351.3	50.1	
	2000	840083	731659	108424	363.4	78.0	315.0	48.4	
	2001	791867	699974	91893	362.8	76.3	316.4	46.4	
	2002	767364	681277	86087	333.8	71.6	294.2	39.6	
	2003	740917	663486	77431	358.8	76.5	319.1	39.7	
	2004	722050	644166	77884	334.6	68.0	292.1	42.5	
	2005	709026	629079	79947	311.1	68.5	265.7	45.4	
	2006	704386	623669	80717	287.3	77.6	243.0	44.3	2731700.4
	2007	694715	612709	82006	282.7	71.5	241.1	41.6	2809341.9
	2008	687698	604285	83413	276.0	71.8	233.9	42.2	3285570.6
	2009	683767	599078	84689	277.1	71.9	234.0	43.1	3709026.6
北 京	Beijing	6615	3950	2665	3.2	1.5	1.4	1.8	149599.1
天 津	Tianjin	5264	3821	1443	2.1	1.0	1.2	0.9	852604.1
河 北	Hebei	52156	49035	3121	18.2	3.1	16.8	1.4	88271.8
山 西	Shanxi	30028	28135	1893	10.3	1.3	9.5	0.8	56686.6
内蒙古	Inner Mongolia	13597	11282	2315	5.0	1.6	3.9	1.1	31430.5
辽 宁	Liaoning	14947	11100	3847	6.7	2.9	4.4	2.3	64639.0
吉 林	Jilin	11089	9121	1968	4.4	1.3	3.6	0.9	8960.2
黑龙江	Heilongjiang	11824	9055	2769	5.2	1.6	3.9	1.3	71417.2
上 海	Shanghai	5362	1722	3640	2.7	1.6	0.7	2.0	99183.9
江 苏	Jiangsu	21893	16393	5500	11.0	3.1	8.0	2.9	349901.2
浙 江	Zhejiang	33974	29958	4016	13.2	3.2	11.3	2.0	524234.7
安 徽	Anhui	18931	15732	3199	8.0	2.0	6.4	1.6	56371.3
福 建	Fujian	16570	14432	2138	6.8	1.6	5.6	1.1	32659.4
江 西	Jiangxi	19708	16880	2828	7.5	2.1	6.4	1.1	28612.0
山 东	Shandong	80805	74844	5961	33.4	9.8	30.4	2.9	577935.0
河 南	Henan	51014	47346	3668	21.4	5.0	19.6	1.8	67208.6
湖 北	Hubei	29399	25517	3882	11.2	3.2	9.4	1.8	76728.5
湖 南	Hunan	47454	42928	4526	16.8	5.0	14.9	2.0	99901.8
广 东	Guangdong	25690	19502	6188	12.0	3.1	8.6	3.4	240474.5
广 西	Guangxi	16062	14361	1701	7.6	1.6	6.7	1.0	37692.9
海 南	Hainan	3011	2556	455	1.4	0.3	1.2	0.2	4363.5
重 庆	Chongqing	10978	8803	2175	5.1	1.5	3.9	1.2	19490.2
四 川	Sichuan	53664	47997	5667	21.0	4.5	18.5	2.5	68508.6
贵 州	Guizhou	19205	17568	1637	8.4	1.7	7.5	0.9	27019.5
云 南	Yunnan	14081	12953	1128	6.1	1.2	5.4	0.7	22346.7
西 藏	Tibet	5453	5261	192	2.5	0.4	2.4	0.1	725.7
陕 西	Shaanxi	29088	27370	1718	10.6	3.1	9.8	0.8	23965.4
甘 肃	Gansu	17377	16149	1228	6.7	1.2	6.1	0.6	13133.6
青 海	Qinghai	4562	4161	401	1.9	0.4	1.8	0.2	610.4
宁 夏	Ningxia	2760	2316	444	1.2	0.4	1.0	0.2	2818.6
新 疆	Xinjiang	11206	8830	2376	5.5	1.7	4.1	1.4	11532.1

22-41 婚姻服务情况
Number of Marriages and Divorces

年份 Year / 地区 Region		结婚登记（万对）Total Number of Registered Marriages (10 000 couples)	内地居民登记结婚 Registered Marriages in the Mainland	初婚（万人）First Marriages (10 000 persons)	再婚（万人）Re-marriages (10 000 persons)	涉外及港澳台居民登记结婚 Registered Marriages with Foreigner and the Citizen of Hong Kong, Macao, Taiwan	离婚（万对）Divorces (10 000 couples)	粗离婚率（‰）Crude Divorce Rate (‰)
	1985	831.30	829.06	1607.63	50.48	2.22	45.79	0.44
	1990	951.10	948.69	1819.13	78.24	2.38	80.00	0.69
	1991	953.60	950.98	1820.32	81.65	2.64	83.10	0.72
	1992	957.50	954.50	1832.10	76.91	2.96	84.96	0.74
	1993	915.40	912.16	1747.01	77.32	3.28	91.00	0.77
	1994	932.40	929.00	1779.33	78.67	3.38	98.20	0.82
	1995	934.10	929.71	1776.07	83.35	4.40	105.60	0.88
	1996	938.70	933.96	1781.72	86.20	4.72	113.40	0.93
	1997	914.10	909.06	1725.95	92.16	5.08	119.90	0.97
	1998	891.70	886.66	1675.37	97.94	5.03	119.20	0.96
	1999	885.30	879.91	1659.36	100.46	5.42	120.15	0.96
	2000	848.50	842.00	1581.39	102.62	6.49	121.29	0.96
	2001	805.00	797.11	1481.74	112.49	7.87	125.05	0.98
	2002	786.00	778.80	1440.30	117.10	7.28	117.70	0.90
	2003	811.40	803.50	1483.90	123.30	7.83	133.00	1.05
	2004	867.20	860.80	1569.60	152.00	6.35	166.50	1.28
	2005	823.10	816.60	1483.00	163.10	6.43	178.50	1.37
	2006	945.00	938.20	1705.60	184.40	6.82	191.30	1.46
	2007	991.40	986.30	1779.70	203.10	5.11	209.80	1.59
	2008	1098.30	1093.20	1972.50	224.10	5.10	226.90	1.71
	2009	1212.40	1207.50	2168.80	256.00	4.92	246.80	1.85
北京	Beijing	18.18	18.06	30.58	5.77	0.12	4.13	
天津	Tianjin	10.40	10.36	17.36	3.45	0.04	2.76	
河北	Hebei	72.00	71.95	130.06	13.93	0.04	12.67	
山西	Shanxi	34.36	34.35	63.29	5.44	0.01	3.89	
内蒙古	Inner Mongolia	18.84	18.82	32.04	5.63	0.02	5.20	
辽宁	Liaoning	38.17	37.90	62.40	13.93	0.27	13.15	
吉林	Jilin	23.91	23.80	41.99	5.82	0.11	8.96	
黑龙江	Heilongjiang	30.39	30.09	51.93	8.84	0.29	12.61	
上海	Shanghai	14.99	14.74	23.33	6.65	0.25	4.82	
江苏	Jiangsu	73.09	72.92	129.51	16.66	0.17	14.37	
浙江	Zhejiang	42.76	42.47	75.60	9.93	0.30	10.71	
安徽	Anhui	61.00	60.92	111.84	10.17	0.08	9.30	
福建	Fujian	36.06	35.20	65.07	7.05	0.86	5.82	
江西	Jiangxi	40.81	40.71	73.83	7.78	0.09	6.15	
山东	Shandong	91.84	91.72	166.24	17.43	0.12	15.17	
河南	Henan	85.88	85.77	164.21	7.56	0.11	12.44	
湖北	Hubei	56.54	56.36	105.89	7.19	0.18	10.89	
湖南	Hunan	65.29	65.03	116.93	13.64	0.26	13.16	
广东	Guangdong	86.45	85.65	161.42	11.48	0.80	11.91	
广西	Guangxi	51.56	51.36	96.32	6.81	0.21	6.56	
海南	Hainan	13.00	12.90	24.56	1.43	0.10	1.09	
重庆	Chongqing	30.11	30.01	45.07	15.15	0.10	10.14	
四川	Sichuan	71.00	70.82	120.58	21.42	0.18	19.97	
贵州	Guizhou	30.79	30.75	56.76	4.82	0.05	5.80	
云南	Yunnan	34.29	34.22	62.87	5.72	0.07	6.08	
西藏	Tibet	1.36	1.36	2.48	0.24		0.17	
陕西	Shaanxi	31.94	31.89	58.75	5.13	0.05	5.52	
甘肃	Gansu	12.24	12.23	23.33	1.15	0.01	2.47	
青海	Qinghai	2.97	2.97	5.44	0.51		0.76	
宁夏	Ningxia	5.66	5.65	10.15	1.16		1.27	
新疆	Xinjiang	26.55	26.53	38.96	14.15	0.02	8.84	

22-42 殡葬服务情况
Statistics on Funeral and Interment Services

年份 Year 地区 Region		殡葬类单位数 (个) Number of Funeral and Interment Enterprises	年末职工总数 (人) Employees at Year-end (person)	火化炉数 (台) Number of Cremators (set)	全年处理遗体数 (万具) Cremated Remains During the Year (10 000 bodies)	当年安葬数 (万人) Number of the Buried During the Year (10 000 persons)	火化率 (%) Cremation Rate (%)
	2005	3284	68588	5037	450.2	54.8	53.0
	2006	3549	70500	5649	430.2	45.4	48.2
	2007	3669	73227	4838	442.1	53.3	48.4
	2008	3754	74731	4789	453.4	49.9	48.5
	2009	3896	74050	5123	454.2	52.9	48.2
北京	Beijing	50	1748	80	8.0	2.2	
天津	Tianjin	28	910	62	5.9	1.0	
河北	Hebei	189	3598	339	29.1	0.8	
山西	Shanxi	41	571	53	2.0	0.1	
内蒙古	Inner Mongolia	127	1901	116	5.7	1.1	
辽宁	Liaoning	219	4461	275	25.5	2.1	
吉林	Jilin	85	1668	115	11.1	0.7	
黑龙江	Heilongjiang	151	3025	232	17.0	1.5	
上海	Shanghai	79	3311	89	11.2	6.3	
江苏	Jiangsu	244	4792	443	44.9	5.4	
浙江	Zhejiang	226	3324	305	29.9	3.3	
安徽	Anhui	176	2927	195	26.4	2.1	
福建	Fujian	157	2722	183	15.9	1.3	
江西	Jiangxi	122	1842	150	10.6	1.7	
山东	Shandong	168	3353	440	58.6	1.6	
河南	Henan	237	5682	301	32.4	1.5	
湖北	Hubei	128	3247	277	22.5	3.4	
湖南	Hunan	155	2091	109	6.5	1.5	
广东	Guangdong	265	7426	371	42.6	2.7	
广西	Guangxi	68	1501	76	6.0	1.2	
海南	Hainan	15	327	4	0.2	0.2	
重庆	Chongqing	113	1832	107	6.8	1.7	
四川	Sichuan	241	3168	221	18.2	3.3	
贵州	Guizhou	111	2589	78	5.0	1.3	
云南	Yunnan	121	1524	300	3.7	1.0	
西藏	Tibet	3	23	5	0.1		
陕西	Shaanxi	100	2083	69	3.9	1.4	
甘肃	Gansu	58	593	32	1.4	0.4	
青海	Qinghai	21	134	40	0.6		
宁夏	Ningxia	38	208	5	0.4	0.4	
新疆	Xinjiang	160	1469	51	2.3	1.7	

22-43 社会保险基金收支及累计结余
Revenue, Expenses and Balance of Social Insurance Fund

单位：亿元 (100 million yuan)

年份 Year	合计 Total	基本养老保险 Basic Pension Insurance	失业保险 Unemployment Insurance	城镇基本医疗保险 Basic Medical Care Insurance	工伤保险 Work Injury Insurance	生育保险 Maternity Insurance
基金收入 **Revenue**						
1989	153.6	146.7	6.8			
1990	186.8	178.8	8.0			
1991	225.0	215.7	9.3			
1992	377.4	365.8	11.7			
1993	526.1	503.5	17.9	1.4	2.4	0.8
1994	742.0	707.4	25.4	3.2	4.6	1.5
1995	1006.0	950.1	35.3	9.7	8.1	2.9
1996	1252.4	1171.8	45.2	19.0	10.9	5.5
1997	1458.2	1337.9	46.9	52.3	13.6	7.4
1998	1623.1	1459.0	72.6	60.6	21.2	9.8
1999	2211.8	1965.1	125.2	89.9	20.9	10.7
2000	2644.9	2278.5	160.4	170.0	24.8	11.2
2001	3101.9	2489.0	187.3	383.6	28.3	13.7
2002	4048.7	3171.5	215.6	607.8	32.0	21.8
2003	4882.9	3680.0	249.5	890.0	37.6	25.8
2004	5780.3	4258.4	291.0	1140.5	58.3	32.1
2005	6975.2	5093.3	340.3	1405.3	92.5	43.8
2006	8643.2	6309.8	402.4	1747.1	121.8	62.1
2007	10812.3	7834.2	471.7	2257.2	165.6	83.6
2008	13696.1	9740.2	585.1	3040.4	216.7	113.7
2009	16115.6	11490.8	580.4	3671.9	240.1	132.4
基金支出 **Expenses**						
1989	120.9	118.8	2.0			
1990	151.9	149.3	2.5			
1991	176.1	173.1	3.0			
1992	327.1	321.9	5.1			
1993	482.2	470.6	9.3	1.3	0.4	0.5
1994	680.0	661.1	14.2	2.9	0.9	0.8
1995	877.1	847.6	18.9	7.3	1.8	1.6
1996	1082.4	1031.9	27.3	16.2	3.7	3.3
1997	1339.2	1251.3	36.3	40.5	6.1	4.9
1998	1636.9	1511.6	56.1	53.3	9.0	6.8
1999	2108.1	1924.9	91.6	69.1	15.4	7.1
2000	2385.6	2115.5	123.4	124.5	13.8	8.3
2001	2748.0	2321.3	156.6	244.1	16.5	9.6
2002	3471.5	2842.9	186.6	409.4	19.9	12.8
2003	4016.4	3122.1	199.8	653.9	27.1	13.5
2004	4627.4	3502.1	211.0	862.2	33.3	18.8
2005	5400.8	4040.3	206.9	1078.7	47.5	27.4
2006	6477.4	4896.7	198.0	1276.7	68.5	37.5
2007	7887.8	5964.9	217.6	1561.8	87.9	55.6
2008	9925.1	7389.6	253.5	2083.6	126.9	71.5
2009	12302.6	8894.4	366.8	2797.4	155.7	88.3
累计结余 **Balance at Year-end**						
1989	81.6	68.0	13.6			
1990	117.3	97.9	19.5			
1991	169.7	144.1	25.7			
1992	252.8	220.6	32.1			
1993	303.7	258.6	40.8	0.4	3.1	0.8
1994	365.7	304.8	52.0	0.7	6.8	1.4
1995	516.8	429.8	68.4	3.1	12.7	2.7
1996	696.1	578.6	86.4	6.4	19.7	5.0
1997	831.6	682.8	97.0	16.6	27.7	7.5
1998	791.1	587.8	133.4	20.0	39.5	10.3
1999	1009.8	733.5	159.9	57.6	44.9	13.9
2000	1327.5	947.1	195.9	109.8	57.9	16.8
2001	1622.8	1054.1	226.2	253.0	68.9	20.6
2002	2423.4	1608.0	253.8	450.7	81.1	29.7
2003	3313.8	2206.5	303.5	670.6	91.2	42.0
2004	4493.4	2975.0	386.0	957.9	118.6	55.9
2005	6073.7	4041.0	519.0	1278.1	163.5	72.1
2006	8255.9	5488.9	724.8	1752.4	192.9	96.9
2007	11236.6	7391.4	979.1	2476.9	262.6	126.6
2008	15176.0	9931.0	1310.1	3431.7	335.0	168.2
2009	18941.5	12526.1	1523.6	4275.9	403.8	212.1

注：1.2007年及以后城镇基本医疗保险基金中包括城镇职工基本医疗保险和城镇居民基本医疗保险。
2.工伤保险累计结余中不含储备金。

a) Data of basic medical care insurance include both urban workers and urban residence from 2007.

b) The grand total of work injury insurance at year-end does not include reserve fund.

22-44 参加城镇基本养老保险人数
Number of People Participated in Urban Basic Pension Insurance

单位: 万人 (10 000 persons)

年 份 Year	合 计 Total	职 工 Number of Employees	企 业(含其他) Enterprises (including others)	离退休人员 Number of Retirees	企 业(含其他) Enterprises (including others)
1989	5710.3	4816.9	4816.9	893.4	893.4
1990	6166.0	5200.7	5200.7	965.3	965.3
1991	6740.3	5653.7	5653.7	1086.6	1086.6
1992	9456.2	7774.7	7774.7	1681.5	1681.5
1993	9847.6	8008.2	8008.2	1839.4	1839.4
1994	10573.5	8494.1	8494.1	2079.4	2079.4
1995	10979.0	8737.8	8737.8	2241.2	2241.2
1996	11116.7	8758.4	8758.4	2358.3	2358.3
1997	11203.9	8670.9	8670.9	2533.0	2533.0
1998	11203.1	8475.8	8475.8	2727.3	2727.3
1999	12485.4	9501.8	8859.2	2983.6	2863.8
2000	13617.4	10447.5	9469.9	3169.9	3016.5
2001	14182.5	10801.9	9733.0	3380.6	3171.3
2002	14736.6	11128.8	9929.4	3607.8	3349.2
2003	15506.7	11646.5	10324.5	3860.2	3556.9
2004	16352.9	12250.3	10903.9	4102.6	3775.0
2005	17487.9	13120.4	11710.6	4367.5	4005.2
2006	18766.3	14130.9	12618.0	4635.4	4238.6
2007	20136.9	15183.2	13690.6	4953.7	4544.0
2008	21891.1	16587.5	15083.4	5303.6	4868.0
2009	23549.9	17743.0	16219.0	5806.9	5348.0

22-45 社会保险基本情况
Basic Statistics of Social Insurance

年 份 Year	失业保险 Unemployment Insurance			城镇职工基本医疗保险 Basic Medical Care Insurance		工伤保险 Work Injury Insurance		年末参加生育保险人数(万人) Maternity Insurance Contributors at Year-end (10 000 persons)
	年末参保人数(万人) Contributors at Year-end (10 000 persons)	全年发放失业保险金人数(万人) Beneficiaries of Unemployment Insurance Fund (10 000 persons)	全年发放失业保险金(亿元) Unemployed Relief (100 million yuan)	年末参保职工人数(万人) Contributors at Year-end (10 000 persons)	年末参保退休人员(万人) Retirees (10 000 persons)	年末参保人数(万人) Contributors at Year-end (10 000 persons)	年末享受工伤待遇的人数(万人) Beneficiaries at Year-end (10 000 persons)	
1994	7968.0	196.5	5.1	374.6	25.7	1822.1	5.8	915.9
1995	8238.0	261.3	8.2	702.6	43.3	2614.8	7.1	1500.2
1996	8333.1	330.8	13.9	791.2	64.5	3102.6	10.1	2015.6
1997	7961.4	319.0	18.7	1588.9	173.1	3507.8	12.5	2485.9
1998	7927.9	158.1	20.4	1508.7	369.0	3781.3	15.3	2776.7
1999	9852.0	271.4	31.9	1509.4	555.9	3912.3	15.1	2929.8
2000	10408.4	329.7	56.2	2862.8	924.2	4350.3	18.8	3001.6
2001	10354.6	468.5	83.3	5470.7	1815.2	4345.3	18.7	3455.1
2002	10181.6	657.0	116.8	6925.8	2475.4	4405.6	26.5	3488.2
2003	10372.4	741.6	133.4	7974.9	2926.8	4574.8	32.9	3655.4
2004	10583.9	753.5	137.5	9044.4	3359.2	6845.2	51.9	4383.8
2005	10647.7	677.8	132.4	10021.7	3761.2	8478.0	65.1	5408.5
2006	11186.6	598.1	125.8	11580.3	4151.5	10268.5	77.8	6458.9
2007	11644.6	538.5	129.4	13420.0	4600.0	12173.3	96.0	7775.3
2008	12399.8	516.7	139.5	14987.7	5007.9	13787.2	117.8	9254.1
2009	12715.5	483.9	145.8	16410.5	5526.9	14895.5	129.6	10875.7

22-46 各地区城镇基本养老保险情况(2009年)
Statistics on Urban Basic Pension Insurance by Region (2009)

地 区	Region	年末参加城镇基本养老保险人数(万人) Urban Basic Pension Insurance Contributors at Year-end (10 000 persons)	职 工 Number of Staff and Workers	离退休人员 Number of Retirees	基金收支情况(亿元) Revenue and Expenses(100 million yuan) 基金收入 Revenue	基金支出 Expenses	累计结余 Balance at Year-end
全 国	**National Total**	**23549.9**	**17743.0**	**5806.9**	**11490.8**	**8894.4**	**12526.1**
北 京	Beijing	826.7	638.4	188.2	527.6	415.7	441.4
天 津	Tianjin	401.5	265.0	136.5	250.1	230.1	196.0
河 北	Hebei	919.5	681.6	238.0	482.9	390.0	430.1
山 西	Shanxi	563.8	427.2	136.6	330.7	219.2	502.3
内蒙古	Inner Mongolia	410.8	298.0	112.8	218.9	171.9	203.2
辽 宁	Liaoning	1457.4	1008.0	449.4	735.9	644.1	660.8
吉 林	Jilin	554.3	383.2	171.1	254.2	205.1	314.8
黑龙江	Heilongjiang	920.3	586.7	333.7	492.3	400.7	455.0
上 海	Shanghai	1001.1	625.1	376.0	790.4	739.7	419.6
江 苏	Jiangsu	1883.1	1467.7	415.4	895.7	645.9	1006.5
浙 江	Zhejiang	1527.4	1317.8	209.6	526.5	369.7	986.1
安 徽	Anhui	628.2	458.7	169.5	299.3	232.2	280.6
福 建	Fujian	585.9	477.8	108.1	198.0	171.5	180.8
江 西	Jiangxi	581.9	446.0	135.9	193.1	160.1	165.3
山 东	Shandong	1661.0	1335.0	326.0	824.7	621.7	883.4
河 南	Henan	1019.1	764.6	254.5	417.1	363.6	399.6
湖 北	Hubei	982.0	708.4	273.6	435.1	350.6	345.4
湖 南	Hunan	879.1	632.9	246.1	384.3	307.9	358.6
广 东	Guangdong	2716.4	2422.3	294.2	886.5	553.1	1951.4
广 西	Guangxi	411.3	293.4	118.0	243.6	147.2	284.5
海 南	Hainan	168.1	124.9	43.2	72.9	57.8	58.7
重 庆	Chongqing	492.8	316.3	176.5	317.8	240.5	209.2
四 川	Sichuan	1176.2	782.7	393.5	720.6	490.5	733.1
贵 州	Guizhou	235.6	172.1	63.5	124.8	89.9	140.7
云 南	Yunnan	306.5	216.3	90.2	168.0	126.8	179.5
西 藏	Tibet	9.2	6.1	3.1	10.6	8.5	3.2
陕 西	Shaanxi	458.8	327.9	131.0	235.2	201.2	165.6
甘 肃	Gansu	230.9	163.4	67.5	138.1	106.6	139.4
青 海	Qinghai	71.3	52.0	19.3	46.0	36.9	42.1
宁 夏	Ningxia	89.4	69.4	20.0	51.0	38.1	72.7
新 疆	Xinjiang	356.9	256.3	100.6	216.4	155.9	310.0
不分地区	Not Classified by Region	23.1	17.9	5.2	2.6	1.8	6.5

注：不分地区合计中，包括中国人民银行、中国农业发展银行数。
a) Data in the category of "Not Classified by Region" include data from the People's Bank of China and Agricultural Development Bank of China.

22-47 各地区失业保险情况（2009年）
Statistics of Unemployment Insurance by Region (2009)

地 区	Region	年末参加失业保险人数(万人) Unemployment Insurance Contributors at Year-end (10 000 persons)	年末领取失业保险金人数(万人) Beneficiaries of Unemployment Insurance Fund (10 000 persons)	基金收支情况(亿元) Revenue and Expenses (100 million yuan)		
				基金收入 Revenue	基金支出 Expenses	累计结余 Balance at Year-end
全 国	**National Total**	**12715.5**	**235.3**	**580.4**	**366.8**	**1523.6**
北 京	Beijing	675.7	1.8	27.9	17.8	81.7
天 津	Tianjin	239.2	3.1	18.9	15.6	41.5
河 北	Hebei	484.4	10.4	24.9	24.2	50.6
山 西	Shanxi	293.3	6.1	11.9	6.2	38.1
内蒙古	Inner Mongolia	229.7	2.5	9.7	5.2	21.8
辽 宁	Liaoning	625.3	13.4	35.5	21.6	39.0
吉 林	Jilin	241.4	14.3	12.0	8.4	27.1
黑龙江	Heilongjiang	471.3	9.3	14.5	8.2	57.0
上 海	Shanghai	523.5	14.6	61.8	54.7	76.4
江 苏	Jiangsu	1079.1	19.7	58.5	36.3	141.2
浙 江	Zhejiang	784.5	5.5	43.8	17.6	127.8
安 徽	Anhui	377.8	10.5	14.4	11.5	21.4
福 建	Fujian	348.1	3.6	11.3	4.3	46.2
江 西	Jiangxi	275.5	3.4	7.0	2.8	22.4
山 东	Shandong	899.5	23.0	41.5	22.2	131.5
河 南	Henan	690.2	16.7	17.8	12.3	39.0
湖 北	Hubei	440.3	7.0	14.6	8.9	39.4
湖 南	Hunan	392.0	8.3	13.7	7.3	30.4
广 东	Guangdong	1470.7	12.8	31.0	18.1	186.2
广 西	Guangxi	237.0	7.6	10.5	5.3	38.9
海 南	Hainan	97.5	2.8	3.8	2.0	12.3
重 庆	Chongqing	215.9	4.7	10.7	4.8	23.4
四 川	Sichuan	463.5	10.0	25.4	13.7	47.5
贵 州	Guizhou	144.6	1.1	6.6	5.8	30.5
云 南	Yunnan	198.7	3.5	8.0	5.4	34.7
西 藏	Tibet	8.8		1.1	0.5	4.1
陕 西	Shaanxi	331.0	9.3	15.2	7.4	37.9
甘 肃	Gansu	164.1	3.7	8.4	6.1	15.4
青 海	Qinghai	36.0	1.0	2.5	1.5	7.7
宁 夏	Ningxia	44.9	1.1	2.4	1.2	7.1
新 疆	Xinjiang	231.8	4.9	15.0	10.1	45.4

22-48 各地区城镇基本医疗保险参保人数(2009年)
Persons Covered of Urban Basic Medical Care Insurance by Region(2009)

单位：万人 (10000 persons)

地 区	Region	年末参保人数合计 Persons Covered at Year-end	城镇职工 Urban Workers	在岗职工 Staff and Workers	退休人员 Retirees	城镇居民 Urban Non-employment
全 国	**National Total**	**40147.0**	**21937.4**	**16410.5**	**5526.9**	**18209.6**
北 京	Beijing	1083.9	938.4	746.6	191.8	145.5
天 津	Tianjin	605.3	444.1	293.5	150.6	161.2
河 北	Hebei	1421.1	802.1	580.4	219.7	619.0
山 西	Shanxi	879.0	534.6	406.1	128.5	344.5
内蒙古	Inner Mongolia	805.3	410.4	292.6	117.8	394.9
辽 宁	Liaoning	1895.6	1347.0	902.6	444.5	548.6
吉 林	Jilin	1242.8	486.4	339.0	147.4	756.4
黑龙江	Heilongjiang	1544.3	851.3	594.8	256.5	693.0
上 海	Shanghai	1583.8	1329.6	957.1	372.5	254.2
江 苏	Jiangsu	3031.0	1701.1	1282.5	418.6	1329.9
浙 江	Zhejiang	1784.4	1173.7	962.0	211.8	610.7
安 徽	Anhui	1435.8	570.2	409.9	160.4	865.6
福 建	Fujian	1137.2	503.7	389.0	114.7	633.5
江 西	Jiangxi	1300.4	515.1	363.5	151.6	785.3
山 东	Shandong	2540.2	1428.6	1140.8	287.8	1111.6
河 南	Henan	1970.1	920.1	676.4	243.7	1050.0
湖 北	Hubei	1811.7	820.4	584.1	236.2	991.3
湖 南	Hunan	1831.9	746.4	520.8	225.6	1085.5
广 东	Guangdong	4568.5	2556.4	2297.0	259.4	2012.1
广 西	Guangxi	850.0	388.8	278.2	110.6	461.2
海 南	Hainan	283.8	152.7	111.3	41.5	131.0
重 庆	Chongqing	769.5	362.5	241.7	120.8	407.0
四 川	Sichuan	1912.7	958.5	641.2	317.3	954.2
贵 州	Guizhou	567.0	279.5	194.5	85.1	287.5
云 南	Yunnan	762.5	397.4	279.1	118.3	365.0
西 藏	Tibet	36.0	22.6	16.2	6.4	13.5
陕 西	Shaanxi	890.0	463.3	318.1	145.2	426.8
甘 肃	Gansu	557.4	272.2	194.5	77.7	285.2
青 海	Qinghai	104.8	75.7	51.1	24.6	29.1
宁 夏	Ningxia	186.0	87.0	63.2	23.8	99.0
新 疆	Xinjiang	755.0	397.5	282.8	114.7	357.4

22-49 各地区城镇基本医疗保险基金收支情况（2009年）
Revenue and Expenses of Urban Basic Medical Care Insurance by Region (2009)

单位：亿元 (100 million yuan)

地区	Region	基金收入 Revenue			基金支出 Expenses			累计结余 Balance at the Year-end		
		合计 Total	职工 Workers	居民 Non-employment	合计 Total	职工 Workers	居民 Non-employment	合计 Total	职工 Workers	居民 Non-employment
全国	**National Total**	**3671.9**	**3420.3**	**251.6**	**2797.4**	**2630.1**	**167.3**	**4275.9**	**4055.2**	**220.7**
北京	Beijing	243.1	237.9	5.1	211.9	207.9	4.1	187.9	180.5	7.4
天津	Tianjin	88.5	85.3	3.2	86.2	83.8	2.4	38.8	37.7	1.1
河北	Hebei	135.7	128.7	6.9	95.5	90.7	4.8	148.2	141.5	6.8
山西	Shanxi	75.0	70.2	4.8	54.6	53.2	1.4	98.0	91.9	6.1
内蒙古	Inner Mongolia	65.4	60.1	5.3	47.4	44.6	2.8	73.3	67.5	5.9
辽宁	Liaoning	202.5	195.9	6.6	146.9	143.3	3.6	216.6	210.7	5.9
吉林	Jilin	72.0	63.6	8.4	43.6	38.0	5.6	90.0	82.8	7.2
黑龙江	Heilongjiang	139.6	129.2	10.4	86.0	81.3	4.7	167.0	157.0	10.0
上海	Shanghai	279.4	268.5	11.0	241.9	231.1	10.7	175.4	173.7	1.7
江苏	Jiangsu	307.5	291.5	16.0	243.4	231.1	12.3	385.0	370.0	15.1
浙江	Zhejiang	217.5	201.6	15.9	170.8	157.2	13.5	313.8	305.3	8.5
安徽	Anhui	90.2	75.9	14.3	66.5	57.3	9.3	109.4	93.9	15.5
福建	Fujian	92.6	86.8	5.8	72.0	67.2	4.8	157.2	152.7	4.4
江西	Jiangxi	59.6	49.7	9.9	38.0	33.4	4.6	69.6	60.5	9.2
山东	Shandong	215.4	203.8	11.6	176.8	168.5	8.2	220.6	210.7	9.9
河南	Henan	111.1	100.9	10.2	81.1	74.3	6.7	142.2	131.6	10.6
湖北	Hubei	111.5	101.0	10.5	83.2	77.3	5.9	135.4	121.4	14.0
湖南	Hunan	121.1	110.4	10.7	83.0	76.4	6.6	141.5	130.8	10.7
广东	Guangdong	348.0	319.4	28.6	258.7	237.0	21.8	591.4	575.3	16.1
广西	Guangxi	60.6	56.2	4.4	41.6	40.2	1.4	96.4	91.8	4.6
海南	Hainan	25.7	24.2	1.5	14.0	13.1	0.8	23.2	20.7	2.4
重庆	Chongqing	59.6	55.9	3.8	44.7	41.3	3.5	77.7	75.6	2.1
四川	Sichuan	166.8	147.4	19.4	123.2	111.3	11.9	223.0	205.2	17.8
贵州	Guizhou	39.9	36.9	3.1	28.3	26.8	1.6	45.6	42.5	3.1
云南	Yunnan	92.3	86.6	5.7	71.0	67.4	3.6	95.6	89.8	5.8
西藏	Tibet	8.1	7.6	0.5	4.9	4.6	0.3	9.1	8.8	0.3
陕西	Shaanxi	81.9	75.7	6.2	54.9	51.8	3.1	79.6	73.7	5.9
甘肃	Gansu	43.8	39.2	4.6	33.3	30.5	2.8	41.6	36.2	5.4
青海	Qinghai	20.9	20.5	0.4	16.6	16.2	0.4	25.7	25.0	0.6
宁夏	Ningxia	16.1	14.0	2.1	12.4	11.3	1.1	19.2	17.7	1.6
新疆	Xinjiang	80.7	75.9	4.9	65.0	62.1	2.9	78.1	72.8	5.2

22-50 各地区工伤保险情况（2009年）
Statistics of Work Injury Insurance by Region (2009)

地区	Region	年末参加工伤保险人数（万人） Work Injury Insurance Contributors at Year-end (10 000 persons)	享受工伤待遇人数（万人） Beneficiaries at Year-end (10 000 persons)	基金收支情况(亿元) Revenue and Expenses (100 million yuan)		
				基金收入 Revenue	基金支出 Expenses	累计结余 Balance at Year-end
全 国	**National Total**	**14895.5**	**129.6**	**240.1**	**155.7**	**468.8**
北 京	Beijing	747.1	4.1	11.3	9.1	15.0
天 津	Tianjin	292.2	3.1	5.0	3.6	10.0
河 北	Hebei	559.3	6.0	12.7	10.2	16.0
山 西	Shanxi	280.7	4.3	9.8	7.7	13.5
内蒙古	Inner Mongolia	199.1	1.6	4.2	2.4	5.6
辽 宁	Liaoning	695.8	9.0	13.4	8.7	18.9
吉 林	Jilin	272.2	3.0	3.9	2.9	4.5
黑龙江	Heilongjiang	401.8	5.6	9.4	6.9	10.7
上 海	Shanghai	934.0	1.3	11.3	4.4	30.0
江 苏	Jiangsu	1118.1	9.3	15.7	11.9	30.5
浙 江	Zhejiang	1331.1	18.0	17.1	10.7	29.7
安 徽	Anhui	320.6	3.9	4.8	3.0	8.6
福 建	Fujian	379.3	2.3	5.0	2.5	19.3
江 西	Jiangxi	340.2	1.9	3.2	1.9	6.9
山 东	Shandong	1064.6	9.2	16.8	11.7	21.4
河 南	Henan	521.0	3.2	8.5	4.9	16.3
湖 北	Hubei	410.7	2.7	4.1	2.1	8.3
湖 南	Hunan	472.1	5.3	8.6	6.6	11.8
广 东	Guangdong	2435.5	15.0	28.7	17.0	116.4
广 西	Guangxi	221.7	1.2	2.9	1.3	10.2
海 南	Hainan	90.1	0.3	1.0	0.4	3.8
重 庆	Chongqing	226.5	4.7	5.8	4.8	2.4
四 川	Sichuan	515.8	6.1	12.3	7.1	18.0
贵 州	Guizhou	143.3	1.4	4.2	3.0	5.9
云 南	Yunnan	215.1	2.4	6.2	3.1	10.1
西 藏	Tibet	8.3		0.2		0.5
陕 西	Shaanxi	264.9	1.4	4.7	2.0	8.3
甘 肃	Gansu	119.7	0.8	2.6	1.7	4.7
青 海	Qinghai	40.1	0.5	1.4	0.8	2.3
宁 夏	Ningxia	42.4	0.2	1.1	0.6	1.0
新 疆	Xinjiang	232.3	1.9	4.2	2.6	8.3

注：工伤保险累计结余中含储备金。
a) Balance of work injury insurance includes reserves.

22-51 各地区生育保险情况（2009年）
Statistics of Maternity Insurance by Region (2009)

地　区	Region	年末参加生育保险人数（万人） Maternity Insurance Contributors at Year-end (10 000 persons)	享　受待遇人数（万人次） Beneficiaries at Year-end (10 000 persons)	基金收支情况(亿元) Revenue and Expenses (100 million yuan)		
				基金收入 Revenue	基金支出 Expenses	累计结余 Balance at Year-end
全　国	**National Total**	**10875.7**	**174.0**	**132.4**	**88.3**	**212.1**
北　京	Beijing	346.8	12.8	10.7	7.3	15.2
天　津	Tianjin	204.6	4.8	4.9	3.4	9.7
河　北	Hebei	489.9	6.7	3.8	2.1	4.6
山　西	Shanxi	185.8	0.9	1.9	0.8	3.0
内蒙古	Inner Mongolia	182.9	2.0	1.8	1.0	2.8
辽　宁	Liaoning	531.2	13.5	5.7	4.3	6.8
吉　林	Jilin	289.9	4.6	1.8	0.8	3.3
黑龙江	Heilongjiang	270.0	3.3	2.6	1.6	5.4
上　海	Shanghai	625.1	6.5	10.5	10.8	2.0
江　苏	Jiangsu	962.5	23.3	16.2	11.0	32.9
浙　江	Zhejiang	750.7	10.4	9.5	7.9	11.5
安　徽	Anhui	303.6	4.6	2.9	1.9	3.7
福　建	Fujian	317.8	4.5	3.5	2.5	6.8
江　西	Jiangxi	163.0	0.7	0.7	0.4	2.4
山　东	Shandong	703.0	14.4	9.7	6.7	16.5
河　南	Henan	379.8	4.0	3.5	1.4	6.0
湖　北	Hubei	357.1	6.5	3.0	1.3	6.3
湖　南	Hunan	502.4	9.0	3.7	2.3	7.0
广　东	Guangdong	1586.3	12.5	15.7	9.6	24.0
广　西	Guangxi	199.0	3.2	2.2	1.3	4.9
海　南	Hainan	85.0	1.2	0.6	0.2	1.9
重　庆	Chongqing	155.5	3.7	2.3	1.2	3.6
四　川	Sichuan	426.4	5.8	4.3	2.9	9.7
贵　州	Guizhou	152.5	1.9	1.1	0.4	2.1
云　南	Yunnan	181.1	2.8	2.6	1.4	6.8
西　藏	Tibet	14.2	0.2	0.3	0.1	0.4
陕　西	Shaanxi	164.4	2.1	1.7	0.7	2.8
甘　肃	Gansu	71.2	0.7	0.7	0.4	1.4
青　海	Qinghai	6.3	0.1	0.1	0.1	0.3
宁　夏	Ningxia	30.7	0.5	0.4	0.2	0.4
新　疆	Xinjiang	236.8	6.6	4.1	2.2	8.1

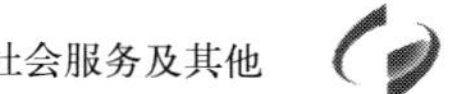

22-52 各地区农村社会养老保险情况（2009年）
Statistics on Basic Pension Insurance in Rural Areas by Region (2009)

单位：万人 (10 000 persons)

地 区	Region	年末参加农村社会养老保险人数 Rural Basic Pension Insurance Contributors at Year-end	#本年参保人数 Contributors in the Year	#本年乡镇企业参保人数 Contributors from Township Enterprise in the Year	领取养老金人数 Beneficiaries of Pension Insurance 本年领取养老金农民人数 Farmer Beneficiaries in the Year	本年退保转移死亡人数 Surrendered Persons due to Transfer or Death in the Year
全 国	**National Total**	**7277.3**	**2016.6**	**16.7**	**1335.2**	**88.2**
北 京	Beijing	162.0	34.1		14.2	1.5
天 津	Tianjin	18.5	18.5		4.9	
河 北	Hebei	291.5	41.6	0.2	38.4	1.5
山 西	Shanxi	378.2	216.3	1.1	75.5	0.5
内蒙古	Inner Mongolia	92.8	42.3	0.5	23.6	5.1
辽 宁	Liaoning	210.7	0.6		6.5	1.7
吉 林	Jilin	7.6	0.0		0.2	0.1
黑龙江	Heilongjiang	210.1	27.6	0.2	37.3	0.5
上 海	Shanghai	45.3	2.9	0.4	38.5	10.1
江 苏	Jiangsu	1258.0	315.5	4.8	276.8	34.4
浙 江	Zhejiang	440.2	13.0	0.0	13.7	12.4
安 徽	Anhui	160.7	5.2	0.4	9.3	0.7
福 建	Fujian	145.1	1.0	1.1	2.4	0.3
江 西	Jiangxi	212.7	28.5		26.0	0.2
山 东	Shandong	1235.6	172.9	0.7	152.5	9.2
河 南	Henan	172.5	7.3	0.2	6.9	0.5
湖 北	Hubei	267.1	19.3	0.5	265.4	1.4
湖 南	Hunan	309.3	309.3		107.5	
广 东	Guangdong	258.6	103.3		108.3	0.4
广 西	Guangxi	175.4	2.4		5.9	0.2
海 南	Hainan	27.8	7.2	6.3	2.3	0.1
重 庆	Chongqing	302.6	279.0		0.1	
四 川	Sichuan	314.1	29.3		24.4	3.1
贵 州	Guizhou	4.2	4.2		1.3	
云 南	Yunnan	156.3	2.1	0.3	9.6	0.3
西 藏	Tibet					
陕 西	Shaanxi	253.7	186.7		50.4	3.2
甘 肃	Gansu	123.2	113.8		28.0	0.2
青 海	Qinghai					
宁 夏	Ningxia	26.6	25.7		4.3	
新 疆	Xinjiang	17.0	7.0		1.3	0.8

22-53 残疾人事业基本情况
Basic Information of Person with Disabilities

项　　目	Item	2005	2006	2007	2008	2009
康复	**Rehabilitation**					
视力残疾康复	Rehabilitation of Persons with Sight Disability					
白内障复明手术 (万例)	Sight-restoring Cataract Surgeries (10 000 cases)	57.2	70.6	80.0	88.8	104.3
#贫困白内障患者免费手术	Free Surgeries for Poor Cataract Patients	10.8	14.9	23.0	25.1	37.3
低视力者配用助视器 (人)	Vision-aids Provided for Persons of Low-vision (persons)	35575	32298	31607	34803	40501
盲人定向行走训练数 (人)	Blindman Trained with Direction Walking (persons)		6815	12224	12936	15034
聋儿康复	Rehabilitation of Children with Hearing Disability					
年收训聋儿 (人)	Hearing and Speech Training (persons)	19765	19444	19869	20122	19830
培训家长 (人)	Parents Trained (person)	23374	22322	26737	24314	25654
精神病防治康复	Prevention and Treatment of Psychiatric Diseases					
开展精神病防治康复工作市县数 (个)	Counties Carried on the Works of Prevention and Treatment of Psychiatric Diseases (units)	739	1294	1555	1644	1727
综合防治康复精神病人数 (万人)	Prevention and Treatment Provided for Patients with Severe Psychiatric Diseases (10 000 persons)	274.3	348.8	433.9	444.3	490.3
监护率 (%)	Guardianship Rate (%)	92.4	88.1	83.8	86.4	84.2
显好率 (%)	Significant Improvement Rate (%)	73.5	71.1	69.3	70.0	69.5
社会参与率 (%)	Social Involvement Rate (%)	62.3	59.5	56.1	56.9	55.4
肇事率 (%)	Violent Events Rate (%)	0.2	0.3	0.4	0.2	0.4
孤独症儿童训练数 (人)	Trained Persons with Infantile Autism (person)		750	1056	1027	5290
肢体残疾康复 (人)	Rehabilitation of Persons with Physical Disability (person)					
肢体残疾人社区康复训练数	Persons Rehabilitated at Community	53808	53903	75947	80468	90588
肢体残疾儿童机构康复训练数	Children Rehabilitated at Institutions		13674	12239	15690	15058
智力残疾康复 (人)	Rehabilitation of Persons with Intellectual Disability (person)					
智残儿童康复训练数	Children Rehabilitated	24141	25657	26084	26887	26748
智残儿童家长培训数	Parents Trained		18192	17263	20385	19950
麻风畸残康复矫治手术 (例)	Rehabilitation of People with Leprosy Orthopaedic Surgeries (case)	3903	1692	3964	1034	1166
教育	**Education**					
未入学适龄残疾儿童少年 (万人)	School-age Disabled Children without Schooling (10 000 persons)	24.3	22.3	22.7	22.0	21.1
职业教育与培训	Vocational Education and Training					
机构数 (个)	Facilities (unit)	3250	4457	4032	3731	3984
教育与培训人数 (万人次)	Number of Educated and Trained (10 000 person-times)	58.8	64.7	72.6	77.4	78.5
就业	**Employment**					
城镇残疾人就业状况	Employment of Urban Handicapped					
当年安排就业 (万人)	Persons Employed in the Year (10 000 persons)	39.1	36.2	39.2	36.8	35.0
#按比例就业	Employed by Quota Scheme	11.0	9.9	11.5	9.9	8.9
集中就业	Employed at Welfare Enterprises	11.4	10.3	11.9	11.3	10.5
个体及其他形式就业	Self-employed and Others	16.7	16.0	15.8	15.6	15.6
残疾人就业服务机构 (个)	Employment Service Institutions for Handicapped (unit)	3048	3076	3127	3127	3043
省	Provinces	33	33	33	33	33
地(州、盟)	Prefectures	46	48	47	52	49
市(含地级市、县级市)	Cities (inc. Cities at County Level)	648	644	647	617	631
县	County	1528	1555	1576	1602	1542
市辖区	Districts under the Jurisdiction of Cities	793	796	824	823	788
盲人按摩	**Massage by Persons with Visual Disability**					
保健按摩员培训 (人)	Massage Therapists Training (person)	7399	9193	10052	13066	12864
医疗按摩员培训 (人)	Keep-fit Massager Training (person)	5075	5514	7143	5743	4686
扶贫	**Poverty Alleviation**					
扶贫开展情况	Poverty Alleviation condition					
扶持贫困残疾人 (万人次)	Number of People with Disabilities Assisted (10 000 person-times)	194.2	176.7	179.4	179.8	192.3
实用技术培训 (万人次)	Training on Applied Technologies for People with Disabilities (10 000 person-times)	71.6	80.8	77.0	87.0	84.0
农村贫困残疾人危房改造	Reconstruction of houses for needy people with disabilities in rural areas					
危房改造 (万户)	Number of Houses Reconstructed for People with Disabilities (10 000 households)	2.1	5.3	12.2	9.8	10.2
受益残疾人 (万人)	Number of People with Disabilities Who Benefited (10 000 persons)	2.7	8.9	16.7	14.0	14.0
残联组织建设	**Organization of the Disabled Persons' Federation**					
残疾人工作者数 (万人)	Workers Working for the Disabled (10 000 persons)	8.1	9.1	9.4	9.4	9.5

注：根据2006年全国残疾人抽样调查的结果推算，目前全国各类残疾人的总数约8296万人。

a) According to the calculation from the handicapped survey in 2006, number of total handicapped in China is about 82.96 million persons now.

主要统计指标解释

公证人员 指在公证处工作的人员总称，包括公证处主任、副主任、公证员、公证员助理(助理公证员)和其他从事辅助性工作的人员。

公证文书 指公证处根据当事人申请，依照事实和法律，按照法定程序制作的，具有法律效力的司法证明文书。

特大火灾 指造成 30 人以上死亡，或者 100 人以上重伤，或者 1 亿元以上直接财产损失的火灾。

重大火灾 指造成 10 人以上 30 人以下死亡，或者 50 人以上 100 人以下重伤，或者 5000 万元以上 1 亿元以下直接财产损失的火灾。

较大火灾 指造成 3 人以上 10 人以下死亡，或者 10 人以上 50 人以下重伤，或者 1000 万元以上 5000 万元以下直接财产损失的火灾。

一般火灾 指造成 3 人以下死亡，或者 10 人以下重伤，或者 1000 万元以下直接财产损失的火灾。

人民检察院直接立案侦查案件 指按照管辖的规定，由人民检察院直接立案侦查的贪污贿赂犯罪、渎职犯罪、国家机关工作人员利用职权实施的侵犯公民人身权利和民主权利的犯罪以及经省级人民检察院决定立案侦查的国家机关工作人员利用职权实施的其他重大犯罪案件。

要案 指县、处级以上干部的犯罪案件。该指标主要反映职务犯罪案件中县、处级以上干部被人民检察院依法立案侦查的情况。

批准逮捕 指人民检察院对公安机关、国家安全机关、监狱管理机关提出逮捕的犯罪嫌疑人进行审查，根据事实，依法做出逮捕决定。该指标主要反映人民检察院对提请逮捕犯罪嫌疑人进行审查后依法做出批准逮捕决定的情况。

决定逮捕 指人民检察院对直接立案侦查的案件，认为需要逮捕犯罪嫌疑人时，依据法律做出的逮捕决定。该指标主要反映人民检察院对直接受理的案件行使决定逮捕权的情况。

提起公诉 指人民检察院对公安机关、国家安全机关、监狱管理机关和检察机关侦查部门等移送起诉的案件进行审查，根据事实，做出提起公诉的案件。该指标主要反映人民检察院对各种刑事案件向人民法院提起公诉的情况。

适用简易程序 指人民法院对依法可能判处三年以下有期徒刑、拘役、管制、单处罚金的公诉案件，事实清楚，证据充分，人民检察院建议或者同意适用简易程序的；告诉才处理的案件；被害人起诉的有证据证明的轻微刑事案件。

提出抗诉 指人民检察院对人民法院的判决、裁定认为确有错误，向人民法院提出对案件重新进行审理的诉讼活动。包括按照第二审程序提出的抗诉和按照审判监督程序（再审程序）提出的抗诉。

撤回抗诉 指上级人民检察院对下级人民检察院按照第二审程序提出的抗诉，经审查，认为抗诉不当时向同级人民法院撤回抗诉，同时通知提出抗诉的下级人民检察院。

立案监督 指人民检察院对侦查机关刑事立案活动的监督。包括对应当立案而不立案的监督和不应立案而立案的监督。

监督立案 包括侦查机关接到要求说明不立案理由后主动立案和执行通知立案两个内容。

监管活动 指人民检察院对监狱等监管改造场所的管理活动进行的监督。

青少年罪犯 指人民法院在报告期内判决发生法律效力的有罪判决中 14 周岁以上不满 25 周岁的罪犯。其中 14 周岁以上不满 18 周岁的罪犯为未成年罪犯。

行政案件 指公民、法人和其他组织不服行政机关作出的具体行政行为，向人民法院提起行政诉讼，人民法院依法审理的案件。

单独赔偿 指单独提起行政赔偿的案件。当事人对行政行为的合法性没有争议，就行政侵权造成的损害赔偿单独提起赔偿诉讼。

军休所 即军队离退休干部休养所，指民政部门管理的、独立核算的、为军队离退休干部服务的事业单位。

军供站 即军队供应管理单位，指地方政府委托民政部门管理的、独立核算的、为战时或平时军队来往服务的军用饮食供应站、军用供水站、军人转运接待站等单位的总称。

城镇居民最低生活保障人数 指在报告期末家庭平均收入在当地规定的最低生活保障线以下的城镇居民数。包括“三无”对象，失业人员和在职、下岗、退休人员等。

农村居民最低生活保障人数 指报告期末在建立农村最低生活保障制度的地区，得到当地政府或集体给予最低生活保障的农业人口家庭人数。

五保户 指无法定抚养义务人，或者虽有法定抚养义务人，但是抚养人无抚养能力的；无劳动能力的；无生活来源的老年人、残疾人和未成年人。

农村传统救济人数 指未开展最低生活保障制度的农村地区，仍沿用传统救济制度救济的贫困人口数量。

社会福利企业 指以集中安置有一定劳动能力的残疾人员就业为目（残疾职工占生产人员 10%以上）、带有社会福利性质的企业总称。主要包括福利工厂、假肢厂和其他福利企业。

城镇社区服务设施数 指报告期末城镇（街道办事处、居委会）设立的以非盈利为目的，为本社区居民服务，特别是为老年人、残疾人、儿童服务的社区服务中心、活动站、服务站、养老院、老年公寓（托老所），残疾人工疗站、残疾儿童日托所、家务服务站、婚姻介绍所等福利性设施以及职工社会保险管理服务的机构数。几种不同类型的社区服务单位，共用一个场所的，只能统计为一个社区服务设施。成为社区服务设施的条件：（1）是独立核算单位；（2）有固定的从业人员；（3）有一定的服务项目；（4）有一定的场所。

粗离婚率 指当年离婚对数占年平均人口的比重，计算公式为：

$$粗离婚率=\frac{当年离婚对数}{年平均人口数}\times 1000‰。$$

综合防治康复精神病人数 指在开展精神病防治康复工作地区，采取不同形式，接受综合性防治康复措施、开放式管理的精神病人数。该指标主要反映精神病患者接受治疗康复情况。

监护率 指通过监护小组、家庭病床、工疗站、社会就业以及精神卫生机构，接受社会化、综合性、开放式治疗与康复的精神病人占经调查摸底、登记在册的精神病人数的百分比。该指标主要反映对精神病患者落实治疗康复措施的情况。

社会参与率 指生活能自理，并参加生产劳动和社会生活的精神病人数占监护精神病人数的百分比。该指标主要反映精神病人康复状况和参与社会的情况。

肇事率 指年度内精神病人肇事程度达到违反社会治安管理条例以上的人次数占经调查摸底、登记在册的精神病人总数的百分比。

未入学学龄残疾儿童少年总人数 指截止到本年度12月31日，在省级人民政府依照《义务教育法》规定的入学年龄段内的，因各种原因未能入学的各类残疾儿童少年人数。

集中就业人数 指截止到本年度12月31日，城镇残疾人集中在福利企业、工疗机构、盲人按摩机构等单位就业的实际人数。

按比例就业人数 指截止到本年度12月31日，城镇残疾人分散在机关、团体、企事业单位及各种经济组织等单位就业的实际人数。

受理劳动争议案件数 指劳动争议仲裁委员会根据国家有关规定，对劳动争议当事人的申请予以审查，符合受理条件而正式立案、准备处理的劳动争议案件数。

城镇职工基本养老保险

1.（参保）职工人数 指报告期末按照国家法律、法规和有关政策规定参加基本养老保险并在社保经办机构已建立缴费记录档案的职工人数，包括中断缴费但未终止养老保险关系的职工人数，不包括只登记未建立缴费记录档案的人数。

2.（参保）离退休人员人数 指报告期末参加基本养老保险的离休、退休和退职人员的人数。

3.基本养老保险基金收入 指根据国家有关规定，由纳入基本养老保险范围的缴费单位和个人按国家规定的缴费基数和缴费比例缴纳的养老保险基金，以及通过其他方式取得的形成基金来源的收入。包括单位和职工个人缴纳的基本养老保险费、基本养老保险基金利息收入、上级补助收入、下级上解收入、转移收入、财政补贴和其他收入。

4.基本养老保险基金支出 指按照国家政策规定的开支范围和开支标准从养老保险基金中支付给参加基本养老保险的个人的养老金、丧葬抚恤补助，以及由于保险关系转移、上下级之间调剂资金等原因而发生的支出。包括离休金、退休金、退职金、各种补贴、医疗费、死亡丧葬补助费、抚恤救济费、社会保险经办机构管理费、补助下级支出、上解上级支出、转移支出、其他支出等。

5.基本养老保险基金累计结余 指截止报告期末基本养老保险基金收支相抵后的累计余额。

基本医疗保险

1.参保人数 指报告期末按国家有关规定参加基本医疗保险的人数。包括参加保险的职工人数和退休人员人数。

2.基金收入 指根据国家有关规定，由纳入基本医疗保险范围的缴费单位和个人，按国家规定的缴费基数和缴费比例缴纳的基金，以及通过其他方式取得的形成基金来源的款项，包括：单位缴纳的社会统筹基金收入、个人缴纳的个人账户基金收入、财政补贴收入、利息收入、其他收入。

3.基金支出 指按照国家政策规定的开支范围和开支标准从社会统筹基金中支付给参加基本医疗保险的职工和退休人员的医疗保险待遇支出，和从个人帐户基金中支付给参加基本医疗保险的职工和退休人员的医疗费用支出，以及其他支出。包括：住院医疗费用支出、门急诊医疗费用支出、个人账户基金支出、其他支出。

4.基金累计结余 指截止报告期末基本医疗保险的社会统筹和个人帐户基金累计结余金额。包括银行存款、财政专户、债券投资和其他。

失业保险

1.参保人数 指报告期末按照国家法律、法规和有关政策规定参加了失业保险的城镇企业事业单位的职工及地方政府规定参加失业保险的其他人员的人数。

2.失业保险基金收入 指按照规定从企业、事业及其他单位筹集的失业保险费及其他并入失业保险基金收入的总额。包括单位和个人缴纳的失业保险费、失业保险基金利息收入、上级补助收入、下级上解收入、转移收入、财政补贴和其他收入。

3.失业保险基金支出 指报告期内为保障失业人员和下岗职工基本生活、促进其再就业等支出的基金总额。包括失业救济金、医疗费、死亡丧葬补助费、抚恤救济费、转业训练费支出、失业保险经办机构管理费、补助下级支出、上解上级支出、转移支出和其他支出。

4.基金累计结余 指截止报告期末失业保险基金收支相抵后的累计余额。

工伤保险

1.参加保险人数 指报告期末依据国家有关规定参加工伤保险的职工人数。

2.享受保险待遇人数 指劳动者因工负伤致残、死亡或因患职业病致残，根据有关规定享受工伤保险待遇职工或供养直系亲属人数。包括伤残人数、职业病人数、因工死亡人数、供养直系亲属人数。

3.基金收入 指根据国家有关规定，由参加工伤保险的单位按国家规定的缴费基数和缴费比例缴纳的工伤保险基金，以及通过其他形式取得的形成基金来源的款项。包括:单位缴纳的社会统筹基金收入、财政补贴收入、利息收入、其他收入。

4.基金支出 指按照国家政策规定的开支范围和开支标准从工伤保险基金中支付给参加工伤保险的人员及供养直系亲属工伤保险待遇支出及其他支出。包括工伤医疗费、伤残补助金、工亡补助金、护理费、丧葬补助费、工伤预防费用、职业康复费用和其他支出。

5.基金累计结余 指截止报告期末工伤保险基金累计结余金额。包括银行存款、财政专户、债券投资和其他。

生育保险

1.参保人数 指报告期末依据有关规定参加生育保险的职工人数。

2.基金收入 指根据国家有关规定，由参加生育保险的单位按照国家规定的缴费基数和缴费比例缴纳的生育保险基金,以及通过其他方式取得的形成基金来源的款项,包括:单位缴纳的基金收入、利息收入和其他收入。

3.基金支出 指按照国家政策规定的开支范围和开支标准，从生育保险基金中支付给参加生育保险的职工，因妊娠、分娩和计划生育手术而享受的待遇及其他支出。包括:生育津贴、医疗费用支出及其他支出。

4.基金累计结余 指截止报告期末生育保险基金累计结余金额。包括银行存款、财政专户、债券投资和其他。

Explanatory Notes on Main Statistical Indicators

Notary Personnel refers to people working for notary offices including: directors, deputy directors, notaries, assistant notaries and other people providing assistance.

Notary Documents refer to the judicial notary documents drawn up at the request of the interested party and are in accordance with facts and the law and following certain legal proceedings.

Extraordinarily Serious Fire Case refers to a case which has caused over 30 deaths; or over 100 serious injuries; or a direct property loss over 100 million yuan.

Serious Fire Case refers to a case which has caused over 10 to 30 deaths; or over 50 to 100 serious injuries; or a direct property loss over 50 million to 100 million yuan.

Comparatively Serious Fire Case refers to a case which has caused over three to ten deaths; or over 10 to 50 serious injuries; or a direct property loss over 10 million to 50 million yuan.

Ordinary Fire Case refers to a case which has caused less than three deaths; or less than 10 serious injuries; or a direct property loss less than 10 million yuan.

Cases Registered and Handled Directly by People's Procuratorate Offices refer to those serious criminal cases that, according to the functional jurisdiction, are registered and handled by the People's Procuratorate Offices, including the ones on bribery and corruption, the ones on abuse and dereliction of duty, offences against citizens' personal and democratic rights by government officials abusing their powers; and that are registered and handled by the provincial Procuratorate offices in relation to other major crimes committed by government officials by abusing their powers.

Key Cases refer to crimes committed by county and director-level officials. This indicator reflects the situation of those county and director-level officials involved in criminal cases registered and handled by People's Procuratorate offices.

Approval for Arrest refers to the decision made by people's procuratorate office, in accordance with the law and relevant facts, to approve the arrest of the suspect(s) as proposed by the public security departments, state security departments or prisons authority. This indicator reflects approved arrests made by people's procuratorate offices that are proposed by related departments.

Decision on Arrest refers to decision made by the people's procuratorate office, in accordance with laws, to arrest the suspect(s) in the cases that are accepted and to be investigated by procurators office. This indicator mainly reflects the implementation of the decision on arrest by people's procuratorate office.

Cases by Public Prosecution refer to those ones that are instituted by People's Procuratorate offices after their examination of such cases transferred by public security organs, national security organs, jail management organs and prosecutorial organs on the bases of the facts found. This indicator reflects the situation of public prosecutions instituted to the people's courts by People's Procuratorate Offices.

Summary Procedure refers to those cases of public prosecution where the suspects might be, according to law, sentenced to fixed-term imprisonment of not more than three years, criminal detention, public surveillance or punishment with fines exclusively, where the facts are clear and the evidence is sufficient, and for which the People's Procuratorate suggests or agrees to the application of summary procedure; those cases to be handled only upon complaints; and those minor criminal cases prosecuted by the victims with evidence.

Protests Presented refers to those protests presented by local People's Procuratorate at any level who considers that there exists some definite error in a judgment or order of first instance made by a People's Court at the same level to the People's Court at the next higher level, including the protests raised in accordance with the second instance and protests raised in accordance with procedure for trial supervision.

Withdrawal of Protests refers to the actions made by the People's Procuratorate at the next higher level when it considers the protests inappropriate by withdrawing the protests from the People's Court at the same level and notifying the People's Procuratorate at the next lower level.

Case Registration Supervision refers to the actions made by the People's Procuratorate to supervise the registration of criminal cases initiated by investigative authorities, including supervision of the cases which have wrongly not been registered and have wrongly been registered.

Supervision of Case Registration includes both the supervision of those registrations initiated by investigatory authorities and the supervision of those registrations according to notifications after hearing declined reasons for registration.

Supervisory Activities refers to the supervision of the People's Procuratorate over the management of prisons as well as other places of criminal reformation under supervision.

Juvenile Criminals refers to the offenders within the age range of 14 to 25 convicted guilty by the court during the reporting period while those between 14 and 18 are defined as minor offenders.

Administrative Cases refers to the cases filed by citizens, corporations and other organizations against the specific administrative conducts of administrative authorities and handled by the court.

Separate Compensation refers to cases that are separately filed for administrative compensation by the party who has no dispute on the legality of administrative conducts but brings proceedings separately to claim for damages caused by administrative tort.

Serviceman Recreation Habitation also calls retired servicemen recreation habitation, refers to the units which are administrated by Ministry of Civil Affairs, and account independently, and provide services for retired servicemen.

Serviceman Supply Stations also call units of management of military supply. They are the general name of units such as military food supply stations, military water supply stations, servicemen transfer reception stations, which are managed by Ministry of Civil Affairs committed by local government, and account independently, and provide services for army during the war or peacetime.

Number of Urban Residents Entitled to Minimum Living Allowances refers to the number of those whose average family income is below a minimum local standard by the end of the reporting period, including both the employed and unemployed, laid off and retired, and those jobless people without stable residence or valid IDs.

Number of Rural Residents Entitled to Minimum Living Allowances refers to the number of those receiving the minimum living allowances from the local government or community in the rural areas where this allowances system is in place as of the end of the reporting period.

Households Enjoying Five Guarantees refers to those senior citizens, handicapped or under-aged who, without labour ability, can not make a living by themselves and whose statutory providers are unable to support them or who have no statutory providers at all.

Number of Rural Recipients of Traditional Relief refers to the poor people entitled to traditional relief in rural areas where the minimum living allowances system is not in place.

Social Welfare Enterprises refers to those welfare-oriented enterprises employing a significant number of handicapped people with certain labour ability (handicapped employees shall exceed 10% of the production staff), including welfare factories, artificial limb plants as well as other welfare enterprises.

Number of Service Facilities in Urban Communities refers to the number non-profit welfare facilities set up by urban communities (community offices and residents' committees) to serve the community residents, including, among others, community-based centers that serve senior citizens, the handicapped or children, recreational centers, service centers, nursing homes, apartments for the elderly (nursery for the aged), work and treatment stations for the handicapped, day-care centers for handicapped children, domestic help agencies and dating services, as well as social insurance management agencies for the employees. Different types of community service providers that share the same premise are regarded as one community service facility. The requirements for a social service facility of communities include: (1) independent accounting; (2) fixed employees; (3) provision of services; and (4) premises.

Crude Divorce Rate refers to ratio of divorced couples to the annual average population for the reference year, the formula is:

$$\text{Crude Divorce rate} = \frac{\text{number of couples divorced for the reference year}}{\text{annual average population}} \times 1000\ ‰$$

Number of Mental Patients under the Integrated Prevention and Rehabilitation Programme refers to mental disease patients receiving integrated prevention and rehabilitation treatment of various forms under open environment in areas with mental disease rehabilitation programmes. This indicator reflects the situation of mental patients receiving rehabilitation treatment.

Supervision Rate refers to the percentage of patients among the total number of registered mental disease patients, who participate in social integrated and open treatment and rehabilitation programmes through various forms such as supervision groups, family treatment, employment or guidance from psychiatric institutions. This indicator reflects the implementation of various measures aimed at rehabilitating those mental patients.

Social Participation Rate refers to proportion of mental disease patients who are able to manage their daily life and participate in economic activities to the total number of mental disease patients under supervision. This indicator reflects the condition of recovery of those mental patients and their participation in social activities.

Violation Rate refers to the number of the patients with mental diseases who have violated the Public Security Regulations as a percentage of the total registered patients with mental diseases within the year.

Total Number of Handicapped School-age Children without School Attendance refers to the number of handicapped children of the school age as prescribed by the provincial government in accordance with the *Law on Compulsory Education* who fail to attend any schools for various reasons as of December 31 of the current year.

Centralized Employment refers to the number of the urban handicapped residents employed, in a centralized manner, by welfare enterprises, work and treatment agencies, blind massagists' centers and other organizations as of December 31of the current year.

Proportionate Employment refers to the number of the urban handicapped residents employed by governmental bodies, organizations, corporate and public institutions, and various economic organizations in a decentralized manner as of December 31 of the current year.

Number of Labour Disputes Cases Accepted refers to the number of cases of labour disputes submitted that, after being reviewed by the labour dispute arbitration committees in line with the relevant national regulations, are accepted and registered for treatment.

Basic Pension Insurance

1.Number of staff and workers covered refer to staff and workers participating in the basic pension insurance programme according to national laws, regulations and related policies at the end of the reference period, who have already had payment records in social security management agencies, including those who have interrupt payment without terminating the insurance programme. Those who have registered in the programme but with no payment records are not included.

2. Number of retirees participating in the basic pension insurance programme refer to the number of retirees participating in basic pension insurance programmes by the end of the reference period.

3. Revenue of the basic pension insurance programme refers to payments made by employers and individuals participating in the pension insurance programme in accordance with the basis and proportion stipulated in State regulations, and income from other sources that become source of pension insurance fund, including the premium paid by employers and staff and workers, interest income, subsidies from higher level agencies, income as transfer from subordinate agencies, transferred income, government financial subsidies and other income.

4. Expenditure of basic pension insurance programme refers to payment made on pensions and funeral subsidies to those retired and resigned people covered in pension insurance programmes according to related national policies on scopeand standard of expenditure. Also included are expenditure which arises due to shift of the insurance relationship or adjustment of funds among agencies. More specifically, included are pensions for resigned people, pensions for retired people, pension for people quitting jobs, various subsidies, medical fees, funeral subsidies, compensation payments, management fees for social security agencies, expenses on subsidies to lower subordinates, expenses as transfer to agencies at higher level, transferred expenditure and other expenditure.

5. Balance of basic pension insurance programme refers to the balance of basic pension insurance funds at the end of the reference period after deducting expenses from revenue.

Basic Medical Care Insurance

1. Number of people participating in the insurance programme refers to people participating in the basic medical care insurance programme according to related regulations as at the end of reference period, including number of staff and workers and retirees participating in this insurance programme.

2. Revenue of the insurance programme refers to payments made by employers and individuals participating in the medical care insurance programme in accordance with the basis and proportion stipulated in State regulations, and income from other sources that become source of medical insurance fund, including income of social comprehensive funds paid by employers, income from individual accounts, government financial subsidies, interest income and other income.

3. Expenditure of the insurance programme refers to payment made from social comprehensive funds to those retired and resigned people covered in basic medical care insurance within the scope and standards of expenditure according to related national policies, and medical care payment made from individual accounts to staff and workers and retirees, and other expenses, including medical expenses of hospital inpatients, medical expenses for outpatients and emergency patients, payment from individual accounts and other expenditure.

4. Balance of the basic medical care insurance programme refer to the balance of medical care insurance of social comprehensive funds and individual accounts at the end of the reference period, including bank savings, special fiscal accounts, investment in bonds and others.

Unemployment Insurance

1. Number of people covered refers to staff and workers in urban enterprises or institutions who have participated in the unemployment insurance programme according to relevant policies and regulations, and other people who have participated according to local government regulations, as at the end of reference period.

2. Revenue of the unemployment insurance programme refers to payments made by employers and individuals participating in unemployment insurance programme in accordance with relevant regulations and other income contributed to this programme, including unemployment insurance premium made by employers and individuals, interest income, subsidies from higher level agencies, income as transfer from subordinate agencies, transferred income, government financial subsidies and other income.

3. Expenditure of the unemployment insurance programme refers to total expenses during the reference period to guarantee the basic livelihood of unemployed people and laid-off staff and workers and to encourage their re-employment. Included are unemployment relief, medical fees, funeral subsidies, compensation payments, training expenses, management fees for unemployment insurance agencies, subsidies to lower level agencies, expenses as transfer to higher level agencies, transferred expenditure and other expenditure.

4. Balance of the unemployment insurance programme refers to the balance of revenue of the programme after deducting expenses at the end of the reference period.

Work Injury Insurance

1. Number of people covered refers to staff and workers who have participated in the work injury insurance programme according to relevant national regulations.

2. Number of beneficiaries refers to staff and workers and their direct dependents who can, in accordance with relevant regulations, benefit from work injury insurance, as a result of work injury leading to disability or death of the staff/worker, or occupational disease leading to disability. Included in this category are number of injured and disabled people, number of people with occupational diseases, number of deaths at work places, and number of direct dependents.

3. Revenue of the work injury insurance programme

refers to payments made by employers participating in the work injury insurance programme in accordance with the basis and proportion stipulated in State regulations, and income from other sources that become source of work injury insurance fund, including income of social comprehensive funds paid by employers, government financial subsidies, interest income and other income.

4. Expenditure of the work injury insurance programme refers to payments made from work injury insurance funds to those who participated in the work injury insurance programme and their direct dependents within the scope and standards of expenditure according to related national policies, and other expenditure, including medical fees for work injury, injury and disability subsidies, death subsidies, nursing fees, funeral subsidies, injury prevention fees, occupational rehabilitation fees and other expenditure.

5. Balance of the work injury insurance programme refers to the balance of the work injury funds at the end of the reference period, including bank savings, special fiscal account, investment in bonds and others.

Maternity Insurance

1. Number of people covered refers to staff and workers who have participated in the maternity insurance programme according to relevant regulation at the end of the reporting period.

2. Revenue of maternity insurance refers to payments made by employers participating in the maternity insurance programme in accordance with the basis and proportion stipulated in State regulations, and income from other sources that become source of maternity insurance fund, including income of funds paid by employers, interest income and other income.

3. Expenditure of the maternity insurance programme refers to payments made from maternity insurance funds to staff and workers who participate in the maternity insurance programme within the scope and standards of expenditure in accordance with related national policies, expenses paid for pregnancy, child delivery or surgeries related to family planning, and other expenditure, including allowance for child bearing, medical fees and other expenditure.

4. Balance of the maternity programme refers to the balance of the maternity insurance funds at the end of reference period, including bank savings, special fiscal account, investment in funds and others.

23

香港特别行政区主要社会经济指标

Main Social and Economic Indicators of Hong Kong Special Administrative Region

简 要 说 明

一、本章资料反映香港特别行政区主要社会、经济发展情况。内容包括：土地、人口、就业、国民收入、国际收支平衡表、工业、能源、建筑、交通、对外贸易、财政金融、教育、房屋、卫生、社会保障等方面。

二、本章由香港特别行政区政府统计处向有关政府决策局／部门及公营机构搜集数据，国家统计局国际统计信息中心负责整理、编辑。

三、在统计工作方面，按中华人民共和国“香港特别行政区基本法”的有关原则，香港特别行政区保留其单独运作的统计系统，并负责编制和发布反映香港特别行政区情况的统计数据。由于香港和内地在使用统计名词及概念方面会有所不同，读者在比较两地数据时，请参考以下资料：

（1）本章内的“《中国统计年鉴》与香港特别行政区统计刊物中使用的指标对照表”列出两地概念相近但名称不同的词汇。

（2）本章末的“主要统计指标解释”，载有一些重要概念的解释。

四、香港特别行政区是单独的关税地区，香港与内地之间的贸易，亦需办理进出口报关。在贸易统计方面，香港特别行政区对外贸易统计数据亦包括香港特别行政区与内地的贸易。

五、在外汇统计及与之有关的各方面，港币是香港特别行政区的法定货币，因此，除港币以外的货币（包括人民币）均视作外币。

六、更详细的统计资料及有关的技术细节，可参阅香港特别行政区政府统计处出版的《香港统计月刊》、《香港统计年刊》及各专题统计出版物。

七、本章节表中的符号使用说明：

本章节表中使用的部分符号与《中国统计年鉴》略有差异。“-”表示不适用；“空格”表示没有数字；“#”表示临时数字；“@”表示数字在日后会作出修订；“*”表示修订数字；“0#”表示数字少于单位的一半。

Brief Introduction

I. Data in this chapter show main social and economic developments of the Hong Kong Special Administrative Region (HKSAR), including data on land, population, employment, national income, Balance of Payments account, industry, energy, construction, transportation, external trade, finance and banking, education, housing, health and social security.

II. All data in this chapter are collected from the related government bureaus/departments and public organisations by the Census and Statistics Department, the Government of HKSAR, and further tabulated or edited by the International Statistical Information Centre of the National Bureau of Statistics.

III. According to the Basic Law of HKSAR of the People's Republic of China, HKSAR maintains its independent statistical system, and compiles and disseminates statistics on the Region. As Hong Kong and the mainland of China use different statistical concepts, definitions and terminologies, users are advised to make reference of the following materials when using and comparing data of the mainland of China and HKSAR :

1. A Comparison of Common Statistical Terms Used in Publications Compiled by the Census and Statistics Department, the Government of HKSAR and *China Statistical Yearbook*, which lists similar statistical concepts using different terms.

2. The Explanatory Notes on Main Statistical Indicators at the end of this chapter which gives explanation on important statistical indicators.

IV. As Hong Kong is a separate custom territory, trade between Hong Kong and the mainland of China needs customs declaration procedures. In terms of trade statistics, data on Hong Kong's imports and exports include Hong Kong's trade with the mainland of China.

V. As Hong Kong dollar is the legal tender in HKSAR, all other currencies (including Renminbi) are regarded as foreign currencies in compiling foreign exchange statistics and related statistics.

VI. For more detailed statistics and technical details, users are advised to read *Hong Kong Monthly Digest of Statistics, Hong Kong Annual Digest of Statistics* and other publications compiled by the Census and Statistics Department, the Government of HKSAR.

VII. Notations used in this chapter:

Some notations used in this chapter are not agreed with those used *in China Statistical Yearbook*, but with Hong Kong publications. “-” indicates not applicable. “(blank)” indicates not available. “#” indicates provisional figure. “@” indicates figure is subject to revision later on. “*” indicates revised figure. “0#” indicates the magnitude of figure is less than half of the unit employed.

23-1 主要统计指标概况
Summary of Key Statistics

项 目	Item	2005	2006	2007	2008	2009
人口及生命统计	**Population and Vital Events**					
年中人口 (万人)	Mid-year Population (10 000 persons)	681.3	685.7	692.6	697.8	700.4
粗出生率 (‰)	Crude Birth Rate (‰)	8.4	9.6	10.2	11.3	11.7
粗死亡率 (‰)	Crude Death Rate (‰)	5.7	5.5	5.7	6.0	5.7@
婴儿死亡率 (‰) (按每千名登记活产婴儿计算)	Infant Mortality Rate (‰) (per 1 000 Registered Live Births)	2.3	1.8	1.8	1.8	1.6@
劳动、就业	**Labour and Employment**					
劳动人口 (万人)	Labour Force (10 000 persons)	353.4	357.2	363.0	364.9	367.7
劳动人口参与率 (%)	Labour Force Participation Rate (%)	60.9	61.2	61.2	60.9	60.7
失业率 (%)	Unemployment Rate (%)	5.6	4.8	4.0	3.6	5.4
就业人数 (万人)	Number of Employed Persons (10 000 persons)	333.7	340.1	348.4	351.9	348.0
选定行业的就业人数①(万人)	Number of Employed Persons in Selected Industries① (10 000 persons)					
制造	Manufacturing				16.7	15.1
建筑	Construction				26.9	26.9
进出口贸易及批发	Import/Export Trade and Wholesale				58.7	55.9
零售、住宿及膳食服务	Retail, Accommodation and Food services				55.9	55.6
运输、仓库、邮政及速递服务、资讯及通讯	Transportation, Storage, Postal and Courier Services, Information and Communications				43.2	42.6
金融、保险、地产、专业及商用服务	Financing, Insurance, Real Estate, Professional and Business Services				63.6	63.6
公共行政、社会及个人服务	Public Administration, Social and Personal Services				84.6	86.1
实际工资指数② (1992年9月=100)	Real Wage index② (September 1992=100)	115.3	115.9	117.6	123.4	120.2
对外商品贸易	**External Merchandise Trade**					
进口 (亿港元)	Imports (HKD 100 million)	23295	25998	28680	30253	26924
港产品出口 (亿港元)	Domestic Exports (HKD 100 million)	1360	1345	1091	908	577
转口 (亿港元)	Re-exports (HKD 100 million)	21141	23265	25784	27334	24113
对外服务贸易	**External Trade in Services**					
服务出口 (亿港元)	Exports of Services (HKD 100 million)	4953.9	5650.5	6607.3	7172.5*	6690.2@
服务进口 (亿港元)	Imports of Services (HKD 100 million)	2642.4	2879.0	3322.4	3664.8*	3440.1@
工业生产	**Industrial Production**					
工业生产指数 (2008年=100)	Index of Industrial Production (2008=100)	106.4	108.7	107.2	100.0	91.7
工业电力消费量 (万亿焦耳)	Industrial Electricity Consumption (terajoules)	14636	14015	13104	12182	11143
工业煤气消费量 (万亿焦耳)	Industrial Gas Consumption (terajoules)	898	903	895	905	902
土地、楼宇、建造及地产	**Land, Building, Construction and Real Estate**					
新落成私人楼宇	Private Buildings Newly Completed					
楼宇数目 (栋)	Number of Blocks (number)	778	812	358	755	669
实用楼面面积 (万平方米)	Usable Floor Area (10 000 sq.m.)					
住宅	Residential	70.9	71.5	45.1	43.4	44.3
非住宅	Non-residential	51.7	67.3	57.8	66.3	37.2
获批准可动工兴建私人楼宇 (栋)	Private Buildings with Consent to Commence Work (number of blocks)					
初次呈交	First Submission	356	480	313	273	403
重大修改	Major Revision	463	164	853	111	182
房屋及物业	**Housing and Property**					
永久性房屋单位 (万个)	Number of Permanent Quarters (10 000 units)					
公营租住房屋③	Public Rental Housing③	70.92	71.69	71.74	72.16	74.12
资助出售单位③④	Subsidised Sale Flats③④	38.88	39.17	39.76	39.70	39.58
私人房屋④⑤	Private Housing④⑤	133.31	136.86	138.61	139.87	140.94
总计	Total	243.12	247.72	250.12	251.73	254.64
运输、通讯、旅游	**Transport, Communications and Tourism**					
进出香港货物	Inward and Outward Movements of Cargo					
总卸下 (万吨)	Total Discharged (10 000 tons)	16333	16366	16317	16571	15567
总装上 (万吨)	Total Loaded (10 000 tons)	10914	11567	12229	12916	11745
集装箱吞吐量 (万标准集装箱)	Container Throughput (10 000 TEUs)	2260	2354	2400	2449	2104
电话服务 (万条操作线路)	Telephone Services (10 000 working lines)	379	384	409	411	419
访港旅客⑥ (万人次)	Visitor Arrivals⑥ (10 000 person-times)	2335.9	2525.1	2816.9	2950.7	2959.1

23-1 续表 1 continued

项　目	Item	2005	2006	2007	2008	2009
政府收支、货币、金融　（亿港元）	**Public Accounts, Money and Finance (HKD 100 million)**					
政府储备结余⑦	Government's Reserve Balances⑦	3107	3693	4929	4944*	5203
政府收入总额⑦⑧	Total Government Revenue⑦⑧	2470	2880	3585	3166	3184
政府开支总额⑦⑧	Total Government Expenditure⑦⑧	2331	2294	2348	3151	2925
货币供应量M_3	Money Supply M_3					
港元⑨	Hong Kong Dollar⑨	23458	27955	33005	32613	36048
外币⑩	Foreign Currency⑩	20614	22942	28393	30394*	30220
总计	Total	44072	50897	61398	63008*	66268
港汇指数(贸易总值(进口及整体出口)加权)　(2000年1月=100)	Effective Exchange Rate Indices for the Hong Kong Dollar (trade (import and export) - weighted)　(January 2000=100)	97.4	96.1	91.9	87.1	88.2
消费价格指数	**Consumer Price Indices**					
(2004年10月至2005年9月=100)	(Oct. 2004-Sep. 2005 = 100)					
综合消费价格指数	Composite Consumer Price Index	100.3	102.4	104.4	108.9	109.5
甲类消费价格指数	Consumer Price Index(A)	100.3	102.1	103.4	107.1	107.4
乙类消费价格指数	Consumer Price Index(B)	100.4	102.4	104.7	109.5	110.0
丙类消费价格指数	Consumer Price Index(C)	100.3	102.6	105.3	110.2	110.9
教育　（人）	**Education　(person)**					
小学学生人数	Student Enrolment in Primary Schools	425864	410516	385949	365056	344748
中学学生人数⑪	Student Enrolment in Secondary Schools⑪	483450	489498*	492410*	489362*	481188
大专院校学生人数⑫	Student Enrolment in Institutions⑫	91786	91564	171580	182499*	168019
卫生	**Health**					
医生　(人)	Doctors　(person)	11505	11739	11961	12215	12424
中医　(人)	Chinese Medicine Practitioners　(person)	5133	5268	5540	5860	6048
病床　(张)	Hospital Beds　(bed)	34119	34532	34928	35048	35062
社会保障	**Social Security**					
综合社会保障援助⑦	Comprehensive Social Security Assistance⑦					
个案数目⑬　(个)	Number of Cases⑬　(case)	297434	294204	285773	289469	287822
发放款项　(亿港元)	Amount　(HKD 100 million)	178	176	180	186	190@
公共福利金⑦	Social Security Allowances⑦					
个案数目⑬　(个)	Number of Cases⑬　(case)	574135	583474	594341	612128	627816
发放款项　(亿港元)	Amount　(HKD 100 million)	53	55	60	88	89@
交通意外伤亡援助⑦	Traffic Accident Victims Assistance⑦					
获批个案数目　(个)	Number of Cases Authorised for Payment　(case)	7893	7604	7841	7224	7350
本地生产总值	**Gross Domestic Product (GDP)**					
按2008年环比物量计算⑭	In Chained (2008) dollars⑭					
年增长率　(%)	Annual Growth Rate　(%)	7.1	7.0	6.4	2.2@	-2.8@
本地生产总值　(亿港元)	GDP　(HKD 100 million)	14403	15415	16398	16753@	16291@
人均本地生产总值　(港元)	Per Capita GDP　(HKD)	211405	224796	236767	240096@	232599@
按当年价格计算	At Current Market Prices					
年增长率　(%)	Annual Growth Rate　(%)	7.0	6.7	9.5	3.7@	-2.6@
本地生产总值　(亿港元)	GDP　(HKD 100 million)	13826	14754	16155	16753@	16323@
人均本地生产总值　(港元)	Per Capita GDP　(HKD)	202928	215158	233248	240096@	233060@
本地居民生产总值	**Gross National Product(GNP)**					
按当年价格计算	At Current Market Prices					
本地居民生产总值(亿港元)	GNP　(HKD 100 million)	13842	15027	16599	17586@	16817@
人均本地居民生产总值(港元)	Per Capita GNP　(HKD)	203170	219146	239664	252034@	240113@
国外净要素收入　(亿港元)	Net External Factor Income Flows　(HKD 100 million)	16	273	444	833	494@
国际收支平衡表　（亿港元）	**Balance of Payments Account(HKD 100 million)**					
经常帐户	Current Account	1569.3	1781.7	1991.6	2281.3*	1416.9@
资本及金融帐户	Capital and Financial Account	-1824.3	-2099.4	-2592.5	-2311.6*	-1649.2@
净误差及遗漏	Net Errors and Omissions	255.0	317.7	600.9	30.4*	232.4@
整体的国际收支	Overall Balance of Payments	106.8 (盈余) (in surplus)	467.4 (盈余) (in surplus)	1145.0 (盈余) (in surplus)	2638.7 (盈余) (in surplus)	5492.6 (盈余) (in surplus)

23-1 续表 2 continued

项 目	Item	2005	2006	2007	2008	2009
国际投资头寸⑮	**International Investment Position⑮**					
国际投资头寸净值⑯	Net International Investment Position⑯					
(亿港元)	(HKD 100 million)	34061	40297	37736	48267*	57682@
对外金融资产 (亿港元)	External Financial Assets (HKD 100 million)	115883	149987	211941	175213*	198125@
对外金融负债 (亿港元)	External Financial Liabilities (HKD 100 million)	81822	109690	174205	126946*	140443@

注：①由2009年开始，数字是按“香港标准行业分类2.0版”编制，其数列已作出后向估计至2008年。
②实际工资指数是从名义工资指数中，以2004至05年为基期的甲类消费物价指数扣除通胀的影响而计算出来。由2009年3月开始，工资统计数字是按“香港标准行业分类2.0版”编制，其数列已作出后向估计至2004年。
③房屋委员会售出的公营租住房屋单位归类为资助出售单位。
④资助出售单位包括房屋委员会及香港房屋协会售出而不可在公开市场买卖的屋宇单位。可在公开市场买卖的资助出售单位则归类为私人永久性房屋。
⑤数字包括作住宿用途的非住宅屋宇单位。
⑥访港旅客数字包括经澳门访港的非澳门居民。
⑦数字是以相应的财政年度为根据。例如2009年的数字代表2009至2010财政年度数字。
⑧2009年的数字有待审计署署长核实。
⑨所列数字已包括外币掉期存款。
⑩所列数字已扣除外币掉期存款。《中华人民共和国香港特别行政区基本法》说明，港元是香港特别行政区的法定货币。外币指港元以外的其他货币，因而人民币亦视作外币。
⑪数字涵盖日、夜校。
⑫是指香港城市大学、香港浸会大学、岭南大学、香港中文大学、香港教育学院、香港理工大学、香港科技大学和香港大学就读学生。由2007年起，数字也包括修读自费课程的全部学生人数。
⑬于财政年度终结时的数字。除特别注明外，财政年度是由4月1日至翌年3月31日。
⑭以环比物量计算的本地生产总值及其组成部分的参照年，已由2007年重订为2008年。重订参照年会影响环比物量估算的数值，但不会改变其变动率。
⑮期末头寸。
⑯国际投资头寸净值是对外金融资产总值与对外金融负债总值之差。

Notes: ①Starting from 2009, figures are compiled based on the Hong Kong Standard Industrial Classification Version 2.0 and the series has been backcasted to 2008.
②The Real Wage Indices are derived by deflating the Nominal Wage Indices by the 2004/05-based Consumer Price Index (A). Starting from March 2009, wage statistics are compiled based on the Hong Kong Standard Industrial Classification (HSIC) Version 2.0 and the series has been backcasted to 2004.
③Public rental housing flats sold by the Housing Authority are classified as subsidised sale flats.
④Subsidised sale flats include quarters sold by the Housing Authority and Hong Kong Housing Society that cannot be traded in the open market. Those flats that can be traded in the open market are classified as private permanent housing.
⑤Figures include non-domestic quarters for living purpose.
⑥Figures include arrival of non-Macao residents via Macao.
⑦Figures are for the corresponding financial year. For example, figures for 2009 represent those for financial year 2009/10.
⑧Figures for 2009 are subject to audit by the Director of Audit.
⑨Figures are adjusted to include foreign currency swap deposits.
⑩Figures are adjusted to exclude foreign currency swap deposits.Hong Kong dollar is the legal tender in the Hong Kong Special Administrative Region, as stated in “The Basic Law of the Hong Kong Special Administrative Region of the People’s Republic of China”. Foreign currency refers to any currency other than Hong Kong dollar and thus Chinese Renminbi is also treated as a foreign currency.
⑪Figures cover both day and evening schools.
⑫Refer to City University of Hong Kong, Hong Kong Baptist University, Lingnan University,The Chinese University of Hong Kong, The Hong Kong Institute of Education, The Hong Kong Polytechnic University, The Hong Kong University of Science and Technology and The University of Hong Kong. Starting from 2007, figures also include all students attending self-financing programmes .
⑬Figures are as at end of the financial year. Financial year is from 1 April to 31 March of the next year, unless otherwise specified.
⑭The chain volume measures of Gross Domestic Product (GDP) and its components have been re-referenced from 2007 to 2008. Re-referencing affects the levels, but not the rates of change, of the chain volume measures.
⑮Position as at end of period.
⑯Net international investment position is the difference between total external financial assets and total external financial liabilities.

23-2 按区议会地区划分的香港陆地面积
Land Area of Hong Kong by District Council District

单位：平方公里 (sq. km)

区议会分区	District Council District	2005	2006	2007	2008	2009
总计①	**Total①**	**1104**	**1104**	**1104**	**1104**	**1104**
香港岛	**Hong Kong Island**					
中西区	Central and Western	12	12	12	12	12
湾仔	Wan Chai	10	10	10	10	10
东区	Eastern	19	19	19	19	19
南区	Southern	39	39	39	39	39
小计	Sub-total	80	80	80	80	80
九龙	**Kowloon**					
九龙城	Kowloon City	10	10	10	10	10
观塘	Kwun Tong	11	11	11	11	11
深水埗	Sham Shui Po	9	9	9	9	9
黄大仙	Wong Tai Sin	9	9	9	9	9
油尖旺	Yau Tsim Mong	7	7	7	7	7
小计	Sub-total	47	47	47	47	47
新界	**New Territories**					
离岛	Islands	176	176	176	176	176
北区	North	137	137	137	137	137
西贡	Sai Kung	136	136	136	136	136
沙田	Sha Tin	69	69	69	69	69
大埔	Tai Po	148	148	148	148	148
荃湾	Tsuen Wan	62	62	63	63	63
葵青	Kwai Tsing	23	23	23	23	23
屯门	Tuen Mun	85	85	85	85	85
元朗	Yuen Long	139	139	139	139	139
小计	Sub-total	975	976	976	976	976

注：本表数字为当年6月底的数据。
①面积包括不在区议会分区内的落马洲河套。

Notes : Figures are as at end-June of the year.
①Figures include land area of Lok Ma Chau Loop which is not covered in District Council Districts.

23-3 土地用途分布情况
Land Usage

单位：平方公里 (sq. km)

类别	Class	2005	2006	2007	2008	2009
住宅	**Residential**					
私人住宅①	Private Residential①	25	25	25	25	25
公屋②	Public Residential②	17	16	16	16	16
乡郊居所③	Rural Settlements③	36	34	34	34	35
商业	**Commercial**					
商业/商贸和办公室	Commercial/Business and Offices	3	3	3	4	4
工业	**Industrial**					
工业用地	Industrial Land	7	7	7	7	7
工业村	Industrial Estates	3	3	3	3	3
货仓和贮物处④	Warehouse and Storage④	15	14	14	15	15
机构/休憩	**Institution and Open Space**					
政府、机构和社区设施	Government, Institution and Community Facilities	23	24	24	24	24
休憩用地⑤	Open Space⑤	22	22	23	24	24
运输	**Transportation**					
道路	Roads	38	39	41	41	42
铁路	Railways	3	3	3	3	3
机场	Airport	13	13	13	13	13
其它都市或已建设土地	**Other Urban or Built-up Land**					
坟场和火葬场	Cemeteries and Crematoriums	7	7	7	7	8
公用事业设施	Public Utilities	6	7	7	7	7
空置发展/正在进行建筑工程的土地	Vacant Development Land/Construction in Progress	26	20	19	17	16
其它	Others	20	21	20	21	21
农业	**Agricultural Land**					
农地	Agricultural Land	55	51	51	52	51
鱼塘/基围	Fish Ponds/Gei Wais	18	17	16	16	17
林地/灌丛/草地/湿地	**Woodland/Shrubland/Grassland/Wetland**					
林地	Woodland	257	245	247	241	234
灌丛	Shrubland	220	228	237	238	241
草地	Grassland	251	266	255	258	260
红树林和沼泽⑥	Mangrove and Swamp⑥	5	5	5	5	5
荒地	**Barren Land**					
劣地	Badland	5	5	5	5	5
石矿场	Quarries	2	2	2	1	1
岩岸	Rocky Shore	2	2	2	2	2
水体	**Water Area**					
水塘	Reservoirs	24	24	24	24	24
河道和明渠	Streams and Nullahs	5	5	5	5	5
总计⑥	**Total⑥**	**1108**	**1108**	**1108**	**1108**	**1108**
		(1104)	**(1104)**	**(1104)**	**(1104)**	**(1104)**

注：数字为该年年底的数字。
①由私人开发商开发的住宅用地(村屋、居者有其屋计划及私人机构参建居屋计划屋苑和临时房屋区除外)。
②包括居者有其屋计划及私人机构参建居屋计划屋苑和临时房屋区。
③包括村屋和临时搭建物。
④包括露天贮物用地。
⑤包括公园、体育馆和运动场。
⑥数字包括部分在高水位线下的红树林和沼泽地。括号内的数字是全港土地总面积，不包括红树林和沼泽地。

Notes: Figures are as at end of the year.
①Residential land developed by private developers except village housing, Home Ownership Scheme (HOS), Private Sector Participation Scheme (PSPS) and temporary housing areas.
②Include HOS, PSPS and temporary housing areas.
③Include village housing and temporary structures.
④Include open storage areas.
⑤Include parks, stadiums and playgrounds.
⑥Include some mangrove and swamp areas below the High Water Mark. Figures in brackets are the total land area of Hong Kong, excluding the above-mentioned mangrove and swamp areas.

23-4 按地区类别及路边情况划分的大气质量(2009年)
Air Quality by Area Type and Roadside Condition (2009)

单位：微克／立方米 (microgram/cu.m.)

地区类别及路边	Area Type and Roadside	全年平均大气污染浓度 Annual average air pollutant concentrations			
		二氧化硫 Sulphur Dioxide	二氧化氮 Nitrogen Dioxide	总悬浮粒子 Total Suspended Particulates	可吸入悬浮粒子 Respirable Suspended Particulates
市区①	Urban①	16	59	71	47
新市镇②	New Town②	12	46	64	47
郊区③	Rural③	11	11	-	44
路边④	Roadside④	14	110	98	61

注：①包括葵涌、中西区、深水埗、观塘、东区及荃湾。
②包括大埔、沙田、元朗及东涌。
③包括塔门。
④包括铜锣湾、中环及旺角。

Notes：①Includes Kwai Chung, Central/Western, Sham Shui Po, Kwun Tong, Eastern and Tsuen Wan.
②Includes Tai Po, Sha Tin, Yuen Long and Tung Chung.
③Includes Tap Mun.
④Includes Causeway Bay, Central and Mong Kok.

23-5 按种类划分的日均产生的固体废物量
Average Solid Waste Quantities by Type

单位：吨（每日计） (tonnes per day)

种类	Type	2005	2006	2007	2008	2009
于堆填区弃置的固体废物	Solid waste disposed of at landfills					
都市固体废物①	Municipal Solid Waste①					
家居废物②	Domestic②	6830	6630	6370	6080	6020
商业废物③	Commercial③	1900	2060	2190	2280	2320
工业废物④	Industrial④	650	590	620*	660*	630
小计	Sub-total	9380	9280	9180*	9020*	8960
整体建筑废物①⑤	Overall Construction Waste ①⑤	6560	4130	3160*	3090*	3120
特殊废物⑥	Special Waste ⑥	1750	1640	1560	1390	1240
总计	**Total**	**17680**	**15040**	**13900**	**13500**	**13330**
已回收都市固体废物⑦	Municipal Solid Waste Recovered ⑦	7110	7780	7700	8590	8720

注：①都市固体废物包括运往弃置设施的家居废物、商业废物及工业废物，但不包括建筑废物及已回收都市固体废物。
②家居废物包括使用后的住宅固体废物，及由公共洁净服务收集的废物。
③商业废物包括所有类型的商业活动产生的固体废物。
④工业废物包括由工业活动产生的固体废物，但不包括化学废物及建筑废料。自2007年开始运往堆填区处置并包括在工业废物类别的废弃混凝土已被重新归类于整体建筑废物，有关的数量已从工业废物类别中扣除。
⑤建筑废物包括由建筑及拆卸活动所产生的废物，但不包括可运往公众填土区作填海用途的物料。在堆填区弃置的整体建筑废物包括来自建筑地盘的建筑废物，以及在建筑地盘以外设立的混凝土配料厂和水泥/砂浆生产厂所产生的废弃混凝土。
⑥特殊废物包括弃置于堆填区的动物尸体、屠房废物、报废货物、滤水厂及污水处理后的污泥、污水处理厂的隔滤物、禽畜废物、医疗废物及化学废物。
⑦都市固体废物回收后会在本地或香港以外地方循环再造。

Notes：①Municipal solid waste includes domestic waste, commercial waste and industrial waste delivered to disposal facilities but excludes construction waste and recovered municipal solid waste.
②Domestic waste covers post-consumer residential solid waste and refuse collected in public cleansing activities.
③Commercial waste covers solid waste arising from all forms of commercial activities.
④Industrial waste covers solid waste arising from industrial activities but excludes chemical waste and construction waste. Waste concrete delivered to landfills as industrial waste since 2007 was re-grouped under overall construction waste. Its corresponding quantity has been deducted from industrial waste.
⑤Construction waste covers waste arising from construction and demolition activities but excludes material delivered to public filling areas for land reclamation and formation. Overall construction waste received at landfills includes construction waste from construction sites and waste concrete that is generated from concrete batching plants and cement plaster/mortar manufacturing plants not set up inside construction sites.
⑥Special waste includes animal carcasses, abattoir waste, condemned goods, waterworks and sewage treatment sludge, sewage works screening, livestock waste, clinical waste and chemical waste delivered to landfills.
⑦Municipal solid waste recovered will be recycled locally or places outside Hong Kong.

23-6 人口主要指标
Main Indicators of Population

项　　目	Item	2005	2006	2007	2008	2009
年中人口 （万人）	Mid-year Population (10 000 persons)	681.3	685.7	692.6	697.8	700.4
粗出生率 （‰）	Crude Birth Rate （‰）	8.4	9.6	10.2	11.3	11.7
粗死亡率 （‰）	Crude Death Rate （‰）	5.7	5.5	5.7	6.0	5.7@
婴儿死亡率 （‰）	Infant Mortality Rate （‰）	2.3	1.8	1.8	1.8	1.6@
自然增长率 （‰）	Rate of Natural Increase （‰）	2.7	4.1	4.5	5.3	6.0@
总和生育率①	Total Fertility Rate①	959	984	1024	1056	1042
登记结婚数 （对）	Registered Marriages (couple)	43018	50328	47453	47331	51175
登记离婚数 （对）	Divorce Decrees (couple)	14873	17424	18403	17771	17002
出生时平均预期寿命（年）	Expectation of Life at Birth (year old)					
男	Male	78.8	79.4	79.4	79.3	79.8@
女	Female	84.6	85.5	85.5	85.5	86.1@

注：①不包括外籍佣工。每千名女性的活产婴儿数目。
Note : ①Excluding female foreign domestic helpers. Refers to live births per 1000 women.

23-7 劳动人口及失业状况
Labour Force and Unemployment

项　　目	Item	2005	2006	2007	2008	2009
劳动人口数目(万人)	Labour Force (10 000 persons)	353.4	357.2	363.0	364.9	367.7
男	Male	195.0	195.1	195.8	194.9	196.2
女	Female	158.4	162.1	167.1	169.9	171.4
劳动人口参与率 (%)	Labour Force Participation Rate (%)	60.9	61.2	61.2	60.9	60.7
就业人口 （万人）	Employed Persons (10 000 persons)	333.7	340.1	348.4	351.9	348.0
失业人口 （万人）	Unemployed Persons (10 000 persons)	19.8	17.1	14.6	13.0	19.7
失业率 (%)	Unemployment Rate (%)	5.6	4.8	4.0	3.6	5.4

注：数字是根据每年1月至12月进行的“综合住户统计调查”结果，以及由统计处与跨部门人口分布推算小组共同编制按区议会分区划分年中人口估计数字编制。
Note: Figures are compiled based on data collected in the General Household Survey from January to December of the year concerned as well as the mid-year population estimates by District Council district compiled jointly by the Census and Statistics Department and an inter-departmental Working Group on Population Distribution Projections.

23-8 按行业划分的就业人数
Employed Persons by Industry

单位：万人 (10 000 persons)

行业 (按香港标准行业分类1.1版分类)	Industry (based on HSIC Version 1.1)	2005	2006	2007
制造业	Manufacturing	22.4	21.7	20.2
建筑业	Construction	26.4	26.9	27.5
批发、零售、进口与出口贸易、饮食及酒店业	Wholesale, Retail and Import and Export Trades, Restaurants and Hotels	109.4	110.5	114.4
运输、仓库及通讯业	Transport, Storage and Communications	35.7	36.9	37.2
金融、保险、地产及商用服务业	Financing, Insurance, Real Estate and Business Services	50.3	52.6	54.8
社区、社会及个人服务业	Community, Social and Personal Services	87.0	89.2	92.1
其它	Others	2.4	2.3	2.2
总计	**Total**	**333.7**	**340.1**	**348.4**

行业 (按香港标准行业分类2.0版分类)	Industry (based on HSIC Version 2.0)	2008	2009
制造	Manufacturing	16.7	15.1
建筑	Construction	26.9	26.9
进出口贸易及批发	Import/Export Trade and Wholesale	58.7	55.9
零售、住宿及膳食服务	Retail, Accommodation and Food services	55.9	55.6
运输、仓库、邮政及速递服务、资讯及通讯	Transportation, Storage, Postal and Courier Services, Information and Communications	43.2	42.6
金融、保险、地产、专业及商用服务	Financing, Insurance, Real Estate, Professional and Business Services	63.6	63.6
公共行政、社会及个人服务	Public Administration, Social and Personal Services	84.6	86.1
其它	Others	21.7	21.6
总计	**Total**	**351.9**	**348.0**

注：数字是根据每年1月至12月进行的"综合住户统计调查"结果，以及由统计处与跨部门人口分布推算小组共同编制按区议会分区划分年中人口估计数字编制。
由2009年开始，数字是按"香港标准行业分类2.0版"编制，其数列已作出后向估计至2008年。

Notes : Figures are compiled based on data collected in the General Household Survey from January to December of the year concerned as well as the mid-year population estimates by District Council district compiled jointly by the Census and Statistics Department and an inter-departmental Working Group on Population Distribution Projections.
Starting from 2009, figures are compiled based on the Hong Kong Standard Industrial Classification Version 2.0 and the series has been backcasted to 2008.

23-9 按每月收入划分的就业人数
Employed Persons by Monthly Earnings

单位：万人，另有注明除外 (10 000 persons, unless otherwise specified)

每月收入(港元)	Monthly Earnings (HKD)	2005	2006	2007	2008	2009
< 3,000	< 3,000	15.0	14.0	13.7	12.8	13.5
3,000 - 3,999	3,000 - 3,999	25.6	25.6	26.9	26.6	27.2
4,000 - 4,999	4,000 - 4,999	13.0	12.0	11.3	9.6	9.3
5,000 - 5,999	5,000 - 5,999	19.2	18.2	17.0	14.8	13.5
6,000 - 6,999	6,000 - 6,999	24.2	23.7	23.6	23.1	22.6
7,000 - 7,999	7,000 - 7,999	23.3	23.5	24.3	24.3	23.7
8,000 - 8,999	8,000 - 8,999	24.9	25.7	25.9	26.6	28.4
9,000 - 9,999	9,000 - 9,999	20.4	21.8	22.6	23.4	21.8
10,000 - 11,999	10,000 - 11,999	31.4	31.0	31.7	32.6	33.2
12,000 - 13,999	12,000 - 13,999	25.1	27.0	27.7	28.8	28.0
14,000 - 15,999	14,000 - 15,999	22.4	22.9	24.2	25.2	25.1
16,000 - 17,999	16,000 - 17,999	8.6	9.5	9.0	9.5	8.7
18,000 - 19,999	18,000 - 19,999	8.8	9.6	9.9	9.8	9.3
20,000 - 24,999	20,000 - 24,999	22.5	23.2	25.2	26.2	27.3
25,000 - 29,999	25,000 - 29,999	12.1	12.5	13.5	14.1	12.6
30,000 - 34,999	30,000 - 34,999	11.4	12.3	12.6	13.4	13.5
35,000 - 39,999	35,000 - 39,999	4.4	5.1	5.2	5.4	5.4
40,000 - 44,999	40,000 - 44,999	5.1	5.3	5.8	5.4	5.7
45,000 - 49,999	45,000 - 49,999	2.2	2.4	2.9	3.2	3.1
50,000 - 59,999	50,000 - 59,999	4.9	5.3	5.5	5.8	5.6
60,000 - 79,999	60,000 - 79,999	4.0	4.1	4.5	5.2	4.5
80,000 - 99,999	80,000 - 99,999	2.0	2.0	2.2	2.3	2.2
≧ 100,000	≧ 100,000	3.0	3.2	3.4	3.9	3.8
总计	Total	333.7	340.1	348.4	351.9	348.0
每月收入中位数(港元)	**Monthly Median Earnings (HKD)**	**10000**	**10000**	**10100**	**10500**	**10500**

注：数字是根据每年1月至12月进行的"综合住户统计调查"结果，以及由统计处与跨部门人口分布推算小组共同编制按区议会分区划分年中人口估计数字编制。

Note: Figures are compiled based on data collected in the General Household Survey from January to December of the year concerned as well as the mid-year population estimates by District Council district compiled jointly by the Census and Statistics Department and an inter-departmental Working Group on Population Distribution Projections.

23-10 按行业划分管理级(不包括经理级与专业雇员)及以下雇员的工资指数
Wage Indices for Employees up to Supervisory Level (Managerial and Professional Employees Are Not Included) by Industry

(1992年9月 = 100) (September 1992 = 100)

行业	Industry	工资指数 Wage index 2005	2006	2007	2008	2009
名义工资指数	**Nominal Wage Index**					
制造	Manufacturing	144.6	148.5	153.8	158.8	155.6
进出口贸易、批发及零售	Import/export, wholesale and retail trades	155.7	158.3	161.5	169.6	166.6
运输	Transportation	146.3	146.1	148.9	153.5	151.8
住宿及膳食服务活动	Accommodation and food service activities	125.9	127.9	129.2	134.5	130.2
金融及保险活动	Financial and insurance activities	161.2	167.3	167.9	178.1	173.5
地产租赁及保养管理	Real estate leasing and maintenance management	153.2	155.5	158.1	164.8	163.1
专业及商业服务	Professional and business services	134.7	140.3	147.3	154.8	155.0
个人服务	Personal services	161.9	169.8	189.5	192.2	185.6
所有选定行业①	All selected Industrys①	146.4	149.8	153.5	160.5	157.5
实际工资指数②	**Real Wage Index②**					
制造	Manufacturing	114.0	114.9	117.8	122.1	118.7
进出口贸易、批发及零售	Import/export, wholesale and retail trades	122.7	122.5	123.7	130.3	127.1
运输	Transportation	115.3	113.1	114.1	118.0	115.8
住宿及膳食服务活动	Accommodation and food service activities	99.2	99.0	99.0	103.4	99.3
金融及保险活动	Financial and insurance activities	127.0	129.5	128.6	136.9	132.4
地产租赁及保养管理	Real estate leasing and maintenance management	120.7	120.3	121.2	126.6	124.4
专业及商业服务	Professional and business services	106.2	108.6	112.9	119.0	118.2
个人服务	Personal services	127.6	131.4	145.2	147.7	141.6
所有选定行业①	All selected Industrys①	115.3	115.9	117.6	123.4	120.2

注：指有关年度9月份的数字。工资统计数字是按"香港标准行业分类2.0版"编制。
①指"劳工收入统计调查"内工资统计所涵盖的所有行业，包括电力及燃气供应业、污水处理及废弃物管理业与出版活动业。
②实际工资指数是从名义工资指数中，以2004至05年为基期的甲类消费物价指数扣除通胀的影响而计算出来。

Notes : Figures refer to September of the year. Wages statistics are compiled based on the Hong Kong Standard Industrial Classification(HSIC) Version 2.0.
①Figures refer to all industries covered by the wage enquiry of the Labour Earnings Survey, including the electricity and gas supply industry, sewerage and waste management activities industry and publishing activities industry.
②The Real Wage Indices are derived by deflating the Nominal Wage Indices by the 2004/05-based Consumer Price Index (A).

23-11 本地生产总值
Gross Domestic Product

年份 Year	本地生产总值(以当年价格计算) Gross Domestic Product (GDP) At Current Market Prices (亿港元) (HKD 100 million)	(亿美元) (USD 100 million)	本地生产总值与上年比较的实际增长(%) GDP Real Growth Rate over the Preceding Year (%)	人均本地生产总值(以当年价格计算) Per Capita GDP At Current Market Prices (港元) (HKD)	(美元) (USD)
1990	5990	769	3.9	104996	13480
1991	6903	888	5.7	120015	15444
1992	8051	1040	6.1	138795	17930
1993	9280	1200	6.0	157261	20328
1994	10475	1355	6.0	173554	22458
1995	11157	1442	2.3	181241	23428
1996	12295	1590	4.2	191047	24702
1997	13650	1763	5.1	210350	27170
1998	12928	1669	-6.0	197559	25508
1999	12667	1633	2.6	191731	24714
2000	13177	1691	8.0	197697	25375
2001	12992	1666	0.5	193500	24811
2002	12773	1638	1.8	189397	24285
2003	12348	1586	3.0	183449	23558
2004	12919	1659	8.5	190451	24454
2005	13826	1778	7.1	202928	26093
2006	14754	1899	7.0	215158	27698
2007	16155	2071	6.4	233248	29900
2008@	16753	2151	2.2	240096	30833
2009@	16323	2106	-2.8	233060	30064

23-12 按当年价格计算的生产法本地生产总值
Gross Domestic Product (GDP) by Economic Activity at Current Prices

单位：亿港元，另有注明除外 (HKD 100 million, unless otherwise specified)

经济活动	Economic Activity	2004	2005	2006	2007	2008@
农业及渔业	**Agriculture and Fishing**	**8.86**	**8.47**	**8.49**	**8.95**	**8.24**
工业	**Industry**	**1246.29**	**1241.09**	**1249.05**	**1192.60**	**1251.49**
采矿及采石业	Mining and Quarrying	0.72	1.00	0.93	1.14	0.96
制造业	Manufacturing	444.55	455.47	457.61	393.19	387.10
电力、燃气及水的生产和供应业	Electricity, Gas and Water	397.26	399.24	403.64	396.73	384.21
建筑业	Construction	403.76	385.38	386.88	401.53	479.22
服务业	**Services**	**11193.04**	**12078.73**	**12975.45**	**14318.15**	**14419.08**
批发、零售、进口与出口贸易、饮食及酒店业	Wholesale, Retail and Import and Export Trades, Restaurants and Hotels	3450.92	3867.26	3972.52	4173.39	4424.54
运输、仓库及通讯业	Transport, Storage and Communications	1268.20	1351.19	1371.66	1417.49	1206.47
金融、保险、地产及商用服务业	Financing, Insurance, Real Estate and Business Services	2668.55	2942.60	3563.71	4509.89	4183.89
社区、社会及个人服务业	Community, Social and Personal Services	2576.30	2533.12	2563.47	2651.08	2798.81
楼宇业权	Ownership of Premises	1229.06	1384.55	1504.08	1566.31	1805.37
以要素成本计算的本地生产总值	**GDP at Factor Cost**	**12448.19**	**13328.30**	**14232.99**	**15519.70**	**15678.80**
生产及进口税	**Taxes on Production and Imports**	**587.29**	**628.91**	**710.71**	**939.81**	**848.89**
统计差额①	**Statistical Discrepancy①**	**-0.9%**	**-0.9%**	**-1.3%**	**-1.9%**	**1.3%**
以当年价格计算的本地生产总值	**GDP at Current Market Prices**	**12919.23**	**13825.90**	**14753.57**	**16154.55**	**16753.15**

注：①统计差额是以支出法编制的本地生产总值与按经济活动划分的本地生产总值的差额,这差额是由于使用不同数据来源及估算方法而引起的。统计差额是以占本地生产总值(以当年价格计算)的百分比形式作表达。

Notes: ①Statistical discrepancy refers to the difference in values of GDP compiled using the expenditure and production approaches, as a result of the adoption of different data sources and estimation methods. It is expressed as a percentage to GDP at current market prices.

23-13 按2008年环比物量计算的生产法本地生产总值
Gross Domestic Product (GDP) by Economic Activity in Chained (2008) Dollars

单位：亿港元 (HKD 100 million)

经济活动	Economic Activity	2005	2006	2007	2008@	2009@
农业及渔业	**Agriculture and Fishing**	**11.40**	**10.83**	**10.14**	**8.24**	**8.32**
工业	**Industry**	**1271.01**	**1247.32**	**1241.09**	**1251.49**	**1230.63**
采矿及采石业	Mining and Quarrying	0.79	0.87	0.99	0.96	0.81
制造业	Manufacturing	411.88	420.80	414.36	387.10	351.52
电力、燃气及水的生产和供应业	Electricity, Gas and Water	375.94	378.91	383.56	384.21	391.42
建筑业	Construction	491.81	445.53	440.57	479.22	486.89
服务业	**Services**	**12273.73**	**13143.41**	**14064.98**	**14419.08**	**14135.94**
批发、零售、进口与出口贸易、饮食及酒店业	Wholesale, Retail and Import and Export Trades, Restaurants and Hotels	3591.26	3907.14	4166.49	4424.54	4085.70
运输、仓库及通讯业	Transport, Storage and Communications	1049.36	1120.95	1178.67	1206.47	1147.51
金融、保险、地产及商用服务业	Financing, Insurance, Real Estate and Business Services	3298.56	3700.72	4199.84	4183.89	4246.43
社区、社会及个人服务业	Community, Social and Personal Services	2657.69	2691.25	2738.01	2798.81	2837.56
楼宇业权	Ownership of Premises	1677.84	1717.56	1774.99	1805.37	1818.74
生产及进口税	**Taxes on Production and Imports**	**685.23**	**732.01**	**852.06**	**848.89**	**794.57**

注：以环比物量计算的生产法本地生产总值数字的参照年，已由2007年重订为2008年。重订参照年会影响环比物量估算的数值，但不会改变其变动率。整体物量数值与其组成部分相加的总和可能存在差额。"不可相加性"是环比物量计算的一个技术属性。

Note: The chain volume measures of GDP by economic activity have been re-referenced from 2007 to 2008. Re-referencing affects the levels, but not the rates of change, of the chain volume measures. A discrepancy may exist between the volume estimate of an aggregate and the sum of its components. Non-additivity is a technical feature of the chain volume measures.

23-14 支出法本地生产总值

Gross Domestic Product by Expenditure Component

单位：亿港元，另有注明除外 (HKD 100 million, unless otherwise specified)

本地生产总值组成部分	GDP Components	2005	2006	2007	2008@	2009@
按当年价格计算	**At Current Market Prices**					
私人消费开支	Private Consumption Expenditure	8049.36	8635.91	9720.28	10226.78	10042.35
政府消费开支	Government Consumption Expenditure	1214.35	1230.33	1304.04	1393.74	1427.84
固定资本形成总额	Gross Domestic Fixed Capital Formation	2891.70	3226.91	3253.66	3341.95	3408.61
存货增减	Changes in Inventories	-47.61	-21.29	128.41	83.94	276.18
货物出口(离岸价)	Exports of Goods (f.o.b.)	22517.44	24673.57	26988.50	28439.98	24947.46
减：货物进口(离岸价)	Less: Imports of Goods (f.o.b.)	23110.91	25763.40	28525.22	30240.89	27029.66
服务出口	Exports of Services	4953.94	5650.54	6607.28	7172.49	6690.15
减：服务进口	Less: Imports of Services	2642.37	2879.00	3322.40	3664.84	3440.09
本地生产总值	**GDP**	**13825.90**	**14753.57**	**16154.55**	**16753.15**	**16322.84**
人均本地生产总值(港元)	**Per Capita GDP (HKD)**	**202928**	**215158**	**233248**	**240096**	**233060**
按2008年环比物量计算①	**In Chained (2008) dollars①**					
私人消费开支	Private Consumption Expenditure	8689.75	9204.62	9990.62	10226.78	10190.68
政府消费开支	Government Consumption Expenditure	1325.14	1328.88	1368.45	1393.74	1426.50
固定资本形成总额	Gross Domestic Fixed Capital Formation	2992.81	3206.10	3316.50	3341.95	3280.15
存货增减	Changes in Inventories	-50.23	-14.88	135.43	83.94	284.60
货物出口(离岸价)	Exports of Goods (f.o.b.)	23851.33	26067.94	27899.43	28439.98	24820.67
货物进口(离岸价)	Imports of Goods (f.o.b.)	24987.50	27288.46	29694.97	30240.89	27378.48
服务出口	Exports of Services	5438.39	5986.61	6828.63	7172.49	7193.98
服务进口	Imports of Services	2846.61	3076.87	3449.12	3664.84	3527.53
本地生产总值	**GDP**	**14403.43**	**15414.50**	**16398.26**	**16753.15**	**16290.57**
人均本地生产总值(港元)	**Per Capita GDP (HKD)**	**211405**	**224796**	**236767**	**240096**	**232599**

注：①以环比物量计算的本地生产总值及其组成部分的参照年，已由2007年重订为2008年。重订参照年会影响环比物量估算的数值，但不会改变其变动率。整体物量数值与其组成部分相加的总和可能存在差额。“不可相加性”是环比物量计算的一个技术属性。

Note: ①The chain volume measures of Gross Domestic Product(GDP) and its components have been re-referenced from 2007 to 2008. Re-referencing affects the levels, but not the rates of change, of the chain volume measures. A discrepancy may exist between the volume estimate of an aggregate and the sum of its components. Non-additivity is a technical feature of the chain volume measures.

23-15 本地居民生产总值

Gross National Product

单位：亿港元，另有注明除外 (HKD 100 million, unless otherwise specified)

项 目	Item	2005	2006	2007	2008	2009@
按2008年环比物量计算①	**In Chained (2008) dollars①**					
本地生产总值	GDP	14403	15415	16398	16753@	16291
国外净要素收入	Net External Factor Income Flows	12	282	456	833	495
本地居民生产总值	GNP	14425	15700	16859	17586@	16785
人均本地生产总值(港元)	Per Capita GDP (HKD)	211405	224796	236767	240096@	232599
人均本地居民生产总值(港元)	Per Capita GNP (HKD)	211718	228958	243424	252034@	239662
按当年价格计算	**At Current Market Prices**					
本地生产总值	GDP	13826	14754	16155	16753@	16323
国外净要素收入	Net External Factor Income Flows	16	273	444	833	494
本地居民生产总值	GNP	13842	15027	16599	17586@	16817
人均本地生产总值(港元)	Per Capita GDP (HKD)	202928	215158	233248	240096@	233060
人均本地居民生产总值(港元)	Per Capita GNP (HKD)	203170	219146	239664	252034@	240113

注：①以环比物量计算的本地生产总值、国外净要素收入及本地居民生产总值的参照年，已由2007年重订为2008年。以环比物量计算的本地居民生产总值有一个技术方面的特性，就是较早年份的国外净要素收入与本地生产总值相加起来，不一定相等于本地居民生产总值。

Note : ①The chain volume measures of GDP, Net External Factor Income Flows and GNP have been re-referenced from 2007 to 2008.
A technical feature of the chain volume measures was that for earlier years, the sum of net external factor income flows and GDP might not be equal to GNP.

23-16 香港国际收支平衡表
Hong Kong's Balance of Payments Account

单位：亿港元 (HKD 100 million)

标准组成部分①	Standard Component①	2005	2006	2007	2008	2009@
经常帐户②	**Current Account②**	**1569.33**	**1781.66**	**1991.60**	**2281.25**	**1416.87**
货物	Goods	-593.47	-1089.83	-1536.72	-1800.91	-2082.20
服务	Services	2311.57	2771.54	3284.88	3507.65	3250.06
收益	Income	16.48	273.48	444.37	833.06	493.92
经常转移	Current Transfers	-165.24	-173.53	-200.93	-258.55	-244.91
资本及金融帐②	**Capital and Financial Account②**	**-1824.31**	**-2099.35**	**-2592.47**	**-2311.62**	**-1649.24**
资本转移	Capital Transfers	-49.39	-29.00	103.38	163.93	361.54
直接投资	Direct Investment	499.96	6.35	-525.77	703.93	-296.10
有价证券投资	Portfolio Investment	-2450.17	-2078.79	-214.52	-2951.48	-3423.29
金融衍生工具	Financial Derivatives	305.02	259.25	435.34	633.38	256.41
其他投资	Other Investment	-22.94	210.19	-1245.92	1777.32	6944.83
储备资产（变动净值)③	Reserve Assets (Net Change)③	-106.79	-467.35	-1144.98	-2638.69	-5492.62
净误差及遗漏④	**Net Errors and Omissions④**	**254.98**	**317.69**	**600.87**	**30.37**	**232.37**
整体的国际收支	**Overall Balance of Payments**	**106.79 (盈余) (in surplus)**	**467.35 (盈余) (in surplus)**	**1144.98 (盈余) (in surplus)**	**2638.69 (盈余) (in surplus)**	**5492.62 (盈余) (in surplus)**

注：①根据国际收支平衡表的会计常规，某标准组成部分的净贷方数字以正数显示，而净借方则以负数显示。

②经常帐差额的正数显示盈余而负数则显示赤字。在资本及金融帐方面，正数显示净资金流入而负数则显示净资金流出。由于对外资产的增加是属于借方帐目而减少则属贷方帐目，因此负数的储备资产变动净值显示储备资产的增加，而正数则显示减少。

③在国际收支平衡架构下储备资产变动净值的估计是指交易数字。因计价方式改变(包括价格变动及汇率变动)及分类重组所导致的影响并不包括在内。

④原则上，贷方和借方各项帐目的净总和应相等于零。但实际上，贷方和借方帐目的资料是透过不同的来源搜集，基于各种原因会有差异。为了令贷方和借方帐目的总和相等，便须加进一个余额项目，以反映平衡表的「净误差及遗漏」。

Notes:①In accordance with the Balance of Payments accounting rules, a net credit for a standard component is represented by a positive value, and a net debit a negative value.

②A positive value for the balance figure in the current account represents a surplus whereas a negative value represents a deficit. For the capital and financial account, a positive value indicates a net capital and financial inflow and a negative value indicates a net outflow. As increases in external assets are debit entries and decreases are credit entries, a negative value for the net change in reserve assets represents a net increase and a positive value represents a net decrease.

③The estimates of net changes in reserve assets under the Balance of Payments framework are transaction figures. Effects of valuation changes (including price changes and exchange rate changes) and reclassifications are excluded.

④In principle, the net sum of credit entries and debit entries is zero. In practice, discrepancies between the credit and debit entries may however occur for various reasons as the data are collected from different sources. Equality between the sum of credit entries and debit entries is brought about by the inclusion of a balancing item which reflects net errors and omissions.

23-17 香港国际投资头寸（期末头寸）

Hong Kong's International Investment Position (Position as at End of Period)

单位：亿港元 (HKD 100 million)

概括组成部分	Broad Component	2005	2006	2007	2008	2009@
资产	**Assets**	**115883.12**	**149987.00**	**211940.93**	**175212.61**	**198125.36**
在外地的直接投资	Direct Investment Abroad	36539.05	52645.23	78889.93	59061.75	64687.74
有价证券投资	Portfolio Investment	33847.31	45134.98	60740.91	43182.41	62884.14
金融衍生工具	Financial Derivatives	1332.88	1752.04	3736.19	6753.11	3769.88
其他投资	Other Investment	34527.81	40094.63	56667.08	52068.23	46947.51
储备资产	Reserve Assets	9636.08	10360.11	11906.82	14147.10	19836.09
负债	**Liabilities**	**81821.76**	**109689.82**	**174205.03**	**126945.89**	**140443.37**
在香港的直接投资	Direct Investment in Hong Kong	40562.59	57719.14	91865.49	63258.37	70743.05
有价证券投资	Portfolio Investment	13833.44	20187.54	37260.25	17819.04	26109.65
金融衍生工具	Financial Derivatives	1325.75	1583.38	2538.36	5726.47	2999.95
其他投资	Other Investment	26099.98	30199.76	42540.93	40142.01	40590.72
国际投资头寸净值①	**Net International Investment Position①**	**34061.36**	**40297.17**	**37735.90**	**48266.72**	**57682.00**

注：①国际投资头寸净值是对外金融资产总值与对外金融负债总值之差。

Note : ①Net International Investment Position is the difference between total external financial assets and total external financial liabilities.

23-18 电力、煤气、水消费量

Electricity, Gas and Water Consumption

用　途	Use	2005	2006	2007	2008	2009
电力　（万亿焦耳）	**Electricity　(Terajoules)**					
住宅	Domestic	35811	35428	36422	37100	38972
商业	Commercial	93341	95370	97155	97672	98856
工业	Industrial	14636	14015	13104	12182	11143
街灯	Street Lighting	383	391	391	391	395
出口往中国内地	Export to the Mainland of China	16192	16300	14527	12789	13432
总计	Total	160363	161504	161599	160134	162798
煤气　（万亿焦耳）	**Gas　(Terajoules)**					
住宅	Domestic	15444	15082	14842	15583	15303
商业	Commercial	10919	11050	11305	11095	11069
工业	Industrial	898	903	895	905	902
总计	Total	27261	27035	27042	27583	27274
水　（万立方米）	**Water　(10 000 Cubic Meters)**	**96800**	**96300**	**95100**	**95600**	**95200**

23-19 工业生产指数
Index of Industrial Production

(2008年=100) (Year 2008=100)

行业组别	Industry Group	2005	2006	2007	2008	2009
制造业	**Manufacturing**	**106.4**	**108.7**	**107.2**	**100.0**	**91.7**
食品、饮品及烟草制品	Food, Beverages and Tobacco	78.0	85.6	97.5	100.0	99.1
纺织制品	Textiles	124.7	122.5	112.5	100.0	77.8
成衣	Wearing Apparel	154.1	151.9	128.2	100.0	70.2
纸制品、印刷及已储录资料媒体的复制	Paper products, Printing and Reproduction of Recorded Media	95.3	98.0	100.2	100.0	92.0
金属、电脑、电子及光学产品、机械及设备	Metal, Computer, Electronic and Optical Products, Machinery and Equipment	130.3	126.3	111.7	100.0	89.6
其他制造行业	Miscellaneous Manufacturing Industries	87.9	93.1	100.3	100.0	96.2
污水处理、废弃物管理及污染防治活动	**Sewerage, Waste Management and Remediation Activities**	-	-	-	**100.0**	**97.5**

注：以上统计数字是按“香港标准行业分类2.0版”编制。
Notes : The above statistics are compiled based on the Hong Kong Industrial Standard Classification Version 2.0.

23-20 按楼宇种类划分的新落成私人楼宇
Private Buildings Newly Completed by Type of Building

楼宇类别	Building Type	2005	2006	2007	2008	2009
住宅楼宇	**Residential**					
楼宇数目 (栋)	Number of Blocks (number)	402	552	150	571	515
实用楼面面积（万平方米）	Usable Floor Area (10 000 sq.m.)	39.4	43.7	34.5	15.2	20.2
商住两用楼宇	**Residential/Commercial**					
楼宇数目 (栋)	Number of Blocks (number)	35	32	40	39	25
实用楼面面积(万平方米)	Usable Floor Area (10 000 sq.m.)					
住宅	Residential	29.5	26.3	10.2	25.1	21.6
非住宅	Non-residential	2.6	4.5	4.9	2.4	6.1
商业楼宇	**Commercial**					
楼宇数目 (栋)	Number of Blocks (number)	7	16	18	13	14
实用楼面面积（万平方米）	Usable Floor Area (10 000 sq.m.)	3.9	16.8	28.4	34.6	13.9
工业楼宇	**Industrial**					
楼宇数目 (栋)	Number of Blocks (number)	1	10	2	7	1
实用楼面面积（万平方米）	Usable Floor Area (10 000 sq.m.)	0.9	2.9	1.5	8.2	0.3
其他用途楼宇	**Others**					
楼宇数目 (栋)	Number of Blocks (number)	333	202	148	125	114
实用楼面面积（万平方米）	Usable Floor Area (10 000 sq.m.)					
住宅	Residential	2.0	1.5	0.4	3.1	2.5
非住宅	Non-residential	44.3	43.1	23.0	21.1	17.0
总计	**Total**					
楼宇数目 (栋)	Number of Blocks (number)	778	812	358	755	669
实用楼面面积（万平方米）	Usable Floor Area (10 000 sq.m.)					
住宅	Residential	70.9	71.5	45.1	43.4	44.3
非住宅	Non-residential	51.7	67.3	57.8	66.3	37.2

23-21 按楼宇种类划分的获批准可动工兴建私人楼宇

Private Buildings with Consent to Commence Work by Type of Building

年份 Year	住宅楼宇 Residential		商住两用楼宇 Residential/Commercial			商业楼宇 Commercial	
	楼宇数目（栋） Number of Blocks (number)	实用楼面面积（万平方米）① Usable Floor Area (10 000 sq.m.)①	楼宇数目（栋） Number of Blocks (number)	实用楼面面积（万平方米） Usable Floor Area (10 000 sq.m.) 住宅 Residential	非住宅 Non-residential	楼宇数目（栋） Number of Blocks (number)	实用楼面面积（万平方米） Usable Floor Area (10 000 sq.m.)
2006							
初次呈交 First submission	359	9.2	28	23.4	2.1	11	16.6
重大修改 Major revision	99	12.0	36	21.2	2.6	9	25.5
2007							
初次呈交 First submission	168	45.3	18	13.1	3.1	11	15.4
重大修改 Major revision	805	16.7	21	14.6	4.7	12	9.5
2008							
初次呈交 First submission	146	27.1	25	12.1	2.2	9	10.4
重大修改 Major revision	80	5.5	11	7.9	2.2		
2009							
初次呈交 First submission	181	20.4	42	15.1	3.1	10	13.2
重大修改 Major revision	158	11.1	9	7.2	1.5		

23-21 续表 continued

年份 Year	工业楼宇 Industrial		其他用途楼宇 Others			总计 Total		
	楼宇数目（栋） Number of Blocks (number)	实用楼面面积（万平方米） Usable Floor Area (10 000 sq.m.)	楼宇数目（栋） Number of Blocks (number)	实用楼面面积（万平方米） Usable Floor Area (10 000 sq.m.) 住宅 Residential	非住宅 Non-residential	楼宇数目（栋） Number of Blocks (number)	实用楼面面积（万平方米） Usable Floor Area (10 000 sq.m.) 住宅① Residential①	非住宅 Non-residential
2006								
初次呈交 First submission	3	1.1	79	4.6	16.8	480	37.2	36.5
重大修改 Major revision	1	1.3	19	0.2	3.2	164	33.4	32.6
2007								
初次呈交 First submission	8	9.1	108	0.4	12.6	313	58.8	40.3
重大修改 Major revision	3	1.2	12	0#	8.1	853	31.2	23.6
2008								
初次呈交 First submission	5	10.7	88	0.4	12.7	273	39.6	35.9
重大修改 Major revision			20		8.6	111	13.4	10.8
2009								
初次呈交 First submission	15	8.7	155	0.8	24.9	403	36.3	49.9
重大修改 Major revision	12	1.0	3	0.1	0.4	182	18.4	2.9

注：①包括住宅楼宇内用作非住宅用途的实用楼面面积，例如：会所/娱乐设施、管理员办事处/宿舍、电机房等。

Notes: ①Including usable floor area in residential buildings for non-domestic use, such as club house/recreational facilities, caretakers' office/quarters transformer room, etc.

23-22 按类型划分的永久性房屋单位数量(3月底的数字)
Number of Permanent Quarters by Type (as at End March of the Year)

单位：万个 (10 000 units)

楼宇类别	Building Type	2005	2006	2007	2008	2009
公营租住房屋	Public Rental Housing	70.92	71.69	71.74	72.16	74.12
资助出售单位①	Subsidised Sale Flats①	38.88	39.17	39.76	39.70	39.58
私人房屋①②	Private Housing①②	133.31	136.86	138.61	139.87	140.94
总计	**Total**	**243.12**	**247.72**	**250.12**	**251.73**	**254.64**

注：永久性房屋单位不涵盖酒店及机构的住宅单位。
①包括房屋委员会及香港房屋协会售出而不可在公开市场买卖的屋宇单位。可在公开市场买卖的资助出售单位则归类为私人永久性房屋。
②数字包括作住宿用途的非住宅房屋单位。

Notes : The coverage of the permanent quarters excludes quarters in hotels and institutions.
① Subsidised sale flats include quarters sold by the Housing Authority and Hong Kong Housing Society that cannot be traded in the open market. Those flats that can be traded in the open market are classified as private permanent housing.
②Figures include non-domestic quarters for living purpose.

23-23 按居所租住权划分的家庭住户数目
Domestic Households by Tenure of Accommodation

单位：万户 (10 000 households)

项　目	Item	2005	2006	2007	2008	2009
总计	**Total**	**219.71**	**222.09**	**224.71**	**227.74**	**231.16**
自置住房住户	Owner-occupier	117.97	118.74	119.28	120.09	120.94
全租户	Sole Tenant	87.68	89.99	93.49	95.89	98.78
合租户	Co-tenant	4.02	3.29	2.63	2.37	2.23
二房东	Main Tenant	0.13	0.14	0.13	0.08	0.08
三房客	Sub-tenant	0.59	0.60	0.53	0.30	0.36
免租	Rent Free	4.06	4.17	3.77	4.44	4.15
住房由雇主提供	Provided by Employer	5.26	5.16	4.88	4.58	4.62

注：数字是根据每年一月至十二月进行的“综合住户统计调查”结果，以及由统计处与跨部门人口分布推算小组共同编制按区议会分区划分年中人口估计数字编制。

Note : Figures are compiled based on data collected in the General Household Survey from January to December of the year concerned as well as the mid-year population estimates by District Council district compiled jointly by the Census and Statistics Department and an inter-departmental Working Group on Population Distribution Projections.

23-24 进出香港货物

Inward and Outward Movements of Cargo

单位：万吨 (10 000 tons)

项　目	Item	2005	2006	2007	2008	2009
卸下	**Discharged**					
空运	By Air	124.6	130.0	135.2	132.7	126.3
水运	By Water	14095.6	14154.2	14132.4	14597.7	13929.3
海运	By Ocean	10669.5	10657.9	10943.5	11022.0	10561.2
河运	By River	3426.1	3496.3	3188.9	3575.7	3368.1
道路运输	By Road	2096.4	2066.0	2037.2	1831.7	1504.4
铁路运输①	By Rail①	16.6	15.5	12.1	9.0	6.8
总计	Total	16333.2	16365.7	16316.9	16571.1	15566.9
装上	**Loaded**					
空运	By Air	215.6	228.0	239.0	230.1	208.4
水运	By Water	8918.3	9669.6	10410.9	11342.5	10367.3
海运	By Ocean	5477.2	5962.9	6791.2	6975.5	5597.9
河运	By River	3441.1	3706.8	3619.7	4367.1	4769.4
道路运输	By Road	1775.5	1666.0	1576.7	1341.7	1167.2
铁路运输①	By Rail①	4.9	2.9	2.0	1.9	1.6
总计	Total	10914.3	11566.5	12228.6	12916.2	11744.6

注：①数字不包括家畜。
Note : ①Figures exclude livestock.

23-25 按主要货物装卸地点划分的集装箱吞吐量

Container Throughput by Main Cargo Handling Location

单位：万标准集装箱单位 (10 000 TEUs)

项　目	Item	2005	2006	2007	2008	2009
集装箱吞吐量	Container Throughput	2260.2	2353.9	2399.8	2449.4	2104.0
集装箱码头	Container Terminals					
抵港	Inward					
载货集装箱	Laden Container	535.1	626.5	676.2	711.8	658.4
空集装箱	Empty Container	163.4	161.4	165.8	164.7	94.9
离港	Outward					
载货集装箱	Laden Container	689.2	767.7	837.3	835.6	696.8
空集装箱	Empty Container	40.6	49.2	52.9	60.5	65.8
集装箱码头以外	Other than Container Terminals					
抵港	Inward					
载货集装箱	Laden Container	364.4	310.1	276.3	272.2	211.6
空集装箱	Empty Container	97.0	108.4	85.8	91.4	86.1
离港	Outward					
载货集装箱	Laden Container	256.5	230.1	200.9	207.6	205.8
空集装箱	Empty Container	113.9	100.5	104.7	105.6	84.6

注：一个标准集装箱单位等同一个20英尺集装箱的容量。
Note : TEU refers to a twenty-foot equivalent unit.

23-26 通讯及互联网服务
Communications and Internet Services

项目	Item	2005	2006	2007	2008	2009
邮递服务	**Postal Services**					
信件邮件 (亿件物品)	Letter Mail (100 million articles)	12.7	13.2	14.0	14.0	13.1
包裹 (万件)	Parcels (10 000 pcs)	92.7	92.9	104.6	118.9	125.4
电话服务①②(万条操作线路)	**Telephone Services①② (10 000 working lines)**					
住宅	Residential	211.6	213.5	228.2*	227.4	236.0
商用	Business	167.7	170.1	180.7*	183.4	182.9
总计	Total	379.3	383.6	408.9*	410.8	418.8
图文传真② (万条操作线路)	**Fax② (10 000 working lines)**	**41.0**	**37.5**	**35.2**	**31.9**	**28.6**
对外电话通讯量 (万分钟)	**External Telephone Traffic Volume (10 000 minutes)**					
拨出③	Outgoing③	563840	654220	723918	765677	775859
拨入④	Incoming④	216752	223301	226179	234355	227078
对外专用电报通讯量(万分钟)	**External Telex Traffic Volume (10 000 minutes)**					
发出	Outward	30.0	18.6	11.2	7.3	3.9
收到	Inward	84.3	57.7	40.8	27.8	14.1
转接⑤	Transit⑤	56.5	35.9	9.6	5.4	-
本地电报机电讯 (万分钟)	**Internal Telex Traffic (10 000 minutes)**	**120.9**	**85.9**	**68.2**	**30.9**	**24.4**
公共无线电传呼接收器②(户)	**Public Radio Paging Receivers② (number)**	**131740**	**123102**	**140840**	**117997**	**117444**
移动电话用户系统②⑥⑦ (户)	**Public Mobile Subscriber Units②⑥⑦ (number)**	**4753916**	**5153303**	**5698205**	**6089985**	**6377392**
		(8544255)	**(9444140)**	**(10588504)**	**(11374224)**	**(12206910)**
互联网服务	**Internet Services**					
持牌互联网服务供应商数目②⑧ (个)	**No. of Licensed Internet Service Providers (ISPs)②⑧ (number)**	**198***	**199***	**191***	**192***	**189**
持牌互联网服务供应商客户数目②⑨ (个)	**No. of Customers of Licensed ISPs②⑨ (number)**					
以拨号接驳的已登记客户户口(不包括互联网储值卡)⑩	Registered Customer Accounts with Dial-up Access (Excluding Internet Pre-paid Calling Cards)⑩	974873	945193	959831	955000	979555
作拨号接驳用途的互联网储值卡	Internet Pre-paid Calling Cards for Dial-up Access	4800	1000	500	300	300
以私人租用线路接驳的已登记客户户口⑩	Registered Customer Accounts with Leased Line Access⑩	1925	1641	1913	1724	1571
宽带互联网接驳客户户口⑩	Registered Broadband Internet Access Customer Accounts⑩	1648409	1744420	1879735	1948271	2060466
互联网使用量⑨	**Internet Traffic Volume⑨**					
客户通过公共电话网络接驳⑪ (万分钟)	Customer Access via Public Switched Telephone Networks⑪ (10 000 minutes)	105954	61860	40403	30461	25922
客户通过宽带网络接驳 (万亿比特)	Customer Access via Broadband Networks (terabits)	5392294	7794032	9572815	10312632	11485518

注: ①数字包括固定电话、图文传真线及电文线路的直拨服务。2007年12月起,也包括网际规约(IP)电话或网络电话(VoIP)服务的客户数目。
②年底数字。③数字也包括图文传真及数据。④估计数字。⑤2008年11月1日起,相关的服务已经终止。
⑥数字不包括储值智能卡。包括储值智能卡的数字于括号内展示。 ⑦数字包括3G服务。
⑧营办商数目包括所有持牌获准提供互联网接驳服务的营办商。
⑨数字为根据互联网服务供应商申报的估计数字,并不包括不属于持牌互联网服务供应商客户的使用者。
⑩已登记客户户口指互联网服务供应商的客户户口(包括免费的客户户口)。拥有超过一个客户登入识别码的登记客户户口只算作一个已登记的客户户口。数字不包括只获提供电邮地址的客户户口。
⑪不包括通过私人租用线路接驳及使用宽带服务的客户。

Notes : ①Figures include direct dialing in lines, facsimile lines and Datel lines. Figures from December 2007 onwards include the number of subscribers of IP telephony / voice-over-IP(VoIP) services.
②Figures are as at end of the year. ③Figures also include facsimile and data. ④Estimated figures.
⑤Related service has been terminated since 1 November 2008.
⑥Excluding pre-paid SIM cards. Figures including prepaid SIM cards are presented in brackets.
⑦Figures include 3G mobile services.
⑧Including all licenses authorised to provide Internet access services.
⑨Estimated figures are based on the returns from the ISPs and do not include users who are not customers of the licensed ISPs.
⑩Registered customer accounts refer to the customer accounts of ISPs (including those free-of-charge customer accounts). For a registered customer account which has more than one user login ID, it is counted as one registered customer account only. Figures do not include customer accounts which are provided with e-mail addresses only.
⑪Excluding customer access via leased circuits and broadband services.

23-27　商品进出口贸易总额

Total Imports and Exports of Goods

单位：亿港元　　(HKD 100 million)

贸易种类	Type of Trade	2005	2006	2007	2008	2009
进口	Imports	23294.69	25998.04	28680.11	30252.88	26923.56
港产品出口	Domestic Exports	1360.30	1345.27	1091.22	907.57	577.42
转口	Re-exports	21141.43	23265.00	25783.92	27333.94	24113.47
整体出口	Total Exports	22501.74	24610.27	26875.13	28241.51	24690.89
贸易总额	Total Trade	45796.43	50608.31	55555.24	58494.39	51614.45
商品贸易差额	Merchandise Trade Balance	-792.95	-1387.77	-1804.97	-2011.37	-2232.68

23-28　商品进口及出口的主要供应地和目的地

Imports and Exports of Goods by Major Supplier and Destination

单位：亿港元　　(HKD 100 million)

贸易种类／主要国家／地区	Type of Trade/ Main Country/Territory	2005	2006	2007	2008	2009
进口(供应地)	**Imports (Supplier)**	**23294.69**	**25998.04**	**28680.11**	**30252.88**	**26923.56**
中国内地	The mainland of China	10493.35	11929.52	13296.52	14107.35	12493.74
日本	Japan	2565.01	2681.40	2873.29	2975.52	2363.69
中国台湾	Taiwan, China	1682.27	1949.17	2051.02	1920.41	1756.49
新加坡	Singapore	1351.90	1648.37	1947.75	1949.51	1746.59
美国	United States of America	1192.52	1235.69	1387.68	1507.38	1421.37
港产品出口(目的地)	**Domestic Exports (Destination)**	**1360.30**	**1345.27**	**1091.22**	**907.57**	**577.42**
中国内地	The mainland of China	446.43	402.68	406.10	347.58	266.72
美国	United States of America	377.67	331.59	238.78	188.60	73.17
新加坡	Singapore	40.76	41.28	30.47	30.25	22.25
中国台湾	Taiwan, China	51.42	44.61	40.32	38.63	19.18
荷兰	Netherlands	53.86	79.58	29.22	22.52	18.63

23-29　商品转口的主要来源地和目的地

Re-exports of Goods by Major Origin and Destination

单位：亿港元　　(HKD 100 million)

贸易种类／主要国家／地区	Type of Trade/ Main Country/Territory	2005	2006	2007	2008	2009
转口(目的地)	**Re-exports (Destination)**	**21141.43**	**23265.00**	**25783.92**	**27333.94**	**24113.47**
中国内地	The mainland of China	9679.23	11159.41	12677.22	13356.87	12365.77
美国	United States of America	3228.72	3379.71	3443.24	3403.95	2779.20
日本	Japan	1142.58	1154.90	1167.03	1186.63	1072.18
德国	Germany	683.67	707.53	780.96	920.11	788.30
英国	United Kingdom	619.44	657.73	690.15	726.65	584.32
转口(来源地)	**Re-exports (Origin)**	**21141.43**	**23265.00**	**25783.92**	**27333.94**	**24113.47**
中国内地	The mainland of China	13132.11	14612.92	15977.70	17076.96	15033.19
日本	Japan	1860.65	1886.49	2094.19	2177.20	1776.90
中国台湾	Taiwan, China	1524.96	1667.31	1893.47	1782.04	1563.11
美国	United States of America	643.04	695.89	747.99	928.46	837.90
韩国	Republic of Korea	740.30	849.96	969.91	870.70	820.75

23-30 涉及外发中国内地加工的贸易
Trade Involving Outward Processing in the Mainland of China

项　目	Item	2005	2006	2007	2008	2009
涉及外发加工贸易的估计货值（亿港元）	**Estimated Value of Outward Processing Trade (HKD 100 million)**					
输往中国内地的港产出口货物	Domestic Exports to the Mainland of China	250.80	207.17	191.62	132.32	73.33
输往中国内地的转口货物	Re-exports to the Mainland of China	3634.02	3892.24	4323.71	4577.32	4179.10
输往中国内地的整体出口货物	Total Exports to the Mainland of China	3884.82	4099.41	4515.33	4709.64	4252.43
从中国内地进口的货物	Imports from the Mainland of China	6919.79	7693.17	7799.94	7890.39	6231.55
原产地为中国内地经香港输往其他地方的转口货物	Re-exports of the Mainland of China Origin to Other Places	7565.79	8147.93	8410.48	7922.21	6418.12
涉及外发加工贸易的估计比重（%）	**Estimated Proportion of Outward Processing Trade (%)**					
输往中国内地的港产出口货物	Domestic Exports to the Mainland of China	56.3	51.6	47.3	38.1	27.3
输往中国内地的转口货物	Re-exports to the Mainland of China	37.6	34.9	34.1	34.3	33.8
输往中国内地的整体出口货物	Total Exports to the Mainland of China	38.4	35.5	34.5	34.4	33.7
从中国内地进口的货物	Imports from the Mainland of China	65.9	64.5	58.6	55.9	49.9
原产地为中国内地经香港输往其他地方的转口货物	Re-exports of the Mainland of China Origin to Other Places	79.3	80.7	78.4	70.1	68.1

23-31 按主要服务组别划分的服务出口及进口
Exports and Imports of Services by Major Service Group

单位：亿港元　　(HKD 100 million)

主要服务组别	Major Service Group	2005	2006	2007	2008	2009@
服务出口	**Exports of Services**					
运输服务	Transportation Services	1580.07	1741.86	1995.61	2249.53	1943.42
旅游服务	Travel Services	800.61	903.99	1073.04	1191.71	1276.16
保险服务	Insurance Services	32.18	32.40	36.48	42.62	42.52
金融服务	Financial Services	487.53	719.97	969.30	920.44	841.38
商贸服务及其他与贸易相关的服务	Merchanting and Other Trade-related Services	1621.79	1782.70	1989.76	2159.39	2020.39
其他服务	Other Services	431.76	469.63	543.10	608.79	566.28
总计	Total	4953.94	5650.54	6607.28	7172.49	6690.15
服务进口	**Imports of Services**					
运输服务	Transportation Services	813.61	902.34	1086.27	1232.89	1060.33
旅游服务	Travel Services	1034.74	1090.88	1173.46	1253.26	1237.16
保险服务	Insurance Services	47.10	47.64	55.43	56.51	50.59
金融服务	Financial Services	109.32	156.71	218.95	244.26	265.65
商贸服务及其他与贸易相关的服务	Merchanting and Other Trade-related Services	186.28	209.67	242.98	268.66	247.55
其他服务	Other Services	451.32	471.76	545.30	609.25	578.81
总计	Total	2642.37	2879.00	3322.40	3664.84	3440.09
服务出口净额	**Net Exports of Services**	**2311.57**	**2771.54**	**3284.88**	**3507.65**	**3250.06**

23-32 按主要目的地和来源地划分的服务出口及进口
Exports and Imports of Services by Major Destination and Source

单位：亿港元 (HKD 100 million)

目的地／来源地	Destination/Source	2005	2006	2007	2008	2009
服务出口①	**Exports of Services①**					
中国内地	The mainland of China	1279.47	1370.07	1614.62	1755.20	
美国	United States of America	1002.94	1190.30	1390.83	1502.82	
英国	United Kingdom	334.71	442.38	519.33	533.62	
日本	Japan	348.03	401.31	449.53	458.87	
中国台湾	Taiwan, China	353.49	363.22	361.98	366.92	
其他	Others	1538.57	1778.68	2142.62	2416.87	
所有目的地	All Destinations	4857.21	5545.96	6478.90	7034.29	6594.60@
服务进口①	**Imports of Services①**					
中国内地	The mainland of China	711.89	764.86	879.28	933.23	
美国	United States of America	395.66	426.41	486.48	537.86	
日本	Japan	227.22	242.76	272.88	305.37	
英国	United Kingdom	203.48	224.58	246.99	263.63	
新加坡	Singapore	111.54	152.02	184.67	212.25	
其他	Others	982.12	1058.93	1239.55	1389.25	
所有来源地	All Sources	2631.90	2869.55	3309.85	3641.58	3401.88@

注：①由于金融中介服务没有按区域细分数字，本统计表内的数字不包括金融中介服务数字，因此载于本统计表内所有目的地／来源地的数字不等同于表23-31内所有服务的相关数字。

Note: ①Since data on geographical breakdowns of financial intermediation services are not available, the figures in respect of financial intermediation services are not included in this table. Hence, figures for all destinations/sources in this table are not equal to the corresponding figures for all services in Table23-31.

23-33 按主要投资者国家／地区划分的外来直接投资头寸及流动
Position and Flow of Inward Direct Investment by Major Investor Country/Territory

单位：亿港元 (HKD 100 million)

主要投资者国家／地区	Major Investor Country/Territory	以市值计算的外来直接投资 Inward Direct Investment at Market Value					
		年底头寸 Position at End of Year			年间流入 Inflow in Year		
		2006	2007	2008	2006	2007	2008
中国内地	The mainland of China	20243	37374	23114	1087	1042	1797
英属维尔京群岛	British Virgin Islands	19506	33585	20407	788	1093	1105
荷兰	Netherlands	3909	5305	4138	281	380	386
百慕大群岛	Bermuda	3501	3832	3586	238	277	169
美国	United States of America	2779	2786	2476	513	358	141
日本	Japan	1514	1647	1647	180	143	83
英国	United Kingdom	1056	1345	1163	154	230	130
开曼群岛	Cayman Islands	1013	1115	1088	184	109	38
新加坡	Singapore	852	1055	1081	81	164	94
科克群岛	Cook Islands	280	322	556	9	8	75
其他	Others	3066	3500	4002	-15	436	625
总计	**Total**	**57719**	**91865**	**63258**	**3500**	**4239**	**4643**

注：国家／地区是指直接来源经济体系。这分类未必反映最初资金流出的国家／地区。

Note : Country/territory here refers to the immediate source economy. It does not necessarily reflect the country/territory in which the funds are initially mobilised.

23-34 按主要资金接受国家/地区划分的对外直接投资头寸及流动
Position and Flow of Outward Direct Investment by Major Recipient Country/Territory

单位：亿港元 (HKD 100 million)

主要接受投资国家/地区	Major Recipient Country/Territory	以市值计算的对外直接投资 Outward Direct Investment at Market Value					
		年底头寸 Position at End of Year			年间流出 Outflow in Year		
		2006	2007	2008	2006	2007	2008
中国内地	The mainland of China	21172	34237	26246	1666	2839	2152
英属维尔京群岛	British Virgin Islands	24676	37737	25843	780	1039	1421
百慕大群岛	Bermuda	1378	1330	1112	-50	162	40
英国	United Kingdom	621	735	743	-2	121	-144
新加坡	Singapore	331	569	520	21	184	-76
美国	United States of America	291	306	427	31	41	147
利比里亚	Liberia	233	410	416	25	53	39
开曼群岛	Cayman Islands	411	501	408	79	294	27
泰国	Thailand	347	383	382	64	-2	27
马来西亚	Malaysia	256	347	355	39	40	-22
其他	Others	2929	2336	2609	841	-7	326
总计	**Total**	**52645**	**78890**	**59062**	**3494**	**4765**	**3939**

注：国家/地区是指首个目的地经济体系。这分类未必反映资金最终被使用的所在国家/地区。

Note : Country/territory here refers to the immediate destination economy. It does not necessarily reflect the country/territory in which the funds are ultimately used.

23-35 按母公司的国家/地区划分的驻港地区总部数目
Number of Regional Headquarters in Hong Kong by Country/Territory of the Parent Company

单位：个 (unit)

项 目	Item	2005	2006	2007	2008	2009
驻港地区总部数目①	**Number of regional headquarters in Hong Kong①**	**1167**	**1228**	**1246**	**1298**	**1252**
母公司的国家/地区	Country/Territory of the parent company					
美国	United States of America	262	295	298	311	289
日本	Japan	204	212	232	238	224
英国	United Kingdom	115	114	124	119	115
中国内地	The mainland of China	107	112	93	95	96
德国	Germany	75	76	76	77	74
法国	France	49	55	56	59	66
荷兰	Netherlands	54	48	50	50	54
瑞士	Switzerland	38	42	47	53	46
新加坡	Singapore	45	44	43	46	43
意大利	Italy	20	23	27	32	40
澳大利亚	Australia	18	21	21	19	22
瑞典	Sweden	18	19	20	18	21
中国台湾	Taiwan, China	33	28	28	26	19
韩国	Korea	17	16	16	19	18
丹麦	Denmark	12	14	11	15	15

注：指有关年度6月首个工作日的数字。地区总部是指代表香港境外母公司对区内(即香港及另一个或多个地方)各办事处拥有管理权的一家办事处。如驻港的地区总部属联营机构，其母公司的国家/地区可多于一个。

①自2006年起，地区总部的定义已作修订。本表所载的2006年及以后地区总部的数字未必能与2006年以前的数字作严格比较。

Notes : Figures refer to the first working day of June of the year. A regional headquarters is an office that has managerial control over offices in the region (i.e. Hong Kong plus one or more other places) on behalf of its parent company located outside Hong Kong. In the case of a joint-ventured regional headquarters in Hong Kong, there may be more than one country/territory of its parent company/companies.

①Definition of regional headquarters has been revised from 2006 onwards. Figures for regional headquarters for 2006 and onwards presented above may not be strictly comparable with those before 2006.

23-36 按母公司的国家／地区划分的驻港地区办事处数目
Number of Regional Offices in Hong Kong by Country/Territory of the Parent Company

单位：个 (unit)

项 目	Item	2005	2006	2007	2008	2009
驻港地区办事处数目①	**Number of regional offices in Hong Kong①**	**2631**	**2617**	**2644**	**2584**	**2328**
母公司的国家／地区	Country/Territory of the Parent Company					
美国	United States of America	606	594	593	612	526
日本	Japan	537	519	516	494	447
英国	United Kingdom	215	223	223	234	213
中国台湾	Taiwan, China	133	149	155	158	138
中国内地	The mainland of China	160	156	152	128	127
德国	Germany	139	136	129	133	123
法国	France	110	117	121	111	104
新加坡	Singapore	103	106	105	98	91
瑞士	Switzerland	73	68	64	63	61
意大利	Italy	53	52	57	52	51
荷兰	Netherlands	50	47	51	51	49
澳大利亚	Australia	69	65	69	61	46
韩国	Republic of Korea	68	62	64	56	44
瑞典	Sweden	33	34	36	43	42
加拿大	Canada	25	31	32	32	33

注：指有关年度6月首个工作日的数字。地区办事处是指代表香港境外母公司负责协调区内(即香港及另一个或多个地方)各办事处及／或运作的一家办事处。如驻港的地区总部属联营机构，其母公司的国家／地区可多于一个。

①自2006年起，地区办事处的定义已作修订。本表所载的2006年及以后地区办事处的数字未必能与2006年以前的数字作严格的比较。

Notes : Figures refer to the first working day of June of the year. A regional office is an office that coordinates offices and/or operations in the region (i.e. Hong Kong plus one or more other places) on behalf of its parent company located outside Hong Kong. In the case of a joint-ventured regional office in Hong Kong, there may be more than one country/territory of its parent company/companies.

①Definition of regional office has been revised from 2006 onwards. Figures for regional office for 2006 and onwards presented above may not be strictly comparable with those before 2006.

23-37 按居住国家／地区划分的访港旅客人数
Visitor Arrivals by Country/Territory of Residence

单位：万人次 (10 000 person-times)

居住国家／地区	Country/Territory of residence	2005	2006	2007	2008	2009
中国内地	The mainland of China	1254.1	1359.1	1548.6	1686.2	1795.7
南亚及东南亚	South and Southeast Asia	241.3	266.0	288.8	293.6	288.5
中国台湾	Taiwan, China	213.1	217.7	223.9	224.0	201.0
北亚	North Asia	185.3	203.0	220.1	222.9	182.3
欧洲、非洲及中东	Europe, Africa and the Middle East	172.6	191.7	218.9	209.4	196.9
美洲	The Americas	156.5	163.1	178.4	168.5	156.8
澳大利亚、新西兰及南太平洋	Australia, New Zealand and South Pacific	62.0	66.8	75.7	76.3	70.8
中国澳门	Macao, China	51.0	57.8	62.6	69.7	67.1
总计	**Total**	**2335.9**	**2525.1**	**2816.9**	**2950.7**	**2959.1**
		(+7.1)	**(+8.1)**	**(+11.6)**	**(+4.7)**	**(+0.3)**

注：括号内数字表示与去年比较的变动百分比。
Note : Figures in brackets refer to percentage changes over the preceding year.

23-38 政府储备结余
Government's Reserve Balances

单位：亿港元 (HKD 100 million)

项　目	Item	2005/2006	2006/2007	2007/2008	2008/2009	2009/2010
期初储备结余	Opening Reserve Balances	2959.81	3106.63	3692.64	4929.14	4943.64
收入①	Revenue①	2470.35	2880.14	3584.65	3165.62	3184.42
开支①	Expenditure①	2330.71	2268.63*	2348.15	3124.12*	2890.25
发行债券及票据所得净收入	Net Proceeds from Issuance of Bonds and Notes	-	-	-	-	-
债券及票据偿还款项	Repayment of Bonds and Notes	-	-25.50	-	-27.00	-35.00
盈余	Surplus	139.64	586.01	1236.50	14.50	259.17
在外汇基金的投资亏损拨备	Write-back of Provision for Loss in Investments with the Exchange Fund	7.18	-	-	-	-
期末储备结余	Closing Reserve Balances	3106.63	3692.64	4929.14	4943.64*	5202.81

注：①数额不包括“政府一般收入帐目与各基金之间的转拨”。
Notes : ①Figures exclude “Transfers between the General Revenue Account and Funds”.

23-39 政府收入(一般收入帐目及各基金)
Government Revenue (General Revenue Account and Funds)

单位：亿港元 (HKD 100 million)

项　目	Item	2005/2006	2006/2007	2007/2008	2008/2009	2009/2010
经营收入	**Operating Revenue**					
直接税	Direct Taxes					
入息税及利得税	Earnings and Profits Tax	1117.52	1153.18	1337.29	1461.43	1231.84
间接税	Indirect Taxes					
博彩及彩票税	Bets and Sweeps Tax	119.38	120.47	130.48	126.20	127.67
酒店房租税	Hotel Accommodation Tax	3.10	3.84	4.50	2.23	-
印花税	Stamp Duties	178.67	250.77	515.49	321.62	423.83
飞机乘客离境税	Air Passenger Departure Tax	14.40	15.31	16.71	16.26	16.17
应课税品税项	Duties	64.24	70.23	70.59	60.47	64.65
一般差饷	General Rates	141.46	154.67	94.95	71.75	99.57
车辆税	Motor Vehicle Taxes	38.95	43.35	55.53	49.81	48.16
专利税及特权税	Royalties and Concessions	6.16	6.10	8.63	23.89	15.96
各项收费①(含征税成分的费用)	Fees and Charges① (tax-loaded fees)	55.25	57.51	62.74	48.70	48.95
其他收入	Other Revenue					
罚款、没收及罚金	Fines, Forfeitures and Penalties	9.88	10.09	9.97	10.06	11.83
物业及投资	Properties and Investments	98.15	112.80	115.52	124.83	126.01
贷款、偿款、供款及其他收入	Loans, Reimbursements, Contributions and Other Receipts	27.91	27.40	28.26	33.05	32.77
公用事业	Utilities	33.74	33.36	33.44	33.20	34.38
各项收费①(不包含征税成分的费用)	Fees and Charges① (excluding tax-loaded fees)	55.84	59.21	60.23	56.00	55.92
投资收入	Investment Income					
政府一般收入帐目	General Revenue Account	38.57	105.60	120.05	233.52	178.93
土地基金	Land Fund	42.26	120.31	98.76	141.83	111.96
经营收入总额	**Total Operating Revenue**	**2045.48**	**2344.20**	**2763.14**	**2814.85**	**2628.60**
非经营收入	**Capital Revenue**					
间接税	Indirect Taxes					
遗产税	Estate Duty	16.76	7.78	3.54	1.76	1.85
其他收入	Other Revenue					
其他	Others	29.54	35.82	35.67	34.88	59.46
从房屋委员会收回的款项	Recovery from Housing Authority	0.29	0.76	45.21	4.71	8.64
基金	Funds					
基本工程储备基金(不包括债券收入)	Capital Works Reserve Funds (excluding proceeds of bond issue)	309.77	414.84	663.77	231.55	418.77
资本投资基金	Capital Investment Fund	29.43	23.07	22.07	19.17	12.32
赈灾基金	Disaster Relief Fund	0.02	0.03	0.03	0.05	0.12
贷款基金	Loan Fund	19.72	20.09	20.98	21.01	22.76
公务员退休金储备基金	Civil Service Pension Reserve Fund	5.20	14.80	12.15	17.45	13.77
创新及科技基金	Innovation and Technology Fund	1.82	4.23	3.31	4.16	3.23
奖券基金	Lotteries Fund	12.32	14.52	14.78	16.03	14.90
非经营收入总额	**Total Capital Revenue**	**424.87**	**535.94**	**821.51**	**350.77**	**555.82**
政府收入总额	**Total Government Revenue**	**2470.35**	**2880.14**	**3584.65**	**3165.62**	**3184.42**

注：①各项收费之中含征税成分的费用已重新归类为税项收入。
Notes : ①The tax-loaded portion of fees and charges is re-classified under tax revenue.

23-40 政府支出(一般收入帐目及各基金)
Government Expenditure (General Revenue Account and Funds)

单位：亿港元 (HKD 100 million)

项　　目	Item	2005/2006	2006/2007	2007/2008	2008/2009	2009/2010
经营支出	**Operating Expenditure**					
经常支出	Recurrent Expenditure					
个人薪酬	Personal Emoluments	446.65	444.34	466.58	497.26	507.94
与员工有关联的支出	Personnel Related Expenses	43.09	38.82	36.94	35.20	34.06
退休金	Pensions	128.34	136.54	147.36	157.00	169.11
部门支出	Departmental Expenses	152.94	167.42	180.79	193.12	207.40
其它费用	Other Charges	351.10	351.77	371.64	414.87	428.18
资助金	Subventions					
教育	Education	256.06	257.57	265.18	284.65	291.95
卫生	Health	271.77	276.85	293.45	313.23	324.22
社会福利	Social Welfare	63.40	64.49	69.08	80.65	83.42
大学	Universities	113.26	112.40	115.34	117.11	114.76
职业训练局	Vocational Training Council	16.89	15.82	16.31	17.71	18.65
杂项	Miscellaneous	28.12	28.96	31.79	30.39	32.11
非经常支出	Non-recurrent	53.00	44.75	52.88	438.88	131.87
经营支出总额	**Total Operating Expenditure**	**1924.62**	**1939.73**	**2047.34**	**2580.07**	**2343.67**
非经营支出	**Capital Expenditure**					
机器、设备及工程	Plant, Equipment and Works	6.76	7.20	10.33	11.34	14.15
资助金	Subventions					
教育	Education	3.44	4.57	4.90	4.94	6.24
卫生	Health	2.87	2.99	6.88	7.20	7.17
职业训练局	Vocational Training Council	0.29	0.43	0.45	0.34	0.39
杂项	Miscellaneous	0.20	0.22	0.29	0.55	0.74
基金	Funds					
基本工程储备基金	Capital Works Reserve Fund	289.54	267.25	230.65	507.19	515.82
资本投资基金	Capital Investment Fund	65.50	31.24	1.00	1.75	
贷款基金	Loan Fund	25.20	27.50	30.53	22.40	21.50
赈灾基金	Disaster Relief Fund	0.18	0.19	2.72	3.47	0.99
创新及科技基金	Innovation and Technology Fund	3.65	3.86	4.83	5.87	7.21
奖券基金	Lotteries Fund	8.46	8.95	8.23	6.00	7.37
非经营支出总额	**Total Capital Expenditure**	**406.09**	**354.40**	**300.81**	**571.05**	**581.58**
政府支出总额	**Total Government Expenditure**	**2330.71**	**2294.13**	**2348.15**	**3151.12**	**2925.25**

23-41 按政策组别划分的公共开支
Public Expenditure by Policy Area Group

单位：亿港元 (HKD 100 million)

项　目	Item	2005/2006	2006/2007	2007/2008	2008/2009	2009/2010
公共及对外事务	Community and External Affairs	77.94	80.26	82.10	385.81*	141.44
经济	Economic	170.87*	138.48*	135.63*	249.75*	188.28
教育	Education	542.65	519.34	538.25	749.95*	587.66
环境及食物	Environment and Food	96.81	101.88	120.51	123.91*	136.19
卫生	Health	316.16	321.27	336.23	367.06*	386.55
房屋	Housing	154.05	146.71	143.36	174.03*	173.22
基础建设	Infrastructure	323.65*	291.59*	263.80*	292.38*	474.09
保安	Security	247.92	251.22	279.85	279.99*	298.12
社会福利	Social Welfare	332.62	335.40	348.68	392.48*	409.58
辅助服务	Support	252.65*	262.53*	276.54*	294.32*	307.67
总计	**Total**	**2515.32***	**2448.68***	**2524.95***	**3309.68***	**3102.80**

注：2009/2010年度的数字为修订预算。
公共开支包括政府开支，以及营运基金及房屋委员会的开支。政府只享有股权的机构，包括法定机构，例如机场管理局及香港铁路有限公司，其开支则不包括在内。

Notes: Figures for 2009/2010 are revised estimate.
Public expenditure comprises government expenditure, expenditure by the Trading Funds and expenditure by the Housing Authority. It does not include expenditure by those organisations including statutory organisations, in which the Government has only an equity position, such as the Airport Authority and the MTR Corporation Ltd.

23-42 外币兑换率及港汇指数
Exchange Rates and the Effective Exchange Rate Indices

单位：每单位外币兑换港元，另有注明除外 (HKD per unit of foreign currency, unless otherwise specified)

项　目	Item	2005	2006	2007	2008	2009
年内平均数字①	**Average for the year①**					
澳元	Australian Dollar	5.93	5.85	6.55	6.63	6.16
加拿大元	Canadian Dollar	6.42	6.85	7.30	7.34	6.83
人民币（每百港元）	Chinese Renminbi (per HKD100)	105.26	102.65	97.09	89.00	88.16
欧元	Euro	9.68	9.77	10.70	11.45	10.82
日元	Japanese Yen	0.0707	0.0669	0.0664	0.0756	0.0830
马来西亚林吉特	Malaysian Ringgit	2.05	2.12	2.27	2.34	2.20
新台币	New Taiwan Dollar	0.242	0.242	0.242	0.254	0.243
菲律宾比索	Philippines Peso	0.144	0.154	0.170	0.180	0.167
英镑	Pound Sterling	14.15	14.33	15.62	14.42	12.16
韩圆	Korean Won	0.0076	0.0081	0.0084	0.0072	0.0061
新加坡元	Singapore Dollar	4.67	4.89	5.18	5.51	5.34
瑞士法郎	Swiss Franc	6.25	6.21	6.51	7.21	7.16
泰铢	Thai Baht	0.193	0.205	0.242	0.236	0.226
美元	US Dollar	7.777	7.768	7.801	7.787	7.752
特别提款权	Special Drawing Right	11.48780	11.43077	11.94216	12.31358	11.95320
港汇指数（2000年1月=100）	Effective Exchange Rate Indices for the Hong Kong dollar (January 2000=100)					
贸易总值(进口及整体出口)加权	Trade (import and export)-weighted	97.4	96.1	91.9	87.1	88.2
进口货值加权	Import-weighted	98.1	96.8	92.5	87.1	87.9
整体出口货值加权②	Export-weighted②	96.7	95.5	91.3	87.2	88.5

23-42 续表 continued

单位：每单位外币兑换港元，另有注明除外 (HKD per unit of foreign currency, unless otherwise specified)

项　目	Item	2005	2006	2007	2008	2009
年底数字③	**As at end of year③**					
澳元	Australian Dollar	5.68	6.13	6.87	5.37	6.98
加拿大元	Canadian Dollar	6.67	6.68	7.99	6.37	7.38
人民币　(每百港元)	Chinese Renminbi (per HKD100)	104.16	100.45	93.14	88.64	87.83
欧元	Euro	9.18	10.26	11.49	10.93	11.20
日元	Japanese Yen	0.0659	0.0654	0.0697	0.0860	0.0841
马来西亚林吉特	Malaysian Ringgit	2.05	2.20	2.36	2.24	2.26
新台币	New Taiwan Dollar	0.239	0.245	0.248	0.246	0.249
菲律宾比索	Philippines Peso	0.150	0.166	0.190	0.168	0.173
英镑	Pound Sterling	13.36	15.22	15.59	11.21	12.50
韩圆	Korean Won	0.0077	0.0084	0.0083	0.0062	0.0067
新加坡元	Singapore Dollar	4.67	5.07	5.43	5.38	5.54
瑞士法郎	Swiss Franc	5.90	6.38	6.93	7.33	7.53
泰铢	Thai Baht	0.189	0.220	0.262	0.223	0.233
美元	US Dollar	7.753	7.775	7.802	7.751	7.756
特别提款权	Special Drawing Right	11.08113	11.69521	12.32911	11.93863	12.15900
港汇指数 (2000年1月=100)	Effective Exchange Rate Indices for the Hong Kong Dollar (January 2000=100)					
贸易总值(进口及整体出口)加权	Trade (import and export)-weighted	98.4	94.3	88.6	88.3	86.7
进口货值加权	Import-weighted	99.1	94.9	89.0	87.7	86.3
整体出口货值加权②	Export-weighted②	97.7	93.6	88.3	89.0	87.2

注：《中华人民共和国香港特别行政区基本法》说明，港元是香港特别行政区的法定货币。外币指港元以外的其他货币，因而人民币亦视作外币。

①数字是指年内每日电汇或现钞收市中间兑换价的平均值。

②包括转口和港产品出口。

③数字是该年最后一个交易日的电汇或现钞收市中间兑换价。

Notes : Hong Kong Dollar is the legal tender in the Hong Kong Special Administrative Region, as stated in "The Basic Law of the Hong Kong Special Administrative Region of the People's Republic of China". Foreign currency refers to any currency other than the Hong Kong currency. Accordingly, Chinese Renminbi is also treated as foreign currency.

①Figures are the averages of the daily closing middle-market telegraphic transfer rates or notes rates for the year.

②Including re-exports and domestic exports.

③Figures are the closing middle-market telegraphic transfer rates or notes rates as at the last trading day of the year.

23-43 货币供应量
Money Supply

单位：亿港元(年底数字) (HKD 100 million, as at end of year)

项　目	Item	2005	2006	2007	2008	2009
法定纸币及硬币的流通量	Legal Tender Notes and Coins in Circulation					
由商业银行发行	Commercial Bank Issues	1492.95	1573.85	1634.35	1772.25	2001.85
由政府发行	Government Issues	69.64	71.15	78.00	85.72	87.30
总计	Total	1562.59	1645.00	1712.35	1857.97	2089.15
由认可机构持有的法定纸币及硬币	Authorized Institutions' Holdings of Legal Tender Notes and Coins	139.52	142.69	132.22	153.17	145.96
由公众持有的法定纸币及硬币	Legal Tender Notes and Coins in Hands of Public	1423.07	1502.31	1580.13	1704.80	1943.19
货币供应量：就外币掉期存款作出调整	Money Supply : Adjusted for Foreign Currency Swap Deposits					
货币供应量 M_1	Money Supply M_1					
港元	Hong Kong Dollar	3482.48	3879.09	4543.42	4911.15	6712.41
外币	Foreign Currency	864.37	1037.39	1623.66	1547.18	2305.78
总计	Total	4346.84	4916.48	6167.09	6458.33	9018.19
货币供应量 M_2	Money Supply M_2					
港元①	Hong Kong Dollar①	23296.69	27776.79	32810.17	32398.57	35877.17
外币②	Foreign Currency②	20493.88	22766.53	28253.31	30282.01*	30145.93
总计	Total	43790.57	50543.32	61063.48	62680.58*	66023.10
货币供应量 M_3	Money Supply M_3					
港元①	Hong Kong Dollar①	23458.38	27955.45	33005.00	32613.06	36048.43
外币②	Foreign Currency②	20613.51	22941.96	28392.58	30394.45*	30220.01
总计	Total	44071.88	50897.41	61397.58	63007.51*	66268.43
货币供应量：未就外币掉期存款作出调整	Money Supply : Unadjusted for Foreign Currency Swap Deposits					
货币供应量 M_2	Money Supply M_2					
港元	Hong Kong Dollar	23288.34	27769.55	32804.47	32393.75	35873.30
外币	Foreign Currency	20502.23	22773.77	28259.01	30286.82*	30149.80
总计	Total	43790.57	50543.32	61063.48	62680.58*	66023.10
货币供应量 M_3	Money Supply M_3					
港元	Hong Kong Dollar	23450.03	27948.21	32999.30	32608.24	36044.56
外币	Foreign Currency	20621.86	22949.20	28398.28	30399.26*	30223.87
总计	Total	44071.88	50897.41	61397.58	63007.51*	66268.43

注：《中华人民共和国香港特别行政区基本法》说明，港元是香港特别行政区的法定货币。外币指港元以外的其他货币，因而人民币亦视作外币。
①所列数字已包括外币掉期存款。
②所列数字已扣除外币掉期存款。

Notes : Hong Kong dollar is the legal tender in the Hong Kong Special Administrative Region, as stated in "The Basic Law of the Hong Kong Special Administrative Region of the People's Republic of China". Foreign currency refers to any currency other than the Hong Kong currency. Accordingly, Chinese Renminbi is also treated as foreign currency.
①Figures are adjusted to include foreign currency swap deposits.
②Figures are adjusted to exclude foreign currency swap deposits.

23-44 股票价格指数、证券交易成交额及市场总值
Index of Share Prices, Value of Stock Exchange Turnover and Market Capitalisation

项　　目	Item	2005	2006	2007	2008	2009
主板	**Main Board**					
股票价格指数	Index of Share Prices					
恒生指数①（1964年7月31日=100）	Hang Seng Index① (31.7.1964=100)					
最高	High	15508.6	20049.0	31958.4	27853.6	23099.6
最低	Low	13320.5	14844.0	18659.2	10676.3	11344.6
收市	Closing	14876.4	19964.7	27812.7	14387.5	21872.5
分类指数	Sectoral Sub-indices					
（1984年1月13日= 975.47）	(13.1.1984 = 975.47)					
金融	Finance					
最高	High	28392.0	32621.1	48000.5	39543.2	37385.1
最低	Low	25748.2	26583.6	29619.9	17235.7	15457.9
收市	Closing	26614.3	32428.7	39526.3	21793.5	34170.8
公用事业	Utilities					
最高	High	32537.5	35991.9	41664.0	45501.9	38609.9
最低	Low	29259.8	30563.6	33291.0	27510.7	33049.6
收市	Closing	31866.0	35793.7	41065.1	33841.4	37585.2
地产	Properties					
最高	High	19632.1	23146.9	40025.0	39305.3	30271.8
最低	Low	16160.0	17944.1	22149.3	13015.5	14226.0
收市	Closing	17977.8	23144.1	38080.0	16974.1	28147.4
工商业	Commerce and Industry					
最高	High	7540.2	10714.6	19001.2	16619.8	11866.0
最低	Low	5584.5	7115.0	9991.6	5290.1	6585.4
收市	Closing	7139.3	10620.3	16568.0	7894.2	11452.9
恒生中国企业指数②	Hang Seng China Enterprises Index②					
最高	High	5541.8	10455.5	20609.1	16323.7	13863.0
最低	Low	4461.0	5318.9	8426.8	4792.4	6404.0
收市	Closing	5330.3	10340.4	16124.7	7891.8	12794.1
恒生中国H股金融行业指数③	Hang Seng China H-Financials Index③					
（2004年3月5日= 5 033.14）	(5.3.2004 = 5 033.14)					
最高	High	-	13280.4	23956.5	18545.8	19325.7
最低	Low	-	9745.6	10145.1	6636.1	8568.4
收市	Closing	-	12935.5	18121.1	10186.0	17677.0
恒生综合指数系列	Hang Seng Composite Index Series					
（2000年1月3日= 2 000）	(3.1.2000 = 2 000)					
恒生综合指数	Hang Seng Composite Index					
最高	High	2001.0	2809.0	4580.1	3940.6	3186.1
最低	Low	1720.9	1944.2	2557.1	1434.4	1634.8
收市	Closing	1947.7	2802.7	3935.4	1982.6	3052.0
恒生香港综合指数	Hang Seng Hong Kong Composite Index					
最高	High	2045.7	2454.2	3138.8	2947.4	2279.5
最低	Low	1832.2	1973.0	2293.5	1240.7	1060.9
收市	Closing	1976.9	2454.0	2919.6	1425.9	2188.4
恒生香港大型股指数	Hang Seng HK LargeCap Index					
最高	High	1915.3	2111.5	2561.9	2437.2	1849.4
最低	Low	1724.0	1811.1	1947.5	1095.8	846.8
收市	Closing	1815.0	2108.9	2401.0	1226.0	1760.4
恒生香港中型股指数	Hang Seng HK MidCap Index					
最高	High	2882.1	4273.6	6079.1	5539.4	4618.2
最低	Low	2282.9	2843.4	3980.6	2064.7	2264.6
收市	Closing	2850.5	4273.0	5521.4	2569.5	4515.2
恒生香港小型股指数	Hang Seng HK SmallCap Index					
最高	High	2046.9	2380.5	3544.7	3204.1	2406.7
最低	Low	1723.9	1880.9	2299.3	831.9	1033.1
收市	Closing	1881.4	2338.1	3159.5	1101.3	2338.4
恒生中国内地综合指数	Hang Seng Mainland Composite Index					
最高	High	1957.2	3307.4	6338.8	5214.7	4286.1
最低	Low	1470.3	1898.6	2893.9	1713.4	2227.6
收市	Closing	1901.6	3285.4	5201.3	2658.2	4089.7

23-44 续表 1 continued

项　　目	Item	2005	2006	2007	2008	2009
恒生香港中资企业指数	Hang Seng China-Affiliated Corp. Index					
最高	High	2036.9	3363.5	7107.9	6162.6	4457.4
最低	Low	1415.3	1931.3	3112.7	2172.6	2749.9
收市	Closing	1934.9	3330.1	6111.2	3292.4	4059.9
恒生综合行业指数④	Hang Seng Composite Industry Indexes④					
能源业	Energy					
最高	High	-	9440.7	20327.9	17106.9	13243.9
最低	Low	-	7117.3	7696.3	4124.9	5811.0
收市	Closing	-	9331.7	16203.5	7225.8	12811.5
原材料业	Materials					
最高	High	-	10579.1	24423.1	19252.5	11465.4
最低	Low	-	7452.1	10108.7	2636.3	4264.1
收市	Closing	-	10575.6	19031.0	5041.5	10822.5
工业制品业	Industrial Goods					
最高	High	-	1588.7	2205.1	1885.4	1474.5
最低	Low	-	1396.0	1379.8	459.4	646.5
收市	Closing	-	1400.6	1867.4	760.5	1401.3
消费品制造业	Consumer Goods					
最高	High	2800.5	3772.0	5441.2	5164.9	5287.7
最低	Low	2393.5	2614.7	3585.2	1817.7	2267.7
收市	Closing	2669.9	3769.5	5041.1	2389.4	5175.4
服务业	Services					
最高	High	-	3439.7	5723.7	5285.6	3427.0
最低	Low	-	2872.1	3409.6	1451.1	1685.0
收市	Closing	-	3436.3	5168.4	1960.3	3345.3
电讯业	Telecommunications					
最高	High	-	1611.0	3291.5	2914.4	1916.2
最低	Low	-	1157.5	1488.5	1114.1	1304.2
收市	Closing	-	1581.7	2885.3	1605.3	1529.3
公用事业	Utilities					
最高	High	3738.7	4530.7	6057.9	5955.8	5141.7
最低	Low	3353.2	3554.8	4299.4	3304.0	4098.7
收市	Closing	3667.4	4515.9	5909.5	4276.8	4953.6
金融业	Financials					
最高	High	2545.1	3418.0	4931.6	4096.7	3944.1
最低	Low	2318.8	2428.2	2930.1	1752.6	1718.9
收市	Closing	2430.7	3382.2	3999.3	2280.9	3599.2
地产建筑业	Properties & Construction					
最高	High	2168.3	2885.5	4867.5	4353.0	3155.7
最低	Low	1781.0	2068.2	2715.6	1223.0	1464.1
收市	Closing	2072.2	2884.7	4321.0	1809.3	2916.3
资讯科技业	Information Technology					
最高	High	1410.0	2136.6	2771.7	2372.8	2672.8
最低	Low	908.0	1335.2	1767.0	649.7	762.5
收市	Closing	1363.1	2100.2	2367.9	874.9	2669.2
综合企业	Conglomerates					
最高	High	1942.2	2138.4	3105.9	2923.4	2204.6
最低	Low	1619.0	1757.3	2031.7	973.3	1144.4
收市	Closing	1821.5	2128.1	2815.2	1307.2	2171.3
恒生流通指数系列	Hang Seng Freefloat Index Series					
恒生流通综合指数	Hang Seng Freefloat Composite Index					
最高	High	2110.3	2972.4	4879.2	4216.5	3434.9
最低	Low	1812.5	2040.3	2699.7	1515.6	1650.4
收市	Closing	2044.2	2970.9	4207.0	2063.9	3282.8
恒生香港流通指数	Hang Seng Hong Kong Freefloat Index					
最高	High	1981.8	2420.5	3317.0	3137.0	2404.4
最低	Low	1732.3	1905.7	2288.7	1233.1	1176.5
收市	Closing	1909.9	2420.2	3109.0	1480.6	2331.5
恒生中国内地流通指数	Hang Seng Mainland Freefloat Index					
最高	High	3176.7	5535.0	10906.7	8971.1	7322.2
最低	Low	2524.1	3077.6	4783.1	2746.4	3587.6
收市	Closing	3084.1	5514.8	8927.6	4330.2	6983.7

23-44 续表 2 continued

项　　目	Item	2005	2006	2007	2008	2009
恒生50	Hang Seng 50					
最高	High	2054.5	2841.2	4602.5	3986.1	3254.6
最低	Low	1740.8	1955.1	2531.4	1484.2	1591.2
收市	Closing	1959.1	2831.3	3979.2	2020.2	3072.3
恒生香港25	Hang Seng HK 25					
最高	High	1881.5	2230.7	3126.1	3009.6	2287.3
最低	Low	1646.2	1780.1	2094.5	1174.6	1125.4
收市	Closing	1784.5	2230.4	2965.0	1419.8	2207.3
恒生中国内地25	Hang Seng Mainland 25					
最高	High	3743.8	6505.6	12203.3	9968.9	8285.9
最低	Low	2812.5	3549.5	5383.2	3226.7	4186.9
收市	Closing	3557.7	6442.4	9870.5	5097.8	7720.0
标准普尔／香港交易所大型股指数	S&P/HKEx LargeCap Index					
(2003年2月28日= 10 000)	(28.2.2003 = 10 000)					
最高	High	17797.4	24485.6	38944.5	33770.0	26799.4
最低	Low	14787.3	16979.6	21886.4	13133.3	14169.8
收市	Closing	17025.5	24378.8	33709.0	17891.2	25565.0
成交金额（亿港元）	Turnover (HKD 100 million)	44981.0	83326.3	215062.7	176007.1	154394.9
市场总值(亿港元)	Market Capitalisation(HKD 100 million)	81133.3	132488.2	205364.6	102535.9	177692.7
创业板	**Growth Enterprise Market**					
标准普尔／香港交易所创业板指数	S&P/HKEx GEM Index					
(2003年2月28日=1 000)	(28.2.2003 = 1 000)					
最高	High	1014.7	1348.1	1823.7	1351.8	734.9
最低	Low	859.1	1003.9	1195.1	334.4	342.8
收市	Closing	1007.3	1224.7	1349.6	385.5	677.0
成交金额（亿港元）	Turnover (HKD 100 million)	223.4	436.8	1592.6	520.9	757.6
市场总值⑤（亿港元）	Market Capitalisation⑤(HKD 100 million)	666.0	888.9	1610.8	451.6	1050.4

注：所有最高和最低指数是根据期内每日即市指数所编制。

①恒生指数的计算方法由总市值加权法改为以流通市值加权法计算，并为每只成份股的比重上限设定为15%。

②由2006年3月6日起，计算方法改为以流通市值加权法计算，并为每只成份股的比重上限设定为15%。

③于2006年11月27日推出，2006年的最高及最低指数指由2006年11月27日至12月底期间的数字。

④2006年9月11日起，行业指数由9个增加至11个。"能源业"及"原材料业"是从原来的"资源矿产业"及"工业制品业"分拆，"电讯业"从"服务业"中分拆出来。

⑤年底数字。

Notes : All high and low indices are compiled based on the intraday indices of the period.

①The compilation of the Hang Seng Index is switched from a full market capitalisation weighted methodology to a freefloat-adjusted market capitalisation weighted methodology with 15% cap on each constituent weighting.

②Calculation of the Index was changed to a freefloat-adjusted market capitalisation weighted methodology with 15% cap on each constituent weighting since 6 March 2006.

③Launched on 27 November 2006, high and low indices for 2006 refer to the period from 27 November 2006 to end-December 2006.

④Since 11 September 2006, the number of Industry Indexes has been increased from 9 to 11. While the industries "Energy" and "Materials" originate from "Oil and Resources" and "Industrial Goods", the industry "Telecommunications" orginates from "Serivces".

⑤Year-end figures.

23-45 消费价格指数（2004年10月-2005年9月=100）

Consumer Price Indices (Oct. 2004 - Sep. 2005=100)

项目	Item	权数 Weight	2005	2006	2007	2008	2009
综合消费价格指数	**Composite Consumer Price Index**						
总指数	**All Items**	**100.00**	**100.3**	**102.4**	**104.4**	**108.9**	**109.5**
食品	Food	26.94	100.4	102.1	106.5	117.3	118.8
外出用膳	Meals Bought away from Home	(16.86)	100.3	101.6	104.2	110.4	112.1
食品(不包括外出用膳)	Food(Excluding Meals Bought away from Home)	(10.08)	100.5	103.0	110.3	128.8	130.0
住房①	Housing①	29.17	100.7	105.4	107.5	111.9	116.0
私人房屋租金	Private Housing Rent	(23.93)	100.8	106.4	110.7	118.2	122.5
公营房屋租金	Public Housing Rent	(2.49)	100.0	100.1	82.4	60.0	65.7
电力、燃气及水	Electricity, Gas and Water	3.59	101.0	103.1	102.4	95.7	71.5
烟酒	Alcoholic Drinks and Tobacco	0.87	100.1	96.4	95.2	95.3	113.2
衣履	Clothing and Footwear	3.91	100.0	101.0	105.2	106.1	108.9
耐用物品	Durable Goods	5.50	98.3	92.0	87.7	85.9	83.3
杂项物品	Miscellaneous Goods	4.78	100.0	101.6	104.2	109.4	111.9
交通	Transport	9.09	100.4	101.1	100.9	103.5	102.6
杂项服务②	Miscellaneous Services②	16.15	100.3	102.2	103.9	104.7	102.6
教育服务	Educational Services	(4.47)	100.4	102.3	102.3	98.1	94.5
电话及其他通讯服务	Telephone and Other Communications Services	(3.27)	99.1	99.1	97.7	95.3	93.0
医疗服务	Medical Services	(2.57)	100.1	100.9	101.9	106.4	109.0
甲类消费价格指数	**Consumer Price Index (A)**						
总指数	**All Items**	**100.00**	**100.3**	**102.1**	**103.4**	**107.1**	**107.4**
食品	Food	32.1	100.4	102.2	106.9	119.1	120.6
外出用膳	Meals Bought away from Home	(18.63)	100.3	101.4	103.7	110.0	111.8
食品(不包括外出用膳)	Food(Excluding Meals Bought away from Home)	(13.47)	100.6	103.3	111.2	131.5	132.7
住房①	Housing①	30.54	100.6	104.4	103.8	103.7	107.4
私人房屋租金	Private Housing Rent	(22.07)	100.8	106.0	110.1	116.2	119.7
公营房屋租金	Public Housing Rent	(6.18)	100.0	100.1	82.4	60.0	65.7
电力、燃气及水	Electricity, Gas and Water	4.84	101.0	102.9	102.0	93.7	65.5
烟酒	Alcoholic Drinks and Tobacco	1.35	100.0	95.6	95.2	95.9	116.6
衣履	Clothing and Footwear	2.81	100.1	102.0	104.7	107.3	110.5
耐用物品	Durable Goods	4.01	98.0	91.0	86.5	84.4	81.7
杂项物品	Miscellaneous Goods	4.68	99.8	100.8	103.6	109.4	112.2
交通	Transport	8.07	100.4	101.0	101.0	102.2	102.9
杂项服务②	Miscellaneous Services②	11.60	100.0	101.0	101.2	99.8	96.9
教育服务	Educational Services	(3.15)	100.5	102.5	101.5	92.6	84.5
电话及其他通讯服务	Telephone and Other Communications Services	(4.21)	99.1	98.8	97.3	94.9	92.5
医疗服务	Medical Services	(1.84)	100.1	100.7	101.4	105.4	107.6
乙类消费价格指数	**Consumer Price Index (B)**						
总指数	**All Items**	**100.00**	**100.4**	**102.4**	**104.7**	**109.5**	**110.0**
食品	Food	27.32	100.4	102.1	106.1	116.5	118.0
外出用膳	Meals Bought away from Home	(17.65)	100.4	101.6	103.9	110.2	111.9
食品(不包括外出用膳)	Food(Excluding Meals Bought away from Home)	(9.67)	100.5	102.9	110.1	128.1	129.3
住房①	Housing①	27.7	100.8	106.0	109.1	114.4	118.7
私人房屋租金	Private Housing Rent	(23.89)	100.9	106.9	111.3	118.7	123.2
公营房屋租金	Public Housing Rent	(1.25)	100.0	100.1	82.4	60.1	65.8
电力、燃气及水	Electricity, Gas and Water	3.37	101.0	103.2	102.3	96.2	73.5
烟酒	Alcoholic Drinks and Tobacco	0.79	100.2	96.8	95.0	94.7	110.8
衣履	Clothing and Footwear	4.28	100.1	101.7	104.5	106.6	109.5
耐用物品	Durable Goods	5.67	98.0	90.7	85.9	83.7	80.6
杂项物品	Miscellaneous Goods	4.76	100.0	101.5	104.0	109.3	111.9
交通	Transport	9.05	100.4	101.2	101.2	103.6	102.8
杂项服务②	Miscellaneous Services②	17.06	100.3	102.5	104.4	105.7	103.7
教育服务	Educational Services	(4.96)	100.4	102.1	102.4	98.7	94.8
电话及其他通讯服务	Telephone and Other Communications Services	(3.21)	99.1	99.1	97.8	95.4	92.9
医疗服务	Medical Services	(2.92)	100.1	100.9	101.8	106.3	109.2

23-45 续表 continued

项目	Item	权数 Weight	2005	2006	2007	2008	2009
丙类消费价格指数	**Consumer Price Index (C)**						
总指数	**All Items**	**100.00**	**100.3**	**102.6**	**105.3**	**110.2**	**110.9**
食品	Food	20.41	100.2	102.0	106.5	115.4	116.9
外出用膳	Meals Bought away from Home	(13.74)	100.1	102.0	105.5	111.1	112.8
食品(不包括外出用膳)	Food(Excluding Meals Bought away from Home)	(6.67)	100.3	102.1	108.6	124.3	125.4
住房①	Housing①	29.66	100.7	105.8	109.8	118.2	122.5
私人房屋租金	Private Housing Rent	(26.11)	100.8	106.2	110.5	119.6	124.3
电力、燃气及水	Electricity, Gas and Water	2.45	101.0	103.5	103.1	99.5	81.4
烟酒	Alcoholic Drinks and Tobacco	0.42	100.2	98.0	95.8	94.6	107.1
衣履	Clothing and Footwear	4.67	99.9	99.5	106.6	104.4	106.9
耐用物品	Durable Goods	6.99	98.7	94.0	90.4	89.3	87.3
杂项物品	Miscellaneous Goods	4.91	100.2	102.7	105.0	109.7	111.6
交通	Transport	10.35	100.3	101.0	100.6	104.3	101.9
杂项服务②	Miscellaneous Services②	20.14	100.5	102.8	105.2	106.8	105.0
教育服务	Educational Services	(5.33)	100.5	102.4	102.8	101.1	101.0
电话及其他通讯服务	Telephone and Other Communications Services	(2.27)	99.0	99.5	98.6	96.2	94.1
医疗服务	Medical Services	(2.90)	100.2	101.1	102.2	107.3	109.8

注：2004年10月起的消费价格指数是根据2004至2005年住户开支统计调查所得的开支权数编制。较早的指数则是根据旧的开支权数而经过按比例换算与新基期的指数拼接。

①除"私人房屋租金"及"公营房屋租金"外，"住房"类别还包括"管理费及其他住房杂费"和"保养住所材料"。而丙类消费物价指数中的"住房"类别并不包括"公营房屋租金"。

②"杂项服务"类别包括"教育服务"、"电话及其他通讯服务"、"医疗服务"及其他杂项服务。

Notes : The CPIs from October 2004 onwards are compiled based on expenditure weights obtained from the 2004/05 Household Expenditure Survey. The CPIs for earlier periods are compiled based on old weights and have been re-scaled to the new base period for linking with the new index series.

①Apart from "Private Housing Rent" and "Public Housing Rent", the "Housing" section also includes "Management Fees and Other Housing Charges" and "Materials for House Maintenance". For CPI(C), the "Housing" section does not include "Public Housing Rent".

②"Miscellaneous Services" section includes "Educational Services", "Telephone and Other Communications Services", "Medical Services" and other miscellaneous services.

23-46 按四分位开支组别及商品或服务类别划分的住户每月平均开支 Average Monthly Household Expenditure by Commodity/Service Section by Quartile Expenditure Group

商品或服务类别	Commodity/ Service Section	总数 Overall		四分位开支组别 Quartile Expenditure Group 最低四分位 The Lowest 25%		第二四分位 The Second 25%		第三四分位 The Third 25%		最高四分位 The Highest 25%	
		绝对值(港元) Value (HKD)	百分比 (Percent)	绝对值(港元) Value (HKD)	百分比 (Percent)	绝对值(港元) Value (HKD)	百分比 (Percent)	绝对值(港元) Value (HKD)	百分比 (Percent)	绝对值(港元) Value (HKD)	百分比 (Percent)
食品	Food	4863	25.8	2301	33.9	3978	32.4	5305	29.7	7870	20.4
住房	Housing	5775	30.6	2257	33.3	3766	30.7	5150	28.8	11932	30.9
电力、燃气及水	Electricity, Gas and Water	646	3.4	394	5.8	570	4.6	684	3.8	934	2.4
烟酒	Alcoholic Drinks & Tobacco	152	0.8	108	1.6	153	1.2	177	1.0	171	0.4
衣履	Clothing & Footwear	812	4.3	129	1.9	399	3.3	702	3.9	2020	5.2
耐用物品	Durable Goods	868	4.6	157	2.3	395	3.2	739	4.1	2183	5.7
杂项物品	Miscellaneous Goods	937	5.0	304	4.5	592	4.8	875	4.9	1978	5.1
交通	Transport	1793	9.5	488	7.2	966	7.9	1490	8.3	4231	11.0
杂项服务	Miscellaneous Services	3037	16.1	646	9.5	1446	11.8	2753	15.4	7306	18.9
总数	**All Sections**	**18884**	**100.0**	**6783**	**100.0**	**12264**	**100.0**	**17876**	**100.0**	**38624**	**100.0**
住户总数（户）	**Number of Households (household)**	**1684000**		**421000**		**421000**		**421000**		**421000**	

注：住户开支是由2004年10月至2005年9月进行的住户开支统计调查的结果计算出来。

Note:Household expenditures are calculated from the results of the Household Expenditure Survey conducted during October 2004 to September 2005.

23-47 按年龄组别／教育程度／经济活动身份划分的10岁及以上电脑用户
Persons Aged 10 and Over Having Used Personal Computer by Age Group/ Educational Attainment/Economic Activity Status

项目	Item	2007			2008			2009		
		人数 Number of Persons	百分比 Percent	比率① Rate①	人数 Number of Persons	百分比 Percent	比率① Rate①	人数 Number of Persons	百分比 Percent	比率① Rate①
年龄组别	**Age Group**									
10-14	10-14	408700	10.1	99.6	396100	9.4	99.9	371400	8.5	99.4
15-24	15-24	854000	21.0	98.9	860000	20.4	99.2	851500	19.6	99.4
25-34	25-34	882000	21.7	92.6	906900	21.5	94.6	906900	20.9	95.6
35-44	35-44	923700	22.7	79.3	970900	23.0	85.7	958900	22.0	86.6
45-54	45-54	708000	17.4	59.1	768200	18.2	61.9	867500	19.9	68.7
55-64	55-64	230700	5.7	32.4	255300	6.0	33.6	313600	7.2	39.0
65岁及以上	65 and Over	54500	1.3	6.7	64200	1.5	7.8	79600	1.8	9.4
合计	**Overall**	**4061500**	**100.0**	**66.4**	**4221600**	**100.0**	**68.2**	**4349400**	**100.0**	**70.2**
教育程度	**Educational Attainment**									
未受教育／幼儿园／小学	No Schooling/Pre-primary/Primary	369000	9.1	22.5	364700	8.6	23.3	389900	9.0	25.2
中学／预科	Secondary/Sixth-form	2574100	63.4	77.6	2662600	63.1	78.5	2710400	62.3	80.6
高等教育	Post-secondary	1118500	27.5	96.3	1194300	28.3	97.1	1249100	28.7	97.1
合计	**Overall**	**4061500**	**100.0**	**66.4**	**4221600**	**100.0**	**68.2**	**4349400**	**100.0**	**70.2**
经济活动身份	**Economic Activity Status**									
从事经济活动	Economically Active	2686100	66.1	77.3	2864700	67.9	79.9	2975100	68.4	82.3
非从事经济活动	Economically Inactive	1375400	33.9	52.0	1356800	32.1	52.2	1374300	31.6	53.2
学生	Students	924100	22.8	99.5	902600	21.4	99.9	854500	19.6	99.6
退休人士	Retired Persons	119000	2.9	13.0	108600	2.6	11.8	133300	3.1	14.6
料理家务者	Home-makers	317700	7.8	42.9	331000	7.8	45.8	371200	8.5	49.4
其他	Others	14700	0.4	26.2	14600	0.3	27.0	15300	0.4	26.3
合计	**Overall**	**4061500**	**100.0**	**66.4**	**4221600**	**100.0**	**68.2**	**4349400**	**100.0**	**70.2**

注：①各年龄组别／教育程度／经济活动身份分别占所有10岁及以上人士的百分比。以10至14岁的人士为例，根据2009年进行的住户统计调查，有99.4%的人士在统计前12个月内曾使用个人计算机。

Notes: ①As a percentage of all persons aged 10 and over in the respective age/educational attainment/economic activity status groups. For example, among all persons aged 10-14, 99.4% had used personal computer in the twelve months before enumeration based on the aboved mentioned Thematic Household Survey conducted in 2009.

23-48 按年龄组别／教育程度／经济活动身份划分的10岁及以上互联网用户

Persons Aged 10 and Over Having Used Internet Service by Age Group/ Educational Attainment/Economic Activity Status

项 目	Item	2007			2008			2009		
		人 数 Number of Persons	百分比 Percent	比率① Rate①	人 数 Number of Persons	百分比 Percent	比率① Rate①	人 数 Number of Persons	百分比 Percent	比率① Rate①
年龄组别	**Age Group**									
10-14	10-14	405400	10.2	98.8	392400	9.5	99.0	369300	8.6	98.8
15-24	15-24	851700	21.5	98.6	856300	20.8	98.8	849300	19.8	99.1
25-34	25-34	870600	22.0	91.4	902200	21.9	94.1	903300	21.0	95.2
35-44	35-44	901500	22.8	77.4	956700	23.2	84.4	947900	22.0	85.6
45-54	45-54	672500	17.0	56.1	729600	17.7	58.8	852000	19.8	67.5
55-64	55-64	212700	5.4	29.9	228700	5.5	30.1	304100	7.1	37.9
65岁及以上	65 and Over	47000	1.2	5.8	58100	1.4	7.0	74000	1.7	8.8
合计	**Overall**	**3961400**	**100.0**	**64.8**	**4123900**	**100.0**	**66.7**	**4300000**	**100.0**	**69.4**
教育程度	**Educational Attainment**									
未受教育／幼儿园／小学	No Schooling/Pre-primary/Primary	341500	8.6	20.9	333800	8.1	21.4	375800	8.7	24.3
中学／预科	Secondary/Sixth-form	2505300	63.2	75.5	2599900	63.0	76.6	2676900	62.3	79.6
高等教育	Post-secondary	1114600	28.1	96.0	1190200	28.9	96.8	1247300	29.0	97.0
合计	**Overall**	**3961400**	**100.0**	**64.8**	**4123900**	**100.0**	**66.7**	**4300000**	**100.0**	**69.4**
经济活动身份	**Economic Activity Status**									
从事经济活动	Economically Active	2618000	66.1	75.4	2838900	68.8	79.2	2945500	68.5	81.5
非从事经济活动	Economically Inactive	1343400	33.9	50.8	1285000	31.2	49.4	1354500	31.5	52.5
学生	Students	920600	23.2	99.1	896400	21.7	99.2	852000	19.8	99.3
退休人士	Retired Persons	107200	2.7	11.7	88300	2.1	9.6	124800	2.9	13.6
料理家务者	Home-makers	301700	7.6	40.7	288400	7.0	39.9	362900	8.4	48.3
其他	Others	13900	0.4	24.7	11900	0.3	22.0	14.7	0.3	25.3
合计	**Overall**	**3961400**	**100.0**	**64.8**	**4123900**	**100.0**	**66.7**	**4300000**	**100.0**	**69.4**

注：①各年龄组别／教育程度／经济活动身份分别占所有10岁及以上人士的百分比。以10至14岁的人士为例，根据2009年的住户统计调查，有98.8%的人士在统计前12个月内曾使用互联网服务。

Notes : ①As a percentage of all persons aged 10 and over in the respective age/educational attainment/economic activity status groups. For example, among all persons aged 10-14, 98.8% had used Internet service in the twelve months before enumeration based on the Thematic Household Survey in 2009.

23-49 按行业／就业人数类别划分的使用个人计算机、连接互联网或设立网页／网站的机构单位数目
Establishments using Personal Computers, with Internet Connection or Webpages/Websites by Industry Sector/Employment Size

行业／就业人数	Industry Sector/Employment Size	年份 Year	机构单位数目 Number of Establishments	在机构单位中 Among Establishments 使用个人计算机的机构单位的百分比 % using PCs	连接互联网的机构单位的百分比 % with Internet Connection	设立网页／网站的机构单位的百分比 % with Webpages/ Websites
行业类别	**Industry Sector**					
制造业、电力及燃气业	Manufacturing, Electricity and Gas	2007	13941	61.2	59.4	14.1
		2008	16559	52.8	51.6	18.4
		2009	13378	69.2	64.7	20.3
建筑业	Construction	2007	19499	48.0	46.0	5.8
		2008	20355	55.5	47.0	6.7
		2009	20646	55.0	51.3	4.9
批发、零售、进口与出口贸易、饮食及酒店业	Wholesale, Retail and Import and Export Trades, Restaurants and Hotels	2007	154071	66.4	62.3	21.4
		2008	160717	65.8	62.3	21.6
		2009	157409	64.7	61.7	22.3
运输、仓库及通讯业	Transport, Storage and Communications	2007	30804	43.2	38.1	6.8
		2008	32636	33.2	31.9	7.7
		2009	30188	38.8	37.4	7.8
金融、保险、地产及商用服务业	Financing, Insurance, Real Estate and Business Services	2007	48960	86.0	84.4	22.5
		2008	42903	84.0	79.9	26.0
		2009	46680	82.4	79.5	28.8
社区、社会及个人服务业	Community, Social and Personal Services	2007	33999	48.4	40.8	16.4
		2008	34730	61.8	52.4	18.9
		2009	32093	57.0	53.8	16.7
合计	Overall	2007	301274	63.8	59.8	18.2
		2008	307900	63.1	58.8	19.3
		2009	300393	63.6	60.6	20.0
就业人数类别	**Employment Size**					
大型	Large	2007	6271	99.1	93.3	75.0
		2008	6296	99.1	95.3	75.3
		2009	6061	99.4	95.6	75.4
中型	Medium	2007	33039	88.3	82.8	39.6
		2008	35659	91.7	85.1	45.0
		2009	29479	89.9	85.6	46.2
小型	Small	2007	261964	59.8	56.1	14.1
		2008	265945	58.4	54.4	14.5
		2009	264853	59.8	57.0	15.8
合计	Overall	2007	301274	63.8	59.8	18.2
		2008	307900	63.1	58.8	19.3
		2009	300393	63.6	60.6	20.0

注：2007年的数字为该年5月至8月的情况，而2008年及2009年的数字则为该年5月至9月的情况。
Note : Figures for 2007 refer to May-Aug of 2007, whereas figures for 2008 and 2009 refer to May-Sep of the respective years.

23-50 按行业／就业人数类别划分的通过电子途径预订或购买、获取、售卖或递送货物、服务或资料的机构单位数目

Establishments having Ordered or Purchased, Received, Sold or Delivered Goods, Services or Information through Electronic Means by Industry Sector/Employment Size

行业／就业人数	Industry Sector/Employment Size	年份 Year	机构单位数目 Number of Establish-ments	在机构单位中通过电子途径进行以下不同层面的商业交易的机构单位数目百分比 Among establishments in column (a),% of establishments having performed the following types of business transactions through electronic means			
				预订或购买 Order or Purchase	获取 Receipt	售卖 Sale	递送 Delivery
行业类别	**Industry Sector**						
制造业、电力及燃气业	Manufacturing, Electricity and Gas	2007	13941	6.3	53.0	0.5	14.1
		2008	16559	8.1	50.4	2.2	18.4
		2009	13378	10.0	65.4	1.5	20.4
建筑业	Construction	2007	19499	9.3	45.6		6.5
		2008	20355	6.4	46.6	0#	6.7
		2009	20646	5.1	46.6	0.1	4.9
批发、零售、进口与出口贸易、饮食及酒店业	Wholesale, Retail and Import and Export Trades, Restaurants and Hotels	2007	154071	10.3	61.9	2.0	21.4
		2008	160717	11.6	62.0	1.2	21.8
		2009	157409	12.0	61.1	0.8	22.3
运输、仓库及通讯业	Transport, Storage and Communications	2007	30804	7.7	35.3	1.1	7.1
		2008	32636	6.8	33.2	0.6	7.7
		2009	30188	7.3	42.8	1.7	7.8
金融、保险、地产及商用服务业	Financing, Insurance, Real Estate and Business Services	2007	48960	19.9	79.0	4.1	22.6
		2008	42903	29.7	80.8	3.1	26.4
		2009	46680	26.2	78.1	4.9	29.3
社区、社会及个人服务业	Community, Social and Personal Services	2007	33999	11.0	42.5	0.3	16.4
		2008	34730	12.2	52.9	0.2	18.9
		2009	32093	9.9	51.6	0.4	16.8
合计	Overall	2007	301274	11.4	58.3	1.8	18.3
		2008	307900	13.2	58.9	1.3	19.4
		2009	300393	12.9	60.1	1.5	20.1
就业人数类别	**Employment Size**						
大型	Large	2007	6271	35.0	93.0	7.3	75.0
		2008	6296	31.1	94.0	6.8	75.3
		2009	6061	40.6	93.7	8.4	75.4
中型	Medium	2007	33039	21.1	80.4	3.0	39.8
		2008	35659	22.0	83.7	2.0	45.6
		2009	29479	25.0	84.8	5.3	46.3
小型	Small	2007	261964	9.6	54.7	1.5	14.2
		2008	265945	11.6	54.8	1.0	14.6
		2009	264853	11.0	56.5	0.9	15.9
合计	Overall	2007	301274	11.4	58.3	1.8	18.3
		2008	307900	13.2	58.9	1.3	19.4
		2009	300393	12.9	60.1	1.5	20.1

注：2007年的数字为该年5月至8月的情况，而2008年及2009年的数字则为该年5月至9月的情况。
Note : Figures for 2007 refer to May-Aug of 2007, whereas figures for 2008 and 2009 refer to May-Sep of the respective years.

23-51 15岁及以上人口受教育程度
Educational Attainment of Population Aged 15 and Above

项 目	Item	2005		2006		2007		2008		2009	
		人 数 (万人) Number of Persons (10 000 persons)	百分比 (Percent)	人 数 (万人) Number of Persons (10 000 persons)	百分比 (Percent)	人 数 (万人) Number of Persons (10 000 persons)	百分比 (Percent)	人 数 (万人) Number of Persons (10 000 persons)	百分比 (Percent)	人 数 (万人) Number of Persons (10 000 persons)	百分比 (Percent)
总计	**Total**										
男	Male	274.41	47.31	274.96	47.15	277.95	46.88	279.61	46.65	282.82	46.70
女	Female	305.66	52.69	308.26	52.85	314.89	53.12	319.77	53.35	322.84	53.30
未受教育 /学前教育①	No Schooling /Pre-primary①										
男	Male	8.43	1.45	7.65	1.31	7.27	1.23	7.28	1.21	7.36	1.21
女	Female	28.79	4.96	26.46	4.54	25.51	4.30	25.45	4.25	24.41	4.03
小学	Primary										
男	Male	51.01	8.79	48.93	8.39	48.11	8.11	48.43	8.08	47.39	7.83
女	Female	60.79	10.48	59.74	10.24	60.03	10.13	60.89	10.16	59.83	9.88
初中	Lower Secondary										
男	Male	50.49	8.70	51.01	8.75	50.30	8.49	50.23	8.38	50.28	8.30
女	Female	43.58	7.51	44.99	7.71	46.93	7.92	46.26	7.72	47.43	7.83
高中	Upper Secondary										
男	Male	95.75	16.51	96.30	16.51	98.02	16.53	98.85	16.49	100.14	16.53
女	Female	108.86	18.77	109.26	18.73	112.38	18.96	114.97	19.18	117.20	19.35
专上教育	Post-secondary										
非学位课程②	Non-degree Courses②										
男	Male	22.38	3.86	23.07	3.95	24.25	4.09	24.15	4.03	23.92	3.95
女	Female	22.21	3.83	23.74	4.07	23.99	4.05	24.84	4.14	24.07	3.97
学位课程③	Degree Courses③										
男	Male	46.35	7.99	48.00	8.23	50.00	8.43	50.68	8.45	53.72	8.87
女	Female	41.43	7.14	44.07	7.56	46.06	7.77	47.35	7.90	49.91	8.24

注：数字是根据每年1月至12月进行的“综合住户统计调查”结果，以及由统计处与跨部门人口分布推算小组共同编制按区议会分区划分年中人口估计数字编制。

① 包括所有幼儿园及幼儿中心班级。

② 包括所有在香港或以外地区专上学院的高级文凭、专业文凭及其它同等程度的专上课程。

③ 包括所有在香港或以外地区专上学院的学士学位、研究生修课及专题研究课程。

Notes: Figures are compiled based on data collected in the General Household Survey from January to December of the year concerned as well as the mid-year population estimates by District Council district compiled jointly by the Census and Statistics Department and an inter-departmental Working Group on Population Distribution Projections.

① Including all classes in kindergartens and child care centres.

②Including all higher diplomas, professional diplomas and other post-secondary programmes of equivalent standards in tertiary educational institutions within or outside Hong Kong.

③ Including all first degree, taught postgraduate and research postgraduate courses in tertiary educational institutions within or outside Hong Kong.

23-52 按教育及培训机构类别划分的学生人数

Student Enrolment by Type of Educational and Training Institution

单位：人 (person)

类别	Type	2005	2006	2007	2008	2009
幼儿园	Kindergarten	149141	140783	138393	137630	140502
小学	Primary School	425864	410516	385949	365056	344748
中学	Secondary School	483450	489498*	492410*	489362*	481188
日校	Day School	478440	480775	482414	478173	469466
初中	Lower Secondary	254879	255992	253311	246514	238026
高中	Upper Secondary	161901	161461	165376	167746	166421
中六及中七	Secondary 6 and Secondary 7	61660	63322	63727	63913	65019
其他中学日间课程①	Other Secondary Day Course①	-	3971	5047	5637	6872
夜校	Evening School	5010	4752	4949	5552	4850
特殊教育	Special Education	7734	7737	7834	7969	8075
特殊学校	Special School	7697	7720	7818	7954	8026
普通学校内的特殊班	Special Classes in Ordinary School	37	17	16	15	49
特殊幼儿中心②	Special child care centre②	-	-	-	1598	1465
感化/住宿院舍③	Correctional / residential home③	-	-	-	70	67
惩教院所	Correctional institutions	-	-	-	441	398
认可专上学院（全日制）	Approved Post-secondary Colleges (full-time)	4069	1381	1600	1744*	1977
其他学院④	Other Colleges④	7146	7946	9054	7588*	8093
日间课程	Day Course	5252	5949	6261	5834*	6656
夜间课程	Evening Course	1894	1997	2793	1754*	1437
大专院校⑤	University⑤	91786	91564	171580	182499*	168019
全日制	Full-time	81829	83772	93420	94402*	104080
证书／文凭课程	Certificate / Diploma	-	-	2275	2108*	3488
副学位课程	Sub-degree	26429	26512	24946	25238*	26992
学士学位课程	Undergraduate	49159	50787	54575	56567*	59120
研究院修课课程	Taught Postgraduate	1458	1411	6395	5110*	6646
研究院研究课程	Research Postgraduate	4783	5062	5229	5379*	7834
兼读制	Part-time	9957	7792	78160	88097*	63939
证书／文凭课程	Certificate / Diploma	-	-	28107	35135*	24160
副学位课程	Sub-degree	2630	2116	3950	6261*	3225
学士学位课程	Undergraduate	2466	1765	16990	19882*	11508
研究院修课课程	Taught Postgraduate	4170	3257	28471	26239*	24474
研究院研究课程	Research Postgraduate	691	654	642	580*	572
香港树仁大学	Hong Kong Shue Yan University	-	3335	4068	4842*	5435
全日制	Full-time	-	3335	3728	4295*	4701
兼读制	Part-time	-	-	340	547*	734
香港演艺学院	The Hong Kong Academy for Performing Arts	752	741	851	870	901
全日制	Full-time	752	736	783	791	811
非学位程度⑥	Non-degree⑥	418	388	369	376	340
学位程度	Degree	334	348	414	415	471
兼读制	Part-time	-	5	68	79	90
非学位程度⑥	Non-degree⑥	-	-	60	55	58
学位程度	Degree	-	5	8	24	32
香港公开大学	The Open University of Hong Kong	27598*	24523*	25147*	20340*	21339
全日制	Full-time	1342*	2201*	3098*	3458*	4120
遥距／兼读制面授	Distance Learning/Part-time Face-to-face	26256*	22322*	22049*	16882*	17219
职业训练局	Vocational Training Council	61662	60254	62289	62482*	64640
全日制	Full-time	40173	42057	45089	46287*	48640
技工级课程	Craft Level Courses	4210	3308	2564	2119*	2100
技术员级课程	Technician Level Courses	10419	9468	9220	9166*	10720
高级技术员级课程	Higher Technician Level Courses	25544	29281	33305	35002	35820
兼读制	Part-time	21489	18197	17200	16195	16000
技工级课程	Craft Level Courses	3466	3210	3222	3148	3030
技术员级课程	Technician Level Courses	9977	7708	5208	3574	2840
高级技术员级课程	Higher Technician Level Courses	8046	7279	8770	9473	10130

23-52 续表 continued

单位：人 (person)

类别	Type	2005	2006	2007	2008	2009
建造业议会训练学院	Construction Industry Council Training Academy					
全日制	Full-time	966	932	811	750	756
技工级课程	Craft Level Courses	719	693	564	491	455
技术员级课程	Technician Level Courses	247	239	247	259	301
制衣业训练局	Clothing Industry Training Authority	913	961	460	260	222
全日制	Full-time	552	555	397	232	198
技工级课程	Craft Level Courses	51	57	17	-	-
技术员级课程	Technician Level Courses	501	498	380	232	198
兼读制	Part-time	361	406	63	28	24
技工级课程	Craft Level Courses	361	406	63	28	24
医院管理局⑦	Hospital Authority⑦					
全日制	Full-time	302	411	523	735	1530
菲腊牙科医院⑧	The Prince Philip Dental Hospital⑧	88	80	92	90	98
全日制	Full-time	88	76	87	86	95
兼读制	Part-time	-	4	5	4	3
毅进计划	Project Yi Jin	5936	9360	11101	12235	16732
全日制	Full-time	4147	6462	7994	8217	12232
兼读制	Part-time	1789	2898	3107	4018	4500
提供成人教育/补习/职业课程的院校	Institutes Offering Adult Education/Tutorial/Vocational Courses	234676	233615*	215794*	225911*	273640
日校	Day School	108722	95872*	86070*	84646*	86401
日暨夜校	Day cum Evening School	43964	47060*	61644*	84497*	109818
夜校	Evening School	81990	90683	68080	56768	77421
非本地高等及专业教育课程⑨	Non-local Higher and Professional Education Courses⑨	37180	33873*	34673*	35494*	34676

注：表内列载有关幼儿园、小学、中学、特殊学校、特殊幼儿中心、感化／住宿院舍及惩教院所的数字是截至该年9月为止。"提供成人教育／补习／职业课程的院校"的数字，是截至该年10月为止。至于有关职业训练及专上教育，学年开始和完结月份则会因应各教育及培训机构而有所不同。2009年职业训练及专上教育的学生人数为临时数字。

①数字是指由提供成人教育/补习/职业课程的私立院校开办的日间中学课程的学生人数。

②为2至6岁的中度及严重残疾儿童提供的教育。

③为行为上有适应问题的儿童/青少年及青少年违法者，提供住院训练服务。

④其他学院指提供专上课程的私立学校，例如：香港三育书院、香港德明书院、香港专业进修学校及恒生商学书院等。

⑤大专院校是指香港城市大学、香港浸会大学、岭南大学、香港中文大学、香港教育学院、香港理工大学、香港科技大学和香港大学。由2007年起，数字亦包括修读由教资会资助院及其附属学院提供的自资课程的全部学生人数。

⑥数字包括证书、深造证书、专业证书、文凭、深造文凭及专业文凭课程的学生人数。

⑦数字是指护士训练课程。

⑧数字是指牙科训练课程。

⑨数字包括与非本地机构合办，而学生在修业后可获取非本地高等学术资格的非本地注册或获豁免课程的学生人数。

Notes: Figures for kindergarten, primary, secondary, special schools, special child care centre, correctional/residential home and correctional institutions are as at September of the respective years. Figures for "Institutes offering adult education/tutorial/vocational courses" are as at October of the respective years. For vocational and post-secondary education, beginning and ending months of academic year vary among educational and training institutions.

Figures for vocational and post-secondary education for 2009 are provisional.

① Figures refer to number of students attending secondary day courses operated by private institutes offering adult education/tutorial/vocational courses.

② Special training and care for moderately and severely disabled children aged 2-6.

③ Residential treatment service for mal-adjusted children/juveniles and young offenders through social work intervention

④ Other colleges refer to private schools which provide post-secondary courses, such as Hong Kong Adventist College, Hong Kong Tak Ming College, Hong Kong College of Technology and Hang Seng School of Commerce, etc.

⑤ Refers to City University of Hong Kong, Hong Kong Baptist University, Lingnan University, The Chinese University of Hong Kong, The Hong Kong Institute of Education, The Hong Kong Polytechnic University, The Hong Kong University of Science and Technology and The University of Hong Kong. Starting from 2007, figures also include all students attending self-financing programmes.

⑥ Figures include students in certificate, advanced certificate, professional certificate, diploma, advanced diploma and professional diploma courses.

⑦ Figures refer to nurse training programmes.

⑧ Figures refer to dental training programmes.

⑨ Figures include students attending non-local registered or exempted courses leading to non-local higher academic qualifications and jointly operated with non-local institutions.

23-53 医疗卫生条件
Conditions of Public Health

项　目	Item	2005	2006	2007	2008	2009
注册医护专业人员①（人）	Number of Registered Healthcare Professionals①(person)					
医生	Doctors	11505	11739	11961	12215	12424
中医	Chinese Medicine Practitioners					
注册中医	Registered Chinese Medicine Practitioners	5133	5268	5540	5860	6048
有限制注册中医②	Chinese Medicine Practitioners with Limited Registration②	61	68	79	72	71
表列中医③	Listed Chinese Medicine Practitioners③	2957	2897	2847	2823	2786
牙医	Dentists	1941	1976	2025	2074	2126
药剂师	Pharmacists	1583	1649	1722	1785	1878
护士	Nurses	35465	36444	36965	37447	38641
按每千名人口计算的医生数目	Doctors per Thousand Population	1.7	1.7	1.7	1.7	1.8@
医疗机构和病床	Number of Medical Institutions and Hospital Beds					
医疗机构　(间)	Medical Institutions　(number)	99	103	103	107	111
病床　(张)	Hospital Beds　(bed)	34119	34532	34928	35048	35062
按每千名人口计算的病床数目	Beds per Thousand Population	5.0	5.0	5.0	5.0	5.0@

注：数字是指该年年底的数字。

①有限制注册中医可在指定的教育或科研机构进行中医药学方面的临床教学和研究工作。有限制注册中医的注册有效期不超过一年，他们并且不可作私人执业。

②表列中医可在中医注册过渡性安排下在香港合法地执业，直至食物及卫生局局长日后在宪报上公布的日期为止。表列中医在过渡性安排期间，可分别循直接注册，通过注册审核或通过执业资格试成为“注册中医”。

Notes: Figures are as at end of the year stated.

①CMPs with limited registration are allowed to perform clinical teaching and research in Chinese medicine in the specified educational and scientific research institutions. The registration period of CMPs with limited registration should not exceed one year and they cannot engage in private practice with patients.

②Listed CMPs can practise lawfully in Hong Kong under the transitional arrangements for registration of CMPs until a date to be announced by the Secretary for Food and Health in the Gazette. Listed CMPs may become registered CMPs through direct registration, registration assessment or licensing examination during the transitional arrangements.

23-54 社会保障
Social Security

社会保障计划	Social Security Scheme	2005/2006	2006/2007	2007/2008	2008/2009	2009/2010
综合社会保障援助	Comprehensive Social Security Assistance (CSSA)					
处理中的个案数目①(个)	Number of Active Cases① (case)					
年老	Old Age	151918	152788	152270	153451	153274
失明	Blind	338	342	332	323	313
听觉受损	Deaf	391	408	373	370	376
肢体残疾	Physically Disabled	4886	4874	4697	4687	4540
精神病患／智障	Mentally Ill / Mentally Retarded	12055	12384	12380	12621	12963
健康欠佳	Ill Health	23922	24292	24430	24861	25184
单亲	Single Parent	39497	38278	36626	36838	35922
低收入	Low Earnings	18237	18039	16872	16306	15469
失业	Unemployment	40658	36744	31702	33379	32560
其他	Others	5532	6055	6091	6633	7221
总计	Total	297434	294204	285773	289469	287822
发放款项②（亿港元）	Amount② (HKD 100 million)	178	176	180	186	190@
公共福利金	Social Security Allowance (SSA)					
处理中的个案数目①(个)	Number of Active Cases① (case)					
伤残津贴	Disability Allowance (DA)	113111	117202	121182	126273	129874
高龄津贴	Old Age Allowance (OAA)	461024	466272	473159	485855	497942
总计	Total	574135	583474	594341	612128	627816
发放款项②（亿港元）	Amount② (HKD 100 million)	53	55	60	88	89@
暴力及执法伤亡赔偿	Criminal and Law Enforcement Injuries Compensation					
获批个案数目（个）	Number of Cases Authorised for Payment (case)	413	292	286	248*	316
交通意外伤亡援助	Traffic Accident Victims Assistance					
获批个案数目（个）	Number of Cases Authorised for Payment (case)	7893	7604	7841	7224	7350
紧急救济	Emergency Relief					
受助灾民人数（人）	Number of Victims Assisted (person)	604	60	34	638	401

注：于财政年度终结时的数字。除特别注明外，财政年度是由4月1日至翌年3月31日。

①处理中的个案包括新申请个案，正在复查中的个案，正领取援助款项的个案和已停止领取援助款项等待复查的个案。

②2007/08 及 2009/10（临时数字）年度的开支包括分别于该年度向综援受助人及公共福利金受惠人额外发放的一个月标准金额及一个月福利金。而2008/09年度的开支包括于该年度向综援受助人额外发放的两个月标准金额、伤残津贴受惠人的两个月津贴及向高龄津贴受惠人一笔过发放的3,000元津贴及两个月津贴。

Notes : Figures are as at end of the financial year. Financial year is from 1 April to 31 March of the next year, unless otherwise specified.

① Active cases refer to cases being handled which include new applications, cases being reviewed, cases being paid and cases suspended for payment pending review.

② Expenditure of 2007/08 and 2009/10 (provisional figure) including the provision of one additional month of standard rate of CSSA payment and one additional month of allowance to CSSA and SSA recipients of the year respectively. As for the expenditure of 2008/09 including th provision of two additional months of standard rate of CSSA payment to CSSA recipients, two additional months of allowance to DA recipients, and a one-off grant of $3,000 and two additional months of allowance to OAA recipients.

《中国统计年鉴》与香港特别行政区统计刊物中使用的指标对照表

A Comparison of Common Statistical Terms Used in Publications Compiled by the Census and Statistics Department, the Government of the Hong Kong Special Administrative Region and China Statistical Yearbook

对应表号 Table Number	《中国统计年鉴》使用的统计名词 Statistical Terms Used in China Statistical Yearbook	香港特别行政区统计名词及对应英文 Statistical Terms Used in Publications of the Hong Kong Special Administrative Region
1, 8, 12, 13, 49, 50	建筑业	建造业 Construction
1, 10	实际工资指数	实质工资指数 Real Wage Index
1, 11,12, 14,15	按当年价格计算	以当时市价计算 At Current Market Prices
1, 14, 31, 32	服务出口	服务输出 Exports of Services
1, 14, 31, 32	服务进口	服务输入 Imports of Services
1, 15	国外净要素收入	对外要素收益流动净值 Net External Factor Income Flows
1, 25	集装箱	货柜 Container
1, 45	居民消费价格指数	消费物价指数 Consumer Price Indices
11	实际增长	实质增长 Real Growth Rate
12, 13	电力、煤气及水的生产和供应业	电力、燃气及水务业 Electricity, Gas and Water
12, 13	生产法本地生产总值	按经济活动划分的本地生产总值 GDP by Economic Activity
14	支出法本地生产总值	按开支组成部分划分的本地生产总值 GDP by Expenditure Component
14, 30	货物出口	货品出口 Exports of Goods
14, 30	货物进口	货品进口 Imports of Goods
30	转口货物	转口货品 Re-exports
18	消费量	用量 Consumption
18	水	食水 Water
26	宽带	宽频 Broadband
47, 48	高等教育	专上教育 Post-secondary
47, 48	幼儿园	学前教育 Pre-primary
47, 48, 49, 50	信息科技	资讯科技 Information Technology
47, 49	计算机	电脑 Computer
52	幼儿园	幼稚园 Kindergarten

主要统计指标解释

年中人口　是以“居住人口”方法编制，利用“居住人口”方法所编制的人口估计称为“居港人口”。“居港人口”包括“常住居民”和“流动居民”。“常住居民”指两类人士:（a）在统计时点之前的6个月内，在港逗留最少3个月，又或在统计时点之后的6个月内，在港逗留最少3个月的香港永久性居民，不论在统计时点他们是否身在香港；及（b）在统计时点身在香港的香港非永久性居民。至于“流动居民”，是指在统计时点之前的6个月内，在港逗留最少一个月但少于3个月，又或在统计时点之后的6个月内，在港逗留最少1个月但少于3个月的香港永久性居民，不论在统计时点他们是否身在香港。根据新的编制方法，旅客并不包括在香港人口内。

粗出生率　是指某一年内的活产婴儿数目相对该年年中每千名人口的比率。

粗死亡率　是指某一年内的死亡人数相对该年年中每千名人口的比率。

婴儿死亡率　是指某一年内一岁以下婴儿死亡人数相对该年每千名活产婴儿的比率。

总和生育率　是指某年的每一千名妇女，若她们在生育龄期（即15至49岁）经历了一如该年的年龄别生育率，其一生中活产子女的平均数目。

出生时平均预期寿命　是指某年出生人士，若其一生经历一如该年的年龄性别死亡率所反映的死亡情况，他／她预期能活的年数。

劳动人口　是指15岁及以上陆上非住院人口，并符合就业人口或失业人口定义的人士。

劳动人口参与率　是指劳动人口占所有15岁及以上陆上非住院人口的比例。

就业人口　包括在统计前7天内有做工赚取薪酬或利润或有一份正式工作的15岁及以上人士。无酬家庭从业人员及在统计前7天内正休假的就业人士亦包括在内。

失业人口　包括所有15岁及以上人士在（a）统计前7天内并无职位，且并无为赚取薪酬或利润而工作；（b）统计前7天内随时可工作；及（c）在统计前30天内有找寻工作。一名15岁或以上的人士，如果他/她符合上述（a）和（b）的条件，但由于相信没有工作可做而在统计前30天内没有找寻工作，仍会被界定为失业，即所谓「因灰心而不求职的人士」。失业人口亦包括那些并无职位，有找寻工作，但由于暂时生病而不能工作的人士；及并无职位，且随时可工作，但由于已为于稍后时间担当的新工作或开展的业务作出安排；或正期待返回原来的工作岗位而没有找寻工作的人士。

失业率　是指失业人士在劳动人口中所占的比例。

每月就业收入　是指上月从事所有工作所获得的收入。就雇员来说，收入包括工资和薪金、花红、佣金、小费、房屋津贴、逾时工作津贴、勤工津贴及其它现金津贴，但不包括补薪。就雇主和自营作业人士而言，收入是指从自己拥有的企业提取作个人及家居用途的款额。如果提取作个人及家居用途的款额资料未能提供，则将会搜集有关从业务所得的净收入数据。

本地生产总值　是指一个国家或地区的所有常住生产单位，在一个指定的期间内，未扣除固定资本消耗的生产总值。

人均本地生产总值　是指把该国家或地区在某统计年的本地生产总值除以该国家或地区在该年的人口总数而得的数字。

本地居民生产总值　是指一个国家或地区的居民，由从事各项经济活动而赚取的总收益，不论该等经济活动是否在该国家或地区的经济领域内进行。换言之，编制本地居民生产总值应包括本地居民在经济领域内或领域外从事各类经济活动的收益，而扣除非本地居民在经济领域内从事经济活动的收益。计算本地居民生产总值，可用以下方程式:

本地居民生产总值

= 本地生产总值

+ 本地居民从经济领域外所赚取的要素收益

- 非本地居民从经济领域内所赚取的要素收益

而当中的要素收益组成部分主要分为投资收益及雇员报酬，而投资收益包括了直接投资收益、有价证券投资收益及其它投资收益。

人均本地居民生产总值　是指把该国家或地区在某统计年的本地居民生产总值除以该国家或地区在该年的人口总数而得的数字。

国际收支平衡表　是有系统地载录，在指定期间内，某经济体系与世界各地的各类经济交易的统计表。完整的国际收支平衡表包括以下两个主要核算帐:（甲）经常帐；及（乙）资本及金融帐。

经常帐　是主要量度实质资源的流动，包括货物的进出口、服务的输入及输出，从外地应收及应付予外地的收益，以及往来外地的经常转移。经常帐的交易反映一个经济体系向世界各地提供及从世界各地获取实质资源的情况。

货物　包括所有可移动的货物，而其拥有权由本地居民转至非本地居民（出口）或由非本地居民转至本地居民（进口）。货物包括一般商品、用作加工的物资、各种运输工具在港口购买的货物、货物修理以及非货币黄金。

服务　包括由本地居民向非本地居民（输出）或由非本地居民向本地居民（输入）所提供的服务。服务交易按服务

类别分类，分别为运输服务、旅游服务、保险服务、金融服务及其它服务。金融中介服务的价值是根据「参照利率」方法间接地量度。

收益 是提供生产要素而赚取的所得，包括本地居民从非本地居民（应收收益）或非本地居民从本地居民（应付收益）所赚取的所得。在国际收支平衡表经常帐内收益的概念及定义，与本地居民生产总值的对外要素收益是相同的。

经常转移 是指一个经济体系的本地居民，在无同等经济价值报偿的情况下，对非本地居民提供／从非本地居民接受实质或金融资源，而该等资源在转移后会被立刻或短时间内消耗。

资本帐 量度资本转移及非生产、非金融资产的对外交易。

金融帐 记录本地居民与非本地居民之间的金融资产及负债交易。它显示某经济体系如何融资以进行其对外交易。金融帐内的交易可归类为直接投资、有价证券投资、金融衍生工具、其它投资及储备资产。

资本转移 是指在无经济价值报偿下，固定资产的转移或债务的减免。

直接投资 是指一个经济体系的投资者对另一经济体系的企业所作的对外投资，并对该企业拥有持久利益及在管理经营决定上具有相当程度的影响力或控制权。

有价证券投资 是指对非本地的股本证券及债务证券（例如中长期债券、货币市场工具）所作的投资，而投资者对投资于该等企业并无持久的利益或在管理方面的影响力。

金融衍生工具 是一种与某种特定的金融工具、指标或商品有联系的金融工具，使特定的金融风险本身能透过这种工具而进行交易（包括在交易所内及场外）。

其它投资 是指直接投资、有价证券投资、金融衍生工具及储备资产以外对非本地居民的其它金融申索及负债。**其它投资**包括非作销售的贷款、货币和存款、贸易信贷及金融租赁等。

储备资产 是指一个经济体系的金融当局（在香港是指香港金融管理局）可直接用来支付对外收支赤字，及可用于干预外汇市场以影响汇率从而间接调节该等赤字的外币资产。

国际投资头寸 是在一特定时点上一个经济体系的对外金融资产及负债存量的资产负债表。国际投资头寸中的对外金融资产意指本地居民透过拥有有商业和交易价值的指定投资工具而产生对非本地居民的申索，以及不牵涉债务人的其他金融资产（例如货币黄金）。对外金融负债则指本地居民对非本地居民所要承担的金融申索。国际投资头寸的分类与国际收支平衡表内的金融帐完全一致。资产及负债分为直接投资、有价证券投资、金融衍生工具及其它投资。国际投资头寸的资产项目亦包括储备资产在内。有关投资组成部分的详细解释，请参阅国际收支平衡表内金融帐组成部分的解释。

国际投资头寸净值 是对外金融资产总值与对外金融负债总值之差。

工业生产指数 量度本地工业生产量的实际变动，即扣除价格调整因素后的本地生产量变动。

实用楼面面积 指各层楼面面积总和，但不包括楼梯、公共信道空间、升降机等候处、盥洗室、厕所、厨房、及为楼宇提供升降机、空调系统、或类似设施而安装的机械所占用的空间。

获批准可动工兴建楼宇 是指获屋宇署签发《同意书》动工兴建的楼宇。这种《同意书》是发给私人发展计划（包括香港房屋协会的计划）及香港房屋委员会的私人机构参建居屋计划。

初次呈交 就一项建筑工程初次呈交建筑事务监督批准的图则。

重大修改 指经过大规模修改的建筑图则，而这些图则必须从根本上接受重新评估。

自置居所住户 是指住户拥有其居住的屋宇单位业权。

全租户 是指住户向居于别处的人士租住整个屋宇单位自住，没有分租，单位内也没有其它的住户。

合租户 是指两个或以上的住户，分别向居于别处的人士租用部分单位居住。

二房东 是指住户向居于别处的人士租住整个屋宇单位，并把部分单位分租予其它住户。

三房客 是指住户向居于同一屋宇单位内的人士租用部分单位居住。

免租 是指住户免费在屋宇单位内居住，不论是否获得业主同意，但不包括本身是业主或由雇主提供居所的住户。

居所由雇主提供 是指住户居住在由其成员之一的雇主提供的居所，包括以象征式租金向雇主租住屋宇单位的住户。假如住户使用由雇主提供的房屋津贴租住居所，则租住权不属于“居所由雇主提供”类别。

进口货物 是指在香港以外出产或制成的货物，输入香港供本地使用或转口，以及再进口的香港产品。其货值是以到岸价值计算。

港产品出口货物 是指香港的天然产品或在香港经过制造工序，以致其基本原料的形状、性质、式样或用途受到永久改变的产品。如果产品在香港只进行简单的稀释、包装、入樽、烘干、简单装配、分类、装饰等过程，则该产品并不能以香港作为来源地。其货值是以离岸价值计算。

转口货物 是指输出曾经自外地输入香港的货物，而这些货物并没有在香港经过任何制造工序，以致永久改变其形状、性质、式样或用途。其货值是以离岸价值计算。

输往中国内地作外发加工用途的出口货物 是指那些从香港或经香港出口往中国内地加工的原料或半制成品，经加工后成为制成品，并以合约安排再进口香港。

有关外发加工从中国内地输入的进口货物 是指那些加工后从中国内地进口香港的货物，其中全部或部分原料或半制成品是以合约安排从香港或经香港出口往中国内地加工。

原产地为中国内地而涉及外发中国内地加工、并输往其它地方的转口货物 是指那些经香港转口的制成品，其中全部或部分原料或半制成品是以合约安排从香港或经香港出口往中国内地加工，而加工后的货物再进口香港。

直接投资 是指一个经济体系的投资者对另一经济体系的企业所作的对外投资，并对该企业拥有持久利益及在管理经营决定上具有相当程度的影响力或控制权。在统计上，若投资者持有某一企业10%或以上的股权，便被视为能长期有效地影响有关企业的管理经营决定。直接投资包括股本资本、再投资收益及其它资本。股本资本意指所持有分行的股本和附属及联营公司的股票。再投资收益是指投资者应得但其附属或联营公司没有分发的利润。其它资本主要涉及公司之间的债务交易，包括母公司与其分行、附属公司及联营公司之间的短期及长期借贷。

外来直接投资 是指境外居民在香港的企业所作的直接投资。跨国企业在香港经营的分行或附属公司，是外来直接投资的典型例子。

直接投资头寸 是指某一特定日子香港居民在境外投资的价值或接受外来投资的价值。

直接投资流动 是指某一时段内香港居民于境外投资或接受外来投资的投入或撤走。

向外直接投资 是指香港居民投资者在境外的企业所作的直接投资。

贷款基金 提供资金予如房屋贷款和教育贷款等贷款计划。基金收入主要来自政府一般收入帐目转拨的款项、偿还的贷款及贷款利息。

港汇指数 是量度港元兑主要贸易伙伴的货币的汇率加权平均值变动情况的指数，作为反映港元相对各种选定货币强弱的整体指标。在2002年1月1日，欧元的纸币及硬币取代各参与国家的货币成为法定货币。因此，港汇指数的货币篮子亦已更新。由2002年1月2日起，新系列港汇指数（包括14种货币及以2000年1月 =100）已取代旧港汇指数系列。

外币兑换率 指外币兑港元的电汇或现钞收市中间兑换价。

认可机构 包括持牌银行、有限制牌照银行及接受存款公司。持牌银行可接受任何金额及期限的存款。随着撤销利率限制的最后阶段在2001年7月3日生效，各类存款利率再无任何限制。至于有限制牌照银行，它们可接受金额不少于港币50万元的任何期限的定期存款。接受存款公司则可接受金额不少于港币10万元而期限不少于3个月的定期存款。有限制牌照银行及接受存款公司均无任何存款利率限制。

外币掉期存款 是指顾客在现货市场购买外币，然后存入认可机构，但同时订下远期合约，将该笔外币（本金加利息）在存款到期时售予认可机构。从分析角度来看，这类掉期存款应当作港元定期存款。

货币供应量（M_1） 是指市民持有的法定纸币和硬币加上持牌银行的客户活期存款。

货币供应量（M_2） 是指货币供应量M_1所包括的项目，加上持牌银行的客户储蓄及定期存款，再加上持牌银行发行而由非认可机构持有的可转让存款证。

货币供应量（M_3） 是指货币供应量M_2所包括的各项，加上有限制牌照银行及接受存款公司客户的存款，再加上以上两类认可机构发行而由非认可机构持有的可转让存款证。

恒生指数 是以加权资本市值法计算（即发行股数乘以股价），该指数内的三十三只成份股划分为四个行业类别指数，包括工商、金融、地产及公用事业，其总市值占香港联合交易所有限公司所有上市股份总市值大约百分之六十。

消费物价指数 量度住户一般所购买的消费商品和服务的价格水平随时间而变动的情况。消费物价指数的按年变动率被广泛地用作反映消费者所面对的通货膨胀的指标。不同的消费物价指数数列反映消费物价转变对不同开支组别的住户的影响。甲类、乙类及丙类消费物价指数分别根据较低、中等及较高开支范围的住户的开支模式编制而成。综合消费物价指数是根据以上所有住户的整体开支模式而编制，反映消费物价转变对整体住户的影响。每个项目的开支权数，是其在住户总开支中所占的比重。开支权数是根据住户开支统计调查的结果而制订的。并会每隔五年更新一次，以确保相应的消费物价指数能准确地反映不同开支范围住户的最新开支模式。

教育程度 是指某人在学校或其它教育机构修读达到的最高教育水平，不论他／她有否完成该课程。计算教育程度时，只包括正式课程，即须最少为期一个学年，入学须具指定学历资格（大部分由香港公开大学提供的副学位及学位课程除外），以及设有考试或指定评核成绩的程序。

社会保障计划 旨在帮助社会上需要经济或物质援助的人士，应付基本及特别需要。这个无须供款的社会保障制度，包括综合社会保障援助计划、公共福利金计划、暴力及执法伤亡赔偿计划、交通意外伤亡援助计划和紧急救济。

综合社会保障援助计划 是以入息补助方法，为那些在经济上无法自给的人士提供安全网，使他们的入息达到一定水平，以应付生活上的基本需要。申请人必须符合居港规定及通过入息及资产审查。

公共福利金计划 是为严重残疾或年龄在65岁或以上的香港居民，每月提供现金津贴，以应付因严重残疾或年老而引致的特别需要。这项计划包括普通伤残津贴、高额伤残津贴、普通高龄津贴及高额高龄津贴。除普通高龄津贴外，在本计划下发放的津贴均无须申请人接受经济状况调查。

暴力及执法伤亡赔偿计划 的目的是提供现金援助给因暴力罪行或因执法人员使用武器执行职务以致受伤的人士或这些人士的受养人（如受害人因伤死亡）。申请人亦无须接受经济状况调查。

交通意外伤亡援助计划 的目的是向道路交通意外受害士，或这些人士的受养人（如受害人因伤死亡）迅速提供经济援助，而无须考虑计划受惠人的经济状况，或有关交通意外是因谁人的过失而造成。援助金按意外受害人的伤亡情况支付；至于财物损失，则不在援助范围内。

紧急救济 天灾或其它不幸事故（例如火灾、台风、水灾、暴雨、山泥倾泻、塌屋）的灾民，及因楼宇成为危楼而遭发出封闭令以致被着令撤离家园的受影响人士，均可获得紧急救济。

Explanatory Notes on Main Statistical Indicators

Mid-year Population is compiled using the "resident population" approach. The population estimate compiled under the "resident population" approach is referred to as the Hong Kong Resident Population, which comprises "Usual Residents" and "Mobile Residents". "Usual Residents" refer to two categories of people: (a) Hong Kong Permanent Residents who have stayed in Hong Kong for at least 3 months during the 6 months before or for at least 3 months during the 6 months after the reference time-point, regardless of whether they are in Hong Kong at the reference time-point; and (b) Hong Kong Non-permanent Residents who are in Hong Kong at the reference time-point. As for "Mobile Residents", they are Hong Kong Permanent Residents who have stayed in Hong Kong for at least 1 month but less than 3 months during the 6 months before or for at least 1 month but less than 3 months during the 6 months after the reference time-point, regardless of whether they are in Hong Kong at the reference time-point. Under the new approach, visitors are not part of the Hong Kong population.

Crude Birth Rate refers to the number of live births in a given year per 1000 mid-year population of that year.

Crude Death Rate refers to the number of deaths in a given year per 1000 mid-year population of that year.

Infant Mortality Rate refers to the number of deaths of age under one in a given year per 1000 live births in that year.

Total Fertility Rate refers to the average number of children that would be born alive to 1000 women during their lifetime if they were to pass through their childbearing ages 15-49 experiencing the age specific fertility rates prevailing in a given year.

Expectation of Life at Birth refers to the number of years of life that a person born in a given year is expected to live if he/she was subject to the prevalent mortality conditions as reflected by the set of age-sex specific mortality rates for that year.

Labour Force refers to the land-based non-institutional population aged 15 and over who satisfy the criteria for inclusion in the employed population or the unemployed population.

Labour Force Participation Rate refers to the proportion of labour force in the land-based non-institutional population aged 15 and over.

Employed Persons refer to those persons aged 15 and over who have been at work for pay or profit during the 7 days before enumeration or have had formal job attachment. Unpaid family workers and persons who were on leave/holiday during the 7 days before enumeration are included.

Unemployed Persons refer to those persons aged 15 and over who (a) have not had a job and have not performed any work for pay or profit during the 7 days before enumeration; (b) have been available for work during the 7 days before enumeration; and (c) have sought work during the 30 days before enumeration. If a person aged 15 or over fulfils the conditions (a) and (b) above but has not sought work during the 30 days before enumeration because he/she believed that work was not available, he/she is still classified as unemployed, being regarded as a so-called "discouraged worker". Unemployed population also includes persons without a job who have sought work but have not been available for work because of temporary sickness; and persons without a job who have been available for work but have not sought work because they have made arrangements to take up a new job or to start business on a subsequent date; or were expecting to return to their original jobs.

Unemployment Rate refers to the proportion of unemployed persons in the labour force.

Monthly Employment Earnings refer to earnings from all jobs during the last month. For employees, they include wage and salary, bonus, commission, tips, housing allowance, overtime allowance, attendance allowance and other cash allowances. However, back pays are excluded. For employers and self-employed, they refer to amounts drawn from the self-owned enterprise for personal and household use. If information on the amounts drawn for personal and household use is not available, data on net earnings from business would be collected instead.

Gross Domestic Product (GDP) is a measure of the total value of production of all resident producing units of a country or territory in a specified period, before deducting allowance for consumption of fixed capital.

Per Capita GDP is obtained by dividing total GDP in a year by the population of that country or territory in the same year.

Gross National Product (GNP) is a measure of the total income earned by residents of a country or territory from engaging in various economic activities, irrespective of whether the economic activities are carried out within the economic territory or outside. In other words, in compiling GNP, earnings of residents from various economic activities within or outside the economic territory are included, whereas earnings of non-residents from economic activities within the economic territory are excluded. GNP is computed by the following formula:

GNP=GDP

+ Factor income earned by residents from outside the economic territory

- Factor income earned by non-residents from within the economic territory

where factor income is mainly classified into investment income and compensation of employees. Investment income includes direct investment income, portfolio investment income and other investment income.

Per capita GNP is obtained by dividing GNP in a year by the population of that country or territory in the same year.

Balance of Payments (BOP) Account is a statistical statement that systematically summarizes, for a specific time period, the economic transactions of an economy with the rest of the world. A complete BOP account comprises the following two broad accounts: (a) the current account; and (b) the capital and financial account.

Current Account largely measures the flows of real resources including exports and imports of goods and services, income receivable and payable abroad, and current transfers from and to abroad. Current account transactions reflect the provision and acquisition of real resources by an economy to and from other economies.

Goods comprise all movable goods that change ownership from residents to non-residents (exports) or from non-residents to residents (imports). Goods cover general merchandise, goods for processing, goods procured in ports by carriers, repairs on goods, and non-monetary gold.

Services include services rendered by residents to non-residents (exports) or by non-residents to residents (imports). Service transactions are classified by type of services, namely transportation services, travel services, insurance services, financial services and other services. The value of financial intermediation services is indirectly measured using the "reference rate" method.

Income consists of earnings by residents from non-residents (income receivable) or by non-residents from residents (income payable) for the provision of factors of production. The concepts and definitions of income under the current account of the BoP account are the same as those of the external factor income flow under GNP.

Current Transfers are transactions in which residents of an economy provide/receive real or financial resources that are likely to be consumed immediately or shortly, to/from non-residents without the receipt/provision of equivalent economic values in return.

Capital Account measures external transactions in capital transfers and in the acquisition or disposal of non-produced, non-financial assets.

Financial Account records transactions in financial assets and liabilities between residents and non-residents. It shows how an economy's external transactions are financed. Transactions in the financial account are classified into direct investment, portfolio investment, financial derivatives, other investment and reserve assets.

Capital Transfers are the transfers of ownership of a fixed asset or the forgiveness of a liability without receiving any economic value in return.

Direct Investment refers to external investment which allows an investor of an economy to have a lasting interest and a significant degree of influence or an effective voice in the management of an enterprise located in another economy.

Portfolio Investment refers to investment in non-resident equity securities and debt securities (e.g. bonds and notes, money market instruments). Compared with direct investors, portfolio investors in equity securities and debt securities of non-resident enterprises have no lasting interest or influence in the management of the companies they invest.

Financial Derivatives are financial instruments that are linked to a specific financial instrument or indicator or commodity, and through which specific financial risks can be traded in financial markets (including on exchanges and over-the-counter) in their own right.

Other Investment refers to other financial claims on and liabilities to non-residents that are not classified as direct investment, portfolio investment, financial derivatives or reserve assets. This includes non-marketable loans, currency and deposits, trade credits, financial leases and so on.

Reserve Assets consist of foreign currency assets that are readily available to and controlled by the monetary authority of an economy (in the case of Hong Kong, the Hong Kong Monetary Authority) for directly financing payment imbalances and for indirectly regulating the magnitude of such imbalances through intervention in foreign exchange markets to affect the currency exchange rate of that economy.

International Investment Position (IIP) is a balance sheet of the stock of an econmmy's external financial assets and liabilities at a particular time point. In IIP, external financial assets pertain to possessions, in the form of prescribed investment instruments having commercial or exchange value, that are owned by residents with claims on non-residents, and other financial assets where no debtor is involved (e.g. monetary gold). External financial liabilities refer to financial claims which are owed by residents with obligations to non-residents. Fully consistent with the BOP financial account, IIP is categorised by type of investment. Assets and liabilities are divided into direct investment, portfolio investment, financial derivatives and other investment. The asset side of IIP also includes the reserve assets. For detailed explanation on investment components, please refer to the explanatory notes on the components of the financial account of the BOP account.

Net IIP is the difference between total external financial assets and total external financial liabilities.

Index of Industrial Production reflects changes in local manufacturing output in real terms, i.e. changes in the volume of local production after discounting the effect of price changes.

Usable Floor Area means the aggregate of the areas of the floor or floors in a storey or a building excluding any staircases, public circulation space, lift landings, lavatories, water-closets, kitchens and any space occupied by machinery for any lift, air-conditioning system or similar service provided for the building.

Buildings with Consents to Commence Work refer to buildings with consents to commence building works issued by the Buildings Department. Such "Consents" are issued to private development projects (including Hong Kong Housing Society's projects) and Hong Kong Housing Authority development projects under the Private Sector Participation Scheme.

First Submission refers to plans for a building project

which are first submitted to the Building Authority for approval.

Major Revision refers to building plans which have been so extensively revised that they must be fundamentally reassessed.

Owner-occupier refers to a household which owns the quarters it occupies.

Sole Tenant refers to a household which rents the whole quarters it occupies from someone who lives outside the quarters without sharing it with other household(s) or subletting.

Co-tenant refers to two or more households each of which rents part of the quarters from someone who lives outside the quarters.

Main Tenant refers to a household which rents the whole quarters it occupies from someone who lives outside the quarters and sublets part of it to other household(s).

Sub-tenant refers to a household which rents part of the quarters from someone who lives in the same quarters.

Rent Free refers to a household which occupies an accommodation free, with or without the owner's permission. This does not include owner-occupiers or households occupying accommodation provided by employers.

Accommodation Provided by Employer refers to a household which occupies an accommodation provided by the employer of one of the household members. This also includes households occupying quarters leased from employers at a nominal rent. If a household member uses housing allowance given by his/her employer for renting accommodation, the tenure is not regarded as accommodation provided by employer.

Imports are goods which have been produced or manufactured in places outside the jurisdiction of Hong Kong and brought into Hong Kong for domestic use or for subsequent re-export as well as Hong Kong products re-imported. Their values are recorded on cost, insurance and freight (c.i.f.) basis.

Domestic exports are the natural produce of Hong Kong or products of a manufacturing process in Hong Kong which has changed permanently the shape, nature, form or utility of the basic materials used in manufacture. Processes such as simple diluting, packing, bottling, drying, simple assembling, sorting, decorating, etc., do not confer Hong Kong origin. Their values are recorded on free-on-board (f.o.b.) basis.

Re-exports are products which have previously been imported into Hong Kong and which are re-exported without having undergone in Hong Kong a manufacturing process which has changed permanently the shape, nature, form or utility of the product. Their values are recorded on f.o.b. basis.

Domestic Exports to the Mainland of China for Outward Processing refer to raw materials or semi-manufactures exported from or through Hong Kong to the mainland of China for processing with a contractual arrangement for subsequent re-importation of the processed goods into Hong Kong.

Imports from the Mainland of China Related to Outward Processing refer to processed goods imported to Hong Kong from the mainland of China, of which all or part of the raw materials or semi-manufactures have been under contractual arrangement exported from or through Hong Kong to the mainland of China for processing.

Re-exports of the Mainland of China Origin to Other Places Involving Outward Processing in the Mainland of China refer to processed goods re-exported through Hong Kong, of which all or part of the raw materials or semi-manufactures have been exported from or through Hong Kong to the mainland of China for processing with a contractual arrangement for subsequent re-importation of the processed goods into Hong Kong.

Direct Investment refers to external investment which allows an investor of an economy to have a lasting interest and a significant degree of influence or an effective voice in the management of an enterprise located in another economy. For statistical purpose, an effective voice is taken as equivalent to a holding of 10% or more of the equity in an enterprise. Direct investment comprises equity capital, reinvested earnings and other capital. Equity capital means equity in branches and shares in subsidiaries and associates. Reinvested earnings consist of the investors' share of earnings not distributed by subsidiaries or associates. Other capital mainly involves inter-company debt transactions. These include short-term and long-term borrowing and leading of funds between parent companies and their branches, subsidiaries and associates.

Inward Direct Investment refers to direct investment in a Hong Kong enterprise by a non-Hong Kong resident. Typical examples of inward direct investment are multinational corporations' branches and subsidiaries operating in Hong Kong.

Position of Direct Investment refers to the value of investment abroad or investment received from abroad of Hong Kong residents at a specified date.

Flow of Direct Investment refers to the additions/withdrawals of investment abroad or investment received from abroad of Hong Kong residents during a period.

Outward Direct Investment refers to direct investment by a Hong Kong resident in a non-resident enterprise.

Loan Fund finances loans and advances for such schemes as housing loans and education loans. The main sources of income are appropriations from the General Revenue Account, loan repayments and interest on loans.

Effective Exchange Rate Index (EERI) for the Hong Kong Dollar (HKD) is an index which measures movements in the weighted average of the exchange rate of the HKD against the currencies of major trading partners of Hong Kong. It serves as an indicator for measuring the overall strength of the HKD relative to selected currencies. On 1 January 2002, Euro notes and coins replaced notes and coins in national currencies of participating countries of the Euro. Hence, the currency basket for compiling EERI was updated. A new series of EERI, which includes 14 currencies and is based on January 2000 as 100, has replaced the old series as from 2 January 2002.

Exchange Rates Between the Hong Kong Dollar and

Other Currencies refer to the closing middle market telegraphic transfer rates or notes rates.

Authorized Institutions include licensed banks, restricted licence banks and deposit-taking companies. Licensed banks can accept deposits of any size and any term of maturity. With the final phase of interest rate deregulation came into effect on 3 July 2001, there is no restriction on interest rate payable. As for restricted licence banks, they can accept time deposits in amounts of not less than HK$500,000 with any term of maturity. Deposit-taking companies can however accept time deposits in amounts of not less than HK$100,000 with a term of maturity of at least three months. Both restricted licence banks and deposit-taking companies have no restriction on interest rate payable.

Foreign Currency Swap Deposits refer to deposits involving customers buying foreign currencies in the spot market and placing them as deposits with authorized institutions, while at the same time entering into a contract to sell such foreign currencies (principal plus interest) forward in line with the maturity of such deposits. For most analytical purpose, they should be regarded as Hong Kong dollar time deposits.

Money Supply M_1 refers to the sum of legal tender notes and coins held by the public plus customers demand deposits placed with licensed banks.

Money Supply M_2 refers to the sum of M_1 plus customers savings and time deposits with licensed banks, plus negotiable certificates of deposits issued by licensed banks held by non-authorized institutions.

Money Supply M_3 refers to the sum of M_2 plus customer deposits with restricted licence banks (RLBs) and deposit-taking companies (DTCs) plus negotiable certificates of deposits issued by RLBs and DTCs held by non-authorized institutions.

Hang Seng Index is a market capitalization-weighted index (shares outstanding multiplied by stock price). The 33 constituent stocks of the Hang Seng Index are grouped under four sub-indices, namely Commerce and Industry, Finance, Properties and Utilities. These stocks account for about 60 percent of the total market capitalization of all stocks listed on the Stock Exchange of Hong Kong Limited.

Consumer Price Index (CPI) measures the changes over time in the price level of consumer goods and services generally purchased by households. The year-on-year rate of change in the CPI is widely used as an indicator of the inflation affecting consumers. Different CPI series are compiled to reflect the impact of consumer price changes on households in different expenditure ranges. The CPI(A), CPI(B) and CPI(C) are compiled based on the expenditure patterns of households in the relatively low, medium and relatively high expenditure ranges respectively. A Composite CPI is compiled based on the overall expenditure pattern of all the above households taken together to reflect the impact of consumer price changes on the household sector as a whole. The expenditure weight of each item is the share of the item in the total expenditure of households. Derived from the results of the Household Expenditure Survey, the set of expenditure weights is updated once every five years to ensure that up-to-date expenditure patterns of households in different expenditure ranges are used in the compilation of the respective CPIs.

Educational Attainment refers to the highest level of education ever attained by a person in school or other educational institution, regardless of whether he/she had completed the course. Only formal courses are counted as educational attainment. A formal course shall be one that lasts for at least one academic year, requires specific academic qualifications for entrance (except most sub-degree and degree courses offered by the Open University of Hong Kong) and includes examinations or specific academic assessment procedures.

Social Security Schemes aim to provide for the basic and special needs of the members of the community who are in need of financial or material assistance. The non-contributory social security system comprises the Comprehensive Social Security Assistance Scheme, the Social Security Allowance Scheme, the Criminal and Law Enforcement Injuries Compensation Scheme, the Traffic Accident Victims Assistance Scheme and Emergency Relief.

The Comprehensive Social Security Assistance Scheme provides a safety net for those who cannot support themselves financially. It is designed to bring their income up to a prescribed level to meet their basic needs. An applicant must satisfy the residence requirements and pass both the income and assets tests.

The Social Security Allowance Scheme provides a monthly allowance to Hong Kong residents who are severely disabled or who are 65 years of age or above to meet special needs arising from disability or old age. The Scheme includes Normal Disability Allowance, Higher Disability Allowance, Normal Old Age Allowance and Higher Old Age Allowance. Except for Normal Old Age Allowance, the allowances paid under the Scheme are non-means-tested.

The Criminal and Law Enforcement Injuries Compensation Scheme aims to provide ex-gratia payments to persons (or to their dependants in cases of death) who are injured as a result of a crime of violence, or by a law enforcement officer using a weapon in the execution of his duty. The Scheme is non-means-tested.

The Traffic Accident Victims Assistance Scheme aims to provide speedy financial assistance to road traffic accident victims (or to their surviving dependants in cases of death) on a non-means tested basis, regardless of the element of fault leading to the occurrence of the accident. Payments are made for personal injuries, while loss of or damage to property is not included.

Emergency Relief is provided for victims of natural and other disasters such as fire, typhoon, flood, rainstorm, landslide, house collapse, and also for evacuees of buildings and premises considered to be dangerous under Closure Orders.

24

澳门特别行政区主要社会经济指标

Main Social and Economic Indicators of Macao Special Administrative Region

简 要 说 明

一、本章资料反映澳门特别行政区主要社会、经济发展情况。内容包括：土地、人口、就业、国民经济核算、工业、能源、建筑、交通通讯、对外贸易、财政金融、物价、教育、卫生、房屋、社会保障等方面。

二、本章涉及的1999年及以前数据均指原名为“澳门地区”的数据。

三、本章由澳门特别行政区政府统计暨普查局提供所有数据，国家统计局国际统计信息中心负责整理、编辑。

四、在统计工作方面，按中华人民共和国“澳门特别行政区基本法”的有关原则，澳门特别行政区保留其单独运作的统计系统，并负责编制和发布反映澳门特别行政区情况的统计数据。由于澳门和内地在使用统计名词及概念方面会有所不同，读者在比较两地数据时，请参考本章末的“主要统计指标解释”。

五、澳门特别行政区是单独的关税地区，澳门与内地之间的贸易，亦需办理进出口报关。在贸易统计方面，澳门特别行政区对外商品贸易统计数据亦包括澳门特别行政区与内地的贸易。

六、在外汇统计及与之有关的各方面，澳门元是澳门特别行政区的法定货币，因此，除澳门元以外的货币（包括人民币）均视作外币。

七、更详细的统计资料及有关的技术细节，可参阅澳门特别行政区政府统计暨普查局出版的《统计月刊》、《统计年鉴》及各专题统计出版物。

八、本章节表中的符号使用说明：“_”表示绝对数值为零；“空格”表示没有数字或未能提供；“..”表示不适用；“r”表示更正资料；“p”表示临时性数字；“o”表示数据小于本表最小单位半数；“＊”或“①”等表示本表下有注解。

Brief Introduction

I. Data in this chapter reflect the major social and economic development of the Macao Special Administrative Region, including land; population; employment; national accounts; industry; energy; construction; transportation and communications; external trade; public finance and banking; prices; education; health; housing; and social security.

II. In this chapter, data on 1999 and earlier years refer to data of the former Macao region.

III. Data in this chapter are provided by the Statistics and Census Service of the Government of Macao Special Administrative Region, which are tabulated and edited by the International Statistical Information Centre of the National Bureau of Statistics.

IV. According to the *Basic Law of the Macao Special Administrative Region of the People's Republic of China,* Macao Special Administrative Region maintains its independent statistical system that is responsible to comply and disseminate statistical information on the different aspect of the Special Administrative Region. As Macao and the mainland of China adopt different statistical concepts, definitions and terminology, users are advised to read the Explanatory Notes at the end of this chapter when making comparison between the mainland of China and the Macao Special Administrative Region.

V. Macao is a separate customs territory; therefore, import and export trade between Macao and the mainland of China also requires customs declaration. In terms of trade statistics, Macao's external merchandise trade data also include trade transaction between Macao and the mainland.

VI. The Macao Pataca (MOP) is the legal tender in the Macao Special Administrative Region, all other currencies (including Renminbi) are considered as foreign currencies in statistics on foreign exchange and related data.

VII. Detailed information and technical aspects are available in the *Monthly Bulletin of Statistics*, *Yearbook of Statistics* and other thematic publications published by the Statistics and Census Service of the Government of Macao Special Administrative Region.

VIII. Notations used in this chapter:

"-" indicates absolute value equals zero; (blank) indicates no figure provided or not available; ".." indicates not applicable; "r" indicates rectified data; "p" indicates provisional data; "o" indicates less than half of the unit employed; "*" or "①"indicates footnote.

24-1 主要统计指标概况
Summary of Key Statistics

项目	Items	2005	2006	2007	2008	2009
人口及生命统计	**Population and Vital Statistics**					
年中人口估计 (万人)	Mid-year Population Estimate (10 000 persons)	47.3	49.9	52.6	55.2	54.4
出生率 (‰)	Crude Birth Rate (‰)	7.8	8.1	8.6	8.5	8.8
死亡率 (‰)	Crude Death Rate (‰)	3.4	3.1	2.9	3.2	3.1
婴儿死亡率 (‰)	Infant Mortality Rate (‰)	3.3	2.7	2.4	3.2	2.1
(按每千名出生登记活产婴儿计算)	(per 1000 registered live births)					
劳动、就业	**Labour, Employment**					
劳动人口① (万人)	Labour Force ① (10 000 persons)	24.8	27.5	31.0	33.3	32.9
劳动力参与率 (%)	Labour Force Participation Rate (%)	63.4	65.9	69.2	70.6	72.0
失业率 (%)	Unemployment Rate (%)	4.1	3.8	3.1	3.0	3.6
就业不足率 (%)	Underemployment Rate (%)	1.4	1.0	1.0	1.6	1.9
就业人口 (万人)	Employed Population (10 000 persons)	23.7	26.5	30.0	32.3	31.8
建筑业	Construction	2.3	3.1	3.9	3.8	3.3
批发及零售业	Wholesale and Retail Trade	3.5	3.6	3.8	4.0	4.1
酒店及饮食业	Hotels and Restaurants and Similar Activities	2.5	3.0	3.5	4.1	4.4
团体、社会及个人的其他服务	Other Community, Social and Personal Services	4.1	5.3	6.9	7.9	7.5
对外商品贸易	**External Merchandise Trade**					
出口 (亿澳门元)	Exports (100 million MOP)	198	205	204	160	77
本地产品出口 (亿澳门元)	Domestic Exports (100 million MOP)	144	144	135	96	30
再出口 (亿澳门元)	Re-exports (100 million MOP)	55	61	69	64	47
进口 (亿澳门元)	Imports (100 million MOP)	313	365	431	430	369
贸易价格比率 (2006=100)	Terms of Trade (2006=100)	103.0	100.0	96.2	93.5	93.7
工业生产	**Industrial Production**					
工业电力消耗量 (亿千瓦小时)	Electricity Consumption (100 million kwh)	2.5	2.4	2.4	2.1	1.6
建筑（私人部门）	**Construction (Private Sector)**					
新建及扩建楼宇单位数目 (个)	Units Completed and Extended (No.)	1277	3026	2051	1177	3251
新建及扩建楼宇总面积 (万平方米)	Gross Floor Area of Buildings Completed and Extended (10 000 sq.m)	39	128	193	58	141
新动工的楼宇单位数目 (个)	Units Started (No.)	4947	3871	4390	2046	1547
新动工的楼宇总面积 (万平方米)	Gross Floor Area of Buildings Started (10 000 sq.m)	213	99	220	53	23
楼宇单位买卖数目 (个)	Number of Units Sold (No.)	33644	26400	32250	21516	17310
不动产买卖契约数目 (宗)	Deed of Real Estate Transacted (No.)	20022	13593	14558	9712	9111
不动产按揭贷款数目 (宗)	Real Estate Mortgage Loans (No.)	14769	9156	13250	11847	8965
运输、通讯、旅游	**Transport, Communications, Tourism**					
进出澳门重型货运车辆数目(万次)	Lorries Entering and Departing Macao(10 000 times)	60.8	66.5	67.4	56.4	40.3
进出澳门的客船班 (万次)	Ferry Trips Entering and Departing Macao (10 000 times)	9.2	9.6	10.5	10.5	13.2
澳门国际机场的商业航班 (万次)	Commercial Flights at Macao International Airport (10 000 times)	4.3	4.8	4.9	4.6	3.7
登记车辆 (万辆)	Licensed Vehicles (10 000 units)	15.4	16.4	17.6	18.3r	18.9
电话线 (万条)	Telephone Lines (10 000 units)	70.7	81.3	97.2	110.9	120.9
访澳旅客② (万人次)	Visitors Arrival② (10 000 person-times)	1871	2200	2699	2293	2175
酒店业入住率 (%)	Occupancy Rate of Hotel Sector (%)	71	72	77	74r	71
财政收支、货币、金融 (亿澳门元)	**Government Accounts, Money and Finance (100 million MOP)**					
财政总收入③	Total Government Revenue③	282	372	537r	623r	699
财政总支出③	Total Government Expenditure③	212	273	233	304r	354
货币供应（广义货币供应量M_2）	Money Supply (M_2)					
澳门元	MOP	367	453	510	541	597
港元	HKD	701	910	1015	992	1138
其他货币	Other Currencies	288	326	331	365	387
总计	Total	1357	1689	1855	1898	2122
本地/私人部门贷款及垫款	Domestic Loans/Advances to the Private Sector	425	488	683	889	972

24-1 续表 continued

项　　目		Items		2005	2006	2007	2008	2009
居民消费价格指数		**Consumer Price Index**						
(2008年4月至2009年3月=100)		**(April/2008 - March/2009=100)**						
综合消费价格指数		Composite Consumer Price Index		83.1r	87.4r	92.3r	100.2r	101.4
甲类消费价格指数		Consumer Price Index (A)		82.4r	87.1r	92.3r	100.7r	101.5
乙类消费价格指数		Consumer Price Index (B)		83.4r	87.5r	92.3r	100.1r	101.4
房屋（期末值）		**Housing (End-period number)**						
公共房屋④	(套)	Public Housing④	(No.)	6936	6637	6681	6253	7165
教育⑤		**Education⑤**						
幼儿教育学生	(人)	Student of Pre-primary Education	(person)	10216	9453	9149	9270	
小学生	(人)	Student of Primary Education	(person)	35187	32674	29995r	27481	
中学生	(人)	Student of Secondary Education	(person)	45995	44988	41124r	39463	
高等教育学生	(人)	Student of Higher Education	(person)	15927	17462	18743	20917	
医疗卫生		**Health**						
医生	(人)	Doctors	(person)	1105	1235	1323	1373	1415
护士	(人)	Nurses	(person)	1134	1212	1335	1415	1491
病床	(张)	Hospital Beds	(unit)	984	980	1014	1030	1109
社会保障		**Social Security**						
受益人数目	(人)	Beneficiaries	(person)	181117	204002	228125	250476	259280
供款单位数目	(个)	Contributors	(unit)	12305	13760	15278	17175	34260
总发放援助次数	(万次)	Number of Payments Granted	(10 000 times)	23.9	24.0	23.7	40.8	45.4
总发放金额	(万澳门元)	Amount of Payments Granted	(10 000 MOP)	28556	26672	31753	43616	66815
治安		**Crime**						
罪案数目	(宗)	Number of Crimes	(No.)	10538	10855	12921	13864	12406
囚犯数目	(期末值,人)	Number of Prisoners	(end-year, person)	897	859	812	912	930
本地生产总值		**Gross Domestic Product (GDP)**						
按2002年不变价格计算		At Constant (2002) Prices						
支出法本地生产总值实际增长率(%)		Expenditure-based GDP Real Growth Rate	(%)	6.9	16.5	26.0r	12.9r	1.3
本地生产总值	(亿澳门元)	GDP	(100 million MOP)	851.9	992.4	1250.3r	1412.2r	1430.9
人均本地生产总值	(万澳门元)	GDP per Capita	(10 000 MOP)	17.9	19.9	23.8r	25.7r	26.3
按当年价格计算		At Current Prices						
支出法本地生产总值名义增长率(%)		Expenditure-based GDP Nominal Growth Rate(%)		12.1	23.3	32.1r	15.5r	-2.4
本地生产总值	(亿澳门元)	GDP	(100 million MOP)	921.9	1137.1	1502.1r	1735.5r	1693.4
人均本地生产总值	(万澳门元)	GDP per Capita	(10 000 MOP)	19.4	22.8	28.6r	31.6r	31.1

注：①2009年起劳动人口的年龄下限由14岁改为16岁。
②自2008年开始访澳旅客不包括外地雇员及学生等。
③由于公共会计编制方法及概念的改变，2007年与前期的收支及入账方式有所不同，因此2007年的收支项目不宜与前期资料直接比较。2009年数字在日后得到更多资料时会作出修订。
④不包括已出售房屋。
⑤不包括特殊教育学生。第n年的学生人数是指n/n+1学年年终学生人数。

Notes:①Lower age boundary in defining labour force is revised from 14 years old to 16 years old starting 2009.
②Starting from 2008, visitor arrivals exclude arrivals of non-resident workers, students, etc..
③Due to changes in the compilation method and concept of public accounts, data on revenue and expenditure, as well as booking of the accounts for 2007 were different and incomparable with those of the previous years. Figures of 2009 are subject to revisions as more data become available.
④Excluding units that had been sold.
⑤Excluding students in special education. The number of students of year n refer to the students at the end of academic year n/n+1.

24-2 按堂区划分的澳门面积

Land Area of Macao by Parish

单位：平方公里 (sq.km)

分区	Sub-division	2005	2006	2007	2008	2009
总面积	**Total Land Area**	**28.2**	**28.6**	**29.2**	**29.2**	**29.5**
澳门	**Macao Peninsula**	**8.9**	**9.3**	**9.3**	**9.3**	**9.3**
圣安多尼堂区	Santo Antonio	1.1	1.1	1.1	1.1	1.1
望德堂区	Sao Lazaro	0.6	0.6	0.6	0.6	0.6
风顺堂区	Sao Lourenco	1.0	1.0	1.0	1.0	1.0
大堂区	Se	3.0	3.4	3.4	3.4	3.4
花地玛堂区	N.S. de Fatima	3.2	3.2	3.2	3.2	3.2
氹仔	**Island of Taipa**	**6.5**	**6.5**	**6.7**	**6.7**	**6.8**
路环	**Island of Coloane**	**7.6**	**7.6**	**7.6**	**7.6**	**7.6**
路氹填海区	**CoTai Reclaimation Zone**	**5.2**	**5.2**	**5.6**	**5.6**	**5.8**

24-3 人口主要指标

Main Demographic Indicator

项目	Item	2005	2006	2007	2008	2009
年中人口估计 (万人)	Mid-year Population Estimate (10 000 persons)	47.3	49.9	52.6	55.2	54.4
出生率 (‰)	Crude Birth Rate (‰)	7.8	8.1	8.6	8.5	8.8
死亡率 (‰)	Crude Death Rate (‰)	3.4	3.1	2.9	3.2	3.1
婴儿死亡率 (‰)	Infant Mortality Rate (‰)	3.3	2.7	2.4	3.2	2.1
自然增长率 (‰)	Natural Growth Rate (‰)	4.3	5.0	5.7	5.4	5.7
总和生育率	Total Fertility Rate	0.9	1.0	1.0	1.0	1.0
登记结婚数 (宗)	Number of Registered Marriages (case)	1734	2100	2047	2778	3035
离婚数目 (宗)	Number of Registered Divorces (case)	573	592	684	658	782
		2002-2005	2003-2006	2004-2007	2005-2008	2006-2009
出生时平均预期寿命(岁)	Life Expectancy at Birth (year old)	81.1	81.5	82.0	82.1r	82.4p
男	Male	78.7	79.0	79.0	79.1r	79.4p
女	Female	83.4	83.8	84.8	84.9r	85.2p

24-4 经济活动人口及失业状况

Labour Force and Unemployment

项目	Item	2005	2006	2007	2008	2009 ①
劳动人口 (万人)	Labour Force (10 000 persons)	24.8	27.5	31.0	33.3	32.9
男	Male	13.0	14.7	16.6	17.8	17.1
女	Female	11.8	12.8	14.4	15.5	15.8
就业人口 (万人)	Employed Population (10 000 persons)	23.7	26.5	30.0	32.3	31.8
失业人口 (万人)	Unemployed Population (10 000 persons)	1.0	1.0	0.9	1.0	1.2
失业率 (%)	Unemployment Rate (%)	4.1	3.8	3.1	3.0	3.6

注：①2009年起劳动人口的年龄下限由14岁改为16岁。

Note: ①Lower age boundary in defining labour force is revised from 14 years old to 16 years old starting 2009.

24-5 按行业划分的就业人口
Employed Population by Industry

单位：万人 (10 000 persons)

行业	Industry	2007	2008	2009①
总数	**Total**	**30.04**	**32.30**	**31.75**
农业、畜牧业、狩猎、林业、捕渔业及采矿业	Agriculture, Farming of Animal, Hunting, Forestry, Fishing, Mining and Quarrying	0.03	0.06	0.11
制造业	Manufacturing	2.40	2.46	1.70
电力、气体及水的生产与供应业	Electricity, Gas and Water Supply	0.12	0.09	0.10
建筑业	Construction	3.86	3.84	3.27
批发及零售业	Wholesale and Retail Trades	3.84	3.96	4.15
酒店及饮食业	Hotels and Restaurants and Similar Activities	3.47	4.13	4.37
运输、仓储及通信业	Transport, Storage and Communications	1.64	1.60	1.67
金融业	Financial Intermediation	0.79	0.75	0.75
不动产业务、租赁及向企业提供的服务	Real Estate, Renting and Business Activities	2.01	2.38	2.56
公共行政及社保事务	Public Administration, Defence and Compulsory Social Security	2.20	2.02	2.03
教育	Education	1.19	1.15	1.23
医疗卫生及社会福利	Health and Social Welfare	0.60	0.65	0.73
团体、社会及个人的其他服务	Other Community, Social and Personal Services	6.91	7.89	7.52
雇用佣人的家庭	Households with Employed Persons	0.96	1.33	1.57
其他及不详	Others and Unknown	0.01	o	o

注：①2009年起劳动人口的年龄下限由14岁改为16岁。
Note: ①Lower age boundary in defining labour force is revised from 14 years old to 16 years old starting 2009.

24-6 按行业划分的每月工作收入中位数
Median Monthly Employment Earnings by Industry

单位：澳门元 (MOP)

行业	Occupation	2007	2008	2009
总数	**Total**	**7800**	**8000**	**8500**
制造业	Manufacturing	4000	4000	5000
电力、气体及水的生产与供应业	Electricity, Gas and Water Supply	14100	15000	15000
建筑业	Construction	8500	10000	9000
批发及零售业	Wholesale and Retail Trades	6000	7000	7000
酒店及饮食业	Hotels and Restaurants	5500	6100	6500
运输、仓储及通信业	Transport, Storage and Communications	7800	8500	8500
金融业	Financial Intermediation	9800	11000	12000
不动产业务、租赁及向企业提供的服务	Real Estate, Renting and Business Activities	5500	5600	6000
公共行政及社保事务	Public Administration, Defence and Compulsory Social Security	14900	18000	19600
教育	Education	9900	12000	13000
医疗卫生及社会福利	Health and Social Welfare	9900	10000	10300
团体、社会及个人的其他服务	Other Community, Social and Personal Services	11600	12000	12000
雇用佣人的家庭	Households with Employed Persons	2500	2700	2800

24-7 本地生产总值(按当年价格计算)
Gross Domestic Product (at Current Prices)

年 份 Year	本地生产总值 GDP		本地生产总值与上年比较的实际增长率 (%) GDP Real Growth Rate Over the Preceding Year (%)	人均本地生产总值 GDP per Capita	
	(亿澳门元) (100 million MOP)	(亿美元) (100 million USD)		(澳门元) (MOP)	(美元) (USD)
1992	365.2	45.8	13.3	98475	12352
1993	420.7	52.8	5.2	109563	13751
1994	467.2	58.7	4.3	117737	14791
1995	522.7	65.6	3.3	127715	16029
1996	528.1	66.3	-0.4	127211	15968
1997	532.3	66.7	-0.3	127563	15996
1998	493.6	61.9	-4.6	116884	14649
1999	472.9	59.2	-2.4	110637	13844
2000	489.7	61.0	5.7	113739	14171
2001	497.0	61.9	2.9	114501	14253
2002	548.2	68.2	10.1	125058	15567
2003	635.7	79.2	14.2	142825	17805
2004	822.3	102.5	27.3	179977	22434
2005	921.9	115.1	6.9	193619	24169
2006	1137.1	142.1	16.5	227721	28463
2007r	1502.1	186.9	26.0	285695	35552
2008r	1735.5	216.4	12.9	316143	39416
2009①	1693.4	212.1	1.3	311131	38968

注：①估算数字在日后得到更多资料时会作出修订。
Notes:① The estimates are subject to revisions as more data become available.

24-8 支出法本地生产总值
Expenditure-based Gross Domestic Product

单位：亿澳门元 (100 million MOP)

本地生产总值组成部份	GDP Components	2005	2006	2007	2008	2009①
按当年价格计算	**At Current Prices**					
居民消费支出	Private Consumption Expenditure	251.5	281.6	330.7r	393.7r	416.0
政府最终消费支出	Government Final Consumption Expenditure	84.0	89.9	110.0r	122.0r	137.4
固定资本形成总额	Gross Fixed Capital Formation	247.7	393.3	541.9	505.0r	305.9
存货增加	Changes in Inventories	6.5	10.2	8.9r	13.1r	9.9
货物出口	Exports of Goods	198.2	204.6	204.3	160.3	76.7
减:货物进口	Less: Imports of Goods	406.9	497.4	586.0	574.1r	469.5
服务出口	Exports of Services	672.7	813.0	1115.5r	1405.7r	1478.2
减:服务进口	Less: Imports of Services	131.8	158.1	223.1r	290.1r	261.3
本地生产总值	**GDP**	**921.9**	**1137.1**	**1502.1r**	**1735.5r**	**1693.4**
人均本地生产总值 (澳门元)	**GDP per Capita (MOP)**	**193619**	**227721**	**285695r**	**316143r**	**311131**
按2002年不变价格计算	**At Constant (2002) Prices**					
居民消费支出	Private Consumption Expenditure	244.3	264.3	295.3r	320.5r	329.1
政府最终消费支出	Government Final Consumption Expenditure	78.2	81.2	91.7	91.7r	101.2
固定资本形成总额	Gross Fixed Capital Formation	185.0	267.3	333.6	277.4r	178.6
存货增加	Changes in Inventories	5.9	8.7	7.3r	9.7r	7.7
货物出口	Exports of Goods	198.4	204.0	205.0	152.9	73.4
减:货物进口	Less: Imports of Goods	387.1	458.0	522.1	473.2r	389.0
服务出口	Exports of Services	659.2	782.2	1057.8r	1308.9r	1376.5
减:服务进口	Less: Imports of Services	132.0	157.3	218.1r	**275.7r**	246.6
本地生产总值	**GDP**	**851.9**	**992.4**	**1250.3r**	**1412.2r**	**1430.9**
人均本地生产总值 (澳门元)	**GDP per Capita (MOP)**	**178922**	**198754**	**237817r**	**257253r**	**262900**

注：①估算数字在日后得到更多资料时会作出修订。
Notes:①The estimates are subject to revisions as more data become available.

24-9 生产法本地生产总值
Production-based Gross Domestic Product

单位：亿澳门元 (100 million MOP)

经济活动	Economic Activities	2004	2005	2006	2007	2008①
第二产业	**Secondary Sector**	**72.1**	**107.7**	**170.8**	**207.1**	**200.4**
采矿业	Mining and Quarrying	0.1	0.1	0.1	0.1	o
制造业	Manufacturing	31.7	31.2	35.4	32.7	25.2
电力、煤气及水供应	Electricity, Gas and Water Supply	13.0	13.4	14.7	12.4	14.0
建筑业	Construction	27.3	63.0	120.6	161.9	161.1
第三产业	**Tertiary Sector**	**563.5r**	**639.4r**	**761.1r**	**977.0r**	**1129.3**
批发零售、维修、酒店、餐厅及酒楼业	Wholesale, Retail, Repair, Hotels and Restaurants	74.8r	81.9r	96.1r	123.0r	155.3
运输、仓储及通信业	Transport, Storage and Communications	31.1	34.1	37.9	43.4r	39.9
金融保险、不动产、租赁及商业服务	Financial Intermediation, Real Estate, Renting and Business Activities	116.6	161.2	212.8r	265.2r	294.5
公共行政、社会服务及个人服务（包括博彩业）	Public Administration, Other Community, Social and Personal Services (Including gambling)	340.9	362.2	414.3r	545.5r	639.7
减调整项：间接计算的金融中介服务	**Less: Adjustment for Financial Intermediation Services Indirectly Measured (FISIM)**	**19.5**	**25.5**	**34.5**	**43.0**	**50.7**
以基本价格按生产法估算的本地生产总值	**Production-based GDP at Basic Prices**	**616.1r**	**721.6r**	**897.3r**	**1141.1r**	**1279.0**
加产品税	**Add: Taxes on Products**	**171.3**	**193.2**	**227.5**	**339.1**	**450.5**
以当年市场价格按生产法估算的本地生产总值	**Production-based GDP at Current Market Prices**	**787.4r**	**914.8r**	**1124.8r**	**1480.2r**	**1729.5**
以当年市场价格按支出法估算的本地生产总值	**Expenditure-based GDP at Current Market Prices**	**822.3**	**921.9**	**1137.1**	**1502.1r**	**1735.5**
统计差额(%)	**Statistical Discrepancy (%)**	**-4.2r**	**-0.8r**	**-1.1r**	**-1.5r**	**-0.3**

注：①估算数字在日后得到更多资料时会作出修订。
Notes:①he estimates are subject to revisions as more data become available.

24-10 生产法本地生产总值结构
Structure of Production-based Gross Domestic Product

单位：% (%)

经济活动	Economic Activities	2004	2005	2006	2007	2008①
第二产业	**Secondary Sector**	**11.7r**	**14.9r**	**19.0r**	**18.1r**	**15.7**
采矿业	Mining and Quarrying	o	o	o	o	o
制造业	Manufacturing	5.2r	4.3	3.9	2.9r	2.0
电力、煤气及水供应业	Electricity, Gas and Water Supply	2.1	1.9r	1.6	1.1	1.1
建筑业	Construction	4.4	8.7	13.4r	14.2r	12.6
第三产业	**Tertiary Sector**	**91.5**	**88.6r**	**84.8r**	**85.6r**	**88.3**
批发零售、维修、酒店、餐厅及酒楼业	Wholesale, Retail, Repair, Hotels and Restaurants	12.1r	11.3r	10.7r	10.8r	12.1
运输、仓库及通信业	Transport, Storage and Communications	5.0	4.7	4.2	3.8r	3.1
金融、保险、不动产、租赁及商业服务	Financial Intermediation, Real Estate, Renting and Business Activities	18.9r	22.3r	23.7r	23.2r	23.0
公共行政、社会服务及个人服务（包括博彩业）	Public Administration, Other Community, Social and Personal Services (Including gambling)	55.3r	50.2r	46.2r	47.8r	50.0
减调整项:间接计算的金融中介服务	**Less: Adjustment for Financial Intermediation Services Indirectly Measured (FISIM)**	**3.2r**	**3.5**	**3.8**	**3.8r**	**4.0**
以基本价格按生产法估算的本地生产总值	**Production-based GDP at Basic Prices**	**100.0**	**100.0**	**100.0**	**100.0**	**100.0**

注：①估算数字在日后得到更多资料时会作出修订。
Notes:①The estimates are subject to revisions as more data become available.

24-11 电力、燃料及水消费量

Consumption of Electricity, Fuels and Water

项　　目	Item	2005	2006	2007	2008	2009
电力 （万千瓦小时）	**Electricity (10 000 kwh)**					
住户	Domestic	54870	56535	61671	63673	68229
工业	Industrial	25260	24137	23605	20660	16477
商业①	Commercial①	135766	161698	213152	246839	261624
燃料	**Fuels**					
重油 （万公升）	Fuel Oil (10 000 litres)	35796	31516	27491	16136	20095
轻柴油 （万公升）	Gas Oil and Diesel (10 000 litres)	19441	16757	17963	15863	14819
汽油 （万公升）	Gasoline (10 000 litres)	5321	5461	6135	6352	6893
液化石油气 （吨）	L.P.G. (ton)	30955	32673	35614	40128	39740
水 （万立方米）	**Water (10 000 cu.m)**	**5586**	**6036**	**6583**	**6746**	**6812**

注：①包括公共照明。
Note: ① Including public lighting.

24-12 按用途划分的建成私人房屋单位及建筑面积

Units and Gross Floor Area Completed by End-use

年份 Year	住宅 Residential 单位数目（个） Number of Units	住宅 Residential 建筑面积（万平方米） Gross Floor Area (10 000 sq.m)	商业及办公室 Commercial and Offices 单位数目（个） Number of Units	商业及办公室 Commercial and Offices 建筑面积（万平方米） Gross Floor Area (10 000 sq.m)	工业 Industrial 单位数目（个） Number of Units	工业 Industrial 建筑面积（万平方米） Gross Floor Area (10 000 sq.m)	其他用途 Other Uses 单位数目（个） Number of Units	其他用途 Other Uses 建筑面积（万平方米） Gross Floor Area (10 000 sq.m)	总计 Total 单位数目（个） Number of Units	总计 Total 建筑面积（万平方米） Gross Floor Area (10 000 sq.m)
1990	9488	68.6	1748	12.3	281	10.3	57	14.5	11574	105.7
1999	4252	30.8	1085	12.9	2	3.4	50	19.9	5389	66.9
2000	2747	23.0	368	5.5	-	-	31	8.5	3146	37.0
2001	1774	17.4	805	10.8	-	-	43	12.3	2622	40.4
2002	336	3.6	30	0.4	2	0.5	13	5.7	381	10.3
2003	1246	15.4	304	2.5	2	1.4	14	5.0	1566	24.3
2004	962	12.2	134	1.9	1	0.5	11	6.9	1108	21.5
2005	1098	16.1	152	2.3	-	-	27	20.7	1277	39.1
2006	2783	41.2	204	4.3	5	0.2	34	82.0	3026	127.6
2007	1856	26.5	161	2.1	1	1.0	33	163.0	2051	192.7
2008	1099	14.7	49	5.1	2	1.2	27	37.4	1177	58.4
2009	3096	48.4	129	5.5	2	1.8	24	84.9	3251	140.6

24-13 按用途划分的获批准新动工私人房屋单位及建筑面积

Units and Gross Floor Area Started by End-use

年份 Year	住宅 Residential 单位数目（个） Number of Units	住宅 Residential 建筑面积（万平方米） Gross Floor Area (10 000 sq.m)	商业及办公室 Commercial and Offices 单位数目（个） Number of Units	商业及办公室 Commercial and Offices 建筑面积（万平方米） Gross Floor Area (10 000 sq.m)	工业 Industrial 单位数目（个） Number of Units	工业 Industrial 建筑面积（万平方米） Gross Floor Area (10 000 sq.m)	其他用途 Other Uses 单位数目（个） Number of Units	其他用途 Other Uses 建筑面积（万平方米） Gross Floor Area (10 000 sq.m)	总计 Total 单位数目（个） Number of Units	总计 Total 建筑面积（万平方米） Gross Floor Area (10 000 sq.m)
1997	6299	50.9	1347	12.5	4	4.1	34	17.9	7684	85.3
1999	3157	25.0	442	9.7	1	0.4	19	6.7	3619	41.7
2000	1038	9.9	111	2.2	3	0.6	15	7.6	1167	20.3
2001	600	5.3	196	1.2	2	0.3	14	9.0	812	15.8
2002	1196	10.3	116	1.2	-	-	14	4.2	1326	15.7
2003	2430	31.8	211	10.0	-	-	17	11.4	2658	53.3
2004	2611	37.4	120	4.3	2	0.7	24	29.2	2757	71.5
2005	4447	63.3	456	13.1	6	1.0	38	135.8	4947	213.3
2006	3673	50.8	165	7.1	1	o	32	40.7	3871	98.6
2007	4040	57.3	313	16.0	6	4.0	31	142.6	4390	220.0
2008	1937	32.3	93	4.9	1	0.6	15	15.6	2046	53.3
2009	1429	13.2	69	1.0	37	2.6	12	6.1	1547	22.9

24-14 零售业销售额

Value of Retail Sales

单位：亿澳门元 (100 million MOP)

项目	Item	2005	2006	2007	2008	2009
零售业销售总额	**Total Retail Sales**	**87.79**	**106.59**	**141.95**	**193.91r**	**223.39**
百货①	Department Stores ①	10.99	12.57	16.30	23.71	33.36
超级市场	Supermarkets	9.78	11.79	13.79	17.41	19.07
汽车	Motor Vehicles	13.77	13.45	17.44	16.21	15.28
钟表金饰	Watches, Clocks and Jewellery	8.93	14.22	21.92	36.05	48.09
成人服装	Adults' clothing	7.01	8.73	12.10	16.68	20.93
车辆用燃料	Automotive Fuels	5.01	5.88	6.72	8.69	6.81
家居用燃料	Fuel for Household Use	4.29	5.35	6.54	7.53r	4.93
家庭电器	Household Electric Appliances	3.48	4.48	4.61	4.89	5.30
药房	Pharmacy	3.06	3.78	4.54	5.49	5.88
其他	Others	10.41r	13.55r	15.31r	20.84r	20.17

注：①包括出售粮食、饮品及烟草以外的非专门零售店铺。

Note: ① Including non-specialized retail stores selling merchandise other than food, beverages and tobacco.

24-15 按出入境方式统计的对外商品贸易

External Merchandise Trade by Mode of Transport

单位：万吨 (10 000 tons)

项目	Mode of Transport	2005	2006	2007	2008	2009
入境①	**Imports ①**					
海路	Sea	278.5	384.8	400.6	309.6	169.1
空路	Air	2.7	2.4	2.4	1.7	1.3
陆路	Land	206.1	277.4	286.5	226.1	133.6
其他②	Others ②	6151.2	6743.3	7462.4	7518.2	7777.6
总数	**Total**	**6638.4**	**7407.9**	**8152.0**	**8055.6**	**8081.6**
出境①	**Exports ①**					
海路	Sea	23.7	30.0	30.8	27.0	15.9
空路	Air	7.7	6.6	6.0	3.6r	2.5
陆路	Land	16.4	13.9	11.4r	10.7	8.1
其他②	Others ②	16.8	19.4	20.8	17.7	14.8
总数	**Total**	**64.6**	**69.9**	**69.1**	**59.1**	**41.4**

注：①包括转运货物。
②包括邮递及以管道运输方式进出澳门的货物。

Notes:①Including transit goods.
②Including external merchandise trade by post and via pipeline.

24-16 集装箱流量

Container Flow

单位：次数 (number)

项目	Item	2005	2006	2007	2008	2009
入境	Inward	40688	47239	52260	50948	41554
出境	Outward	42163	47280	47641	43546	26553
转口	Trans-shipment	11084	9275	6823	2534	1112

24-17 海路集装箱总吞吐量
Seaborne Container Throughput

单位：标准集装箱 (TEU)

项目	Item	2005	2006	2007	2008	2009
入境	Inward	50209	60090	67011	66306	53071
出境	Outward	55603	62289	63741	57334	34574
转口	Trans-shipment	11670	10356	7935	2697	903

注：标准集装箱为 20英尺 x 8英尺 x 8英尺。
Note: TEU - Twenty-foot Equivalent Unit with standard size of 20 feet x 8 feet x 8 feet.

24-18 通信服务
Communications

项目		Item		2005	2006	2007	2008	2009
邮递服务	**（万件）**	**Postal Services**	**(10 000 pieces)**					
信件邮件		Mails		2482	2629	2775	3034	3069
包裹		Parcels		0.6	0.7	0.7	0.8r	0.8
电话服务	**（万户）**	**Telephone Services**	**(10 000 users)**					
固网电话用户		Fixed-lined Telephone Users		17.4	17.7	17.8	17.6	17.1
移动电话用户		Mobile Telephone Users		25.9	30.2	35.6	39.6	42.0
储值卡		Stored Value GSM Cards		27.3	33.5	43.8	53.7	61.7
对外电话通讯量	**（万分钟）**	**International Calls**	**(10 000 minutes)**					
拨出		Outgoing		18297	21000	24745	26707r	25795
拨入		Incoming		12540	16457	18988r	20621r	19635
传呼机用户	**（户）**	**Paging Services**	**(user)**	**2513**	**1891**	**2782**	**2780**	**3097**
互联网		**Internet Services**						
登记用户	（用户）	Registered Subscribers	(No.)	88592	105283	119913	128502	143353
总使用时数	（万小时）	Total Hours Used	(10 000 hours)	7918	12152	17860	25291r	34042

24-19 对外商品贸易主要指标
Principal Indicators of External Merchandise Trade

单位：亿澳门元 (100 million MOP)

贸易种类	Trade Type	2005	2006	2007	2008	2009
出口	Exports	198.2	204.6	204.3	160.3	76.7
本地产品出口	Domestic Exports	143.6	143.7	135.2	95.8	29.7
转口	Re-exports	54.6	60.9	69.1	64.4	47.0
进口	Imports	313.4	365.3	431.1	430.3	369.0
进出口总额	Total Trade	511.6	569.9	635.4	590.6	445.7
进出口差额	Trade Balance	-115.2	-160.7	-226.8	-270.1	-292.3
出口/进口比率 (%)	Exports-to-Imports Ratio(%)	63.3	56.0	47.4	37.2	20.8

24-20 主要商品进口原产地和出口目的地

Value of Merchandise Imports and Exports by Major Country/Region

单位：亿澳门元 (100 million MOP)

主要国家/地区	Major Country/Region	2005	2006	2007	2008	2009
进口(原产地)	**Imports (Origin)**					
中国内地	Mainland China	135.2	164.7	183.8	169.3	115.7
中国香港	Hong Kong, China	31.3	37.2	43.6	43.7	40.4
欧盟	European Union	41.2	47.9	67.6	71.0	78.1
日本	Japan	34.1	30.5	38.7	36.4	30.4
中国台湾	Taiwan, China	12.6	11.7	15.0	14.2	11.2
美国	United States of America	12.8	20.0	24.3	23.8	22.2
出口(目的地)	**Exports (Destination)**					
美国	United States of America	96.5	90.2	82.9	64.0	13.1
欧盟	European Union	33.9	40.0	37.2	15.9	6.3
中国内地	Mainland China	29.5	30.4	30.3	19.7	11.2
中国香港	Hong Kong, China	19.4	22.9	26.7	31.6	30.1

24-21 财政收入

Government Revenue

单位：万澳门元 (10 000 MOP)

项目	Items	2005	2006	2007	2008	2009①
经常收入	**Current Revenue**					
直接税	Direct Taxes	1806911	2171541	3302026	4299083	4519032
间接税	Indirect Taxes	149486	140263	205907	188348	149140
费用、罚款及其他金钱制裁	Fees, Fines and Other Penalties	53994	53759	108109	128147r	105609
财产收益	Property Income	167778	217106	725313r	276385r	380106
转移	Transfers	75662	95862	445591	595882r	585199
耐用品的出售	Sales of Durable Goods	29	16	451	1018r	867
劳务及非耐用品的出售	Sales of Services and Non-durable Goods	4803	4989	114441	132414r	152813
其他经常收入	Other Current Revenue	13197	13696	124032	130846r	170645
资本收入	**Capital Revenue**					
投资资产的出售	Sales of Fixed Capital	391	318	3946	3942r	593
转移	Transfers	-	-	-	-	-
财务资产	Financial Assets	-	13477	7421	29405r	10942
财务负债	Financial Liabilities	-	-	-	-	-
其他资本收入	Other Capital Revenue	-	-	328149	431171r	895506
非从支付中扣减的退回	Reimbursements Not Deducted from Payments	4619	5316	5663	9294r	16637
指定帐目	**Autonomous Agencies**	**543212**	**1002507**	**-**	**-**	**-**
总数	**Total**	**2820082**	**3718852**	**5371050r**	**6225934r**	**6987088**

注：①2009年数字在日后得到更多资料时会作出修订。

Note: ①Figures of 2009 are subject to revisions as more data become available.

24-22 财政支出
Government Expenditure

单位：万澳门元 (10 000 MOP)

项　目	Items	2005	2006	2007	2008	2009①
经常支出	**Current Expenditure**					
工薪	Payroll	325074	343365	693106	841647r	905630
货物及劳务	Goods and Services	77837	87397	362227	455521r	560783
利息	Interest	-	-	2399	2958r	1590
经常转移	Current Transfers	712599	818346	587094	1105450r	1306077
其他经常支出	Other Current Expenditure	5687	8033	197597	123092r	259544
资本支出	**Capital Expenditure**					
投资	Investments	433827	435491	375701	329120r	416191
资本转移	Capital Transfers	6304	8800	11007	11123r	7493
财务活动	Financial Transactions	13886	31037	105468	175431r	87484
其他资本支出	Other Capital Expenditure	-	-	-	-	-
指定帐目	**Autonomous Agencies**	**543212**	**1002507**	**-**	**-**	**-**
总数	**Total**	**2118426**	**2734976**	**2334598**	**3044343r**	**3544792**

注：①2009年数字在日后得到更多资料时会作出修订。
Note: ①Figures of 2009 are subject to revision as more data become available.

24-23 货币供应
Money Supply

单位：亿澳门元(年底数字) (100 million MOP (as at end of year))

项　目	Items	2005	2006	2007	2008	2009
狭义货币供应量M_1	**Money Supply (M_1)**	**127.9**	**182.6**	**226.1**	**247.3**	**306.1**
分类一：澳门元	Classification 1: MOP	68.5	83.8	96.0	130.1	149.7
港元	HKD	54.0	80.4	111.8	103.5	145.4
其他货币	Other Currencies	5.4	18.4	18.2	13.6	10.9
分类二：流通货币(澳门元)	Classification 2: Currency in Circulation (MOP)	29.7	34.0	39.3	44.0	49.1
活期存款	Demand Deposits	98.1	148.5	186.8	203.3	257.0
广义货币供应量$M_2$①	**Money Supply (M_2) ①**	**1356.6**	**1689.1**	**1855.4**	**1897.9**	**2122.3**
分类一：澳门元	Classification 1: MOP	366.9	453.2	509.8	541.0	597.5
港元	HKD	701.5	910.1	1014.9	992.4	1137.8
其他货币	Other Currencies	288.3	325.8	330.7	364.5	387.0
分类二：狭义货币供应量$M_1$②	Classification 2: Money Supply (M_1) ②	127.9	182.6	226.1	247.3	306.1
准货币负债③	Quasi-Monetary Liabilities (QML)③	1228.7	1506.6	1629.3	1650.6	1816.3
储蓄存款	Savings Deposits	364.3	451.9	518.8	582.6	825.0
通知存款	Notice Deposits	11.6	11.5	15.4	13.1	8.4
定期存款	Time Deposits	852.7r	1043.1r	1094.9r	1054.9	982.3

注：① $M_2 = M_1$ + 准货币负债。
② 货币供应量M_1只包括流通货币及活期存款。储蓄存款则变为准货币负债的组成部份。
③ 准货币负债：包括储蓄存款、通知存款、定期存款、其他存款及存款证明书。

Notes: ① $M_2 = M_1$ + Quasi-Monetary Liabilities (QML)
② The definition of M1 has been revised. Saving Deposits are reclassified as component of the Quasi-Monetary Liabilities (QML), while M_1 includes only Currency in Circulation and Demand Deposits.
③QML:Quasi-Monetary Liabilities, which consist of savings deposits, notice deposits, time deposits, other deposits and certificates of deposit.

24-24 外币兑换率
Exchange Rates

单位：一单位外币兑换的澳门元 (MOP per unit of foreign currency)

项　目	Items	2005	2006	2007	2008	2009
年内平均数字	**Average for the Year**					
澳元	Australian Dollar	6.1064	6.0169	6.7351	6.8552	6.3269
欧元	Euro	9.9721	10.0272	11.0049	11.8092	11.1309
韩圆	Korean Won	0.0078	0.0084	0.0087	0.0074	0.0063
美元	US Dollar	8.0109	8.0006	8.0360	8.0206	7.9842
新台币	Taiwan Dollar	0.2494	0.2462	0.2447	0.2548	0.2418
英镑	Pound Sterling	14.5820	14.6993	16.0887	14.8965	12.5159
港元	Hong Kong Dollar	1.0300	1.0300	1.0300	1.0300	1.0300
日元	Japanese Yen	0.0729	0.0689	0.0683	0.0776	0.0854
马来西亚林吉特	Malaysian Ringgit	2.1155	2.1797	2.3374	2.4124	2.2669
新西兰元	New Zealand Dollar	5.6436	5.1889	5.9128	5.7341	5.0721
人民币	P.R. China Renminbi	0.9778	1.0025	1.0560	1.1546	1.1688
新加坡元	Singapore Dollar	4.8137	5.0294	5.3325	5.6788	5.4955
瑞士法郎	Swiss Franc	6.4424	6.3801	6.6998	7.4326	7.3721
年底数字	**As at End of Year**					
澳元	Australian Dollar	5.8462	6.3291	7.0632	5.5103	7.1671
欧元	Euro	9.4555	10.5194	11.8411	11.2787	11.4645
韩圆	Korean Won	0.0079	0.0086	0.0086	0.0063	0.0069
美元	US Dollar	7.9871	8.0059	8.0341	7.9824	7.9878
新台币	Taiwan Dollar	0.2433	0.2451	0.2472	0.2437	0.2483
英镑	Pound Sterling	13.7598	15.7020	16.0501	11.5326	12.8428
港元	Hong Kong Dollar	1.0300	1.0300	1.0300	1.0300	1.0300
日元	Japanese Yen	0.0679	0.0673	0.0716	0.0884	0.0864
马来西亚林吉特	Malaysian Ringgit	2.1133	2.2673	2.4254	2.3021	2.3342
新西兰元	New Zealand Dollar	5.4468	5.6434	6.2341	4.6102	5.7920
人民币	P.R. China Renminbi	0.9897	1.0244	1.0999	1.1678	1.1698
新加坡元	Singapore Dollar	4.8043	5.2117	5.5630	5.5520	5.6938
瑞士法郎	Swiss Franc	6.0743	6.5485	7.1481	7.5569	7.7128

24-25 居民消费价格指数
(2008年4月至2009年3月=100)
Consumer Price Index
(April/2008 - March/2009=100)

项　目	Items	权数 Weight	2005r	2006r	2007r	2008r	2009
综合消费价格指数	**Composite Consumer Price Index**						
总指数	**Global Index**	**100.00**	**83.13**	**87.41**	**92.28**	**100.23**	**101.40**
食品及非酒精饮料	Food and Non-alcoholic Beverages	32.78	73.90	76.64	82.92	97.19	102.57
烟酒	Alcoholic Beverages and Tobacco	1.12	93.49	96.81	97.55	99.34	109.08
服装、鞋	Clothing and Footwear	6.75	91.97	87.63	88.73	95.04	104.07
住房及燃料	Housing and Fuels	22.82	74.81	83.61	91.59	99.05	97.80
家居设备及用品	Household Goods and Furnishings	3.13	93.41	94.63	96.40	99.26	101.44
医疗	Health	2.90	82.83	84.28	86.65	98.68	102.08
交通	Transport	7.88	90.57	93.72	96.22	102.82	96.87
通讯	Communications	3.52	110.70	107.77	104.48	97.32	95.64
康乐及文化	Recreation and Culture	5.93	88.70	89.07	91.04	97.41	100.55
教育	Education	5.16	112.09	121.22	123.58	119.84	107.21
其他商品及服务	Miscellaneous Goods and Services	8.02	88.36	90.95	94.30	99.78	104.22
甲类消费价格指数	**Consumer Price Index (A)**						
总指数	**Global Index**	**100.00**	**82.38**	**87.12**	**92.27**	**100.65**	**101.45**
食品及非酒精饮料	Food and Non-alcoholic Beverages	36.94	72.88	75.58	81.94	97.11	102.60
烟酒	Alcoholic Beverages and Tobacco	1.44	93.15	96.56	97.34	98.76	109.23
服装、鞋	Clothing and Footwear	4.82	92.65	88.01	88.86	95.41	104.17
住房及燃料	Housing and Fuels	27.22	77.18	85.81	93.27	100.11	98.11
家居设备及用品	Household Goods and Furnishings	2.19	89.51	90.78	93.07	98.41	101.93
医疗	Health	2.71	81.62	83.26	85.84	99.09	102.76
交通	Transport	5.78	91.72	94.68	96.92	102.92	95.65
通讯	Communications	4.22	109.88	106.76	103.39	97.02	95.64
康乐及文化	Recreation and Culture	4.71	88.87	90.03	91.98	97.04	100.53
教育	Education	4.00	110.43	120.71	123.59	119.91	107.13
其他商品及服务	Miscellaneous Goods and Services	5.96	87.10	89.33	92.89	98.54	103.17
乙类消费价格指数	**Consumer Price Index (B)**						
总指数	**Global Index**	**100.00**	**83.41**	**87.52**	**92.33**	**100.12**	**101.37**
食品及非酒精饮料	Food and Non-alcoholic Beverages	32.59	74.27	77.06	83.33	97.22	102.58
烟酒	Alcoholic Beverages and Tobacco	1.06	92.93	96.26	96.99	98.67	108.60
服装、鞋	Clothing and Footwear	7.63	91.49	87.36	89.02	94.89	103.87
住房及燃料	Housing and Fuels	20.76	75.58	84.43	92.25	99.28	97.82
家居设备及用品	Household Goods and Furnishings	3.60	92.16	93.42	95.38	98.83	101.24
医疗	Health	2.91	82.62	84.22	86.86	98.09	101.68
交通	Transport	8.04	90.18	93.83	96.40	103.65	96.17
通讯	Communications	3.32	111.63	108.75	104.94	97.38	95.50
康乐及文化	Recreation and Culture	6.45	89.78	89.93	91.76	97.90	100.88
教育	Education	5.03	110.65	118.61	120.96	117.68	106.04
其他商品及服务	Miscellaneous Goods and Services	8.60	87.81	90.44	93.97	99.69	104.17

24-26 按开支五等分位及商品与服务分类统计的每户双周平均消费开支

Average Biweekly Household Expenditure by Quintile Expenditure Group and Section of Goods and Services

商品与服务分类	Goods and Services	总数 Total		最低五分位 The Lowest 20%		第二五分位 The Second 20%	
		澳门元 MOP	百分比 (%)	澳门元 MOP	百分比 (%)	澳门元 MOP	百分比 (%)
消费开支	**Total Expenditure**	**8827**	**100.0**	**2714**	**100.0**	**5431**	**100.0**
食品及非酒精饮料	Food and Non-alcoholic Beverages	2414	27.4r	842	31.0	1684	31.0
烟酒	Tobacco and Alcoholic Beverages	72	0.8	36	1.3	61	1.1
服装、鞋	Clothing and Footwear	445	5.0	54	2.0	167	3.1
住房及燃料	Housing and Fuels	1811	20.5	947	34.9	1452	26.7
家居设备及日用品	Housing Equipment and Routine Maintenance of the House	226	2.6	32	1.2	66	1.2
医疗	Health	205	2.3	64	2.4	111	2.0
运输	Transport	583	6.6	76	2.8	239	4.4
通讯	Communications	279	3.2	103	3.8	211	3.9
康乐及文化	Recreation and Culture	412	4.7	64	2.4	195	3.6
教育	Education	786	8.9	141	5.2	523	9.6
杂项商品及服务	Miscellaneous Goods and Services	711	8.1	98	3.6	276	5.1
外地消费	Consumption Expenses outside Macao	883	10.0	256	9.4	445	8.2
住户数目(户)	**Number of Households(household)**	**167187**	**100.0**	**33438**	**20.0**	**33438**	**20.0**

24-26 续表 continued

商品与服务分类	Goods and Services	第三五分位 The Third 20%		第四五分位 The Fourth 20%		最高五分位 The Highest 20%	
		澳门元 MOP	百分比 (%)	澳门元 MOP	百分比 (%)	澳门元 MOP	百分比 (%)
消费开支	**Total expenditure**	**7551**	**100.0**	**10235**	**100.0**	**18201**	**100.0**
食品及非酒精饮料	Food and Non-alcoholic Beverages	2300	30.5	2986	29.2	4259	23.4
烟酒	Tobacco and Alcoholic Beverages	70	0.9	90	0.9	103	0.6
服装、鞋	Clothing and Footwear	290	3.8	523	5.1	1193	6.6
住房及燃料	Housing and Fuels	1671	22.1	2005	19.6	2978	16.4
家居设备及日用品	Housing Equipment and Routine Maintenance of the House	142	1.9	267	2.6	621	3.4
医疗	Health	168	2.2	241	2.4	438	2.4
运输	Transport	364	4.8	625	6.1	1609	8.8
通讯	Communications	280	3.7	342	3.3	461	2.5
康乐及文化	Recreation and Culture	309	4.1	495	4.8	995	5.5
教育	Education	801	10.6	934	9.1	1531	8.4
杂项商品及服务	Miscellaneous Goods and Services	481	6.4	817	8.0	1885	10.4
外地消费	Consumption Expenses outside Macao	676	9.0	909	8.9	2129	11.7
住户数目(户)	**Number of Households (household)**	**33437**	**20.0**	**33437**	**20.0**	**33437**	**20.0**

注：从2007年9月至2008年9月进行的住户收支调查获取的结果。

Note: Results are obtained from the Household Budget Survey carried out from September 2007 to September 2008.

24-27　14岁及14岁以上人口受教育程度
Educational Attainment of Population Aged 14 and Over

项　目	Item	1996中期人口统计 By-census 1996		2001人口普查 Census 2001		2006中期人口统计 By-census 2006	
		人数(万人) (10 000 persons)	百分比 %	人数(万人) (10 000 persons)	百分比 %	人数(万人) (10 000 persons)	百分比 %
总计	**Total**	**31.31**	**100.0**	**34.97**	**100.0**	**43.36**	**100.0**
男	Male	14.68	46.9	16.45	47.0	20.97	48.4
女	Female	16.62	53.1	18.52	53.0	22.39	51.6
从未入学/学前教育	No Schooling/Pre-primary Education	2.63	8.4	2.10	6.0	2.06	4.7
男	Male	0.69	2.2	0.48	1.4	0.50	1.1
女	Female	1.94	6.2	1.62	4.6	1.56	3.6
小学	Primary Education	12.70	40.6	13.64	39.0	13.28	30.6
男	Male	6.08	19.4	6.63	19.0	6.59	15.2
女	Female	6.62	21.2	7.01	20.0	6.69	15.4
初中	Junior Secondary Education	8.93	28.5	9.45	27.0	12.07	27.8
男	Male	4.25	13.6	4.43	12.7	6.00	13.8
女	Female	4.68	14.9	5.02	14.3	6.07	14.0
高中	Senior Secondary Education	4.83	15.4	6.63	18.9	10.43	24.0
男	Male	2.47	7.9	3.32	9.5	5.16	11.9
女	Female	2.36	7.5	3.31	9.5	5.27	12.1
高等教育	Higher Education						
高等专科	Non-university Degree	0.25	0.8	0.75	2.1	0.64	1.5
男	Male	0.09	0.3	0.29	0.8	0.26	0.6
女	Female	0.16	0.5	0.46	1.3	0.38	0.9
大学	University	1.93	6.2	2.39	6.8	4.86	11.2
男	Male	1.09	3.5	1.29	3.7	2.44	5.6
女	Female	0.84	2.7	1.10	3.2	2.42	5.6
其他①	Others①	0.03	0.1	0.02	0.1	0.03	0.1
男	Male	0.02	o	0.01	o	0.02	o
女	Female	0.02	0.1	0.01	o	0.01	o

注：①在2001人口普查及2006中期人口统计时，有关资料指接受特殊教育的人口。
Note:① In Census 2001 and By-census 2006, data referred to population receiving special education.

24-28　按教育机构类型统计的学生人数①
Students by Type of Educational Institutions①

单位：人　　(student)

类　别	Type	2004/2005	2005/2006	2006/2007	2007/2008	2008/2009
幼儿、小学、中学及高等教育	**Pre-primary, Primary, Secondary and Higher Education**	**108407**	**107325**	**104577**	**99011r**	**97131**
幼儿	Pre-primary Education	11128	10216	9453	9149	9270
小学	Primary Education	37216	35187	32674	29995r③	27481
中学	Secondary Education	43851	43751	42776	39230r③	37830
职业技术中学	Vocational Technical Education	2245	2244	2212	1894r	1633
高等教育	Higher Education	13967	15927	17462	18743	20917
特殊教育	**Special Education**	**555**	**514**	**492**	**480**	**482**
幼儿	Pre-primary Education	25	29	22	23	23
小学	Primary Education	82	81	80	114	123
中学	Secondary Education	32	32	38	86	80
特殊班	Special Classes in Ordinary School	416	372	352	257	256
成人教育②	**Adult Education ②**	**89480**	**103553**	**119350**	**130410**	**129146**

注：①学生人数为学年终人数。
②成人教育为注册学生人数。
③由2007/2008学年起不包括回归教育学生。
Notes: ①Number of students as at the end of the school-year.
②Data refer to student enrolment.
③Exculding students of recurrent education starting 2007/2008 academic year.

24-29 医疗卫生条件
Health

项　目	Items	2005	2006	2007	2008	2009
医护人员(人)	**Medical Personnel in Health Care (person)**					
医生	Doctors	1105	1235	1323	1373	1415
牙科技术员	Odontologists	81	80	80	78	71
护士	Nurses	1134	1212	1335	1415	1491
诊断及治疗助理员	Diagnostic and Therapeutic Technical Assistants	315	365	430	449	450
卫生服务助理员	Health Service Assistants	655	681	784	857	995
按每千名人口计算的医生数①	Number of Doctors per 1000 population ①	2.1	2.2	2.3	2.3	2.4
医疗机构和病床	**Health Care Establishments and Beds**					
医院(所)	Hospitals (unit)	2	3	3	3	3
病床(张)②	Hospital Beds (unit) ②	984	980	1014	1030	1109
按每千名人口计算的病床数	Number of Beds per 1000 population	2.0	1.9	1.9	1.9	2.0

注：①不包括牙科医生。
②包括普通住院、特护及新生婴儿的病床。

Notes: ①Excluding dentists.
②Including hospital beds for general hospitalization, intensive care and newborns.

24-30 按住所租住权划分的家庭住户数目
Number of Households by Tenure of Accommodation

单位：户 (household)

项　目	Item	1998/1999	2002/2003	2007/2008
自置	Owner-occupier	87887	104382	121534
租客	Tenant	21248	17727	35910
二房东	Main Tenant	233	214	..
三房客	Sub-tenant	269	151	..
合租者	Co-tenant	6355	3315	..
由雇主提供	Provided by Employer	2721	1023	1853
免租	Rent-free	9140	7520	7890

24-31 社会保障基金发放次数及金额

Number of Payments and Amount of Subsidy Granted by Social Security Fund

形式	Type	2007		2008		2009	
		次数 Number of Payments	金额（万澳门元） Amount (10 000 MOP)	次数 Number of Payments	金额（万澳门元） Amount (10 000 MOP)	次数 Number of Payments	金额（万澳门元） Amount (10 000 MOP)
总计	**Total**	**237136**	**31753**	**407961**	**43616**	**454272**	**66815**
养老金	Old Age Pension	170091	22801	341169	36422	388647	55936
残疾津贴	Disability Pension	10838	1437	19589	2042	14293	2197
社会救济金	Social Security Pension	26730	2219	..	..	..	..
特别给付	Special Payment	16463	2218	31056	2609	28696	4509
失业津贴	Unemployment Benefit	5138	1076	7122	1538	12795	2712
疾病津贴	Sickness Allowance	2113	234	2422	265	2513	275
出生津贴	Birth Allowance	3115	311	3692	369	3943	394
结婚津贴	Marriage Allowance	1657	166	2194	219	2371	237
丧葬津贴	Funeral Subsidy	580	75	637	83	707	92
因肺尘埃沉着病的给付	Compensation for Pneumoconiosis	3	66	-	-	3	208
因工作关系所引起的债权	Credit Advances to Workers in Enterprises with Financial Problems	63	295	51	57	164	205
援助建造业失业人士	Aid Given to the Unemployed Construction Workers	..	..	..	..	..	..
援助失业人士－《就业辅助及培训规章》	Regulation of Incentives and Training for the Unemployed	345	123	29	11	140	50
《职业培训专款规章》－博彩操作从业员培训	Regulation of Specific Clause on Professional Training-Training Course for Casino Dealers		724	..	..	..	..
其他	Other		8r	..	..	..	..

主要统计指标解释

本地生产总值 反映每年在澳门特区生产的货物和提供各种服务的总量。本年鉴中的本地生产总值用支出法及生产法估算，支出法等于私人消费支出、政府最终消费支出、固定资本形成总额、库存变化和货物及服务出口净值（出口减进口）的总和。而生产法等于各经济行业的增加值总额的总和，这种方法可以评估澳门特区的产业结构。

婴儿死亡率 参考期内年龄在 1 岁或以下的死亡人数与出生活婴数目的千分比。

自然增长率 参考期内出生人数和死亡人数差额与平均人口之千分比。

出生率 参考期内出生活婴数目与平均人口之千分比。

死亡率 参考期内死亡人数与平均人口之千分比。

幼儿、小学、中学教育 指有系统的，且主要为儿童及青少年开办的，由幼儿教育至中学教育之课程；中学教育包括职业技术教育。

幼儿教育 为期 3 年，对象是年龄 3-5 岁的儿童。在报名当年的 12 月 31 日年满 3 岁的幼儿可报读幼儿教育第一年。

小学教育 为期 6 年，完成幼儿教育或在报名当年的 12 月 31 日年满 6 岁的儿童可报读小学教育第一年。就读小学的最高年龄为 15 岁。

中学教育 由两个阶段组成：初中教育及高中教育。大学预科亦被视为中学教育。

1）**初中教育** 为期 3 年，合格完成小学教育者可以入读。就读初中最大年龄为 18 岁，但在特别情况下，经教育机构决定，可以逾越此年限。

2）**高中教育** 为期 3 年，合格完成初中教育者可以入读。就读高中最大年龄为 21 岁，但在特别情况下，经教育机构决定，可以逾越此年限。

职业技术教育 以培训初级及中级程度的技术及专业人员为目的之课程。

高等教育 指透过理论、实践等在科学、文化及技术领域提供的培训教育；高等教育包括大学教育及高等专科教育。

特殊教育 指为有特殊需要的学生提供适合其身心发展的受教育机会，包括为资优学生和身心存在障碍的学生(如精神、感官、身体、沟通等方面有特殊教育需要人士)所开办的课程。

成人教育 指小学、中学或高等教育系统以外，为 15 岁或以上人士所开办的各种有组织、有系统的学习活动。

劳动人口 在参考期间，可参与生产商品或提供服务之 16 岁或以上人士的总合。包括就业人口及失业人口。

就业人口 在参考期间，为了报酬、利润或家庭收入而工作至少 1 小时的 16 岁或以上人士的总合。其中包括没有上班但与雇主保持正式工作联系的雇员，或因某些原因而暂时没有上班的公司东主/股东。

失业人口 在参考期间，没有工作或与雇主没有正式工作联系，但随时可接受有酬工作或自己做生意，并在过去 30 日曾寻找工作的 16 岁或以上人士。

就业不足人口 在参考期间，不论其职业身份，非自愿地工作少于 35 小时，并可随时接受更多的工作或正在寻找更多工作之就业人口。

劳动力参与率 劳动人口占 16 岁或以上的澳门人口的百分比。

失业率 失业人口占劳动人口的百分比。

就业不足率 就业不足人口占劳动人口的百分比。

访澳旅客 指任何非以澳门特区为常居地的人士，其连续在澳门的逗留时间少于 12 个月，旅客之旅游目的并非在澳门特区参与任何有偿活动。

酒店入住率 入住客房数量与可供应客房数量之百分比。

进口 将产自外地的货物输入澳门特区，但再进口和转运制度下输入者除外。

出口 将货物输出澳门特区，但暂时出口和转运制度下输出者除外。

本地产品出口 将原产地为澳门特区的任何货物输出澳门特区。

再出口 指原进口的货物未经加工输出澳门特区；或虽加工，但不能取得澳门特区产地资格。

转运 货物经过澳门特区而运到下一目的地。

原产地 农业产品种植之国家／地区、矿产开采之国家／地区、工业产品生产之国家／地区，被视为原产地国家／地区。若工业产品的制造工序于两个或以上的国家／地区进行，应以进行最后转变成型工序的国家／地区为原产地，再包装、分类及混合等工序不能构成最后转变成型工序；当产品入口国对相关货物产地来源有特定规定时，应遵从有关规定。

目的地 目的地是指货物实际最后到达的国家或地区(不论在运输途中有或没有中断)。如有中间国家或地区，只要不在中间国家或地区内进行商业交易，最后到达的国家或地区都可被视为目的地。

贸易价格比率指数 即货物出口单位价格指数与货物进口单位价格指数之比率。

单位 指永久性楼宇之一个或多个间格及其附属建筑物。每一个单位具有独立入口与楼宇内之公用地方相通，具有合法条件进行分层物业登记和作独立转让。

楼宇建筑面积 相等于所有楼层之面积总和。楼面面积的计算方法是从外墙起量度，同时亦包括大堂面积、楼梯、升降机所占面积以及所有公用地方面积。

居民消费价格指数 反映澳门特区住户于购买一篮子之指定商品或服务时，在不同时间该等商品或服务之价格变动。

狭义货币供应量 M_1 为流通货币及活期存款之和。

广义货币供应量 M_2 指狭义货币供应量 M_1 加上准货币负债。准货币负债指储蓄存款、通知存款、定期存款、其他存款和存款证明书。

财务活动 由财务资产及财务负债组成。

Explanatory Notes on Main Statistical Indicators

Gross Domestic Product (GDP) reflects the total value of goods produced and services provided by the Macao Special Administrative Region in a year. GDP estimates in this statistical yearbook are compiled under both the expenditure and the production approaches. The expenditure-based GDP is measured as the sum of household consumption expenditure; government final consumption expenditure; gross fixed capital formation; changes in inventories; and net exports (exports less imports) of goods and services. The production-based GDP, which is measured as the sum of gross value added of all economic activities, can be used to evaluate the sectoral structure of Macao.

Infant Mortality Rate Number of infants died under one year old per 1,000 live births within the reference period.

Rate of Natural Increase Difference between births and deaths per 1,000 population within the reference period.

Crude Birth Rate Live births per 1,000 population within the reference period.

Crude Mortality Rate Deaths per 1,000 population within the reference period.

Pre-primary, Primary and Secondary Education Refers to systematic education designed and intended for children and young people by which they may progress from pre-primary through secondary education; secondary education includes vocational-technical education.

Pre-primary Education Has a duration of 3 years and designated for children aged 3-5 years old. Children reaching 3 years old as at 31st December of the enrolment year are eligible to the first year of pre-primary education.

Primary Education Has a duration of 6 years. Children completing pre-primary education or reaching 6 years old as at 31st December of the enrolment year are eligible to the first year of primary education. The maximum age of attending primary education is 15.

Secondary Education Comprises 2 stages, viz. junior secondary and senior secondary. Pre-university course is also considered as secondary education.

(1)Junior secondary education has a duration of 3 years. Students completing primary education are eligible. The maximum age for this level is 18; however, under special circumstances, schools can accept enrolment outside this age limit.

(2)Senior secondary education has a duration of 3 years. Students completing junior secondary are eligible. The maximum age for this level is 21; however, under special circumstances, schools can accept enrolment outside this age limit.

Vocational Technical Education Aims to provide vocational and technical training to elementary and intermediate personnel.

Higher Education Refers to instruction by theory, practice and the like in science, culture and technology; it includes universities and institutions providing associate degree or diploma programmes.

Special Education Refers to education designed and intended for students who have special needs, such as gifted children and students with mental, sensory, corporal and communication problems, etc., to cope with their mental and physical development.

Adult Education Refers to organized and systematic learning activities outside primary, secondary or higher education, that are designed for individuals aged 15 and above.

Labour Force Individuals aged 16 or over who are available to participate in the production of goods and/or services during the reference period. It comprises the employed population and unemployed population.

Employed Population Individuals aged 16 or over who have worked at least 1 hour for pay, profits or family gains during the reference period. It also includes employees who are absent from work but maintain formal job attachment with the employer, or company owners who are not working temporarily due to specific reasons.

Unemployed Population Individuals aged 16 or over who, during the reference period, do not have a job or formal job attachment to an employer, but are available to work for pay or running own business at any time and have sought work during the last 30 days.

Underemployed Population Irrespective of status in employment, employed persons who work involuntarily for less than 35 hours during the reference period, and are available to take on additional work or looking for extra work.

Labour Force Participation Rate The percentage share of labour force to the population aged 16 or over.

Unemployment Rate The percentage share of the unemployed to the labour force.

Underemployment Rate The percentage share of the underemployed to the labour force.

Visitor Any person travelling to a place (i.e. Macao) other than that of his/her usual environment for less than 12 consecutive months and whose main purpose of travel is other than the exercise of an activity remunerated from within the place visited.

Hotel Occupancy Rate The percentage share of occupied rooms to the total number of available rooms.

Imports Entry of foreign produced commodities to Macao, excluding re-imports and transit.

Exports Commodities transported out of Macao, excluding temporary exports and transit goods.

Domestic Exports Transport of Macao produced commodities out of Macao.

Re-exports Transport of commodities previously imported out of Macao, without processing; even with processing, is not qualified to use Macao as the origin of the commodity.

Transit Commodities passing by Macao to the next destination.

Country of Origin Country or territory where the crops are grown, minerals are mined and products are manufactured. If a production process is carried out in two or more countries or territories, the origin will be the country or territory where the processing of the merchandise takes its final form. Repacking, sorting or mixing is not considered as the final phase of processing. When a country has specific rules regarding the country of origin on merchandise imports, those rules shall prevail.

Country of Destination The final country or territory where the goods are delivered, irrespective of interruption during transportation. As far as no commercial exchange has taken place in the transit country or territory, the final country or territory arrived is considered as the destination.

Terms of Trade Index Ratio of the unit value index of exports of goods to that of imports of goods.

Housing Unit Division(s) or attachment(s) of a permanent building. Each housing unit has an independent entrance to the common area of the building, and can be registered legally as separate property, as well as purchased and sold independently.

Gross Floor Area Sum of all floor area of a building, measuring from the outer surface of the wall, including lobby, staircase, lift landings and common space.

Consumer Price Index reflects the price change of a representative "basket" of goods and services consumed by households of Macao at different periods.

Money Supply (M_1) refers to the sum of currency in circulation and demand deposits.

Money Supply (M_2) refers to the sum of money supply (M_1) and quasi-monetary liabilities; the latter consist of savings deposits, notice deposits, time deposits, other deposits and certificates of deposit.

Financial Transactions comprise financial assets and financial liabilities.

附录一

APPENDIX I

台湾省主要社会经济指标

Main Social and Economic Indicators of Taiwan Province

附录1-1 主要统计指标概况
Summary of Key Statistics

指标		Item		2005	2006	2007	2008	2009
人口		**Population**						
户籍登记人口数①	(万人)	Year-end Population①	(10 000 persons)	2277	2288	2296	2304	2312
人口自然增长率	(‰)	Natural Growth Rate	(‰)	2.92	3.01	2.76	2.40	2.07
人口密度①	(人/平方公里)	Population Density①	(persons/sq.km)	629	632	634	637	639
性别比①	(女=100)	Sex Ratio①	(female=100)	103	103	102	102	101
劳动、就业		**Labour Force and Employment**						
劳动力人口	(万人)	Labour Force	(10 000 persons)	1037	1052	1071	1085	1092
劳动力参与率	(%)	Labour Force Participation Rate	(%)	57.8	58.0	58.0	58.3	57.9
男		Male		67.6	67.4	67.2	67.1	66.4
女		Female		48.1	48.7	49.4	49.7	49.6
工业就业人口比率	(%)	Employed Persons at Industry as Percentage of Total	(%)	35.8	36.0	36.8	36.8	35.9
服务业就业人口比率	(%)	Employed Persons at Services as Percentage of Total	(%)	58.3	58.5	57.9	58.0	58.9
失业率	(%)	Unemployment Rate	(%)	4.1	3.9	3.9	4.1	5.9
工业及服务业月人均薪资	(新台币元)	Average Monthly Per Capita Wage	(NT$)	43163	43493	44414	44424	42176
工业		Industry		41908	42507	43302	43233	40032
服务业		Services		44290	44359	45380	45450	43914
生活环境		**Habitation**						
月人均用电量	(千瓦小时)	Average Monthly Per Capita Consumption of Electricity	(kwh)	146	145	147	145	146
月人均用水量	(立方米)	Average Monthly Per Capita Consumption of Water	(cu.m)	10.7	11.1	11.1	11.0	10.7
公共安全		**Law and Order**						
刑案发生率	(件/10万人)	Reported Crimes	(Case/100 000 persons)	2442	2247	2146	1972	1673
犯罪人口率	(人/10万人)	Number of Offenders	(person/100 000 persons)	913	1004	1160	1179	1135
刑案破获率	(%)	Crimes Uncover	(%)	62.5	66.8	74.6	77.3	80.7
少年疑犯人数(12-17岁)	(人)	Young Offenders Between 12 and 17	(person)	9620	10384	10881	11283	10762
火灾发生次数	(次)	Fires	(case)	5139	4332	3392	2886	2621
死伤人数	(人)	Deaths and Injuries	(person)	671	596	518	405	413
机动车肇事率	(件/万辆)	Traffic Accidents of Motor Vehicles	(case/10 000 units)	80	80	80	81	85
道路交通事故伤亡人数		Casualties in Traffic Accidents						
死亡	(人)	Deaths	(person)	2894	3140	2573	2224	2092
受伤	(人)	Injuries	(person)	203087	211176	216927	220346	239260
医保参保人数	**(万人)**	**Number of People in Medical Insurance**	**(10 000 persons)**	**2231**	**2248**	**2263**	**2292**	**2303**
社保参保人数（万人）		**Number of People in Social Insurance(10 000 persons)**						
公教人员保险		Official and Teacher Insurance		59	59	59	59	60
劳工保险		Labour Insurance		854	868	880	880	903
农民保险		Farmer Insurance		165	162	160	157	154

附录1-1 续表 1 continued

指 标	Item	2005	2006	2007	2008	2009
工业	**Industry**					
受雇者劳动生产力指数(2006年＝100)	Productivity Index (2006=100)	96.3	100.0	106.8	105.7	106.3
工业生产指数 (2006年＝100)	Indices of Industrial Production (2006=100)	95.5	100.0	107.8	105.9	97.3
制造业	Manufacturing	95.7	100.0	108.3	106.7	98.2
房屋建筑工程业	Construction	91.7	100.0	99.5	90.3	73.1
工业生产价值 (新台币亿元)	Gross Industry Product (NT$ 100 million)	116861	127203	140456	139777	114496
商业及对外贸易	**Business and Foreign Trade**					
营利事业家数① (万家)	Number of Enterprises① (10 000 unit)	116.9	117.9	117.7	117.9	118.6
营利事业销售额 (新台币亿元)	Sales Revenue (NT$100 million)	342975	345719	360317	354099	301443
货物进出口额 (亿美元)	Total Value of Imports and Exports (USD100 million)					
出口	Exports	1984	2240	2467	2556	2037
进口	Imports	1826	2027	2193	2404	1744
出（入)超	Trade Surplus (Trade Deficit)	158	213	274	152	293
对日出（入)超	with Japan	-309	-300	-300	-290	-217
对美出（入)超	with United States	79	97	56	45	54
对港出（入)超	with Hong Kong	319	355	362	312	283
外销订单 (亿美元)	Order (USD100 million)	2564	2993	3458	3517	3224
运输通信	**Transportation and Communications**					
交通运输客运人数 (亿人)	Passenger Traffic (100 million persons)					
铁路	Railway	5.3	5.5	6.0	6.9	7.2
公路	Highway	10.1	10.1	10.2	10.5	10.4
航空 (万人)	Airway (10 000 persons)					
省内	Domestic	1929	1737	1271	985	923
省外	Non-domestic	2249	2377	2443	2320	2310
高速公路收费站通行车辆数（万辆次)	Vehicles for Motorway Transportation (10 000 unit-times)	57381	57471	56964	54355	53957
每百人机动车辆数① (辆)	Vehicles per 100 Persons① (unit)	87.2	88.8	90.2	91.6	92.4
港埠货物装卸量 (万计费吨)	Inward and Outward Movements Cargo (10 000 tons)	68793	70651	71026	66828	60575
旅游 (万人次)	**Tourism (10 000 person-times)**					
出省旅游人数	Outbound Tourists	821	867	896	847	814
来台湾旅客人数	Inbound Tourists	338	352	372	385	440
财政、金融	**Public Accounts and Finance**					
赋税实征净额② (新台币亿元)	Revenue② (NT$100 million)	15674	16008	17339	17604	15303
直接税 (%)	Direct Tax (%)	59.3	60.4	63.1	65.1	62.4
间接税 (%)	Indirect Tax (%)	40.7	39.6	36.9	34.9	37.6
外汇存底① (亿美元)	Foreign Exchange Reserve (USD100 million)①	2532.9	2661.5	2703.1	2917.1	3482.0
汇率	Exchange Rate (NT$ to one unit of foreign currency)					
1美元③ (新台币)	US Dollar③	32.88	32.65	32.49	32.91	32.08
1日元③ (新台币)	Japanese Yen③	0.2815	0.2760	0.2916	0.3656	0.3491
货币总计数$M_2$① (新台币亿元)	Money Supply M_2 ① (NT$100 million)	245080	257988	260394	278632	294629
年增率 (%)	Average Annual Growth Rate (%)	6.6	5.3	0.9	7.0	5.7
存款① (新台币亿元)	Deposits① (NT$100 million)	247095	259420	262088	279779	295559
放款与投资① (新台币亿元)	Loans and Investment① (NT$100 million)	193602	201539	206269	213315	214906

附录1-1 续表 2 continued

指 标	Item	2005	2006	2007	2008	2009
再贴现率① (年息百分比率)	Rediscount Rate① (% annual)	2.250	2.750	3.375	2.000	1.250
股价指数 (1966年＝100)	Stock Price Index (1966=100)	6092	6842	8510	7024	6460
国际收支余额 (亿美元)	Balance of Payments (USD 100 million)	200.6	60.9	-40.2	262.7	541.3
经常帐	Current Account	175.8	263.0	329.8	252.1	420.6
资本帐	Capital Account	-1.2	-1.2	-1.0	-3.3	-1.0
金融帐	Financial Account	23.0	-196.0	-386.6	-18.7	135.9
价格指数年增长率（2006年=100）(%)	**Price Indices Annual Growth Rate(2006=100)(%)**					
批发	Wholesale Trade Price	0.6	5.6	6.5	5.2	-8.7
消费者	Consumer Price	2.3	0.6	1.8	3.5	-0.9
进口	Imports Price	2.4	8.8	9.0	8.8	-9.6
出口	Exports Price	-2.5	2.5	3.6	-2.1	-6.6
经济核算 （新台币亿元）	**National Accounts (NT$100 million)**					
本地居民生产总值	Gross National Product(GNP)	120311	125552	132433	130131	129304
本地生产总值	Gross Domestic Product(GDP)	117403	122435	129105	126985	125127
最终消费	Final Consumption Expenditure	85540	87176	90276	91907	92198
固定资本形成总额	Gross Fixed Capital Formation	26355	27307	28414	26857	23416
商品及服务出口	Exports of Goods and Services	73417	83257	93041	92265	78266
减：商品及服务进口	Less: Imports of Goods and Services	68233	75768	82769	85978	67111
GDP增长率 (%)	GDP Growth Rate (%)	4.7	5.4	6.0	0.7	-1.9
农业	Agriculture	-4.2	13.8	-2.4	0.6	-3.1
工业	Industry	6.9	7.8	9.0	-0.2	-4.7
服务业	Services	3.9	4.2	4.4	0.9	-0.3
产业结构 (%)	Industry Structure (%)					
农业	Agriculture	1.7	1.6	1.5	1.6	1.6
工业	Industry	31.3	31.3	31.4	29.3	29.8
服务业	Services	67.1	67.1	67.1	69.2	68.7
人均本地居民生产总值(新台币元)	Per Capita GNP at Current Market Prices (NT$)	529313	550099	577869	565846	560384
人均本地居民生产总值 (美元)	Per Capita GNP at Current Market Prices (USD)	16449	16911	17596	17941	16969
居民储蓄总值 (新台币亿元)	Gross Deposits (NT$100 million)	33400	37095	40907	37285	36356
储蓄率 (%)	Deposit Rate (%)	27.76	29.55	30.89	28.65	28.12

注：①为年底数。②为年度资料。③卖出汇率，且为年底数。

Notes: ①Year-end data. ②Annual data. ③Selling rate, year-end data.

附录1-2　面积和人口主要指标

Main Indicators of Area and Population

资源来源：台湾省《统计月报》（以下各表同）。
Source: Monthly Statistics Bulletin, Taiwan Province. The same applies in the following tables.

项　　目	Item	2005	2006	2007	2008	2009
土地面积（万平方公里）	Area (10 000 sq.km)	3.6	3.6	3.6	3.6	3.6
户籍登记人口数（万人）	Year-end Population (10 000 persons)	2277.0	2287.7	2295.8	2303.7	2312.0
男	Male	1156.2	1159.2	1160.9	1162.6	1163.7
女	Female	1120.8	1128.5	1135.0	1141.1	1148.3
粗出生率 (‰)	Crude Birth Rate (‰)	9.06	8.96	8.92	8.64	8.29
粗死亡率 (‰)	Crude Death Rate (‰)	6.1	6.0	6.2	6.3	6.2
人口自然增长率 (‰)	Natural Population Growth Rate (‰)	2.92	3.01	2.76	2.40	2.07
一般生育率 (‰)	Fertility Rate (‰)	33	33	32	31	31
结婚率 (对/千人)	Marriage Rate (couple/1000 persons)	6.21	6.25	5.89	6.73	5.07
离婚率 (对/千人)	Divorce Rate (couple/1000 persons)	2.75	2.83	2.55	2.43	2.48
期望寿命 (岁)	Life Expectancy at Birth (year old)					
男	Male	74.50	74.86	74.46	75.49	75.92
女	Female	80.80	80.41	81.72	82.01	82.64
人口的年龄分布 (%)	Age-specific Distribution (%)					
0-14岁	0-14	18.70	18.12	17.56	16.95	16.34
15-64岁	15-64	71.56	71.88	72.24	72.62	73.03
65岁及以上	65 and Over	9.74	10.00	10.21	10.43	10.63
性别比 (女=100)	Sex Ratio (female=100)	103.16	102.72	102.28	101.89	101.34
人口密度(人/平方公里)	Population Density (persons/sq.km)	629.2	632.2	634.4	636.6	638.8

附录1-3　劳动力和就业状况

Labour Force and Employment

项　　目	Item	2005	2006	2007	2008	2009
劳动力总计 (万人)	Labour Force (10 000 persons)	1037.1	1052.2	1071.3	1085.3	1091.7
男	Male	601.2	605.6	611.6	617.3	618.0
女	Female	435.9	446.7	459.7	468.0	473.7
就业人数 (万人)	Employment (10 000 persons)	994.2	1011.1	1029.4	1040.3	1027.9
男	Male	575.3	581.0	586.8	590.2	577.6
女	Female	419.0	430.1	442.6	450.1	450.2
就业者行业构成 (%)	Distribution of Employment by Industry(%)	100.0	100.0	100.0	100.0	100.0
农、林、渔、牧业	Agriculture, Forestry, Fishery and Animal Husbandry	5.9	5.5	5.3	5.1	5.3
工业	Industry	36.4	36.6	36.8	36.8	35.8
矿业及土石采取业	Mining and Quarrying	0.1	0.1	0.1	0.1	0.05
制造业	Manufacturing	27.5	27.5	27.6	27.7	27.1
电力及燃气供应业	Electricity, Gas	0.3	0.3	0.3	0.3	0.3
用水供应及污染整治业	Water Supply and Pollution Management	0.6	0.6	0.6	0.7	0.7
建筑业	Construction	8.0	8.2	8.2	8.1	7.7
服务业	Services	57.7	57.9	57.9	58.0	58.9
批发及零售业	Wholesale and Retail Trades	17.4	17.4	17.3	17.0	16.9
运输及仓储业	Transport, Storage, Communications	4.1	4.1	4.0	4.0	3.9
金融及保险业	Finance, Insurance	4.1	4.0	3.9	4.0	4.0
咨讯及通讯传播	Information and Communication	2.0	2.1	2.0	2.0	2.0
住宿及餐饮业	Hotels and Restaurants	6.4	6.6	6.6	6.6	6.7
教育服务业	Education	5.6	5.6	5.7	5.8	6.0
公共行政	Public Administration	3.4	3.3	3.2	3.3	3.7
失业人数 (万人)	Unemployment (10 000 persons)	42.8	41.1	41.9	45.0	63.9
失业率 (%)	Unemployment Rate (%)	4.1	3.9	3.9	4.1	5.9

附录1-4 本地居民生产总值
Gross National Product

年 份 Year	本地居民生产总值 Gross National Product			人均本地居民生产总值 Per Capita Gross National Product	
	新台币亿元 NT $100 million	实际年增长率 % Annual Growth Rate over the Preceding Year %	亿 美 元① USD 100 million①	新 台 币 元 NT $	美 元① USD①
2002	106541	5.7	3081	474294	13716
2003	110251	4.5	3203	488645	14197
2004	117374	6.4	3511	518280	15503
2005	120311	3.8	3739	529313	16449
2006	125552	5.5	3860	550099	16911
2007	132433	6.0	4033	577869	17596
2008	130131	0.5	4126	565846	17941
2009	129304	-1.1	3916	560384	16969

注：①按当年汇率折算。
Note: ①Adjusted by current exchange rate.

附录1-5 本地生产总值支出构成
Expenditure on Gross Domestic Product

单位：% (%)

年 份 Year	本地生产总值（新台币亿元） Gross Domestic Product (NT$ 100 million)	居民消费 Household Consumption Expenditure	政府消费 Government Consumption Expenditure	固定资本形成总额 Gross Fixed Capital Formation	存货增加 Changes in Inventories	货物及服务出口 Exports of Goods and Services	减：货物及服务进口 Less: Imports of Goods and Services
2002	104116	59.9	13.6	19.8	-0.4	52.2	45.0
2003	106963	59.8	13.2	19.8	0.1	55.5	48.5
2004	113653	59.9	12.7	22.8	0.9	61.4	57.7
2005	117403	60.4	12.5	22.5	0.3	62.5	58.1
2006	122435	59.2	12.0	22.3	0.4	68.0	61.9
2007	129105	58.1	11.8	22.0	0.1	72.1	64.1
2008	126985	60.1	12.3	21.2	1.5	72.7	67.7
2009	125127	60.8	12.9	18.7	-1.3	62.6	53.6

附录1-6 本地生产总值部门构成
Gross Domestic Product by Kind of Economic Activity

单位：% (%)

年 份 Year	本地生产总值（新台币亿元） Gross Domestic Product (NT$ 100 million)	农 业 Agriculture Forestry, Animal Husbandry and Fishery	工 业 Industry			
				制造业 Manufacturing	水电燃气及污染治理业 Water/Electricity/Gas /Pollution Treatment	建 筑 业 Construction
2002	104116	1.82	30.38	25.02	2.34	2.52
2003	106963	1.71	31.20	26.13	2.31	2.36
2004	113653	1.68	31.75	26.81	1.99	2.53
2005	117403	1.67	31.26	26.53	1.93	2.42
2006	122435	1.61	31.33	26.46	1.84	2.72
2007	129105	1.49	31.38	26.52	1.62	2.78
2008	126985	1.60	29.25	24.98	1.03	2.87
2009	125127	1.55	29.79	24.67	2.11	2.55

附录1-6 续表 continued

单位：% (%)

年 份 Year	服务业 Services	批发及零售业 Wholesale and Retail Trades	金融及保险业 Finance& Insurance	不动产业 Real Estate	咨讯及通讯传播业 Information& Communication
2002	67.80	16.81	8.02	8.25	3.80
2003	67.08	16.65	7.53	8.33	3.76
2004	66.57	17.08	7.56	8.15	3.59
2005	67.08	17.63	7.66	8.16	3.49
2006	67.06	17.88	7.28	8.54	3.39
2007	67.12	18.22	7.26	8.53	3.44
2008	69.16	18.80	7.24	8.77	3.62
2009	68.66	18.49	6.35	9.09	3.68

附录1-7 农业生产指数
Indices of Agricultural Production

(2006年=100) (2006=100)

年 份 Year	总指数 Total	种植业 Crops	林 业 Forestry	畜牧业 Livestock	渔 业 Fishery
1950	20.6	54.3	413.6	4.9	6.7
1961	37.2	80.8	930.8	12.5	21.9
1971	59.1	109.2	1210.6	25.1	48.7
1981	83.4	117.0	667.1	51.5	81.5
1991	106.2	113.4	211.7	96.8	110.7
1999	104.5	113.4	115.9	98.7	99.3
2000	106.8	108.1	114.4	104.3	108.6
2001	105.5	103.4	94.7	104.6	110.4
2002	109.8	109.1	105.6	102.7	119.4
2003	109.9	106.2	115.0	100.6	127.8
2004	105.3	101.0	114.8	100.5	118.7
2005	99.3	91.4	89.8	97.6	116.3
2006	100.0	100.0	100.0	100.0	100.0
2007	97.5	93.5	68.5	97.6	105.1
2008	92.5	93.0	63.4	92.7	91.4

附录1-8 主要农产品产量
Output of Major Crops

单位：万吨 (10 000 tons)

年份 Year	稻米 Rice	槟榔 Pinang	菠萝 Pineapple	芒果 Mango	甘蔗 Sugarcane	茶叶 Tea	花生 Peanuts	香蕉 Banana
1946	89.4		1.8	0.2	100.7	0.2	3.7	5.3
1961	201.6	0.4	17.4	0.4	792.2	1.8	10.5	13.0
1971	231.4	1.0	35.9	4.3	788.1	2.7	9.8	47.1
1981	237.5	2.4	18.1	15.2	842.2	2.5	8.2	18.5
1991	181.9	11.1	24.1	14.5	453.6	2.1	8.4	19.7
1999	155.9	17.0	34.8	20.7	325.6	2.1	6.7	21.3
2000	154.0	16.7	35.8	21.1	289.4	2.0	7.9	19.8
2001	172.4	16.5	38.9	21.3	218.0	2.0	5.6	20.5
2002	180.3	16.2	41.6	21.3	197.3	2.0	7.7	22.7
2003	164.8	16.0	44.8	22.1	169.6	2.1	7.3	22.3
2004	143.4	14.3	45.8	18.2	112.9	2.0	6.8	19.0
2005	146.7	13.8	44.0	15.0	87.5	1.9	5.4	14.9
2006	155.8	14.2	49.2	19.1	65.1	1.9	7.2	21.4
2007	136.3	13.4	47.7	21.5	72.1	1.8	5.2	24.2
2008	145.7	14.4	45.2	17.7	70.7	1.7	5.5	20.7

附录1-9 工业生产指数
Indices of Industrial Production

(2006年=100) (2006=100)

年 份 Year	总指数 General	矿业 Mining	制造业 Manufacturing	电力和燃气业 Electricity& Gas	供水业 Water	建筑业 Construction
2002	77.20	130.13	76.62	86.99	94.94	72.10
2003	84.22	120.88	83.94	90.71	97.00	78.60
2004	92.05	116.20	92.31	93.74	96.72	82.36
2005	95.51	105.28	95.69	97.72	97.25	91.73
2006	100.00	100.00	100.00	100.00	100.00	100.00
2007	107.77	82.96	108.34	102.97	100.29	99.52
2008	105.85	79.07	106.65	101.11	98.50	90.30
2009	97.30	72.43	98.15	97.83	96.26	73.07

附录1-10 主要工业产品产量
Output of Major Industrial Products

年 份 Year	冷冻肉类及调理食品(万吨) Frozen Meat and Seasoned Food (10 000 tons)	碳酸饮料 (万升) Sodas (10 000 litre)	饲料 (万吨) Feed (10 000 tons)	各种成衣 (万打) Wearing Apparel (10 000 dozens)	纸板 (万吨) Cardboard (10 000 tons)	合成纤维 (万吨) Synthetic Fibre (10 000 tons)	玻璃纤维 (万吨) Glass Fibre (10 000 tons)
2002	38.7	42945.5	533.6	1719.0	323.5	323.2	22.5
2003	37.9	43608.8	531.2	1491.6	340.4	313.7	24.2
2004	37.6	38326.4	518.8	1395.9	355.5	310.5	25.2
2005	43.1	38379.6	521.8	1135.9	337.8	266.7	25.0
2006	43.9	34478.9	518.3	1039.9	335.1	246.4	25.9
2007	45.4	33652.0	510.9	920.6	340.6	238.8	27.0
2008	43.8	31211.5	516.5	744.5	291.0	193.7	25.9
2009	46.8	34126.9	523.0	606.0	277.5	200.1	19.5

附录1-10 续表 1 continued

年 份 Year	陶瓷瓷砖 (万平方米) Tile (10 000 sq.m)	水泥 (万吨) Cement (10 000 tons)	钢坯 (万吨) Billet (10 000 tons)	便携式电脑 (万台) Portable Computer (10 000 units)	显示器 (万台) Display (10 000 units)	主机板 (万片) Main Board (10 000 units)
2002	3959.8	1936.3	1769.8	1434.6	515.4	4914.5
2003	4610.8	1847.4	1830.4	1034.4	430.7	4671.5
2004	5229.9	1905.0	1865.6	662.8	387.7	3098.6
2005	5308.5	1989.1	1773.8	441.6	280.3	2636.8
2006	5288.9	1929.4	1942.3	305.1	187.5	2208.4
2007	4905.6	1895.7	1983.9	126.2	165.7	1943.1
2008	3938.0	1733.0	1922.2	76.1	115.1	2339.8
2009	3119.2	1591.8	1556.6	37.9	112.6	2446.7

附录1-10 续表 2 continued

年 份 Year	手机 (万部) Mobile Phone (10 000 units)	印刷电路板 (万平方英尺) Printing Circuit Board (10000 sq.feet)	电子电容器 (亿只) Electron Capacitor (100 million units)	汽车 (万辆) Car (10 000 units)	数控机床 (台) NC Machine Tools (unit)	发电量 (亿千瓦小时) Electric Power (100 million kwh)
2002	2188.7	48016.0	1499.6	33.0	4475	1871.1
2003	3209.7	56218.3	1988.1	39.2	5958	1970.4
2004	3276.0	55939.2	2642.1	42.9	8692	2057.0
2005	3608.8	64184.4	2375.7	44.5	10054	2142.7
2006	2811.0	68548.8	2182.9	30.6	10708	2217.7
2007	2266.9	69296.2	2429.4	28.5	12404	2288.1
2008	2569.3	71634.9	2525.2	18.2	12699	2252.6
2009	1598.3	73759.4	1663.7	22.9	3628	2169.2

附录1-11 能源生产和消费
Production and Consumption of Energy

项目	Item	2004	2005	2006	2007	2008	2009
能源总供给	**Total Supply**						
（亿升标准油）	**(100 000 kl oil equivalent)**	**1348.4**	**1359.7**	**1388.5**	**1461.2**	**1412.5**	**1380.6**
供给量比重 (%)	Distribution of Supply (%)	100.0	100.0	100.0	100.0	100.0	100.0
煤炭	Coal	32.5	32.0	32.5	32.4	32.7	30.4
石油	Petroleum	51.5	51.9	51.2	51.5	49.9	51.8
天然气	Natural Gas	7.3	7.3	7.6	7.7	8.6	8.6
水力发电	Hydraulic Power	0.2	0.3	0.3	0.3	0.3	0.3
核能发电	Nuclear Energy Source	8.5	8.5	8.3	8.0	8.4	8.7
本地能源消费	**Total Consumption**	**1087.7**	**1111.4**	**1137.4**	**1192.0**	**1157.0**	**1130.9**
（亿升标准油）	**(100 000 kl oil equivalent)**						
分部门消费比重 (%)	Distribution of Consumption (%)	100.0	100.0	100.0	100.0	100.0	100.0
能源	Energy	8.1	8.4	8.3	7.7	7.3	7.2
运输	Transportation	14.5	14.6	14.3	13.3	12.8	13.2
工业	Industry	49.9	49.0	49.7	52.4	52.9	52.5
农业	Agriculture	1.6	1.4	1.1	0.9	1.0	0.9
住宅	Residence	11.4	11.8	11.6	11.1	11.4	11.6
服务业	Service	11.3	11.7	11.8	11.2	11.6	11.5
非能源消费①	Non-energy Use①	3.2	3.2	3.2	3.4	2.9	3.1
平均每人能源消费量	**Per Capita Energy Consumption**						
（千升标准油）	**(kl oil equivalent)**	**4.8**	**4.9**	**5.0**	**5.2**	**5.0**	**4.9**

注：①非能源消费仅含润滑油、柏油、溶剂油。
Note: ①Non-energy use merely refers to the application of lubricating oil, asphalt and solvent oil.

附录1-12 按用途分批准动工的建筑物面积
Floor Space of Authorized Construction Projects by Purpose

单位：万平方米 (10 000 sq.m)

年份 Year	总计 Total	住宅 Residential	商店 Stores	工厂 Factories	办公用 Office	学校 School
2000	3502	1037	621	688	304	263
2001	3117	819	438	611	243	236
2002	2439	792	320	331	177	263
2003	2650	1001	436	287	266	206
2004	2787	1176	453	256	144	205
2005	3103	1333	566	344	132	171
年份 Year	**总计 Total**	**商业类 Business**	**工业、仓储类 Industrial & Stores**	**休闲、文教类 Recreation & Culture and Education**	**办公、服务类 Office & Service**	**住宅 Residential**
2006	3620	297	566	196	231	2080
2007	3602	92	616	200	277	2158
2008	3272	102	536	206	355	1841
2009	2654	119	482	223	258	1352

注：从2006年起，统计项目改为公共集合类、商业类、工业及仓储类、休闲和文教类、宗教和殡葬类、卫生和福利类、办公和服务业、住宿类、危险物品类及其他，与以前数据不可比。
Note:Since 2006,statistical item are classified as follows:public aggregate,business, industrial and stores,recreation, culture and education, religion and funeral,health and welfare,office and service, residential, danger goods and other, and the data are not comparable with previous years.

附录1-13 铁路和公路客货运量
Railway and Highway Passenger and Freight Traffic

年 份 Year	铁 路 Railway				公 路 Highway			
	客运量 (万人) Passenger Traffic (10 000 persons)	客运周转量 (万人公里) Passenger Kilometres (10 000 p-km)	货运量 (万吨) Freight Traffic (10 000 tons)	货物周转量 (万吨公里) Freight Ton-kilometres (10 000 ton-km)	客运量 (万人) Passenger Traffic (10 000 persons)	客运周转量 (万人公里) Passenger Kilometres (10 000 p-km)	货运量 (万吨) Freight Traffic (10 000 tons)	货物周转量 (万吨公里) Freight Ton-kilometres (10 000 ton-km)
2002	50000	1214700	1820	94100	105700	1577000	49900	2834100
2003	47800	1117800	1670	86400	99200	1474400	51300	2873500
2004	52000	1205100	1700	90900	101900	1577800	54900	3102900
2005	53100	1225500	1930	98200	101300	1610000	56200	3121000
2006	55400	1235200	1910	99700	101400	1638600	59400	3121800
2007	60300	1576900	1740	89000	102100	1597900	61800	3054700
2008	69000	1906600	1660	93300	105400	1578300	60400	3016000
2009	71900	1927700	1410	77600	103900	1588200	59700	2907100

附录1-14 邮政及电信营运量
Post&Telecommunication Services

项 目	Item	2005	2006	2007	2008	2009
邮政	**Post**					
函件 (亿件)	Letters (100 million pieces)					
收寄	Received	28.1	26.6	26.7	26.5	26.3
投递	Mailing	32.6	31.9	31.1	31.9	29.4
包裹 (万件)	Parcels (10 000 pieces)					
收寄	Received	1576.7	1789.7	1995.9	2426.9	2535.1
投递	Mailing	1672.0	1890.1	2156.1	2622.9	2698.0
电信	**Telecommunications**					
市内电话用户数 (万户)	Number of Local (Urban) Telephone Subscribers (10 000 subscribers)	1361.5	1347.3	1330.2	1308.2	1282.1
公共电话话机数 (万部)	Number of Public Telephones (10 000 subscribers)	11.9	11.1	10.0	9.6	9.1
移动电话用户数 (万户)	Number of Mobile Telephones Subscribers (10 000 subscribers)	2217.1	2324.9	2428.7	2541.3	2695.9
无线寻呼机用户数 (万户)	Number of Subscribers of Paging Services (10 000 subscribers)	109.5	107.0	105.0	113.7	112.1
数字式低功率无线电话用户数 (万户)	Digital Low-power Wireless Telephones Subscribers (10 000 subscribers)	97.8	137.1	148.0	145.9	137.4
综合业务数字网用户数 (万户)	Number of Subscribers of ISDN (10 000 subscribers)	5.8	6.3	6.2	7.0	8.9
国际互联网用户数 (万户)	Number of Subscribers of Internet Services (10 000 subscribers)	727.1	703.7	597.4	602.7	566.8
国际电话去话分钟数 (万分钟)	International Outgoing Call (10 000 minutes)	346829	384102	387945	399388	419273

附录1-15 货物进出口额
Total Imports and Exports

年 份 Year	按新台币计算（亿元）(NT $ 100 million)			按美元计算（亿美元）(USD 100 million)		
	进出口总额 Total	出口 Exports	进口 Imports	进出口总额 Total	出口 Exports	进口 Imports
2002	85888	46704	39184	2485	1353	1132
2003	95830	51730	44100	2786	1506	1280
2004	117539	60972	56567	3512	1824	1688
2005	122517	63745	58772	3810	1984	1826
2006	138836	72793	66043	4267	2240	2027
2007	152997	80879	72118	4660	2467	2193
2008	155615	80104	75511	4961	2556	2404
2009	124661	67089	57572	3780	2037	1744

附录1-16 货物进口来源和出口去向
Origin of Imports and Destination of Exports

单位：亿美元　　(USD 100 million)

项 目	Item	2005	2006	2007	2008	2009
进口来源	**Imports (Major Origin)**					
中国香港	Hong Kong, China	21.1	18.8	18.3	14.9	11.2
日 本	Japan	460.5	462.8	459.4	465.1	362.2
韩 国	Korea, Rep.	132.4	150.0	151.6	131.7	105.1
新加坡	Singapore	49.6	51.1	47.9	48.3	48.1
马来西亚	Malaysia	52.2	60.5	61.9	67.6	45.5
泰 国	Thailand	28.9	33.2	36.1	32.5	26.8
法 国	France	25.4	22.2	23.8	22.9	17.8
德 国	Germany	61.8	61.4	70.7	74.7	56.7
意大利	Italy	14.5	15.5	14.8	16.4	18.3
英 国	United Kingdom	17.1	17.8	19.2	19.2	12.3
加拿大	Canada	13.2	13.7	17.0	17.9	11.5
美 国	United States	211.7	226.6	265.1	263.3	181.5
澳大利亚	Australia	47.3	53.5	61.2	82.7	59.7
印度尼西亚	Indonesia	45.4	52.0	57.8	72.9	51.8
菲律宾	Philippines	28.0	27.8	22.8	22.4	16.1
越 南	Vietnam	7.0	8.5	10.4	12.1	9.2
沙特阿拉伯	Saudi Arabia	74.4	97.6	104.1	151.7	86.6
荷 兰	Netherlands	20.7	23.4	27.8	23.5	18.6
出口去向	**Exports (Major Destination)**					
中国香港	Hong Kong, China	340.4	373.8	379.8	326.9	294.5
日 本	Japan	151.1	163.0	159.3	175.6	145.0
韩 国	Korea, Rep.	58.8	71.5	77.9	87.1	73.0
新加坡	Singapore	80.4	92.8	105.0	116.8	86.1
马来西亚	Malaysia	42.8	49.4	53.9	55.1	40.6
泰 国	Thailand	38.2	45.8	52.0	49.1	38.3
法 国	France	14.5	15.7	17.1	17.3	13.7
德 国	Germany	44.6	50.1	51.8	57.3	47.0
意大利	Italy	18.0	22.0	24.1	24.5	17.9
英 国	United Kingdom	32.6	35.1	36.2	36.3	29.8
加拿大	Canada	16.9	17.7	18.5	18.5	14.6
美 国	United States	291.1	323.6	320.8	307.9	235.5
澳大利亚	Australia	23.9	27.2	32.3	34.9	23.5
印度尼西亚	Indonesia	23.6	25.0	29.1	35.7	32.3
菲律宾	Philippines	43.3	44.8	49.2	47.8	44.3
越 南	Vietnam	41.0	48.7	68.6	79.5	59.9
沙特阿拉伯	Saudi Arabia	5.0	5.3	7.3	9.9	6.7
荷 兰	Netherlands	44.0	44.1	44.1	45.7	42.3

附录1-17 出口与进口货物分类
Composition of Exports and Imports

单位：亿美元 (USD 100 million)

年份 Year	出口 Exports				进口 Imports			
	出口额 Total	农产品 Agricultural Products	农产加工品 Processed Agricultural Products	工业产品 Industrial Products	进口额 Total	资本设备 Capital Goods	原材料 Agricultural & Industrial Raw Materials	消费品 Consumer Goods
2002	1353.2	3.6	17.0	1332.5	1132.5	261.2	759.4	111.8
2003	1506.0	3.9	17.7	1484.4	1280.1	262.6	897.1	120.4
2004	1823.7	3.9	20.8	1798.9	1687.6	361.8	1187.4	138.3
2005	1984.3	3.8	21.1	1959.4	1826.1	347.0	1321.7	157.5
2006	2240.2	3.5	18.5	2218.2	2027.0	345.2	1527.9	153.9
2007	2466.8	4.1	18.7	2444.0	2192.5	355.7	1677.6	159.3
2008	2556.3	5.4	21.7	2529.2	2404.5	326.9	1908.5	169.1
2009	2036.7	5.0	18.5	2013.3	1743.7	257.2	1325.0	161.5

附录1-18 来台旅游人数
Inbound Tourists

单位：万人次 (10 000 person-times)

项目	Item	2003	2004	2005	2006	2007	2008	2009
总计	**Total**	**224.8**	**295.0**	**337.8**	**352.0**	**371.6**	**384.5**	**439.5**
华侨	Overseas Chinese	43.6	52.2	58.0	66.4	72.7	88.3	162.5
外国人	Foreign Tourists	181.2	242.8	279.8	285.6	298.9	296.3	277.0

附录1-19 居民消费价格分类指数
Consumer Price Indices

(2006年=100) (2006=100)

年份 Year	总指数 General Index	食品 Food	服装 Clothing	居住 Housing	交通 Transportation	医药保健 Medicines and Medical Care	教育娱乐 Education and Entertainment	杂项 Miscellaneous
2002	95.9	90.1	98.1	100.0	94.5	88.4	101.3	95.9
2003	95.6	90.0	99.4	98.9	95.1	91.3	100.0	95.5
2004	97.2	93.8	102.5	98.8	97.1	93.1	100.1	96.1
2005	99.4	100.6	102.5	99.2	98.4	96.8	99.8	95.8
2006	100.0	100.0	100.0	100.0	100.0	100.0	100.0	100.0
2007	101.8	102.9	103.0	100.9	101.7	103.9	100.6	101.9
2008	105.4	111.7	104.9	102.4	104.1	106.2	101.9	103.5
2009	104.5	111.2	104.8	102.1	99.9	106.8	100.1	106.5

附录1-20　各级政府财政收入净额
Net Revenue of Treasury

单位：新台币亿元　(NT $ 100 million)

项　目	Item	2004	2005	2006	2007	2008
总　计	**Total**	**19274**	**22180**	**21770**	**22448**	**22316**
税收收入	Tax	13534	15313	15567	16859	17106
营业盈余及事业收入	Revenue from Enterprises and Institutions	2900	3757	3259	2918	2649
其他收入	Other Revenue	2840	3111	2944	2671	2561
财产孳息收入	Revenue from Profit of Public Properties	118	128	144	151	143
规费收入	Fees	853	888	911	966	943
罚款及赔偿收入	Revenue from Fines & Indemnities	423	433	425	446	467
捐献及赠与收入	Receipts from Donations and Contributions	53	57	69	78	89
资本收回及售价收入	Return of Properties and Sales of Public Properties	821	1100	830	557	504
杂项收入	Miscellaneous Revenues	571	505	564	472	416

附录1-21　各级政府财政支出净额
Net Expenditures of Treasury

单位：新台币亿元　(NT $ 100 million)

项　目	Item	2004	2005	2006	2007	2008
总　计	**Total**	**22450**	**22920**	**22142**	**22902**	**23417**
一般政务支出	General Administration	3348	3419	3452	3440	3504
国防支出	National Defence	2530	2475	2347	2559	2622
教育科学文化支出	Expenditures on Education, Science and Culture	4695	4732	4848	4926	4948
经济发展支出	Economic Development	4129	4305	3419	3833	4317
社会福利支出	Social Welfare	3476	3578	3703	3722	3678
社区发展及环境保护支出	Community Development and Environmental Protection	950	1007	888	873	820
退休抚恤支出	Retirement Pension and Bereavement Payments	1797	1915	1970	2007	2022
债务支出	Obligations	1393	1326	1383	1394	1347
杂项支出	Miscellaneous	133	163	131	149	159

附录1-22 政 府 公 债
Government Bonds

单位：新台币亿元 (NT $ 100 million)

年 份 Year	合计 Total			台湾省级政府发行 Taiwan Provincial			"院"辖市级发行 Municipal Government		
	发行额 Issues	偿还额 Redemption	余额 Outstanding	发行额 Issues	偿还额 Redemption	余额 Outstanding	发行额 Issues	偿还额 Redemption	余额 Outstanding
2002	4362	800	22145	4262	747	21241	100	53	904
2003	4548	808	25885	4548	752	25036		55	849
2004	5070	2428	28527	4650	2394	27292	420	34	1234
2005	4690	1794	31422	4450	1612	30131	240	183	1292
2006	4680	2255	33847	4400	2137	32393	280	118	1454
2007	4022	2670	35198	3932	2225	34100	90	446	1098
2008	4387	2224	37362	4100	2103	36097	287	121	1265
2009	4956	2608	39709	4700	2502	38296	256	107	1414

附录1-23 金 融 概 况
Principal Financial Indicators

年 份 Year	货币供应量M_1 (新台币亿元) Money Supply M_1 (NT $100 million)	流动性负债① (新台币亿元) Liquid Liabilities① (NT $100 million)	储备货币 (新台币亿元) Reserve Money (NT $100 million)	主要金融机构存款 (新台币亿元) Deposits (NT $100 million)	主要金融机构放款与投资(新台币亿元) Loans and Investments (NT $100 million)	再贴现率 (年息%) Rediscount Rate (% annual)	汇率(卖出价) (新台币/美元) Exchange Rates of Selling (NT $/USD)
2002	54916	249750	15688	206098	160780	1.63	34.81
2003	65528	273807	16194	217469	165351	1.38	34.02
2004	73680	299984	17177	232565	179640	1.75	31.78
2005	78711	325466	17585	247095	193602	2.25	32.88
2006	82226	351722	18832	259420	201539	2.75	32.65
2007	82200	370012	19475	262088	206269	3.38	32.49
2008	81537	389321	21254	279779	213315	2.00	32.91
2009	105116	417377	23040	295559	214906	1.25	32.08

注：①含债券型基金资料。
Note: ① Data of bond fund are included.

附录1-24 股 票 交 易
Transactions of Listed Stock

单位：新台币亿元 (NT $ 100 million)

年 份 Year	上 市 股 票 Listed Stock			总成交额 Total Trading Value	股价指数(年平均) (1966年=100) Stock Price Index (year average) (1966=100)
	上市公司数(家) Number (unit)	总面值① Total Par Value①	总市值① Total Market Value①		
2002	638	44104	90949	218740	5225.61
2003	669	47055	128691	203332	5161.90
2004	697	50313	139891	238754	6033.78
2005	691	53900	156339	188189	6092.27
2006	688	54949	193770	239004	6842.04
2007	698	55586	215273	330439	8509.56
2008	718	56904	117065	261154	7024.06
2009	741	57729	210336	296805	6459.56

注：① 年底数。
Note:① Year-end data.

附录1-25 入学率和教育经费

Net Enrolment Rate and Public Expenditure for Education at Current Market Prices

单位：% (%)

年份 Year	粗入学率(6-21岁) Gross Enrolment Rate (aged 6-21)			每千人口高等教育学生数② Higher Education Student per 1000 Population②	15岁以上人口识字率③ Percentage of Literate Aged 15 and Over③	教育经费占GNP比重 Public Expenditure for Education as % of GNP	政府教育经费占政府支出比重 Governments Expenditures on Education as % of Government Expense
	初等教育(6-11岁) Primary Education (aged 6-11)	中等教育(12-17岁) Secondary Education (aged 12-17)	高等教育①(18-21岁) Higher Education① (aged 18-21)				
1995	101.4	95.7	39.4	32.7	94.0	5.2	19.4
1996	101.1	95.8	40.9	34.3	94.3	5.3	19.5
1997	100.6	97.2	43.1	37.6	94.7	5.0	18.9
1998	99.8	98.6	47.0	40.7	94.9	6.3	18.5
1999	99.7	99.6	50.5	44.6	95.3	6.3	18.8
2000	100.5	99.2	56.1	49.4	95.6	5.4	17.8
2001	99.7	99.4	63.0	54.1	95.8	5.9	17.9
2002	100.0	99.3	67.6	56.8	96.0	5.9	19.8
2003	99.5	99.0	72.4	58.3	97.0	5.9	19.5
2004	100.8	98.3	78.1	58.8	97.2	5.8	19.8
2005	100.3	97.9	82.0	58.7	97.3	5.9	20.0
2006	99.5	99.1	83.6	59.1	97.5	5.8	21.3
2007	100.8	98.7	85.3	59.2	97.6	5.5	20.9
2008	100.7	99.2	83.2	59.4	97.8	5.9	21.0
2009	101.4	99.0	82.2	58.7	97.9		

注：① 不含五专前三年、研究所及进修教育。②不含五专前三年。③年底资料。

Note: ①Exclude the first three years of education in five-year junior college, postgraduate study and continuing education.
② Exclude the first three years of education in five-year junior college. ③ Year-end data.

附录1-26 科技人员数和科研开发经费

Number of Research Staff, Technicians and Supporting Personnel and Expenditures for R&D

年份 Year	科技人员数(人) Number of Research Staff, Technicians and Supporting Personnel (person)				科研开发经费 Expenditures for Research and Experimental Development			每万人口研究人员数(人) Number of Research Staff per 10 000 People (person)
	总计 Total	研究人员 Research Staff	技术人员 Technicians	支援人员 Assistants	金额(新台币亿元) Total (NT $100 million)	占GDP比重 As % of GDP	政府投入经费所占比重 As % of Government Subsidies	
1994	95088	43115	39108	12865	1147	1.72	47.4	20.4
1995	105822	47867	44246	13709	1250	1.72	43.7	22.4
1996	116853	53754	46844	16255	1380	1.74	41.6	25.0
1997	129165	56419	54190	18556	1563	1.82	40.2	25.9
1998	129305	62586	51158	15561	1765	1.91	38.3	28.5
1999	134845	67165	51754	15926	1905	1.97	32.5	30.4
2000	137622	69526	51581	16515	1976	1.94	33.4	31.2
2001	138409	73239	48886	16283	2050	2.06	33.3	32.7
2002	162340	93139	51820	17381	2244	2.16	35.2	41.4
2003	172950	100164	55541	17245	2429	2.27	35.2	44.3
2004	187001	108891	60425	17684	2633	2.32	33.6	48.0
2005	195721	115954	62298	17469	2810	2.39	31.5	50.9
2006	212483	126168	67715	18600	3070	2.51	31.4	55.2
2007	228551	135918	72709	19924	3314	2.57	29.9	59.2
2008	240876	143862	77117	19897	3514	2.77	28.2	62.4

附录1-27 医院、病床和医务人员情况
Medical Facilities and Health Personnel

年份 Year	医疗机构(所) Number of Medical Care Facilities (unit)	病床数(床) Number of Beds (bed)	每万人病床数(床) Number of Beds per 10 000 Population (bed)	从业医务人员数(人) Number of Health Personnel (person)	每万人拥有医务人员(人) Number of Health Personnel per 10 000 Population (person)
1994	15752	103733	48.98	114076	53.87
1995	16109	112379	52.77	118248	55.37
1996	16645	114923	53.39	123829	57.53
1997	17398	121483	55.87	137829	63.39
1998	17731	124564	56.80	144070	65.70
1999	17770	122937	55.65	152385	68.98
2000	18082	126476	56.78	159212	71.47
2001	18265	127676	56.98	165855	74.02
2002	18228	133398	59.23	175444	77.90
2003	18777	136331	60.31	183103	81.00
2004	19240	143343	63.18	192611	84.89
2005	19433	146382	64.29	199734	87.72
2006	19682	148962	65.12	206959	90.47
2007	19900	150628	65.61	214748	93.54
2008	20174	152901	66.37	223623	97.07

附录1-28 家庭主要设备普及率
Percent of Families Owning Household Appliances

单位：% (%)

年份 Year	彩色电视机 Colour TV Sets	洗衣机 Washing Machines	电话机 Telephone Sets	空调 Air Conditioners	有线电视频道设备 Cable TV Sets	家用电脑 Home Computers	家用汽车 Automobiles
1971	23.5	38.6	22.1	3.6			1.5
1981	77.9	68.9	60.9	16.4			6.4
1991	99.2	89.5	94.8	52.4		9.6	33.7
1996	99.3	93.0	97.5	71.7	59.6	22.6	51.2
1999	99.3	94.7	98.0	78.9	67.9	38.9	54.3
2000	99.5	95.4	98.0	79.5	72.0	46.5	55.6
2001	99.3	95.1	97.8	80.5	72.3	50.9	55.6
2002	99.6	96.0	97.9	83.1	74.8	56.8	58.2
2003	99.5	96.6	97.8	84.5	76.1	58.7	57.4
2004	99.5	96.9	97.6	85.7	78.5	62.4	58.0
2005	99.5	96.7	97.6	85.7	79.0	63.1	58.4
2006	99.6	97.1	97.4	87.5	79.8	66.1	59.1
2007	99.4	97.5	96.7	87.6	79.9	67.1	58.7
2008	99.4	97.3	96.0	87.6	81.7	69.3	58.4

附录二
APPENDIX II

我国经济、社会统计指标同世界主要国家和地区比较

A Comparison of Indicators of Economy and Society Among the People's Republic of China and Other Countries/Regions

简 要 说 明

一、世界主要国家和地区的大部分数据经过联合国等国际组织的调整，口径基本可比。

二、一些国家和地区的最新数据是初步数或估计数。

三、中国数据均未包括香港特别行政区、澳门特别行政区和中国台湾省。

四、本篇数据主要取自有关国际组织的数据库、光盘、年报、月报，每张表均附有资料来源。中国数据除特别说明外，均来自国际组织数据库。

五、一些数据的合计数或相对数，因受进位的影响，不一定等于分项累计数。

六、“空格”表示无该项数据或该项统计数据不详。

Brief Introduction

I. Data for major foreign countries/regions have been adjusted by international organizations such as the United Nations, and the scope and coverage are therefore comparable.

II. The latest data for a certain countries/regions are preliminary or estimated statistics.

III. All data of China do not cover Hong Kong SAR, Macao SAR and Taiwan Province.

IV. Data in this chapter are mainly from databases, CD-ROMs, yearbooks and monthly publications of international organizations. Data for China are all taken from international organization databases unless otherwise specified.

V. Some aggregations or rates/ratios may not add up to the sum of the series because of rounding.

VI. The symbol "(blank)" indicates that data are not available.

附录2-1　2008年国土面积和人口

Surface Area and Population

资料来源：世界银行数据库。
Source: World Bank Database.

国家和地区	Country or Region	国土面积（万平方公里）Surface Area (10 000 sq.km)	年中人口数（万人）Mid-year Population (10 000 persons)	人口增长率（%）Population Growth (annual %)	人口密度（人/平方公里）Population Density (persons/sq.km)
世界总计	**World**	**13409.7**	**669725**	**1.17**	**52**
中　　国	China	960.0	132466	0.51	142
孟加拉国	Bangladesh	14.4	16000	1.41	1229
印　　度	India	328.7	113996	1.34	383
印度尼西亚	Indonesia	190.5	22735	1.18	125
伊　　朗	Iran	174.5	7196	1.31	44
以 色 列	Israel	2.2	731	1.78	338
日　　本	Japan	37.8	12770	-0.05	350
哈萨克斯坦	Kazakhstan	272.5	1567	1.22	6
朝　　鲜	Korea, Dem.	12.1	2382	0.38	198
韩　　国	Korea, Rep.	10.0	4861	0.31	502
马来西亚	Malaysia	33.0	2701	1.71	82
蒙　　古	Mongolia	156.4	264	1.13	2
缅　　甸	Myanmar	67.7	4956	0.88	76
巴基斯坦	Pakistan	79.6	16611	2.14	215
菲 律 宾	Philippines	30.0	9035	1.82	303
新 加 坡	Singapore	0.1	484	5.32	6943
斯里兰卡	Sri Lanka	6.6	2016	0.73	312
泰　　国	Thailand	51.3	6739	0.61	132
越　　南	Viet Nam	33.1	8621	1.23	278
埃　　及	Egypt	100.1	8153	1.82	82
尼日利亚	Nigeria	92.4	15121	2.34	166
南　　非	South Africa	121.9	4869	1.73	40
加 拿 大	Canada	998.5	3331	1.01	4
墨 西 哥	Mexico	196.4	10635	1.01	55
美　　国	United States	963.2	30406	0.92	33
阿 根 廷	Argentina	278.0	3988	0.99	15
巴　　西	Brazil	851.5	19197	0.97	23
委内瑞拉	Venezuela	91.2	2794	1.63	32
白俄罗斯	Belarus	20.8	968	-0.22	48
保加利亚	Bulgaria	11.1	762	-0.48	70
捷　　克	Czech Republic	7.9	1042	0.87	135
法　　国	France	54.9	6228	0.55	114
德　　国	Germany	35.7	8211	-0.19	235
意 大 利	Italy	30.1	5983	0.77	203
荷　　兰	Netherlands	4.2	1645	0.39	487
波　　兰	Poland	31.3	3813	0.01	125
罗马尼亚	Romania	23.8	2151	-0.15	94
俄罗斯联邦	Russian Fed.	1709.8	14195	-0.11	9
西 班 牙	Spain	50.5	4556	1.50	91
土 耳 其	Turkey	78.4	7391	1.24	96
乌 克 兰	Ukraine	60.4	4626	-0.54	80
英　　国	United Kingdom	24.4	6141	0.67	254
澳大利亚	Australia	774.1	2143	1.69	3
新 西 兰	New Zealand	26.8	427	0.96	16

附录2-2 按三次产业分就业人员构成

Employment by Type of Industry

资料来源：世界银行数据库。
Source: World Bank Database.
单位：% (%)

国家和地区	Country or Region	第一产业 Primary Industry		第二产业 Secondary Industry		第三产业 Tertiary Industry	
		2005	2007	2005	2007	2005	2007
中　国①	China①	44.8	40.8	23.8	26.8	31.4	32.4
孟加拉国	Bangladesh	48.1		14.5		37.4	
印度尼西亚	Indonesia	44.0	41.2	18.7	18.8	37.2	39.9
伊　朗	Iran	24.9	22.8	30.4	32.0	44.6	45.1
以色列	Israel	2.0	1.6	21.7	21.9	75.6	75.6
日　本	Japan	4.4	4.2	27.9	27.9	66.4	66.7
哈萨克斯坦	Kazakhstan	33.5②		17.4②		49.1②	
韩　国	Korea, Rep.	7.9	7.4	26.8	25.9	65.1	66.6
马来西亚	Malaysia	14.6	14.8	29.7	28.5	55.6	56.7
蒙　古	Mongolia	39.9	37.7	16.8	17.9	43.3	44.5
巴基斯坦	Pakistan	43.0	43.6	20.3	21.0	36.6	35.4
菲律宾	Philippines	37.0	36.1	14.9	15.1	48.1	48.8
新加坡	Singapore	0.8②	1.1	24.0②	22.6	75.2②	76.2
斯里兰卡	Sri Lanka	30.3	31.3	25.2	26.6	38.4	38.7
泰　国	Thailand	42.6	41.7	20.2	20.7	37.1	37.4
越　南	Vietnam	57.9②		17.4②		27.4②	
埃　及	Egypt	30.9		21.5		47.5	
南　非	South Africa	7.5	8.8	25.6	26.0	66.6	64.9
加拿大	Canada	2.7	2.5	22.5	21.6	74.7	75.9
墨西哥	Mexico	14.9	13.5	25.7	25.9	58.9	59.9
美　国	United States	1.6	1.4	20.6	20.6	77.8	78.0
阿根廷	Argentina	1.1		23.5		75.1	
巴　西	Brazil	20.5		21.4		57.9	
委内瑞拉	Venezuela	10.7③	8.7	19.8③	23.3	69.1③	67.7
保加利亚	Bulgaria	8.9	7.5	34.2	35.5	56.6	56.9
捷　克	Czech Republic	4.0	3.6	39.5	40.2	56.5	56.2
法　国	France	3.6	3.4	23.7	23.2	72.3	73.1
德　国	Germany	2.3	2.2	29.7	29.8	67.8	67.9
意大利	Italy	4.2	4.0	30.8	30.2	65.0	65.8
荷　兰	Netherlands	3.2	3.0	19.6	19.1	72.4	73.2
波　兰	Poland	17.4	14.7	29.2	30.7	53.4	54.5
罗马尼亚	Romania	32.1	29.5	30.3	31.4	37.5	39.1
俄罗斯联邦	Russian Fed.	10.2	9.0	29.8	29.2	60.0	61.8
西班牙	Spain	5.3	4.5	29.7	29.3	65.0	66.2
土耳其	Turkey	29.5	26.4	24.8	25.5	45.8	48.0
乌克兰	Ukraine	19.4	16.7	24.2	23.9	56.4	59.4
英　国	United Kingdom	1.3	1.4	22.2	22.3	76.2	76.0
澳大利亚	Australia	3.6	3.4	21.1	21.2	75.0	75.1
新西兰	New Zealand	7.1	7.2	22.0	21.9	70.6	70.5

注：①中国数据来源于《中国统计年鉴》。②2004年数据。③2003年数据。
Notes: ①Data from China Statistical Yearbook.②Data of 2004.③Data of 2003.

附录2-3 国内生产总值及其增长率

Gross Domestic Product and Its Growth Rate

资料来源：国际货币基金组织数据库。
Source: International Monetary Fund Database.

国家和地区	Country or Region	2009 国内生产总值① (亿美元) GDP ① (100 million USD)	国内生产总值增长率（%） GDP Growth Rate (%)				
			2005	2006	2007	2008	2009
世　界	**World**	**579375**	**4.48②**	**5.08②**	**5.18②**	**3.02②**	**-0.60②**
中　国	China	49090	11.31③	12.68③	14.16③	9.63③	9.11③
孟加拉国	Bangladesh	945	6.30	6.53	14.16	6.03	5.43
印　度	India	12360	9.21	9.82	14.16	6.40	5.67
印度尼西亚	Indonesia	5394	5.69	5.50	14.16	6.01	4.55
伊　朗	Iran	3305	4.67	5.85	14.16	2.27	1.82
以色列	Israel	1948	5.10	5.28	14.16	4.00	0.71
日　本	Japan	50681	1.93	2.04	14.16	-1.19	-5.20
哈萨克斯坦	Kazakhstan	1093	9.70	10.70	14.16	3.20	1.17
韩　国	Korea, Rep.	8325	3.96	5.18	14.16	2.30	0.20
马来西亚	Malaysia	1915	5.33	5.85	14.16	4.63	-1.72
蒙　古	Mongolia	42	7.25	8.56	14.16	8.92	-1.61
缅　甸	Myanmar	276	13.57	13.08	14.16	3.60	4.84
巴基斯坦	Pakistan	1665	7.67	6.15	14.16	2.04	1.97
菲律宾	Philippines	1610	4.95	5.34	14.16	3.84	1.10
新加坡	Singapore	1771	7.65	8.68	14.16	1.39	-1.30
斯里兰卡	Sri Lanka	413	6.24	7.67	14.16	5.95	3.50
泰　国	Thailand	2639	4.61	5.15	14.16	2.46	-2.20
越　南	Vietnam	924	8.44	8.23	14.16	6.18	5.32
埃　及	Egypt	1880	4.47	6.84	14.16	7.17	4.67
尼日利亚	Nigeria	1734	5.39	6.21	14.16	5.98	5.63
南　非	South Africa	2872	5.28	5.60	14.16	3.68	-1.79
加拿大	Canada	13364	3.02	2.85	14.16	0.50	-2.50
墨西哥	Mexico	8749	3.21	4.93	14.16	1.49	-6.54
美　国	United States	142563	3.05	2.67	14.16	0.44	-2.44
阿根廷	Argentina	3101	9.18	8.47	14.16	6.76	0.85
巴　西	Brazil	15740	3.16	3.96	14.16	5.14	-0.19
委内瑞拉	Venezuela	3373	10.32	9.87	14.16	4.78	-3.29
白俄罗斯	Belarus	490	9.44	10.01	14.16	10.02	0.20
保加利亚	Bulgaria	471	6.25	6.32	14.16	6.01	-5.03
捷　克	Czech Republic	1948	6.32	6.81	14.16	2.46	-4.29
法　国	France	26759	1.94	2.42	14.16	0.10	-2.50
德　国	Germany	33527	0.73	3.18	14.16	1.25	-4.90
意大利	Italy	21183	0.66	2.04	14.16	-1.32	-5.04
荷　兰	Netherlands	7948	2.05	3.39	14.16	2.00	-3.98
波　兰	Poland	4302	3.62	6.23	14.16	5.00	1.70
罗马尼亚	Romania	1615	4.12	7.92	14.16	7.35	-7.13
俄罗斯联邦	Russian Fed.	12292	6.39	7.68	14.16	5.62	-7.90
西班牙	Spain	14640	3.62	4.02	14.16	0.86	-3.64
土耳其	Turkey	6153	8.40	6.89	14.16	0.66	-4.74
乌克兰	Ukraine	1162	2.70	7.30	14.16	2.10	-15.10
英　国	United Kingdom	21836	2.17	2.85	14.16	0.55	-4.92
澳大利亚	Australia	9972	3.20	2.60	14.16	2.38	1.33
新西兰	New Zealand	1178	3.16	1.01	14.16	-0.15	-1.59

注：①按汇率法计算。②按购买力平价法加权。③数据来源于中国国家统计局。
Note: ①Calculated by market exchange rates.②Calculated by PPP.③Data come from National Bureau of Statistics of China.

附录2-4　农业生产指数
Agricultural Production Indices

资料来源：联合国粮农组织数据库。
Source: United Nations Food and Organization Database.

(1999-2001年=100)　　(1999-2001=100)

国家和地区	Country or Area	农业 Agriculture			食品 Food		
		2005	2006	2007	2005	2006	2007
世　界	**World**	**112.0**	**113.0**	**115.0**	**112.0**	**112.0**	**114.0**
中　国	China	118.0	121.0	122.0	118.0	120.0	122.0
孟加拉国	Bangladesh	116.0	118.0	125.0	116.0	118.0	126.0
印　度	India	108.0	114.0	121.0	107.0	112.0	119.0
印度尼西亚	Indonesia	126.0	131.0	136.0	126.0	131.0	136.0
伊　朗	Iran	125.0	127.0	123.0	126.0	129.0	125.0
以色列	Israel	114.0	113.0	98.0	115.0	114.0	99.0
日　本	Japan	97.0	95.0	98.0	97.0	96.0	98.0
哈萨克斯坦	Kazakhstan	118.0	127.0	139.0	117.0	126.0	139.0
朝　鲜	Korea, Dem.	115.0	114.0	110.0	116.0	114.0	111.0
韩　国	Korea, Rep.	96.0	96.0	96.0	96.0	96.0	97.0
马来西亚	Malaysia	126.0	132.0	132.0	126.0	131.0	131.0
蒙　古	Mongolia	74.0	78.0	79.0	74.0	78.0	79.0
缅　甸	Myanmar	135.0	147.0	156.0	136.0	148.0	157.0
巴基斯坦	Pakistan	115.0	117.0	122.0	115.0	117.0	124.0
菲律宾	Philippines	118.0	123.0	127.0	118.0	122.0	126.0
新加坡	Singapore	97.0	111.0	160.0	97.0	111.0	160.0
斯里兰卡	Sri Lanka	107.0	109.0	108.0	108.0	110.0	109.0
泰　国	Thailand	109.0	113.0	119.0	108.0	112.0	119.0
越　南	Vietnam	123.0	126.0	128.0	123.0	124.0	126.0
埃　及	Egypt	115.0	119.0	115.0	116.0	121.0	116.0
尼日利亚	Nigeria	123.0	132.0	119.0	123.0	132.0	119.0
南　非	South Africa	111.0	108.0	107.0	112.0	109.0	109.0
加拿大	Canada	110.0	108.0	107.0	110.0	108.0	107.0
墨西哥	Mexico	109.0	115.0	117.0	109.0	116.0	118.0
美　国	United States	105.0	103.0	107.0	105.0	102.0	108.0
阿根廷	Argentina	116.0	116.0	127.0	116.0	117.0	128.0
巴　西	Brazil	128.0	125.0	132.0	127.0	124.0	131.0
委内瑞拉	Venezuela	105.0	104.0	107.0	105.0	104.0	107.0
白俄罗斯	Belarus	119.0	125.0	129.0	119.0	125.0	129.0
保加利亚	Bulgaria	81.0	85.0	66.0	80.0	85.0	65.0
捷　克	Czech Republic	95.0	88.0	91.0	95.0	88.0	91.0
法　国	France	97.0	93.0	92.0	97.0	93.0	92.0
德　国	Germany	97.0	95.0	96.0	97.0	95.0	96.0
意大利	Italy	99.0	95.0	94.0	99.0	95.0	94.0
荷　兰	Netherlands	93.0	91.0	94.0	93.0	91.0	94.0
波　兰	Poland	95.0	91.0	96.0	95.0	90.0	96.0
罗马尼亚	Romania	109.0	110.0	87.0	109.0	111.0	87.0
俄罗斯联邦	Russian Fed.	112.0	115.0	118.0	112.0	115.0	118.0
西班牙	Spain	96.0	103.0	102.0	96.0	104.0	103.0
土耳其	Turkey	110.0	110.0	100.0	111.0	111.0	100.0
乌克兰	Ukraine	118.0	118.0	110.0	118.0	118.0	110.0
英　国	United Kingdom	98.0	96.0	94.0	98.0	97.0	94.0
澳大利亚	Australia	98.0	78.0	75.0	101.0	78.0	79.0
新西兰	New Zealand	113.0	116.0	119.0	115.0	118.0	121.0

附录2-5 工业生产指数

Industry Production Indices

资料来源：联合国数据库。
Source: United Nations Database.

(2005年=100) (2005=100)

国家和地区	Country or Region	总指数 General Index			其中：制造业 of Which: Manufacturing		
		2007	2008	2009	2007	2008	2009
孟加拉国	Bangladesh	119.6	129.1	138.4	122.1	130.6	140.3
印　度	India	121.0	124.3		122.6	126.0	
印度尼西亚	Indonesia				103.5	106.9	108.5
以色列	Israel	114.6	123.1	115.9	115.0	123.8	116.7
日　本	Japan	107.3	103.8	81.1	107.4	103.8	80.5
韩　国	Korea, Rep.	115.9	119.8	118.9	116.4	120.3	119.2
马来西亚	Malaysia	107.3	108.1	99.7	111.5	112.2	101.0
蒙　古	Mongolia	119.8	118.2		179.8	172.2	
巴基斯坦	Pakistan	110.1	102.1		113.2	104.0	
新加坡	Singapore	116.6	112.5	108.7	118.6	113.6	108.9
泰　国	Thailand				116.1	122.2	115.9
埃　及	Egypt				125.4②	129.6②	120.5②
南　非	South Africa	106.4	105.4	94.5	109.6	110.6	96.8
加拿大	Canada	99.9	94.8	84.1	98.6	91.7	79.2
墨西哥	Mexico	107.8①	107.2①	99.3①	107.8	107.1	96.2
美　国	United States	103.8	101.5	91.6	103.9	100.6	89.1
阿根廷	Argentina				119.4	125.9	126.4
巴　西	Brazil	109.0	112.4	104.1	108.7	112.0	103.9
委内瑞拉	Venezuela				117.7②	119.3②	105.1②
白俄罗斯	Belarus	120.9	134.2	130.9			
保加利亚	Bulgaria	116.2	117.0	95.6	119.0	119.9	93.1
捷　克	Czech Republic	119.8	117.7	101.8	123.0	121.2	103.0
法　国	France	102.0	99.9	87.8	102.6	100.0	86.8
德　国	Germany	111.4	112.1	93.2	112.4	113.5	93.4
意大利	Italy	105.8	102.4	83.6	106.3	102.7	83.3
荷　兰	Netherlands	103.8	105.3	97.6	106.3	105.4	96.0
波　兰	Poland	122.5	125.8	121.0	126.7	130.6	126.2
罗马尼亚	Romania	120.6	123.8	116.9	126.1	130.1	121.6
俄罗斯联邦	Russian Fed.	113.0	115.4	103.0	118.6	122.4	102.8
西班牙	Spain	106.2	98.6	82.6	106.6	98.3	81.5
土耳其	Turkey	115.3	114.3	103.2	114.8	112.7	100.4
乌克兰	Ukraine	116.6	112.2		118.1	113.4	
英　国	United Kingdom	100.5	97.5	87.0	102.5	99.7	88.5
澳大利亚	Australia	104.9	107.9	106.8	101.6	105.7	99.4
新西兰	New Zealand	96.7	99.1	94.9	95.0	95.1	90.0

注：①包括建筑业。②不包括石油精炼业。
Notes: ①Including construction.②Excluding petroleum refineries.

附录2-6　中国主要指标居世界位次①

Ranking of China in the World in Terms of Main Indicators①

资料来源：联合国数据库，联合国粮农组织数据库。
Sources: United Nations Database, United Nations Food and Agriculture Organization Database.

指　标	Item	1978	1990	2000	2005	2008	2009
国内生产总值	**Gross Domestic Product**	**10**	**11**	**6**	**4**	**3**	**3**
人均国民总收入②	**Per Capita GNI②**	**175(188)**	**178(200)**	**141(207)**	**128(208)**	**130(210)**	**124(213)**
进出口贸易额	**Total Value of Imports and Exports**	**29**	**15**	**8**	**3**	**3**	**2**
主要工业产品产量	**Volume of Production of Major Industrial Products**						
钢	Crude Steel	5	4	1	1	1	1
煤	Coal	3	1	1	1	1	1
原　油	Crude Petroleum	8	5	5	5	5	4
发电量	Electricity	7	4	2	2	2	2
水　泥	Cement	4	1	1	1	1	1
化　肥	Fertilizer	3	3	1	1	1	
棉　布	Woven Cotton Fabrics	1	1	2	1	1	1
主要农业产品产量	**Volume of Production of Major Agricultural Products**						
谷　物	Cereals	2	1	1	1	1	
肉　类	Meat	3	1	1	1	1	
籽　棉	Seed Cotton	2	1	1	1	1	
大　豆	Soybeans	3	3	4	4	4	
花　生	Groundnuts in Shell	2	2	1	2	1	
油菜籽	Rapeseeds	2	1	1	1	2	
甘　蔗	Sugar Cane	7	4	3	3	3	
茶　叶	Tea	2	2	2	1	1	
水　果③	Fruits③	9	4	1	1	1	

注：①本表资料来源于国际组织，仅供参考。②括号中所列数为参与排序的国家和地区数。③不包括瓜类。
Notes: ①Data in this table are all from international organizations, for reference only.② The number in parentheses indicates the number of countries or territories which the ranking is based on. ③Excludes melons.

附录2-7 居民消费价格指数

Consumer Price Indices

资料来源：联合国数据库。
Source: United Nations Database.

(2000年=100) (2000=100)

国家和地区	Country or Region	总指数 General Index			其中：食品和非酒精饮料 Food & Non-alcoholic Beverages		
		2007	2008	2009	2007	2008	2009
中　国	China	113.7	120.4	119.6	133.8	152.8	153.9
孟加拉国①	Bangladesh①	147.6	160.7	168.8	151.9	168.7	177.2
印　度②	India②	136.0	147.5	163.1	137.0	152.3	173.1
印度尼西亚	Indonesia	187.8	207.2	216.1	180.4	210.9	225.7
伊　朗	Iran	246.1	309.1	350.7	100.0③⑧	131.0③⑧	146.5③⑧
以色列	Israel	111.4	116.5	120.4	119.5	133.2	135.2
日　本	Japan	98.1	99.5	98.1	98.6	101.1	101.4
哈萨克斯坦	Kazakhstan	168.8	197.5		223.1④	223.1④	
韩　国	Korea, Rep.	123.5	129.3	132.9	132.5	139.1	149.6
马来西亚	Malaysia	115.3	121.5	122.3	115.9	126.1	131.4
蒙　古⑨	Mongolia⑨	109.6	140.3	150.9	112.9	158.2	160.9
缅　甸	Myanmar		142.5	144.6		143.8	143.3
巴基斯坦	Pakistan	150.3	180.8	205.5	158.8	202.6	229.6
菲律宾	Philippines	141.8	155.0	160.1	134.9	152.3	161.3
新加坡	Singapore	106.5	113.5	114.2	109.2	117.7	120.4
斯里兰卡(科伦坡)⑩	Sri Lanka (Colombo)⑩	163.1	199.9	206.8	163.4	213.3	219.2
泰　国(曼谷)	Thailand (Bangkok)	119.7	126.2	125.2	124.9	139.4	145.4
埃　及	Egypt	157.6	186.4	208.4	130.6⑦	162.0⑦	188.1⑦
尼日利亚	Nigeria	236.6	263.9	296.6	232.6	270.0	309.6
南　非	South Africa	143.5	160.0	171.4	163.1(11)	100.0(11)	109.4(11)
加拿大	Canada	116.9	119.7	120.0	119.9	124.1	130.1
墨西哥	Mexico	137.0	144.0	151.6	142.6	154.1	167.5
美　国⑤	United States⑤	120.4	125.0	124.6	120.9	127.6	129.9
阿根廷(布宜诺斯艾利斯)	Argentina (Buenos Aires)	195.2	211.9	225.2	228.5	243.9	250.9
巴　西	Brazil	163.5	172.8	181.2	161.2	182.3	
委内瑞拉(加拉加斯)	Venezuela (Caracas)	344.0	452.1	581.4	506.3	738.0	958.3
白俄罗斯	Belarus	445.9	512.0	578.3	417.4	491.1	559.8
保加利亚	Bulgaria	150.7	169.3	174.0	140.0	163.4	162.3
捷　克	Czech Republic	117.9	125.4	126.7	109.8	118.7	114.0
法　国	France	113.4	116.6	116.7	114.3	119.9	120.4
德　国	Germany	112.5	115.4	115.9	110.5	118.3	116.7
意大利	Italy	116.9⑥	120.7⑥	121.6⑥	119.0	125.4	127.7
荷　兰	Netherlands	116.2	119.1	120.6	109.4	115.6	116.8
波　兰	Poland	118.6	123.8	128.3	115.9	122.5	129.1
罗马尼亚	Romania	258.8	279.1	294.7	230.6	251.9	260.1
俄罗斯联邦	Russian Fed.	238.8	272.5	304.3	226.4	273.7	306.7
西班牙	Spain	121.0	125.9	125.5	126.0	133.5	132.0
土耳其(12)	Turkey(12)	140.0	154.7	164.3	138.2	155.9	168.4
乌克兰	Ukraine	180.5	226.0	262.4	181.9	246.7	276.2
英　国	United Kingdom	121.3	126.1	125.5	114.6	125.2	131.8
澳大利亚	Australia	123.0	128.3	130.7	132.3	138.5	143.6
新西兰	New Zealand	119.6	124.4	127.0	118.8	129.0	136.9

注：①政府官员。②指产业工人。③包括烟草。④包括酒精饮料和烟草。⑤城市消费者。⑥不包含烟草。⑦2004年为100。⑧2007年为100。⑨2006年为100。⑩2002年为100。(11)2008年为100。(12)2003年为100。

Notes: ①Government officials.②Industrial workers.③Including tobacco.④Including alcoholic beverages and tobacco.⑤All urban consumers.⑥Excluding tobacco.⑦The base year is 2004.⑧The base year is 2007.⑨The base year is 2006.⑩The base year is 2002.(11)The base year is 2008.(12)The base year is 2003.

附录2-8 货物进出口额

Total Imports and Exports

资料来源：世界贸易组织数据库。
Source: World Trade Organization Database.
单位：亿美元 (100 million USD)

国家和地区	Country or Region	2008		2009	
		出口 Exports	进口 Imports	出口 Exports	进口 Imports
世界①	**World①**	**160970**	**164930**	**124610**	**126470**
中国	China	14307	11326	12015	10057
孟加拉国	Bangladesh	154	239	151	218
印度	India	1948	3210	1552	2436
印度尼西亚	Indonesia	1396	1270	1198	917
伊朗	Iran	1137	574	781	515
以色列	Israel	613	677	477	492
日本	Japan	7820	7625	5808	5507
哈萨克斯坦	Kazakhstan	712	379	432	284
朝鲜	Korea,Dem.	21	36	16	21
韩国	Korea, Rep.	4220	4353	3635	3231
马来西亚	Malaysia	1995	1569	1574	1238
蒙古	Mongolia	25	36	19	21
缅甸	Myanmar	69	43	66	46
巴基斯坦	Pakistan	203	423	177	317
菲律宾	Philippines	491	604	383	458
新加坡	Singapore	3382	3198	2698	2458
斯里兰卡	Sri Lanka	85	140	74	99
泰国	Thailand	1778	1787	1525	1338
越南	Viet Nam	627	807	566	689
埃及	Egypt	262	484	212	449
尼日利亚	Nigeria	818	500	525	390
南非	South Africa	808	995	626	720
加拿大	Canada	4565	4190	3156	3303
墨西哥	Mexico	2913	3183	2297	2415
美国	United States	12874	21695	10569	16038
阿根廷	Argentina	700	574	558	388
巴西	Brazil	1979	1824	1530	1336
委内瑞拉	Venezuela	951	496	576	422
白俄罗斯	Belarus	326	394	213	286
保加利亚	Bulgaria	224	369	164	233
捷克	Czech Republic	1468	1420	1133	1050
法国②	France②	6012	7035	4750	5511
德国	Germany	14462	11851	11209	9314
意大利	Italy	5380	5549	4047	4104
荷兰	Netherlands	6379	5809	4986	4458
波兰	Poland	1705	2088	1345	1466
罗马尼亚	Romania	495	841	405	541
俄罗斯联邦	Russian Fed.	4716	2919	3040	1919
西班牙	Spain	2815	4208	2180	2902
土耳其	Turkey	1320	2020	1021	1409
乌克兰	Ukraine	670	855	398	455
英国	United Kingdom	4597	6330	3507	4799
澳大利亚	Australia	1873	2003	1540	1655
新西兰	New Zealand	306	344	249	256

注：①包括中国香港的转口贸易。②包括法属圭亚那、瓜德罗普、马提尼克和留尼汪的贸易值。
Notes: ①Hong Kong, China's re-exports are included.②Data include trade flows of the overseas departments (Fr.Guiana, Guadeloupe, Martinique and Reunion).

附录2-9 国际收支（2009年）
Balance of Payments (2009)

资料来源：国际货币基金组织数据库。
Source: International Monetary Fund Database.

单位：亿美元 (100 million USD)

国家和地区	Country or Region	经常帐户 Current Account								资本帐户收支盈余	金融帐户收支盈余
		商品贸易 Merchandise			服务贸易 Services		要素收入 Factor Income		经常帐户收支盈余		
		出口 Exports F.O.B	进口 Imports F.O.B	差额 Trade Balance	贷方 Credit	借方 Debit	贷方 Credit	借方 Debit	Current Account Balance	Capital Account Balance	Financial Account Balance
中国①	China①	12038.0	-9542.9	2495.1	1295.5	-1589.5	1085.8	-653.0	2971.4	39.6	1408.7
孟加拉国②	Bangladesh②	154.4	-215.1	-60.7	19.3	-38.4	2.2	-9.9	10.3	3.7	-4.2
印度②	India②	1879.1	-2837.2	-958.1	1029.5	-879.0	155.9	-191.3	-360.9		404.6
印度尼西亚	Indonesia	1195.1	-843.2	352.0	137.3	-278.9	19.2	-172.5	105.8	1.0	35.8
以色列	Israel	457.6	-460.0	-2.4	216.9	-171.9	57.0	-101.7	71.9	9.1	64.4
日本	Japan	5452.8	-5016.5	436.3	1283.4	-1487.2	1752.2	-438.8	1421.9	-49.9	-1301.5
哈萨克斯坦	Kazakhstan	439.6	-287.7	151.9	42.7	-100.7	25.0	-143.9	-34.0	-0.3	72.1
韩国	Korea, Rep.	3735.8	-3174.6	561.3	585.1	-757.2	157.0	-111.5	426.7	11.9	253.0
马来西亚②	Malaysia②	1997.3	-1484.7	512.6	303.2	-302.7	120.8	-192.2	389.1	1.9	-339.7
巴基斯坦②	Pakistan②	212.2	-382.2	-170.0	42.6	-97.2	12.9	-56.3	-156.6	1.5	66.6
菲律宾②	Philippines②	482.5	-611.4	-128.9	102.0	-87.8	59.7	-58.3	39.0	0.5	-19.4
新加坡②	Singapore②	3444.0	-3134.9	309.1	832.0	-792.0	571.1	-620.7	271.8	-3.1	-111.8
斯里兰卡②	Sri Lanka②	81.4	-126.1	-44.7	20.0	-30.0	2.2	-12.0	-38.8	2.9	0.0
泰国	Thailand	1508.5	-1181.2	327.3	302.0	-380.4	50.4	-141.3	202.8		-12.0
越南②	Viet Nam②	626.9	-754.7	-127.8	71.0	-79.3	13.6	-57.6	-107.1		123.4
埃及	Egypt	230.9	-399.1	-168.2	215.2	-139.4	9.9	-30.7	-33.5	-0.19	13.4
尼日利亚②	Nigeria②	783.4	-343.5	439.9	18.2	-132.4	22.5	-134.3	393.6		-84.5
南非	South Africa	665.4	-660.1	5.3	120.1	-147.6	39.9	-103.8	-113.0	0.3	150.8
加拿大	Canada	3247.7	-3124.4	123.3	586.5	-782.2	509.1	-617.6	-200.0	35.8	528.5
墨西哥	Mexico	2297.1	-2343.9	-46.8	154.2	-232.1	49.2	-192.1	-52.5		185.3
美国	United States	10499.5	-15626.5	-5126.9	5047.7	-3707.0	5612.1	-4722.1	-4198.7	-28.6	2811.1
阿根廷	Argentina	557.5	-371.3	186.2	109.5	-117.1	34.6	-127.3	86.3	0.7	-83.2
巴西	Brazil	1530.0	-1276.5	253.5	277.5	-470.1	88.3	-425.1	-243.3	11.3	694.1
委内瑞拉	Venezuela	576.0	-384.4	191.5	20.1	-96.2	23.1	-49.7	85.6		-145.8
白俄罗斯	Belarus	213.4	-283.1	-69.7	34.9	-20.7	2.4	-13.5	-64.0	1.5	52.8
保加利亚	Bulgaria	165.0	-221.8	-56.7	68.4	-46.3	11.2	-32.9	-43.4	6.5	39.3
捷克②	Czech Republic②	1457.0	-1393.3	63.7	222.3	-173.8	79.9	-252.7	-66.3	18.2	89.6
法国	France	4722.6	-5371.6	-648.9	1406.7	-1260.2	1954.3	-1700.4	-591.2	4.4	436.2
德国	Germany	11445.6	-9564.3	1881.3	2312.6	-2545.2	2323.0	-1849.5	1680.2	-3.1	-1858.7
意大利	Italy	4071.6	-4039.0	32.6	1026.4	-1166.6	622.5	-1007.3	-662.0	9.4	290.6
荷兰	Netherlands	4181.9	-3703.4	478.5	933.4	-855.5	991.5	-1031.8	428.2	-30.4	-205.2
波兰	Poland	1399.6	-1444.3	-44.8	289.5	-241.1	81.9	-223.2	-72.1	70.3	360.7
罗马尼亚	Romania	406.0	-500.3	-94.3	97.6	-101.3	16.1	-45.8	-71.4	7.7	14.5
俄罗斯联邦	Russian Fed.	3033.9	-1918.0	1115.9	417.2	-616.0	357.7	-760.0	489.7	-116.5	-327.4
西班牙	Spain	2239.1	-2866.4	-627.2	1229.4	-869.3	566.1	-977.0	-786.8	56.6	858.2
土耳其	Turkey	1096.9	-1345.4	-248.6	331.2	-169.3	51.6	-128.3	-140.4		62.3
乌克兰	Ukraine	403.9	-450.5	-46.6	138.6	-112.3	46.2	-70.6	-18.0	6.0	-111.3
英国	United Kingdom	3564.0	-4840.3	-1276.2	2366.2	-1667.6	2747.6	-2230.6	-286.9	56.8	381.2
澳大利亚②	Australia②	1890.6	-1939.7	-49.1	452.4	-483.4	373.2	-767.2	-477.9	19.9	491.1
新西兰②	New Zealand②	311.9	-328.0	-16.1	91.3	-96.8	20.8	-119.2	-112.4	-4.6	7.1

注：①来源于《中国统计年鉴》。②2008年数据。
Note: ①Data from China Statistical Yearbook.②Data of 2008.

附录2-10 外汇储备

Foreign Exchange Reserves

资料来源：国际货币基金组织数据库。
Source: International Monetary Fund Database.

单位：亿美元 (100 million USD)

国家和地区	Country or Region	2000	2005	2006	2007	2008	2009
中　　国	China	1656	8189	10663	15283	19460	23992
孟加拉国	Bangladesh	15	28	38	52	57	95
印　　度	India	373	1310	1702	2666	2466	2586
印度尼西亚	Indonesia	283	329	409	547	493	606
以 色 列	Israel	232	278	290	284	423	591
日　　本	Japan	3472	8288	8749	9484	10037	9970
哈萨克斯坦	Kazakhstan	16	61	177	158	179	202
韩　　国	Korea, Rep.	959	2100	2384	2618	2005	2652
马来西亚	Malaysia	274	694	817	1006	906	929
蒙　　古	Mongolia	2	3	6	8	6	12
缅　　甸	Myanmar	2	8	12			
巴基斯坦	Pakistan	15	98	113	138	70	99
菲 律 宾	Philippines	130	158	199	301	330	375
新 加 坡	Singapore	797	1157	1358	1625	1736	1860
斯里兰卡	Sri Lanka	10	26	27	33	24	45
泰　　国	Thailand	319	505	651	851	1083	1336
越　　南	Vietnam	34	90	134	235	239	160
埃　　及	Egypt	129	205	243	301	321	309
尼日利亚	Nigeria	99	283	423	513	530	
南　　非	South Africa	58	183	227	292	302	324
加 拿 大	Canada	290	307	332	393	415	426
墨 西 哥	Mexico	351	730	754	863	940	941
美　　国	United States	312	378	409	458	496	505
阿 根 廷	Argentina	244	227	304	442	444	429
巴　　西	Brazil	324	532	851	1794	1928	2319
委内瑞拉	Venezuela	126	235	289	237	326	177
白俄罗斯	Belarus	4	11	11	40	27	43
保加利亚	Bulgaria	30	80	109	164	168	161
捷　　克	Czech Republic	130	291	311	344	365	397
法　　国	France	321	240	403	436	304	277
德　　国	Germany	497	398	377	408	386	369
意 大 利	Italy	224	235	244	273	353	345
荷　　兰	Netherlands	70	71	93	87	94	88
波　　兰	Poland	263	405	461	627	589	734
罗马尼亚	Romania	25	199	281	372	367	408
俄罗斯联邦	Russian Fed.	243	1757	2953	4664	4107	4058
西 班 牙	Spain	295	86	101	108	115	128
土 耳 其	Turkey	223	504	607	732	702	692
乌 克 兰	Ukraine	11	190	218	318	308	255
英　　国	United Kingdom	342	359	389	475	416	380
澳大利亚	Australia	168	410	528	242	299	330
新 西 兰	New Zealand	36	87	139	171	109	140

中国统计出版社最新资料书简目

（仅供参考，以最后出书为准）

中国统计年鉴 -2010
中国统计摘要 -2010
国际统计年鉴 -2010
2010中国发展报告
中国第三产业统计年鉴 -2010
中国区域经济统计年鉴 -2010
长江和珠江三角洲及港澳台统计年鉴 -2010
中国社会统计年鉴 -2010
中国城市统计年鉴 -2009
中国劳动统计年鉴 -2010
中国人口和就业统计年鉴 -2010
中国工业经济统计年鉴 -2010
中国建筑业统计年鉴 -2010
中国房地产统计年鉴 -2010
中国能源统计年鉴 -2010
中国商品交易市场统计年鉴 -2010
中国贸易外经统计年鉴 -2010
2010中国地区经济监测报告
中国基本单位统计年鉴 -2010
中国民政统计年鉴 -2010
中国农村统计年鉴 -2010
中国农产品价格调查年鉴 -2010
中国建制镇统计资料 -2010
中国教育经费统计年鉴 -2009
中国农村贫困监测报告 -2010
中国科技统计年鉴 -2010
中国高技术产业统计年鉴 -2010
中国科学技术协会统计年鉴 -2010
工业企业科技活动资料 -2010
全国农产品成本收益资料汇编 -2010
中国棉花年鉴 -2008/2009
中国城市(镇)生活与价格年鉴 -2010
中国县（市）社会经济调查年鉴 -2010
中国农村住户调查年鉴 -2010（中、英文）
中国农村全面建设小康监测报告 -2010
中国国内生产总值核算历史资料(1952-2004)
中国季度国内生产总值核算历史资料
(1992-2005)
中国零售和餐饮业连锁企业统计年鉴 -2010
大中型批发零售和住宿餐饮企业统计年鉴 -2010
2005年中国1%人口抽样调查系列资料
第二次全国残疾人抽样调查资料系列
北京统计年鉴 -2010
天津统计年鉴 -2010
河北经济年鉴 -2010
山西统计年鉴 -2010
内蒙古统计年鉴 -2010
辽宁统计年鉴 -2010
吉林统计年鉴 -2010
黑龙江统计年鉴 -2010
上海统计年鉴 -2010
江苏统计年鉴 -2010

浙江统计年鉴 -2010
安徽统计年鉴 -2010
福建统计年鉴 -2010
江西统计年鉴 -2010
山东统计年鉴 -2010
河南统计年鉴 -2010
湖北统计年鉴 -2010
湖南统计年鉴 -2010
广东统计年鉴 -2010
广西统计年鉴 -2010
海南统计年鉴 -2010
重庆统计年鉴 -2010
四川统计年鉴 -2010
贵州统计年鉴 -2010
云南统计年鉴 -2010
西藏统计年鉴 -2010
陕西统计年鉴 -2010
甘肃年鉴 -2010
青海统计年鉴 -2010
宁夏统计年鉴 -2010
新疆统计年鉴 -2010
新疆生产建设兵团统计年鉴 -2010
天津滨海新区统计年鉴 -2010
石家庄统计年鉴 -2010
唐山统计年鉴 -2010
邯郸统计年鉴 -2010
太原统计年鉴 -2010
大同统计年鉴 -2010
长治统计年鉴 -2010
阳泉统计年鉴 -2010
晋城统计年鉴 -2010
朔州统计年鉴 -2010
晋中统计年鉴 -2010
运城统计年鉴 -2010
忻州统计年鉴 -2010
临汾统计年鉴 -2010
呼和浩特经济统计年鉴 -2010
包头统计年鉴 -2010
沈阳年鉴 -2010
大连统计年鉴 -2010
长春统计年鉴 -2010
吉林市社会经济统计年鉴 -2010
四平统计年鉴 -2010
延吉统计年鉴 -2010
哈尔滨统计年鉴 -2010
齐齐哈尔经济统计年鉴 -2010
黑龙江垦区统计年鉴 -2010
上海浦东新区统计年鉴 -2010
苏州统计年鉴 -2010
无锡统计年鉴 -2010
常州统计年鉴 -2010
徐州统计年鉴 -2010

南通统计年鉴 -2010
盐城统计年鉴 -2010
镇江统计年鉴 -2010
江阴统计年鉴 -2010
丹阳统计年鉴 -2010
杭州统计年鉴 -2010
宁波统计年鉴 -2010
绍兴统计年鉴 -2010
台州统计年鉴 -2010
舟山统计年鉴 -2010
温州统计年鉴 -2010
金华统计年鉴 -2010
嘉兴统计年鉴 -2010
衢州统计年鉴 -2010
安庆统计年鉴 -2010
福州统计年鉴 -2010
福州经济技术开发区年鉴 -2010
厦门经济特区年鉴 -2010
南昌统计年鉴 -2010
上饶经济社会统计年鉴 -2010
济南统计年鉴 -2010
青岛统计年鉴 -2010
潍坊统计年鉴 -2010
东营统计年鉴 -2010
郑州统计年鉴 -2010
洛阳统计年鉴 -2010
三门峡统计年鉴 -2010
南阳统计年鉴 -2010
武汉统计年鉴 -2010
宜昌统计年鉴 -2010
十堰统计年鉴 -2010
荆州统计年鉴 -2010
黄冈统计年鉴 -2010
长沙统计年鉴 -2010
广州统计年鉴 -2010
东莞统计年鉴 -2010
惠州统计年鉴 -2010
深圳统计年鉴 -2010
桂林经济社会统计年鉴 -2010
南宁统计年鉴 -2010
柳州经济统计年鉴 -2010
来宾市统计年鉴 -2010
河池统计年鉴 -2010
海口统计年鉴 -2010
成都统计年鉴 -2010
贵阳统计年鉴 -2010
昆明统计年鉴 -2010
西安统计年鉴 -2010
庆阳年鉴 -2010
银川统计年鉴 -2010
乌鲁木齐统计年鉴 -2010
吐鲁番统计年鉴 -2010

New Statistical Yearbooks Published by China Statistics Press

China Statistical Yearbook-2010
China Statistical Abstract-2010
International Statistical Yearbook-2010
China Development Report-2010
China Statistical Yearbook of the Tertiary Industry-2010
China Statistical Yearbook for Regional Economy-2010
Yangtze River Delta & Pearl Delta and Hong Kong & Macao SAR & Tai Wan Statistical Yearbook-2010
China Social Statistics Yearbook-2010
China City Statistical Yearbook-2009
China Labour Statistical Yearbook-2010
China Population and Employment Statistics Yearbook-2010
China Industry Economy Statistical Yearbook-2010
China Statistical Yearbook on Construction-2010
China Real Estate Statistics Yearbook-2010
China Energy Statistical Yearbook-2010
Statistical Yearbook of China Commodity Exchange Market-2010
China Trade and External Economics Statistical Yearbook-2010
China Regional Economic Monitoring Report-2010
China Basic Statistical Units Yearbook-2010
China Civil Affairs' Statistical Yearbook-2010
China Rural Statistical Yearbook-2010
China Yearbook of Agricultural Price Survey-2010
China Township Statistics-2010
China Educational Finance Statistical Yearbook-2009
Poverty Monitoring Report of Rural China-2010
China Science and Technology Statistical Yearbook-2010
China Statistics Yearbook on High Technology Industry-2010
Statistical Yearbook of China Association for Science and Technology-2010
Statistics on Science and Technology Activity of Industry Enterprises-2010
China Agricultural Production Cost and Yield Data-2010
China Cotton Almanac-2008/2009
China Urban Life and Price Yearbook-2010
China County Statistical Yearbook-2010
China Yearbook of Rural Household Survey-2010
China Monitoring Report on XIAOKONG-2010
Data of Gross Domestic Product of China (1952-2004)
China Quarterly GDP Time Series (1992-2005)
Statistical Yearbook of China Chain Stores of Retail Trades and Catering Services-2010
Statistical Yearbook of Large and Medium-sized Enterprises of Wholesale & Retail Trades and Hotels & Catering Services-2010
Series Books of the 2005 National Sample Survey of 1% of Population
Documentation of the Second China National Sample Survey on Disability
Beijing Statistical Yearbook-2010
Tianjin Statistical Yearbook-2010
Hebei Economic Yearbook-2010
Shanxi Statistical Yearbook-2010
Inner Mongolia Statistical Yearbook-2010
Liaoning Statistical Yearbook-2010
Jilin Statistical Yearbook-2010
Heilongjiang Statistical Yearbook-2010
Shanghai Statistical Yearbook-2010
Jiangsu Statistical Yearbook-2010
Zhejiang Statistical Yearbook-2010
Anhui Statistical Yearbook-2010
Fujian Statistical Yearbook-2010
Jiangxi Statistical Yearbook-2010
Shandong Statistical Yearbook-2010
Henan Statistical Yearbook-2010
Hubei Statistical Yearbook-2010
Hunan Statistical Yearbook-2010
Guangdong Statistical Yearbook-2010
Guangxi Statistical Yearbook-2010
Hainan Statistical Yearbook-2010
Chongqing Statistical Yearbook-2010
Sichuan Statistical Yearbook-2010
Guizhou Statistical Yearbook-2010
Yunnan Statistical Yearbook-2010
Tibet Statistical Yearbook-2010
Shaanxi Statistical Yearbook-2010
Gansu Yearbook-2010
Qinghai Statistical Yearbook-2010
Ningxia Statistical Yearbook-2010
Xinjiang Statistical Yearbook-2010
Xinjiang Production & Construction Group Statistical Yearbook-2010
Tianjin Binhai New Area Statistical Yearbook-2010
Shijiazhuang Statistical Yearbook-2010
Tangshan Statistical Yearbook-2010
Handan Statistical Yearbook-2010
Taiyuan Statistical Yearbook-2010
Datong Statistical Yearbook-2010
Changzhi Statistical Yearbook-2010
Yangquan Statistical Yearbook-2010
Jincheng Statistical Yearbook-2010
Shuozhou Statistical Yearbook-2010
Jinzhong Statistical Yearbook-2010
Yuncheng Statistical Yearbook-2010
Xinzhou Statistical Yearbook-2010
Linfen Statistical Yearbook-2010
Hohhot Economic Statistical Yearbook-2010
Baotou Statistical Yearbook-2010
Shenyang Yearbook-2010
Dalian Statistical Yearbook-2010
Changchun Statistical Yearbook-2010
Jilin City Social Economic Statistical Yearbook-2010
Siping Statistical Yearbook-2010
Yanji Statistical Yearbook-2010
Harbin Statistical Yearbook-2010
Qiqihrer Economic Statistical Yearbook-2010
Statistical Yearbook of Heilongjiang State Farms-2010
Statistical Yearbook of Shanghai Pudong New Area-2010
Suzhou Statistical Yearbook-2010
Wuxi Statistical Yearbook-2010
Changzhou Statistical Yearbook-2010
Xuzhou Statistical Yearbook-2010
Nantong Statistical Yearbook-2010
Yancheng Statistical Yearbook-2010
Zhenjiang Statistical Yearbook-2010
Jiangyin Statistical Yearbook-2010
Danyang Statistical Yearbook-2010
Hangzhou Statistical Yearbook-2010
Ningbo Statistical Yearbook-2010
Shaoxing Statistical Yearbook-2010
Taizhou Statistical Yearbook-2010
Zhoushan Statistical Yearbook-2010
Wenzhou Statistical Yearbook-2010
Jinhua Statistical Yearbook-2010
Jiaxing Statistical Yearbook-2010
Quzhou Statistical Yearbook-2010
Anqing Statistical Yearbook-2010
Fuzhou Statistical Yearbook-2010
Fuzhou Economic & Technical Development Zone Yearbook-2010
Xiamen Special Economic Zone Yearbook-2010
Nanchang Statistical Yearbook-2010
Shangrao Economic and Social Statistical Yearbook-2010
Jinan Statistical Yearbook-2010
Qingdao Statistical Yearbook-2010
Weifang Statistical Yearbook-2010
Dongying Statistical Yearbook-2010
Zhengzhou Statistical Yearbook-2010
Luoyang Statistical Yearbook-2010
Sanmenxia Statistical Yearbook-2010
Nanyang Statistical Yearbook-2010
Wuhan Statistical Yearbook-2010
Yichang Statistical Yearbook-2010
Shiyan Statistical Yearbook-2010
Jingzhou Statistical Yearbook-2010
Huanggang Statistical Yearbook-2010
Changsha Statistical Yearbook-2010
Guangzhou Statistical Yearbook-2010
Dongguan Statistical Yearbook-2010
Huizhou Statistical Yearbook-2010
Shenzhen Statistical Yearbook-2010
Guilin Economic and Social Statistical Yearbook-2010
Nanning Statistical Yearbook-2010
Liuzhou Economic Statistical Yearbook-2010
Laibin Statistical Yearbook-2010
Hechi Statistical Yearbook-2010
Haikou Statistical Yearbook-2010
Chengdu Statistical Yearbook-2010
Guiyang Statistical Yearbook-2010
Kunming Statistical Yearbook-2010
Xi'an Statistical Yearbook-2010
Qingyang Yearbook-2010
Yinchuan Statistical Yearbook-2010
Urumqi Statistical Yearbook-2010
Turpan Statistical Yearbook-2010

Address: No.57 Yuetan Nanjie, Sanlihe, Beijing 100826, P. R. China
China Statistics Press, National Bureau of Statistics of China
Editorial Department: Tel: 008610-63376860, 63376861
E-mail: yearbook@stats.gov.cn
Distribution Department: Tel: 008610-63376907, 68783171